TRATADO DE DERECHO ADMINISTRATIVO

Tomo V: La acción de la Administración: poderes, potestades y relaciones con los administrados

Allan R. Brewer–Carías

Profesor de la Universidad Central de Venezuela (desde 1963)
Simón Bolívar Professor, University of Cambridge (1985–1986)
Professeur Associé, Université de Paris II (1989–1990)
Adjunct Professor of Law, Columbia Law School, New York (2006–2008)

TRATADO DE DERECHO ADMINISTRATIVO

Derecho Público en Iberoamérica

TOMO V

LA ACCIÓN DE LA ADMINISTRACIÓN: PODERES, POTESTADES Y LAS RELACIONES CON LOS ADMINISTRADOS

FUNDACIÓN DE DERECHO PÚBLICO
EDITORIAL JURÍDICA VENEZOLANA

CARACAS 2013

Primera Edición Tapa dura, 2013

Editorial CivitasAranzadi S.A.
Camino de Galar, 15,
31190 Cizur Menor, Navarra, España
ISBN: 978-84-470-4410-8 (Obra Completa) (Tapa dura)
ISBN: 978-84-470-4391-0 (Tomo V) (Tapa dura)
Depósito Legal NA 934/2013

Primera Edición Tapa rústica, 2013

http://www.allanbrewercarias.com
Email: allan@brewercarias.com

Fundación de Derecho Público
Editorial Jurídica Venezolana
Avda. Francisco Solano López, Torre Oasis, P.B., Local 4, Sabana Grande,
Apartado 17.598 – Caracas, 1015, Venezuela
Teléfono 762.25.53, 762.38.42. Fax. 763.5239
http://www.editorialjuridicavenezolana.com.ve
Email fejv@cantv.net

Hecho el Depósito de Ley
ISBN: 978-980-365-205-0 (Obra Completa) (Tapa rústica)
ISBN: 978-980-365-210-4 / (Tomo V) (Tapa rústica)
Depósito Legal / lf54020133403075
Texto levantado por Francis Gil, Mirna Pinto, Arelis Torres
Time New Roman, Interlineado Exacto 11, Mancha 13x19,5

PLAN GENERAL DE LA OBRA

TOMO I

EL DERECHO ADMINISTRATIVO Y SUS PRINCIPIOS FUNDAMENTALES

TOMO II

LA ADMINISTRACIÓN PÚBLICA

TOMO III

LOS ACTOS ADMINISTRATIVOS Y LOS CONTRATOS ADMINISTRATIVOS.

TOMO IV

EL PROCEDIMIENTO ADMINISTRATIVO

TOMO V

LA ACCIÓN DE LA ADMINISTRACIÓN: PODERES, POTESTADES Y RELACIONES CON LOS ADMINISTRADOS

TOMO VI

LA JURISDICCIÓN CONTENCIOSO ADMINISTRATIVA

PLAN GENERAL
DEL TOMO V

LIBRO PRIMERO:
LA ADMINISTRACIÓN Y LOS ADMINISTRADOS

LIBRO SEGUNDO:
EL PODER DISCRECIONAL DE LA ADMINISTRACIÓN, SUS LÍMITES Y CONTROL (VARIACIONES SOBRE UN MISMO TEMA)

LIBRO TERCERO:
LA POTESTAD NORMATIVA DE LA ADMINISTRACIÓN (VARIACIONES SOBRE UN MISMO TEMA)

LIBRO CUARTO:
LA POTESTAD REGULADORA

LIBRO QUINTO:
LA POTESTAD EXPROPIATORIA

LIBRO SEXTO
LA POTESTAD NACIONALIZADORA

LIBRO SÉPTIMO:
LAS FORMAS DE LA ACTIVIDAD ADMINISTRATIVA

LIBRO PRIMERO:
LA ADMINISTRACIÓN Y LOS ADMINISTRADOS

Este Libro Primero de este Tomo V del *Tratado de Derecho Administrativo* está conformada por varios estudios: En la Sección primera se incluye el estudio sobre "El derecho administrativo y la participación de los administrados en las tareas administrativa," que fue publicado en *Revista de Derecho Público*, Nº 22, Editorial Jurídica Venezolana, Caracas, abril–junio 1985, pp. 5–32; en el libro *El Derecho Administrativo en Latinoamérica*, Vol. II, Ediciones Rosaristas, Colegio Mayor Nuestra Señora del Rosario, Bogotá 1986, pp. 275–31, y en el libro *Estudios De Derecho Administrativo*, Ediciones Rosaristas, Colegio Nuestra Señora del Rosario, Bogotá 1986, pp. 25–60. La Sección segunda contiene el estudio sobre "La participación ciudadana en la designación de los titulares de los órganos no electos de los Poderes Públicos en Venezuela y sus vicisitudes políticas", publicado en *Revista Iberoamericana de Derecho Público y Administrativo*, Año 5, Nº 5–2005, San José, Costa Rica 2005, pp. 76–95. La Sección tercera, sobre la participación a nivel local, se ha conformado con los siguientes estudios: primero, "La participación política a nivel local" en *Revista de la Escuela Superior de las Fuerzas Armadas de Cooperación*, edición conmemorativa del 42 Aniversario de la creación de la Guardia Nacional, Caracas 1980, pp. 35–62; y en *Revista Resumen*, N° 277, Caracas 25/02/79, pp. 13–22. Dicho estudio se elaboró partiendo de lo expuesto en "La participación política en la nueva Ley Orgánica de Régimen Municipal" publicado en *Libro Homenaje a Rafael Pizani*, Facultad de Ciencias Jurídicas y Políticas, Universidad Central de Venezuela, Caracas 1979, pp. 45–59; segundo, "El municipio, la descentralización política y la democracia" que fue el texto de la Conferencia dictada en el XXV Congreso Iberoamericano de Municipios, Organización Iberoamericana de Cooperación Intermunicipal (OICI), Guadalajara, México, 31 octubre 2001, publicada en *XXV Congreso Iberoamericano de Municipios*, Guadalajara, Jalisco, México, 23 al 26 de octubre del 2001, México 2003, pp. 53–61 y en Allan R. Brewer–Carías, *Reflexiones sobre el constitucionalismo en América*, EJV, Caracas, 2001, pp. 127–141; tercero, el estudio "Sobre la globalización, participación, la lugarización y el pequeño municipio." que fue la Ponencia presentada a las X Jornadas de Federalismo, Descentralización y Municipio, Centro Iberoamericano de Estudios Provinciales y Locales (CIEPROL), Mérida, diciembre 2004, para la elaboración de la cual partimos de lo que expusimos en la Conferencia Inaugural que dictamos en el XXVI Congreso Iberoamericano de Municipios, Organización Iberoamericana de Cooperación Intermunicipal (OICI), Ayuntamiento de Valladolid, Valladolid, 13 de octubre de 2004, publicado en publicado en *Provincia. Revista venezolana de estudios territoriales*, Nº 12. Centro Iberoamericano de Estudios Provinciales y Locales (CIEPROL), Mérida julio–diciembre 2004, pp. 115–130; cuarto, el estudio sobre "La participación ciudadana en el régimen local conforme a la Ley Orgánica del Poder Público Municipal de 2005," preparado para el Primer Foro sobre la Ley Orgánica del Poder Público Municipal, Asociación Civil para la Formación y Estudio FORMES y Consejo Estadal de Planificación y Coordinación de Políticas Públicas, Porlamar, Edo. Nueva Esparta, 2005; publicado en *Estudios de Derecho Administrativo 2005–2007*, Colección Estudios Jurídicos, Nº 86, Editorial Jurídica Venezolana, Caracas 2007, pp. 613–631; y quinto, el estudio sobre "Consideraciones sobre la descentralización administrativa, la descentralización política y la participación democrática," preparado para el *Segundo Congreso Nacional de Derecho Administrativo. El derecho administrativo como instrumento para mejorar la calidad de vida*, Pontificia Universidad católica del Perú, Facultad de Derecho, Lima, Perú, 27 al 29 de abril de 2006. La sección cuarta, sobre "el inicio de la desmunicipalización con la organización del poder popular para eliminar la descentralización, la democracia representativa y la participación a nivel local (2007–2011),"se redactó partiendo del estudio sobre "Introducción general al régimen del Poder Popular y del Estado Comunal (O de cómo en el siglo XXI, en Venezuela se decreta, al margen de la Constitución, un Estado de Comunas y de Consejos Comunales, y se establece una sociedad socialista y un sistema económico comunista, por los cuales nadie ha votado)," publicado en el libro Allan R. Brewer–Carías, Claudia Nikken, Luis A. Herrera Orellana, Jesús María Alvarado Andrade, José Ignacio Hernández y Adriana Vigilanza, *Leyes orgánicas sobre el Poder Popular y el Estado Comunal (Los Consejos Comunales, las Comunas, la sociedad socialista y el sistema ecónomico comunal),* Colección Textos Legislativos Nº 50, Editorial Jurídica Venezolana, Caracas 2011, pp. 9–182. El antecedente de este estudio estuvo en el trabajo sobre "El inicio de la desmunicipalización en Venezuela: La organización del Poder Popular para eliminar la descentralización, la democracia representativa y la participación a nivel local", publicado en *AIDA, Opera Prima de Derecho Administrativo. Revista de la Asociación Internacional de Derecho Administrativo*, Universidad Nacional Autónoma de México, Facultad de Estudios Superiores de Acatlán, Coordinación de Postgrado, Instituto Internacional de Derecho Administrativo "Agustín Gordillo", Asociación Internacional de Derecho Administrativo, México, 2007, pp. 49 a 67. La Sección quinta sobre el derecho de acceso a la información está conformada por dos estudios: primero, sobre "el derecho en acceso a la información pública y la transparencia en la administración pública contemporánea. Una perspectiva comparada partiendo de la experiencia mexicana," elaborado para el Congreso Iberoamericano de Derecho Público y Administrativo. Homenaje a Romeu Felipe Bacellar Fihlo, San José Costa Rica, 23–26 Noviembre 2009, para lo cual partimos de los comentarios que efectuamos en la Conferencia sobre "Retos para la Reforma Gubernamental en México: Transparencia, Elecciones y Justicia criminal" organizada por el Centro de Estudios Latinoamericanos de

la Universidad de Columbia, New York, y por el Instituto de Investigaciones Jurídicas, Universidad Nacional Autónoma de México, Nueva York, 19–20 de enero de 2009. Fue publicado en la *Revista de Derecho Público*, N° 121, (enero–marzo 2010), Editorial Jurídica Venezolana, Caracas 2010, pp. 67–78; y segundo, el comentario jurisprudencial intitulado: "De la Casa de Cristal a la Barraca de Hierro: el Juez Constitucional Vs. El derecho de acceso a la información administrativa," en *Revista de Derecho Público*, N° 123, (julio–septiembre 2010), Editorial Jurídica Venezolana, Caracas 2010, pp. 197–206.

Sección Primera: LA PARTICIPACIÓN DE LOS ADMINISTRADOS EN LAS ACTIVIDADES ADMINISTRATIVAS

El texto de esta Sección Primera sobre "El derecho administrativo y la participación de los administrados en las tareas administrativa," fue el de la conferencia dictada en el Seminario Internacional de Derecho Administrativo, Colegio Mayor Nuestra Señora del Rosario, Bogotá, 15 de mayo de 1985, publicado en *Revista de Derecho Público*, N° 22, Editorial Jurídica Venezolana, Caracas, abril–junio 1985, pp. 5–32; en el libro: *El Derecho Administrativo en Latinoamérica*, Vol. II, Ediciones Rosaristas, Colegio Mayor Nuestra Señora del Rosario, Bogotá 1986, pp. 275–310; y en mi libro *Estudios de Derecho Administrativo*, Ediciones Rosaristas, Colegio Nuestra Señora del Rosario, Bogotá 1986, pp. 25–60.

INTRODUCCIÓN

A pesar de que el derecho administrativo sea una rama de las ciencias jurídicas en constante evolución, y que entre todas, sea la que más mutaciones ha sufrido en el mundo contemporáneo por los cambios operados en el papel del Estado en la economía y la sociedad, tenemos que convenir en que la estructura básica de nuestra disciplina, montada sobre el esquema de la administración del Estado Liberal de Derecho, en buena parte aún permanece inalterada.

En esta forma, casi todas las instituciones del derecho administrativo que nosotros aprendimos, que hemos enseñado y sobre las que hemos escrito, tienen por objeto la regulación de una Administración Pública y de una realidad administrativa bastante distinta de la contemporánea. Por ello el derecho administrativo a veces se nos muestra como una disciplina desfasada en relación a la realidad de su objeto: la Administración Pública y sus relaciones con los administrados; y en general, está a la zaga de los cambios, que en ella se han operado.

En el mundo contemporáneo esto es lo que sucede, precisamente, con el tema de la participación: la Administración Pública que moldeó los dogmas del derecho administrativo, no era una Administración participativa ni concebía la posibilidad de la participación, y ello era así, tanto en su propia configuración interna como en sus relaciones con la Sociedad y los administrados.

Por ello, el fenómeno de la participación que ha penetrado al Estado contemporáneo, originalmente a través de la vía política está tocando a las puertas de la Administración, y cuestionando los cimientos tradicionales de nuestra disciplina. El derecho administrativo, por tanto, está en revisión por el fenómeno participativo, y ello es precisamente lo que queremos estudiar, a cuyo efecto analizaremos separadamente, en primer lugar, los dogmas del derecho administrativo frente a la participación; en segundo lugar, la participación como derecho y los intereses difusos y colectivos; y en tercer lugar, las diversas formas de la participación administrativa.

I. LOS DOGMAS DEL DERECHO ADMINISTRATIVO TRADICIONAL Y EL TEMA DE LA PARTICIPACIÓN

La Administración Pública que como objeto moldeó los dogmas de nuestra disciplina, respondía al esquema burocrático weberiano: se trataba de un sistema regido por normas abstractas, sometido al principio de la jerarquía de las funciones, garantizado por el control estricto de la autoridad superior sobre los órganos subalternos y que utilizaba para su actuación los servicios de un funcionariado público permanente, especializado y estable. Esta Administración Pública, como organización burocrática, justificaba la construcción piramidal de tareas y empleos, así como la sumisión de los funcionarios a una estricta disciplina y a la autoridad del superior jerárquico; y todo, dentro de un esquema centralizado, conforme al cual los impulsos de la acción administrativa se lanzaban desde la cúspide de la jerarquía, los cuales eran seguidos por los niveles inferiores subordinados, sometidos estrictamente al deber de obediencia[1].

Todo el derecho administrativo que regula la organización administrativa y la función pública, repensémoslo, está montado sobre esta imagen de un aparato administrativo del Estado, unificado, que funcionaría como un bloque monolítico, coherente y disciplinado; pero en contraste, la realidad nos muestra que el esquema no sólo es superficial sino que no siempre ha correspondido totalmente a la realidad, y que en la actualidad, está resquebrajado.

Un solo ejemplo nos demuestra el desfase: el régimen de los funcionarios públicos en la Administración burocrática es un régimen estatutario, adoptado unilateralmente; que excluye toda posibilidad de contratación colectiva y de la propia idea de derechos funcionariales adquiridos; cuya gestión no concibe la idea de la participación y, por supuesto, menos, la de la sindicalización. Los administrativistas seguimos aferrados a estas ideas, a pesar de que las realidades políticas de la Administración moldeadas por la propia democracia, nos muestren otra cosa que, además, deliberadamente ignoramos y algunas veces declaramos ilegales: que los funcionarios públicos se han organizado en sindicatos, lo cual ya se admite generalizadamente en el ordenamiento jurídico[2]; que a pesar de su prohibición, los funcionarios públicos acuden a la huelga. lo cual se ha

1 *V.* al respecto Jacques Chevalier, "La participación dans l'Administration Francaise: Discours et Pratique", en *Bulletin de l'Institut Internationale d'Administration Publique*, N° 37, París, 1976, pp. 91 y ss.; y Manuel Sánchez Morón, *La participación del ciudadano en la Administración Pública*, Madrid, 1980, pp. 67 y ss. y 169 y ss.

2 *V.* Allan R. Brewer–Carías, *El Estatuto del Funcionario Público y la Ley de Carrera Administrativa*, Caracas, 1971, pp. 42 y ss. y pp. 73 y ss.

hecho normal en los sectores de salud, educación y telecomunicaciones [3]; que a pesar del esquema de unilateralidad, es cada vez más frecuente el establecimiento real de las condiciones de trabajo mediante Actas Convenio a las cuales aún les negamos el calificativo de contratos colectivos [4]; y que la gestión de la función pública, frente al esquema jerarquizado, admite la participación directa de los funcionarios organizados, en los directorios de las Oficinas Centrales de Personal y en las Juntas de Avenimiento o conciliación funcionarial[5].

Frente a todas estas realidades, los dogmas giran como fantasmas, nosotros nos revolvemos con la bandera de la legalidad en la mano, y la realidad comienza a sobrepasamos.

Pero el problema es aún más grave en el esquema tradicional de la Administración Pública que moldeó nuestra disciplina, en sus relaciones con el medio externo: la Sociedad y los administrados que la componen. En efecto, la Administración Pública ideal objeto del Derecho Administrativo, está montada sobre el dogma superado en la realidad, pero no en las concepciones formales, de la separación entre Estado y Sociedad civil, el cual conlleva una serie de postulados que aún encontramos en los cimientos de nuestra disciplina: la Administración Pública en sus relaciones con el exterior, se caracteriza por su rigidez y su signo autoritario, manejada por un cuerpo de funcionarios que cerrados y al amparo de las prerrogativas del poder público, imponen su voluntad a los administrados, sin estar sometidos a su influencia. Toda idea de participación, en este esquema, es visto con reticencia por los funcionarios, y la respuesta burocrática frente al administrado es el secreto y la reserva.

Los administrados no participan en las tareas administrativas, y su única vía de penetración y participación, es a través de los medios representativos democráticos, es decir, mediante la elección de los representantes en el Parlamento, el cual como instancia política, debe orientar y definir la acción administrativa. Por ello la ausencia de legitimidad formal, en nuestra materia, de los grupos de presión.

Por otra parte, en este sistema, el Estado tiene el privilegio de definir el interés general y convertido en interés público; siendo la Administración, la única intérprete de ese interés, pues a ella sola se atribuye su gestión[6]. Frente al interés general, convertido por la acción e interpretación de la Administración en interés público, sólo están los intereses privados, particularizados, y que están protegidos por el modelo del Estado de derecho y la definición constitucional de los derechos y garantías como límites a la acción estatal, mediante los remedios jurisdiccionales de amparo, del contencioso administrativo o de control de la constitucionalidad.

Por último, en ese esquema de Administración que todos hemos tenido alguna vez en mente, el dogma de la acción unilateral que moldeó toda la teoría del acto administrativo, excluye toda idea de participación de los administrados en las tareas administrativas: La Administración, al contrario, sola, titular e intérprete del interés público, adquiere una actitud de dominación en relación a los administrados, imponiéndoles por la vía autoritaria su propia forma de entender la sociedad.

---

3 *Idem*, pp. 89 y ss.

4 *Idem*, pp. 87 y ss.

5 *Idem*, pp. 181 y ss.

6 Sobre la información administrativa en las dos vertientes, véase Comisión de Administración Pública, *Informe sobre la Reforma de la Administración Pública Nacional*, Caracas, 1972, tomo II, pp. 285 y ss.

Este sistema, por supuesto, no es el que hoy existe en la realidad de nuestros Estados contemporáneos, pues las exigencias de la democratización –por los procesos políticos democráticos–, y del logro de una mayor eficiencia –provocando, como exigencia, por los procesos de intervención progresiva del Estado en la vida económica y social–, han transformado la Administración Pública de nuestros días, aun cuando no siempre hemos cambiado los dogmas de nuestra disciplina. De allí el desfase que a veces constatamos y que, también, a veces nos negamos a reconocer como realidades irreversibles, entre algunos esquemas formales de nuestra materia y la realidad del aparato de la Administración democrática, en sus relaciones con los administrados.

Así, el mundo moderno es testigo de una apertura progresiva de la Administración hacia la Sociedad y de una permeabilidad cada vez mayor de ésta a las exigencias sociales. La reticencia a la participación, de hecho, ha venido siendo sustituida por un esquema de colaboración entre administradores y administrados, provocado, primero, por el desarrollo de canales de información descendentes y ascendentes antes menospreciados, y luego, por la apertura progresiva de las oficinas públicas, superándose el secreto y la reserva, y siendo sustituidas por la idea de la "transparencia administrativa"[7]. La situación, en este campo, sin embargo, sigue siendo contradictoria: hay leyes que continúan consagrando la reserva de los archivos públicos, como dogma tras el cual se ampara la arbitrariedad, que se encuentran en contradicción con la garantía del derecho a la defensa frente al procedimiento administrativo, cuya efectividad exige el derecho a tener acceso a los expedientes, y a obtener copia de todos los documentos administrativos en ellos contenidos[8].

Por otra parte, el mundo moderno ha mostrado cómo el mito de la representa– tividad a través de las Asambleas, como instancias políticas que debían comandar la acción administrativa, está roto y cómo el Parlamento se ha ido fosilizando, perdiendo su capacidad de legislación y de control[9]. Paralelamente, en su sustitución como instrumento de representación, han adquirido carta definitiva de naturaleza los partidos políticos, quienes han monopolizado realmente la representatividad, mediatizándola, y actuando directamente como vasos comunicantes entre el Parlamento y la Administración. Desde el punto de vista político–constitucional, los partidos políticos han sido reconocidos como instituciones de orden constitucional para canalizar la participación política del ciudadano en la vida nacional[10]; sin embargo, aún el derecho administrativo no termina de aceptarlos y es más desde nuestras trincheras, el partido político en su actuación ante la Administración Pública, se nos aparece como un intruso o, simplemente, a pesar de su influencia, formalmente lo ignoramos, aun cuando en muchos casos sea el medio de participación en las tareas administrativas más efectivo.

Pero en uno de los campos que más cambios se han operado en los últimos años por el propio desarrollo democrático y pluralista de las sociedades contemporáneas, es en el del interés general. Este ya no es sólo el que convertido en interés público por su inter-

---

7 *V.* P. F. Divier, "L'administration transparente: l'acces des citoyens américains aux documents officiels" en *Revue de Droit Public et de lo Science Politique en France et a l'étranger*, París, 1975, N° 1, pp. 59 y ss.: Donald C. Rowat, "Las nuevas y. proyectadas leyes sobre el acceso público a los documentos oficiales" en *Revista de Derecho Público*, Editorial Jurídica Venezolana, N° 9, Caracas, enero–marzo 1982, pp. 71 y ss.

8 *V.* Allan R. Brewer–Carías, *El Derecho Administrativo y la Ley Orgánica de Procedimientos Administrativos*, Caracas, 1982, p. 115.

9 *V.* Allan R. Brewer–Carías, *Instituciones Políticas y Constitucionales*, Editorial Jurídica Venezolana, Caracas, 1985, tomo II, pp. 446 y ss.

10 *Idem*, tomo II, pp. 394 y ss.

pretación por la Administración, ésta asume y gestiona, como la legítima representante de aquél, y frente al cual se exige el derecho subjetivo o el interés personal, legítimo y directo de los administrados, únicos que encontraban protección; no, la realidad social nos va mostrando progresivamente la aparición de intereses colectivos y de intereses difusos, que también forman parte del interés general pero no del monopolio interpretativo que de él tenía la Administración, y que comienza a ser objeto de medios de gestión y protección reconocidos[11]. Así, ciertos intereses colectivos como los de los trabajadores, comienzan a tener sus representantes e intérpretes en los sindicatos, los cuales progresivamente han asumido un rol participativo en la definición de las políticas públicas o en la gestión de tarcas administrativas, y que van más allá de la sola reivindicación económica ante las empresas; asimismo, ciertos intereses difusos, como los de los vecinos, en un proceso de movilización social urbana que ha caracterizado a todos los países contemporáneos sometidos a la violencia de la urbanización, se han venido abriendo paso hacia el logro de una auténtica participación a nivel local [12] la cual está en vías de conformarse formalmente. Por supuesto, la consolidación de los intereses colectivos y difusos ha venido golpeando el dogma de la legitimación procesal contencioso–administrativa, reducida al interés personal, legítimo y directo–y por ende individualizado–, para su apertura tendiente a la protección procesal de aquéllos, lo cual es una de las efervescencias que hoy notamos en el régimen de la jurisdicción contencioso–administrativa y del propio procedimiento civil[13]

Por último, ha sido precisamente esta irrupción de los intereses colectivos y difusos, en un mundo cada vez más democratizado, como copartícipes, también, de la idea del interés general junto con su conversión parcial en "público", por la acción de la Administración, y ante el progresivo e inflacionario aumento de la intervención del Estado en todos los órdenes económicos y sociales, la que ha provocado un tremendo choque contra otro de los dogmas clásicos de la acción administrativa: la vía de acción unilateral. La realidad muestra al contrario, que informal o formalmente, la Administración Pública se ha abierto, y ha desarrollado contactos permanentes con los representantes de aquellos intereses, hasta el punto de que en algunos casos, la idea del gobierno autoritario y unilateral comienza a ser reemplazado por el gobierno por convenio o contrato[14]; y así, la tradicional presión de los grupos de intereses se ha convertido en cogestión, mediante fórmulas participativas orgánicas.

Por otra parte, y como reflejo de todo este proceso, las exigencias de la democratización y de la participación han provocado otro de los signos del proceso político– administrativo contemporáneo: la descentralización. En efecto, la magnitud y desproporción del aparato administrativo, producto del intervencionismo, y la lucha por acercar el poder al ciudadano, han provocado la crisis del Estado Nacional Centralizado y los vientos de descentralización soplan tanto en los viejos Estados Unitarios como en los también ancianos Estados Federales[15]. Así han surgido los Estados Regionales o de Comunidades Autónomas en sustitución de los Estados Unitarios; y los esfuerzos por descentrali-

---

11 *V.* Miguel Sánchez Morón, *op. cit.*, pp. 112 y ss.

12 *V.* Allan R. Brewer–Carías, *El Régimen Municipal en Venezuela*, Caracas, 1984, pp. 145 y ss.

13 *V.* la obra colectiva *La tutela degli interessi collettivi nel diritto comparato*, Milán, 1976 y M Cappelletti, "La protection d'intérêst collectifs et de groupe dans le procès civil" (Metamorphose de la procédure civile)", en *Revue International de Droit Compare*, Paris, 1975, p. 571.

14 *V.* Miguel Sánchez Morón, *op. cit.* pp. 68 y 107.

15 *V.* Allan R. Brewer–Carías. "La Descentralización territorial: Autonomía territorial y Regionalización Política" en *Revista de Estudios de la Vida Local*, N° 218, Madrid. 1983, pp. 209 a 232.

zar las Federaciones Centralizadas no cesan de realizarse, en aras de una mayor democratización y como condición para la participación política. Pero además, en esta recomposición de la vieja Administración Pública unitaria y monolítica, el proceso de descentralización funcional ha sido quizás el signo más característico de la nueva Administración y del Derecho Administrativo contemporáneo, dando lugar a las más variadas formas jurídicas personificadas e, incluso, de asociación con los particulares, en mecanismos de cogestión o de autogestión[16].

Ahora bien, en el centro de todo este proceso de cambio, reacomodo, contradicción y desfase del derecho administrativo, está el tema de la interconexión entre los particulares y la Administración; y precisamente los nuevos medios o formas de conexión entre esos dos extremos constituyen el terreno propio de la participación administrativa.

II. LA PARTICIPACIÓN COMO DERECHO Y LOS INTERESES DIFUSOS Y COLECTIVOS

Ahora bien, al hablar de participación administrativa, es decir, de la intervención de los particulares en las tareas de la Administración, debemos señalar, ante todo, que para que ella exista realmente, es necesario que esa intervención se haga en defensa o representación de intereses difusos y colectivos, de carácter supra individual[17]. Por tanto, no toda intervención de los administrados en la elaboración de las decisiones administrativas encaja dentro del concepto de participación administrativa que, como producto, a la vez de un discurso político basado en la democratización, y de un discurso tecnocrático basado en la eficacia[18] está tocando a las puertas del derecho administrativo, pidiendo un reconocimiento formal y teórico, para eliminar el desfase que hoy tiene con su objeto: la Administración.

En efecto, la participación individualizada de los particulares en representación de su particular interés o como individualidades, es una técnica vieja que se ha desarrollado en la Administración tradicional, sea para garantizar el derecho a la defensa, sea como técnica de administración consultiva o de ayuda pericial. En esta forma, el derecho a ser oído en los procedimientos administrativos que pueden afectar situaciones jurídicas subjetivas ha sido reconocido en el mundo moderno, en todas las regulaciones sobre procedimientos administrativos como una garantía procedimental del administrado; y ha sido precisamente por el reconocimiento de este derecho, que el dogma del secreto y la reserva de archivos administrativos ha comenzado a ceder, al reconocérsele al particular c! libre acceso al expediente del cual pueda resultar una decisión que lo afecte [19].

Por otra parte, la técnica de la administración consultiva desarrollada desde hace décadas, permite a la Administración oír la opinión de expertos o notables, designados éstos a título personal, antes de la toma de alguna decisión, para asegurar la adecuación de la actividad administrativa y la mejora técnica de la decisión[20]. En el mismo orden,

16 Sobre las formas descentralizadas funcionalmente véase Allan R. Brewer–Carías, *Fundamentos de Administración Pública*, tomo I, Caracas, 1980, pp. 241 y ss.

17 *V.* Miguel Sánchez Morón, *op. cit.*, pp. 111 y ss. 137 y 167.

18 *V.* Jacques Chevallier, *loc. cit.*, N° 37. pp. 88 y ss.

19 Véase Allan R. Brewer–Carías, *El Derecho Administrativo y la Ley Orgánica... cit.*, pp. 115 y ss.

20 Sobre la Administración Consultiva, *V.* la obra colectiva editada por Georges Langrod, *La considération dans l'Administration Contemporaine*, París, 1972, 972 pp.

la Administración, con frecuencia, asocia a particulares en la toma de decisiones, mediante un requerimiento de colaboración personal o técnica, con el objeto de examinar un problema o adoptar una decisión, proceso en el cual el particular si bien no actúa defendiendo su propio interés personal y directo, tampoco lo hace en nombre de algún otro interés general concretizado. Todos estos supuestos en los cuales los particulares toman parte en el proceso de elaboración de una decisión administrativa han sido reconocidos y aceptados por el derecho administrativo, y no contienen ninguna novedad, pues en definitiva, en la casi totalidad de los casos, la relación entre la Administración y el administrado sigue siendo una relación entre el interés público que aquella representa, y un interés particular e individualizado.

La novedad que nos sugiere el tema de la participación administrativa, en cambio, está en aquellas conexiones entre Administración y administrados pero basada en otra ecuación de interés, en la cual todos son intereses generales: Por una parte el interés público –porque el interés general ha sido publicitado al asumirlo la Administración– y por otra parte, otros intereses generales, difusos y colectivos, que pujan por ser reconocidos formalmente. Es en esta noción de intereses difusos o colectivos en la cual está la clave del tema de la participación en la Administración contemporánea y que provoca el desfase que hoy aún existe en nuestro derecho administrativo, cimentado en la noción de interés personal, legítimo y directo para regular las relaciones entre el Estado y el particular.

Esta perspectiva nos lleva a señalar que en el mundo contemporáneo, por el proceso de democratización, de pluralismo y de intervención del Estado en la vida económica y social, hay una multitud y heterogeneidad de intereses sociales, que exigen ser tutelados. Hasta ahora sólo los que asumía el Estado directamente –el interés público– eran tutelados por éste mediante obligaciones de hacer (prestaciones) o de no hacer (libertades); y en el otro extremo, el interés personal, legítimo y directo del administrado, también resultaba tutelado, por las vías de control jurisdiccional de la acción administrativa.

En el mundo moderno, sin embargo, comienzan a hacer su aparición otros intereses sociales –aún no publicitados y de carácter supraindividual, que están presionando por ser tutelados, precisamente, a través de las normas participativas. Estos son, insistimos, los intereses difusos y colectivos.

1. El interés difuso

Ahora bien, por interés difuso se entiende un interés jurídicamente reconocido pero que corresponde a una pluralidad *indeterminada o indeterminable* de sujetos. Esa es su nota característica: la indeterminabilidad de los sujetos titulares. Su reconocimiento por el ordenamiento jurídico puede ser explícito o implícito, y posteriormente, en algunos casos, puede abarcar a todos los sujetos que integran la comunidad[21].

En este sentido, la mayoría de los derechos sociales reconocidos en la Constitución se configuran como intereses difusos en el sentido señalado, algunos de los cuales se los ha calificado, como enunciados programáticamente, y entre ellos está el derecho a la protección de la familia (art. 73) el derecho al trabajo (art. 84), el derecho a la educación (art. 18), el derecho a una vivienda cómoda e higiénica (art. 73), el derecho a dis-

21 *V.* Miguel Sánchez Morón, *op. cit.*, pp. 116 y ss.

frutar de un medio ambiente adecuado (art. 106), el derecho a disfrutar de una existencia digna y provechosa para la colectividad (art. 95).

En todos estos casos, esos "derechos" como intereses difusos no son intereses individualizados, relativos a una esfera personal y propia de los individuos; sino que se trata de intereses que pertenecen a todos y cada uno de los componentes de la pluralidad indeterminada e indeterminable de sujetos de que se trate. Tampoco son intereses propios de una comunidad organizada, constituida por la sumatoria de los intereses de los individuos concretos que la componen, sino que constituyen intereses que son de todos los individuos y que posee por el hecho de pertenecer a la pluralidad de sujetos a que se refiere la norma en cuestión.

Ahora bien, el interés difuso ha comenzado a penetrar el ámbito del derecho administrativo por la vía de la legitimación procesal, particularmente en el área contencioso–administrativa; y además, comienza a desarrollarse la convicción de que el logro de su efectividad, realmente será completa, a través del derecho de participación [22].

En efecto, en el campo de la legitimación procesal debemos señalar que el interés difuso no es un derecho subjetivo que pueda dar origen a un derecho a determinado tipo de prestación, independientemente del determinado en las leyes. Por ejemplo, el derecho a la protección de la salud no puede dar origen a una acción judicial de un individuo a que se le haga un determinado tipo de operación en un hospital público. Tampoco es un interés legítimo, personal y directo respecto de la legalidad de las actuaciones de la Administración que pudieran afectar la esfera subjetiva de un sujeto de derecho, en concreto, por ser *éste destinatario de un acto* o encontrarse en una situación jurídica directamente afectada por dicha actuación. Por ejemplo, la decisión administrativa de un hospital de despedir al personal afectado a un servicio determinado no podría ser impugnada por un sujeto en base a su interés difuso a la protección de la salud.

Pero el interés difuso tampoco es en el otro extremo," un simple interés a la legalidad o constitucionalidad que tiene todo habitante del país que, por ejemplo, en nuestro sistema podría dar lugar a la impugnación por vía de acción popular de leyes o reglamentos, sino que vinculado a un derecho de participación, es algo más, jurídicamente protegido. Por ello el interés difuso aparece vinculado a ciertas agrupaciones sociales, que responden a una especialización en razón del bien jurídico protegido. Por ejemplo, las Asociaciones de Vecinos reguladas en la Ley Orgánica de Régimen Municipal[23], a las cuales se encomienda la "tarea de gestionar, en nombre de la respectiva comunidad, la atención de sus problemas y la defensa de sus intereses generales" en el "Reglamento Parcial N° 1 de la Ley Orgánica de Régimen Municipal sobre las Asociaciones de Vecinos" [24] se les otorga además expresamente la legitimación procesal, en los siguientes casos: "Ejercer recursos respecto al otorgamiento ilegal de licencias para expendios de licores" y "Ejercitar en nombre de sus miembros o asociados, los recursos judiciales, administrativos y de cualquier índole que fueren menester para el cabal cumplimiento, de la normativa general o especial concerniente a los aspectos urbanísticos y materias afines" [25].

En el mismo orden de ideas, aun cuando menos precisa jurídicamente hablando, las *Juntas para la Conservación, Defensa y Mejoramiento del Ambiente* establecidas en la

22 *Idem*, p. 118.
23 Arts. 148 y ss., véase en *Gaceta Oficial*, N° 3.371 Extraordinaria de 2 de abril de 1984.
24 *V.* art. 6, Decreto N° 3.130 de 6–3–79 en *Gaceta Oficial*, N° 31.692 de 8–3–79.
25 Art, 6, literales k y ñ.

Ley Orgánica del Ambiente[26], como "organizaciones al servicio de la colectividad, en la conservación, defensa y mejoramiento del ambiente mediante el examen, la vigilancia y la fiscalización de las actividades que directa o indirectamente puedan incidir sobre aquél", conforme al "Reglamento de la Ley Orgánica del Ambiente sobre Juntas para la Conservación, Defensa y Mejoramiento del Ambiente"[27], tienen entre sus atribuciones la de "hacer la denuncia ante el Ministerio del Ambiente y de los Recursos Naturales Renovables y ante las Fuerzas Armadas de Cooperación cuando existan fundados indicios de irregularidades en la explotación y el aprovechamiento de los recursos naturales renovables, y en lodos aquellos casos que constituyan violación de la regulación, ambiental" así como "ejercer ante la Procuraduría del Ambiente la acción conferida a los ciudadanos en el artículo 32 de la Ley Orgánica del Ambiente" [28]. De acuerdo a este último artículo de la Ley "Todo ciudadano puede acudir por ante la Procuraduría del Ambiente o sus auxiliares para demandar el cumplimiento de las disposiciones relativas a la conservación, defensa y mejoramiento del ambiente, a fin de que las actividades o hechos denunciables sean objeto de investigación". Por otra parte, las *Juntas de Consumidores* previstas en el artículo 31 de la Ley de Protección al Consumidor[29], conforme al Reglamento de las mismas tienen entre sus objetivos "denunciar por ante la Superintendencia de Protección al Consumidor, los hechos que pueden constituir violaciones a la Ley contra el Acaparamiento y la Especulación, a la Ley de Protección al Consumidor, a las disposiciones del Código Penal y a las demás Leyes. Reglamentos y Resoluciones que tiendan a la protección del consumidor"[30].

Ahora bien, en todos esos casos, el interés difuso se ha protegido por el ordenamiento jurídico al reconocerse a determinadas asociaciones con grado de permanencia un derecho a participar, en virtud de la especialización de las mismas, y previo su reconocimiento jurídico–formal, lo que supone un cierto grado de control público de ellas.

2. El interés colectivo

Pero además del interés difuso como base de participación, también ha encontrado protección del ordenamiento jurídico el interés colectivo, el cual se ha considerado como una especificación del interés difuso. Sin embargo, el interés colectivo, a diferencia del simplemente difuso, se concreta en comunidades compuestas por sujetos más o menos determinables; en definitiva, es el interés de un grupo más o menos determinable de ciudadanos, que se persigue en forma unificada, por tener el grupo características y aspiraciones sociales comunes[31]. Así, por ejemplo, la representación de intereses colectivos se identifica fácilmente en los sindicatos y asociaciones cooperativas.

De acuerdo al artículo 172 de la Ley del Trabajo, los sindicatos tienen "por objeto el estudio, defensa, desarrollo y protección de intereses profesionales y el mejoramiento social, económico y moral de sus asociados" y entre sus atribuciones vinculadas con la representación del interés colectivo, de acuerdo al artículo 176, literal a, la de "representar a sus miembros para asegurar el cumplimiento de las disposiciones de la Ley del

---

26 *V.* el art. 15 en *Gaceta Oficial*, N° 31.004 de 16 de junio de 1976.

27 *V.* art. 1, Decreto N° 2.127 de 18 4–77 en *Gaceta Oficial*, N° 31.219 de 22–4–77.

28 Art. 13, ord. 13.

29 *V.* en *Gaceta Oficial* N° 1.680 Extraordinaria de 2 de septiembre de 1974.

30 *V.* art. 3, literal a, Decreto N° 1.561 de 11–5–76 en *Gaceta Oficial*, N° 30.981 de 14–5–76.

31 *V.* Miguel Sánchez Morón, *op. cit.*, pp. 125 y ss.

Trabajo y sus Reglamentos; denunciar a los funcionarios competentes del trabajo las irregularidades observadas en la aplicación de las referidas disposiciones legales; y representar a sus miembros por ante los Tribunales del Trabajo de acuerdo con los preceptos legales concernientes a la representación judicial". Asimismo tiene atribuciones para "celebrar contratos colectivos de trabajo y hacer valer los derechos que nazcan de esos contratos a favor de sus afiliados"; y "representar a sus miembros en las negociaciones y conflictos colectivos de trabajo, y especialmente en los procedimientos de negociación, conciliación y arbitraje"[32]. En el mismo orden, el Reglamento de la Ley del Trabajo precisa entre las finalidades de los sindicatos "representar y defender los intereses profesionales y generales de los trabajadores y de los patronos, según sea la naturaleza de la organización, ante los organismos y autoridades públicas en los procedimientos de conciliación y arbitraje y en los conflictos y procedimientos colectivos"[33] Por otra parte, en cuanto a las asociaciones cooperativas, conforme a la Ley de Asociaciones Cooperativas, las Federaciones Cooperativas y las Centrales Cooperativas tienen entre sus competencias "representar y defender los intereses" de las Federaciones o cooperativas afiliadas[34].

En estos casos, entonces, estamos en presencia de intereses colectivos, que son representados por asociaciones caracterizadas por su especialidad y determinabilidad de sus asociados, que actúan no en representación de un interés individual, sino precisamente colectivo, y que también constituyen expresión de un derecho de participación.

3. El derecho de participar

Ahora bien, el tema de la participación administrativa, o de la participación de los particulares en tareas administrativas, encuentra su fundamento, precisamente, en la expresión y representación de estos intereses sociales, difusos o colectivos, que no necesariamente son "públicos" en el sentido de que su representatividad no ha sido asumida monopolísticamente por el Estado[35].

Por tanto, la participación en la realidad administrativa contemporánea surge en el área de estos intereses sociales que se encajan entre los tradicionalmente opuestos: interés privado individual, por una parte, e interés público como legitimador de la acción de los poderes públicos, por la otra; precisamente, la efectividad de estos intereses difusos o colectivos es lo que está transformando progresivamente la propia Administración Pública, democratizándola y abriéndola, y además, golpeando a las puertas de los propios dogmas tradicionales del derecho administrativo. En este orden de ideas, podemos decir que la participación administrativa propiamente dicha se manifiesta realmente, cuando se produce la intervención de sujetos de derecho en la actividad administrativa en defensa de intereses *supraindividuales;* y esto puede ocurrir tanto en casos en los cuales es un individuo el que participa en representación de intereses colectivos o difusos de los que no es titular individualmente, sino como parte de una comunidad; como en los que es la asociación o comunidad la que participa, en representación de los inter-

32 Art. 176, literales b y c.

33 Art. 340, letra a del Reglamento de la Ley del Trabajo, en *Gaceta Oficial,* N° 1.631 Extraordinario de 31 de diciembre de 1973.

34 Art. 61, numeral 6 y art. 62, literal b de la Ley General de Asociaciones cooperativas en *Gaceta Oficial,* N° 1.750 Extraordinario de 27 de mayo de 1975.

35 *V.* Jacques Chevalier, *loc. cit.,* N° 37, p. 101.

eses difusos o colectivos. En el primer caso se encuentran todos aquellos supuestos de participación de sujetos de derecho en la elección de representantes en el seno de organizaciones administrativas auto–gestionadas por la comunidad que integran. Es el caso, por ejemplo, de la integración en las Universidades Nacionales autónomas, de los Consejos Universitarios, de los Consejos de Facultad y de los Consejos de Escuelas [36]; tanto el profesor como el estudiante que vota para la elección de los representantes profesorales e incluso de los estudiantes en los Consejos, no actúan representando realmente un interés individual sino colectivo, de la comunidad universitaria, y que tiene, precisamente, como derecho participativo, por pertenecer a ella, aun cuando la forma de ejercicio de ese interés colectivo sea de carácter individual. En estos casos se puede incluso hablar de una auténtica democracia administrativa.

También se ubica en esta participación individual en representación de intereses difusos, aquellos supuestos de ejercicio de funciones públicas por particulares, en tanto que carga ciudadana impuesta por ley: es el caso del ejercicio de cargos electorales, que es de carácter obligatorio[37]; y la retención de impuestos y contribuciones que la ley impone a ciertos particulares[38]. En estos casos, la participación administrativa es a título individual pero representando no un interés personal, sino el .interés difuso de la totalidad de los electores o de los contribuyentes.

Sin embargo, en materia de participación administrativa en representación de intereses difusos y colectivos, la más comúnmente desarrollada en la Administración contemporánea es la participación colectiva, es decir, que se realiza colectivamente a través de grupos o estructuras sociales organizadas, a las cuales se reconoce en el ordenamiento jurídico, la legitimación necesaria para ello.

III. LAS FORMAS DE PARTICIPACIÓN ADMINISTRATIVA

Esta participación administrativa en defensa de intereses difusos o colectivos, puede adquirir básicamente, dos formas: o es una participación funcional; que opera sin que el sujeto participativo se integra en la organización administrativa, o es una participación orgánica, en el sentido de que dicho sujeto sí se integra en la organización. En el primer supuesto, el sujeto participativo tiene una participación desde el exterior, en el funcionamiento de la Administración, pues mantiene una separación estructural respecto del aparato administrativo; en el segundo supuesto, en cambio, el sujeto participativo se introduce en la propia estructura administrativa, institucionalizándose la participación.[39]

---

36 *V.* Ley de Universidades en *Gaceta Oficial,* N° 1.429 Extraordinario de 8 de septiembre de 1970 (Consejo Universitario art. 24 y ss.; Consejo de Facultad art. 58 y ss.; y, Consejo de Escuela art. 69 y ss.).

37 *V.* Ley Orgánica del Sufragio en *Gaceta Oficial,* N° 2.117 Extraordinario del 29 de diciembre de 1977, artículos 21 y 29.

38 *V.* Ley de Impuesto sobre la Renta, *Gaceta Oficial* N° 2.117 Extraordinario de 23 de diciembre de 1981 (art. 88 y 89).

39 En general sobre esta clasificación véase Eduardo García de Enterría, "La participación del administrado en las Funciones Administrativas" en *Moneda y Crédito*, Madrid, 1977, pp. 305 y ss., y Miguel Sánchez Morón, *op. cit.*, pp. 165 y ss.

1. Las diversas formas de participación funcional

En la que hemos denominado participación funcional, por su parte, se pueden distinguir dos grandes formas de participación como medio de expresión de intereses difusos y colectivos en el funcionamiento de la Administración: la participación procedimental, y la participación negocial o contractual.

A. La participación procedimental

La primera de las formas mencionadas de participación funcional en representación de intereses difusos o colectivos es la participación que ocurre en el procedimiento administrativo, y que sin duda, rompe uno de los moldes clásicos de la formación de la voluntad de la Administración.

En efecto, de acuerdo a la Ley Orgánica de Procedimientos Administrativos, los que pueden intervenir en los mismos, es decir, los interesados, son los titulares de un interés personal, legítimo y directo en caso de que se trate de la formación de un acto de efectos particulares: o de un simple interés particularizado, en caso de que se trate de la formación de un acto de efectos generales o normativo[40]; regulación que responde a la fórmula clásica para configurar las relaciones entre el Estado y la Sociedad. Sin embargo, progresivamente el ordenamiento jurídico ha venido permitiendo formas de participación formal en el procedimiento a cargos de sujetos, no titulares de intereses personales legítimos y directos, sino de intereses difusos o colectivos. Esto se da en variadas formas.

a. La participación en la iniciación del procedimiento

La primera de las formas de participación administrativa funcional procedimental de los representantes de intereses difusos y colectivos, formalmente establecida, se da en la fase de iniciación del procedimiento.

Es el supuesto, por ejemplo, de las *iniciativas* para la discusión de regulaciones locales previstas a favor de los vecinos. En tal sentido la Ley Orgánica de Régimen Municipal otorga a las Asociaciones de vecinos, así como a las organizaciones sindicales, gremiales u otras agrupaciones representativas de sectores de la comunidad, legalmente constituidas, la legitimación para presentar a los Concejos Municipales proyectos de ordenanzas, aún cuando la iniciativa deberá estar respaldada por un número no menor de un mil electores, vecinos de la comunidad[41]. En estos casos, el acto de iniciativa legalmente establecido provoca la obligación del Concejo Municipal de proceder a conocer el texto en concreto aún cuando, por supuesto, el proyecto puede ser rechazado.

Pero cuando hablamos de participación en el inicio del procedimiento, ello no comprende, realmente, como forma de participación administrativa formalmente establecida, las que constituyen meras manifestaciones del ejercicio del derecho de petición constitucionalmente regulado [42] y que de acuerdo a la Ley Orgánica de Procedimientos

40 Art. 85 en concordancia con los artículos 11 y 121 de la Ley Orgánica de la Corte Suprema de Justicia. *V.* Allan R. Brewer–Carías, *El Derecho Administrativo y la Ley Orgánica de Procedimientos Administrativos, cit.*, pp. 263 y ss. 331 y 332.

41 Art. 151.

42 Art. 67.

Administrativos, pueden o no ser resueltas según su contenido[43]. Incluso, en estas formas de iniciativa no participativas está las denuncias que puedan formular determinadas organizaciones titulares de intereses difusos, como los atribuidos a las Juntas de Conservación y Mejoramiento del Ambiente, ante los Procuradores del Ambiente[44] y las Juntas de Consumidores ante la Superintendencia de Protección al Consumidor[45]. En realidad, formalmente, si con tal motivo se inicia el procedimiento administrativo o judicial sancionatorio, será por la decisión del ente respectivo que se inicie el procedimiento, es decir, de oficio[46] y no por la denuncia de aquellas.

b. La participación administrativa en la sustanciación del procedimiento

Ahora bien, la participación procedimental de intereses difusos y colectivos se regula ordinariamente en la fase de sustanciación del procedimiento, y ésta puede ser mediante mecanismos consultivos formales o en un proceso de información o audiencia pública de los interesados, lo cual es frecuente en los procesos de planificación territorial y ordenación urbanística.

Por ejemplo, la Ley Orgánica para la *Ordenación del Territorio* establece, en el proceso de elaboración de todos los planes territoriales que prevé (Plan Nacional, Planes Regionales y Planes de Ordenación Urbanística), la necesidad de que los proyectos elaborados se sometan "al conocimiento público con el objeto de oír la opinión de los interesados y recibir los aportes de la comunidad debidamente organizada[47]. En particular, respecto de los planes de ordenación urbanística, la Ley prevé que "antes de su aprobación definitiva" serán sometidos "a un período de audiencia pública de 60 días continuos a fin de que los interesados puedan conocerlos y emitir observaciones sobre los mismos, a cuyo efecto, el organismo respectivo deberá darle la necesaria difusión" [48]. En el mismo terreno de la ordenación urbanística, los *cambios de zonificación* que autoriza la Ley Orgánica de Régimen Municipal y que pueden adoptar los Concejos Municipales deben ser sometidos a una audiencia pública (el Concejo determinará el día y la hora cuando la Cámara oirá públicamente a los interesados"), previa información al público del nuevo uso propuesto para la zona afectada"[49], lo cual se regula en igual forma, por ejemplo, en la Ordenanza sobre Urbanismo, Arquitectura y Construcciones en general del Distrito Sucre del Estado Miranda de 1978 [50].

c. La participación en el procedimiento a través de mecanismos consultivos

También se han venido configurando como una forma de participación de los entes representativos de intereses difusos y colectivos en las tareas administrativas, los mecanismos consultivos en la Administración desarrollados como sistema auxiliar de la Administración activa. Esto se produce en todos los supuestos en los cuales en el curso de un procedimiento administrativo, la Administración deba obtener previamente la opinión de organizaciones representativas de intereses difusos y colectivos.

43 Art. 2

44 Art. 13 del Reglamento de la Ley Orgánica del Ambiente sobre las Juntas para la Conservación, Defensa y Mejoramiento del Ambiente, *loc. cit.*

45 Art. 3, literal a. del Reglamento de las Juntas de Consumidores, *loc. Cit.*

46 Art. 48 de la LOPA.

47 Art. 28 y 31 de la Ley, en *G.O.* N° 3.238 Extraordinario de 11 de agosto de 1983.

48 Art. 30.

49 Art. 168.

50 Arts. 31 y 32 en *Gaceta Municipal* Extraordinario del 18-8-78.

Por ejemplo, en materia de *ordenación del territorio* y de ordenación urbanística se ha previsto la exigencia de que la Administración, antes de producir una decisión, consulte a los grupos interesados. Así, el artículo 28 de la Ley Orgánica para la Ordenación del Territorio exige que elaborados los Planes Nacionales y Regionales de Ordenación del Territorio, los proyectos deben ser sometidos a "consulta" a través de los distintos organismos representativos de la colectividad; y el artículo 16 de la Ley Orgánica de Régimen Municipal exige que para que pueda procederse a un cambio de zonificación "la solicitud para cambiar la zonificación deberá estar respaldada por la correspondiente Asociación de Vecinos, si la hubiere, o por la mayoría absoluta de los vecinos del área permisada como unidad urbanística o de los vecinos residentes en el área que determine la oficina municipal que tenga a su cargo la planificación urbana, cuando el sector afectado no haya sido permisado como unidad urbanística[51]. En estos dos casos resulta claro que la consulta requerida, además de ser obligatoria, puede o no ser vinculante, de acuerdo a la figura clásica.

B. La participación negocial o contractual

Ahora bien, los mecanismos de participación administrativa que hemos denominado de participación procedimental, tienen la particularidad de referirse a un procedimiento administrativo conducente a la formación de un acto administrativo o decisión unilateral de la Administración, en el cual, sin embargo, participan los representantes de intereses difusos o colectivos. Por supuesto, se trata de una participación *externa,* en el sentido de que los mencionados intereses difusos y colectivos no se integran en la organización, sino que colaboran en la formación de la voluntad de la Administración, la cual se expresa en definitiva, mediante un acto unilateral.

Sin embargo, en muchas otras ocasiones, la participación de intereses difusos y colectivos en la Administración ha conducido a suplantar la forma tradicional de expresión unilateral de voluntad administrativa, por mecanismos negociales o contractuales, conforme a los cuales los representantes de aquellos intereses participan junto con la Administración, en la formulación de un acto que es expresión de un convenio o contrato. No se trata ya de una participación consultiva, sino de una participación–negociación, en la cual en principio se sustituye el principio de autoridad por el de negociación o contratación con las partes interesadas; fórmula denominada en el ámbito anglosajón, como la del *goverment by contract*[52].

En el derecho de los países andinos, miembros del Acuerdo de Cartagena, por ejemplo, de acuerdo al artículo 28 de la Decisión N° 24 contentiva del Régimen Común sobre inversiones extranjeras, al reservarse a las empresas nacionales o mixtas el goce de las ventajas derivadas del programa de liberación[53], se previó que las empresas extranjeras que existían en los países miembros y que deseaban gozar de dichas ventajas debían *convenir con el organismo* competente del país respectivo su transformación en empresas nacionales o mixtas [54], precisándose en detalle lo que debían contener *los convenios sobre transformación* [55]. En el caso de Venezuela, además, en el Decreto N° 2.442

---

51 Art. 168.

52 *V.* Miguel Sánchez Morón, *op. cit.*, pp. 70.

53 Art. 27. Véase en *Gaceta Oficial,* N° 1.620 Extraordinario de 1 de noviembre de 1973.

54 Art. 28.

55 Art. 31.

de 8–11–77 que reglamentó la mencionada Decisión Nº 24[56], se precisó que "los convenios destinados a la transformación de las empresas extranjeras en nacionales o mixtas, serán celebrados entre dichas empresas, actuando en representación de sus inversionistas y la Superintendencia de Inversiones Extranjeras" [57], regulándose el contenido de los mismos[58]. .

Pero independientemente de la previsión legal de esta forma de participación negocial en las actividades administrativas, la modalidad se ha venido utilizando en variadas circunstancias en el campo industrial. Por ejemplo, convenios para garantizar el abastecimiento de productos se firmaron en la última década entre la República y los productores, en los cuales se regularon, incluso, el otorgamiento de cupos de importación, la tramitación de exoneraciones, y se establecieron obligaciones de compra de materias primas producidas en el país. Ejemplos de estos convenios fueron los celebrados entre la República y la Asociación Venezolana de Industriales de Grasas y Aceites en representación de los industriales procesadores de Aceites y Grasas; entre la República y los industriales Productores de Harina de Maíz Precocida; y entre la República y las Industrias Fabricantes de jabón. Otros ejemplos de esta participación contractual, fueron los convenios firmados entre la República y algunos sectores industriales para la *fijación de precios máximos* de venta de productos. Ejemplos de estos convenios fueron, el suscrito entre la República y los representantes del Sector fabricante de Cosméticos (1984); entre la República y las empresas productoras de Cemento (1981); y entre la República y las empresas productoras de hierro y acero (1974) [59].

En todos estos casos, la participación de intereses colectivos y difusos, ha provocado el abandono de la acción unilateral de la Administración, sustituyéndose por la decisión convenida con los representantes de aquéllos.

2. Las diversas formas de participación orgánica

Pero además de las formas de participación funcional, se distinguen también las formas de participación orgánica conforme a las cuales, los representantes de los intereses difusos o. colectivos, se inserían en la organización administrativa, sea asumiendo la gestión de un asunto, sea participando en órganos decisorios junto con funcionarios públicos o particulares, sea como parte de órganos consultivos, o sea como elementos cooperadores. Tres formas de participación orgánica, por tanto, pueden distinguirse: participación en la gestión, participación consultiva y participación cooperativa.

A. La participación en la gestión

La primera de estas formas de participación orgánica corresponde a aquellas figuras organizativas de las cuales forman parte los representantes de los intereses difusos y colectivos, y tienen atribuida la facultad de decidir, o gestionar una actividad pública. Estos órganos pueden estar compuestos por representantes de dichos intereses solamente, o junto con funcionarios designados u otras personas a título individual. La partici-

---

56 *V.* en *Gaceta Oficial,* N° 2.100 Extra de 15–11–77.

57 Art. 47.

58 Arts. 48 y ss.

59 Consultados en original.

pación en la gestión puede dar lugar, por tanto a una autogestión, una cogestión o una simple participación en órganos decisorios.

a. Los casos de autogestión

En el campo de la autogestión administrativa, debe destacarse, como ejemplo, el régimen de las *Universidades* Nacionales Autónomas. De acuerdo a la Ley de Universidades los Consejos Universitarios, los Consejos de Facultad y los Consejos de Escuela están integrados por profesores, estudiantes y profesionales egresados, todos electos por sus respectivas comunidades, en representación del interés colectivo.

Por otra parte, también en las fórmulas de autogestión deben ubicarse los que corresponden a los *establecimientos públicos corporativos,* tanto estatales como no estatales. En los primeros están las Academias Nacionales creadas por Ley cuyos miembros nombrados por cooptación, autogestionan las entidades[60]; en los segundos están los *Colegios Profesionales,* también creados por Ley, y que autogestionan las actividades de los gremios[61]. Estos entes corporativos se han denominado como "personas públicas participativas no territoriales" y administrativamente configuran una forma de descentralización funcional, para el control del ejercicio de profesiones liberales.

Por último también se ubican en estos casos de autogestión, los supuestos regulados por Ley en los cuales se atribuye a una persona jurídica privada, por ejemplo, las Bolsas de Valores que deben constituirse como compañías anónimas, el ejercicio de tareas administrativas y de control, vinculadas, en ese caso, al mercado de valores[62].

b. Los casos de congestión

Por otra parte, es frecuente la participación de los representantes de intereses difusos y colectivos en órganos administrativos, junto con funcionarios y otros particulares a títulos individual, en fórmulas de cogestión.

En este esquema debe situarse la organización del sistema de elecciones. De acuerdo a la Constitución, los partidos políticos concurrentes en un proceso electoral tienen "derecho de vigilancia" sobre el mismo, y además se prevé que "los organismos electorales estarán integrados de manera que no predomine en ellos ningún partido o agrupación política"[63]. De acuerdo a esto, la Ley Orgánica del Sufragio reguló la integración del *Consejo Supremo Electoral* a cuyo cargo está la conducción de los procesos electorales y el control formal de los partidos políticos, disponiendo su composición con nueve miembros elegidos por las Cámaras Legislativas al inicio de cada período constitucional en la siguiente forma: cinco (5) de ellos son electos "mediante postulación que harán los partidos políticos nacionales que hubieren obtenido mayor número de votos en las últimas elecciones para Cámaras Legislativas Nacionales"; y los cuatro (4) restantes, "deberán ser ciudadanos sin afiliación política" [64], que conforme a la práctica democrática

---

60 *V.* en *Compilación Legislativa de Venezuela,* Parte Segunda, Segunda edición, Editorial Andrés Bello, Caracas (pp. 972 y ss., VII–2).

61 Ley de Ejercicio de la Contaduría Pública, *Gaceta Oficial,* N° 30.273 de 5–12–1973 (artículo 13 y ss.); Ley de Ejercicio de la Odontología, *Gaceta Oficial,* N° 29.288 de 10–8–1970 (artículo 19 y ss.); y, Ley de Abogados *Gaceta Oficial,* N° 1.081 Extraordinario de 23–1–1967 (artículo 32 y ss.).

62 *V.* Ley de Mercado de Capitales, *Gaceta Oficial,* N° 1.744 Extraordinario de 22 de mayo de 1975 (art. 89 y ss.)

63 Art. 113.

64 Art. 39. Véase en *Gaceta Oficial,* N° 2.117 Extraordinario de 29–12–1977.

de los últimos años, son escogidos por los dos partidos mayoritarios. Además, la ley prevé que los partidos políticos nacionales no representados en el Consejo, pero que hubieren obtenido por lo menos el 3% de los votos válidos en las últimas elecciones legislativas, pueden designar un representante ante dicho organismo con derecho a voz[65].

En materia de seguridad social también se identifica un régimen de participación tripartita, en tanto que cogestión, al prever la Ley de Seguro Social, que el Consejo Directivo del Instituto Venezolano de los Seguros Sociales, organismo al cual compete la administración del mismo, "estará constituido por representantes en número igual del Ejecutivo Nacional, de los patronos y de los asegurados y por un representante de la Federación Médica Venezolana, este último con voz pero sin voto" [66].

A los efectos de la designación, el Reglamento de la Ley[67] establece que el Ministerio del Trabajo, mediante Aviso Oficial, debe solicitar listas de candidatos de las federaciones y confederaciones de patronos y trabajadores, así como de la Federación Médica Venezolana. Dichas Federaciones y Confederaciones de patronos y trabajadores deben presentar cinco candidatos y tres la Federación Médica Venezolana, y de no hacerlo en el lapso que se establezca, el Ministerio del Trabajo confeccionará o completará las listas con personas que considere idóneas para ejercer la debida representación, a los efectos de la designación por el Presidente de la República[68].

Pero en materia laboral debe destacarse, por su importancia, la gestión tripartita que ha regulado la Ley contra Despidos Injustificados [69] al establecer las *Comisiones Tripartitas* permanentes, como organismos administrativos, con el objeto de proteger a los trabajadores contra los despidos sin causa justificada. Estas Comisiones Tripartitas corresponde designarlas al Ministerio del Trabajo, "integradas por sendos representantes del Ministerio del Trabajo, de los patronos y de los trabajadores", y tienen por misión fundamental calificar los despidos[70]. A los efectos de la designación de los representantes de los patronos y de los trabajadores, dispone el Reglamento de la Ley[71] que "el Ministerio del Trabajo, por órgano de las respectivas Inspectorías del Trabajo, solicitará de las organizaciones más representativas de ellos, la postulación de sendas ternas", para la escogencia entre ellas de los representantes. En caso de que no se le envíen las mencionadas ternas en el lapso que se prevea, el Ministerio procederá a efectuar la designación[72].

c. *Los casos de participación en la gestión*

En otros casos, la participación de representantes de intereses difusos y colectivos no se hace a título de autogestión o cogestión, sino de simple participación en la gestión que en forma determinante sigue en manos de funcionarios.

65 Art. 39.

66 Art. 53. Véase en *Gaceta Oficial*, N° 1.096 Ext. de 6–4–1967.

67 *V.* Decreto N° 1.563, en *Gaceta Oficial*, N° 1.631 Ext. de 31–12–1973. 12–1973.

68 Art. 14 y 16.

69 *V.* en *Gaceta Oficial Gaceta Oficial*, N° 30.468 de 8–8–1974.

70 Art. 1.

71 *V.* en *Gaceta Oficial*, N° 1.631 Ext. de 31–12–1973.

72 Arts. 14 y 15.

Recientemente esta ha sido la fórmula seguida en la Ley que crea la *Comisión Nacional de Costos, Precios y Salarios* [73], la cual tiene a su cargo la formulación de criterios de política sobre dicha materia: dicho órgano está integrado por tres Ministros, un representante de la Confederación de Trabajadores de Venezuela y un representante de la Federación de Cámaras y Asociaciones de Comercio y Producción designados por el Ejecutivo Nacional, de una terna de candidatos propuesta por cada una de las instituciones mencionadas[74]. Sin embargo, la misma puede sesionar válidamente con tres de sus miembros[75] que pueden ser los tres Ministros, por lo que la participación de los intereses representados en la misma no es determinante para la toma de las decisiones, entre las cuales está la atribución de "dictaminar previamente sobre cualquier fijación y modificación de precios de los bienes y servicios declarados de primera necesidad" [76], que deba adoptar el Ministro de Fomento de acuerdo a la Ley de Protección al Consumidor.

Una figura similar de participación de intereses difusos y colectivos en la gestión de entidades públicas está en la configuración del Directorio del *Banco Central de Venezuela.* De acuerdo a la Ley de dicha institución[77] el Directorio está compuesto por un presidente y siete directores designados por el Presidente de la República. Estos directores son designados así: cuatro directores escogidos entre funcionarios públicos de diversos Ministerios, Oficinas Presidenciales c Institutos Autónomos; un director escogido entre los presidentes de los bancos e institutos de crédito miembros del Consejo Bancario Nacional, de una terna que te presente al Presidente de la República; un director escogido de una terna sometida a consideración del Presidente de la República por la Federación de Cámaras y Asociaciones de Comercio y Producción; y un director designado de otra terna sometida a consideración del Presidente por la Confederación de trabajadores de Venezuela [78].

Lo interesante a destacar de esta normativa es que la Ley establece la forma cómo deben ser elegidas las ternas en las organizaciones representativas de los intereses difusos y colectivos en el Consejo Bancario Nacional, mediante votación en la cual no tendrán ni voz ni voto los representantes de Bancos Oficiales ni el Superintendente de Bancos; en Fedecámaras, mediante elección en "Asamblea General convocada con tal fin, del propio seno de dichos organismos"; y en la CTV, mediante elección "en asamblea general convocada con tal fin del propio seno de dicho organismo"[79]. Ninguna de las personas incluidas en todas estas ternas puede ser funcionario público.

Otro ejemplo de importancia de participación de intereses difusos y colectivos en la gestión es el previsto en la *Ley de Representación de los Trabajadores en los Institutos,* Organismos de Desarrollo Económico y Empresas del Estado [80], que establece la necesidad de que en las Juntas Directivas de estas organizaciones estatales haya "una repre-

---

73 *V.* en *Gaceta Oficial,* N° 33.011 de 2–7–1984. *V.* los comentarios a dicha ley en *Revista de Derecho Público* N° 20, Caracas, octubre– diciembre de 1984, en "Comentarios Legislativos por Allan R. Brewer–Carías", pp. 96 y ss. y Arístides Rengel Romberg (pp. 105 y ss.) y Judith Rieber de Bentata (pp. 86 a 95).

74 Art. 3.

75 Art. 14.

76 Art. 6, ord. 4.

77 *V.* en *Gaceta Oficial,* N° 1.711 Ext. de 30–12–1974.

78 Art. 20.

79 Art. 20.

80 *V.* en *Gaceta Oficial,* N° 29.105 de 23–12–1969. *V.* los comentarios en Allan R. Brewer–Carías, "La Ley de representación de los Trabajadores en los Institutos, Organismos de desarrollo y Empresas del Estado", en *Revista de la Facultad de Derecho,* UCAB, N° 4, Caracas, 1966–1967, pp. 199 a 212.

sentación de los trabajadores organizados" [81]. Esta representación, de acuerdo con dicha Ley, "la ejercerá la Conferencia, Federación o Sindicatos más calificados o de mayor importancia en la correspondiente rama industrial"[82]; y la designación del representante laboral corresponde efectuarla al órgano ejecutivo de adscripción de la entidad pública[83]. Una vez designado, dicho representante "formará parte del órgano directivo en igualdad de condiciones que los demás miembros de ese organismo"[84].

En particular, y en lo que concierne al régimen de la función pública, la *Ley de Carrera Administrativa*[85] dispone que el Directorio de la Oficina Central de Personal estará integrado por el Director–Ejecutivo de la Oficina, nombrado por el Presidente de la República, un Director nombrado por el Congreso; y un Director escogido por el Presidente de la República, "de una terna que le presentará la Confederación de Trabajadores de Venezuela o en su defecto la central sindical que afilie a la mayoría de los trabajadores organizados del país, en consulta con la Unión Nacional de Empleados Públicos o en su defecto con la organización sindical que agrupe a la mayoría de los empleados públicos" [86].

La participación en la gestión también está prevista para representantes de intereses difusos y colectivos de carácter no laboral, en *institutos autónomos de orden económico.* Así por ejemplo, la Ley de la Corporación de Desarrollo de la pequeña y Mediana Industria[87] prevé que en el Directorio de la misma, un director representará las Empresas del sector, escogido de la terna que presente el organismo gremial mayoritariamente representativo de los artesanos, pequeños y medianos industriales[88]. Asimismo, la Ley del Sistema Nacional de Ahorro y Préstamo [89] establece que en el Directorio del Banco Nacional de Ahorro y Préstamo, de seis miembros, dos serán elegidos por el Presidente de la República seleccionándolos de dos ternas que serán presentadas por la Federación Venezolana de Entidades de Ahorro y Préstamo[90]. Igualmente, en la Junta Administradora del Fondo de Crédito Industrial, establecido como Instituto autónomo a partir de 1978 [91], de los siete miembros, tres de ellos son elegidos de ternas que presentará el Consejo Venezolano de la Industria, la Confederación de Trabajadores de Venezuela y la Federación de Pequeños y Medianos Industriales de Venezuela[92].

Este mismo tipo de participación en la gestión, se ha establecido también en patrimonios autónomos de orden económico como sucede con el Fondo de Financiamiento de las Exportaciones, en cuyo directorio debe estar un representante de la Asociación Venezolana de Exportadores[93].

---

81 Art. 1.
82 Art. 2.
83 Art. 3.
84 Art. 5.
85 *V.* en *Gaceta Oficial,* N° 29.497 de 30–4–1971. *V.* los comentarios de Allan R. Brewer Carías, *El Estatuto del Funcionario Público y la Ley de Carrera Administrativa,* Caracas, 1971, pp. 181 y ss. 87 art. 8.
86 Art. 8.
87 *V.* en *Gaceta Oficial,* N° 1 748 Ext. de 26 de mayo de 1975.
88 Art. 3.
89 *V.* en *Gaceta Oficial,* N° 1.739 Ext. de 13–5–1975.
90 Art. 16.
91 *V.* en *Gaceta Oficial,* N° 2.254 Ext. de 22–5–1978.
92 Art. 9.
93 *V.* en *Gaceta Oficial,* N° 30.217 de 28–9–1973, art. 11.

B. La participación consultiva

Pero además de los casos mencionados de participación de las organizaciones representativas de los intereses difusos y. colectivos en la gestión administrativa, en la generalidad de los casos ha tenido un mayor desarrollo la participación consultiva, es decir, la participación orgánica de representantes de dichos intereses en órganos consultivos de la Administración. La misma Constitución establece la disposición del Estado a este tipo de participación consultiva, precisamente de intereses difusos y colectivos, al prever el artículo 109 que "La Ley regulará la integración, organización y atribuciones de los cuerpos consultivos que se juzguen necesarios para oír la opinión de los sectores económicos privados, la población consumidora, las organizaciones sindicales de trabajadores, los colegios de profesionales y las universidades, en los asuntos que interesan a la vida económica".

Sin duda se encuadra de este tipo de participación, la figura del *Consejo de Economía Nacional* (1944), creado por Decreto Ejecutivo [94] a la usanza de lo establecido en otras latitudes, como "organismo autónomo, apolítico y de carácter consultivo", con el objeto de "asesorar al Ejecutivo Nacional en todas aquellas cuestiones que interesen al desarrollo y coordinación de la Economía Nacional"[95]. El Consejo en su regulación original está formado por 17 miembros principales: tres graduados en alguna de las facultades o escuelas universitarias, dos empleados, dos obreros y uno por cada una de las siguientes instituciones o actividades: Banco Central, Banca, Comercio, Industria, Transporte, Agricultura, Cría, Pesca, Hidrocarburos y Minería" y en cuanto a la forma de elección, sólo los representantes de empleados y obreros se designan por el Ejecutivo Nacional de entre listas de candidatos presentadas por las Asociaciones o Sindicatos. El resto de los representantes son designados directamente por las organizaciones representativas de los intereses: los Rectores de las Universidades, el Directorio del Banco Central, el Consejo Bancario Nacional, y las Cámaras, asociaciones o corporaciones "representativas de las actividades correspondientes", determinadas por Fedecámaras[96].

En el mismo orden del Consejo de Economía Nacional, y para facilitar la coordinación de los grandes programas de inversión pública y privada que sirvieran de apoyo a la producción de insumos y a la dotación de servicios, y con el objeto de incorporar a los sectores que participaban en las distintas manifestaciones del que– hacer colectivo y el abastecimiento, al proceso de reorganización de la economía nacional, en 1974 se creó el *Consejo Nacional para la Producción y el Abastecimiento,* como órgano asesor para la formulación de recomendaciones al Ejecutivo Nacional en la materia, integrado además de por altos funcionarios públicos, por los Presidentes de la Fundación Instituto Venezolano de Productividad, de la Federación de Cámaras y Asociaciones de Comercio y Producción, de la Confederación de Trabajadores de Venezuela, de la Federación Campesina de Venezuela, del Consejo Venezolano de la Industria, de la Asociación Pro–Venezuela, de la Federación de Asociaciones de Productores Agropecuarios, de la Federación Nacional de Ganaderos y de la Federación de Pequeños y Medianos Industriales[97].

---

94 *V.* en *Compilación Legislativa de Venezuela* Decreto N° 211. Orgánico del Consejo de Economía Nacional, p. 801, V–15.

95 Art. 1.

96 Arts. 2 y 3.

97 Art. 2 del decreto N° 293 de 31–7–74, en *Gaceta Oficial,* N° 30.462 de 1–8–74.

Pero al margen de estos grandes cuerpos consultivos multisectoriales, en el *campo económico, innumerables Consejos, Comisiones* y *Comités Consultivos han sido* establecidos, en los cuales participan representantes de intereses difusos y colectivos, Tradicionalmente, la diferencia entre estas instituciones se ha establecido en base al lugar que ocupan en la jerarquía consultiva y a la permanencia o temporalidad de su función. Los Consejos por tanto, se encuentran generalmente en la cúspide de la Administración Consultiva, multisectorial (interministerial) o sectorial, y tienen carácter permanente. Las Comisiones por lo general, con misiones de asesoría, son temporales pues se refieren a una actividad determinada, aun cuando muchas de ellas, en escala ministerial, se constituyen *como cuerpos consultivos* permanentes. Los Comités, básicamente con cuerpos colegiados para trabajos específicos, designados en el seno de una organización administrativa.

Ahora bien como principio, en todos estos cuerpos consultivos es cada vez más frecuente la participación de representantes de organizaciones de intereses difusos y colectivos. Por ello, la propia Ley Orgánica de la Administración Central[98]faculta al Presidente de la República para "crear Comisiones, permanentes o temporales, integradas por funcionarios públicos u otras personas representativas de los diversos sectores de la vida nacional" para el examen y consideración de determinadas materias, remitiendo al Reglamento la determinación de "la integración de la representación de los sectores organizados, económicos, laborales, sociales y culturales en esas Comisiones" [99].

Conforme a esta orientación, entonces, multitud de mecanismos de participación consultiva se han establecido formalmente a todo lo largo y ancho de la Administración Pública, pasando a configurar un hábito administrativo contemporáneo. Por ejemplo, de acuerdo a la Ley General de Bancos y otros institutos de Crédito[100] el *Consejo Bancario Nacional* está integrado por un representante de cada uno de los bancos y otros institutos de crédito, regidos por la ley, de los bancos o entidades de crédito oficial y por la Superintendencia de Bancos[101], organismo que tiene la misión de servir de enlace en las relaciones entre el Ejecutivo Nacional y el sector bancario. Expresamente la Ley prescribe que "Las relaciones entre el Ejecutivo Nacional y el sector bancario e institutos privados representados en el Consejo Bancario Nacional deberán efectuarse necesariamente a través de este Consejo"[102], y además, tiene carácter consultivo respecto del Ejecutivo Nacional y el Banco Central de Venezuela.

En el sector seguros, la Ley de Empresas de Seguros y Reaseguros [103] también establece el *Consejo Nacional de Seguros,* integrado por el Superintendente de Seguros, un representante de cada una de las empresas de seguro, y de las empresas de reaseguro, tres representantes de los productores de seguro y un representante de las sociedades de corretaje de seguros, al cual se atribuyen funciones consultivas y asesoras respecto del Ejecutivo Nacional y la Superintendencia de Seguros[104].

Con el mismo carácter sectorial, también a título de ejemplo, pueden mencionarse los siguientes casos: el *Consejo de Desarrollo Agrícola,* en el cual participan representantes

98 *V.* en *Gaceta Oficial,* N° 1.932 Ext. de 28–12–1976.

99 Art. 7.

100 *V.* en *Gaceta Oficial,* N° 1.742 Ext. de 22–5–1975 (artículos 146 y ss.).

101 Art. 146

102 Art. 150.

103 *V.* en *Gaceta Oficial,* N° 1.763 Ext. de 8–8–1975.

104 Arts. 19 y 24.

de la Federación Nacional de Asociaciones de Productores Agropecuarios, de la Confederación de Productores Rurales, de la Federación Nacional de Ganaderos y de la Federación Venezolana de Pesquería[105]; el *Consejo Nacional de la Vivienda,* en el cual participan representantes del sector empresarial privado de la construcción, del Colegio de Ingenieros de Venezuela y de los Trabajadores de la Construcción [106]; el *Consejo Nacional de Recursos Humanos,* en el cual participan representantes de la Federación de Cámaras y Asociaciones de Comercio y Producción[107]; el *Consejo Nacional de la Cultura,* en el cual participan un representante propuesto de común acuerdo por la Federación de Ateneos, la Asociación de Escritores de Venezuela y el Colegio Nacional de Periodistas[108]; el *Consejo Nacional de la Energía,* en el cual participan representantes del Colegio de Ingenieros de Venezuela, de Fedecámaras, de la Federación Petroleros, Químicos y sus similares de Venezuela, y de los partidos políticos nacionales inscritos en el Consejo Supremo Electoral[109]; y el *Consejo Siderúrgico Nacional* en el cual participan el Presidente de la Asociación de Industriales Metalúrgicos, y el Presidente de la Sociedad de Ingenieros de Minas y Metalúrgicos[110].

A nivel ministerial también se han constituido órganos colegiados consultivos en áreas sectoriales específicas en los cuales participan representantes de intereses colectivos y difusos. Como ejemplo pueden mencionarse diversos *Comités Consultivos* en el área industrial que se han establecido por el Ministerio de Fomento como órganos consultivos permanentes de dicho Despacho: el *Comité Consultivo de la Industria Automotriz,* en el cual participan representantes de las Cámaras de la Industria de Vehículos Automotores, Cámara de Fabricantes Nacionales de Productos Automotores, Cámara de Fabricantes Nacionales de Productos Automotores, Asociación de Industriales Metalúrgicos, Asociación de Fabricantes de Cauchos y Neumáticos, Asociación de Fabricantes de Vidrios, Cámara Nacional de Importadores y Distribuidores de Repuestos Automotrices, Consejo Nacional de Distribuidores de Automotores y Máquinas, Cámara de Talleres Mecánicos, Central Única de Asociaciones Profesionales de Conductores de Autos de Alquiler, libre y por puestos, un representante de los Trabajadores organizados del sector, nombrado por el organismo sindical más calificado o de mayor importancia en la correspondiente rama industrial[111] y el *Comité Consultivo de la Industria de la Construcción,* en el cual participan representantes del Colegio de Ingenieros de Venezuela, de cada uno de los subsectores industriales siguientes: Empresas constructoras de prefabricados; empresas constructoras de viviendas de función social; empresas constructoras de edificaciones residenciales e institucionales; empresas constructoras de obras de infraestructura –vialidad y obras hidráulicas–; un representante de cada uno de los siguientes subsectores suministradores de insumos para el sector: Productores de cemento, cal, yeso y otros productos similares; productores de cabillas, aceros estructurales y otros productos similares; productores de materiales de alfarería; productores de pinturas; productores de piezas de herrería para la construcción, como ventanas, puertas, etc.; productores de carpintería para la construcción, productores de piezas sanita-

105 *V.* Decreto N° 1.797 en *Gaceta Oficial,* N° 31,091 de 19–10–76.
106 *V.* Decreto N° 398 en *Gaceta Oficial,* N° 29.331 de 1–10–70.
107 *V.* Decreto N° 1649 en *Gaceta Oficial,* N° 31.012 de 19–6–76.
108 *V.* la Ley del CONAC en *Gaceta Oficial,* N° 1.768 Extra, de 29–8–75.
109 *V.* Decreto N° 1.462 en *Gaceta Oficial,* N° 30.940 de 12–3–76.
110 *V.* Decreto N° 69 en *Gaceta Oficial,* N° 30.387 de 2–3–74.
111 *V.* Resoluciones N° 3.790 v 5.902 en *Gaceta Oficial,* N° 29.233 de 4–8–70 y *Gaceta Oficial,* N° 29.366 de 11–11–70.

rias y porcelanas y productos similares; productores de materiales para instalaciones sanitarias; productores para instalaciones eléctricas; representantes de equipos y maquinarias para la construcción; un representante de los consumidores de los productos del sector, escogidos por el Ministerio de Fomento; y un representante de los trabajadores organizados del sector, designado del organismo más calificado o de mayor importancia en la correspondiente rama industrial [112].

Pero el tema de la participación consultiva también se ha plasmado en regulaciones que inciden en la Administración regional. En este aspecto, debe señalarse la reforma del Reglamento de Regionalización adoptada en 1980, convertido en Decreto sobre Regionalización y Participación de la Comunidad en el Desarrollo Regional[113], en base a considerar que "la participación de la población organizada en la formulación de políticas, favorece la regionalización". En el mismo se dispuso que "En las Entidades Federales (los Estados, el Distrito Federal, los Territorios Federales y las Dependencias Federales) funcionará una *Asamblea de Participación,* que tendrá como finalidades plantear las aspiraciones colectivas, emitir opinión sobre los planes de desarrollo y precisar los aportes que los diversos sectores harán para su ejecución" [114], integrada por altos funcionarios de las Entidades, y representantes de los Concejos Municipales tanto de Municipios urbanos y rurales y además, por representantes de las organizaciones mayoritarias del sector empresarial; de las asociaciones de productores independientes, de las cooperativas; de la organización mayoritaria del sector campesino y del sector laboral; de las Universidades, de los Institutos de Educación Superior, de las Entidades culturales legalmente constituidas, de los gremios profesionales, de las asociaciones de profesionales egresados de otros Institutos de Formación Profesional y cuatro representantes de las Asociaciones de Vecinos[115] asimismo se prevé en el Decreto que el Gobernador respectivo proporcionará la creación de *Comités Municipales de Participación Ciudadana,* que tendrá como finalidades plantear las aspiraciones colectivas, emitir opinión sobre los planes de desarrollo y propiciar los aportes que los diversos sectores harán a la ejecución de sus programas" [116].

La participación en estas Comisiones o Comités en todo caso, también está prevista a nivel local en la Ley Orgánica de Régimen Municipal[117] al prescribir que "el Concejo Municipal podrá requerir la *cooperación vecinal* mediante la incorporación de personas o de representantes de la comunidad en: a) Comisiones asesoras, permanentes o especiales, del propio Concejo: b) Comisiones o Juntas de carácter administrativo a las cuales se les encomienden gestiones específicas de orden material, cultural, cívico, recreacional o moral o que .le asesoren en tales áreas: ye) cualesquiera otra forma de organización o colaboración vecinal" [118]. En todo caso, exige la Ley que se procurará que en dichos organismos según los casos, tengan representación las diversas organizaciones sindicales, gremiales u otras agrupaciones representativas de sectores de la comunidad.

112 *V.* Resoluciones N° 1.673 en *Gaceta Oficial,* N° 29.203 de 29–4–70.
113 Decreto N° 478 de 8–1–80 en *Gaceta Oficial,* N° 2.545 Ext. de 14 de enero de 1980.
114 Art. 31.
115 Art. 32
116 Art. 38.
117 *V.* en Ley Orgánica de Régimen Municipal, en *Gaceta Oficial,* N° 3.371 Extraordinario del 2 de abril de 1984.
118 Art. 156.

C. La participación cooperativa

Pero además de la participación en la gestión administrativa y de la participación consultiva, puede distinguirse un tercer tipo de participación, la cooperativa, conforme a la cual la estructura participativa de los intereses difusos o colectivos no llega a integrarse en la gestión de la actividad administrativa ni en la organización consultiva, sino que se establece como un mecanismo paralelo de cooperación o colaboración con la Administración. Un ejemplo de esta figura es la de la comunidad educativa regulada en la Ley Orgánica de Educación [119] como "institución formada por .educadores, padres o representantes, y alumnos de cada plantel", con la finalidad de "colaborar en el logro de los objetivos consagrados en la Ley". A tal efecto, en la Ley se estableció que la comunidad educativa debe contribuir "materialmente, de acuerdo con sus posibilidades, a las programaciones y a la conservación y mantenimiento del plantel. Su actuación será democrática, participativa c integradora del proceso educativo".[120] Para desarrollar normativamente la institución se dictó el Reglamento de la Comunidad Educativa[121] en el cual se precisaron sus objetivos como mecanismo de participación cooperativa, regulándose las Sociedades de Padres y Representantes, las organizaciones estudiantiles y las de Educadores.

Esta forma de participación cooperativa se puede también identificar en materia de *Defensa Civil* en cuyo Decreto regulador [122] se creó la Comisión Nacional de Defensa Civil, asignándosele la función de "fomentar y cooperar la acción de las instituciones especializadas en rescate, combate de incendios, servicios de salvamento y todas aquellas que por su naturaleza tengan que ver con la Defensa Civil"[123]. A ello se agrega la norma de la Ley Orgánica de Seguridad y Defensa[124] que establece la potestad del Presidente de la República "para disponer el alistamiento de la población o de determinado sector de la misma para integrarse a la defensa civil", previéndose la obligatoriedad "para toda la población" de las normas, órdenes e instrucciones dictadas en materia de defensa civil.[125]

En estos casos, por tanto, la participación cooperativa se puede convertir en una participación obligatoria no sólo de los grupos de intereses colectivos y difusos, sino de todos los individuos tal como se ha regulado tradicionalmente en materia de incendios forestales[126].

CONCLUSIÓN

Como puede verse, la participación, de hecho, ha venido penetrando progresivamente a la Administración Pública, en las más variadas formas; y las normas sobre su organización han venido regulando, también paulatinamente, estas formas de colaboración o

119 *V.* en *Gaceta Oficial,* N° 2.635 Ext. de 28 de julio de 1980.

120 Art. 73 y 74

121 *V.* Decreto N° 1.360 de 28–12–81 en *Gaceta Oficial,* N° 32.388 de 7–1 82.

122 *V.* Decreto N° 533 de 12–11–74 en *G.O.* N° 30.554 de 18–11–74.

123 Art. 5.

124 *V.* en *Gaceta Oficial,* N° 1.889 Ext. de 26 de agosto de 1976.

125 Art. 28 y 30

126 Art. 26 de la Ley Forestal de Sueldos y Aguas en *Gaceta Oficial,* N° 1.004 Extraordinario de 26 de enero de 1966.

integración de los particulares o representantes de intereses difusos y colectivos en las tareas administrativas. La propia Constitución ha dado la pauta y no sólo regula los mecanismos de participación consultiva[127], sino que prescribe incluso que "las obligaciones que corresponden al Estado en cuanto a la asistencia, educación y bienestar del pueblo no excluyen las que, en virtud de la solidaridad social, incumbe a los particulares según su capacidad"[128]. Y es que la participación no sólo debe verse como el ejercicio de un derecho por parte de los grupos de intereses, sino como la imposición de una carga en base a los deberes derivados de la solidaridad social. A tal efecto, también, la propia Constitución regula en los derechos sociales, la obligación del Estado de proteger "las asociaciones, corporaciones, sociedades y comunidades que tengan por objeto el mejor cumplimiento de los fines de la persona humana y de la convivencia social y fomentará la organización de cooperativas y demás instituciones destinadas a mejorar la economía popular"[129].

En todo caso, lo cierto es que la legislación reguladora de la Organización Administrativa, por esta irrupción de la participación derivada de la democratización que se ha querido imprimir a nuestra Administración, ha venido estando signada por el espíritu de la participación Central (1976) la cual, al regular las competencias' ministeriales insiste en la tesis de la participación. Así, entre las atribuciones del Ministerio del Ambiente y de los Recursos Naturales Renovables, está la de "orientar los procesos educativos y culturales a fin de promover una conciencia ambiental y conservacionista, y el fomento de iniciativas públicas y privadas que estimulen la participación ciudadana en los problemas relacionados con el ambiente y los recursos naturales renovables[130]; entre las atribuciones del Ministerio de Desarrollo Urbano está "la ejecución de las obras de desarrollo urbano de los centros poblados con la participación de la comunidad"[131]; y entre las atribuciones del Ministerio de la Juventud está la de "garantizar la participación de la juventud en el desarrollo económico–social del país", y en particular, "promover la participación de los sectores públicos y privados" en las actividades destinadas a la protección y desarrollo de la infancia, la juventud y la familia, "En tal sentido, se establecerán los mecanismos necesarios, a objeto de asegurar la participación de núcleos familiares organizados en la elaboración de las estrategias y planes generales del deporte, la recreación, la' protección y desarrollo social de la infancia, la juventud y la familia" [132]. En cuanto al sistema de planificación, la misma Ley Orgánica de la Administración atribuye a la Oficina Central de Coordinación y Planificación el "establecer los mecanismos necesarios a objeto de asegurar la participación de los sectores privados en el establecimiento de las estrategias de desarrollo económico y social y los Planes de la Nación"[133].

La participación, por tanto, está en el derecho positivo y está presente en la práctica del gobierno y la Administración; puede decirse que es el signo de nuestro tiempo. Sin embargo, como hemos dicho, la dogmática del derecho administrativo aún no acepta la idea misma de la participación. Al contrario, nos resistimos a superar el concepto de que la participación ciudadana sólo se circunscribe a las instancias políticas representa-

127 Art. 109.
128 Art. 57.
129 Art. 72.
130 Art. 36, ord. 17.
131 Art. 37, ord. 17.
132 Art. 39, ord. 13.
133 Art. 47, ord. 19.

tivas; y consecuencialmente al particular y a los intereses difusos o colectivos, todavía los vemos como destinatarios o beneficiarios de normas y actos que se dictan unilateralmente; y si el derecho administrativo destaca su presencia, es para calificarlos de grupos de presión o para montar todo un sistema sancionatorio en base a la psicosis de la corrupción. Parecería que el dogma es que todo contacto entre la Administración y los particulares, debe verse con receto, pues se estima que son irreconciliables el interés público, que legitima la actuación del Estado, y el interés particular y privado de los individuos. Este esquema solo cambiará, cuando comprendamos desde nuestras trincheras administrativas, que el interés general no es monopolio del Estado y su Administración Pública, y que también puede ser asumido –incluso con mayor efectividad– por particulares tomando cuerpo los intereses difusos y colectivos; y que, por tanto, la propia actividad administrativa enjuiciable en el contencioso–administrativo, ya ni siquiera es monopolio, tampoco, de los órganos administrativos clásicos, pues por la impregnación de la participación, comienzan a ser considerados como actos administrativos y, por tanto, sometidos al derecho administrativo, muchos adoptados por particulares. Cuando todo esto lo entendamos, un nuevo paso de transformación ocurrirá en nuestra disciplina, tan necesitada de sacudimiento

Sección Segunda: PARTICIPACIÓN CIUDADANA EN LA DESIGNACIÓN DE LOS TITULARES DE LOS ÓRGANOS NO ELECTOS DE LOS PODERES PÚBLICOS EN VENEZUELA Y SUS VICISITUDES POLÍTICAS

Esta Sección Segunda es el trabajo sobre "La participación ciudadana en la designación de los titulares de los órganos no electos de los Poderes Públicos en Venezuela y sus vicisitudes políticas" presentado como Ponencia al III Foro Iberoamericano de Derecho Administrativo sobre participación Ciudadana y Administración (Homenaje al Rector José Luis Meilan), La Coruña, Pazo de Mariñan, 6–9 octubre 2004, publicado en *Revista Iberoamericana de Derecho Público y Administrativo*, Año 5, Nº 5–2005, San José, Costa Rica 2005, pp. 76–95

I. LA DEMOCRACIA PARTICIPATIVA EN LA CONSTITUCIÓN DE 1999

Las críticas a la democracia representativa, fundamentadas más por la forma y carácter de la representación que en la representatividad misma, han venido provocando en el constitucionalismo contemporáneo, la introducción de reformas para consagrar en las Constituciones, tanto instrumentos de democracia directa como mecanismos para asegurar la participación ciudadana directa en la conducción de los asuntos públicos, sin la intermediación o mediatización de partidos o de asambleas. De allí las reformas que se han venido introduciendo en los regímenes democráticos contemporáneos, al establecerse la posibilidad del ejercicio de la soberanía por el pueblo o derecho a la participación política, además de indirectamente mediante representantes, en forma directa en la forma prevista en la Constitución. En este esquema es que se inserta el agregado que se hizo al artículo 5° de la Constitución venezolana de 1999[134], que contrasta con la tradición constitucional anterior que reducía el ejercicio de la soberanía al concepto de representación, en el sentido de que la soberanía también la puede ejercer el pueblo "directamente en la forma prevista en esta Constitución y en la Ley", regulándose a la vez, el derecho de participar en los asuntos públicos "directamente" (art. 62)[135].

La Constitución estableció entonces frente a la democracia representativa, mecanismos de democracia directa; pero es evidente que ellos no agotan las posibilidades de participación política ni puede conducir a identificar los mecanismos de democracia directa introducidos en la Constitución con el concepto de "democracia participativa"[136], que es mucho más amplio. Sin embargo, la confusión generalizada, por ejemplo, se aprecia de la sentencia de la Sala Electoral del Tribunal Supremo de Justicia, N° 170 del 22 de diciembre de 2000 (Caso: *Club Social Layalina vs. Consejo Nacional Electoral*), al señalar que la Constitución:

> Plantea un nuevo marco conceptual y teleológico en materia de participación política del ciudadano en los asuntos públicos. Es así que, los artículos 5 y 6 de la Carta Fundamental, consagran un nuevo modelo de democracia participativa, evolucionando de la clásica concepción de la democracia representativa, limitada al ejercicio de la soberanía popular únicamente por medio de la elección periódica de representantes. Por el contrario, la novel Carta Magna establece que la soberanía se ejerce directamente en la forma prevista en la Constitución y en las leyes, e indirectamente mediante el sufragio, por los órganos que ejercen el Poder Público. En consonancia con tales principios, el texto constitucional dedica una serie de normas a la consagración y regulación de las pautas fundamentales de novedosos mecanismos en el ordenamiento jurídico venezolano que permiten la participación política del soberano en los asuntos que le conciernen, mecanismos que enumera el artículo 70 de la Constitución, entre los cuales se encuentra el referendo, en sus distintas modalidades: revocatorio, abrogatorio, consultivo y aprobatorio. De igual manera, se prevé la participación soberana en el ejercicio de los mecanismos de enmienda y reforma constitucional, así como en la iniciativa de convocatoria en la Asamblea Nacional Constituyente[137].

---

134 *V.* Allan R. Brewer–Carías, *La Constitución de 1999. Derecho Constitucional Venezolano,* Tomo I, Caracas, 2004, pp. 210 y ss.

135 *V.*, en general, sobre la democracia participativa en la Constitución de 1999, Manuel Feo La Cruz, "La participación de la sociedad civil en el proceso de gestión pública. Retos y desafíos", en *El Derecho Público a comienzos del siglo XXI. Estudios homenaje al Profesor Allan R. Brewer–Carías,* Tomo I, Instituto de Derecho Público, UCV, Civitas Ediciones, Madrid, 2003, pp. 415–429; Yusby S. Méndez–Apolinar, "La obligación ciudadana de participar en los asuntos públicos, como expresión de la cultura democrática", en *El Derecho Público a comienzos del siglo XXI. Estudios homenaje al Profesor Allan R. Brewer–Carías,* Tomo I, Instituto de Derecho Público, UCV, Civitas Ediciones, Madrid, 2003, pp. 431–437; María L. Álvarez Chamosa; Paola A. A. Yrady, "La desobediencia civil como mecanismo de participación ciudadana", en *Revista de Derecho Constitucional,* N° 7 (enero–junio). Editorial Sherwood, Caracas, 2003, pp. 7–21; Ana P. Deniz, "La participación ciudadana en la Constitución de 1999", en *Revista de Derecho Constitucional,* N° 7 (enero–junio). Editorial Sherwood, Caracas, 2003, pp. 115–124; Fernando Flores Jiménez, "La participación ciudadana en la Constitución venezolana de 1999", en *Revista de Derecho Constitucional,* N° 5 (julio–diciembre). Editorial Sherwood, Caracas, 2001, pp. 75–88; Ángel Alegre Martínez, "Cultura de Derechos, Deberes y Participación", en *Revista de derecho del Tribunal Supremo de Justicia,* N° 5, Caracas, 2002, pp. 1 a 17.

136 *V.* Humberto Njaim, "Las implicaciones de la democracia participativa: un tema constitucional de nuestro tiempo", en *Constitución y Constitucionalismo Hoy.* Editorial Ex Libris, Caracas, 2000, pp. 719–742; Ricardo Combellas, "La democracia participativa y la Constitución de la República Bolivariana de Venezuela", en *Derecho Constitucional. General y Particular. Actualizado con la Constitución de la República Bolivariana de Venezuela del 24–03–2000,* Tomo I, Universidad Santa María, Caracas, pp. 279–305; Luis Salamanca, "La Constitución venezolana de 1999: de la representación a la hiper–participación ciudadana", en *Revista de Derecho Público,* N° 82 (abril–junio). Editorial Jurídica Venezolana, Caracas, 2000, pp. 85–105.

137 *V.* en *Revista de Derecho Público,* N° 84 (octubre–diciembre), Editorial Jurídica Venezolana, Caracas 2000, p. 168.

La Sala Constitucional del Tribunal Supremo de Justicia en sentencia Nº 23 de 22 de enero de 2003 (Caso: *Interpretación del artículo 71 de la Constitución*), en cambio, en forma amplia identificó el principio de participación que informa a la estructura y la actuación del Estado y sirve al objetivo de legitimar al poder, que es además un derecho fundamental de carácter político "pues considera al individuo en tanto que miembro de una comunidad política determinada, con miras a tomar parte en la formación de una decisión pública o de la voluntad de las instituciones públicas"; derecho que influye en otros de carácter político establecidos en la Constitución, como los derechos al sufragio (art. 63), de petición (art. 51), de acceso a cargos públicos (art. 62), de asociación política (art. 67), de manifestación (art. 68), y a ser informados oportuna y verazmente por la Administración Pública (art. 143), así como también opera en derechos sociales, como el derecho a la salud (art. 84); derechos educativos (art. 102) y derechos ambientales (art. 127, primer aparte)[138].

La democracia participativa, por tanto, no se agota en los mecanismos de democracia directa, sino que se materializa además en otros instrumentos constitucionales dispuestos para la intervención directa de los ciudadanos en la toma de decisiones en los asuntos públicos, los cuales sin embargo no han sido efectivamente desarrollados.

En cuanto a las formas de democracia directa, las enumera el artículo 70 de la Constitución, al describirse "los medios de participación y protagonismo del pueblo en ejercicio de su soberanía", así:

> ...en lo político: la elección de cargos públicos, el referendo, la consulta popular, la revocatoria del mandato, la iniciativa legislativa, constitucional y constituyente, el cabildo abierto y la asamblea de ciudadanos y ciudadanas cuyas decisiones serán de carácter vinculante....

Pero por supuesto, además de estos instrumentos de democracia directa hay otros medios cotidianos de participación política de los ciudadanos, como los propios de la democracia local que están por desarrollarse efectivamente, ya que sólo acercando el poder al ciudadano es que se pueden materializar, siendo en este nivel donde efectivamente puede hablarse de democracia participativa[139]. Además están algunos mecanismos establecidos a nivel nacional que establecen la participación directa de los representantes de los sectores de la sociedad en la toma de determinadas decisiones.

Uno de estos últimos mecanismos de participación política directa de los ciudadanos en la conducción de los asuntos públicos, se reguló en la Constitución para la integración de los "Comités de Postulaciones" para la designación, por la Asamblea Nacional, de los titulares de los órganos no electos popularmente del Poder Público; Comités que deben estar necesaria y solamente integrados por representantes de los diversos sectores de la sociedad. Estas notas están destinadas a comentar, precisamente, las vicisitudes políticas de esta modalidad de participación de los representantes de la sociedad civil en la designación de los titulares de los órganos no electos de los Poderes Públicos.

---

138 *V.* en *Revista de Derecho Público*, Nº 93–96, Editorial Jurídica Venezolana, Caracas 2003, (En prensa).

139 *V.* Allan R. Brewer–Carías. *Reflexiones sobre el constitucionalismo en América*, Editorial Jurídica Venezolana, Caracas 2001, pp. 48 y ss; y 137 y ss.

II. LA PENTA DIVISIÓN DEL PODER PÚBLICO NACIONAL

La Constitución venezolana de 1999, en efecto, en su artículo 136, además de organizar la forma federal del Estado conforme al principio de la distribución vertical del Poder Público en tres niveles territoriales (Nacional, Estadal y Municipal); establece el régimen del Poder Público Nacional conforme al principio de la separación orgánica de poderes, pero en una *penta división del Poder*, rompiendo así con la tradicional división tripartita del Poder Público (Legislativo, Ejecutivo y Judicial), al agregar dos más (Ciudadano y Electoral)[140], en la siguiente forma:

> El Poder Público Nacional se divide en Legislativo, Ejecutivo, Judicial, Ciudadano y Electoral.
>
> Cada una de las ramas del Poder Público tiene sus funciones propias, pero los órganos a los que incumbe su ejercicio colaborarán entre sí en la realización de los fines del Estado.

Sobre esta innovación constitucional, la Sala Electoral del Tribunal Supremo de Justicia, en sentencia N° 2 de fecha 10 de febrero de 2000, la justificó de la siguiente manera:

> La Constitución de la República Bolivariana de Venezuela, publicada en la Gaceta Oficial N° 36.860 del 30 de diciembre de 1999, modificó sustancialmente las bases del sistema político y del ordenamiento jurídico venezolano transformando las Instituciones que integran el Poder Público en sus diversas ramas. Una de las principales reformas concierne a la regulación de los derechos políticos (Título III, Capítulo IV, Sección Primera), tanto en lo que se refiere a la participación protagónica de los ciudadanos en los asuntos públicos mediante diversas modalidades especificadas en el correspondiente precepto constitucional (artículo 70), como respecto a la conformación orgánica de las Instituciones encargadas de instrumentar dicha participación (Cap. V del Poder Electoral).
>
> Es así como siguiendo esa línea transformadora, a la clásica trilogía de las ramas del Poder Público Nacional, esto es, Ejecutivo, Legislativo y Judicial, se adicionó el Poder Ciudadano y el Poder Electoral (artículo 136). Cabe destacar que esta modificación no ha obedecido a meras razones de técnica legislativa o de racionalidad en la distribución orgánica del Poder, sino que refleja –se insiste– en una concepción del Estado, y ello explica que se hayan consagrado sendos capítulos del Título referido a la organización del Poder Público Nacional destinados a regular esos dos nuevos Poderes, regulación constitucional que en el caso del Poder Electoral, expresa coherente y sistemáticamente la nueva concepción, pues supera claramente la tesis de la Constitución de 1961, que aludía genéricamente a unos órganos electorales, que debían ser contemplados en la Ley, con la finalidad exclusiva de permitir el ejercicio periódico (cada tres o cinco años) del derecho al sufragio activo y pasivo[141].

Ahora bien, los órganos estatales que ejercen estos Poderes Públicos Nacionales son, en líneas generales los siguientes: la Asamblea Nacional, que ejerce el Poder Legislativo; el Presidente de la República y sus Ministros, quienes ejercen el Poder Ejecutivo; el

---

140 *V.* en general, sobre la organización del Poder Nacional, Allan R. Brewer–Carías, *La Constitución de 1999. Derecho Constitucional Venezolano*, Tomo I, Caracas 2004, pp. 437 y ss.; Cecilia Sosa Gómez, "La organización política del Estado venezolano: El Poder Público Nacional", *Revista de Derecho Público,* N° 82 (abril–junio), Editorial Jurídica Venezolana, Caracas, 2000, pp. 71–83; C. Kiriadis Iongui, "Notas sobre la estructura orgánica del Estado venezolano en la Constitución de 1999", en *Temas de Derecho Administrativo: Libro Homenaje a Gonzalo Pérez Luciani,* Volumen I, Editorial Torino, Caracas, 2002, pp. 1031–1082; e Hildegard Rondón de Sansó, "Las transformaciones fundamentales en la organización y dinámica del Estado derivadas de la Constitución de 1999", en *Temas de Derecho Administrativo: Libro Homenaje a Gonzalo Pérez Luciani,* Volumen I, Editorial Torino, Caracas, 2002, pp. 619–643.

141 Exp. 004 (Caso: *Cira Urdaneta de Gómez contra el Consejo Supremo Electoral*), citada además en la sentencia N° 94 de 02–12–03 (Caso: *Robert Osuna y otros*) del Juzgado de Sustanciación de la Sala Constitucional del Tribunal Supremo de Justicia.

Tribunal Supremo de Justicia y los demás tribunales, que ejercen el Poder Judicial; la Fiscalía General de la República, la Contraloría General de la República y el Defensor del Pueblo, quienes ejercen el Poder Ciudadano; y el Consejo Nacional Electoral, que ejerce el Poder Electoral.

Los titulares de los órganos que ejercen el Poder Legislativo Nacional, es decir, los diputados a la Asamblea Nacional, son electos popularmente; al igual que el Presidente de la República, quién ejerce el Poder Ejecutivo Nacional junto con muchos otros funcionarios no electos de su sola designación (Vice–Presidente Ejecutivo, Ministros). En cuanto a los titulares de los órganos superiores de los otros tres Poderes Públicos (Judicial, Ciudadano y Electoral), en cambio, son designados por la Asamblea Nacional.

En todo caso, estos cinco conjuntos de órganos que derivan de la penta división del Poder Público, son concebidos constitucionalmente como autónomos e independientes, lo que debería originar un sistema institucional de pesos y contrapesos entre los Poderes del Estado, de manera que cada conjunto orgánico fuera completamente independiente en relación con los otros, particularmente en un sistema presidencial de gobierno; y, además, fueran autónomos.

Sin embargo, en cuanto a la independencia, de la relación entre los cinco Poderes se puede apreciar un desbalance general en la Constitución, al atribuirse a la Asamblea Nacional la potestad de *remover* a los Magistrados del Tribunal Supremo de Justicia (art. 265), al Contralor General de la República, al Fiscal General de la República y al Defensor del Pueblo (art. 279); así como a los integrantes del Consejo Nacional Electoral (art. 296). Con estas atribuciones en realidad se está en presencia de una primacía del Poder Legislativo (Asamblea Nacional) sobre el Poder Judicial, el Poder Ciudadano y el Poder Electoral, los titulares de cuyos órganos, en definitiva, en última instancia materialmente dependen de la voluntad política del Legislador.

Por otra parte, en la relación entre el Poder Ejecutivo Nacional y el Poder Legislativo, la Constitución optó por continuar con el sistema presidencial de gobierno, aún cuando se le hayan incrustado algunos elementos del parlamentarismo como ya había sucedido en la Constitución de 1961[142]. Sin embargo, en la Constitución de 1999, el presidencialismo se ha exacerbado por la extensión del período constitucional del Presidente de la República, con reelección inmediata; y por la pérdida de balance o contrapeso de los dos poderes, entre otros aspectos por la eliminación del bicameralismo. En efecto, el modelo presidencial escogido se combina con los siguientes cuatro factores: en *primer lugar,* la extensión del período presidencial a seis años; en *segundo lugar,* la reelección inmediata del Presidente de la República (art. 230), lo que atenta contra el principio de la alternabilidad republicana al permitir un largo período de gobierno de 12 años; en *tercer lugar,* lo complicado del referendo revocatorio del mandato (art. 72), lo que lo hace prácticamente inaplicable; y en *cuarto lugar,* la no adopción del principio de la elección del Presidente por mayoría absoluta y doble vuelta, conservándose la elección

142 *V.* en general, Julio C. Fernández Toro, "El nuevo paradigma del ejercicio del Gobierno. El sistema de gobierno en la Constitución de 1999", en *Revista de Derecho Constitucional,* N° 4 (enero–julio). Editorial Sherwood, Caracas, 2001, pp. 189–246; *V.* Donato Lupidii, "El sistema presidencial y la Constitución venezolana de 1999", en *El Derecho Público a comienzos del siglo XXI. Estudios homenaje al Profesor Allan R. Brewer–Carías,* Tomo I. Instituto de Derecho Público, UCV, Civitas Ediciones, Madrid, 2003, pp. 819–835; Miguel A. Gómez Ortiz, "El régimen presidencial en Venezuela", en *Bases y principios del sistema constitucional venezolano (Ponencias del VII Congreso Venezolano de Derecho Constitucional* realizado en San Cristóbal del 21 al 23 de Noviembre de 2001), Volumen II, pp. 299–336.

por mayoría relativa (art. 228), originando gobiernos electos con una minoría de votos, lo que hace al sistema ingobernable.

Con este modelo presidencialista, al que se agrega la posibilidad de disolución de la Asamblea Nacional por el Presidente de la República (Art. 236,22), aún cuando en casos excepcionales cuando se aprueben tres votos de censura parlamentaria contra el Vicepresidente Ejecutivo (art. 240); se exacerbó el presidencialismo que no encuentra siquiera contrapeso en un bicameralismo que se eliminó (el Senado fue eliminado en 1999) y que más bien se reforzó con otras reformas, como la regularización de las leyes habilitantes o de delegación legislativa a los efectos de emisión de Decretos–Leyes y no sólo en materia económica y financiera (art. 203), lo que podría significar un atentado a la garantía constitucional de la reserva legal en la regulación de los derechos constitucionales. Otro elemento que debe mencionarse en la relación entre los Poderes del Estado, es la atribución dada al Tribunal Supremo de Justicia para decretar, sin mayores precisiones, "la destitución del Presidente de la República" (art. 233).

En cuanto a la autonomía de los órganos de los Poderes Públicos Nacionales, la Constitución buscó asegurarla particularmente en relación con los partidos políticos, estableciendo mecanismos de participación de la sociedad civil en la designación de aquellos titulares de los órganos no electos del Poder Público, es decir, de los Magistrados del Tribunal Supremo de Justicia, del Fiscal General de la República, del Contralor General de la República y del Defensor del Pueblo, así como de los miembros del Consejo Nacional Electoral.

III. LOS COMITÉS DE POSTULACIONES INTEGRADOS POR REPRESENTANTES DE LA SOCIEDAD CIVIL

En efecto, puede decirse que uno de los motivos principales que originó la crisis política y la necesidad de convocar una Asamblea Nacional Constituyente para adelantar la reforma constitucional como la que se hizo en 1999, fue la reacción general de la sociedad contra la democracia meramente representativa de partidos, buscando su perfeccionamiento con aspectos de democracia de participación.

La crítica al sistema tradicional de designación de los altos funcionarios públicos no electos por el antiguo Congreso Nacional (Fiscal General, Contralor General, Magistrados de la Corte Suprema) que establecía la Constitución de 1961, y que le daba poder discrecional para ello mediante los acuerdos entre los partidos políticos, puede decirse que fue generalizada en el país. La queja se refería a la falta de participación de la sociedad civil en tales nombramientos, y al monopolio que ejercían los partidos políticos representados en el Congreso, en dichas designaciones[143].

Por ello, en la Asamblea Nacional Constituyente de 1999, en esta materia se impuso el principio de la participación sobre el principio de la representatividad, y si bien se le atribuyó a la Asamblea Nacional la competencia para designar a los titulares de los órganos no electos popularmente del Poder Público, la reforma más importante que se

143 *V.* por ejemplo, Allan R. Brewer–Carías, *Los problemas del Estado de Partidos*, Editorial Jurídica Venezolana, Caracas 1988.

introdujo consistió en *quitarle a la Asamblea la potestad discrecional para hacer tales nombramientos.*

En concreto, la Constitución reguló una forma precisa de *participación activa de la sociedad,* consistente en atribuirle a unos Comités de Postulaciones integrado por sus "representantes" la *potestad exclusiva* de hacer las postulaciones de candidatos para ocupar dichos altos cargos ante la Asamblea Nacional. El sistema constitucional adoptado, en consecuencia, por una parte, impide que se puedan formular postulaciones para tales designaciones directamente ante la Asamblea Nacional; y por otra parte, la Asamblea Nacional no podría designar personas distintas a las postuladas por los Comités de Postulaciones.

Esos Comités se han concebido en la Constitución, como órganos intermedios, algunos permanentes, que obligatoriamente deben estar integrados por *representantes de los diferentes sectores de la sociedad,* es decir, de organizaciones no estatales. Los Comité de Postulaciones, por tanto, son diferentes a la Asamblea Nacional, por lo que los representantes populares no podrían formar parte de los mismos, ya que los diputados, por esencia, no son parte de la sociedad civil. Así lo estableció, además, la Sala Constitucional del Tribunal Supremo en sentencia N° 1395 de 21 de noviembre de 2000 (Caso: *William Dávila y otros vs. Ministerio de Finanzas*), al analizar el artículo 326 de la Constitución relativo a la seguridad de la Nación, señalando en forma muy restrictiva que:

1) Que la sociedad civil es diferente al Estado y a los entes que lo componen (Estados, Municipios, Institutos Autónomos, Fundaciones Públicas, Sociedades con capital de los Poderes Públicos, etc.). En consecuencia, el Estado no puede formar parte, bajo ninguna forma directa o indirecta, de la sociedad civil. Fundaciones, Asociaciones, Sociedades o grupos, totalmente financiados por el Estado, así sean de carácter privado, no pueden representarla, a menos que demuestren que en su dirección y actividades no tiene ninguna influencia el Estado.

2) Que estando el Estado conformado por ciudadanos que pertenecen a fuerzas políticas, la sociedad civil tiene que ser diferente a esas fuerzas, cuyos exponentes son los partidos o grupos políticos. Consecuencia de ello, es que las organizaciones políticas no conforman la sociedad civil, sino la sociedad política cuyos espacios están delimitados por la Constitución y las leyes. Por lo tanto, todo tipo de participación partidista en personas jurídicas, desnaturaliza su condición de organizaciones representativas de la sociedad civil.

La sociedad civil la forman los organismos e instituciones netamente privados, mientras que la sociedad política es el dominio directo que se expresa en el Estado y en el gobierno jurídico, en el cual contribuyen los partidos en un régimen democrático...[144].

Sin embargo, a pesar de todas estar regulaciones constitucionales, y de la insistencia en el texto de la Constitución del tema de la participación política de los administrados, en la práctica política y legislativa, dicha participación no se ha asegurado, habiendo conservado y asegurado la Asamblea Nacional, materialmente el mismo poder discrecional que tenía el antiguo Congreso Nacional en la designación de los titulares de los órganos no electos del Poder Público, es decir, de los Magistrados del Tribunal Supremo de Justicia, del Fiscal General de la República, del Contralor General de la Repúbli-

144 Expediente OO–1901. La Sala Electoral del Tribunal Supremo de Justicia, por su parte, en sentencia N° 30 del 28 de marzo de 2001 (Caso: *Víctor Maldonado vs. Ministerio de la Familia*) indicó que a llamada 'sociedad civil', debe ser entendida "como la organización democrática de la sociedad, *no estatal*, política, religiosa o militar, que busca fines públicos coincidentes con los del Estado", en *Revista de Derecho Público,* N° 85–88, Editorial Jurídica Venezolana, Caracas 2001, p. 340.

ca y del Defensor del Pueblo, así como de los miembros del Consejo Nacional Electoral.

IV. LA DESIGNACIÓN DE LOS MAGISTRADOS DEL TRIBUNAL SUPREMO Y LAS VICISITUDES DEL COMITÉ DE POSTULACIONES JUDICIALES

1. El Comité de Postulaciones Judiciales

La Constitución concibe al Comité de Postulaciones Judiciales (art. 270), como un órgano asesor del Poder Judicial para la selección de los candidatos a Magistrados del Tribunal Supremo de Justicia (art. 264). Igualmente, el Comité debe asesorar a los Colegios Electorales Judiciales para la elección de los jueces de la jurisdicción disciplinaria.

Este Comité de Postulaciones Judiciales, conforme lo indica el artículo 270 de la Constitución debe estar "integrado por representantes de los diferentes sectores de la sociedad, de conformidad con lo que establezca la ley".

En efecto, en particular, en cuanto a la designación de los Magistrados del Tribunal Supremo de Justicia, el artículo 264 de la Constitución, dispone que las postulaciones de candidatos a Magistrados sólo puede hacerse ante el Comité de Postulaciones Judiciales, por iniciativa propia de los candidatos o por organizaciones vinculadas a la actividad jurídica. Como órgano asesor del Poder Judicial para la selección de los candidatos a Magistrados del Tribunal Supremo de Justicia, el Comité de Postulaciones Judiciales es un órgano permanente que, además, debe asesorar a los Colegios Electorales Judiciales para la elección de los jueces de la jurisdicción disciplinaria.

Al exigirse que el Comité esté integrado "por representantes de los diferentes sectores de la sociedad, de conformidad con lo que establezca la Ley" (art. 270), se trata, en definitiva, de un *mecanismo directamente regulado en la Constitución* que asegura la participación de los "diversos sectores de la sociedad" en la gestión de asuntos públicos. No se trata de un mecanismo de consulta y mucho menos a través de mesa de diálogos, sino de participación activa.

2. El procedimiento para la designación de Magistrados y su violación por la propia Asamblea Nacional Constituyente

Ahora bien, el procedimiento constitucional previsto para la designación de los Magistrados del Tribunal Supremo, que debía ser regulado en la Ley, es el siguiente: El Comité, recibidas las postulaciones y "oída la *opinión de la comunidad*, efectuará una preselección para su presentación al Poder Ciudadano". Este órgano, integrado por el Fiscal General de la República, el Defensor del Pueblo y el Contralor General de la República (art. 273), debe efectuar "una segunda preselección que será presentada a la Asamblea Nacional, la cual hará la selección definitiva" (art. 264)[145].

145 *V.* nuestro voto salvado en esta materia en Allan R. Brewer–Carías, *Debate Constituyente, (Aportes a la Asamblea Nacional Constituyente)*, Tomo III, Caracas 1999, pp. 201 y ss. y 290.

Ahora bien, a pesar de las exigencias constitucionales, la forma de designación de los Magistrados ha sido sucesivamente violentada, comenzando incluso, por la propia Asamblea Nacional Constituyente, en las designaciones que hizo el 22 de diciembre de 1999, mediante el "Decreto sobre el Régimen Transitorio del Poder Público" dictado el 22 de diciembre de 1999[146], dos días después de la "proclamación" de la Constitución y una semana después de haberse aprobado la Constitución mediante el referendo celebrado el 15 de diciembre de 1999) y sin previsión alguna en su texto para ello; y todo ello, antes de su entrada en vigencia, cuya publicación fue deliberadamente demorada hasta el 30–12–99[147]. Las designaciones de altos funcionarios del Estado que con ese texto se hicieron, incluidos los Magistrados del Tribunal Supremo, no siguieron las previsiones constitucionales; indicando que los nombramientos serían "de carácter provisorio" hasta tanto la Asamblea Nacional realizase las designaciones o ratificaciones definitivas *de conformidad con la Constitución* (art. 20).

3. El procedimiento para la designación de Magistrados y su violación por la Asamblea Nacional electa en 2000

Por tanto, la Asamblea Nacional electa en 2000, tenía el mandato constitucional (tanto en virtud del texto expreso de la Constitución, como en virtud del Régimen Transitorio del 22–12–99 al cual el Tribunal Supremo había reconocido rango constitucional) de designar a los Magistrados en forma definitiva de conformidad con la Constitución.

Por supuesto, la forma de integración de los Comités de Postulaciones era esencial para que se aplicara la Constitución, por lo que la Asamblea Nacional estaba obligada *a llenar el vacío legal* mediante una legislación que regulase los Comités de Postulaciones. Pero la Asamblea Nacional, en 2000, legisló *para no legislar*, al sancionar una "Ley Especial para la Ratificación o Designación de los Funcionarios y Funcionarias del Poder Ciudadano y Magistrados y Magistradas del Tribunal Supremo de Justicia para el primer período constitucional" de 14 de noviembre de 2000[148]. Con dicha Ley especial la Asamblea Nacional violó tanto los artículos 264, 270 y 279 de la Constitución, como los artículos 20 y 33 del propio Decreto de la Asamblea Nacional Constituyente sobre Régimen de Transición del Poder Público; las cuales exigían que la Asamblea Nacional, una vez electa, realizara las designaciones definitivas de los altos funcionarios "de conformidad con la Constitución".

La referida Ley Especial para la designación de los altos funcionarios públicos del Poder Judicial y del Poder Ciudadano, sin embargo, violó la Constitución al establecer un régimen para tales designaciones sin conformarse a lo establecido en la misma, al no organizar los Comités de Postulaciones que exigía, integrados precisamente por representantes de los diversos sectores de la sociedad, y en cambio, los sustituyó por una Comisión Parlamentaria.

En efecto, la Ley Especial dispuso que la Asamblea Nacional para hacer las designaciones de los mencionados funcionarios públicos, designaría una "Comisión integrada por 15 diputados o diputadas, que actuará como Comisión de Evaluación de Postulaciones" (art. 3); la cual, una vez instalados sus miembros, debían seleccionar, "a través de

146 *V.* en *Gaceta Oficial* Nº 36.859 de 29–12–99

147 *V.* en *Gaceta Constituyente (Diario de Debates), Noviembre 1999–Enero 2000, cit.* Sesión de 22–12–99, Nº 51, pp. 2 y ss. Véase *Gaceta Oficial* Nº 36.859 de 29–12–99; y *Gaceta Oficial* Nº 36.860 de 30–12–99.

148 *Gaceta Oficial* Nº 37.077 de 14–11–00.

mecanismos de consulta, una lista de 12 representantes de los diversos sectores de la sociedad, que presentará ante la Asamblea Nacional para que ésta proceda a designar, por mayoría absoluta, 6 representantes, quienes integrarán la Comisión y actuarán como miembros de la misma, con derecho a voz y voto" (art. 4).

Se dispuso, además, que "para hacer efectivos los principios de publicidad y participación de la ciudadanía", la Comisión debía implementar "dichos mecanismos a través de consultas y participación de las comunidades", para lo cual debía instrumentar "mesas de diálogo donde estén representados los diversos sectores de la sociedad y con las cuales se consultarán y evaluarán las postulaciones recibidas" (art. 5). Esos representantes debían ser designados por la Comisión de listas que presentaran "las diversas organizaciones de la ciudadanía interesadas en participar en el proceso" (art. 6). Las postulaciones recibidas para la designación de los integrantes de los Poderes Públicos Nacionales regulados en la Ley, debían ser objeto de consulta pública a los efectos de que se presentasen ante el Comité los respaldos u objeciones fundadas (art. 7). Como resultado del proceso, la Comisión debía elaborar una lista de postulados para ser sometida a la consideración de la Asamblea Nacional, para la designación definitiva (art. 9).

Basta leer dicha Ley Especial para evidenciar su inconstitucionalidad. Utilizando la fraseología participativa, fue una burla a la Constitución y constituyó el inicio de la continuada confiscación del derecho a la participación política de los administrados que, sin embargo, está reconocida en forma expresa en el Texto Constitucional. La Asamblea Nacional, para proceder a designar a los mencionados altos funcionarios del Estado, por supuesto que tenía que dictar las respectivas leyes orgánicas que exigía la Constitución y llenar el vacío legal existente. Sin embargo, fue la propia Asamblea la que renunció a legislar lo que debía y, en su lugar, "prorrogó" el régimen transitorio por su carencia legislativa, dictando, en lugar de las leyes orgánicas respectivas, la Ley Especial mencionada, que violaba la Constitución[149].

Como consecuencia del procedimiento de designación establecido en la Ley, mediante sendos Acuerdos[150] la Asamblea Nacional designó al Fiscal General de la República, al Defensor del Pueblo, al Contralor General de la República y a los Magistrados del Tribunal Supremo de Justicia, sin ajustarse a lo que disponían los artículos 264, 270 y 279 de la Constitución. La Asamblea Nacional, así, se burló de la Constitución, lo que incluso provocó que la Defensora del Pueblo en funciones, antes de ser injustificadamente sustituida, intentara una acción de nulidad por inconstitucionalidad con una pretensión de amparo contra la Ley Especial ante la Sala Constitucional del Tribunal Supremo.

Lamentablemente, el Tribunal Supremo de Justicia, cuyos Magistrados habían sido producto del régimen transitorio, legitimó la omisión del legislador y justificó la violación de la Constitución en una decisión adoptada por la Sala Constitucional, precisamente al abrirse el juicio de nulidad de la Ley Especial iniciado por la Defensora del Pueblo, el 12 de diciembre de 2000, días antes de la designación por la Asamblea Nacional de los referidos altos funcionarios del Estado[151]; decisión en la cual la Sala se fundamentó en la interminable transitoriedad constitucional derivada del proceso cons-

149 *V.* en general, Carlos Luis Carrillo Artiles, "El desplazamiento del principio de supremacía constitucional por la vigencia de los interregnos temporales", *Revista de Derecho Constitucional*, N° 3, Caracas, 2000, pp. 86 y ss.

150 Publicados en *Gaceta Oficial* N° 37.105 de 22–12–00.

151 *V.* en *Revista de Derecho Público*, N° 84, (octubre–diciembre), Editorial Jurídica Venezolana, Caracas, 2000, pp. 108 y ss.

tituyente. Para poner término al mismo, la Asamblea Nacional debía dictar las Leyes Orgánicas necesarias para que las nuevas instituciones pudieran entrar definitivamente en funcionamiento. Por ello, la afirmación que de seguidas hizo la misma Sala Constitucional:

La normalización total de las instituciones nuevas como el Poder Ciudadano y el Tribunal Supremo de Justicia requieren de Leyes Orgánicas que desarrollen el texto constitucional, y mientras ellas no se dicten, las mismas se rigen por dos cuerpos legales coexistentes e integrativos: Decreto sobre el Régimen de Transición de Poder Público y la Constitución de la República Bolivariana de Venezuela, en lo que se complementan.

Por ello, en fallo de esta Sala, de fecha 30 de junio de 2000 (caso Defensoría del Pueblo), la Sala enfatizó que cuando las Leyes Orgánicas respectivas se dictaren, cesaría definitivamente el régimen provisorio que gobierna a las instituciones, actualmente carentes de dichas Leyes especiales, pero mientras tanto, conformaban un solo bloque constitucional el Régimen Transitorio del Poder Público y la Constitución de la República Bolivariana de Venezuela, tal como lo ha apuntado esta Sala en fallos de fecha 14 de marzo y 28 de marzo de 2000.

De manera que el Régimen Transitorio estaría vigente hasta que la Asamblea Nacional dictase las referidas leyes orgánicas, por lo que conforme a la doctrina de la Sala, mientras esas leyes orgánicas no se dictasen, el régimen transitorio y provisorio continuaría indefinidamente. Pero en lugar de exhortar a la Asamblea Nacional a dictar dichas leyes, la Sala lo que hizo fue "legitimar" el contenido de la "Ley Especial" mencionada que no contenía las regulaciones que debían contener las leyes orgánicas indicadas, aceptando así, la burla a la Constitución[152]. No se debe dejar de mencionar que en la "Exposición de Motivos" que acompañó el Proyecto de Ley Especial, se afirmó como motivación la "falta de disposiciones expresas que regulen la designación de los integrantes del Poder Ciudadano y de los Magistrados del Tribunal Supremo de Justicia", (que sólo la Asamblea Nacional podía dictar), constatando que "aun no existen los órganos que han de intervenir en tal designación" (que sólo la Asamblea Nacional podía regular), por lo cual se señalaba que "la Asamblea Nacional debe cubrir el vacío legal".

No se percató la Asamblea Nacional que el vacío legal debía cubrirlo ella misma, no mediante la Ley Especial que violaba la Constitución, sino mediante la sanción, precisamente, de las leyes orgánicas que exigía la Constitución con las cuales se pondría final al régimen provisorio y transitorio. Al renunciar a su obligación, la Asamblea Nacional "prorrogó" deliberadamente dicho régimen, el cual quedó vigente a su antojo, y el Tribunal Supremo así lo avaló, renunciando a su obligación de "asegurar la integridad de la Constitución" (art. 334) y garantizar su "supremacía y efectividad" (art. 335)[153].

152 El Director General de la Defensoría del Pueblo, Juan Navarrete, calificó la decisión del Tribunal Supremo de Justicia como un abuso de poder. *V. El Universal,* Caracas, 14–12–00, p. 1–2.

153 *V.* lo expuesto en Allan R. Brewer–Carías, *Golpe de Estado y Proceso Constituyente en Venezuela,* UNAM, México, 2002, pp. 389 y ss.

4. El procedimiento para la designación de Magistrados y su violación por la Ley Orgánica del Tribunal Supremo de Justicia de 2004

La Ley Orgánica del Tribunal Supremo de Justicia, en todo caso, se dictó cuatro años después, en mayo de 2004[154], repitiéndose en sus disposiciones el texto de las normas constitucionales sobre el Comité de Postulaciones Judiciales como órgano asesor del Poder Judicial (Artículo 13, párrafo 1°), que debe ser designado por un período de 2 años, por mayoría simple de la Asamblea Nacional, "como máximo órgano representativo de la sociedad venezolana" (artículo 13, párrafo 2°).

Sin embargo, en lugar de estar integrado sólo y exclusivamente "por representantes de los diversos sectores de la sociedad" como exige la Constitución, la Ley Orgánica dispuso que estaría integrado por "once (11) miembros principales, con sus respectivos suplentes, cinco (5) de lo cuales serán elegidos del seno del órgano legislativo nacional, y los otros seis (6) miembros, de los demás sectores de la sociedad, los cuales se elegirán en un procedimiento público (Art. 13, párrafo 2°). Los diputados a la Asamblea Nacional, por esencia, no podrían considerarse representantes de la sociedad civil.

Se trataba, en todo caso, nuevamente de una "Comisión parlamentaria ampliada", con sede en la propia Asamblea Nacional (Art. 13) y, cuyos gastos, corren a cargo de la propia Asamblea, lo que confirma el carácter parlamentario de la "Comisión".

La exigencia constitucional de un Comité de Postulaciones Judiciales "integrado por representantes de los diversos sectores de la sociedad", resultaba de nuevo violentada, y con ello, el derecho ciudadano a la participación política, y como a raíz de la nueva Ley Orgánica se aumentaba el número de Magistrados de 20 a 35, con las nuevas designaciones se pretendía aumentar el control del Poder Político sobre el Tribunal Supremo[155].

En la Ley Orgánica, en todo caso, se regularon mecanismos de consulta pública para la selección de los candidatos a Magistrados. En efecto, conforme a la Ley, el proceso de preselección de candidatos debe ser público, a cuyo efecto, el Comité de Postulaciones Judiciales debe convocar a los interesados mediante un aviso, que se debe publicar al menos en 3 diarios de circulación nacional, el cual debe contener los requisitos que deben reunir de conformidad con la Constitución y la Ley Orgánica, y el lugar y plazo de recepción de las mismas; el cual no debe ser mayor de 30 días continuos (Artículo 14, párrafo 1°).

Una vez concluidas las postulaciones, el Comité de Postulaciones Judiciales, conforme al artículo 14, párrafo 2° de la Ley, debe hacer publicar el día hábil siguiente, en un diario de circulación nacional, los nombres de los postulados con indicación expresa que los interesados pueden impugnar ante ese mismo órgano, mediante prueba fehaciente, a cualquiera de los candidatos en un plazo de 15 días continuos, contados a partir de la publicación de la lista. Vencido dicho lapso, el Comité de Postulaciones Judiciales se debe pronunciar sobre las objeciones recibidas en un lapso de 8 días continuos, y debe notificar por cualquier medio al afectado, para una audiencia dentro de los

---

154 *Gaceta Oficial* N° 37.942 de 20–05–2004. Véase los comentarios a la Ley en Allan R. Brewer–Carías, *Ley Orgánica del Tribunal Supremo de Justicia. Procesos y procedimientos constitucionales y contencioso–administrativos*, Caracas, 2004.

155 Por ello, el Presidente de la República decía en relación con la Ley Orgánica, que "Tan pronto llegue a las puertas de Miraflores (Palacio de Gobierno), la firmaré para que se activen los mecanismos previstos para revisar uno a uno los requisitos para ser magistrado... A ver si los cumplen", *El Nacional*, Caracas 17–05–2004, p. A–6

3 días siguientes, a fin de que exponga sus alegatos o probanzas destinadas a contradecir las impugnaciones hechas en su contra.

El Comité de Postulaciones Judiciales debe aprobar, por las 2/3 partes de sus integrantes, el baremo que se debe utilizar para la preselección de los postulados; y conforme al artículo 14, párrafo 5°, preseleccionar entre los postulados un número no inferior al triple de los cargos de Magistrados del Tribunal, y al día siguiente debe remitir al Poder Ciudadano la lista de preseleccionados con sus respectivos expedientes. En el Poder Ciudadano, el Comité de Evaluación de Postulaciones del Poder Ciudadano, dentro de los 10 días continuos a la recepción de la documentación enviada por el Comité de Postulaciones Judiciales, debe hacer una segunda preselección para ser presentada a la Asamblea Nacional, a fin de que realice la selección definitiva dentro de los 5 días continuos a la recepción de la documentación enviada por el Comité de Evaluación de Postulaciones del Poder Ciudadano (Artículo 14, párrafo 6°).

En los meses siguientes a la publicación de la Ley Orgánica, entre junio y julio, se cumplió el procedimiento antes indicados, a los efectos de la designación de 15 nuevos Magistrados dado el aumento del número de los mismos de 20 a 35 conforme a la nueva Ley, y la Asamblea Nacional había elaborado la lista de los postulados. En ella había hasta diputados del partido de gobierno, incluso con altos cargos políticos en el mismo, que para tales efectos habrían "renunciado" a su filiación partidista, y algunos altos funcionarios públicos, como el Presidente del Poder Electoral quien aspiraba a cambiar de lugar. Ello provocó todo tipo de protestas a nivel nacional[156] e internacional[157].

V. EL COMITÉ DE EVALUACIÓN DE POSTULACIONES DEL PODER CIUDADANO Y SU FALTA DE IMPLEMENTACIÓN

Conforme al artículo 273 de la Constitución el Poder Ciudadano se ejerce por el Consejo Moral Republicano integrado por el Defensor del Pueblo, el Fiscal General de la República y el Contralor General de la República, órganos que tienen a su cargo, como atribución común de conformidad con la Constitución y la ley, prevenir, investigar y sancionar los hechos que atenten contra la ética pública y la moral administrativa; velar por la buena gestión y la legalidad en el uso del patrimonio público, el cumplimiento y la aplicación del principio de la legalidad en toda la actividad administrativa del Estado, e igualmente, promover la educación como proceso creador de la ciudadanía, así como la solidaridad, la libertad, la democracia, la responsabilidad social y el trabajo (art. 274).

Los órganos del Poder Ciudadano, conforme a la Constitución, también son autónomos e independientes, y su organización y funcionamiento debe establecerse en ley orgánica, a cuyo efecto la Asamblea Nacional en 2001, sancionó la Ley Orgánica del Poder Ciudadano[158].

---

156 *V.* por ejemplo, las impugnaciones de candidatos "partidistas" en *El Nacional*, Caracas, 02–07–2004, p. A–4; 16–07–2004, p. A–6.

157 *V.* por ejemplo, el Informe de Human Rights Watch, *Manipulando el Estado de Derecho. Independencia del Poder Judicial amenazada en Venezuela*, junio de 2004, Vol. 16. N° 3 (B), en el cual se denunció el texto de la Ley Orgánica como instrumento para el control del Tribunal Supremo de Justicia por el gobierno. *V.* las referencias en *El Nacional*, Caracas, 18–06–2004, p. A–2; 20–06–2004, p. A–4.

158 *Gaceta Oficial* N° 37.310 de 25–10–2001.

Ahora bien, a los efectos del nombramiento de los titulares de los órganos del Poder Ciudadano por la Asamblea Nacional, la Constitución dispone en su artículo 279, que el propio Consejo Moral Republicano debe convocar un Comité de Evaluación de Postulaciones del Poder Ciudadano, el cual también debe estar integrado "por representantes de los diversos sectores de la sociedad". Dicho Comité debe adelantar un proceso público de cuyo resultado se debe obtener una terna por cada órgano del Poder Ciudadano, que debe ser sometida a la consideración de la Asamblea Nacional la cual, mediante el voto favorable de las 2/3 partes de sus integrantes, escogerá en un lapso no mayor de 30 días continuos, al titular del órgano del Poder Ciudadano que esté en consideración. Si concluido este lapso no hay acuerdo en la Asamblea Nacional, el Poder Electoral debe someter la terna a consulta popular.

El artículo 279 dispone, sin embargo, que en caso de no haber sido convocado el Comité de Evaluación de Postulaciones del Poder Ciudadano, la Asamblea Nacional debe proceder, dentro del plazo que determine la ley, a la designación del titular del órgano del Poder Ciudadano correspondiente. Por último, la misma norma dispone que los integrantes del Poder Ciudadano pueden ser removidos de sus cargos por la Asamblea Nacional, previo pronunciamiento del Tribunal Supremo de Justicia, de acuerdo con lo establecido en la ley.

En cuanto al Comité de Evaluación de Postulaciones del Poder Ciudadano, que conforme a esta norma debía estar integrado por representantes de diversos sectores de la sociedad, como antes se señaló, la Asamblea Nacional sancionó en 2000, la mencionada "Ley Especial para la Ratificación o Designación de los Funcionarios y Funcionarias del Poder Ciudadano y Magistrados y Magistradas del Tribunal Supremo de Justicia para el primer período constitucional" de 14–11–00[159], la cual, en nuestro criterio como antes se analizó, violó el artículo 279 de la Constitución, que imponía a la Asamblea Nacional, una vez electa, realizar las designaciones definitivas del los integrantes del Poder Ciudadano "de conformidad con la Constitución". Nuevamente, en lugar de crear el Comité mencionado, la Ley Especial creó una "Comisión parlamentaria" para los nombramientos, los cuales se hicieron, incluso a pesar de la impugnación de la Ley Especial por la Defensora del Pueblo, quien luego fue removida de su cargo.

En 2001, en todo caso, la Asamblea Nacional estaba obligada constitucionalmente a llenar el vacío legal que había justificado la llamada transitoriedad constitucional, y proceder a regular detalladamente la forma de integración del Comité de Evaluación de Postulaciones del Poder Ciudadano, para precisamente asegurar la participación ciudadana mediante su integración con representantes de diversos sectores de la sociedad. Sin embargo, de nuevo la Asamblea se negó a legislar en esta materia, a pesar de haber sancionado la Ley Orgánica del Poder Ciudadano en 2001[160], al establecer en su artículo 23, que el Comité debía estar integrado "en un número no mayor de 25 miembros" pero "cuyos requisitos serán establecidos en el Ordenamiento Jurídico Interno del Consejo Moral Republicano", confiscándose de nuevo el derecho ciudadano a la participación política.

En efecto, en esta Ley se repitió la norma constitucional en el sentido de que la integración del Comité se debe hacer "con representantes de diversos sectores de la sociedad", indicándose sólo que "El Consejo Moral Republicano procurará la participación

159 *Gaceta Oficial* N° 37.077 de 14–11–00.
160 *Gaceta Oficial* N° 37.310 de 25 de octubre de 2001.

del mayor número de sectores en la designación de los miembros del Comité de Evaluación de Postulaciones" (Art. 26); y nada más.

Lo que debió se materia de regulación por la propia Asamblea Nacional en una Ley Orgánica a los efectos de asegurar la participación de los sectores de la sociedad civil en el proceso de postulación de los titulares de los órganos superiores del Poder Ciudadano, se remitió a una regulación interna que deberían dictar los propios titulares transitoriamente designados de dichos órganos, en una normativa interna; normativa que sin embargo, cuatro años más tarde no había sido dictada[161].

VI. EL COMITÉ DE POSTULACIONES ELECTORALES Y LA CONFISCACIÓN DEL DERECHO CIUDADANO A LA PARTICIPACIÓN

1. La autonomía y despartidización de los órganos electorales

Como se ha dicho, otra innovación de la Constitución de 1999 fue haber elevado a rango constitucional como órgano del Poder Electoral, al órgano de control electoral, el cual conforme a la anterior Constitución de 1961 (art. 113), sólo tenía rango legal. La misión esencial de los órganos del Poder Electoral es la de garantizar la igualdad, confiabilidad, imparcialidad, transparencia y eficiencia de los procesos electorales, así como la aplicación de la personalización del sufragio y la representación proporcional (art. 293)[162].

De acuerdo con el artículo 292 de la Constitución, el Poder Electoral se ejerce por el Consejo Nacional Electoral como ente rector y, como organismos subordinados a éste, por la Junta Electoral Nacional, la Comisión de Registro Civil y Electoral y la Comisión de Participación Política y Financiamiento. El artículo 294 de la Constitución, precisa que los órganos del Poder Electoral se rigen por los principios de independencia orgánica, autonomía funcional y presupuestaria, despartidización, imparcialidad y participación ciudadana; descentralización de la administración electoral, transparencia y celeridad del acto de votación y escrutinios.

En particular, como consecuencia de la llamada "despartidización" de los órganos del Poder Electoral, que eliminaba la participación directa que antes tenían los partidos políticos en el control de los procesos electorales al tener representantes en el antiguo Consejo Supremo Electoral, la Sala Electoral del Tribunal Supremo de Justicia en sen-

---

161 El Consejo Moral Republicano dictó mediante Resolución N° CMR–2003–006 de 23–05–2003 sobre la Estructura Organizativa y Funcional de dicho Consejo (*Gaceta Oficial* N° 37.719 de 26–06–2003), en la cual sin embargo, nada se estableció en relación con el Comité de Evaluación de Postulaciones del Poder Ciudadano.

162 *V.* María A. Correa de Baumeister, "El Poder Ciudadano y el Poder Electoral en la Constitución de 1999", en *El Derecho Público a comienzos del siglo XXI. Estudios homenaje al Profesor Allan R. Brewer–Carías,* Tomo I, Instituto de Derecho Público, UCV, Civitas Ediciones, Madrid, 2003, pp. 982–995; Rafael Méndez García, "Estudio del Poder Electoral (controles)", en *Bases y principios del sistema constitucional venezolano (Ponencias del VII Congreso Venezolano de Derecho Constitucional* realizado en San Cristóbal del 21 al 23 de Noviembre de 2001), Volumen II, pp. 355–383; Alfonso Rivas Quintero, *Derecho Constitucional,* Paredes Editores, Valencia–Venezuela, 2002, pp. 517 y ss.; Ricardo Combellas, *Derecho Constitucional: una introducción al estudio de la Constitución de la República Bolivariana de Venezuela,* Mc Graw Hill, Caracas, 2001, pp. 203 y ss; e Hildegard Rondón de Sansó, *Análisis de la Constitución venezolana de 1999,* Editorial Ex Libris, Caracas, 2001, pp. 265 y ss.

tencia N° 71 de 23 de junio de 2000 consideró que los artículos 75 y 76 de la Ley Orgánica del Sufragio y Participación Política habían quedado tácitamente derogados por la Constitución en lo que se refiere al derecho que tenían los partidos políticos para designar representantes ante el máximo organismo electoral[163]. En esa misma sentencia y en otras anteriores y posteriores, la Sala sin embargo, aclaró que esa despartidización "no comporta la necesaria exclusión de todo tipo de mecanismo de participación de los partidos políticos en los procesos electorales"[164].

En todo caso, la autonomía de los órganos del Poder Electoral persigue básicamente asegurar su sujeción exclusivamente a la Constitución y a la ley, y garantizar su no sujeción respecto de los partidos políticos o respecto de las mayorías parlamentarias; y fue para garantizar dicha autonomía, que la Constitución limitó el poder discrecional que había tenido el anterior Congreso para la designación de los titulares del órgano superior del Poder Electoral, quitándole entonces también a la Asamblea Nacional toda discrecionalidad para efectuar dichos nombramientos.

Los integrantes del Consejo Nacional Electoral son designados por la Asamblea Nacional con el voto de las 2/3 partes de sus integrantes; duran siete años en sus funciones y deben ser elegidos por separado: los tres postulados o postuladas por la sociedad civil al inicio de cada período de la Asamblea Nacional, y los otros dos a la mitad del mismo (art. 296).

En efecto, el artículo 296 de la Constitución exige que el Consejo Nacional Electoral debe estar integrado por cinco personas no vinculadas a organizaciones con fines políticos; exigiendo que tres de ellos sean postulados por la sociedad civil, uno por las Facultades de ciencias jurídicas y políticas de las Universidades Nacionales, y uno por el Poder Ciudadano. Los tres integrantes postulados por la sociedad civil deben tener seis suplentes en secuencia ordinal, y cada designado por las Universidades y el Poder Ciudadano tendrá dos suplentes, respectivamente.

Se estableció así, una primera limitación al poder de designación por parte de la Asamblea Nacional, al exigirse que la misma no pueda libremente escoger a los designados, sino que los mismos deben necesariamente ser postulados por los sectores e instituciones indicados. Pero la Constitución fue más limitante aún al crear en el artículo 295, un "Comité de Postulaciones Electorales de candidatos a integrantes del Consejo Nacional Electoral", el cual debe estar "integrado por representantes de los diferentes sectores de la sociedad, de conformidad con lo que establezca la ley".

Es decir, que los candidatos postulados por la sociedad civil, las Facultades de Derecho y el Poder Ciudadano, tienen que ser presentados por ante el Comité de Postulaciones Electorales, y es este Comité el que debe hacer la selección y, en definitiva, hacer la propuesta a la Asamblea. La Asamblea Nacional, por tanto, no puede designar persona alguna que no venga incluida en las propuestas del Comité de Postulaciones. En esta forma se quiso garantizar en el propio texto de la Constitución un mecanismo de participación de la sociedad civil en la designación de los miembros del Consejo Nacional Electoral: primero, al indicar que necesariamente tres de los cinco miembros del órgano electoral deben ser postulados "por la sociedad civil" y segundo, al exigir que todas las

---

163 *V.* en *Revista de Derecho Público*, N° 82, (abril–junio), Editorial Jurídica Venezolana, Caracas, 2000, pp. 236 y ss.

164 *V.* las sentencias de la Sala Electoral N° 10 de 25–02–2000 en *Revista de Derecho Público*, N° 81 (enero–marzo), Editorial Jurídica Venezolana, Caracas, 2000, pp. 170 y ss. y N° 7 de 05–02–2001 en *Revista de Derecho Público*, N° 85–88, Editorial Jurídica Venezolana, Caracas, 2001, pp. 188 y ss.

postulaciones se deban presentar necesariamente ante un Comité de Postulaciones Electorales, que tiene que estar integrado exclusivamente "por representantes de los diferentes sectores de la sociedad, de conformidad con lo que establezca la ley".

2. El incumplimiento de la Constitución y el secuestro del Poder Electoral perpetrado por la Asamblea Nacional Constituyente

Ahora bien, a pesar de todas las anteriormente indicadas previsiones constitucionales, como se ha dicho, la misma Asamblea Nacional Constituyente que había redactado la Constitución, violó su texto iniciando un largo proceso de secuestro del Poder Electoral que se ha prolongado hasta el presente.

En efecto, en la Constitución aprobada por referendo el 15 de diciembre de 1999, en sus Disposiciones Transitorias nada se regulaba sobre la posible designación inmediata de los titulares de los órganos del Poder Electoral, por lo que los miembros del Consejo Supremo Electoral existente, debían permanecer en sus cargos, hasta tanto la nueva *Asamblea Nacional* que se eligiese, designara sus sustitutos conforme al procedimiento y criterios de transparencia de postulación y selección previstos en la nueva Constitución. Nada en contrario se disponía en la Constitución aprobada por el pueblo[165].

La primera manifestación de secuestro del Poder Electoral por el poder político, y la primera violación de la Constitución de 1999, luego de su aprobación en el referendo de 15 de diciembre de 1999, y antes de su publicación el 30 de diciembre de 1999, por tanto, fue realizada por la propia Asamblea Nacional Constituyente en los días posteriores al referendo aprobatorio, mediante la emisión del antes mencionado Decreto de "Régimen de Transición del Poder Público", el 22 de diciembre de 1999[166].

Así, ante la ausencia de alguna regulación en las Disposiciones Transitorias de la nueva Constitución que se refiriera a cesación en sus cargos de los titulares de los órganos del Poder Público y al nombramiento de nuevos funcionarios para ello, el afán sobrevenido de quienes controlaban el Poder del Estado de asaltar todos los poderes mediante la sustitución de todos los titulares de los órganos del Estado sin esperar la elección de la nueva Asamblea Nacional; la Asamblea Nacional Constituyente, sin tener competencia constitucional alguna para ello y, por tanto, en forma ilegítima, dictó el mencionado Decreto de Régimen de Transición, destituyendo a todos los titulares del Poder Público constituido (excepto el Presidente de la República), creando entonces un "vacío institucional" que la propia Asamblea luego se encargaría de llenar a su gusto y discreción. Así se nombró en el mismo Decreto a los miembros del primer Consejo Nacional Electoral post constitucional, pero por supuesto, sin que la Asamblea Constituyente respetara las precisas normas que ella misma había diseñado para garantizar la autonomía e independencia del Poder Electoral y las normas que regulaban el derecho a la participación política de la sociedad civil.

---

165 En realidad, la única previsión del texto constitucional sobre designación inmediata de algún funcionario público fue la relativa al Defensor del Pueblo, cargo que era creación de la nueva Constitución. Por ello fue la única solución constitucional que con razón se previó en las Disposiciones Transitorias (Novena) aprobadas por el pueblo, atribuyéndole expresamente a la Asamblea Nacional Constituyente su nombramiento provisional, hasta tanto la nueva Asamblea Nacional que se eligiese designare definitivamente a dicho funcionario.

166 *V. Gaceta Constituyente (Diario de Debates), Noviembre 1999–Enero 2000*, Sesión de 22–12–9, Nº 51, pp. 2 y ss. *V. Gaceta Oficial* Nº 36.859 de 29–12–99; y *Gaceta Oficial* Nº 36.860 de 30–12–99

En esta forma la Asamblea Nacional Constituyente, careciendo totalmente de competencia para ello, y en forma ilegítima, en el Decreto del 22 de diciembre de 1999 se auto atribuyó competencia para designar a los integrantes del Consejo Nacional Electoral (art. 40), designaciones que realizó días después con carácter provisorio, al nombrar a personas, todas vinculadas al nuevo poder y a los partidos que apoyaban al gobierno, lo que incluso no garantizaba la imparcialidad electoral necesaria, burlándose del artículo 296 de la nueva Constitución. Así, el nuevo Poder Electoral inició sus funciones, "dejando sin efecto las elecciones efectuadas en los gremios profesionales a partir del 30 de diciembre de 1999" y suspendiendo "todos los procesos electorales en curso en los gremios profesionales" disponiendo que los mismos sólo podían realizarse a partir del segundo semestre de 2000[167].

Pero además, la Asamblea Nacional Constituyente en su Decreto de 22 de diciembre de 1999, se había auto atribuido competencia para fijar la oportunidad de las primeras elecciones para los cargos representativos previstos en la Constitución (art. 39), y para dictar un Estatuto Electoral del Poder Público que debería regir en los primeros comicios para la elección de todos los cuerpos representativos legislativos y los órganos ejecutivos del Poder Público, que sancionó el 30 de enero de 2000[168], con el cual se derogó parcialmente la Ley Orgánica del Sufragio y Participación Política. En la misma fecha, la misma Asamblea Nacional Constituyente, sin autoridad alguna para ello, mediante otro Decreto fijó para el día 28 de mayo del 2000 la realización de las primeras elecciones nacionales, estadales y municipales y para representantes ante el Parlamento Andino y el Parlamento Latinoamericano. En el Estatuto Electoral a fin de controlar sus decisiones, se dispuso que las relativas a "la organización de los comicios previstos en el presente Estatuto Electoral (los primeros procesos comiciales de 2000) requerirán del voto de una mayoría calificada de por lo menos cuatro (4) de sus integrantes" (art. 29).

Dichas elecciones, ante el fracaso del Consejo Nacional Electoral nombrado por la propia Asamblea Constituyente, tuvieron que ser suspendidas con la intervención de la Sala Constitucional del Tribunal Supremo (a la cual el Estatuto Electoral otorgaba la competencia exclusiva en materia de amparo contra las decisiones del Consejo Nacional Electoral, art. 30, Parágrafo Primero), mediante sentencia Nº 483 de 29 de mayo de 2000 (Caso: *Queremos Elegir y otros*) en la cual se declaró con lugar un amparo constitucional con efectos *erga omnes*[169], debiendo entonces realizarse varios meses después, en agosto de 2000.

3. El incumplimiento de la Constitución y el continuado secuestro del Poder Electoral por la Comisión Legislativa Nacional

Como consecuencia de ese fracaso del Consejo Nacional Electoral en la organización de las elecciones que se le habían encomendado, políticamente sus integrantes se vieron obligados a renunciar pues de lo contrario habrían sido removidos. La sustitución de los mencionados funcionarios la asumió la "Comisión Legislativa Nacional", órgano legislativo también transitorio no regulado en la Constitución y, por tanto, ilegítimo, que había sido también nombrado a dedo por la misma Asamblea Nacional Constituyente en

167 Resolución Nº 000204-25 de 04-02-2000, *Gaceta Oficial* Nº 36.892 de 15-02-2000.

168 *V.* en *Gaceta Oficial* Nº 36.884 de 03-02-00

169 *V.* en *Revista de Derecho Público*, Nº 82, (abril-junio), Editorial Jurídica Venezolana, Caracas 2000, pp. 332 y ss.

el mismo Régimen de Transición del Poder Público de 22 de diciembre de 1999. Dicha Comisión, entonces, designó un nuevo Consejo Nacional Electoral, para lo cual no respetó la estricta normativa constitucional sobre el Comité de Postulaciones Electorales y la participación de la sociedad civil. La selección de candidatos se hizo mediante una "Comisión parlamentaria ampliada", la cual oyó a diversos sectores de las organizaciones de la sociedad, resultando el nombramiento como miembros del Consejo Nacional Electoral, de un grupo de personas, la mayoría independientes[170]. Ese Consejo Nacional Electoral fue el que organizó las elecciones de agosto de 2000, y dada su composición, para fines del año 2002 aparecía con una mayoría de miembros independientes del poder político.

4. El nuevo incumplimiento de la Constitución y la confiscación del derecho a la participación de la sociedad civil realizado por la Asamblea Nacional

La urgencia del poder político para volver a controlar el Poder Electoral mediante el nombramiento definitivo de los integrantes del Consejo Nacional Electoral en sustitución de los que habían sido transitoriamente nombrados con anterioridad, llevó a la Asamblea Nacional, aún cuando bien tardíamente, a sancionar el 20 de septiembre de 2000, la Ley Orgánica del Poder Electoral promulgada el 19 de noviembre de 2002[171].

Dicha Ley Orgánica, sin embargo, a pesar de las exigencias constitucionales, no respetó la exigencia constitucional respecto de la integración del Comité de Postulaciones Electorales con representantes de los diversos sectores de la sociedad. En cambio lo que estableció fue de nuevo una "Comisión parlamentaria ampliada" con el nombre de Comité de Postulaciones. En efecto, el artículo 19 de la Ley Orgánica dispuso que el "Comité de Postulaciones Electorales está integrado por veintiún (21) miembros, de los cuales once (11) son Diputadas o Diputados designados por la plenaria de la Asamblea Nacional con las dos terceras (2/3) partes de los presentes, y diez (10) postuladas o postulados por los otros sectores de la sociedad", con lo que se confiscó el derecho a la participación política de los diversos sectores de la sociedad civil de integrar en forma exclusiva el Comité de Postulaciones. Al contrario, violándose la norma constitucional, se conformó un "Comité" con mayoría de Diputados los cuales por ser parte del Poder Legislativo, no son parte de la sociedad civil, tal y como la ha definido la citada doctrina de propia Sala Constitucional del Tribunal Supremo.

Adicionalmente, debe señalarse que el 22 de enero de 2003, con ocasión de la presentación ante el Consejo Nacional Electoral de más de tres millones de firmas respaldando la solicitud de convocatoria a un referendo consultivo sobre la renuncia del Presidente de la República, la Sala Electoral del Tribunal Supremo en diversas sentencias dictadas en 2002 y 2003[172], había paralizado el funcionamiento del máximo órgano electoral al resolver sobre el quórum de su funcionamiento, habiendo quedado en suspenso el derecho a la participación política.

---

170 *V.* Decreto publicado en *Gaceta Oficial* N° 36.965 de 05–06–2000.

171 *V.* en *Gaceta Oficial* N° 37.573 de 19–11–2002

172 *V.* Allan R. Brewer–Carías, *La Sala Constitucional vs. el Estado democrático de derecho (El secuestro del Poder Electoral y de la Sala Electoral del Tribunal Supremo y la confiscación del derecho a la participación política)*, Caracas, 2004, pp. 60 y ss.

5. El continuado incumplimiento de la Constitución y el secuestro del Poder Electoral por la Sala Constitucional del Tribunal Supremo al conocer de la omisión del Legislador

A pesar de que la Ley Orgánica del Poder Electoral se había sancionado en noviembre de 2002, y de que se había constituido en la Asamblea Nacional, aún inconstitucionalmente, el Comité de Postulaciones; a pesar de haberse cumplidos los pasos previos para la designación de los miembros del Consejo Nacional Electoral mediante la recepción y selección de postulaciones conforme a lo que la Ley Orgánica del Poder Electoral; sin embargo, la Asamblea no pudo lograr acuerdos para la designación de los Rectores del nuevo Consejo Nacional Electoral que pudieran tomar decisiones, como la que se había acordado en la Mesa de Negociación y Acuerdos entre el Gobierno y la Oposición, con la mediación de la Organización de Estados Americanos, para convocar un referendo revocatorio presidencial.

Ello motivó que se ejercieran ante la Sala Constitucional diversos recursos contra la omisión de la Asamblea Nacional en designar a los Rectores del Consejo Nacional Electoral, lo que motivó la emisión de la sentencia Nº 2073 de 4 de agosto de 2003 (Caso: *Hermann Escarrá Malavé y otros*) mediante la cual la Sala consideró como inconstitucional la omisión de la Asamblea Nacional, y la instó a hacer las designaciones de los Rectores del Consejo Nacional Electoral, con una serie de lineamientos, otorgándole un plazo de 10 días para que cumpliera con su obligación. La Sala, además, anunciaba que si no lo hacía dentro de dicho término, ella corregiría en lo que fuese posible la situación que naciera de la omisión concreta, que no era otra que: "Si transcurrido el lapso aquí señalado, la Asamblea Nacional no ha procedido a nombrarlos, la Sala lo hará dentro de un término de diez (10) días continuos". En la sentencia, a todo evento, la Sala hizo los siguientes razonamientos y dejó sentado los siguientes criterios, que enmarcaron la forma conforme a la cual se operaría el secuestro del Poder Electoral:

En *primer lugar*, que en caso de omisión de nombramientos, las designaciones que pudiera hacer la Sala no podían ser sino provisorias, pero "acompañadas o no de los lineamientos que según este sentenciador se consideren necesarios para el cumplimiento de la función". Siendo provisorios los nombramientos, los nombrados cesarían en sus funciones cuando el órgano competente asumiera su competencia e hiciera los nombramientos, "en el tiempo que lo crea conveniente; o cuando la propia Sala –por motivos justificados– les revoca el cargo conferido". La Sala Constitucional, así, anunciaba desde ya que como consecuencia de la omisión legislativa en hacer los nombramientos, para el caso de que la propia Sala lo hiciera, se arrogaba la potestad también de revocarlos.

En *segundo lugar*, la Sala consideró que para realizar los nombramientos provisorios, debía "adaptarse a las condiciones que la Ley exige al funcionario", pero aclarando sin embargo, que "debido a la naturaleza provisoria y a la necesidad de que el órgano funcione", la Sala no requería *"cumplir paso a paso las formalidades legales que exige la Ley al elector competente, ya que lo importante es llenar el vacío institucional, hasta cuando se formalice lo definitivo"*. Se desligaba así la Sala, de las exigencias legales que en cambio sí debía cumplir el elector omiso, para llenar el "vacío institucional" que ella misma había contribuido a crear. Para ello dejó sentado el criterio de que "de corresponder a esta Sala llenar los vacíos, ella puede hacerlo con personas de la lista de postulados admitidos como aspirantes a Rectores, o *puede hacerlo con personas fuera de la lista*, o combinando ambos grupos. Con respecto a las personas, a tomarse en cuenta, que no hayan sido presentadas por el Comité de Postulaciones, éstas deberán reunir los mismos requisitos legales que los postulados".

Insistió la Sala sobre su desvinculación con la Ley para hacer las designaciones provisorias señalando que al ser "urgente y necesario el funcionamiento del Poder Electoral y por ello, y por ser provisorio, no aplica en todo su alcance la Ley Orgánica del Poder Electoral, sino lo establecido en el artículo 296 constitucional en cuanto a la procedencia de los rectores electorales, los cuales no deben tener vinculación con organizaciones políticas, lo que significa que no tienen militancia política pública, ni se hayan manifestado públicamente a favor de partidos políticos o grupos electorales favorables al gobierno, a la oposición, o a cualquier otra tendencia política". La Sala Constitucional, sin embargo, consideró que los Rectores que pudiere nombrar debían cumplir los requisitos del artículo 9 de la Ley Orgánica del Poder Electoral.

En *tercer lugar*, la Sala Constitucional constató la existencia del "vacío institucional", a pesar de que existiera un Consejo Nacional Electoral, el cual conforme al Decreto sobre Régimen de Transición del Poder Público, consideró que tenía "carácter provisorio". Consideró la Sala que "la falta de designación de los rectores, en el lapso legal, constituye un vacío que debe esta Sala llenar, si no lo hace la Asamblea Nacional".

En *cuarto lugar*, la Sala Constitucional decidió que en virtud de que "el nombramiento de los rectores –así sean provisorios– se trata de un hecho que trasciende lo jurídico"..."a partir de esta fecha, podrá oír a los Presidentes o Secretarios Generales de las organizaciones políticas representadas en la Asamblea, así como a los representantes de la sociedad civil que ella escoja, utilizando para determinar quienes conforman a la sociedad civil, el criterio expuesto por la Sala en fallos del 23 de agosto de 2000 y 21 de noviembre de 2000 (Casos: *Ruth Capriles Méndez y William Dávila Barrios y otros)*; e, igualmente, podrá consultar al Poder Ciudadano y a los representantes de las facultades de Ciencias Jurídicas y Políticas que considere necesarios, a fin de cumplir con lo dispuesto en el artículo 296 constitucional". En esta forma, la Sala anunciaba que si suplía la omisión del Legislador, no sólo lo haría con criterio jurídico sino político. Se apartaba así, la Sala, de lo que había expresado en sentencia N° 457 de 5 de abril de 2001 (Caso: *Francisco Encinas Verde y otros*) en la cual había clarificado que si bien "la Jurisdicción Constitucional es *eo ipso*, jurisdicción sobre lo político... no es equiparable a jurisdicción política". La Sala, en la sentencia N° 2073 que comentamos, al contrario, anunciaba que actuaría como jurisdicción política.

En *quinto lugar*, en forma congruente con el anuncio de ingerencia en lo político, la Sala Constitucional anunció no sólo que "si la Asamblea no hace los nombramientos, los hará la Sala", sino que podía "señalar a los rectores algunas disposiciones –que sin alterar su independencia– sean por ellos cumplidas, y pudiendo, igualmente, proveer la integración de alguno o todos de los órganos subordinados, señalando quien los dirigirá, y decretando un cronograma de actuaciones para que el ente cumpla sus cometidos". Es decir, la Sala Constitucional anunciaba que iría mucho más allá que a suplir la omisión legislativa, y prescribiría lineamientos que los nombrados debían cumplir y haría nombramientos adicionales, quitándole tal potestad a los miembros del Consejo Nacional Electoral que nombrara. La salvedad respecto de la independencia del Poder Electoral, por tanto, no era más que un simple saludo a la bandera.

En *sexto lugar*, la Sala Constitucional, al reconocer el derecho de los ciudadanos a solicitar referendos consultivos y revocatorios, y constatar que para la fecha no existía una legislación sobre los mismos que garantizaran su ejercicio, prescribió que "a fin que no se haga nugatorio tal derecho, y para lograr la primacía de las normas constitucionales, la Sala estima que el Consejo Nacional Electoral puede dictar normas dirigidas al ejercicio de esos derechos políticos, los cuales perderán vigencia cuando se dicten las normas respectivas por la Asamblea Nacional; a objeto de garantizar el carácter normativo de la Constitución". Es decir, la Sala Constitucional, al constatar ahora de oficio la omisión legislativa en dictar las leyes reguladoras de ese derecho ciudadano, también de oficio se pronunciaba sobre tal omisión, "autorizando" al Consejo Nacional Electoral nada menos que para suplir al Legislador y dictar "leyes orgánicas" que son las que pueden regular los derechos políticos conforme al artículo 203 de la Constitución, agregando en su decisión que "para lograr la consulta electoral, el Consejo Nacional Electoral provisorio, deberá regular los referendos, la autenticidad de quienes los solicitan, etc., a fin de dar cumplimiento a la Disposición Transitoria Tercera citada, que es del tenor siguiente: 'Tercera: El Consejo Nacional Electoral dentro del primer año siguiente a su instalación elaborará el Proyecto de Ley de Registro del Estado Civil de las Personas, el Proyecto de Ley de los Procesos Electorales y de Referendos, y lo presentará ante la Asamblea Nacional' ". Una cosa ciertamente era la competencia del Consejo Nacional Electoral para elaborar los proyectos de ley, y otra cosa era "regular" esas materias como lo "autorizaba" la Sala, al insistir que "La Sala estima que el Consejo Nacional Electoral puede dictar normas dirigidas al ejercicio de esos derechos políticos, los cuales perderán vigencia cuando se dicten las normas respectivas por la Asamblea Nacional".

La Sala Constitucional, transcurridos los 10 días que le había otorgado a la Asamblea Nacional para cumplir su obligación, al no haber logrado la mayoría de la Asamblea poder imponer su criterio y obtener el apoyo de las 3/4 partes de sus integrantes en el nombramiento de los miembros del Consejo Nacional Electoral, procedió a suplir la omisión de la Asamblea Nacional pero no sólo desde el punto de vista jurídico sino político, por lo que la mayoría que la Asamblea Nacional no pudo lograr en su propio seno, lo lograría a través de la Sala Constitucional del Tribunal Supremo, y con ello el control político del Consejo Nacional Electoral. No en balde la propia Sala Constitucional había anunciado en su sentencia previa N° 2073 de 4 de agosto de 2003, que dichos nombramientos "trasciende lo jurídico".

En la sentencia N° 2341 del 25 de agosto de 2003 (Caso: *Hermánn Escarrá M. y otros*), la Sala Constitucional, en efecto, para adoptar las decisiones respecto de la omisión constatada, señaló lo siguiente[173]:

En *primer lugar*, reiteró el criterio de que como se trataba de un nombramiento provisional no previsto en la Ley Orgánica del Poder Electoral, pero producto de la omisión del nombramiento de los rectores electorales, la Sala, "*en lo posible*, aplicará la Ley Orgánica del Poder Electoral con las variables necesarias derivadas de la naturaleza de las medidas provisorias". Es decir, la Sala reiteraba que se desvinculaba de los términos de la Ley Orgánica, la cual aplicaría sólo "en lo posible". Por ello precisó que "en las designaciones, la Sala nombrará rectores principales o suplentes a las personas que postuló la sociedad civil, el Poder Ciudadano y las Universidades Nacionales que podían hacerlo; *ello sin menoscabo de su poder para la elección de personas fuera de los que*

173 *V.* Allan R. Brewer–Carías, *La Sala Constitucional vs. el Estado democrático de derecho (El secuestro del Poder Electoral y de la Sala Electoral del Tribunal Supremo y la confiscación del derecho a la participación política)*, Caracas, 2004, pp. 37 y ss.

fueron candidateados". En tal sentido la Sala nombró a los miembros del Consejo Nacional Electoral y a sus suplentes "de acuerdo con el artículo 13 de la Ley Orgánica del Poder Electoral".

En *segundo lugar*, la Sala declaró que garantizaría "al Poder Electoral que ella nombre en forma provisoria, la mayor autonomía, tal como corresponde a uno de los Poderes Públicos"; pero en la propia sentencia procedió "con el fin de facilitar la integración del Consejo Nacional Electoral y sus órganos subordinados", a designarlos estableciendo "su composición, así como la del Consejo de Participación Política, el cual de manera provisoria y ante el vacío constitucional, funcionará como un ente consultivo del Poder Electoral. Para este último nombramiento, la Sala tomó en cuenta las consultas que se hicieron a los partidos políticos representados en la Asamblea Nacional y que se llevaron a cabo en el Tribunal". En esta forma, en la sentencia, la Sala Constitucional procedió a limitar la autonomía del Cuerpo que nombraba, designando ella misma quién sería su Presidente y su Vicepresidente, violando lo establecido en el artículo 296 de la Constitución que expresamente establece que: "Los o las integrantes del Consejo Nacional Electoral escogerán de su seno a su Presidente o Presidenta, de conformidad con la Ley". La Sala Constitucional, además, volvió a secuestrar y violar la autonomía del Poder Electoral al cercenarle al Consejo Nacional Electoral su potestad conforme a la Ley Orgánica del Poder Electoral, para designar a los titulares de los órganos del Poder Electoral; designando en la propia sentencia al Secretario y al Consultor Jurídico del Consejo Nacional Electoral; a los integrantes de los órganos subordinados (Junta Nacional Electoral; Comisión de Registro Civil y Electoral; Comisión de Participación Política y Financiamiento), integrándolos con miembros principales y suplentes del organismo, en la forma como la propia Sala lo determinó; y a los miembros de un Consejo de Participación Política.

En *tercer lugar,* la Sala reiteró el criterio de que "podrá desarrollar la normativa que le asigna la Ley Orgánica del Poder Electoral". El Consejo Nacional Electoral debía "elaborar los proyectos de leyes que le corresponden con exclusividad conforme a las Disposición Transitoria Tercera de la citada Ley, y presentarlas ante la Asamblea Nacional" así como dictar "la normativa tendente a la reglamentación de los procesos electorales y los referendos, en desarrollo de la Ley Orgánica del Poder Electoral, en particular la que regula las peticiones sobre los procesos electorales y referendos, así como las condiciones para ellos, la autenticidad de los peticionarios, la propaganda electoral, etc, así como resolver las dudas y vacíos que susciten las leyes electorales".

Los miembros del Consejo Nacional Electoral y todo los otros funcionarios del cuerpo nombrados por la Sala Constitucional, fueron juramentados por ella el día 27 de agosto de 2003; y a partir de entonces, ese Consejo Nacional Electoral secuestrado por la Sala Constitucional y controlado por el gobierno y los partidos que lo apoyaban, comenzó a confiscarle a los ciudadanos el derecho a la participación política. No es de extrañar, por tanto, los resultados del referendo revocatorio presidencial efectuado el 15 de agosto de 2004, conducido por un órgano electoral, que como lo afirmó el Secretario General de la Organización de Estados Americano, Cesar Gaviria, quién fue observador internacional destacado en el mismo, "atendiera a líneas partidistas"[174]. Gaviria además, constataría, que "Chávez tenía una enorme mayoría en la Asamblea Constituyente, y en

174 *V.* en *El Nacional*, Caracas, 26–08–2004, p. A–2.

los procesos hay una concentración de amigos del Presidente y de gente de sus partidos en el CNE (Consejo Nacional Electoral) y en el Tribunal Supremo"[175].

En todo caso, para constatar ese control, basta hacer una referencia a un aspecto, poco analizado, del proceso de referendo revocatorio presidencial efectuado el 15 de agosto de 2004, y es cómo el Consejo Nacional Electoral cambió el carácter "revocatorio" constitucional del referendo y lo convirtió en un referendo "ratificatorio" que no está previsto en la Constitución.

En efecto, el artículo 72 de la Constitución, al establecer el derecho ciudadano a la revocatoria de mandatos de cargos de elección popular, establece lo siguiente:

> *Artículo 72.* Todos los cargos y magistraturas de elección popular son revocables.
>
> Transcurrida la mitad del período para el cual fue elegido el funcionario o funcionaria, un número no menor del veinte por ciento de los electores o electoras inscritos en la correspondiente circunscripción podrá solicitar la convocatoria de un referendo para revocar su mandato.
>
> Cuando igual o mayor número de electores o electoras que eligieron al funcionario o funcionaria hubieren votado a favor de la revocación, siempre que haya concurrido al referendo un número de electores o electoras igual o superior al veinticinco por ciento de los electores o electoras inscritos, se considerará revocado su mandato y se procederá de inmediato a cubrir la falta absoluta conforme a lo dispuesto en esta Constitución y en la ley.
>
> La revocación del mandato para los cuerpos colegiados se realizará de acuerdo con lo que establezca la ley.
>
> Durante el período para el cual fue elegido el funcionario o funcionaria no podrá hacerse más de una solicitud de revocación de su mandato.

De esta norma resulta que para que un referendo revocatorio sea válido, no sólo se requiere que al menos el 20% de los electores inscritos en la circunscripción de que se trate solicite la convocatoria a referendo; sino que al menos participe en el referendo un 25% de los electores inscritos. Ello, al decir de la Sala Constitucional del Tribunal Supremo de Justicia, en sentencia N° 2750 de 21 de octubre de 2003, busca que un referendo "aunque hubiera sido convocado correctamente, no tendrá valor alguno si existe escasa participación"; lo que tiene por objeto "evitar que pueda ser revocado el mandato de un funcionario electo con base en el resultado de un referendo con alta abstención".

Pero en cuanto a los votos necesarios para que se produzca la revocatoria del mandato, que debe ser en un número igual o mayor de los votos de los electores que eligieron al funcionario, la Sala Constitucional en la misma sentencia señaló:

> El artículo 72 también dispone que sólo se revocará el mandato del funcionario si votan a favor de ello al menos una cantidad de personas igual al número de quienes lo eligieron en su momento, como una manera de impedir que funcionarios que alcanzaron su puesto con altos porcentajes de apoyo popular puedan perderlo por simple mayoría[176].

En consecuencia, a los efectos de que se produzca la revocatoria del mandato de elección popular se requiere, en *primer lugar,* que se produzca un quórum de asistencia consistente en que concurran al referendo un número de electores igual o superior al 25% de los electores inscritos en el Registro Civil y Electoral. Sobre esto, la Sala Cons-

---

175 *V.* en *El Nacional*, Caracas 27–08–2004, p. A–8. El Presidente de la República, al día siguiente, acusaría a Gaviria de "ambiguo, irresponsable, indigno y mentiroso". *V.* en *El Nacional*, Caracas, 28–08–2004, pp. A–1 y A–2.

176 Caso: *Carlos Enrique Herrera Mendoza, (Interpretación del artículo 72 de la Constitución (Exp. 03–1989).*

titucional en sentencia N° 1139 de 5 de junio de 2002 (Caso: *Sergio Omar Calderón Duque y William Dávila Barrios)* ha interpretado:

Que el quórum mínimo de participación efectiva en el referéndum revocatorio, debe estar representado necesariamente –por lo menos–, por el 25% de los electores inscritos en el Registro Electoral de la circunscripción correspondiente para el momento de la celebración de los comicios referendarios"[177].

En *segundo lugar*, se requiere que voten a favor de tal revocatoria un número de electores inscritos en el Registro Electoral para el momento de la celebración del referendo, igual o mayor de los que eligieron al funcionario. Sobre ello, la Sala Constitucional precisó en la misma sentencia N° 1139 de 5 de junio de 2002 (Caso: *Sergio Omar Calderón y William Dávila B.*) que:

> La revocación del mandato no es producto de la arbitrariedad, sino una consecuencia lógica que se deriva del principio de soberanía popular, pues, por ser el pueblo soberano, puede ejercer el poder con la finalidad de dejar sin efecto el mandato de sus representantes elegidos popularmente, que han dejado de merecerles confianza, por haberse desempañado en el ejercicio de sus funciones de forma inconveniente o contraria a los intereses populares o del Estado en general, quienes quedan entonces sometidos a la decisión del cuerpo electoral.
>
> Siendo así las cosas, considera la Sala que el requerimiento del constituyente de 1999, cuando estableció en el segundo aparte del artículo 72, determinadas condiciones cuantitativas para que se considere revocado el mandato del funcionario electo, tiene como propósito demostrar fehacientemente la veracidad de los resultados obtenidos en el referéndum revocatorio ejecutado, de manera que no haya duda sobre la pérdida tan grave de popularidad del funcionario que deviene en ilegítimo, y la desaprobación de su gestión, por lo que resulta lógico que se exija que su revocación se produzca en virtud de la misma cantidad de votos, e incluso uno más, de los que previamente lo favorecieron cuando quedó investido del cargo público que ejercía, siempre que un quórum mínimo considerable de electores inscritos en el Registro Electoral hayan concurrido a desaprobar la gestión del mandatario cuestionado.
>
> Según los planteamientos anteriores, interpreta la Sala que el quórum mínimo de participación efectiva en el referéndum revocatorio, debe estar representado necesariamente –por lo menos–, por el 25% de los electores inscritos en el Registro Electoral de la circunscripción correspondiente para el momento de la celebración de los comicios referendarios, y además, que la votación favorable a la revocación debe ser igual o mayor que la que el funcionario obtuvo cuando fue electo, sin que puedan someterse tales condiciones numéricas a procesos de ajuste o de proporción alguno[178].

En consecuencia, conforme a esta doctrina de la Sala y a la expresa disposición constitucional, se produce la revocación de un mandato de elección popular como consecuencia de un referendo revocatorio, cuando "la votación favorable a la revocación [sea] igual o mayor que la que el funcionario obtuvo cuando fue electo". Y nada más. Se trata de un referendo revocatorio de mandatos de elección popular y no de un referendo "ratificatorio" de tales mandatos, el cual no existe en el texto constitucional. Precisamente por ello, nada indica la Constitución para el caso de que si bien voten a favor de la revocación de un mandato un número de electores superior al número de votos que obtuvo el funcionario cuando fue electo, sin embargo, en la votación refrendaria se pronuncien por la "no revocación" un número mayor de votos. Ello podría ocurrir, pero conforme al texto de la Constitución, no tendría efecto alguno, pues es la regulación constitucional lo que establece es un referendo revocatorio: basta que la votación favorable a la revocación sea igual o mayor que la que el funcionario obtuvo cuando fue

---

177 *V.* en *Revista de Derecho Público,* N° 89–92, Editorial Jurídica Venezolana, Caracas 2002, p. 171. Criterio seguido en la sentencia N° 137 de 13–02–2003 (Caso: *Freddy Lepage Scribani y otros*) (Exp. 03–0287).

178 *Idem,* .p. 171

electo, para que quede revocado. Y ello es así, incluso a pesar de que el Registro Electoral haya variado con el transcurso del tiempo.

Sin embargo, de manera evidentemente inconstitucional, en las *Normas para regular los procesos de Referendos Revocatorios de mandatos de Elección Popular* dictadas por el Consejo Nacional Electoral en 25 de septiembre de 2003[179], si bien se estableció que se considera revocado el mandato "si el número de votos a favor de la revocatoria es igual o superior al número de los electores que eligieron al funcionario", se agregó la frase: "y no resulte inferior al número de electores que votaron en contra de la revocatoria" (Art. 60). Con este agregado, en una norma de rango sublegal, se restringió el derecho ciudadano a la participación política mediante la revocación de mandatos populares, al establecerse un elemento que no está en la Constitución relativo al voto por la "no revocación". Con ello se trastocó la naturaleza "revocatoria" del referendo que regula el artículo 72 de la Constitución, y en evidente fraude a la Constitución, se lo convirtió en un referendo "ratificatorio" de mandatos de elección popular.

Lo inaudito de este fraude constitucional, es que dicho criterio luego sería avalado por la propia Sala Constitucional del Tribunal Supremo en la sentencia Nº 2750 de 21 de octubre de 2003 (Caso: *Carlos E. Herrera Mendoza, Interpretación del artículo 72 de la Constitución*), en la cual señaló que:

> Se trata de una especie de relegitimación del funcionario y en ese proceso democrático de mayorías, incluso, si en el referendo obtuviese más votos la opción de su permanencia, debería seguir en él, aunque voten en su contra el número suficiente de personas para revocarle el mandato[180].

En realidad, en un referendo "revocatorio" no puede haber votos por "la permanencia" del funcionario; lo que puede haber son votos por la revocación del mandato o por la no revocación. El voto por la "no revocación" del mandato es un voto negativo (No); y un voto negativo no puede ser convertido en un voto positivo (Si) por la permanencia del funcionario. Ello sería cambiar la naturaleza del referendo revocatorio, lo que efectivamente ocurrió en Venezuela, correspondiendo a la Sala Constitucional ratificar el trastocamiento de la naturaleza de la revocación del mandato, convirtiéndola en un mandato para "relegitimar" o para "ratificar" mandatos de elección popular, cuando ello no fue la intención del constituyente ni resulta del texto del artículo 72 de la Constitución.

Lo único que la Constitución regula es la revocación de mandatos, y para ello, lo único que exige en materia de votación es que un número "igual o mayor de electores que eligieron al funcionario hubieren votado a favor de la revocación". En el caso del Presidente de la República, Hugo Chávez, el mismo había sido electo en agosto de 2000 con 3.757.774 votos, por lo que bastaba para que su mandato fuese revocado, que el voto a favor de la revocación superara esa cifra. Como lo anunció el Consejo Nacional Electoral el 27 de agosto de 2004, el voto a favor de la revocación del mandato del Presidente de la República en el referendo mencionado fue de 3.989.008, por lo que constitucionalmente su mandato había quedado revocado.

Sin embargo, ya se había cambiado ilegítimamente la Constitución, e independientemente de las denuncias de fraude que se formularon respecto del referendo revocatorio del 15 de agosto de 2004, el Consejo Nacional Electoral el mencionado día 27 de agosto de 2004, no sólo dio los datos definitivos de la votación efectuada en el referendo revocatorio, sino que acordó "ratificar" al Presidente de la República en su cargo hasta la

179 Resolución Nº 030925–465 de 25–09–2003.

180 Exp. 03–1989.

terminación del período constitucional en enero de 2007. En efecto, en la *página web* del Consejo Nacional Electoral del día 27 de agosto de 2004, apareció la siguiente nota:

> El presidente del Consejo Nacional Electoral, Francisco Carrasquero López, se dirigió al país en cadena nacional para anunciar las cifras definitivas y oficiales del evento electoral celebrado el pasado 15 de agosto, las cuales dan como ratificado en su cargo al Presidente de la República, Hugo Rafael Chávez Frías, con un total de 5 millones 800 mil 629 votos a favor de la opción "No".
>
> En la contienda electoral participaron 9 millones 815 mil 631 electores, de los cuales 3.989.008 se inclinaron por la opción "Sí" para revocar el mandato del Presidente Chávez. La totalización arrojó que la opción "No" alcanzó el 59,25% de los votos, mientras el "Sí" logró el 40,74% del total general, y la abstención fue del 30,02%.
>
> Vale destacar que para estos comicios el Registro Electoral se incrementó significativamente, alcanzando un universo de 14. 027.607 de electores con derecho a sufragar en el RR.
>
> Con base en la expresión de la voluntad popular, el Consejo Nacional Electoral, este viernes 27 de agosto, ratificará en la Presidencia de la República Bolivariana de Venezuela a Hugo Chávez Frías, quien culminará su período constitucional en el año 2006.

Y en efecto, en acto solemne efectuado ese día, el Consejo Nacional Electoral acordó "ratificar" al Presidente de la República en su cargo, a pesar de que un número de electores mayor que los que lo eligieron hubieran votado a favor de la revocación de su mandato. Otro tanto haría la Asamblea Nacional, sin que esa figura de la ratificación estuviese prevista en norma constitucional alguna[181].

CONCLUSIÓN

Como resulta de lo anteriormente expuesto, uno de las consecuencias de la crisis de la democracia de partidos que estalló en Venezuela durante los años ochenta y noventa del Siglo pasado, fue la generalizada reacción contra la forma de designación, por el antiguo Congreso, de los titulares de los altos cargos públicos no electos popularmente, es decir, de los Magistrados de la antigua Corte Suprema de Justicia, del Fiscal General de la República, del Contralor General de la República y de los miembros del Consejo Nacional Electoral.

Tales nombramientos los hacía el antiguo Congreso de la República mediante acuerdos entre los dirigentes de los partidos mayoritarios que habían dominado la escena política durante cuarenta años alternándose en el ejercicio del Poder Ejecutivo; acuerdos que luego ejecutaba el Congreso. Ello fue rechazado en forma general por la sociedad civil, por lo que una de las cuestiones que dominó los debates en la Asamblea Nacional Constituyente, fue la reacción contra esa forma de designación, lo que motivó que, al contrario, en el texto de la Constitución de 1999 se hubieran establecido todo tipo de limitaciones a la nueva Asamblea Nacional para efectuar tales nombramientos, con el objeto de restringir la total discrecionalidad que tenía en antiguo Congreso en la materia, y por ende, eliminar la influencia que en tales designaciones tenían los partidos políticos.

Y fue precisamente, como reacción a los antiguos procederes políticos, que en la Constitución se establecieron los diversos Comités de Postulaciones que hemos anali-

181 *V. El Nacional*, Caracas, 28–08–2004, pp. A–1 y A–2

zados anteriormente, que debían estar integrados todos, "por representantes de los diversos sectores de la sociedad"; Comités a los cuales corresponde la potestad exclusiva de postular los candidatos a Magistrados del Tribunal Supremo de Justicia, Fiscal General de la República, Defensor del Pueblo, Contralor General de la República y Rectores del Consejo Nacional Electoral.

Se trata, sin duda, de un mecanismo mediante el cual la Constitución garantiza la posibilidad de la participación directa de los ciudadanos, a través de los representantes de los diversos sectores de la sociedad, en el proceso de selección y postulación de los altos funcionarios mencionados del Estado. Sin embargo, la práctica política de los últimos años, en lugar mostrar la implementación de este mecanismo de democracia participativa constitucionalmente establecido, de carácter sin duda excepcional en el constitucionalismo comparado, lo que puso en evidencia fue la elaboración de toda suerte de normas y la adopción de variadas decisiones para hacer nugatoria la aplicación de las referidas normas participativas.

Y cuando al fin se regularon legalmente los referidos Comités, en realidad, lo que el Legislador estableció en evidente fraude a la Constitución, fueron unas "Comisiones parlamentarias ampliadas", en las cuales las mismas tácticas políticas partidistas de designación que se querían proscribir, se han enseñoreado en el Parlamento, dominado por lo demás, por los nuevos partidos que apoyan al Presidente de la República.

Con ese mecanismo de designación violatorio de la Constitución, contrariamente a lo que quiso el Constituyente, los diversos órganos del Poder Público se han tornado en más dependientes del Poder, habiendo surgido en el orden constitucional un sistema de concentración de los Poderes que está reñido con los principios de autonomía e independencia que derivan de la penta división del Poder Público, que como una innovación constitucional única en el mundo, se ha quedado en el papel. Con ello, lamentablemente, la participación política de los ciudadanos constitucionalmente garantizada, también se ha quedado en el papel y ha sido burlada por quienes desde el parlamente controlan el Poder.

Sección Tercera: LA PARTICIPACIÓN A NIVEL LOCAL

§ 1. Algunos Antecedentes: Sobre las primeras regulaciones de la participación política a nivel municipal (1979)

Este primer parágrafo de la Sección Tercera, es el texto del estudio sobre "La participación política a nivel local," publicado en *Revista de la Escuela Superior de las Fuerzas Armadas de Cooperación*, edición conmemorativa del 42 Aniversario de la creación de la Guardia Nacional, Caracas 1980, pp. 35–62; y en "*Revista* Resumen, N° 277, Caracas 25/02/79, pp. 13–22. Dicho estudio se elaboró partiendo de lo expuesto en el trabajo sobre "La participación política en la nueva Ley Orgánica de Régimen Municipal," publicado en *Libro Homenaje a Rafael Pizani*, Facultad de Ciencias Jurídicas y Políticas, Universidad Central de Venezuela, Caracas 1979, pp. 45–59.

La esencia de la democracia, como régimen político, está en el régimen municipal. Si no hay democracia municipal, o esta está en crisis, puede decirse que asimismo, no hay democracia como régimen político, o este se encuentra en crisis.

Y sin duda, la democracia política venezolana se encuentra en crisis entre oíros aspectos por la crisis de la democracia local.

Ya hay consenso en estimar que la democracia no es simplemente, depositar una vez cada cinco años, un voto por largas listas de representantes, cuyo contenido es materialmente desconocido y que los ciudadanos tienen que aceptar forzosamente. Esta práctica ha venido sumiendo a la democracia local en una grave crisis que se manifiesta en dos aspectos fundamentales: crisis de representatividad y crisis de participación. Nuestra democracia local, en efecto, ni es representativa ni es participativa. El sentimiento general de la colectividad, de los grupos sociales y del ciudadano es que los Concejos Municipales no los representan realmente: los concejales, en general, en la mayoría de los casos, representan a los partidos políticos, pero no a la comunidad ni a la vecindad. La comunidad, por tanto, se ha sentido huérfana de representatividad política: y el ciudadano, en general, no cuenta con adecuados medios para participar en la vida política del régimen local.

De acuerdo con la Constitución, sin embargo, el municipio es la "unidad política primaria y autónoma dentro de la organización nacional" (artículo 25): es decir, tendría que ser el centro primario de la participación política del ciudadano. La situación del régimen local actual en Venezuela, al contrario, nos pone de manifiesto que a la falta de representatividad política de los Concejos Municipales, se une, además, una ausencia total de reales y electivos mecanismos de participación ciudadana en el régimen político municipal.

Nos corresponde a nosotros en este CICLO de conferencias sobre el régimen municipal en Venezuela, hablar sobre "el municipio como instrumento de participación política". Nuestra exposición, para ello, la dividiremos en cuatro partes: en las dos primeras partes, insistiremos en la crisis de la democracia local y las reformas que deberían adoptarse o que se han adoptado para su solución, e insistiremos. en particular, en la crisis de la representatividad política y de la participación política; en una tercera parte, analizaremos los mecanismos para la participación política previstos en la nueva Ley Orgánica de Régimen Municipal; y en una cuarta parte, analizaremos, con más detalles, la figura participativa de las Asociaciones de Vecinos y Residentes, como fenómeno social urbano.

I. LA CRISIS DE LA REPRESENTATIVIDAD POLÍTICA LOCAL

Nuestro régimen municipal actual, puede decirse que se caracteriza por haber sufrido de una progresiva ausencia de representatividad política. Los Concejos Municipales, en efecto, no han representado realmente a las comunidades que los han elegido y sobre las cuales ejercen su autoridad, y a lo sumo, representan a los partidos políticos que postularon a los concejales.

Esta falta de representatividad local y de la comunidad en la autoridad municipal, tiene su causa en diversos elementos:

1. La excesiva amplitud de los ámbitos territoriales de las autoridades municipales

En primer lugar, en la excesiva amplitud de los ámbitos territoriales de las autoridades municipales. En efecto, como todos sabemos, y a pesar de las declaraciones constitucionales, el municipio, como tal unidad política primaria y autónoma dentro de la organización nacional, no ha existido en el país. Han existido municipalidades a nivel de los Distritos en que se dividen los Estados, y a ese nivel es que ha funcionado y funciona la autoridad municipal por excelencia: el Concejo Municipal; pero a nivel de los municipios, no ha habido autoridad política electa y, por tanto, no ha habido representatividad político–local.

Esta situación de la existencia de municipalidades a nivel de los Distritos y de la inexistencia del municipio como unidad política, en las Constituciones anteriores a la vigente, particularmente en las de 1936, 1945. 1947 y 1953, tenía una consagración formal. Los Distritos eran los que gozaban de autonomía municipal y elegían sus autoridades, siendo los municipios una mera división administrativa de aquellos. Esta situación produjo un alejamiento excesivo de la autoridad local electa en relación a los electores y gobernados. El Distrito es un ámbito territorial excesivamente amplio, que fomenta una dilución de la representatividad.

La Constitución de 1961 pretendió corregir esta situación, al declarar la autonomía del municipio, y no del Distrito, y al exigir la elección de las autoridades locales a nivel del municipio. Esta reducción del ámbito territorial de la autoridad local electa, sin duda, hubiera podido contribuir a darle a los Concejos Municipales un carácter más representativo de las comunidades y vecindades electoras, derivado de su acercamiento a estas. Sin embargo, la pereza, el terror y la incompetencia de nuestro Poder Legislativo, dejó en suspenso estas disposiciones de la Constitución de 1961 al no sancionarse durante 17 años, hasta 1978, una Ley Orgánica de Régimen Municipal. Esta inacción del Congreso, prolongó la aplicación de la Disposición Transitoria Primera de la Constitución, la cual mantuvo en vigencia el régimen y organización municipal de la República que existía antes de 1961 hasta tanto se dictase la Ley Orgánica de Régimen

Municipal. Esta Ley se promulgó el 18 de agosto de 1978, pero sin embargo, la misma no solucionó este problema de la falta de representatividad, que podía lograrse con el necesario descenso de la autoridad local del nivel del Distrito o al del municipio, sino que por temor a reformar, realmente, en una nueva Disposición Transitoria señaló que para el próximo periodo municipal que se inicia este año sólo se elegirán las autoridades de los Concejos Municipales actualmente existentes, los cuales habrán de conservar la totalidad de sus potestades durante dicho período (artículo 165). Es decir, en las elecciones municipales del próximo 3 de junio de 1979 se elegirán, por un período de tres años (artículo 33), de nuevo. Concejos Municipales a nivel de los 191 Distritos existentes, y no a nivel de municipios. Será sólo en las elecciones municipales de 1982 cuando, para el mandato previsto de dos años correspondientes a la segunda mitad del periodo constitucional 1979–1984, se elegirán autoridades municipales, es decir. Concejos Municipales, a nivel de municipios, con lo cual se contribuirá a aumentar la representatividad de aquellos al acercarlos más a los electores mediante la reducción del ámbito territorial de su elección.

2. La elección de los concejales por listas bloqueadas en una sola circunscripción electoral

Pero la falta de representatividad local en los Concejos Municipales también tiene su origen en la forma de elección de los concejales. Estos, en número que variará de 7 a 17 según la población del municipio o del Distrito en las próximas elecciones, se eligen por listas bloqueadas presentadas por los diversos partidos políticos o grupo de electores, y la adjudicación de los puestos se realiza por cuociente, mediante la aplicación del principio de la representación proporcional. Este sistema de elección es el que ha estado vigente durante todo el periodo democrático desde 1958, y se caracteriza por la elección en bloque de todos los concejales en una amplia circunscripción electoral.

Esta forma de elección ha alejado, sin duda, al concejal del elector ciudadano y de la comunidad–vecindad. El elector vota por una larga lista, hasta ahora de siete concejales más sus suplentes, es decir, de 21 candidatos, y a partir de junio de este año, hasta de 17 concejales más sus suplentes, es decir, de 51 candidatos en ciertos casos, no representado efectivamente esos candidatos, a las comunidades que los eligen.

La aplicación de este sistema en las elecciones locales ha provocado una distorsión del sufragio directo, pues la selección la realizan realmente los comités directivos de los partidos, negándose al elector toda posibilidad real de selección directa; ha provocado una falta de coincidencia entre la circunscripción electoral formal y el interés electoral de la comunidad: y ha provocado también, que el cuerpo electo sea más una asamblea de representantes de los partidos.

I–rente a esta forma de elección, hemos planteado repetidamente la necesidad de que se sustituya una elección por listas bloqueadas en amplias circunscripciones electorales, por una elección uninominal en pequeñas circunscripciones electorales, de manera que cada comunidad o vecindad elija sus representantes municipales, y que estos sean, efectivamente, representantes de esas comunidades que los elijan.

En esta forma. si en un municipio de menos de 50.000 habitantes deben elegirse siete concejales, el territorio de dicho municipio podría ser dividido cinco o seis pequeñas circunscripciones con población uniformes, de manera que en cada una de ellas se elija un concejal, dejando luego uno o dos concejales para adjudicación por cuociente garantizando la representación de las minorías.

Frente a esta propuesta de elección uninominal de los concejales, se ha argumentado que ello sería inconstitucional en virtud de que no garantiza la aplicación absoluta de la representación proporcional de las minorías. Aparte de que ello no es cierto, tal como se dijo, ya que el sistema d'Hondt que se aplica en Venezuela y del cual se apartaría la elección uninominal local, no es el único que asegura la representación proporcional, no hay que olvidar que la Constitución exige expresamente la aplicación del principio de la representación proporcional de las minorías (artículos 19, 113, 148 y 151) en las elecciones de senadores y diputados al Congreso y a las Asambleas Legislativas, no indicando nada respecto de la elección de Concejos Municipales, pues esta no es una institución de orden constitucional. El artículo 113 de la Constitución, al exigir, en general, la aplicación de aquel principio en la legislación electoral, implica que si se eligen los concejales por listas bloqueadas en grandes circunscripciones electorales, por supuesto, se aplique el principio de la representación proporcional de las minorías, pero no implica, en modo alguno, que esa elección de autoridades locales no pueda realizarse uninominalmente como debería ser.

Esta elección uninominal de los concejales, en todo caso, aumentaría la representatividad de la autoridad local, al permitir, tanto el establecimiento de una relación directa y estrecha entre electores y representantes, como la exigencia de responsabilidad de estos por aquellos. La elección uninominal hace al elegido responsable directo ante la comunidad que lo eligió.

Por otra parte, la elección uninominal obligaría a los partidos políticos a tener más cuidado en seleccionar los candidatos a concejales, pues tendrán que escoger a personajes realmente vinculados con la comunidad.

3. La elección municipal confundida con las elecciones nacionales

El tercer factor que ha contribuido a la crisis de representatividad en la democracia local ha sido la tradicional coincidencia de las elecciones nacionales para Presidente de la República y senadores y diputados, con la elección municipal. Esta coincidencia que ha existido en las elecciones hasta el proceso electoral de 1973, ha provocado que la elección municipal no haya tenido entidad e importancia propia, sino que haya sido una añadidura, pura y simplemente, de la elección presidencial. El voto municipal no ha sido nunca un asunto vecinal o comunitario, sino un reflejo de campañas políticas nacionales, lo que ha provocado una despreocupación tanto de los partidos políticos en la selección *y* postulación de los candidatos a concejales, como de los electores en elegir, realmente, sus representantes locales.

La separación de las elecciones municipales de las nacionales era, sin duda, otra de las reformas exigidas por la opinión pública desde hace varios lustros, para darle entidad propia a la elección local y, al fin, se ha materializado con la reforma de la Ley Orgánica del Sufragio y la promulgación de la Ley Orgánica de Régimen Municipal en 1978. Por primera vez en nuestra vida democrática, las elecciones del 3 de junio de 1979 tendrán por objeto elegir exclusivamente las autoridades municipales, y ello, realmente, significará la introducción de importantes cambios en nuestra práctica democrática y electoral, que deberán ser conducidos por el Consejo Supremo Electoral. Las campañas electorales, por ejemplo, deberán desnacionalizarse y, al contrario, municipalizarse, desarrollándose a nivel local. Al ser la elección exclusivamente de carácter local, las campañas electorales también tendrán que serlo. Esto implicará un cambio de mentalidad, tanto de los partidos políticos como de los electores pues entre otros aspectos, deberá eliminarse o limitarse la utilización de los medios audiovisuales de comunicación de masas, tan utilizados en las últimas elecciones nacionales. Por otra parle, la representatividad política que podrá mejorarse con la separación de las elecciones municipales de las elecciones nacionales, también saldrá beneficiada de la reducción que se ha efectuado de los períodos de las autoridades municipales. La nueva Ley Orgánica de Régimen Municipal, en tal sentido, ha previsto que "en cada periodo constitucional habrá un primer mandato de tres años de gobierno municipal y metropolitano y un segundo mandato de dos años" (artículo 33), por lo que se efectuarán elecciones municipales, no sólo al inicio del período constitucional, sino a mitad del mismo. En esta forma, el elector vecino podrá tener un mayor control de la actuación de los concejales y, estos, deberán contar con el acuerdo de la comunidad para continuar en sus funciones, consultada mediante una elección realizada a mitad del periodo constitucional. Esto evitará, además, el entronizamiento de concejales incompetentes durante el largo periodo de cinco años, tal y como ha sucedido hasta ahora.

II. LA CRISIS DE LA PARTICIPACIÓN POLÍTICA LOCAL

Pero la democracia local no solamente se ha caracterizado por la crisis de representación política sino, también, por una crisis de participación política del ciudadano en el poder local. El gobierno local no sólo no ha sido conducido *por* el pueblo por la falta de representatividad, sino que tampoco ha sido *del* pueblo por la falta de participación política, y mucho menos ha sido un gobierno hecho *con* el pueblo, por falta de organización social del mismo para asegurar su participación.

1. La ausencia o deficiencia de sociedades intermedias

Una de las exigencias de la participación política, es decir, de la democracia participativa, es la necesaria organización social del pueblo para la estructuración de sociedades intermedias entre el aparato del Estado en sus diversos niveles y el ciudadano, con el objeto de, a través de ellas, asegurar la participación del pueblo en los procesos políticos y administrativos.

La propia Constitución de 1961 ya ha dado la pauta en este campo al indicar que "la Ley regulara la integración, organización y atribuciones de los cuerpos consultivos que se juzguen necesarios para oír la opinión de los sectores económicos privados, la población consumidora, las organizaciones sindicales de trabajadores, los colegios de profesionales y las universidades, en los asuntos que interesan a la vida económica" (artículo 109). Además, la propia Constitución es clara al precisar que "las obligaciones que corresponden al Estado en cuanto a la asistencia, educación y bienestar del pueblo no excluyen las que, en virtud de la solidaridad social, incumben a los particulares según su capacidad", pudiendo la ley imponer "el cumplimiento de estas obligaciones en los casos en que fuere necesario" (artículo 57). La participación y la solidaridad social tienen, por tanto, un claro fundamento constitucional. Pero frente a esto, puede admitirse que el sistema político venezolano se ha caracterizado por la ausencia de sociedades intermedias como instrumentos de participación, y las que existen no han cumplido adecuadamente sus fines participativos.

Los partidos políticos, en efecto, constituyen sociedades intermedias de primer orden, en el campo político, pero en la actualidad, no aseguran adecuadamente la participación ciudadana. La critica a los partidos políticos, de cuyos fundamentos ahora comienzan ellos a tomar conciencia, debe implicar un proceso de democratización de los mismos, que facilite su apertura, y que impida que las oligarquías partidistas manipulen las maquinarias y se perpetúen en el ejercicio del poder interno de los mismos. Debe implicar, además, la posibilidad de las bases de los partidos de participar electivamente tanto en la elaboración de los programas y plataformas políticas, como en la selección de los candidatos para las elecciones.

Por otra parte, los partidos políticos tienen como imperativo lograr su apertura, de manera que en ellos puedan participar los sectores independientes de su periferia.

Pero si bien los partidos políticos son sociedades intermedias esenciales para la participación estrictamente política, en el futuro, las diversas formas de organización social del pueblo deben, progresivamente, quedar fuera de la influencia partidista. Las organizaciones gremiales, sindicales, profesionales, estudiantiles, de consumidores o de vecinos, en esta forma, deberán ser promovidas para representar diversos intereses particulares, respetándoselas por los partidos políticos. Así, debe abandonarse el esquema de partidización de sindicatos, gremios y asociaciones que ha caracterizado la vida democrática venezolana en los últimos años.

Pero además de los partidos políticos, los sindicatos han sido sociedades intermedias que han adquirido carta de naturaleza en el país desde hace cuatro décadas. Sin embargo, el movimiento sindical se ha desnaturalizado y, en muchos casos, o se ha partidizado o burocratizado, o se ha agotado en la acción puramente reivindicativa. No hay, por tanto, una auténtica participación social del trabajador que le reconozca la posibilidad de participar en la toma de decisiones que lo afecten o en la gestión o beneficios de las empresas. La misma Ley de representación de los trabajadores en los organismos de desarrollo económico y empresas del Estado, vigente desde 1964, no sólo reduce *la* posibilidad de participación al sector público, sino que, en *realidad,* no asegura una real participación laboral y sólo ha servido como medio de repartos burocráticos.

En todo caso, las mismas fallas del movimiento sindical se han repetido en algunas asociaciones gremiales: y las asociaciones profesionales no han adquirido aún formas participativas

Por otra parte, en nuestro país, el usuario de los servicios públicos o el consumidor, aún no ha sido organizado, y, a diferencia de lo que sucede en otros países, no existen comunidades intermedias de usuarios y consumidores, que garanticen su participación en la toma de decisiones que los afecten.

En otros campos, algunos intentos por lograr mecanismos de participación, sólo se han desarrollado a medias, tal como ha sucedido en materia educativa. Las llamadas comunidades educativas reguladas hace algunos años, se establecieron como mecanismos para lograr la participación en la conducción de las escuelas, colegios y liceos de los padres, alumnos y maestros, además de los directivos de los mismos Sin embargo, aún no se han desarrollado al máximo sus potencialidades.

Pero de todas estas formas de participación a través de sociedades intermedias que deben organizarse a nivel local, sin duda, una de las de mayor interés e importancia es la de las Asociaciones de Vecinos y Residentes que se han venido estableciendo desde la década pasada.

2. La ausencia de reconocimiento de las Asociaciones de Vecinos

En efecto, el sistema político local que se ha desarrollado en nuestro país en los últimos veinte años, ha puesto en evidencia la ausencia de participación política a nivel del ciudadano–vecino. Entre este y el Estado ha existido un abismo que no se ha ni colmado ni reducido sea por los partidos políticos sea con el ejercicio quinquenal del derecho al sufragio activo. El ciudadano–vecino ha sido progresivamente aplastado por el Estado y la municipalidad, quedando inerme e impotente. El Estado y la municipalidad han sido, si, dadivosos y paternalistas, pero no han desarrollado las potencialidades del individuo ni logrado su participación en la conducción de los asuntos locales y comunitarios. En esa forma la democracia local se ha convertido en una idea teórica y en una realidad etérea: el vecino no la ve ni la siente, y el ciudadano ni siquiera sabe cómo actúa un Concejo Municipal ni cómo maniobran los representantes edilicios. El ciudadano–vecino, en realidad, lo que ha sentido en las últimas décadas es la ineficacia de las autoridades municipales y la centralización progresiva hacia niveles nacionales de tareas tradicionalmente consideradas como de carácter local, y además, ha sufrido la acción de los entes locales que se ha manifestado en la degradación del medio urbano a través de un proceso de urbanización guiado sin criterios urbanistas y por solos intereses especulativos.

Frente a esta situación del ciudadano–vecino, a partir de la década de los sesenta, y siguiendo un fenómeno universal, hemos visto aparecer, particularmente en el área metropolitana de Caracas, Asociaciones de Vecinos y Residentes que se han constituido como movimientos sociales urbanos para la defensa de intereses vecinales frente a la administración municipal.

Estas Asociaciones de Vecinos y Residentes de Comunidades Urbanas han venido sosteniendo una larga lucha por representar a sus comunidades ante las autoridades locales, y para que se las oiga en los procesos de toma de decisiones que han venido afectando la calidad de la vida y el medio ambiente, y que vienen provocando una degradación de aquellas, proveniente de la violencia de 1a urbanización.

Muchas veces fueron las vías de hecho las utilizadas para que las vecindades y comunidades pudieran ser oídas, y luego, después de una década de surgimiento a través de la lucha cívica, el Congreso de la República acogió parcialmente las proposiciones que le formuló la Federación de Asociaciones de Comunidades Urbanas (FACUR), en mayo de 1977, y se logro que en la Ley Orgánica de Régimen Municipal de 1978 fueran incorporadas normas de reconocimiento de las Asociaciones de Vecinos, como mecanismos de participación de la comunidad en la conducción de los asuntos locales. Al análisis detallado de estas Asociaciones de Vecinos y Residentes, tal como señalé, dedicaré la última parte de mi exposición.

3. La ausencia de base participativa de las representaciones de las comunidades

Pero la crisis de participación que ha caracterizado nuestra democracia local, no sólo ha estado motivada por la ausencia o deficiencia de sociedades intermedias adecuadas, y la ausencia del reconocimiento de las Asociaciones de Vecinos y Residentes hasta 1978, sino por la ausencia de base participativa de los mecanismos de representación de las comunidades.

En efecto, nuestro régimen local, al establecer la municipalidad, como autoridad local, a nivel de Distrito, implico la creación, a nivel de municipio, de las llamadas Juntas Comunales que de acuerdo con las leyes estadales del Poder Municipal, debían ejercer la representación de las comunidades de cada municipio ante el Concejo Municipal del Distrito respectivo. Estas Juntas Comunales siempre han sido designadas a dedo por el respectivo Concejo Municipal: nunca, por tanto, han sido electas por la comunidad respectiva: y así no han sido realmente representativas de dichas comunidades. La vecindad o comunidad, no ha tenido real y efectiva participación en la conducción de los asuntos que le concierne.

Una de las reformas reclamadas al régimen local en Venezuela era, precisamente, el establecimiento de la elección directa de las Juntas Comunales que debían existir a nivel de las "Comunas" que, como subdivisión de los municipios, se establecían en el Proyecto de Ley Orgánica de Régimen Municipal que se discutió en el Congreso en 1977, y la asignación a las Asociaciones de Vecinos que existieran en dichas Comunas, de las funciones de las Juntas Comunales. Inexplicablemente, por esas razones de ineficiencia legislativa por las que algún día habrá de rendir cuenta la Legislatura Nacional que está a punto de concluir, en la Ley Orgánica de Régimen Municipal de 1978, no sólo no se consagró la elección directa de las Juntas Comunales, ni la asunción de sus funciones por las Asociaciones de Vecinos que existieran en las Comunas, sino que se eliminó toda referencia a esta subdivisión de los municipios y a las mismas Juntas Comunales. El Capítulo VI, del Título IV de la Ley, se titula "De la Organización y Funcionamiento de la Junta Comunal", pero en sus artículos (artículos 38 a 42) sólo se hace referencia a las Juntas Municipales de los municipios foráneos. La única referencia a las Juntas Comunales que, por lo visto, apareció por inadvertencia de los legisladores, está en el artículo 36 de la Ley el cual, al asignar funciones a los Concejos Municipales, le atribuye la de "nombrar a los integrantes de las Juntas Comunales dentro de los 15 días siguientes al 30 de abril de cada año" (ordinal 5°). Salvo esta referencia, la Junta Comunal y las Comunas, por tanto, no existen en la Legislación Nacional de Régimen Municipal, por lo que corresponderá a las Leyes Orgánicas que dicten los Estados de nuestra federación, regularlas como efectivos mecanismos de participación de la Comunidad. En este sentido, las Asambleas Legislativas de los Estados deben, durante el período constitucional que se inicia este año de 1979, dictar al menos tres leyes en relación al régimen local: la Ley Orgánica de los poderes públicos del Estado, en sustitución de las mal llamadas "Constituciones" estadales; la Ley Orgánica del Régimen Municipal del Estado, que desarrolle las normas de la Ley Orgánica Nacional: y la Ley de División Político–Territorial del Estado (artículo 163 de la Ley Nacional). En estas normas estadales deberán establecerse las "Comunas" como sub–división territorial de los municipios, y deberá establecerse que las funciones de las Juntas Comunales, si bien no podrán ser electas por vía del sufragio universal directo y secreto por no preverlo así la Ley Orgánica Nacional, deberán ser ejercidas por las Juntas Directivas de las Asociaciones de Vecinos y Residentes que existan en las respectivas Comunas, Estas, por otra parte, como división político–territorial de los municipios, deberán corresponder a una demarcación espacial real y electiva de las comunidades urbanas, a nivel de barrios o urbanizaciones, a los efectos de lograr la más completa participación de aquellas en la conducción de los intereses locales.

4. La ausencia de descentralización

Por último, la crisis de participación, es una crisis de descentralización, pues no puede haber realmente participación, sin un amplio proceso de descentralización política y administrativa. Una de las características del Estado en Venezuela es la acentuada centralización que se ha venido consolidando durante el presente siglo en los niveles nacionales. Los Estados en las reformas constitucionales del presente siglo, fueron progresivamente vaciados de contenido, y a menos que en ellos se realicen reformas profundas que cambien tanto su carácter dependiente como el paternalismo nacional, están condenados a desaparecer. La descentralización administrativa de competencias hacia los Estados que autoriza la Constitución (artículos 137 y 136 ordinales 8 y 10), es un imperativo planteado en la reforma del Estado venezolano, y el reto más importante que tiene planteado hacia el futuro. Tenemos que correr el riesgo de la descentralización si queremos realmente hacer un país equilibradamente desarrollado y si queremos detener la macrocefalia del centro. Y solo descentralizando es que podremos realmente promover la participación a nivel local.

El centralismo también ha afectado los niveles municipales. Las municipalidades han sido dotadas de competencias formalmente, pero su deficiente estructura, y la complejidad del proceso de desarrollo, ha provocado la asunción nacional, directa o indirecta de muchos servicios y actividades que en principio son materias propias de la vida local. En este campo se impone poner fin a la improvisación centralizante, delimitándose con precisión el ámbito de acción municipal en las competencias concurrentes que establece la Constitución. Solamente, clarificándose las competencias municipales en leyes que están por dictarse en materia de urbanismo, de educación, de sanidad, de transporte, etc., es que se podrá lograr, efectivamente una descentralización adecuada a las exigencias de nuestro tiempo, que permita y de sentido a la participación.

III. LA PARTICIPACIÓN POLÍTICA EN LA NUEVA LEY ORGÁNICA DE RÉGIMEN LOCAL

Nos interesa ahora analizar el ámbito y modalidad de la participación política prevista en la nueva Ley Orgánica de Régimen Local de agosto de 1978, y que viene a desarrollar, con diez y siete años de atraso, las normas de la Constitución de 1961, poniendo fin a un régimen transitorio que se venía haciendo insoportable.

A pesar de todas sus imperfecciones, la nueva Ley Orgánica de Régimen Municipal, contrariamente a lo que se establecía en el Proyecto que le dio origen y que se discutió en el Congreso en 1977, establece una serie de mecanismos de participación de la comunidad en la conducción de los asuntos locales. Estos mecanismos de participación pueden clasificarse en tres grupos: los de participación política; los de participación en asuntos vecinales, y los de participación en asuntos de urbanismo

1. Los mecanismos de participación política

En cuanto a las disposiciones sobre participación política, la Ley Orgánica ratifica el principio de la autonomía municipal previsto en la Constitución y que implica la elección, por el propio municipio, de sus autoridades (artículo 4, ordinal 1°) pero agregando que la organización del municipio "será de carácter democrático y tendrá por finalidad el eficaz gobierno y administración de los intereses peculiares de la entidad" (artículo 3).

Corresponde, por tanto, a la comunidad del municipio, integrada por los residentes en su jurisdicción, no sólo nacionales sino a los extranjeros con más de 10 años de residencia en el país y con más de un año de residencia en el municipio (artículo 8 de la L.O.S.), la elección de las autoridades municipales. El vinculo político de la comunidad con la unidad política municipal es, por tanto, la residencia, es decir, el lugar donde se desarrollan habitualmente las actividades normales de la vida humana. Este concepto civil de la residencia adquiere su significado público en el de vecindad como permanencia habitual del individuo en una comunidad.

Pero no basta la simple permanencia habitual en un lugar para que surja la vecindad: es necesario un acto administrativo que la declare, y a falta de otro control, ese acto es del registro en el Registro Electoral Permanente. El ser residente de un municipio en esa condición, no sólo posibilita el ejercicio del derecho a elegir las autoridades municipales, sino también a ser electo concejal (artículo 49) o miembro de una Junta Municipal (artículo 38). En ambos casos se necesita ser residente del respectivo municipio.

Por otra parte, y también desde el punto de vista de la participación política, la Ley Orgánica atribuye la iniciativa para la creación de un municipio, su función o su incorporación a otro, además de a la Asamblea Legislativa y a los Concejos Municipales interesados, "a los ciudadanos integrantes de la comunidad o comunidades interesadas, en número no menor del 20% de los inscritos en el Registro Electoral Permanente" (artículo 17, ordinal 1°), con lo cual se vincula, de nuevo, la vecindad, con la inscripción en el Registro Electoral Permanente.

Por último, y también como mecanismo de participación política, la nueva Ley Orgánica de Régimen Municipal otorga a los vecinos la iniciativa legislativa en materia de ordenanzas y la posibilidad de solicitar a los Concejos Municipales la reconsideración de ciertas ordenanzas.

En efecto, en, cuanto a la iniciativa legislativa la Ley Orgánica (artículo 151) atribuye a las Asociaciones de Vecinos, así como a las organizaciones sindicales, gremiales u otras agrupaciones representativas de sectores de la comunidad legalmente constituidas, la posibilidad de presentar a los Concejos Municipales proyectos de ordenanzas. Esta iniciativa, de acuerdo a la Ley, debe ser respaldada por un número no menor de mil electores, vecinos de la comunidad, debidamente identificados por la autoridad electoral, es decir, teniendo como base el Registro Electoral Permanente. Sin embargo, la Ley autoriza a que también participen en la iniciativa los domiciliados en el municipio, y no sólo los residenciados. En cuanto a la posibilidad de solicitar la reconsideración de ordenanzas, la Ley Orgánica limita el pedimento a aquellas que no sean de carácter tributario, y pueden pedir la reconsideración un grupo de 20.000 electores vecinos de la comunidad, identificados por los organismos electorales conforme al Registro Electoral Permanente (artículos 152, 153 y 151). Si el número total de electores vecinos del respectivo municipio es inferior a 100.000, basta que la solicitud sea suscrita por el 20% de los mismos.

La solicitud de reconsideración de una ordenanza, si bien no suspende sus efectos (artículo 155), obliga al Concejo Municipal a decidir en un plazo de 60 días, vencido el cual, sí se suspenden sus efectos (artículos 154 y 155) por un lapso de 60 días durante el cual cualquier vecino de la comunidad podrá solicitar ante la Corle Suprema de Justicia la nulidad de la ordenanza objetada ante el Concejo. Si esta nulidad no se solicita, cesa la suspensión de los efectos de la ordenanza objetada.

2. Los mecanismos de participación en asuntos vecinales

Además de los mecanismos de participación política propiamente dichos, la Ley Orgánica de Régimen Municipal reguló diversos mecanismos de participación de la comunidad en asuntos vecinales, y de estimulo a la misma.

En efecto, entre las facultades de los Concejos Municipales está la de "estimular la colaboración y solidaridad de los vecinos para la mejor convivencia de la comunidad" (artículo 36, ordinal 25): y entre las obligaciones de dicho organismo está la de mantener informada a la comunidad de la marcha de las actividades municipales e interesarla en la solución de sus problemas" (artículo 37, ordinal 9°). Por otra parte, al presidente de los Concejos Municipales corresponde "llevar las relaciones entre la entidad que representa y los organismos públicos y privados, así como con la ciudadanía en general" (artículo 58. ordinal 5°): y el Sindico Procurador Municipal le corresponde "elevar a conocimiento del Concejo las quejas que reciba por deficiencias en los servicios públicos municipales (artículo 68, ordinal 6º). Pero entre las normas de la Ley Orgánica que consagran mecanismos de participación vecinal, está la contenida en su artículo 147 y que consagra la figura de los cabildos abiertos. Este artículo establece, en tal sentido, que cada tres meses por lo menos, los Concejos Municipales deben celebrar una sesión en la cual se deben considerar las materias, que *los vecinos* hayan solicitado ser tratadas públicamente. En dicha sesión, el público asistente puede formular preguntas y emitir opiniones sobre las materias inscritas en el orden del día. La Ley Orgánica remite al Reglamento Interno de los Concejos la determinación de las formalidades para la convocatoria y funcionamiento de esas sesiones, exigiendo que en todo caso, la convocatoria debe formularse a las organizaciones gremiales, sociales, culturales, deportivas y de cualquier otra índole de la comunidad. Por supuesto, entre ellas están las Asociaciones de Vecinos a las cuales me referiré más adelante. Por último, la Ley Orgánica establece también como mecanismo de participación de la comunidad en el manejo de los asuntos vecinales o de cooperación vecinal, la incorporación de personas o representantes de la comunidad en comisiones asesoras, permanentes o especiales del propio Concejo Municipal: en comisiones o juntas de carácter administrativo a las cuales se les encomienden gestiones específicas de orden material, cultural, cívico, recreacional o moral o que le asesoren en tales áreas: y en cualesquiera otra forma de organización o colaboración vecinal (artículo 156). La Ley exige que en tales organismos se procure que tengan representación las organizaciones sindicales, gremiales u otras representativas de los sectores de la comunidad, legalmente constituidas, incluyendo las Asociaciones de Vecinos, y no solo ellas.

3. Los mecanismos de participación en asuntos de urbanismo

Pero dentro de los mecanismos de participación en los asuntos vecinales, se destacan, sin duda, por su importancia, las vías de participación en los asuntos de urbanismo.

Han sido precisamente los problemas derivados del proceso de urbanización que ha sufrido nuestro país en las últimas décadas, los que sin duda, han provocado el florecimiento del movimiento de vecinos, como movimiento social. Los vecinos organizados en asociaciones surgidas espontáneamente, se enfrentaron a los abusos y desafueros de las autoridades municipales derivados de la manipulación de los cambios de zonificación. La presión de los vecinos siempre se hizo sentir, por tanto, en el campo urbano, y de allí la especial regulación que trae la Ley Orgánica de Régimen Municipal (artículo 168), comienza por prohibir los cambios de zonificación aislados o singulares precisamente, contra los que han venido luchando más abiertamente las Asociaciones de Vecinos, pues son los de mayores consecuencias degradantes. Esta prohibición general de la Ley, es, sin duda, uno de los mayores triunfos del movimiento de vecinos, desde el punto de vista urbano.

Ahora bien, en cuanto a los cambios de zonificación integral, es decir, que abarquen un área urbana amplia o un determinado sector urbano, la Ley establece como criterio general que ellos no se pueden hacer antes de 10 años de aprobada la zonificación originado la rezonificación posterior. Sin embargo, si dentro de ese lapso, a juicio de la oficina municipal de planificación urbana se justifica el cambio de zonificación este podrá realizarse siempre que la solicitud respectiva este respaldada por la correspondiente Asociación de Vecinos, si la hubiere, o por la mayoría absoluta de los vecinos del área permisada como unidad urbanística, o de los vecinos residentes en el área que determine la oficina municipal de planificación urbana, cuando el sector afectado no haya sido permisado como unidad urbanística.

El mismo artículo 168 de la Ley Orgánica, sin embargo, establece una excepción general a esta exigencia del acuerdo de los vecinos, al señalar que en los cambios de zonificación que se efectúen cuando se requiera adecuar un determinado sector urbano a políticas y programas nacionales o municipales, no se requerirá el respaldo de los vecinos. En todo caso, la Ley Orgánica, al consagrar la necesidad de la aceptación previa de los vecinos para los cambios regulares de zonificación por sectores, ha revolucionado el manejo del proceso de urbanización por las autoridades municipales. Hasta la promulgación de la ley sólo se habían establecido, a nivel local, normas que requerían tomar en cuenta la opinión de la comunidad afectada por los cambios de zonificación, tal como sucedió en la ordenanza sobre urbanismo, arquitectura y construcciones en general del Distrito Sucre del Estado Miranda de 1978, pero no había regulaciones similares a la ahora establecidas nacionalmente.

En esta materia debe advertirse, sin embargo, que ha sido tradicional en el ordenamiento urbanístico del país, la exigencia de que los cambios de zonificación sean sometidos a información y consultas públicas durante el proceso de discusión del acuerdo municipal respectivo, antes de efectuarse la segunda discusión del mismo. Así se establecía en las ordenanzas de zonificación y de urbanismo del área metropolitana de Caracas; y así lo regula ahora, con carácter general la Ley Orgánica de Régimen Municipal al disponer en la misma Disposición Transitoria antes comentada (artículo 168), que una vez aprobado en primera discusión el proyecto de ordenanza de cambio de zonificación, el Concejo debe determinar el día y hora cuando la Cámara debe oír públicamente a los interesados, previa información al público del nuevo uso propuesto para la zona afectada. Por supuesto, las Asociaciones de Vecinos también pueden participar a este nivel en las cuestiones urbanísticas.

IV. LAS ASOCIACIONES DE VECINOS

1. Características generales

Ahora bien, no hay duda en poder afirmar que una de las manifestaciones más características de las formas, de participación de la comunidad en la conducción de los asuntos locales, está en las denominadas Asociaciones o Juntas de Vecinos o Residentes, y que como movimientos sociales urbanos, han venido haciendo su aparición en las últimas décadas.

No hay que olvidar que en sus orígenes, la institución municipal no era otra cosa que una asociación de vecinos, autónoma políticamente hablando. La progresiva burocratización o institucionalización del municipio, alejó esta institución local de los vecinos y residentes, quienes dejaron de encontrar en el municipio una fuente de participación, y más bien lo comenzaron a sentir como un enemigo de sus intereses vecinales. Las Asociaciones de Vecinos o Residentes, vienen así a llenar el vacío de participación dejado por el antiguo municipio y al aparecer como un fenómeno espontaneo y como un auténtico movimiento social urbano, han venido a enfrentarse al poder local en la defensa de los intereses vecinales.

El movimiento de vecinos, entonces, es desde su nacimiento, temido por los poderes locales: y ello, por varias razones. Se trata de asociaciones de derecho privado, y por tanto, no sometidas al control de los municipios, pero por su actuación, son organismos con acción pública manifiesta, generalmente frente a la autoridad municipal. Esta actuación pública trae, en general, consecuencias políticas de enfrentamientos de la comunidad y los electores con los gobernantes elegidos. Las Asociaciones de Vecinos, por ello, no sólo no son saludadas por las autoridades municipales, sino que, por su mismo poder real, pueden llegar a distorsionar, ellas mismas, su verdadera función.

Políticamente hablando, por tanto, el movimiento de vecinos debe ser cuidadosamente tratado: desde el punto de vista de los poderes públicos, debe impulsarse como cauce de participación política, pero sin ahogárselo en reglamentaciones y sin burocratizárselo: desde el punto de vista del propio movimiento social urbano, deben precisarse sus objetivos .de defensa de intereses auténticamente vecinales frente a la autoridad municipal y no convertirse en instrumentos de luchas guiados por la sola emotividad de algunos de sus miembros o conductores.

Nos interesa analizar a las Asociaciones de Vecinos en Venezuela, como fenómeno urbano contemporáneo, a la luz de las disposiciones de la nueva Ley Orgánica de Régimen Municipal. Ello lo haremos tratando de precisar las características de estos movimientos sociales urbanos en torno a los siguientes elementos: agrupan vecinos en un ámbito territorial determinado; tienen una pluralidad de funciones de carácter vecinal; son autónomos, permanentes y actúan dentro del ordenamiento jurídico; y tienen por objeto la defensa de intereses vecinales frente a la administración.

2. El ámbito personal y territorial de las Asociaciones de Vecinos

El primer elemento a precisar respecto de las Asociaciones de Vecinos es su ámbito personal y territorial. Tal como hemos señalado, estos vienen determinados por la vecindad, es decir, por la vinculación que por la residencia tienen un grupo de personas con un ámbito territorial determinado: barrio o urbanización. Este concepto de vecindad está basado en el concepto jurídico de residencia, es decir, el lugar donde habitualmente una persona desarrolla sus actividades humanas. Por tanto, la vecindad no está ligada a la existencia del derecho de propiedad. Ciertamente, muchas de las Asociaciones de Vecinos que se constituyeron en la década pasado en Venezuela, fueron Asociaciones de Propietarios y Residentes, pero realmente la calidad de miembro de la asociación nunca estuvo vinculada a la propiedad sino a la residencia.

Por otra parte, el carácter de vecino surge independientemente del estado civil de la persona. La vecindad, por tanto, no tiene relación con la familia como categoría sociológica, y la pertenencia a las Asociaciones de Vecinos nunca ha estado vinculada a la familia o al número de familias que pueda existir en un área determinada.

Pero en todo caso, la vecindad, es decir, la comunidad de intereses vecinales que existe entre un grupo de personas, viene referida a un ámbito territorial determinado. Normalmente las Asociaciones de Vecinos se constituyeron, en el área metropolitana de Caracas, en las urbanizaciones y en ciertos barrios del centro de la ciudad y aún en barrios marginales.

Algunas tienen un ámbito territorial equivalente a una división político–territorial preexistente como la parroquia o el municipio; pero en general, el ámbito territorial, es la urbanización o el barrio, es decir, un territorio en el cual surge una comunidad de intereses vecinales derivados de una cierta homogeneidad, incluso física o de sus propias peculiaridades, y que da origen a una interrelación humana relativamente importante. Por supuesto, este ámbito territorial varía entre ciudad y ciudad. En las grandes ciudades se identifica con la urbanización o el barrio, pero en los pequeños centros poblados, el pueblo todo puede dar origen a un ámbito territorial definido de vecindad.

Para la promoción de las Asociaciones de Vecinos, por tanto, no pueden ni limitarse artificialmente el número de los asociados, ni demarcarse artificialmente el ámbito territorial en los cuales pueden constituirse. La Ley Orgánica de Régimen Municipal en este sentido, es bastante ambigua.

Por una parte, en cuanto al ámbito personal de las Asociaciones de Vecinos, establece, en su artículo 148, como principio general, que "los habitantes que integren una comunidad de doscientas (200) familias, por lo menos, podrán constituir una Asociación de Vecinos, la cual tendrá personalidad jurídica". En esta forma, artificialmente fija un número mínimo de población para la Constitución de una Asociación de Vecinos, y a ello se le pueden formular varias observaciones: en primer lugar, que introduce el concepto de familia, extraño al de vecindad, como se ha dicho: en segundo lugar, que el limite poblacional que implican las doscientas familias es totalmente arbitrario, pues la vecindad tiene relación con un ámbito territorial determinado y que en muchos casos da origen a una población inferior; y en tercer lugar, que con dicha norma se establece una odiosa e injustificada limitación al derecho de asociarse con fines lícitos previsto en el artículo 70 de la Constitución.

Este derecho a asociarse con fines vecinales, por otra parte, se remite, en cuanto a su regulación, a lo que decida el Poder Ejecutivo por vía reglamentaria. El mismo artículo 148 de la Ley establece así que "el ejecutivo nacional, al reglamentar esta ley, determinará las formalidades para constituir dichas asociaciones, el número mínimo de sus integrantes, su estructura interna la cual en todo caso deberá ser democrática, y los mecanismos de control sobre el funcionamiento de las mismas". Así, un movimiento participativo de tanta importancia como el de los vecinos, corre el riesgo de burocratizarse mediante reglamentaciones que coarten la libertad y espontaneidad de su constitución.

En cuanto al ámbito territorial de las Asociaciones de Vecinos, la ley también tiene regulaciones que pueden ser limitantes. En efecto, conforme al artículo 150 de la Ley Orgánica, "la oficina municipal que tenga a su cargo la planificación urbana determinará el ámbito espacial donde pueden constituirse las Asociaciones de Vecinos". Sin embargo, en un intento de flexibilizar la regulación, el mismo artículo establece que "en aquellas comunidades que por su extensión territorial o por su número de habitantes así lo requieran, la mencionada oficina municipal podrá autorizar la constitución y funcionamiento de más de una asociación, para lo cual señalará en cada caso, la circunscripción donde podrá actuar cada una de ellas".

Esta norma deja demasiado poder discrecional a las oficinas municipales de planeamiento urbano para la existencia de las Asociaciones de Vecinos y con ello se corre el riesgo de romper un movimiento social de primera importancia en el país.

3. Las funciones de las Asociaciones de Vecinos

Ahora bien, en cuanto a las funciones de las Asociaciones de Vecinos, como cuerpos intermedios de participación, debe insistirse en que su característica es la de ser movimientos sociales con pluralidad funcional. Es decir, no tienen, en la defensa de los intereses vecinales una función concreta ni de carácter sectorial. Así se distinguen las funciones múltiples de las Asociaciones de Vecinos, de las funciones concretas de otras sociedades intermedias: asociaciones sindicales, gremiales, profesionales, culturales, deportivas, de usuarios o de consumidores.

Las funciones múltiples de las Asociaciones de Vecinos giran en torno a un objetivo definido: la defensa del interés vecinal, lo cual puede abarcar múltiples aspectos: defensa de la integridad urbana de su ámbito territorial: solución de los problemas derivados de la renovación urbana: actividad reivindicativa para el logro de dotaciones de equipamientos urbanos o la prestación de servicios públicos eficientes: la defensa de valores históricos y tradicionales del ámbito territorial; la colaboración con la administración en la planificación urbana del ámbito vecinal: la representación de los vecinos ante las autoridades municipales: y en fin la cooperación vecinal en todas sus manifestaciones. Estas diversas funciones las realizan las Asociaciones de Vecinos como organismos autónomos y, por tanto, no dependientes de cualquier otra organización social superior, y por supuesto, no dependientes de las autoridades municipales. De allí que las regulaciones legales que se establezcan deban garantizar esta autonomía, en lugar de minimizarla.

La autonomía, por otra parte, deriva de la propia forma jurídica que adoptan las Asociaciones de Vecinos. Se trata de personas jurídicas de derecho privado, cuya personalidad jurídica la adquieren como sociedades civiles sin fines de lucro mediante la inscripción de su acta constitutiva y estatutos en la correspondiente oficina subalterna de registro (artículo 149). Esta forma jurídica de derecho privado se acompaña, además, con la característica de que se trata de personas jurídicas no estatales, en el sentido de que no están integradas a la organización general del Estado, aún en el supuesto de que puedan participar en ciertas actividades de gestión de intereses locales. En tal sentido, el Registro de las Asociaciones de Vecinos legalmente constituidas que debe llevar cada Concejo Municipal en su jurisdicción, y en el cual debe asentarse el Acta Constitutiva y Estatutos de la Asociación, el nombre de los miembros de la Junta Directiva y los cambios o reformas de los mismos (artículo 149), debe tenerse como un simple elemento de información a los efectos de promover la participación vecinal.

El carácter de personas jurídicas de derecho privado no estatales de las Asociaciones de Vecinos, resulta, además, del hecho de que son asociaciones de carácter voluntario, donde la afiliación no es obligatoria; de que, en general, no ejercen autoridad; y de que sus directivos son electos por la propia comunidad vecinal sin injerencia de la administración municipal. Las decisiones que adopten, y que puedan producir daños a terceros, por otra parte, comprometen la responsabilidad de la propia asociación y no la de la administración municipal. Otra característica de las Asociaciones de Vecinos, es que sus funciones las ejercen en forma permanente y formal. No se trata de la simple reunión de vecinos ante un problema concreto urbano de carácter espontáneo, aun cuando sin duda, así surgieron la mayoría de las Asociaciones de Vecinos constituidas en los últimos tres lustros. Por ello, sin duda, el reto de la permanencia es el más importante de las Asociaciones de Vecinos: es fácil la aglutinación de una voluntad vecinal ante un problema concreto circunstancial; pero no es tan fácil lograr su permanencia, cuando el fenómeno coyuntural desaparece.

En todo caso, la permanencia distingue a las Asociaciones de Vecinos de los comités de lucha de muchos barrios marginales, de existencia circunstancial. La permanencia por otra parte, canaliza la acción de las Asociaciones de Vecinos dentro del ordenamiento jurídico. Su acción debe ser de tipo legal, y esto las diferencia de los movimientos espontáneos de lucha que basan su acción, fundamentalmente, en las vías de hecho, o en la búsqueda de una ruptura con el sistema jurídico político imperante. Las Asociaciones de Vecinos, por tanto, no pueden identificarse ni fundamentarse en las solas manifestaciones callejeras.

Por último, otra de las características de las Asociaciones de Vecinos, es que sus funciones y objetivos de defensa de los intereses vecinales se plantean, siempre, frente a la administración. Esta es su finalidad específica, por lo que en el movimiento vecinal se encontrará siempre la antinomia interés vecinal interés de la administración. Esta por una parte, ha sido la razón del surgimiento de las Asociaciones de Vecinos, y por la otra, es la razón del recelo con el cual se las trata por la administración local. Esta contraposición de intereses, por supuesto, no impide la cooperación y colaboración de las Asociaciones de Vecinos en la gestión de los intereses locales; más bien la facilita, siempre y cuando aquellas continúen actuando con autonomía. La participación no implica sumisión ni dependencia, sino cooperación mediante la defensa de los propios intereses.

De allí que, aún cuando no sea su función primordial, las Asociaciones de Vecinos podrían ejercer tareas dentro de la organización local, como la de asumir las funciones que puedan atribuirse a las Juntas Comunales. ¿Qué mejor cooperación para la administración municipal que una organización de defensa de intereses vecinales asuma, precisamente, la gestión de dichos intereses? Y a la vez ¿qué mejor garantía para los vecinos, que los intereses estrictamente vecinales estén representados y gestionados por su propia asociación?.

Entendemos que es precisamente la contraposición de intereses, la base de una electiva participación.

CONCLUSIÓN

Hemos querido plantear el problema de la participación a nivel local y de la vigencia de la institución municipal. La actualización de esa participación política es ciertamente, tarea de todo el país, pero en su orientación, el gobierno tiene la primera responsabilidad. Dentro de pocas semanas se inicia, afortunadamente un nuevo gobierno en nuestro país que ha planteado, dentro de sus bases programáticas, el tema de la participación. La democracia participativa, la organización social del pueblo, la revalorización del trabajo, la formación del ciudadano, y la disciplina y solidaridad social son los postulados básicos o principios rectores de ese próximo gobierno, que todos los venezolanos estamos en la obligación de exigirle.

Ese compromiso del nuevo gobierno tenemos que reclamarlo de inmediato, a través de dos vías: por una parte, exigiéndole al Poder Ejecutivo la adecuada reglamentación de la Ley Orgánica de Régimen Municipal en el punto relativo a la participación de la comunidad y de las Asociaciones de Vecinos. Sin una reglamentación adecuada, las que actualmente existen pueden ser desconocidas, y con una reglamentación deficiente, o aquellas se burocratizan o se desbordan. Por ello lo cuidadoso de esa reglamentación que, sin duda, será la primera prueba de fuego del gobierno en un aspecto que ha sido la base de toda la campaña electoral y del programa político; la participación. Por otra parte, el compromiso contraído tenemos que exigírselo al gobierno y a los partidos políticos en las próximas elecciones municipales de junio. La institución municipal debe ser, por primera vez, bien tratada por los actores políticos. La continuación de su fracaso o su revalorización y revitalización, dependerá ahora más que nunca, de los partidos políticos.

En todo caso, lo cierto es que si no se le da un vuelco definitivo a la vida local, haciéndola más participativa, la democracia no podrá realizarse plenamente en nuestro país. El problema, por supuesto no es nuevo ni solamente nuestro. Alexis de Tocqueville en su famoso libro. "La Democracia en América". En 1835 decía lo siguiente: "En el municipio es donde reside la fuerza de los pueblos libres. Las instituciones municipales son a la libertad, lo que las escuelas primarias vienen a ser a la ciencia; la ponen al alcance del pueblo; le hacen paladear su uso pacífico y lo habilitan a servirse de ella".

Este planteamiento, escrito hace ciento cincuenta años, está todavía por actualizarse en nuestro país, pero en término, dramáticos: o creamos la democracia local participativa o, simplemente, perderemos la libertad como pueblo y seguiremos esclavizados por el agobiante centralismo que ha caracterizado nuestra evolución política en las últimas décadas.[182]

§ 2. El municipio, la descentralización política, participación y la democracia (2001)

Este parágrafo segundo es el texto de la Conferencia dictada en el XXV Congreso Iberoamericano de Municipios, Organización Iberoamericana de Cooperación Intermunicipal (OICI), Guadalajara, México, 31 octubre 2001, sobre "El municipio, la descentralización política, participación y la democracia," publicada en el libro: *XXV Congreso Iberoamericano de Municipios*, Guadalajara, Jalisco, México, 23 al 26 de octubre del 2001, México 2003, pp. 53–61, y en Allan R. Brewer–Carías, *Reflexiones sobre el constitucionalismo en América*, EJV, Caracas, 2001, pp. 127–141.

La Organización de Estados Americanos, en sus últimas sesiones extraordinarias celebradas el 11 de septiembre de 2001 en Lima, Perú, adoptó la *Carta Democrática Interamericana*, en la cual no sólo se consideró que "los pueblos de América tienen *derecho a la democracia* y sus gobiernos la obligación de promoverla y defenderla" (art. 1), sino que además, se formularon los siguientes postulados fundamentales respecto de este régimen político:

---

182 *Bibliografía*: Javier María Berriatúa San Sebastián. *Las Asociaciones de Vecinos*. Madrid, 1977, 326 pp.; Ponencias sobre el tema "Planteamiento Social". Acceso de la Comunidad Organizada al Poder Local" y "Cauces de Participación Ciudadana" en *Crónica del V Congreso Hispano Luso Americano Filipino de Municipios*, Tomo 1, Madrid, 1970, pp. 1.055 a 1.301.; "Mesa Redonda sobre desgobierno municipal" en *Revista RESUMEN* (Personaje del año 1976: La Rebelión de los Vecinos), N° 166, p. 1–77, pp. 18 a 31.; 4. Carta de la Federación de Asociaciones de Comunidades Urbanas (FACVR) al presidente del Congreso, mayo 1977, 10 pp.; 5 Eduardo Fernández, *La Democracia Participativa*, Caracas 1978. 31 pp.; 6. José Rafael García, *Reflexiones sobre las Asociaciones de Vecinos*, Caracas s/f. 12 pp.; 7. Allan–R Brewer–Carías. "La Reforma del Régimen Local y el Proyecto de Ley Orgánica de Régimen Municipal" en Allan R. Brewer–Carias y N. Izquierdo Corser, *Estudios sobre la Regionalización en Venezuela*, Caracas, 1977, pp. 353 a 367.; 8. Allan–R Brewer–Carías, *El Régimen Urbanístico de la Propiedad Privada*, Trabajo de Incorporación a la Academia de Ciencias Políticas y Sociales, Caracas, 706 p. 9. Alexis de Tocqueville, *La Democracia en América*, FCE, México 1973 p. 78.

Primero, que el ejercicio efectivo de la democracia representativa es la base del Estado de derecho y de los regímenes constitucionales de los Estados americanos (art. 2).

Segundo, que la democracia representativa se refuerza y profundiza con la participación permanente, ética y responsable de la ciudadanía en un marco de legalidad, conforme al respectivo orden constitucional (art. 2); y

Tercero, que son elementos esenciales de la democracia representativa, entre otros, los siguientes:

a. El respeto a los derechos humanos y las libertades fundamentales;
b. El acceso al poder y su ejercicio con sujeción al Estado de derecho;
c. La celebración de elecciones periódicas, libres, justas y basadas en el sufragio universal y secreto, como expresión de la soberanía del pueblo;
d. El régimen plural de partidos y organizaciones políticas; y
e. La separación e independencia de los poderes públicos.

Con esta declaración, sin duda, tenemos que concluir que el más importante y esencial de los debates políticos que seguimos teniendo los latinoamericanos en estos comienzos del siglo XXI, no es otro que el de la democracia, es decir, confrontar criterios sobre qué es lo que debemos hacer para perfeccionar y profundizar la democracia y asegurar su efectiva gobernabilidad; pues, sin duda, hay muchos que plantean que hay que sustituirla por un régimen político autoritario, militarista e impositivo, fundamentado en la centralización y la concentración del Poder.

I. DEMOCRACIA Y CONTROL DEL PODER

En definitiva, es el debate de siempre, que origina la opción entre democracia y autoritarismo, el cual no puede tener otro resultado que no sea el diseñar un sistema político que asegure que nuestras democracias, en las próximas décadas, sean más participativas y más representativas.

Por ello, es precisamente el último elemento mencionado de la *Carta Democrática*, como esencial a la democracia, el que en nuestro criterio apunta a identificar un verdadero régimen democrático, para que, incluso, los otros factores puedan ser efectivos. Ese factor que se identifica como "separación e independencia de los poderes", no es otro, que el orden institucional que debe existir en toda democracia para controlar y limitar el poder.

Y es que en efecto, sin control institucional no hay democracia: pues sólo controlando al Poder es que puede haber elecciones libres y justas; sólo controlando al Poder es que puede haber efectivo respeto a la Constitución; sólo controlando al Poder es que puede haber pluralismo; sólo controlando al Poder es que puede haber garantía de respeto a los derechos humanos; y sólo controlando el Poder es que puede haber participación política.

En todo caso, un sistema institucional para controlar el ejercicio del poder político, implica, ineludiblemente, su distribución o separación. Por tanto, demasiada concentración del Poder si no hay controles efectivos sobre los gobernantes, y peor aún, si estos tienen o creen tener apoyo popular, conduce al autoritarismo y, en definitiva, a la tiranía. No olvidemos que la historia de la humanidad durante el siglo pasado nos muestra, precisamente, a tiranos que usaron el voto de la mayoría para acceder al poder y desde allí aplicaron el autoritarismo para acabar con la democracia y todos sus elementos, comenzando por los derechos humanos.

Me imagino que muchos de Uds. pensarán que parece mentira que hoy, cincuenta años después del derrumbe de los sistemas fascistas basados en concepciones holísticas o totalitarias del poder, nuestras reflexiones tengan que estar marcadas por el mismo dilema y el mismo debate entre democracia y autoritarismo, y que ello lo hagamos en el marco de un Congreso de Municipios. Pero no hay más remedio, tenemos que hacerlas, al encuadrar el Municipio como parte del Estado, pues en nuestra América Latina se están oyendo demasiados cantos de sirena autoritarios, que cada vez con más fuerza están emanando de ciertos neo críticos de la democracia, que pretenden basarse en un supuesto apoyo popular para, precisamente, acabar con la democracia.

Enfrentar este dilema, que es el de siempre, sin embargo, exige ante todo que estemos conscientes de la crisis de gobernabilidad que presentan buena parte de las democracias en nuestros países, y que están afectando sus cimientos. ¿Qué pasa con nuestras democracias que son menos democratizadas que las de otros países más desarrollados del mundo, a pesar de tener factores aparentemente comunes?.

Una característica general de muchas de nuestras democracias es que en ellas los partidos políticos organizados conforme al principio del centralismo democrático, con demasiada frecuencia han asumido y ejercido el monopolio de la participación y de la representatividad políticas, cerrando el espacio para la emergencia de distintos y nuevos liderazgos fuera de los propios partidos. En esa forma, en muchos casos sólo se ha podido participar a través de los partidos, y éstos solos han sido los que han obtenido representación en los cuerpos representativos, donde muchas veces se sigue eligiendo a ciegas a los candidatos de los partidos que han terminado sustituyendo al pueblo. Los sistemas electorales, con gran frecuencia, se han diseñado para ello y no para hacer realidad una auténtica democracia representativa.

Este es un problema que tenemos que superar desesperadamente, para que no se siga tratando de desprestigiar a la misma democracia representativa.

Pero a la democracia de partidos o partidocracia, se ha agregado el centralismo político del Estado y del gobierno, que en muchos casos ha concentrado todo o casi todo el poder en el nivel nacional, vaciando políticamente de poder a las provincias, municipalidades y localidades. Adicionalmente, en muchos casos, el poder se ha concentrado en el órgano ejecutivo del Estado, reforzándose al presidencialismo o a los propios partidos que controlan los demás órganos estatales; y lo cierto es que la mezcla de centralización del Poder del Estado y de centralismo en los partidos políticos, es lo más antidemocrático que puede existir en los sistemas políticos. Así como no hay ni ha habido jamás autocracias descentralizadas, tampoco una democracia puede funcionar, en el mediano y largo plazo, en un sistema de Poder centralizado.

Lo importante, en todo caso, es no confundir a la democracia como régimen político, con el sistema de centralismo de Estado y de partidos y de concentración del Poder Público, que ha estado conspirando y sigue conspirando contra la propia democracia. Es ese sistema el que puede estar en crisis, y en muchos países sigue en crisis, pero no la democracia misma; es el sistema político el que tenemos que buscar cambiar para, precisamente, perfeccionar y profundizar la democracia, pero no para acabar con ella. Y en democracia ello sólo se puede lograr estableciendo un sistema de control institucional del Poder, una de cuyas piezas esenciales es la descentralización y la participación política.

Precisamente por ello, este es el dilema que tenemos por delante. No hay otra alternativa, ni términos medios. No hay regímenes políticos medio democráticos o medio autoritarios; o lo son o no lo son.

Es decir, en este campo, insisto, no hay otra opción: o democracia o autoritarismo. La primera exige controlar el Poder y, en particular, distribuirlo territorialmente para que haya más participación; la segunda, necesariamente conduce a la concentración y centralización del poder, lo que es incompatible con la democracia. Y lamentablemente, a esto último es que ha apuntado el discurso que pretende establecer una supuesta legitimidad para gobernar derivada de la sola relación entre un líder y el pueblo e, incluso, el ejército, basada en la simple popularidad.

II. LA DESCENTRALIZACIÓN POLÍTICA PARA ACERCAR EL PODER AL CIUDADANO

Al contrario, el perfeccionamiento y profundización de la democracia tiene que apuntar al diseño de un sistema político que necesariamente tiene que estar montado sobre la *descentralización del poder del Estado,* para acercarlo al ciudadano, con nuevas formas de representatividad y de participación políticas.

Para captar la esencia del régimen democrático no olvidemos que ninguna sociedad democrática occidental consolidada después de la II Guerra Mundial, ha sobrevivido como democracia sin haber descentralizado el Poder como mecanismo institucional para su efectivo control. Por ello, sin duda, puede decirse que la descentralización política es un fenómeno de las democracias, consecuencia de la democratización y condición para su sobrevivencia.

En consecuencia, en nuestro criterio, el debate contemporáneo en nuestros países por más democracia, tiene que centrarse en el rescate del proceso de descentralización política. Perfeccionar la democracia exige hacerla más participativa y más representativa, para lo cual la única vía posible que existe es acercando el Poder al ciudadano, y ello sólo puede lograrse descentralizando territorialmente el Poder del Estado y llevarlo hasta la más pequeña de las comunidades; es decir, distribuyendo el Poder en el territorio nacional.

Por supuesto, para asumir esta indispensable tarea democrática, que pueda permitir sustituir el sistema político centralizante de partidos por un sistema político descentralizado y participativo, debe recurrirse a los esquemas de autonomías territoriales más adecuados, conforme a la tradición constitucional de cada uno de nuestros países, descentralizando los viejos Estados Unitarios e, incluso, los Federales y, en todo caso, municipalizando sus territorios.

De todo ello lo que deriva es que cualquiera que sea la forma de descentralización política, se trata de proyectos y propuestas contrapuestos radicalmente al centralismo de Estado y a la concentración del Poder, que son esencialmente antidemocráticos.

La propuesta política que formulamos, por tanto, busca el diseño en nuestros países, de un nuevo sistema político que la democracia exige, y que sólo puede tener por objeto hacerla más participativa, con gran presencia de la sociedad civil, y más representativa de las comunidades. Ello implica desparramar el poder en todo el territorio, hasta la última de las comunidades, para que el ciudadano y sus sociedades intermedias puedan realmente participar.

Esta distribución territorial del Poder en el mundo contemporáneo democrático, se ha desarrollado, invariablemente, en dos niveles territoriales: un nivel intermedio, de Estados en las Federaciones, o de Regiones o Departamentos autónomos en los viejos Estados Unitarios; y un nivel territorial inferior, local, de municipalidades autónomas en todo el territorio de los Estados. Por ello, independientemente de la forma del Estado que se haya adoptado históricamente, puede decirse que en el mundo occidental democrático, el Estado contemporáneo es un Estado descentralizado o en vías de descentralización; es decir, un Estado en el cual las fuerzas centrífugas en la distribución territorial del Poder Público, están más activas que las fuerzas centrípetas.

III. DEMOCRACIA Y MUNICIPALIZACIÓN

La descentralización política, por tanto, implica, por una parte, la municipalización, pero además, la creación de niveles intermedios de gobierno que permitan realmente acercar el Municipio al ciudadano.

Para que el Municipio sea la escuela de la libertad y de la democracia, como lo descubrió Alexis de Tocqueville cuando ilustró a Europa sobre *La Democracia en América,* por sobre todo tiene que estar cerca del ciudadano. Un Municipio lejos de las comunidades y vecindades, como es en general el Municipio en nuestros países latinoamericanos, materialmente no sirve para nada bueno, ni para la participación política ni para la gestión eficiente de los asuntos locales, ni por supuesto, para la democracia.

Acaso nos hemos preguntado, ¿por qué, realmente, las democracias consolidadas de Occidente son tales democracias? ¿Cómo es que en ellas la participación del ciudadano en la gestión de los intereses locales forma parte de la cotidianidad de la vida democrática?

Es cierto que todas las democracias tienen ciclos electorales, donde se vota con regularidad y tienen sistemas institucionales que son propios del Estado de Derecho. Pero unos países son efectivamente más democráticos que otros. Y la respuesta del por qué esto es así, está precisamente en la municipalización o, si se quiere, en la efectiva fragmentación de las instituciones locales.

Para darnos cuenta de ello, basta hacer algunas comparaciones. Venezuela, con casi un millón de kilómetros cuadrados de superficie y más de 24 millones de habitantes, tiene sólo 338 Municipios. Francia, en cambio, con la mitad de dicha superficie y 59 millones de habitantes, tiene 36.559 Municipios o Comunas; es decir, cien veces más. Pero lo importante, ciertamente, no es el número de municipios que tenga un país, sino la relación que tiene que existir entre la autoridad local y el número de habitantes. En tanto que en Venezuela es de 71.715 habitantes por Municipio, en Francia, en cambio es de 1.613 habitantes por Municipio, es decir, cuarenta veces menos.

Cualquier revisión de esta relación que se haga en los países democráticos, da cifras sorprendentes, sobre todo cuando las comparamos con las nuestras en América Latina. España tiene 8.082 Municipios con un promedio de población de 4.825 habitantes; en Austria hay 2.353 Municipios, con un promedio de población de 3.400 habitantes. Los

8.104 Municipios de Italia tienen un promedio de 7.157 habitantes. En Suiza hay 3.000 Municipios con un promedio de 2.333 habitantes; en Alemania hay 16.121 Municipios, con un promedio de 5.086 habitantes; y en Bélgica hay 589 Municipios, con un promedio de 16.978 habitantes.

En Europa continental, además, debe destacarse que los Municipios de menos de 2000 habitantes representan un porcentaje elevadísimo en relación con los muy poblados, por ejemplo, el 40% en Italia y el 89% en Francia.

En nuestro Continente Americano, también se destaca, el caso de los Estados Unidos y Canadá que tienen territorios casi iguales de casi 10 millones de kilómetros cuadrados, pero con una población muy disímil: 30 millones en Canadá y más de 250 millones en los Estados Unidos. Sin embargo, en Canadá sus 4.507 Municipios, tienen un promedio de 6.878 habitantes; y en los EEUU, sus 70.500 Municipios, tienen un promedio de 3.872 habitantes por Municipio.

En definitiva, de estas cifras resulta que en el mundo de los países con democracias más desarrolladas, el promedio de habitantes por Municipio varía entre 1.600 y 16.000 habitantes. En contraste, en nuestros países de América Latina el panorama es muy diferente: en Argentina hay 1.617 Municipios con 22.800 habitantes de promedio; en Brasil, hay 5.581 Municipios pero con un promedio de 30.100 habitantes; en Guatemala hay 324 Municipios con un promedio de 33.950 habitantes; en Nicaragua hay 143 Municipios con un promedio de 34.965 habitantes; en Colombia hay 1.068 Municipios, con un promedio de 39.325 habitantes, en México hay 2.418 Municipios, con un promedio de 40.000 habitantes; en Chile hay 340 Municipios con un promedio de 44.117 habitantes; y como dijimos, en Venezuela hay sólo 338 Municipios con 71.715 habitantes por Municipio. Casi igual que en la República Dominicana, donde hay sólo 120 Municipios con 75.000 habitantes de promedio. En Uruguay hay 19 Municipios con un promedio de 157.000 habitantes.

De lo anterior deriva que la clave de la democracia de participación está, precisamente, en acercar el Poder al ciudadano, para que pueda efectivamente participar. Por ello, en nuestros países, mientras la autoridad local esté tan alejada del ciudadano, no llegaremos a ser efectiva y cotidianamente democráticos.

La gran reforma política democrática en nuestros países, en realidad, está en la municipalización, pero sin uniformismo, pues no podemos multiplicar al gran Municipio burocratizado de las áreas urbanas y trasladarlo a las rurales. La diferenciación de regímenes municipales es una de las primeras necesidades de la vida local.

IV. MUNICIPALIZACIÓN Y PODERES INTERMEDIOS DESCENTRALIZADOS

En todo caso, mientras más se municipalice un país y se transfieran poder y competencias propias de la vida local a las pequeñas organizaciones primarias autónomas y autogestionadas, más necesaria entonces será la estructuración de poderes descentralizados a niveles intermedios entre el Poder Central y el Municipio. Por ello, hay una relación directa y paralela entre la descentralización local y la descentralización nacional a niveles intermedios.

Al señalar esto, por supuesto, tampoco estamos descubriendo nada nuevo. Todos los Estados contemporáneos han experimentado la misma crisis derivada de la consolidación de la democracia. Por ello, en Europa, por ejemplo, como consecuencia de la reimplantación y desarrollo de la democracia, para asegurar su sobrevivencia y establecer canales de participación política, durante los últimos cincuenta años todos los países han seguido un proceso de descentralización política. Así sucedió con los viejos Estados Unitarios que sobre la base de estructurar regiones políticas, se han venido organizando territorialmente en forma descentralizada, dando incluso origen, en algunos casos, a una nueva forma de Estado, la del "Estado Regional", más descentralizado a veces, que las viejas Federaciones. Así sucedió en España, al surgir como país democrático después del franquismo, con el Estado de Comunidades Autónomas; y con las Regiones Políticas que por ejemplo, se han establecido en Italia, Francia, Bélgica y Portugal. La reforma constitucional en Inglaterra también ha conducido a la creación o reaparición de parlamentos regionales, como en Escocia y Gales, mediante la *devolution* o descentralización política, que ha formado parte importante de la política actual del laborismo.

En cuanto a las viejas Federaciones, estas han sido recompuestas o reforzadas redistribuyéndose el Poder hacia los Estados miembros o cantones, como ha sucedido en Alemania o Suiza. Lo mismo puede decirse del federalismo norteamericano o canadiense y, en general, de las nuevas fórmulas de distribución del Poder Público en las federaciones. De ello resulta, por supuesto, que el proceso de descentralización política no puede identificarse con el solo federalismo. En la actualidad, como indicamos, hay "Estados Unitarios descentralizados" como España y Colombia que, incluso, son relativamente más descentralizados políticamente que muchas viejas Federaciones, como la de Venezuela.

En todo caso, lo importante a destacar aquí es que este proceso de descentralización que también se está llevando a cabo en una u otra forma, en todos los países de América Latina, también está condicionado y es producto del proceso de democratización que han experimentado nuestros países, como consecuencia del afianzamiento del régimen democrático y, además, como condición necesaria para que perdure y sobreviva.

El debate sobre la descentralización en América Latina por ello, en definitiva, es un debate sobre la democracia y sobre el fin de más de un siglo de centralismo, que si bien contribuyó a la consolidación de los Estados Nacionales y a la implantación de la propia democracia por los partidos organizados bajo el esquema del centralismo democrático, hoy es el principal elemento que está conspirando contra la propia democracia y, que, además, impide la efectividad de las tareas del sector público.

V. DEMOCRACIA REPRESENTATIVA Y DEMOCRACIA DIRECTA

En definitiva, no se trata de sustituir la democracia representativa por una supuesta e ilusoria democracia directa, que es de imposible existencia, sino de sustituir el sistema político centralizado de partidos por un sistema descentralizado y participativo, haciendo la democracia más participativa y más representativa, lo que sólo puede lograrse distribuyendo efectivamente el Poder en el territorio, de manera que esté cerca de los ciudadanos, de sus comunidades y organizaciones.

Por todo ello, la democracia tiene que conducir a un esquema de Estado que garantice la libertad, la dignidad, la igualdad, la legalidad y la tolerancia, lo que implica además, el rechazo tanto al centralismo y concentración del Poder, como a la penetración del Estado en los campos de la sociedad civil. Por ello, la democracia como régimen político, es mucho más que una formalidad de elecciones cíclicas.

Se trata ahora y siempre, en todo caso, de preservarla y revalorizarla, repudiando el discurso autoritario que pretende sustituirla por un régimen político donde no existan los valores mencionados. La crítica, que compartimos, a la exclusiva representatividad de partidos que hemos tenido y aún tenemos en muchos de nuestros países y al procedimiento formal de elección regular, no puede transformarse en un rechazo a la democracia en si misma y a sus valores, sino en un esfuerzo por profundizarla.

Por ello, para enfrentar el discurso antidemocrático, hay que machacar una y otra vez los valores de la democracia que sólo en democracia se pueden realizar; y la democracia, como se la define en la *Carta Democrática Interamericana* de la OEA, ante todo es y tiene que seguir siendo una democracia representativa.

Por tanto, cuando se habla de "democracia directa" como contrapuesta a la democracia representativa, debe tenerse claro que un Estado no puede funcionar con base en decisiones adoptadas en Asambleas públicas y populares, como consecuencia de iniciativas populares, o mediante referendos consultivos, aprobatorios, autorizatorios o revocatorios.

Con todos esos instrumentos de participación o de democracia directa, sin duda, se puede perfeccionar el régimen democrático, pues se permite al pueblo reaccionar directamente contra o en relación a las decisiones políticas que adopten sus representantes, incluso con resultados contrarios a las mismas, dado que estos con frecuencia tienen intereses, incluso partidistas, distintos a los de los ciudadanos. Los referendos son así, mecanismos de control directo de los ciudadanos en relación a sus representantes políticos; pero en definitiva constituyen un complemento de los gobiernos representativos que caracterizan las democracias modernas, y no su sustitución.

Pero de nuevo debe constatarse que, por ejemplo, para que los referendos puedan efectivamente servir de instrumentos para perfeccionar la democracia, el Poder Público tiene que estar efectivamente descentralizado, es decir, exigen un sistema de distribución territorial o vertical del Poder Público, con autonomías político–territoriales y competencias propias sobre las cuales se pueda consultar a la ciudadanía; en definitiva, Municipios.

Por eso decía al inicio, que además de todos los factores clásicos de la democracia, el que asegura su operatividad es el que postula un sistema institucional de control del poder, por su distribución, no sólo horizontal a través del clásico principio de la separación de poderes, sino vertical, en el territorio hasta llegar al Municipio.

Recordemos, para terminar, lo que decía Alexis De Tocqueville en 1835:

> En el Municipio es donde reside la fuerza de los pueblos libres. Las instituciones locales son a la libertad lo que las escuelas primarias vienen a ser a la ciencia; la ponen al alcance del pueblo; le hacen paladear su uso pacífico y lo habitúan a servirse de ella[183].

Y terminaba con esta afirmación tajante: "La vida política ha nacido en el seno mismo de los Municipios"[184].

183. *Democracy in America*, (ed. JP. Meyer y M. Lerner), London, 1969.

Por ello, incluso, la independencia de nuestros países latinoamericanos se inició en el seno de los Cabildos.

Por tanto, aprovechemos no sólo las enseñanzas de nuestra propia historia, sino de la historia de la democracia, para que definitivamente la afiancemos en nuestros países, precisamente, municipalizándolos efectivamente

§ 3. Sobre la globalización, participación, la lugarización y el pequeño municipio

Este parágrafo tercero es el texto de la ponencia presentada a las X Jornadas de Federalismo, Descentralización y Municipio, Centro Iberoamericano de Estudios Provinciales y Locales (CIEPROl), Mérida, diciembre 2004, sobre "Sobre la globalización, participación, la lugarización y el pequeño municipio," para cuya elaboración partimos de lo que expusimos en la Conferencia Inaugural que dictamos en el XXVI Congreso Iberoamericano de Municipios, Organización Iberoamericana de Cooperación Intermunicipal (OICI), Ayuntamiento de Valladolid, Valladolid, 13 de octubre de 2004; publicada la Revista *Provincia. Revista venezolana de estudios territoriales*, Nº 12. Centro Iberoamericano de Estudios Provinciales y Locales (CIEPROL), Mérida julio–diciembre 2004, pp. 115–130.

Los dos principios fundamentales de la democracia en el mundo contemporáneo siguen siendo, sin duda, la representación y la participación. En cuanto al primero, el de la representación, si a algo se contrapone es a la democracia directa, de manera que en este caso, la dicotomía está entre la democracia representativa o indirecta, por una parte, y por la otra, la democracia directa[185]. El segundo principio, el de la participación, en cambio, si a algo se contrapone es a la exclusión política, y no, como con frecuencia se confunde, a la representación. La dicotomía está aquí entre democracia participativa o de inclusión y democracia de exclusión o exclusionista. No hay, por tanto, dicotomía alguna entre democracia representativa y democracia participativa.

La confusión, en todo caso, en el mundo democrático deriva de necesidad de complementar la democracia representativa con mecanismos de democracia directa, pero no para sustituirla; en cambio, desde los gobiernos autoritarios, se confunden los conceptos pero para propugnar la eliminación o minimización de la representatividad y buscar establecer una supuesta relación directa entre el líder y sus estructuras de poder y el pueblo, a través de los mecanismos institucionales del Estado dispuestos para hacer creer que se participa.

En cuanto a la democracia representativa como democracia indirecta, esta es y seguirá siendo de la esencia de la democracia. Su sustitución es imposible si de democracia se trata, sin perjuicio de que afortunadamente se haya venido enriqueciendo en las últimas décadas, precisamente, con la introducción en nuestros sistemas políticos de mecanismos de democracia directa que la complementan, pero que jamás podrán sustituirla. No puede existir en el mundo contemporáneo una democracia que sólo sea refrendaria o de

---

184. *Idem.*

185 *V.* en general, Luis Aguiar de Luque, *Democracia directa y Estado Constitucional*, Editorial Revista de Derecho Privado, Edersa, Madrid 1977.

cabildos abiertos permanentes. Recordemos incluso que ni en la antigua Grecia existieron realmente sistemas que sólo fueran de democracia directa, donde las decisiones supuestamente sólo se tomaban en asambleas, pues la conducción de los asuntos públicos realmente la hacían los magistrados, que si bien no eran siempre electos, si eran designados por sorteo.

Pero lo cierto es que hoy por hoy, en casi todos los sistemas constitucionales contemporáneos se han incorporado mecanismos de consultas populares y de asambleas de ciudadanos con el objeto de complementar la representatividad. Además, todos los tipos imaginable de referendos, como los consultivos, aprobatorios, decisorios, abrogatorios, autorizatorios y revocatorios, los hemos ensayado; al igual que se han regulado las iniciativas populares. Todo ello, sin duda, ha contribuido a la movilización popular y a la relativa manifestación directa de voluntad del pueblo; pero es claro que esos mecanismos no pueden sustituir a la democracia conducida por representantes electos. Lo importante en este aspecto, es asegurar que dichos representantes sean realmente representativos de las sociedades y sus comunidades, y sean elegidos mediante sistemas de sufragio directo, universal y secreto donde impere el pluralismo político, y a través de procesos electorales transparentes que aseguren el acceso al poder con sujeción al Estado de derecho, tal como lo establece la *Carta Democrática Interamericana* de la organización de Estados Americanos.

Pero sin duda, más interés contemporáneo tiene el segundo principio básico de la democracia, que es el de la participación política, el cual exige que el régimen democrático sea uno de inclusión política, donde el ciudadano sea parte de su comunidad política, y pueda contribuir a toma de las decisiones que le conciernen.

Sí, hay que decirlo con claridad, participar en realidad es estar incluido, por lo que la dicotomía en este caso de la participación política se establece con la exclusión política, que además conlleva la de orden social y económico, y con ello la marginalización.

Lamentablemente, sin embargo, en la doctrina política democrática, con demasiada frecuencia se confunden los conceptos, y cuando se habla de democracia participativa se la confunde con los mecanismos de democracia directa, y se la reduce, por ejemplo, a las iniciativas legislativas, consultas populares, cabildos abiertos y referendos. Sin embargo, la democracia participativa es mucho más que eso.

Participar, en efecto, en el lenguaje común, es ser parte de...; es pertenecer a..., es incorporarse, contribuir, estar asociado o comprometerse a...; es tener un rol en..., es tomar parte activa, estar envuelto o tener una mano en...; es en fin, asociarse con..., es compartir o tener algo que ver con... Por ello, la participación política no es otra cosa que ser parte de una comunidad política, en la cual el individuo tiene un rol específico de carácter activo conforme al cual contribuye a la toma de decisiones, y que no se puede agotar, por ejemplo, en el sólo ejercicio del derecho al sufragio (que sin duda es una forma mínima de participación); o en ser miembro de sociedades intermedias, aún las de carácter político como los partidos políticos; o en votar en referendos (que también es otra forma mínima de participación).

Participación política democrática, por tanto, es estar incluido en el proceso político y ser parte activa del mismo, sin mediatizaciones; es en fin, poder tener acceso a la toma de decisiones públicas. Y ello, en ninguna sociedad democrática se ha logrado permanentemente con referendos o cabildos abiertos. Estos son formas de participación, pero de carácter mínimo. Tampoco se logra con manifestaciones así sean multitudinarias.

Eso no es participación política; eso no es más que manifestación política, que es otra cosa.

La democracia participativa, o si se quiere, para que la democracia sea inclusiva o de inclusión, tiene que permitir al ciudadano poder ser parte efectivamente de su comunidad política; tiene que permitirle desarrollar incluso conciencia de su efectiva pertenencia, es decir, de pertenecer a un determinado orden social y político, por ejemplo, a una comunidad; a un lugar; a una tierra; a un campo; a una comarca; a un pueblo; a una región; a una ciudad; en fin, a un Estado.

Por ello, el tema central a resolver cuando se trata de la participación democrática, es determinar cómo y en qué lugar la misma puede realizarse; y para ello tenemos que comenzar por reconocer que el tema de democracia participativa no es nada nuevo; ha estado siempre, desde los mismos días de las Revoluciones del Siglo XIX, en muchos países hoy con democracias consolidadas; allí, en el nivel más ínfimo de los territorios de los Estados, en las Asambleas locales, en los Municipios, en las Comunas. Lo que pasa es que no la hemos querido reconocer, e insistimos en confundirla con algunos instrumentos de democracia directa.

Por ello, el gran problema de la democracia contemporánea, y particularmente el problema de sus líderes y conductores, comenzando por los de los partidos políticos, es que a veces no entienden o mejor, no han querido entender qué es, efectivamente, participar en política, y dónde es que se puede realmente participar. Así, en el ámbito de los demócratas, con gran frecuencia la hemos reducido al ejercicio político del voto, de elegir o de ser miembro de partidos políticos; y es que toda participación, sin duda, complica el control férreo que los partidos políticos han desarrollado respecto del proceso político. No olvidemos que muchas democracias contemporáneas han funcionado conforme al principio del centralismo democrático el cual también sirvió, en su momento, a las democracias que en 1989 desaparecieron con la caída del muro de Berlín.

En el ámbito de los neoautoritarismos, por otra parte, donde con frecuencia se blande la bandera de la supuesta "democracia participativa" para rechazan la democracia representativa, en realidad no se concibe otra forma de "participación" que no sea la que deriva de la relación directa entre líder y pueblo, signada por la ordenes y consignas del primero y la obediencia y sumisión del segundo. Eso, por supuesto, tampoco es participación política; es un engaño y una sustitución autocrática de la voluntad popular.

Por su parte, los líderes de los partidos políticos, con harta frecuencia han concebido la participación política como un monopolio de estos mismos, que por ello adquieren un supuesto derecho de mediatizar totalmente la voluntad popular, sustituyéndola y apoderándose de ella, y excluyendo de la vida política a quienes no son miembros de los mismos.

En las sociedades democráticas avanzadas, en cambio, la participación está en la corriente sanguínea de la propia democracia, y por ello, incluso quienes la ejercen y la viven cotidianamente no se dan cuenta de ella; no le prestan atención y por ello, a veces no se la logra identificar. Como sucede en las democracias europeas, que son democracias inclusivas, pero a veces se piensa que ello es así, naturalmente, cuando no es cierto.

No se olvide que ello lo descubrió para Europa, Alexis de Tocqueville, cuando precisamente se topó con el régimen local asambleario que funcionaba desparramado en todo el territorio de las colonias inglesas en la costa este de Norteamérica, con su libro *La*

Democracia en América, democracia que hervía en los *Town Halls*[186]. Esas instituciones comunales, decía De Tocqueville, "son a la libertad lo que las escuelas vienen a ser a la ciencia; la ponen al alcance del pueblo, le hacen paladear su uso político y lo habitúan a servirse de ella"[187]. Y en Europa misma, esa democracia local fue uno de los productos más acabados y a veces incomprendidos de la propia Revolución Francesa, la cual sin embargo, también fue advertido por el propio De Tocqueville en su otra clásica obra sobre *El Antiguo Régimen y la Revolución,* escrito veinte años después. Decía: "La administración local tiene un contacto diario con (los ciudadanos); toca continuamente sus puntos más sensibles; influye en todos los pequeños intereses que forman el gran interés que se pone en la vida; es el objeto principal de sus temores y también el de sus esperanzas más queridas; los mantiene vinculados a ella por una infinidad de lazos invisibles que los arrastran sin que se den cuenta" [188].

Y en efecto, dejando aparte y sin sustituir al sufragio y a los instrumentos de democracia directa, la participación política como democracia de inclusión en la cual el ciudadano puede tomar parte personalmente en un proceso decisorio, interviniendo en actividades estatales y en función del interés general[189], sólo puede tener lugar efectivamente en los estamentos territoriales más reducidos, en el nivel local, comunal o municipal.

Es decir, sólo en los niveles territoriales inferiores de la organización del Estado es que se puede montar una organización participativa que permita la incorporación del ciudadano individual, o en grupos o en comunidades, en la vida pública, y particularmente, en la toma de decisiones públicas generales o de orden administrativo.

Pero por supuesto, el tema central que tiene que resolverse cuando se habla con propiedad de democracia participativa, es el de la determinación del nivel territorial que se requiere para la participación como cotidianeidad democrática, y la opción está entre el municipio desparramado en todos los rincones de un Estado, en cada villa, pueblo y caserío, situado bien cerca del ciudadano; o el gran municipio urbano o rural, situado al contrario bien lejos del ciudadano.

Lo cierto, en definitiva, es que en la mayoría de los llamados países desarrollados democráticos predomina la existencia de muchos municipios, y entre ellos, de municipios pequeños: en Alemania, por ejemplo, de sus 16.098 municipios, un 76% tiene menos de 5.000 habitantes; y en España, alrededor del 86% de sus más de 8.056 municipios, tienen menos de 5.000 habitantes, agrupando sólo el 16% de la población, y el 61% tiene menos de 1.000 habitantes[190]. Incluso se puede destacar el caso de la Comunidad de Comunidad de Castilla y León, que alberga algo más de un cuarto del total de los Municipios de España, con 2.248 municipios para 2,484.603 habitantes, de los cua-

---

186 Alexis de Tocqueville, *La democracia en América,* Fondo de Cultura Económica, México 1973, pp. 79 y ss.

187 *Idem.*, p. 78.

188 Alexis de Tocqueville, *El Antiguo Régimen y la Revolución,* Alianza Editorial, Tomo I, Madrid 1982, p. 15.

189 *V.* por ejemplo, en relación con la administración de justicia, Alberto González, "Participación en la Administración de Justicia" en Jorge Londoño U. (Compilador), *Constitucionalismo, participación y democracia,* Librería Jurídica Ethos, Uniboyacá, Bogotá–Tunja, 1997, pp. 76–77.

190 Torsten Sagawe, "La situación de los pequeños municipios en Europa: con especial referencia a la República Federal de Alemania", en Luis Villar Borda et al, *Problemática de los pequeños Municipios en Colombia ¿Supresión o reforma?,* Universidad Externado de Colombia, Bogotá 2003, p. 40.

les el 68,5 %, es decir, 1.540 municipios tienen menos de 500 habitantes[191]. En contraste, por ejemplo, en Venezuela, con casi un millón de kilómetros cuadrados de territorio, y más de 24 millones de habitantes, sólo hay 338 Municipios, con un promedio de población superior a los 70.000 habitantes.

Por ello, en esta situación es donde precisamente está el contraste más espectacular en el constitucionalismo moderno, entre el régimen municipal europeo y el régimen municipal de los países iberoamericano. Ambos fueron tributarios de los mismos postulados centrales que derivaron de la Revolución Francesa, pero la enorme diferencia entre ellos fue que desde comienzos del siglo XIX en Europa, el Municipio se ubicó en cuanta aldea, pueblo, villas y ciudad existía, bien cerca del ciudadano; y en cambio, en América Latina, el Municipio colonial que traspasó las batallas de la Independencia, continuó ubicado tal como se lo había creado, al nivel territorial de las antiguas Provincias coloniales, bien lejos del ciudadano. En los primeros, la participación política es tan cotidiana en las cosas pequeñas que es imperceptible; en los segundos, simplemente no hay participación alguna o hay muy poca.

Tres principios en efecto configuraron el régimen municipal que luego de la Revolución, surgió del régimen napoleónico: primero, el principio de la creación de un municipio por cada colectividad local –aún de dimensiones mínimas– abarcando desde el pequeño pueblo rural hasta el gran centro urbano; segundo, el principio de la uniformidad e igualdad formal del régimen de los municipios a pesar de la diversidad territorial, geográfica y demográfica de los mismos a lo largo y ancho de los territorios estatales; y tercero, las reglas generales de funcionamiento de la tutela, como instrumento de control sobre las entidades locales. Todo ello configuró un modelo de régimen municipal, sin duda que se extendió por toda Europa[192].

Hacia América Latina, sin embargo, sólo hicieron la travesía del Atlántico algunos aspectos del tercero de los principios mencionados, es decir, del régimen de municipalización uniforme; pero ni el primero ni el último de los principios, es decir, el de la generalización de colectividades locales en el territorio y el del control de tutela, llegaron a nuestras costas. Al contrario, desde el inicio del Siglo XIX, no sólo el municipio se ubicó en niveles territoriales muy alejados de los pueblos sino que además, se implantó el principio de la autonomía municipal.

En cuanto al primer aspecto que es el que nos interesa destacar aquí, el de la creación de un municipio por cada colectividad local que existiera en un territorio, con la consecuente fragmentación territorial, puede decirse que el mismo si dejó su impronta en toda la geografía europea; y por ello, por ejemplo, en los años setenta, todavía existían 2.539 Municipios en Bélgica, con una población promedio de 3.600 habitantes, los cuales después de la paradigmática operación quirúrgica realizada en el mapa municipal en 1972, hayan sido reducidos a 589 municipios, ahora con una población promedio de 16.900 habitantes por municipio. En Alemania Occidental aunque antes de la unificación, de los más de 24.000 municipios que existían, entre 1968 y 1980 habían quedado

191 *Informe sobre el Gobierno Local*, Ministerio para las Administraciones Públicas. Fundación Carles Pi i Sunyer dÉtudis Autonòmics y Locals, Madrid 1992, p. 27

192 Luciano Vandelli, *El Poder Local. Su origen en la Francia revolucionaria y su futuro en la Europa de las regiones*, Ministerio para las Administraciones Públicas, Madrid 1992, pp. 153 y ss.

reducidos a 8.357.[193]; actualmente existen 16.121 Municipios, con un promedio de 5.086 habitantes. En Italia hay 8.104 municipios con un promedio de 7.156 habitantes; y en Suiza hay 3.000 cantones con 2.333 habitantes promedio[194].

En España, la influencia francesa en este aspecto también fue decisiva, por lo que la Constitución de Cádiz de 1812, en efecto, dispondría en su artículo 310 que "Se pondrá Ayuntamiento en los pueblos que no lo tengan, y en que convenga le haya, no pudiendo dejar de haberle en los que por sí o con su comarca lleguen a mil almas, y también se les señalará término correspondiente"; correspondiéndole a los Ayuntamientos, sin embargo, desempeñar sus encargos bajo la inspección de las diputaciones provinciales (Art. 323). Todo el territorio español se sembró así también de municipios, existiendo 8.056 municipios, con un promedio de población de 4.825 habitantes.

El Iberoamérica, el municipio colonial fue radicalmente transformado con el republicanismo constitucional, en forma paralela a la transformación que se estaba operando en la Península, al punto de que por ejemplo se puede constatar en la "Constitución para el gobierno y administración de la provincia de Caracas" de enero de 1812, que formaba parte de la Confederación de los Estados de Venezuela (1811), la división del territorio de la Provincia, uniformemente, en Departamentos, Cantones y Distritos, debiendo tener estos últimos un territorio con aproximadamente 10.000 habitantes[195]. En las capitales de Distrito se establecieron Municipalidades, así como en muchos de los pueblos entonces existentes, denominándose estas pequeñas Municipalidades como villas. La Municipalidad, se concibió, así, inicialmente más como una corporación local electa conforme al principio representativo para la atención de los intereses de la comunidad, que una división uniforme del territorio; por lo que con frecuencia tenían jurisdicción sobre otros pueblos y parroquias[196]. La uniformización territorial municipal fue posterior y paulatinamente arraigándose durante el Siglo XIX en todos los países iberoamericanos, pudiendo decirse que el municipio que en América también derivó, en cierta forma de la influencia de la revolución francesa además de la norteamericana, y luego, por supuesto la española de Cádiz.

El municipio republicano americano, por otra parte, desarrolló características propias: como dijimos, en nuestros países se adoptó el uniformismo napoleónico en cuanto a la organización y funcionamiento de las corporaciones locales, pero los otros dos principios que derivaron de la revolución francesa y sus correcciones napoleónicas puede decirse que no se siguieron. Por una parte, en América no se arraigó la institución del control de tutela derivada de la centralización napoleónica, y en cambio si germinaron los conceptos del "poder municipal" y de la "autonomía municipal", al punto de haber adquirido por ejemplo, rango constitucional a partir de la Constitución de 1857.

El otro principio, el de la creación de un municipio por cada colectividad local, es decir, por cada caserío, por cada pueblo, por cada villa o ciudad, tampoco se siguió en

---

193 Torsten Sagawe, "La situación de los pequeños municipios en Europa: con especial referencia a la República Federal de Alemania", en Luís Villar Borda et al, *Problemática de los pequeños Municipios en Colombia ¿Supresión o reforma?*, Universidad Externado de Colombia, Bogotá 2003, pp. 42–43.

194 *V.* Luciano Vandelli, *El Poder Local. Su origen en la Francia revolucionaria y su futuro en la Europa de las regiones*, Ministerio para las Administraciones Públicas, Madrid 1992, pp. 179; Allan R. Brewer–Carías, *Reflexiones sobre el constitucionalismo en América*, Editorial Jurídica Venezolana, Caracas 2001, pp. 139 y ss.

195 Allan R. Brewer–Carías, "La formación del Estado venezolano", en *Revista Paramillo*, N° 14, Universidad Católica del Táchira, San Cristóbal 1996, pp. 290 y ss.

196 *V.* el texto de la Constitución provincial de la Provincia de Caracas, en *Las Constituciones Provinciales*, Biblioteca de la Academia Nacional de la Historia, Caracas, 1959, pp. 77 y ss.

América, y de los viejos Municipios provinciales coloniales con territorios amplísimos, se pasó a los alejados municipios republicanos, establecidos en ámbitos territoriales cada vez más y más alejados de los ciudadanos y de sus comunidades, con muy pocas excepciones.

Recordemos, en efecto, en contraste con los datos que antes mencionaba sobre la municipalización en Europa, e incluso tomando como referencia los 2.248 municipios de la Comunidad de Castilla y León de España para sus 2.582.327 habitantes que tenía hace 20 años (1986), con un promedio general de algo más de 1000 habitantes por municipio (para no poner como paradigma las 36.433 comunas francesas con un promedio de 1.614 habitantes); que en nuestros países de América Latina la situación es más que dramática: en Argentina, para 37 MM de habitantes, hay 1617 municipios con un promedio de población de 22.882 habitantes; en Bolivia, para 8 MM de habitantes, hay 312 municipios con un promedio de población de 25.642 habitantes; en Brasil, para 168 MM de habitantes, hay 5.581 municipios con un promedio de población de 30.102 habitantes; en Chile, para 15 MM de habitantes, hay 340 municipios con un promedio de población de 44.117 habitantes; en Colombia, para 42 MM de habitantes, hay 1.068 municipios con un promedio de población de 39.326 habitantes; en Cuba,, para 11 MM de habitantes, hay 169 municipios con un promedio de población de 65.389 habitantes; en Ecuador, para 12 MM de habitantes, hay 1.079 municipios con un promedio de población de 11.121 habitantes; en El Salvador, para 6 MM de habitantes, hay 262 municipios con un promedio de población de 22.900 habitantes; en Guatemala, para 11 MM de habitantes, hay 324 municipios con un promedio de población de 33.950 habitantes; en Honduras, para 6 MM de habitantes, hay 293 municipios con un promedio de población de 20.478 habitantes; en México, para 97 MM de habitantes, hay 2.418 municipios con un promedio de población de 40.116 habitantes; en Nicaragua, para 5 MM de habitantes, hay 143 municipios con un promedio de población de 34.965 habitantes; en Paraguay, para 5 MM de habitantes, hay 212 municipios con un promedio de población de 23.585 habitantes; en Perú, para 25 MM de habitantes, hay 1808 municipios con un promedio de población de 13.827 habitantes; en República Dominicana, para 8 MM de habitantes, hay 90 municipios con un promedio de población de 88.889 habitantes; en Uruguay, para 3 MM de habitantes, hay 19 municipios con un promedio de población de 157894 habitantes; y en Venezuela, para 24 MM de habitantes, hay 338 municipios con un promedio de población de 71.006 habitantes[197].

Lo que resulta más interesante de esta información comparativa es que ninguno de los países latinoamericanos, con todos sus enormes territorios y gran población, alcanza siquiera el número de Municipios que por ejemplo, tiene sólo la mencionada Comunidad de Castilla y León, cuyos habitantes, además, a pesar de todos los proyectos y esfuerzos que se han hecho por reducir o fusionar municipios, se han opuesto radicalmente a tales propósitos y a perder su personalidad municipal.

El municipio latinoamericano contemporáneo, al contrario, está en el otro extremo y en general ha adquirido un ámbito territorial tan alto y extraño al ciudadano, que hace que no sirva ni para gerenciar adecuadamente los intereses locales ni para configurarse en instancia de participación política de la ciudadanía en la decisión o gestión de sus propios asuntos comunales.

---

197 *V.* las referencias en Allan R. Brewer–Carías, *Reflexiones sobre el constitucionalismo en América*, Editorial Jurídica Venezolana, Caracas 2001, pp. 139 y ss.

Y aquí volvemos al tema de la democracia participativa, que está indisolublemente ligado no a la democracia directa, sino a la descentralización política y la municipalización, de manera que la misma no se puede materializar con solo propuestas de incorporación al régimen democrático de instrumentos como los referendos o las consultas o las iniciativas populares. La democracia participativa, insistimos, no se agota ni se puede confundir con la democracia directa, como suele suceder en muchos estudios sobre la democracia que propugnan se perfeccionamiento[198].

La verdad es que para ubicar exactamente qué es la democracia participativa, lo que tendríamos que hacer, entre otras cosas, es preguntarnos: ¿porqué hay países que llamamos democráticamente desarrollados como los europeos, donde no se plantea con tanta urgencia la necesidad de la participación ciudadana y en los cuales precisamente impera la fragmentación municipal? En cambio, también tenemos que preguntarnos, ¿Por qué es que en todos nuestros países latinoamericanos, que al contrario, tienen muy pocos municipios para sus enormes territorios estatales y su población, es donde sin embargo, más se grita al unísono contra nuestras insuficiencias democráticas clamándose a la vez por una democracia participativa?

La participación política como cotidianeidad democrática o como parte de la democracia como forma de vida, insistimos, sólo puede darse a nivel local. No hay otra instancia en los Estados; lo demás es falacia y engaño, o mecanismos de democracia directa. Por ello es que el tema, precisamente, no tiene tanta notoriedad en los países europeos, donde la participación es de todos los días, en las pequeñas cosas que pueden tratarse en esos pequeños municipios rurales como son precisamente los de esta Castilla. La participación local se tiene; está allí, diariamente, en la vecindad e, incluso, en los Cabildos Abiertos.

La participación política o la democracia participativa están por tanto, íntimamente unidas al localismo y a la descentralización, y ésta, a la limitación del poder, lo cual es consustancial con la democracia. El régimen local, es entonces, la estructura que permite al ciudadano poder participar en los asuntos públicos que afectan a su comunidad; por lo que la participación efectiva del ciudadano siempre presupone la descentralización. Por ello, sin descentralización política o territorial, es decir, sin que exista una multiplicidad de poderes locales y regionales, no puede haber participación política ni democracia participativa. El centralismo, en cambio es la base de la exclusión política al concentrar el poder en unos pocos electos, y a la vez, el motivo del desprestigio de la democracia representativa por más aditivos de democracia directa o refrendaria se le implantes.

Por ello, insisto en señalar que el debate contemporáneo en nuestros países por más democracia, tiene que centrarse en el rescate del proceso de descentralización política. Perfeccionar la democracia exige hacerla más participativa y más representativa, para lo cual la única vía posible que existe es acercando el Poder al ciudadano, y ello sólo puede lograrse descentralizando territorialmente el Poder del Estado y llevarlo hasta la más pequeña de las comunidades; es decir, distribuyendo el Poder en el territorio nacional. En definitiva, la propuesta política que hemos venido formulando busca el diseño en nuestros países, de un nuevo sistema político que la democracia exige, y que sólo puede tener por objeto hacerla más participativa, con gran presencia de la sociedad civil, y más representativa de las comunidades. Ello implica desparramar el poder en todo el

198 *V.* por ejemplo, en Venezuela, los estudios publicados en *Participación Ciudadana y Democracia*, Comisión Presidencial para la Reforma del Estado, Caracas 1998.

territorio, hasta la última de las comunidades, para que el ciudadano y sus sociedades intermedias puedan realmente participar[199].

Y ello implica, por sobre todo, la municipalización de los territorios de nuestros países, para que toda comunidad rural, todo caserío, todo pueblo, todo barrio urbano tenga su autoridad local, como comunidad política. Pero por supuesto, para ello, es decir, para una reforma política de esta naturaleza, tenemos que pensar en otro municipio, para no desparramar territorialmente la estructura burocrática local, mal y uniformemente concebida que tenemos en muchos de nuestros países y que lo que podría provocar es peor democracia. La diferenciación municipal, por tanto, tiene que ser consustancial con la municipalización como instrumento para acercar el municipio al ciudadano; porque un Municipio lejos de las comunidades y vecindades, como es en general el Municipio en nuestros países latinoamericanos, materialmente no sirve para nada bueno, ni para la participación política ni para la gestión eficiente de los asuntos locales, ni por supuesto, para la democracia[200].

A nivel local, además, es donde florece la libertad en medio de la diversidad, y es donde en definitiva en un mundo cada vez más globalizado como el actual, el hombre, el ciudadano común encuentra su refugio e identifica el lugar de su pertenencia. Los hombres tenemos que terminar de constatar que en definitiva, frente a la incontenible tendencia hacia la globalización, que está allí y aquí, basada en lo trasnacional y en la integración de los países, que produce ese proceso de uniformismo personal, que desdibuja la singularidad de las personas o que despersonaliza al individuo, que todos captamos; frente a ello, se ha venido desarrollando en paralelo otra tendencia mundial pero hacia la lugarización, basada en el rescate de los "lugares", donde se identifica la singularidad de las personas, es decir, se vuelve a la persona, en su pertenencia a un lugar, donde se revaloriza lo "lugareño" y la vecindad.

Eso lo han llamado los europeos como regionalismos o localismos; y ha sido calificado acertadamente como "lugarización" por el Rector Francisco González Cruz, de la Universidad Valle del Momboy (Valera). En su libro, que tiene el sugestivo título *Globalización y Lugarización,* editado precisamente "en la villa de San Roque de La Quebrada Grande", "su lugar" –como él lo dice–; define la "lugarización" como "todo proceso que revaloriza lo local"; y el "lugar", como "el espacio territorial íntimo y cercano donde se desenvuelven la mayor parte de las actividades del ser humano"; o la "comunidad definida en términos territoriales y de relaciones humanas, con la cual la persona siente vínculos de pertenencia. Puede ser una aldea, un pueblo, un barrio o un condominio. Siempre será, necesariamente, un espacio geográfico limitado en tamaño, de tal manera que la gente pueda establecer relaciones interpersonales[201]. Y allí, en definitiva, es donde se puede efectivamente participar desde el punto de vista político.

En todo caso, ha sido la organización política de la lugarización, la que precisamente y sin duda, ha sido la característica fundamental del mapa municipal de Europa durante los últimos 200 años. El tema, en todo caso, es de enorme importancia para la revalorización de los pequeños municipios rural, como parte del proceso de descentralización

199 *V.* lo que expusimos en el *XXV Congreso Iberoamericano de Municipios, Guadalajara, Jalisco, México del 23 al 26 de octubre de 2001*, Fundación Española de Municipios y Provincias, Madrid 2003, pp. 453 y ss.

200 *V.* Allan R. Brewer–Carías, *Reflexiones sobre el constitucionalismo en América*, Editorial Jurídica Venezolana, Caracas 2001, pp. 127 y ss.

201 Francisco González Cruz, *Globalización y Lugarización*, Universidad Valle del Momboy, Centro Iberoamericano de Estudios Provinciales y Locales, Universidad de los Andes, La Quebrada, 2001.

político–territorial, para asegurar no sólo la presencia del Estado en el territorio, sino para hacer posible la participación democrática, partiendo de la necesaria diversidad que deben tener las entidades locales; es decir, todo lo contrario al uniformismo organizacional.

Ese nuevo "Municipio lugarizado", como también lo ha advertido Fortunato González Cruz, Director de este Centro Iberoamericano de Estudios provinciales y Locales, debe ser apropiado a la realidad social y espacial que representa, con una organización municipal "heterogénea, adaptada a las necesidades de cada comunidad" y que de origen a la necesaria diversidad municipal en el territorio, debe además tender a ser un "Municipio sostenible por la propia economía local, de manera que su estructura burocrática y sus gastos ordinarios de administración sean pagadas con ingresos propios"[202].

En fin, de lo anterior lo que debe quedarnos como lección es que no le debemos tener miedo a la descentralización política, pues ello es un fenómeno propio de las democracias. No hay ni ha habido autocracias descentralizados, por lo que en definitiva, solo los autoritarismos temen y rechazan tanto la descentralización política como la participación democrática. No nos dejemos engañar con los cantos de sirenas autoritarios que no se cansan de hablar de democracia participativa, pero no para hacerla posible, sino para acabar con la democracia representativa, imposibilitando a la vez la participación política. No nos confundamos los demócratas, al intentar dar respuesta a las exigencias políticas crecientes de participación democrática, con el sólo establecimiento de paños calientes de carácter refrendario o de iniciativas o consultas populares, que no la agotan en absoluto. En fin, no le tengamos miedo a lo pequeño, que territorialmente hablando es, precisamente, la lugarización, el pequeño municipio rural y la subdivisión municipal suburbana.

§ 4. La participación ciudadana en el régimen local conforme a la Ley Orgánica del Poder Público Municipal (2005)

Este parágrafo cuarto sobre "La participación ciudadana en el régimen local conforme a la Ley Orgánica del Poder Público Municipal de 2005," es el texto preparado para el Primer Foro sobre la Ley Orgánica del Poder Público Municipal, Asociación Civil para la Formación y Estudio FORMES y Consejo Estadal de Planificación y Coordinación de Políticas Públicas, Porlamar, Edo. Nueva Esparta, 2005, publicado en mi libro *Estudios de Derecho Administrativo 2005–2007*, Colección Estudios Jurídicos, Nº 86, Editorial Jurídica Venezolana, Caracas 2007, pp. 613–631.

De acuerdo con el artículo 168 de la Constitución (C.), las actuaciones de los municipios en el ámbito de sus competencias se deben cumplir incorporando la participación ciudadana al proceso de definición y ejecución de la gestión pública y en el control y evaluación de sus resultados, en forma efectiva, suficiente y oportuna, conforme a la

202 Fortunato González, *Un Nuevo Municipio para Venezuela,*, Centro Iberoamericano de Estudios Provinciales y Locales, Universidad de los Andes, Mérida, 1998, p. 89

ley. Para ello, por supuesto, como antes hemos señalado, el municipio tendía que estar cerca del ciudadano[203], pues de lo contrario, resulta muy difícil implementarla.

En todo caso, el artículo 253 de la Ley Orgánica del Poder Público Municipal (LOPPM)[204] también indica que la participación protagónica del pueblo en la formación, ejecución y control de la gestión pública municipal es el medio necesario para garantizar su completo desarrollo tanto individual como colectivo, dentro del municipio; estableciendo la obligación de las autoridades municipales deberán promover y garantizar la participación de los ciudadanos y ciudadanas en la gestión pública y facilitar las formas, medios y procedimientos para que los derechos de participación se materialicen de manera efectiva, suficiente y oportuna.

Por ello, en cuanto a la participación ciudadana, la Ley Orgánica la ha regulado, en primer lugar, como un "propósito" o política general de la actuación municipal; y en segundo lugar, mediante el establecimiento de mecanismos específicos para asegurar dicha participación.

I. LA PARTICIPACIÓN CIUDADANA COMO POLÍTICA GENERAL DE LA ACTUACIÓN MUNICIPAL

La Ley Orgánica del Poder Público Municipal, en efecto, en primer lugar contiene innumerables declaraciones de propósito o de política general sobre la misma, entre las cuales se destacan las siguientes:

La definición del municipio como unidad política primaria en la organización nacional "para el efectivo ejercicio de la participación protagónica del pueblo en los asuntos propios de la vida local" (Art. 1); la exigencia de que en el ejercicio de su autonomía, el municipio debe impulsar y promover la participación ciudadana, en el ejercicio de sus actuaciones (Art. 4,9); la indicación de que los municipios en sus actuaciones, deben incorporar la participación ciudadana de manera efectiva, suficiente y oportuna, en la definición y ejecución de la gestión pública y en el control y evaluación de sus resultados (Art. 2); y la declaración de que el municipio y las demás entidades locales conforman espacios primarios para la participación ciudadana en la planificación, diseño, eje-

---

203 *Cfr.* en general, sobre la participación ciudadana a nivel local, Ana P. Deniz, "La participación ciudadana en la Constitución de 1999", *Revista de Derecho Constitucional,* N° 7, Caracas, Editorial Sherwood, 2003, pp. 115–124; Manuel Feo La Cruz, "La participación de la sociedad civil en el proceso de gestión pública. Retos y desafíos", *El Derecho Público a comienzos del Siglo XXI. Estudios homenaje al Profesor Allan R. Brewer–Carías,* t. I, Madrid, Universidad central de Venezuela y Thompson–Civitas Ediciones, 2003, pp. 415–429; Yusby S. Méndez–Apolinar, "La obligación ciudadana de participar en los asuntos públicos, como expresión de la cultura democrática", *El Derecho Público a comienzos del siglo XXI. Estudios homenaje al Profesor Allan R. Brewer–Carías,* t. I., *cit.,* pp. 431–437; María A. Grau, "Participación ciudadana en la actividad normativa de la Administración", *Temas de Derecho Administrativo. Libro Homenaje a Gonzalo Pérez Luciani,* vol. II, Caracas, Tribunal Supremo de Justicia, 2002, pp. 797–814; Fernando Flores Jiménez, "La participación ciudadana en la Constitución venezolana de 1999", *Revista de Derecho Constitucional,* N° 5 Caracas, Editorial Sherwood, 2001, pp. 75–88; Carlos E. Mouriño *V.,* "Participación ciudadana", *Estudios de Derecho Público. Libro Homenaje a Humberto J. La Roche Rincón,* vol. II, Caracas, Tribunal Supremo de Justicia, 2001, pp. 1–38; José Mendoza Angulo, "Democracia, descentralización y participación ciudadana", *Estudios de Derecho Administrativo. Libro Homenaje a la Universidad Central de Venezuela,* vol. I, Caracas, Tribunal Supremo de Justicia, 2001, pp. 121–144.

204 *Gaceta Oficial* N° 38.204 del 8 de junio de 2005. Véanse los comentarios de Allan R. Brewer–Carías, Fortunato González, José Ignacio Hernández, *Ley Orgánica del Poder Público Municipal,* Caracas, Edit. Jurídica Venezolana, 2005

cución, control y evaluación de la gestión pública; a cuyo efecto, los órganos del municipio y demás entes locales, deben crear los mecanismos para garantizar la participación de las comunidades y grupos sociales organizados en su ejercicio de acuerdo a la ley (Art. 7).

La indicación de que las parroquias y las otras entidades locales dentro del territorio municipal, son demarcaciones creadas con el objeto de desconcentrar la gestión municipal, promover la participación ciudadana y una mejor prestación de los servicios públicos municipales (Art. 30); razón por la cual, la parroquia tiene atribuida facultad expresa para servir como centro de información, producción y promoción de procesos participativos, para la identificación de prioridades presupuestarias; y para promover los principios de corresponsabilidad, protagonismo y participación ciudadana en la gestión pública municipal (Art. 37)

La indicación de que los estatutos de las mancomunidades deben establecer de manera precisa los mecanismos de participación de la ciudadanía, con mención de la rendición de cuentas a la población de los municipios mancomunados (Art. 43).

La exigencia de que en los municipios indígenas, la administración municipal debe garantizar la participación protagónica en el marco de su desarrollo socio cultural (Art. 50), a cuyo efecto, los municipios con población predominantemente indígena deben determinar sus medios de participación en conformidad con su especificidad cultural; agregando que los municipios donde existan comunidades indígenas, deben respetarse sus valores, identidad étnica y sus tradiciones en lo referente a la participación de la comunidad en las decisiones de interés colectivo (Art. 279).

Las obligaciones de los municipios de promover de la participación ciudadana en las diversas áreas de competencias municipales (Art. 56); de promover la constitución de empresas autogestionarias y cogestionarias, para facilitar la participación de los trabajadores y de las comunidades y garantizar la participación ciudadana en la gestión municipal (Art. 70); de establecer en los procesos de desconcentración, formas efectivas de participación ciudadana (Art. 71); de crear y mantener programas de formación ciudadana dirigidos a fortalecer las capacidades de los integrantes de las comunidades e incorporar a los ciudadanos y ciudadanas y a otras organizaciones de la sociedad que manifiesten su deseo de participar en dichos programas (Art. 256); y además, de favorecer la constitución y desarrollo de las diversas formas de organización de la sociedad, destinadas a la defensa de los intereses colectivos; de facilitar a dichas organizaciones, la información sobre la gestión pública local y, dentro de sus posibilidades, el uso de los medios públicos y el beneficio de subsidios o aportes para la realización de sus fines; de promover, facilitar y proveer la formación ciudadana a través de programas diseñados a tal fin (Art. 260).

Las obligaciones de los órganos del poder público municipal, en el ejercicio de sus funciones (ejecutiva, deliberante, control fiscal, de planificación), deben incorporar la participación ciudadana en el proceso de definición y ejecución de la gestión pública y en el control y evaluación de sus resultados, en forma efectiva, suficiente y oportuna, para lo cual deberán crear los mecanismos que la garanticen (Art. 75); de los alcaldes, de promover la participación ciudadana y la educación para la participación (Art. 88); y de los concejos municipales de promover los mecanismos que legalmente le estén conferidos y que contribuyan a garantizar en forma eficiente, suficiente y oportuna la participación ciudadana en el proceso de formación, ejecución, control y evaluación de la gestión pública municipal (Art. 95).

La indicación, entre los principios que rigen respecto de la administración pública municipal, de la necesidad de alcanzar mayores niveles de desempeño, atención y participación de los ciudadanos en la gestión, racionalidad de costos y continuidad en el ejercicio de la función pública (Art. 76).

II. LA REGULACIÓN DE LA PARTICIPACIÓN CIUDADANA COMO DERECHO

Además, la Ley Orgánica establece directamente algunos derechos de participación, como los siguientes:

En la elaboración del proyecto de Ley de creación de un Distrito metropolitano se debe hacer con la efectiva participación ciudadana (Art. 22).

Los pueblos indígenas, sus comunidades y organizaciones participarán en la formación, instrumentación y evaluación del Plan municipal de desarrollo (Art. 49).

En particular, conforme al artículo 278 LOPPM, se establece el derecho y deber de los ciudadanos de la parroquia de:

"1. Participar con la junta parroquial en la gestión y fiscalización del mantenimiento y conservación de las plazas, parques, vías públicas y aceras, instalaciones deportivas y recreacionales, asistenciales y cualesquiera otras instalaciones municipales ubicadas en la jurisdicción de la parroquia.

2. Acompañar a la junta parroquial en la promoción y gestión ante las direcciones de la alcaldía, de todo tipo de actividades culturales, recreacionales, deportivas, turísticas, de saneamiento y limpieza ambiental.

3. Participar con las juntas parroquiales en la promoción y en la fiscalización de la ejecución de obras y servicios públicos municipales en sus respectivas jurisdicciones, y solicitar toda la información sobre las obras públicas para proponer reformas y mejoras en la ejecución de dichas obras.

4. Informar a las juntas parroquiales las deficiencias en la prestación de los servicios públicos para la gestión de reclamos ante las autoridades municipales de su jurisdicción.

5. Pedir toda la información necesaria para la organización y formación de las asociaciones vecinales y otras organizaciones comunitarias.

6. Otros derechos y deberes que, de su condición de vecinos residentes, se desprendan".

Por otra parte, el artículo 258 LOPPM dispone que los ciudadanos tienen derecho a requerir y utilizar los servicios públicos locales y a participar en la formación de los planes y proyectos para su dotación, ejecución, gestión y evaluación; e igualmente, de forma organizada, tienen derecho a la gestión de los servicios públicos conforme a la legislación vigente respectiva. En todo caso, asimismo, están obligados a contribuir al mantenimiento, preservación y mejora de la calidad de los mismos.

Se establece, además, en la Ley Orgánica (Art. 254), el derecho de los ciudadanos a obtener información general y específica sobre las políticas, planes, decisiones, actuaciones, presupuesto, proyectos y cualesquiera otras del ámbito de la actividad pública municipal. Asimismo, el derecho de poder acceder a archivos y registros administrativos, en los términos de la legislación nacional aplicable. Igualmente, tienen derecho a formular peticiones y propuestas; y a recibir oportuna y adecuada respuesta; a la asistencia y apoyo de las autoridades municipales en sus actividades para la capacitación, formación y educación a los fines del desarrollo y consolidación de la cultura de participación democrática y protagónica en los asuntos públicos, sin más limitaciones que las dictadas por el interés público y la salvaguarda del patrimonio público

A los efectos de la Ley Orgánica, el artículo 255 establece que los derechos de participación en la gestión local se ejercen mediante actuaciones de los ciudadanos, y de la sociedad organizada, a través de sus distintas expresiones, entre otras:

"1. Obteniendo información del programa de gobierno del alcalde o alcaldesa, del Plan municipal de Desarrollo, de los mecanismos para la elaboración y discusión de las ordenanzas, y, en especial, de la formulación y ejecución del presupuesto local; de la aprobación y ejecución de obras y servicios, de los contenidos del informe de gestión y de la rendición de cuentas, en términos comprensibles a los ciudadanos y ciudadanas.

2. Presentando y discutiendo propuestas comunitarias prioritarias en la elaboración del presupuesto de inversión de obras y servicios, a cuyo efecto el gobierno municipal establecerá mecanismos suficientes y oportunos.

3. Participando en la toma de decisiones, a cuyo efecto las autoridades municipales generarán mecanismos de negociación, espacios de información suficiente y necesaria e instancias de evaluación".

III. LOS MEDIOS DE PARTICIPACIÓN CIUDADANA

En cuanto a los medios de participación ciudadana (o del pueblo en ejercicio de su soberanía), de acuerdo con el artículo 260 LOPPM, son aquellos a través de los cuales los ciudadanos pueden, en forma individual o colectiva, manifestar su aprobación, rechazo, observaciones, propuestas, iniciativas, quejas, denuncias y, en general, para expresar su voluntad respecto a asuntos de interés colectivo. Dichos medios de participación son, entre otros, los siguientes: los cabildos abiertos; las asambleas ciudadanas; las consultas públicas; la iniciativa popular; el presupuesto participativo; el control social; los referendos; la iniciativa legislativa; los medios de comunicación social alternativos; las instancias de atención ciudadana; la autogestión; y la cogestión.

El enunciado de estos medios específicos no excluye el reconocimiento y desarrollo de otras formas de participación en la vida política, económica, social y cultural del municipio.

En todo caso, los ciudadanos y sus organizaciones tienen el derecho y el deber de utilizar los medios de participación antes indicados; y los municipios están obligados a legislar acerca de los requisitos exigibles para demostrar el interés legítimo local de aquellos interesados en el ejercicio de alguno de estos medios de participación, sin menoscabo de los derechos y limitaciones que establece la Constitución y la legislación aplicable (Art. 262). En todo caso, los medios de participación deben ser desarrollados de acuerdo a la realidad y condiciones de cada municipio, mediante los instrumentos jurídicos correspondientes para señalar los requisitos, procedimientos, períodos, condiciones y demás elementos que se requieran para hacer efectivo su cumplimiento en el municipio, de conformidad con lo establecido en la Constitución, la Ley Orgánica y otras normas (Art. 257).

1. Los concejos parroquiales y comunales

El artículo 112 LOPPM, al regular a los consejos parroquiales y comunales, los establece como instancias del consejo local de planificación pública que tienen como función, la de servir de centro principal para la participación y protagonismo del pueblo en la formulación, ejecución, control y evaluación de las políticas públicas, así como para viabilizar las ideas y propuestas que la comunidad organizada presente ante el consejo local de planificación pública.

Estas instancias de los consejos locales de planificación en todo caso, deberían generalizarse aún si no están establecidas formalmente las parroquias, incluso en los niveles de las potenciales entidades locales como las urbanizaciones, barrio, aldeas y caseríos.

2. Los cabildos abiertos

Los cabildos abiertos se pueden convocar por iniciativa de los concejos municipales, de las juntas parroquiales por acuerdo de la mayoría de sus integrantes; del alcalde y de los ciudadanos de conformidad con lo establecido en la respectiva ordenanza (Art. 263). Se requiere, por tanto, que en las ordenanzas respectivas los concejos municipales regulen la forma de ejercicio de la iniciativa ciudadana para la convocatoria de tales cabildos.

Conforme al artículo 264 LOPPM, las decisiones adoptadas en cabildos abiertos serán válidas con la aprobación de la mayoría de los presentes, siempre y cuando sean sobre asuntos atinentes a su ámbito espacial y sin perjuicio de lo establecido en la legislación respectiva.

3. Las asambleas de ciudadanos

Las asambleas de ciudadanos se regulan en el artículo 265 LOPPM como medios de participación en el ámbito local de carácter deliberativo, en la que todos los ciudadanos tienen derecho a participar por sí mismos, y cuyas decisiones serán, como lo indica además la Constitución (Art. 70), de carácter vinculante.

Dispone además el artículo 266 LOPPM, que las asambleas de ciudadanos deberán estar referidas a "las materias que establece la ley correspondiente", y deben ser convocadas "de manera expresa, anticipada y pública"; repitiendo la norma que si bien sus decisiones tienen carácter vinculante para las autoridades, "deben contribuir a fortalecer la gobernabilidad, impulsar la planificación, la descentralización de servicios y recursos, pero nunca contrarias a la legislación y los fines e intereses de la comunidad y del Estado".

Agrega, sin embargo, que "todo lo referido a iniciativa, procedimiento, ámbito, materia, validez, efecto vinculante y, comisión de control y seguimiento, será desarrollado por la ley especial que trata la materia", con lo que, en la práctica, el funcionamiento de las asambleas de ciudadanos, ha quedado supeditado a lo que se regule en una futura legislación que se presume debe ser nacional.

4. La participación en las sesiones de los concejos

Dispone el artículo 267 LOPPM que los concejos municipales deben abrir espacios de discusión e intercambios de opiniones a los ciudadanos para considerar materia de interés local. Ello, sin embargo, no significa que en cualquier sesión de un concejo municipal, los ciudadanos o vecinos puedan participar o solicitar un derecho de palabra. Para que pueda ocurrir tal participación ciudadana, es necesario que la misma sea inscritas, por supuesto, con anterioridad a la sesión respectiva del concejo, en el orden del día, a los efectos de que en dicha sesión el público asistente pueda formular preguntas, emitir opiniones y hacer proposiciones. Los concejos municipales deben dar a los vecinos respuesta oportuna y razones a sus planteamientos y solicitudes.

En todo caso, para la celebración de esta reunión, se debe convocar, entre otras, a las organizaciones vecinales, gremiales, sociales, culturales, educativas y deportivas de la comunidad.

Por otra parte, mediante las ordenanzas correspondientes de los concejos municipales, es que se deben regular, según la especificidad y diversidad municipal, las formas y procedimientos para hacer efectivo el ejercicio de este deber legal. En consecuencia, en esta materia, para hacer efectiva la participación vecinal o ciudadana, también se requiere de una normativa local.

5. Las consultas populares sobre actos normativos

El artículo 268 LOPPM, siguiendo la orientación de lo dispuesto en el artículo 211 C., impone a los concejos municipales la obligación de consultar a los ciudadanos y a la sociedad organizada, durante el proceso de discusión y aprobación de los proyectos de ordenanzas, a los fines de promover la incorporación de sus propuestas.

Esta consulta se debe hacer a través de diversas modalidades de participación, que garanticen una consulta abierta a los efectos de aprobar su contenido, todo de acuerdo con lo establecido en su Reglamento Interior y de Debates, y demás normativas relativas a la materia de participación. En consecuencia, también queda supeditada la operatividad de estas consultas a lo que se regule en las ordenanzas. Sin embargo, la norma agrega que "el incumplimiento de este requisito será causal para la nulidad del respectivo instrumento jurídico".

Por otra parte, en particular respecto de los actos de efectos generales que afecten el desarrollo urbano y la conservación ambiental del municipio o de la parroquia, el artículo 269 LOPPM impone a las autoridades municipales la obligación de consultarlos entre la organizaciones vecinales y otras de la sociedad organizada, previamente a su adopción; de manera que "en caso contrario, estarán viciados de nulidad absoluta".

6. El asesoramiento vecinal

Los concejos municipales deben requerir, de conformidad con lo dispuesto en el artículo 270 LOPPM y con lo que dispongan los reglamentos, la cooperación vecinal para labores de asesoramiento, en comisiones permanentes del propio concejo municipal; y en comisiones de vecinos encargadas de vigilar el buen funcionamiento de los servicios públicos y cualesquiera otras de la competencia prestacional del municipio.

La operatividad de este medio de participación vecinal, de nuevo, se sujeta a lo que se establezca en "los reglamentos"; sin embargo, como éstos son dictados por e los alcaldes, aquí hay una incongruencia, pues no corresponde al alcalde reglamentar el funcionamiento de las comisiones permanentes de los concejos.

7. El presupuesto participativo

De acuerdo con el artículo 271 LOPPM, el presupuesto participativo es el resultado de la utilización de los procesos mediante los cuales los ciudadanos del municipio proponen, deliberan y deciden en la formulación, ejecución, control y evaluación del presupuesto de inversión anual municipal; todo ello con el propósito de materializarlo en proyectos que permitan el desarrollo del municipio, atendiendo a las necesidades y propuestas de las comunidades y sus organizaciones en el consejo local de planificación pública.

Ahora bien, esta conforme a la Ley de los Consejo local de planificación pública[205], el presupuesto consolidado de inversión municipal se debe elaborar de acuerdo con las necesidades prioritarias que deben presentar las comunidades organizadas, en concordancia con lo estimado por la alcaldía, en el presupuesto destinado al referido sector. Asimismo, se debe elaborar de acuerdo con los proyectos generales sobre urbanismo, infraestructura, servicios y vialidad que demande el municipio (Art. 12).

A fin de orientar el presupuesto de inversión municipal, el alcalde debe presentar al consejo local de planificación pública y a las comunidades organizadas, en reunión extraordinaria que debe efectuarse con 15 días continuos de antelación a la reunión formal del consejo local de planificación pública, la cifra o monto total de inversión de cada sector, incluyendo los detalles a que haya lugar (Art. 13).

Las alcaldías están en la obligación de darle curso a los proyectos que las comunidades organizadas presenten, con cargo a los porcentajes de las asignaciones que correspondan a éstas, por concepto de leyes que otorguen y transfieran recursos para las comunidades organizadas (Art. 14).

En todo caso, conforme al artículo 15 de la Ley, el presupuesto de inversión municipal debe estar dirigido al desarrollo humano, social, cultural y económico del municipio, tomando en cuenta las variables de población y pobreza de cada comunidad, debiendo cubrir con:

"1. Los proyectos prioritarios, que presenten las comunidades organizadas.

2. Los proyectos generales sobre urbanismo, infraestructura, servicios y vialidad.

3. El fondo de emergencia, para atender desastres naturales, calamidad pública e imprevistos. Este fondo, será administrado por el alcalde o alcaldesa, previa aprobación del concejo municipal, con participación del consejo local de planificación pública que hará el seguimiento respectivo, para que los recursos sean invertidos en los fines a los que se refiere esta norma. La ordenanza respectiva que regula la materia determinará el porcentaje que le corresponda al fondo de emergencia".

205 *Gaceta Oficial* N° 37.463 de 12 de junio de 2002.

8. El control social y las contralorías sociales

El control social, conforme lo dispone el artículo 272 LOPPM, es un mecanismo a través del cual todo ciudadano, individual o colectivamente participa en la vigilancia y control de la gestión pública municipal, en la ejecución de programas, planes y proyectos, en la prestación de los servicios públicos municipales, así como en la conducta de los funcionarios públicos, para prevenir, racionalizar y promover correctivos.

El artículo 275 LOPPM, por otra parte, repite que los ciudadanos y sus organizaciones deben ejercer el control social sobre la gestión municipal, a cuyo fin, las autoridades municipales deben dar la mayor publicidad a los actos de gestión de interés general, tales como proyectos, licitaciones, contrataciones, costos de las mismas y elementos relevantes.

Para ejercer este control social, los ciudadanos y sus organizaciones pueden solicitar la información y documentación administrativa que sean de interés para la comunidad; y la administración municipal está en la obligación de suministrarlas.

Por otra parte, conforme al artículo 259 LOPPM, los ciudadanos tienen derecho a organizarse en contralorías sociales con el objeto del control del gobierno local. Los contralores municipales tienen la obligación de vincular a la ciudadanía a sus labores de fiscalización de la gestión pública y a la valoración del desempeño de las entidades y los organismos de la administración pública municipal.

9. La rendición de cuentas

El artículo 8 LOPPM dispone que las autoridades del municipio, de sus entes descentralizados y de las entidades locales deben presentar informe sobre su gestión y rendir cuentas públicas, transparentes, periódicas y oportunas ante las comunidades de su jurisdicción; a cuyo fin, deben garantizar la información y convocatoria oportuna y los mecanismos de evaluación pertinentes, acerca de los recursos asignados, y los efectivamente dispuestos, con los resultados obtenidos

Además, de acuerdo con la orientación constitucional, el artículo 274 LOPPM asegura el derecho de los ciudadanos de poder solicitar a través de alguno de los medios de participación previstos en el municipio, que el alcalde, los concejales y el cuerpo colegiado de las juntas parroquiales rindan cuenta de una gestión determinada, antes de la finalización de su mandato.

10. Los referendo

Conforme a la Constitución, en el artículo 276 LOPPM se regula la posibilidad de convocatoria a referendos consultivos, revocatorios, abrogatorios o aprobatorios, para cuya solicitud y validez se debe cumplir con los requisitos establecidos en la Constitución y en la legislación electoral; y debe hacerse ante el Consejo Nacional Electoral, órgano llamado a organizar, administrar, dirigir y vigilar todos los actos relativos a los referendos.

En cuanto a la convocatoria a referendos sobre un proyecto de ordenanza o cualquier materia objeto de consulta, la Ley Orgánica precisa que sólo podrá hacerse una sola vez en el mismo período constitucional.

11. La iniciativa legislativa

El artículo 277 LOPPM establece el derecho de los ciudadanos, en un porcentaje no menor al 0,1% de los electores del municipio, de poder presentar proyectos de ordenanzas o de modificación de las ya vigentes ante el concejo municipal.

Tales proyectos, por tanto, deben ser sometidos a la consideración del concejo municipal para su admisión o rechazo, a cuyo efecto, previamente, el concejo municipal debe fijar una reunión con los presentadores de la iniciativa legislativa a fin de discutir su contenido. Una vez examinado el proyecto, el concejo municipal debe pronunciarse sobre su admisión o rechazo dentro de los 30 días siguientes a su presentación.

Admitido el proyecto, el debate del mismo debe iniciarse en un lapso de 30 días siguientes. Si el debate no se inicia dentro dicho lapso, el proyecto se debe someter a consulta popular de conformidad con lo establecido en la legislación electoral. El concejo municipal en todo caso, debe motivar el rechazo a la iniciativa cuando sea el caso.

IV. EL ENCASILLAMIENTO ASAMBLEÍSTICO DE LA PARTICIPACIÓN CIUDADANA EN UN ÓRGANO PÚBLICO: LOS CONSEJOS LOCALES DE PLANIFICACIÓN PÚBLICA

El artículo 182 C. creó los consejos locales de planificación pública, presididos en cada municipio por el alcalde e integrado por los concejales, los presidentes de la juntas parroquiales y representantes de organizaciones vecinales y otras de la sociedad organizada, de conformidad con las disposiciones que establezca la ley, a cuyo efecto, en 2002 se dictó la Ley de los consejos locales de planificación pública[206].

Esta Ley dispuso, en su artículo 2, en efecto, que el consejo local de planificación pública es el órgano encargado de la planificación integral del gobierno local, para lo cual, se debe sujetar a lo dispuesto en el artículo 55 de Ley Orgánica de Planificación, con el propósito de lograr la integración de las comunidades organizadas y grupos vecinales mediante la participación y el protagonismo dentro de una política general de Estado, descentralización y desconcentración de competencias y recursos, de conformidad con lo establecido en la Constitución.

Por ello, por ejemplo, el artículo 8 de la ley dispone que los consejos locales de planificación pública deben promover la red de consejos parroquiales y comunales en cada uno de los espacios de la sociedad civil que, en general, respondan a la naturaleza propia del municipio cuya función debe ser convertirse en el centro principal de la participación y protagonismo del pueblo en la formulación, ejecución, control y evaluación de las políticas públicas, así como viabilizar ideas y propuestas para que la comunidad organizada las presente ante el consejo local de planificación pública. Una vez aprobadas sus propuestas y convertidas en proyectos, los miembros de los consejos parroquiales y comunales podrán realizar el seguimiento, control y evaluación respectivo.

Por otra parte, cada consejo local de planificación pública debe promover y orientar una tipología de municipio atendiendo a las condiciones de población, nivel de progreso

---

206 *Gaceta Oficial* Nº 37.463 de 12 de junio de 2002.

económico, capacidad para generar ingresos fiscales propios, situación geográfica, elementos históricos, culturales y otros factores relevantes.

El consejo local de planificación pública para el cumplimiento de sus funciones, conforme lo exige el artículo 3 de la Ley, está conformado por:

"1. Un presidente, quien será el alcalde.

2. Los concejales del municipio.

3. Los presidentes de las juntas parroquiales.

4. El o los representantes de organizaciones vecinales de las parroquias, el o los representantes, por sectores, de las organizaciones de la sociedad organizada y el o los representantes de las comunidades o pueblos indígenas, donde los hubiere; todos los cuales deben ser electos en asamblea de ciudadanos de la comunidad o sector respectivo, para lo cual, debe ser convocado un representante de la Defensoría del Pueblo, de su jurisdicción, quien debe testificar en el acta de la asamblea de ciudadanos los resultados, de dicha elección (Art. 4). En cuanto a los representantes en el ámbito municipal de los distintos sectores de la sociedad civil organizada: educación, salud, cultura, deporte, producción y comercio, transporte, ecología, servicios y todos aquellos que, en general, respondan a la naturaleza propia del municipio, también deben ser elegidos en asamblea de las comunidades organizadas del sector respectivo, en la forma indicada (Art. 4)".

Ahora bien, la comunidad organizada, para postular sus representantes al consejo local de planificación pública, debe hacerlo por intermedio de una organización civil creada de acuerdo a la ley, en asamblea de sus miembros, cuyos requisitos conforme al artículo 9 de la Ley, son:

"1. Estar inscrita en el registro subalterno para determinar su personalidad jurídica.

2. Presentar el libro de actas de reuniones y de asambleas.

3. Presentar constancia de la última elección, de su junta directiva.

4. Presentar un ejemplar de sus estatutos.

5. Presentar nómina actualizada de sus integrantes, contentiva de nombres y apellidos, cédula de identidad y dirección.

6. Inscribirse, para tal fin, en la oficina de control del consejo local de planificación pública".

Ahora bien, estos consejos locales de planificación pública, sin menoscabo de cualquier otra función conferida al municipio de que se trate, tiene las siguientes funciones enumeradas en el artículo 5 de la Ley:

"1. Recopilar, procesar y priorizar las propuestas de las comunidades organizadas.

2. Impulsar, coadyuvar, orientar y presentar dentro del plan municipal de desarrollo las políticas de inversión del presupuesto municipal, contempladas en el artículo 178 C. Todo ello, de conformidad con los lineamientos del Plan de la Nación, los planes y políticas del Consejo Federal de Gobierno y del consejo de planificación y coordinación de políticas públicas, con las propuestas de las comunidades organizadas.

3. Presentar propuestas y orientar el plan municipal de desarrollo hacia la atención de las necesidades y capacidades de la población, del desarrollo equilibrado del territorio y del patrimonio municipal.

4. Instar y facilitar la cooperación equilibrada de los sectores públicos y privados para la instrumentación, en el municipio, de los planes suscritos.

5. Controlar y vigilar la ejecución del plan municipal de desarrollo.

6. Formular y promover ante el consejo de planificación y coordinación de políticas públicas o el Consejo Federal de Gobierno los programas de inversión para el municipio.

7. Impulsar la celebración de acuerdos de cooperación entre el municipio y los sectores privados, tendentes a orientar sus esfuerzos al logro de los objetivos del desarrollo de la entidad local.
8. Impulsar y planificar las transferencias de competencia y recursos que el municipio realice hacia la comunidad organizada, de conformidad con lo previsto en el artículo 184 de la Constitución.
9. Impulsar la coordinación con otros consejos locales de planificación pública para coadyuvar en la definición, instrumentación y evaluación de planes para el desarrollo de mancomunidades, solicitando, en su caso, la intervención de los poderes nacionales y de los estados para tales efectos.
10. Atender cualquier información atinente a su competencia que solicite el gobierno nacional, estadal o municipal sobre la situación socioeconómica y sociocultural del municipio.
11. Proponer al gobierno nacional, estadal o municipal las medidas de carácter jurídico, administrativo o financiero, necesarias para el cumplimiento de las funciones y la consecución de los objetivos del municipio y del propio consejo local de planificación pública.
12. Emitir opinión razonada, a solicitud del alcalde o alcaldesa, sobre transferencias de competencia que el Ejecutivo nacional, el estadal o el consejo legislativo estadal, acuerden hacia el municipio.
13. Impulsar con el poder nacional, estadal o municipal, así como con las comunidades organizadas, el plan de seguridad local de personas y bienes.
14. Coordinar, con el consejo de planificación y coordinación de políticas públicas y el Consejo Federal de Gobierno, los planes y proyectos que éstos elaboren en el marco de sus competencias, tomando en cuenta los planes y proyectos locales.
15. Impulsar la organización de las comunidades organizadas integrándolas al consejo local de planificación pública, de acuerdo con lo establecido en la presente Ley.
16. Interactuar, con el consejo municipal de derechos, en todo lo atinente a las políticas de desarrollo del niño, del adolescente y de la familia.
17. Colaborar en la elaboración de los planes locales de desarrollo urbano y las normativas de zonificación cuyas competencias le correspondan al municipio.
18. Elaborar el estudio técnico para la fijación de los emolumentos de los altos funcionarios y funcionarias de los municipios. A tal efecto, el consejo local de planificación pública solicitará la información necesaria referida al número de habitantes, situación económica del municipio, presupuesto municipal consolidado y ejecutado, correspondiente al período fiscal inmediatamente anterior, capacidad recaudadora y disponibilidad presupuestaria municipal para cubrir el concepto de emolumentos, a los órganos que corresponda.
19. Elaborar el mapa de necesidades del municipio.
20. Elaborar un banco de datos que contenga información acerca de proyectos, recursos humanos y técnicos de la sociedad organizada.
21. Evaluar la ejecución de los planes y proyectos e instar a las redes parroquiales y comunales, a ejercer el control social sobre los mismos".

V. LAS ORGANIZACIONES VECINALES PARA LA PARTICIPACIÓN CIUDADANA

En cuanto a las organizaciones para la participación ciudadana, el artículo 273 LOPPM sólo dispone que los ciudadanos pueden organizarse con el objeto de coadyuvar en el ejercicio del control, vigilancia, supervisión y evaluación de la gestión pública municipal; por lo que dichas organizaciones deben ejercer sus actividades sobre cualquier nivel o sector de la administración municipal y sobre particulares que cumplan funciones públicas.

Estas organizaciones deben estar inscritas en un registro sistematizado que, a tal efecto, debe llevar cada municipio.

La norma del artículo 273 LOPPM agrega, que sin perjuicio de lo dispuesto en la legislación nacional que regula la participación ciudadana, las organizaciones de ciudadanos tendrán, entre otros, los siguientes deberes y obligaciones:

"1. Comunicar a la ciudadanía los avances y resultados de los procesos de control, vigilancia, supervisión y evaluación realizados.
2. Presentar informe sobre los avances y resultados de sus actividades a los órganos y entidades que ejecutan el programa, proyecto o contrato, realizando las recomendaciones que estimen pertinentes.
3. Remitir el informe de avances y resultados de sus actividades a los órganos de control fiscal y demás organismos públicos competentes.
4. Denunciar ante las autoridades competentes los actos, hechos u omisiones presuntamente irregulares que hubieren detectado".

La Ley Orgánica de 2005, al establecer estas regulaciones, si bien conservó en diversos artículos la expresión "organizaciones vecinales" (p. ej. Arts. 267 y 269), eliminó toda regulación sobre formas específicas de organización para la participación ciudadana y, en particular, eliminó las regulaciones que había establecido la Ley Orgánica de Régimen Municipal de 1989 sobre las "asociaciones de vecinos", expresión que ni siquiera se encuentra en la nueva Ley Orgánica, la cual, incluso, derogó expresamente el Reglamento parcial N° 1 de la Ley, dictado por decreto N° 3.130 de 6 de marzo de 1979 (Art. 297)[207].

Sin embargo, aún cuando se haya eliminado dicha regulación, las asociaciones de vecinos continúan siendo formas legítimas de organización para la participación ciudadana en el ámbito municipal[208], pues son, precisamente, las "organizaciones vecinales" a que se refiere tanto la Ley Orgánica como la ley de los Consejos locales de planificación pública.

§ 5. Consideraciones sobre la descentralización administrativa, la descentralización política y la participación democrática

Este parágrafo quinto es el texto del documento preparado para el *Segundo Congreso Nacional de Derecho Administrativo. El derecho administrativo como instrumento para mejorar la calidad de vida*, Pontificia Universidad Católica del Perú, Facultad de Derecho, Lima, Perú, 27 al 29 de abril de 2006.

207 *V.*, en *Gaceta Oficial* N° 31.692 del 8 de marzo de 1979.

208 *Cfr.* Allan R. Brewer–Carías, "La participación política a nivel local", *Revista de la Escuela Superior de las Fuerzas Armadas de Cooperación*, Caracas, Edición 42 aniversario de la creación de las F.A.C., 1980, pp. 35 a 62. Parte de este trabajo se publicó con el título "La participación política en la nueva Ley Orgánica de Régimen Municipal", *Libro–Homenaje a Rafael Pizani*, Caracas, Universidad Central de Venezuela, 1979, pp. 45 y ss. Sobre el mismo tema de la participación, *V.*, *íd.*, "El Derecho Administrativo y la participación de los administrados en las tareas administrativas", *Revista de Derecho Público*, N° 22, Caracas, Edit. Jurídica Venezolana, 1985, pp. 5 a 32.

I. LA DESCENTRALIZACIÓN

La descentralización es uno de los principios jurídicos de la organización del Estado, relacionados con la competencia. Se trata siempre de una forma de desviación de la competencia, consistente en su transferencia por parte de una persona jurídica estatal político–territorial hacia otra u otras personas jurídicas estatales distintas. Por tanto, implica una distribución de competencias, pero no entre órganos de una misma organización jerárquica, sino entre sujetos de derecho diferentes, mediante la transferencia de la competencia hecha a personas jurídicas distintas del ente transferente.

En la delegación y en la desconcentración administrativas también opera una distribución de competencias, pero dentro de una misma organización jerárquica, entre órganos de la misma. La descentralización, en cambio, es una transferencia de competencias entre sujetos de derecho con diferente personalidad jurídica, por ejemplo, entre el Estado nacional y un instituto autónomo.

Por ello se puede afirmar que en la desconcentración y en la delegación la relación que se establece es entre órganos diversos; en cambio, en la descentralización, la relación se establece entre diversos sujetos de derecho, es decir, entre personas jurídicas distintas[209].

1. Las formas de la descentralización

Las diversas formas de descentralización derivan por tanto, de los sujetos de derecho a los cuales se les van a transferir competencias, que pueden ser sujetos de derecho público o de derecho privado, creados por el Estado para tales fines, de acuerdo al marco jurídico del derecho público o del derecho privado.

En cuanto a los sujetos de derecho público descentralizados, éstos pueden ser los que conforman la organización política de un país determinado; por ejemplo, en el caso de Venezuela, como Estado federal, la República, los Estados y los Municipios. Cuando la transferencia de competencias se produce entre estos entes, estamos en presencia de una descentralización política, o distribución de competencias entre órganos político–territoriales, en un proceso que en general está regulado por el derecho constitucional, pues incide en la distribución vertical del poder del Estado.

Pero la descentralización también puede ocurrir hacia entes que pueden ser creados por algunos de esos entes político–territoriales, los cuales, a su vez, pueden o no tener un ámbito territorial. En este caso, estamos en presencia de una descentralización administrativa o funcional, en general regulada por el derecho administrativo, ya que incide en la organización de la Administración Pública.

De esta distinción general resultan las dos formas generales de la descentralización antes indicadas, las que por ejemplo, distingue la Ley Orgánica de la Administración Pública de Venezuela[210]: la descentralización política o territorial y la funcional.

En efecto, en cuanto a la descentralización territorial, esta Ley Orgánica dispone que con el propósito de profundizar la democracia y de incrementar la eficiencia y eficacia

209 *V.* en general, Allan R. Brewer–Carías, *Derecho Administrativo*, Tomo I, Universidad Externado de Colombia, Bogotá 2005.

210 *V.* Ley Nº 40, en *Gaceta Oficial* Nº 37.305 de 17–10–2001. Véase Allan R. Brewer–Carías y Rafael Chavero G., *Ley Orgánica de la Administración Pública*, Editorial Jurídica venezolana, Caracas 2002.

de la gestión de la Administración Pública, se pueden descentralizar competencias y servicios públicos de la República a los Estados de la federación y a los municipios, y de los Estados a los municipios, de conformidad con la Constitución y la ley (Art. 30). Esta norma recoge, así, los principios descentralizadores que están establecidos en los artículos 157, 158 y 165 de la Constitución venezolana de 1999.

En cuanto a la descentralización funcional, el artículo 29 de dicha Ley Orgánica dispone que los titulares de la potestad organizativa pueden crear entes descentralizados funcionalmente cuando el mejor cumplimiento de los fines del Estado así lo requiera, en los términos y condiciones previstos en la Constitución y en la Ley[211]. El mismo artículo 29 de la Ley Orgánica establece los siguientes dos tipos de entes descentralizados funcionalmente:

En *primer lugar*, los entes descentralizados funcionalmente *con forma de derecho privado*, los cuales están conformados por las personas jurídicas constituidas y regidas de acuerdo a las normas del derecho privado en los términos de la misma Ley Orgánica, y que son de dos tipos:

a. Entes descentralizados funcionalmente sin fines empresariales, que son aquellos entes descentralizados funcionalmente que no realicen actividades de producción de bienes o servicios destinados a la venta y cuyos ingresos o recursos provengan fundamentalmente del presupuesto de la República, los estados, los distritos metropolitanos, o los municipios.

b. Entes descentralizados funcionalmente con fines empresariales, que son aquellos cuya actividad principal sea la producción de bienes o servicios destinados a la venta y cuyos ingresos o recursos provengan fundamentalmente de esta actividad.

En *segundo lugar*, están los entes descentralizados funcionalmente *con forma de derecho público*, conformados por aquellas personas jurídicas creadas y regidas por normas de derecho público, las cuales pueden perseguir fines empresariales o no empresariales, al igual que pueden tener atribuido el ejercicio de potestades públicas[212]. En relación con estos últimos, sólo por ley pueden crearse las personas jurídicas de derecho público como los institutos autónomos; principio que deriva de lo dispuesto en el artículo 142 de la Constitución que recogió la disposición del artículo 230 de la Constitución de 1961 al prever que los institutos autónomos sólo pueden crearse por ley; y que tales instituciones, así como los intereses públicos en corporaciones o entidades de cualquier naturaleza, están sujetos al control del Estado, en la forma que la ley establezca.

Por supuesto, tanto en la descentralización funcional como la descentralización territorial se transfiere la titularidad de la competencia y, en consecuencia, se transfiere cualquier responsabilidad que se produzca por el ejercicio de la competencia o de la gestión del servicio público correspondiente, en la persona jurídica y en los funcionarios y funcionarias del ente descentralizado (Art. 32).

En cualquier caso, lo que caracteriza a la descentralización es que, aun cuando hay transferencia de poderes a otros sujetos de derecho, todos estos sujetos, en una forma u otra, quedan enmarcados dentro de la estructura organizativa general del Estado. Por ello, puede decirse que cuando se habla de "sector público", la expresión se utiliza en el sentido de abarcar, por ejemplo en Venezuela, en el campo nacional, a la República con

211 *V.* en general Jesús Caballero Ortiz, "La descentralización funcional", en *Revista de Derecho Público,* N° 8, Editorial Jurídica venezolana, Caracas 1981, pp. 5 y ss.

212 *V.* Allan R. Brewer–Carías, "La distinción entre las personas públicas y las personas privadas y el sentido actual de la clasificación de los sujetos de derecho", *Revista de la Facultad de Derecho,* Universidad Central de Venezuela, N° 57, Caracas, 1976, pp. 115 a 135.

todos sus ministerios y demás órganos de su Administración Pública central, y a la Administración descentralizada funcionalmente, tenga forma de derecho público o de derecho privado. Y en sentido similar, en el campo de los Estados y de los Municipios con sus respectivas administraciones Públicas.

Este sentido viene corroborado con la previsión del artículo 6 de la Ley Orgánica de Administración Financiera del Sector Público[213], en la cual se establece que están sujetos a las regulaciones de la misma "los entes u organismos que conforman el sector público", enumerados seguidamente: 1. La República; 2. Los Estados; 3. El Distrito Metropolitano de Caracas; 4. Los distritos; 5. Los Municipios; 6. Los institutos autónomos; 7. Las personas jurídicas estatales de derecho público; 8. Las sociedades mercantiles en las cuales la República o las demás personas a que se refiere el presente artículo tengan participación igual o mayor al cincuenta por ciento del capital social. Quedarán comprendidas además, las sociedades de propiedad totalmente estatal, cuya función, a través de la posesión de acciones de otras sociedades, sea coordinar la gestión empresarial pública de un sector de la economía nacional; 9. Las sociedades mercantiles en las cuales las personas a que se refiere el numeral anterior tengan participación igual o mayor al cincuenta por ciento del capital social; 10. Las fundaciones, asociaciones civiles y demás instituciones constituidas con fondos públicos o dirigidas por algunas de las personas referidas en este artículo, cuando la totalidad de los aportes presupuestarios o contribuciones en un ejercicio, efectuados por una o varias de las personas referidas en el presente artículo, represente el cincuenta por ciento o más de su presupuesto.

Esto confirma que los entes estatales con forma jurídica de derecho privado están integrados dentro de la estructura general del Estado, conformando, lo que se denomina sector público.

Puede haber un tercer tipo de descentralización, además de la descentralización territorial y la descentralización funcional, que puede denominarse descentralización corporativa, en la cual también se da la transferencia de competencia a un sujeto de derecho distinto, de carácter no territorial, pero que tiene forma corporativa, generalmente no estatal. Es el supuesto que opera en Venezuela, por ejemplo, con los Colegios Profesionales, los cuales cumplen funciones públicas de control del ejercicio de una profesión. Pero en estos casos, esta descentralización corporativa no trae, como consecuencia, que los Colegios Profesionales queden dentro de la estructura general del Estado. El Estado les transfiere competencias, por ejemplo, el control del ejercicio de una profesión que es una competencia de carácter público, pero aun así, en ese caso, esas corporaciones, por su sustrato personal, no están dentro del denominado sector público y se consideran personas no estatales.

Por tanto, la descentralización es una transferencia de competencia a sujetos de derecho distinto, lo que la distingue de la desconcentración que es una distribución de competencia dentro de la organización de un sujeto de derecho público.

2. Las consecuencias de la descentralización: la autonomía

Una de las consecuencias fundamentales de la descentralización es el hecho de que el ente descentralizado goza, siempre, de cierta autonomía. La autonomía, en todo caso, está en una relación inversa con el control: a mayor autonomía reconocida al ente des-

213 *Gaceta Oficial* N° 37.978 del 13 de julio de 2004.

centralizado, corresponderá, inversamente, menor control ejercido por el ente matriz; y, a menor autonomía, mayor control.

En el caso de la Administración descentralizada territorialmente por ejemplo bajo el esquema federal, no existe control ejercido por los entes territoriales mayores, ya que hay una mayor autonomía. En cambio, en el caso de los entes descentralizados funcionalmente, por ejemplo, de los institutos autónomos, hay menor autonomía, y por tanto, un mayor control de tutela.

La autonomía, en su sentido propio, es la facultad que tienen los entes de crear su propio ordenamiento jurídico, esto es, de dictar sus propias normas; de aquí que autonomía es equivalente a autonormación. Puede afirmarse, por tanto, que la autonomía propiamente dicha existe en la Administración descentralizada territorialmente. Por ejemplo, en Venezuela, en los Estados, los Consejos Legislativos tienen como función dictar leyes sobre las materias de competencia estadal. Igualmente sucede con los municipios, a los cuales corresponde la gestión de las materias de su competencia, de acuerdo al artículo 168,2 de la Constitución, con la potestad de normar mediante Ordenanzas como leyes locales. Por tanto, un municipio es autónomo, porque su concejo municipal puede producir sus propias normas, que a nivel local son equivalentes a las leyes; de ahí que se hable de leyes locales, en el caso de las ordenanzas.

Un instituto autónomo tiene autonomía porque también, en principio, puede darse su propia reglamentación interna, aun cuando esta facultad de autonormarse está sometida al control de tutela por parte del ministro de adscripción. Normalmente, el reglamento interno de un instituto autónomo debe ser aprobado por el ministro de adscripción, aun cuando éste no puede dictar directamente esas normas, porque sería contradictorio con el fenómeno de la descentralización.

Por supuesto, en el caso de la descentralización política o territorial, la autonomía es mayor que en el caso de la descentralización funcional, y paralelamente, en tanto en cuanto la autonomía es mayor, el control es menor. Por ejemplo en una federación, materialmente no existe ningún mecanismo de control de tutela de la República, respecto a los Estados y a los Municipios, porque la autonomía, que es correlativa, es mayor.

Por último, debe señalarse que si bien la descentralización funcional o administrativa está signada por la búsqueda de la eficiencia de la Administración Pública en la consecución de los fines y cometidos del Estado; la descentralización política o territorial está esencialmente vinculada a la democratización del Estado, para hacer efectiva la participación política.

En las líneas que siguen analizaremos las características fundamentales de la descentralización funcional y administrativa, por una parte, y por la otra, de la descentralización territorial o política, y en particular nos referiremos al vínculo entre descentralización política y participación ciudadana, particularmente en relación con el ámbito local o municipal.

II. LOS PRINCIPIOS SOBRE LA DESCENTRALIZACIÓN ADMINISTRATIVA O FUNCIONAL

Es materia propia del derecho administrativo, como se ha dicho, la descentralización administrativa o funcional, la cual implica la transferencia de competencia desde un ente público territorial a un ente público no territorial, por razones de servicio, y no por razones político–territoriales como en el supuesto de la descentralización territorial[214].

En este tipo de descentralización, como en toda otra forma, se requiere de la presencia de dos sujetos de derecho: el ente transfirente, que debe ser de carácter político–territorial (en una federación, por ejemplo, la República, los Estados o los Municipios), y el ente receptor de la competencia, al cual se le transfieren, que puede preexistir jurídicamente, o bien, puede ser creado por el mismo acto que realiza o formaliza la descentralización.

El último en el caso de los institutos autónomos, los cuales, de acuerdo a lo previsto en el artículo 142 de la Constitución venezolana, sólo pueden ser creados por ley. En esta forma, si para la descentralización funcional se va a utilizar la forma jurídica de una persona de derecho público, el nuevo ente debe ser creado a través de una ley.

Por tanto, en Venezuela, el Ejecutivo Nacional no puede crear un instituto autónomo para transferirle competencias. La creación de estos entes se reserva al legislador, por lo que es por la vía legislativa que se realiza la descentralización funcional, toda vez que es materia de reserva legal la creación de entes de derecho público a través de los cuales se va a realizar la descentralización.

Pero la descentralización también se puede realizar mediante la creación de personas jurídicas con formas de derecho privado, supuesto en el cual se plantean aspectos diferentes.

En efecto, en primer lugar, en estos casos no es necesario que el sujeto de derecho sea creado por ley, por cuanto los órganos de la Administración Pública pueden crear personas jurídicas a través de los medios del derecho privado, por ejemplo, constituyendo una sociedad anónima o una fundación por la vía del registro mercantil o del registro público. Sin embargo, el solo hecho de que no se requiera o no se utilice la vía legislativa para crear estos entes, implica una limitación respecto de las competencias a transferir, ya que no se le pueden transferir competencias que estén específicamente asignadas por ley a un ente de la Administración Pública central. Siendo en principio la competencia de carácter indisponible, para transferirla sería necesaria también una norma de rango legal.

Por consiguiente, y en virtud de que el acto administrativo o el acto de derecho privado que cree una persona jurídica no pueden transferir competencias legalmente atribuidas a los órganos administrativos, la descentralización funcional que se pretende instrumentar a través de estas formas jurídicas será siempre, por ello, mucho más limitada que la que se realice mediante la utilización de entes de derecho público. En este último caso, al requerirse la vía legal para la creación de éstos, la transferencia de competencia puede efectuarse sin ningún tipo de obstáculos, ya que la ley puede modificar la asignación inicial de competencia.

En todo caso, lo que se puede transferir hacia los entes de derecho privado es lo que autorice la ley o lo que esté expresamente regulado en una ley[215].

---

214 *V.*, en general, Fernando Garrido Falla, *Administración Indirecta y Descentralización Funcional*, Madrid, 1950; Allan R. Brewer–Carías, *Derecho Administrativo*, Tomo I, Universidad Externado de Colombia, Bogotá, 2005.

215 Por ejemplo: cuando se creó la "Fundación para el Desarrollo de la Comunidad y Fomento Municipal" (FUNDACOMUN) en 1960, no había ninguna ley que atribuyera a ningún órgano público nacional las competencias de fomento municipal y desarrollo de la comunidad; pudo, por tanto, el Ejecutivo Nacional, ante tal situación,

Por lo tanto, la descentralización funcional, a través de formas de derecho privado, es mucho más limitada que la descentralización funcional hecha a través de formas de derecho público.

1. Las formas jurídicas de la descentralización funcional en la Ley Orgánica de la Administración Pública de Venezuela

Conforme se ha dicho, la descentralización administrativa funcional tiene por objeto la creación de personas jurídicas a las cuales se transfiere la titularidad de determinadas competencias y la responsabilidad de ejecutarlas. Conforme a lo indicado en el artículo 29 de la Ley Orgánica de la Administración Pública venezolana, esta descentralización funcional puede realizarse mediante la creación de personas jurídicas con forma de derecho público o con forma de derecho privado[216].

A. Formas jurídicas de derecho público: los institutos autónomos

En la Ley Organiza sólo se regula una de las formas jurídicas de derecho público para la descentralización administrativa funcional constituida por la figura del instituto autónomo[217], el cual se define en el artículo 95 de la misma, como una persona jurídica de derecho público de naturaleza fundacional, creada por ley nacional, estadal u ordenanza municipal conforme a las disposiciones de esta Ley, dotada de patrimonio propio e independiente de la República, de los estados, de los distritos metropolitanos y de los municipios, según sea el caso, con las competencias o actividades determinadas en la ley que lo cree[218].

Sin embargo, las formas jurídicas de derecho público estatales no se agotan en los institutos autónomos, pues también las corporaciones públicas como los colegios profesionales y las comunidades educativas como las universidades nacionales son formas jurídicas de derecho público estatales para la descentralización funcional.

La creación de los institutos autónomos sólo puede realizarse mediante ley nacional, estadal u ordenanza, conforme lo establece el artículo 142 de la Constitución y el artículo 96 de la Ley Orgánica. Igualmente los institutos autónomos sólo pueden ser suprimidos por ley especial, la cual debe establecer las reglas básicas de la disolución, así como las potestades necesarias para que el respectivo ejecutivo nacional, estadal, del distrito metropolitano o municipal proceda a su liquidación (Art. 99).

---

crear una fundación (ente de derecho privado), y atribuirle competencias en el campo de la promoción social y de la comunidad. Pero si hubiera habido una ley que atribuyera esa competencia a un ente de carácter público, la transferencia de competencias a un ente de derecho privado creado por la Administración, no se hubiera podido realizar por decreto.

216 *V.* Allan R. Brewer–Carías, *Principios del régimen jurídico de la organización administrativa,* Editorial Jurídica Venezolana, Caracas 1985, pp. 115 y ss.

217 *V.* en general sobre los institutos autónomos, Jesús Caballero Ortiz, *Los Institutos Autónomos,* Fondo de Inversiones de Venezuela, Editorial Jurídica Venezolana, Caracas, 1984; Tomás Polanco, "Los Institutos Autónomos en Venezuela", *Libro Homenaje a Enrique Sayagués Laso,* Tomo IV, Madrid 1969, pp. 1073–1086; Juan Garrido Rovira, "El Instituto Autónomo como figura de la Administración Pública Nacional Descentralizada en Venezuela" en *Revista de Derecho Público,* N° 3, Caracas 1980, p. 23–29; y "Descripción de los Institutos Autónomos de la organización administrativa venezolana", en *Revista de Derecho Público* N° 4, Caracas 1980, pp. 110–116; Juan Olivares Bohórquez, "Los Institutos Autónomos", en *Revista Control Fiscal y Tecnificación Administrativa,* N° 10, Contraloría General de la República, Caracas 1959, pp. 21–22

218 *V.* Jesús Caballero Ortiz, *Los Institutos Autónomos,* Caracas, Editorial Jurídica Venezolana, 1985.

B. Las formas jurídicas de derecho privado

La Ley Orgánica de la Administración Pública, en cuanto a las formas jurídicas de derecho privado de la Administración Pública descentralizada funcionalmente, regula tres sujetos de derecho específicos: las sociedades mercantiles del Estado, a las fundaciones del Estado y a las asociaciones civiles del Estado.

Tratándose de personas jurídicas de derecho privado, estos entes se rigen por la legislación ordinaria, particularmente, la establecida en el Código Civil y en el Código de Comercio, salvo lo establecido en la propia Ley Orgánica (Arts. 106, 112, 113 y 114)[219].

a. Las empresas del Estado

El artículo 100 de la Ley Orgánica define a las empresas del Estado como las sociedades mercantiles en las cuales la República, los estados, los distritos metropolitanos y los municipios, o alguno de los entes descentralizados funcionalmente regulados en la Ley Orgánica, solos o conjuntamente, tengan una participación mayor al 50% del capital social[220]. Conforme a dicha Ley, tanto la República, como los estados, los municipios y los distritos metropolitanos, pueden por tanto constituir sociedades anónimas y de responsabilidad limitada, incluso como únicos accionistas (Art. 103).

La creación de las empresas del Estado debe ser autorizada respectivamente por el Presidente de la República en Consejo de Ministros, los Gobernadores y los Alcaldes según corresponda, mediante decreto o resolución de conformidad con la ley (Art. 101).

Las empresas del Estado adquieren la personalidad jurídica con la protocolización de su acta constitutiva en el registro mercantil correspondiente a su domicilio, donde se debe archivar un ejemplar auténtico de sus estatutos y de la Gaceta Oficial de la República o del medio de publicación oficial correspondiente donde aparezca publicado el decreto que autorice su creación (Art. 101). Además, conforme al artículo 102 de la Ley Orgánica, todos los documentos relacionados con las empresas del Estado que conforme al Código de Comercio tienen que ser objeto de publicación, deben publicarse en la Gaceta Oficial de la República o en el correspondiente medio de divulgación oficial de los estados, de los distritos metropolitanos o de los municipios.

Corresponde al ministro u órgano de adscripción, nacional, estadal, del distrito metropolitano o municipal respectivo, ejercer, según corresponda, la representación del órgano respectivo en la asamblea de accionistas u órganos correspondientes de las empresas del Estado que se encuentren bajo su tutela (Art. 120).

En los casos de empresas del Estado nacionales, estadales, de los distritos metropolitanos o municipales con un único accionista, el artículo 104 de la Ley Orgánica dispone que los derechos societarios podrán ser ejercidos, según sea el caso, por la República, los estados, los distritos metropolitanos, los municipios o los entes a que se refiere la Ley Orgánica, que sea titular de las acciones en forma unilateral, sin que ello implique

---

219 La Ley Orgánica, en consecuencia, derogó parcialmente el Decreto Ley N° 677 de 21–6–85 que estableció las Normas sobre las Fundaciones, Asociaciones y Sociedades Civiles del Estado y el control de los aportes públicos a las instituciones privadas. Véase en *Gaceta Oficial* N° 3.574 *Extraordinaria* de 21–6–85. Véase en general, Allan R. Brewer–Carías, "El régimen de las fundaciones en el Decreto N° 41 de 14–12–84" en *Revista de derecho Público,* N° 20, Editorial Jurídica Venezolana, Caracas, 1984, pp. 96 y ss.

220 *V.* Allan R. Brewer–Carías, *Régimen de las empresas públicas en Venezuela,* Editorial Jurídica Venezolana, Caracas, 1981.

el incumplimiento de las disposiciones pertinentes del Código de Comercio ni las relacionadas con la publicación a que se refiere esta Ley.

b. Las fundaciones del Estado

Conforme al artículo 108 de la misma ley Orgánica de la Administración Pública, son fundaciones del Estado los patrimonios afectados a un objeto de utilidad general, artístico, científico, literario, benéfico, social u otros, en cuyo acto de constitución participe la República, los estados, los distritos metropolitanos, los municipios o alguno de los entes descentralizados funcionalmente a los que se refiere esta Ley, siempre que su patrimonio inicial se realice con aportes del Estado en un porcentaje mayor al 50% (Art. 108). Dos son, por tanto, las condiciones para que una fundación pueda considerarse como fundación del Estado: por una parte, que se constituya por un ente público y por la otra, que en el patrimonio fundacional *inicial* haya aporte del Estado mayor al 50% del mismo. Ambas condiciones deben cumplirse acumulativamente.

La creación de las fundaciones del Estado también debe ser autorizada respectivamente por el presidente de la República en Consejo de Ministros, los gobernadores, los alcaldes, según corresponda, mediante decreto o resolución (Art. 109).

Las fundaciones del Estado adquieren personalidad jurídica conforme al artículo 19 del Código Civil con la protocolización de su acta constitutiva en la oficina subalterna de registro correspondiente a su domicilio, donde se debe archivar un ejemplar auténtico de sus estatutos y de la Gaceta Oficial de la República o del medio de publicación oficial estadal o municipal correspondiente donde aparezca publicado el decreto o resolución que autorice su creación.

En el acta constitutiva de las fundaciones del Estado se debe indicar el valor de los bienes que integran su patrimonio, así como la forma en que deben ser dirigidas y administradas (Art. 111).

El acta constitutiva, los estatutos y cualquier reforma de tales documentos de las fundaciones del Estado deben ser publicados en la Gaceta Oficial de la República o en el respectivo medio de publicación oficial, estadal o municipal, con indicación de los datos correspondientes al registro (Art. 110).

Corresponde al ministro u órgano de adscripción nacional, estatal, del distrito metropolitano o municipal respectivo, ejercer, según proceda, la representación del órgano respectivo en los órganos correspondientes de las fundaciones del Estado que se encuentren bajo su tutela (Art. 120).

c. Las sociedades civiles del Estado (nacionales)

El artículo 113 de la Ley Orgánica de la Administración Pública define a las asociaciones y sociedades civiles del Estado como aquéllas en las cuales la República o algún ente descentralizado funcionalmente nacional posea el 50% o más de las cuotas de participación, y aquéllas cuyo monto se encuentre conformado en la misma porción, por aporte de los mencionados entes, siempre que tales aportes hubiesen sido efectuados en calidad de socio o miembro. La Ley Orgánica, por tanto, no regula las sociedades civiles del Estado que puedan constituir los estados, municipios o distritos metropolitanos.

La creación de las asociaciones y sociedades civiles del Estado debe estar autorizada por el presidente de la República mediante decreto, o a través de resolución dictada por el máximo jerarca del ente descentralizado funcionalmente, que participe en su creación

(Art. 114). El acta constitutiva de las sociedades civiles del Estado debe indicar el valor de los bienes que integran su patrimonio, así como la forma en que serán dirigidas y administradas (Arts. 114 y 111).

Las sociedades civiles del Estado adquieren personalidad jurídica con la protocolización de su acta constitutiva en la Oficina del Registro Subalterno correspondiente a su domicilio, donde se debe archivar un ejemplar auténtico de sus estatutos y de la Gaceta Oficial de la República, donde aparezca publicado el decreto que autorice la creación (Art. 114). El acta constitutiva y estatutos de las sociedades civiles del Estado debe ser publicado en la Gaceta Oficial de la República, con indicación de los datos de registro (Arts. 114, 110).

III. LA DESCENTRALIZACIÓN POLÍTICA O TERRITORIAL

La descentralización es política o territorial, como se ha dicho, si la transferencia de competencia se realiza desde entes de carácter político territorial hacia alguna otra de las personas jurídicas de derecho público de carácter político–territorial, como por ejemplo, en la federación venezolana desde la república hacia los Estados o los Municipios, o desde los Estados hacia estos últimos.

En este campo, en principio, la distribución de competencias la hace la propia Constitución, al establecer la distribución del poder público en sentido vertical o territorial y la consecuente autonomía a nivel de los Estados y Municipios. Por ello, sin perjuicio del interés que el derecho administrativo tiene en esta descentralización, su regulación básica corresponde al derecho constitucional. Por otra parte, la misma Constitución también consagra el principio de la descentralización administrativa hacia los estados y municipios[221].

1. La distribución vertical de competencias

A. La distribución constitucional

En el caso venezolano, el 156 de la Constitución define las competencias que corresponden a la República en ejercicio del Poder nacional; el artículo 165 del mismo texto constitucional enumera las competencias exclusivas de los Estados, en ejercicio del Poder Estadal; y el artículo 178 de la misma Constitución atribuye directamente a los municipios una serie de competencias que son las llamadas materias concernientes a la vida local.

Por otra parte, el artículo 184 dispone que la ley debe crear mecanismos abiertos y flexibles para que los estados y municipios descentralicen y transfieran servicios locales a las comunidades y grupos vecinales organizados. Una norma similar es la contenida en el artículo 157 de la Constitución, que establece que la Asamblea Nacional por mayoría de sus integrantes, puede atribuir a los municipios o a los estados determinadas materias de la competencia nacional a fin de promover la descentralización.

---

221 *V.* en general, Allan R. Brewer–Carías, *Derecho Administrativo*, Tomo II, Universidad Externado de Colombia, Bogotá 2005.

En esta forma, el la República en ejercicio del Poder Nacional puede atribuirle a los estados y municipios determinadas materias que sean de la competencia nacional, para promover la descentralización, lo que sucedió por primera vez con la Ley Orgánica de Descentralización, Delimitación y Transferencia de Competencias del Poder Público de 1989[222], en la cual se establecieron las bases para un proceso de descentralización territorial de la República hacia los estados que conforman la Federación, siendo esta quizás la reforma más importante que desde el punto de vista político se dictó en las últimas décadas del siglo XX[223].

Además de éstas, existen otras normas que establecen algunas orientaciones en materia de descentralización. Por ejemplo, en materia impositiva, el artículo 167,5 establece como ingresos de los estados, los impuestos, tasas y contribuciones especiales que se le asignen por ley nacional con el fin de promover el desarrollo de las haciendas públicas estadales. Esta sería otra forma de descentralización prevista en la Constitución, específicamente en materia tributaria.

De lo anterior puede concluirse que la propia Constitución consagra la descentralización política o territorial, al establecer la posibilidad, para los órganos del Poder Nacional, de transferir competencias a los estados y municipios; competencias éstas adicionales a las que ya tienen, en virtud de las normas de la propia Constitución.

B. La definición del ámbito de la descentralización territorial hacia los Estados de materias de competencia concurrente

La Ley Orgánica de Descentralización, Delimitación y Transferencia de Competencias del Poder Público de 1989, en efecto, estableció en primer lugar, la pauta para la descentralización de competencias que si bien en la Constitución se regulan como concurrentes (competencias atribuidas a la vez a la República y a los estados), por el proceso de centralismo que se ha producido en Venezuela desde comienzos del siglo pasado, fueron asumidas por el Poder Nacional. En esa forma, el artículo 4 estableció que "en ejercicio de las competencias concurrentes que establece la Constitución" y conforme a los procedimientos previstos en la propia Ley, "serán transferidos progresivamente a los estados los siguientes servicios que actualmente presta el Poder Nacional":

1° La planificación, coordinación y promoción de su propio desarrollo integral, de conformidad con las leyes nacionales de la materia.

2° La protección de la familia, y en especial del menor.

3° Mejorar las condiciones de vida de la población campesina.

4° La protección de las comunidades indígenas atendiendo a la preservación de su tradición cultural y la conservación de sus derechos sobre su territorio.

5° La educación, en los diversos niveles y modalidades del sistema educativo, de conformidad con las directrices y bases que establezca el Poder Nacional.

---

222 *V.* Ley Orgánica de Descentralización, Delimitación y Transferencia de Competencias del Poder Público, (*Gaceta Oficial* Extra. N° 4.153 de 28–12–1989), reformada en 2003 (*Gaceta Oficial* N° 37.753 de 14–08–2003. Véase Allan R. Brewer–Carías et al., *Leyes para la descentralización política de la Federación*, Editorial Jurídica Venezolana, caracas, 1995,

223 *V. Gaceta Oficial* N° 4.153, Extraordinario de 28–12–89. Véase Allan R. Brewer Carías, *Problemas del Estado de Partidos*, Editorial Jurídica Venezolana, Caracas, 1988.

6° La cultura en sus diversas manifestaciones, la protección y conservación de las obras, objetos y monumentos de valor histórico o artístico.

7° El deporte, la educación física y la recreación.

8° Los servicios de empleo.

9° La formación de recursos humanos, y en especial los programas de aprendizaje, capacitación y perfeccionamiento profesional; y, de bienestar de los trabajadores.

10. La promoción de la agricultura, la industria y el comercio.

11. La conservación, defensa y mejoramiento del ambiente y los recursos naturales.

12. La ordenación del territorio del Estado de conformidad con la Ley Nacional.

13. La ejecución de las obras públicas de interés estadal con sujeción a las normas o procedimientos técnicos para obras de ingeniería y urbanismo establecidas por el Poder Nacional y Municipal, y la apertura y conservación de las vías de comunicación estadales.

14. La vivienda popular, urbana y rural.

15. La protección a los consumidores, de conformidad con lo dispuesto en las leyes nacionales.

16. La salud pública y la nutrición, observando la dirección técnica, las normas administrativas y la coordinación de los servicios destinados a la defensa de las mismas que disponga el Poder Nacional.

17. La investigación científica; y,

18. La defensa civil.

A los efectos de este proceso de transferencia de competencias, que no es otra cosa que un proceso de descentralización política, el artículo 5 de la Ley estableció un procedimiento basado en "convenios" a ser celebrados entre la República y el estado respectivo, por órgano, respectivamente, del Ministro de Relaciones Interiores (artículo 34) y del correspondiente gobernador. Dichos convenios y, por tanto, el proceso de transferencia de competencias puede realizarse tanto a iniciativa del gobernador del estado respectivo, como a iniciativa del Ejecutivo Nacional[224].

En este primer caso, por tanto, la Ley Orgánica nacional no realizó por sí misma un proceso de descentralización política desde el nivel nacional hacia los estados, sino que definió un ámbito de competencias concurrentes en el cual puede producirse una descentralización, la cual en todo caso no será uniforme. Puede efectuarse en determinadas materias, en ciertos estados y en otros no, y la iniciativa puede partir tanto del Ejecutivo Nacional como del gobernador de un estado. Se trata por tanto, de una descentralización "a la carta" en la cual se escogen las materias a descentralizar, sea por el Ejecutivo Nacional sea por los gobernadores, y el proceso cristaliza en un "convenio" sometido a diversas aprobaciones, entre ellas, la del Senado y la de la Asamblea Legislativa respectiva.

C. La descentralización territorial hacia los estados de materias de la competencia nacional

Pero en segundo lugar, la Ley Orgánica de Descentralización, Delimitación y Transferencia de Competencias del Poder Público, en aplicación del artículo 137 de la Constitución de 1961, equivalente al artículo 157 de la Constitución de 1999, resolvió directamente la descentralización de una serie de competencias atribuidas al Poder Nacional,

224 *V. Informe sobre la Descentralización en Venezuela 1993. Memoria del Dr. Allan R. Brewer–Carías, Ministro de Estado para la descentralización*, Caracas, 1994.

disponiendo en su artículo 11 que "se transfiere a los estados la competencia exclusiva" en las siguientes materias:

1° La organización, recaudación, control y administración del ramo de papel sellado;

2° El régimen, administración y explotación de las piedras de construcción y de adorno o de cualquier otra especie, que no sean preciosas, el mármol, pórfido, caolín, magnesita, las arenas, pizarras, arcillas, calizas, yeso, puzolanas, turbas, de las sustancias terrosas, las salinas y los ostrales de perlas, así como la organización, recaudación y control de los impuestos respectivos. El ejercicio de esta competencia está sometido a la Ley Orgánica para la Ordenación del Territorio y a las leyes relacionadas con la protección del ambiente y de los recursos naturales renovables;

3° La conservación, administración y aprovechamiento de las carreteras, puentes y autopistas en sus territorios. Cuando se trate de vías interestadales, esta competencia se ejercerá mancomunadamente, a cuyos efectos se celebrarán los convenios respectivos;

4° La organización, recaudación, control y administración de los impuestos específicos al consumo, no reservados por Ley al Poder Nacional; y

5° La administración y mantenimiento de puertos y aeropuertos públicos de uso comercial.

Sin embargo, a pesar de la transferencia que se ordenaba en la norma, la materialización de la misma sólo operó en cada estado, cuando éstos asumieron dichas competencias por ley especial dictada por las respectivas Asambleas Legislativas. Hasta tanto ello no ocurriera, en cada estado, la Ley Orgánica dispuso que se mantendría vigente el régimen legal que existía en diciembre de 1989. (Párrafo único, artículo 11).

2. La autonomía política o territorial

Tal como se ha señalado, la mayor autonomía en la descentralización se da en la de carácter político–territorial, en particular, en el caso de la federación venezolana, en relación con los estados y municipios. En ellos, la autonomía territorial lleva implícita la autoformación, la autonomía tributaria, la autonomía política y la autonomía administrativa.

En la descentralización territorial, en efecto, toda vez que se trata de una descentralización política, existe un mayor grado de autonomía, la cual por lo demás se prevé en la Constitución, al consagrar en el artículo 159 que los estados son entidades autónomas e iguales en lo político; y, en el artículo 168, que los municipios constituyen la unidad primaria de la organización nacional, y gozan de autonomía aun cuando "dentro de los límites de esta Constitución y de la ley". Esto implica, en todo caso, que no hay control de tutela del poder central hacia los estados y municipios. En concreto, en relación con los municipios, el mismo artículo 168 de la Constitución, prevé que los actos de los municipios no pueden ser impugnados sino por ante los tribunales competentes, de conformidad con la Constitución y con la ley, que no son otros que los de la jurisdicción contencioso administrativa o de la jurisdicción constitucional. Por tanto, no pueden ser impugnados ante el Poder Ejecutivo Nacional.

Por lo tanto, el Poder Nacional no puede controlar a la administración político–territorial, salvo en la forma autorizada en la Constitución (vía judicial).

Ahora bien, en primer lugar, los entes territoriales tiene autonomía normativa, en el sentido de que por ejemplo en la federación venezolana, los estados pueden dictarse su propio ordenamiento jurídico, pues corresponde a los Consejos Legislativos respectivos

"Legislar sobre las materias de la competencia estadal" (artículo 162,1). En el campo municipal, los concejos municipales, como autoridad legislativa en los municipios (Art. 175) pueden dictar las Ordenanzas Municipales, es decir, dictar las leyes que van a regular la comunidad en el ámbito municipal, por supuesto, en las materias que son propias de la vida local. Estas están asignadas a los municipios dentro del sistema de descentralización propio del sistema federal.

Ahora bien, este sistema de distribución de competencias puede dar origen a conflictos entre la autoridad nacional, la autoridad estadal y la autoridad municipal, por invasión mutua de competencias. En particular, ha sido frecuente la invasión de los entes municipales en el campo tributario reservado al Poder Nacional, correspondiendo a la jurisdicción constitucional su solución, sea mediante el control de la constitucionalidad de las leyes y ordenanzas, sea mediante la resolución de las controversias constitucionales que se susciten entre los tres niveles de gobierno (Art. 336 de la Constitución).

En todo caso, la consecuencia de esa autonomía normativa es que los actos de los estados y municipios sólo pueden ser revisados, por la autoridad judicial y particularmente por los órganos de la jurisdicción constitucional (Sala Constitucional del Tribunal Supremo, Art. 336,2) y de la jurisdicción contencioso administrativa (artículos 259). Expresamente la Constitución dice en su artículo 168 que los actos de los municipios no pueden ser impugnados, sino por ante los órganos jurisdiccionales, de manera que no hay instancia de revisión alguna entre un acto municipal y las autoridades ejecutivas nacionales.

En segundo lugar, otro elemento de la autonomía propia de la descentralización territorial es la autonomía tributaria. En Venezuela, sin embargo, a nivel de los estados, ésta no está establecida expresamente, sino que deriva de las transferencias que haga el Poder Nacional conforme al artículo 167,5 de la Constitución.

En cuanto a los municipios, también gozan de autonomía tributaria conforme a la cual pueden crear impuestos y tienen sus ingresos propios dentro del ámbito de las competencias propias de la vida local. Esta autonomía tributaria da origen a una potestad tributaria propia de los municipios para crear impuestos a las actividades económicas (patentes de industria y comercio), a los inmuebles urbanos y a los espectáculos públicos, etc. (Art. 179, Constitución).

En todo caso, estados y municipios, en el ejercicio de la autonomía tributaria, están sometidos a las limitaciones establecidas en el artículo 183 de la Constitución.

En tercer lugar, la descentralización política conlleva la autonomía política que en el mismo caso de la federación venezolana, en los estados se manifiesta en el hecho de que sus autoridades deben ser electas, es decir, no son designadas por el nivel nacional. En cuanto a los legisladores miembros de los Consejos Legislativos, éstos siempre han sido elegidos por votación universal, secreta y directa (artículo 162 de la Constitución); y en cuanto a los gobernadores, a partir de 1989 han sido electos por votación popular, universal, directa y secreta conforme a la Ley de elección y remoción de los Gobernadores de Estado de 1988 (reformada en 1989), dictada en ejecución de lo previsto en el artículo 22 de la Constitución de 1961. El artículo 160 de la Constitución de 1999 en todo caso establece que los gobernadores son elegidos por mayoría de las personas que voten.

Por supuesto, los municipios tienen también autonomía política, porque el municipio elige sus propias autoridades, tanto a los alcaldes como a los concejales sin ninguna interferencia de poderes nacionales (Arts. 174, 175, Constitución). Por tanto, la descentralización territorial va acompañada de la descentralización política, ya que la entidad local tiene, no sólo autonomía y autoadministración, sino también, autogobierno. Puede elegir y elige, en efecto, sus propias autoridades.

Por último, en cuarto lugar, la descentralización territorial también implica autonomía administrativa, en el sentido de que, por ejemplo, los estados tienen dentro de sus competencias "la administración de sus bienes y la inversión y administración de sus recursos, incluso de los provenientes de transferencias, subvenciones o asignaciones especiales del poder Nacional, así como de aquellos que les asignen como participación en los tributos nacionales" (Art. 164, 3). Esta autonomía, sin embargo, está sometida constitucionalmente a limitaciones derivadas de la posibilidad para el legislador nacional de establecer por ley los principios, normas y procedimientos que propendan a garantizar el uso correcto y eficiente de los recursos provenientes del situado constitucional y de la participación municipal en el mismo (Art. 167,4); lo que ha estado regulado mediante el "Plan Coordinado de Inversiones" en la Ley Orgánica de Descentralización, Delimitación y Transferencia de Competencias del Poder Público de 1989; y de las potestades de control atribuidas a la Contraloría General de la República (artículo 289 de la Constitución).

Los municipios tienen, también, autonomía administrativa. Constitucionalmente tienen la libre gestión de los asuntos propios de la entidad, y esa libre gestión significa que no hay ni puede haber interferencia de entes nacionales en la Administración municipal, salvo por lo que respecta a la intervención de la Contraloría General de la República, por autorización de la propia Constitución (Art. 235, Constitución).

IV. LA DESCENTRALIZACIÓN POLÍTICA Y LA DEMOCRACIA

La descentralización política, sin duda, es la más importante manifestación de la democratización de los Estados contemporáneos, por supuesto no sólo a través del replanteamiento de los viejos esquemas federales, sino mediante fórmulas de regionalización política que en muchos casos han resultado más efectivas.

Como instrumento de distribución vertical del poder público y de las competencias estatales en el territorio, la descentralización política es en definitiva, el mecanismo institucional que puede hacer realidad la efectiva participación política de los ciudadanos en los asuntos públicos, más allá de la sola participación electoral.

Por ello, la participación política es un proceso que sólo se puede materializar en regímenes democráticos. No hay ni ha habido Estados autocráticos descentralizados, de manera que como regla general, los autoritarismos temen y rechazan tanto la descentralización política como la participación democrática, incluyendo los autoritarismos que tradicionalmente han gobernado en América latina bajo el ropaje del "centralismo democrático" de cualquier cuño que sea, incluso de orden partidista.

El tema, por otra parte, es de crucial importancia en el actual momento político latinoamericano, pues comienzan a sonar muchos cantos de sirenas autoritarios que para destruir la democracia, que siempre tiene que ser representativa, comienzan a vender una supuesta alternativa "democracia participativa", que en la práctica en realidad a la vez imposibilita la participación. Ello incluso ha confundido a muchos demócratas al intentar dar respuesta a las exigencias políticas crecientes de participación democrática, mediante el sólo establecimiento de soluciones de carácter refrendario o de iniciativas o consultas populares, que no agotan en absoluto la participación[225].

1. La democracia ante el discurso autoritario y la llamada "democracia participativa"

En efecto, si algo caracteriza la situación actual en América Latina es que ha comenzado a soplar como vendaval, un muy falaz discurso neoautoritario que supuestamente pretende sustituir la democracia representativa por una democracia participativa, como si se tratara de conceptos dicotómicos; y ello, contra lo que primero atenta es contra la propia democracia, contra la descentralización política y contra el desarrollo local.

Esta llamada "democracia participativa" en el discurso autoritario, en realidad no es la que podría permitir y asegurar una efectiva participación política del ciudadano en la conducción de los asuntos públicos más allá del ejercicio del derecho al sufragio, como sólo la descentralización y municipalización pueden lograr. En realidad, en ese discurso autoritario, la democracia participativa, de democracia sólo tiene el nombre, el cual es hábilmente utilizado por quienes se aprovechan de los fracasos políticos que han experimentado muchas de nuestras anquilosadas democracias meramente representativas y de partidos. Estamos en presencia de un engañoso slogan propagandístico, el cual, sin embargo, hay que reconocerlo, no deja de tener su atractivo.

Pero ese discurso, en realidad, lo que oculta es un feroz modelo de gobierno autoritario que creíamos superado en nuestro Continente, y que comienza ahora a aparecer con nuevo cuño, envuelto en ropa de camuflaje con pintas populares y de legalidad, apoyado incluso por masas empobrecidas que reciben dádivas, pero sin que se genere riqueza ni empleo. Hay un neo populismo rico o petrolero rampante en América Latina, que reparte para lograr apoyos populares, pero sin lograr disminuir la pobreza, y más bien la aumenta, destruyendo la institucionalidad democrática y económica existente.

El discurso de la "democracia participativa", sin duda, como lo hemos dicho, es atractivo. Todos, alguna vez hemos usado la expresión "democracia participativa" al criticar el funcionamiento de nuestras democracias, pero la verdad es que su uso político indiscriminado, la mayoría de las veces se hace sin que se sepa efectivamente de qué se trata y, en realidad, confundiendo indebidamente la democracia participativa con elementos de democracia directa o de asambleísmo popular inorgánico, que se tornan en una suerte de democracia plebiscitaria, esencialmente antidemocrática.

Otros en cambio, lo utilizan, pero con una clara y engañosa estrategia para acabar con la democracia como régimen político, paradójicamente alegando que hay que democratizarla aún más, explotando la popularidad de la noción que se origina en el malestar que ha derivado del ejercicio de la democracia representativa reducida al voto y al partidismo. Esta, entre otros aspectos, ha provocado la desconfianza que se ha venido manifestando en relación con los partidos políticos, que en lugar de intermediarios entre la sociedad y el Estado la verdad es que han mediatizado la voluntad de la primera; y

225 *V.* en general, Allan R. Brewer–Carías, "Democracia municipal, descentralización y desarrollo local", *Revista Iberoamericana de Administración Pública*, Nº 11, Ministerio de Administraciones Públicas. Madrid Julio Diciembre 2003–2004, pp. 11–34; y Allan R. Brewer–Carías, *Reflexiones sobre el constitucionalismo en América*, Editorial Jurídica Venezolana, Caracas 2003, pp. 41 y ss.

además, ha originado la desconfianza respecto del propio Estado, al haber éste quedado controlado por aquellos, y tener sus estructuras e instituciones demasiado lejos del ciudadano.

En medio de esta confusión, y de los discursos tanto democráticos como autoritarios que a la vez y al unísono desde sus propias trincheras, claman por la "democracia participativa", se hace necesario replantear la discusión sobre la democracia, la descentralización política y la participación, todo lo cual es por esencia contrario al autoritarismo; para tratar de situar el concepto de la democracia participativa donde le corresponde, que es precisamente en el ámbito de la descentralización política y particularmente en el ámbito local.

2. Sobre la democracia: la representación y la participación

Sin duda, los dos principios fundamentales de la democracia en el mundo contemporáneo siguen siendo la representación y la participación. La primera, la representación, si a algo se contrapone, sin duda es a la democracia directa: la dicotomía está, en este caso, entre la democracia representativa o indirecta, por una parte, y por la otra, la democracia directa[226].

El segundo principio, el de la participación, a la vez, si a algo se contrapone es a la exclusión política, no a la representación. La dicotomía está aquí entre democracia participativa o de inclusión y democracia de exclusión o exclusionista. Y esto es precisamente lo que no se tiene claro cuando se habla de democracia participativa como supuestamente "contrapuesta" a la democracia representativa: por una parte, desde la mismas trincheras democráticas, queriendo en realidad referirse, sin saberlo, a los mecanismos de democracia directa; y por la otra, desde las trincheras autoritarias, confundiendo los conceptos para propugnar la eliminación o minimización de la representatividad y buscar establecer una supuesta relación directa entre el líder y sus estructuras de poder y el pueblo, a través de los mecanismos institucionales del Estado dispuestos para hacer creer que se participa.

En cuanto a la democracia representativa o democracia indirecta, esta es y seguirá siendo de la esencia de la democracia. Su sustitución es imposible si de democracia se trata, sin perjuicio de que afortunadamente se haya venido enriqueciendo en las últimas décadas, precisamente, con la introducción en nuestros sistemas políticos de mecanismos de democracia directa que la complementan, pero que jamás podrán sustituirla. No puede existir en el mundo contemporáneo una democracia que sólo sea refrendaria o de cabildos abiertos permanentes; ni que en los términos contemporáneos, sólo sea una "democracia plebiscitaria", donde la representatividad y el pluralismo sean marginales.

En cuanto a la ilusión de la democracia directa, debe recordarse que incluso, ni siquiera en la antigua Grecia existieron realmente sistemas que sólo fueran de democracia directa, donde las decisiones supuestamente sólo se tomaban en asambleas, pues la conducción de los asuntos públicos realmente la hacían los magistrados, que si bien no eran siempre electos, si eran designados por sorteo.

Pero en todo caso, democracia directa y democracia representativa no son excluyentes. En la actualidad, y sin sustituir la representatividad, en casi todos los sistemas cons-

---

226 *V.* en general, Luis Aguiar de Luque, *Democracia directa y Estado Constitucional*, Editorial Revista de Derecho Privado, Edersa, Madrid 1977.

titucionales contemporáneos se han incorporado mecanismos de consultas populares y de asambleas de ciudadanos con el objeto de complementar la democracia representativa. Además, todos los tipos imaginable de referendos, como los consultivos, los aprobatorios, los decisorios, los abrogatorios, los autorizatorios y los revocatorios, se han ensayado; al igual que se han regulado las iniciativas y consultas populares. Todo ello, sin duda, ha contribuido a la movilización popular y a la relativa manifestación directa de voluntad del pueblo; pero es claro que esos mecanismos no pueden sustituir a la democracia conducida por representantes electos. Lo importante en este aspecto, es asegurar que dichos representantes sean realmente representativos de las sociedades y sus comunidades, y sean elegidos mediante sistemas de sufragio directo, universal y secreto donde impere el pluralismo político, y a través de procesos electorales transparentes que aseguren el acceso al poder con sujeción al Estado de derecho, tal como lo establece la *Carta Democrática Interamericana* de 2001 de la Organización de Estados Americanos.

Pero sin duda, más interés contemporáneo tiene el segundo principio básico de la democracia, el de la participación política, que exige que el régimen democrático sea uno de inclusión política, donde el ciudadano sea parte de su comunidad política, y pueda contribuir a toma de las decisiones que le conciernen.

Hay que situar el concepto en su lugar, pues participar en realidad es estar incluido, por lo que la dicotomía en relación con la participación no es con la representatividad como contrapuesta a democracia directa. La dicotomía en este caso de la participación política con lo que se establece es con la exclusión política, que además conlleva la de orden social y económico, y con ello la marginalización.

Lamentablemente, sin embargo, en la doctrina política democrática, con demasiada frecuencia se confunden los conceptos, y cuando se habla de democracia participativa se la confunde con los mecanismos de democracia directa contraponiéndosela con la democracia representativa, y se la reduce, por ejemplo, a las iniciativas legislativas, consultas populares, cabildos abiertos y referendos[227]. Sin embargo, la democracia participativa es mucho más que eso y por supuesto no excluye la representatividad.

Participar, en efecto, en el lenguaje común, es ser parte de…; es pertenecer a…, es incorporarse, contribuir, estar asociado o comprometerse a…; es tener un rol en…, es tomar parte activa, estar envuelto o tener una mano en…; es en fin, asociarse con…, es compartir o tener algo que ver con...[228] Por ello, la participación política no es otra cosa que ser parte de una comunidad política, en la cual el individuo tiene un rol específico de carácter activo conforme al cual contribuye a la toma de decisiones, y que no se puede agotar, por ejemplo, en el sólo ejercicio del derecho al sufragio (que sin duda es una forma mínima de participación); o en ser miembro de sociedades intermedias, aún las de carácter político como los partidos políticos; o en votar en referendos (que también es otra forma mínima de participación).

Participación política democrática, por tanto, es estar incluido en el proceso político y ser parte activa del mismo, sin mediatizaciones; es en fin, poder tener acceso a la toma de decisiones públicas. Y ello, en ninguna sociedad democrática se ha logrado permanentemente con referendos o cabildos abiertos y menos cuando resultan estar controla-

---

227 *V.* Humberto Njaim, *La democracia participativa*, discurso de incorporación como Individuo de Número de la Academia de Ciencias Políticas y Sociales, Caracas, marzo 2005

228 *Diccionario de la real Academia Española de la Lengua.*

dos desde el centro del poder. Estos también son formas de participación, pero de carácter mínimo. Tampoco se logra con manifestaciones así sean multitudinarias, donde la gente desfila blandiendo banderitas, criticando acerbamente o cantando o alabando obediente y sumisamente a un líder. Eso no es participación política; eso no es más que manifestación política, que es otra cosa. Esa, la historia se ha encargado de enseñárnosla en todas sus facetas, incluyendo las propias de los autoritarismos fascistas. Incluso las manifestaciones pueden ser poco amistosas, de protesta, a veces furiosas y violentas. Pero lo que es cierto es que no se la puede confundir con participación política.

La democracia participativa, o si se quiere, para que la democracia participativa, es decir, sea inclusiva o de inclusión, tiene que permitir que el ciudadano pueda ser parte efectivamente de su comunidad política; tiene que permitirle desarrollar incluso conciencia de su efectiva pertenencia, es decir, de pertenecer a un determinado orden social y político, por ejemplo, a una comunidad; a un lugar; a una tierra; a un campo; a una comarca; a un pueblo; a una región; a una ciudad; en fin, a un Estado.

Se trata de lo que Norberto Bobbio denominó "el proceso de expansión del poder ascendente", que amplía de la esfera de las relaciones políticas, y que pasa –decía–

> "de la esfera de las relaciones en que el individuo es tomado en consideración en su papel de ciudadano, a la esfera de las relaciones sociales, donde el individuo es tomado en consideración en una diversidad de estatus y papeles específicos, por ejemplo, como padre y como hijo, como cónyuge, como empresario y trabajador, como maestro y como estudiante; y también como oficial y como soldado, como administrador y administrado, como productor y como consumidor, como gestor de servicios públicos y como usuario"[229].

Pero por supuesto, el tema central a resolver cuando se trata de la participación democrática, es determinar cómo y en qué lugar la misma puede realizarse. Como por su parte lo advirtió Giovanni Sartori:

> "O el autor de la democracia participativa se decide a clarificar positivamente dónde está lo que corresponde a cuál participación (de cuál naturaleza) y en cuáles lugares (en todas partes?); o nos quedamos con un animal que no logró identificar".

Sobre ello, agregaba, "mucho ruido, es cierto, también mucha polémica furiosa; pero queda la duda de que haya nacido algo nuevo"[230].

3. La participación como esencia histórica de la democracia

La verdad, sin embargo, es que la democracia participativa no es nada nuevo; ha estado siempre, desde los mismos días de las Revoluciones del Siglo XIX en muchos países hoy con democracias consolidadas; y ha estado allí, en el nivel más ínfimo de los territorios de los Estados, en las Asambleas locales, en los Municipios, en las Comunas. Lo que pasa es que no la hemos querido reconocer, e insistimos en confundirla con algunos instrumentos de democracia directa.

Por ello, el gran problema de la democracia contemporánea, y particularmente el problema de sus líderes y conductores, comenzando por los de los partidos políticos, es que a veces no entienden o mejor, no han querido entender qué es, efectivamente, participar en política, y dónde es que se puede realmente participar. Así, en el ámbito de los demócratas, con gran frecuencia la hemos reducido al ejercicio político del voto, de

229 Norberto Bobbio, *El futuro de la democracia*, Fondo de Cultura Económica, México 1992, p. 42.
230 Giovanni Sartori, *¿Que es democracia?*, Altamira Editores, Bogotá, 1994.

elegir o de ser miembro de partidos políticos; y es que toda participación, sin duda, complica el control férreo que los partidos políticos han desarrollado respecto del proceso político, y complica también, evidentemente, el control que ejercen los regímenes autoritarios. No olvidemos que muchas democracias contemporáneas han funcionado conforme al principio del centralismo democrático el cual también sirvió, en su momento, a las democracias que en 1989 desaparecieron con la caída del muro de Berlín.

En el ámbito de los neoautoritarismos, por otra parte, donde con frecuencia se blande la bandera de una supuesta "democracia participativa" para rechazan la democracia representativa, en realidad no se concibe otra forma de "participación" que no sea la que deriva de la relación directa entre líder y pueblo, signada por la ordenes y consignas del primero y la obediencia y sumisión del segundo; o la que deriva de un "hacer ver que se participa" en asambleas populares no representativas, controladas desde el centro del poder, y que muchas veces se establecen en paralelo a los gobiernos locales que a la vez resultan ahogados. Eso, por supuesto, tampoco es participación política; es un engaño y una sustitución autocrática de la voluntad popular.

Por su parte, los líderes de los partidos políticos, con harta frecuencia, han concebido la participación política como un monopolio de ellos mismos, que por ello han adquirido un supuesto derecho de mediatizar totalmente la voluntad popular, sustituyéndola y apoderándose de ella, y excluyendo de la vida política a quienes no son miembros de los mismos.

En las sociedades democráticas avanzadas, en cambio, la participación está en la corriente sanguínea de la propia democracia, y por ello, incluso quienes la ejercen y la viven cotidianamente no se dan cuenta de ella; no le prestan atención, y por ello a veces no se la logra identificar. Ello sucede en las democracias europeas, en las cuales el término "democracia participativa" ni siquiera es tema de discusión, pues esas democracias son por esencia democracias inclusivas. Por supuesto, en ellas se piensa que ello es así, naturalmente, cuando no es cierto.

No olvidemos que ello lo descubrió precisamente para Europa desde comienzos del siglo XIX (1835), Alexis de Tocqueville, con su libro *La Democracia en América*, cuando precisamente se topó con el régimen de gobierno local asambleario que funcionaba desparramado en todo el territorio de las colonias inglesas en la costa este de Norteamérica; democracia que hervía en los *Town Halls*[231]. Esas instituciones comunales, decía De Tocqueville,

> "son a la libertad lo que las escuelas vienen a ser a la ciencia; la ponen al alcance del pueblo, le hacen paladear su uso político y lo habitúan a servirse de ella"[232].

Y en Europa misma, esa democracia local fue uno de los productos más acabados y a veces incomprendidos de la propia Revolución Francesa[233],, la cual sin embargo, también fue advertido por el propio de Tocqueville en su otra clásica obra sobre *El Antiguo Régimen y la Revolución*, escrita veinte años después. Decía:

---

231 Alexis de Tocqueville, *La democracia en América*, Fondo de Cultura Económica, México 1973, pp. 79 y ss.

232 *Idem*. p. 78.

233 Allan R. Brewer–Carías, *Reflexiones sobre la Revolución Americana (1776) y la Revolución Francesa (1789) y sus aportes al constitucionalismo moderno*, Editorial Jurídica Venezolana, Caracas 1992; y Allan R. Brewer–Carías, "El paralelismo entre el constitucionalismo venezolano y el constitucionalismo de Cádiz (o de cómo el de Cádiz no influyó en el venezolano)"en *La Constitución de Cádiz. Hacia los orígenes del constitucionalismo iberoamericano y latino*, Unión Latina, Universidad Católica Andrés bello, Caracas, 2004, pp. 223–333.

"La administración local tiene un contacto diario con [los ciudadanos]; toca continuamente sus puntos más sensibles; influye en todos los pequeños intereses que forman el gran interés que se pone en la vida; es el objeto principal de sus temores y también el de sus esperanzas más queridas; los mantiene vinculados a ella por una infinidad de lazos invisibles que los arrastran sin que se den cuenta"[234].

Y en efecto, dejando aparte y sin sustituir al sufragio y a los instrumentos de democracia directa, la participación política como democracia de inclusión en la cual el ciudadano puede tomar parte personalmente en un proceso decisorio, interviniendo en actividades estatales y en función del interés general[235], sólo puede tener lugar efectivamente en los estamentos territoriales más reducidos, en el nivel local, comunal o municipal. Es decir, sólo en los niveles territoriales inferiores de la organización del Estado es que se puede montar una organización participativa que permita la incorporación del ciudadano individual, o en grupos o en comunidades, en la vida pública, y particularmente, en la toma de decisiones públicas generales o de orden administrativo.

Como lo señaló el profesor de derecho administrativo, ex Alcalde de Bogotá, Jaime Castro:

"La democracia moderna no se concibe sin audaces formas de participación ciudadana y comunitaria en el ejercicio del poder a nivel local y regional. Sin la garantía de que todas y todos pueden y deben participar en la preparación de las decisiones que se piensen tomar sobre temas de interés general, en su adopción y ejecución, esto último mediante el control que realicen sobre la gestión de las autoridades y los particulares que ejerzan funciones públicas. Sólo esas formas democráticas de participación le cambian la cara a las instituciones y permiten hablar de un nuevo régimen político"[236].

Pero por supuesto, el tema central que tiene que resolverse cuando se habla con propiedad de democracia participativa, es el de la determinación del nivel territorial que se requiere para la participación como cotidianeidad democrática, y la opción está entre el municipio desparramado en todos los rincones de un Estado, en cada villa, pueblo y caserío, situado bien cerca del ciudadano; o el gran municipio urbano o rural, situado al contrario bien lejos del ciudadano.

V. LA PARTICIPACIÓN POLÍTICA Y EL RÉGIMEN MUNICIPAL

Lo cierto, en definitiva, es que en la mayoría de los llamados países desarrollados democráticos, donde la democracia es representativa y permanentemente participativa,

234 Alexis de Tocqueville, *El Antiguo Régimen y la Revolución*, Alianza Editorial, Tomo I, Madrid 1982, p. 15.

235 *V.* por ejemplo, en relación con la administración de justicia, Alberto González, "Participación en la Administración de Justicia" en Jorge Londoño U. (Compilador), *Constitucionalismo, participación y democracia*, Librería Jurídica Ethos, Uniboyacá, Bogotá–Tunja, 1997, pp. 76–77.

236 Jaime Castro, *La cuestión territorial*, Editorial Oveja Negra, Bogotá 2003, pp. 201–202. Por ello, cabría preguntarse ¿Por qué será entonces, que en un excelente libro reciente sobre *Las democracias. Entre el Derecho Constitucional y la Política*, de los profesores Olivier Duhamel y Manuel José Cepeda Espinosa en sus más de 400 páginas donde los autores analizan los regímenes democráticos contemporáneos de Europa y América Latina, en la única página en la cual se habla y se usa la expresión de "democracia de participación" es en relación con el sistema suizo? *V.* Olivier Duhamel y Manuel José Cepeda Espinosa, *Las Democracias. Entre el Derecho Constitucional y la Política*, TM Editores. Universidad de los Andes. Facultad de Derecho, Bogotá, 1997, p. 56. Acaso el régimen constitucional de Suiza, entre otros factores por la superficie incluso del país, no es el paradigma del federalismo y del régimen local o cantonal?

la participación política cotidiana ocurre por la existencia de muchos municipios, y entre ellos, de municipios pequeños. Por ejemplo, en Alemania, por ejemplo, de sus 16.098 municipios, un 76% tiene menos de 5.000 habitantes; y en España, alrededor del 86% de sus más de 8.056 municipios, tienen menos de 5.000 habitantes, agrupando sólo el 16% de la población, y el 61% tiene menos de 1.000 habitantes[237]. Debe destacarse además, como un ejemplo de lo que significa para un país tener territorialmente muchos pequeños municipios, el caso de la sola Comunidad de Castilla y León de España, que alberga algo más de un cuarto del total de los Municipios de ese país, con 2.248 municipios para 2,484.603 habitantes, de los cuales el 68,5 %, es decir, 1.540 municipios tienen menos de 500 habitantes[238]. En contraste, por ejemplo, en Venezuela, con casi un millón de kilómetros cuadrados de territorio, y más de 24 millones de habitantes, sólo hay 338 Municipios, con un promedio de población superior a los 70.000 habitantes.

1. El contraste constitucional del Municipio en Europa y en América Latina y su tronco común en: la Revolución Francesa

Por ello, en esta situación es donde precisamente está el contraste más espectacular que existe en el constitucionalismo moderno, entre el régimen municipal europeo y, en particular de España, y el régimen municipal de los países latinoamericano. Ambos fueron tributarios de los mismos postulados centrales que derivaron de la Revolución Francesa, pero la enorme diferencia entre ellos fue que desde comienzos del siglo XIX en Europa, el Municipio se ubicó en cuanta aldea, pueblo, villas y ciudad existía, bien cerca del ciudadano; y en cambio, en América Latina, el Municipio colonial que traspasó las batallas de la Independencia, continuó ubicado tal como se lo había creado, al nivel territorial de las bien extensas antiguas Provincias coloniales, bien lejos del ciudadano. En los primeros, la participación política es tan cotidiana en las cosas pequeñas que es imperceptible; en los segundos, simplemente no hay participación alguna o hay muy poca.

Pero a pesar de las diferencias, como decía, los municipios de España y Latinoamérica, como casi todas las instituciones de derecho público, tienen un tronco común en los principios del constitucionalismo moderno derivados de las revoluciones norteamericana y francesa[239], que sustituyeron al Estado absoluto y que originaron la concepción del Estado de derecho. En ambos lados del Atlántico tomaron raíces al mismo tiempo, a partir de la finalización de las respectivas guerras de independencia, y siguieron cursos paralelos. Entre esos principios por supuesto estaba el principio de la igualdad, la madre de todos los principios del Estado moderno, en el cual la igualdad ante la ley tiene primacía, de manera que lo que nos hace iguales a los hombres es el sometimiento a la ley. Es el origen mismo de la Administración Pública, que como lo analizó magistralmente

---

237 *V.* Thorsten Sagawe, "La situación de los pequeños municipios en Europa: con especial referencia a la República Federal de Alemania", en Luis Villar Borda et al, *Problemática de los pequeños Municipios en Colombia ¿Supresión o reforma?*, Universidad Externado de Colombia, Bogotá 2003, p. 40.

238 *Informe sobre el Gobierno Local,* Ministerio para las Administraciones Públicas. Fundación Carles Pi i Sunyer dÉtudis Autonòmics y Locals, Madrid 1992, p. 27.

239 Allan R. Brewer–Carías, *Reflexiones sobre la Revolución Americana (1776) y la Revolución Francesa (1789) y sus aportes al constitucionalismo moderno,* Editorial Jurídica Venezolana, Caracas 1992; y Allan R. Brewer–Carías, "El paralelismo entre el constitucionalismo venezolano y el constitucionalismo de Cádiz (o de cómo el de Cádiz no influyó en el venezolano)" en *La Constitución de Cádiz. Hacia los orígenes del constitucionalismo iberoamericano y latino,* Unión Latina, Universidad Católica Andrés bello, caracas, 2004, pp. 223–333.

hace décadas Eduardo García de Enterría, al estar sometida a la ley, es igual para todos sin privilegios y sin sociedades intermedias estamentales o poderes secundarios, a los cuales precisamente sustituyó tanto la estructura de la Administración centralizada como local para garantizar la libertad y la misma igualdad[240]. La creación de Municipios uniformes en todo el territorio de Francia, por tanto, condujo a la sustitución definitiva de las cartas, fueros y privilegios locales. Como lo observó De Tocqueville", como producto de la Revolución: "Las instituciones deben ser las mismas para todas las partes del territorio y para todos los hombres que los habitan"'[241].

Pero hay que recordar que las reformas del régimen municipal en Francia incluso precedieron la Revolución, con la creación antes de 1787, a iniciativa de los Ministros de Luis XVI, de las asambleas provinciales junto al Intendente, y en cada pueblo, de un cuerpo municipal electivo que sustituiría a las antiguas asambleas parroquiales, y en la mayoría de los casos, al síndico. Contrario a las costumbres que existían, todos los poderes que se pretendieron crear fueron colectivos, y el intendente fue disminuido en su poder. Todo ello condujo a la parálisis de la administración, y, como lo apuntó De Tocqueville, "Las asambleas, queriendo mejorarlo todo, acabaron por enredarlo todo", produciéndose entonces "una de las mayores perturbaciones que haya registrado jamás la historia de un gran pueblo", en la cual "Cada francés había experimentado una confusión particular. Nadie sabía ya ni a quien obedecer, ni a quién dirigirse"; y terminaba señalando De Tocqueville, que "Perdido el equilibrio de las partes que componían la Nación, un último golpe bastó para hacerla oscilar y producir el más vasto trastorno y la más espantosa confusión que hayan tenido lugar jamás[242].

La Revolución quiso poner fin a esta situación, y en el mismo año de 1789, la Asamblea Nacional Constituyente definió un nuevo orden municipal uniforme, fragmentado, generalizado y de carácter electivo; el cual en definitiva, si bien complicó aún más la situación de la Administración, puso las bases para el régimen municipal del constitucionalismo moderno. Comenzó el 4 de agosto de 1789, con un Decreto que declaró irrevocablemente abolidos "todos los privilegios particulares de provincias, principados, cantones, ciudades y comunidades de habitantes, sean pecuniarios o de cualquier otra naturaleza"[243]; y al mismo lo siguieron los Decretos de 14 y 22 de diciembre del mismo año 1789. En el primero se dispuso la supresión y abolición que "las Municipalidades existentes en cada villa, burgo, parroquia o comunidad", con las denominaciones que tuvieren, y se agregó que serían sustituidas por "colectividades locales del reino" tanto en las ciudades como en el campo, con la misma naturaleza y situadas en el mismo plano constitucional, con el nombre común de municipalidad, que tendían en su cabeza al alcalde.

En el segundo Decreto se dividió el territorio francés de manera uniforme en departamentos, distritos y cantones, suprimiéndose los intendentes, y además se dispuso que "en cada villa, burgo, parroquia y comunidad del campo habrá una municipalidad"[244]. De ello resultó que en 1791, en la Francia revolucionaria había 43.915 municipios, que

240 Eduardo García de Enterría, *Revolución Francesa y administración contemporánea*, Taurus Ediciones, Madrid 1981, pp. 17, 41, 43, 46, 49, 50, 56.

241 Alexis de Tocqueville, *El Antiguo Régimen y la Revolución*, Alianza Editorial, Tomo II, Madrid 1982, pp. 99, 201

242 *Idem.*, p. 197

243 Luciano Vandelli, *El Poder Local. Su origen en la Francia revolucionaria y su futuro en la Europa de las regiones*, Ministerio para las Administraciones Públicas, Madrid 1992, p. 28, nota 10.

244 Albert Soboul, *La révolution française*, Gallimard, París 1981, pp. 198 y ss.

comenzaron a llamarse comunas. Estas entidades municipales, además de las funciones propias de la Administración general que les podían ser delegadas, ejercían el "poder municipal", concepto que venía de los escritos de Benjamín Constant y de las propuestas de reforma del ministro Turgot (1775)[245], y que luego se arraigaría en el constitucionalismo latinoamericano[246].

Con esta división territorial, como lo percibió Burke en tiempos de la Revolución: "Es la primera vez que se ve a los hombres hacer pedazos su patria de una manera tan bárbara"; pero De Tocqueville acotaría años después, que en realidad, si bien "Parecía, en efecto que se desagarraban cuerpos vivos, ... lo único que se hacía era despedazar cuerpos muertos"[247]. Sin embargo, lo cierto es que el sistema produjo la disolución del Estado al haber estallado Francia en cuarenta mil pedazos, cada uno con una especie de república soberana y anárquica que no tenían nexo alguno con el poder central en construcción.

2. De la anarquía a la organización piramidal del poder (el control de tutela)

De tal anarquía vinieron las reformas para tratar de controlar la acción municipal desde el poder central, como por ejemplo, al atribuírsele en la Constitución de 1791 poderes anulatorios al Rey, respecto de los actos municipales; al crearse en la Ley del 14 de frimario del año II (4 de diciembre de 1793) unos agentes nacionales directamente conectados al centro (Paris) para ejercer la vigilancia sobre los municipios; y además, al pretender reducir el número de comunas en la Constitución del año III (5 fructuoso, 22 de agosto de 1795), reagrupándoselas en entidades locales, y estableciendo la subordinación de las comunas a las Administraciones departamentales, y estas a los Ministros.

Pero el torbellino revolucionario que no había cesado, comenzó a producir su propia transformación con el golpe de Estado del 18 de brumario del año VIII (9 de noviembre de 1799), a raíz del cual Napoleón reimplantará la centralización que se había establecido en el Antiguo Régimen y que había quedado destrozada con la Revolución. Se estableció, así, un esquema de control centralizado sobre las más de 40.000 comunas que fueron restablecidas, creándose un sistema escalonado y jerarquizado de control sobre las mismas, donde serían esenciales las figuras del prefecto y subprefecto dependientes del poder central y controlando a los alcaldes, establecidos en la Ley de 28 pluvioso del año VIII (17 de febrero de 1800)[248].

La centralización administrativa por el establecimiento de esa rígida cadena institucional que unía: Ministro, Prefecto, Subprefecto y Alcalde, y que dio origen al llamado

---

245 Eduardo García de Enterría, *Revolución Francesa y Administración contemporánea*, Taurus Ediciones, Madrid 1981, pp. 72, 76, 135.

246 En Venezuela, por ejemplo, aparece a partir de la Constitución de 1857, artículos 6 y 85. *V.* en Allan R. Brewer–Carías, *Las Constituciones de Venezuela*, Biblioteca de la Academia de Ciencias Políticas y Sociales, Caracas 1997, pp. 467 y 475.

247 Alexis de Tocqueville, *El Antiguo Régimen y la Revolución*, Alianza Editorial, Tomo I, Madrid 1982, p. 107.

248 *V.* Luciano Vandelli, *El Poder Local. Su origen en la Francia revolucionaria y su futuro en la Europa de las regiones*, Ministerio para las Administraciones Públicas, Madrid 1992, pp. 29 y ss.; Eduardo García de Enterría, *Revolución Francesa y Administración contemporánea*, Taurus Ediciones, Madrid 1981, pp. 107 y ss.; Sandra Morelli, *La Revolución Francesa y la Administración Territorial en Colombia, perspectivas comparadas*, Universidad Externado de Colombia, 1991, pp. 31 y ss.

control de tutela, sin duda, fue uno de los aportes más importantes a la Administración municipal y local, y a la propia construcción del Estado centralizado. Como lo diría el Presidente François Mitterrand, casi doscientos años después, al proponer la reforma descentralizadora de 1981: "Francia tuvo que acudir a un poder fuerte y centralizado para hacerse. Hoy necesita un poder descentralizado para no deshacerse[249]. Esta, entre tantas, fue precisamente una de las motivaciones de la sanción de la conocida Ley francesa de Libertad de las Comunas de 1982[250].

3. Los principios del régimen municipal napoleónico y su travesía atlántica

Tres principios configuraron el régimen municipal napoleónico: *primero,* el principio de la creación de un municipio por cada colectividad local –aún de dimensiones mínimas– abarcando desde el pequeño pueblo rural hasta el gran centro urbano; *segundo*, el principio de la uniformidad e igualdad formal del régimen de los municipios a pesar de la diversidad territorial, geográfica y demográfica de los mismos a lo largo y ancho de los territorios estatales; y *tercero*, las reglas generales de funcionamiento de la tutela, como instrumento de control sobre las entidades locales. Todo ello configuró un modelo de régimen municipal, sin duda que se extendió por toda Europa[251].

Hacia Latinoamérica, sin embargo, sólo hicieron la travesía del Atlántico algunos aspectos del régimen de municipalización uniforme, pero ni el primero ni el último de los principios, es decir, el de la generalización de colectividades locales en el territorio y el del control de tutela, llegaron a nuestras costas; y al contrario, desde el inicio del Siglo XIX, no sólo el municipio se ubicó en niveles territoriales muy alejados de los pueblos sino que además, se implantó el principio de la autonomía municipal.

A. El principio de la multiplicidad de municipios en Europa y en particular en España

En cuanto al primer aspecto que es el que nos interesa destacar aquí, el de la creación de un municipio por cada colectividad local que existiera en un territorio, con la consecuente fragmentación territorial, puede decirse que el mismo si dejó su impronta en toda Europa; y por ello, por ejemplo, en los años setenta, todavía existían 2.539 Municipios en Bélgica, con una población promedio de 3.600 habitantes, los cuales después de la paradigmática operación quirúrgica realizada en el mapa municipal en 1972, hayan sido reducidos a 589 municipios, ahora con una población promedio de 16.900 habitantes por municipio. En Alemania Occidental aunque antes de la unificación, de los más de 24.000 municipios que existían, entre 1968 y 1980 habían quedado reducidos a 8.357.[252]; actualmente existen 16.121 Municipios, con un promedio de 5.086 habitantes.

---

249 Citado por Jaime Castro, *La cuestión territorial*, Editorial Oveja Negra, Bogotá 2003, p. 26.

250 Sobre la aplicación de la Ley del 2 de marzo de 1982, véase en general, André Terrazzoni, *La décentralisation a l'épreuve des faits*, LGDJ, Paris 1987

251 Luciano Vandelli, *El Poder Local. Su origen en la Francia revolucionaria y su futuro en la Europa de las regiones*, Ministerio para las Administraciones Públicas, Madrid 1992, pp. 153 y ss.

252 Thorsten Sagawe, "La situación de los pequeños municipios en Europa: con especial referencia a la República Federal de Alemania", en Luís Villar Borda et al, *Problemática de los pequeños Municipios en Colombia ¿Supresión o reforma?*, Universidad Externado de Colombia, Bogotá 2003, pp. 42–43.

En Italia hay 8.104 municipios con un promedio de 7.156 habitantes; y en Suiza hay 3.000 cantones con 2.333 habitantes promedio[253].

En España, la influencia francesa en este aspecto también fue decisiva, por lo que la Constitución de Cádiz de 1812, en efecto, dispondría en su artículo 310 que "Se pondrá Ayuntamiento en los pueblos que no lo tengan, y en que convenga le haya, no pudiendo dejar de haberle en los que por sí o con su comarca lleguen a mil almas, y también se les señalará término correspondiente"; correspondiéndole a los Ayuntamientos, sin embargo, desempeñar sus encargos bajo la inspección de las diputaciones provinciales (Art. 323). Todo el territorio español se sembró así también de municipios todo el territorio español, y ello explica los 9.245 Municipios que Cirilo Martín Retortillo reseñaba en la edición de su recordado libro sobre *El Municipio Rural*[254], de 1950; cifra que ha pasado a los 8.056 municipios actuales, con un promedio de población de 4.825 habitantes. El Municipio que derivó de la influencia francesa, sustituyó así lo que quedaba del municipio de arraigo medieval, con sus fueros, privilegios y cartas–pueblas, particularmente en Castilla y León, con raíces en el proceso de la Reconquista. Esos fueron, a pesar de su progresivo control por la Corona a partir del Siglo XVI, por su arraigo en las ciudades los que condujeron la guerra de Independencia contra la invasión napoleónica. El precio que pagaron por ello, en todo caso, en nombre de la igualdad, fue su uniformización y su multiplicación territorial.

B. El régimen municipal colonial en Latinoamérica: los cabildos provinciales

El Latinoamérica, el municipio colonial también fue el factor fundamental del proceso de Independencia frente a España, de manera que sin lugar a dudas se puede afirmar que a también a comienzos del siglo XIX, la Independencia americana la hicieron los Cabildos, de manera que el Municipio, "fue la raíz de la República"[255]. Ese Municipio también fue radicalmente transformado con el republicanismo constitucional, en forma paralela a la transformación que se estaba operando en la Península, al punto de que por ejemplo se puede leer en la "Constitución para el gobierno y administración de la provincia de Caracas" de enero de 1812, que formaba parte de la Confederación de los Estados de Venezuela creada conforme a la Constitución de diciembre de 1811 (ambas promulgadas antes que lo fuera la Constitución de Cádiz de marzo de 1812); se puede leer, –decía–, sobre la división del territorio de la Provincia, uniformemente, en Departamentos, Cantones y Distritos, debiendo tener estos últimos un territorio con aproximadamente 10.000 habitantes[256].

En las capitales de Distrito se establecieron Municipalidades, así como en muchos de los pueblos entonces existentes, denominándose estas pequeñas Municipalidades como villas. La Municipalidad, se concibió, así, inicialmente más como una corporación local electa conforme al principio representativo para la atención de los intereses de la comu-

253 *V.* Luciano Vandelli, *El Poder Local. Su origen en la Francia revolucionaria y su futuro en la Europa de las regiones*, Ministerio para las Administraciones Públicas, Madrid 1992, pp. 179; Allan R. Brewer–Carías, *Reflexiones sobre el constitucionalismo en América*, Editorial Jurídica Venezolana, Caracas 2001, pp. 139 y ss.

254 *V.* Cirilo Martín Retortillo, *El Municipio Rural*, Bosch, Casa Editorial, Barcelona 1950, p. 139.

255 *V.* Joaquín Gabaldón Márquez, *El Municipio, raíz de la República*, Academia Nacional de la Historia, Caracas 1977.

256 Allan R. Brewer–Carías, "La formación del Estado venezolano", en *Revista Paramillo*, N° 14, Universidad Católica del Táchira, San Cristóbal 1996, pp. 290 y ss.

nidad, que una división uniforme del territorio; por lo que con frecuencia tenían jurisdicción sobre otros pueblos y parroquias[257].

La uniformización territorial municipal fue posterior y paulatinamente arraigándose durante el Siglo XIX en todos los países latinoamericanos, pudiendo decirse que el municipio que en Latinoamérica también derivó, en cierta forma de la influencia de la revolución francesa además de la norteamericana, y luego, por supuesto la española de Cádiz. Se sustituyó así al Municipio colonial indiano, el cual, por lo demás era distinto del que en la época colonial funcionaba en España, pues como bien sabemos, la mayoría de las instituciones americanas antes de la Independencia, fueron concebido por España especialmente para América o se desarrollaron en el Continente americano en forma distinta a la de España. Ello ocurrió en cierta forma con los Cabildos, que en el mismo momento en que su poder y autonomía era pulverizada por Carlos V en campo de Villamar, al poner fin a la rebelión de los Comuneros de esta tierra castellana, florecieron en América a partir del inicio mismo del poblamiento en lo que se ha denominado una "adaptación regresiva de las instituciones coloniales"[258].

Los Cabildos americanos en la época colonial, como Cabildos provinciales, con la gran descentralización de que gozaron derivada de la distancia (Recordemos la extraordinaria máxima administrativa colonial: "Se acata pero no se cumple"), incluso tenían poder para designar a los gobernadores en forma interina. Ese privilegio lo reclamaron los cabildantes en Santa Ana de Coro, la primera ciudad fundada en la Provincia de Venezuela en 1528 a la muerte del Gobernador Ambrosio Alfinger en 1533, y fue ejercida sucesivamente por los Cabildos provinciales durante todo el período colonial, confirmada por Real Cédula 1560 y luego por otra Real Cédula de 1676[259]. No es de extrañar, entonces, porqué fueron los Cabildos coloniales los que hicieron la Independencia.

C. El municipio republicano en América hispana alejado del ciudadano

El municipio republicano latinoamericano, por otra parte, desarrolló características propias: como dijimos, en nuestros países se adoptó el uniformismo napoleónico en cuanto a la organización y funcionamiento de las corporaciones locales, pero los otros dos principios que derivaron de la revolución francesa y sus correcciones napoleónicas puede decirse que no se siguieron. Por una parte, en América no se arraigó la institución del control de tutela derivada de la centralización napoleónica, y en cambio si germinaron los conceptos del "poder municipal" y de la "autonomía municipal", al punto de haber adquirido por ejemplo, rango constitucional a partir de 1857, por ejemplo, en la Constitución de Venezuela de ese año al disponer en su artículo 6° que "El Poder público se divide para su administración en Legislativo, Ejecutivo, Judicial y Municipal",

---

257 *V.* el texto de la Constitución provincial de la Provincia de Caracas, en *Las Constituciones Provinciales*, Biblioteca de la Academia Nacional de la Historia, Caracas, 1959, pp. 77 y ss.

258 Laureano Vallenilla Lanz, *Disgregación e Integración, Ensayo sobre la formación de la nacionalidad venezolana,* Segunda edición, Caracas 1953, *cit.* por Joaquín Gabaldón Márquez, *El Municipio, raíz de la República,* Caracas 1977, p. 66. La obra de Laureano Vallenilla Lanz puede consultarse en Laureano Vallenilla Lanz, *Obras Completas*, Tomo II, (Recopilación de Federico Brito Figueroa y Nikita Harwich Vallenilla), Centro de Investigaciones Históricas, Universidad Santa María, Caracas 1984

259 El privilegio sólo lo perdieron los Cabildos a partir de 1737. Véase Joaquín Gabaldón Márquez, *El Municipio, raíz de la República*, Caracas 1977, pp. 73–110; 125–169

dedicando entonces un Título a regular dicho "Poder Municipal"[260], cuyo contenido relativo a los asuntos propios de la vida local no era distinto al del Decreto de la Asamblea Constituyente en Francia, de diciembre de 1789.

El otro principio, el de la creación de un municipio por cada colectividad local, es decir, por cada caserío, por cada pueblo, por cada villa o ciudad, tampoco se siguió en América, y de los viejos Municipios provinciales coloniales con territorios amplísimos, se pasó a los alejados municipios republicanos, establecidos en ámbitos territoriales cada vez más y más alejados de los ciudadanos y de sus comunidades, con muy pocas excepciones.

Recordemos, en efecto, en contraste con los datos que antes mencionaba sobre la municipalización en Europa, e incluso tomando como referencia los 2.248 municipios de Castilla y León para sus 2.582.327 habitantes que tenía hace 20 años (1986), con un promedio general de algo más de 1000 habitantes por municipio (para no poner como paradigma las 36.433 comunas francesas con un promedio de 1.614 habitantes); que en nuestros países de América Latina la situación es más que dramática: en Argentina, para 37 MM de habitantes, hay 1617 municipios con un promedio de población de 22.882 habitantes; en Bolivia, para 8 MM de habitantes, hay 312 municipios con un promedio de población de 25.642 habitantes; en Brasil, para 168 MM de habitantes, hay 5.581 municipios con un promedio de población de 30.102 habitantes; en Chile, para 15 MM de habitantes, hay 340 municipios con un promedio de población de 44.117 habitantes; en Colombia, para 42 MM de habitantes, hay 1.068 municipios con un promedio de población de 39.326 habitantes; en Cuba,, para 11 MM de habitantes, hay 169 municipios con un promedio de población de 65.389 habitantes; en Ecuador, para 12 MM de habitantes, hay 1.079 municipios con un promedio de población de 11.121 habitantes; en El Salvador, para 6 MM de habitantes, hay 262 municipios con un promedio de población de 22.900 habitantes; en Guatemala, para 11 MM de habitantes, hay 324 municipios con un promedio de población de 33.950 habitantes; en Honduras, para 6 MM de habitantes, hay 293 municipios con un promedio de población de 20.478 habitantes; en México, para 97 MM de habitantes, hay 2.418 municipios con un promedio de población de 40.116 habitantes; en Nicaragua, para 5 MM de habitantes, hay 143 municipios con un promedio de población de 34.965 habitantes; en Paraguay, para 5 MM de habitantes, hay 212 municipios con un promedio de población de 23.585 habitantes; en Perú, para 25 MM de habitantes, hay 1808 municipios con un promedio de población de 13.827 habitantes; en República Dominicana, para 8 MM de habitantes, hay 90 municipios con un promedio de población de 88.889 habitantes; en Uruguay, para 3 MM de habitantes, hay 19 municipios con un promedio de población de 157894 habitantes; y en Venezuela, para 24 MM de habitantes, hay 338 municipios con un promedio de población de 71.006 habitantes[261].

Lo que resulta más interesante de esta información comparativa es que ninguno de los países latinoamericanos, con todos sus enormes territorios y gran población, alcanzan siquiera el número de Municipios que por ejemplo, tiene sólo esta Comunidad de Castilla y León, cuyos habitantes, además, a pesar de todos los proyectos y esfuerzos que se

---

260 *V.* en Allan R. Brewer–Carías, *Las Constituciones de Venezuela*, Biblioteca de la Academia de Ciencias Políticas y Sociales, Caracas, 1997, p. 475

261 *V.* las referencias en Allan R. Brewer–Carías, *Reflexiones sobre el constitucionalismo en América*, Editorial Jurídica Venezolana, Caracas 2001, pp. 139 y ss.

han hecho por reducir o fusionar municipios, se han opuesto radicalmente a tales propósitos y a perder su personalidad municipal.

El municipio latinoamericano contemporáneo, al contrario, está en el otro extremo y en general ha adquirido un ámbito territorial tan alto y extraño al ciudadano, que hace que no sirva ni para gerenciar adecuadamente los intereses locales ni para servir de instancia de participación política de la ciudadanía en la decisión o gestión de sus propios asuntos comunales.

4. La participación como fenómeno de la vida local

Y aquí volvemos al tema de la democracia participativa, la cual queda claro, que está indisolublemente ligada, no a la democracia directa, sino a la descentralización política y la municipalización, y la misma no se puede materializar con solo propuestas de incorporación al régimen democrático de instrumentos como los referendos o las consultas o las iniciativas populares. La democracia participativa, como hemos insistido, no se agota ni se puede confundir con la democracia directa, como suele suceder en muchos estudios sobre la democracia que propugnan se perfeccionamiento[262].

La verdad es que para ubicar exactamente qué es la democracia participativa, lo que tendríamos que hacer, entre otras cosas, es preguntarnos: ¿porqué hay países que llamamos democráticamente desarrollados como los europeos, donde no se plantea con tanta urgencia la necesidad de la participación ciudadana y en los cuales precisamente impera la fragmentación municipal? En cambio, también tenemos que preguntarnos, ¿Por qué es que en todos nuestros países latinoamericanos, que al contrario, tienen muy pocos municipios para sus enormes territorios estatales y su población, es donde sin embargo, más se grita al unísono contra nuestras insuficiencias democráticas clamándose a la vez por una democracia participativa?

La participación política como cotidianeidad democrática o como parte de la democracia como forma de vida, sólo puede darse a nivel local. No hay otra instancia en los Estados; lo demás es falacia y engaño, o mecanismos de democracia directa. Por ello es que el tema, precisamente, no tiene tanta notoriedad en los países europeos, donde la participación es de todos los días, en las pequeñas cosas que pueden tratarse en esos pequeños municipios rurales como son precisamente por ejemplo, los de Castilla. La participación local se tiene; está allí, diariamente, en la vecindad e, incluso, en los Consejos Abiertos que tan bien ha estudiado Enrique Orduña, con los cuales se gobiernan al menos los 419 municipios de esta Comunidad de Castilla y León con población inferior a 100 habitantes, y que se ha mantenido a través de los Siglos y de los regímenes políticos, habiendo encontrado incluso reconocimiento constitucional en 1978[263].

262 *V.* por ejemplo, en Venezuela, los estudios publicados en *Participación Ciudadana y Democracia*, Comisión Presidencial para la Reforma del Estado, Caracas 1998.

263 Enrique Orduña R., *Democracia directa municipal. Concejos y Cabildos Abiertos*, Editorial Civitas, Madrid 1994.

5. La participación, el localismo y la descentralización

La participación política o la democracia participativa están por tanto, íntimamente unidas al localismo y a la descentralización, y ésta, a la limitación del poder, lo que es consustancial con la democracia. El régimen local, es entonces, como lo ha dicho Eduardo García de Enterría, la estructura que "da curso al derecho ciudadano a participar en todos, completamente en todos los asuntos públicos que afectan a la propia comunidad"[264]; de manera que como ya nos lo advirtió hace más de treinta años nuestro muy recordado amigo Sebastián Martín Retortillo, cuando España aún no había entrado en el proceso de transición hacia la democracia, en aquella excelente obra que dirigió sobre *Descentralización administrativa y organización política,* al destacar las raíces eminentemente políticas del tema; constataba que la participación efectiva del ciudadano común, siempre presupone la descentralización[265]; de manera que sin temor a equivocarnos podemos afirmar que no sólo sin descentralización política o territorial, es decir, sin que exista una multiplicidad de poderes locales y regionales, no puede haber participación política, sino que en definitiva no puede haber una democracia participativa. La descentralización es, por tanto, la base de la democracia participativa y a la vez, el impulso de la democratización y control del poder. El centralismo, en cambio es la base de la exclusión política al concentrar el poder en unos pocos electos, y a la vez, el motivo del desprestigio de la democracia representativa por más aditivos de democracia directa o refrendaria se le implantes.

Por ello decía en la conferencia sobre "El Municipio, la descentralización política y la democracia" que dictamos en el XXV Congreso de la OICI, en Guadalajara, en 2001, que

> "el debate contemporáneo en nuestros países por más democracia, tiene que centrarse en el rescate del proceso de descentralización política. Perfeccionar la democracia exige hacerla más participativa y más representativa, para lo cual la única vía posible que existe es acercando el Poder al ciudadano, y ello sólo puede lograrse descentralizando territorialmente el Poder del Estado y llevarlo hasta la más pequeña de las comunidades; es decir, distribuyendo el Poder en el territorio nacional". Y agregaba además, que "cualquiera que sea la forma de descentralización política, se trata de proyectos y propuestas contrapuestos radicalmente al centralismo de Estado y a la concentración del Poder, que son esencialmente antidemocráticos". En definitiva, la propuesta política que entonces formulamos, y ahora insistimos en ratificar, "busca el diseño en nuestros países, de un nuevo sistema político que la democracia exige, y que sólo puede tener por objeto hacerla más participativa, con gran presencia de la sociedad civil, y más representativa de las comunidades. Ello implica desparramar el poder en todo el territorio, hasta la última de las comunidades, para que el ciudadano y sus sociedades intermedias puedan realmente participar"[266].

Y ello implica, por sobre todo, la municipalización de los territorios de nuestros países, para rescatar, más de doscientos años después, lo que fue la decisión terminante de la Asamblea Nacional Constituyente francesa en aquél diciembre de 1789, y que se traduciría hoy en nuestros países contemporáneos, en la frase de que toda comunidad rural, todo caserío, todo pueblo, todo barrio urbano, debía tener su autoridad local como comunidad política, que llamaremos municipio conforme a nuestra tradición histórica.

---

264 Citado en Sebastián Martín Retortillo, en "Introducción" al libro Sebastián Martín Retortillo et al, *Descentralización administrativa y organización política,* Tomo I, Ediciones Alfaguara, Madrid, 1973, p. LVIII.

265 *Idem*, p. LIX.

266 *V.* en *XXV Congreso Iberoamericano de Municipios, Guadalajara, Jalisco, México del 23 al 26 de octubre de 2001*, Fundación Española de Municipios y Provincias, Madrid 2003, pp. 453 y ss.

Como lo enuncia la Constitución de la Provincia del Chaco, en Argentina: "Todo centro de población constituye un municipio autónomo...[267].

Pero por supuesto, para ello, es decir, para una reforma política de esta naturaleza, tenemos que pensar en otro municipio, para no desparramar territorialmente la estructura burocrática local, mal y uniformemente concebida que tenemos en muchos de nuestros países y que lo que podría provocar es peor democracia. La diferenciación municipal, entonces, es consustancial con la municipalización como instrumento para acercar el municipio al ciudadano; porque como ya lo hemos dicho más de una vez,

> "Un Municipio lejos de las comunidades y vecindades, como es en general el Municipio en nuestros países latinoamericanos, materialmente no sirve para nada bueno, ni para la participación política ni para la gestión eficiente de los asuntos locales, ni por supuesto, para la democracia"[268].

A nivel local, además, es donde florece la libertad en medio de la diversidad, y es donde en definitiva en un mundo cada vez más globalizado como el actual, el hombre, el ciudadano común encuentra su refugio e identifica el lugar de su pertenencia. Los hombres tenemos que terminar de constatar que en definitiva, frente a la incontenible tendencia hacia la globalización, que está allí y aquí, basada en lo trasnacional y en la integración de los países, que produce ese proceso de uniformismo personal, que desdibuja la singularidad de las personas o que despersonaliza al individuo, que todos captamos; frente a ello, se ha venido desarrollando en paralelo otra tendencia mundial pero hacia la lugarización, basada en el rescate de los "lugares", donde se identifica la singularidad de las personas, es decir, se vuelve a la persona, en su pertenencia a un lugar, donde se revaloriza lo "lugareño" y la vecindad. Eso lo han llamado los europeos como regionalismos o localismos; pero como "lugarización" lo ha destacado magistralmente Francisco González Cruz, rector de una de la Universidades privadas ubicadas precisamente en uno de esos tantos lugares del interior de nuestros países, en este caso, de la Universidad Valle del Momboy, en Valera, Venezuela. En un libro que tiene el sugestivo título *Globalización y Lugarización,* editado precisamente "en la villa de San Roque de La Quebrada Grande", "su lugar"– como él lo dice–; define la "lugarización" como "todo proceso que revaloriza lo local"; y el "lugar", como "el espacio territorial íntimo y cercano donde se desenvuelven la mayor parte de las actividades del ser humano"; o la "comunidad definida en términos territoriales y de relaciones humanas, con la cual la persona siente vínculos de pertenencia. Puede ser una aldea, un pueblo, un barrio o un condominio. Siempre será, necesariamente, un espacio geográfico limitado en tamaño, de tal manera que la gente pueda establecer relaciones interpersonales[269]. Y allí, en definitiva, es donde se puede efectivamente participar desde el punto de vista político.

En todo caso, ha sido la organización política de la lugarización, la que precisamente y sin duda, ha sido la característica fundamental del mapa municipal de Europa durante los últimos 200 años; es esa lugarización la que justifica los más de dos mil municipios de Castilla y León; y es esa abundancia de Municipios, incluso, lo que permite incluso

---

267 Artículo 182. Citado por Augusto Hernández Barrera, "Objetivos inéditos de la categorización municipal" en Luis Villar Borda et al, *Problemática de los Pequeños Municipios en Colombia ¿Supresión o reforma?*, Universidad Externado de Colombia, Bogotá 2003, p. 108. Véase además, Augusto Hernández Becerra, *Ordenamiento y desarreglo territorial en Colombia*, Instituto de Estudios Constitucionales Carlos Restrepo Piedrahita, Bogotá 2001.

268 *V.* el texto en Allan R. Brewer–Carías, *Reflexiones sobre el constitucionalismo en América*, Editorial Jurídica Venezolana, Caracas 2001, pp. 127 y ss.

269 Francisco González Cruz, *Globalización y Lugarización*, Universidad Valle del Momboy, Centro Iberoamericano de Estudios Provinciales y Locales, Universidad de los Andes, La Quebrada, 2001.

racionalizarlos, por lo que algunos de los países europeos se han dado el lujo de reducirlos. En esto, por ejemplo, en las últimas décadas la vanguardia la lleva Suecia: de los 2500 municipios que tenía en 1943 pasó a 800 en 1952, y a 278 en 1974. Pero en nuestros países iberoamericanos, donde al contrario tenemos que multiplicar las autoridades locales, una política de reducción como esta no sería otra cosa que un verdadero "genocidio municipal", como acertadamente Jaime Castro calificó el intento que se hizo en Colombia, en 2001, con el Proyecto de Ley 041/01, que proponía la desaparición de materialmente la mitrad de los 1067 municipios colombianos, aquellos que tenían menos de 14.000 habitantes, advirtiendo entre otras cosas, que en Colombia "los municipios son el Estado –la única presencia del Estado– en extensas y abandonadas regiones del país", por lo que lo que habría que hacer, al contrario, es "fortalecer y transformar el pequeño municipio [para] convertirlo en herramienta eficaz de una política de poblamiento territorial y de ocupación continua del espacio físico[270].

De allí la enorme revalorización que requiere en nuestros países el tema del pequeño municipio rural, como parte del proceso de descentralización político–territorial, para asegurar no sólo la presencia del Estado en el territorio, sino para hacer posible la participación democrática, partiendo de la necesaria diversidad que deben tener las entidades locales; es decir, todo lo contrario al uniformismo organizacional.

Ese nuevo "Municipio lugarizado", como lo ha advertido Fortunato González Cruz, también profesor de derecho administrativo y ex Alcalde de Mérida, Venezuela, debe ser apropiado a la realidad social y espacial que representa, con una organización municipal "heterogénea, adaptada a las necesidades de cada comunidad" y que de origen a la necesaria diversidad municipal en el territorio, debe además tender a ser un "Municipio sostenible por la propia economía local, de manera que su estructura burocrática y sus gastos ordinarios de administración sean pagadas con ingresos propios"[271].

Sección Cuarta: EL INICIO DE LA DESMUNICIPALIZACIÓN CON LA ORGANIZACIÓN DEL PODER POPULAR PARA ELIMINAR LA DESCENTRALIZACIÓN, LA DEMOCRACIA REPRESENTATIVA Y LA PARTICIPACIÓN A NIVEL LOCAL (2007–2011)

Esta Sección Cuarta del Libro primero es parte del trabajo "Introducción general al régimen del Poder Popular y del Estado Comunal (O de cómo en el siglo XXI, en Venezuela se decreta, al margen de la Constitución, un Estado de Comunas y de Consejos Comunales, y se establece una sociedad socialista y un sistema económico comunista, por los cuales nadie ha votado)," publicado en el libro Allan R. Brewer–Carías, Claudia Nikken, Luis A. Herrera Orellana, Jesús María Alvarado Andrade, José Ignacio Hernández y Adriana Vigilanza, *Leyes orgánicas sobre el Poder Popular y el Estado Comunal (Los Consejos Comunales, las Comunas, la sociedad socialista y el sistema económico comunal),* Colección Textos Legislativos N° 50, Editorial Jurídica Venezolana, Caracas 2011, pp. 9–182. El antecedente de este estudio estuvo en el trabajo sobre "El inicio de la desmunicipalización en Venezuela: La organización del Poder Po-

270 Jaime Castro, *La cuestión territorial*, Editorial Oveja Negra, Bogotá 2003, pp. 136–137.

271 Fortunato González, *Un Nuevo Municipio para Venezuela*, Centro Iberoamericano de Estudios Provinciales y Locales, Universidad de los Andes, Mérida, 1998, p. 89

pular para eliminar la descentralización, la democracia representativa y la participación a nivel local", publicado en *AIDA, Opera Prima de Derecho Administrativo. Revista de la Asociación Internacional de Derecho Administrativo*, Universidad Nacional Autónoma de México, Facultad de Estudios Superiores de Acatlán, Coordinación de Postgrado, Instituto Internacional de Derecho Administrativo "Agustín Gordillo", Asociación Internacional de Derecho Administrativo, México, 2007, pp. 49 a 67.

INTRODUCCIÓN

La Constitución de 1999 de Venezuela, actualmente vigente, constituyó al país como un *Estado Democrático y Social de Derecho y de Justicia*, "que propugna como valores superiores de su ordenamiento jurídico y de su actuación, la vida, la libertad, la justicia, la igualdad, la solidaridad, la democracia, la responsabilidad social y, en general, la preeminencia de los derechos humanos, la ética y el pluralismo político" (art. 2), organizando a la República como "un *Estado federal descentralizado*" que "se rige por los principios de integridad territorial, cooperación, solidaridad, concurrencia y corresponsabilidad" (art. 4).

Ese es el Estado Constitucional en Venezuela: un Estado Federal descentralizado, Democrático y Social de Derecho y de Justicia,[272] que está montado sobre un sistema de distribución vertical del Poder Público en tres niveles territoriales de entidades políticas: el Poder Nacional que ejercen los órganos de la República; el Poder de los Estados que ejercen los Estados de la Federación, y el Poder Municipal (art. 136) que ejercen los Municipios, cada uno debiendo tener siempre un gobierno de carácter "electivo, descentralizado, alternativo, responsable, pluralista y de mandatos revocables," tal como lo manda el artículo 6 de la Constitución.[273]

No es posible, por tanto, constitucionalmente hablando, crear por ley instancias políticas que vacíen de competencias a los órganos del Estado (la República, los Estados, los Municipios y demás entidades locales) y menos aún establecerlos con funciones políticas sin que se asegure su carácter electivo–representativo mediante la elección de representantes del pueblo a través de sufragio universal, directo y secreto; sin que se asegure su autonomía política, propia del carácter descentralizado del Estado y del gobierno; y sin que se garantice su carácter pluralista, en el sentido de que no pueden estar vinculados a una ideología determinada como es el Socialismo.

---

272 *V.* el estudio de la Constitución en cuanto a la regulación de este modelo de Estado Constitucional en Allan R. Brewer–Carías, *La Constitución de 1999. Derecho Constitucional venezolano*, 2 tomos, Caracas 2004.

273 En el Reglamento de la Ley Orgánica del Consejo Federal de Gobierno, sin embargo, se ha definido el "federalismo" en forma totalmente contraria al esquema de división política territorial que consagra la Constitución, indicándose que ahora es un: "Sistema de organización política de la República Bolivariana de Venezuela, regido por los principios de integridad territorial, económica y política de la Nación venezolana, cooperación, solidaridad, concurrencia y corresponsabilidad entre las instituciones del Estado y el pueblo soberano, para la construcción de la sociedad socialista y del Estado Democrático y Social de Derecho y de Justicia, mediante la participación protagónica del pueblo organizado en las funciones de gobierno y en la administración de los factores y medios de producción de bienes y servicios de propiedad social, como garantía del ejercicio pleno de la soberanía popular frente a cualquier intento de las oligarquías nacionales y regionales de concentrar, centralizar y monopolizar el poder político y económico de la Nación y de las regiones"(art. 3). Véase en *Gaceta Oficial* Nº 39.382 del 9 de marzo de 2010.

Ese modelo de Estado Constitucional desarrollado a partir de la Constitución de 1961 y que se consolidó formalmente en la Constitución de 1999, se intentó cambiar radicalmente mediante una Reforma Constitucional que fue sancionada por la Asamblea Nacional en noviembre de 2007 con el objeto de establecer un Estado Socialista, Centralizado, Militarista y Policial[274] denominado Estado del Poder Popular o Estado Comunal,[275] la cual sin embargo, una vez sometida a consulta popular, fue rechazada por el pueblo en el referendo de 7 de diciembre de 2007.[276]

Sin embargo, en burla a la voluntad popular y en fraude a la Constitución, desde antes de que se efectuara dicho referendo, la Asamblea Nacional, en abierta violación a la Constitución, comenzó a desmantelar el Estado Constitucional para sustituirlo por un Estado Socialista, imponiendo a la fuerza como ideología única la socialista, mediante la estructuración *paralela* de un Estado del Poder Popular o Estado Comunal, a través de la sanción de la Ley de los Consejos Comunales de 2006,[277] reformada posteriormente y elevada al rango de ley orgánica en 2009.[278]

Posteriormente, el empeño por implantar en Venezuela ese Estado Socialista y borrando todo vestigio de pluralismo, fue indirectamente rechazado de nuevo con ocasión de las elecciones legislativas efectuadas el 26 de septiembre de 2010, las cuales fueron planteadas por el Presidente de la República y la mayoría oficialista de la propia Asamblea Nacional, quienes hicieron una masiva campaña a favor de sus candidatos como un "plebiscito" respecto al propio Presidente, y de su actuación y sus políticas socialistas ya previamente rechazadas por el pueblo en 2007; "plebiscito" que el Presidente de la República y su partido perdieron abrumadoramente pues la mayoría del país votó en contra de las mismas.

Sin embargo, al haber perdido en dichas elecciones parlamentarias, el Presidente y su partido, teniendo aún el control absoluto sobre la Asamblea Nacional y sabiendo que luego de las elecciones legislativas de diciembre de 2010 ya no podrían imponer a su antojo la legislación que quisieran, antes de que los nuevos diputados electos a la Asamblea pudieran tomar posesión de sus cargos en enero de 2011, en diciembre de 2010, atropelladamente y de nuevo en fraude a la voluntad popular y a la Constitución, utilizaron la deslegitimada Asamblea Nacional precedente para proceder a la sanción de un conjunto de Leyes Orgánicas mediante las cuales se ha terminado de definir, al margen de la Constitución y en violación a la misma, [279] el marco normativo de un nuevo Estado Socialista, *paralelo al Estado Constitucional*, que se denomina "Estado Comu-

---

274 *V.* Allan R. Brewer–Carías, *Hacia la Consolidación de un Estado Socialista, Centralizado, Policial y Militarista. Comentarios sobre el sentido y alcance de las propuestas de reforma constitucional 2007,* Colección Textos Legislativos, N° 42, Editorial Jurídica Venezolana, Caracas 2007.

275 *V.* Allan R. Brewer–Carías, *La reforma constitucional de 2007 (Comentarios al Proyecto inconstitucionalmente sancionado por la Asamblea Nacional el 2 de noviembre de 2007)*, Colección Textos Legislativos, N° 43, Editorial Jurídica Venezolana, Caracas 2007.

276 *V.* Allan R. Brewer–Carías, "La proyectada reforma constitucional de 2007, rechazada por el poder constituyente originario", en *Anuario de Derecho Público 2007,* Año 1, Instituto de Estudios de Derecho Público de la Universidad Monteávila, Caracas 2008, pp. 17–65.

277 *V.* en *Gaceta Oficial* N° 5.806 Extra. de 10–04–2006

278 *V.* en *Gaceta Oficial* N° 39.335 de 28–12–2009. Véase la sentencia N° 1.676 de 03–12–2009 de la Sala Constitucional del Tribunal Supremo de Justicia sobre la constitucionalidad del carácter orgánico de esta Ley Orgánica de los Consejos Comunales. Véase en http://www.tsj.gov.ve/decisiones/scon/diciembre/1676–31209–2009–09–1369.html

279 *V.* el estudio de José Ignacio Hernández, Jesús María Alvarado Andrade y Luis A. Herrera Orellana, "Sobre los vicios de inconstitucionalidad de la Ley Orgánica del Poder Popular," en pp. 509 ss. de este libro.

nal" y que si nos atenemos a las experiencias históricas precedentes, todas fracasadas, unas desaparecidas como el de la Unión Soviética, y otros en vías de extinción como el de Cuba, no es otra cosa que un Estado Comunista, para el cual se adopta al Socialismo como doctrina oficial pública impuesta a los ciudadanos para poder participar, montado en un sistema Centralizado, Militarista y Policial para el ejercicio del poder; y se adoptan expresa y textualmente los postulados marxistas más tradicionales sobre el comunismo, como son la propiedad social de los medios de producción; eliminación de la división social del trabajo; y reinversión social del excedente productivo tal como ha quedado plasmado en la Ley Orgánica del Sistema Económico Comunal de 2010[280] (arts. 2; 3.2; 3.3;. 3.8; 5; 6.12; 6.15 y 9).

Las Leyes Orgánicas dictadas en diciembre de 2010, en efecto fueron las Leyes Orgánicas del Poder Popular,[281] de las Comunas,[282] del Sistema Económico Comunal,[283] de Planificación Pública y Comunal[284] y de Contraloría Social.[285] Además, en el mismo marco de estructuración del Estado Comunal montado sobre el Poder Popular se destaca la sanción de la Ley Orgánica del Consejo Federal de Gobierno,[286] y la reforma de la Ley Orgánica del Poder Público Municipal,[287] y de las Leyes de los Consejos Estadales de Planificación y Coordinación de Políticas Públicas,[288] y de los Consejos Locales de Planificación Pública.[289]

La deslegitimada Asamblea Nacional, además, sancionó una Ley habilitante autorizando al Presidente de la República para, por vía de legislación delegada, dictar leyes en todas las materias imaginables, incluso de carácter orgánico, vaciando así por un período de 18 meses, hasta 2012, a la nueva Asamblea Nacional de materias sobre las cuales poder legislar;[290] y la propia Asamblea Nacional en diciembre de 2010, en la víspera de cesar su mandato, reformó el Reglamento Interior y de Debates[291] para materialmente impedir que la nueva Asamblea Nacional que tomó posesión en enero de 2011, pueda funcionar.[292]

---

280 *V.* en *Gaceta Oficial* Nº 6.011 Extra. de 21–12–2010. La Sala Constitucional mediante sentencia Nº 1329 de 16–12–2010 declaró la constitucionalidad del carácter orgánico de esta Ley. *V.* en http://www.tsj.gov.ve/decisiones/scon/Diciembre/1329–161210–2010–10–1434.html

281 *V.* en *Gaceta Oficial* Nº 6.011 Extra. de 21–12–2010. La Sala Constitucional mediante sentencia Nº 1329 de 16–12–2009 declaró la constitucionalidad del carácter orgánico de esta Ley.

282 *V.* en *Gaceta Oficial* Nº 6.011 Extra. de 21–12–2010. La Sala Constitucional mediante sentencia Nº 1330 de 17–12–2010 declaró la constitucionalidad del carácter orgánico de esta Ley. *V.* en http://www.tsj.gov.ve/decisiones/scon/Diciembre/1330–171210–2010–10–1436.html

283 *V.* en *Gaceta Oficial* Nº 6.011 Extra. de 21–12–2010. La Sala Constitucional mediante sentencia Nº 1329 de 16–12–2010 declaró la constitucionalidad del carácter orgánico de esta Ley. *V.* en http://www.tsj.gov.ve/decisiones/scon/Diciembre/1329–161210–2010–10–1434.html

284 *V.* en *Gaceta Oficial* Nº 6.011 Extra. de 21–12–2010. La Sala Constitucional mediante sentencia Nº 1326 de 16–12–2009 declaró la constitucionalidad del carácter orgánico de esta Ley.

285 *V.* en *Gaceta Oficial* Nº 6.011 Extra. de 21–12–2010. La Sala Constitucional mediante sentencia Nº 1329 de 16–12–2010 declaró la constitucionalidad del carácter orgánico de esta Ley. *V.* en http://www.tsj.gov.ve/decisiones/scon/Diciembre/%201328–161210–2010–10–1437.html

286 *V.* en *Gaceta Oficial* Nº 5.963 Extra. de 22–02–2010

287 *V.* en *Gaceta Oficial* Nº 6.015 Extra. de 28–12–2010

288 *V.* en *Gaceta Oficial* Nº 6.017 Extra. de 30–12–2010

289 *V.* en *Gaceta Oficial* Nº 6.017 Extra. de 30–12–2010

290 *V.* en *Gaceta Oficial* Nº 6.009 Extra. de fecha 17 de diciembre de 2010

291 *V.* en *Gaceta Oficial* Nº 6.014 Extra. de 23 de diciembre de 2010.

292 Se redujeron las sesiones de la Asamblea a sólo cuatro por semana y se limitó el tiempo durante el cual los diputados podrían intervenir.

Ahora bien, el marco definitorio general del Estado Comunista con una ideología única Socialista que se quiere imponer a los venezolanos, y por el cual nadie ha votado; montado sobre el supuesto ejercicio de la soberanía por el pueblo exclusivamente en forma directa a través del ejercicio del "Poder Popular" y el establecimiento de un "Estado Comunal," está contenido básicamente en la Ley Orgánica del Poder Popular (LOPP), en la Ley Orgánica de los Consejos Comunales (LOCC), en la Ley Orgánica de las Comunas (LOC) y en la Ley Orgánica de Contraloría Social (LOCS), cuyas disposiciones, conforme al artículo 6 de la LOPP, "son aplicables a todas las organizaciones, expresiones y ámbitos del Poder Popular, ejercidas directa o indirectamente por las personas, las comunidades, los sectores sociales, la sociedad en general y las situaciones que afecten el interés colectivo, acatando el principio de legalidad en la formación, ejecución y control de la gestión pública."

Es decir, las disposiciones de la LOPP y de las otras leyes son omnicomprensivas, aplicándose a todos, y a todo, como piezas esenciales de un nuevo y paralelo Estado regido por un principio de legalidad "socialista" que se impone a todos para la formación, ejecución y control de la gestión pública.

Ahora, antes de analizar el impacto de la organización del Estado Comnal, y en particular, de los Consejos Comunales, insistiremos en analizar el marco constitucional de la democracia y de la participación política con cuya distorsión se quiere acabar con la primera; y el logro de dicha institucionalización violando la Constitución y en fraude a la voluntad popular de los Consejos Comunales impuesta en diciembre de 2010 mediante las referidas Leyes relativas al Poder Popular, los Consejos Comunales, las Comunas y el Estado Comunal. Con estas leyes orgánicas, no cabe duda de la decisión política adoptada en diciembre de 2010 por la completamente deslegitimada Asamblea Nacional que había sido electa en 2005, y que ya no representaba a la mayoría de la voluntad popular que se expresó el 26 de septiembre de 2010 en contra del Presidente de la República, de la propia Asamblea Nacional y de la política socialista que han adelantado; de imponerle a los venezolanos en contra de la voluntad popular y en fraude a la Constitución, un modelo de Estado Comunista montado sobre el Socialismo como doctrina de Estado y como dogma político impuesto a la Sociedad, denominado "Estado Comunal," basado en el ejercicio del Poder Popular por el pueblo, como supuesta forma de ejercicio de la soberanía en forma directa (lo que no es cierto pues se ejerce mediante "voceros" que lo "representan" y que no son electos en votaciones universales, directas y secretas).

Ese modelo de Estado Comunal o Comunista, se ha establecido en forma paralela al Estado Constitucional como Estado federal descentralizado, democrático y social, de derecho, y de justicia previsto en la Constitución de 1999, establecido para el ejercicio del Poder Público por el pueblo tanto en forma indirecta mediante representantes electos en votaciones universales, directas y secretas, como en forma directa mediante los mecanismos autorizados en la Constitución, donde se incluye a las Asambleas de Ciudadanos.

Esta regulación, en paralelo, de dos Estados y dos formas de ejercicio de la soberanía, uno, el Estado Constitucional regulado en la Constitución y el otro, el Estado Comunal o Estado Comunista basado en el Socialismo exclusionista regulado en leyes orgánicas inconstitucionales, se ha dispuesto en forma tal que el segundo irá actuando como el árbol *Ficus benjamina L.*, es decir, como "estranguladora," rodeando al primero hasta formar un tronco hueco, destruyéndolo.

En esta forma, al fraude a la Constitución, que ha sido la técnica constantemente aplicada por el gobierno autoritario en Venezuela desde 1999 para imponer sus decisiones a los venezolanos al margen de la Constitución,[293] se suma ahora el fraude a la voluntad popular, al imponerle a los venezolanos mediante leyes orgánicas, un modelo de Estado por el cual nadie ha votado y que cambia radical e inconstitucionalmente el texto de la Constitución de 1999, que no ha sido reformada conforme a sus previsiones, en abierta contradicción al rechazo popular mayoritario que se expresó en diciembre de 2007 respecto de la reforma constitucional que se intentó aprobar, incluso violando la propia Constitución, y al rechazo popular mayoritario del pueblo expresado respecto de la política del Presidente de la República y de su Asamblea Nacional con ocasión de las elecciones parlamentarias del 26 de septiembre de 2010.

Lo que está claro de todo esto, es que ya no hay máscaras que puedan engañar a alguien, o con motivo de las cuales, alguien pretenda ser engañado o dejarse engañar.

I. EL RÉGIMEN CONSTITUCIONAL DE LA DEMOCRACIA Y DE LA PARTICIPACIÓN POLÍTICA Y POPULAR, Y EL AHOGAMIENTO DE LA DEMOCRACIA REPRESENTATIVA EN NOMBRE DE UNA SUPUESTA "DEMOCRACIA PARTICIPATIVA"

1. Base constitucional de la participación política

Una de las más importantes innovaciones contenidas en la Constitución de 1999, fue sin duda, la inclusión del principio y del derecho a la participación política de las personas en los asuntos públicos, materializados en dos ámbitos diferenciados:

Por una parte, la participación política o participación ciudadana, concebida como derecho político que se otorga únicamente a los ciudadanos, quienes además tienen el deber de participar solidariamente en la vida política del país (art. 132); y por la otra, la participación individual y comunitaria en los asuntos públicos, concebida como un derecho de toda persona individualmente considerada o como derecho colectivo, concebido, incluso, como un deber general de participar solidariamente en la vida civil y comunitaria del país (art. 132).

En relación con la participación política o participación ciudadana, se trata del derecho constitucional de todos los ciudadanos "de participar libremente en los asuntos públicos, directamente o por medio de sus representantes elegidos" (art. 62), a los efectos de la conformación de un gobierno democrático y participativo (arts. 6, 18, 171), regulándose a tal efecto diversas manifestaciones concretas de su ejercicio (arts. 55, 62, 70, 125, 168, 173, 178, 187, 253, 255, 294.

En relación con la participación en la vida civil y comunitaria, responde al principio general de organización de la sociedad que la Constitución de 1999 ha previsto como "una sociedad democrática, participativa y protagónica, multiétnica y pluricultural" (Preámbulo), declarando que "la participación del pueblo en la formación, ejecución y

293 *V.* Allan R. Brewer–Carías, *Reforma constitucional y fraude a la Constitución (1999–2009)*, Academia de Ciencias Políticas y Sociales, Caracas 2009; *Dismantling Democracy. The Chávez Authoritarian Experiment*, Cambridge University Press, New York 2010.

control de la gestión pública es el medio necesario para lograr el protagonismo que garantice su completo desarrollo, tanto individual como colectivo" (art. 62). Ello, en particular, se materializa en el ejercicio de diversos derechos sociales (arts. 79, 80, 81, 83, 84, 86, 91, 102, 118, 119, 122) y ambientales (art. 127, 128) o en mecanismos de participación de las comunidades en los asuntos públicos (art. 184, 299).

En el régimen constitucional sobre la participación, por tanto, la participación ciudadana como derecho político, es distinto al derecho que tiene todo habitante de una comunidad de participar en los asuntos relativos con dicha comunidad. En este último caso, no se trata de un "derecho político" que en la Constitución se reserva a los venezolanos–ciudadanos (por ejemplo, el participar en elecciones, en referendos o en las asambleas de ciudadanos), sino que se trata de un derecho de toda persona de participar en los asuntos públicos que es consecuencia del derecho esencial al libre desenvolvimiento de la personalidad que toda persona tiene (art. 20).

Es importante hacer esta distinción entre "participación ciudadana" como derecho político y "participación general" como derecho individual y comunitario, pues conforme a la Constitución, los titulares para su ejercicio son distintos: en cuanto al derecho político a la participación ciudadana el mismo sólo corresponde a los venezolanos–ciudadanos; en cambio, el derecho individual y social a la participación comunitaria, corresponde a todo habitante de la comunidad, incluyendo a los extranjeros y a los menores.

Por otra parte, y ahora concentrándonos en la previsión del artículo 62 de la Constitución que consagra el derecho político de los ciudadanos "de participar libremente en los asuntos públicos, directamente o por medio de sus representantes elegidos," en el mismo, al regularse el derecho a la participación política en los asuntos públicos, se establece un derecho esencial de la democracia que siempre tiene que poder ejercerse *libremente*, o sea, con entera libertad, en las dos formas precisas que establece la norma: por una parte, *directamente*, conforme a los mecanismos establecidos en el artículo 70 de la misma Constitución, mediante referendos, consultas populares, revocación de mandatos, iniciativas legislativas, cabildos abiertos y asamblea de ciudadanos; y por la otra, *indirectamente*, conforme al artículo 63 de la Constitución, mediante sufragio para la elección de representantes elegidos a través de votaciones libres, universales, directas y secretas, en las cuales se garantice el principio de la personalización del sufragio y la representación proporcional.

El derecho a la participación política ejercido *indirectamente* se materializa en la democracia representativa, a cuyo efecto la Constitución ha establecido como sistema de gobierno de todas las entidades políticas, un sistema electivo, garantizándose el derecho de los ciudadanos al sufragio y a ser electos, conforme a un sistema electoral que garantice votaciones libres, universales, directas y secretas, y el principio de la personalización del sufragio y la representación proporcional (art. 63).

En cuanto al derecho a la participación política ejercido *directamente*, el mismo se materializa en la democracia participativa, a cuyo efecto la Constitución ha previsto su ejercicio a través de diversos mecanismos, todos vinculados a la organización descentralizada del Poder Público entre el Poder Nacional, el Poder Estadal y el Poder Municipal, como los referendos (en materias de índole nacional, estadal y municipal), las consultas populares (sobre asuntos nacionales, estadales o municipales), la revocación de mandatos (de los funcionarios electos en el ámbito nacional, estadal y municipal), las iniciativas legislativas (ante la Asamblea Nacional, los Consejos Legislativos de los

Estados y los Concejos Municipales), los cabildos abiertos (en los Concejos Municipales) y las asambleas de ciudadanos (en los ámbitos de la unidad primaria de la organización nacional que son los Municipios).

2. La democracia y los peligros del discurso autoritario

Ahora bien, aún con previsiones constitucionales tan claras como las de la Constitución de 1999, la práctica democrática de las últimas décadas ha resultado en una toma de conciencia de que la democracia, como régimen político, no puede quedar reducida sólo a garantizar la elección de los gobernantes. Más bien tiene que ser concebida como una alianza global entre los gobernados que eligen, y los gobernantes electos, dispuesta para garantizar, por una parte, que el ejercicio del poder por los últimos sea efectivo, y por la otra, la participación de los primeros en la conducción política de la sociedad, todo basado en la primacía que debe tener el ser humano, y con él, su dignidad y sus derechos.

Pero llegar a esta conclusión no ha sido fácil. Los ciudadanos, de cara a la democracia, han tenido que enfrentar y siguen enfrentando tremendas incomprensiones y distorsiones que tanto de buena como de mala fe, derivan de un persistente discurso político que se solaza en la crítica de las muchas deficiencias que ha mostrado la práctica de la democracia representativa, la cual, efectivamente, en muchos casos ha terminado por no representar a los diversos componentes de la población. Esa práctica democrática, por otra parte, en muchos casos no ha logrado servir de instrumento para la efectiva construcción de sociedades donde el ciudadano logre sentirse realmente incluido, y participe efectivamente en el quehacer político que en muchas ocasiones ha quedado secuestrado por los partidos políticos.

Ello ha dado origen, entre otros factores, al clamor que tan seguidamente se oye en nuestros países latinoamericanos por la construcción de una "democracia participativa," la cual, la verdad sea dicha, muchos demócratas confunden con la democracia directa, llegando incluso a preferirla respecto de la democracia representativa; y muchos no demócratas la esgrimen con el deliberado propósito de, precisamente, acabar con esta última, confundiendo la movilización popular con la participación, tal como ha sucedido en Venezuela.

Todo ello ha conducido al establecimiento de un falso enfrentamiento entre la democracia representativa, a la cual se ataca despiadadamente, y la democracia participativa, por la cual se clama, a veces incluso planteando el tema como una dicotomía que no existe, como si la segunda –la democracia participativa– pudiera sustituir a la primera; falsa dicotomía en la cual ciertamente y sin quererlo, muchos demócratas han caído inadvertidamente buscando de buena fe el perfeccionamiento de la democracia representativa; y también, queriéndolo y de mala fe, muchos otros falsos demócratas han propugnado, ocultando la faz y las fauces del autoritarismo, pretendiendo sustituir la democracia representativa por una supuesta "democracia participativa," todo en fraude a la propia democracia.

Sobre estos temas es que queremos ahora reflexionar, para lo cual nos referiremos a la democracia representativa y su significado político; a las exigencias de la participación ciudadana, en el sentido de que la democracia, sin dejar de ser representativa, debe asegurar la inclusión del ciudadano en el proceso político; y sobre la falsedad de los cantos de sirenas que se oyen con la persistente difusión de la llamada "democracia participativa" para acabar con la representación. Y por supuesto, sin desconocer que en muchos países, la democrática representativa ha quedado reducida a ser un mecanismo dispuesto para la sola elección de gobernantes, –y por ello se habla tanto de "democracia formal"–, sin lograr satisfacer las exigencias de participación de los ciudadanos, quienes sin duda se han sentido excluidos del proceso político. Y además, teniendo en cuenta que incluso, ante tantas insatisfacciones de vieja data, no se ha logrado realmente identificar lo que es necesario implementar para hacer de la democracia representativa el instrumento de inclusión política que pueda asegurar la participación ciudadana. Es precisamente en medio de esas realidades, de estas insatisfacciones y de las frustraciones que derivan, donde soplan los vientos del falaz discurso autoritario que, vendiendo la idea de la participación, lo que busca es sustituir la democracia representativa pero contradictoriamente, en nombre de una supuesta participación, eliminando el único instrumento político que puede permitir la participación ciudadana que es la descentralización política, que es la que puede dar origen al desarrollo de gobiernos locales que es donde se puede asegurar la inclusión política. Este ha sido, precisamente, el lamentable destino de la Venezuela contemporánea, con la sanción de las Leyes sobre el Poder Popular y el Estado Comunal.[294]

Lo que tenemos que tener claro desde las trincheras democráticas es que esta llamada "democracia participativa," en el discurso autoritario lo que busca es excluir la representación a nivel local y, con ello, todo vestigio de descentralización política, pretendiendo que funcione montada sobre instituciones de "democracia directa" como asambleas de ciudadanos y consejos comunales a la usanza de los soviets de hace casi cien años. Para ello, incluso, entidades locales otrora descentralizadas como las Juntas parroquiales, se les quita su antiguo carácter representativo, transformándolas en entes consultivos conducidos por "juntas" nombradas por los Consejos Comunales, que a su vez no se gobiernan por representantes electos mediante sufragio universal, directo y secreto. Esos consejos comunales y juntas parroquiales comunales, en realidad, es imposible que puedan permitir y asegurar una efectiva participación política del ciudadano en la conducción de los asuntos públicos, como sólo la descentralización y la municipalización podrían lograr. En realidad, en ese discurso autoritario de la democracia participativa, lo único que la misma ofrece es la posibilidad de movilización popular conducida y manejada desde el centro del poder, mediante un partido único oficial, por lo que de democracia sólo tiene el nombre, el cual es hábilmente utilizado por quienes se aprovechan de los fracasos políticos de las democracias representativas reducidas a asegurar la elección de gobernantes.

Estamos en presencia, en realidad, de un engañoso slogan propagandístico, el cual, sin embargo, hay que reconocerlo, no deja de tener su atractivo, sobre todo porque muchos de los que claman por que se asegure más participación piensan que ello se puede lograr con la sola movilización popular. Pero como antes señalamos, la verdad es que el slogan lo que oculta es un feroz modelo de gobierno autoritario que el mundo occiden-

---

294 Sin embargo, en el reglamento de la Ley Orgánica del Consejo federal de Gobierno se llega a definir la descentralización vaciándola de contenido político, indicando en forma distorsionada que es una "Política estratégica para la restitución plena del poder al Pueblo Soberano, mediante la transferencia paulatina de competencias y servicios desde las instituciones nacionales, regionales y locales hacia las comunidades organizadas y otras organizaciones de base del Poder Popular, dirigidas a fomentar la participación popular, alcanzar la democracia auténtica restituyendo las capacidades de gobierno al pueblo, instalando prácticas eficientes y eficaces en la distribución de los recursos financieros e impulsar el desarrollo complementario y equilibrado de las regiones del país" (art. 3). Véase en *Gaceta Oficial* Nº 39.382 del 9 de marzo de 2010.

tal creía superado, particularmente en nuestro Continente, y que comienza ahora a aparecer envuelto en ropa militar de camuflaje, , pero sin que se genere riqueza ni empleo. Ese es precisamente el neo populismo rico o petrolero que se ha desarrollado en Venezuela, que reparte para lograr apoyos populares, pero sin lograr disminuir la pobreza, y más bien aumentarla y generalizarla, y por sobre todo, sin asegurar la democracia como forma de vida.

En medio de toda esta confusión, y de los discursos tanto democráticos como autoritarios que, a la vez, y al unísono, desde sus propias trincheras claman por la democracia participativa, la verdad es que lo que se impone es comenzar por tratar de poner orden en el debate y distinguir lo que es realmente la democracia como régimen político que por esencia, es contrario al autoritarismo. Para ello, necesariamente tenemos que comenzar por replantearnos los principios básicos de la propia democracia, y tratar de poder situar entonces el concepto de la "democracia participativa" donde corresponde, que es precisamente donde haya efectiva representación en el ámbito de la vida y del gobierno local.

3. Sobre los elementos esenciales de La democracia y el control del ejercicio del poder

En el mundo contemporáneo, sin duda, la democracia, como régimen político, hay que definirla identificando sus elementos esenciales y sus componentes fundamentales, los cuales, por lo demás, desde 2001 se encuentran plasmados en un excepcional instrumento internacional destinado precisamente a regularla, como es la *Carta Democrática Interamericana* de la Organización de los Estados Americanos.

Allí se identifica a la democracia como un régimen político en el cual tienen que estar garantizados los siguientes *elementos esenciales*: el respeto a los derechos humanos y las libertades fundamentales; el acceso al poder y su ejercicio con sujeción al Estado de derecho; la celebración de elecciones periódicas, libres, justas y basadas en el sufragio universal y secreto, como expresión de la soberanía del pueblo; la existencia de un régimen plural de partidos y organizaciones políticas, y la separación e independencia de los poderes públicos (Art. 3). Todos los ciudadanos en un régimen democrático puede decirse que tienen derecho a todos esos elementos esenciales (al respeto de sus derechos, al Estado de derecho, al sufragio, a los partidos políticos, a la separación de poderes) que pueden ser considerados por lo demás como derechos políticos, siendo el sufragio uno de ellos.[295]

Lo importante de concebir a la democracia conforme a esos elementos, no sólo es tomar conciencia de que ella no se agota en el sufragio, sino que todos ellos, en conjunto,

---

295 Sobre el derecho a la democracia, véase Allan R. Brewer–Carías, "Prólogo sobre el derecho a la democracia y el control del poder", al libro de Asdrúbal Aguiar, *El derecho a la democracia. La democracia en el derecho y la jurisprudencia interamericanos. La libertad de expresión, piedra angular de la democracia*, Colección Estudios Jurídicos N° 87, Editorial Jurídica Venezolana, Caracas 2008, pp. 17–37; "Sobre las nuevas tendencias del derecho constitucional: del reconocimiento del derecho a la Constitución y del derecho a la democracia", en *VNIVERSITAS, Revista de Ciencias Jurídicas (Homenaje a Luis Carlos Galán Sarmiento)*, Pontificia Universidad Javeriana, facultad de Ciencias Jurídicas, N° 119, Bogotá 2009, pp. 93–111; "El Derecho a la democracia entre las nuevas tendencias del derecho administrativo como punto de equilibrio entre los poderes de la Administración y los derechos del Administrado," *Revista Mexicana "Statum Rei Romanae" de Derecho Administrativo*. Homenaje al profesor Jorge Fernández Ruiz, Asociación Mexicana de Derecho Administrativo, Facultad de Derecho y Criminología de la Universidad Autónoma de Nuevo León, México 2008, pp. 85–122.

lo que buscan es asegurarles a los ciudadanos–gobernados, la posibilidad de ejercer un control efectivo del ejercicio del poder por parte de los gobernantes. De eso se trata la democracia, del ejercicio del poder en nombre de los ciudadanos y de la posibilidad real para estos de controlar dicho ejercicio, el cual necesariamente presupone, además, otros componentes esenciales de la democracia, como la transparencia de las actividades gubernamentales, la probidad y la responsabilidad de los gobiernos en la gestión pública; el respeto de los derechos sociales y de la libertad de expresión y de prensa; la subordinación constitucional de todas las instituciones del Estado, incluyendo el componente militar, a la autoridad civil legalmente constituida, y el respeto al Estado de derecho por todas las entidades y sectores de la sociedad (Art. 4).

Por tanto, insistimos, la democracia es mucho más que elecciones y participación, configurándose como un sistema político dispuesto para asegurar el control del poder, que es a lo que en definitiva el ciudadano en una democracia tiene derecho, incluso participando en su ejercicio. Por ello la importancia, por ejemplo, del principio de la separación de poderes, del cual en definitiva dependen todos los otros elementos de la democracia, pues sólo controlando al Poder es que puede haber elecciones libres y justas, así como efectiva representatividad; sólo controlando al poder es que puede haber pluralismo político; sólo controlando al Poder es que podría haber efectiva participación democrática en la gestión de los asuntos públicos; sólo controlando al Poder es que puede haber transparencia administrativa en el ejercicio del gobierno, así como rendición de cuentas por parte de los gobernantes; sólo controlando el Poder es que se puede asegurar un gobierno sometido a la Constitución y las leyes, es decir, un Estado de derecho y la garantía del principio de legalidad; sólo controlando el Poder es que puede haber un efectivo acceso a la justicia de manera que ésta pueda funcionar con efectiva autonomía e independencia; y en fin, sólo controlando al Poder es que puede haber real y efectiva garantía de respeto a los derechos humanos. De lo anterior resulta, por tanto, que sólo cuando existe un sistema de control efectivo del poder es que puede haber democracia, y sólo en esta es que los ciudadanos pueden encontrar asegurados sus derechos debidamente equilibrados con los poderes Públicos.

Por ello es que decíamos que calificamos a la democracia como una alianza destinada a asegurar el control del poder, lo que implica entre otros, al menos tres derechos políticos claves que los ciudadanos tienen, y que son, además del derecho a la separación de poderes, el derecho a la distribución vertical o territorial del poder para asegurar la participación política; y el derecho al control judicial del ejercicio poder, para asegurar la vigencia de los derechos humanos y el sometimiento del Estado al derecho.

Lo cierto es que, como lo enseña la historia de la humanidad, demasiada concentración y centralización del poder, como ocurre en cualquier régimen autoritario por más velo democrático que lo cubra por su eventual origen electoral, inevitablemente conduce a la tiranía; y el mundo contemporáneo ha tenido demasiadas experiencias que ya han mostrado toda suerte de tiranos que precisamente usaron el voto popular para acceder al poder, y que luego, mediante su ejercicio incontrolado, desarrollaron gobiernos autoritarios, contrarios al pueblo, el cual fue movilizado al antojo de los gobernantes quienes acabaron con la propia democracia y con todos sus elementos, comenzando por el respeto a los derechos humanos.

Por ello, los gobiernos autoritarios no soportan la existencia de un sistema de descentralización política o de distribución vertical del poder público hacia entidades territoriales dotadas de autonomía política que estén efectivamente más cerca del ciudadano, que es lo único que puede garantizar la efectiva posibilidad de la participación política democrática en la toma de decisiones y en la gestión de los asuntos públicos. Es decir, y es bueno destacarlo siempre, porque se olvida cuando se habla de democracia participativa, ésta es sólo posible cuando el poder está cerca del ciudadano, lo que sólo se logra multiplicando autoridades locales gobernadas democráticamente mediante representantes electos, dotadas de autonomía política.[296]

Por ello, la participación política no es simple movilización popular ni se logra estableciendo mecanismos asamblearios de democracia directa. La participación política es la cotidianeidad de la vida ciudadana, que en democracia sólo se asegura a nivel local, en unidades territoriales políticas y autónomas descentralizadas donde se practique el autogobierno mediante representantes electos en forma directa, universal y secreta.

Por ello es que nunca ha habido autoritarismos descentralizados, y menos aún autoritarismos que hayan podido permitir el ejercicio efectivo del derecho a la participación política. Al contrario, en nombre de ésta lo que han impuesto es la exclusión política al concentrar el poder en unos pocos, independientemente de que hayan sido electos, imponiéndole a todos, además, una ideología exclusionista como es el socialismo. Por ello, insisto, es que los autoritarismos temen y rechazan tanto la descentralización política como la participación democrática, y en su lugar, lo que usualmente hacen es concebir parapetos políticos de control del poder a través de asambleas de ciudadanos o consejos comunales controlados por el poder central o por un partido de gobierno, como es el caso de los Consejos Comunales y de las juntas parroquiales comunales que se han institucionalizado en Venezuela,[297] configurados como instituciones de manejo centralizado, dispuestas para hacerle creer al ciudadano que participa, cuando lo que se hace es, si acaso, movilizarlo en forma totalmente selectiva y controlada.

De todo lo anterior resulta, por tanto, que para pueda existir democracia como régimen político, no son suficientes las declaraciones contenidas en los textos constitucionales que hablen de derecho al sufragio y de participación ciudadana; ni siquiera de separación de poderes. Tampoco bastan las declaraciones constitucionales sobre "democracia participativa" o incluso sobre descentralización del Estado; ni las solas enumeraciones de los derechos humanos.

Además de todas esas declaraciones, lo que es necesario en la práctica política democrática, es que se pueda asegurar efectivamente la posibilidad de controlar el poder. Solo así es que se puede hablar de democracia, la cual, por lo demás, además de implicar siempre la representación, es un sistema para la participación. Lo único es que esta última no puede quedar reducida a participar en elecciones o votaciones.

---

296 Allan R. Brewer–Carías, "El Municipio, la descentralización política y la democracia" en *XXV Congreso Iberoamericano de Municipios, Guadalajara, Jalisco, México, 23 al 26 de octubre del 2001*, México 2003, pp. 53–61; *Reflexiones sobre el constitucionalismo en América*, Editorial Jurídica Venezolana, Caracas 2001, pp. 105–125 y 127–141.

297 *V.* Allan R. Brewer–Carías, "El inicio de la desmunicipalización en Venezuela: La organización del Poder Popular para eliminar la descentralización, la democracia representativa y la participación a nivel local", en *AIDA, Opera Prima de Derecho Administrativo. Revista de la Asociación Internacional de Derecho Administrativo*, 49–67 (Universidad Nacional Autónoma de México, Facultad de Estudios Superiores de Acatlán, Coordinación de Postgrado, Instituto Internacional de Derecho Administrativo "Agustín Gordillo", Asociación Internacional de Derecho Administrativo, México, 2007; y *Ley de los Consejos Comunales*, Editorial Jurídica venezolana, Caracas 2009.

4. Sobre la democracia: la representación y la participación

Lo que queda claro, en todo caso, es que el ejercicio de la democracia como derecho ciudadano implica siempre la conjunción de dos principios fundamentales, el principio de la representación y el principio de la participación, que no son excluyentes. Ello es así, incluso, aún cuando tengan circunstancialmente peso diverso, como por ejemplo cuando la democracia siendo representativa sólo asegure en forma deficiente la participación. Lo contrario, en cambio, no es posible en el sentido de que no puede haber democracia que sea supuestamente participativa, sin representación. En otros términos: la democracia representativa que no asegura la efectiva participación, es deficiente; pero la supuesta democracia participativa que no asegura la representación es inexistente. De ello resulta, por tanto, que la dicotomía que por incomprensión o por destrucción se trata de establecer entre democracia representativa y democracia participativa, es falsa.

En efecto, si a algo se contrapone la representación, es a la democracia directa, de manera que la dicotomía en cuanto a la forma de ejercicio de la democracia, está entre la democracia indirecta o representativa y la democracia directa,[298] o asamblearia.

Otra cosa es el tema de la participación, que si a algo se contrapone, no es a la representación, sino a la exclusión. La dicotomía en este caso, está entre democracia de inclusión o participativa y democracia de exclusión o exclusionista; es decir, entre un régimen democrático en el cual el ciudadano tenga efectiva participación en la conducción de los asuntos públicos, y un régimen democrático en el cual el ciudadano, aparte de elegir, esté excluido de participar en ello.

Y esto es precisamente lo que no se tiene claro cuando se habla equivocadamente de "democracia participativa" como supuestamente "contrapuesta" a la democracia representativa, lo que ocurre en todos los frentes: por una parte, desde la mismas trincheras democráticas, queriendo en realidad referirse, sin saberlo, a la necesidad de introducir a la democracia representativa mecanismos de democracia directa; y por la otra, desde las trincheras autoritarias, confundiendo los conceptos para propugnar la eliminación o minimización de la representatividad y establecer una supuesta relación directa entre un líder y el pueblo, a través de los mecanismos institucionales del Estado dispuestos para movilizar a la población y hacer creer que con ellos se participa, cuando en realidad a lo que conducen es a la destrucción de la democracia y al control de la sociedad por el Estado.

Partiendo del supuesto de que la democracia representativa o democracia indirecta, es y seguirá siendo de la esencia de la democracia, de manera que nunca podrá haber una democracia que sólo sea asamblearia, refrendaria o de cabildos abiertos permanentes, el tema central a resolver es cómo hacer de la democracia un régimen de inclusión política, es decir, participativa, donde el ciudadano sea efectivamente parte de su comunidad política, y pueda contribuir a toma de las decisiones que le conciernen; de manera que la participación no quede reducida a votar en elecciones o en consultas populares.

Hay que recordar que incluso de acuerdo con el Diccionario de la Lengua, "participar," en realidad, es estar incluido, lo que no debe confundirse con mecanismos de democracia directa, como las iniciativas legislativas, las consultas populares, los cabildos abiertos y los referendos. Participar, en efecto, en el lenguaje común, es ser parte de…;

---

298 *V.* en general, Luis Aguiar de Luque, *Democracia directa y Estado Constitucional*, Editorial Revista de Derecho Privado, Edersa, Madrid 1977.

es pertenecer a..., es incorporarse a, contribuir a, estar asociado a o comprometerse a...; es tener un rol en..., es tomar parte activa en, estar envuelto en o tener una mano en...; es en fin, asociarse con..., es compartir con o tener algo que ver con... Por ello, la participación política para el ciudadano no es otra cosa que ser parte de o estar incluido en una comunidad política, en la cual el individuo tenga un rol específico de carácter activo conforme al cual contribuye a la toma de decisiones, participando en la elección de representantes que representen la voluntad popular. Ello se materializa, por ejemplo, sin duda, en el ejercicio del derecho al sufragio o en votar en referendos o consultas populares, que son formas mínimas de participación; o en ser miembro de sociedades intermedias. Pero la participación no se agota allí, pues para estar incluido es necesario que el ciudadano pueda ser parte efectiva de su comunidad política; permitiéndosele desarrollar, incluso, la conciencia de su efectiva pertenencia a un determinado orden social y político, por ejemplo, a una comunidad; a un lugar; a una tierra; a un campo; a una comarca; a un pueblo; a una región; a una ciudad; en fin, a un Estado.[299]

En todo caso, el tema central a resolver siempre que se trata de la participación democrática, es determinar cómo y en qué lugar la misma puede realizarse. Como lo advirtió hace años Giovanni Sartori, cuando se refería a quienes primero habían hablado sobre el tema de la democracia participativa, decía: "O el autor de la democracia participativa se decide a clarificar positivamente dónde está lo que corresponde a cuál participación (de cuál naturaleza) y en cuáles lugares (en todas partes?); o nos quedamos con un animal que no logró identificar." Sobre ello, con razón, agregaba, que lo que había era "mucho ruido" y "mucha polémica furiosa," provocando dudas sobre si efectivamente había "nacido algo nuevo."[300]

5. La participación como esencia histórica de la democracia y como fenómeno de la vida local

La verdad, sin embargo, es que la democracia participativa no era ni es nada nuevo; ha estado siempre, desde los mismos días de las Revoluciones Francesa y Norteamericana del Siglo XIX, en muchos países hoy con democracias consolidadas; ha estado siempre, allí, en el nivel más ínfimo de los territorios políticos de los Estados, en las Asambleas locales, en los Municipios, en las Comunas. Lo que pasa es que muchos no la han querido reconocer, e insisten en confundirla. Es decir, muchos no han querido entender *qué es*, efectivamente, participar en política, y *dónde es* que se puede realmente participar, aún siendo ello parte en la corriente sanguínea de la propia democracia, de manera que incluso, quienes la ejercen y la viven cotidianamente ni se dan cuenta de ella; ni le prestan atención y por ello, a veces no se la logra identificar. Ello sucede por ejemplo, en las democracias europeas, que son democracias inclusivas, en las cuales, por ello, ni siquiera el tema es de discusión política, pues la participación es asunto de todos los días.

En todo caso, y vale la pena recordarlo, la democracia participativa puede decirse que fue descubierta para Europa en las mismas tumultuosas décadas iniciales del nacimiento del Estado constitucional contemporáneo por quien puede considerarse el primer gran constitucionalista moderno, Alexis de Tocqueville, cuando en 1831 se topó de frente,

---

299 *V.* en general, Norberto Bobbio, *El futuro de la democracia,* Fondo de Cultura Económica, México 1992, p. 42.

300 Giovanni Sartori, *¿Que es democracia?* , Altamira Editores, Bogotá, 1994.

sin quererlo, –como en general se han hecho los grandes descubrimientos– con el régimen de gobierno local de asambleas que funcionaba desparramado en todo el territorio de las colonias inglesas en la costa este de Norteamérica, y que hervía en los *Town Halls*. Él había ido a estudiar el régimen carcelario en el naciente Estado norteamericano, y lo que resultó fue su gran obra *La Democracia en América* publicada en 1835.[301] Esas instituciones comunales, decía De Tocqueville, "son a la libertad lo que las escuelas vienen a ser a la ciencia; la ponen al alcance del pueblo, le hacen paladear su uso político y lo habitúan a servirse de ella."[302] Pero para cuando eso escribía, ya en Europa misma, esa democracia local también estaba en procedo de configurarse como uno de los productos más acabados y a veces incomprendidos de la propia Revolución Francesa. Ello, incluso, lo advirtió el propio De Tocqueville en su otra clásica obra del constitucionalismo histórico, *El Antiguo Régimen y la Revolución*, escrito veinte años después, al constatar que:

> "La administración local tiene un contacto diario con [los ciudadanos]; toca continuamente sus puntos más sensibles; influye en todos los pequeños intereses que forman el gran interés que se pone en la vida; es el objeto principal de sus temores y también el de sus esperanzas más queridas; los mantiene vinculados a ella por una infinidad de lazos invisibles que los arrastran sin que se den cuenta"[303].

Sin quererlo, puede decirse que De Tocqueville había descubierto la participación, precisamente desarrollada en los gobiernos locales representativos en el sentido de participación política como democracia de inclusión, en la cual el ciudadano toma parte personalmente en un proceso decisorio, interviniendo en actividades estatales y en función del interés general,[304] lo cual sólo puede tener lugar efectivamente en los estamentos territoriales políticamente autónomos más reducidos, en el nivel local, comunal o municipal. Es decir, sólo en los niveles político territoriales inferiores de la organización del Estado es que se puede montar una organización participativa que permita la incorporación del ciudadano individual, o en grupos o en comunidades, en la vida pública, y particularmente, en la toma de decisiones públicas generales o de orden administrativo. Como ha dicho Jaime Castro,

> "La democracia moderna no se concibe sin audaces formas de participación ciudadana y comunitaria en el ejercicio del poder a nivel local y regional. Sin la garantía de que todas y todos pueden y deben participar en la preparación de las decisiones que se piensen tomar sobre temas de interés general, en su adopción y ejecución, esto último mediante el control que realicen sobre la gestión de las autoridades y los particulares que ejerzan funciones públicas. Sólo esas formas democráticas de participación le cambian la cara a las instituciones y permiten hablar de un nuevo régimen político."[305]

---

301 Alexis de Tocqueville, *La democracia en América*, Fondo de Cultura Económica, México 1973, pp. 79 y ss.

302 *Idem*, p. 78.

303 Alexis de Tocqueville, *El Antiguo Régimen y la Revolución*, Alianza Editorial, Tomo I, Madrid 1982, p. 15.

304 *V.* por ejemplo, en relación con la administración de justicia, Alberto González, "Participación en la Administración de Justicia" en Jorge Londoño U. (Compilador), *Constitucionalismo, participación y democracia*, Librería Jurídica Ethos, Uniboyacá, Bogotá–Tunja, 1997, pp. 76–77.

305 *V.* Jaime Castro, *La cuestión territorial*, Editorial Oveja Negra, Bogotá 2003, pp. 201–202. Por ello, cabría preguntarse ¿Por qué será entonces, que en un excelente libro sobre *Las democracias. Entre el Derecho Constitucional y la Política*, de los profesores Olivier Duhamel y Manuel José Cepeda Espinosa en sus más de 400 páginas donde los autores analizan los regímenes democráticos contemporáneos de Europa y América Latina, en la única página en la cual se habla y se usa la expresión de "democracia de participación" es en relación con el sistema

Pero por supuesto, para la concepción de ese "nuevo régimen político" que como decía, sin embargo, es tan antiguo como la democracia misma, el tema central que tiene que resolverse es determinar el nivel territorial que se requiere para que pueda haber participación como cotidianeidad democrática, y la opción en esta materia, tal como ocurre por ejemplo en Francia, en Norteamérica, y todos los países europeos con democracias arraigadas; la opción está en el municipio como entidad política local autónoma desparramado en todos los rincones del Estado, en cada villa, pueblo y caserío, situado bien cerca del ciudadano. Definitivamente, por ello, la opción para la participación no está situada en el gran municipio urbano o rural, ubicado, sin duda, bien lejos del ciudadano.

En esta materia, en efecto, la práctica democrática de los países europeos muestra una realidad incontestable en cuanto al predominio de la existencia en cada Estado de muchos municipios, y entre ellos, incluso, de muchos municipios pequeños. Alemania, por ejemplo, tiene algo más de 16.000 municipios, de los cuales un 75% tiene menos de 5.000 habitantes; y España, tiene más de 8.000 municipios, de los cuales un 85% también tienen menos de 5.000 habitantes. En España, incluso, el 61% de todos los municipios tienen menos de 1.000 habitantes[306]. Es más, en una sola de las Comunidades Autónomas españolas, por ejemplo, la de Castilla y León, hay 2.248 Municipios, de los cuales más de la mitad, es decir, 1.540 Municipios tienen menos de 500 habitantes.[307] O sea en una sola Comunidad Autónoma española, con un área territorial (15.468 km2) muy similar a la del Estado Cojedes (14.800 km2) o a la del Estado Portuguesa (15.200 km2), hay casi setenta veces más Municipios (2.248) que los que hay en toda Venezuela (338) que en cambio tiene un área sesenta veces mayor que la de Castilla y León ; y por supuesto decenas de más Municipios que los que hay en esos Estados (9 en Cojedes y 14 en Portuguesa). En Castilla y León, sin duda, hay participación de todos los días, aún cuando los propios ciudadanos castellanos no lo crean o no se den cuenta. En cambio, en contraste, y este es un caso extremo, en un país como Venezuela, con un territorio que tiene diez veces más área que el de Castilla y León, sólo hay 338 Municipios, es decir, solo un décimo de los que existen en la comunidad castellana. Por eso es que en Venezuela, con esa estructura territorial de gobiernos locales, simplemente no hay ni podrá haber real participación política.[308]

Lo cierto, en todo caso, es que la Revolución Francesa, entre los muchos aportes que dio al constitucionalismo moderno, dio el de la participación ciudadana al haber desparramado el poder que hasta entonces estaba concentrado en pocas manos de la Monar-

---

suizo? Véase Olivier Duhamel y Manuel José Cepeda Espinosa, *Las Democracias. Entre el Derecho Constitucional y la Política*, TM Editores. Universidad de los Andes. Facultad de Derecho, Bogotá, 1997, p. 56. Acaso el régimen constitucional de Suiza, entre otros factores por la superficie incluso del país, no es el paradigma del federalismo y del régimen local o cantonal?

306 *V.* Thorsten Sagawe, "La situación de los pequeños municipios en Europa: con especial referencia a la República Federal de Alemania", en Luis Villar Borda et al, *Problemática de los pequeños Municipios en Colombia ¿Supresión o reforma?*, Universidad Externado de Colombia, Bogotá 2003, p. 40.

307 *Informe sobre el Gobierno Local*, Ministerio para las Administraciones Públicas. Fundación Carles Pi i Sunyer dÉtudis Autonòmics y Locals, Madrid 1992, p. 27.

308 En nuestros países de América Latina la situación no es muy diferente: Argentina: 1.617 municipios; Bolivia: 312 municipios; Brasil: 5.581 municipios; Colombia: 1.100 municipios Chile: 340; Cuba: 169 municipios; Ecuador: 1.079 municipios; El Salvador: 262 municipios; Guatemala: 324 municipios: en Honduras: 293 municipios; Nicaragua: 143 municipios; Paraguay: 212 municipios; Perú: 1.808 municipios; República Dominicana: 90 municipios; Uruguay: 19 municipios. Véase las referencias en Allan R. Brewer–Carías, *Reflexiones sobre el constitucionalismo en América*, Editorial Jurídica Venezolana, Caracas 2001, pp. 139 y ss.

quía y de los señores feudales,[309] en más de 40.000 Comunas, como allí se denomina a los municipios, lo que permitió que el Municipio se comenzara a ubicar en Europa, en cuanta aldea, pueblo, villas y ciudad existía, bien cerca del ciudadano. Todo comenzó en los mismos días de la Revolución, el 4 de agosto de 1789, veinte días antes de que la Asamblea Nacional adoptara la declaración de los Derechos del Hombre y del Ciudadano, cuando la misma Asamblea Nacional declaró irrevocablemente abolidos "todos los privilegios particulares de provincias, principados, cantones, ciudades y comunidades de habitantes, sean pecuniarios o de cualquier otra naturaleza;"[310] disponiendo los días 14 y 22 de diciembre del mismo año 1789, la instauración de una Municipalidad "en cada villa, burgo, parroquia y comunidad del campo."[311] De ello resultó que para 1791 en la Francia revolucionaria ya había 43.915 municipios, los cuales comenzaron a llamarse comunas, y que fueron las que en definitiva dieron origen a los más de 34.000 municipios o comunas que hoy existen en ese país, integradas por representantes electos mediante sufragio universal directo y secreto. Y de nuevo, comparemos esa realidad de 40.000 municipios con la nuestra, donde en un país con territorio que casi duplica el área del de Francia (643.427 km2), como es Venezuela (912.784 km2), solo hay 338 Municipios.

Frente a estas realidades, acaso nos hemos preguntado ¿porqué será entonces que en los países que llamamos democráticamente desarrollados como los europeos, donde impera la fragmentación municipal, no se plantea con tanta urgencia la necesidad de la participación ciudadana, pues es de todos los días; y, en cambio en todos nuestros países latinoamericanos, donde al contrario, hay muy pocos municipios y entidades locales autónomas electas, para sus enormes territorios y su población, es donde más se grita contra nuestras insuficiencias democráticas clamándose a la vez por una democracia participativa?

Creo que la respuesta es obvia, sobre todo cuando constatamos que lo mismo que se ha señalado respecto de Francia, se repite en todos los demás países europeos. Me refiero, siempre teniendo en cuenta la cifra de los 338 Venezolanos, a los 2.539 Municipios que existen en Bélgica (38.520 Km2); a los 16.121 Municipios que hay en la Alemania unificada (357.021 km2);[312]; a los 8.104 Municipios que hay en Italia (301.230 km2) y a los más de 3.000 cantones que hay en Suiza (41.290 Km2).[313] O sea, en Bélgica con una superficie algo mayor que la del Estado Barinas (35.200 km2), hay doscientas veces más municipios (en Barinas hay 12), y hay siete veces más Municipios que todos los que hay en Venezuela.

Lamentablemente, en Venezuela, como sucedió en toda América Latina la conformación del municipio, aún cuando tributario de los principios organizativos del europeo, tomó otro rumbo de distribución territorial. En efecto, a pesar de sus raíces en el muni-

309 *V.* en general, Eduardo García de Enterría, *Revolución Francesa y administración contemporánea*, Taurus Ediciones, Madrid 1981, pp. 17, 41, 46, 49, 50, 56.

310 Luciano Vandelli, *El Poder Local. Su origen en la Francia revolucionaria y su futuro en la Europa de las regiones*, Ministerio para las Administraciones Públicas, Madrid 1992, p. 28, nota 10.

311 Albert Soboul, *La révolution française*, Gallimard, París 1981, pp. 198 y ss.;

312 Thorsten Sagawe, "La situación de los pequeños municipios en Europa: con especial referencia a la República Federal de Alemania", en Luís Villar Borda et al, *Problemática de los pequeños Municipios en Colombia ¿Supresión o reforma?*, Universidad Externado de Colombia, Bogotá 2003, pp. 42–43.

313 *V.* Luciano Vandelli, *El Poder Local. Su origen en la Francia revolucionaria y su futuro en la Europa de las regiones*, Ministerio para las Administraciones Públicas, Madrid 1992, pp. 179; Allan R. Brewer–Carías, *Reflexiones sobre el constitucionalismo en América*, Editorial Jurídica Venezolana, Caracas 2001, pp. 139 y ss.

cipalismo francés, y haber incluso desarrollado mucho antes que en Europa el concepto mismo de autonomía municipal el cual, por ejemplo en Francia, sólo se introdujo con las reformas de Mitterrand en 1982[314] mediante la Ley de Libertad de las Comunas; y en España con la Ley de Bases del Régimen Local de 1985. Ese diferente rumbo derivó, primero, del condicionamiento territorial que en estas tierras impuso el desarrollo institucional del proceso colonial, que terminó por ubicar a los Municipios en las capitales provinciales, abarcando enormes territorios; y segunda, por el proceso de conformación del régimen republicano luego de la Independencia, que no sólo acogió el esquema de Municipios establecidos en ámbitos territoriales cada vez más y más alejados de los ciudadanos y de sus comunidades, sino que trató al poder municipal con recelo, particularmente desde el Poder Central que se estaba conformando. No olvidemos, incluso, que en Colombia, Estado creado en 1821 bajo el liderazgo de Simón Bolívar con base en los territorios de las antiguas provincias de Nueva Granada y Venezuela, el mismo Libertador llegó a suprimir los Municipios en 1828, considerando que eran "una verdadera carga para los ciudadanos, y producen muy pocas utilidades al público."[315].

Pero lo cierto es que en los 200 años que han transcurrido desde la Independencia, el panorama territorial de la distribución vertical del poder en los países latinoamericanos ha variado muy poco, careciendo nuestros países del nivel político territorial necesario para que la democracia pueda efectivamente ser participativa, que es el gobierno local. Y nos empeñamos en buscar en otras partes soluciones, que la verdad, no encontraremos.

Y aquí volvemos a lo que afirmaba al inicio, sobre que la democracia participativa está indisolublemente ligada, no a la democracia directa, sino a la descentralización política y la municipalización, de manera que la misma no se puede materializar con solo propuestas de incorporación al régimen democrático, de instrumentos como los referendos o las consultas o las iniciativas populares, y mucho menos eliminando la representación.

En realidad, la participación política como cotidianeidad democrática o como parte de la democracia como forma de vida, sólo puede darse a nivel local. No hay otra instancia para ello en los Estados; lo demás es falacia y engaño, o mecanismos de democracia directa que son otra cosa. Por ello es que el tema, precisamente, no tiene tanta notoriedad en los países europeos, donde la participación es de todos los días, en las pequeñas cosas que pueden tratarse en esos pequeños municipios urbanos y rurales.

La participación política o la democracia participativa están, por tanto, íntimamente unidas al localismo y a la descentralización política, y ésta, a la limitación del poder, lo que es consustancial con la democracia. Por ello, Eduardo García de Enterría afirmó con razón que el régimen local "da curso al derecho ciudadano a participar en todos, completamente en todos los asuntos públicos que afectan a la propia comunidad;"[316] de manera que como también dijo Sebastián Martín Retortillo, hace más de treinta años

---

314 Sobre la aplicación de la Ley de 2 de marzo de 1982, véase en general, André Terrazoni, *La décentralization a l'épreuve des faits*, LGDJ, Paris1987.

315 *V.* el decreto de Supresión de las Municipalidad de 17 de noviembre de 1828, en Allan R. Brewer–Carías, *Las Constituciones de Venezuela*, Academia de Ciencias Políticas y Sociales, Vol. I, Caracas 2008, p. 681.

316 Citado en Sebastián Martín Retortillo, en "Introducción" al libro Sebastián Martín Retortillo et al, *Descentralización administrativa y organización política*, Tomo I, Ediciones Alfaguara, Madrid, 1973, p. LVIII.

cuando España aún no había entrado en el proceso de transición hacia la democracia, la participación efectiva del ciudadano común, siempre presupone la descentralización.[317]

De manera que sin temor a equivocarnos podemos afirmar que no puede haber participación política sin descentralización política territorial, es decir, sin que exista una multiplicidad de poderes locales y regionales autónomos políticamente, con gobernantes electos mediante sufragio universal, directo y secreto; sin ellos, en definitiva, no puede haber una democracia participativa. Lo que habría es centralismo, que es la base de la exclusión política al concentrar el poder en unos pocos electos, y a la vez, el motivo del desprestigio de la democracia representativa por más aditivos de democracia directa o refrendaria se le implante.

No hay otra forma de perfeccionar la democracia y hacerla más participativa y más representativa, que no sea acercando el Poder al ciudadano, lo que sólo puede llevarse a cabo descentralizando política y territorialmente el Poder del Estado y llevarlo hasta la más pequeña de las comunidades; es decir, distribuyendo el Poder en el territorio nacional.[318] Por tanto, sólo municipalizando los territorios de nuestros países, es que se puede rescatar, más de doscientos años después, lo que fue la decisión terminante de la Asamblea Nacional Constituyente francesa en aquél diciembre de 1789, y que hoy se traduciría en la frase de que toda comunidad rural, todo caserío, todo pueblo, todo barrio urbano, debería tener su autoridad local como comunidad política gobernada democráticamente, es decir, mediante representantes electos mediante sufragio universal, directo y secreto.[319]

Pero por supuesto, para ello, es decir, para una reforma política de esta naturaleza, tenemos que pensar en otro municipio, para no desparramar territorialmente la estructura burocrática local, mal y uniformemente concebida que tenemos en muchos de nuestros países y que lo que podría provocar es peor democracia; lo que también se podría originar con los intentos que a veces se han realizado en algunos de nuestros países, donde al contrario de multiplicar los gobiernos locales, se ha propuesto una política de reducción de municipios, calificada con acierto por Jaime Castro como un verdadero "genocidio municipal" al comentar el intento que se hizo en Colombia, en 2001, con el Proyecto de Ley 041/01, que proponía la desaparición de materialmente la mitad de los 1.067 entonces existentes municipios colombianos, aquellos que tenían menos de 14.000 habitantes. Castro advertía además, lo que es válido para todos nuestros países, que en Colombia "los municipios son el Estado –la única presencia del Estado– en extensas y abandonadas regiones del país", por lo que lo que habría que hacer, al contrario, era "fortalecer y transformar el pequeño municipio [para] convertirlo en herramienta eficaz de una política de poblamiento territorial y de ocupación continua del espacio físico.[320]

De allí la enorme revalorización que requiere en nuestros países el tema del pequeño municipio como parte del proceso de descentralización político–territorial, para asegu-

317 *Idem*, p. LIX.

318 *V.* en *XXV Congreso Iberoamericano de Municipios, Guadalajara, Jalisco, México del 23 al 26 de octubre de 2001*, Fundación Española de Municipios y Provincias, Madrid 2003, pp. 453 y ss.

319 Como se enunció, por ejemplo en la Constitución de la Provincia del Chaco, de Argentina: "Todo centro de población constituye un municipio autónomo" (Artículo 182). Citado por Augusto Hernández Barrera, "Objetivos inéditos de la categorización municipal" en Luis Villar Borda et al, *Problemática de los Pequeños Municipios en Colombia ¿Supresión o reforma?*, Universidad Externado de Colombia, Bogotá 2003, p. 108. Véase además, Augusto Hernández Becerra, *Ordenamiento y desarreglo territorial en Colombia*, Instituto de Estudios Constitucionales Carlos Restrepo Piedrahita, Bogotá 2001.

320 *V.* Jaime Castro, *La cuestión territorial*, Editorial Oveja Negra, Bogotá 2003, pp. 136–137.

rar no sólo la presencia del Estado en el territorio, sino para hacer posible la participación democrática, partiendo de la necesaria diversidad que deben tener las entidades locales; es decir, todo lo contrario al uniformismo organizacional.

En fin, lo que debemos concientizar es que no hay que temerle a la descentralización política, pues se trata de un fenómeno propio de las democracias, que por supuesto es temido por los autoritarismos. Lo cierto es que no hay ni ha habido autocracias descentralizados, siendo los autoritarismos los que rechazan tanto la descentralización política como la participación democrática, incluyendo los autoritarismos que tradicionalmente nos han gobernado bajo el ropaje del "centralismo democrático," de cualquier cuño que sea, incluso de orden partidista. Es precisamente lo que ha ocurrido en Venezuela, donde en nombre de una supuesta participación se está acabando con la descentralización y con la misma democracia.

No hay que dejarse engañar con los cantos de sirenas autoritarios que no se cansan de hablar de "democracia participativa," pero no para hacerla posible descentralizando el poder en el territorio, sino para acabar con la democracia representativa, imposibilitando a la vez la participación. No nos confundamos los demócratas al intentar dar respuesta a las exigencias políticas crecientes de participación democrática, con el sólo establecimiento de paños calientes de carácter refrendario o de iniciativas o consultas populares, que no la agotan en absoluto. En fin, no le tengamos miedo a lo pequeño, que territorialmente hablando es precisamente la lugarización, el pequeño municipio rural y la subdivisión municipal suburbana.

6. El abandono de la democracia con las leyes del poder popular en Venezuela

Ahora bien, partiendo de lo antes señalado y teniendo en cuenta el marco constitucional analizado sobre la democracia y la participación, incluyendo la mencionada distinción entre la participación ciudadana como derecho político, y la participación popular como derecho individual y colectivo de todo habitante de una comunidad de hacerse parte en los asuntos relativos a dicha comunidad, es que debe analizarse el régimen establecido en las Leyes sobre el Poder Popular y el Estado Comunal, y en particular, la Ley Orgánica de los Consejos Comunales de 2009. En todas las referidas leyes se ha establecido una mezcolanza en el ejercicio de ambos derechos, y por ejemplo en la Ley Orgánica del Poder Popular, de los Consejos Comunales y de las Comunas, se ha otorgado un derecho político que es exclusivo de los ciudadanos, como es el de la participación *en las Asambleas de Ciudadanos* consagrado en los artículos 62 y 70 de la Constitución, a quienes no son ciudadanos, como son los extranjeros y los menores de 18 años. Con ello, la base de toda la regulación establecida en estas leyes, simplemente, fue mal concebida.

Sin duda es posible y deseable que los extranjeros y menores participen en asambleas de la comunidad, vecinales o en cualquier otra instancia comunitaria como manifestación del derecho a la participación social y comunitaria que corresponde a toda persona habitante de la República, pero no es posible constitucionalmente que se les otorgue el derecho de participar en las Asamblea de "ciudadanos," o de votar en referendos que son específicos mecanismos de participación "política" que, como se dijo, de acuerdo con la Constitución, son una manifestación esencial de un derecho político que se ha reservado a los ciudadanos.

Ahora bien, refiriéndonos ahora en concreto al derecho a la participación política en forma *directa* (democracia participativa) en la Constitución de 1999, como se ha dicho, el mismo está concebido, primero, como un derecho *político* (distinto a los civiles, sociales, educativos, culturales, ambientales, etc.), el cual, por tanto corresponde sólo a los *ciudadanos*, es decir, a los venezolanos que no estén sujetos a inhabilitación política ni a interdicción civil y conforme a la edad que se determine en la ley (art. 30); segundo, se lo concibe como un derecho político que tiene que poder ejercerse *libremente*, es decir, sin limitaciones o condicionamientos algunos salvo los que puedan derivarse "del derecho de las demás y del orden público y social" (art. 20), razón por la cual no pueden estar encasillados en una ideología única compulsiva como el socialismo; tercero, se lo concibe como tal derecho político que debe ejercerse en el marco de la organización descentralizada del Poder Público (Nacional, Estadal y Municipal) que responde a su distribución en el territorio conforme a la forma federal del Estado (arts. 4 y 136); y cuarto, se lo concibe como un derecho político que por su naturaleza (la necesidad de que el Poder esté cerca del ciudadano), ha de ejercerse particularmente en la unidad política primaria y autónoma de la organización nacional que conforme a la Constitución es el Municipio, concebido como una entidad política con gobierno propio electo mediante sufragio universal directo y secreto (democracia representativa). Es en las actuaciones de esta unidad política, conforme al artículo 168 de la Constitución, que fundamentalmente se debe incorporar "la participación ciudadana al proceso de definición y ejecución de la gestión pública y al control y evaluación de sus resultados, en forma efectiva, suficiente y oportuna."

Es contrario a la Constitución, por tanto, que el derecho político a la participación se extienda a quienes no son ciudadanos, como son los extranjeros o los menores; que se lo conciba en forma restringida, es decir, sin poder ejercerse libremente, al reducírselo en su ejercicio sólo para la ejecución de una orientación política exclusionista como es el socialismo, eliminando cualquier otra; que su ejercicio se organice en forma centralizada, sometido a la sola conducción por parte del Poder Nacional y en particular del Ejecutivo Nacional, excluyéndose de su ámbito a los Estados y Municipios; y en particular, que se excluya a este último (el Municipio) como unidad política primaria que es en la organización nacional, del ámbito de su ejercicio, desmunicipalizándoselo, al concebirse otra entidad no autónoma políticamente para materializarlo como es el caso de los Concejos Comunales creados sin autonomía política y fuera del gobierno local.

En otras palabras, sólo mediante una reforma constitucional del artículo 30 de la Constitución es que podría extenderse la ciudadanía a los extranjeros, a los efectos de que puedan ejercer el derecho político a la participación; sólo mediante una reforma constitucional del artículo 62 de la Constitución es que podría eliminarse el carácter libre del ejercicio del derecho a la participación ciudadana y restringírselo sólo para la consecución del socialismo; sólo mediante una reforma constitucional de los artículos 4 y 136 de la Constitución, es que se podría eliminar la forma descentralizada del ejercicio de la participación ciudadana en el sistema de distribución vertical del Poder Público, y concebir su ejercicio sólo sometido a la sola conducción por parte del Poder Nacional y, en particular, del Ejecutivo Nacional; y sólo mediante una reforma constitucional del artículo 168 de la Constitución es que se podría excluir al Municipio del ámbito de ejercicio del derecho político a la participación ciudadana, desmunicipalizándoselo, y concebirse una unidad primaria no autónoma políticamente, como los Concejos Comunales creados sin autonomía política y fuera del gobierno local, para canalizar su ejercicio.

Y esto es precisamente lo que se ha establecido en las Leyes Orgánicas del Poder Popular, de los Consejos Comunales y de las Comunas, al regularse el régimen del derecho a la participación ciudadana, y crearse a dichos Concejos Comunales, como "una instancia de participación para el ejercicio directo de la soberanía popular" (art. 1) "en la construcción del nuevo modelo de sociedad socialista"(art. 2), "con el fin de establecer la base sociopolítica del socialismo que consolide un nuevo modelo político, social, cultural y económico" (art. 3); en una forma completamente distinta a la establecida en la Constitución, cuyo texto se viola abiertamente. Con estas Leyes Orgánicas, en realidad, y en forma completamente inconstitucional, lo que se ha pretendido es implementar las reformas constitucionales sobre el "Poder Popular" que se habían pretendido introducir con la Reforma Constitucional sancionada de 2007,[321] la cual, sin embargo, fue rechazada mayoritariamente por el pueblo.

Ahora bien, para entender adecuadamente el contenido y sentido de estas nuevas regulaciones relativas al Poder Popular y al Estado Comunal, montado sobre las Comunas y los Consejos Comunales, consideramos necesario referirnos a sus antecedentes inmediatos: primero, al contenido de la rechazada reforma constitucional de 2007, en lo que se refería a la estructuración del Poder Popular en paralelo al Poder Público, y que, como se dijo, fue rechazado mayoritariamente por el pueblo en el referendo de diciembre de 2007; y segundo, a la institucionalización efectuada en 2006 de los Consejos Comunales como pieza del Estado Socialista.

II. LOS ANTECEDENTES DEL NUEVO RÉGIMEN DEL PODER POPULAR Y DEL ESTADO COMUNAL EN LA INCONSTITUCIONAL LEY DE LOS CONSEJOS COMUNALES DE 2006

Como se dijo, los antecedentes inmediatos de las leyes del Poder Popular y del Estado Comunal en Venezuela, es decir, para el establecimiento del Estado Comunista, fueron: primero, la sanción en 2006 y sin soporte alguno en la Constitución, de la Ley de los Consejos Comunales[322] con la que se inició el proceso de desmunicipalización en el país; y segundo, la formulación del proyecto de reforma constitucional por el Presidente de la República en 2007, para la institucionalización de un Estado centralista Socialista y Militarista, el cual a pesar de haber sido sancionado por la Asamblea Nacional en noviembre de 2007, fue rechazada por el pueblo en el referendo de diciembre de 2007.

1. La "desmunicipalización" de la participación ciudadana y los Consejos Comunales creados en 2006

A. Los Municipios y los Consejos Comunales

En efecto, desde 2006, con la sanción de la Ley de los Consejos Comunales y la progresiva creación de los mismos, el gobierno autoritario había venido tratando de regular

321 *V.* Sobre dicha reforma Allan R. Brewer–Carías, *La Reforma Constitucional de 2007*, Editorial Jurídica Venezolana, Caracas 2007.

322 *V. Gaceta Oficial* Nº 5806 Extra. de 10 de abril de 2006. Véase sobre esta Ley de 2006, lo expuesto en el estudio de Claudia Nikken, "La Ley Orgánica de los Consejos Comunales y el derecho a la participación ciudadana en los asuntos públicos," en pp. 183 ss. de este libro.

y confinar la participación ciudadana con un doble propósito: por una parte, para eliminar la democracia representativa; y por la otra, para desmunicipalizar su ámbito de ejercicio.[323]

Como se ha dicho, conforme a la Constitución, el Municipio es la unidad política primaria dentro de la organización pública nacional (art. 168) que, como parte del sistema constitucional de distribución vertical del Poder Público (art. 136), en el nivel territorial inferior es la entidad política llamada a hacer efectiva la participación ciudadana. Por ello, el artículo 2° de la Ley Orgánica del Poder Público Municipal de 2005[324] conforme a lo dispuesto en el artículo 168 de la Constitución dispuso que las actuaciones del municipio deberían incorporar "la participación ciudadana de manera efectiva, suficiente y oportuna, en la definición y ejecución de la gestión pública y en el control y evaluación de sus resultados."

Para ello, en todo caso, lo que resultaba necesario era acercar el poder municipal al ciudadano, municipalizándose el territorio, lo que la propia Ley Orgánica impidió. Pero en lugar de reformar dicha Ley Orgánica y establecer entidades municipales o del municipio más cerca de las comunidades, lo que se buscó establecer con la Ley de los Consejos Comunales de 2006 fue un sistema institucional centralizado para la supuesta participación popular, denominado "del Poder Popular", en paralelo e ignorando la propia existencia del régimen municipal, concibiéndose a la "comunidad" fuera del mismo Municipio, organizada en Consejos Comunales, "en el marco constitucional de la democracia participativa y protagónica", como "instancias de participación, articulación e integración entre las diversas organizaciones comunitarias, grupos sociales y los ciudadanos." Fue en estos Consejos Comunales, conforme a la Ley de 2006, establecidos sin relación alguna con los Municipios, en los que se ubicaron las Asambleas de Ciudadanos como la instancia primaria para el ejercicio del poder, la participación y el protagonismo popular, cuyas decisiones se concibieron como de carácter vinculante para el consejo comunal respectivo (art. 4,5).

Con esta Ley de los Consejos Comunales de 2006, puede decirse que se comenzó el inconstitucional proceso de desmunicipalización de la participación ciudadana, sustituyéndose al Municipio como la unidad política primaria en la organización nacional que exige la Constitución conforme a un sistema de descentralización política (distribución vertical) del poder, por un sistema de entidades sin autonomía política alguna que se denominaron del "Poder Popular" (Consejos Comunales), directamente vinculadas y dependientes en un esquema centralizado del poder, dirigido desde el más alto nivel del Poder Ejecutivo Nacional, por el Presidente de la República mediante una Comisión Presidencial del Poder Popular.[325]

---

323 *V.* lo que hemos expuesto en Allan R. Brewer–Carías, "El inicio de la desmunicipalización en Venezuela: La organización del Poder Popular para eliminar la descentralización, la democracia representativa y la participación a nivel local", en *AIDA, Opera Prima de Derecho Administrativo. Revista de la Asociación Internacional de Derecho Administrativo*, Universidad Nacional Autónoma de México, Facultad de Estudios Superiores de Acatlán, Coordinación de Postgrado, Instituto Internacional de Derecho Administrativo "Agustín Gordillo", Asociación Internacional de Derecho Administrativo, México, 2007, pp. 49 a 67.

324 *V.* la Ley de Reforma Parcial de la Ley Orgánica del Poder Público Municipal, *Gaceta Oficial* N° 38.327 de 02–12–2005. Véanse los comentarios a esta Ley en el libro: *Ley Orgánica del Poder Público Municipal*, Editorial Jurídica Venezolana, Caracas 2007. La Ley ha sido reformada en 2010, *Gaceta Oficial* N° 6.015 Extra. de 28 de diciembre de 2010.

325 Sobre esto, por ejemplo, María Pilar García–Guadilla ha señalado al referirse al "solapamiento y usurpación de competencias entre los Concejos Comunales y el concejo municipal," que los primeros "debilitan la idea de un gobierno municipal autónomo con propiedad sobre el espacio geográfico en donde tiene jurisdicción y no pro-

La Ley, además, supuestamente abogando por una participación popular, en un esquema completamente antidemocrático, sustituyó la representación que origina el sufragio en entidades políticas como los Municipales, por la organización de entidades denominadas del "Poder Popular" que no tienen origen representativo electoral, en las cuales se pretendió ubicar la participación ciudadana, pero sometida al control del vértice del poder central, y sin que los titulares rindan cuentas al pueblo.

En efecto, en abril de 2006, en lugar de reformarse nuevamente la Ley Orgánica del Poder Público Municipal para municipalizar el país y hacer efectiva la participación ciudadana en un esquema de descentralización política del poder público, se optó por sancionarse la Ley de los Consejos Comunales con el objeto de crear, desarrollar y regular la conformación de dichas supuestas instancias de participación, totalmente desvinculadas de Municipios, parroquias y organizaciones vecinales, estableciéndose su integración, organización y funcionamiento, así como su relación con los órganos del Estado, para la formulación, ejecución, control y evaluación de las políticas públicas (art. 1).

Estos Consejos Comunales, supuestamente "en el marco constitucional de la democracia participativa y protagónica", se regularon como se dijo, sin relación alguna con la organización municipal, para en paralelo, supuestamente permitir "al pueblo organizado ejercer directamente la gestión de las políticas públicas y proyectos orientados a responder a las necesidades y aspiraciones de las comunidades en la construcción de una sociedad de equidad y justicia social" (art. 2). Se trata, como se dijo, de un esquema organizacional completamente paralelo y desvinculado con la descentralización política o la distribución vertical del poder público; es decir, completamente desvinculado de la organización territorial del Estado que establece la Constitución, es decir, desvinculado de los Estados, Municipios y Parroquias.

Por ello, los Consejos Comunales se integraron conforme a un esquema estatal centralizado, que tenía en su cúspide una Comisión Nacional Presidencial del Poder Popular designada y presidida por el Presidente de la República, la cual, a su vez, designaba en cada Estado a las Comisiones Regionales Presidenciales del Poder Popular, previa aprobación del Presidente de la República (art. 31); y designaba además, en cada municipio, las Comisiones Locales Presidencial del Poder Popular, también previa aprobación del Presidente de la República (art. 32); sin participación alguna de los Gobernadores de Estado ni de los Alcaldes municipales.

En todo caso, la Ley dispuso que la organización, funcionamiento y acción de dichos consejos comunales "se rige conforme a los principios de corresponsabilidad, cooperación, solidaridad, transparencia, rendición de cuentas, honestidad, eficacia, eficiencia, responsabilidad social, control social, equidad, justicia e igualdad social y de género"(art. 3). La práctica, sin embargo, no evidencia que no se logró desarrollar los concejos comunales conforme al discurso gubernamental y a las previsiones teóricas de la Ley, de manera que como lo ha observado María Pilar García–Guadilla, "Mientras que los objetivos y el discurso presidencial hablan de empoderamiento, transformación y

---

mueven la descentralización," en "La praxis de los consejos comunales en Venezuela: ¿Poder popular o instancia clientelar?," en *Revista Venezolana de Economía y Ciencias Sociales*, abr. 2008, Vol. 14, N° 1, p. 125–151. Véase en http://www.scielo.org.ve/scielo.php?pid=S1315–6411200–8000100009&script=sci_arttext.

democratización, las praxis observadas apuntan hacia el clientelismo, la cooptación, la centralización y la exclusión por razones de polarización política."[326]

B. La "comunidad" como la unidad básica de organización del pueblo

La Ley de 2006 estableció como unidad social básica para el funcionamiento de los Consejos Comunales a la "comunidad" la cual se definió como "el conglomerado social de familias, ciudadanos y ciudadanas que habitan en un área geográfica determinada, que comparten una historia e intereses comunes, se conocen y relacionan entre sí, usan los mismos servicios públicos y comparten necesidades y potencialidades similares: económicas, sociales, urbanísticas y de otra índole (art. 4,1). Ella, en realidad, debió haber sido el nuevo municipio que debió haberse creado en otra concepción democrática y participativa del mismo.

La Ley de 2006 definió además, a las Comunidades Indígenas como "grupos humanos formados por familias indígenas asociadas entre sí, pertenecientes a uno o más pueblos indígenas, que están ubicados en un determinado espacio geográfico y organizados según las pautas culturales propias de cada pueblo, con o sin modificaciones provenientes de otras culturas (art. 4,2).

La Ley de 2006 estableció tres elementos claves para identificar a la "comunidad" como organización social, que fueron un territorio, una población y una organización.

En cuanto al territorio, el de las comunidades debía estar formado por el área geográfica atribuida a la misma, conformado por el Territorio que ocupan sus habitantes, cuyos límites geográficos se debían establecer en Asamblea de Ciudadanos dentro de los cuales debía funcionar el Consejo Comunal. El área geográfica debía ser decidida por la Asamblea de Ciudadanos de acuerdo con las particularidades de cada comunidad (art. 4,3).

En cuanto a la población, a los efectos de "la participación protagónica, la planificación y la gobernabilidad de los consejos comunales", la misma se debía determinar conforme a una "base poblacional de la comunidad" haciendo la Ley referencia a los criterios técnicos y sociológicos que señalaban –en cierto sentido similar a los que se utilizaron en la vieja Ley Orgánica de Régimen Municipal para las asociaciones de vecinos– que las comunidades se agrupaban en familias, entre 200 y 400 en el área urbana, a partir de 20 familias en el área rural y a partir de 10 familias en las comunidades indígenas. La base poblacional debía ser decidida por la Asamblea de Ciudadanos de acuerdo con las particularidades de cada comunidad, tomando en cuenta las comunidades aledañas. (art. 4,4).

En cuanto a la organización política de las Comunidades, la Ley estableció las siguientes estructuras básicas de la comunidad, sin ningún elemento de democracia representativa o de gobierno electivo: la Asamblea de Ciudadanos, el Consejo Comunal y sus órganos ejecutivo, financiero y de control, y las demás organizaciones comunitarias. Estas últimas eran las que "existen o pueden existir en las comunidades y que agrupan a un conjunto de ciudadanos y ciudadanas con base en objetivos e intereses comunes, tales como: comités de tierras, comités de salud, mesas técnicas de agua, grupos cultu-

---

326 *V.* en María Pilar García–Guadilla "La praxis de los consejos comunales en Venezuela: ¿Poder popular o instancia clientelar?," en *Revista Venezolana de Economía y Ciencias Sociales*, abr. 2008, Vol. 14, N° 1, p. 125–151. Véase en http://www.scielo.org.ve/scielo.php?pid=S1315–64112008000100009&script =sci_arttext

rales, clubes deportivos, puntos de encuentro y organizaciones de mujeres, sindicatos y organizaciones de trabajadores y trabajadoras, organizaciones juveniles o estudiantiles, asociaciones civiles, cooperativas, entre otras" (art. 4,8).

C. Las asambleas de ciudadanos

La Ley de 2006, en paralelo al Municipio como la unidad primaria para la participación, concibió a la Asamblea de Ciudadanos como la instancia primaria para el ejercicio del poder, la participación y el protagonismo popular, cuyas decisiones son de carácter vinculante para el consejo comunal respectivo.(art. 4,5). Esta Asamblea de Ciudadanos se la reguló como "la máxima instancia de decisión del Consejo Comunal", integrada por los habitantes de la comunidad, mayores de 15 años. En esta forma, como se dijo, se violó la Constitución (arts. 62 y 70) que reserva el derecho de participar en las "Asambleas de ciudadanos," como lo indica su nombre, solo a los "ciudadanos," lo que excluye a los extranjeros y a los menores de 18 años. El legislador, quizás, lo que quiso fue regular Asambleas de la comunidad o de vecinos, pero las denominó erróneamente como Asambleas de ciudadanos, violando la Constitución.

La Ley reguló todo el proceso de constitución inicial (por primera vez) de las Asambleas de Ciudadanos (Asamblea Constituyente Comunal o Comunitaria) con la asistencia de al menos el 20% de los miembros de la comunidad, mayores de 15 años (art. 19), convocada, conducida y organizada por una comisión promotora integrada por el número variable de miembros de la comunidad que asumieran esta iniciativa, con la participación de un representante designado por la Comisión Presidencial del Poder Popular respectivo. (arts. 15, 16). Esta Comisión promotora debía, conforme al artículo 17 de la Ley de 2006, entre otras funciones, difundir entre los habitantes de la comunidad el alcance, objeto y fines de los Consejos Comunales; elaborar un croquis del área geográfica de la comunidad; recabar la información de su historia; organizar y coordinar la realización del censo demográfico y socioeconómico comunitario; y convocar a la Asamblea Constituyente Comunitaria. La Comisión Promotora cesaba en sus funciones al momento de la conformación del Consejo Comunal.

La Asamblea de Ciudadanos conforme al artículo 6 de la Ley de 2006, tenía entre sus atribuciones, el aprobar las normas de convivencia de la comunidad; aprobar los estatutos y el acta constitutiva del Consejo Comunal con la indicación de su nombre, el área geográfica, el número de familias que lo integraban, el listado de asistentes y el lugar, fecha y hora de reunión; la aprobación del Plan de Desarrollo de la Comunidad y los proyectos presentados al Consejo Comunal en beneficio de la comunidad; el ejercicio de la contraloría social; y la adopción de las decisiones esenciales de la vida comunitaria, y entre ellas, elegir a los integrantes de los diversos voceros e integrantes de los órganos comunitarios, y revocarles el mandato. La Asamblea de Ciudadanos también debía determinar y elegir el número de voceros de los diversos comités de trabajo, de acuerdo a la cantidad que se conformasen en la comunidad (art. 9), en áreas como salud, educación, tierra urbana o rural, vivienda, protección e igualdad social, economía popular, cultura, seguridad integral, medios de comunicación, recreación y deportes, alimentación, agua, energía y gas, y servicios (art. 9).

Todos los voceros de los comités de trabajo, conforme al artículo 12 de la Ley de 2006 debían ser electos en "votaciones directas y secretas por la Asamblea de Ciudadanos," para lo cual el artículo 13 de la Ley exigía ser habitante de la comunidad, con al menos 6 meses de residencia en la misma; mayor de 15 años, y no ocupar cargos de elección popular. Iguales condiciones se establecieron para los integrantes de las diversas unidades del Consejo Comunal. Se eliminaba así el sufragio universal, y se otorgaba la "ciudadanía" a quien no podía tenerla constitucionalmente.

La Asamblea de Ciudadanos debía nombrar una Comisión Electoral (art. 18) con el fin de organizar y conducir el proceso de elección de los voceros y demás integrantes de los órganos del Consejo Comunal, debiendo a tal efecto, entre otras funciones, elaborar un registro electoral y conducir el proceso de designación los mismos.

D. La organización de los Consejos Comunales

El Consejo Comunal organizado por la Asamblea de Ciudadanos, conforme a lo dispuesto en el artículo 7 de la Ley de 2006, debía estar integrado por un órgano ejecutivo, integrado por los voceros de cada comité de trabajo; una Unidad de Gestión Financiera, como órgano económico–financiero; y una Unidad de Contraloría Social, como órgano de control. Los ciudadanos integrantes de los consejos comunales debían responder a los principios de corresponsabilidad social, rendición de cuentas, y manejo transparente, oportuno y eficaz de los recursos que dispusieran (art. 5).

A los efectos de una adecuada articulación de su trabajo, el artículo 24 de la Ley disponía que los órganos ejecutivo, de control y económico financiero del Consejo Comunal, debían realizar reuniones de coordinación y seguimiento, y los gastos que se generasen por concepto de la actividad de los voceros y demás integrantes de los órganos del Consejo Comunal, debían ser compensados por el fondo de gastos de funcionamiento del Consejo Comunal.

Los consejos comunales debían ser registrados ante la Comisión Local Presidencial del Poder Popular, para lo cual debían hacer entrega de los estatutos y acta constitutiva aprobados por la Asamblea de Ciudadanos (art. 20). Este registro ante la Comisión Presidencial del Poder Popular respectiva, era lo que revestía a los Consejos de personalidad jurídica para todos los efectos relacionados con la Ley. Las tareas de procesamiento de este registro, sin embargo, fueron delegadas en la Fundación estatal FUNDACOMÚN, de larga tradición en materia de desarrollo de la comunidad, desde los años sesenta.[327]

El órgano ejecutivo del Consejo Comunal, integrado por los voceros de cada comité de trabajo (art. 7), se lo concibió en la Ley de 2006 como la instancia encargada de promover y articular la participación organizada de los integrantes de la comunidad, los grupos sociales y organizaciones comunitarias en los diferentes comités de trabajo, y tenía como funciones básicas, conforme al artículo 21 de la Ley de 2006, ejecutar las decisiones de la Asamblea de Ciudadanos; promover la creación de nuevas organizaciones en defensa del interés colectivo y el desarrollo integral, sostenible y sustentable

327 Para 2007 se daba una cifra de entre 18.000 y 20.000 Consejos Comunales. Véase María Pilar García–Guadilla, "La praxis de los consejos comunales en Venezuela: ¿Poder popular o instancia clientelar?," en *Revista Venezolana de Economía y Ciencias Sociales*, abr. 2008, Vol. 14, N° 1, p. 125–151. Véase en http://www.scielo.org.ve/scielo.php?pid=S1315–64112008000100009&script–=sci_arttext. Véase en general sobre el proceso de creación de consejos comunales de acuerdo con la Ley de 2006, en Steve Ellner, "Un modelo atractivo con fallas: los Consejos Comunales de Venezuela", en http://www.rebelion.org/–noticia.php?id=87637; y Miguel González Marregot, "La ley de los consejos comunales: un año después (y II)", Sábado, 21 de abril de 2007, en http://queremoselegir.org/la–ley–de–los–consejos–comunales–un–ano–despues–y–ii/

de las comunidades; elaborar planes de trabajo para solventar los problemas que la comunidad pueda resolver con sus propios recursos y evaluar sus resultados; organizar el voluntariado social en cada uno de los comités de trabajo; promover la solicitud de transferencias de servicios, participación en los procesos económicos, gestión de empresas públicas y recuperación de empresas paralizadas mediante mecanismos autogestionarios y cogestionarios; promover el ejercicio de la iniciativa legislativa y participar en los procesos de consulta en el marco del parlamentarismo social; promover el ejercicio y defensa de la soberanía e integridad territorial de la Nación; y elaborar el Plan de Desarrollo de la Comunidad a través del diagnóstico participativo, en el marco de la estrategia endógena.

La unidad de gestión financiera del Consejo Comunal, conforme al artículo 10 de la Ley de 2006 fue concebida como un órgano integrado por 5 habitantes de la comunidad electos por la Asamblea de Ciudadanos (art. 12), que debía funcionar como el ente de ejecución financiera de los consejos comunales para administrar recursos financieros y no financieros, servir de ente de inversión y de crédito, y realizar intermediación financiera con los fondos generados, asignados o captados. A tal efecto, la Ley de 2006 denominó a esta unidad de gestión financiera como "Banco Comunal," definido como la forma de organización y gestión económico–financiera de los recursos de los consejos comunales. (art. 4,10), del cual eran "socios" todos los ciudadanos que habitasen en el ámbito geográfico definido por la Asamblea de Ciudadanos. Ese Banco Comunal debía adquirir la figura jurídica de cooperativa y regirse por la Ley Especial de Asociaciones Cooperativas, la Ley de Creación, Estímulo, Promoción y Desarrollo del Sistema Microfinanciero y otras leyes aplicables. Estos Bancos Comunales, quedaron exceptuados de la regulación de la Ley General de Bancos y Otras Instituciones Financieras (art. 10).

Conforme al artículo 22 de la Ley de 2006, estos Bancos Comunales tenían entre sus funciones, administrar los recursos asignados, generados o captados tanto financieros como no financieros; promover la constitución de cooperativas para la elaboración de proyectos de desarrollo endógeno, sostenibles y sustentables; impulsar el diagnóstico y el presupuesto participativo, sensible al género, jerarquizando las necesidades de la comunidad; promover formas alternativas de intercambio, que permitan fortalecer las economías locales; prestar servicios no financieros en el área de su competencia; prestar asistencia social; realizar la intermediación financiera; y promover formas económicas alternativas y solidarias, para el intercambio de bienes y servicios.

Por último, la Unidad de Contraloría Social del Consejo Comunal se lo configuró en la Ley de 2006 como un órgano conformado por 5 habitantes de la comunidad electos por la Asamblea de Ciudadanos para realizar la contraloría social y la fiscalización, control y supervisión del manejo de los recursos asignados, recibidos o generados por el consejo comunal, así como sobre los programas y proyectos de inversión pública presupuestados y ejecutados por el gobierno nacional, regional o municipal (art. 11), con las siguientes funciones establecidas en el artículo 23: dar seguimiento a las actividades administrativas y de funcionamiento ordinario del Consejo Comunal en su conjunto; ejercer la coordinación en materia de contraloría social comunitaria; ejercer el control, fiscalización y vigilancia de la ejecución del plan de desarrollo comunitario; y ejercer el control, fiscalización y vigilancia del proceso de consulta, planificación, desarrollo, ejecución y seguimiento de los proyectos comunitarios.

El artículo 25 de la Ley de 2006 enumeró los siguientes recursos que los Consejos Comunales debían recibir de manera directa: los que fueran transferidos por la República, los estados y los municipios; los que provinieran de lo dispuesto en la Ley de Creación del Fondo Intergubernamental para la Descentralización (FIDES) y la Ley de Asignaciones Económicas Especiales derivadas de Minas e Hidrocarburos (LAEE); los que provinieran de la administración de los servicios públicos que les fueran transferidos por el Estado; los generados por su actividad propia, incluido el producto del manejo financiero de todos sus recursos, y los que provinieran de donaciones.

E. La organización centralizada de la participación ciudadana

Los Consejos Comunales fueron articulados en la Ley de 2006 en una organización centralizada tanto desde el punto de vista financiero como de conducción administrativa, la cual en la práctica resultó totalmente inoperante.[328]

Por una parte, en efecto, la Ley de 2006 creó un Fondo Nacional de los Consejos Comunales, como servicio autónomo sin personalidad jurídica, adscrito al Ministerio de Finanzas (art. 28), con una junta directiva conformada por un presidente, tres miembros principales y tres suplentes, todos designados por el Presidente de la República, en Consejo de Ministros. Este Fondo Nacional de los Consejos Comunales, conforme al artículo 29 de la Ley debía tener por objeto financiar los proyectos comunitarios, sociales y productivos, presentados por la Comisión Nacional Presidencial del Poder Popular en sus componentes financieros y no financieros. La transferencia de los recursos financieros se debía hacer a través de las unidades de gestión financieras, es decir, los Bancos Comunales, creadas por los consejos comunales.

Por otra parte, el artículo 30 de la Ley de 2006 organizó a los Consejos Comunales en diversas Comisiones Presidenciales del Poder Popular establecidas a nivel nacional, regional y municipal.

La Comisión Nacional Presidencial del Poder Popular, que debía ser designada por el Presidente de la República de conformidad con el artículo 71 de la Ley Orgánica de la Administración Pública, tenía por función: orientar, coordinar y evaluar el desarrollo de los Consejos Comunales a nivel nacional, regional y local; fortalecer el impulso del poder popular en el marco de la democracia participativa y protagónica, y el desarrollo endógeno, dando impulso al desarrollo humano integral que eleve la calidad de vida de las comunidades; generar mecanismos de formación y capacitación; recabar los diversos proyectos aprobados por los consejos comunales; tramitar los recursos técnicos, financieros y no financieros necesarios para la ejecución de los proyectos de acuerdo a los recursos disponibles en el Fondo Nacional de los Consejos Comunales; crear en las

328 Sobre esto Miguel González Marregot ha señalado que "El elemento central de las críticas a los consejos comunales es su dependencia y sujeción a una red de Comisiones Presidenciales del Poder Popular, designada "a dedo" desde del Poder Nacional. Sin embargo, las Comisiones Presidenciales del Poder Popular no existen por ahora, en el ámbito municipal. Y su creación no ha sido implementada aún; quizás por una mezcla de la incapacidad operativa oficial con una dosis de cálculo político. Las Comisiones Presidenciales del Poder Popular son una demostración de la visión centralista y concentradora de la gestión pública que va a suprimir las propias posibilidades de participación popular que brindarían los consejos comunales. Una deuda sensible, en este contexto, es la inoperancia del Servicio Autónomo Fondo Nacional de los Consejos Comunales, que estaría adscrito al Ministerio de Finanzas; y cuyo Reglamento Orgánico fue publicado en *la Gaceta Oficial* N° 346.196 de fecha 18 de Mayo de 2006; es decir, hace nueve meses. Por si fuera, poco la Ley de los Consejos Comunales, promulgada en Abril del año pasado, no ha sido aún reglamentada mediante un proceso de consulta pública." En "Consejos Comunales: ¿Para qué?," en *Venezuela Analítica*, Viernes, 9 de febrero de 2007, http://www.analitica.com/va/politica/opinion/7483372.asp

comunidades donde se amerite o considere necesario, equipos promotores externos para impulsar la conformación de los Consejos Comunales.

Además, el artículo 31 de la Ley de 2006 reguló unas Comisiones Regionales Presidenciales del Poder Popular por cada estado, designadas por la Comisión Nacional Presidencial del Poder Popular previa aprobación del Presidente de la República; y el artículo 32 dispuso que la Comisión Nacional Presidencial del Poder Popular podía designar las Comisiones Locales Presidenciales del Poder Popular por cada municipio, previa aprobación del Presidente de la República.

Por último, en esta estructura centralizada, conforme al artículo 33 de la Ley de 2006, en la Asamblea Nacional también se debía designar una comisión especial para que conjuntamente con las comisiones presidenciales respectivas, realizasen una evaluación del proceso de constitución y funcionamiento de los consejos comunales.

III. EL RÉGIMEN DE LOS CONSEJOS COMUNALES EN 2011 (O LA RESURRECCIÓN DE LOS SOVIETS EN EL CARIBE CASI UN SIGLO DESPUÉS)

1. Los Consejos Comunales como instrumentos para la consolidación del socialismo

Como se dijo, la propuesta presidencial de reforma constitucional de 2007 fue rechazada por el pueblo en el referendo de diciembre de ese mismo año, en votación mayoritaria, cuyos resultados finales, sin embargo, nunca fueron dados oficialmente por el Consejo Nacional Electoral. No es difícil imaginar la razón de esta abstención.

Sin embargo, a pesar del rechazo, en muchos de sus aspectos la reforma constitucional de 2007 ha venido siendo ilegítimamente implementada por los órganos del Estado, sea mediante leyes, como la de los Consejos Comunales, mediante decretos leyes,[329] e incluso mediante sentencias del Tribunal Supremo de Justicia.[330] Precisamente, como se dijo, la Ley relativa a los Consejos Comunales de 2009 es uno de estos intentos de implementar, mediante una ley orgánica, algunos de los postulados esenciales de la rechazada reforma constitucional.

En efecto, la Ley Orgánica de 2009 tiene por objeto regular la constitución, conformación, organización y funcionamiento de los consejos comunales "como una instancia de participación para el ejercicio directo de la soberanía popular" (art. 1); definiéndoselos supuestamente "en el marco constitucional de la democracia participativa y protagónica," como "instancias de participación, articulación e integración entre los ciudadanos, ciudadanas y las diversas organizaciones comunitarias,[331] movimientos sociales y populares, que permiten al pueblo organizado ejercer el gobierno comunitario y la ges-

---

329 *V.* los estudios sobre los decretos Leyes de 2008 en *Revista de Derecho Público, Estudios sobre los Decretos Leyes 2008*, N° 116, Editorial Jurídica Venezolana, Caracas 2008.

330 *V.* Allan R. Brewer–Carías, "La fraudulenta mutación de la Constitución en Venezuela, o de cómo el juez constitucional usurpa el poder constituyente originario," en *Anuario de Derecho Público*, Centro de Estudios de Derecho Público de la Universidad e Monteávila, Año 2, Caracas 2009, pp. 23–65.

331 El artículo 4,4 de la Ley Orgánica define a las Organizaciones comunitarias, como "las organizaciones que existen o pueden existir en el seno de las comunidades y agrupan un conjunto de personas con base a objetivos e intereses comunes, para desarrollar actividades propias en el área que les ocupa."

tión[332] directa de las políticas públicas y proyectos orientados a responder a las necesidades, potencialidades y aspiraciones de las comunidades, en la *construcción del nuevo modelo de sociedad socialista* de igualdad, equidad y justicia social (art. 2). Sobre este aspecto insiste el artículo 3, al prescribir que la organización, funcionamiento y acción de los consejos comunales se rige por los principios y valores de "participación, corresponsabilidad, democracia, identidad nacional, libre debate de las ideas, celeridad, coordinación, cooperación, solidaridad, transparencia, rendición de cuentas, honestidad, bien común, humanismo, territorialidad, colectivismo, eficacia, eficiencia, ética, responsabilidad social, control social, libertad, equidad, justicia, trabajo voluntario, igualdad social y de género, *con el fin de establecer la base sociopolítica del socialismo* que consolide un nuevo modelo político, social, cultural y económico."

De estas normas resulta, por tanto, que lo que se quiso establecer en la Ley Orgánica fue un medio de participación política "para el ejercicio directo de la soberanía popular," en el "marco constitucional de la democracia participativa y protagónica," como "instancias de participación, articulación e integración entre los ciudadanos," para "ejercer el gobierno comunitario." Ello, sin duda, corresponde a los ciudadanos, y es distinto a los medios de participación vecinal o comunitaria que no son reservados a los ciudadanos. La Ley Orgánica, por tanto, en forma evidentemente incorrecta e inconstitucional mezcló dos derechos de las personas a la participación: la participación ciudadana con la participación individual o comunitaria.

En todo caso, ha sido en este marco que se ha dictado la Ley Orgánica de los Consejos Comunales de 2009,[333] la cual, además, tiene por objeto, regular la relación de los mismos "con los órganos y entes del Poder Público para la formulación, ejecución, control y evaluación de las políticas públicas, así como los planes y proyectos vinculados al desarrollo comunitario" (art. 1).

Por otra parte, el marco legal en la Ley Orgánica que regula la participación vinculada necesariamente a "construcción del nuevo modelo de sociedad socialista" y "con el fin de establecer la base sociopolítica del socialismo," es también inconstitucional pues elimina el carácter libre de la participación política que garantiza el artículo 62 de la Constitución, siendo además contrario al derecho constitucional que todos tienen al "libre desenvolvimiento de su personalidad" (art. 20); niega el carácter plural del sistema político que garantizan los artículos 2 y 6 de la Constitución, al encasillar un instrumento de gobierno como es el de los Consejos Comunales, dentro de un marco ideológico único y ahora "oficial," como es el socialismo, de manera que las personas que no crean ideológicamente en esta doctrina o se opongan legítimamente a ella, quedarían excluidos de la posibilidad de participar en aquellos, lo que es contrario a la democracia; y establece un sistema discriminatorio, contrario al principio de igualdad establecido en el artículo 21 de la Constitución.[334]

---

332 El artículo 4,10 de la Ley Orgánica define como gestión, "las acciones que exigen el cumplimiento de los objetivos y metas, aprobados por la Asamblea de Ciudadanos y Ciudadanas, de cada una de las unidades de trabajo que integran el Consejo Comunal."

333 *V.* además, sobre esta Ley Orgánica el estudio de Claudia Nikken, "La Ley Orgánica de los Consejos Comunales y el derecho a la participación ciudadana en los asuntos públicos," en pp. 183 ss. de este libro.

334 Sobre esto, contradiciendo lo que se ha previsto en el texto de la Ley Orgánica y en la práctica de los consejos comunales, Marta Harnecker, ha insistido en que "el poder popular no elimina el pluralismo político–ideológico" por lo que "no puede teñirse del color de un partido político, ni de una corriente religiosa; el poder popular debe ser de muchos colores, debe ser un arco iris y debe dar cabida a todas y todos los ciudadanos de Venezuela que deseen participar. Son las personas que habitan en una comunidad, centro de trabajo o estudio las que

Ahora bien, y teniendo en cuenta todas estas violaciones a la Constitución derivadas de tratar de "imponer" a las personas una ideología, al punto de cerrarle las puertas a la participación política a aquellos que no compartan la misma, debe destacarse que el sistema de participación que regula la Ley Orgánica tiene su base fundamental territorial en la unidad social dispuesta para el funcionamiento de los Consejos Comunales, y que la Ley califica como la "Comunidad," la cual se concibe como el "núcleo espacial básico e indivisible constituido por personas y familias que habitan en un ámbito geográfico determinado, vinculadas por características e intereses comunes; comparten una historia, necesidades y potencialidades culturales, económicas, sociales, territoriales y de otra índole." Ese ámbito geográfico donde habitan las personas que conforman la comunidad es "el territorio que ocupan" y "cuyos límites geográficos se establecen o ratifican en Asamblea de Ciudadanos, de acuerdo con sus particularidades y considerando la base poblacional de la comunidad" (art. 4,1 y 2).

La base poblacional para la conformación de una Comunidad a los efectos de la constitución de los Consejos Comunales, es decir, el número de habitantes que debe existir en su ámbito geográfico y que mantiene la "indivisibilidad de la comunidad" y garantiza "el ejercicio del gobierno comunitario y la democracia protagónica," debe oscilar entre 150 y 400 familias en el ámbito urbano; y alrededor de 120 familias en el ámbito rural. En las comunidades indígenas el punto de referencia para la conformación de una Comunidad se estableció en 10 familias; (art. 4,3). Esta referencia poblacional, particularmente en el ámbito de las comunidades urbanas, es muy similar a la que se había establecido en la vieja Ley Orgánica de Régimen Municipal para la constitución de las Asociaciones de Vecinos, a las cuales, en definitiva, los Consejos Comunales han sustituido.[335]

2. Integración de los Consejos Comunales

Los Consejos Comunales, en esta nueva Ley Orgánica, a los efectos de su funcionamiento, se integran por las siguientes organizaciones: por una parte, por la Asamblea de Ciudadanos del Consejo Comunal, y por la otra, por las tres Unidades que los conforman: la Unidad Ejecutiva; la Unidad Administrativa y Financiera Comunitaria; y la Unidad de Contraloría Social (art 19). Además, también integra el Consejo Comunal, el

---

deben elegir democráticamente sus voceras y voceros y estos naturalmente representan diferentes posiciones políticas e ideológicas, dependiendo de la fuerza que esas posiciones tengan en sus respectivas comunidades." Véase Marta Harnecker, *De los Consejos Comunales a las Comunas. Construyendo el Socialismo del Siglo XXI*, 2 abril 2009, párrafo 268, en http://www.scribd.com/doc/16299191/Harnecker–Marta–De–los–consejos–comunales–a–las–comunas–2009 . En el mismo libro la autora ha advertido sobre la necesidad de "evitar la manipulación política" ya que "los consejos comunales deben ser arco iris", indicando que "Se ha insistido mucho en que es necesario evitar toda manipulación política o de otra índole en la conformación de los consejos comunales. No se trata de conformar los consejos comunales sólo con los partidarios de Chávez; estas instituciones comunitarias deben estar abiertas a todos los ciudadanos y ciudadanas, sean del color político que sean." *Idem*, Párrafo 185.

335 Con razón María Pilar García–Guadilla consideró las Asociaciones de Vecinos como los antecedentes de los Consejos Comunales. Véase en "La praxis de los consejos comunales en Venezuela: ¿Poder popular o instancia clientelar?," en *Revista Venezolana de Economía y Ciencias Sociales*, abr. 2008, Vol. 14, N° 1, p. 125–151. Véase en http://www.scielo.org.ve/scielo.php?pid=S1315–64112008000100009&script=sci_arttext. Sin embargo, Marta Harnecker, al analizar algunos de los "problemas" relativos al funcionamiento de los consejos comunales, destaca el hecho de que "se han transformado en una asociación de vecinos más, porque se deja toda la responsabilidad en manos de los voceros y voceras y a veces sólo en alguno de ellos." Véase Marta Harnecker, *De los Consejos Comunales a las Comunas. Construyendo el Socialismo del Siglo XXI*, 2 abril 2009, párrafo 216, en http://www.scribd.com/doc/16299191/Harnecker–Marta–De–los–consejos–comunales–a–las–comunas–2009 .

Colectivo de Coordinación Comunitaria que es la instancia de coordinación de las tres Unidades antes mencionadas del Consejo, y una Comisión Electoral Permanente.

A. Las Asambleas de Ciudadanos

La Asamblea de Ciudadanos del Consejo Comunal conforme a la Ley Orgánica, es ahora parte integrante de cada Consejo Comunal, concebida como la máxima instancia de deliberación y decisión para el ejercicio del poder comunitario, la participación y el protagonismo popular (art. 20). Conforme a lo dispuesto en el artículo 70 de la Constitución, la Ley Orgánica repite que sus decisiones "son de carácter vinculante" pero sólo "para el Consejo Comunal."(art. 20). De allí la importancia de estas Asambleas de ciudadanos y la obligación que tenía el Legislador de hacerlas junto con los Consejos Comunales real y verdaderamente "representativas" de la Comunidad, y asegurar que en ellas, efectivamente "participen" los habitantes de la misma.

Pero la Ley Orgánica, sin embargo, no ha garantizado nada de esto. En cuanto a la integración de las Asambleas de ciudadanos, conforme al artículo 21 de la Ley Orgánica, las mismas están constituida por "los habitantes de la comunidad mayores de quince años, conforme a las disposiciones de la presente Ley" (art. 21), lo que, como se ha dicho, es una contradicción *in terminis* y además, inconstitucional, pues los extranjeros o menores de 18 años no son ciudadanos. En todo caso, esos habitantes de la comunidad, que sin duda deben formar parte de las familias que conforman la base poblacional de la Comunidad, deben estar inscritos en el registro electoral de la comunidad (art. 37,1), que por lo demás, por su conformación también con no ciudadanos, es diferente del Registro Electoral permanente que debe llevar el Consejo Nacional Electoral.

En efecto, si de lo que se trata es de constituir una Asamblea de "ciudadanos," sólo los "ciudadanos" podrían integrarla, y la ciudadanía, como se sabe, sólo puede ejercerse por los venezolanos conforme a los artículos 39 y 40 de la Constitución y al artículo 50 de la Ley de Nacionalidad y Ciudadanía de 2004,[336] en la cual, además, se define la ciudadanía, como "la condición jurídica obtenida por la nacionalidad venezolana, la cual permite el goce y el ejercicio de los derechos y deberes políticos previstos en la Constitución de la República Bolivariana de Venezuela y en las leyes" (art. 4,4).

Por tanto, de acuerdo con estas normas constitucionales y legales, sólo los *venezolanos ciudadanos* pueden ser "titulares de derechos y deberes políticos," y entre los derechos políticos establecidos en la Constitución está precisamente el derecho a la participación política, que además, el artículo 62 de la Constitución reserva a los ciudadanos. Por tanto, no todo habitante en el territorio de la República o de una Comunidad es "ciudadano," por lo que como se ha dicho, es inconstitucional otorgar el ejercicio de un derecho político como la participación en las Asambleas de "Ciudadanos" a todos "habitantes" de la comunidad, incluyendo a quienes no sean ciudadanos, como por ejemplo, los extranjeros. Estos, conforme a la Constitución, sólo tienen excepcionalmente el derecho al sufragio, de acuerdo con la Constitución, en el ámbito regional y local (art. 64).

Por otra parte, la ciudadanía se ejerce por los venezolanos "en las *condiciones de edad previstas en esta Constitución*" (art. 39), por lo que no existiendo una previsión constitucional expresa que prevea la posibilidad para los menores de 18 años, pero ma-

---

336 *Gaceta Oficial* N° 37.971 de 01–07–2004.

yores de 15 años, para ejercer algún derecho político, ello no podría preverlo el Legislador. Este, a lo sumo, lo que podría haber hecho en esta materia era haber extendido el derecho a participar en las Asamblea de "ciudadanos" a los venezolanos con derecho a la participación ciudadana indirecta, mediante el sufragio, que son los mayores de 18 años (art. 64). Por tanto, resulta también contrario a la Constitución el extender legalmente el derecho político de participar en las Asambleas de "ciudadanos" a los menores de 18 años pero mayores de 15 años.

En cuanto al quórum para la adopción de decisiones por parte de las Asambleas de Ciudadanos, las cuales, como se ha dicho, son obligatorias para el Consejo Comunal, las mismas conforme a la Ley Orgánica se adoptan por mayoría simple de los asistentes, siempre que concurran a la Asamblea en primera convocatoria, un quórum mínimo del 30% de los habitantes miembros de la Comunidad y del 20% mínimo de los mismos en segunda convocatoria (art. 22). La Ley, por tanto, no garantiza efectiva la representatividad de la Comunidad en la Asamblea, al permitir que un órgano con los poderes decisorios que tiene, por ejemplo, de una Comunidad de 400 familias, que implica un universo de aproximadamente 1600 personas, se pueda constituir con solo la presencia de 320 personas, y pueda tomar decisiones con el voto de sólo 161 personas; es decir, en definitiva, con el voto del 10% de los habitantes de la Comunidad. Estas previsiones, por otra parte, en lugar de estimular la participación, lo que fomentan es la ausencia de participación, pues si las decisiones se pueden adoptar en esa forma, los habitantes no tendrán interés o posibilidad en participar.[337]

Estas Asambleas de ciudadanos, así constituidas, a pesar de integrar el Consejo Comunal, son las que deben aprobar el ámbito geográfico de la Comunidad y del Consejo Comunal (art. 23,1) así como el acta constitutiva y estatutos del Consejo Comunal (art. 23,13). Tienen además, dentro de sus funciones: aprobar el Plan Comunitario de Desarrollo Integral, que es el documento técnico que identifica las potencialidades y limitaciones, las prioridades y los proyectos comunitarios[338] que deben orientar al logro del desarrollo integral de la comunidad (art. 4,9), y demás planes, de acuerdo a los aspectos esenciales de la vida comunitaria, a los fines de contribuir a la transformación integral de la comunidad (art. 23,5); garantizar el funcionamiento del ciclo comunal (art. 23,6); aprobar los proyectos comunitarios, de comunicación alternativa, educación, salud, cultura, recreación, actividad física y deporte, socio–productivos, de vivienda y hábitat, de infraestructura, de funcionamiento, entre otros, y la creación de organizaciones socio–productivas a ser propuestos ante distintos órganos y entes del Poder Público o instituciones privadas (art. 23,7); aprobar las normas de convivencia de la comunidad, sin menoscabo de lo dispuesto en el ordenamiento jurídico vigente (art. 23,9); aprobar la solicitud de transferencia de servicios (art. 23,11).

---

337 Esto lo ha advertido Marta Harnecker, al destacar que "uno de los problemas que ha habido cuando se han conformado los consejos comunales, es que las asambleas de ciudadanas y ciudadanos no han logrado, en muchos casos, convocar a todas las personas que debían convocar. En algunos casos esto se debe a la apatía de la gente, en otros se debe a los defectos de la convocatoria. Muchas veces hay sectores de esa comunidad, especialmente los sectores más alejados que nunca han llegado a enterarse de que existe una asamblea, nunca fueron *cit*ados" Véase Marta Harnecker, *De los Consejos Comunales a las Comunas. Construyendo el Socialismo del Siglo XXI*, 2 abril 2009, párrafo 190, en http://www.scribd.com/doc/16299191/Harnecker–Marta–De–los–consejos–comunales–a–las–comunas–2009.

338 El artículo 4,7 de la Ley Orgánica define los proyectos comunitarios como "el conjunto de actividades concretas orientadas a lograr uno o varios objetivos, para dar respuesta a las necesidades, aspiraciones y potencialidades de las comunidades. Los proyectos deben contar con una programación de acciones determinadas en el tiempo, los recursos, los responsables y los resultados esperados."

En cuanto a las diversas Unidades y órganos del Consejo, la Asamblea de ciudadanos debe aprobar la creación de comités de trabajo u otras formas de organización comunitaria, con carácter permanente temporal (art. 23,2); elegir y revocar a los voceros del Consejo Comunal "a través de un proceso de elección popular comunitaria (art. 23,3); designar a los voceros del Consejo Comunal para las distintas instancias de participación popular y de gestión de políticas públicas (art. 23,10); elegir y revocar los integrantes de la comisión electoral (art. 23,4); evaluar la gestión de cada una de las unidades que conforman el Consejo Comunal (art. 23,8); y designar a los y las miembros de la comisión de contratación, conforme a la Ley de Contrataciones Públicas (art. 23,12).

B. La Unidad Ejecutiva y los voceros de la comunidad

La Unidad Ejecutiva es la instancia del Consejo Comunal encargada de promover y articular la participación organizada de los habitantes de la comunidad, organizaciones comunitarias, los movimientos sociales y populares en los diferentes comités de trabajo; se reunirá a fin de planificar la ejecución de las decisiones de la Asamblea de Ciudadanos, así como conocer las actividades de cada uno de los comités y de las áreas de trabajo[339] (art. 27).

Esta Unidad Ejecutiva está conformada por un número indeterminado y variable de voceros, postulados según la cantidad de comités de trabajo u otras organizaciones comunitarias que existan o se conformen en la comunidad (art. 28).

Esos Comités pueden referirse a las siguientes áreas de actividad enumeradas en el artículo 28 de la Ley Orgánica: salud; tierra Urbana; vivienda y hábitat; economía comunal;[340] seguridad y defensa integral; medios alternativos comunitarios; recreación y deportes; alimentación y defensa del consumidor; mesa técnica de agua; mesa técnica de energía y gas; protección social de niños, niñas y adolescentes; personas con discapacidad; educación, cultura y formación ciudadana; familia e igualdad de género. En los casos en que hubiere otras formas organizativas establecidas en la comunidad, diferentes a las antes señaladas, deberán incorporarse a la constitución, funcionamiento y atribuciones de los comités de trabajo de la Unidad Ejecutiva, de conformidad con la normativa que los regula.

En cuanto a los pueblos y comunidades indígenas, atendiendo a sus culturas, prácticas tradicionales y necesidades colectivas, pueden constituir comités de trabajo, además de los antes indicados, en las siguientes áreas: ambiente y demarcación de tierra en los hábitats indígenas; medicina tradicional indígena; y educación propia, educación intercultural bilingüe e idiomas indígenas.

La Unidad Ejecutiva del Consejo Comunal tiene las siguientes funciones: ejecutar las decisiones de la Asamblea de Ciudadanos y Ciudadanas en el área de su competencia

---

339 El artículo 4,8 de la Ley Orgánica define Áreas de trabajo a los "ámbitos de gestión que se constituyen en relación con las particularidades, potencialidades y los problemas más relevantes de la comunidad. El número y contenido de las áreas de trabajo dependerá de la realidad, las prácticas tradicionales, las necesidades colectivas y las costumbres de cada comunidad. Las áreas de trabajo agruparán varios comités de trabajo."

340 El artículo 4,11 de la ley Orgánica define la economía comunal como "el conjunto de relaciones sociales de producción, distribución, intercambio y consumo de bienes, servicios y saberes, desarrolladas por las comunidades bajo formas de propiedad social al servicio de sus necesidades de manera sustentable y sostenible, de acuerdo con lo establecido en el Sistema Centralizado de Planificación y en el Plan de Desarrollo Económico y Social de la Nación."

(art. 29,1); crear y organizar el sistema de información comunitario interno (art. 29,2); coordinar y articular todo lo referido a la organización, funcionamiento y ejecución de los planes de trabajo de los comités y su relación con la Unidad de Contraloría Social, la Unidad Administrativa y Financiera Comunitaria y las demás organizaciones sociales de la comunidad (art. 29,3); promover la creación de nuevas organizaciones con la aprobación de la Asamblea de Ciudadanos y Ciudadanas en defensa del interés colectivo y el desarrollo integral de la comunidad (art. 29,4); organizar el voluntariado social como escuela generadora de conciencia y activadora del deber social en cada comité de trabajo[341] (art. 29,5); promover la participación de los comités de trabajo u otras formas de organización comunitaria en la elaboración y ejecución de políticas públicas, mediante la presentación de propuestas a los órganos y entes del Poder Público (art. 29,6); promover, participar y contribuir, conjuntamente con la Milicia Bolivariana, en la seguridad y defensa integral de la Nación (art. 29,7); coadyuvar con los órganos y entes del Poder Público en el levantamiento de información relacionada con la comunidad, conforme al ordenamiento jurídico vigente (art. 29,8); impulsar y promover la formulación de proyectos comunitarios que busquen satisfacer las necesidades, aspiraciones y potencialidades de la comunidad (art. 29,9); y conocer las solicitudes y emitir las constancias de residencia de los habitantes de la comunidad, a los efectos de las actividades inherentes del Consejo Comunal, sin menoscabo del ordenamiento jurídico vigente (art. 29,10).

C. La Unidad Administrativa y Financiera Comunitaria

La Unidad Administrativa y Financiera Comunitaria es la instancia del Consejo Comunal que funciona como un ente de administración, ejecución, inversión, crédito, ahorro e intermediación financiera de los recursos y fondos de los consejos comunales, de acuerdo a las decisiones y aprobaciones de la Asamblea de Ciudadanos, "privilegiando el interés social sobre la acumulación de capital." Esta Unidad está integrada por 5 habitantes de la comunidad, electos a través de un "proceso de elección popular" por la Asamblea de ciudadanos (art. 30).

La Unidad Administrativa y Financiera Comunitaria tiene las siguientes funciones: ejecutar las decisiones de la Asamblea de Ciudadanos y Ciudadanas en el área de su competencia (art. 31,1); elaborar los registros contables con los soportes que demuestren los ingresos y egresos efectuados (art. 31,2); presentar trimestralmente el informe de gestión y la rendición de cuenta pública cuando le sea requerido por la Asamblea de Ciudadanos, por el colectivo de coordinación comunitaria o por cualquier otro órgano o ente del Poder Público que le haya otorgado recursos (art. 31,3); prestar servicios financieros y no financieros en el área de su competencia (art. 31,4); realizar la intermediación financiera comunitaria, privilegiando el interés social sobre la acumulación de capital (art. 31,5); apoyar las políticas de fomento, desarrollo y fortalecimiento de la economía social, popular y alternativa (art. 31,6); proponer formas alternativas de intercambio de bienes y servicios para lograr la satisfacción de las necesidades y fortalecimiento de la economía local (art. 31,7); promover el ahorro familiar (art. 31,8); facilitar herramientas que permitan el proceso de evaluación y análisis de los créditos de las organizaciones socio–productivas previstas en la Ley para el Fomento y Desarrollo de la

341 El artículo 4, de la Ley Orgánica define el Comité de Trabajo como "el colectivo o grupo de personas organizadas para ejercer funciones específicas, atender necesidades en distintas áreas de trabajo y desarrollar las aspiraciones y potencialidades de su comunidad."

Economía Popular (Decreto Nº 6.129) (art. 31,9); consignar ante la Unidad de Contraloría Social del Consejo Comunal, el comprobante de la declaración jurada de patrimonio de los voceros y voceras de la Unidad Administrativa y Financiera Comunitaria al inicio y cese de sus funciones (art. 31,10); administrar los fondos del Consejo comunal con la consideración del colectivo de coordinación comunitaria y la aprobación de la Asamblea de Ciudadanos (art. 31,11); elaborar y presentar el proyecto anual de gastos de los fondos del Consejo Comunal (art. 31,12); y presentar y gestionar ante el colectivo de coordinación comunitaria el financiamiento de los proyectos aprobados por la Asamblea de Ciudadanos (art. 31,13).

Esta Unidad Administrativa y Financiera Comunitaria conforme a la Ley Orgánica de 2007, sustituye a las asociaciones, cooperativas, banco comunal constituidas conforme a la Ley de 2006, las cuales quedan disueltas a partir de la adecuación del Consejo Comunal a la nueva Ley en su carácter de unidad de gestión financiera de los consejos comunales. Por consiguiente, conforme a esa adecuación, deben transferir al Consejo Comunal, en un lapso no mayor a 30 días, los recursos financieros y no financieros, los provenientes de la intermediación financiera con los fondos generados, asignados o captados, bienes, obligaciones, deudas, compromisos, planes, programas, proyectos y cualquier otro adquirido en el ejercicio de sus funciones (Disposición Transitoria Tercera). Una vez efectuada la transferencia por parte de la asociación cooperativa banco comunal, el Consejo Comunal asumirá los compromisos económicos, la ejecución y tramitación de los proyectos y los procesos administrativos y judiciales en curso causados durante la gestión de la asociación cooperativa banco comunal (Disposición Transitoria Cuarta). En todo caso, conforme a la nueva Ley Orgánica, los integrantes de las instancias de gestión financiera de la asociación cooperativa banco comunal deben mantener su condición de voceros en la nueva Unidad Administrativa y Financiera Comunitaria a los efectos del cumplimiento de la continuidad del período para los cuales fueron electos (Disposición Transitoria Sexta).

En todo caso, los voceros de las antiguas instancias de gestión financiera de la asociación cooperativa banco comunal, son responsables civil, penal y administrativamente conforme a la ley, por la omisión, retardo e incumplimiento de la transferencia indicada en la disposición transitoria tercera (Disposición Transitoria Quinta); y los voceros de la Unidad Administrativa y Financiera Comunitaria incurren en responsabilidad civil, penal y administrativa, según sea el caso, por los actos, hechos u omisiones que alteren el destino de los recursos del Consejo Comunal, por lo cual deben ser sancionados conforme a las leyes que regulen la materia (art. 32).

D. La Unidad de Contraloría Social

La Unidad de Contraloría Social es la instancia del Consejo Comunal para realizar la evaluación de la gestión comunitaria y la vigilancia de las actividades, recursos y administración de los fondos del Consejo Comunal. Está integrada por 5 habitantes de la comunidad, electos a través de un "proceso de elección popular" (art. 33). Esta unidad debe realizar sus funciones sin menoscabo del control social que ejerza la Asamblea de Ciudadanos y otras organizaciones comunitarias, de conformidad con el ordenamiento jurídico.

Son funciones de la Unidad de Contraloría Social, ejecutar las decisiones de la Asamblea de Ciudadanos que correspondan a sus funciones (34,1); ejercer seguimiento, vigilancia, supervisión y control de la ejecución de los planes, proyectos comunitarios y socio–productivos, organizaciones socio–productivas, fases del ciclo comunal y gasto anual generado con los fondos y los recursos financieros y no financieros asignados por órganos y entes del Poder Público o instituciones privadas al Consejo Comunal (34,2); rendir anualmente cuenta pública de sus actuaciones (34,3); presentar informes de sus actuaciones cuando les sean solicitados por la Asamblea de Ciudadanos, por el colectivo de coordinación comunitaria o cuando lo considere pertinente (34,4); cooperar con los órganos y entes del Poder Público en la función de control, conforme a la legislación y demás instrumentos normativos vigentes (34,5); conocer y procesar los planteamientos presentados por los ciudadanos y ciudadanas con relación a la gestión de las unidades del Consejo Comunal e informar de manera oportuna a la Asamblea de Ciudadanos (34,6); y remitir ante el Ministerio del Poder Popular para las Comunas con competencia en materia de participación ciudadana, las declaraciones juradas de patrimonio de los voceros de la Unidad Administrativa y Financiera Comunitaria del Consejo Comunal (34,7).

La Unidad de Contraloría Social del Consejo Comunal debe coordinar, en el ejercicio de sus funciones, con los órganos del Poder Ciudadano (art. 35).

E. La coordinación de las Unidades de los Consejos Comunales

El artículo 24 de la Ley Orgánica dispuso la conformación de un "Colectivo de Coordinación Comunitaria" integrado por los voceros de las Unidades Ejecutiva, Administrativa y Financiera Comunitaria y de Contraloría Social del Consejo Comunal, para servir de instancia de articulación, trabajo conjunto y funcionamiento, con las siguientes funciones: realizar seguimiento de las decisiones aprobadas en la Asamblea de Ciudadanos y Ciudadanas (art. 25,1); coordinar la elaboración, ejecución y evaluación del Plan Comunitario de Desarrollo Integral articulado con los planes de desarrollo municipal y estadal de conformidad con las líneas generales del Proyecto Nacional Simón Bolívar (art. 25,2); conocer, previa ejecución, la gestión de la Unidad Administrativa y Financiera Comunitaria del Consejo Comunal (art. 25,3); presentar propuestas aprobadas por la Asamblea de Ciudadanos, para la formulación de políticas públicas (art. 25,4); garantizar información permanente y oportuna sobre las actuaciones de las unidades del Consejo Comunal a la Asamblea de Ciudadanos (art. 25,5); convocar para los asuntos de interés común a las demás unidades del Consejo Comunal (art. 25,6); coordinar la aplicación del ciclo comunal para la elaboración del Plan Comunitario de Desarrollo Integral (art. 25,7); coordinar con la Milicia Bolivariana lo referente a la defensa integral de la Nación (art. 25,8); coordinar acciones estratégicas que impulsen el modelo socio–productivo comunitario y redes socio–productivas[342] vinculadas al Plan Comunitario de Desarrollo Integral (art. 25,9); promover la formación y capacitación comunitaria en los voceros o voceras del Consejo Comunal y en la comunidad en general (art. 25,10); elaborar propuesta de informe sobre la solicitud de transferencia de servicios y presentarlo ante la Asamblea de Ciudadanos (art. 25,11); coordinar acciones con

342 El artículo 4,12 de la ley Orgánica define como redes socio–productivas, "la articulación e integración de los procesos productivos de las organizaciones socio–productivas comunitarias, para el intercambio de saberes, bienes y servicios, basados en los principios de cooperación y solidaridad; sus actividades se desarrollan mediante nuevas relaciones de producción, comercio, distribución, cambio y consumo, sustentables y sostenibles, que contribuyen al fortalecimiento del Poder Popular."

los distintos comités que integran la Unidad Ejecutiva en sus relaciones con los órganos y entes de la Administración Pública para el cumplimiento de sus fines (art. 25,12); y elaborar los estatutos del Consejo Comunal (art. 25,13).

De acuerdo con el artículo 26 de la ley Orgánica, el Colectivo de Coordinación Comunitaria y las unidades que conforman el Consejo Comunal deben establecer el sistema de trabajo en el reglamento interno, que debe contemplar como mínimo una periodicidad quincenal para las reuniones, sin menoscabo de realizar convocatoria cuando lo estimen necesario, dejando constancia escrita de los acuerdos aprobados.

F. La Comisión Electoral Permanente

En cada Consejo Comunal debe constituirse una Comisión Electoral Permanente que es la instancia encargada de organizar y conducir de forma permanente, los procesos de elección o revocatoria de los voceros del Consejo Comunal y las consultas sobre aspectos relevantes de la vida comunitaria, así como cualquier otro que decida la Asamblea de Ciudadanos (art. 36). Esta Comisión está integrada por 5 habitantes de la comunidad, quienes deben ser electos por la Asamblea de ciudadanos, con sus respectivos suplentes, y duran 2 años en sus funciones, contados a partir de su elección. Quienes integren la comisión electoral no pueden postularse como voceros para las unidades del Consejo Comunal (art. 36).

La Comisión Electoral Permanente del Consejo Comunal, como se especifica en el artículo 37 de la Ley Orgánica, ejerce las siguientes funciones: elaborar y mantener actualizado el registro electoral de la comunidad, conformado por todos los habitantes de la comunidad, mayores de quince años, de acuerdo a lo establecido en la presente Ley (art. 37,1); informar a la comunidad todo lo relativo a la elección, reelección o revocatoria de los voceros del Consejo Comunal, así como los temas objeto de consulta (art. 37,2); elaborar y custodiar el material electoral (art. 37,3); convocar a los habitantes de la comunidad para que se postulen como aspirantes a voceros a las unidades del Consejo Comunal (art. 37,4); coordinar el proceso de votación (art. 37,5); verificar los requisitos exigidos a los postulados en las instancias del Consejo Comunal (art. 37,6); escrutar y totalizar los votos, firmando los resultados con los testigos electorales designados (art. 37,7); conocer y decidir sobre las impugnaciones presentadas sobre los procesos electorales o las consultas formuladas (art. 37,8); levantar el acta del proceso de elección y sus resultados (art. 37,9); proclamar y juramentar a los que resulten electos como voceros de las unidades del Consejo Comunal (art. 37,10); organizar y coordinar los procesos electorales en los lapsos establecidos en la presente Ley y en los estatutos del Consejo Comunal (art. 37,11); informar los resultados de las consultas realizadas en la comunidad (art. 37,12); velar por la seguridad y transparencia de los procesos electorales (art. 37,13); cuidar y velar por la preservación de los bienes y archivos electorales de la comunidad (art. 37,14); elaborar y presentar ante el colectivo de coordinación comunitaria un estimado de los recursos, a los fines de llevar los procesos electorales, de revocatoria y las consultas sobre los aspectos relevantes de la comunidad (art. 37,15); notificar al colectivo de coordinación comunitaria, con dos meses de anticipación al cese de las funciones de la comisión electoral, a los fines de la preparación del proceso de elección de sus nuevos integrantes (art. 37,16); y coordinar en el ejercicio de sus funciones con el Poder Electoral (art. 37,17).

Como puede apreciarse, la Ley Orgánica de 2009 ha establecido todo un sistema de administración electoral paralelo al que corresponde al Poder Electoral, para llevar adelante lo que la Ley califica de "elección popular" de los voceros de los Consejos Comunales y los otros órganos comunitarios. La Constitución asigna a los órganos del Poder Electoral, en particular al Consejo Nacional Electoral, la competencia exclusiva para la "organización, administración, dirección y vigilancia de todos los actos relativos a la elección de los cargos de representación popular de los poderes públicos, así como de los referendos" (art. 293), por lo que la elección de los voceros de las Unidades de los Consejos Comunales, que en definitiva, "representan" a los habitantes de la Comunidad, debería también organizarse por dicho Poder Electoral, el cual es el órgano con competencia para llevar el registro electoral, en particular si se trata de elección para integrar entidades estatales, como son los Consejos Comunales. Atribuir la organización, administración, dirección y vigilancia de estos procesos electorales para elegir a los representantes de la Comunidad en los Consejos Comunales, a un órgano distinto al Poder Electoral, sin duda viola la Constitución.

3. La supuesta "elección" de los voceros de las Unidades de los Consejos Comunales

Conforme al artículo 4,6 de la Ley, los voceros de las Unidades de los Consejos Comunales son las personas electas mediante "proceso de elección popular," a fin de coordinar el funcionamiento del Consejo Comunal, y la "instrumentación de las decisiones de la Asamblea de Ciudadanos." El ejercicio de las funciones de los voceros del Consejo Comunal tiene carácter voluntario y debe desarrollarse "con espíritu unitario y compromiso con los intereses de la comunidad y de la Patria" (art. 13). Además, conforme al artículo 14 de la Ley, los voceros de los Consejos Comunales tienen como deber, la disciplina, la participación, la solidaridad, la integración, la ayuda mutua, la corresponsabilidad social, la rendición de cuentas, el manejo transparente, oportuno y eficaz de los recursos que dispongan para el funcionamiento del Consejo Comunal.

Con la conformación de estos voceros de los Consejos Comunales, como los agentes a cuyo cargo está la conducción de las actividades de los mismos, en definitiva, lo que la Ley Orgánica ha establecido es una forma de "representación" de la Comunidad para el ejercicio de su derecho a participar, mediante estos voceros de los Consejos Comunales. Siendo esos voceros, en la práctica "representantes"[343] de la Comunidad, conforme a la Constitución, tendrían que ser electos como tales representantes, mediante votación, no de un número reducido de personas–habitantes que participen en una Asamblea de ciudadanos, que puede ser escuálida, sino de todos los ciudadanos habitantes que forman la Comunidad y que deben estar inscritos en el registro electoral que debe llevar la Comisión Electoral Permanente. Y dicha elección, en todo caso, tendría que realizarse conforme lo exige el artículo 63 de la Constitución mediante votaciones libres, universales, directas y secretas en las cuales se garantice el principio de la personalización del sufragio y la representación proporcional. En contraste con esta previsión constitucio-

343 A pesar de que en la página web del "Ministerio del Poder Popular para la Participación y Protección Social" se afirmaba que el vocero, a pesar de ser la persona "electa por la asamblea de ciudadanos y ciudadanas para cumplir con los *mandatos* de la comunidad," sin embargo "no es un o una representante a quien le hemos entregado nuestro poder para que decida por nosotros." Véase el anuncio sobre "Consejos Comunales. Base del Poder Popular. ¡Construir el Poder desde Abajo!," en http://gp.cnti.ve/site/minpades.gob.ve/view/Consejos%20Comunales.php

nal, la supuesta "elección popular" que se establece en la Ley Orgánica de 2009 no es directa ni secreta, ya que incluso podría hacerse "a mano alzada,"[344] y en cuanto a la elección de los voceros de las unidades Ejecutiva, Administrativa y Financiera Comunitaria y de Contraloría Social, la hace la Asamblea de ciudadanos necesariamente "de manera uninominal" lo que implica que "en ningún caso, se efectuará por plancha o lista electoral" (art. 11), lo que no se ajusta a la previsión constitucional.

Por otra parte, a los efectos de la elección de los voceros, el artículo 11 de la Ley Orgánica establece el derecho de los "ciudadanos" de manera individual o colectiva a participar y postular los candidatos a voceros a las unidades del Consejo Comunal. Este derecho de participar y postular, por tanto, contradictoriamente no se atribuye en la Ley Orgánica a los "habitantes" de la comunidad, que son los supuestos electores, sino sólo a los venezolanos ciudadanos. Pero en cambio, al regular la condición de vocero de las Unidades de los Concejos Comunales, la Ley Orgánica establece que pueden postularse para tales cargos (al igual que para los integrantes de la comisión electoral), los venezolanos o extranjeros residentes, mayores de 15 años, habitantes de la comunidad con al menos un año de residencia en la misma, salvo en los casos de comunidades recién constituidas (at. 15,1). Esto significa que sólo pueden postular a los voceros, quienes sean ciudadanos; pudiendo ser electos como voceros, los extranjeros residentes y, por tanto, no ciudadanos. Sólo en el caso de los voceros de las Unidades Administrativa y Financiera Comunitaria y de Contraloría Social se exige que sean mayores de 18 años, no pudiendo formar parte de la comisión electoral (art. 15, in fine).

Para ser postulado como vocero, además, la Ley exige que se presente una carta de postulación o manifestación de voluntad por escrito, identificando nombre, apellido y cédula de identidad (art. 15, 2), y además, que el postulado esté inscrito en el registro electoral de la comunidad (art. 15,4), ser de reconocida solvencia moral y honorabilidad (art. 15,5); tenga capacidad de trabajo colectivo con disposición y tiempo para el trabajo comunitario (art. 15,6), espíritu unitario y compromiso con los intereses de la comunidad (art. 15,7); no posea parentesco hasta el cuarto grado de consanguinidad y segundo grado de afinidad con los demás voceros integrantes de la Unidad Administrativa y Financiera Comunitaria y de la Unidad de Contraloría Social que conforman el Consejo Comunal, salvo las comunidades de áreas rurales y comunidades indígenas (art. 15,8); no ocupe cargos de elección popular (art. 15,9); y no esté sujeto a interdicción civil o inhabilitación política (art. 15,10) ni sea requerido por instancias judiciales (art. 15,11).

Quienes se postulen para voceros sólo pueden hacerlo para una Unidad del Consejo Comunal. En los pueblos y comunidades indígenas la postulación y elección de voceros o voceras se debe hacer según lo previsto en la Ley y tomando en cuenta su uso, costumbres y tradiciones.

Todos los voceros de las unidades que conforman el Consejo Comunal duran 2 años en sus funciones, contados a partir del momento de su elección por la Asamblea de ciudadanos, y podrán ser reelectos (art. 12).

---

344 Así se informaba por el "Ministerio del Poder Popular para la Participación y Protección Social" en su página web al indicar dentro de las tareas del "equipo promotor" el "recoger ideas para definir con que sistema se va a votar: voto secreto o a mano alzada." Véase el anuncio sobre "Consejos Comunales. Base del Poder Popular. ¡Construir el Poder desde Abajo!," en http://gp.cnti.ve/site/minpades.gob.ve/view/Consejos%20Comunales.php

4. La cesación de los voceros comunales

A. La revocación del mandato de los voceros de las Unidades del Consejo Comunal

Los cargos de voceros de los Concejos Comunales son revocables por la Asamblea de Ciudadanos (art. 39), mediante decisión tomada por mayoría simple de los asistentes a la Asamblea de Ciudadanos, siempre que la misma cuente con un quórum del 20% de la población mayor de quince años de esa comunidad (art. 41).

El artículo 38 de la Ley Orgánica define por "revocatoria," la separación definitiva de los voceros del Consejo Comunal del ejercicio de sus funciones por estar incurso en alguna de las siguientes causales de revocatoria establecidas en el artículo 39 de la Ley: actuar de forma contraria a las decisiones tomadas por la Asamblea de Ciudadanos o el Colectivo de Coordinación Comunitaria del Consejo Comunal (art. 39,1); faltar evidente a las funciones que le sean conferidas de conformidad con la Ley y los estatutos del Consejo Comunal, salvo que la falta sea por caso fortuito o de fuerza mayor (art. 39,2); omitir o negarse a presentar los proyectos comunitarios decididos por la Asamblea de Ciudadanos, por ante la instancia del Gobierno Nacional, estadal o municipal correspondiente o cualquier otro órgano o ente del Poder Público, a los fines de su aprobación (art. 39,3); presentar los proyectos comunitarios, en orden distinto a las prioridades establecidas por la Asamblea de Ciudadanos (art. 39,4); representar, negociar individualmente asuntos propios del Consejo Comunal que corresponda decidir la Asamblea de Ciudadanos (art. 39,5); no rendir cuentas en el tiempo legal establecido para ello o en el momento exigido por el colectivo de coordinación comunitaria o la Asamblea de Ciudadanos (art. 39,6); incurrir en malversación, apropiación, desviación de los recursos asignados, generados o captados por el Consejo Comunal o cualquier otro delito previsto en la Ley Contra la Corrupción y el ordenamiento jurídico penal (art. 39,7); omisión en la presentación o falsedad comprobada en los datos de la declaración jurada de patrimonio de inicio y cese de funciones (art. 39,8); desproteger, dañar, alterar o destruir el material electoral, archivos o demás bienes electorales del Consejo Comunal (art. 39,9); proclamar y juramentar como electos, a personas distintas de las indicadas en los resultados definitivos (art. 39,10); no hacer la respectiva y amplia publicidad a los fines de la realización de los procesos electorales (art. 39,11); y no llevar el registro electoral, o no actualizarlo conforme con lo establecido en la Ley (art. 39,12).

En todos estos casos, la iniciativa de solicitud para la revocatoria de los voceros del Consejo Comunal, así como los de la Comisión Electoral, corresponde de acuerdo con el artículo 40 de la Ley Orgánica, corresponde a un número de habitantes de la Comunidad que representen el 10% de la población mayor de quince años, habitantes de la comunidad (art. 40,1); y a la Unidad de Contraloría Social del Consejo Comunal (art. 40,2). En estos casos, la correspondiente solicitud de la revocatoria "debe formalizarse por escrito ante el Colectivo de Coordinación Comunitaria del Consejo Comunal" (art. 40).

En los casos de denuncias contra algún vocero formulada por algún miembro de la Comunidad, conforme al artículo 41 de la Ley, "la solicitud de revocatoria de los voceros del Consejo Comunal, así como los de la Comisión Electoral, debe formalizarse ante la Unidad de Contraloría Social," ante la cual debe desarrollarse un procedimiento administrativo de revocatoria en el cual se debe garantizar el derecho a la defensa y al debido proceso. Sin embargo, en caso de que la denuncia sea en contra de un vocero de la Unidad Contraloría Social, la solicitud de revocatoria se debe presentar directamente ante el colectivo de coordinación comunitaria.

La Unidad de Contraloría Social, una vez recibida la solicitud, debe preparar el informe respectivo en un lapso no mayor de 15 días continuos, el cual debe presentar ante el Colectivo de Coordinación Comunitaria para su consideración, el cual, en un lapso no mayor de 15 días continuos, lo debe presentar ante la Asamblea de Ciudadanos para la toma de decisiones correspondiente.

De ser aprobada la revocatoria de un vocero por la Asamblea de ciudadanos, su suplente debe asumir el cargo y la Comisión Electoral debe organizar el proceso para suplir la vacante respectiva. El Colectivo de Coordinación Comunitaria debe informar sobre los resultados de la revocatoria al Ministerio del Poder Popular para las Comunas y Protección Social.

La consecuencia de la revocación del mandato es que los voceras del Consejo Comunal que hayan sido revocados de sus funciones, no pueden postularse a una nueva elección durante los dos períodos siguientes a la fecha de la revocatoria (art. 42).

B. La pérdida de condición de vocero de las Unidades de los Consejos Comunales

Además de por revocación de sus funciones, los voceros de los Consejos Comunales pueden perder tal condición por renuncia; cambio de residencia debidamente comprobado, fuera del ámbito geográfico del Consejo Comunal respectivo; enfermedad que le imposibilite ejercer sus funciones; haber sido electo en un cargo público de elección popular; y "estar sujeto a una sentencia definitivamente firme dictada por los órganos jurisdiccionales" (art. 43), causal esta última que parece absurdo pues puede tratarse de una sentencia en materia civil, laboral o mercantil, y ello no tendría que producir la pérdida de condición de vocero. Quizás el Legislador lo que quiso fue referirse a sentencias en materia penal, lo que hubiera tenido más lógica.

En todos estos casos de pérdida de la condición de vocero de un Consejo Comunal, el suplente debe asumir las respectivas funciones (art. 43).

5. El Ciclo Comunal como proceso de participación popular

El artículo 44 de la LOCC de 2009 define el "Ciclo comunal" en el marco de las actuaciones de los Consejos Comunales, como "un proceso para hacer efectiva la participación popular y la planificación participativa que responde a las necesidades comunitarias y contribuye al desarrollo de las potencialidades y capacidades de la comunidad." A tal efecto, la Ley Orgánica de Planificación Pública y Popular, precisa en especial, que en el marco de las actuaciones inherentes a la planificación participativa, que el consejo comunal "se apoyará en la metodología del ciclo comunal, que consiste en la aplicación de las fases de diagnóstico, plan, presupuesto, ejecución y contraloría social, con el objeto de hacer efectiva la participación popular en la planificación, para responder a las necesidades comunitarias y contribuir al desarrollo de las potencialidades y capacidades de la comunidad" (art. 15).

Ese ciclo también se indica en la LOCC, como una expresión del Poder Popular, a través de la realización de las mismas cinco fases: diagnóstico, plan, presupuesto, ejecución y contraloría social; las cuales conforme al artículo 45, se complementan e interrelacionan entre sí y son definidas en la forma siguiente:

1. Diagnóstico: esta fase caracteriza integralmente a las comunidades, se identifican las necesidades, las aspiraciones, los recursos, las potencialidades y las relaciones sociales propias de la localidad.
2. Plan: es la fase que determina las acciones, programas y proyectos que atendiendo al diagnóstico, tiene como finalidad el desarrollo del bienestar integral de la comunidad.
3. Presupuesto: esta fase comprende la determinación de los fondos, costos y recursos financieros y no financieros con los que cuenta y requiere la comunidad, destinados a la ejecución de las políticas, programas y proyectos establecidos en el Plan Comunitario de Desarrollo Integral.
4. Ejecución: esta fase garantiza la concreción de las políticas, programas y proyectos en espacio y tiempo establecidos en el Plan Comunitario de Desarrollo Integral, garantizando la participación activa, consciente y solidaria de la comunidad.
5. Contraloría social: esta fase es la acción permanente de prevención, vigilancia, supervisión, seguimiento, control y evaluación de las fases del ciclo comunal para la concreción del Plan Comunitario de Desarrollo Integral y, en general sobre las acciones realizadas por el Consejo Comunal, ejercida articuladamente por los habitantes de la comunidad, la Asamblea de Ciudadanos, las organizaciones comunitarias y la Unidad de Contraloría Social del Consejo Comunal.

Todas estas fases del ciclo comunal deben estar avaladas y previamente aprobadas por la Asamblea de Ciudadanos en el Consejo Comunal respectivo.

Por otra parte, los Consejos Comunales, a través de los comités de economía comunal, deben elaborar los proyectos socio–productivos, con base a las potencialidades de su comunidad, impulsando la propiedad social, orientados a la satisfacción de las necesidades colectivas y vinculados al Plan Comunitario de Desarrollo Integral (art. 46).

Debe indicarse que además, en la LOSEC se define un "ciclo productivo comunal" como "sistema de producción, transformación, distribución, intercambio y consumo socialmente justo de bienes y servicios de las distintas formas de organización socio–productivas, surgidas en el seno de la comunidad como consecuencia de las necesidades humanas" (art. 6.3), aun cuando luego en el articulado de la misma ni en las otras leyes del Poder Popular se utiliza la expresión.

6. Los recursos de los Consejos Comunales y su gestión y administración

A. Los recursos de los Consejos Comunales

Los Consejos Comunales tienen los siguientes recursos financieros y no financieros enumerados en el artículo 47 de la Ley Orgánica, que deben recibir de manera directa: los que sean transferidos por la República, los estados y los municipios; los que provengan de lo dispuesto en la Ley que Crea el Fondo Intergubernamental para la Descentralización y la Ley de Asignaciones Económicas Especiales Derivadas de Minas e Hidrocarburos; los que provengan de la administración de los servicios públicos que les sean transferidos por el Estado; los generados por su actividad propia, incluido el producto del manejo financiero de todos sus recursos; los recursos provenientes de donaciones de acuerdo con lo establecido en el ordenamiento jurídico; y cualquier otro generado de actividad financiera que permita la Constitución de la República y la ley.

Los recursos financieros que son los expresados en unidades monetarias propios o asignados, son manejados por el Consejo Comunal orientados a desarrollar las políticas, programas y proyectos comunitarios establecidos en el Plan Comunitario de Desarrollo Integral. Estos recursos, conforme a lo dispuesto en el artículo 48, se clasifican en la siguiente forma:

1. *Recursos retornables*: son los recursos que están destinados a ejecutar políticas, programas y proyectos de carácter socio–productivo con alcance de desarrollo comunitario que deben ser reintegrados al órgano o ente financiero mediante acuerdos entre los partes; y
2. *Recursos no retornables*: son los recursos financieros para ejecutar políticas, programas y proyectos con alcance de desarrollo comunitario, que tienen características de donación, asignación o adjudicación y no se reintegran al órgano o ente financiero y a la Unidad Administrativa y Financiera Comunitaria.

En cuanto a los recursos no financieros, que son los que no tienen expresión monetaria y son necesarios para concretar la ejecución de las políticas, planes y proyectos comunitarios, también deben ser manejados por el Consejo Comunal (art. 49).

Todos los recursos aprobados y transferidos para los Consejos Comunales deben siempre ser destinados a la ejecución de políticas, programas y proyectos comunitarios contemplados en el Plan Comunitario de Desarrollo Integral y deben ser manejados de manera eficiente y eficaz para lograr la transformación integral de la comunidad (art. 50).

Cuando se trate de recursos aprobados por los órganos o entes del Poder Público para un determinado proyecto, los mismos no podrán ser utilizados para fines distintos a los aprobados y destinados inicialmente, salvo que sea debidamente autorizado por el órgano o ente del Poder Público que otorgó los recursos, para lo cual el Consejo Comunal debe motivar el carácter excepcional de la solicitud de cambio del objeto del proyecto, acompañada de los soportes respectivos, previo debate y aprobación de la Asamblea de Ciudadanos (art. 50).

Por otra parte, debe advertirse que en la Ley Orgánica de 2009 nada se dispuso directamente en relación con el Fondo Nacional de los Consejos Comunales creado por la Ley de 2006 como servicio autónomo adscrito al Ministerio de Finanzas, y el cual al parecer nunca llegó a ser implementado.[345] Lo único que se reguló en la Ley es una Disposición Transitoria (Primera) en la cual se dispuso que el Ministerio del Poder Popular con competencia en materia de participación ciudadana debe incorporar en su reglamento orgánico las disposiciones relativas al Fondo Nacional de los Consejos Comunales, en un lapso no mayor de 30 días hábiles siguientes a la entrada en vigencia de la Ley, lo que sugiere que dicho Fondo debería seguir existiendo, pero adscrito al Ministerio del Poder Popular para las Comunas y Protección Social.

B. Los fondos de los Consejos Comunales

La Ley Orgánica de 2009 prevé que el Consejo Comunal, para facilitar el desenvolvimiento armónico de sus actividades y funciones, debe formar cuatro fondos internos:

---

345 *V.* Miguel González Marregot, "Consejos Comunales: ¿Para qué?," en *Venezuela Analítica*, Viernes, 9 de febrero de 2007, http://www.analitica.com/va/politica/opinion/7483372.asp

de acción social; de gastos operativos y de administración; de ahorro y crédito social; y de riesgos. Todos estos fondos deben ser administrados por la Unidad Administrativa y Financiera Comunitaria, previa aprobación de la Asamblea de Ciudadanos, con la justificación del colectivo de coordinación comunitaria (art. 51), y se los define en la Ley de la siguiente manera:

a. *Fondo de acción social*, que debe ser destinado a cubrir las necesidades sociales, tales como: situaciones de contingencia, de emergencia o problemas de salud, que no puedan ser cubiertas por los afectados debido a su situación socioeconómica. Se debe presentar una propuesta para la utilización de estos recursos que debe ser aprobada por la Asamblea de Ciudadanos, excepto en los casos de emergencia o fuerza mayor. Este fondo se constituye conforme se indica en el artículo 52 de la Ley Orgánica, mediante: los intereses anuales cobrados de los créditos otorgados con recursos retornables del financiamiento; los ingresos por concepto de los intereses y excedentes devengados de los recursos de inversión social no retornables; y los recursos generados de la autogestión comunitaria.
b. *Fondo de gastos operativos y de administración*, que está destinado a contribuir con el pago de los gastos que se generen en la operatividad y manejo administrativo del Consejo Comunal. Este fondo, conforme a lo dispuesto en el artículo 53 de la Ley Orgánica, se constituye mediante tres fuentes: los intereses anuales cobrados de los créditos otorgados con recursos retornables de la línea de crédito o contrato de préstamo; los que sean asignados para estos fines, por los órganos y entes del Poder Público en los respectivos proyectos que le sean aprobados; y los recursos generados por la autogestión comunitaria.
c. *Fondo de ahorro y crédito social*, que debe ser destinado a incentivar el ahorro en las comunidades con una visión socialista y promover los medios socio–productivos mediante créditos solidarios; y está conformado por la captación de recursos monetarios de forma colectiva, unipersonal y familiar, recursos generados de las organizaciones autogestionarias, los excedentes de los recursos no retornables y los propios intereses generados de la cuenta de ahorro y crédito social (art. 54).
d. *Fondo de riesgo*, que debe ser destinado a cubrir los montos no pagados de los créditos socio–productivos, que incidan u obstaculicen el cumplimiento y continuidad de los proyectos comunitarios, en situación de riesgos y asumidos por el Consejo Comunal; el cual, conforme al artículo 55 de la Ley Orgánica, está constituido por los intereses anuales cobrados de los créditos otorgados con recursos retornables del financiamiento;[346] el interés de mora de los créditos otorgados con recursos retornables; y los recursos generados de la autogestión comunitaria.

7. El régimen de adaptación y constitución inicial de las Asambleas de Ciudadanos y de los Consejos Comunales

A. La adecuación de los Consejos Comunales constituidos conforme a la Ley de 2006 a las previsiones de la Ley Orgánica de 2009

Como se dijo al inicio, los Consejos Comunales fueron creados a partir de la entrada en vigencia de la Ley de los Consejos Comunales de 2006, bajo cuya vigencia se crea-

346 Conforme al artículo 55 de la Ley Orgánica, en esta materia de intereses, la Unidad Administrativa y Financiera Comunitaria debe realizar un informe donde se contemple la voluntad por parte de las organizaciones socio–productivas de no cancelar el saldo adeudado, o cualquier circunstancia que imposibilite el pago del mismo, por situación de emergencia, enfermedad o muerte. La Unidad Administrativa y Financiera Comunitaria está en la capacidad de proponer formas alternativas para el pago de un crédito. Para su trámite administrativo se tendrá una cuenta bancaria en la que se depositará mensualmente el monto.

ron muchos de ellos. Con motivo del nuevo régimen previsto en la Ley Orgánica de 2009, y a los efectos de lograr la uniformidad del régimen legal, la Disposición Transitoria Segunda de la misma estableció la necesidad de que los consejos comunales constituidos bajo el régimen legal anterior (Ley de 2006) sean objeto de un proceso de adecuación de sus estatutos a las disposiciones establecidas en la Ley Orgánica, a los fines de su registro por ante el Ministerio del Poder Popular para las Comunas y Protección Social creado en 2009, en un lapso no mayor de 180 días contado a partir del 28 de diciembre de 2009 que fue la fecha de publicación de la Ley Orgánica. Durante ese período se debe garantizar la continuidad de sus diferentes instancias en su gestión, para la ejecución de sus planes, programas y proyectos comunitarios aprobados conforme al régimen legal anterior.

A los efectos de realizar la dicha adecuación, en particular de sus Estatutos, el Consejo Comunal debe convocar una Asamblea de Ciudadanos para informar sobre la misma de acuerdo a lo establecido en la Ley Orgánica, sobre la continuidad de la gestión de los voceros hasta cumplir su período, y sobre la liquidación de la asociación cooperativa banco comunal (Disposición Transitoria Séptima).

B. Régimen para la constitución inicial de los Consejos Comunales

a. El equipo promotor

En todos los casos en los que se vaya a constituir un Consejo Comunal, debe procederse a la convocatoria de una asamblea constitutiva comunitaria; a cuyo efecto, un "equipo promotor" debe constituirse, conformado por un grupo de ciudadanos que deciden asumir la iniciativa de difundir, promover e informar la organización de su comunidad a los efectos de la constitución del Consejo Comunal. En tales casos, el equipo promotor que se constituya "debe notificar su conformación y actuaciones ante el órgano rector" que es el Ministerio del Poder Popular para las Comunas y Protección Social (Art. 5).

Este equipo promotor, conforme al artículo 6 de la Ley Orgánica, tiene las siguientes funciones: difundir entre los habitantes de la comunidad el alcance, objeto y fines del Consejo Comunal; elaborar un croquis del ámbito geográfico de la comunidad; organizar la realización del censo demográfico y socioeconómico de la comunidad; y convocar la primera Asamblea de Ciudadanos, en un lapso no mayor de 60 días a partir de su conformación.

b. La primera Asamblea de Ciudadanos

La primera Asamblea de Ciudadanos convocada por el equipo promotor, debe constituirse con la participación mínima del 10% de los habitantes de la comunidad mayores de quince años, lo que sin duda, es una cifra excesivamente baja para asegurar representatividad de la comunidad y participación ciudadana (art. 7).

Esta primera asamblea de ciudadanos se constituye para elegir el equipo electoral provisional y someter a consideración los comités de trabajo que deben ser creados para conformar la Unidad Ejecutiva del Consejo Comunal, dejando constancia en el acta respectiva (art. 7).

c. El equipo electoral provisional

El equipo electoral provisional se debe conformar por 3 habitantes de la comunidad electos en la primera Asamblea de Ciudadanos, y es la instancia encargada de regir el proceso electoral para la elección del primer Consejo Comunal (art. 8).

d. La convocatoria a la asamblea constitutiva comunitaria

El equipo electoral provisional y al equipo promotor (electo en la primera asamblea de ciudadanos) son las instancias encargadas de realizar la convocatoria de la asamblea constitutiva comunitaria, lo que deben hacer previa notificación al Ministerio del Poder Popular para las Comunas y Protección Social, como órgano rector, en un lapso no mayor de 90 días, contados a partir de la constitución de la primera Asamblea de Ciudadanos (art. 9). Una vez instalada válidamente la asamblea constitutiva comunitaria, el equipo promotor cesa en sus funciones, tal como lo indican los artículos 5 y 9 de la Ley Orgánica.

En cuanto al equipo electoral provisional, le corresponde dirige la asamblea constitutiva comunitaria para la elección de los voceros de las distintas unidades del Consejo Comunal así como los de la comisión electoral permanente (art. 9).

La asamblea constitutiva comunitaria es la Asamblea de Ciudadanos en la cual se eligen por primera vez los voceros del Consejo Comunal. Esta Asamblea se considera válidamente conformada con la participación efectiva del 30% mínimo en primera convocatoria y del 20% mínimo en segunda convocatoria, para los habitantes mayores de quince años de la población censada electoralmente (art. 10).

Una vez electos los voceros se debe realizar el acta constitutiva del Consejo Comunal a los efectos del registro respectivo. El equipo electoral provisional cesa en sus funciones al momento de la constitución definitiva del Consejo Comunal (art. 8).

C. El registro de los Concejos Comunales

El acta constitutiva de los Consejos Comunales debe contener: el nombre del Consejo Comunal, y su ámbito geográfico con su ubicación y linderos; la fecha, lugar y hora de la asamblea constitutiva comunitaria, conforme a la convocatoria realizada; la identificación con nombre, cédula de identidad y firmas de los participantes en la asamblea constitutiva comunitaria; los resultados del proceso de elección de los voceros para las unidades del Consejo Comunal; la identificación por cada una de las unidades de los voceros o voceras electos o electas con sus respectivos suplentes (art. 16).

Conforme al artículo 17 de la Ley, los consejos comunales constituidos y organizados conforme a su normativa, adquieren su personalidad jurídica mediante el registro ante el Ministerio del Poder Popular para las Comunas y Protección Social, atendiendo al siguiente procedimiento:

1. Los responsables designados por la asamblea constitutiva comunitaria deben presentar ante la oficina competente del Ministerio del Poder Popular para las Comunas y Protección Social, en un lapso de 15 días posteriores a la constitución y organización del Consejo Comunal, solicitud de registro, acompañada de copia simple con originales a la vista del acta constitutiva, estatutos, censo demográfico y socioeconómico y el croquis del ámbito geográfico. Estos documentos deben pasar a formar parte del expediente administrativo del Consejo Comunal en los términos señalados en la Ley Orgánica de Procedimientos Administrativos. El

acta constitutiva y los estatutos deben ir firmados por todos los y las participantes de la asamblea constitutiva comunitaria en prueba de su autenticidad.

2. El funcionario responsable del registro debe recibir los documentos que le hayan sido presentados con la solicitud y en un lapso no superior a 10 días se debe efectuar el registro del Consejo Comunal. Con este acto administrativo de registro, los Consejos adquieren "la personalidad jurídica plena para todos los efectos legales."
3. Si el funcionario encontrare alguna deficiencia, lo debe comunicar a los solicitantes, quienes gozan de un lapso de 30 días para corregirla. Subsanada la falta, el funcionario del Ministerio del Poder Popular para las Comunas y Protección Social debe proceder al registro.
4. Si los interesados no subsanan la falta en el lapso antes señalado, el Ministerio del Poder Popular para las Comunas y Protección Social se debe abstener de registrar al consejo comunal.
5. Contra la decisión del Ministerio del Poder Popular para las Comunas y Protección Social, se puede interponer el recurso jerárquico correspondiente de conformidad con lo previsto en la Ley Orgánica de Procedimientos Administrativos, con lo cual queda agotada la vía administrativa. Los actos administrativos dictados por el Ministerio del Poder Popular para las Comunas y Protección Social podrán ser recurridos ante la jurisdicción contencioso–administrativa.

El Ministerio del Poder Popular para las Comunas y Protección Social, únicamente puede abstenerse del registro de un Consejo Comunal en los siguientes casos: cuando tenga por objeto finalidades distintas a las previstas en la presente Ley; si el Consejo Comunal no se ha constituido con la determinación exacta del ámbito geográfico o si dentro de éste ya existiere registrado un Consejo Comunal; o si no se acompañan los documentos exigidos en la presente Ley o si éstos presentan alguna deficiencia u omisión (art 18).

D. La nueva adaptación de los Consejos Comunales en 2011

De acuerdo con la Disposición Transitoria Primera de la LOPP, las instancias y organizaciones del Poder Popular preexistentes a la entrada en vigencia de la presente ley, como fueron los Consejos Comunales, debían adecuar su organización y funcionamiento a las disposiciones de la misma, en un lapso de ciento ochenta días contados a partir de su publicación de la Gaceta Oficial.

8. Centralización de la conducción del proceso de participación ciudadana a través de los Consejos Comunales

La Ley Orgánica de 2009 ha completado el proceso de centralización de la conducción de la participación ciudadana, al haber establecido, en sustitución de las Comisiones Presidenciales del Poder Popular que establecía la Ley de 2006, como "órgano rector" del proceso a uno de los Ministerios del Ejecutivo Nacional, en concreto, el "Ministerio del Poder Popular con competencia en materia de participación ciudadana" al cual le asigna las funciones de dictar las políticas, estratégicas, planes generales, programas y proyectos para la participación comunitaria en los asuntos públicos, el cual debe acompañar a los consejos comunales en el cumplimiento de sus fines y propósitos, y facilitar la articulación en las relaciones entre éstos y los órganos y entes del Poder Público (art. 56).

Mediante Decreto ejecutivo dictado el 17 de junio de 2009, de reforma parcial del Reglamento Orgánico de la Administración Pública,[347] se reguló en sustitución del Ministerio del Poder Popular para la Participación y la Protección Social, al *Ministerio del Poder Popular para las Comunas y Protección Social*, que es por tanto el que tiene competencia en materia de participación ciudadana. Destaca, sin embargo, que en su denominación se haya eliminado la palabra "participación" y se la haya sustituido por la palabra "Comunas," particularmente cuando esta instancia territorial no existe en el ordenamiento constitucional ni legal venezolano. Su creación fue una de las propuestas de la Reforma Constitucional de 2007 que fue rechazada por el pueblo, por lo que no se entiende cómo la primera atribución asignada al Ministerio sea "la regulación, formulación y seguimiento de políticas, la planificación y realización de las actividades del Ejecutivo Nacional en materia de participación ciudadana en el ámbito de las *comunas*" (ord. 1).

En todo caso, este Ministerio tiene, además, las siguientes funciones (art. 25):

2. La realización del análisis de la gestión de la economía comunal en el país y formulación de las recomendaciones a los órganos y entes competentes;
3. La regulación, formulación y seguimiento de políticas, la planificación y realización de las actividades del Ejecutivo Nacional en lo atinente a las normas operativas e instrumentos de promoción, autogestión y cogestión de la población en el marco de la economía del Estado, que armonice la acción de los entes involucrados en tal política sectorial, y el uso eficiente de los recursos destinados al financiamiento correspondiente;
4. Participar en la elaboración de los planes y programas tendentes al desarrollo de la economía participativa en todas sus expresiones;
5. Definir los mecanismos para la participación del sector público y privado en la planificación y ejecución de planes y programas relacionados con el desarrollo de la economía comunal. En este sentido, servirá de enlace entre los entes involucrados y las iniciativas populares cuando las circunstancias así lo requieran;
6. Impulsar el desarrollo del sistema microfinanciero en actividades tendentes al desarrollo de la economía comunal;
7. Propender al desarrollo de las actividades de comercialización y explotación en todos los sectores vinculados a la economía comunal, con especial énfasis en el sector rural;
8. Definir las políticas para los programas de capacitación en áreas determinantes para el desarrollo de la economía comunal, en especial la adquisición de conocimientos técnicos para el procesamiento, transformación y colocación en el mercado de la materia prima;
9. Establecer las políticas para el fomento de la economía comunal, estimulando el protagonismo de las cooperativas, cajas de ahorro, empresas familiares, microempresas y otras formas de asociación comunitaria para el trabajo, el ahorro y el consumo de bajo el régimen de propiedad colectiva sustentada en la iniciativa popular;
10. La regulación, formulación y seguimiento de políticas, la planificación estratégica y realización de las actividades del Ejecutivo Nacional en materia de promoción, ejecución y control y articulación de las actividades tendentes a la progresiva cogestión de responsabilidades sociales desde el Estado hacia las comunidades o grupos organizados, así como a la generación de los espacios de la participación protagónica en los asuntos públicos mediante el impulso a la iniciativa popular y otros mecanismos de participación protagónica;
11. Promover la elaboración de planes, programas y proyectos participativos y de base a ejecutarse en todos los ámbitos de la vida social nacional;

347 *Gaceta Oficial* N° 39.202 de 17-06-2009.

12. Diseñar, estructurar y coordinar la formación en las comunidades urbanas y rurales en materia de medios de participación popular y gerencia pública local;
13. Formular y promover políticas de incentivo y fortalecimiento a los movimientos populares que se organicen en los espacios locales;
14. Definir y establecer los parámetros para impulsar la organización del voluntariado social que apoye a los órganos y entes de la Administración Pública;
15. Fomentar la organización de consejos comunales, asambleas de ciudadanos y otras formas de participación comunitaria en los asuntos públicos;
16. Diseñar e instrumentar mecanismos de enlace entre los ciudadanos y la Administración Pública, con los Estados y los Municipios, y las demás expresiones del gobierno local, en aras a generar espacios de cogestión administrativa, y promover el control social de las políticas públicas;
17. Proponer, gestionar y hacer seguimiento, sobre la bese de las propuestas generadas por la participación activa y protagónica de la comunidad organizada, en las mejoras de las condiciones básicas e inmediatas de habitabilidad y convivencia en los sectores populares;
18. Elaborar y ejecutar planes, programas y proyectos orientados a coadyuvar con los municipios en el incremento de su capacidad de gestión en lo concerniente a la prestación de sus servicios públicos, a partir del diseño de modelos de gestión compartida que redunden en la obtención de una mayor calidad de vida para las comunidades;
19. Evaluar, supervisar y controlar los entes que le están adscritos, estableciendo las políticas y mecanismos de coordinación que sean necesarios.
20. Establecer las políticas, directrices y mecanismos para la coordinación de las acciones de los entes que le están adscritos. En este sentido, formulará las políticas sectoriales de asignación de recursos, así como controles de gestión y recuperación de los créditos otorgados;
21. La regulación, formulación y seguimiento de políticas, la planificación estratégica y realización de las actividades del Ejecutivo Nacional en materia de promoción, asistencia y desarrollo social integral y participativo. Dichas políticas estarán dirigidas al fomento del desarrollo humano, especialmente en los grupos sociales más sensibles, así como también a la familia y a la juventud.
22. La formulación, ejecución, seguimiento y control de las políticas y programas de atención y formación integral dirigidas a los niños, niñas y adolescentes, como medios efectivo para el disfrute en sociedad de sus derechos y garantías, así como el acceso a los medios que les permitirán el pleno desarrollo de sus capacidades y destrezas;
23. El diseño, control y seguimiento de las políticas y programas dirigidos a la protección, asistencia y resguardo de los niños, niñas y adolescentes que se encuentren en situación de vulnerabilidad o exclusión, de manera de asegurarles una atención inmediata e integral que posibilite su crecimiento acorde con los derechos y garantías que les corresponden;
24. La elaboración, gestión, coordinación y seguimiento de las acciones tendentes al rescate, protección, integración, capacitación, desarrollo y promoción de los grupos humanos vulnerables o excluidos socialmente, ya se encuentren ubicados en zonas urbanas o rurales;
25. Asistir en la definición de los criterios de asignación de recursos financieros destinados a la población en situación de vulnerabilidad social, que asegure un acceso real y democrático de los beneficiarios a tales recursos; de igual manera, fomentará la elaboración de propuestas de inversión social;
26. Diseñar, proponer e implementar incentivos a la organización y puesta en funcionamiento de redes operativas integradas a un sistemas de información social, el cual contará con el registro de las familias e individuos beneficiarios de programas sociales; también coordinará el establecimiento y ejecución de los sistemas de evaluación a tales programas;

En las Disposiciones Transitorias (Vigésima) del Decreto, se adscribieron al Ministerio los siguientes entes: 1. Banco del Pueblo Soberano, C.A.; 2. Fundación para el Desarrollo de la Comunidad y Promoción del Poder Comunal (FUNDACOMUNAL); 3. Fundación Centro de Estudios sobre el Crecimiento y Desarrollo de la Población Venezolana (FUNDACREDESA); 4. Fondo de Desarrollo Microfinanciero (FONDEMI); 5. Instituto Nacional de Capacitación y Educación Socialista (INCES); 6. Fundación Misión Che Guevara; 7. Fondo para el Desarrollo Endógeno (FONENDOGENO); 8. Instituto Autónomo Fondo Único Social; 9. Instituto Nacional del Menor (en proceso de liquidación); 10. Fundación Fondo de Inversión Social de Venezuela (FONVIS) (en proceso de liquidación); 11. Consejo Nacional para las Personas con Discapacidad (CONAPDIS); 12. Instituto Nacional de Servicios Sociales; 13. Instituto Autónomo Consejo Nacional de Derechos de Niños, Niñas y Adolescentes; y 14. Fundación Misión Negra Hipólita.

El artículo 57 de la Ley Orgánica de 2009, por su parte, específicamente atribuye a este Ministerio del Poder Popular para las Comunas y Protección Social, como "Ministerio del Poder Popular con competencia en materia de participación ciudadana," además, las siguientes atribuciones:

1. Diseñar, realizar el seguimiento y evaluar las políticas, lineamientos, planes y estrategias que deberán atender los órganos y entes del Poder Público en todo lo relacionado con el apoyo a los consejos comunales.
2. El registro de los consejos comunales y la emisión del certificado correspondiente.
3. Diseñar y coordinar el sistema de información comunitario y los procedimientos referidos a la organización y desarrollo de los consejos comunales.
4. Diseñar y dirigir la ejecución de los programas de capacitación y formación de los consejos comunales.
5. Orientar técnicamente en caso de presunta responsabilidad civil, penal y administrativa derivada del funcionamiento de las instancias del Consejo Comunal.
6. Recabar, sistematizar, divulgar y suministrar la información proveniente de los órganos y entes del Poder Público relacionada con el financiamiento y características de los proyectos de los consejos comunales.
7. Promover los proyectos sociales que fomenten e impulsen el desarrollo endógeno de las comunidades articulados al Plan Comunitario de Desarrollo.
8. Prestar asistencia técnica en el proceso del ciclo comunal.
9. Coordinar con la Contraloría General de la República, mecanismos para orientar a los consejos comunales sobre la correcta administración de los recursos.
10. Fomentar la organización de consejos comunales.
11. Financiar los proyectos comunitarios, sociales y productivos presentados por los consejos comunales en sus componentes financieros y no financieros, con recursos retornables y no retornables, en el marco de esta Ley.

Hasta tanto se dicte el reglamento de la Ley Orgánica que el Presidente de la República debe publicar antes de fin de junio de 2010, el Ministerio del Poder Popular para las Comunas y Protección Social debe dictar los lineamientos y elaborar los instructivos que se requieren para hacer efectivo el registro de los consejos comunales, conforme a las Disposiciones Transitorias Octava y Novena de la Ley.

Por otra parte, el Ministerio del Poder Popular para las Comunas y Protección Social, además, debe articular los mecanismos para facilitar y simplificar toda tramitación ante los órganos y entes del Poder Público vinculados a los consejos comunales. (art. 58); y los "órganos y entes del Estado" en sus relaciones con los consejos comunales deben dará preferencia a la atención de los requerimientos que éstos formulen y a la satisfacción de sus necesidades, asegurando el ejercicio de sus derechos cuando se relacionen con éstos. Esta preferencia conforme al artículo 59 de la Ley Orgánica comprende: la especial atención de los consejos comunales en la formulación, ejecución y control de todas las políticas públicas; la asignación privilegiada y preferente, en el presupuesto de los recursos públicos para la atención de los requerimientos formulados por los consejos comunales; y la preferencia de los consejos comunales en la transferencia de los servicios públicos.

El artículo 60 de la Ley Orgánica dispone que el Ministerio Público debe contar con fiscales especializados para atender las denuncias y acciones interpuestas, relacionadas con los consejos comunales, que se deriven directa o indirectamente del ejercicio del derecho a la participación.

Por último, debe señalarse que los consejos comunales están exentos de todo tipo de pagos de tributos nacionales y derechos de registro. La Ley Orgánica agrega que "se podrá establecer mediante leyes y ordenanzas de los estados y los municipios las exenciones para los consejos comunales" (art. 61).

Sección Quinta: ACCESO A LA INFORMACIÓN

§ 1. Derecho en acceso a la información pública y la transparencia en la administración pública contemporánea. Una perspectiva comparada partiendo de la experiencia mexicana

Este parágrafo primero de la Sección Quinta, es el texto del documento presentado al Congreso Iberoamericano de Derecho Público y Administrativo. Homenaje a Romeu Felipe Bacellar Fihlo, San José Costa Rica, 23–26 Noviembre 2009, sobre "Derecho en acceso a la información pública y la transparencia en la administración pública contemporánea. Una perspectiva comparada partiendo de la experiencia mexicana," que elaboramos con base en los comentarios que efectuamos en la Conferencia sobre "Retos para la Reforma Gubernamental en México: Transparencia, Elecciones y Justicia criminal" organizada por el Centro de Estudios Latinoamericanos de la Universidad de Columbia, New York, y por el Instituto de Investigaciones Jurídicas, Universidad Nacional Autónoma de México, Nueva York, 19–20 de enero de 2009, con el título: "Algunos aspectos del derecho en acceso a la información pública y la transparencia en la administración pública contemporánea. Una perspectiva comparada partiendo de la experiencia mexicana," publicados en *Revista de Derecho Público*, Nº 121, (enero–marzo 2010), Editorial Jurídica Venezolana, Caracas 2010, pp. 67–78.

I. ACCESO A LA INFORMACIÓN Y TRANSPARENCIA

El 21 de Febrero de 2009, en el día en el cual tomó posesión de su cargo, el Presidente de los Estados Unidos Barak Obama, refiriéndose al Gobierno en Washington, dijo que "En esta ciudad durante mucho tiempo ha existido muchos secretismo", proclamando que al contrario, "la Transparencia y el Estado de derecho serán los hitos de esta presidencia." Luego, ordenó que: "Desde hoy, cada agencia y departamento debe saber que esta Administración está a favor de aquellos que buscan dar a conocer la información, no de aquellos que buscan retenerla."[348]

En cumplimiento de estos ofrecimientos, y para tales fines, el mismo día el Presidente emitió dos Memorándum presidenciales: uno sobre la Ley de libertad de información (*Freedom of Information Act*) y el otro sobre la transparencia y apertura gubernamental (*Transparency and Open Government*).

Citando al Juez Louis Brandeis de la Suprema Corte de los Estados Unidos, quien se refirió a la "luz del sol" como "el mejor desinfectante", Obama ordenó además que la Ley de libertad de información se aplicase con una clara predisposición "a favor de la revelación (*disclosure*)", de modo que "ante la duda, prevalece la apertura (*openness*)"; concluyendo en pocas palabras, con la preposición de que "el Gobierno no deberá retener información confidencial". En el segundo memorando, el Presidente ratificó que su "Administración está comprometida con la creación de un nivel de apertura gubernamental sin precedentes" considerando que "la apertura fortalecerá nuestra democracia y promoverá eficiencia y eficacia en el Gobierno;" agregando, finalmente que: "el *Gobierno debe ser transparente*. La transparencia promueve la responsabilidad y ofrece información a los ciudadanos sobre lo que su Gobierno está haciendo".[349]

Este concepto de la transparencia en el Gobierno responde a la idea política figurada en la "casa de cristal" (*la maison de verre*), que después de muchos años de opacidad, comenzó a desarrollarse relacionada con el simbolismo de lo visible y lo asequible, contrario a lo que es cerrado, misterioso, inasequible o inexplicable. Es decir, lo transparente como sensación de tranquilidad y serenidad que resulta de lo que puede ser dominado o racionalizado, es lo contrario a la angustia y la perturbación causadas por lo que es misterioso y desconocido.[350]

Este concepto de transparencia ha sido uno de los elementos clave que en la evolución de la Administración Pública, ha ayudado a la transformar el Estado Burocrático tradicional en el Estado Administrativo y Democrático de nuestros tiempos, más dedicado a los ciudadanos que al Monarca o a la burocracia. Ese Estado Burocrático era aquel caracterizado por Max Weber como la organización que trataba "de incrementar la superioridad del conocimiento profesional de las autoridades públicas, precisamente a través del secretismo y de la confidencialidad de sus intenciones". Por eso, dijo Weber, los gobiernos burocráticos, debido a sus tendencias, son siempre "gobiernos que excluyen la publicidad".[351]

---

348 Discurso pronunciado durante la ceremonia de juramentación de las autoridades principales del Poder Ejecutivo, el 21 de Febrero de 2009. *V.* Sheryl Gay Stolberg, "On First Day, Obama Quickly Sets a New Tone," *The New York Times*, 22 de febrero, 2009, p. A1.

349 Memoranda presidenciales, 21 de Enero de 2009, en www.whitehouse.gov

350 *V.* Jaime Rodríguez–Arana, "La transparencia en la Administración Pública," en *Revista Vasca de Administración Pública*, n° 42, Oñati 1995, p. 452.

351 *V.* Max Weber, *Economía y Sociedad*, Vol. II, Fondo de Cultura Económica, México 1969, p. 744.

Al contrario, en el mundo contemporáneo, la franqueza, la apertura y la transparencia son la regla; por ello, cualquier expresión gubernamental al respecto como la que fue anunciada por el Presidente de los Estados Unidos, debe ser siempre bienvenida, incluso en un país como ese, que tiene una larga tradición en la materia. En efecto, los Estados Unidos fue uno de los primeros países en aprobar en 1966 una legislación en materia de transparencia y acceso a la información pública, como lo fue la *Freedom of Information Act (FOIA)* (Ley de libertad de información). Antes, sin embargo, desde 1951, en Finlandia ya existía un estatuto sobre el acceso a la información pública[352], siendo el origen común de ambas legislaciones, que su promulgación fue debido a exclusivas iniciativas legislativas, provocada incluso por el activismo legislativo que se manifestó en contra del Ejecutivo con el objeto de imponer políticas de transparencia, habiendo sido en ambos casos, promovida por los partidos de oposición.[353]

Es de destacar, de las manifestaciones del Presidente de los Estados Unidos, que ahora, luego de más de cuarenta años de aplicación de dicha legislación, se busca definir nuevamente la misma política de transparencia, pero en este caso por iniciativa del Poder Ejecutivo.

II. EL AVANCE DE LA REFORMA DEMOCRÁTICA EN MÉXICO EN MATERIA DE ACCESO A LA INFORMACIÓN Y SUS LIMITACIONES

Algo muy similar ocurrió en México, en 2002, con la sanción de la Ley Federal de Transparencia y Acceso a Información Gubernamental Pública[354], aprobada tras varias iniciativas de ONG, como el Grupo Oaxaca, pero que se basó en un proyecto de ley que el Ejecutivo[355] (gobierno de Fox) había presentado al Congreso; y más importante, con la gran diferencia de que en este caso de México, la legislación estaba destinada a garantizar la aplicación de un derecho constitucional que había sido incorporado en la Constitución mexicana en una Enmienda de 1977, que había establecido el derecho de los ciudadanos a la información.

En efecto, en la Constitución mexicana, en contraste a la Constitución de los Estados Unidos en la que nada se puede encontrar que permita identificar un derecho fundamental de tener acceso a la información pública, el artículo 6 establece el derecho ciudadano a la información que el "Estado garantizará" (artículo 6). Por ello, basado en este dere-

352 En 1766, en Suecia se aprobó una ley sobre el mismo tema de acceso a la información.

353 En cuanto a la FOIA, su origen resulta de la creación, durante la década de los cincuenta, de Comisiones de Senadores y Representantes para resolver la falta de acceso efectivo a la información de acuerdo a las provisiones de la Ley de Procedimiento Administrativo (Administrative Procedure Act), las cuales, a pesar de ser muy importantes en su momento, fueron descritas por el Representante John E. Moss, como parte de la "teoría burocrática" que permitía que cada entidad pública decidiera qué tipo de información debía llegar al público. Véase Pierre–Francois Divier, "Etats–Unis L'Administration Transparente: L'accés des citoyens américains aux documents officiels," en *Revue du Droit Public et de la Science Politique en France et a l'étranger*, n° 1, Librairie Générale de Droit et de Jurisprudence, Paris 1975, p. 64; Miguel Revenga Sánchez, "El imperio de la política. Seguridad nacional y secreto de Estado en el sistema constitucional norteamericano", Ariel, Madrid 1995, p. 153). Luego la FOIA fue reformado en 1974 y en 1976 para hacerla más eficiente. Durante los mismos años, luego de los escándalos de Watergate y los Pentagon Papers (documentos del Pentágono), se aprobaron dos nuevas leyes: la Federal Privacy Act y la Federal Government in the Sunshine Act. *V.* James Michael, "Freedom of information in the United States" en *Public access to government–held information* (Norman Marsh Editor), Steven & Son LTD, Londres 1987.

354 Algunos artículos de la Ley fueron reformados en 2006

355 Por el Ministro de Gobernación Santiago Creel, de la Administración del Presidente Fox.

cho constitucional y en relación con la información pública, 15 años más tarde se sancionó la mencionada Ley Federal de Transparencia y Acceso a Información Gubernamental Pública, la cual tiene por objeto contribuir a la democratización de la Sociedad mexicana y garantizar la aplicación eficiente del Estado de derecho; garantizar el derecho de todos de tener acceso a la información; buscar la transparencia del servicio público por medio de la difusión de información pública; reforzar la posibilidad de responsabilidad pública; y proteger la datos personales contenidos en los registros públicos (artículo 6)

Además, y para ampliar el rango de su protección, la Ley Federal dispone expresamente que el derecho de tener acceso a la información pública debe ser interpretado no solo en conformidad con la Constitución, sino también con lo previsto en la Declaración Universal de los Derechos Humanos; en el Pacto Internacional de Derechos Civiles y Políticos; en la Convención Americana de los Derechos Humanos; en la Convención para la eliminación de cualquier tipo de discriminación contra la mujer, y en los otros instrumentos internacionales ratificados por México (artículo 6); y además, conforme a la interpretación dada por las instituciones internacionales especializadas, como por ejemplo, la Comisión Interamericana de los Derechos Humanos y la Corte Interamericana de los Derechos Humanos.[356]

Con esta legislación tendiente a implementar una política de transparencia y apertura, puede decirse que México comenzó a resolver el permanente conflicto entre "secretismo" y "apertura" que todas las Administraciones Públicas han experimentado; y que ha existido, no solo en forma estructural conformando el secretismo atávico que durante tantos años han sido la regla, y no la excepción, en muchas de las Administraciones Públicas de Latinoamérica, sino también en forma circunstancial, en situaciones particulares que se han desarrollado, por ejemplo, como consecuencia del síndrome del espionaje de la post–guerra que marcó la era de la Guerra Fría, o de la lucha contra el terrorismo como consecuencia de los atentados del 11 de septiembre de 2001.[357]

Para imponer la transparencia y garantizar el derecho de tener acceso a la información pública, la Ley Federal de Transparencia mexicana del año 2002, definió también una

---

356 Esta declaración tan importante de sometimiento a las reglas y principios internacionales, inherentes de un gobierno democrático, contrastan con la situación que se presenta en otros países como Venezuela, donde desafortunadamente, el Tribunal Supremo de Justicia no solo ha sentenciado que en material de libertad de expresión las Recomendaciones de la Comisión Inter–Americana no son obligatorias en el país, sino que las propias decisiones de la Corte Inter–Americana de Derechos Humanos no son ejecutables en el país. Esta decisión fue dictada por la sala Constitucional del Tribunal Supremo en diciembre de 2008, en relación con la decisión de la Corte Inter–Americana de Derechos humanos del 5 de Agosto de 2008; emitida en el Caso *Apitz Barbera y otros ("Corte Primera de lo Contencioso Administrativo") vs. Venezuela*, en el cual la Corte sentenció que el Estado venezolano había violado las garantías jurídicas de varios jueces que habían sido removidos, establecidas en la Convención Americana de Derechos Humanos, condenando al Estado a pagarles la compensación debida, a reincorporarlos en cargos similares en el Poder Judicial, y a publicar parte de la decisión en los periódicos venezolanos (Véase decisión en Excepción Preliminar, Fondo, Reparaciones y Costas, Serie C N° 182, en www.corteidh.or.cr). Sin embargo, el 12 de diciembre de 2008, la Sala Constitucional del Tribunal Supremo de Justicia emitió la decisión N° 1939, (Expediente: 08–1572), Caso: *Abogados Gustavo Álvarez Arias y otros*, declarando que la decisión antes mencionada de la Corte Inter–Americana de Derechos Humanos, del 5 de agosto de 2008, era inejecutable en Venezuela; instando al Ejecutivo a denunciar a la Convención Americana de Derechos Humanos y acusando a la Corte Inter–Americana de haber usurpado los poderes del Tribunal Supremo.

357 Es por ello que los memoranda del Presidente Obama fueron considerados como el reverso de la política Post Septiembre 2001 que le facilitaba a las agencias gubernamentales el poder negarse ante las solicitudes de documentos conforme a la Freedom of Information Act. *V.* Sheryl Gay Stolberg "On First Day, Obama Quickly Sets a New Tone", *The New York Times*, 22 de febrero de 2009, p. A1.

presunción a favor de la publicidad, estableciendo el principio de que la interpretación de sus normas deben siempre ser realizadas en las entidades públicas en favor del "principio de mayor publicidad," es decir, lo contrario al secretismo.

Pero como siempre ha sucedido con estas legislaciones, las sola declaración de principios que contiene no es suficiente para resolver el conflicto entre secretismo y apertura, particularmente debido a la amplia variedad de excepciones que también se han establecidas en las legislaciones, lo cual se repite en la Ley federal mexicana en relación con las informaciones confidenciales, dejando incluso en las manos del director de la respectiva unidad de la Administración Pública (artículo 16) el poder de declarar determinado tipo de información como "reservada". En todos estos casos, la información se mantiene fuera del alcance de los ciudadanos, respecto de las cuales ningún derecho al acceso a la información puede existir efectivamente.

El problema en la Ley mexicana, en todo caso, no es le referencia que la misma hace en su Artículo 18 a la información considerada como "confidencial," referida a la consignada por los administrados con sus peticiones ante la Administración Pública, y a su datos personales contenida en los registros que requieren de su consentimiento para que sean divulgados o distribuidos;[358] sino la asignación a los jefes de las entidades públicas del poder para calificar, como reservada, cierta información durante un período de 12 años (artículo 15),[359] refiriéndose a la información cuya difusión pudiera comprometer la seguridad nacional, la seguridad pública o la defensa nacional; aquella que pudiese poner en riesgo la estabilidad monetaria, económica o financiera del país; que pudiera poner en peligro la vida de las personas, la seguridad y la salud públicas; y que pudiera afectar seriamente las actividades de policía, de prevención del delito, la justicia, la recaudación de impuestos, el control de inmigración, y estrategias que se adopten en los procedimientos judiciales o administrativos antes de su decisión final (artículo 15).

Es cierto que la Ley expresamente excluye de este amplio espectro de información reservada, aquella información que está relacionada con violaciones graves en contra de los derechos humanos y con crímenes contra la humanidad (artículo 14), pero sin duda, el amplio vocabulario utilizado en la enumeración para la clasificación de información como reservada, puede llevar a contradecir los mismos objetivos de apertura de la Ley.

En todo caso, para evitar esta distorsión y para controlar las posibles desviaciones en la aplicación de las excepciones, la Ley Federal creó un Instituto Federal de Acceso a la Información Pública atribuyéndole la potestad a cargo de decidir, en última instancia administrativa, sobre el rechazo de peticiones que se hubieses introducido solicitando acceso a información, y sobre la protección de la datos personales que puedan existir en los archivos de las entidades públicas (artículo 34). A fin de garantizar el derecho de solicitar información, la Ley también estableció un lapso preciso de 20 días para que se produzca la respuesta oficial, previendo el principio del "silencio positivo," es decir la presunción de respuesta positiva en caso de silencio, considerando entonces concedida la petición al agotarse el lapso de respuesta sin que se hubiese producido decisión expresa. Es de destacar que en este respecto, la Ley Federal de Transparencia incluso modificó la regla general contraria establecida en la Ley Federal de Procedimientos Administrativos de 1994, del "silencio negativo" donde lo que se presume es la "respuesta

---

358 En cuanto a la información personal que se encuentra en los registros públicos, esta no es considerada como confidencial.

359 En el FOIA de los Estados Unidos, el plazo es de 25 años.

negativa" o el rechazo de las peticiones en los casos en los cuales no se haya producido una respuesta oportuna (artículo 17).

En cuanto al problema de las excepciones al derecho de la información, el mismo se agrava en la Ley Federal pues la misma, además de establecer los casos antes referidos en los cuales las autoridades pueden califica ciertas informaciones como reservadas, directamente dispone la calificación de confidencial de otro tipo de información, sin la necesidad de requerir declaraciones adicionales por parte de las autoridades. Esto se refiere a las informaciones que ya han sido declaradas como confidenciales en otras leyes, como las relativas al secreto comercial, industrial, fiscal, bancario o fiduciario. También se refiere la Ley a los archivos de investigaciones preliminares; a los archivos de procedimientos judiciales o administrativos aún sin decisión definitiva; a los procesos de responsabilidad de las autoridades públicas aún sin decisión definitiva; y a las opiniones, sugerencias o puntos de vista ofrecidos por las autoridades públicas en las deliberaciones relativas a procedimientos hasta que se adopte decisión definitiva. Lamentablemente, todas estas exenciones constituyen una ventana abierta al secretismo (artículo 14).

Pero en todo caso, para cualquiera que ha estado involucrado en procesos de reforma de la Administración Pública en América Latina, la aprobación de un estatuto como la Ley Federal mexicana de Transparencia y Acceso a la información pública gubernamental y su aplicación, más que una reforma, puede ser considerado como el comienzo de una revolución administrativa que, aunque requerirá de muchos años para producir resultados definitivos, ya ha producido un sentido importante de apertura dentro de la Administración Pública de México, lo cual puede incluso percibirse en los reportajes ofrecidos por los medios de comunicación sobre la misma y sus funcionarios, en una forma nunca antes imaginada.

El resultado de este proceso inicial también fue la aprobación, en 2007, de una nueva Enmienda constitucional sobre el mismo artículo 6 de la Constitución para agregar a la declaración inicial del derecho a la información que el Estado debe garantizar, también con rango constitucional, los siguientes principios que todas las agencias y entidades públicas deber seguir para hacer efectiva dicha garantía: En primer lugar, la presunción de publicidad antes mencionada, es decir, el principio de que toda información que esté en manos de cualquier autoridad o entidad pública debe considerarse cómo de carácter público, siendo la excepción de esta regla, su declaración temporal como reservada basada en motivos de interés público. Es por ello que, en la interpretación del derecho constitucional a la información, la Ley Federal de 2002 establecía el principio de que la mayor publicidad siempre debe prevalecer. Esta es la misma presunción a favor de la revelación que se definió en el Memorando del Presidente Obama de fecha 21 de enero de 2009; de manera que en caso de duda, la apertura es la que debe prevaler; pero con la gran diferencia de que en México se trata de una previsión de rango constitucional, como un derecho de los ciudadanos, y no solo como una política del Poder Ejecutivo expresa sobre la aplicación de un estatuto que en definitiva podría ser modificada por otros gobiernos, como ha ocurrido en el pasado.

Los otros principios que se incluyeron en la Enmienda constitucional mexicana de 2007, que ya había desarrollado en la Ley Federal, fueron la previsión expresa del derecho de todos de que toda información relacionada con la vida privada y la datos personales esté debidamente protegida; y el derecho de tener acceso sin costo alguno, a la información pública relativa a los datos personales y a su rectificación. Para ello, la legislación debe establecer los medios adecuados para garantizar el acceso a la información y también procedimientos simples y expeditos de revisión ante entidades imparciales, autónomas y especializadas.

III. EL AVANCE EN OTROS PAÍSES LATINOAMERICANOS EN MATERIA DE TRANSPARENCIA Y ACCESO A LA INFORMACIÓN

En todo caso, la legislación mexicana del año 2002 no fue el primer estatuto en esta materia en América Latina. En 1985, en Colombia se promulgó la Ley N° 57 sobre la publicidad de documentos oficiales y administrativos, y en enero de 2002, antes de la Ley mexicana, se aprobó en Panamá la Ley N° 6 sobre las previsiones para la transparencia en la gestión pública y sobre acciones *habeas data*. Además de estos casos, el hecho es que en todas las otras leyes aprobadas en Latinoamérica durante los últimos siete años, la Ley Federal mexicana ha tenido una influencia definitiva en su redacción en lo que se refiere a la transparencia y al derecho al acceso a la información pública.[360] Ese ha sido el caso, por ejemplo, de los estatutos aprobados en el Perú en 2003 (Ley N° 27.806 de Transparencia y el acceso a la información pública); en Ecuador en 2004 (Ley Orgánica de Transparencia y acceso a la información pública), y el mismo año en la República Dominicana (Ley General N° 200–04 del Libre acceso a la información pública); en Honduras, en 2006 (Ley de Transparencia y acceso a la información pública); en Nicaragua en 2007 (Ley N° 621–2007 de acceso a la información); y en Chile (Ley de Transparencia y acceso a la información), en Guatemala (Ley de acceso a la información pública), y en Uruguay (Ley N° 18381 de acceso a la información pública y del *amparo informativo*), durante el año 2008.

Para promover la transparencia de las funciones administrativas dentro de todas las entidades públicas, todas estas Leyes establecen el derecho al acceso de información como un derecho fundamental de todos los ciudadanos; presumen expresamente que toda información emitida por las entidades públicas debe considerarse como de carácter público, con la excepción de los documentos confidenciales o aquellos declarados como reservados; casi todas establecen la presunción del silencio positivo ante la ausencia de respuestas expeditas a las solicitudes de información; y obligan a las entidades públicas a publicar la información concerniente a su organización o a su funcionamiento. Sin embargo, en muchas de estas leyes, y partiendo del precedente mexicano, también se establecen previsiones específicas para la protección judicial del derecho al acceso a la información, a través de la acción de *habeas data*, que se configura como una especie de *amparo informativo*, como se lo define en el derecho uruguayo.

En efecto, a pesar de que México es la cuna de la acción de amparo, en lo que respecta al derecho al acceso a la información y a su protección judicial, en contraste con el régimen establecido en los otros países Latinoamericanos, ni en la Constitución y en la Ley Federal se reguló la acción *habeas data*; es decir, el medio judicial específico diseñado para garantizar la protección de los derechos a la información sin necesidad de agotar, previamente, cualesquiera recursos de revisión administrativa. Esta acción específica de *habeas data*, establecida originalmente para la protección de datos personales y progresivamente ampliada para la protección del derecho de acceso a la informa-

360 La Ley Federal también tuvo mucha importancia en la redacción de la legislación de los Estados de la federación.

ción pública, ha sido prevista en las Constituciones de Argentina, Brasil, Ecuador, Paraguay, Perú y Venezuela, en paralelo a los otros medios judiciales para la protección de los derechos humanos, como el amparo y las acciones *habeas corpus*. En otros países, aún sin fuente constitucional, dicha acción de *habeas data* ha sido establecida por ley (Panamá, Uruguay).

IV. EL TEMA DE LA GARANTÍA JUDICIAL AL DERECHO DE ACCESO A LA INFORMACIÓN PÚBLICA

En materia de protección judicial, en cambio, en México, la Ley Federal solo ha establecido la posibilidad de tener acceso a los Órganos Judiciales (artículo 59), mediante la impugnación través de acciones contencioso administrativas o de mediante juicio de amparo, de las decisiones definitivas dictadas por el Instituto Federal de Acceso a la Información Pública; cuando dichas decisiones son adoptadas resolviendo recursos de revisión administrativos introducidos ante el organismo, contra las decisiones finales de las entidades administrativas correspondientes que niegan la información (artículo 49). Es decir, siguiendo la tendencia de las Estados Unidos, la posibilidad de tener acceso a la protección judicial del derecho de tener acceso a la información pública, en México está sujeta al agotamiento previo de recursos administrativos que deben ejercerse, *primero*, ante la Administración Pública correspondiente que posee la información y la niega, y *segundo*, ante el Instituto Federal de Acceso a la Información Pública.

Esta es una característica importante del sistema mexicano que sin duda contrasta con las otras legislaciones de América Latina, en las cuales el acceso a la protección judicial del derecho de acceso a la información pública es inmediato y directo, sin necesidad de agotar previamente cualesquiera recursos administrativos ante la Administración Pública de las Agencias Independientes.

Ese es el caso, por ejemplo, de las previsiones de la Ley de Transparencia y Acceso a la Información de Panamá de 2002, que como se ha dicho, fue promulgada antes que la Ley mexicana, en la cual la acción de *habeas data* está establecida para garantizar el derecho de cada persona a tener acceso a la información pública, por ejemplo, como lo establece la ley, en los casos en los cuales la autoridad pública responsable del registro, el archivo o el banco de datos que contiene la información o los datos personales requeridos, niegue dicha información o la suministre en forma insuficiente o inexacta (artículo 17). En esos casos, la Ley prevé la posibilidad de que se introduzca la acción *habeas data* ante las mismas Cortes Superiores capacitadas para decidir, en general, en materia de acciones de amparo cuando la acción se refiere a actos de autoridades públicas municipales o provinciales responsables de registros o archivos. Cuando se trata de autoridades públicas con jurisdicción sobre más de dos provincias o sobre toda la República, la Corte Suprema de Justicia es entonces la competente para decidir sobre la acción *habeas data* (artículo 18).

Esta acción de *habeas data* debe decidirse durante un proceso regido por las mismas reglas de la acción de amparo, sin formalidades y sin la necesidad de la asistencia de un abogado.

En este mismo sentido, la reciente Ley uruguaya de 2008 relativa al derecho de acceso a la información pública, también ha previsto una acción judicial especial de acceso a la información, denominada "amparo informativo," que todas las personas tienen para la garantía de su derecho. Esta acción puede ser introducida por cualquier persona interesada o por sus representantes (artículo 24) contra cualquier autoridad pública obligada por la Ley, cuando se niegue el suministro de la información solicitada, o cuando la información no es suministrada en los términos establecidos en la Ley. Los tribunales competentes para decidir sobre dicha acción son, en general, las los de Primera Instancia con jurisdicción en asuntos civiles o en materia contencioso administrativo (artículo 23), y el procedimiento que se debe aplicar está establecido en la misma Ley de forma expedita (artículo 25) y sin incidentes de procedimientos judiciales (artículo 30), dando lugar para la realización de una audiencia pública que debe llevarse a cabo dentro de los tres días siguientes bajo la dirección del tribunal, en la cual las partes deben discutir sus pretensiones y presentar las pruebas correspondientes. La decisión final debe ser emitida dentro del plazo de las siguientes veinticuatro horas (artículo 26). En cualquier caso, los tribunales tienen el amplio poder de adoptar las medidas provisionales o cautelares necesarias para proteger el derecho o libertad presuntamente violado (artículo 27). La sentencia final debe determinar lo que sea necesario hacer para garantizar el derecho al acceso a la información pública, en un plazo no mayor de 15 días (artículo 28); estando en todo caso sujeta a apelación y a una revisión de segunda instancia (artículo 29).

En el caso de Ecuador, donde también se promulgó en 2004 una Ley Orgánica de Transparencia y acceso a la información pública, desde 1997, la Ley de Control de Constitucionalidad estableció la acción del *habeas data* en adición a las acciones de *habeas corpus* y amparo para la protección de los derechos humanos, específicamente con el propósito de garantizar el derecho de cada individuo de tener acceso a la información relacionada con él mismo o con sus propiedades, y a conocer el uso y propósito de los datos (artículo 34). El recurso *habeas data* que puede ser introducido ante cualquier tribunal (artículo 37) tiene por objeto obtener por parte de la entidad correspondiente, la información que debe ser suministrada en forma completa, clara y acertada; la rectificación o supresión de información o evitar su divulgación a terceros; y las copias y verificación de corrección o supresión de información (artículo 35). Sin embargo, la acción de *habeas data* no procede cuando se pueda ver afectado el secreto profesional; cuando la justicia pueda ser obstruida; y en los casos de documentos reservados por razones de seguridad nacional (artículo 36). El procedimiento del recurso de *habeas data* también impone la necesidad de que el tribunal lleve a cabo una audiencia pública que de tener lugar dentro de un plazo de 8 días, debiendo adoptarse la decisión final durante los siguientes dos días (artículo 38). El querellado debe suministrar la información durante los siguientes ocho días, conjuntamente con una explicación sobre la misma (artículo 39), y la decisión está sujeta a apelación ante el Tribunal Constitucional (artículo 42).

Pero además de esta acción *habeas data*, en Ecuador, la Ley Orgánica de Transparencia y acceso a la información pública de 2004, estableció sin prejuicio de la acción de amparo, un recurso de acceso a la información, para garantizar judicialmente el derecho de acceso a la información pública (artículo 22). Este recurso puede ser introducido por cualquier persona cuya solicitud respecto de cualquier tipo de información establecida en la Ley, haya sido negada de forma tácita o expresa; ya sea por el rechazo expreso de la solicitud, o por recibir información incompleta, alterada o falsa; incluyendo casos en los cuales el rechazo de la información este basado en el carácter reservado o confidencial de la información solicitada. El recurso puede ser interpuesto directamente ante cualquier tribunal de primera instancia del domicilio de la autoridad pública que esté en posesión de la información; y el tribunal también debe convocar una audiencia pública para ello, dentro de las siguientes 24 horas. La decisión final debe ser emitida en un plazo no mayor de dos días después de la audiencia, incluso en el caso de que la autoridad pública ante la cual se solicitó la información no se presente en la audiencia. La información requerida debe ser entregada al tribunal en un plazo no mayor de ocho días, y en caso de que la información sea de carácter reservado o confidencial, ese hecho debe ser debidamente comprobado. En este último caso, una vez que el tribunal encuentre debidamente comprobado la calificación, debe confirmar la negativa de la información solicitada. En caso contrario, el tribunal debe ordenar que la autoridad libere la información en 24 horas, pudiendo esta decisión ser apelada ante el Tribunal Constitucional cuando la autoridad pública mantenga el carácter de confidencial o reservado de la información. En este caso, la Ley ecuatoriana también asigna amplios poderes a los tribunales competentes para adoptar medidas cautelares en casos en los cuales la información pueda verse en riesgo de encubrimiento, desaparición o destrucción.

En el Perú, el tema de la protección judicial del derecho al acceso a la información no está tratado en la Ley N° 27806 de Transparencia y acceso a la información pública de 2003; sino en Código Procesal Constitucional de 2004, en el que se incluyeron las acciones de amparo y *habeas corpus*, así como también el proceso de *habeas data*. Este último se estableció, particularmente, para la protección de los derechos constitucionales de acceso a la información; para la protección de la intimidad personal o familiar (artículos 2, 5 y 6); y particularmente, para garantizar el acceso a toda información recogida por las entidades públicas cualquiera que sea su forma o expresión, y para saber, actualizar, incluir, suprimir o rectificar información o data referente al accionante, reunida en cualquier forma dentro de instituciones públicas o privadas que ofrezcan servicios de acceso a terceros. Este derecho incluye la posibilidad de solicitar la supresión de información de carácter privado o sensible que pueda afectar los derechos constitucionales del accionante o impedir que se suministre (artículo 61).

La acción de *habeas data* sólo puede ser introducida una vez que la persona interesada haya hecho la solicitud ante la autoridad correspondiente y la misma haya sido rechazada, o cuando al momento de la introducción de la solicitud, la autoridad no ha dado una respuesta en un plazo de 10 días o 2 días, de acuerdo con el derecho exigido (artículo 62). El tribunal correspondiente tiene el poder de solicitar al accionado toda la información que considere necesaria (artículo 63); y el proceso aplicable es el mismo establecido en el Código para la acción de amparo, excepto en cuanto a la necesidad de un abogado que, en este caso, es facultativa (artículo 65).

Por otra parte, el recurso de *habeas data* aún cuando únicamente para la protección de datos personales, garantizando el derecho de tener acceso a los registros oficiales o bancos de datos que la contengan, y de los derechos de rectificar o corregir tal información, se estableció en la Constitución de Brasil, que fue el primer país latinoamericano en constitucionalizar este recurso (artículo 5, LXXII); en la Constitución de Argentina (Reforma de 1994) (artículo 43); y en la Constitución de Paraguay de 1992 (artículo 135).

Este es también el caso de Venezuela, donde la Constitución de 1999 regula la acción de *habeas data* para garantizar el derecho de las personas de acceder a la información y a los datos que sobre sí misma o sobre sus bienes consten en registros oficiales o privados, así como de conocer el uso que se haga de los mismos y su finalidad, y de solicitar ante el tribunal competente la actualización, la rectificación o la destrucción de aquellos, si fuesen erróneos o afectasen ilegítimamente sus derechos (artículo 28). La misma previsión de la Constitución garantiza el derecho de todos al acceso a documentos de cualquier naturaleza que contengan información cuyo conocimiento sea de interés para comunidades o grupos de personas, quedando en todo caso a salvo el secreto de las fuentes de información periodística y de otras profesiones que determine la ley. No obstante, la falta de desarrollo legislativo en materia de la acción de *habeas* ha reducido el alcance de esta acción, habiéndose reservado la Sala Constitucional del Tribunal Supremo el conocimiento de la misma.

V. EL DERECHO DE ACCESO A LA INFORMACIÓN COMO DERECHO CONSTITUCIONAL

Por otra parte, también se debe mencionar que el importante paso tomado en México en el año 1977, para garantizar en el texto constitucional el derecho a la información y al acceso a ella (artículo 6), sólo ha sido seguido por pocos países latinoamericanos. Este es el caso de la Constitución de Brasil de 1988, la que contiene una declaración sobre la garantía del "derecho de todos al acceso a la información" (artículo 5, XIV). En Colombia, la Constitución de 1991 solo establece el derecho al acceso a los documentos públicos, como un derecho de los partidos políticos de oposición (artículo 112); y en Perú, la Constitución de 2000, establece el derecho de todos a solicitar a las entidades públicas, la información necesaria, sin expresar ningún motivo en particular, y a recibirla dentro del plazo establecido por la ley. Solo la información referente a asuntos privados, y aquella establecida expresamente por la ley por razones de seguridad, está excluida; y los servicios de información no pueden suministrar información que pueda afectar la intimidad personal o familiar (artículos 2, 5 y 6).

En el caso de la Constitución de Venezuela de 1999, el artículo 143 establece el derecho de los ciudadanos tienen derecho a ser informados oportuna y verazmente por la Administración Pública, sobre el estado de las actuaciones en que estén directamente interesados, y a conocer las resoluciones definitivas que se adopten sobre el particular.

Asimismo, la misma disposición establece el derecho de acceso a los archivos y registros administrativos, únicamente sujeto a "los límites aceptables dentro de una sociedad democrática en materias relativas a seguridad interior y exterior, a investigación criminal y a la intimidad de la vida privada, de conformidad con la ley que regule la materia de clasificación de documentos de contenido confidencial o secreto.".

El mismo artículo prohíbe cualquier censura previa en lo que refiere a funcionarios públicos sobre la información que puedan ofrecer acerca de los asuntos bajo su responsabilidad.

REFLEXIÓN FINAL

En todo caso, las declaraciones constitucionales de derechos a la transparencia y al acceso a la información pública, y su garantía por medio de leyes como las que están vigentes en América Latina, a pesar de que son pasos muy importantes hacia la democratización de la Administración Pública, no son lo suficiente para garantizar su aplicabilidad. Otros elementos son indispensables para tal propósito, como por ejemplo, la necesidad de la verdadera configuración de un Servicio Civil efectivo, estable y profesional que pueda adoptar el principio de transparencia como uno de sus valores. Un sistema de servidores públicos sujeto a cambios políticos y a la merced de los cambios de gobierno, o a la voluntad de los partidos políticos, o del Jefe de Estado, es completamente incompatible con el principio de presunción a favor de la información y del libre acceso, particularmente porque, al contrario, el secretismo es el principio que puede garantizar su supervivencia.

Por otro lado, para realmente garantizar el derecho de información, la existencia previa de dicha información también es indispensable, la cual por tanto, debe ser previamente recopilada en registros y archivos públicos bien organizados y seguros. Frente a una Administración Pública sin memoria de su propia información, situación que se repite en muchos de nuestros países en los que no existe una cultura de preservar la información o en los que persiste una política de destrucción de documentos históricos; los ciudadanos no pueden tener una garantía cierta de acceso a la información o de ser informados, excepto sobre lo que la autoridad pública determine que es lo que quiere informar o puede informar.

Otro elemento indispensable para garantizar el derecho al acceso a la información pública, es la existencia de la libertad de expresión que para que se puedan difundir los casos de la falta de transparencia y que pudiera demandar apertura. A este respecto, por ejemplo, el progreso que se ha logrado desde la década de los sesenta en los Estados Unidos, además de tener su origen en el activismo legislativo, puede sin duda ser atribuido a la garantía efectiva de la libertad de expresión y de la libre prensa que ha ayudado a la transparencia. Pero por supuesto, el derecho de informar que tienen los medios de comunicación es solo un aspecto del asunto, y no puede quedar condicionado por lo que solo que la prensa u otro medio de comunicación quiere informar, y cuando lo quieren informar.

Sin la libertad de expresión y la libertad de prensa, sin duda, no se puede garantizar el derecho ciudadano de ser informado y de acceder a la información pública,[361] y sin ellas, no existe posibilidad para que el ciudadano común pueda ser informado cuando, por ejemplo, la falta de transparencia marque alguna acción política.

Por ejemplo, al inicio me referí a los anuncios que el Presidente Obama hizo en materia de transparencia y apertura dentro del Gobierno el día de la Toma de posesión de su cargo; asunto que fue informado a los ciudadanos por medio de la prensa. Y ha sido a través de la misma prensa que el ciudadano ha podido tomar conocimiento de ciertos retrocesos en el desarrollo de esa política pública. Es el caso, por ejemplo, de la discusión originada con motivo de la calificación como secreto de Estado que defendió un abogado del Departamento de Justicia ante una Corte de Apelación de los Estados Unidos, con motivo de los graves alegatos de tortura que se denunciaron en la aplicación del llamado "programa extraordinario de rendición," diseñado por la Administración

361 Es por esto, que así como es importante hacer énfasis en lo que significó la primera decisión Ejecutiva que tomó el Presidente Obama al tomar posesión de su cargo como Jefe de Estado, proclamando la política de Transparencia y Apertura en el Gobierno; también es importante mencionar la reacción de algunos periodistas atacando, ese mismo día, al nuevo Gobierno por falta de transparencia, solo porque no se les permitió la entrada a los fotógrafos de los medios de comunicación, para presenciar el Segundo juramento que hizo el Presidente, ese mismo día, ante el Presidente de la Corte Suprema; un hecho del que, sin embargo, todos fueron debidamente informados por medio de una fotografía oficial. El aspecto importante que resulta de esa situación es que el derecho de todos de estar informados y de tener acceso a la información pública no puede ser confundido con el derecho de todo medio de comunicación a estar presente en cualquier acto público. El derecho a estar informado es una cosa, y el derecho a la búsqueda de la información y a informar es otra.

anterior para casos de terroristas.[362] Por esa razón es que, en definitiva, no se puede lograr ninguna posibilidad de exigir transparencia sin la libertad de prensa; y la libertad de prensa solo puede existir en las democracias. Por eso la transparencia y la apertura en el Gobierno son políticas democráticas, diseñadas para fortalecer la democratización de la Administración Pública, siendo por supuesto incompatibles con los gobiernos autoritarios.

§ 2. Algo sobre la denegación del acceso a la información (2010)

Esta parágrafo segundo es el texto del comentario jurisprudencial titulado: "De la Casa de Cristal a la Barraca de Hierro: el Juez Constitucional Vs. El derecho de acceso a la información administrativa," publicado en *Revista de Derecho Público*, N° 123, (julio–septiembre 2010), Editorial Jurídica Venezolana, Caracas 2010, pp. 197–206.

I. SOBRE LA TRANSPARENCIA EN LA ADMINISTRACIÓN PÚBLICA

Se atribuye al Juez Louis Brandeis de la Suprema Corte de los Estados Unidos, refiriéndose al tema de la ausencia de transparencia en la Administración Pública y sus consecuencias en materia de corrupción, haber considerado al hablar de la publicidad con razón, que "la luz del sol es el mejor desinfectante,"[363]es decir, la transparencia

Y este es el principio que se puede apreciar en las sociedades democráticas contemporáneas, al configurarse el principio de la libertad de información y del derecho de acceso a la información como instrumentos para fortalecer la democracia y promover eficiencia y eficacia en la Administración, de manera que incluso frente a la duda, debe siempre prevalecer la apertura frente al secretismo. Ello implica que lo confidencial en el seno de la Administración debe quedar reducido a la mínima expresión, en materias sólo vinculadas, por ejemplo, con la seguridad de la nación.

Este concepto de la transparencia en el Gobierno responde a la idea política figurada en torno al principio de la denominada "casa de cristal" (*la maison de verre*), que después de muchos años de opacidad administrativa, comenzó a desarrollarse vinculada al simbolismo de lo visible, lo asequible y lo transparente, contrario a lo cerrado, misterioso, inasequible o inexplicable. Es decir, lo abierto y transparente, como sensación de tranquilidad y serenidad que resulta de lo dominado o racionalizado, y que es lo contrario a la angustia y la perturbación causadas por lo que es misterioso y desconocido.[364]

Este concepto de transparencia ha sido uno de los elementos clave que en la evolución de la Administración Pública en el mundo democrático moderno, ayudaron a la transformación del Estado Burocrático tradicional en el Estado Administrativo y Democrático de nuestros tiempos, más dedicado a los ciudadanos que al Monarca o a la

---

362 *V.* John Schwartz, "Obama Backs Off A Reversal On Secrets," en, 10 de febrero de 2009, pp. A12 y A16, y el Editorial The New York Times sobre "Continuity of the Wrong Kind," en *The New York Times*, 11 de febrero de 2009, p. A30.

363 *V.* Louis Brandeis, "What public*city* can do?, " en *Harper's Weekly* December 20, 1913

364 *V.* Jaime Rodríguez–Arana, "La transparencia en la Administración Pública," en *Revista Vasca de Administración Pública*, n° 42, Oñati 1995, p. 452.

burocracia. Por ello, la Constitución de 1999 dice: "La Administración está al servicio de los ciudadanos" y entre otros, se fundamenta en el principio de la transparencia. (artículo 141).

En cambio, aquél Estado Burocrático era el caracterizado por Max Weber como la organización que trataba "de incrementar la superioridad del conocimiento profesional de las autoridades públicas, precisamente a través del secretismo y de la confidencialidad de sus intenciones". Por eso, dijo Weber, los gobiernos burocráticos, debido a sus tendencias, son siempre "gobiernos que excluyen la publicidad".[365]

Al contrario, en el mundo contemporáneo, la franqueza, la apertura y la transparencia son la regla; por lo que, decisiones como la adoptada por la Sala Constitucional del Tribunal Supremo de Justicia N° 745 de 15 de julio de 2010 (Caso: *Asociación Civil Espacio Público*),[366] negando el acceso a la información administrativa sobre remuneraciones pagadas por la Administración a sus funcionarios públicos, para "proteger" el derecho a la privacidad o "intimidad económica" de los mismos, y por considerar no acreditado el propósito para el cual se requería la misma, es un retroceso en lo que ha sido un progresivo proceso de configuración de la Administración como una "casa de cristal," buscando con esta lamentable decisión, su sustitución por una Administración que podría ser una "barraca de acero," rodeada de secretos e impenetrable.

II. ALGUNOS ANTECEDENTES SOBRE EL ACCESO A LA INFORMACIÓN Y LA APERTURA EN LA ADMINISTRACIÓN PÚBLICA

Sin embargo, antes de analizar esa "desafortunada" decisión, estimamos que resulta necesario analizar algunos antecedentes legislativos contemporáneos sobre el tema, para situarnos en su significado.

Finlandia fue el primer país que después de la Segunda Guerra mundial adoptó en 1951 un estatuto sobre el acceso a la información pública,[367] lo cual fue seguido en 1966 por los Estados Unidos cuando se aprobó la legislación en materia de transparencia y acceso a la información pública conocida como la *Freedom of Information Act (FOIA)* (Ley de libertad de información). El origen común de ambas legislaciones fue que su promulgación se debió a la iniciativa de los propios órganos legislativos, como parte de un activismo legislativo desplegado frente a los Poderes Ejecutivos con el objeto de imponer políticas de transparencia, habiendo sido en ambos casos, promovida por los partidos de oposición a los gobiernos de la época en cada país.[368]

365 *V.* Max Weber, *Economía y Sociedad*, Vol. II, Fondo de Cultura Económica, México 1969, p. 744.

366 *V.* en http://www.tsj.gov.ve/decisiones/scon/Julio/745-15710-2010-09-1003.html

367 En 1766, en Suecia se aprobó una ley sobre el mismo tema de acceso a la información.

368 En cuanto a la FOIA, su origen resulta de la creación, durante la década de los cincuenta, de Comisiones de Senadores y Representantes para resolver la falta de acceso efectivo a la información de acuerdo a las provisiones de la Ley de Procedimiento Administrativo (*Administrative Procedure Act*), las cuales, a pesar de ser muy importantes en su momento, fueron descritas por el Representante John E. Moss, como parte de la "teoría burocrática" que permitía que cada entidad pública decidiera qué tipo de información debía llegar al público. *V.* Pierre-Francois Divier, "Etats-Unis L'Administration Transparente: L'accés des citoyens américains aux documents officiels," en *Revue du Droit Public et de la Science Politique en France et a l'étranger*, N° 1, Librairie Générale de Droit et de Jurisprudence, Paris 1975, p. 64; Miguel Revenga Sánchez, *El imperio de la política. Seguridad nacional y secreto de Estado en el sistema constitucional norteamericano*, Ariel, Madrid 1995, p. 153. Luego la

Más recientemente, en México, en 2002, pero aprobada tras varias iniciativas de ONGs, como el Grupo Oaxaca y basada en un proyecto del Poder Ejecutivo, se sancionó la Ley Federal de Transparencia y Acceso a Información Gubernamental Pública;[369] y más importante, con la gran diferencia de que en este caso de México, la legislación estaba destinada a garantizar la aplicación de un derecho constitucional que había sido incorporado en la Constitución mexicana en una Enmienda de 1977, que había establecido el derecho de los ciudadanos a la información.

En efecto, en la Constitución mexicana, en contraste con la Constitución de los Estados Unidos en la que nada se puede encontrar que permita identificar un derecho fundamental a tener acceso a la información pública, el artículo 6 establece el derecho de todo ciudadano a la información que el "Estado garantizará" (artículo 6). Por ello, basado en este derecho constitucional y en relación con la información pública, 15 años más tarde se sancionó la mencionada Ley Federal de Transparencia y Acceso a Información Gubernamental Pública, la cual tiene por objeto contribuir a la democratización de la Sociedad mexicana y garantizar la aplicación eficiente del Estado de derecho; garantizar el derecho de todos de tener acceso a la información; buscar la transparencia del servicio público por medio de la difusión de información pública; reforzar la posibilidad de responsabilidad pública; y proteger la datos personales contenidos en los registros públicos (artículo 6)

Además, y para ampliar el rango de su protección, la Ley Federal dispuso expresamente que el derecho de tener acceso a la información pública debía ser interpretado no solo en conformidad con la Constitución, sino también con lo previsto en la Declaración Universal de los Derechos Humanos; en el Pacto Internacional de Derechos Civiles y Políticos; en la Convención Americana de los Derechos Humanos; en la Convención para la eliminación de cualquier tipo de discriminación contra la mujer, y en los otros instrumentos internacionales ratificados por México (artículo 6); y además, conforme a la interpretación dada por las instituciones internacionales especializadas, como por ejemplo, la Comisión Interamericana de los Derechos Humanos y la Corte Interamericana de los Derechos Humanos.[370]

FOIA fue reformado en 1974 y en 1976 para hacerla más eficiente. Durante los mismos años, luego de los escándalos de *Watergate* y los *Pentagon Papers* (documentos del Pentágono), se aprobaron dos nuevas leyes: la *Federal Privacy Act* y la *Federal Government in the Sunshine Act*. Véase James Michael, "Freedom of information in the United States" en *Public access to government–held information* (Norman Marsh Editor), Steven & Son LTD, Londres 1987.

369 Algunos artículos de la Ley fueron reformados en 2006

370 Esta declaración tan importante de sometimiento a las reglas y principios internacionales, inherentes de un gobierno democrático, contrastan con la situación que se presenta en otros países como Venezuela, donde desafortunadamente, el Tribunal Supremo de Justicia no solo ha sentenciado que en material de libertad de expresión las Recomendaciones de la Comisión Inter–Americana no son obligatorias en el país, sino que las propias decisiones de la Corte Inter–Americana de Derechos Humanos no son ejecutables en el país. Esta decisión fue dictada por la sala Constitucional del Tribunal Supremo en diciembre de 2008, en relación con la decisión de la Corte Inter–Americana de Derechos humanos del 5 de Agosto de 2008; emitida en el Caso *Apitz Barbera y otros ("Corte Primera de lo Contencioso Administrativo") vs. Venezuela*, en el cual la Corte sentenció que el Estado venezolano había violado las garantías jurídicas de varios jueces que habían sido removidos, establecidas en la Convención Americana de Derechos Humanos, condenando al Estado a pagarles la compensación debida, a reincorporarlos en cargos similares en el Poder Judicial, y a publicar parte de la decisión en los periódicos venezolanos (Véase decisión en Excepción Preliminar, Fondo, Reparaciones y Costas, Serie C N° 182, en www.corteidh.or.cr). Sin embargo, el 12 de diciembre de 2008, la Sala Constitucional del Tribunal Supremo de Justicia emitió la decisión N° 1939, (Expediente: 08–1572), Caso: *Abogados Gustavo Álvarez Arias y otros*, declarando que la decisión antes mencionada de la Corte Inter–Americana de Derechos Humanos, del 5 de agosto de 2008, era inejecutable en Venezuela;

Con esta legislación tendiente a implementar una política de transparencia y apertura, puede decirse que México comenzó a resolver el permanente conflicto entre "secretismo" y "apertura" que todas las Administraciones Públicas han experimentado; y que ha existido, no solo en forma estructural conformando el secretismo atávico que durante tantos años han sido la regla, y no la excepción, en muchas de las Administraciones Públicas de Latinoamérica; sino también en forma circunstancial, en situaciones particulares que se han desarrollado, por ejemplo, como consecuencia del síndrome del espionaje de la post–guerra que marcó la era de la Guerra Fría, o de la lucha contra el terrorismo como consecuencia de los atentados del 11 de septiembre de 2001.[371]

Para imponer la transparencia y garantizar el derecho de tener acceso a la información pública, la Ley Federal de Transparencia mexicana del año 2002, definió también una presunción a favor de la publicidad, estableciendo el principio de que la interpretación de sus normas deben siempre ser realizadas en las entidades públicas en favor del "principio de mayor publicidad," es decir, lo contrario al secretismo.

El resultado de este proceso inicial también fue la aprobación, en 2007, de una nueva Enmienda constitucional sobre el mismo artículo 6 de la Constitución para agregar a la declaración inicial del derecho a la información, que el Estado debe garantizar, también con rango constitucional en todas las agencias y entidades públicas la presunción de publicidad antes mencionada, es decir, el principio de que toda información que esté en manos de cualquier autoridad o entidad pública debe considerarse cómo de carácter público, siendo la excepción de esta regla, su declaración temporal como reservada basada en motivos de interés público. Es por ello que, en la interpretación del derecho constitucional a la información, la Ley Federal de 2002 establecía el principio de que la mayor publicidad siempre debe prevalecer.

Los otros principios que se incluyeron en la Enmienda constitucional mexicana de 2007, que ya había desarrollado en la Ley Federal, fueron la previsión expresa del derecho de todos de que toda información relacionada con la vida privada y la datos personales esté debidamente protegida; y el derecho de tener acceso sin costo alguno, a la información pública relativa a los datos personales y a su rectificación. Para ello, la legislación debe establecer los medios adecuados para garantizar el acceso a la información y también procedimientos simples y expeditos de revisión ante entidades imparciales, autónomas y especializadas.

En todo caso, la legislación mexicana del año 2002 no fue el primer estatuto en esta materia en América Latina. En 1985, en Colombia se promulgó la Ley No. 57 sobre la publicidad de documentos oficiales y administrativos, y en enero de 2002, antes de la Ley mexicana, se aprobó en Panamá la Ley N° 6 sobre las previsiones para la transparencia en la gestión pública y sobre acciones de habeas data. Además de estos casos, el hecho es que en todas las otras leyes aprobadas en América Latina durante los últimos años, la Ley Federal mexicana ha tenido una influencia definitiva en su redacción en lo que se refiere a la transparencia y al derecho al acceso a la información pública.[372] Ese ha sido el caso, por ejemplo, de los estatutos aprobados en el Perú en 2003 (Ley N°

---

instando al Ejecutivo a denunciar a la Convención Americana de Derechos Humanos y acusando a la Corte Inter–Americana de haber usurpado los poderes del Tribunal Supremo.

371 *V.* Sheryl Gay Stolberg "On First Day, Obama Quickly Sets a New Tone", *The New York Times*, 22 de febrero de 2009, p. A-1

372 La Ley Federal también tuvo mucha importancia en la redacción de la legislación de los Estados de la federación.

27,806 de Transparencia y el acceso a la información pública); en Ecuador en 2004 (Ley Orgánica de Transparencia y acceso a la información pública), y el mismo año en la República Dominicana (Ley General N° 200–04 del Libre acceso a la información pública); en Honduras, en 2006 (Ley de Transparencia y acceso a la información pública); en Nicaragua en 2007 (Ley N° 621–2007 de acceso a la información); y en Chile (Ley de Transparencia y acceso a la información), en Guatemala (Ley de acceso a la información pública), y en Uruguay (Ley N° 18381 de acceso a la información pública y del *amparo informativo*), durante el año 2008.

Para promover la transparencia de las funciones administrativas dentro de todas las entidades públicas, todas estas Leyes establecen el derecho al acceso de información como un derecho fundamental de todos los ciudadanos; presumen expresamente que toda información emitida por las entidades públicas debe considerarse como de carácter público, con la excepción de los documentos confidenciales o aquellos declarados como reservados; casi todas establecen la presunción del silencio positivo ante la ausencia de respuestas expeditas a las solicitudes de información; y obligan a las entidades públicas a publicar la información concerniente a su organización o a su funcionamiento. Sin embargo, en muchas de estas leyes, y partiendo del precedente mexicano, también se establecen previsiones específicas para la protección judicial del derecho al acceso a la información, a través de la acción de habeas data, que se configura como una especie de *amparo informativo*, como se lo define en el derecho uruguayo.

En efecto, a pesar de que México es la cuna de la acción de amparo, en lo que respecta al derecho al acceso a la información y a su protección judicial, en contraste con el régimen establecido en los otros países Latinoamericanos, ni en la Constitución y en la Ley Federal se reguló la acción de habeas data; es decir, el medio judicial específico diseñado para garantizar la protección de los derechos a la información sin necesidad de agotar, previamente, cualesquiera recursos de revisión administrativa. Esta acción específica de habeas data, establecida originalmente para la protección de datos personales y progresivamente ampliada para la protección del derecho de acceso a la información pública, ha sido prevista en las Constituciones de Argentina, Brasil, Ecuador, Paraguay, Perú y Venezuela, en paralelo a los otros medios judiciales para la protección de los derechos humanos, como el amparo y las acciones de habeas corpus. En otros países, aún sin fuente constitucional, dicha acción de habeas data ha sido establecida por ley (Panamá, Uruguay).

Por otra parte, también se debe mencionar que el importante paso tomado en México en el año 1977, para garantizar en el texto constitucional el derecho a la información y al acceso a ella (artículo 6), ha sido seguido por algunos países latinoamericanos. Este es el caso de la Constitución de Brasil de 1988, la cual contiene una declaración sobre la garantía del "derecho de todos al acceso a la información" (artículo 5, XIV). En Colombia, la Constitución de 1991 solo establece el derecho al acceso a los documentos públicos, como un derecho de los partidos políticos de oposición (artículo 112); y en Perú, la Constitución de 2000, establece el derecho de todos a solicitar a las entidades públicas, la información necesaria, sin expresar ningún motivo en particular, y a recibirla dentro del plazo establecido por la ley. Solo la información referente a asuntos privados, y aquella establecida expresamente por la ley por razones de seguridad, está excluida; y los servicios de información no pueden suministrar información que pueda afectar la intimidad personal o familiar (artículos 2, 5 y 6).

III. EL DERECHO DE ACCESO A LA INFORMACIÓN EN VENEZUELA Y SUS LÍMITES POR EL JUEZ CONSTITUCIONAL

En el caso de la Constitución de Venezuela de 1999, el artículo 143 consagra el derecho ciudadano a la información administrativa, es decir, el derecho de acceder a los archivos y registros administrativos, derecho que está sometido sólo a los límites aceptables dentro de una sociedad democrática en materias relativas a seguridad interior y exterior, a investigación criminal y a la intimidad de la vida privada, de conformidad con la ley que regule la materia de clasificación de documentos de contenido confidencial o secreto.

Fue con base en este derecho, que una Asociación Civil (Asociación Civil Espacio Público), solicitó información en 2008 y 2009 ante la Contraloría General de la República sobre "el salario base y otras erogaciones que devengan el Contralor General de la República y las remuneraciones del resto del personal de la Contraloría General de la República," habiéndole informado el órgano contralor que lo solicitado implicaba una invasión a la esfera privada de los funcionarios públicos y que con ello se violaría el derecho al honor y privacidad consagrado en el artículo 60 de la Constitución.

Ante esa negativa, la Asociación intentó una acción de amparo constitucional por considerar que la Contraloría había violado el derecho de acceso a la información pública, argumentando que "...para lograr una gestión pública cónsona con los principios de transparencia y rendición de cuenta, es necesario la publicidad de los recursos que se administran, incluyendo los sueldos de los funcionarios públicos, ya que éstos ejercen funciones públicas, están al servicio de los ciudadanos y sus remuneraciones se pagan con los tributos pagados por los ciudadanos, en consecuencia, el tema de las remuneraciones de los funcionarios públicos escapa de la esfera privada de los mismos y no se viola el derecho a la intimidad con la solicitud de dicha información," considerando que no era "suficiente negar la información solicitada alegando simplemente la privacidad de los funcionarios...".

Además, alegó la Asociación accionante que en esta materia de "supuesta violación al derecho a la intimidad de los funcionarios mediante la solicitud de la información sobre sus remuneraciones, es necesario distinguir entre la protección de la honra y privacidad de un ciudadano común y un funcionario público, ya que si bien los funcionarios públicos se encuentran también protegidos por el derecho a la intimidad y al honor, existe un umbral distinto de protección."

Sin embargo, la Sala Constitucional, en sentencia N° 745 de 15 de julio de 2010 (Caso: *Asociación Civil Espacio Público*),[373] declaró sin lugar el amparo solicitado, con base en los siguientes argumentos:

En *primer lugar*, la Sala tras admitir el "reconocimiento constitucional que se le ha dado en la Carta Magna al novísimo derecho de la ciudadanía a solicitar información y a ser informada oportuna y verazmente sobre asuntos de interés público," que consideró estaba "legitimado en función del principio de transparencia en la gestión pública, que es uno de los valores expresamente establecidos en el artículo 141 de la Constitución;" destacó la ausencia de ley expresa que haya determinado "cuáles son los límites aceptables del ejercicio del derecho a la información dentro de una sociedad democrática en materias relativas a la seguridad interior y exterior, a la investigación criminal y a la

373 *V.* en http://www.tsj.gov.ve/decisiones/scon/Julio/745-15710-2010-09-1003.html

intimidad de la vida privada; o en materia de clasificación de documentos de contenido confidencial o secreto," es decir, la ausencia de determinación legal sobre "cuál es la información que puede ser solicitada por los ciudadanos y ciudadanas, y cuál es aquella que debe ser suministrada cuando se trata de un funcionario público."

La Sala Constitucional, sin embargo, en ausencia de la legislación mencionada, no analizó el contenido y sentido de los límites constitucionales al acceso a la información, particularmente por ejemplo, en cuanto a "la intimidad de la vida privada" que la norma busca proteger, y que está destinada básicamente a preservar la intimidad de la vida privada de los ciudadanos que pudiera quedar expuesta en informaciones administrativas contentivas de data sobre las personas; o de los funcionarios, en los aspectos de vida privada que nada tienen que ver con la gestión pública o con el funcionamiento de la Administración, sobre los cuales no se impone la transparencia, como por ejemplo, determinadas enfermedades o situaciones personales.

En *segundo lugar*, en cuanto a las peticiones formuladas en ejercicio del derecho, en ausencia de la legislación necesaria, la Sala consideró que este derecho constitucional, no siendo un derecho absoluto sino sometido a "límites externos," dispuso sin mayor argumentación, establecer:

> ...carácter vinculante, a partir de la publicación de esta decisión, que en ausencia de ley expresa, y para salvaguardar los límites del ejercicio del derecho fundamental a la información, se hace necesario: i) que él o la solicitante de la información manifieste expresamente las razones o los propósitos por los cuales requiere la información; y ii) que la magnitud de la información que se solicita sea proporcional con la utilización y uso que se pretenda dar a la información solicitada.

En *tercer lugar*, en el caso concreto de solicitud de información sobre las remuneraciones de los funcionarios del órgano de control fiscal y administrativo, como es la Contraloría General de la República, la Sala Constitucional procedió a establecer la "ponderación entre el derecho a la información y el derecho a la intimidad de los funcionarios públicos," entrando a dilucidar si "la remuneración del Contralor General de la República así como de los demás funcionarios de ese órgano contralor es una información de irrestricto acceso público; o si, por el contrario, forma parte del derecho a la intimidad de los funcionarios, y como tal, no existe la obligación de suministrarla." Para ello, la Sala procedió a "analizar el alcance del derecho a la intimidad de los funcionarios públicos como un derecho fundamental que pudiera calificarse de *inespecífico* porque se refiere al ejercicio de los derechos fundamentales con ocasión del desempeño de la función pública," y que encuentra su fundamento en el artículo 61 de la Constitución; y por tanto, "precisar cuál es la información que pertenece al ámbito de la vida privada; o, en términos más concretos, si la remuneración, al igual que el derecho a la imagen, libertad de expresión o el derecho a la libre orientación política, forma parte de la esfera intima del funcionario, reconociéndose un derecho a la intimidad económica."

Para ello, la Sala formuló una argumentación netamente formalista sobre si existe o no una ley que obligue a hacer públicas las remuneraciones de los funcionarios; argumento inútil por lo demás, pues si la ley estableciera esa obligación, y las remuneraciones de los funcionarios fueran públicas, no fuera necesario formular petición alguna sino consultar las fuentes públicas.

Sin embargo, la Sala lo que argumentó fue que en Venezuela:

> ...no existe una ley general que obligue a que se hagan públicos los salarios de los funcionarios del gobierno, en cambio en otros países, como los Estados Unidos de Norteamérica o Canadá, la gran mayoría de los salarios de los altos funcionarios del gobierno federal se aprueban y se fijan

por Ley, lo que implica su publicidad obligatoria. En cambio, en nuestro ordenamiento jurídico, la información sobre las remuneraciones de los funcionarios públicos está señalada bien de manera global en las partidas presupuestarias que se incluyen anualmente en la Ley de Presupuesto, donde se indican los montos asignados a cada ente u órgano de la administración pública para las remuneraciones de personal; o bien en los Manuales de Cargos y Salarios, en los que no se distingue a qué funcionario en concreto le pertenece la remuneración, pues ello es información que pertenece al ámbito íntimo de cada individuo.

Por otra parte, el carácter reservado de la declaración de impuesto sobre la renta, o de la declaración de bienes que los funcionarios públicos realizan ante la Contraloría General de la República demuestra que tal información no es un dato de difusión pública, pues se trata de información que se contrae a la esfera privada o intimidad económica de los funcionarios."

Luego pasó la Sala a argumentar sobre el interés que puedan tener los solicitantes en requerir la información administrativa a la cual tienen acceso los ciudadanos, aspecto que no toca, en absoluto, la norma constitucional del artículo 143, indicando que en el caso, la parte accionante no habría acreditado "cómo la información solicitada sería de utilidad para la participación ciudadana en pro de la transparencia de la gestión pública," considerando entonces que no parecía "proporcional la magnitud de la información solicitada en pro de la transparencia de la gestión fiscal, ni siquiera las acciones concretas para las cuales se utilizaría la información solicitada," considerando entonces la Sala Constitucional que en el caso, no existía "un título legítimo para tolerar la invasión en el derecho constitucional a la intimidad del Contralor General de la República y el resto de los funcionarios adscrito al órgano contralor" declarando improcedente la acción *in limine litis*.

La sentencia tuvo un voto salvado del Magistrado Pedro Rafael Rondón Haaz, en el cual al contrario expresó que no le cabía duda "acerca de la naturaleza pública y no íntima del salario de los funcionarios públicos y de su pertenencia al ámbito del derecho a la información de los ciudadanos, en relación con el principio de transparencia en el ejercicio de la función pública (artículo 141, Constitución)," precisamente "como indicador de transparencia y como medio para el cabal ejercicio de la contraloría social a que tenemos derecho los venezolanos en el sistema democrático a que se refiere la Constitución." Para reafirmar su criterio, el Magistrado disidente hizo referencia a una importante ley dictada por uno de los Estados de la federación, el Estado Miranda, única en su carácter en el ordenamiento jurídico venezolano, que es la *Ley de Transparencia y Acceso a la Información Pública del Estado Bolivariano de Miranda* de 2009,[374] en la cual se clasifica como información pública y, por tanto, de acceso público, entre otros datos, el salario de sus funcionarios; siendo ello la tendencia en otros ordenamientos jurídicos.[375]

---

374 *V.* en *Gaceta Oficial del Estado Miranda*, N° 0244 de 9 de octubre de 2009.

375 Como se ha resuelto en Costa Rica, en la sentencia N° 12852, Expediente: 08–010536–0007–CO, de 22/08/2008 de la Sala Constitucional, en http://200.91.68.20/scij/busqueda/jurisprudencia/jur_detalle_sentencia.asp?nBaseDatos=1&nTesauro=5&nValor1=1&strTipM=E1&tem6=0&nValor2=421476&pgn=TES&nTermino=14486&tem4="&tem2=&tem3=&nValor3=126882&strDirTe=DD

IV. UNA LEGISLACIÓN REFRESCANTE POR LO TRANSPARENTE: LA LEY DEL ESTADO MIRANDA SOBRE TRANSPARENCIA Y ACCESO A LA INFORMACIÓN PÚBLICA DE 2009

En efecto, el Consejo Legislativo del Estado Miranda, en octubre de 2009, sancionó la mencionada *Ley de Transparencia y Acceso a la Información Pública del Estado Bolivariano de Miranda*, con el objeto de facilitar el ejercicio del derecho de todas las personas del Estado Miranda a acceder a la información pública, conforme a las garantías consagradas en la Constitución, con los siguientes objetivos:

a) Facilitar el control ciudadano de la gestión pública estadal, por medio de la publicidad, transparencia y rendición de cuentas por parte de los funcionarios públicos y las personas jurídicas de derecho privado que realicen obras, servicios y otras actividades con asignaciones públicas;

b) Hacer posible la efectiva fiscalización de la gestión estadal y de los recursos públicos, mediante el control social;

c) Garantizar la protección de la información personal en poder del sector público estadal;

d) Fortalecer la democracia y el buen gobierno, así como la plena vigencia del Estado de Derecho, a través del acceso a la información pública; y

e) Facilitar la efectiva participación de todas las personas en la toma de decisiones de interés general y la fiscalización de los actos públicos del Estado Miranda (art. 1).

A los efectos de lograr estos objetivos, el artículo 3 de la Ley como "Principio General de Acceso a la Información," establece el derecho que tiene toda persona o grupo de personas a solicitar y a recibir información completa, veraz, adecuada y oportuna de todos los órganos, entes y personas jurídicas de derecho privado sujetos a esta Ley. Este derecho también incorpora la posibilidad de formular consultas sobre las competencias y atribuciones de los órganos y entes públicos del Estado y de los funcionarios que en ellos laboran. Para el efecto, todos los órganos y entes sujetos a esta Ley adoptarán medidas que garanticen y promuevan la producción, sistematización y difusión de la información que dé cuenta oportuna de su gestión ante los administrados."

Por su parte, el artículo 4 de la Ley establece los siguientes "Principios de Aplicación de la Ley" que deben observarse en el desarrollo del derecho de acceso a la información pública:

a) La información pública pertenece a todas las personas. Las entidades sujetas a la Ley son sus administradores y están obligadas a garantizar el acceso a la información en forma completa, veraz, adecuada y oportuna;

b) El acceso a la información pública debe ser, por regla general, gratuito a excepción de los costos de reproducción;

c) El ejercicio de la función pública estadal está sometido al principio de apertura, transparencia y publicidad de sus actuaciones. Este principio se extiende a aquellas personas jurídicas de derecho privado que ejerzan la potestad estadal y manejen recursos públicos;

d) Las autoridades deben interpretar y aplicar las normas de la Ley del modo que más favorezca el efectivo ejercicio del control político de las personas y del derecho que éstas tienen a participar en la gestión y fiscalización de los actos públicos; y

e) Se debe garantizar el manejo transparente de la información pública de manera que se posibilite la participación de todas las personas en la toma de decisiones de interés general y en la rendición de cuentas de las diferentes autoridades que ejercen el Poder Público Estadal.

La Ley del Estado Miranda, por otra parte, precisa con certeza la distinción entre información pública de libre acceso, e información personal de acceso restringido. A tal efecto, el artículo 5 define como "información pública," toda aquella que se encuentre registrada, recabada o de alguna manera adquirida y en poder de todos los órganos y entes sujetos a la Ley, en particular, todo tipo de datos en documentos, incluyendo información contenida en expedientes, reportes, estudios, leyes, decretos, reglamentos, actas, resoluciones, oficios, correspondencia, acuerdos, directrices, circulares, contratos, instructivos, notas, memorandos, estadísticas o cualquier otro registro que documente el ejercicio de las facultades o la actividad de los órganos y entes sujetos a la Ley y de sus funcionarios, sin importar su fuente o fecha de elaboración. Los documentos pueden estar en cualquier medio, sea escrito, impreso, audio, visual, digital, holográfico o registro impreso, óptico o electrónico, o en cualquier otro formato.

En cambio, conforme al artículo 6 de la Ley, se considera "Información Personal," y por tanto, confidencial porque no está sujeta a la publicidad consagrada en la Ley, aquella referida a los datos personales cuya divulgación constituya una invasión de la intimidad personal y familiar y que tengan relevancia con respecto a los datos médicos y psicológicos de las personas, su vida íntima, incluyendo sus asuntos familiares, filiación política, creencias religiosas, actividades maritales y orientación sexual, y su correspondencia y conversaciones telefónicas o aquellas mantenidas por cualquier otro medio audiovisual, impreso o electrónico. Esta información personal es parte del derecho a la intimidad personal y no puede ser proporcionada a terceros sin el consentimiento escrito y expreso de la persona a que se refiere.

Por supuesto, las remuneraciones de los funcionarios públicos, conforme a la Ley del Estado Miranda, son por esencia información pública, que además, conforme a la Ley debe estar difundida como información mínima que se regula en el artículo 25 de la Ley, en los portales y Páginas Web de los Órganos y Entes del Estado, a los efectos de que cualquier persona pueda acceder libremente a la misma. Es decir, a los efectos de que por su naturaleza contribuya a la transparencia, la rendición de cuentas sobre la utilización de los recursos públicos y la gestión del Estado, en la Ley se impone la obligación a los órgano y entes sujetos a la Ley, de publicar y actualizar mensualmente, a través de un portal de información o página Web, así como de los medios necesarios a disposición del público, la siguiente información, que para efectos de la Ley "se considera de naturaleza obligatoria: "e) Una lista de los nombres, cargos, escalafón salarial y montos de los salarios, remuneraciones u honorarios, con un desglose de su composición, de los representantes legales o titulares y de todos los funcionarios del órgano o ente, incluyendo aquellos contratados bajo las normas del Código Civil."

Como se ve, le bastaba a la Sala Constitucional, para dilucidar sus dudas, consultar una Ley venezolana dictada por uno de los Estados de la Federación, y constatar que la información sobre las remuneraciones de los funcionarios públicos no puede jamás considerarse como un ámbito de la intimidad económica de los mismos, y que al contrario, son por esencia información pública de libre acceso. Y más aún, si se trata de la remuneración de los funcionarios de la Contraloría General de la República. Pero no fue así, y en lugar de ver los ejemplos democráticos de "casas de vidrio" como este excelente caso de la Ley del Estado Miranda, prefirió la "barraca de acero" propia de un régimen autoritario.

LIBRO SEGUNDO:

EL PODER DISCRECIONAL DE LA ADMINISTRACIÓN, SUS LÍMITES Y CONTROL (VARIACIONES SOBRE UN MISMO TEMA)

Sección Primera: PRINCIPIOS SOBRE LA DISCRECIONALIDAD ADMINISTRATIVA Y SUS LÍMITES (2005)

Esta Sección primera del Libro Segundo del Tomo IV del *Tratado* está conformado por el texto elaborado sobre poder discrecional para el Tomo IV de la obra *Derecho Administrativo* cuya edición se inició en Bogotá en 2005, la cual quedó inconclusa con solo dos tomos publicados. Para su elaboración partimos de estudios anteriores, especialmente "El poder discrecional en la jurisprudencia administrativa" (Compilación), publicado en *Revista de la Facultad de Derecho*, N° 28, Universidad Central de Venezuela, Caracas, marzo 1964, pp. 187–194; "Los límites al poder discrecional de las autoridades administrativas," publicado en la *Revista de la Facultad de Derecho*, N° 2, Universidad Católica Andrés Bello, Caracas 1966, pp. 9–35. y "Los límites al poder discrecional de las autoridades administrativas," publicado en *Ponencias Venezolanas al VII Congreso Internacional de Derecho Comparado* (*Uppsala, agosto 1966*), Instituto de Derecho Privado, Facultad de Derecho, Universidad Central de Venezuela, Caracas 1966, pp. 255–279.

I. LA DISCRECIONALIDAD ADMINISTRATIVA

Hemos dicho que el principio de la legalidad es la más acabada garantía establecida en el Estado de derecho en beneficio de los administrados, "contra las posibles arbitrariedades de la autoridad ejecutiva"[1]. Sin embargo, y ello es evidente, no toda la actividad a cargo de la Administración tiene establecida en el ordenamiento jurídico "preci-

1. Corte Federal (Venezuela) sentencias de 17 de julio o 23 de octubre de 1953, *Gaceta Forense* N° 1, 1953, p. 151 y N° 2, 1953, p. 64.

sos límites" a los cuales debe aquella ceñirse, sino que, generalmente, la propia ley otorga a la Administración amplios poderes de apreciación de la oportunidad y conveniencia para la toma de decisiones, lo que ha dado origen a la distinción clásica en materia de actividad administrativa, entre la administración reglada y el poder discrecional.

A este respecto, la antigua Corte Federal ha señalado expresamente que "los actos administrativos son de dos categorías: *discrecionales,* cuando la administración no está sometida al cumplimiento de normas especiales en cuanto a la oportunidad de obrar, sin que ello quiera decir que se obra al arbitrio, eludiendo toda regla de derecho, pues la autoridad administrativa debe observar siempre los preceptos legales sobre formalidades del acto; y *reglados,* llamados también vinculados y obligatorios, cuando el funcionario no puede ejecutarlos sino con sujeción estricta a la ley, so pena de incurrir en incompetencia, exceso de poder o genéricamente, en ilegalidad o violación de la ley"[2].

En este sentido, la diferencia entre estos dos tipos de actos administrativos estriba "en que en los reglados la ley establece si la autoridad administrativa ha de actuar, cuál es esa autoridad y cómo debe hacerlo, determinando las condiciones de la conducta administrativa en forma de no dejar margen a la elección del procedimiento; mientras que en los discrecionales, atendiendo a necesidades de la Administración Pública, la autoridad administrativa, en muchos casos, apreciará hechos pasados o consecuencias futuras, y para ello, dispondrá de cierta libertad de apreciación, sin que quiera significar esto que proceda *arbitrariamente*"[3].

En esta forma entendida, ciertamente que la actividad discrecional de la administración es indispensable para que ésta pueda realizar sus fines de un modo cabal, porque la ley no puede prever y reglamentar las múltiples, cambiantes y complejas relaciones jurídicas que se producen en la sociedad. De ahí que, por lo general, se limite a determinar normas que fijan la competencia de los diversos órganos administrativos y deja a éstos una cierta *libertad de apreciación de los hechos,* para decidir u orientar su actuación[4].

Pero sin embargo, debe señalarse que, en todo caso, el ejercicio de una actividad discrecional ha de encontrar su fundamento y su razón de ser en una ley. La discrecionalidad, ha dicho Ballbe, "no se funda en la ausencia de preceptos jurídicos que limitan la actividad de la administración, sino en la atribución, por el derecho, de una libertad de apreciación"[5]. En este mismo sentido la jurisprudencia venezolana ha sostenido que el funcionario sólo tiene las facultades que la ley le señala expresamente, por lo que "nunca, en ninguna oportunidad, puede el funcionario ejercer atribuciones discrecionales, a menos que la ley se las conceda directa y categóricamente"[6]. Por todo ello podría decirse que el primer límite del poder discrecional está en la ley que lo autoriza.

---

2 *V.* Sentencia de la Antigua Corte Federal de 17 de julio de 1953 en nuestro trabajo "El Poder discrecional en la jurisprudencia administrativa venezolana", *RFD,* N° 28, 1964, p. 187. Asimismo en *GF,* 2ª etapa, N° 1, 1953, p. 151.

3 *V.* Sentencia de la antigua Corte Federal de 26 de noviembre de 1959 en nuestro trabajo "El Poder discrecional...", *loc. cit.,* p. 188. Asimismo en *GF,* 2ª etapa, N° 26, 1959, p. 125.

4 *V.* Sentencia de la antigua Corte Federal de 6 de noviembre de 1958 en nuestro trabajo "El Poder discrecional...", *loc. cit.,* p. 189. Asimismo en *GF,* 2ª etapa, N° 22, 1958, p. 133.

5 *V.,* Manuel Ballbe, "Derecho Administrativo" en *Nueva Enciclopedia Jurídica,* Barcelona, 1949, p. 64 citado por M. F. Clavero Arevalo, "La doctrina de los Principios Generales del Derecho y las lagunas del ordenamiento jurídico", *RAP,* N° 7, 1952, p. 89.

6 *V.,* Sentencia de la antigua Corte Federal y de Casación en Sala Federal de 11 de agosto de 1949 en *GF,* 1ª etapa (Segunda Edición), Año I, N° 2, agosto 1949, p. 140.

En todo caso, el poder discrecional que se da siempre que la ley otorgue a la autoridad administrativa la potestad de elegir entre varias decisiones conforme a su libre apreciación, se configura como un aspecto medular del derecho administrativo, al punto de llevar a Marcel Waline a afirmar que si fuera necesario dar de algún modo una definición de derecho administrativo, podríamos decir "que es esencialmente el estudio del poder discrecional de las autoridades administrativas y de su limitación para salvaguardar los derechos de terceros (administrados o agentes públicos)"[7].

En efecto, el poder discrecional de las autoridades administrativas es la condición indispensable de toda buena y eficiente administración. Sin embargo, su limitación es asimismo indispensable para que el Estado no sea arbitrario, y para que los administrados no se encuentren expuestos al simple arbitrio de los gobernantes. Así, los dos términos del planteamiento: salvaguarda del poder administrativo por el reconocimiento del poder discrecional, y salvaguarda de los derechos de los administrados por la limitación de ese poder, deben conciliarse para que el Estado no se vuelva anárquico o arbitrario[8].

La evolución que se ha experimentado en los últimos años en el derecho administrativo de casi todos los países, ha sido el de la reducción paulatina de las llamadas "inmunidades de poder" donde se encuentra tradicionalmente inmerso, el poder discrecional[9]; y precisamente en este campo del ejercicio del poder discrecional, este proceso por reducir o limitar las áreas de inmunidad de jurisdicción que tradicionalmente se le atribuyó, es quizá uno de los aspectos de mayor interés comparativo en materia contencioso–administrativa, y donde la labor de los jueces ha sido fundamental[10].

Debe señalarse, en efecto, que esa evolución no ha sido ni ha podido ser la obra de puras y abstractas declaraciones legales, sino que la reducción del ámbito del poder discrecional a un control jurisdiccional efectivo, ha sido el resultado de todo un "vasto movimiento de lucha por el derecho"[11] en el que naturalmente, no es sólo responsable y ni siquiera primariamente el legislador; sino que en ella se destaca la obra de la *jurisprudencia,* .en la cual se pueden distinguir dos fases que por sentido histórico –dada la amplitud que éste tenía en la doctrina hace algunos años– se han agrupado dentro de la expresión "control del poder discrecional". Tal como lo señalara recientemente Alejandro Nieto, en "el inexorable progreso hacia la reducción de la discrecionalidad hay que distinguir dos fases completamente distintas: una, la de precisión o determinación de lo que no sea discrecional, y sobre lo que se extiende, como es lógico, la jurisdicción; y una segunda fase, la de control –en la medida de lo posible– de lo que sí es discrecional"[12].

---

7. M. Waline, "Etendue et limites du contrôle du juge administratif sur les actes de l'Administration", *Etudes et documents,* Conseil d'Etat, N° 10, París, 1956, p. 25.

8 *Cfr.* Marcel Waline, "Etendue et limites...", *loc. cit.,* p. 25; J. M. Hernández Ron, "La Potestad Administrativa discrecional", *RCADF,* Año VII, N° 35–36, 1947, p. 8.

9 *V.* el magnífico trabajo de Eduardo García de Enterría, "La lucha contra las inmunidades de poder en el Derecho Administrativo" (poderes discrecionales, poderes de gobierno, poderes normativos), *RAP,* N° 38, 1962, pp. 159 a 205.

10. En relación a Venezuela, *V.* Allan R. Brewer–Carías, "Los límites del poder discrecional de las autoridades administrativas", *Revista de la Facultad de Derecho,* Universidad Católica Andrés Bello, N° 2, Caracas, 1965–1966, pp. 9–35.

11 E. García de Enterría, "La lucha...", *loc. cit.,* p. 166.

12 Alejandro Nieto, "Reducción jurisdiccional de la discrecionalidad en materia disciplinaria", *RAP,* N° 44, 1964, p. 153.

Visto esto, en relación a los límites del poder discrecional hay que distinguir entonces, primero, aquellas áreas del actuar administrativo que no configuran realmente ejercicio del poder discrecional (conceptos jurídicos indeterminados); segundo, los límites derivados de la vigencia del principio de la legalidad –control de lo que no es realmente discrecionalidad–; y tercero, los límites que constituyen la reducción de la discrecionalidad o de la "libertad de apreciación de los hechos"[13] que caracteriza jurisprudencialmente al poder discrecional, y que son los límites derivados de la forma de apreciación de los hechos.

II. LA REDUCCIÓN DEL CÍRCULO DE LA DISCRECIONALIDAD: LOS CONCEPTOS JURÍDICOS INDETERMINADOS

Debe señalarse ante todo, que en la actividad administrativa han existido áreas del actuar administrativo que tradicionalmente se habían considerado que pertenecían al campo del ejercicio del poder discrecional, es decir, de la apreciación de la oportunidad de la actuación que corresponde exclusivamente a la autoridad administrativa, y que escapaban al control jurisdiccional. Sin embargo, ello ha sido objeto de un gran esfuerzo de reducción de la discrecionalidad adelantado por los juristas alemanes[14], que en España se lo destacó inicialmente García de Enterría[15], mediante la identificación de los denominados "conceptos jurídicos indeterminados" o "nociones jurídicas imprecisas", y que la doctrina italiana ha calificado como "discrecionalidad técnica[16]

En efecto, partiendo del principio de la legalidad y de que la ley regula en todo caso la actividad administrativa, tal regulación puede hacerse de una manera más o menos indeterminada, por ejemplo, cuando se utilizan expresiones como justo precio, urgencia, etc. Estos son conceptos jurídicos indeterminados, en el sentido de que la medida concreta para la aplicación de los mismos en un caso particular, no nos la resuelve o determina con exactitud la propia ley que los ha creado y de cuya aplicación se trata[17]. Tradicionalmente se admitía que la calificación de los hechos en estos casos indeterminados encajaba dentro de la discrecionalidad[1841]. Sin embargo, con la nueva técnica de los conceptos jurídicos indeterminados se ha reducido nuevamente la discrecionalidad y se le ha establecido un nuevo límite.

La diferencia entre la discrecionalidad y la técnica de los conceptos jurídicos indeterminados estriba, como mínimo en los siguientes puntos: En la discrecionalidad auténtica la administración es libre de elegir entre varias posibilidades, y cualquier solución que adopte dentro de ellas es, en principio, jurídicamente irreprochable; en el

---

13 *V.* sentencia de la antigua *Corte Federal* de 6 de noviembre de 1958 en nuestro trabajo "El Poder discrecional...", *loc. cit.*, p. 189. Asimismo en *GF*, 2ª etapa, Nº 22, 1958, p. 133.

14 *Cfr.* Forsthoff, *Tratado de Derecho Administrativo,* Instituto de Estudios Políticos, Madrid, 1958, pp. 123 y ss.; Hans Klecatsky, "Reflexiones sobre el imperio de la ley, especialmente sobre el fundamento de la legalidad de la administración", *RCIJ*, Vol. IV, Nº 2, Verano de 1963, p. 237. *V.* las referencias en Fernando Sainz Moreno, *Conceptos Jurídicos, interpretación y discrecionalidad administrativa,* Madrid, 1976, pp. 224 ss.

15 E. García de Enterría. "La lucha contra...", *loc. cit.*, p. 171.

16. *V.* por ejemplo Aldo Sandulli, *Manuale di Diritto Administrativo,* Napoli, 1964 pp. 573 ss.; Pietro Virga, *Il Provvedimento Amministrativo,* Milano, 1972, pp. 27 ss.

17 *Cfr.* E. García de Enterría, "La lucha contra..." *loc. cit.,* p. 171; A. Nieto, "Reducción Jurisdiccional...", *loc. cit.*, p. 154.

18 *V.* M. Stassinopoulos, *op. cit.*, pp. 185 y ss.

supuesto de los conceptos jurídicos indeterminados la elección no es libre, sino que se trata de la aplicación de la ley a un caso concreto y que admite sólo una solución justa. Por ejemplo, la Ordenanza sobre Arquitectura, Urbanismo y Construcciones en general del Distrito Federal establece la necesidad de demoler o modificar, según el caso, las edificaciones que "amenacen o se encuentren en ruina", lo que configura un concepto jurídico indeterminado. Ante una edificación determinada no cabe más que una sola solución justa: la edificación se encuentra en ruina o no. Esta determinación, es claro, no puede ser objeto de una facultad discrecional[19]. Existe además, otra diferencia entre la discrecionalidad y los conceptos jurídicos indeterminados[20]. En la discrecionalidad la operación que debe realizar la administración es de naturaleza *volitiva;* así, sucede cuando la ley faculta a la administración para tomar una medida dentro de un límite máximo y mínimo claramente determinado[21]. En cambio, en el caso de los conceptos jurídicos indeterminados la operación que realiza la administración es de naturaleza *intelectiva:* la administración *cree, juzga* que la edificación amenaza ruina. Tal distinción provoca efectos importantes: mientras en el primer caso no hay posibilidad de controlar esa voluntad puesto que la ley la ha atribuido expresamente, en el segundo caso siempre cabe la posibilidad de que la administración se haya equivocado en su juicio, y tal error puede ser controlado y corregido por los tribunales[22].

En una sentencia de la antigua Corte Suprema de Justicia de 19 de mayo de 1983, debe señalarse que el problema se planteó en sus justos términos, así[23]:

El Reglamento para las transmisiones por las estaciones de Radiodifusión Audiovisual (Televisoras), de 1980, establecía que dichas estaciones, entre los programas que pueden transmitir, están "los programas recreativos que contribuyan a la sana diversión, sin ofender la moral pública ni exaltar la violencia ni el delito" (art. 15). El Ministerio de Transporte y Comunicaciones, mediante Resolución, consideró que en el programa denominado "Hola Juventud" transmitido por Radio Caracas Televisión, en una fecha determinada, "se proyectó una escena de una obra de teatro en la cual se ofende la moral pública, por cuanto apareció la figura de un hombre desprovisto de vestimenta", razón por la cual sancionó a la empresa con suspensión del programa referido, por un día.

El acto administrativo sancionatorio fue impugnado ante la jurisdicción contencioso–administrativa, ante la cual se alegó que la escena en cuestión correspondía a una obra de teatro denominada "Macunaima" de Brasil, y que personificaba el nacimiento de dicho personaje, héroe mitológico indígena; y que no podía considerarse que ofendía la moral pública, razón por la cual no podía considerarse que la transmisión del programa había violado el Reglamento aplicado.

La Corte Suprema de Justicia, en la sentencia que declaró la nulidad de la Resolución impugnada, se basa en la siguiente argumentación:

> "El presupuesto de hecho *–ofensa a la moral pública–* incorpora a la norma uno de aquellos elementos que la doctrina administrativa ha denominado conceptos jurídicos indeterminados, y que

---

19 *Cfr.* E. García de Enterría, "La lucha contra... ", *loc. cit.*, p. 174.

20 *V.* Alejandro Nieto. "Reducción jurisdiccional...", *loc. cit.*, p. 154.

21 *V.* sentencia de la *Corte Suprema de Justicia en Sala Político–Administrativa* de 12 de diciembre de 1963 en *Gaceta Oficial de la República de Venezuela*, N° 27.344 de 13 de enero de 1964.

22 Alejandro Nieto. "Reducción jurisdiccional...", *loc. cit.*, pp. 154–155.

23. *V.* sentencia de la Corte Suprema de Justicia en Sala Político Administrativa, de 19 de mayo de 1983, en *Revista de Derecho Público*, N° 34, Caracas, 1988, p. 69.

se diferencian claramente de las llamadas potestades discrecionales. Mientras éstas dejan al funcionario la posibilidad de escoger según su criterio entre varias soluciones justas, no sucede lo mismo cuando se trata de la aplicación de un concepto jurídico indeterminado. Se caracterizan, estos últimos, por ser conceptos que resulta difícil delimitar con precisión en su enunciado, pero cuya aplicación no admite sino una sola solución justa y correcta, que no es otra que aquella que se conforma con el espíritu, propósito y razón de la norma.

La aplicación del concepto jurídico indeterminado por la Administración Pública constituye una actividad reglada y por consiguiente, sujeta al control de legalidad por parte del órgano jurisdiccional competente. De allí la importancia que tiene establecer la significación y alcance del concepto *moral pública* empleada por la norma y que ha sido invocada como fundamento de la Resolución impugnada"[24].

Con base en esas premisas, la Corte Suprema de Justicia analizó el concepto de moral pública, como concepto dinámico, destinado a proteger el buen orden social y la pacífica convivencia de los ciudadanos (y no atinente a la moral individual), y que por tanto "cambia con el correr de los tiempos y la evolución de las costumbres". "De allí que para juzgar si una determinada actuación ofende efectivamente la moral pública –sostuvo la Corte–, menester es atenerse al criterio dominante en el medio social en que aquélla se realizó", concluyendo que "En el estado actual de la evolución cultural de Venezuela, seria inexacto sostener que toda manifestación del cuerpo humano desprovisto de vestimenta afecte a la moral pública o constituya objeto de escándalo o de repudio por parte de la colectividad"[25].

En esta forma, la distinción entre lo que es ejercicio del poder discrecional y lo que no es discrecionalidad, basado en la noción de los conceptos jurídicos indeterminados, es una reducción efectiva del ámbito de la libertad de apreciación y una ampliación de los poderes de control jurisdiccional. Así: la discrecionalidad, entonces, sólo existe cuando la Administración puede elegir entre varias decisiones, de manera que en la voluntad del Legislador, cualquiera de ellas es jurídicamente admisible y tiene el mismo valor; en cambio, existe un concepto jurídico indeterminado y, por tanto, no hay discrecionalidad, cuando sólo una decisión es jurídicamente admisible[26]. Lo peculiar de estos conceptos jurídicos indeterminados es que su calificación en una circunstancia concreta no puede ser más que una: o se da o no se da el concepto; es decir, o hay utilidad pública, o no la hay; o se da, en efecto, una perturbación del Orden Público, o no se da; o el precio que se señala es justo o no lo es; o se ofende a la moral pública o no se la ofende. No

---

24. *Idem.* En sentido similar la Corte Suprema de Justicia (Venezuela) en sentencia de 27 de abril de 1989 consideró que la noción de "interés público" para el otorgamiento de una exoneración fiscal, no podía dar origen a su apreciación discrecional, sino que "siendo la aplicación de un concepto jurídico indeterminado en caso de aplicación o interpretación de la Ley que ha creado el concepto, el Juez debe fiscalizar tal aplicación valorando si la solución a que con ella se ha llegado, es la única solución justa que le permite la Ley" *Revista de Derecho Público,* núm. 38, Caracas, 1989, p. 96.

25. *Idem.* La Corte, en su sentencia, continuó su argumentación: así: "En todo acto que supuestamente sea susceptible de afectar la moral, nuestra sociedad, toma hoy muy en cuenta la intención o el propósito que lo anima así como su forma de expresión. Tiene suficiente criterio para distinguir entre una imagen pornográfica sin duda torpe, despreciable y repudiable– la representación del cuerpo humano desnudo como creación artística o con una finalidad científica o por un requerimiento docente".

"La Sociedad Venezolana actual admite como permisible la exhibición del cuerpo humano desnudo no sólo en los museos de arte o de ciencia, en la pintura y en la escultura, sino igualmente en revistas y otras publicaciones especializadas o de información general, así: como en las proyecciones cinematográficas y en las creaciones teatrales".

"Se trata de hechos y aptitudes públicas y notorias que no exigen demostración especial, porque pertenecen a la experiencia diaria de la colectividad nacional".

26. *V.* F. Sainz Moreno, *op. cit.*, p. 234.

hay una tercera posibilidad. *Testium non datur*. Por ejemplo, para que se adopte una orden municipal de demolición de un inmueble porque amenaza ruina, el inmueble, o está en estado ruinoso o no lo está. Como lo puntualiza García de Enterría, "hay, pues, y esto es esencial, una unidad de solución justa en la aplicación del concepto a una circunstancia concreta". Por ello califica el proceso de aplicación de conceptos jurídicos indeterminados como un "proceso reglado", porque no admite más que una solución justa: "es un proceso de aplicación a interpretación de la Ley, de subsunción en sus categorías de un supuesto dado; no es un proceso de libertad de elección entre alternativas igualmente justas"[27].

Así lo ha puntualizado el Tribunal Supremo de España al calificar el concepto de "justo precio" como un concepto jurídico indeterminado, indicando que sólo puede conducir a que el precio que se determine en una expropiación deba ser real y efectivamente "el verdadero y justo valor", en sentencia de 28–4–1964, en lo que puede considerarse la decisión judicial pionera en este campo en el mundo de habla hispana, donde señaló:

> "las facultades discrecionales se caracterizan por la pluralidad de soluciones justas posibles entre las que libremente puede escoger la Administración, según su propia iniciativa, por no estar comprometida dentro de la norma la solución concreta; mientras que el concepto jurídico indeterminado (ruina, precio justo, utilidad pública etc.) es configurado por la Ley como un supuesto concreto de tal forma que solamente se da una única solución justa en la aplicación del concepto a la circunstancia de hecho"[28].

Ahora bien, esta noción de los conceptos jurídicos indeterminados, como área de actividad pública no discrecional, se ha adoptado en Italia, en base a la distinción entre "discrecionalidad administrativa" y "discrecionalidad técnica". La discrecionalidad administrativa, así: se ha definido "como la facultad de escogencia entre comportamientos jurídicamente lícitos, para la satisfacción del interés público, y para la consecución de un fin que se corresponda con la causa del poder ejercido"[29]; en cambio en la "discrecionalidad técnica" no existe escogencia; como lo ha destacado Sandulli, en la discrecionalidad técnica "la escogencia del comportamiento a seguir, tomando en cuenta los intereses públicos, ya fue realizada a priori (de una vez y para siempre) de manera vinculante, por el Legislador", por lo que a la Administración sólo le queda realizar una valoración sobre la base de conocimientos (y por lo tanto, de reglas) técnicos, como son aquellos de la medicina, de la ética, de la economía..., como es el caso, por ejemplo, del valor económico de un bien[30]. La "discrecionalidad técnica" por tanto, no es discrecionalidad, derivando su denominación de un error histórico de la doctrina, como lo ha destacado Massimo Severo Giannini[31].

Por esta razón por ejemplo, la Ley General de la Administración Pública de Costa Rica recalca con precisión, que "en ningún caso podrán dictarse actos contrarios a reglas unívocas de la ciencia o de la técnica" autorizando al Juez para "controlar la conformidad con esas reglas no jurídicas de los elementos discrecionales del acto, como sí ejerciera contralor de legalidad" (art. 16).

---

27. *V.* E. García de Enterría, *op. cit.*, pp. 35, 37 y 38.
28. *V.* la referencia en F. Sainz Moreno, *op. cit.*, p. 273.
29. *V.* P. Virga *op. cit.*, p. 19.
30. *V.* Aldo M. Sandulli, *op. cit.*, p. 574.
31. *V.* Massimo Severo Giannini, *Diritto Amministrativo*, Vol. I, Milán, 1970, p. 488.

En Francia, el proceso de ampliación del control jurisdiccional de la Administración y de reducción de la discrecionalidad, también se ha manifestado en este campo que la doctrina y jurisprudencia alemana, española y latinoamericana denominan de los conceptos jurídicos indeterminados, en el desarrollo del control jurisdiccional en cuanto a la calificación de los hechos y en la apreciación de los motivos de los actos administrativos, pero sin dejar de considerar que se trata de ejercicio de potestades discrecionales[32].

El primer *arrêt* del Consejo de Estado que se dictó en estos aspectos fue el *arrêt Gomel* de 4–4–1914[33], en el cual se consideró el poder de un Prefecto, conforme a la Ley de 13 de julio de 1911, para negar el otorgamiento de un permiso de construcción en el caso de que en determinadas áreas urbanas de París, el alineamiento y el nivel de la construcción proyectada con la vía pública no se encontrase acorde a las prescripciones que le fueron hechas en interés de la seguridad pública, de la salubridad, así como de la conservación de perspectivas monumentales y del sitio". El Consejo de Estado, en su decisión, a requerimiento del Sr. Gomel entró a apreciar si la construcción atentaba contra "la perspectiva monumental existente" como había sido considerado en la decisión recurrida, concluyendo que en el caso concreto de la plaza Beauveau de París, en la cual se proyectaba la construcción, como podría ser observada en su conjunto como formando una perspectiva monumental" por lo que consideró que el Prefecto, al rehusarse a conceder el permiso de construcción, había hecho una falsa aplicación de la Ley.

Este *arrêt* se ha considerado como el punto de partida de una abundante jurisprudencia relativa al control, por el juez de exceso de poder, de la calificación jurídica de los hechos, en el sentido de que cada vez que un texto subordine el ejercicio de un poder de la Administración a la existencia de ciertas circunstancias de hecho, el juez de exceso de poder verifica si estas condiciones de hecho están efectivamente cumplidas, y, particularmente, si los hechos presentan un carácter de tal índole que justifican la decisión tomada[34]. Es así que el juez de exceso de poder ha controlado de una manera constante el carácter artístico y pintoresco de monumentos y ciudades (CE 2 mai 1975, *Dame Ebri et autres,* Rec. 280, AJ 1975, 311 concl. G. Guillaume); el carácter técnico de un cuerpo de funcionarios (CE 27 juin 1955, *Deleuze,* Rec. 296; A. J. 1955, II, 275, concl. Laurent); el carácter fáctico del acto de un agente público, (CE 13 mars 1953, *Teissier,* Rec. 133 concl. Donnedieu de Vabres); el carácter licencioso o pornográfico de una publicación (CE 5 déc 1956, *Thibault,* Rec. 463; D. 1957, 20, concl. Mosset); o el carácter inmoral de un film (CE 18 déc 1959, *Societé Les Films Lutetia,* Rec. 693, concl. Mayras)[35].

En este último caso, se trató de una decisión dictada por el Alcalde de Niza, conforme a la Ley Municipal, de prohibir en el territorio del Municipio la representación de un film *(Le feu dans le peau),* que aún cuando tenga la autorización ministerial de explotación, se consideró que su proyección era perjudicial al orden público, "por razón del carácter inmoral" de dicho film. El Consejo de Estado estimó que el Alcalde podía tomar la decisión, habiendo sido correcta la precisión del concepto jurídico indeterminado

32. *V.* A. De Laubadère, "Le contrôle juridictionnel du pouvoir discrétionnaire dans la jurisprudence récente du Conseil d'Etat Français", *Mélanges offerts a Marcel Waline*, París, 1974, t. II, pp. 531–549.

33. CE 4 avr. 1914, *Gomel,* Rec. 488. *V.* en M. Long P. Weil y G. Braibant, *Les grands arrêts de la jurisprudence administrative,* 7° ed., París, 1978, p. 124

34. *V.* Long, Weil y Braibant, *op. cit.,* p. 125.

35. *Idem,* p. 125.

del "carácter inmoral" del film.[36] En otros casos similares, el Consejo de Estado examinó si esta inmoralidad era de naturaleza tal como para justificar legalmente la prohibición, teniendo en cuenta las circunstancias locales (CE 14 oct 1960, *Societé Les films Marceau,* Rec, 533, y 23 déc 1960, *Union générale cinematographique,* Rec. 731), anulando la prohibición, de proyectar en Niza el film *La neige était sale* y rechazando el recurso contra la prohibición de proyectar en la misma ciudad el film *Avant le déluge*[37]. Se trató, en todo caso, de supuestos de control de la calificación jurídica de los hechos por el juez de exceso de poder, o si se quiere, de la precisión por la Administración de conceptos jurídicos indeterminados, que no configuran ejercicio de poder discrecional.

Pero más recientemente, esta reducción del ámbito de la discrecionalidad también se ha producido en Francia, a través del denominado control jurisdiccional del "error manifiesto de apreciación" y de la aplicación por el juez de exceso de poder, del principio del "balance–costo–beneficios" en materia de ejercicio del poder discrecional; casos en los cuales, en nuestro criterio, en muchos supuestos, no son más que reducción de la discrecionalidad por entrar en juego la aplicación de lo que se ha denominado la técnica de conceptos jurídicos indeterminados.

El principio del "error manifiesto de apreciación" como mecanismo de control de la discrecionalidad se aplica en forma destacada en el *arrêt Sociéte anonyme Libraire Fraçois Maspero,* de 2 nov 1973 (Rec. 611, concl. Braibant)[38], en el cual el Consejo de Estado decidió, con motivo de la impugnación de un acto administrativo del Ministro del Interior de prohibir la circulación de la edición francesa de la *Revista Tricontinental,* editada en Cuba, adoptado en virtud de una Ley que lo autorizaba para prohibir la circulación distribución y venta de revistas y periódicos de proveniencia extranjera; que en virtud de que la decisión no estaba fundada sobre hechos materiales inexactos, "dado que la misma no está viciada de error manifiesto, la apreciación a la cual se avocó el Ministro del Interior del peligro que representaba la revista para el orden público, no puede ser discutida en la jurisdicción administrativa"[39].

Se observa de esta decisión, que en realidad, a pesar de tratarse de un concepto jurídico indeterminado en el sentido que hemos analizado precedentemente, el Consejo de Estado estimó que estaba en presencia del ejercicio de un poder discrecional de apreciación por la Administración, el cual sin embargo, sólo podía ser juzgado si el Ministro hubiera incurrido en error manifiesto de apreciación En sentido similar la doctrina ha considerado que en estos casos en los cuales

> "el legislador no ha fijado las condiciones bajo las cuales se debe ejercer la actividad administrativa o bien las ha fijado de manera general e imprecisa", activándose el poder discrecional de la Administración, no puede el juez, bajo esta hipótesis, controlar la calificación jurídica de los hechos, sino solamente la legalidad de la motivación de la decisión. En estos casos, como en el arrêt Maspero, si bien el juez ha sido conducido a someter a la Administración, a un control mínimo en cuanto a la apreciación de los hechos realizada por ella: "de hecho el juez no se pronuncia sobre la apreciación como tal, sino sobre el error que ha podido viciar esta apreciación cuando este error es evidente, al poder ser descubierto por simple sentido común, cuando se trate

36. *Ibid, op. cit.,* pp. 490–493.
37. *Ibid,* p. 493.
38. *Ibid, op. cit.,* pp. 575 ss.
39. *Ibid,* p. 576.

de un error manifiesto que desnaturalice la interpretación que hace la Administración de la extensión de su poder discrecional"[40].

No tenemos dudas en considerar que el aporte del criterio del "error manifiesto de apreciación es fundamental para la limitación y control al poder discrecional, conforme al principio de la razonabilidad o racionalidad que analizaremos más adelante, pero aplicado, por supuesto, a casos en los cuales se trate de verdadero ejercicio del poder discrecional, cuando la Administración, tiene la libertad de escoger entre varias decisiones justas. En casos como en el decidido en el *arrêt Maspero* en el cual se trataba de juzgar si la revista prohibida presentaba peligro para el orden público, de manera de justificar la prohibición de circulación, en realidad, bajo el ángulo de la técnica de los conceptos jurídicos indeterminados, el Ministro del Interior, no ejercía poderes discrecionales sino que sólo podía tomar una decisión justa: o la revista presentaba o no presentaba peligro para el orden público al momento en el cual se dictó la decisión y esa decisión configuraba, por tanto, el ejercicio de una competencia reglada. Esto ya lo había apuntado en la doctrina francesa André De Laubadére, cuando se refirió a los casos de apariencia de control del poder discrecional; precisamente referido a la aplicación de conceptos jurídicos indeterminados en los cuales "el juez administrativo, contribuyendo así con el legislador a determinar en qué casos hay poder reglado, transformándose entonces una competencia aparentemente discrecional en una competencia reglada"[41], o más exactamente, según la expresión de Auby y Drago, "descubre" las condiciones legales, los motivos considerados por el cómo los solos legítimos de la decisión.[42]

Otro principio destacado por la jurisprudencia francesa relativo al control jurisdiccional del poder discrecional, o más propiamente, mediante el cual se tiende a descubrir competencias regladas en lo que aparentemente es el ejercicio de poderes discrecionales, es el conocido como el principio del "balance–costo–beneficio"[43], desarrollado en casos de urbanismo y expropiación con ocasión de la aplicación precisamente, del concepto jurídico indeterminado de "utilidad pública".

El inicio de esta aproximación al control jurisdiccional del poder discrecional se sitúa en el *arrêt* denominado *Ville Novuelle Est* adoptado por el Consejo de Estado el 28 de mayo de 1971[44], con motivo de la impugnación, por ilegalidad, del acto administrativo del Ministro del Equipamiento y Vivienda que declaro de utilidad pública un proyecto de desarrollo y renovación urbana al este de Lille destinado a configurar, tanto una ciudad universitaria como una Nueva Ciudad. Con motivo de la impugnación de la decisión, entre otros motivos, se denunció que la destrucción de un centenar de viviendas que podía evitarse si se disponía de un proyecto distinto al de una autopista, constituía un costo demasiado elevado para la operación proyectada que le quitaba el carácter de utilidad pública a la misma. El Consejo de Estado, al juzgar "la utilidad pública de la operación" y considerar que el proyecto si tenía carácter de tal, estimó:

40. *Ibid., cit.*, p. 580.

41. *V.* A. De Laubadère, *loc. cit.*, p. 535.

42. *Idem.*

43. *V.* Jeanne Lemasurier, "Vers un nouveau principe général du droit. Le principe 'bilan–cout–avantages' ", *Melánges offerts a Marcel Waline*, París, 1974, T. II, pp. 551–562.

44. CE 28 mai 1971, *Ministre de l'équipement et du logement c. Fédération de défense des personnes concernées par le projet actuellement dénommé "Ville Nouvelle Est"*, Rec. 409, concl. Braibant. *V.* en Long, Weil y Braibant, *op. cit.*, pp. 561–574.

"que una operación no podría ser legalmente declarada de utilidad pública sino cuando los atentados a la propiedad privada, el costo financiero, y eventualmente los inconvenientes de orden social que ella comporta, no son excesivos en relación al interés que ella presenta"[45].

Hasta ese momento, el Consejo de Estado había controlado la finalidad de utilidad pública de determinados proyectos, verificando si la operación correspondía en sí misma a un fin de utilidad pública, pero se había rehusado a examinar el contenido concreto del proyecto, es decir, la escogencia de las parcelas a expropiar. Con el *arrêt Ville Nouvelle Est,* a propuesta de G. Braibant, el Consejo de Estado asumió la tareas de decidir y de apreciar, en cada caso, la utilidad pública de un proyecto, habida cuenta del balance de las ventajas e inconvenientes de la operación y apreciando no sólo el costo financiero de la misma sino también su costo social[46]. Marcel Waline, al comentar el "considerando" del *arrêt* constató que:

"El juez se reconoce el derecho de apreciar todo tipo de ventajas e inconvenientes de la operación en cuestión, de establecer entre ellos un balance, de hacer en alguna forma la suma algebraica de unas y otros, y de no dar la aprobación, sino cuando el saldo de esta operación, después de hechas las cuentas, le parecía positivo"[47].

En el mismo sentido del *arrêt Ville Nouvelle Est,* el Consejo de Estado se pronunció en el *arrêt Soc. Civile Sainte–Marie de l'Assomption* de 20 de octubre de 1972[48], al juzgar sobre la utilidad pública del proyecto de la autopista norte de Niza, cuya construcción amenazaba el Hospital Psiquiátrico Sainte–Marie, por lo que no sólo oponía el interés general a los intereses particulares, sino que comportaba un conflicto entre dos intereses públicos: el de la circulación y el de la salud pública. En su *arrêt,* el Consejo de Estado declaró la nulidad del decreto declarativo de utilidad pública, por considerar la inconveniencia de la solución de circulación establecida en el proyecto alrededor de un hospital, que no solo le producía ruido sino que lo privaba de toda posibilidad de expansión futura[49].

En todos estos casos, las decisiones del juez no inciden realmente en el ejercicio de poderes discrecionales, sino en el ejercicio de competencias regladas, que sólo admiten una solución justa: o la obra es o no es de utilidad pública. El balance costo–beneficios que ha efectuado el Consejo de Estado, es precisamente lo que la Administración está obligada a hacer en cada caso, para adoptar la única solución justa que derive de concretizar el concepto jurídico indeterminado de "utilidad pública" en un proyecto de expropiación. El juez del exceso de poder, por tanto, al efectuar jurisdiccionalmente el mismo balance lo que controla no es el ejercicio de poder discrecional alguno, sino la competencia legal que tiene la Administración al hacer la declaratoria de utilidad pública; es decir, "corrige las faltas o las ligerezas, algunas veces fantasiosas", como lo indicó Marcel Waline, de los tecnócratas administrativos[50].

45. *V.* en Long, Weil y Braibant, *op. cit.*, p. 563.

46. *Idem*, pp. 568–569.

47. M. Waline, "L'appeciation par le juge administratif de l'utilité d'une Project", *Revue du Droit Public et de la Science Politique en France et à l'étranger*, 1973, p. 454; *cit.*, por J. Lemasurier, *loc. cit.*, p. 555.

48. CE 20 octobre 1972, Rec. 657, concl. Morisot.

49. *V.* en Long, Weil y Braibant, *op. cit.*, p. 569.

50. *V.* M. Waline, "L'appeciation..." *loc. cit.*, p. 461. El problema se plantea, incluso, en los cases de control judicial de la constitucionalidad de las leyes que declaran la utilidad pública a los efectos expropiatorios, como ha sucedido en Argentina. En el caso *Nación Argentina* y *Jorge Ferrario,* 1961, la Corte Suprema de Justicia de la Nación señaló "si los jueces de una causa expropiatoria comprueban que la utilidad pública no existe o ha sido desconocida por la Administración, y...media alguno de los supuestos de gravedad o arbitrariedad extrema... están

Como lo destacó indirectamente el Comisario Morisot en sus conclusiones sobre el caso *Sainte–Marie de l'Assomption*:

> "La noción de utilidad pública es relativa. No se la puede apreciar y, en consecuencia, controlar sin considerar todos los elementos, lo que conduce a hacer el balance de los aspectos positivos y negativos de la operación. Dado el caso de que la utilidad pública de ésta es la condición de legalidad de la puesta en marcha de un procedimiento de expropiación, la apreciación hecha por el juez de esta utilidad, con todos los elementos que ella comporta, es un control de legalidad"[51].

En esta forma, aún cuando no consideramos que esta jurisprudencia signifique realmente control del ejercicio de poderes discrecionales, como lo continúa razonando la doctrina francesa, hay que saludar los avances que significa para el control de legalidad y la reducción del círculo de la discrecionalidad, pues conforme a la técnica de los conceptos jurídicos indeterminados, contribuyen a identificar lo que es sólo una apariencia de discrecionalidad.

III. LA DISCRECIONALIDAD Y EL PRINCIPIO DE LA LEGALIDAD

1. Principios Generales

Los actos administrativos, tanto los reglados como los discrecionales, están sometidos a determinadas normas legales cuyo cumplimiento les da contenido y efecto jurídicos. En esto consiste el principio de la legalidad. Los unos y los otros deben ser ejecutados de acuerdo a disposiciones preexistentes[52].

Este ha sido el criterio tradicionalmente sustentado por la jurisprudencia. En efecto, en sentencia de la antigua Corte Federal de 17 de julio de 1953 se estableció que si bien la administración obra discrecionalmente cuando no está sometida al cumplimiento de normas especiales en cuanto a la oportunidad de obrar, ello no quiere decir que obre al arbitrio, "eludiendo toda regla de derecho, pues la autoridad administrativa debe observar siempre los preceptos legales sobre formalidades del acto"[53]. Por tanto, la jurispru-

obligados a desempeñar la primera y más elemental de las funciones que les incumben, esto es, la que consiste en proteger las garantías constitucionales declarando la invalidez de los actos del Estado que pretendan vulnerarlos" (*Fallos* t. 251, pp. 246 ss.). Agustín Gordillo, sobre este principio, ha comentado lo siguiente: "si la jurisprudencia ha establecido, y con razón, que puede controlar y revisar hasta la calificación de utilidad pública hecha por el Congreso en materia de expropiación (lo que sí es probablemente facultad discrecional, y ni siquiera del Poder Ejecutivo sino del Poder Legislativo), no se advierte entonces qué superioridad constitucional tiene el Poder Ejecutivo sobre el Poder Legislativo y el Poder Judicial para que los actos discrecionales del parlamento, esto es las leyes del Congreso de la Nación, puedan ser controladas judicialmente, pero no pueda serlo un acto meramente emanado del Poder Ejecutivo", Agustín Gordillo, *El acto administrativo,* Buenos Aires, 1969, p. 216.

51. *Cit.* Par A. De Laubadère, *loc. cit.* p. 540.

52 *V.* sentencia de la antigua Corte Federal de 26 de noviembre de 1959 en nuestro trabajo "El Poder discrecional...", *loc. cit.*, p. 188. Asimismo en *GF*, 2ª etapa, Nº 26, 1959, p. 125.

Por otra parte, véase la sentencia de la Corte Suprema de Justicia en Sala Político Administrativa de 12 de diciembre de 1962 en nuestro trabajo "El Poder discrecional...", *loc. cit.*, p. 193.

53 *V.* sentencia de la antigua Corte Federal de 17 de julio de 1953 en nuestro trabajo "El Poder discrecional. ....", *loc. cit.*, p. 187. Asimismo en *GF*, 2ª etapa, Nº 1, 1953, p. 151.

dencia ha reconocido que los requisitos de forma de los actos administrativos han de cumplirse ineludiblemente en el ejercicio de la potestad discrecional[54].

En cuanto al cumplimiento de los requisitos de fondo en el ejercicio del mismo poder discrecional, la jurisprudencia ha hecho especial referencia a la competencia[55], señalando que "el funcionario al obrar discrecionalmente tiene que hacerlo sin excederse de su competencia"[56].

Pero, además de estos límites sobre el cumplimiento de los elementos de legalidad ordinarios del acto administrativo, la jurisprudencia ha tomado en consideración especialmente, los límites impuestos al poder discrecional en la determinación del presupuesto de hecho del acto y en la determinación de la finalidad del mismo. Es necesario aquí, prestar atención especial a estas dos limitaciones al poder discrecional derivadas de la sumisión de la actividad administrativa al principio de la legalidad administrativa.

2. Límites en la determinación del presupuesto de hecho del acto administrativo discrecional

A. Introducción

Dentro de los elementos del acto administrativo está claramente determinado el elemento fáctico, es decir, los presupuestos de hecho del acto que configuran, de acuerdo a nuestro criterio, el elemento denominado causa[57].

La determinación de los presupuestos de hecho del acto administrativo constituye una de las etapas que debe seguir la administración para manifestar su voluntad. Debe dejarse claramente establecido sin embargo, que esta determinación de los presupuestos de hecho no comprende ningún elemento de apreciación ni juicio[58]; se trata simplemente, de una constatación de los hechos que constituyen el presupuesto fáctico del acto.

Ahora bien, en esta determinación de los hechos, la administración, aun encontrándose en ejercicio de un poder discrecional, debe ceñirse a determinados límites: en primer lugar, debe comprobar los presupuestos de hecho del acto; en segundo lugar, los hechos deben ser ciertos y no falsos; y en tercer lugar, los hechos han de ser calificados correctamente. Veamos estos tres límites al poder discrecional en materia de determinación del elemento causa en el acto administrativo.

---

54 *V.* sentencia de la antigua Corte Federal de 6 de noviembre de 1958 en nuestro trabajo "El Poder discrecional...", *loc. cit.*, p. 190. Asimismo en *GF*, 2ª etapa, Nº 22, 1958, p. 134.

55 *V.* sentencia de la antigua Corte Federal de 6 de noviembre de 1958 en nuestro trabajo "El Poder discrecional...", *loc. cit.*, p. 190. Asimismo en *GF*, 2ª etapa, Nº 22, 1958, p. 134.

56 *V.* sentencia de la antigua Corte Federal de 24 de febrero de 1956 en nuestro trabajo "El Poder discrecional...", *loc. cit.*, p. 192. Asimismo en *GF*, 2ª etapa, Nº 11, 1956, p. 28.

57 *Cfr.* Fernando Garrido Falla, *Tratado de Derecho Administrativo,* Instituto de Estudios Políticos, Tomo I, Madrid 1956, p. 453. En este sentido Georges Vedel incluye los elementos o presupuestos de hecho del acto dentro del elemento causa: *V. Essai sur la notion de cause en droit administratif,* Sirey, París, 1934, p. 361, *cit.* por Rafael Nuñez Lagos, "La causa del acto administrativo" en *Estudios en homenaje de Jordana de Pozas,* Tomo III, Vol. I, Instituto de Estudios Políticos, Madrid, 1961, p. 113. *V.* asimismo nuestro libro *Las Instituciones Fundamentales...*, *ob. cit.*, p. 127.

58 *Cfr.* Michel Stassinopoulos, *Traite des actes administratifs,* Collection de l'Institut Français d'Athènes, Nº 82, Atenas, 1954, p. 154; Bonnard, "Le pouvoir discrétionnaire des autorités administratives et le recours pour excès de pouvoir, *RDP*, 1923, p. 363, *cit.* por J. C. Venezia, *Le pouvoir discretionnaire,* Librairie Genérale de Droit et de Jurisprudence (Bibliothèque de Droit Public. Tome XVII), París, 1959, p. 48.

B. La comprobación de los hechos

La jurisprudencia administrativa ha determinado que las decisiones administrativas se hayan condicionadas por "la *comprobación previa* de las circunstancias de hecho previstas en la norma, claramente estatuida para obligar a la administración a someter sus actos, en cada caso, al precepto jurídico preexistente"[59].

Es de destacar uno de los considerandos de la decisión a que se ha hecho referencia, y que declaró la nulidad de un acto administrativo revocatorio de otro por el cual se concedió la nacionalidad venezolana a una extranjera, por no haberse comprobado suficientemente los hechos en que se fundaba la resolución ministerial. La Corte Suprema de Justicia señaló: "Al no existir, como en efecto no existe, prueba alguna de los hechos que se imputan a la recurrente, la Resolución Ministerial resulta manifiestamente infundada y debe, en consecuencia, revocarse. A juicio de la Sala no es posible atribuir mérito probatorio a la nota que figura al folio 2 del expediente administrativo, con el membrete de la Dirección de Extranjeros y que aparentemente se ha tenido como fundamento para el empleo de la norma legal aplicada en la Resolución, pues dicha nota no hace legalmente fe respecto de los supuestos de hecho de la norma que se aplica. En efecto, en ella se dice que la nombrada ciudadana "continúa en actividades que van contra la moral y buenas costumbres y ha burlado la buena fe del Despacho"; mas no existe en el expediente administrativo, ningún elemento que acredite los hechos a que se contrae la referida nota, como sucedidos con posterioridad a la fecha en que le fue otorgada la nacionalidad. Conforme a estas consideraciones, la Resolución impugnada carece de toda eficacia legal, *por haberse fundado en hechos no comprobados* y porque al dictarla la autoridad administrativa actuó en forma no permitida por la rigidez del precepto legal".

Por tanto, uno de los límites del poder discrecional en cuanto a la determinación de los presupuestos de hecho del acto administrativo, es la necesaria comprobación de dichas circunstancias de hecho por la administración[60].

La comprobación exacta de los presupuestos de hecho del acto, o la "exactitud material de los hechos básicos de la decisión"[61] evita, por otra parte, el llamado error de

---

59 *V.* sentencia de la Corte Suprema de Justicia en Sala Político–Administrativa de 22 de mayo de 1963 (CSJ–PA–70–1; 22–5–63 según sigla del *Instituto de Codificación y Jurisprudencia* del Ministerio de Justicia).

60 En este sentido, la Corte Suprema de Justicia en Sala Político–Administrativa en sentencia de 8 de junio de 1964 ha sostenido lo siguiente:

"Observa la Corte, que en el acto administrativo a que se concreta la Resolución ministerial cuya nulidad se ha demandado, el funcionario de la Administración Pública (Ministerio de Fomento) ha obrado en la esfera de sus atribuciones al dictar la Resolución, y desde este punto de vista su decisión es inobjetable, pero no sucede lo mismo cuando se examina el aspecto formal de su actuación administrativa, la que por serlo, *no le eximía de la obligación de juzgar conforme a lo probado en el expediente,* de suerte que el supuesto de la norma legal guardara correspondencia con los hechos, no estándole permitido en ningún caso dar por probados los hechos con los solos elementos aportados por la gestión oficial, de indiscutible valor cuando ella es conforme con la realidad, pero igualmente revisable o descartable si se comprueba por otros medios de autos que la prueba final no es verdadera. Es tan rigurosa la exigencia de la ley a este respecto, que *la discrecionalidad en la apreciación de los hechos en un caso determinado* de parte del funcionario, con todo y estar revestida de cierta amplitud dentro del marco de la ley, nunca *aquélla puede conducir a la arbitrariedad.* Si esto ocurre, el acto administrativo es irregular por vicio de ilegalidad". *V.* en CSJ–PA–56–1; 8–6–64 según sigla del *Instituto de Codificación y Jurisprudencia* del Ministerio de Justicia. Subrayado nuestro.

61 M. Letourneur, "El Control de los hechos por el Consejo de Estado Francés, juez del Recurso por exceso de poder, en la jurisprudencia reciente" en *RAP*, Nº 7, 1952, p. 221.

hecho[62] que puede ser controlado también jurisdiccionalmente y que consiste simplemente en el "falso conocimiento de la realidad"[63].

En este sentido la jurisprudencia ha señalado al decidir sobre la impugnación de un acto administrativo que contenía un error de cálculo acordando su nulidad, que "el error en que incurre la Resolución ministerial impugnada, equivale a *falta de adecuación entre el supuesto legal y la realidad,* de allí que el resultado obtenido haya sido *inexacto,* tal como lo manifestó el Fiscal General de la República en su dictamen en el cual concluye considerando que es procedente el recurso de nulidad solicitado"[64].

C. La calificación de los presupuestos de hecho

Por otra parte, dentro del proceso lógico de formación del acto administrativo, la administración, después de haber constatado y comprobado los presupuestos de hecho, debe proceder a la sumisión de los hechos al presupuesto de derecho[65], es decir, a la norma que autoriza su actuación. Esto es lo que se ha llamado "calificación jurídica de los hechos"[66] como otro de los límites de la actividad administrativa y por tanto limitativo de la potestad discrecional, y que tiene su control jurisdiccional en el llamado abuso o exceso de poder por la jurisprudencia venezolana, que corresponde a la tergiversación de los hechos de la jurisprudencia italiana[67], y que se presenta como una figura análoga al falso supuesto del derecho procesal civil[68].

En este sentido la jurisprudencia indica que "si la Administración, sin violar un precepto legal, realiza un acto en el que altere la verdad que sirve de presupuesto a éste, no podría ciertamente decirse que ha cometido una efectiva transgregación de la Constitución o de la ley positiva... pero no puede caber duda de que el acto así cumplido está gravemente viciado por exceso de poder. *La potestad discrecional del funcionario administrativo, lo mismo que la del juez, no puede traspasar los lindes de la verdad y de la equidad*"[69].

---

62 *Cfr.* M. Stassinopoulos, *op. cit.,* pp. 175 y ss.

63 Sebástian Martín–Retortillo Baquer, "El Exceso de poder como vicio del acto administrativo", *RAP*, Nº 23, 1957, p. 138.

64 *V.* sentencia de la Corte Suprema de Justicia de 3 de julio de 1961 en *GF*, 2ª etapa, Nº 33, 1961, p. 20.

65 *Cfr.* J. C. Venezia, *op. cit.,* p. 25 al señalar que "L'operation de qualification a pour but de faire entrer une situation de fait dans le cadre d'une notion juridique".

66 M. Stassinopoulos, *op. cit.,* p. 182.

67 *V.* en la jurisprudencia venezolana nuestra obra *Las Instituciones fundamentales del Derecho Administrativo... cit.,* pp. 67–68. En la jurisprudencia italiana: Sebastián Martín–Retortillo Baquer, "El Exceso de poder.....", *loc. cit.,* p. 135.

68 El artículo 435 del Código de Procedimiento Civil dispone: "En el fallo del recurso, la Corte Federal y de Casación se limitará a considerar las infracciones alegadas en el escrito de formalización, y decidirá sobre ellas sin extenderse al fondo de la controversia, ni al establecimiento o apreciación de los *hechos* por parte de los jueces sentenciadores; a menos que se alegue infracción de regla legal expresa para valorar el mérito de la prueba. Esta excepción procede:

1º Cuando los jueces hayan dado por probado un *hecho* con pruebas que por la ley sean improcedentes para demostrarlo; 2º Cuando a una prueba que no reúna los requisitos exigidos por la ley, le hayan dado, sin embargo, los efectos que ésta le atribuye, como si estuviere debidamente hecha; 3º Cuando basen sus apreciaciones en *falso supuesto,* atribuyendo la existencia de un instrumento o acta del expediente de menciones que no contenga, o dando por demostrado un *hecho* con pruebas que no aparezcan de autos, o cuya inexactitud resulte de actas o instrumentos del expediente mismo, no mencionados en la sentencia".

69 *V.* sentencia de la antigua Corte Federal de 9 de agosto de 1957 en *GF*, 2ª etapa, Nº 17, 1957, p. 136.

Por tanto, los límites del poder discrecional y la posibilidad de control no se limitan a la posible trasgresión de normas constitucionales o legales expresas, sino que abarcan también la necesidad de que el funcionario, aun en el caso de darle cumplimiento estricto a la norma escrita, ley positiva o precepto legal expreso, en la aplicación de este precepto legal, no tergiverse los presupuestos de hecho que autorizan su actuación[70]. En este sentido, puede controlarse jurisdiccionalmente el poder discrecional –"pues de no ser así imperaría en todo caso el arbitrio del funcionario sin remedio alguno"–, cuando la administración dicte un acto administrativo falseando el lógico y verdadero presupuesto del mismo. Asimismo, se considera dictado el acto con tergiversación de los hechos, no sólo en el caso extremo de que el acto se funde sobre el presupuesto de la existencia o inexistencia de hechos que resulten inexistentes o existentes, sino también basta con que en su realidad tales hechos sean sustancialmente distintos a como son aprehendidos por la autoridad administrativa; es decir, cuando ésta, realizando un error de método, no considere debidamente elementos esenciales o dé, por lo contrario, excesiva importancia a elementos accesorios[71].

La función de calificación de los hechos y sus límites es ciertamente, una actividad reglada y por tanto controlable en todos los actos administrativos. Sin embargo, su verdadera relevancia se particulariza en relación con la actividad discrecional; además, debe señalarse que la jurisprudencia ha destacado que este vicio del acto administrativo por falsa calificación de los hechos, consiste en "hacer *uso indebido* del poder que es atribuido al funcionario, independientemente del fin logrado, bien porque se tergiverse la verdad procesal denudándose los hechos, o bien por cualquier otra causa"[72], lo que conlleva un cierto elemento subjetivo de valoración intelectual por parte de la administración. Esto distingue por otra parte, a la calificación de los hechos y su vicio, la tergiversación de los mismos, de la comprobación de los hechos y su vicio, el error de hecho[73].

3. Límites en la finalidad perseguida por el legislador

Tal como lo ha destacado la jurisprudencia, "la subordinación (de los actos administrativos) a la equidad y a la verdad significa que el funcionario o la administración no pueden en modo alguno salirse de los fines que, con la norma legal se persiguen, aun en el supuesto de que estén en función las facultades discrecionales del Poder Público"[74].

Por tanto, otro de los elementos reglados del acto administrativo que ha contribuido eficazmente a la fijación de los límites del poder discrecional, es éste de la finalidad perseguida. Por ello ha recalcado la jurisprudencia que la "discrecionalidad no implica arbitrariedad ni injusticia puesto que la administración nacional, estadal o municipal, no obra en pura conformidad a su elección, sino en virtud y como consecuencia de su capacidad condicionada por su *fin*"[75].

---

70 *V.* sentencia de la antigua Corte Federal de 9 de agosto de 1957 en *GF*, 2ª etapa, Nº 17, 1957, p. 136.

71 *Cfr.* S. Martín–Retortillo Baquer, "El exceso de poder. . .", *loc. cit.*, p. 131. *V.* asimismo sentencia de la *Corte Suprema de Justicia en Sala Político–Administrativa* de 8 de junio de 1964, *cit.* en Nota Nº 23.

72 *V.* sentencia de la antigua Corte Federal de 9 de agosto de 1957 en *GF.*, 2ª etapa, Nº 17, 1957, p. 135.

73 *Cfr.* S. Martín–Retortillo Baquer, "El Exceso de poder...", *loc. cit.*, p. 138, *V.* Nº 4.

74 *V.* sentencia de la antigua Corte Federal de 9 de agosto de 1957 en nuestro trabajo "El Poder discrecional. . .", *loc. cit.*, p. 192. Asimismo en *GF*, 2ª etapa, Nº 17, 1957, p. 135.

75 *V.* sentencia de la antigua Corte Federal de 24 de febrero de 1956, en nuestro trabajo "El Poder discrecional. . .", *loc. cit.*, p. 192. Asimismo en *GF*, 2ª etapa, Nº 11, 1956, p. 28.

El control de este límite ha sido denominado, en cuanto produce un vicio en los actos administrativos que lo traspasen, como desviación de poder según la terminología acuñada en el derecho francés y recibida en casi todos los ordenamientos jurídicos modernos[76].

La desviación de poder, por tanto, "surge cuando la administración usa de sus poderes con finalidades distintas a aquellas determinadas en la ley"[77] y su configuración es sencilla: la administración está obligada a realizar su actividad no sólo respondiendo a un fin público o social buscado[78] –lo que no sucede cuando obra por un fin privado–, sino que, dentro de tal concepto genérico, debe actuar precisamente el *fin especifico* por el que le son concedidas las facultades determinadas que ejercita en el supuesto concreto[79].

En consecuencia la desviación de poder no sólo se presenta como resultado de la obtención de un fin extraño al interés general, sino también como resultado de la obtención de un fin que, sin ser extraño al interés general, no es la manifestación del interés general por el que la autoridad administrativa ha recibido los poderes que ejercita[80]. En este sentido, las autoridades administrativas no pueden obrar *ad–libitum* cuando están de por medio los derechos de los administrados y los actos administrativos pueden adolecer de vicios que acarreen su nulidad, aun cuando tales actos no violen los preceptos constitucionales o legales y con ellos no usurpe atribuciones el funcionario que los profiere. Entre estos vicios está la desviación de poder, pues el acto administrativo "aun siendo dictado por quien está facultado para hacerlo y en forma tal que aparece subordinado a la ley, en su espíritu o en el fondo es realmente *contrario a la finalidad del servicio público o de los principios que informan la función administrativa*"[81].

La actividad administrativa en el Estado de Derecho –ha señalado la antigua Corte Federal– está condicionada por la ley a la *obtención de determinados resultados;* por ello no puede la administración pública procurar resultados distintos de los perseguidos por el legislador "aun cuando aquéllos respondan a las más estrictas licitud y moralidad pues lo que se busca es el logro de determinado fin"[82] que no puede ser desviado por ningún motivo, así sea plausible éste.

En consecuencia, este elemento reglado de la finalidad de la actuación administrativa, viene a ser otro de los límites impuestos al poder discrecional por el principio de la legalidad administrativa.

---

76 El artículo 206 de la Constitución atribuye competencia a los órganos de la jurisdicción contencioso–administrativa "para anular los actos administrativos generales o individuales contrarios a derecho, incluso *por desviación de poder"*.

77 Sentencia de la antigua Corte Federal de 2 de junio de 1958 en *GF*, 2ª etapa, Nº 20, 1958, p. 99.

78 *V.* sentencia de la antigua Corte Federal de 17 de julio de 1953 en nuestro trabajo "El Poder discrecional....", *loc. cit.*, p. 188. Asimismo en *GF*, 2ª etapa, Nº 1, 1953, p. 153.

79 *Cfr.* S. Martín–Retortillo Baquer, "La desviación de poder en el Derecho español", *RAP*, 1957, Nº 22, p. 137.

80 *Cfr.* M. Latourneur, "La desviación de poder en Francia", *Cuadernos de Derecho Francés*, Nos. 14–15, Barcelona, 1960, pp. 19 y 21. Asimismo nuestro libro *Las Instituciones Fundamentales. . ., cit.*, p. 71.

81 *V.* sentencia de la antigua Corte Federal de 28 de septiembre de 1954 en *GF*, 2ª etapa, Nº 5, 1954, p. 218.

82 *Idem.*

IV. LOS LÍMITES AL PODER DISCRECIONAL

1. Los límites impuestos por los principios generales del derecho administrativo

Dejando aparte lo que sólo es apariencia de discrecionalidad que hemos englobado en torno a la aplicación, por la Administración, de los conceptos jurídicos indeterminados, el ejercicio del poder discrecional, es decir, de la potestad atribuida por el Legislador a la Administración de apreciar libremente las circunstancias de hecho y adoptar una decisión escogiendo entre varias alternativas, todas igualmente justas y conforme a la legalidad, tiene siempre un límite absoluto: el acto administrativo que se adopte en base al ejercicio de tal poder no puede ser arbitrario, es decir, la libertad de apreciación de los hechos y de la oportunidad de actuar otorgada al funcionario, no significa que pueda actuar arbitrariamente[83].

El problema de los límites al ejercicio del poder discrecional radica, entonces, en el establecimiento de la frontera entre discrecionalidad y arbitrariedad; de manera que el juez contencioso administrativo pueda controlar el ejercicio directo del poder discrecional cuando resulte arbitrario, además de ejercer sus poderes de control sobre los aspectos reglados del acto discrecional[84] y particularmente sobre la comprobación y calificación de los presupuestos de hecho[85], y sobre la adecuación de la decisión a los fines establecidos en la Ley, que ha girado en torno a la noción de desviación de poder, también de creación jurisprudencial francesa.

Las dudas del Juez contencioso–administrativo de controlar efectivamente lo que es ejercicio del poder discrecional por la Administración y establecer el límite entre discrecionalidad y arbitrariedad, han existido en todos los países contemporáneos, donde se sigue formulando el principio de que el Juez no puede juzgar sobre las razones de oportunidad o de conveniencia para la adopción de un acto administrativo porque:

> "el juez no puede sustituirse al administrador por motivos obvios de diferenciación y especialización de funciones conectadas con el principio de la separación de poderes"[86].

Sin embargo, tanto en la jurisprudencia como en la legislación de América Latina comienzan a apreciarse esfuerzos significativos por permitir, efectivamente, que el juez contencioso–administrativo penetre en el ámbito de la discrecionalidad y controle la arbitrariedad. En esta materia, de nuevo, los principios generales del derecho han suministrado el arsenal inicial para esta lucha contra la arbitrariedad que si bien ha sido librada tímidamente por los jueces, comienza a tener de aliado al Legislador en la codificación del procedimiento administrativo.

---

83. Allan R. Brewer–Carías, "Los límites...", *loc. cit.*, p. 11.

84. En la sentencia de la antigua Corte Federal (Venezuela) (Caso: *Reingruber*) de 6 de noviembre de 1958, por ejemplo, quedó claramente señalado en relación a los actos del ejercicio del poder discrecional, que siempre "puede ser materia de revisión (por el Juez) por lo que se refiere a la incompetencia del funcionario que lo dictó, o defecto de forma del acto, o a su ilegalidad", *Gaceta Forense,* N° 22, p. 134. *Cf.* Allan R. Brewer–Carías, "Los límites...", *loc. cit.* p. 14.

85. Sobre la "veracidad y la congruencia de los hechos" como lo ha señalado la Corte Suprema de Justicia en Sala Político Administrativa (Venezuela), en sentencia (Caso *Depositaria Judicial)* de 2 de noviembre de 1982, *Revista de Derecho Público,* N° 12, Caracas, 1982, p. 130.

86. *Idem.*

Un punto de partida en este esfuerzo latinoamericano, puede situarse en dos sentencias de la antigua Corte Federal de Venezuela adoptadas en los años cincuenta. En la primera (Caso: *Municipalidad de Maracaibo*) de fecha 24–2–56, al declarar la Corte la anulación de un acto administrativo que había revocado un permiso de construcción, el juez consideró que era arbitrario por carecer de fundamento y por ser injusto, afirmando que "la discrecionalidad no implica arbitrariedad ni injusticia puesto que la Administración... no obra en pura conformidad a su elección, sino en virtud y como consecuencia de su capacidad condicionada por su fin"[87].

En la segunda sentencia (Caso: *Reingruber*) de 6–11–1958, la Corte, a pesar de haber considerado que la potestad dada al Ministerio de Hacienda de poder reducir las multas cuando concurran circunstancias que demuestren falta de intención dañosa del contraventor, era una potestad discrecional, y decidir que "la manera como el funcionario administrativo ejerció la facultad discrecional" que le reconoce la ley no podía ser revisado por la Corte, el Supremo Tribunal reconoció que en los casos de atribución de poder discrecional debe entenderse que la Ley autoriza al funcionario

> "para obrar según su prudente arbitrio, consultando lo más equitativo o racional, en obsequio de la justicia y de la imparcialidad"[88].

Al analizar este considerando, hemos señalado que la Corte sentó las bases para el control jurisdiccional del ejercicio del poder discrecional en Venezuela fundamentándose en principios generales del derecho, como son el principio de la *racionalidad* (la decisión administrativa adoptada en ejercicio de un poder discrecional no puede ser ilógica o irracional); el principio de la *justicia* o de la *equidad* (la decisión producto del ejercicio de poderes discrecionales no pueden ser inicua, inequitativa o injusta); y el principio de la *igualdad* (la decisión administrativa que resulte del ejercicio de poderes discrecionales no puede ser parcializada ni discriminatoria). A estos principios agregamos el principio de la *proporcionalidad* que toda decisión adoptada en ejercicio de un poder discrecional debe respetar, de manera que exista una adecuación entre los supuestos de hecho y la decisión tomada[89], y debe agregarse también el principio de la *buena fe,* de

---

87. *Gaceta Forense,* Nº 11, Caracas, 1956, pp. 27–30, *V.* en Allan R. Brewer–Carías, *Jurisprudencia de la Corte Suprema de 1930–1974 y Estudios de Derecho Administrativo,* T. I, Caracas, 1975, pp. 611–612.

88. *Gaceta Forense,* Nº 22, Caracas, 1958, pp. 133–134; *V.* en Allan R. Brewer–Carías, *Jurisprudencia de... op. cit.*, T. I, pp. 608–609.

89. *V.* en Allan R. Brewer–Carías, "Los límites del poder discrecional de las autoridades administrativas", *loc. cit.*, pp. 27–33. *V.* los comentarios a nuestro análisis en Gustavo Urdaneta Troconis, "Notas sobre la distinción entre actos reglados y discrecionales y el control jurisdiccional sobre estos" en *Tendencias de la Jurisprudencia venezolana en materia contencioso administrativa,* Caracas, 1986, pp. 395–399.

En Colombia, al referirse a la necesaria sumisión del ejercicio del poder discrecional a los principios generales del derecho, Consuelo Sarría los resume así: "la Administración tendrá en cuenta la *racionalidad o razonabilidad*: en cuanto su decisión tiene que estar de acuerdo con la razón con la lógica y congruente con la motivación, en cuanto la discrecionalidad no implica arbitrariedad; *la justicia*: el actuar de la Administración, aunque sea discrecional en el sentido de que puede evaluar la oportunidad y conveniencia de sus decisiones, no puede ser injusto, deberá siempre ser equitativo, respetando los intereses de la Administración y de los administrados; *la igualdad*: la autoridad administrativa tendrá que respetar el principio de la igualdad que se aplica a todas las actuaciones del Estado enfrente a los particulares, en cuanto estos serán tratados en igualdad de condiciones, sin que pueda haber favoritismo por parte de las autoridades; *la proporcionalidad*: que debe existir entre los medios utilizados por la Administración y los fines de la medida; *el derecho a la defensa:* en cuanto la Administración antes de tomar una medida, debe oír al administrado", Consuelo Sarria, "Discrecionalidad Administrativa" en J.C. Cassagne y otros, *Acto Administrativo,* Tucumán, 1982, p. 118.

manera que toda actuación del funcionario que con intención falsee la verdad, también sería ilegal[90].

En la jurisprudencia argentina y uruguaya, estos principios que se configuran como límites a la discrecionalidad, se engloban en la exigencia de la "razonabilidad" en la actuación administrativa[91], en el sentido de que un acto administrativo, aún dictado en ejercicio de facultades discrecionales, puede ser revisado judicialmente si es irrazonable o arbitrario. El principio de la razonabilidad se ha desarrollado particularmente en Argentina como un límite al ejercicio del poder de policía[92], al erigirse en la garantía de seguridad respecto a la forma, modo, manera y oportunidad del *cómo* debe realizarse la función policial. La jurisprudencia argentina, así, ha conformado cuatro principios de lógica jurídica que conforman el carácter razonable de una medida de policía, en la forma siguiente: la limitación debe ser justificada; el medio utilizado, es decir, la cantidad y el modo de la medida, debe ser adecuado al fin deseado; el medio y el fin utilizados deben manifestarse proporcionalmente; y todas las medidas deben ser limitadas[93].

La razonabilidad se ha configurado así, en un *standard* jurídico comprensivo de una serie de valores que deben guiar la actividad administrativa (en lugar de *"bonus pater familiae"* el *"bonus magistratus"*) y que realizan la justicia con todos sus sinónimos: equivalencia, proporción, adecuación, igualdad, paridad, justa distribución, dar a cada uno lo que le corresponde, etc[94]. La actuación administrativa irrazonable, por tanto, es arbitraria y aún cuando sea producto del ejercicio de un poder discrecional, puede ser controlada judicialmente, tal y como lo ha resuelto la Corte Suprema de Justicia de la Nación (Argentina), en 1959, al señalar:

> "los jueces poseen la potestad de revocar o anular la decisión administrativa sobre hechos controvertidos, si ella fuera suficientemente irrazonable, o se apoyara tan solo en la voluntad arbitraria o en el capricho de los funcionarios"[95].

Lo arbitrario o irrazonable de una actuación administrativa, en todo caso, puede resultar, de la irrazonabilidad en la elección del momento (decisión manifiestamente inoportuna); en la elección de modalidades de actuación (medios desproporcionados, por ejemplo), o en la forma de actuación (desigual o discriminatoria)[96].

En la jurisprudencia contencioso–administrativa del Uruguay se encuentran soluciones basadas en principios similares. Así, el Tribunal de lo Contencioso administrativo en sentencia de 27–9–71 afirmó que "los poderes discrecionales... sólo los podía ejercitar (la Administración) dentro de los límites razonables y conforme a una equilibrada valuación de los factores constitutivos de la falta en juicio"[97].

En España, la reducción progresiva de la arbitrariedad se ha desarrollado por la jurisprudencia del Tribunal Supremo, en igual forma, por la aplicación de los principios generales del derecho. Eduardo García de Entería y Tomas Ramón Fernández, en esta

---

90. *V.* sentencia de la Corte Primera de lo Contencioso Administrativo de 21 de marzo de 1984, *Revista de Derecho Público,* N° 18, Caracas, 1984, p. 172.
91. *V.* Juan Francisco Linares, *Poder Discrecional Administrativo,* Buenos Aires, 1958, pp. 155 ss.
92. *V.* Ramón F. Vásquez, *Poder de Policía,* Buenos Aires, 1957, pp. 41 ss. y 122 ss.
93. Bartolomé A. Fiorini, *Poder de Policía,* Buenos Aires, 1958, p. 149.
94. *Idem,* p. 158; Juan Francisco Linares, *op. cit.,* p. 164.
95. Caso *Reyes* de 25 de septiembre de 1959, Fallos t. 244, *cit.* por A. Gordillo, *Tratado de Derecho Administrativo,* t. 3, Buenos Aires, 1979, pp. 9–27.
96. Juan Francisco Linares, *op. cit.,* pp. 164 ss.
97. *V.* en J. P. Cajarville, *Dos Estudios de Derecho Administrativo,* Montevideo, 1988, p. 106.

forma, citan un cúmulo de sentencias en las cuales el control jurisdiccional del ejercicio del poder discrecional se ha efectuado en base a considerar que unas medidas eran injustificadas a todas luces a incluso contrarias a la razón (sentencia 6–2–63). Así, se han condenado jurisdiccionalmente, las actuaciones administrativas contrarias al "respeto debido al principio de la buena fe, en que han de inspirarse los actos de la Administración" (sentencias de 23–12–59, 22–6–60, 27–12–66, 13–5–71, 12–3–75, 6–2–78, 24–2–79 y 5–2–81); o "cuya gravedad no guarda una razonable proporcionalidad con la infracción" (sentencia de 25–3–72). El Tribunal Supremo también ha acudido al principio de la igualdad, para juzgar el ejercicio de poderes discrecionales (sentencias de 24–12–56, 28–5–63 y 3–4–65), garantizando el derecho a igual oportunidad (sentencia 27–1–65); y ha esgrimido el principio *favor libertatis* para obligar a la Administración a acomodar sus intervenciones en la esfera de los administrados al procedimiento menos restrictivo de la libertad[98].

Ahora bien, esta interdicción de la arbitrariedad o la exigencia de la razonabilidad en la actuación de la Administración, como límite al ejercicio del poder discrecional, ha encontrado en América Latina, en muchos casos, consagración legislativa, positivizándose en esta forma los principios generales del derecho.

En tal sentido, la Ley General de la Administración Pública de Costa Rica establece varias normas relativas al ejercicio del poder discrecional y al control judicial del mismo que deben destacarse. El artículo 15.1 de la Ley General, en efecto, comienza por prescribir que el ejercicio del poder discrecional está "sometido en todo caso a los límites que le impone el ordenamiento expresa o implícitamente, para lograr que su ejercicio sea eficiente y razonable", atribuyéndose el juez potestad para controlar la legalidad no sólo sobre los aspectos reglados del acto discrecional, sino "sobre la observancia de sus límites" (art. 15.2).

Ello lo refuerza la propia Ley General al prescribir en su artículo 216 que:

> "La Administración deberá adoptar sus resoluciones dentro del procedimiento con estricto apego al ordenamiento y, en el caso, de las actuaciones discrecionales, a los límites de racionalidad y razonabilidad implícitos en aquél".

El artículo 16.1 es reiterativo, en cuanto a este principio de la razonabilidad, al establecer que "en ningún caso podrán dictarse actos contrarios a reglas unívocas de la ciencia o de la técnica, o a principios elementales de justicia, lógica o conveniencia", atribuyéndose al juez expresamente potestad para "controlar la conformidad con estas reglas no jurídicas de los elementos discrecionales del acto, como si ejerciera el contralor de legalidad" (art. 16.2). Otro límite al ejercicio del poder discrecional en la Ley de Costa Rica, se establece, en relación a "los derechos del particular" (art. 17) frente a la discrecionalidad, que no deben ser vulnerados.

La Ley General, además, consagra expresamente la consecuencia del traspaso de los límites mencionados por la autoridad administrativa al prescribir, en el artículo 158, como una causa de invalidez de los actos administrativos, la infracción a las reglas técnicas y científicas de sentido unívoco y aplicación exacta, en las circunstancias del caso, y agrega en el artículo 160, que:

> "El acto discrecional será inválido, además, cuando viole reglas elementales de lógica, de justicia o de conveniencia, según lo indiquen las circunstancias del caso".

---

98. Eduardo García de Enterría y Tomas R. Fernández, *Curso de Derecho Administrativo*, t. I, Madrid, 1983, pp. 449–451.

Por último, es de destacar que el artículo 133 de la misma Ley General el cual regula los motivos del acto administrativo, y establece que cuando éste no esté regulado, "deberá ser *proporcionado* al contenido y cuando esté regulado en forma imperiosa deberá ser *razonablemente* conforme con los conceptos indeterminados empleados por el ordenamiento. El principio de la proporcionalidad también lo repite la Ley General en el artículo 132.1 relativa, al objeto del acto administrativo, al prescribir que debe ser "proporcionado al fin legal" del acto.

Es difícil, ciertamente, encontrar otro ejemplo de legislación positiva en el mundo con normas tan precisas y ricas en su contenido, para que los jueces puedan controlar el ejercicio del poder discrecional[99], con precisas referencias a los principios de razonabilidad, racionalidad, justicia, lógica, proporcionalidad y conveniencia.

La Ley venezolana de Procedimientos Administrativos de 1982, recogió también el principio de los límites al ejercicio del poder discrecional en una norma (art. 12) que prescribe:

> "Aún cuando una disposición legal o reglamentaria deje alguna medida o providencia a juicio de la autoridad competente, dicha medida o providencia deberá mantener la debida proporcionalidad y adecuación con el supuesto de hecho y con los fines de la norma, y cumplir los trámites, requisitos y formalidades necesarios para su validez y eficacia".

Se consagra así, expresamente, no sólo la existencia de elementos reglados del acto discrecional que siempre deben respetarse (adecuación con los presupuestos de hecho, adecuación con la finalidad, competencia legal o reglamentaria, respeto de las formas y procedimiento), sino, que se erige como, límite fundamental al ejercicio del poder discrecional, la obligación del funcionario de "mantener la debida proporcionalidad". Así se establece también en el Código Contencioso Administrativo de Colombia, en su artículo 36:

> "En la medida en que el contenido de una decisión, de carácter general o particular, sea discrecional, debe ser adecuada a los fines de la norma que la autoriza, y proporcional a los hechos que le sirven de causa".

La proporcionalidad también se establece en la Ley argentina de Procedimiento Administrativo, al prescribir dentro de los "requisitos esenciales del acto administrativo", la necesidad de que "las medidas que el acto involucre deben ser proporcionalmente adecuadas" a la finalidad que resulta de las normas que otorgan las facultades al órgano administrativo (art. 7.f).

Estas normas incorporan, por tanto, a los límites a la discrecionalidad, el principio de la proporcionalidad[100], conforme al cual las medidas adoptadas en los actos administrativos deben ser proporcionales tanto a los fines que prevé la norma que las autoriza,

---

99. *V.* los comentarios en Allan R. Brewer–Carías, "Comentarios sobre los Principios Generales de la Ley General de la Administración Pública de Costa Rica", en *Revista del Seminario Internacional de Derecho Administrativo,* San José, 1981, p. 52; Eduardo Ortíz, "Nulidades del Acto Administrativo en la Ley General de Administración Pública", *idem,* p. 386; Gonzalo Fajardo, "El Estado de Derecho y la Ley General de Administración Pública, *idem,* pp. 523–524.

100. *V.* Allan R. Brewer–Carías, *El Derecho administrativo y la Ley Orgánica de Procedimientos Administrativos,* Caracas, 1985, p. 46; Agustín Gordillo, *El acto administrativo,* Buenos Aires, 1969, p. 250. Conforme a lo establecido por la Corte Suprema de la Nación (Argentina) "las medidas utilizadas por la autoridad pública deben ser proporcionadamente adecuadas a los fines perseguidos por el legislador". Caso: *Sindicato Argentino de Músicos,* 1960, Fallos t. 248, pp. 800 ss.

como a los hechos que las motivan. Tal como lo ha precisado la Corte Suprema de Justicia de Venezuela, los actos administrativos estarían viciados de abuso de poder:

> "cuando no existe proporción o adecuación entre los motivos o supuestos de hecho que sirvieron de base al funcionario u órgano autor del acto recurrido para dictar su decisión, y los contemplados en la norma jurídica, en el sentido de que se trata de un vicio que consiste en la actuación excesiva o arbitraria del funcionario, respecto de la justificación de los supuestos que dice haber tornado en cuenta, para dictar el acto"[101].

En el mismo sentido, el Tribunal de lo Contencioso–Administrativo de Uruguay, en sentencia de 23–4–76 ha señalado al apreciar la ilegalidad de la imposición de una sanción, que esta "aparece como ciertamente desproporcionada... hubo exceso de parte del jerarca en el ejercicio de sus funciones discrecionales, cayendo en ilicitud... obligando, por ende, al control anulatorio por parte del Tribunal"[102].

Los principios de la razonabilidad y de la proporcionalidad también han tenido aplicación jurisprudencial en Francia, en materia de control jurisdiccional del ejercicio del poder discrecional. En cuanto al principio de la razonabilidad, puede encontrarse aplicado en la jurisprudencia relativa al "error manifiesto de apreciación" el cual según lo afirma Guy Braibant, aparece cuando la Administración "ha ido más allá de los límites de lo razonable en el juicio que ella ha realizado sobre los elementos de la oportunidad"[103].

De allí la célebre frase del mismo Guy Braibant en relación al ejercicio del poder discrecional y el principio de la razonabilidad, tal como lo hemos expuesto anteriormente en la jurisprudencia latinoamericana:

> "El poder discrecional comporta el derecho de equivocarse pero no el de cometer un error manifiesto, es decir a la vez aparente y grave"[104].

En el caso de control jurisdiccional del error manifiesto en la apreciación de los hechos, indican Long, Weil y Braibant, el juez "no se pronuncia sobre la apreciación como tal, sino sobre el error que ha podido viciar esta apreciación, cuando este error es evidente, al poder ser descubierto por simple sentido común, cuando se trate de un error manifiesto que desnaturalice la interpretación que hace la Administración de la extensión de su poder discrecional"[105].

Ahora bien, si en general se dan ejemplos jurisdiccionales de la aplicación de la técnica del error manifiesto como instrumento de control del ejercicio del poder discrecional por el Consejo de Estado, en la gran mayoría de los casos reseñados, en realidad, se trata de lo que se ha denominado la técnica de los conceptos jurídicos indetermina-

---

101. Sentencia de la Corte Primera de lo Contencioso Administrativo de 21 de marzo de 1984, *Revista de Derecho Público,* núm. 18, Caracas, 1984, p. 172. En igual sentido, la misma Corte Primera en sentencia de 16 de diciembre de 1982, estimó que este vicio de abuso de poder se da en los casos de "desmedido uso de las atribuciones que han sido conferidas lo cual equivale al excesivo celo, a la aplicación desmesurada, esto es, a todo aquello que rebasa los límites del correcto y buen ejercicio de los poderes recibidos de la norma", *Revista de Derecho Público,* N° 13, Caracas, 1982, p. 119.

102. *V.* en J. P. Cajarville, *op. cit.,* p. 106.

103. Conclus, CE, 13 de noviembre de 1970, *Lambert, cit.,* por A. De Laubadère, "Le contrôle juridictionnel du pouvoir discrétionaire dans la jurisprudence récente du Conseil d'Etat français", *Mélanges offerts a Marcel Waline,* París, 1974, t. II, p. 540.

104. Conclus, CE, 2 de noviembre de 1973, *Librairê François Maspero,* Rec. 611, Long, Weil y Braibant, *Les grands arrêts de la jurisprudence administrative, cit.,* p. 585.

105. Long, Weil y Braibant, *op. cit.,* p. 580.

dos[106]. Quizás, supuestos de aplicación del error manifiesto de apreciación, como control del ejercicio del poder discrecional, en estricto sentido, pueden encontrarse en las decisiones del Consejo de Estado sobre error de equivalencia entre empleos públicos (CE 13 nov 1953, *Denizet,* Rec. 489; y CE 15 fév 1961, *Lagrange,* Rec. 121; CE 9 mai 1962, *Commune de Montfermeil,* Rec. 304)[107].

En cuanto al principio de la proporcionalidad como límite al ejercicio del poder discrecional, aun cuando se ha afirmado que no ha sido reconocido plenamente en el sistema francés[108], pensamos que se ha aplicado en muchas decisiones por el Consejo de Estado, comenzando por el *arrêt Benjamin* del 19 de mayo de 1933, en el cual el Consejo de Estado anuló la prohibición de una reunión impuesta por un Alcalde, considerando que "la eventualidad de las perturbaciones... no presentaban un *grado de gravedad* tal que no pudiera, sin prohibir la conferencia, mantener el orden decretando las medidas de policía que le correspondía tomar"[109]. En este caso, como lo observan Long, Weil y Braibant, el juez verifica "no solamente la existencia, bajo las circunstancias del caso, de una amenaza de perturbación del orden público susceptible de justificar una medida de policía, sino también esta medida es apropiada, por su naturaleza y su gravedad a la importancia de la amenaza; él controla así la adecuación de la medida a los hechos que la motivan"[110].

Se trata, sin duda, de la aplicación del principio de la proporcionalidad, es decir, de la adecuación entre las medidas adoptadas y los hechos, lo cual también ha tenido aplicación en Francia en materia disciplinaria a partir del *arrêt Lebon* (CE 9 juin 1978), en el cual el Consejo de Estado, aplicando la técnica del error manifiesto, controló la proporcionalidad de la sanción disciplinaria con la gravedad de la falta[111]. En otra decisión del Consejo de Estado en el *arrêt Vinolay* (CE 26 juillet 1978), conforme al mismo criterio, anuló una destitución de un funcionario, señalando que "si las faltas a reglas de buena administración... eran de tal índole que legalmente justificaran una sanción disciplinaria, ellas no podían legalmente fundamentar, sin error manifiesto de apreciación, una medida de revocación que constituye la sanción más grave dentro de la escala de las penas"[112].

De lo anteriormente expuesto se puede sacar como conclusión, en materia de control jurisdiccional del ejercicio del poder discrecional, que tanto la jurisprudencia y la doctrina como la legislación, ésta última, en particular en América Latina, han venido abandonando la tradicional inmunidad jurisdiccional en esta materia, distinguiendo, incluso, lo que en apariencia es discrecionalidad (como en el caso de la aplicación de la técnica de los conceptos jurídicos indeterminados) y que está sometida plenamente a control jurisdiccional; de lo que sí es, propiamente, ejercicio del poder discrecional y en relación a lo cual los principios de razonabilidad, lógica, justicia, igualdad y proporcio-

---

106. *V.* todas las referencias jurisprudenciales en Long, Weil y Braibant, *op. cit.*, con ocasión de los comentarios al *arrêt Maspero,* pp. 580–585; J. M. Auby y R. Drago, *op. cit.*, t. II, pp. 399–400.

107. *V.* las referencias en Long, Weil y Braibant, *op. cit.*, p. 581.

108. Guy Braibant, "Le Principe de la proportionalite", *Mélanges offerts a Marcel Waline,* París, 1974 t. II pp. 297 ss.

109. Rec. 541, concl. Michel. *V.* en Long, Weil y Braibant, *op. cit.*, pp. 217 ss.

110. *Idem*, p. 221.

111. *Cf.* Long, Weil y Braibant, *op. cit.*, p. 583.

112. *Cit.*, en J. M. Auby y R. Drago, *op. cit.*, t. 11, p. 400; G. Vedel y Pierre Delvolvé, *Droit Administratif,* París, 1984, p. 801.

nalidad, comienzan a avanzar en el área de la oportunidad, tradicionalmente excluida de control, para comenzar a ser revisada jurisdiccionalmente.

2. Los límites derivados de la forma de apreciación de los hechos

La jurisprudencia en Venezuela ha sido constante en determinar que la "facultad de apreciar las circunstancias en punto a oportunidad y conveniencia"[113] o la "libertad de apreciación de los hechos"[114] por la autoridad administrativa que le deja a la ley, no es controlable jurisdiccionalmente y por tanto no tiene límites que permitan dicho control[115]. Esta ha sido por otra parte la opinión general de la doctrina[116].

En este sentido la antigua Corte Federal ha determinado que "es de la naturaleza de todo acto realizado en ejercicio de una facultad discrecional, el que no pueda ser revisado o anulado por otro poder en lo que se refiere al *mérito* o fondo. Esta conclusión resulta evidente, porque de lo contrario, esa facultad discrecional no sería tal, ni propia de un poder"[117].

Asimismo la jurisprudencia ha señalado que en los actos discrecionales "atendiendo a necesidades de la Administración Pública, la autoridad administrativa, en muchos casos, *apreciará* hechos pasados o consecuencias futuras, y para ello *dispondrá de cierta libertad de apreciación,* sin que quiera significar esto que proceda arbitrariamente"[118].

Ahora bien, ante esta libertad de apreciación otorgada a la administración por la ley, ¿cabe algún límite y por tanto, algún control? Consideramos que el verdadero problema de los límites del poder discrecional es aquí donde se plantea auténticamente, ya que las anteriores consideraciones sobre los límites impuestos por el principio de la legalidad administrativa, buscaban delimitar el campo de la discrecionalidad[119].

A la pregunta anterior parece que debe responderse, a primera vista, en forma negativa, pues si la norma jurídica autoriza a la administración "para ejecutar y hacer ejecutar las medidas que juzgue necesarias" en un caso concreto, ello indica que da por buena cualquier solución que adopte la administración.

Sin embargo, *la forma de ejercer esa libertad de apreciación de los presupuestos de hecho* en cuanto a la oportunidad y conveniencia de un acto, sí pueden ser controladas por la autoridad judicial competente, y por tanto, sí tiene límites. Estos límites están constituidos por los Principios Generales del Derecho. En efecto, ya hace más de dos

---

113 *V.* sentencia de la antigua Corte Federal y de Casación de 4 de junio de 1952, en nuestro trabajo "El Poder discrecional...", *loc. cit.*, p. 191. Asimismo en *GF*, 1ª etapa, Nº 11, 1952, p. 26.

114 *V.* sentencia de la antigua Corte Federal de 6 de noviembre de 1958 en nuestro trabajo "El Poder discrecional. . .", *loc. cit.*, p. 189– Asimismo en *GF*, 2ª etapa, Nº 22, 1958, p. 133.

115 *V.* sentencia de la Corte Suprema de Justicia en Sala Político–Administrativa, de 5 y 12 de diciembre de 1963 en *Gaceta Oficial de la República de Venezuela* Nº 27.329, 27.342 y 27.344 de 26 de diciembre de 1963 y 13 y 15 de enero de 1964, respectivamente.

116 *Cfr.* Eloy Lares Martínez. *Manual de Derecho Administrativo,* Caracas, 1963, p. 128. Asimismo nuestro libro *Las Instituciones Fundamentales....cit.*, p. 56.

117 *V.* sentencia de la antigua Corte Federal de 6 de noviembre de 1958 en nuestro trabajo "El Poder discrecional...", *loc. cit.*, p. 190. Asimismo en *GF*, 2ª etapa, Nº 22, 1958, p. 134. *Cfr.* Laureano López Rodo, "Le pouvoir discrétionnaire de l'Administration. Evolution doctrinal et jurisprudentielle", *RDP*, 1953, Nº 3, París, p. 579.

118 *V.* sentencia de la antigua Corte Federal de 26 de noviembre de 1959 en nuestro trabajo "El Poder discrecional. . .", *loc. cit.*, p. 188. Asimismo en *GF*, 2ª etapa, Nº 26, p. 125.

119 *Cfr.* A. Nieto. "Reducción jurisdiccional...", *loc. cit.*, p. 157; A. De Laubadère, *Traite Elémentaire de Droit Administratif,* 2ª Edición, París, 1957, p. 221.

décadas uno de nuestros grandes y clásicos tratadistas, J. M. Hernández Ron, señalaba que "la acción administrativa se puede considerar como discrecional, cuando se realiza según la libre apreciación de las circunstancias que, *con sujeción siempre a la Equidad y a los Principios Generales del Derecho,* hará la Administración"[120]. Por tanto, la facultad de ejercer una actividad administrativa en forma discrecional, está limitada por los Principios Generales del Derecho y puede suponer un control jurisdiccional que no implica "una sustitución de la discrecionalidad administrativa por la judicial"[121]. Se trata en efecto de un control que revisa el ejercicio del poder discrecional que formalmente se ha ajustado a la letra de la ley.

La jurisprudencia, por otra parte, ha reconocido la posibilidad que tiene la administración de revisar sus propios actos, sobre todo cuando no lesionan derechos legítimamente adquiridos, cuando éstos no se ajustan a las exigencias de la equidad: "Advertido el funcionario de que su determinación no corresponde a las exigencias de la *equidad,* bien por haberse cometido error de derecho, *bien porque no se apreciaron cabalmente circunstancias de hecho,* la sana lógica y el buen sentido han de inducirlo a la consiguiente rectificación"[122].

Los límites impuestos a la forma de apreciación de los hechos en el ejercicio del poder discrecional por los principios generales del derecho son extensos. Entre esos principios generales se encuentran el principio de la injusticia manifiesta, el de la irracionalidad, el de la buena fe, el de la proporcionalidad de los medios a los fines, el de la igualdad, y en general todos los principios derivados de los derechos y libertades fundamentales de las personas, puesto que es evidente que la administración no puede, en nombre de sus facultades discrecionales, violar principios constitucionales consagrados como base entera de la organización social y del orden jurídico[123].

Es precisamente por los límites impuestos al ejercicio de los poderes discrecionales derivados de los principios generales del derecho por lo que se afirma que "la discrecionalidad no es arbitrariedad"[124] en forma reiterada por la jurisprudencia[125].

Veamos los diversos límites señalados por la jurisprudencia venezolana al ejercicio del poder discrecional y que pueden considerarse como principios generales del derecho, es decir, como aquellos principios fundamentales de la misma legislación positiva, que no se encuentran escritos en ninguna ley, pero que son los presupuestos lógicos

---

120 J. M. Hernández Ron, "La Potestad Administrativa discrecional", *loc. cit.*, p. 8

121 A. Nieto, "Reducción jurisdiccional...", *loc. cit.*, p. 157.

122 *V.* sentencia de la antigua Corte Federal de 17 de julio de 1953 en *GF*, 2ª etapa, Nº 1, 1953, p. 153.

123 *Cfr.* E. García de Enterría, "La lucha por. . .", *loc. cit.*, pp. 178–179. En este mismo sentido M. F. Clavero Arévalo, "La Doctrina de los Principios Generales del Derecho y las Lagunas del Ordenamiento jurídico", *RAP*, Nº 7, 152, p. 101, expresa que los Principios Generales del Derecho "constituyen un límite exterior que no puede ser violado por el contenido de los actos discrecionales, ya que en este sentido se producirá un desbordamiento de la potestad discrecional invadiendo la esfera reglada, cuya norma la constituirán los preceptos administrativos y, en su defecto, los principios generales del Derecho".

124 *Cfr.* J. M. Hernández Ron, "La Potestad discrecional y la Teoría de la Autolimitación de Poderes", *RCADF*, Año VI, Nº 30–31, 1952, p. 8.

125 *V.* sentencia de la antigua Corte Federal de 17 de julio de 1953 en nuestro trabajo "El Poder discrecional....", *loc. cit.*, p. 187. Asimismo en *GF*, Nº 1, 1953, p. 151. *V.* Además, sentencias de la antigua Corte Federal de 26 de noviembre de 1959 en nuestro trabajo "El Poder discrecional...", *loc. cit.*, p. 188. *V.* por otra parte, la sentencia de la antigua Corte Federal de 24 de febrero de 1956 en nuestro trabajo "El Poder discrecional. . .", *loc. cit.*, p. 191. Asimismo en *GF*, 2ª etapa, Nº 11, 1956, p. 28.

necesarios de las distintas normas legislativas, de los cuales deben deducirse exclusivamente en fuerza de la abstracción[126].

A. El principio de la racionalidad

En sentencia de la Corte Federal de 6 de noviembre de 1958 se expresó que "El uso del verbo "poder", en la oración "podrá reducir las penas", del texto copiado, indica que se está en presencia de una facultad discrecional de la Administración Pública. Poder es tener la facultad o el medio de hacer una cosa, y facultad, el derecho –no el deber ni la obligación–, de hacer una cosa. El Código de Procedimiento Civil, en su artículo 13, da la interpretación jurídica de este verbo, que bien puede aplicarse, no sólo en las actuaciones judiciales, sino en general. Cuando la ley dice: "El Juez o Tribunal puede o podrá", se entiende que lo autoriza para obrar según su prudente arbitrio, consultando lo más equitativo o *racional,* en obsequio de la justicia y de la imparcialidad"[127].

En otra decisión referente a las limitaciones a la libertad de cultos que, por otra parte, están sometidos a la suprema inspección de la administración, la antigua Corte Federal señaló que "esa inspección o vigilancia no es puramente contemplativa, sino que implica la facultad de tomar medidas que a juicio del Ejecutivo Nacional aconsejan los superiores intereses de la Nación, materiales, morales, políticos, industriales, patrióticos o de cualquier otra índole *racional y justa*"[128].

Por tanto, uno de los límites del ejercicio de la libertad de apreciación que implica el poder discrecional, es que éste se ejerza racionalmente, lo que no es sino una consecuencia de ese principio que impone a la administración una actuación lógica y congruente. La irracionalidad y la ilogicidad aparecen entonces como una falta de consecuencia y de nexo lógico entre las distintas partes que forman el acto administrativo, siempre que no sea la ley la que determine su estructura. En este sentido habría ilogicidad por contradicción en la propia motivación o en el propio dispositivo del acto o por falta de correspondencia entre la motivación y el dispositivo[129].

Uno de los supuestos que requiere de racionalidad en el ejercicio de la facultad discrecional es la oportunidad de obrar. Si bien es típico de la discrecionalidad que "la administración no está sometida al cumplimiento de normas especiales en cuanto a la *oportunidad de obrar*. . . ello no quiere decir que se obre al arbitrio"[130], es decir, ello no quiere significar que en la elección de ese "momento" se pueda obrar irracionalmente. Por ejemplo, el Reglamento General de Alimentos establece que "corresponde al Ministerio de Sanidad y Asistencia Social todo lo relacionado con la higiene de la alimentación, y en consecuencia. . . adoptar cualquier otra medida sanitaria que se considere

---

126 *Cfr.* Nicolás Coviello, *Doctrina General del Derecho Civil,* Uteha, México, 1949, p. 98.

127 *V.* sentencia de la antigua Corte Federal de 6 de noviembre de 1958 en nuestro trabajo "El Poder discrecional. . .", *loc. cit.*, p. 189. Asimismo en *GF*, 2ª etapa, N° 22, 1958, p. 133.

128 En este mismo sentido la antigua *Corte Federal y de Casación,* en sentencia de 7 de diciembre de 1937 señaló: "Cuando la ley no establece esas formas especiales para el acto, sino que únicamente establece la facultad de cumplir el funcionario tal o cual acto, la forma de expresión de la voluntad de la administración pública, puede hacerse en las condiciones que juzgue más *conveniente y racional* el funcionario público, siempre que, esa forma de expresión, demuestre claramente la voluntad de la administración". Véase en *Memoria* de 1938, Tomo I, p. 374.

129 *Cfr.* S. Martín–Retortillo Baquer, "El exceso de poder. . .", *loc. cit.*, p. 147.

130 *V.* sentencia de la antigua Corte Federal de 17 de julio de 1953 en nuestro trabajo "El Poder discrecional. . .", *loc. cit.*, p. 187. Asimismo en *GF*, 2ª etapa, N° 1, 1953, p. 157.

conveniente para el mejoramiento de la alimentación en el país"[131]. Ello implica que la autoridad administrativa, para hacer uso de esa facultad discrecional cuando lo "considere *conveniente"*, puede tomar cualquier medida sanitaria en vista del mejoramiento de la alimentación, pero siempre que ello sea oportuno. Y aquí hay que hablar de una oportunidad espacial y temporal. No sólo es necesario que el "momento" sea el congruente con la medida adoptada (la prohibición de importar carne de cerdo, aunque ésta haya sido tratada para destruir las triquinas, que disponga la autoridad sanitaria porque existe temor de que esté contaminada, en virtud del alto índice de contaminación que presenta en un momento dado en el país de origen, debe hacerse cuando el "momento" lo exige, y no tiempo después, cuando el peligro de contaminación ha sido erradicado), sino que también debe esa apreciación de la oportunidad tener una referencia espacial (prohibición de importar carne de cerdo de un país dado donde existe alto índice de contaminación, y no prohibición general de importación respecto, a todos los países) . En este sentido la jurisprudencia ha determinado que los actos administrativos discrecionales implican "un juicio *técnico lógico de los hechos, soberanamente apreciados* a través de las respectivas normas jurídicas"[132].

Por otra parte, el poder discrecional debe ser utilizado técnicamente para que sea racional. Es muy clara en este sentido una norma del Reglamento General de Alimentos citado, única en nuestro derecho positivo, que establece: "Cuando en este Reglamento se deje alguna medida, reglamentación o providencia, *a juicio de la autoridad sanitaria, se entiende que* tal medida, reglamentación o providencia *debe estar fundada en principios, normas, directrices o apreciaciones de carácter científico o técnico y de ninguna manera podrá ser el resultado de una actuación arbitraria"*[133]. Este es otro de los límites impuestos al ejercicio del Poder discrecional: éste debe ser usado técnicamente por la autoridad administrativa: La prohibición de utilizar determinados utensilios en la elaboración de alimentos debe estar fundada en razones de carácter técnico, es decir, en que del análisis del utensilio se ha comprobado científicamente que contiene substancias capaces de alterar el alimento.

Claro está, no nos referimos a la llamada "discrecionalidad técnica" que no es controlable jurisdiccionalmente pues se trata de cuestiones que han de resolverse a la vista de un juicio técnico emitido por un órgano especializado de la administración. En estos casos se trata de una "cuestión de mera apreciación, en la cual la autoridad administrativa es precisamente la más autorizada en virtud de su especialización"[134]. Así se ha señalado que "al margen de la jurisdicción contenciosa deberá quedar únicamente el problema de la adecuación o no del acto a las reglas técnicas o de buena administración"[135].

B. El principio de la justicia

Pero además de la exigencia de que el acto administrativo discrecional sea racional, la jurisprudencia en distintas decisiones ha exigido que sea *justo.* El poder discrecional

131 Artículo 1°, ordinal 10 del Reglamento General de Alimentos.

132 *V.* sentencia de la Corte Suprema de Justicia en Sala Político–Administrativa de 3 de julio de 1961 en *GF*, 2ª etapa, N° 33, 1961, p. 14.

133 Artículo 2° del Reglamento General de Alimentos.

134 *V.* sentencia de la Corte Suprema de Justicia en Sala Político–Administrativa de 13 de diciembre de 1962 (CSJ–PA 173–3; 13–12–62 según siglas del Instituto de Codificación y Jurisprudencia del Ministerio de Justicia).

135 S. Martín–Retortillo Baquer, "La desviación de poder...", *loc. cit.*, p. 146.

está dado a la autoridad administrativa para que ésta obre "según su prudente arbitrio, consultando lo *más equitativo* o racional, en obsequio de la *justicia y de la imparcialidad*"[136]. Por ello la "discrecionalidad no implica arbitrariedad ni *injusticia*"[137], y en todo caso, la potestad discrecional del funcionario administrativo, "no puede traspasar los lindes de la verdad y de la *equidad*"[138].

En este sentido, puede ser controlada jurisdiccionalmente la falta de equidad manifiesta o "iniquidad manifiesta"[139] en los actos discrecionales, así como también su injusticia manifiesta[140].

En este sentido el principio de la equidad como integrante del más amplio de justicia, funciona al lado de la libertad de apreciar la oportunidad, "como uno de los principios inspiradores para la obtención del mejor contenido del acto, tratando que la autoridad administrativa elija entre las diversas soluciones la más equitativa, la mejor que respete los intereses de la administración y de los administradores"[141].

Por otra parte, el acto administrativo discrecional no puede crear situaciones manifiestamente injustas. Clásico es el ejemplo de la jurisprudencia italiana por el cual se "anulaba un acto administrativo de separación por escaso rendimiento de un ferroviario, cuya capacidad había sido notablemente disminuida a causa del servicio"[142], lo que producía una situación *manifiestamente* injusta.

C. El principio de la igualdad

Hemos señalado que la jurisprudencia venezolana ha puntualizado que la consagración en la ley de facultades discrecionales para que un funcionario público actúe, es hecha además, para que éste obre "según su *prudente arbitrio,* consultando lo más equitativo y racional, en obsequio de la justicia y de la *imparcialidad*"[143]. Por tanto, otro de los límites impuestos al ejercicio del poder discrecional es el que se deriva del principio de la igualdad que impide los tratamientos de favor de parte de la autoridad administrativa en relación a los administrados. Hay en este sentido, igualdad, cuando se toman las mismas medidas en condiciones parecidas o análogas; por el contrario, no hay igualdad –hay desigualdad y parcialidad– cuando en las mismas condiciones se niega a un administrado lo que se ha acordado a otro[144].

---

136 *V.* sentencia de la antigua Corte Federal de 6 de noviembre de 1958 en nuestro trabajo "El Poder discrecional. . .", *loc. cit.*, p. 189– Asimismo en *GF*, 2ª etapa, Nº 22, 1958, p. 132.

137 *V.* sentencia de la antigua Corte Federal de 24 de febrero de 1956 en nuestro trabajo "El Poder discrecional...", *loc. cit.*, p. 191. Asimismo en *GF*, 2ª etapa, Nº 11, 1956, p. 28.

138 *V.* sentencia de la antigua *Corte Federal* de 9 de agosto de 1957 en nuestro trabajo "El Poder discrecional...", *loc. cit.*, p. 193. Asimismo en *GF*, 2ª etapa, Nº 17, 1957, p. 135.

139 *Cfr.* Eduardo García de Enterría, "La interdicción de la arbitrariedad en la Potestad Reglamentaria", *RAP*, Nº 30, 1959, p. 164; M. M. Diez, *El Acto Administrativo,* Tipografía Editora Argentina, Buenos Aires, 1956, p. 197.

140 *Cfr.* S. Martín–Retortillo Baquer, "El exceso de poder...", *loc. cit.*, p. 148.

141 M. M. Diez, *op. cit.*, p. 198.

142 S. Martín–Retortillo Baquer, "El exceso de poder. . .", *loc. cit.*, p. 149.

143 *V.* sentencia de la antigua Corte Federal de 6 de noviembre de 1958, en nuestro trabajo "El Poder discrecional. . .", *loc. cit.*, p. 189. Asimismo en *GF*, 2ª etapa, Nº 22, 1958, p. 133. Por otra parte véase auto de la antigua Corte Federal y de Casación en Sala Federal, de 4 de noviembre de 1949, en *GF*, 1ª etapa, Nº 3, 1949, p. 94.

144 *Cfr.* Stassinopoulos, *op. cit.*, p. 212.

El principio de la igualdad, aunque de rango constitucional[14587] y por tanto aplicable a todas las actuaciones del Estado, ofrece especial interés en cuanto límite del poder discrecional, pues el ejercicio de éste debe adecuarse especialmente a las exigencias de este principio[146]. De ahí que se haya hablado de la "irracionalidad de la desigualdad"[147].

Existe entonces desigualdad y el acto así dictado puede ser controlado jurisdiccionalmente, cuando surge de la actuación administrativa un disparejo trato de dos o más casos, pese a no existir sustancial diferencia de circunstancias de hecho; o dicho de otro modo, cuando la actividad administrativa ha discriminado entre supuestos similares, dando a unos y a otros, no obstante su esencial identidad, tratamientos distintos[148]. Por ejemplo, hay evidentemente un trato desigual si frente a dos propietarios de edificaciones en igualdad de situaciones de peligro, es decir que ambas amenazan ruina, se ordena, por la autoridad administrativa a uno la demolición, y no al otro; o si se ordena a uno de ellos con ciertas modalidades lesivas y que no se imponen al otro.

La aplicación del Principio de la Igualdad como límite del poder discrecional, tiene riquísimas posibilidades, y entre éstas, especialmente, la llamada "vinculación del precedente"[149]. Se admite, en efecto, que la contradicción de un acto administrativo con otro anterior emanado en circunstancias análogas produce la violación del principio de la igualdad y como consecuencia, dicho acto, puede ser controlado en ello por la jurisdicción contencioso–administrativa. No hay duda que esta forma de control ofrece máximas posibilidades, pues la administración, frente a supuestos idénticos, no debe sino decidir, en forma también idéntica, entendiendo, sin embargo, que el precedente no vincula a la administración con el rango de fuente del derecho[150].

D. Principio de la proporcionalidad

Por último, la jurisprudencia ha señalado expresamente que "el funcionario al obrar discrecionalmente, tiene que hacerlo... marcando la exacta correspondencia entre el fin perseguido y los medios utilizables (medio que ofrece la técnica de su actividad)"[151]. Se trata de la aplicación del principio de la proporcionalidad de medios afines como límite del poder discrecional[152]. En este sentido, la desproporcionalidad entre los fines perseguidos y los medios utilizados puede también ser controlada jurisdiccionalmente. Esa situación puede plantearse en casos como el siguiente: un funcionario comete una falta de poca entidad (contestar de mala forma a un superior); no se discute el hecho considerado en sí mismo; las leyes y reglamentos no prevén la falta, ni fijan la sanción; aunque

---

145 Preámbulo y Artículo 61 de la Constitución.

146 *Cfr.* Rafael Entrena Cuesta, "El Principio de la Igualdad ante la ley y su aplicación en el Derecho administrativo", *RAP*, N° 37, 1962, p. 67.

147 J. F. Linares, *Poder discrecional administrativo (Arbitrio Administrativo), Abeledo–Perrot,* Buenos Aires, 1958, pp. 197–229

148 *Cfr.* E. García de Enterría, "La interdicción. . .", *loc. cit.*, p. 149.

149 E. García de Enterría, "La interdicción. . .", *loc. cit.*, p. 150.

150 *Cfr.* S. Martín–Retortillo Baquer. "Exceso de poder...", *loc. cit.*, p. 143.

151 *V.* sentencia de la antigua Corte Federal de 24 de febrero de 1956 en nuestro trabajo "El Poder discrecional. . .", *loc. cit.*, p. 191. Asimismo, en *GF*, 2ª etapa, N° 11, 1956, p. 28.

152 *Cfr.* E. García de Enterría, "La interdicción...", *loc. cit.*, p. 130; Merikoski, *Le pouvoir discretionnaire de l'administration,* Bruselas, 1958, p. 44 *cit.* por E. García de Enterría, "La interdicción...", *loc. cit.*, p. 163.

el poder disciplinario, en principio, es discrecional, no podría destituirse al funcionario porque tal sanción sería *manifiestamente excesiva,* configurando una arbitrariedad[153].

V. LA DISCRECIONALIDAD NO IMPLICA ARBITRARIEDAD

Luego de analizados los límites impuestos al ejercicio del poder discrecional por el Principio de la legalidad administrativa y por los Principios generales del Derecho en especial, la conclusión no puede ser otra que la reiterada de la jurisprudencia: "*La discrecionalidad no implica arbitrariedad*"[154].

Así la administración, cuando realiza una determinada actividad en ejercicio del poder discrecional, su actuación, además de estar enmarcada dentro de los requisitos legales generales, debe ser racional, justa, igual y proporcional, pues de lo contrario, sería arbitraria, es decir, irracional, injusta, desigual o desproporcionada, lo que produciría la posibilidad de ser controlada jurisdiccionalmente por los órganos de la jurisdicción contencioso–administrativa. Por ello, en materia de ejercicio del poder discrecional se ha hablado de la *"interdicción de la arbitrariedad"* como limitación al mismo[155].

Ahora bien, una de las formas que han utilizado los órganos de la jurisdicción contencioso–administrativa para hacer realmente efectivos esos límites impuestos al poder discrecional, y, por tanto, para lograr un exacto control sobre los actos discrecionales que traspasen esos límites, ha sido la de exigir como principio general el de la necesaria motivación, especialmente, de dichos actos discrecionales[156].

Es de destacar la sentencia de 9 de agosto de 1957 de la Corte Federal donde se estableció lo siguiente: "Entre los elementos integrantes del acto administrativo están el motivo y la forma... Pues bien, el motivo del acto administrativo es, como lo enseña la doctrina, el antecedente que lo provoca. Un acto administrativo se integra con tal elemento cuando exista previa y realmente una situación legal o de *hecho,* cuando esa situación es la que el legislador ha previsto con miras a la actuación administrativa. De allí que, vinculado o *discrecional* el Poder de la Administración Pública, cuando están de por medio el interés colectivo y los derechos subjetivos de los administrados, todo acto administrativo, máxime si es revocatorio de uno proferido por el inferior jerárquico, *ha de ser motivado,* o mejor dicho, *fundamentado* con los razonamientos en que se apoya… En este orden de ideas, la forma del acto en lo tocante a la *motivación* del mismo, ha llegado a considerarse *sustancial,* en razón de que la *ausencia de fundamentos abre amplio campo al arbitrio* del funcionario... Los actos administrativos deben expresar concretamente la *causa o motivo que los inspira como condición de validez...* De otra parte, la motivación del acto dictado por la Administración, no sólo es conve-

---

153 *Cfr.* Enrique Sayagués Laso, *Tratado de Derecho Administrativo,* Tomo I, Montevideo, 1953, p. 410, nota N° 3.

154 *V.* sentencia de la antigua *Corte Federal* de 24 de febrero de 1956 en *GF*, 2ª etapa, N° 11, 1956, p. 28; sentencia de la misma Corte de 17 de julio de 1953 en *GF*, 2ª etapa, N° 1, 1953, pp. 151–152; y sentencia de la misma *Corte Federal* de 26 de noviembre de 1959, en *GF*, 2ª etapa, N° 26, 1959, p. 125. Véase asimismo dichas sentencias en nuestro trabajo "El Poder discrecional...", *loc. cit.*, pp. 187, 188 y 192. *V.* además sentencia de la *Corte Suprema de Justicia en Sala Político–Administrativa* de 8 de junio de 1964 *cit.* en Nota N° 23.

155 E. García de Enterría, "La Interdicción. . .", *loc. cit.*, p. 160.

156 *Cfr.* nuestro libro *Las Instituciones fundamentales..., cit.*, p. 125; Stassinopoulos, *op. cit*, p. 198; José Guillermo Andueza, *El Control en Venezuela de los actos ilegales de la Administración Pública.* Publicaciones del Ministerio de Justicia, Caracas, 1959, p. 13.

niente como justificativo de la acción administrativa, sino como *medio de permitir el control jurisdiccional sobre la exactitud de los motivos* y su correspondencia con los textos legales en que se funda el acto"[157]. La obligación de motivar el acto administrativo discrecional impuesta por la jurisprudencia, es consecuencia, por otra parte, del principio de que el poder discrecional no está sometido al control de fondo[158]. El juez contencioso–administrativo, entonces, no pudiendo controlar directamente si el ejercicio del poder discrecional ha sido justo en el fondo, salvo en las formas que hemos visto, exige que los aptos discrecionales tengan un elemento *externo* que pruebe que ese poder se ejerció dentro de los límites legales[159] con el objeto de lograr ese control sobre la "exactitud de los motivos y su correspondencia con los textos legales en que se funda el acto"[160].

Sección Segunda: NOTAS SOBRE LA DISCRECIONALIDAD, SU DELIMITACIÓN Y SUS LÍMITES (2007)

Esta Sección segunda del Libro Segundo del Tratado sobre "Notas sobre la discrecionalidad administrativa, y sobre su delimitación y sus límites," está conformada por el documento elaborado para el Taller Estratégico sobre "Procedimientos administrativos y justicia administrativa en América Latina", Programa Estado de derecho para América Latina, Konrad Adenauer Stiftung, Ciudad de México, 28 y 29 de mayo de 2007, publicado en mi libro: *Estudios de Derecho Administrativo 2005–2007*, Colección Estudios Jurídicos, Nº 86, Editorial Jurídica Venezolana, Caracas 2007 (pp. 133–182).

I. LA ACTIVIDAD DE LA ADMINISTRACIÓN: ENTRE LA ACTIVIDAD REGLADA Y EL PODER DISCRECIONAL

El principio de la legalidad es la más acabada garantía establecida en el Estado de derecho en beneficio de los administrados, "contra las posibles arbitrariedades de la autoridad ejecutiva"[161], para lo cual, el ordenamiento jurídico debe establecer el marco legal de la misma. Sin embargo, no toda la actividad a cargo de la Administración tiene que tener establecida "precisos límites" en dicho ordenamiento a los cuales deba aquella ceñirse, por lo que en muchos casos es la propia ley la que otorga a la Administración amplios poderes de apreciación de la oportunidad y conveniencia para la toma de decisiones. Ello sucede, por ejemplo, en los casos en los cuales, la ley faculte a la Administración para obrar, por ejemplo, como lo indicó la antigua Corte Federal de Venezuela en sentencia de 6 de noviembre de 1958:

---

157 *V.* sentencia de la antigua Corte Federal de 9 de agosto de 1957, en *GF*, 2ª etapa, Nº 17, 1957, pp. 132 y ss.

158 *V.* sentencia de la Corte Suprema de Justicia en Sala Político–Administrativa de 3 de julio de 1961, en *GF*, 2ª etapa, Nº 33, 1961, pp. 14–15.

159 *Cfr.* Stassinopoulos, *op. cit.*, p. 198.

160 *V.* sentencia de la antigua Corte Federal de 9 de agosto de 1957, en *GF*, 2ª etapa, Nº 17, 1957, p. 133.

161. Corte Federal (Venezuela) sentencias de 17 de julio o 23 de octubre de 1953, *Gaceta Forense* Nº 1, Caracas 1953, p. 151 y Nº 2, Caracas 1953, p. 64.

> "El uso del verbo "poder", en la oración "podrá reducir las penas" [de una norme legal], indica que se está en presencia de una facultad discrecional de la Administración Pública. Poder es tener la facultad o el medio de hacer una cosa, y facultad, el derecho –no el deber ni la obligación–, de hacer una cosa. El Código de Procedimiento Civil, en su artículo 13, da la interpretación jurídica de este verbo, que bien puede aplicarse, no sólo en las actuaciones judiciales, sino en general. Cuando la ley dice: "El Juez o Tribunal puede o podrá", se entiende que lo autoriza para obrar según su prudente arbitrio, consultando lo más equitativo o racional, en obsequio de la justicia y de la imparcialidad"[162].

Ello ha sido, precisamente, lo que ha dado origen a la distinción clásica en materia de actividad administrativa, entre la administración reglada y el poder discrecional; distinción a la cual se refirió hace varias décadas la misma antigua Corte Federal de Venezuela de Venezuela al expresar que:

> "Los actos administrativos son de dos categorías: los *discrecionales,* cuando la administración no está sometida al cumplimiento de normas especiales en cuanto a la oportunidad de obrar, sin que ello quiera decir que se obra al arbitrio, eludiendo toda regla de derecho, pues la autoridad administrativa debe observar siempre los preceptos legales sobre formalidades del acto; y los *reglados,* llamados también vinculados y obligatorios, cuando el funcionario no puede ejecutarlos sino con sujeción estricta a la ley, so pena de incurrir en incompetencia, exceso de poder o genéricamente, en ilegalidad o violación de la ley"[163].

En este sentido, en otra sentencia la misma antigua Corte estableció la diferencia entre estos dos tipos de actos administrativos, indicando que estriba

> "[...] en que en los reglados la ley establece si la autoridad administrativa ha de actuar, cuál es esa autoridad y cómo debe hacerlo, determinando las condiciones de la conducta administrativa en forma de no dejar margen a la elección del procedimiento; mientras que en los discrecionales, atendiendo a necesidades de la Administración Pública, la autoridad administrativa, en muchos casos, apreciará hechos pasados o consecuencias futuras, y para ello, dispondrá de cierta libertad de apreciación, sin que quiera significar esto que proceda *arbitrariamente*"[164].

Entendida en esta forma, la actividad discrecional de la Administración es indispensable para que ésta pueda realizar actividades y lograr sus fines de un modo cabal, porque la ley no puede prever y reglamentar las múltiples, cambiantes y complejas relaciones jurídicas que se producen en la sociedad. De ahí que, en muchos casos, la ley se limite a determinar normas que fijan la competencia de los diversos órganos administrativos y deja a éstos una cierta *libertad de apreciación de los hechos,* para decidir u orientar su actuación[165].

En todo caso, el ejercicio de una actividad discrecional tiene siempre su fundamento y su razón de ser en una ley. La discrecionalidad, dijo hace años Ballbe, "no se funda en la ausencia de preceptos jurídicos que limitan la actividad de la administración, sino en la atribución, por el derecho, de una libertad de apreciación"[166]. En este mismo sentido,

---

162 *V.*, sentencia de la antigua Corte Federal de 6 de noviembre de 1958 en *Gaceta Forense,* 2ª etapa, Nº 22, Caracas 1958, p. 133.

163 *V.*, Sentencia de la Antigua Corte Federal de 17 de julio de 1953 en *Gaceta Forense*, 2ª etapa, Nº 1, Caracas 1953, p. 151.

164 *V.*, Sentencia de la antigua Corte Federal de 26 de noviembre de 1959 en *Gaceta Forense*, 2ª etapa, Nº 26, Caracas 1959, p. 125.

165 *V.*, Sentencia de la antigua Corte Federal de 6 de noviembre de 1958 en *Gaceta Forense*, 2ª etapa, Nº 22, Caracas 1958, p. 133.

166 *V.*, Manuel Ballbé, "Derecho Administrativo" en *Nueva Enciclopedia Jurídica,* Barcelona 1949, p. 64 *cit.* por M. F. Clavero Arévalo, "La doctrina de los principios generales del derecho y las lagunas del ordenamiento jurídico", *Revista de Administración Pública*, Nº 7, Madrid 1952, p. 89.

la jurisprudencia venezolana sostuvo hace años que el funcionario sólo tiene las facultades que la ley le señala expresamente, por lo que "nunca, en ninguna oportunidad, puede el funcionario ejercer atribuciones discrecionales, a menos que la ley se las conceda directa y categóricamente"[167]. Por todo ello, puede decirse que el primer límite del poder discrecional está en la ley que lo autoriza.

Este poder discrecional, que se da siempre que la ley otorgue a la autoridad administrativa la potestad de elegir entre varias decisiones conforme a su libre apreciación, por ello, obra como un aspecto medular del derecho administrativo, al punto de que Marcel Waline afirmó hace más de medio siglo que si fuera necesario dar de algún modo una definición de derecho administrativo, podría decirse "que es esencialmente el estudio del poder discrecional de las autoridades administrativas y de su limitación para salvaguardar los derechos de terceros (administrados o agentes públicos)"[168].

Por tanto, si bien es cierto que el poder discrecional de las autoridades administrativas es una condición indispensable de toda buena y eficiente administración, también es cierto que su limitación es asimismo indispensable para que el Estado no sea arbitrario, y para que los administrados no se encuentren expuestos al simple arbitrio de los gobernantes.[169] Así, los dos extremos siempre presentes en el derecho administrativo, por una parte la salvaguarda del poder administrativo por el reconocimiento del poder discrecional, y por la otra, la salvaguarda de los derechos de los administrados por la limitación de ese poder, en este campo deben también conciliarse para que el Estado no se vuelva anárquico o arbitrario[170].

Es por ello que el derecho administrativo ha experimentado en las últimas décadas, en casi todos los países, un proceso progresivo de reducción de las llamadas "inmunidades de poder", donde tradicionalmente se había enmarcado el poder discrecional[171]; siendo este proceso uno de los aspectos de mayor interés comparativo en materia contencioso–administrativa, y donde la labor de los jueces ha sido fundamental[172].

Esa evolución, en efecto, no ha sido ni ha podido ser la obra de puras y abstractas regulaciones legales, sino que la reducción del ámbito del poder discrecional a un control jurisdiccional efectivo, fue inicialmente el resultado de todo un "vasto movimiento de lucha por el derecho"[173] en el que naturalmente, no fue sólo responsable y ni siquiera

---

167 *V.*, Sentencia de la antigua Corte Federal y de Casación en Sala Federal de 11 de agosto de 1949 en *Gaceta Forense*, 1ª etapa (Segunda Edición), Año I, N° 2, Caracas 1949, p. 140.

168 Marcel Waline, "Étendue et limites du contrôle du juge administratif sur les actes de l'Administration", *Études et documents*, Conseil d'Etat, N° 10, París, 1956, p. 25.

169 Sobre los poderes discrecionales y sus límites, *V.*, Allan R. Brewer–Carías, *Las Instituciones Fundamentales del Derecho Administrativo y la Jurisprudencia Venezolana*, Caracas 1964, p. 52 y ss.; Allan R. Brewer–Carías, *Fundamentos de la Administración Pública*, Tomo I, Caracas 1980, pp. 203–222; Allan R. Brewer–Carías, "Los límites al poder discrecional de las autoridades administrativas" en *Ponencias Venezolanas al Vil Congreso Internacional de Derecho Comparado*, Caracas 1966, pp. 255–278 y en *Revista de la Facultad de Derecho*, UCAB, N° 2, Caracas 1966, pp. 9–35.

170 *Cfr.* Marcel Waline, "Étendue et limites...", *loc. cit.*, p. 25; J. M. Hernández Ron, "La potestad administrativa discrecional" en *Revista del Colegio de Abogados del Distrito Federal*, Nos. 35–36, Caracas 1943, p. 8.

171 *V.*, el clásico trabajo de Eduardo García de Enterría, "La lucha contra las inmunidades de poder en el Derecho Administrativo" (poderes discrecionales, poderes de gobierno, poderes normativos), *Revista de Administración Pública*, N° 38, Madrid 1962, pp. 159 a 205.

172. En relación a la jurisprudencia clásica venezolana sobre el tema, *V.*, en Allan R. Brewer–Carías, "El Poder discrecional en la jurisprudencia administrativa venezolana" en *Revista de la Facultad de Derecho*, UCV, N° 28, Caracas 1964, pp. 187–194; en Allan R. Brewer–Carías, *Jurisprudencia de la Corte Suprema 1930–1974* y *Estudios de Derecho Administrativo*, Tomo I, Caracas 1975, pp. 575–621.

173 E. García De Enterría, "La lucha...", *loc. cit.*, p. 166.

primariamente el legislador; sino que en ella se destacó la obra de la *jurisprudencia,* en la cual se pueden distinguir dos fases que se han agrupado dentro de la expresión "control del poder discrecional". Tal como lo señaló en su momento Alejandro Nieto, en "el inexorable progreso hacia la reducción de la discrecionalidad hay que distinguir dos fases completamente distintas: una, la de precisión o determinación de lo que no sea discrecional, y sobre lo que se extiende, como es lógico, la jurisdicción; y una segunda fase, la de control –en la medida de lo posible– de lo que sí es discrecional"[174].

Por ello, al referirnos al poder discrecional y, en particular, a sus límites, debemos distinguir, primero, aquellas áreas del actuar administrativo que no se configuran realmente como ejercicio del poder discrecional y que corresponde al ámbito de los llamados conceptos jurídicos indeterminados; segundo, los límites derivados de la vigencia del principio de la legalidad y que permite el control de los actos administrativos en lo que no es realmente discrecionalidad; y tercero, los límites que efectivamente constituyen la reducción de la discrecionalidad o de la "libertad de apreciación de los hechos"[175], impuestos por los principios generales del derecho.

II. LA REDUCCIÓN DEL CÍRCULO DE LA DISCRECIONALIDAD POR LA IDENTIFICACIÓN DE LO QUE NO ES DISCRECIONALIDAD: LOS CONCEPTOS JURÍDICOS INDETERMINADOS

En la actividad administrativa han existido áreas de actuación que décadas atrás se habían considerado que pertenecían al campo del ejercicio del poder discrecional, es decir, de la apreciación de la oportunidad de la actuación que corresponde exclusivamente a la autoridad administrativa, y que escapaban al control judicial. Esas áreas han sido objeto de un gran esfuerzo doctrinal y jurisprudencial de reducción, para excluirlas de la discrecionalidad, lo que inicialmente adelantaron los juristas alemanes[176], y que en España fue destacado por Eduardo García de Enterría[177] mediante la identificación de los denominados "conceptos jurídicos indeterminados" o "nociones jurídicas imprecisas"; calificados por la doctrina italiana como casos de "discrecionalidad técnica"[178]

El proceso se verificó igualmente partiendo del principio de la legalidad y de la consideración de que la ley puede regular la actividad administrativa de una manera más o menos indeterminada, por ejemplo, cuando se utilizan expresiones como justo precio, urgencia, interés general, orden público y otros similares. Estos son conceptos jurídicos indeterminados, en el sentido de que la medida concreta para la aplicación de los mismos en un caso particular, no la resuelve o determina con exactitud la propia ley que los

---

174 Alejandro Nieto, "Reducción jurisdiccional de la discrecionalidad en materia disciplinaria", *Revista de Administración Pública*, N° 44, Madrid 1964, p. 153.

175 *V.*, sentencia de la antigua *Corte Federal* de 6 de noviembre de 1958 en *Gaceta Forense*, 2ª etapa, N° 22, Caracas 1958, p. 133.

176 *Cfr.* E. Forsthoff, *Tratado de Derecho Administrativo,* Instituto de Estudios Políticos, Madrid 1958, pp. 123 y ss.; Hans Klecatsky, "Reflexiones sobre el imperio de la ley, especialmente sobre el fundamento de la legalidad de la administración", *Revista de la Comisión Internacional de Juristas,* Vol. IV, N° 2, Verano de 1963, p. 237. *V.* las referencias en Fernando Sainz Moreno, *Conceptos Jurídicos, interpretación y discrecionalidad administrativa,* Madrid, 1976, pp. 224 ss.

177 E. García de Enterría. "La lucha contra...", *loc. cit.*, p. 171.

178 *V.*, por ejemplo Aldo Sandulli, *Manuale di Diritto Administrativo,* Nápoles 1964 pp. 573 ss.; Pietro Virga, *Il Provedimento Amministrativo,* Milano 1972, pp. 27 ss.

ha creado y de cuya aplicación se trata[179]. Por esa indeterminación, tradicionalmente se admitía que la calificación de los hechos en estos casos indeterminados encajaba dentro de la discrecionalidad[180]; sin embargo, lo cierto es que los conceptos jurídicos indeterminados han servido para reducir la discrecionalidad.

A tal efecto, la diferencia entre la discrecionalidad y la técnica de los conceptos jurídicos indeterminados se puede fijar, como mínimo, en que en la discrecionalidad auténtica, la Administración es libre de elegir entre varias posibilidades, y cualquier solución que adopte dentro de ellas, en principio es jurídicamente irreprochable; en cambio, en el supuesto de los conceptos jurídicos indeterminados la elección no es libre, sino que se trata de la aplicación de la ley a un caso concreto y que admite sólo una solución justa. Por ejemplo, cuando una Ordenanza municipal establece la posibilidad de que la autoridad pueda ordenar la demolición o modificación de las edificaciones que "amenacen o se encuentren en ruina", lo que se configura es un concepto jurídico indeterminado, en el sentido de que ante una edificación determinada no cabe más que una sola solución justa: la misma se encuentra en ruina o no lo está. Esta determinación no puede ser objeto de una facultad discrecional[181].

Esto significa, como lo dijo Alejandro Nieto[182], que en la discrecionalidad la operación que debe realizar la Administración es de naturaleza *volitiva,* como sucede, por ejemplo, cuando la ley faculta a la Administración para tomar una medida dentro de un límite máximo y un límite mínimo claramente determinado[183]; en cambio, en el caso de los conceptos jurídicos indeterminados la operación que realiza la Administración es de naturaleza *intelectiva*, en el sentido de que la Administración estima, juzga o determina que la edificación amenaza ruina. Tal distinción provoca efectos importantes, pues mientras en el primer caso no hay posibilidad de controlar esa voluntad puesto que la ley la ha atribuido expresamente, en el segundo caso siempre cabe la posibilidad de que la Administración se haya equivocado en su juicio, y tal error puede ser controlado y corregido por los tribunales[184].

Como ejemplo de este control puede citarse lo resuelto en sentencia de la antigua Corte Suprema de Justicia de Venezuela de 19 de mayo de 1983[185], al conocer de la impugnación de un acto administrativo que había decidido la suspensión de un programa de televisión por ofensas a la moral pública. En el caso, el Reglamento relativo a la Radiodifusión Audiovisual (Televisión) de 1980, establecía que dichas estaciones, entre los programas que podían transmitir, estaban "los programas recreativos que contribuyan a la sana diversión, sin ofender la moral pública ni exaltar la violencia ni el delito" (Art. 15). El Ministerio respectivo con competencia en materia de comunicaciones, consideró que en el caso, referido a un determinado programa (Hola Juventud), transmitido por una estación de televisión, en una fecha determinada, "se proyectó una escena de

---

179 *Cfr.* E. García de Enterría, "La lucha contra..." *loc. cit.,* p. 171; A. Nieto, "Reducción jurisdiccional...", *loc. cit.,* p. 154.

180 *V.,* M. Stassinopoulos, *Traite des actes administratifs,* Collection de l'Institut Français d'Athènes, N° 82, Atenas, 1954, pp. 185 y ss.

181 *Cfr.* E. García de Enterría, "La lucha contra... ", *loc. cit.,* p. 174.

182 *V.,* Alejandro Nieto. "Reducción jurisdiccional...", *loc. cit.,* p. 154

183 *V.,* sentencia de la *Corte Suprema de Justicia en Sala Político–Administrativa* de 12 de diciembre de 1963 en *Gaceta Oficial,* N° 27.344 de 13 de enero de 1964.

184 Alejandro Nieto. "Reducción jurisdiccional. . .", *loc. cit.,* pp. 154–155.

185. *V.,* sentencia de la Corte Suprema de Justicia en Sala Político Administrativa, de 19 de mayo de 1983, en *Revista de Derecho Público,* N° 34, Caracas 1988, p. 69.

una obra de teatro en la cual se ofende la moral pública, por cuanto apareció la figura de un hombre desprovisto de vestimenta", razón por la cual la Administración sancionó a la empresa con suspensión del programa referido, por un día.

El acto administrativo sancionatorio fue impugnado ante la jurisdicción contencioso–administrativa, ante la cual se alegó que la escena en cuestión correspondía a una obra de teatro denominada "Macunaima" de Brasil, y que personificaba el nacimiento de dicho personaje, quien era un héroe mitológico indígena; y que no podía considerarse que ofendía la moral pública, razón por la cual se consideró que la transmisión del programa no había violado el Reglamento aplicado.

La Corte Suprema de Justicia, en su sentencia, al anular la Resolución impugnada, se basó en la siguiente argumentación:

> "El presupuesto de hecho –ofensa a la moral pública– incorpora a la norma uno de aquellos elementos que la doctrina administrativa ha denominado conceptos jurídicos indeterminados, y que se diferencian claramente de las llamadas potestades discrecionales. Mientras éstas dejan al funcionario la posibilidad de escoger según su criterio entre varias soluciones justas, no sucede lo mismo cuando se trata de la aplicación de un concepto jurídico indeterminado. Se caracterizan, estos últimos, por ser conceptos que resulta difícil delimitar con precisión en su enunciado, pero cuya aplicación no admite sino una sola solución justa y correcta, que no es otra que aquella que se conforma con el espíritu, propósito y razón de la norma.
>
> La aplicación del concepto jurídico indeterminado por la Administración Pública constituye una actividad reglada y por consiguiente, sujeta al control de legalidad por parte del órgano jurisdiccional competente. De allí la importancia que tiene establecer la significación y alcance del concepto moral pública empleada por la norma y que ha sido invocada como fundamento de la Resolución impugnada"[186].

Con base en esas premisas, la antigua Corte Suprema de Justicia analizó el concepto de "moral pública", como concepto dinámico, destinado a proteger el buen orden social y la pacífica convivencia de los ciudadanos (y no atinente a la moral individual), el cual, consideró, "cambia con el correr de los tiempos y la evolución de las costumbres". "De allí que para juzgar si una determinada actuación ofende efectivamente la moral pública –sostuvo la antigua Corte–, menester es atenerse al criterio dominante en el medio social en que aquélla se realizó", concluyendo que "En el estado actual de la evolución cultural de Venezuela, seria inexacto sostener que toda manifestación del cuerpo humano desprovisto de vestimenta afecte a la moral pública o constituya objeto de escándalo o de repudio por parte de la colectividad"[187].

En esta forma, la distinción entre lo que es ejercicio del poder discrecional y lo que no es discrecionalidad, basado en la noción de los conceptos jurídicos indeterminados, ha conducido a una reducción efectiva del ámbito de la libertad de apreciación y a una ampliación de los poderes de control judicial. La consecuencia es que la discrecionalidad sólo existe cuando la ley deja a la Administración la elección entre varias decisiones, de manera que en la voluntad del Legislador, cualquiera de ellas es jurídicamente admisible y tiene el mismo valor; en cambio, existe un concepto jurídico indeterminado y, por

---

186 *Idem.* En sentido similar la Corte Suprema de Justicia (Venezuela) en sentencia de 27 de abril de 1989 consideró que la noción de "interés público" para el otorgamiento de una exoneración fiscal, no podía dar origen a su apreciación discrecional, sino que "siendo la aplicación de un concepto jurídico indeterminado en caso de aplicación o interpretación de la Ley que ha creado el concepto, el Juez debe fiscalizar tal aplicación valorando si la solución a que con ella se ha llegado, es la única solución justa que le permite la Ley" *Revista de Derecho Público,* núm. 38, Caracas, 1989, p. 96.

187 *Idem.*

tanto, no hay discrecionalidad, cuando sólo una sola decisión es la jurídicamente admisible[188]. Lo peculiar de estos conceptos jurídicos indeterminados es que su calificación en una circunstancia concreta no puede ser más que una: o se da o no se da el concepto; es decir, una actividad es de utilidad pública, o no la es; o se da, en efecto, una perturbación del orden público, o no se da; o el precio que se señala para un bien es justo o no lo es; o se ofende a la moral pública o no se la ofende. No hay un tercer género o posibilidad. Por ejemplo, para que se adopte una orden municipal de demolición de un inmueble porque amenaza ruina, el inmueble, o está en estado ruinoso o no lo está.

Como lo puntualizó García de Enterría, "hay, pues, y esto es esencial, una unidad de solución justa en la aplicación del concepto a una circunstancia concreta". Por ello califica el proceso de aplicación de conceptos jurídicos indeterminados como un "proceso reglado", porque no admite más que una solución justa: "es un proceso de aplicación a interpretación de la Ley, de subsunción en sus categorías de un supuesto dado; no es un proceso de libertad de elección entre alternativas igualmente justas"[189].

Sobre esto, el Tribunal Supremo de España, en relación con el concepto de "justo precio" como un concepto jurídico indeterminado, indicó que sólo podía conducir a determinar el precio en una expropiación como real y efectivamente un "verdadero y justo valor". Así, en una la decisión judicial pionera en este campo en el mundo de habla hispana, de 28 de abril de 1964, el Tribunal señaló:

> "[...] las facultades discrecionales se caracterizan por la pluralidad de soluciones justas posibles entre las que libremente puede escoger la Administración, según su propia iniciativa, por no estar comprometida dentro de la norma la solución concreta; mientras que el concepto jurídico indeterminado (ruina, precio justo, utilidad pública etc.) es configurado por la Ley como un supuesto concreto de tal forma que solamente se da una única solución justa en la aplicación del concepto a la circunstancia de hecho"[190].

Esta noción de los conceptos jurídicos indeterminados como área de actividad pública que no pertenece a lo discrecional, también se ha adoptado en Italia pero sobre la base de la distinción entre la llamada "discrecionalidad administrativa" y "discrecionalidad técnica". La discrecionalidad administrativa, así, se ha definido "como la facultad de escogencia entre comportamientos jurídicamente lícitos, para la satisfacción del interés público, y para la consecución de un fin que se corresponda con la causa del poder ejercido"[191]; en cambio en la "discrecionalidad técnica" no existe escogencia alguna. Como lo destacó hace años Aldo Sandulli, en la discrecionalidad técnica "la escogencia del comportamiento a seguir, tomando en cuenta los intereses públicos, fue realizada por el legislador a priori (de una vez y para siempre) de manera vinculante, por lo que a la Administración sólo le corresponde realizar una valoración sobre la base de conocimientos y de reglas técnicas, como son aquellas de la medicina, de la ética, de la economía, como sería el caso, por ejemplo, de la determinación del valor económico de un bien[192]. La "discrecionalidad técnica" por tanto, como lo destacó en su momento Massimo Severo Giannini, no es discrecionalidad, derivando su denominación de un error histórico de la doctrina[193].

---

188. *V.*, F. Sainz Moreno, *op. cit.*, p. 234.
189. *V.*, E. García de Enterría, *op. cit.*, pp. 35, 37 y 38.
190. *V.*, la referencia en F. Sainz Moreno, *op. cit.*, p. 273.
191. *V.*, Pietro Virga, *Il Provvedimento Amministrativo,* Milano, 1972, p. 19
192. *V.*, Aldo M. Sandulli, *op. cit.*, p. 574.
193. *V.*, Massimo Severo Giannini, *Diritto Amministrativo*, vol. I, Milán, 1970, p. 488.

Por esta razón por ejemplo, la Ley General de la Administración Pública de Costa Rica recalca con precisión, que "en ningún caso podrán dictarse actos contrarios a reglas unívocas de la ciencia o de la técnica" autorizando al Juez para "controlar la conformidad con esas reglas no jurídicas de los elementos discrecionales del acto, como sí ejerciera contralor de legalidad" (Art. 16).

En Francia, el proceso de ampliación del control jurisdiccional de la Administración y de reducción de la discrecionalidad, también se ha manifestado en este campo aún cuando sin denominarlo como de los conceptos jurídicos indeterminados, y sin dejar de considerarlo como parte del ejercicio de potestades discrecionales, mediante el desarrollo del control jurisdiccional en relación con la calificación de los hechos y en la apreciación de los motivos de los actos administrativos[194].

El primer *arrêt* del Consejo de Estado que se dictó en estos aspectos fue el *arrêt Gomel* de 4–4–1914[195], en el cual se juzgó el poder legal de un Prefecto, para negar el otorgamiento de un permiso de construcción en los casos en los que se considerara que el alineamiento y el nivel de la construcción proyectada con la vía pública, no se encontrase acorde con el interés de la seguridad pública, de la salubridad y, en particular, de la conservación de perspectivas monumentales y del sitio. El Consejo de Estado, en un caso concreto en París, entró a apreciar si la construcción permisaza atentaba contra "la perspectiva monumental existente" en una conocida plaza de París (Place Beauveau), concluyendo en el caso concreto que la misma no chocaba con la "perspectiva monumental" del sitio, por lo que consideró que el Prefecto, al haberse rehusado a conceder el permiso de construcción, había hecho una falsa aplicación de la Ley.

Este *arrêt* se consideró en su momento como el punto de partida de una abundante jurisprudencia relativa al control por el juez de exceso de poder, de la calificación jurídica de los hechos, en el sentido de que cada vez que un texto subordine el ejercicio de un poder de la Administración a la existencia de ciertas circunstancias de hecho, el juez debe verificar si estas condiciones de hecho están efectivamente cumplidas, y, particularmente, si los hechos presentan un carácter de tal índole que justifican la decisión tomada[196]. Ello llevó al Consejo de Estado a controlar, por ejemplo, el carácter artístico y pintoresco de monumentos y ciudades (CE 2 mai 1975, *Dame Ebri et autres,* Rec. 280, AJ 1975, 311 concl. G. Guillaume); el carácter técnico de un cuerpo de funcionarios (CE 27 juin 1955, *Deleuze,* Rec. 296; A. J. 1955, II, 275, concl. Laurent); el carácter fáctico del acto de un agente público, (CE 13 mars 1953, *Teissier,* Rec. 133 concl. Donnedieu de Vabres); el carácter licencioso o pornográfico de una publicación (CE 5 déc 1956, *Thibault,* Rec. 463; D. 1957, 20, concl. Mosset); o el carácter inmoral de un film (CE 18 déc 1959, *Societé Les Films Lutetia,* Rec. 693, concl. Mayras)[197].

En este último caso, el Consejo de Estado estimó que el Alcalde respectivo, al haber prohibido la exhibición de un film en el municipio, había tomado la decisión correcta, al precisar el concepto jurídico indeterminado del "carácter inmoral" del film.[198] En otros casos similares, el Consejo de Estado examinó si esta inmoralidad era de naturaleza tal

194. *V.,* A. De Laubadère, "Le contrôle juridictionnel du pouvoir discrétionnaire dans la jurisprudence récente du Conseil d'Etat Français", *Mélanges offerts a Marcel Waline*, París 1974, t. II, pp. 531–S49.

195. CE 4 avr. 1914, *Gomel,* Rec. 488. *V.,* en M. Long P. Weil y G. Braibant, *Les grands arrêts de la jurisprudence administrative,* 7° Ed. París, 1978, p. 124

196. *V.,* Long, Weil y Braibant, *op. cit.,* p. 125.

197. *Idem,* p. 125.

198. *Ibid., op. cit.,* pp. 490–493.

como para justificar legalmente la prohibición, teniendo en cuenta las circunstancias locales (CE 14 oct 1960, *Societé Les films Marceau,* Rec, 533, y 23 déc 1960, *Union générale cinematographique,* Rec. 731), anulando la prohibición de exhibición de un film. En otro caso, rechazó el recurso contra la prohibición de proyectar otro film[199]. En estos casos, se trató, de una operación de control de la calificación jurídica de los hechos por parte del juez o, si se quiere, de la aplicación por la Administración de conceptos jurídicos indeterminados, que no configuran ejercicio de poder discrecional.

Después de estas primeras manifestaciones, la reducción del ámbito de la discrecionalidad condujo en Francia, al control jurisdiccional en casos de "error manifiesto de apreciación" y mediante la aplicación del principio del "balance–costo–beneficios",

En cuanto al principio del "error manifiesto de apreciación" como mecanismo de control de la discrecionalidad, el mismo se aplicó por ejemplo en el *arrêt Sociéte anonyme Libraire Fraçois Maspero,* de 2 nov 1973 (Rec. 611, concl. Braibant)[200], en el cual el Consejo de Estado decidió, con motivo de la impugnación de un acto administrativo del Ministro del Interior de prohibir la circulación de la edición francesa de la *Revista Tricontinental,* editada en Cuba, que había sido adoptado en virtud de una Ley que lo autorizaba para prohibir la circulación, distribución y venta de revistas y periódicos de proveniencia extranjera; que dicha decisión no podía ser discutida en la jurisdicción contencioso administrativa, al no estar "viciada de error manifiesto", en cuanto a la apreciación del Ministro del Interior sobre el peligro que representaba la revista para el orden público[201].

En esta decisión, sin embargo, a pesar de tratarse de un tema propio de los conceptos jurídicos indeterminados, como se ha analizado, el Consejo de Estado estimó que estaba en presencia del ejercicio de un poder discrecional de apreciación por la Administración, el cual consideró que sólo podía ser juzgado si el Ministro hubiera incurrido en error manifiesto de apreciación. En sentido similar la doctrina consideró que en estos casos en los cuales

> "[...] el legislador no ha fijado las condiciones bajo las cuales se debe ejercer la actividad administrativa o bien las ha fijado de manera general e imprecisa", activándose el poder discrecional de la Administración, no puede el juez, bajo esta hipótesis, controlar la calificación jurídica de los hechos, sino solamente la legalidad de la motivación de la decisión. En estos casos, como en el arrêt Maspero, si bien el juez ha sido conducido a someter a la Administración, a un control mínimo en cuanto a la apreciación de los hechos realizada por ella: "de hecho el juez no se pronuncia sobre la apreciación como tal, sino sobre el error que ha podido viciar esta apreciación cuando este error es evidente, al poder ser descubierto por simple sentido común, cuando se trate de un error manifiesto que desnaturalice la interpretación que hace la Administración de la extensión de su poder discrecional"[202].

En todo caso, este criterio del "error manifiesto de apreciación" puede considerarse en Francia, como fundamental en cuanto a la limitación y control al poder discrecional conforme al principio de la razonabilidad o racionalidad, particularmente cuando es aplicado a casos en los cuales se trate del verdadero ejercicio del poder discrecional, cuando la Administración tiene la libertad de escoger entre varias decisiones justas. En casos como en el decidido en el *arrêt Maspero*, en el cual sólo se trataba de juzgar si la

199. *Ibid.*, p. 493.
200. *Ibid.*, *op. cit.*, pp. 575 ss.
201. *Ibid*, p. 576.
202. *Ibid.*, *cit.*, p. 580.

Revista prohibida presentaba peligro para el orden público de manera de justificar la prohibición de circulación, en realidad, bajo el ángulo de la técnica de los conceptos jurídicos indeterminados, el Ministro del Interior no ejercía poderes discrecionales sino que sólo podía tomar una decisión justa: o la revista presentaba o no presentaba peligro para el orden público al momento en el cual se dictó la decisión y esa decisión configuraba, por tanto, el ejercicio de una competencia reglada. Esto ya lo había apuntado en la doctrina francesa André De Laubadére, cuando se refirió a los casos de "apariencia" de control del poder discrecional; precisamente referido a la aplicación de conceptos jurídicos indeterminados en los cuales "el juez administrativo, contribuyendo así con el legislador a determinar en qué casos hay poder reglado, transformándose entonces una competencia aparentemente discrecional en una competencia reglada"[203], o más exactamente, según la expresión de Auby y Drago, "descubre" las condiciones legales, los motivos considerados por el cómo los solos legítimos de la decisión.[204]

Otro principio destacado por la jurisprudencia francesa relativo al control jurisdiccional del poder discrecional, o más propiamente, mediante el cual se buscó descubrir competencias regladas en lo que aparentemente era el ejercicio de poderes discrecionales, fue el conocido principio del "balance–costo–beneficio"[205], desarrollado en casos de urbanismo y expropiación con ocasión de la aplicación precisamente, del concepto jurídico indeterminado de "utilidad pública".

El inicio de esta aproximación al control jurisdiccional del poder discrecional se puede situar en el *arrêt* denominado *Ville Novuelle Est* adoptado por el Consejo de Estado el 28 de mayo de 1971[206], con motivo de la impugnación de un acto administrativo del Ministro del Equipamiento y Vivienda que había declarado de utilidad pública un proyecto de desarrollo y renovación urbana al este de la ciudad de Lille destinado a configurar, tanto una ciudad universitaria como una Nueva Ciudad. Con motivo de la impugnación de la decisión, entre otros motivos, se denunció que la destrucción de un centenar de viviendas que podía evitarse si se hubiera dispuesto de un proyecto distinto al de una autopista, constituía un costo demasiado elevado para la operación proyectada que le quitaba el carácter de utilidad pública a la misma. El Consejo de Estado, al juzgar "la utilidad pública de la operación" y considerar que el proyecto si tenía carácter de tal, estimó "que una operación no podría ser legalmente declarada de utilidad pública sino cuando los atentados a la propiedad privada, el costo financiero, y eventualmente los inconvenientes de orden social que ella comporta, no son excesivos en relación al interés que ella presenta"[207].

Hasta ese momento, el Consejo de Estado había controlado la finalidad de utilidad pública de determinados proyectos, verificando si la operación correspondía en sí misma a un fin de utilidad pública, pero se había rehusado a examinar el contenido concreto del proyecto, es decir, la escogencia de las parcelas a expropiar. Con el la decisión comentada, el Consejo de Estado asumió la tareas de decidir y de apreciar, en cada caso, la utilidad pública de un proyecto, realizando el balance entre las ventajas y los in-

---

203. *V.*, A. De Laubadère, *loc. cit.*, p. 535.
204. *Idem.*
205. *V.*, Jeanne Lemasurier, "Vers un nouveau principe général du droit. Le principe "bilan–cout–avantages"", *Melánges offerts a Marcel Waline*, París, 1974, t. II, pp. 551–562.
206. CE 28 mai 1971, *Ministre de l'équipement et du logement c. Fédération de défense des personnes concernées par le projet actuellement dénommé "Ville Nouvelle Est"*, Rec. 409, concl. Braibant. *V.*, en Long, Weil y Braibant, *op. cit.*, pp. 561–574.
207. *V.*, en Long, Weil y Braibant, *op. cit.*, p. 563.

convenientes de la operación y apreciando no sólo el costo financiero de la misma, sino también su costo social[208]. Marcel Waline, al comentar el "considerando" del *arrêt* constató que:

> "El juez se reconoce el derecho de apreciar todo tipo de ventajas e inconvenientes de la operación en cuestión, de establecer entre ellos un balance, de hacer en alguna forma la suma algebraica de unas y otros, y de no dar la aprobación, sino cuando el saldo de esta operación, después de hechas las cuentas, le parecía positivo"[209].

En el mismo sentido, el Consejo de Estado se pronunció en otra decisión, *Soc. Civile Sainte–Marie de l'Assomption* de 20 de octubre de 1972[210], al juzgar sobre la utilidad pública del proyecto de la autopista norte de Niza, cuya construcción amenazaba un Hospital Psiquiátrico (Sainte–Marie), caso en el cual no sólo se oponía el interés general a los intereses particulares, sino en el cual surgía un conflicto entre dos intereses públicos: el de la circulación y el de la salud pública. En su decisión, el Consejo de Estado declaró la nulidad del decreto declarativo de utilidad pública, por considerar la solución de circulación establecida en el proyecto alrededor de un hospital, como inconveniente, no solo por el ruido que se producía sino porque privaba al hospital de toda posibilidad de expansión futura[211].

En todos estos casos, las decisiones del juez no incidieron realmente en el ejercicio de poderes discrecionales, sino en el ejercicio de competencias regladas, que sólo admitían una solución justa: o la obra era o no era de utilidad pública. El balance costo–beneficio que efectuó el Consejo de Estado fue precisamente lo que la Administración estaba obligada a hacer en cada caso, para adoptar la única solución justa al concretar el concepto jurídico indeterminado de "utilidad pública" en un proyecto de expropiación. El Consejo de Estado, por tanto, al efectuar jurisdiccionalmente el mismo balance lo que controló no fue el ejercicio de poder discrecional alguno, sino la competencia legal que tiene la Administración al hacer la declaratoria de utilidad pública; es decir, corregir "las faltas o las ligerezas, algunas veces fantasiosas", como lo indicó Marcel Waline, de los tecnócratas administrativos[212].

Como lo destacó indirectamente el Comisario Morisot en sus conclusiones sobre el caso *Sainte–Marie de l'Assomption*:

---

208. *Idem*, pp. 568–569.

209. M. Waline, "L'appréciation par le juge administratif de l'utilité d'une project", *Revue du Droit Public et de la Science Politique en France et à l'étranger*, 1973, p. 454; *cit.*, por J. Lemasurier, *loc. cit.*, p. 555.

210. CE 20 octobre 1972, Rec. 657, concl. Morisot.

211. *V.*, en Long, Weil y Braibant, *op. cit.*, p. 569.

212. *V.*, M. Waline, "L'appréciation..." *loc. cit.*, p. 461. El problema se plantea, incluso, en los casos de control judicial de la constitucionalidad de las leyes que declaran la utilidad pública a los efectos expropiatorios, como ha sucedido en Argentina. En el caso *Nación Argentina* y *Jorge Ferrario*, 1961, la Corte Suprema de Justicia de la Nación señaló "si los jueces de una causa expropiatoria comprueban que la utilidad pública no existe o ha sido desconocida por la Administración, y...media alguno de los supuestos de gravedad o arbitrariedad extrema... están obligados a desempeñar la primera y más elemental de las funciones que les incumben, esto es, la que consiste en proteger las garantías constitucionales declarando la invalidez de los actos del Estado que pretendan vulnerarlos" (*Fallos* t. 251, pp. 246 ss.). Agustín Gordillo, sobre este principio, ha comentado lo siguiente: "si la jurisprudencia ha establecido, y con razón, que puede controlar y revisar hasta la calificación de utilidad pública hecha por el Congreso en materia de expropiación (lo que sí es probablemente facultad discrecional, y ni siquiera del Poder Ejecutivo sino del Poder Legislativo), no se advierte entonces qué superioridad constitucional tiene el Poder Ejecutivo sobre el Poder Legislativo y el Poder Judicial para que los actos discrecionales del parlamento, esto es las leyes del Congreso de la Nación, puedan ser controladas judicialmente, pero no pueda serlo un acto meramente emanado del Poder Ejecutivo", Agustín Gordillo, *El acto administrativo,* Buenos Aires, 1969, p. 216.

"La noción de utilidad pública es relativa. No se la puede apreciar y, en consecuencia, controlar sin considerar todos los elementos, lo que conduce a hacer el balance de los aspectos positivos y negativos de la operación. Dado el caso de que la utilidad pública de ésta es la condición de legalidad de la puesta en marcha de un procedimiento de expropiación, la apreciación hecha por el juez de esta utilidad, con todos los elementos que ella comporta, es un control de legalidad"[213].

En esta forma, aún cuando no consideramos que esta jurisprudencia signifique realmente control del ejercicio de poderes discrecionales, como lo continuó razonando la doctrina francesa, fue un importante avance inicial en cuanto al control de legalidad y la reducción del círculo de la discrecionalidad, pues conforme a la técnica de los conceptos jurídicos indeterminados, contribuyeron a identificar lo que sólo era una apariencia de discrecionalidad.

III. LOS ASPECTOS REGULADOS DE LOS ACTOS ADMINISTRATIVOS DONDE NO TIENE CABIDA LA DISCRECIONALIDAD

Pero dejando aparte estos aspectos de reducción del círculo de la discrecionalidad, otro aspecto que contribuye a aislar el poder discrecional se refiere a los aspectos regulados (principio de legalidad) de los administrativos, tanto reglados como discrecionales, al estar sometidos a determinadas normas legales cuyo cumplimiento les da contenido y determina los efectos jurídicos a los mismos. En estos casos, es el principio de la legalidad el que impone que todos los actos administrativos deban emitirse de acuerdo con las disposiciones preexistentes[214].

Es decir, como lo estableció hace décadas la antigua Corte Federal de Venezuela de 17 de julio de 1953, si bien la Administración obra discrecionalmente cuando no está sometida al cumplimiento de normas especiales en cuanto a la oportunidad de obrar, ello no quiere decir que pueda obrar al arbitrio, "eludiendo toda regla de derecho, pues la autoridad administrativa debe observar siempre los preceptos legales sobre formalidades del acto"[215].

Por tanto, los requisitos de forma de los actos administrativos siempre han de cumplirse ineludiblemente en el ejercicio de la potestad discrecional[216]; y es por ello, que el artículo 12 de la Ley Orgánica de Procedimientos Administrativos de Venezuela de 1982 disponga que la Administración, aún en ejercicio de potestades discrecionales, debe cumplir los trámites, requisitos y formalidades necesarios para su validez y eficacia de los actos administrativos. Por tanto, el acto discrecional no puede nunca ser arbitrario en sus formas; debe cumplir las formalidades previstas en la Ley. En el mismo sentido, en cuanto al cumplimiento de los requisitos de fondo en el ejercicio del mismo

---

213. *Cit.* por A. De Laubadère, *loc. cit.* p. 540.

214 *V.*, sentencia de la antigua Corte Federal de 26 de noviembre de 1959 en *Gaceta Forense*, 2ª etapa, Nº 26, 1959, p. 125.

Por otra parte, *V.*, la sentencia de la Corte Suprema de Justicia en Sala Político Administrativa de 12 de diciembre de 1962 en nuestro trabajo "El Poder discrecional...", *loc. cit.*, p. 193.

215 *V.*, sentencia de la antigua Corte Federal de 17 de julio de 1953 en *Gaceta Forense*, 2ª etapa, Nº 1, Caracas 1953, p. 151.

216 *V.* sentencia de la antigua Corte Federal de 6 de noviembre de 1958 en *Gaceta Forense*, 2ª etapa, Nº 22, Caracas 1958, p. 134.

poder discrecional, la jurisprudencia ha hecho especial referencia a la competencia[217], señalando que "el funcionario al obrar discrecionalmente tiene que hacerlo sin excederse de su competencia"[218].

Pero en esta materia, hay elementos de fondo de los actos administrativos que la Administración está obligada a observar, quizá con mayor atención, cuando ejerce poderes discrecionales, y que se refieren al elemento causa o a la determinación de los presupuestos de hecho del acto administrativo y a su finalidad. Adicionalmente está, también, el principio de la igualdad que la Administración está obligada a observar en todas sus actuaciones.

1. Las exigencias impuestas por la determinación del presupuesto de hecho del acto administrativo discrecional y la forma de apreciación de los hechos

Dentro de los elementos de fondo de los actos administrativos, se destaca el elemento fáctico, es decir, los presupuestos de hecho del acto que configuran el elemento denominado causa[219]. La determinación de estos presupuestos de hecho constituye una de las etapas que debe seguir la Administración para manifestar su voluntad, la cual no comprende ningún elemento de apreciación ni de juicio[220].

Por tanto, en esta determinación de los hechos, aun encontrándose en ejercicio de un poder discrecional, la Administración debe ceñirse a determinados límites en relación con la comprobación de los presupuestos de hecho del acto; en relación con la certeza de los mismos; y en relación con la correcta calificación de ellos. Estos tres son condicionantes de la actividad administrativa, incluso de la realizada en ejercicio del poder discrecional.

A. La comprobación de los hechos

Como lo ha determinado la jurisprudencia, las decisiones administrativas se hayan condicionadas por "la *comprobación previa* de las circunstancias de hecho previstas en la norma, claramente estatuida para obligar a la Administración a someter sus actos, en cada caso, al precepto jurídico preexistente"[221].

Conforme a esta doctrina, por ejemplo, en un caso llevado ante la antigua Corte Suprema de Venezuela, la sentencia respectiva declaró la nulidad de un acto administrativo revocatorio de otro por el cual se le había concedido la nacionalidad venezolana a una extranjera, por el hecho de que la Administración no comprobó suficientemente los

---

217 *V.*, sentencia de la antigua Corte Federal de 6 de noviembre de 1958 en *Gaceta Forense*, 2ª etapa, Nº 22, Caracas 1958, p. 134.

218 *V.*, sentencia de la antigua Corte Federal de 24 de febrero de 1956 en *Gaceta Forense*, 2ª etapa, Nº 11, Caracas, 1956, p. 28.

219 *Cfr.* Fernando Garrido Falla, *Tratado de Derecho Administrativo*, Instituto de Estudios Políticos, Tomo I, Madrid 1956, p. 453. En este sentido Georges Vedel incluyó los elementos o presupuestos de hecho del acto dentro del elemento causa: *V.*, *Essai sur la notion de cause en droit administratif*, Sirey, París, 1934, p. 361, *cit.* por Rafael Núñez Lagos, "La causa del acto administrativo" en *Estudios en homenaje de Jordana de Pozas*, Tomo III, Vol. I, Instituto de Estudios Políticos, Madrid, 1961, p. 113. *V.* asimismo nuestro libro *Las Instituciones Fundamentales...*, *ob. cit.*, p. 127.

220 *Cfr.* Michel Stassinopoulos, *Traite des actes administratifs*, Collection de l'Institut Français d'Athènes, Nº 82, Atenas, 1954, p. 154; J. C. Venezia, *Le pouvoir discretionnaire*, Librairie Genérale de Droit et de Jurisprudence (Bibliothèque de Droit Public. Tome XVII), París, 1959, p. 48.

221 *V.*, sentencia de la Corte Suprema de Justicia en Sala Político–Administrativa de 22 de mayo de 1963.

hechos en que se fundaba la resolución ministerial impugnada, señalando, en el caso, "no existir, como en efecto no existe, prueba alguna de los hechos que se imputan a la recurrente". La Corte concluyó en el caso, por falta de elementos de prueba, que la "Resolución impugnada carece de toda eficacia legal, *por haberse fundado en hechos no comprobados* y porque al dictarla la autoridad administrativa actuó en forma no permitida por la rigidez del precepto legal".[222]

Por tanto, uno de los límites del poder discrecional en cuanto a la determinación de los presupuestos de hecho del acto administrativo, es la necesaria comprobación de dichas circunstancias de hecho por la Administración. En consecuencia, en cuanto al acto discrecional, esta exigencia implica: En primer lugar, que todo acto administrativo debe tener una causa o motivo, identificado, precisamente, en los supuestos de hecho, no pudiendo haber acto administrativo sin causa y sin supuesto de hecho. En segundo lugar, que debe haber adecuación entre lo decidido y el supuesto de hecho y para que ello sea cierto, es necesario que ese supuesto de hecho haya sido comprobado, estando la Administración, obligada a probarlo. El acto, por tanto, no puede estar basado simplemente en la apreciación arbitraria de un funcionario. No basta señalar, por ejemplo, que una fábrica contamina para ordenar cerrarla. Si el funcionario considera que una instalación industrial es contaminante tiene que probar que contamina y debe hacer constar en el expediente cuáles son los efectos contaminantes. Esto implica que la carga de la prueba en la actividad administrativa, recae sobre la Administración, como principio general muy importante.

La comprobación exacta de los presupuestos de hecho del acto, o la "exactitud material de los hechos básicos de la decisión"[223] evita, por otra parte, el llamado error de hecho[224] que puede ser controlado también judicialmente y que consiste simplemente en el "falso conocimiento de la realidad"[225].

En este sentido la jurisprudencia ha señalado al decidir sobre la impugnación de un acto administrativo que contenía un error de cálculo, acordando su nulidad, que "el error en que incurre la Resolución ministerial impugnada, equivale a *falta de adecuación entre el supuesto legal y la realidad,* de allí que el resultado obtenido haya sido *inexacto*", resultando procedente el recurso de nulidad solicitado[226].

B. La calificación de los presupuestos de hecho

Por otra parte, dentro del proceso lógico de formación de todos los actos administrativos, incluyendo los discrecionales, la Administración, después de constatar y comprobar los presupuestos de hecho, debe proceder a la subsunción de los hechos al presupuesto de derecho[227], es decir, a la norma que autoriza su actuación. Esto es lo que se ha llamado "calificación jurídica de los hechos"[228] como otro de los límites de la actividad

222 Sentencia de la antigua Corte Suprema de Justicia en Sala Político– Administrativa de 8 de junio de 1964.

223 M. Letourneur, "El Control de los hechos por el Consejo de Estado Francés, juez del Recurso por exceso de poder, en la jurisprudencia reciente" en *Revista de Administración Pública*, N° 7, Madrid 1952, p. 221.

224 *Cfr.* M. Stassinopoulos, *op. cit.*, pp. 175 y ss.

225 Sebastián Martín–Retortillo Baquer, "El Exceso de poder como vicio del acto administrativo", *Revista de Administración Pública*, N° 23, Madrid 1957, p. 138.

226 *V.* sentencia de la Corte Suprema de Justicia de 3 de julio de 1961 en *Gaceta Forense*, 2ª etapa, N° 33, Caracas 1961, p. 20.

227 *Cfr. J.* C. Venezia, *op. cit.*, p. 25

228 M. Stassinopoulos, *op. cit.*, p. 182.

administrativa y por tanto limitativo de la potestad discrecional, que permite el control judicial de lo que la jurisprudencia italiana llamó la tergiversación de los hechos[229], y que en la actualidad se configura como el vicio de falso supuesto; es decir, el vicio que se configura "en la errada fundamentación fáctica del procedimiento administrativo, pues, la Administración fundamentó su decisión en hechos inexistentes, falsos y no relacionados con el asunto objeto de la decisión".[230]

En este elemento está quizás, el área más rica de vicios del acto administrativo: el vicio en la causa, en la comprobación de los hechos, en la calificación de los hechos, e inclusive, en la propia existencia del supuesto de hecho. Por ello, el falso supuesto del derecho procesal encuentra aquí su asidero fundamental en materia de derecho administrativo. Es decir, los actos no pueden partir de falsos supuestos, sino que deben partir de supuestos probados, comprobados y adecuadamente calificados.

Por otra parte, la Administración no puede tergiversar los hechos, que tampoco es infrecuente, sino que debe darle el tratamiento racional a los hechos, comprobados técnicamente.

En este sentido la jurisprudencia hace años indicó que "si la Administración, sin violar un precepto legal, realiza un acto en el que altere la verdad que sirve de presupuesto a éste, no podría ciertamente decirse que ha cometido una efectiva transgresión de la Constitución o de la ley positiva... pero no puede caber duda de que el acto así cumplido está gravemente viciado por exceso de poder. *La potestad discrecional del funcionario administrativo, lo mismo que la del juez, no puede traspasar los lindes de la verdad y de la equidad*"[231].

Por tanto, los límites del poder discrecional y la posibilidad de control no se reducen a la posible trasgresión de normas constitucionales o legales expresas, sino que abarcan también la necesidad de que el funcionario, aun en el caso de darle cumplimiento estricto a la norma escrita, en la aplicación de este precepto legal, no tergiverse los presupuestos de hecho que autorizan su actuación[232], ni falsee el lógico y verdadero presupuesto del mismo. En tal sentido Sebastián Martín Retortillo consideraba que un acto se dictaba con tergiversación de los hechos, no sólo en el caso extremo de que el acto se fundase sobre el presupuesto de la existencia o inexistencia de hechos que resultaban inexistentes o existentes, sino también bastaba con que en su realidad tales hechos fueran sustancialmente distintos a como fueron aprehendidos por la autoridad administrativa; es decir, cuando ésta, realizando un error de método, no consideraba debidamente

---

229 *V.* en la jurisprudencia venezolana nuestra obra *Las Instituciones fundamentales del Derecho Administrativo... cit.*, pp. 67–68. En la jurisprudencia italiana: Sebastián Martín–Retortillo Baquer, "El Exceso de poder. . .", *loc. cit.*, p. 135.

230 *V.*, por ejemplo, en *Revista de Derecho Público*, Nº 93–96, Caracas 2003, p. 400. El vicio es similar a la institución existente en el proceso civil en materia de casación, cuando se alega infracción de regla legal expresa para valorar el mérito de la prueba, y que procede, cuando los jueces hayan dado por probado un *hecho* con pruebas que por la ley sean improcedentes para demostrarlo; cuando a una prueba que no reúna los requisitos exigidos por la ley, le hayan dado, sin embargo, los efectos que ésta le atribuye, como si estuviere debidamente hecha; cuando basen sus apreciaciones en *falso supuesto,* atribuyendo la existencia de un instrumento o acta del expediente de menciones que no contenga, o dando por demostrado un *hecho* con pruebas que no aparezcan de autos, o cuya inexactitud resulte de actas o instrumentos del expediente mismo, no mencionados en la sentencia.

231 *V.* sentencia de la antigua Corte Federal de 9 de agosto de 1957 en *Gaceta Forense*, 2ª etapa, Nº 17, Caracas 1957, p. 136.

232 *V.* sentencia de la antigua Corte Federal de 9 de agosto de 1957 en *Gaceta Forense*, 2ª etapa, Nº 17, Caracas 1957, p. 136.

elementos esenciales o por lo contrario, diera excesiva importancia a elementos accesorios[233].

La función de calificación de los hechos y sus límites, ciertamente es una actividad reglada y, por tanto, controlable en todos los actos administrativos, pero su verdadera relevancia se particulariza en relación con la actividad discrecional. Como lo ha destacado la jurisprudencia, este vicio del acto administrativo por falsa calificación de los hechos, consiste en "hacer *uso indebido* del poder que es atribuido al funcionario, independientemente del fin logrado, bien porque se tergiverse la verdad procesal denudándose los hechos, o bien por cualquier otra causa"[234], lo que conlleva un cierto elemento subjetivo de valoración intelectual por parte de la Administración. Esto distingue por otra parte, a la calificación de los hechos y su vicio, la tergiversación de los mismos, de la comprobación de los hechos y su vicio, el error de hecho[235].

En esta materia, la Ley Orgánica de Procedimientos Administrativos de Venezuela, establece en el artículo 12, como otro límite a la discrecionalidad, que el contenido del acto debe tener adecuación con los supuestos de hecho que constituyen su causa.

2. Las exigencias impuestas por el principio de la finalidad

El mismo artículo 12 de la Ley Orgánica, además, exige que el acto discrecional tenga adecuación con los fines de la norma que prevé su emisión por la Administración. Con esto se consagra legalmente el principio de la necesaria adecuación a la finalidad legal de los actos administrativos, de manera que el funcionario, al dictarlos, no puede desviar esos fines, y perseguir fines distintos a los previstos en la norma, así sean ellos plausibles desde el ángulo del servicio público. La no adecuación a los fines previstos en la norma, da origen al conocido vicio de desviación de poder, regulado en el artículo 259 de la Constitución venezolana.

Sin embargo, en sus inicios ello fue destacado por la jurisprudencia al indicar que "la subordinación (de los actos administrativos) a la equidad y a la verdad significa que el funcionario o la Administración no pueden en modo alguno salirse de los fines que se persiguen con la norma legal, aun en el supuesto de que estén en función las facultades discrecionales del Poder Público"[236].

De allí que otro de los elementos reglados del acto administrativo que ha contribuido eficazmente a la fijación de los límites del poder discrecional, haya sido este de la finalidad perseguida, en el sentido de que la "discrecionalidad no implica arbitrariedad ni injusticia puesto que la Administración nacional, estadal o municipal, no obra en pura conformidad a su elección, sino en virtud y como consecuencia de su capacidad condicionada por su *fin*"[237].

---

233 *Cfr.* S. Martín–Retortillo Baquer, "El exceso de poder. . .", *loc. cit.*, p. 131. *V.* asimismo sentencia de la Corte Suprema de Justicia en Sala Político–Administrativa de 8 de junio de 1964.

234 *V.* sentencia de la antigua Corte Federal de 9 de agosto de 1957 en *Gaceta Forense*., 2ª etapa, Nº 17, Caracas 1957, p. 135.

235 *Cfr.* S. Martín–Retortillo Baquer, "El Exceso de poder. . .", *loc. cit.*, p. 138

236 *V.* sentencia de la antigua Corte Federal de 9 de agosto de 1957 en *Gaceta Forense*, 2ª etapa, Nº 17, Caracas 1957, p. 135.

237 *V.* sentencia de la antigua Corte Federal de 24 de febrero de 1956, en *Gaceta Forense*, 2ª etapa, Nº 11, Caracas 1956, p. 28

La desviación de poder, por tanto, como vicio en la finalidad de los actos administrativos, "surge cuando la Administración usa de sus poderes con finalidades distintas a aquellas determinadas en la ley"[238], por lo que su configuración es sencilla: la Administración está obligada a realizar su actividad no sólo respondiendo a un fin público o social buscado[239], sino que dentro de tal concepto genérico, debe actuar precisamente conforme al *fin especifico* para cuyo logro le son concedidas las facultades determinadas que ejercita[240].

En consecuencia, la desviación de poder no sólo se presenta como resultado de la obtención de un fin extraño al interés general, sino también como resultado de la obtención de un fin que, sin ser extraño al interés general, no es la manifestación concreta del interés general por el que la autoridad administrativa ha recibido los poderes que ejercita[241]. En este sentido, un acto administrativo "aun siendo dictado por quien está facultado para hacerlo y en forma tal que aparece subordinado a la ley, [está viciado si] en su espíritu o en el fondo es realmente *contrario a la finalidad del servicio público o de los principios que informan la función administrativa*"[242].

La actividad administrativa en el Estado de Derecho está condicionada por la ley a la *obtención de determinados resultados;* por ello no puede la Administración pública procurar resultados distintos de los perseguidos por el legislador, "aun cuando aquéllos respondan a la más estrictas licitud y moralidad pues lo que se busca es el logro de determinado fin"[243] que no puede ser desviado por ningún motivo, así sea plausible éste.

En consecuencia, este elemento reglado de la finalidad de la actuación administrativa, viene a ser otro de los límites impuestos al poder discrecional por el principio de la legalidad administrativa.

3. Las exigencias impuestas por el principio de la igualdad

Como lo ha señalado la jurisprudencia venezolana, la consagración en la ley de facultades discrecionales para que un funcionario público actúe, es hecha, además, para que éste obre "según su *prudente arbitrio,* consultando lo más equitativo y racional, en obsequio de la justicia y de la *imparcialidad*"[244]. Por tanto, otro de los límites impuestos al ejercicio del poder discrecional, como a toda actuación de la Administración, es el que se deriva del principio de la igualdad que impide los tratamientos de favor de parte de la autoridad administrativa en relación a los administrados. Hay en este sentido, igualdad, cuando se toman las mismas medidas en condiciones parecidas o análogas; por el con-

---

238 Sentencia de la antigua Corte Federal de 2 de junio de 1958 en *Gaceta Forense*, 2ª etapa, Nº 20, Caracas 1958, p. 99.

239 *V.* sentencia de la antigua Corte Federal de 17 de julio de 1953 en *Gaceta Forense*, 2ª etapa, Nº 1, Caracas 1953, p. 153.

240 *Cfr.* S. Martín–Retortillo Baquer, "La desviación de poder en el Derecho español", *Revista de Administración Pública*, Madrid 1957, Nº 22, p. 137.

241 *Cfr.* M. Latourneur, "La desviación de poder en Francia", *Cuadernos de Derecho Francés,* Nos. 14–15, Barcelona, 1960, pp. 19 y 21.

242 *V.* sentencia de la antigua Corte Federal de 28 de septiembre de 1954 en *Gaceta Forense*, 2ª etapa, Nº 5, Caracas 1954, p. 218.

243 *Idem.*

244 *V.* sentencia de la antigua Corte Federal de 6 de noviembre de 1958, en *Gaceta Forense*, 2ª etapa, Nº 22, 1958, p. 133.

trario, no hay igualdad –hay desigualdad y parcialidad– cuando en las mismas condiciones se niega a un administrado lo que se ha acordado a otro[245].

El principio de la igualdad, aunque de rango constitucional y, por tanto, aplicable a todas las actuaciones del Estado, ofrece especial interés en cuanto límite del poder discrecional, pues el ejercicio de éste debe adecuarse especialmente a las exigencias de este principio[246]. De ahí que se haya hablado de la "irracionalidad de la desigualdad"[247].

Existe entonces desigualdad y el acto así dictado puede ser controlado judicialmente cuando de la actuación administrativa surge un disparejo trato de dos o más casos, pese a no existir sustancial diferencia de circunstancias de hecho; o dicho de otro modo, cuando la Administración ha discriminado entre supuestos similares, dando a unos y a otros, no obstante su esencial identidad, tratamientos distintos[248]. Por ejemplo, hay evidentemente un trato desigual si frente a dos propietarios de edificaciones en igualdad de situaciones de peligro, es decir, que ambas amenazan ruina, la autoridad administrativa ordena a uno la demolición, y al otro no.

La aplicación del principio de la igualdad como límite del poder discrecional, tiene riquísimas posibilidades, y entre éstas, especialmente, la llamada "vinculación del precedente"[249]. Se admite, en efecto, que la contradicción de un acto administrativo con otro anterior emanado en circunstancias análogas produce la violación del principio de la igualdad y, como consecuencia, dicho acto puede ser controlado por la jurisdicción contencioso–administrativa. No hay duda que esta forma de control ofrece máximas posibilidades, pues la Administración frente a supuestos idénticos, no debe sino decidir en forma también idéntica.

4. La motivación de los actos administrativos y el control de la discrecionalidad

Uno de los elementos de forma de los actos administrativos de mayor importancia en cuanto al control de los mismos, particularmente de los discrecionales, es la motivación de ellos, es decir, la necesaria expresión formal de los motivos o causa de los actos. Ello es esencial para permitir que los jueces contencioso–administrativa puedan hacer realmente efectivos los límites impuestos al poder discrecional[250].

Esta exigencia de motivación de los actos administrativos, ciertamente que en la actualidad está consagrada formalmente en todas las leyes de procedimientos administrativos, pero sin duda, también fue la jurisprudencia la que la impuso en ausencia de aquellas. Ello se evidencia, por ejemplo, de la sentencia de 9 de agosto de 1957 de la antigua Corte Federal donde se estableció lo siguiente:

> "Entre los elementos integrantes del acto administrativo están el motivo y la forma... Pues bien, el motivo del acto administrativo es, como lo enseña la doctrina, el antecedente que lo provoca. Un acto administrativo se integra con tal elemento cuando exista previa y realmente una situación le-

---

245 *Cfr.* Stassinopoulos, *op. cit.*, p. 212.

246 *Cfr.* Rafael Entrena Cuesta, "El Principio de la Igualdad ante la ley y su aplicación en el Derecho administrativo", *Revista de Administración Pública,* N° 37, Madrid 1962, p. 67.

247 J. F. Linares, *Poder discrecional administrativo (Arbitrio Administrativo), Abeledo–Perrot,* Buenos Aires, 1958, pp. 197–229

248 *Cfr.* E. García De Enterría, "La interdicción. . .", *loc. cit.*, p. 149.

249 E. García De Enterría, "La interdicción. . .", *loc. cit.*, p. 150.

250 *Cfr.* Stassinopoulos, *op. cit,* p. 198; José Guillermo Andueza, *El Control en Venezuela de los Actos Ilegales de la Administración Pública.* Publicaciones del Ministerio de Justicia, Caracas, 1959, p. 13.

gal o de hecho, cuando esa situación es la que el legislador ha previsto con miras a la actuación administrativa. De allí que, vinculado o discrecional el Poder de la Administración Pública, cuando están de por medio el interés colectivo y los derechos subjetivos de los administrados, todo acto administrativo, máxime si es revocatorio de uno proferido por el inferior jerárquico, ha de ser motivado, o mejor dicho, fundamentado con los razonamientos en que se apoya... En este orden de ideas, la forma del acto en lo tocante a la motivación del mismo, ha llegado a considerarse sustancial, en razón de que la ausencia de fundamentos abre amplio campo al arbitrio del funcionario... Los actos administrativos deben expresar concretamente la causa o motivo que los inspira como condición de validez... De otra parte, la motivación del acto dictado por la Administración, no sólo es conveniente como justificativo de la acción administrativa, sino como medio de permitir el control jurisdiccional sobre la exactitud de los motivos y su correspondencia con los textos legales en que se funda el acto"[251].

IV. LOS LÍMITES PROPIAMENTE DICHOS AL PODER DISCRECIONAL

Pero dejando aparte lo que sólo es apariencia de discrecionalidad que hemos englobado en torno a la aplicación, por la Administración, de los conceptos jurídicos indeterminados, y al cumplimiento de los aspectos regulados de los actos administrativos, el ejercicio del poder discrecional, es decir, de la potestad atribuida por el Legislador a la Administración de apreciar libremente las circunstancias de hecho y adoptar una decisión escogiendo entre varias alternativas, todas igualmente justas y conforme a la legalidad, tiene siempre un límite absoluto: el acto administrativo que se adopte con base en el ejercicio de tal poder no puede ser arbitrario, es decir, la libertad de apreciación de los hechos y de la oportunidad de actuar otorgada al funcionario, no significa que pueda actuar arbitrariamente[252].

El problema de los límites al ejercicio del poder discrecional radica, entonces, en el establecimiento de la frontera entre discrecionalidad y arbitrariedad; de manera que el juez contencioso administrativo pueda controlar el ejercicio directo del poder discrecional cuando resulte arbitrario, además de ejercer sus poderes de control sobre los aspectos reglados del acto discrecional[253] y particularmente sobre la comprobación y calificación de los presupuestos de hecho[254], y sobre la adecuación de la decisión a los fines establecidos en la Ley.

Las dudas del Juez contencioso–administrativo de controlar efectivamente lo que es ejercicio del poder discrecional por la Administración y establecer el límite entre discrecionalidad y arbitrariedad, históricamente existieron en todos los países contemporáneos, donde con frecuencia se formuló el principio de que el juez no podía juzgar sobre las razones de oportunidad o de conveniencia para la adopción de un acto administrati-

---

251 *V.*, sentencia de la antigua *Corte Federal* de 9 de agosto de 1957, en *Gaceta Forense*, 2ª etapa, Nº 17, 1957, pp. 132 y ss.

252. Allan R. Brewer–Carías, "Los límites...", *loc. cit.*, p. 11.

253. En la sentencia de la antigua Corte Federal (Venezuela) (Caso *Reingruber*) de 6 de noviembre de 1958, por ejemplo, quedó claramente señalado en relación a los actos del ejercicio del poder discrecional, que siempre "puede ser materia de revisión (por el Juez) por lo que se refiere a la incompetencia del funcionario que lo dictó, o defecto de forma del acto, o a su ilegalidad", *Gaceta Forense*, núm. 22, p. 134. *Cf.* Allan R. Brewer–Carías, "Los límites...", *loc. cit.* p. 14.

254. Sobre la "veracidad y la congruencia de los hechos" como lo ha señalado la Corte Suprema de Justicia en Sala Político Administrativa (Venezuela), en sentencia (caso *Depositaria Judicial)* de 2 de noviembre de 1982, *Revista de Derecho Público,* núm. 12, Caracas 1982, p. 130.

vo porque: "el juez no puede sustituirse al administrador por motivos obvios de diferenciación y especialización de funciones conectadas con el principio de la separación de poderes"[255].

Sin embargo, tanto en la jurisprudencia como en la legislación de América Latina, desde hace décadas se aprecian esfuerzos significativos por permitir, efectivamente, que el juez contencioso– administrativo penetre en el ámbito de la discrecionalidad y controle la arbitrariedad. En esta materia, de nuevo, los principios generales del derecho han suministrado el arsenal inicial para esta lucha contra la arbitrariedad que habiendo sido inicialmente librada por los jueces, ha venido teniendo como aliado al Legislador en la codificación del procedimiento administrativo.

1. Los principios generales del derecho

Hace medio siglo, por ejemplo, uno de los clásicos tratadistas venezolanos, J. M. Hernández Ron, señalaba que "la acción administrativa se puede considerar como discrecional, cuando se realiza según la libre apreciación de las circunstancias que, *con sujeción siempre a la equidad y a los principios generales del derecho,* hará la Administración"[256]. Ello implica que la facultad de ejercer una actividad administrativa en forma discrecional, está limitada por los principios generales del derecho y puede suponer un control judicial que no implica "una sustitución de la discrecionalidad administrativa por la judicial"[257]. Entre esos principios generales se encuentran el principio de la injusticia manifiesta, el de la irracionalidad, el de la buena fe, el de la proporcionalidad de los medios a los fines, el de la igualdad, y en general todos los principios derivados de los derechos y libertades fundamentales de las personas, puesto que es evidente que la Administración no puede, en nombre de sus facultades discrecionales, violar principios constitucionales consagrados como base entera de la organización social y del orden jurídico[258].

Un punto de partida contemporáneo en este esfuerzo, puede situarse en dos sentencias de la antigua Corte Federal de Venezuela adoptadas en los años cincuenta. En la primera (caso Municipalidad de Maracaibo) de fecha 24 de febrero de 1956, al declarar la Corte la anulación de un acto administrativo que había revocado un permiso de construcción, el juez consideró que era arbitrario por carecer de fundamento y por ser injusto, afirmando que "la discrecionalidad no implica arbitrariedad ni injusticia puesto que la Administración... no obra en pura conformidad a su elección, sino en virtud y como consecuencia de su capacidad condicionada por su fin"[259].

En la segunda sentencia (caso: *Reingruber*) de 6 de noviembre de 1958, la antigua Corte, a pesar de haber considerado que la potestad dada al Ministerio de Hacienda de

---

255. *Idem.*

256 J. M. Hernández Ron, "La Potestad Administrativa discrecional", *loc. cit.,* p. 8.

257 A. Nieto, "Reducción jurisdiccional...", *loc. cit.,* p. 157.

258 *Cfr.* E. García de Enterría, "La lucha por...", *loc. cit.,* pp. 178–179. En este mismo sentido M. F. Clavero Arévalo, "La Doctrina de los Principios Generales del Derecho y las Lagunas del Ordenamiento jurídico", *Revista de Administración Pública,* Nº 7, 152, p. 101, expresa que los Principios Generales del Derecho "constituyen un límite exterior que no puede ser violado por el contenido de los actos discrecionales, ya que en este sentido se producirá un desbordamiento de la potestad discrecional invadiendo la esfera reglada, cuya norma la constituirán los preceptos administrativos y, en su defecto, los principios generales del Derecho".

259. *Gaceta Forense,* núm. 11, Caracas, 1956, pp. 27–30, *V.,* en Allan R. Brewer–Carías, *Jurisprudencia de la Corte Suprema de 1930–1974 y Estudios de Derecho Administrativo,* t. I, Caracas, 1975, pp. 611–612.

poder reducir las multas cuando concurran circunstancias que demuestren falta de intención dañosa del contraventor, era una potestad discrecional, y decidir que "la manera como el funcionario administrativo ejerció la facultad discrecional" que le reconoce la ley no podía ser revisado por la Corte, el Supremo Tribunal reconoció que en los casos de atribución de poder discrecional debe entenderse que la Ley autoriza al funcionario: "para obrar según su prudente arbitrio, consultando lo más equitativo o racional, en obsequio de la justicia y de la imparcialidad"[260].

Puede decirse que en este considerando la antigua Corte sentó las bases para el control jurisdiccional del ejercicio del poder discrecional en Venezuela, fundamentándose en principios generales del derecho, como son el principio de la *racionalidad* (la decisión administrativa adoptada en ejercicio de un poder discrecional no puede ser ilógica o irracional); el principio de la *justicia* o de la *equidad* (la decisión producto del ejercicio de poderes discrecionales no pueden ser inicua, inequitativa o injusta); y el principio de la *igualdad* (la decisión administrativa que resulte del ejercicio de poderes discrecionales no puede ser parcializada ni discriminatoria). A estos principios se agrega el principio de la *proporcionalidad* que toda decisión adoptada en ejercicio de un poder discrecional debe respetar, de manera que exista una adecuación entre los supuestos de hecho y la decisión tomada[261], y debe agregarse también el principio de la *buena fe,* de manera que toda actuación del funcionario que con intención falsee la verdad, también sería ilegal[262].

En la jurisprudencia argentina y uruguaya, estos principios que se configuran como límites a la discrecionalidad, se englobaron en la exigencia de la "razonabilidad" en la actuación administrativa[263], en el sentido de que un acto administrativo, aún dictado en ejercicio de facultades discrecionales, puede ser revisado judicialmente si es irrazonable o arbitrario. El principio de la razonabilidad se desarrolló particularmente en Argentina como un límite al ejercicio del poder de policía[264], al erigirse en la garantía de seguridad respecto a la forma, modo, manera y oportunidad del *cómo* debe realizarse la función policial. La jurisprudencia argentina, así, conformó cuatro principios de lógica jurídica que conforman el carácter razonable de una medida de policía, exigiendo que la limitación debe ser justificada; el medio utilizado, es decir, la cantidad y el modo de la medi-

---

260. *Gaceta Forense,* N° 22, Caracas, 1958, pp. 133–134.

261. *V.* en Allan R. Brewer–Carías, "Los límites del poder discrecional de las autoridades administrativas", *loc. cit.*, pp. 27–33. *V.* los comentarios a nuestro análisis en Gustavo Urdaneta Troconis, "Notas sobre la distinción entre actos reglados y discrecionales y el control jurisdiccional sobre estos" en *Tendencias de la Jurisprudencia venezolana en materia contencioso administrativa,* Caracas, 1986, pp. 395–399. En Colombia, al referirse a la necesaria sumisión del ejercicio del poder discrecional a los principios generales del derecho, Consuelo Sarría los resume así: "la Administración tendrá en cuenta la *racionalidad o razonabilidad*: en cuanto su decisión tiene que estar de acuerdo con la razón con la lógica y congruente con la motivación, en cuanto la discrecionalidad no implica arbitrariedad; *la justicia*: el actuar de la Administración, aunque sea discrecional en el sentido de que puede evaluar la oportunidad y conveniencia de sus decisiones, no puede ser injusto, deberá siempre ser equitativo, respetando los intereses de la Administración y de los administrados; *la igualdad*: la autoridad administrativa tendrá que respetar el principio de la igualdad que se aplica a todas las actuaciones del Estado enfrente a los particulares, en cuanto estos serán tratados en igualdad de condiciones, sin que pueda haber favoritismo por parte de las autoridades; *la proporcionalidad*: que debe existir entre los medios utilizados por la Administración y los fines de la medida; *el derecho a la defensa:* en cuanto la Administración antes de tomar una medida, debe oír al administrado", Consuelo Sarria, "Discrecionalidad Administrativa" en J.C. Cassagne y otros, *Acto Administrativo,* Tucumán, 1982, p. 118.

262. *V.*, sentencia de la Corte Primera de lo Contencioso Administrativo de 21 de marzo de 1984, *Revista de Derecho Público,* N° 18, Caracas, 1984, p. 172.

263. *V.*, Juan Francisco Linares, *Poder Discrecional Administrativo,* Buenos Aires, 1958, pp. 155 ss.

264. *V.*, Ramón F. Vásquez, *Poder de Policía,* Buenos Aires, 1957, pp. 41 ss. y 122 ss.

da, debe ser adecuado al fin deseado; el medio y el fin utilizados deben manifestarse proporcionalmente; y todas las medidas deben ser limitadas[265].

La razonabilidad se ha configurado así, en un *standard* jurídico comprensivo de una serie de valores que deben guiar la actividad administrativa (en lugar de *"bonus pater familiae"* el *"bonus magistratus"*) y que realizan la justicia con todos sus sinónimos: equivalencia, proporción, adecuación, igualdad, paridad, justa distribución, dar a cada uno lo que le corresponde, etc[266]. La actuación administrativa irrazonable, por tanto, es arbitraria y aún cuando sea producto del ejercicio de un poder discrecional, puede ser controlada judicialmente, tal como lo decidió la antigua Corte Suprema de Justicia de la Nación (Argentina), en 1959, al señalar que "los jueces poseen la potestad de revocar o anular la decisión administrativa sobre hechos controvertidos, si ella fuera suficientemente irrazonable, o se apoyara tan solo en la voluntad arbitraria o en el capricho de los funcionarios"[267].

Lo arbitrario o irrazonable de una actuación administrativa, en todo caso, puede resultar, de la irrazonabilidad en la elección del momento (decisión manifiestamente inoportuna); en la elección de modalidades de actuación (medios desproporcionados, por ejemplo), o en la forma de actuación (desigual o discriminatoria)[268].

En la jurisprudencia contencioso–administrativa del Uruguay se encuentran soluciones basadas en principios similares. Así, el Tribunal de lo Contencioso administrativo en sentencia de 27 de septiembre de 1971 afirmó que "los poderes discrecionales... sólo los podía ejercitar (la Administración) dentro de los límites razonables y conforme a una equilibrada valuación de los factores constitutivos de la falta en juicio"[269].

En España, la reducción progresiva de la arbitrariedad se desarrolló inicialmente por la jurisprudencia del Tribunal Supremo, en igual forma, por la aplicación de los principios generales del derecho. Eduardo García de Enterría y Tomas Ramón Fernández, en esta forma, citan un cúmulo de sentencias en las cuales el control jurisdiccional del ejercicio del poder discrecional se ha efectuado con base en considerar que unas medidas eran injustificadas a todas luces e incluso contrarias a la razón (sentencia 6–2–63). Así, se censuraron jurisdiccionalmente las actuaciones administrativas contrarias al "respeto debido al principio de la buena fe, en que han de inspirarse los actos de la Administración" (sentencias de 23–12–59, 22–6–60, 27–12–66, 13–5–71, 12–3–75, 6–2–78, 24–2–79 y 5–2–81); o "cuya gravedad no guarda una razonable proporcionalidad con la infracción" (sentencia de 25–3–72).

El Tribunal Supremo también acudió al principio *favor libertatis* para obligar a la Administración a acomodar sus intervenciones en la esfera de los administrados al procedimiento menos restrictivo de la libertad[270].

---

265. Bartolomé A. Fiorini, *Poder de Policía,* Buenos Aires, 1958, p. 149.

266. *Idem,* p. 158; Juan Francisco Linares, *op. cit.,* p. 164.

267 Caso *Reyes* de 25 de septiembre de 1959, Fallos t. 244, *cit.* por A. Gordillo, *Tratado de Derecho Administrativo,* t. 3, Buenos Aires, 1979, pp. 9–27.

268. Juan Francisco Linares, *op. cit.,* pp. 164 ss.

269. *V.,* en J. P. Cajarville, *Dos Estudios de Derecho Administrativo,* Montevideo, 1988, p. 106.

270. Eduardo García de Enterría y Tomas R. Fernández, *Curso de Derecho Administrativo,* t. I, Madrid, 1983, pp. 449–451.

2. La progresión legislativa y jurisprudencial

Ahora bien, esta interdicción de la arbitrariedad o la exigencia de la razonabilidad en la actuación de la Administración, como límite al ejercicio del poder discrecional, ha encontrado en América Latina, en muchos casos, consagración legislativa, positivizándose en esta forma los principios generales del derecho.

En tal sentido, la Ley General de la Administración Pública de Costa Rica establece varias normas relativas al ejercicio del poder discrecional y al control judicial del mismo que deben destacarse. El artículo 15.1 de la Ley General, en efecto, comienza por prescribir que el ejercicio del poder discrecional está "sometido en todo caso a los límites que le impone el ordenamiento expresa o implícitamente, para lograr que su ejercicio sea eficiente y razonable", atribuyéndose el juez potestad para controlar la legalidad no sólo sobre los aspectos reglados del acto discrecional, sino "sobre la observancia de sus límites" (Art. 15.2).

Ello lo refuerza la propia Ley General al prescribir en su artículo 216 que:

> "La Administración deberá adoptar sus resoluciones dentro del procedimiento con estricto apego al ordenamiento y, en el caso, de las actuaciones discrecionales, a los límites de racionalidad y razonabilidad implícitos en aquél".

El artículo 16.1 es reiterativo, en cuanto a este principio de la razonabilidad, al establecer que "en ningún caso podrán dictarse actos contrarios a reglas unívocas de la ciencia o de la técnica, o a principios elementales de justicia, lógica o conveniencia" (Art. 16.2). Otro límite al ejercicio del poder discrecional en la Ley de Costa Rica, se establece, en relación a "los derechos del particular" (Art. 17) frente a la discrecionalidad, que no deben ser vulnerados.

La Ley General, además, consagra expresamente la consecuencia del traspaso de los límites mencionados por la autoridad administrativa al prescribir, en el artículo 158, como una causa de invalidez de los actos administrativos, la infracción a las reglas técnicas y científicas de sentido unívoco y aplicación exacta, en las circunstancias del caso, y agrega en el artículo 160, que:

> "El acto discrecional será inválido, además, cuando viole reglas elementales de lógica, de justicia o de conveniencia, según lo indiquen las circunstancias del caso".

Por último, es de destacar que el artículo 133 de la misma Ley General el cual regula los motivos del acto administrativo, y establece que cuando éste no esté regulado, "deberá ser *proporcionado* al contenido y cuando esté regulado en forma imperiosa deberá ser *razonablemente* conforme con los conceptos indeterminados empleados por el ordenamiento". El principio de la proporcionalidad también lo repite la Ley General en el artículo 132.1 relativa, al objeto del acto administrativo, al prescribir que debe ser "proporcionado al fin legal" del acto.

Es difícil, ciertamente, encontrar otro ejemplo de legislación positiva en el mundo con normas tan precisas y ricas en su contenido, para que los jueces puedan controlar el ejercicio del poder discrecional[271], con precisas referencias a los principios de razonabilidad, racionalidad, justicia, lógica, proporcionalidad y conveniencia.

---

271. *V.*, los comentarios en Allan R. Brewer–Carías, "Comentarios sobre los Principios Generales de la Ley General de la Administración Pública de Costa Rica", en *Revista del Seminario Internacional de Derecho Administrativo,* San José, 1981, p. 52; Eduardo Ortíz, "Nulidades del Acto Administrativo en la Ley General de Adminis-

La Ley venezolana de Procedimientos Administrativos de 1982, recogió también el principio de los límites al ejercicio del poder discrecional en la norma que hemos comentado del artículo 12, que prescribe:

"Aún cuando una disposición legal o reglamentaria deje alguna medida o providencia a juicio de la autoridad competente, dicha medida o providencia deberá mantener la debida proporcionalidad y adecuación con el supuesto de hecho y con los fines de la norma, y cumplir los trámites, requisitos y formalidades necesarios para su validez y eficacia".

Se consagró así, expresamente, como antes hemos analizado, no sólo la existencia de elementos reglados del acto discrecional que siempre deben respetarse (adecuación con los presupuestos de hecho, adecuación con la finalidad, competencia legal o reglamentaria, respeto de las formas y procedimiento), sino que se erigió como límite fundamental al ejercicio del poder discrecional, la obligación del funcionario de "mantener la debida proporcionalidad". Así se estableció también en el Código Contencioso Administrativo de Colombia, en su artículo 36:

"En la medida en que el contenido de una decisión, de carácter general o particular, sea discrecional, debe ser adecuada a los fines de la norma que la autoriza, y proporcional a los hechos que le sirven de causa".

De lo anteriormente expuesto se puede sacar como conclusión, en materia de control judicial del ejercicio del poder discrecional, que tanto la jurisprudencia y la doctrina como la legislación, ésta última, en particular en América Latina, fue abandonando la vieja inmunidad jurisdiccional en esta materia, distinguiendo, incluso, lo que en apariencia es discrecionalidad (como en el caso de la aplicación de la técnica de los conceptos jurídicos indeterminados) y que está sometida plenamente a control judicial; de lo que sí es, propiamente, ejercicio del poder discrecional y en relación a lo cual los principios de razonabilidad, lógica, justicia, igualdad y proporcionalidad, se impusieron en el materia de oportunidad, que tradicionalmente había estado excluida de control.

Es precisamente, por los límites impuestos al ejercicio de los poderes discrecionales derivados de esos principios generales del derecho, por lo que la jurisprudencia ha reiterado[272] que "la discrecionalidad no es arbitrariedad"[273] Entre esos límites, deben específicamente destacarse, los que derivan de los principios de proporcionalidad, racionalidad y justicia

3. Los límites impuestos por el principio de la proporcionalidad

Como hemos dicho, por ejemplo, las leyes de Colombia y Venezuela establecen que el acto discrecional debe mantener la debida proporcionalidad, lo cual configura uno de los límites que tradicionalmente la jurisprudencia exigía a la autoridad administrativa frente a la discrecionalidad. El acto discrecional no puede ser desproporcionado, porque la desproporción es arbitrariedad. Si una disposición establece, por ejemplo, que por la infracción de una norma se puede aplicar una sanción entre dos limites, máximo y mínimo, según la gravedad de la falta, a juicio de la autoridad administrativa, dentro de

---

tración Pública", *ídem*, p. 386; Gonzalo Fajardo, "El Estado de Derecho y la Ley General de Administración Pública, *ídem*, pp. 523–524.

272 *V.*, sentencia de la antigua *Corte Federal* de 17 de julio de 1953 en *Gaceta Forense*, N° 1, 1953, p. 151. *V.* Además, la antigua *Corte Federal* de 24 de febrero de 1956 en *Gaceta Forense, 2ª etapa*, N° 11, 1956, p. 28.

273 *Cfr.* J. M. Hernández Ron, "La Potestad discrecional y la Teoría de la Autolimitación de Poderes", *loc. cit.*, p. 8.

su libre apreciación de la situación, la Administración no puede ser arbitraria y aplicar medidas desproporcionadas. La decisión que tome tiene que ser proporcional al supuesto de hecho.

Por supuesto, la proporcionalidad, como límite a la discrecionalidad, no sólo rige respecto de la aplicación de sanciones, sino en general, respecto de toda medida discrecional que adopte la Administración.

Este límite había sido tradicionalmente elaborado por la jurisprudencia que había señalado expresamente que "el funcionario al obrar discrecionalmente, tiene que hacerlo marcando la exacta correspondencia entre el fin perseguido y los medios utilizables (medio que ofrece la técnica de su actividad)"[274]. Se trata de la aplicación del principio de la proporcionalidad de medios afines como límite del poder discrecional[275]. En este sentido, la desproporcionalidad entre los fines perseguidos y los medios utilizados puede también ser controlada judicialmente. Esa situación puede plantearse en casos como el siguiente: un funcionario comete una falta de poca entidad (contestar de mala forma a un superior); no se discute el hecho considerado en sí mismo; las leyes y reglamentos no prevén la falta, ni fijan la sanción; aunque el poder disciplinario, en principio, es discrecional, no podría destituirse al funcionario porque tal sanción sería *manifiestamente excesiva,* configurando una arbitrariedad[276].

La proporcionalidad también se establece en la Ley de procedimiento Administrativo de Argentina, al prescribir dentro de los "requisitos esenciales del acto administrativo", la necesidad de que "las medidas que el acto involucre deben ser proporcionalmente adecuadas" a la finalidad que resulta de las normas que otorgan las facultades al órgano administrativo (Art. 7.f).

Estas normas incorporaron, por tanto, a los límites a la discrecionalidad, el principio de la proporcionalidad[277], conforme al cual las medidas adoptadas en los actos administrativos deben ser proporcionales tanto a los fines que prevé la norma que las autoriza, como a los hechos que las motivan. Tal como lo precisó la antigua Corte Suprema de Justicia de Venezuela, los actos administrativos estarían viciados de abuso de poder:

> "[...] cuando no existe proporción o adecuación entre los motivos o supuestos de hecho que sirvieron de base al funcionario u órgano autor del acto recurrido para dictar su decisión, y los contemplados en la norma jurídica, en el sentido de que se trata de un vicio que consiste en la actuación excesiva o arbitraria del funcionario, respecto de la justificación de los supuestos que dice haber tornado en cuenta, para dictar el acto"[278].

---

274 *V.*, sentencia de la antigua *Corte Federal* de 24 de febrero de 1956 en *Gaceta Forense*, 2ª etapa, Nº 11, Caracas 1956, p. 28.

275 *Cfr.* E. García De Enterría, "La interdicción...", *loc. cit.*, p. 130; Merikoski, *Le pouvoir discretionnaire de l'administration,* Bruselas, 1958, p. 44, *cit.* por E. García De Enterría, "La interdicción...", *loc. cit.*, p. 163.

276 *Cfr.* Enrique Sayagués Laso, *Tratado de Derecho Administrativo,* Tomo I, Montevideo, 1953, p. 410, nota Nº 3.

277 *V.*, Allan R. Brewer–Carías, *El Derecho administrativo y la Ley Orgánica de Procedimientos Administrativos,* Caracas, 1985, p. 46; Agustín Gordillo, *El acto administrativo,* Buenos Aires, 1969, p. 250. Conforme a lo establecido por la Corte Suprema de la Nación (Argentina) "las medidas utilizadas por la autoridad pública deben ser proporcionadamente adecuadas a los fines perseguidos por el legislador". Caso: *Sindicato Argentino de Músicos*, 1960, Fallos t. 248, pp. 800 ss.

278 Sentencia de la Corte Primera de lo Contencioso Administrativo de 21 de marzo de 1984, *Revista de Derecho Público,* núm. 18, Caracas, 1984, p. 172. En igual sentido, la misma Corte Primera en sentencia de 16 de diciembre de 1982, estimó que este vicio de abuso de poder se da en los casos de "desmedido uso de las atribuciones que han sido conferidas lo cual equivale al excesivo celo, a la aplicación desmesurada, esto es, a todo aquello

En el mismo sentido, el Tribunal de lo Contencioso– Administrativo de Uruguay, en sentencia de 23 de abril de 1976 al apreciar la ilegalidad de la imposición de una sanción, señaló que esta "aparece como ciertamente desproporcionada... hubo exceso de parte del jerarca en el ejercicio de sus funciones discrecionales, cayendo en ilicitud... obligando, por ende, al control anulatorio por parte del Tribunal"[279].

Por su lado, en la Ley de Procedimientos Administrativos del Perú, entre los principios del procedimiento administrativo que enumera y describe el artículo IV del Título Preliminar, se destaca el de razonabilidad señalándose, al efecto, que:

> "Las decisiones de la autoridad administrativa, cuando creen obligaciones, califiquen infracciones, impongan sanciones, o establezcan restricciones a los administrados, deben adaptarse dentro de los límites de la facultad atribuida y manteniendo la debida proporción entre los medios a emplear y los fines públicos que deba tutelar, a fin de que respondan a lo estrictamente necesario para la satisfacción de su cometido (Art. IV, 1.4)".

Los principios de la razonabilidad y de la proporcionalidad también han tenido aplicación jurisprudencial en Francia, en materia de control jurisdiccional del ejercicio del poder discrecional. En cuanto al principio de la razonabilidad, puede encontrarse aplicado en la jurisprudencia comentada relativa al "error manifiesto de apreciación", el cual según lo afirma Guy Braibant, aparece cuando la Administración "ha ido más allá de los límites de lo razonable en el juicio que ella ha realizado sobre los elementos de la oportunidad"[280]. De allí la célebre frase del mismo Braibant en relación al ejercicio del poder discrecional y el principio de la razonabilidad: "El poder discrecional comporta el derecho de equivocarse pero no el de cometer un error manifiesto, es decir a la vez aparente y grave"[281].

En el caso de control jurisdiccional del error manifiesto en la apreciación de los hechos, indicaron Long, Weil y Braibant, que el juez "no se pronuncia sobre la apreciación como tal, sino sobre el error que ha podido viciar esta apreciación, cuando este error es evidente, al poder ser descubierto por simple sentido común, cuando se trate de un error manifiesto que desnaturalice la interpretación que hace la Administración de la extensión de su poder discrecional"[282].

Ahora bien, si en general se dan ejemplos jurisprudenciales de la aplicación de la técnica del error manifiesto como instrumento de control del ejercicio del poder discrecional por el Consejo de Estado, en la gran mayoría de los casos reseñados, en realidad, como hemos dicho, se trata de la técnica de los conceptos jurídicos indeterminados[283]. Quizás, supuestos de aplicación del error manifiesto de apreciación en tanto que control del ejercicio del poder discrecional, en estricto sentido se pueden encontrar en las decisiones del Consejo de Estado sobre error de equivalencia entre empleos públicos (CE

---

que rebasa los límites del correcto y buen ejercicio de los poderes recibidos de la norma", *Revista de Derecho Público,* núm. 13, Caracas, 1982, p. 119.

279 *V.*, en J. P. Cajarville, *op. cit.*, p. 106.

280 Conclus, CE, 13 de noviembre de 1970, *Lambert, cit.*, por A. De Laubadère, "Le contrôle juridictionnel du pouvoir discrétionnaire dans la jurisprudence récente du Conseil d'Etat Français", *Mélanges offerts a Marcel Waline,* París, 1974, t. II, p. 540.

281 Conclus, CE, 2 de noviembre de 1973, *Librairê François Maspero,* Rec. 611, Long, Weil y Braibant, *Les grands arrêts de la jurisprudence administrative, cit.*, p. 585.

282 Long, Weil y Braibant, *op. cit.*, p. 580.

283. *V.*, todas las referencias jurisprudenciales en Long, Weil y Braibant, *op. cit.*, con ocasión de los comentarios al *arrêt Maspero,* pp. 580–585; J. M. Auby y R. Drago, *op. cit.*, t. II, pp. 399–400.

13 nov 1953, *Denizet,* Rec. 489; y CE 15 fév 1961, *Lagrange,* Rec. 121; CE 9 mai 1962, *Commune de Montfermeil,* Rec. 304)[284].

En cuanto al principio de la proporcionalidad como límite al ejercicio del poder discrecional, aun cuando a veces se afirmó que no había sido reconocido plenamente en el sistema francés[285], fue aplicado en muchas decisiones por el Consejo de Estado, comenzando por el *arrêt Benjamin* del 19 de mayo de 1933, en el cual el Consejo de Estado anuló la prohibición de una reunión impuesta por un Alcalde, considerando que "la eventualidad de las perturbaciones... no presentaban un *grado de gravedad* tal que no pudiera, sin prohibir la conferencia, mantener el orden decretando las medidas de policía que le correspondía tomar"[286]. En este caso, como lo observaron Long, Weil y Braibant, el juez verificó "no solamente la existencia, bajo las circunstancias del caso, de una amenaza de perturbación del orden público susceptible de justificar una medida de policía, sino también si esta medida era apropiada, por su naturaleza y su gravedad a la importancia de la amenaza; controlando así la adecuación de la medida a los hechos que la motivan"[287].

Se trató, sin duda, de la aplicación del principio de la proporcionalidad, es decir, de la adecuación entre las medidas adoptadas y los hechos, lo cual también tuvo aplicación en Francia en materia disciplinaria a partir del *arrêt Lebon* (CE 9 juin 1978), en el cual el Consejo de Estado, aplicando la técnica del error manifiesto, controló la proporcionalidad de la sanción disciplinaria con la gravedad de la falta[288]. En otra decisión del Consejo de Estado en el *arrêt Vinolay* (CE 26 juillet 1978), conforme al mismo criterio, anuló una destitución de un funcionario, señalando que "si las faltas a reglas de buena administración... eran de tal índole que legalmente justificaran una sanción disciplinaria, ellas no podían legalmente fundamentar, sin error manifiesto de apreciación, una medida de revocación que constituye la sanción más grave dentro de la escala de las penas"[289].

4. Los límites impuestos por el principio de la racionalidad

Pero además del límite al poder discrecional derivado del principio de la proporcionalidad, otro importante límite al mismo es el que se ha construido por la jurisprudencia derivado del principio de la racionalidad o razonabilidad. Como lo dijo la antigua Corte Federal de Venezuela, en los casos de ejercicio del poder discrecional, la ley autoriza al funcionario para obrar según su prudente arbitrio, consultando lo más equitativo o racional, en obsequio de la justicia y de la imparcialidad" [290].

En sentido similar, en otra decisión referente a las limitaciones a la libertad de cultos, los cuales conforme a la legislación, están sometidos a la suprema inspección de la Administración, la antigua Corte Federal venezolana también señaló que "esa inspec-

284 *V.*, las referencias en Long, Weil y Braibant, *op. cit.*, p. 581.

285 Guy Braibant, "Le Principe de la proportionnalité", *Mélanges offerts a Marcel Waline*, París, 1974 t. II pp. 297 ss.

286 Rec. 541, concl. Michel. *V.* en Long, Weil y Braibant, *op. cit.*, pp. 217 ss.

287 *Idem*, p. 221.

288 *Cf.* Long, Weil y Braibant, *op. cit.*, p. 583.

289 *Cit.*, en J. M. Auby y R. Drago, *op. cit.*, t. 11, p. 400; G. Vedel y Pierre Devolvé, *Droit Administratif*, París, 1984, p. 801.

290 *V.*, sentencia de la antigua *Corte Federal* de 6 de noviembre de 1958 en *Gaceta Forense*, 2ª etapa, Nº 22, 1958, p. 133.

ción o vigilancia no es puramente contemplativa, sino que implica la facultad de tomar medidas que a juicio del Ejecutivo Nacional aconsejan los superiores intereses de la Nación, materiales, morales, políticos, industriales, patrióticos o de cualquier otra índole *racional y justa*"[291].

Por tanto, uno de los límites del ejercicio de la libertad de apreciación que implica el poder discrecional, es que éste se ejerza racionalmente, lo que no es sino una consecuencia de ese principio que impone a la Administración una actuación lógica y congruente. La irracionalidad y la ilogicidad aparecen entonces como una falta de consecuencia y de nexo lógico entre las distintas partes que forman el acto administrativo, siempre que no sea la ley la que determine su estructura. En este sentido habría ilogicidad por contradicción en la propia motivación o en el propio dispositivo del acto o por falta de correspondencia entre la motivación y el dispositivo[292].

Uno de los supuestos que requiere de racionalidad en el ejercicio de la facultad discrecional es la oportunidad de obrar. Si bien es típico de la discrecionalidad que "la administración no está sometida al cumplimiento de normas especiales en cuanto a la *oportunidad de obrar* ello no quiere decir que se obre al arbitrio"[293], es decir, ello no quiere significar que en la elección de ese "momento" se pueda obrar irracionalmente. Por ejemplo, el viejo Reglamento General de Alimentos de Venezuela establecía que correspondía al Ministerio de Sanidad y Asistencia Social todo lo relacionado con la higiene de la alimentación, teniendo potestad para adoptar" cualquier otra medida sanitaria que se considere conveniente para el mejoramiento de la alimentación en el país"[294]. Ello implica que la autoridad administrativa, para hacer uso de esa facultad discrecional cuando lo "considere *conveniente",* puede tomar cualquier medida sanitaria en vista del mejoramiento de la alimentación, pero siempre que ello sea oportuno. Y aquí hay que hablar de una oportunidad espacial y temporal. No sólo es necesario que el "momento" sea el congruente con la medida adoptada (por ejemplo, la prohibición de importar carne de cerdo, aunque ésta haya sido tratada para destruir las triquinas, que disponga la autoridad sanitaria porque existe temor de que esté contaminada, en virtud del alto índice de contaminación que presenta en un momento dado en el país de origen, debe hacerse cuando el "momento" lo exige, y no tiempo después, cuando el peligro de contaminación ha sido erradicado), sino que también debe esa apreciación de la oportunidad tener una referencia espacial (por ejemplo, prohibición de importar carne de cerdo de un país dado donde existe alto índice de contaminación, y no prohibición general de importación respecto, a todos los países). En este sentido la jurisprudencia ha determinado que los actos administrativos discrecionales implican "un juicio *técnico lógico de los hechos, soberanamente apreciados* a través de las respectivas normas jurídicas"[295].

---

291 En este mismo sentido la antigua *Corte Federal y de Casación*, en sentencia de 7 de diciembre de 1937 señaló: "Cuando la ley no establece esas formas especiales para el acto, sino que únicamente establece la facultad de cumplir el funcionario tal o cual acto, la forma de expresión de la voluntad de la administración pública, puede hacerse en las condiciones que juzgue más *conveniente y racional* el funcionario público, siempre que, esa forma de expresión, demuestre claramente la voluntad de la administración". *V.*, en *Memoria* de 1938, Tomo I, p. 374.

292 *Cfr.* S. Martín–Retortillo Baquer, "El exceso de poder...", *loc. cit.*, p. 147.

293 *V.*, sentencia de la antigua Corte Federal de 17 de julio de 1953 en *Gaceta Forense*, 2ª etapa, Nº 1, 1953, p. 157.

294 Artículo 1º, ordinal 10 del Reglamento General de Alimentos.

295 *V.*, sentencia de la Corte Suprema de Justicia en Sala Político–Administrativa de 3 de julio de 1961 en *Gaceta Forense*, 2ª etapa, Nº 33, 1961, p. 14.

Por otra parte, el poder discrecional debe ser utilizado técnicamente para que sea racional. Era muy clara en este sentido una norma del mismo viejo Reglamento General de Alimentos citado, que inicialmente era única en el derecho positivo, que establecía que: "Cuando en este Reglamento se deje alguna medida, reglamentación o providencia, *a juicio de la autoridad sanitaria, se entiende que* tal medida, reglamentación o providencia *debe estar fundada en principios, normas, directrices o apreciaciones de carácter científico o técnico y de ninguna manera podrá ser el resultado de una actuación arbitraria"*(Art. 2). Este es otro de los límites impuestos al ejercicio del poder discrecional, en el sentido de que éste debe ser usado técnicamente por la autoridad administrativa: La prohibición de utilizar determinados utensilios en la elaboración de alimentos debe estar fundada en razones de carácter técnico, es decir, en que del análisis del utensilio se ha comprobado científicamente que contiene substancias capaces de alterar el alimento.

Este principio del viejo Reglamento, como se dijo, se recogió textualmente en el artículo 12 de la Ley venezolana de Procedimientos Administrativos de 1982, al disponer que "Aún cuando una disposición legal o reglamentaria deje alguna medida o providencia a juicio de la autoridad competente, dicha medida o providencia deberá mantener la debida proporcionalidad y adecuación con el supuesto de hecho y con los fines de la norma, y cumplir los trámites, requisitos y formalidades necesarios para su validez y eficacia".

5. Los límites impuestos por el principio de la justicia

Pero además de la exigencia de que el acto administrativo discrecional sea racional, la jurisprudencia en distintas decisiones ha exigido que sea *justo.* El poder discrecional está dado a la autoridad administrativa para que obre "según su prudente arbitrio, consultando lo *más equitativo* o racional, en obsequio de la *justicia y de la imparcialidad"*[296]. Por ello la "discrecionalidad no implica arbitrariedad ni *injusticia"*[297], y en todo caso, la potestad discrecional del funcionario administrativo, "no puede traspasar los lindes de la verdad y de la *equidad*"[298].

En este sentido, puede ser controlada judicialmente la falta de equidad manifiesta o "iniquidad manifiesta"[299] en los actos discrecionales, así como también su injusticia manifiesta[300].

En este sentido el principio de la equidad como integrante del más amplio de justicia, funciona al lado de la libertad de apreciar la oportunidad, "como uno de los principios inspiradores para la obtención del mejor contenido del acto, tratando que la autoridad

296 *V.*, sentencia de la antigua Corte Federal de 6 de noviembre de 1958 en *Gaceta Forense,* 2ª etapa, Nº 22, 1958, p. 132.

297 *V.*, sentencia de la antigua Corte Federal de 24 de febrero de 1956 en *Gaceta Forense,* 2ª etapa, Nº 11, 1956, p. 28.

298 *V.*, sentencia de la antigua Corte Federal de 9 de agosto de 1957 en *Gaceta Forense*, 2ª etapa, Nº 17, 1957, p. 135.

299 *Cfr.* Eduardo García De Enterría, "La interdicción de la arbitrariedad en la Potestad Reglamentaria", *Revista de Administración Pública*, Nº 30, 1959, p. 164; M. M. Diez, *El Acto Administrativo,* Tipografía Editora Argentina, Buenos Aires, 1956, p. 197.

300 *Cfr.* S. Martín–Retortillo Baquer, "El exceso de poder...", *loc. cit.,* p. 148.

administrativa elija entre las diversas soluciones la más equitativa, la mejor que respete los intereses de la administración y de los administradores"[301].

Por otra parte, el acto administrativo discrecional no puede crear situaciones manifiestamente injustas. Es clásico el ejemplo de la jurisprudencia italiana por el cual se "anulaba un acto administrativo de separación por escaso rendimiento de un ferroviario, cuya capacidad había sido notablemente disminuida a causa del servicio"[302], lo que producía una situación *manifiestamente* injusta.

De todo lo antes expuesto resulta, en consecuencia, que "*la discrecionalidad no implica arbitrariedad*"[303]. Es decir, la Administración, cuando realiza una determinada actividad en ejercicio del poder discrecional, además de estar enmarcada su actuación dentro de los requisitos legales generales, la misma debe ser racional, justa, igual y proporcional, pues de lo contrario sería arbitraria, es decir, irracional, injusta, desigual o desproporcionada, lo que produciría la posibilidad de ser controlada judicialmente por los tribunales contencioso–administrativa. Por ello, precisamente, en materia de ejercicio del poder discrecional es que se ha hablado, y tan bien, de la "*interdicción de la arbitrariedad*" como limitación al mismo[304].

Sección Tercera: LA TÉCNICA DE LOS CONCEPTOS JURÍDICOS INDETERMINADOS COMO MECANISMO DE CONTROL JUDICIAL DE LA ACTIVIDAD ADMINISTRATIVA

Esta Sección tercera es el texto del estudio "La técnica de los conceptos jurídicos indeterminados como mecanismo de control judicial de la actividad administrativa," que elaboramos para la conferencia dictada en las Jornadas organizadas por la Fundación de Estudios de Derecho Administrativo sobre la Ley de Responsabilidad Social en Radio y Televisión, Caracas 2005, publicado en el libro *Ley de Responsabilidad Social en Radio y Televisión*, Editorial Jurídica Venezolana, Caracas 2006, pp. pp. 217–239; y en Germán Cisneros Farías, Jorge Fernández Ruiz y Miguel Alejandro López Olvera (Coordinadores), *Control de la administración pública. Segundo Congreso Iberoamericano de Derecho Administrativo*, Universidad Nacional Autónoma de México, México 2007, pp. 97–115; el cual fue recogido en mi libro: *Estudios De Derecho Administrativo 2005–2007,* Colección Estudios Jurídicos, Nº 86, Editorial Jurídica Venezolana, Caracas 2007, pp. 111– 132.

Si algo caracteriza a la legislación dictada en Venezuela en los últimos y recientes años, ha sido la utilización indiscriminada en las leyes, de multitud de conceptos jurídicos indeterminados, lo que podría originar como apariencia, una supuesta ampliación del poder discrecional de los funcionarios llamados a aplicarlas.

301 M. M. Díez, *op. cit.*, p. 198.

302 S. Martín–Retortillo Baquer, "El exceso de poder. . .", *loc. cit.*, p. 149.

303 *V.*, sentencia de la antigua *Corte Federal* de 24 de febrero de 1956 en *Gaceta Forense*, 2ª etapa, Nº 11, 1956, p. 28; sentencia de la misma Corte de 17 de julio de 1953 en *Gaceta Forense*, 2ª etapa, Nº 1, 1953, pp. 151–152; y sentencia de la misma *Corte Federal* de 26 de noviembre de 1959, en *Gaceta Forense*, 2ª etapa, Nº 26, 1959, p. 125.

304 E. García de Enterría, "La Interdicción...", *loc. cit.*, p. 160.

Un ejemplo reciente, muy poco conocido por lo demás, es el caso de la nueva *Ley sobre Nacionalidad y Ciudadanía* de 2004, que entró en vigencia el 1° de enero de 2005[305], en cuyo artículo 52 se ha establecido, en una forma evidentemente inconstitucional, que el ejercicio de la ciudadanía puede suspenderse, además de por la inhabilitación política o la interdicción civil, que son las únicas causas establecidas en la Constitución, entre otras "causales", por ejemplo, por la aceptación de "honores" de otro Estado, o por "la ofensa a los símbolos patrios".

Aparte de que estas "otras causales" de suspensión de la ciudadanía, es decir, de suspensión del ejercicio de los derechos políticos de los venezolanos son evidentemente inconstitucionales, pues establecen restricciones a los derechos de los venezolanos y a la ciudadanía no autorizadas en la Constitución, el problema es determinar en los otros casos qué significa aceptar "honores" de otro Estado. Por ejemplo, ¿a quien se le confiera la orden de Caballero de la Legión de Honor por el Estado francés, por los aportes a la cultura universal, estaría incurso en esta causal? ¿Es eso aceptar "honores" de otro Estado"? Peor aún, ¿qué es o puede ser eso de "ofensa a los símbolos patrios? ¿Usar una chaqueta con los colores de la bandera nacional en una fiesta o un mitin político podría ser tal ofensa?

Otra ley de reciente sanción ha sido la *Ley Orgánica del Tribunal Supremo de Justicia* de 2004[306], en la cual, también en una forma evidentemente inconstitucional, a la posibilidad de remoción de Magistrados de dicho Tribunal por decisión de la Asamblea Nacional por mayoría calificada como lo exige la Constitución (Art. 265), se ha agregado la posibilidad de remoción de dichos Magistrados por mayoría simple (Art. 23, 4) mediante "la anulación del acto administrativo de designación de los mismos por la Asamblea, en los casos en los cuales "la actitud pública" de los Magistrados "atente contra la majestad o prestigio del Tribunal Supremo, de sus Salas o de los Magistrados"; o cuando atente contra el funcionamiento del Tribunal Supremo, de alguna de sus Salas o del Poder Judicial". Quedó así, a la merced de la mayoría política de la Asamblea la remoción de los Magistrados del Tribunal Supremo por estas causales basadas precisamente en conceptos jurídicos indeterminados.

Pero una de las leyes de mayor interés reciente en la materia, ha sido la Ley de Responsabilidad Social en Radio y Televisión, también de 2004[307] la cual, conforme a su artículo 1, tiene:

> "[...] por objeto establecer, en la difusión y recepción de mensajes, la responsabilidad social de los prestadores de los servicios de radio y televisión, los anunciantes, los productores nacionales independientes y los usuarios y usuarias, para fomentar el equilibrio democrático entre sus deberes, derechos e intereses a los fines de promover la justicia social y de contribuir con la formación de la ciudadanía, la democracia, la paz, los derechos humanos, la cultura, la educación, la salud y el desarrollo social y económico de la Nación, de conformidad con las normas y principios constitucionales de la legislación para la protección integral de los niños, niñas y adolescentes, la cultura, la educación, la seguridad social, la libre competencia y la Ley Orgánica de Telecomunicaciones".

Esta Ley se caracteriza, entre otros aspectos, precisamente por la amplia utilización de conceptos jurídicos indeterminados, particularmente a los efectos de la imposición de sanciones, lo que sin duda puede dificultar su aplicación; destacándose, por ejemplo,

---

305 *Gaceta Oficial* N° 37.971 del 1 de julio de 2004.

306 *Gaceta Oficial* N° 37.942 del 19 de mayo de 2004

307 *Gaceta Oficial* N° 38.081 del 7 de diciembre de 2004

las referencias a imágenes que "tengan un carácter soez" (Art. 6); imágenes que "tengan carácter obsceno, que constituyan imprecaciones" (Art. 6); "mensajes que atenten contra la formación integral de los niños" (Arts. 7, 28); "mensajes que tengan por objeto impedir o dificultar a los usuarios percibirlos conscientemente"; "mensajes que inciten al incumplimiento del ordenamiento jurídico vigente"(Art. 28); "mensajes que inciten a alteraciones del orden público" (Art. 29); o que empleen "técnicas amarillistas". ¿En qué consisten en definitiva estas expresiones?

Lo importante a señalar en relación con estos conceptos, en todo caso, es que la Administración no dispone en su aplicación, de poder discrecional alguno, por lo que la actividad administrativa que se realiza al aplicárselos, puede y debe estar efectivamente sujeta a control judicial contencioso administrativo.

El tema, por supuesto, no es nuevo en nuestra disciplina, pero siempre vale la pena recordarlo particularmente ante nuevas leyes limitativas y restrictivas del ejercicio de derechos ciudadanos.

Ha sido precisamente la consolidación del principio de legalidad y la ampliación progresiva de las técnicas de control de la actividad administrativa, la que han conducido a la tendencia de reducción progresiva de campos de actividad administrativa que antaño se consideraban como propios de la discrecionalidad de la Administración, es decir, de la libertad de apreciación de la oportunidad y conveniencia de la actuación, atribuida legalmente a la autoridad administrativa, y que escapaban al control jurisdiccional.

Y ha sido, precisamente, el fenomenal esfuerzo por reducir la discrecionalidad administrativa, el que ha conducido a la identificación de estos llamados conceptos jurídicos indeterminados, para precisamente excluirlos del campo de la discrecionalidad.

Como sabemos, ello correspondió inicialmente a los juristas alemanes[308], y posteriormente, en España lo destacó inicialmente Eduardo García de Enterría[309], al estudiar esos denominados "conceptos jurídicos indeterminados" como "nociones jurídicas imprecisas", y que la doctrina italiana tradicionalmente ha calificado como "discrecionalidad técnica"[310], para darle individualidad y diferenciarla de la discrecionalidad propiamente dicha.

Bajo este ángulo, es frecuente entonces, y a veces demasiado frecuente, encontrar en la legislación, regulaciones establecidas de una manera más o menos indeterminada, lo que sucede, precisamente cuando por ejemplo se utilizan expresiones como las antes indicadas, o como: orden público, interés general, justo precio, urgencia, buenas costumbres, interés general, moral pública, interés superior, y tantas otras.

Se trata, precisamente, de estos conceptos jurídicos indeterminados, que existen en todos los casos de regulaciones en las cuales el sentido concreto para la aplicación de la norma, no está resuelto ni está determinado con exactitud en la ley.

---

308 *Cfr.* Forsthoff, *Tratado de Derecho Administrativo*, Instituto de Estudios Políticos, Madrid, 1958, pp. 123 y ss.; Hans Klecatsky, "Reflexiones sobre el imperio de la ley, especialmente sobre el fundamento de la legalidad de la administración", *RCIJ*, Vol. IV, N° 2, Verano de 1963, p. 237. *V.*, las referencias en Fernando Sainz Moreno, *Conceptos Jurídicos, interpretación y discrecionalidad administrativa*, Madrid, 1976, pp. 224 ss.

309 E. García de Enterría. "La lucha contra las inmunidades de poder en el Derecho Administrativo" (poderes discrecionales, poderes de gobierno, poderes normativos), *RAP*, N° 38, 1962, p. 171.

310. *V.*, por ejemplo Aldo Sandulli, *Manuale di Diritto Administrativo*, Napoli, 1964 pp. 573 ss.; Pietro Virga, *Il Provvedimento Amministrativo*, Milano, 1972, pp. 27 ss.

Es claro que tradicionalmente se había admitido que la calificación de los hechos en estos casos indeterminados encajaba dentro de la discrecionalidad administrativa[311]; pero con la identificación de la técnica de los conceptos jurídicos indeterminados, dicha discrecionalidad se ha reducido, al diferenciársela de aquellos.

En la discrecionalidad auténtica, la Administración es libre de elegir entre varias posibilidades, de manera que cualquier solución que adopte dentro de ellas es, en principio, jurídicamente irreprochable. Cuando la ley dispone por ejemplo, que la Administración podrá adoptar las medidas que estime necesarias para el logro de un fin determinado (enumerando, incluso, las diversas medidas admisibles), según su apreciación de la oportunidad y conveniencia de la acción, cualquier decisión que se adopte puede considerarse como jurídicamente aceptable. Así, por ejemplo, en materia sanitaria, si la ley le atribuye a la Administración competencia para tomar medidas para prevenir la propagación de una enfermedad, pudiendo decidir, por ejemplo, la cuarentena de área determinadas, la vacunación obligatoria o el aislamiento de los enfermos, según su apreciación de la gravedad de la situación, cualquiera de la medida que se adopte dentro de los criterios de logicidad, razonabilidad, proporcionalidad, es aceptable.

En cambio, en el supuesto de los conceptos jurídicos indeterminados, la decisión que adopte la Administración solo puede ser una. Por ejemplo, en los casos de inmuebles en ruina. Cuando la Administración por ejemplo, tiene competencia para adoptar determinadas medidas para proteger a la ciudadanía ante las edificaciones que puedan encontrarse en estado de ruina, la elección de las medidas no es libre, pues en este caso, se trata de la aplicación de la ley a un caso concreto, que admite sólo una solución justa.

Es común, así, que las Ordenanzas municipales sobre Arquitectura, Urbanismo y Construcciones establezcan en general la necesidad de demoler o modificar según los casos, las edificaciones que "amenacen o se encuentren en ruina". Este es precisamente un concepto jurídico indeterminado, de manera que ante una edificación determinada, no cabe más que una sola solución justa: o la edificación se encuentra en ruina o no lo está; y esta determinación, es claro, no puede ser objeto de una facultad discrecional[312].

Como lo han indicado Eduardo García de Enterría y Tomás Ramón Fernández,

> "[...] la aplicación de conceptos jurídicos indeterminados es un caso de aplicación de la Ley, puesto que se trata de subsumir en una categoría legal (configurada, no obstante su imprecisión de límites, con la intención de acotar un supuesto concreto) unas circunstancias reales determinadas; justamente por ello es un proceso reglado, que se agota en el proceso intelectivo de comprensión de una realidad en el sentido de que el concepto legal indeterminado ha pretendido, proceso en el que no interfiere ninguna decisión de voluntad del aplicador, como es lo propio de quien ejercita una potestad discrecional.
>
> "[...] Siendo la aplicación de conceptos jurídicos indeterminados un caso de aplicación e interpretación de la Ley que ha creado el concepto, el juez puede fiscalizar tal aplicación, valorando si la solución a que con ella se ha llegado es la única solución justa que la Ley permite..." [313].

De ese criterio García de Enterría y Fernández, surge entonces otra diferencia entre la discrecionalidad y los conceptos jurídicos indeterminados[314], y es que en la discrecionalidad, la operación que debe realizar la Administración es siempre de naturaleza *volitiva;* como sucede, por ejemplo, cuando la ley faculta a la Administración para tomar una

311 *V.*, M. Stassinopoulos, *op. cit.*, pp. 185 y ss.

312 *Cfr.* E. García de Enterría, "La lucha contra... ", *loc. cit.*, p. 174.

313 *Curso de derecho administrativo*, Madrid. Ed. Civitas. 1998. Tomo I. p. 450

314 *V.*, Alejandro Nieto, "Reducción jurisdiccional...", *loc. cit.*, p. 154

medida dentro de un límite máximo y mínimo claramente determinado, según la gravedad de la falta[315]

En cambio, en el caso de los conceptos jurídicos indeterminados la operación que realiza la Administración es de naturaleza *intelectiva:* la administración *cree, juzga, estima, aprecia* que la edificación, por ejemplo, amenaza ruina.

Esta distinción provoca efectos importantes: mientras en el caso de la discrecionalidad no hay posibilidad de controlar esa voluntad puesto que la ley se la atribuye expresamente, dejando a salvo, sin embargo los límites de la logicidad, razonabilidad, justicia y proporcionalidad; en el caso de los conceptos jurídicos indeterminados, siempre cabe la posibilidad de que la Administración se haya equivocado en su juicio, y tal error es el que precisamente puede ser controlado y corregido por los tribunales contencioso administrativos[316].

El tema se ha considerado en la jurisprudencia venezolana desde hace más de 20 años. La primera decisión que se adoptó en la materia, fue la sentencia líder dictada por la Sala Político Administrativa de la antigua Corte Suprema de Justicia, de 19 de mayo de 1983 (Caso: *RCTV– Programa Hola Juventud*), en la cual el problema se planteó en sus justos términos, en relación, precisamente, con trasmisiones de Televisión[317].

El caso fue el siguiente:

Conforme al Reglamento para las transmisiones de Televisión de 1980, entre los programas que podían transmitir las estaciones televisoras, estaban "los programas recreativos que contribuyan a la sana diversión, sin ofender la moral pública ni exaltar la violencia ni el delito" (Art. 15).

De acuerdo con esta normativa, el Ministerio de Transporte y Comunicaciones en un caso concreto de un programa denominado "Hola Juventud" que en una fecha determinada trasmitía Radio Caracas Televisión, en el cual se había proyectado una escena de una obra de teatro, consideró que se ofendió la moral pública, "por cuanto aparecía la figura de un hombre desprovisto de vestimenta", razón por la cual sancionó a la empresa con la suspensión por un día del programa referido.

El acto administrativo sancionatorio fue impugnado ante la jurisdicción contencioso–administrativa, ante la cual se alegó que la escena en cuestión correspondía a una obra de teatro brasileña denominada "Macunaima", y que personificaba el nacimiento de dicho personaje que era un héroe mitológico indígena. Se alegó que no podía considerarse que la escena ofendía la moral pública, razón por la cual no podía considerarse que la transmisión del programa había violado el Reglamento.

La Corte Suprema de Justicia, en la sentencia respectiva declaró la nulidad de la Resolución impugnada, basándose en la siguiente argumentación:

> "El presupuesto de hecho –ofensa a la moral pública– incorpora a la norma uno de aquellos elementos que la doctrina administrativa ha denominado conceptos jurídicos indeterminados, y que se diferencian claramente de las llamadas potestades discrecionales. Mientras éstas dejan al funcionario la posibilidad de escoger según su criterio entre varias soluciones justas, no sucede lo mismo cuando se trata de la aplicación de un concepto jurídico indeterminado. Se caracterizan,

---

315 *V.*, sentencia de la *Corte Suprema de Justicia en Sala Político–Administrativa* de 12 de diciembre de 1963 en *Gaceta Oficial de la República de Venezuela*, N° 27.344 de 13 de enero de 1964.

316 Alejandro Nieto. "Reducción jurisdiccional. . .", *loc. cit.*, pp. 154–155.

317. *V.*, sentencia de la Corte Suprema de Justicia en Sala Político Administrativa, de 19 de mayo de 1983, en *Revista de Derecho Público*, N° 34, Caracas, 1988, p. 69.

estos últimos, por ser conceptos que resulta difícil delimitar con precisión en su enunciado, pero cuya aplicación no admite sino una sola solución justa y correcta, que no es otra que aquella que se conforma con el espíritu, propósito y razón de la norma.

La aplicación del concepto jurídico indeterminado por la Administración Pública constituye una actividad reglada y por consiguiente, sujeta al control de legalidad por parte del órgano jurisdiccional competente. De allí la importancia que tiene establecer la significación y alcance del concepto moral pública empleada por la norma y que ha sido invocada como fundamento de la Resolución impugnada"[318].

Con base en esas premisas, la Corte Suprema de Justicia precisamente analizó en particular el concepto de "moral pública", como concepto dinámico, destinado a proteger el buen orden social y la pacífica convivencia de los ciudadanos (y no atinente a la moral individual), y que, por tanto –dijo– "cambia con el correr de los tiempos y la evolución de las costumbres". "De allí que para juzgar si una determinada actuación ofende efectivamente la moral pública –sostuvo la Corte–, menester es atenerse al criterio dominante en el medio social en que aquélla se realizó", concluyendo que "En el estado actual de la evolución cultural de Venezuela, sería inexacto sostener que toda manifestación del cuerpo humano desprovisto de vestimenta afecte a la moral pública o constituya objeto de escándalo o de repudio por parte de la colectividad"[319].

Conforme a esta jurisprudencia, se consolidó en Venezuela la distinción entre lo que es el ejercicio del poder discrecional y lo que no es discrecionalidad, basado en la noción de los conceptos jurídicos indeterminados, como reducción efectiva del ámbito de la libertad de apreciación de la Administración, y la consecuente ampliación de los poderes de control jurisdiccional.

Así, entonces, la discrecionalidad sólo existe cuando la Administración puede elegir entre varias decisiones, de manera que en la voluntad del Legislador cualquiera de ellas es jurídicamente admisible y tiene el mismo valor; en cambio, existe un concepto jurídico indeterminado y, por tanto, no hay discrecionalidad, cuando sólo una decisión es jurídicamente admisible[320].

En consecuencia, lo peculiar de estos conceptos jurídicos indeterminados es que su calificación en una circunstancia concreta no puede ser más que una: o se da o no se da el concepto; es decir, o hay utilidad pública, o no la hay; o se da, en efecto, una pertur-

318. *Idem.* En sentido similar la Corte Suprema de Justicia (Venezuela) en sentencia de 27 de abril de 1989 consideró que la noción de "interés público" para el otorgamiento de una exoneración fiscal, no podía dar origen a su apreciación discrecional, sino que "siendo la aplicación de un concepto jurídico indeterminado en caso de aplicación o interpretación de la Ley que ha creado el concepto, el Juez debe fiscalizar tal aplicación valorando si la solución a que con ella se ha llegado, es la única solución justa que le permite la Ley" *Revista de Derecho Público,* Nº 38, Caracas, 1989, p. 96.

319 *Idem.* La Corte, en su sentencia, continuó su argumentación: así: "En todo acto que supuestamente sea susceptible de afectar la moral, nuestra sociedad, toma hoy muy en cuenta la intención o el propósito que lo anima así como su forma de expresión. Tiene suficiente criterio para distinguir entre una imagen pornográfica sin duda torpe, despreciable y repudiable– la representación del cuerpo humano desnudo como creación artística o con una finalidad científica o por un requerimiento docente".

"La Sociedad Venezolana actual admite como permisible la exhibición del cuerpo humano desnudo no sólo en los museos de arte o de ciencia, en la pintura y en la escultura, sino igualmente en revistas y otras publicaciones especializadas o de información general, así: como en las proyecciones cinematográficas y en las creaciones teatrales".

"Se trata de hechos y aptitudes públicas y notorias que no exigen demostración especial, porque pertenecen a la experiencia diaria de la colectividad nacional".

320 *V.,* Fernando Sainz Moreno, *Conceptos Jurídicos, interpretación y discrecionalidad administrativa,* Madrid, 1976, p. 234.

bación del orden público[321]; o no se da; o una actuación es contraria a las buenas costumbres, o no lo es o el precio que se señala en la expropiación, por ejemplo, es justo o no lo es; o se ofende a la moral pública o no se la ofende; o existe un interés superior del niño[322] o no existe.

En estos casos, no hay una tercera posibilidad. Por ejemplo, para que se adopte una orden municipal de demolición de un inmueble porque amenaza ruina, el inmueble o está en estado ruinoso o no lo está. Como lo puntualiza García de Enterría, "hay, pues, y esto es esencial, una unidad de solución justa en la aplicación del concepto a una circunstancia concreta". Por ello califica el proceso de aplicación de los conceptos jurídicos indeterminados como un "proceso reglado", porque no admite más que una solución justa; es, como se ha dicho, "un proceso de aplicación a interpretación de la Ley, de subsunción en sus categorías de un supuesto dado; no es un proceso de libertad de elección entre alternativas igualmente justas"[323].

Así lo puntualizó por ejemplo, en España, el Tribunal Supremo al calificar el concepto de "justo precio" en la expropiación, como un concepto jurídico indeterminado, indicando que sólo puede conducir a que el precio que se determine deba ser real y efectivamente "el verdadero y justo valor". Se trata de la sentencia de 28–4–1964, pionera en este campo en el mundo de habla hispana, donde dicho Tribunal señaló:

---

321 La Sala Constitucional del Tribunal Supremo en sentencia N° 3742 de fecha 22–01–2003, al analizar los conceptos de "orden público" y "buenas costumbres" para resolver sobre la caducidad o no de una acción de amparo, hizo los siguientes razonamientos:

"Ahora bien, como ello no basta para declarar la caducidad de la acción interpuesta, debe verificarse la naturaleza de las infracciones denunciadas, particularmente, si las mismas atañen a la noción de orden público o lesionan las buenas costumbres, en cuyo caso debe estimarse que la caducidad se excepciona (*vid.* stc. n° 150/2000).

"Con miras a ello, debe apuntarse que ambas nociones: *orden público* y *buenas costumbres*, constituyen conceptos jurídicos indeterminados que adquieren significación práctica cuando el sentenciador vacía su contenido frente al caso concreto. La Sala ha entendido que, en materia de amparo, las infracciones al orden público o a las buenas costumbres son producto de actuaciones u omisiones que impliquen un total desconocimiento por parte del agente lesivo, del núcleo esencial de los derechos fundamentales que invisten al justiciable, cuyos efectos sean de tal entidad, que resulte lesionada la sociedad en general o parte de ella.

"De allí, que el consentimiento de esta clase de lesiones impida el nacimiento de la caducidad prevenida en el artículo 6 de Ley Orgánica de Amparo sobre Derechos y Garantías Constitucionales, pues de aceptarse la infracción podría generarse un caos social (*vid.* stc. n° 1167/2001). Contrario sensu, cuando la lesión denunciada afecta la sola esfera de intereses particulares de quien se erige como agraviado, nada impide que opere la caducidad, si éste no ejerciere en tiempo oportuno esta acción de tutela de sus derechos fundamentales".

322 En la sentencia de la Sala Constitucional N° 1917 de 14–07–2003 , al referirse al concepto indeterminado "interés superior del Niño, se dispuso lo siguiente:

"El "interés superior del niño", en tanto concepto jurídico indeterminado, tiene por objetivo principal el que se proteja de forma integral al niño por su falta de madurez física y mental, pues requiere protección y cuidado especiales, incluso la debida protección legal, tanto antes como después de su nacimiento. A título ejemplificativo, el niño debe ser protegido contra toda forma de discriminación o castigo por causa de la condición, las actividades, las opiniones expresadas o las creencias de sus padres, tutores o familiares.

"El concepto jurídico indeterminado "interés superior" del niño se conecta con uno de los principios de carácter excepcional, junto al de cooperación de la colectividad hacia metas de integración, que tipifica el Derecho de Menores y le diferencian de las restantes ramas de la Ciencia del Derecho, cual es el principio eminentemente tuitivo, en el que reside la esencia misma de su existir (Mendizábal Oses, L. *Derecho de menores*. Teoría general. Madrid. Ed. Pirámide. 1977. p. 49)

"Por ello, el "interés superior del niño" previsto en el artículo 8 de la Ley Orgánica para la Protección del Niño y del Adolescente viene a excluir y no a limitar la libertad individual de establecer y perseguir fines individuales, pues cuando se trata de la protección y cuidado de los niños se persiguen fines que van más allá de los personales. Así, el interés individual es sustituido por un interés superior, que es el del niño, porque a las necesidades de éste subviene la tutela jurídica con la cual se obtiene el fin superior de la comunidad social".

323 *V.*, E. García de Enterría, *op. cit.*, pp. 35, 37 y 38.

"[...] las facultades discrecionales se caracterizan por la pluralidad de soluciones justas posibles entre las que libremente puede escoger la Administración, según su propia iniciativa, por no estar comprometida dentro de la norma la solución concreta; mientras que el concepto jurídico indeterminado (ruina, precio justo, utilidad pública etc.) es configurado por la Ley como un supuesto concreto de tal forma que solamente se da una única solución justa en la aplicación del concepto a la circunstancia de hecho"[324].

Pero en Venezuela, además de la mencionada sentencia de 1983 del Caso: *Hola Juventud,* en otra sentencia de la Sala Político Administrativa del Tribunal Supremo de Justicia, Nº 2127 de fecha 9–10–2001, también se ha tratado el tema de los conceptos jurídicos indeterminados y de la discrecionalidad administrativa, en este caso, con ocasión de decidir la impugnación de un acto administrativo de revocación de una visa de ingreso dada a un extranjero, por razones de "interés general", típico concepto jurídico indeterminado. La Sala, en ese caso, declaró sin lugar la impugnación, siguiendo los siguientes razonamientos:

La Sala consideró que "el acto revocatorio de la visa cuando está soportado en razones de interés público, es un acto de naturaleza administrativa, que colinda entre los denominados actos administrativos soportados en la potestad discrecional y los actos administrativos cuyo sustrato es un concepto jurídico indeterminado. Es decir, –dijo la Sala– tiene una mixtura por tener propiedades de ambos, y allí discurre". Por eso, precisó la Sala– "su particularidad y distinción con el común de los actos administrativos".

En cuanto al fondo del asunto, la Sala distinguió:

"[...] la potestad discrecional [es decir], facultad que otorga la Ley a la Autoridad Administrativa para escoger entre varias soluciones igualmente autorizadas *ex lege* en un caso concreto (donde en más de las veces será por razones de oportunidad que se tome o no la decisión); y los actos que atienden a conceptos jurídicos indeterminados...que sólo admiten una justa solución, es decir, que el ordenamiento jurídico sólo permite o autoriza una específica resolución con absoluta exclusión de otras".

En el caso concreto, la Sala precisó en materia de revocación de visas, "en una primera fase (la de los conceptos jurídicos indeterminados) la Administración tendrá que evaluar si el interés público se encuentra o no negativamente comprometido, es decir, si se revela una situación que atenta contra dicho interés" en cuyo caso, "tendrá que ponderar los elementos de juicio que se le presentan con la debida racionalidad"

Pero cuando queda de manifiesto una situación trasgresora del interés público, entonces, señaló la Sala,

"[...] se pasa a la segunda fase, donde la Administración con su arbitrio dispondrá o no la pertinencia de la revocatoria de la visa, a su entera discreción. Y sin lugar a dudas en el marco de la norma tal ejercicio es potestativo, ya que bien puede escoger por no revocar la Visa y así permitir la permanencia legal del ciudadano de que se trate, sin perjuicio que los hechos violentadores del orden jurídico pueda comportar para él transgresor sanciones de otra índole (verbigracia, penas privativas de libertad por estar incurso en hechos penalmente sancionables)".

En la primera de las fases mencionadas, concluyó la Sala, "no hay discrecionalidad alguna, sino una racional evaluación de si el interés público se encuentra o no comprometido"; en cambio, "en la segunda fase, si existe un alto margen de discrecionalidad (revocar o no la visa)".

---

324 *V.*, la referencia en F. Sainz Moreno, *op. cit.*, p. 273.

En otra sentencia, más antigua, la N° 396 de 01–08–1991, la Sala Político Administrativa de la antigua Corte Suprema de Justicia (Caso: *RCTV vs. Ministerio de Transporte y Comunicaciones)*, resolvió otra impugnación contra un acto administrativo del antiguo Ministerio de Transporte y Comunicaciones, que también había suspendido una edición de un programa de televisión denominado "La Escuelita", por considerar que el mismo incitaba a la indisciplina, declarando, también en este caso, sin lugar dicha impugnación.

Para decidir la Sala se refirió a los diversos conceptos jurídicos indeterminados establecidos en la normativa entonces vigente para los programas de televisión (artículos 11 de la Ley Orgánica de Educación, 53 y 62 del Reglamento de Radiocomunicaciones y 20 –ordinal 50– de la Ley Tutelar del Menor), en particular los conceptos: "contrario a la moral pública o a las buenas costumbres", "incitación a la indisciplina", "relatos de hechos poco edificantes", "presentación de una imagen degradante e irrespetuosa de la institución educativa"; haciendo las siguientes consideraciones:

> "La presencia de un concepto jurídico indeterminado en el supuesto de hecho de una norma atributiva de competencia, ciertamente no concede *per se* discrecionalidad alguna a la autoridad administrativa, pues –como lo ha dejado establecido ya esta Corte– la discrecionalidad se define como el arbitrio de elegir entre dos o más soluciones justas, mientras que el concepto jurídico indeterminado exige que, a la luz de una situación concreta, se indague su significado hasta dar con la única solución justa, de modo que si el órgano competente se apartara de ésta incurriría en violación de la ley y sería nula o, al menos, anulable su decisión (sentencia de la Sala Político–Administrativa de la Corte Suprema de Justicia del 5 de mayo de 1983, citada)".

Dicho esto, en el caso concreto, la Sala advirtió que el recurrente había incurrido en una contradicción, "al alegar violación de los límites de la discrecionalidad y, al mismo tiempo [alegar], que la "contrariedad a la moral pública" es un concepto jurídico indeterminado" en el cual no sería subsumible el supuesto de hecho que habría motivado la suspensión del número "La Escuelita"; y estableció lo siguiente:

> "a) El concepto "contrariedad a la moral pública", si bien –según declaró la Sala en la sentencia antes citada– es cambiante, de acuerdo con las condiciones culturales del pueblo, no lo es hasta el punto de no tener ninguna sustantividad, ni puede considerarse al público como el "juez idóneo" para determinar su contenido. En efecto, si no tuviera ninguna sustantividad, tampoco tendría sentido alguno su consagración legislativa; y si su contenido debiera establecerse según el criterio de la "opinión pública" tampoco sería razonable que una autoridad (la policía de espectáculos) velara porque los medios de comunicación social no incurrieran en él, pues la "opinión pública" es fácilmente manipulable, a corto o a largo plazo, aun por los propios medios de comunicación. Por esto último, bien dispone el Código de Ética de la Televisión Venezolana que el criterio que ha de considerar el juez para establecer tal concepto es el de un "sector *responsable"* de la comunidad (artículo 35), y no cualquiera".

Partiendo de estos razonamientos, la Sala señaló que no tenían "demasiada relevancia los argumentos de la actora sobre la "finalidad jocosa" del número suspendido, ni sobre la ausencia de "escándalo público" causado por el mismo, agregando lo siguiente:

> "[...] un programa, en efecto, con "finalidad jocosa" puede traspasar los límites exigidos por la moral pública, las buenas costumbres o el respeto a la institución educativa o a la dignidad de la persona o a la disciplina escolar, etc.; y, por otra parte, el "escándalo público", entendido como manifestaciones callejeras, o protestas similares, no se exige para que se configure alguno de los conceptos jurídicos indeterminados que comentamos. Basta que a un sector "sustancial y *responsable"* de la comunidad pueda parecer objetable, lo cual es una medida que se deja a la prudencia del funcionario administrativo o del juez, para la determinación de los conceptos, similar a la que

en Derecho Civil se usa para calificar la culpa ("buen padre de familia"); para que, en consecuencia, no resulte "arbitraria", aunque –como queda dicho– sea "prudencial".

El tema básico en discusión, en todo caso, incidía en el análisis de los conceptos invocados por la Resolución impugnada para ordenar la suspensión del programa, tales como "relatos de hechos poco edificantes" o "incitación a la indisciplina", "patético" "sensación", "sombrío". La Sala constató que en dicho programa de "La Escuelita", resultaba un hecho no discutido, que era que una maestra amenazaba con armas de fuego (aun cuando era de juguete), y con objetos contundentes a sus alumnos, en un salón de clases, mientras éstos hacían alusiones políticas en forma burlona. De ello observó la Sala, para declarar sin lugar el recurso de nulidad, que ciertamente:

"[...] de tales hechos no se desprende que el número [del programa] objeto de la medida de suspensión definitiva fuera de los que producen terror en los niños, ni de los que incitan a la deformación del lenguaje ni al irrespeto a la dignidad personal ni al odio ni a la violencia. En cambio, sí incitaba –estima la Corte– a la indisciplina y presentaba una imagen degradante e irrespetuosa de la institución educativa, sin que sea óbice para ello la naturaleza jocosa del número, pues bien pueden ejecutarse guiones cómicos sin necesidad de agredir la imagen de la institución y, en general, respetando la moral pública, las buenas costumbres, la disciplina y los demás conceptos por los que debe velar la policía de espectáculos".

Como se puede apreciar de estos precedentes jurisprudenciales, el tema de los conceptos jurídicos indeterminados en relación con las regulaciones relativas a los programas de radio y televisión no es nuevo. Se ha planteado y con la Ley de Responsabilidad Social en Radio y Televisión, sin duda, se seguirá planteando.

El tema, en todo caso, también se ha planteado en otras latitudes, como en España, y en Italia, con base en la distinción entre la llamada "discrecionalidad administrativa" y la "discrecionalidad técnica". La discrecionalidad administrativa, en esta forma, se ha definido "como la facultad de escogencia entre comportamientos jurídicamente lícitos, para la satisfacción del interés público, y para la consecución de un fin que se corresponda con la causa del poder ejercido"[325]; en cambio en la "discrecionalidad técnica" no existe tal escogencia; como lo destacó Sandulli, en la discrecionalidad técnica "la escogencia del comportamiento a seguir, tomando en cuenta los intereses públicos, ya fue realizada a priori (de una vez y para siempre) de manera vinculante, por el Legislador", por lo que a la Administración sólo le queda realizar una valoración sobre la base de conocimientos (y por lo tanto, de reglas) técnicos, como son aquellos de la medicina, de la ética, de la economía..., como es el caso, por ejemplo, del valor económico de un bien[326]. La "discrecionalidad técnica" por tanto, en realidad no es discrecionalidad, derivando su denominación de lo que Giannini llamó un error histórico de la doctrina[327].

Por esta razón, por ejemplo, la Ley General de la Administración Pública de Costa Rica recalca con precisión, que "en ningún caso podrán dictarse actos contrarios a reglas unívocas de la ciencia o de la técnica" autorizando al Juez para "controlar la conformidad con esas reglas no jurídicas de los elementos discrecionales del acto, como sí ejerciera contralor de legalidad" (Art. 16).

En Francia, el proceso de ampliación del control jurisdiccional de la Administración y de reducción de la discrecionalidad, también se ha manifestado en este campo de los conceptos jurídicos indeterminados, (aún cuando sin utilizar el concepto) mediante el

325 *V.*, P. Virga *op. cit.*, p. 19.
326. *V.*, Aldo M. Sandulli, *op. cit.*, p. 574.
327 *V.*, Massimo Severo Giannini, *Diritto Amministrativo*, vol. I, Milán, 1970, p. 488.

desarrollo del control jurisdiccional en cuanto a la calificación de los hechos y en la apreciación de los motivos de los actos administrativos[328].

El primer *arrêt* del Consejo de Estado que se dictó en estos aspectos fue el *arrêt Gomel* de 4–4–1914[329], en el cual se consideró el poder de un Prefecto, conforme a la Ley de 13 de julio de 1911, para negar el otorgamiento de permisos de construcción en determinadas áreas urbanas de París, cuando el alineamiento y el nivel de la construcción proyectada con la vía pública no se encontrase acorde a las prescripciones hechas en interés de la seguridad pública, de la salubridad o de la conservación de perspectivas monumentales y del sitio. El Consejo de Estado, en su decisión, a requerimiento del Sr. Gomel, en particular entró a apreciar si la construcción atentaba contra "la perspectiva monumental existente" como había sido considerado por la Administración, concluyendo que en el caso concreto de la plaza Beauveau de París, en la cual se proyectaba la construcción que podría ser observada en su conjunto como formando una perspectiva monumental, consideró que el Prefecto, al negarse a conceder el permiso de construcción, había hecho una falsa aplicación de la Ley.

Este *arrêt* se ha considerado como el punto de partida de una abundante jurisprudencia relativa al control por el juez contencioso administrativo, de la calificación jurídica de los hechos, en el sentido de que cada vez que un texto subordine el ejercicio de un poder de la Administración a la existencia de ciertas circunstancias de hecho, el juez debe verificar si estas condiciones de hecho están efectivamente cumplidas, y, particularmente, si los hechos presentan un carácter de tal índole que justifiquen la decisión tomada[330]. Es así que el juez contencioso administrativo ha controlado de una manera constante el carácter artístico y pintoresco de monumentos y ciudades (CE 2 mai 1975, *Dame Ebri et autres,* Rec. 280, AJ 1975, 311 concl. G. Guillaume); el carácter técnico de un cuerpo de funcionarios (CE 27 juin 1955, *Deleuze,* Rec. 296; A. J. 1955, II, 275, concl. Laurent); el carácter fáctico del acto de un agente público, (CE 13 mars 1953, *Teissier,* Rec. 133 concl. Donnedieu de Vabres); el carácter licencioso o pornográfico de una publicación (CE 5 déc 1956, *Thibault,* Rec. 463; D. 1957, 20, concl. Mosset); o el carácter inmoral de una película (CE 18 déc 1959, *Societé Les Films Lutetia,* Rec. 693, concl. Mayras)[331].

Pero posteriormente, esta reducción del ámbito de la discrecionalidad, también se ha producido en Francia a través del denominado control jurisdiccional del "error manifiesto de apreciación" y de la aplicación por el juez del principio del "balance–costo–beneficios. En el primer caso, André De Laubadére, se refirió a los casos de "apariencia de control del poder discrecional", precisamente referido a la aplicación de conceptos jurídicos indeterminados en los cuales "el juez administrativo, contribuyendo así con el legislador a determinar en que casos hay poder reglado, transformándose entonces una competencia aparentemente discrecional en una competencia reglada"[332], o más exactamente, según la expresión de Auby y Drago, "descubre" las condiciones legales, los motivos considerados por el cómo los solos legítimos de la decisión.[333]

---

328 *V.*, A. De Laubadère, "Le contrôle juridictionnel du pouvoir discrétionnaire dans la jurisprudence récente du Conseil d'Etat Français", *Mélanges offerts a Marcel Waline*, París, 1974, t. II, pp. 531–S49.

329 CE 4 avr. 1914, *Gomel,* Rec. 488. *V.* en M. Long P. Weil y G. Braibant, *Les grands arrêts de la jurisprudence administrative,* 7° ed., París, 1978, p. 124

330 *V.*, Long, Weil y Braibant, *op. cit.*, p. 125.

331 *Idem*, p. 125.

332 *V.*, A. De Laubadère, *loc. cit.*, p. 535.

333 *Idem.*

En el caso del principio "balance–costo–beneficio" [334], también ha conducido a la jurisprudencia francesa a descubrir competencias regladas en lo que aparentemente es el ejercicio de poderes discrecionales, desarrollado en casos de urbanismo y expropiación con ocasión de la aplicación precisamente, del concepto jurídico indeterminado de "utilidad pública".

El inicio de esta aproximación al control jurisdiccional de lo que se creía era poder discrecional se sitúa en el *arrêt* denominado *Ville Novuelle Est* adoptado por el Consejo de Estado el 28 de mayo de 1971[335], con motivo de la impugnación, por ilegalidad, del acto administrativo del Ministro del Equipamiento y Vivienda que declaró de utilidad pública un proyecto de desarrollo y renovación urbana al este de la ciudad de Lille destinado a configurar, tanto una ciudad universitaria como una Nueva Ciudad. Con motivo de la impugnación de la decisión, entre otros motivos, se denunció que la destrucción de un centenar de viviendas que implicaba el proyecto, podía evitarse si se disponía de un proyecto distinto al de la autopista programada. El proyecto, se dijo, constituía un costo demasiado elevado para la operación proyectada, lo que le quitaba el carácter de utilidad pública a la misma. El Consejo de Estado, al juzgar "la utilidad pública de la operación" y considerar que el proyecto si tenía carácter de tal, estimó:

> "[...] que una operación no podría ser legalmente declarada de utilidad pública sino cuando los atentados a la propiedad privada, el costo financiero, y eventualmente los inconvenientes de orden social que ella comporta, no son excesivos en relación al interés que ella presenta"[336].

Hasta ese momento, el Consejo de Estado había controlado la finalidad de utilidad pública de determinados proyectos, verificando si la operación correspondía en sí misma a un fin de utilidad pública, pero se había rehusado a examinar el contenido concreto del proyecto, es decir, la escogencia de las parcelas a expropiar. Con el *arrêt Ville Nouvelle Est,* a propuesta de G. Braibant, el Consejo de Estado asumió la tareas de decidir y de apreciar, en cada caso, la utilidad pública de un proyecto, habida cuenta del balance de las ventajas e inconvenientes de la operación y apreciando no sólo el costo financiero de la misma sino también su costo social[337]. Marcel Waline, al comentar el "considerando" del *arrêt* constató que:

> "El juez se reconoce el derecho de apreciar todo tipo de ventajas e inconvenientes de la operación en cuestión, de establecer entre ellos un balance, de hacer en alguna forma la suma algebraica de unas y otros, y de no dar la aprobación, sino cuando el saldo de esta operación, después de hechas las cuentas, le parecía positivo"[338].

En el mismo sentido del *arrêt Ville Nouvelle Est,* el Consejo de Estado se pronunció en el *arrêt Soc. Civile Sainte–Marie de l'Assomption* de 20 de octubre de 1972[339], juzgó sobre la utilidad pública del proyecto de la autopista norte de Niza, cuya construcción amenazaba el Hospital Psiquiátrico Sainte–Marie, lo que no sólo implicaba oponer el interés general a los intereses particulares, sino que comportaba un conflicto entre dos

---

334 *V.*, Jeanne Lemasurier, "Vers un nouveau principe général du droit. Le principe 'bilan–cout–avantages' ", *Melánges offerts a Marcel Waline,* París, 1974, t. II, pp. 551–562.

335. CE 28 mai 1971, *Ministre de l'équipement et du logement c. Fédération de défense des personnes concernées par le projet actuellement dénommé "Ville Nouvelle Est",* Rec. 409, Conclusiones de Braibant. *V.* en Long, Weil y Braibant, *op. cit.*, pp. 561–574.

336. *V.*, en Long, Weil y Braibant, *op. cit.*, p. 563.

337. *Idem*, pp. 568–569.

338. M. Waline, "L'appréciation par le juge administratif de l'utilité d'une project", *Revue du Droit Public et de la Science Politique en France et à l'étranger*, 1973, p. 454; *cit.*, por J. Lemasurier, *loc. cit.*, p. 555.

339 CE 20 octobre 1972, Rec. 657, Conclusiones de Morisot.

intereses públicos: el de la circulación y el de la salud pública. En su *arrêt,* el Consejo de Estado declaró la nulidad del decreto declarativo de utilidad pública, por considerar la inconveniencia de la solución de circulación establecida en el proyecto alrededor de un hospital, que no solo le producía ruido sino que lo privaba de toda posibilidad de expansión futura[340].

En todos estos casos, las decisiones del juez no inciden realmente en el ejercicio de poderes discrecionales, sino en el ejercicio de competencias regladas, que sólo admiten una solución justa: o la obra es o no es de utilidad pública. El balance costo–beneficios que ha efectuado el Consejo de Estado, es precisamente lo que la Administración está obligada a hacer en cada caso para adoptar la única solución justa que derive de concretizar el concepto jurídico indeterminado de "utilidad pública" en un proyecto de expropiación. El juez contencioso administrativo, por tanto, al efectuar jurisdiccionalmente el mismo balance, lo que controla no es el ejercicio de poder discrecional alguno, sino la competencia legal que tiene la Administración al hacer la declaratoria de utilidad pública; es decir, "corrige las faltas o las ligerezas, algunas veces fantasiosas", como lo indicó Marcel Waline, de los tecnócratas administrativos[341].

Como lo destacó indirectamente el Comisario Morisot en sus conclusiones sobre el caso *Sainte–Marie de l'Assomption*:

> "La noción de utilidad pública es relativa. No se la puede apreciar y, en consecuencia, controlar sin considerar todos los elementos, lo que conduce a hacer el balance de los aspectos positivos y negativos de la operación. Dado el caso de que la utilidad pública de ésta es la condición de legalidad de la puesta en marcha de un procedimiento de expropiación, la apreciación hecha por el juez de esta utilidad, con todos los elementos que ella comporta, es un control de legalidad"[342].

Se destacan, en esta forma, los avances que en su momento significó esta jurisprudencia para el control de legalidad y la reducción del círculo de la discrecionalidad, basada, sin decirlo, en la técnica de los conceptos jurídicos indeterminados, que contribuyó a identificar lo que era sólo una apariencia de discrecionalidad.

En todo caso, con una legislación como la venezolana reciente, que ha sufrido una inflación de conceptos jurídicos indeterminados, resulta indispensable para los abogados tener presentes estas técnicas de control judicial, pues tarde o temprano podremos volver a tener una jurisdicción contencioso–administrativa autónoma que pueda realmente juzgar la actuación de la Administración.

---

340 *V.*, en Long, Weil y Braibant, *op. cit.*, p. 569.

341 *V.*, M. Waline, "L'appréciation..." *loc. cit.*, p. 461. El problema se plantea, incluso, en los casos de control judicial de la constitucionalidad de las leyes que declaran la utilidad pública a los efectos expropiatorios, como ha sucedido en Argentina. En el caso *Nación Argentina* y *Jorge Ferrario,* 1961, la Corte Suprema de Justicia de la Nación señaló "si los jueces de una causa expropiatoria comprueban que la utilidad pública no existe o ha sido desconocida por la Administración, y media alguno de los supuestos de gravedad o arbitrariedad extrema, están obligados a desempeñar la primera y más elemental de las funciones que les incumben, esto es, la que consiste en proteger las garantías constitucionales declarando la invalidez de los actos del Estado que pretendan vulnerarlos" (*Fallos* t. 251, pp. 246 ss.). Agustín Gordillo, sobre este principio, ha comentado lo siguiente: "si la jurisprudencia ha establecido, y con razón, que puede controlar y revisar hasta la calificación de utilidad pública hecha por el Congreso en materia de expropiación (lo que si es probablemente facultad discrecional, y ni siquiera del Poder Ejecutivo sino del Poder Legislativo), no se advierte entonces qué superioridad constitucional tiene el Poder Ejecutivo sobre el Poder Legislativo y el Poder Judicial para que los actos discrecionales del parlamento, esto es las leyes del Congreso de la Nación, puedan ser controladas judicialmente, pero no pueda serlo un acto meramente emanado del Poder Ejecutivo", Agustín Gordillo, *El acto administrativo,* Buenos Aires, 1969, p. 216.

342 *Cit.* Por A. De Laubadère, *loc. cit.* p. 540.

Sección Cuarta: ALGUNOS ASPECTOS DEL CONTROL JUDICIAL DE LA DISCRECIONALIDAD

Esta Sección cuarta es el texto del estudio sobre "Algunos aspectos del control judicial de la discrecionalidad," elaborado como Ponencia para el Congreso de Derecho Administrativo, paralelo al VIII Foro Iberoamericano de Derecho Administrativo, realizado en Panamá septiembre 2009, para cuya elaboración partimos de lo expuesto en nuestro estudio sobre "Sobre los límites al ejercicio del poder discrecional," publicado en Carlos E. Delpiazzo (Coordinador), *Estudios Jurídicos en Homenaje al Prof. Mariano Brito*, Fundación de Cultura Universitaria, Montevideo 2008, pp. 609–629. La ponencia fue publicada en Jaime Rodríguez Arana Muñoz et al. (Editores), *Derecho Administrativo Iberoamericano (Discrecionalidad, Justicia Administrativa y Entes Reguladores), Congreso Iberoamericano de Derecho Administrativo,* Vol. II, Congrex SA, Panamá 2009, pp. 475–512.

INTRODUCCIÓN

El control judicial de la discrecionalidad es, sin duda, una de las manifestaciones más destacadas del afianzamiento del principio de la legalidad en los Estados democráticos, donde se ha podido desarrollar una Jurisdicción contencioso administrativa autónoma e independiente capaz de enfrentar el poder de la Administración, y proteger los derechos de los administrados frente a la arbitrariedad administrativa.[343] Ese control es una de las manifestaciones más destacadas del proceso experimentado por el derecho administrativo contemporáneo de lo que Eduardo García de Enterría denominó la lucha contra las "inmunidades de poder" donde tradicionalmente se había enmarcado precisamente el poder discrecional,[344] cuyo desarrollo ha correspondido a los jueces contencioso administrativos. Estos, en definitiva, han sido los conductores de ese "vasto movimiento de lucha por el derecho"[345] que ha implicado la reducción y control de la discrecionalidad, lo que por supuesto ha sido posible en regímenes democráticos que es donde en definitiva se puede garantizar la autonomía e independencia de los mismos.

Ello fue así en Venezuela durante la segunda mitad del siglo pasado, cuando la jurisdicción contencioso administrativa pudo desarrollarse y pudo controlar con total libertad la legalidad de la actuación de la Administración, y pudo limitar la arbitrariedad de los funcionarios. Es a ese período al cual me referiré en estas líneas, en el cual se fijaron las bases del control judicial de la discrecionalidad. Ello, lamentablemente no está ga-

---

343 Sobre los poderes discrecionales y sus límites, véase Allan R. Brewer–Carías, *Las Instituciones Fundamentales del Derecho Administrativo y la Jurisprudencia Venezolana,* Caracas 1964, p. 52 y ss.; Allan R. Brewer–Carías, *Fundamentos de la Administración Pública,* Tomo I, Caracas 1980, pp. 203–222; J. M. Hernández Ron, "La potestad administrativa discrecional" en *Revista del Colegio de Abogados del Distrito Federal,* Nos. 35–36, Caracas 1943, p. 8; y Allan R. Brewer–Carías, "Los límites al poder discrecional de las autoridades administrativas" en *Ponencias Venezolanas al Vil Congreso Internacional de Derecho Comparado,* Caracas 1966, pp. 255–278 y en *Revista de la Facultad de Derecho,* UCAB, Nº 2, Caracas 966, pp. 9–35.

344 *V.* el clásico trabajo de Eduardo García de Enterría, "La lucha contra las inmunidades de poder en el Derecho Administrativo" (poderes discrecionales, poderes de gobierno, poderes normativos), *Revista de Administración Pública,* Nº 38, Madrid 1962, pp. 159 a 205.

345 E. García De Enterría, "La lucha...", *loc. cit.,* p. 166.

rantizado en la actualidad debido al régimen autoritario que se ha instalado en el país desde 1999, y cuya manifestación más trágica ha sido precisamente el sometimiento de la totalidad del Poder Judicial al Poder Ejecutivo, y en particular, de la Jurisdicción contencioso administrativa, la cual ha sido despojada de toda autonomía e independencia.[346]

Ahora bien, para analizar el progresivo desarrollo del control judicial de la discrecionalidad, tal como lo expresó Alejandro Nieto, deben distinguirse "dos fases completamente distintas: una, la de precisión o determinación de lo que no sea discrecional, y sobre lo que se extiende, como es lógico, la jurisdicción; y una segunda fase, la de control –en la medida de lo posible– de lo que sí es discrecional."[347] Para ello, por supuesto, hay que partir de la determinación de cuándo en la actividad administrativa se está en presencia de una actividad que pueda calificarse de discrecional, en cuyo ejercicio precisamente es donde puede manifestarse la arbitrariedad que pueda ser controlada por el juez.[348]

I. ALGO SOBRE LA ACTIVIDAD DISCRECIONAL DE LA ADMINISTRACIÓN Y SUS LÍMITES

La discrecionalidad administrativa se manifiesta en el ejercicio de aquellas actividades de la Administración en las cuales el legislador le confiere al funcionario determinados poderes de apreciación de la oportunidad y conveniencia de su actuación. Ello sucede, por ejemplo, en todos los casos en los cuales la ley otorga a la Administración la facultad de obrar, y se encuentra en aquellos casos en los cuales la Ley confiere la competencia al funcionario mediante el uso del verbo "podrá." Como lo indicó la antigua Corte Federal de Venezuela en sentencia de 6 de noviembre de 1958:

> "El uso del verbo "poder", en la oración "podrá reducir las penas" [de una norme legal], indica que se está en presencia de una facultad discrecional de la Administración Pública. Poder es tener la facultad o el medio de hacer una cosa, y facultad, el derecho –no el deber ni la obligación–, de hacer una cosa. El Código de Procedimiento Civil, en su artículo 13, da la interpretación jurídica de este verbo, que bien puede aplicarse, no sólo en las actuaciones judiciales, sino en general. Cuando la ley dice: "El Juez o Tribunal puede o podrá", se entiende que lo autoriza para obrar según su prudente arbitrio, consultando lo más equitativo o racional, en obsequio de la justicia y de la imparcialidad"[349].

---

346 *V.* nuestros trabajos Allan R. Brewer–Carías, "La justicia sometida al poder [La ausencia de independencia y autonomía de los jueces en Venezuela por la interminable emergencia del Poder Judicial (1999–2006)]" en *Cuestiones Internacionales. Anuario Jurídico Villanueva 2007,* Centro Universitario Villanueva, Marcial Pons, Madrid 2007, pp. 25–57; "La justicia sometida al poder y la interminable emergencia del poder judicial (1999–2006)", en *Derecho y democracia. Cuadernos Universitarios*, Órgano de Divulgación Académica, Vicerrectorado Académico, Universidad Metropolitana, Año II, Nº 11, Caracas, septiembre 2007, pp. 122–138; y "La progresiva y sistemática demolición institucional de la autonomía e independencia del Poder Judicial en Venezuela 1999–2004", en *XXX Jornadas J.M Domínguez Escovar, Estado de derecho, Administración de justicia y derechos humanos*, Instituto de Estudios Jurídicos del Estado Lara, Barquisimeto, 2005, pp. 33–174

347 *V.* Alejandro Nieto, "Reducción jurisdiccional de la discrecionalidad en materia disciplinaria", *Revista de Administración Pública*, Nº 44, Madrid 1964, p. 153.

348. *V.* sentencias de 17 de julio y 23 de octubre de 1953, Corte Federal (Venezuela), *Gaceta Forense* Nº 1, Caracas 1953, p. 151 y Nº 2, Caracas 1953, p. 64.

349 *V.* sentencia de la antigua *Corte Federal* de 6 de noviembre de 1958 en *Gaceta Forense*, 2ª etapa, Nº 22, Caracas 1958, p. 133.

Ello ha sido, precisamente, lo que ha dado origen a la distinción clásica del derecho administrativo entre la administración reglada y el poder discrecional; distinción a la cual se refirió hace varias décadas la misma antigua Corte Federal de Venezuela de Venezuela al expresar que:

> "Los actos administrativos son de dos categorías: los *discrecionales,* cuando la administración no está sometida al cumplimiento de normas especiales en cuanto a la oportunidad de obrar, sin que ello quiera decir que se obra al arbitrio, eludiendo toda regla de derecho, pues la autoridad administrativa debe observar siempre los preceptos legales sobre formalidades del acto; y los *reglados,* llamados también vinculados y obligatorios, cuando el funcionario no puede ejecutarlos sino con sujeción estricta a la ley, so pena de incurrir en incompetencia, exceso de poder o genéricamente, en ilegalidad o violación de la ley"[350].

En este sentido, en otra sentencia la misma antigua Corte estableció la diferencia entre estos dos tipos de actos administrativos, indicando que estriba:

> "en que en los [actos administrativos] reglados la ley establece si la autoridad administrativa ha de actuar, cuál es esa autoridad y cómo debe hacerlo, determinando las condiciones de la conducta administrativa en forma de no dejar margen a la elección del procedimiento; mientras que en los [actos administrativos] discrecionales, atendiendo a necesidades de la Administración Pública, la autoridad administrativa, en muchos casos, apreciará hechos pasados o consecuencias futuras, y para ello, dispondrá de cierta libertad de apreciación, sin que quiera significar esto que proceda *arbitrariamente"*[351].

Entendida en esta forma, la actividad discrecional de la Administración es indispensable para que ésta pueda realizar actividades en procura del interés general y lograr sus fines de un modo cabal, porque la ley no puede prever y reglamentar las múltiples, cambiantes y complejas relaciones jurídicas que se producen en la sociedad. De ahí que, en muchos casos, la ley se limite a determinar normas que fijan la competencia de los diversos órganos administrativos y deja a éstos una cierta *libertad de apreciación de los hechos,* para decidir u orientar su actuación[352].

De lo anterior resulta una premisa en esta materia, y es que el ejercicio de una actividad administrativa discrecional tiene que tener siempre su fundamento y su razón de ser en una ley, en el sentido de que la discrecionalidad, como lo dijo hace años Ballbe, "no se funda en la ausencia de preceptos jurídicos que limitan la actividad de la administración, sino en la atribución, por el derecho, de una libertad de apreciación."[353] Es decir, como la jurisprudencia venezolana lo sostuvo hace años, el funcionario sólo puede ejercer las facultades que la ley le señala expresamente (competencia expresa), por lo que "nunca, en ninguna oportunidad, puede el funcionario ejercer atribuciones discrecionales, a menos que la ley se las conceda directa y categóricamente"[354]. Por ello, el primer motivo del control judicial de la discrecionalidad está en la aplicación e interpretación de la ley que autoriza la actividad discrecional, que no es otra cosa que el control de la

---

350 *V.* sentencia de la Antigua *Corte Federal* de 17 de julio de 1953 en *Gaceta Forense,* 2ª etapa, Nº 1, Caracas 1953, p. 151.

351 *V.* sentencia de la antigua *Corte Federal* de 26 de noviembre de 1959 en *Gaceta Forense,* 2ª etapa, Nº 26, Caracas 1959, p. 125.

352 *V.* sentencia de la antigua *Corte Federal* de 6 de noviembre de 1958 en *Gaceta Forense,* 2ª etapa, Nº 22, Caracas 1958, p. 133.

353 *V.* Manuel Ballbé, "Derecho Administrativo" en *Nueva Enciclopedia Jurídica,* Barcelona 1949, p. 64 *cit.* por M. F. Clavero Arévalo, "La doctrina de los principios generales del derecho y las lagunas del ordenamiento jurídico", *Revista de Administración Pública,* Nº 7, Madrid 1952, p. 89.

354 *V.* sentencia de la antigua *Corte Federal y de Casación en Sala Federal* de 11 de agosto de 1949 en *Gaceta Forense,* 1ª etapa (Segunda Edición), Año I, Nº 2, Caracas 1949, p. 140.

competencia o base legal de los actos administrativos. Por ello, con razón, Marcel Waline afirmó hace varias décadas que si fuera necesario dar de algún modo una definición de derecho administrativo mismo, podría decirse "que es esencialmente el estudio del poder discrecional de las autoridades administrativas y de su limitación para salvaguardar los derechos de terceros (administrados o agentes públicos)"[355].

Ahora bien, en materia de la actividad discrecional, no sólo el juez contencioso ha jugado un papel fundamental, sino también el legislador, de manera que en muchos casos los límites al ejercicio del poder discrecional se ha establecido en leyes, positivizándose en esta forma los principios generales del derecho.

En tal sentido, la Ley General de la Administración Pública de Costa Rica establece varias normas relativas al ejercicio del poder discrecional y al control judicial del mismo que deben destacarse. El artículo 15.1 de la Ley General, en efecto, comienza por prescribir que el ejercicio del poder discrecional está "sometido en todo caso a los límites que le impone el ordenamiento expresa o implícitamente, para lograr que su ejercicio sea eficiente y razonable", atribuyéndose el juez potestad para controlar la legalidad no sólo sobre los aspectos reglados del acto discrecional, sino "sobre la observancia de sus límites" (art. 15.2).

Ello lo refuerza la propia Ley General al prescribir en su artículo 216 que:

> "La Administración deberá adoptar sus resoluciones dentro del procedimiento con estricto apego al ordenamiento y, en el caso, de las actuaciones discrecionales, a los límites de racionalidad y razonabilidad implícitos en aquél".

El artículo 16.1 es reiterativo, en cuanto a este principio de la razonabilidad, al establecer que "en ningún caso podrán dictarse actos contrarios a reglas unívocas de la ciencia o de la técnica, o a principios elementales de justicia, lógica o conveniencia" (art. 16.2). Otro límite al ejercicio del poder discrecional en la Ley de Costa Rica, se establece, en relación a "los derechos del particular" (art. 17) frente a la discrecionalidad, que no deben ser vulnerados.

La Ley General, además, consagra expresamente la consecuencia del traspaso de los límites mencionados por la autoridad administrativa al prescribir, en el artículo 158, como una causa de invalidez de los actos administrativos, la infracción a las reglas técnicas y científicas de sentido unívoco y aplicación exacta, en las circunstancias del caso, y agrega en el artículo 160, que:

> "El acto discrecional será inválido, además, cuando viole reglas elementales de lógica, de justicia o de conveniencia, según lo indiquen las circunstancias del caso".

Por último, es de destacar que el artículo 133 de la misma Ley General el cual regula los motivos del acto administrativo, y establece que cuando éste no esté regulado, "deberá ser *proporcionado* al contenido y cuando esté regulado en forma imperiosa deberá ser *razonablemente* conforme con los conceptos indeterminados empleados por el ordenamiento. El principio de la proporcionalidad también lo repite la Ley General en el artículo 132.1 relativa, al objeto del acto administrativo, al prescribir que debe ser "proporcionado al fin legal" del acto.

Es difícil, ciertamente, encontrar otro ejemplo de legislación positiva en el mundo con normas tan precisas y ricas en su contenido, para que los jueces puedan controlar el

---

355. *V.* Marcel Waline, "Étendue et limites du contrôle du juge administratif sur les actes de l'Administration", *Études et documents*, Conseil d'Etat, N° 10, París, 1956, p. 25.

ejercicio del poder discrecional[356], con precisas referencias a los principios de razonabilidad, racionalidad, justicia, lógica, proporcionalidad y conveniencia.

La Ley venezolana de Procedimientos Administrativos de 1982, recogió también el principio de los límites al ejercicio del poder discrecional en la norma que hemos comentado del artículo 12, que prescribe:

> "Aún cuando una disposición legal o reglamentaria deje alguna medida o providencia a juicio de la autoridad competente, dicha medida o providencia deberá mantener la debida proporcionalidad y adecuación con el supuesto de hecho y con los fines de la norma, y cumplir los trámites, requisitos y formalidades necesarios para su validez y eficacia".

Se consagró así, expresamente, como antes hemos analizado, no sólo la existencia de elementos reglados del acto discrecional que siempre deben respetarse (adecuación con los presupuestos de hecho, adecuación con la finalidad, competencia legal o reglamentaria, respeto de las formas y procedimiento), sino que se erigió como límite fundamental al ejercicio del poder discrecional, la obligación del funcionario de "mantener la debida proporcionalidad". Así se estableció también en el Código Contencioso Administrativo de Colombia, en su artículo 36:

> "En la medida en que el contenido de una decisión, de carácter general o particular, sea discrecional, debe ser adecuada a los fines de la norma que la autoriza, y proporcional a los hechos que le sirven de causa".

De lo anteriormente expuesto se puede sacar como conclusión, en materia de control judicial del ejercicio del poder discrecional, que tanto la jurisprudencia y la doctrina como la legislación, ésta última, en particular en América Latina, fue abandonando la vieja inmunidad jurisdiccional en esta materia, distinguiendo, incluso, lo que en apariencia es discrecionalidad (como en el caso de la aplicación de la técnica de los conceptos jurídicos indeterminados) y que está sometida plenamente a control judicial; de lo que sí es, propiamente, ejercicio del poder discrecional y en relación a lo cual los principios de razonabilidad, lógica, justicia, igualdad y proporcionalidad, se impusieron en el materia de oportunidad, que tradicionalmente había estado excluida de control.

Es precisamente, por los límites impuestos al ejercicio de los poderes discrecionales derivados de esos principios generales del derecho, por lo que la jurisprudencia ha reiterado[357] que "la discrecionalidad no es arbitrariedad"[358]

II. EL CONTROL JUDICIAL DEL EJERCICIO DEL PODER DISCRECIONAL

En efecto, el ejercicio del poder discrecional, es decir, de la potestad atribuida por el Legislador a la Administración de apreciar libremente las circunstancias de hecho y adoptar una decisión escogiendo entre varias alternativas, todas igualmente justas y

---

356. *V.* los comentarios en Allan R. Brewer–Carías, "Comentarios sobre los Principios Generales de la Ley General de la Administración Pública de Costa Rica", en *Revista del Seminario Internacional de Derecho Administrativo,* San José, 1981, p. 52; Eduardo Ortíz, "Nulidades del Acto Administrativo en la Ley General de Administración Pública", *idem,* p. 386; Gonzalo Fajardo, "El Estado de Derecho y la Ley General de Administración Pública", *idem,* pp. 523–524.

357 *V.* sentencia de la antigua *Corte Federal* de 17 de julio de 1953 en *Gaceta Forense,* Nº 1, 1953, p. 151. *Véase* Además, la antigua *Corte Federal* de 24 de febrero de 1956 en *Gaceta Forense, 2ª etapa,* Nº 11, 1956, p. 28.

358 *V.* J. M. Hernández Ron, "La Potestad discrecional y la Teoría de la Autolimitación de Poderes", *loc. cit,* p. 8.

conforme a la legalidad, tiene siempre un límite absoluto sobre el cual versa el control judicial, y es que el acto administrativo que se adopte con base en el ejercicio de tal poder no puede ser arbitrario, es decir, la libertad de apreciación de los hechos y de la oportunidad de actuar otorgada al funcionario, no significa que pueda actuar arbitrariamente[359].

El problema de los límites al ejercicio del poder discrecional y su control judicial radica, entonces, en el establecimiento de la frontera entre discrecionalidad y arbitrariedad; de manera que el juez contencioso administrativo pueda controlar el ejercicio directo del poder discrecional cuando resulte arbitrario, además de ejercer sus poderes de control sobre los aspectos reglados del acto discrecional[360] y particularmente sobre la comprobación y calificación de los presupuestos de hecho[361], y sobre la adecuación de la decisión a los fines establecidos en la Ley.

Las dudas del Juez contencioso–administrativo de controlar efectivamente lo que es ejercicio del poder discrecional por la Administración y establecer el límite entre discrecionalidad y arbitrariedad, históricamente existieron en todos los países contemporáneos, donde con frecuencia se formuló el principio de que el juez no podía juzgar sobre las razones de oportunidad o de conveniencia para la adopción de un acto administrativo porque: "el juez no puede sustituirse al administrador por motivos obvios de diferenciación y especialización de funciones conectadas con el principio de la separación de poderes"[362].

Sin embargo, tanto en la jurisprudencia como en la legislación de América Latina, desde hace décadas se aprecian esfuerzos significativos por permitir, efectivamente, que el juez contencioso–administrativo penetre en el ámbito de la discrecionalidad y controle la arbitrariedad. En esta materia, de nuevo, los principios generales del derecho han suministrado el arsenal inicial para esta lucha contra la arbitrariedad que habiendo sido inicialmente librada por los jueces, ha venido teniendo como aliado al Legislador en la codificación del procedimiento administrativo.

1. Los fundamentos del control judicial: los principios generales del derecho

Hace más de medio siglo, por ejemplo, uno de los clásicos tratadistas venezolanos, J. M. Hernández Ron, señalaba que "la acción administrativa se puede considerar como discrecional, cuando se realiza según la libre apreciación de las circunstancias que, *con sujeción siempre a la equidad y a los principios generales del derecho,* hará la Administración"[363]. Ello implica la facultad de ejercer una actividad administrativa en forma discrecional, está limitada por los principios generales del derecho y puede suponer un control judicial que no implica "una sustitución de la discrecionalidad administrativa

359. Allan R. Brewer–Carías, "Los límites...", *loc. cit.*, p. 11.

360. En la sentencia de la antigua Corte Federal (Venezuela) (Caso *Reingruber*) de 6 de noviembre de 1958, por ejemplo, quedó claramente señalado en relación a los actos del ejercicio del poder discrecional, que siempre "puede ser materia de revisión (por el Juez) por lo que se refiere a la incompetencia del funcionario que lo dictó, o defecto de forma del acto, o a su ilegalidad", *Gaceta Forense,* N° 22, p. 134. *Cf.* Allan R. Brewer–Carías, "Los límites...", *loc. cit.* p. 14.

361. Sobre la "veracidad y la congruencia de los hechos" como lo ha señalado la Corte Suprema de Justicia en Sala Político Administrativa (Venezuela), en sentencia (caso *Depositaria Judicial)* de 2 de noviembre de 1982, *Revista de Derecho Público,* N° 12, Caracas 1982, p. 130.

362. *Idem.*

363 *V.* J. M. Hernández Ron, "La Potestad Administrativa discrecional", *loc. cit.*, p. 8

por la judicial"[364]. Entre esos principios generales se encuentran el principio de la injusticia manifiesta, el de la irracionalidad, el de la buena fe, el de la proporcionalidad de los medios a los fines, el de la igualdad, y en general todos los principios derivados de los derechos y libertades fundamentales de las personas, puesto que es evidente que la Administración no puede, en nombre de sus facultades discrecionales, violar principios constitucionales consagrados como base entera de la organización social y del orden jurídico[365].

Un punto de partida contemporáneo en este esfuerzo, puede situarse en dos sentencias de la antigua Corte Federal de Venezuela adoptadas en los años cincuenta. En la primera (caso Municipalidad de Maracaibo) de fecha 24 de febrero de 1956, al declarar la Corte la anulación de un acto administrativo que había revocado un permiso de construcción, el juez consideró que era arbitrario por carecer de fundamento y por ser injusto, afirmando que "la discrecionalidad no implica arbitrariedad ni injusticia puesto que la Administración... no obra en pura conformidad a su elección, sino en virtud y como consecuencia de su capacidad condicionada por su fin"[366].

En la segunda sentencia (caso *Reingruber*) de 6 de noviembre de 1958, la antigua Corte, a pesar de haber considerado que la potestad dada al Ministerio de Hacienda de poder reducir las multas cuando concurran circunstancias que demuestren falta de intención dañosa del contraventor, era una potestad discrecional, y decidir que "la manera como el funcionario administrativo ejerció la facultad discrecional" que le reconoce la ley no podía ser revisado por la Corte, el Supremo Tribunal reconoció que en los casos de atribución de poder discrecional debe entenderse que la Ley autoriza al funcionario: "para obrar según su prudente arbitrio, consultando lo más equitativo o racional, en obsequio de la justicia y de la imparcialidad"[367].

Puede decirse que en este considerando la antigua Corte sentó las bases para el control jurisdiccional del ejercicio del poder discrecional en Venezuela, fundamentándose en principios generales del derecho, como son el principio de la *racionalidad* (la decisión administrativa adoptada en ejercicio de un poder discrecional no puede ser ilógica o irracional); el principio de la *justicia* o de la *equidad* (la decisión producto del ejercicio de poderes discrecionales no pueden ser inicua, inequitativa o injusta); y el principio de la *igualdad* (la decisión administrativa que resulte del ejercicio de poderes discrecionales no puede ser parcializada ni discriminatoria). A estos principios se agrega el principio de la *proporcionalidad* que toda decisión adoptada en ejercicio de un poder discrecional debe respetar, de manera que exista una adecuación entre los supuestos de hecho y la decisión tomada[368], y debe agregarse también el principio de la *buena fe,* de

---

364 *V.* A. Nieto, "Reducción jurisdiccional...", *loc. cit.*, p. 157.

365 *Cfr.* E. García de Enterría, "La lucha por. . .", *loc. cit.*, pp. 178–179. En este mismo sentido M. F. Clavero Arévalo, "La Doctrina de los Principios Generales del Derecho y las Lagunas del Ordenamiento jurídico", *Revista de Administración Pública,* Nº 7, 152, p. 101, expresa que los Principios Generales del Derecho "constituyen un límite exterior que no puede ser violado por el contenido de los actos discrecionales, ya que en este sentido se producirá un desbordamiento de la potestad discrecional invadiendo la esfera reglada, cuya norma la constituirán los preceptos administrativos y, en su defecto, los principios generales del Derecho".

366. *Gaceta Forense,* núm. 11, Caracas, 1956, pp. 27–30, *V.* en Allan R. Brewer–Carías, *Jurisprudencia de la Corte Suprema de 1930–1974 y Estudios de Derecho Administrativo,* t. I, Caracas, 1975, pp. 611–612.

367. *Gaceta Forense,* Nº 22, Caracas, 1958, pp. 133–134

368. *V.* en Allan R. Brewer–Carías, "Los límites del poder discrecional de las autoridades administrativas", *loc. cit.*, pp. 27–33. *V.* los comentarios a nuestro análisis en Gustavo Urdaneta Troconis, "Notas sobre la distinción entre actos reglados y discrecionales y el control jurisdiccional sobre estos" en *Tendencias de la Jurisprudencia venezolana en materia contencioso administrativa*, Caracas, 1986, pp. 395–399. En Colombia, al referirse a la necesaria

manera que toda actuación del funcionario que con intención falsee la verdad, también sería ilegal[369].

En la jurisprudencia argentina y uruguaya, estos principios que se configuran como límites a la discrecionalidad, se englobaron en la exigencia de la "razonabilidad" en la actuación administrativa[370], en el sentido de que un acto administrativo, aún dictado en ejercicio de facultades discrecionales, puede ser revisado judicialmente si es irrazonable o arbitrario. El principio de la razonabilidad se desarrolló particularmente en Argentina como un límite al ejercicio del poder de policía[371], al erigirse en la garantía de seguridad respecto a la forma, modo, manera y oportunidad del *cómo* debe realizarse la función policial. La jurisprudencia argentina, así, conformó cuatro principios de lógica jurídica que conforman el carácter razonable de una medida de policía, exigiendo que la limitación debe ser justificada; el medio utilizado, es decir, la cantidad y el modo de la medida, debe ser adecuado al fin deseado; el medio y el fin utilizados deben manifestarse proporcionalmente; y todas las medidas deben ser limitadas[372].

La razonabilidad se ha configurado así, en un *standard* jurídico comprensivo de una serie de valores que deben guiar la actividad administrativa (en lugar de *"bonus pater familiae"* el *"bonus magistratus"*) y que realizan la justicia con todos sus sinónimos: equivalencia, proporción, adecuación, igualdad, paridad, justa distribución, dar a cada uno lo que le corresponde, etc[373]. La actuación administrativa irrazonable, por tanto, es arbitraria y aún cuando sea producto del ejercicio de un poder discrecional, puede ser controlada judicialmente, tal como lo decidió la antigua Corte Suprema de Justicia de la Nación (Argentina), en 1959, al señalar que "los jueces poseen la potestad de revocar o anular la decisión administrativa sobre hechos controvertidos, si ella fuera suficientemente irrazonable, o se apoyara tan solo en la voluntad arbitraria o en el capricho de los funcionarios"[374].

Lo arbitrario o irrazonable de una actuación administrativa, en todo caso, puede resultar, de la irrazonabilidad en la elección del momento (decisión manifiestamente inoportuna); en la elección de modalidades de actuación (medios desproporcionados, por ejemplo), o en la forma de actuación (desigual o discriminatoria)[375].

---

sumisión del ejercicio del poder discrecional a los principios generales del derecho, Consuelo Sarría los resume así: "la Administración tendrá en cuenta la *racionalidad o razonabilidad*: en cuanto su decisión tiene que estar de acuerdo con la razón con la lógica y congruente con la motivación, en cuanto la discrecionalidad no implica arbitrariedad; *la justicia*: el actuar de la Administración, aunque sea discrecional en el sentido de que puede evaluar la oportunidad y conveniencia de sus decisiones, no puede ser injusto, deberá siempre ser equitativo, respetando los intereses de la Administración y de los administrados; *la igualdad*: la autoridad administrativa tendrá que respetar el principio de la igualdad que se aplica a todas las actuaciones del Estado enfrente a los particulares, en cuanto estos serán tratados en igualdad de condiciones, sin que pueda haber favoritismo por parte de las autoridades; *la proporcionalidad*: que debe existir entre los medios utilizados por la Administración y los fines de la medida; *el derecho a la defensa:* en cuanto la Administración antes de tomar una medida, debe oír al administrado", Consuelo Sarria, "Discrecionalidad Administrativa" en J.C. Cassagne y otros, *Acto Administrativo,* Tucumán, 1982, p. 118.

369. *V.* sentencia de la Corte Primera de lo Contencioso Administrativo de 21 de marzo de 1984, *Revista de Derecho Público,* núm. 18, Caracas, 1984, p. 172.

370. *V.* Juan Francisco Linares, *Poder Discrecional Administrativo,* Buenos Aires, 1958, pp. 155 ss.

371. *V.* Ramón F. Vásquez, *Poder de Policía,* Buenos Aires, 1957, pp. 41 ss. y 122 ss.

372. *V.* Bartolomé A. Fiorini, *Poder de Policía,* Buenos Aires, 1958, p. 149.

373. *Idem,* p. 158; Juan Francisco Linares, *op. cit.,* p. 164.

374. Caso *Reyes* de 25 de septiembre de 1959, Fallos t. 244, *cit.* por A. Gordillo, *Tratado de Derecho Administrativo,* t. 3, Buenos Aires, 1979, pp. 9–27.

375. *V.* Juan Francisco Linares, *op. cit.,* pp. 164 ss.

En la jurisprudencia contencioso–administrativa del Uruguay se encuentran soluciones basadas en principios similares. Así, el Tribunal de lo Contencioso administrativo en sentencia de 27 de septiembre de 1971 afirmó que "los poderes discrecionales... sólo los podía ejercitar (la Administración) dentro de los límites razonables y conforme a una equilibrada valuación de los factores constitutivos de la falta en juicio"[376].

En España, la reducción progresiva de la arbitrariedad se desarrolló inicialmente por la jurisprudencia del Tribunal Supremo, en igual forma, por la aplicación de los principios generales del derecho. Eduardo García de Enterría y Tomas Ramón Fernández, en esta forma, citan un cúmulo de sentencias en las cuales el control jurisdiccional del ejercicio del poder discrecional se ha efectuado con base en considerar que unas medidas eran injustificadas a todas luces a incluso contrarias a la razón (sentencia 6–2–63). Así, se censuraron jurisdiccionalmente las actuaciones administrativas contrarias al "respeto debido al principio de la buena fe, en que han de inspirarse los actos de la Administración" (sentencias de 23–12–59, 22–6–60, 27–12–66, 13–5–71, 12–3–75, 6–2–78, 24–2–79 y 5–2–81); o "cuya gravedad no guarda una razonable proporcionalidad con la infracción" (sentencia de 25–3–72). El Tribunal Supremo también acudió al principio *favor libertatis* para obligar a la Administración a acomodar sus intervenciones en la esfera de los administrados al procedimiento menos restrictivo de la libertad[377].

2. El control judicial de la discrecionalidad basado en el principio de la proporcionalidad

Como hemos dicho, por ejemplo, las leyes de Colombia y Venezuela establecen que el acto discrecional debe mantener la debida proporcionalidad, lo cual configura uno de los límites que tradicionalmente la jurisprudencia exigía a la autoridad administrativa frente a la discrecionalidad. El acto discrecional no puede ser desproporcionado, porque la desproporción es arbitrariedad. Si una disposición establece, por ejemplo, que por la infracción de una norma se puede aplicar una sanción entre dos limites, máximo y mínimo, según la gravedad de la falta, a juicio de la autoridad administrativa, dentro de su libre apreciación de la situación, la Administración no puede ser arbitraria y aplicar medidas desproporcionadas. La decisión que tome tiene que ser proporcional al supuesto de hecho.

Por supuesto, la proporcionalidad, como limite a la discrecionalidad, no sólo rige respecto de la aplicación de sanciones, sino en general, respecto de toda medida discrecional que adopte la Administración.

Este límite había sido tradicionalmente elaborado por la jurisprudencia que había señalado expresamente que "el funcionario al obrar discrecionalmente, tiene que hacerlo... marcando la exacta correspondencia entre el fin perseguido y los medios utilizables (medio que ofrece la técnica de su actividad)"[378]. Se trata de la aplicación del principio de la proporcionalidad de medios a fines como límite del poder discrecional[379]. En

376. *V.* en J. P. Cajarville, *Dos Estudios de Derecho Administrativo,* Montevideo, 1988, p. 106.

377. *V.* Eduardo García de Enterría y Tomas R. Fernández, *Curso de Derecho Administrativo,* t. I, Madrid, 1983, pp. 449–451.

378 *V.* sentencia de la antigua *Corte Federal* de 24 de febrero de 1956 en *Gaceta Forense*, 2ª etapa, Nº 11, Caracas 1956, p. 28.

379 *Cfr.* E. García De Enterría, "La interdicción...", *loc. cit.,* p. 130; Merikoski, *Le pouvoir discretionnaire de l'administration,* Bruselas, 1958, p. 44 *cit.* por E. García De Enterría, "La interdicción...", *loc. cit.,* p. 163.

este sentido, la desproporcionalidad entre los fines perseguidos y los medios utilizados puede también ser controlada judicialmente. Esa situación puede plantearse en casos como el siguiente: un funcionario comete una falta de poca entidad (contestar de mala forma a un superior); no se discute el hecho considerado en sí mismo; las leyes y reglamentos no prevén la falta, ni fijan la sanción; aunque el poder disciplinario, en principio, es discrecional, no podría destituirse al funcionario porque tal sanción sería *manifiestamente excesiva,* configurando una arbitrariedad[380].

La proporcionalidad también se establece en la Ley argentina de Procedimiento Administrativo, al prescribir dentro de los "requisitos esenciales del acto administrativo", la necesidad de que "las medidas que el acto involucre deben ser proporcionalmente adecuadas" a la finalidad que resulta de las normas que otorgan las facultades al órgano administrativo (art. 7.f).

Estas normas incorporaron, por tanto, a los límites a la discrecionalidad, el principio de la proporcionalidad[381], conforme al cual las medidas adoptadas en los actos administrativos deben ser proporcionales tanto a los fines que prevé la norma que las autoriza, como a los hechos que las motivan. Tal como lo precisó la antigua Corte Suprema de Justicia de Venezuela, los actos administrativos estarían viciados de abuso de poder:

> "cuando no existe proporción o adecuación entre los motivos o supuestos de hecho que sirvieron de base al funcionario u órgano autor del acto recurrido para dictar su decisión, y los contemplados en la norma jurídica, en el sentido de que se trata de un vicio que consiste en la actuación excesiva o arbitraria del funcionario, respecto de la justificación de los supuestos que dice haber tornado en cuenta, para dictar el acto"[382].

En el mismo sentido, el Tribunal de lo Contencioso–Administrativo de Uruguay, en sentencia de 23 de abril de 1976 al apreciar la ilegalidad de la imposición de una sanción, señaló que esta "aparece como ciertamente desproporcionada... hubo exceso de parte del jerarca en el ejercicio de sus funciones discrecionales, cayendo en ilicitud... obligando, por ende, al control anulatorio por parte del Tribunal"[383].

Por su lado, en la Ley de Procedimientos Administrativos del Perú, entre los principios del procedimiento administrativo que enumera y describe el artículo IV del Título Preliminar, se destaca el de razonabilidad señalándose, al efecto, que:

Las decisiones de la autoridad administrativa, cuando creen obligaciones, califiquen infracciones, impongan sanciones, o establezcan restricciones a los administrados, deben adaptarse dentro de los límites de la facultad atribuida y manteniendo la debida proporción entre los medios a emplear y los fines públicos que deba tutelar, a fin de que respondan a lo estrictamente necesario para la satisfacción de su cometido (art. IV, 1.4).

---

380 *Cfr.* Enrique Sayagués Laso, *Tratado de Derecho Administrativo,* Tomo I, Montevideo, 1953, p. 410, nota Nº 3.

381. *V.* Allan R. Brewer–Carías, *El Derecho administrativo y la Ley Orgánica de Procedimientos Administrativos,* Caracas, 1985, p. 46; Agustín Gordillo, *El acto administrativo,* Buenos Aires, 1969, p. 250. Conforme a lo establecido por la Corte Suprema de la Nación (Argentina) "las medidas utilizadas por la autoridad pública deben ser proporcionadamente adecuadas a los fines perseguidos por el legislador". Caso: *Sindicato Argentino de Músicos,* 1960, Fallos t. 248, pp. 800 ss.

382. *V.* sentencia de la Corte Primera de lo Contencioso Administrativo de 21 de marzo de 1984, *Revista de Derecho Público,* núm. 18, Caracas, 1984, p. 172. En igual sentido, la misma Corte Primera en sentencia de 16 de diciembre de 1982, estimó que este vicio de abuso de poder se da en los casos de "desmedido uso de las atribuciones que han sido conferidas lo cual equivale al excesivo celo, a la aplicación desmesurada, esto es, a todo aquello que rebasa los límites del correcto y buen ejercicio de los poderes recibidos de la norma", *Revista de Derecho Público,* núm. 13, Caracas, 1982, p. 119.

383. *V.* en J. P. Cajarville, *op. cit.,* p. 106.

Los principios de la razonabilidad y de la proporcionalidad también han tenido aplicación jurisprudencial en Francia, en materia de control jurisdiccional del ejercicio del poder discrecional. En cuanto al principio de la razonabilidad, puede encontrarse aplicado en la jurisprudencia comentada relativa al "error manifiesto de apreciación", el cual según lo afirma Guy Braibant, aparece cuando la Administración "ha ido más allá de los límites de lo razonable en el juicio que ella ha realizado sobre los elementos de la oportunidad"[384]. De allí la célebre frase del mismo Braibant en relación al ejercicio del poder discrecional y el principio de la razonabilidad: "El poder discrecional comporta el derecho de equivocarse pero no el de cometer un error manifiesto, es decir a la vez aparente y grave"[385].

En el caso de control jurisdiccional del error manifiesto en la apreciación de los hechos, indicaron Long, Weil y Braibant, que el juez "no se pronuncia sobre la apreciación como tal, sino sobre el error que ha podido viciar esta apreciación, cuando este error es evidente, al poder ser descubierto por simple sentido común, cuando se trate de un error manifiesto que desnaturalice la interpretación que hace la Administración de la extensión de su poder discrecional"[386].

Ahora bien, si en general se dan ejemplos jurisprudenciales de la aplicación de la técnica del error manifiesto como instrumento de control del ejercicio del poder discrecional por el Consejo de Estado, en la gran mayoría de los casos reseñados, en realidad, como hemos dicho, se trata de la técnica de los conceptos jurídicos indeterminados[387]. Quizás, supuestos de aplicación del error manifiesto de apreciación en tanto que control del ejercicio del poder discrecional, en estricto sentido se pueden encontrar en las decisiones del Consejo de Estado sobre error de equivalencia entre empleos públicos (CE 13 nov 1953, *Denizet,* Rec. 489; y CE 15 fév 1961, *Lagrange,* Rec. 121; CE 9 mai 1962, *Commune de Montfermeil,* Rec. 304)[388].

En cuanto al principio de la proporcionalidad como límite al ejercicio del poder discrecional, aun cuando a veces se afirmó que no había sido reconocido plenamente en el sistema francés[389], fue aplicado en muchas decisiones por el Consejo de Estado, comenzando por el *arrêt Benjamin* del 19 de mayo de 1933, en el cual el Consejo de Estado anuló la prohibición de una reunión impuesta por un Alcalde, considerando que "la eventualidad de las perturbaciones... no presentaban un *grado de gravedad* tal que no pudiera, sin prohibir la conferencia, mantener el orden decretando las medidas de policía que le correspondía tomar"[390]. En este caso, como lo observaron Long, Weil y Braibant, el juez verificó "no solamente la existencia, bajo las circunstancias del caso, de una amenaza de perturbación del orden público susceptible de justificar una medida de policía, sino también si esta medida era apropiada, por su naturaleza y su gravedad a la

384. Conclus, CE, 13 de noviembre de 1970, *Lambert, cit.,* por A. De Laubadère, "Le contrôle juridictionnel du pouvoir discrtionnaire dans la jurisprudence récente du Conseil d'Etat Français", *Mélanges offerts a Marcel Waline,* París, 1974, t. II, p. 540.

385. Conclus, CE, 2 de noviembre de 1973, *Librairê François Maspero,* Rec. 611, en Long, Weil y Braibant, *Les grands arrêts de la jurisprudence administrative, cit.,* p. 585.

386. *V.* Long, Weil y Braibant, *op. cit.*, p. 580.

387. *V.* todas las referencias jurisprudenciales en Long, Weil y Braibant, *op. cit.*, con ocasión de los comentarios al *arrêt Maspero,* pp. 580–585; J. M. Auby y R. Drago, *op. cit.*, t. II, pp. 399–400.

388. *V.* las referencias en Long, Weil y Braibant, *op. cit.*, p. 581.

389. Guy Braibant, "Le Principe de la proportionalite", *Mélanges offerts a Marcel Waline,* París, 1974 t. II pp. 297 ss.

390. Rec. 541, concl. Michel. en Long, Weil y Braibant, *op. cit.*, pp. 217 ss.

importancia de la amenaza; controlando así la adecuación de la medida a los hechos que la motivan"[391].

Se trató, sin duda, de la aplicación del principio de la proporcionalidad, es decir, de la adecuación entre las medidas adoptadas y los hechos, lo cual también tuvo aplicación en Francia en materia disciplinaria a partir del *arrêt Lebon* (CE 9 juin 1978), en el cual el Consejo de Estado, aplicando la técnica del error manifiesto, controló la proporcionalidad de la sanción disciplinaria con la gravedad de la falta[392]. En otra decisión del Consejo de Estado en el *arrêt Vinolay* (CE 26 juillet 1978), conforme al mismo criterio, anuló una destitución de un funcionario, señalando que "si las faltas a reglas de buena administración... eran de tal índole que legalmente justificaran una sanción disciplinaria, ellas no podían legalmente fundamentar, sin error manifiesto de apreciación, una medida de revocación que constituye la sanción más grave dentro de la escala de las penas"[393].

3. El control judicial de la discrecionalidad basado en el principio de la racionalidad

Pero además del límite al poder discrecional derivado del principio de la proporcionalidad, otro importante límite al mismo es el que se ha construido por la jurisprudencia derivado del principio de la racionalidad o razonabilidad. Como lo dijo la antigua Corte Federal de Venezuela, en los casos de ejercicio del poder discrecional, la ley autoriza al funcionario para obrar según su prudente arbitrio, consultando lo más equitativo o racional, en obsequio de la justicia y de la imparcialidad" [394].

En sentido similar, en otra decisión referente a las limitaciones a la libertad de cultos, los cuales conforme a la legislación, están sometidos a la suprema inspección de la Administración, la antigua Corte Federal venezolana también señaló que "esa inspección o vigilancia no es puramente contemplativa, sino que implica la facultad de tomar medidas que a juicio del Ejecutivo Nacional aconsejan los superiores intereses de la Nación, materiales, morales, políticos, industriales, patrióticos o de cualquier otra índole *racional y justa*"[395].

Por tanto, uno de los límites del ejercicio de la libertad de apreciación que implica el poder discrecional, es que éste se ejerza racionalmente, lo que no es sino una consecuencia de ese principio que impone a la Administración una actuación lógica y congruente. La irracionalidad y la ilogicidad aparecen entonces como una falta de consecuencia y de nexo lógico entre las distintas partes que forman el acto administrativo, siempre que no sea la ley la que determine su estructura. En este sentido habría ilogici-

---

391. *Idem*, p. 221.

392. *Cf.*, Long, Weil y Braibant, *op. cit.*, p. 583.

393. *Cit.*, en J. M. Auby y R. Drago, *op. cit.*, t. 11, p. 400; G. Vedel y Pierre Delvolvé, *Droit Administratif*, París, 1984, p. 801.

394 *V.* sentencia de la antigua Corte Federal de 6 de noviembre de 1958 en *Gaceta Forense*, 2ª etapa, N° 22, 1958, p. 133.

395 En este mismo sentido la antigua *Corte Federal y de Casación*, en sentencia de 7 de diciembre de 1937 señaló: "Cuando la ley no establece esas formas especiales para el acto, sino que únicamente establece la facultad de cumplir el funcionario tal o cual acto, la forma de expresión de la voluntad de la administración pública, puede hacerse en las condiciones que juzgue más *conveniente y racional* el funcionario público, siempre que, esa forma de expresión, demuestre claramente la voluntad de la administración". Véase en *Memoria* de 1938, Tomo I, p. 374.

dad por contradicción en la propia motivación o en el propio dispositivo del acto o por falta de correspondencia entre la motivación y el dispositivo[396].

Uno de los supuestos que requiere de racionalidad en el ejercicio de la facultad discrecional es la oportunidad de obrar. Si bien es típico de la discrecionalidad que "la administración no está sometida al cumplimiento de normas especiales en cuanto a la *oportunidad de obrar*. . . ello no quiere decir que se obre al arbitrio"[397], es decir, ello no quiere significar que en la elección de ese "momento" se pueda obrar irracionalmente. Por ejemplo, el viejo Reglamento General de Alimentos de Venezuela establecía que correspondía "al Ministerio de Sanidad y Asistencia Social todo lo relacionado con la higiene de la alimentación y, en consecuencia,. . . adoptar cualquier otra medida sanitaria que se considere conveniente para el mejoramiento de la alimentación en el país"[398]. Ello implica que la autoridad administrativa, para hacer uso de esa facultad discrecional cuando lo "considere *conveniente"*, puede tomar cualquier medida sanitaria en vista del mejoramiento de la alimentación, pero siempre que ello sea oportuno. Y aquí hay que hablar de una oportunidad espacial y temporal. No sólo es necesario que el "momento" sea el congruente con la medida adoptada (por ejemplo, la prohibición de importar carne de cerdo, aunque ésta haya sido tratada para destruir las triquinas, que disponga la autoridad sanitaria porque existe temor de que esté contaminada, en virtud del alto índice de contaminación que presenta en un momento dado en el país de origen, debe hacerse cuando el "momento" lo exige, y no tiempo después, cuando el peligro de contaminación ha sido erradicado), sino que también debe esa apreciación de la oportunidad tener una referencia espacial (por ejemplo, prohibición de importar carne de cerdo de un país dado donde existe alto índice de contaminación, y no prohibición general de importación respecto, a todos los países) . En este sentido la jurisprudencia ha determinado que los actos administrativos discrecionales implican "un juicio *técnico lógico de los hechos, soberanamente apreciados* a través de las respectivas normas jurídicas"[399].

Por otra parte, el poder discrecional debe ser utilizado técnicamente para que sea racional. Era muy clara en este sentido una norma del mismo viejo Reglamento General de Alimentos citado, que inicialmente era única en el derecho positivo, que establecía que: "Cuando en este Reglamento se deje alguna medida, reglamentación o providencia, *a juicio de la autoridad sanitaria, se entiende que* tal medida, reglamentación o providencia *debe estar fundada en principios, normas, directrices o apreciaciones de carácter científico o técnico y de ninguna manera podrá ser el resultado de una actuación arbitraria"*(art. 2). Este es otro de los límites impuestos al ejercicio del poder discrecional, en el sentido de que éste debe ser usado técnicamente por la autoridad administrativa: La prohibición de utilizar determinados utensilios en la elaboración de alimentos debe estar fundada en razones de carácter técnico, es decir, en que del análisis del utensilio se ha comprobado científicamente que contiene substancias capaces de alterar el alimento.

Este principio del viejo Reglamento, como se dijo, se recogió textualmente en el artículo 12 de la Ley venezolana de Procedimientos Administrativos de 1982, al disponer que: "Aún cuando una disposición legal o reglamentaria deje alguna medida o provi-

---

396 *Cfr.* S. Martin–Retortillo Baquer, "El exceso de poder. . .", *loc. cit.*, p. 147.

397 *V.* sentencia de la antigua *Corte Federal* de 17 de julio de 1953 en *Gaceta Forense,* 2ª etapa, Nº 1, 1953, p. 157.

398 Artículo 1º, ordinal 10 del Reglamento General de Alimentos.

399 *V.* sentencia de la Corte Suprema de Justicia en Sala Político–Administrativa de 3 de julio de 1961 en *Gaceta Forense,* 2ª etapa, Nº 33, 1961, p. 14.

dencia a juicio de la autoridad competente, dicha medida o providencia deberá mantener la debida proporcionalidad y adecuación con el supuesto de hecho y con los fines de la norma, y cumplir los trámites, requisitos y formalidades necesarios para su validez y eficacia".

4. El control judicial de la discrecionalidad basado en el principio de la justicia

Pero además de la exigencia de que el acto administrativo discrecional sea racional, la jurisprudencia en distintas decisiones ha exigido que sea *justo*. El poder discrecional está dado a la autoridad administrativa para que obre "según su prudente arbitrio, consultando lo *más equitativo* o racional, en obsequio de la *justicia y de la imparcialidad*"[400]. Por ello la "discrecionalidad no implica arbitrariedad ni *injusticia*"[401], y en todo caso, la potestad discrecional del funcionario administrativo, "no puede traspasar los lindes de la verdad y de la *equidad*"[402].

En este sentido, puede ser controlada judicialmente la falta de equidad manifiesta o "iniquidad manifiesta"[403] en los actos discrecionales, así como también su injusticia manifiesta[404].

En este sentido el principio de la equidad como integrante del más amplio de justicia, funciona al lado de la libertad de apreciar la oportunidad, "como uno de los principios inspiradores para la obtención del mejor contenido del acto, tratando que la autoridad administrativa elija entre las diversas soluciones la más equitativa, la mejor que respete los intereses de la administración y de los administradores"[405].

Por otra parte, el acto administrativo discrecional no puede crear situaciones manifiestamente injustas. Clásico era el clásico ejemplo de la jurisprudencia italiana por el cual se "anulaba un acto administrativo de separación por escaso rendimiento de un ferroviario, cuya capacidad había sido notablemente disminuida a causa del servicio"[406], lo que producía una situación *manifiestamente* injusta.

De todo lo antes expuesto resulta, en consecuencia, que "*la discrecionalidad no implica arbitrariedad*"[407].Es decir, la Administración, cuando realiza una determinada actividad en ejercicio del poder discrecional, además de estar enmarcada su actuación dentro de los requisitos legales generales, la misma debe ser racional, justa, igual y proporcional, pues de lo contrario sería arbitraria, es decir, irracional, injusta, desigual o desproporcionada, lo que produciría la posibilidad de ser controlada judicialmente por

---

400 *V.* sentencia de la antigua Corte Federal de 6 de noviembre de 1958 en *Gaceta Forense*, 2ª etapa, Nº 22, 1958, p. 132.

401 *V.* sentencia de la antigua Corte Federal de 24 de febrero de 1956 en *Gaceta Forense*, 2ª etapa, Nº 11, 1956, p. 28.

402 *V.* sentencia de la antigua Corte Federal de 9 de agosto de 1957 en *Gaceta Forense*, 2ª etapa, Nº 17, 1957, p. 135.

403 *Cfr.* Eduardo García De Enterría, "La interdicción de la arbitrariedad en la Potestad Reglamentaria", *Revista de Administración Pública*, Nº 30, 1959, p. 164; M. M. Diez, *El Acto Administrativo*, Tipografía Editora Argentina, Buenos Aires, 1956, p. 197.

404 *Cfr.* S. Martin–Retortillo Baquer, "El exceso de poder...", *loc. cit.*, p. 148.

405 *V.* M. M. Díez, *op. cit.*, p. 198.

406 *V.* S. Martin–Retortillo Baquer, "El exceso de poder. . .", *loc. cit.*, p. 149.

407 *V.* sentencia de la antigua Corte Federal de 24 de febrero de 1956 en *Gaceta Forense*, 2ª etapa, Nº 11, 1956, p. 28; sentencia de la misma Corte de 17 de julio de 1953 en *Gaceta Forense*, 2ª etapa, Nº 1, 1953, pp. 151–152; y sentencia de la misma *Corte Federal* de 26 de noviembre de 1959, en *Gaceta Forense*, 2ª etapa, Nº 26, 1959, p. 125.

los tribunales contencioso–administrativa. Por ello, precisamente, en materia de ejercicio del poder discrecional es que se ha hablado, y tan bien, de la *"interdicción de la arbitrariedad"* como limitación al mismo[408].

III. LA DEPURACIÓN DEL ÁMBITO DE LA DISCRECIONALIDAD ADMINISTRATIVA Y EL CONTROL JUDICIAL DE LOS ELEMENTOS REGLADOS DE LOS ACTOS ADMINISTRATIVOS

Delimitada la discrecionalidad administrativa como la potestad o libertad otorgada por la ley al funcionario para elegir entre varias posibilidades, todas las cuales son justas, lo primero que se impuso el juez contencioso administrativo al ejercer el control de legalidad, fue distinguir los casos donde hay auténtica discrecionalidad de aquellos en que no la hay, donde el control judicial se realiza en otro ángulo, propio del principio de legalidad respecto de la Administración reglada. Es el caso, por ejemplo, de la previsión en las leyes de los conceptos jurídicos indeterminados que imponen un control judicial que difiere del control de la discrecionalidad, así como del control sobre la apreciación y calificación de los hechos, que constituye una operación reglada de la acción administrativa.

1. La técnica de los conceptos jurídicos indeterminados y su control judicial

En el caso de los conceptos jurídicos indeterminados, la ley, sin otorgar discreción alguna al funcionario, generalmente le fija su competencia utilizando conceptos jurídicos que no están precisamente determinados, pero en cuya aplicación no hay libre elección, sino simple aplicación de la ley a un caso concreto, en forma tal que sólo admite una solución justa. Por ejemplo, cuando una ley local o municipal establece la competencia de la autoridad para ordenar la demolición o modificación de edificaciones que "amenacen o se encuentren en ruina", con ello no se está otorgando poder discrecional alguno al funcionario, sino lo que se está es delimitando el ejercicio de su competencia mediante el uso de un concepto jurídico indeterminado, lo que implica que ante una edificación determinada no tiene competencia sino para adoptar una sola solución justa, dependiendo de si la edificación se encuentra o no se encuentra en ruinas, cuya determinación no puede ser objeto de facultad discrecional discrecional alguna[409].

Por tanto, cuando la ley, al otorgar una facultad o competencia al funcionario, utiliza expresiones como "justo precio," "urgencia," "interés general," "orden público" y otros similares, lo que está es estableciendo la competencia del mismo con base a conceptos jurídicos indeterminados, respecto de los cuales, en su aplicación concreta respecto de

---

408 *V.* E. García de Enterría, "La Interdicción. . .", *loc. cit.,* p. 160.

409 *V.* E. García de Enterría, "La lucha contra... ", *loc. cit.,* p. 174. El tema de los conceptos jurídicos indeterminados como excluidos del ámbito de la discrecionalidad fue considerado inicialmente por los autores alemanes. Por ejemplo E. Forsthoff, *Tratado de Derecho Administrativo,* Instituto de Estudios Políticos, Madrid 1958, pp. 123 y ss.; Hans Klecatsky, "Reflexiones sobre el imperio de la ley, especialmente sobre el fundamento de la legalidad de la administración", *Revista de la Comisión Internacional de Juristas,* Vol. IV, N° 2, Verano de 1963, p. 237. *V.* las referencias en Fernando Sainz Moreno, *Conceptos Jurídicos, interpretación y discrecionalidad administrativa,* Madrid, 1976, pp. 224 ss. In Italia es lo que se conoce como discrecionalidad técnica. *V.* por ejemplo Aldo Sandulli, *Manuale di Diritto Administrativo,* Nápoles 1964 pp. 573 ss.; Pietro Virga, *Il Provvedimento Amministrativo,* Milano 1972, pp. 27 ss.

casos particulares, el funcionario está en la obligación de determinar su contenido específico, sin que ello signifique que tenga discrecionalidad para determinar, por ejemplo, lo que sea el "justo precio."

Si la ley al contrario, estableciera al definir la competencia del funcionario, su poder para determinar por ejemplo un determinado valor o una multa dentro de un límite máximo y un límite mínimo claramente determinado,[410] allí estaríamos en presencia de un poder discrecional, que le permite al funcionario según su apreciación de las circunstancias o de la gravedad de la falta establecer la cifra correspondiente. En cambio, en el caso de los conceptos jurídicos indeterminados la operación que realiza la Administración es de estricta aplicación de la ley en el sentido de que está llamada a determinar, por ejemplo, el precio que sea "justo, para lo cual no tiene libertad de apreciación, sino que tiene que ser el resultado de un juicio técnico. En este último caso, cabe la posibilidad de que la Administración se haya equivocado en su juicio, y tal error puede ser controlado y corregido por los tribunales.[411]

Como ejemplo de este control respecto de la aplicación de conceptos jurídicos indeterminados, puede citarse lo resuelto en sentencia de la antigua Corte Suprema de Justicia de Venezuela de 19 de mayo de 1983[412], al conocer de la impugnación de un acto administrativo que había decidido la suspensión de un programa de televisión por ofensas a la moral pública. En el caso, el Reglamento relativo a la Radiodifusión Audiovisual (Televisión) de 1980, establecía que dichas estaciones, entre los programas que podían transmitir, estaban "los programas recreativos que contribuyan a la sana diversión, sin ofender la moral pública ni exaltar la violencia ni el delito" (art. 15). El Ministerio respectivo con competencia en materia de comunicaciones, consideró que en el caso, referido a un determinado programa (Hola Juventud), transmitido por una estación de televisión, en una fecha determinada, "se proyectó una escena de una obra de teatro en la cual se ofende la moral pública, por cuanto apareció la figura de un hombre desprovisto de vestimenta", razón por la cual la Administración sancionó a la empresa con suspensión del programa referido, por un día.

El acto administrativo sancionatorio fue impugnado ante la jurisdicción contencioso–administrativa, ante la cual se alegó que la escena en cuestión correspondía a una obra de teatro denominada "Macunaima" de Brasil, y que personificaba el nacimiento de dicho personaje, quien era un héroe mitológico indígena; y que no podía considerarse que ofendía la moral pública, razón por la cual se consideró que la transmisión del programa no había violado el Reglamento aplicado.

La Corte Suprema de Justicia, en su sentencia, al anular la Resolución impugnada, se basó en la siguiente argumentación:

> "El presupuesto de hecho –ofensa a la moral pública– incorpora a la norma uno de aquellos elementos que la doctrina administrativa ha denominado conceptos jurídicos indeterminados, y que se diferencian claramente de las llamadas potestades discrecionales. Mientras éstas dejan al funcionario la posibilidad de escoger según su criterio entre varias soluciones justas, no sucede lo mismo cuando se trata de la aplicación de un concepto jurídico indeterminado. Se caracterizan, estos últimos, por ser conceptos que resulta difícil delimitar con precisión en su enunciado, pero

---

410 *V.* sentencia de la *Corte Suprema de Justicia en Sala Político–Administrativa* de 12 de diciembre de 1963 en *Gaceta Oficial*, N° 27.344 de 13 de enero de 1964.

411 *V.* Alejandro Nieto. "Reducción jurisdiccional. . .", *loc. cit.*, pp. 154–155.

412. *V.* sentencia de la Corte Suprema de Justicia en Sala Político Administrativa, de 19 de mayo de 1983, en *Revista de Derecho Público*, N° 34, Caracas 1988, p. 69.

cuya aplicación no admite sino una sola solución justa y correcta, que no es otra que aquella que se conforma con el espíritu, propósito y razón de la norma.

La aplicación del concepto jurídico indeterminado por la Administración Pública constituye una actividad reglada y por consiguiente, sujeta al control de legalidad por parte del órgano jurisdiccional competente. De allí la importancia que tiene establecer la significación y alcance del concepto moral pública empleada por la norma y que ha sido invocada como fundamento de la Resolución impugnada"[413].

Con base en esas premisas, la antigua Corte Suprema de Justicia analizó el concepto de "moral pública", como concepto dinámico, destinado a proteger el buen orden social y la pacífica convivencia de los ciudadanos (y no atinente a la moral individual), el cual, consideró, "cambia con el correr de los tiempos y la evolución de las costumbres". "De allí que para juzgar si una determinada actuación ofende efectivamente la moral pública –sostuvo la antigua Corte–, menester es atenerse al criterio dominante en el medio social en que aquélla se realizó", concluyendo que "En el estado actual de la evolución cultural de Venezuela, seria inexacto sostener que toda manifestación del cuerpo humano desprovisto de vestimenta afecte a la moral pública o constituya objeto de escándalo o de repudio por parte de la colectividad"[414].

En esta forma, la distinción entre lo que es ejercicio del poder discrecional y lo que no es discrecionalidad, basado en la noción de los conceptos jurídicos indeterminados, ha conducido a una reducción efectiva del ámbito de la libertad de apreciación y a una ampliación de los poderes de control judicial. La consecuencia es que la discrecionalidad sólo existe cuando la ley deja a la Administración la elección entre varias decisiones, de manera que en la voluntad del Legislador, cualquiera de ellas es jurídicamente admisible y tiene el mismo valor; en cambio, existe un concepto jurídico indeterminado y, por tanto, no hay discrecionalidad, cuando sólo una sola decisión es la jurídicamente admisible[415]. Lo peculiar de estos conceptos jurídicos indeterminados es que su calificación en una circunstancia concreta no puede ser más que una: o se da o no se da el concepto; es decir, una actividad es de utilidad pública, o no la es; o se da, en efecto, una perturbación del orden público, o no se da; o el precio que se señala para un bien es justo o no lo es; o se ofende a la moral pública o no se la ofende. No hay un tercer género o posibilidad. Por ejemplo, para que se adopte una orden municipal de demolición de un inmueble porque amenaza ruina, el inmueble, o está en estado ruinoso o no lo está.

Como lo puntualizó García de Enterría, "hay, pues, y esto es esencial, una unidad de solución justa en la aplicación del concepto a una circunstancia concreta". Por ello califica el proceso de aplicación de conceptos jurídicos indeterminados como un "proceso reglado", porque no admite más que una solución justa: "es un proceso de aplicación a interpretación de la Ley, de subsunción en sus categorías de un supuesto dado; no es un proceso de libertad de elección entre alternativas igualmente justas"[416].

---

413. *Idem.* En sentido similar la Corte Suprema de Justicia (Venezuela) en sentencia de 27 de abril de 1989 consideró que la noción de "interés público" para el otorgamiento de una exoneración fiscal, no podía dar origen a su apreciación discrecional, sino que "siendo la aplicación de un concepto jurídico indeterminado en caso de aplicación o interpretación de la Ley que ha creado el concepto, el Juez debe fiscalizar tal aplicación valorando si la solución a que con ella se ha llegado, es la única solución justa que le permite la Ley" *Revista de Derecho Público,* núm. 38, Caracas, 1989, p. 96.

414. *Idem.*

415. *V.* F. Sainz Moreno, *op. cit.*, p. 234.

416. *V.* E. García de Enterría, *op. cit.*, pp. 35, 37 y 38.

Sobre esto, el Tribunal Supremo de España, en relación con el concepto de "justo precio" como un concepto jurídico indeterminado, indicó que sólo podía conducir a determinar el precio en una expropiación como real y efectivamente un "verdadero y justo valor". Así, en una la decisión judicial pionera en este campo en el mundo de habla hispana, de 28 de abril de 1964, el Tribunal señaló:

> "las facultades discrecionales se caracterizan por la pluralidad de soluciones justas posibles entre las que libremente puede escoger la Administración, según su propia iniciativa, por no estar comprometida dentro de la norma la solución concreta; mientras que el concepto jurídico indeterminado (ruina, precio justo, utilidad pública etc.) es configurado por la Ley como un supuesto concreto de tal forma que solamente se da una única solución justa en la aplicación del concepto a la circunstancia de hecho"[417].

Esta noción de los conceptos jurídicos indeterminados como área de actividad pública que no pertenece a lo discrecional, también se ha adoptado en Italia pero sobre la base de la distinción entre la llamada "discrecionalidad administrativa" y "discrecionalidad técnica". La discrecionalidad administrativa, así, se ha definido "como la facultad de escogencia entre comportamientos jurídicamente lícitos, para la satisfacción del interés público, y para la consecución de un fin que se corresponda con la causa del poder ejercido"[418]; en cambio en la "discrecionalidad técnica" no existe escogencia alguna. Como lo destacó hace años Aldo Sandulli, en la discrecionalidad técnica "la escogencia del comportamiento a seguir, tomando en cuenta los intereses públicos, fue realizada por el legislador a priori (de una vez y para siempre) de manera vinculante, por lo que a la Administración sólo le corresponde realizar una valoración sobre la base de conocimientos y de reglas técnicas, como son aquellas de la medicina, de la ética, de la economía, como sería el caso, por ejemplo, de la determinación del valor económico de un bien[419]. La "discrecionalidad técnica" por tanto, como lo destacó en su momento Massimo Severo Giannini, no es discrecionalidad, derivando su denominación de un error histórico de la doctrina[420].

Por esta razón por ejemplo, la Ley General de la Administración Pública de Costa Rica recalca con precisión, que "en ningún caso podrán dictarse actos contrarios a reglas unívocas de la ciencia o de la técnica" autorizando al Juez para "controlar la conformidad con esas reglas no jurídicas de los elementos discrecionales del acto, como sí ejerciera contralor de legalidad" (art. 16).

2. El control judicial de la apreciación y calificación de los presupuestos de hecho del acto administrativos

A. Algunos aportes de la jurisprudencia francesa

En Francia, el proceso de ampliación del control jurisdiccional de la Administración y de reducción de la discrecionalidad, también se ha manifestado en este campo aún cuando sin denominarlo como de los conceptos jurídicos indeterminados, y sin dejar de considerarlo como parte del ejercicio de potestades discrecionales, mediante el desarro-

417. *V.* la referencia en F. Sainz Moreno, *op. cit.*, p. 273.
418. *V.* Pietro Virga, *Il Provvedimento Amministrativo,* Milano, 1972, p. 19
419. *V.* Aldo M. Sandulli, *op. cit.*, p. 574.
420. *V.* Massimo Severo Giannini, *Diritto Amministrativo*, vol. I, Milán, 1970, p. 488.

llo del control jurisdiccional en relación con la calificación de los hechos y en la apreciación de los motivos de los actos administrativos[421].

El primer *arrêt* del Consejo de Estado que se dictó en estos aspectos fue el *arrêt Gomel* de 4–4–1914[422], en el cual se juzgó el poder legal de un Prefecto, para negar el otorgamiento de un permiso de construcción en los casos en los que se considerara que el alineamiento y el nivel de la construcción proyectada con la vía pública, no se encontrase acorde con el interés de la seguridad pública, de la salubridad y, en particular, de la conservación de perspectivas monumentales y del sitio. El Consejo de Estado, en un caso concreto en París, entró a apreciar si la construcción permisaza atentaba contra "la perspectiva monumental existente" en una conocida plaza de París (Place Beauveau), concluyendo en el caso concreto que la misma no chocaba con la "perspectiva monumental" del sitio, por lo que consideró que el Prefecto, al haberse rehusado a conceder el permiso de construcción, había hecho una falsa aplicación de la Ley.

Este *arrêt* se consideró en su momento como el punto de partida de una abundante jurisprudencia relativa al control por el juez de exceso de poder, de la calificación jurídica de los hechos, en el sentido de que cada vez que un texto subordine el ejercicio de un poder de la Administración a la existencia de ciertas circunstancias de hecho, el juez debe verificar si estas condiciones de hecho están efectivamente cumplidas, y, particularmente, si los hechos presentan un carácter de tal índole que justifican la decisión tomada[423]. Ello llevó al Consejo de Estado a controlar, por ejemplo, el carácter artístico y pintoresco de monumentos y ciudades (CE 2 mai 1975, *Dame Ebri et autres,* Rec. 280, AJ 1975, 311 concl. G. Guillaume); el carácter técnico de un cuerpo de funcionarios (CE 27 juin 1955, *Deleuze,* Rec. 296; A. J. 1955, II, 275, concl. Laurent); el carácter fáctico del acto de un agente público, (CE 13 mars 1953, *Teissier,* Rec. 133 concl. Donnedieu de Vabres); el carácter licencioso o pornográfico de una publicación (CE 5 déc 1956, *Thibault,* Rec. 463; D. 1957, 20, concl. Mosset); o el carácter inmoral de un film (CE 18 déc 1959, *Societé Les Films Lutetia,* Rec. 693, concl. Mayras)[424].

En este último caso, el Consejo de Estado estimó que el Alcalde respectivo, al haber prohibido la exhibición de un film en el municipio, había tomado la decisión correcta, al precisar el concepto jurídico indeterminado del "carácter inmoral" del film.[425] En otros casos similares, el Consejo de Estado examinó si esta inmoralidad era de naturaleza tal como para justificar legalmente la prohibición, teniendo en cuenta las circunstancias locales (CE 14 oct. 1960, *Societé Les films Marceau,* Rec, 533, y 23 déc 1960, *Union générale cinematographique,* Rec. 731), anulando la prohibición de exhibición de un film. En otro caso, rechazó el recurso contra la prohibición de proyectar otro film[426]. En estos casos, se trató, de una operación de control de la calificación jurídica de los hechos por parte del juez o, si se quiere, de la aplicación por la Administración de conceptos jurídicos indeterminados, que no configuran ejercicio de poder discrecional.

---

421. *V.* A. De Laubadère, "Le contrôle juridictionnel du pouvoir discrétionnaire dans la jurisprudence récente du Conseil d'Etat Français", *Mélanges offerts a Marcel Waline*, París 1974, t. II, pp. 531–549.

422. CE 4 avr. 1914, *Gomel,* Rec. 488. *Véase* en M. Long P. Weil y G. Braibant, *Les grands arrêts de la jurisprudence administrative,* 7° ed., París, 1978, p. 124

423. *V.* Long, Weil y Braibant, *op. cit.*, p. 125.

424. *Idem*, p. 125.

425. *Ibid., op. cit.*, pp. 490–493.

426. *Ibid.*, p. 493.

Después de estas primeras manifestaciones, la reducción del ámbito de la discrecionalidad condujo en Francia, al control jurisdiccional en casos de "error manifiesto de apreciación" y mediante la aplicación del principio del "balance–costo–beneficios",

En cuanto al principio del "error manifiesto de apreciación" como mecanismo de control de la discrecionalidad, el mismo se aplicó por ejemplo en el *arrêt Sociéte anonyme Libraire Fraçois Maspero,* de 2 nov 1973 (Rec. 611, concl. Braibant)[427], en el cual el Consejo de Estado decidió, con motivo de la impugnación de un acto administrativo del Ministro del Interior de prohibir la circulación de la edición francesa de la *Revista Tricontinental,* editada en Cuba, que había sido adoptado en virtud de una Ley que lo autorizaba para prohibir la circulación distribución y venta de revistas y periódicos de proveniencia extranjera; que dicha decisión no podía ser discutida en la jurisdicción contencioso administrativa, al no estar "viciada de error manifiesto", en cuanto a la apreciación del Ministro del Interior sobre el peligro que representaba la revista para el orden público[428].

En esta decisión, sin embargo, a pesar de tratarse de un tema propio de los conceptos jurídicos indeterminados, como se ha analizado, el Consejo de Estado estimó que estaba en presencia del ejercicio de un poder discrecional de apreciación por la Administración, el cual consideró que sólo podía ser juzgado si el Ministro hubiera incurrido en error manifiesto de apreciación. En sentido similar la doctrina consideró que en estos casos en los cuales

> "el legislador no ha fijado las condiciones bajo las cuales se debe ejercer la actividad administrativa o bien las ha fijado de manera general e imprecisa", activándose el poder discrecional de la Administración, no puede el juez, bajo esta hipótesis, controlar la calificación jurídica de los hechos, sino solamente la legalidad de la motivación de la decisión. En estos casos, como en el arrêt Maspero, si bien el juez ha sido conducido a someter a la Administración, a un control mínimo en cuanto a la apreciación de los hechos realizada por ella: "de hecho el juez no se pronuncia sobre la apreciación como tal, sino sobre el error que ha podido viciar esta apreciación cuando este error es evidente, al poder ser descubierto por simple sentido común, cuando se trate de un error manifiesto que desnaturalice la interpretación que hace la Administración de la extensión de su poder discrecional"[429].

En todo caso, este criterio del "error manifiesto de apreciación" puede considerarse en Francia, como fundamental en cuanto a la limitación y control al poder discrecional conforme al principio de la razonabilidad o racionalidad, particularmente cuando es aplicado a casos en los cuales se trate del verdadero ejercicio del poder discrecional, cuando la Administración tiene la libertad de escoger entre varias decisiones justas. En casos como en el decidido en el *arrêt Maspero*, en el cual sólo se trataba de juzgar si la Revista prohibida presentaba peligro para el orden público de manera de justificar la prohibición de circulación, en realidad, bajo el ángulo de la técnica de los conceptos jurídicos indeterminados, el Ministro del Interior no ejercía poderes discrecionales sino que sólo podía tomar una decisión justa: o la revista presentaba o no presentaba peligro para el orden público al momento en el cual se dictó la decisión y esa decisión configuraba, por tanto, el ejercicio de una competencia reglada. Esto ya lo había apuntado en la doctrina francesa André De Laubadère, cuando se refirió a los casos de "apariencia" de control del poder discrecional; precisamente referido a la aplicación de conceptos jurí-

427. *Ibid., op. cit.,* pp. 575 ss.
428. *Ibid,* p. 576.
429. *Ibid., cit.,* p. 580.

dicos indeterminados en los cuales "el juez administrativo, contribuyendo así con el legislador a determinar en qué casos hay poder reglado, transformándose entonces una competencia aparentemente discrecional en una competencia reglada"[430], o más exactamente, según la expresión de Auby y Drago, "descubre" las condiciones legales, los motivos considerados por el cómo los solos legítimos de la decisión.[431]

Otro principio destacado por la jurisprudencia francesa relativo al control jurisdiccional del poder discrecional, o más propiamente, mediante el cual se buscó descubrir competencias regladas en lo que aparentemente era el ejercicio de poderes discrecionales, fue el conocido principio del "balance–costo–beneficio"[432], desarrollado en casos de urbanismo y expropiación con ocasión de la aplicación precisamente, del concepto jurídico indeterminado de "utilidad pública".

El inicio de esta aproximación al control jurisdiccional del poder discrecional se puede situar en el *arrêt* denominado *Ville Novuelle Est* adoptado por el Consejo de Estado el 28 de mayo de 1971[433], con motivo de la impugnación de un acto administrativo del Ministro del Equipamiento y Vivienda que había declarado de utilidad pública un proyecto de desarrollo y renovación urbana al este de la ciudad de Lille destinado a configurar, tanto una ciudad universitaria como una Nueva Ciudad. Con motivo de la impugnación de la decisión, entre otros motivos, se denunció que la destrucción de un centenar de viviendas que podía evitarse si se hubiera dispuesto de un proyecto distinto al de una autopista, constituía un costo demasiado elevado para la operación proyectada que le quitaba el carácter de utilidad pública a la misma. El Consejo de Estado, al juzgar "la utilidad pública de la operación" y considerar que el proyecto si tenía carácter de tal, estimó "que una operación no podría ser legalmente declarada de utilidad pública sino cuando los atentados a la propiedad privada, el costo financiero, y eventualmente los inconvenientes de orden social que ella comporta, no son excesivos en relación al interés que ella presenta"[434].

Hasta ese momento, el Consejo de Estado había controlado la finalidad de utilidad pública de determinados proyectos, verificando si la operación correspondía en sí misma a un fin de utilidad pública, pero se había rehusado a examinar el contenido concreto del proyecto, es decir, la escogencia de las parcelas a expropiar. Con el la decisión comentada, el Consejo de Estado asumió la tareas de decidir y de apreciar, en cada caso, la utilidad pública de un proyecto, realizando el balance entre las ventajas y los inconvenientes de la operación y apreciando no sólo el costo financiero de la misma, sino también su costo social[435]. Marcel Waline, al comentar el "considerando" del *arrêt* constató que:

> "El juez se reconoce el derecho de apreciar todo tipo de ventajas e inconvenientes de la operación en cuestión, de establecer entre ellos un balance, de hacer en alguna forma la suma algebraica de

430. *V.* A. De Laubadère, *loc. cit.*, p. 535.

431. *Idem*

432. *V.* Jeanne Lemasurier, "Vers un nouveau principe général du droit. Le principe 'bilan–cout–avantages' ", en *Melánges offerts a Marcel Waline,* París, 1974, t. II, pp. 551–562.

433. CE 28 mai 1971, *Ministre de l'équipement et du logement c. Fédération de défense des personnes concernées par le projet actuellement dénommé "Ville Nouvelle Est",* Rec. 409, concl. Braibant, en Long, Weil y Braibant, *op. cit.*, pp. 561–574.

434. *V.* en Long, Weil y Braibant, *op. cit.*, p. 563.

435. *Idem*, pp. 568–569.

> unas y otros, y de no dar la aprobación, sino cuando el saldo de esta operación, después de hechas las cuentas, le parecía positivo"[436].

En el mismo sentido, el Consejo de Estado se pronunció en otra decisión, *Soc. Civile Sainte–Marie de l'Assomption* de 20 de octubre de 1972[437], al juzgar sobre la utilidad pública del proyecto de la autopista norte de Niza, cuya construcción amenazaba un Hospital Psiquiátrico (Sainte–Marie), caso en el cual no sólo se oponía el interés general a los intereses particulares, sino en el cual surgía un conflicto entre dos intereses públicos: el de la circulación y el de la salud pública. En su decisión, el Consejo de Estado declaró la nulidad del decreto declarativo de utilidad pública, por considerar la solución de circulación establecida en el proyecto alrededor de un hospital, como inconveniente, no solo por el ruido que se producía sino porque privaba al hospital de toda posibilidad de expansión futura[438].

En todos estos casos, las decisiones del juez no incidieron realmente en el ejercicio de poderes discrecionales, sino en el ejercicio de competencias regladas, que sólo admitían una solución justa: o la obra era o no era de utilidad pública. El balance costo–beneficios que efectuó el Consejo de Estado fue precisamente lo que la Administración estaba obligada a hacer en cada caso, para adoptar la única solución justa al concretar el concepto jurídico indeterminado de "utilidad pública" en un proyecto de expropiación. El Consejo de Estado, por tanto, al efectuar jurisdiccionalmente el mismo balance lo que controló no fue el ejercicio de poder discrecional alguno, sino la competencia legal que tiene la Administración al hacer la declaratoria de utilidad pública; es decir, corregir "las faltas o las ligerezas, algunas veces fantasiosas", como lo indicó Marcel Waline, de los tecnócratas administrativos[439].

Como lo destacó indirectamente el Comisario Morisot en sus conclusiones sobre el caso *Sainte–Marie de l'Assomption*:

> "La noción de utilidad pública es relativa. No se la puede apreciar y, en consecuencia, controlar sin considerar todos los elementos, lo que conduce a hacer el balance de los aspectos positivos y negativos de la operación. Dado el caso de que la utilidad pública de ésta es la condición de legalidad de la puesta en marcha de un procedimiento de expropiación, la apreciación hecha por el juez de esta utilidad, con todos los elementos que ella comporta, es un control de legalidad"[440].

---

436. *V.* M. Waline, "L'appeciation par le juge administratif de l'utilité d'une Project", *Revue du Droit Public et de la Science Politique en France et à l'étranger*, 1973, p. 454; *cit.*, por J. Lemasurier, *loc. cit.*, p. 555.

437. CE 20 octobre 1972, Rec. 657, concl. Morisot.

438. *V.* en Long, Weil y Braibant, *op. cit.*, p. 569.

439. *V.* M. Waline, "L'appeciation..." *loc. cit.*, p. 461. El problema se plantea, incluso, en los cases de control judicial de la constitucionalidad de las leyes que declaran la utilidad pública a los efectos expropiatorios, como ha sucedido en Argentina. En el caso *Nación Argentina* y *Jorge Ferrario*, 1961, la Corte Suprema de Justicia de la Nación señaló "si los jueces de una causa expropiatoria comprueban que la utilidad pública no existe o ha sido desconocida por la Administración, y...media alguno de los supuestos de gravedad o arbitrariedad extrema... están obligados a desempeñar la primera y más elemental de las funciones que les incumben, esto es, la que consiste en proteger las garantías constitucionales declarando la invalidez de los actos del Estado que pretendan vulnerarlos" (*Fallos* t. 251, pp. 246 ss.). Agustín Gordillo, sobre este principio, ha comentado lo siguiente: "si la jurisprudencia ha establecido, y con razón, que puede controlar y revisar hasta la calificación de utilidad pública hecha por el Congreso en materia de expropiación (lo que si es probablemente facultad discrecional, y ni siquiera del Poder Ejecutivo sino del Poder Legislativo), no se advierte entonces qué superioridad constitucional tiene el Poder Ejecutivo sobre el Poder Legislativo y el Poder Judicial para que los actos discrecionales del parlamento, esto es las leyes del Congreso de la Nación, puedan ser controladas judicialmente, pero no pueda serlo un acto meramente emanado del Poder Ejecutivo", Agustín Gordillo, *El acto administrativo*, Buenos Aires, 1969, p. 216.

440. *Cit.* por A. De Laubadère, *loc. cit.* p. 540.

En esta forma, aún cuando no consideramos que esta jurisprudencia signifique realmente control del ejercicio de poderes discrecionales, como lo continuó razonando la doctrina francesa, fue un importante avance inicial en cuanto al control de legalidad y la reducción del círculo de la discrecionalidad, pues conforme a la técnica de los conceptos jurídicos indeterminados, contribuyeron a identificar lo que sólo era una apariencia de discrecionalidad.

B. El control judicial en la determinación del presupuesto de hecho del acto administrativo discrecional y la forma de apreciación de los hechos

El tema de los presupuestos de hecho de los actos administrativos, sean discrecionales o no, corresponde a los elementos de fondo de los mismos, en lo que se ha denominado la causa de los actos[441]. La determinación de los presupuestos de hecho por tanto, constituye una de las etapas que debe seguir la Administración para manifestar su voluntad, la cual no comprende ningún elemento de apreciación ni de juicio.[442]

Por tanto, en esta determinación de los hechos, aun encontrándose en ejercicio de un poder discrecional, la Administración debe ceñirse a determinados límites en relación con la comprobación de los presupuestos de hecho del acto; en relación con la certeza de los mismos; y en relación con la correcta calificación de ellos. Estos tres son condicionantes de la actividad administrativa, incluso de la realizada en ejercicio del poder discrecional.

a. La comprobación de los hechos

Como lo ha determinado la jurisprudencia, las decisiones administrativas se hayan condicionadas por "la *comprobación previa* de las circunstancias de hecho previstas en la norma, claramente estatuida para obligar a la Administración a someter sus actos, en cada caso, al precepto jurídico preexistente"[443].

Conforme a esta doctrina, por ejemplo, en un caso llevado ante la antigua Corte Suprema de Venezuela, la sentencia respectiva declaró la nulidad de un acto administrativo revocatorio de otro por el cual se le había concedido la nacionalidad venezolana a una extranjera, por el hecho de que la Administración no comprobó suficientemente los hechos en que se fundaba la resolución ministerial impugnada, señalando, en el caso, "no existir, como en efecto no existe, prueba alguna de los hechos que se imputan a la recurrente". La Corte concluyó en el caso, por falta de elementos de prueba, que la "Resolución impugnada carece de toda eficacia legal, *por haberse fundado en hechos no comprobados* y porque al dictarla la autoridad administrativa actuó en forma no permitida por la rigidez del precepto legal".[444]

---

441 *Cfr.* Fernando Garrido Falla, *Tratado de Derecho Administrativo,* Instituto de Estudios Políticos, Tomo I, Madrid 1956, p. 453. En este sentido Georges Vedel incluyó los elementos o presupuestos de hecho del acto dentro del elemento causa: *V. Essai sur la notion de cause en droit administratif,* Sirey, París, 1934, p. 361, *cit.* por Rafael Nuñez Lagos, "La causa del acto administrativo" en *Estudios en homenaje de Jordana de Pozas,* Tomo III, Vol. I, Instituto de Estudios Políticos, Madrid, 1961, p. 113. *V.* asimismo nuestro libro *Las Instituciones Fundamentales..., ob. cit.,* p. 127.

442 *Cfr.* Michel Stassinopoulos, *Traite des actes administratifs,* Collection de l'Institut Français d'Athènes, N° 82, Atenas, 1954, p. 154; J. C. Venezia, *Le pouvoir discretionnaire,* Librairie Genérale de Droit et de Jurisprudence (Bibliothèque de Droit Public. Tome XVII), París, 1959, p. 48.

443 *V.* sentencia de la *Corte Suprema de Justicia en Sala Político–Administrativa* de 22 de mayo de 1963

444 Sentencia de la antigua Corte Suprema de Justicia en Sala Político–Administrativa de 8 de junio de 1964.

Por tanto, uno de los límites del poder discrecional en cuanto a la determinación de los presupuestos de hecho del acto administrativo, es la necesaria comprobación de dichas circunstancias de hecho por la Administración. En consecuencia, en cuanto al acto discrecional, esta exigencia implica: En primer lugar, que todo acto administrativo debe tener una causa o motivo, identificado, precisamente, en los supuestos de hecho, no pudiendo haber acto administrativo sin causa y sin supuesto de hecho. En segundo lugar, que debe haber adecuación entre lo decidido y el supuesto de hecho y para que ello sea cierto, es necesario que ese supuesto de hecho haya sido comprobado, estando la Administración, obligada a probarlo. El acto, por tanto, no puede estar basado simplemente en la apreciación arbitraria de un funcionario. No basta señalar, por ejemplo, que una fábrica contamina para ordenar cerrarla. Si el funcionario considera que una instalación industrial es contaminante tiene que probar que contamina y debe hacer constar en el expediente cuáles son los efectos contaminantes. Esto implica que la carga de la prueba en la actividad administrativa, recae sobre la Administración, como principio general muy importante.

La comprobación exacta de los presupuestos de hecho del acto, o la "exactitud material de los hechos básicos de la decisión"[445] evita, por otra parte, el llamado error de hecho[446] que puede ser controlado también judicialmente y que consiste simplemente en el "falso conocimiento de la realidad"[447].

En este sentido la jurisprudencia ha señalado al decidir sobre la impugnación de un acto administrativo que contenía un error de cálculo, acordando su nulidad, que "el error en que incurre la Resolución ministerial impugnada, equivale a *falta de adecuación entre el supuesto legal y la realidad,* de allí que el resultado obtenido haya sido *inexacto*", resultando procedente el recurso de nulidad solicitado[448].

b. La calificación de los presupuestos de hecho

Por otra parte, dentro del proceso lógico de formación de todos los actos administrativos, incluyendo los discrecionales, la Administración, después de constatar y comprobar los presupuestos de hecho, debe proceder a la subsunción de los hechos al presupuesto de derecho[449], es decir, a la norma que autoriza su actuación. Esto es lo que se ha llamado "calificación jurídica de los hechos"[450] como otro de los límites de la actividad administrativa y por tanto limitativo de la potestad discrecional, que permite el control judicial de lo que la jurisprudencia italiana llamó la tergiversación de los hechos[451], y que en la actualidad se configura como el vicio de falso supuesto; es decir, el vicio que se configura "en la errada fundamentación fáctica del procedimiento administrativo,

---

445 *V.* M. Letourneur, "El Control de los hechos por el Consejo de Estado Francés, juez del Recurso por exceso de poder, en la jurisprudencia reciente" en *Revista de Administración Pública,* N° 7, Madrid 1952, p. 221.

446 *Cfr.* M. Stassinopoulos, *op. cit.,* pp. 175 y ss.

447 *V.* Sebastián Martin–Retortillo Baquer, "El Exceso de poder como vicio del acto administrativo", *Revista de Administración Pública,* N° 23, Madrid 1957, p. 138.

448 *V.* sentencia de la Corte Suprema de Justicia de 3 de julio de 1961 en *Gaceta Forense,* 2ª etapa, N° 33, Caracas 1961, p. 20.

449 *Cfr.* J. C. Venezia, *op. cit.,* p. 25

450 M. Stassinopoulos, *op. cit.,* p. 182.

451 *V.* en la jurisprudencia venezolana nuestra obra *Las Instituciones fundamentales del Derecho Administrativo... cit.,* pp. 67–68. En la jurisprudencia italiana: Sebastián Martin–Retortillo Baquer, "El Exceso de poder. . .", *loc. cit.,* p. 135.

pues, la Administración fundamentó su decisión en hechos inexistentes, falsos y no relacionados con el asunto objeto de la decisión".[452]

En este elemento está, quizás el área más rica de vicios del acto administrativo: el vicio en la causa, en la comprobación de los hechos, en la calificación de los hechos, e inclusive, en la propia existencia del supuesto de hecho. Por ello, el falso supuesto del derecho procesal encuentra aquí su asidero fundamental en materia de derecho administrativo. Es decir, los actos no pueden partir de falsos supuestos, sino que deben partir de supuestos probados, comprobados y adecuadamente calificados.

Por otra parte, la Administración no puede tergiversar los hechos, que tampoco es infrecuente, sino que debe darle el tratamiento racional a los hechos, comprobados técnicamente.

En este sentido la jurisprudencia hace años indicó que "si la Administración, sin violar un precepto legal, realiza un acto en el que altere la verdad que sirve de presupuesto a éste, no podría ciertamente decirse que ha cometido una efectiva transgresión de la Constitución o de la ley positiva... pero no puede caber duda de que el acto así cumplido está gravemente viciado por exceso de poder. *La potestad discrecional del funcionario administrativo, lo mismo que la del juez, no puede traspasar los lindes de la verdad y de la equidad*"[453].

Por tanto, los límites del poder discrecional y la posibilidad de control no se reducen a la posible trasgresión de normas constitucionales o legales expresas, sino que abarcan también la necesidad de que el funcionario, aun en el caso de darle cumplimiento estricto a la norma escrita, en la aplicación de este precepto legal, no tergiverse los presupuestos de hecho que autorizan su actuación[454], ni falsee el lógico y verdadero presupuesto del mismo. En tal sentido Sebastián Martín Retortillo consideraba que un acto se dictaba con tergiversación de los hechos, no sólo en el caso extremo de que el acto se fundase sobre el presupuesto de la existencia o inexistencia de hechos que resultaban inexistentes o existentes, sino también bastaba con que en su realidad tales hechos fueran sustancialmente distintos a como fueron aprehendidos por la autoridad administrativa; es decir, cuando ésta, realizando un error de método, no consideraba debidamente elementos esenciales o por lo contrario, diera excesiva importancia a elementos accesorios[455].

La función de calificación de los hechos y sus límites, ciertamente es una actividad reglada y, por tanto, controlable en todos los actos administrativos, pero su verdadera relevancia se particulariza en relación con la actividad discrecional. Como lo ha desta-

---

452 *V.* por ejemplo, en *Revista de Derecho Público*, N° 93–96, Caracas 2003, p. 400. El vicio es similar a la institución existente en el proceso civil en materia de casación, cuando se alega infracción de regla legal expresa para valorar el mérito de la prueba, y que procede, cuando los jueces hayan dado por probado un *hecho* con pruebas que por la ley sean improcedentes para demostrarlo; cuando a una prueba que no reúna los requisitos exigidos por la ley, le hayan dado, sin embargo, los efectos que ésta le atribuye, como si estuviere debidamente hecha; cuando basen sus apreciaciones en *falso supuesto,* atribuyendo la existencia de un instrumento o acta del expediente de menciones que no contenga, o dando por demostrado un *hecho* con pruebas que no aparezcan de autos, o cuya inexactitud resulte de actas o instrumentos del expediente mismo, no mencionados en la sentencia.

453 *V.* sentencia de la antigua Corte Federal de 9 de agosto de 1957 en *Gaceta Forense*, 2ª etapa, N° 17, Caracas 1957, p. 136.

454 *V.* sentencia de la antigua Corte Federal de 9 de agosto de 1957 en *Gaceta Forense*, 2ª etapa, N° 17, Caracas 1957, p. 136.

455 *Cfr.* S. Martin–Retortillo Baquer, "El exceso de poder. . .", *loc. cit.,* p. 131. *Véase* asimismo sentencia de la *Corte Suprema de Justicia en Sala Político–Administrativa* de 8 de junio de 1964.

cado la jurisprudencia, este vicio del acto administrativo por falsa calificación de los hechos, consiste en "hacer *uso indebido* del poder que es atribuido al funcionario, independientemente del fin logrado, bien porque se tergiverse la verdad procesal denudándose los hechos, o bien por cualquier otra causa"[456], lo que conlleva un cierto elemento subjetivo de valoración intelectual por parte de la Administración. Esto distingue por otra parte, a la calificación de los hechos y su vicio, la tergiversación de los mismos, de la comprobación de los hechos y su vicio, el error de hecho[457].

En esta materia, la Ley Orgánica de Procedimientos Administrativos de Venezuela, establece en el artículo 12, como otro límite a la discrecionalidad, que el contenido del acto debe tener adecuación con los supuestos de hecho que constituyen su causa.

3. El control judicial de otros aspectos regulados de los actos administrativos, aún los discrecionales

Pero dejando aparte estos aspectos de reducción del círculo de la discrecionalidad, otro aspecto que contribuye a aislar el poder discrecional se refiere a los aspectos regulados (principio de legalidad) de los actos administrativos, tanto reglados como discrecionales, al estar sometidos a determinadas normas legales cuyo cumplimiento les da contenido y determina los efectos jurídicos a los mismos. En estos casos, es el principio de la legalidad el que impone que todos los actos administrativos deban emitirse de acuerdo con las disposiciones preexistentes[458].

Es decir, como lo estableció hace décadas la antigua Corte Federal de Venezuela de 17 de julio de 1953, si bien la Administración puede obrar discrecionalmente cuando no está sometida al cumplimiento de normas especiales en cuanto a la oportunidad de obrar, ello no quiere decir que pueda obrar a su arbitrio, "eludiendo toda regla de derecho, pues la autoridad administrativa debe observar siempre los preceptos legales sobre formalidades del acto"[459]. Por tanto, los requisitos de forma de los actos administrativos siempre han de cumplirse ineludiblemente en el ejercicio de la potestad discrecional[460]; y es por ello, que el artículo 12 de la Ley Orgánica de Procedimientos Administrativos de Venezuela de 1982 disponga que la Administración, aún en ejercicio de potestades discrecionales, debe cumplir los trámites, requisitos y formalidades necesarios para su validez y eficacia de los actos administrativos. Por tanto, el acto discrecional no puede nunca ser arbitrario en sus formas; debe cumplir las formalidades previstas en la Ley. En el mismo sentido, en cuanto al cumplimiento de los requisitos de fondo en el ejercicio del mismo poder discrecional, la jurisprudencia ha hecho especial referencia a la

---

456 *V.* sentencia de la antigua *Corte Federal* de 9 de agosto de 1957 en *Gaceta Forense.*, 2ª etapa, Nº 17, Caracas 1957, p. 135.

457 *Cfr.* S. Martin–Retortillo Baquer, "El Exceso de poder. . .", *loc. cit.*, p. 138

458 *V.* sentencia de la antigua Corte Federal de 26 de noviembre de 1959 en *Gaceta Forense*, 2ª etapa, Nº 26, 1959, p. 125.

Por otra parte, véase la sentencia de la *Corte Suprema de Justicia en Sala Político Administrativa* de 12 de diciembre de 1962 en nuestro trabajo "El Poder discrecional...", *loc. cit.*, p. 193.

459 *V.* sentencia de la antigua Corte Federal de 17 de julio de 1953 en *Gaceta Forense*, 2ª etapa, Nº 1, Caracas 1953, p. 151.

460 *V.* sentencia de la antigua Corte Federal de 6 de noviembre de 1958 en *Gaceta Forense*, 2ª etapa, Nº 22, Caracas 1958, p. 134.

competencia[461], señalando que "el funcionario al obrar discrecionalmente tiene que hacerlo sin excederse de su competencia"[462].

Pero en esta materia, hay elementos de fondo de los actos administrativos que la Administración está obligada a observar, quizás con mayor atención cuando ejerce poderes discrecionales, y que se refieren al elemento causa o a la determinación de los presupuestos de hecho del acto administrativo y a su finalidad. Adicionalmente está, también, el principio de la igualdad que la Administración está obligada a observar en todas sus actuaciones.

A. El control judicial de la adecuación a la finalidad legalmente prescrita del acto administrativo

El mismo artículo 12 de la Ley Orgánica de procedimientos Administrativos de Venezuela, además, exige que el acto discrecional tenga adecuación con los fines de la norma que prevé su emisión por la Administración. Con esto se consagra legalmente el principio de la necesaria adecuación a la finalidad legal de los actos administrativos, de manera que el funcionario, al dictarlos, no puede desviar esos fines, y perseguir fines distintos a los previstos en la norma, así sean ellos plausibles desde el ángulo del servicio público. La no adecuación a los fines previstos en la norma, da origen al conocido vicio de desviación de poder, regulado en el artículo 259 de la Constitución venezolana.

Sin embargo, en sus inicios ello fue destacado por la jurisprudencia al indicar que "la subordinación (de los actos administrativos) a la equidad y a la verdad significa que el funcionario o la Administración no pueden en modo alguno salirse de los fines que con la norma legal se persiguen, aun en el supuesto de que estén en función las facultades discrecionales del Poder Público"[463].

De allí que otro de los elementos reglados del acto administrativo que ha contribuido eficazmente a la fijación de los límites del poder discrecional, haya sido este de la finalidad perseguida, en el sentido de que la "discrecionalidad no implica arbitrariedad ni injusticia puesto que la Administración nacional, estadal o municipal, no obra en pura conformidad a su elección, sino en virtud y como consecuencia de su capacidad condicionada por su *fin*"[464].

La desviación de poder, por tanto, como vicio en la finalidad de los actos administrativos, "surge cuando la Administración usa de sus poderes con finalidades distintas a aquellas determinadas en la ley"[465], por lo que su configuración es sencilla: la Administración está obligada a realizar su actividad no sólo respondiendo a un fin público o social buscado[466], sino que dentro de tal concepto genérico, debe actuar precisamente con-

461 *V.* sentencia de la antigua Corte Federal de 6 de noviembre de 1958 en *Gaceta Forense*, 2ª etapa, Nº 22, Caracas 1958, p. 134.

462 *V.* sentencia de la antigua Corte Federal de 24 de febrero de 1956 en *Gaceta Forense*, 2ª etapa, Nº 11, Caracas, 1956, p. 28.

463 *V.* sentencia de la antigua Corte Federal de 9 de agosto de 1957 en *Gaceta Forense*, 2ª etapa, Nº 17, Caracas 1957, p. 135.

464 *V.* sentencia de la antigua Corte Federal de 24 de febrero de 1956, en *Gaceta Forense*, 2ª etapa, Nº 11, Caracas 1956, p. 28

465 *V.* sentencia de la antigua Corte Federal de 2 de junio de 1958 en *Gaceta Forense*, 2ª etapa, Nº 20, Caracas 1958, p. 99.

466 *V.* sentencia de la antigua Corte Federal de 17 de julio de 1953 en *Gaceta Forense*, 2ª etapa, Nº 1, Caracas 1953, p. 153.

forme al *fin específico* para cuyo logro le son concedidas las facultades determinadas que ejercita[467].

En consecuencia, la desviación de poder no sólo se presenta como resultado de la obtención de un fin extraño al interés general, sino también como resultado de la obtención de un fin que, sin ser extraño al interés general, no es la manifestación concreta del interés general por el que la autoridad administrativa ha recibido los poderes que ejercita[468]. En este sentido, un acto administrativo "aun siendo dictado por quien está facultado para hacerlo y en forma tal que aparece subordinado a la ley, [está viciado si] en su espíritu o en el fondo es realmente *contrario a la finalidad del servicio público o de los principios que informan la función administrativa*"[469].

La actividad administrativa en el Estado de Derecho está condicionada por la ley a la *obtención de determinados resultados;* por ello no puede la Administración pública procurar resultados distintos de los perseguidos por el legislador, "aun cuando aquéllos respondan a las más estrictas licitud y moralidad pues lo que se busca es el logro de determinado fin"[470] que no puede ser desviado por ningún motivo, así sea plausible éste.

En consecuencia, este elemento reglado de la finalidad de la actuación administrativa, viene a ser otro de los límites impuestos al poder discrecional por el principio de la legalidad administrativa.

B. El control judicial del acto discriminatorio: el principio de la igualdad

Como lo ha señalado la jurisprudencia venezolana, la consagración en la ley de facultades discrecionales para que un funcionario público actúe, es hecha, además, para que éste obre "según su *prudente arbitrio,* consultando lo más equitativo y racional, en obsequio de la justicia y de la *imparcialidad*"[471]. Por tanto, otro de los límites impuestos al ejercicio del poder discrecional, como a toda actuación de la Administración, es el que se deriva del principio de la igualdad que impide los tratamientos de favor de parte de la autoridad administrativa en relación a los administrados. Hay en este sentido, igualdad, cuando se toman las mismas medidas en condiciones parecidas o análogas; por el contrario, no hay igualdad –hay desigualdad y parcialidad– cuando en las mismas condiciones se niega a un administrado lo que se ha acordado a otro[472].

El principio de la igualdad, aunque de rango constitucional y, por tanto, aplicable a todas las actuaciones del Estado, ofrece especial interés en cuanto límite del poder discrecional, pues el ejercicio de éste debe adecuarse especialmente a las exigencias de este principio[473]. De ahí que se haya hablado de la "irracionalidad de la desigualdad"[474].

467 *Cfr.* S. Martin–Retortillo Baquer, "La desviación de poder en el Derecho español", *Revista de Administración Pública*, Madrid 1957, Nº 22, p. 137.

468 *Cfr.* M. Latourneur, "La desviación de poder en Francia", *Cuadernos de Derecho Francés*, Nos. 14–15, Barcelona, 1960, pp. 19 y 21.

469 *V.* sentencia de la antigua Corte Federal de 28 de septiembre de 1954 en *Gaceta Forense*, 2ª etapa, Nº 5, Caracas 1954, p. 218.

470 *Idem.*

471 *V.* sentencia de la antigua Corte Federal de 6 de noviembre de 1958, en *Gaceta Forense*, 2ª etapa, Nº 22, 1958, p. 133.

472 *Cfr.* Stassinopoulos, *op. cit.*, p. 212.

473 *Cfr.* Rafael Entrena Cuesta, "El Principio de la Igualdad ante la ley y su aplicación en el Derecho administrativo", *Revista de Administración Pública*, Nº 37, Madrid 1962, p. 67.

474 *V.* J. F. Linares, *Poder discrecional administrativo (Arbitrio Administrativo), Abeledo–Perrot,* Buenos Aires, 1958, pp. 197–229

Existe entonces desigualdad y el acto así dictado puede ser controlado judicialmente cuando de la actuación administrativa surge un disparejo trato de dos o más casos, pese a no existir sustancial diferencia de circunstancias de hecho; o dicho de otro modo, cuando la Administración ha discriminado entre supuestos similares, dando a unos y a otros, no obstante su esencial identidad, tratamientos distintos[475]. Por ejemplo, hay evidentemente un trato desigual si frente a dos propietarios de edificaciones en igualdad de situaciones de peligro, es decir, que ambas amenazan ruina, la autoridad administrativa ordena a uno la demolición, y al otro no.

La aplicación del principio de la igualdad como límite del poder discrecional, tiene riquísimas posibilidades, y entre éstas, especialmente, la llamada "vinculación del precedente"[476]. Se admite, en efecto, que la contradicción de un acto administrativo con otro anterior emanado en circunstancias análogas produce la violación del principio de la igualdad y, como consecuencia, dicho acto puede ser controlado por la jurisdicción contencioso–administrativa. No hay duda que esta forma de control ofrece máximas posibilidades, pues la Administración frente a supuestos idénticos, no debe sino decidir en forma también idéntica.

C. El control judicial respecto de la motivación de los actos administrativos

Uno de los elementos de forma de los actos administrativos de mayor importancia en cuanto al control de los mismos, particularmente de los discrecionales, es la motivación de ellos, es decir, la necesaria expresión formal de los motivos o causa de los actos. Ello es esencial para permitir que los jueces contencioso–administrativa puedan hacer realmente efectivos los límites impuestos al poder discrecional[477].

Esta exigencia de motivación de los actos administrativos, ciertamente que en la actualidad está consagrada formalmente en todas las leyes de procedimientos administrativos, pero sin duda, también fue la jurisprudencia la que la impuso en ausencia de aquellas. Ello se evidencia, por ejemplo, de la sentencia de 9 de agosto de 1957 de la antigua Corte Federal donde se estableció lo siguiente:

> "Entre los elementos integrantes del acto administrativo están el motivo y la forma... Pues bien, el motivo del acto administrativo es, como lo enseña la doctrina, el antecedente que lo provoca. Un acto administrativo se integra con tal elemento cuando exista previa y realmente una situación legal o de hecho, cuando esa situación es la que el legislador ha previsto con miras a la actuación administrativa. De allí que, vinculado o discrecional el Poder de la Administración Pública, cuando están de por medio el interés colectivo y los derechos subjetivos de los administrados, todo acto administrativo, máxime si es revocatorio de uno proferido por el inferior jerárquico, ha de ser motivado, o mejor dicho, fundamentado con los razonamientos en que se apoya... En este orden de ideas, la forma del acto en lo tocante a la motivación del mismo, ha llegado a considerarse sustancial, en razón de que la ausencia de fundamentos abre amplio campo al arbitrio del funcionario... Los actos administrativos deben expresar concretamente la causa o motivo que los inspira como condición de validez... De otra parte, la motivación del acto dictado por la Administración,

---

475 *V.* E. García De Enterría, "La interdicción. . .", *loc. cit.*, p. 149.

476 *V.* E. García De Enterría, "La interdicción. . .", *loc. cit.*, p. 150.

477 *Cfr.* Stassinopoulos, *op. cit*, p. 198; José Guillermo Andueza, *El Control en Venezuela de los Actos Ilegales de la Administración Pública.* Publicaciones del Ministerio de Justicia, Caracas, 1959, p. 13.

no sólo es conveniente como justificativo de la acción administrativa, sino como medio de permitir el control jurisdiccional sobre la exactitud de los motivos y su correspondencia con los textos legales en que se funda el acto"[478].

478 *V.* sentencia de la antigua *Corte Federal* de 9 de agosto de 1957, en *Gaceta Forense*, 2ª etapa, Nº 17, 1957, pp. 132 y ss.

LIBRO TERCERO

LA POTESTAD NORMATIVA DE LA ADMINISTRACIÓN (VARIACIONES SOBRE UN MISMO TEMA)

Sección Primera: LAS POTESTADES NORMATIVAS DEL PRESIDENTE DE LA REPÚBLICA: LOS ACTOS EJECUTIVOS DE ORDEN NORMATIVO (2005)*

Esta Sección Primera del Libro Tercero del Tomo V del *Tratado,* lo constituye el documento sobre "Potestades normativas del Presidente de la República: los actos ejecutivos de orden normativo," publicado en *Jornadas Internacionales sobre la Función Legislativa en el Estado Social y democrático de derecho,* (Caracas 5/6, abril, 2005), Universidad Católica Andrés Bello, Fundación Konrad Adenauer, Caracas 2005; y en *Tendencias Actuales del Derecho Constitucional, Homenaje a Jesús María Casal Montbrun* (Coordinadores: Jesús María Casal, Alfredo Arismendi A. y Carlos Luis Carrillo), Tomo I, Caracas 2007. Caracas, 2007, pp. 507–539

Conforme al principio constitucional tradicional de la formación del derecho por grados, en el sistema de la Constitución de 1999[1], los actos estatales se pueden identificar según el grado que tengan en relación con la Constitución, distinguiéndose aquellos dictados en ejecución directa e inmediata de la Constitución y, por tanto, que tiene rango legal;[2] de aquellos dictados en ejecución indirecta y mediata de la Constitución, los cuales al ser dictados en ejecución de la legislación tienen, por tanto, de rango sublegal[3].

Los primeros, son aquellos actos que tienen el mismo rango que las leyes sancionadas por la Asamblea Nacional; los segundos, en general, son los actos subordinados a las leyes y demás fuentes del ordenamiento jurídico. Los primeros están sometidos al con-

---

* Texto preparado para las Jornadas Internacionales sobre la Función Legislativa en el Estado Social y democrático de derecho, Universidad Católica Andrés Bello, Fundación Konrad Adenauer, Caracas 5/6, abril, 2005.

1. *V.* el texto y los comentarios en Allan R. Brewer–Carías, *La Constitución de 1999*, 3ª edición, Caracas 2001.

2. Terminología que recogen los artículos 334 y 336 de la Constitución.

3. *V.* Allan R. Brewer–Carías, *Derecho Administrativo,* Tomo I, Caracas 1975, pp. 378 y ss.

trol de la constitucionalidad que ejerce la Jurisdicción Constitucional; y los segundos, están sometidos al control tanto de constitucionalidad como de legalidad que ejercen la Jurisdicción Contencioso–Administrativa y la Jurisdicción Contencioso–Electoral.

Tanto los actos ejecutivos de ejecución directa e inmediata de la Constitución, como los de rango sublegal, pueden ser de efectos generales (contenido normativo) o de efectos particulares. Por tanto, en cuanto a los actos de contenido normativo, es decir, de efectos generales dictados por el Presidente de la República, los mismos también se pueden clasificar en la misma forma: hay actos ejecutivos de contenido normativos dictados en ejecución directa e inmediata de la Constitución, y que tienen rango y valor de ley; y hay actos ejecutivos de contenido normativo dictados en ejecución directa e inmediata de la legislación, como son los reglamentos.

Entre los actos ejecutivos de contenido normativo dictados por el Presidente de la República, con rango y valor de ley, se deben mencionar los dictados por el Presidente de la República en virtud de delegación legislativa efectuada mediante una ley habilitante (art. 203). Estos decretos, a pesar de que en cierta forma ejecutan una ley, se dictan en ejecución directa de potestades constitucionales, por lo que no tienen rango sublegal, sino que en virtud de la propia previsión constitucional que los autoriza ejecutan directa e inmediatamente la Constitución y tienen "rango y valor de ley" (arts. 203 y 236,8). Estos actos ejecutivos, por ello, están sometidos al control de la Jurisdicción Constitucional, tanto de constitucionalidad como de sujeción a la ley habilitante.

También pueden considerarse como actos normativos con rango y valor de ley, los decretos del Presidente de la República mediante los cuales fija el número, organización y competencia de los Ministerios y otros órganos de la Administración Pública Nacional conforme al artículo 236,20 de la Constitución, los cuales si bien deben seguir y respetar los "principios y lineamientos" que establece la Ley Orgánica de la Administración Pública, tienen poder derogatorio en la materia respecto de las leyes sectoriales.

Además, en la Constitución están regulados los decretos de estados de excepción (art. 338), los cuales también pueden tener contenido normativo, y si bien se atribuyen directamente al Presidente de la República en Consejo de Ministros (art. 236,7), están sometidos al régimen establecido en la Ley Orgánica sobre los Estados de Excepción de 2001[4] prevista en el artículo 338 de la Constitución, que determina las medidas que pueden adoptarse con base en los mismos. Sin embargo, en este caso también, a pesar de que en cierta forma ejecutan una ley, tales decretos tampoco pueden considerarse que tengan rango sublegal, sino que como lo establece la misma Ley Orgánica, tienen "rango y fuerza de Ley" (art. 22), estando, por tanto, sometidos también al control de la Jurisdicción Constitucional.

Pero además, el Presidente de la República está autorizado constitucionalmente para dictar actos de contenido normativo, de rango sub legal, es decir, en ejecución indirecta y mediata de la Constitución o en ejecución directa e inmediata de la legislación; se trata de los reglamentos previstos en el artículo 236,10 de la Constitución que deben ser dictados sin alterar el espíritu, propósito o razón de la ley. Estos están sometidos al control de constitucionalidad y de legalidad por parte de la Jurisdicción Contencioso Administrativa (Art. 259 y 266,5 de la Constitución).

En todo caso, conforme a la Constitución de 1999, todos los actos ejecutivos dictados en ejecución directa e inmediata de la Constitución de contenido normativo con rango y

4. *V. Gaceta Oficial* Nº 37.261 de 15–08–01.

valor de ley, de acuerdo a las propias regulaciones constitucionales, están siempre condicionados por disposiciones legislativas que han de emanar de la Asamblea Nacional.

Se distinguen, así los decretos–leyes de los actos de gobierno: estos no tienen contenido normativo ni pueden ser condicionados en su emisión por disposiciones emanadas de la Asamblea Nacional; aquellos, en cambio, tienen contenido normativo con rango y valor de ley, pero para su emisión están condicionados por leyes. Como se ha dicho, estos últimos son de tres tipos: los decretos leyes habilitados; los decretos de organización administrativa y los decretos de estados de excepción.

I. LOS DECRETOS CON RANGO Y VALOR DE LEY: DECRETOS–LEYES DELEGADOS

Dentro de las atribuciones constitucionales del Presidente de la República está la de poder dictar, en Consejo de Ministros y previa autorización por ley habilitante, *decretos con fuerza de ley* (art. 236,8); definiendo, el artículo 203 de la Constitución, a las leyes habilitantes como "las sancionadas por la Asamblea Nacional por las 3/5 partes de sus integrantes, a fin de establecer directrices, propósitos y marco de las materias que se delegan al Presidente de la República, *con rango y valor de Ley*". Estas leyes habilitantes deben fijar un plazo para su ejecución.

Se estableció, en esta forma, por primera vez en el constitucionalismo venezolano, la figura de la *delegación legislativa*[5], en el sentido de que si bien la Asamblea Nacional es competente para "legislar en las materias de la competencia nacional y sobre el funcionamiento de las demás ramas del Poder Nacional" (art. 187,1); la misma Asamblea, mediante una ley habilitante puede delegar en el Presidente de la República, en Consejo de Ministros, la potestad legislativa. En dicha ley, que debe ser sancionada mediante una mayoría calificada de las 3/5 partes de los integrantes de la Asamblea, en todo caso, se deben establecer "las directrices, propósitos y marco de las materias que se delegan" al Presidente, las cuales éste, por tanto, puede regular mediante decreto con rango y valor de ley.[6]

1. Los límites a la delegación legislativa

A. Las materias cuya legislación es delegable

Las materias que corresponden a la competencia del Poder Nacional y sobre las cuales puede versar la delegación legislativa, son las enumeradas en el artículo 156 de la Constitución. La legislación relativa a esas materias, por tanto, podría ser delegada al Presidente de la República, pues constitucionalmente no habría límite alguno establecido.

Por ello, esta delegación legislativa de la Asamblea Nacional en el Presidente de la República en Consejo de Ministros, no sólo es una innovación de la Constitución de 1999, sino que la misma no tiene precedentes en el constitucionalismo contemporáneo,

5. *V.* Allan R. Brewer–Carías, *El Poder Nacional y el sistema democrático de gobierno, Instituciones Políticas y Constitucionales*, Tomo III, Caracas 1996, pp. 40 y ss.

6. *V.* Eloísa Avellaneda Sisto, "El régimen de los Decretos–Leyes, con especial referencia a la Constitución de 1999", en F. Parra Aranguren y A. Rodríguez G. (Editores), *Estudios de Derecho Administrativo, Libro Homenaje a la Universidad Central de Venezuela*, Tomo I, Tribunal Supremo de Justicia, Caracas 2001, pp. 69 a 106.

por la amplitud como está concebida. Esta delegación, por otra parte, cambió el régimen de la Constitución de 1961 que se limitaba a autorizar al Presidente de la República para dictar medidas extraordinarias en materias económicas y financieras, exclusivamente, previa habilitación por el Congreso (arts. 190, 8)[7].

En la Constitución de 1999, en cambio, se ha regulado una amplísima posibilidad de delegación legislativa, sin limitación respecto de las materias que puede contener, lo cual podría resultar en un atentado inadmisible contra el principio constitucional de la reserva legal. Sobre esta delegación legislativa, incluso, el Tribunal Supremo de Justicia, en Sala Constitucional, se ha pronunciado sin fijarle o buscarle límites, admitiendo, incluso, la delegación legislativa en materias que corresponden ser reguladas por leyes orgánicas, en la siguiente forma:

Puede apreciarse, en consecuencia, que, de acuerdo con el nuevo régimen constitucional, *no existe un límite material* en cuanto al objeto o contenido del decreto ley, de manera que, a través del mismo, pueden ser reguladas materias que, según el artículo 203 de la Constitución, corresponden a leyes orgánicas; así, *no existe limitación* en cuanto a la jerarquía del decreto ley que pueda dictarse con ocasión de una ley habilitante, por lo cual podría adoptar no sólo el rango de una ley ordinaria sino también de una ley orgánica.

Igualmente aprecia la Sala que el Presidente de la República puede entenderse facultado para dictar –dentro de los límites de las leyes habilitantes– Decretos con fuerza de ley Orgánica, ya que las leyes habilitantes son leyes orgánicas por su naturaleza, al estar contenidas en el artículo 203 de la Constitución de la República Bolivariana de Venezuela, el cual se encuentra íntegramente referido a las leyes orgánicas. Así, las leyes habilitantes son, por definición, leyes marco –lo que determina su carácter orgánico en virtud del referido artículo– ya que, al habilitar al Presidente de la República para que ejerza funciones legislativas en determinadas materias, le establece las directrices y parámetros de su actuación la que deberá ejercer dentro de lo establecido en esa ley; además, así son expresamente definidas las leyes habilitantes en el mencionado artículo al disponer que las mismas tienen por finalidad "*establecer las directrices, propósitos y marco de las materias que se delegan al Presidente o Presidenta de la República...*"[8]

B. La limitación a la delegación derivada del régimen de limitación de los derechos humanos

Ahora bien, el primer problema que plantea esta posibilidad de delegación legislativa sin límites expresos en cuanto a las materias a delegar está, sin embargo, en determinar si es posible tal delegación en materias que impliquen regulación de los derechos y garantías constitucionales.

En efecto, en el artículo 156 de la Constitución, en el cual se enumeran las materias de competencia nacional, que podrían ser, en principio, objeto de delegación, al menos las siguientes tienen incidencia directa en el régimen de los derechos y garantías constitucionales enumerados y desarrollados en los capítulos de la Constitución sobre la na-

---

7. Sobre estos actos en la Constitución de 1961 véase Gerardo Fernández, *Los Decretos Leyes,* Cuadernos de la Cátedra Allan R. Brewer–Carías de Derecho Administrativo, UCAB, Caracas 1992.

8. *V.* sentencia Nº 1716 de 19–09–01, dictada con ocasión de la revisión constitucional del Decreto con fuerza de Ley Orgánica de los Espacios Acuáticos e Insulares de 2001.

cionalidad, y derechos civiles, políticos, sociales, culturales y educativos, económicos, de los pueblos indígenas y ambientales del Título III de la misma (artículos 19 a 135): la naturalización, la admisión, la extradición y expulsión de extranjeros (ord. 4); los servicios de identificación (ord. 5); la policía nacional (ord. 6); la seguridad, la defensa y desarrollo nacional (ord. 7); el régimen de la administración de riesgos y emergencias (ord. 9); la regulación del sistema monetario, del régimen cambiario, del sistema financiero y del mercado de capitales (ord. 10); el régimen del comercio exterior y la organización y régimen de las aduanas (ord. 15); la legislación sobre ordenación urbanística (ord. 19); el régimen y organización del sistema de seguridad social (ord. 22); la legislación en materia de sanidad, vivienda, seguridad alimentaria, ambiente, turismo y ordenación del territorio (ord. 23); las políticas y los servicios nacionales de educación y salud (ord. 25); el régimen de la navegación y del transporte aéreo, terrestre, marítimo, fluvial y lacustre de carácter nacional (ord. 26); y, en general, la legislación en materia de derechos, deberes y garantías constitucionales; la civil, mercantil, penal, penitenciaria, de procedimientos y de derecho internacional privado; la de elecciones; la de expropiación por causa de utilidad pública o social; la de propiedad intelectual, artística e industrial; la del patrimonio cultural y arqueológico; la agraria; la de inmigración y poblamiento; la de los pueblos indígenas y territorios ocupados por ellos; la del trabajo, previsión y seguridad sociales; la de sanidad animal y vegetal; la de notarías y registro público; la de bancos y seguros; la de loterías, hipódromos y apuestas en general (ord. 32).

En Venezuela, un principio constitucional fundamental, de la esencia del Estado de derecho en cuanto al régimen de los derechos y garantías constitucionales, es el de la garantía de la reserva legal[9], es decir, que las regulaciones, restricciones y limitaciones a los derechos y garantías constitucionales sólo pueden ser establecidas mediante *ley formal*, y "ley", conforme al artículo 202 de la Constitución, no es otra cosa que "el acto sancionado por la Asamblea Nacional como cuerpo legislador"; es decir, el acto normativo emanado del cuerpo que conforma la representación popular.

Es decir, las limitaciones o restricciones a los derechos y garantías constitucionales, de acuerdo con el principio de la reserva legal, sólo puede ser establecidas por el órgano colegiado que represente al pueblo, es decir, por la Asamblea Nacional.

Por ello, frente a una delegación legislativa tan amplia como la que regula la Constitución, sin límites expresos en ella establecidos, sin embargo, lo primero que deben precisarse son los límites que tienen que imponerse a la misma, derivados de los propios principios constitucionales. De ello resulta que siendo el principio de la reserva legal de la esencia del régimen constitucional del Estado de derecho, la delegación legislativa mediante leyes habilitantes al Presidente de la República para dictar decretos con rango y valor de Ley, no puede abarcar materias que se refieran al régimen relativo a los derechos y garantías constitucionales.

La Convención Interamericana de Derechos Humanos, que en Venezuela tiene rango constitucional y es de aplicación prevalente en el derecho interno (art. 23), establece que:

9. *V.* Allan R. Brewer–Carías, "Prólogo" a la obra de Daniel Zovatto G., *Los Estados de Excepción y los Derechos Humanos en América Latina*, Caracas–San José 1990, pp. 24 y ss.

> *Artículo 30*: *Alcance de las Restricciones*. Las restricciones permitidas, de acuerdo con esta Convención, al goce y ejercicio de los derechos y libertades reconocidos en la misma, no pueden ser aplicadas sino conforme a leyes que se dicten por razones de interés general y con el propósito para el cual han sido establecidas.

La Corte Interamericana de Derechos Humanos ha establecido que la expresión "leyes" contenida en esta norma sólo puede referirse a los actos legales emanados de "los órganos legislativos constitucionalmente previstos y democráticamente electos"[10], y que, en el caso de Venezuela, es la Asamblea Nacional.

En consecuencia, las leyes habilitantes que dicte la Asamblea Nacional delegando la potestad legislativa al Presidente de la República, en nuestro criterio, no pueden referirse a normativa alguna que implique la restricción o limitación de derechos y garantías constitucionales, pues de lo contrario violaría el principio de la reserva legal como garantía constitucional fundamental de tales derechos.

C. La obligación de consulta de los decretos leyes delegados como mecanismo de participación

Pero la potestad legislativa que pueda delegarse al Presidente de la República tiene otros límites impuestos en la misma Constitución para garantizar la participación política, que es uno de los valores fundamentales del texto constitucional.

En efecto, la Constitución establece expresamente previsiones donde se impone a la Asamblea Nacional, la obligación de consulta en el procedimiento de formación de las leyes: en primer lugar, con carácter general, el artículo 211 exige a la Asamblea Nacional y a las Comisiones Permanentes que durante el procedimiento y aprobación de los proyectos de leyes, deben consultar ("consultarán") a los otros órganos del Estado, a los ciudadanos y a la sociedad organizada para oír su opinión sobre los mismos; y en segundo lugar, el artículo 206 exige a la Asamblea Nacional, que debe consultar a los Estados ("serán consultados"), a través de los Consejos Legislativos, cuando se legisle en materias relativas a los mismos.

Estas mismas obligaciones constitucionales las tiene el Presidente de la República en caso de delegación legislativa. Es decir, la delegación legislativa al Presidente de la República no puede configurarse como un mecanismo para eludir el cumplimiento de esta obligación constitucional de consulta cuando se trate del proceso de elaboración de los decretos leyes respectivos, la cual no se elimina por el hecho de la delegación legislativa.

En consecuencia, los proyectos de decreto–ley deben someterse a consulta por el Ejecutivo Nacional en la misma forma indicada en la Constitución, antes de su adopción en Consejo de Ministros.

Pero adicionalmente a las previsiones constitucionales sobre consultas de leyes, la Ley Orgánica de la Administración Pública de 2001[11] estableció la obligación general de los órganos de la Administración Pública, y el Presidente de la República es el de más alta jerarquía, de promover "la participación ciudadana en la gestión pública" (art. 135). En tal sentido, el artículo 136 de la referida Ley Orgánica obliga al Presidente de la República cuando vaya a adoptar "normas legales", es decir, decretos–leyes en ejecu-

---

10. Opinión Consultiva OC–6/87 de 09–03–86. *Revista IIDH*, N° 3, San José 1986, pp. 107 y ss.
11. *Gaceta Oficial* N° 37.305 de 17–10–2001.

ción de una ley habilitante, a remitir el anteproyecto "para su consulta a las comunidades organizadas y las organizaciones públicas no estatales" inscritas en el registro que debe llevarse en la Presidencia de la República (arts. 135, 136).

Pero paralelamente a ello, la Presidencia de la República debe publicar en la prensa nacional la apertura del proceso de consulta indicando su duración, para recibir las observaciones. De igual manera la Presidencia de la República debe informar sobre el período de consulta a través de la página en la internet que obligatoriamente debe tener, en la cual se expondrá el proyecto del decreto–ley a que se refiere la consulta (art. 136).

Durante el proceso de consulta cualquier persona puede presentar por escrito sus observaciones y comentarios sobre el correspondiente anteproyecto, sin necesidad de estar inscrito en el registro antes mencionado (art. 135).

Aún cuando el resultado del proceso de consulta según la Ley Orgánica "no tiene carácter vinculante" (art. 136), lo importante del régimen de la consulta obligatoria es la disposición del artículo 137 de la misma Ley Orgánica que prohíbe al Presidente de la República "aprobar normas" que no hayan sido consultados conforme a lo antes indicado, previendo expresamente la norma que

> Las normas que sean aprobadas por los órganos o entes públicos ... serán nulas de nulidad absoluta si no han sido consultadas según el procedimiento previsto en el presente Título.

Sólo en casos de emergencia manifiesta y por fuerza de la obligación del Estado en la seguridad y protección de la sociedad, es que el Presidente de la República podría aprobar normas sin la consulta previa; pero el artículo 137 de la Ley Orgánica, en todo caso, exige que las normas así aprobadas deben ser consultadas seguidamente bajo el mismo procedimiento a las comunidades organizadas y a las organizaciones públicas no estatales; estando obligado el Presidente de la República a considerar el resultado de la consulta, pudiendo ratificar, modificar o eliminar el decreto–ley.

2. El control de constitucionalidad de la delegación legislativa

El control concentrado de constitucionalidad respecto de la delegación legislativa se puede ejercer por la Sala Constitucional del Tribunal Supremo tanto respecto de la ley habilitante como respecto de los decretos leyes habilitados.

Tanto la ley habilitante que se dicte por la Asamblea Nacional, como los decretos leyes correspondientes están sometidos al control concentrado posterior de constitucionalidad por parte de la Sala Constitucional del Tribunal Supremo de Justicia (art. 336,1 y 3), establecida como Jurisdiccional Constitucional[12]. Dicho control lo puede ejercer a instancia de cualquier persona, mediante el ejercicio de una acción popular.[13]

En cuanto a los decretos leyes "orgánicos" o decretos con valor de "ley orgánica" los mismos, además, están sometidos a control concentrado preventivo de constitucionalidad por parte de la misma Sala Constitucional (art. 203).

---

12. En general, véase Allan R. Brewer–Carías, *El sistema de Justicia Constitucional en la Constitución de 1999*, Caracas 2000.

13. *V.* Allan R. Brewer–Carías, *La Justicia Constitucional. Instituciones Políticas y Constitucionales*, Tomo VI, Caracas 1996.

A. Alcance del control preventivo

En cuanto al control preventivo de constitucionalidad debe señalarse, que si bien se establece en general respecto de las leyes orgánicas que haya calificado la Asamblea Nacional, la Constitución no lo establece respecto de las leyes habilitantes (art. 203), de lo que resulta una inconsistencia constitucional: la Asamblea Nacional puede dictar leyes habilitantes que la Sala Constitucional ha calificado como leyes orgánicas y que sin embargo no están sometidas a control preventivo de constitucionalidad por parte de la misma; pero los decretos con fuerza de "ley orgánica" que dicte el Presidente de la República en ejecución de esa ley habilitante, si están sujetos al control preventivo de la Sala Constitucional. Así lo ha indicado la Sala Constitucional en su sentencia Nº 1716 de 19–09–01 (Caso: *Ley Orgánica de los Espacios Acuáticos e Insulares*) señalando lo siguiente:

> En este contexto, debe destacarse la particular característica que poseen las leyes habilitantes, ya que, a pesar de ser leyes marco (categoría 4), no requieren del control previo que ejerce esta Sala para determinar si las mismas tienen carácter orgánico; ello debido a que ha sido el propio Constituyente, en su artículo 203, quien las definió como tales, lo que significa que *dichas leyes deban ser consideradas como orgánicas,* aparte del quórum calificado que, para su sanción, prevé el artículo 203 de la Constitución de la República Bolivariana de Venezuela.
>
> Así, visto que el Presidente de la República puede dictar decretos con rango de leyes orgánicas, debe esta Sala determinar si los mismos están sujetos al control previo de la constitucionalidad de su carácter orgánico por parte de la Sala Constitucional.
>
> En este sentido, observa la Sala que el decreto con fuerza de Ley Orgánica de los Espacios Acuáticos e Insulares, fue dictado con base en la ley habilitante sancionada por la Asamblea Nacional, publicada en la Gaceta Oficial de la República Bolivariana de Venezuela Nº 37.076 del 13 de noviembre de 2000, en la cual se delegó en el Presidente de la República la potestad de dictar actos con rango y fuerza de ley en las materias expresamente señaladas.
>
> A este respecto, el artículo 203 hace referencia a que las "leyes que la Asamblea Nacional haya calificado de orgánicas serán sometidas antes de su promulgación a la Sala Constitucional del Tribunal Supremo de Justicia, para que se pronuncie acerca de la constitucionalidad de su carácter orgánico" (subrayado nuestro); ello en razón de que la formación (discusión y sanción) de leyes es una atribución que por su naturaleza le corresponde al órgano del Poder Legislativo. No obstante, *si en virtud de una habilitación de la Asamblea Nacional se autoriza al Presidente para legislar, el resultado de dicha habilitación (legislación delegada) tiene que someterse al mismo control previo por parte de la Sala Constitucional.*
>
> En este sentido, el control asignado a esta Sala tiene que ver con la verificación previa de la constitucionalidad del carácter orgánico de la ley (control objetivo del acto estatal), independientemente del órgano (sujeto) que emite el acto estatal, siempre que esté constitucionalmente habilitado para ello (Asamblea Nacional o Presidente de la República en virtud de la habilitación legislativa).
>
> Así, si bien el Decreto con fuerza de Ley Orgánica de los Espacios Acuáticos e Insulares no fue dictado por la Asamblea Nacional, lo fue por delegación de ésta, razón por la cual esta Sala resulta competente para pronunciarse acerca de la constitucionalidad del carácter orgánico del mismo, y así se declara[14].

---

14. *V.* sentencia Nº 1716 de 19–09–01, caso: *Revisión constitucional del Decreto con fuerza de Ley Orgánica de los Espacios Acuáticos e Insulares de 2001.*

B. El control concentrado posterior de la constitucionalidad

En todo caso, tanto las leyes habilitantes en si mismas., como los decretos leyes dictados por el Presidente de la República, en ejecución de las mismas, están sometidos al control de la constitucionalidad que ejerce la Sala Constitucional del Tribunal Supremo de Justicia, como Jurisdicción Constitucional; y ello, en el segundo caso de los decretos leyes, en virtud del rango y valor de ley de los mismos (art. 203), a pesar de que en principio se trate de actos dictados en ejecución directa e inmediata de dicha ley habilitante.

En efecto, el artículo 334 de la Constitución dispone que:

> Corresponde a la Sala Constitucional del Tribunal Supremo de Justicia como jurisdicción constitucional, declarar la nulidad de las leyes y demás actos de los órganos que ejercen el Poder Público dictados en ejecución directa e inmediata de esta Constitución o que *tengan rango legal*, cuando colidan con aquella.

Esta competencia se reitera, además, en el artículo 336,3, al atribuir a la Sala Constitucional competencia para:

> Declarar la nulidad total o parcial de los actos de *rango de ley* dictados por el Ejecutivo Nacional que colidan con esta Constitución.

En el ordenamiento jurídico venezolano, conforme al artículo 21, párrafo 9 de la Ley Orgánica del Tribunal Supremo de Justicia, la acción de inconstitucionalidad que se intenta contra las leyes, los actos ejecutivos con rango legal y los actos dictados en ejecución directa e inmediata de la Constitución, es una acción popular, que puede ejercer cualquier persona alegando un simple interés en la constitucionalidad.[15]

Los motivos de impugnación de un decreto–ley dictado en ejecución de una ley habilitante, en principio, son motivos de constitucionalidad, es decir, que el mismo "colida con la Constitución" (arts. 334 y 336,3), que viole las disposiciones o principios constitucionales.

Pero en este supuesto de los decretos–leyes, también habría otro motivo de impugnación de orden constitucional, que sería la violación por el Presidente de la República de las "directrices, propósitos y marco" de las materias que se le delegan conforme a la ley habilitante, así como el plazo para el ejercicio de la habilitación que se establezca en ella (art. 203). La violación de estos límites que establezca la ley habilitante, además de violar dicha ley, significarían una trasgresión del propio artículo 203 de la Constitución que regula dichas leyes habilitantes, configurándose por tanto, además, como vicios de inconstitucionalidad.

3. La abrogación popular de la delegación legislativa

Conforme se establece expresamente en el artículo 74 de la Constitución, las leyes incluidas las leyes habilitantes pueden ser sometidas a referéndum abrogatorio cuando ello sea solicitado por iniciativa de un número no menor del 10% de los electores inscritos en el Registro Civil y Electoral o por el Presidente en Consejo de Ministros.

---

15. *V.* Allan R. Brewer–Carías, *El control de la constitucionalidad de los actos estatales*, Caracas 1971, p. 120 y ss.; *El control concentrado de la constitucionalidad de las leyes*, (*Estudio de derecho comparado*), Caracas 1994, pp. 48 y ss.

Pero además de las leyes, en particular, los decretos con fuerza de ley que dicte el Presidente de la República en uso de la atribución prescrita en el artículo 236,8 de la Constitución, es decir, en ejecución de una ley habilitante, también pueden ser sometidos a referendo abrogatorio, cuando fuere solicitado por un número no menor del 5% de los electores inscritos en el Registro Civil y Electoral.

II. LOS DECRETOS CON RANGO DE LEY EN MATERIA DE ORGANIZACIÓN ADMINISTRATIVA

Además de los decretos–leyes habilitados o dictados en virtud de delegación legislativa, la Constitución regula otros actos ejecutivos *con rango de ley* según la terminología de los artículos 335 y 336,3 de la Constitución, particularmente aquellos relativos a la organización administrativa.

En efecto, de acuerdo con el artículo 236,20, es atribución del Presidente en Consejo de Ministros, "fijar el número, organización y competencia de los ministerios y otros organismos de la Administración Pública Nacional, así como también la organización y funcionamiento del Consejo de Ministros, dentro de los principios y lineamientos señalados por la correspondiente Ley Orgánica".

Se trata, por tanto, de una actuación prevista en la Constitución, que si bien es realizada mediante decretos dictados en ejecución directa e inmediata de la Constitución, estos, además, ejecutan una ley orgánica específica, lo que no impide que tengan rango de ley por el poder derogatorio de otras leyes que tienen los decretos respectivos.

Estos decretos, incluso, han sido regulados expresamente en la Ley Orgánica de la Administración Pública de 17–10–2001[16], en cuyo artículo 58 ha reiterado la atribución al Presidente de la República de la potestad de fijar, mediante decreto, el número, denominación, competencias y organización de los ministerios y otros órganos de la Administración Pública Nacional, con base en parámetros de adaptabilidad de las estructuras administrativas a las políticas públicas que desarrolla el Poder Ejecutivo Nacional y en los principios de organización y funcionamiento establecidos en la ley orgánica. En ejecución de estas normas desde 2001 se han dictado una multitud de decretos sobre organización y funcionamiento de la Administración Pública Central, particularmente con motivo de la creación progresiva de nuevos ministerios[17].

Estos decretos, no puede considerarse como de contenido reglamentario ya que no tiene rango sublegal, sino que tienen rango de ley, dado el poder derogatorio que en 2001 tuvieron respecto de las normas de la antigua Ley Orgánica de la Administración Central, sino de las leyes sectoriales atributivas de competencia a los Ministerios[18].

En el mismo sentido de decreto con rango legal debe considerarse al decreto del Presidente de la República, mediante el cual pueda variar la adscripción de los entes descentralizados funcionalmente a los Ministerios respectivos prevista en las correspon-

---

16. *V. Gaceta Oficial* N° 37.305 de 17–10–2001. Véase Allan R. Brewer–Carías y Rafael Chavero G., *Ley Orgánica de la Administración Pública*, Caracas 2002

17. El último de dichos decretos ha sido dictado en 2005.

18. En nuestro libro Allan R. Brewer–Carías, *La Constitución de 1999. Derecho constitucional venezolano*, Tomo I, Caracas 2004, p. 482, ya nos apartamos de la apreciación inicial que formulamos sobre el rango de estos actos ejecutivos al sancionarse la Constitución de 1999, en Allan R. Brewer–Carías, *La Constitución de 1999*, Caracas 2000, p. 123.

dientes leyes o acto jurídico de creación, de acuerdo con las reformas que tengan lugar en la organización ministerial (art. 115,2 LOAP). Se trata, aquí también, de un decreto con poder derogatorio respecto de las leyes.

Estos decretos de rango legal en materia de organización administrativa, en todo caso, no sólo están sujetos a la Constitución, sino a la Ley Orgánica de la Administración Central, y particularmente a "los principios y lineamientos" que señale conforme al artículo 236,20 de la Constitución.

A tal efecto, por ejemplo, el artículo 16 la Ley Orgánica de la Administración Pública dispone que la creación de órganos administrativos, incluyendo los Ministerios, se debe sujetar a los siguientes requisitos:

1. Indicación de su finalidad y delimitación de sus competencias o atribuciones.
2. Determinación de su forma organizativa, su ubicación en la estructura de la Administración Pública y su adscripción funcional y administrativa.
3. Previsión de las partidas y créditos presupuestarios necesarios para su funcionamiento. En las correspondientes leyes de presupuesto se deben establecer partidas destinadas al financiamiento de las reformas organizativas que se programen en los órganos y entes de la Administración Pública.

En todo caso, como decretos de rango legal, corresponde a la Sala Constitucional controlar la constitucionalidad de los mismos (arts. 334 y 336,3) cuando colidan con la Constitución.

III. LOS DECRETOS DE ESTADOS DE EXCEPCIÓN

1. Los estados de excepción

El Capítulo II del Título VIII de la Constitución, relativo a la "Protección de la Constitución", está destinado a regular las circunstancias excepcionales que pueden originar situaciones de excepción que afecten gravemente la seguridad de la Nación, de las instituciones y de las personas, y que ameriten la adopción de medidas político constitucionales para afrontarlas.

En cuanto al régimen de los estados de excepción, el artículo 338 remite a una ley orgánica (LO) para regularlos y determinar las medidas que pueden adoptarse con base en los mismos; y en tal sentido se dictó la Ley Orgánica sobre Estados de Excepción de 15–08–2001[19] que no sólo los regula en sus diferentes formas, sino que además regula "el ejercicio de los derechos que sean restringidos con la finalidad de restablecer la normalidad en el menor tiempo posible" (art. 1).

Ahora bien, el artículo 337 de la Constitución califica expresamente como estados de excepción,

> Las circunstancias de orden social, económico, político, natural o ecológico, que afecten gravemente la seguridad de la Nación, de las instituciones y de los ciudadanos y ciudadanas, a cuyo respecto resultan insuficientes las facultades de las cuales se disponen para hacer frente a tales hechos.

---

19. *Gaceta Oficial* Nº 37.261 de 15–08–2001.

La ley orgánica precisa que "los estados de excepción *son circunstancias* de orden social, económico, político, natural o ecológico, que afecten gravemente la seguridad de la Nación, de sus ciudadanos y ciudadanas o de sus instituciones", por lo que "solamente pueden declararse ante situaciones objetivas de suma gravedad que hagan insuficientes los medios ordinarios que dispone el Estado para afrontarlos" (art. 2) y en caso de "estricta necesidad para solventar la situación de anormalidad" (art. 6).

Por otra parte, la Ley Orgánica exige que "toda medida de excepción debe ser proporcional a la situación que se quiere afrontar en lo que respecta a gravedad, naturaleza y ámbito de aplicación" (art. 4), debiendo además "tener una duración limitada a las exigencias de la situación que se quiere afrontar, sin que tal medida pierda su carácter excepcional o de no permanencia" (art. 5).

Se trata, por tanto, de circunstancias excepcionales que sobrepasan las posibilidades de su atención mediante los mecanismos institucionales previstos para situaciones normales, pero que solo pueden dar lugar a la adopción de medidas que estén enmarcadas dentro de principios de logicidad, racionalidad, razonabilidad y proporcionalidad, lo que se configura como un límite al ejercicio de las mismas.

Las diversas formas específicas de estados de excepción se enumeran en el artículo 338 de la Constitución, en el cual se distingue el estado de alarma, el estado de emergencia económica, el estado de conmoción interior y el estado de conmoción exterior; las cuales se regulan en los arts. 8 a 14 de la Ley Orgánica.

Además, debe señalarse que la declaratoria del estado de excepción en ningún caso interrumpe el funcionamiento de los órganos del Poder Público (art. 339); lo que se confirma la Ley Orgánica respectiva (art. 3).

Por último, debe señalarse que la declaración de los estados de excepción no modifica el principio de la responsabilidad del Presidente de la República, ni la del Vicepresidente Ejecutivo, ni la de los Ministros de conformidad con la Constitución y la ley (art. 232).

2. El decreto de estado de excepción

En las circunstancias excepcionales antes mencionadas, corresponde al Presidente de la República, en Consejo de Ministros, decretar los estados de excepción. (art. 337). Este decreto, como lo precisa el artículo 22 de la Ley Orgánica, tiene "rango y fuerza de Ley" y entra "en vigencia una vez dictado por el Presidente de la República, en Consejo de Ministros", agregando la norma que "deberá ser publicado en la Gaceta Oficial de la República Bolivariana de Venezuela y difundido en el más breve plazo por todos los medios de comunicación social, si fuere posible."

En cuanto al rango y fuerza de ley de los decretos de estados de excepción, la misma en realidad proviene de la propia Constitución, pues al dictarlos el Presidente de la República ejecuta directa e inmediatamente la Constitución, al dictarse con base en atribuciones establecidas en el texto fundamental, a pesar de que, además, deban ejecutar la Ley Orgánica de Estados de Excepción.

Pero por lo que se refiere a la previsión legal de que los referidos decretos ley puedan entrar en vigencia antes de la publicación del decreto en *Gaceta Oficial*, dicha previsión, sin duda, es inconstitucional, pues no puede disponer el legislador que un decreto que tiene rango y fuerza de Ley pueda entrar en vigencia antes de su publicación, es decir, desde que se dicte por el Presidente de la República.

Conforme al artículo 215 de la Constitución, la ley sólo queda promulgada al publicarse con el correspondiente "Cúmplase" en la *Gaceta Oficial*, disponiendo el Código Civil, en su artículo 1, que "la Ley es obligatoria *desde su publicación* en la Gaceta Oficial" o desde la fecha posterior que ella misma indique (art. 1).

En decreto de estado de excepción, por tanto, sólo puede entrar en vigencia desde su publicación en la *Gaceta Oficial*, no pudiendo entenderse este requisito publicación y vigencia, como una mera formalidad adicional de divulgación como parece derivarse del texto del artículo 22 de la Ley Orgánica.

Por otra parte, el decreto debe cumplir con las exigencias, principios y garantías establecidos en el Pacto Internacional de Derechos Civiles y Políticos y en la Convención Americana sobre Derechos Humanos (art. 339 C).

Conforme al artículo 4 del Pacto Internacional de Derechos Civiles y Políticos, el estado de excepción debe ser "proclamado oficialmente". Con base en ello sólo se pueden "adoptar disposiciones" que, en la medida estrictamente limitada a las exigencias de la situación, suspendan las obligaciones contraídas (por los Estados) en virtud de este Pacto. Las medidas, además, no pueden "ser incompatibles con las demás obligaciones que les impone el derecho internacional y no entrañen discriminación alguna fundada únicamente en motivos de raza, color, sexo, idioma, religión u origen social". En igual sentido se dispone en el artículo 27 de la Convención Americana sobre Derechos Humanos.

Por otra parte, el Pacto exige que todo Estado "que haga uso del derecho de suspensión" debe informar inmediatamente a todos los demás Estados Partes en el Pacto, por conducto del Secretario General de las Naciones Unidas, "de las disposiciones cuya aplicación haya suspendido y de los motivos que hayan suscitado la suspensión". Igualmente, deben comunicar la fecha "en que haya dado por terminada tal suspensión" (art. 4,3). La Convención Americana establece una disposición similar de información a los Estados Partes en la Convención, por conducto del Secretario General de la Organización de Estados Americanos (art. 27,3).

Por último, la Ley Orgánica dispone que el Presidente de la República puede solicitar a la Asamblea Nacional la prórroga del Decreto por un plazo igual, correspondiendo a la Asamblea la aprobación de dicha prórroga (art. 338). Este puede ser revocado por el Ejecutivo Nacional o por la Asamblea Nacional o por su Comisión Delegada, antes del término señalado, al cesar las causas que lo motivaron.

3. Medidas que pueden adoptarse en virtud del decreto de estado de excepción: el rango legal

A. Régimen general

Conforme al artículo 15 de la Ley Orgánica, el Presidente de la República, en Consejo de Ministros, tiene las siguientes facultades:

a) Dictar todas las medidas que estime convenientes en aquellas circunstancias que afecten gravemente la seguridad de la Nación, de sus ciudadanos y ciudadanas o de sus instituciones, de conformidad con los artículos 337, 338 y 339 de la Constitución de la República Bolivariana de Venezuela.

b) Dictar medidas de orden social, económico, político o ecológico cuando resulten insuficientes las facultades de las cuales disponen ordinariamente los órganos del Poder Público para hacer frente a tales hechos.

Además, en particular, en el caso del decreto que declare el estado de emergencia económica, conforme al artículo 11 de la Ley Orgánica, en el mismo se pueden disponer "las medidas oportunas, destinadas a resolver satisfactoriamente la anormalidad o crisis e impedir la extensión de sus efectos".

Asimismo, en el caso del decreto que declare el estado de conmoción exterior, se pueden tomar "todas las medidas que se estimen convenientes, a fin de defender y asegurar los intereses, objetivos nacionales y la sobrevivencia de la República" (art. 14).

En todo caso, decretado el estado de excepción, el Presidente de la República puede delegar su ejecución, total o parcialmente, en los gobernadores, alcaldes, comandantes de guarnición o cualquier otra autoridad debidamente constituida, que el Ejecutivo Nacional designe (art. 16).

B. La restricción de las garantías constitucionales y su obligatorio contenido normativo

Conforme se establece en el artículo 337 de la Constitución, en los casos en los cuales se decreten estados de excepción, el Presidente de la República en Consejo de Ministros también puede restringir temporalmente las garantías consagradas en la Constitución,

Salvo las referidas a los derechos a la vida, prohibición de incomunicación o tortura, el derecho al debido proceso, el derecho a la información y los demás derechos humanos intangibles.

Este es el único supuesto establecido en la Constitución de 1999 conforme al cual el Presidente puede restringir las garantías constitucionales (art. 236, ord. 7), habiéndose eliminado toda posibilidad de "suspender" dichas garantías como lo autorizaba la Constitución de 1961 (art. 241). De ello deriva, además, que tampoco podrían restringirse los derechos constitucionales, sino sólo sus "garantías"[20].

Ahora bien, en relación con la restricción de garantías constitucionales con motivo de un decreto de estado de excepción, el artículo 6 de la Ley Orgánica dispone que

> *Artículo 6:* El decreto que declare los estados de excepción será dictado en caso de estricta necesidad para solventar la situación de anormalidad, ampliando las facultades del Ejecutivo Nacional, con la restricción temporal de las garantías constitucionales permitidas y la ejecución, seguimiento, supervisión e inspección de las medidas que se adopten conforme a derecho. El Presidente de la República, en Consejo de Ministros, podrá ratificar las medidas que no impliquen la restricción de una garantía o de un derecho constitucional. Dicho decreto será sometido a los controles que establece esta Ley.

Por otra parte, en relación con la enumeración de las garantías constitucionales de derechos que no pueden ser objeto de restricción, en forma alguna, conforme al antes mencionado artículo 337 de la Constitución (regulados en los artículos 43; 43, ord. 2; 46, ord. 1; 49 y 58 de la Constitución), sin duda, debe considerarse que forman parte de "los demás derechos humanos intangibles" cuyas garantías tampoco pueden restringirse, los indicados como no restringibles en el Pacto Internacional de Derechos Civiles y

---

20. *V.* Allan R. Brewer–Carías, "Consideraciones sobre la suspensión o restricción de las garantías constitucionales", en *Revista de Derecho Público,* N° 37, EJV, Caracas 1989, pp. 5 y ss.

Políticos (art. 4), y en la Convención Americana de Derechos Humanos (art. 27), que son: la garantía de la igualdad y no discriminación; la garantía de no ser condenado a prisión por obligaciones contractuales; la garantía de la irretroactividad de la ley; el derecho a la personalidad; la libertad religiosa; la garantía de no ser sometido a esclavitud o servidumbre; la garantía de la integridad personal; el principio de legalidad; la protección de la familia; los derechos del niño; la garantía de la no privación arbitraria de la nacionalidad y el ejercicio de los derechos políticos al sufragio y el acceso a las funciones públicas[21].

Ahora bien, en relación con esta materia, el artículo 7 de la Ley Orgánica indica que:

> *Artículo 7*: No podrán ser restringidas, de conformidad con lo establecido en los artículos 339 de la Constitución de la República Bolivariana de Venezuela, 4.2 del Pacto Internacional de Derechos Civiles y Políticos y 27.2 de la Convención Americana sobre Derechos Humanos, las garantías de los derechos a: 1. La vida. 2. El reconocimiento a la personalidad jurídica. 3. La protección de la familia. 4. La Igualdad ante la ley. 5. La nacionalidad. 6. La libertad personal y la prohibición de práctica de desaparición forzada de personas. 7. La integridad personal física, psíquica y moral. 8. No ser sometido a esclavitud o servidumbre. 9. La libertad de pensamiento, conciencia y religión. 10. La legalidad y la irretroactividad de las leyes, especialmente de las leyes penales. 11. El debido proceso. 12. El amparo constitucional. 13. La participación, el sufragio y el acceso a la función pública. 4. La información.

Lamentablemente, en esta enumeración, la Ley Orgánica omitió la "prohibición de incomunicación o tortura" que establece el artículo 337 de la Constitución; la garantía a no ser condenado a prisión por obligaciones contractuales; y los derechos del niño que enumeran las Convenciones Internacionales mencionadas, que tienen rango constitucional (art. 23).

En todo caso, de las anteriores regulaciones relativas a la restricción de garantías constitucionales como consecuencia de un decreto de estado de excepción, debe destacarse lo siguiente:

En *primer lugar*, debe insistirse en el hecho de que se eliminó de la Constitución la posibilidad de que se pudiesen "suspender" las garantías constitucionales, como lo autorizaba el artículo 241, en concordancia con el artículo 190, ordinal 6 de la Constitución de 1961, y que dio origen a tantos abusos institucionales[22], quedando la potestad de excepción, a la sola posibilidad de "restringir" (art. 236, ord. 7) las garantías constitucionales.

En *segundo lugar*, la Constitución exige expresamente que el Decreto que declare el estado de excepción y restrinja garantías constitucionales, obligatoriamente debe "*regular el ejercicio del derecho cuya garantía se restringe*" (art. 339). Es decir, no es posible que el decreto "restrinja" una garantía constitucional pura y simplemente, sino que es indispensable que en el mismo decreto se regule en concreto el ejercicio del derecho. Por ejemplo, si se restringe la libertad de tránsito, por ejemplo, en el mismo decreto de restricción, que tiene entonces que tener contenido normativo, debe especificarse en qué

---

21. *V.* Allan R. Brewer–Carías, *La Constitución de 1999, cit.*, pp. 236 y 237.
22. *V.* Allan R. Brewer–Carías, "Consideraciones sobre la suspensión o restricción de las garantías constitucionales", *loc. cit.*, pp. 5 a 25; y Allan R. Brewer–Carías, *Derecho y acción de amparo, Instituciones Políticas y Constitucionales*, Tomo V, Caracas 1997, pp. 11 a 44.

consiste la restricción, estableciendo por ejemplo, la prohibición de circular a determinadas horas (toque de queda), o en determinados vehículos.[23]

Lamentablemente, sin embargo, en la Ley Orgánica no se desarrolló esta exigencia constitucional, quizás la más importante en materia de restricción de garantías constitucionales. Sólo regulándose normativamente su ejercicio, en el decreto que restrinja las garantías constitucionales, es que podría tener sentido la previsión del artículo 21 de la Ley Orgánica que dispone que:

> *Artículo 21*: El decreto que declare el estado de excepción suspende temporalmente, en las leyes vigentes, los artículos incompatibles con las medidas dictadas en dicho decreto.

Para que esta "suspensión" temporal de normas legales pueda ser posible, por supuesto, es necesario e indispensable que el decreto establezca la normativa sustitutiva correspondiente.

C. La movilización

Conforme al artículo 23 de la Ley Orgánica, decretado el estado de excepción, el Presidente de la República en su condición de Comandante en Jefe de la Fuerza Armada Nacional puede, además, ordenar la movilización de cualquier componente o de toda la Fuerza Armada Nacional, operación que debe regirse por las disposiciones que sobre ella establece la ley respectiva.

D. La requisición

Con motivo de la declaración de estado de excepción, conforme al artículo 24 de la Ley Orgánica, el Ejecutivo Nacional tiene la facultad de requisar los bienes muebles e inmuebles de propiedad particular que deban ser utilizados para restablecer la normalidad.[24]

En estos supuestos, para que se ejecutase cualquier requisición, es indispensable la orden previa del Presidente de la República o de la autoridad competente designada, dada por escrito, en la cual se debe determinar la clase, cantidad de la prestación, debiendo expedirse una constancia inmediata de la misma.

En todo caso, terminado el estado de excepción, deben restituirse los bienes requisados a sus legítimos propietarios, en el estado en que es encuentren, sin perjuicio de la indemnización debida por el uso o goce de los mismos. En los casos que los bienes requisados no pudieren ser restituidos, o se trate de bienes fungibles o perecederos, la República debe pagar el valor total de dichos bienes, calculados con base en el precio que los mismos tenían en el momento de la requisición (art. 25 LO).

---

23. *V.* las críticas a la suspensión no regulada de las garantías constitucionales con motivo de los sucesos de febrero de 1989, en Allan R. Brewer Carías, "Consideraciones sobre la suspensión...", *loc. cit.*, pp. 19 y ss., y en Allan R. Brewer Carías, en "Prólogo" el libro de Daniel Zovatto G., *Los estados de excepción y los derechos humanos en América Latina, cit.*, pp. 24 y ss.

24. Sobre la requisición véase Allan R. Brewer–Carías, "Adquisición de propiedad privada por parte del Estado en el Derecho Venezolano" en Allan R. Brewer–Carías, *Jurisprudencia de la Corte Suprema 1930–1974 y Estudios de Derecho Administrativo*, Tomo VI, Caracas 1979, pp. 24 y 33.

E. Las medidas relativas a los artículos de primera necesidad y a los servicios públicos

Por otra parte, una vez decretado el estado de excepción, también se puede limitar o racionar el uso de servicios o el consumo de artículos de primera necesidad, tomar las medidas necesarias para asegurar el abastecimiento de los mercados y el funcionamiento de los servicios y de los centros de producción (art. 19 LO).

Salvo que el decreto regule otra cosa, estas medidas deben adoptarse conforme a la Ley de Protección al Consumidor o al Usuario.

F. Las medidas de orden presupuestarias en cuanto al gasto público

Conforme al artículo 20 de la Ley Orgánica,

> Decretado el estado de excepción, el Ejecutivo puede hacer erogaciones con cargo al Tesoro Nacional que no estén incluidas en la Ley de Presupuesto y cualquier otra medida que se considere necesaria para regresar a la normalidad, con fundamento en la Constitución de la República Bolivariana de Venezuela y la presente Ley.

Se pretendió, en esta forma, establecer una excepción al principio constitucional del artículo 314 de la Constitución que, al contrario, prescribe terminantemente y sin posibilidad de excepción, que "No se hará ningún tipo de gastos que no haya sido previsto en la Ley de Presupuesto".

Esta excepción del artículo 20 de la Ley Orgánica, por tanto, sin duda, es inconstitucional, pues la Constitución no autoriza en forma alguna que puedan hacerse gastos o erogaciones no previstos en la Ley de Presupuesto, salvo mediante la utilización del mecanismo de "créditos adicionales" que autoriza al artículo 314 de la propia Constitución.

4. El control de los decretos de estados de excepción

De acuerdo con el artículo 339, el decreto que declare el estado de excepción debe ser presentado, dentro de los 8 días siguientes de haberse dictado, a la Asamblea Nacional o a la Comisión Delegada, para su consideración y aprobación, y a la Sala Constitucional del Tribunal Supremo de Justicia, para que se pronuncie sobre su constitucionalidad (art. 336,6).

Este doble régimen general de control parlamentario y judicial, lo desarrolla la Ley Orgánica, estableciendo normas particulares en relación con el control por parte de la Asamblea Nacional, por parte de la Sala Constitucional del Tribunal Supremo y por parte de los jueces de amparo.

A. El control por la Asamblea Nacional

a. El sometimiento del decreto a la Asamblea

Como se ha dicho, el decreto que declare el estado de excepción debe ser remitido por el Presidente de la República a la Asamblea Nacional, dentro de los 8 días continuos siguientes a aquel en que haya sido dictado, para su consideración y aprobación.

En el mismo término, deben ser sometidos a la Asamblea Nacional los decretos mediante los cuales se solicite la prórroga del estado de excepción o aumento del número de garantías restringidas.

Si el Presidente de la República no diere cumplimiento al mandato establecido en el lapso previsto, la Asamblea Nacional se debe pronunciar de oficio (art. 26).

b. La aprobación por la Asamblea

El decreto que declare el estado de excepción, y la solicitud de prórroga o aumento del número de garantías restringidas, deben ser aprobados por la mayoría absoluta de los diputados presentes en sesión especial que se debe realizar sin previa convocatoria, dentro de las 48 horas de haberse hecho público el decreto (art. 27). El tema de la publicidad, de nuevo, tiene que vincularse a la publicación del decreto en la Gaceta Oficial.

Si por caso fortuito o fuerza mayor la Asamblea Nacional no se pronunciare dentro de los 8 días continuos siguientes a la recepción del decreto, éste se debe entender aprobado. Se establece así, un silencio parlamentario positivo con efectos aprobatorios tácitos.

Si el decreto que declare el estado de excepción, su prórroga o el aumento del número de garantías restringidas, se dicta durante el receso de la Asamblea Nacional, el Presidente de la República lo debe remitir a la Comisión Delegada, en el mismo término fijado en el artículo 26 de la Ley Orgánica. En este caso, conforme al artículo 29, la Comisión Delegada sólo puede considerar la aprobación del decreto que declare el estado de excepción, su prórroga, o el aumento del número de garantías restringidas, si por las circunstancias del caso le resulta imposible convocar una sesión ordinaria de la Asamblea Nacional, dentro de las 48 horas a que hace referencia el artículo 27 de la Ley Orgánica, o si a la misma no concurriere la mayoría absoluta de los diputados.

En todo caso, dice el artículo 30 de la Ley Orgánica, que el acuerdo dictado por la Asamblea Nacional "entra en vigencia inmediatamente, por lo que debe ser publicado en la *Gaceta Oficial* de la República Bolivariana de Venezuela y difundido en el más breve plazo, por todos los medios de comunicación social, al día siguiente en que haya sido dictado, si fuere posible" (art. 30). De nuevo encontramos aquí la incongruencia de que pueda considerarse que un acto parlamentario de aprobación de un decreto "con rango y fuerza de ley", pueda entrar en vigencia antes de su publicación en la *Gaceta Oficial*, lo cual es totalmente inadmisible.

B. El control concentrado de constitucionalidad por la Sala Constitucional del Tribunal Supremo de Justicia

De acuerdo con el artículo 336,6 de la Constitución, compete a la Sala Constitucional "revisar en todo caso, *aún de oficio*, la constitucionalidad de los decretos que declaren estados de excepción dictados por el Presidente de la República". Se trata de un control de la constitucionalidad automático y obligatorio que la Sala, incluso, puede ejercer de oficio.

La Ley Orgánica desarrolla el ejercicio de este control, estableciendo diferentes regulaciones que deben destacarse.

a. La remisión del decreto a la Sala Constitucional

Conforme al artículo 31 de la Ley Orgánica, el decreto que declare el estado de excepción, su prórroga o el aumento del número de garantías restringidas, deben ser remitidos por el Presidente de la República dentro de los 8 días continuos siguientes a aquél en que haya sido dictado, a la Sala Constitucional del Tribunal Supremo de Justicia, a los fines de que ésta se pronuncie sobre su constitucionalidad. En el mismo término, el Presidente de la Asamblea Nacional debe enviar a la Sala Constitucional, el Acuerdo mediante el cual se apruebe el estado de excepción.

Si el Presidente de la República o el Presidente de la Asamblea Nacional, según el caso, no dieren cumplimiento al mandato establecido en el presente artículo en el lapso previsto, la Sala Constitucional del Tribunal Supremo de Justicia se pronunciará de oficio (art. 31). Por supuesto, estimamos que este no es el único supuesto en el cual la Sala Constitucional puede revisar de oficio el decreto, lo cual puede hacer desde que se dicte y se publique en la *Gaceta Oficial*, y no sólo al final del lapso indicado ni sólo si no se le remite oficialmente al decreto.

Debe destacarse que con la previsión de este sistema de control de constitucionalidad automático y obligatorio, una vez que el mismo se efectúa por la Sala Constitucional y ésta, por ejemplo, declara la constitucionalidad del decreto, no podría entonces ejercerse una acción popular de inconstitucionalidad contra el decreto, pues contrariaría la cosa juzgada constitucional.

Por otra parte, debe destacarse que el artículo 33 de la Ley Orgánica dispone que:

> *Artículo 33*: La Sala Constitucional del Tribunal Supremo de Justicia omitirá todo pronunciamiento, si la Asamblea Nacional o la Comisión Delegada desaprobare el decreto de estado de excepción o denegare su prórroga, declarando extinguida la instancia.

Esta norma, sin duda, también puede considerarse como inconstitucional pues establece una limitación al ejercicio de sus poderes de revisión por la Sala, no autorizada en la Constitución. La revisión, aún de oficio, del decreto de estado de excepción puede realizarse por la Sala Constitucional, independientemente de que la Asamblea Nacional haya negado su aprobación, máxime si el decreto, conforme a la Ley Orgánica al entrar en vigencia "en forma inmediata" incluso antes de su publicación, ha surtido efectos.

b. Motivos de control

La Sala Constitucional tiene competencia para revisar la constitucionalidad de los decretos de excepción, es decir, que en su emisión se hubieran cumplido los requisitos establecidos en la Constitución (constitucionalidad formal) y en la Ley Orgánica; y segundo, que el decreto no viole la normativa constitucional ni la establecida en la Ley Orgánica. Los motivos de inconstitucionalidad a ser considerados por la Sala, por otra parte, pueden ser alegados por interesados en la constitucionalidad, como se señala más adelante.

Es de destacar, en relación con estos motivos de inconstitucionalidad, por ejemplo, el incumplimiento por el decreto de estado de excepción que restrinja una garantía constitucional, de la exigencia de que el decreto debe "regular el ejercicio del derecho cuya garantía se restringe" (art. 339); es decir, que tiene que tener contenido normativo en relación con las restricciones al ejercicio del derecho constitucional respectivo. Se trata, en definitiva, de una exigencia constitucional que busca suplir el principio de la reserva legal.

En efecto, como se ha dicho, el principio básico de la regulación constitucional de los derechos y libertades públicas en Venezuela, es decir, la verdadera "garantía" de esos derechos y libertades radica en la reserva establecida a favor del legislador para limitar o restringir dichos derechos. Sólo por ley pueden establecerse limitaciones a los derechos y libertades consagrados en la Constitución. Pero la propia Constitución admite la posibilidad de que las garantías constitucionales puedan ser restringidas en circunstancias excepcionales, por decisión del Presidente de la República en Consejo de Ministros, lo que implica que durante el tiempo de vigencia de estas restricciones, las garantías de los derechos y libertades podrían ser regulados por vía ejecutiva.

Por ello, la consecuencia fundamental del decreto de excepción que establezca la restricción de garantías constitucionales, es la posibilidad que tiene el Poder Ejecutivo de regular el ejercicio del derecho, asumiendo competencias que normalmente corresponderían al Congreso. Si la esencia de la garantía constitucional es la reserva legal para su limitación y reglamentación; restringida la garantía constitucional, ello implica la restricción del monopolio del legislador para regular o limitar los derechos, y la consecuente ampliación de los poderes del Ejecutivo Nacional para regular y limitar, por vía de Decreto, dichas garantías constitucionales[25].

Por supuesto, tal como lo aclara la propia Constitución, la declaración del estado de excepción (y la eventual restricción) de garantías "no interrumpe el funcionamiento de los órganos del Poder Público" (art. 339); es decir, si bien amplía las competencias reguladoras del Poder Ejecutivo, no impide ni afecta las competencias legislativas ordinarias del Congreso.

c. *Procedimiento y la participación de interesados*

Conforme al artículo 32, la Sala Constitucional del Tribunal Supremo de Justicia debe decidir la revisión del decreto de estado de excepción en el lapso de 10 días continuos contados a partir de la comunicación del Presidente de la República o del Presidente de la Asamblea Nacional, o del vencimiento del lapso de 8 días continuos previsto en el artículo anterior.

Si la Sala Constitucional no se pronuncia en el lapso mencionado, conforme al artículo 32 de la Ley Orgánica, los Magistrados que la componen "incurren en responsabilidad disciplinaria, pudiendo ser removido de sus cargos de conformidad con lo establecido en el artículo 265 de la Constitución". Este es el primer supuesto de "falta grave" para la remoción de los Magistrados del Tribunal Supremo que se regula en la legislación, por parte de la Asamblea Nacional.

En el curso del procedimiento, para cuyo desarrollo todos los días y horas se consideran hábiles (art. 39 LO), los interesados, durante los 5 primeros días del lapso para decidir que tiene la Sala Constitucional, pueden consignar los alegatos y elementos de convicción que sirvan para demostrar la constitucionalidad o la inconstitucionalidad del decreto que declare el estado de excepción, acuerde su prórroga o aumente el número de garantías restringidas.

No precisa el artículo, sin embargo, quienes pueden ser considerados "interesados", por lo que debe entenderse que al tratarse de un juicio de inconstitucionalidad relativo a un decreto "con rango y valor de ley", debe dársele el mismo tratamiento que el estable-

---

25. *Cfr.* Allan R. Brewer–Carías, *Las garantías constitucionales de los derechos del hombre,* Caracas 1976, pp. 33, 40 y 41.

cido para la acción popular, es decir, que para ser interesado basta alegar un simple interés en la constitucionalidad.

En todo caso, la Sala Constitucional del Tribunal Supremo de Justicia, dentro de los 2 días siguientes debe admitir los alegatos y elementos de prueba que resulten pertinentes y desechar aquellos que no lo sean. Contra esta decisión, dispone la Ley Orgánica, "no se admitirá recurso alguno", lo cual es absolutamente superfluo, pues no existe recurso posible alguno en el ordenamiento jurídico constitucional, contra las decisiones de la Sala Constitucional.

d. Decisión

La Sala Constitucional del Tribunal Supremo de Justicia debe decidir dentro de los 3 días continuos siguientes a aquel en que se haya pronunciado sobre la admisibilidad de los alegatos y las pruebas presentadas por los interesados (art. 36).

En su decisión, conforme al artículo 37 de la Ley Orgánica:

> *Artículo 37*: La Sala Constitucional del Tribunal Supremo de Justicia declarará la nulidad total o parcial del decreto que declara el estado de excepción, acuerda su prórroga o aumenta el número de garantías restringidas, cuando no se cumpla con los principios de la Constitución de la República Bolivariana de Venezuela, tratados internacionales sobre derechos humanos y la presente Ley.

En relación con los efectos de la decisión de la Sala Constitucional en el tiempo, la ley orgánica expresamente prescribe los efectos *ex tunc*, disponiendo que:

> *Artículo 38*: La decisión de nulidad que recaiga sobre el decreto *tendrá efectos retroactivos*, debiendo la Sala Constitucional del Tribunal Supremo de Justicia restablecer inmediatamente la situación jurídica general infringida, mediante la anulación de todos los actos dictados en ejecución del decreto que declare el estado de excepción, su prórroga o aumento del número de garantías constitucionales restringidas, sin perjuicio del derecho de los particulares de solicitar el restablecimiento de su situación jurídica individual y de ejercer todas las acciones a que haya lugar. Esta decisión deberá ser publicada íntegramente en la *Gaceta Oficial* de la República Bolivariana de Venezuela.

C. El control por los demás tribunales

De acuerdo con el artículo 27 de la Constitución, el ejercicio del derecho de amparo "no puede ser afectado en modo alguno por la declaratoria de estado de excepción o de la restricción de garantías constitucionales", derogándose en forma tácita el ordinal del artículo de la Ley Orgánica de Amparo sobre Derechos y Garantías Constitucionales de 1988 que restringía el ejercicio de la acción de amparo en las situaciones de restricción de Garantías Constitucionales[26]. Por ello, incluso, la propia Ley Orgánica enumera, entre las garantías no restringibles "el amparo constitucional" (art. 7, ord. 12).

En consecuencia, el artículo 40 de la Ley Orgánica dispone que:

> *Artículo 40*: Todos los jueces o juezas de la República, en el ámbito de su competencia de amparo constitucional, están facultados para controlar la justificación y proporcionalidad de las medidas adoptadas con base al estado de excepción.

---

26. *V.* Allan R. Brewer–Carías, "El amparo a los derechos y la suspensión o restricción de garantías constitucionales", *El Nacional,* Caracas 14–4–89, p. A–4.

Esta norma, sin embargo, puede considerarse como inconvenientemente restrictiva, pues parecería que los jueces de amparo no podrían ejercer su potestad plena de protección frente a las violaciones de derechos y garantías constitucionales en estas situaciones de los estados de excepción, sino sólo en los aspectos señalados de justificación y proporcionalidad de las medidas que se adopten con motivo de los mismos.

D. El control por la comunidad organizada y las organizaciones públicas no estatales

La Ley Orgánica de la Administración Pública, como hemos señalado, establece un mecanismo preciso de participación ciudadana al regular el procedimiento de consulta obligatoria a las comunidades organizadas y a las organizaciones políticas no estatales, respecto de los anteproyectos de normas legales o reglamentarias que se proponga dictar el Presidente de la República (arts. 135, 136). Como hemos señalado, esencialmente, un decreto de estado de excepción debe contener la regulación legal relativa al ejercicio del derecho cuya garantía se restringe, por lo que en el ámbito de los decretos de estados de excepción esa consulta debe realizarse obligatoriamente.

En este supuesto de los decretos de estado de excepción, sin embargo, la consulta obligatoria para promover la participación ciudadana no es previa sino posterior a la emisión del acto. En efecto, el artículo 137 de la Ley Orgánica de la Administración Pública dispone que "en casos de emergencia manifiesta y por fuerza de la obligación del Estado en la seguridad y protección de la sociedad" el Presidente de la República podría dictar esos decretos con contenido normativo sin consulta previa; pero en todo caso, está obligado a consultar seguidamente "bajo el mismo procedimiento" de consultas públicas, a las comunidades organizadas y a las organizaciones públicas no estatales; estando obligado a considerar el resultado de la consulta.

Sección Segunda: LOS ACTOS NORMATIVOS DEL PRESIDENTE DE LA REPUBLICA DE RANGO SUBLEGAL: LOS REGLAMENTOS

La Constitución de 1999, utiliza la expresión acto administrativo en dos artículos: en primer lugar, en el artículo 259, al atribuir a los órganos de la Jurisdicción Contencioso–Administrativa competencia para "anular los *actos administrativos* generales o individuales contrarios a derecho incluso por desviación de poder"; y en segundo lugar, en el artículo 266,5, al atribuir específicamente a la Sala Político Administrativa del Tribunal Supremo de Justicia, que forman parte de esa Jurisdicción, competencia para "declarar la nulidad total o parcial de los *reglamentos y demás actos administrativos* generales o individuales del Ejecutivo Nacional, cuando sea procedente".

De estas normas surge claramente que en Venezuela, los reglamentos son, y siempre han sido considerados, actos administrativos[27], en el sentido de que son declaraciones de voluntad emanadas de órganos que ejercen el Poder Público, de carácter sublegal, para producir efectos jurídicos. La única peculiaridad que tienen es que los reglamentos son actos administrativos de efectos generales y, por tanto, de carácter normativo. Se

---

27. *V.* por ejemplo Allan R. Brewer–Carías, *Las Instituciones Fundamentales del Derecho Administrativo…*, *op. cit.*, p. 119.

distinguen, así, de los otros actos administrativos generales, de contenido no normativo, y de los actos administrativos de efectos particulares.

I. LOS REGLAMENTOS COMO ACTOS ADMINISTRATIVOS DE EFECTOS GENERALES

La característica de los reglamentos como actos administrativos es, en primer lugar, son actos dictados en ejecución indirecta y mediata de la Constitución, y directa e inmediata de la legislación; por ello, como todo acto administrativo, siempre son de carácter sublegal.

En segundo lugar, se trata de actos administrativos que siempre son de efectos generales, es decir, de carácter normativo, y que, por tanto, integran o modifican el ordenamiento jurídico. El contenido de los reglamentos, por tanto, siempre es de carácter normativo, y se identifican por su generalidad, efectos *erga omnes* y por estar destinados a un número indeterminado e indeterminable de personas[28]. El reglamento, en esta forma, tal como lo definió la antigua Corte Suprema,

Es norma jurídica de carácter general dictado por la Administración Pública, para su aplicación a todos los sujetos de derecho y en todos los casos que caigan dentro de sus supuestos de hecho[29].

Pero como se dijo, el reglamento, aún cuando tiene contenido normativo e integra el ordenamiento jurídico, está siempre subordinado a la ley. Tal como lo ha señalado la antigua Corte Suprema de Justicia:

Las disposiciones de los reglamentos que conforme a ella han de dictarse, tienen el carácter de normas secundarias respecto a las de la Ley, que son en este caso, las primarias. O sea, que cada reglamento es el complemento de la determinada Ley, cuya finalidad es facilitar la ejecución de ésta[30].

De lo anterior resulta, por otra parte, que no todo acto administrativo general es un reglamento, lo que permite distinguir entre "actos de efectos generales" como los reglamentos, y "actos generales"; es decir, entre actos normativos, por una parte, y por la otra, los actos generales no normativos[31]. Es decir, el reglamento, es siempre "de efectos generales", pero hay actos administrativos generales que aún cuando tienen como destinatarios a un grupo de personas, no son con carácter normativo, es decir, no son de efectos generales, sino particulares.

En otra sentencia, la antigua Corte Suprema de Justicia destacó la "generalidad e impersonalidad" como las características propias del reglamento señalado:

El reglamento como todos los actos de efectos generales, va dirigido a un indeterminado número de personas, por lo cual se hace imposible nombrarlas a todas. En cambio,

---

28. *V.* sobre la distinción Allan R. Brewer–Carías, *El control de la constitucionalidad de los actos estadales, op. cit.*, pp. 8 y ss.

29. *V.* sentencia de la Corte Suprema de Justicia en Sala Político Administrativa de 27–05–68, en *Gaceta Forense*, N° 60, 1968, pp. 115 a 118.

30. *V.* sentencia de la Corte Suprema de Justicia en Sala Político Administrativa de 10–05–65, en *Gaceta Forense*, N° 48, 1968, pp. 122 a 123.

31. *V.* sentencia de la Corte Suprema de Justicia en Sala Político Administrativa de 02–11–67 en *Gaceta Forense* N° 57, 1967, pp. 38 y 39.

la Resolución impugnada va dirigida a cierto número de personas, perfectamente identificables, ya que ellas han celebrado un contrato previamente con el Ejecutivo Nacional, pues todas y cada unas, son concesionarias de hidrocarburos. Por lo tanto, el contenido de la Resolución citada debe tomarse como un conjunto de decisiones individuales que se han condensado en un solo texto legal, en forma aparentemente colectiva, pero que en realidad no lo es, en virtud de la peculiaridad anteriormente anotada.

La Ley y el Reglamento ejecutivo, no son, como parece creerlo la impugnante, la única fuente de los actos administrativos de efectos generales, ya que éstos pueden provenir, además, de disposiciones de otros órganos del poder público: nacionales, estadales, municipales y aun de entes autónomos y descentralizados[32].

II. EL ÁMBITO DE LA POTESTAD REGLAMENTARIA

Ahora bien, la Constitución de 1999, conforme a la tradición constitucional precedente, atribuye al Presidente de la República la facultad de "reglamentar total o parcialmente las leyes, sin alterar su espíritu, propósito y razón" (art. 236,10). De ello deriva que el Presidente de la República puede reglamentar las leyes, lo que no implica que tenga una potestad exclusiva para dictar actos administrativos de efectos generales, pues otros órganos del Estado, en ejercicio del Poder Público, pueden hacerlo.

En consecuencia, los actos administrativos de efectos generales, por ejemplo, pueden emanar de otros órganos de la Administración Pública como los Ministros, que son órganos directos del Presidente de la República, los cuales tienen potestad normativa en las materias que le asigna la ley.

Pero además, en el ámbito de la Administración Central, los órganos que en la misma han sido desconcentrados legalmente, con autonomía funcional, también ejercen la potestad normativa en los asuntos que la ley les ha atribuido. Es el caso, por ejemplo, de la Comisión Nacional de Valores.

También, en el ámbito de la Administración Pública Descentralizada, las personas jurídicas de derecho público que la componen, tanto las estatales como las no estatales, tienen potestad reglamentaria conforme a la ley que las rige. En tal sentido, los Institutos Autónomos, por ejemplo, como personas de derecho público estatales; y los Colegios Profesionales, como personas jurídicas de derecho público no estatales, ejercen la potestad normativa en el ámbito de sus respectivas competencias, conforme a las leyes que los rigen[33].

Pero en el ordenamiento jurídico venezolano y a pesar de la definición de acto administrativo que trae el artículo 7 de la Ley Orgánica de Procedimientos Administrativos, no sólo los órganos ejecutivos o, en general, los órganos que conforman la Administración Pública Central o Descentralizada, dictan actos administrativos normativos o reglamentarios, sino que también éstos pueden emanar de los demás órganos del Estado que ejercen otros Poderes Públicos distintos al ejecutivo, cuando ejercen la potestad normativa.

---

32. *V.* sentencia de la Corte Suprema de Justicia en Sala Político Administrativa de 07–11–73, en *Gaceta Oficial* N° 1.643 Extra. de 21–03–74, p. 13.

33 *V.* Allan R. Brewer–Carías, *Principios del régimen jurídico de la organización administrativa venezolana*, Caracas 1991, pp. 78 y ss.

Es decir, en Venezuela los actos administrativos, incluidos los reglamentos, no se definen orgánicamente[34], por lo que no siempre son "actos ejecutivos" ya que también emanan de los otros órganos del Estado que ejercen el Poder Judicial, el Poder Legislativo, el Poder Electoral y el Poder Ciudadano[35]. Por ello, se consideran actos administrativos de efectos generales, los reglamentos que dicta el Tribunal Supremo de Justicia para su funcionamiento interno y en relación con el gobierno y administración del Poder Judicial que le corresponde (art. 6, párrafo 1,10 de la Ley Orgánica del Tribunal Supremo de Justicia). También es el caso de los reglamentos o actos administrativos normativos dictados por el Consejo Nacional Electoral (Ley Orgánica del Poder Electoral), por el Fiscal General de la República (art. 21,8, Ley Orgánica del Ministerio Público), o por el Contralor General de la República (art. 13,1, Ley Orgánica de la Contraloría General de la República). Todos estos actos administrativos reglamentarios, por supuesto, son de rango sublegal y están sujetos, ante todo, a las leyes reguladoras de esos actos de los Poderes Públicos Nacionales.

Por último, por supuesto, en un Estado con forma federal, los Gobernadores de Estado los Alcaldes Municipales tienen en el respectivo ámbito de sus competencias potestad normativa, conforme a las Constituciones y leyes de los Estados y a las Ordenanzas Municipales, respectivamente, pudiendo dictar actos administrativos de efectos generales.

III. LA CONSULTA PREVIA OBLIGATORIA NO VINCULANTE DE LAS NORMAS REGLAMENTARIAS

La Ley Orgánica de la Administración Pública, como antes se ha dicho, ha introducido una novedad en cuanto al régimen de emisión de actos normativos por los órganos ejecutivos, en particular, de los reglamentos, como mecanismo para promover la participación ciudadana. Se ha regulado, así, un procedimiento de consulta obligatorio, aunque no vinculante previo a la emisión de reglamentos o actos administrativos normativos por cualquier autoridad ejecutiva.

En efecto, el artículo 136 de dicha Ley Orgánica dispone que los órganos ejecutivos, sea el Presidente de la República u otro órgano, que se propongan adoptar un reglamento o cualquier acto administrativo de efectos generales, deben realizar previamente una consulta obligatoria del anteproyecto normativo, así:

Primero, deben remitir el anteproyecto para su consulta a las comunidades organizadas y las organizaciones públicas no estatales inscritas en el registro de dichas entidades que debe llevar el órgano emisor. En dicho oficio, se debe indicar el lapso durante el cual se recibirán por escrito las observaciones; lapso que no comenzará a correr antes de los 10 días hábiles siguientes a la entrega del anteproyecto correspondiente.

Segundo, paralelamente el órgano que proyecte adoptar el reglamento o acto administrativo de efectos generales, debe publicar en la prensa nacional la apertura del proceso de consulta indicando su duración; e informar a través de la página en el internet que

34. *V.* Allan R. Brewer–Carías, "El problema de la definición del acto administrativo" en *Libro Homenaje al Doctor Eloy Lares Martínez,* UCV, Tomo I, Caracas 1984, pp. 25 a 78.

35. *V.* Allan R. Brewer–Carías, *Estado de Derecho y Control Judicial,* Madrid 1987, pp. 429 y ss.; y *Justicia Contencioso Administrativa. Instituciones Políticas y Constitucionales,* Tomo VII, Caracas 1997, pp. 321 y ss.

tiene que tener conforme a dicha ley orgánica, en la cual se expondrá el proyecto de reglamento o acto administrativo de efectos generales sobre la cual verse la consulta. Durante este proceso de consulta cualquier persona puede presentar por escrito sus observaciones y comentarios sobre el correspondiente anteproyecto, sin necesidad de estar inscrito en el registro indicado.

Tercero, una vez concluido el lapso de recepción de las observaciones, el órgano respectivo debe fijar una fecha para que sus funcionarios, especialistas en la materia que sean convocados y las comunidades organizadas y las organizaciones públicas no estatales intercambien opiniones, hagan preguntas, realicen observaciones y propongan adoptar, desechar o modificar el anteproyecto propuesto o considerar un anteproyecto nuevo.

Cuarto, el resultado del proceso de consulta no tiene carácter vinculante. Sin embargo, en virtud del carácter obligatorio de la consulta pública respecto de los actos administrativos reglamentarios o normativos, el órgano ejecutivo respectivo no puede adoptar normas que no hayan sido consultadas conforme se indica anteriormente, al punto de que la ley orgánica considera nulas de nulidad absoluta, las normas que sean aprobadas sin haber sido consultadas conforme al procedimiento antes indicado.

La Ley Orgánica de la Administración Pública, además, establece particularmente un procedimiento para la elaboración de los reglamentos, con la obligación de una consulta pública previa respecto de los mismos. El artículo 88 de dicha ley, en efecto, dispone que la elaboración de los reglamentos de leyes se debe ajustar al siguiente procedimiento:

1. La iniciación del procedimiento de elaboración de un reglamento se debe llevar a cabo por el Ministerio competente según la materia, mediante la elaboración del correspondiente proyecto al que se debe acompañar un informe técnico y un informe sobre su impacto o incidencia presupuestaria;
2. A lo largo del proceso de elaboración del proyecto de reglamento, debe recabarse, además de los informes, los dictámenes correspondientes y cuantos estudios y consultas se estimen conveniente para garantizar la eficacia y la legalidad del texto;
3. Elaborado el texto, se debe someter a consulta pública para garantizar el derecho de participación de las personas de conformidad con lo dispuesto en el Título VI de la misma ley orgánica, según se ha indicado anteriormente.

Durante el proceso de consultas las personas, directamente o a través de las organizaciones y asociaciones que los agrupen o representen, pueden presentar observaciones y propuestas sobre el contenido del reglamento las cuales deben ser analizadas por el ministerio encargado de la elaboración y coordinación del reglamento.

La emisión de un reglamento sin que se haya sometido a consulta pública, conforme al artículo 137 de la Ley Orgánica, lo vicia de nulidad absoluta.

4. Aprobado el reglamento por el Presidente de la República en Consejo de Ministros, el mismo sólo puede entrar en vigencia con su publicación en la Gaceta Oficial de la República, salvo que el reglamento disponga otra cosa.

Por último, debe destacarse que conforme al artículo 89 de la Ley Orgánica, el Ejecutivo Nacional debe aprobar los reglamentos necesarios para la eficaz aplicación y desarrollo de las leyes, dentro del año inmediatamente siguiente a su promulgación.

IV. LOS LÍMITES A LA POTESTAD REGLAMENTARIA

Tratándose de actos administrativos de efectos generales, los reglamentos son siempre de carácter sublegal, es decir, sometidos a la ley, por lo que su límite esencial deriva de la reserva legal.

Es decir, los reglamentos no pueden regular materias reservadas al legislador en la Constitución, y esas son fundamentalmente, el establecimiento de delitos, faltas e infracciones y las penas y sanciones correspondientes; la regulación y limitación a los derechos y garantías constitucionales; y el establecimiento de tributos.

Estos límites a la potestad reglamentaria derivados de la reserva legal, por otra parte, están expresamente establecidos en la Ley Orgánica de la Administración Pública, cuyo artículo 86 establece que

Los reglamentos no podrán regular materias objeto de reserva legal, ni infringir normas con dicho rango. Además, sin perjuicio de su función de desarrollo o colaboración con respecto a la ley, no podrán tipificar delitos, faltas o infracciones administrativas, establecer penas o sanciones, así como tributos, cánones u otras cargas o prestaciones personales o patrimoniales de carácter público.

V. EL CONTROL DE CONSTITUCIONALIDAD Y LEGALIDAD DE LOS REGLAMENTOS Y DEMÁS ACTOS ADMINISTRATIVOS DE EFECTOS GENERALES

Todos los reglamentos dictados por cualquier autoridad pública, e, incluso, en algunos casos por entidades privadas en ejercicio de autoridad, están sometidos al control de constitucionalidad y legalidad que ejercen los órganos de la Jurisdicción Contencioso–Administrativa.

En cuanto a los "reglamentos ejecutivos" dictados por el Presidente de la República, los mismos están sometidos, como todos los actos administrativos del Ejecutivo Nacional (Administración Pública Nacional Centralizada) al control de la Jurisdicción Contencioso administrativa (art. 259) que se atribuye a la Sala Político Administrativa del Tribunal Supremo de Justicia (art. 266,5 C) que constituye la instancia de mayor grado en el ámbito de dicha jurisdicción.

Ese control judicial tiene por objeto verificar el sometimiento al derecho por parte los Reglamentos ya que, conforme lo ha dicho la antigua Corte Suprema:

> La actividad reglamentaria está... limitada y encauzada por la norma legal, y de ahí que toda disposición reglamentaria que viole la Constitución o las leyes es susceptible de anulación o de inaplicación en los casos concretos[36].

Además, en particular, respecto de los Reglamentos Ejecutivos, la Constitución exige en particular, que deben respetar el "espíritu, propósito y razón de la Ley", y "se altera

36. *V.* sentencia de la Corte Suprema de Justicia en Sala Político Administrativa de 10–05–65 en *Gaceta Forense* N° 48, 1965, pp. 122 y 123.

el espíritu de la Ley cuando el acto reglamentario contiene excepciones o sanciones no previstas o disposiciones contrarias a los fines perseguidos por el legislador"[37].

Esta sujeción la precisó la Corte Suprema en los siguientes términos:

> El decreto reglamentario o Reglamento Ejecutivo, tomado en su acepción estricta –que es el que interesa en este caso–, tiene como antecesor a la Ley, de la cual es derivación, efecto y corolario. Esta sienta el principio, aquél, prevé y desarrolla sus consecuencias, facilita su aplicación a los pormenores y determina las medidas necesarias para su aplicación. De ahí que cuando el reglamento ejecutivo se propasa y se ocupa de reparar las diferencias de la Ley, regula cuestiones no comprendidas en ella, o se aparta del espíritu, propósito y razón que lógicamente han debido guiar al Legislador en su elaboración, se está en presencia de una extralimitación de atribuciones, en el primer caso, y de una violación del texto constitucional en el segundo; y en uno y otro, de un reglamento ejecutivo viciado, en todo o en parte, de ilegalidad por violatorio de expresas normas de la Ley Fundamental[38].

Sin embargo, el hecho de que el Reglamento Ejecutivo esté sometido a la ley que ejecuta, no significa que la actividad reglamentaria se convierta en una mera ejecución mecánica de la Ley. En efecto, la propia Corte Suprema de Justicia ha señalado en este sentido lo siguiente:

> Sin embargo, dentro de estas limitaciones se reconoce a los reglamentos un campo de acción relativamente amplio en cuanto tienden al desarrollo del texto legal, especialmente cuando la ley sólo consagra normas fundamentales. Se admite así, que por vía reglamentaria, puedan establecerse formalidades o requisitos no previstos en la ley pero necesarios para asegurar su cumplimiento, o definirse palabras usadas por el legislador y cuyo alcance conviene precisar a fin de evitar dudas. Pero en este último supuesto y, en general, cuando la administración interpreta el sentido de la ley por vía reglamentaria, insiste la doctrina en que ha de entenderse que la interpretación afirmativa es válida en cuanto esté conforme a la voluntad legislativa[39].

Sobre esto, la antigua Corte Suprema, fue aún más clara en otra parte de esa misma sentencia de 10 de mayo de 1965, que resolvió el recurso de inconstitucionalidad de un reglamento de una Ley, indicando que:

> Considera la Corte que la mera circunstancia de que un Reglamento contemple alguna formalidad que no aparezca en la ley, no es razón suficiente para estimar alterada la relación de legalidad entre ambos estatutos. Lo contrario sería establecer que los Reglamentos deberían ser la reproducción fiel y exacta de la ley, y, por consiguiente, carentes de toda utilidad y objeto.

Por tanto, pues, si puede y debe el Reglamento desarrollar las normas de la ley mediante disposiciones acordes con ella, siempre que no contradigan su texto y su intención, e, incluso, establecer formalidades o requisitos no previstos en el texto legal pero indispensables para asegurar su cumplimiento, según el criterio doctrinal ya expuesto[40].

Pero la Sala Político Administrativa del Tribunal Supremo de Justicia, como órgano de la jurisdicción contencioso–administrativa, sólo tiene competencia para controlar la conformidad con el derecho de los reglamentos y demás actos administrativos de efectos generales que emanen del Poder Ejecutivo Nacional, es decir, de la Administración

---

37. *V.* sentencia de la Corte Federal y de Casación en Corte Plena de 04–06–52 en *Gaceta Forense* Nº 11, 1962, p. 25.

38. *V.* sentencia de la Corte Federal y de Casación en Corte Plena de 24–09–52 en *Gaceta Forense*, Nº 1, 1958, p. 151.

39 *V.* sentencia de la Corte Suprema de Justicia en Sala Político Administrativa de 10–05–65 en *Gaceta Forense*, Nº 48, 1965, pp. 122 y 123.

40. *Idem*, pp. 123 y 124.

Central compuesta, básicamente, por la Presidencia de la República y la organización ministerial (art. 5, párrafo 1°,30 de la Ley Orgánica del Tribunal Supremo)[41].

En cambio, el conocimiento de los juicios de nulidad contra los reglamentos y demás actos administrativos de efectos generales emanados de los órganos desconcentrados de la Administración Central y de la Administración Pública Descentralizada, corresponde a la Corte Primera de lo Contencioso Administrativo en primera instancia[42] y en segunda instancia, a la Sala Político Administrativa del Tribunal Supremo de Justicia.

En cuanto a los actos administrativos de efectos generales o reglamentos dictados por los órganos de los Estados y Municipios, la competencia para conocer de las acciones de nulidad contra los mismos por razones de ilegalidad o inconstitucionalidad, corresponde a los Tribunales Superiores en lo Contencioso Administrativo de las diversas circunscripciones judiciales, en primera instancia, correspondiendo la segunda instancia a la Corte Primera de lo Contencioso–Administrativo[43].

Sección Tercera: LOS ACTOS ADMINISTRATIVOS NORMATIVOS COMO FUENTE DEL DERECHO EN VENEZUELA, CON ESPECIAL REFERENCIA A LOS REGLAMENTOS EJECUTIVOS (2009)

Esta Sección tercera es el texto del artículo "Los actos administrativos normativos como fuente del derecho en Venezuela, con especial referencia a los reglamentos ejecutivos," publicado en Jaime Rodríguez Arana Muñoz et al. (Editores), *El acto administrativo como fuente del derecho administrativo en Iberoamérica (Actas del VIII Foro Iberoamericano de Derecho Administrativo),* Congrex SA. Panamá, 2009. pp. 767–784

I. LOS ACTOS ADMINISTRATIVOS SEGÚN SUS EFECTOS

La Constitución de 1999,[44] utiliza la expresión acto administrativo en dos artículos: en primer lugar, en el artículo 259, al atribuir a los órganos de la Jurisdicción Contencioso–Administrativa competencia para "anular los actos administrativos generales o individuales contrarios a derecho incluso por desviación de poder"; y en segundo lugar, en el artículo 266,5, al atribuir específicamente a la Sala Político Administrativa del Tribunal Supremo de Justicia, que forman parte de esa Jurisdicción, competencia para "declarar la nulidad total o parcial de los reglamentos y demás actos administrativos generales o individuales del Ejecutivo Nacional, cuando sea procedente".

---

41. *V.* Allan R. Brewer–Carías, *Ley Orgánica del Tribunal Supremo de Justicia,* Caracas 2004, pp. 152 y ss.
42. Así lo disponía el artículo 185,3 de la Ley Orgánica de la Corte Suprema de Justicia.
43. Así lo disponía el artículo 181 de la Ley Orgánica de la Corte Suprema de Justicia.
44 *Gaceta Oficial* N° 5.453 Extraordinaria del 24–03–2000, en cuyo texto, según se indica en el Aviso Oficial respectivo, se corrigieron "errores de gramática, sintaxis y estilo" respecto del texto publicado inicialmente en la *Gaceta Oficial* N° 36.860 de 30–12–99. *V.* los comentarios a la Constitución de 1999 en Allan R. Brewer–Carías, *La Constitución de 1999. Derecho Constitucional Venezolano*, 2 tomos, Editorial Jurídica Venezolana, Caracas 2004. 1.350 pp.

De estas normas, así como de las previsiones de la Ley Orgánica de Procedimientos Administrativos de 1982[45] y la Ley Orgánica del Tribunal Supremo de Justicia de 2004,[46] puede decirse que se establece una distinción de los actos administrativos según sus efectos refiriéndose, por una parte, a los efectos normativos o no normativos de los mismos; y por la otra, a los destinatarios de los actos; pero la hacen, utilizando indistintamente la terminología de "actos generales" o "actos de efectos generales" y de "actos individuales", "particulares" o "de efectos particulares," cuando ello no es correcto.

Por ello, a los efectos de estudiar a los actos administrativos como fuente del derecho, debemos precisar estas distinciones, pues sólo los "actos de efectos generales" vendían a constituir fuente del derecho.

En efecto, por ejemplo, la Constitución atribuye al Tribunal Supremo de Justicia en Sala Político Administrativa, la cual es parte de la Jurisdicción Contencioso Administrativa, competencia para "declarar la nulidad total o parcial de los reglamentos y demás actos administrativos generales o individuales del Ejecutivo Nacional cuando sea procedente" (Art. 266,5), y además, le atribuye competencia a los órganos de la Jurisdicción contencioso administrativa en general, para "anular los actos administrativos generales o individuales contrarios a derecho" (Art. 259). En este caso de estas disposiciones constitucionales, la distinción que se recoge en las mismas se por una parte a los actos administrativos generales (incluyendo los reglamentos), y por la otra, a los actos administrativos individuales. Sin embargo, no todo "acto general" es de carácter normativo, y por tanto, fuente del derecho, pues puede haber actos administrativos destinados a un número indeterminado de personas que no tengan carácter normativo, como sucede por ejemplo, con la convocatoria a un concurso de oposición o a una licitación.

De lo anterior resulta que los actos administrativos según sus efectos, se deben clasificar, en dos categorías: en primer lugar, según el contenido normativo o no normativo de los actos, es decir, según sean o no fuente de derecho; y en segundo lugar, según los destinatarios de los actos.

1. La clasificación en la Ley Orgánica de Procedimientos Administrativos

A. Actos administrativos de efectos generales y actos administrativos de efectos particulares

En primer lugar, por tanto, según el carácter normativo o no normativo de los actos administrativos, estos se clasifican en "actos de efectos generales" y "actos de efectos particulares"[47], o si se quiere, en actos administrativos normativos (de efectos genera-

45 *Gaceta Oficial* N° 2.818 Extraordinario de 1 de julio de 1981. Véase los comentarios a la Ley Orgánica en Allan R. Brewer–Carías et al., *Ley Orgánica de Procedimientos Administrativos*, Colección Textos Legislativos, N° 1, Editorial Jurídica Venezolana, Caracas 1981, pp. 7–51; y *El Derecho Administrativo y la Ley Orgánica de Procedimientos Administrativos*, Editorial Jurídica Venezolana, Caracas 1982.

46 *Gaceta Oficial* N° 37.942 del 19 de mayo de 2004. Véase los comentarios a la Ley Orgánica en Allan R. Brewer–Carías, *Ley Orgánica del Tribunal Supremo de Justicia. El Tribunal Supremo de Justicia y los procesos y procedimientos constitucionales y contenciosos administrativos*, Colección Textos Legislativos, N° 28, Editorial Jurídica Venezolana, Caracas 2004, 352 pp.

47 *V.* Allan R. Brewer–Carías, "El recurso contencioso–administrativo de anulación contra los actos de efectos particulares" en el Libro del Instituto de Derecho Público, *El control jurisdiccional de los Poderes Públicos en Venezuela*, Caracas 1979, p. 171 y ss.; Allan R. Brewer–Carías, *El control de la constitucionalidad de los actos*

les) y actos administrativos no normativos (de efectos particulares). Los primeros son aquellos que crean normas que integran el ordenamiento jurídico, es decir, que son fuente de derecho; en cambio, los segundos son aquellos que contienen una decisión no normativa, sea que se aplique a un sujeto o a muchos sujetos de derecho.

La Ley Orgánica de Procedimientos Administrativos puede decirse que identifica los actos administrativos de efectos generales, con los que ella califica en el Artículo 13 como "actos o disposiciones administrativas de carácter general", y los actos administrativos de efectos particulares a los que la misma norma califica como actos administrativos "de carácter particular". En esta norma, al prescribir que un acto administrativo de carácter particular no puede vulnerar lo establecido en una "disposición administrativa de carácter general", lo que está señalando es que un acto de efectos particulares (de contenido no normativo) no puede vulnerar un acto normativo o de efectos generales, acogiéndose en este Artículo 13, el principio de la inderogabilidad singular de los reglamentos o de los actos administrativos de efectos generales.

Por tanto, puede decirse que en el artículo 13 de la Ley está la clave para clasificar los actos administrativos según su contenido o efectos normativos o no normativos, identificándose los actos de efectos generales, es decir, de contenido o carácter general, con los actos normativos, y en consecuencia los actos de efectos particulares o de contenido o carácter particular, con aquellos que no tienen contenido normativo.

Debe señalarse además, que esta noción del acto administrativo de carácter general, de efectos generales o de contenido normativo, está recogida en el artículo 72 de la misma Ley Orgánica de Procedimientos Administrativos al establecer expresamente que, estos actos administrativos de carácter general, es decir, los de contenido normativo, son los que deben ser básicamente publicados en la *Gaceta Oficial* de la República para que puedan comenzar a surtir efectos. Es entonces una excepción, salvo por lo que se refiere a los actos administrativos de nombramientos de funcionarios públicos, por ejemplo, que los actos administrativos de carácter particular, es decir, de contenido no normativo, se tengan que publicar en la *Gaceta Oficial* para que comiencen a surtir efectos. De acuerdo a esta excepción, el principio general en cuanto a los actos administrativos de carácter particular, es decir, de contenido no normativo, es que estos comienzan a surtir efectos a partir de la notificación a los interesados, de acuerdo con el Artículo 73 de la Ley.

B. Actos administrativos generales y actos administrativos individuales

Pero además, en relación a la clasificación de los actos administrativos según los efectos, la Ley Orgánica de Procedimientos Administrativos también permite clasificarlos, también según sus efectos, pero en relación con sus destinatarios de los actos.

Así, puede decirse que la Ley Orgánica acoge la clasificación de los actos administrativos, según sus destinatarios, al distinguir los "actos administrativos generales" de los "actos administrativos individuales." Los actos administrativos generales son aquellos que interesan a una pluralidad de sujetos de derecho, sea formado por un número indeterminado de personas o un número determinado; en cambio, los actos administrativos individuales, son aquellos que interesan a un solo sujeto de derecho.

---

estatales, Caracas 1977, p. 8 y *ss.*; Eloy Lares Martínez, "Actos generales y actos particulares" en *Libro Homenaje a Rafael Pizani*, Caracas 1979, p. 113–134.

Esta distinción estimamos que se acoge en el artículo 72 de la Ley Orgánica al exigirse que también sean publicados en la *Gaceta Oficial* de la República, aquellos actos administrativos que interesen a un número indeterminado de personas, que no sean necesariamente actos administrativos normativos o de carácter o efectos generales. Es decir, esta norma establece indirectamente la diferencia entre el "*acto administrativo de efectos generales*" o de contenido normativo y el "*acto general,*" el cual aun cuando pueda no tener contenido normativo, interese a un número indeterminado de personas. En estos casos, el acto es general porque interesa a un número indeterminado de personas, y no porque tenga necesariamente un contenido normativo. Por supuesto, también el acto general no normativo puede tener por destinatarios a un número determinado de personas.

El acto individual, al contrario, es el acto destinado a un solo sujeto de derecho, el cual es, además, un acto de efectos particulares, de acuerdo a la clasificación anterior.

2. Las clasificaciones en la Ley Orgánica del Tribunal Supremo de Justicia (2004)

La Ley Orgánica del Tribunal Supremo de Justicia de 2004 puede decirse que en la materia siguió la misma terminología de la derogada Ley Orgánica de la Corte Suprema de Justicia, al distinguir en la regulación de los juicios contencioso administrativos de nulidad de los actos administrativos, en el artículo 21, párrafo 9°, la impugnación de los "actos de efectos generales" y de los "actos administrativos de efectos particulares"[48].

Tal distinción, sin duda, resulta esencial tratándose de actos administrativos y del recurso contencioso–administrativo de anulación. Sin embargo, la Ley Orgánica del Tribunal Supremo al igual que la anterior, puede decirse que no fue totalmente clara al establecer tal distinción. En efecto y lamentablemente, tanto en el texto de ambas leyes como en la Exposición de Motivos de la de 1976, se incurrió en una imperfección al confundir los "actos de efectos generales" con los "actos generales" y los "actos de efectos particulares" con los "actos individuales" o "actos particulares", cuando en realidad se trata de dos clasificaciones de los actos jurídicos estatales totalmente distintas, basadas, como se ha dicho, una en relación al número de destinatarios del acto y la otra en relación a sus efectos.

En efecto, debe insistirse que una primera clasificación de los actos estatales atiende exclusivamente al número de sus destinatarios, según que sean una pluralidad de sujetos o un sólo sujeto de derecho. Bajo este ángulo es que los actos estatales se clasifican en generales e individuales. Los actos generales son los que están dirigidos a una pluralidad de destinatarios, determinados o indeterminados; y estos actos generales pueden ser o de efectos generales, es decir, de contenido normativo, dirigidos a un número indeterminado e indeterminable de sujetos, o de efectos particulares, es decir, de carácter concreto, no normativo, dirigidos a un grupo determinado o determinable de sujetos. En cambio los actos individuales son los dirigidos a un sujeto de derecho y que, por tanto, tienen siempre efectos particulares.

---

48 *V.* lo expuesto en Allan R. Brewer–Carías, *El control de la Constitucionalidad de los actos estatales,* Caracas, 1977, pp. 8 a 12; y "El recurso contencioso–administrativo contra los actos de efectos particulares", en *El control jurisdiccional de los Poderes Públicos en Venezuela,* Instituto de Derecho Público, UCV, Caracas, 1979, pp. 171 a 174.

La clasificación entre actos generales y actos individuales, por tanto, no apunta realmente a sus propios efectos, sino al número de sus destinatarios: un acto general es el que está dirigido a un número indeterminado de personas o a un grupo determinado o determinable de sujetos; un acto individual o particular sería el que tiene por destinatario a un sujeto de derecho.

Pero según sus efectos, como se ha dicho, los actos estatales pueden ser clasificados en forma distinta, distinguiéndose así, los actos "de efectos generales" es decir, de contenido normativo y que, por tanto, crean, declaran, modifican o extinguen situaciones jurídicas generales y los actos "de efectos particulares" que son aquellos de contenido no normativo, es decir, que crean, declaran, modifican o extinguen situaciones jurídicas particulares. Bajo este ángulo, la clasificación de los actos administrativos puede realizarse así: los *actos de efectos generales* son los de contenido normativo, dirigidos a un número indeterminado e indeterminable de sujetos; en cambio, los *actos de efectos particulares* son de contenido no normativo, y éstos, a su vez, pueden ser o *actos generales,* dirigidos a un grupo determinado o determinable de personas, o *actos individuales,* siempre dirigidos a un solo sujeto de derecho.

Como consecuencia, resulta que los actos generales pueden ser tanto de efectos generales como de efectos particulares; y los actos de efectos particulares pueden ser tanto generales como individuales. Por ello, las dos clasificaciones de los actos jurídicos estatales no pueden identificarse ni confundirse, pues los criterios utilizados para las mismas son distintos. Por tanto, no es posible identificar la distinción entre acto administrativo general y acto administrativo individual, con la de acto administrativo de efectos generales y acto administrativo de efectos particulares y como consecuencia, no es lo mismo acto administrativo general que acto administrativo de efectos generales; como tampoco es lo mismo, el acto administrativo individual o particular que acto administrativo de efectos particulares.

Sin embargo, frente a estas dos distinciones señaladas, la Ley Orgánica del Tribunal Supremo de Justicia siguiendo la misma orientación de la derogada ley Orgánica de la Corte Suprema de Justicia, las desconoce y establece una incorrecta identificación entre las diversas categorías de actos administrativos al establecer la distinción básica entre ellos en algunos aspectos de los procedimientos (legitimación, lapso de caducidad), utilizando indistintamente, las expresiones "acto general" (Artículo 5, párrafo 1°, ordinales 28, 30 y 31; y Artículo 21, párrafo 21) y "actos de efectos generales" (Artículo 21, párrafo 9 y 20) como si se tratase de lo mismo; y "acto particular" (Artículo 5, párrafo 1°, ordinal 30; y Artículo 21, párrafo 21), "acto individual" (Artículo 5, párrafo 1°, ordinales 30, 31) y "actos de efectos particulares" (Artículo 5, párrafo 1°, ordinal 28; y artículo 21, párrafos 9, 11, 20 y 22) como si también se tratase de lo mismo.

Frente a esta confusión de términos se impone, por tanto, la necesidad de desentrañar cuál es la razón de ser de la distinción en las regulaciones del procedimiento para la impugnación de los actos estatales. Ante todo se observa que la Ley sólo se refiere a los "actos administrativos de efectos particulares," aún cuando existen otros actos estatales de efectos particulares distintos a los actos administrativos, como algunos actos privativos de la Asamblea Nacional, y algunos actos de gobierno.

Pero frente a la distinción de los actos administrativos a los efectos de los mencionados aspectos del procedimiento contencioso administrativo, estimamos que puede sostenerse, sin la menor duda, que la distinción que establece la Ley está basada en el contenido normativo o no normativo de los actos, por lo que en sus normas se identifican los actos de efectos generales (mal llamados en ciertas normas "actos generales") con los de contenido normativo, y los actos administrativos de efectos particulares (también mal llamados actos individuales o actos particulares) con los de contenido no normativo.

En materia procesal esta distinción implica que el recurso para impugnar un acto administrativo de efectos generales, precisamente por su contenido normativo, es que no tiene lapso de caducidad, y la legitimación es el simple interés, aun cuando calificado (acción popular); en cambio, que el recurso para impugnar un acto administrativo de efectos particulares, precisamente por su contenido no normativo, es que está sometido a un lapso de caducidad de 6 meses y a una legitimación activa reservada al titular de un interés legítimo, personal y directo. En consecuencia, el carácter de "acción popular" del recurso contra los actos administrativos de efectos generales sólo se justifica por el contenido normativo, *erga omnes* de los mismos. Identificar la expresión actos de efectos generales (normativos) con acto general (normativo o no) como a veces lo hace la ley, podría implicar abrir la acción popular contra un acto de efectos particulares, general y no normativo, lo cual no se ha admitido jamás en Venezuela.

Con base en esto, sostenemos, entonces, que el recurso contencioso administrativo de anulación contra los actos administrativos de efectos particulares procede contra los actos administrativos de contenido no normativo, sean ellos, en sí mismos, actos generales o individuales, pues el hecho de que se trate de un acto general no implica que no sea de efectos particulares. Tal como lo ha dicho expresamente la Corte Suprema de Justicia.

> "La circunstancia de que la situación jurídica creada por el acto cuya validez se discute esté dirigida a más de una persona, en virtud del número de ellas, no modifica su individualidad, motivo por el cual continúa siendo un acto administrativo de efectos particulares."[49]

A pesar de la importancia de esta clasificación de los actos administrativos, con evidentes efectos adjetivos, su tratamiento no ha sido uniforme ni constante en la jurisprudencia, sino más bien casuístico y sin uniformidad.

Se destaca, en todo caso, la sentencia dictada por la Sala Político Administrativa de la Corte Suprema de 24–4–80 (Caso: *Fiscal General de la República*) en la cual puede decirse que se adoptó la distinción que proponemos. La Corte señaló:

> "se ha ejercido en el caso de autos la acción de nulidad prevista en el artículo 112, Sección Segunda, Capítulo II del Título V de la Ley Orgánica de la Corte Suprema de Justicia. Esta acción es procedente contra actos como el impugnado por el Fiscal General de la República que, por ser de carácter normativo, sus efectos son generales, es decir, afectan a toda la ciudadanía, y por ello tienen pautado un procedimiento especial de impugnación en sede jurisdiccional, cuyas características más resaltantes estriban en la imprescriptibilidad de la acción de nulidad (Art. 134 LOCSJ) y la cualidad genérica de cualquier ciudadano para intentar la (acción popular).
>
> Frente a esta acción de nulidad, el propio texto orgánico de este Supremo Tribunal consagra un medio específico de impugnación de los actos administrativos de efectos particulares: el recurso contencioso–administrativo de anulación previsto en el artículo 121, Sección Tercera del mismo Capítulo II, Título V. De la naturaleza particular de estos actos, es decir, de su afectación a un solo individuo a un número determinado o identificable de personas, deriva precisamente la exigen-

49 *V.* sentencia de la CSJ–SPA de 2–11–67 en *Gaceta Forense*, N° 58, Caracas 1967, pp. 38–39.

cia contenidas en la Ley, de un interés personal, legítimo y directo en impugnar el acto de que se trate (Art. 121) y un lapso de caducidad de seis meses para intentar el recurso (Art. 134)..."[50]

Por otra parte, entre las sentencias que han considerado el tema en general, debe destacarse la de la Corte Primera de lo Contencioso-Administrativa de 1–6–82, en la cual se señaló lo siguiente:

"La Ley Orgánica de la Corte Suprema de Justicia distingue solamente lo que atañe el recurso de nulidad por ilegalidad, entre los que se destinan a los actos de efectos generales y los que se destinan a los actos de efectos particulares, por lo cual es menester determinar, de acuerdo con dicho texto, a cuál de las categorías corresponde el caso presente.

La doctrina venezolana imperante, al interpretar la normativa citada, opina que actos de efectos generales son tan sólo aquellos de contenido normativo. Los actos de efectos particulares son los que carecen por el contrario dicho contenido, aun cuando puedan estar dirigidos a un grupo numeroso de sujetos. Brewer–Carías distingue así en esta segunda categoría entre los actos generales de efectos particulares que son los dirigidos a un grupo determinado o determinable de personas y los actos individuales de efectos particulares dirigidos a un sujeto específico de derecho (El Control Jurisdiccional de los Poderes Públicos en Venezuela, UCV., pp. 172 y ss.). Otra opinión expresa que actos de efectos generales en una noción análoga a la de actos generales, esto es, aquel que crea, modifica o extingue situaciones subjetivas o realiza declaraciones de certeza legal respecto a una colectividad indeterminada de personas. El acto de efectos individuales, o acto particular, realiza los mismos efectos pero en relación con una o más personas determinadas o determinables (véase opinión del Fiscal General de la República expuesta en el expediente Nº 79–573 de este Tribunal, pp. 212 y ss.). De todo lo anterior se evidencia que el carácter de acto de efectos generales implica para la doctrina o bien el carácter normativo contenido en el mismo, o bien el carácter indeterminado de los destinatarios."[51]

De esta sentencia deriva, en todo caso, el criterio de que el acto administrativo de efectos generales puede caracterizarse sea por su contenido normativo, sea por el carácter indeterminado de sus destinatarios. Y así, casuísticamente se ha apreciado por la Corte Suprema en varias decisiones; por ejemplo, en las sentencias de 15–11–90 (caso: *Acarte)* y de 9–5–91 se calificó un acto cuyos destinatarios eran indeterminados como acto de efectos generales, independientemente de su contenido normativo[52]. Así mismo, en la sentencia de la Corte Suprema de 12–5–92 (caso*: Soto Luzardo*) un acto de convocatoria a concurso de funcionarios, a pesar de ser un acto general de efectos particulares, se lo calificó como de "efectos generales"[53]. Así mismo, en el Voto Salvado a la sentencia de la Corte Suprema en el caso de las *elecciones de Sucre y Barinas* de 15–2–93, la Magistrada disidente (H. Rondón de Sansó) consideró, en nuestro criterio incorrectamente, que el acto del Consejo Supremo Electoral de convocatoria a elecciones era un "acto de efectos generales" cuyos efectos no podían suspenderse. Al contrario, dicho acto es un acto general de efectos particulares, y sus efectos sí podían suspenderse[54].

En todo caso, y concentrándonos al contencioso–administrativo de anulación de los actos administrativos, conforme a la Ley Orgánica se distingue entre la acción contencioso–administrativa contra los "actos administrativos de efectos generales" (acción popular) y la acción contencioso–administrativa contra los "actos de efectos particula-

50 Consultado en original.

51 *V.* en *Revista de Derecho Público,* Nº 11, Editorial Jurídica Venezolana, Caracas 1982, p. 129.

52 *V.* en *Revista de Derecho Público,* Nº 44, Editorial Jurídica Venezolana, Caracas 1990, p. 123 y Nº 46, 1991, p. 106.

53 Consultada en original.

54 Consultada en original.

res," que es la única, en nuestro criterio, que justifica procesalmente, en el caso del juicio de nulidad de los actos de efectos generales, la ausencia de lapso de caducidad, la popularidad de la acción y la no regulación expresa de la suspensión temporal de sus efectos.

Estos actos administrativos de efectos generales, o de contenido normativo, son los que constituyen fuente del derecho, y pueden dictarse por los todos órganos de la Administración Pública conforme a la asignación de competencias que tengan atribuidos en la ley.

II. EL ÁMBITO DE LA POTESTAD REGLAMENTARIA

En efecto, la Constitución de 1999, conforme a la tradición constitucional precedente, atribuye al Presidente de la República la facultad de "reglamentar total o parcialmente las leyes, sin alterar su espíritu, propósito y razón" (art. 236,10). De ello deriva que el Presidente de la República puede reglamentar las leyes, lo que no implica que tenga una potestad exclusiva para dictar actos administrativos de efectos generales, pues otros órganos del Estado, en ejercicio del Poder Público, pueden hacerlo.

En consecuencia, los actos administrativos de efectos generales, por ejemplo, pueden emanar de otros órganos de la Administración Pública como los Ministros, que son órganos directos del Presidente de la República, los cuales tienen potestad normativa en las materias que le asigna la ley.

Pero además, en el ámbito de la Administración Central, los órganos que en la misma han sido desconcentrados legalmente, con autonomía funcional, también ejercen la potestad normativa en los asuntos que la ley les ha atribuido. Es el caso, por ejemplo, de la Comisión Nacional de Valores.

También, en el ámbito de la Administración Pública Descentralizada, las personas jurídicas de derecho público que la componen, tanto las estatales como las no estatales, tienen potestad reglamentaria conforme a la ley que las rige. En tal sentido, los Institutos Autónomos, por ejemplo, como personas de derecho público estatales; y los Colegios Profesionales, como personas jurídicas de derecho público no estatales, ejercen la potestad normativa en el ámbito de sus respectivas competencias, conforme a las leyes que los rigen[55].

Pero en el ordenamiento jurídico venezolano y a pesar de la definición de acto administrativo que trae el artículo 7 de la Ley Orgánica de Procedimientos Administrativos, no sólo los órganos ejecutivos o, en general, los órganos que conforman la Administración Pública Central o Descentralizada, dictan actos administrativos normativos o reglamentarios, sino que también éstos pueden emanar de los demás órganos del Estado que ejercen otros Poderes Públicos distintos al ejecutivo, cuando ejercen la potestad normativa.

Es decir, en Venezuela los actos administrativos, incluidos los reglamentos, no se definen orgánicamente[56], por lo que no siempre son "actos ejecutivos" ya que también

55 *V.* Allan R. Brewer–Carías, *Principios del régimen jurídico de la organización administrativa venezolana,* Caracas 1991, pp. 78 y ss.

56. *V.* Allan R. Brewer–Carías, "El problema de la definición del acto administrativo" en *Libro Homenaje al Doctor Eloy Lares Martínez,* UCV, Tomo I, Caracas 1984, pp. 25 a 78.

emanan de los otros órganos del Estado que ejercen el Poder Judicial, el Poder Legislativo, el Poder Electoral y el Poder Ciudadano[57]. Por ello, se consideran actos administrativos de efectos generales, los reglamentos que dicta el Tribunal Supremo de Justicia para su funcionamiento interno y en relación con el gobierno y administración del Poder Judicial que le corresponde (art. 6, párrafo 1,10 de la Ley Orgánica del Tribunal Supremo de Justicia). También es el caso de los reglamentos o actos administrativos normativos dictados por el Consejo Nacional Electoral (Ley Orgánica del Poder Electoral), por el Fiscal General de la República (art. 21,8, Ley Orgánica del Ministerio Público), o por el Contralor General de la República (art. 13,1, Ley Orgánica de la Contraloría General de la República). Todos estos actos administrativos reglamentarios, por supuesto, son de rango sublegal y están sujetos, ante todo, a las leyes reguladoras de esos actos de los Poderes Públicos Nacionales.

Por último, por supuesto, en un Estado con forma federal como es el Estado venezolano, los Gobernadores de Estado y los Alcaldes Municipales tienen en el respectivo ámbito de sus competencias potestad normativa, conforme a las Constituciones y leyes de los Estados y a las Ordenanzas Municipales, respectivamente, pudiendo dictar actos administrativos de efectos generales.

III. LOS REGLAMENTOS EJECUTIVOS DICTADOS POR EL PRESIDENTE DE LA REPUBLICA

Como se ha dicho, la Constitución de 1999 atribuye en el artículo 266,5, a la Sala Político Administrativa del Tribunal Supremo de Justicia, como parte de la Jurisdicción Contencioso Administrativa, competencia para "declarar la nulidad total o parcial de los *reglamentos y demás actos administrativos* generales o individuales del Ejecutivo Nacional, cuando sea procedente". De esta previsión resulta claramente que en Venezuela, los reglamentos son, y siempre han sido considerados, actos administrativos[58], en el sentido de que son declaraciones de voluntad emanadas de órganos que ejercen el Poder Público, de carácter sublegal, para producir efectos jurídicos generales.

La única peculiaridad que tienen por tanto, es que los reglamentos son actos administrativos de efectos generales y, por tanto, de carácter normativo. Se distinguen, así, de los otros actos administrativos generales, de contenido no normativo, y de los actos administrativos de efectos particulares.

1. Los reglamentos como actos administrativos de efectos generales

La característica de los reglamentos como actos administrativos es, en primer lugar, que son actos dictados en ejecución indirecta y mediata de la Constitución, y directa e inmediata de la legislación; por ello, como todo acto administrativo, siempre son de carácter sublegal.

57. *V.* Allan R. Brewer–Carías, *Estado de Derecho y Control Judicial*, Madrid 1987, pp. 429 y ss.; y *Justicia Contencioso Administrativa. Instituciones Políticas y Constitucionales*, Tomo VII, Caracas 1997, pp. 321 y ss.

58. *V.* por ejemplo Allan R. Brewer–Carías, *Las Instituciones Fundamentales del Derecho Administrativo y la Jurisprudencia Venezolana, Caracas 1964*, p. 119.

En segundo lugar, se trata de actos administrativos que siempre son de efectos generales, es decir, de carácter normativo, y que, por tanto, integran o modifican el ordenamiento jurídico. El contenido de los reglamentos, por tanto, siempre es de carácter normativo, y se identifican por su generalidad, efectos *erga omnes* y por estar destinados a un número indeterminado e indeterminable de personas[59]. El reglamento, en esta forma, tal como lo definió la antigua Corte Suprema,

> "Es norma jurídica de carácter general dictado por la Administración Pública, para su aplicación a todos los sujetos de derecho y en todos los casos que caigan dentro de sus supuestos de hecho."[60]

Pero como se dijo, el reglamento, aún cuando tiene contenido normativo e integra el ordenamiento jurídico, está siempre subordinado a la ley. Tal como lo ha señalado la antigua Corte Suprema de Justicia:

> "Las disposiciones de los reglamentos que conforme a ella han de dictarse, tienen el carácter de normas secundarias respecto a las de la Ley, que son en este caso, las primarias. O sea, que cada reglamento es el complemento de la determinada Ley, cuya finalidad es facilitar la ejecución de ésta."[61]

De lo anterior resulta, por otra parte, que no todo acto administrativo general es un reglamento, lo que permite distinguir entre "actos de efectos generales" como los reglamentos, y "actos generales"; es decir, entre actos normativos, por una parte, y por la otra, los actos generales no normativos[62]. Es decir, el reglamento, es siempre "de efectos generales", pero hay actos administrativos generales que aún cuando tienen como destinatarios a un grupo de personas, no son con carácter normativo, es decir, no son de efectos generales, sino particulares.

En otra sentencia, la antigua Corte Suprema de Justicia destacó la "generalidad e impersonalidad" como las características propias del reglamento señalado:

> "El reglamento como todos los actos de efectos generales, va dirigido a un indeterminado número de personas, por lo cual se hace imposible nombrarlas a todas. En cambio, la Resolución impugnada va dirigida a cierto número de personas, perfectamente identificables, ya que ellas han celebrado un contrato previamente con el Ejecutivo Nacional, pues todas y cada unas, son concesionarias de hidrocarburos. Por lo tanto, el contenido de la Resolución citada debe tomarse como un conjunto de decisiones individuales que se han condensado en un solo texto legal, en forma aparentemente colectiva, pero que en realidad no lo es, en virtud de la peculiaridad anteriormente anotada.

La Ley y el Reglamento ejecutivo, no son, como parece creerlo la impugnante, la única fuente de los actos administrativos de efectos generales, ya que éstos pueden provenir, además, de disposiciones de otros órganos del poder público: nacionales, estadales, municipales y aun de entes autónomos y descentralizados."[63]

---

59. *V.* sobre la distinción Allan R. Brewer–Carías, *El control de la constitucionalidad de los actos estadales, op. cit.*, pp. 8 y ss.

60. *V.* sentencia de la Corte Suprema de Justicia en Sala Político Administrativa de 27–05–68, en *Gaceta Forense*, Nº 60, Caracas 1968, pp. 115 a 118.

61. *V.* sentencia de la Corte Suprema de Justicia en Sala Político Administrativa de 10–05–65, en *Gaceta Forense*, Nº 48, Caracas 1968, pp. 122 a 123.

62. *V.* sentencia de la Corte Suprema de Justicia en Sala Político Administrativa de 02–11–67 en *Gaceta Forense* Nº 57, Caracas 1967, pp. 38 y 39.

63. *V.* sentencia de la Corte Suprema de Justicia en Sala Político Administrativa de 07–11–73, en *Gaceta Oficial* Nº 1.643 Extra. de 21–03–74, p. 13.

2. La consulta previa obligatoria no vinculante de las normas reglamentarias

La Ley Orgánica de la Administración Pública, como antes se ha dicho, ha introducido una novedad en cuanto al régimen de emisión de actos normativos por los órganos ejecutivos, en particular, de los reglamentos, como mecanismo para promover la participación ciudadana. Se ha regulado, así, un procedimiento de consulta obligatorio, aunque no vinculante previo a la emisión de reglamentos o actos administrativos normativos por cualquier autoridad ejecutiva.

En efecto, el artículo 136 de dicha Ley Orgánica dispone que los órganos ejecutivos, sea el Presidente de la República u otro órgano, que se propongan adoptar un reglamento o cualquier acto administrativo de efectos generales, deben realizar previamente una consulta obligatoria del anteproyecto normativo, así:

Primero, deben remitir el anteproyecto para su consulta a las comunidades organizadas y las organizaciones públicas no estatales inscritas en el registro de dichas entidades que debe llevar el órgano emisor. En dicho oficio, se debe indicar el lapso durante el cual se recibirán por escrito las observaciones; lapso que no comenzará a correr antes de los 10 días hábiles siguientes a la entrega del anteproyecto correspondiente.

Segundo, paralelamente el órgano que proyecte adoptar el reglamento o acto administrativo de efectos generales, debe publicar en la prensa nacional la apertura del proceso de consulta indicando su duración; e informar a través de la página en el internet que tiene que tener conforme a dicha ley orgánica, en la cual se expondrá el proyecto de reglamento o acto administrativo de efectos generales sobre la cual verse la consulta. Durante este proceso de consulta cualquier persona puede presentar por escrito sus observaciones y comentarios sobre el correspondiente anteproyecto, sin necesidad de estar inscrito en el registro indicado.

Tercero, una vez concluido el lapso de recepción de las observaciones, el órgano respectivo debe fijar una fecha para que sus funcionarios, especialistas en la materia que sean convocados y las comunidades organizadas y las organizaciones públicas no estatales intercambien opiniones, hagan preguntas, realicen observaciones y propongan adoptar, desechar o modificar el anteproyecto propuesto o considerar un anteproyecto nuevo.

Cuarto, el resultado del proceso de consulta no tiene carácter vinculante. Sin embargo, en virtud del carácter obligatorio de la consulta pública respecto de los actos administrativos reglamentarios o normativos, el órgano ejecutivo respectivo no puede adoptar normas que no hayan sido consultadas conforme se indica anteriormente, al punto de que la ley orgánica considera nulas de nulidad absoluta, las normas que sean aprobadas sin haber sido consultadas conforme al procedimiento antes indicado.

La Ley Orgánica de la Administración Pública, además, establece particularmente un procedimiento para la elaboración de los reglamentos, con la obligación de una consulta pública previa respecto de los mismos. El artículo 88 de dicha ley, en efecto, dispone que la elaboración de los reglamentos de leyes se debe ajustar al siguiente procedimiento:

1. La iniciación del procedimiento de elaboración de un reglamento se debe llevar a cabo por el Ministerio competente según la materia, mediante la elaboración del correspondiente proyecto al que se debe acompañar un informe técnico y un informe sobre su impacto o incidencia presupuestaria;

2. A lo largo del proceso de elaboración del proyecto de reglamento, debe recabarse, además de los informes, los dictámenes correspondientes y cuantos estudios y consultas se estimen conveniente para garantizar la eficacia y la legalidad del texto;
3. Elaborado el texto, se debe someter a consulta pública para garantizar el derecho de participación de las personas de conformidad con lo dispuesto en el Título VI de la misma ley orgánica, según se ha indicado anteriormente.

Durante el proceso de consultas las personas, directamente o a través de las organizaciones y asociaciones que los agrupen o representen, pueden presentar observaciones y propuestas sobre el contenido del reglamento las cuales deben ser analizadas por el ministerio encargado de la elaboración y coordinación del reglamento.

La emisión de un reglamento sin que se haya sometido a consulta pública, conforme al artículo 137 de la Ley Orgánica, lo vicia de nulidad absoluta.

4. Aprobado el reglamento por el Presidente de la República en Consejo de Ministros, el mismo sólo puede entrar en vigencia con su publicación en la Gaceta Oficial de la República, salvo que el reglamento disponga otra cosa.

Por último, debe destacarse que conforme al artículo 89 de la Ley Orgánica, el Ejecutivo Nacional debe aprobar los reglamentos necesarios para la eficaz aplicación y desarrollo de las leyes, dentro del año inmediatamente siguiente a su promulgación.

IV. LOS LÍMITES A LA POTESTAD REGLAMENTARIA Y SU CONTROL JUDICIAL

Tratándose de actos administrativos de efectos generales, los reglamentos son siempre de carácter sublegal, es decir, sometidos a la ley, por lo que su límite esencial deriva de la reserva legal, sobre la cual la Sala Constitucional del Tribunal Supremo ha dicho que

> "viene dada por la consagración a nivel constitucional de determinadas materias que, debido a la importancia jurídica y política que tienen asignadas, sólo pueden ser reguladas mediante ley, desde el punto de vista formal, y ello excluye la posibilidad de que tales materias sean desarrolladas mediante reglamentos o cualquier otro instrumento normativo que no goce de dicho rango legal."[64]

Es decir, los reglamentos no pueden regular materias reservadas al legislador en la Constitución, y esas son fundamentalmente, el establecimiento de delitos, faltas e infracciones y las penas y sanciones correspondientes; la regulación y limitación a los derechos y garantías constitucionales; y el establecimiento de tributos.

Estos límites a la potestad reglamentaria derivados de la reserva legal, por otra parte, están expresamente establecidos en la Ley Orgánica de la Administración Pública,[65] cuyo artículo 86 establece que:

> "Los reglamentos no podrán regular materias objeto de reserva legal, ni infringir normas con dicho rango. Además, sin perjuicio de su función de desarrollo o colaboración con respecto a la ley, no podrán tipificar delitos, faltas o infracciones administrativas, establecer penas o sanciones, así

64 Sentencia N° 2338 (Caso *José Muci–Abraham y otros*), de fecha 21–11–2001 en http://www.tsj.gov.ve/decisiones/scon/Noviembre/2338-211101-00-1455.htm

65 *Gaceta Oficial* N° 5.890 Extra. de 31 de julio de 2008. Véase los comentarios a la Ley Orgánica en Allan R. Brewer–Carías et al., *Ley Orgánica de la Administración Pública,* Colección Textos Legislativos, Editorial Jurídica Venezolana, Caracas 2009.

como tributos, cánones u otras cargas o prestaciones personales o patrimoniales de carácter público."

Sobre ello, sin embargo, la Sala Constitucional del Tribunal Supremo de Justicia ha considerado que en virtud de lo previsto en el artículo 236, 10 de la Constitución:

> "el Ejecutivo Nacional puede reglamentar las leyes que se dicten en materias que pertenezcan a la reserva legal, incluso cuando tengan carácter de leyes orgánicas; lo que permite la participación del Poder Ejecutivo en el desarrollo de los principios contenidos en la Ley, siempre que no altere su espíritu, propósito y razón, y sin que ello pueda significar, en modo alguno, el otorgamiento al Presidente de la República de la potestad de legislar en torno a la materia o materias específicas que estén delimitadas por la Ley.

Así, el principio de la reserva legal contiene una obligación para el legislador de regular en el texto de la Ley de que se trate, toda la materia relacionada con ésta, de tal manera que, sólo puede remitir al reglamentista la posibilidad de establecer o fijar los detalles de su ejecución, esto es, explicar, desarrollar, complementar e interpretar a la Ley en aras de su mejor ejecución, estando prohibidas, por constituir una violación a la reserva legal, las remisiones "genéricas" que pudieran originar reglamentos independientes, o dar lugar a los reglamentos "delegados."[66]

Por otra parte, todos los reglamentos dictados por cualquier autoridad pública, e, incluso, en algunos casos por entidades privadas en ejercicio de autoridad, están sometidos al control de constitucionalidad y legalidad que ejercen los órganos de la Jurisdicción Contencioso–Administrativa.

En cuanto a los "reglamentos ejecutivos" dictados por el Presidente de la República, los mismos están sometidos, como todos los actos administrativos del Ejecutivo Nacional (Administración Pública Nacional Centralizada) al control de la Jurisdicción Contencioso administrativa (art. 259) que se atribuye a la Sala Político Administrativa del Tribunal Supremo de Justicia (art. 266,5 C) que constituye la instancia de mayor grado en el ámbito de dicha jurisdicción.

Ese control judicial tiene por objeto verificar el sometimiento al derecho por parte los Reglamentos ya que, conforme lo ha dicho la antigua Corte Suprema:

> "La actividad reglamentaria está... limitada y encauzada por la norma legal, y de ahí que toda disposición reglamentaria que viole la Constitución o las leyes es susceptible de anulación o de inaplicación en los casos concretos".[67]

Además, en particular, respecto de los Reglamentos Ejecutivos, la Constitución exige en particular, que deben respetar el "espíritu, propósito y razón de la Ley", y "se altera el espíritu de la Ley cuando el acto reglamentario contiene excepciones o sanciones no previstas o disposiciones contrarias a los fines perseguidos por el legislador"[68].

Esta sujeción la precisó la Corte Suprema en los siguientes términos:

> "El decreto reglamentario o Reglamento Ejecutivo, tomado en su acepción estricta –que es el que interesa en este caso–, tiene como antecesor a la Ley, de la cual es derivación, efecto y corolario. Esta sienta el principio, aquél, prevé y desarrolla sus consecuencias, facilita su aplicación a los

66 Sentencia Nº 2338 (Caso *José Muci–Abraham y otros*), de fecha 21–11–2001 en http://www.tsj.gov.ve/decisiones/scon/Noviembre/2338–211101–00–1455.htm

67. *V.* sentencia de la Corte Suprema de Justicia en Sala Político Administrativa de 10–05–65 en *Gaceta Forense* Nº 48, Caracas 1965, pp. 122 y 123.

68. *V.* sentencia de la Corte Federal y de Casación en Corte Plena de 04–06–52 en *Gaceta Forense* Nº 11, Caracas 1962, p. 25.

pormenores y determina las medidas necesarias para su aplicación. De ahí que cuando el reglamento ejecutivo se propasa y se ocupa de reparar las diferencias de la Ley, regula cuestiones no comprendidas en ella, o se aparta del espíritu, propósito y razón que lógicamente han debido guiar al Legislador en su elaboración, se está en presencia de una extralimitación de atribuciones, en el primer caso, y de una violación del texto constitucional en el segundo; y en uno y otro, de un reglamento ejecutivo viciado, en todo o en parte, de ilegalidad por violatorio de expresas normas de la Ley Fundamental."[69]

Sin embargo, el hecho de que el Reglamento Ejecutivo esté sometido a la ley que ejecuta, no significa que la actividad reglamentaria se convierta en una mera ejecución mecánica de la Ley. En efecto, la propia Corte Suprema de Justicia ha señalado en este sentido lo siguiente:

"Sin embargo, dentro de estas limitaciones se reconoce a los reglamentos un campo de acción relativamente amplio en cuanto tienden al desarrollo del texto legal, especialmente cuando la ley sólo consagra normas fundamentales. Se admite así, que por vía reglamentaria, puedan establecerse formalidades o requisitos no previstos en la ley pero necesarios para asegurar su cumplimiento, o definirse palabras usadas por el legislador y cuyo alcance conviene precisar a fin de evitar dudas. Pero en este último supuesto y, en general, cuando la administración interpreta el sentido de la ley por vía reglamentaria, insiste la doctrina en que ha de entenderse que la interpretación afirmativa es válida en cuanto esté conforme a la voluntad legislativa."[70].

Sobre esto, la antigua Corte Suprema, fue aún más clara en otra parte de esa misma sentencia de 10 de mayo de 1965, que resolvió el recurso de inconstitucionalidad de un reglamento de una Ley, indicando que:

"Considera la Corte que la mera circunstancia de que un Reglamento contemple alguna formalidad que no aparezca en la ley, no es razón suficiente para estimar alterada la relación de legalidad entre ambos estatutos. Lo contrario sería establecer que los Reglamentos deberían ser la reproducción fiel y exacta de la ley, y, por consiguiente, carentes de toda utilidad y objeto.

Por tanto, pues, si puede y debe el Reglamento desarrollar las normas de la ley mediante disposiciones acordes con ella, siempre que no contradigan su texto y su intención, e, incluso, establecer formalidades o requisitos no previstos en el texto legal pero indispensables para asegurar su cumplimiento, según el criterio doctrinal ya expuesto."[71]

Pero la Sala Político Administrativa del Tribunal Supremo de Justicia, como órgano de la jurisdicción contencioso–administrativa, sólo tiene competencia para controlar la conformidad con el derecho de los reglamentos y demás actos administrativos de efectos generales que emanen del Poder Ejecutivo Nacional, es decir, de la Administración Central compuesta, básicamente, por la Presidencia de la República y la organización ministerial (art. 5, párrafo 1°,30 de la Ley Orgánica del Tribunal Supremo)[72].

En cambio, el conocimiento de los juicios de nulidad contra los reglamentos y demás actos administrativos de efectos generales emanados de los órganos desconcentrados de la Administración Central y de la Administración Pública Descentralizada, corresponde

69. *V.* sentencia de la Corte Federal y de Casación en Corte Plena de 24–09–52 en *Gaceta Forense*, N° 1, Caracas 1958, p. 151.

70 *V.* sentencia de la Corte Suprema de Justicia en Sala Político Administrativa de 10–05–65 en *Gaceta Forense*, N° 48, Caracas 1965, pp. 122 y 123.

71. *Idem*, pp. 123 y 124.

72. *V.* Allan R. Brewer–Carías, *Ley Orgánica del Tribunal Supremo de Justicia*, Caracas 2004, pp. 152 y ss.

a la Corte Primera de lo Contencioso Administrativo en primera instancia[73] y en segunda instancia, a la Sala Político Administrativa del Tribunal Supremo de Justicia.

En cuanto a los actos administrativos de efectos generales o reglamentos dictados por los órganos de los Estados y Municipios, la competencia para conocer de las acciones de nulidad contra los mismos por razones de ilegalidad o inconstitucionalidad, corresponde a los Tribunales Superiores en lo Contencioso Administrativo de las diversas circunscripciones judiciales, en primera instancia, correspondiendo la segunda instancia a la Corte Primera de lo Contencioso–Administrativo[74].

73. Así lo disponía el artículo 185,3 de la Ley Orgánica de la Corte Suprema de Justicia.
74. Así lo disponía el artículo 181 de la Ley Orgánica de la Corte Suprema de Justicia.

LIBRO CUARTO
LA POTESTAD REGULADORA

Sección Primera: RÉGIMEN DE LA REGULACIÓN DE LA ECONOMÍA (1979)

Esta Sección primera del Libro Cuarto es el trabajo sobre "La intervención del Estado en la actividad mercantil," publicado en *Jornadas de Derecho Mercantil*, Facultad de Derecho, Universidad Católica Andrés Bello, Caracas 1978, pp. 529–560; y con el título: "Aspectos del derecho público interno aplicable a las empresas de producción internacional," en *Regulación Jurídica de las Empresas Multinacionales y Transnacionales*, Colegio Universitario Francisco de Miranda, Caracas 1979, pp. 133–166.

I. INTRODUCCIÓN

Las empresas de producción internacional, como todas las empresas mercantiles, están siendo objeto, cada vez más, de regulación de derecho público interno de los diversos países en los que actúan. Por ello, el panorama del Estado, de la libertad económica y del derecho que existía cuando aquéllas comenzaron a operar en nuestros países, han variado radicalmente hasta el momento actual.

En efecto, las relaciones económicas del mundo liberal, sin duda, sólo estaban reguladas por el derecho mercantil, es decir, et conjunto de normas jurídicas relativas a las relaciones entre comerciantes, o entre particulares, con motivo de los actos de comercio. En esas relaciones, desarrolladas con entera y absoluta libertad, el Estado no intervenía: era sólo un "gendarme"; cuidaba que cualquier ruptura del equilibrio privado se restableciera, y cuidaba que las reglas del mercado, rectoras de aquellas relaciones, no se distorsionaran.

El régimen inicial que tuvieron las empresas transnacionales, por tanto, se puede situar en el principio de la libertad económica, regulado en forma absoluta y en todo caso, con consecuencias negativas frente al Estado: éste no debía intervenir en el proceso económico, y mucho menos distorsionar las reglas del mercado.

Todo este basamento, sin embargo, ha cambiado radicalmente en las últimas décadas, pues la noción y concepción de la libertad económica también se ha transformado totalmente. En efecto, del análisis de la evolución del régimen de la libertad económica en el ordenamiento jurídico venezolano, se deduce claramente que la consagración absoluta de la libertad económica de todo el siglo pasado y comienzos del presente, a partir de 1909, comienza a ser objeto de limitaciones. En 1947, sufre una regulación en virtud del interés público de destacable importancia, que da origen a la participación directa y activa del Estado en la economía; y recientemente en la Constitución de 1961, se consagra la posibilidad limitaciones a la libertad económica basadas en el concepto de interés social. En base a esta amplitud de limitaciones, cuya apreciación queda en manos del legislador, la libertad económica muy lejos está ahora de ser un derecho absoluto, y al contrario, está sometida a múltiples limitaciones, restricciones y exclusiones. La libertad económica, por tanto, en el ordenamiento jurídico, como libertad fundamental y absoluta, puede decirse que, como la propiedad, dejó de ser en Venezuela el pilar fundamental de la organización política, y entró a configurarse como un derecho más, garantizado constitucional mente, pero limitable también por autorización constitucional.

El derecho mercantil, por tanto, ya ha dejado de ser el centro del ordenamiento jurídico aplicable a las empresas transnacionales, pues la intervención del Estado en el proceso económico ha abierto paso a las regulaciones del derecho administrativo de la economía, cuyo contenido fundamental queremos presentar en estas notas. Para ello, destacaremos en primer lugar, las principales limitaciones que ha sufrido la libertad económica en Venezuela, y que inciden en las empresas mercantiles, lo que haremos en una primera parte. En segundo lugar, analizaremos las exclusiones de actividades económicas, que más que limitaciones implican prohibiciones de ejercerlas establecidas a los particulares por el Estado.

II. LAS LIMITACIONES A LA LIBERTAD ECONÓMICA

Las limitaciones a la libertad económica de los particulares, están directamente relacionadas con las potestades interventoras que el ordenamiento jurídico ha venido dando al Estado. Aquí también, la situación actual de las regulaciones jurídico–administrativas de la libertad económica, está condicionada por los dos extremos de la balanza con la cual opera el derecho administrativo: potestades públicas y derechos de los individuos, garantizados y limitados.

El estudio de las limitaciones a la libertad económica, por tanto, puede realizarse tomando como punto de referencia, la potestad del Estado, y en esta forma pueden distinguirse las limitaciones derivadas del Estado Regulador; del Estado de Fomento; del Estado prestador de Servicios Públicos; de! Estado Empresario y del Estado Planificador. Veamos separadamente estas limitaciones.

1. Las limitaciones derivadas del Estado Regulador

Dos tipos de regulaciones a las actividades lucrativas se han venido desarrollando en el ordenamiento jurídico, que implican limitaciones importantes a la libertad económica. En primer lugar, las limitaciones por razones de orden público y de interés social, estas últimas, sin duda, las más importantes; y en segundo lugar, las limitaciones derivadas de la protección contra los abusos de la libertad económica.

A. Las regulaciones del proceso económico por razones de interés social

La clásica forma de intervención del Estado en el proceso económico ha sido la regulación que, por razones de interés público o social, el Estado realiza respecto de la actividad de los particulares. Estas regulaciones o limitaciones, originalmente aceptadas por razones de orden público (seguridad o salubridad), se admiten en la actualidad por razones mucho más amplias, y particularmente, por razones de interés social. El legislador, por supuesto, es el árbitro del interés social, concepto jurídico indeterminado que le permite desarrollar facultades discrecionales, no controlables, en cuanto a la apreciación del interés social, es decir, de la oportunidad y conveniencia de sancionar una limitación a la libertad económica. Estas limitaciones que se traducen en regulaciones de las actividades de los particulares, pueden clasificarse, al menos las más importantes, en relación al género de actividad económica sobre la cual recaen: inversión, industria, crédito, comercio. Revisaremos, separadamente, las de mayor interés.

a. Las regulaciones del proceso de inversión

La regulación de mayor importancia relativa al proceso de inversión, es la relativa a las inversiones extranjeras y a su participación en el desarrollo económico nacional, tal como lo exige la Constitución de 1961 (art. 107).

En Venezuela, a pesar de esfuerzos y proyectos realizados, no fue posible contar con una regulación de las inversiones extranjeras sino hasta 1973, con motivo del ingreso del país al Acuerdo Subregional de Integración de Cartagena. En esa oportunidad entró en vigencia la Decisión 24 del Acuerdo de Cartagena relativa al Régimen Común de Tratamiento a los Capitales extranjeros y sobre marcas, patentes, licencias y regalías. Entre las regulaciones de mayor interés de este cuerpo normativo, están las restricciones a las inversiones extranjeras y las limitaciones a las mismas.

En cuanto a las restricciones, en Venezuela no podrá autorizarse inversión extranjera directa en actividades que se consideren adecuadamente atendidas por empresas existentes; destinada a la adquisición de acciones, participaciones o derechos de propiedad de inversionistas nacionales; o destinada a áreas económicas reservadas a la inversión nacional (arts. 3 y 41 y sigts.). Por otra parte, en cuanto a las limitaciones, la Decisión N° 24 sujeta la inversión extranjera en las actividades o áreas no restringidas, a innumerables mecanismos de control del Estado que van desde la necesaria autorización y registro de la inversión misma (arts. 2 y 5), el ejercicio de facultades de inspección y fiscalización permanentes (art. 6), y la autorización para la venta de acciones o participaciones (art. 7), para la reexportación del capital (art. 7), para la remisión de utilidades (art. 37), y para el uso del crédito externo o interno (arts. 14 y sigts.).

Por supuesto, para asegurar el adecuado control de la inversión extranjera, la Decisión N° 24 tuvo que establecer una reforma fundamental que incide en el régimen accionario de las sociedades anónimas: el artículo 45 de dicha decisión estableció, en efecto, que "el capital de las sociedades por acciones deberá estar representado en acciones nominativas", En esta forma, indirectamente, el derecho mercantil de las sociedades anónimas en Venezuela fue modificado, haciéndose inaplicables, por tanto, las disposiciones del Código de Comercio sobre las acciones al portador (art. 393 y sigts.).

En el ámbito de la inversión nacional es de Interés destacar regulaciones recientes sobre la inversión en sociedades anónimas y en valores, establecidas en la Ley del Mercado de Capitales (Decreto Ley N° 882 de 29–4–75 en Gaceta Oficial N° 1744 de 22–5–75). De acuerdo a esta Ley, la oferta pública de acciones o títulos valores no es libre, sino que requiere de una autorización de la Comisión Nacional de Valores y de la inscripción en el Registro Mercantil de Valores (arts. 10 y 15); y la posibilidad de construir sociedades anónimas inscritas de capital abierto que destinen parte de sus acciones a la oferta pública en la Bolsa de Valores, está regulada en términos precisos (art. 60). La Ley, además, como mecanismo de protección a los accionistas minoritarios prevé una serie de facultades de la Comisión Nacional de Valores entre las que está la posibilidad de convocar las asambleas de las sociedades reguladas (art. 128).

b. Las regulaciones a las actividades industriales

Hasta fecha relativamente reciente, las actividades industriales no estaban sometidas a mayores regulaciones legales; más bien, eran objeto sólo de acciones de fomento por parte del Estado. Sin embargo, en los últimos años se han venido estableciendo regulaciones de enorme importancia que deben destacarse.

En primer lugar, mediante Decreto–Ley N° 365 de 27 de agosto de 1974 (Gacela Oficial N° 30503 de 18–9–74), se estableció, con carácter general y obligatorio, que "todo proyecto para el establecimiento de nuevas industrias o ampliación de las ya instaladas, así como los proyectos de parques y zonas industriales" debían ser registrados en el Registro de Proyectos Industriales del Ministerio de Fomento (art. 1). Desde 1968, este registro tenía solamente como efectos el aprovechamiento de las ventajas de la política crediticia y de fomento del Estado, en el sentido de que quien no registraba el proyecto no podía gozar de dichos beneficios. Esta normativa se repite en el Decreto–Ley de 1974: "El registro del proyecto será requisito para gozar de los beneficios de política industrial que pueda conceder el Ejecutivo Nacional en cada caso, como protección aduanera, asistencia técnica y crediticia, exoneración de impuestos de importación a materias primas y otros insumos y de impuesto sobre la renta" (art. 6).

Sin embargo, la nueva regulación de 1974 fue mucho más lejos y no sólo consagró el Registro de Proyectos Industriales como una condición para gozar de los beneficios de la política de fomento del Estado, sino como un mecanismo de control. Los organismos municipales, en efecto, se estableció en el referido Decreto–Ley, tienen prohibido otorgar el permiso de construcción correspondiente a instalaciones industriales, si no se les presenta la constancia de registro señalada (art. 7); y las instalaciones industriales construidas sin el correspondiente registro previo "serán demolidas o removidas y sus responsables sancionados con multa hasta de Bs. 100.000" (art. 8).

En esta forma, el registro de proyectos industriales ha pasado a ser el instrumento de mayor importancia de control industrial con que cuenta el Estado, ya que si bien el Decreto–Ley no lo establece expresamente, no hay duda en que el Ministerio podría negar el registro en los casos en que el proyecto industrial respectivo no esté acorde con las políticas de desarrollo industrial, Agro Industrial urbano o de protección del ambiente definidas por el Estado en el Plan de la Nación. Si éste, con sus estrategias, políticas, programas y metas, ahora, en virtud del Decreto N° 1454 de 9 de marzo de 1976, es de obligatorio cumplimiento por parte de todos los organismos de la Administración Pública, no hay duda en que el Ministerio de Fomento tendría que negar el Registro si el proyecto industrial no se adapta al Plan.

Además de las regulaciones industriales derivadas del registro previo de los proyectos, recientemente se han adoptado, por primera vez, medidas limitativas de la libertad económica, con motivo de la localización industrial y particularmente de la desconcentración industrial del Arca Metropolitana de Caracas.

En efecto, mediante Decreto–Ley N° 713 de 21 de enero de 1975 (Gaceta Oficial N° 30638 de 5 de marzo de 1975), se prohibió la instalación de nuevas industrias en el Área Metropolitana de Caracas y su zona de influencia (art. 1), con excepción de las pequeñas y medianas industrias que autorice el Ejecutivo Nacional por considerarlas necesarias para el abastecimiento o servicio regular de la población (art. 2). Esta prohibición, sin duda, es una restricción a la libertad industrial de carácter espacial. Fue acompañada en el referido Decreto–Ley de otra restricción de importancia: la posibilidad que tiene el Ejecutivo Nacional de decidir el traslado de las industrias que causen contaminación del ambiente o aquellas que deban ser reubicadas en razón de la ordenación de áreas que se establezca. La decisión debe ser tomada en Consejo de Ministros y si vencido el plazo que se otorgue no se ha realizado el traslado, la industria será cerrada hasta que éste se verifique, sin que por esta circunstancia se interrumpa el contrato de trabajo con sus trabajadores (art. 3). En todo caso, aquí también se precisa que las edificaciones para industrias que se construyan en contravención a las restricciones y prohibiciones señaladas, serán demolidas y los responsables de la obra serán multados (art. 6); y que las autoridades municipales no otorgarán los permisos correspondientes de construcción de instalaciones industriales en el Área Metropolitana de Caracas, sino una vez presentada la autorización respectiva del Ministerio de Fomento (art. 5).

Por otra parte, con motivo de la reciente promulgación de la Ley Orgánica del Ambiente de 7 de junio de 1976, se han establecido limitaciones de enorme interés y actualidad a las actividades industriales. En efecto, esta Ley prevé una serie de mecanismos de control de las actividades susceptibles de degradar el ambiente (art. 18), prohibiéndose las que lo hagan de manera irreparable, y permitiéndose las que lo hagan en forma no irreparable, previa autorización en la cual se podrán imponer las condiciones, limitaciones y restricciones que permitan su corrección (art. 21). En todo caso, dentro de las medidas que pueden adoptar las autoridades administrativas frente a las consecuencias perjudiciales derivadas de actividades susceptibles de degradar el ambiente, están las siguientes que implican limitaciones a la libertad económica pues la restringen o establecen obligaciones: la clausura temporal o definitiva de las fábricas o establecimientos que con su actividad alteren el ambiente, degradándolo o contaminándolo, ya sea directa o indirectamente; y la prohibición temporal o definitiva de la actividad origen de la contaminación (art. 25).

Por otra parte, dentro de las limitaciones de importancia a las actividades industriales, están las establecidas en la reciente Ley de Protección al Consumidor de 5 de agosto de 1974, en materia de normalización y control de calidad en la producción. En este sentido, se estableció que las Normas Nacionales a las cuales debe someterse la elaboración industrial de determinados productos, pueden ser declaradas como de obligatorio cumplimiento cuando se trate de productos cuyo consumo tenga relación directa con la salud y la vida de las personas (art. 15), estando éstos, sometidos a vigilancia y control de las autoridades administrativas correspondientes (art. 18).

Por último, dentro de las limitaciones a las actividades industriales deben destacarse aquellas que en razón de la protección de la economía nacional, tienden a racionalizar la producción. Tal es el caso, por ejemplo, de la industria automotriz, regulada por Decreto–Ley 920 de 16 de mayo de 1975, mediante el cual se dictaron las Normas para el desarrollo de la Industria Automotriz (Véalo en Gaceta Oficial N° 1747 Extr. de 24–5–75) y en la cual se impone a las empresas respectivas, no sólo su conversión en empresas nacionales o mixtas conforme a las normas del Acuerdo de Cartagena (arts. 7 y 8), sino la incorporación progresiva, a los vehículos producidos, de partes nacionales (art. 1).

c. *Las regulaciones a las actividades crediticias y de seguras*

Dos de las actividades económicas respecto de las cuales ha sido tradicional la existencia de limitaciones legales, han sido las crediticias y las de seguros.

De acuerdo a la Ley de Bancos y otros Institutos de crédito (Gaceta Oficial N° 1742 de 22–5–75), las actividades de intermediación en el crédito y las operaciones bancarias en general, sólo pueden ser realizadas por personas jurídicas, con forma de sociedad anónima, debidamente autorizadas por el Ministerio de Hacienda. Las actividades bancarias, por tanto, no son actividades lucrativas que puedan ejercerse libremente; están sometidas a una serie de limitaciones, en virtud del interés social que hay respecto de las mismas, que inciden en la promoción de la empresa bancaria, en su funcionamiento, en su vida jurídica y en la actividad que desarrollan.

En efecto, respecto a la constitución de una empresa bancaria, no es posible siquiera promover su constitución sin una autorización previa del Ejecutivo Nacional que se otorga o niega discrecionalmente y sin motivación (art. 10). En esta forma, la propia Ley prohíbe a los Registradores Mercantiles registrar los documentos constitutivos de una sociedad anónima que tenga por objeto realizar actividades bancarias, sin la presentación de la autorización legal de promoción (art. 6). Por otra parte, una vez autorizada la promoción, y constituida la empresa, para iniciar sus operaciones, debe la misma obtener otra autorización, esta vez al funcionamiento, para lo cual debe cumplir con una serie de requisitos (art. 8), y la cual puede ser negada sin motivación (art, 10). Esta autorización de funcionamiento, por otra parte, puede ser suspendida o revocada, mediante resolución motivada (art. 16).

La propia vida jurídica de la empresa también está sometida a autorizaciones permanentes de parte de las autoridades administrativas, toda modificación estatutaria relativa a la disolución anticipada de la sociedad, fusión con otra, venta del activo social, aumento o reducción de capital y cambio de objeto (art. 13). Por último, la actividad económica de una empresa bancaria, una vez constituida, está sometida a una serie de obligaciones generales y particulares, y a innumerables controles administrativos y político–económicos. Las obligaciones generales se refieren, entre otros aspectos, a la necesidad de que tengan depositado en el Banco Central de Venezuela una parte del encaje legal que deben constituir como garantía de sus operaciones (art. 20 y sigts.), con lo cual el Banco Central puede controlar, entre otros aspectos, la liquidez monetaria y el circulante (art. 25); ya diversas exigencias tendientes a asegurar la solvencia bancaria (art, 153), Los controles, de una amplitud considerable, permiten la intervención y fiscalización permanente de la Superintendencia de Bancos, organismo desconcentrado del Ministerio de Hacienda constituido especialmente a tal efecto (art 132 y sigts.); así como del Banco Central de Venezuela, regulado por Decreto–Ley N° 507 de 30–10–74 (Véase en Gaceta Oficial N° 1711 de 30–12–74). Entre los aspectos de mayor interés de este control técnico económico del Banco Central, está el manejo del encaje legal de la Bancos, que le permite aumentarlo en forma global, selectiva o progresiva o disminuirlo hasta los límites legales (art. 25); el control de 1) cámara de compensación bancaria (art. 44, ord. 1); la fijación de porcentajes máximo de crecimiento de préstamos e inversiones (art. 48) la fijación de las tasas máximas de interés que los bancos pueden cobra: y pagar por las distintas clases de operaciones (art. 46); y el control de redescuento de títulos valores (art. 44, ord. 6).

De lo anterior resulta, como consecuencia, que la actividad bancaria en Venezuela, está sometida a controles y regulaciones como ninguna otra actividad económica, salvo la de las empresas de seguro y reaseguro.

En efecto, el contrato de seguros, tradicionalmente regulado en el Código de Comercio, ha venido siendo objeto de regulaciones administrativas desde 1938. En la actualidad, las actividades de seguros y reaseguros están sometidas a las regulaciones de la Ley de Empresas de Seguros y Reaseguros del 22 de abril de 1975 (Véase en Gaceta Oficial N° 1743 Extr. de 22–5–75), y las mismas siguen orientaciones similares alas analizadas respecto de las actividades bancarias.

En efecto, para la promoción de una empresa de seguros es necesario que los promotores obtengan una autorización previa del Ejecutivo Nacional (art. 31). Promovida la empresa, la constitución de la misma ante el Registrador Mercantil debe ser también previamente autorizada (art. 34), y éste no puede registrar el documento constitutivo (art. 2), sin la presentación de aquella autorización. La autorización de constitución puede ser negada sin motivación (art. 35). El documento constitutivo debe, siempre, asignarle a la persona jurídica la forma de sociedad anónima (art. 25) y someterse a muy variados requisitos. Una vez promovida la empresa y debidamente constituida, la misma debe obtener una nueva autorización, esta vez para operar, de parte de las autoridades administrativas, que implica la aprobación de toda la documentación que requieren para su funcionamiento (art. 36). Autorizaciones similares también requieren las sociedades de corretaje de seguros y reaseguros (art. 40). Por otra parte, toda modificación de los documentos constitutivos y estatutos de las empresas, deben ser previamente autorizados por las autoridades administrativas correspondientes (art. 56).

Las empresas de seguros y reaseguros, entre sus obligaciones generales tienen la de constituir y mantener en el Banco Central de Venezuela una serie de garantías (arts. 44 y sigts.) las cuales en caso de liquidación de la empresa, se destinarán, en primer término, a satisfacer las reclamaciones de pólizas que no hayan sido pagadas por otros medios (art. 50). También deben las empresas, según el ramo de seguro en el cual operen, constituir y mantener una reserva (arts. 65 y sigts.) sobre los cuales los asegurados gozan de privilegios, por lo que se destinan a satisfacer, en primer término, las reclamaciones de los tenedores de pólizas que no hayan sido pagados por otros medios (art, 84).

El funcionamiento de las empresas de seguro y reaseguro también está sometido a múltiples intervenciones por parte de las autoridades administrativas: las pólizas, recibos, solicitudes y demás documentos deberán ser siempre, previamente aprobados por la Superintendencia de Seguros (art. 51); y asimismo la propaganda que realicen (art. 58).

Por último, las empresas de seguro y reaseguro están sometidas a rígidos controles permanentes por parte de la Superintendencia de Seguros, organismo administrativo desconcentrado del Ministerio de Hacienda (art. 6), el cual puede inspeccionar, vigilar y fiscalizar las actividades de las empresas (art. 12).

En el ámbito crediticio, por último, debe hacerse mención a otras normas de importancia, como la relativa al sistema de ahorro y préstamo, regulado por la Ley del Sistema Nacional de Ahorro y Préstamo (véase Decreto–Ley N° 868 de 22 de abril de 1975 en Gaceta Oficial N° 1739 Extr. de 13–5–75); y como la relativa a las cooperativas, regulada por la Ley General de Asociaciones Cooperativas (véase Decreto–Ley N° 922 de 16 de mayo de 1975 en Gaceta Oficial N° 1750 Extr. de 27–5–75).

Aparte de estas regulaciones de carácter general relativas a las actividades financieras, de crédito y de seguro, y que establecen limitaciones de importancia a la actividad económica de los particulares, debe señalarse que el Estado, también por razones de interés social, ha establecido limitaciones particulares. Un ejemplo típico, fue las que surgieron de la Ley de Medidas especiales para atender las consecuencias del sismo del 29 de julio de 1967 (véase en Gaceta Oficial N° 28.515 de 13–12–76), que impuso a los acreedores hipotecarios sobre inmuebles afectados por el sismo, la asunción del 40% de los daños causados (art. 8) y la obligación de no cobrar cantidad alguna por la suspensión de pagos de los créditos hipotecarios que la Ley acordó en favor de los compradores afectados, suspensión que no originó intereses moratorios (art. 14).

d. Las regulaciones de las actividades comerciales

Entre las facultades que la Constitución otorga al Estado en relación a las actividades comerciales, está la muy importante, incorporada desde el texto de 1947, de "regular la circulación, distribución y consumo de la riqueza" (art. 98). En base a ello, numerosas disposiciones legales establecen limitaciones a las actividades lucrativas.

Ante todo es necesario destacar el régimen de los cambios y, particularmente, del instrumento de cambio; la moneda. Esta materia, anteriormente y desde 1941 regulada por la Ley de Monedas, ha comenzado a estar normada en la Ley del Banco Central de Venezuela desde la reforma de 1974 (véase Decreto–Ley N° 507 de 30–10–74 en Gaceta Oficial N° 1.711 Extr. de 30–12–74). Corresponde, en este sentido, al Banco Central de Venezuela "el derecho exclusivo de emitir billetes y de acuñar monedas de curso legal en todo el territorio de la República".

Por tanto, "ni el Gobierno Nacional, ni los otros bancos, ni ninguna otra institución particular o pública, cualquiera que sea su naturaleza, podrán acuñar moneda, emitir billetes u otros documentos que tengan carácter de moneda o puedan circular como tal" (art. 69).

Sólo las monedas de curso legal en Venezuela tienen libre circulación (art. 84), y la circulación de la moneda extranjera está sujeta a las regulaciones que establezca el Banco Central (art. 85). Los tipos de cambio de la moneda extranjera son determinados por el Banco Central, previo convenio con el Ejecutivo Nacional (art. 91 y 92), quien puede permitir que el o los tipos de cambio fluctúen libremente en el mercado, de acuerdo con la oferta y la demanda de divisas de los particulares y los convenios internacionales en vigor (art. 93).

Por otra parte, y también en relación al régimen de la moneda, el Banco Central de Venezuela es la institución competente para realizar las actividades tendientes a "crear y mantener condiciones monetarias, crediticias y cambiarías favorables a la estabilidad de la moneda, al equilibrio económico y al desarrollo ordenado de la economía, así como asegurar la continuidad de los pagos internacionales del país" (art. 2).

Pero las regulaciones de las actividades comerciales no sólo inciden sobre el instrumento de la misma: la moneda y el crédito, sino que también tienen carácter sustantivo en relación al comercio exterior y al comercio interno. El comercio exterior está regulado por la Ley de Aduanas, la cual, si bien establece la libertad de importación y exportación, limita esas actividades para la protección de la economía nacional. Estas limitaciones implican el sometimiento de la importación a autorizaciones respecto de determinadas mercancías o de todas o algunas de las originarias o provenientes de determinado país o países (art. 121); y al cumplimiento de requisitos de carácter administrativo (art. 7) y fiscales (Arancel de Aduanas art. 114). En cuanto a las exportaciones, se las puede someter, cuando lo exijan los intereses generales de la Nación, a prohibiciones, gravámenes o limitaciones respecto de determinadas mercancías (art. 128). Además, también están sometidas a limitaciones de carácter administrativo (art. 69) y fiscal (art. 129). Las normas relativas al comercio exterior, en todo caso, se complementan y modifican con las regulaciones derivadas de la Asociación Latinoamericana de Libre Comercio (Tratado de Montevideo) y del Acuerdo de Integración Subregional Andino (Acuerdo de Cartagena), de los cuales es parte Venezuela. La legislación de integración andina, en este sentido, ha venido a formar parte del derecho administrativo interno de Venezuela.

En cuanto al comercio interno, diversas limitaciones han venido estableciéndose. En primer lugar, por motivos de orden público (seguridad y sanidad). Tal es el caso de las limitaciones al comercio de armas previstas en la Ley sobre Armas y Explosivos de 1939; y de las limitaciones al comercio de alimentos y medicamentos, establecidas en el Reglamento General de Alimentos dictado conforme a la Ley de Sanidad Nacional; y en la Ley de Estupefactivos de 1934.

En segundo lugar, por razones de interés social, y en particular de protección al consumidor. En este sentido, la reciente Ley de Protección al Consumidor de 1974 (Véase Gaceta Oficial N° 1680 Extr. de 2–9–74) establece normas tendientes a regular el comercio. Se destacan, por ejemplo, las normas sobre propaganda comercial y, en particular, las prohibiciones respecto de las acciones o prácticas engañosas o injustas en las ofertas de bienes y servicios (art. 7); y las normas sobre garantías contra defectos o mal funcionamiento de bienes de naturaleza duradera (art. II). En este orden de ideas, la Ley de Metrología Legal de 1964 establece todo el sistema de pesas y medidas, y su control, a los efectos de la regularización del comercio.

Por último, y como limitación importante a las actividades comerciales, debe hacerse mención a las establecidas en la Ley que reserva al Estado la explotación del mercado interno de los productos derivados de hidrocarburos, de 21 de junio de 1973 (Gaceta Oficial N° 1591 Extr. de 22–6–73), en la cual, además de establecerse una reserva a favor del Estado, se previeron normas reguladoras y limitadoras de ciertas de las actividades referidas, que podían realizarse por particulares, previa autorización.

B. Las regulaciones derivadas de la protección contra los abusos de la libertad económica

De acuerdo con la Constitución, "La Ley dictará normas para impedir la usura, la indebida elevación de los precios y, en general, las maniobras abusivas encaminadas a obstruir o restringir la libertad económica" (art. 96). Esta norma, en realidad, es el resultado de una larga evolución que se inició a comienzos de los años cuarenta, con motivo de la crisis y escasez consecuencia de la guerra mundial. Las primeras medidas reguladoras de precios de los artículos de primera necesidad se consolidaron con el Decreto N° 176 del 15 de agosto de 1944, que autorizó al Ejecutivo Nacional, en vista de la protección de la economía nacional, a regular el comercio exterior y a proteger la producción nacional; y en vista de la protección de la vida económica, a fijar precios, regular el uso de artículos de primera necesidad y regular los arrendamientos. Estas normas, de precaria constitucionalidad en virtud de estar fundamentadas en la suspensión de garantías constitucionales, han recibido consagración regular en la Ley de Protección al Consumidor de 1974. En esta materia de protección contra los abusos de la libertad económica, pueden distinguirse varios supuestos; la regulación de precios; la represión al acaparamiento y la especulación; la represión a la usura; y la lucha contra los monopolios.

a. La regulación de precios

De acuerdo a la Ley de Protección al Consumidor, el Ejecutivo Nacional puede, en general, establecer precios máximos para bienes y servicios declarados previamente como de primera necesidad (art. 5), es decir, que se consideren como de consumo masivo o esenciales a la vida de la población (art. 2), Ya en materia agrícola, la Ley de Mercadeo Agrícola de 1970 había dado consagración legal a la regulación de precios de los bienes agrícolas (art. 5); sin embargo, es la Ley de Protección al Consumidor la que vino a regular la materia en sentido general, y a sustituir la vieja normativa de emergencia de 1944.

En todo caso, si alguna materia se desarrolló adecuadamente a partir de los años cuarenta en este campo, fue el de la regulación de los alquileres de las viviendas urbanas y sub–urbanas, a los cuales se ha hecho referencia, regulados en la actualidad por la Ley de regulación de alquileres de 1960. Desde los años cincuenta, la Corte aceptó estas regulaciones como limitaciones a la libertad de contratar, impuestas por razones de interés social (Véase sentencias de la Corte Federal y de Casación de 15 de diciembre de 1952 y de 23 de febrero de 1953 en Gacetas Forenses N° 12, 1952, p. 42, y N° 13, 1953, p. 79).

b. La represión del acaparamiento y la especulación

Desde la Ley contra el Acaparamiento y la Especulación de 1947, se considera como delito la retención, fuera del comercio normal, con ocultamiento o sin él, de artículos de primera necesidad, con la finalidad de provocar alza o escasez; y la acción de vender artículos de primera necesidad a precios superiores a los regulados (art. 1°).

La Ley de Protección al Consumidor de 1974 insistió en la prohibición, en los siguientes términos; "el acaparamiento y cualquier forma de especulación tendiente a encarecer los bienes y servicios de primera necesidad, quedan expresamente prohibidos, al igual que toda acción orientada a restringir sustancialmente la oferta, circulación o distribución de aquéllos" (art. 4); y la Ley de Mercadeo Agrícola de 1970 atribuí al Ejecutivo Nacional la facultad de dictar normas tendientes a evitar el acaparamiento y la competencia desleal, con lo que se amplió considerablemente el radio de acción de las autoridades administrativas relación a la libertad económica.

c. La represión de usura

Mediante el Decreto N° 247 de 9 de abril de 1946 sobre represé de la usura, se estableció como delito la acción por la cual cualquiera que "intencionalmente se valga de las necesidades apremiantes de otro para obtener para sí o para un tercero una ventaja o beneficio que resulte notoriamente desproporcionada a la contraprestación o entrega que por su parte verificare" (art. 1°); y en base a ello, consideró como constitutivo del delito de usura, "el préstamo de dinero en el que se estipula u obtenga un interés que exceda del 1% mensual" (art. 1°).

La Ley de Protección al Consumidor de 1974 recogió esta normativa respecto del delito de usura, pero dejó al Ejecutivo Nacional la determinación de la tasa de interés máxima que rige en las operadora de crédito o de financiamiento (art. 6), con lo que perdió rango legal límite anterior del 12% anual.

d. La lucha contra los monopolios

La Constitución prohíbe los monopolios (art. 97), y asigna al Legislador la obligación de dictar normas para impedir las maniobras abusivas encaminadas a obstruir o restringir la libertad económica. En este sentido, un Proyecto de Ley antimonopolio fue presentado al Congreso en 1974, el cual no fue aprobado. Sin embargo, en materia agrícola debe destacarse la amplísima autorización legal otorgada al Ejecutivo Nacional, para dictar normas tendientes a evitar "la formación de monopolios u otras formas de acuerdos multilaterales entre comerciantes e industriales" (art, 7).

2. Las limitaciones derivadas del Estado de Fomento

La actividad de fomento puede considerarse como una de las clásicas actividades del Estado y que tiene por objeto la promoción y estímulo de las actividades de los particulares. En principio, no puede considerarse como una actividad limitativa de la libertad económica de los particulares; sin embargo, la utilización de los mecanismos en fomento puede dar, sin duda, lugar a la aparición de ciertas limitaciones.

En efecto, entre los mecanismos de fomento por excelencia, están los créditos que organismos del sector público otorgan a los particulares. Muchas veces, el otorgamiento de un crédito de esta naturaleza asigna de derecho al ente público que lo otorga, poderes especiales de fiscalización de la empresa receptora del mismo. El Estatuto de la Corporación Venezolana de Fomento de 1975 (Véase Decreto–Ley N° 789 de 11 de marzo de 1975 en Gaceta Oficial N° 30.668 de 14–4–75), en este sentido, por ejemplo, establece que la misma "se reservará en los contratos el derecho de supervisar la inversión de los fondos que proporcione, fiscalizar la administración y dirección técnica de las empresas, y exigir nuevas y mayores garantías" (art. 14).

Disposiciones similares se encuentran, por ejemplo, en el Estatuto del Fondo Nacional del Café y del Fondo Nacional del Cacao, entes autónomos creados por Decreto–Ley N° 910 de 13 de mayo de 1975 (Véase en Gaceta Oficial N° 1.746 Extr. de 23–5–75) (art. 11).

En otros casos, como en materia de desarrollo agropecuario, el ser beneficiario de un crédito crea obligaciones especiales, como la de adquirir acciones del ente financiero. Tal sucede respecto de los créditos otorgados por el Banco de Desarrollo Agropecuario regulado por Decreto– Ley N° 366 de 27 de agosto de 1974 (Véase en Gaceta Oficial

N° 1.686 Extr. de 20–9–74), que imponen a los prestatarios la obligación de adquirir acciones del Banco en las condiciones determinadas por el Ejecutivo Nacional (art. 52).

3. Las limitaciones derivadas del Estado de Servicios públicos

Una de las características del Estado contemporáneo es, sin duda, la asunción de servicios públicos como obligaciones para satisfacer necesidades colectivas. Cuando una actividad económica, en este sentido, se declara constitucional o legalmente como servicio público, surge una limitación importante a la libertad económica. En esas áreas, ésta no es libre; está limitada, pues sólo puede realizarse mediante una autorización o permiso de las autoridades administrativas, o mediante la obtención de una concesión de servicio público.

Por ejemplo, así sucede respecto de los servicios públicos de transporte. En efecto, en materia de transporte urbano, las autoridades locales tienen competencia para la concesión de los servicios de transporte superficial (Véase por ejemplo la Ordenanza sobre Tránsito Urbano del Distrito General, arts. 86 y sigts. en Gaceta Municipal N° 8.439 de 20–1–55); en materia de transporte aéreo, el Ejecutivo Nacional tiene competencia para otorgar, según los casos, las concesiones o permisos, correspondientes (Véase art. 39 y sigts. de la Ley de Aviación Civil);; y en materia de transporte por ferrocarril, el Ejecutivo Nacional tiene, competencia para otorgar, potestativamente, las concesiones ferrocarrileras de servicio público (art. 5 de la Ley de Ferrocarriles de 2–8–57). Ninguna de estas actividades económicas puede realizarse, entonces, sin la correspondiente concesión otorgada por las autoridades administrativas.

En otros servicios públicos, la concesión se sustituye por un permiso, autorización o registro. Tal sucede, por ejemplo, con los permisos sanitarios para los institutos de salud privados (Clínicas); con d registro en el Ministerio de Educación para los institutos privados de enseñanza; y con las autorizaciones para el transporte de correspondencia; en todos esos casos, establecidos legalmente (Ley de Sanidad Nacional, Ley de Educación, Ley de Correos).

En todos estos casos, se insiste, la actividad económica de los particulares está doblemente limitada: para poder ejercerse, requiere de una autorización, permiso o concesión de la autoridad administrativa; y posteriormente, derivado de la naturaleza de servicio público de la actividad, queda sometida al control y fiscalización de la autoridad concedente o que lo autoriza.

4. Las limitaciones derivadas del Estado Empresario

Una de las características fundamentales del Estado contemporáneo en Venezuela, es el sistema de economía mixta en el cual se mueve. Conforme a ese esquema político–económico, el Estado puede intervenir en las actividades económicas otrora reservadas a los particulares. El Estado, como empresario, sin duda, es la fase más característica del Estado contemporáneo.

Por supuesto, el Estado puede realizar sus actividades empresariales de tres maneras principales: reservándose para sí determinadas industrias, servicios o explotaciones de interés público (art. 97), tal como ha sucedido con la industria del gas natural, con la industria de la explotación del hierro, o con la industria y el comercio de los hidrocarburos; realizando actividades económicas con la participación de los particulares en la industria básica, pero sometida ésta a su control (art. 97); o simplemente en concurrencia con los particulares. En los dos primeros casos, fundamentalmente, la actividad empresarial del Estado se configura, además, como una limitación a la actividad económica de les particulares. La primera, sin embargo, más que una limitación a la libertad económica, es una exclusión de la misma, por lo que ve verá más adelante. Ahora interesa analizar la segunda forma de la actividad empresarial del Estado: aquella que se realiza con la participación de particulares, pero sometida a su control. En efecto, expresamente ha habido regulaciones para el desarrollo industrial bajo el control del Estado, en los siguientes campos industriales: Industria Naval (Véase Decreto–Ley N– 927 de 16–5–75, por el cual se dictaron las Normas para el Desarrollo de la Industria Naval); Industria Aeronáutica (Véase Decreto–Ley N° 926 de 16–5–75, por el cual se dictaron las Normas para el Desarrollo de la Industria Aeronáutica); Industrias Militares (Decreto–Ley N° 883 de 29–4–75, mediante el cual se dictaron las Normas para el Desarrollo de las Industrias Militares); e Industria Nuclear (Decreto–Ley N° 925 de 16–5–75, por el cual se dictaron las Normas para el Desarrollo de la Industria Nuclear). En todos estos casos, las actividades industriales están sometidas al control del Estado, a través de los órganos de la Administración o a través de las empresas estatales que se han venido constituyendo o han venido asumiendo cada área.

Un otros campos de la industria pesada, como en materia petroquímica y de electricidad, si bien no se han dictado las normas generales de desarrollo industrial, el Estado participa en las mismas, con la mayor inversión, pero en algunos casos en concurrencia con particulares.

Por último, puede señalarse que entre las formas de asunción de empresas económicas por parte del Estado, además de la constitución ex novo de las mismas, está la utilización de la figura de la expropiación. El Estado, en efecto, por razones de utilidad pública o interés social legalmente declarado, mediando juicio contradictorio y justa indemnización, podría decretar la expropiación de una empresa en particular, sin recurrir a la reserva de actividades industriales, lo que daría origen a una nacionalización, tal como se verá. En el supuesto que se menciona, el hecho de que el Estado decida la expropiación aislada de una empresa, y la asuma, es una restricción impuesta a la libertad económica de los particulares accionistas de la misma, pero no excluye el que otros particulares realicen su actividad económica en las mismas áreas. Por supuesto, y en todo caso, de todas las limitaciones a las actividades que hemos analizado, la única que da derecho a indemnización de parte del particular afectado, es la que se configura como una restricción particular: la expropiación de empresas. Las otras, todas, configuran el entorno normal del ámbito de la libertad económica, al cual deben someterse todos los particulares.

En cuanto a la expropiación como forma de adquisición de empresas por el Estado, también puede darse la expropiación de acciones. Esto ha sucedido, por ejemplo, en la última reforma de la Ley del Banco Central de Venezuela de 30 de octubre de 1974 (Gaceta Oficial N° 1.711 Extr. de 30–12–74), que, aun cuando continúa atribuyéndole la forma de sociedad anónima (art. 1°) a dicho instituto, estableció que "con ex acepción del Estado, ninguna persona natural o jurídica podrá ser propietaria de acciones del Banco" (art. 8). Como desde la creación del Banco en 1939 se admitió que parte del capital del mismo estuviese en manos de particulares, la Ley de 1974 estableció lo siguiente: "En el plazo de dos años a partir de la fecha de vigencia de esta Ley, todas las personas naturales o jurídicas distintas de la República que sean titulares de acciones del Banco Central de Venezuela deberán ofrecerlas a la República, quien las adquirirá por órgano del Ministerio de Hacienda. Las acciones del Banco Central de Venezuela que no hubiesen sido ofrecidas en venta pasarán al patrimonio de la República, previo cumplimiento de los trámites previstos en la Ley de expropiación por causa de utilidad pública. En ambos casos, el precio que deberá pagar por las acciones será igual al promedio del valor de mercado en los seis (6) meses anteriores al 30 de septiembre de 1974" (art. 100).

En todo caso, debe señalarse que la presencia del Estado como empresario en la vida económica, ha producido una evidente distorsión en las regulaciones del derecho mercantil, particularmente en materia de sociedades. En efecto, no sólo ya se ha admitido, al menos en el campo de las empresas nacionalizadas en la industria petrolera, la constitución de sociedades unipersonales, con el Estado como único accionista (véase el artículo 6°, base primera de la Ley Orgánica que reserva al Estado la Industria y el Comercio de los Hidrocarburos, en Gaceta Oficial 1.769 Extr. de 29–8–75), sino que, en todo caso, la presencia del Estado o de diversos entes públicos como titulares de todas o la mayoría de las acciones de determinadas empresas, ha provocado un desfiguramiento del régimen de las acciones, las cuales, por ejemplo, no son de libre enajenabilidad; del régimen de las Asambleas, que muchas veces se sustituyen por decisiones de órganos ejecutivos unipersonales; del régimen de los directores o administradores, sometidos al libre nombramiento y remoción de parte de autoridades ejecutivas; y del régimen de disolución o quiebra, donde la presencia del Estado impide de hecho la aplicación de la normativa general del derecho mercantil.

5. Las limitaciones derivadas del Estado Planificador

Entre las facultades interventoras del Estado en la economía que adquirieron rango constitucional en 1947, está la de planificar el desarrollo económico del país. En el texto constitucional de 1961, así, se establece expresamente como obligación del Estado el promover "el desarrollo económico y la diversificación de la producción, con el fin de crear nuevas fuentes de riqueza, aumentar el nivel de ingresos de la población y fortalecer la soberanía económica del país" (art. 95). Por otra parte, señala como obligación del Estado el proteger "la iniciativa privada, sin perjuicio de la facultad de dictar medidas para planificar, racionalizar y fomentar la producción, y regular la circulación, distribución y consumo de la riqueza, a fin de impulsar el desarrollo económico del país" (art. 98). En esta forma, por tanto, y constitucionalmente hablando, la planificación, como técnica de ordenación general de la economía para lograr determinados objetivos en un lapso de tiempo, mediante la aplicación racional de determinados recursos evaluados y de los que se dispone, se nos muestra como una limitación a la libertad económica. El Estado, cuando planifica el desarrollo económico, en última instancia limita la libertad económica de los particulares, quienes en una u otra forma deberán ajustarse al Plan. Ahora bien, en Venezuela la planificación, como proceso institucionalizado, tiene su origen con la creación de la Oficina Central de Coordinación y Planificación de la Presidencia de la República en 1950 (Véase Decreto–Ley N° 492 del 30–12–58), oficina que ha tenido a su cargo la elaboración de los cinco Planes de la Nación que se han adoptado en Venezuela. Dicho Decreto– Ley de creación establece los principios fundamentales del proceso planificado, que se han complementado, recientemente, con disposiciones de la Ley Orgánica de Régimen Presupuestario.

Ahora bien, analizada la planificación desde el punto de vista de la libertad económica, es necesario señalar que, ante todo, ello plantea la clásica dicotomía entre la planificación imperativa y la planificación indicativa, basada en la obligatoriedad y compulsoriedad del Plan para los particulares. En un sistema de economía mixta, tal como es el que rige en Venezuela, ciertamente, no puede trazarse una línea divisoria tajante y señalarse que la planificación en nuestro país entra dentro de alguna de esas dos categorías de planificación.

Como principio, aun cuando envuelto en una gran relatividad, puede afirmarse que la planificación en Venezuela es imperativa para el sector público e indicativo para el privado.

En efecto, y en relación al V Plan de la Nación 1976–1980, actualmente en vigencia, éste fue puesto en ejecución mediante un Decreto Ejecutivo (Decreto N° 1454 de 9 de marzo de 1976 en Gaceta Oficial N° 1.860 Extr. de 11–3–76), en el cual se estableció expresamente que "las estrategias, políticas, programas y metas establecidos en el V Plan de la Nación, serán de obligatorio cumplimiento por parte de los organismos de la Administración Pública Nacional, los institutos autónomos y demás estructuras de la administración descentralizada, así como por las empresas en las cuales el Estado u otros entes públicos tengan poder decisorio o una participación no menor del cincuenta por ciento del capital social" (art. 3); y se agregó una norma de extraordinaria importancia práctica: "El Proyecto de Ley de Presupuesto Nacional y los presupuestos anuales de los organismos públicos mencionados en di artículo anterior, deberán elaborarse con arreglo a lo establecido en el V Plan de la Nación" (art. 4).

Este principio de la necesaria integración del presupuesto anual a la planificación, de manera que aquél sea, efectivamente un instrumento de ejecución anual del Plan, ha sido recogido por la Ley Orgánica de Régimen Presupuestario (Véase en Gaceta Oficial N° 1.893 Extr. de 30–7–76), al señalar que "los presupuestos públicos expresan el Plan de la Nación en aquellos aspectos que exigen, por parte del sector público, captar y asignar recursos conducentes al cumplimiento de las metas de desarrollo económico, social e institucional del país. Son parte e instrumentos de la planificación nacional." (art. 2°).

Conforme a esta normativa, no hay duda, el Plan es obligatorio e imperativo para el Sector Público.

Ahora bien, en relación al sector privado, el principio que rige es el de la inductividad del Plan. El Estado sólo dispone de mecanismos para estimular "la acción de los particulares en las áreas señaladas como prioritarias en el Plan, mediante la concesión de incentivos o la adopción de medidas arancelarias, fiscales, monetarias u otras que considere adecuadas", tal como lo precisa el Decreto aprobatorio del V Plan de la Nación (art. 6°). Sin embargo, este carácter indicativo, en la práctica, muchas veces es relativo, pues el Estado posee muchos medios de disuasión o persuasión en relación a los particulares, que efectivamente pueden contribuir a desalentar o alentar la acción de aquéllos para que se sigan las orientaciones del plan. Entre esos medios, tal como se señaló, están los mecanismos de fomento económico y, particularmente; los de carácter crediticio y financiero, las subvenciones o subsidia, otorgados por el Estado o sus instituciones financieras. En segundo lugar, están los mecanismos de política fiscal, que permiten gravar progresivamente actividades contrarias al Plan, así como exonerar actividades que se ajusten al Plan, o que convenga estimular o fomentar. En tercer lugar, están los mecanismos de carácter administrativo, que pueden consistir en la imposición de registros, autorizaciones, permisos, licencias en relación a determinadas actividades que el Estado necesite controlar o ajustar al Plan. En cuarto lugar, están los propios mecanismos de inversión del sector público, que, por ejemplo, mediante la construcción de infraestructura y el equipamiento del territorio, pueden contribuir a la localización industrial o a crear polos de desarrollo que puedan atraer las inversiones privadas; y, por último, pueden también destacarse los mecanismos monetarios y de control del crédito que posee el Estado, y que pueden conducir a orientar el crédito privado hacia determinadas áreas o sectores prioritarios.

En todos estos supuestos, si bien el Plan no es formalmente imperativo, dada la enorme importancia del Estado en Venezuela, la utilización de esos medios de disuasión o persuasión pueden convertirse en efectivos mecanismos para competir a los particulares al cumplimiento del Plan.

Pero aparte de la planificación del desarrollo económico y social, cuyo punto de referencia está situado en el tiempo, se ha venido desarrollando en los últimos años en Venezuela, un proceso tendiente a planificar el desarrollo pero desde el punto de vista espacial o del territorio, lían comenzado a surgir, así, las técnicas de ordenación del territorio, es decir, de organizar y repartir en el cuadro geográfico del país, las diversas actividades humanas y económicas en función de los recursos naturales.

En efecto, en uno de los Decretos recientes, mediante el cual se creó una Comisión para el estudio del programa de la vivienda en el país (Decreto N° 168 de 11–6–74 en Gaceta Oficial N° 50.424), se definieron los objetivos de la política de ordenación territorial, que debe lograr: 1. Una mejor distribución de la riqueza que beneficie prioritariamente a los sectores de menores ingresos y a las localidades menos favorecidas; 2. Un desarrollo regional armónico que permita corregir y superar el desequilibrio entre las grandes ciudades y el resto del país; 3. Un impulso eficaz y coordinado al desarrollo agrícola, que mejore las condiciones de habitabilidad del agro venezolano y cree la infraestructura adecuada para el fomento de la actividad del sector; 4. El uso más racional de los factores productivos y fundamentales del factor humano, con miras a estimular el empleo; y 5. La desconcentración urbana, mediante la creación de las condiciones económicas, sociales y culturales necesarias, que permitan detener el flujo migratorio a las ciudades (art. 1).

Estos principios, puede decirse, adquirieron rango legal por la promulgación de la Ley Orgánica del Ambiente de 15 de junio de 1976 (Véase en Gacela Oficial N° 31.004 de 16–6–6), que incorporó dentro de la política de conservación, defensa y mejoramiento del ambiente, "la ordenación territorial, y la planificación de los procesos de urbanización, industrialización, poblamiento y desconcentración económica, en función de los valores del ambiente" (art. 1). En dicha Ley se prevé, además, la existencia de un Plan Nacional de conservación, defensa y mejoramiento ambiental, imperativo para el sector público (art. 6), que debe contener, entre ostros aspectos, "la ordenación del territorio nacional según los mejores usos de los espacios de acuerdo a sus capacidades, condiciones específicas y limitaciones ecológicas; el señalamiento de los espacios sujetos a un régimen especial de protección, conservación o mejoramiento; y el establecimiento de criterios prospectivos y principios que orienten los procesos de urbanización, industrialización, desconcentración económica y poblamiento" (art. 7). Dicho Plan aún no se ha elaborado pero, en todo caso, la referida Ley prevé los principios rectores que guiarán su elaboración y que, sin duda, conducirán al establecimiento de limitaciones de importancia a las actividades económicas de los particulares, tales como la ya señalada relativa a la desconcentración industrial del Área Metropolitana de Caracas, a la prohibición de instalación de nuevas industrias y al traslado obligatorio de aquellas nocivas al ambiente.

III. LAS EXCLUSIONES DE ACTIVIDADES ECONÓMICAS

Todas las limitaciones a la libertad económica analizadas anteriormente, tienen en común que presuponen su existencia, y en tanto que ello es así, se limita su ejercicio o se lo restringe, en un caso específico. Sin embargo, allí no concluyen las limitaciones a la libertad económica, pues en otros supuestos, en virtud de la Ley, aquélla no se presupone; al contrarío, se la excluye. Se trata aquí, si se quiere, de limitaciones al ámbito de la libertad económica respecto de ciertas áreas territoriales, o de ciertos sectores económicos que –en general, y salvo que el Estado decida asumir la propiedad de los bienes que estaban afectados por los particulares para realizar las actividades excluidas, en cuyo caso estaríamos en presencia de una nacionalización– no dan derecho a indemnización por parte de los particulares.

Estas exclusiones pueden clasificarse en cuatro grandes categorías: exclusiones territoriales; exclusiones de actividades económicas respecto de los extranjeros; exclusiones de actividades económicas respecto de todo particular, por la reserva que hace el Estado; y la nacionalización, que implica la reserva al Estado y transferencia a éste, de los bienes afectos a la actividad reservada. Veamos separadamente estos cuatro supuestos de exclusiones de la libertad económica admitidas por el ordenamiento jurídico.

1. La exclusión de actividades económicas en ámbitos territoriales

Conforme a la política de localización industrial, hemos visto, el Ejecutivo Nacional puede establecer "las zonas del país en las cuales se localizarán determinadas industrias" (art. 1° del Decreto–Ley N° 134 de 4–6–74 en Gaceta Oficial N° 30.418 de 7–6–74); lo que implica que las mismas no pueden ser localizadas en otras áreas territoriales. En el mismo sentido, en el Decreto–Ley N 713 de 21–1–75 (Gaceta Oficial N° 30.638 de 5–3–75) se prohibió "la instalación de nuevas industrias" en el Área Metropolitana de Caracas y su zona de influencia (art. 1). En estos casos, se ha establecido una exclusión del ejercicio de la actividad industrial en ciertas áreas territoriales, lo que implica una exclusión de la misma que no tiene derecho a indemnización por parte de los industriales afectados.

Así ha resuelto en el citado Decreto–Ley que establece las normas para la desconcentración industrial de Caracas y que prevé la posibilidad para el Ejecutivo Nacional de decidir "el traslado de las industrias que causen contaminación del ambiente o aquellas que deban ser reubicadas en razón de la ordenación de áreas que se establezca" (art. 3). En estos casos, no sólo el particular está obligado a trasladar su industria fuera del área afectada, sino que si esta obligación no se cumple en el lapso establecido, "la industria será cerrada" hasta que se verifique, "sin que por esta circunstancia se interrumpa el contrato de trabajo con sus trabajadores" (art. 3°).

2. La reserva de sectores económicos a empresas nacionales

Una secunda modalidad de exclusión de la actividad económica tiene lugar mediante las disposiciones legales que reservan el ejercicio de ciertas actividades o sectores económicos a empresas nacionales y que, por lo tanto, la excluyen respecto de los extranjeros.

Un proceso de venezolanización de las actividades económicas puede decirse que se inició en firme en Venezuela con motivo de la promulgación de la Ley de Empresas de Seguro y Reaseguro de 1965, que exigió que en las mismas no menos del 51% del capital perteneciera a personas venezolanas; y si éstas eran personas jurídicas, no menos del 51% de su capital debía pertenecer a personas venezolanas naturales (art. 18). Ello condujo al legislador a prever una serie de plazos para la transformación de las empresas extranjeras en empresas con capital mayoritario venezolano, y establecer, además, que de lo contrario no podían seguir realizando operaciones de seguro o reaseguro en el país (arts. 122 y sigts.).

En 1970, con motivo de la promulgación de la Ley General de Bancos y otros Institutos de Crédito, de 30 de diciembre de ese año (Véase en Gaceta Oficial N° 1.454 Extr. de 30–12–70), se avanzó más en el proceso de venezolanización y se estableció que a partir de ese momento no se autorizaría la constitución de nuevos bancos cuyo capital no fuera totalmente venezolano (art. 32); y en aquellos supuestos de bancos con un capital extranjero superior al 20% del capital social, se establecieron una serie de limitaciones (arts. 33 y 34), de manera de propugnar su transformación patrimonial (art. 159).

Posteriormente, con motivo del ingreso de Venezuela al Grupo Andino, entró en vigencia en nuestro país la Decisión N° 24, relativa al Régimen Común de tratamiento a los capitales extranjeros, y sobre marcas, patentes, licencias y regalías (Véase en Gaceta Oficial N° 1.620 Extr. de 1–11–73). Este cuerpo normativo estableció para todos los países miembros del Acuerdo, normas de extraordinaria importancia en cuanto a la reserva de actividades económicas al capital nacional, o más precisamente a empresas nacionales, que son las que tienen más del 80% de capital nacional.

En efecto, previo que cada país podía reservar sectores de actividad económica para empresas nacionales públicas o privadas" (art. 38), pero además estableció directamente que no se admitirían "el establecimiento de empresas extranjeras ni nueva inversión extranjera directa en el sector de servicios públicos", tales como "agua potable, alcantarillado, energía eléctrica y alumbrado, aseo y servicios sanitarios, teléfonos, correos y telecomunicaciones" (art. 41); no se admitiría "nueva inversión extranjera directa en el sector de seguros, banca comercial y demás instituciones financieras" (art. 42); ni en "empresas de transporte interno, publicidad, radioemisoras comerciales, estaciones de televisión, periódicos, revistas, ni en las dedicadas a la comercialización interna de productos de cualquier clase" (art. 43).

De acuerdo a estas disposiciones, mediante Decreto N° 62 del 29 de abril de 1974, reglamentario de la Decisión 24 (Gaceta Oficial N° 1.650 Extr. de 29–4–74), quedaron reservados a las empresas nacionales y no se admitió nueva inversión extranjera directa en los siguientes sectores de la actividad económica:

a) Los servicios públicos de teléfonos, correos, telecomunicaciones; agua potable y alcantarillado; la generación, transmisión, distribución y venta de electricidad, y los servicios de vigilancia y seguridad de bienes y personas;

b) La televisión y radiodifusión; los periódicos y revistas en idioma castellano; el transporte interno de personas y bienes; la publicidad; la comercialización interna de bienes y servicios, cuando fuese ejercida por empresas que se dediquen a esas actividades, salvo que se trate de bienes o servicios producidos por ellas en el país;

c) Los servicios profesionales en actividades de consultoría, asesoramiento, diseño y análisis de proyectos, y realización de estudios en general en las áreas que requieren la participación de profesionales cuyo ejercicio esté regláméntalo por leyes nacionales (art. 1).

Posteriormente, mediante Decreto N° 2031 de 9 de febrero de 1976, se amplió la reserva señalada, quedando reservados a las empresas nacionales los siguientes sectores de actividad económica:

"a) Los servicios públicos de: teléfonos, correos, telecomunicaciones, agua potable y alcantarillado; la generación, transmisión, distribución y venta de electricidad y los servicios sanitarios, de aseo y vigilancia y seguridad de bienes y personas.

b) La televisión y radiodifusión; los periódicos y revistas en idioma castellano; el transporte interno de personas y bienes, y la publicidad. A juicio de la Superintendencia de Inversiones Extranjeras, podrán quedar exceptuadas de esta disposición las publicaciones en castellano de carácter científico o cultural.

c) La comercialización interna de bienes. Las empresas extranjeras domiciliadas en el país, para la fecha de entrada en vigencia de este Decreto, dedicadas a estas actividades, podrán ejercer dicha comercialización directamente o a través de empresas controladas en su capital o en su gestión por la empresa extranjera, siempre y cuando se trate de bienes producidos por ellas en el país.

d) Los servicios profesionales en actividades de consultoría, asesoramiento, diseño y análisis de proyectos, y realización de estudios en general, en las áreas que requieran la participación de profesionales cuyo ejercicio esté reglamentado por Leyes Nacionales, salvo que se trate de empresas que, a juicio de la Superintendencia de Inversiones Extranjeras, aporten tecnología para el desarrollo del país y que en las mismas, la participación extranjera no exceda del cuarenta y nueve por ciento (49%)" (art. 1).

Esta ampliación de la reserva, por otra parte, motivó la inclusión de algunas excepciones y precisiones, contenidas en cuatro parágrafos del mismo artículo 1° del Decreto N° 2031, con el siguiente contenido:

"*Parágrafo Primero*: Se exceptúa de esta disposición: la comercialización interna de bienes de producción o de consumo durables y sus accesorios y productos complementarios aun no durables, cuyo uso o aplicación dependan de los mismos. Esta excepción se aplica únicamente a la comercialización de aquellos bienes que no se fabriquen en el país o cuya importancia no está sujeta a la política de protección industrial, y siempre y cuando conjuntamente con la comercialización de éstos, las empresas extranjeras dedicadas a estas actividades presten en el país servicios técnicos necesarios para el uso y mantenimiento del bien. En estos casos, los servicios necesarios deberán ser prestados por personal venezolano calificado, a cuyo efecto las empresas extranjeras deberán transferir la tecnología requerida a dicho personal, mediante su contratación y entrenamiento. La Superintendencia de Inversiones Extranjeras se encargará de exigir el cumplimiento de estas obligaciones.

Parágrafo Segundo: La Superintendencia de Inversiones Extranjeras podrá exceptuar del cumplimiento de esta disposición a las empresas que se obliguen con el Ejecutivo Nacional antes de la fecha prevista en el artículo segundo de este Decreto, a producir en el país los bienes que comercialicen internamente, en las condiciones indicadas en el siguiente parágrafo, en un plazo no mayor de tres (3) años, contados a partir de la fecha de entrada en vigencia de este Decreto.

Parágrafo Tercero: Se entiende que una empresa produce en el país los bienes que comercializa, cuando su producción en el territorio nacional es igual o superior al cincuenta y uno por ciento

> (51%) del total de su actividad principal, y ésta tenga un valor agregado nacional do inferior al treinta por ciento (30%), y el porcentaje de dicha producción se refleja proporcionalmente en las ventas brutas y los ingresos total de la empresa, siempre que las líneas complementarias de comercialización tengan relación con la actividad manufacturera principal.
>
> *Parágrafo Cuarto*: Podrán ser, además, exceptuadas las empresa receptoras existentes en el país al 31 de diciembre de 1973 que, a juicio de la Superintendencia de Inversiones Extranjeras, se dediquen a h comercialización de bienes producidos en el país por empresas nacionales en virtud de contratos de fabricación y con tecnología real y efectiva transferida por la empresa receptora por su casa matriz o por una empresa filial o subsidiaria de ésta."

Como consecuencia de la reserva, se estableció en el mencionado Decreto N° 62 que las empresas extranjeras que operasen en dichos sectores, debían transformarse en empresas nacionales, para cuyo efecto debían poner en venta por lo menos el 80% de sus acciones, para adquisición por inversionistas nacionales antes de mayo de 1977 (art. 2). El Decreto N° 2031 del 9 de febrero de 1977 extendió dicho plazo hasta el 30 de diciembre de 1977 (art. 2). En todo caso, mediante la Ley de Transformación de Empresas Extranjeras de 21–8–75 (Gaceta Oficial N° 30.774 de–8–75) se establecieron las modalidades de dicha transformación y los poderes de control y fiscalización de la Superintendencia de Inversiones Extranjeras.

Tanto en el Decreto N° 62 como en el Decreto N° 2031, se estableció que los sectores de seguros y bancos se seguirían regulando por sus leyes especiales (art. 4). En todo caso, con motivo de la reforma de la Ley de Empresas de Seguro y Reaseguro de 1974, se exigió que dichas empresas no debían tener más del 20% de su capital pagado directa o indirectamente en manos de personas extranjeras (art. 25), por lo que se les concedió un plazo de 2 años a las empresas que tuvieran capital extranjero en proporción mayor a ese 20%, para cumplir con dicho requisito (art. 192) y transformarse en empresas nacionales de acuerdo a la previsión de la Decisión N° 24 de la Comisión del Acuerdo de Cartagena.

En todos estos supuestos, se trata de una exclusión de la libertad económica en áreas determinadas, respecto de cierta categoría de personas; exclusión que implica imposibilidad de realizar para esas personas las actividades reservadas, y obligación de poner en venta sus participaciones a inversionistas nacionales, a los efectos de que la empresa se convierta en empresa nacional. En ningún caso, por supuesto, la limitación derivada de la exclusión da derecho alguno a indemnización por parte de los inversionistas extranjeros afectados.

3. La reserva de actividades económicas por el Estado

En la Constitución de 1961, como se dijo, siguiendo la orientación de la Constitución de 1947, se estableció expresamente la posibilidad que tiene el Estado de "reservarse determinadas industrias, explotaciones o servicios de interés público, por razones de conveniencia nacional" (art. 97). Se abrió, así, la posibilidad, no ya de que el Estado realice actividades empresariales, sino que las realice en forma exclusiva, reservada, excluyendo a los particulares del ámbito de las mismas. Esta reserva, sin duda, tiene por efecto fundamental establecer una limitación a la libertad económica de los individuos, excluyéndola del sector reservado.

En efecto, la reserva de actividades económicas por parte del Estado conlleva básicamente una prohibición impuesta a los particulares de realizar actividades propias del sector reservado, lo que afecta tanto a aquellos particulares o empresas que venían realizando actividades en el sector, como a cualquier particular o empresa que pretendiera, en el futuro, realizar dichas actividades. Después de la reserva, por tanto, los particulares o empresas que operaban en el sector no pueden continuar realizando sus actividades, y hacia el futuro, ningún otro particular puede realizar nuevas actividades en el sector. La libertad económica, en el mismo, ha sido excluida y es imposible ejercerla.

Como consecuencia de ello, el acto de reserva, per se, no conlleva derecho alguno de los particulares afectados a indemnización por parte del Estado, Aquéllos, simplemente, cesan en sus actividades, y un deber de indemnización sólo surgiría si el Estado decide apropiarse de las instalaciones o de las empresas de los particulares que operaban en el área reservada, es decir, decide nacionalizar esas empresas.

Este principio, en nuestro criterio, se deduce de las normas de la Ley que reserva al Estado la industria del Gas Natural, de 26 de agosto de 1970 (Véase en Gaceta Oficial N° 29.594 de 26 de agosto de 1971). En efecto, esta Ley reservó al Estado la "industria del gas proveniente de yacimientos de hidrocarburos" (art. 1°), y estableció, por tanto, la obligación a los concesionarios de "entregar al Estado, en la oportunidad, medida y condiciones que determine el Ejecutivo Nacional, el gas que se produzca en sus operaciones" (art. 3°). Corría por cuenta del Estado el pago a los concesionarios de "los gastos de recolección, compresión y entrega del gas" (art. 7). La reserva, per se, no daba ningún derecho a indemnización por parte de los concesionarios, y el Estado sólo pagaba los costos de la recolección, compresión y entrega del gas. La Ley sólo previo una compensación "en el caso de que el Estado decida asumir las operaciones de recolección, compresión y tratamiento en plantas que actualmente realizan los concesionarios", en cuyo caso, la misma equivaldría "a la parte no depreciada del costo de las instalaciones y equipos que requiere para esas operaciones o de valor de rescate de los mismos, si éste fuere menor que aquél" (art. 8).

De acuerdo a esto, la indemnización sólo procedía si el Estado decidía apropiarse de las instalaciones, y por esa apropiación; la reserva, en sí misma, en cambio, como prohibición impuesta a los concesionarios de seguir aprovechándose del gas natural, no dio derecho alguno a indemnización.

4. La nacionalización

La nacionalización de empresas, es decir, la obligatoriedad impuesta 3 todas las empresas que operan en ciertas áreas o sectores de la economía que el Estado se reserva por razones de conveniencia nacional, de transferirle a éste la propiedad de las mismas, mediando indemnización, es una institución que en Venezuela tiene fundamento constitucional en la ya señalada figura de la reserva al Estado de industrias o sectores económicos.

En efecto, tal como se ha señalado, la reserva tiene como consecuencia dos efectos fundamentales: en primer lugar, establecer a favor del Estado un monopolio de derecho; y en segundo lugar, establecer, como consecuencia, una prohibición para los particulares de realizar actividades en el sector reservado, en virtud de la exclusión de la libertad económica que implica. Por esta sola reserva, no tiene el Estado obligación alguna de indemnizar a los particulares excluidos. Pero si además de la reserva, ésta se acompaña con la exigencia y obligación impuesta a los particulares y empresas afectadas, de transferir forzosamente al Estado las instalaciones con que operaban, estaremos en presencia de la figura de la nacionalización, que sí da derecho a indemnización.

En el ordenamiento jurídico venezolano, por tanto, la figura de la reserva junto con la expropiación dan origen a una nueva institución: la nacionalización, sometida a sus propias normas indemnizatorias, de acuerdo a la interpretación que haga la Ley de la "justa indemnización" a que se refiere el artículo 101 de la Constitución. En este sentido, por ejemplo, las normas para calcular al indemnización con motivo de las nacionalizaciones de las industrias del hierro y del petróleo, establecidas en el Decreto–Ley, que reserva al Estado la industria de la explotación de mineral de hierro (Decreto–Ley N° 580 de 26–11–74 en Gaceta Oficial N° 30.577 de 16–12–74) y en la Ley Orgánica que reserva al Estado la industria y el comercio de los hidrocarburos de 29 de agosto de 1975 (Gaceta Oficial N° 1.769 Extr. de 29–8–75), son distintas a las previstas en la Ley de Expropiación por causa de utilidad pública o social; y entre otros factores, porque no se trata de una expropiación pura y simplemente.

La expropiación de empresas, como se dijo, es una restricción a la propiedad de una determinada organización económica: no afecta, per se, la libertad económica en un determinado sector, y el hecho de que se expropie una empresa no impide que otros particulares realicen actividades en ese mismo sector.

En cambio, en la nacionalización la reserva afecta y excluye a la actividad económica en el sector reservado, y la transferencia forzosa de las empresas se produce respecto de todas las que operan en el sector, con la prohibición para los particulares de seguir realizando o realizar en el futuro actividades en dicho sector. Aquí no hay una restricción a la libertad económica de un particular o grupo de ellos, sino la exclusión de la libertad económica respecto a un determinado sector. Por eso, los principios de la expropiación no pueden aplicarse, tal como están en la legislación tradicional, a la expropiación que acompaña a la reserva, pues en este caso la nueva institución que surge, la nacionalización, condiciona el tratamiento del proceso.

En relación a la nacionalización, y por lo que respecta a su repercusión en el derecho mercantil, debe destacarse la muy importante innovación que incorporó al ordenamiento jurídico la Ley Orgánica que reserva al Estado la Industria y el Comercio de los Hidrocarburos, de 29 de agosto de 1975 (Gaceta Oficial N° 1.769 Extr. de 29–8–75), y que permite al Estado constituir sociedades anónimas en el sector de la industria petrolera, "con un solo socio" (art. 6°, base primera). La admisibilidad de la constitución de la sociedad anónima con un solo socio, sin duda, aun cuando limitado al sector petrolero, es una innovación de la Ley que debería extenderse a todos los sectores en que interviene el Estado como empresario, siguiéndose las más modernas tendencias del derecho comparado.

Sección Segunda: RÉGIMEN DE LA PLANIFICACIÓN CENTRALIZADA (2007)

Esta Sección Segunda es el trabajo sobre "Comentarios sobre las inconstitucionalidades del decreto ley de la creación de la comisión central de planificación, centralizada y obligatoria, propia de un estado socialista, por violación de las normas relativas al sistema de economía mixta y a la forma de estado descentralizado que establece la Constitución," publicado en *Revista de Derecho Público*, N° 110, (abril–junio 2007), Editorial Jurídica Venezolana. Caracas, 2007. pp. 79–89; y en *VenEconomía Mensual*, Vol. 24, N° 10, Caracas, Julio 2007, pp. Economía y Finanzas 8–13.

El 12 de junio de 2007 el Presidente de la República ha dictado el Decreto Ley No. 5841 (*Gaceta Oficial* N° 5.841 Extraordinaria del 22 de junio de 2007) mediante el cual ha dictado la Ley Orgánica de Creación de la Comisión Central de Planificación, la cual, después de los múltiples anuncios verbales en discursos y alocuciones de funcionarios públicos, puede decirse que se ha dictado el primer acto estatal formal (decreto ley) mediante el cual se comienza la construcción de un Estado Socialista.

El Decreto Ley se dictó en ejecución de lo dispuesto en el numeral 1 del artículo 1° de la *Ley que Autoriza al Presidente de la República para Dictar Decretos con Rango, Valor y Fuerza de Ley en las Materias que se Delegan* (Ley Habilitante) de 1° de febrero de 2007 (*G.O.* N° 38.617 del 1° de febrero de 2007), en el cual se autorizó la delegación legislativa en "*el ámbito de transformación de las instituciones del Estado* ... con el objeto de actualizar y transformar el ordenamiento legal que regula a las instituciones del Estado, a los fines de que éstas orienten su actuación al servicio de los ciudadanos, en forma eficaz, eficiente, honesta, participativa, simple, imparcial, racional y transparente, evitando el sobredimensionamiento estructural y garantizando la participación popular".

Esta autorización, sin embargo, nada indica sobre la posibilidad de creación de un órgano administrativo dentro de la Administración Pública con el objetivo de desarrollar un sistema de planificación centralizada y obligatoria, propia de un Estado Socialista, que es incompatible con el modelo de Estado social y democrático de derecho montado sobre un sistema de economía mixta como el que regula la Constitución.

De allí, el vicio de inconstitucionalidad del Decreto Ley el cual, al exceder la delegación legislativa, viola la Ley Habilitante y el artículo 203 de la Constitución. Además, el Decreto Ley viola abiertamente la Constitución de 1999, la cual a pesar de sentar las bases del autoritarismo, regula un Estado democrático y social de derecho y de justicia, de carácter descentralizado, así como un sistema económico de economía mixta, que es totalmente incompatible con un modelo de Estado socialista centralizado y montado sobre la concentración del poder en el Jefe de Estado, y una planificación centralizada y obligatoria. Adicionalmente, el referido Decreto Ley también puede considerarse inconstitucional al estar fundamentado en una Ley Habilitante inconstitucional como la de febrero de 2007, por haberse excedido en la delegación legislativa que contiene y por haberse dictado sin haberse garantizado el derecho ciudadano a la participación, mediante la necesaria consulta pública del proyecto, al igual que su consulta a los entes estadales.

I. CONTENIDO GENERAL DEL DECRETO LEY DE LEY ORGÁNICA DE CREACIÓN DE LA COMISIÓN CENTRAL DE PLANIFICACIÓN DE JUNIO DE 2007

La Ley Orgánica contenida en el Decreto Ley, en efecto, crea una *Comisión Central de Planificación* como órgano permanente de la Administración Pública, integrada por el Vicepresidente Ejecutivo, quien la preside y coordina, el Ministro del Poder Popular de Planificación y Desarrollo, quien será su Secretario Ejecutivo, y por los Ministros del Poder Popular y los demás ciudadanos que designe el Presidente de la República (art. 6).

En la Exposición de Motivos del Decreto Ley para crear dicha Comisión, se partió de la premisa que "la planificación constituye una materia de alta política de Estado y un *instrumento fundamental en la actual etapa de la Revolución Bolivariana*", y de la constatación de que "la aplicación del *modelo de economía de mercado y la imposición de las políticas económicas de la globalización capitalista,* produjeron la desarticulación de los diferentes niveles del sistema económico nacional, a lo cual no escaparon las instituciones del Estado y la forma en que éstas abordan la realidad".

En esta forma, se indicó en la Exposición que ante el "problema estructural e histórico" de "la acción atomizada y aislada de los entes del Estado" se consideró necesario "fortalecer la planificación nacional, dotándola no sólo de su carácter estratégico, participativo y corresponsable, sino subrayando su fundamental *carácter centralizado y su visión integral o de conjunto*", estableciéndose un sistema conforme al cual, los planes adoptados *serán obligatorios "debiendo ser acatados por quienes laboren en todos los órganos y entes de la Administración Pública".* Con ello, según se dice en la Exposición de Motivos, se busca "colocar punto final a la existente "atomización" o "independencia" mal ejercida por los órganos y entes de la Administración Pública".

Dicha Comisión, "atendiendo a una visión de totalidad", debe elaborar, coordinar, consolidar, hacer seguimiento y evaluación de "los lineamientos estratégicos, políticas y planes, atendiendo a lo dispuesto en el Plan de Desarrollo Económico y Social de la Nación, estableciendo un marco normativo que permita la integración armónica de todos los principios de rango constitucional y legal relativos a la planificación, organización, control y supervisión de la Administración Pública" (art. 1). Dichos lineamientos estratégicos, políticas y planes comprenden al menos, "los ámbitos político, social, económico, político–territorial, seguridad y defensa, científico–tecnológico, cultural, educativo, internacional" (art. 3), dejándose puntualizado en la Exposición de Motivos que "*orientarán las actuaciones de los estados y municipios, así como a los actores del sector privado*, en los respectivos sectores y ámbitos de la actividad productiva".

Todos "los lineamientos estratégicos, políticas y planes nacionales, regionales, sectoriales e internacionales deben ser sometidos a la aprobación del Presidente de la República, a través del Vicepresidente Ejecutivo, conjuntamente con la Secretaría Ejecutiva" (art. 7)

A la Comisión se le asignan diversas funciones para garantizar una planificación estratégica, participativa y corresponsable (art. 2,2), pero con la finalidad esencial, entre otras, de "impulsar la transición *hacia un modelo integrado de planificación centralizada,* asegurando la gestión social y planificada de la función pública administrativa"(art. 2,1) y de "orientar el establecimiento de un modelo capaz de *garantizar la satisfacción de las necesidades espirituales y materiales de la sociedad, logrando la suprema felici-*

dad social, esto es, el modelo socialista" (art. 2,3). Como se indicó también en la Exposición de Motivos: "Con ello, se busca *transitar hacia un modelo de sociedad socialista*, que asegure la satisfacción de las necesidades del ser humano, donde las instituciones y el sistema económico en su conjunto, sean instrumentos dirigidos a ese fin, con garantía de la justa distribución de la riqueza y de la lucha contra la pobreza y la exclusión, la injusticia y la opresión".

Para ello, entre otras atribuciones, la Comisión debe "elaborar el mapa central de la estructura económica nacional, tanto estatal o pública como privada, que sirva de base para planificar y controlar la construcción del *modelo socialista venezolano*" (art. 4,2).

Con el objeto de cumplir sus funciones, la Comisión tiene a su cargo "controlar y coordinar a la Administración Pública en su conjunto", es decir, a "los ministerios, servicios autónomos, institutos autónomos, empresas, fundaciones, asociaciones, sociedades civiles del Estado y demás entes adscritos descentralizados", los cuales se declara que "*no gozarán de autonomía* organizativa, ni de autonomía para la planificación administrativa–financiera" (art. 4,3).

El artículo 5 de la Ley Orgánica declara como materia de prioridad en la elaboración de los lineamientos estratégicos, políticas y planes, el "planificar y controlar el proceso de transformación de las empresas del Estado *en empresas de carácter socialista* (art. 6,2); el "garantizar la planificación centralizada de la *actividad económica*, para satisfacer las necesidades del pueblo, orientando el proceso productivo a la inclusión de los excluidos y excluidas y *a la construcción de un modelo socialista de desarrollo económico* soberano, endógeno y sustentable (art. 6,3); el "combatir el monopolio y los oligopolios privados, como mecanismos y estructuras de dominación, de distorsión de los precios y de la oferta de los productos."(art. 6,7).

El artículo 13 de la Ley Orgánica dispone que los lineamientos estratégicos, políticas y planes nacionales, regionales, sectoriales e internacionales, una vez aprobados por el Presidente de la República, en general, "*serán de obligatorio cumplimiento* y podrán ser dictados mediante decreto, aprobado en Consejo de Ministros, para su publicación en la Gaceta Oficial" (art. 13). Además, el artículo 14 de la Ley agrega, respecto de la Administración Pública nacional, que "los ministerios, servicios autónomos, institutos autónomos, empresas, fundaciones, asociaciones, sociedades civiles del Estado y demás entes adscritos descentralizados, se regirán en sus actuaciones por los lineamientos estratégicos, políticas y planes aprobados conforme a la planificación centralizada" (art. 14).

Por último, se dispuso en la Ley Orgánica que no sólo "todos los órganos y entes del Estado", sino "las personas naturales o jurídicas de derecho privado" están obligadas a "suministrar la información y documentación que sea requerida por la Comisión Central de Planificación, bien directamente o a través de las comisiones sectoriales o regionales" (art. 16). Se agrega en la Ley Orgánica que las comisiones regionales, sectoriales y macrosectoriales también pueden solicitar dentro del ámbito de sus competencias, la información que sea requerida para el cumplimiento de sus fines. Sin embargo, la Ley Orgánica garantiza que la información suministrada "tendrá carácter confidencial, cuando así sea requerido por la parte interesada o cuando así lo determine la Comisión Central de Planificación" (art 16).

La consecuencia de la negativa de "cualquier persona natural o jurídica del sector privado a suministrar información que sea requerida por la Comisión Central de Planificación, o las comisiones sectoriales o regionales" es que deberá ser sancionada con multa que oscilará entre 100 U.T. y 500 U.T., la cual debe ser impuesta por el Contralor General de la República a solicitud de la Comisión Central de Planificación, siguiendo el procedimiento previsto en la Ley Orgánica de la Contraloría General de la República y del Sistema Nacional de Control Fiscal. Luego de impuesta la sanción, de persistir la negativa en el suministro de la información, a las personas infractoras se les debe imponer una nueva sanción con la mayor cuantía prevista, y estarán sujetas a las inspecciones que ordene la Comisión Central de Planificación para obtener la información requerida, "pudiendo valerse de la fuerza pública para el cumplimiento de tal fin" (Art. 18).

En definitiva, la Ley Orgánica de Creación de la Comisión Central de Planificación, y dejando aparte las declaraciones públicas de funcionarios públicos, puede considerarse como el primer instrumento normativo formalmente emitido por los órganos del Estado, mediante el cual se busca establecer en Venezuela un Estado Socialista, a cuyo efecto se dispone un *sistema de planificación centralizada y obligatoria, no sólo para los órganos del Estado sino para los particulares*, lo que es contrario al sistema económico de economía mixta expresamente regulado en la Constitución, y además, violatorio del derecho constitucional a la *libertad económica* garantizado en los artículo 112 del texto constitucional, y de la *libertad de trabajo, de la libertad de empresa, libertad de comercio, libertad de industria y libertad de competencia* que también garantiza el artículo 299 de la Constitución. Dicha norma constitucional, además, resulta violada por el Decreto de Ley Orgánica, por omisión del "legislador delegado" en no haber establecido en sus normas, además, la necesaria y obligatoria *participación democrática* ni los sistemas de *consulta abierta* en materia de planificación, que obligatoriamente impone el mismo artículo 299 de la Constitución.

II. LA INCONSTITUCIONALIDAD DEL DECRETO LEY POR ESTAR FUNDAMENTADO EN UNA DELEGACIÓN LEGISLATIVA INCONSTITUCIONAL

Como se ha dicho, en febrero de 2007, la Asamblea Nacional sancionó la Ley habilitante que fundamenta el Decreto Ley comentado, como resultado de considerar el Proyecto que en enero de 2007 le había presentado el gobierno conforme al artículo 203 de la Constitución, con el propósito de poder adoptar medidas legislativas que le permitieran borrar todo el régimen jurídico del Estado democrático y social de derecho que se ha establecido en la Constitución de 1999, y sustituirlo por otro que, como lo dijo la Exposición de Motivos del Proyecto, impulse "una etapa en la que se acentúe el proceso de transformaciones en el que se halla inmersa la Nación", para establecer un *Estado socialista.*

Supuestamente, conforme a la referida Exposición de Motivos:

> "La razón de ser que impulsa la aprobación de la presente Ley Habilitante se refiere a la necesidad de emprender una reestructuración de las instituciones y de las dinámicas que rigen lo público, para hacerlas más acordes con los postulados constitucionales y más eficaces en su labor de representación, intermediación y construcción del interés colectivo."

A tal efecto, el Presidente de la República, siguiendo los mismos pasos que dio en 2001, pero en esa oportunidad (enero de 2007) con una Asamblea en la cual no tenía ni tiene oposición alguna, ya que está totalmente conformada por sus seguidores, solicitó formalmente y obtuvo, una amplia delegación legislativa contenida en la mencionada Ley Habilitante de 1° de febrero de 2007, que le permite, durante un período de año y medio (18 meses), legislar en todas las materias imaginables. Con ello, nuevamente, el Presidente de la República ha comenzado a legislar sin transparencia alguna, sin que se conozcan previamente los proyectos de leyes (decretos leyes) que ha aprobado o va a aprobar, sin que los mismos puedan debatirse o discutirse, y sin que se realice la consulta pública que la Constitución le ordena hacer a la Asamblea Nacional respecto de los proyectos de ley (artículos 206 y 211), a lo cual también está obligado el Presidente cuando legisla mediante delegación.

En evidente fraude a la Constitución, la potestad estatal de legislar sobre las materias de la competencia nacional se ha trasladado del órgano que ejerce el Poder Legislativo (Asamblea Nacional) al Poder Ejecutivo, a pesar de que éste controla completamente al primero y por tanto, donde no puede encontrar oposición alguna; legislación que se refiere, incluso, a materias que se afectan a los otros poderes del Estado, en particular, tanto en su división horizontal (Legislativo, Ejecutivo, Judicial, Ciudadano y Electoral) como en su distribución territorial (Estados y Municipios).

La habilitación legislativa que se ha efectuado, tal como lo explicó la Exposición de Motivos del Proyecto de Ley Habilitante, tiene por objeto que el Estado cuente "con unas Instituciones aún más consecuentes con los postulados constitucionales", a cuyo efecto "en el actual momento de profundización sociopolítica", buscó que el Presidente de la República dictase leyes en los siguientes ámbitos: *transformación de las Instituciones del Estado; participación popular; valores esenciales del ejercicio de la función pública; económico y social; financiero, y tributario; seguridad ciudadana y jurídica; ciencia y la tecnología; ordenación territorial; seguridad y defensa; e infraestructura, transporte y servicios; y ámbito energético.*

Es decir, se ha delegado en el Presidente de la República la legislación en todos los ámbitos de la Nación, eliminándose completamente todo el sentido de la separación de poderes y de la necesidad de que en un Estado de derecho, las leyes tienen que emanar de la representación popular conforme a un procedimiento de formación prescrito en la Constitución, rodeado de transparencia y consulta popular.

Por otra parte, la delegación legislativa que se ha producido se ha redactado de una forma tan general, que materialmente no encuentra límite alguno. Así, por ejemplo, conforme al ordinal 1° del artículo 1° de la Ley Habilitante que se invocó como fundamento del decreto Ley comentado, se autorizó al Presidente para:

> 1. *En el ámbito de transformación de las instituciones del Estado*: Dictar normas con el objeto de actualizar y transformar el ordenamiento legal que regula a las instituciones del Estado, a los fines de que éstas orienten su actuación al servicio de los ciudadanos, en forma eficaz, eficiente, honesta, participativa, simple, imparcial, racional y transparente, evitando el sobredimensionamiento estructural y garantizando la participación popular.

Ahora bien, conforme a la Constitución de 1999, las materias cuya legislación puede delegarse en el Presidente de la República en Consejo de Ministros, son las que corresponden a la *competencia del Poder Nacional enumeradas en el artículo 156 de la Constitución*, y si bien el texto constitucional no establece límite expreso alguno, dicha delegación indudablemente que tiene límites importantes derivados fundamentalmente del principio constitucional de la reserva legal. Y ello, a pesar de que la Sala Constitucional del Tribunal Supremo de Justicia, haya expresado "que, de acuerdo con el nuevo régimen constitucional, *no existe un límite material* en cuanto al objeto o contenido del decreto–ley" (Sentencia N° 1716 de 19–01–01, revisión constitucional del Decreto–Ley con fuerza de Ley Orgánica de los espacios Acuáticos e Insulares de 2001).

Sin embargo, como se ha dicho, a pesar de la aparente ausencia de límites a la delegación legislativa, el régimen constitucional de los derechos humanos, que tienen prevalencia sobre cualquier otro, impone una limitación esencial a la delegación legislativa en el sentido de que *tal delegación no es posible en materias que impliquen limitación o restricción a los derechos y garantías constitucionales, lo que sólo compete a la Asamblea nacional y no es delegable.*

En efecto, la más importante de las garantías de los derechos constitucionales, tal y como resulta de toda la regulación contenida en los artículos 19 a 129 de la Constitución, es la de la "reserva legal", es decir, el principio de que *sólo mediante ley es que pueden limitarse o restringirse los derechos* garantizados en la Constitución. El texto constitucional, además, reserva dichas regulaciones a la *ley nacional*, es decir, la emanada de la Asamblea Nacional, teniendo ésta entre sus atribuciones, el "legislar en las materias de la competencia nacional" (art. 187,1), enumerando el artículo 156 de la Constitución, entre ellas, "la legislación en materia de derechos, deberes y garantías constitucionales".

Conforme a lo anterior, las regulaciones, restricciones y limitaciones a los derechos y garantías constitucionales sólo *pueden ser establecidas mediante* ***ley formal***, y "ley" según se define en el artículo 202 de la Constitución, no es otra cosa que "el acto sancionado por la Asamblea Nacional como cuerpo legislador"; es decir, el acto normativo emanado del cuerpo que conforma la representación popular. Es decir, las limitaciones o restricciones a los derechos y garantías constitucionales, de acuerdo con la garantía constitucional de la reserva legal, sólo puede ser establecidas por el órgano colegiado integrado por representantes electos del pueblo, es decir, por la Asamblea Nacional.

De lo anterior resulta que aún frente a una delegación legislativa tan amplia como la que regula la Constitución, los límites a la misma derivan de los propios principios constitucionales, y en particular de la garantía constitucional de la reserva legal que es de la esencia del régimen constitucional del Estado de derecho. Ello implica, que, la delegación legislativa mediante leyes habilitantes al Presidente de la República para dictar decretos con rango y valor de Ley, *no puede abarcar materias que se refieran al régimen de restricción o limitación a los derechos y garantías constitucionales, como por ejemplo, la libertad económica.*

Por lo anterior, la Ley Habilitante dictada por la Asamblea Nacional en enero de 2007, puede considerarse inconstitucional al prever la posibilidad de una legislación ejecutiva delegada en los siguientes ámbitos que implican limitaciones o restricciones de derechos constitucionales, en violación de la garantía de la reserva legal establecida en la Constitución:

1. **En el ámbito de la participación popular**, por tratarse de la regulación referida a un derecho político consagrado en los artículos 62 y siguientes de la Constitución **(ordinal 2º).**

2. **En el ámbito económico y social (ordinal 3), en el ámbito financiero y tributario (ordinal 5), en el ámbito de la infraestructura, transporte y servicio (ordinal 10), y en el ámbito energético (ordinal 11)** en los aspectos que impliquen restricción o limitación de derechos de las personas y empresas, por tratarse de una regulación referida a los derechos económicos consagrados en los artículos 112 y siguientes de la Constitución.

3. **En el ámbito de la seguridad ciudadana y jurídica,** por tratarse de una regulación referida al derecho ciudadano a la seguridad y protección personal consagrado en los artículos 55 y 332 de la Constitución **(ordinal 6º).**

En consecuencia, la Ley Habilitante dictada en febrero de 2007 puede considerarse inconstitucional en todos los aspectos referidos a la previsión de una legislación ejecutiva delegada en relación con *la limitación y restricción de derechos constitucionales* que son materia de la reserva legal atribuidas sólo a las leyes dictadas por la Asamblea Nacional, y que no son delegables.

Este vicio afecta el Decreto Ley de creación de la Comisión central de Planificación, el cual al disponer limitaciones a la libertad económica derivadas de la obligatoriedad de la planificación central y prever limitaciones al derecho a la privacidad de la correspondencia y documentos privados, imponiendo sanciones, viola la garantía de la reserva legal en materia de regulación de los derechos constitucionales previstos en los artículos 48 y 112 de la Constitución.

III. LA INCONSTITUCIONALIDAD DEL DECRETO LEY POR VIOLACIÓN AL DERECHO A LA PARTICIPACIÓN CIUDADANA MEDIANTE CONSULTAS PÚBLICAS RESPECTO DEL PROYECTO DE DECRETO

La potestad legislativa que puede delegarse al Presidente de la República, además, tiene otros límites impuestos en la Constitución para garantizar la participación política, que no sólo es uno de los valores fundamentales del texto constitucional, sino uno de los derechos constitucionales más destacados previstos en el mismo.

En efecto, la Constitución consagra el derecho a "la participación del pueblo en la formación, ejecución y control de la gestión pública", disponiendo como obligación del Estado el "facilitar la generación de las condiciones más favorables para su práctica" (artículo 62). Además, la Constitución garantiza el derecho a la participación en lo político entre otros medios, a través de la "consulta popular" (artículo 70). Precisamente para concretar este derecho constitucional, la propia Constitución expresamente establece previsiones donde *se impone a la Asamblea Nacional la obligación de consulta pública* en el procedimiento de formación de las leyes:

En primer lugar, con carácter general, el artículo 211 exige a la Asamblea Nacional y a las Comisiones Permanentes que, durante el procedimiento y aprobación de los proyectos de leyes, *deben consultar ("consultarán") a los otros órganos del Estado, a los ciudadanos y a la sociedad organizada para oír su opinión* sobre los mismos; y

En segundo lugar, el artículo 206 exige a la Asamblea Nacional, que *debe consultar a los Estados ("serán consultados") a través de los Consejos Legislativos*, cuando se legisle en materias relativas a los mismos.

Esta es la forma concreta conforme a la cual, la Constitución garantiza el ejercicio del derecho a la participación política en la gestión de los asuntos públicos en el proceso de formación de las leyes, al establecer la obligación que se impone a la Asamblea Nacional, de consulta pública sobre los proyectos de ley.

Esta obligación constitucional de realizar consulta pública respecto de los proyectos de Ley, por supuesto, *se traslada al Presidente de la República cuando se produce la delegación legislativa.* Esta, como toda delegación, no sólo transfiere poderes sino también deberes, y entre ellos, el deber constitucional de consulta pública de los proyectos de decreto–ley que se dicten en ejecución de la Ley Habilitante. Este es el criterio que se deriva de la citada sentencia de la Sala Constitucional del Tribunal Supremo de Justicia Nº 1716 de 19–09–2001 al revisar la constitucionalidad del Decreto–Ley sobre Ley Orgánica de los Espacios Acuáticos e Insulares de 2001; y de la sentencia de la misma Sala Constitucional Nº 963 de 28–05–2007 (Caso: *Pablo Aure, Interpretación del artículo 211 Constitución*), en la cual declaró inadmisible el recurso de interpretación del mencionado artículo 211 de la Constitución, por considerar que había duda ni oscuridad alguna en cuanto a lo consultado, es decir, si la obligación de asegurar la consulta popular de los proyectos de ley la tenía también el Presidente de la República al emitir decretos leyes habilitados.

Es decir, independientemente del órgano que dicte la ley (Asamblea Nacional o Presidente de la República en virtud de la habilitación legislativa), la obligación de consulta pública es ineludible pues es parte integrante del procedimiento constitucional para la formación de las leyes.

En consecuencia, la delegación legislativa al Presidente de la República no podía configurarse como un mecanismo para eludir el cumplimiento de esta obligación constitucional de consulta en el proceso de elaboración de los decretos–leyes respectivos, la cual no se elimina por el hecho de la delegación legislativa. En consecuencia, los proyectos de decretos–leyes que se dicten en ejecución de la Ley Habilitante, si no se someten a consulta por el Ejecutivo Nacional en la misma forma indicada en la Constitución, antes de su adopción en Consejo de Ministros, son inconstitucionales, como es el caso del Decreto Ley que crea la Comisión Central de Planificación, cuyo proyecto no fue sometido a consulta popular alguna.

Pero adicionalmente a las previsiones constitucionales sobre consulta de leyes, a partir del 17 de octubre de 2001, la *Ley Orgánica de la Administración Pública* de 2001 (*Gaceta Oficial* Nº 37.305 de 17–10–2001) estableció la obligación general de los órganos de la Administración Pública, comenzando por el Presidente de la República en Consejo de Ministros, que son los de más alta jerarquía en la Administración Pública, de promover "la participación ciudadana en la gestión pública" (artículo 135), a cuyo efecto, el artículo 136 de la referida Ley Orgánica *obliga al Presidente de la República cuando vaya a adoptar "normas legales", es decir, decretos–leyes en ejecución de una ley habilitante, a remitir el anteproyecto "para su consulta a las comunidades organizadas y las organizaciones públicas no estatales*" inscritas en el registro que debe llevarse en la Presidencia de la República (artículos 135, 136).

Paralelamente a ello, la Presidencia de la República debe publicar en la *prensa nacional* la apertura del proceso de consulta pública indicando su duración, para recibir las observaciones (artículo 136). Durante el proceso de consulta pública, cualquier persona puede presentar por escrito sus observaciones y comentarios sobre el correspondiente anteproyecto, sin necesidad de estar inscrito en el registro antes mencionado (artículo 135).

Aún cuando el resultado del proceso de consulta "no tendrá carácter vinculante" (artículo 136), lo importante del régimen de la consulta obligatoria prevista en la Ley, es la disposición del artículo 137 de la misma Ley Orgánica que *prohíbe* al Presidente de la República "aprobar normas" que no hayan sido consultados conforme a lo antes indicado, previendo expresamente dicho artículo que "las normas que sean aprobadas por los órganos o entes públicos …serán *nulas de nulidad absoluta* si no han sido consultadas según el procedimiento previsto".

El Decreto Ley Nº 5841 de 12 de junio de 2007, en consecuencia, también es inconstitucional, por violación del artículo 206 y 211 de la Constitución al no haber el Presidente de la República ordenado efectuar la consulta pública impuesta por la Constitución sobre el proyecto de Ley Orgánica ni haberse consultado su contenido con los Estados ya que afecta su régimen constitucional y, además, puede considerarse ilegal por haber violado las disposiciones de la Ley Orgánica de la Administración Pública que imponen la realización de la consulta pública de los proyectos de normas ejecutivas, debiendo considerase por ello, nulo de nulidad absoluta.

IV. LA INCONSTITUCIONALIDAD DEL DECRETO LEY POR VIOLACIÓN DE LAS NORMAS CONSTITUCIONALES SOBRE EL SISTEMA ECONÓMICO QUE ES INCOMPATIBLE CON EL DE UN ESTADO SOCIALISTA DE PLANIFICACIÓN CENTRALIZADA OBLIGATORIA

La Constitución de 1999 establece un sistema económico de economía social de mercado que se desarrolla sobre la libertad económica, aún cuando debe desenvolverse conforme a principios de justicia social, que requieren de la intervención del Estado. Es decir, establece un *sistema de economía mixta,* conforme al cual, el artículo 299 prescribe que el régimen socioeconómico de la República se fundamenta en los siguientes principios: justicia social, democratización, eficiencia, libre competencia, protección del ambiente, productividad y solidaridad, a los fines de asegurar el desarrollo humano integral y una existencia digna y provechosa para la colectividad.

El sistema económico en la Constitución, por tanto, se fundamenta en la *libertad económica, la iniciativa privada y la libre competencia*, pero con la participación del Estado como promotor del desarrollo económico, regulador de la actividad económica, y *planificador con la participación de la sociedad civil. Se trata, en definitiva, de un sistema de economía mixta* que tal como lo precisó la Sala Constitucional del Tribunal Supremo en sentencia N° 117 de 6 de febrero de 2001, es "un sistema socioeconómico intermedio entre la economía de libre mercado (en el que el Estado funge como simple programador de la economía, dependiendo ésta de la oferta y la demanda de bienes y servicios) y la economía interventora (en la que el Estado interviene activamente como el "empresario mayor")", conforme al cual, el texto constitucional promueve "expresamente la actividad económica conjunta del Estado y de la iniciativa privada en la persecución y concreción de los valores supremos consagrados en la Constitución"; persiguiendo "el equilibrio de todas las fuerzas del mercado y la actividad conjunta del Estado e iniciativa privada".

Conforme a este sistema, al igual que sucedía en el régimen de la Constitución de 1961, dijo además la sala Constitucional, que la Constitución:

> "propugna una serie de valores normativos superiores del régimen económico, consagrando como tales la libertad de empresa en el marco de una economía de mercado y fundamentalmente el del Estado Social de Derecho (Welfare State, Estado de Bienestar o Estado Socialdemócrata), esto es **un Estado social opuesto al autoritarismo**. Los valores aludidos se desarrollan mediante el concepto de libertad de empresa, que encierra, tanto la noción de un derecho subjetivo "a dedicarse libremente a la actividad económica de su preferencia", como un principio de ordenación económica dentro del cual se manifiesta la voluntad de la empresa de decidir sobre sus objetivos. En este contexto, los Poderes Públicos, cumplen un rol de intervención, la cual puede ser directa (a través de empresas) o indirecta (como ente regulador del mercado)" (Véase en *Revista de Derecho Público,* N° 85–88, Editorial Jurídica Venezolana, Caracas, 2001).

Es en tal sentido que el artículo 112 de la Constitución establece el derecho de todas las personas de poder **dedicarse** libremente a la actividad económica de su preferencia, sin más limitaciones que las previstas en la Constitución y las que establezcan las leyes, por razones de desarrollo humano, seguridad, sanidad, protección del ambiente u otras de interés social, a cuyo efecto, **el Estado está obligado a promover "la iniciativa privada**, garantizando la creación y justa distribución de la riqueza, así como la producción de bienes y servicios que satisfagan las necesidades de la población, la **libertad de trabajo, empresa, comercio, industria,** sin perjuicio de su facultad para dictar medidas para planificar, racionalizar y regular la economía e impulsar el desarrollo integral del país"; de manera tal que como lo ha señalado la Sala Constitucional del Tribunal Supremo, "el fin del derecho a la libertad de empresa constituye una garantía constitucional frente a la cual los **poderes constituidos deben abstenerse de dictar normas que priven de todo sentido a la posibilidad de iniciar y mantener una actividad económica** sujeta al cumplimiento de determinados requisitos. Así, pues, su mínimo constitucional viene referido al ejercicio de aquella actividad *de su preferencia* en las condiciones o bajo las exigencias que el propio ordenamiento jurídico tenga establecidas" (sentencia N° 460 de 06–04–2001, Caso: *Oly One Import C.A. vs. Guardia Nacional*, en *Revista de Derecho Público*, N° 85–88, Editorial Jurídica Venezolana, Caracas 2001).

En definitiva, como también lo puntualizó la Sala Constitucional en la misma sentencia al analizar el alcance de la cláusula del Estado social de derecho:

> "**No es que el Estado Social de Derecho propenda a un Estado Socialista, o no respete la libertad de empresa o el derecho de propiedad**, sino que es un Estado que protege a los habitantes del país de la explotación desproporcionada, lo que se logra impidiendo o mitigando prácticas que atentan contra la justa distribución de la riqueza, y que conforme a las metas contenidas en el Preámbulo de la Constitución, tiende en toda forma a evitar la actividad monopólica, los abusos de la posición de dominio, la demanda concentrada (artículo 113 constitucional); los ilícitos económicos, la especulación, el acaparamiento, la usura, la cartelización (artículo 114 *eiusdem*); la adquisición de bienes y servicios de baja calidad, o que se ofrezcan sin la información adecuada o engañosa sobre el contenido y características de los servicios y productos de consumo, así como que se atente contra la libertad de elección de los mismos (artículo 117 constitucional) (*Idem*).
>
> El sistema de economía mixta en la Constitución, por otra parte, conforme se dispone expresamente en el artículo 299, obliga al Estado, "**conjuntamente con la iniciativa privada", a promover "el desarrollo armónico de la economía nacional** con el fin de generar fuentes de trabajo, alto valor agregado nacional, elevar el nivel de vida de la población y fortalecer la soberanía económica del país, garantizando la seguridad jurídica, solidez, dinamismo, sustentabilidad, permanencia, equidad del crecimiento de la economía, para garantizar una justa distribución de la riqueza **mediante una planificación estratégica democrática, participativa y de consulta abierta**".

El sistema de economía socialista y de planificación centralizada propia de un Estado Socialista como el que se regula en la Ley Orgánica de Creación de la Comisión Central de Planificación, que dispone, en su normativa, la obligatoriedad de la planificación en términos generales no sólo para los organismos de la Administración Pública nacional, sino para los particulares y empresas, es decir para el sector privado, es incompatible con el sistema constitucional de economía mixta que regula el texto de 1999, lo que hace inconstitucional el mencionado Decreto Ley.

V. LA INCONSTITUCIONALIDAD DEL DECRETO LEY POR VIOLACIÓN DE LAS NORMAS CONSTITUCIONALES SOBRE EL SISTEMA DE ESTADO FEDERAL DESCENTRALIZADO Y SU INCOMPATIBILIDAD CON EL DE UN ESTADO SOCIALISTA DE PLANIFICACIÓN CENTRALIZADA OBLIGATORIA

La Constitución de 1999 proclama, aún cuando en una forma no exenta de contradicciones, que el Estado venezolano es un **Estado descentralizado** y que **las políticas públicas deben implementarse de manera descentralizada,** lo que por principio es absolutamente incompatible con un sistema de Estado socialista centralizado y de planificación centralizada.

En efecto, en el Preámbulo, la Constitución proclama que el Estado que se organiza es "un Estado de justicia, ***federal y descentralizado***"; en el artículo 4 que precisa que "La República Bolivariana de Venezuela es un Estado ***federal descentralizado*** en los términos consagrados por esta Constitución"; y además, en el artículo 6, al calificarse al gobierno de la República, se dispone que "es y será siempre democrático, participativo, electivo, ***descentralizado,*** alternativo, responsable, pluralista y de mandatos revocables".

Por otra parte, en el artículo 16, la Constitución exige que al regularse la división político territorial, debe siempre garantizarse "la autonomía municipal y la descentralización político administrativa"; y en especial, al referirse a sectores de actividad pública, como la salud, el artículo 84 dispone que para garantizarla, el Estado "gestionará un sistema público nacional de salud, de carácter intersectorial, ***descentralizado*** y participativo"; o como la administración de justicia y penitenciaria exige que sea descentralizada (artículos 269 y 272); o como la administración electoral que debe ser descentralizada (art. 295). Incluso en materia de organización administrativa económica del Estado, el artículo 300 dirige al legislador la orden de establecer "las condiciones para la creación de entidades funcionalmente descentralizadas para la realización de actividades sociales o empresariales" públicas.

Además, en todo caso, respecto de todas las actividades públicas, la Constitución al establecer los principios de la ***política nacional de descentralización***, exige que la misma "debe profundizar la democracia, acercando el poder a la población y creando las mejores condiciones, tanto para el ejercicio de la democracia como para la prestación eficaz y eficiente de los cometidos estatales". Por ello, el artículo 185 identifica al Consejo Federal de Gobierno como "el órgano encargado de la planificación y coordinación de políticas y acciones para el desarrollo del proceso de ***descentralización*** y transferencia de competencias del Poder Nacional a los Estados y Municipios"; y el artículo 166 de la Constitución dispone que los Estados "***descentralizarán*** y transferirán a los Municipios los servicios y competencias que gestionen y que éstos estén en capacidad de prestar, así como la administración de los respectivos recursos, dentro de las áreas de competencias concurrentes entre ambos niveles del Poder Público"; y en general, el artículo 184 exige que mediante ley, el Estado cree "mecanismos abiertos y flexibles para que los Estados y los Municipios ***descentralicen*** y transfieran a las comunidades y grupos vecinales organizados los servicios que éstos gestionen previa demostración de su capacidad para prestarlo", entre otros aspectos, promoviendo "la creación de nuevos sujetos de ***descentralización*** a nivel de las parroquias, las comunidades, los barrios y las vecindades a los fines de garantizar el principio de la corresponsabilidad en la gestión pública de los gobiernos locales y estadales y desarrollar procesos autogestionarios y cogestionarios en la administración y control de los servicios públicos estadales y municipales"(art. 184,6).

No puede ser más clara y terminante una Constitución, en sus términos, en cuanto a la expresión de voluntad del pueblo de que el Estado tiene que ser descentralizado, gobernado y organizado descentralizadamente y gestionado descentralizadamente; y descentralización, como principio de organización implica autonomía, de manera que no puede hablase de descentralización sin autonomía. Y esa autonomía, o es autonomía política cuando se trata de descentralización territorial política, como la que es propia de los Estados y de los Municipios; o es una descentralización administrativa y de gestión como la que es propia de la descentralización funcional (p.e. institutos autónomos y empresas del Estado).

La creación de una Comisión Central de Planificación, tal como ha sido establecida en el Decreto Ley, por tanto, es esencialmente contraria a la Constitución de 1999, por violar los artículos antes mencionados que establecen el marco del Estado descentralizado, al establecer un sistema de planificación de **carácter centralizado y obligatorio,** lo que hace los planes establecidos por la Comisión Central imperativos para los Estados y Municipios, a pesar de que son autónomos como entidades políticas descentralizadas. En cuanto a los órganos descentralizados funcionalmente de la Administración Pública nacional, por otra parte, es el decreto Ley el que se encarga de eliminarles su autonomía al indicar expresamente que los "servicios autónomos, institutos autónomos, empresas, fundaciones, asociaciones, sociedades civiles del Estado y demás entes adscritos descentralizados...**no gozarán de autonomía organizativa, ni de autonomía para la planificación administrativa–financiera**" (art. 4,3).

Sección Tercera: SOBRE EL SISTEMA ECONÓMICO COMUNAL

> **Esta Sección Tercera es el texto de la Ponencia sobre "La reforma de la constitución económica para implantar un sistema económico comunista (o de cómo se reforma la Constitución pisoteando el principio de rigidez constitucional)," presentada al *IX Congreso Venezolano de Derecho Constitucional (Homenaje a José Guillermo Andueza)* organizado por la Asociación Venezolana de Derecho Constitucional, el Instituto de Investigaciones Jurídicas de la Universidad Católica Andrés Bello, y la Fundación Konrad Adenauer, Caracas 29–30 de marzo de 2011; publicada en el libro *Homenaje al Dr. José Guillermo Andueza. Desafíos de la República en la Venezuela de hoy. Memoria del XI Congreso Venezolano de Derecho Constitucional*, Universidad Católica Andrés Bello, Caracas 2013, Tomo I, pp. 247-296. El trabajo lo dediqué "A la memoria de Ricardo Zuloaga, extraordinaria persona, mejor amigo y gran hacedor de país, con quien tuve la fortuna de comentar estas notas durante su última visita a Nueva York, en enero de 2011."**

Uno de los pilares fundamentales del constitucionalismo moderno ha sido siempre, y desde su inicio hace más de doscientos años, el principio de la supremacía constitucional que implica que la Constitución es ley suprema, fundamento del ordenamiento jurídico, que se impone a gobernantes y gobernados. Ello es, por lo demás, lo que dispone expresamente el artículo 7 de la Constitución, el cual agrega expresamente que "los órganos que ejercen el Poder Público están sujetos" a sus disposiciones, y entre ellos, por supuesto, la Asamblea Nacional.

Para garantizar la supremacía constitucional, particularmente frente a la Asamblea Nacional, en paralelo al principio de la supremacía, la Constitución formula el principio de la rigidez constitucional, al prever que su reforma está fuera del alcance del Legislador ordinario, y sólo puede efectuarse con la participación directa del pueblo mediante referendo a través de los procedimientos de reforma constitucional establecidos en los artículos 340 a 349 (reforma constitucional, enmienda constitucional y Asamblea Nacional Constituyente).

Este principio de la rigidez constitucional, ha sido durante la última década, uno de los principios más violados en el país, por las múltiples reformas a la Constitución que se han aprobado mediante leyes y decretos leyes habilitados[1] e, incluso, mediante mutaciones constitucionales formuladas por el juez constitucional.[2] Una de esas últimas reformas constitucionales sancionadas mediante ley ha sido la que se ha efectuado respecto de la Constitución Económica por Ley Orgánica del Sistema Económico Comunal,[3] buscando sustituir el sistema económico de economía mixta consagrado en la Constitución de 1999, por un sistema económico comunista.

Al estudio de esa "reforma" van dedicadas estas notas, que lo que en definitiva muestran es que si hay algún desafío que tiene la República en la Venezuela de hoy, es precisamente el rescate y revalorización de estos principios fundamentales de la supremacía y rigidez constitucional, sin los cuales simplemente no hay Constitución.

I. PRINCIPIOS BÁSICOS DE LA CONSTITUCIÓN ECONÓMICA EN LA CONSTITUCIÓN DE 1999 Y LOS INTENTOS DE SU REFORMA EN 2007

Uno de los componentes normativos esenciales de la Constitución es la denominada *Constitución Económica* que deriva de los principios constitucionales que guían el régimen de las relaciones económicas y del papel que en las mismas corresponde a la iniciativa privada y al propio Estado, y que conforme al constitucionalismo desarrollado desde mitades del siglo pasado, en la Constitución de 1999 está montada sobre un modelo económico de economía mixta, basado en el principio de la libertad como opuesto

1 *V.* Allan R. Brewer–Carías, *Reforma constitucional y fraude a la constitución (1999–2009)*, Academia de Ciencias Políticas y Sociales, Caracas 2009; y "Reforma Constitucional y fraude a la Constitución: el caso de Venezuela 1999–2009," en Pedro Rubén Torres Estrada y Michael Núñez Torres (Coordinadores), *La reforma constitucional. Sus implicaciones jurídicas y políticas en el contexto comparado*, Cátedra Estado de Derecho, Editorial Porrúa, México 2010, pp. 421–533. Véanse además todos los estudios sobre los Decretos Leyes de 2008 y la implementación fraudulenta de la reforma constitucional rechazada en 2007, publicados en la *Revista de Derecho Público*, N° 115 (Estudios sobre los decretos leyes), Editorial Jurídica Venezolana, Caracas 2008.

2 *V.* Allan R. Brewer–Carías, "El juez constitucional al servicio del autoritarismo y la ilegítima mutación de la Constitución: el caso de la Sala Constitucional del Tribunal Supremo de Justicia de Venezuela (1999–2009)", en *Revista de Administración Pública*, N° 180, Madrid 2009, pp. 383–418; "La fraudulenta mutación de la Constitución en Venezuela, o de cómo el juez constitucional usurpa el poder constituyente originario," en *Anuario de Derecho Público*, Centro de Estudios de Derecho Público de la Universidad Monteávila, Año 2, Caracas 2009, pp. 23–65; "La ilegítima mutación de la Constitución por el juez constitucional y la demolición del Estado de derecho en Venezuela," en *Revista de Derecho Político*, N° 75–76, Homenaje a Manuel García Pelayo, Universidad Nacional de Educación a Distancia, Madrid, 2009, pp. 289–325.

3 *V.* en *Gaceta Oficial* N° 6.011 Extra. de 21 de diciembre de 2010.

al de economía dirigida, similar al que existe en todos los países contemporáneos desarrollados de Occidente.[4]

Este sistema económico, por tanto, se fundamenta en la libertad económica, la iniciativa privada y la libre competencia, pero con la participación del Estado como promotor del desarrollo económico, regulador de la actividad económica, y planificador con la participación de la sociedad civil, configurándose en la Constitución de 1999 como un sistema económico de economía mixta, es decir, de economía social de mercado que se basa en la libertad económica, pero que debe desenvolverse conforme a principios de justicia social, que requiere de la intervención del Estado; régimen que por lo demás, como se indica en el artículo 299 de la Constitución, se fundamenta en los siguientes principios: "justicia social, democracia, eficiencia, libre competencia, protección del ambiente, productividad y solidaridad, a los fines de asegurar el desarrollo humano integral y una existencia digna y provechosa para la colectividad."

Por ello, el mismo artículo constitucional dispone expresamente que el Estado, "conjuntamente con la iniciativa privada," debe promover "el desarrollo armónico de la economía nacional con el fin de generar fuentes de trabajo, alto valor agregado nacional, elevar el nivel de vida de la población y fortalecer la soberanía económica del país, garantizando la seguridad jurídica, solidez, dinamismo, sustentabilidad, permanencia, equidad del crecimiento de la economía, para garantizar una justa distribución de la riqueza mediante una planificación estratégica democrática, participativa y de consulta abierta".

Como lo precisó la Sala Constitucional del Tribunal Supremo de Justicia en sentencia N° 117 de 6 de febrero de 2001, se trata de

> "un sistema socioeconómico intermedio entre la economía de libre mercado (en el que el Estado funge como simple programador de la economía, dependiendo ésta de la oferta y la demanda de bienes y servicios) y la economía interventora (en la que el Estado interviene activamente como el "empresario mayor")", conforme al cual, el texto constitucional promueve "expresamente la actividad económica conjunta del Estado y de la iniciativa privada en la persecución y concreción de los valores supremos consagrados en la Constitución"; persiguiendo "el equilibrio de todas las fuerzas del mercado y la actividad conjunta del Estado e iniciativa privada."[5]

Conforme a este sistema, dijo además la Sala Constitucional en esa sentencia, la Constitución "propugna una serie de valores normativos superiores del régimen económico, consagrando como tales la libertad de empresa en el marco de una economía de mercado y fundamentalmente el del Estado Social de Derecho (*Welfare State*, Estado de

---

4 *V.* sobre la Constitución Económica, lo que hemos expuesto en Allan R. Brewer–Carías, *La Constitución de 1999. Derecho Constitucional Venezolano*, Tomo II, Editorial Jurídica venezolana, Caracas 2004 pp. 53 ss.; y en "Reflexiones sobre la Constitución Económica" en *Estudios sobre la Constitución Española. Homenaje al Profesor Eduardo García de Enterría,* Madrid, 1991, pp. 3839 a 3853. *V.*, además, Henrique Meier, "La Constitución económica", en *Revista de Derecho Corporativo*, Vol. 1, N° 1. Caracas, 2001, pp. 9–74; Dagmar Albornoz, "Constitución económica, régimen tributario y tutela judicial efectiva", en *Revista de Derecho Constitucional,* N° 5 (julio–diciembre), Editorial Sherwood, Caracas, 2001, pp. 7–20; Ana C. Nuñez Machado, "Los principios económicos de la Constitución de 1999", en *Revista de Derecho Constitucional,* N° 6 (enero–diciembre), Editorial Sherwood, Caracas, 2002, pp. 129–140; Claudia Briceño Aranguren y Ana C. Núñez Machado, "Aspectos económicos de la nueva Constitución", en *Comentarios a la Constitución de la República Bolivariana de Venezuela,* Vadell Hermanos, Editores, Caracas, 2000, pp. 177 y ss.

5 *V.* en *Revista de Derecho Público*, N° 85–86, Editorial Jurídica Venezolana, Caracas 2001, pp. 236 ss.

Bienestar o Estado Socialdemócrata), esto es un Estado social opuesto al autoritarismo"[6].

La aplicación práctica de ese modelo constitucional, en todo caso, provocó en el pasado el desenvolvimiento de una economía basada en la libertad económica y la iniciativa privada, pero con una intervención importante y necesaria del Estado para asegurar los principios de justicia social que constitucionalmente deben orientar el régimen económico; lo que se ha acrecentado por el hecho de ser el Estado, el titular desde siempre del dominio público sobre el subsuelo.

Esa Constitución Económica se intentó cambiar radicalmente en 2007 mediante la sanción de un proyecto de reforma constitucional[7] efectuada por la Asamblea nacional en noviembre de 2007, y que fue rechazada por el pueblo en referendo de diciembre de ese mismo año,[8] mediante el cual se buscaba acentuar el desequilibrio existente entre lo público y lo privado, al transformarlo en un sistema de economía estatal, de planificación centralizada, propia de un Estado y economía socialista, donde desaparecía la libertad económica y el derecho de propiedad como derechos constitucionales, y con ello, el principio mismo de la reserva legal.[9]

En efecto, el artículo 112 de la Constitución de 1999 establece como uno de los principios fundamentales del sistema constitucional, el derecho de todas las personas de poder dedicarse libremente a la actividad económica de su preferencia, sin más limitaciones que las previstas en la Constitución y las que establezcan las leyes, por razones de desarrollo humano, seguridad, sanidad, protección del ambiente u otras de interés social, a cuyo efecto, el Estado está obligado a promover "la iniciativa privada, garantizando la creación y justa distribución de la riqueza, así como la producción de bienes y servicios que satisfagan las necesidades de la población, la libertad de trabajo, empresa,

---

6 Esos valores aludidos conforme a la doctrina de la Sala Constitucional "se desarrollan mediante el concepto de libertad de empresa, que encierra, tanto la noción de un derecho subjetivo "a dedicarse libremente a la actividad económica de su preferencia", como un principio de ordenación económica dentro del cual se manifiesta la voluntad de la empresa de decidir sobre sus objetivos. En este contexto, los Poderes Públicos, cumplen un rol de intervención, la cual puede ser directa (a través de empresas) o indirecta (como ente regulador del mercado)". Véase en *Revista de Derecho Público,* N° 85–88, Editorial Jurídica Venezolana, Caracas 2001, pp. 212–218.

7 *V.* Allan R. Brewer–Carías, *La reforma constitucional de 2007 (Comentarios al Proyecto inconstitucionalmente sancionado por la Asamblea Nacional el 2 de noviembre de 2007)*, Colección Textos Legislativos, N° 43, Editorial Jurídica Venezolana, Caracas 2007; "Estudio sobre la propuesta presidencial de reforma constitucional para la creación de un Estado Socialista, Centralizado y Militarista en Venezuela (análisis del anteproyecto presidencial, agosto 2007," en *Anuario da Facultade de Dereito da Universidade da Coruña, Revista jurídica interdisciplinaria internacional,* Con. 12, La Coruña 2008, pp. 87–125; "Hacia la creación de un Estado Socialista, Centralizado y Militarista en Venezuela. Análisis de la propuesta presidencial de reforma constitucional," en *Estudios Jurídicos*, Volumen XIII, Enero 2004–Diciembre 2007, Asociación Hipólito Herrera Billini, Santo Domingo, República Dominica 2008, pp. 17–66; "Estudio sobre la propuesta presidencial de reforma constitucional para la creación de un Estado Socialista, Centralizado y Militarista en Venezuela (Agosto 2007)", *Revista de Derecho Público*", N° 111, (julio–septiembre 2007), Editorial Jurídica Venezolana, Caracas 2007, pp. 7–42

8 *V.* Allan R. Brewer–Carías, "La reforma constitucional en Venezuela de 2007 y su rechazo por el poder constituyente originario," en José Ma. Serna de la Garza (Coordinador), *Procesos Constituyentes contemporáneos en América latina. Tendencias y perspectivas*, Universidad Nacional Autónoma de México, México 2009, pp. 407–449; "La proyectada reforma constitucional de 2007, rechazada por el poder constituyente originario", en *Anuario de Derecho Público 2007,* Año 1, Instituto de Estudios de Derecho Público de la Universidad Monteávila, Caracas 2008, pp. 17–65; "La reforma constitucional en Venezuela de 2007 y su rechazo por el poder constituyente originario", en *Revista Peruana de Derecho Público,* Año 8, N° 15, Lima, Julio–Diciembre 2007, pp. 13–53.

9 *V.* Allan R. Brewer–Carías, *La reforma constitucional de 2007 (Comentarios al Proyecto inconstitucionalmente sancionado por la Asamblea Nacional el 2 de noviembre de 2007)*, Colección Textos Legislativos, N° 43, Editorial Jurídica Venezolana, Caracas 2007, pp. 115 ss.

comercio, industria, sin perjuicio de su facultad para dictar medidas para planificar, racionalizar y regular la economía e impulsar el desarrollo integral del país".

En el proyecto de reforma constitucional sancionado en noviembre de 2007, se buscaba eliminar este derecho y la propia libertad económica, es decir, se les quitaba rango constitucional, y se buscaba sustituir esta norma por otra en la cual lo que se establecía era la definición de una política estatal para promover "el desarrollo de un modelo económico productivo, intermedio, diversificado e independiente, fundado en los valores humanísticos de la cooperación y la preponderancia de los intereses comunes sobre los individuales, que garantice la satisfacción de las necesidades sociales y materiales del pueblo, la mayor suma de estabilidad política y social y la mayor suma de felicidad posible"; agregándose que el Estado, asimismo, "fomentará y desarrollará distintas formas de empresas y unidades económicas de propiedad social, tanto directa o comunal como indirecta o estatal, así como empresas y unidades económicas de producción o distribución social, pudiendo ser estas de propiedad mixta entre el Estado, el sector privado y el poder comunal, creando las mejores condiciones para la construcción colectiva y cooperativa de una economía socialista".

Es decir, mediante la reforma de un artículo como el 112 ubicado en el Capítulo constitucional sobre los derechos económicos, simplemente lo que se pretendía era eliminar el derecho al libre ejercicio de las actividades económicas y la propia libertad económica. Ello, por supuesto, era contrario al principio de la progresividad en materia de derechos humanos y constitucionales que garantiza el artículo 19 de la Constitución.

La consecuencia más dramática de la eliminación de un derecho, como derecho constitucional, era entre otros aspectos, la desaparición de las garantías constitucionales al mismo y en particular la desaparición de la garantía de la reserva legal, es decir, que las limitaciones o restricciones al derecho sólo pueden establecerse mediante ley formal emanada de la Asamblea Nacional, y no mediante decretos reglamentarios del Ejecutivo. Por ello, precisamente, por la desaparición del derecho a la libertad económica y su garantías constitucionales, en el proyecto de reforma constitucional de 2007 se proponía incorporar una Disposición Transitoria Novena en la cual se disponia que " Hasta tanto se dicten las normas que desarrollen los principios establecidos en el artículo 112 de esta Constitución, el Ejecutivo Nacional podrá, mediante decretos o decreto ley, regular la transición al Modelo de Economía Socialista."

Es decir, se pretendía autorizar constitucionalmente al Ejecutivo Nacional para incluso mediante reglamentos regular todo lo concerniente al régimen económico de la República para la "transición al Modelo de Economía Socialista", lo que era contrario a todos los principios de un Estado de derecho, que si se hubiese aprobado esa reforma hubiera desapareció completamente en Venezuela.

Además, debe destacarse en esa misma orientación, en el proyecto de reforma constitucional de 2007, respecto del artículo 299, se buscaba eliminar de su texto, como unos de los fundamentos del sistema económico, los principios de justicia social, libre competencia, democracia y productividad y en su lugar se pretendía establecer, entre otros, los principios "socialistas, antiimperialistas, humanistas," a los fines asegurar el desarrollo humano integral y una existencia digna y provechosa para la colectividad. Por otra parte, la garantía del desarrollo armónico de la economía con la reforma propuesta, no se le asignaba "al Estado conjuntamente con la iniciativa privada" como dispone la Constitución de 1999, sino "al Estado conjuntamente con la iniciativa comunitaria, social y personal", todo, "con el fin de generar fuentes de trabajo, alto valor agregado nacional, elevar la calidad de vida de la población, lograr la suprema felicidad social y fortalecer la soberanía económica del país, garantizando la solidez, dinamismo, sustentabilidad, permanencia y equidad del crecimiento de la economía, para lograr una justa distribución social de la riqueza mediante una planificación estratégica, democrática, participativa, política, económica y de consulta abierta".

En la Constitución de 1999, por otra parte, se establecen un conjunto de atribuciones que facultaban al Estado para regular el ejercicio de los derechos económicos, en particular, al precisarse el régimen de la prohibición de los monopolios (art. 113), declarándose contrarios a los principios fundamentales de la Constitución las actividades tendientes a su establecimiento o que conduzcan a su existencia. También se declara como contrario a dichos principios, el abuso de la posición de dominio que puedan adquirir los agentes económicos independientemente de su causa. En todos estos casos, la norma faculta al Estado para adoptar las medidas que fueren necesarias para evitar los efectos nocivos y restrictivos del monopolio, del abuso de la posición de dominio y de las demandas concentradas, teniendo como finalidad la protección del público consumidor, los productores y productoras y el aseguramiento de condiciones efectivas de competencia en la economía.

Con el proyecto de reforma constitucional sancionado en noviembre de 2007, se buscó cambiar radicalmente el régimen de la actividad económica, estableciéndose en el artículo 113 una serie de limitaciones a la misma que iban mucho más allá de la restricción de los monopolios y la posición dominante de empresas, privilegiándose la economía estatal y los medios de producción socialista.

En esta orientación, se propuso agregar a la norma, que en general, "no se permitirán actividades, acuerdos, prácticas, conductas y omisiones de los y las particulares que vulneren los métodos y sistemas de producción social y colectiva con los cuales se afecte la propiedad social y colectiva o impidan o dificulten la justa y equitativa concurrencia de bienes y servicios", con lo cual se pretendía que quedase en manos del Estado la suerte de cualquier actividad económica particular.

Además, en la reforma propuesta en 2007, respecto de artículo 113 se pretendía agregar a la norma que en los casos de explotación de recursos naturales o de cualquier otro bien del dominio de la Nación, que se considerasen de carácter estratégico por la Constitución o la ley, así como cuando se tratase de la prestación de servicios públicos vitales, que se considerasen también como tales por la Constitución o la ley, el Estado podía reservarse la explotación o ejecución de los mismos, directamente o mediante empresas de su propiedad, sin perjuicio de establecer empresas de propiedad social directa, empresas mixtas o unidades de producción socialistas, que asegurasen la soberanía económica y social, respetasen el control del Estado, y cumpliesen con las cargas sociales que se le impusiesen, todo ello conforme a los términos que desarrollasen las leyes respectivas de cada sector de la economía.

En el proyecto de reforma constitucional de 2007 respecto del artículo 113, en todo caso, se declaran contrarios a los principios fundamentales de la Constitución cuando tuviesen por objeto el establecimiento de un monopolio, sólo "cualquier acto, actividad, conducta o acuerdo de un o una particular, varios o varias particulares, o una empresa privada o conjunto de empresas privadas", y también como contrario a dichos principios, "el abuso de la posición de dominio que un o una particular, un conjunto de ellos o de ellas, o una empresa privada o conjunto de empresas privadas adquiera o haya adquirido en un determinado mercado de bienes o de servicios, así como cuando se trate de una demanda concentrada". En consecuencia, se pretendía que dichos principios no se aplicaran al Estado, ya que con el proyecto de reforma constitucional lo que se proponía era establecer un sistema económico de capitalismo de Estado, el cual podía tener monopolios y posición de dominio sin límite alguno.

Por otra parte, otro de los pilares fundamentales de la Constitución de 1999, además de la libertad económica, es la garantía del derecho de propiedad privada, que conforme al artículo 115 de la Constitución de 1999, se lo concibe como el derecho que tiene toda persona "al uso, goce, disfrute y disposición de sus bienes", aún cuando sometida a "las contribuciones, restricciones y obligaciones que establezca la ley con fines de utilidad pública o de interés general". Dicha garantía implica que "sólo por causa de utilidad pública o interés social, mediante sentencia firme y pago oportuno de justa indemnización, podrá ser declarada la expropiación de cualquier clase de bienes".

Con el proyecto de reforma constitucional de 2007 se buscaba cambiar radicalmente el régimen de la propiedad privada, la cual se eliminaba como derecho constitucional, y quedaba materialmente reducida a la que pudiera existir sobre "los bienes de uso, consumo y medios de producción legítimamente adquiridos," quedando por tanto minimizada y marginalizada en relación con la propiedad pública.

En la rechazada reforma constitucional de 2007, en efecto, respecto del artículo 115 de la Constitución, en lugar de garantizarse la propiedad privada, lo que se pretendía era "reconocer y garantizar "las diferentes formas de propiedad", las cuales se enumeraban así:

1. "La propiedad pública" que era "aquella que pertenece a los entes del Estado;" y la propiedad social que era aquella "que pertenece al pueblo en su conjunto y las futuras generaciones", y que podía ser de dos tipos: A. "La propiedad social indirecta cuando es ejercida por el Estado a nombre de la comunidad", y B. "La propiedad social directa, cuando el Estado la asigna, bajo distintas formas y en ámbitos territoriales demarcados, a una o varias comunidades, a una o varias comunas, constituyéndose así en propiedad comunal o a una o varias ciudades, constituyéndose así en propiedad ciudadana";
2. "La propiedad colectiva" que era "la perteneciente a grupos sociales o personas, para su aprovechamiento, uso o goce en común, pudiendo ser de origen social o de origen privado";
3. "La propiedad mixta" que era "la conformada entre el sector público, el sector social, el sector colectivo y el sector privado, en distintas combinaciones, para el aprovechamiento de recursos o ejecución de actividades, siempre sometida al respeto absoluto de la soberanía económica y social de la Nación;" y
4. "La propiedad privada" que era "aquella que pertenece a personas naturales o jurídicas y que se reconoce sobre bienes de uso, consumo y medios de producción legítimamente adquiridos, con los atributos de uso, goce y disposición, y las limitaciones y restricciones que establece la ley."

La propiedad privada, en consecuencia, con la reforma constitucional de 2007 s pretendía que quedase reducida a los bienes de uso y consumo y a los medios de producción. Por lo demás, quedaba por precisar qué debía entenderse por bienes de consumo, los cuales en el lenguaje común son aquellos que no buscan producir otros bienes, es decir, los que se usan para satisfacer las necesidades específicas del consumidor que lo adquiere; así como por medios de producción, los cuales en el lenguaje común son el conjunto de objetos de trabajo que participan en el proceso de producción y que el hombre utiliza para crear los bienes materiales.

Sobre esto, el magistrado Jesús Eduardo Cabrera en el Voto salvado a la sentencia N° 2042 de la Sala Constitucional de 2 de noviembre de 2007 en la cual se declaró inadmisible un amparo constitucional ejercido contra el Presidente de la República y la Asamblea Nacional, con motivo de la inconstitucional "reforma constitucional", sostuvo lo siguiente:

> "El artículo 113 del Proyecto, plantea un concepto de propiedad, que se adapta a la propiedad socialista, y que es válido, incluso dentro del Estado Social; pero al limitar la propiedad privada solo sobre bienes de uso, es decir aquellos que una persona utiliza (sin especificarse en cual forma); o de consumo, que no es otra cosa que los fungibles, surge un cambio en la estructura de este derecho que dada su importancia, conduce a una transformación de la estructura del Estado. Los alcances del Derecho de propiedad dentro del Estado Social, ya fueron reconocidos en fallo de esta Sala de 20 de noviembre de 2002, con ponencia del Magistrado Antonio García García."[10]

En el proyecto de reforma constitucional de 2007, además, se buscó establecer que "toda propiedad, estará sometida a las contribuciones, cargas, restricciones y obligaciones que establezca la ley con fines de utilidad pública o de interés general", y que "por causa de utilidad pública o interés social, mediante sentencia firme y pago oportuno de justa indemnización, podrá ser declarada la expropiación de cualquier clase de bienes, sin perjuicio de la facultad de los órganos del Estado de ocupar previamente, durante el proceso judicial, los bienes objeto de expropiación, conforme a los requisitos establecidos en la ley".

En esta forma, no sólo se pretendía eliminar la garantía constitucional de que "sólo" mediante expropiación puede extinguirse la propiedad como se ha establecido siempre en el ordenamiento constitucional venezolano, lo que abría la vía para que por ley se pudieran establecer otras formas de extinción de la propiedad; sino que se pretendía constitucionalizar el mecanismo de la ocupación previa, ratificándose sin embargo el principio de la indemnización justa y oportuna cuando se trate de expropiación.

Con este proyecto de reforma constitucional de 2007, simplemente se buscaba hacer desaparecer el derecho de propiedad como elemento fundamental del orden jurídico.

Debe destacarse, además, en materia de confiscación, que si bien no se propuso en 2007 una reforma del artículo 116 de la Constitución, en cambio en el artículo 307 relativo a la prohibición del latifundio se buscó agregar al texto constitucional que "Se confiscarán aquellos fundos cuyos dueños o dueñas ejecuten en ellos actos irreparables de destrucción ambiental, los dediquen a la producción de sustancias psicotrópicas o estupefacientes o la trata de personas, o los utilicen o permitan su utilización como espacios para la comisión de delitos contra la seguridad y defensa de la Nación."

Como es sabido, esta reforma constitucional de 2007 fue rechazada por el pueblo en el referendo de diciembre de ese mismo año, lo que no ha sido óbice para que se haya buscado implementarla inconstitucionalmente en diversos aspectos mediante leyes, como precisamente ha ocurrido en materia de la Constitución económica, inicialmente mediante el Decreto Ley N° 6.130 de 2008, contentivo de la Ley para el Fomento y Desarrollo de la Economía Popular,[11] la el cual se ha derogado mediante la Ley Orgánica del Sistema Económico Comunal (LOSEC),[12] en la cual se ha establecido una nueva Constitución Económica paralela a la prevista en la Constitución, pero que cambia de

---

10 *V.* en *Revista de Derecho Público*, N° 112 (Estudios sobre la reforma constitucional), Editorial Jurídica Venezolana, caracas 2007, pp. 642 ss.

11 *V.* en *Gaceta Oficial* N° 5.890 Extra. de 31 de julio de 2008.

12 *V.* en *Gaceta Oficial* N° 6.011 Extra. de 21 de diciembre de 2010.

raíz el sistema constitucional al establecer un sistema económico comunista, denominado Sistema Económico Comunal.

Para ello, no se ha reformado formalmente la Constitución, sino que mediante ley se ha establecido un sistema paralelo al constitucional, tendiente a ahogarlo o sofocarlo, y así lograr el mismo efecto que se buscaba en 2007, pero ahora fraudulentamente, pues ello implica "reformar" la Constitución pero sin "reformarla" formalmente.

Con ello, el principio de la rigidez constitucional que impone la necesidad de acudir a las vías previstas en la Constitución para reformar el texto fundamental, es decir, a la reforma constitucional, a la enmienda constitucional o a la convocatoria de una Asamblea Nacional Constituyente (artículos 340 a 349) siempre con la participación popular mediante referendo, ha sido pisoteado por la Asamblea Nacional, la cual al aprobar las leyes del llamado Poder Popular, entre las cuales está la Ley Orgánica del Sistema Económico Comunal, ha creado una estructura estatal paralela a la del Estado Constitucional, tendiente a sustituirla mediante vaciamiento de competencias y ahogamiento. Las otras leyes dictadas en el mismo sentido, en forma inconstitucional para consolidad el nuevo Estado, *paralelo al Estado Constitucional*, que no es otra cosa que un Estado Socialista, Centralizado, Militarista y Policial denominado "Estado Comunal," son las Leyes Orgánicas del Poder Popular,[13] de las Comunas,[14] de Planificación Pública y Comunal,[15] y de Contraloría Social.[16]

Ante esta situación, sin duda, el desafío más importante que tiene la República hoy es el de revalorizar el principio de la rigidez constitucional, de manera que conforme a los principios que se adoptaron hace 200 a partir de la Constitución federal de 1811, se asegure la supremacía constitucional de manera que la Constitución no se pueda modificar mediante ley sino sólo acudiéndose a los procedimientos constitucionales de revisión.

El tema de la Constitución económica, en esta perspectiva, es patente, pues la misma, propia de un sistema de economía mixta del Estado federal democrático y social de derecho y de justicia, se ha cambiado de raíz sin acudirse a los procedimientos de revisión constitucional, mediante ley, estructurándose en paralelo un sistema económico comunista de un Estado Socialista, Centralizado, Militarista y Policial. Estas notas están destinadas a analizar esta "nueva" Constitución económica impuesta legalmente en paralelo a la regulada en la Constitución.

---

13 *V.* en *Gaceta Oficial* N° 6.011 Extra. de 21–12–2010. La Sala Constitucional mediante sentencia N° 1329 de 16–12–2009 declaró la constitucionalidad del carácter orgánico de esta Ley.

14 *V.* en *Gaceta Oficial* N° 6.011 Extra. de 21–12–2010. La Sala Constitucional mediante sentencia N° 1330 de 17–12–2010 declaró la constitucionalidad del carácter orgánico de esta Ley. Véase en http://www.tsj.gov.ve/decisiones/scon/Diciembre/1330–171210–2010–10–1436.html

15 *V.* en *Gaceta Oficial* N° 6.011 Extra. de 21–12–2010. La Sala Constitucional mediante sentencia N° 1326 de 16–12–2009 declaró la constitucionalidad del carácter orgánico de esta Ley.

16 *V.* en *Gaceta Oficial* N° 6.011 Extra. de 21–12–2010. La Sala Constitucional mediante sentencia N° 1329 de 16–12–2010 declaró la constitucionalidad del carácter orgánico de esta Ley. Véase en http://www.tsj.gov.ve/decisiones/scon/Diciembre/%201328–161210–2010–10–1437.html

II. FUNDAMENTOS DEL NUEVO SISTEMA ECONÓMICO COMUNISTA ESTABLECIDO MEDIANTE LEY, DENOMINADO "COMUNAL", VINCULADO AL SOCIALISMO Y AL MODELO DE PRODUCCIÓN SOCIALISTA

En efecto, el marco de las leyes relativas al Poder Popular y al Estado Comunal dictadas en Venezuela en diciembre de 2010, mediante las cuales se ha impuesto al país un sistema socialista, por el cual nadie ha votado y, al contrario, ha sido rechazado popularmente,[17] se ha sancionado una Ley Orgánica del Sistema Económico Comunal (LOSEC),[18] en la cual se ha establecido un Sistema Económico Comunal, concebido, tal como se lo define en el artículo 2, como:

> "el conjunto de relaciones sociales de producción, distribución, intercambio y consumo de bienes y servicios, así como de saberes y conocimientos, desarrolladas por las instancias del Poder Popular, el Poder Público o por acuerdo entre ambos, a través de organizaciones socioproductivas bajo formas de propiedad social comunal."

Se trata, por tanto, de un sistema económico que se desarrolla exclusivamente "a través de organizaciones socioproductivas bajo formas de propiedad social comunal" que conforme a la Ley son solamente las empresas del Estado Comunal creadas por las instancias del Poder Público; las empresas públicas creadas por los órganos que ejercen del Poder Público; las unidades productivas familiares; o los grupos de trueque, donde está excluida toda iniciativa privada y la propiedad privada de los medios de producción y comercialización de bienes y servicios.

Es en consecuencia, un sistema económico socialista que se pretende implantar mediante ley, violentando completamente el sistema de economía mixta que garantiza la Constitución donde se establece, al contrario, como se dijo, como uno de los principios fundamentales del sistema constitucional, tanto la libertad económica como el derecho de propiedad privada.

En la LOSEC se regula, por tanto, un sistema económico que cambia la estructura el Estado y cuya aprobación solo hubiera podido ser posible a través de la convocatoria de una Asamblea Constituyente (ni siquiera mediante reforma o enmienda constitucional), de un sistema de economía mixta a un sistema económico estatista o controlado por el Estado, mezclado con previsiones propias de sociedades primitivas y lugareñas que en el mundo globalizado de hoy ya simplemente no existen, que presuponen la miseria como forma de vida, para regular y justificar el "trueque" como sistema, pensando quizás en sociedades agrícolas o recolectoras, donde al fin del día se podrían intercambiar unos pescados por una liebre; o una consulta profesional de abogado por el planchado de una ropa; y para crear una moneda al margen de la de curso legal que es el Bolívar, llamando así como "moneda comunal" como medio de intercambio de bienes y servicios, a los viejos "vales" de las haciendas de hace más de un siglo, donde el campesino estaba confinado al ámbito geográfico de la economía que controlaba estrictamente el hacendado.

Por ello es que este sistema económico comunal se lo concibe como la "herramienta fundamental para construcción de la nueva sociedad," que supuestamente debe regirse sólo "por los principios y valores socialistas" que en esta LOSEC sin fundamento histó-

---

17 El rechazo popular se efectuó mediante el referendo de diciembre de 2007 en el cual se rechazó la reforma constitucional en la cual se proponía su creación; y en las elecciones parlamentarias de septiembre de 2010, en la cual el Pueblo mayoritariamente votó contra el Presidente y sus políticas socialistas.

18 *V.* en *Gaceta Oficial* N° 6.011 Extra. de 21 de diciembre de 2010

rico alguno, se declara que supuestamente se inspira en la doctrina de Simón Bolívar (art. 5).

A tal efecto, reducida la propiedad privada a la mínima expresión, en la Ley se define la "propiedad social" como:

> "El derecho que tiene la sociedad de poseer medios y factores de producción o entidades con posibilidades de convertirse en tales, esenciales para el desarrollo de una vida plena o la producción de obras, bienes o servicios, que por condición y naturaleza propia son del dominio del Estado; bien sea por su condición estratégica para la soberanía y el desarrollo humano integral nacional, o porque su aprovechamiento garantiza el bienestar general, la satisfacción de las necesidades humanas, el desarrollo humano integral y el logro de la suprema felicidad social" (art. 6.15).

Con ello se reafirma que el sistema económico comunal que se regula, está basado exclusivamente en la propiedad pública, del Estado (dominio del Estado), sobre los medios de producción, de manera que en la práctica, no se trata de ningún derecho que sea "de la sociedad," sino del aparato Estatal, cuyo desarrollo, regido por un sistema de planificación centralizada, elimina toda posibilidad de libertad económica e iniciativa privada, y convierte a las "organizaciones socioproductivas" en meros apéndices del aparato estatal.

El sistema omnicomprensivo que se regula, al contrario está basado en la "propiedad social comunal" y que debe ser desarrollada tanto por el Estado Constitucional (los órganos del Poder Público) como por el Estado Comunal (instancias del Poder Popular), como se dijo, exclusivamente a través de "organizaciones socioproductivas bajo formas de propiedad comunal."

Este sistema económico comunal como se dijo, se había comenzado a regular legalmente, al margen de la Constitución, violentándola, luego de haber sido rechazado en la reforma constitucional que se pretendió implementar en ese sentido en 2007, donde por primera vez se formuló formalmente, mediante el Decreto Ley Nº 6.130 de 2008, contentivo de la Ley para el Fomento y Desarrollo de la Economía Popular,[19] derogada y sustituida ahora por esta LOSEC, la cual tiene por finalidad, entre otras, "impulsar el sistema económico comunal a través de un modelo de gestión sustentable y sostenible para el fortalecimiento del desarrollo endógeno (art. 3.2); "fomentar el sistema económico comunal en el marco del **modelo productivo socialista**, a través de diversas formas de organización socioproductiva, comunitaria y comunal en todo el territorio nacional (art. 3.3); e "incentivar en las comunidades y las comunas los valores y principios **socialistas** para la educación, el trabajo, la investigación, el intercambio de saberes y conocimientos, así como la solidaridad, como medios para alcanzar el bien común.(art. 3.8).

En este contexto socialista, la LOSEC define el "modelo productivo socialista" como el:

> "modelo de producción basado en la propiedad social, orientado hacia la eliminación de la **división social del trabajo** propio del modelo capitalista. El modelo de producción socialista está dirigido a la satisfacción de necesidades crecientes de la población, a través de nuevas formas de generación y apropiación así como de la **reinversión social del excedente**." (art. 6.12).

---

19 La LOSEC derogó expresamente la Ley la Ley para el Fomento y Desarrollo de la Economía Popular, publicado en la *Gaceta Oficial* de la República Bolivariana de Venezuela Nº 5.890 Extraordinario de fecha 31 de julio de 2008

Se trata en consecuencia, de una Ley mediante la cual se pretende, además, cambiar el sistema capitalista y sustituirlo a la fuerza por un sistema socialista, imponiendo un sistema comunista, para lo cual sus redactores, basándose quizás en algún Manual vetusto de revoluciones comunistas fracasadas, han parafraseado en la Ley lo que Carlos Marx y Federico Engels escribieron hace más de 150 años, en 1845 y 1846, sobre la sociedad comunista.

En el conocido libro *La Ideología Alemana*, en efecto, refiriéndose a la sociedad primitiva de la época, en muchas partes aún esclavista y en todas, preindustrial, después de afirmar que la propiedad es "el derecho de suponer de la fuerza de trabajo de otros" y declarar que la "división del trabajo y la propiedad privada" eran "términos idénticos: uno de ellos, referido a la esclavitud, lo mismo que el otro, referido al producto de ésta," escribieron que:

> "la división del trabajo nos brinda ya el primer ejemplo de cómo, mientras los hombres viven en una sociedad natural, mientras se da, por tanto, una separación entre el interés particular y el interés común, mientras las actividades, por consiguientes no aparecen divididas voluntariamente, sino por modo natural,[20] los actos propios del hombres se erigen ante él en un poder hostil y ajeno, que lo sojuzga, en vez de ser él quien los domine. En efecto, a partir del momento en que comienza a dividirse el trabajo, cada cual se mueve en un determinado circulo exclusivo de actividad, que le es impuesto y del cual no puede salirse; el hombre es cazador, pescador, pastor o crítico, y no tiene más remedio que seguirlo siendo, si no quiere verse privado de los medios de vida; al paso que en la sociedad comunista, donde cada individuo no tiene acotado un círculo exclusivo de actividades, sino que puede desarrollar sus aptitudes en la rama que mejor le parezca, la sociedad se encarga de regular la producción general, con lo que hace cabalmente posible que yo pueda por la mañana cazar, por la tarde pescar y por la noche apacentar ganado, y después de comer, si me place, dedicarme a criticar, sin necesidad de ser exclusivamente cazador, pescador, pastor o crítico, según los casos."[21]

Los redactores de la Ley, por tanto, so se han percatado de que las sociedades contemporáneas ya no se reducen a ser aquellas que vivían de la caza y de la pesca, o de la siembra y cría de animales, y de que en las sociedades globalizadas de la actualidad, es imposible no basar la producción en la división social del trabajo; y además, parece que ni siquiera se han percatado que después de tantos años de estancamiento y de miseria, tratando de imponer la sociedad comunista, el desarrollo del sistema capitalista es el que le ha permitido a China catapultarse económicamente, aún cuando sometida a una dictadura del Estado capitalista; y que en Cuba, el régimen comunista clama por su auto eliminación para lo cual en 2011 ha comenzado a lanzar a la calle a decenas de miles de antiguos asalariados o servidores del Estado, para forzarlos a desarrollar iniciativas privadas, basadas en la supuesta "esclavitud" de la división social del trabajo y en el supuesto producto de esa esclavitud, que es la propiedad, convencidos de que en el mundo contemporáneo no es posible "la eliminación de la división social del trabajo" como en cambio se propugna en el artículo 6.12 de la LOSEC, y de que sólo, precisamente, mediante la división social del trabajo, es posible la producción industrial, la generación de empleo y la generación de riqueza.

---

20 Esta división "natural" se daba según Marx y Engels "en atención a las dotes físicas (por ejemplo, la fuerza corporal), a las necesidades, las coincidencias fortuitas, etc."

21 *V.* en Karl Marx and Frederich Engels,"The German Ideology," en *Collective Works*, Vol. 5, International Publishers, New York 1976, p. 47. *V.* además los textos pertinentes en http://www.educa.madrid.org/cms_tools/files/0a24636f-764c-4e03-9c1d-6722e2ee60d7/Texto%20Marx%20y%20Engels.pdf

En cambio, para eliminar toda forma de generar riqueza y con ello, de trabajo libre y empleo, la LOSEC declara como pieza esencial del nuevo sistema económico comunal, la necesaria "reinversión social del excedente," como principio esencial que rige las organizaciones socioproductivas, definida como "el uso de los recursos remanentes provenientes de la actividad económica de las organizaciones socioproductivas, en pro de satisfacer las necesidades colectivas de la comunidad o la comuna, y contribuir al desarrollo social integral del país" (art. 6.19). Con este principio, los redactores de la Ley incorporaron a su articulado, otros de los pilares del sistema comunista, tal como fue concebido por Marx y Engels, como contrapuesto al sistema capitalista, y es la necesaria "reinversión social de excedente" producto de la actividad económica. Debe recordarse que las sociedades industriales se desarrollaron económicamente, al contrario, gracias a la acumulación del excedente económico que genera el empresario privado y a la reinversión de este excedente para generar mayor crecimiento, que fue en definitiva lo que generó la industrialización. Un sistema en el cual si bien la reinversión social de parte de ese excedente se logra a través del sistema tributario, está basado en la libre iniciativa generadora de riqueza, que a la vez, es la que puede multiplicar el empleo y el trabajo, y general mayor crecimiento económico.

Basada, por tanto, en los principios utópicos comunistas de la "propiedad social de los medios de producción," la "eliminación de la división social del trabajo" y la "reinversión social del excedente," la LOSEC está sin duda concebida para implantar en Venezuela el sistema comunista como contrario al sistema capitalista, a cuyo efecto la misma, como se declara en su artículo 1°, se ha dictado para desarrollar y fortalecer el Poder Popular:

> "estableciendo las normas, principios, y procedimientos para la creación, funcionamiento y desarrollo del sistema económico comunal, integrado por organizaciones socioproductivas bajo régimen de propiedad social comunal, impulsadas por las instancias del Poder Popular, del Poder Público o por acuerdo entre ambos, para la producción, distribución, intercambio y consumo de bienes y servicios, así como de saberes y conocimientos, en pro de satisfacer las necesidades colectivas y reinvertir socialmente el excedente, mediante una planificación estratégica, democrática y participativa (art. 2).

Para implantar el comunismo, la LOSEC establece un ámbito omicomprensivo de aplicación, al establecer, formalmente, que se aplica, por una parte "a las comunidades organizadas, consejos comunales, comunas y todas las instancias y expresiones del Poder Popular, en especial a las organizaciones socioproductivas que se constituyan dentro del sistema económico comunal," es decir, a todo el ámbito del Estado Comunal; y por la otra, "de igual manera, a los órganos y entes del Poder Público y las organizaciones del sector privado, en sus relaciones con las instancias del Poder Popular" (Art. 3), es decir, a los todos los órganos y entes del Estado Constitucional y a todas las instituciones, empresas y personas del sector privado. Es decir, es una Ley tendiente a implementar el comunismo en todos los órdenes.

III. LAS DIVERSAS ORGANIZACIONES SOCIOPRODUCTIVAS DEL SISTEMA ECONÓMICO COMUNAL

Como antes se ha dicho, de acuerdo con esta LOSEC, las organizaciones socioproductivas son los "actores" fundamentales que se han diseñado para dar soporte al sistema económico comunal, pues es a través de ellas que se desarrolla el "modelo productivo socialista" que propugna, las cuales se definen como las:

> "unidades de producción constituidas por las instancias del Poder Popular, el Poder Público o por acuerdo entre ambos, con objetivos e intereses comunes, orientadas a la satisfacción de necesidades colectivas, mediante una economía basada en la producción, transformación, distribución, intercambio y consumo de bienes y servicios, así como de saberes y conocimientos, en las cuales el trabajo tiene significado propio, auténtico; sin ningún tipo de discriminación" (art. 9).[22]

Esta afirmación legal, que también proviene de los viejos Manuales comunistas basados en las apreciaciones de Marx y Engels en las sociedades anteriores a las europeas de mitades del siglo XIX sobre el trabajo asalariado, su explotación y carácter esclavista y discriminatorio, particularmente en relación con las mujeres,[23] lo cual no tiene ninguna relación con la actualidad en ningún país occidental, parecería que parte de supuesto de que en Venezuela, el trabajo hasta ahora no habría tenido "significado propio" y no habría sido "auténtico," y además, se habría realizado basado en la "discriminación," lo que no tiene base ni sentido algunos. El trabajo es la tarea desarrollada por el hombre generalmente sobre una materia prima con ayuda de instrumentos con la finalidad de producir bienes y servicios; y es, por tanto, el medio para la producción de la riqueza. Ese es el sentido propio y auténtico del trabajo, en cualquier parte del mundo, y su división es de la esencia de la productividad en una sociedad, pues una sola persona no podría nunca cubrir todas las fases de la producción o comercialización de bienes o de la prestación de servicios. De manera que no se entiende qué es lo que se quiere decir que, con la nueva Ley, el trabajo supuestamente ahora adquirirá un significado "propio y auténtico." Por otra parte, en la definición se sugiere que supuestamente hasta ahora, el trabajo se habría realizado en el país sobre la base de la explotación y la discriminación, lo que está desmentido por la avanzada legislación laboral que ha habido desde la década de los cuarenta.

Ahora bien, ese trabajo con sentido "propio y auténtico," y "sin discriminación," al que se refiere la LOSEC, es el que supuestamente ahora se va a garantizar a través de las organizaciones socioproductivas que se regulan en la ley, mediante las cuales, en forma exclusiva, se desarrollará la economía del país, y que conforme al artículo 10 de la LOSEC, son sólo cuatro: primero, las empresas del Estado Comunal; segundo, las empresas públicas del Estado Constitucional; tercero, las unidades productivas familiares; y cuarto, los grupos de trueque, variándose sustantivamente las formas que se regulaban en el régimen de la derogada Ley de 2008.[24]

---

22 La Ley de 2008 las definía como las:"unidades comunitarias con autonomía e independencia en su gestión, orientadas a la satisfacción de necesidades de sus miembros y de la comunidad en general, mediante una economía basada en la producción, transformación, distribución e intercambio de saberes, bienes y servicios, en las cuales el trabajo tiene significado propio y auténtico; y en las que no existe discriminación social ni de ningún tipo de labor, ni tampoco privilegios asociados a la posición jerárquica" (art. 8). Dicha autonomía e independencia desapareció totalmente de la nueva LOSEC.

23 Al referirse al trabajo en la misma obra la Ideología Alemana, Marx y Engels hablaron de la "explotación del hombre por el hombre": y se refirieron a la "distribución desigual, tanto cuantitativa como cualitativamente, del trabajo y de sus productos." *Idem*.

24 Debe señalarse que la Ley derogada de 2008 establecía además, como unidades socioproductivas, las siguientes unidades de trabajo colectivo para la producción y distribución social y para la autogestión: Primero, la Empresa de Producción Social, que era la "unidad de trabajo colectivo destinada a la producción de bienes o servicios para satisfacer necesidades sociales y materiales a través de la reinversión social de sus excedentes, con igualdad sustantiva entre sus integrantes." (art. 9.3), entendiéndose como "trabajo colectivo" la "actividad organizada y desarrollada por los miembros de las distintas formas organizativas, basada en relaciones de producción no aliena-

O sea, que del trabajo en empresas privadas en las cuales los trabajadoras tienen herramientas para lograr mejores condiciones que ha sido una de las bases del sistema económico del país, se quiere pasar al trabajo exclusivamente en empresas de carácter público, creadas por las instancias del Estado Comunal y por los órganos y entes del Estado Constitucional, sometidas todas a una planificación centralizada, en las cuales no puede haber movimientos sindicales u organizaciones de trabajadores libres que puedan presionar para el logro de mejores condiciones laborales, y donde el "empresario" en definitiva resultará ser un burócrata de un régimen autoritario que usa el "excedente" para su propio confort, explotando a los asalariados alienados.

1. Empresas del Estado Comunal (Empresas de propiedad social directa comunal)

En *primer* lugar, están las "empresas de propiedad social directa comunal," o empresas del Estado Comunal, concebidas como la "unidad socioproductiva constituida por las instancias de Poder Popular en sus respectivos ámbitos geográficos, destinada al beneficio de los productores y productoras que la integran, de la colectividad a las que corresponden y al desarrollo social integral del país, a través de la reinversión social de sus excedentes." (art. 10.1)

Se trata siempre de empresas de propiedad social directa comunal creadas por las diversas instancias del Poder Popular, cuya gestión y administración es por tanto siempre ejercida la instancia que la constituya, de manera que siempre tienen un ámbito geográfico local limitado, confinadas a una comuna o alguna agregación de comunas.

2. Empresas públicas (Empresa de propiedad social indirecta comunal)

En *segundo* lugar están las "empresa de propiedad social indirecta comunal, "o empresas públicas del Estado Constitucional, concebidas como la "unidad socioproductiva constituida por el Poder Público en el ámbito territorial de una instancia del Poder Popular, destinadas al beneficio de sus productores y productoras, de la colectividad del ámbito geográfico respectivo y del desarrollo social integral del país, a través de la reinversión social de sus excedentes." (art. 10.2).

En estos casos se trata siempre de empresas de propiedad social indirecta comunal, constituidas por los órganos del Poder Público (República, Estados y Municipios), es decir, empresas públicas nacionales, estadales y municipales pero siempre creadas en un ámbito geográfico y territorial limitado reducido al de alguna instancia del Poder Popular, y cuya gestión y administración corresponde siempre, como principio, al ente u órgano del Poder Público que las constituya; sin que ello obste para que, progresivamente, la gestión y administración de estas empresas sea transferida a las instancias del

---

da, propia y auténtica, con una planificación participativa y protagónica (art. 5.2). Segundo, la Empresa de Distribución Social, que era la "unidad de trabajo colectivo destinada a la distribución de bienes o servicios para satisfacer necesidades sociales y materiales a través de la reinversión social de sus excedentes, con igualdad sustantiva entre sus integrantes." (art. 9.4). Y tercero, la Empresa de Autogestión, que era la "unidad de trabajo colectivo que participan directamente en la gestión de la empresa, con sus propios recursos, dirigidas a satisfacer las necesidades básicas de sus miembros y de la comunidad." (art. 9.5).

Poder Popular, en cuyo caso, se constituirían en empresas de propiedad social comunal directa, es decir, en empresas del Estado Comunal.

3. Unidades productivas familiares

En *tercer* lugar, están las "unidades productivas familiares," es decir, empresas de carácter netamente familiar, concebidas como "una organización cuyos integrantes pertenecen a un núcleo familiar que desarrolla proyectos socioproductivos dirigidos a satisfacer sus necesidades y las de la comunidad; y donde sus integrantes, bajo el principio de justicia social, tienen igualdad de derechos y deberes." (art. 10.3).

Conforme al artículo 14 de la Ley, el grupo familiar que puede confirmar estas empresas familiares, debe estar "integrado por personas relacionadas hasta el cuarto grado de consanguinidad y segundo de afinidad," y debe estar sustentada "en los saberes y el conocimiento propios del grupo familiar, destinado al beneficio de sus integrantes y a satisfacer necesidades de la comunidad donde el grupo familiar tenga su domicilio." Por tanto, un grupo de amigos y relacionados con interses comunes, no podría establecer una unidad socioproductiva de esta naturaleza, destinada beneficiar a sus integrantes y a satisfacer necesidades de la comunidad.

4. Organizaciones de trueque (Grupos de intercambio solidario)

Por último, en *cuarto* lugar, la LOSEC regula como organización socioproductiva a los "grupos de intercambio solidario," como organizaciones de "trueque" concebidas como el "conjunto de prosumidores y prosumidoras organizados voluntariamente, con la finalidad de participar en alguna de las modalidades de los sistemas alternativos de intercambio solidario."

A los efectos de estos Grupos, estos llamados "prosumidores y prosumidoras" se definen en la LOSEC como las "personas que producen, distribuyen y consumen bienes, servicios, saberes y conocimientos, mediante la participación voluntaria en los sistemas alternativos de intercambio solidario, para satisfacer sus necesidades y las de otras personas de su comunidad" (art. 16.6).

En cuanto a estos sistemas alternativos de intercambio solidario, es decir, de trueque, los mismos deben operar conforme al artículo 43, bajo dos modalidades de trueque: En primer lugar, el "trueque comunitario directo," en las modalidades de intercambio de saberes, conocimientos, bienes y servicios con valores mutuamente equivalentes, sin necesidad de un sistema de compensación o mediación.[25] Y en segundo lugar, el "trueque comunitario indirecto," en la modalidad de intercambio de saberes, conocimientos, bienes y servicios con valores distintos, que no son mutuamente equivalentes y que requieren de un sistema de compensación o mediación, a fin de establecer de manera explícita relaciones de equivalencias entre dichos valores diferentes.[26]

Para el desarrollo de estas modalidades de trueque, la Ley define los "mercados de trueque comunitario" como los "espacios físicos destinados periódicamente al intercambio justo y solidario de bienes, servicios, saberes y conocimientos, con el uso de

25 Igual definición se encuentra en el artículo 6.22 de la LOSEC

26 Similar definición se establece en el artículo 6.23 de la LOSEC

monedas comunales" (art. 6.11); y al "sistema de distribución de trueque comunitario" como el "sistema destinado periódicamente al intercambio justo y solidario de bienes, servicios, saberes y conocimientos"(art. 6.20).

Es imposible leer estas modalidades de "trueque" como uno de los pilares fundamentales del sistema de producción socialista que propugna esta Ley, sin que venga a la memoria, precisamente, el esquema utópico descrito por Marx y Engels respecto de una sociedad primitiva en la cual como decían, se pudiera, el mismo día, ser cazador, pescador, pastor y crítico, de manera que durante el transcurso del día incluso se pudiera intercambiar liebres o gallinas por unos pescados!! Es posible que ello pudiera aplicarse respecto de grupos o humanos o comunidades aislados que pueda haber en territorios inaccesibles, como forma de vida cotidiana, pero no es más que un disparate pensar que se pueda aplicar en las grandes urbes contemporáneas y en las intercomunicadas áreas rurales del país, salvo que se las reduzca todas, a la miseria.

IV. EL RÉGIMEN CENTRALIZADO DEL SISTEMA ECONÓMICO COMUNAL

Por otra parte, todo el sistema de producción socialista que se regula en la LOSEC, es un sistema económico sometido a una planificación centralizada, conforme a la cual está proscrita toda iniciativa privada, controlado además por el Ejecutivo nacional directamente.

A tal efecto, en la Ley para el Fomento y Desarrollo de la Economía Popular de 2008, se había establecido que el sistema de economía comunal estaba bajo el control del Ejecutivo Nacional, como "órgano rector," que se ejercía por órgano del Ministerio del Poder Popular para las Comunas y Protección Social (art. 6) (en lo adelante, Ministerio de las Comunas). La LOSEC establece ahora que el Ministerio de las Comunas, "es el órgano coordinador de las políticas públicas relacionadas con la promoción, formación, acompañamiento integral y financiamiento de los proyectos socioproductivos, originados del seno de las comunidades, las comunas o constituidos por entes del Poder Público conforme a lo establecido en el Plan de Desarrollo Económico y Social de la Nación, las disposiciones de la Ley, su Reglamento y demás normativas aplicables" (art 7).

Sin embargo, de las competencias que se atribuyen, resulta todo un sistema centralizado que conduce el Ejecutivo Nacional, de manera que al Ministerio de las Comunas corresponde conforme al artículo 8, las siguientes atribuciones:

1. Otorgar la personalidad jurídica a las organizaciones socioproductivas.
2. Dictar las políticas y lineamientos en materia de economía comunal, proyectos socioproductivos, formación, financiamiento, intercambio solidario y distribución que impulsen el desarrollo, consolidación y expansión del sistema económico comunal.
3. Asignar recursos financieros y no financieros, retornables y no retornables, para el desarrollo de las organizaciones socioproductivas que se constituyan en el marco de las disposiciones de la presente Ley.
4. Velar porque los planes y proyectos de sistema económico comunal se formulen en correspondencia con el Plan de Desarrollo Económico y Social de la Nación, adecuados a las necesidades y potencialidades de las comunidades, de las comunas o del ámbito geográfico de los sistemas de agregación que surjan entre éstas.

5. Diseñar e implementar programas, por sí o en articulación con otros órganos y entes públicos, así como del sector privado, para la formación, asistencia técnica y actualización tecnológica de las organizaciones socioproductivas.
6. Coadyuvar a la consolidación de las bases del modelo productivo socialista, como instrumento para alcanzar el desarrollo humano integral, sostenible y sustentable.
7. Dictar normas en materia de recuperación y reestructuración de las organizaciones socioproductivas previstas en la presente Ley.
8. Contribuir a la consecución de la justa distribución de la riqueza mediante el diseño, planificación y ejecución de planes, programas y proyectos tendentes al desarrollo del sistema económico comunal, como instrumento para la construcción del modelo productivo socialista, en correspondencia con los lineamientos del sistema nacional de planificación.
9. Diseñar, en articulación con los órganos y entes con competencia en materia educativa y tecnológica, programas para la formación y capacitación de los integrantes o aspirantes a integrar las organizaciones socioproductivas, así como para la certificación de saberes y conocimientos de los ciudadanos y ciudadanas de las comunidades que formen parte del sistema económico comunal.
10. Hacer seguimiento, evaluación y control de las organizaciones socioproductivas con el fin de asegurar que las actividades de las mismas se correspondan con los respectivos planes, proyectos y programas de cualquiera de los sistemas de agregación comunal.
11. Formular y promover políticas de incentivo y acompañamiento integral a las organizaciones socioproductivas que se constituyan en cualquiera de los sistemas de agregación comunal.
12. Establecer las medidas necesarias para promover el acceso de las organizaciones socioproductivas a los distintos procesos de intercambio socioproductivo, nacionales e internacionales, preferentemente con países Latinoamericanos y del Caribe, en el ámbito de la integración comunitaria bolivariana y caribeña, para potenciar el humanismo y la hermandad entre los pueblos.

V. EL RÉGIMEN JURÍDICO DE LAS ORGANIZACIONES SOCIOPRODUCTIVAS DEL SISTEMA ECONÓMICO COMUNAL

1. Constitución de las organizaciones socioproductivas

A. Forma jurídica para la Constitución

Las condiciones para la constitución de las organizaciones socioproductivas se establecen en la LOSEC, diferenciándolas según la forma de las mismas.

En primer lugar, en cuanto a las empresas del Estado Comunal, es decir, aquellas "de propiedad social directa comunal," como se establece en el artículo 12, las mismas deben ser constituidas "mediante documento constitutivo estatutario, acompañado del respectivo proyecto socioproductivo, haciendo este último las veces de capital social de la empresa, "el cual debe ser "elaborado con base en las necesidades y potencialidades de las comunidades de la instancia del Poder Popular a la que corresponda, y de acuerdo al plan de desarrollo del correspondiente sistema de agregación comunal."

En segundo lugar, en cuanto a las Empresas públicas constituidas por órganos o entes del Poder Público, que son las "de propiedad social indirecta comunal," dispone el artículo 13, que las mismas son constituidas mediante "documento constitutivo estatutario, de acuerdo a las normativas que rijan al órgano o ente público encargado de su constitución." Se entiende que se refiere al acto ejecutivo por medio del cual se decide en la Administración Central o descentralizada, la creación de una empresa, en los términos de la Ley Orgánica de la Administración Pública.

En tercer lugar, en cuanto a las "Unidades productivas familiares," el artículo 14 establece que cada una de las mismas se constituye "por un grupo familiar integrado por personas relacionadas hasta el cuarto grado de consanguinidad y segundo de afinidad, mediante documento constitutivo estatutario y un proyecto socioproductivo sustentado en los saberes y el conocimiento propios del grupo familiar, destinado al beneficio de sus integrantes y a satisfacer necesidades de la comunidad donde el grupo familiar tenga su domicilio."

Por último, *en cuarto lugar*, y en cuanto los Grupos de intercambio solidario, el artículo 15 de la LOSEC dispone que los mismos se constituyen "mediante acta de asamblea de prosumidores y prosumidoras, en la cual toda persona natural o jurídica puede pertenecer a un determinado grupo de intercambio solidario para ofrecer y recibir saberes, conocimientos, bienes y servicios," siempre y cuando cumpla con lo establecido en la Ley y su Reglamento. En este último caso, el acuerdo solidario, conforme se indica en el artículo 44 de la ley, se debe llevar a cabo a través de una asamblea constitutiva de prosumidores, en la que se debe proponer la denominación del grupo, de "la moneda comunal" que se va a utilizar, así como "la especificación y organización del sistema alternativo de intercambio solidario," el cual se debe regir por lo dispuesto en la Ley y su Reglamento.

Dicha Asamblea de prosumidores como se establece en el artículo 47 de la Ley, debe estar integrada por quienes voluntariamente decidan conformar el respectivo grupo de intercambio solidario, con las siguientes atribuciones: 1. Diseñar, denominar, valorar, administrar y decidir sobre cualquier aspecto relativo a la moneda comunal, con autorización del Ministerio de las Comunas y conforme a las resoluciones que dicte al efecto el Banco Central de Venezuela; y 2. Coordinar las actividades de organización y funcionamiento de los diferentes espacios del intercambio solidario.

B. Ámbito geográfico

Las organizaciones socioproductivas conforme se exige en el artículo 11 de la LOSEC, deben tener un determinado espacio geográfico en el país, correspondiente a la instancia del Poder Popular en las que se constituyan, donde deben establecer su domicilio. Sin embargo, en el caso de los grupos de intercambio solidario, los mismos deben tener su domicilio en el lugar donde desarrollen las actividades socioproductivas tendientes a ofrecer y recibir bienes, servicios, saberes y conocimientos.

C. Denominación

Los documentos de las empresas de propiedad social comunal deben siempre indicar tal carácter, bien sea con la mención expresa de "Empresa de Propiedad Social" o abreviación mediante las siglas "EPS" (art. 17).

D. Personalidad jurídica

Todas las organizaciones socioproductivas contempladas en la LOSEC, conforme se dispone en el artículo 16 de la Ley, no adquieren personalidad jurídica mediante la inscripción de su documento constitutivo en el registro mercantil, sino mediante el registro del mismo "ante el órgano coordinador," es decir, ante el Ministerio de las Comunas.

A tal efecto, dicho Ministerio debe establecer una dependencia funcional de verificación, inscripción y registro con el fin de mantener el seguimiento y control de las organizaciones socioproductivas y de los espacios de intercambio solidario del país (art. 19). Nada se indica en la Ley, sin embargo, sobre la publicidad de este registro, es decir, sobre el acceso del público al mismo, ni sobre la potestad del funcionario innominado a cargo de la inscripción de dar fe pública o autenticidad a los documentos registrados. Parecería que se trata de desmantelar el sistema registral general, sin reformar la ley respectiva.

El procedimiento para la "inscripción" ante el Ministerio de las Comunas, a los efectos de la obtención de la personalidad jurídica de las diversas organizaciones socioproductivas, es el siguiente:

1. En los casos de organizaciones socioproductivas de propiedad social comunal directa, es decir, de empresas del Estado Comunal, los responsables designados por la instancia de agregación comunal correspondiente, deben presentar por ante el Ministerio de las Comunas la solicitud de registro, acompañada del acta constitutiva de la organización, acta de la asamblea de productores, así como el proyecto socioproductivo. Cuando se trate de empresas de propiedad social comunal indirecta, es decir, de empresas públicas, el funcionario autorizado del órgano o ente de la Administración Pública correspondiente, es el que debe presentar ante el Ministerio de las Comunas el acta constitutiva, así como los estatutos de la organización.

2. El servidor público responsable en el Ministerio de las Comunas debe recibir los documentos que le hayan sido presentados con la solicitud, debe efectuar el registro en un lapso no mayor a quince días, otorgándole personalidad jurídica a todos los efectos legales.

3. Si se encontrare alguna deficiencia en la documentación presentada, el servidor público competente lo debe comunicar a los solicitantes, quienes tienen un lapso de treinta días para corregirla, de manera que subsanada la falta se debe proceder al registro.

4. Si los interesados no subsanan la falta en el lapso indicado, el órgano coordinador debe abstenerse de registrar la organización, y contra esta decisión puede interponerse el recurso jerárquico correspondiente conforme a lo dispuesto en la Ley Orgánica de Procedimientos Administrativos, con lo cual queda agotada la vía administrativa. Los actos administrativos dictados por el Ministerio de las Comunas como "órgano coordinador" pueden ser recurridos por ante la jurisdicción contencioso administrativa.

El Ministerio de las Comunas, sólo puede abstenerse de registrar una organización socioproductiva, además de cuando no se acompañen los documentos exigidos en la Ley o si éstos presentan alguna deficiencia u omisión no subsanada, "cuando el proyecto socio productivo de la organización tenga por objeto finalidades distintas a las previstas en la Ley." (Art. 18) Por tanto, ninguna organización socioproductiva que no sea socialista o que no responda al modelo productivo socialista podría ser registrada.

2. Derechos de las organizaciones socioproductivas

Conforme se establece en el artículo 20 de la LOSEC, las organizaciones socioproductivas gozan de los siguientes derechos:

1. Formación y capacitación integral para el trabajo productivo y técnico, en la formulación, desarrollo y financiamiento de proyectos socioproductivos sustentables por parte de los órganos y entes del Poder Público con competencia en la materia.
2. Acompañamiento integral mediante el otorgamiento de recursos financieros y no financieros, retornables y no retornables, por parte de los órganos y entes del Poder Público.
3. La transferencia de servicios, actividades y recursos, en el área de sus operaciones, de acuerdo con lo establecido en el artículo 184 y 185 de la Constitución de la República, en concordancia con las decisiones del Consejo Federal de Gobierno.

Además, dispone el artículo 22 de LOSEC que los órganos y entes del Poder Público, en sus diferentes niveles político–territoriales, deben establecer entre las condiciones para los procesos de contratación de obras, adquisición de bienes y prestación de servicios, "medidas que favorezcan y otorguen prioridad y preferencia a las organizaciones socioproductivas" establecidas en la Ley.

Por otra parte, en caso de situaciones sobrevenidas no imputables a la organización socioproductiva, que afecte su funcionamiento o capacidad de pago, el artículo 23 de la Ley dispone que el Ejecutivo Nacional, a través del Ministerio de las Comunas, podrá aprobar y aplicar programas de recuperación o reestructuración.

3. Obligaciones de las organizaciones socioproductivas

En cuanto a las obligaciones de las organizaciones socioproductivas, las mismas se enumeran en el artículo 24 de la LOSEC, en la siguiente forma:

1. Diseñar y ejecutar planes, programas y proyectos socioproductivos, en coordinación con el Comité de Economía Comunal, el Consejo de Economía Comunal o la instancia de articulación en materia de economía comunal del sistema de agregación, según sea el caso, dirigidos a consolidar el desarrollo integral de la comunidad o las comunidades del ámbito territorial de la instancia del Poder Popular al que corresponda.
2. Promover y practicar la democracia participativa y protagónica, basada en los principios de la ética socialista, y el desarrollo de actividades socioproductivas, surgidas del seno de la comunidad o las comunidades.
3. Cumplir y hacer cumplir las decisiones emanadas del Comité de Economía Comunal, el Consejo de Economía Comunal o la instancia en materia de economía comunal del sistema de agregación, según sea el caso, en función de articular los planes y proyectos socioproductivos a los lineamientos de planificación de la instancia respectiva.
4. Fomentar, promover e implementar el desarrollo de actividades socioproductivas, políticas, culturales, ecológicas, de defensa de los derechos humanos y de las personas en situación de vulnerabilidad, de acuerdo a los principios y valores contenidos en esta Ley.
5. Rendir cuentas y ejercer la contraloría social, como actividad permanente, en el desarrollo de la gestión comunitaria o comunal.
6. Prever medidas adecuadas para promover la defensa, protección y aseguramiento del ambiente en condiciones óptimas para la realización de sus actividades, a los fines de minimizar el impacto ambiental de las operaciones que realicen.

7. Reinvertir socialmente los excedentes para el desarrollo de las comunidades y contribuir al desarrollo social del país, de acuerdo a lo establecido en el Reglamento de esta Ley y a la planificación de la instancia correspondiente.
8. Dar prioridad a las personas y al trabajo como hecho social sobre el capital, con el fin de garantizar el desarrollo humano integral.
9. Garantizar la igualdad de derechos y obligaciones para los integrantes de las organizaciones socioproductivas.
10. Desarrollar acciones estratégicas de enlace y coordinación, para articularse en red con otras organizaciones socioproductivas, a los fines de garantizar el desarrollo y consolidación del sistema económico comunal, para elevar los niveles de eficiencia en la productividad y la cobertura de bienes y servicios, en beneficio de la colectividad y el desarrollo social integral del país.
11. Incentivar la inserción socioproductiva como elemento fundamental del desarrollo social, impulsando el espíritu emprendedor solidario y la cultura del trabajo colectivo. A tal efecto, la propia Ley define el "trabajo colectivo" como la "actividad organizada, planificada y desarrollada por los integrantes de las distintas formas organizativas de producción de propiedad social, basada en una relación de producción no alienada, propia y auténtica, de manera participativa y protagónica"(art. 6.23).
12. Garantizar un modelo de gestión basado en el aprendizaje permanente y regido por los principios propios de la democracia revolucionaria.
13. Hacer transparente las estructuras de costos y precios, así como participar en la creación de nuevas formas de espacios de integración, mediante el intercambio directo de bienes y servicios entre las organizaciones socioproductivas y las comunidades.

4. Régimen jurídico de las organizaciones socioproductivas

Como se aprecia de lo antes señalado, la LOSEC establece toda una precisa regulación sobre la constitución y funcionamiento de las organizaciones socioproductivas, diferentes a las que rigen en el ordenamiento jurídico de la República para las organizaciones económicas o empresariales, particularmente diferentes a las establecidas en el Código de Comercio.

Sin embargo, en todos aquellos casos en los cuales el desarrollo de las actividades de las empresas de propiedad social hubiere que aplicar supletoriamente cualquier disposición contenida en norma distinta a la LOSEC, es decir, en el ordenamiento jurídico de la República, de acuerdo con el artículo 39 de la LOSEC, se debe proceder con arreglo a los siguientes principios:

1. Las personas naturales y sujetos públicos o privados que formen parte de empresas de propiedad social comunal no tienen derecho o participación sobre el patrimonio de las mismas, y el reparto de excedentes económicos, si los hubiere, se hará de conformidad con lo establecido en la Ley.
2. Las empresas de propiedad social comunal pueden realizar cualesquiera actos de comercio, pero tales actos no pueden constituir su único o exclusivo objeto empresarial, por cuanto éste debe comprender, además de las actividades que resulten en un beneficio para sus productores que las conformen, la reinversión social del excedente para el desarrollo de la comunidad y contribución al desarrollo social integral del país.
3. La constitución, operación y administración de las empresas de propiedad social comunal debe atender:

"a los principios de desarrollo endógeno, equilibrio territorial, soberanía productiva, sustitución selectiva de importaciones y a un modelo de gestión que consolide la relación de producción socialista, determinándose previamente las necesidades de la población donde se proyecte su constitución, con base al potencial local, cultura autóctona y necesidades colectivas, lo cual determinará el tipo de bienes a producir o los servicios a prestar, de acuerdo a lo establecido en el Plan de Desarrollo Económico y Social de la Nación, así como a los lineamientos del Ejecutivo Nacional por intermedio del Ministerio del Poder Popular con competencia en materia de economía comunal."

4. En caso de conclusión, disolución o liquidación de empresas de propiedad social comunal, los bienes resultantes de la liquidación, si los hubiere, no pueden ser apropiados por ninguna de las personas naturales o jurídicas que conformen la empresa, sino que los mismos deben conservar "la condición de bienes de propiedad social comunal directa o indirecta," según corresponda a la clasificación que se les hubiere otorgado para el momento de la constitución de la empresa.
5. En caso de liquidación de empresas de propiedad social comunal indirecta, los bienes resultantes de la liquidación deben ser revertidos a la República o transferidos a otra empresa de propiedad social comunal indirecta, según se indique en el decreto mediante el cual se establezca la liquidación.[27]

Por otra parte, conforme se dispone en el artículo 21, las organizaciones socioproductivas están "exentas del pago de todo tipo de tributos nacionales y derechos de registro."

VI. LA ESTRUCTURA ORGANIZATIVA Y FUNCIONAL DE LAS ORGANIZACIONES SOCIOPRODUCTIVAS DEL SISTEMA ECONÓMICO COMUNAL

1. Las Unidades organizativas de las organizaciones socioproducitvas

La LOSEC establece detalladas regulaciones absolutamente uniformes sobre las diversas Unidades que deben tener las diversas organizaciones socioproductiva, las cuales conforme al artículo 25, son siempre las siguientes: Unidad de Administración (Art. 27); Unidad de Gestión Productiva (Art. 28); Unidad de Formación (Art. 297); y Unidad de Contraloría Social (Art. 30). La LOSEC establece al efecto detalladas regulaciones sobre las competencias de cada una de dichas Unidades.

2. Integrantes de las organizaciones socioproductivas

Las organizaciones socioporductivas están integradas por "productoras o productores" quienes conforme al artículo 6.16, "ejercen el control social de la producción, de manera directa o en conjunto con la representación del Poder Público según la organización, sea de propiedad directa comunal o de propiedad indirecta comunal; y cuyas relaciones de trabajo se basan en la igualdad de derechos y deberes, sin ningún tipo de discriminación ni de posición jerárquica." Es francamente difícil siquiera imaginar cómo una empresa, como organización económica para la producción, pueda funcionar sin posiciones jerárquicas diferenciadas.

---

27 El numeral 6 el mismo artículo atribuye al Presidente de la República, en Consejo de Ministros, la potestad de reglamentar los aspectos enumerados en este artículo, así como otros que, con la finalidad de regular el funcionamiento de las empresas de propiedad social comunal, ameriten de normativa administrativa

Estos productores integrantes de las organizaciones socioproductivas, tienen los siguientes derechos indicados en el artículo 32 de la Ley:

1. Recibir una justa remuneración por el trabajo realizado, de acuerdo a la calidad y cantidad del mismo.
2. Recibir apoyo económico de su organización socioproductiva ante situaciones de contingencia, emergencia o problemas de salud, que no posean capacidad de cubrir.
3. Recibir permanentemente formación y capacitación técnica–productiva y político–ideológica, necesarias para su pleno desarrollo dentro de la organización y del sistema económico comunal.

Por otra parte, dichos integrantes de una organización socioproductiva, tienen los siguientes deberes enumerados en el artículo 33:

1. Coadyuvar en el desarrollo del sistema económico comunal, para contribuir con la transformación del modelo productivo tradicional, hacia el modelo productivo socialista.
2. Incentivar la participación y ayuda mutua entre sus compañeros y compañeras de trabajo.
3. Promover la ética y disciplina revolucionaria.
4. Rendir cuenta de su gestión cuando le sea requerido.
5. Manejar con eficacia y eficiencia los recursos de la organización, asignados por el Estado u obtenidos por cualquier otra vía.
6. Actuar conforme a los acuerdos alcanzados en asamblea, ya sea del ámbito de su sistema de agregación comunal o las ordinarias y extraordinarias de la organización productiva.
7. Promover y practicar la democracia participativa y protagónica en el desarrollo de las actividades socioproductivas.
8. Participar en el diseño y ejecución de planes, programas y proyectos socioproductivos dirigidos a consolidar el desarrollo integral de la comunidad.
9. Promover la contraloría social y estar sujeto a la misma.
10. Velar por el buen uso de los activos de propiedad colectiva.

3. Los Voceros de las unidades de las organizaciones socioproductivas

Cada una de las cuatro Unidades de las organizaciones socioproductivas (Unidad de Administración, Unidad de Gestión Productiva, Unidad de Formación y Unidad de Contraloría Social) deben estar integradas, por tres voceros, designados en la siguiente forma:

Cuando la organización socioproductiva sea de propiedad social comunal directa, es decir, se trate de una empresa del Estado Comunal, todos los integrantes de la Unidad de Organización deben ser designados por la instancia del Poder Popular a la que corresponda la organización socioproductiva, en consulta con sus integrantes (art. 26).

Cuando se trate de una organización socioproductiva que sea de propiedad social comunal indirecta, es decir, de una empresa pública creada por los órganos o entes del Poder Público, los integrantes de la Unidad de Administración deben ser designados en la siguiente forma: Dos representantes del órgano o ente del Poder Público que constituye la organización, los cuales deben ejercer sus labores en igualdad de condiciones con los demás integrantes de la organización; y un vocero de la asamblea de productores y productoras de la organización. En cambio, en cuanto a los integrantes de las Unidades De Gestión Productiva, Formación y Contraloría Social los mismos deben ser designados por la asamblea de productores y productoras.

4. Condición para ser productores–integrantes de las organizaciones socioproductivas

Conforme al artículo 31 de la LOSEC, para ser productor integrante de las organizaciones socioproductivas se requiere:

1. Ser venezolano o extranjero residente, habitante de la comunidad con al menos un año de residencia en la misma, salvo en los casos de las comunidades recién constituidas.
2. Ser mayor de quince años, excepto en los casos de las Unidades De Administración y de Contraloría Social donde se requiere ser mayor de dieciocho años.
3. Estar inscrito en el registro electoral de la instancia de la agregación comunal.
4. De reconocida honorabilidad.
5. Tener capacidad para el trabajo colectivo con disposición y tiempo para el trabajo comunitario.
6. Espíritu unitario y compromiso con los intereses de la comunidad.
7. No poseer parentesco hasta el cuarto grado de consanguinidad y segundo grado de afinidad con los demás integrantes de la Unidad de Administración y de la Unidad de Contraloría Social que conforman la organización socioproductiva, salvo las comunidades de áreas rurales y comunidades indígenas.
8. No ocupar cargos de elección popular.
9. No estar sujeto a interdicción civil o inhabilitación política.
10. No ser requerido o requerida por instancias judiciales.

La condición de integrante de la organización socioproductiva se pierde por las siguientes causales enumeradas en el artículo 34 de la Ley:

1. La renuncia a su condición de integrante de la organización.
2. El cambio de residencia comprobado, fuera del ámbito geográfico al que pertenezca la organización socioproductiva.
3. Enfermedad que imposibilite ejercer sus funciones.
4. Estar sujeto a sentencia definitivamente firmen dictada por los órganos jurisdiccionales, que impida el ejercicio de sus funciones.
5. Ser designado o designada en un cargo público de elección popular.
6. Por disolución y/o liquidación de la organización socioproductiva.
7. Por vencimiento del término de duración de la organización socioproductiva.
8. Incurrir en alguna falta grave o infracción de las establecidas en la presente Ley y las que normen las instancias del Poder Popular.

Conforme al artículo 35 constituye falta grave, las siguientes: a) Observar mala conducta o realizar actos que se traduzcan en grave perjuicio moral o material para la organización socioproductiva; b) El no cumplimiento de los deberes e irrespeto de los principios y valores fundamentales establecidos en la Ley y su Reglamento; c) Cuando se desvíe el destino de los recursos que le hayan sido entregados para su administración, a un uso distinto al planificado y que dé origen a un hecho previsto en la ley como punible; o d) Cuando los integrantes de la organización socioproductiva incumplan con la reinversión social del excedente en un periodo de un año.

9. Contravenir las disposiciones establecidas en la carta fundacional de la comuna, las cartas comunales, relativas a las normas de convivencia, o incurrir en alguna falta calificada como grave por esta Ley.

En todo caso, quien infrinja el normal funcionamiento de los grupos de intercambio solidario, incumpla sus deberes o realice acciones que alteren o perjudiquen el sistema de intercambio solidario en detrimento de los intereses de la comunidad, debe ser desincorporado del grupo de intercambio solidario, quedando inhabilitado para participar en otros grupos de intercambio por el lapso de un año, sin perjuicio de la responsabilidad civil, penal y administrativa a que hubiere lugar (art. 51).

10. La muerte.

5. Normas sobre la gestión productiva y administración de los recursos de las organizaciones socioproductivas

La LOSEC trae una extensa y detallada regulación sobre la gestión productiva y sobre la administración de los recursos de las organizaciones socioproductivas.

A tal efecto, la *gestión productiva*, en el marco de las actuaciones de las organizaciones socioproductivas, se define en el artículo 56 de la LOSEC como un proceso para hacer efectiva la participación popular y la planificación participativa, que responda a las necesidades colectivas y contribuya al desarrollo de las potencialidades y capacidades de las comunidades.

Esta gestión productiva se concreta como una expresión del ciclo comunal, dirigida a la formulación, ejecución y control del plan de desarrollo de la instancia de agregación comunal a que corresponda (art. 56). Conforme al artículo 57, al referirse a las fases del ciclo comunal productivo, dispone que la gestión productiva, desarrollada a través del mismo, se conforma por cinco fases, las cuales se complementan e interrelacionan entre sí, y que son: el diagnóstico, el plan, el presupuesto, la ejecución y la contraloría social.

En cuanto a los *recursos* de las organizaciones socio productivas, los mismos se regulan en la LOSEC, disponiéndose que los recursos financieros y no financieros son los siguientes: 1. Los que sean transferidos por la República, los estados y los municipios, conforme a lo establecido en los artículos 184, 185, 300 y 308 de la Constitución; 2. Los generados en el desarrollo de su actividad productiva; y 3. Los provenientes de donaciones. (art. 58). Los Recursos financieros se clasifican en Recursos retornables y Recursos no retornables (art. 59): y los Recursos no financieros se definen como programas, proyectos, instrumentos y acciones para el adiestramiento, capacitación, asistencia tecnológica, productiva y otros, prestados por los órganos y entes del Poder Público a las organizaciones socioproductivas, necesarios para concretar la ejecución de las políticas, planes y proyectos que impulsen al sistema económico comunal (art. 60).

En cuanto a los *fondos* de las organizaciones socioproductivas, en los artículos 62 a 65 de la LOSEC se regulan detalladamente los Fondos internos de las organizaciones socioproductivas; los Fondo de mantenimiento productivo; Fondos de atención a los productores, productoras, prosumidores y prosumidoras; y el Fondo comunitario para la reinversión social. Este último, conforme al artículo 65, está destinado al desarrollo social comunitario, comunal y nacional, constituido por recursos financieros excedentes del proceso socioproductivo que serán transferidos por las organizaciones socioproductivas a la instancia del Poder Popular que corresponda, así como al Ejecutivo Nacional.

VII. EL SISTEMA ALTERNATIVO DE INTERCAMBIO SOLIDARIO O EL RÉGIMEN DE "TRUEQUE"

1. Fines y función del sistema alternativo de intercambio (trueque)

La LOSEC destina un conjunto de normas para regular, en especial, el "sistema alternativo de intercambio solidario," consistente, como se ha dicho, en el sistema de trueque comunitario directo e indirecto (art. 43), el cual se define en el artículo 40, como

> "el conjunto de actividades propias que realizan los prosumidores y prosumidoras, dentro y fuera de su comunidad, por un periodo determinado, antes, durante y después del intercambio, con el propósito de satisfacer sus necesidades y las de las comunidades organizadas, de saberes, conocimientos, bienes y servicios, mediante una moneda comunal alternativa; y con prohibición de prácticas de carácter financiero, como el cobro de interés o comisiones."

Este sistema alternativo de intercambio solidario, tal como se indica en el artículo 41 de la Ley, tiene como objetivo primordial facilitar el encuentro de prosumidores de los grupos que lo conforman, para desarrollar las actividades propias del sistema, organizado en la forma prescrita en la Ley y su Reglamento, con la finalidad de satisfacer sus necesidades y de las comunidades organizadas, propendiendo al mejoramiento de la calidad de vida del colectivo.

Dicho sistema de intercambio solidario, conforme al artículo 42, se basa en los siguientes principios y valores: 1. La buena fe como base de las operaciones de intercambio. 2. El respeto de las tradiciones sociales y culturales. 3. La responsabilidad en la elaboración de bienes y prestación de servicios. 4. La no discriminación. 5. La coordinación de negociación armónica para el intercambio. 6. El impulso del sistema económico comunal. 7. La satisfacción de necesidades del colectivo. 8. El intercambio de saberes, conocimientos, bienes y servicios de calidad. 9. La reducción de los costos de las transacciones asociadas a los participantes. y 10. El rescate de la memoria histórica local.

Los grupos de intercambio solidario, tal como lo precisa el artículo 46 de la Ley, tienen como función primordial facilitar las relaciones de intercambio entre los prosumidores, para lo cual deben:

1. Estimular y fortalecer el intercambio justo de saberes, conocimientos, bienes y servicios en cualquiera de los espacios de intercambio solidario.
2. Promover la autogestión comunitaria, incentivando la creación y el desarrollo integral de los prosumidores y prosumidoras.
3. Fomentar el desarrollo endógeno sustentable.
4. Fortalecer la identidad comunal y las relaciones comunitarias.
5. Establecer relaciones con los órganos competentes para el desarrollo de la producción de saberes, conocimientos, bienes y servicios como un medio para alcanzar la soberanía alimentaria.
6. Ejecutar todas aquellas actividades que, en el marco de la Constitución de la República y el ordenamiento legal vigente, determinen los prosumidores y prosumidoras reunidos en asamblea.

2. Los derechos y deberes de los prosumidores

De acuerdo con el artículo 48 de la Ley, los derechos de los prosumidores son los siguientes:

1. Recibir del Ministerio del Poder Popular con competencia en materia de economía comunal, información, formación, capacitación y acompañamiento integral para su efectiva participación en el sistema alternativo de intercambio solidario.
2. Participar en la constitución, gestión y toma de decisiones dentro del grupo de intercambio solidario al cual pertenezcan.
3. Recibir información oportuna e incuestionable sobre los lineamientos del grupo de intercambio solidario en el que participan.
4. Elegir y ser elegidos o elegidas para la conformación de las vocerías de los comités de trabajo del grupo de intercambio solidario.
5. Su publicación en el directorio, que a tales efectos llevará el Ministerio del Poder Popular con competencia en materia de economía comunal, para la identificación de los grupos del sistema alternativo de intercambio solidario, junto con sus ofertas de saberes, conocimientos, bienes y servicios.
6. Los que se reconozcan por decisión de la asamblea de prosumidores y prosumidoras, de conformidad con la Constitución de la República y las leyes.

En cuanto a los deberes de los prosumidores, conforme al artículo 49 de la LOSEC, son los siguientes:

1. Producir bienes o prestar servicios, saberes y conocimientos para los grupos de intercambio solidario, así como consumir, adquirir bienes y servicios de los otros prosumidores y prosumidoras.
2. Inscribirse ante la unidad de verificación, inscripción y registro del órgano coordinador.
3. Cumplir con las obligaciones y responsabilidades asumidas en su grupo de intercambio solidario.
4. Cumplir y hacer cumplir las decisiones emanadas de la asamblea de su grupo de intercambio solidario.
5. Pertenecer a un comité de trabajo y cumplir las tareas que le sean asignadas.

3. Los espacios del sistema alternativo de intercambio solidario

El sistema alternativo de intercambio solidario conforme al artículo 50 de la LOSEC puede ser desarrollado en los siguientes espacios: Primero, el Sistema de producción y suministro para el trueque comunitario. Segundo, en los Centros de acopio, tiendas comunitarias y proveedurías. Tercero, en cualquier lugar que determinen los prosumidores en el momento requerido, o en su defecto el lugar acordado por la asamblea de prosumidores. Y cuarto, todos aquéllos que a tales fines fije el Ejecutivo Nacional a través del Ministerio con competencia en materia de economía comunal.

4. La moneda comunal

Como se ha dicho, la LOSEC establece la "moneda comunal," como un "instrumento alternativo a la moneda de curso legal en el espacio geográfico de la República," donde funciona el grupo de intercambio solidario, que permite y facilita el intercambio de saberes, conocimientos, bienes y servicios en los espacios del sistema de intercambio solidario, mediante la cooperación, la solidaridad y la complementariedad, en contraposición a la acumulación individua (art. 52). Corresponde al Banco Central de Venezuela regular todo lo relativo a la moneda comunal dentro del ámbito de su competencia (art. 53).[28]

Cada moneda comunal, por otra parte, tiene una denominación que debe ser escogida por cada grupo de intercambio solidario, "la cual responderá a una característica ancestral, histórica, cultural, social, geográfica, ambiental, patrimonial u otra que resalte los valores, la memoria e identidad del pueblo" (art. 54).

La moneda comunal debe ser administrada por los grupos de intercambio solidario, debidamente registrada y distribuida equitativamente entre los prosumidores, y sólo tendrá valor dentro del ámbito territorial de su localidad; en consecuencia, no tendrá curso legal ni circulará fuera del ámbito geográfico del grupo de intercambio solidario.

El valor de la moneda comunal debe ser determinado "por equivalencia con la moneda de curso legal en el espacio geográfico de la República," a través de la asamblea de prosumidores, previa autorización del Ministerio de las Comunas, de conformidad con lo previsto en la Ley y las resoluciones que a tal efecto dicte el Banco Central de Venezuela (art. 55).

Por supuesto, leer estas disposiciones sobre unas monedas comunales, cuyo número puede ser infinito, lo que recuerda es el establecimiento de los viejos "vales" o moneda de las haciendas que existieron hasta comienzos del siglo XX, donde los campesinos quedaban confinados para sus posibilidades de intercambio, lo que después de tantas décadas de desarrollo se logró superar, primero or la emisión de moneda por los bancos privados; y luego, por la creación de la moneda única, que es el bolívar, luego de la creación del Banco Central de Venezuela al cual se le dio el monopolio de la acuñación. Parecería que con estas regulaciones sobre la moneda comunal, no sólo se ignora la realidad del país y su historia, sino que parece que se quisiera regresar a la Venezuela de hace más de cien años, confinándose la economía a lo local, cuando en el mundo la corriente globalizadora muestra lo contrario. Basta para darse cuenta de ello los esfuerzos por el mantenimiento del Euro en Europa.

5. La red de comercio justo y suministro socialista

Por último, la LOSEC regula la "red de comercio justo y suministro socialista," integrada por "las unidades de suministro socialista" y demás medios de distribución y abastecimiento con que cuenta el Estado para tal fin (art. 69), que deben ser promovidas, fomentadas y estimuladas por el Poder Ejecutivo Nacional, a través del Ministerio del Poder Popular con competencia en materia de comercio, (art. 70). A tal efecto, el mismo Ministerio debe implementar las medidas necesarias "para garantizar el acceso de las organizaciones socioproductivas del sistema de economía comunal a la red de comercio justo y suministro socialista" (Art. 71).

---

28 *V.* sobre la moneda comunal los comentarios de Jesús María Alvarado Andrade, "La desaparición del bolívar como moneda de curso legal (Notas críticas al inconstitucional Decreto N° 6.130 de la ley para el fomento y desarrollo de la economía comunal), en *Revista de Derecho Público*, N° 115 (Estudios sobre los decretos leyes), Editorial Jurídica Venezolana, Caracas 2008, pp. 313–320.

Por otra parte, dispone la Ley que el Ejecutivo Nacional, debe establecer las medidas necesarias para "promover el acceso de las organizaciones socioproductivas del sistema económico comunal a los distintos procesos de intercambio socioproductivos nacionales e internacionales, preferentemente con los países Latinoamericanos y del Caribe; y muy especialmente con los países miembros de la Alianza Bolivariana para los Pueblos de Nuestra América (ALBA–TCP), para potenciar el humanismo, el internacionalismo y la unión de los pueblos, bajo los principios de la solidaridad, la complementariedad y el respeto a la soberanía nacional. (art. 73). No se entiende cómo funcionando con una moneda comunal, puede siquiera pensarse que las organizaciones socioproductivas puedan acceder al comercio internacional.

VIII. A MANERA DE CONCLUSIÓN: EL GRAN DESAFÍO DE LA REPÚBLICA: LA NECESARIA REVALORIZACIÓN DEL PRINCIPIO DE LA RIGIDEZ CONSTITUCIONAL

La Constitución, como ley suprema, como hemos dicho, es por supuesto inmutable mediante los mecanismos ordinarios de formación de las leyes, gozando por tanto sus normas de rigidez constitucional, lo que implica que las mismas sólo pueden ser modificadas o reformadas por los medios que se indican expresamente en el texto constitucional, por lo que este no pierde su vigencia "si dejare de observarse por acto de fuerza o porque fuere derogada por cualquier otro medio distinto al previsto en ella" (art. 333), es decir, por los establecidos en el Título IX sobre Reforma Constitucional (arts. 340 a 349).[29]

La rigidez de la Constitución se concretiza entonces en la previsión de procedimientos y vías institucionales específicas para su reforma (poder constituyente derivado), la cual en ningún caso puede efectuarse por la Asamblea Nacional mediante el solo procedimiento de formación de las leyes, ni por el Presidente de la República mediante legislación delegada ni por el por el Tribunal Constitucional al interpretar las normas constitucionales. Dichos procedimientos de reforma, además, aseguran siempre la participación del pueblo como poder constituyente originario el cual debe expresar su volunta mediante referendo.

Para ello, precisamente, en la Constitución de 1999 se han establecido tres mecanismos institucionales para la reforma constitucional que se distinguen según la intensidad de las transformaciones que se proponen, y que son las Enmiendas Constitucionales, las Reformas Constitucionales y la Asamblea Nacional Constituyente. Sobre estos, la Sala Constitucional ha señalado lo siguiente:

> "Cada uno de estos mecanismos de reforma tiene sus peculiaridades, los cuales con una somera lectura del texto constitucional se puede apreciar que, por ejemplo, el procedimiento de enmienda, va a tener por objeto la adición o modificación de uno o varios artículos de la Constitución, tal como lo señala el artículo 340 de la Carta Magna. Por su parte, la reforma constitucional, se

---

29 *V.* en general Allan R. Brewer–Carías, "Los procedimientos de revisión constitucional en Venezuela," en *I Procedimenti di revisiones costituzionale nel Dirito Comparato.* Atti del Convegno Internazionale organizzato dalla facoltá di Giurisprudenza di Urbino, 23–24 aprile 1997, Urbino 1999, pp. 137–181; y en *Boletín de la Academia de Ciencias Políticas y Sociales*, N° 134, Caracas 1997, pp. 169–222; y Allan R. Brewer–Carías, *Asamblea Constituyente y ordenamiento constitucional,* Biblioteca de la Academia de Ciencias Políticas y Sociales, Serie Estudios N° 53, Editorial Arte, Caracas, 1999, pp. 87–116.

orienta hacia la revisión parcial de la Constitución, así como la sustitución de una o varias de sus normas (artículo 342). Ambos mecanismos, están limitados por la no modificación de la estructura fundamental del texto constitucional, y por un referéndum al cual debe estar sometido para su definitiva aprobación. Ahora bien, en el caso de que se quiera transformar el Estado, crear un nuevo ordenamiento jurídico y redactar una nueva Constitución, el texto constitucional vigente consagra la posibilidad de convocatoria a una Asamblea Nacional Constituyente (Artículo 347 eiusdem). Igualmente, las iniciativa para proceder a la enmienda, reforma o convocatoria de la Asamblea Constituyente, están consagradas en el texto constitucional de manera expresa."[30]

Ante la burla por parte de la Asamblea Nacional de este principio de la rigidez constitucional, que es de la esencial del constitucionalismo, la cual se ha materializado, entre otras, con la sanción en diciembre de 2010 de la Ley Orgánica del Sistema Económico Comunal, mediante la cual se ha cambiado la Constitución económica sin "reformar" la Constitución; no hay duda que uno de los grandes desafíos que tiene la República en la Venezuela de hoy, es la revalorización del principio de la rigidez constitucional que deriva del principio de la supremacía constitucional, de manera de poner fin a la práctica fraudulenta de reformar la Constitución mediante leyes, la cual ha sido una de las lamentables características del régimen autoritario instalado en el país durante la última década y de la quiebra absoluta del Estado de derecho.

---

30 *V.* sentencia Nº 1140 de la Sala Constitucional de 05–19–2000, en *Revista de Derecho Público*, Nº 84, Editorial Jurídica Venezolana, Caracas, 2000, pp. 101 ss.

LIBRO QUINTO
LA POTESTAD EXPROPIATORIA

Sección Primera: RÉGIMEN DE LA ADQUISICIÓN DE BIENES DE PROPIEDAD PRIVADA POR EL ESTADO

Esta sección Primera del Libro Cuarto es el estudio sobre "Adquisición de la propiedad privada por parte del Estado en el Derecho Venezolano," publicado en *Revista de Control Fiscal*, Nº 94, Contraloría General de la República, Caracas 1979, pp. 61–84.

I. INTRODUCCIÓN

Además de las formas de adquisición de la propiedad de bienes previstas en el Código Civil, el Estado puede utilizar, para efectuar esa adquisición, formas reguladas por el derecho público. Estas, además de establecer potestades y privilegios a favor del Estado, se configuran como restricciones a la titularidad del derecho de propiedad de los administrados.

En efecto, las formas de adquisición de propiedad por parte del Estado reguladas por el derecho público implican, en general, la extinción de la propiedad privada sobre determinados bienes, que su titular debe traspasar al Estado forzosamente, mediando, generalmente, indemnización, salvo que 3a transferencia se imponga como sanción o provenga, de un proceso de reversión, esté prevista como una contribución en especie de la propiedad al Estado o sea el resultado de un proceso de declaratoria general de bienes como del dominio público.

Tradicionalmente se han identificado las restricciones a la titularidad del derecho de propiedad, con la institución de la expropiación forzosa; pero en realidad, en el ordenamiento jurídico venezolano en especial pueden distinguirse las siguientes instituciones, además de la expropiación: la requisición; la reversión; las medidas punitivas o sancionatorias: el comiso, la demolición de inmuebles, la confiscación; y las cesiones obligatorias de la propiedad a entes públicos, como contribución en especie.

Estas las estudiaremos en una primera parte bajo el calificativo general de restricciones a la titularidad del derecho de propiedad.

Además, el ordenamiento venezolano admitiría otra forma de adquisición de la propiedad privada por el Estado, y que resultaría de la declaratoria general de bienes como del dominio público, lo cual estudiaremos en una segunda parte.

Por último; en la tercera parte, analizaremos la figura de la nacionalización, como forma de adquisición de bienes por el Estado, con especial referencia a la nacionalización petrolera.

II. LAS ADQUISICIONES DE PROPIEDAD POR EL ESTADO QUE IMPLICAN RESTRICCIONES A LA TITULARIDAD DEL DERECHO DE PROPIEDAD PRIVADA.

1. La expropiación

La Corte Suprema de Justicia en sentencia del 24 de febrero de 1965, ha definido a la expropiación como "una institución de derecho público, mediante la cual la administración, para el cumplimiento de fines públicos, logra coactivamente la adquisición de bienes muebles o inmuebles, siguiendo un procedimiento determinado y pagando una justa indemnización ... Como presupuestos constitucionales de la expropiación se establecen: la existencia de causas de utilidad pública o de interés social; un procedimiento judicial determinado; y el pago de una justa indemnización. Tales formalidades revisten al instituto de las debidas garantías, y la diferencia plenamente de la confiscación, figura de naturaleza punitiva, prohibida expresamente por el artículo 102 de la Constitución" (*Gaceta Oficial* N° 27676 de 24–2–65).

La legislación sobre la expropiación, cuya evolución ya fue mencionada, no sólo regula el ejercicio por el Estado de una potestad pública –la potestad expropiatoria–, sino además, y en vista de que el ejercicio de la misma incide sobre un derecho garantizado constitucionalmente, regula las garantías necesarias para que esa potestad no atropelle el derecho individual. En esta regulación se pueden apreciar claramente los dos extremos entre los cuales se mueve el derecho administrativo: potestad pública por una parte; y garantía de los derechos de los particulares.

En efecto, en primer lugar debe señalarse, en cuanto a la potestad pública o a la regulación del ejercicio de la misma por parte del Estado que la Ley de Expropiación consagra la posibilidad para el Estado de apoderarse de determinados bienes de los particulares, para determinados fines, en forma coactiva o forzosa, cuando exista alguna resistencia de parte de los particulares, en virtud de los diversos intereses que surgen con motivo de la realización de obras de utilidad pública o actividad de interés social que el Estado pretenda ejecutar. Esa expropiación o ese apoderamiento forzoso de los bienes por parte del Estado procede, tal como expresamente la jurisprudencia venezolana lo ha calificado, "por las buenas o por las malas" (Véase sentencia de la Corte Federal y de Casación en Sala Federal de 14 de marzo de 1952, en *Gaceta Forense*, número 10, pp. 133 y 134). Por ello, decretada la expropiación, es decir, ejercida la potestad expropiatoria por parte del Estado, los particulares no pueden discutir la expropiación misma, los particulares no pueden discutir si realmente el Estado necesita o no aquellos bienes. Lo único que pueden discutir y exigir es la garantía a ser debidamente compensados por la lesión que se produzca a sus derechos, y la discusión no puede incidir sobre el ejercicio mismo de la potestad expropiatoria, la cual, una vez que se ejerce, es irreversible. Lo único que puede discutirse ene! juicio expropiatorio, por tanto, no es la procedencia o no de la expropiación, sino el monto de la compensación que por el derecho lesionado debe pagar el Estado al particular (Art. 101 de la Constitución, 547 del Código Civil y 3 de la Ley de Expropiación por causa de utilidad pública social).

Por otra parte, la regulación en una Ley de una potestad pública de tal importancia que permite al Estado lesionar uno de los derechos que la propia Constitución consagra, ha implicado generalmente que el Legislador, en las legislaciones sobre expropiación, haga intervenir para el correcto ejercicio de esta potestad por parte del Estado, a todos los poderes públicos. En efecto, en materia expropiatoria no sólo interviene el Poder Ejecutivo cuando decreta la expropiación de una obra, sino que fundamentalmente la Ley exige la intervención previa del Poder Legislativo y posterior del Poder Judicial. La garantía del derecho de propiedad y la lesión producida a este derecho, hace que el Legislador exija que todas las instituciones y Poderes del Estado intervengan en el procedimiento. En primer lugar, el Poder Legislativo al declarar la utilidad pública o el interés social de la actividad que conlleva la expropiación, declaratoria que se reserva generalmente al legislador hasta el punto de que el Poder Ejecutivo no puede juzgar cuando hay utilidad pública o interés social en una actividad pública, sino que ésta solo puede ser declarada por la Ley (Arts. 3 y 10 y ss. de la Ley de Expropiación por causa de utilidad pública o social).

En segundo lugar, la intervención del Poder Ejecutivo, pues se exige que para que se ejecute la expropiación es necesario un acto de la autoridad ejecutiva, que determine cuáles bienes van a ser expropiados para alcanzar los fines de utilidad pública o interés social que la ley establece (Arts. 3 y 5). En tercer lugar, la intervención del Poder Judicial, lo que configura la garantía judicial necesaria, debido a la lesión del derecho del particular. En este sentido, cuando no hay posibilidad de llegar a un arreglo o convenio amigable con el particular, la autoridad administrativa no puede apoderarse simplemente de sus bienes, sino que necesariamente tiene que acudir a la vía judicial y solicitar por ante el Juez competente de Primera Instancia en lo Civil, la expropiación otras lado forzoso de la propiedad de determinados bienes del particular al Estado (Arts. 19 y ss.).

Estos serían los aspectos resaltantes del primero de los elementos de una legislación sobre expropiación, el que regula el ejercicio de una potestad pública, en la cual intervienen todos los poderes del Estado y que implica que el ejercicio o esa potestad deba hacerse conforme a las normas que establece la Ley.

El segundo elemento de la expropiación, además de la potestad pública de expropiar, está constituido por la garantía del derecho de los particulares. En efecto, el hecho de que se otorguen al Estado determinadas potestades y el ejercicio de determinados poderes exorbitantes al derecho común que rige las relaciones entre particulares, no implica que éstos queden desasistidos frente al Estado. Al contrario, el legislador establece una serie de mecanismos para que el derecho del particular esté debidamente garantizado frente al ejercicio de esa potestad.

Ahora bien, esta garantía del derecho de los particulares que la legislación de expropiación establece, podemos clasificarla en tres grandes grupos: por una parte, una garantía jurídica; por otra parte, una garantía patrimonial; y en tercer lugar, una garantía de devolución. Las tres garantías están íntimamente conexas con la institución de expropiación.

En primer lugar, la garantía jurídica. El poder de expropiación, como ejercicio de una potestad pública, está circunscrito a una serie de normas legales. No es, por tanto, una vía de hecho.

No se trata del apoderamiento táctico de determinados bienes por parte del Estado, sino que se trata del apoderamiento de ciertos bienes particulares, pero conforme a una serie de normas de carácter jurídico que son el primer elemento de la garantía consagrada para los particulares. El despojo que se hace del bien particular, por tanto, no es un despojo ilegal, sino un despojo perfectamente legítimo dados los fines que tiene el Estado en un momento determinado y que, por tratarse de un despojo legítimo, debe cumplirse de acuerdo a una serie de normas legales (Art. 1).

En virtud de ello, al particular se le consagran, como protección de esa garantía, en primer lugar, la posibilidad de oponerse a esta expropiación (Art. 26). En este sentido, la principal causa de oposición a la expropiación es el alegato de que se haya producido una violación de ley, precisamente por la existencia de esta garantía jurídica. La otra causa de oposición se refiere, en particular, a la expropiación parcial, pero no incide ya directamente sobre la expropiación en sí misma. Por esto, la confirmación de esta garantía jurídica está en la oposición a la expropiación por violación de ley. Pero además debe destacarse que se otorgan al particular una serie de mecanismos para hacer efectiva esa garantía, hasta el punto de que se le dan posibilidades de ejercer acciones posesorias o petitorias en relación al despojo ilegítimo o ilegal que se haya hecho de sus bienes, declarándose además en la ley, como responsables, a los funcionarios y a los jueces que hayan intervenido en algún procedimiento expropiatorio en el cual no se hayan cumplido las normas legales. En esta forma se hace responsable no sólo al Estado, sino directamente a sus funcionarios (Arts. 4 y 55).

La segunda garantía, además de la garantía jurídica, es la garantía patrimonial. En efecto, si bien se otorga al Estado la posibilidad de apoderarse de determinados bienes particulares, esto no significa que los derechos del particular claudican totalmente ante el Estado, sino que en el lugar de su derecho de propiedad, que desaparece, surge un nuevo derecho, el derecho a ser indemnizado y, por tanto, a recibir una justa compensación. En torno a ello, la jurisprudencia en Venezuela reiteradamente ha considerado que este derecho sustitutivo debe ser, como su nombre lo indica, una justa compensación o indemnización, que no signifique ni enriquecimiento ni empobrecimiento para el expropiado, es decir, una indemnización que sustituya el derecho que ha sido lesionado por el ejercicio de la potestad expropiatoria(Véase Sentencias de la Corte Federal y de Casación en Sala Federal de 12 de julio de 1943 y de 4 de mayo de 1948, en Memoria 1944, tomo I, p. 22 y en Compilación Legislativa de Venezuela, 1948 1949, anuario 1948, pp. 771 y 772). La expropiación viene a ser entonces un mecanismo de conversión de derechos, del derecho patrimonial de carácter real por un derecho de crédito sobre una cantidad determinada de dinero, compensatoria de la situación anteriormente existente.

Pero las legislaciones de expropiación no sólo consagran estas dos garantías: la jurídica y la patrimonial, sino que también consagran una tercera garantía, que es consustancial a la finalidad que origina la expropiación y que es la llamada garantía de devolución.

En efecto, si la expropiación procede por causa de utilidad pública o de interés social, la legislación de expropiación, y ésta es la tendencia general en el derecho comparado, establece que cuando el bien que se expropia y del cual se despoja a un particular, no se destina por el Estado al fin de utilidad pública o de interés social que originó la expropiación, surge un derecho del particular a quien se le quitó su bien, de pedirle al Estado la devolución del bien que no ha sido utilizado para los autorizados fines de utilidad pública o de interés social.

En Venezuela, la legislación de expropiación tradicionalmente ha regulado, por una parte, la potestad expropiatoria y el ejercicio de ella por parte del Estado; y por la otra, las dos primeras garantías señaladas, la jurídica y la patrimonial: establece una serie de normas a las cuales debe ajustarse el ejercicio de la propiedad expropiatoria y establece las normas que buscan lograrla justa compensación o indemnización, es decir, la garantía patrimonial para el particular; pero la legislación de expropiación en Venezuela no ha recogido este tercer elemento que configura la garantía de devolución, pues no consagra un derecho preferente del particular a readquirir su bien cuando no ha sido destinado al fin para el cual el Estado ejecutó la expropiación, salvo cuando el Estado decida voluntariamente enajenarlo, en cuyo caso, el particular sólo tendría un derecho a readquirir prioritariamente la propiedad de ese bien en las nuevas condiciones de enajenación que existan en el momento en que ésta se produzca (Art. 46).

Además de las normas contenidas en la Ley de expropiación, algunas leyes especiales han establecido normas particulares: la Ley sobre Derecho de Autor, por ejemplo, en relación a la expropiación de creaciones del intelecto y la Ley de Propiedad Industrial, en relación a la expropiación de invenciones o signos distintivos; la Ley de Reforma Agraria de 1960, en relación a la expropiación agraria; y las leyes de reserva al Estado de la industria de la explotación del mineral de hierro de 1974, y de la industria y el comercio de los hidrocarburos de 1975, en relación a la nacionalización de las empresas mineras y de hidrocarburos.

2. La requisición

La requisición consiste en el apoderamiento por el Estado, por razones militares y de seguridad, de bienes muebles de los particulares, generalmente indeterminados y fungibles, mediando indemnización. Se distingue de la expropiación en que sólo procede respecto de bienes muebles, generalmente, sin identificación precisa, salvo su clase y en que no está previsto un procedimiento judicial previo. El motivo de la requisición siempre es de carácter urgente, por eso el procedimiento es meramente administrativo, y en general de orden militar.

En efecto, en Venezuela, la Ley Orgánica de las Fuerzas Armadas Nacionales establece expresamente que "en caso de guerra, el Ejecutivo Federal tendrá la facultad de requisicionar los elementos de propiedad particular que puedan ser utilizados en la defensa nacional "(Art. 450). La Ley, por otra parte, considera elementos requisables" aviones, armas, pólvora y explosivos, municiones; víveres, forrajes, reses y cuantos artículos sean necesarios para la alimentación de los hombres y ganado; automóviles, camiones y carruajes de toda clase; máquinas, elementos para alumbrado combustibles, herramientas, gasolina, petróleo y sus derivados; buques, animales de silla, de tiro y de cargar, monturas y aparejos; drogas, y en general, cuantos elementos sean necesarios a las FF.AA.NN. en Campaña, a juicio del Ejecutivo Nacional"(Art. 453).

Toda prestación derivada de una requisición militar da derecho a una indemnización del bien requisicionado, fijada por peritos y cancelada por el Estado (Art. 451).

Las previsiones anteriores han sido complementadas por la Ley Orgánica de Seguridad y Defensa de 1976, que permite al Presidente de la República, declarado el estado de emergencia, "ordenar la requisición de los bienes necesarios para la defensa nacional" (Art. 31). La Ley señala, en todo caso, que "terminado el estado de emergencia se restituirán los bienes requisados a sus legítimos propietarios, en el estado en que se encuentren, sin perjuicio de la indemnización debida por el uso o goce de los mismos. En los casos en que los bienes requisados no pudieren ser restituidos, o se trate de bienes fungibles o perecederos, se pagará el valor total de dichos bienes calculados combase al precio que los mismos tenían en el momento de la requisición" (Art. 32).

En todo caso, debe señalarse que la institución de la requisición, en Venezuela, no ha sido prevista con claridad, sino en el orden militar.

La figura de las requisiciones civiles, consagradas en otras legislaciones en relación a bienes de primera necesidad que son objeto de acaparamiento y especulación, no se ha recogido en nuestro país.

En efecto, la ley contra el acaparamiento y la especulación de 1947, al considerar esas acciones como delito, atribuye a los jueces penales "la ocupación de las mercaderías" y la facultad de disponer "su venta inmediata al precio regulado" por intermedio de las autoridades de protección al consumidor (Art. 6). No queda claro de esta regulación, la naturaleza jurídica del apoderamiento forzoso de los bienes: si el monto de la venta ingresa al Tesoro Nacional, como en efecto debe suceder, en realidad se trata de una medida punitiva, dado el origen penal de la misma, y en realidad se trataría de la figura del comiso que se verá más adelante; si el monto de la venta se abonara al infractor se trataría de una indemnización y la figura se asemejaría a la requisición.

3. La reversión

La tercera de las instituciones que permiten al Estado el apoderamiento forzoso de bienes de los particulares por razones de interés general, es la reversión, que se distingue de las anteriores en que no da derecho a indemnización a pesar de que no tiene carácter punitivo.

En efecto, es un principio general de las concesiones administrativas el hecho de que una vez terminada la concesión, el concesionario debe traspasar los bienes afectos a la concesión al Estado, sin indemnización; y el fundamento de esta institución se considera que está en la naturaleza misma de la concesión: mediante ella, el Estado traspasa al particular concesionario, un privilegio para realizar una actividad que aquél generalmente se ha reservado para sí, y la compensación por haber ejercido ese privilegio en base a un acto del Estado es que al concluir la concesión, reviertan a él todos los bienes afectos a la concesión.

En el ordenamiento jurídico venezolano, la figura de la reversión se acogió por primera vez en el orden constitucional, en el texto de 1947 respecto de las concesiones mineras y de hidrocarburos; y además, se consideró siempre como una institución vinculada a la concesión. El principio de la reversión se recoge también en la Constitución vigente de 1961, también en relación a las concesiones mineras y de hidrocarburos, aún cuando el texto constitucional, parece concentrar sus efectos, a "las tierras adquiridas con destino a la exploración o explotación" de dichas concesiones (Art. 103). A pesar de ello, la interpretación, que le ha dado la Corte Suprema a esta previsión constitucional de la reversión, ha sido de carácter amplio.

En efecto, sobre la reversión, la Corte Suprema de Justicia, en Sentencia de 3 de diciembre de 1974 dictada con motivo de la impugnación de la Ley sobre Bienes Afectos a reversión en las concesiones de Hidrocarburo", señaló lo siguiente:

> "Cuando los concesionarios se adhieren al estatuto legal, la ley que impone la reversión, están aceptando explícitamente e implícitamente que al extinguirse la concesión por cualquier causa, los bienes integrantes de la concesión pasarán al Estado sin indemnización alguna; de manera que, la cláusula de reversión llega a ser, por este medio, un complemento del estatuto legal del concesionario y así expresa un comentarista refiriéndose a la reversión: "es inherente a la figura de la concesión; en verdad no podemos concebir dentro de nuestro régimen legal imperante para los minerales e hidrocarburos, que la concesión no tenga un límite predeterminado y no se opere ope legis la reversión' . Por ello, no se explica la contradicción en que incurren los demandantes aceptando por una parte las disposiciones: artículo 103 de la Constitución Nacional y 80 de la Ley de Hidrocarburos, por las cuales queda establecida la reversión, e impugnado la Ley que la regimenta, cuando ambas leyes contemplan e! traspaso de los bienes al Estado sin indemnización alguna al extinguirse la concesión y es evidente también que tanto la confiscación por la cual se incautan determinados bienes de una persona sin indemnización alguna, como la expropiación, que supone un procedimiento especial mediante indemnización, son figuras distintas a la reversión, en virtud de la cual los bienes pertenecientes al concedente, como los del concesionario, afectos a la concesión vuelven a manos de aquél cuando por cualquier causa la concesión llega a su fin"(*Gaceta Oficial* N° 1718 Extr. 20175, pp. 22 y 23).

En todo caso, debe señalarse que a nivel legislativo, el principio de la reversión en las concesiones ha sido tradicionalmente acogido. En efecto, en materia de hidrocarburos, en la Ley Hidrocarburos de 1943 y en todas sus reformas posteriores, se estableció expresamente que al vencimiento de las concesiones "la Nación readquirirá, sin pagar indemnización alguna, las parcelas concedidas y se hará propietaria, del mismo modo, de todas las obras permanentes que en ellas se hayan construido"(Art. 80).En 1971, mediante la ley sobre bienes afectos a reversión en las concesiones de hidrocarburos (*Gaceta Oficial* N° 29577 de 6–8–71), próxima la fecha de vencimiento de las concesiones de hidrocarburos, se reguló la figura de la reversión.

Dicha ley, en efecto, determinó el ámbito de los bienes revertibles en los siguientes términos: "Tierras, obras permanentes, incluyendo instalaciones, accesorios y equipos que formen parte integral de ellas; y los otros bienes adquiridos con destino o afectos a los trabajos de exploración, explotación, manufactura, refinación o trasporte en las concesiones de hidrocarburos", y además, salvo prueba en contrario, "cualesquiera otros bienes corporales e incorporales adquiridos por los concesionarios"(Art. 1); y precisó que dichos bienes" pasan al patrimonio nacional, libres de gravámenes y cargas y sin indemnización alguna, al extinguirse por cualquier causa las concesiones respectivas"(Art. 2). Como consecuencia, la ley estableció una obligación a los concesionarios de conservarlos y mantenerlos en comprobadas condiciones de buen funcionamiento (Arts. 2 y 4), y atribuyó al Ejecutivo Nacional amplias facultades de inspección y control.

Posteriormente, la Ley que reserva al Estado la industria y el comercio los Hidrocarburos de 1975, nacionalizó la industria, dando por terminadas, anticipadamente, las concesiones de hidrocarburos, con lo cual las normas de la Ley sobre bienes afectos a la reversión, en cuanto a tal, fueron inaplicables.

El principio de la reversión, en todo caso, ha sido acogido en otras leyes, como la Ley Forestal, de Suelos y Aguas desde 1965 respecto de las concesiones de aprovechamiento de aguas del dominio público (Art. ; y en la Ley de Ferrocarriles de 1957, en la cual se precisó que "en el caso de concesiones extinguidas por vencimiento del término de su duración, según sus respectivos títulos, la Nación readquirirá sin pagar indemnización alguna, todos los derechos concedidos y se hará propietaria, del mismo modo, de todas las obras, material rodante, construcciones e instalaciones, efectuadas durante la concesión" (Art. 9).

4. Las medidas punitivas

En todos los supuestos de extinción de la propiedad privada antes analizados, y que implican adquisición de la misma por el Estado, las medias se adoptan por razones de utilidad o interés general, sin que estén motivadas por actividades ilegítimas o ilícitas de los propietarios afectados. Por otra parte, en la expropiación y la requisición, los propietarios tienen derecho a indemnización, lo cual no se plantea en la reversión, por tener ésta su fundamento en la Ley y en el contrato de concesión aceptado por el concesionario.

Pero no sólo el ordenamiento jurídico prevé las restricciones a la titularidad de la propiedad antes señaladas, sino que además establece algunas formas de extinción de la propiedad privada, sin indemnización, como consecuencia de una sanción que impone el Estado por las acciones ilegales de los propietarios. Entre estas restricciones se destacan el comiso, la demolición de inmuebles, y la confiscación. La primera y la última implican, en algunos casos la adquisición de la propiedad por parte del Estado.

A. El comiso de bienes muebles

El comiso es una forma de extinción de la propiedad privada sobre bienes muebles, que o pasan al patrimonio del Estado o son destruidos, por razones de orden público, y sin que medie indemnización alguna a favor de los propietarios afectados. Se trata, siempre, de una sanción administrativa, de una pena accesoria a la pena principal en materia penal o en sí, de una pena principal, aplicada con motivo de la comisión por parte del propietario, de una falta administrativa o de un delito. Sobre el comiso y su constitucionalidad la Corte Suprema de Justicia en Sala Político–Administrativa en Sentencia del 20 de diciembre de 1967 estableció lo siguiente:

> "El comiso es una sanción de carácter patrimonial aplicable con motivo de la realización de un acto ilícito; si el comiso implicara una expropiación practicada en forma distinta a la prevista por la ley, o a una confiscación de las prohibidas por la Constitución habría que llegar a la absurda conclusión, de que el comiso de los objetos con los cuales se perpetra un delito, o el objeto mismo del delito, como sucede en el contrabando, sería una medida inconstitucional" (Véase en *Gaceta Forense* Nº 58, 1967 pp. 168 y 169.).

Diversas normas en el ordenamiento jurídico regulan el comiso. En primer lugar, como sanción de carácter administrativo, la Ley de Sanidad Nacional de 1938 autoriza al Ejecutivo Nacional a tomar "todas las medidas que crea necesarias" para prevenir o extinguir una enfermedad o combatir una epidemia, "incluso la ocupación temporal de la propiedad y hasta su destrucción" (Art. 17). En base a esta autorización legal, el Reglamento General de Alimentos de 1959 establece expresamente que "los alimentos que se ofrezcan al consumo infringiendo las disposiciones de este Reglamento serán decomisadas sin ninguna compensación" (Art. 44), y según los casos, podrán ser destruidos a costa del infractor (Art. 45).

Como pena accesoria a la pena principal, el Código Penal establece la "pérdida de los instrumentos o armas con que se cometió el hecho punible y de los efectos que de él provengan" (Arts. 10 y 33). En el caso de armas, estas "serán decomisadas" y pasadas al Parque Nacional; y en los demás efectos también serán decomisadas y rematados para adjudicar su precio al Estado (Art, 33).Esto ha sido regulado con mayores precisiones de procedimientos en la Ley de bienes muebles recuperados por autoridades policiales de 8 de julio de 1966. En el primer caso, las disposiciones del Código Penal han sido complementadas con las de la Ley de Armas y Explosivos de 1939.

Por último, como pena principal, el comiso ha sido establecido por infracción de leyes fiscales, conforme a lo previsto en la Ley Orgánica de la Hacienda Pública Nacional. Esta Ley precisa, en efecto, que "el comiso consiste en la pérdida de los efectos sujetos al pago de impuestos, de los vehículos en que se transporten, de los envases o recipientes que los contenga, y de las construcciones, instalaciones y equipos destinados especialmente para elaborar, recibir o depositar aquellos efectos, de acuerdo con la Ley especial que establezca la pena" (Art. 307), Conforme a estas previsiones, por ejemplo, el comiso, como pena no corporal, procede por el delito de contrabando previsto en la Ley de Aduanas(Art. 280 y sigts).

B. La Confiscación

Por otra parte, dentro de las medidas restrictivas de la propiedad por razones de orden público, y que implican su transferencia forzosa al Estado, sin indemnización, está la figura de la confiscación. Se caracteriza por tratarse de una medida coactiva, que en general, afecta la totalidad o parte del patrimonio de una persona, sin distinción de que abarque bienes muebles o inmuebles.

Tradicionalmente prohibida en el ordenamiento constitucional Venezolano (desde el. texto de 1830), en múltiples ocasiones se ha aplicado por motivos militares, religiosos y políticos, y las mismas Constituciones han admitido excepciones a dicha prohibición.

El texto constitucional vigente de 1961, en este sentido si bien prohíbe que se decreten o ejecuten confiscaciones (Art. 102), prevé dos excepciones: respecto de los extranjeros, las medidas aceptadas por el derecho internacional; y respecto de las personas que se hayan enriquecido ilícitamente al amparo de la usurpación para resarcir a la República de los perjuicios que se le hayan causado (Art. 250).

5. Las cesiones obligatorias de la propiedad por razón de Urbanismo como contribución en especie.

Además de todas las restricciones a la titularidad del derecho de propiedad que se han analizado anteriormente, el ordenamiento jurídico Venezolano ha venido consagrando tradicionalmente otra, que consiste en cesiones obligatorias de parte de su propiedad, que un particular Urbanizador debe hacer a los entes públicos municipales, con el objeto de construir las calles y avenidas, y los parques, plazas y jardines públicos; así como a los entes nacionales de orden educacional, los inmuebles necesarios para escuelas. Es decir, se trata, siempre, de cesiones obligatorias y gratuitas de la propiedad de bienes que han de estar destinados o efectuados a un uso público.

En efecto, en las "Disposiciones generales sobre Urbanismo" de la Ordenanza sobre Arquitectura, Urbanismo y Construcciones en General del Distrito Federal, se establece expresamente que

> "Toda persona natural o jurídica, que se proponga urbanizar o parcelar debe fijar inicialmente un plazo máximo para la construcción de los servicios públicos y para la entrega a la Municipalidad de las avenidas, calles, plazas, ramales de cloacas, instalaciones de alumbrado público y demás construcciones que por su origen, naturaleza y destino no sean de propiedad particular sino que correspondan al uso público, así como también los acueductos y las fuentes que los alimentan, para que ella los administre como bienes del Municipio, sin que éste tenga que indemnizar nada al respecto".

Indudablemente que esta limitación de la propiedad particular, que afecta su misma titularidad, va más allá de las regulaciones y limitaciones al uso e inclusive de las obligaciones *non aedificandi*. Aquí se trata de una cesión obligatoria de parte de la propiedad privada a un ente público sin que medie el procedimiento expropiatorio –tradicional forma de cesión forzosa de la propiedad privada a los entes públicos de acuerdo a nuestra Constitución– y sin indemnización alguna. El fundamento de estas cesiones forzosas, que configuran una de estas restricciones a la propiedad previstas en la Constitución es indudable que debe situarse en una especie de contrapartida debida por el urbanizador, por el mayor valor que el proceso de urbanización o parcelamiento dará al suelo urbano; se trata, en definitiva, de una contribución en especie, mal regulada, como tal, en el ordenamiento urbanístico. Sin embargo, este fundamento es, indudablemente, la única forma de mantener una adecuación a la Constitución de dicha norma.

En efecto, al autorizarse la construcción de una urbanización o el desarrollo de un parcelamiento, es indudable que el valor del suelo urbano propiedad del urbanizador aumentará considerablemente, No existiendo en nuestra legislación urbanística contribuciones especiales por plusvalía –salvo la prevista en la Ley de Expropiación por causa de utilidad pública o interés social en los casos de expropiaciones para la construcción de obras públicas–una vía indirecta adoptada por el legislador municipal para hacer contribuir hacia fines públicos parte de dicho valor, es la imposición al propietario de la urbanización de dos obligaciones fundamentales: En primer lugar, la de correr con el costo de la urbanización, pues es el propietario urbanizador quien deberá construir, a sus expensas, todos los elementos esenciales de carácter público del a urbanización (por ejemplo, calles, avenidas, plazas, instalaciones para la distribución de aguas blancas y para la distribución de aguas blancas y para la recolección de aguas negras y de lluvia; e instalaciones para la prestación del servicio de alumbrado público, para la distribución de energía eléctrica y para el servicio de teléfonos); y en segundo lugar, la cesión obligatoria y gratuita a la Municipalidad, de los bienes del dominio público municipal(calles, avenidas, plazas y jardines públicos) o afectados a los servicios públicos (conductores de aguas negras y de lluvia, y de cables para los servicios de teléfonos y electricidad, por ejemplo).

Este principio de la cesión obligatoria de terrenos de propiedad particular al Municipio como mecanismo indirecto de contribución al interés público debido al mayor valor que el proceso de urbanización reporta al particular, sólo regulado parcialmente en el derecho venezolano, ha sido objeto de regulado parcialmente en el derecho venezolano, ha sido objeto de regulaciones precisas en recientes legislaciones urbanísticas como la contenida en la Ley de Régimen de Suelo Española. Dicha Ley expresamente señala que "los propietarios de fincas emplazadas en sectores que fueren objeto de urbanización deberán subvenir a la misma en justa compensación a los beneficios que su ejecución habrá de reportarles, mediante la cesión de terrenos libres de gravámenes y coceamiento de las obras; del modo y en la proporción establecidos al regular cada sistema de ejecución de los planes..."(Art. 114), aclarando, además, que "el terreno vial que los propietarios habrán de ceder gratuitamente será para cada manzana el correspondiente a la mitad de la anchura de la vía pública en todo el frente de su alienación" y que "el terreno destinado a parques y jardines públicos, de aportación obligatoria para los propietarios, será igual al que represente una décima parte de la superficie edificable del sector para cuyo servicio se establezca" (Art. 115).

En el sistema italiano también se regula la "cesión gratuita" de los terrenos necesarios para obras de urbanización primaria (vías residenciales, espacios para estacionamiento y aparcamiento, alcantarillado, red de suministro de agua, red de distribución de energía eléctrica y de gas, alumbrado público, zonas verdes), en la Ley Urbanística del 17 de agosto de 1942 modificada por la del 6 de agosto de 1967 en concordancia con la Ley del 29 de septiembre de 1964.

A diferencia del sistema de cesiones obligatorias de terrenos en el sistema español e italiano, como mecanismos para hacer quela plusvalía que adquieren los inmuebles con motivo de la urbanización revierta a la comunidad, el sistema francés no establece nada al respecto, rigiendo el mecanismo expropiatorio para los casos en que deban afectarse determinados inmuebles a vías de comunicación públicas o a espacios libres o áreas de carácter público, previstos en los planes de urbanismos.

Una última consideración respecto de la cesión obligatoria de inmuebles de propiedad particular a la Municipalidad para su destino a bienes del dominio público en el Derecho Venezolano, y es la de la constitucionalidad de dicha medida. Ciertamente que la Constitución, al garantizar el derecho de propiedad, señala que en virtud de su función social (en este caso, función urbanística), está sometida a las limitaciones, restricciones, contribuciones y obligaciones establecidas por la Ley (Art. 99). Sin embargo, prohibida como está la confiscación, toda la cesión obligatoria del derecho de propiedad a un ente público debe hacerse a través del procedimiento expropiatorio, o de los otros admitidos por la Constitución o la Ley, es decir, mediante sentencia firme y el pago de una justa indemnización, salvo en los casos de reversión o de medidas sancionatorias. Por tanto, toda cesión obligatoria y forzosa de propiedad privada al Estado o a los entes públicos sin que medie indemnización y sin que se siga el procedimiento expropiatorio, sería inconstitucional. Las cesiones obligatorias, sin indemnización, de propiedad privada a la Municipalidad para la apertura de calles, plazas y avenidas y para el establecimiento de áreas verdes públicas, en tal sentido, podrían ser consideradas como inconstitucionales, y por tanto, los artículos 101 y 112 de la Ordenanza sobre Arquitectura, Urbanismo y Construcciones en general podrían considerarse como violatorios de los artículos 99 y 101 de la Constitución. El único argumento que permitiría mantener la constitucionalidad de dichas normas, tendría que basarse en la cesión obligatoria de terrenos particulares a los entes municipales, como una forma indirecta de contribución en especie para hacer revertir a la colectividad –uso público– el mayor valor (plusvalía) que adquiere la propiedad del urbanizador por el hecho de la urbanización autorizada, por el ente municipal.

En términos generales puede señalarse que la figura de las cesiones obligatorias de propiedad privada a los entes públicos por razones urbanísticas, dado que el urbanismo ha sido una materia que carece, en Venezuela, de una normativa nacional, generalmente ha sido un fenómeno local. Normalmente es a nivel de las Ordenanzas Municipales, tal como se ha visto anteriormente, que se regula la cesión de la propiedad privada, forzosa y gratuita, para la formación de bienes del dominio público: calles y áreas verdes.

Sin embargo, a nivel nacional, la Ley de Educación, desde 1955, ha establecido una cesión obligatoria de inmuebles de propiedad privada a la República para el establecimiento de escuelas, es decir, con fines educacionales, pero también dentro de procesos urbanísticos.

En efecto, el artículo 16 de la vigente Ley de Educación establece lo siguiente: "Las personas privadas que se ocupen, por cuenta propia, en la construcción de barrios o urbanizaciones, donarán a la Nación terrenos suficientes y adecuados para la edificación de escuelas y parques de recreo, en proporción a su población escolar y de conformidad con las Ordenanzas Municipales respectivas.

Los Organismos Oficiales que realicen labores similares a las expresadas en este artículo, estarán obligados, además, a construir, a sus expensas, locales apropiados para escuelas en la proporción correspondiente y de acuerdo con las normas que previamente fije el Ministerio de Educación".

Esta norma consagra, sin duda, una cesión obligatoria de propiedad privada a la República por razones de urbanismo y confines educacionales. Respecto a esta figura jurídica se pueden replantear todos los problemas jurídicos a que hemos hecho referencia anteriormente en relación a la cesión obligatoria de propiedad privada a entes municipales.

En efecto, ante todo, a pesar de que la Ley de Educación utilice el término, no estamos en presencia de una "donación". De acuerdo a los artículos 1431 y siguientes del Código Civil, la donación es esencialmente voluntaria, como todo contrato, y exige la presencia de un *animus donandi*, lo cual está ausente en la obligación establecida en la Ley de Educación. Por tanto, esta Ley lo que establece es una cesión obligatoria de propiedad privada a la República por razón de Urbanismo. Aquí también, para compaginar esta obligación que implica la extinción de la propiedad, con los dispositivos constitucionales, hay que entender que, en realidad, lo que establece la Ley es una contribución en especie de la propiedad privada por concepto de los beneficios que el Urbanizador tendrá con motivo del permiso de urbanización. Si se tratase de una donación convenida y aceptada por el propietario, el problema constitucional no se plantaría.

III LAS ADQUISICIONES DE PROPIEDAD POR EL ESTADO DERIVADAS DE LAS LIMITACIONES A LA APROPIABILIDAD DE BIENES POR LOS PARTICULARES (DECLARATORIA DEL DOMINIO PÚBLICO).

Paralelamente a las limitaciones a la propiedad, es decir, a las limitaciones a su ejercicio, y a las restricciones, obligaciones o contribuciones a las que está sometida, pueden identificarse en el ordenamiento jurídico, limitaciones a la apropiabilidad de bienes. En el primer caso, todas las limitaciones a la propiedad presuponen la existencia del derecho y lo limitan; en el segundo caso, en cambio, de lo que se trata es de la imposibilidad misma de la propiedad.

En efecto, si bien la Constitución consagra el derecho de propiedad, es necesario convenir en que no todos los bienes son susceptibles de apropiabilidad. Hay ciertos bienes que el Estado se ha reservado o que los ha considerado como del dominio público, que no pueden ser objeto de propiedad. En estos casos, por tanto, no puede hablarse, realmente de limitaciones a la propiedad, sino de limitación a la apropiabilidad de bienes.

Estas limitaciones a la apropiabilidad puede presentarse en el ordenamiento jurídico con carácter general, como sería la declaratoria de cierto género de bienes, como del dominio público; o con carácter específico, como exclusiones particulares de la apropiabilidad, por ejemplo, respecto de cierta categoría de personas (extranjeros). Las primeras implicarían, en ciertos casos, la adquisición de bienes por parte del Estado, y a ellas es que queremos referimos.

En efecto, una típica limitación a la apropiabilidad de ciertos bienes tiene su origen en su declaratoria, mediante Ley, como del dominio público.

En efecto, frente a la garantía de la propiedad, la pregunta que debemos formulamos es ¿sobre qué bienes puede existir propiedad privada? ; o en otras palabras ¿cuál es el ámbito de la propiedad privada? ¿Esta es irrestricta y eterna? ¿se ejerce siempre, sobre todos los bienes o cosas existentes?; o ¿La Ley, como lo dice la Constitución, puede establecer restricciones al ámbito de la propiedad por razones de interés general? .

Indudablemente, es el legislador quien determina el ámbito de la propiedad, es decir, es quien puede determinar qué bienes son susceptibles de ser de propiedad privada y cuáles no lo son; y cuando realiza esa determinación está asignado o cambiando el régimen jurídico de determinados bienes, al establecer que estos son del dominio público o por el contrario, son susceptibles de ser de propiedad privada (Art. 525 del Código Civil).

Esta calificación, sin embargo, ni es absoluta, ni eterna, ni inmutable. En efecto, conforme a nuestro ordenamiento jurídico, no existen bienes del dominio público o de propiedad privada, que lo sean "por naturaleza". La existencia de unos y otros depende única y exclusivamente de la voluntad del legislador; y tanto el dominio público como la propiedad son conceptos jurídicos. El legislador ha manejado estos conceptos y ha deslindado la clasificación básica de ambos tipos de dominio en el Código Civil, por lo que el ámbito de la propiedad privada no llega hasta los bienes que han sido declarados por el legislador como bienes del dominio público.

Ahora bien, el deslinde jurídico que hace el Código Civil entre bienes susceptibles de propiedad privada y bienes que no lo son (dominio público), no es una demarcación cerrada y eterna, que no admite modificaciones. Al contrario, las leyes se derogan y modifican por otras leyes, y en la Constitución, donde está el límite de la acción del Legislador, no se consagra el carácter absoluto e inmutable de la propiedad. Por otro lado, el Legislador, en un momento determinado, podría excluir ciertos bienes del ámbito de la propiedad privada, declarándolo del dominio público, lo cual no implicaría, en absoluto, una violación del derecho de propiedad.

Pensemos, por ejemplo, en otra garantía constitucional: la libertad de industria y comercio. El Estado, cuando se reserva determinadas industrias (Art. 97 de la Constitución), lo que hace es excluir ciertas actividades del ámbito de la libertad económica, y la reserva, en sí misma, no conlleva derecho alguno a indemnización por parte de los antiguos industriales, salvo que el Estado asuma las industrias particulares. Pues bien, algo similar sucede en materia de propiedad: cuando el Estado declara ciertos bienes como del dominio público por voluntad del Legislador, lo que hace en realidad, es excluir ciertos bienes del ámbito de la propiedad privada, y esta exclusión, en sí misma, no conlleva derecho alguno a indemnización por parte de los antiguos propietarios.

El principio señalado, por otra parte está recogido en la propia Constitución, en su artículo 133 que establece lo siguiente:

> "Sólo el Estado puede poseer y usar armas de guerra. Todas las que existan, se fabriquen o se introduzcan en el país pasarán a ser propiedad de la República, sin indemnización ni proceso".

Esta norma, ni más ni menos, es una declaratoria de cierta categoría de bienes como del dominio público (de uso privado) del Estado, y ella, por sí misma, no da derecho alguno a indemnización a favor de eventuales propietarios anteriores de tales armas.

En todo caso, la declaratoria de unos bienes como del dominio público no da derecho a indemnización, pues en estos casos falta la especialidad del sacrificio. Tal como lo ha señalado la Corte Suprema de Justicia en una Sentencia del 12 de agosto de 1968, "para que proceda la indemnización en derecho público, es necesario que se compruebe: a) la singularidad del daño; b) que lo afectado sea un verdadero derecho; y c) que el daño sea mensurable económicamente" (Véase en *Gaceta Forense*, N° 61,1968, págs. 105 a 108).

En estos casos, el Legislador ni expropia unos derechos determinados ni los confisca; sólo establece que un género de bienes no puede ser susceptible de propiedad privada, es decir, que ésta no puede existir, y que la que existía, se extingue, por imposibilidad en el objeto.

Frente a una declaratoria de ciertos bienes como del dominio público, ante la cual se pueden alegar derechos adquiridos, sin duda que se puede plantear la problemática de la responsabilidad del Estado por acto legislativo. Sin embargo, frente a esto es necesario señalar, que la construcción jurídica de toda la responsabilidad del Estado legislador, se ha fundado en el supuesto de que para pretender una indemnización del Estado por una lesión a algún derecho derivado de una Ley, es necesaria la singularidad y especificidad del sacrificio o lesión. Si esta no existe, no surge el derecho a indemnización; o en otras palabras, si la nueva Ley afecta a todos por igual, es decir, si los efectos son realmente efectos generales, no surge obligación de indemnización. Por eso se insiste en que la declaratoria de ciertos bienes como del dominio público en realidad constituye un cambio de régimen jurídico de unos bienes, que se realiza con carácter general por el Legislador; y frente a estos cambios no hay derechos adquiridos.

En definitiva, por tanto, la declaratoria de ciertos bienes como del dominio público, al no lesionar especialmente el derecho de un propietario, sino a todos los habitantes por igual, y excluir dichos bienes del ámbito de los que pueden ser objeto de propiedad privada, no origina derecho alguno de indemnización.

Sin embargo, esto exige algunas precisiones, particularmente en el caso de las aguas y de las playas. En Venezuela, desde hace algunos años se ha venido proyectando la declaratoria de todas las aguas y de las playas como bienes del dominio público. Esto plantea algunas situaciones respecto de los derechos efectivamente lesionados, que es necesario precisar.

Por ejemplo, en el caso de las aguas, el sólo hecho de quelas mismas se declaren como del dominio público, y por tanto, se cambie la situación que existe en la actualidad de ciertas aguas susceptibles de ser objeto de propiedad y otras aguas, que aún cuando sean públicas, pueden ser aprovechadas más o menos libremente, no da derecho alguno a indemnización por parte de los antiguos propietarios. Sin embargo, si para la realización de un aprovechamiento de aguas permitido por la legislación anterior, se realizaron determinadas obras hidráulicas que, posteriormente, con ocasión a la declaratoria de las aguas como del dominio público, el Estado u otros particulares van a utilizar, el propietario de las mismas tendría derecho a indemnización. Lo mismo podría plantearse respecto de las playas. Si estas, por ejemplo no son naturales y han sido construidas por el trabajo del hombre, el hecho de que se las declare como del dominio público de uso público, traería como consecuencia un derecho a indemnización por parte de los propietarios de las obras que hicieron posible la existencia de la playa. Sin embargo, fuera de estos supuestos en los cuales la declaratoria del dominio público implica en realidad, la adquisición por el Estado o la afectación al uso público de bienes de propiedad privada, como serían las obras hidráulicas o los malecones, y que daría derecho a los propietarios a ser indemnizados; la sola declaratoria de las aguas o playas como del dominio público no daría derecho a indemnización.

IV. LA NACIONALIZACIÓN COMO FORMA DE ADQUISICIÓN DE BIENES POR EL ESTADO.

1. La reserva de actividades económicas por el Estado

En la Constitución de 1961, como se dijo, siguiendo la orientación de la Constitución de 1947 se estableció expresamente la posibilidad que tiene el Estado de "reservarse determinadas industrias, explotaciones o servicios de interés público por razones de conveniencia nacional" (art. 97). Se abrió así la posibilidad, no sólo que el Estado realice actividades empresariales, sino que las realice en forma exclusiva, reservada, excluyendo a los particulares del ámbito de las mismas. Esta reserva, sin duda, tiene por efecto fundamental establecer una limitación a la libertad económica de los individuos excluyéndola del sector reservado.

En efecto, la reserva de actividades económicas por parte del Estado conlleva básicamente una prohibición impuesta a los particulares de realizar actividades propias del sector reservado, lo que afecta tanto a aquellos particulares o empresas que venían realizando actividades en el sector, como a cualquier particular o empresa, que pretendiera, en el futuro, realizar dichas actividades. Después de la reserva, por tanto, los particulares o empresas que operaban en el sector, no pueden continuar realizando sus actividades y hacia el futuro, ningún otro particular puede realizar nuevas actividades en el sector. La libertad económica, en el mismo, ha sido excluida y es imposible ejercerla.

Como consecuencia de ello, el acto de reserva, per se, no conlleva derecho alguno de los particulares afectados a indemnización por parte del Estado. Aquellos, simplemente, cesan en sus actividades, y un deber de indemnización sólo surgiría si el Estado decide apropiarse de las instalaciones o de las empresas de los particulares que operaban en el área reservada, es decir, decide nacionalizar esas empresas.

Este principio, en nuestro criterio, se deduce de las normas de la Ley que reserva al Estado la industria del Gas Natural de 26 de agosto de 1970 (Véase en *Gaceta Oficial* Nº 29.594 de 26 de agosto de 1971). En efecto, esta Ley reservó al Estado la "industria del gas proveniente de yacimientos de hidrocarburos" (art. 1°), y estableció, por tanto, la obligación a los concesionarios de "entregar al Estado, en la oportunidad, medida y condiciones que determine el Ejecutivo Nacional, el gas que se produzca en sus operaciones" (art. 3°). Corría por cuenta del Estado el pago a los concesionarios de "los gastos de recolección, comprensión y entrega del gas" (art. 7). La reserva, per se, no daba ningún derecho a indemnización por parte de los concesionarios, y el Estado sólo pagaba los costos de la recolección, comprensión y entrega del gas. La Ley sólo previo una compensación "en el caso de que el Estado decida asumir las operaciones de recolección, comprensión y tratamiento en plantas que actualmente realizan los concesionarios" en cuyo caso, la misma equivaldría "a la parte no depreciada del costo de las instalaciones y equipos que requiere para esas operaciones o el valor de rescate de los mismos si éste fuere menor que aquél" (art. 8). De acuerdo a esto, la indemnización sólo procedía si el Estado decidía apropiarse de las instalaciones, y por esa apropiación; la reserva, en sí misma, en cambio, como prohibición impuesta a los concesionarios de seguir aprovechándose del gas natural, no dió derecho alguno a indemnización.

2. La nacionalización

La nacionalización de empresas, es decir, la obligatoriedad impuesta a todas las empresas que operan en ciertas áreas o sectores de la economía que el Estado se reserva por razones de conveniencia nacional, de transferirle a éste la propiedad de las mismas, mediando indemnización, es una institución que en Venezuela tiene fundamento constitucional en la ya señalada figura de la reserva al Estado de industrias o sectores económicos.

En electo, conforme al Artículo 97 de la Constitución, el Estado, al reservarse ciertas actividades productivas, servicios o sectores, establece un verdadero y auténtico monopolio de Derecho (*Cfr.* Vincenzo Spagnuolo Vigorita, "Las Empresas Nacionalizadas" en Evelio Verdera y Juells (ed), *La Empresa Pública, Zaragoza*, 1970, Tomo II, p. 1430), Puede decirse entonces que en Venezuela, el proceso nacionalizador de actividades económicas se inicia con la declaratoria de reserva señalada, lo que corresponde hacer a las Cámaras Legislativas mediante Ley.

Pero indudablemente, la reserva no es el único elemento del proceso de nacionalización. La reserva, en efecto, conlleva fundamentalmente una prohibición impuesta a los particulares de realizar actividades propias del sector reservado o nacionalizado, lo que afecta tanto a aquellos particulares o empresas que venían realizando actividades en el sector, como a cualquier otro particular o empresa, hacia el futuro. Después de la reserva, los particulares o empresas que operaban en el sector, no pueden continuar realizando sus actividades; y hacia el futuro ningún otro particular puede realizar nuevas actividades en el sector. Por ello, la nacionalización no se agota con la reserva, sino que requiere de actos complementarios mediante los cuales se asegure que la gestión de las empresas y bienes existentes afectados a los sectores nacionalizados, se transferirán al Estado, y que la actividad productiva o el servicio no se detendrá ni entorpecerá.

De allí que la reserva esté acompañada normalmente de la expropiación de las empresas que operan en los sectores nacionalizados, para asegurar el traspaso rápido de los bienes de los particulares al Estado.

Debe destacarse además, que por el hecho de la reserva, es decir, de la prohibición impuesta por ella a los particulares de realizar actividades en el respectivo sector, desde el momento mismo en que se produce la reserva, esos particulares o empresas no pueden operar más. En el caso de la industria petrolera, por ejemplo, desde el momento en que se promulgó la Ley de Reserva, las empresas existentes tenían prohibición de operar, y sólo con motivo de asegurar la continuación de la industria hasta hacer efectiva la expropiación, es que se les permitió funcionar transitoriamente, sometidas a la fiscalización y control del Estado.

De lo señalado anteriormente resulta claro que una auténtica nacionalización de un sector económico se produce cuando sedan conjuntamente, la medida de reserva con la técnica expropiatoria. Esta última es el mecanismo para hacer efectiva la reserva.

En el caso de la industria petrolera, la modalidad de la expropiación efectuada, indudablemente que está condicionada por un objetivo fundamental: que la industria y las unidades económicas empresariales, continuaran funcionando a cabalidad, desde el momento mismo de la expropiación.

Para asegurar este objetivo fundamental, el proceso expropiatorio debía tender a versar sobre tas empresas petroleras, es decir, sobre las unidades económico productivas o de servicios que manejaban la industria petrolera, de manera que estas no se vieran afectadas, en su funcionamiento, con el cambio de titularidad a favor del Estado.

En este sentido, en un proceso nacionalizador de la industria petrolera, lo ideal hubiera sido que la expropiación hubiese versado sobre las empresas más que sobre bienes particularizados, mediante un simple traspaso de acciones de los particulares al Estado. Esta fue la modalidad utilizada, por ejemplo, en las nacionalizaciones efectuadas en Francia con posterioridad a la Liberación sobre las empresas bancarias, empresas de seguros y empresas de transportes aéreos (*Cfr.* Jean Rivera, *La Régimen des Nationalisations,* Extrait du Juris Classeur Civil Annezes, (2° cahier) París 1948, pp. 13 y 16), En estos casos, se produjo la transferencia de las empresas con todo su patrimonio, al Estado, mediante una transferencia de acciones.

Sin embargo, una solución simple y rápida, como la anotada, hubiera exigido en el caso de la industria petrolera, la existencia, jurídicamente hablando, de sociedades anónimas constituidas en Venezuela, para que pudiera operarse el traspaso de acciones. La realidad, sin embargo, era otra: la casi totalidad de las empresas petroleras eran empresas extranjeras domiciliadas en Venezuela la conforme al Artículo 354 del Código Civil. Por ello, al no estar constituidas en Venezuela, el patrimonio de tas mismas afectado a las actividades productivas o de servicios en el país, no estaba representado por títulos accionarios específicos.

La expropiación de las empresas petroleras en Venezuela, como resultado de la nacionalización de la industria, se refirió por tanto, a los bienes afectos a los procesos productivos o de servicios. No podía, en general, expropiarse propiamente a las empresas, sino a los bienes que las formaban, y con ellos, el Estado constituyó las nuevas empresas.

Ahora bien, resumiendo lo señalado anteriormente, puede decirse que la reserva tiene como consecuencia dos efectos fundamentales: en primer lugar, establecer a favor del Estado, un monopolio de derecho; y en segundo lugar, establecer, como consecuencia, una prohibición para los particulares de realizar actividades en el sector reservado, en virtud de la exclusión de la libertad económica que implica. Por esta sola reserva, no tiene el Estado obligación alguna de indemnizar a los particulares excluidos. Pero si además de la reserva, esta se acompaña con la exigencia y obligación impuesta a los particulares y empresas afectadas, de transferir forzosamente al Estado las instalaciones con que operaban, estaremos en presencia de la figura de la nacionalización, que sí da derecho a indemnización.

En el ordenamiento jurídico venezolano por tanto, la figura de la reserva junto con la expropiación dan origen a una nueva institución: la nacionalización, sometida a sus propias normas indemnizatorias, de acuerdo a la interpretación que haga la Ley de la "justa indemnización" a que se refiere el artículo 101 de la Constitución. En este sentido, por ejemplo, las normas para calcular la indemnización con motivo de las nacionalizaciones de las industrias del hierro y del petróleo, establecidas en el Decreto Ley que reserva al Estado la industria de la explotación de mineral de hierro (Decreto Ley N° 580 de 26–11–74 en *Gaceta Oficial* N° 30.577 de 16–12–74) y en la Ley Orgánica que reserva al Estado la industria y el comercio de los hidrocarburos de 29 de agosto de 1975 (*Gaceta Oficial* N° 1769 Extr. de 29–8–75), son distintas a las previstas en la Ley de Expropiación por causa de utilidad pública o social; y entre otros factores porque, no se trata de una expropiación pura y simplemente.

La expropiación de empresas, como se dijo, es una restricción a la propiedad de una determinada organización económica: no afecta, per se la libertad económica en un determinado sector, y el hecho de que se expropie una empresa no impide que otros particulares realicen actividades en ese mismo sector.

En cambio, en la nacionalización, la reserva afecta y excluye la actividad económica en el sector reservado, y la transferencia forzosa de las empresas se produce respecto de todas lasque operan en el sector, con la prohibición para los particulares de seguir realizando o realizar en el futuro actividades en dicho sector. Aquí no hay una restricción a la libertad económica de un particular o grupo de ellos, sino la exclusión de la libertad económica respecto a un determinado sector. Por eso, los principios de la expropiación no pueden aplicarse, tal como están en la legislación tradicional, a la expropiación que acompaña a la reserva estatal pues en este caso, la nueva institución que surge, la nacionalización, condiciona el tratamiento del proceso.

Sección Segunda: RÉGIMEN DE LA EXPROPIACIÓN POR CAUSA DE UTILIDAD PÚBLICA O SOCIAL (2002)

Esta Sección Segunda es el texto de la "Introducción General al régimen de la expropiación", publicada en el libro: Allan R. Brewer–Carías (Coordinador y Editor), Gustavo Linares Benzo, Dolores Aguerrevere Valero y Caterina Balasso Tejera, *Ley de Expropiación por Causa de Utilidad Pública o Interés Social*, Colección Textos Legislativos, N° 26, 1ª edición, Editorial Jurídica Venezolana, Caracas 2002, pp. 7–100. Ese estudio lo dediqué "A la memoria de Sebastián Martín Retortillo Baquer, excelente catedrático y mejor amigo, quien fue el responsable de mi interés por esta materia. En 1964, con ocasión de su estadía en Caracas invitado por la Facultad de Derecho de la Universidad Central de Venezuela, dictó un seminario para los investigadores del Instituto de Derecho Público, sobre "Expropiación forzosa", en el cual tuve el privilegio de haber sido su alumno. Del mismo, además de adquirir los conocimientos que sólo él podía trasmitirnos, surgió una entrañable amistad que se acrecentó con los años. El derecho administrativo, sin duda, ha perdido a uno de sus más destacados exponentes en el mundo latino, cuya obra sin embargo perdurará para beneficio de los estudiosos del derecho público. Para sus amigos, Chano nos hará mucha falta."

I. INTRODUCCIÓN

1. El concepto de expropiación

Tal como la define el artículo 2 de la Ley de Expropiación por causa de utilidad pública o interés social de 21 de mayo de 2002[1]

> La expropiación es una institución de derecho público, mediante la cual el Estado actúa en beneficio de una causa de utilidad pública o de interés social, con la finalidad de obtener la transferencia forzosa del derecho de propiedad o algún otro derecho de los particulares, a su patrimonio, mediante sentencia firme y pago oportuno de justa indemnización.

Esta definición sigue la adoptada desde hace años por la jurisprudencia del Tribunal Supremo[2], y se refiere a la institución que utiliza el Estado cuando, para la ejecución de actividades de interés general, como por ejemplo, la ejecución de un plano de urbanismo o zonificación, al afectar determinadas áreas (de propiedad privada) al uso público, por ejemplo, para la construcción de calles o para el establecimiento de áreas verdes públicas, exige que la autoridad pública adquiera la referida área de propiedad privada, sin acudir a los medios propios del derecho privado que permite el ordenamiento jurídico, como la compra–venta, la donación, etc. Aparte de éstos, están los medios establecidos por el derecho público y, entre éstos, precisamente, la expropiación por causa de utilidad pública o interés social[3].

Esta institución de la expropiación, con base en la regulación de la Ley de 1946 y durante las décadas de su vigencia, fue objeto de un amplio tratamiento jurisprudencial[4]. La Ley de 2002, en realidad, reformó muy poco las regulaciones de la Ley de 1946, y en las escasísimas reformas que introdujo, en realidad, lo que se recogieron fueron las interpretaciones jurisprudenciales. No hay, por tanto, en la Ley de 2002 ninguna gran innovación respecto del régimen anterior.

---

1 *V.* en *G.O.* Nº 37.475 de 01–07–02. Esta Ley se ha dictado para regular la expropiación forzosa por causa de utilidad pública o de interés social, de los derechos y bienes pertenecientes a los particulares, necesarios para lograr la satisfacción del bien común (art. 1). La Ley deroga la Ley de Expropiación por causa de utilidad pública o social de 04–11–46 (*G.O.* Nº 22.458 de 06–11–47), modificada por Decreto–Ley Nº 184 de 25–04–58 (*G.O.* Nº 25.642 de 25–04–58). En las notas siguientes utilizamos las siguientes abreviaturas: *CF*: Corte Federal; *CFC*: Corte Federal y de Casación; *CPCA*: Corte Primera de lo Contencioso Administrativo; *Memoria*: Memoria de la Corte Federal y de Casación; *CSJ:* Corte Suprema de Justicia; *SF:* Sala Federal; *SPA*: Sala Político Administrativa; *TSJ:* Tribunal Supremo de Justicia; *RDP:* Revista de Derecho Público; *G.F.:* Gaceta Forense; *G.O.:* Gaceta Oficial.

2 *V.* las sentencias: CFC–SF, 14–03–51, *G.F.* Nº 10, p. 133–134; CSJ–SPA, 24–02–65, *G.O.* Nº 27.676, 24–02–65; CSJ–SPA, 12–11–91, *RDP* Nº 48, pp. 178–180 y CSJ–SPA, 20–07–93, *RDP* Nº 55–56, p. 530.

3 *V.* en general sobre la expropiación: Allan R. Brewer–Carías, *Urbanismo y propiedad privada,* Caracas, 1980, pp. 409 a 493; y "Las Expropiaciones Urbanísticas" en Allan R. Brewer–Carías, *Jurisprudencia de la Corte Suprema 1930–1975 y Estudios de Derecho Administrativos,* Tomo VI, Caracas, 1979, pp. 47 a 139.

4 La jurisprudencia en materia expropiatoria puede consultarse en: *Período 1940–1996:* Allan R. Brewer–Carías, *La Expropiación por causa de utilidad pública o social*, Instituto de Derecho Público, UCV, Caracas 1966, pp. 25 a 239. *Período 1930–1974:* Allan R. Brewer–Carías, *Jurisprudencia de la Corte Suprema 1930–1974* y *Estudios de derecho administrativo*, Tomo VI, *Propiedad y Expropiación*, Instituto de Derecho Público, UCV, Caracas 1978, pp. 271 a 575. *Período 1980–1987:* Mary Ramos Fernández, *Jurisprudencia de Expropiación (1980–1987)*, Editorial Jurídica Venezolana, Caracas 1989. *A partir de 1980: Revista de Derecho Público,* Editorial Jurídica Venezolana, Caracas.

2. El régimen de la expropiación y sus características

A. Su carácter de orden público

De acuerdo con lo previsto en el artículo 115 de la Constitución, la consecuencia de la garantía de la propiedad privada está prevista en la siguiente forma:

> Sólo por causa de utilidad pública o de interés social, mediante sentencia firme y pago oportuno de justa indemnización, podrá ser declarada la expropiación de cualquier clase de bienes.

Este principio constitucional se encuentra reproducido en el Código Civil, en su artículo 547, que establece que:

> Nadie puede ser obligado a ceder su propiedad ni a permitir que otros hagan uso de ella, sino por causa de utilidad pública o social, mediante juicio contradictorio e indemnización previa.

La diferencia entre la norma constitucional y la del Código Civil es que éste incluye la necesidad de "un juicio contradictorio" para poder expropiar, y la Constitución sólo habla de "sentencia firme"; y en cuanto a la indemnización la Constitución habla de "pago oportuno de justa indemnización" y el Código Civil, de "indemnización previa".

En todo caso, tanto el juicio contradictorio como la sentencia firme son necesarios sólo cuando no se logre el traslado del dominio amigablemente, y el propietario se oponga al procedimiento.

La normativa que regula a la expropiación en Venezuela, como se ha señalado, está contenida en la Ley de Expropiación por Causa de Utilidad Pública o Social de 21 de mayo de 2002. Sin embargo, aparte de esta Ley general, debe tenerse en cuenta que en diversas leyes especiales se han venido consagrando normas particulares en materia de expropiación, tales como la Ley de Tierras y Desarrollo Rural, de 9 de noviembre de 2001; la Ley de Inmigración y Colonización, de 11 de julio de 1966; la Ley de Minas de 5 de noviembre de 2001; la Ley Orgánica de Hidrocarburos de 2 de noviembre de 2001; la Ley Forestal, de Suelos y Aguas, de 30 de diciembre de 1965; la Ley sobre Derecho de Autor de 1 de octubre de 1993; la Ley de Propiedad Industrial, de 2 de septiembre de 1955; o la Ley del Sistema de Transporte Ferroviario de 30 de octubre de 2001.

Por ello, el artículo 4 de la Ley de Expropiación dispone que la expropiación forzosa sólo puede llevarse a efecto con arreglo a la Ley, salvo lo dispuesto en las leyes especiales (art. 4). Sin embargo, en lo concerniente a "la reforma interior y al ensanche de las poblaciones" el mismo artículo 4 dispone que "prevalecerán las disposiciones de esta Ley".

En todo caso, todas las disposiciones que regulan la expropiación son de orden público[5], pues la potestad estatal que regulan constituye una limitación a un derecho constitucional garantizado a los habitantes del país, como es el derecho de propiedad. La consecuencia de este carácter de orden público, es que el quebrantamiento de cualesquiera de las disposiciones de la Ley, no puede subsanarse ni con el consentimiento de las partes, y su nulidad puede y debe ser declarada de oficio por el tribunal competente, o bien cualesquiera de las partes puede alegar la norma violada. El tribunal puede anular lo actuado y retrotraer el juicio al estado en que se subsane el vicio que tiene.

Ahora bien, el régimen legal relativo a la expropiación está estructurado en Venezuela, no sólo para regular el ejercicio de una potestad pública por parte del Estado sino,

---

5 Sentencia CSJ–SPA, 09–12–80, *RDP* N° 5, p. 152

además, y en vista de que el ejercicio de esa potestad incide sobre un derecho garantizado constitucionalmente, para asegurar que ese poder sea ejercido correctamente, de manera que no se menoscaben totalmente los derechos de los particulares.

Estos dos extremos, por una parte, la potestad pública y el ejercicio de la misma por el Estado, y por la otra, la garantía de los derechos de los particulares, son los dos ejes sobre los cuales gira toda la legislación en materia de expropiación por causa de utilidad pública o interés social.

B. La regulación de la potestad expropiatoria

En efecto, en primer lugar debe señalarse en cuanto a la potestad pública cuyo ejercicio se atribuye al Estado, que la Ley de Expropiación consagra la posibilidad para éste, de apoderarse de bienes de los particulares para determinados fines, en forma coactiva o forzosa, cuando exista alguna resistencia de parte de los particulares, con motivo de la realización de obras de utilidad pública o actividades de interés social que el Estado pretenda ejecutar. Esa expropiación o ese apoderamiento forzoso de los bienes por parte del Estado, tal como expresamente lo ha calificado la jurisprudencia, procede "por las buenas o por las malas"[6]. Por ello, decretada la expropiación, es decir, ejercida la potestad expropiatoria por parte del Estado, los particulares no pueden discutir si realmente el Estado necesita o no aquellos bienes. Lo único que pueden discutir y exigir es la garantía a ser debidamente compensados por la lesión que se produzca a sus derechos. Por tanto, la discusión no puede incidir sobre el ejercicio mismo de la potestad expropiatoria, la cual, una vez que se ejerce, es irreversible[7].

Por otra parte, la regulación de una potestad pública de tal importancia que permite al Estado lesionar uno de los derechos que la propia Constitución garantiza, ha implicado, generalmente, que en las legislaciones sobre expropiación, se haga intervenir, para el correcto ejercicio de esta potestad por parte del Estado, a todos los órganos del Poder Público. En efecto, en materia expropiatoria no sólo interviene el Poder Ejecutivo cuando decreta la expropiación de una obra, sino que, fundamentalmente, la Ley exige la intervención previa del Poder Legislativo y posterior del Poder Judicial[8]. La garantía del derecho de propiedad y la lesión producida a este derecho, hace que el legislador exija que todas las instituciones y poderes del Estado intervengan en el procedimiento.

En efecto, en *primer lugar*, interviene el Poder Legislativo al declarar la utilidad pública ó el interés social de la actividad que conlleva la expropiación, declaratoria que se reserva generalmente al legislador, hasta el punto de que el Poder Ejecutivo no puede juzgar cuándo hay utilidad pública o interés social en una actividad pública, sino que ésta sólo puede ser declarada por ley (art. 3 y 13). Excepcionalmente, sin embargo, la Ley permite al Ejecutivo Nacional determinar la utilidad pública en materia de seguridad y defensa de la Nación (art. 13).

En *segundo lugar*, interviene el Poder Ejecutivo, pues se exige que para que se ejecute la expropiación es necesario un acto de la autoridad ejecutiva, el Decreto de Expropiación, que determine cuáles bienes van a ser expropiados para alcanzar los fines de utilidad pública o interés social que la ley establece (art. 3 y 5).

---

6 Sentencia de la CFC, SF, 14–03–52, en *G.F.* N° 10, 1952, pp. 133–134

7 Sentencia CPCA, 15–08–88, *RDP* N° 36, pp. 156–157.

8 Sentencias CSJ–SPA, 12–11–91, *RDP* N° 48, pp. 178–150; CSJ–SPA, 18–04–96, *RDP* N° 55–56, p. 444

En *tercer lugar*, interviene el Poder Judicial, como garantía judicial necesaria frente a la lesión del derecho del particular. En este sentido, cuando no hay posibilidad de llegar a un arreglo o convenio amigable con el particular expropiado, la autoridad administrativa no puede apoderarse simplemente de sus bienes, sino que necesariamente tiene que acudir a la vía judicial, por ante el juez competente, para solicitar la expropiación o traslado forzoso de la propiedad de determinados bienes del particular al Estado (art. 3 y 23).

Estos son los aspectos resaltantes del primero de los elementos de la legislación sobre expropiación, el que regula el ejercicio de una potestad pública, en la cual intervienen todos los poderes del Estado y que implica que el ejercicio de esa potestad deba hacerse conforme a las normas que establece la Ley.

C. La regulación de la garantía de los particulares

El segundo elemento de la expropiación, además de la potestad pública de expropiar, está constituido por la garantía del derecho de los particulares. En efecto, el hecho de que se otorguen al Estado determinadas potestades y el ejercicio de determinados poderes exorbitantes al derecho común que rige las relaciones entre particulares, no implica que éstos queden desasistidos. Al contrario, el legislador establece una serie de mecanismos para que el derecho del particular esté debidamente garantizado frente al ejercicio de esa potestad pública.

Esta garantía del derecho de los particulares que establece la legislación de expropiación, podemos clasificarla en tres grandes: por una parte, una garantía jurídica; por otra parte, una garantía patrimonial; y en tercer lugar, una garantía de devolución; las cuales están íntimamente conexas.

a. La garantía jurídica

En primer lugar, está la garantía jurídica, que implica que el poder de expropiación, como ejercicio de una potestad pública, está circunscrito a una serie de normas legales (art. 4 y 7). No es, por tanto, una vía de hecho. No se trata del apoderamiento fáctico de determinados bienes por parte del Estado, sino que se trata de la apropiación de ciertos bienes particulares, pero conforme a una serie de normas de carácter jurídico que conforman el primer elemento de la garantía consagrada para los particulares. El despojo que se hace del bien de un particular, por tanto, no es un despojo ilegal, sino un despojo perfectamente legítimo, dados los fines que tiene el Estado en un momento determinado y que, por tratarse de un despojo legítimo, debe cumplirse de acuerdo a una serie de normas legales.

En virtud de ello, al particular se le consagra, como protección de esa garantía, en primer lugar, la posibilidad de oponerse a está expropiación (art. 30). En este sentido, la principal causa de oposición a la expropiación es el alegato de que se haya producido una violación de ley, precisamente por la existencia de esta garantía jurídica. La otra causa de oposición se refiere, en particular, a la expropiación parcial, pero no incide ya directamente sobre la expropiación en sí misma. Por eso, la confirmación de esta garantía jurídica está en la oposición a la expropiación por violación de ley.

Pero debe destacarse, además, que al particular se le otorgan una serie de mecanismos para hacer efectiva esa garantía, hasta el punto de que se le dan posibilidades de ejercer acciones posesorias o petitorias en relación al despojo ilegítimo o ilegal que se haya hecho de sus bienes, es decir, contra las ocupaciones ilegítimas de la propiedad (vías de hecho)[9], a los efectos de que se le mantenga en el uso, goce y disfrute de su propiedad (art. 8). Por ello, la Ley de Expropiación declara como responsables, a los funcionarios y a los jueces que hayan intervenido en algún procedimiento expropiatorio en el cual no se hayan cumplido las normas legales (art. 65). En esta forma, además de quedar comprometida la responsabilidad del Estado (art. 140 de la Constitución), por violaciones a la propiedad que cometan sus funcionarios, también estos son responsables personalmente.

b. La garantía patrimonial

La segunda garantía, además de la garantía jurídica, es la garantía patrimonial. En efecto, si bien se otorga al Estado la posibilidad de apoderarse de determinados bienes de particulares, esto no significa que los derechos del particular claudican totalmente ante el Estado, sino que en el lugar de su derecho de propiedad, que desaparece, surge un nuevo derecho, el derecho a ser indemnizado y, por tanto, a recibir una justa compensación. En torno a ello, la jurisprudencia en Venezuela, reiteradamente, ha considerado que este derecho sustitutivo debe ser, como su nombre lo indica, una justa compensación o indemnización, que no signifique ni enriquecimiento ni empobrecimiento para el expropiado, es decir, una indemnización que sustituya el derecho que ha sido lesionado por el ejercicio de la potestad expropiatoria[10]. La expropiación viene a ser, entonces, un mecanismo de conversión del derecho patrimonial de carácter real por un derecho de crédito sobre una cantidad determinada de dinero, compensatoria de la situación anteriormente existente.

c. La garantía de devolución (la retrocesión)

Pero las legislaciones de expropiación no sólo consagran estas dos garantías: la jurídica y la patrimonial, sino que también consagran una tercera garantía que es sustancial a la finalidad que origina la expropiación y que es la llamada garantía de devolución.

En efecto, si la expropiación procede por causa de utilidad pública o de interés social, la legislación de expropiación, y ésta es la tendencia general en el derecho comparado, establece que cuando el bien que se expropia y del cual se despoja a un particular, no se destina por el Estado al fin de utilidad pública o de interés social que originó la expropiación, surge un derecho del particular a quien se le quitó su bien, de pedirle al Estado la devolución del mismo cuando no ha sido utilizado para los autorizados fines de utilidad pública o de interés social.

En Venezuela, la legislación de expropiación tradicionalmente había regulado, por una parte, la potestad expropiatoria y el ejercicio de ella por parte del Estado; y por la otra, las dos primeras garantías señaladas, la jurídica y la patrimonial; es decir, había establecido una serie de normas a las cuales debía ajustarse el ejercicio de la propiedad expropiadora y establecido las normas que buscan lograr la justa compensación o indemnización, es decir, la garantía patrimonial para el particular. Sin embargo, la legis-

---

9 Sentencia CSJ–SPA, 03–10–90; *RDP* N° 44, p. 214–216.

10 Sentencias CFC, 12–07–43 y 04–05–48, *Memoria 1944*, Tomo I, p. 22, y *Compilación Legislativa de Venezuela 1948–1949*, *Anuario 1948*, pp. 771 y 772; CSJ–SPA, 09–12–80 y 16–12–80, *RDP* N° 5, pp. 154–156; CPCA, 17–07–86, *RDP* N° 27, pp. 143–144; CSJ–SPA, 20–11–86, *RDP* N° 28 p. 163; CPCA, 02–08–90, *RDP* N° 43, pp. 153–154; CSJ–SPA, 24–03–94, *RDP* N° 57–58, p. 435 y CPCA, 16–03–00, *RDP* N° 81, pp. 553–554.

lación de expropiación en Venezuela no había recogido completamente este tercer elemento que configura la garantía de devolución, consagrando solamente, como lo repite la Ley vigente, el derecho del particular a readquirir el bien que había sido de su propiedad, cuando no ha sido destinado al fin para el cual el Estado ejecutó la expropiación, cuando el Estado, en casos específicos de áreas excedentes, decida voluntariamente enajenarlo, en cuyo caso, el particular sólo tiene un derecho a readquirir prioritariamente la propiedad de ese bien en las nuevas condiciones de enajenación que existan en el momento en que ésta se produzca (art. 16 y 51).

Sin embargo, aún en ausencia de una regulación legal expresa, la jurisprudencia, siguiendo sin duda lo expresado por la doctrina[11], había sentado los principios de la retrocesión en la expropiación. En efecto, en una sentencia de la Corte Suprema de Justicia en Sala Político Administrativa de 08–12–88, al referirse al artículo 3 de la Ley de 1946 (igual al artículo 7 de la Ley vigente) señaló que:

> De las previsiones transcritas resulta claro que no le es posible a la Administración hacer uso libre de la potestad que a tales fines se le reconoce. En efecto, la potestad expropiatoria aparece como mecanismo de obtención de fines públicos determinados, esto es, los fines propios de la causa *expropiandi* que fundamentan el ejercicio de tal potestad. Conforme a las normas constitucionales y legales que la rigen, la expropiación está dirigida a un fin de utilidad pública o social, predeterminado por la Ley (artículos 2°, 10, 11 de la Ley de Expropiación) que requiere o exige que cada expropiación, singularmente considerada, sirva a dicho fin específico para que se entienda legitimada en su causa legal.
>
> Cabe notar al respecto que lo importante en materia de expropiación no es la privación del derecho que ella envuelve *sino más bien el destino posterior al cual se afectará el bien objeto de la misma.* Por ello la expropiación se presenta, al decir de la doctrina, como un instrumento y no como un fin, como un elemento dentro de una operación de poder público que la supera y trasciende. Toda expropiación singular ha de servir a esa finalidad instrumental, sin lo cual carecerá de causa (E. García de Enterría. *Curso de Derecho Administrativo* – Tomo II, pp. 211– Civitas 1981). Por ello, la causa *expropiandi* genéricamente justificada en los conceptos de utilidad pública o interés social, se inserta con carácter permanente en el proceso expropiatorio (sin que pueda argüirse que ella aparece sólo al inicio o apertura del ejercicio de la potestad expropiatoria), para particularizarse o individualizarse en la afectación que detalla el decreto de ejecución de la misma. La expropiación queda así unida, vinculada, al destino invocado como causa expropiatoria, de modo que el beneficiario de la expropiación (que a veces no coincide con el ente expropiante –artículo 2° y 19 de la Ley de Expropiación–) queda *gravado con la carga de realizar ese destino específico de cuya realización pende la validez de la expropiación misma.* La expropiación ha de justificarse en una finalidad legal de utilidad pública o de interés social, sin lo cual no cabe siquiera iniciarla; pero ha de legitimarse, una vez consumada, en el servicio efectivo de esa finalidad legal, que es lo que se llama técnicamente causa y, que supone una transformación ulterior del bien expropiado, material o jurídica, en el sentido postulado por esa finalidad, sin lo cual, la expropiación aún no realizada no puede mantenerse (*op. cit.* p. 212).
>
> De lo expuesto deriva el derecho que aparece consagrado en la Ley Orgánica para la Ordenación del Territorio, cuyos artículos 64 y 69 prevén una serie de medidas para garantizar los derechos de los propietarios afectados por planes de ordenación del territorio que impliquen la extinción del derecho de propiedad, así como en materia urbanística la figura de la retrocesión en la expropiación en los casos en los cuales se pretenda modificar la afectación de determinados bienes expropiados.

---

11 *V.* José A. Muci Borjas, *La retrocesión en la expropiación*, Caracas, 1988.

En este orden de ideas expresa el dispositivo del artículo 69 *ejusdem* que:

> Los terrenos de cualquier clase que se expropien por razones urbanísticas, deberán ser destinados al fin específico establecido en el plan correspondiente. Si se pretende modificar su afectación o se agotara la vigencia del plan sin haber cumplido el destino a que se afectaron, procederá la retrocesión de los terrenos con arreglo a lo que disponga la legislación de la materia.
>
> Consagra así la novedosa Ley una última protección al derecho de propiedad, al reconocer al expropiado el derecho a recobrar el bien objeto de la expropiación si se varía la afectación inicial o se agota la vigencia del plan respectivo, esto es, una vez que se ha comprobado que el bien objeto de la misma no ha sido afectado por el beneficiario al fin originalmente impuesto por la causa *expropiandi.*
>
> *Esta especificidad de la "causa expropiandi" impide a la Administración apartarse del ámbito singular que conforme a la Ley aparece concretado en el Decreto de expropiación, como acto de ejecución que es de aquella, y que envuelve además un acto de reconocimiento singular de la operación expropiatoria, que realiza el Presidente de la República.*
>
> El decreto es en efecto, un acto mediante el cual la acción pública, en ejercicio de la autoridad que le confiere la Ley, puede afectar a un uso determinado y pretender así la propiedad de un bien, mediante el cual manifiesta su voluntad de utilizar y en consecuencia, proceder al acto respectivo, para fines de Utilidad Pública o Social, con lo cual no ha producido traslado de derecho de propiedad o de otra índole, ha señalado con tal Decreto la Utilidad el bien y ha puesto en marcha los medios idóneos jurídicamente previstos para la adquisición forzosa de los respectivos inmuebles. Acto de Potestad Pública dirigido en este caso a particulares a los que afecta, en consecuencia, voluntad administrativa susceptible de ser controlada en cuanto a su legalidad, ya que como Acto del Poder Público, no está excluido de la revisión que por vía de lo Contencioso–Administrativo prevé la propia Constitución. (Sentencia del 12–06–86, Corte Primera de lo Contencioso Administrativo).
>
> En el caso de autos, pendiente la expropiación acordada por el Decreto N° 807 publicado en *Gaceta* el 3 de mayo de 1972, ya que no ha habido acuerdo sobre el monto del avalúo con el que debe culminar el arreglo amigable, el Ejecutivo Nacional ha decidido formalmente no dar cumplimiento a dicho Decreto, *al modificar no sólo la afectación específica contemplada en el Decreto N° 807, sino también el beneficiario mismo de la expropiación.* Por consiguiente, debe concluir forzosamente esta Sala en que se ha dado inicio a un nuevo procedimiento expropiatorio, *sujeto por ende desde su comienzo a los requisitos legales que aseguran la garantía constitucional que ampara el derecho de propiedad, y así se declara*[12].

Con fundamento en esta doctrina jurisprudencial, sin duda, la nueva Ley de Expropiación de 2002 ha regulado expresamente la retrocesión como garantía de devolución, al agregar, en el artículo 51, lo siguiente:

> El propietario del bien expropiado, que no fuere utilizado para la obra de utilidad pública o interés social que motivó su expropiación, tendrá derecho a readquirirlo por el mismo precio por el cual se lo adquirió el ente expropiante, sin perjuicio de las acciones que pudieran corresponderle al expropiado por los daños y perjuicios que la expropiación injustificada le ocasionó. En consecuencia, bastará la simple comprobación mediante inspección judicial, de que el bien expropiado no esté siendo destinado para la obra de utilidad pública o interés social que motivó su expropiación. En estos casos, el derecho de retrocesión se ejercerá en sede administrativa ante el ente expropiante respectivo, sin perjuicio del ejercicio de las acciones judiciales a que hubiere lugar.

---

12 Sentencia CSJ–SPA, 08–12–88, *RDP* N° 37, pp. 123–125. Sobre esta sentencia véase lo expuesto por José Antonio Muci, "El derecho a la retrocesión en la expropiación y la sentencia dictada por la Corte Suprema de Justicia de fecha 08 de diciembre de 1988", *RDP* N° 37, pp. 155–162.

3. Naturaleza de la expropiación

Como hemos señalado, la Corte Suprema de Justicia había definido la expropiación como "una institución de derecho público mediante la cual la Administración, para el cumplimiento de fines públicos, logra coactivamente la adquisición de bienes muebles o inmuebles, siguiendo un procedimiento determinado y pagando una justa compensación[13]; definición que, en términos generales, es la que está en el antes mencionado artículo 2 de la Ley.

Dos elementos surgen de este concepto: por una parte, la transferencia coactiva y obligatoria de la propiedad, y por la otra el pago de una justa indemnización, mediando, por supuesto, en caso de conflicto, juicio contradictorio.

En relación con el primer elemento, la jurisprudencia ha establecido que la expropiación reviste el carácter de una enajenación obligatoria. En una sentencia de la antigua Corte Federal y de Casación de 14–3–52, se estableció que no puede decirse, en materia de expropiación, aun cuando haya arreglo amigable, que se trata de una venta perfectamente voluntaria, es decir, de un consentimiento totalmente libre. La expropiación, dijo la Corte, se verifica "por las buenas o por las malas", de manera que, prácticamente, es una venta o enajenación obligada a la cual hay que llegar aun cuando el propietario no lo quiera. Por ejemplo, una vez que se declara de utilidad pública una obra y una vez que la Administración dicta un decreto de expropiación de determinados inmuebles para construir esa obra, el particular no puede impedir su realización. El conflicto se podrá presentar en cuanto a la mayor o menor cuantía de la indemnización, pero siempre tendrá el particular que transferir su propiedad al Estado.

La Corte Federal y de Casación en la referida sentencia de 14 de marzo de 1952 señaló, en efecto, lo siguiente:

> Ahora bien, no puede decirse que en materia expropiatoria cuando hay arreglo amigable se trata de una venta perfectamente voluntaria, de un consentimiento totalmente libre; la expropiación se verifica por las buenas o por las malas; de manera que prácticamente es una venta obligada, a la cual hay que llegar aun cuando el propietario no quiera; lo único que se logra con el arreglo amigable es evitar parcialmente el proceso eligiendo de común acuerdo uno o tres peritos que avalúen la propiedad; practicado éste, queda el asunto o negocio en la situación que contempla el artículo 40 de la Ley de Expropiación por Causa de Utilidad Pública o Social, el cual expresa que avenidas las partes en cuanto al precio de la cosa sobre que versa la expropiación o firme el justiprecio, antes de proceder a la ocupación definitiva del inmueble, el expropiante consignará el precio ante la autoridad que conoce el negocio para que sea entregado al propietario, a menos que se haga constar que éste ya recibió el pago[14].

Sin embargo, a pesar de que la Corte haya señalado que la expropiación "prácticamente es una venta obligada", dicha institución, que es de derecho público, tiene netas diferencias con la compra–venta, que es una institución de derecho privado. En efecto, en otra decisión, de 31 de mayo de 1955, la antigua Corte Federal, al señalar que la expropiación procedía respecto de toda clase de bienes, aun cuando pudieran pertenecer a personas incapaces, señaló lo siguiente:

> La expropiación se llevará a efecto aun sobre bienes pertenecientes a personas que para enajenarlos o cederlos necesitan de autorización judicial, bien ellas mismas o sus representantes legales, pues en este caso quedan autorizados sin necesidad de otra formalidad.

---

13 Sentencia de la CSJ–SPA, 24–2–65, en *G.O.* Nº 27.676 del 24–2–65.

14 *V.* en *G.F.* Nº 10, 1952, pp. 133 y 134. Véase además, sentencia CSJ–SPA, 12–10–86, *RDP* Nº 28, p. 159.

Trátese, pues, de que entre los sedicentes dueños hubiere algún menor, algún demente o un entredicho o cualesquiera otro expropiado que no tenga la libre disponibilidad de sus derechos, el bien expropiado es adquirido por el expropiante libre de todo peligro actual y futuro.

Esta es, precisamente, una de las diferencias esenciales entre la expropiación –que es una institución de Derecho Público y el contrato de compra–venta, regido por el Derecho común. En la primera, el adquiriente o expropiante queda libre de toda impugnación futura, derivada de cualesquiera deficiencias que pudieran enervar los títulos de uno cualquiera de los anteriores propietarios; en tanto que, quien adquiere el dominio de una cosa mediante la mera convención de compra–venta está expuesto a ser llevado a juicio por quienquiera que con razón o sin ella, pretenda derechos sobre el objeto transferido, y, desde luego, queda sujeto a las rémoras de las medidas cautelares que pudieren practicarse y a las contingencias definitivas del litigio, lo cual no puede ocurrir jamás cuando la cosa se ha adquirido mediante expropiación, porque esta institución tiene la particularidad –como lo enseña la doctrina y lo consagra la ley– de desviar el derecho de los particulares sobre las cosas que caen bajo el imperio de la medida, para hacerlo incidir sobre la indemnización que por la cosa expropiada se acuerda.

El caso de la acción reivindicatoria de un tercero es el que mejor pone de relieve, desde el punto de vista del Derecho. Privado, la transformación del derecho real (propiedad) en un derecho personal (la indemnización); pues el tercero reivindicante no puede hacer incidir su acción sobre la propiedad del terreno, sino que ésta se reduce a la obtención del precio o valor del bien expropiado, es decir, a la indemnización[15].

El segundo elemento de la noción de expropiación es la necesaria existencia del pago de una justa indemnización que debe recibir el expropiado. Esta justa indemnización hace diferenciar esta institución jurídica de otras, como la confiscación y el comiso, en las cuales también se trata de una transferencia coactiva de la propiedad al Estado, pero sin indemnización. Se producen, sobre todo, como sanciones: si se trata de una confiscación, recae sobre todo el patrimonio de una persona, y sobre determinados bienes muebles, si se trata de un comiso.[16]

Es esta indemnización, precisamente, la que confirma la garantía de la propiedad y que implica que, ante el necesario sacrificio del derecho individual frente al interés público, al propietario debe compensársele su pérdida patrimonial en forma justa, de manera que la consecuencia de la expropiación no lo enriquezca ni lo empobrezca.

II. LOS ELEMENTOS DE LA EXPROPIACIÓN

1. La legitimación

A. La legitimación activa

De acuerdo con el artículo 6 de la Ley, se consideran legitimados activos en el proceso expropiatorio los entes señalados en el artículo 3, es decir, la República, los Estados, el Distrito Capital, los Municipios, los institutos autónomos, y los particulares o empresas debidamente autorizadas; entes que en general, quedan comprendidos en la expresión "Estado".

---

15 *V.* en *G.F.* N° 8, 1955, pp. 280 y 281.

16 *V.* lo expuesto en Allan R. Brewer–Carías, "Adquisición de la propiedad privada por parte del Estado en el Derecho Venezolano", en *Revista de Control Fiscal*, N° 94, Caracas, 1979, pp. 61–84.

En consecuencia, pueden actuar como entes expropiantes las personas jurídicas estatales y, además, excepcionalmente, aquellas personas jurídicas no estatales debidamente autorizadas, como los concesionarios o contratistas de obras, actividades o servicios públicos.

a. Las personas jurídicas estatales

La legitimación activa en la expropiación, por tanto, en principio, corresponde al Estado (art. 2), personificado en el ámbito interno, conforme a la división territorial, en la República, los Estados y los Municipios, o en su esfera no territorial: los establecimientos públicos y, dentro de éstos, los Institutos Autónomos. Por tanto, sólo pueden expropiar las personas jurídicas estatales[17].

b. Las empresas concesionarias o contratistas del Estado

La expropiación puede también ser realizada por empresas concesionarias o contratantes de alguna actividad estatal. Al efecto, el artículo 12° de la Ley de Expropiación señala que el concesionario o contratante de obras públicas, así como las compañías o empresas debidamente autorizadas por la Administración Pública, se subrogarán en todas las obligaciones y derechos que corresponden a ésta por la Ley. Otras normas especiales también confieren a los concesionarios un rol determinante en el ejercicio de la facultad expropiatoria; por ejemplo, respecto a los concesionarios de obras y servicios públicos, la Ley Orgánica sobre promoción de la inversión privada bajo el régimen de concesiones de 1999[18] destina el Título VI a regular "el uso de bienes de dominio público, expropiaciones y servidumbres", precisando en su artículo 59, lo siguiente:

> *Artículo 59. Facultad expropiatoria.* El ente concedente tendrá a su cargo la obligación de adquirir los terrenos y demás bienes necesarios para la ejecución o gestión de la obra o del servicio público otorgado en concesión mediante el procedimiento expropiatorio, a cuyo efecto podrá acudir de ser necesario a las medidas de ocupación previa o de urgencia previstas en la legislación que rige la materia. El pliego de condiciones de toda licitación establecerá la forma y los plazos conforme a los cuales el ente concedente ejercerá esta facultad.
>
> No obstante, también los concesionarios podrán tratar directamente con los particulares, y negociar con éstos la adquisición de los terrenos y demás bienes necesarios para la ejecución del contrato, en conformidad con la normativa aplicable, reconociéndosele como precio al valor máximo que se hubiere estipulado en el pliego de condiciones o en el contrato.

Sin embargo, el hecho de que la Ley haya permitido a los concesionarios la posibilidad de participar en el ejercicio de la potestad expropiatoria, no impide que el Estado ejerza esa potestad cada vez que el concesionario no actúe.

En tal sentido, la antigua Corte Federal y de Casación, en sentencia de 16–11–43, al referirse a los concesionarios de hidrocarburos, señaló lo siguiente:

> Cuando la Ley de Hidrocarburos da a los concesionarios el derecho de expropiar al propietario del suelo, en manera alguna ha querido el legislador desposeer al Estado de esa tutela, mediante un traspaso de derechos en el sentido de perderlos el Estado mismo. No pudo haber sido la mente del legislador, al otorgar ese derecho de expropiación, enajenar esa tutela inalienable del interés público, sino facilitar su ejercicio, por las ventajas de orden público que hay en que sea el concesionario quien se entienda primero amigablemente con el propietario y que, a falta de avenimien-

---

17 *V.* Allan R. Brewer–Carías, "El régimen de las personas jurídicas estatales político territoriales en la Constitución de 1999", en *Libro Homenaje a Gustavo Planchart Manrique*, Caracas, 2002.

18 Decreto Ley N° 318 de 17–09–99, *G.O.* N° 5.394 Extra. de 25–10–99

to, siga el juicio de expropiación. Pero, frente a ese derecho no exclusivo de los concesionarios porque tal exclusividad carecería de equivalente y por tanto de fundamento, se alza el interés y el derecho del Estado de afrontarse él mismo por medio de sus representantes legales, al ejercicio del derecho de expropiación, cada vez que el concesionario, por cualquier motivo, no hubiere querido o podido actuar, poniendo con esta omisión en peligro de ser destruidas o desmejoradas sus explotaciones mineras (Memoria 1944, Tomo 1°, páginas 25 y 26). La exclusividad del concesionario, en el ejercicio de tal derecho, no se comprendería sino en el caso de haber él iniciado el procedimiento de expropiación, pero no cuando por cruzarse de brazos peligran esos intereses vitales del país. El expuesto es el único sentido que puede tener la facultad de expropiar dada por el artículo 45 de la Ley de Expropiación. En el concesionario existe en potencia el derecho de expropiar, y sólo cuando se ha decidido a hacerlo y ha iniciado el juicio, puede decirse que le favorece o lo perjudica la subrogación[19].

c. *La figura del "beneficiario" de la expropiación*

Ahora bien, no hay duda que esta "legitimación activa" para expropiar que permite la Ley respecto de los concesionarios, plantea una situación totalmente irregular, y es la de que el ejercicio de una potestad de carácter público, como la potestad expropiatoria, pueda corresponder a particulares, lo que origina situaciones de desigualdad y de posible lesión indebida de intereses de otros particulares expropiados.

Tal es el caso, por ejemplo, de la Ley de Minas de 1999[20], que precisa que "el beneficiario de derechos mineros para ejercer las actividades reguladas por esta ley, *podrá solicitar* la constitución de servidumbres, la ocupación temporal y *la expropiación de bienes*" (art. 11), regulando al efecto, sólo el procedimiento judicial para la constitución de servidumbres. En materia de ocupación temporal y de expropiación la norma sólo indica que "se aplicarán las disposiciones pertinentes de la legislación de expropiación por causa de utilidad pública e interés social" (art. 11). Una regulación similar se establece en los artículos 16 y 19 de la Ley Orgánica de Hidrocarburos Gaseosos de 1999[21] y en los artículos 38 y 39 de la Ley Orgánica de Hidrocarburos de 2001[22].

En nuestro criterio, la posibilidad de que la expropiación sea ejercida exclusivamente por entidades de carácter privado debería eliminarse totalmente de la legislación y reservarse el ejercicio de la potestad expropiatoria sólo a quien tiene esta potestad pública, esto es, a las personas jurídicas estatales y crearse, en su lugar, la figura que en otros sistemas se conoce con el nombre de "beneficiario en la expropiación", los cuales podrían ser perfectamente los concesionarios de obras, actividades o servicios públicos.

Esta figura, en efecto, surge en aquellos sistemas donde se reserva la potestad expropiatoria exclusivamente al Estado, y se presenta cuando una determinada persona jurídica estatal solicita la expropiación de un bien o de un derecho a favor de una tercera persona (de derecho público o privado), que no está investida de la facultad expropiatoria, y la cual vendría a beneficiarse de la expropiación.

Ya dijimos que en Venezuela no está regulada, en la Ley, esta figura de tercera persona que pueda ser beneficiaria de la expropiación sin ser entidad expropiante. Normalmente coincide el legitimado activo con el beneficiario, y cuando el expropiante es un concesionario estatal, en definitiva, el beneficiario sería el Estado mismo, en virtud de la figura de la reversión.

---

19 *Memoria 1944*, Tomo I, pp. 25–26.
20 Decreto Ley N° 295 de 05–09–99 *G.O.* N° 5.382 Extra. de 28–09–99
21 Decreto Ley N° 310 de 12–09–99, *G.O.* N° 36.793 de 23–09–99
22 Decreto Ley N° 1510 de 02–11–01, *G.O.* N° 37.723 de 13–11–01

Sin embargo, en materia de desarrollo agrario podría identificarse una figura similar a la del beneficiario de la expropiación. En efecto, en la expropiación agraria no es el campesino beneficiario de la adjudicación quien expropia, sino que la expropiación la hace el Instituto Nacional de Tierras, con el fin de adjudicar de tierras a los campesinos que la trabajan[23]. En este sentido, no sería lógico pensar que debería ser el campesino quien directamente fuera a expropiar.

B. La legitimación pasiva

Sólo puede ser expropiado el propietario del bien que se va a expropiar. Por ello, el artículo 6 de la Ley dispone que son legitimados pasivos, en el proceso expropiatorio, todas aquellas personas naturales o jurídicas propietarias de los bienes sobre las cuales recaiga el decreto de afectación.

La jurisprudencia ha señalado que es indiscutiblemente ilegal seguir el juicio de expropiación a quien no es propietario[24]. Por tanto, la legitimación pasiva siempre estará en el propietario del inmueble o bien expropiado y sólo éste puede actuar como demandado en un juicio de expropiación[25]. Por supuesto, no sólo el propietario hábil para vender, puede ser legitimado pasivo, sino también las personas que para enajenar o vender un bien necesitaren de autorización judicial (art. 9).

Esta legitimación pasiva del propietario indica que sólo este puede reclamar contra la expropiación ilegal. Por ello, el artículo 8° de la Ley de Expropiación señala que todo propietario y sólo a quien se prive del goce de la propiedad sin llenar las formalidades del decreto, es quien puede ejercer todas las acciones posesorias o petitorias que prevé la Ley.

Al hablar del legitimado pasivo, debe plantearse el problema que surge con los cambios de titularidad del derecho de propiedad durante el juicio de expropiación. La Ley, en su artículo 10°, señala que la transferencia del dominio por cualquier título durante el juicio de expropiación, título que puede ser la prescripción, no lo suspende, pues el nuevo propietario queda, de derecho, subrogado en todas las obligaciones y derechos del anterior.

Sin embargo, el identificar al legitimado pasivo con el propietario no implica que los poseedores, arrendatarios o acreedores hipotecarios no tengan derecho a ser indemnizados en el proceso expropiatorio. Al contrario, pueden hacerse parte en el juicio[26], ya que deben ser emplazados formalmente (art. 24), y tienen derecho a que se les entregue parte del precio, al ser éste consignado (arts. 48 y 49).

---

23 Artículos 71 y ss. de la Ley de Tierras y Desarrollo Rural, Decreto Ley N° 1546 de 09–11–01, *G.O.* N° 37.323 de 13–11–01

24 *V.* CFC–SF, 14–03–52 en *G.F.* N° 10, 1952, p. 133.

25 Sentencias CSJ–SPA, 24–02–83; *RDP* N° 14, pp. 193–194; CSJ–SPA, 14–08–85, *RDP* N° 20, p. 188.

26 Sentencias CSJ–SPA, 15–06–82, *RDP* N° 11, pp. 209–210; CPCA, 29–03–84, *RDP* N° 18, pp. 193–194.

2. El objeto expropiado

A. Bienes de propiedad privada

Pueden ser objeto de expropiación cualquier clase de bienes susceptibles de propiedad privada. La Constitución, en su artículo 115, señala expresamente esta circunstancia, por lo que la expropiación procede sobre bienes muebles e inmuebles, y derechos inmateriales[27]. Por ello la nueva Ley regula expresamente[28] la expropiación de bienes de cualquier naturaleza (art. 7). Por ello, incluso el artículo 60 de la Ley, regula la posibilidad de la expropiación de bienes con valor artístico, histórico, arquitectónico o arqueológico, la cual se debe efectuar de acuerdo con lo dispuesto en la propia Ley.

Los bienes objeto de la expropiación, por otra parte, deben ser sólo los que se consideren "indispensables" para la ejecución de la actividad, obra o servicio declarados de utilidad pública o interés social. Sin embargo, la ley autoriza en materia de urbanismo, que:

> La Autoridad a cuya jurisdicción corresponda la obra respectiva, cuando se trate exclusivamente de la apertura o ensanche de calles, avenidas, plazas o jardines, podrá autorizar en el mismo decreto la expropiación de una faja circundante hasta de sesenta (60) metros de fondo limitada por una línea paralela a la del contorno de la calle, avenida, jardín o plaza, además de lo indispensable para la obra.
>
> Las áreas de la faja circundante a que se contrae este artículo se destinarán a formar la base económica u ornamental de la respectiva obra, mediante su enajenación de la manera que se indica en el artículo siguiente, únicamente para ser destinadas a construcción de edificios cuyo estilo, ubicación y altura, deberán estar en armonía con la avenida o sitio público de que se trate, de acuerdo con lo que se disponga en las ordenanzas sobre la materia (art. 15).

Conforme al artículo 16, la enajenación a que se refiere esta norma debe hacerse en remate, sobre la base del precio mínimo que se señale al efecto. En estos casos, el expropiado tiene preferencia para la adquisición del bien sobre esa base, en cuyo caso, el bien de que se trate, queda exceptuado de la subasta. En los demás casos, en igualdad de circunstancias, se debe dar preferencia a los postulantes que ofrezcan el pago de la mayor parte del precio del remate en bonos de la Deuda Pública Nacional.

En el caso de la expropiación de bienes con valor artístico, histórico, arquitectónico o arqueológico, esta también puede extenderse a los bienes adyacentes o vecinos que impidan la vista o contemplación de monumentos artísticos, históricos, arquitectónicos o arqueológicos, que constituyan causa de riesgo o de cualquier perjuicio para los mismos, o que puedan destruir o arruinar su belleza individual (art. 62).

B. Bienes patrimoniales del Estado

Aún cuando el artículo 2 de la Ley, al definir la expropiación, se refiere al "derecho de propiedad o algún derecho *de los particulares*"; podría darse el caso de que se efectúe una expropiación sobre bienes patrimoniales del Estado, es decir, que pueden ser enajenados. Ello se desprende del artículo 9° de la Ley de Expropiación, que establece

---

27 Por ejemplo, la Ley sobre Derechos de Autor, en su artículo 23, consagra la expropiación sobre derechos de autor.

28 Al contrario de las Ley anterior, que sólo regulaba la expropiación de inmuebles.

que en ningún caso procede la expropiación sobre bienes pertenecientes a la República, a los Estados o a los Municipios que, según las respectivas leyes nacionales, no puedan ser enajenados.

En consecuencia, los bienes del dominio público no pueden ser expropiados, pues son esencialmente inalienables. Tampoco procedería la expropiación respecto de los otros bienes de los entes públicos que, sin ser del dominio público, sean inalienables, como sucede con ciertas tierras baldías[29] y con los ejidos municipales[30]. Al contrario, del artículo 9° de la Ley se deduce que sí puede ser decretada la expropiación de bienes patrimoniales del Estado, cuando éstos puedan ser enajenados.

Esta posibilidad, por otra parte, fue confirmada por la antigua Corte Federal, en sentencia del 31 de mayo de 1955, en la cual se declaró que los bienes pertenecientes a la República y demás entes públicos que si podían ser enajenados, como son, por ejemplo, los bienes patrimoniales regidos por el derecho común, estaban sujetos al procedimiento expropiatorio.

En dicha sentencia, la antigua Corte Federal estableció lo siguiente:

> Por otra parte, la impugnación relativa a la llamada "autoexpropiación", según la cual la Nación no puede expropiar la faja de terreno cuestionada, por habérsele donado ya a las empresas petroleras, carece de fundamento. Tanto la doctrina universal como el derecho legislado, aceptan y autorizan que los entes públicos expropien todos aquellos bienes indispensables para determinada finalidad que cede en beneficio común. "Todos los bienes inmuebles existentes en el país pueden ser objeto de expropiación por causa de utilidad pública, sea que pertenezcan al mismo Estado (bienes patrimoniales). Someter a expropiación estos últimos bienes, encontró cierta objeción en algún viejo escritor, para quien parecía absurda la idea de dirigir contra el Estado un poder que es la expresión de su mismo derecho de soberanía; pero de este prejuicio se ha apartado la doctrina moderna. El Estado, como titular del derecho de propiedad, se comporta como cualquier sujeto de derecho privado y no puede sustraerse, por consiguiente, al imperio de las normas que limitan el ejercicio de aquel derecho por lo que respecta a sus bienes patrimoniales. En un ordenamiento jurídico que permite también la reintegración del derecho lesionado frente a la Administración Pública y que, por tanto, somete la misma Administración a los poderes jurisdiccionales, ordinarios, no puede haber repugnancia en considerar a la Administración del Estado como sujeto pasivo del procedimiento de expropiación" (Pascuale Carugno, *L'Espropiazione per Publica Utilitá*, 2ª Edición, 1946, páginas 38 y 39).
>
> En Venezuela carece de sentido la impugnación de que se trata, es decir, la llamada "autoexpropiación" por el doctor Adrián La Rosa, en atención a los derechos que sobre la zona cuestionada ha adquirido ya la Nación venezolana por la donación que se le ha hecho. En la propia Ley de Expropiación por Causa de Utilidad Pública o Social encuentra el argumento la merecida réplica: el Parágrafo Único del artículo 5° de esa Ley estatuye: En ningún caso procede la expropiación sobre bienes pertenecientes a la Nación, a los Estados o a los Municipios, que según las respectivas leyes nacionales, de los Estados o Municipios, no pueden ser enajenados. Por donde se ve que los bienes pertenecientes a la Nación y demás entes públicos, que sí puedan ser enajenados, como son los bienes patrimoniales, regidos por el derecho común, están sujetos al procedimiento de la expropiación pautado en la Ley especial de la materia[31].

---

29 Artículo 13 de la Constitución
30 Artículo 181 de la Constitución
31 *V.* en *G.F.* N° 8, 1955, pp. 279 y 280.

3. La finalidad perseguida: la utilidad pública o el interés social

Conforme al artículo 3 de la Ley:

> Se considerarán como obras de utilidad pública, las que tengan por objeto directo proporcionar a la República en general, a uno o más Estados o Territorios, a uno o más municipios, cualesquiera usos o mejoras que procuren el beneficio común, bien sean ejecutadas por cuenta de la República, de los Estados, del Distrito Capital, de los Municipios, Institutos Autónomos, particulares o empresas debidamente autorizadas.

Por tanto, sólo pueden expropiarse bienes, cuando se persigue una finalidad de utilidad pública o de interés social en la obra, actividad o el servicio que la motiva (art. 2)[32]. Ahora bien, tanto la noción de "utilidad pública" como la de "interés social", configuran conceptos jurídicos indeterminados que pueden comprender todo lo que el legislador estime que en un momento determinado es ventajoso para el interés general o social de la colectividad. En este campo, sin duda, opera la soberanía del legislador en apreciar cuándo una actividad, un servicio o una obra son de utilidad pública o de interés social.

La consecuencia de esto es que la finalidad de utilidad pública o de interés social debe ser previamente declarada por el legislador[33]. Así lo exigen expresamente tanto el artículo 115 de la Constitución como el artículo 13 de la Ley de Expropiación. En particular, el artículo 7° de la Ley señala que solamente podrá llevarse a efecto la expropiación de cualquier clase de bienes mediante el cumplimiento de los requisitos siguientes:

1) Disposición formal que declare la utilidad pública;
2) Declaración de que su ejecución exige indispensablemente la transferencia total o parcial de la propiedad o derecho;
3) Justiprecio del bien objeto de la expropiación, y
4) Pago oportuno y en dinero efectivo de justa indemnización[34].

En cuanto a la declaratoria de utilidad pública, de acuerdo a lo establecido en el artículo 13 de la Ley, corresponde declararla a la Asamblea Nacional, siempre que en todo o en parte la obra o actividad hayan de ejecutarse con fondos nacionales. De igual manera deben proceder los Consejos Legislativos de los Estados. En los Municipios, la declaratoria de utilidad pública o social es siempre atribución del respectivo Concejo Municipal[35].

El Ejecutivo Nacional, sin embargo, como se ha dicho, excepcionalmente, queda facultado para decretar de utilidad pública la posesión de aquellos terrenos y construcciones que considere esenciales para la seguridad o defensa de la Nación.

Ahora bien, la declaratoria de utilidad pública realizada por el órgano legislativo, puede ser general o especial.

---

32 Sentencia CF, 13–05–58, *G.F.* N° 20, pp. 65–66

33 Sentencia CPCA, 15–08–88, *RDP* N° 36, pp. 155–156.

34 Sobre el alcance de esta norma, sentencias CSJ–SPA, 14–08–80, *RDP* N° 4, p. 163; CSJ–SPA, 04–08–86, *RDP* N° 28, pp. 160–161.

35 Sentencia CSJ–SPA, 08–05–80; *RDP* N° 3, p. 170

A. La declaratoria general de utilidad pública

La declaratoria general de utilidad pública está establecida en la propia Ley de Expropiación, cuyo artículo 14 establece lo siguiente:

> *Artículo 14.–* Se exceptúan de la formalidad de declaratoria previa de utilidad pública las construcciones de ferrocarriles, carreteras, autopistas, sistemas de transporte subterráneo o superficial, caminos, edificaciones educativas o deportivas, urbanizaciones obreras, cuarteles, hospitales, cementerios, aeropuertos, helipuertos, los terrenos necesarios para institutos de enseñanza agrícola y pecuaria, las construcciones o ensanche de estaciones inalámbricas o conductores telegráficos; así como los sitios para el establecimiento de los postes, torres y demás accesorios de las líneas conductoras de energía eléctrica; acueductos, canales y puertos; los sistemas de irrigación y conservación de bosques, aguas y cualquiera otra relativa al saneamiento, ensanche o reforma interior de las poblaciones; la colonización de terrenos incultos y la repoblación de yermos y montes. Asimismo, las caídas de agua para instalación de plantas hidroeléctricas y construcciones anexas, únicamente en beneficio de la Republica, de los estados, del Distrito Capital, de los territorios federales y los municipios, con el fin de proveer de fuerza y de alumbrado eléctrico a sus poblaciones.

En todos estos casos bastará el decreto de la autoridad a cuya jurisdicción corresponda la obra respectiva.

En estos casos, basta para proceder a la expropiación, el Decreto de expropiación o ejecución por la autoridad administrativa correspondiente, por lo que no es necesaria una declaratoria legislativa adicional de utilidad pública. Tal como lo señaló la antigua Corte Federal en sentencia del 31 de mayo de 1955:

> Si, pues, conforme a la Ley de Expropiación y a la de Hidrocarburos, cuando se trata de Carreteras, Aeropuertos y demás obras enunciadas por la primera, y al transporte de petróleo de que habla la segunda, no se requiere la declaratoria previa de utilidad pública exigida en principio por el artículo 39, ordinal 19 del Estatuto Fundamental en el punto, sino que en tales casos "basta el Decreto de la autoridad competente" acordando la expropiación, es irrevocable a duda que no existe aquí el vicio apuntado por el expropiando, y consiguientemente, no puede haberse violado la Ley al seguirse un procedimiento tal como ella de modo singular lo autoriza. El carácter, de "utilidad pública" lo tienen las carreteras independientemente de toda declaratoria por parte del expropiante, porque, como ya se ha dicho y se repite, es el propio legislador, es la propia Ley, es la propia Constitución que se lo ha discernido, cuando en el inciso 99 de su artículo 35 dispone que "en virtud de su función social, la propiedad estará sometida a las obligaciones que establezca la Ley" y que la expropiación se llevará a cabo de conformidad con la misma Ley, y puesto que conforme a ésta –a la ley de la materia– no se requiere la declaratoria previa de utilidad pública en los casos como el presente –Carreteras– sino que "basta el Decreto de autoridad competente", es concluyente que la declaratoria previa pretendida por el demandado habría constituido una redundancia insólita, reñida con la índole de la institución[36].

B. La declaratoria especial de utilidad pública

Por otra parte, en innumerables leyes especiales se han venido declarando de utilidad pública, determinadas actividades, a los efectos de la expropiación como sucede, por ejemplo, en la Ley de Minas, en la Ley Orgánica de Hidrocarburos, la Ley Forestal de Suelos y Aguas, en la Ley de Tierras y Desarrollo Agrícola.

---

36 *V.* en *G.F.* N° 8, 1955, p. 284.

En este sentido se puede mencionar, como ejemplo, la Ley Orgánica de Promoción de la Inversión Privada bajo el Régimen de Concesiones[37], que establece:

> *Artículo 58. Declaratoria de utilidad pública.* Se declaran de utilidad pública las obras o servicios públicos a ser otorgados mediante concesión, a los efectos de la Constitución de Servidumbres y la expropiación de los bienes necesarios para la construcción de las obras, o los servicios anexos o complementarios a éstas y para la prestación de los servicios.

Los alcances de esta declaratoria de utilidad pública serán precisadas por el ente concedente para cada obra o servicio que se licite, atendiendo a las dimensiones y características de cada proyecto y considerando las obras principales, complementarias y de servicios que demandará su ejecución y posterior explotación.

C. La declaratoria nacional y local de utilidad pública en materia de urbanismo

Sin embargo, de acuerdo a lo previsto en el artículo 14 de la Ley de Expropiación, se exceptúan de la declaración previa de utilidad pública las obras comprendidas en los planes reguladores de los Estados, del Distrito Capital y las obras comprendidas en los planes de acondicionamiento o modernización de otras ciudades o agrupaciones urbanas, siempre que se elaboren y aprueben previamente por las autoridades competentes, limitándose las afectaciones a lo estrictamente necesario, salvo lo dispuesto en el artículo 15 de la Ley, antes mencionado.

En todos estos casos basta el decreto de la autoridad a cuya jurisdicción corresponda la obra respectiva.

En particular, y por su interés en materia urbanística, es de destacar lo establecido en la Ley Orgánica de Ordenación Urbanística de 1987[38]:

> *Artículo 4.* Se declara de interés nacional la ordenación urbanística y, en consecuencia, corresponde al Poder Nacional la tutela del interés general en materia urbanística.
>
> *Artículo 5.* Se declara de utilidad pública y de interés social todo lo concerniente a la ejecución de los planes de ordenación urbanística

Estos planes conforme al artículo 16 de la Ley Orgánica para la Ordenación Urbanística, son el plan nacional de ordenación del territorio, los planes regionales de ordenación del territorio, los planes de ordenación urbanística y los planes de desarrollo urbano local.

Una orientación similar, por ejemplo, fue seguida en la Ordenanza sobre Urbanismo, Arquitectura y Construcciones en General del Distrito Sucre del Estado Miranda de 1978, cuyo artículo 107 establece lo siguiente:

> *Artículo 107.* De conformidad con lo dispuesto en la Ley de Expropiación por Causa de Utilidad Pública o Social, corresponde al Concejo Municipal del Distrito Sucre dictar los Acuerdos relativos a las obras contempladas en esta Ordenanza y que por su naturaleza evidente, no requieran la declaratoria previa de utilidad pública.

---

37 Decreto Ley Nº 318 de 17–09–99 en *G.O.* Nº 5394 Extra. de 25–10–99.

38 *V.* en *G.O.* Nº 33.868 de 16–12–82

D. Efectos de la declaratoria

El efecto fundamental de la declaratoria de utilidad pública o interés social, es que, en principio, tal calificación no podría ser discutida por los particulares porque se considere que la obra o actividad concreta no es de utilidad pública. Los jueces de instancia, en este sentido, no podrían entrar a juzgar el criterio del legislador al haber apreciado que una obra o actividad es de utilidad pública o interés social.

En tal sentido, la antigua Corte Federal y de Casación, en sentencia del 8 de mayo de 1945, sostuvo lo siguiente:

> La primera defensa, invocada como punto previo, puede sintetizarse así: que hubo de parte de la Asamblea Legislativa abuso de poder, porque consideró obra de utilidad pública lo que no es obra ni de pública utilidad y que, por ello, declarase la nulidad del Decreto.
>
> El mayor o menor alcance de las facultades de esta Corte con relación a las oposiciones a la expropiación hay que buscarlo en la Ley especial de la materia. En cada país estas leyes suelen o bien definir el concepto de utilidad pública, o bien dejar esto a cargo del intérprete, o también combinan un concepto general más o menos amplio, para las obras consideradas de utilidad pública, porque no requieren declaración formal en cada caso. Por nuestra Ley de Expropiación últimamente derogada, las oposiciones podrían basarse, entre otras cosas, en los vicios de que adoleciese la declaratoria de utilidad pública, y en el exceso de poder al decretarse esa utilidad; esto autorizaba a los jueces a examinar la legalidad del decreto mismo, sin distingo entre sus condiciones extrínsecas y su concepto de utilidad pública o social.
>
> Pero es muy significativo que la Ley que entró a regir desde mil novecientos cuarenta y dos, haya suprimido con motivo de la oposición las expresiones "vicios de que adolezca la declaratoria de utilidad pública" y "exceso de poder". Esta Corte entiende tal reforma en el sentido de que se quiso dejar a la soberana apreciación de las autoridades ejecutivas o administrativas, el concepto de utilidad pública o social, sin posible revisión por el Poder Judicial, limitando la actuación de éste a examinar si hubo incompetencia de la autoridad y violación de la Ley, aparte de otros motivos de oposición que no hay para qué consignarlos aquí, por no venir al caso en esta litis.
>
> No está, pues, en las atribuciones de esta Corte, según la actual Ley aplicable, decidir si fue o no acertado el criterio de la Asamblea Legislativa en cuanto a su concepto de Utilidad Pública, al dictar el Decreto objeto de esta controversia. Así se ha situado nuestro legislador dentro de la doctrina y de la jurisprudencia extranjera, al menos la francesa y la italiana, en las cuales está de muy largo tiempo establecido que sólo corresponde a la autoridad administrativa o ejecutiva apreciar en cada caso si hay o no ciertamente utilidad pública en la obra propuesta, no pudiendo este problema plantearse ante los jueces por no estar dentro de los límites de su función, propia, y porque en esa materia sólo les incumbe examinar si se aplicaron los preceptos legales (G. Baudry, L'Expropiation . . . año de 1937, págs. 5 y 6, número 5; Ricci, Derecho Civil, edición italiana de 1907, tomo 2, número 58, pág. 101).

A mayor abundamiento se observa, como puede observarse en las más versadas fuentes, que el concepto de utilidad pública ha ido evolucionando progresivamente y haciéndose cada vez más amplio; el carácter de público se ha extendido hasta lo meramente social, por tanto, no se requiere conexión ninguna con servicios públicos determinados, y se considera que basta para la expropiación que el interés social se manifieste en la conservación de cosas o reliquias históricas, o dentro de la órbita de lo meramente estético o artístico. En síntesis, basta que la expropiación tenga en miras "un interés general de orden material o moral para una colectividad de ciudadanos"[39].

---

39 *V.* en *Memoria 1945*, Tomo 1°, pp. 224 y 225.

Quedaría a salvo, sin embargo, el control de la constitucionalidad de la Ley respectiva, por razones de razonabilidad o logicidad, que correspondería a la Jurisdicción Constitucional, es decir, a la Sala Constitucional del Tribunal Supremo de Justicia.

4. La indemnización

Tal como lo precisa el artículo 115 de la Constitución, la expropiación, al implicar la extinción de la titularidad de un derecho de un propietario individualizado, conlleva la obligación para el Estado de indemnizarlo oportunamente. Tal como lo señaló la Corte Suprema de Justicia, en sentencia del 10 de agosto de 1977:

> Sin embargo, el poder de restringir la propiedad tiene también un límite, más allá del cual las obligaciones de hacer, de no hacer o de dejar de hacer en qué consisten las restricciones constitucionales antes citadas, pueden afectar en sus elementos esenciales el derecho de propiedad y constituir para el propietario no una limitación razonable sino un intolerable sacrificio del interés individual al colectivo, cuya reparación exige, por mandato del constituyente, una justa indemnización.
>
> La indemnización es el medio que el derecho ha creado para resolver, sin perjuicio de nadie, los conflictos entre el individuo y la sociedad, cuando se requiera que aquél ceda algún derecho en aras de un interés público o social. La garantía constitucional del derecho de propiedad exige que el Estado pague una justa indemnización al propietario, no sólo en caso de expropiación propiamente dicha, o sea, cuando coactivamente se le obligue a ceder su propiedad, sino también cada vez que se le prive de una utilidad, queden gravados sus bienes con una servidumbre o sufra un daño permanente que derive de "la pérdida o disminución de sus derechos". Así lo disponen expresamente los artículos 101 de la Constitución y 36 y 37 de la Ley de Expropiación por Causa de Utilidad Pública o Social[40].

Ahora bien, esta indemnización, en materia expropiatoria, conforme al artículo 115 de la Constitución, debe tener un carácter "justo", es decir, debe tender a establecer un equilibrio económico en el patrimonio del expropiado, entre el perjuicio que se le causa con la expropiación y la indemnización a pagar, de manera que la expropiación no signifique ni un enriquecimiento ni un empobrecimiento del expropiado.

Tal como lo señaló la antigua Corte Federal en sentencia del 5 de agosto de 1959:

> Esa amplia libertad que en todas partes deja la Ley a los peritos para tomar en cuenta ciertos elementos no determinados por aquélla, pero que a juicio de los tasadores debieran apreciarse para determinar el justiprecio, ha permitido a la jurisprudencia y a la doctrina internacionales precisar el contenido y alcance de diversos elementos o factores, en relación con la cosa expropiada y la indemnización. Por considerar que ellas se ajustan a las disposiciones legales de la República y a los dictados de la equidad, se acogen aquí algunas de esas decisiones judiciales extranjeras. La expropiación no puede ser para el expropiado una fuente de ganancias, pues su esencia es la compensación justa del valor de lo que se expropia y la reparación del perjuicio que pueda ocasionarse y que sea apreciable en dinero (Cámara de Apelación, Sala 3ª de Rosario, Argentina, 15–3–1946). "El justo precio ha de referirse en el juicio de expropiación a lo que el inmueble vale en el estado y forma de explotación en que es tomado por el expropiante. Quedan excluidas todas las hipótesis relativas a ganancias hipotéticas y todo lo relacionado con gravamen o perjuicios que no son consecuencia directa de la expropiación" (Cámara Federal de Bahía Blanca, Argentina, 20–12–1946). "Las posibilidades de un fraccionamiento, a objeto de determinar la indemnización,

40 Consultada en original

sólo pueden considerarse cuando el proyecto de subdivisión responde a un propósito efectivo de realizarlo" (Corte Suprema Nacional Argentina, 07–05–1948)[41]

Este criterio fue ratificado en sentencia de la Corte Suprema de Justicia del 24 de febrero de 1965, al señalar lo siguiente sobre la naturaleza jurídica de la expropiación:

> Así pues, la expropiación no configura una compra–venta, ni la cantidad que percibe el expropiado es propiamente un precio, aunque así se le denomine en la Ley especial. Cuando la entidad estatal expropia, ejerce un poder jurídico que la Constitución consagra, pero como el ejercicio de ese poder supone un sacrificio en el derecho del propietario, es preciso que se le compense o indemnice por la privación de su propiedad. Por tanto, la suma a pagar debe cubrir exactamente el daño que se irroga al expropiado, sin que éste se empobrezca ni enriquezca, en la medida que tal resultado puede razonablemente alcanzarse. Sólo así quedará cumplido el mandato constitucional, que ordena pagar una justa indemnización....

Hay que tener en cuenta, finalmente, que, como ya se ha señalado, la expropiación no es una compraventa, ni una negociación especulativa capaz de ocasionar utilidad o ganancia, ya que el expropiado no debe experimentar ni una pérdida ni un incremento de su patrimonio. Al contrario, la expropiación supone una privación coactiva del dominio, un sacrificio del derecho de propiedad; y por ello, la indemnización debe coincidir en lo posible con el daño que ocasionó [42]

La indemnización, además, conforme lo indica la Constitución debe ser oportuna (art. 115), y debe ser pagada en dinero efectivo, conforme al artículo 7,4 de la Ley.

III. EL DECRETO DE EXPROPIACIÓN, EJECUCIÓN O AFECTACIÓN

1. Características

Dentro del procedimiento expropiatorio y, en particular, en su fase administrativa, sin duda, el Decreto de Expropiación, Decreto de Ejecución o Decreto de Afectación, como indistintamente se lo llama, es uno de los actos de mayor importancia, pues inicia el procedimiento[43]. Mediante dicho acto, que es un acto administrativo de efectos particulares[44], la autoridad administrativa nacional, estadal o municipal, decide ejecutar o realizar la obra o actividad previamente declarada de utilidad pública, indicando la necesidad de utilizar determinados bienes para dicha ejecución.

Dicho Decreto se define en el artículo 5 de la Ley, así:

> El Decreto de Expropiación consiste en la declaración de que la ejecución de una obra requiere la adquisición forzosa de la totalidad de un bien o varios bienes, o de parte de los mismos. Dicha declaración le corresponderá en el orden nacional, al Presidente de la República, en el orden estadal al Gobernador, y en los municipios a los Alcaldes.

El Decreto de Expropiación requerirá la previa declaratoria de utilidad pública de conformidad con lo establecido en los artículos 13 y 14 de esta Ley.

---

41 *V.* en *G.F.* N° 25, pp. 124 y 125.

42 *V.* en *G.O.* N° 27.676 del 24–2–65

43 Sentencia CSJ–SPA, 02–10–86, *RDP* N° 28, p. 160.

44 Sentencias CSJ–SPA, 13–07–95, *RDP* N° 63–64, pp. 487–489; CSJ–SPA, 20–07–00, *RDP* N° 83, pp. 462–466.

Por otra parte, antes de la emisión del decreto, en los casos de proyectos que impliquen la expropiación de bienes con valor artístico, histórico, arquitectónico o arqueológico, los mismos deben ser evaluados y conformados por las instituciones nacionales, estadales, regionales y municipales que tengan por objeto velar por la defensa, conservación y mantenimiento de los mismos (art. 61).

Ahora bien, los efectos esenciales del Decreto de ejecución de la obra o actividad son los siguientes: con él se individualizan los bienes a expropiar; y una vez dictado el decreto de ejecución, los particulares están obligados a transmitir, *ipso facto*, los bienes del Estado. Tal como lo señaló la antigua Corte Federal y de Casación, en sentencia del 14 de marzo de 1952:

Decretada una obra y declarada su utilidad pública quedan obligados *ipso facto* los propietarios a transmitir al Estado los bienes, generalmente inmuebles, indispensables para la realización de aquélla. No pueden, pues, negarse a esa transmisión de propiedad, la cual, de consiguiente, en principio es siempre forzosa para el dueño y necesaria para la Nación[45].

Los bienes que pueden ser afectados por el decreto de expropiación como se indicó, sólo pueden ser aquellos necesarios para cumplir la actividad, para realizar la obra o el servicio, lo que se desprende de lo dispuesto en el artículo 3° de la Ley de Expropiación.

2. El problema de las afectaciones eternas

A. La finalidad del decreto de expropiación: expropiar

Bien es sabido que la expropiación es una potestad pública y, como toda potestad pública, tiene una finalidad; por tanto, el uso de esta potestad debe estar condicionada por la finalidad perseguida por el legislador cuando ella se otorgó al Estado. La autoridad expropiante concretiza esta potestad a través de un decreto de expropiación, de ejecución o de afectación. Mediante este acto, individualiza un bien y señala la voluntad del Estado de adquirir ese bien. En esta forma, si puede identificarse una finalidad fundamental y especifica del decreto de expropiación, esa es la adquisición de un bien por parte del Estado en forma forzosa. Este es el fin del decreto: la transferencia última del dominio de un particular al Estado.

Ahora bien, para que este fin se logre, si se racionaliza la actividad administrativa, deberían al menos cumplirse dos requisitos: por una parte, que exista un plan o programa para la realización de determinadas obras o actividades, y por la otra, que existan los medios financieros para ejecutar la expropiación.

En efecto, por ejemplo, si se van a afectar unas propiedades con motivo del decreto de ejecución de una autopista o de una edificación pública, lo menos que el Estado debe tener es el plan y el proyecto de la obra para realizarla. A los efectos de que la expropiación pueda tener concordancia con la finalidad de transferir el bien al Estado, debe tenerse en cuenta que, ante todo, el bien debe transferirse para realizar una actividad y ella debe estar programada. Por ejemplo, la declaratoria de utilidad pública en materia de urbanismo a los efectos de ensanche y mejora de poblaciones, no puede implicar que se puedan afectar diversas propiedades urbanas, sin que se sepa exactamente qué es lo

45 *V.* en *G.F.* N° 10, 1952, p. 125.

que se va a hacer. Ello, al menos, debe indicarse en un plano de zonificación, pero éste debe existir. Por tanto, este primer requisito implica que el Estado, para decretar la expropiación (o la afectación), debe tener determinado qué es lo que va a hacer y cómo lo va a hacer.

Esto implica, por otra parte, un segundo requisito que habría que cumplirse para que se pueda decretar la expropiación (o afectación), y es que el Estado tenga los medios económicos dispuestos a los efectos de que la expropiación se realice. No podría decirse que se está realmente cumpliendo la finalidad de la expropiación, que es "expropiar" un bien, para una finalidad de utilidad pública, cuando no sólo se afecta una determinada área a los efectos expropiatorios sin saberse qué se va a realizar, ni exactamente para qué se va a destinar aquél bien, sino que tampoco se cumpliría la finalidad, es decir, transferir el dominio, expropiar, pasar forzosamente la propiedad privada al ente público, si el Estado no tiene los recursos financieros necesarios a los efectos de la expropiación.

B. La desviación de poder en las afectaciones eternas

La consideración de estos requisitos de la finalidad perseguida en la expropiación nos conduce a un problema real y normal en Venezuela: en un gran porcentaje, los decretos de expropiación, afectación o ejecución no se han dictado a los efectos de que los mismos, realmente, sean ejecutados en un lapso determinado; se han dictado, al contrario, con una finalidad distinta y real, por ejemplo, congelar los precios, ya que, como se verá, tradicionalmente se había interpretado que la indemnización a pagar se determinaba, de acuerdo a la Ley y a la jurisprudencia, tomando en cuenta los valores existentes antes del decreto de expropiación, aun cuando ésta se realizase efectivamente muchos años después de haberse dictado ese decreto.

En estos casos, no hay duda, cuando la finalidad real y efectiva del decreto es congelar los precios a los efectos expropiatorios posteriores, sin que el ente público tenga claro qué es lo que va a hacer, ni tenga dispuestos los recursos necesarios, indudablemente que está incumpliendo la finalidad establecida en la Ley y que permite al Estado utilizar la potestad expropiatoria.

Esta finalidad, como se dijo, no puede ser otra que expropiar; no puede dictarse un decreto para no expropiar y congelar los precios a los efectos de un eventual avalúo posterior. Al contrario, si se dicta un decreto es para expropiar efectivamente.

Esto parecería ocioso afirmarlo, pero lamentablemente, ha sido lo que ha sucedido normalmente. Esta situación plantea un problema de carácter jurídico, pues los decretos así dictados podrían ser impugnados por desviación de poder. No ha sido frecuente intentar esta vía, pero sería bastante factible poder impugnar ante el Tribunal Supremo de Justicia, por vicios en la finalidad, un decreto de expropiación cuando no se haya dictado a los efectos de cumplir la finalidad expropiatoria, que no es otra que expropiar. En este sentido, hay un antecedente de suma importancia, en un caso resuelto por la Corte Suprema de Justicia mediante sentencia del 8 de enero de 1970, dictada con motivo de una expropiación iniciada por el Centro Simón Bolívar C.A. de terrenos situados en Caracas, ocupados por urbanizaciones realizadas por el propio ente expropiante. La situación planteada fue, en términos generales, la siguiente: el Centro Simón Bolívar C.A. invadió y ocupó ilegalmente unos terrenos y construyó en ellos diversos edificios para vivienda. Con posterioridad a esto, el Centro Simón Bolívar C.A. logró que el Ejecutivo

Nacional dictara un decreto expropiatorio a los efectos de expropiar aquellos inmuebles, en los cuales ya se habían construido, años atrás, una serie de edificios de vivienda. Se siguió el procedimiento y en el momento de la consignación del precio, después de haberse hecho el avalúo y estando éste firme, el Centro Simón Bolívar C.A. obtuvo del Ejecutivo Nacional la revocación del decreto de afectación inicial. Es decir, logró desafectar los inmuebles que habían ocupado y construido, y el mismo día, con un decreto que tenía la numeración siguiente, afectó de nuevo los inmuebles. En este caso, aun cuando es distinto al que hemos venido refiriendo respecto de las afectaciones eternas, la Corte Suprema de Justicia declaró la nulidad del decreto de desafectación que fue seguido de otro decreto de afectación nuevo, con base en el argumento de que el nuevo decreto se dictó sólo para poder iniciar un nuevo procedimiento y tener la oportunidad de lograrse un precio más conveniente para el Estado, con lo cual se ponía de manifiesto el verdadero fin del decreto de desafectación, el cual no era poner fin a la expropiación, sino, solamente, el obtener un precio más conveniente para el Estado, con lo cual se utilizaba una potestad pública, como la potestad expropiatoria, para un fin distinto para el cual se le otorga al Estado. Esta decisión de la Corte se dictó con el dictamen favorable de la Procuraduría General de la República, porque en este caso fue tan burda la utilización para fines distintos del Poder Público, que la propia Procuraduría General de la República, en su dictamen, planteó que había indudablemente una desviación de poder y opinó en forma positiva respecto a la declaratoria de nulidad.

La parte pertinente de la sentencia de la Corte Suprema, estableció, en efecto, lo siguiente:

> Establecido lo anterior, es decir, que sobre el lote de terreno construyó la Nación, a través de organismos oficiales, las edificaciones a que se ha hecho referencia, corresponde analizar el Decreto N° 310, dictado por el Ejecutivo Nacional, con fecha 13 de abril de 1965 y publicado en la Gaceta Oficial N° 27.715 de la misma fecha, por el cual se ordenó la expropiación de los bienes de propiedad particular que sean requeridos para la ejecución de los trabajos de acondicionamiento, remodelación y reconstrucción de los barrios "Pinto Salinas", "Párate Bueno" y "Moramia".
>
> En dicho Decreto se declaró zona afectada por la ejecución de la mencionada obra, los terrenos comprendidos dentro de los siguientes linderos: Norte, línea en forma irregular que constituye el pie del talud sur del Terminal del Teleférico en la sub-estación de Maripérez; Sur, línea recta en prolongación del borde Sur de la Calle 61 transversal de Maripérez, y fondo de las parcelas que dan su frente a la 7° Avenida de Maripérez; Este, línea en forma irregular que constituye el fondo de las parcelas que dan su frente a la Avenida Principal de Maripérez; y Oeste, línea que constituye el borde de la Avenida Principal de la Urbanización "Simón Rodríguez"; área aproximada: 76.720 m2. Asimismo, autorizó al Centro Simón Bolívar C.A. para que efectuara las expropiaciones quedando dicha empresa subrogada en todos los derechos y obligaciones que correspondan a la Nación venezolana a los fines mencionados, y encargado de la ejecución del Decreto el Ministro de Obras Públicas.
>
> En cumplimiento del Decreto anterior, el Centro Simón Bolívar C.A. intentó juicio de expropiación contra la empresa Nelson C.A., propietaria de los terrenos afectados por la medida del Ejecutivo Nacional y la empresa demandada convino en la expropiación, convenimiento que, a juicio de la Sala, ciertamente se imponía, como lo asevera la empresa expropiada, ya que el lote de terreno se encontraba materialmente ocupado por el Centro Simón Bolívar C.A. y en él se habían construido obras permanentes, de evidente utilidad pública, como son los treinta y seis bloques de apartamentos que integran la Urbanización Pinto Salinas Este.
>
> El tribunal de la causa (Juzgado Segundo de Primera Instancia en lo Civil, de la Circunscripción Judicial del Distrito Federal y Estado Miranda) dictó sentencia el 8 de agosto de 1966, declarando consumado el convenimiento y formulando pronunciamiento expreso acerca de los siguientes

puntos: 1) "que con arreglo a los linderos expresados por la entidad expropiante" en su solicitud, la superficie total del lote a expropiarse es de ochenta y un mil seiscientas ochenta y tres metros cuadrados con veinte decímetros (81.683,20 m2) y sus linderos son los que se determinan en el informe rendido por los peritos en la articulación abierta al efecto; linderos que ya se dejaron indicados anteriormente. En consecuencia, no es dicha superficie de setenta y seis mil setecientos veinte metros cuadrados (76.720 m2) como se dice en la solicitud de expropiación", y 2) "que la expropiación parcial según el dictamen de los mismos expertos deja inutilizada una porción o lote, aislada dentro de la porción expropiada, de una superficie de nueve mil ciento cincuenta y ocho metros cuadrados (9.158 m2).

A juicio de la Sala, con el Decreto expropiatorio (N° 310) y con la sentencia que declaró consumado el convenimiento de la empresa expropiada se normalizó el procedimiento que se venía cumpliendo en torno a las obras realizadas por el Centro Simón Bolívar C. A. en terrenos de propiedad particular y en relación con los cuales no se habían cumplido los requisitos que establece el artículo 3° de la Ley de Expropiación por Causa de Utilidad Pública o Social.

El Decreto de la Presidencia de la República N° 791, cuya nulidad se pide, fue dictado el día 6 de abril de 1967, un día antes de la fecha señalada para la cancelación de la cantidad fijada como indemnización. En virtud de dicho Decreto se deroga el N° 310, por el cual se ordenó proceder a la expropiación, y en él, se dispone desafectar los terrenos: en la misma fecha, la Presidencia dicta el Decreto N° 792, cuya nulidad también ha sido solicitada, y dispone proceder a la adquisición de los terrenos sobre los cuales está construida la Urbanización Pinto Salinas o la expropiación de los mismos, si fuere necesario. En cumplimiento del Decreto 791, el Centro Simón Bolívar C. A. desistió del procedimiento expropiatorio, el cual fue considerado improcedente por el tribunal de la causa, de cuya decisión apeló la expropiante, y por virtud de ella subieron los autos a esta Suprema Corte en donde la mencionada apelación se encuentra pendiente de sentencia.

En opinión de la Sala, ha quedado debidamente comprobado que en los terrenos de propiedad de la demandante, situados al norte de la Plaza Andrés Bello y dentro de los linderos ya señalados, se realizaron trabajos de reconstrucción en los barrios que allí se encontraban, que en los mismos terrenos se construyeron, por el Centro Simón Bolívar, treinta y seis bloques de apartamentos y que, posteriormente, con fecha 13 de abril de 1965, el Ejecutivo Nacional ordenó la expropiación de los terrenos en cuestión, procedimiento éste que culminó con el convenimiento de la expropiada y la correspondiente homologación por parte del tribunal de la causa.

La Ley de Expropiación por Causa de Utilidad Pública o Social dispone, en su artículo 2°, que "se considerarán como obras de utilidad pública o social, las que tengan por objeto directo proporcionar a la Nación en general, a uno o más Estados o Territorios, a uno o más pueblos o regiones, cualesquiera usos o mejoras que cedan en beneficio común, bien sean ejecutadas por cuenta del Gobierno de la Unión, de los Estados o las Municipalidades, los Instituto Autónomos, o de particulares o empresas debidamente autorizados", y el artículo 11 ejusdem establece que "se exceptúan de la formalidad de declaratoria previa de utilidad pública, por ser evidentemente de esta naturaleza, las construcciones de... urbanizaciones obreras..." En todos estos casos, "dispone el aparte único del mismo artículo, que bastará el Decreto de la autoridad a cuya jurisdicción corresponda la obra respectiva".

Comprobado como ha sido, que antes de dictarse el Decreto expropiatorio N° 310, ya se habían construido en el lote de terreno, por gestión del Gobierno Nacional, los treinta y seis bloques de apartamentos que integran la urbanización obrera "Pinto Salinas", es evidente que ante la imposibilidad de que dichos terrenos fueran reivindicados por su propietario, por existir en ellos una obra permanente de utilidad pública, sólo correspondía el pago de lo expropiado.

En sentencia reciente, de fecha 11 de febrero de 1969, la Sala, ratificando su jurisprudencia, estableció que las disposiciones pertinentes de la Ley de Expropiación por Causa de Utilidad Pública o Social, no pueden referirse, simplemente, a las obras por hacer, sino también a las ya hechas, ya que "sería absurdo sostener que la obra es de utilidad pública cuando aún no se ha construido y pierde tal carácter una vez que ha concluido su construcción".

A la luz de estos principios, es pertinente señalar que el Decreto N° 791, en virtud del cual se deroga el N° 310 –que ordenó la expropiación– desconoce el hecho de que ya la obra estaba concluida y habitada, y el N° 792, que ordena "de nuevo" la expropiación de los mismos terrenos aun cuando con una cabida menor, también desconoce que el lote ya estaba ocupado y había sido objeto de una sentencia de expropiación.

La Sala comparte el criterio expuesto por la Procuraduría General de la República, de calificar como "un caso típico de desviación de poder" los Decretos impugnados, ya que a través de ellos se ha tratado de obtener beneficios para la Administración, utilizando procedimientos que "no encajan exactamente dentro de la finalidad estricta de los poderes que se utilizaron". En efecto, la finalidad perseguida por el Decreto N° 791 no fue la de prescindir del procedimiento expropiatorio, ya que con la misma fecha se dictó el Decreto N° 792, que afecta la misma cosa expropiada, aun cuando en una cabida menor; la verdadera finalidad, como lo expresa el dictamen de la Procuraduría General de la República, fue la de iniciar de nuevo el procedimiento y tener otra oportunidad de establecer un precio más conveniente a los intereses de la Nación y tales procedimientos contribuyen, indudablemente, a desnaturalizar el juicio expropiatorio.

Más aun, no existía justificación alguna para dictar los Decretos impugnados, ya que los terrenos en cuestión habían quedado expropiados de hecho y de derecho en virtud de los diversos actos ejecutados por la Administración, por lo cual aquellos Decretos carecían totalmente de objeto cuando fueron dictados. Por tales razones, la Corte Suprema de justicia, en Sala Político–Administrativa, administrando justicia, en nombre de la República y por autoridad de la Ley, declara con lugar la demanda de nulidad de los actos administrativos contenidos en los Decretos Ejecutivos números 791 y 792 de fecha 6 de abril de 1967, publicados en la edición N° 28.299 de la Gaceta Oficial de fecha 6 de abril de 1967[46].

Este antecedente jurisprudencial es de suma importancia, primero, por la aplicación en sí del principio de la desviación de poder a un acto administrativo dictado por el Presidente de la República, y luego, por la aplicación, del principio de la desviación de poder en el campo expropiatorio.

En los casos en que se dicte un decreto de afectación para obtener precios más convenientes a la República, no hay duda en que los mismos argumentos podrían hacerse valer en la impugnación de estos decretos de afectación eterna que han sido tan comunes en Venezuela.

En la legislación venezolana, en todo caso, antes de 1978 no había alguna solución expresa respecto a los perjuicios que se causan a los particulares en un procedimiento de esta naturaleza de afectaciones eternas. La Ley de Expropiación autoriza la afectación, pero no obliga, en ninguna forma, al Estado, a iniciar el procedimiento expropiatorio en un determinado lapso, que debe ser razonable, a los efectos de establecer, al menos, una presunción de que existe la finalidad.

C. Los proyectos legislativos para la solución del problema

En el proyecto de reforma de la Ley de Expropiación que discutió el Senado en 1970, se incorporó una norma que no estaba en el proyecto original del Ejecutivo del año 1965 y a la cual no se hace mención en ninguna discusión de las Comisiones Legislativas, y que apareció por primera vez en uno de los informes de la Comisión respectiva del Senado. Esta norma es aquella que buscaba establecer una vigencia del decreto de expropiación de dos (2) años. Mediante ella, sin duda, se buscaba solucionar esta figura de las expropiaciones eternas por el establecimiento de un lapso de vigencia del decreto

46 Sentencia de la CSJ–SPA, 08–01–70, en *G.O.* N° 29.122 del 16–01–70; y en *G.F.* N° 67, pp. 16–18.

de expropiación de dos (2) años, de manera que si no se utilizaba en dicho lapso la potestad concretizada en el decreto, y no se ejecutaba la expropiación, el decreto perdía eficacia[47].

En la Comisión que elaboró, en 1975, un nuevo proyecto de Ley de Expropiación, se discutió otra fórmula para la solución de este problema consistente en primer lugar, en establecer un lapso para que el ente público ejecutara la expropiación, partiendo del principio de que la finalidad del decreto de Expropiación es expropiar, es transferir al Estado forzosamente la propiedad privada. Por ello, se pensó obligar al Estado a adoptar esta acción en un lapso determinado, que podría ser de un año o dos años, pero que implicaba en todo caso, el establecimiento de un lapso durante el cual el ente público debía, necesariamente, intentar el juicio expropiatorio o iniciar el procedimiento administrativo a través del arreglo amigable. Todo el tiempo que transcurriera con posterioridad a dicho lapso, sin que la expropiación se hubiera ejecutado, daría lugar a una indemnización para el particular, calculada en un porcentaje sobre la base de la indemnización que en definitiva se estableciera. En esta forma, si el Estado estimaba que debían transcurrir diez (10) años desde el momento en que dictó el decreto de expropiación hasta el momento en que decidiera ejecutar aquel decreto e iniciar los procedimientos, perfectamente el Estado podría hacerlo, y tenía todos los poderes para ello, pero no a costa del particular expropiado, quien debía ser indemnizado mediante la aplicación de un determinado porcentaje en relación a lo que debía pagársele en definitiva, como indemnización derivada de la expropiación. En esta forma se buscaba ordenar la irregularidad de las afectaciones eternas, y garantizar a los particulares el derecho, si el Estado estimaba conveniente dejar transcurrir el lapso que juzgase necesario, a ser compensado por los daños que provinieran del retardo; y por otra parte, se buscaba garantizar al Estado que, en todo caso, el avalúo se haría con referencia al original decreto de expropiación, aun cuando con la obligación de pagarle al propietario la indemnización por la demora.

En todo caso, y aun en ausencia de una regulación sobre los efectos de las expropiaciones eternas, podría pensarse en la posibilidad de recurrir a la vía judicial ordinaria contra el ente expropiante, por retardo perjudicial, al no ejecutar una expropiación una vez decretada, partiendo del mismo supuesto de que la expropiación se decreta para ser ejecutada.

D. Algunas soluciones jurisprudenciales

En tal sentido, y con motivo de la impugnación del Decreto número 1312 de 13 de julio de 1973, mediante el cual se afectó, a efectos expropiatorios, una gran extensión de terrenos ubicados en el valle Guarenas–Guatire, a los efectos del desarrollo de Ciudad Fajardo, y que fue impugnado en base a los argumentos antes señalados, la Corte Suprema de Justicia, en sentencia de 24 de julio de 1978, aun cuando declaró sin lugar el recurso, hizo las siguientes "consideraciones finales" en relación a los efectos de las que hemos denominado expropiaciones eternas, las cuales coinciden con nuestros planteamientos:

47 *V.* Allan R. Brewer–Carías, *Comentarios al Proyecto de reforma parcial de la Ley de Expropiación por Causa de Utilidad Pública o Interés Social*, SOTAVE, Caracas 1971.

Es criterio de la Corte que la situación así planteada no puede ser mantenida por el Estado indefinidamente, puesto que cuando el Ejecutivo Nacional u otra autoridad competente, según los casos, dicta un Decreto de expropiación, la ejecución del mismo debe tener lugar dentro de un lapso razonable, pasado el cual las personas afectadas por el acto pueden ocurrir a los tribunales a hacer valer sus derechos, bien para que se les expropie o para que se les declare excluidas de la expropiación, cuando esto último sea posible en conformidad con las disposiciones del Decreto, tal como ocurre precisamente en el caso que es objeto de examen en esta decisión.

En ninguna de las leyes que rigen la materia se establece un plazo para proceder a la expropiación una vez que esta sea decretada, porque quizás el legislador supone que, tan pronto se dicte el respectivo Decreto, el organismo encargado de su ejecución debe iniciar de manera formal las gestiones amigables a que se refiere el parágrafo único del artículo 3° de la Ley de Expropiación por Causa de Utilidad Pública o Social, y de no lograr el objeto de ellas, instaurar los correspondientes juicios y proseguirlos diligentemente hasta sentencia definitiva. Debiendo ser actual la necesidad de que el propietario ceda al expropiante, en su totalidad o en parte, un bien que le pertenece, es ilógico que, después de publicado el Decreto correspondiente, la misma autoridad que lo dictó o la que debe velar por su ejecución no dé cumplimiento a sus disposiciones y mantenga en la incertidumbre a quienes tienen derecho a esperar del Estado la máxima certeza y seguridad jurídica en sus relaciones con ellos, dada la garantía constitucional que ampara el derecho de propiedad.

La expropiación es la manera justa de resolver el conflicto que surge entre los derechos del propietario y el interés colectivo, cuando por fundadas razones de utilidad pública o social, este último exige que aquél ceda, total o parcialmente, alguno de sus derechos sobre determinado bien. Si ello no implica daño o grave incomodidad para el propietario, éste no puede pretender compensación alguna. Pero, por mandato del constituyente y del legislador ordinario, una justa indemnización es debida al propietario, no sólo en caso de expropiación propiamente dicha, es decir, cuando coactivamente se le obligue a ceder su propiedad, sino también cuando se le prive de una utilidad, queden gravados sus bienes por una servidumbre o sufra un daño permanente que se derive de la pérdida o disminución de sus derechos. Tales son los principios establecidos en el artículo 101 de la Constitución, en concordancia con los artículos 36 y 37 de, la Ley de Expropiación por Causa de Utilidad Pública o Social.

Para que la indemnización sea justa, se requiere que ella constituya la más exacta y completa reparación del perjuicio inmediata y directamente experimentado por el propietario, a consecuencia de la expropiación, en el momento en que el bien expropiado pase del patrimonio de éste al del expropiante.

La expropiación, ha dicho este Supremo Tribunal en otras decisiones, no puede perjudicar ni beneficiar a nadie; el expropiado debe recibir, en dinero o en bonos según los casos, exactamente el valor de lo que cede; y el expropiante no ha de pagar más cantidad que la requerida para reparar íntegramente el daño que cause al expropiado; es necesario que después de la expropiación, el patrimonio de uno y otro no experimenten mengua ni incremento alguno a consecuencia de ella. Tal desideratum sería, empero, imposible si no se concibiera la expropiación como un proceso integral, entre cuyas sucesivas etapas no debe haber solución de continuidad, estando subordinado el justiprecio, como en efecto lo está en nuestra legislación, al valor establecido en los actos de transmisión realizados por lo menos seis meses antes del Decreto de expropiación y los precios medios a que se hayan vendido en los últimos doce meses inmuebles similares. El legislador presume que entre la fecha del Decreto y la de entrega de la indemnización correspondiente al propietario, el lapso que transcurra nunca será lo bastante largo para que durante el mismo se puedan alterar los términos de la ecuación económica que forzosamente debe existir entre las recíprocas prestaciones de ambas partes, en conformidad con el precepto constitucional que exige el pago de una justa indemnización, y es por ello y sólo por ello que la Ley tomó como punto de referencia, a los fines antes indicados, la fecha del Decreto expropiatorio.

Pero, si por negligencia del expropiante aquel lapso se prolonga por mayor tiempo que el previsto, es probable que al practicar el avalúo en conformidad con dichas normas legales, resulten injustamente lesionados los derechos del propietario y, por ende, violado el artículo 101 de la Constitución, debido a que por muy leve que sea la depreciación de la moneda, el valor de un bien puede modificarse sustancialmente en el curso de pocos años. En semejante caso se produce en el campo del derecho público, una situación parecida a la que, en el dominio del derecho privado, ha dado nacimiento a la figura del retardo perjudicial, en la cual quien debiera ser demandado toma la iniciativa para obligar al actor a deducir sus acciones dentro del término que el juez señale, so pena de no poder hacerlo sino cuando no sufra el promovente el perjuicio que tema.

Por tanto, aun cuando por las razones antes dichas no es procedente en el caso sub–judice el recurso contencioso de anulación, la Corte considera necesario admitir expresamente en este fallo que existen otras vías a través de las cuales pueden hacer valer sus derechos los particulares afectados por un Decreto de expropiación que, no obstante reunir todos los requisitos de fonda y de forma indispensables para su validez, pueda lesionar derechos subjetivos o intereses jurídicamente protegidos por injustificado retardo en su ejecución[48].

Ahora bien, esta sentencia de la Corte Suprema de Justicia tuvo una gran repercusión jurisprudencial, pues significó el abandono de los criterios tradicionales de la Corte, favorables a los efectos congelatorios de precios de las expropiaciones eternas, y el comienzo de una nueva doctrina favorable a la actualización de los valores del justiprecio expropiatorio para el momento en el cual se realiza el avalúo[49].

Así por ejemplo, en una significativa sentencia del 19 de junio de 1979 la Corte Suprema de Justicia en Sala Político–Administrativa fue particularmente clara en los siguientes términos:

Ahora bien, dispone textualmente el artículo 35 de la Ley de Expropiación por Causa de Utilidad Pública o Social, lo siguiente: Entre los elementos del avalúo se tomarán en cuenta el valor fiscal del inmueble declarado o aceptado por el propietario; el valor establecido en los actos de transmisión realizados por lo menos 6 meses antes del decreto de expropiación y los precios medios a que se hayan vendido en los últimos doce meses inmuebles similares.

Por otra parte, esta Corte en numerosos fallos ha establecido que "...la indemnización que ha de pagarse al expropiado está destinada a compensar el perjuicio económico sufrido como consecuencia de la expropiación. Esa indemnización o justiprecio debe corresponder al valor actual del precio, ya que, como lo tiene establecido la Corte en anterior decisión, "el ideal en lo que se refiere a la indemnización por causa de expropiación es que el propietario no quede más pobre, ni tampoco más rico de lo que era antes de la expropiación".

Hasta ahora la Corte, en varios fallos, había venido interpretando el artículo 35, parcialmente trascrito, en el sentido de que los precios medios a que se hayan vendido en los últimos doce meses inmuebles similares debían contarse a partir de la fecha del decreto de expropiación hacia atrás, es decir, los precios medios de los doce meses anteriores al decreto de expropiación. Sin embargo, como la economía venezolana ha adquirido un vertiginoso ritmo expansivo, a tal punto que en dos o tres años un inmueble aumenta su valor en un cincuenta, un ochenta y hasta en un cien por ciento, de continuarse sosteniendo la interpretación antes expuesta, se podría quebrantar el principio de "...pago de justa indemnización" consagrado por nuestra Carta Fundamental en su artículo 101, ocasionando ello, por el lapso, a veces exageradamente largo, que transcurre entre la fecha del decreto expropiatorio y el momento en que se efectúa definitivo, a finales del procedimiento de expropiación. Es por esto que la Corte, en sentencia publicada el 26 de julio de 1978, comenzó a separarse de la anterior jurisprudencia y al efecto dejó establecido en dicho fallo, lo siguiente: . . . "Para que la indemnización sea justa se requiere que ella constituya la más exacta y completa reparación del perjuicio inmediata y directamente experimentado por el propietario, a consecuencia de la expropiación, en el momento en que el bien expropiado pase del patrimonio de

---

48 Consultada en original.

49 *V.* Beatriz Leal de Brewer, "Recientes cambios jurisprudenciales en relación al justiprecio expropiatorio" en *Derecho Urbanístico*, Archivo de Derecho Público y Ciencias de la Administración, Vol. V, 1982, Instituto de Derecho Público, UCV, Caracas 1983, pp. 473 a 483.

éste al del expropiante". La expropiación, ha dicho este Supremo Tribunal en otras decisiones, no puede perjudicar ni beneficiar a nadie; el propietario debe recibir, en dinero o en bonos, según los casos, exactamente el valor de lo que cede; y el expropiante no ha de pagar más cantidad que la requerida para reparar íntegramente el daño que cause al expropiado; es necesario que después de la expropiación, el patrimonio de uno y de otro no experimenten mengua ni incremento alguno a consecuencia de ella. Tal desideratum sería, empero, imposible si no se concibiera la expropiación como un proceso integral, entre cuyas sucesivas etapas no debe haber solución de continuidad, estando subordinado el justiprecio, como en efecto, lo está en nuestra legislación, al valor establecido en los actos de transmisión realizados por lo menos seis meses antes del decreto de expropiación y los precios medios a que se hayan vendido en los últimos doce meses inmuebles similares. El Legislador presume que entre la fecha del decreto y la de entrega de la indemnización correspondiente al propietario, el lapso que transcurra nunca será lo bastante largo para que durante el mismo se puedan alterar los términos de la ecuación económica, que forzosamente, debe existir entre las recíprocas prestaciones de ambas partes, en conformidad con el precepto constitucional que exige el pago de una justa indemnización, y es por ello y sólo por ello, que la Ley tomó como punto de referencia a los fines antes indicados, la fecha del decreto expropiatorio. Pero, si por negligencia del expropiante, aquel lapso se prolonga por mayor tiempo que el previsto, es probable, que al practicar el avalúo en conformidad con dichas normas legales, resulten injustamente lesionados los derechos del propietario y, por ende, violado el artículo 101 de la Constitución, debido a que por muy leve que sea la depreciación de la moneda, el valor de un bien puede modificarse sustancialmente en el curso de pocos años. En semejante caso, se produce en el campo del derecho público, una situación parecida a la que, en el dominio del derecho privado, ha dado nacimiento a la figura del retardo perjudicial, en la cual quien debiera ser demandado toma la iniciativa para obligar al actor a deducir sus acciones dentro del término que el juez señale, so pena de no poder hacerlo sino cuándo no sufra el promovente el perjuicio que tema. Por tanto, aun cuando por las razones antes dichas no es procedente en el caso sub–judice el recurso contencioso de anulación, la Corte considera necesario admitir expresamente en este fallo que existen otras vías a través de las cuales pueden hacer valer sus derechos los particulares afectados por un decreto de expropiación que, no obstante reunir todos los requisitos de fondo y de forma indispensables para su validez, puede lesionar derechos subjetivos o intereses jurídicamente protegidos, por injustificado retardo en su ejecución.

Además, la jurisprudencia que desde esta última fecha señalada comenzó abandonar la Corte, está motivada por la ambigua redacción del mencionado artículo 35, que al incluir la copulativa "y" en, su redacción, arriba transcrita, impulsa al intérprete de ella a relacionar la fecha del decreto expropiatorio como base para retrotraer tanto el lapso de más de seis meses anteriores para fijar el valor establecido en los actos de transacción del inmueble, como el lapso de los doce meses anteriores para determinar el precio medio de los inmuebles similares. Pero, como ya hemos visto, la aplicación de esta tesis en la práctica puede dar lugar a determinaciones francamente reñidas con el precepto constitucional consagrado en el artículo 101 de nuestra Carta Fundamental[50].

E. Algunas soluciones normativas

Frente a la grave irregularidad que venía significando la práctica administrativa reiterada de acudir a las afectaciones eternas en las cuales nunca o con mucho retraso se ejecutaba la expropiación, la Presidencia de la República emitió la Circular N° 21, de 27 de octubre de 1977, suscrita por el Ministro de la Secretaría de la Presidencia y dirigida a todos los Ministros del Despacho, en la cual se pautó el procedimiento que debía seguirse en las afectaciones de inmuebles con fines expropiatorios. El texto de dicha Circular era el siguiente:

50 Consultada en original.

Siguiendo instrucciones del ciudadano Presidente de la República y tomando en consideración la necesidad de encauzar el ejercicio de la facultad expropiatoria del Estado, en el sentido de que persiga como finalidad exclusiva la inmediata adquisición de inmuebles considerados indispensables para la realización de obras o para el desempeño de actividades de utilidad pública e, igualmente, evitar compromisos que afecten considerablemente la responsabilidad patrimonial de la República y demás entes de la Administración Pública Nacional, hago de su conocimiento el procedimiento que deberá adoptarse en lo adelante en lo que respecta a la expropiación de inmuebles:

1°) Las expropiaciones que en lo sucesivo sean decretadas por el Ejecutivo Nacional, tendrán por objeto exclusivo declarar la necesidad de que sean expropiados bienes determinados de propiedad particular que deban considerarse indispensables para la realización de una obra pública o para el desempeño de una actividad de utilidad pública.

2°) No se acordará expropiación alguna sin que el organismo proponente del proyecto de decreto respectivo demuestre: a) que se han elaborado los estudios requeridos para el desarrollo de la obra; b) la previsión presupuestaria o de financiamiento necesarios para su ejecución; c) la causa que hace indispensable adquirir el todo o parte de la propiedad de los inmuebles; d) que se han efectuado las consultas debidas a los organismos a los cuales corresponda intervenir en el procedimiento.

3°) A los fines de lo dispuesto en el numeral anterior, el organismo proponente del decreto de expropiación deberá acompañar el proyecto respectivo de un informe acerca de los hechos mencionados, de todo lo cual se hará un expediente que será presentado en cuenta al Presidente de la República y conservado posteriormente en los archivos del organismo competente.

4°) Los inmuebles adquiridos por vía de expropiación, ya sea mediante sentencia judicial y arreglo amigable, sólo podrán ser destinados al cumplimiento de los fines específicos señalados en el Decreto correspondiente.

5°) Los fondos destinados para la adquisición de inmuebles cuya expropiación haya sido decretada, no podrán ser utilizados para el pago de adquisiciones relativas a otras obras.

6°) Deberán evitarse los retardos injustificados en la cancelación de los montos de indemnización que correspondan legalmente a los expropiados y demás propietarios perjudicados por causa de una obra o actividad de utilidad pública o social. Se advierte a las autoridades encargadas de cumplir y hacer cumplir los principios expuestos en esta Circular, que cualquier infracción deberá ser considerada como falta grave a los efectos de la responsabilidad de los funcionarios o empleados infractores.

El solo texto de esta Circular, muestra, con elocuencia, la grave situación que existía hasta esa fecha respecto de decretos de afectación dictados hace muchos años y que no han sido aún ejecutados por las autoridades administrativas.

Ahora bien, una de las consecuencias graves de las afectaciones eternas se produce, en materia urbanística, con la limitación tácita y fáctica del uso de la propiedad en relación a las construcciones. Normalmente, las autoridades municipales no conceden los permisos de construcción en inmuebles afectados, con los consecuentes perjuicios a los propietarios, pues si se realizan construcciones, éstas tendrían que ser indemnizadas cuando se ejecute la expropiación. La Ley sólo establece que no serán apreciadas por los peritos las mejoras que hicieren los propietarios de la cosa que se expropia "durante el juicio de expropiación"[51], por lo que todas las mejoras y construcciones que se hiciesen después del decreto de expropiación y antes del inicio del juicio expropiatorio, tendrían que ser apreciadas por los peritos, e indemnizadas, salvo que se trate de una

51 Artículo 38.

expropiación que ejecute un plan de urbanismo debidamente sancionado por la autoridad local.

En estos casos, la propia Ley de Expropiación establece que los peritos no apreciarán "las mejoras que efectúe el propietario de la cosa que se expropia después de la aprobación y publicación del plan general de acondicionamiento o modernización de una ciudad o agrupación urbana a que se refiere el artículo 11"[52].

Para remediar en parte esta situación fáctica que perjudica enormemente a los propietarios en las afectaciones eternas, la Ordenanza sobre Ordenación Urbana del Área Metropolitana de Caracas y su Zona de Influencia estableció expresamente, al regular los "usos no conformes" con el plan, lo siguiente:

> *Artículo 42.* Único: Sin embargo, cuando la expropiación no estuviese prevista para efectuarse en los próximos cinco (5) años, la Oficina Metropolitana de Planeamiento Urbano, previa opinión de la Comisión Metropolitana de Urbanismo, podrá autorizar determinadas obras provisionales en edificios, instalaciones y solares, siempre que se enmarquen dentro de los objetivos generales del Plan General de Desarrollo Urbano y no encarezcan la expropiación futura.

Por otra parte, esta situación se quiso remediar en la Ley Orgánica de Régimen Municipal, de 18 de agosto de 1978[53], al establecer un lapso de 4 años para la ejecución de las expropiaciones que debían resultar de la sanción de un plano de desarrollo urbano local, vencido el cual sin que éstas se ejecutasen, cesaban los efectos de la afectación y, por tanto, de la congelación tácita del uso de la propiedad inmueble urbana.

La Ley, en efecto, estableció lo siguiente:

> *Artículo 85.* Cuando con la promulgación de un Plano de Desarrollo Urbano Local se afecten terrenos de propiedad privada para usos recreacionales o deportivos, asistenciales, educacionales o para cualquier uso público, se indicará el plazo dentro del cual el Municipio deberá adquirir esos terrenos. Este plazo en ningún caso podrá exceder de cuatro (4) años, vencido el cual sin que el Municipio haya adquirido esos bienes se considerará sin efecto dicha afectación.
>
> Esta disposición no es aplicable cuando la afectación resulte de un plano de parcelamiento o de urbanismo.

En esta forma, a partir de la promulgación de esta Ley Orgánica de Régimen Municipal en 1978, las afectaciones tácitas de terrenos de propiedad privada derivadas de planos urbanísticos obligaban a la autoridad municipal a expropiar dichas áreas so pena de perder la asignación del uso público necesario para el cumplimiento de sus fines.

Con la promulgación de la Ley Orgánica para la Ordenación del Territorio en 1984 y la modificación de la Ley Orgánica de Régimen Municipal en 1989[54], el régimen siguió estando fundamentado en el mismo principio de la prohibición de afectar la propiedad privada sin límite de tiempo alguno. En efecto, de acuerdo al artículo 108 de la Ley de Régimen Municipal de 1989:

> Cuando con la promulgación de un Plan de Desarrollo Urbano local se afecten terrenos de propiedad privada para uso recreacional, deportivo, asistencial, educacional o para cualquier uso público que implique la extinción del derecho de propiedad, el Municipio o Distrito deberá proceder de conformidad con la ley respectiva.
>
> El Decreto establecerá un plazo para la ejecución de la expropiación, que en ningún caso excederá al establecido en la Ley Orgánica de Ordenación del Territorio, vencido el cual, sin que se hubiere

52 Artículo 38.
53 *G.O.* N° 2297 Extra. de 18–08–78.
54 *G.O.* N° 4409 Extra. de 15–06–89

procedido en consecuencia, se considerará sin efecto dicha afectación y el Municipio o Distrito deberá indemnizar a los propietarios por los daños y perjuicios debidamente demostrados por las limitaciones al uso de sus propiedades, regulando para éstas un uso compatible con el Plan de Desarrollo respectivo.

Esta disposición no es aplicable cuando la afectación resulte de un Plan de Parcelamiento o de Urbanismo.

La Ley Orgánica para la Ordenación del Territorio, a los efectos de evitar, también, las situaciones abusivas que se han originado respecto de la propiedad por las afectaciones eternas de la misma a los efectos de expropiaciones nunca ejecutadas, establece una serie de correcciones, en el artículo 64, que pueden resumirse así:

En *primer lugar*, exige que se proceda a decretar la expropiación en todo caso que la ejecución de los planes de ordenación del territorio impliquen la extinción del derecho de propiedad.

En *segundo lugar*, el plan respectivo de ordenación del territorio debe prever, siempre, un lapso para la ejecución de la expropiación, que debe ser cónsono con la naturaleza y alcance de la actividad a realizar. Este lapso y la expropiación deben establecerse formalmente en un decreto de afectación. No establece la Ley término máximo alguno a dicho lapso, por lo que la exigencia se limita a obligar a la autoridad administrativa a prever en el plan los lapsos, cualquiera que ellos sean, para la ejecución de la expropiación. En todo caso, y a los efectos de garantizar los derechos de los propietarios cuyos inmuebles resulten afectados por un plan y una expropiación a ser ejecutada en un lapso relativamente largo, el artículo 64 de la Ley precisa que si ese lapso es superior a 3 años, la autoridad competente está obligada a establecer un régimen transitorio de uso efectivo de la propiedad afectada.

En *tercer lugar*, la Ley prevé que vencido el lapso de ejecución de la expropiación previsto en el Decreto respectivo sin que los entes públicos competentes hubieren procedido consecuentemente, se debe indemnizar al propietario por las limitaciones al uso de su propiedad y debe reglamentarse un uso compatible con los fines establecidos en el plan respectivo. Se buscó, así, proteger al propietario frente a las expropiaciones eternas no ejecutadas, permitiéndose un uso de la propiedad compatible con los planes, sin que estos pierdan sus efectos.

En el ámbito urbano debe señalarse, además, que la Ley prevé la figura de la retrocesión en la expropiación, en los casos en los cuales se pretenda modificar la afectación de determinados bienes expropiados, al fin legalmente establecido (art. 69).

En esta forma, la Ley Orgánica para la Ordenación del Territorio no estableció claramente el límite máximo de ejecución de la expropiación como lo señalaba la Ley de Régimen Municipal de 1978. Sin embargo, sí estableció claramente que en caso de que el término señalado en el decreto de afectación sea mayor a 3 años, la autoridad municipal debe regular un régimen transitorio de uso efectivo de la propiedad afectada.

F. La solución jurisprudencial de 1993

En una sentencia de la Corte Suprema de Justicia de 10 de agosto de 1993 puede decirse que se le dio una solución definitiva a este problema de las afectaciones eternas, en la siguiente forma:

En el caso de autos, el propietario actor, no obstante haber realizado el trámite administrativo correspondiente ante el Ministerio del Ambiente y de los Recursos Naturales Renovables, con la finalidad de que dicho ente se pronunciara sobre la solicitud de desafectación, fundamentada en la no ejecución en doce (12) años de la obra a la que alude el Decreto, y en la consecuente lesión que tal omisión ha causado –según alega– a su derecho de propiedad, no pareciera haber obtenido respuesta alguna, lo que motivó su planteamiento ante esta Sala. En dicha oportunidad sostuvo que no debían continuar afectados los referidos inmuebles, como ha señalado la Sala en anteriores oportunidades, si la Administración no está en condiciones de ejecutar la obra.

La facultad expropiatoria que ha sido concedida al Estado para la adquisición, en forma coactiva, de bienes propiedad de los particulares, tiene por objeto dar cumplimiento a fines de interés colectivo, e implica necesariamente, una lesión al derecho de propiedad, lesión que encuentra justificación en el beneficio colectivo que supone la obra. Al declararse la realización de una obra o actividad como de utilidad pública, y afectarse determinado bien para su ejecución, se encuentra el afectado ante la obligación mediata de ceder o enajenarlo en favor del Estado a cambio de una justa indemnización, por lo que tal afectación constituye, de cierto modo, una limitación de su derecho de propiedad.

Si bien es cierto que ese particular, dueño del bien afectado y sobre el cual recae el decreto de expropiación, sigue siendo el titular del derecho de propiedad mientras no sea decidida en forma definitiva la expropiación, con el señalamiento en sentencia judicial, del correspondiente monto del justiprecio, de conformidad con las disposiciones que sobre avalúo establece la Ley de la materia, ni consignado por el ente expropiante el pago del mismo, y por tanto puede ejercer –salvo el supuesto de ocupación previa– las facultades de uso, goce y disposición inherentes a su derecho real de propiedad, tal como se desprende del artículo 6° de la Ley Expropiación por Causa de Utilidad Pública o Social, no es menos cierto que desde el momento en que se decreta la expropiación se causa una lesión al derecho de ese propietario quien, como se dijo, deberá ceder o enajenar el bien afectado.

Ahora bien, tal cesión o enajenación tendría que necesariamente cumplirse en un tiempo razonable puesto que no responde al concepto de justicia social enfrentar al particular a la ausencia de seguridad jurídica, como lo ha reconocido la Sala al señalar que éste no debe estar sometido indefinidamente a la situación de incertidumbre que se le causa una vez dictado el decreto expropiatorio y hasta la definitiva ejecución del mismo. (Caso: Alberto Baumeister T., decisión del 19–9–78). Por el contrario debe existir cierta continuidad que, además, responda a la necesidad de la colectividad, que es justamente lo que hace que una obra sea considerada como de utilidad pública, es decir, debe evitarse la excesiva dilación en su ejecución y proceder a hacer efectiva la expropiación en un lapso *razonable,* que dependerá, entre otras cosas, de la naturaleza de la obra a ejecutar y de los bienes que se vean afectados de expropiación.

Sin embargo, la Ley de Expropiación por Causa de Utilidad Pública o Social no establece un lapso en el cual deba el ente encargado de la ejecución del decreto de expropiación comenzar las negociaciones y expropiaciones. Se plantea entonces la necesidad de recurrir a las otras fuentes internas de derecho positivo previstas en el artículo 4 del Código Civil, el cual en su primer aparte señala la posibilidad de recurrir a disposiciones que regulen casos semejantes o materias análogas cuando no hubiere norma precisa de la Ley aplicable al supuesto de hecho, fuente de derecho cuya importancia ha sido además reconocida por este Alto Tribunal (SPA, casos: *Roberto Enrique Carrasquero y Alí Madrid Guzmán,* decisiones de fechas 2–11–82 y 9–10–90, respectivamente).

Ahora bien, la figura del decaimiento de la afectación, no prevista en la Ley de Expropiación por Causa de Utilidad Pública o Social, aparece, sin embargo, acogida en el artículo 108 de la Ley Orgánica de Régimen Municipal que reza textualmente:

Cuando por la promulgación de un Plan de Desarrollo Urbano local se afecten terrenos de propiedad privada para uso recreacional, deportivo, asistencial, educación o cualquier uso público que implique la extinción del derecho de propiedad, el Municipio o Distrito deberá proceder de conformidad con la Ley respectiva.

El Decreto establecerá un plazo para la ejecución de la expropiación, que en ningún caso excederá al establecido en la Ley Orgánica para la Ordenación del Territorio, vencido el cual, sin que se hubiere procedido en consecuencia, se considerará sin efecto dicha afectación y el Municipio o Distrito deberá indemnizar a los propietarios por los daños y perjuicios debidamente demostrados por las limitaciones al uso de sus propiedades, regulando para éstas un uso compatible con el Plan de Desarrollo respectivo.

Esta disposición no es aplicable cuando la afectación resulte de un Plan de Parcelamiento o de Urbanismo.

El supuesto de hecho previsto en la norma transcrita se relaciona con los casos de expropiación en los que el ente expropiante es el Municipio o el Distrito, pero las consecuencias jurídicas allí expresadas son aplicables, por vía analógica, a los demás casos de expropiación, es decir, aquellos en los cuales el ente expropiante es persona jurídica distinta a los Municipios o los Distritos.

No obstante, el referido artículo 108 no señala el plazo perentorio para la ejecución de la expropiación (como sí lo hacía la Ley derogada en su artículo 85, que establecía un máximo de 4 años) sino que remite a la Ley Orgánica para la Ordenación del Territorio del 11 de agosto de 1983, Ley que contiene disposiciones que regulan supuestos en los cuales debe procederse a decretar la expropiación, y que prevé la obligatoriedad del plazo para la ejecución de la misma, cualquiera sea el ente expropiante (República, empresas del Estado, Municipio o Distrito). Así, en su artículo 64 señala lo siguiente:

Cuando la ejecución de los planes de ordenación del territorio implique la extinción del derecho de propiedad, las autoridades respectivas competentes deberán proceder a decretar la expropiación, conforme a la Ley especial.

A tal efecto, en el Plan respectivo de Ordenación del Territorio se *deberá establecer un lapso para la ejecución de la Expropiación correspondiente,* cónsono con la naturaleza y alcance de la actividad a realizar. Cuando el lapso sea superior a tres años, la autoridad competente deberá establecer un régimen transitorio de uso efectivo de la propiedad afectada....

Pero, si el decreto de expropiación no establece el plazo para la ejecución de lo ordenado en ese acto ¿cuál ha de entenderse como el máximo a tal fin, conforme al dispositivo legal antes trascrito, si en el mismo no aparece contemplado dicho plazo en forma expresa?

La intención del Legislador al imponer el señalamiento del referido plazo responde a la necesaria continuidad que el proceso expropiatorio demanda, debido, en primer lugar, a que constituye una limitación al derecho de un particular que encuentra su justificación en el interés colectivo, sin que pueda por ello la afectación prolongarse de manera indefinida en el tiempo por ausencia de tramitación de la expropiación misma, puesto que debe respetarse el principio conforme al cual en materia expropiatoria debe procurarse la menor afectación posible a la esfera de derechos del expropiado, pagando en todo caso la justa indemnización.

En segundo lugar, la continuidad de la expropiación es demandada igualmente por la colectividad que se verá favorecida con la ejecución de la obra cuya utilidad pública y social ha sido ya declarada, por lo que en el orden lógico, a todo decreto de afectación y expropiación debe seguir su ejecución.

Ahora bien, partiendo de la premisa conforme a la cual debe siempre existir un lapso para la ejecución de las expropiaciones, y tomando en cuenta que, según lo dispuesto en el artículo 64 de la Ley Orgánica para la Ordenación del Territorio sólo para aquellas expropiaciones cuyo lapso de ejecución sea superior a tres años, *debe establecer* la autoridad competente un régimen transitorio de uso efectivo de la propiedad afectada, puede inferirse que a partir de la entrada en vigencia de la mencionada Ley, para aquellos casos en los que no se indique régimen transitorio se entenderá que la ejecución de la expropiación debe tener lugar dentro de los tres años siguientes a la fecha de la entrada en vigencia del Decreto en el que se ordena la misma.

En el presente caso, se observa que la afectación por causa de utilidad pública y social del inmueble propiedad del actor, fue declarada en fecha 23 de junio de 1975, mediante Decreto N°

993, ordenándose en el mismo que se procediera a la tramitación de las expropiaciones correspondientes (artículo 2°), sin que se fijara plazo para la realización de las mismas; con posterioridad, el 7 de septiembre de 1976, mediante el Decreto N° 1.763, se dispuso la construcción en el área afectada del Parque Recreacional "Joaquín Maneiro"; sin embargo, para el mes de mayo de 1990, los propietarios de los terrenos afectados por el Decreto N° 993, no habían logrado todavía que la Administración hiciera efectivas las negociaciones correspondientes.

Ahora bien, ¿qué ocurre cuando la entrada en vigencia del Decreto de expropiación es anterior a la Ley Orgánica para la Ordenación del Territorio en la que se exige con carácter obligatorio el establecimiento del plazo de ejecución, ¿Podría hablarse entonces de la posibilidad de afectaciones eternas?

Ello, además de crear desigualdad entre los administrados cuyos derechos han sido afectados, resulta incongruente con los elementales principios de justicia, certidumbre y seguridad jurídica, que deben estar presentes en todo proceso expropiatorio, por lo que debía la Administración, en el presente caso, ajustar su conducta a la nueva normativa aplicable.

Así, siendo una obligación de la Administración el señalamiento del lapso para la ejecución de la expropiación a partir de la vigencia de la Ley Orgánica para la Ordenación del Territorio, es forzoso concluir que debió aquélla actuar en consecuencia, traduciéndose su omisión en la aceptación del lapso máximo de tres años, el cual, en el caso concreto, ha transcurrido sobradamente.

En tal virtud, esta Sala Político–Administrativa declara sin efectos legales los Decretos Presidenciales Nos. 993 de fecha 27 de junio de 1975 –contentivo de la afectación y orden de expropiación– y N° 1.763 del 7 de septiembre de 1976, por lo que respecta al inmueble del ciudadano Jesús Antonio Silva, situado al Nor–Oeste de una mayor extensión que se encuentra al este de la ciudad de Porlamar, Sector Genovés, con una superficie de nueve mil novecientos sesenta metros cuadrados (9.960 m^2) y cuyos linderos son: Norte, en ciento veinte metros (120 mts) con la Avenida Aeropuerto N° 1, de por medio zona de retiro y ornato; Sur, en ciento veinte metros (120 mts), con terrenos que son o fueron del ciudadano Rafael Villarroel; Este, en ochenta y tres metros (83 mts) con terrenos que son o fueron de Alexis Manuel Quijada, y Oeste, en ochenta y tres metros (83 mts) con triángulo que se forma en el lindero Nor–Oeste[55].

Lamentablemente, en todo caso, la Ley de Expropiación de 2002 no reguló expresamente solución expresa alguna a esta problemática.

3. El problema de las afectaciones masivas

El segundo problema que se ha presentado con los decretos de expropiación o afectación, se refiere a las "afectaciones masivas" de grandes extensiones de terreno, a los efectos de desarrollos urbanísticos, lo cual ha sido muy utilizado en Venezuela, contrariándose también el espíritu de la Ley de Expropiación. Esta, en principio, permite la afectación de inmuebles determinados que se consideren necesarios para realizar una actividad o construir una obra declarada como de utilidad pública, y no admite estas afectaciones masivas de grandes extensiones que no van a expropiarse efectivamente[56].

Para remediar esta situación, la ya mencionada Circular N° 21 de 27 de octubre de 1977 de la Secretaría de la Presidencia de la República, estableció que "las expropiaciones que en los sucesivo sean decretadas por el Ejecutivo Nacional, tendrán por objeto exclusivo declarar la necesidad de que sean expropiados *bienes determinados* de propiedad particular que deban considerarse *indispensables* para la realización de una obra pública o para el desempeño de una actividad de utilidad pública".

---

55 *V. RDP* N° 55–56, pp. 537 a 540

56 *Cfr.* Gustavo Urdaneta T. *La Ejecución del Urbanismo, cit.*, p. 121.

Ahora bien, la situación normativa en este supuesto, en todo caso, varió a partir de 1976, al dictarse la Instrucción Presidencial N° 22 sobre Normas destinadas a regular la incorporación de áreas suburbanas y rurales a las actividades urbanas[57], con lo cual se pretendió corregir las deficiencias.

Antes de la emisión de la Instrucción Presidencial N° 22, fue muy frecuente la utilización de las afectaciones masivas por parte del Ejecutivo Nacional de grandes extensiones de terreno con fines urbanísticos. Tales fueron los casos, por ejemplo, de las afectaciones de inmuebles destinados al desarrollo de las nuevas ciudades satélites de Caracas, Ciudad Fajardo y Ciudad Diego de Losada, que afectaron, a los efectos de expropiación, o grandes extensiones de terreno[58]. Decretos similares se dictaron en el área urbana de Caracas, por ejemplo, en San Agustín del Norte, cuyo decreto estableció también la afectación de una parte considerable del centro de la ciudad[59]. Otra afectación masiva de gran importancia fue la de un millón de hectáreas en el Sur de Venezuela, en los años setenta a los efectos de la implementación de los denominados Módulos de Apure.

En todos estos casos, se trató de decretos de afectación, no ya de un inmueble para construir un edificio, o determinados inmuebles para construir una línea de ferrocarriles o una carretera, sino de grandes superficies de terreno a los efectos de desarrollos generales de carácter agrícola o de carácter urbano.

El problema se planteaba al analizar este tipo de afectaciones masivas, en determinar si la finalidad era realmente expropiar íntegra y absolutamente los inmuebles comprendidos en el polígono de expropiación. En general, la intención parecía que no era expropiar todo lo afectado. En el caso, por ejemplo, del área de Ciudad Fajardo en Guarenas–Guatire, aparentemente lo que se perseguía era expropiar parcialmente y buscar para el desarrollo urbanístico querido, la colaboración y consorcio con los particulares, y sólo eventualmente, expropiar áreas determinadas a los efectos de desarrollos públicos concretos.

Sin embargo, esto no se determinó claramente, pues al dictarse el Decreto de afectación no se tenía aprobado el Plan de Desarrollo Urbano de Ciudad Fajardo. Esto produjo que, en la realidad, dicha afectación no sólo era una afectación masiva sino eterna. Se llegó a elaborar, por la agencia nacional, un Plan Maestro de desarrollo urbano, pero en realidad ese Plan durante muchos años fue inexistente, porque requería la sanción de los Concejos Municipales de la zona.

Una apreciación parece evidente respecto a este tipo de afectación masiva, y es la determinación de la intención última del ente público que decreta la afectación; ésta no puede ser otra que lograr que se destinen a determinados desarrollos urbanísticos o uso del suelo urbano, determinadas zonas, y que ello se realice conforme a los planes de desarrollo urbanístico que se adopten por los entes públicos. Esta parecía ser la intención en los casos señalados, pues expropiar todo el valle de Guarenas y Guatire, o toda la zona de los Valles del Tuy, significa que el Estado hubiera tenido qué realizar directamente los desarrollos urbanísticos, lo que no parecía tener sentido.

57 *V.* en *G.O.* N° 30.962 del 13–4–76

58 *V.* los Decretos N° 359 del 04–09–58; N° 1.010 del 21–06–72; N° 1.039 del 12–07–72 y N° 1.312 del 13–06–73

59 *V.* el Decreto N° 792 del 11–05–75 en *G.O.* N° 30.692 del 14–05–75.

El Estado, sin necesidad de expropiar totalmente un área de terreno en la cual se va a realizar un desarrollo urbanístico importante, puede lograr que éste se ejecute conforme a sus programas, sea expropiando sólo parcialmente o incorporando a los propietarios a los desarrollados urbanísticos de acuerdo a un plan. Si un propietario está dispuesto a realizar la ejecución urbanística que le interese al ente público, lo que debe es establecer las bases para que, en efecto, esa propiedad se destine a esos fines de vivienda o industriales o de cualquier otra naturaleza, para lo cual el Estado no necesita expropiar todos los inmuebles.

De ahí que también surgiera un mecanismo nuevo en el ordenamiento venezolano, y es el de las desafectaciones en estos casos de afectaciones masivas.

Este mecanismo se previó en el ordenamiento, en el Decreto N° 1312 de 1973 de afectación de Ciudad Fajardo: en este Decreto se estableció una afectación masiva y, como contrapartida, se previó la posibilidad de desafectar determinados inmuebles de esas grandes áreas afectadas, a los efectos de que los particulares pudieran realizar las actividades urbanísticas de acuerdo al plan debidamente aprobado, en los términos en que se conviniera con el ente expropiante. En todo caso, frente a la figura de la desafectación, debían haberse previsto mecanismos más ágiles de lograrla.

Aquí surgía un primer problema, cuya solución estaba en la previsión de mecanismos de desafección más ágiles. En el Decreto de afectación de San Agustín del Norte[60], la norma que previó las desafectaciones fue un poco más allá y estableció que así como el Centro Simón Bolívar C. A. se subrogaba para este tipo de expropiación a todos los derechos de la República, también se subrogaba a los efectos de determinar los inmuebles que podían eventualmente ser desafectados.

En estos dos Decretos de afectación de Ciudad Fajardo y de San Agustín del Norte, además se previó otro mecanismo en la desafectación, y fue la figura de un convenio a establecerse entre el ente público y el particular para el desarrollo programado. Se previó, así, una figura de cooperación en las ejecuciones urbanísticas, muy utilizada en la legislación comparada, partiendo del supuesto de que la ejecución urbanística no es exclusiva del sector público, sino que puede estar compartida por los particulares a través de mecanismos de cooperación[61].

En todo caso, de acuerdo con la Ley de Expropiación, el Ejecutivo Nacional, con posterioridad a la emisión de un decreto de expropiación, puede perfectamente revocar total o parcialmente ese Decreto, ordenando la desafectación de inmuebles. Sin embargo, ni la Ley de Expropiación, ni ley alguna autorizan a desafectar y someter a las propiedades privadas desafectadas a limitaciones en su uso, goce y disfrute. Una propiedad desafectada de una expropiación estará sometida a las limitaciones legales previstas en la Ley y Ordenanzas Municipales sobre urbanismo, pero nunca podrá, lícita ni legítimamente, estar sometida a limitaciones y restricciones no autorizadas por el legislador.

Como se dijo mediante Instrucción N° 22 de 30 de diciembre de 1975, el Presidente de la República dictó las "Normas que regirán para la política de incorporación de áreas suburbanas y rurales a las actividades urbanas, cónsonas con el programa único de inversiones de infraestructura y equipamiento"[62] como parte de las Políticas de Desarrollo Urbano y Ordenamiento del Territorio. Mediante esta Instrucción se establecieron nor-

60 *V.* Decreto N° 792 del 11–05–75, en *G.O.* N° 30.692 del 14–05–75.
61 En contra, véase, Gustavo Urdaneta T., *La Ejecución del Urbanismo, cit.*, p. 134.
62 *V.* en *G.O.* N° 30.962 del 13–3–76.

mas que "definen las acciones de los órganos de la Administración Pública competentes, así como sus relaciones con la iniciativa privada, en virtud de la función social que la propiedad debe cumplir". Las normas, sin embargo, no sólo regularon la actuación de los organismos públicos, sino que regularon directamente la actuación de los particulares propietarios de las áreas afectadas por planes de urbanismo.

Esta Instrucción para lograr la incorporación de las áreas suburbanas y rurales a las actividades urbanas, dispone que el Estado tiene que planificar "el aprovechamiento del recurso suelo con el objeto de determinar las áreas realmente requeridas para la expansión de los centros urbanos", lo que "requerirá de una afectación de la tierra"[63]. Por ello, se señala expresamente que "se utilizan como instrumentos los Planes Rectores de Ordenación Urbanística, los Planes de Desarrollo Urbanístico y los Programas Convenios entre el Ejecutivo Nacional, con las Municipalidades y con los particulares"[64]. Es decir, la Instrucción presuponía, para su aplicación, la adopción de planes de ordenación de desarrollo urbanístico mediante los cuales se afectasen las áreas suburbanas o rurales a urbanizar.

En efecto, estableció que "los Planes Rectores de Ordenamiento Urbanístico determinarán los límites de las áreas urbanas actuales y de las zonas de incorporación futura", y estos Planes Rectores constituían "el esquema básico bajo el cual se precisen las normas y directrices necesarias para la elaboración de los Planes de Desarrollo Urbanístico"[65]. En todo caso, "*las áreas determinadas en los Planes Rectores y en los Planes de Desarrollo Urbanístico quedarán afectadas mediante los Decretos que a tal efecto dictará el Ejecutivo Nacional*"[66].

De esto se deduce, como es lo racional, que la afectación masiva con fines expropiatorios de áreas suburbanas o rurales para su incorporación a actividades urbanas, sólo podría realizarse una vez que se hubieren adoptado los planes respectivos: en primer, lugar, los Planes Rectores de Ordenamiento Urbanístico que debían ser formulados por el Ministerio de Desarrollo Urbano[67], para ser propuestos a las Municipalidades, y que "servirán de marco de referencia para la elaboración de los Planes de Desarrollo Urbanístico" por aquéllas o por el Ministerio de Desarrollo Urbano por encargo de las mismas[68]; y en segundo lugar, estos Planes de Desarrollo Urbano local que debían ser sancionados por las Municipalidades, previa aprobación por el Ministerio de Desarrollo Urbano[69].

Por tanto, una vez establecida la ordenación prevista en los Planes Rectores, se podían dictar los decretos de afectación o expropiación respectivos, además de las "medidas necesarias para evitar la especulación con los precios de los terrenos, garantizando de esta forma el uso que les asignará en los Planes de Desarrollo Urbanístico"[70].

Conforme a la Instrucción una vez dictados los Decretos de afectación de las áreas rurales o suburbanas a incorporar a actividades urbanísticas previstas en los Planes de ordenación urbanística señalados, los particulares cuyas propiedades resultaren afecta-

---

63 *V.* el N° 8 de la Instrucción.
64 *V.* el N° 1 de la Instrucción.
65 *V.* el N° 12 de la Instrucción.
66 *V.* el N° 12 de la Instrucción.
67 *V.* el N° 12 de la Instrucción.
68 *V.* el N° 14 de la Instrucción.
69 *V.* artículo 7°, ordinal 39, de la Ley Orgánica de Régimen Municipal.
70 *V.* el N° 15 de la Instrucción.

das debían manifestar, en el término de cinco años a partir del Decreto de afectación, su decisión de participar o no en el desarrollo urbano del área de incorporación inmediata[71]. Si la decisión era positiva, los propietarios tenían que comprometerse al desarrollo de los inmuebles afectados de acuerdo a las Normas de la Instrucción N° 22 y a los Planes urbanísticos señalados, y sólo así se podía autorizar la ejecución de las obras privadas[72]. Este compromiso se materializaba en los Contratos de Participación para urbanización o contrato de participación previsto en la Instrucción N° 22, cuyo objeto era, precisamente, "desarrollar las propiedades afectadas de los particulares... en un todo de acuerdo con el Plan Rector respectivo o con el Plan de Desarrollo Urbanístico, si éste estuviera aprobado"[73].

Si la decisión de los propietarios era negativa, es decir, que en el término de los cinco años siguientes al Decreto de afectación, no manifestaran su decisión de participar en el desarrollo urbano del área afectada, la Autoridad Nacional respectiva[74] "podrá proceder a la correspondiente expropiación para así dar cumplimiento al Plan Rector"[75]. Sin embargo, por supuesto, "la Autoridad Nacional podrá gestionar la expropiación de esas áreas antes del lapso indicado, cuando a su juicio existan razones o circunstancias que así lo aconsejen"[76].

4. La afectación de la propiedad en los planes de ordenación territorial y urbanística (las afectaciones tácitas)

Ahora bien, toda esta problemática fue regulada posteriormente en la Ley Orgánica para la Ordenación del Territorio y en la Ley Orgánica de Ordenación Urbanística, particularmente en lo que concierne a la afectación tácita de la propiedad urbanística mediante los planes de ordenación del territorio y de ordenación urbanística.

En efecto, la Ley Orgánica de Ordenación del Territorio de 1983[77] establece el principio general de que "los usos regulados y permitidos en los planes de ordenación del territorio", básicamente en el nacional y regional, "se consideran limitaciones legales a la propiedad y, en consecuencia, no originan, por sí solos, derecho a indemnización" (art. 63), con lo cual se regula el principio general que ya venía siendo establecido en la Ley Forestal de Suelos y Aguas, y en la Ley Orgánica del Ambiente[78].

La Ley Orgánica, sin embargo, agrega, que la indemnización, "sólo podrá ser reclamada por los propietarios en los casos de limitaciones que *desnaturalicen* las facultades del derecho de propiedad", como lo venía señalando la jurisprudencia de la Corte Suprema de Justicia, y "siempre que se produzca un daño cierto, efectivo, individualizado, actual y cuantificable económicamente" (art. 63). Por tanto, el solo hecho de la regulación del uso de la propiedad en un plan de ordenación al territorio, nacional o regional,

---

71 *V.* el N° 25 de la Instrucción.

72 *V.* el N° 15 de la Instrucción.

73 *V.* el N° 24 de la Instrucción.

74 El Ministerio de Desarrollo Urbano o el Instituto Nacional de la Vivienda, según el N° 23 de la Instrucción.

75 *V.* el N° 25 de la Instrucción.

76 *V.* el N° 25 de la Instrucción.

77 *V.* en *G.O.* N° 3.238 Extra. de 11–08–93

78 *V.* Allan R. Brewer–Carías, "El régimen de urbanismo en la Ley Orgánica de Ordenación del Territorio", en *Ley Orgánica de Ordenación del Territorio,* EJV, Caracas, 1988, pp. 99 y ss.

no da derecho a indemnización como principio; y en los casos en los cuales ésta proceda deben seguirse los criterios establecidos en la Ley de Expropiación.

La Ley Orgánica también establece, en general, el principio de la expropiación como un medio necesario para la ejecución de los planes y a tal efecto señala, que "cuando la ejecución de los planes de ordenación del territorio impliquen la extinción del derecho de propiedad", debe procederse a decretar la expropiación por la autoridad territorial competente (art. 64). Por tanto, como principio general, se dispone que no puede regularse la propiedad hasta el punto de implicar extinguirla, y si ello sucede, debe procederse a la expropiación.

Por otra parte, como se ha dicho, la Ley establece como un remedio a las denominadas afectaciones eternas en la expropiación, que todo plan de ordenación del territorio cuya ejecución implica extinguir la propiedad, debe establecer un lapso para la ejecución de la expropiación correspondiente, cónsono con la naturaleza y alcance de la actividad a realizarse (art. 64). Como hemos mencionado, en la Ley no se establece un lapso predeterminado para la ejecución de la expropiación, pues hay ocupaciones territoriales públicas que exigen una ejecución a largo plazo; sin embargo, lo que la Ley establece es que el plan debe indicar un lapso, cualquiera que sea. Por tanto, no puede haber un plan cuya ejecución implique la extinción de la propiedad, que no prevea el lapso preciso en el cual deba ejecutarse la misma; en todo caso, si es mayor a 3 años exige que se establezca un régimen transitorio de uso efectivo de la propiedad.

Ahora bien, vencido este lapso de ejecución sin que el ente público hubiere procedido consecuentemente, debe indemnizarse al propietario por las limitaciones al uso de su propiedad derivadas de esa afectación, y se obliga al ente público a reglamentar un uso compatible de la propiedad con los fines establecidos en el plan respectivo (art. 54). En efecto, si la Ley establece un sistema imperativo de planes de ordenación del territorio sobre la propiedad, y se prevé un sistema de control en los términos señalados, también deben establecerse, por otra parte, las debidas garantías de los particulares frente a la acción administrativa. En esta forma, se busca limitar las congelaciones eternas de la propiedad y que han dado origen a tantos usos y ocupaciones de hecho ilegales, de la propiedad.

Pero aparte de estas normas genéricas relativas al régimen de la propiedad derivado de la ordenación del territorio, la Ley establece una regulación específica sobre el régimen urbanístico de la propiedad privada, previendo algunos principios generales que luego se desarrollaron en la Ley Orgánica de Ordenación Urbanística.

En primer lugar, se establece un principio fundamental, que se justifica a nivel urbano y no así a nivel nacional o regional en materia de propiedad, según el cual "los planes de ordenación urbanística delimitan el contenido del derecho de propiedad, quedando éste vinculado al destino fijado por los mismos" (art. 66). Es decir, en materia urbana, cambió la regulación tradicional de la limitación legal a la propiedad privada derivada de un plan: el uso asignado a la propiedad en un plan de desarrollo urbano local no es una limitación legal a la propiedad, sino que es el contenido mismo del derecho de propiedad. No es que a nivel urbano exista un contenido que se limita, sino que el contenido, en sí, es el que prevé el plan, por lo que el uso de la propiedad urbana queda vinculado al destino fijado por el plan.

Por supuesto, consecuencia de lo anterior es que las actuaciones que se realicen en suelo urbano con fines urbanísticos, requieren de la previa adopción de un plan. Por tanto, necesariamente, para poder realizarse cualquier actividad privada en un área urbana, tiene que haber un plan de desarrollo urbano conforme a lo que se establezca en la ley nacional y en las Ordenanzas Municipales, que definan el uso y el régimen correspondiente a ese uso, así como la fijación de volúmenes, densidades y demás procedimientos técnicos. Por ello, la Ley expresamente establece que no podrán otorgarse autorizaciones municipales al uso del suelo en ausencia de planes (art. 66). Por tanto, de acuerdo a esta norma, la propiedad y su uso queda vinculada al plan, por lo que sin plan no hay uso, y no puede ni debe haber autorización para desarrollarlo.

Siguiendo la orientación establecida en el antes mencionado artículo 66 de la Ley Orgánica de Ordenación del Territorio, el artículo 52 de la Ley Orgánica de Ordenación Urbanística de 1987[79] establece que la propiedad "estará sometida a las contribuciones, restricciones y obligaciones establecidas en esa Ley y en cualesquiera otras que se refieran a la materia urbanística, y en los *reglamentos, planes y normas complementarias que dicten las autoridades urbanísticas competentes"*.

Adicionalmente, el artículo 53 de la Ley Orgánica de Ordenación Urbanística establece que:

> Los planes de ordenación urbanística y de desarrollo urbano local delimitan el contenido del derecho de propiedad, quedando éste vinculado al destino fijado por dichos planes.

Agrega además esta norma que:

> Las contribuciones, restricciones y obligaciones establecidas por leyes, reglamentos, planes y ordenanzas urbanísticas se consideran limitaciones legales al derecho de propiedad, y en consecuencia no dan, por sí solas, derecho a indemnización. Esta sólo podrá ser acordada en los casos de limitaciones que desnaturalicen el derecho de propiedad y produzcan un daño directo, cierto, actual, individualizado, y cuantificable económicamente. En estos casos, a los efectos de determinar la indemnización, se seguirán los criterios establecidos en la presente ley y en la Ley de Expropiación por causa de Utilidad Pública o Social.

Ahora bien, la afectación de la propiedad urbana mediante planes urbanísticos, puede conducir a la necesidad de la expropiación, cuando los planes establecen un uso público en áreas de propiedad privada.

En efecto, una de las finalidades de la expropiación es el cumplimiento de actividades urbanísticas, por lo que la expropiación es un instrumento fundamental para la ordenación urbana. Ahora bien, cuando un Concejo Municipal dicta una Ordenanza de Zonificación o establece un plan de desarrollo urbanístico y señala en esos instrumentos de zonificación, por ejemplo, una nueva "área verde" o una calle, en inmuebles que anteriormente tenían otro uso urbanístico, en realidad, aun en ausencia de un decreto expreso de expropiación, se estaría en presencia de una afectación tácita de la propiedad a efectos expropiatorios, en el sentido de que la Ordenanza en sí misma, implica una restricción a la propiedad, en el sentido de que para que esa Ordenanza se cumpla, ha de efectuarse una expropiación.

En efecto, de acuerdo a las Ordenanzas de zonificación, todo inmueble destinado a un uso diferente al permitido por los planos de zonificación, es considerado como "uso no conforme"[80] y en tal virtud, no se pueden autorizar nuevas construcciones ni alteracio-

---

79 *V.* en *G.O.* Nº 33.868 de 01–06–87. Véase Allan R. Brewer–Carías y otros, *Ley Orgánica de Ordenación Urbanística,* EJV, Caracas 1988, pp. 7 a 88.

80 *V.*, por ejemplo, el artículo 209 de la Ordenanza de Zonificación del Distrito Sucre del Estado Miranda.

nes ni ampliaciones en el inmueble, sino sólo obras de reparación o conservación, siempre que ello no implique aumento del valor original de la estructura[81].

Ahora bien, si el cambio de zonificación significó que una propiedad privada, de acuerdo al nuevo Plano, quedó afectada a la construcción de una avenida, calle o área verde, ello implica una limitación intolerable de la propiedad cuando no hay un plan de urbanismo que establezca la forma y oportunidad en que se realizará la expropiación. En estos casos se está en presencia de una afectación tácita, sin decreto de expropiación, pues la zonificación aprobada o los planes urbanísticos sancionados, en sí mismos, afectan determinados bienes a fines de utilidad pública, lo que conlleva que esas propiedades privadas deban ser expropiadas.

Sin embargo, en estos casos se plantearía el mismo problema antes mencionado de las afectaciones eternas, pues podrían dejarse pasar años sin que se ejecute el Plan y se establezcan las avenidas o áreas verdes previstas, es decir, sin que se expropien efectivamente las propiedades afectadas, lo que limitaría desproporcionadamente los derechos de los propietarios en tanto a usos no conformes.

Precisamente por ello, a partir de 1977, la Corte Suprema de Justicia en Sala Político Administrativa, en sentencia de 10 de agosto de 1977 declaró la nulidad parcial de una Ordenanza de rezonificación, al afectar unos inmuebles de propiedad privada a un uso de "área verde", sin prever los mecanismos de expropiación correspondientes[82]. Esa doctrina fue ratificada por la Corte Suprema de Justicia en su sentencia del 16 de junio de 1980 en la cual insistió en que constituye una inconstitucionalidad la afectación de propiedades privadas a usos públicos por ordenanzas de zonificación, si no se establece la adquisición, por expropiación de esos bienes por la Municipalidad respectiva; estableciendo lo siguiente:

> Es cierto, como ya se ha dicho, que el constituyente faculta a las autoridades municipales para establecer limitaciones a la propiedad mediante actos normativos generales como son las ordenanzas, y para afectar bienes de propiedad particular a fines de utilidad pública o social en los correspondientes decretos de expropiación, pero no hay, en nuestro derecho norma alguna que atribuya a las Municipalidades el poder de destinar a uso público determinado terreno en un sector ya urbanizado de la ciudad, sin antes haberlo adquirido del propietario por alguno de los medios ordinarios que establece al efecto el Código Civil o siguiendo el procedimiento extraordinario regulado en la Ley de la materia para lograr su expropiación.
>
> En tal virtud, no se puede aplicar la disposición contenida en el Artículo 10 de la Ordenanza impugnada, al lote de terreno especificado en el expediente porque ello entraña un sacrificio para sus propietarios, que excede de los límites de una restricción no indemnizable y les crea –como se ha dicho– una indefinida situación de incertidumbre incompatible con la seguridad jurídica que debe gozar todo individuo en relación con la disposición, uso y disfrute de sus bienes; y solamente mediante justa indemnización podrá variarse tan radicalmente el uso de los terrenos, la cual, como se dice en el Informe de la Fiscalía General de la República: . . . debe ser acordada de manera previa pues lo contrario significaría aceptar una vulneración crasa y abierta de la Carta Fundamental, ya que en virtud del cambio de zonificación acordado se deja a una propiedad particular prácticamente fuera del comercio y el propietario queda sometido a la buena voluntad de la municipalidad que lo ha acordado para que expropie en el futuro el bien afectado. Esta práctica (ya sumamente conocida) debe ser sancionada por ese Supremo Tribunal con la nulidad por inconstitucionalidad de los actos que en este sentido sean adoptados. En consecuencia, el Concejo Municipal del Dis-

---

81 Artículo 211 *idem.*

82 *V.* en Allan R. Brewer–Carías, *Urbanismo y Propiedad Privada,* EJV, Caracas, 1980, pp. 64, 66, 143, 234, 253, 345, 374, 377, 382, 400, 429, 465, 498, 514, 519 y 533.

trito Sucre del Estado Miranda incurrió en extralimitación de atribuciones y violó los artículos 101 y 102 de la Constitución, 1° y 3° de la Ley de Expropiación por Causa de Utilidad Pública o Social y 547 del Código Civil al destinar a Zona AE/1 los terrenos de la actora, sin haberlos adquirido previamente por compra o expropiación legal[83].

IV. EL ARREGLO AMIGABLE

Conforme a lo establecido en el aparte único del artículo 22 de la Ley de Expropiación el ente expropiante, una vez publicado el decreto de expropiación, debe proceder a iniciar el trámite de adquisición del bien afectado por vía del arreglo amigable y, a tales efectos, lo hará valorar por la Comisión de Avalúo integrada por peritos designados de conformidad con los artículos 19 y 20 de la Ley.

Para la designación de los peritos se debe notificar a los propietarios, poseedores y, en general, a todo el que tenga algún derecho sobre el bien afectado, lo que se debe hacer mediante la publicación de un aviso de prensa, publicado por una sola vez, en un diario de los de mayor circulación nacional y en alguno de la localidad donde se encuentre el bien, si lo hubiere, para que dentro de los treinta (30) días continuos siguientes contados a partir de su publicación, concurran ante la entidad expropiante.

El justiprecio del bien a expropiar que efectúe la Comisión se debe notificar por escrito a los propietarios o sus representantes legales, quienes deben manifestar en el acto de la notificación o dentro de los cinco (5) días hábiles siguientes por escrito, si aceptan o no la tasación practicada.

En caso de no concurrir ningún interesado o en caso de no aceptación por alguna de las partes del justiprecio practicado, se debe dar por agotado el arreglo amigable y el ente expropiante puede acudir a la vía judicial para solicitar la expropiación del bien afectado (art. 22).

En consecuencia, la gestión del arreglo amigable constituye una obligación impuesta al ente expropiante[84], que busca evitar entrar en un proceso judicial de expropiación[85], si el propietario no tiene oposición al procedimiento.

Sobre el alcance de este arreglo amigable, la antigua Corte Federal y de Casación, en sentencia del 14 de marzo de 1952, señaló que no se trata de:

> Una simple facultad de procurar un acuerdo amistoso, sino una obligación que se impone al encargado de solicitar la expropiación: de consiguiente, quien esté autorizado para demandar ésta con el fin de que la Nación adquiera el inmueble necesario para la construcción de una obra, lo está también para lograr la misma finalidad obligada, para evitar el juicio por medio de gestiones amistosas. Quien puede lo más, puede lo menos.

La Corte Primera de lo Contencioso–Administrativo ha precisado la naturaleza y alcance del arreglo amigable, indicando lo siguiente:

> El mismo constituye una etapa administrativa previa a la fase judicial, que tiene como consecuencia lógica e inmediata, en caso de realizarse satisfactoriamente, el de evitar precisamente el procedimiento jurisdiccional y lograr en sede administrativa el avenimiento a la expropiación. No

83 *V.* en *RDP*, N° 3, pp. 168 a 170. Véase además, sentencia CSJ–SPA, 16–12–81, *RDP* N° 9, pp. 151.

84 Sentencia CFC–SF, 14–03–52, *G.F.* N° 10, pp. 125–126.

85 Sentencias CSJ–SPA, 21–04–65, *G.O.* N° 27.724 de 29–04–65; CSJ–SPA, 20–08–82, *RDP* N° 11, p. 208; CPCA, 16–07–87, *RDP* N° 31, pp. 146–147; CPCA 26–04–95, *RDP* N° 61–62, p. 443;

obstante, la importancia que representa esta gestión amigable, fundamentalmente por su utilidad práctica, en modo alguno puede estimarse que constituye un pre–requisito procesal a la solicitud de expropiación que se formula por ante la Jurisdicción Contencioso–Administrativa. Por tanto, la no realización de los trámites a que alude el parágrafo único del Título III de la Ley de Expropiación, no puede servir de fundamento para oponerse a la expropiación, por violación de Ley, pues la Administración tiene plena discrecionalidad para considerar en que casos es conveniente insistir en las gestiones amigables y cuando no (Sentencias de esta Corte de fechas 22–01–87, 15–08–88).

Se ha afirmado también que el arreglo amigable tiene una naturaleza negocial o convencional regida principalmente por normas de derecho público, por el cual el propietario celebra un contrato con la finalidad de transferir su propiedad voluntariamente. La finalidad del arreglo amigable es mas que todo de tipo práctico, a saber, suprimir la fase judicial contenida en los artículos 19 y siguientes de la Ley de Expropiación por Causa de Utilidad Pública o Social.

Acerca de los efectos del arreglo amigable, esta Corte ha determinado que los mismos son importantes, pues el expropiante puede adquirir de inmediato y por vía convencional la propiedad del bien que pretende hacer suyo y entrar en posesión del mismo sin más trámites que el acuerdo entre las partes; el expropiado conviene en la expropiación y, consecuencialmente, renuncia al derecho a oponerse a ella; y la función del tribunal se limita a conocer de la impugnación del avalúo, disponer que se practique uno nuevo o fijar el monto de la indemnización, cuando una a otra decisión fueren procedentes. (Sentencia de esta Corte del 26–04–95).

Ahora bien, si bien es cierto que se le ha reconocido una naturaleza convencional al arreglo amigable en materia de expropiación, no quiere decir que las partes puedan fijar voluntariamente el precio del inmueble cuya necesidad de expropiación haya sido previamente requerida, por el contrario, a juicio de esta Corte, del Párrafo Único del artículo 3 de la Ley de Expropiación por Causa de Utilidad Pública o Social, artículo antes parcialmente trascrito, se puede concluir que, serían aplicables al avalúo en fase de arreglo amigable de un procedimiento expropiatorio, las mismas formalidades exigidas por los artículos 33, 34 y 35 *ejusdem*, para la práctica de un avalúo en sede jurisdiccional[86].

En definitiva, por tanto, las gestiones amigables con los propietarios se limitan, en síntesis, a entenderse respecto a la designación de la Comisión de Avalúos, para fijar el precio, pues no permite la citada disposición que las partes lo fijen directamente. Efectuado el avalúo por la Comisión de Avalúos, si el propietario acepta el monto de la indemnización, como lo dijo la antigua Corte en la citada sentencia de 1952:

Nada más hay que hacer: la convención se ha perfeccionado, no hay necesidad de proceder a la expropiación tanto conforme a las disposiciones pertinentes del Código Civil, como a las previsiones de la Ley de Expropiación.

Se corre el riesgo con tal procedimiento de que los peritos se equivoquen y fijen un precio exagerado o exiguo con perjuicio de comprador o vendedor. Tal posible error no cambia la naturaleza o eficacia jurídica del acto; para evitarlo está la previsión de las partes ya en cuanto a la capacidad y honradez de los expertos; o ya realizando actos preliminares o estipulando condiciones que las pongan a cubierto de sorpresas[87].

El avalúo, en todo caso, puede ser objeto de impugnación[88]

Debe precisarse, por último, que conforme a la Ley, el arreglo amigable debe gestionarse no sólo con los propietarios, sino también con los otros interesados en un procedimiento expropiatorio y que pueden tener derechos sobre la indemnización que pueda pagar el Estado. Por ello, la convocatoria al procedimiento de arreglo amigable se debe

---

86 Sentencia CPCA. 11–04–00, *RDP* N° 82, pp. 758–759.

87 *V.* en *G.F.* N° 10, 1952, pp. 125 y 126.

88 Sentencia CPCA, 17–02–81, *RDP* N° 6, pp. 180–181.

hacer al propietario, al arrendatario, al poseedor y a quien pueda tener derechos sobre el bien afectado.

V. EL PROCEDIMIENTO JUDICIAL EXPROPIATORIO

1. Inicio del procedimiento

La tercera fase del procedimiento expropiatorio, luego de la intervención del Poder Legislativo con la declaratoria de utilidad pública o interés social y de cumplido el procedimiento administrativo, con el decreto de expropiación y el arreglo amigable, es el procedimiento judicial[89]. Este debe iniciarse, necesariamente, en tres casos: cuando el expropiado no haya aceptado el monto del avalúo fijado en el procedimiento del acuerdo amigable; cuando se ignore quiénes son los propietarios y demás titulares de derechos sobre los inmuebles a expropiar; y en todo caso en que la Administración expropiante, por ser de urgente realización la obra o actividad, necesite proceder a la ocupación previa de los inmuebles a expropiar.

2. Competencia judicial

La autoridad judicial competente en materia de expropiación varía según quien sea la entidad expropiante: si se trata de la República, directamente, lo que intenta el juicio de expropiación, corresponde su conocimiento, en primera instancia, a la Corte Primera de lo Contencioso Administrativo, creada en las Disposiciones Transitorias de la Ley Orgánica de la Corte Suprema de Justicia[90] y en los casos en que el juicio se intente por cualquier otra entidad expropiante, el conocimiento en primera instancia corresponde a los jueces que tengan competencia en primera instancia en lo Civil, en el lugar de ubicación de los bienes a expropiar. En todo caso, corresponde a la Corte Suprema de Justicia, en Sala Político Administrativa, conocer en apelación de dichos juicios, según lo establecido en el artículo 42, ordinal 19° de la Ley Orgánica de la Corte Suprema de justicia[91].

Estos principios tradicionales los precisa el artículo 23 de la Ley, así:

> *Artículo 23.* El Juez de Primera Instancia en lo Civil de la jurisdicción de la ubicación del bien, conocerá de los juicios de expropiación; y de las apelaciones y recursos contra sus decisiones conocerá, en segunda instancia, el Tribunal Supremo de Justicia en Sala Político Administrativa.
>
> Cuando la República sea quien solicite la expropiación, el juicio se intentará directamente ante la Corte Primera de lo Contencioso Administrativo, y de las apelaciones y recursos contra sus decisiones conocerá, en segunda instancia, el Tribunal Supremo de Justicia en Sala Político Administrativa.

---

89 Las fases del procedimiento han sido descritas con precisión en la sentencia CSJ–SPA, 24–02–65, *G.O.* N° 27.676 de 24–02–65

90 Artículo 185, ordinal 59

91 Sentencia CSJ–SPA, 30–01–86, *RDP* N° 25, pp. 154–155

3. Solicitud o demanda de expropiación

Los juicios de expropiación se inician con una solicitud presentada ante el juez competente por la entidad expropiante, en la cual, además de las indicaciones usuales en los libelos de demanda que exigen las normas del procedimiento civil, debe indicarse: a) El bien objeto de ella y los elementos que contribuyen a su identificación[92]; que debe coincidir con el indicado en el decreto de expropiación[93]; b) El nombre y apellido del propietario o propietarios, poseedores o arrendatarios, si fueren conocidos[94], y c) La indicación de si el inmueble objeto de la expropiación tiene gravámenes. (art. 24 y 25).

A. Admisión de la solicitud

El tribunal competente debe admitir la solicitud dentro de los 3 días de la presentación de la misma[95]. Ello se deduce de lo previsto en el artículo 25 de la Ley que regula el primer acto judicial que el juez debe cumplir, que es la solicitud de los datos de la propiedad y de los gravámenes. Asimismo, cuando proceda, debe acordarse la notificación al Procurador General de la República,[96]

B. La solicitud de datos de la propiedad y la información de gravámenes

En efecto, en caso de no haberse acompañado a la solicitud todos los datos concernientes a la propiedad y gravámenes relativos al bien que se pretende expropiar, la autoridad judicial ante quien se introduzca la solicitud, y dentro del tercer día de su presentación, pedirá a la Oficina de Registro respectiva, tales datos, los cuales deben ser remitidos a la autoridad judicial "a la brevedad posible" (art. 25).

C. El emplazamiento de los interesados

a. Personas que deben emplazarse

Una vez que el juez ha recibido los datos del Registro respecto de los inmuebles objeto de la solicitud de expropiación, dentro de los 3 días de despacho siguientes, debe emplazar a los presuntos propietarios, poseedores, arrendatarios, acreedores y, en general, a todo el que tenga algún derecho en el bien que se pretende expropiar (art. 26)[97].

El propietario, como se dijo, es el que tiene la plena legitimación pasiva en el procedimiento expropiatorio, pues, como se verá, sólo los propietarios son los que pueden "contestar" la demanda y oponerse judicialmente a la expropiación[98].

---

92 Sentencia CPCA, 10–05–84, *RDP* Nº 19, p. 180; CPCA, 21–11–91, *RDP* Nº 48, pp. 180–181; CSJ–SPA, 18–04–96; *RDP* Nº 65–66, pp. 445–446

93 Sentencia CSJ–SPA, 02–05–83, *RDP* Nº 15, p. 200.

94 Sentencias CSJ–SPA, 08–05–80, *RDP* Nº 3, p. 171; CSJ–SPA, 14–02–91, *RDP* Nº 45, pp. 177–178

95 Sentencia CSJ–SPA, 01–03–85, *RDP* Nº 21, pp. 183–184 donde se indica que el auto de admisión no es apelable.

96 Sentencia CSJ–SPA, 06–08–62, *G.F.* Nº 36, pp. 148–150

97 Por ello, se ha señalado que el juicio expropiatorio es un juicio universal: Sentencia CPCA, 10–05–84, *RDP* Nº 19, pp. 178–180.

98 Sentencias CSJ–SPA, 09–11–89, *RDP* Nº 40, pp. 143–146; CSJ–SPA, 29–11–90, *RDP* Nº 44, p. 204–206.

Sin embargo, el emplazamiento se extiende a todos los que puedan tener interés en los resultados del juicio, por tener derechos sobre la indemnización, pues sus derechos sólo pueden hacerse valer sobre el precio una vez dictada la sentencia (art. 11 y 50). En particular, conforme al artículo 31 de la Ley, el poseedor tiene derecho a hacerse parte en el juicio de expropiación, a fin de solicitar del precio del bien expropiado la cuota que le corresponda por el valor de sus mejoras y por los perjuicios que se le causen.

b. Forma

Este emplazamiento no es una citación propiamente dicha, pues no se hace directamente a la persona, sino que el auto de emplazamiento junto con la solicitud de expropiación y la certificación de gravámenes se deben publicar en un diario de los de mayor circulación nacional y en alguno de la localidad donde se encuentre ubicado el bien, por 3 veces durante un mes, con intervalos de 10 días entre una y otra publicación[99].

Por otra parte, la autoridad judicial debe remitir al Registro respectivo, tres ejemplares de los diarios que contengan la primera publicación, para que sean, fijados con la solicitud de expropiación, la certificación y el emplazamiento, en la cartelera o puerta del Despacho; esto es para advertir a los posibles adquirientes de la propiedad o de algún otro derecho sobre el bien, sobre la expropiación en curso (art. 26).

4. La ocupación previa de los inmuebles a expropiar

Cuando la autoridad expropiante considera que la ejecución de la obra o actividad que motiva la expropiación sea de urgente realización, la entidad expropiante puede solicitar en la demanda respectiva, al Tribunal a quien corresponda conocer del juicio de expropiación, que acuerde la ocupación previa de los inmuebles a expropiar por parte de la entidad expropiante.

Para que se acuerde esta ocupación previa, conforme a lo establecido en el artículo 56 de la Ley, deben cumplirse los siguientes requisitos:[100]

1. La obra o actividad que motiva la expropiación tiene que ser de aquellas declaradas como de utilidad pública o interés social, en forma general, en el Artículo 14 de la Ley de Expropiación. Sin embargo, la jurisprudencia de la Corte ha admitido que también procede la ocupación previa respecto de otras actividades u obras declaradas como de utilidad pública o de interés social en Leyes especiales, como es el caso de las expropiaciones con motivo de la reforma agraria[101].
2. La entidad expropiante debe hacer valorar previamente el bien por la Comisión de Avalúos designada conforme se indica en el artículo 19 de la ley, integrada por 3 miembros, designados uno por la entidad expropiante, otro por el propietario y el tercero nombrado de común acuerdo por los anteriores. Este avalúo tiene características diferentes al avalúo definitivo del juicio de expropiación[102].

---

99 Sentencia CSJ–SPA, 19–02–63, *G.F.* N° 39, pp. 94–95; CSJ–SPA, 04–02–70, *G.F.* N° 67, pp. 209–210.

100 Sentencias CPCA, 13–02–92, *RDP* N° 49, pp. 161–162; CPCA, 08–08–96, *RDP* N° 67–68, pp. 415–417; CSJ–SPA, 17–05–84, *RDP* N° 19, p. 182.

101 Sentencia de la antigua Corte Federal de 12 de enero de 1961, en *G.F.* N° 31, pp. 17 y 18; además, sentencia del Tribunal Supremo de Justicia en Sala Político Administrativa, 06–07–00, *RDP* N° 83, pp. 466–468.

102 Sentencias CSJ–SPA, 27–05–93, *RDP* N° 53–54, pp. 408–409; CPCA, 31–05–93, *RDP* N° 53–54, pp. 409–410.

En esta forma, la reforma de 2002 varió en forma considerable las regulaciones que traía la ley anterior en la materia, conforme a la cual esta valoración del bien expropiado a los efectos expropiatorios, se determinaba por una Comisión de Avalúos en la cual no participaba en forma alguna el propietario del bien a expropiar (art. 16 y 51).

En la nueva Ley, en cambio, la fijación del avalúo a los efectos de la ocupación previa, necesariamente exige la participación del propietario en la designación de la Comisión de Avalúos, con lo que se garantiza más el derecho de propiedad.

3. La entidad expropiante debe consignar, con la solicitud de expropiación, la cantidad en que hubiere sido justipreciado el bien[103]. Dispone el artículo 56 que el resultado de esa valoración no puede ser impugnable por ninguna de las partes[104], y sólo servirá para que el tribunal de la causa decrete la ocupación previa del bien y se garantice el pago al expropiado.
4. Antes de procederse a la ocupación previa, el Juez de la causa, debe efectuar la correspondiente notificación al propietario y a los ocupantes, si los hubiere. Vencido el lapso de comparecencia previsto en el artículo 27 de la Ley, sin que se hubiese formulado oposición justificada, el propietario puede convenir con el avalúo realizado. El Juez dará por consumado el acto, y se procederá como sentencia pasada en autoridad de cosa juzgada. El acto por el cual el propietario conviene en el avalúo es irrevocable, aún antes de la homologación del tribunal.
5. Antes de proceder a decretar la ocupación previa del bien, conforme a lo establecido en el artículo 57 de la Ley, el juez correspondiente debe notificar al propietario y a los ocupantes, si los hubiere a fin de practicar una inspección judicial, para dejar constancia de todas las circunstancias de hecho que deben tenerse en cuenta para fijar el monto de la justa indemnización del bien de que se trate, las cuales puedan desaparecer o cambiar de situación o estado por el hecho de la ocupación. A tales efectos, el Juez de la causa puede acordar que un Juez de la jurisdicción de la ubicación del bien a expropiar, asistido de un práctico, efectúe la inspección[105].

En el curso de la inspección el propietario o los ocupantes, pueden hacer las observaciones que tuvieren a bien, y las que hagan, por más extensas y minuciosas que sean, se deben hacer constar en el acta respectiva. Una copia de las resultas de la inspección se debe enviar con la mayor brevedad posible y por la vía más rápida al Tribunal que esté conociendo de la solicitud de expropiación, a fin de que se agregue a los autos del expediente y las mismas sean apreciadas para la fijación de la justa indemnización.

La jurisprudencia de la Corte Suprema de Justicia ha recomendado esperar la contestación de la solicitud de expropiación, para decretar la ocupación previa[106]. En todo caso, la decisión que acuerde la ocupación previa es apelable, a un solo efecto.[107]

103 Sentencias CSJ–SPA, 05–02–62, *G.F.* Nº 35, pp. 70–72; CSJ–SPA, 01–09–81, *RDP* Nº 8, pp. 142–145.

104 Sentencias CSJ–SPA, 08–12–80, *RDP* Nº 5, p. 170; CSJ–SPA, 29–09–81, *RDP* Nº 8, pp. 145–147; CPCA, 27–06–95, *RDP* Nº 63–64, p. 491

105 Sentencia CSJ–SPA, 07–02–90, *RDP* Nº 41, pp. 148–150.

106 Sentencia CSJ–SPA, 12–11–81, *RDP* Nº 8, pp. 142–143.

107 Sentencias CF, 28–02–61, *G.F.* Nº 31, pp. 42–44; CSJ–SPA, 12–05–69, *G.F.* Nº 64, pp. 157–158; CSJ–SPA, 02–06–83, *RDP* Nº 15, pp. 207–208.

5. La comparecencia

A. Oportunidad de la comparencia y los defensores de oficio

Las personas emplazadas en la forma indicada en el artículo 26, deben comparecer ante el Tribunal dentro de los 10 días siguientes a la fecha de la última publicación, por sí o por medio de apoderados, a los efectos de darse por citados (art. 27)[108], y deben presentar prueba por escrito que acredite sus derechos[109].

Conforme al artículo 27 de la Ley, a los que no comparecieren en dicho término, vencido el mismo, se les nombrará defensor de oficio, con quien se debe entender la citación. Se tendrá por no aceptado el nombramiento del defensor de oficio, cuando no compareciere a juramentarse el primer día de despacho después de notificado. En estos casos, el Juez debe proceder inmediatamente a nombrar un nuevo defensor de oficio.

B. La contestación a la solicitud

a. Oportunidad

La contestación a la solicitud de expropiación se debe verificar en el tercer día de despacho siguiente al vencimiento del lapso fijado para la comparecencia de los emplazados. En esa oportunidad, todos los emplazados que se hayan dado por citados pueden hacer valer sus derechos a indemnización.

En caso de nombrarse defensor de oficio, los tres (3) días de despacho comenzarán a contarse desde la fecha de aceptación y juramento de éste.

Tal como lo ha señalado la jurisprudencia, en caso de que se convenga en la expropiación porque no haya oposición, el juez debe dictar sentencia y debe procederse a la determinación de la indemnización[110].

b. La oposición

El propietario del bien objeto de la expropiación, o cualquier persona que tuviere algún derecho real sobre el mismo (art. 30), puede, en el momento de la contestación a la solicitud de expropiación (art. 29), oponerse al juicio expropiatorio. Ningún otro emplazado o interesado que no tenga un derecho real sobre el bien expropiado podrá oponerse al juicio.

En todo caso, para poder hacerse la oposición, es necesario que quien la intente aduzca la prueba de su derecho al bien sobre la cual versa la expropiación, sin cuyo requisito no se puede hacer uso de defensa alguna (art. 30)[111]. Por supuesto, esta necesidad de

---

108 Sentencia CF, 11–05–59, *G.F.* Nº 24, pp. 157–158. La CPCA a considerado la comparecencia anticipada como no válida, sentencia CPCA, 13–10–85, *RDP* Nº 24, pp. 189–190.

109 Sentencias CSJ–SPA, 06–04–89, *RDP* Nº 38, p. 155; CSJ–SPA, 15–11–90, *RDP* Nº 44, pp. 203–204; CSJ–SPA 11–11–92, *RDP* Nº 52, pp. 245–246; CSJ–SPA, 18–11–93, *RDP* Nº 55–56, pp. 540–542.

110 Sentencia de la CFC–SF, 29–10–48, en *Compilación Legislativa de Venezuela 1948–1949,* Anuario 1948, p. 789. Véase además Sentencias CFC–SF 26–03–45, *Memoria 1946*, Tomo I, p. 185; CSJ–SPA, 22–02–68, *G.F.* Nº 59, p. 105.

111 Sentencias CFC–SF, 28–02–35, *Memoria 1936*, pp. 172–175; CSJ–SPA, 12–12–63, *G.O.* Nº 905 Extra. de 04–05–64; CSJ–SPA, 17–03–81, *RDP* Nº 6 pp. 178–179; CSJ–SPA, 03–03–94, *RDP* Nº 57–58, p. 432.

aducir pruebas sobre la propiedad o los derechos reales, no es necesaria si dichos derechos constan por anticipado en los autos[112].

En caso de oposición, el Tribunal debe abrir un lapso de 15 días para promover y evacuar las pruebas que fueren pertinentes (art. 29).

Conforme al artículo 30 de la Ley, la oposición a la solicitud de expropiación sólo podrá fundarse en dos causales expresas[113]:

En primer lugar violación de las disposiciones contenidas en la Ley de Expropiación, por tanto, no se trata de violaciones a cualquier ley sino de aquella que se refiere concretamente a las disposiciones que regulan el proceso mismo de expropiación[114]. Las denuncias de violación de la Ley, por otra parte, tienen que ser de carácter específico, no siendo admisible una denuncia genérica.

En segundo lugar, también puede hacerse oposición al juicio expropiatorio, cuando el oponente estime que la expropiación del bien debe ser total, porque la solicitada parcialmente inutiliza el bien o lo hace impropio para el uso al cual está destinado[115]. Por supuesto, esto debe ser probado por el oponente y apreciado por el Tribunal.

C. La improcedencia de alegatos concernientes a la titularidad de la propiedad

No pueden ser motivo de la contestación a la solicitud de expropiación ni de oposición, los alegatos de los interesados sobre los derechos de propiedad de los bienes cuya expropiación se ha demandado; estos asuntos no pueden ser decididos por el Tribunal en el juicio de expropiación, sino en juicio separado ante el mismo Tribunal o el que sea competente[116].

6. La relación e informes

El día de despacho siguiente al vencimiento del lapso probatorio, el Juez debe fijar el inicio de la relación de la causa, la cual no debe exceder de sesenta (60) días continuos.

El mismo día en que termine la relación, el tribunal debe fijar el segundo día de despacho siguiente para la presentación de los informes de las partes.

7. Sentencia

A. La decisión del juicio

Dentro de los 30 días siguientes a la realización del acto de informes, el Tribunal debe dictar sentencia (art. 32). Esta decisión del juicio tiene como contenido, por una parte,

---

112 Sentencia de la CFC–SF, 16–11–43, en *Compilación Legislativa de Venezuela*, Anuario 1943, p. 1.558.

113 Sentencias CSJ–SPA, 03–12–69, *G.O.* Nº 1.443 Ext. de 15–12–70; CSJ–SPA, 03–12–74, *G.O.* Nº 30.601 de 18–01–75; CSJ–SPA, 18–03–85, *RDP* Nº 22, p. 281; CSJ–SPA, 24–05–94, *RDP* Nº 57–58, 15–12–70, p. 433.

114 Sentencia de la CF, 30–03–60, en *G.F.* Nº 27, p. 158.

115 Sentencias CSJ–SPA, 12–12–63, *G.O.* Nº 905 Extra. de 04–05–64; CSJ–SPA, 24–04–65, *G.O.* Nº 27.738 de 17–05–65; CPCA, 03–02–81, *RDP* Nº 5, p. 167.

116 Sentencias de la CF, 30–03–60, en *G.F.* Nº 27, p. 168. Véase además Sentencias CSJ–SPA, 10–06–63, *G.F.* Nº 40, pp. 340–343; CSJ–SPA, 26–04–65, *G.O.* Nº 27.738 de 17–05–65; CSJ–SPA, 07–10–80, *RDP* Nº 4, p. 166; CSJ–SPA, 04–12–80, *RDP* Nº 5, p. 170

la declaración de la necesidad de expropiar determinados bienes objeto del procedimiento; y por la otra, la estimación o desestimación de las oposiciones formuladas.

Por tanto, en el procedimiento expropiatorio, la sentencia no contiene apreciación alguna sobre el justiprecio de los inmuebles a expropiar, salvo cuando ha habido acuerdo sobre el justiprecio consignado a los efectos de la ocupación previa del bien.

En la legislación general sobre expropiación, en efecto, la oportunidad de realización del justiprecio está desvinculada de la sentencia, pues, en realidad, se trata de un acto complementario de la decisión del Tribunal[117].

B. Efectos

Debe destacarse, que la sentencia, en el juicio de expropiación, no tiene efectos traslativos del dominio del expropiado a la entidad expropiante[118], sino que, como se verá, esta traslación sólo se produce con el pago de la indemnización. Como consecuencia, la sentencia en el juicio expropiatorio tiene carácter mero declarativo en relación a si procede o no la expropiación, esto es, declara con o sin lugar las oposiciones intentadas contra ella[119]. No es una sentencia constitutiva del traslado del dominio a la entidad expropiante. El traslado referido se produce posteriormente, con el pago de la indemnización al propietario.

Así se establece expresamente en el artículo 11 de la nueva ley cuando dispone que el pago o la constancia de consignación del monto de la justa indemnización del bien, es lo que deja sin efecto cualesquiera medidas judiciales, preventiva o ejecutiva que pesen sobre el bien expropiado y es cuando éste pasa libre de gravamen o limitación al patrimonio del ente expropiante (art. 11).

Por tanto, en el lapso que media entre la sentencia y el pago de la indemnización, el bien sigue siendo plenamente de su dueño. Sin embargo, a pesar de ello, la Ley dispone, que no puede intentar ningún tipo de acciones después de dictada la sentencia. En efecto, uno de los efectos fundamentales de la sentencia, tal como lo señala el artículo 11 de la Ley de Expropiación, es que "no podrá intentarse ninguna acción sobre el bien que se expropia, después que haya sido dictada la sentencia que acuerda la expropiación". Como consecuencia, "los acreedores sólo podrán hacer valer sus derechos sobre el monto que alcance la justa indemnización".

C. Apelación

Conforme al artículo 33 de la Ley, el término para apelar de las decisiones de primera instancia es de 5 días.

117 Sentencia CSJ-SPA, 15-12-83, *RDP* Nº 17, pp. 212-213.
118 Sentencia CFC-SF, 09-05-49, *G.F.* Nº 2, pp. 28-29.
119 Sentencia CPCA, 12-12-96, *RDP* Nº 67-68, pp. 420-421.

8. El avenimiento respecto de precio

A. Primer avalúo

Una vez declarada en la sentencia la necesidad de adquirir el todo o parte de la propiedad o algún otro derecho, según lo alegado y probado en autos; y una vez firme la decisión, se debe señalar día y hora para que las partes concurran a fin de lograr un avenimiento sobre el precio del bien objeto de la expropiación, tomando siempre como base el valor establecido por la Comisión de Avalúos designada conforme al artículo 19 de la Ley.

Los defensores de oficio de los no presentes y mandatarios que no tengan poder para ejecutar actos de disposición o para transigir, carecen de facultad para este avenimiento (art. 34).

En todo caso, si las partes llegan a un avenimiento sobre el monto de la indemnización, deberá levantarse un acta donde deben especificarse las razones que justifiquen el avalúo convenido (art. 34).

B. Segundo avalúo

En cambio, si no se logra el avenimiento, el juez debe convocar a una hora del tercer día de despacho siguiente para el nombramiento de lo que entendemos debe ser una nueva Comisión de Avalúos designada según lo establecido en el artículo 19 de esta Ley, que efectuará el justiprecio del bien, observándose las reglas del Código de Procedimiento Civil.

9. El pago de la indemnización

A. Oportunidad

Sea que el monto de la indemnización se determine por la Comisión de Avalúos nombrada con ocasión del avenimiento entre las partes, sea que se establezca por la Comisión de Avalúos nombrada cuando no se logra el avenimiento, y una vez que éste quede firme, es decir, una vez vencidos los cinco días para la impugnación, antes de procederse a la ocupación definitiva del inmueble, el ente expropiante debe consignar ante la autoridad judicial que conoce del juicio, el precio de la indemnización para que sea entregado al propietario o a quienes tengan derecho a ella, a menos que se haga constar que éstos ya recibieron el pago (art. 45).

B. Forma de pago

La indemnización debe ser consignada en moneda de curso legal en dinero efectivo (art. 7,4). Se eliminó, así, del ordenamiento jurídico venezolano la posibilidad de que se efectuase el pago a término. Así lo establecía la Constitución, de 1961 establecía que en la expropiación de inmuebles, con fines de reforma agraria o de ensanche y mejoramiento de poblaciones, y en los casos que por graves razones de interés nacional determine la ley, podía, establecerse el diferimiento del pago por tiempo determinado o su cancelación parcial mediante la emisión de bonos de aceptación obligatoria, con garantía suficiente" (art. 101). El mismo principio lo recogía la vieja Ley de Expropiación (artículo 40, parágrafo único).

C. Efectos de la consignación del precio

Es sólo una vez que se ha consignado ante el Tribunal la suma correspondiente a la indemnización, o la constancia de que el pago se ha realizado, cuando el juez puede ordenar que se expida copia de la sentencia que declara la expropiación al ente expropiante, para su registro en la Oficina Subalterna (art. 146).

Esto significa que es con la consignación o pago del precio cuando se produce el traslado del dominio del bien expropiado al ente expropiante; y sólo después de esta consignación es que se puede obtener copia de la sentencia expropiatoria, que es el título formal de traslado del dominio que habrá de registrarse; y es cuando el juez debe ordenar a la autoridad política del lugar, que se haga entrega formal del bien expropiado al expropiante (art. 46).

Por tanto, el traslado del dominio no se produce ni con el posible convenimiento del expropiado en el juicio expropiatorio, ni con la sentencia, que es mero declarativa. Esta doctrina ha sido mantenida por la jurisprudencia de la Corte Suprema desde 1949. En efecto, en sentencia del 9 de mayo de 1949, la antigua Corte Federal y de Casación sostuvo lo siguiente:

> Caracterizado el pago de la indemnización, jurídicamente, como el hecho que determina la transferencia de la propiedad, es cuando ésta se verifica, que se perfecciona el procedimiento expropiatorio.
>
> La sentencia dictada en el juicio expropiatorio no es más que declarativa, llegando sólo a materializarse la expropiación al ser cumplida la condición esencial de "indemnización previa" exigida en el precepto constitucional que rige la materia. En esta tesis que resulta acogida por nuestra Ley de Expropiación por Causa de Utilidad Pública y Social, al estatuir el artículo 41 de la propia Ley que consignada la suma, la autoridad que conoce del asunto ordenará se dé copia de la sentencia que declara la expropiación al que ha promovido, para su registro en la oficina respectiva y además ordenará a la autoridad política del lugar que haga formal entrega de la cosa al litigante.[120]

En una sentencia de la Corte Suprema de Justicia de 12 de diciembre de 1963 se sostuvo, también, lo siguiente:

> En verdad, conforme a lo dispuesto en el artículo 205 del Código de Procedimiento Civil, en cualquier estado del juicio puede el demandado convenir en la demanda y su convenimiento es irrevocable, de modo que el juez lo dará por consumado, sin necesidad de consentimiento de la parte contraria, y se procederá como en sentencia pasada en autoridad de cosa juzgada.
>
> Sin embargo, el hecho de que en el procedimiento expropiatorio se aplique, supletoriamente, el Código de Procedimiento Civil, no autoriza a confundir uno y otro procedimientos, el conducente a la expropiación y aquel mediante el cual se conducen los juicios entre particulares, disciplinado por el Código de Procedimiento Civil: tanto por su naturaleza como por su objeto, entre otros motivos, uno y otro son sustancialmente distintos. Y de ahí que la doble circunstancia de que los derecho–habientes sobre las cosas objeto de la expropiación no se opongan a ésta sino que, al contrario, convengan expresamente en ella, y de que su convenimiento sea irrevocable, no puede inferirse, como lo pretenden los interesados en el caso de autos, que la propiedad de tales cosas se

120 *V.* en *Gaceta Forense*, Nº 2, pp. 28 y 29.

> traslada al expropiante por el hecho mismo del convenimiento y en el propio momento de su ocurrencia. Ello es manifiestamente erróneo.
>
> En efecto: el artículo 101 de la Constitución dispone que "sólo por causa de utilidad pública o de interés social, mediante sentencia firme y pago de justa indemnización, podrá ser declarada la expropiación de cualquier clase de bienes"; el artículo 547 del Código Civil previene que "nadie puede ser obligado a ceder su propiedad, ni a permitir que otros hagan uso de ella, sino por causa de utilidad pública o social, mediante juicio contradictorio e indemnización previa", y el artículo 32 de la Ley de Expropiación por Causa de Utilidad Pública o Social establece que "declarada por la autoridad judicial la necesidad de adquirir el todo o parte de la propiedad o algún otro derecho, según lo alegado y probado en autos, y firme la decisión, se señalará día y hora para que las partes concurran a fin de lograr un avenimiento sobre el precio de la cosa objeto de la expropiación". Por manera que, de acuerdo con la interpretación sistemática de los preceptos transcritos, la propiedad de los bienes, a que la expropiación se contraiga, no se traslada al expropiante ni aun con la sentencia que favorable a éste recaiga en el respectivo procedimiento; pues ello se ha de limitar, exclusivamente, a establecer la procedencia, en virtud de su propia legalidad, de la expropiación solicitada: "la necesidad de adquirir el todo o parte de la propiedad o algún otro derecho", dice impropiamente la Ley de la materia pero sí lo suficientemente claro para permitir entender que por la sentencia misma no se traslada el dominio, haya habido convenimiento u oposición a la solicitud de la expropiación. La propiedad se traslada, en la opinión de la Sala conforme a la interpretación expuesta de aquellos mismos preceptos, en el acto en que el expropiante consigna el monto de la indemnización. Entretanto, el propietario conserva sus derechos, aunque limitados o restringidos en su ejercicio y disponibilidad: una de las varias "restricciones" a que la Constitución somete la propiedad en razón de su función social[121].

En sentencia de la misma Corte Suprema de Justicia de 24 de febrero de 1965, se admitió que el desistimiento en los juicios de expropiación podía producirse aun después de dictada sentencia, pero siempre que fuera antes de la consignación del precio, pues se entiende que es en este momento que concluye realmente el procedimiento expropiatorio. En dicha sentencia, la Corte señaló lo siguiente:

> La expropiación se desenvuelve a través de un procedimiento especial, cuyo objeto esencial es llegar a la transferencia de dominio del bien expropiado.
>
> Ahora bien, para obtener ese resultado y estimar definitivamente consumada la expropiación, se requiere el cumplimiento de todos los requisitos procesales legalmente establecidos. Esas formalidades están consagradas en la Ley de Expropiación por Causa de Utilidad Pública o Social, y pueden sintetizarse así: A) Fase inicial: que comprende la consignación de la solicitud ante el órgano jurisdiccional competente (artículos 19 y 20); solicitud de datos al Registro (artículo 21); emplazamiento de los interesados (artículos 22 y 23); contestación de la solicitud (artículo 24); oposición y pruebas (artículos 25, 26, 27 y 28); relación, informes y sentencias (artículo 29); apelación (artículo 30).
>
> B) *Fase intermedia:* se comprenden en esta etapa del procedimiento, el avenimiento y el justiprecio. En efecto, dispone el artículo 32 de la citada Ley, que "declarada por la autoridad judicial la necesidad de adquirir todo o parte de la propiedad o algún otro derecho, según lo alegado y probado en autos, y firme la decisión, se señalará día y hora para que las partes concurran a fin de lograr un avenimiento sobre el precio de la cosa objeto de la expropiación.
>
> No lográndose el avenimiento –dice el artículo 33– el juez, designará una hora de la tercera audiencia siguiente para el nombramiento de peritos que han de hacer el justiprecio, observándose las reglas del Código de Procedimiento Civil.

---

121 *V.* en *G.O.* N° 905 Extra. del 04–05–64. Véase además sentencias CSJ–SPA, 08–01–80, *RDP* N° 1, p. 160; CSJ–SPA, 15–09–92, *RDP* N° 51, pp. 240–242.

Los artículos 34 y 35 estatuyen, respectivamente, la forma de nombramiento de los peritos y las normas a las cuales ellos han de someterse para realizar el avalúo.

C) *Fase Final*: Concluye definitivamente el procedimiento judicial expropiatorio, con el pago del precio y la entrega de la cosa al solicitante. En efecto, dice el artículo 40 de la Ley: avenidas las partes en cuanto al precio de la cosa sobre que versa la expropiación, o firme el justiprecio, antes de proceder a la ocupación definitiva del inmueble, el expropiante consignará el precio ante la autoridad que conoce del negocio (sic), para que sea entregado al propietario, a menos que se haga constar que ya se recibió el precio....

El artículo 41 ejusdem dispone: "Consignada la suma o la constancia de haberse realizado el pago, la autoridad que conoce del asunto ordenará que se dé copia de la sentencia que declara la expropiación al que la ha promovido, para su registro en la Oficina respectiva, y además ordenará a la autoridad política del lugar que se haga formal entrega de la cosa al solicitante".

Finalmente, "el Tribunal, si no hubiere oposición de terceros, ordenará entregar al propietario, el mismo día de la consignación, el precio respectivo; o la cuota inicial, si fuere el caso, o los bonos certificados o títulos que representen su acreencia. Si notificado a tal efecto, no concurriere, o no fuere hallado, se depositará el dinero y valores en un instituto bancario o casa de comercio de reconocida solvencia". Así lo dispone el artículo 42[122].

De acuerdo con lo expuesto, el procedimiento judicial expropiatorio no está debidamente concluido mientras no se haya dado cabal cumplimiento a todos los requisitos indicados en cada una de las tres fases que se han analizado, y se llegue, en definitiva, a la transferencia de dominio del bien expropiado, previo el pago oportuno de la respectiva indemnización, que, según se ha dicho, es el objeto de este proceso especial.

Por último, debe señalarse que otro de los efectos de la consignación del precio es que los créditos privilegiados o hipotecarios que puedan existir sobre los bienes expropiados, se trasladarán al respectivo monto de la indemnización, en las mismas condiciones en que lo reciba el expropiado, pero con la obligación, para éste, de pagar al acreedor el equivalente de los intereses de esas obligaciones, mientras se encuentren en posición material o disfrute del inmueble, a cuyo efecto, el juez debe tomar las precauciones necesarias en defensa de los derechos de dichos acreedores (art. 45).

En todo caso, como se dijo, después de dictada la sentencia no pueden intentarse acciones de ninguna clase sobre la cosa que se expropia, y los acreedores sólo pueden hacer valer sus derechos sobre el precio una vez que éste es consignado (art. 11).

D. La entrega del precio

a. Oportunidad

Una vez consignado el precio, y si no hubiere oposición de terceros comparecientes, el Tribunal ordenará entregárselo al propietario, el mismo día de la consignación. Si notificado, a tal efecto, no concurriese, o no fuere localizado, el Juez depositará el dinero en una institución bancaria designada al efecto (art. 47).

b. La oposición a la entrega

Toda persona que se creyere con derecho y acompañe prueba fehaciente de su pretensión, puede oponerse a la entrega del precio consignado como valor del bien expropia-

122 *V.* en *G.O.* N° 27.676 del 24-2-65.

do, pidiendo que se deposite[123]. El tribunal de la causa, con vista de las pruebas aducidas, puede acordar o negar el depósito, pudiendo abrir una articulación por 8 días si alguna de las partes lo pidiera (art. 50).

c. Las deducciones a la indemnización

Cuando la expropiación comprenda mejoras o plantaciones que no pertenezcan al propietario del bien, su precio, conforme esté determinado en avalúo analizado, se debe entregar a su propietario, deduciéndose del monto total consignado, siempre que no hubiere oposición de terceros (art. 48).

Cuando para asegurar los derechos de terceros fuere suficiente sólo una parte del precio, el depósito se limitará a éste; lo mismo se hará cuando el bien estuviere gravado y bastare una parte del precio para cancelar el gravamen (art. 49).

d. Las correcciones al precio

Debe señalarse, por último, que la jurisprudencia ha admitido, progresivamente, la necesidad de introducir correcciones al precio, para el momento del pago, exigiendo no sólo correcciones monetarias[124] al monto de la indemnización, sino el reconocimiento de intereses moratorios por demora en el pago[125].

10. La paralización y suspensión del juicio y la improcedencia de la perención

Dispone el artículo 58 que si se paralizare el juicio de expropiación por causa imputable al ente expropiante, el propietario puede oponerse a que continúe la ejecución de la obra, sin perjuicio de intentar las acciones a que hubiere lugar conforme a la ley.

En todo caso, aclara el artículo 10, que la transferencia del dominio por cualquier título durante el juicio de expropiación no lo suspende, pues el nuevo propietario queda de derecho subrogado en todas las obligaciones y derechos del anterior, agregando que las acciones reales que se intenten sobre el bien que se trate de expropiar, no interrumpirán el juicio de expropiación ni podrán impedir sus efectos.

El juicio expropiatorio, en todo caso, conforme lo ha establecido la jurisprudencia, no se suspende[126]; y en el mismo no procede la perención[127].

11. El desistimiento en el juicio expropiatorio

Tal como se señaló, y por cuanto el traslado del dominio en el juicio expropiatorio se verifica con la consignación del precio, la entidad expropiante puede desistir del procedimiento aun después de dictada sentencia y antes de que se produzca dicha consigna-

---

123 Sentencia CSJ–SPA, 23–02–84, *RDP* Nº 17, pp. 214–215.

124 Sentencias CPCA, 07–11–88 y 13–10–88, *RDP* Nº 36, pp. 164–165; CPCA, 26–01–05, *RDP* Nº 69–70, pp. 406–407; CSJ–SPA 22–05–97, *RDP* Nº 69–70, pp. 106–107; CPCA, 24–05–00, *RDP* Nº 82, pp. 760–761.

125 Sentencias CSJ–SPA, 07–08–80, *RDP* Nº 4, p. 167; CSJ–SPA, 08–10–87, *RDP* Nº 32, pp. 144–145; CSJ–SPA, 14–03–89 y 20–04–89, *RDP* Nº 38, pp. 157–160.

126 Sentencia CF, 13–05–58, *G.F.* Nº 20, pp. 66–67; CPCA, 24–05–00, *RDP* Nº 82, pp. 757–759.

127 Sentencia CSJ–SPA, 04–10–91, *RDP* Nº 48, pp. 182–186; CSJ–SPA, 12–11–91, *RDP* Nº 48, pp. 182–186; CPCA, 25–01–96, *RDP* Nº 65–66, p. 447. La CPCA, sin embargo, ha admitido la perención en sentencia CPCA, 01–02–84, *RDP* Nº 37, p. 125.

ción. Esta ha sido la doctrina de la jurisprudencia de la Corte Suprema de Justicia desde 1963. En efecto, en sentencia de 24 de febrero de 1965, la Corte sostuvo lo siguiente:

> Dice el Código de Procedimiento Civil, en el artículo 205, que "en cualquier estado del juicio puede el demandante desistir de su acción y el demandado convenir en la demanda"; y que en tal caso, "el juez dará por consumado el acto y se procederá como en sentencia basada en autoridad de cosa juzgada, sin necesidad de consentimiento de la parte contraria".
>
> Como aparece en la citada norma, el único requisito que se exige para que el demandante pueda válidamente desistir de su acción, o el demandado convenir en ella, es que el juicio se encuentre en "cualquier estado", o sea, que no haya concluido.
>
> Ahora bien, el procedimiento judicial expropiatorio consta de las tres fases que han sido determinadas. Por consiguiente, mientras no se han agotado esas etapas, el juicio no ha concluido; o sea, se encuentra en un estado determinado; y en tal caso, son procedentes el desistimiento o el convenimiento previstos en el artículo 206 del Código de Procedimiento Civil[128].

12. Los gastos del proceso

El artículo 44 de la Ley establece expresamente que "todos los gastos derivados del proceso expropiatorio serán sufragados por el ente expropiante".

VI. EL JUSTIPRECIO

1. La Comisión de Avalúos

En todo caso, en el procedimiento expropiatorio, sea en el arreglo amigable, cuando se solicite la ocupación previa, en la etapa del avenimiento, después de dictada la sentencia o cuando no haya avenimiento, la determinación del justiprecio, conforme al artículo 19 de la Ley corresponde a una Comisión de Avalúos constituida por tres (3) peritos, designados: uno por el ente expropiante, uno por el propietario y uno nombrado de común acuerdo por las partes. Cuando una de ellas no concurriese o no pudiere avenirse en el nombramiento del tercer miembro, el Juez de Primera Instancia en lo Civil, de la jurisdicción respectiva, debe hacer el nombramiento del que le corresponde a la parte, y del tercer miembro, o de éste solamente, según el caso.

Los peritos avaluadores tienen carácter de funcionarios accidentales[129], y para ser perito avaluador en materia de expropiación, miembro de la Comisión de Avalúos, el artículo 20 de la Ley requiere de la persona:

1. Haber egresado de un instituto de enseñanza superior que acredite conocimientos básicos en materia valuatoria, y haber ejercido la profesión durante dos (2) años, por lo menos.
2. Las personas que, con anterioridad a la entrada en vigencia de la Ley, (01–07–02), hayan realizado en forma habitual y por más de tres (3) años tasaciones en materia expropiatoria, podrán igualmente tenérselas como peritos, a los fines de la Ley.

---

128 *V.* en *G.O.* N° 27.676 del 24–02–65. Sentencias CSJ–SPA, 27–06–63, *G.F.* N° 41, pp. 33–34; CSJ–SPA, 24–02–65, GO N° 27.674 de 24–02–65; CSJ–SPA, 12–08–71, *G.F.* N° 73, pp. 177–178; CSJ–SPA, 13–08–81, *RDP* N° 8, p. 150; CPCA, 15–06–82, *RDP* N° 11, pp. 217–218; CPCA, 04–11–93 y 12–12–93, *RDP* N° 55–56, pp. 547–548; CPCA, 01–10–96, *RDP* N° 67–68, pp. 428–429.

129 Sentencia CSJ–SPA, 15–11–88, *RDP* N° 36, p. 160.

Para la realización de avalúos de inmuebles se requiere, además, tener conocimientos básicos en materia topográfica y catastral.

En todo caso, quien aspire ser designado perito debe presentar, a requerimiento del Juez de la causa, los documentos que acrediten el cumplimiento de los requisitos antes mencionados.

Conforme al artículo 21, la autoridad respectiva puede suspender del cargo de perito a:

1. Los que hayan sido sancionados por una autoridad administrativa o judicial por falta de probidad en la función pericial.
2. Los que hayan sido sancionados por delitos contra la cosa pública o contra la propiedad.
3. Los que hayan incurrido en negligencia o en cualquier otra falta grave.

Dispone el mismo artículo que los peritos que presentaren en fecha extemporánea el informe de avalúo, no tienen derecho a remuneración alguna y pueden ser suspendidos en caso de reincidencia.

2. Elementos del peritaje

Tres tipos de elementos deben considerar los peritos en el justiprecio o avalúos de los bienes a expropiar, a los efectos de determinar la indemnización que corresponde al propietario: elementos generales, elementos obligatorios y elementos especiales[130].

A. Elementos de carácter general

En general, los peritos tienen, conforme a la Ley, una amplia libertad de apreciación para establecer el justiprecio[131]. Por ello, en el justiprecio de todo bien o derecho que se trate de expropiar, total o parcialmente, los peritos deben especificar su clase, calidad, situación, dimensiones aproximadas, su probable producción[132] y todas las otras circunstancias que influyan en las operaciones y cálculos que se hayan hecho para fijar su justo valor (art. 36).

Igualmente, conforme al artículo 38 de la Ley en el justiprecio de bienes muebles que sean objeto de expropiación, se especificará su clase, calidad, dimensiones, marcas, tipo, modelo, vida útil, estado de conservación y demás características que contribuyan a su plena identificación.

Ahora bien, esta amplia facultad de apreciación para determinar el justiprecio, tiene por finalidad como lo exige el artículo 36 de la Ley, lograr que el mismo, "represente el valor equivalente que corresponda al bien expropiado". Tal como lo señaló la antigua Corte Federal en sentencia del 5 de agosto de 1959:

---

130 *V.* en general, Enrique Lagrange, "Contribución al estudio de los modos de fijación de la indemnización en materia expropiatoria", *RDP* N° 23, Caracas, 1985, pp. 5–32; Nelson Rodríguez Q., "Comentarios sobre criterios de valoración expropiatoria", *RDP* N° 1, 1980, pp. 185–186.

131 Sentencias CF, 05–08–57, *G.F.* N° 25, pp. 124–125; CF, 29–10–59, *G.F.* N° 26, pp. 76–80; CSJ–SPA, 29–06–81, *RDP* N° 7, p. 180; CSJ–SPA, 17–11–81, *RDP* N° 8, p. 149.

132 Sobre el tema de la probable producción sentencias CSJ–SPA, 20–04–82, *RDP* N° 10, pp. 187–188; CSJ–SPA, 11–08–83, *RDP* N° 16, p. 205.

La Corte observa: en el campo del procedimiento civil o penal podría haber indefensión cuando se priva de defensa a una parte; y esta privación ocurre generalmente cuando se le niega ilegalmente la admisión de una prueba, o cuando admitida, y pudiendo producir efectos decisivos sobre la decisión, el juez no la aprecia sin causa justificada. Pero cuando se trata de pruebas aportadas por una de las partes durante una operación de peritaje judicial, no podría decirse igual cosa, porque los peritos, aun sobre aquellos elementos que prescribe la Ley de Expropiación en su artículo 35 que han de ser tomados en cuenta, tienen amplia facultad de apreciación en cuanto se refiere a sus efectos en el justiprecio y, así, pueden desechar las que aparezcan viciadas por insinceras en cuanto al precio, a la extensión del inmueble o por cualquier otra causa que pueda influir sobre el resultado del avalúo, que en éstos no determinaría el justo precio. Además, y por lo que se refiere al caso de autos, el citado artículo 35 de la Ley de Expropiación ordena a los peritos tomar en cuenta "los precios medios a que hayan vendido en los últimos doce meses inmuebles similares". Son pues, los peritos los que han de decidir, según su amplia facultad de apreciación, cuáles de esos inmuebles vendidos son similares al que han de avaluar. Esa amplia facultad de apreciación de los hechos, que por lógica implica la selección de los que juzgan adecuados al objeto de sus actividades, es tan indispensable como múltiples, disímiles y variadas son las situaciones en que han de actuar.

En efecto, la extinguida Corte Federal y de Casación, en Sala Federal, ha dictaminado, conforme lo que se deja expuesto, que "debe tenerse presente que cuando el legislador ordena a los peritos tomar en cuenta determinados factores o elementos para fijar el valor de una cosa, ha querido, sin duda, que en su imparcial facultad de apreciación, dispongan de una orientación para llegar a un avalúo justo, es decir, que tengan presentes los diversos datos, elementos o circunstancias que puedan conducirlos a una exacta fijación del valor o precio, pero en manera alguna les está imponiendo la obligación de fijar como monto de ese precio, el valor que en cualquier forma esté expresado en los aludidos datos; ni tampoco la obligación de hacer constar en forma expresa y categórica el hecho de haber tomado en cuenta tales elementos; para concluir que éstos no fueron considerados, sería preciso que los peritos lo expresaren, o que del examen del justiprecio o avalúo se encontrare en manera clara que los dichos peritos ignoraron, desecharon, pusieron de lado o no tomaron en cuenta los elementos que manda la Ley tener en cuenta" (sentencia de 29 de junio de 1952). Y en otra ocasión dejó establecido que bien pueden utilizar (los expertos) los elementos que existen en el proceso, pero ninguna Ley les impide que obtengan nuevos datos, que practiquen mensuras en el propio terreno, hagan u obtengan copias de planos, para llenar a cabalidad su cometido; y las pruebas que aporten en respaldo de sus conclusiones no son extrañas a los autos sino, al contrario; precisos y oportunos elementos de convicción en la incidencia especial.[133]

Por otra parte, además, ese valor equivalente que corresponda al bien expropiado y que la Comisión de Avalúos debe determinar, debe corresponder al valor actual del bien[134]

B. Elementos obligatorios

a. *Expropiación de inmuebles*

Pero además de los elementos de carácter general, por disposición expresa del artículo 36 de la Ley de Expropiación, cuando se trate de inmuebles, entre los elementos del avalúo, se debe tomar en cuenta obligatoriamente:

---

133 Sentencia CF, 12–08–52, en *G.F.* Nº 25, pp. 120 a 122.

134 Sentencias CSJ-SPA, 07–04–65, *G.O.* Nº 27.734 de 12–05–65; CPCA, 18–04–85 y 21–03–85, *RDP* Nº 22, pp. 201–203.

1. El valor fiscal del inmueble declarado o aceptado tácitamente, por el propietario.
2. El valor establecido en los actos de transmisión, realizados por lo menos seis (6) meses antes del decreto de expropiación.
3. Los precios medios a que se hayan vendido inmuebles similares, en los últimos doce (12) meses contados a partir de la fecha de elaboración del avalúo.

Conforme a esto, los peritos, por tanto, deben tomar en cuenta necesariamente los siguientes valores: el valor fiscal, el valor comercial y los valores medios[135]; y en caso de ausencia de cualquiera de estos elementos de obligatoria apreciación, los peritos deberán razonarlo expresamente en el informe de avalúo.

a'. El valor fiscal

El valor fiscal se determina por aquellos valores que hayan sido declarados o aceptados expresa o tácitamente por el propietario, a efectos fiscales, antes decreto de expropiación[136]: por ejemplo, el valor declarado en una declaración de impuesto de sucesiones o el valor aceptado en la fijación de los impuestos municipales sobre inmuebles urbanos (derecho de frente).

Sobre la necesidad de estimar el valor fiscal, la jurisprudencia ha establecido el principio de que en el justiprecio de inmuebles debe siempre determinarse, y en caso de no poderlo hacer, debe declararse la imposibilidad para ello. Si se omite este valor fiscal o las razones por las que no se toma en cuenta, el peritaje está viciado de nulidad[137].

b'. El valor comercial

El valor comercial de los inmuebles se determina, como lo ha interpretado la jurisprudencia, por los precios establecidos en los actos de transmisión realizados, respecto del inmueble que se expropia, antes de los seis meses que anteceden al decreto de expropiación[138]. Sin embargo, la Ley precisa que en ningún caso las peritos pueden tomar en cuenta el mayor valor de los inmuebles por razón de su proximidad a las obras en proyecto (art 36).

Por otra parte, a los efectos de la determinación de este valor comercial, los peritos deben tomar en cuenta sólo las traslaciones de la propiedad realizadas por medio del registro; y no las que existan por documento privado que no ha sido registrado[139].

c'. El valor medio

En el caso del valor medio, el mismo se debe establecer por los precios medios a que se hubiesen vendido inmuebles similares al que se expropia en los últimos doce (12) meses contados a partir de la fecha de elaboración del avalúo (art. 36,3).

La inclusión de esta precisión en la Ley de 2002, de que las operaciones a tener en cuenta para determinar el valor medio son las realizadas durante los 12 meses *anterio-*

---

135 Sentencias CF, 28–04–60, *G.F.* Nº 28, pp. 33–34; CSJ–SPA, 20–04–82, *RDP* Nº 10, pp. 180–181; CPCA, 09–12–83, *RDP* Nº 16, pp. 202–203.

136 Sentencia CPCA, 13–03–92, *RDP* Nº 49, pp. 163–164.

137 Sentencias CF, 28–04–60, *G.F.* Nº 28, p. 32; CSJ–SPA, 09–12–80, *RDP* Nº 5, pp. 164–165; CSJ–SPA, 20–04–82, *RDP* Nº 10, pp. 181–182; CSJ–SPA, 22–03–83, *RDP* Nº 5, pp. 198–199; CSJ–SPA, 24–10–90, *RDP* Nº 44, p. 207; CSJ–SPA, 02–12–93, *RDP* Nº 55–56, pp. 542–544; CSJ–SPA, 24–03–94, *RDP* Nº 57–58, p. 434; CSJ–SPA, 23–11–95, *RDP* Nº 63–64, p. 495; CSJ–SPA, 22–05–97, *RDP* Nº 69–70, pp. 405–406.

138 Sentencia CSJ–SPA, 07–04–65, *G.O.* Nº 27.734 de 12–05–65; CSJ–SPA, 20–04–82, *RDP* Nº 10, pp. 182–183; CSJ–SPA, 13–12–84, *RDP* Nº 20, pp. 189–190; CSJ–SPA, 24–10–90, *RDP* Nº 44, p. 208.

139 Sentencia CF, 05–08–59, *G.F.* Nº 25, pp. 138–141.

res al avalúo, sin duda, significa un cambio radical respecto de la interpretación jurisprudencial tradicional que se había dado a la imprecisión normativa de la Ley de 1946, que había conducido a exigir que el referido lapso se contara a partir del decreto de expropiación[140], lo que producía situaciones totalmente injustas, sobre todo en los casos de las llamadas afectaciones eternas.

La nueva Ley, en todo caso, puede decirse que adoptó la doctrina establecida por la Corte Suprema de Justicia en Sala Político–Administrativa en su sentencia del 19 de junio de 1979, en la cual, al constatarse que un Decreto de expropiación había sido publicado en 1973 y el avalúo practicado en 1976, señaló lo siguiente:

> Es público y notorio que en ese lapso el valor "de los inmuebles en toda la República fue afectado por una súbita alza como hasta ahora no" había ocurrido en la historia económica del país, y por lo tanto, resultaba una manifiesta injusticia aplicar al avalúo del inmueble expropiado, los precios de inmuebles similares, determinados por los precios existentes doce meses antes del decreto de expropiación[141]

b. Expropiación de inmuebles donde existan industrias y fondos de comercio

Conforme al artículo 39, cuando en el inmueble objeto de expropiación exista un establecimiento industrial, comercial, mercantil o fondo de comercio se debe indemnizar a su propietario por los daños causados con motivo del cese de actividades, y el traslado para su reinstalación en la nueva sede, derivados de la expropiación.

En estos casos, los daños indemnizables, conforme al artículo 40 de la Ley, deben ser determinados por la Comisión de Avalúos, tomando obligatoriamente en consideración:

1. Los gastos por concepto de desinstalación, transporte y reinstalación de materiales y equipos a la nueva sede.
2. La declaración de Impuesto sobre la Renta, que demuestre la utilidad neta declarada de los tres (3) últimos ejercicios fiscales anteriores, contados desde el momento de elaboración del informe de avalúo.
3. Cualesquiera otros gastos debidamente comprobados, que sean consecuencia directa e inmediata de la expropiación.

La determinación del tiempo máximo necesario para la reinstalación y puesta en funcionamiento, en iguales condiciones para la fecha de la expropiación, debe ser suficientemente razonada por los peritos (art. 40).

c. Expropiación de bienes muebles

En caso de expropiación de bienes muebles, conforme al artículo 38 de la Ley, los peritos deben tomar obligatoriamente en cuenta el valor de adquisición; el valor actualizado, atendiendo al valor de reposición y a la depreciación normalmente aplicable; los precios medios del mercado para bienes muebles similares, y cualesquiera otras circunstancias que influyan en los análisis y cálculos necesarios para realizar el avalúo.

---

140 Sentencia CSJ–SPA, 25–11–80, *RDP* N° 5, pp. 165–166; CSJ–SPA, 26–11–87, *RDP* N° 32, pp. 143–144.

141 Consultada en original.

C. Elementos de carácter particular

Además de los elementos generales y obligatorios, la Ley de Expropiación regula elementos especiales, a ser tomados en cuenta en la expropiación parcial y en caso de indemnizaciones particulares.

a. En la expropiación parcial

En efecto, el artículo 37 de la Ley que establece que cuando el justiprecio verse sobre parte de un bien o derecho, debe formar capítulo separado del informe de avalúo, la cantidad en que se estime el perjuicio sufrido por el propietario con la expropiación parcial, teniendo en cuenta el beneficio inmediato y permanente que la construcción de la obra, que da lugar a la expropiación, respecto al resto del bien o derecho de que se trate.

Si la estimación del beneficio excediere de la del perjuicio, el exceso se debe imputar al valor de la parte expropiada. En todo caso, si el exceso fuere mayor de un cuarto (1/4) de la indemnización debida al propietario, éste puede optar por la expropiación total declarando que acepta el justiprecio precedentemente efectuado (art. 37).

b. En las indemnizaciones por daños

Conforme al artículo 41 de la Ley de Expropiación, hay lugar a la indemnización cuando a los propietarios se les prive de una utilidad debidamente comprobada, resultaren gravados con una servidumbre o sufran un daño permanente que se derive de la pérdida o de la disminución de sus derechos.

En tal sentido, debe señalarse que la jurisprudencia ha establecido la necesidad de indemnización al propietario, por los daños causados por la ocupación del inmueble por la autoridad expropiante, durante el procedimiento[142].

En todo caso, conforme al artículo 42, las servidumbres sin daño o sin grave incomodidad para el propietario, no dan derecho a la indemnización. Los peritos designados, conforme al artículo 19 de esta Ley, deben calcular solamente los gastos necesarios para establecer la servidumbre, siempre que quien promueva la expropiación no prefiera ejecutarlos él mismo.

3. Prohibiciones a los peritos

Los peritos, tal como se señaló, no pueden tomar en cuenta en el avalúo de los inmuebles a expropiar, el mayor valor que pueden tener debido a su proximidad a las obras en proyecto y que motivan la expropiación (art. 36).

Por otra parte, conforme a lo previsto en el artículo 43 de la Ley, las mejoras que durante el juicio de expropiación hiciere el propietario del bien que se expropia, no deben ser apreciadas por los peritos. Sin embargo, el propietario puede llevarse los materiales y destruir las construcciones en cuanto no perjudique al expropiante.

142 Sentencias CSJ–SPA, 07–08–80, *RDP* N° 4, p. 167; CSJ–SPA, 08–07–82, *RDP* N° 11, pp. 213–214; CPCA, 13–03–89, *RDP* N° 38, pp. 158–159; CSJ–SPA, 03–10–90, *RDP* N° 44, pp. 210–214; CPCA, 02–21–92, *RDP* N° 52, p. 248; CSJ–SPA, 22–05–98, *RDP* N° 69–70, p. 407.

4. La impugnación del justiprecio

La Ley de Expropiación no regula, en particular, la posibilidad de impugnación del justiprecio. Sin embargo, la jurisprudencia ha admitido la posibilidad de dicha impugnación, dentro de un lapso de 5 días a contar de la consignación del mismo en el Tribunal[143].

Una vez vencido dicho lapso, se estima que el justiprecio queda firme, en cuyo caso debe procederse a la consignación del precio (art. 45).

Debe señalarse, sin embargo, que esta impugnación del avalúo ante el órgano jurisdiccional, parece lógica cuando el mismo se ha realizado en un procedimiento judicial expropiatorio. Por ello, estimamos que no debería proceder en los casos en los cuales el avalúo se ha hecho con motivo de un arreglo amigable previo al juicio expropiatorio. En estos casos, las partes han convenido fijar el precio mediante peritaje, y a su contenido deben atenerse. Sólo si el mismo adolece de vicios de ilegalidad, podría impugnarse por vía contencioso–administrativa de anulación, como acto administrativo emanado de funcionarios públicos accidentales.[144]

VII. LOS EFECTOS DE LA EXPROPIACIÓN: LA OCUPACIÓN TEMPORAL DE LA PROPIEDAD

1. La ocupación temporal

Uno de los efectos jurídicos de la expropiación, es la posibilidad por parte de los entes públicos o sus concesionarios, de ocupar temporalmente de otros bienes distintos al expropiado.

En efecto, el artículo 52 de la Ley dispone que toda obra declarada de utilidad pública lleva consigo el derecho a la ocupación temporal de las propiedades ajenas por parte del que las ejecute, en los casos siguientes:

1. Hacer estudios o practicar operaciones facultativas, de corta duración, que tengan por objeto recoger datos para la formación del proyecto o para el replanteo de la obra.
2. Para el establecimiento provisional de estaciones de trabajo, caminos, talleres, almacenes o depósitos de materiales, y cualquiera otra que requiera la obra para su construcción o reparación.

En estos casos, la ocupación debe durar tan sólo el tiempo absolutamente indispensable, no debiendo, en ningún caso, concederse por un término mayor de seis (6) meses. Sin embargo, puede prorrogarse por igual término, y por una sola vez, por causa debidamente justificada[145].

---

143 Sentencias CF, 21–2–52 *G.F.* Nº 10, pp. 103 a 108; CF, 29–10–59 en *G.F.* N° 26, pp. 74 a 76. Sentencias CSJ–SPA, 29–09–81, *RDP* N° 8, p. 145–147; CPCA, 28–01–82, *RDP* Nº 9, pp. 153–154; CSJ–SPA, 03–05–84, *RDP* Nº 19, pp. 183–184; CSJ–SPA, 14–02–90, *RDP* Nº 41, pp. 151–155.

144 En este sentido véase lo expresado por la Procuraduría General de la República en *Doctrina 1964*, Caracas 1965, p. 143.

145 Sentencia CFC–SF, 31–01–47, *Memoria 1948*, pp. 156–157.

Ahora bien, para proceder a la ocupación temporal se requiere una resolución suficientemente motivada, por escrito, del Gobernador del Estado, del Territorio Federal, y de los Alcaldes de los Municipios respectivos de la jurisdicción donde se ejecute la obra, la cual se debe protocolizar en la correspondiente Oficina de Registro correspondiente (art. 53).

En todo caso, para que pueda acordarse la ocupación temporal se debe haber efectuado la correspondiente notificación, por escrito, al propietario u ocupantes si los hubiere, por lo menos con diez (10) días de anticipación.

En lo que se refiere a la expropiación de bienes con valor artístico, histórico, arquitectónico o arqueológico, la ocupación temporal también debe realizarse conforme a lo indicado en el artículo 52 (art. 62); en cuyo caso, el Juez de Primera Instancia en lo Civil de la jurisdicción correspondiente, previa solicitud motivada del ente expropiante, puede acordarla por un lapso superior al límite previsto en el artículo 52 de esta Ley. En este caso, la solicitud la ocupación temporal se debe intentar directamente ante la Corte Primera de lo Contencioso Administrativo, cuando la República sea quien la requiera (art. 64).

Además, en estos casos de expropiación de bienes con valor artístico, histórico, arquitectónico o arqueológico, el artículo 63 de la Ley autoriza a la Administración Pública para adoptar las medidas necesarias para no alterar las condiciones del bien que se pretende expropiar.

Estas medidas deben ser ejecutadas en forma oportuna por el ente expropiante, previa notificación por escrito a las instituciones nacionales, estadales, regionales y municipales que tengan por finalidad velar por el patrimonio artístico, histórico, arquitectónico, arqueológico o cultural de la Nación (art. 63).

2. La indemnización por la ocupación temporal

El artículo 55 de la Ley precisa que quien ocupa temporalmente una propiedad ajena, debe indemnizar al propietario de los perjuicios que le causen, a justa regulación de los peritos designados, conforme a lo dispuesto en el artículo 19 de la presente Ley.

3. Diferencias entre la ocupación temporal y la ocupación previa

En todo caso, deben tenerse en cuenta las netas diferencias que existen entre la ocupación temporal y la ocupación previa, y que se evidencian, entre otros, de los siguientes aspectos: a) Respecto al bien ocupado: en la ocupación previa, es objeto de esta ocupación el mismo bien que se expropia, y en la temporal, son los inmuebles colindantes; b) Por la finalidad: se ocupa previamente un inmueble cuando hay que realizar urgente e inmediatamente la obra; se efectúa la ocupación temporal para hacer estudios a fin de recoger datos para la elaboración del proyecto, replanteo de la obra, etc..; c) Respecto al tiempo de ocupación la ocupación previa es permanente y la temporal es sólo por seis meses; d) Por la autoridad pública que autorice la ocupación: en la ocupación previa, conoce de ésta el juez que va a conocer del juicio de la expropiación; en la ocupación temporal, es el Gobernador del Estado, Territorio Federal o Distrito Federal respectivo; e) Por el plazo: en la ocupación previa no existe plazo determinado para proceder a la ocupación; en la temporal, existe un plazo de diez días por lo menos; f) Por el objeto: en la ocupación previa es evitar retardos en la ejecución de la obra; en la ocupación temporal es evitar la expropiación de inmuebles colindantes; g) Por las consecuencias: la ocupación temporal lleva consigo un derecho a indemnización para el propietario del inmueble, y en la previa no existe este derecho por el hecho de la ocupación.

4. Las ocupaciones temporales de la propiedad en casos de fuerza mayor

Por último, debe señalarse que la Ley de Expropiación contiene una norma destinada a la ocupación temporal por causa de fuerza mayor, desvinculada al tema expropiación, que autoriza a la primera autoridad del Estado o Municipio, en los casos de fuerza mayor o de necesidad absoluta como incendio, inundación, terremoto, hechos calificados como catastróficos o semejantes, a proceder a la ocupación temporal de la propiedad ajena, sin perjuicio de la indemnización al propietario, si a ello hubiere lugar, tomando en cuenta las circunstancias (art. 59).

VIII. EL TRATAMIENTO DE LAS CONTRIBUCIONES DE MEJORAS POR PLUSVALÍAS

1. Las contribuciones nacional y municipal de mejoras por plusvalías con motivo de la construcción de obras públicas

El artículo 17 de la Ley de Expropiación establece que los inmuebles que con motivo de la construcción de obras públicas, como la apertura o ensanche de calles, avenidas, plazas, parques o jardines, caminos, carreteras, autopistas, sistemas de transporte subterráneo o superficial, edificaciones educativas o deportivas, aeropuertos, helipuertos, obras de riego o de saneamiento, adquieran por ese concepto un mayor valor que exceda del diez por ciento (10%), debido a su situación inmediata o cercana a las mencionadas obras, quedan sujetos al pago de una cuarta parte (1/4) de ese mayor valor, que la entidad pública en cuya jurisdicción se hubieren ejecutado los trabajos, debe cobrar de conformidad con lo dispuesto por la Ley.

Esta contribución de mejoras debe ser pagada en una sola cuota al contado o en diez (10) cuotas anuales y consecutivas, en cuyo caso el valor de la contribución debe ser aumentado en un veinticinco por ciento (25%). Las zonas afectadas por la contribución de mejoras deben ser determinadas expresamente por la autoridad competente.

El crédito de la contribución de mejoras goza del privilegio que tienen los créditos fiscales.

A los efectos de la fijación del mayor valor, el artículo 18 de la ley, dispone que la Administración Pública debe hacer levantar un plano parcelario de las propiedades colindantes o inmediatas a la obra de que se trate, y antes de la ejecución de ésta, debe hacer tasar los inmuebles que según dichos planos sean susceptibles de la aplicación de aquella contribución.

La tasación que resulte debe ser notificada por escrito a los propietarios o a sus representantes legales, quienes deben manifestar en el acto de la notificación o dentro de los cinco (5) días hábiles siguientes, por escrito, si aceptan o no la tasación practicada. Su silencio se tendrá como aceptación.

Después de ejecutada la obra o la parte de ella que causa directamente la plusvalía, se debe hacer una nueva tasación, que debe ser notificada por escrito a los propietarios o a sus representantes legales, quienes deben manifestar por escrito dentro de los cinco (5) días hábiles siguientes su conformidad o disconformidad; también en este caso, el silencio del propietario se tendrá como aceptación.

Aceptada expresa o tácitamente la segunda tasación, se debe fijar el importe de la contribución notificándosela a los propietarios, a los efectos del artículo 17 de la presente Ley. Si la primera o segunda tasación no fuere aceptada o fuere objetada por el propietario, y la Administración no se conformare con las observaciones planteadas, o si no fuere posible notificar al propietario por ausencia u otra causa, el valor de los inmuebles, en cada caso, será fijado sin apelación por una Comisión de Avalúos, que debe regirse por las normas establecidas en la Ley (art. 19 y sigts.)

Por su parte, la Ley Orgánica de Régimen Municipal de 1989 establece en su artículo 113, una contribución de mejoras sobre los inmuebles urbanos que directa o indirectamente se beneficien con la construcción de obras o el establecimiento de servicios por el Municipio y que sean de evidente interés para la comunidad, de acuerdo a lo que determine la ley nacional de la materia y las ordenanzas respectivas. El monto total de esta contribución de mejoras municipal, no puede exceder del señalado en la ley nacional y, en su defecto, del sesenta por ciento (60%) del costo de las obras o de la instalación del servicio, según presupuesto aprobado y verificado por la Contraloría General de la República.

Salvo disposición en contrario de la ley nacional respectiva, el monto de la contribución de mejoras se debe calcular en relación al valor real de las propiedades afectadas, pero no puede ser, para cada propiedad, mayor del cinco por ciento (5%) del valor de dicha propiedad, por cada obra, conjunto de obras o instalación de servicios que se efectúe en una misma oportunidad.

Dispone el mismo artículo 113 de la Ley Orgánica de Régimen Municipal que igual porcentaje corresponde al Municipio por los mayores valores que adquieran las propiedades en virtud de los cambios de uso o de intensidad de aprovechamiento con que se vean favorecidas por planes de ordenación urbanística, observándose al respecto lo establecido en la Ley Orgánica para la Ordenación del Territorio.

2. La contribución municipal de mejoras por plusvalías con motivo de los usos de la propiedad

En efecto, la Constitución, en su artículo 179,2 establece como ingresos de los Municipios, "la contribución especial sobre plusvalías de las propiedades generadas por cambios de uso o de intensidad de aprovechamiento con que se vean favorecidas por los planes de ordenación urbanística".

Respondiendo a esta orientación, la Ley Orgánica para la Ordenación del Territorio establece la contribución de mejoras por plusvalía, que se autoriza a los Municipios a establecer en las Ordenanzas respectivas. Conforme al artículo 68 de la Ley los mayores valores que adquieran las propiedades en virtud de los cambios de uso o de intensidad de aprovechamiento con que se vean favorecidos por los planes de ordenación urbanística, deben ser recuperados por los Municipios en la forma que establezcan las Ordenanzas que deben dictar a tal efecto, en las cuales deben seguirse los lineamientos y principios previstos en el Código Orgánico Tributario.

La Ley Orgánica establece, en todo caso, que la contribución especial que creen los Municipios conforme a la autorización prevista en ella, no puede ser mayor al 5% del valor resultante de la propiedad del inmueble respectivo, en cuya determinación se debe garantizar en las Ordenanzas respectivas, la participación de los propietarios y los correspondientes recursos jurídicos de protección de sus derechos. En todo caso, exige la Ley que el producto de esta contribución especial, se debe aplicar a la realización de las obras y servicios urbanos que se determinen en las Ordenanzas.

LIBRO SEXTO:
LA POTESTAD NACIONALIZADORA

Sección Primera: PRIMERA APROXIMACIÓN AL RÉGIMEN DE LAS NACIONALIZACIONES (1981)

Esta Sección Primera es el texto de la "Introducción al Régimen Jurídico de Nacionalizaciones en Venezuela", publicado en *Archivo de Derecho Público y Ciencias de la Administración*, Vol. III, 1972–1979, Tomo I, Instituto de Derecho Público, Facultad de Ciencias Jurídicas y Políticas, Universidad Central de Venezuela, Caracas 1981, pp. 23–44.

I. INTRODUCCIÓN

El derecho administrativo es, sin duda, la rama del derecho que está más vinculada a la historia política y económica de los países. Por ello, la evolución del derecho administrativo en cualquier sistema jurídico muestra la evolución política del mismo.

Esa evolución, en todo caso, puede decirse que siempre ha girado en torno a dos parámetros en los cuales se ha desarrollado esta disciplina: por una parte, el régimen político que condiciona todo su contenido, según que se trate de un régimen político democrático o de un régimen político autoritario; y por la otra, la situación del equilibrio que tiene que existir entre los dos objetos que condicionan su contenido, primero, el régimen de la Administración Pública como instrumento de la acción política del Estado, con sus potestades, prerrogativas y privilegios; y segundo, el régimen de los particulares o administrados en sus relaciones con aquella, con sus derechos subjetivos e intereses legítimos. El equilibrio entre esos dos objetos es decir, prerrogativas de la Administración Pública y derechos de los administrados, configura la esencia del derecho administrativo, que sólo puede lograrse por supuesto en un régimen político democrático.

En todo caso, si se analiza globalmente el derecho administrativo en su evolución durante los últimos doscientos años, su régimen nos muestra toda una gama de regulaciones que inciden en esos dos extremos: por una parte, los poderes, potestades, privilegios y prerrogativas de la Administración Pública que se han venido establecidas en forma creciente en virtud del proceso de intervención estatal en las actividades económicas y sociales, con todas sus fluctuaciones y graduaciones; y por la parte, el régimen regulatorio y de limitación de los derechos de los administrados, y también, el de la protección y garantía de los mismos frente a las acciones estatales, consecuencia del proceso de lucha contra las inmunidades de poder que fue acaparando la Administración.

Esta visión de conjunto del derecho administrativo es particularmente perceptible en el campo del desarrollo de las actividades económicas en el Estado Moderno, especialmente en relación con la evolución del derecho de propiedad y de la libertad económica,[1] que ha permitido ver cómo el derecho administrativo desde las épocas del Estado abstencionista se pasó a la figura de un Estado Intervencionista, con el subsiguiente desarrollo entre otros de las nociones de "servicio público, y de las nacionalizaciones. Luego, décadas después se produjo una tendencia hacia la "desregulación" y a las privatizaciones, configurándose un Estado básicamente regulador; lo que más recientemente se ha transformado en Venezuela con la vuelta al Estado Intervencionista, mediante un proceso de nacionalizaciones y expropiaciones indiscriminadas movidas por la palanca del petróleo, conformándose progresivamente un Estado capitalista con todos los defectos que ello implica de ineficiencia y corrupción. Esa evolución, por supuesto, ha afectado el régimen de propiedad privada absoluta y de libertad económica ilimitada a un régimen de la propiedad privada, que de su configuración inicial histórica como derecho absoluto ha pasado a ser un derecho regulado y limitado, con una "función social" que cumplir, hasta la situación actual de encontrarse desplazada por el desarrollo de supuestas nuevas formas de apropiación colectivas o sociales.

El derecho administrativo, en la actualidad, por tanto, además de ser el derecho relativo a la Administración Pública, su organización y funcionamiento, es el derecho de la intervención del Estado en la vida económica y social; es el derecho de las limitaciones y regulaciones a los derechos individuales, a los derechos económicos, a los derechos sociales y a los derechos políticos de los administrados; y progresivamente comienza a dejar de ser el derecho de la protección de éstos frente a las acciones del Estado.

II. EL TEMA DE LAS NACIONALIZACIONES

Ahora bien, una de las instituciones del derecho público más características de esta evolución ha sido la nacionalización: desconocida a comienzos del siglo pasado, iniciada en la segunda década del mismo con las nacionalizaciones soviéticas, consolidada y generalizada, después de la Segunda Guerra Mundial; y la cual recibió en décadas pasadas, consagración en los textos constitucionales de muchos países y en declaraciones internacionales, habiendo sido objeto de regulación en múltiples tratados y leyes de protección de inversiones.

---

1 Véase Allan R. Brewer–Carías, "El derecho de propiedad y la libertad económica. Evolución y situación actual en Venezuela" en *Estudios sobre la Constitución. Libro Homenaje a Rafael Caldera*, Tomo II, Facultad de Ciencias Jurídicas y Políticas, Universidad Central de Venezuela, Caracas 1979, pp. 1.139–1.246; y "La evolución y situación actual del régimen del derecho de propiedad en Venezuela" en *Estudios de Derecho Económico*, Vol. III, Universidad Nacional Autónoma de México, México 1979, pp. 7–64.

En particular, es de recordar que el tema de las nacionalizaciones, particularmente después de la Segunda Guerra Mundial, adquirió gran actualidad en el campo jurídico y político, pues fueron pocos los países que escaparon a la necesidad, en un momento u otro, y de una manera u otra, de recurrir a ella para transferir al Estado bienes y servicios que se encontraban en manos de particulares.

En Venezuela, debido al ingreso petrolero que el Estado tuvo asegurado desde comienzos del siglo XX con la explotación mediante el tradicional régimen de concesiones, al comienzo no hubo necesidad de que se planteara el tema de la nacionalización de la industria extractiva de sus recursos naturales no renovables. Fue con motivo del desarrollo del sistema democrático a partir de comienzos de los años sesenta y de la toma de conciencia de la importancia que tenía para su soberanía económica, el manejo directo de dichas industrias por parte del Estado, cuando se inició todo un movimiento nacionalizador en relación con la industria petrolera que culminó en 1975 con la nacionalización de la industria de la explotación del mineral de hierro y de la industria y el comercio de los hidrocarburos. A partir de entonces, el tema de las nacionalizaciones, se hizo presente en el país, aun cuando por supuesto, el mismo no era nada nuevo en la teoría jurídica, donde había sido estudiado exhaustivamente.[*]

Basta recordar las más clásicas de las definiciones que para el momento dominaban el escenario doctrinal. Una de ellas era la de Julliot de la Morandière que definió las nacionalizaciones como el proceso que "consiste esencialmente en la transformación de empresas privadas en empresas del Estado o sometidas al control de éste. Su objetivo es el de sustraer los medios de producción y de reparto de las riquezas de la propiedad privada para ponerlos en manos de la Nación o en las de aquellos órganos que representan los intereses colectivos de la misma."[2] Por su parte, Eduardo Novoa Monreal la definió como: "un acto gubernativo de alto nivel, destinado a un mejor manejo de la economía nacional o a su reestructuración, por el cual la propiedad privada sobre empresas de importancia es transformada de manera general e impersonal en propiedad colectiva y queda en el dominio del Estado (bien sea directamente, bien sea a través de órganos especiales que lo representan), a fin de que *éste* continúe la explotación de ellas según las exigencias del interés general."[3] Por último, Jean Rivero la definió como "la operación por la cual la propiedad de una empresa o de un grupo de empresas es transferida a la colectividad con el fin de sustraerlas, en vista del interés general, de la dirección capitalista."[4]

Partiendo de estas definiciones clásicas, se pueden identificar los elementos básicos de toda nacionalización, que son las siguientes:

En primer lugar, se trata de una operación de transferencia de bienes de propiedad privada y de empresas privadas al Estado, o a los entes públicos titulares de propiedad pública, en representación de los intereses colectivos. En la definición de Julliot de La Morandière se hacía referencia a la idea de la transferencia de los bienes nacionalizados a la Nación, lo que sin duda condicionó toda la teoría inicial de las nacionalizaciones,

* Lo que ha adquirido nueva notoriedad en la primera década del siglo XXI con su utilización progresiva para imponer un régimen socialista en Venezuela

2 *V.* en el Prólogo a la edición francesa en el libro de Konstantin Katzarov, *Teoría de la Nacionalización*, México, 1963, p. 5

3 *V.* en su libro, *Nacionalización y recuperación de recursos naturales ante la Ley internacional*, México, 1974, p. 50

4 *V.* en su estudio, *Le régime des nationalisations*, París, 1948, Extrait du Juris–Classeur Civil–Annexes, 2° Cahier, p. 1

originando esfuerzos por distinguir el concepto del de estatización, colectivización o socialización. El tema tuvo interés particularmente cuando en Europa, en la postguerra, se iniciaron por primera vez, a gran escala, las nacionalizaciones, especialmente en países donde los bienes "nacionalizados" no pasaron formalmente a manos del "Estado", como en cambio si había ocurrido respecto de todos los medios de producción en los países socialistas durante el dominio soviético, o posteriormente en los años sesenta en Cuba, cuando pasaron a manos del Estado todos los medios de producción. En Europa, específicamente en el caso de Francia e Inglaterra, al ser un proceso de nacionalización parcial de los medios de producción se planteó la necesidad de determinar si ellos debían pasar al Estado, como tal, que conforme a la teoría liberal era considerado hasta como un tercero dentro de las relaciones de la sociedad; o si al contrario dichos bienes nacionalizados debían pasar a la sociedad, la cual, si era conducida por el Estado, lo era a título de gestor de la misma. Esta dicotomía Estado–Nación condicionó todo el proceso de nacionalización inicial a mitades del siglo pasado en países como Francia donde, inclusive, la gestión de las empresas nacionalizadas se encomendó a una dirección tripartita donde debían estar representados los trabajadores, los consumidores o los usuarios, y el Estado, como un ente más dentro del contexto social.

En todo caso, este primer elemento implicó una consecuencia general y fundamental: la transformación de esas empresas privadas, nacionalizadas, en empresas públicas.

Un segundo elemento que surge en las definiciones anteriores es que la nacionalización es un proceso que tiene un objetivo: la transferencia de bienes o empresas privadas a entes públicos, es decir, la sustracción de estas empresas de la propiedad privada, para convertirlas en propiedad pública.

En tercer lugar, otro elemento que surge de las definiciones comentadas, es que todo proceso de nacionalización tiene una motivación de carácter político. Esta motivación política puede estar basada en la idea del interés general, en su forma más genérica, que es un caso típico de concepto jurídico indeterminado que en general el legislador debe precisar. Igual sucede en el supuesto de la Constitución venezolana, de la reserva de industrias por parte del Estado, por razones de "conveniencia nacional" . En esa norma, por supuesto, no hay una determinación previa del concepto, abriendo un amplio margen al legislador para determinarlo, en lo que tiene poder discrecional, aún cuando limitado por os principios de razonabilidad y logicidad, entre otros. En todo caso, en la nacionalización siempre hay una motivación política que puede estar representada en el interés general, o en motivaciones destinadas a sustraer de la dirección capitalista las empresas, o por razones tendientes a reordenar o reorganizar la economía, en vista al interés general.

De manera que siempre nos encontramos con estos tres aspectos dentro de cualquier proceso nacionalizados: transferencia de empresas privadas a empresas públicas; transferencia de la propiedad privada a entes públicos, a la colectividad, a la Nación; y esta operación, realizada por razones de interés general o de conveniencia general de carácter político.

Por esta razón, las nacionalizaciones siempre han despertado tanto interés y tanta oposición. La gran ola de las nacionalizaciones después de la Segunda Guerra Mundial originó, por una parte, una gran reacción de gran parte del mundo jurídico contra esta institución; y por la otra, un apoyo por otra gran parte del mundo jurídico, debido a que se trataba de un fenómeno básicamente político.

Sin duda, el proceso tuvo una enorme importancia desde el punto de vista del sector público, pues fueron estos fenómenos nacionalizadores los que consolidaron y dieron carta de naturaleza definitiva a la intervención del Estado en la economía. Fue a raíz de estos procesos de nacionalización, que el Estado tomó parte activa en la economía, superándose, inclusive, la idea de la subsidiariedad de la acción del Estado que tanto difundió la teoría liberal.

Por supuesto, la gran ola de las nacionalizaciones pasó durante el siglo pasado y la intervención del Estado se hizo por otras vías no nacionalizadoras. En Venezuela, sin embargo, los procesos de los años setenta del siglo pasado, motivaron un nuevo interés por este fenómeno.*

Como se dijo, durante el siglo pasado hasta los años setenta, Venezuela estuvo al margen del proceso nacionalizador, pues ni siquiera tuvo procesos de nacionalización como los tuvieron ocurrieron en otros países de América Latina durante las primeras décadas del siglo. No hay que olvidar, en efecto, que el primer proceso nacionalizador antes que el mexicano y el de la Unión Soviética, aunque aislado, tuvo lugar en Uruguay, y también en la misma época, en Italia, respecto a las actividades de las empresas de seguro. Posteriormente, muchos países latinoamericanos tuvieron procesos nacionalizadores aislados, en materia de servicios públicos. En Venezuela, en realidad, hasta los años setenta del siglo pasado nunca se produjeron procesos nacionalizadores, sino la asunción, por parte del Estado, de los servicios por fuerza de un elemento: la riqueza petrolera. Esta generó un ingreso tal para el Estado, que le permitió "comprar las nacionalizaciones" y asumir servicios y empresas, sin forzar una transferencia compulsiva.

Sin embargo, con motivo de las nacionalizaciones de las industrias del hierro y del petróleo de 1974 y 1975, se planteó, por primera vez, con interés, en Venezuela, el fenómeno de la nacionalización; lo que se ha acrecentado con las nacionalizaciones ocurridas a partir de la primera década del Siglo XXI, para la implantación de un Estado socialista en el país.

III. ASPECTOS QUE PLANTEA EL TEMA DE LAS NACIONALIZACIONES

Ahora bien, este fenómeno de las nacionalizaciones plantea, desde el punto de vista jurídico, una serie de problemas, que se hace necesario analizar o sistematizar. En primer lugar hay una relación directa entre la nacionalización y la propiedad privada. La nacionalización ante todo, y tradicionalmente considerada, es una restricción a la propiedad privada. Por supuesto, cuando surgieron las primeras nacionalizaciones a principios de este siglo pasado, era un verdadero atentado a un derecho que todavía era un derecho absoluto, consagrado así en los textos jurídicos de todos los países. Sin duda aquel derecho absoluto, con motivo precisamente de las nacionalizaciones, comenzó a transformarse en un derecho regulado y limitable, con una función social que cumplir y, por tanto, sometido a obligaciones, restricciones, limitaciones y contribuciones. En virtud de ello, hay un primer elemento que va a acompañar todo el fenómeno de la nacionalización y es su confrontación con la propiedad y sus efectos sobre la propiedad. Esto nos va a llevar a examinar la teoría de la propiedad privada desde el punto de vista ad-

* Lo que se ha acrecentado con los recientes procesos nacionalizadores de comienzos del siglo XXI, con vista al establecimiento de un Estado Socialista.

ministrativo para constatar que la nacionalización no es más que uno de los múltiples mecanismos de exclusión de la propiedad privada.

El segundo punto de interés que plantea el fenómeno nacionalizador es la relación entre nacionalización y libertad económica, que implica también todo otro enorme panorama. En efecto, la asunción por parte del Estado de bienes, de empresas, de sectores o de actividades económicas, también se ha visto como una restricción a la libertad económica. Ello era lógico, particularmente porque si todo el cimiento del Estado liberal–burgués de Derecho fue el Estado negativo, que no debía intervenir en la vida económica, salvo para mantener las relaciones del mercado, por supuesto, el fenómeno de la nacionalización representaba un atentado contra esa libertad económica tradicional, que tuvo una formulación, al igual que el derecho de propiedad, como libertad absoluta, solo modificada a partir de la Constitución de 1961, al admitirse que es limitable por razones de interés social.

En todo caso, así como el estudio de la nacionalización está indisolublemente unido al de la propiedad, asimismo está unido al de la libertad económica, ya que la nacionalización implica una intervención del Estado en la vida económica, no ya de carácter regulador, ni de fomento o policía, sino de intervención activa del Estado, como productor de bienes y servicios, en la actividad económica.

Estos dos puntos de interés que plantea la nacionalización: nacionalización y propiedad privada, y nacionalización y libertad económica, traen como consecuencia otros dos puntos de interés relativos al proceso, que constituyen la otra cara de la moneda: nacionalización y propiedad pública y nacionalización y gestión pública.

En efecto, si la nacionalización implica una transferencia de bienes de propiedad privada al Estado, ello planteó, desde el punto de vista del Estado, el problema del efecto de ese traspaso de bienes al mismo, o a sus empresas, lo que originó una serie de interrogantes: por una parte, ¿cuál es el ámbito de la soberanía del Estado sobre ciertos bienes que existen en un país, particularmente el ámbito de soberanía sobre los recursos naturales renovables y no renovables? ¿Puede decirse que todas las nacionalizaciones más recientes versaron sobre los recursos naturales o su explotación? ¿Eran aquellos, inicialmente, bienes del dominio público o del dominio privado? ¿La nacionalización de la industria petrolera, por ejemplo, transformó los bienes e instalaciones de las mismas en bienes del dominio público? ¿Cuál es jurídicamente el régimen de esos bienes? ¿Estos bienes nacionalizados son bienes que el Estado posee, como puede poseer cualquier otro bien? ¿Entran los bienes nacionalizados dentro de los esquemas tradicionales del dominio privado?

Por otra parte, también surgió la relación entre la nacionalización y la gestión pública. La nacionalización no sólo implica la transferencia de bienes de propiedad privada y su conversión en bienes de propiedad pública, sino la transformación de empresas privadas en empresas públicas. El Estado asume una nueva cualidad, más allá de simple propietario de determinado bien a nombre de la colectividad, y es la de gestor económico, idea que está indisolublemente unida a la nacionalización. La nacionalización implica siempre, transferencia al Estado de empresas privadas y su conversión en empresas públicas. Esto plantea todo el panorama de la empresa pública, y del Estado empresario como objeto de estudio dentro del estudio de la nacionalización. Puede decirse que con motivo de las nacionalizaciones, se consolidó la fase del Estado empresario, lo que exige analizar todo el régimen de las empresas nacionalizadas.

De lo anterior deriva, en todo caso, que el régimen de las nacionalizaciones implica siempre, por una parte, limitaciones a la apropiabilidad de bienes y por la otra, exclusiones de las actividades económicas; aspectos a los que ahora me quiero referir.

IV. LAS LIMITACIONES A LA APROPIABILIDAD DE BIENES

Hemos señalado que paralelamente a las limitaciones a la propiedad, es decir, a las limitaciones a su ejercicio, y a las restricciones, obligaciones o contribuciones a las que está sometida, pueden identificarse en el ordenamiento jurídico, limitaciones a la apropiabilidad de bienes. En el primer caso, todas las limitaciones a la propiedad presuponen la existencia del derecho y lo limitan; en el segundo caso, en cambio, de lo que se trata es de la imposibilidad misma de la propiedad.

En efecto, si bien la Constitución consagra el derecho de propiedad, es necesario convenir en que no todos los bienes son susceptibles de apropiabilidad. Hay ciertos bienes que el Estado se ha reservado o que los ha considerado como del dominio público, que no pueden ser objeto de propiedad. En estos casos, por tanto, no puede hablarse realmente de limitaciones a la propiedad, sino de limitación a la apropiabilidad de bienes.

Estas limitaciones a la apropiabilidad pueden presentarse en el ordenamiento jurídico con carácter general, como sería la declaratoria de cierto género de bienes, como del dominio público; o con carácter específico, como exclusiones particulares de la apropiabilidad, por ejemplo, respecto de cierta categoría de personas (extranjeros).

Veamos separadamente estos supuestos:

1. La declaratoria del dominio público

Una típica limitación a la apropiabilidad de ciertos bienes tiene su origen en su declaratoria, en la Constitución o mediante Ley, como del dominio público.

En efecto, frente a la garantía de la propiedad, la pregunta que debemos formularnos es: ¿sobre qué bienes puede existir propiedad privada?; o en otras palabras: ¿cuál es el ámbito de la propiedad privada? ¿ésta es irrestricta y eterna? ¿se ejerce siempre sobre todos los bienes o cosas existentes?; o ¿la Ley, como lo dice la Constitución, puede establecer restricciones al ámbito de la propiedad por razones de interés general?

Indudablemente, es el constituyente o el legislador quien determina el ámbito de la propiedad, es decir, es quien puede determinar qué bienes son susceptibles de ser de propiedad privada y cuáles no lo son; y cuando realiza esa determinación está asignando o cambiando el régimen jurídico de determinados bienes, al establecer que estos son del dominio público o por el contrario, son susceptibles de ser de propiedad privada (Art. 525 del Código Civil).

Esta calificación, sin embargo, ni es absoluta, ni eterna, ni inmutable. En efecto, conforme a nuestro ordenamiento jurídico, no existen bienes del dominio público o de propiedad privada, que lo sean "por naturaleza". La –existencia de unos y otros depende única y exclusivamente de la voluntad del legislador; y tanto el dominio público como la propiedad privada son conceptos jurídicos. El legislador había manejado estos conceptos y había deslindado la clasificación básica de ambos tipos de dominio en el Código Civil, por lo que el ámbito de la propiedad privada no llegaba hasta los bienes que hubiesen sido declarados por el legislador como bienes del dominio público.

Ahora bien, el deslinde jurídico que hizo el Código Civil entre bienes susceptibles de propiedad privada y bienes que no lo son (dominio público), no era una demarcación cerrada y eterna, que no admitía modificaciones. Al contrario, las leyes se derogan y modifican por otras leyes, y en la Constitución, donde está el límite de la acción del legislador, no se consagra el carácter absoluto e inmutable de la propiedad. Por otro lado, el legislador en un momento determinado, puede excluir ciertos bienes del ámbito de la propiedad privada, declarándolos del dominio público, lo cual no implicaría, en absoluto, una violación del derecho de propiedad.

Pensemos, por ejemplo, en otra garantía constitucional: la libertad económica. El Estado, cuando se reserva determinadas industrias (Art. 97 Constitución 1961), lo que hace es excluir ciertas actividades del ámbito de la libertad económica, y la reserva, en sí misma, no conlleva derecho alguno a indemnización por parte de los antiguos industriales, salvo que el Estado asuma las industrias particulares. Pues bien, algo similar sucede en materia de propiedad: cuando el Estado declara ciertos bienes como del dominio público por voluntad del legislador, lo que hace en realidad, es excluir ciertos bienes del ámbito de la propiedad privada, y esta exclusión, en sí misma, no conlleva derecho alguno a indemnización por parte de los antiguos propietarios.

El principio señalado, por otra parte, estaba recogido en la propia Constitución de 1961, en su artículo 133, que establecía lo siguiente:

Sólo el Estado puede poseer y usar armas de guerra. Todas las que existan, se fabriquen o se introduzcan en el país, pasarán a ser propiedad de la República, sin indemnización ni proceso.

Esta norma, ni más ni menos, era una declaratoria de cierta categoría de bienes como del dominio público (de uso privado) del Estado, y ella, por sí misma, no daba derecho alguno a indemnización a favor de eventuales propietarios anteriores de tales armas.

En todo caso, la declaratoria de unos bienes como del dominio público no da derecho a indemnización, pues en estos casos falta la especialidad del sacrificio. Tal como lo señaló la Corte Suprema de Justicia en una sentencia del 12 de agosto de 1968, "para que proceda la indemnización en derecho público, es necesario que se compruebe: a) *la singularidad del daño;* b) que lo afectado *sea un verdadero derecho;* y c) que el daño *sea mensurable económicamente"* (véase en *Gaceta Forense* Nº 61, 1968, pp. 105 a 108).

En estos casos, el legislador ni expropia unos derechos determinados ni los confisca; sólo establece que un género de bienes no pueden ser susceptibles de propiedad privada, es decir, que ésta no puede existir, y que la que existía, se extingue, por imposibilidad en el objeto.

Frente a una declaratoria de ciertos bienes como del dominio público, ante la cual pueden alegarse derechos adquiridos, sin duda que se puede plantear la problemática de la responsabilidad del Estado por acto legislativo. Sin embargo, frente a esto es necesario señalar, que la construcción jurídica de toda la responsabilidad del Estado legislador, se ha fundado en el supuesto de que para pretender una indemnización del Estado por una lesión a algún derecho derivado de una Ley, es necesaria la singularidad y especificidad del sacrificio o lesión. Si ésta no existe, no surge el derecho a indemnización; o en otras palabras, si la nueva Ley afecta a todos por igual, es decir, si los efectos son realmente efectos generales, no surge obligación de indemnización. Por eso se insiste en que la declaratoria de ciertos bienes como del dominio público en realidad constituye un cambio de régimen jurídico de unos bienes, que se realiza con carácter general por el legislador, y frente a estos cambios no hay derechos adquiridos.

En definitiva, por tanto, la declaratoria de ciertos bienes como del dominio público, al no lesionar especialmente el derecho de un propietario, sino a todos los habitantes por igual, y excluir dichos bienes del ámbito de los que pueden ser objeto de propiedad privada, no origina derecho alguno de indemnización.

Sin embargo, durante la vigencia de la Constitución de 1961, esto exigía hacer algunas precisiones, particularmente en el caso de las aguas y de las playas. En Venezuela, desde los años setenta del siglo pasado se comenzó a proyectar la declaratoria de todas las aguas y de las playas como bienes del dominio público, lo que planteaba algunas situaciones respecto de los derechos efectivamente lesionados, que era necesario precisar.

Por ejemplo, en el caso de las aguas, el solo hecho de que las mismas se declarasen como del dominio público, y por tanto, se cambiase la situación que existía de ciertas aguas susceptibles de ser objeto de propiedad y otras aguas, que aun cuando sean públicas, podían ser aprovechadas más o menos libremente, no daba derecho alguno a indemnización por parte de los antiguos propietarios. Sin embargo, si para la realización de un aprovechamiento de aguas permitido por la legislación anterior, se realizaron determinadas obras hidráulicas que, posteriormente, con ocasión a la declaratoria de las aguas como del dominio público, el Estado u otros particulares fueran a utilizar, el propietario *de* las mismas tenía derecho a indemnización. Lo mismo podía plantearse respecto de las playas. *Si* éstas, por ejemplo, no eran naturales y habían sido construidas por el trabajo del hombre, el hecho de que se las declarase como del dominio público de uso público, traía como consecuencia un derecho a indemnización por parte de los propietarios de las obras que habían hecho posible la existencia de la playa. Sin embargo, fuera de estos supuestos en los cuales la declaratoria del dominio público implicaba, en realidad, la adquisición por el Estado o la afectación al uso público de bienes de propiedad privada, como eran las obras hidráulicas o los malecones, y que daba derecho a los propietarios a ser indemnizados, la sola declaratoria de las aguas o playas como del dominio público no daba derecho a indemnización.

2. Las exclusiones particulares de la apropiabilidad

Aparte de las exclusiones genéricas de la posibilidad de propiedad sobre determinado género de bienes, el ordenamiento jurídico ha establecido una exclusión de la propiedad de ciertos bienes, pero condicionada por la persona que tenga su titularidad y por la ubicación en el Territorio Nacional.

En efecto, al analizar la evolución constitucional del derecho de propiedad, resulta que fue el texto de 1936 el que estableció la posibilidad de que la Ley pudiera "por razón de interés nacional, establecer restricciones y prohibiciones especiales para la adquisición y transferencia de determinadas clases de propiedad, sea por su naturaleza o por su condición o por su situación en el territorio" (Art. 32, Ord. 2°); norma que repitió la Constitución de 1947 (Art. 65) y la de 1953 (Art. 35, Ord. 9°). En base a esta autorización constitucional, la Ley de Expropiación por causa de utilidad pública, de 1936, consagró una norma con el siguiente texto:

Artículo 12. El Ejecutivo Federal podrá, en resguardo de la seguridad del Estado, impedir la transferencia a personas o compañías extranjeras de terrenos y construcciones situados a menos de veinticinco kilómetros de distancia de las fronteras de la República, de sus costas de mar y de las riberas de sus ríos navegables. A tal fin, los Registradores se abstendrán de registrar, so pena de nulidad, documentos en que se hagan tales transferencias, *si* no se les presenta para ser agregada al cuaderno de comprobantes, constancia de que el Ejecutivo Federal está en cuenta y no se opone a la operación que se pretende efectuar. En estos casos el Ejecutivo queda autorizado para decretar la utilidad pública de la posesión por el Estado de los terrenos que se pretenda transferir a personas o compañías extranjeras y disponer que se siga el procedimiento de expropiación establecido en esta Ley.

La norma se repitió en las leyes de expropiación de 1942 y 1947 y fue derogada por Decreto–Ley N° 184, de 25 de abril de 1958, pues se consideró que la ley "contenía normas que entrababan inútilmente la transferencia de la propiedad inmobiliaria" y "que la defensa y seguridad de la Nación podían ser aseguradas sin afectar la libertad de contratación en materia inmobiliaria".

La prohibición, sin embargo, permaneció vigente indirectamente hasta 1978, pues la Ley de Registro Público, de 1940, incorporó dentro de las prohibiciones a los Registradores: "la protocolización de documentos por los cuales se transfiera a personas o compañías extranjeras, terrenos o construcciones situados a menos de veinticinco kilómetros de distancia de las fronteras de la República, de sus costas de mar y de las riberas de sus ríos navegables, si no se les presenta, para ser agregada al cuaderno de comprobantes, la constancia de que el Ejecutivo Federal está en cuenta y no se opone a la operación que se pretende efectuar, conforme a lo previsto en la Ley de Expropiación por causa de utilidad pública o social" (Art. 40, Ord. 7°). Esta norma se eliminó en la Ley de Registro Público de 4 de abril de 1978 (*Gaceta Oficial* N° 2209 Extraordinaria), en la cual se remitió a lo establecido en la Ley Orgánica de Seguridad y Defensa (Art. 40, Ord. 10).

Debe señalarse que una restricción dentro de este mismo orden de ideas tradicionalmente se había consagrado en la Ley Orgánica de la Hacienda Pública Nacional, respecto de la adquisición de bienes del dominio privado del Estado, en los siguientes términos:

Artículo 28. La propiedad y derechos reales sobre bienes nacionales pueden ser adquiridos por prescripción, salvo, por lo que respecta a los extranjeros, los situados en la zona de cincuenta kilómetros de ancho paralela a las costas y fronteras.

En la Ley Orgánica de Seguridad y Defensa, de 1976, puede decirse que se volvió al espíritu del constituyente y legislador de 1936, al consagrarse de nuevo en forma genérica la restricción específica para los extranjeros en los términos siguientes:

Artículo 16. Ningún extranjero podrá adquirir, poseer o detentar por sí o por interpuestas personas sin autorización escrita del Ejecutivo Nacional por órgano del Ministro de la Defensa, la propiedad u otros derechos sobre bienes inmuebles en la Zona de Seguridad Fronteriza creada en esta Ley y en la Zona de seguridad prevista en el literal "b" del artículo anterior (la zona que circunda las instalaciones militares y las industrias básicas). Los registradores, jueces, notarios y demás funcionarios con facultad para dar fe pública, se abstendrán de autorizar los documentos que se presenten para su otorgamiento con violación de las disposiciones contenidas en este artículo, so pena de nulidad.

Se consideran personas interpuestas a los efectos de esta Ley, además de las contempladas en el Código Civil, las sociedades, asociaciones y comunidades en las cuales una persona natural o jurídica extranjera, sea socio, accionista, asociado o comunero con poder de decisión.

Parágrafo Único. Todo extranjero propietario o detentador por cualquier título de bienes inmuebles en las zonas de seguridad previstas en los literales a) (Una franja adyacente a la orilla del mar, de los lagos y ríos navegables) y c) (Cualquiera otra zona que considere necesaria el Ejecutivo Nacional para la seguridad y defensa de la República) del artículo anterior, una vez fijada su extensión, está en la obligación de declararlo dentro de un plazo no mayor de 60 días a contar de la fecha en que suscriba el contrato público o privado respectivo, por ante la Primera Autoridad Civil del Estado, Distrito Federal o Territorio Federal, quien enviará dicha declaración, con los recaudos que señale el Reglamento dentro de un plazo no mayor de 30 días a la secretaría del Consejo Nacional de Seguridad y Defensa.

Con esta norma, como se dijo, se volvió al sentido del texto constitucional de 1936, cuya norma fue eliminada en la Constitución vigente de 1961. Esta, sin embargo, consagró una exclusión de la propiedad inmobiliaria en Venezuela respecto de Estados extranjeros, salvo para sus sedes diplomáticas (Art. 8).

V. LAS EXCLUSIONES DE ACTIVIDADES ECONÓMICAS

Todas las limitaciones a la libertad económica legalmente establecidas tienen en común que presuponen su existencia, y en tanto que ello es así, se limita su ejercicio o se lo restringe, en un caso específico. Sin embargo, allí no concluyen las limitaciones a la libertad económica, pues en otros supuestos, en virtud de la Ley, aquella no se presupone; al contrario, se la excluye. Se trata, aquí, si se quiere, de limitaciones al ámbito de la libertad económica, respecto de ciertas áreas territoriales, o en ciertos sectores económicos, que, en general, y salvo que el Estado decida asumir los bienes que estaban afectados por los particulares para realizar las actividades excluidas, en cuyo caso estaríamos en presencia de una nacionalización, no dan derecho a indemnización por parte de los particulares.

Estas exclusiones pueden clasificarse en cuatro grandes categorías: exclusiones territoriales; exclusiones de actividades económicas respecto de los extranjeros; exclusiones de actividades económicas respecto de todo particular por la reserva que hace el Estado; y la nacionalización que implica la reserva al Estado y transferencia, a éste, de los bienes afectos a la actividad reservada. Veamos separadamente estos cuatro supuestos de exclusiones de la libertad económica admitidos por el ordenamiento jurídico.

1. La exclusión de actividades económicas en ámbitos territoriales

Conforme a la política de localización industrial que se desarrolló en los años setenta, el Ejecutivo Nacional podía establecer "las zonas del país en las cuales se localizarán determinadas industrias" (Art. 1° del Decreto–Ley N° 134, de 4–6–74, en *Gaceta Oficial* N° 30.418, de 7–6–74); lo que implicaba que las mismas no podían ser localizadas en otras áreas territoriales. En el mismo sentido, en el Decreto–Ley N° 713, de 21–1–75 (*Gaceta Oficial* N° 30.638, de 5–3–75), se prohibió "la instalación de nuevas industrias" en el Área Metropolitana de Caracas y su zona de influencia (Art. 1°). En estos casos, se estableció una exclusión del ejercicio de la actividad industrial en ciertas áreas territoriales, lo que implicaba una exclusión de la misma que no daba derecho a indemnización por parte de los industriales afectados.

Así se resolvió en el citado Decreto–Ley que estableció las normas para la desconcentración industrial de Caracas y que previó la posibilidad para el Ejecutivo Nacional de decidir "el traslado de las industrias que causen contaminación del ambiente o aquellas que deben ser reubicadas en razón de la ordenación de áreas que se establezca" (Art. 3°). En estos casos, no sólo el particular estaba obligado a trasladar su industria fuera del área afectada, sino que si esta obligación no se cumplía en el lapso establecido, 'la industria será cerrada" hasta que se verifique, "sin que por esta circunstancia se interrumpa el contrato de trabajo con sus trabajadores" (Art. 3°).

2. La reserva de sectores económicos a empresas nacionales

Una segunda modalidad de exclusión de la actividad económica tiene lugar mediante las disposiciones legales que reservan el ejercicio de ciertas actividades o sectores económicos a empresas nacionales, y que, por tanto, la excluyen respecto de los extranjeros.

Un proceso de "venezolanización" de las actividades económicas puede decirse que se inició en Venezuela con motivo de la promulgación de la Ley de Empresas de Seguros y Reaseguros, de 1965, que exigió que en las mismas no menos del 51 por ciento del capital perteneciera a personas venezolanas; y si estas eran personas jurídicas, no menos del 51 por ciento de su capital debía pertenecer a personas venezolanas naturales (Art. 18). Ello condujo al legislador a prever una serie de plazos para la transformación de las empresas extranjeras en empresas con capital mayoritario venezolano, y establecer, además que de lo contrario, no podían seguir realizando operaciones de seguro o reaseguro en el país (Arts. 122 y ss.).

En 1970, con motivo de la promulgación de la Ley General de Bancos y otros Institutos de Crédito, de 30 de diciembre de ese año (véase en *Gaceta Oficial* N° 1.454, Extr. de 30–12–70), se avanzó más en el proceso de "venezolanización" y se estableció que a partir de ese momento no se autorizaría la constitución de nuevos bancos cuyo capital no fuera totalmente venezolano (Art. 32); y en aquellos supuestos de bancos con un capital extranjero superior al 20 por ciento del capital social, se establecieron una serie de limitaciones (Arts. 33 y 34) de manera de propugnar su transformación patrimonial (Art. 159).

Posteriormente, con motivo del ingreso de Venezuela al Grupo Andino, entró en vigencia en nuestro país la Decisión N° 24 relativa al Régimen Común de tratamiento a los capitales extranjeros y sobre marcas, patentes, licencias y regalías (véase en *Gaceta Oficial* N° 1.620, Extr. de 1–11–73). Este cuerpo normativo estableció para todos los países miembros del Acuerdo normas de extraordinaria importancia en cuanto a la reserva de actividades económicas al capital nacional o más precisamente a empresas nacionales, que son las que tienen más del 80 por ciento de capital nacional.

En efecto, estableció que cada país podía "reservar sectores de actividad económica para empresas nacionales públicas o privadas" (Art. 38), pero además, estableció directamente que no se admitiría "el establecimiento de empresas extranjeras ni nueva inversión extranjera directa en el sector de servicios públicos", tales como "agua potable, alcantarillado, energía eléctrica y alumbrado, aseos y servicios sanitarios, teléfonos, correos y telecomunicaciones" (Art. 41); no se admitiría "nueva inversión extranjera directa en el sector de seguros, banca comercial y demás instituciones financieras" (Art. 42); ni en "empresas de transporte interno, publicidad, radioemisoras comerciales, estaciones de televisión, periódicos, revistas ni en las dedicadas a la comercialización interna de productos de cualquier clase" (Art. 43).

De acuerdo a estas disposiciones, mediante decretos N° 2031 del 8 de febrero de 1977, reglamentario de la Decisión N° 24, *Gaceta Oficial* N° 31.171 de 9–2–77, quedaron reservados a las empresas nacionales y no se admitió nueva inversión extranjera directa en los siguientes sectores de la actividad económica:

a) Los servicios públicos de: teléfono, correos, telecomunicaciones, agua potable y alcantarillado; la generación, transmisión, distribución y venta de electricidad y los servicios sanitarios, de aseo y de vigilancia y seguridad de bienes y personas.

b) La televisión y radiodifusión; los periódicos y revistas en idioma castellano; el transporte interno de personas y bienes y la publicidad. A juicio de la Superintendencia de Inversiones Extranjeras podrán quedar exceptuadas de esta disposición las publicaciones en castellano de carácter científico o cultural.

c) La comercialización interna de bienes. Las empresas extranjeras domiciliadas en el país, para la fecha de entrada en vigencia de este Decreto, dedicadas a estas actividades podrán ejercer dicha comercialización directamente o a través de empresas controladas en su capital o en su gestión por la empresa extranjera, siempre y cuando se trate de bienes producidos por ellas en el país.

d) Los servicios profesionales en actividades de consultoría, asesoramiento, diseño y análisis de proyectos y realización de estudios en general, en las áreas que requieran la participación de profesionales cuyo ejercicio esté reglamentado por Leyes Nacionales, salvo que se trate de empresas que a juicio de la Superintendencia de Inversiones Extranjeras, aporten tecnología para el desarrollo del país y que en las mismas, la participación extranjera no exceda del cuarenta y nueve por ciento (49%).

Como consecuencia de esa reserva, se estableció en el Reglamento inicial dictado por Decreto N° 62 (*Gaceta Oficial,* N° 1650, Extr. de 29–4–74), que las empresas extranjeras que operasen en dichos sectores, debían transformarse en empresas nacionales, para cuyo efecto debían poner en venta por lo menos el 80 por ciento de sus acciones para adquisición por inversionistas nacionales antes de mayo de 1977 (Art. 2°). Posteriormente, mediante la Ley sobre Transformación de Empresas Extranjeras, de 21–8–75 (*Gaceta Oficial* N° 30.774, de 21–8–75), se establecieron las modalidades de dicha transformación y los poderes de control y fiscalización de la Superintendencia de Inversiones Extranjeras.

El decreto N° 62, en todo caso, estableció que los sectores de seguros y bancos se seguirían regulando por sus leyes especiales (Art. 4°). Posteriormente, sin embargo, con motivo de la reforma de la Ley de Empresas de Seguros y Reaseguros de 1974, se exigió que dichas empresas no debían tener más del 20 por ciento de su capital pagado directa o indirectamente en manos de personas extranjeras (Art. 25), por lo que se les concedió un plazo de 2 años a las empresas que tuvieran capital extranjero en proporción mayor a ese 20 por ciento, para cumplir con dicho requisito (Art. 192) y transformarse en empresas nacionales de acuerdo a la previsión de la Decisión N° 24 de la Comisión del Acuerdo de Cartagena.

En todos estos supuestos, se trató de una exclusión de la libertad económica en áreas determinadas respecto de cierta categoría de personas; exclusión que implica, imposibilidad de realizar para esas personas las actividades reservadas, y obligación de poner en venta sus participaciones a inversionistas nacionales, a los efectos de que la empresa se convierta en empresa nacional. En ningún caso, por supuesto, la limitación derivada de la exclusión da derecho alguno a indemnización por parte de los inversionistas extranjeros afectados.

3. La reserva de actividades económicas por el Estado

En la Constitución de 1961, como se dijo, siguiendo la orientación de la Constitución de 1947, se estableció expresamente la posibilidad que tiene el Estado de "reservarse determinadas industrias, explotaciones o servicios de interés público por razones de conveniencia nacional" (Art. 97). Se abrió así la posibilidad, no ya de que el Estado realizase actividades empresariales, sino que las realizase en forma exclusiva, reservada, excluyendo a los particulares del ámbito de las mismas. Esta reserva, sin duda, tiene por efecto fundamental establecer una limitación a la libertad económica de los individuos, excluyéndola del sector reservado.

En efecto, la reserva de actividades económicas por parte del Estado conlleva básicamente una prohibición impuesta a los particulares de realizar actividades propias del sector reservado, lo que afecta tanto a aquellos particulares o empresas que venían realizando actividades en el sector, como a cualquier particular o empresa, que pretendiera, en el futuro, realizar dichas actividades. Después de la reserva, por tanto, los particulares o empresas que operaban en el sector, no pueden continuar realizando sus actividades, y hacia el futuro, ningún otro particular puede realizar nuevas actividades en el sector. La libertad económica, en el mismo, ha sido excluida y es imposible ejercerla.

Como consecuencia de ello, el acto de reserva, *per se,* no conlleva derecho alguno de los particulares afectados a indemnización por parte del Estado. Aquellos, simplemente, cesan en sus actividades, y un deber de indemnización sólo surgiría *si* el Estado decide apropiarse de las instalaciones o de las empresas de los particulares que operaban en el área reservada, es decir, decide nacionalizar esas empresas.

Este principio, en nuestro criterio, se deducía de las normas de la Ley que reserva al Estado la industria del Gas Natural, de 26 de agosto de 1970 (véase en *Gaceta Oficial* N° 29.594, de 26 de agosto de 1971). En efecto, esta Ley reservó al Estado la "industria del gas proveniente de yacimientos de hidrocarburos" (Art. 1°), y estableció, por tanto, la obligación a los concesionarios de "entregar al Estado, en la oportunidad, medida y condiciones que determine el Ejecutivo Nacional, el gas que se produzca en sus operaciones" (Art. 3°). Corría por cuenta del Estado el pago a los concesionarios de "los gastos de recolección, compresión y entrega del gas" (Art. 7°). La reserva, *per se,* no daba ningún derecho a indemnización por parte de los concesionarios, y el Estado sólo pagaba los costos de la recolección, compresión y entrega del gas. La Ley sólo previó una compensación *"en el caso de que el Estado decida asumir las operaciones de recolección, compresión y tratamiento en plantas que actualmente realizan los concesionarios",* en cuyo caso, la misma equivaldría "a la parte no depreciada del costo de las instalaciones y equipos que requiere para esas operaciones o el valor de rescate de los mismos si éste fuere menor que aquél" (Art. 8°). De acuerdo a esto, la indemnización sólo procedía si el Estado decidía apropiarse de las instalaciones, y por esa apropiación indemnizaba al concesionario; la reserva, en sí misma, en cambio, como prohibición impuesta a los concesionarios de seguir aprovechándose del gas natural, no dio derecho alguno a indemnización.

4. La nacionalización

La nacionalización de empresas, es decir, la obligatoriedad impuesta a todas las empresas que operan en ciertas áreas o sectores de la economía que el Estado se reserva por razones de conveniencia nacional, de transferirle a éste la propiedad de las mismas, mediando indemnización, es un institución que en Venezuela tiene fundamento constitucional en la ya señalada figura de la reserva al Estado de industrias o sectores económicos.

En efecto, tal como se ha señalado, la reserva tiene como consecuencia dos efectos fundamentales: en primer lugar, establecer a favor del Estado un monopolio de derecho; y en segundo lugar, establecer, como consecuencia, una prohibición para los particulares de realizar actividades en el sector reservado, en virtud de la exclusión de la libertad económica que implica. Por esta sola reserva, no tiene el Estado obligación alguna de indemnizar a los particulares excluidos. Pero si además de la reserva, ésta se acompaña con la exigencia y obligación impuesta a los particulares y empresas afectadas, de transferir forzosamente al Estado las instalaciones, con que operaban, estaremos en presencia de la figura de la nacionalización, que sí da derecho a indemnización.

En el ordenamiento jurídico venezolano, por tanto, la figura de la reserva junto con la expropiación, dieron origen a una nueva institución: la nacionalización, sometida a sus propias normas indemnizatorias, de acuerdo a la interpretación que haga la Ley de la "justa indemnización" a que se refiere el artículo 101 de la Constitución. En este sentido, por ejemplo, las normas para calcular la indemnización con motivo de las nacionalizaciones de las industrias del hierro y del petróleo, establecidas en el Decreto–Ley que reserva al Estado la industria de la explotación de mineral de hierro (Decreto–Ley N° 580, de 26–11–74, en *Gaceta Oficial* N° 30.577, de 16–12–74) y en la Ley Orgánica que reserva al Estado la industria y el comercio de los hidrocarburos, de 29 de agosto de 1975 (*Gaceta Oficial* N° 1.769, Extr. de 29–8–75), fueron distintas a las previstas en la Ley de Expropiación por causa de utilidad pública o social; y entre otros factores porque no se trata de una expropiación pura y simplemente.

La expropiación de empresas, por su parte, es una restricción a la propiedad de una determinada organización económica: no afecta, *per se,* la libertad económica en un determinado sector, y el hecho de que se expropie una empresa no impide que otros particulares realicen actividades en ese mismo sector.

En cambio, en la nacionalización, la reserva afecta *y* excluye la actividad económica en el sector reservado, y la transferencia forzosa de las empresas se produce respecto de todas las que operan en el sector, con la prohibición, para los particulares de seguir realizando o realizar en el futuro actividades en dicho sector. Aquí no hay una restricción a la libertad económica de un particular o grupo de ellos, sino la exclusión de la libertad económica respecto a un determinado sector. Por eso, los principios de la expropiación no pueden aplicarse, tal como están en la legislación tradicional, a la expropiación que acompaña a la reserva estatal, pues en este caso, la nueva institución que surge, la nacionalización, condiciona el tratamiento del proceso.

VI. CONCLUSIONES GENERALES

El derecho administrativo, lo señalamos al inicio de esta nota, no es sino el reflejo de la evolución político–económico–social de un determinado país; como consecuencia, su historia y evolución resulta de la historia y evolución del Estado.

En Venezuela, y en general, en América Latina, el Estado que existía al comenzar el presente siglo, era un Estado de estructura fuertemente liberal: era el Estado liberal–burgués de Derecho del siglo pasado, con claras políticas de fomento a las iniciativas privadas y otorgador de privilegios a los particulares e inversionistas extranjeros. Era, en definitiva, un Estado celoso defensor de la propiedad privada y de la libertad económica, que se reconocían como derechos absolutos. El fundamento y basamento de la organización política y del Estado, era el respeto a esos dos derechos; y el derecho Administrativo era un derecho administrativo típicamente liberal. El Estado estaba controlado por la burguesía y operaba al servicio de ésta. Por tanto, quienes controlaban al Estado, los propietarios locales y los inversionistas extranjeros, eran los árbitros del derecho administrativo. Este estaba, por tanto, al servicio de sus intereses.

Los ciudadanos, el pueblo, así como estaban ausentes de las preocupaciones efectivas del Estado, no entraban en el marco de las regulaciones del derecho administrativo. Este, insistimos, era el derecho de los propietarios y de los empresarios, quienes controlaban al Estado.

Con motivo del proceso político que se verificó en Venezuela entre 1936 y 1948, puede decirse que el Estado dejó de estar controlado exclusivamente por la burguesía. Otros actores, grupos e intereses, comienzan a asediar al Estado, a controlarlo, influenciarlo y tratar de dominarlo: los partidos políticos, los sindicatos, las asociaciones profesionales, los gremios de funcionarios, los grupos económicos organizados. El Estado comenzó a actuar entonces como árbitro e integrador de todos esos grupos e intereses, generalmente contrapuestos, y el derecho administrativo comenzó a configurarse como el derecho del equilibrio entre los intereses individuales de dichos grupos y un nuevo interés que comenzó a marcar sus instituciones: el interés público, el interés colectivo, el interés social. Por ello, inclusive, al mismo derecho de propiedad se le asignó una función social, y la libertad económica dejó de ser el impedimento a las intervenciones estatales conformadoras del orden económico y social.

Este carácter de derecho equilibrador que adquiere el derecho administrativo, clarifica aún más los dos extremos en los cuales se mueve: las prerrogativas del Estado, para atender a los intereses colectivos; y la protección de los intereses individuales.

Hay un dato político que condicionará toda la evolución del derecho administrativo, y e que en la década de los años cuarenta del siglo pasado, el sistema político–económico del país sufrió una radical transformación. Dejó de ser un sistema típicamente liberal, que veía en toda acción del Estado una usurpación, y comenzó a configurarse como un sistema de economía mixta, en el cual el Estado tenía derecho propio, no subsidiario, a participar, como actor, en el proceso económico. El derecho administrativo comenzó a dejar de ser, entonces, solamente un derecho para limitar las acciones del Estado y proteger los intereses individuales, y se comenzó a configurar como un derecho para regular y permitir la acción del Estado como gestor de los intereses colectivos. Ya a partir de la década de los años treinta, y consolidado posteriormente en la de los años cuarenta, paralelamente a los tradicionales derechos individuales, económicos y políticos, comenzaron a tener consagración los derechos de carácter social, que más que derechos, en realidad, son obligaciones sociales impuestas al propio Estado. El derecho administrativo comenzó a ser, entonces, además del derecho de la acción económica del Estado, un derecho de la acción social del Estado. Pero esta transformación del derecho administrativo, en realidad, no es más que el reflejo de la transformación del Estado: de un Estado liberal–burgués de Derecho a un Estado social de Derecho.

En este proceso evolutivo, la misma consagración de los derechos individuales sufre una gran transformación: de los derechos absolutos se pasa a los derechos regulados o limitados, para conciliar su ejercicio con las exigencias de los intereses colectivos. El derecho administrativo, así, comenzó a configurarse también como el derecho de las limitaciones a las libertades tradicionales.

Pero un nuevo ingrediente político se agregó a esta transformación, y es el elemento democrático. A partir de 1958 se instauró en Venezuela un régimen democrático que contribuyó, desde el punto de vista político, a acentuar el carácter de arbitro o componedor del Estado frente a grupos, presiones e intereses, y desde el punto de vista jurídico, a tratar de hacer del derecho administrativo no sólo el instrumento de los poderosos, sino de toda la colectividad.

El mismo derecho administrativo así, comenzó a democratizarse: sin olvidar su carácter de instrumento de los intereses colectivos, que permite el reforzamiento de los poderes del Estado; se presenta, también, como un derecho para la protección de los intereses o derechos particulares frente a las abusivas o ilegítimas acciones estatales.

Vista esta evolución a través de las regulaciones de dos de los pilares fundamentales de la organización política de comienzos de siglo: el derecho de propiedad y la libertad económica, se evidencia la magnitud de la transformación. Esos derechos dejaron de ser absolutos y dejaron de sustentar la organización político–social; son derechos limitados y limitables. El Estado dejó de ser un Estado liberal–burgués de Derecho, armado para proteger casi exclusivamente aquellos derechos de propiedad y de la libertad económica, y se transformó en un Estado Social y Democrático de Derecho, representante de los intereses Colectivos y conjugador de los múltiples intereses individuales que lo asedian. El derecho administrativo, por tanto, dejó de ser el Derecho del Estado liberal y comenzó a consolidarse como el Derecho del Estado Social y Democrático.

El proceso nacionalizador que se desarrolló en Venezuela en los años setenta del siglo pasado, son la mejor muestra de ello. En todo caso, en el reconocimiento de esta realidad de la transformación del Estado, para perfeccionarla, está el reto planteado a los juristas contemporáneos, teniendo en cuenta que sólo la aproximación histórica es la que puede contribuir a esclarecer el futuro.

Sección Segunda: LA CONSTITUCIÓN ECONÓMICA DE 1961 Y LA NACIONALIZACIÓN DE LA INDUSTRIA PETROLERA EN 1975 (1996)

Esta Sección segunda sobre la Constitución Económica en la Constitución de 1961 y la nacionalización de la Industria Petrolera de 1975 se publicó en el Tomo I, de la obra *Instituciones Políticas y Constitucionales*, Universidad Católica del Táchira, Editorial Jurídica venezolana, Caracas 1997, pp. 550– 584.

Durante todo el régimen democrático y conforme al modelo de Estado social de Derecho establecido en la Constitución de 1961, se configuró una Constitución económica montada sobre un modelo económico de libertad, como opuesto al de economía dirigida; similar al que en general existe en los países occidentales democráticos y al cual, progresivamente se han dirigido los países que se conocían como socialistas.

La aplicación práctica de ese modelo constitucional provocó, desde el punto de vista político, la consolidación del régimen democrático representativo y pluralista, en un país que, en 1958, podía considerarse como el que tenía menos tradición democrática de todos los de América Latina. Desde el punto de vista económico, y a pesar de los múltiples problemas de desarrollo económico–social que continúan existiendo, el modelo enmarcó el desenvolvimiento de una economía basada en la libertad económica y la iniciativa privada, pero con una intervención importante y necesaria del Estado para asegurar los principios de justicia social que constitucionalmente debían orientar el régimen económico. Además, el Estado, al ser titular desde siempre, del dominio público sobre el subsuelo conforme a la pauta que marcaron las Ordenanzas de Nueva España, en vigencia en los territorios de las antiguas Provincias Coloniales de España en el Mar Caribe desde la segunda mitad del siglo XVII, en el caso de Venezuela, se convirtió en la entidad económica más poderosa del país, por ser dueño del petróleo, lo que lo llevó a intervenir en forma importante en la actividad económica.[5]

I. LA CONSTITUCIÓN ECONÓMICA EN EL TEXTO CONSTITUCIONAL DE 1961

1. Estado democrático y social de derecho y su modelo económico

En efecto, uno de los signos más característicos del constitucionalismo contemporáneo es, sin duda, el de la constitucionalización de los principios reguladores de la economía. El sistema económico, junto con el territorio, la población y el gobierno, está indisolublemente ligado a la idea misma del Estado contemporáneo, por lo que éste es inconcebible o al menos, impreciso, constitucionalmente hablando, si no se tiene en cuenta el elemento económico. De allí la inevitable realidad del constitucionalismo contemporáneo, que muestra el hecho de que las Constituciones, consideradas como normas supremas del ordenamiento jurídico directamente aplicable a los sujetos de derecho, además de los clásicos contenidos orgánicos (derivado del régimen de distribución del Poder Público), y dogmáticos (caracterizado por la enumeración y garantía de los derechos individuales, económicos, sociales y políticos) regulan adicionalmente, el marco jurídico fundamental para la estructura y funcionamiento de la actividad económica.

Es decir, las Constituciones contemporáneas además de su contenido político, formulan jurídicamente, una Constitución económica para ordenar la totalidad de la actividad económica, sea que ésta corresponda ser desarrollada por el sector público, sea por los particulares.

---

5 *V.* Allan R. Brewer–Carías, "Reflexiones sobre la Constitución Económica", *Revista de Derecho Público,* EJV, N° 43, Caracas 1990, pp. 5–16; y en *Estudios sobre la Constitución Española. Homenaje al Profesor Eduardo García de Enterría.* Madrid, 1991, Tomo V, pp. 3839 a 3853. *V.* lo expuesto en la Quinta Parte, Tomo I. *V.* Ricardo Combellas, "La Constitución Económica" en COPRE, *Una Constitución para el Ciudadano,* Caracas, 1994, pp. 395 Y ss.

No se trata, sólo, de que las Constituciones regulen, conforme a la tradición iniciada por la Constitución de *Weimar*, los derechos económicos y sociales de los ciudadanos con sus implicaciones tanto de limitación a la actividad estatal como de obligaciones de prestación a cargo de la Administración del Estado, sino que cada vez con más frecuencia contienen normas que regulan la economía nacional globalmente considerada, es decir, el marco jurídico conforme a la cual se debe desarrollar.

A esta tendencia generalizada no escapó la Constitución de 1961, la cual contenía, regulada extensivamente, una Constitución económica, es decir, una regulación jurídica constitucional de la economía, cuyos antecedentes se sitúan en el texto de la Constitución de 1947. Este texto, además de que proclamaba en su Preámbulo como razón de la existencia de la Nación Venezolana, "la libertad espiritual, política y económica del hombre, asentada en la dignidad humana, la justicia social y la equitativa participación de todo el pueblo en el disfrute de la riqueza nacional", contenía un Capítulo con el título *"De la economía nacional"* (Arts. 65 a 75) en el cual, además de regular la propiedad y la libertad de industria y comercio, se establecía el marco fundamental del proceso económico.

Aquella Constitución (de 1947), la cual tuvo escasos meses de vigencia, inspiró directamente el texto constitucional de 1961, el cual como lo afirmaron los Proyectistas de Motivos, *"no es una simple Ley Orgánica de régimen político, sino la formulación de un esquema conforme al cual debe desenvolverse la vida de un pueblo"*. Por ello, siguiendo la mejor tradición constitucional, la Constitución de 1961 también estuvo precedida de un Preámbulo o declaración preliminar formulada como la base o presupuesto que sirvió de fundamento al texto constitucional Y señaló, además, los valores sociales, económicos, políticos y jurídicos que inspiraban la acción del Estado.

En ese Preámbulo se establecieron los principios fundamentales que conformaron un modelo específico de Estado, que, luego se reguló detalladamente en el texto del articulado, el que se conoce con la denominación de *Estado democrático y social de Derecho,* que responde a un modelo económico concreto, en el cual si bien se reconoce y garantiza la iniciativa privada Y la libertad económica, como base de un sistema que es opuesto, por tanto, al modelo de economía dirigida; el Estado tiene un papel ordenador y conformador de la realidad económica que debe cumplir en vista de realizar la justicia social, en cuyos principios debe fundamentarse el régimen económico. Equivale este modelo económico sin duda, al denominado de *"economía social de mercado"* en los países europeos.

Ahora bien, consecuencialmente, en el Preámbulo de la Constitución de 1961 se estableció el principio y término de las actividades económicas, es decir, la base fundamental de la Constitución económica al prescribirse como objetivos de, ésta, el "proteger y enaltecer él trabajo amparar la dignidad humana, promover el bienestar general y la seguridad social; lograr la participación equitativa de todos en el disfrute de la riqueza, según los principios de la justicia social, y fomentar el desarrollo de la economía al servicio del hombre". Con esa formulación del Preámbulo, sin duda, en materia de principios, puede decirse que estábamos en presencia de un *Estado Social* cuya tarea es procurar o lograr una sociedad más justa (la justicia social), asumiendo obligaciones prestacionales frente a los ciudadanos y ordenando y regulando la realidad económica y social para el logro de tales objetivos.

Por supuesto, la Constitución de 1961, además, desde el punto de vista político, organizó un *Estado Democrático* cuyo objetivo fundamental, como lo señaló el mismo

Preámbulo, era el "sustentar el orden democrático como único e irrenunciable medio de asegurar los derechos y la dignidad de los ciudadanos". Este *Estado Democrático,* basado en el objetivo de "asegurar la libertad, la paz y la estabilidad de sus instituciones", siempre de acuerdo al Preámbulo, buscaba "mantener la igualdad social y jurídica, sin discriminaciones derivadas de raza, sexo, credo o condición social" y respetar "la garantía universal de los derechos individuales y sociales de la persona humana".

Conforme a todos esos postulados, por tanto, el Estado que organizó la Constitución de 1961, como se dijo, era un Estado democrático y social del Derecho, el cual además de su contenido social, fundamentó su existencia en el establecimiento y garantía de los derechos fundamentales; en el pluralismo democrático y la representatividad por vía de sufragio; en el sometimiento al derecho (principio de legalidad) y en la sumisión al control judicial. En todo caso, debe advertirse que la Constitución de 1961, aún cuando organizó y reguló un modelo de Estado democrático y social de Derecho no utilizó dicha expresión para calificarlo, al contrario de lo que luego ha establecido por ejemplo, la Constitución española de 1978, en cuyo artículo 1° se declara al Estado como, un "Estado social de Derecho" (Art. 1,1), conforme a la línea constitucional iniciada por la Constitución de la República Federal de Alemania.

2. La flexibilidad de la Constitución económica

Conforme a la orientación del Preámbulo, el marco de la Constitución económica se reguló en el Capítulo relativo a los *"Derechos económicos"* (Arts. 95 a 109) en el cual, como lo expresó la Exposición de Motivos, se reunieron *"los postulados más importantes que deben regir la acción del Estado y la de los participantes en el campo económico"* o en otros términos *"las orientaciones más importantes de algo tan fundamental como es la vida económica".* Ello se hizo, por supuesto, de manera flexible, o si se quiere, como lo expresaron los proyectistas, sin someterlo a "moldes excesivamente rígidos", de manera de "no coartar la acción legislativa", por supuesto, de los sucesivos gobiernos democráticos.

Por tanto, si bien la opción respecto del modelo económico en la Constitución, fue por un modelo de libertad económica fundamentado en principios de justicia social, ello se hizo en forma tal que, como lo expresó la Exposición de Motivos, *"deja cierta flexibilidad al legislador ordinario para resolver cuestiones e injertar modificaciones que correspondan a las necesidades y a la experiencia de la República, sin tener que apelar a una reforma constitucional".* En materia económica, por supuesto, esa flexibilidad en la formulación de los postulados, es la que pudo permitir la actuación sucesiva de gobiernos democráticos, cada uno con sus propias concepciones económicas e ideológicas, sin que para implantarlas se hicieran necesarias reformas constitucionales, como sucedió por ejemplo, con la experiencia del gobierno socialista en Chile a comienzos de la década de los setenta, que exigía una reforma constitucional a los efectos de establecer las distintas formas de propiedad (pública, mixta, privada) que formulaba la ideología socialista del gobierno.

La Constitución venezolana, al contrario, aun cuando como se dijo no formuló una Constitución económica neutra, lo hizo de manera que permitía el libre juego democrático de las ideologías y el establecimiento de gobiernos de orientación más socialista (socialismo democrático) o más liberales; o en otros términos, una mayor o menor intervención del Estado, según las exigencias del logro de la justicia social. Como lo resumieron los proyectistas de la Constitución:

"Por supuesto, la libertad económica que la Constitución garantiza no es la que puede impedir al Estado reservarse determinadas industrias la explotación o servicios de interés público por razones de conveniencia nacional y dictar medidas para planificar, racionalizar y fomentar la producción, así como regular la circulación, la distribución y el consumo de las riquezas con el objeto de impulsar el desarrollo económico del país. La protección a la iniciativa privada que la Constitución consagra se ve dentro de este orden de cosas como una consecuencia lógica de la acción del Estado y el reconocimiento de la necesidad de que aquélla contribuya eficazmente al desarrollo nacional".

La Constitución económica en el Texto Fundamental de 1961, por tanto, no sólo no estaba formulada rígidamente sino que además no conducía, en. modo alguno, a que el modelo económico formulado se tuviera que concretar políticamente en una vía exclusiva o excluyente; al contrario, permitía muchas y diferentes posibilidades, pero siempre dentro de los fundamentos de la propia Constitución económica, que por lo demás, en forma expresa precisó el artículo 95 de, la Constitución al postular que "El régimen económico de la República se fundamentará en principios de justicia social que a aseguren a todos una existencia digna y provechosa para la comunidad".

Por tanto, al haber diferentes aproximaciones políticas al logro de la justicia social, no sólo la Constitución no rigidizó ninguna opción, sino que al contrario, permitió, por ejemplo, dentro del modelo de libertad económica fundamentado en principios de justicia social, mayor o menor intervención del Estado según la orientación ideológica del programa del gobierno correspondiente, como lo reconoció expresamente la Corte Suprema de Justicia, al comentar el contenido de los artículos 95 a 98 de la Constitución:

"Las actividades del sector público pueden aumentar en la misma medida en que disminuyen las del sector privado o viceversa, de acuerdo con el uso que hagan las autoridades de los poderes que les confiere el Constituyente en las citadas disposiciones, y, en razón, de ello, es posible que un servicio pase del sector público al sector privado para que sea explotado como actividad comercial o industrial sin, fines de lucro, o que el Estado reasuma la responsabilidad de prestar el servicio directamente o por medio de un órgano contratado por él, entre otros, motivos por "razones de convivencia nacional" según dice, el Constituyente en las disposiciones antes citadas"[6].

De ello resulta, por ejemplo, que tanto la nacionalización, como la privatización, como políticas económicas, encontraron cabida en el texto constitucional de 1961, siempre por supuesto dentro del modelo económico formulado por la Constitución, el de la libertad económica fundamentada en principios de Justicia social.

Este modelo, indudablemente de economía mixta, en todo caso, a pesar de su formulación flexible, no podía conducir, pues hubiera sido contrario a la Constitución, ni a una privatización total de la economía eliminando toda intervención del Estado, ni a una estatización total de la economía ahogando la iniciativa y propiedad privadas; al contrario, conforme a la Constitución económica, tanto del Estado como los particulares participaban en el proceso económico, atribuyéndose incluso al Estado unos objetivos concretos que no podía renunciar a cumplir.

---

6 Sentencia de la Sala Político Administrativa de 5–10–70, en *Gaceta Oficial* N° 1.447 Extra de 15–12–70.

3. Los objetivos del Estado en la Constitución económica

En efecto, de acuerdo al texto constitucional, en el marco del modelo económico adoptado, además de los objetivos generales formulados en el Preámbulo como marco de toda la actividad económica, el Estado tenía un papel fundamental que cumplir para lograr la *"participación equitativa de todos en el disfrute de la riqueza, según los principios de la justicia social"*, (Preámbulo), *"asegurar a todos una existencia digna y provechosa"* (Art. 95) y *"fomentar el desarrollo de la economía al servicio del hombre"* (Preámbulo); el cual debía estar encauzado conforme a los siguientes objetivos:

En primer, lugar, la Constitución atribuyó al *"Estado"*, es decir, a la globalidad de la organización política de la sociedad, lo que comprendía los entes que conformaban el sector público y que ejercían el Poder Público frente a las actividades privadas, el objetivo fundamental de promover *"el desarrollo económico y la diversificación de la producción, con el fin de crear nuevas fuentes de riqueza, aumentar el nivel de ingresos de la población y fortalecer la soberanía económica del país"* (Art. 95). En un Estado con forma federal como el venezolano, estos objetivos, por supuesto, correspondían tanto a la República en el nivel nacional, como a los Estados miembros de la Federación y a los Municipios, en forma concurrente, en cada nivel territorial. Por tanto, no sólo la promoción del desarrollo económico y la diversificación de la producción era responsabilidad de la República como Estado Nacional, sino también la responsabilidad de cada Estado miembro de la Federación en su territorio, de los Municipios en el ámbito local e, incluso, de las otras entidades políticas que conformaban la República; el Distrito Federal y los Territorios Federales (cuando se establecieran). Se debe destacar, incluso, cómo la Ley Orgánica de Descentralización, Delimitación y Transferencia de Competencias del Poder Público de diciembre de 1989, sancionada para revitalizar el Federalismo, incluyó dentro de las materias a ser transferidas del Poder Central a los Estados, *"la planificación, coordinación y promoción de su propio desarrollo integral"* (Arto 4,1). Este objetivo de promover e impulsar el desarrollo económico del país, como fin fundamental del Estado en el campo económico, se repitió nuevamente en el artículo 98 del Texto Fundamental al regular los poderes estatales en relación a la iniciativa privada.

En segundo lugar, al establecer las bases del sistema tributario, es decir, de la tributación que podía imponerse no sólo por la República (Art. 136,8), sino por los Estados (Art. 18) y los Municipios (Art. 31), la Constitución formuló otro objetivo fundamental del. Estado en materia económica, el cual era procurar la justa distribución de las cargas según la capacidad económica del contribuyente, atendiendo al principio de la progresividad, así como *"la protección de la economía nacional y la elevación del nivel de vida del pueblo"* (Art. 223).

En la Constitución económica, por tanto, en cuanto se refiere al sector público, la participación e intervención del Estado en la economía, además de tener que perseguir los objetivos establecidos en el Preámbulo (proteger y enaltecer el trabajo, amparar la dignidad humana, promover el bienestar general y la seguridad social; lograr la participación equitativa de todos en el disfrute le la riqueza, según los principios de la justicia social, y fomentar el desarrollo de la ,economía al servicio del hombre), y buscar que el régimen económico se fundamente efectivamente "en principios de justicia social que aseguren a todos una existencia digna y provechosa para la colectividad" (Art. 95); en particular, al promover el desarrollo económico y la diversificación de la producción, debía perseguir "crear nuevas fuentes de riquezas aumentar el nivel de ingresos de la población y el fortalecer la soberanía económica del país" (Art. 95). Adicionalmente, al establecer el sistema tributario, éste debía perseguir "la protección de la economía nacional y la elevación del nivel de vida del pueblo" (Art. 223).

Por último, también debe mencionarse el objetivo que la Constitución asignaba al Estado en materia económica, en el contexto latinoamericano y en el marco de la "integración económica latinoamericana" que la República *debía favorecer*. A este fin, prescribió la Constitución que *"se procurará coordinar recursos y esfuerzos para fomentar el desarrollo económico y aumentar el bienestar y seguridad* comunes" (Art. 108).

4. La iniciativa privada, la libertad económica y sus limitaciones

La Constitución de 1961 formuló la Constitución económica, como se dijo, conforme al modelo de libertad económica y libre iniciativa privada fundamentadas en los principios de justicia social.

El principio fundamental de la libertad, base de todo el régimen constitucional, lo formuló el artículo 43 de la Constitución al prescribir que "Todos tienen el derecho al libre desenvolvimiento de su personalidad, sin más limitaciones que las que derivan del *derecho de los demás y del orden público y social"*. Con esta fórmula, según lo expresa la Exposición de motivos de la Constitución, se sustituyó "el enunciado tradicional de que todos pueden hacer lo que no perjudique a otro y nadie está obligado a hacer lo que la ley no ordene ni impedido de ejecutar lo que aquella no prohíba", siendo por tanto aplicable su contenido al ámbito de la libertad económica, sometida, por tanto, a las limitaciones que deriven "del derecho de los demás y del orden público y social", con lo que no sólo garantizaba la concurrencia (respecto al derecho de los demás al ejercicio de la libertad económica) prohibiéndose, incluso, expresamente los monopolios (Art. 97); sino que se sometía la libertad a la consecución de los objetivos generales de la Constitución económica consignados en el Preámbulo y en el artículo 95, conforme al cual la actividad económica, incluso la privada se debía fundamentar "en principios de justicia social que aseguren a todos una existencia digna y provechosa para la colectividad" (Art. 95). Por ello, también, las limitaciones que circundaban la libertad económica, se podía fundamentar en él "orden público y social" (Art. 43).

Pero en particular, adicionalmente, la Constitución formuló el principio de la libertad económica como el derecho de todos a *"dedicarse libremente a la actividad lucrativa de su preferencia"* (Art. 96), fórmula que sustituyó la tradicional "libertad de industria y comercio". Esta libertad, por supuesto, correspondía, conforme a la Constitución, a "todos", es decir, a todos los sujetos de derecho y por tanto, no sólo a los venezolanos sino también a los extranjeros. Sin embargo, si bien la Constitución garantizó la igualdad de derechos y deberes entre venezolanos y extranjeros, ello lo estableció *"con las limitaciones o excepciones establecidas por esta Constitución y las leyes"* (Art. 45), destacándose, dentro de las normas de la Constitución económica, el régimen de las inversiones extranjeras al disponer que "la ley establecerá las normas relativas a la participación de los capitales extranjeros en el desarrollo económico nacional" (Art. 107).

La libertad económica, sin embargo, no se estableció en la Constitución como absoluta, sino que se la sometió a las limitaciones "previstas en esta Constitución y las que establezcan las leyes por *razones de seguridad, de sanidad u otras de interés social"* (Art. 96). Se estableció, por tanto, la garantía constitucional fundamental de esta libertad que consistió en la reserva legal (ley formal) respecto de las limitaciones a la misma, aparte de las limitaciones a la libertad económica que la propia Constitución estableció, por ejemplo, al reservar al Estado directamente la posesión y el uso de las armas de guerra, y someter a limitaciones legales la fabricación, comercio, posesión y uso de otras armas (Art. 133); al prescribir la posibilidad que tenía el Estado mediante ley, de *"reservarse determinadas industrias, ex*plotaciones o servicios de interés público por razones de convenien*cia nacional".* (Art. 97); al regular que por ley se podían establecer obras y servicios de interés público (obras públicas y servicios públicos), a cargo del Estado, que sin embargo podían otorgarse mediante concesión a los particulares (Art. 97); al prescribir que, en todo caso, el Estado debía tener el control de la industria pesada (Art. 97) aun cuando ésta fuera desarrollada por los particulares, al indicar que en los casos de empresas explotadoras de recursos naturales, "los ferrocarriles, carreteras, oleoductos y obras de comunicación o de transporte" que construyeran debían *"estar al servicio del público,* en las condiciones y con las limitaciones que establezca la Ley" (Art. 104); y al establecer la figura de la reversión en materia de concesiones mineras, en los siguientes términos: *"Las tierras adquiridas con destino a la exploración* o *explotación de concesiones mineras, comprendidas las de hidrocarburos y demás minerales combustibles, pasarán en plena propiedad a la Nación, sin indemnización alguna, al extinguirse por cualquier causa la concesión respectiva"* (Art. 103).

El ejercicio de la libertad económica, en todo caso, base del modelo económico de la Constitución, no sólo debía fundarse en los principios de justicia social (Art. 95), sino que no podía significar lesión a la misma libertad ejercida por otros. De allí que la Constitución impuso al legislador el deber de que por ley se dictasen *"normas para impedir la usura, la indebida elevación de los precios y, en general, las maniobras abusivas encaminadas a obstruir* o *restringir la, libertad económica"* (Art. 96).

Ahora bien, y dentro de la garantía de la reserva legal, la Constitución autorizó el establecimiento de limitaciones a la libertad económica con una amplitud considerable, al señalar que por ley se le podían establecer limitaciones "por razones de seguridad, de sanidad u otras de interés social". (Art. 96).

Pero además de consagrar expresamente la libertad económica, la Constitución de 1961, también garantizó la iniciativa privada en materia económica al prescribir que "El Estado protegerá la iniciativa privada, sin perjuicio de la facultad de dictar medidas para planificar, racionalizar y fomentar la producción, y regular la circulación, distribución y consumo de la riqueza a fin de impulsar el desarrollo económico del país" (Art. 98). La garantía de la iniciativa privada, por tanto, no escapó del objetivo general de contribuir al desarrollo económico del país, hacia lo cual el Estado debía orientarla con los poderes planificadores, reguladores y de fomento que la Constitución le atribuyó expresamente. Los sectores económicos privados, en todo caso, debían ser oídos "en los asuntos que interesan a la vida económica". El principio se estableció en el artículo 109 de la Constitución al prescribir que la Ley debía "regular la integración, organización y atribuciones de los cuerpos consultivos que se juzgan necesarios para oír la opinión de los sectores económicos privados, la población consumidora, las organizaciones sindicales de trabajadores, los colegios de profesionales y las universidades, en los asuntos que interesen la vida económica".

Por otra parte, dentro de los derechos económicos de los particulares que se garantizaron en la Constitución, estaba el derecho de propiedad, el cual, en virtud de la "función social" que siempre debía cumplir, estaba sometido "a las contribuciones, restricciones y obligaciones que establezca la Ley con fines de utilidad pública o de interés general"

(Art. 99). De nuevo, aquí estaba la garantía de la reserva legal para el establecimiento de las limitaciones a la propiedad, que sólo podían formular el Legislador mediante Ley formal, o en los casos autorizados en la Constitución, el Presidente de la República mediante Decretos–Leyes, con fines de utilidad pública o de interés social que, en definitiva, delineaban el concepto de función social. En cuanto a la propiedad privada de inmuebles rurales, la Constitución formuló el principio de que "el régimen latifundista es contrario al, interés social", por lo que autorizó al Legislador a que mediante ley formal dispusiera "lo conducente a su eliminación", y al establecimiento de "normas encaminadas a dotar de tierra a los campesinos y trabajadores rurales que carezcan de ella, así como a proveerlos de los medios necesarios para hacerla producir" (Art. 105), lo que se reguló, incluso antes de promulgase la Constitución, en la Ley de Reforma Agraria de 1960[7].

Además, y también en relación a la propiedad privada, en cuanto ésta implicara aprovechamiento de recursos naturales, la Constitución estableció el principio de que el Estado debía atender "a la defensa y conservación de los recursos naturales de su territorio", fueran renovables o no renovables; y de que en todo caso, "la explotación de los mismos estará dirigida primordialmente al, beneficio colectivo de los venezolanos" (Art. 106), lo que implicaba, en todo caso, una limitación adicional, derivada de la función social que la propiedad privada debía cumplir.

Por último, la Constitución también garantizó los derechos sobre obras científicas, literarias y artísticas, invenciones, denominaciones, marcas y lemas los cuales sin embargo, sólo gozaban de "protección por el tiempo y en las condiciones que señala la Ley" (Art. 100), previéndose de nuevo, en todo caso, la garantía fundamental de la reserva legal.

Debe señalarse, además, en relación a la propiedad e incluso en relación a los derechos sobre bienes inmateriales, que la Constitución adicionalmente estableció dos garantías frente a su eventual extinción por parte del Estado.

En primer lugar, reguló la institución de la expropiación, la cual podía ser declarada respecto de cualquier clase de bienes solo "por causa de utilidad pública o de interés social, mediante sentencia firme y pago de justa indemnización" (Art. 101). En cuanto al previo pago de la indemnización sin embargo, la propia Constitución estableció la posibilidad que mediante Ley "en la expropiación de inmuebles, con fines de reforma agraria o de ensanche y mejoramiento de poblaciones, y en los casos que por graves razones de interés nacional determine la Ley, podrá establecerse el diferimiento del pago por tiempo determinado o su cancelación parcial mediante la emisión de bonos de aceptación obligatoria, con garantía suficiente", (Art. 101).

En segundo lugar, la Constitución formuló la garantía general respecto de que "no se decretarán ni ejecutarán confiscaciones" (Art. 102), abriendo sin embargo, dos excepciones: las medidas que fueran aceptadas por el derecho internacional y los casos en los cuales el Congreso decretase "por acuerdo aprobado por la mayoría absoluta de sus miembros, la incautación de todos o parte de los bienes" de las personas responsables de actos de fuerza contra la vigencia de la Constitución y de los funcionarios de los gobiernos que se pudieran organizar subsecuentemente, salvo que hubieran contribuido a restablecer el imperio de la misma. La incautación de bienes, en esos casos, también podía ser decretada respecto de "quienes se hayan enriquecido ilícitamente al amparo de

7 *V.* en *Gaceta Oficial* Nº 611 Extra. de 19–3–60.

la usurpación". Dicha incautación, en todo caso, se reguló "para resarcir a la República de los perjuicios que se le hayan causado" (Art. 250).

Por último, además de la regulación de la libertad económica y del derecho de propiedad, en la Constitución se establecieron indirectamente otros derechos económicos como inherentes al sistema, y que pueden englobarse en un conjunto de derechos constitucionales a. la protección de la libertad económica y de la iniciativa privada. Por ejemplo, al establecerse imperativamente que "no se permitirán monopolios" (Art. 97), de ello se deducían derechos de protección económica contra las conductas monopólicas que pudieran afectar la libertad económica; y al establecerse la obligación para el Legislador de dictar normas "para impedir la usura, la indebida elevación de los precios y, en general, las maniobras abusivas encaminadas a obstruir o restringir la libertad económica" (Art. 96), se deducían derechos económicos, por ejemplo, a la protección de la competencia o concurrencia.

5. Los principios de la intervención del Estado en la economía

El modelo económico que estableció la Constitución, si bien se fundamentó en la libertad económica y la iniciativa privada, prescribió expresamente que ésta debía fundamentarse en "principios de justicia social que aseguren a todos una existencia digna y provechosa para la colectividad" (Art. 95). En consecuencia, el sistema no se concebía sin que el Estado tuviera una intervención decisiva con el objeto de garantizar, conforme lo formuló el Preámbulo de la Constitución, que se protegiera y enalteciera el trabajo; se amparara la dignidad humana; se promoviera el bienestar general y la seguridad social; se buscara lograr la participación equitativa de todos en el disfrute de la riqueza, según los principios de la justicia social; se fomentara el desarrollo de la economía al servicio del hombre y se mantuviera la igualdad social y jurídica, sin discriminaciones derivadas de raza, sexo, credo o condición social. En consecuencia, como pieza esencial de la Constitución económica, además de los objetivos señalados que se asignaron al Estado, se le atribuyó expresamente una serie de poderes de intervención en la vida económica.

En primer lugar, estaban los poderes de regulación de la actividad económica (Estado Regulador) que como se ha dicho, en todo caso, requerían como garantía, de una ley, siempre que se tratase de la imposición de limitaciones a la libertad económica y a la iniciativa privada. Así, las limitaciones a la libertad económica "por razones de seguridad, de sanidad u otras de interés social" (Art. 96) sólo podían establecerse por Ley. Asimismo, sólo la ley podía establecer "normas para impedir la usura, la indebida elevación de los precios y, en general, las maniobras abusivas encaminadas a obstruir o restringir la libertad económica (Art. 96); y sólo la Ley podía establecer las regulaciones que permitieran al Estado "dictar medidas para planificar, racionalizar y fomentar la producción, y regular la circulación, distribución y consumo de la riqueza" (Art. 98). En el mismo sentido, en cuanto a la propiedad privada, sólo por Ley se podían establecer las contribuciones, restricciones y obligaciones a que debía someterse en virtud de su función social, con fines de utilidad pública o de interés general (Art. 99); y sólo por Ley debía disponerse lo conducente a la eliminación del latifundio (Art. 105).

En segundo lugar, estaban los poderes de planificación y ordenación de la actividad económica (Estado planificador) como tarea de ordenación de la misma, mencionadas en el artículo 98 del texto fundamental (planificar la producción a fin de impulsar el desarrollo económico del país) e indirectamente previstos en el artículo 191 que exigía al Presidente de la República, en su Mensaje Anual al Congreso, la exposición de los "lineamientos del plan de desarrollo económico y social de la Nación", y en el artículo 229 que autorizó la sanción de una ley con normas para "coordinar la inversión del situado constitucional (es decir, la partida del presupuesto nacional destinada a distribuirse entre los Estados miembros de la Federación) con planes administrativos desarrollados por el Poder Nacional". Con la Enmienda Constitucional N° 2 de 1983, la función planificadora del Estado se especificó adicionalmente en la Constitución económica, al prescribirse que "El Ejecutivo Nacional en el transcurso del primer año de cada período constitucional presentará para su aprobación, a las Cámaras Legislativas en sesión conjunta, las líneas generales del plan de desarrollo económico y social de la Nación" (Art. 7) con lo cual no sólo el propio Ejecutivo Nacional y la Administración Pública debían estar vinculados al plan aprobado, sino que las propias Cámaras Legislativas debían sujetarse al mismo, por ejemplo, al sancionar las leyes de Presupuesto y los créditos adicionales, al mismo, en el período de ejecución del plan.

En tercer lugar, estaban los poderes de control (Estado de control), por ejemplo, para proteger la propia libertad económica en su ejercicio recíproco por los sujetos de derecho y asegurar que se ajustase a los principios de justicia social. Siendo los límites de la libertad "el derecho de los demás y el orden público y social" (Art. 43), el Estado tenía los poderes de control para evitar que ellos se traspasasen. Por ello, la prohibición constitucional respecto a los monopolios, que "no se permitirán", (Art. 97), y la potestad expresa para que la ley dicte "normas para impedir la usura, la indebida elevación de los precios y, en general, las maniobras abusivas encaminadas a obstruir.–o restringir la libertad económica" (Art. 96). Dentro de los poderes de control, se destacaban, además, aquellos que ejercía el Estado sobre determinadas actividades económicas de producción, como la "industria básica pesada" que aun cuando sea desarrollada por los particulares, conforme a la Constitución, debía estar siempre bajo control del Estado (Art. 97).

En cuarto lugar, estaban los poderes del Estado para reservarse determinados servicios de interés público (Estado de servicios públicos) (Art. 97) lo que implica siempre, una restricción a la libertad económica, pues el que se declare una actividad ,determinada como servicio público no significa otra cosa que sustraerla de las actividades que pueden realizar, libremente, los particulares. Esta reserva, por otra parte, comporta siempre una obligación de prestación o prestacional que asume el Estado, sea de manera exclusiva, con exclusión de toda actividad privada, sea con participación de la iniciativa privada, en algunos casos, mediante el régimen de concesiones. En este caso, la Constitución estableció, que "sólo podrán otorgarse, en conformidad con la ley, concesiones con carácter de exclusividad, y por tiempo limitado, para el establecimiento y la explotación de obras y servicios de interés público" (Art. 97).

En quinto lugar, estaba los poderes del Estado de participar directamente en la actividad, económica, como empresario en cualquier tipo de actividades industriales, comerciales y de servicio (Estado Empresario), establecidos en forma tal, sin limitación de ningún tipo, de manera que no había visos algunos de subsidiaridad. Por tanto, el Estado no tenía límites constitucionales expresos para participar en la actividad económica y ser propietario de medios de producción, salvo, por supuesto, los que derivaban de la misma formulación del modelo económico que impedía una estatización total de la economía y la eliminación de la iniciativa privada. Por tanto, en un régimen de economía mixta y dentro de los mismos marcos de la Constitución económica, es decir, fundamentada en principios de justicia social que aseguren a todos una existencia digna y provechosa para la colectividad, el Estado podía desarrollar una actividad empresarial en concurrencia con las actividades económicas privadas, con poderes, incluso, para reservarse determinadas industrias y explotaciones.

En esta materia, la Constitución, en primer lugar estableció la reserva para el Estado de poseer y usar armas de guerra, de manera que "todas las que existan o se introduzcan en el país pasarán a ser propiedad de la República, sin indemnización ni proceso" (Art. 133).

Además, en segundo lugar el artículo 97 de la Constitución estableció que "el Estado podrá reservarse determinadas industrias, explotaciones o servicios de interés público por razones de conveniencia nacional", de lo que resultó, en primer lugar, una cláusula habilitatoria para que el Estado pudiera reservarse actividades económicas, en cuyo caso, quedarían excluidas del ámbito de la libre iniciativa privada; y en segundo lugar, una cláusula limitativa, en cuanto que sólo podía incidir en "determinadas" industrias, explotaciones o servicios, es decir, la posibilidad constitucional de reserva de actividades económicas al Estado no podía conducir a una estatización general de la economía.

La reserva del Estado de actividades económicas, hemos dicho, implicaba que un sector de actividad económica (de industrias, explotaciones o servicios de interés público) quedaba excluida de la libre iniciativa privada, correspondiendo al Estado su realización, e implicando, una vez dictada la reserva, por Ley, que los particulares que realizaban actividades económicas en las áreas reservadas, debían cesar en ello. Este poder de reserva fue usado expresamente en cuatro ocasiones hasta 1999, durante la vigencia de la Constitución de 1961: la reserva del mercado interno de los hidrocarburos (1973), la reserva de la industria del gas natural (1972), la reserva de la industria del mineral de hierro (1975), y la reserva de la industria y el comercio de los hidrocarburos (1975), y en estos cuatro casos, la reserva fue total, excluyéndose la posibilidad de realización de dichas actividades por los particulares, salvo a través de mecanismos de asociación con el Estado. Es de advertir, además que la reserva en sí misma, no implicaba pago de indemnización alguna a los particulares que realizaban la actividad concreta y debían cesar, salvo cuando el Estado, además de formular la reserva, decidiese asumir y apropiarse de los bienes que los particulares tenían afectados a la actividad, en cuyo caso debía expropiarlos conforme a lo establecido en el artículo 101 del Texto Fundamental, es decir, mediante sentencia firme y pago de justa indemnización. En consecuencia, la reserva de actividades económicas por ley y la expropiación de los bienes de particulares que estaban afectos a la actividad, como medidas conjuntas, conformaron en Venezuela la figura de la nacionalización, que se aplicó, entre otras, en materia de la industria petrolera en 1975, por supuesto, sólo respecto de esta industria, pues el subsuelo (el petróleo) siempre ha sido del dominio público del Estado.

Pero la participación del Estado en actividades empresariales, por supuesto, podía realizarse también en concurrencia con los particulares, estableciéndose en la Constitución que una Ley debía determinar "lo concerniente a las industrias promovidas y dirigidas por el Estado; (Art. 97), y, que "los intereses del Estado en corporaciones o entidades de cualquier naturaleza", y por supuesto de carácter económico "estarán sujetos al control del Congreso, en la forma que la Ley establezca" (Art. 230).

Por último, en el marco de los poderes de intervención del Estado en la economía, se deben mencionar los clásicos poderes de fomento (Estado de fomento) que derivaban expresamente dé la obligación impuesta al Estado de "proteger la iniciativa privada" con la atribución en el artículo 98, de, entre otras potestades, la de dictar medidas para "fomentar la producción, a fin de impulsar el desarrollo económico del país". Por supuesto, también derivaban los poderes de fomento del objetivo general que se le definió al Estado en la Constitución, de "promover el desarrollo económico y, la diversificación de producción, con el fin de crear nuevas fuentes de riqueza; aumentar el nivel de ingresos de la población y fortalecer la soberanía económica del país" (Art. 96).

Conforme a todo este esquema de economía mixta, durante la vigencia de la Constitución de 1961 y con base en la riqueza petrolera, puede decirse que el ámbito del sector público respecto del sector privado dependió de la política económica y social concreta del gobierno[8] conforme al objetivo de buscar el desarrollo económico y social del país. Por ello, las decisiones del Estado de asumir y desarrollar directamente la industria petrolera y petroquímica, la industria siderúrgica, la industria del gas natural, la comercialización de los productos derivados del petróleo, para sólo hacer referencia a aquellas actividades que no constituyen un servicio público en sentido estricto, ello no lo hizo con el solo criterio especulativo o de obtención de un beneficio económico[9], como sería el principal criterio de las actividades desarrolladas por el sector privado, sino básicamente como mecanismo para asegurar la soberanía económica del país, promover su desarrollo económico y social, y elevar el nivel de vida de la población a través de mecanismos de redistribución de la riqueza. Los mismos fines también condujeron al propio Estado en los últimos años del siglo pasado, a promover el desarrollo del sector privado, liberalizando la economía y privatizando empresas, cuando la crisis económica derivada del peso de la deuda externa y la disminución del ingreso petrolero así lo aconsejaron.

II. LA INFLUENCIA DEL PETRÓLEO Y LA PARTICIPACIÓN ESTATAL EN LA INDUSTRIA PETROLERA.

Ahora bien, plantearse la situación y potestad interventora del Estado en un sistema de economía mixta como el de Venezuela hasta 1999, exige hacer una referencia a una de las causas fundamentales de la transformación de Venezuela en las últimas décadas y quizás uno de los motivos que provocaron la institucionalización del sistema de economía mixta: el petróleo y su explotación y control. Es claro, en este sentido, que así como no pueden comprenderse bien los rasgos, fundamentales de la transformación del país sin la referencia a las vicisitudes del auge petrolero[10], en la misma forma, no podría calibrarse adecuadamente el papel que el Estado juega en la economía venezolana, sin

---

8 *V.* sentencia de la CSJ en SPA de 5–10–70 en *G.O.* Nº 1.447, extraordinario de 15–12–70, p. 11. *V.* además en Allan R. Brewer–Carías, *Jurisprudencia de la Corte Suprema 1930–1974 y Estudios de Derecho Administrativo,* Tomo I (El ordenamiento constitucional y funcional del Estado), Caracas, 1975, pp. 133 y ss.

9 Tal como lo ha apreciado la Corte Suprema: "... no son idénticos los motivos que determinan la acción estatal y la de los particulares en los campos que respectivamente, le sean, asignados: la satisfacción de las necesidades colectivas constituye uno de los fines del Estado y no la ocasión o el medio de obtener una ganancia, ni aun en el caso de que los usuarios estén obligados a pagar una retribución para el servicio que se les preste. En cambio, es, la especulación entendida en el sentido de obtener un beneficio *lícito* en el ejercicio de una actividad lucrativa, la que impulsa generalmente a los particulares a encargarse de la gestión de servicios de utilidad pública. Por tanto, lo que es para los particulares un simple negocio, puede significar para el Estado, en la generalidad de los casos, el cumplimiento de un deber insoslayable". Véase sentencia de la CSJ en SPA de 5–10–70 en *G.O.* Nº 1.447 extraordinaria, de 15–12–70, p. 11.

10 *V.* D. E. Blank, *Politics in Venezuela,* 1973, pp. 31 y ss. y 273.

una referencia al proceso de control, venezolanización y nacionalización paulatina de la industria petrolera.

En tal sentido, puede decirse que la historia político–económica de Venezuela a partir de los años treinta hasta la década de los sesenta del siglo pasado, es realmente la historia de la lucha entre los intereses del país y los de las empresas petroleras extranjeras y, por tanto, la historia de la progresiva intervención y control del Estado sobre dicha industria. Con motivo de los resultados económicos de la explotación petrolera, se tuvo conciencia de que el problema económico de Venezuela, a diferencia del de otros países latinoamericanos, realmente no era iniciar un crecimiento económico, sino mantener ese crecimiento a una tasa elevada[11]; pero logrando, paralelamente, por una parte, la disminución de la dependencia económica mediante la obtención de una mayor participación en los beneficios, en la diversificación y en la operación de la industria petrolera; y por la otra, la reducción de la dependencia de la exportación de un solo producto, mediante la diversificación de la producción, el control y venezolanización de las inversiones extranjeras; todo ello (desarrollo económico) para la realización del desarrollo social y la ordenación del territorio.

En cuanto a la mayor participación en los beneficios de la industria petrolera, y después de finalizar la dictadura de Gómez (1935), las décadas siguientes fueron testigos de la realización de esfuerzos crecientes en tal sentido. En efecto, es necesario tener en cuenta que habiendo sido el petróleo y el subsuelo propiedad del Estado y la explotación de hidrocarburos realizada básicamente a través de concesiones, los beneficios de esta industria fundamental revirtieron al país a través de tres renglones de gastos: en primer lugar, los gastos destinados a cubrir los costos corrientes, tales como compras de materiales y pago de sueldos y salarios; en segundo lugar, los gastos destinados a cubrir los impuestos a la industria; y en tercer lugar, los gastos destinados a nuevas inversiones y al pago de las concesiones[12]. Entre estos renglones es evidente que el segundo fue la fuente más importante a través de la cual fluyeron recursos a la economía nacional, y en este campo pudo observarse una creciente participación del Estado en los beneficios de la industria, lo cual convirtió a Venezuela en la nación pionera de esta lucha, entre los países exportadores de petróleo[13].

En efecto, a partir de la aprobación de la Ley de Hidrocarburos de 1943[14] se inició un proceso de ampliación de los poderes del gobierno en relación a la industria petrolera, los cuales antes de esa fecha eran casi inexistentes. El paso más significativo en esta materia ocurrió en 1945, cuando la Junta Revolucionaria de Gobierno que presidía Rómulo Betancourt, mediante el Decreto N° 112 del 31 de diciembre, estableció un impuesto extraordinario y adicional para gravar el exceso de utilidades de las empresas petroleras, y en 1946, cuando la Asamblea Nacional Constituyente, elevó el impuesto

11 La verdadera tasa de crecimiento de Venezuela en el período de la postguerra fue una de las más elevadas del mundo. Su PTB per cápita en 1975 era más de seis veces el de Asia y África y cerca de tres veces el de la América Latina. *Cfr.* M. F. Hassan *Crecimiento Económico y Problemas de Empleo en Venezuela*, Caracas, 1973, p. 7.

12 *Cfr.* M. F. Hassan, *op. cit.*, pp. 15 y ss. Por supuesto que el renglón que más ha contribuido al crecimiento económico, de Venezuela ha sido el segundo. *Cfr.* Armando Córdova y Rector Silva Michelena, *Aspectos Teóricos del Subdesarrollo*, Caracas, 1967, p. 140

13 No hay que olvidar que Venezuela fue la promotora de la Organización de Países Exportadores de Petróleo (OPEP) en 1960. *Cfr.* Eduardo Acosta Hermoso, *Análisis histórico de la OPEP*, Mérida, 1969; Mustafá el Sayed, *L'Organisation des pays exportateurs de pétrole*, París, 1967; y Luis Vallenilla, *Auge, Declinación y Porvenir del Petróleo Venezolano*, Caracas, 1973.

14 *V.* las referencias a las vicisitudes de dicha Ley, en Isaías Medina Angarita, *Cuatro Años de Democracia*, Caracas, 1964, pp. 77 y ss.; y Luis Vallenilla, *op. cit.*, pp. 150 y ss.

complementario que gravaba la industria petrolera, previsto en la Ley de Impuesto sobre la Renta en 1942.

A pesar de que la tesis del gobierno en este campo era que "en ningún caso las empresas petroleras llegaran a recibir una participación en las ganancias anuales, superiores a las entradas que percibiera el Estado", en realidad, la denominada fórmula del 50/50 en la distribución de los beneficios de la industria entre el gobierno y las empresas petroleras, sólo fue posteriormente establecida en forma expresa en la modificación de la Ley de Impuesto sobre la Renta aprobada por el Congreso de 1948, doce días antes de que se produjera el golpe militar que derrocó al Presidente Rómulo Gallegos[15].

Ahora bien, precisamente en este año 1948, se produjo un importante cambio en la situación de la demanda energética mundial, pues los Estados Unidos, en relación a sus requerimientos energéticos, pasó a convertirse en país importador de petróleo y, por ello, pasó a depender progresivamente de fuentes energéticas de otros países[16]. Se comprende, por ello, la política norteamericana evidenciada en esa misma época por controlar y asegurar las fuentes productoras de petróleo para cubrir las exigencias de un consumo interno, lo cual resultó claro de la política que se siguió en el Medio Oriente y en Venezuela. Cualquier manifestación nacionalista de estos países que pudiera comprometer los suministros de petróleo, fue entonces extinguida, y basta señalar como ejemplo, para darse cuenta de ello, el bloqueo a los intentos nacionalistas de Mossadegh, en Irán[17] y la complacencia norteamericana respecto al golpe militar de Venezuela. La benevolencia de la dictadura militar de Pérez Jiménez no sólo estaba asegurada, sino que se manifestó generosamente en 1956 y 1957 con el otorgamiento de nuevas concesiones a las empresas petroleras, en una extensión considerable en relación a todas las existentes para ese momento[18]

Ahora bien, en el mencionado proceso de obtención de una mayor participación en los beneficios de la industria petrolera que se había iniciado entre 1943 y 1948 y que se vio interrumpido por diez años (1948–1958), debe destacarse una nueva Reforma de la Ley de Impuesto sobre la Renta, decretada esta vez en 1958 por la Junta de Gobierno que asumió el poder a la caída de la dictadura de Pérez Jiménez, elevando la participación del gobierno al 60 por ciento, aproximadamente, de los beneficios de la industria

---

15 *V.* las referencias en R. Betancourt, *Venezuela, Política y Petróleo,* México, 1956, pp. 243 y 246; y en Luis Vallenilla, *op. cit.,* pp. 166 y ss. y 205 y ss. Es de destacar que esta medida que elevó la participación del Estado en los beneficios de la industria petrolera al 50 por ciento, ha sido considerada como el inicio de una larga lucha de los países productores y exportadores de petróleo en el mundo, y que posteriormente en la década de los cincuenta comenzó a ser imitada por los países árabes. *Cfr.* Jean Jacques Berreby, "Les Conflicts Pétroliers Contemporains", *Ilevue Francaise de Science Politique,* Vol. XXII; N° 6, 1972, pp. 1.193 y ss.; Denis Bauchard, *Le Jeu Mondial des Pétroliers,* París, 1970, p. 63.

16 *Cfr.* Taki Rifai, "La Crise Pétroliere (1970–1971)", *Revue Francaise de Science Politique,* Vol. XXII, N° 6, 1972, pp. 1.214, 1.216 y 1.220.

17 *Cfr.* Jean–Jacques Berreby, *loc. cit.,* p. 1.194. Es de destacar a modo de ejemplo que en 1973, el Presidente Nixxon se refirió claramente a lo sucedido en 1951 en Irán y a la actitud norteamericana, al amenazar nuevamente a los países árabes, y particularmente a Libia y Arabia Saudita, en relación a cualquier decisión que pudiera comprometer el suministro de petróleo a Estados Unidos: *"Oil without a market* –dijo Nixon– *as Mr. Mossadegh learned many, many years ago, doesn't do a country much good.*

The innevitable result (de las presiones árabes) is *that they will loose their market, and other sources will be developed".* Véase el texto en *Times* (European Edition), September 17, 1978, p. 18. Sobre la nacionalización petrolera en Irán véase G. Neveu, "La Nationalisation de L'industrie Petroliere en Irán" en H. Puget (ed.), *Les Nationalisations en France et à l'Etranger,* Vol. II, París, 1958, pp. 301 y ss.

18 M. F. Hassan, *op. cit.,* p. 23, señala que la extensión de estas concesiones fue casi igual a la otorgada con anterioridad, lo cual evidentemente no es exacto. *Cfr.* Luis Vallenilla, *op.cit.,* p. 219.

petrolera y de la industria del hierro[19]. Posteriormente, en 1970, en el gobierno del Presidente Rafael Caldera, al promulgar una nueva reforma de la Ley de Impuesto sobre la Renta, que eliminó los antiguos impuestos a la industria, se estableció un impuesto único del 60 por ciento sobre los beneficios de las empresas petroleras y mineras, lo cual elevó la participación total del Estado en 1972, hasta alrededor del 87 por ciento de los beneficios de las empresas petroleras.

En 1974, en una reforma de la misma Ley, el Presidente C.A. Pérez elevó el impuesto único que gravaba el enriquecimiento neto anual de las empresas petroleras al 63 y medio por ciento, y en 1975, otra reforma lo elevó al 72 por ciento, con lo que el Estado en dicho año tenía una participación en las utilidades del negocio petrolero próxima al 98 por ciento[20]. Paralelamente a estas medidas impositivas, el Estado adoptó en la misma reforma de la Ley de Impuesto sobre la Renta de 1970, medidas de enorme importancia tendientes a contrarrestar, a los efectos fiscales, el deterioro de los precios de exportación del petróleo[21], provocado por la política de Estados Unidos sobre sus propios precios de producción, lo que en definitiva incidía sobre la determinación, en Venezuela, de la base imponible y sobre el ingreso fiscal por concepto petrolero[22]. En esta forma, desde 1971 el Ejecutivo Nacional fijó unilateralmente los valores de exportación del petróleo con lo que las empresas petroleras debieron pagar un impuesto adicional sobre la diferencia entre los ingresos por ventas de exportación por ellas declaradas a efectos fiscales, y los valores fijados por el Ejecutivo Nacional[23]

19 *V.* la Ley de Impuesto sobre la Renta dictada por Decreto–Ley de 19 de diciembre de 1958, *G.O.* Nº 577 Extraordinario, de la misma fecha. Véase las referencias a dicha reforma, en Luis Vallenilla, *op. cit.*, pp. 257 y ss.

20 *V.* las reformas parciales de la Ley de Impuesto sobre la Renta de 1970, 19,74 Y 1975 en *G.O.* Nº 1.448, Ext. de 18–1–70, Nº 1.702 Ext. de 31–10–14, y el Nº 1.720 Ext. 25–1–75. El Art. 58 de la Ley quedó redactado así: "El enriquecimiento global neto anual de toda persona o comunidad determinado de acuerdo con las normas establecidas en el Título III de la presente Ley (empresas mineras o de hidrocarburos) se gravará con una tasa del setenta y dos por ciento (72%). En cuanto al porcentaje fiscal de la participación en los beneficios de la industria, *Cfr.* Rafael Caldera, *Habla el Presidente,* Vol. IV, Caracas, 1973, pp. 564 y 569. En 1973 se establecía este beneficio en el 89 por ciento (89%). *Cfr.* Cordiplan, *Notas para la evaluación de la Obra el Gobierno* (1969–1973), Caracas, 1973, p. 16. Por su parte, M. F. Hassan, *op. cit.*, p. 24 establece este porcentaje en el setenta y cinco por ciento (75%).

21 Conforme al artículo 41 de la Ley de Impuesto sobre la Renta de 18 de diciembre de 1970, "el Ejecutivo Nacional fijará por períodos sucesivos hasta de tres años cada uno, los valores de los artículos o mercancías exportados en el puerto venezolano de embarque. Cuando el monto resultante de la aplicación de los valores fijados por el Ejecutivo Nacional exceda de los ingresos por ventas de exportación declarados por el contribuyente, se efectuará un pago complementario de impuesto sobre la diferencia". Véase en *Gaceta Oficial* Nº 1.448; Extraordinario, de 18 de diciembre de 1970. Véase los comentarios de Luis Vallenilla, *op. cit.*, pp. 502 y ss.

22 *Cfr.* Taki Rafai, *loc. cit.*, pp. 1.216 y ss. En este sentido, C. Julien señala que entre 1965 y 1970, el precio del barril del petróleo importado por Estados Unidos desde Venezuela disminuía de 2,47 a 2,30 dólares. Véase *L'Empire Americain,* París, 1962, p. 6. Es de destacar, por ello, que en la reforma a la Ley de Impuesto sobre la Renta de 1966 se iniciaron los esfuerzos por la determinación justa de los precios de exportación del petróleo a los efectos fiscales, pero mediante la figura de los "convenios de precios" celebrados entre el gobierno y las empresas petroleras posteriormente abandonada. En 1993, por ley especial se eliminaron los valores de exportación para la determinación de la renta.

23 En pago a la facultad atribuida al Ejecutivo Nacional, los Ministerios de Minas e Hidrocarburos y de Hacienda establecieron los valores de exportación de los crudos y de los derivados de hidrocarburos. *Cfr.*, el Informe anexo a Rafael Caldera, *IV Mensaje del Presidente al (Congreso, cit.*, p. 183. En esta forma, por ejemplo, en enero de 1973 se estableció un valor promedio de exportación del petróleo de 3,14 dólares por barril, y en julio de 1973 se elevó a 3,75 dólares por barril. (*Cfr.* la información en *El Nacional,* Caracas, 28 de julio de 1973). Posteriormente, en noviembre de 1973, luego de la crisis producida por la cuarta guerra en el Medio Oriente, se elevó el valor promedio de exportación a 7,24 dólares por barril, y en noviembre del mismo año se elevó a 7,74 dólares por barril. Para enero de 1974 dicho valor promedio se estableció en 14,08 dólares por barril (*Cfr. El Nacional*, Cara-

Las medidas adoptadas a partir de los años sesenta, sin embargo, no se redujeron a la obtención de una mayor participación en los beneficios de la industria petrolera, sino a lograr una mayor participación en la industria. En este sentido, la política conservacionista del petróleo que condujo al no otorgamiento de nuevas concesiones durante el gobierno del partido Acción Democrática en los años 1945–1948[24], aun cuando, como se dijo, se suspendió durante el gobierno de Pérez Jiménez, se continuó a partir de 1958. Como complemento de esta política, en 1960 se creó la Corporación Venezolana de Petróleo como empresa estatal[25], la cual puede decirse que fue sólo a partir de la reforma de la Ley de Hidrocarburos de 1967[26], reguladora de la figura de los contratos de servicio como sustitutiva de las concesiones, cuando inició una participación operativa en las actividades de exploración y explotación de hidrocarburos[27].

Por otra parte, es de destacar que las concesiones de explotación de hidrocarburos otorgadas con anterioridad a la Ley de 1943, conforme a sus disposiciones, debían comenzar a revertir al Estado sin compensación, en 1983, pues la duración de las mismas se había fijado en cuarenta años a partir de dicha fecha[28]. Para garantizar que dicha reversión se produjera en forma tal que asegurara al Estado la posibilidad de la continuación de la explotación, en 1971 se dictó la Ley sobre bienes afectos a reversión en las concesiones de hidrocarburos[29], la cual aumentó el control del Estado sobre las operaciones de todos los bienes de las empresas afectos a las concesiones.

Debe señalarse, además, que las medidas nacionalistas en el campo de los hidrocarburos y sus derivados, tendientes a lograr una mayor participación directa del Estado en las actividades petroleras y sus derivados, también se manifestaron en la década de los sesenta, con la creación del Instituto Venezolano de Petroquímica[30], cuyas actividades comenzaron a desarrollarse promisoriamente en los primeros años de la década de los setenta[31]. En todo caso, es de destacar que estas medidas adquirieron importancia considerable en el gobierno del Presidente Caldera, al aprobarse, en 1972, la Ley que reserva al Estado la industria del gas natural[32] y, en 1973, la Ley que reserva al Estado la explotación del mercado interno de los productos derivados del petróleo[33], que permi-

---

cas, 29 de diciembre de 1973). Diez años después, en abril de 1984, el valor promedio se estableció en 24,40 dólares por barril (*Cfr*. *El Nacional*, Caracas, 20–5–84)

24 *V.* R. Betancourt, *op. cit.*, pp. 233 y ss.

25 *V.* el Decreto–Ley N° 260 de la Corporación Venezolana del Petróleo de 19 de abril de 1960, *Gaceta Oficial* N° 26.234 de abril de 1960. Véase las referencias a la denominada "Era de Pérez Alfonzo", en Luis Vallenilla, *op. cit.*, pp. 255 y ss.

26 *V.* las referencias a dicha Ley, en Luis Vallenilla, *op. cit.*, pp. 832 y ss.

27 En 1973 el promedio diario de producción de petróleo de la CVP (100.000 barriles diarios) quintuplicaba el correspondiente a 1968, *Cfr*. Cordiplan, *Notas para la Evaluación de la Obra de Gobierno* (1969–1979), *cit.*, p. 19. En 1972, las utilidades netas de dicha empresa fueron de 56 millones de bolívares, y en 1973 se estimaban en 80 millones de bolívares. *Cfr*. *El Nacional*, Caracas, 8 de septiembre de 1978, p. C–4.

28 *V.* Art. 29 de la Ley de Hidrocarburos de 1948. *Cfr*. Los comentarios de Luis Vallenilla, *op. cit.*, p. 1566.

29 La Ley fue aprobada en 30 de julio de 1971. Véase *Gaceta Oficial* N° 29.577 del 6 de agosto de 1971.

30 El IVP fue creado por Decreto–Ley N° 367 de 29 de junio de 1956. ,Véase en *Gaceta Oficial* N° 25.091 de 30 de junio de 1956

31 Desde la fundación del IVP hasta 1968 la inversión en la industria petroquímica fue de 577 millones de bolívares, mientras que de 1969 a 1972 fue de 1.350 millones de bolívares. *Cfr*. Cordiplan. *Notas para la evaluación de la Obra de Gobierno* (1969–1973), *cit.*, p. 28.

32 *V.* la Ley en *Gaceta Oficial* N° 29.594 de 26 de agosto de 1971.

33 *V.* la Ley en *Gaceta Oficial* N° 1.591. Extraordinaria, de 22 de junio de 1973.

tieron a la Corporación Venezolana del Petróleo la explotación monopolística del gas natural y la comercialización de la gasolina y demás derivados, del petróleo[34].

III. LA NACIONALIZACIÓN DE LA INDUSTRIA PETROLERA

1. La Ley Orgánica de reserva al Estado

Sin embargo, fue en 1975 cuando mediante Ley Orgánica de nacionalización del 29 de agosto[35] el Estado se reservó por razones de conveniencia nacional, "todo lo relativo a la exploración del territorio nacional en busca del petróleo, asfalto y demás hidrocarburos; a la explotación de yacimientos de los mismos; aja manufactura o refinación, transporte por vías especiales y almacenamiento; al comercio interior y exterior de las sustancias explotadas y refinadas, y a las obras que su manejo requiera"[36]. En esta forma, de acuerdo a lo previsto en el artículo 97 de la Constitución, se estableció un monopolio de derecho a favor de la Nación sobre la industria petrolera, que debía manejarse por medio de entes de propiedad de la República (art. 5). La consecuencia de la Ley de Reserva fue la extinción de las concesiones de hidrocarburos y la obligación impuesta a las empresas privadas que operaban la industria de transferir al Estado la propiedad de las mismas, para lo cual se establecieron normas especiales relativas al procedimiento expropiatorio (art. 13 y ss.).

La Ley no estableció normas particulares relativas a la organización de la Administración Petrolera Nacional, habilitando al Poder Ejecutivo para organizarla de acuerdo a las siguientes bases: la creación de las empresas que juzgase necesario para el desarrollo regular y eficiente de las actividades reservadas, con las formas jurídicas que considerara conveniente; y la atribución a una de las empresas de las funciones de coordinación, supervisión y control de las actividades de las demás, pudiendo asignarle la propiedad de las acciones de cualesquiera de esas empresas. Se creó así la empresa Petróleos de Venezuela S.A. (PDVSA), de la cual pasaron a depender las empresas filiales que se formaron con las antiguas concesionarias[37]. En esta forma, después de más de cincuenta años de explotación petrolera mediante el sistema de concesiones, a partir de 1975 el Estado venezolano comenzó la difícil tarea de dejar su posición de rentista y asumir la de empresario en una industria por demás compleja. A partir de 1985, en todo caso, consolidada la industria petrolera nacionalizada, Petróleos de Venezuela S.A. (PDVSA), era considerada como la empresa líder en América Latina[38].

---

34 La participación de las ventas de la CVP en el mercado interno de hidrocarburos había pasado del 19 por ciento en 1968 al 35 por ciento en 1973. *Cfr*. Cordiplan, *Notas para la evaluación de la Obra de Gobierno (1969–1973) cit.*, p. 20.

35 *Gaceta Oficial* Nº 1.769, Extr., de 29 de agosto de 1975.

36 Artículo 1. Véase R. Duque Corredor, *El derecho de la nacionalización petrolera,* 1978; y además, Instituto de Derecho Público, *Archivo de Derecho Público y Ciencias de la Administración,* Vol. III. *El Régimen Jurídico de las Nacionalizaciones en Venezuela,* 2 Tomos, Caracas, 1981.

37 *V.* Allan R. Brewer–Carías, "Aspectos Organizativos de la Industria Petrolera Nacional en Venezuela" en *Archivo de Derecho Público de Ciencias de la Administración,* IDP–UCV, Vol. III, Tomo 1 (1972–1979), Caracas, 1981, pp. 407–492.

38 *V.* la información en *El Universal,* Caracas, 13–12–81, p. 1–13; *El Universal,* Caracas, 15–10–82, p. 1–14; *El Nacional,* Caracas; 13–12–82, p. D–5; *El Diario de Caracas,* Caracas, 9–12–84, p. 28; y *El Nacional,* Caracas, 14–2–85, p. A–l.

En el proceso político–económico constitucional venezolano, sin duda, la nacionalización de la industria petrolera realizada en 1975, tuvo una importancia fundamental, al utilizarse para ello la posibilidad que tenía el Estado, conforme al artículo 97 de la Constitución de 1961, de reservarse determinadas actividades económicas. En efecto, si entendemos por nacionalización "la transformación de empresas privadas en empresas del Estado" con el objeto de "sustraer los medios de producción y distribución de riquezas de la propiedad privada para ponerlos en, manos de la Nación o de aquellos órganos que representan los intereses colectivos de la misma"[39]; o en otros términos, "el acto gubernativo de alto nivel, destinado a un mejor manejo de la economía nacional o a su reestructuración, por el cual: la propiedad privada sobre empresas de importancia es transformada de manera general, e impersonal en propiedad colectiva y queda en el dominio del Estado a fin de que éste continúe la explotación de ellas son las exigencias del interés general"[40], es indudable que la nacionalización de la industria petrolera en Venezuela, fue un auténtico proceso de nacionalización.

El Estado venezolano, mediante la citada Ley Orgánica que Reserva al Estado la Industria y el Comercio de los Hidrocarburos, del 29 de agosto de 1975, indudablemente nacionalizó esta industria, transformando de manera general en el sector, la propiedad privada de las empresas petroleras en propiedad pública, mediante la reserva que hizo de esa industria y comercio de los hidrocarburos. Adquiriendo la propiedad de dichas empresas, reestructuró la economía nacional.

Al día siguiente de la promulgación de la Ley de Nacionalización, el Presidente de la República dictó el Decreto N° 1.123, del 30 de agosto de 1975[41], mediante el cual se creó la empresa Petróleos de Venezuela S.A. (PDVSA), como "una empresa estatal, bajo la forma de Sociedad Anónima, que cumplirá y ejecutará la política que dicte en materia de hidrocarburos, el Ejecutivo Nacional, por órgano del Ministerio de Minas e Hidrocarburos, en las actividades que le sean encomendadas", dictándose, además, sus estatutos (arts. 1 y 2). La motivación central de la creación de PDVSA fue la consideración de que era "de prioritaria necesidad proceder a la constitución e integración de las empresas estatales que, tendrán a su cargo la continuación y desarrollo de la actividad petrolera reservada al Estado". La empresa se creó con un capital de dos mil quinientos millones de bolívares (Bs. 2.500.000.000,0), representado en cien (100) acciones de la exclusiva propiedad de la República de Venezuela, como única accionista[42] y los estatutos sociales de la misma fueron registrados en el Registro Mercantil respectivo el día 15 de septiembre de 1975[43].

---

39 Seguimos en este punto lo expuesto en Allan R. Brewer–Carías, "Aspectos Organizativos de la Industria Petrolera Nacionalizada", en *Archivo de Derecho Público y Ciencias de la Administración,* IDP–UCV, Vol. III, Tomo 1 (1972–1979), Caracas, 1981, pp. 408 y ss.; publicado también en Marcos Kaplan (coordinador). *Petróleo y Desarrollo en México y Venezuela.* UNAM, México, 1981, pp. 333 y ss.

40 León Julliot de la Morandière: "Prólogo" a Konstantin Katzarov, *Teoría de la Nacionalización,* p. 5, México, 1963; y Eduardo Novoa Monreal; *Nacionalización y recuperación de recursos naturales ante la Ley Internacional,* p. 50, México, 1974.

41 *V.* en *Gaceta Oficial* N° 1.770, Extr., de 30 de agosto de 1975. El decreto de creación de la empresa ha sido modificado por Decreto N° 250, del 23–8–1979, en *Gaceta Oficial* N° 31.810, del 30–8–1979.

42 Cláusulas 4, 5 y 6. El capital, íntegramente suscrito, se pagó en un 40 por ciento al constituirse la empresa, habiéndose pagado el 60 por ciento restante el 2–1–1976. Véase Petróleos de Venezuela, *Informe Anual* 1977. p. 38.

43 La inscripción de los Estatutos se efectuó en el Registro Mercantil de la Circunscripción Judicial del Distrito Federal y Estado Miranda, el día 15 de septiembre de 1975, bajo el N° 23 del Tomo 99–A; y fueron publicados en *Gaceta Municipal del Distrito Federal,* N° 413, Extr., del 25–9–1975.

La Ley de Reserva estableció un período de transición de cuatro meses, para hacer efectiva la nacionalización, el cual se extendió hasta el 31 de diciembre de 1975, oportunidad en la cual se hizo efectiva la extinción de las concesiones de hidrocarburos que habían sido otorgadas por el Ejecutivo Nacional (art. 44) y a través de las cuales durante más de sesenta años se había efectuado la explotación petrolera en el país. Durante esos cuatro meses se negoció con las empresas petroleras la indemnización que la ley había acordado cancelarles, y se las hizo constituir sendas empresas en el país, cuyas acciones fueron luego transferidas a Petróleos de Venezuela S.A. A partir del 1° de enero de 1976, así, Venezuela comenzó a regir la industria petrolera nacionalizada, a través de las empresas estatales que fueron creadas para tal fin.

No es difícil imaginar, por tanto, la importancia que reviste el estudio de las peculiaridades del proceso venezolano de nacionalización de la industria petrolera, el cual se realizó dentro del marco del ordenamiento constitucional entonces vigente y sin que se produjeran mayores traumas y conflictos con las empresas transnacionales; es decir, se realizó, como un proceso político, desarrollado políticamente, sin violentarse los derechos particulares.

2. Las bases constitucionales de la nacionalización

La nacionalización petrolera, es decir, la obligatoriedad impuesta a todas las empresas con cesionarias que operaban en la industria y el comercio de los hidrocarburos que el Estado se reservó por razones de conveniencia nacional, de transferirle a éste la propiedad de las mismas, mediando indemnización, es una institución que, como se dijo, en Venezuela ha tenido su fundamento constitucional en la ya señalada figura de la reserva al Estado de industrias o sectores económicos.

En efecto, conforme al artículo 97 de la Constitución de 1961, el Estado, al reservarse la industria y el comercio de los hidrocarburos, estableció un verdadero y auténtico monopolio de Derecho[44], y con ello inició el proceso nacionalizador. Sin embargo, la reserva no es el único elemento del proceso de nacionalización. La misma implicó fundamentalmente una prohibición impuesta a los particulares de realizar actividades propias del sector reservado o nacionalizado, lo que afectó tanto a aquellos concesionarios o empresas que venían realizando actividades en el sector, como a cualquier otro particular o empresa, hacia el futuro. Después de la reserva, los concesionarios o empresas que operaban en el sector, no debían continuar realizando sus actividades; y hacia el futuro ningún otro particular podía ni puede realizar nuevas actividades en el sector. Por ello, la nacionalización no se agotó con la reserva, sino que requirió de otros actos complementarios mediante los cuales se asegurara que la gestión de las empresas y bienes existentes afectados a la industria y al comercio de los hidrocarburos, la cual se nacionalizaba, se transfirieran al Estado, y que la actividad productiva o de servicios no se detuviera ni entorpecería. De allí que la reserva estuviese acompañada, como lo exigía el ordenamiento jurídico venezolano, de la expropiación de las empresas que operaban en el sector nacionalizado, para asegurar el traspaso rápido de los bienes de los concesionarios al Estado.

44 Vincenzo Spagnuolo Vigorita: "Las Empresas Nacionalizadas", en Evelio Verdera y Truells (ed.), *La Empresa Pública*, Tomo II, p. 1.430. Zaragoza, 1970.

Debe destacarse, además, que por el hecho de la reserva, es decir, de la prohibición impuesta por ella a los concesionarios de realizar actividades en el respectivo sector, desde el momento mismo en que se produjo la reserva, esos particulares o empresas no debían operar más. Sin embargo, en el caso de la industria petrolera, después del momento en que se promulgó la Ley de Reserva, se permitió a las empresas existentes la posibilidad de operar durante 4 meses, sólo con motivo de asegurar la continuación de la industria hasta ejecutar una efectiva expropiación, y en forma transitoria, sometidas a la fiscalización y control del Estado.

De lo señalado anteriormente, resulta claro que una auténtica nacionalización de un sector económico se produce cuando se dan conjuntamente la medida de reserva con la técnica expropiatoria. Esta última es el mecanismo para hacer efectiva la voluntad del Estado de asumir la actividad económica objeto de la reserva. Esto fue lo que sucedió en el proceso de nacionalización de la industria petrolera en 1975, el cual, además, indudablemente que estaba condicionado por un objeto fundamental: que la industria y las unidades económicas empresariales, continuaran funcionando a cabalidad, desde el momento mismo de la expropiación. Para asegurar este objetivo fundamental, el proceso expropiatorio en la nacionalización petrolera debía tender a versar sobre las *empresas* petroleras, es decir, sobre las unidades económico–productivas o de servicios que manejaban la industria petrolera, de manera que éstas no se vieran afectadas en su funcionamiento con el cambio de titularidad a favor del Estado[45].

En este sentido, en el proceso nacionalizador de la industria petrolera, lo ideal hubiera sido que la expropiación hubiese versado sobre las *empresas* más que sobre bienes particularizados, mediante un simple traspaso de acciones de los concesionarios, al Estado. Esta fue la modalidad utilizada, por ejemplo, en las nacionalizaciones efectuadas en Francia con posterioridad a la liberación sobre las empresas bancarias, empresas de seguros y empresas de transportes aéreos[46]. En estos casos, se produjo la transferencia de las empresas con todo su patrimonio, al Estado, mediante una transferencia de acciones.

Sin embargo, una solución simple y rápida como la anotada, hubiera exigido, en el caso de la industria petrolera, la existencia, jurídicamente hablando, de sociedades anónimas constituidas en Venezuela, para que pudiera operarse el traspaso de acciones. La realidad, sin embargo, era otra y la casi totalidad de las empresas petroleras eran empresas extranjeras domiciliadas en Venezuela conforme al artículo 354 del Código de Comercio. Por ello, al no estar constituidas en Venezuela, el patrimonio de las mismas afectado a las actividades productivas o de servicios en el país, no estaba representado por títulos accionarios específicos que pudieran ser transferidos a la República

La expropiación de las empresas petroleras en Venezuela, como resultado de la nacionalización de la industria, se refirió, por tanto, a los bienes afectados a los procesos productivos o de servicios. Al no poderse expropiar propiamente a las empresas, sino a los bienes que las formaban, el Estado hizo constituir las nuevas empresas, cuyo capital fue el que se transfirió al Estado.

Ahora bien, resumiendo lo señalado anteriormente, puede decirse que la reserva tiene como consecuencia dos efectos fundamentales: en primer lugar, establecer a favor del Estado, un monopolio de derecho; y en segundo lugar, establecer, como consecuencia,

---

45 Allan R. Brewer–Carias: "Comentarios en torno a la nacionalización petrolera", en Revista *Resumen,* N° 55, pp. 22 a 24. Caracas, 24 de noviembre de 1974.

46 Jean Rivero: *Le Régime des Nationalisations.* Extrait du Juris Clesseur Civil Annexes, pp. 13 y 16, Paris, 1948.

una prohibición para los particulares de realizar actividades en el sector reservado, en virtud de la exclusión de la libertad económica que implica. Por esta sola reserva, no tiene el Estado obligación alguna de indemnizar a los particulares excluidos. Pero si además de la reserva, ésta se acompaña con la exigencia y obligación impuesta a los particulares y empresas afectadas, de transferir forzosamente al Estado las instalaciones con que operaban, estaremos en presencia de la figura de la nacionalización, que sí da derecho a indemnización, tal como sucedió en materia petrolera.

En el ordenamiento jurídico venezolano, por tanto, la figura de la reserva junto con la decisión del Estado de asumir la actividad reservada, expropiando los bienes o empresas particulares que actuaban en el sector, dieron origen a una nueva institución, que es la nacionalización, sometida a sus propias normas indemnizatorias, de acuerdo a la interpretación que haga la ley de la "justa indemnización" a que se refería el artículo 101 de la Constitución. En este sentido, por ejemplo, las normas para calcular la indemnización con motivo de las nacionalizaciones de las industrias del hierro y del petróleo, establecidas en el Decreto–Ley que reserva al Estado la industria de la explotación de mineral de hierro[47] y en la Ley Orgánica que reserva al Estado la industria y el comercio de los hidrocarburos, de 29 de agosto de 1975, fueron distintas a las previstas en la Ley de Expropiación por Causa de Utilidad Pública o Social; y entre otros factores porque no se trató de una expropiación, pura y simplemente, de empresas.

Se trató, como se dijo, de una nacionalización, donde la reserva afecta y excluye la actividad económica en el sector reservado, y la transferencia forzosa de las empresas se produce respecto de todas las que operan en el sector, con la prohibición para los particulares de seguir desarrollando o realizar en el futuro actividades en dicho sector; en cuyo caso, lo que se produce es la exclusión de la libertad económica respecto a un determinado sector. Por eso, los principios de la expropiación no pueden aplicarse, tal como están en la legislación tradicional, a la expropiación que acompaña a la reserva estatal, pues en este caso, la nueva institución que surge, la nacionalización, condiciona el tratamiento del proceso.

3. Las características políticas y jurídicas de la nacionalización petrolera

La peculiaridad de la nacionalización petrolera en Venezuela, no sólo resultó de su realización con apego al ordenamiento jurídico vigente, sino de que fue un proceso que se llevó a cabo políticamente, sin la producción de conflictos con las empresas concesionarias, realizado por políticos y sometido a un amplísimo debate democrático en el país. Por eso, el proceso de nacionalización petrolera en Venezuela, afortunadamente, no fue un proceso que condujo a confrontaciones con las empresa transnacionales, es decir, no fue un proceso traumático, sino que se caracterizó por ser un proceso de nacionalización concertada.[48] Para realizarla se acudió a las figuras que permitían el ordenamiento jurídico: la reserva al Estado de sectores económicos y el pago de la indemnización por la apropiación, por el Estado, de los bienes que estaban afectados a la activi-

47 Decreto–Ley Nº 580, del 26 de noviembre de 1974, en *Gaceta Oficial* Nº 30.577, del 16 de diciembre de 1974

48 *V.* las declaraciones del Presidente Carlos Andrés Pérez en 1975, al producirse la nacionalización; dos años después, al celebrarse los dos años de constitución de la empresa petrolera venezolana, y posteriormente, al concluir su período presidencial en 1978, en Véase en *El Universal*, Caracas, 21–12–1975, p. 1–1.; *El Universal*, Caracas, 01–12–1977, p. 1–10; *El Universal*, Caracas, 28–11–1978, p. 2–28.

dad reservada; sin que esto se hubiese realizado violentando ni desconociendo el orden jurídico ni el derecho que correspondía a las empresas transnacionales. Venezuela, así, negoció la nacionalización, o si se quiere, evitó el conflicto.

Se puede estar o no de acuerdo con la forma cómo se desarrolló el proceso de nacionalización petrolera venezolana, el cual, puede decirse que fue un proceso negociado con las empresas, las cuales convinieron con la indemnización que se les ofreció. Ello sin embargo, no elimina la naturaleza del proceso como una verdadera nacionalización, pues para que ésta exista, ni es necesario violentar el orden jurídico ni es necesario violentar los derechos de los particulares. Si el orden jurídico admite el proceso nacionalizador, y si se puede negociar con los particulares la indemnización por sus derechos, la nacionalización puede hacerse sin conflictos ni traumas. He allí la peculiaridad del proceso venezolano.

Pero el proceso, además, tuvo unas modalidades jurídicas peculiares.

En efecto, la Ley Orgánica que reserva al Estado la Industria y el Comercio de los Hidrocarburos, de 1975, estableció, siguiendo la orientación constitucional, "que se reserva al Estado, por razones de conveniencia nacional, todo lo relativo a la explotación del territorio nacional en búsqueda de petróleo, asfalto y demás hidrocarburos; a la explotación de yacimientos de los mismos, a la manufactura o refinación, transporte por vías especiales y almacenamiento; al comercio exterior e interior de las substancias explotadas y refinadas, ya las obras que su manejo requiera, en los términos señalados por esta ley". Como consecuencia de lo establecido en este artículo 1, el mismo agregó que las concesiones otorgadas por el Ejecutivo Nacional quedaban extinguidas, aun cuando dicha extinción se haría efectiva el día 31 de diciembre de 1975.

Este artículo de la ley estableció, en primer lugar, la reserva a favor del Estado de la actividad económica relacionada con la industria y comercio de los hidrocarburos. La consecuencia fundamental de esta reserva, fue, en primer lugar, la extinción de las – concesiones otorgadas para la exploración y explotación de los hidrocarburos a empresas particulares, con anterioridad a la ley, extinción que se hizo efectiva el día 31 de diciembre de 1975; y en segundo lugar, el establecimiento de un monopolio de – derecho a favor del Estado ya que, conforme a lo que establece el artículo 59 de la Ley, el Estado ejercería todas esas actividades reservadas "directamente por el Ejecutivo Nacional o por medio de entes de su propiedad, pudiendo celebrar los convenios operativos necesarios para la .mejor realización de sus funciones, sin que en ningún caso estas gestiones afecten la esencia misma de las actividades atribuidas".

Pero no sólo se trataba de establecer una reserva a favor del Estado, sino que la ley, además, conllevó a una verdadera nacionalización, es decir, a la asunción por parte del Estado de las actividades económicas que venían estando a cargo de las empresas concesionarias. A tal efecto, la ley estableció los mecanismos necesarios para expropiar a dichas empresas, si acaso no se llegaba a un arreglo amigable o avenimiento en relación al monto de la correspondiente indemnización.

En tal sentido, el artículo 12 de la Ley estableció que el Ejecutivo Nacional, dentro de los 45 días continuos y subsiguientes a la fecha de promulgación de la Ley, es decir, dentro de los 45 días siguientes al 29 de agosto de 1975, y por órgano del Ministerio de Minas e Hidrocarburos, debía hacer a los concesionarios una oferta formal de una indemnización, por todos los derechos que los concesionarios tuvieran sobre los bienes afectos a las concesiones de las cuales eran titulares. .

La indemnización que el Estado debía cancelar a los concesionarios, de acuerdo al artículo 15 de la Ley, correspondía a los derechos sobre los bienes expropiados, y no podía ser superior al valor neto de las propiedades, plantas y equipos, entendiéndose como tal, el valor de adquisición menos el monto acumulado de depreciación y amortización, a la fecha de la solicitud de expropiación, según las libros usados por el respectivo concesionario a los fines del Impuesto sobre la Renta. El mismo artículo 15 de la ley estableció una serie de declaraciones que debían hacerse a dicha indemnización antes de su pago.

De acuerdo a esas normas, el Ministro de Minas e Hidrocarburos presentó a las veintidós empresas concesionarias las ofertas de indemnización, previéndose el pago de acuerdo a dos sistemas: una parte pagada en efectivo, cancelándose el material existente para el 31 de diciembre; y otro para el pago por concepto de equipos e instalaciones, que debía efectuarse en bonos de la deuda pública, conforme, a lo autorizado por el artículo 16 de la ley[49]. Las empresas concesionarias contestaron la oferta presentada por el Ejecutivo Nacional dentro de los 15 días siguientes, y como consecuencia de ello, se llegó, entre el Ejecutivo Nacional y las empresas concesionarias, a un avenimiento, el cual se hizo constar en las llamadas Actas–Convenios, suscritos por el Procurador General de la República y las empresas concesionarias, conforme a las instrucciones impartidas por el Ejecutivo Nacional por órgano del Ministerio de Minas e Hidrocarburos; Actas de Avenimiento o Convenios cuyos efectos se producirían para la fecha de extinción de las concesiones, es decir, para el 31 de diciembre de 1975.

El día 28 de noviembre de 1975 concluyó la firma de las Actas Convenios entre la, Procuraduría General de la República y las empresas concesionarias[50]. De acuerdo a lo previsto en el artículo 12 de la Ley, el Ejecutivo Nacional, por órgano del Ministro de Minas e Hidrocarburos, sometió las Actas–Convenios a la aprobación y consideración de las Cámaras Legislativas, en sesión conjunta, habiéndose iniciado el debate en el Congreso el día 10 de diciembre[51]. Las Actas Convenios fueron aprobadas y el acuerdo de aprobación respectivo fue publicado el 18 de diciembre de 1975[52] y de acuerdo a dichas Actas se pagó, una indemnización estimada para el 31 de diciembre de 1975, a las principales empresas concesionarias y participantes, que ascendió a la cantidad de cuatro mil trescientos cuarenta y siete millones, novecientos treinta mil trescientos cincuenta y dos bolívares (Bs. 4.347.930.352,00)

La ley había previsto mecanismos para expropiar a las empresas concesionarias si no se lograba el avenimiento previsto en el artículo 12 de la Ley, pero no fue necesario acudir a dicho procedimiento, ya que se logro el acuerdo.

En la Cláusula Cuarta de Actas Convenios suscritas por la República y algunas de las principales empresas concesionarias, se establecieron las bases para que éstas procedieran a constituir sendas compañías anónimas que progresivamente irían asumiendo la operación integral de la industria; en compañías anónimas, que luego serían trasladas a la República, al extinguirse las concesiones el 31 de diciembre de 1975, tal como sucedió.

---

49 *V.* Irene Rodríguez Gallad y Francisco Yánez: *Cronología Ideológica de la Nacionalización Petrolera en Venezuela*, Caracas 1977, p. 403.

50 *Idem*, p. 424.

51 *Ibídem*, p. 430

52 *V.* en *Gaceta Oficial* N° 1.784, Extr. de 18 de noviembre de 1975.

4. El proceso de formalización jurídica de la industria petrolera nacionalizada

La Ley que Reserva al Estado la Industria y el Comercio de los Hidrocarburos promulgada el 29 de agosto de 1975, dispuso expresamente que "el Estado debía ejercer las actividades reservadas, directamente por el Ejecutivo Nacional o por medio de entes de su propiedad" (art. 5), con lo cual teóricamente el legislador dejó a la decisión del Ejecutivo Nacional el atender la industria nacionalizada a través de la propia Administración Central ("directamente por el Ejecutivo Nacional", dice el artículo 5°) o a través de la Administración Descentralizada del Estado ("por medio de entes de su propiedad", agrega el mismo artículo 59).

Sin embargo, a pesar de esta aparente libertad, en realidad la ley dio directamente la pauta al Ejecutivo Nacional para la administración de la industria petrolera a través de formas descentralizadas. El artículo 69, de la Ley, en efecto, precisó que a los fines de ejercer las actividades nacionalizadas, "el Ejecutivo Nacional organizará la administración y gestión de las actividades reservadas" a cuyo efecto debía crear, con las formas jurídicas que considerase convenientes, las empresas que juzgase necesario para el desarrollo regular y eficiente de tales actividades, pudiendo atribuirles el ejercicio de una o más de éstas, modificar su objeto, fusionarlas o asociarlas, extinguirlas o liquidarlas y aportar su capital a otra u otras de esas mismas empresas. Estas empresas debían ser de la propiedad del Estado, y en caso de revestir la forma de sociedades anónimas, podían ser constituidas con un solo socio. Además, debía atribuir a una de las empresas las funciones de coordinación, supervisión y control de las actividades de las demás, pudiendo asignarle la propiedad de las acciones de cualesquiera de esas empresas. Dichas empresas debían regirse por la ley y sus reglamentos, por sus propios estatutos, "por las disposiciones que dictase el Ejecutivo Nacional y por las del derecho común que les fueren aplicables".

De acuerdo a estas normas, no hay duda de que en la intención del legislador fue estructurar la Administración Petrolera Nacional a través de empresas del Estado (entes o personas estatales) con forma de sociedad mercantil y por tanto con un régimen preponderantemente de derecho privado. La aparente posibilidad de que el Estado pudiera ejercer las actividades reservadas "directamente por el Ejecutivo Nacional" (art. 5) en cuanto se refiere a las actividades que se venían realizando por empresas privadas de capital extranjero y que se nacionalizaban, estaba desvirtuada en la propia ley (arts. 5, 6 y 7) al "sugerir" la constitución de empresas (entes de la propiedad del Estado, como lo señala el artículo 5° con forma de sociedad mercantil. Por supuesto, para realizar actividades nuevas en relación a las que efectivamente se nacionalizaron, el Ejecutivo Nacional podía hacerlo directamente y de hecho se realizan algunas en la actualidad[53].

Conforme a la orientación señalada, el Ejecutivo Nacional, mediante el Decreto N° 1.123, de 30 de agosto de 1975[54], considerando que era "de prioritaria necesidad proceder a la constitución e integración de las empresas estatales que tendrán a su cargo la continuación y desarrollo de la actividad petrolera reservada al Estado", decretó la creación de una empresa estatal, bajo la forma de sociedad anónima, que debía cumplir la política que dictase en materia de hidrocarburos el Ejecutivo Nacional, por órgano del

---

53 *Cfr.* Andrés Aguilar M., "Régimen Legal de la Industria y el Comercio de los Hidrocarburos", en *Boletín de la. Academia de Ciencias Políticas y Sociales,* N° 66–67, Caracas, 1976, pp. 13 Y 14.

54 *V.* en *Gaceta Oficial* N° 1.770, Extr., de 30–8–1975. El decreto de creación fue modificado mediante Decreto N° 250, del 23–8–1979, en *Gaceta Oficial* N° 31.810 del 30–8–1979.

Ministerio de Minas e Hidrocarburos, en las actividades que le fueran encomendadas (art. 1). El decreto de creación de la empresa se registró en el Registro Mercantil de la Circunscripción Judicial del Distrito Federal y Estado Miranda bajo el Nº 23, tomo *99–A,* con fecha 15 de septiembre de 1975[55]. No hay duda, por tanto, de que la naturaleza jurídica de Petróleos de Venezuela S.A., es la de una persona estatal con forma jurídica de derecho privado. Es decir, es una "empresa estatal" o empresa del Estado, de propiedad íntegra del mismo y que responde a las políticas que aquél dicte, y como tal, está integrada dentro de la organización general de la Administración del Estado, como ente de la administración descentralizada, pero con forma jurídica de sociedad anónima, es decir, de persona de derecho privado.

En cuanto a las empresas operadoras, resultaba clara la intención del legislador de crearlas con forma de sociedades anónimas, cuyas acciones debían ser tenidas en propiedad por la empresa matriz Petróleos de Venezuela. La propia Ley Orgánica de Reserva, había dispuesto la conversión del Instituto Autónomo Corporación Venezolana del Petróleo en sociedad anónima, lo cual se cumplió en diciembre de 1975. En ese mismo mes se constituyeron las restantes trece empresas operadoras iniciales, también con forma societaria.

De esta manera, tanto Petróleos de Venezuela S.A., como las catorce operadoras iniciales se constituyeron, en el ordenamiento jurídico venezolano, como personas jurídicas estatales con forma de derecho privado; y en el ámbito económico, como empresas públicas o, más propiamente, como empresas del Estado. Igual naturaleza jurídico–económica tuvieron todas las filiales de Petróleos de Venezuela posteriormente establecidas y entre ellas, las cuatro operadoras petroleras que resultaron de la primera reorganización de la industria y que fueron Lagovén, Maravén, Menevén y Corpovén; la empresa Petroquímica (Pequivén); y la empresa de investigaciones petroleras (INTEVEP)[56].

Sección Tercera: EL RÉGIMEN DE PARTICIPACIÓN DEL CAPITAL PRIVADO EN LA INDUSTRIA PETROLERA NACIONALIZADA A PARTIR DE 1999 Y LOS EFECTOS DE LA "ESTATIZACIÓN" PETROLERA EN 2006–2007 (2007)

Esta Sección Tercera del Libro Quinto del Tomo V del *Tratado* la elaboramos con base en los siguientes estudios: "La terminación anticipada y unilateral mediante leyes de 2006 y 2007 de los convenios operativos y de asociaciones petroleros que permitían la participación del capital privado en las actividades primarias suscritos antes de 2002," publicado en *Revista de Derecho Público*, Nº 109 (enero–marzo 2007), Editorial Jurídica Venezolana, Caracas 2007, pp. 47–54; y "La estatización de los convenios de asociación que permitían la participación del capital privado en las actividades primarias de hidrocarburos suscritos antes de 2002, mediante su terminación anticipada y unilateral y la confiscación de los bienes afectos a los mismos," publicado en Víctor Hernández Mendible (Coordinador), *Nacionalización, Libertad de Empresa y Asociaciones Mixtas*, Editorial Jurídica Venezolana, Caracas 2008, pp. 123–188.

---

55 *V.* en *Gaceta Municipal* del Distrito Federal Nº 413, Extr., de 25–9–1975.

56 *V.* Enrique Viloria, *Petróleos de Venezuela,* Caracas, 1983.

I. LA NACIONALIZACIÓN DE LA INDUSTRIA PETROLERA EN 1975 Y LA POSIBILIDAD DE PARTICIPACIÓN DEL CAPITAL PRIVADO EN LA MISMA MEDIANTE CONVENIOS OPERATIVOS Y DE ASOCIACIÓN

Como antes se dijo, conforme a la previsión del artículo 97 de la Constitución de 1961 se sancionó la Ley que Reserva al Estado la Industria y el Comercio de los Hidrocarburos (en lo adelante Ley de Nacionalización), con la cual se nacionalizó la industria y el comercio de los hidrocarburos. Como es sabido, la nacionalización no se produjo respecto del petróleo ni de los yacimientos en sí mismos, los cuales siempre han sido del Estado como titular del dominio público sobre el subsuelo, como ahora, incluso, la Constitución de 1999 lo declara expresamente (art. 12).

Dicha Ley, como decisión política, se dictó en medio de una gran polémica y expectativa, pues se trataba de nacionalizar la principal industria del país; y uno de los temas de mayor discusión, en todo caso, fue el de si con la nacionalización se reservaba total y absolutamente al Estado la industria y el comercio de los hidrocarburos, o si se dejaba alguna posibilidad de que en alguna forma el sector privado pudiera participar en las actividades reservadas.

Esa discusión y controversia se centró, así, en la redacción del artículo 5° de la Ley Orgánica, el cual en definitiva estableció que:

> "*Artículo 5°.* – El Estado ejercerá las actividades señaladas en el artículo 1° de la presente Ley directamente por el Ejecutivo Nacional o por medio de entes de su propiedad, pudiendo celebrar los convenios operativos necesarios para la mejor realización de sus funciones, sin que en ningún caso estas gestiones afecten la esencia misma de las actividades atribuidas.
>
> En casos especiales y cuando así convenga al interés público, el Ejecutivo Nacional o los referidos entes podrán, en el ejercicio de cualquiera de las señaladas actividades, celebrar convenios de asociación con entes privados, con una participación tal que garantice el control por parte del Estado y con una duración determinada. Para la celebración de tales convenios se requerirá la previa autorización de las Cámaras en sesión conjunta, dentro de las condiciones que fijen, una vez que hayan sido debidamente informadas por el Ejecutivo Nacional de todas las circunstancias pertinentes".

Se distinguieron, así, a los efectos de permitir la participación del sector privado en la industria, dos modalidades contractuales: los convenios operativos y los convenios de asociación que se podían establecer con empresas privadas.[57]

Los primeros, es decir, los convenios operativos no afectaban en forma alguna la reserva que se había hecho al Estado de la industria, y podían suscribirse todos los que las empresas petroleras nacionalizadas considerasen necesarios para la mejor realización de sus actividades. Dichos convenios operativos, por supuesto, en ningún caso afectaban la esencia misma de las actividades atribuidas o reservadas al Estado.

Los convenios de asociación, en cambio, permitían al Estado asociarse con particulares para realizar las actividades reservadas, lo que implicaba un régimen jurídico excepcional de asociación o participación del sector privado en las actividades reservadas, lo que exigía la intervención previa del órgano legislativo para que pudieran suscribirse.

---

57 *V.* en Isabel Boscán de Ruesta, *La actividad petrolera y la nueva Ley Orgánica de Hidrocarburos*, FUNEDA, Caracas 2002, pp. 127 y ss.

En todo caso, era sólo a través de los referidos convenios de asociación que en la Ley de Nacionalización se permitía la participación del capital privado en la industria petrolera nacionalizada, es decir, en la industria y comercio de los hidrocarburos.

Esa participación, sin embargo, no fue permitida durante los primeros veinte años de vigencia de la Ley; situación que cambió a comienzos de la década de los noventa, por las transformaciones ocurridas en el mercado petrolero mundial.

1. La apertura petrolera en 1994 y los Convenios de asociación

En efecto, en 1994, el Ejecutivo Nacional presentó al Congreso para su autorización previa, conforme a lo regulado en dicho artículo 5° de la Ley de Nacionalización, un Proyecto de Marco de Condiciones a los fines de la celebración de "Convenios de Asociación para la Exploración a Riesgo de nuevas áreas y la producción de Hidrocarburos bajo el Esquema de Ganancias Compartidas". Con ello se buscaba permitir, mediante Convenios de Asociación con el capital privado, la exploración y, en consecuencia, el posible descubrimiento de nuevas reservas de hidrocarburos, especialmente de crudos livianos y medianos, particularmente tomando en cuenta que en los 10 años subsiguientes se presentarían oportunidades de mercado que exigían un aumento de la capacidad de producción del país para atender la cuota que le correspondía en el incremento de la demanda petrolera mundial.

En tal sentido, el Ejecutivo Nacional consideró que los nuevos Convenios de Asociación contribuirían a la consolidación y al crecimiento de la industria petrolera nacional, sin menoscabo de la soberanía estatal sobre los recursos energéticos; partiendo del supuesto de que el petróleo había sido y continuaría siendo pilar fundamental y motor del crecimiento y del desarrollo económico del país, pero para lo cual se hacía necesario seguir consolidando el sector petrolero tanto público como privado.

Las Cámaras Legislativas mediante Acuerdo de 4 de julio de 1995, conforme a lo solicitado por el Ejecutivo, autorizaron la "celebración de los Convenios de Asociación para la *exploración a riesgo de nuevas áreas y la producción de hidrocarburos bajo el esquema de ganancias compartidas*" (*Gaceta Oficial* N° 35.754 de 17–07–95), conforme al Marco de Condiciones que se detalló en el artículo 2 del Acuerdo.

Entre las disposiciones de dicho Marco, se dispuso que el Ejecutivo Nacional debía determinar Áreas geográficas que se describieron en un Anexo, en favor de una filial de Petróleos de Venezuela, S.A. "para realizar las actividades relacionadas con la exploración y explotación de yacimientos de hidrocarburos, con el transporte por vías especiales, almacenamiento y comercialización de la producción obtenida en las Áreas, y con las obras que su manejo requiera, todo de conformidad con la dispuesto en la Ley Orgánica que Reserva al Estado la Industria y el Comercio de los Hidrocarburos" (Primera).

A los efectos de la celebración de los Convenios de Asociación, se dispuso que la Filial debía llevar a cabo los procesos de licitación que fueran necesarios para seleccionar a las empresas inversionistas privadas con las cuales celebrarían los Convenios de Asociación para realizar las actividades descritas conforme al artículo 5° de la Ley Orgánica que Reserva al Estado la Industria y el Comercio de los Hidrocarburos (Segunda). Con la firma de cada Convenio por parte de los Inversionistas y la Filial, y de conformidad con los términos y condiciones establecidos, quedaba entonces constituida una asociación para realizar las actividades descritas en cada una de las Áreas correspondientes (Tercera).

A los efectos de asegurar el control del Estado se dispuso, además, que antes de dar inicio a las actividades del Convenio, en cada uno de los Convenios debía constituirse un "Comité de Control", conformado por igual número de miembros designados por los Inversionistas y la Filial de PDVSA, que debía presidir un miembro designado por esta última. Para la validez de las deliberaciones y decisiones del Comité, se precisó que se requería la presencia y el consentimiento de los miembros designados por la Filial, teniendo el Presidente doble voto para resolver los casos de empate (Cuarta).

A los efectos de implementar el Convenio de Asociación, se dispuso que los Inversionistas y la Filial, debían constituir antes de iniciar las actividades del Convenio, una sociedad anónima o Empresa Mixta en Venezuela, en la cual la Filial debía poseer el 35% del capital social y los Inversionistas el 65%. La Empresa Mixta tenía por finalidad dirigir, coordinar y supervisar las actividades de exploración, producción, transporte y comercialización objeto del Convenio (Quinta). Se dispuso, además, que la Empresa Mixta quedaba facultada para llevar a cabo por sí misma, o hacer realizar por terceros, las operaciones requeridas para cumplir el objeto del Convenio, si así los considerase conveniente.

Dentro de los términos y condiciones de la Asociación pautados en el Convenio, se debía establecer el compromiso de los Inversionistas de llevar a cabo las actividades exploratorias en el Área por su exclusiva cuenta y riesgo, con base a un plan establecido. Cumplido el Plan de Exploración, la continuación del esfuerzo exploratorio debía ser aprobada por el Comité de Control; y con esa aprobación se otorgaba a los Inversionistas el derecho a continuar la exploración por su exclusiva cuenta y riesgo (Sexta).

Si en el curso de cualquier fase del esfuerzo exploratorio se descubrían yacimientos de hidrocarburos dentro del Área, los Inversionistas debían definir las características y comercialidad de tales descubrimientos con base a un plan que debía ser aprobado por el Comité de Control. Además, ejecutado el Plan de Evaluación, los Inversionistas debían definir la viabilidad de la explotación comercial del descubrimiento y someter a la aprobación del Comité de Control un plan para desarrollar la producción. La explotación de los yacimientos de crudos pesados que fuesen descubiertos, estaba supeditada al resultado de los estudios de factibilidad que se debían realizar para determinar su viabilidad comercial y al Plan de Desarrollo correspondiente.

En cuanto a la explotación, uso y comercialización del gas asociado a la producción de crudos en un Área de Desarrollo, se debía efectuar en conformidad con las disposiciones legales aplicables y mediante la utilización de normas y técnicas de general aceptación en la industria petrolera internacional. En caso de que fueran descubiertos yacimientos de gas libre, su evaluación, desarrollo y comercialización estaba sujeto, dentro de la Asociación, a los acuerdos específicos que se establecieren entre las partes, en función de las características de los yacimientos y las circunstancias de su futura explotación. Aprobado el Plan de Desarrollo, los Inversionistas debían entonces desarrollar, conforme al mismo, los descubrimientos del Área de Desarrollo; y en ejecución del Convenio de Asociación, la Filial y los Inversionistas, debían establecer un Consorcio en el cual la Filial, debía adquirir una participación de un 35% para financiar el desarrollo.

La duración del Convenio debía incluir un lapso preestablecido para realizar el esfuerzo exploratorio, de 3 a 5 años, dependiendo de la complejidad del Área, y 20 años de operación comercial a partir de la aprobación del Plan de Desarrollo correspondiente a cada Área de Desarrollo. El plazo de la fase exploratoria podía ser extendido en conformidad con la Condición Sexta, por un lapso entre 2 y 4 años. En ningún caso, sin embargo, el Convenio podía tener una duración que excediera el término de 39 años contados a partir de la entrada en vigencia del Convenio. (Décima primera).

Conforme al marco aprobado por las Cámaras Legislativas, en los años subsiguientes, entre 1993 y 1997 se celebraron varias rondas de negociaciones para la asignación y la creación de asociaciones, originándose lo que fueron los siguientes Convenios de Asociación:

En primer lugar, las denominadas Asociaciones Estratégicas para las operaciones en la Faja Petrolífera del Orinoco, que fueron las siguientes: **Petrozuata, S.A.**, en asociación con *ConocoPhillips*; **Sincrudos de Oriente, S.A. (Sincor, S.A.)** en asociación con *Total* y *Statoil*; **Petrolera Cerro Negro, S.A.**, en asociación con *Exxon Mobil* y *British Petroleum;* y **Petrolera Hamaca, C.A. (Petrolera Ameriten)** en asociación con *ConocoPhillips* y *Chevron.*

En segundo lugar, las asociaciones constituidas para proyectos de Exploración a Riesgo y Ganancias Compartidas que fueron las siguientes: en el **Golfo de Paria Oeste** en asociación con *ConocoPhillips, Eni Venezuela B.V* y *OPIC Karimun Corporation*; en el **Golfo de Paria Este**, en asociación con *ConocoPhillips, Inelectra, Eni y OPIC Karimun Corporation*; y en **La Ceiba**, en asociación con *Exxon Mobil* y *Petro–Canadá.*

Además debe mencionarse la Asociación Estratégica autorizada en 2001, para la producción de Bitúmen, diseño, construcción y operación de un módulo de producción y emulsificación de bitúmen natural para la elaboración de Orimulsión, que fue **Orifuels Sinoven, S.A., (Sinovensa)**, en asociación con *China National Petroleum Corporation – CNPC Services de Venezuela* y *PetroChina Fuel Oil Company.*

Todas estas asociaciones se constituyeron conforme al marco del Acuerdo del Congreso, con el cual, como se dijo, se dio inicio a la denominada *apertura petrolera*, el cual sin embargo fue impugnado por razones de inconstitucionalidad e ilegalidad por ante la Corte Suprema de Justicia en 1995, juicio que concluyó cuatro años después, el 17 de agosto de 1999, cuando la Corte Supremo dictó sentencia declarando sin lugar la acción de nulidad que se había intentado.

2. La naturaleza "administrativa" de los Convenios de asociación

En esta sentencia se precisaron diversos aspectos sustantivos del régimen jurídico aplicable a los Convenios de Asociación con inversionistas privados que habían sido autorizados por el Congreso, los cuales la Corte consideró como impregnados de las características propias de la "contratación administrativa".

La Corte, a tal efecto, en esta sentencia precisó las notas identificatorias de los contratos administrativos y del "régimen especial que regula su tratamiento jurídico", indicando que esas notas esenciales eran "la noción de *"servicio público"* y la consecuente incorporación en el texto de los contratos –tácita o expresamente– de las denominadas *"cláusulas exorbitantes"*. Sobre estas últimas, dijo la Corte:

> "Estas cláusulas exorbitantes se presentan como disposiciones implícitas en el contrato administrativo, que recogen prerrogativas en favor de la Administración Pública, justificadas por el interés colectivo involucrado en esa contratación, y cuya proporción es de tal magnitud que en una relación contractual común resultan inaceptables.

Son pues las cláusulas exorbitantes, notas consustanciadas con la naturaleza misma de las contrataciones de carácter administrativo. Es precisamente esta desproporción que se patentiza entre los intereses del particular frente a los del colectivo, lo que define las cláusulas exorbitantes. Se trata así, de aquellas disposiciones que un particular no aceptaría insertar en un contrato con otro particular, porque son ellas las que en definitiva ponen de relieve o materializan en el negocio jurídico las potestades administrativas. Potestades no discutidas; y, por el contrario, recibidas por el particular contratante que entiende y acepta que no se trata de un capricho de la voluntad administrativa, sino una herramienta diseñada por el Derecho Público para garantizarle al colectivo, la protección de sus intereses encomendados a la Administración, concretándose con ella, la forma más eficaz de asegurar la salvaguarda del interés general, imposibilitado de controlarlo directamente y permanentemente".

La Corte indicó que estos criterios "han sido aceptados por gran parte de la doctrina extranjera y también venezolana, no obstante que aún existen estudiosos del tema que restan relevancia a la distinción que se hace de los contratos administrativos frente a los de derecho común, y que insisten en que la misma sólo ha obedecido a razones puramente pragmáticas, dirigidas a la determinación del órgano jurisdiccional competente para su conocimiento"[58]. La Corte aceptó, en todo caso, que las cláusulas exorbitantes –insertas expresa o tácitamente en el contrato– en realidad no definen los contratos como tales contratos administrativos, "por ser una consecuencia y no un elemento determinante de éste"; concluyendo entonces que "la característica que por antonomasia identifica un contrato administrativo es el servicio público que se pretende con él, el interés general o la utilidad pública perseguida".

En cuanto a los Convenios de Asociación autorizados por el Congreso, la Corte admitió que los mismos "contienen *per se* la noción de servicio público, por tratarse de contrataciones que se postulan como aquellas que más claramente revelan su condición de administrativa".

3. El control del Estado en la ejecución de los Convenios de asociación

El artículo 5 de la Ley de Nacionalización no sólo reservó al Estado la industria petrolera, sino que dispuso que al permitir la celebración de Convenios de asociación con empresas privadas para la realización de las actividades reservadas a la República, debía asegurarse el control del Estado sobre los Convenios.

Sobre ello, la antigua Corte Suprema de Justicia, en sentencia anterior de 23 de abril de 1991, al referirse al control a que se refería el artículo 5° de la Ley de Nacionalización, había distinguido entre el control sobre los Convenios y el control accionario sobre empresas mixtas, señalando que "lo determinante es el control del convenio, que es una noción más jurídica que económica o patrimonial, y por ello se refiere a "participación" sin calificarla de alguna manera"[59]. En el caso de los Convenios de asociación, por tanto, se trata siempre de un control contractual interno o corporativo, que se manifiesta por la vía de la participación económica o financiera mayoritaria en el capital de

58 Es la tesis que hemos sostenido desde hace años en "La evolución del concepto de contrato administrativo" en *El Derecho Administrativo en América Latina, Curso Internacional*, Colegio Mayor de Nuestra Señora del Rosario, Bogotá 1978, pp. 143–167; en *Jurisprudencia Argentina*, N° 5.076, Buenos Aires, 13–12–1978, pp. 1–12; en *Libro Homenaje al Profesor Antonio Moles Caubet*, Tomo I, Facultad de Ciencias Jurídicas y Políticas, Universidad Central de Venezuela, Caracas 1981, pp. 41–69; y en *Estudios de Derecho Administrativo*, Bogotá, 1986, pp. 61–90.

59 *V.* en Oscar Pierre Tapia, *Jurisprudencia*, abril de 1991, p. 137.

la empresa o asociación; o por la vía de reservarse el Estado, en el mismo convenio, una intervención decisiva en la conducción y administración de la empresa o asociación. Este último supuesto fue precisamente el que se previó en el Acuerdo del Congreso autorizando los Convenios de Asociación, con la creación del Comité de Control en relación con "las decisiones fundamentales de interés nacional relacionadas con la ejecución del Convenio"; Comité en el cual los miembros designados por la Filial de PDVSA tenían asegurada la presencia y el consentimiento.

Sobre este tema del control, además, la antigua Corte Suprema en la señalada sentencia sobre el caso de la apertura petrolera, de 1999, al analizar las reglas de funcionamiento del señalado Comité de Control, indicó que "garantizan que el control que debe ejercer el Estado directamente o a través de entes de su propiedad (las filiales), está presente en cada Asociación que se pacte"; agregando que: "las condiciones que marcan la existencia del Comité de Control son reveladoras del estricto control que se pretende de las políticas en materia de hidrocarburos y en la toma de las decisiones fundamentales de la Asociación que repercutan en aquellas políticas. De esta forma, un Comité integrado paritariamente por representación de la filial y del inversionista, presidido por un representante de la filial con derecho a doble voto en casos de empate, son indudable garantía de la presencia del Estado en el destino de estas Asociaciones, no obstante que éste tiene una participación hasta del 35% del capital accionario".

Ahora bien, todo este amplio esquema de reserva al Estado de la industria petrolera en todos sus aspectos, y el régimen de la limitada participación de las empresas privadas en el negocio petrolero sólo mediante Convenios de Asociación sometidos al control del Estado, puede decirse que fue cambiado radicalmente a partir de la sanción de la Constitución de 1999 y particularmente con la nueva legislación relativa a los hidrocarburos, al punto de que puede hablarse, específicamente, de un proceso de desnacionalización de la industria petrolera a partir de 1999.

II. EL RÉGIMEN CONSTITUCIONAL DE LA INDUSTRIA PETROLERA

Los yacimientos petroleros en Venezuela, como todos los mineros, siempre han sido del dominio público conforme a los principios que se establecieron en las Ordenanzas de Minería de Nueva España, recogidos en la legislación republicana a partir de la independencia[60]. En consecuencia, la industria petrolera y minera siempre ha estado sometida en Venezuela a técnicas de intervención del Estado mediante el otorgamiento de concesiones, autorizaciones o permisos a los particulares para su realización.

Estos principios tradicionales del ordenamiento jurídico venezolano han sido reafirmados en la Constitución de 1999, en la cual se han declarado a los yacimientos mineros y petroleros como bienes del dominio público; se ha regulado, en general, el régimen de las concesiones de explotación de los recursos naturales y se han establecido regulaciones específicas de protección al ambiente.

En efecto, en *primer lugar*, el artículo 12 de la Constitución declara que los yacimientos mineros y de hidrocarburos, cualquiera que sea su naturaleza, existentes en el terri-

60 *V.* en general sobre el tema Isabel Boscán de Ruesta, "La propiedad de los yacimientos de los hidrocarburos. Evolución histórica", en *El Derecho Público a comienzos del siglo XXI. Estudios homenaje al Profesor Allan R. Brewer–Carías,* Tomo III, Instituto de Derecho Público, UCV, Civitas Ediciones, Madrid, 2003, pp. 3061–3105.

torio nacional, bajo el lecho del mar territorial, en la zona económica exclusiva y en la plataforma continental, pertenecen a la República, son bienes del dominio público y, por tanto, inalienables e imprescriptibles[61].

En *segundo lugar*, en cuanto al régimen de las concesiones, el artículo 113 de la Constitución regula las concesiones del Estado cuando se trate de explotación de recursos naturales propiedad de la Nación o de la prestación de servicios de naturaleza pública, con exclusividad o sin ella, las cuales se pueden otorgar por tiempo determinado, asegurando siempre la existencia de contraprestaciones o contrapartidas adecuadas al interés público. Además, el artículo 156, ordinal 16 de la Constitución, al enumerar las competencias del Poder Nacional, incluye el régimen y administración de las minas e hidrocarburos y el aprovechamiento de los bosques, suelos, aguas y otras riquezas naturales del país, precisando que el "Ejecutivo Nacional no podrá otorgar concesiones mineras por tiempo indefinido".

En *tercer lugar*, en la Constitución se estableció un novedoso Capítulo sobre los derechos ambientales, cuyas regulaciones se aplican, en particular, en los casos de explotación de recursos naturales como los mineros y de hidrocarburos[62]. En particular, se establecieron las siguientes regulaciones:

Primero, en el artículo 127 se declara que es un derecho y un deber de cada generación proteger y mantener el ambiente en beneficio de sí misma y del mundo futuro. Además, toda persona tiene derecho individual y colectivamente a disfrutar de una vida y de un ambiente seguro, sano y ecológicamente equilibrado. Las consecuencias de estos derechos son que el Estado debe proteger el ambiente, la diversidad biológica, genética, los procesos ecológicos, los parques nacionales y monumentos naturales y demás áreas de especial importancia ecológica. Se agrega, además, que es una obligación fundamental del Estado, con la activa participación de la sociedad, garantizar que la población se desenvuelva en un ambiente libre de contaminación, en donde el aire, el agua, los suelos, las costas, el clima, la capa de ozono, las especies vivas, sean especialmente protegidos, de conformidad con la ley. Por último se prohíbe la patentabilidad del genoma de los seres vivos, remitiéndose a la ley que se refiere a los principios bioéticos la regulación de la materia.

---

61 En esta forma se le da rango constitucional a lo ya previsto en la Ley de Minas (art. 2) (*Gaceta Oficial* N° 5382 de 28–09–99) y en la Ley Orgánica de Hidrocarburos Gaseosos (art. 1°) (*Gaceta Oficial* N° 36.793 de 23–9–99). Véase nuestra propuesta sobre esto en Allan R. Brewer–Carías, *Debate Constituyente,* Tomo II, *op. cit.*, pp. 35 y 39.

62 *V.* en general, Fortunato González Cruz, "El ambiente en la nueva Constitución venezolana", en *El Derecho Público a comienzos del siglo XXI. Estudios homenaje al Profesor Allan R. Brewer–Carías,* Tomo III, Instituto de Derecho Público, UCV, Civitas Ediciones, Madrid, 2003, pp. 2917–2923; Germán Acedo Payarez, "La Constitución de la República Bolivariana de Venezuela de 1999 y los denominados 'Derechos Ambientales", en *El Derecho Público a comienzos del siglo XXI. Estudios homenaje al Profesor Allan R. Brewer–Carías,* Tomo III, Instituto de Derecho Público, UCV, Civitas Ediciones, Madrid, 2003, pp. 2925–2978; Alberto Blanco–Uribe Quintero, "La tutela ambiental como derecho–deber del Constituyente. Base constitucional y principios rectores del derecho ambiental", en *Revista de Derecho Constitucional,* N° 6 (enero–diciembre). Editorial Sherwood, Caracas, 2002, pp. 31–64; Alberto Blanco–Uribe Quintero, "El ciudadano frente a la defensa jurídica del ambiente en Venezuela", en *El Derecho Público a comienzos del siglo XXI. Estudios homenaje al Profesor Allan R. Brewer–Carías,* Tomo III, Instituto de Derecho Público, UCV, Civitas Ediciones, Madrid, 2003, pp. 2995–3008; y Véase Luciano Parejo Alfonso, "El derecho al medio ambiente y la actuación de la Administración Pública", en *El Derecho Público a comienzos del siglo XXI. Estudios homenaje al Profesor Allan R. Brewer–Carías,* Tomo III, Instituto de Derecho Público, UCV, Civitas Ediciones, Madrid, 2003, pp. 2979–2994.

Segundo, en el artículo 128 se impone al Estado la obligación de desarrollar una política de ordenación del territorio atendiendo a las realidades ecológicas, geográficas, poblacionales, sociales, culturales, económicas, políticas, de acuerdo con las premisas del desarrollo sustentable, que incluya la información, consulta y participación ciudadana. Una ley orgánica debe desarrollar los principios y criterios para este ordenamiento, con lo que se remite a la Ley Orgánica para la Ordenación del Territorio de 1983[63].

Tercero, en el artículo 129 de la Constitución se ha elevado a rango constitucional el requisito que hasta ese momento era de orden reglamentario, de exigir que todas las actividades susceptibles de generar daños a los ecosistemas, deben ser previamente acompañadas de estudios de impacto ambiental y socio cultural.

Cuarto, en el mismo artículo 129 de la Constitución se dispone que el Estado debe impedir la entrada al país de desechos tóxicos y peligrosos, así como la fabricación y uso de armas nucleares, químicas y biológicas, remitiendo a una ley especial la regulación del uso, manejo, transporte y almacenamiento de las sustancias tóxicas y peligrosas.

Quinto, en el mismo artículo 129 de la Constitución se establece que en los contratos que la República celebre con personas naturales o jurídicas, nacionales o extranjeras, o en los permisos que se otorguen, que involucren los recursos naturales, se debe considerar incluida aun cuando no estuviera expresa, la obligación de conservar el equilibrio ecológico, de permitir el acceso a la tecnología y la transferencia de la misma en condiciones mutuamente convenidas y de restablecer el ambiente a su estado natural si éste resultara alterado, en los términos que fije la ley.

Como se dijo, estas normas constitucionales recogen la tradición normativa anterior, conforme a la cual, siendo los yacimientos mineros y de hidrocarburos del dominio público, su explotación industrial podía y puede desarrollarse por los particulares mediante concesiones, autorizaciones y permisos, con sujeción a las normas de protección ambiental. En cuanto al régimen de la industria minera, por otra parte, las técnicas de intervención del Estado a partir de 1999 han continuado siendo las mismas, girando en torno a la figura de la concesión. En cambio, en materia de la industria petrolera, la situación cambió radicalmente en 2000 pues en esta materia se produjo un proceso de desnacionalización petrolera, volviéndose en algunos sectores de actividad al esquema de las "concesiones" que había sido abolido en 1975, aún con otro nombre.

En efecto, una de las decisiones políticas más importantes que se tomaron en el país durante la segunda mitad del Siglo pasado, fue *la nacionalización de la industria petrolera*, es decir, la reserva que se hizo al Estado de "todo lo relativo a la exploración del territorio nacional en búsqueda de petróleo, asfalto y demás hidrocarburos; a la explotación de yacimientos de los mismos, a la manufactura o refinación, transporte por vías especiales y almacenamiento; al comercio exterior e interior de las substancias explotadas y refinadas, y a las obras que su manejo requiera". Así se estableció en el artículo 1° de la Ley que reserva al Estado la Industria y el Comercio de los Hidrocarburos de 1975[64].

---

63 *V.* Allan R. Brewer–Carías, *Ley Orgánica para la Ordenación del Territorio,* Caracas, 1983.

64 *Gaceta Oficial* N° 35.754 de 17–07–75. Véase en general, sobre la nacionalización petrolera de 1975, "Régimen jurídico de las nacionalizaciones en Venezuela", *Homenaje del Instituto de Derecho Público al Profesor Antonio Moles Caubet,* Archivo de Derecho Público y Ciencias de la Administración, Vol. VIII (1972–1979), Instituto de Derecho Público, Universidad Central de Venezuela, Caracas, 1981.

Esa Ley Orgánica, al igual que las que se dictaron en los comienzos de los años setenta en relación con la nacionalización de la industria del gas natural (1971), la industria y explotación del mineral de hierro (1975), y el mercado interno de hidrocarburos (1973); se sancionó con base en la previsión del artículo 97 de la Constitución de 1961 que establecía la posibilidad de que el Estado pudiera "reservarse determinadas industrias, explotaciones o servicios de interés público por razones de conveniencia nacional". Se trataba de una norma fundamental de la Constitución Económica que había adoptado el texto de 1961, de carácter mixto y flexible, que por ello permitía sin que existiera una rigidez constitucional, es decir, sin necesidad de estar reformando la Constitución al inicio de cada gobierno, ir conformando la política económica del Estado, como efectivamente ocurrió durante las tres décadas de vigencia de dicha Constitución[65]. Con esa decisión, en todo caso, quedó excluida del régimen de la industria petrolera, la técnica de las concesiones petroleras que la habían caracterizado desde inicios del Siglo XX.

En todo caso, conforme al marco constitucional de 1961, así como se podían nacionalizar industrias por razones de conveniencia nacional como ocurrió con la industria petrolera, en otras circunstancias y otros tiempos, se las podía privatizar. Por ello, así como inicialmente la nacionalización petrolera excluyó de la industria la participación del capital privado al eliminar las concesiones, luego de 20 años de consolidación de la industria nacionalizada, conforme a la propia Ley que reserva al Estado la industria y el comercio de los hidrocarburos (Ley de Nacionalización) (Art. 5) se procedió a iniciar la llamada "apertura petrolera" que buscaba hacer participar en la industria reservada, al capital privado mediante Convenios de Asociación con el Estado; e, incluso, se dictó la Ley Orgánica de Apertura del Mercado Interno de la Gasolina y otros Combustibles derivados de los Hidrocarburos para el Uso de Vehículos Automotores de 1998[66].

Precisamente, ante la propuesta de incluir en el proyecto de Constitución de 1999 el texto del artículo 5° de la Ley de Nacionalización de 1975, en el debate que tuvo lugar en la Asamblea Nacional Constituyente el 7 de noviembre de 1999, al referirnos al artículo 97 de la Constitución de 1961 señalamos, que:

> "Con una norma constitucional como esta, el Estado se reservó la industria y la comercialización de los hidrocarburos, incluyendo el gas; pero luego ha iniciado la apertura del mercado interno de los hidrocarburos y de los hidrocarburos gaseosos sin necesidad de reformar la Constitución, también por razones de conveniencia nacional que es, por supuesto, cambiante y dinámica. Por ello estimo que no tiene sentido, en el largo plazo, constitucionalizar el texto del artículo 5° de la Ley de Nacionalización Petrolera"[67]

La Constitución de 1999, en efecto y lamentablemente, al tratar algunos constituyentes de constitucionalizar la nacionalización de la industria petrolera[68] en el artículo 302, es decir, al tratar de elevar a rango constitucional los textos básicos de la Ley de Nacionalización de 1975 (arts. 1 y 5) sustituyendo al artículo 97 antes mencionado de la Constitución de 1961[69], lo que lograron fue el efecto contrario, es decir, la incorpora-

65 *V.* lo que hemos expuesto sobre la Constitución económica en el texto de 1961 en Allan R. Brewer–Carías, "Consideraciones sobre la Constitución Económica" en *Estudios sobre la Constitución Española. Homenaje al profesor Eduardo García de Enterría*, Editorial Civitas, Madrid, 1991, pp. 3.839–3.853.

66 *Gaceta Oficial* N° 30.537 de 11–09–1998

67 Allan R. Brewer–Carías, *Debate Constituyente (Aportes a la Asamblea Nacional Constituyente)*, Tomo III, Caracas 1999, pp. 210 y ss.

68 *V.* Gastón Parra Luzardo, *La Constituyente. Renacer de una esperanza ¿utopía?*, Caracas, 2002, pp. 45, 109 y ss., y 142 y ss.

69 Por nuestra parte salvamos nuestro voto en relación con el artículo 302 de la Constitución, proponiendo en cambio conservar el texto del artículo 97 de la Constitución de 1961, por considerar que "Las reservas de rango

ción de una norma mal redactada e imprecisa[70], pero que dejó la definición del ámbito de la reserva a lo establecido "mediante la ley orgánica respectiva".

Dicho artículo 302, en efecto reza en la materia que "El Estado se reserva, mediante la ley orgánica respectiva, y por razones de conveniencia nacional, la actividad petrolera y otras industrias, explotaciones, servicios y bienes de interés público y de carácter estratégico".

Lamentablemente, la búsqueda de rigidizar constitucionalmente la nacionalización de la industria petrolera en la Constitución de 1999, lo que produjo fue el efecto contrario: abrir la puerta para *la desnacionalización de la industria petrolera*, lo que además ocurrió en la práctica, encubierta por un discurso antiliberal.

Ese proceso, en efecto, comenzó coincidencialmente cuando se efectuaban los debates ante las Comisiones de la Asamblea Nacional Constituyente, al dictarse el Decreto–Ley Nº 310 de 12 de septiembre de 1999 mediante el cual se sancionó la Ley Orgánica de Hidrocarburos Gaseosos (*Gaceta Oficial* Nº 36793 de 23–09–1999); y continuó un año después, con la emisión de otro Decreto–Ley, Nº 1510 de 2 de noviembre de 2001, mediante el cual se sancionó la Ley Orgánica de Hidrocarburos (*Gaceta Oficial* Nº 37323 de 13 de noviembre de 2001)[71] la cual, precisamente, derogó la Ley de Nacionalización petrolera de 1975. Además, en 1999 también se sancionó la Ley de Minas mediante Decreto–Ley N° 295 de 5 de septiembre de 1999[72], la cual, como se dijo, no varió mayormente el régimen de concesiones, autorizaciones y permisos mineros.

Sin embargo, en materia petrolera la situación ha sido distinta, pues para 2005, la reserva al Estado de actividades en el campo de los hidrocarburos era mucho más reducida; la intervención de la Asamblea Nacional para autorizar la participación del capital privado en dichas actividades era mucho más limitada; la constitucionalización de la nacionalización petrolera que se concibió en la Asamblea Nacional Constituyente en 1999, no sólo abrió la puerta de la desnacionalización de la industria petrolera, sino que condujo a la previsión expresa en la propia Constitución de la posibilidad de la venta de las acciones de las empresas filiales de PDVSA, lo que ni siquiera se hubiera podido imaginar durante la vigencia de la Ley de Nacionalización petrolera de 1975; y se volvió incluso, en algunas actividades, al esquema de las antiguas "concesiones", las cuales ahora son llamadas "licencias" o "permisos", pero con contenido casi idéntico.

---

constitucional de determinados bienes y servicios no son convenientes para el régimen constitucional flexible que requiere la economía, lo que debe hacerse por ley. No tiene sentido reservar constitucionalmente la industria petrolera, cuando se está en proceso de desestatizar la relativa al gas". Véase Allan R, Brewer–Carías, *Debate Constituyente (Aportes a la Asamblea Nacional Constituyente)*, Tomo III, Caracas 1999, pp. 121 y ss.; y 210 y ss.

70 *V.* las críticas a la norma y los comentarios sobre lo que realmente adquirió rango constitucional en la misma, en Isabel Boscán de Ruesta, *La actividad petrolera y la nueva Ley Orgánica de Hidrocarburos*, FUNEDA, Caracas, 2002, pp. 149 y ss.

71 Reformada parcialmente en 2006, *Gaceta Oficial* Nº 38.493 del 4 de agosto de 2006.

72 *Gaceta Oficial* N° 5.382 Extraordinario de 28 de septiembre de 1999.

III. LAS BASES PARA LA "DESNACIONALIZACIÓN FORMAL" DE LA INDUSTRIA PETROLERA EN 1999

1. El fundamento de la "desnacionalización formal" en la Constitución de 1999

El artículo 302 de la Constitución de 1999, luego de intensos debates[73] y como antes se ha comentado, modificó el texto de lo que era el artículo 97 de la Constitución de 1961, y pretendió establecer directamente en su texto la reserva al Estado de la industria petrolera, en la siguiente forma: "el Estado se reserva, mediante la ley orgánica respectiva y por razones de conveniencia nacional, la actividad petrolera".

En esta forma, los principios relativos a la reserva de la industria petrolera efectuada mediante la Ley de Nacionalización de 1975[74], al momento de sancionarse la Constitución de 1999 puede decirse que adquirieron rango constitucional[75], pero el ámbito de la reserva resultó completamente flexible pues quedó sujeto expresamente a lo que dispusiera la "ley orgánica respectiva". Así resultó, que la constitucionalización de la reserva de la industria petrolera no pasó de ser una declaración, sin efectos reales, la cual además se desdibujó al poco tiempo. En otros términos, la constitucionalización de la reserva al Estado de la industria petrolera a lo que condujo fue al inicio de lo que puede denominarse como la desnacionalización de la propia industria petrolera, al dictarse, en 1999, la Ley Orgánica de Hidrocarburos Gaseosos y, en 2001, la Ley Orgánica de Hidrocarburos[76].

En cuanto a la constitucionalización de la reserva al Estado de la industria petrolera, debe mencionarse, además, que con motivo de la propuesta de algunos constituyentes ante la Asamblea Nacional Constituyente, de constitucionalizar también la propiedad exclusiva del Estado sobre las acciones de Petróleos de Venezuela S.A.[77], en la Constitución de 1999 se incorporó el artículo 303 que establece expresamente que por razones de soberanía económica, política y de estrategia nacional "el Estado conservará la totalidad de las acciones de Petróleos de Venezuela, S.A. o del ente creado para el manejo de la industria petrolera". Pero lamentablemente, en la norma se agregó que se exceptuaba de esa reserva, la propiedad de las acciones "de las filiales, asociaciones estratégicas, empresas y cualquier otra que se haya constituido o se constituya como consecuencia del desarrollo de negocios de Petróleos de Venezuela, S.A". En esta forma, el efecto logrado fue el contrario al que se pretendía, pues la reserva de la propiedad de las acciones establecida constitucionalmente sólo quedó referida a las de Petróleos de Venezuela SA (PDVSA), es decir, a las del holding petrolero, pero no a las de sus empresas

---

73 *V.* nuestro voto salvado en primera discusión en Allan R. Brewer–Carías, *Debate Constituyente*, Tomo III, *op. cit.*, pp. 209 y 210.

74 *V.* nuestros comentarios sobre ese proceso en Allan R. Brewer–Carías, "Aspectos organizativos de la industria petrolera nacionalizada", en *Archivo de Derecho Público y Ciencias de la Administración*, Instituto de Derecho Público UCV, Vol. III, Tomo I, Caracas, 1981, pp. 407 a 492.

75 Esos principios son, como lo destacó Isabel Boscán de Ruesta, en primer lugar, que la reserva no fue concebida como un monopolio estatal absoluto y excluyente del sector privado; y en segundo lugar, el sistema piramidal estructurado para la administración petrolera nacional. Véase en *La actividad petrolera y la nueva ley Orgánica de Hidrocarburos*, FUNEDA, Caracas, 2002, p. 149.

76 *G.O.* N° 37.323 del 13 de noviembre de 2001, reformada parcialmente en 2006, *Gaceta Oficial* N° 38.493 del 4 de agosto de 2006.

77 *V.* Gastón Parra Luzardo, *La Constituyente. Renacer de una esperanza ¿utopía?*, Caracas, 2002, pp. 159 y ss.

filiales, respecto de las cuales incluso la Constitución "aclaró" que las mismas si podrían ser enajenadas[78]. Incluso, la excepción se refiere en general a las acciones que pueda tener PDVSA en cualquier tipo de empresa, aún cuando se constituyan en el futuro, al referirse a las acciones "en asociaciones estratégicas, empresas y cualquier otra *que se haya constituido o se constituya* como consecuencia del desarrollo de negocios de Petróleos de Venezuela, S.A".

De lo anterior resulta un absoluto contrasentido la consagración constitucional de la posibilidad de la desnacionalización total de la industria petrolera. En efecto, se insiste, conforme al artículo 303 de la Constitución, lo que resultó es que lo que debe permanecer como propiedad de la República son las acciones de PDVSA, es decir, del holding de la industria petrolera, pero no de las acciones de las empresas filiales o de otras en las que PDVSA tenga acciones, las cuales en realidad son las que realizan todas las actividades operativas en la industria. En esta forma, puede decirse que fue el propio texto constitucional el que eliminó el principio de la reserva que estaba en la Ley de Nacionalización de 1975, al permitir que las acciones de todas las empresas del Estado operadoras de la industria petrolera nacionalizada pudieran ser vendidas al sector privado. Hubiera sido preferible, sin duda, que nada se hubiera regulado sobre el tema de la propiedad de las acciones de PDVSA en la Constitución, a que se constitucionalizara expresamente la posibilidad de la venta de las acciones de las filiales de PDVSA e incluso de las empresas que se constituyeron con motivo de la apertura petrolera desarrollada en los noventa mediante los Convenios de asociación.

En todo caso, las antes analizadas normas constitucionales puede decirse que son las que constituyeron el fundamento del proceso de desnacionalización petrolera que se comenzó a producir en el país, al regularse ampliamente conforme al marco constitucional, la participación de empresas privadas en las actividades industriales y comerciales vinculadas con los hidrocarburos, a través de la Ley Orgánica de Hidrocarburos (LOH)[79] y de la Ley Orgánica de Hidrocarburos Gaseosos (LOHG)[80].

2. La reducción del ámbito de las actividades de la industria petrolera reservadas al Estado

El primer aspecto del proceso de desnacionalización de la industria derivó de la reducción que se produjo respecto del ámbito de las actividades que se han reservado al Estado, y que ha quedado concentrada primero, a las actividades primarias; segundo, a las actividades realizadas en las refinerías que existían al momento de dictarse la Ley Orgánica de 2001; tercero, a las actividades de comercialización externa e interna de

78 En relación con esta norma, salvamos nuestro voto al estimar que no era conveniente permitir la posible venta de acciones de las empresas filiales, lo que en todo caso es materia de política pública, que es cambiante. Véase nuestro voto salvado en segunda discusión del Proyecto de Constitución en Allan R. Brewer–Carías, *Debate Constituyente (Aportes a la Asamblea Nacional Constituyente)*, Tomo III, Caracas, 1999, pp. 292–293. El constituyente Parra Luzardo, sin embargo no salvó su voto en relación con esta norma, aún cuando señale posteriormente que "no estuvo de acuerdo con el párrafo" agregado en segunda discusión respecto de la posible venta de acciones de las filiales y otras empresas. *V.* Gastón Parra Luzardo, *La Constituyente. Renacer de una esperanza ¿utopía?*, Caracas, 2002, pp. 167.

79 *Gaceta Oficial* N° 37.323 de 13–11–2001; reformada parcialmente en 2006, *Gaceta Oficial* N° 38.493 del 4 de agosto de 2006.

80 *Gaceta Oficial* N° 36.793 de 23–09–1999. El Reglamento de Ley Orgánica de Hidrocarburos Gaseosos (RLOHG) se publicó en *Gaceta Oficial* Extra. N° 5.471 de 05–06–2000.

hidrocarburos naturales; y cuarto, a las actividades de comercialización externa e interna sobre los productos derivados cuya comercialización se reserve al Estado mediante Decreto que debe dictarse al efecto.

A. La reserva respecto de las actividades primarias y la participación del capital privado en las mismas a través de empresas mixtas

a. El ámbito de la reserva

Las actividades primarias en materia de hidrocarburos conforme a la definición de la Ley Orgánica de Hidrocarburos, comprenden "la exploración, la extracción de los hidrocarburos en estado natural, su recolección, transporte y almacenamiento inicial, así como, las relativas a las obras que su manejo requiera"(Art. 9). De esta definición se destaca que la reserva se refiere a las mencionadas actividades relativas, exclusivamente, a los hidrocarburos *en su estado natural*. En consecuencia no se refiere a hidrocarburos procesados o derivados.

Además, en cuanto a las actividades reservadas (recolección, transporte y almacenamiento) sólo se refiere a la recolección, transporte y almacenamiento *inicial*, es decir, el que se realiza primigeniamente luego de la extracción de los hidrocarburos en estado natural, y que se refiere por tanto a los *hidrocarburos en estado natural.*

Estas actividades primarias son reservadas al Estado (art. 9 LOH), correspondiendo su desarrollo, sea directamente al Estado, a través del Ejecutivo Nacional, mediante empresas de la exclusiva propiedad del Estado (Empresas del Estado), o mediante empresas mixtas con capital del Estado en más del 50% del capital social (Arts. 22 y 27 al 32 LOH). Por esta última vía, en todo caso, se permite la participación del capital privado en las actividades primarias, lo que no era permitido conforme a la Ley de nacionalización de 1975.

b. La posibilidad de participación del capital privado en las actividades primarias a través de las Empresas Operadoras mixtas

En consecuencia, la Ley Orgánica estableció que las actividades primarias también pueden ser desarrolladas con participación del capital privado a través de empresas mixtas, que son aquellas en las cuales el Estado mantiene una participación mayor del 50% de su capital social, y que están reguladas en los artículos 33 a 37 de la LOH. En consecuencia, las empresas privadas podrían participar en realización de las actividades primarias formando parte –como accionistas– en una empresa mixta, aún cuando la participación accionaria siempre deba ser menor al 50% del capital.

Se destaca, de esta previsión, que al establecer la Ley Orgánica un porcentaje rígido de participación pública accionaria en las empresas mixtas para la participación del capital privado en el desarrollo de las actividades primarias (mayor al 50% del capital social), con ello se modificó el sentido del control estatal sobre los Convenios de Asociación que regulaba la Ley de Nacionalización derogada, y que permitía que con un capital mayoritario privado, el Estado pudiera suscribir Convenios de Asociación manteniendo el control del mismo, como antes se ha analizado. La nueva Ley Orgánica restringió en esta forma la posibilidad de participación del capital privado (no estatal) en las actividades primarias de hidrocarburos[81].

Ahora bien, conforme a las disposiciones de la Ley Orgánica, el Ejecutivo Nacional puede transferir a las empresas del Estado o a las antes mencionadas empresas mixtas, que la Ley denomina como "Empresas Operadoras", "el derecho al ejercicio de las actividades primarias", así como "la propiedad u otros derechos sobre bienes muebles o inmuebles del dominio privado de la República, requeridos para el eficiente ejercicio de tales actividades" (Art. 24).

c. *La aprobación parlamentaria*

A los efectos de la constitución de empresas mixtas para participar en actividades primarias de hidrocarburos, la Ley exige la aprobación previa de la Asamblea Nacional, a cuyo efecto, el Ejecutivo Nacional, por órgano del Ministerio de Energía y Minas, debe informarla de todas las condiciones y circunstancias pertinentes, incluidas las ventajas especiales previstas a favor de la República. La Asamblea Nacional puede modificar las condiciones propuestas o establecer las que considere convenientes (Artículo 33 LOH).

d. *La selección de la Empresa Operadora*

Para la selección de las empresas operadoras, el organismo público competente debe promover la concurrencia de diversas ofertas, a cuyo efecto, el Ejecutivo Nacional por órgano del Ministerio de Energía y Minas, debe crear los respectivos comités para fijar las condiciones necesarias y seleccionar a las empresas.

Por otra parte, el Ministerio de Energía y Minas puede suspender el proceso de selección o declararlo desierto, sin que ello genere indemnización alguna por parte de la República (Art. 37 LOH).

Sin embargo, esta obligación legal de promover la concurrencia para la selección de los inversionistas privados que puedan participar en las empresas mixtas, tiene una excepción, por razones de interés público o por circunstancias especiales de las actividades, en cuyo caso, el Ejecutivo nacional puede hacer una escogencia directa de las operadoras, previa aprobación del Consejo de Ministros.

e. *Las condiciones mínimas*

Entre las condiciones mínimas que deben cumplir las empresas mixtas a ser constituidas, se destaca el hecho de que la duración máxima para la realización de la actividad económica concreta debe ser de 25 años, prorrogable por un lapso a ser acordado por

---

81 Por ello resulta incomprensible que en diciembre de 2001, después de que el Decreto–Ley se hubiera dictado por el Presidente de la República en Consejo de Ministros y publicado en *Gaceta Oficial* el 13 de noviembre de 2001, en virtud de que se dispuso en su texto que la Ley entraba en vigencia el día 1º de enero de 2002; en ese lapso el Ejecutivo Nacional se hubiera apresurado a someter a la Asamblea Nacional la soli*cit*ud de autorización para la celebración de de una Asociación conforme a los términos de la Ley de Nacionalización de 1975 que se estaba derogando por el mismo Decreto Ley ya publicado pero aún no vigente, y que la nueva Ley prohibía. De ello resultó el Convenio de Asociación Estratégica con la empresa estatal china, *China Nacional Oil and Gas Exploration and Development Corporation* como empresa filial de la empresa *China Nacional Petroleum Corporation* y la empresa Bitúmenes Orinoco (BITOR) filial de Petróleos de Venezuela S.A. PDVSA, para la producción de Bitúmen, diseño, construcción y operación de un módulo de producción y emulsificación de bitúmen natural para la elaboración de Orimulsión; en el cual la empresa BITOR sólo tenía el 30 % de participación en el capital social. *V.* el Acuerdo autorizatorio de la Asamblea Nacional en *Gaceta Oficial* Nº 37.347 del 17 de diciembre de 2001.

las partes, no mayor de 15 años. Esta prórroga debe ser solicitada después de cumplirse la mitad del período para el cual fue otorgado el derecho a realizar las actividades y antes de los 5 años de su vencimiento (Art. 34 LOH).

Otra condición es la necesaria indicación de la ubicación, orientación, extensión y forma del área donde haya de realizarse las actividades y las demás especificaciones que establezca el Reglamento.

Además, conforme a la Ley exige se deben incluir dentro de las condiciones o, en su defecto, se tendrán como incorporadas en las mismas, las cláusulas siguientes (Artículo 34 LOH):

En *primer lugar*, que las tierras y obras permanentes, incluyendo las instalaciones, accesorios y equipos que formen parte integrante de ellas, así como cualesquiera otros bienes adquiridos con destino a la realización de dichas actividades, sea cual fuere su naturaleza o título de adquisición, deben ser conservados en buen estado para ser entregados en propiedad a la República, libre de gravámenes y sin indemnización alguna, al extinguirse por cualquier causa los derechos otorgados, de manera que se garantice la posibilidad de continuar las actividades, si fuere el caso, o su cesación con el menor daño económico y ambiental.

En *segundo lugar*, y conforme a lo que dispone el artículo 151 de la Constitución, las dudas y controversias de cualquier naturaleza que puedan suscitarse con motivo de la realización de actividades y que no puedan ser resueltas amigablemente por las partes, incluido el arbitraje en los casos permitidos por la ley que rige la materia, serán decididas por los Tribunales competentes de la República, de conformidad con sus leyes, sin que por ningún motivo ni causa puedan dar origen a reclamaciones extranjeras.

f. La situación de la participación del capital privado en la realización de actividades primarias mediante Convenios de asociación suscritos antes de la Ley Orgánica de 2001

La Ley Orgánica de Hidrocarburos de 2001, como se ha dicho, declaró la reserva al Estado de las actividades primarias en materia de hidrocarburos, disponiendo, sin embargo, la posibilidad de participación del capital privado en las mismas mediante la constitución de empresas mixtas con un capital en el cual la empresa petrolera estatal tuviese más del 50% del capital social. La Ley Orgánica, además, derogó el régimen legal que permitía los convenios de asociación que regulaba el artículo 5 de la Ley de Nacionalización.

La consecuencia de lo anterior fue que a partir del 1 de enero de 2002, no se pudieron suscribir nuevos convenios de asociación, lo que quizás explica el apresuramiento que tuvo el Ejecutivo Nacional de someter a la Asamblea Nacional, incluso luego de publicada la nueva Ley Orgánica en *Gaceta Oficial* el 13 de noviembre de 2001, pero antes de que entrara en vigencia el día 1° de enero de 2002, una solicitud de autorización para la celebración de un Convenio de Asociación conforme a los términos de la derogada Ley de Nacionalización de 1975, pero que la nueva Ley prohibía, con una empresa filial de la empresa estatal china, *China Nacional Petroleum Corporation* para la producción de bitúmen, y producción de Orimulsión, en la cual la Filial de PDVSA tenía el 30 % de participación en el capital social[82].

---

82 *V.* el Acuerdo autorizatorio de la Asamblea Nacional en *Gaceta Oficial* N° 37.347 del 17 de diciembre de 2001.

En todo caso, el cambio de régimen de participación del capital privado en la nueva Ley Orgánica de Hidrocarburos de 2001, no podía tener efectos retroactivos, por lo que los Convenios de Asociación que se habían suscrito con anterioridad a su entrada en vigencia, no sólo los resultantes de las rondas de negociaciones de 1993 y 1997, sino el autorizado a última hora en diciembre de 2001, continuaron vigentes en los términos contractuales conforme a los cuales habían sido suscritos, de acuerdo con el Marco autorizado por las Cámaras Legislativas.

B. La reserva al Estado de las instalaciones de las refinerías existentes de propiedad pública

En relación con las instalaciones destinadas a la actividad de refinación, la Ley Orgánica distinguió entre instalaciones existentes al momento de publicarse la Ley, y las nuevas refinerías. (Arts. 10 y 11 LOH). Sobre las primeras, es decir, sobre "las instalaciones y obras existentes, sus ampliaciones y modificaciones, propiedad del Estado o de las empresas de su exclusiva propiedad, dedicadas a las actividades de refinación de hidrocarburos naturales en el país y al transporte principal de productos y gas", dispuso el artículo 10 de la Ley Orgánica que "quedan reservadas al Estado en los términos establecidos en este Decreto Ley" (Art. 10).

La Ley Orgánica, sin embargo, nada más agrega sobre esta "reserva de instalaciones existentes" dedicadas a la refinación de hidrocarburos naturales en el país (se excluyen las que siendo propiedad de PDVSA estaban ubicadas en el exterior) o al "transporte principal de productos y gas". Por ello, en cuanto a las instalaciones de refinación existentes, la disposición de la Ley podría dar origen a dos interpretaciones: en primer lugar, que las refinerías existentes de propiedad pública, como bienes del Estado, deben permanecer siendo de propiedad del Estado, la que estimamos es la interpretación adecuada; o que las actividades de refinación que se realicen en dichas instalaciones existentes de propiedad pública, además, sólo podrían realizar por el Estado, lo que no estaría acorde con el sentido general de las nuevas regulaciones de la Ley.

En el segundo de los dos sentidos posibles de la norma, en efecto, el resultado sería contradictorio con el postulado general de que las actividades de refinación se pueden realizar tanto por el Estado como por los particulares conjunta y separadamente como lo establece el mismo artículo 10 de la Ley. En consecuencia, la duda interpretativa que puede decirse que existe en relación a si en estas refinerías de propiedad pública que existían en el territorio nacional al momento de sancionarse la Ley, el Estado podría asociarse con particulares mediante empresas mixtas para realizar la actividad de refinación o podría otorgar licencias a los particulares para la realización con ellas de actividades de refinación, estimamos que debería resolverse afirmativamente de acuerdo al sentido general que tiene la Ley a favor de la desnacionalización de la industria petrolera.

C. La reserva de las actividades de comercialización de hidrocarburos naturales, y de comercialización de productos derivados que hayan sido reservadas mediante Decreto

De acuerdo con la LOH también se reservan al Estado las siguientes actividades de comercio interno y externo de hidrocarburos:

En *primer lugar*, las actividades realizadas con hidrocarburos naturales, las cuales sólo pueden ser ejercidas por las empresas del Estado. (Artículos 27 y 57); y

En *segundo lugar*, las actividades realizadas respecto de los productos derivados de hidrocarburos cuya comercialización el Estado se reserve expresamente mediante Decreto, en cuyo caso también sólo podrán ser ejercidas exclusivamente por las empresas del Estado (Arts. 27 y 57 LOH). El ámbito de estas actividades reservadas, por tanto, es variable, según el decreto que dicte el Ejecutivo Nacional, en el cual se pueden aumentar o disminuir las actividades sobre productos derivados de hidrocarburos que se reservan.

En relación con esta reserva, además, debe indicarse que la misma se concibió en forma absoluta, de manera que el capital privado no puede participar en el desarrollo de las mismas por ejemplo, mediante empresas mixtas, como en cambio si puede suceder en relación con las actividades primarias.

3. La posibilidad de participación del capital privado en las actividades de la industria petrolera de carácter concurrente (que no están reservadas) y sus modalidades (licencias y permisos)

A. La participación del capital privado en las actividades de refinación de hidrocarburos naturales mediante licencia

Las actividades de refinación comprenden la destilación, purificación y transformación de los *hidrocarburos naturales* objeto de la Ley Orgánica, realizadas con el propósito de añadir valor a dichas sustancias (Art. 10 LOH). Estas actividades pueden ser desarrolladas "por el Estado y los particulares, conjunta o separadamente" (Artículo 10 LOH), mediante la obtención de una licencia. Sin embargo, como se dijo, en cuanto a la refinación en las instalaciones existentes al momento de publicarse la Ley y que eran propiedad del Estado, las mismas quedan reservadas al Estado, disposición que podría interpretarse en el sentido de que no se permite la participación de los particulares en las actividades desarrolladas en las mismas.

Con esta salvedad, en los otros supuestos, la refinación de hidrocarburos naturales es una actividad que se puede realizar por los privados mediante licencia del Estado.

a. La licencia del Ministerio de Energía y Minas

Para el ejercicio de actividades de refinación de hidrocarburos naturales, se debe obtener licencia del Ministerio de Energía y Minas (Art. 12 LOH), para lo cual se debe cumplir con los siguientes requisitos (Artículo 13 LOH):

"–Identificación de las empresas y sus representantes.

–Descripción del proyecto, con indicación de la tecnología aplicable y del destino de los productos, así como de los recursos económicos aplicables al proyecto.

–Duración de la empresa o del proyecto, la cual no será superior a veinticinco (25) años, prorrogables por un lapso a ser acordado no mayor de quince (15) años, si se han cumplido los requisitos del proyecto.

–Indicación de las ventajas especiales que se ofrezcan a favor de la República".

En las licencias que se otorguen se debe incluir las siguientes disposiciones, o en su defecto, se tendrán como insertas, en el texto de la licencia (Artículo 15 LOH).

> "–Las tierras y obras permanentes, incluyendo las instalaciones, accesorios y equipos que formen parte integrante de ellas, cualesquiera otros bienes adquiridos con destino a la realización de dichas actividades, sea cual fuere su naturaleza o título de adquisición, deberán ser conservados en buen estado para ser entregados en propiedad a la República, libre de gravámenes y sin indemnización alguna, al extinguirse por cualquier causa los derechos otorgados, de manera que se garantice la posibilidad de continuar las actividades, si fuere el caso, o su cesación con el menor daño económico y ambiental.
>
> –Las dudas y controversias de cualquier naturaleza que puedan suscitarse con motivo de la realización de actividades y que no puedan ser resueltas amigablemente por las partes, incluido el arbitraje en los casos permitidos por la ley que rige la materia, serán decididas por los Tribunales competentes de la República, de conformidad con sus leyes, sin que por ningún motivo ni causa puedan dar origen a reclamaciones extranjeras".

b. El registro en el Ministerio de Energía y Minas

Las personas que se dediquen a las actividades de refinación de hidrocarburos naturales, además, deben inscribir la licencia en el registro que para tal efecto lleve el MEM (art. 14 LOH).

Cualquier cesión o traspaso o gravamen de la licencia debe contar con la aprobación previa del MEM y debe asentarse en el registro que lleva dicho organismo (art. 16 LOH).

Las licencias podrán ser revocadas por el MEM, en los casos previstos en la ley, concretamente, por la ocurrencia de causas de revocatoria establecidas en la propia licencia o por realizarse cesión, gravamen o ejecución sin la autorización de dicho Ministerio (Art. 17 LOH).

c. Las instalaciones para la refinación

Como se dijo, en relación con las instalaciones destinadas para la actividad de refinación, la Ley distingue entre instalaciones existentes y las nuevas refinerías. (Arts. 10 y 11 LOH) Sobre este particular, como se ha dicho, pauta que las instalaciones y obras existentes, sus ampliaciones y modificaciones, propiedad del Estado o de las empresas de su exclusiva propiedad, dedicadas a las actividades de refinación de hidrocarburos naturales en el país y al transporte principal de productos y gas, quedan reservadas al Estado en los términos establecidos en el Decreto Ley.

Por lo que respecta a las instalaciones nuevas, el artículo 11 de la ley prevé que éstas deben responder a un plan nacional para su instalación y operación y deben estar vinculadas a proyectos determinados aprobados por el Ejecutivo Nacional por órgano del Ministerio de Energía y Minas. Estas refinerías deben estar dirigidas principalmente, a la modernización de los procesos a ser utilizados y a la obtención de combustibles limpios.

B. Las actividades de industrialización de hidrocarburos refinados mediante permisos

a. El régimen general

Las actividades de industrialización de *hidrocarburos refinados* comprende las de separación, destilación, purificación; conversión, mezcla y transformación de los mismos, realizadas con el propósito de añadir valor a dichas sustancias mediante la obtención de especialidades de petróleo u otros derivados de hidrocarburos. (Art. 49 LOH)

Estas actividades de industrialización pueden ser realizadas por el Estado, directamente, a través del Ejecutivo Nacional; por empresas de su exclusiva propiedad; por empresas mixtas, con participación de capital estatal y privado, en cualquier proporción; y por empresas privadas, sea de capital nacional o extranjero (Art. 50 LOH), mediante la obtención de permisos.

El Ejecutivo Nacional debe adoptar las medidas necesarias para la industrialización en el país de los hidrocarburos refinados, para lo cual deberá cumplir con las siguientes orientaciones (Art. 51 LOH):

"1. Estimular la mayor y más profunda transformación de los hidrocarburos refinados.
2. Fomentar las inversiones en proyectos generadores de sustancias que apoyen el desarrollo del sector industrial nacional.
3. Asegurar que las refinerías y plantas procesadoras de hidrocarburos bajo el control del Estado garanticen con carácter prioritario, respecto a la alternativa de exportación, el suministro oportuno para su posterior procesamiento de las sustancias básicas en cantidad y calidad y con esquemas de precios y condiciones comerciales que permitan el desarrollo de empresas competitivas en los mercados internacionales.
4. Desarrollar parques industriales alrededor de las refinerías y en zonas donde se facilite el suministro de hidrocarburos o sus derivados.
5. Que se estimule la creación y participación de entes financieros en la industrialización de los hidrocarburos en el país.
6. Que las empresas que realicen actividades de industrialización de hidrocarburos en el país fomenten a su vez la industrialización, aguas abajo, de los insumos que producen.
7. Cualesquiera otras que señalen los Reglamentos".

Por otra parte, debe señalarse que conforme al artículo 52 LOH, el Ejecutivo Nacional debe dar prioridad a los proyectos de industrialización de hidrocarburos refinados que estimulen la formación de capital nacional y vinculen éste a una "mayor agregación de valor a los insumos procesados y cuyos productos sean competitivos en el mercado exterior".

b. Los permisos

Las empresas privadas que pretendan desarrollar actividades de industrialización de hidrocarburos refinados, deben obtener un permiso que debe ser otorgado por el Ministerio de Energía y Minas, previo el cumplimiento de los siguientes requisitos (Art. 53):

"–Identificación de las empresas y sus representantes.

–Indicación de la fuente de suministro de la materia prima.

–Definición del proyecto con señalamiento del destino de los productos".

c. *El registro en el MEM*

Quienes se dediquen en el país a las actividades de industrialización de los hidrocarburos refinados, deben inscribir el permiso en el registro que al efecto debe llevar el Ministerio de Energía y Minas. (Artículo 54 LOH).

C. LAS ACTIVIDADES DE COMERCIALIZACIÓN DE PRODUCTOS DERIVADOS DE LOS HIDROCARBUROS MEDIANTE PERMISOS

a. *Régimen general*

Las actividades de comercialización comprenden el comercio interior y el comercio exterior, tanto de los hidrocarburos naturales, como de sus productos derivados (Artículo 56 LOH). Como se ha señalado, la Ley Orgánica reserva al Estado las siguientes actividades de comercio interno y externo de hidrocarburos: aquellas realizadas con hidrocarburos naturales, las cuales sólo pueden ser ejercidas por las empresas del Estado (Artículo 57); y aquellas realizadas sobre los productos derivados cuya comercialización se reserve al Estado mediante Decreto, en el cual el Ejecutivo Nacional debe identificar el producto expresamente, y las cuales sólo pueden ser ejercidas en exclusividad por las empresas del Estado (Art. 57 LOH), no permitiéndose la participación del capital privado en el desarrollo de las mismas.

Ahora bien, en cuanto a las otras actividades de comercio interno y externo de productos derivados no reservados o no excluidos por el Ejecutivo Nacional, las mismas pueden ser realizadas por el Estado, directamente, a través del Ejecutivo Nacional; por empresas de la exclusiva propiedad del Estado (Empresas del Estado); por empresas mixtas, con participación de capital estatal y privado, en cualquier proporción; y por empresas privadas (Art. 58 LOH) mediante la obtención de permisos.

b. *Las actividades de servicios públicos en relación con los productos derivados y su prestación por los particulares*

Dentro de las actividades relativas al comercio interior de productos derivados de hidrocarburos, el artículo 60 de la Ley declara que "constituyen un servicio público las actividades de suministro, almacenamiento, transporte, distribución y expendio de los productos derivados de los hidrocarburos, señalados por el Ejecutivo Nacional (conforme al artículo 59), destinados al consumo colectivo interno".

La consecuencia de la calificación de estas actividades como servicio público es que los precios de dichos productos deben ser fijados por el Ejecutivo Nacional, por órgano del Ministerio de Energía y Minas. Dichos precios pueden fijarse mediante bandas o cualquier otro sistema que resulte adecuado, a los fines previstos en el Decreto Ley, tomando en cuenta las inversiones y la rentabilidad de las mismas.

Además, el Ministerio debe adoptar medidas para garantizar el suministro, la eficiencia del servicio y evitar su interrupción.

c. *Los permisos para realizar la actividad*

Conforme al artículo 61 de la ley, las personas naturales o jurídicas que deseen ejercer las actividades de suministro, almacenamiento, transporte, distribución y expendio de los productos derivados de hidrocarburos, deben obtener previamente permiso del Ministerio de Energía y Minas. Los permisos están sujetos a las normas establecidas en la Ley Orgánica, su Reglamento y las Resoluciones respectivas; y su cesión o traspaso requiere la autorización previa del Ministerio de Energía y Minas (Artículo 61 LOH).

La Ley Orgánica permite que las personas naturales o jurídicas que ejerzan las actividades antes señaladas, puedan realizar más de una actividad, siempre que exista la separación jurídica y contable entre ellas (Artículo 61 LOH)

Por lo que respecta a la transmisión de derechos sobre expendios de combustibles, el artículo 65 de la Ley reconoce expresamente que se deberá pagar el valor del fondo de comercio perteneciente a quien esté ejerciendo la actividad.

d. Las autorizaciones para la construcción, modificación o destrucción de obras:

El artículo 62 de la Ley Orgánica dispone que la construcción, modificación, ampliación, destrucción o desmantelamiento de establecimientos, instalaciones o equipos, destinados al comercio interior de los productos derivados de hidrocarburos, deben ser previamente autorizados por el Ministerio de Energía y Minas.

e. La revocatoria del permiso

Por otra parte, el Ministerio de Energía y Minas puede revocar los permisos, cuando el incumplimiento de las disposiciones establecidas en la Ley, su Reglamento o en Resoluciones, comprometan la eficiencia o continuidad del servicio o pongan en peligro la seguridad de personas y bienes. (Artículo 63 LOH)

D. Las actividades de exploración y explotación de hidrocarburos gaseosos no asociados mediante licencia

a. Régimen general relativo a los hidrocarburos no gaseosos

La Ley Orgánica de Hidrocarburos Gaseosos (LOHG) regula todas las actividades vinculadas con los hidrocarburos gaseosos, tanto aquellos asociados con el petróleo u otros fósiles, como aquellos no asociados.

En dicha Ley se establece que tanto el Estado, directamente o mediante entes de su propiedad, como las personas privadas nacionales o extranjeras, con o sin la participación del Estado y mediante permisos o licencias, pueden realizar actividades de exploración en el territorio nacional, bajo el lecho del mar territorial, de la zona marítima contigua y en la plataforma continental, en busca de yacimientos de hidrocarburos gaseosos no asociados y la explotación de tales yacimientos; así como la recolección, almacenamiento y utilización tanto del gas natural no asociado proveniente de dicha explotación, como del gas que se produce asociado con el petróleo u otros fósiles; el procesamiento, industrialización, transporte, distribución, comercio interior y exterior de dichos gases (arts. 1 y 2).

El artículo 22 de la Ley repite el mismo principio general en cuanto a las actividades referentes a la exploración y explotación de hidrocarburos gaseosos *no asociados,* así como las de procesamiento, almacenamiento, transporte, distribución, industrialización, comercialización y exportación, indicando que pueden ser realizadas directamente por el Estado o por entes de su propiedad, o por personas privadas nacionales o extranjeras, con o sin la participación del Estado. La norma agrega que las actividades a ser realizadas por personas privadas nacionales o extranjeras, con o sin la participación del Estado, requerirán licencia o permiso, según el caso, y deberán estar vinculadas con proyectos o destinos determinados, dirigidos al desarrollo nacional, conforme al artículo 3° de la Ley.

Dependiendo de la actividad, las personas privadas nacionales o extranjeras, con o sin la participación del Estado, requerirán licencia o permiso, según el caso, y deberán estar vinculadas con proyectos o destinos determinados, dirigidos al desarrollo nacional. (Art. 22 LOHG).

b. La licencia para la realización de actividades de exploración y explotación de hidrocarburos gaseosos no asociados:

Las personas privadas nacionales o extranjeras, con o sin la participación del Estado, que deseen realizar actividades de exploración y explotación de hidrocarburos gaseosos no asociados, deben obtener la licencia correspondiente del Ministerio de Energía y Minas (MEM) (Art. 24 LOHG).

Las licencias deben ser otorgadas previo proceso licitatorio que debe efectuar el MEM. Sin embargo, el Ejecutivo Nacional, por órgano del MEM y previa autorización del Consejo de Ministros, puede otorgar directamente licencias, por razones de interés público o por circunstancias particulares de las actividades, siempre y cuando se cumplan las condiciones que impone la Ley (Art. 21 del Reglamento).

La licencia otorga a su titular, el derecho exclusivo para realizar las actividades de exploración y explotación en un área geográfica determinada (Art. 20 Reglamento). Estos derechos no son gravables ni ejecutables, pero pueden ser cedidos previa autorización del Ministerio de Energía y Minas (Art. 25, Ley).

c. Los requisitos para la obtención de las licencias

Para el otorgamiento de las licencias, se deben cumplir las siguientes condiciones (Artículo 24 LOHG):

> "–Descripción del proyecto, con indicación del destino de dichos hidrocarburos, conforme al artículo 3° de la Ley. (Dicho artículo señala que las actividades deben estar dirigidas al desarrollo nacional)
>
> –Duración máxima de treinta y cinco (35) años, prorrogable por un lapso a ser acordado entre las partes, no mayor de treinta (30) años. Esta prórroga deberá ser solicitada después de cumplirse la mitad del período para el cual se otorgó la licencia y antes de los cinco (5) años de su vencimiento.
>
> –Plazo máximo de cinco (5) años para la realización de la exploración y cumplimiento de los programas respectivos, incluido dentro del plazo inicial indicado en el numeral anterior, con sujeción a las demás condiciones que indique el Reglamento.
>
> –Indicación de la extensión, forma, ubicación y delimitación técnica del área objeto de la licencia y cualquier otro requisito, que para la mejor determinación de dicha área, señale el Reglamento.
>
> –Indicación de las contraprestaciones especiales que se estipulen a favor de la República".

En las licencias, aunque no aparezcan expresamente, se tendrán como insertas las cláusulas siguientes:

En *primer lugar*, que las tierras y obras permanentes, incluyendo las instalaciones, accesorios y equipos que formen parte integral de ellas y cualesquiera otros bienes adquiridos con destino al objeto de la licencia, sea cual fuere su naturaleza o título de adquisición, deberán ser conservadas en buen estado para ser entregados en propiedad a la República, libre de gravámenes y sin indemnización alguna, al extinguirse por cualquier causa las respectivas licencias, de manera que se garantice la continuidad de las actividades si fuere el caso o su cesación con el menor daño económico y ambiental.

En *segundo lugar*, que las dudas y controversias de cualquier naturaleza que puedan suscitarse con motivo de la licencia y que no puedan ser resueltas amigablemente por las partes, incluido el arbitraje, serán decididas por los Tribunales competentes de la República, de conformidad con sus leyes, sin que por ningún motivo ni causa puedan dar origen a reclamaciones extranjeras.

d. La revocación de la licencia

Las licencias otorgadas son revocables por el Ministerio de Energía y Minas, por las causales siguientes (Artículo 25 LOHG):

> "–Por incumplimiento de lo previsto en los programas de exploración;
>
> –Por incumplimiento de las condiciones establecidas en el numeral 3 del artículo 24 de la Ley, concretamente, lo relativo al plazo máximo de cinco (5) años para la realización de la exploración y cumplimiento de los programas respectivos. (Ver literal b, A del punto 5, supra) y por el incumplimiento de las contraprestaciones que se hayan estipulado a favor de al República;
>
> –Por cederla sin la autorización requerida;
>
> –Por la ocurrencia de las causas de revocatoria establecidas en la propia licencia y en particular las que estuvieren referidas a las condiciones de explotación y a la ejecución del proyecto; y,
>
> –Por la revocatoria prevista en el artículo 21 de la Ley, que se refiere a la posibilidad de revocar las licencias de explotación, para salvaguardar los intereses de la República, para el caso de que un yacimiento se encuentre en zonas limítrofes".

E. Las actividades relativas a hidrocarburos gaseosos distintas a la exploración y explotación, mediante permisos

a. Las diversas actividades relativas a hidrocarburos gaseosos producidos por otros

La Ley regula "las actividades distintas a las de exploración y explotación" disponiendo en su artículo 27 que quienes deseen realizar actividades relacionadas con hidrocarburos gaseosos, asociados o no asociados, *producidos por otras personas*, deberán obtener el permiso correspondiente del Ministerio de Energía y Minas, previa definición del proyecto o destino determinado de dichos hidrocarburos, conforme al artículo 3° de la Ley. Estas actividades las regula el Reglamento indicando separadamente las relativas al transporte de gas, la distribución de gas, el procesamiento de los líquidos gas natural (LGN) y la comercialización del gas licuado del petróleo (GLP).

Según el referido Reglamento, el transporte comprende el diseño, construcción, operación, mantenimiento y administración de los sistemas de transporte, desde los puntos de entrega de los productores o de otros transportistas, hasta los puntos de recepción de los distribuidores, otros transportistas o consumidores mayores. También comprende la gestión comercial para optimizar la capacidad y el uso de los sistemas de transporte. (Artículo 51 del Reglamento)

La distribución comprende el diseño, la construcción, la operación el mantenimiento y la administración de los sistemas de distribución, desde los puntos de entrega de los productores o transportistas, hasta los puntos de recepción de los consumidores. Igualmente comprende la gestión comercial para optimizar la capacidad y el uso de los sistemas de distribución. (Artículo 52 del Reglamento).

El procesamiento del gas natural abarca los procesos de separación, extracción, fraccionamiento, almacenamiento y comercialización de los líquidos del gas natural y otras sustancias asociadas al gas natural. (Artículo 75 del Reglamento)

Por último, la comercialización del gas licuado del petróleo se refiere al transporte, almacenamiento y distribución del GLP, así como las actividades de intermediación. (Artículo 78 del Reglamento)

b. Las actividades consideradas como servicio público

El artículo 5 de la Ley Orgánica dispone que las actividades relacionadas directa o indirectamente con el transporte y distribución de gases de hidrocarburos destinados al consumo colectivo, constituyen un servicio público. En consecuencia, el artículo 8 de la Ley dispone que los almacenadores, los transportistas y los distribuidores de hidrocarburos gaseosos a los cuales se refiere la Ley, tienen la obligación de prestar el servicio en forma continua y de conformidad con las normas legales, reglamentarias y técnicas de eficiencia; calidad y seguridad.

Tratándose de servicios públicos, el artículo 12 de la Ley autoriza al Ministerio de Energía y Minas para determinar los precios de los hidrocarburos gaseosos desde los centros de producción y procesamiento, atendiendo principios de equidad. Además, los Ministerios de Energía y Minas y de la Producción y el Comercio, conjuntamente, deben fijar las tarifas que se aplicarán a los consumidores finales y a los servicios que se presten de conformidad con la Ley.

c. Las actividades de industrialización

En cuanto a las actividades de industrialización de los hidrocarburos gaseosos, conforme al artículo 30 de la Ley, también pueden ser realizadas directamente por el Estado, por entes de su propiedad; o por personas privadas nacionales o extranjeras, con o sin la participación del Estado, mediante la obtención de permisos.

A tal efecto, como lo indica el artículo 31 de la Ley, el Ejecutivo Nacional debe dictar la reglamentación necesaria para la industrialización de los hidrocarburos gaseosos en el país, la cual debe contener, entre otras disposiciones, medidas a fin de:

"1. Que se desarrollen parques industriales en zonas donde se facilite el suministro de dichos hidrocarburos;
2. Que las refinerías y plantas procesadoras de hidrocarburos gaseosos garanticen el suministro de las materias primas disponibles;
3. Que los precios y condiciones de suministro de las materias primas permitan la formación de empresas eficientes y competitivas;
4. Que se estimule la creación y participación de entes financieros en la industrialización de hidrocarburos gaseosos en el país; y,
5. Que las empresas que realicen actividades de industrialización de hidrocarburos gaseosos en el país, fomenten a su vez la industrialización, aguas abajo, de los insumos que producen".

En todo caso, el Ejecutivo Nacional debe dar prioridad a los proyectos de industrialización de los hidrocarburos gaseosos que propendan a la formación de capital nacional, a una mayor agregación de valor a los insumos procesados y cuyos productos sean competitivos en el mercado exterior (Art. 32). Los proyectos referentes a la industrialización de los hidrocarburos gaseosos, además, deben inscribirse en el Registro que a tal efecto lleve el Ministerio de Energía y Minas (Art. 33).

d. Los permisos

Quienes deseen realizar actividades relacionadas con hidrocarburos gaseosos, asociados o no asociados, producidos por otras personas, deben obtener el permiso correspondiente del Ministerio de Energía y Minas, previa definición del proyecto o destino determinado de dichos hidrocarburos (Art. 27 de la Ley).

Conforme con el texto del artículo 27, a los permisos se les aplicarán los requisitos y condiciones ya indicados para las licencias de exploración y explotación, salvo en lo que se refiere al plazo máximo de cinco (5) años para la realización de la actividad, y el relativo a la indicación de la extensión, ubicación y delimitación técnica del área objeto de la licencia y cualquier otro requisito, que señale el Reglamento.

Por lo que respecta a los permisos para actividades relacionadas con el procesamiento de industrialización de los hidrocarburos gaseosos así como a las actividades relacionadas con la comercialización de los gases licuados del petróleo, sin embargo, los siguientes requisitos previstos para las licencia no se les aplican: el término de duración de 35 años; y la cláusula de reversión.

Por lo que respecta a los permisos para el transporte y distribución de gas, el Reglamento pauta que se debe cumplir con lo siguiente (Art. 63):

> "–Solicitud al MEM con la documentación que permita identificar al interesado, determinar su capacidad técnica para la operación y su capacidad comercial, administrativa y financiera;
>
> –Definición y descripción del proyecto
>
> –Propuestas de participación nacional según lo pautado en el Reglamento".

En lo atinente a los requisitos para el procesamiento de gas natural y la comercialización del GLP, el reglamento se limita a exigir el permiso previo, sin otras especificaciones.

e. La revocación del permiso

Conforme al artículo 28 de la Ley, los permisos pueden ser revocados por el Ministerio de Energía y Minas en caso de que se realizare su cesión o traspaso sin la autorización requerida para ello, o cuando se demuestre el incumplimiento del programa de ejecución del proyecto. Igualmente, cuando se incurra en cualquiera otra causal establecida en el propio permiso o en el Reglamento de la Ley.

4. La rechazada propuesta de re–nacionalización de la industria petrolera con la fallida reforma constitucional de 2007

Como hemos dicho, conforme al artículo 302 de la Constitución, si bien la reserva de la industria petrolera efectuada mediante la Ley Orgánica de 1975, adquirió rango constitucional, ello se sujetó a lo que estableciera la ley orgánica respectiva, la cual podría ser modificada, como en efecto ocurrió en con la Ley Orgánica de Hidrocarburos de 2000. La reserva que se estableció en 1999, por tanto, no fue ni rígida ni absoluta, sino flexible, conforme se estableciera en la ley orgánica respectiva.

Con la reforma constitucional que la Asamblea Nacional sancionó el 2 de noviembre de 2007 y que sin embargo, fue rechazada por el voto popular expresado en el referendo del 2 de diciembre de 2007, se buscaba cambiar radicalmente la concepción de la regulación antes indicada, mediante el establecimiento de la reserva al Estado, en la propia Constitución, "**por razones de soberanía, desarrollo e interés nacional**, [de] las actividades de exploración y explotación de los hidrocarburos líquidos, sólidos y gaseosos, así como su recolección, transporte y almacenamiento iniciales y las obras que estas actividades requieran." En la norma se buscaba agregar que "el Estado promoverá la manufactura nacional procesando las correspondientes materias primas, asimilando, creando e innovando tecnologías nacionales, especialmente en lo que se refiere a la Faja Petrolífera del Orinoco, los cinturones gasíferos tierra adentro y mar afuera y los corredores petroquímicos, con el fin de desarrollar las fuerzas productivas, impulsar el crecimiento económico y lograr la justicia social". Además, se indicaba en la norma propuesta que "el Estado mediante ley orgánica podrá reservarse cualquier otra actividad relacionada con los hidrocarburos".

Se buscaba agregar en el artículo, además, la previsión de que las actividades reservadas se debían ejercer "por el Ejecutivo Nacional directamente, o por medio de entes o empresas de su exclusiva propiedad, o por medio de empresas mixtas en las cuales tenga el control y la mayoría accionaria", con lo cual se buscaba constitucionalizar el régimen de las empresas mixtas de hidrocarburos, indicándose que "la adecuación al nuevo ordenamiento de los negocios existentes en materia de hidrocarburos gaseosos se hará mediante ley".

Por otra parte, en la rechazada reforma respecto del artículo 113, se previó también, que el Estado podía reservarse directamente o mediante empresas de su propiedad, la explotación o ejecución de la explotación de recursos naturales o de cualquier otro bien del dominio de la Nación, considerados de carácter estratégico por la Constitución o la ley, así como de la prestación de servicios públicos vitales, considerados como tales por la Constitución o la ley.

En relación con todas las actividades reservadas, también se proponía reformar radicalmente el artículo 303 de la Constitución, estableciéndose una prohibición absoluta de privatizar ninguna actividad reservada al Estado, buscándose eliminar así la absurda posibilidad que había dejado abierta la Constitución de 1999 para que las acciones de la empresas filiales de Petróleos de Venezuela S.A., de las asociaciones estratégicas y de las demás empresas constituidas como consecuencia del desarrollo de los negocios de Petróleos de Venezuela S.A., pudieran ser enajenadas. En la rechazada reforma se proponía establecer, en cambio, que "por razones de soberanía económica, desarrollo e interés nacional, Petróleos de Venezuela S.A. y los entes o empresas de propiedad exclusiva del Estado que desarrollen en el territorio nacional actividades reservadas, no podrán ser privatizados total ni parcialmente". Se buscaba agregar, además, que "el Ejecutivo Nacional, por órgano del ministerio con competencia en la materia, fiscalizará y ejercerá el control sobre las actividades reservadas, así como sobre el transporte de los hidrocarburos y sus derivados en todo el territorio nacional, desde su extracción hasta el consumidor final en el mercado doméstico, o hasta los puertos y puntos de exportación"[83].

83 *V.* los comentarios sobre la rechazada reforma en Allan R. Brewer–Carías, *La reforma constitucional de 2007*, Editorial Jurídica Venezolana, Caracas 2007

IV. LA "ESTATIZACIÓN" O LA TERMINACIÓN ANTICIPADA UNILATERAL DE LOS CONVENIOS OPERATIVOS Y DE ASOCIACIÓN QUE PERMITÍAN LA PARTICIPACIÓN DEL CAPITAL PRIVADO EN LAS ACTIVIDADES PRIMARIAS SUSCRITOS ANTES DE 2002

A partir de 2006, el Estado venezolano, después de haber establecido el marco para la desnacionalización de la industria petrolera, comenzó un proceso de "estatización" petrolera mediante la eliminación progresiva, mediante ley, de la participación del capital privado en las actividades de la industria petrolera que se había desarrollado antes de la entrada en vigencia de la nueva Ley Orgánica de Hidrocarburos en 2001.

Como se dijo, para el momento en que se dictó la Ley Orgánica de Hidrocarburos de 2001, los particulares podían participar y participaban en la realización de las actividades de hidrocarburos a través de dos modalidades previstas en la legislación anterior: los Convenios Operativos con las empresas del Estado, y mediante Convenios de Asociación Estratégicas y de Explotación a Riesgo y Ganancias Compartidas que se habían suscrito bajo la vigencia de la Ley que reserva al Estado la Industria y el Comercio de los Hidrocarburos de 1975, los cuales dado el principio general de la irretroactividad de las leyes, continuaron en vigencia como contratos válidamente suscritos por el Estado conforme al artículo 5 de aquella Ley, que fue derogada por la Ley Orgánica de 2001, aún después de la entrada en vigencia de la nueva Ley.

El proceso de eliminación de la participación del capital privado en la industria que había sido posible conforme a los contratos suscritos antes de 2001, se verificó mediante tres instrumentos legislativos, a través de los cuales, por una parte, se dispuso la extinción, es decir, la terminación unilateral anticipada de los Convenios Operativos que existían (*Ley de Regularización de la Participación Privada en las Actividades Primarias Previstas, abril 2006)*; por la otra, se dispuso la terminación unilateral anticipada de los Convenios de Asociación y de Explotación a Riesgo que existían y que se habían suscrito entre 1993 y 2001, disponiéndose sin embargo, en este último caso, la posibilidad de que dichos convenios de asociación se pudieran convertir en empresas mixtas con capital del Estado en más del 50% del capital social (Arts. 22 y 27 al 32 LOH) (*Decreto–Ley 5200, Ley de Migración a Empresas Mixtas de los Convenios de Asociación de la Faja Petrolífera del Orinoco, así como de los Convenios de Exploración a Riesgo y Ganancias Compartidas,* febrero 2007) y por último, se dispuso la "confiscación" de los intereses, acciones, participación y derechos de las empresas que participaban en dichos Convenios y Asociaciones, cuando no hubiesen acordado migrar a las referidas empresas mixtas (*Ley sobre los Efectos del Proceso de Migración a Empresas Mixtas de los Convenios de Asociación de la Faja Petrolífera del Orinoco; así como de los Convenios de Exploración a Riesgo y Ganancias Compartidas,* octubre 2007).

Conforme a las dos primeras leyes, al extinguirse los contratos administrativos existentes, puede decirse que se habría dispuesto la expropiación de los derechos contractuales que correspondían a las empresas privadas contratantes, la cual, sin embargo, se efectuó directamente mediante la Ley, sin seguirse el procedimiento general establecido en la Ley de Expropiación por causa de utilidad pública y social. Ello, sin embargo, conforme al artículo 115 de la Constitución, generaba derechos en cabeza de las empresas contratantes a ser justamente indemnizadas por los daños y perjuicios producidos por dicha terminación anticipada y unilateral de los contratos administrativos válidamente suscritos por el Estado. Sin embargo, conforme a la última de las leyes mencionadas, lo que podía ser entendido como un proceso de expropiación, por terminación unilateral y anticipada de contratos, se convirtió en una "confiscación" de derechos en el caso de las empresas que no llegaron a un acuerdo con el Estado para seguir operando bajo el esquema de empresas mixtas.

1. La extinción de los Convenios Operativos

En efecto, en cuanto a los Convenios Operativos que se habían suscrito conforme a la legislación anterior, entre las filiales de PDVSA y empresas privadas, el 18 de abril de 2006 se dictó la *Ley de Regularización de la Participación Privada en las Actividades Primarias Previstas*[84], cuyo específico objeto que se definió como "regularizar la participación privada en las actividades primarias", condujo a la extinción, mediante Ley, de los Contratos Operativos existentes, dado que el Legislador consideró que su ejercicio había:

> "[...] sido desnaturalizado por los Convenios Operativos surgidos de la llamada apertura petrolera, al punto de violar los intereses superiores del Estado y los elementos básicos de la soberanía" (art. 1).

En consecuencia, el artículo 2 de la Ley declaró que el contenido de los referidos Convenios Operativos surgidos de la llamada apertura petrolera, era "incompatible con las reglas establecidas en el régimen de nacionalización petrolera", disponiendo que "**quedarán extinguidos** y no podrá continuarse la ejecución de sus preceptos, a partir de la publicación de esta Ley en la *Gaceta Oficial*" (art. 2).

Es decir, a partir del 18 de abril de 2006, mediante una ley de la Asamblea Nacional se puso fin y se extinguieron los Convenios Operativos que existían, es decir, se dio por terminados en forma unilateral y anticipada a unos contratos administrativos que habían sido válidamente suscritos. No se trató, en este caso, de una rescisión unilateral del contrato por parte de la Administración contratante, que eran las empresas filiales de PDVSA, sino de una terminación anticipada y unilateral de dichos contratos por una decisión del órgano legislativo del Estado, a través de una Ley. En estos casos, la responsabilidad del Estado por los daños causados por la terminación unilateral y anticipada de los contratos y el derecho de los cocontratantes a ser indemnizados eran incuestionables conforme al régimen de los contratos administrativos, configurándose como una expropiación de derechos contractuales, así la decisión hubiera sido tomada mediante acto legislativo.

Dicha Ley, además, dispuso hacia el futuro que

> "[...] ningún nuevo contrato podrá otorgar participación en las actividades de exploración, explotación, almacenamiento y transporte inicial de hidrocarburos líquidos, o en los beneficios derivados de la producción de dichos hidrocarburos, a persona alguna de naturaleza privada, natural o jurídica, salvo como accionista minoritario en una empresa mixta, constituida de conformidad con la Ley Orgánica de Hidrocarburos en la cual el Estado asegure el control accionario y operacional de la empresa" (Art. 3).

Es decir, se ratificó legislativamente el principio que se había dispuesto en la Ley Orgánica de 2001 de que la participación del capital privado en las actividades primarias sólo podía realizarse mediante la constitución de las empresas mixtas reguladas en

---

84 *Gaceta Oficial* N° 38.419 del 18 de abril de 2006.

la Ley, que era lo que se proponía incluir en la rechazada reforma constitucional de 2007.

La consecuencia de la declaratoria de extinción de los Convenios Operativos existentes, además de la obligación para el Estado de indemnizar a los antiguos contratistas por los daños y perjuicios ocasionados por la terminación anticipada y unilateral de los Convenios y la expropiación de los derechos contractuales, sobre lo cual, sin embargo nada dispuso el texto de la Ley; fue que conforme se dispuso en el artículo 4 de la Ley:

> "[...] la República, directamente o a través de empresas de su exclusiva propiedad, reasumirá el ejercicio de las actividades petroleras desempeñadas por los particulares, a los fines de garantizar su continuidad y en razón de su carácter de utilidad pública e interés social, sin perjuicio de que se establezcan para tal efecto empresas mixtas sujetas a la aprobación de la Asamblea Nacional, previo informe favorable del Ejecutivo Nacional por órgano del Ministerio de Energía y Petróleo y de la Comisión Permanente de Energía y Minas de la Asamblea Nacional".

A tal efecto, la Asamblea Nacional ya había adoptado en marzo de 2006 el "Acuerdo mediante el cual se aprueban los Términos y Condiciones para la creación y funcionamiento de las Empresas Mixtas" (*G.O.* N° 38.410 de 31–03–2006).

2. La terminación anticipada y unilateral de los Convenios de Asociación y de los Convenios de exploración a riesgo y ganancias compartidas y la posibilidad de su transformación en empresas mixtas

La Ley Habilitante de 1 de febrero de 2007[85] autorizó al Presidente de la República a dictar normas que permitieran al Estado,

> "[...] asumir directamente, o mediante empresas de su exclusiva propiedad, el control de las actividades realizadas por las asociaciones que operan en la Faja Petrolífera del Orinoco, incluyendo mejoradores y las asignaciones de explotación a riesgo y ganancias compartidas, para regularizar y ajustar sus actividades dentro del marco legal que rige a la industria petrolera nacional, a través de la figura de empresas mixtas o de empresas de la exclusiva propiedad del Estado".

Con esta delegación legislativa se buscaba, en primer lugar, que el Estado asumiera "el control de las actividades realizadas por las asociaciones que operan en la Faja Petrolífera del Orinoco, incluyendo mejoradores y las asignaciones de explotación a riesgo y ganancias compartidas", lo que en si mismo era innecesario, pues dicho control ya existía conforme al esquema de toma de decisiones regulado en los Convenios de Asociación, aún cuando el Estado tuviera minoría accionaria en los mismos. Pero además, en segundo lugar, lo que se buscaba con la delegación legislativa era hacer lo que el Legislador con la Ley Orgánica de Hidrocarburos de 2001 no hizo, y no podía hacer, por no poder atribuirle efectos retroactivos a la misma, y aplicar la Ley Orgánica de 2001 a los Contratos de Asociación que habían sido suscritos válidamente conforme a la legislación anterior. Por ello la habilitación buscó "regularizar y ajustar sus actividades dentro del marco legal que rige a la industria petrolera nacional, a través de la figura de empresas mixtas o de empresas de la exclusiva propiedad del Estado".

En ejecución de tal delegación legislativa, el 26 de febrero de 2007, mediante Decreto Ley 5.200, el Ejecutivo Nacional dictó la *Ley de Migración a Empresas Mixtas de los Convenios de Asociación de la Faja Petrolífera del Orinoco, así como de los Convenios*

---

85 *G.O.* N° 38.617 de 01–02–2007.

de Exploración a Riesgo y Ganancias Compartidas[86], con la cual se dispuso la terminación unilateral y anticipada de los convenios de asociación suscritos entre 1993 y 2001, lo que implicaba, para los contratistas que no acordaran los términos unilaterales fijados por el Estado, la expropiación de sus derechos contractuales y el derecho consecuente a ser justamente indemnizados por los daños y perjuicios causados por la ejecución de dicha Ley.

A. La terminación anticipada de los convenios de asociación y la búsqueda de su migración a empresas mixtas

En efecto, dicha Ley dispuso que:

> "[...] las asociaciones existentes entre filiales de Petróleos de Venezuela, S.A. y el sector privado que operan en la Faja Petrolífera del Orinoco, y en las denominadas de Exploración a Riesgo y Ganancias Compartidas, deberán ser ajustadas al marco legal que rige la industria petrolera nacional, debiendo transformarse en empresas mixtas en los términos establecidos en la Ley Orgánica de Hidrocarburos" (art. 1).

Esto significó, pura y simplemente, darle efectos retroactivos a la Ley Orgánica de Hidrocarburos de 2001, al imponer unilateralmente a los Convenios de Asociación suscritos conforme a la legislación anterior, la obligación de ajustarse a la nueva Ley.

A tal efecto, en esta Ley, de nuevo, se dispuso la terminación unilateral y anticipada de contratos administrativos que habían sido válidamente celebrados como Convenios de Asociación entre 1993 y 2001, entre las filiales de PDVSA y diversas empresas privadas para la realización de actividades primarias; disponiéndose además, que las mismas no sólo debían ajustarse al marco legal de la Ley Orgánica de 2001, a la cual *ex post facto* se le dio efectos retroactivos, sino se dispuso que:

> "[...] todas las actividades ejercidas por asociaciones estratégicas de la Faja Petrolífera del Orinoco, constituidas por las empresas **Petrozuata, S.A.; Sincrudos de Oriente, S.A., Sincor, S.A., Petrolera Cerro Negro S.A y Petrolera Hamaca, C.A**; los convenios de Exploración a Riesgo y Ganancias Compartidas de **Golfo de Paria Oeste, Golfo de Paria Este y la Ceiba**, así como las empresas o consorcios que se hayan constituido en ejecución de los mismos; la empresa **Orifuels Sinovensa, S.A**, al igual que las filiales de estas empresas que realicen actividades comerciales en la Faja petrolífera del Orinoco, y en toda la cadena productiva, **serán transferidas** a las nuevas empresas mixtas".

Es decir, no sólo se decidió unilateralmente la terminación anticipada de los contratos, sino que se dispuso que en caso de que los inversionistas privados socios en los Convenios que se extinguían estuviesen de acuerdo con la transferencia de los mismos a las nuevas empresas mixtas, los mismos lo que podían eran ser accionistas de las empresas mixtas con menos del 40% del capital social, teniendo como accionista por parte del Estado a la Corporación Venezolana del Petróleo, S.A. u otra filial de Petróleos de Venezuela, S.A., con una participación accionaria mínima del 60% del capital social (art. 2).

En caso de que el inversionista socio de un Convenio de asociación acordase ser accionista minoritario de la nueva empresa mixta, dispuso el artículo 6 de la Ley, que:

86 *G.O.* N° 38.623 de 16–2–2007.

> "[...] por tratarse de una circunstancia especial de interés público, y de conformidad con lo dispuesto en el único aparte del artículo 37 de la Ley Orgánica de Hidrocarburos, la escogencia de los socios minoritarios en el proceso de migración de las asociaciones será directa".

La aplicación de esta excepción a la selección mediante concurso competitivo como lo exige la Ley Orgánica de 2001, por supuesto, sólo podría ocurrir si la empresa privada que era parte o socio del Convenio de asociación decidía continuar en la operación, formando parte, como accionista minoritario, de la nueva empresa mixta. De lo contrario, conforme a la Ley Orgánica de Hidrocarburos, si no se trataba de la empresa que era parte de un antiguo Convenio sino de un nuevo accionista privado de la nueva empresa mixta que asumiera la operación de un antiguo Convenio de asociación, la misma tendría que seleccionarse mediante procedimientos competitivos (art. 37).

Para el caso de que las empresas accionistas de los Convenios de Asociación que se terminaban unilateral y anticipadamente mediante esta Ley de Migración, no acordaren con el Ejecutivo Nacional formar parte como accionistas de las nuevas empresas mixtas, el efecto de la Ley fue el de la expropiación de sus derechos contractuales, teniendo las mismas, conforme al artículo 115 de la Constitución derecho a ser justamente indemnizadas por los daños y perjuicios causados por la terminación unilateral y anticipada de los Contratos.

B. La asunción inmediata de la operación por el Estado

La decisión legislativa de poner fin unilateral y anticipadamente a los contratos de asociación, implicó la necesidad de asegurar la inmediata asunción por parte del Estado, de la operación industrial concreta de cada Convenio de asociación.

A tal efecto, la Ley dispuso que la empresa estatal accionista de las posibles empresas mixtas fuera la Corporación Venezolana del Petróleo, S.A. o la filial de Petróleos de Venezuela, S.A. que se designase al efecto, la cual debió conformar dentro de los 7 días a partir de la fecha de publicación de Decreto–Ley, es decir, para el 5 de marzo de 2007, "una Comisión de Transición para cada asociación", disponiéndose que la misma se debía incorporar "a la actual directiva de la asociación respectiva, a fin de garantizar *la transferencia a la empresa estatal* el control de todas las actividades que las asociaciones realizan", en un proceso que culminó el 30 de abril de 2007 (art. 3).

A tal efecto, la Ley dispuso que las empresas del sector privado que fueran parte en los convenios de asociación debían cooperar con la Corporación Venezolana del Petróleo, S.A. para efectuar un cambio seguro y ordenado de operadora (art. 3).

Sobre la situación de los trabajadores de la nómina contractual de las asociaciones que debieron ser transformadas, la Ley dispuso que a partir de la entrada en vigencia de la misma, aquellos gozarían de inamovilidad laboral y estarían amparados por la Convención Colectiva Petrolera que regía para los trabajadores de Petróleos de Venezuela, S.A. (Art 10)

El artículo 2 de la Ley, por otra parte, atribuyó al Ministerio del Poder Popular para la Energía y Petróleo la potestad de determinar unilateralmente, en cada caso,

> "[...] la valoración de la Empresa Mixta, la participación accionaria de la filial de Petróleos de Venezuela, S.A. designada a efecto, y los ajustes económicos y financieros que fueren procedentes" (art. 2).

Es decir, el Estado, unilateralmente, a través del Ministerio respectivo, debía determinar la valoración de la nueva empresa mixta a ser establecida para sustituir a cada Convenio de asociación; el porcentaje de participación accionaria que en cada empresa mixta sustitutiva de cada Convenio de asociación debía corresponder a la filial de PDVSA que fuese a ser accionista, que en ningún caso podía ser inferior al 60% del capital social; y "los ajustes económicos y financieros que fuere procedentes".

Por otra parte, la Ley dispuso expresamente en su artículo 7, que la infraestructura, los servicios de transporte y mejoramiento de las asociaciones en la Faja Petrolífera del Orinoco y en las denominadas de Exploración a Riesgo y Ganancias Compartidas, serían "de libre utilización de acuerdo con los lineamientos que, mediante Resolución, emita el Ministerio del Poder Popular para la Energía y Petróleo", a cuyo efecto, "los costos derivados de la utilización de tales servicios, serán determinados de mutuo acuerdo por las partes, a falta de los cuál, el Ministerio del Poder Popular para la Energía y Petróleo fijará las condiciones para su prestación".

C. El plazo para que las empresas privadas decidieran su incorporación a las empresas mixtas

A pesar de que la Ley dispuso la transferencia inmediata de los Convenios de Asociación al Estado, y la consecuente asunción por la empresa estatal correspondiente de la operación de los Convenios, el artículo 4 de la Ley concedió a las empresas del sector privado que habían sido parte en los extinguidos Convenios de asociación de la Faja Petrolífera del Orinoco, y de las denominadas de Exploración a Riesgo y Ganancias Compartidas, un período de cuatro (4) meses a partir de la fecha de la publicación de la Ley (26–2–2007), es decir, hasta el 26 de junio de 2007, "para acordar los términos y condiciones de su *posible participación* en las nuevas Empresas Mixtas", se entiende, con el Ministerio respectivo, disponiéndose que además, en su caso, se le concederían "dos (2) meses adicionales para someter los señalados términos y condiciones a la Asamblea Nacional a fin de solicitar la autorización correspondiente de conformidad con la Ley Orgánica de Hidrocarburos".

Ahora bien, transcurrido el plazo antes indicado de 4 meses, que venció el 26 de junio de 2007, "sin que se hubiera logrado acuerdo para la constitución y funcionamiento de las Empresas Mixtas", entonces, la República, a través de Petróleos de Venezuela, S.A. o cualquiera de sus filiales, debía *asumir directamente las actividades* ejercidas por las asociaciones a fin de preservar su continuidad, en razón de su carácter de utilidad pública e interés social (Art. 5).

La Ley dispuso, además, que los actos, negocios y acuerdos que se realizasen o suscribieran a los efectos de constituir las Empresas Mixtas dispuestas en la Ley, así como las cesiones, transferencias de bienes y cualesquiera otras operaciones que generasen enriquecimiento o supusieran la enajenación, transmisión o venta de bienes destinados a conformar el patrimonio de dichas empresas, estarían exentos del pago de impuestos, tasas, contribuciones especiales o cualquier otra obligación tributaria creados por el Poder Nacional.

Nada dispuso la Ley de Migración sobre los derechos a ser indemnizadas de las empresas privadas que no hubieran llegado a un acuerdo para continuar como socios de las nuevas empresas mixtas. Sin embargo, como se ha dicho, la consecuencia de la aplicación retroactiva de la Ley de 2001 a los Convenios de Asociación suscritos válidamente con anterioridad a la misma, se configuró como una terminación anticipada y unilateral de los dichos Convenios de Asociación, y como una expropiación por Ley de los derechos contractuales de los contratantes en dichos Convenios, lo cual conforme al artículo 115 de la Constitución, les originó el derecho a ser justamente indemnizados por los daños y perjuicios causados.

D. Los derechos de las nuevas empresas mixtas

Por otra parte, artículo 8 de la Ley dispuso que el Ejecutivo Nacional, mediante Decreto, debía transferir a las Empresas Mixtas resultantes del proceso de migración "el derecho al ejercicio de sus actividades primarias, pudiendo igualmente adjudicarles la propiedad u otros derechos sobre bienes muebles o inmuebles del dominio privado de la República que sean requeridos para el ejercicio eficiente de tales actividades". Estos derechos, sin embargo, pueden ser revocados, "si las operadoras no dieren cumplimiento a sus obligaciones, en forma tal que impida lograr el objeto para el cual dichos derechos fueron transferidos" (art 8).

Igualmente, mediante Resolución, el Ministerio del Poder Popular para la Energía y Petróleo debía delimitar "las áreas en las cuales las Empresas Mixtas desarrollarán sus actividades primarias, las cuales se dividirán en lotes con una extensión máxima de cien kilómetros cuadrados (100 km^2)" (Art. 9).

E. El régimen jurídico aplicable y la jurisdicción

Por último, el artículo 13 de la Ley de Migración dispuso que

> "Todos los hechos y actividades vinculados al presente Decreto–Ley se regirán por la Ley Nacional, y las controversias que de los mismos deriven estarán sometidas a la jurisdicción venezolana, en la forma prevista en la Constitución de la República Bolivariana de Venezuela".

En relación con esta norma, por una parte debe recordarse que todos los efectos que produzca cualquier ley dictada en Venezuela, en virtud del principio de la territorialidad, en principio se rigen por la legislación nacional; de manera que si nada se dispone expresamente en contrario en el texto de la ley, todas las situaciones jurídicas derivadas de cualquier ley, se rigen por la "Ley Nacional."

Pero además, la Ley dispuso, aún con redacción deficiente, que las controversias que se deriven de sus disposiciones estarán sometidas a la jurisdicción venezolana, y de nuevo, ello no podría ser de otra forma, salvo que el legislador renunciase expresamente a la jurisdicción venezolana. Por tanto, las controversias que surjan con ocasión de la migración de las antiguas Asociaciones a las nuevas empresas mixtas, o los acuerdos que puedan haber llegado los antiguos socios de los Convenios de Asociación al incorporarse, conforme a las previsiones de la Ley, como socios minoritarios de las nuevas empresas mixtas, solo pueden ser resueltos por la jurisdicción nacional.

Además, por ejemplo, las controversias derivadas de las decisiones contenidas en el Decreto Ley y su aplicación, sin duda, en principio están también sometidas a la jurisdicción venezolana, por ejemplo, en cuanto a la posibilidad de impugnación por razones de inconstitucionalidad de las normas de la Ley de Migración ante la Jurisdicción Constitucional, o de la impugnación de los actos administrativos que conforme a ella dicte el Ejecutivo Nacional, ante la Jurisdicción Contencioso Administrativa.

Pero ello no implica, en forma alguna, la anulación de las cláusulas que puedan tener los Convenios de Asociación cuya terminación anticipada y unilateral se resolvió por la Ley, por ejemplo, relativas a la sumisión de las controversias que derivasen de la ejecución, cumplimiento e incumplimiento de los Convenios de Asociación, a jurisdicción arbitral, incluso fuera de Venezuela, como lo autoriza el artículo 151 de la Constitución. Es decir, los contratistas, en esos casos, tienen derecho a que las controversias que se deriven de la ejecución, cumplimiento, incumplimiento y terminación anticipada y unilateral de aquellos Contratos de asociación, como contratos administrativos que son, en caso de contener cláusulas arbitrales o de aplicación de la legislación o de una jurisdicción extranjera, sean resueltas en la forma dispuesta en los mismos. De lo contrario se trataría de darle efectos retroactivos a la Ley de Migración, lo cual está prohibido en el artículo 24 de la Constitución que prohíbe que se den a las disposiciones legislativas efectos retroactivos.

El artículo 13 de la Ley de 2007, por tanto, no puede interpretarse, como una normativa que pueda significar la "anulación" de las propias cláusulas contractuales anteriores relativas a la solución de controversias establecidas en los Convenios de Asociación que se dan por terminados, derivadas precisamente, por ejemplo, del incumplimiento de los Convenios por parte del Estado, como el que resulta de su terminación anticipada.

3 La "confiscación" de los intereses, acciones, participaciones y derechos de las empresas que no llegaron a un acuerdo con el Estado de migrar hacia empresas mixtas

A. La extinción definitiva de los antiguos Convenios y Asociaciones

De acuerdo con lo antes expuesto, conforme a la *Ley de Migración a Empresas Mixtas de los Convenios de Asociación de la Faja Petrolífera del Orinoco, así como de los Convenios de Exploración a Riesgo y Ganancias Compartidas* (Decreto Ley 5200) de febrero de 2000, en relación con las actividades que ejercieron las antiguas asociaciones estratégicas de la Faja Petrolífera del Orinoco, constituidas por las empresas **Petrozuata, S.A.; Sincrudos de Oriente, S.A., Sincor, S.A., Petrolera Cerro Negro S.A y Petrolera Hamaca, C.A**; los convenios de Exploración a Riesgo y Ganancias Compartidas de **Golfo de Paria Oeste, Golfo de Paria Este y la Ceiba**, así como las empresas o consorcios que se hayan constituido en ejecución de los mismos; la empresa **Orifuels Sinovensa, S.A**, al igual que las filiales de estas empresas que realizaban actividades comerciales en la Faja petrolífera del Orinoco, y en toda la cadena productiva, que se ordenó que fueran **transferidas** a nuevas empresas mixtas; resultó la constitución de algunas de dichas empresas mixtas, en las cuales participó el capital privado.

En estos casos, conforme a la *Ley sobre los Efectos del Proceso de Migración a Empresas Mixtas de los Convenios de Asociación de la Faja Petrolífera del Orinoco; así como de los Convenios de Exploración a Riesgo y Ganancias Compartidas* de 5 de octubre de 2007[87], los convenios que habían dado origen a las asociaciones a las que se refirió la Ley de Migración a Empresas Mixtas de los Convenios de Asociación de la Faja Petrolífera del Orinoco, así como de los Convenios de Exploración a Riesgo y Ganancias Compartidas, "quedaron extinguidos" a partir de la fecha de publicación del

87 *Gaceta Oficial* N° 38.785 del 8 de octubre de 2007

"decreto que dispuso la transferencia del derecho a ejercer actividades primarias a las empresas mixtas que constituyeron conforme con lo previsto en dicha Ley" en la *Gaceta Oficial* de la República (art. 1).

En cuanto a los convenios en los que, conforme a la misma *Ley de Migración a Empresas Mixtas de los Convenios de Asociación de la Faja Petrolífera del Orinoco, así como de los Convenios de Exploración a Riesgo y Ganancias Compartidas* (Decreto Ley 5200) de febrero de 2000, ninguna de las empresas privadas que fueran parte en las asociaciones correspondientes, hubiera alcanzado un acuerdo de migración a empresa mixta dentro del plazo establecido en el Artículo 4 de dicha Ley, conforme a lo dispuesto en la *Ley sobre los Efectos del Proceso de Migración a Empresas Mixtas de los Convenios de Asociación de la Faja Petrolífera del Orinoco; así como de los Convenios de Exploración a Riesgo y Ganancias Compartidas* de 5 de octubre de 2007, dichos convenios quedaron extinguidos "a partir de la fecha de publicación" de dicha Ley en la Gaceta Oficial de la República (art. 1)

Como se dijo, la *Ley de Migración* (Decreto Ley 5.200) nada había indicado sobre los derechos a indemnización y compensación de las empresas privadas que no hubieran llegado a un acuerdo para continuar como socios de las nuevas empresas mixtas, en virtud de la terminación anticipada y unilateral de los Convenios y Asociaciones, que tenían de acuerdo con lo dispuesto en el artículo 115 de la Constitución. Sin duda, se trataba de una expropiación realizada por ley especial al margen de la Ley general de expropiación, que implicaba, de acuerdo con la Constitución, el derecho de las empresas privadas a ser indemnizadas.

Sin embargo, en lugar de procederse a ello, el Estado optó por definitivamente "confiscar" dichos derechos, al declarar pura y simplemente extinguidos los convenios a partir de la publicación de la *Ley sobre los Efectos del Proceso de Migración a Empresas Mixtas de los Convenios de Asociación de la Faja Petrolífera del Orinoco; así como de los Convenios de Exploración a Riesgo y Ganancias Compartidas* de 5 de octubre de 2007.

B. La confiscación de derechos de las empresa privadas que habían participado en los Convenios y Asociaciones apelando al principio de la "reversión"

A los efectos de materializar dicha confiscación, el artículo 2 de la *Ley sobre los Efectos del Proceso de Migración,* dispuso expresamente que "los intereses, acciones y participaciones" en las asociaciones referidas en el Artículo 1 de la Ley de Migración en las sociedades constituidas para desarrollar los proyectos correspondientes, y en "los activos utilizados para la realización de las actividades de tales asociaciones, incluyendo derechos de propiedad, derechos contractuales y de otra naturaleza", que hasta el día 26 de junio de 2007 (conforme al plazo establecido en el Artículo 4 de la referida Ley), "correspondían a las empresas parte del sector privado con las cuales no se logró un acuerdo de migración a empresa mixta, **quedan transferidos, con base en el principio de reversión**, sin necesidad de acción o instrumento adicional, a las nuevas empresas mixtas constituidas como resultado de la migración de las asociaciones respectivas, salvo lo previsto en el Artículo 3 de la presente Ley". Esta disposición, de acuerdo con el régimen constitucional venezolano comporta una confiscación de dichos bienes lo cual está prohibido en la Constitución (art. 115).

Es decir, el Estado, mediante Ley, ordenó la trasferencia forzada de bienes de propiedad privada a las nuevas empresas mixtas constituidas sin indemnización ni proceso, en todos los casos en los cuales *algunas* de las otras empresas privadas del respectivo convenio o asociación hubieran acordado formar parte de las empresas mixtas. En el artículo 4 de la Ley se aclaró, que en esos casos, "las transferencias de intereses, acciones, participaciones y derechos" en ella previstas, "no generarán obligaciones tributarias en la República Bolivariana de Venezuela para ninguna persona o entidad".

Por otra parte, conforme al artículo 3 de la *Ley sobre los Efectos del Proceso de Migración*, en los casos en que "*ninguna* de las empresas que constituían la parte privada del convenio de asociación hubiera alcanzado un acuerdo de migración a empresa mixta dentro del plazo establecido", "los intereses, acciones, participaciones y derechos" de las mismas se ordenó que debían mantenerse "**en propiedad de la filial** de Petróleos de Venezuela, S.A. que hubiera asumido las actividades de la asociación de que se trate, hasta que el Ejecutivo Nacional determine la filial que en definitiva deberá asumir tales actividades".

Se trata, en todo caso, como se dijo, de una transferencia forzada de bienes de propiedad privada al Estado decretada por el Legislador, sin indemnización ni proceso algunos, lo que se configura como una **confiscación** prohibida en el artículo 113 de la Constitución, y la cual en forma alguna puede justificarse recurriéndose al "principio de la reversión", figura que es totalmente inaplicable en esos casos, y que está esencialmente asociada a la figura de las "concesiones" administrativas que no existen en materia de hidrocarburos.

En efecto, uno de los principios más clásicos del derecho administrativo en relación con concesiones de servicios públicos, de construcción y uso de obras públicas y de explotación de bienes del dominio público, ha sido el de la necesaria reversión del servicio o de la obra construida a la Administración concedente una vez extinguida la concesión. Se trató de un principio que buscaba asegurar la continuidad en la prestación del servicio, del uso de una obra pública o de una explotación de bienes públicos, independientemente de la participación del concesionario, una vez extinguida la concesión.

Sin embargo, al tratarse de un medio de extinción de la propiedad privada del concesionario sobre los bienes afectos al servicio o de las obras construidas, la garantía de la propiedad y de la reserva legal imponen la necesidad de que el principio de la reversión tenga que estar establecido en texto legal expreso[88]. En materia de concesiones de hidrocarburos, por ejemplo, el principio estaba establecido en la propia Constitución de 1961 (art. 103) y en la vieja Ley de Hidrocarburos (art. 80), conforme a las cuales, por ejemplo, se dictó la "Ley sobre bienes afectos a reversión en las concesiones de hidrocarburos" de 1971[89]. En ausencia de texto legal expreso, por tanto, la reversión sólo puede proceder si se la ha regulado expresamente en el contrato de concesión[90].

---

88 Incluso, en ese sentido, fue que la Constitución de 1961 estableció el principio de la concesión en materia de concesiones de hidrocarburos, en relación con las tierras (inmuebles) afectados a las mismas

89 *V.* en *Gaceta Oficial* Nº 29577 de 06–08–1971

90 Como lo han dicho E. García de Enterría y T.R. Fernández, la reversión, bajo esta perspectiva, "pierde su antiguo carácter de elemento esencial de toda concesión y pasa a ser considerada como un elemento accidental del negocio, esto es, procedente únicamente en caso de pacto expreso, como una pieza más, allí donde esté concebida de ese modo, de la fórmula económica en que toda concesión consiste", en su *Curso de Derecho Administrativo. I.*, Decimotercera Edición, Thomson–Civitas 2006, p. 763.

Esta, por lo demás, es la orientación que se siguió en la Ley Orgánica sobre Promoción de la Inversión Privada bajo el régimen de Concesiones[91], al disponer en el artículo 48 relativo a la "reversión de obras y servicios" que es el respectivo *contrato* el que debe establecer, entre otros elementos, "los bienes que por estar afectos a la obra o al servicio de que se trate revertirán al ente concedente, a menos que no hubieren podido ser totalmente amortizadas durante el mencionado plazo". A tal efecto, la norma también dispone que durante un período prudencial anterior a la terminación del contrato, el ente concedente debe adoptar las disposiciones encaminadas a que la entrega de los bienes a ser revertidos, se verifique en las *condiciones convenidas* en el contrato. Igualmente, dicha norma dispone que el contrato debe expresar "las obras, instalaciones o bienes que hubiere de realizar el concesionario *no sujetas* a reversión, las cuales, de considerarse de utilidad o interés público, podrán ser objeto de reversión previo pago de su precio al concesionario."

En consecuencia, si no hay una disposición legal que establezca la reversión de bienes en concesiones de servicios públicos, de obras públicas o de uso o explotación de bienes del dominio público, o si dicha reversión no está prevista en el contrato de concesión, al terminar la concesión, el concesionario no está obligado a revertir a la Administración ningún bien que se haya adquirido o construido o que haya estado afecto a la concesión, ni puede la Administración pretender apropiarse o tomar posesión de los mismos. Solo podría hacerlo mediante expropiación, conforme a la Constitución y la Ley. De lo contrario se trataría de una confiscación prohibida en la Constitución, como es la que se ha decretado en la *Ley sobre los Efectos del Proceso de Migración*, la cual, por lo demás no se refiere a "concesiones de hidrocarburos", las cuales desaparecieron del ordenamiento jurídico desde hace décadas[92].

C. El régimen jurídico aplicable y la jurisdicción

Al igual que lo que dispuso la *Ley de Migración* (art. 13), el artículo 5 de la *Ley sobre Efectos del proceso de Migración* dispuso también que "todos los hechos y actividades objeto de la normativa" que contiene, "se regirán por las leyes de la República Bolivariana de Venezuela, y las controversias que de los mismos deriven estarán sometidas a su jurisdicción, en la forma prevista en la Constitución de la República Bolivariana de Venezuela".

En relación con esta norma, también debe recordarse que todos los efectos que produzca cualquier ley dictada en Venezuela, en virtud del principio de la territorialidad, en principio se rigen por la legislación nacional; de manera que si nada se dispone expresamente en contrario en el texto de la ley, todas las situaciones jurídicas derivadas de cualquier ley, se rigen por la "Ley Nacional."

---

91 *Gaceta Oficial* N° 5394 Extra. De 25-10-1999),

92 En la sentencia de la antigua Corte Suprema de Justicia de 03-12-1974 (Caso: impugnación de la Ley de Bienes afectos a reversión en las concesiones petroleras), al referirse a la reversión establecida en el artículo 103 de la Constitución y 80 de la Ley de Hidrocarburos, la Corte dijo que "ambas leyes contemplan el traspaso de los bienes al Estado sin indemnización alguna al extinguirse la concesión, y es evidente también que tanto la confiscación por la cual se incautan determinados bienes de una persona sin indemnización alguna, como la expropiación, que supone un procedimiento especial mediante indemnización, son figuras distintas a la reversión, en virtud de la cual los bienes pertenecientes al concedente, como los del concesionario, afectos a la concesión, vuelven a manos de aquél cuando por cualquier causa la concesión llega a su fin". *V.* en *Gaceta Oficial* N° 1.718 Extraordinaria, de 20-01-1975, pp. 22-23.

Pero además, esta Ley también dispuso con redacción deficiente, que las controversias que se deriven de sus disposiciones estarán sometidas a la jurisdicción venezolana, y de nuevo, ello no podría ser de otra forma, salvo que el legislador renunciase expresamente a la jurisdicción venezolana. Por tanto, las controversias que surjan con ocasión de la migración de las antiguas Asociaciones a las nuevas empresas mixtas, o los acuerdos que puedan haber llegado los antiguos socios de los Convenios de Asociación al incorporarse, conforme a las previsiones de la Ley, como socios minoritarios de las nuevas empresas mixtas, solo pueden ser resueltos por la jurisdicción nacional.

Además, por ejemplo, las controversias derivadas de las decisiones contenidas en Ley y su aplicación, sin duda, en principio están también sometidas a la jurisdicción venezolana, por ejemplo, en cuanto a la posibilidad de impugnación por razones de inconstitucionalidad de las normas de la Ley de Efectos del proceso de Migración ante la Jurisdicción Constitucional, o de la impugnación de los actos administrativos que conforme a ella dicte el Ejecutivo Nacional, ante la Jurisdicción Contencioso Administrativa.

Pero ello no implica, en forma alguna, la anulación de las cláusulas que puedan tener los Convenios de Asociación cuya terminación anticipada y unilateral condujo a disponer la transferencia forzada de bienes de propiedad privada al Estado, por ejemplo, relativas a la sumisión de las controversias que derivasen de la ejecución, cumplimiento e incumplimiento de los Convenios de Asociación, a jurisdicción arbitral, incluso fuera de Venezuela, como lo autoriza el artículo 151 de la Constitución. Es decir, los contratistas, en esos casos, tienen derecho a que las controversias que se deriven de la ejecución, cumplimiento, incumplimiento y terminación anticipada y unilateral de aquellos Contratos de asociación, como contratos administrativos que son, en caso de contener cláusulas arbitrales o de aplicación de la legislación o de una jurisdicción extranjera, sean resueltas en la forma dispuesta en los mismos. De lo contrario se trataría de darle efectos retroactivos a la Ley sobre Efectos del proceso de Migración, lo cual está prohibido en el artículo 24 de la Constitución que prohíbe que se den a las disposiciones legislativas efectos retroactivos.

El artículo 5 de la Ley de Efectos de 2007, por tanto, tampoco puede interpretarse, como una normativa que pueda significar la "anulación" de las propias cláusulas contractuales anteriores relativas a la solución de controversias establecidas en los Convenios de Asociación cuyos derechos privados se confiscan, derivadas precisamente, por ejemplo, del incumplimiento de los Convenios por parte del Estado, como el que resulta de esa confiscación.

Sección Cuarta. LA RESERVA AL ESTADO RESPECTO DE LOS BIENES Y SERVICIOS CONEXOS CON LAS ACTIVIDADES PRIMARIAS DE HIDROCARBUROS DECRETADA EN 2009

Conforme a la Ley Orgánica de Nacionalización petrolera de 1975, y posteriormente, conforme a la Ley Orgánica de Hidrocarburos de 2001, además de la participación de las empresas privadas en las actividades reservadas de la industria y el comercio de hidrocarburos mediante los convenios operativos y los convenios de asociación que fueron terminados en 2007,[93] los particulares y empresas privadas también participaban

93 *V.* la Ley de Migración a Empresas Mixtas de los Convenios de Asociación de la Faja Petrolífera del Orinoco, así como de los Convenios de Exploración a Riesgo y Ganancias Compartidas (*Gaceta Oficial* N° 38.623 de

y siguieron participando en las actividades no reservadas de la industria y el comercio de los hidrocarburos, particularmente prestando servicios o realizando obras mediante contratos celebrados con las empresas del Estado.

Ese fue el caso de las empresas que suscribieron mediante procesos licitatorios, incluso antes de la entrada en vigencia de la LOH, contratos con la empresa PDVSA Petróleo y Gas S.A. (luego PDVSA Petróleo. S.A.) para la prestación a PDVSA, por ejemplo, de los servicios de inyección de agua, de vapor o de gas, y de compresión de gas; y de los servicios vinculados a las actividades petroleras desarrolladas en particular, en el Lago de Maracaibo, como los servicios de lanchas para el transporte de personal, buzos y mantenimiento; los servicios de barcazas con grúa para transporte de materiales, diesel, agua industrial y otros insumos; los servicios de remolcadores; los servicios de gabarras planas, boyeras, grúas, de ripio, de tendido o reemplazo de tuberías y cables subacuáticos; los servicios de mantenimiento de buques en talleres, muelles y diques, tal como se enumeraron en el artículo 2 de la Ley de Reserva de 2009. En esos casos, la empresa petrolera nacional encomendó a empresas privadas, generalmente a consorcios que agrupaban a empresas extranjeras con nacionales, la realización de actividades que entonces no estaban reservadas al Estado, ni estaban destinadas a satisfacer necesidades colectivas, y que sólo estaban destinadas a prestar servicios eminentemente técnico a una sola empresa para la realización de sus actividades, como era el caso de PDVSA Petróleo y Gas S.A. La actividad que constituía el objeto de los contratos celebrados con empresas privadas o consorcios, por otra parte, a pesar de tratarse de actividades conexas con las actividades primarias de hidrocarburos que estaban a cargo de PDVSA, no sólo no eran actividades reservadas al Estado sino que no constituían en si mismas actividades de explotación petrolera.

Fue sin embargo, en 2009, cuando esas actividades o servicios conexos con la industria petrolera que no estaban reservadas al Estado, pasaron a ser reservada al mismo mediante la antes mencionada Ley Orgánica que reserva al Estado bienes y servicios conexos a las actividades primarias de Hidrocarburos,[94] en la cual se dispuso que a partir de la entrada en vigencia de dicha Ley pasarían a ser ejecutadas, "directamente por la República; por Petróleos de Venezuela, S.A. (PDVSA) o de la filial que ésta designe al efecto; o, a través de empresas mixtas, bajo el control de Petróleos de Venezuela, S.A., (PDVSA) o sus filiales." (Art. 1).

A los efectos de materializar la nacionalización que ello implicó, el artículo 3 de la Ley de Reserva de 2009, atribuyó al Ministerio con competencia en materia petrolera, la facultad de determinar mediante Resolución, los bienes y servicios de empresas o sectores que se encontraban dentro de las previsiones de sus artículos 1 y 2. Se dispuso además, que al dictarse dichas Resoluciones ministeriales, los contratos que se hubieran celebrado entre las empresas petroleras estatales y empresas privadas para la realización de las actividades que con la ley se reservaban al Estado, "se extinguirán de pleno dere-

---

26–2–2007). Ley sobre los Efectos del Proceso de Migración a Empresas Mixtas de los Convenios de Asociación de la Faja Petrolífera del Orinoco; así como de los Convenios de Exploración a Riesgo y Ganancias Compartidas de 5 de octubre de 2007 (*Gaceta Oficial* N° 38.785 del 08–10–2007). Sobre estas leyes véase, Allan R. Brewer–Carías, "La estatización de los convenios de asociación que permitían la participación del capital privado en las actividades primarias de hidrocarburos suscritos antes de 2002, mediante su terminación anticipada y unilateral y la confiscación de los bienes afectos a los mismos", en Víctor Hernández Mendible (Coordinador), *Nacionalización, Libertad de Empresa y Asociaciones Mixtas*, Editorial Jurídica Venezolana, Caracas 2008, pp. 123–188.

94 *Gaceta Oficial* N° 39.173 del 07–05–2009.

cho en virtud de la presente Ley," y además, se "reconoció" a dichos contratos "como contratos administrativos." (Art. 3).

Con estas previsiones se confirmó, por supuesto, que antes de la entrada en vigencia de la Ley de Reserva de 2009, no sólo las actividades que reguló no eran actividades "reservadas" al Estado, ni en la industria petrolera podían ser consideradas como "servicios públicos" (calificación reservada sólo a las actividades destinadas a satisfacer necesidades colectivas conforme al artículo. 60 de la LOH y en al artículo 5 de la LOHG), sino que los contratos celebrados por PDVSA y sus filiales con empresas p consorcios particulares respecto de las mismas, no eran ni podían considerarse en absoluto como "contratos administrativos," sino contratos de derecho privado de la Administración. Fue por tanto, con la Ley de Reserva de 2009, a partir de la misma y a sus solos efectos, que las referidas actividades en cambio comenzaron a ser consideradas como "actividades reservadas," que además comenzaron a ser consideradas como "servicios públicos", y que, adicionalmente, los contratos relativos a las mismas comenzaron a ser "reconocidos" como "contratos administrativos."

La reserva al Estado decidida en la Ley de Reserva de 2009, a diferencia de otras leyes anteriores que reservaron actividades al Estado, en este caso tuvo efectos inmediatos, de manera que el artículo 4 de la Ley precisó que a partir de su publicación, "Petróleos de Venezuela S.A., (PDVSA) o la filial que ésta designe, tomará posesión de los bienes, y control de las operaciones referidas a las actividades reservadas," lo que efectivamente ocurrió. Este constituyó, de acuerdo con la Exposición de Motivos de la Ley, un:

> "mecanismo expedito, acorde a las necesidades de la industria petrolera, que permitirá a Petróleos de Venezuela o la filial que ésta designe, tomar posesión de los bienes, y control de las operaciones referidas a las actividades reservadas, como paso previo al inicio del proceso Expropiatorio."

A tal efecto la Ley autorizó al Ministerio con competencia en materia petrolera, para asumir "las medidas necesarias para garantizar la continuidad de las actividades objeto de la Ley," estando facultada para "solicitar el apoyo de cualquier órgano o ente del Estado." En este caso, fue la Guardia Nacional la utilizada.

Además, se impuso en la ley a "las personas naturales o jurídicas vinculadas a la materia, colaborar en la entrega pacífica y ordenada de las operaciones, instalaciones, documentación, bienes y equipos afectos a las actividades a las que se refiere la Ley, so pena de la aplicación de las sanciones administrativas y penales que pudieran corresponder, de conformidad con el ordenamiento jurídico." (Art. 4). Para asegurar la transferencia de todos los bienes y servicios, además, el artículo 8 de la Ley dispuso que todos "los permisos, certificaciones, autorizaciones y registros vigentes, pertenecientes a los operadores de las actividades reservadas, o que recaigan sobre bienes utilizados por las mismas, pasarán de pleno derecho, a la titularidad de Petróleos de Venezuela S.A., (PDVSA) o a la filial que ésta designe." Igualmente, para asegurar la transferencia al Estado, la Ley estableció que "los actos, negocios y acuerdos que se realicen, suscriban o ejecuten en cumplimiento de la Ley Orgánica, así como las cesiones, transferencias de bienes y cualesquiera otras operaciones, quedan exentos de los tributos nacionales" (Art. 9).

La nacionalización de los mencionados bienes y servicios conexos y la asunción inmediata de los mismos por parte de PDVSA, implicaba la obligación para el Estado de compensar a los accionistas privados de las empresas, a cuyo efecto dispuso la Ley de Reserva de 2009 que el Ejecutivo Nacional podrá "decretar la expropiación, total o parcial de las acciones o bienes de las empresas que realizan los servicios referidos" de conformidad con lo previsto en la Ley de Expropiación por Causa de Utilidad Pública o Social, en cuyo caso "el ente expropiante será Petróleos de Venezuela S.A., (PDVSA) o la filial que ésta designe"(Art. 6).

Al día siguiente de dictarse la Ley de Reserva de 2009, conforme a sus previsiones, el Ministerio del Poder Popular para la Energía y Petróleo dictó la Resolución N° 051 de 8 de mayo de 2009,[95] en la cual enumeró una larga lista de servicios de empresas o sectores y bienes "afectadas por las medidas de toma de posesión," (Art. 1), instruyéndose a Petróleos de Venezuela, S.A. o la filial que ésta designe, "a tomar el control de las operaciones y posesión inmediata de las instalaciones, documentación, bienes y equipos" mencionados (Art 2). En la Resolución, además, el Ministerio del Poder Popular para la Energía y Petróleo se reservó la aplicación de las medidas que considerase necesarias, para garantizar la continuidad de las actividades afectadas; y además, se reservó el derecho de determinar otros bienes, servicios de empresas o sectores y empresas afectadas por la Ley de Reserva de 2009 (Art 3).

Posteriormente, mediante Resolución N° 54 de 13 de mayo de 2009,[96] el mismo Ministerio del Poder Popular para la Energía y Petróleo enunció una serie de empresas que prestan servicios y poseen bienes esenciales (compresión de gas) que eran conexos con la realización de las actividades primarias previstas en la LOH, y que consideró se "subsumían" en las indicadas en el artículo 2 de la Ley de Reserva de 2009, con la advertencia de que "las enunciaciones en cuestión no tienen carácter taxativo sino meramente enunciativo" (Art. 1).

A los efectos de implementar la nacionalización decretada, en el artículo 2 de la Resolución se instruyó a Petróleos de Venezuela, S.A. o la filial que ésta designase, "a tomar el control de las operaciones y posesión inmediata de las instalaciones, documentación, bienes y equipos, afectos a las actividades" de dichas empresas, a cuyo efecto, debía dejarse asentada la información específica de las instalaciones, bienes y equipos afectados, mediante evaluación y levantamiento de acta a ser suscrita entre representantes de Petróleos de Venezuela, S.A. o de la filial designada y de las empresas afectadas; o mediante el mecanismos de levantamiento de un acta de inspección judicial o acta notarial, en un plazo no mayor de quince (15) días hábiles. Dejó a salvo la Resolución que "[e]n todo caso, si de la referida evaluación se determinase que no existe interés en la toma de posesión de los Servicios de Empresa o Sectores y Bienes enunciados anteriormente quedará sin efecto su afectación por parte de esta Resolución." El Ministerio del Poder Popular para la Energía y Petróleo, además, se reservó la aplicación de las medidas que considere necesarias, para garantizar la continuidad de las actividades afectadas por dicha Resolución; y asimismo, también se reservó el derecho de determinar otros bienes, servicios de empresas o sectores y empresas afectadas por la Ley Orgánica que Reserva al Estado Bienes y Servicios Conexos a las Actividades Primarias de Hidrocarburos (Art. 3).

Como consecuencia, todos los bienes y servicios conexos con la industria petrolera como los de inyección de agua, de vapor o de gas, de compresión de gas; y los servicios vinculados a las actividades petroleras desarrolladas en el Lago de Maracaibo (lanchas, barcazas, remolcadores; gabarras, mantenimiento de buques) fueron nacionalizados en la Ley de Reserva de 2009, Por tanto, y ello resulta del texto de la propia Ley de Reser-

95 *Gaceta Oficial* N° 39.174 del 08–05–2009

96 *Gaceta Oficial* N° 39.177 del 13–05–2009.

va de 2009, las actividades de dichos servicios ni conforme a la Ley de Nacionalización Petrolera de 1975 ni a la Ley Orgánica de Hidrocarburos de 2001, podían considerarse como actividades que hubiesen estado reservadas al Estado. Se trataba de actividades "conexa con la industria petrolera," pero que en si mismas no eran actividad reservadas al Estado, ni eran actividades que fueran parte de la explotación de hidrocarburos, ni eran consideradas en forma alguna como "servicios públicos." Los contratos sucritos por PDVSA Petróleos S.A. para la prestación de dichos servicios, además, ni por la persona estatal que los suscribió ni por su objeto ni por su contenido tenían en modo alguno el carácter de "contratos administrativos."

En cambio, fue precisamente a partir del 7 de mayo de 2009 con motivo de la publicación de la Ley de Reserva de 2009, que en la misma ley, expresamente y con vigencia a partir de entonces, la actividad que se había venido realizando empresas o consorcios particulares mediante contratos en relación con servicios conexos con la industria petrolera, comenzaron a ser actividades "reservadas por el Estado" (Art. 1), que además, se las declaró y comenzaron a ser consideradas en virtud de ley como "servicio público" (Art. 5), y que los contratos celebrados para su prestación por empresas privadas o consorcios fueron "reconocidos" *ex post facto* como "contratos administrativos" (Art. 3). Todo ello, por supuesto, con vigencia a partir de la publicación de la Ley y sin posibilidad constitucional alguna de que su articulado pudiera tener efecto retroactivo por prohibirlo el artículo 24 de la Constitución.

El texto de la propia Ley de Reserva de 2009, por tanto, al establecer *ex post facto* la reserva al Estado de las citadas actividades (bienes y servicios) conexas al Estado; al considerarlas como "servicio público;" y al declarar los contratos respectivos para su prestación por empresas o consorcios privados como "contratos administrativos," es la más precisa y contundente demostración de que antes de la entrada en vigencia de dicha Ley, es decir, antes del 7 de mayo de 2009, las actividades mencionadas no eran actividades reservadas al Estado, no eran consideradas como "servicio público," ni los contratos celebrados para su prestación tampoco podían considerarse como "contratos administrativos."

Sección Quinta: LAS NACIONALIZACIONES DE INDUSTRIAS SIDERÚRGICA Y CEMENTERA EN 2008

INTRODUCCIÓN

La nacionalización de actividades económicas implica, siempre, no sólo el establecimiento mediante ley orgánica de un monopolio estatal al reservarse al Estado determinadas actividades económicas, sino la asunción forzosa por su parte de las empresas del sector nacionalizado, mediante siempre el pago de una justa compensación. Ello deriva de las previsiones de los artículos 155 y 302 de la Constitución.

En consecuencia, la nacionalización es un proceso que implica siempre la combinación de las varios factores: en primer lugar, la reserva al Estado mediante ley, y por razones de conveniencia nacional, de determinadas actividades económicas, con la decisión del legislador de que el Estado asuma las actividades y empresas que operaban en el sector reservado; segundo, la prohibición impuesta a los particulares y empresas privadas que operaban en dicho sector, de continuar operando; en tercer lugar, la obligación impuesta a los particulares de transferir al Estado las empresas que operaban en el sector; y cuarto, la obligación impuesta al Estado de pagar una justa compensación a los mismos por la transferencia forzosa de las mencionadas empresas.[97]

Conforme a estos postulados fue que, por ejemplo, se produjo en los años setenta la nacionalización de la industria del gas natural (Ley que reserva al Estado la industria del Gas Natural, de 26 de agosto de 1970),[98] en los casos en los cuales *el Estado decidió "asumir las operaciones de recolección, compresión y tratamiento en plantas que actualmente realizan los concesionarios"* (art. 8); la nacionalización de ;a industria del hierro (Decreto–Ley N° 580 que reserva al Estado la industria de la explotación de mineral de hierro de 26 de noviembre de 1974),[99] y la industria y en comercio de hidrocarburos (Ley Orgánica que reserva al Estado la industria y el comercio de los hidrocarburos, de 29 de agosto de 1975).[100]

En 2007 se produjo el proceso de estatización de la empresa de teléfonos Compañía Nacional de Teléfonos de Venezuela (CANTV) y de la empresa La Electricidad de Caracas C.A. (ELECAR) y otras empresas del sector eléctrico, mediante la adquisición por parte del Estado de las acciones de las empresas, incluso mediante procesos de ofertas públicas de adquisición. En esos casos no se dictó Ley alguna de reserva, y la adquisición de las acciones se hizo mediante mecanismos de derecho privado. En 2007 y 2008, además, también se produjo el proceso de estatización de las actividades y empresas que tenían Convenios de Operación y Convenios de Asociación con empresas públicas petroleras, para el desarrollo de actividades en la industria petrolera, que como se dijo ya se había nacionalizado en 1975.

En 2008 y 2009, sin embargo, se produjeron auténticos procesos de nacionalización iniciados mediante la reserva al Estado de sectores de la economía, en la industria siderúrgica, de cemento y de actividades y servicios conexos con las actividades primarias de hidrocarburos, que son los que analizamos a continuación.

I. LA NACIONALIZACIÓN DE LA INDUSTRIA SIDERÚRGICA

Mediante Decreto Ley N° 6.058 de 30 de abril de 2008,[101] emitido con base en la Ley Habilitante de 2007, se dictó la Ley orgánica de ordenación de las empresas que desarrollan actividades en el sector siderúrgico en la Región de Guayana, mediante la cual en reservó al Estado, por razones de conveniencia nacional "y en vista de su vinculación con actividades estratégicas para el desarrollo de la Nación, la industria de la transformación del mineral del hierro en la región de Guayana, por ser ésta una zona en la que se concentra el mayor reservorio de hierro, cuya explotación se encuentra reservada al Estado desde 1975" (art 1). Como consecuencia de esta reserva al Estado, y a los efectos de completar el proceso de nacionalización mediante la expropiación, se declaró "de utilidad pública y de interés social las actividades que desarrolla la sociedad mercantil

97 *V.* en general sobre las nacionalizaciones en Venezuela
98 *Gaceta Oficial* N° 29.594, de 26 de agosto de 1971
99 *Gaceta Oficial* N° 30.577, de 16–12–74)
100 *Gaceta Oficial* N° 1.769, Extra. de 29–8–75
101 *Gaceta Oficial* N° 38.928 del 12 de mayo de 2008

SIDOR C.A., sus empresas filiales y afiliadas, así como las obras, trabajos y servicios que fueran necesarios para realizarlas" (Art 3).

La reserva al Estado con fines nacionalizadores produjo como consecuencia, que la ley ordenara "la transformación" de la mencionada "sociedad mercantil SIDOR C.A., sus empresas filiales y afiliadas, en empresas del Estado de conformidad con lo previsto en el artículo 100 de la Ley Orgánica de Administración Pública, con una participación estatal no menor del 60% de su capital social" (art. 3).

A los efectos de esta transformación empresarial, el artículo 4 de la ley dispuso que "la República, por órgano del Ministerio del Poder Popular para las Industrias Básicas y Minería o cualesquiera de sus entes descentralizados funcionalmente, serán los titulares del porcentaje accionario que corresponda al sector público en las nuevas Empresas del Estado, creadas como consecuencia de la "transformación" ordenada. Por su parte, a los efectos de asegurar el traspaso de las actividades como consecuencia de la transformación ordenada, el artículo 5 de la ley dispuso la conformación dentro de los siete días siguientes, a partir de la fecha de publicación de la Ley, por parte de la República, por órgano del Ministerio del Poder Popular para las Industrias Básicas y Minería o cualesquiera de sus entes descentralizados funcionalmente, de una "Comisión de Transición" en las respectivas empresas, la cual debía incorporarse a la directiva existente en ese momento de la empresa SIDOR C.A., "a fin de garantizar la transferencia a las empresas Estatales del control de todas las actividades que realizan." Este proceso de transferencia culminó el 30 de Junio de 2008. A tal efecto, la Ley impuso a las "Empresas del sector privado que son accionistas en las sociedades" objeto de la nacionalización, la obligación de cooperar "para el logro de una transición ordenada y segura de la operación" (Art. 5).

Los actos, negocios y acuerdos que se debían realizar o suscribir a los efectos de la transformación a Empresa del Estado, así como las cesiones, transferencias de bienes y cualesquiera otras operaciones que pudiesen generar enriquecimiento o supusieran la enajenación, transmisión o venta de bienes destinados a conformar el patrimonio de dichas empresas, se dispuso en la ley que estarían exentos del pago de impuestos, tasas, contribuciones especiales o cualquier otra obligación tributaria (art 10).

Como en todo caso se trataba de una nacionalización, a los efectos de materializar la trasferencia forzosa y el pago de la compensación debida a las empresas privadas accionistas de las empresas del sector siderúrgico nacionalizadas por el proceso de nacionalización, el artículo 6 de la Ley les otorgó un plazo de sesenta días continuos, a partir de la fecha de publicación de la Ley Orgánica, es decir hasta el 12 de agosto de 2008 "para acordar los términos y condiciones de la posible participación accionaria en las nuevas empresas del Estado;" a cuyo efecto debía conformarse una Comisión Técnica, compuesta por representantes del Estado y el sector privado involucrado, a los fines de acordar el justiprecio, cuyo funcionamiento debía tener una duración de sesenta (60) días continuos prorrogables de mutuo acuerdo (Art 7).

En todo caso, si no se hubiese llegado al mencionado acuerdo para la transformación de la empresa nacionalizada en una Empresa del Estado para el día 12 de agosto de 2008, el artículo 8 de la ley dispuso que "la República, por órgano del Ministerio del Poder Popular para las Industrias Básicas y Minería o cualesquiera de sus entes descentralizados funcionalmente asumirá el control y la operación exclusiva de las mismas, a fin de preservar la continuidad en las actividades que desarrollan las empresas" nacionalizadas. En ese contexto, se dispuso que todos los trabajadores de las empresas nacionalizadas del sector siderúrgico gozarían de "inamovilidad laboral" a partir de la entrada en vigencia de la ley orgánica "hasta finalizar el proceso de transformación de las empresas y estarán amparados por las respectivas convenciones colectivas" (Arts. 9 y 11).

Adicionalmente y para el caso de que no se lograrse acuerdo alguno para la transformación en Empresas del Estado, el artículo 8 dispuso que se debía decretar la expropiación de las referidas acciones de las empresas nacionalizadas, de conformidad con lo previsto en la Ley de Expropiación por Causa de Utilidad Pública o Social. Sin embargo, el mismo artículo 8 de la Ley orgánica dispuso que "Para el cálculo de la indemnización o del justiprecio de los bienes antes referidos, en ningún caso se tomarán en cuenta ni el lucro cesante ni los daños indirectos."

Por último, el artículo 12 de la Ley Orgánica dispuso que "todos los hechos y actividades vinculados al presente Decreto con Rango, Valor y Fuerza de Ley Orgánica se regirán por la legislación nacional, y las controversias que de los mismos deriven estarán sometidas a la jurisdicción venezolana, en la forma prevista en la Constitución de la República Bolivariana de Venezuela." Con ello lo que se dispuso fue que, por ejemplo, los acuerdos a que se llegasen para materializar la transferencia de acciones de la empresas nacionalizadas al Estado, los acuerdos para la participación de las empresas privadas antiguas accionistas en las nuevas empresas mixtas, por los acuerdos para el pago de la indemnización que acordaren los antiguos accionistas con el Estado, no podían someterse a arbitraje.

II. LA NACIONALIZACIÓN DE LA INDUSTRIA DEL CEMENTO

Siguiendo el mismo esquema utilizado para la nacionalización de la empresa siderúrgica, mediante Decreto Ley N° 6.091 de 27 de mayo de 2008,[102] emitido con base en la Ley Habilitante de 2007, se dictó la Ley orgánica de ordenación de las empresas productoras de cemento, mediante la cual en reservó al Estado, por razones de conveniencia nacional "y en vista de su vinculación con actividades estratégicas para el desarrollo de la Nación, la industria de fabricación de cemento en la República de Venezuela (art 1). Como consecuencia de esta reserva al Estado, y a los efectos de completar el proceso de nacionalización mediante la expropiación, se declaró "de utilidad pública y de interés social las actividades que desarrollan las sociedades mercantiles CEMEX VENEZUELA, S.A.C.A., HOLCIM VENEZUELA C.A. Y C.A. FABRICA NACIONAL DE CEMENTOS, S.A.C.A. (GRUPO LAFARGE DE VENEZUELA), sus empresas filiales y afiliadas, así como las obras, trabajos y servicios que fueran necesarios para realizarlas" (Art 3).

La reserva al Estado con fines nacionalizadores produjo como consecuencia, que la ley ordenara "la transformación" de las mencionadas "sociedades mercantiles CEMEX VENEZUELA, S.A.C.A., HOLCIM VENEZUELA C.A. Y C.A. FABRICA NACIONAL DE CEMENTOS, S.A.C.A. (GRUPO LAFARGE DE VENEZUELA), sus empresas filiales y afiliadas, en empresas del Estado de conformidad con lo previsto en el artículo 100 y siguientes de la Ley Orgánica de Administración Pública, con una participación estatal no menor del 60% de su capital social" (art. 3).

---

102 *Gaceta Oficial* N° 5.886 Extra. of June 18, 2008

A los efectos de esta transformación empresarial, el artículo 4 de la ley dispuso que "la República, por órgano del Ministerio del Poder Popular para las Industrias Básicas y Minería o cualesquiera de sus entes descentralizados funcionalmente, serán los titulares del porcentaje accionario que corresponda al sector público en las nuevas Empresas del Estado, creadas como consecuencia de la "transformación" ordenada. Por su parte, a los efectos de asegurar el traspaso de las actividades como consecuencia de la transformación ordenada, el artículo 5 de la ley dispuso la conformación dentro de los siete (7) días, a partir de la fecha de publicación de la Ley, por parte de la República, por órgano del Ministerio del Poder Popular para las Industrias Básicas y Minería o cualesquiera de sus entes descentralizados funcionalmente, de una "Comisión de Transición" en las respectivas empresas, la cual debía incorporarse a las directivas existentes en ese momento de cada una de ellas, "a fin de garantizar la transferencia a las empresas Estatales del control de todas las actividades que realizan." Este proceso de transferencia culminó el 31 de diciembre de 2008. A tal efecto, la Ley impuso a las "Empresas del sector privado que son accionistas en las sociedades" objeto de la nacionalización, la obligación de cooperar "para el logro de una transición ordenada y segura de la operación" (Art. 5).

Los actos, negocios y acuerdos que se debían realizar o suscribir a los efectos de la transformación a Empresa del Estado, así como las cesiones, transferencias de bienes y cualesquiera otras operaciones que pudiesen generar enriquecimiento o supusieran la enajenación, transmisión o venta de bienes destinados a conformar el patrimonio de dichas empresas, se dispuso en la ley que estarían exentos del pago de impuestos, tasas, contribuciones especiales o cualquier otra obligación tributaria (art 10).

Como en todo caso se trataba de una nacionalización, a los efectos de materializar la trasferencia forzosa y el pago de la compensación debida a las empresas privadas accionistas de las empresas productoras de cemento nacionalizadas por el proceso de nacionalización, el artículo 6 de la Ley les otorgó un plazo de sesenta (60) días continuos, a partir de la fecha de publicación de la Ley Orgánica, es decir, hasta el 12 de agosto de 2008 "para acordar los términos y condiciones de la posible participación accionaria en las nuevas empresas del Estado;" a cuyo efecto debía conformarse una Comisión Técnica, compuesta por representantes del Estado y el sector privado involucrado, a los fines de acordar el justiprecio, cuyo funcionamiento debía tener una duración de sesenta (60) días continuos prorrogables de mutuo acuerdo (Art 7).

En todo caso, si no se hubiese llegado al mencionado acuerdo para la transformación de la empresa nacionalizada en una Empresa del Estado para el día 12 de agosto de 2008, el artículo 8 de la ley dispuso que "la República, por órgano del Ministerio del Poder Popular para las Industrias Básicas y Minería o cualesquiera de sus entes descentralizados funcionalmente asumirá el control y la operación exclusiva de las mismas, a fin de preservar la continuidad en las actividades que desarrollan las empresas" nacionalizadas. En ese contexto, se dispuso que todos los trabajadores de las empresas nacionalizadas productoras de cemento "que no fueran de dirección y confianza," gozarían de "inamovilidad laboral" a partir de la entrada en vigencia de la ley orgánica "hasta finalizar el proceso de transformación de las empresas y estarán amparados por las respectivas convenciones colectivas" (Arts. 9 y 11).

Adicionalmente y para el caso de que no se lograrse acuerdo alguno para la transformación en Empresas del Estado, el artículo 8 dispuso que se debía decretar la expropiación de las referidas acciones de las empresas nacionalizadas, de conformidad con lo previsto en la Ley de Expropiación por Causa de Utilidad Pública o Social. Sin embargo, el mismo artículo 8 de la Ley orgánica dispuso que "Para el cálculo de la indemnización o del justiprecio de los bienes antes referidos, en ningún caso se tomarán en cuenta ni el lucro cesante ni los daños indirectos."

Por último, el artículo 12 de la Ley Orgánica dispuso que "todos los hechos y actividades vinculados al presente Decreto con Rango, Valor y Fuerza de Ley Orgánica se regirán por la legislación nacional, y las controversias que de los mismos deriven estarán sometidas a la jurisdicción venezolana, en la forma prevista en la Constitución de la República Bolivariana de Venezuela." Con ello lo que se dispuso fue que, por ejemplo, los acuerdos a que se llegasen para materializar la transferencia de acciones de la empresas nacionalizadas al Estado, los acuerdos para la participación de las empresas privadas antiguas accionistas en las nuevas empresas mixtas, por los acuerdos para el pago de la indemnización que acordaren los antiguos accionistas con el Estado, no podían someterse a arbitraje.

Sección Sexta. LAS NACIONALIZACIONES DE LA MINERÍA Y LA COMERCIALIZACIÓN DEL ORO EN 2011

Esta Sección Sexta es el texto de los "Comentarios sobre la Ley Orgánica de Nacionalización de la minería del oro y de la comercialización del oro," publicados en *Revista de Derecho Público* N° 127, julio–septiembre 2011, Editorial Jurídica Venezolana, Caracas 2011 pp. 65–77.

I. EL DOMINIO DEL ESTADO SOBRE LAS MINAS DE ORO Y LA NACIONALIZACIÓN DE LA MINERÍA DEL ORO

De acuerdo con lo establecido en el artículo 12 de la Constitución, los yacimientos mineros, incluyendo el oro, cualquiera que sea su naturaleza, existentes en el territorio nacional, ubicados bajo el lecho del mar territorial, en la zona económica exclusiva y en la plataforma continental, pertenecen a la República y son bienes del dominio público, por lo que son inalienables e imprescriptibles.

Ello se repite en la Ley de Minas sancionada por Decreto Ley N° 295 de 5 de septiembre de 1999 (*Gaceta Oficial* N° 5.382 Extraordinario del 28 de septiembre de 1999) en cuyo artículo 2 se precisó que "Las minas o yacimientos minerales de cualquier clase existentes en el territorio nacional pertenecen a la República, son bienes del dominio público y por tanto inalienables e imprescriptibles." Y ahora lo repite la Ley orgánica que reserva al estado las actividades de exploración y explotación del oro, así como las conexas y auxiliares a éstas (Decreto Ley N° 8.413 de 23 de agosto de 2011 (*Gaceta Oficial* N° 39.759 del 16 de septiembre de 2011), en cuyo artículo 3, relativo a la "naturaleza jurídica de los yacimientos de oro" existentes en el territorio nacional cualquiera que sea su naturaleza, se insiste en que "pertenecen a la República y son bienes del dominio público y atributos de la soberanía territorial del Estado, por lo tanto inalienables, imprescriptibles y carentes de naturaleza comercial por ser recursos naturales no renovables y agotables."

Esta aclaratoria final, por supuesto, no es más que un soberano disparate, pues no hay en el mundo ni en toda la historia de la humanidad un recurso natural no revocable y agotable que no sea tan comercial como el oro. Una cosa es que los recursos mineros sean del dominio público, que lo son desde siempre, y otra que los mismos tengan o no carácter comercial. Esto último no quita lo primero, y menos lo quita la ignorancia del "jurista" redactor del decreto presidencial.

Ahora bien, a pesar de tratarse de bienes del dominio público, las actividades de exploración y explotación y aprovechamiento de los recursos mineros de oro, en ese contexto, había estado regulada en la Ley de Minas en cuyo artículo 7 se disponían las siguientes modalidades conforme a las cuales se podían realizar: a) Directamente por el Ejecutivo Nacional; b) Concesiones de exploración y subsiguiente explotación; c) Autorizaciones de Explotación para el ejercicio de la Pequeña Minería; d) Mancomunidades Mineras; y, e) Minería Artesanal.

La Ley de Minas, por otra parte, establecía la posibilidad de que el Estado cuando el Ejecutivo Nacional así lo considerase conveniente al interés público, se podía reservar mediante Decreto, "determinadas sustancias minerales y áreas que las contengan, para explorarlas o explotarlas solo directamente por órgano del Ministerio de Energía y Minas, o mediante entes de la exclusiva propiedad de la República" (Art. 23).

Por último, dedo el interés público envuelto en las actividades mineras, el artículo 3 de la Ley de Minas dispuso que la materia regida por dicha ley "se declara de utilidad pública," particularmente a los efectos expropiatorios de acuerdo con el artículo 15 de la Constitución, lo que repite ahora la Ley Orgánica de nacionalización de la minería del Oro, al declarar en su artículo 4, como "de utilidad pública e interés social los bienes y obras vinculadas con la reserva" prevista en dicha Ley, es decir, específicamente la minería del oro. Además, la ley Orgánica estableció que sus disposiciones "son de orden público, y se aplicarán con preferencia a cualquier otra del mismo rango" (Art. 36). Sin embargo, se precisó que en todo lo no previsto en dicha Ley Orgánica, "se aplicará supletoriamente la Ley de Minas y su reglamento" (art. 36).

Ahora bien, el régimen general establecido en la Ley de Minas en relación específicamente con la minería del oro, ha sido reformado mediante el mencionado Decreto Ley N° 8.413 de 23 de agosto de 2011 (*Gaceta Oficial* N° 39.759 del 16 de septiembre de 2011), contentivo de la Ley orgánica que reserva al estado las actividades de exploración y explotación del oro, así como las conexas y auxiliares a éstas, mediante el cual se han regulado los siguientes aspectos enumerados en su artículo 1°: (i) el "relativo al régimen de las minas y yacimientos de oro;" (ii) "la reserva al Estado de las actividades primarias, conexas y accesorias al aprovechamiento de dicho mineral," y (iii) "la creación de empresas para su ejercicio."

Este Decreto Ley, se dictó, en cuanto a la reserva al Estado que contiene, en las previsiones de los artículos 12 y 302 de la Constitución, y en cuanto a la potestad del Presidente de la República para dictarlo conforme al artículo 236.8 de la Constitución, en el artículo 1.9 de la Ley que Autoriza al Presidente de la República para dictar Decretos con Rango, Valor y Fuerza de Ley, en las Materias que se Delegan de 17 de diciembre de 2011 (*Gaceta Oficial* N° 6.009 Extraordinario, de fecha 17 de diciembre de 2010).

El propósito fundamental de esta nacionalización o reserva al Estado de la actividad de minería del oro, tal como se precisa en el artículo 1° de la ley Orgánica, fue fundamentalmente la de:

"revertir los graves efectos del modelo minero capitalista, caracterizado por la degradación del ambiente, el irrespeto de la ordenación territorial, el atentado a la dignidad y la salud de las mineras mineros y pobladoras pobladores de las comunidades aledañas a las áreas mineras, a través de la auténtica vinculación de la actividad de explotación del oro con la ejecución de políticas públicas que se traduzcan en el vivir bien del pueblo, la protección ambiental y el desarrollo nacional."

Lo menos que puede decirse de esta motivación de la Ley Orgánica de nacionalización de la minería del oro, es que ninguno de esos efectos enumerados es consecuencia de "modelo minero capitalista" alguno, pues si ha habido en Venezuela un sector de la economía altamente intervenido por el Estado esa ha sido precisamente la minería del oro. Esos efectos, si existen, sólo son atribuibles al propio Estado por falta de cumplimiento de las previsiones de la ley. Basta recordar las previsiones del artículo 5 de la Ley de Minas, donde se dispone que las actividades mineras reguladas por dicha Ley, se deben llevar "a cabo científica y racionalmente, procurando siempre la óptima recuperación o extracción del recurso minero, con arreglo al principio del desarrollo sostenible, la conservación del ambiente y la ordenación del territorio," imponiéndose a los titulares de derechos mineros además de la observancia de la Ley, las siguientes obligaciones que el Estado estaba en la obligación de exigir:

1. Ejecutar todas las operaciones a las cuales se refiere esta Ley, con sujeción a los principios y prácticas científicas aplicables a cada caso;
2. Tomar todas las providencias necesarias para impedir el desperdicio de los minerales;
3. Cumplir todas las disposiciones que le sean aplicables, establecidas en las leyes, decretos, resoluciones y ordenanzas, sin perjuicio de los derechos mineros que ostentan; y,
4. Proporcionar a los funcionarios del Ministerio de Energía y Minas, todas las facilidades que sus empleados puedan necesitar para el mejor desempeño de sus funciones.

Además, se estableció en el artículo 15 de la Ley de Minas, que "las actividades mineras deben efectuarse con acatamiento a la legislación ambiental y a las demás normativas que rigen la materia," a cuyo efecto se creó en la ley una "Comisión Permanente, de carácter interministerial, integrada por el Ministerio de Energía y Minas, el Ministerio del Ambiente y de los Recursos Naturales, el Ministerio de Finanzas y el Ministerio de la Defensa."

De ello resulta que todo efecto que pudiera haberse derivado del ejercicio de la minería del oro que en Venezuela y que haya podido significar degradación del ambiente, irrespeto de la ordenación territorial, atentado a la dignidad y la salud de los mineros y pobladores de las comunidades aledañas a las áreas mineras, y la eventual falta de auténtica vinculación de la actividad de explotación del oro con la ejecución de políticas públicas que se traduzcan en el vivir bien del pueblo, la protección ambiental y el desarrollo nacional, es sólo y únicamente atribuible al propio Estado y a su falta de conducción política de la actividad; lo que evidentemente no se garantiza que vaya a cambiar al efectuarse la nacionalización de la misma.

II. EL ÁMBITO DE LA RESERVA DE LA MINERÍA Y DE LA COMERCIALIZACIÓN DEL ORO, Y LA MILITARIZACIÓN DE LAS ZONAS AURÍFERAS

La Ley Orgánica de Nacionalización de la minería del oro, como su nombre lo sugiere, reservó al Estado por razones de conveniencia nacional y carácter estratégico, no sólo "las actividades primarias" en materia de exploración y explotación de oro, sino la actividades "conexas y auxiliares al aprovechamiento del oro;" a cuyo efecto en su artículo 2, define por actividades primarias: "la exploración y explotación de minas y yacimientos de oro," y por actividades conexas y auxiliares: "el almacenamiento, tenencia, beneficio, transporte, circulación y comercialización interna y externa del oro, en cuanto coadyuven al ejercicio de las actividades primarias."

La consecuencia directa de esta reserva fue la asunción por parte del Estado conforme al artículo 302 de la Constitución, de la realización de las actividades de la minería del oro, lo que implica como principio, la exclusión de derecho alguno que pudieran haber tenido los particulares de poder realizar las actividades económicas de su preferencia, como lo dispone el artículo 112 de la Constitución en materia de minería del oro.

A tal efecto, el artículo 5 de la Ley de nacionalización al referirse al ejercicio de las actividades reservadas, que las mismas sólo pueden ser ejercidas:

En primer lugar, "por la República o a través de sus institutos públicos, o empresas de su exclusiva propiedad, o filiales de éstas," es decir, por personas jurídicas estatales de derecho público o derecho privado; y

En segundo lugar, "por Empresas Mixtas," en las cuales la República o alguna de las empresas de su exclusiva propiedad, o filiales de éstas, "tenga control de sus decisiones y mantenga una participación, mayor del cincuenta y cinco por ciento (55%) del capital social."

Esta reserva, por supuesto, afectó permisos ambientales otorgados a proyectos mineros por lo cual la Disposición Transitoria Primera de la ley Orgánica dispuso respecto de los que se encontrasen en ejecución para el momento de la entrada en vigencia de la ley Orgánica, que debían permanecer vigentes y se debían entender transferidos a las empresas a las cuales se le asigne la continuidad de la ejecución de dichos proyectos, siempre y cuando no se modifique de manera sustancial el cumplimiento de las condiciones bajo las cuales esos permisos fueron otorgados.

Por otra parte, en cuanto a las solicitudes de concesiones y de autorización para el ejercicio de la pequeña minería, que se encontrasen en curso para el momento de entrada en vigencia de la Ley Orgánica, se dispuso en la Disposición Transitoria Segunda de la misma, que se dejaban sin efecto por decaimiento en su objeto.

La Ley Orgánica, por otra parte, en su artículo 27 declaró el mineral de oro y a las áreas mineras auríferas, como estratégicos para la Nación, a los fines de la declaratoria de zonas de seguridad a las que se refiere la Ley Orgánica de Seguridad de la Nación. En consecuencia, de acuerdo con la misma norma, se procedió a la militarización de dichas zonas, al disponer la ley que corresponde a la Fuerza Armada Nacional Bolivariana:

"1) Mantener las condiciones de seguridad y de orden interno en las áreas sujetas al desarrollo de la actividad de exploración y explotación del oro,

2) Cooperar con las autoridades competentes en la materia, para la fiscalización y control de la actividad minera.

3) Desarrollar planes y programas de formación y fomento de la seguridad para resguardar las actividades de exploración y explotación en áreas mineras auríferas.

4) Combatir los ilícitos que se cometan en contra del ambiente y los intereses del Estado, en las áreas donde se desarrollen actividades mineras de oro.

5) Participar activamente en la atención y desarrollo de las comunidades y pueblos indígenas que hagan vida en las zonas mineras.

6) Colaborar con las autoridades civiles en el mantenimiento de la paz, tranquilidad y orden público.

7) Enfrentar las amenazas que atenten contra la soberanía e independencia de la Patria, así como aquellas amenazas al desarrollo de la actividad minera.

8) Proporcionar el apoyo logístico y de seguridad a la Superintendencia de Fiscalización del Oro, en el ejercicio de sus competencias."

Debe señalarse, por otra parte, que conforme al artículo 21 de la Ley Orgánica, la reserva al Estado hecha en la ley no sólo abarcó las actividades de la minería de oro, sino la venta y comercialización del oro. A tal efecto, se dispuso en dicha norma que "todo el oro que se obtenga como consecuencia de cualquier actividad minera en el territorio nacional, será de obligatoria venta y entrega a la República Bolivariana de Venezuela, a través del ministerio del poder popular competente, o del ente o entes que éste designe." Como consecuencia, se estableció que "la República o los entes públicos designados al efecto ejercerán el monopolio de la comercialización del oro, en los términos que establezcan las políticas que dicte el Ejecutivo Nacional al respecto;" quedando excluidas del ámbito de aplicación de la ley de nacionalización, "la comercialización de las joyas de oro de uso personal."

En todo caso, corresponde al Ejecutivo Nacional, por órgano del ministerio del poder popular competente, la función de coordinar con las demás ramas del Poder Público, las medidas y acciones necesarias para garantizar el cumplimiento de la ley Orgánica (art. 33).

Por último, debe mencionarse que a pesar de la reserva al Estado decretada, y que abarca las actividades primarias y conexas o auxiliares, en cuanto al ejercicio de actividades conexas o auxiliares, la Disposición Transitoria Cuarta de la Ley Orgánica dispuso que "hasta que el ministerio con competencia en materia de minería dicte la resolución correspondiente," quienes realicen las actividades conexas o auxiliares, salvo la referida a la comercialización nacional e internacional del oro, quedan habilitadas para seguir ejerciendo dichas actividades.

Por otra parte, en cuanto a las empresas del Estado que hasta la publicación en Gaceta Oficial de la Ley Orgánica fueran titulares de asignaciones directas o derechos mineros vinculados con el mineral de oro, las mismas quedaron habilitadas para seguir realizando dichas actividades, en las mismas áreas correspondientes a los títulos extinguidos, hasta tanto el ministerio del poder popular con competencia en la materia las modifique.

III. LA TERMINACIÓN ANTICIPADA DE LAS CONCESIONES, AUTORIZACIONES Y CONTRATOS MINEROS PARA LA EXPLOTACIÓN DE ORO

La reserva al Estado de las actividades de minería de oro establecida en la Ley Orgánica de nacionalización de la minería de oro no sólo implicó el establecimiento del régimen de reserva hacia el futuro, sino hacia el pasado, la extinción obligatoria y anticipada de las concesiones, autorizaciones y títulos mineros, de que se habían otorgado en el país conforme a la ley de Minas de 1945 y de 1999.

La Ley Orgánica, en relación con estas concesiones, autorizaciones y títulos mineros en primer lugar, dispuso su terminación anticipada y obligatoria; en segundo lugar, previó un mecanismo legal para la eventual participación de los antiguos concesionarios en las nuevas empresas mixtas que se establezcan de acuerdo con la ley; y en tercer lugar, estableció que los bienes y derechos afectos a dichas actividades mineras pasarían en plena propiedad a la República, regulando un régimen de expropiación e indemnización.

En cuanto a la antiguas concesiones mineras, a las autorizaciones para el ejercicio de la pequeña minería y a los contratos para la exploración y explotación de oro que habían sido otorgados y estaban existentes al momento de publicarse la Ley Orgánica, y que no fueran extinguidos "por acuerdo entre las partes," el artículo 14 de la misma previó que "quedarán extinguidas de pleno derecho, al término de noventa (90) días continuos contados desde la publicación en la *Gaceta Oficial* del presente Decreto Ley (lo que ocurrió el 16 de septiembre de 2011), es decir, el día 16 de diciembre de 2011. De acuerdo con la Disposición Transitoria Sexta de la Ley Orgánica, además, las oficinas de registro público inmobiliario correspondientes, deben dejar constancia de la extinción de las concesiones o de cualquier otro título o derecho minero, estampando la respectiva nota marginal, de oficio o a solicitud del ministerio del poder popular con competencia en la materia minera.

En virtud de la extinción de las concesiones, de las autorizaciones para el ejercicio de la pequeña minería y de los contratos de exploración y explotación de oro, la Ley Orgánica autorizó al ministerio del poder popular competente, "podrá dictar las medidas necesarias a fin de garantizar la continuidad de las actividades mineras que estime convenientes."

De acuerdo con el artículo 30 de la Ley Orgánica, por último, se declaró que los actos, negocios y acuerdos que se realicen o suscriban a los efectos de la reserva regulada en la misma, así como las cesiones, transferencias de bienes y cualesquiera otras operaciones que generen enriquecimiento o supongan la enajenación, transmisión o venta de bienes destinados a conformar el patrimonio de empresas del Estado, estarán exentos del pago de impuestos, tasas, contribuciones especiales o cualquier otra obligación tributaria (art. 30).

IV. LA TOMA DE POSESIÓN Y CONTROL COMPULSIVO POR PARTE DEL ESTADO DE LOS BIENES AFECTOS A LAS ACTIVIDADES NACIONALIZADAS Y LA POSIBILIDAD DE PARTICIPACIÓN DE LOS ANTIGUOS TITULARES DE TÍTULOS MINEROS EN EMPRESAS MIXTAS PARA LA REALIZACIÓN DE LAS ACTIVIDADES RESERVADAS

La Ley Orgánica de nacionalización de la minería de oro, en una forma relativamente similar a lo que ocurrió en materia petrolera en 2007 al extinguirse los Contratos de Asociación (Ley de Migración a Empresas Mixtas de los Convenios de Asociación de la Faja Petrolífera del Orinoco, así como de los Convenios de Exploración a Riesgo y Ganancias Compartidas, en *Gaceta Oficial* 38.623 de 16–2–2007), dispuso lo que se denomina en el artículo 12 como "proceso de migración," mediante el cual el Estado debe propender, facilitar y tener como objetivo fundamental, el cambio o transformación de las concesiones mineras, autorizaciones para el ejercicio de la pequeña minería y contratos para la exploración y explotación del oro, a un esquema de Empresa Mixta. Se dispuso, sin embargo, que el ministerio del poder popular con competencia en la materia, debía hacer "especial consideración del caso de la pequeña minería, minería artesanal y mancomunidades mineras."

A los efectos de llevar adelante el "proceso de migración" o transformación de las concesiones mineras, autorizaciones para el ejercicio de la pequeña minería y contratos para la exploración y explotación del oro para lograr la participación de los interesados en convenios de empresas mixtas con entes del Estado, el artículo 13 de la Ley, a los efectos de conducir las negociaciones pertinentes, dispuso que el ministerio del poder popular con competencia en la materia, debía designar una comisión que debía negociar con los concesionarios, con las personas autorizadas para el ejercicio de la pequeña minería o con los beneficiarios de contratos para la exploración y explotación de oro, la constitución de las Empresas Mixtas. Esas negociaciones debieron realizarse dentro de los noventa (90) días continuos siguientes a la fecha de publicación de la Ley en *Gaceta Oficial* del presente Decreto Ley, es decir, entre el 16 de septiembre de 2011 y el 16 de diciembre de 2011.

A partir del vencimiento de dicho término de noventa días, es decir, a partir del 16 de diciembre de 2011, el ministerio del poder popular con competencia en la materia o la empresa que éste designase, debía tomar "posesión de los bienes y control de las operaciones relativas a las actividades reservadas, de conformidad con el cronograma que se establezca al efecto;" correspondiendo al mismo ministerio del poder popular con competencia en la materia, la asunción de las "medidas necesarias para garantizar la continuidad" de las actividades mineras (art. 15), a cuyo efecto se le autorizó en la Ley para "solicitar el apoyo de cualquier órgano o ente del Estado."

De acuerdo con la Ley, se dispuso que correspondía "a las personas naturales o jurídicas vinculadas a la materia, colaborar en la entrega pacífica y ordenada de las operaciones, instalaciones, documentación, bienes y equipos afectos a las actividades" mineras de oro, so pena de la aplicación de las sanciones administrativas y penales que pudieran corresponder, de conformidad con el ordenamiento jurídico (art. 15).

En todo caso, la Ley buscó asegurar la continuación de las actividades a cuyo efecto en su artículo 17 dispuso que el ministerio del poder popular competente, debía tomar las medidas necesarias para garantizar dicha continuidad, previendo que a esos fines los órganos y entes de la Administración Pública debían prestar "la colaboración en la forma exigida en la Constitución y las Leyes de la República Bolivariana de Venezuela."

Por último debe señalarse que en los casos en los cuales, de acuerdo con la ley Orgánica se produjese la migración hacia empresas mixtas, es decir, la transformación de concesiones autorizaciones o contratos mineros en empresas mixtas, entonces de acuerdo con l Disposición Transitoria tercera, a los efectos de la continuidad de la relación laboral y garantía de pago de los beneficios laborales, se dispuso que los trabajadores que presten servicios a personas naturales o jurídicas titulares de concesiones, autorizaciones para el ejercicio de la pequeña minería o a beneficiarios de los contratos para la exploración y explotación del oro, extinguidos de conformidad con lo establecido en la Ley Orgánica, "mantendrán su continuidad laboral en éstas, garantizándose plenamente el disfrute de sus condiciones y beneficios laborales."

Sin embargo, dispone la misma norma que "en caso de que el patrono de los trabajadores no migre a la modalidad de Empresa Mixta, el Estado a través del ministerio del poder popular con competencia en la materia minera, garantizará a dichos trabajadores, el pago de sus prestaciones sociales y procurará que sean absorbidos por alguna Empresa Mixta." Además, se dispuso que "en caso de que algún órgano o ente del Estado, pague por cuenta del patrono obligado, se subrogará en los derechos y acciones del trabajador afectado."

V. LA EXPROPIACIÓN DE LOS BIENES Y DERECHOS AFECTOS A LAS ACTIVIDADES MINERAS NACIONALIZADAS.

La Ley Orgánica de nacionalización de la minería de oro, en todo caso, al establecer la reserva al Estado de las actividades de minería de oro, disponiendo la terminación anticipada de las concesiones, autorizaciones y contratos existentes que concedían a particulares el derecho de realizarlas, a los efectos de que las actividades se continuaran realizando, mediante la toma de posesión y control de los bienes y derechos de los antiguos concesionarios mineros, de los antiguos titulares de autorizaciones para el ejercicio de la pequeña minería y o de los contratistas para la exploración y explotación del oro, procedió a disponer la expropiación de tales bienes y derechos.

A tal efecto dispuso el artículo 16 de la Ley Orgánica, que dichos bienes vinculados con las concesiones, las autorizaciones para el ejercicio de la pequeña minería y los contratos para la exploración y explotación de oro que quedaron extinguidos en virtud de lo establecido en la propia Ley Orgánica, "pasarán en plena propiedad a la República, libre de gravámenes y cargas."

Se trató por tanto de una expropiación de bienes y derechos por virtud de la Ley orgánica, la cual en todo caso, genera el derecho de los titulares de las antiguas concesiones, autorizaciones para el ejercicio de la pequeña minería y contratos para la exploración y explotación de oro de ser indemnizados de acuerdo con el artículo 115 de la Constitución, es decir, mediante el "pago oportuno de justa compensación."

La Ley Orgánica, sin embargo, en forma distinta a la garantizada en la Constitución sólo dispuso que la indemnización debida a los expropiados, era la que correspondía al "porcentaje de las inversiones no amortizadas del concesionario o los beneficiarios de contratos para la exploración y explotación de oro, sobre los bienes cuya propiedad se transfiere a la República," y sólo "según su valor en libro," y siempre que dichas inversiones hubiesen "sido debidamente notificadas al órgano o ente competente, en el marco del plan de explotación de la concesión o los contratos para la exploración y explotación de oro."

Se dispuso sin embargo en el mismo artículo 17 de la ley Orgánica que "en el caso de las autorizaciones para el ejercicio de la pequeña minería existentes, el ministerio del poder popular con competencia en la materia, podrá adoptar medidas especiales a los fines de la compensación de sus titulares."

VI. EL RÉGIMEN JURÍDICO DE LAS EMPRESAS MIXTAS PARA EL DESARROLLO DE ACTIVIDADES DE LA MINERÍA DEL ORO Y EL ÁMBITO DE SU ACTIVIDAD MINERA

A los efectos de la constitución de las mencionadas empresas mixtas para la realización de las actividades primarias y las condiciones que deben regir la realización de las mismas, de acuerdo con el artículo 6, se requiere de la aprobación de la Asamblea Nacional mediante Acuerdo "adoptado con por lo menos la mayoría simple de los diputados," a cuyo efecto el Ejecutivo Nacional, por órgano del Despacho ejecutivo con competencia en la materia, debe informar a la Asamblea "de todas las circunstancias pertinentes a dicha constitución y condiciones, incluidas las ventajas especiales previstas a favor de la República." Debe recordarse, sin embargo, que en todo caso en que se tratase de la constitución de una empresa mixta con otro Estado o con una entidad oficial extranjera o con una sociedad no domiciliada en Venezuela, la exigencia de la aprobación legislativa estaba ya establecida en el 151 de la Constitución.

Estas empresas mixtas mediante las cuales puede desarrollarse la minería del oro, están sometidas en un todo, y en cada caso particular, a los términos y condiciones aprobados mediante Acuerdo que dicte la Asamblea Nacional, así como por las disposiciones que "dicte el Ejecutivo Nacional por órgano del ministerio del poder popular con competencia en la materia." Así lo dispone el artículo 7 de la Ley Orgánica, agregando una previsión en la cual se dispone que:

> "supletoriamente se aplicarán las normas del Código de Comercio y las demás leyes que les fueran aplicables."

Este agregado, por supuesto, requiere de una advertencia, pues con esta norma lo que se pretende, ni más ni menos, es otorgarle a la Asamblea Nacional para que a través de un Acuerdo (no de una ley) y a un Despacho ministerial, que se denomina "el ministerio del poder popular con competencia en la materia," a través de resoluciones ministeriales, la potestad de establecer el régimen jurídico particular aplicable a las empresas mixtas del Estado que se establezcan para el desarrollo de la minería de oro, y en esa forma, poder establecer un régimen distinto al por ejemplo regulado en las previsiones del Código de Comercio, de la Ley Orgánica de la Administración Pública o de la Ley Orgánica de la Administración Financiera del Sector Público en materia de sociedades mercantiles del Estado, es decir, de empresas del Estado.

Ello simplemente sería inconstitucional, pues las leyes sólo se modifican por otras leyes (Art. 218, Constitución), y si bien es cierto que una ley puede prever que sus normas sean de aplicación supletoria respecto de lo que se regule en otras leyes, una ley no puede establecer con carácter general que un conjunto de leyes sea de aplicación supletoria, no a lo dispuesto en leyes especiales, sino de lo dispuesto en actos legislativos que no tienen carácter de ley (Acuerdos) o en actos administrativos (resoluciones ministeriales).

En realidad como se ha dicho, el artículo 36 de la Ley Orgánica lo que dispone es que en todo lo no previsto en ella, "se aplicará supletoriamente la Ley de Minas y su reglamento."

Ahora bien, las empresas mixtas del Estado que se constituyan para la realización de actividades de minería de oro, por tanto, deben tener por una parte, siempre, un socio público, que debe ser o la República directamente o alguna de las empresas de su exclusiva propiedad, o filiales de éstas, el cual debe tener control de sus decisiones y mantenga una participación, mayor del cincuenta y cinco por ciento (55%) del capital social;" y por la otra, una persona natural o jurídicas que se asocien con los entes o empresas estatales en la constitución de la empresa mixta. En caso de que el socio del ente público en la empresa mixta sea una persona jurídica, el artículo 7 de la ley establece, solo en cuanto a las empresas mixtas "para la realización de actividades primarias" de minería de oro, que las mismas "no podrán ceder, enajenar o traspasar sus acciones, sin la previa autorización del ministerio del poder popular competente, en materia de minería;" teniendo siempre el Estado, en tal caso, el "derecho de preferencia para adquirir dichas acciones."

Estas empresas mixtas para el desarrollo de la minería del oro, conforme al artículo 35 de la ley Orgánica, se entienden incluidas en la excepción contenida en el artículo 89 de la Ley Orgánica de Administración Financiera del Sector Público (*Gaceta Oficial* N° 39.556 del 19 de noviembre de 2010) en el sentido de que no se les aplica el régimen de sistema de crédito público previsto en el Título III de dicha Ley. Dicho

Conforme a dicha norma, sin embargo, a los fines de la certificación de la capacidad de pago, la empresa mixta debe publicar en un diario de circulación nacional y, por lo menos, en un diario de la zona donde tenga su sede principal dentro de los quince días hábiles siguientes a la terminación de su ejercicio económico, un balance con indicación expresa del monto del endeudamiento pendiente, debidamente suscrito por un contador público, inscrito en el Registro de Contadores Públicos en Ejercicio Independiente de la Profesión que lleva la Comisión Nacional de Valores.

VII. EL RÉGIMEN DE LAS ACTIVIDADES MINERAS REALIZADAS POR LAS EMPRESAS MIXTAS

Cada una de la empresas mixtas que se establezcan para desarrollar las actividades primarias de minería de oro, conforme lo establece el artículo 8 de la Ley Orgánica, debe tener un área asignada que ha de ser determinada por el ministerio con competencia en la materia, con la indicación igualmente por dicho ministerio del número de años que durará la asignación para la explotación de mineral de oro, la cual en ningún caso puede ser por más de veinte (20) años, prorrogables por un máximo de dos (2) períodos de hasta diez (10) años cada uno. Estas prórrogas deben ser solicitadas al mismo ministerio con competencia en la materia, "dentro del último tercio antes del vencimiento del período para el cual fue otorgado el derecho" (art. 8).

A los efectos de que las empresas mixtas puedan realizar las actividades mineras, además de la asignación del área respectiva y de la determinación del tiempo de asignación, deben obtener el derecho al ejercicio de todas o parte de las actividades reservada, el cual de acuerdo con el artículo 9 de la ley Orgánica le debe ser transferido por el Ejecutivo Nacional mediante Decreto. El Ejecutivo nacional también podrá transferirles a las empresas mixtas, la propiedad u otros derechos sobre bienes muebles o inmuebles del dominio privado de la República, requeridos para el eficiente ejercicio de tales actividades (art. 9).

La Ley aclara, además, que el Ejecutivo Nacional puede abstenerse de otorgar estos derechos, e incluso puede revocarlos, "en ejercicio de sus potestades soberanas, cuando así convenga al interés nacional, e igualmente, cuando las referidas empresas no den cumplimiento a sus obligaciones."

En todo caso, al proceder a otorgar derechos mineros a las empresas para realizar actividades primarias, en ese mismo momento, el ministerio del poder popular con competencia en la materia, debe establecer "la alícuota correspondiente a las ventajas especiales," disponiéndose que los ingresos que se perciban por este concepto, se pueden "destinarse al financiamiento de planes y proyectos de recuperación de las áreas de explotación del oro, al desarrollo social de las comunidades donde tiene lugar dicha explotación, incluidas las comunidades mineras e indígenas, educación, salud y demás aspectos necesarios para fomentar el buen vivir del pueblo"(art. 20).

Por otra parte, tal como lo indica el artículo 10 de la Ley Orgánica, la realización de las actividades primarias de minería de oro por parte de las empresas mixtas se efectúa "a todo riesgo de quienes las realicen." En consecuencia, "la República no garantiza la existencia del mineral de oro, o que éste sea industrial y económicamente explotable, ni se obliga a saneamiento legal o contractual." De acuerdo con la misma norma de la Ley, tales circunstancias se considerarán incorporadas y aplicables, aún cuando no se hicieren constar en el Decreto que otorgue el derecho al desarrollo de tales actividades.

En todo caso, las empresas mixtas autorizadas para el ejercicio de las actividades de minería de oro, debe realizarlas "empleando las mejores prácticas científicas y tecnológicas, procurando la óptima recuperación o extracción racional del recurso aurífero, respetando la conservación ambiental y la ordenación del territorio" (art. 29).

Se dispuso además que dichas empresas mixtas pueden efectuar las gestiones necesarias para el ejercicio de las actividades que se les hayan transferido y podrán además, a tales efectos, "celebrar los correspondientes contratos, todo conforme a las disposiciones de este Decreto Ley u otras que le fueran aplicables" (art. 11).

En relación con las actividades que desarrollen las empresas mixtas, o en cualquier otra forma, que implique la extracción de oro, la ley dispuso una "regalía minera de oro" conforme a la cual, de las cantidades de oro extraídas de cualquier mina o yacimiento, como regalía, "el Estado tiene derecho a una participación de trece por ciento (13%),"asignándose al Ejecutivo Nacional el establecimiento de los parámetros para ello (art. 18). Esta regalía, sin embargo, puede ser rebajada por el Ejecutivo Nacional, por órgano de ministerio del poder popular con competencia en la materia, "hasta un límite del tres por ciento (3%)" exclusivamente respecto de "las empresas mixtas vinculadas a proyectos mineros de interés social, con la participación de comunidades indígenas, pequeños mineros y mineras, mineros y mineras artesanales agrupados en cooperativas o empresas de propiedad social comunal." Conforme al artículo 38 de la Ley Orgánica, el régimen de la regalía entra en vigencia al término de 60 días continuos a partir de la publicación de la misma, es decir, el 16 de febrero de 2012.

En todo caso, la regalía, conforme se dispone en el artículo 19, puede ser exigida por el Ejecutivo Nacional "en especie o en dinero, total o parcialmente," de manera que si no lo exigiere de otra manera, se debe entender "que opta por recibirla totalmente en dinero."

En estos casos en los que se decida recibir la regalía en dinero, la empresa mixta que desarrolle las actividades primarias, debe pagar el precio de las cantidades correspondientes, que deben ser "medidas donde determine las normas técnicas que se dicten al efecto, a valor de mercado o valor convenido o en defecto de ambos a un valor fiscal fijado por el liquidador." A tal efecto el ministerio del poder popular con competencia en la materia, a través de la Superintendencia Nacional del Oro, debe liquidar la planilla correspondiente, la cual debe ser pagada al Fisco Nacional dentro de los cinco (5) días hábiles siguientes a la recepción de la misma (art. 19).

En cambio, cuando el Ejecutivo Nacional decida recibir la regalía en especie, el mismo artículo 19 de la ley permite que se pueda utilizar "para los efectos de beneficio, transporte y almacenamiento, los servicios de la empresa que designe a tal efecto, la cual deberá prestarlos hasta el lugar indicado, y recibirá el precio que se convenga por tales servicios." Sin embargo, a falta de acuerdo, el precio debe ser fijado por el ministerio del poder popular con competencia en la materia.

La Ley Orgánica, además, estableció diversas normas que repiten lo ya regulado en la ley de Minas, sobre las limitaciones legales a la propiedad privada derivada de la minería del oro. Así, el artículo 22, dispone que las empresas mixtas que realicen actividades primarias, están facultadas "para solicitar" la constitución de servidumbres, la ocupación temporal y la expropiación de bienes, para la realización de sus objetivos.

En cuanto a las servidumbres que deban constituirse sobre terrenos de propiedad privada, la ley dispone que la misma puede convenirse con los propietarios de los mismos. Sin embargo, de no lograrse el avenimiento, las empresas mixtas que realicen actividades primarias, pueden dirigirse al ministerio del poder popular con competencia en la materia, a los fines de que el mismo decida sobre las modalidades en que deben operar las servidumbres, al cual le corresponderá autorizar el comienzo de los trabajos, una vez obtenidos los permisos ambientales destinados al resguardo ecológico (art. 23). Se estableció así, un régimen de constitución de servidumbres mineras puramente administrativa, sin intervención judicial

En cuanto a la ocupación temporal, el artículo 24 de la Ley Orgánica establece que la misma debe formularse por la empresa mixta que realice actividades primarias, igualmente ante el ministerio del poder popular con competencia en materia de minería, el cual debe estudiar la solicitud, el cual puede acordarla en el caso de que la misma sea necesaria para preservar la continuidad de las actividades objeto de la reserva establecida en la ley Orgánica, y mantener su control. De nuevo, se regula en la ley Orgánica, una ocupación temporal netamente administrativa, sin intervención judicial.

Esta ocupación temporal administrativa, además, cuando se dicte por el ministerio sobre los bienes objeto de la solicitud, de acuerdo con la misma norma del artículo 24, tiene una duración de seis meses, renovables por seis meses más, "sin necesidad de que medie el proceso de expropiación por causa de utilidad pública o interés social" el cual, en todo caso, se debe ventilar con la modalidad prevista en la Ley de Expropiación por causa de utilidad pública o interés social.

Por otra parte, de acuerdo con la Ley Orgánica, el ministerio del poder popular con competencia en la materia, debe ejercer "la planificación, promoción, formulación de políticas públicas en el sector," y la "regulación, administración, seguimiento y fiscalización técnica de las actividades mineras," lo cual comprende "lo relativo al desarrollo, conservación, aprovechamiento y control de dichos recursos auríferos, así como el estudio de mercado, análisis, fijación de precios y el régimen de la inversión nacional y extranjera en el sector."

En tal sentido, conforme a la ley Orgánica, dicho ministerio es el órgano nacional competente en todo lo relacionado a la administración del oro y en consecuencia tiene la facultad de ingresar a las áreas e inspeccionar las actividades y trabajos inherentes a los mismos (art. 25).

Por último, a los efectos de la fiscalización de los ingresos públicos por las actividades mineras, la ley Orgánica creó un nueva órgano permanente, denominado "Superintendencia de Fiscalización del Oro," como servicio desconcentrado, adscrito al ministerio del poder popular con competencia en materia de finanzas, a los fines de fiscalizar, liquidar y recaudar la regalía y las ventajas especiales establecidas en la Ley Orgánica (art. 26). La organización, estructura y funcionamiento de la Superintendencia de Fiscalización del Oro se debe determinar en el reglamento orgánico del ministerio respectivo.

La Ley Orgánica, por otra parte, regula el supuesto conforme al cual las empresas mixtas autorizadas para el ejercicio de las actividades primarias de minería de oro encuentren minerales diferentes a los autorizados, en cuyo caso les impone la obligación de comunicarlo inmediatamente al ministerio del poder popular con competencia en la materia, el cual de ser procedente, puede disponer de los mismos para su aprovechamiento, conforme a las modalidades previstas en la Ley de Minas (art. 28).

VIII. EL RÉGIMEN SANCIONATORIO

La ley orgánica estableció un régimen sancionatorio, regulando a tal efecto un conjunto de infracciones administrativas y de delitos.

En cuanto a las infracciones administrativas el artículo 31 de la ley dispuso que será sancionado con multa de 400 a 1.000 Unidades Tributarias (UT), quienes:

"1. No se inscriban en los registros que establezca el ministerio competente, como propietario o poseedor de ciertas clases de bienes.
2. No colaboren con las fiscalizaciones que instruya el ministerio competente.
3. Presenten al ministerio competente informaciones falsas, fuera de plazo o imprecisas.

Estas sanciones pecuniarias deben ser impuestas mediante resolución del ministerio con competencia en materia de minería, conforme a las disposiciones establecidas en la Ley Orgánica de Procedimientos Administrativos.

En cuanto a los delitos, el artículo 32 de la ley Orgánica estableció el de "ejercicio ilegal de las actividades mineras de oro: al disponer que toda persona natural o los socios y directores de las personas jurídicas, que por sí o por interpuesta persona, realicen las actividades primarias, conexas o auxiliares relativas a la minería de oro sin cumplir con las formalidades a las que se refiere la ley Orgánica, deben ser penadas con prisión de seis meses a seis años.

IX. EL RÉGIMEN JURISDICCIONAL PARA LA SOLUCIÓN DE CONTROVERSIAS

El artículo 34 de la Ley Orgánica dispuso que

> "todos los hechos y actividades objeto de la normativa contenida en el presente Decreto Ley, se regirán por las leyes de la República Bolivariana de Venezuela, y las controversias que de los mismos deriven, estarán de manera exclusiva y excluyente sometidas a la jurisdicción de sus tribunales, en la forma prevista en la Constitución de la República Bolivariana de Venezuela."

En relación con esta norma debe recordarse que todos los hechos y actividades realizados en el país, en virtud del principio de la territorialidad, en principio se rigen por la legislación nacional; de manera que si nada se dispone expresamente en contrario en el texto de la ley, todas las situaciones jurídicas derivadas de cualquier ley, se rigen por la "ley nacional."

Por otra parte, la ley Orgánica además, dispuso que las controversias que se deriven de sus disposiciones estarán sometidas de manera exclusiva y excluyente a la jurisdicción de los tribunales venezolanos, dejando claro que el Estado venezolano en las materias reguladas en la ley no renuncia a la jurisdicción venezolana. Por tanto, las controversias que surjan con ocasión de la reserva al Estado de la minería del oro, de la toma de posesión de bienes de los antiguos concesionarios o titulares de derechos por el Estado, de la expropiación de los mismos y de la posible constitución de empresas mixtas por migración de los antiguos concesionarios o titulares de derechos mineros, como socios minoritarios de las mismas, solo pueden ser resueltos por la jurisdicción nacional.

Además, por ejemplo, las controversias derivadas de las decisiones contenidas en el Decreto Ley y su aplicación, sin duda, en principio también están sometidas a la jurisdicción venezolana, por ejemplo, en cuanto a la posibilidad de impugnación por razones de inconstitucionalidad de las normas de la Ley Orgánica ante la Jurisdicción Constitucional, o de la impugnación de los actos administrativos que conforme a ella dicte el Ejecutivo Nacional, ante la Jurisdicción Contencioso Administrativa.

Pero ello no implica, en forma alguna, la anulación en virtud de la ley Orgánica de las cláusulas que hubieran podido haber sido insertas en las concesiones o contratos mineros cuya terminación anticipada y unilateral se ha resuelto por la Ley Orgánica, por ejemplo, relativas a la sumisión de las controversias que deriven de la ejecución, cumplimiento e incumplimiento de las mismas a alguna jurisdicción arbitral, incluso fuera de Venezuela, como lo autoriza el artículo 151 de la Constitución. Igualmente la previsión de la Ley Orgánica no implica que los inversionistas extranjeros que tengan posibilidad de acceso alguna jurisdicción arbitral internacional no puedan acudir a la misma en virtud de las previsiones de la Ley de protección y promoción de Inversiones de 1999 o de algún Convenio Bilateral de protección de Inversiones que pueda protegerlos.

LIBRO SÉPTIMO:
LAS FORMAS DE LA ACTIVIDAD ADMINISTRATIVA

Sección Primera: SOBRE LOS SERVICIOS PÚBLICOS.

§ 1. Marco constitucional de los servicios públicos

Este parágrafo primero de la Sección Primera del Libro Séptimo contiene el estudio sobre "El marco constitucional de los servicios públicos," elaborado "A manera de prólogo" para el libro coordinado por Víctor Hernández Mendible, *Los Servicios Públicos Domiciliarios,* Centro de Estudios de Regulación Económica, Universidad Monteávila, Editorial Jurídica Venezolana, Caracas 2012, pp. 17–41. El texto recoge, esencialmente, lo que expusimos en los siguientes estudios: "El régimen constitucional de los servicios públicos" en *VI Jornadas Internacionales de Derecho Administrativo Allan Randolph Brewer–Carías El nuevo servicio público. Actividades reservadas y regulación de actividades de interés general (electricidad, gas, telecomunicaciones y radiodifusión),* Caracas 2002, Fundación de Estudios de Derecho Administrativo FUNEDA, Caracas 2003, pp. 19–49; y "Comentarios sobre la noción del servicio público como actividad prestacional del Estado y sus consecuencias" en *Revista de Derecho Público*, Nº 6, Editorial Jurídica Venezolana, Caracas, abril–junio 1981, pp. 65–71.

I. SOBRE LA DEFINICIÓN DEL SERVICIO PÚBLICO

La noción de servicio público en el derecho administrativo está referida a las actividades prestacionales que debe asumir el Estado, tendientes a satisfacer necesidades generales o colectivas, en cumplimiento de una obligación constitucional o legal y en relación con las cuales, los particulares se encuentran limitados en cuanto a poder desarrollarlas libremente, sea porque el Estado en algunos casos se las ha reservado, o sea porque el Estado las regula y ordena. De esta definición resulta lo siguiente:

En *primer lugar,* que se trata siempre de una actividad, es decir, de un conjunto de operaciones y tareas a cargo de un sujeto de derecho, consistente en dar o hacer algo a favor de otros, en suma, de prestar. Se trata, por tanto, de una actividad prestacional; pero no de cualquier tipo de prestación sino de una que es de interés de toda la población, por tanto, de interés general, público o colectivo, por lo que los sujetos a los cuales se destina son todos, es decir, el público en general. Por ejemplo, el servicio de correos, el servicio de protección a la salud, los servicios de transporte y los servicios de educación.

En *segundo lugar,* esa actividad prestacional para ser considerada como servicio público por su vinculación al interés general, corresponde cumplirla obligatoriamente al Estado, es decir, a los entes públicos, por estar así establecido en la Constitución o en las leyes. Por tanto, no toda actividad prestacional de interés público que realicen los entes públicos puede considerarse como un servicio público, sino sólo aquellas que éstos asumen porque cumplen una obligación constitucional o legal, lo que implica que tienen que ser declarados como tales servicios públicos en la Constitución o en la ley. Por ejemplo, los servicios públicos domiciliarios y los servicios de policía.

En *tercer lugar,* tratándose de una actividad prestacional que corresponde como obligación al Estado, de acuerdo al principio de alteridad, los particulares, es decir, el público en general, tienen un correlativo derecho constitucional o legal a recibir la prestación, el cual, como todo derecho (por ejemplo, el derecho a la protección de la salud), debe ser esencialmente justiciable y protegible no sólo mediante la acción de amparo, sino contra la prestación deficiente en vía contencioso administrativa..

En *cuarto lugar,* desde el momento en el cual una actividad se configura como servicio público a cargo de los entes públicos, la misma queda sustraída de las que pueden ser desarrolladas **libremente** por los particulares, en el sentido de que esencialmente y conforme se establezca en las leyes (reserva legal), el Estado puede limitarlas y restringirlas. Esto no significa ni implica que el Estado necesariamente se haya reservado la actividad quedando entonces excluida del ámbito de la libertad económica de los particulares, sino que en relación con ella, ésta no puede desarrollarse libremente, sino sometida a las limitaciones o restricciones que legalmente se establezcan y requiriéndose para ello, en general o una concesión, una autorización o cualquier tipo de autorización o habilitación.

Es decir, la obligación impuesta al Estado de realizar la prestación en el caso de los servicios públicos, no implica que su realización necesariamente quede siempre reservada al Estado con carácter de exclusividad y que quede excluida la libertad económica de manera que los particulares no puedan realizarla. En estos casos, la libertad económica, como derecho de toda persona de "dedicarse libremente a la actividad económica de su preferencia" (Art. 112 de la Constitución), lo que está es limitada, constitucional o legalmente, en una proporción inversa al grado de asunción de la actividad por parte del Estado: en unos casos, excepcionales, la libertad económica queda excluida totalmente por la reserva al Estado de los servicios (servicios de la defensa nacional y policía); en otros casos, aún reservada al Estado y excluida del ámbito de la libertad económica, la actividad puede desarrollarse por los particulares mediante concesión otorgada por el Estado; y en otros casos, en ausencia de reserva al Estado y existiendo la libertad económica de los particulares para realizarlas, lo que ésta es restringida o limitada, pudiendo realizarse por los particulares mediante autorizaciones o habilitaciones del Estado.

Así, por ejemplo, en otros tiempos, cuando la Ley de Correos de 1938 estableció, en su artículo 1°, que "el correo es un servicio público federal exclusivo del Estado", la norma quería decir precisamente eso, que esa era una actividad reservada y exclusiva del Estado y, además, excluyente de toda prestación por parte de particulares. En cambio, en materia de telecomunicaciones, la Ley de Telecomunicaciones de 1946 a pesar que reservaba al Estado los servicios de telecomunicaciones permitía que se otorgaran concesiones de explotación de dichos servicios a los particulares. En estos dos casos de régimen de reserva al Estado, la diferencia era que en el primero, la reserva era excluyente y en el segundo no excluía la posibilidad de otorgar el derecho a realizar la actividad a los particulares.

Por su parte, en relación a los servicios públicos en los cuales no había reserva, por ejemplo, el servicio público de educación, la Ley de Educación sólo exige la necesidad de un registro para que los establecimientos particulares puedan desarrollar actividades educativas y ejercer su derecho y libertad de educar, en el marco de los programas de educación oficiales.

El grado de asunción por el Estado de la prestación del servicio, es decir, el grado de reserva al Estado de la misma, por tanto, tiene una repercusión fundamental respecto de las actividades que puedan o no realizar los particulares. Hay actividades de servicios públicos reservadas al Estado, donde no existe libertad económica, pero respecto de las cuales los particulares pueden realizarlas mediante concesión; y hay actividades de servicios públicos que no han sido reservadas al Estado respecto de las cuales existe libertad económica de los particulares para realizarlas. En las primeras, no existiendo libertad económica dada la reserva al Estado, este sin embargo puede otorgar el derecho a los particulares a realizarlas, generalmente mediante concesión, que por su carácter constitutivo crea en cabeza del concesionario el derecho que se le otorga; en cambio, en las segundas, tratándose de una limitación al derecho y libertad económica que tienen los particulares, las intervenciones del Estado se manifiestan en otras formas, por ejemplo, a través de la exigencia de actos administrativos declarativos de los derechos y que habilitan su ejercicio, como son las autorizaciones (habilitaciones, licencias, permisos); de actos administrativos homologadores de derechos, como las aprobaciones; o de actos administrativos de declaración de certeza de derechos, como las inscripciones y registros.

En consecuencia, la división fundamental que existe respecto de las actividades económicas, en reservadas o no al Estado, condiciona las técnicas de intervención administrativa, concibiéndose en algunos casos la técnica de la concesión para la primera, y entre otras, las autorizaciones para las segundas.

II. EL SERVICIO PÚBLICO COMO OBLIGACIÓN PRESTACIONAL DEL ESTADO

En todo caso, la idea clave a los efectos de la conceptualización jurídica del servicio público, es la existencia de una obligación constitucional o legal a cargo del Estado para la realización de la actividad prestacional. Ello contribuye a deslindar los servicios públicos de las actividades prestacionales que el Estado asume y realiza como mero empresario pero que no se ejecutan en virtud del cumplimiento de obligación constitucional o legal alguna, y respecto de las cuales también existe el derecho de los particulares a desarrollarlas libremente.

En consecuencia, la declaración de una actividad como servicio público que, por tanto, se cumple por el Estado en ejecución de una obligación constitucional o legal, da origen a dos consecuencias fundamentales en relación a los particulares:

Por una parte, derivado del principio de la alteridad, la obligación jurídica que se impone al Estado implica la existencia de una relación jurídica, en cuyo otro extremo está, como correlativo a la obligación, un derecho de los administrados a percibir la prestación de tales servicios públicos; y por otra parte, que la presencia del Estado como prestador de servicios públicos implica la posibilidad de restringir, a la vez, la libertad económica de los administrados.

El servicio público así entendido, implica siempre, la posibilidad de restricción a la libertad económica de los particulares, lo cual por supuesto, debe hacerse mediante ley conforme al principio constitucional de la reserva legal. Por ello es que la creación de un servicio público, es decir, el establecimiento de la obligación prestacional a cargo del Estado, sólo puede tener su origen directamente en la Constitución o en la ley, pues sólo en esos textos, conforme al principio de la reserva legal previsto en la propia Constitución (Art. 112), es que puede limitarse o restringirse la libertad económica.

Por ejemplo en el sector de los hidrocarburos, si bien la Ley Orgánica de Hidrocarburos de 2001 estableció en su artículo 4 que todas las actividades en ella reguladas "se declaran de utilidad pública y de interés social," en el artículo 60 de la misma es donde se declara expresa y específicamente que solamente "**constituyen** un servicio público las actividades de suministro, almacenamiento, transporte, distribución y expendio de los productos derivados de los hidrocarburos, señalados por el Ejecutivo Nacional (conforme al artículo 59), destinados al consumo colectivo interno." Se trata de la única actividad en el marco de la industria y el comercio de hidrocarburos que en la Ley se califica como un "servicio público" siendo la consecuencia de tal calificación, que quienes deseen ejercer las mismas deben obtener previamente permiso del Ministerio de Energía y Minas (Art. 61 LOH). Igualmente en la Ley Orgánica de Hidrocarburos Gaseosos de 1999 que derogó la Ley que Reserva al Estado la Industria del Gas Natural de 1971 y eliminó la reserva del Estado en la materia, aún cuando se declara a las actividades como "de utilidad pública" (art. 4), en su artículo 5 establece expresa y específicamente que entre todas ellas, sólo constituyen un "servicio público" las actividades relacionadas, directa o indirectamente, con el transporte y distribución de gases de hidrocarburos destinados al consumo colectivo, a cuyo efecto se dispuso la obligación de quienes presten el servicio de hacerlo en forma continua y de conformidad con las normas legales, reglamentarias y técnicas de eficiencia; calidad y seguridad (art. 8)

En nuestro criterio, esta declaración formal mediante ley es el dato más importante de la noción de servicio público desde el punto de vista jurídico; que es cuando una actividad prestacional se erige en servicio público, es decir, se impone obligatoriamente al Estado, sea a la República, a los Estados o a los Municipios; en cuyo caso, automáticamente se abre un campo de restricción la libertad económica de los particulares en el sentido de que no pueden ejercerla **libremente** en dichas actividad. Sin embargo, como se ha dicho, ello no implica que la calificación de una actividad como servicio público conlleve automáticamente que la misma quede reservada al Estado y que la libertad económica quede excluida.

Es decir, el ámbito de la restricción a la libertad económica no es uniforme, pues depende de la regulación concreta que se establezca en la Constitución o en la ley. Las normas pueden establecer una variada gama de restricciones a la libertad económica que, como se ha dicho, pueden ir desde la exclusión total de la actividad económica de los particulares en el ámbito de la actividad prestacional reservada, por ejemplo, cuando el Estado se la reserva con carácter de exclusividad y excluyente un servicio (servicios públicos de policía); hasta la previsión de una concurrencia casi sin restricciones entre la actividad pública y la actividad privada (servicios públicos de educación, servicios de telecomunicaciones); pasando por los supuestos en los cuales, a pesar de que el Estado se haya reservado la actividad y esté obligado a prestar el servicio, los particulares pueden prestarlo mediante concesión o permiso (servicios públicos de trasporte público o domiciliarios).

Es conveniente distinguir entonces las categorías de servicios públicos, según el grado de reserva y la mayor o menor incidencia y restricción que impliquen sobre la libertad económica, pues ello permite determinar el grado de intervención del Estado en los mismos.

III. LAS DIVERSAS CATEGORÍAS DE SERVICIOS PÚBLICOS

En efecto, según la intensidad de la restricción a la libertad económica que acarrea la consideración de una actividad como servicio público, se pueden distinguir dos grandes categorías de servicios públicos: en *primer lugar*, **los servicios públicos reservados al Estado**, que se subdividen en dos subcategorías: los servicios públicos totalmente reservados al Estado, en forma **exclusiva y excluyente**, que no pueden ser desarrollados por los particulares; y los servicios públicos reservados al Estado, en forma **exclusiva pero no excluyente, que pueden ser concedibles** u otorgables a los particulares; y en *segundo lugar*, **los servicios públicos concurrentes** entre el Estado y los particulares, en relación a cuyas actividades los particulares tienen libertad económica de realizarlas, aún cuando sometidos a técnicas autorizatorias variadas.

En cuanto a los primeros, es decir, los servicios públicos reservados al Estado, en los mismos se excluye la libertad económica de los particulares. Sin embargo, sólo en los exclusivos y excluyentes no es posible la actividad de los particulares, la cual no puede realizarse ni siquiera mediante concesión; pero en cambio en el caso de los servicios públicos reservados no exclusivos, es decir, concedibles, los particulares los pueden desarrollar cuando el derecho a realizar actividades de prestación de los mismos, les sea otorgado o concedido generalmente mediante concesión.

En cuanto a los segundos, es decir, los servicios públicos no reservados al Estado, que por tanto son por naturaleza concurrentes, en los mismos los particulares tienen derecho a realizar sus actividades económicas con las limitaciones establecidas en las leyes, en particular la necesidad de obtener una autorización, permiso, licencia, habilitación o registro para ello.

Estas diversas clases de servicios públicos tienen su fuente en la propia Constitución.

1. Los servicios públicos reservados al Estado

A. Los servicios públicos reservados al Estado en forma exclusiva y excluyente

La primera categoría de servicios públicos **reservados al Estado** son aquellos en los cuales la reserva se ha hecho en forma exclusiva y excluyente, de manera que los particulares no pueden, en forma alguna, prestarlos, no existiendo libertad económica respecto de las actividades que los conforman. La Constitución, sólo establece directamente esta categoría de servicios en relación con derechos fundamentales de la Nación y en relación con los propios fines esenciales del Estado.

La Constitución, además, permite que mediante ley orgánica se puedan establecer la reserva y la exclusión respecto de otros servicios del ámbito de la libertad económica de los particulares al prever expresamente, en el artículo 302, que el Estado puede reservarse, mediante ley orgánica, y por razones de conveniencia nacional, "industrias, explotaciones, *servicios y bienes de interés público*".

De acuerdo con este artículo constitucional, por tanto, mediante ley orgánica podría establecerse un servicio público reservado al Estado a ser prestado en forma exclusiva por el mismo, excluyendo a los particulares del ámbito de sus actividades. Una reserva de este tipo tendría por efecto fundamental establecer una exclusión a la libertad económica de los administrados, la cual no podría desarrollarse, en forma alguna, respecto del servicio reservado. Ese fue el caso, en sus inicios, de la reserva al Estado de la prestación de ciertos servicios públicos (distribución de gasolina, por ejemplo) con ocasión de la nacionalización de la industria petrolera en 1975. En estos casos, la reserva al Estado de ciertos servicios da origen al establecimiento de un *monopolio de derecho* a favor del Estado, configurándose el supuesto del artículo 302 de la Constitución como una excepción a la prohibición de los monopolios que regula el artículo 113 de la propia Constitución.

La Constitución, sin embargo, como se dijo, establece algunos de estos servicios públicos exclusivos y excluyentes en materias vinculadas con los derechos de la Nación y con los fines del Estado.

a. Los servicios públicos vinculados a los derechos de la Nación

El artículo 1 de la Constitución declara como "derechos irrenunciables de la Nación, la independencia, la libertad, la soberanía, la inmunidad, la integridad territorial y la autodeterminación". De esta norma derivan lo que hemos denominados servicios públicos derivados de los derechos de la Nación, como derechos colectivos de toda persona e instituciones, vinculadas a la soberanía y que origina la obligación del Estado de resguardarla. Estas prestaciones dan origen a los siguientes servicios públicos exclusivos del Estado, y en muchos casos, excluyentes.

a'. Los servicios de defensa y seguridad: la Fuerza Armada

En *primer lugar*, están los servicios públicos de defensa y seguridad de la Nación, atribuidos básicamente a la Fuerza Armada Nacional. "La seguridad de la Nación es competencia esencial y responsabilidad del Estado" dice el artículo 322 de la Constitución; aún cuando precise que también, la defensa de la Nación sea responsabilidad de los venezolanos y demás personas que se encuentren en el espacio geográfico nacional.

La Fuerza Armada Nacional, por tanto, constituye la institución organizada por el Estado para garantizar la independencia y soberanía de la Nación y asegurar la integridad territorial (Art. 328). Es una institución que debe ser "esencialmente profesional, sin militancia política, organizada por el Estado" que "está al servicio exclusivo de la Nación y en ningún caso al de persona o parcialidad política alguna" (Art. 328).

La competencia en esta materia corresponde al Poder Nacional, resumida en las siguientes atribuciones que el artículo 156 de la Constitución le asigna:

"*Ord. 2.* La defensa y suprema vigilancia de los intereses generales de la República, la conservación de la paz pública y la recta aplicación de la ley en todo el Territorio Nacional.

Ord. 7. La seguridad, la defensa y el desarrollo nacional.

Ord. 8. La organización y régimen de la Fuerza Armada Nacional".

Dentro de los cometidos de este servicio, la Constitución destaca, en especial, la protección de los espacios fronterizos para preservar la integridad territorial, la soberanía, la seguridad, la defensa, la identidad nacional, la diversidad y el ambiente (Art. 15); declarando que la atención de las fronteras es prioritaria en el cumplimiento y aplicación de los principios de seguridad de la Nación (Art. 327).

b'. El servicio exterior

En segundo lugar, está el servicio exterior y diplomático, que actualiza las relaciones internacionales de la República para que respondan a "los fines del Estado en función del ejercicio de la soberanía y de los intereses del pueblo" (Art. 152).

La competencia en relación con "la política y la actuación internacional de la República" se atribuye en la Constitución al Poder Nacional (Art. 156, ord. 1); y se obliga a la República a la defensa de "los principios de independencia, igualdad entre los Estados, libre determinación y no intervención en asuntos internos, respeto a los derechos humanos y solidaridad entre los pueblos en las luchas por su emancipación y el bienestar de la humanidad" (Art. 152).

c'. Los servicios relativos a la gestión macroeconómica

La Constitución por otra parte, asigna a la Asamblea Nacional la competencia exclusiva para aprobar las líneas generales del plan de desarrollo económico y social (Art. 187,8) y atribuye al Presidente de la República competencia exclusiva para formular el Plan Nacional de Desarrollo y dirigir su ejecución previa aprobación de la Asamblea Nacional (Art. 236,18). Ello implica, por supuesto, que puede y debe haber planes estadales y municipales de desarrollo, para lo cual los Estados y Municipios tienen competencia. Por ello, en cada Estado debe existir un Consejo Estadal de Planificación y Coordinación (Art. 166) y en cada Municipio, un Consejo Local de Planificación (Art. 182). Los Municipios, además, tienen competencia exclusiva, en cuanto concierne a la vida local, en materia de ordenación y promoción del desarrollo económico y social (Art. 178). Por otra parte, como órgano intergubernamental, el Consejo Federal de Gobierno tiene la misión de planificar y coordinar las políticas y acciones de los tres niveles territoriales para el desarrollo del proceso de descentralización (Art. 185).

La Constitución, por otra parte, establece una extensa regulación sobre el régimen fiscal y monetario, donde se detallan normas sobre el régimen presupuestario (Art. 311 a 315); y el sistema tributario (Art. 316 y 317); el sistema monetario nacional (Art. 318 y 319) y la coordinación macroeconómica (Art. 320). En ellas se regulan, por primera vez a nivel constitucional, las competencias del Banco Central de Venezuela, órgano al cual corresponde el ejercicio "de manera exclusiva y obligatoria" de las competencias monetarias del Poder Nacional (Art. 318); y los principios de la política macroeconómica, imponiéndose al Estado la obligación de "promover y defender la estabilidad económica, evitar la vulnerabilidad de la economía y velar por la estabilidad monetaria y de precios, para asegurar el bienestar social" (Art. 320).

Para cumplir todas estas obligaciones la Constitución, en su artículo 156, asigna al Poder Nacional competencia exclusiva en las siguientes materias que originan servicios públicos:

> "*Ord. 11.* La regulación de la banca central, del sistema monetario, de la moneda extranjera, del sistema financiero y del mercado de capitales; la emisión y acuñación de moneda.
>
> *Ord. 15.* El régimen del comercio exterior y la organización y régimen de las aduanas.
>
> *Ord. 17.* El régimen de metrología legal y control de calidad
>
> *Ord. 18.* Los censos y estadísticas nacionales.
>
> *Ord. 21.* Las políticas macroeconómicas, financieras y fiscales de la República".

De todo este conjunto de regulaciones constitucionales, por tanto, derivan servicios públicos esenciales vinculados a los derechos de la Nación y a su soberanía económica, que en sus componentes esenciales son de carácter exclusivo y excluyente.

b. Los servicios públicos vinculados a los fines del Estado

De acuerdo con el artículo 2 de la Constitución, el Estado democrático y social de derecho y de justicia propugna como valores superiores de su ordenamiento jurídico y de su actuación, la vida, la libertad, la justicia, la igualdad, la solidaridad, la democracia, la responsabilidad social y, en general, la preeminencia de los derechos humanos, la ética y el pluralismo político.

A tal efecto, el Estado tiene como fines esenciales la defensa y el desarrollo de la persona y el respeto a su dignidad, el ejercicio democrático de la voluntad popular, la construcción de una sociedad justa y amante de la paz, la promoción de la prosperidad y bienestar del pueblo y la garantía del cumplimiento de los principios, derechos y deberes reconocidos y consagrados en la Constitución (Art. 3).

Por otra parte, respecto de los particulares, la libertad consiste en el derecho de toda persona al libre desenvolvimiento de su personalidad, sin más limitaciones que las que derivan del derecho de los demás y del orden público y social (Art. 20).

Para el logro de todos estos principios y fines y para garantizar el ejercicio de los derechos y garantías constitucionales, precisamente, se regulan los servicios públicos de seguridad y protección ciudadana y de justicia.

a'. El servicio de seguridad ciudadana: servicio de policía

En primer lugar, están los servicios públicos de seguridad y protección ciudadana: la policía y la administración de riesgos.

El artículo 55 de la Constitución garantiza el derecho de toda persona a la protección por parte del Estado, a través de los órganos de seguridad ciudadana regulados por ley, frente a situaciones que constituyen amenaza, vulnerabilidad o riesgo para la integridad física de las personas, sus propiedades, el disfrute de sus derechos y el cumplimiento de sus deberes.

La norma asigna esta obligación de proteger al Estado, y como se ha dicho, la expresión "Estado" comprende la totalidad de los entes que conforman su organización política como Estado Federal. En consecuencia, esta obligación corresponde, concurrentemente, a la República, a los Estados y a los Municipios, como lo confirma expresamente el artículo 332 de la Constitución, tanto por lo que se refiere a la policía como a la administración de riesgos y emergencias, al indicar que la función de los órganos de seguridad ciudadana constituye una "competencia concurrente". Esto lo confirma, además, el artículo 184 de la Constitución al reconocer como competencia de los Estados y los Municipios la materia de "prevención y protección vecinal".

En cuanto al servicio público de policía, además el Poder Nacional tiene competencia exclusiva en materia de "policía nacional" (Art. 156,6), del régimen de los extranjeros (Art. 156,4) y de los servicios de identificación (Art. 156,5); correspondiendo al Ejecutivo Nacional organizar, de conformidad con la ley, un cuerpo uniformado de policía nacional (Art. 332).

Por su parte, los Estados tienen competencia exclusiva para "la organización de la policía y la determinación de las ramas de este servicio atribuidas a la competencia municipal, de conformidad con la Ley" (Art. 164,6); y los Municipios tienen competencia exclusiva, "en cuanto concierne a la vida local", en materia de "prevención y protección vecinal y servicios de policía municipal, conforme a la legislación nacional aplicable" (Art. 178,7). Además, se atribuye a los Municipios competencia exclusiva también en cuanto concierne a la vida local, en materia de servicios de "protección civil"(Art. 178,4), de "servicios prevención y protección, vigilancia y control de los bienes y las actividades relativas a las materias de la competencia municipal" (Art. 178,5), y de "circulación y ordenación del tránsito de vehículos y personas por vías municipales" (policía de tránsito) (Art. 178, ord. 2).

Esto implica, también, una concurrencia de competencias en materia de servicios públicos de administración de riesgos y emergencias: el artículo 156, ordinal 9, atribuye al Poder Nacional el régimen de la administración de riesgos y emergencias, y el artículo 332 encarga al Ejecutivo Nacional, de conformidad con la ley, para organizar un cuerpo de bomberos y administración de carácter civil y una organización de protección civil y administración de desastres, como parte de los órganos de seguridad ciudadana. La misma norma considera como una competencia concurrente de los Estados y Municipios la función de los órganos de seguridad ciudadana, por lo que aquéllos, conforme con los artículos 164,8 y 178,4, 5, y 7, de conformidad con la legislación nacional, pueden establecer los servicios públicos respectivos.

b'. El servicio público de justicia

De acuerdo con lo establecido en el artículo 26 de la Constitución, toda persona tiene derecho de acceso a los órganos de administración de justicia para hacer valer sus derechos e intereses, incluso los colectivos o difusos; a la tutela judicial efectiva de los mismos y a obtener con prontitud la decisión correspondiente.

Para asegurar la efectividad de este derecho, se impone la obligación al Estado de garantizar una justicia gratuita, accesible, imparcial, idónea, transparente, autónoma, independiente responsable, equitativa y expedita, sin dilaciones indebidas, sin formalismos o reposiciones inútiles (Art. 26).

Para garantizar el derecho a la justicia y la obligación de prestarla, la Constitución regula el sistema de justicia, atribuyendo las competencias en la materia a los órganos del Poder Judicial, independientes y autónomos (Art. 253 y sigts.). La competencia para regularlos se atribuye al Poder Nacional al asignarle el artículo 158, ordinal 31 la atribución en materia de "La organización y administración nacional de la justicia"; y al Poder Municipal, en materia de "justicia de paz" (Art. 178,7).

Por otra parte, en particular, y como parte del sistema de justicia, el artículo 268 de la Constitución regula el "servicio de defensa pública".

B. Los servicios públicos reservados al Estado, exclusivos pero no excluyentes, concedibles u otorgables a los particulares

Una segunda categoría de servicios públicos reservados al Estado está configurada por aquellos que aún siendo atribuidos en forma obligatoria y exclusiva al Estado, es decir, que se han reservado a la República, a los Estados o a los Municipios, ello no se ha hecho en forma excluyente, por lo que, mediante concesión u otro acto administrativo que otorgue el derecho a explotarlos, podría permitirse a los particulares la prestación de los mismos en determinadas condiciones.

La Constitución ha regulado en muchas normas esta categoría de servicios públicos, como servicios públicos exclusivos no excluyentes, y por tanto, concedibles, a cuyo efecto ha regulado en general, en el artículo 113 que cuando se trate de:

> "Prestación de servicios de naturaleza pública con exclusividad o sin ella, el Estado podrá otorgar concesiones por tiempo determinado, asegurando siempre la existencia de contraprestaciones o contrapartidas adecuadas al interés público".

Esta norma establece, por tanto, que cuando se trate de una actividad declarada como servicio público exclusivo del Estado, pero no excluyente, sea que se vaya a prestar en forma exclusiva o no, el Estado puede otorgar concesiones por tiempo determinado.

Por supuesto, corresponde a la Ley la determinación del carácter exclusivo del servicio que permita, sin embargo, que su prestación se pueda conceder a los particulares. La consecuencia de ello es que en virtud de la reserva, los particulares no tienen libertad económica respecto de las actividades que configuran estos servicios, es decir, los particulares *no tienen derecho* a realizar las actividades económicas que los configuran, pero pueden obtener ese derecho mediante un acto administrativo bilateral como es la concesión de servicio público, a través de la cual se transfiere a los particulares un derecho que antes no tenían y que se constituye por dicho acto.

La Constitución en varias normas se refiere a estos servicios públicos, y en particular en las siguientes: Los artículos 156,29 y 178 se refieren a "los servicios públicos domiciliarios" y, en especial, los servicios públicos de electricidad, de agua potable y de gas doméstico, de alcantarillado, de canalización y de disposición de aguas servidas. El artículo 164,8 se refiere a "los servicios públicos estadales", y el artículo 173, al regular las parroquias como entidades locales, se refiere a la desconcentración de competencias hacia las mismas para "la mejor prestación de los servicios públicos". El artículo 184 se refiere a la descentralización de los Estados y Municipios hacia las comunidades y grupos vecinales organizados y a la participación de los ciudadanos respecto de "la ejecución, evaluación y control de servicios públicos". El artículo 196,6 se refiere a la "creación, modificación o suspensión de servicios públicos" mediante decreto–ley, en caso de urgencia comprobada y en receso de la Asamblea Nacional. El artículo 259 atribuye competencia a los órganos de la jurisdicción contencioso administrativa para conocer de "reclamos por la prestación de servicios públicos". El artículo 281,2 atribuye competencia al Defensor del Pueblo para "velar por el correcto funcionamiento de los servicios públicos"; y el artículo 302 establece la posibilidad de que el Estado se reserve, mediante ley orgánica y por razones de conveniencia nacional, "servicios de interés público".

En otras normas, la Constitución sólo utiliza la expresión "servicios" para referirse a actividades estatales que también encajarían en esta noción de servicio público no excluyentes y concedibles. Ello ocurre en las siguientes normas: el artículo 112 establece la obligación del Estado de garantizar "servicios que satisfagan las necesidades de la población" y el artículo 117 garantiza el derecho de las personas a disponer de "servicios de calidad". El artículo 165, al regular el régimen de las competencias concurrentes, establece la obligación de los Estados de transferir a los Municipios "los servicios" que gestionen. El artículo 178, que regula las competencias municipales, se refiere a los "servicios de transporte público urbano de pasajeros" (ord. 2); a "los servicios de limpieza, de recolección y tratamiento de residuos y protección civil" (ord. 4); los "servicios de prevención y protección, vigilancia y control de bienes y las actividades relativas a las materias de la competencia municipal" (ord. 5); y "los servicios funerarios" (ord. 6). El artículo 185, que regula el Consejo Federal de Gobierno, precisa que el Fondo de Compensación Interterritorial está destinado, entre otros, al financiamiento de "servicios esenciales en las regiones y comunidades de menor desarrollo relativo". El artículo 306, al regular el desarrollo rural integrado, asigna al Estado el fomento de "servicios de capacitación y asistencia técnica".

Todas estas normas, sin duda, se refieren a la noción de servicio público como actividad prestacional que se asigna obligatoriamente a cargo del Estado, correlativo con el derecho de las personas a recibir la prestación, sin que de las mismas se pueda deducir que por su naturaleza se trate de actividades que son excluyentes de las actividades de los particulares en dichas áreas.

Entre estos servicios estarían, por ejemplo, los servicios públicos o actividades prestacionales impuestas al Estado, para garantizar el ejercicio de los derechos individuales a la circulación, y a la calidad de vida.

a. Los servicios públicos para la circulación

De acuerdo con el artículo 50 de la Constitución, toda persona puede *transitar libremente* y por cualquier medio por el territorio nacional, cambiar de domicilio y residencia, ausentarse del país y volver, trasladar sus bienes y pertenencias en el país, traer sus bienes al país y sacarlos, sin más limitaciones que las establecidas por la ley.

La consecuencia de este derecho a la libre circulación y tránsito, son las obligaciones impuestas al Estado para garantizarlo, mediante servicios públicos de vialidad y transporte.

a'. Los servicios públicos de vialidad

En primer lugar, están los servicios públicos de vialidad, lo que conforman una competencia concurrente en los tres niveles territoriales, distinguiéndose los servicios públicos de vialidad nacional, estadales y municipales.

En efecto, conforme al artículo 156, ordinal 27 de la Constitución corresponde en forma exclusiva al Poder Nacional "el sistema de vialidad". Lo que se reserva al Poder Nacional no es el servicio público de vialidad, sino el sistema (se entiende, nacional) de vialidad nacional. Por ello los Estados y Municipios, tienen competencia en materia de vialidad estadal y municipal.

Por otra parte, la Constitución atribuye a los Estados competencia exclusiva en materia de "ejecución, conservación, administración y aprovechamiento de las vías terrestres estadales" (Art. 164,9). Las vías terrestres estadales son "las que conforman la red vial dentro del territorio de cada Estado, con exclusión de las vías de comunicación nacionales que se encuentren en el mismo y de las vías urbanas municipales", tal como las define el artículo 6 del Reglamento Parcial N° 7 de la Ley Orgánica de Descentralización, Delimitación y Transferencia de Competencias del Poder Público, en materia de vialidad terrestre; siendo vías de comunicación nacionales, "las carreteras que atraviesan un Estado y salgan de sus límites" (Art. 4,1).

La precisión del ámbito de la materia objeto de esta competencia exclusiva es esencial, ya que como antes se dijo, el artículo 156 asigna al Poder Nacional competencia en cuanto al "sistema de vialidad" (ord. 27); y el artículo 178,2 atribuye a los Municipios competencia en materia de "vialidad urbana".

Por otra parte, siguiendo la decisión adoptada por la Ley Orgánica de Descentralización, Delimitación y Transferencia de Competencias del Poder Público de 1989 (Art. 11,3), el artículo 164, ordinal 10 de la Constitución de 1999, asigna competencia exclusiva a los Estados en materia de "la conservación, administración y aprovechamiento de carreteras y autopistas nacionales... en coordinación con el Poder Nacional".

Esta competencia, por supuesto no sólo está sujeta al ejercicio de la competencia nacional en materia de "sistema de vialidad" (Art. 156,27) sino a "la coordinación con el Poder Nacional" que este debe regular.

b'. Los servicios públicos de transporte público

En segundo lugar, están los servicios públicos de transporte público, los cuales también se configuran como de la competencia concurrente de la República, de los Estados y de los Municipios.

En el ámbito nacional, el artículo 156, ordinal 26 de la Constitución, atribuye competencia exclusiva al Poder Nacional, en materia de "el régimen de la navegación y del transporte aéreo, terrestre, marítimo fluvial y lacustre, de carácter nacional..."; el ordinal 27, además, atribuye al Poder Nacional competencia en materia de "ferrocarriles nacionales".

En consecuencia, existe el servicio público de transporte público nacional, pero también puede haber servicios públicos de transporte públicos estadales y municipales, cuyo régimen compete a Estados y Municipios. Sin embargo, sólo compete al Poder Nacional "las políticas nacionales y la legislación en materia naviera" (Art. 156,23), lo que no excluye que pueda haber políticas estadales y municipales en esa materia.

Los Municipios, en cuanto concierne a la vida local, tienen competencia en materia de "servicios de transporte público urbano de pasajeros" (Art. 178,2).

Por otra parte, debe destacarse que la Constitución, siguiendo la descentralización de competencia efectuada a favor de los Estados por el artículo 11,5 de la Ley Orgánica de Descentralización, Delimitación y Transferencia de Competencias del Poder Público, también asigna competencia exclusiva a los Estados en materia de "la conservación, administración y aprovechamiento de... puertos y aeropuertos de uso comercial, en coordinación con el Poder Nacional".

En esta materia, sin embargo, la competencia estadal es de ejercicio parcial, pues el Poder Nacional tiene competencia en materia de "El régimen de... los puertos, aeropuertos y su infraestructura" (Art. 156,26) y en todo caso, la competencia estadal debe ejercerse "en coordinación con el Poder Nacional" conforme al régimen establecido en la legislación nacional.

b. Los servicios públicos para la calidad de vida: servicios públicos domiciliarios

La Constitución, por último, regula expresamente los servicios públicos domiciliarios, en particular, el de electricidad, el de agua potable y el de gas.

En efecto, el ordinal 29 del artículo 156 de la Constitución atribuye al Poder Nacional competencia en materia de "el régimen general de los servicios públicos domiciliarios y en especial, electricidad, agua potable y gas".

La exclusividad de la competencia nacional, en esta materia, sólo se refiere al "régimen general" de los servicios, pero no al régimen particular y la prestación, que puede corresponder a los Estados (Art. 164,8) y Municipios (178,6).

En particular, corresponde a los Municipios como competencia exclusiva, "el gobierno y administración de sus intereses y la gestión de las materias que le asigna la Constitución y las leyes nacionales, en cuanto concierne a la vida local" (Art. 178), en particular, la dotación y prestación de los servicios públicos domiciliarios; los servicios de agua potable, electricidad y gas doméstico, alcantarillado, canalización y disposición de aguas servidas; aseo urbano y domiciliario, comprendidos los servicios de limpieza, de recolección y tratamiento de residuos (Encabezamiento y ords. 4 y 6).

Por último, en materia de sanidad, debe señalarse la competencia municipal en materia de "cementerios y servicios funerarios" (Art. 178,6).

2. Los servicios públicos concurrentes.

El segundo tipo de servicio público está configurado por aquellas actividades prestacionales que si bien también son impuestas obligatoriamente al Estado, sin embargo, las mismas no se reservan al Estado existiendo respecto de las mimas el derecho y libertad económica de los particulares a prestarlos. Su consideración como servicio público, lo que implica es que el régimen de los mismos en cuanto a su prestación por los particulares, mediante ley, puede establecer limitaciones a la libertad económica "por razones de desarrollo humano, seguridad, sanidad, protección del ambiente u otras de interés social" a que se refiere el artículo 112 de la Constitución.

En estos casos, por tanto, el establecimiento de una actividad como servicio público lo que produce, como consecuencia, es la posibilidad de la limitación a la libertad económica de los particulares, que en todo caso debe establecerse mediante ley (reserva legal). Por ello se trata de **servicios públicos concurrentes**. No se trata de que la actividad de los particulares se excluya, como sucede en los casos anteriores de servicios públicos reservados al Estado, sino de una limitación a su ejercicio. Por ello, en estos casos, el derecho de los particulares a prestar los servicios está establecido directamente en el ordenamiento jurídico, estableciéndose sin embargo los mecanismos de control, para asegurar que los mismos se presten en forma adecuada al interés general envuelto.

En numerosos artículos la Constitución regula estos servicios públicos concurrentes: Los artículos 75 y siguientes de la Constitución, al regular los derechos sociales y de las familias (Art. 75 a 97) y los derechos culturales y educativos (Art. 98 a 118), establecen un conjunto de obligaciones de prestación que se imponen a los entes públicos, que originan diversos servicios públicos sociales constitucionales, la mayoría de los cuales no sólo son de la competencia concurrente de todos a los órganos del Estado, es decir, de la República, de los Estados y de los Municipios, sino de prestación concurrente con los particulares. El artículo 84 al regular el derecho a la salud, se refiere a los "servicios públicos de salud". Asimismo, en el artículo 83 se regula la obligación del Estado de asegurar "el acceso a los servicios"; y el artículo 86 se refiere a "los servicios médicos y asistenciales". Por otra parte, el artículo 156,24 le atribuye al Poder Nacional competencia en materia de los "servicios nacionales de salud". Por su parte, el artículo 86, al regular el derecho a la seguridad social, la declara "como servicio público de carácter no lucrativo". El artículo 102, al regular a la educación como derecho humano, agrega que "la educación es un servicio público"; y el artículo 103 establece la obligación del Estado de sostener "servicios suficientemente dotados para asegurar el acceso, permanencia y culminación en el servicio educativo". Además, el artículo 156,24 le atribuye al Poder Nacional competencia en relación con "los servicios nacionales de educación". El artículo 108, al exigir que los medios de comunicación social, públicos y privados, contribuyan a la formación ciudadana, establece que "el Estado garantizará servicios públicos de radio, televisión y redes de biblioteca informática, con el fin de permitir el acceso universal a la información".

El artículo 76, al regular el derecho a la protección de la maternidad, se refiere a la obligación del Estado de asegurar "servicios de planificación familiar integral". El artículo 82, al regular el derecho a la vivienda, establece que la misma debe contar con "servicios básicos esenciales" es decir, servicios públicos domiciliarios. El artículo 165, al regular el régimen de las competencias concurrentes, establece la obligación de los Estados de transferir a los Municipios "los servicios" que gestionen los "servicios de integración familiar" de los discapacitados. El artículo 184 que regula los mecanismos para que los Estados y Municipios descentralicen y transfieran a las comunidades y grupos vecinales organizados "los servicios que éstos gestionen", establece que la ley debe promover "la transferencia de servicios en materia de salud, educación, vivienda, deporte, cultura, programas sociales, ambiente, mantenimiento de áreas industriales, mantenimiento y conservación de áreas urbanas, prevención y protección vecinal, construcción de obras y prestación de servicios públicos".

En otras normas, la Constitución utiliza la expresión "servicios" para referirse a actividades estatales, las cuales también encajarían en esta noción de servicio público concurrentes. Ello ocurre en las siguientes normas: el artículo 110 establece la obligación del Estado de reconocer el interés público de "los servicios de información necesarios por ser instrumentos fundamentales para el desarrollo económico, social y político del país, así como para la seguridad y soberanía del país". El artículo 156,28 se refiere a la competencia del Poder Nacional en cuanto al "régimen del servicio de correo y de las telecomunicaciones".

Entre estos servicios están entonces, los servicios sociales, los servicios vinculados a la información, los servicios económicos y los servicios vinculados a la protección del ambiente.

A Los servicios públicos sociales

a. Los servicios públicos de asistencia y protección social

Conforme a los artículos 75 a 81 de la Constitución, el "Estado" tiene un conjunto de obligaciones tendientes a asegurar la protección de las familias y de quienes ejerzan la jefatura de la familia; la garantía de asistencia y protección integral a la maternidad; los servicios de planificación familiar; la protección del matrimonio entre hombre y mujer; asegurar la protección integral a los niños y adolescentes y promover su integración progresiva a la ciudadanía activa; la creación de oportunidades para estimular el tránsito productivo de los jóvenes a la vida adulta, su capacitación y acceso al primer empleo; garantizar a los ancianos el pleno ejercicio de sus derechos y garantías, así como atención integral; el respeto de los discapacitados, garantizar el respeto a su dignidad humana, la equiparación de oportunidades, condiciones laborales satisfactorias y promover su formación, capacitación y acceso al empleo acorde con sus condiciones.

Todas estas responsabilidades, sin duda, originan obligaciones de prestación de servicios públicos que corresponden en forma concurrente tanto a la República, como a los Estados y Municipios, pero que no excluyen la realización de dichas actividades por los particulares.

La "legislación nacional" en la materia corresponde en forma exclusiva al Poder Nacional pero, por ejemplo, la Constitución atribuye en forma expresa a los Municipios, competencia exclusiva, en cuanto concierne a la vida local, en materia de servicios de protección a la primera y segunda infancia, a la adolescencia y a la tercera edad, así como en materia de servicios de integración familiar del discapacitado al desarrollo comunitario (Art. 178,5).

Estos servicios públicos de asistencia y protección, dado el carácter de materia de competencia concurrente, también serían, en los términos del artículo 164,8 de la Constitución, servicios públicos estadales.

b. Los servicios públicos de salud y sanidad

Las obligaciones públicas en materia de salud, derivadas del derecho a la salud, conforme a los artículos 83, 84 y 85 de la Constitución, originan servicios públicos constitucionales en la materia, que también se atribuyen al "Estado", es decir, tanto a la República como a los Estados y Municipios. En consecuencia, se trata de servicios públicos que son de la competencia concurrente de los tres niveles territoriales y de prestación también concurrente por los particulares.

En la materia, sin embargo, el artículo 156,23 atribuye al Poder Nacional competencia exclusiva en materia de políticas y servicios *nacionales* de salud (156,24) y de legislación sobre sanidad nacional y vegetal (Art. 156,32).

En particular, los artículos 84 y 85 precisan como obligación y competencia del Poder Nacional el establecimiento de un "*Sistema Público Nacional de Salud*" integrado al sistema de seguridad social. En consecuencia, los Estados y Municipios tienen competencia en materia de políticas y servicios estadales y municipales de salud.

El Poder Nacional, además, tiene competencia exclusiva para dictar la legislación sobre sanidad animal y vegetal (Art. 156, 32) y los Municipios tienen competencia exclusiva expresa, en cuanto concierne a la vida local, en materia de salubridad y atención primaria en salud (Art. 178,5).

En cuanto a los Estados, los servicios públicos de salud como materia de la competencia concurrente, serían servicios públicos estadales (Art. 164,8). Ello lo confirma además, el artículo 184, al establecer la descentralización de los "servicios de salud" de los Estados y Municipios a las organizaciones comunitarias.

La Constitución precisa, en todo caso, que "los servicios públicos de salud son propiedad del Estado y no podrán ser privatizados" (Art. 84).

Por supuesto, de esta previsión no podría deducirse que los servicios públicos de salud sean exclusivos del Estado y de carácter excluyente; sino que aquéllos que asuma el Estado no pueden ser transferidos a los particulares. Estos, sin embargo, pueden prestar libremente dichos servicios de salud, con las restricciones legalmente establecidas, al punto de que el artículo 85 establece como obligación del Estado el "regular las instituciones públicas y privadas de salud".

c. Los servicios públicos de seguridad social

El artículo 86 de la Constitución establece que toda persona tiene derecho a la seguridad social como servicio público de carácter no lucrativo, que garantice la salud y asegure protección en contingencias de maternidad, paternidad, enfermedad, invalidez, enfermedades catastróficas, discapacidad, necesidades especiales, riesgos laborales, pérdida de empleo, desempleo, vejez, viudedad, orfandad, vivienda, cargas derivadas de la vida familiar y cualquier otra circunstancia de previsión social.

De acuerdo con la misma norma, el Estado tiene la obligación de asegurar la efectividad de este derecho, es decir, de prestar este servicio público, creando un sistema de seguridad social universal, integral, de financiamiento solidario, unitario, eficiente y participativo, de contribuciones directas o indirectas.

Por su parte, el artículo 156, ordinal 22 de la Constitución, atribuye al Poder Nacional competencia en cuanto al "régimen y organización de la seguridad social", lo que no excluye la posibilidad de que los servicios se presten por particulares.

d. Los servicios públicos de educación

Como antes se dijo, conforme al artículo 102 de la Constitución, la educación, que debe ser "democrática, gratuita y obligatoria", es un derecho humano y un deber social fundamental que el Estado debe asumir como "función indeclinable", por lo que declara que "la educación es un servicio público".

Dicho servicio público, sin embargo, ni es exclusivo ni excluyente, pues la propia Constitución no sólo regula las instituciones públicas o privadas de educación (Art. 103 y 104), sino el derecho de las personas a "fundar y mantener instituciones educativas privadas bajo la estricta inspección y vigilancia del Estado, previa aceptación de este" (Art. 106).

Los artículos 102 a 109 de la Constitución, por otra parte, asignan el conjunto de obligaciones educativas, es decir, los servicios públicos educativos, al "Estado" lo que implica que la competencia en la materia sea concurrente entre la República, los Estados y los Municipios. Así, el artículo 156, ordinal 24 atribuye al Poder Nacional competencia exclusiva para las políticas y los servicios *nacionales* de educación. En consecuencia, los Estados y Municipios tienen competencia, respectivamente, para las políticas y los servicios estadales y municipales de educación.

Los servicios públicos de educación, por tanto, también serían servicios públicos estadales en los términos del artículo 164, ordinal 8; y en cuanto a los Municipios, el artículo 178, ordinal 5, les atribuye competencia exclusiva, en cuanto concierne a la vida local, en materia de educación preescolar. La competencia estadal y municipal en "servicios de educación", también la confirma el artículo 184 de la Constitución.

e. Los servicios públicos de vivienda

El artículo 82 asigna al "Estado en todos sus ámbitos" la obligación de satisfacer progresivamente el derecho de toda persona a la vivienda; por lo que se trata de un servicio público que corresponde, en forma concurrente, a la República, a los Estados y a los Municipios; y además, en forma concurrente con los particulares, ya que no está reservado al Estado.

Además, la Constitución atribuye como competencia exclusiva del Poder Nacional la política *nacional* y la legislación en materia de vivienda (Art. 156, 23), por lo que los Estados y Municipios tienen competencia en materia de políticas estadales y municipales de vivienda, respectivamente. Ello también lo confirma el artículo 184 de la Constitución.

Además, los Municipios tienen competencia expresa exclusiva, en cuanto concierne a la vida local, en materia de vivienda de interés social (Art. 178,1) y de aplicación de la política inquilinaria conforme a la delegación prevista en la ley nacional (Art. 178).

f. Los servicios públicos de empleo

Los artículos 87 y siguientes de la Constitución regulan los derechos laborales, y asignan al "Estado" un conjunto de obligaciones que se configuran como servicios públicos, como la adopción de medidas para asegurar empleo, el fomento del empleo, y la protección del trabajo sin discriminación.

En todos estos casos, las obligaciones asignadas al "Estado", sin duda, corresponden tanto a la República como a los Estados y Municipios. Se trata, por tanto, de servicios públicos de competencia concurrente que se ejercen de acuerdo con la legislación nacional en materia de trabajo, previsión y seguridad social (Art. 156,32), lo que no excluye la posibilidad de que los particulares realicen actividades en esas materias.

g. Los servicios públicos culturales

Los artículos 98 a 101 de la Constitución establecen el conjunto de derechos de las personas a la cultura, regulando en consecuencia un conjunto de obligaciones asignadas al "Estado", en materia de cultura, de patrimonio histórico, cultural y arquitectónico, de cultura popular y de información cultural, lo que los configura como servicios públicos de la competencia concurrente entre la República, los Estados y los Municipios, que se ejercen de acuerdo con la legislación nacional en materia de "patrimonio cultural y arqueológico" (Art. 156,32); pero no excluyen las actividades particulares en la materia.

Además, el artículo 156, ordinal 32 de la Constitución le asigna al Poder Nacional competencia exclusiva para dictar la legislación en la materia. El artículo 178, ordinales 1 y 5 le atribuyen en forma expresa competencia exclusiva a los Municipios, en cuanto concierne a la vida local, en materia de actividades e instalaciones culturales y de patrimonio histórico.

Los servicios culturales además constituirían servicios públicos estadales, en los términos del artículo 164,8 de la Constitución.

El artículo 184 de la Constitución, además, confirma la competencia de los Estados y Municipios en materia de "servicios culturales".

h. Los servicios públicos deportivos y de recreación

El artículo 111 de la Constitución establece el derecho de todas las personas al deporte y a la recreación, como actividades que benefician la calidad de vida individual y colectiva. Ello da origen a diversos servicios públicos no reservados al Estado y que pueden desarrollarse por los particulares.

En materia de servicios públicos deportivos la Constitución atribuye al "Estado" la responsabilidad de asumir el deporte y la recreación como política de educación y salud (Art. 111), correspondiendo dicha responsabilidad, por tanto, a la República, a los Estados y a los Municipios.

El artículo 178 además, atribuye a los Municipios la competencia exclusiva, en cuanto concierne a la vida local, en materia de actividades deportivas, parques y jardines, plazas, balnearios y otros sitios de recreación; y el artículo 184 confirma la competencia de los Estados y Municipios en materia de "servicios de deporte".

Vinculados a los servicios de recreación, puede decirse que la Constitución también regula los servicios de turismo, igualmente sin reserva alguna a favor del Estado.

En efecto, el artículo 310 de la Constitución regula al turismo como una actividad económica de interés nacional, prioritaria para el país en su estrategia de diversificación y desarrollo sostenido. En tal sentido, como consecuencia, atribuye al "Estado" la obligación tanto de dictar medidas que garanticen el desarrollo del turismo, como de velar por la creación y fortalecimiento del turismo nacional.

El "Estado", en esa norma, igualmente, es tanto el Estado Nacional (República) como los Estados federados y los Municipios, configurándose la materia como de la competencia concurrente entre los tres niveles territoriales.

Además, debe destacarse, en particular, que en materia turística, el Poder Nacional tiene asignada competencia exclusiva para la política *nacional* y legislación en materia de turismo (Art. 156,23), por lo que también existe una política estadal y municipal en la materia que corresponde a los Estados y Municipios. En especial, a estos últimos se asigna competencia exclusiva, en cuanto concierne a la vida local, en materia de "turismo local" (Art. 178,1).

B. Los servicios públicos de información y comunicación

"La comunicación es libre", como lo señala el artículo 58 de la Constitución, por lo que todas las personas tienen derecho a comunicarse en todas las formas, de manera que, incluso, la Constitución garantiza el secreto e inviolabilidad de las comunicaciones (Art. 48).

El Estado, por otra parte, tiene la obligación de garantizar el ejercicio de este derecho, mediante los servicios públicos de comunicaciones que no se han reservado al Estado, y que pueden ser prestados por los particulares.

En la materia, el artículo 156,28 de la Constitución atribuye al Poder Nacional competencia en cuanto al "régimen de servicio de correo y de las telecomunicaciones, así como el régimen y la administración del espectro electromagnético".

Por otra parte, el artículo 58 de la Constitución establece el derecho de toda persona "a la información oportuna, veraz e imparcial, sin censura", de acuerdo con los principios de la Constitución; y en particular, el derecho de los niños y adolescentes "a recibir información adecuada para su desarrollo integral".

El artículo 101 impone la obligación del Estado de garantizar "la emisión, recepción y circulación de la información cultural"; y el artículo 108 le impone la obligación de garantizar "servicios públicos de radio, televisión y redes de bibliotecas y de informática, con el fin de permitir el acceso universal a la información".

Estos derechos ciudadanos y obligaciones estatales dan origen a los servicios públicos de información, cuya prestación, por supuesto, ni es exclusiva ni excluyente del Estado, pues toda persona tiene derecho a establecer medios de comunicación que, por tanto, pueden ser públicos y privados, teniendo éstos la obligación general, sin embargo, de contribuir a la formación ciudadana (Art. 108). El carácter de servicio público de muchas de estas actividades, sin embargo, impone la necesidad para los particulares de obtener una habilitación o licencia del Estado para realizarlas.

C. Los servicios públicos vinculados al desarrollo económico

El régimen económico establecido en la Constitución esencialmente es un régimen de economía mixta en el cual tanto el Estado como los particulares pueden realizar actividades económicas.

A ello se refiere la Constitución en múltiples normas, en las cuales se pueden distinguir servicios públicos económicos que pueden ser prestados por los particulares concurrentemente con el Estado, sin perjuicio de que ciertos aspectos estén reservados al Estado y que en otros para su ejercicio se requiera de autorizaciones, permisos, licencias o habilitaciones.

Entre ellos están los servicios públicos de promoción y ordenación de la economía. De acuerdo con el artículo 299 de la Constitución, el régimen socio económico de la República se fundamenta en los principios de justicia social, democracia, eficiencia, libre competencia, protección del ambiente, productividad y solidaridad, a los fines de asegurar el desarrollo humano integral y una existencia digna y provechosa para la colectividad.

A tal efecto, se responsabiliza al Estado para que, conjuntamente con la iniciativa privada, promueva "el desarrollo armónico de la economía nacional con el fin de generar fuentes de trabajo, alto valor agregado nacional, elevar el nivel de vida de la población y fortalecer la soberanía económica del país, garantizando la seguridad jurídica, solidez, dinamismo, sustentabilidad, permanencia y equidad del crecimiento de la economía, para lograr una justa distribución de la riqueza mediante una planificación estratégica, democrática, participativa y de consulta abierta" (Art. 249).

A tal fin, la Constitución atribuye al Estado en sus artículos 112, 299, 308, 309 y 310, competencia para promover la iniciativa privada con facultad para dictar medidas para planificar, racionalizar y regular la economía e impulsar el desarrollo integral del país; promover el desarrollo armónico de la economía nacional; proteger la artesanía e industrias populares; velar por la creación y fortalecimiento del sector turístico nacional; y proteger y promover la pequeña y mediana industria.

Por otra parte, los artículos 305, 306 y 307 de la Constitución también asignan al "Estado" obligaciones de promover el desarrollo rural integral; promover las condiciones para fomentar la actividad agrícola y la agricultura sustentable, a fin de garantizar la seguridad alimentaria, y alcanzar niveles estratégicos de autoabastecimiento; proteger las comunidades y asentamientos de pescadores artesanales; proteger y promover las formas asociativas y particulares de propiedad, y velar por la ordenación sustentable de las tierras de vocación agrícola y establecer servicios de capacitación y asistencia técnica. Estas obligaciones del "Estado", de nuevo, dan origen a servicios públicos de competencia concurrente de todos los entes que conforman la organización política del mismo, es decir, a la República, a los Estados y a los Municipios.

En esta materia, además, el Poder Nacional tiene competencia exclusiva para dictar la "legislación agraria" (Art. 156,32) y definir la política *nacional* en materia tanto de seguridad alimentaria (Art. 156,23) como de producción agrícola, ganadera, forestal y pesquera (Art. 25).

Por tanto, los Estados y Municipios tienen competencia, respectivamente, para definir la política *estadal* y *municipal* en materia de seguridad alimentaria y para la producción agrícola, ganadera, pesquera y forestal.

D. Los servicios públicos de protección ambiental

Los artículos 127 a 129 de la Constitución regulan los derechos ambientales de las personas, entre ellos, el derecho de proteger y mantener el ambiente en beneficio de las generaciones y del mundo futuro; y el derecho a disfrutar de una vida y de un ambiente seguro, sano y ecológicamente equilibrado.

A tal efecto, se regulan las obligaciones del Estado de proteger el ambiente, la diversidad biológica, los recursos genéticos, los procesos ecológicos, los parques nacionales y monumentos naturales y demás áreas de especial importancia ecológica; de garantizar que la población se desenvuelva en un ambiente libre de contaminación, donde el aire, el agua, los suelos, las costas, el clima, la capa de ozono, las especies vivas, sean especialmente protegidos (Art. 127) y de desarrollar una política de ordenación del territorio.

En materia de ambiente, además, el artículo 156, ordinal 23 de la Constitución, atribuye al Poder Nacional competencia exclusiva en cuanto a las políticas *nacionales* y la "legislación" en materia de ambiente y aguas, por lo que los Estados y Municipios tienen competencia en las políticas estadales y municipales en la materia.

Además, el artículo 178,4 le atribuye en forma exclusiva a los Municipios, en cuanto concierne a la vida local, competencias en materia de "protección del ambiente y cooperación con el saneamiento ambiental". El artículo 184 de la Constitución, además, confirma la competencia de Estados y Municipios en materia de "servicios ambientales".

En materia de ordenación del territorio, al atribuir el artículo 128 de la Constitución al "Estado" competencia en materia de ordenación territorial, se trata de una competencia concurrente entre la República, los Estados y los Municipios.

Además, el artículo 156, ordinal 23 de la Constitución le atribuye al Poder Nacional competencia exclusiva en cuanto a las políticas *nacionales* y la "legislación" en materia de ordenación de territorio, por lo que a los Estados y Municipios les corresponde la política estadal y municipal, respectivamente, en la ordenación del territorio de las respectivas entidades.

Adicionalmente, el artículo 178 le atribuye expresamente a los Municipios competencia exclusiva, en cuanto concierne a la vida local, en materia de "ordenación territorial", y el artículo 184 confirma la competencia de Estados y Municipios en la materia, por ejemplo, al referirse al "mantenimiento de áreas industriales".

En todas estas materias económicas, los particulares pueden desarrollar actividades en forma concurrente con los entes públicos, salvo que el Estado se las haya reservado mediante ley orgánica.

IV. LAS ACTIVIDADES PARTICULARES EN MATERIA DE SERVICIOS PÚBLICOS

Como se ha dicho, las actividades de servicio público son actividades prestacionales que se imponen como obligación al Estado para la satisfacción de necesidades generales o colectivas. Estas actividades pueden reservarse al Estado, excluyéndose la libertad económica, o se pueden regular para su realización en forma concurrente tanto por el Estado como por los particulares.

Es decir, el establecimiento de una actividad en la Constitución o la ley como un servicio público, no implica necesariamente que la misma se reserve al Estado. Lo único que implica es que el Estado está obligado a cumplirlas, de lo cual deriva la posibilidad del establecimiento mediante ley de limitaciones respecto de los particulares, en el sentido de que no tiene derecho a desarrollarlas libremente. Es decir, la declaratoria de una actividad como servicio público conlleva que la misma queda sustraída de las que pueden ser desarrolladas **libremente** por los particulares, pero no necesariamente implica que queden sustraídas de la libertad económica de los mismos.

Es decir, como se dijo, el servicio público no implica que necesariamente la actividad a la cual se refiere quede reservada al Estado y excluida del ámbito de la libertad económica de los particulares, sino que en relación con ella, ésta no puede desarrollarse libremente. En consecuencia si el servicio público se ha establecido sin que haya sido reservado al Estado, los particulares tienen derecho a realizar actividades de prestación en la materia, y dependiendo de la regulación legal que se establezca, para ello pueden requerir de una autorización, permiso, licencia, registro o habilitación del Estado para realizarla.

Pero por supuesto, en muchos casos y como se ha visto, la Constitución o la ley regulan los servicios públicos como una actividad reservada al Estado, lo que implica que en ese caso, la libertad económica de los particulares está excluida, es decir, en esos casos los particulares no pueden "dedicarse libremente a la actividad económica de su preferencia" (Art. 112 de la Constitución). Los particulares, sin embargo, en los casos de servicios públicos reservados al Estado, siempre que no se trate de servicios exclusivos y excluyentes, podrían realizar actividades de prestación de los servicios, pero no porque tengan derecho a realizarlas, sino cuando tal derecho se les otorgue o conceda mediante una concesión.

En el caso de los servicios de telecomunicaciones, por ejemplo, los mismos no se han reservado al Estado, por lo que los particulares tienen derecho a realizar las actividades que comportan, para lo cual sin embargo requieren de una habilitación administrativa y en algunos casos de concesión de uso del espectro radioeléctrico otorgados por parte del Estado, es decir, de un acto autorizatorio que los habilita a ejercer el derecho que tienen.

***

Como puede apreciarse de este marco general sobre el régimen constitucional relativo a los servicios públicos, los servicios públicos domiciliarios a cuyo estudio exhaustivo se destina este libro, es decir, los servicios de agua potable y saneamiento, de energía eléctrica, de gas natural, de telecomunicaciones, postales y de gestión de residuos y desechos sólidos, no tienen un régimen jurídico constitucional totalmente uniforme,

En cuanto a los que la Constitución denomina expresamente como "servicios públicos domiciliarios," el artículo 156.29 dispone que su régimen general, en especial en relación con los servicios "de electricidad, agua potable y gas," es una de las competencias del Poder Nacional, por lo que las leyes respectivas que los regulen deben dictarse por la Asamblea Nacional. Sin embargo, la competencia para la "dotación y prestación" de dichos servicios la Constitución la asigna en el artículo 178 ordinales 4 y 6, al Poder Municipal, por lo que son los Municipios los encargados de prestar no sólo los servicios "de agua potable, electricidad, y gas domestico, alcantarillado, canalización y disposición de aguas servidas, cementerios y servicios funerarios," sino los servicios de "cooperación con el saneamiento ambiental, aseo urbano y domiciliario, comprendidos los ser vicios de limpieza, de recolección y tratamiento de residuos."

En cuanto a los servicios de correos y de telecomunicaciones, su régimen corresponde al Poder Nacional conforme se dispone en el artículo 156.28 de la Constitución.

Todos esos servicios públicos se han concebido en la Constitución como servicios públicos reservados al Estado, en el sentido de que se le asignan a los órganos del Poder Nacional o del Poder Municipal como obligación constitucional, pero en ningún caso como servicios que estén totalmente reservados en forma exclusiva y excluyente, que no puedan ser desarrollados por los particulares, sino al contrario, esencialmente están concebidos como una reserva no excluyente, en el sentido de que pueden ser concedibles u otorgables para su prestación por los particulares, en el marco del régimen general que se establezca en las leyes nacionales, y conforme a las competencias asignadas sea a los órganos del Poder Nacional o los del Poder Municipal para asegurar su prestación adecuada.

Todos esos servicios, en general, se analizan en este libro, faltando quizás sólo el estudio del servicio de suministro de gasolina para consumo colectivo, que es tan servicio público domiciliario como la electricidad dada la importancia del automóvil en nuestra vida contemporánea, y el estudio de uno de esos servicios públicos municipales que históricamente ha sido olvidado por los estudiosos del derecho administrativo, como es el de los servicios funerarios y cementerios. Ojala sea la publicación de este libro, la motivación para que algún estudioso de nuestra disciplina entre de lleno al estudio del régimen del mismo, sobre la base de las viejas regulaciones sanitarias nacionales sobre cementerios de los años cuarenta, y de las variadas ordenanzas municipales que existen en la materia.

En todo caso, mi felicitación de nuevo al profesor Hernández Mendible, director del **Centro de Estudios de Regulación Económica** de la Universidad Monteávila, por la labor que viene desplegando en el mismo y por esta obra.

§ 2. Sobre servicios públicos exclusivos

Esta sección segunda es el texto del estudio sobre "El servicio público de correos como servicio reservado al Estado," publicado en *Revista de Control Fiscal*, Nº 99, Contraloría General de la República, Caracas, octubre–diciembre 1980, pp. 83–96.

I. LA RESERVA DEL SERVICIO DE CORREOS.

La Ley de Correos dictada por Decreto–Ley N° 474 del 12 de diciembre de 1958 (*G.O.* N° 25841 de 18–12–58) es clara y terminante al establecer en su artículo 1° el carácter del correo como servicio público reservado al Estado. Dicha norma, en efecto, establece lo siguiente:

> *Artículo 1.* El correo es un servicio público prestado exclusivamente por el Estado que se regirá por las disposiciones de la presente Ley y sus Reglamentos y las Convenciones, Acuerdos y Tratados Postales ratificados por la Nación.

Esta reserva al Estado del Correo, como servicio público exclusivo y además excluyente, por otra parte, ha sido tradicional en Venezuela. Así se ha establecido en todas nuestras leyes de correo anteriores, desde 1911.

1. La evolución legislativa de la reserva.

En efecto, la Ley de Correos del 10 de junio de 1898, al igual que las normas anteriores, se limitaba a señalar que "el servicio del correo es un ramo de la Administración Pública", (art 1), el cual dependía del Ministerio de Correos y Telégrafos, y anteriormente, del Ministerio de Fomento. No se establecía ninguna exclusividad para el Estado en la prestación del servicio.

Fue la Ley de Correos del 20 de junio de 1911 la que estableció por primera vez la reserva en la siguiente forma:

> *Artículo 1:* El Servicio de Correos de Venezuela queda reservado única y exclusivamente a la Nación y dependerá del Ministerio de Fomento, practicándose conforme a las disposiciones de esta Ley.

Una disposición similar se estableció en la Ley de Correos del 30 de junio de 1915.

Estas Leyes de 1911 y 1915, sin embargo, al establecer el carácter de servicio público del Correo como exclusivo del Estado, no establecieron la obligatoriedad legal directa de los particulares, de utilizar dichos servicios de correos, para sus envíos de correspondencia. La obligación, ciertamente, se derivaba de la formulación del mencionado artículo 1°, pero no estaba consagrada expresamente.

Fue, así, el Reglamento de la Ley de Correos de 1915, denominado Reglamento General de Correos del 27 de septiembre de 1918, el que estableció expresamente la obligación de utilización del Correo en los siguientes términos:

> *Artículo 2.* El transporte de la correspondencia por medio del correo es obligatorio.

El mismo Reglamento, para confirmar la obligación, establecía expresamente aquellos supuestos que no se consideraban como contrarios a la prohibición de transporte de correspondencia por particulares.

La Ley de Correos del 24 de junio de 1919 recogió los principios de la legislación y reglamento anterior, elevando la obligación de utilización del correo a rango legal.

Así, en cuanto al carácter de servicio público de la actividad, si bien se eliminó la expresión de que se trataba de un servicio que prestaba "única y exclusivamente" el Estado, señaló lo siguiente;

> *Art 1.* El ramo de Correos en Venezuela es un servicio público federal y su dirección superior estará a cargo del Ministerio de Fomento.

Por su parte, aquella exclusividad derivaba de la obligación de utilización impuesta a los particulares, en la siguiente forma.

> *Art. 5.* El transporte de la correspondencia por medio del Correo es obligatorio.

La Ley, además, reguló los casos que no se consideraban contrarios a la prohibición de transporte de correspondencia por particulares (art. 6) y precisaba qué se entendía por correspondencia, en los siguientes términos:

> *Art. 36.* La denominación "correspondencia" comprende, en general, todos los envíos que se hagan por correo, y se clasificaba como sigue: 1. Pliegos y publicaciones oficiales; 2. Cartas; 3. Tarjetas Postales; 4. Papeles de Negocios; 5. Impresos; 6. Muestras; 7. Bultos postales; 8. Paquetes postales.

La Ley de Correos del 28 de junio de 1927, en estos aspectos, siguió una orientación y redacción exactamente igual a la Ley de 1919, y la normativa, aún cuando con la misma orientación, sufrió ligeras modificaciones en la Ley de Correos del 16 de septiembre de 1936.

En esta última Ley, se hacía la misma declaración de que el servicio de correos era un servicio público federal, a cargo del Ministerio del Trabajo y Comunicaciones creado por la Ley de Ministerios de 1939 (art. 1); y en cuanto a la obligación de uso de ese servicio por los particulares, se aclaró en la forma siguiente:

> *Art. 5.* El transporte de la correspondencia por medio del correo es obligatorio, quedando prohibido todo giro, envío o conducción de correspondencia fuera del servicio oficial del ramo.

La Ley de 1936, al igual que las leyes anteriores no distinguían tipos de correspondencia, por lo que la obligación de utilización del correo abarcaba todo tipo de correspondencia que se enumeraba, en el artículo 34, en la misma forma que se había establecido en las leyes anteriores;

En la Ley de Correos de 1958, como se dijo, no sólo se repitió que el servicio de Correos era un "servicio público", sino que se volvió a lo establecido en la Ley de 1911 en el sentido de aclarar que dicho servicio debía ser prestado "exclusivamente por el Estado".

Sin embargo, al establecer la obligación de utilización del correo por los particulares, la Ley vigente de 1958 limitó la obligación a "la correspondencia de primera clase" (art. 12) por lo que la correspondencia de segunda clase, es decir, aquellas comunicaciones que no sean de carácter actual o personal, no tienen obligación de ser enviadas por el correo. Sobre esto, sin embargo, insistiremos más adelante.

2. La descentralización funcional del servicio

El servicio de correos, hasta 1978, era un servicio público centralizado que se prestaba directamente por la Administración Central, a través de diversos Ministerios: Ministerio de Fomento, Ministerio de Correos y Telégrafos, Ministerio de Trabajo y Comunicaciones, Ministerio de Comunicaciones y Ministerio de Transporte y Comunicaciones.

En 1978, mediante la Ley que crea el Instituto Postal Telegráfico de Venezuela promulgada el 28 de enero de 1978 (G.O. N° 2146 Extr.), el Servicio de Correos fue descentralizado creándose, al efecto, dicho Instituto, el IPOSTEL, para prestarlo. El artículo I° de dicha Ley claramente señala que los servicios postales y telegráficos, son de carácter público, y que "a los fines de su prestación se crea el Instituto Postal Telegráfico de Venezuela" (art. 1), el cual se subrogó en las obligaciones y derechos de la República (Ministerio de Transporte y Comunicaciones) en relación a los servicios señalados (arts. 9 y 10).

La Ley, además, impuso al Ejecutivo Nacional la obligación de transferir al Instituto "todos los bienes asignados a los organismos encargados de prestar los servicios de correos y telégrafos".

El Instituto Postal Telegráfico de Venezuela, fue creado bajo la forma de instituto autónomo, por supuesto, con personalidad jurídica y patrimonio propio, distinto e independiente del Fisco Nacional, y adscrito, como tal ente descentralizado, al Ministerio de Transporte y Comunicaciones (art. 3).

II. ÁMBITO DE LA RESERVA.

El ámbito de la reserva establecida para el servicio público de correo a favor del Estado, está directamente relacionado con la obligación legal impuesta a los particulares de utilizar el Correo. En efecto, al atribuirse al Correo el carácter de servicio público exclusivo del Estado (art. 1 de la Ley de Correos) y a los servicios postales el carácter público (art 2 de la Ley que crea el IPOSTEL, se ha previsto, paralelamente, la obligación de los particulares de usar los servicios de correos para el envío de correspondencia.

El ámbito de la reserva y de la obligación de los particulares, sin embargo, ha variado en los últimos años. Tradicionalmente, hasta 1978 la reserva y obligación abarcaba sólo la correspondencia de Primera Clase; y con posterioridad a esa fecha, se ha ampliado dicha reserva y obligación en relación al peso de las piezas de correspondencia.

1. La reserva relativa a la correspondencia de primera clase.

La Ley de Correos (art. 11) establece una clasificación, entre correspondencia de primera clase y correspondencia de segunda clase, la cual responde, también, a una clasificación tradicional de nuestras anteriores Leyes de Correos.

De acuerdo con el artículo 12 de la Ley, la correspondencia de "primera clase es de obligatoria circulación por el correo".

Por tanto, la reserva del servicio público de correo, como servicio *exclusivo y excluyen te del Estado, en realidad se refería a la* correspondencia de primera clase.

Esta correspondencia de primera clase comprende, de acuerdo a la Ley vigente, "toda comunicación de carácter actual personal"; y a la de segunda clase "corresponde todo lo demás cuya circulación por el correo esté legalmente permitida" (art. 11).

Las viejas leyes, al clasificar la correspondencia, eran más enumerativas y, quizás, más restrictivas. Por ejemplo la Ley de Correos de 1938 vigente al momento en el cual se dictó el Reglamento de la Ley de Correos vigente, establecía, respecto de esta clasificación lo siguiente:

> "*Art. 9.* La correspondencia, por su contenido, es de dos clases:
>
> La Primera Clase comprende toda comunicación manuscrita o mecanografiada de carácter actual o personal; y
>
> La Segunda Clase: todo lo demás cuya circulación por el Correo esté legalmente permitida.
>
> Pertenecen a la Primera Clase: Cartas, Tarjetas, Papeles de Negocios; y a la Segunda Clase: Impresos, Muestras. Paquetes o Bultos".

La definición precisa, peso y dimensiones de las piezas de correspondencia que se enumeraban en este artículo 9 de la Ley de Correos de 1938, se encuentra detallada en los artículos 10 y 11 del Reglamento de la Ley de Correos de 1938 (G.O. Extr. de 31–12–38).

Respecto de la reserva al Correo para la correspondencia de Primera Clase, esa Ley de 1938 era clara al establecer, en su artículo 10, en forma terminante que "Es obligatorio valerse del Correo para enviar correspondencia de Primera Clase", expresión que recoge, en igual forma, el artículo 13 de la Ley vigente.

Ahora bien, nada establecía ni establece la Ley vigente sobre la correspondencia de Segunda Clase. Lo único claro respecto de ella es que, por interpretación a contrario, no es obligatorio valerse del Correo para enviar correspondencia de Segunda Clase, por lo cual ésta puede enviarse a través de otros medios, por supuesto, autorizados, desde el momento en que el Correo, como lo declara el artículo 1°, es un servicio público prestado exclusivamente por el Estado y que se rige, por una normativa determinada.

Por tanto, para el envío de Correspondencia de Segunda Clase, pueden los particulares contratar los servicios de terceros, pero éstos deben estar autorizados para transportar correspondencia conforme a la Ley, y particularmente por analogía, conforme a lo previsto en el artículo 13 de la Ley.

2. La reserva relativa al peso de las piezas de correspondencia.

En forma distinta a lo previsto en la Ley de Correos, la Ley que crea el Instituto Postal Telegráfico de Venezuela (G.O. N° 2146 Extr. de 28–1–78) establece una reserva del servicio público de correos y la subsiguiente obligación de utilización de los particulares, en una forma mucho más amplia, pues no distingue la clase de correspondencia, sino que la establece en base al peso de las piezas de correspondencia.

En efecto, la Ley del IPOSTEL establece claramente lo siguiente:

> *Art. 2*: "Todo ciudadano tiene el deber de utilizar el Correo para el envió urbano o inter urbano e internacional de toda correspondencia o pieza postal cuyo peso no exceda de dos (2) Kilogramos, salvo las excepciones de la Ley".

La obligación para los particulares se establece ahora, por tanto, no sólo para la correspondencia de Primeva Clase, sino para cualquier clase de correspondencia con tal que el peso sea inferior a dos (2) kilogramos.

Para las piezas con peso superior a dos (2) kilogramos, por tanto, no operaría la reserva del servicio a favor de IPOSTEL, y podría ser prestado el servicio por particulares debidamente autorizados, en virtud de que, en todo caso, el servicio postal es de carácter público (art. 1 de la Ley del IPOSTEL).

III. LA EXCEPCIÓN LEGAL A LA RESERVA.

Tanto la Ley de Correos, directamente, como la Ley que crea el IPOSTEL, indirectamente, establecen excepciones a la reserva de servicio público que prevén.

Como la Ley de Correos no ha sido derogada, es conveniente analizar la excepción a la reserva prevista en ambas Leyes.

1. La excepción legal a la reserva respecto de la correspondencia de primera clase

A. El monopolio de derecho y la excepción a la reserva.

Es claro que la reserva del servicio público de Correos que establece la Ley de Correos para la correspondencia de Primera Clase, conlleva el establecimiento de un monopolio de derecho a favor del Estado, y que implica una limitación a la libertad económica de los particulares, en el sentido de que la excluye en ese campo: los particulares tienen prohibición, *ex lege*, de portar correspondencia de Primera Clase.

Esta prohibición tiene, sin embargo, sus excepciones. En efecto, aún cuando el artículo 13 establece que "es obligatorio valerse del Correo para enviar correspondencia de Primera Clase", sin embargo, aclara que los particulares podrán "ser portadores de correspondencia en los siguientes casos":

> "a. Para depositarla en la Oficina de Correos más próxima;
>
> b. Por estar autorizados, conforme a los Reglamentos, por falta absoluta o poca frecuencia del servicio oficial;
>
> c. Por conducir como empleado de una Empresa de Transporte la dirigida a los dependientes u Oficinas de ésta en el trayecto en que funcione;
>
> d. Por ser la correspondencia transportada, cartas de recomendación o de crédito o pliegos oficiales que conduzca el propio interesado, siempre que pueda verificar su contenido; o cartas de las que acompañen habitualmente toda remesa de mercancías o de valores;

e. Las cartas circulares, esquelas de invitación o de participaciones y esquelas anuncios que hacen distribuir corporaciones, casas de comercio o particulares en el lugar de su residencia".

He aquí, por tanto, la enumeración de aquellos casos en los cuales se permite a los particulares ser portadores de correspondencia de Primera Clase directamente, sin utilizar el Correo.

B. El ámbito de la excepción a la reserva

La excepción establecida legalmente a la reserva del servicio público de correos, sin duda, conforme al artículo 13 de la Ley, es para que, en ciertos casos, los particulares puedan "ser portadores de correspondencia". Es decir, que sin dejar de ser considerada como correspondencia de Primera Clase, en los casos señalados, la Ley exime a los particulares de la obligación de valerse del Correo para enviar correspondencia, y permite a esos mismos particulares o a otros debidamente autorizados, a ser portadores de correspondencia. Por tanto, la excepción a la reserva permite dos supuestos en los cuales no es obligatorio valerse del Correo: cuando los particulares interesados, personal o directamente, sin intermediarios *envían* cierta correspondencia; y cuando lo hacen contratando los servicios de otros particulares autorizados.

a. El envío de correspondencia directamente por los interesados.

Si se analizan detenidamente los literales a, c, d y e, del artículo 13 de la Ley de Correos en todos ellos se trata de correspondencia perteneciente a particulares que ellos mismos, portan o a empresas de transporte dirigida a sus empleados, portadas por sus propios empleados.

En todos los casos previstos en estos literales, se trata de una excepción prevista en beneficio de los particulares o empresas en el transporte de cierta correspondencia por ellos mismos, expresamente enumerada. Debe quedar claro que en ninguno de esos casos se autoriza a los particulares o empresas de contratar o encomendar a un tercero el traslado de esa correspondencia. La excepción sólo opera cuando sean los propios interesados (personas naturales o jurídicas) los portadores de ciertas de su propia correspondencia. En efecto, no es necesario valerse del Correo.

a. Cuando el propio interesado envía correspondencia para ser depositada en la Oficina de Correos más próxima, o cuando esto lo hace un dependiente de la persona moral (empresa), respectiva (literal a) del artículo 13);

b. Cuando una empresa de transporte dirige correspondencia a sus empleados, dependientes u oficinas que estén en el trayecto en el cual funcione u opere dicha empresa de transporte (literal c) del art. 13);

c. Cuando la correspondencia que se transporte sea una carta de recomendación, una carta de crédito o una petición, o solicitud a un organismo oficial (pliegos oficiales) que conduzca el propio interesado, siempre que se pueda verificar su contenido (literal d), del art. 13);

d. Cuando se trate de cartas que acompañen habitualmente toda remesa de mercancías o valores (literal d) del art. 13);

e. Cuando se trate de cartas circulares, esquelas de invitación o de participación y esquelas anuncios que hacen distribuir corporaciones, casas de comercio o particulares en el lugar de su residencia (literal e) del art. 13). Se entiende en este caso, que son las mismas empresas, a través de sus dependientes o empleados, o los propios particulares quienes distribuyen esta correspondencia, para que opere la excepción.

b. El envío de correspondencia a través de terceros.

La correspondencia de Primera Clase sólo puede ser enviada a través de terceras personas, distintas al interesado o al Correo en los casos previstos en el literal b) del artículo 13 de la Ley: "Por estar autorizado, conforme a los Reglamentos, por falta absoluta o poca frecuencia del servicio oficial".

Esta autorización está expresamente regulada en el artículo 3° del Reglamento de la Ley de Correos de 1938, en la forma siguiente:

> *Art. 3°.* De conformidad con lo previsto en el inciso b) del artículo 10 de la Ley (equivalente al art. 13 de la Ley vigente), los particulares podrán, por falta absoluta de servicio o por poca frecuencia del mismo, obtener autorización para conducir habitualmente correspondencia. A este efecto, los interesados deberán dirigirse en forma legal al Ministerio del Trabajo y Comunicaciones (actualmente al Instituto Postal Telegráfico de Venezuela), expresando el itinerario que se propusieren seguir, las distancias entre las poblaciones y caseríos, los medios de transporte de que disponen y la frecuencia de sus viajes. La solicitud deberá consignarse en la Oficina de Correos más próxima de la región.

Si el Ministerio concediera la autorización, los interesados estarán obligados a enviar mensualmente a la Oficina de Correos, que en cada caso se indicará, una relación de las piezas transportadas, con indicación de su categoría.

Todo el que procediendo con la correspondiente autorización saliere de un lugar donde hubiere Oficina de Correos con destino a otro donde no la hubiere, deberá presentar las piezas que llevare al Jefe de aquélla, debidamente franqueadas para la inutilización de los timbres en la forma reglamentaria.

De esta norma resulta claro que el único caso en el cual se permite en la Ley, como excepción, el envío de correspondencia a través de terceros particulares, y por tanto, el único supuesto en el cual un particular puede prestar el servicio de correos, es cuando "por falta absoluta o poca frecuencia del servicio oficial" sea debidamente autorizado.

Esta autorización, sin embargo, no exime al particular de rendir cuenta al Correo de las piezas que transporte, y en todo caso, cuando salga de algún lugar en el cual exista Oficina de Correos, deberá presentar las piezas a dicha Oficina debidamente franqueadas, para la inutilización de los timbres fiscales.

Nada señala la Ley para el franqueo y pago de timbres en los casos en los cuales no exista Oficina de Correos, y se entiende que ello debe regularse en la correspondiente autorización, la cual, en realidad, técnicamente es una concesión.

2. La excepción a la reserva respecto de la correspondencia con peso menor a 2 kg.

En cuanto a la reserva que establece la Ley del IPOSTEL respecto del servicio público de correos para correspondencia o piezas con peso inferior a 2 kg es evidente que la misma se configura también como un monopolio de derecho a favor del IPOSTEL. Por tanto, sólo el IPOSTEL, en principio, puede prestar el servicio público de correo para las mencionadas correspondencias y piezas.

Sin embargo, en virtud de la situación de hecho que se evidenciaba al momento de dictarse la Ley del IPOSTEL, derivada de que muchas empresas privadas estaban y continúan prestando el servicio público de correo, sin autorización alguna y en forma ilegal, la Ley estableció en forma indirecta, una excepción a la reserva contenida en su artículo 50, en el cual se señala lo siguiente:

> *Art. 50*. Las Empresas que para la fecha de iniciación de las actividades del Instituto estuviesen explotando servicios privados de correos o de transporte de correspondencia podrán ser autorizados por el Instituto para continuar prestando dicho servicio. Esta autorización no podrá ser dada para ejercerla por un lapso mayor de seis (6) meses, renovable a juicio del Directorio cuando las circunstancias así lo ameriten.

De acuerdo a este artículo, entonces, el IPOSTEL podría "autorizar" a empresas particulares la prestación del servicio público de Correo, pero conforme a lo siguiente:

a. En primer lugar, sólo podría autorizarse a prestar el servicio público de correos o de transporte de correspondencia, "a las empresas que para la fecha de iniciación de las actividades del Instituto estuviesen explotando servicios privados de correos o de transporte de correspondencia". Por tanto, ninguna empresa constituida con posterioridad a ese momento o que haya iniciado con posterioridad a ese momento o que haya iniciado con posterioridad a esa fecha la prestación privada de dichos servicios, podría ser autorizada por el IPOSTEL para prestar servicios de correo o transporte de correspondencia.

b. En segundo lugar, en virtud de la reserva, es decir, del monopolio de derecho establecido a favor de IPOSTEL, las empresas que al momento del inicio de sus actividades venían prestando esos servicios, tenían la obligación de cesar en el ejercicio de las actividades que ilegalmente (conforme a la Ley de Correos) venían cumpliendo.

c. En tercer lugar, dichas empresas, para poder continuar prestando los servicios mencionados, debían obtener una "autorización" del IPOSTEL; "autorización" que legalmente tiene un límite temporal de seis (6) meses, renovable a juicio del Directorio del Instituto.

d. En cuarto lugar, tanto las autorizaciones como la renovación de las mismas, son de otorgamiento discrecional por parte del Instituto. La utilización del verbo "podrá" en el artículo 50, al señalar que tas referidas empresas particulares que estuvieren explotando servicios privados de correos o de transporte de correspondencia, "podrán ser autorizadas", evidencia la existencia de un poder discrecional para la concesión de dichas "autorizaciones". Por tanto, el IPOSTEL no está obligado, en forma alguna, a otorgar las "autorizaciones" previstas en la norma.

Por otra parte, la renovación de las autorizaciones, se pueden otorgar "a juicio del Directorio cuando las circunstancias así lo ameriten", lo que configura también un poder discrecional para apreciar la oportunidad y conveniencia de la renovación, otorgándola o no.

IV. LA CONTRATACIÓN CON PARTICULARES DE CIERTAS FASES DEL SERVICIO DE CORREOS

La reserva al Estado del servicio de Correos, sin embargo, no impide que ciertas fases del proceso del servicio no puedan ser contratadas por el Estado con particulares.

En efecto, la circulación de la correspondencia, conforme al Reglamento Orgánico del Correo (G.O. Extr. del 3–5–41), está sujeta a los siguientes trámites (art. 18):

> "La expedición, que consiste en retirar de los buzones la correspondencia, en recibirla de manos del público o de otra oficina;
>
> La expedición, en preparar los despachos para encaminarlos a su destino;
>
> La distribución, en hacerla llegar a manos del destinatario; y La conducción, en transportar los despachos de un lugar a otro".

A estas fases de circulación de la correspondencia habría que agregar otra operación: el franqueo previo de la correspondencia, que es obligatorio, y el cual puede hacerse mediante estampillas, estampaciones mecánicas, el sello oficial correspondiente o en las demás formas que establezca el Ejecutivo Nacional (art. 19 de la Ley).

De acuerdo a la legislación vigente, algunas de estas operaciones pueden ser realizadas por particulares debidamente autorizados.

Esto sucede, en particular, con el franqueo de correspondencia y con el transporte de la misma.

1. El franqueo de correspondencia

El franqueo de correspondencia es la operación que consiste en la determinación de la tarifa a pagar por concepto de tasa de correo por cada correspondencia, y en la inutilización de las estampillas correspondientes. Se trata, por tanto, de una operación propia del servicio público, que debe realizarse por el Estado

Sin embargo, en ciertos casos, la operación de franqueo de la correspondencia, cuando el franqueo se realiza a través de formas mecánicas, puede hacerse fuera de las oficinas postales, por los interesados, mediante la compra o arrendamiento de máquinas franqueadoras de correspondencia, con la debida autorización del Correo (IPOSTEL) (Véase el *Reglamento sobre Franqueo Mecánico de Correspondencia* dictado por Decreto N° 102 de 29–4–54 en G.O. N° 24.432 de 5–5–54).

2. El transporte de correspondencia.

En cuanto al transporte de correspondencia, ésta es una operación que también es propia del servicio público, y más que propia, consustancial al servicio, pues, sin el transporte no podría circular la correspondencia.

Por ello, conforme a lo establecido en el artículo 1° del Reglamento de los Transportes del Correo (G.O. N° 1988, de 20–5–39), en principio, "La Administración de los Transportes del Correo corresponde, directamente al Ministerio del Trabajo y de Comunicaciones" (ahora al IPOSTEL), por lo que "El Ministerio (IPOSTEL) directamente, por medio del personal que designe, asumirá el servicio de transportes" (art. 2).

Sin embargo, el transporte de correspondencia también puede ser contratado por el Correo, con particulares. Esta posibilidad de contratación del transporte de correspondencia tiene dos modalidades: la contratación con empresas de transporte con itinerarios fijos; y la contratación especial con otras empresas o particulares, que analizaremos separadamente.

Antes debe señalarse, en todo caso, que la contratación de esta fase de la operación del correo no puede hacerse exclusivamente con un contratista. Así lo señala expresamente la Ley al establecer lo siguiente:

> Art. 6o. "No podrá contratarse con una misma persona la exclusividad de los servicios de transporte de correspondencia dentro del Territorio Nacional".

Esta norma la repite el Reglamento de los Transportes del Correo (G.O. N° 19.881 de 20–5–39).

A. La contratación con empresas de transporte de itinerario fijo.

De acuerdo con (a Ley de Correos, las empresas de transporte que tengan itinerarios fijos, "están obligadas a conducir con prioridad la correspondencia que les confíen las Oficinas de Correos con destino a los lugares de sus itinerarios", para lo cual "deberán someter a la consideración del Ministerio de Comunicaciones (IPOSTEL) sus tarifas de fletes por transporte de correspondencia y avisar toda modificación en sus itinerarios" (art. 5). Esta norma fue desarrollada en el Reglamento de la Ley de Correos de 1938 al precisar un lapso para que dichas empresas se dirigieran al Ministerio comunicando la información requerida (art. 4).

B. La contratación con empresas especializadas

Pero, además de establecerse la posibilidad de contratar el servicio de transporte de correspondencia con empresas de transporte de itinerarios fijos, el Reglamento de los Transportes del Correo (G.O. N° 19.881 de 20–5–39) prevé la posibilidad de que la Administración, cuando lo requiera la mayor eficacia del servicio de transporte, pueda "contratar con empresas o particulares que respondan a los fines de seguridad, rapidez y responsabilidad, la conducción de los envíos postales" (art. 2).

El Reglamento de los Transportes de Correos, en esta forma, está destinado a regular dichos contratos, estableciendo en algunos casos la modalidad de licitación (art. 5°), y previendo cláusulas irrevocables que los regirán (art. 9), además de otras regulaciones.

V. LOS EFECTOS DE LA RESERVA.

Hemos señalado que la reserva de un servicio público al Estado implica, necesariamente, una prohibición a los particulares, de realizar actividades que corresponden al servicio reservado. Por eso, la consagración de un servicio público reservado, más que una limitación a la libertad económica, configura una exclusión de la misma.

La consecuencia y efectos de la reserva del servicio público de correos, por tanto, es la prohibición impuesta a los particulares, de realizar las actividades reservadas, salvo que obtengan una "autorización" conforme a la Ley. De lo contrario, pueden ser objeto de sanciones penales, civiles y administrativas. Tal y como la misma Ley de Correos lo indica, "sin perjuicio de la aplicación de las normas civiles y penales a que hubiere lugar, las infracciones de las disposiciones de esta Ley serán sancionadas con multa o arresto" (art. 28). En particular, la Ley prevé la imposición de multó de 100 a 1000 bolívares o arresto proporcional a quien envíe, conduzca o reciba ilícitamente correspondencia (art. 29, ord. 1°).

Por su parte, la Ley del IPOSTEL establece que "los in tractores de la presente Ley o de su Reglamento serán sancionados con multa desde quinientos bolívares (Bs. 500,oo) hasta cien mil bolívares (Bs. 100.000,oo), sin perjuicio de las sanciones penales que fueren procedentes" (art. 53).

APÉNDICE:

DOCTRINA JURISPRUDENCIA DE 2004

La Sala Político Administrativa del Tribunal Supremo de Justicia, en sentencia dictada el 4 de agosto de 2004 (Exp. N° 11546), en el caso *DHL FLETES AÉREOS, C.A. y otros* contra las *Resoluciones n° 389 y 390 del 5 de diciembre de 1994, dictadas por el entonces Ministerio de Transporte y Comunicaciones*), se refirió a "la actividad del correo a la luz de los conceptos emanados de la doctrina, normativa y jurisprudencia, bajo el marco conceptual del servicio público, "sentando la siguiente doctrina:

> "El servicio público puede ser definido como la actividad administrativa de naturaleza prestacional destinada a satisfacer necesidades colectivas de manera regular y continua, previamente calificada como tal por un instrumento legal, realizada directa o indirectamente por la Administración Pública y por tanto, sometido a un régimen de Derecho público. (José PEÑA SOLÍS. "La Actividad Administrativa de Servicio Público: Aproximación a sus Lineamientos Generales", en *Temas de Derecho Administrativo. Libro Homenaje a Gonzalo Pérez Luciani*. Vol. I. Tribunal Supremo de Justicia. Colección Libros Homenaje N° 7, Caracas, 2002. Pág. 433).

Los servicios públicos contienen una serie de elementos que los caracterizan, entre los que están la actividad prestacional, la satisfacción de necesidades colectivas (o la vinculación al principio de la universalidad del servicio), la regularidad y continuidad del servicio, la calificación por ley de la actividad como servicio público (*publicatio*), la gestión directa o indirecta de la Administración Pública, y su consecuencial régimen de Derecho público.

Así, la Constitución señala de manera directa y expresa en el artículo 156, que el régimen de correo es un servicio público.

> **Artículo 156.** Es de la competencia del Poder Público Nacional: (...)
>
> *28. El régimen del servicio de correo y de las telecomunicaciones, así como el régimen y la administración del espectro electromagnético.* (Énfasis añadido).

En este sentido, la *publicatio* se cumple de manera absoluta, cuando la propia Carta Magna otorga al régimen de correo carácter de servicio público. Tal situación es confirmada por la Ley de Correos de 1958.

> ***Artículo 1.–*** *El Correo es un servicio público prestado exclusivamente por el Estado que se regirá por las disposiciones de la presente Ley y sus Reglamentos y por las Convenciones, Acuerdos y Tratados Postales ratificados por la Nación. (Énfasis añadido).*

Ahora bien, en este orden de ideas, es de hacer notar que las nuevas tendencias en materia de correo han conllevado a la necesidad de regular, desde el punto de vista jurídico, las diversas modalidades y en este sentido, una de ellas viene dada por la posibilidad de que el Estado, en este caso la Administración concurra junto con los particulares en la prestación de los servicios públicos. En efecto, la doctrina del Derecho administrativo reconoce tales tendencias bajo el concepto del llamado *nuevo servicio público*, el cual tiene como característica fundamental la *liberalización de los servicios públicos por parte del Estado*.

Con este proceso de liberalización se reformula el principio de gestión de los servicios públicos, mediante el cual el Estado se reservaba la prestación del servicio de manera absoluta. Así, la liberalización de los servicios públicos implica la revisión de ese concepto tradicional dispuesto en el artículo 1° de la Ley de Correos a las nuevas realidades socio–económicas, operándose de esta manera un cambio significativo del sistema tradicional del servicio de correo donde exista un sistema abierto, presidido por la libertad de empresa, con determinadas obligaciones o cargas de servicio público y en régimen de competencias abiertas como cualquier otra actividad comercial o industrial.

Así, el Estado traslada la prestación del servicio a los particulares, mediante concesiones y deja de ser el prestador exclusivo del servicio para ser el ente regulador de esos particulares que prestan dichos servicios –pudiendo concurrir el Estado igualmente–, todo ello enmarcado dentro de las consideraciones del nuevo Estado Social y Democrático de Derecho y de Justicia.

Sin embargo, es necesario destacar que el hecho que exista liberalización de los servicios públicos no implica que el Estado se desentiende de los mismos, sino que actúa como ente regulador y organizador de las políticas públicas de prestación de servicios básicos.

En este sentido, la exposición de motivos de la Constitución de la República Bolivariana de Venezuela es bastante clara:

> *"...el Estado no está ausente, tiene un papel fundamental como ente regulador de la economía (...) se plantea un equilibrio entre el Estado y mercado, en razón de que el problema no es más Estado o menos Estado, sino un mejor estado y el mercado no es un fin en si mismo, sino un medio para satisfacer las necesidades colectivas, ese equilibrio debe prevalecer entre productividad y solidaridad, entre eficiencia económica y justicia social, dando libertad a la iniciativa privada y preservando el interés colectivo".*

Por otra parte, desde el punto de vista de la doctrina extranjera, el régimen de la regulación económica se encuentra orientado a interferir en las conductas de los agentes económicos, a fin de eliminar los costos de transacción, y simulando, de esta forma, la existencia de un mercado plenamente competitivo donde el mismo no existe (Oscar Aguilar Valdez. "Entes Reguladores de Servicios Públicos" en *VI Jornadas de Derecho Administrativo Allan Randolph Brewer Carías. El Nuevo Servicio Público*. Tomo I Fundación Estudios de Derecho Administrativo, Caracas 2002. p. 164).

La tendencia actual del Estado en materia de prestación de servicios públicos viene determinada por una participación de éste en las actividades de interés general que no siempre es directa, lo que no significa que se pierde o retire –ni debe hacerlo– sino que actúa de manera tal que coadyuva una competencia efectiva entre los distintos agentes económicos, por medio de un ordenamiento jurídico justo que ordena y disciplina la participación e iniciativa privada, al establecer cuándo y cómo se deben corregir las deficiencias del mercado, en aras de satisfacer el interés general.

Esto trae como consecuencia la necesidad de la conformación de una autoridad administrativa reguladora que tenga competencias, funciones y atribuciones ubicadas dentro del llamado Estado regulador. Por ende, el tema de los servicios públicos sigue teniendo un carácter predominantemente de Derecho público, ya que a pesar que la propensión práctica ha llevado a liberalizar los servicios públicos y dejar la prestación en manos de particulares, existe un control y una regulación por parte del Estado, la cual ordena, reglamenta y disciplina la actividad de esos entes privados prestadores de servicios públicos, de conformidad con ese Estado regulador.

Así, dentro del nuevo marco de Estado Social Democrático de Derecho y de Justicia *"mediante el régimen de concesiones, el Estado y los entes que lo conforman pueden permitir a particulares la explotación de recursos naturales propiedad de la Nación o de esos entes, así como la prestación de servicios de naturaleza pública, pero estas concesiones no pueden ejercerse sino adecuándolas al interés público, como lo señala el artículo 113 constitucional así como al interés social, motivo por el cual ni los derechos que se le otorguen, ni la actitud de los concesionarios pueden tener una connotación distinta a la del Estado, y dentro de un Estado Social la concesión no puede estar destinada a aumentar el desequilibrio entre las clases, o entre el Estado y los ciudadanos. Las normas sobre responsabilidad social, recogidas en los artículos 299 y 326 constitucionales, a juicio de esta Sala son claras al respecto".* (Sentencia de la Sala Constitucional de 24 de enero de 2001. Caso: *Créditos indexados*. Ponente magistrado Jesús Eduardo Cabrera Romero).

En este orden de ideas, el Estado no pierde su condición de gestor de la prestación de los servicios públicos y de interventor en los casos en que el interés general lo amerite. No en vano, Brewer Carías al señalar la noción de servicio público aclara que los particulares *no tienen derecho a desarrollarlas libremente*. (Allan R. Brewer Carías. "El Régimen Constitucional de los Servicios Públicos" en *VI Jornadas Internacionales de Derecho Administrativo. ob. cit.* p. 23). Por tanto, a juicio de esta Sala Político Administrativa Accidental los particulares detentan el derecho a prestar un servicio público que ha sido dado en concesión, pero el Estado no puede desvincularse de tal situación, sino que, por el contrario, en el marco del Estado Social y Democrático de Derecho y de Justicia, consagrado en el artículo 2 de la Constitución, este debe ser vigilante de cómo los particulares prestan tales servicios y así regular y controlar dicha gestión.

3.– Del análisis de los elementos de autos se desprende que las empresas recurrentes gozan de una concesión para el servicio de correo privado, ya que así expresamente lo reconocen y se desprende igualmente de autos que, conforme a los contratos de habilitación postal convenidos con IPOSTEL, *el servicio de correo le es inherente al Estado, ya que es exclusivo y reservado a éste,* de conformidad con el artículo 136 numeral 22 de la Constitución de la República de Venezuela de 1961 —vigente para la época de la interposición de la acción de nulidad intentada— así como el artículo 1 de la Ley de Correos. Por tanto, toda prestación de los servicios de correos por parte de personas distintas al Estado, requerirá de la concesión otorgada por IPOSTEL, previa opinión favorable del Ministerio de Infraestructura, entendiéndose por *servicio de correo la recepción, expedición, transporte y distribución de correspondencia o piezas postales que no excedan de dos kilos.* (artículos 1 y 2 del Reglamento sobre Concesión de los Servicios de Correos dictado mediante Decreto N° 2180 de 28 de julio de 1983, publicado en la Gaceta Oficial de la República de Venezuela N° 32.784 de 8 de agosto de 1983).

Ahora bien, la Administración puede valerse de particulares para prestar el servicio de correos, tal como lo dispone el artículo 13 de la Ley de Correos; es decir, la Administración puede otorgar concesiones a particulares para que exploten ese espectro económico perteneciente a la Nación siendo éstas las convenciones por las cuales una persona pública (concedente) encarga a otra persona (concesionario) la explotación de un servicio público mediante una remuneración determinada por los resultados financieros de la operación. (Andre De Laubadère, Frank Moderne. *Traitè des Contrats Administratifs*. Vol. I. L.G.D.J. Paris, 1983. p. 283). El particular actúa bajo la dirección y control de la Administración, ya que el poder de imperio del ente concedente no se transfiere (Ramón Parada. *Derecho Administrativo*. Tomo I. Parte General. Duodécima edición. Marcial Pons, Ediciones Jurídicas y Sociales. Madrid, 2000. p. 306), por lo que subsiste una relación de derecho público, aún cuando el concedente se vincule de manera directa con el usuario por meras normas de derecho común.

4.– Ahora bien, para esta Sala Político Administrativa Accidental, la concesión implica la transferencia de derechos y deberes al concedente. La Administración faculta por medio del contrato administrativo a que el particular concesionario explote la prestación de un servicio público que en principio debió ejercer el Estado pero que, por razones de distinta índole decidió compartirla con los particulares, los que efectivamente realizan dicha prestación.

Empero, esto implica de igual manera la transferencia de los deberes que la Administración tenía al momento de prestar el servicio público. A tal efecto, si la Administración prestaba el servicio y debía cobrar un franqueo al usuario del servicio público, el concesionario deberá de la misma manera realizar ese cobro. En ese sentido, es determinante analizar si la Administración debe cobrar el denominado franqueo postal, por lo que es capital estudiar la naturaleza jurídica de dicha figura.

5.– El franqueo postal, posee varias acepciones, entre ellas: *"Eximir de contribución o tributo; pagar el porte de la correspondencia y paquetes postales; y también adosar los sellos a aquella o a estos; pago del porte postal y colocación de los sellos en cartas y demás envíos por correo"*. (Guillermo Cabanellas. "Diccionario Enciclopédico de Derecho Usual". Tomo III. Editorial Heliasta, S.R.L. Buenos Aires, 1979. p. 415).

En criterio de las recurrentes el franqueo postal no es más que un tributo. En efecto, los recurrentes consideran que la Administración impone y crea una tasa a los usuarios que deben pagar a través del concesionario.

Ahora bien, de conformidad con el artículo 1 de la Ley de Correos, el correo es un servicio público prestado, exclusivamente por el Estado; es decir, que como contraprestación de ese servicio se paga un franqueo, que viene a ser el pago por el porte de la correspondencia al momento de su circulación. En ese sentido, el artículo 20 del Reglamento de la Ley de Correos establece los tipos de tasas que deben pagarse, por la clase de correspondencia y, además añade que estas se pagarán en timbres postales.

> ***Artículo 20.–*** *Salvo las excepciones que establece el artículo 17 de la Ley, toda correspondencia que curse por Correo causará una o varias de las siguientes tasas: ordinaria, certificada y aérea, que fijará el Ministerio de Trabajo y de Comunicaciones, por Resolución especial.*
>
> *Las tasas de los servicios especiales como los de Giros Postales, Envíos Contra Reembolso, Valores declarados u otros, se determinarán en sus correspondientes Decretos Reglamentarios.*
>
> *Las tasas se pagarán en timbres fiscales.*

De allí, deducen las recurrentes que el franqueo impuesto en la Resolución n° 389 es una verdadera tasa.

8.– Por su parte el artículo 19 de la Ley de Correos establece:

> ***Artículo 19.–*** El franqueo previo de la correspondencia es obligatorio y puede hacerse mediante estampillas, estampaciones mecánicas el sello oficial o en las demás formas que establezca el Ejecutivo Nacional.

De la norma precedentemente señalada se evidencia que es inherente para la plena circulación de la correspondencia el estampar el franqueo postal, el cual como lo señala la Ley de Correos es de carácter obligatorio. Así, al establecerse la obligación de franqueo postal no se distingue entre quien preste el servicio, por lo que debe cumplirlo todo el que gestione el servicio público de correo.

Como ya se había señalado anteriormente, la Administración al conceder el derecho a prestar un servicio público, también transfiere ciertas prerrogativas y ciertos deberes. Si la ley no establece una diferenciación entre quién deba estampar el franqueo postal previo a la correspondencias, debe entenderse que no existe diferencia entre quien preste el servicio –sea la Administración o sea un concesionario de ella–. Luego, quien preste el servicio debe cumplir con la obligación de estampar dicho franqueo, por lo que si la Administración para el prestar el servicio público de correo se encuentra sujeta a estampar el franqueo a toda pieza de correspondencia inferior a dos kilos, entonces también debe hacerlo el concesionario. Por tanto, la obligación de imprimir el franqueo postal se extiende tanto a IPOSTEL como a las empresas concesionarias, ya que este franqueo –se insiste– es inherente a la actividad prestacional de correo."

§ 3. Sobre servicios públicos municipales

Este parágrafo tercero es el texto del estudio sobre "El régimen de los servicios públicos municipales dentro de las competencias municipales previstas en la Ley Orgánica de Régimen Municipal," publicado en *Revista de Derecho Público*, Nº 9, Editorial Jurídica Venezolana, Caracas, enero–marzo 1982, pp. 5–18.

I. LA COMPETENCIA MUNICIPAL Y EL RÉGIMEN DE LOS SERVICIOS PÚBLICOS MUNICIPALES, ANTES DE LA LEY ORGÁNICA DE RÉGIMEN MUNICIPAL DE 1978

1. El principio constitucional

La competencia municipal, en forma genérica está establecida en el artículo 30 de la Constitución, al atribuirle a los Municipios "el gobierno y administración de los intereses peculiares de la entidad, en particular cuanto tenga relación con sus bienes e ingresos y con las materias propias de la vida local". Por supuesto, las expresiones "intereses peculiares de la entidad" y "materias propias de la vida local" configuran conceptos jurídicos imprecisos e indeterminados, y cuya concreción sólo puede estar establecida en la ley. Es decir, es sólo el legislador nacional y estadal, conforme a lo previsto en el artículo 26 de la Constitución, el que puede darle sentido específico a esas expresiones genéricas, y por tanto, sólo en las leyes nacionales y estadales es donde puede una determinada y concreta actividad regularse como una competencia municipal.

Para canalizar la actividad del legislador estadal y nacional la Constitución, en el mencionado artículo 30, establece una orientación respecto a cuáles pueden ser las "materias propias de la vida local", al indicar: "tales como urbanismo, abastos, circulación, cultura, salubridad, asistencia social, institutos populares de crédito, turismo y policía municipal".

Por tanto, el ámbito, características y regulación de estas competencias municipales deben estar establecidos en las leyes nacionales y estadales, y la competencia municipal se regula por lo previsto en esas leyes, las cuales, al menos dentro de las materias enumeradas, no pueden limitar la autonomía municipal en relación a esas competencias, más allá de los límites que la propia Constitución establece como tales.

2. Antecedentes constitucionales

Ahora bien, esta norma de la Constitución de 1961 tiene una serie de antecedentes constitucionales que se remontan a la Constitución de 1925. En efecto, en la Constitución de 1925, es en la primera de todos los textos fundamentales en la cual se indicaron expresamente los servicios y actividades que las Municipalidades debían realizar. Hasta esa fecha, los textos constitucionales, en realidad, sólo contenían una norma en las "Bases de la Unión" de la fórmula federal, en la cual los Estados se comprometían a organizar un Poder Municipal que tenía autonomía, particularmente en materia rentística.

La Constitución de 1925, al contrario, en su artículo 18, ordinal 1°, estableció lo siguiente:

> "Es de la competencia de las Municipalidades... organizar sus servicios de policía, abastos, cementerio, ornamentación municipal, arquitectura civil, alumbrado público, acueductos, tranvías urbanos y demás de carácter municipal" .

Esta norma se repite en las Constituciones de 1928, 1931 y 1936; sin embargo, la norma en todos estos textos tuvo un segundo párrafo, que permitía la intervención del Poder Nacional en las competencias municipales relativas a la salubridad. Se agregaba al artículo, en efecto, el párrafo siguiente:

> "El servicio de higiene lo harán las Municipalidades sujetándose a las leyes y reglamentos federales sobre sanidad y bajo la suprema inspección del servicio sanitario federal".

En esta forma, las Constituciones señaladas, asignaban competencias específicas a las Municipalidades en una serie de servicios que eran *competencia exclusiva* de los entes locales, pero en cuanto a los servicios de higiene, la competencia local quedaba limitada, al sujetarse su ejercicio a lo dispuesto en las leyes y reglamentos federales sobre sanidad, y bajo la suprema inspección del servicio sanitario nacional.

En la Constitución de 1947, la enumeración de las competencias municipales siguió la orientación de los textos anteriores, pero fue más precisa en ciertas áreas, como la de los transportes urbanos. El artículo 112, ordinal 1° del texto de 1947, en efecto, definía como de la competencia del Poder Municipal:

"Organizar sus servicios de policía, abastos, cementerios, ornamentación municipal, arquitectura civil, alumbrado público, acueductos, transportes urbanos, institutos de crédito y demás de carácter municipal".

La Constitución de 1947, además, en el ordinal 4° del artículo 112 atribuyó al Poder Municipal competencia para "fomentar y encauzar el urbanismo" aun cuando ello debía realizarlo "con arreglo a las normas que establezca la Ley y en coordinación con los organismos técnicos nacionales", con lo cual en esta materia del urbanismo se siguió la orientación de los textos anteriores en materia de salubridad, que hemos señalado, y que constituyen el antecedente a la asignación de competencias concurrentes, en esos campos, en la Constitución de 1961.

Ahora bien, la tendencia a ampliar la enumeración de las competencias municipales, pero también a sujetar su ejercicio a las normas nacionales que se observa en el texto de 1947, se siguió en la Constitución de 1953, en cuyo artículo 21, ordinal 1°, se define como de la competencia de las Municipalidades:

"Organizar, *con sujeción a las leyes y reglamentos nacionales,* sus servicios de abastos, acueductos, de pesas y medidas, alumbrado público, arquitectura civil, asistencia social, cementerios, educación, mataderos, ornamentación municipal, transportes urbanos y demás de carácter municipal".

Este artículo, al ampliar considerablemente la enumeración de las competencias municipales, sin embargo, como contrapartida, sometió el ejercicio de las mismas por las Municipalidades, a lo dispuesto en las leyes y reglamentos nacionales, con lo cual la orientación de la Constitución de 1925 en materia de higiene, y de la Constitución de 1947 en materia de urbanismo, se extiende en el texto de 1953 *a todas las competencias locales,* las cuales sólo podían ejercerse con sujeción a lo dispuesto en las leyes y reglamentos nacionales.

La Constitución de 1961, en cambio, aun cuando como se ha visto, siguió la orientación precedente en cuanto a la enumeración de las competencias municipales, .eliminó la sujeción a lo establecido por las leyes y reglamentos nacionales, para su ejercicio por los Municipios. Puede decirse, entonces, que en este aspecto, la Constitución de 1961 es menos centralista que la de 1953, pues sólo sujeta directamente a la coordinación y suprema dirección del Poder Nacional, las competencias municipales en materia de salubridad y urbanismo (art. 131, ords. 14° y 17°).

Por otra parte, debe destacarse que la Constitución de 1961 cambió la orientación tradicional de la asignación de competencias a las Municipalidades prevista en las Constituciones anteriores. Estas, en efecto, atribuían a los entes municipales competencias para "organizar" determinadas actividades y servicios; el texto de 1961, en cambio, utiliza una expresión más amplia, y atribuye a los Municipios competencia en *el gobierno y administración* de los intereses peculiares de la entidad, y, en particular, cuanto tenga relación con las materias propias de la vida local.

Ahora bien, la Constitución de 1961, al referirse al régimen municipal, establecía que la organización de los Municipios y demás entidades locales se debía regir, no sólo por las normas de la propia Constitución, sino por las normas que para desarrollar los principios constitucionales establecieran las leyes orgánicas nacionales y las disposiciones legales que de conformidad con ellas dictasen los Estados, en sus respectivas jurisdicciones. Por tanto, una ley nacional de régimen municipal era necesaria para regular aspectos generales del régimen municipal, así como también otras leyes nacionales resultaban indispensables para regular la competencia de los Municipios en materia de urbanismo y salubridad, por ejemplo.

Sin embargo, la Ley Orgánica de Régimen Municipal sólo se promulgó en 1978, habiendo quedado reguladas las competencias municipales hasta esa fecha, básicamente por las leyes estadales.

3. El régimen legal de algunas competencias municipales, hasta 1978

A. Legislación Nacional

Hasta la promulgación de la Ley Orgánica de Régimen Municipal en 1978, en efecto, no existía en nuestro ordenamiento jurídico cuerpo normativo nacional alguno que, con carácter general, definiera y regulara las competencias municipales.

A nivel nacional, en efecto, estas encontraban sólo una regulación indirecta en ciertas leyes reguladoras de actividades nacionales concurrentes con las locales, y que se referían a la competencia municipal. Destaquemos, a título de ejemplo, las normas de la Ley de Sanidad Nacional, que reconocen una competencia municipal en materia de salubridad, al asignar al Ministerio de Sanidad y Asistencia Social la suprema dirección y coordinación de los servicios sanitarios (arts. 2 y 4) y de higiene pública y social (art. 3); y las normas de la ley reguladora del Instituto Nacional de Obras Sanitarias, que reconoce la competencia municipal en materia de acueductos y alcantarillado, al prever la necesidad de que el INOS firme convenios de concesiones con las Municipalidades, para la prestación de los servicios.

A nivel nacional, por otra parte, y en lo que se refiere a las competencias municipales de la Municipalidad del Distrito Federal, se establecía una enumeración más precisa de éstas, que seguía la orientación de los textos constitucionales hasta 1936, la cual debe destacarse.

El ordinal 1° del artículo 29 de dicha Ley Orgánica de 1936, en efecto, establece como de la competencia del Municipio del Distrito Federal, lo siguiente:

> "los servicios de policía, cementerios, ornamentación municipal, arquitectura civil, alumbrado público, acueductos y demás de carácter municipal, tales como servicios de higiene y saneamiento, vías y medios de comunicación y tránsito urbano y vecinal, distribución de aguas potables, beneficencia y corrección, abastos y consumo, reglamentación del ejercicio de industrias, artes y régimen interior de las Parroquias que componen el Distrito".

Esta enumeración, sin duda ilustrativa, por supuesto que sólo rige para la Municipalidad del Distrito Federal y no es aplicable a otras Municipalidades.

Pero aparte de las regulaciones indirectas nacionales, ante la ausencia de una ley nacional de régimen local, las competencias municipales se encontraban precisadas en la legislación estadal, particularmente en las Constituciones de los Estados y en las leyes estadales de Régimen Municipal.

B. Las Constituciones Estadales

En efecto, en cuanto a las Constituciones de los Estados, en virtud de la tradicional uniformidad de dichos textos, se puede señalar que la casi totalidad de los mismos, siguiendo la tradición de los textos constitucionales nacionales desde 1925 hasta la fecha, precisan que corresponde a la competencia del Poder Municipal:

> "Organizar sus servicios de policía, abastos, ornamentación municipal, urbanismo, alumbrado público, acueductos, transportes urbanos, culturales, institutos populares de crédito y demás de carácter municipal".
>
> "Organizar sus servicios de asistencia social, con sujeción a las leyes nacionales y bajo la inspección y vigilancia del respectivo servicio nacional y estadal".
>
> "Organizar los servicios conducentes para combatir el abandono, la vagancia, el alcoholismo, el analfabetismo y la prostitución, de conformidad con las Ordenanzas, Leyes y Reglamentos sobre la materia" (Por ejemplo, art. 93 de la Constitución del Estado Barinas; art. 82 de la Constitución del Estado Apure; art. 89 de la Constitución del Estado Anzoátegui; art. 82 de la Constitución del Estado Bolívar).

Debe destacarse que frente a la enumeración de competencias municipales que trae el artículo 30 de la Constitución Nacional, las Constituciones Estadales son más amplias, pues definen como materias propias de la vida local, otras que no están en el texto de la Constitución Nacional de 1961, pero que sí estaban en textos constitucionales anteriores, como el *alumbrado público,* los *acueductos* y los *transportes urbanos.* Estos servicios, por tanto, son de carácter municipal, en virtud de su declaración por las Constituciones de los Estados.

C. Las Leyes Orgánicas del Poder Municipal de los Estados

Pero por su parte, las leyes que los Estados han dictado después de 1961 sobre organización de los Municipios, y que estuvieron en plena vigencia hasta la promulgación de la Ley Orgánica de Régimen Municipal de 1978, ampliaron la enumeración de las competencias municipales.

En efecto, del estudio de todas las Leyes Orgánicas del Poder Municipal de los Estados de la República se pueden destacar, entre las competencias asignadas a los Concejos Municipales, "además de las facultades y deberes que les atribuyen la Constitución y demás leyes de los Estados", las siguientes competencias reguladas casi uniformemente en las Leyes Orgánicas del Poder Municipal de los Estados Yaracuy, Zulia, Trujillo, Táchira, Sucre, Cojedes, Guárico, Falcón, Nueva Esparta, Monagas, Aragua, Bolívar, Apure, Anzoátegui, Barinas:

> –"Determinar la conveniente situación de los cementerios, hospitales, mataderos y demás edificaciones que interesen a la salubridad pública de acuerdo con la Ley, Reglamento Sanitario y planos reguladores de urbanismo, si los hubiere".
>
> –"Fijar los lugares destinados para tomas públicas de agua, fuentes públicas, lavadero y para baños de personas y animales".
>
> –Reglamentar el aseo y ornato de las poblaciones, el alumbrado público y la numeración de las casas.
>
> –Velar por la salubridad pública y disponer lo conveniente para preservar de epidemias o de enfermedades contagiosas a las poblaciones del Distrito.
>
> –Velar por la higiene pública y privada, sujetándose al efecto, a lo que establezcan las leyes y reglamentos sanitarios.
>
> –Cuidar de la reparación, limpieza y comodidad de las calles y vías públicas y de todos los lugares públicos, dictando los Reglamentos sobre Arquitectura Civil, y sobre Urbanismo, en concordancia con los que dicten las autoridades nacionales.

–Crear, dotar y reglamentar escuelas primarias en el Distrito y fomentar escuelas de artes y oficios para uno y otro sexo.

–Velar por la conservación y fomento de los jardines públicos del Distrito.

–Establecer y fomentar bibliotecas públicas.

En cuanto a determinadas competencias y servicios públicos, en otros Estados, las Leyes Orgánicas del Poder Municipal han sido más precisas. Por ejemplo, la Ley Orgánica del Poder Municipal del Estado Mérida establece, entre otras competencias de los Concejos Municipales, las siguientes:

–Reglamentar el alumbrado público, el cual deberá tener atención especial por tratarse de un servicio público, pudiendo celebrar contratos con las compañías de alumbrado, debiendo ser estricto en sus cláusulas en lo que respecta a eficiencia y mantenimiento.

–Reglamentar el servicio de acueductos, pudiendo celebrar contratos con organismos especiales, en lo que respecta a su administración y mantenimiento, y velar porque el servicio de agua no sea interrumpido arbitrariamente a ningún suscriptor.

En este mismo sentido, la Ley Orgánica del Poder Municipal del Estado Lara, en cuanto a los servicios de transporte, atribuye a los Concejos Municipales competencia para:

–Reglamentar el tránsito y transporte urbano, fijar los estacionamientos de vehículos automotores, así como los de tracción de sangre, de acuerdo con la ley respectiva.

En otros casos, como en las Leyes Orgánicas del Poder Municipal de los Estados Carabobo y Miranda, se enumeran las funciones y atribuciones de los Concejos Municipales en la forma tradicional de los textos constitucionales nacionales. En la Ley Orgánica del Estado Miranda, por ejemplo, se definen como funciones municipales:

"Los servicios de abastos, aferición de pesas y medidas, alumbrado público, acueductos, arquitectura civil, urbanismo y construcciones en general, educación municipal, parques y jardines públicos, ornato de las poblaciones, obras públicas municipales, transporte urbano, ingeniería municipal, mataderos, cementerios, moral pública".

Por su parte, la Ley Orgánica del Estado Carabobo, siguiendo la orientación de la Constitución Nacional de 1953, define como atribuciones de los Concejos Municipales las siguientes:

"Organizar con sujeción a las leyes y reglamentos nacionales, sus servicios de policía, bomberos, abastos, acueductos, aferición de pesas y medidas, alumbrado público, arquitectura civil, asistencia social, cementerios, educación, mataderos, ornamentación municipal, transporte urbano y demás de carácter municipal".

Por último, deben destacarse las Leyes Orgánicas del Poder Municipal del Estado Portuguesa y del Estado Bolívar, pues contienen normas de mucho interés para la definición de las competencias municipales.

En efecto, en cuanto a la Ley Orgánica del Estado Bolívar, contiene una norma expresa de municipalización de servicios públicos, única en su género. Así, su artículo 16, al precisar las competencias de los Concejos Municipales, enumera entre ellas lo siguiente:

"Municipalizar cualquier servicio público; promover el establecimiento de obras sanitarias, aguas corrientes, usinas de electricidad, medios de transporte y demás servicios análogos, ya sea por administración o por concesiones sin monopolio, y en este último caso, sobre la base de la fijación de un interés máximo al capital efectivo invertido y por un plazo no superior de cinco años; y comprometer los fondos municipales en empresas mixtas o sociedades comerciales, industriales o de cualquier otro carácter para la explotación de tales servicios".

En cuanto a la Ley Orgánica del Poder Municipal del Estado Portuguesa, debe destacarse la competencia que atribuye a los Concejos Municipales para regular una serie de actividades entre las cuales se enumera la *distribución y venta de gas en las poblaciones,* siendo esta la *única* norma en toda la legislación del país que antes de la Ley Orgánica de Régimen Municipal de 1978, declaraba a la distribución y venta de gas como servicio público municipal. La Ley del Estado Portuguesa, en esta forma, atribuye a los Concejos Municipales, en ejercicio de su autonomía, las facultades para regular lo referente a las siguientes materias:

–acueductos, cloacas y drenajes;

–saneamiento ambiental;

–distribución y venta de energía y fuerza eléctrica y gas en las poblaciones de su jurisdicción;

–urbanismo, planos reguladores de las poblaciones, arquitectura civil y ornato público, conforme a las normas y procedimientos técnicos establecidos por el Poder Nacional de acuerdo a lo previsto en el ordinal 14° del artículo 136 de la Constitución Nacional;

–el transporte colectivo de pasajeros y el tránsito urbano;

–parques, jardines, recreación y deportes;

–los espectáculos públicos y la propaganda comercial;

–los servicios de prevención y lucha contra incendios en las poblaciones;

–la policía municipal de acuerdo a lo que sobre la materia determine el Poder Estadal, de conformidad con el ordinal 5° del artículo 17 de Constitución Nacional.

II. EL RÉGIMEN DE LA COMPETENCIA MUNICIPAL EN LA LEY ORGÁNICA DE RÉGIMEN MUNICIPAL DE 1978, CON PARTICULAR REFERENCIA A LOS SERVICIOS PÚBLICOS MUNICIPALES

1. La regulación legal

El artículo 7 de la Ley Orgánica de Régimen Municipal de 1978, puede decirse que por primera vez en el ordenamiento legislativo nacional, ha definido determinadas competencias municipales y, en particular, ha otorgado el carácter de servicios públicos municipales a actividades prestacionales concretas.

El artículo 7 de la Ley Orgánica, en efecto, define como de competencia municipal, las siguientes materias:

1. Acueductos, cloacas y drenajes.
2. Distribución y venta de electricidad y gas en las poblaciones de su jurisdicción.
3. Planes de desarrollo urbano local que hayan sido elaborados en acuerdo con las normas y procedimientos técnicos establecidos por el Poder Nacional.
4. Arquitectura Civil, nomenclatura y ornato público, de conformidad con lo dispuesto en el ordinal 14° del artículo 136 de la Constitución.
5. Transporte colectivo de pasajeros y demás materias relativas a la circulación urbana.

6. Creación de servicios que faciliten el mercado de consumo de primera necesidad, tales como mercados y mataderos locales.
7. Espectáculos públicos y publicidad comercial, en cuanto concierne a los intereses y fines específicos municipales.
8. Organizar y promover las ferias y festividades populares y sitios de recreación; y proteger y estimular las actividades dirigidas al desarrollo del turismo local.
9. Aseo Urbano y domiciliario.
10. Servicios de prevención y lucha contra incendios en las poblaciones.
11. Regulación y organización de institutos populares de crédito, con las limitaciones que establezca la legislación nacional.
12. Cementerios y servicios funerarios.
13. Servicios de policía municipal, que tendrán a su cargo la vigilancia y control de las actividades relativas a las materias de la competencia municipal.
14. Las demás que sean propias de la vida local y las que le atribuyan otras leyes.

La Ley Orgánica, además, establece en el artículo 8° que los Municipios tendrán igualmente facultad para:

1. Contribuir y cooperar con el saneamiento ambiental.
2. Cooperar con la prevención y asistencia en casos de calamidades públicas, tales como inundaciones, derrumbes y otras.
3. Acondicionar, construir y mantener parques, jardines, calles, plazas, playas, balnearios y otros sitios de recreación y deportes; y
4. Establecer servicios médico–asistenciales, educacionales, culturales y otros, de conformidad con las normas y en coordinación con las políticas adoptadas por el Poder Nacional sobre la respectiva materia.

Del análisis de los textos de los artículos 7° y 8° de la Ley Orgánica de Régimen Municipal, si comparamos su contenido con la situación general derivada de las regulaciones de la legislación estadal, resulta que en dichas normas se sigue, básicamente, la orientación del régimen anterior en materia de enumeración de competencias municipales. Sin embargo, algunas innovaciones se pueden detectar de inmediato en el artículo 7° de la Ley Orgánica:

En primer lugar, puede decirse que la Ley Orgánica *municipaliza* tanto el servicio de distribución y venta de *electricidad* como el servicio de distribución y venta de *gas*. En relación a los servicios de electricidad, con anterioridad, como hemos visto, las leyes estadales declaraban como servicio público municipal sólo el alumbrado público, lo cual podía entenderse como referido a alumbrado en las vías públicas y no necesariamente en electricidad para alumbrado doméstico. En cuanto al servicio de gas, como se vio, sólo la Ley Orgánica de Régimen Municipal del Estado Portuguesa declara la distribución y venta de gas como un servicio público, no teniendo ese carácter en ninguna otra norma nacional o estadal.

En segundo lugar, la Ley Orgánica también municipaliza los servicios de prevención y lucha contra los incendios en las poblaciones, los cuales encuentran, por primera vez, una regulación formal en la legislación nacional, sin perjuicio de que con anterioridad quedaran englobados dentro de las competencias en materia de policía municipal; y los servicios funerarios, los cuales nunca habían sido considerados como de la competencia municipal, formalmente hablando.

Ahora bien, del estudio del artículo 7° de la Ley Orgánica de Régimen Municipal, resulta que en sus ordinales, al definirse la competencia municipal, ésta incide genéricamente sobre cuatro aspectos que queremos analizar separadamente: los servicios públicos municipales; la ordenación urbanística; la policía municipal; y el fomento municipal.

2. Los servicios públicos municipales

El artículo 7° de la Ley Orgánica de Régimen Municipal, en efecto, por primera vez a nivel nacional, declara expresamente determinadas actividades como servicios públicos municipales, con todas las consecuencias que ello implica: obligación de los Municipios de prestarlos y limitación de la libertad económica de los particulares para desarrollar libremente actividad en esas materias. Estas actividades que se declaran como servicios públicos municipales, son las siguientes: acueductos, cloacas y drenajes; distribución y venta de electricidad en las poblaciones de la jurisdicción; distribución y venta de gas en las poblaciones de la jurisdicción; transporte colectivo de pasajeros; servicios que faciliten el mercado y abastecimiento de los productos de consumo de primera necesidad, tales como mercados y mataderos locales; aseo urbano y domiciliario; y cementerios y servicios funerarios (ordinales 1°, 2°, 5°, 6°, 9° y 12°).

Sin embargo, esta declaración legislativa de estas actividades de servicio público, como competencias municipales y servicios públicos municipales, tiene dos limitaciones cuya interpretación amplia puede conducir a una ausencia real de competencia municipal.

A. Las limitaciones impuestas por las leyes nacionales

En efecto, el segundo aparte del mismo artículo 7° establece que "las competencias a que se refieren los ordinales 1°, 2°, 5°, 6° y 9° serán ejercidas por los Municipios *en los términos que establezca la legislación nacional"* y esos ordinales se refieren, precisamente, a todas las actividades mencionadas, declaradas como servicios públicos municipales, salvo la de cementerios y servicios funerarios (ord. 12).

Ahora bien, al señalar este artículo que las competencias municipales en relación a sus servicios públicos "serán ejercidas por los Municipios *en los términos que establezca la legislación nacional",* sin duda, está diciendo que sólo en esos términos es como pueden ejercerse aquellas competencias, por lo que si no han sido establecidos, en principio, no podrán ejercerse por los Municipios, y cuando lo sean o hayan sido, sólo pueden ejercerse en los términos que se establezcan en esas leyes nacionales. Se trata, por tanto, de una norma evidentemente centralista que hará todavía más difícil el ejercicio de las competencias municipales.

Por otra parte, es una norma de dudosa constitucionalidad, pues colide con el artículo 30 del texto fundamental que prescribe que son de la competencia municipal algunas de dichas actividades, las cuales, conforme al artículo 29 del mismo texto, son de libre ejercicio de los Municipios, derivado de la autonomía municipal.

En todo caso, esta limitación exigirá del Poder Nacional el que, en el futuro, dicte una Ley reguladora de los servicios de alcantarillado y distribución de agua potable, que podría formar parte de una Ley General de Aguas; una Ley reguladora de los Servicios

Eléctricos; una Ley reguladora de los servicios de distribución de gas; una Ley nacional de transportes; una Ley nacional de mercados, abastos y mataderos; y una Ley nacional de aseo urbano y domiciliario. Y sólo en los términos que establezcan esas leyes es como los Municipios podrían ejercer sus competencias.

Pero sin duda, la ausencia o deficiencia de muchas de esas leyes, y la necesidad de que los servicios continúen, requiere de una interpretación racional de la Ley Orgánica y de la normativa nacional existente. Por ejemplo, en materia de acueductos, cloacas y drenajes, habría de aplicarse la Ley reguladora del INOS que prevé la competencia municipal; en materia de transporte colectivo de pasajeros, tendría que aplicarse la Ley de Tránsito Terrestre, con sus incipientes normas en la materia; en el campo de los abastos, mercados y mataderos, tendrían que aplicarse las normas de la Ley de Mercadeo Agrícola; y en materia de Aseo Urbano y domiciliario, las genéricas normas de la Ley de Sanidad Nacional y algunas particulares, como las de la Ley que nacionalizó el servicio de Aseo Urbano en el Área Metropolitana de Caracas. Por tanto, en aquellos servicios públicos municipales que antes de la vigencia de la Ley Orgánica en 1978, tenían tal carácter expresamente definido en una ley nacional o local, continúan en aplicación las normas nacionales y locales, y los servicios deben seguir prestándose por los Municipios.

Sin embargo, de la enumeración del artículo 7° de la Ley Orgánica, además de la referencia a los servicios funerarios y de prevención y luchas contra los incendios, hay dos servicios públicos que, por primera vez en la legislación nacional se los define como servicios públicos municipales: los servicios de distribución y venta de electricidad y los servicios de distribución y venta de gas en las poblaciones de la jurisdicción del Municipio.

Puede decirse, en efecto, que el ordinal 2° del artículo 7° ha decretado la "municipalización" de los servicios de distribución y venta de electricidad y de gas, actividades que por primera vez han adquirido en una Ley nacional la categoría formal de "servicio público". Ahora bien, salvo por lo que se refiere al Distrito Federal, cuya Ley Orgánica, que es una ley nacional, prescribe el carácter de servicio público del alumbrado público, ninguna otra ley nacional ha regulado con carácter general, la distribución y venta de electricidad y de gas. Sin embargo, los servicios de alumbrado público, estaban regulados, conforme al régimen anterior a la Ley Orgánica, por las leyes estadales relativas al Poder Municipal, en las cuales se consideraban como servicios públicos municipales, y así deben continuar, aun cuando no se haya dictado la Ley Nacional de Servicios Eléctricos.

Sin embargo, por lo que respecta a la distribución y venta de gas, en este caso sí se trata de un auténtico caso de "municipalización", salvo por lo que respecta al Estado Portuguesa, pero de ejercicio y ejecución limitada, hasta tanto se dicte una ley nacional que los regule, máxime si se han nacionalizado las actividades relativas a la industria y el comercio de los hidrocarburos y, previamente, la industria del gas natural.

Por tanto, de todos los servicios públicos municipales, el que requiere de una ley nacional como condición previa de ejercicio actual, es el servicio de distribución y venta de gas; y los otros, se pueden continuar prestando por los Municipios con arreglo a las precarias disposiciones legales preexistentes. Todos, sin embargo, en el futuro, pueden ser regulados y limitados por la legislación nacional que prescriba los términos conforme a los cuales pueden ser ejercicios y prestados.

B. Las limitaciones derivadas de la forma de prestación

Por otra parte, el mismo artículo 7° de la Ley Orgánica, en cuanto a los servicios públicos municipales, establece otra limitación tan amplia, que la hace también de dudosa constitucionalidad, al prescribir que en ciertos casos esos servicios que se declaran municipales, dejan de serlo y adquieren carácter nacional, si se prestan en determinada forma.

En efecto, el segundo aparte del artículo 7° de la Ley Orgánica prescribe que "cuando un servicio público tenga o requiera instalaciones ubicadas en jurisdicción de más de un Municipio, o sea prestado a más de un Municipio, por un mismo organismo, entidad o empresa, públicos o privados", el régimen de tal servicio "será de *la competencia* del Poder Nacional", en cuyo caso, el Ejecutivo Nacional fijará las tarifas de los mismos.

Ahora bien, aparte de que la Constitución no ha autorizado al Poder Nacional a cambiar la categoría de una competencia municipal, en nacional, por la amplitud territorial de la prestación de un servicio público, esa norma hace que materialmente sea difícil que un servicio público tenga carácter municipal, pues, de acuerdo a ese texto, en el mundo contemporáneo resulta difícil encontrar un servicio de carácter estrictamente local. Por ejemplo, conforme a esa norma, la distribución de agua será normalmente de la competencia nacional, no sólo porque la empresa pública que presta los servicios, el INOS, lo presta a más de un Municipio, sino porque tiene instalaciones ubicadas en más de un Municipio y la escasez del agua provoca trasvases de fuentes ubicadas normalmente en otras jurisdicciones municipales. Lo mismo se puede decir de los servicios de electricidad y gas. Estos tres servicios sólo serían municipales si la energía eléctrica o el gas que se generara se distribuyera y vendiera en el mismo municipio. Ello sería posible en el caso de un Municipio cuya agua proviniera, exclusivamente, de pozos o que tuviera una planta local de generación de electricidad. En el caso del gas, siempre será un servicio nacional, pues la generación del mismo proviene de jurisdicciones distintas.

Argumentaciones similares pueden realizarse respecto de los servicios de transporte, de abastecimiento y mercadeo, y de aseo urbano. Sólo los servicios funerarios y de cementerios serían estrictamente locales.

Esta norma de la Ley Orgánica de Régimen Municipal, por tanto, requiere no sólo de una interpretación racional, sino de una modificación urgente que clarifique la intención del legislador, si es que puede identificarse alguna, la cual no podría ser contraria a los artículos 29 y 30 de la Constitución.

C. Las obligaciones mínimas en la prestación de servicios

En esta materia de servicios públicos, sin embargo, y a pesar de las limitaciones antes comentadas, la Ley Orgánica prescribe obligaciones mínimas *para poblaciones* de más de 1.000 habitantes y de más de 5.000 habitantes, que corresponden o al Municipio respectivo, si la competencia es municipal, o al Poder Nacional, si la competencia es nacional, conforme a las limitaciones señaladas y reguladas en el artículo 7°.

En efecto, el artículo 9° establece que el Municipio o el Poder Nacional deben prestar obligatoriamente, en los núcleos urbanos de más de 1.000 habitantes, los siguientes servicios mínimos: abastecimiento de agua, alumbrado en las vías urbanas y electricidad para alumbrado domiciliario; construcción, conservación y reparación de vías urbanas;

cementerios, aseo urbano y cooperación y asistencia en los servicios educacionales y médico–asistenciales.

Por su parte, el artículo 10 de la Ley prescribe que en los núcleos urbanos de más de 5.000 habitantes, el Municipio respectivo o el Poder Nacional, deben prestar obligatoriamente, además de los antes mencionados, los siguientes servicios: abastecimiento domiciliario de agua potable, cloacas y alcantarillado, matadero, mercado público, servicio contra incendio, campos deportivos, plazas y parques públicos, plano de desarrollo urbano local y nomenclatura y señalización urbana.

D. La forma de prestación

La Ley Orgánica, por último, establece las diversas formas de prestación de los servicios públicos municipales, por supuesto cuando tengan este carácter y no se consideren como "nacionalizados". Estas formas de prestación son las siguientes conforme al artículo 12: prestación directa por el Municipio; prestación por organismos, empresas o fundaciones de carácter municipal mediante delegación o contrato; prestación por organismos, empresas o fundaciones de carácter estadal o nacional, mediante contrato; y prestación mediante concesión otorgada en licitación pública.

En los casos de concesiones administrativas de servicios públicos, el artículo 13 detalla las condiciones mínimas de las mismas en cuanto al plazo, precio, participación, garantías, tarifas, supervisión, intervención, revocación y reversión.

3. La ordenación urbanística

Además de la competencia en materia de servicios públicos, la Ley Orgánica regula la competencia municipal en materia de ordenación urbanística, estableciendo una precisión de la concurrencia de esta competencia con el Poder Nacional.

En tal sentido, el ordinal 3° del artículo 7 de la Ley atribuye a los Municipios competencias para elaborar planes de desarrollo urbano local, en acuerdo con las normas y procedimientos técnicos establecidos por el Poder Nacional, de acuerdo al artículo 136, ordinal 14° de la Constitución. Ahora bien, la norma agrega que "estos planes entrarán en vigencia una vez aprobados por la autoridad nacional competente para establecer, coordinar y unificar dichas normas y procedimientos, de conformidad con lo dispuesto en el ordinal 14° del artículo 136 de la Constitución". En todo caso, toda modificación a estos planes será igualmente sometida a la aprobación del organismo nacional competente.

Además, en esta materia, el ordinal 4° del artículo 7 de la Ley Orgánica atribuye competencia a los Municipios en materia de arquitectura civil, nomenclatura y ornato público, de conformidad con el mismo ordinal 14° del artículo 136 de la Constitución. En todo caso, de conformidad con el artículo 10 de la Ley Orgánica, en los núcleos urbanos con más de 5.000 habitantes es obligatorio el Plano de Desarrollo Urbano local y la nomenclatura y señalización urbana.

4. La policía municipal

La Ley Orgánica también atribuye a los Municipios en el ordinal 13° del artículo 7, competencia en materia de "servicios de policía municipal, que tendrán a su cargo la vigilancia y control de las actividades relativas a las materias de la competencia municipal'". También serían competencias que encuadran dentro del concepto de policía administrativa, la regulación de la circulación urbana y el régimen de los espectáculos públicos y publicidad comercial.

5. El fomento administrativo municipal

Por último, el artículo 7 de la Ley Orgánica define una serie de competencias municipales que encuadran en el campo del fomento administrativo: organizar y promover las ferias y festividades populares y sitios de recreación; proteger y estimular las actividades dirigidas al desarrollo del turismo local (ord. 8°); y la regulación y organización de los institutos populares de crédito, con las limitaciones que establezca la legislación nacional (ord. 11°).

Sección Segunda: SOBRE EL RÉGIMEN JURÍDICO DE LA ACTIVIDAD DE POLICÍA ADMINISTRATIVA (1991)

Esta Sección segunda es el texto del artículo sobre "Consideraciones sobre el régimen jurídico de la actividad de policía administrativa," publicado en *Revista de Derecho Público*, Nº 48, Editorial Jurídica Venezolana, Caracas, octubre–diciembre 1991, pp. 51–66.

Dentro de los cometidos del Estado, además de la actividad de servicio público, de la actividad de fomento y de la actividad de gestión económica se destaca por su importancia y omnipresencia, la actividad de policía, que al igual que los otros cometidos públicos, corresponde a todos los órganos del Estado en sus tres niveles territoriales: nacional, estadal y municipal.

Estas líneas tienen por objeto hacer unas consideraciones generales sobre esta actividad de policía administrativa desde el punto de vista jurídico, a cuya efecto analizaremos, en primer lugar, la noción de policía administrativa; en segundo lugar, la competencia en materia de policía, particularmente en el ámbito municipal; y en tercer lugar, las bases del régimen jurídico de esta actividad del Estado.

I. LA NOCIÓN DE POLICÍA ADMINISTRATIVA

1. Fundamento constitucional

El fundamento constitucional de la actividad de policía del Estado, está en el artículo 43 del Texto Fundamental, que regula la libertad, pues esta actividad pública, en su desarrollo está esencialmente vinculada a la idea de libertad. En efecto, esa norma constitucional regula la libertad como el derecho de todos al libre desenvolvimiento de la personalidad, sin más limitaciones que las que derivan del derecho de los demás y del orden público y social.

De acuerdo a la Exposición de Motivos de la Constitución, esta disposición, redactada en esa forma, sustituyó el viejo y tradicional enunciado de la libertad, que consiste en que todos pueden hacer lo que no perjudique a otro; nadie está obligado a hacer lo que la ley no ordene y nadie está impedido de ejecutar lo que ella no prohíba.

Ahora bien, esta idea de la libertad, con todas las limitaciones que implica es, sin duda, el fundamento de la actividad de policía del Estado, pues ésta tiene por objeto velar por el mantenimiento del orden público y social, que es el primer límite de la libertad y, además, velar por el respeto de los derechos de los demás, que es el segundo límite de la libertad.

Por tanto, esta actividad del Estado de velar por el mantenimiento del orden público y social y por el respeto mutuo de los derechos constitucionales implica, en primer lugar, la necesaria existencia de la libertad, pero no de una libertad ilimitada, sino de una libertad sujeta a limitaciones y conforme al principio constitucional de la reserva legal, estas limitaciones a los derechos y libertades constitucionales sólo pueden ser establecidos por ley formal. Por tanto, toda actividad de policía requiere previamente de una "regulación de policía" que sólo puede ser establecida mediante ley formal, pues el establecimiento de limitaciones a los derechos individuales está reservado al legislador. Por otra parte, la regulación de policía, además de establecer las limitaciones a los derechos para resguardar el orden público y el respeto de los derechos de los demás, es la que puede establecer la posibilidad de que en el ejercicio de esta actividad policial, con los fines mencionados, los órganos públicos puedan hacer uso de la fuerza pública.

2. La finalidad de la policía administrativa

Ahora bien, de acuerdo a la norma constitucional citada, en la cual, insistimos, está el fundamento de la actividad de policía del Estado, ésta tiene una finalidad específica que es, en primer lugar, el mantenimiento del orden público y social; en segundo lugar, el aseguramiento del respeto de los derechos de las personas, es decir, la protección de la vida, de la honra y de los bienes de las personas; y, en tercer lugar, el evitar el abuso de la libertad de cada quien, en perjuicio tanto del derecho de los demás como de la propia colectividad. Por tanto, es de la esencia de la actividad de policía el compatibilizar el ejercicio de los respectivos derechos ciudadanos, de manera que el ejercicio de la libertad y los derechos por unos, no lesione el derecho de otros, ni lesione a la colectividad en general.

El orden público y social, por tanto, está en la base de toda actividad de policía, configurándose por el conjunto de condiciones de seguridad, de tranquilidad, de salubridad y de moralidad públicas, que hacen posible la vida social ordenada en un momento y lugar determinados.

Por supuesto, ese orden público que concierne a la policía, es el orden material y exterior, considerado como un estado de hecho opuesto al desorden o al estado de turbulencia. Siendo una situación material exterior, no conciernen a la actividad de policía, en general, los desórdenes del espíritu o los desórdenes de conciencia que alguien pueda tener. Ello no compete a la policía, salvo que tengan manifestaciones externas que puedan afectar el derecho de los demás o a la colectividad en general.

Por ello, tampoco conciernen a la policía, en principio, los desórdenes domésticos o domiciliarios, salvo que tengan manifestaciones externas y que, por el desorden, puedan provocar lesión a los derechos ciudadanos de otras personas que, incluso, puedan formar parte de la vida doméstica concreta. De allí que, incluso, una de las excepciones constitucionales a la inviolabilidad del domicilio, sean las visitas sanitarias que pueden efectuar las autoridades en las residencias y domicilios, con la sola exigencia del previo aviso por parte de los funcionarios que las realicen (artículo 62, Constitución).

3. Manifestaciones del orden público

Ahora, esa noción del orden público como situación material externa, está condicionada, como se señaló, por las tradicionales nociones de tranquilidad, seguridad, salubridad y moralidad públicas, las cuales aún siguen siendo la base de la actividad de policía, sobre todo de la policía municipal. De allí que, por ejemplo, la vieja ordenanza de Policía Urbana y Rural del Distrito Federal de 1926, en su artículo 1 señale que la Policía Municipal es el ramo de la Administración Pública que tiene por objeto garantizar la seguridad, tanto de las personas, como de la propiedad, la moralidad, salubridad y el orden público en el Distrito Federal.

En este contexto, debe entenderse por tranquilidad pública, la paz y el orden exterior en la vía pública, lo que, incluso, implica, por ejemplo, hasta control de ruidos molestos. Por seguridad pública debe entenderse la seguridad de personas y de bienes y propiedades, para prevenir los ataques contra la integridad física de personas y de las cosas, lo que implica, por ejemplo, actividades de prevención de accidentes y de defensa civil. Por salubridad pública debe entenderse la situación de las personas, de los bienes, de las vías públicas o de los animales, para salvaguardar la salud y la higiene públicas. Esta noción implica el saneamiento de zonas, lucha contra focos de infección y todo el conjunto normativo y de actividad de salubridad, como por ejemplo las relativas a inmuebles, normas de construcción, aseo o regulación del uso de los recursos hidráulicos para actividades urbanas. Por último, por moralidad pública debe entenderse la situación del mantenimiento de las buenas costumbres y de la represión de hechos inmorales.

Por supuesto, la noción de orden público vinculado a las nociones de tranquilidad, seguridad, salubridad y moralidad públicas, no es un concepto estático, sino que varía en tiempo y lugar. De allí que lo que pudo haber sido, por ejemplo, una conducta inmoral hace varias décadas, hoy puede que no lo sea, porque han cambiado las costumbres y ha cambiado la forma de percibir las relaciones individuales en el medio social.

4. Carácter de la policía administrativa

Otra noción que hay que destacar al referirnos a la actividad de policía es el carácter de esta actividad estatal. Normalmente se dice que la actividad de policía administrativa es una actividad de carácter preventivo, en contraposición a la policía judicial, que sería de carácter represivo. Sin embargo, esta es una forma equivocada de enfocar el asunto, pues la actividad de policía administrativa tiene el carácter de ser tanto preventiva como represiva.

En efecto, en primer lugar, es una actividad del Estado esencialmente preventiva en el sentido de que tiene por objeto *evitar* que se produzcan desórdenes o trastornos del orden público y social y, por tanto, implica la adopción de medidas de seguridad, de regulación de actividades que representen peligro al orden público, y la adopción de medidas para preservar ese orden. De allí que la actividad de vigilancia sea fundamental dentro de la actividad de policía para prevenir las manifestaciones contrarias al orden público.

En consecuencia, dentro de las funciones más importantes de la policía administrativa está la de vigilancia general, particularmente en el campo local, para asegurar el bienestar de la colectividad evitando que pueda ser perturbado con acciones individuales o colectivas, y para evitar las infracciones a los derechos y libertades individuales de los ciudadanos.

Pero la actividad de policía administrativa no se agota en una actividad preventiva, también y en segundo lugar, es una actividad represiva, en el sentido de que tiene por objeto *restablecer* el orden público cuando éste ha sido violado y vulnerado, La policía, así, tiende a eliminar, en su actividad represiva, las perturbaciones al orden que se hayan producido y a restablecer dicho orden, incluso mediante la utilización de la fuerza pública y de medidas coactivas, lo que implica la posibilidad de ejercicio de coacción sobre personas o sobre bienes con ese objetivo del restablecimiento del orden público.

En todo caso, sí hay una diferencia entre la policía administrativa y la policía judicial, la cual radica en el hecho de que la policía judicial sólo interviene cuando se ha cometido un hecho punible y, por tanto, es una actividad de preparación para la represión judicial en el sentido de que la policía judicial no es policía preventiva ni puede ni debe cumplir funciones de policía preventiva. Es una policía de preparación de la represión judicial que se realiza de manera posterior a la comisión de hechos punibles. Esa es, en realidad, la diferencia entre la policía administrativa y la policía judicial.

5. Clases de policía administrativa

La policía administrativa, como cometido esencial del Estado, puede ser clasificada en varias formas.

A. La policía administrativa en sentido material y en sentido subjetivo (orgánico)

En primer lugar, puede distinguirse la noción de policía administrativa según se la enfoque desde el punto de vista objetivo o desde el ángulo subjetivo. Así, al hablar de policía podemos referirnos tanto a una actividad del Estado como a un conjunto de órganos o un cuerpo de funcionarios que ejercen esta actividad en forma específica.

Esencialmente, la actividad de policía administrativa es una *actividad del Estado,* que corresponde a todos sus órganos. Toda entidad estatal, por esencia, realiza una actividad de policía en el sentido de velar por el orden público y social o por el respeto de los derechos de los demás. Por ello, la policía no es sólo un conjunto de funcionarios uniformados, sino que ante todo es una actividad del Estado que corresponde a todos sus órganos en relación a las competencias que les corresponden y a las actividades que realicen, siempre que las mismas tengan relación con el orden público y social y con el respeto a los derechos de los ciudadanos.

En esta forma, basta consultar la Constitución para constatar que el ejercicio de las competencias que se enumeran en los artículos 136 (Poder Nacional), 17 (Estados) y 30 (Municipios), da origen a actividades que, en general, al tener que ver con las conductas ciudadanas, siempre llevan aparejada una actividad de policía. En estas normas está el fundamento de la noción de policía administrativa en el sentido objetivo, como actividad.

Pero también, por supuesto, la noción de policía administrativa tiene una connotación subjetiva u orgánica. Aquí nos referimos al conjunto de órganos y de sujetos que realizan específicamente esas actividades estatales, es decir, bajo este ángulo se habla de la policía como "cuerpos" o "fuerzas de policía".

El sentido también se deduce de la propia Constitución donde, incluso, en el artículo 134 se hace referencia a las "fuerzas de policía" que deben crearse en los Estados y Municipios de acuerdo a la ley, o en los artículos 17 y 137, donde se hace referencia a los "servicios de policía", noción que tiene una connotación orgánica, referida a órganos de policía, que también existen en los tres niveles territoriales del Estado, el nacional, el estadal y el municipal.

En todo caso, debe quedar claro que no siempre los órganos de policía, las fuerzas de policía, o los cuerpos de policía son *cuerpos uniformados* de policía de seguridad. Piénsese sólo en la policía sanitaria, formada por un cuerpo de funcionarios del Ministerio de Sanidad y Asistencia Social, a los que corresponde velar por el mantenimiento de la salud y de la salubridad, por ejemplo, de alimentos y bebidas. Piénsese también en los cuerpos de policía formados por inspectores de espectáculos públicos a nivel local, o los inspectores de construcciones y urbanismo de las ingenierías municipales, a los que corresponde realizar una actividad típica de policía en el campo del control urbanístico local.

Por tanto, aun cuando subjetivamente se puede hablar de cuerpos o fuerzas de policía, no siempre éstos son cuerpos uniformados y armados, sino que lo general es que haya cuerpos de policía que realizan esa función sin la necesidad de un uniforme o un arma.

B. La policía general y las policías especiales

Otra forma de analizar el tema de la clasificación de la policía administrativa es distinguiendo entre la llamada policía general y las policías especiales.

La policía general se identifica, normalmente, con la policía municipal, vinculada a la noción clásica del orden público: seguridad, salubridad, tranquilidad y moralidad públicas. Esa viene a ser, en realidad, la policía general en su sentido tradicional, normalmente de la competencia estadal y municipal.

Pero, paralelamente a la policía general, debido al progreso de la vida económica y social, de las relaciones sociales y de las actividades colectivas, la misma noción de orden público ha ido ampliándose, abarcando otros campos. Como ya señalamos, la noción de orden público no es estática, sino que va evolucionando y, al ampliarse, han surgido las llamadas policías especiales para atender aspectos específicos de ese orden público y social: policía de fronteras, policía industrial, policía fiscal, policía de licores, policía minera, policía aduanera, policía de la identificación y de control de extranjeros, etc. Todas éstas son policías especiales dentro de la actividad del Estado.

Gran parte de estas policías especiales las ha asumido, a nivel nacional, una de las cuatro Fuerzas de las Fuerzas Armadas Nacionales, las Fuerzas Armadas de Cooperación o Guardia Nacional. Por ello, como cuerpo de policía, puede considerarse como una de las policías nacionales con base en la vieja Ley del Servicio Nacional de Seguridad de 1938 y que tiene a su cargo actividades de policía especial, como por ejemplo, en materia ambiental, forestal, de tránsito, de resguardo, de licores e incluso de drogas, aun cuando no con carácter exclusivo.

C. La Policía Nacional, la Policía Estadal y la Policía Municipal

Por último, también puede establecerse otra distinción entre las policías administrativas de acuerdo a la distribución vertical del Poder Público. Así, puede hablarse, en primer lugar, de policías nacionales, que serían, por ejemplo, la Guardia Nacional, en el campo de las policías especiales y de cooperación en la policía general; la Dirección General de los Servicios de Inteligencia y Prevención (DISIP), en el campo de la policía de seguridad, particularmente de seguridad del Estado; la policía, militar. En segundo lugar, están las policías estadales que, como cuerpos de policía, realizan funciones en materia de orden público general. Y en tercer lugar, las policías municipales, también con competencia en materia de orden público general.

Hay, por tanto, tres niveles de policías que derivan de la distribución vertical del Poder Público conforme a nuestro sistema federal y descentralizado.

II. LA COMPETENCIA EN MATERIA DE POLICÍA Y LA POLICÍA MUNICIPAL

Ahora bien, conforme a ese sistema de distribución del Poder Público, puede decirse que la competencia pública en materia de policía es una competencia concurrente entre los tres niveles territoriales del Estado; y por su significación es, además, una competencia histórica y esencialmente local.

1. El carácter esencialmente concurrente de las competencias en materia de policía

En efecto, ante todo debe señalarse que las competencias estatales en materia de policía son competencia necesariamente concurrentes, en el sentido de que la actividad de policía no es una actividad exclusiva de ningún nivel territorial u órgano del Estado sino que le corresponde a todos sus órganos y, por tanto, corresponde a los tres niveles de distribución del Poder. Por eso hay competencias nacionales, estadales y municipales en materia de policía, las cuales están vinculadas a las actividades que, de acuerdo a la Constitución, se distribuyen en los tres niveles.

A. Las competencias nacionales en materia de policía

De acuerdo con el artículo 136 de la Constitución y sin analizar ahora la innumerable cantidad de leyes donde hay regulaciones específicas en la materia, resulta claramente que en el nivel nacional hay competencias específicas en materia de policía general y de policías especiales.

En cuanto a la policía general, el ordinal 2 de dicho artículo consagra una tarea propia de policía de seguridad al atribuir al Poder Nacional la competencia en materia de conservación de la paz pública y la recta aplicación de las leyes en todo el territorio nacional. Esta atribución, sin la menor duda, le asigna al Poder Nacional una competencia en materia de policía general y, particularmente, en materia de policía de seguridad.

Pero además, si se analiza detenidamente el mencionado artículo 136 de la Constitución la enumeración de las competencias que contiene lleva a la identificación de una multitud de policías especiales: policía de extranjeros (ordinal 4), policía de identificación (ordinal 5), policía monetaria (ordinal 7), policía fiscal (ordinal 8), policía aduanera (ordinal 9) policía rural –cuando habla de preservación de montes, aguas, recursos naturales– (ordinal 10, policía minera (ordinal 10), policía de pesas y medidas –que era una competencia tradicional municipal que en la Constitución de 1961 fue nacionalizada, sobre todo al regularse el sistema de metrología legal– (ordinal 12), policía de la educación (ordinal 16), policía sanitaria (ordinal 17), policía agropecuaria (ordinal 18) y policía de los transportes (ordinal 20). Todas éstas son actividades que dan origen a policías especiales, muchas de ellas de ejercicio concurrente entre el Poder Nacional y los estados y municipios.

Además, la Constitución, luego de enumerar las competencias que dan origen a actividades de policía general y de policías especiales, en el ordinal 59 del artículo 136 se refiere a los "servicios de policía nacional", con una connotación no tanto de actividad del Estado sino más bien en sentido subjetivo, como cuerpos de policía nacional. Sin embargo, aún no se ha dictado en el país una Ley de policía nacional o una Ley nacional de policía, como existe en cualquier país desarrollado jurídicamente. En Venezuela, puede decirse que no se ha dictado a nivel nacional ni una sola ley general en materia de policía, dejando a salvo las viejas regulaciones relativas a la Guardia Nacional y las regulaciones en materia de policías especiales que existen dispersas en todas las leyes especiales.

B. La competencia estadal en materia de policía

El segundo nivel de competencia territorial es el nivel estadal. La Constitución, en el artículo 17, ordinal 5, le atribuye a los Estados lo que puede considerarse como la única de las competencias sustantivas que enumera dicha norma, porque todas las demás son de carácter formal, y es la de organizar la policía urbana y rural, y la determinación de las ramas de este servicio atribuidas en la competencia municipal.

En esta forma, a nivel de los Estados tendría que haber una regulación que determine y que regule las actividades de policía urbana y rural que corresponden a las gobernaciones de los Estados y a sus autoridades, y que además determine las actividades de este servicio que corresponde al ámbito municipal. Sin embargo, ningún Estado de la República, en la época contemporánea, ha regulado su actividad de policía ni ha establecido regulaciones en materia de policía urbana y rural. En los Estados, ciertamente, aún quedan como reminiscencias reguladoras, unos viejos monumentos jurídicos que existieron durante el siglo pasado, que son los viejos Códigos de Policía, donde se encuentran todavía las regulaciones básicas de la policía estadal y municipal. Sin embargo, son Códigos que no han sido actualizados, con regulaciones sobre materias, muchas de las cuales han sido nacionalizadas y reguladas por leyes especiales y que son ejercidas como competencias nacionales; o sobre materias o actividades que ya no existen.

El equivalente a los viejos Códigos de Policía de los Estados, en el Distrito Federal, es la vieja Ordenanza de Policía Urbana y Rural del Distrito Federal de 1926. Todavía ahí se regulan las formas de las carrozas y los carruajes y la circulación de las bestias por las calles de Caracas. Sin embargo, es un texto vigente que ni siquiera ha sido reformado en los últimos 70 años. En esta misma situación se encuentran todos los Códigos de Policía de los Estados, que tendrían que ser reformados para adaptarlos a las situaciones actuales.

En todo caso, los Estados, aparte de la competencia general en materia de policía urbana y rural, tienen la potencialidad de ejercer una serie de competencias enumeradas en la Ley Orgánica de Descentralización, Delimitación y Transferencia de Competencias de los Poderes Públicos de 1989, texto que les abre la posibilidad como cuerpos territoriales intermedios, para ejercer una serie de actividades que conllevan a tareas de policía administrativa.

La Ley de Descentralización, en efecto, en el artículo 4, establece que podrán ser asumidas por los Estados cuando celebren los convenios respectivos con los órganos del Poder Nacional, una serie de competencias concurrentes, entre las cuales originan actividades de policía las siguientes: la defensa civil, la protección de la familia y de los menores; la educación; salud pública (policía sanitaria); la promoción de la industria, la agricultura y el comercio (por ejemplo, protección al consumidor, que no es otra cosa que policía de precios en el comercio); conservación y mejoramiento del ambiente y de los recursos naturales (policía ambiental y de los recursos naturales renovables) y ordenación del territorio.

A esta enumeración, la Ley agrega las competencias nacionales que, conforme al artículo 11, se transfieren a los Estados y que éstos asumirán cuando las Asambleas Legislativas dicten las leyes respectivas. En esa enumeración está el aprovechamiento de los minerales no metálicos, que puede abrir el campo para una nueva policía minera; y la asunción de competencias en materia de carreteras, puentes, autopistas, puertos y aeropuertos, que puede abrir el campo para una policía de circulación y transporte.

En materia de policía, sin embargo, la Constitución no sólo establece la competencia genérica de los Estados en materia de policía urbana y rural, a lo cual se agregan las competencias enumeradas en la Ley de Descentralización, sino que también hace referencia expresa a los servicios de policía de los Estados. En efecto, en el artículo 137 de la Constitución, se precisa que los Estados y Municipios sólo pueden organizar sus fuerzas de policía de acuerdo con la Ley, haciendo referencia evidente a la policía como conjunto orgánico y que, en el ámbito estadal y municipal, en principio, la ley tendría que regularla.

Sin embargo, en la actualidad no existe ley alguna que regule la forma de constitución de las fuerzas de policía de los Estados; éstas existen desde antes de la entrada en vigencia de la Constitución. Posteriormente, sin embargo, no se ha dictado ley alguna que regule nada concerniente a las fuerzas de policía de los Estados.

La situación es distinta a nivel municipal, donde sí hay una norma contenida en el artículo 36, ordinal 16, de la Ley Orgánica de Régimen Municipal, que le atribuye a los Municipios la competencia para crear los servicios que tendrán a su cargo la vigilancia y control de las actividades relativas a las materias de competencia municipal, donde, sin duda, puede ubicarse el fundamento legal para la creación de las fuerzas o cuerpos de policía municipales.

Sin embargo, a nivel estadal, la Constitución estableció la competencia de los Estados para organización de la policía urbana y rural y la determinación de las ramas de este servicio que corresponde al nivel estadal y municipal, precisamente para no sobrecargar financieramente a los Municipios.

Así, la Exposición de Motivos de la Constitución dice al respecto que:

> "La competencia estadal, en materia de policía (que se atribuye en el artículo 17) es el resultado del análisis de la realidad. En las circunstancias actuales (las de comienzos de los sesenta) es evidente que una policía municipal, con las limitaciones inherentes a las posibilidades del Municipio, carece de la capacidad necesaria para atender a todo el requerimiento del orden público. De hecho existe en cada Estado una policía convenientemente dotada, pagada por el teso– soro estadal, y cuyo sostenimiento sería injusto hacer gravitar sobre el Fisco Municipal de la capital del Estado, ya que debe prestar servicio en cualquier lugar del territorio del mismo. Ello no implica la eliminación de la policía municipal que corresponde a la propia índole de los servicios desarrollados por el Municipio".

En consecuencia, queda claro que la intención del constituyente, a pesar de la creación de las policías estadales, no fue en forma alguna la eliminación de la policía municipal.

C. La competencia municipal en materia de policía

En efecto, la competencia municipal en materia de policía puede decirse que es una competencia de la esencia del Municipio y que corresponde a las materias propias de la vida local que se enumeran en el artículo 30 de la Constitución. En efecto, allí se atribuye al Municipio competencia en materia de abastos, circulación, salubridad, asistencia social, turismo y policía municipal, por lo que son propias de la vida local las atribuciones del Municipio en materia de policía del urbanismo, de abastos y mercados, de circulación, de salubridad y de turismo.

Por ejemplo, en materia de circulación, la policía debe ser esencialmente local, por lo que desde el punto de vista institucional, puede decirse que es una alteración constitucional la idea de que debe haber una "Inspectoría Nacional del Tránsito" que se ocupe de la circulación en las ciudades. Ello no tiene sentido. Esa Inspectoría sólo tendría sentido en los ámbitos de la circulación que son por esencia nacionales, por ejemplo, el otorgamiento de placas, y de licencias y títulos, que antes eran de la competencia local; pero regular las horas de circulación en una ciudad, como el contenido en el derogado Decreto denominado del "Día de parada" no puede ser competencia nacional. Ese aspecto es parte esencial de la policía municipal de circulación, que tiene por objeto decidir cómo y dónde, a qué hora y en qué forma se puede circular por las calles urbanas. Esa es competencia de los cuerpos de policía municipal en todas partes del mundo. Sin embargo, en general, en nuestro país tenemos cuerpos de policía municipal que no se ocupan del tránsito ni de la circulación en las ciudades, y pretendemos que un cuerpo nacional de policía de circulación se ocupe de ello.

2. El carácter esencialmente municipal de la policía administrativa

En todo caso, la actividad de policía administrativa no sólo es una competencia concurrente entre los tres niveles territoriales del Estado, sino que, en definitiva, es una actividad esencialmente municipal; es la actividad más propia de la vida local, porque el Municipio es el que está más cerca del ciudadano, más cerca de su actividad y, particularmente, más cerca de su actividad urbana.

Así, en el ámbito municipal debe agregarse a las competencias que están enumeradas en la Constitución y que dan origen a actividades de policía, las que detalla el artículo 36 de la Ley Orgánica de Régimen Municipal. Ahí se atribuyen al Municipio competencias en materia de acueductos, cloacas, drenajes y tratamiento de aguas residuales (ordinal 1), lo que constituye una típica actividad de policía de salubridad local.

También se enumera la competencia municipal en materia de urbanismo, construcciones, arquitectura, ornato público (ordinal 3), lo que origina una típica actividad de policía de control del desarrollo urbano y de las construcciones, de la adecuación de éstas a las normas urbanísticas, del control de edificios ruinosos, actividades todas típicamente de policía urbana. Otra competencia de los Municipios es en materia de usos de las vías públicas, sitios de recreación, parques y jardines, que dan origen a actividades típicamente de policía urbana. También atribuye la Ley Orgánica al Municipio, competencia en materia de ordenación del tránsito de vehículos y de personas en la vía pública (ordinal 6), típica actividad de policía de circulación. Adicionalmente, se atribuye al Municipio competencia en materia de servicios de transporte público urbano de pasajeros (ordinal 7), típica actividad que da origen a una policía de los transportes en el campo municipal. También son competentes los Municipios en materia de abastos, mataderos y mercados, lo que origina una típica actividad de policía de abastos. El artículo 36 de la ley también asigna a los Municipios competencia en materia de espectáculos públicos y publicidad comercial (ordinal 9), lo que da origen a la policía de moralidad y seguridad públicas. Corresponde también al Municipio la protección del ambiente y la cooperación en el saneamiento ambiental (ordinal 10), el aseo urbano y domiciliario (ordinal 12), y los cementerios (ordinal 15), lo que da origen a una actividad de policía general de salubridad. Por último, la ley atribuye al Municipio competencia en materia de protección civil y de servicios de prevención y lucha contra incendios (ordinal 13), todas originantes de típicas actividades de policía municipal de seguridad.

En todo caso, todas estas otras actividades de policía, unas generales y otras especiales, corresponden a todos los órganos del Municipio a través de sus funcionarios y sus organizaciones.

Pero aparte de esas actividades que corresponden a todos los funcionarios y órganos del Municipio, la ley atribuye a la competencia municipal, también, el crear servicios que tengan a su cargo la vigilancia y control de las actividades relativas a las materias de la competencia municipal y, dentro de esos servicios, sin duda, está la creación de una policía municipal como policía uniformada para la realización de actividades de policía general: mantenimiento y restablecimiento de la tranquilidad, seguridad, salubridad y moralidad públicas. Sin embargo, y en definitiva, estos cuerpos de policía serán siempre paralelos a otros cuerpos del servicio de policía que tienen que existir en el Municipio, como serían, por ejemplo, el cuerpo de inspectores de la ingeniería municipal, con funciones de policía de urbanismo y de construcción.

En todo caso, de la enumeración del artículo 36 de la Ley Orgánica de Régimen Municipal resulta que básicamente, en la Ley lo que se regula es un conjunto de competencias de los Municipios en materia de policía urbana. En realidad hay muy pocas regulaciones en materia de policía rural, salvo la competencia general de seguridad, salubridad, tranquilidad y moralidad públicas, es decir, de policía general que los cuerpos de policía municipal pueden realizar también fuera de las áreas urbanas, es decir, en las áreas rurales del Municipio respectivo. En todo caso, aparte de ello, no hay otras regulaciones en materia de policía rural, salvo las que contienen a nivel estadal las tradicionales regulaciones de los Códigos Orgánicos de Policía donde se establecen normas sobre policía rural: en materia de ganadería, de cercas, de compatibilidad de uso para cultivo y cría de animales, etc.

En efecto, en estos Códigos Orgánicos de Policía de los Estados se regulan muchas actividades, por ejemplo, en materia de control ambiental y de recursos naturales, reguladas en leyes nacionales como la Ley Forestal, de Suelos y Aguas y la Ley Orgánica del Ambiente. Sin embargo, son normas que, si bien son nacionales, y hay organismos nacionales encargados de ejecutarlas, está prevista su transferencia en parte a los Estados, siendo, además, competencias concurrentes como resulta de la enumeración del artículo 36 de la Ley Orgánica de Régimen Municipal.

III. RÉGIMEN JURÍDICO–ADMINISTRATIVO DE LA POLICÍA ADMINISTRATIVA

La actividad de policía, como actividad esencial del Estado, es una actividad que necesariamente tiene que estar sometida a un régimen jurídico preciso que en la actualidad no está adecuadamente regulado, y ello, particularmente, por el hecho de que afecta o tiene relación con los derechos y libertades individuales. Por ello destacamos el contenido del artículo 43 de la Constitución, donde está el fundamento de la actividad de policía como limitativa de derechos fundamentales para mantener el orden público y para asegurar el respeto de los derechos de los demás.

Por tanto, la actividad de policía, al afectar las libertades y los derechos de las personas con la finalidad de mantener el orden público y el respeto de los derechos de los demás, tiene que estar sometida a una estricta regulación legal a los efectos de determinar hasta dónde puede llegar el ejercicio de los derechos individuales, de manera que el ejercicio de éstos no signifique desorden o perjuicio a la colectividad, ni signifique que el ejercicio de los derechos por algunos se haga en perjuicio de los demás, evitándose así que haya abuso de la libertad. Todo ello tiene que estar establecido en normas de rango legal.

En efecto, si la libertad es el derecho de todos de hacer lo que no perjudique a otros, en alguna norma tiene que estar regulado lo que pueda perjudicar a otro o a otros o a la colectividad. Si hemos dicho, además, que la libertad es la situación de las personas de no estar obligadas a hacer lo que la ley no ordene; por tanto, para que pueda haber una orden de hacer emanada de una autoridad o funcionario dirigida a un ciudadano, es necesario que estén legalmente reguladas las obligaciones legales en beneficio de la colectividad o para proteger a otros y las competencias de los órganos respectivos. Sólo así la autoridad de policía puede ordenar.

Asimismo, si hemos dicho que la libertad es también el que nadie esté impedido de ejecutar lo que la ley no prohíba, para que pueda haber una orden de no hacer emanada de una autoridad, tiene que haber una regulación que prohíba o restrinja determinadas actividades y que atribuya a dicha autoridad suficiente competencia para actuar en ese caso.

Por eso, necesariamente, toda actividad de policía exige e implica una regulación normativa previa fundamental de la actividad, para que pueda saberse hasta dónde puede llegar la actividad de un individuo, de manera que no signifique lesión al orden público y que no signifique lesión al derecho de los demás. La actividad de policía, por tanto, exige ante todo, una necesaria, clara y precisa regulación normativa que siempre implica limitación a los derechos fundamentales a los derechos y libertades.

1. La regulación legal de la actividad de policía

En efecto, tratándose de una regulación normativa que requiere limitar o restringir el ejercicio de los derechos y garantías constitucionales dentro de los marcos establecidos en la Constitución, es evidente que en esta materia se impone el principio de la reserva legal, en el sentido de que la regulación de la actividad de policía tiene que estar establecida mediante ley formal y no en reglamentos. Es decir, en el ámbito nacional, en un acto emanado de las Cámaras Legislativas actuando como cuerpos colegisladores (artículo 162, Constitución); en el nivel estadal, en una ley emanada de las Asambleas Legislativas en las materias de las competencias estadales, y en el nivel municipal, en ordenanzas emanadas de los Concejos Municipales respectivos.

Cuando se habla, por tanto, de regulación normativa de la actividad de policía al implicar ella una regulación de las libertades y derechos ciudadanos, lo que es de la esencia de la llamada reserva legal, sólo la ley puede establecer la regulación necesaria y no puede la autoridad administrativa, por vía de reglamento, sin fundamento en ninguna ley, regular y limitar actividades particulares.

Estas "leyes de policía" son las que pueden definir el orden público y sus componentes, que son variables; son las que pueden definir el modo y forma en que cada uno va a utilizar para sí lo suyo propio, de manera que no dañe a otros o no dañe a la colectividad; son las que pueden definir la forma y manera en que cada quien puede ejercer sus derechos, de manera que el ejercicio de los derechos no lesione el derecho de otros y no lesione al orden público; en fin, so las que pueden definir la forma y manera como el libre desenvolvimiento de la personalidad de cada quien, conforme al artículo 43 de la Constitución, no choque con el ejercicio del derecho de los demás y con el orden público y social, cuyo ámbito debe estar definido en esa ley.

Por tanto, no se concibe una actividad de policía ni un cuerpo de policía sin una legislación previa, porque la policía no es una posibilidad general de los funcionarios para prohibir u ordenar, sino una actividad esencialmente regulada en una ley previa sea nacional, estadal o municipal, que prevea cuál es el límite al ejercicio de derechos y libertades individuales para que no lesionen el orden público y social y los derechos de los demás. Además, por supuesto, es esa ley la que debe prescribir cuáles son los medios que tienen el Estado y sus autoridades de policía para prevenir el orden público o para restablecer el orden público que haya sido perturbado.

De ahí que la actividad de policía es una actividad esencialmente sometida a ley. Allí es donde, en nuestro criterio, el imperio de la ley debe prevalecer más que en cualquier otro, porque allí es donde hay más peligro para que la arbitrariedad florezca. Si no hay regulaciones legales precisas y si no hay precisión de los medios de policía que pueden utilizarse, estaríamos en el campo más propicio para la arbitrariedad administrativa.

Por ello insistimos en que la legislación previa requerida en materia de policía, no sólo debe consistir en un cuerpo normativo que limite derechos y libertades para impedir que su ejercicio perturbe el orden público y social y el derecho de los demás, sino en un conjunto normativo que establezca los medios de los cuales se pueden valer las autoridades para lograr el fin de la policía, es decir, el mantenimiento del orden público o restablecimiento del orden público violado.

Así que estas regulaciones legales de policía deben, ante todo, delimitar la noción de orden público y precisar cuáles son los valores esenciales de la sociedad cuya violación implique o se considere desorden y justifique la acción de la policía, lo que, como señalamos, varía en el tiempo y lugar. Y así, multitud de leyes regulan aspectos específicos del orden público como, por ejemplo, en el nivel nacional, la Ley Orgánica del Ambiente, la Ley Forestal, de Suelos y Aguas, la Ley de Tránsito Terrestre, la Ley de Minas, la Ley Orgánica de Seguridad y Defensa, etc. Asimismo, a nivel estadal, lo contenido en los viejos Códigos de Policías de los Estados y, en el ámbito municipal, las múltiples ordenanzas, por ejemplo, sobre construcciones y urbanismo, abastos, bomberos, cementerios, etc.

De lo anterior resulta claro, por tanto, que la actividad de policía es una actividad sometida al derecho, de carácter reglada, primero, en cuanto a la determinación de las limitaciones a los derechos y libertades para garantizar el orden público y para evitar la lesión de los derechos de los demás; segundo, en cuanto al establecimiento de los poderes de la autoridad de policía para dictar órdenes o no hacer, es decir, en cuanto a la regulación de las actuaciones materiales que la policía puede realizar; y, por último, en cuanto al establecimiento de las sanciones que pueden imponerse a los particulares cuando perturben el orden público y social y los derechos de los demás.

Es claro, por tanto, que conforme lo repite el artículo 10 de la Ley Orgánica de Procedimientos Administrativos, ningún acto administrativo puede crear sanciones ni modificar las que hubieran sido establecidas en la ley.

2. El régimen de la actividad de ejecución en materia de policía

Toda actividad de policía y todo acto administrativo de policía en el cual se establezcan una orden de hacer o una prohibición o que consista en imponer limitaciones, restricciones, prohibiciones o represiones tiene que tener un fundamento legal.

Ahora bien, en cuanto a las actuaciones materiales de la policía, éstas pueden consistir en coerciones sobre las personas o sobre los bienes o la propiedad y, necesariamente, han de estar prescritas en una ley.

En cuanto a las actuaciones materiales de policía sobre las personas, en cuantas éstas pueden consistir, por ejemplo, en privación de la libertad, mediante arresto, retención por accidentes de tránsito por tiempo limitado, o reclusión obligatoria en los casos de enfermedades de denuncia obligatoria. Puede tratarse también de una restricción a la libertad, como la expulsión de lugares públicos respecto de quien perturbe el orden público. Dentro de estas medidas de policía respecto de las personas, también están las obligaciones que pueden imponérsele a las personas, como, por ejemplo, la vacunación obligatoria; las limitaciones a la circulación, por cuarentena, por ejemplo; o las obligaciones de residencia en un lugar determinado. Todas estas medidas, para poder ser aplicadas, requieren de una regulación legal precisa, como las que existen en materia sanitaria y en los Códigos locales de policía.

En cuanto a las medidas de policía en relación a los bienes, éstas pueden consistir en la extinción de la propiedad, por ejemplo, mediante la medida de comiso, que puede implicar incluso la destrucción de las cosas; o mediante la destrucción de inmuebles que amenazan ruina. Puede tratarse, por ejemplo, de la paralización de una actividad, lo que afecta el patrimonio de una persona, como la clausura o el cierre temporal de un establecimiento, tanto en materia de protección al consumidor, como al medio ambiente o contra actividades dañinas. La patente municipal de industria y comercio, en su origen, no era otra cosa que el acto administrativo individual típico contentivo de una licencia de policía municipal otorgada al que va a realizar una actividad comercial o industrial.

Por último, en materia de medidas de policía sobre los bienes también están las multas, las cuales así como el arresto, el comiso, la destrucción de inmuebles, deben estar reguladas en normas de rango legal (leyes y ordenanzas).

Lamentablemente, en nuestro país no existe una ley o Código Nacional de Policía que establezca todas estas medidas, por lo que debe propugnarse una revitalización de los viejos Códigos de Policía de los Estados, y una reformulación de las Ordenanzas municipales para que quede bien regulado el ejercicio de estas medidas.

Este régimen legal que ha de regular las prohibiciones, restricciones y limitaciones a los derechos para mantener el orden público, y que permite la actuación material de la policía, y que necesariamente tiene que existir para que ésta pueda legítimamente producirse, implica que en este campo tenga una enorme importancia tanto el principio de la legalidad como el principio de la razonabilidad, pues en ellos está el límite a la actividad de policía y a la discrecionalidad de las medidas de policía.

A. La adecuación al principio de legalidad

En efecto, en cuanto a la adecuación al principio de la legalidad, es necesario tomar en cuenta, sobre todo cuando se ejerce la actividad de policía material, que ésta es una actividad sublegal que, por tanto, debe ajustarse a las leyes de policía (reserva legal), por lo que la autoridad administrativa no puede por vía de actividad material de policía administrativa, crear restricciones a los derechos y libertades. Como lo establece la Ley Orgánica de Procedimientos Administrativos, en su artículo 10: "Ningún acto administrativo podrá crear sanciones ni modificar las que hubieren sido establecidas en las leyes". En otras palabras, las sanciones en materia de policía, sólo pueden ser establecidas por ley formal y no en la vía administrativa, por el carácter sublegal de la actividad.

Otros principios de la Ley Orgánica de Procedimientos Administrativos son perfectamente aplicables a las actividades de policía administrativa. Por ejemplo, el respeto de la jerarquía de los actos administrativos, que se refuerza por la jerarquización de las fuerzas de policía, y que implica que el acto del inferior no puede violar lo establecido por el superior (artículo 13 LOPA). Está también el principio de la inderogabilidad singular de los reglamentos, también establecido en el artículo 13 de la Ley Orgánica de Procedimientos Administrativos, que implica que si existe un cuerpo normativo de carácter ejecutivo, no se puede pretender modificar ese cuerpo normativo por un acto de efectos individuales, así sea dictado por la misma autoridad que dictó el reglamento, siendo necesario reformar la norma para poder adoptar el acto individual. Otro principio fundamental en esta materia de policía administrativa es el de la irretroactividad de los actos administrativos, en el sentido de que la autoridad de policía puede cambiar de criterio en la aplicación de una ley, pero los nuevos criterios sólo pueden aplicarse a futuro, lo que significa que no se puede cambiar un criterio hacia el pasado y pretenderse, por ejemplo, sancionar una actividad acaecida con anterioridad al cambio de criterio (artículo 11 LOPA). También se destaca el principio del respeto a la cosa juzgada administrativa y de la irrevocabilidad de los actos administrativos creadores o declarativos de derechos.

B. La adecuación al principio de la razonabilidad

Pero lo más importante en materia de policía es la adecuación al principio de la razonabilidad, porque normalmente en la aplicación de las medidas de policía hay una buena carga de discrecionalidad, desde el momento en que con frecuencia la ley autoriza, por ejemplo, que se apliquen sanciones "según la gravedad de la falta". En estos casos, la apreciación de la gravedad de la actuación de los ciudadanos corresponde a la autoridad de policía y en esa apreciación el principio de la razonabilidad es fundamental para evitar actividades caprichosas o arbitrarias.

El principio fundamental en esta materia está también en la Ley Orgánica de Procedimientos Administrativos, en el artículo 12, que es un texto a tener en cuenta por todas las autoridades de policía, en todos los niveles. Establece esta norma que cuando una disposición legal o reglamentaria deje alguna medida o providencia a juicio de la autoridad competente, dicha medida o providencia deberá mantener la debida proporcionalidad, es decir, debe haber una proporción entre la acción administrativa y el hecho que la provoca; la adecuación al supuesto de hecho, es decir, correspondencia entre los motivos fácticos que provocan la actuación y la medida concreta; correspondencia con los fines de la norma, de manera que se respete con la actuación la intención o finalidad de la norma; y, en todo caso, que al dictarse el acto o la medida se cumpla con los trámites, requisitos y formalidades establecidos. Por ello, el poder de policía, por más discrecional que en un momento determinado pueda ser, no es ni puede ser ilimitado, ni arbitrario, ni irrazonable, ni discriminatorio, ni excesivo, ni desproporcionado, y esos son los límites a la actividad de policía; debe buscarse un justo equilibrio entre la necesidad y la razonabilidad de la medida y, en definitiva, también entre el orden público y el interés particular.

Esto implica una serie de limitaciones a las medidas de policía, que son principios fundamentales que tienen que guiar esta actividad. En primer lugar, debe tratarse de medidas razonables impuestas por la necesidad de la acción, y por tiempo o duración determinada, lo que es esencial para la razonabilidad.

En segundo lugar, las medidas deben ser de aplicación restrictiva, en el sentido de que deben estar guiadas por el principio de la interpretación más favorable respecto de la libertad; es el principio llamado *favor libertatis* o *in clubio pro libertad.* Ello resulta del hecho de que en definitiva, la "regla" de la actividad de policía es la libertad, siendo la excepción la restricción, por lo que la aplicación de la medida siempre debe buscar un mínimo de restricción a la libertad, teniendo que ser justificada y adecuada.

En tercer lugar, la medida de policía tiene que ser de aplicación proporcional, es decir, debe adecuarse a los presupuestos de hecho que autorizan la actuación, de manera que exista proporcionalidad, por ejemplo, entre la gravedad del desorden, la medida que se adopte para restablecer el orden y los derechos individuales que estén en juego.

En cuarto lugar, tiene que haber una adecuación precisa entre la medida de policía que se adopte y la finalidad perseguida por el Legislador al limitar la libertad y permitir la actuación de la policía, quedando, por supuesto, proscrita toda forma de desviación de poder.

En quinto lugar, debe haber una adecuación entre la medida de policía aplicada y el régimen general de los derechos y libertades, en el sentido de que la medida que se adopte no puede ser discriminatoria, por lo cual los principios de igualdad, equivalencia, proporción y paridad deben siempre guiar la acción administrativa.

Las medidas de policía, además, deben tener como límite fundamental el respeto a la dignidad humana, lo que implica, por ejemplo, el respeto a la vida, a la integridad de la persona, a su honor, quedando proscrita toda actuación vejatoria; el respeto al derecho de toda persona a no ser obligada a acusarse a sí misma; el respeto al ámbito de la libertad de conciencia, y el respeto a la intimidad de la persona, a la inviolabilidad del domicilio y de su correspondencia.

3. Importancia del procedimiento administrativo

Por supuesto, en esta materia de policía y de las actuaciones de la autoridad de policía, el procedimiento administrativo configura la garantía fundamental de un "debido proceso" en sede administrativa, razón por la cual el respeto de sus principios son fundamentales.

Entre esos principios se destacan los siguientes:

A. La exigencia de la decisión previa

En primer lugar, el principio de la exigencia de una decisión formal previa, es decir, para que pueda haber una actuación material de policía se requiere de un acto administrativo previo. Así lo establece expresamente el artículo 78 de la Ley Orgánica de Procedimientos Administrativos, conforme al cual, ningún órgano de la

Administración Pública puede realizar actividades materiales que menoscaben o perturben el ejercicio de los derechos de los particulares, como son las actividades de policía, sin que previamente haya sido dictada una decisión que les sirva de fundamento.

B. El principio de la competencia

En segundo lugar, está el principio de la competencia del funcionario, quien para actuar requiere no sólo de texto expreso, sino de ejercicio personal por el órgano respectivo, salvo casos de delegación legalmente permitida.

C. El respeto de las garantías procedimentales

En tercer lugar, está la exigencia del respeto a las garantías procedimentales, es decir, a las garantías formales del procedimiento, de manera que se asegure una justa aplicación y ejecución del derecho. Entre estas garantías está, primero, la exigencia de la notificación de toda orden policial al interesado, con explicación clara de la conducta que se le impone (motivación), cumpliéndose los requisitos formales contenidos en el artículo 73 de la Ley Orgánica de Procedimientos Administrativos. Esta notificación previa, que es elemento esencial del debido proceso, es por supuesto obligatoria cuando se trate de actos que afecten derechos subjetivos o intereses legítimos, como son los que tienen conexión con las actividades de policía; y en ella debe informarse con precisión, por ejemplo, las consecuencias del incumplimiento eventual de las obligaciones impuestas o de las órdenes impartidas. Pero, además de la notificación previa, la segunda garantía procedimental es la exigencia de la motivación de la decisión, conforme lo exige el artículo 9 de la Ley Orgánica de Procedimientos Administrativos, y que siempre es obligatoria en materia de policía.

D. El respeto de las normas de ejecución

En cuarto lugar, está el respeto de las normas de ejecución de los actos administrativos que regulan los artículos 78 y 80 de la Ley Orgánica de Procedimientos Administrativos.

En efecto, en todo caso de medidas de policía, la ejecución forzosa de los actos administrativos corresponde a la Administración, salvo que por disposición expresa de carácter legal, deba encomendarse la ejecución a la autoridad judicial; y, por supuesto, la ejecución forzosa sólo puede realizarse mediante las medidas que expresamente prevea y autorice la ley, como el arresto, el apoderamiento de bienes, el comiso, etc.

En los casos de actos administrativos de ejecución personal, por supuesto, sólo el destinatario del acto puede ejecutarlos, no pudiendo en forma alguna el funcionario público sustituirse al interesado. Lo único que puede la Administración para obligar al interesado a cumplir el acto, es constreñirlo en su patrimonio mediante la imposición de multas sucesivas (artículo 80,2 LOPA).

Sólo cuando se trate de actos que no son de ejecución personal por el obligado, es que puede la autoridad de policía proceder a la ejecución subsidiaria, es decir, a ejecutar el acto por cuenta del obligado, sea directamente o encomendándosela a otra persona, a costa del obligado.

E. Respeto al derecho a la defensa

Por último, es esencial en materia de procedimientos de policía, el respeto del derecho a la defensa que garantiza el artículo 68 de la Constitución, y que con frecuencia es violado en este campo. Ese derecho a la defensa implica el derecho a ser oído previamente a la imposición de la orden de policía; el derecho a ser notificado; el derecho de tener acceso al expediente administrativo; el derecho de presentar pruebas; el derecho a ser informado de los recursos que pueden ejercerse contra la actuación, y el derecho a obtener copias simples y certificadas de las actuaciones que afecten los derechos e intereses de la persona.

CONCLUSIONES

Las actividades de policía administrativa, como se ha dicho, son quizás las más importantes que puede realizar Estado alguno, en virtud de la finalidad que persigue: el mantenimiento del orden público y social y el aseguramiento del respeto de los derechos individuales. Esta actividad administrativa, por tanto, interesa a la colectividad e interesa a los individuos.

Sin embargo, por el estrecho vínculo que existe entre la actividad de policía y los derechos y garantías constitucionales, la misma tiene que estar revestida de todas las garantías necesarias, para que no se convierta en la negación de estos últimos y, entre ellas, la más importante, la necesidad de que exista siempre una regulación legal que establezca las medidas de policía y las limitaciones a los derechos y garantías individuales, todo dentro del marco constitucional.

Las otras garantías frente a la actividad de policía son las establecidas en los artículos 46 y 49 de la Constitución: por una parte, la consideración como nulo de todo acto que viole o menoscabe los derechos y garantías constitucionales, y el establecimiento de la responsabilidad personal de los funcionarios que los dicten o ejecuten, tanto civil, penal y administrativa; y por la otra, el derecho de los ciudadanos a ser amparados en sus libertades y garantías constitucionales, frente a los actos de las autoridades que los lesionen.

Es precisamente en el campo de las actividades de policía, por tanto, que el amparo a los derechos y garantías constitucionales debe tener su más destacado desarrollo

LIBRO OCTAVO:
LAS EMPRESAS PÚBLICAS EN EL DERECHO COMPARADO (1967)

Este Libro Octavo de este Tomo V del *Tratado de Derecho Administrativo* está conformado por el texto del libro: *Las empresas públicas en el derecho comparado (Estudio sobre el régimen de las actividades industriales y comerciales del Estado)* (Prólogo: John Hazard), Colección Monografías de la Facultad de Derecho, Universidad Central de Venezuela, Vol. XXXVI, Caracas 1967. El libro también se publicó como *Les entreprises publiques en droit comparé* (con Prefacio de Roland Drago), Colección de Cursos de la Faculté internationale pour l'enseignement du droit comparé, París 1968. La edición en castellano, de Caracas, estuvo precedido de la siguiente Nota Introductiva: "El presente estudio tiene por base la Ponencia General sobre el tema *Le Régime des Activités Industrielles et Commerciales des Pouvoirs Publics*, cuya redacción me fue encomendada por la Académie International de Droit Comparé, para ser presentada en el *VII Congreso Internacional de Derecho Comparado*, celebrado en Upsala, Suecia, del 6 al 13 de agosto de 1966.[*] Venezuela, desde hace algunos

---

* A pesar de ser éste uno de los temas más fascinantes del Derecho Administrativo contemporáneo, a los efectos de aquél Congreso de Derecho Comparado de 1966, sólo recibí las siguientes ponencias nacionales indicadas por orden alfabético de países: Klaus Vogel, profesor en la Universidad de Erlangen–Nürnberg (Alemania), *Die Wirtschaftliche Betätigung öffentlicher Verwaltungsträger in Handel und Industrie und ihre reghtliche Regelung* (La actividad Económica de los sujetos de la Administración Pública en el Campo del Comercio y de la Industria y su Regulación Jurídica), dactilografiada, 19 pp., publicada en *Deutsche Laudesferate zum VII Internationalen Kongres für Redrtsvergleichung in Upsala 1966*, Berlin–Tübingen 1967, pp. 461 a 477; Gerhardt Plöchl (Austria), *Die Öffentliche Hand als Unternehmer (El Poder Público como Empresario)*, dactilografiada, 20 p.; Maurice André Flamme, Profesor en la Facultad de Derecho de Bruselas (Bélgica), "Le Régime des Activités Commerciales et Industrielles des Pouvoirs Publics en Belgique", multigrafiada, 132 pp., publicada en *Revue de l'Institut de Sociologie*, Bruselas, 1966, y en *Rapports Belges au VII Congrès International de Droit Comparé*, Bruselas, 1966, pp. 385 a 447; John N. Hazard, profesor en la Universidad de Columbia de Nueva York (EE. UU.) Law Regulating the Commercial and Industrial Activity of Public Authorities in the United States of America, multigrafiada, 10 pp.; Manuel Broseta Pont, Catedrático de Derecho Mercantil (España), "La Société Anonyme Publique Unipersonnelle comme Instrument de l'activité économique de l'Etat", dactilografiada, 25 pp., publicada en *Ponencias Españolas, VII Congreso Internacional de Derecho Comparado*, Barcelona, 1966, pp. 493 a 506 (texto en español) y pp. 507 a 520 (texto en francés); Tore Modeen, profesor Adjunto en la Facultad de Ciencias Políticas de Abo Akademi (Universidad sueca de Abo, Finlandia), "Le Régime des Activités Commerciales et Industrielles des Pouvoirs Publics en Finlande", dactilografiada, 29 páginas, publicada con el mismo título como el N° 5 de *Studia Ivridica Helsingiensia*, Institutum Iurisprudentiae Comparativae Universitatis Helsingiensis, Helsinki, 1966, 20 pp.; Roland Drago, profesor en la Facultad de Derecho y Ciencias Económicas de Lille y Secretario General de la Sociedad de Legisla-

años, y sobre todo por la labor que desarrolló el profesor Roberto Goldschmidt al frente del Comité Venezolano de Derecho Comparado, ha participado con diversas ponencias nacionales en casi todos los Congresos anteriores preparados por la Academia; sin embargo, esta fue la primera vez que, a través de este trabajo, le correspondió presentar una Ponencia General. Sea entonces esta la oportunidad para agradecer a la Academia, en nombre de la Universidad Central de Venezuela –Institución a la cual está inevitablemente ligado el Comité Venezolano de Derecho Comparado–, la escogencia de nuestro país para la preparación de una de las Ponencias Generales del VII Congreso, así como la escogencia de mi persona para redactarla. Una de las conclusiones a que me ha conducido la realización del presente estudio comparativo, es que el fenómeno de la actividad industrial y comercial del Estado o, en otras palabras, la aparición de las empresas públicas, es una realidad incontestable y generalizada en el Derecho Comparado, ya que no se trata de una manifestación propia de los países de régimen de economía planificada, sino que la encontramos en países de estructura capitalista y aun en aquellos que practican la llamada economía social de mercado. Por otra parte, no sólo es una manifestación propia de los países en vías de desarrollo, como un instrumento para lograrlo, sino que se da también en países con alto índice de industrialización, como instrumento, principalmente, de desarrollo regional y territorial. En todo caso, las empresas económicas del Estado son una realidad y una necesidad como medio de acción gubernamental, que si se realiza con *decisión y firmeza*, puede ser un útil instrumento de desarrollo económico. Por ello, no hay que perder de vista que en muchas oportunidades, las fallas en el sector público que han dado lugar a críticas por parte del sector privado, tienen su origen en la falta de decisión del Estado al intentar llevar adelante una política de desarrollo social y económico, ante las presiones –que en materia económica son muchas– del mismo sector privado, porque algunas veces considera que sus ganancias –en ciertos casos desproporcionadas– pueden verse reducidas en una mínima parte, ante un proyecto estatal de mejoramiento colectivo de índole social o económica. En este sentido, y frente al problema de la decisión, es necesario tener presente lo afirmado hace un siglo por Cecilio Acostar "Los gobiernos de puro *laisser faire*, los gobiernos momias, los gobiernos esqueletos, yo no los concibo: gobierno es acción, bien que legal, pero acción siempre" (Cecilio Acosta, Doctrina Federal y leyes secundarias, Caracas, 1869, pág. 83). En este sentido, además, puede decirse que ya está totalmente superada la tesis que veía en las empresas públicas un atentado a la libertad económica. Ello lo confirma, por otra parte, nues-

---

ción Comparada (Francia), "Le Régime des Activités Commerciales et Industrielles des Pouvoirs Publics", dactilografiada, 18 pp. publicada en *Etudes de Droit Contemporain* (Nouvelle Serie). Contributions Françaises au VII Congrès International de Droit Comparé (Upsala, 1966), Paris, 1966, pp. 449 a 460; M. S. Giannini, profesor en la Universidad de Roma (Italia), "Le Régimes des Activités Commerciales et Industrielles des Pouvoirs Publics en Italie", dactilografiada, 18 pp., publicada como *Extracto del Annuario di Diritto Comparato e di Studi Legislativi*, Vol. XL (1966), fasc. I, Roma, 1966, 10 pp.; Zygmunt Rybicki, profesor en la Universidad de Varsovia (Polonia), "Le Régime des Activités Commerciales et Industrielles des Pouvoirs Publics", dactilografiada, 36 pp., publicada en *Rapports Polonais Présentés au Septième Congrès International de Droit Comparé*, Varsovia, 1966, pp. 260 a 281. Por ello, y con el propósito de llevar a cabo un completo estudio comparativo del tema, tuve que intentar llenar las diversas lagunas con propias investigaciones, lo que se me facilitó por la abundante bibliografía existente sobre el particular. (*V.* Nota N° 10). En todo caso, el material para la labor comparativa suministrado por las referidas ponencias nacionales que recibí, fue, ciertamente, invalorable.

tra propia Constitución en el Capítulo referente a los Derechos económicos, en relación al cual la Exposición de Motivos de la misma señala lo siguiente: "Por supuesto, la libertad económica que la Constitución garantiza no es la que puede impedir al Estado reservarse determinadas industrias, la explotación o servicios de interés público por razones de conveniencia nacional y dictar medidas para planificar, racionalizar y fomentar la producción, así como regular la circulación, la distribución y el consumo de las riquezas con el objeto de impulsar el desarrollo económico del país. La protección a la iniciativa privada que la Constitución consagra se ve, dentro de este orden de cosas, como una consecuencia lógica de la acción del Estado y el reconocimiento de la necesidad de que aquélla contribuya eficazmente al desarrollo nacional". Por tanto, la iniciativa privada puede coexistir con el sector público y si por la falta quizás de controles, aquélla impide de cualquier manera el desarrollo nacional, éste debe intervenir. Cobra aquí entonces toda su vigencia la frase del Partido Laborista británico: "For some industries, controls –financial controls or direct controls– are enough. But sometimes controls are not en ou gh; then tnstrument of public ownership must be used" (Labour Party, Fifty Facts on Public Ownership, Londres, 1950, p. 2). Por otra parte, el estudio comparativo del régimen de las actividades industriales y comerciales del Estado, y ahora en el campo de la Teoría del Derecho Administrativo, nos ha conducido a confirmar la exactitud de la tesis de J. L. Villar Palasí, quien en un ya célebre trabajo sobre "La actividad industrial del Estado en el Derecho Administrativo". (*Vid.* en *Revista de Administración Pública*, N° 3, 1950, Madrid, pp. 53 a 129), al constatar la quiebra de las clásicas categorías del Derecho Administrativo frente a dicha actividad, propugnaba, que frente a las tradicionales formas de la actividad administrativa (policía, fomento y servicio público), se agregara una nueva, la de gestión económica, lo que en la exposición del esquema provisional de nuestra sistemática del Derecho Administrativo venezolano ya hemos acogido. (*Vid.* en la Nota Introductiva de nuestro libro, *El Régimen Jurídico–Administrativo de la Nacionalidad y Ciudadanía Venezolanas*, Publicaciones del Instituto de Derecho Público, Facultad de Derecho, Universidad Central de Venezuela, N° 1, Caracas, 1965, p. 8). No puedo concluir esta Nota Introductiva sin dejar expresa constancia de mi agradecimiento por la colaboración recibida en todo momento por la Facultad de Derecho, en las personas de su Decano y director, doctores Gustavo Planchart Manrique y Alfredo Valero G., y por el Instituto de Derecho Público, en la persona de su director, doctor Antonio Moles Caubet. Asimismo, deseo agradecer a mi buen amigo el doctor José Gabaldón Anzola –quien a través de su Seminario en la Facultad de Derecho hizo incursiones mucho antes que yo en estos campos– sus útiles y oportunos comentarios cuando elaboraba el manuscrito. Por último, y como siempre, debo indicar que sin la comprensión y estímulo de mi esposa, quien también como yo ve en la obra ya realizada la compensación de tantos sacrificios, no hubiese podido concluir satisfactoriamente este trabajo." Caracas, agosto de 1966.[*]

* En el libro se utilizaron las siguientes **Abreviaturas**: *ICE*: *Información Comercial Española*, publicación editada por el Ministerio de Comercio (Servicio de Estudios), Madrid. *RAP*: *Revista de Administración Pública*, editada por el Instituto de Estudios Políticos, Madrid. *RDP: Revue de Droit Public et de la Science Politique en France et à l'étranger*, editada por la Librairie Génerale de Droit et de Jurisprudence, Paris. *RFD*: *Revista de la*

Sección Primera: INTRODUCCIÓN

"Tratar de la "Empresa Pública" en la actualidad es hablar del fin del liberalismo económico, de los modos de intervención de los poderes públicos en campos antaño considerados como "tabús", del estallido de las fronteras tradicionales entre el Derecho Público y el Derecho Privado, de la desaparición de las reglas administrativas o contables, de la desnaturalización de los principios más elementales del Derecho Mercantil". M. A. Flamme, "La Empresa Pública en el Derecho Comparado", en Revista del Instituto de Derecho Comparado, N° 16–17, Barcelona, 1961, p. 104.

1. El tema que nos proponemos desarrollar comparativamente, relativo al régimen de las actividades industriales y comerciales de los poderes públicos, aunque visto desde un ángulo más reducido, fue parcialmente objeto de discusión en el *IV Congreso Internacional de Derecho Comparado*, celebrado en París en agosto de 1954.

En aquella oportunidad se discutió en realidad, sobre el "régimen jurídico de los servicios públicos industriales y comerciales", quizás porque bajo ese ángulo la doctrina y la jurisprudencia encontraban justificaciones y encuadramiento en el Derecho Administrativo, para cierto sector del fenómeno de la intervención del Estado en la realidad económica, habiéndose llegado entre otras, a la conclusión de que "no es posible someter totalmente y siempre estos servicios públicos (industriales y comerciales) al Derecho común sin regla alguna de Derecho Público, como también descartar para ellos de modo completo el Derecho Privado. Su régimen es necesariamente entremezclado. Desde ahora se van a encontrar, y se encuentran, en efecto, no sólo de un país a otro, sino también dentro del mismo país, de una época a otra o de una materia a otra, categorías de fórmulas diversas en las que la dosificación respectiva de los elementos de Derecho Privado y del Derecho Público, y los puntos sobre los cuales recae su aplicación, son variables. La cuestión presenta, pues, inevitablemente un gran peligro de incertidumbre y de falta de coherencia, y, en efecto, en todas partes la misma, por estas razones, se presenta más oscura en la práctica".[1]

2. Ahora bien, si ante la realidad jurídica de los servicios públicos industriales y comerciales, llamados también *services a gestión privée*,[2] y que en la actualidad sólo constituyen una parte de la actividad industrial y comercial del Estado, las conclusiones del IV Congreso, hablaban de régimen entremezclado, de variabilidad, de incertidumbre y de oscuridad; ante un tema como el que ahora pretendemos estudiar comparativamente, que abarca todas las actividades industriales o comerciales de los poderes públicos, es decir, todas las actividades en las cuales el Estado asume una empresa económica

---

Facultad de Derecho de la Universidad Central de Venezuela, Caracas. *RIDC*: *Revue Internationale de Droit Comparé*, editada por la Société de Legislation Comparée y por la Librairie Générale de Droit et de Jurisprudence, Paris. *RISA*: *Revue International des Sciences Administratives*, editada por el Institut International des Sciences Administratives, Bruselas. *IV CIEF*: *Actas del IV Congreso Internacional de Entidades Fiscalizadoras*, celebrado en Viena en 1962, publicadas en esa misma ciudad, en cinco volúmenes y cuatro idiomas (alemán, francés, inglés y español).

1 *V.* en Información Jurídica (Ministerio de Justicia, Comisión de Legislación Extranjera), N° 130, Madrid, Nov. 1964, p. 938.

2 *Cfr.* R. E. Charlier, "Les Services Publics Industrieles ou Commerciaux en France", en *Etudes de Droit Contemporain*, París, 1959, Vol. IV, p. 119.

con independencia de que puedan o no considerarse como servicios públicos, la posición inicial parece ser ciertamente desalentadora.

3. Debe señalarse ante todo que es un fenómeno de vigencia universal, el de la progresiva y cada vez más rápida ampliación de las tareas de las entidades estatales, en vista de la satisfacción de necesidades de interés general.

En el campo de las actividades económicas, especialmente, la reacción contra la concepción individualista imperante en el siglo XIX se ha hecho sentir de manera particularmente apreciable, sobre todo a partir de las postrimerías de la segunda década del siglo actual, y más acentuadamente, después de la Segunda Guerra Mundial. El dogma del liberalismo económico ha retrocedido, ciertamente, ante el avance decidido de las ideas intervencionistas.

Hoy día, pues, el Estado, con mayor o menor intensidad se inmiscuye en las actividades de producción y de distribución de la riqueza, marca pautas a la economía, la dirige y controla, estimula por diversos medios la iniciativa privada, respaldándola e impulsándola financieramente, sobre todo en aquellos aspectos de la vida económica en cuyo desarrollo hay un interés público relevante que atender.[3]

Ahora bien, aparte de los diversos y variados instrumentos legales mediante los cuales el Estado dirige y controla la actividad económica de los particulares, surgen con especial importancia en la actualidad, por su amplitud, los modos de ingerencia concreta, más o menos inmediata, por los cuales el Estado entra a desempeñar las actividades industriales y comerciales que decide asumir; ingerencia que, realizada en la actualidad como sistema, está reemplazando totalmente a los actos de intromisión aislados, esporádicos u ocasionales a que se reducía clásicamente la actividad del Estado a este respecto.[4]

Ante esta situación, como lo observa Katzarov, el problema de saber si el Estado debe o no dedicarse a actividades económicas puede ser considerado, en el estado actual de las cosas, como prescrito. En la época contemporánea, cualquiera que sean los argumentos de orden teórico o práctico esgrimidos en favor de una o de otra tesis, el Estado considera que tiene el derecho y aun, en ciertos casos, la obligación de intervenir en la vida económica.[5]

Ahora bien, con la aparición de la actividad administrativa en el campo económico, toda la clásica estructura categorial del Derecho Administrativo ha quedado insuficien-

---

3 *Cfr. Doctrina de la Procuraduría General de la República 1964*, Caracas, 1965, p. 18. En general, sobre los diversos aspectos de la intervención del Estado en la vida económica véase Henry Laufenburger, *La Intervención del Estado en la Vida Económica*, México, 1942; Adolfo Dorfman, *La Intervención del Estado y la Industria*, Buenos Aires, 1944; Escuela Nacional de Economía, Universidad Nacional Autónoma de México, *La Intervención del Estado en la Economía*, México, 1955; H. Koontz y R. W. Gable, *La Intervención Pública en la Empresa*, Barcelona, 1961; José Luis Villar Palasí, *La Intervención Administrativa en la Industria*, Tomo I, Madrid, 1964; Mariano Baena del Alcázar, *Régimen Jurídico de la Intervención Administrativa en la Economía*, Madrid, 1966.

4 *V.* J. L. Villar Palasí, "La Actividad Industrial del Estado en el Derecho Administrativo", *RAP*, N° 3, 1950, p. 54.

En este sentido, por ejemplo, el artículo 97 de la Constitución Venezolana de 23 de enero de 1961, establece:

"No se permitirán monopolios. Sólo podrán otorgarse, en conformidad con la ley, concesiones con carácter de exclusividad, y por tiempo limitado, para el establecimiento y la explotación de obras y servicios de interés público.

"El Estado podrá reservarse determinadas industrias, explotaciones o servicios de interés público por razones de conveniencia nacional y propenderá a la creación y desarrollo de una industria básica pesada bajo su control.

"La ley determinará lo concerniente a las industrias promovidas y dirigidas por el Estado".

5 *V.* K. Katzarov, *Teoría de la Nacionalización (El Estado y la Propiedad)*, Ed. española, México, 1963, p. 299.

te, por lo que junto a las actividades administrativas de policía, fomento (*aide de l'administration aux activités privées*) y servicio público, se ha hecho necesario introducir y añadir un nuevo concepto: la noción de *gestión económica*, propuesta en España por Villar Palasí y García de Enterría.[6]

En relación a esto, Langrod ha puntualizado muy exactamente que "es bien conocido que las clasificaciones clásicas, en cuya admiración toda una generación ha sido levantada, no resisten la presión de los hechos. El trastorno reciente de la estructura celular tradicional de las administraciones públicas, trastorno del cual la empresa pública es una de las manifestaciones capitales, transforma de arriba abajo las formas antiguas en función de los cambios de la misión administrativa y, en particular, del progreso de la función de prestación. Las formas nuevas, heterogéneas, no tienen espíritu de simetría ni sentido de proporción, turban el orden tradicional desintegrándolo y descomponiéndolo; quedan incoordinadas, llevan los nombres más diversos, algunas veces engañosos, y no se corresponden con ninguna categoría conceptual preestablecida".[7]

Y es que, en efecto, ante esta nueva realidad, como lo dice el mismo Villar Palasí, cualquier solución que pretenda examinarla a través de las categorías clásicas, conduce inexorablemente a una de estas dos vías: o bien a deformar los antiguos conceptos, quitándoles relevancia y fecundidad, o bien negando que el nuevo hecho encaje en los módulos antiguos, dejándolo fuera del Derecho Administrativo. De ahí las deformaciones de los clásicos conceptos de servicio público y establecimiento público; y, asimismo, de ahí el auge del llamado Derecho Económico.[8]

4. Ahora bien, la construcción sistemática de esa nueva realidad desde el punto de vista del Derecho Administrativo Comparado, es decir, la elaboración del régimen jurídico de las actividades industriales y comerciales de los poderes públicos en el Derecho Comparado, tropieza con innumerables dificultades y peligros.

En cuanto a los peligros, es necesario señalarlo expresamente, el análisis comparativo del régimen jurídico de las empresas públicas plantea, con especiales peculiaridades, algunos que trataremos de evitar en todo momento: por un lado, la tendencia casi inevitable a evadirse del Derecho Positivo y pretender resolver las cuestiones desde perspectivas puramente sociológicas, económicas o políticas. Por otra parte, la tendencia, evitable adoptando la postura propia del neutralismo técnico, de decidir los problemas jurídicos con una perspectiva parcial, es decir, para defender una tesis determinada y concreta.[9]

5. Pero aparte de esos peligros que, repetimos, trataremos de evitar en todo momento, el estudio comparativo del régimen de las actividades industriales y comerciales del Estado se encuentra con innumerables problemas.

---

6 *V.* J. L. Villar Palasí "La Actividad Industrial...", *loc. cit.*, p. 60; E. García de Enterría, "La Actividad Industrial y Mercantil de los Municipios", *RAP*, N° 17, 1955, p. 118. En contrario, *V.* F. Garrido Falla, *Las Transformaciones del Régimen Administrativo*, Madrid, 1954, pp. 140 y ss.

7 *V.* Georges Langrod, "L'Entreprise Publique en Droit Administratif Comparé", *RIDC*, París, 1956, p. 217.

8 *Cfr.* J. L. Villar Palasí, "La Actividad Industrial...", *loc. cit.*, p. 61; *V.*, por ejemplo, J. L. De Corail. "La Crise de la Notion Juridique de Service Public" en *Droit Administratif Français*, París, 1954; R. Drago, *Les Crises de la Notion d'Établissement Public*, Paris, 1950; Daniel Moore Merino, *Derecho Económico*, Santiago de Chile, 1962, p. 45 y ss.

9 *Cfr.* Manuel Medina Ortega, "Nacionalizaciones y Acuerdos Globales de Indemnización", *RAP*, N° 40, 1963, p. 61.

En primer lugar, el tema, afortunadamente, no ha sido de aquellos descuidados por la doctrina del Derecho Administrativo. De ahí la abundantísima bibliografía sobre la materia,[10] así como los diversos estudios colectivos y comparativos[11] y conferencias y seminarios internacionales[12] a que ha dado lugar. Sin embargo, todo ello, a pesar de proporcionar para un estudio comparado un precioso material, plantea una primera dificultad de orden terminológico que es necesario superar desde un inicio, acogiendo la tendencia generalizada en la doctrina. En efecto, en las líneas sucesivas, cuando se hable de empresa pública, nos referimos a toda manifestación de la actividad industrial y comercial del Estado, y no a una realidad orgánica determinada.

Por otra parte, de todo ese material bibliográfico se deduce que el tema que se va a estudiar presenta la gran dificultad de encontrarnos ante una realidad de una amplitud y una dispersión considerables.[13] Fundándose en lo que se observa actualmente, ha señalado Katzarov,[14] no puede decirse que desde el punto de vista del Derecho Comparado, el legislador haya dado muestras de mucho espíritu de continuidad en la solución aportada al problema de las formas de las nuevas empresas realizadoras de actividades económicas a nombre del Estado. Por ello, se ha dicho, las formas utilizadas por el Estado para desarrollar esas actividades, muestran "un cuadro rico en variedad y en extensión".[15] Por eso, asimismo, en los Estados Unidos se habla de "caos", de la "selva" en la organización administrativa, de la anarquía administrativa,[16] habiendo señalado en Francia, G. Langrod, que "nuestro pensamiento está, en efecto, de tal manera atado a la tradición estructural, que se encuentra con grandes dificultades para acomodarse a la existencia de esos "francotiradores", de carácter semioficial y semiprivado, sin afectación regular y con una cierta libertad de acción, por lo que esas diversas formas, benefi-

10 *V.* La bibliografía citada en la publicación de las Naciones Unidas, ONU. *Some problems in the Organization and Administration of Public Enterprise in the Industrial Field*, Nueva York, 1954. *V.*, asimismo, "Bibliographie sur l'Organisation et l'Administration des Entreprises Publiques Dans le Domaine Industriel", *RISA*, 1954; Bibliografía sobre Empresas Públicas con una introducción del profesor Alberto Venancio Filho, *Separata do Boletim de Biblioteca de Cámara dos Deputados*, Brasilia. V. 15, N° 2, p. 257–302, mayo–agosto 1966.

11 *V.* por ejemplo, W. Friedman, *The Public Corporation: A Comparative Symposium*, Londres, 1954; W. A. Robson (ed.), número monográfico de *ICE*, marzo 1964, sobre la Empresa Pública; Administration, Vol. II, N° 1, 1954 (Irlanda), número monográfico dedicado a algunos problemas de la Empresa Pública; Georges Langrod. "L'Entreprise Publique en Droit Administratif Comparé", *loc. cit.*, pp. 213 y ss.; Elis Hastad, "Tipos de Industrias Nacionalizadas", *ICE*, marzo 1964, p. 64 y ss.; M. A. Flamme, "La Empresa Pública en Derecho Comparado", *Revista del Instituto de Derecho Comparado*, Barcelona, Nos. 16–17, 1961, p. 7 a 126.

12 *V.* A. H. Hanson (ed.), *Public Enterprise: A Study of its Organisation and Management in Various Countries*, Bruselas, 1955 (tomando por base los informes y ponencias redactados para el seminario *sobre Organización y Administración de Empresas Públicas de Naturaleza Industrial*, celebrado en Rangún, 1954); ONU, *Some problems in the Organization and Administration of Public Enterprise in the Industrial Field* (Documents selected from the material prepared for a United Nation Seminar held in Rangoon from march 15th. to march 26th., 1954), Nueva York, 1954; Instituto Brasileiro de Ciencias Administrativas, Seminário Sôbre Organizaçao e Administraçao de Servicios Industriáis do Estado (Rangum, março de 1954), Editado por la Fundaçao Getúlio Vargas, 2 Vols., Rio de Janeiro, 1962; Nikola Balog, *L'Organisation Administrative des Entreprises Publiques, Instituto Internacional de Ciencias Administrativas*, Bruselas, 1966; *V.* sobre esta ponencia general, el comentario de L. Martín–Retortillo Baquer, en *RAP*, N° 44, 1964, p. 325 y ss.

13 *Cfr.* R. Drago, "Le Régime des Activités Commerciales et Industrielles des Pouvoirs Publics", en *Etudes de Droit Contemporain (nouvelle série)*, París, 1966, pp. 449 y 459; K. Katzarov, *op. cit.*, p. 32; M. A. Flamme, "La Empresa Pública. . ." *loc. cit.*, p. 104.

14 *V.* K. Katzarov, *op. cit.*, p. 311.

15 *V.* Antonio Brochado Da Rocha, "Informe de Brasil al IV CIEF", *Actas*, Vol. 4, Viena, p. 99. *Cfr.* A. H. Hanson (ed.), *Public Enterprise; A Study of its Organizations and Management in Various Countries*, *cit.*, *V.* en comentario bibliográfico de M. Alonso Olea, *RAP*, N° 19, 1956, p. 355.

16 *Cfr.* Georges Langrod, "L'Entreprise Publique. . .", *loc. cit.*, p. 217.

ciándose de unos status legales diferentes y establecidos a *casu ad casum*, con frecuencia a título temporal solamente, disponen de toda una gama de grados de autonomía en cuanto a su gestión y a sus finanzas, que no se dejan, sino muy difícilmente, insertar en un cuadro esquemático".[17]

6. Pero unida a todas esas dificultades, el estudio de las actividades industriales y comerciales de los poderes públicos en el Derecho Comparado, se topa con otra, relativa a la inevitable descentralización de las mismas en relación a la descentralización de las actividades del Estado. En esta forma, no sólo deben estudiarse las actividades económicas llevadas a cabo por la administración central y, en sus casos, federal, sino también las actividades desarrolladas por las autoridades locales o regionales.

Esta situación se plantea con toda frecuencia en el Derecho Comparado.

En Polonia, por ejemplo, se distingue, examinando la posición de las empresas estatales en la estructura del aparato del Estado, entre las "empresas–llave" y las "empresas locales". Las primeras están dirigidas por los órganos superiores de la administración del Estado y arreglan sus cuentas con el presupuesto central del Estado. Las empresas regionales (comerciales e industriales, de construcción, de transporte, productoras de servicios, etc.), están subordinadas directamente a los órganos locales del poder del Estado (a los consejos populares) y, como consecuencia, arreglan sus cuentas con el presupuesto de los consejos populares respectivos. El criterio de clasificación en empresas–llave y en empresas locales no está, sin embargo, definido estrictamente. Las empresas–llave son, en principio, las unidades que representan un potencial económico considerable y cuyo fin es satisfacer las necesidades sociales más allá del cuadro regional. Para determinar su situación como empresas–llave, se puede tomar en consideración la naturaleza y el volumen de la producción, el número del personal, el equipo técnico, etc.[18]

En Francia, la posibilidad para las colectividades locales de desarrollar actividades comerciales e industriales no ha sido siempre definitiva. En efecto, la Ley de 2–17 de marzo de 1791, tal como la interpretaba el Consejo de Estado, prohibía a las colectividades locales crear empresas económicas, salvo cuando la ley las obligara a ello o las autorizara, o en caso de circunstancias excepcionales, cuando la carencia de la iniciativa privada pudiera producir graves consecuencias perjudiciales para la vida de la comuna.[19] Hasta mediados de 1930, el Consejo de Estado francés se hizo, así, el defensor del liberalismo económico en su acepción más estrecha. Sin duda, algunos decretos de 1926 habían autorizado a las comunas a crear servicios económicos en diversos dominios, pero esos textos normativos no impidieron al juez administrativo de mantener su antigua jurisprudencia. Sin embargo, la evolución de las ideas y las necesidades que surgieron a raíz de la crisis de 1930, condujeron al juez a admitir, progresivamente, la creación, por las autoridades locales, de servicios en concurrencia directa con las empresas privadas, con la sola condición de que un interés público estuviese de por medio. La

---

17 *V.* Georges Langrod, "L'Entreprise Publique...", *loc. cit.*, p. 217.

18 *V.* Zygmunt Rybicki, "Le Régime des Activités Commerciales et Industrielles des Pouvoirs Publics", en *Rapports Polonais presentés au Septième Congrès International de Droit Comparé*, Varsovia, 1966, pp. 265 y 266.

19 *Cfr.* M. A. Flamme, "Le Régime des Activités Commerciales et Industrielles des Pouvoirs Publics en Belgique", en *Rapports Belges au VII Congrès International de Droit Comparé*, Upsala, 6–13 Août 1966, Bruselas, 1966. p. 430; R. Drago. "Le Régime des Activités...", *loc. cit.*, p. 451.

jurisprudencia más reciente va muy lejos en este campo, y admite la creación de un cinema, de una estación de servicios, de un terreno de camping, etc.[20]

En Bélgica, al contrario, quizás la ausencia de un Consejo de Estado hasta 1946 no favoreció la formación de una jurisprudencia protectora de la iniciativa privada ante el dinamismo, algunas veces agresivo, de las empresas públicas; y en cuanto al desarrollo de actividades comerciales e industriales de los entes locales, ello ha sido admitido aun bajo la forma de *associations intercommunales*, autorizadas expresamente por el Parlamento desde 1921.[21]

Por otra parte, en los países de organización federal, como los Estados Unidos,[22] República Federal Alemana,[23] Austria, la U.R.S.S.[24] y Venezuela, se admite que no sólo el poder central o la Federación puede desarrollar actividades económicas, sino que también lo pueden hacer los Estados o países federados y aun los municipios.

En España, por último, las corporaciones locales pueden asimismo, paralelamente al Estado, desarrollar actividades comerciales e industriales.[25]

Por el contrario, en algunos países, como en Finlandia, la actividad comercial e industrial de las comunas no está admitida. En relación a esto, se ha estimado que la ley municipal obstaculiza los posibles compromisos de las comunas en las empresas comerciales e industriales con fines lucrativos. La ley establece, por ejemplo, que los ingresos de la comuna deben ser empleados para cubrir sus gastos, y esos gastos no son otros que aquellos previstos por la ley, para cubrir las "necesidades de economía general, de orden público, etc." de la comuna; habiéndose interpretado la expresión "necesidades" en el sentido de necesidades de interés general para la comuna, en su cualidad de unidad administrativa. La utilización de los ingresos comunales para fines lucrativos, no ha sido, entonces, admitida en Finlandia, y la Corte Suprema Administrativa ha declarado nulas en diversas oportunidades, las decisiones municipales por las cuales algunas comunas habían suscrito acciones en una empresa industrial y comercial.[26]

7. Ahora bien, y evidentemente es un aspecto que no puede pasarse por alto, esa diversidad y dispersión de las formas a través de las cuales los poderes públicos desarrollan sus actividades industriales y comerciales, tiene gran parte su raíz, en los diversos orígenes que ha tenido esa actividad estatal.

Generalmente, la asunción de actividades industriales y comerciales por las autoridades públicas ha dependido de una concepción del Estado, es decir, que ella ha reposado sobre motivos políticos. Desde este punto de vista, surge entonces, en los últimos años,

20 *V.* R. Drago, "Le Régime des Activités...", *loc. cit.*, p. 451; *Cfr.*, F. Fabre. R. Morin y A. Serieyx. *Les Sociétés Locales d'Économie Mixte et leur Contrôle*, Paris, 1964, pp. 13 y ss.

21 *V.* M. A. Flamme, "Le Régime des Activités...", *loc. cit.*, pp. 393 y 430; M. A. Flamme, "La Empresa Pública...", *loc. cit.*, p. 25.

22 *V.* J. N. Hazard, "Law Regulating the Commercial and Industrial Activity of Public Authorities in the United States of America", Ponencia para el *VII Congreso Internacional de Derecho Comparado* (mimeografiada), p. 1; Albert Abel, "La Corporación Pública en los Estados Unidos", *ICE*, marzo, 1964, p. 135.

23 *V.* Klaus Vogel, "Die Wirtschraftliche Betätigung Öffentlicher Verwaltungsträger in Handel und Industrie und ihre Rechtliche Regelung". Ponencia alemana al *VII Congreso Internacional de Derecho Comparado* (dactilografiada), pp. 1 y 8.

24 *V.* Gerhardt Plöchl, "Die Öffentliche Hand als Unternehmer". Ponencia austríaca al *VII Congreso Internacional de Derecho Comparado* (dactilografiada), p. 1; J. N. Hazard, "Soviet Government Corporation", Michigan *Law Review*, abril 1943, Vol. 41, N° 5, p. 852.

25 *Cfr.* Fernando Albi, *Tratado de los Modos de Gestión de las Corporaciones Locales*, Madrid, 1960.

26 *V.* Tore Modeen, *Le régime des activités commerciales et industrielles des pouvoirs publics en Finlande*, Helsinki, 1966, pp. 7 y 8.

como primer origen fundamental de esas actividades, la nacionalización, entendiendo por tal, la operación por la cual la propiedad de una empresa o de un grupo de empresas se transfiere a la colectividad, a fin de sustraerlas de la dirección capitalista, por motivos de interés general.[27]

Aun cuando en el Derecho Comparado se destacan signos claros de nacionalizaciones desde la segunda década del presente siglo, tal como las sucedidas en Rusia y México,[28] sin embargo, la verdadera ola de nacionalizaciones se presenta fundamentalmente en los países de Europa, parcialmente entre las dos guerras, y principalmente en los años que siguieron a la Segunda Guerra Mundial, aun en países como Francia e Inglaterra, que conservaron en principio su estructura liberal;[29] y ello, porque esa guerra, que indudablemente fue el sacudimiento social más grave experimentado hasta el momento por la humanidad, planteó a los pueblos europeos los más complicados y vastos problemas sociales, económicos y políticos, que no podían ser resueltos sin la intervención directa del Estado.

En cuanto a los Estados de Europa oriental –Bulgaria, Hungría, Polonia, Rumania, Checoslovaquia y Yugoslavia–, debe señalarse que son países que presentan la característica de haber seguido un desarrollo relativamente lento en el pasado y sufrido, asimismo, una fuerte prueba en las dos guerras mundiales. En esto último, al lado de los sucesos políticos, se pueden ver las razones principales que llevaron a esos países a proceder después de 1944, de una manera consecuente y radical, y por consideraciones ideológicas, a una nacionalización casi integral de la vida económica.[30]

En América, aparte del ejemplo de México a partir de 1917 y en 1938,[31] de Argentina[32] y recientemente de Cuba,[33] en que con mayor o menor intensidad las nacionalizaciones se produjeron como consecuencia de criterios políticos, en el resto de los países latinoamericanos la nacionalización o expropiación de empresas se presenta como un hecho aislado. Es más, en países como en los Estados Unidos, aunque no rechazan la participación del Estado en los asuntos económicos, ello no ha tenido su origen en procesos políticos ni ideológicos. "Por ello –dice Hazard–, ninguna Government Corporation en los Estados Unidos, creada por el Congreso Federal o por las legislaturas estatales, ha debido su existencia a pensamientos socialistas de los legisladores; esto a pesar de que algunos ponentes individuales de la Tennessee Valley Authority, en la década de 1930, hayan sido acusados de orientarse hacia el socialismo".[34] Posición similar sostiene Brochado da Rocha en Brasil.[35] En todo caso, en los Estados Unidos, con la Primera

---

27 *V.* Jean Rivero, *Le Régime des Nationalisations (Extrait du Jurisclasseur Civil Anexes)*, 2e. Cahier, París, p. 1.

28 *Cfr.* K. Katzarov, *op. cit.*, pp. 58 y 61.

29 *Cfr.* K. Katzarov, *op. cit.*, p. 70.

30 *Cfr.* K. Katzarov, *op. cit.*, p. 80.

31 *V.* Héctor Cuadra Moreno, *Teoría de la Nacionalización (Apéndice de Derecho Mexicano)*, en K. Katzarov, *op. cit.*, pp. 626 y 660.

32 *V.* K. Katzarov, *op. cit.* p. 96. Sobre la nacionalización en Argentina véase Agustín a. Gordillo, *Empresas del Estado*, Buenos Aires, 1966, pp. 57 y ss.; Marcos Kaplan, "Significado y Crisis de la empresa pública argentina", *Revista Impuestos*, T. XXV, N° 2, febrero 1967, pp. 99 y ss.

33 *Cfr.* Leo Huberman y Paul Sweezy, "Cuba Revisitada" en *La Economía Cubana, Boletín bibliográfico*, Facultad de Economía, Caracas, Año III, N° 14, abril 1961, p. 134.

34 *V.* J.N. Hazard, "Law Regulating…" *cit.*, p. 1.

35 *V.* Antonio Brochado Da Rocha. "Informe del Brasil al IV CIEF", *loc. cit.*, vol. IV, p. 97.

Guerra Mundial se inició una época de mayor participación del Estado en la actividad económica, pero siempre sobre la base excepcional de la necesidad momentánea.[36]

En Italia, por otra parte, no se puede hablar sino raramente de nacionalización resultante de una intervención del Estado por razones políticas. La acción del Estado se ha manifestado, al contrario, como una necesidad surgida como consecuencia de una situación económica difícil del país, que ha puesto al Estado en la obligación de intervenir hacia las empresas privadas en dificultad.[37] Esta intervención del Estado se ha manifestado en algunas oportunidades, para evitar la quiebra de grandes empresas, para evitar una situación con graves consecuencias, y no sólo en el campo económico, sino también, y sobre todo, en el plano social y político. En otros casos, la intervención ha sido sugerida por motivos de política económica a fin, por ejemplo, de fortalecer algunos sectores de la economía. En otros casos, además, los móviles de la intervención sólo deben buscarse en necesidades fundamentales que ponen en juego, por ejemplo, la seguridad misma de la nación.[38] Una situación similar a esta surge, por ejemplo, también en Venezuela, Bélgica[39] e Irak.[40]

En Finlandia, asimismo, no se encuentran ejemplos de nacionalización de empresas privadas como medida de autoridad del Estado. Al contrario, éste se ha procurado realmente un lugar importante en la vida económica, mediante la adquisición por su cuenta de empresas privadas existentes, o mediante la fundación de empresas nuevas.[41]

Ahora bien, frente a este fenómeno de las nacionalizaciones, es necesario señalar que si bien en algunos países como, por ejemplo, en Polonia, tuvo una importancia muy grande y aun decisiva, no constituye, sin embargo, en los sistemas socialistas, una condición suficiente para la socialización de los principales medios de producción, ya que el otro elemento indispensable, es la organización de la gestión de esos medios, a fin de que ellos puedan servir directamente al progreso social. Por ello, se repite, al principio del régimen socialista, la nacionalización tuvo, sin duda, una importancia política y económica decisiva, pero, sin embargo, en las etapas siguientes del desarrollo del Estado socialista, la importancia esencial pasa a otros medios que conducen a la socialización de los medios de producción y al aumento de la base económica del sistema socialista.[42]

Esto mismo, en líneas generales, puede plantearse en el Derecho Comparado. Por eso se ha dicho que la hora de las nacionalizaciones ha pasado ya, y hoy, la expansión del sector público se realiza por otros caminos, y fundamentalmente, mediante la creación de empresas aisladas.[43] En este sentido, las empresas públicas, como acertadamente ha dicho Delion, han entrado ya en las costumbres,[44] lo que unido al ocaso de las nacionalizaciones, ha hecho que el fenómeno de la intervención del Estado en la vida económi-

---

36 *Cfr.* J. N. Hazard, "Law Regulating..." *cit.*, p. 2 y 3; H. Koontz y R. W. Gable, *La Intervención pública en la Empresa*, Barcelona 1961, p. 708 y ss.

37 *Cfr.* Natalia Gajl, "Les Entreprises d'Etat en France, en Italia et Pologne", *RISA*, 1961, N° 2, p. 158.

38 *V.* Flaminio Franchini, "Aspects Juridiques de l'Intervention de l'Etat dans l'Organisation Économique Italienne", *RDP*, N° 2, 1957, p. 231.

39 *V.* M. A. Flamimio, "Le Régime des Activités...", *loc. cit.*, pp. 385 a 389.

40 *V.* A. K. Said, *Informe de Irak al IV CIEF*, *loc. cit.*, Vol. 4, p. 193.

41 *V.* Tore Modeen, *Le Régime des Activités...*, *cit.*, p. 6.

42 *V.* Zygmunt Rybicki, "Le Régime des Activités...", *loc. cit.*, p. 263.

43 *Cfr.* Tomas Ramón Fernández Rodríguez, "Notas para un Planteamiento de los Problemas Actuales de la Empresa Pública", *RAP*, N° 46, 1965, p. 113; R. Drago, "Le Régime des Activités..." *loc. cit.*, p. 450; Fernando Garrido Falla, "Las Empresas Públicas", en el libro,

44 *V.* André G. Delion, *L'Etat et les Entreprises Publiques*, París, 1959, p. 7.

ca se haya despolitizado, al desaparecer la carga ideológica que generalmente las hizo posibles.[45]

8. Por tanto, actualmente, es común la creación *ex nihilo* de empresas estatales, y más frecuente todavía, la participación directa o indirecta del Estado en empresas privadas.[46] Y quizás sea necesario destacar aquí, por su importancia, sobre todo en los países en vías de desarrollo, la participación del Estado en actividades industriales y comerciales, como medio de desarrollo económico; fenómeno que tiene tal importancia que podría hasta caracterizar la actividad de gestión económica de la administración si se tiene en cuenta que, fundamentalmente, aquélla no se realiza generalmente con miras a la obtención de un fin de lucro, sino más bien, positivamente, con miras a contribuir al desarrollo de la economía nacional."[47]

En efecto, tal como lo señala Franchini en relación a Italia, el Estado, con frecuencia, ha tenido por objetivo al intervenir en la vida económica, dar un impulso o una orientación directos a ciertas ramas de la actividad económica que atravesaban una crisis; o bien ejercer directamente una actividad no remunerativa que por ello se encontraba descuidada por la iniciativa privada; o, por último, proteger, por efecto de la aplicación de tarifas a través de empresas en las cuales él tuviera la dirección, el desarrollo de ciertas ramas delicadas de la economía.[48] Otro tanto ha sucedido en Finlandia, y por ello T. Modeen señala que en ese país, el motivo económico de la actividad industrial y comercial del Estado es, generalmente, la penuria más o menos constante de capitales, por lo que no estando la masa de capitales privados en capacidad de llevar el peso de la industrialización del país, ello ha de hacerse con la intervención del Estado; en lugar, entonces, de entregar subvenciones a las empresas privadas, el Estado ha preferido, frecuentemente, fundar sus propias industrias. En este campo, motivos de política social y sobre todo de política de empleo, se han agregado a las razones económicas, por ejemplo, cuando el Estado ha fundado empresas manifiestamente poco ventajosas en regiones subdesarrolladas con sobrante mano de obra, a despecho de otras condiciones de explotación desfavorables.[49]

Pero si bien hemos señalado que la intervención del Estado en la actividad económica tiene, en los países en vías de desarrollo, una importancia decisiva, como, por ejemplo, en Venezuela,[50] ello no implica que en los países altamente desarrollados e industriali-

---

45 *Cfr.* Tomas R. Fernández R., "Notas para un Planteamiento...", *loc. cit.*, p. 96.

46 *Cfr.* Roland Drago, "Le Régime des Activités...", *loc. cit.*, p. 451; Tore Modeen, *Le Régime des Activités... cit.*, p. 6. Agustín a. Gordillo, Empresas del Estado, *cit.*, p. 66 y ss.

47 *Cfr.* J. L. Villar Palasí, "La Actividad Industrial..." *loc. cit.*, p. 72. Sobre las Empresas Públicas para el Desarrollo Económico e Industrial *V.* Marcos Kaplan, *Países en Desarrollo y Empresas Públicas*, Buenos Aires, 1965; A. H. Hanson, *Le secteur Public dans une économie en voie de développement*, París 1961; del mismo autor, "L'Organisation des Entreprises d'Etat", *RISA,* 1965, N° 2, pp. 107 y ss. Real Instituto de Administraçao Pública, Organizaçao Administrativa para o desenvolvimento económico, Rio de Janeiro 1964; Instituto de Estudios Fiscales, Sector Público y Desarrollo Económico, Ministerio de Hacienda, Madrid, 1965; *V.* Además, en relación a América Latina las publicaciones del Banco Interamericano de Desarrollo, Las Instituciones de Fomento y el Desarrollo de América Latina, Buenos Aires, 1965 e Instituciones Financieras de Desarrollo, Buenos Aires, 1965.

48 *V.* Flaminio Franchini, "Aspects Juridiques de l'Intervention..." *loc. cit.*, p. 232.

49 *V.* Tore Modeen, *Le Régime des Activités... cit.*, p. 7.

50 En efecto, por ejemplo, la Corporación Venezolana del Petróleo tiene por objeto fundamental "la promoción de empresas con el propósito de desarrollar actividades industriales o comerciales de hidrocarburos" (artículo 2) del decreto N° 260, de 19 de abril de 1960, por el cual se dicta el Estatuto de la Corporación Venezolana del Petróleo, en *Gaceta Oficial* N° 26.234, de 22 de abril de 1966); el Instituto Venezolano de Petroquímica tiene por objeto "el desarrollo de industrias destinadas al aprovechamiento de minerales e hidrocarburos" (artículo 1° del decreto N° 367 de 29 de junio de 1956, por el cual se crea el Instituto Venezolano de Petroquímica, en *Gaceta*

zados no se utilice con bastante frecuencia esa intervención, sobre todo como medio de desarrollo regional. Tal es el caso, por ejemplo, de Estados Unidos con la Tennessee Valley Authority, que se estableció con el fin de fomentar el desarrollo en todo el valle de un río, en donde la erosión había provocado desastres y había llevado a comunidades enteras a la pobreza.[51]

En este mismo sentido ha adquirido especial importancia en Francia la política de *aménagement du territoire*, emprendida a partir de 1950, que conlleva el desarrollo integral de una región, y que se lleva a cabo, generalmente, a través de sociedades de economía mixta en primer grado (con participación del Estado o de las colectividades públicas) o en segundo grado (con participación de otras empresas públicas). Se trata, dice R. Drago, en el plan nacional, de sociedades de economía mixta constituidas por la *Caisse des dépôts et consignation*, establecimiento público administrativo que tiene aquí el papel de *banque du plan*, sociedad central de *équipement* del territorio, sociedad central inmobiliaria, sociedad de estudios para el desarrollo económico y social, etc. Por otra parte, en el plano local, han sido constituidas sociedades mixtas con participación de las sociedades nacionales señaladas y de las colectividades públicas, dando origen a sociedades de *aménagement* o para la revalorización de regiones, sociedades de construcción inmobiliaria, sociedades para la creación y la gestión de mercados de interés nacional, etc.[52]

En Bélgica, asimismo, ha sido una ley de 1959 que estableció medidas especiales para combatir las dificultades económicas y sociales de ciertas regiones, la que ha previsto el otorgamiento de ventajas especiales a ciertas partes del país, o más bien, a las empresas cuyas operaciones de inversión favorezcan la expansión o la reconversión económica de "regiones de desarrollo". En esta forma, la señalada ley autoriza al Estado, a las provincias, a las comunas y a toda persona física o moral de Derecho Privado o de Derecho Público, a constituir en cualquier región del país, *sociétés d'équipement économique* regional, cuyo objeto es afectar terrenos para fines industriales, dotarlos, equiparlos y construir en ellos edificaciones industriales o artesanales, y vender, conceder o arrendar estos terrenos y construcciones a personas físicas o morales de Derecho Privado, con la obligación para éstas, de utilizarlos para los fines para los cuales han sido arreglados.[53]

Una política similar pero en el campo del desarrollo industrial lleva a cabo, por ejemplo, en Alemania, el Instituto de Crédito para la Reconstrucción (Die Kreditanstalt für Wiederanfbav), el Banco Alemán Inmobiliario y de la Construcción (Die Deutsche Banund Boden Bank A. G.), así como otros institutos bancarios.[54]

Oficial N° 25.091, de 30 de junio de 1956); la Corporación Venezolana de Fomento tiene por objeto "incrementar la producción nacional mediante la promoción de nuevas empresas y la mejora de las existentes, y procurar la mayor diversificación y sistematización de las actividades económicas del país" (artículo 2° del decreto N° 416, de 20 de junio de 1952, por el cual se dicta el Estatuto Orgánico de la Corporación Venezolana de Fomento, en *Gaceta Oficial* N° 23.864, de 21 de junio de 1952), y la Corporación Venezolana de Guayana tiene por objeto principalmente "estudiar, desarrollar y organizar el aprovechamiento del potencial hidroeléctrico del río Caroní; programar el desarrollo integral de la región, conforme a las normas y dentro del ámbito del Plan de la Nación; y promover el desarrollo industrial de la región tanto dentro del sector público como del sector privado" (artículo 7° del decreto N° 430 por el cual se dicta el Estatuto Orgánico del Desarrollo de Guayana, de 29 de diciembre de 1960, en *Gaceta Oficial* N° 26.445, de 30 de diciembre de 1960). *V.* Nota N° 495.

51 *Cfr.* J. N. Hazard, "Law Regulating...", *cit.*, p. 3; A. Flamme, "La Empresa Pública...", *loc. cit.*, p. 105.

52 *V.* R. Drago, "Le Régime des Activités... ", *loc. cit.*, p. 459.

53 *V.* M. A. Flamme, "Le Régime des Activités Commerciales et Industrielles des Pouvoirs Publics en Belgique". Ponencia al *VII Congreso Internacional de Derecho Comparado* (mimeografiada), p. 86 y 87.

54 *V.* Klaus Vogel, "Die Wirtschaftliche...", *cit.*, p. 15 y ss.

Por último, y en relación también a la importancia en los países socialistas del desarrollo económico como objetivo de la intervención del Estado en la vida económica, es necesario señalar con Rybicki que, conforme a los principios generales del régimen socialista, la tarea principal del Estado al concentrar las atribuciones de propietario de los medios fundamentales de producción, consiste en asegurar el desarrollo económico del país y crear las bases económicas apropiadas para desarrollar y promover la cultura y la industrialización de toda la sociedad.[55]

Ahora bien, frente a todo lo dicho anteriormente, es necesario observar que la diversidad de formas y facetas bajo las cuales el Estado desarrolla en el Derecho Comparado su actividad industrial y comercial, evidentemente no obedecen al capricho de los legisladores, sino que, en realidad, responden por lo general, a distintos objetivos, a diferentes tradiciones de uno u otro país y al distinto predominio de los fines públicos frente a los intereses privados en el momento de su creación que no ha sido simultánea en todo el mundo ni para todos los organismos, o empresas dentro de cada país.[56] En esta forma, y visto desde otro ángulo, tal como apunta Katzarov, las iniciativas en materia de nacionalización han sido tomadas en lugares tan opuestos en cuanto al factor geográfico, social y político (U.R.S.S., Europa oriental, América del Sur, Irán), en campos de aplicación tan diversos (industria, comercio, agricultura), y finalmente bajo formas tan diferentes (nacionalización total, o paralela a la iniciativa privada, o bien complementaria a ésta), que es en verdad muy difícil establecer hoy con claridad y concretamente las grandes líneas de un derecho en vigor[57] en forma comparativa.

9. Pero el estudio comparativo de las empresas públicas se dificulta aún más, si constatamos la existencia de una realidad en el Derecho Comparado, que para nuestro análisis tiene una esencial repercusión: el hecho de que en líneas generales los sistemas económicos y jurídicos actuales puedan dividirse en dos grandes categorías: el sistema de estructura liberal y el sistema de economía planificada o socialista, aun cuando entre los dos existan gran cantidad de estadios intervencionistas. En efecto, teóricamente, las posturas que tratan de explicar la actitud inicial que el Estado debe adoptar en orden a la satisfacción de las necesidades del grupo social, son fundamentalmente tres: la individualista, la socialista y la intervencionista. El individualismo parte de la creencia de que el Estado debe limitarse sólo y exclusivamente al mantenimiento del orden público, condición indispensable para que puedan desarrollarse libremente las relaciones económico–sociales. Como contrapunto de la anterior, la postura socialista tiende a una confusión entre los fines de la sociedad y los fines del Estado, lo que no es sino una consecuencia de la integración de la primera en el segundo. Finalmente, como postura intermedia, es necesario hacer referencia al intervencionismo, que más que una fórmula apriorística, es la consecuencia de las sucesivas correcciones que las exigencias de la realidad han ido imponiendo al Estado abstencionista y liberal del siglo XIX. El intervencionismo, pues, admite grados: un intervencionismo muy acentuado puede ser socialismo mientras que el liberalismo no es sino la escasez de medidas interventoras.[58]

En esta forma, en países de estructura liberal, la acción del Estado se viene extendiendo generalmente, y salvo los supuestos de nacionalización antes señalados, según el principio de la subsidiariedad, que tiene como presupuesto la insuficiencia o defecto de

55 *V.* Klaus Vogel, "Die Wirtschaftliche...", *cit.*, p. 15 y ss.

56 *V.* Zygmunt Rybicki, "Le Régime des Activités...", *loc. cit.*, p. 261.

57 *V.* K. Katzarov, *op. cit.*, p. 45.

58 *Cfr.* Fernando Garrido Falla, "Las Empresas Públicas", *loc. cit.* pp. 115 y 116.

la iniciativa privada, que con las correcciones de rigor sigue siendo la piedra angular del sistema.[59] En este sentido, Hazard ha indicado que en los Estados Unidos, el gobierno ha entrado en la actividad económica, porque era económicamente conveniente el hacerlo en ciertos casos en los cuales la empresa privada no quería o no podía realizar una función necesaria.[60] Por el contrario, en un Estado socialista podemos considerar como principios comunes para todo el sistema de la gestión de la economía nacional, los siguientes: la socialización de los principales medios de producción, permitiendo organizar las formas sociales de gestión de estos medios; el sistema de la gestión de la economía nacional fundada sobre el principio de la dirección planificada del conjunto de los procesos económicos realizados por el Estado, utilizando métodos de acción directa e indirecta; la adopción de los referidos métodos de acción, de forma tal que aseguren la participación de los productores en las decisiones esenciales concernientes a la fijación de los objetivos económicos y de las maneras de su realización, al empleo de los beneficios de la producción, a las condiciones de trabajo, etc. Así, a fin de realizar las tareas fundamentales del Estado socialista es indispensable que los medios fundamentales de producción sean socializados, entendiéndose por estos medios fundamentales aquellos cuya propiedad influye de una manera decisiva sobre el conjunto del régimen sociopolítico.[61]

En esta forma, la diferencia esencial que existe, por ejemplo, entre la organización y las formas jurídicas del sector público en Francia y en Italia en relación con lo que sucede en Polonia, resulta entonces de las diferencias entre las estructuras políticas de estos países: la estructura de Polonia y, en general, de los países socialistas, está basada sobre la socialización de los medios de producción, de cambio, de consumo y de crédito. A la nación pertenecen todas las riquezas del subsuelo, aguas, bosques, minas, vías de comunicación, establecimientos industriales del Estado, explotaciones agrícolas del Estado y centros del Estado de mecanismos agrícolas, y empresas comerciales del Estado. En Francia y en Italia, y en general en los países de régimen liberal, al contrario, la mayor parte de las empresas está en manos de los particulares; en estos países el sector público es creado especialmente por razones de interés general, y, en comparación quizás con las empresas privadas, su dominio es bastante restringido. En Polonia, la situación es contraria: las empresas privadas son poco numerosas y no juegan un papel en la economía del país, pues las empresas que no fueron tocadas por la nacionalización fueron sólo aquellas que no ocupaban más de cincuenta trabajadores, y que, por tanto, no tenían importancia económica.[62]

Sin embargo, ello es cierto, el régimen económico de tipo liberal puro ha sido abandonado en la mayoría de los Estados occidentales por lo que, aun cuando la economía planificada sea característica de los Estados socialistas, ello no implica que en los Estados no socialistas no se conozca la planificación económica. Pero, evidentemente, hay una diferencia esencial entre la planificación en una política intervencionista y el sistema de la economía planificada: el intervencionismo permanece siempre como un medio auxiliar y complementario en la gestión económica, donde la influencia de los derechos del mercado juega un papel preponderante; por el contrario, la economía planificada,

---

59 *Cfr.* Tomas R. Fernández R., "Notas para un Planteamiento...", *loc. cit.*, pp. 111 y 112; Francisco Labadie Otermín, "Problemática de la Empresa Pública", *loc. cit.*, p. 172.

60 *V.* J. N. Hazard, "Law Regulating...", *cit.*, p. 1.

61 *Cfr.* Zygmunt Rybicki, "Le Régime des Activités...", *loc. cit.*, p. 262; V. Knapp, "Quelques Remarques au Sujet des Entreprises Nationales en Tchécoslovaquie", *RDP*, 1961, N° 4, pp. 737 y ss.

62 *Cfr.* Natalia Gajl, "Les Entreprises d'Etat...", *loc. cit.*, p. 163.

gracias a la propiedad social de los medios de producción, ofrece para el Estado, mayores posibilidades de dirección y de gestión económica reales y completas.[63]

En todo caso, aun cuando en este punto acentuemos nuestro neutralismo técnico, esa realidad nos sitúa, como dice Garrido Falla, ante "una de las más grandes controversias ideológicas en que se halla empeñada la sociedad de nuestro tiempo": [64] así, buena parte de la defensa del liberalismo económico se basa en la acusación de "ineficiencia productiva" que suele observarse en muchas de las empresas públicas que en los últimos tiempos han sido creadas por gobiernos socialistas o intervencionistas, mientras que los defensores del principio de la política nacionalizadora, despreciando este argumento "materialista", defienden sus posiciones atacando las injusticias del régimen capitalista a base de empresas privadas.[65] En todo caso, la constatación de esas diversas realidades y estructuras de los sistemas políticos y económicos contemporáneos, nos hace pensar con Lorenzo Martín–Retortillo, que las diferencias que en cuanto al planteamiento constitucional de la economía ofrecen los diversos países, dificulta enormemente la adopción de criterios unitarios en esta materia.[66]

10. Sin embargo, a pesar de las diferencias de estructura política y económica de los países respectivos,[67] y a pesar de todas las diferencias y dificultades antes anotadas en relación a la precisión de un régimen más o menos unitario de las actividades industriales y comerciales, es necesario señalar que, en general, algunos de los problemas y las dificultades que se encuentran en relación a las mismas son comunes, con la aclaratoria, sin embargo, de que si bien todas esas actividades estatales presentan la peculiaridad de estar sometidas en mayor o menor grado al Derecho Privado y Comercial,[68] no puede decirse que su régimen jurídico sea totalmente unitario. Por eso se ha dicho que está condenado al fracaso todo intento dirigido a un tratamiento uniforme de todos los problemas de las empresas públicas, siendo necesario, en consecuencia, prescindir del rigor conceptual y atender preferiblemente a las diversas realidades que bajo la expresión "empresas públicas" se encuentran.[69]

Y, en efecto, es la existencia de diversas formas jurídicas a través de las cuales el Estado desarrolla esas actividades, lo que surge como primer elemento de interés para un estudio comparativo; formas que varían desde la gestión directa por el Estado de actividades económicas, hasta la creación de sociedades mercantiles para ello. Por eso, Natalia Gajl ha señalado que entre las empresas creadas por los Estados, se puede, en todas partes, distinguir, por un lado, aquellas que son gestionadas directamente por la administración pública según los mismos métodos tradicionales que eran empleados antes de la Segunda Guerra Mundial; y por el otro, las empresas del Estado que son administra-

---

63 *Cfr.* Zygmunt Rybicki, "L'Entreprise Publique dans le Système Polonais de l'économie planifiée", *RISA*, 1962, N° 3, p. 313.

64 *V.* Fernando Garrido Falla, "Las Empresas Públicas", *loc. cit.* p. 125.

65 *Cfr.* Fernando Garrido Falla, "Las Empresas Públicas", *loc. cit.*, p. 125.

66 *V.* Lorenzo Martin–Retortillo Baquer, "La Table Ronde de Varsovia del Instituto Internacional de Ciencias Administrativas", en *RAP*, N° 44, 1964, p. 326.

67 *Cfr.* Natalia Gajl, "Les Entreprises d'Etat en France, en Italie et en Pologne", *loc. cit.*, p. 153.

68 *Cfr.* M. S. Giannini, "Sobre las Empresas Públicas", *RFD*, N° 28, 1964, p. 16; G. Langrod, "L'Entreprise Public...", *loc. cit.*, p. 226; R. Drago, "Le Régime des Activités...", *loc. cit.*, p. 455.

69 *V.* Tomas R. Fernández R., "Notas para un Planteamiento...", *loc. cit.*, 100; *Cfr.* Agustín A. Gordillo, *Empresas del Estado*, *cit.*, pp. 13 y 73 y ss.

das como organismos jurídicamente distintos de la administración pública, con personalidad moral propia, propios fondos de financiamiento y propia gestión, etc.[70]

Por tanto, la primera parte de nuestra labor comparativa va a ser realizada a través del estudio de las diversas formas jurídicas utilizadas por el Estado para desarrollar sus actividades industriales y comerciales; y ello porque consideramos que para el estudio de esas actividades estatales pueden seguirse fundamentalmente dos criterios: o el análisis ex re de tal actividad en su materialidad, o el examen estructural de la organización a través de la cual se verifica la gestión misma. Consideramos, con Villar Palasí, que este segundo criterio, que se centra alrededor de las formas de las empresas, es el indicado para el Derecho Administrativo, pudiendo ser el primero propio de los economistas.[71]

Pero, la existencia de diversas formas jurídicas autónomas respecto al Estado, sea en cuanto a la personalidad, al patrimonio o el Tesoro,[72] y que dan origen a entes separados en mayor o menor intensidad de la actividad administrativa ordinaria, da lugar a un segundo elemento de gran utilidad para el análisis comparativo, y es el del control que el Estado ejerce sobre esas diversas formas jurídicas. Por ello, el verdadero alcance que puede darse a la constatación de diversas formas jurídicas con mayor o menor grado de autonomía y libertad va a depender del mayor o menor control que ejerza el Estado ante ellas.[73]

Por tanto, la segunda parte de nuestro estudio comparativo va a versar sobre las diversas formas de control que ejerce el Estado o la comunidad sobre las diversas formas jurídicas que la administración utiliza para desarrollar sus actividades comerciales e industriales.

Por último, y una vez hecho eso, terminaremos este estudio comparativo con las diversas conclusiones que nos surjan a través del mismo.

Sección Segunda: LAS FORMAS JURÍDICAS DE LAS EMPRESAS PÚBLICAS

> *"Il est bien connu que les classifications classiques, dans l'admiration desquelles toute une génération a été élevée, éclatent par suite de la pression des faits. Le bouleversement récent de la structure céllulaire traditionnelle des administrations publiques, bouleversement dont l'entreprise publique est une des manifestations capitales, transforme de fond en comble les formes anciennes, en fonction des changements de la mission administrative et en particulier de l'essor de la fonction prestatrice. Les formes nouvelles, hétérogenes, manquent d'espirit de symétrie et de sens de proportions, troublent l'ordre traditionnel en le désintégrant et en le décomposant; elles restent incoordonnées, portent les noms les plus divers, parfois trompeurs, et ne correspondent à aucune catégorie conceptuelle préétablie". Georges Langrod, "L'entreprise publique en Droit Administratif Comparé", en la Revue Internationale de Droit Comparé, Paris, 1956, N° 2, p. 217.*

---

70 *V.* Natalia Gajl, "Les Entreprises d'Etat en France", en *Italie et en Pologne, loc. cit.*, p. 153.

71 *V.* J. L. Villar Palasí, "La Actividad Industrial del Estado...", *loc. cit.*, p. 74.

72 *Cfr.* Santiago Marín Marín, "Aspectos de la Administración Pública Autonómica" (*Separata*), Madrid, p. 253.

73 *Cfr.* Ernst Forsthoff, *Tratado de Derecho Administrativo* (edic. española), Madrid, 1958, p. 667; M. A. Flamme, "La Empresa Pública...", *loc. cit.*, p. 122.

I. INTRODUCCIÓN

11. Santiago Marín Marín, al hablar de la realidad autonómica del Estado, centra la sinopsis de sus múltiples supuestos en un centro de gravedad primario: la personalidad. Se comprueba fácilmente, señala, que en la inmensa órbita de la acción autonómica hay algo que es común al ser o no ser de las autonomías. Ese algo, con signo positivo o negativo, se refiere a la esencia subjetiva o acéfala de la aparición. De tal suerte, sobreviene en línea lógica la exigencia de una clasificación primordial e ineludible: autonomías con personalidad y autonomías sin personalidad.[74]

Pues bien, *mutatis mutandi*, la misma clasificación, asimismo primordial e ineludible, se plantea en el estudio del régimen de las actividades industriales y comerciales del Estado, íntimamente, ligado, por otra parte, a la problemática de las autonomías. De ahí que nuestro análisis de las diversas formas a través de las cuales los poderes públicos desarrollan sus actividades industriales o comerciales, sea necesario hacerlo en dos partes claramente delimitadas: actividades industriales o comerciales realizadas por el Estado directamente; y actividades similares realizadas por los poderes públicos a través de entes dotados de personalidad jurídica propia y distinta de la del Estado.

12. Esta, por otra parte, es la tendencia general en el Derecho Comparado. En efecto, Katzarov, al hablar comparativamente de las soluciones que han sido aplicadas prácticamente en relación a la participación del Estado en la producción, señala las siguientes: En primer lugar, el Estado como tal, es decir, como persona jurídica de Derecho Público, puede dedicarse a una actividad económica; en este caso, los diferentes departamentos ministeriales o sus servicios emplean constantemente esta facultad dentro del marco de sus atribuciones normales. Pero, además, el Estado puede también dedicarse a una actividad económica, confiriendo la autonomía administrativa y presupuestal a una u otra división de su actividad económica, transformándola en un servicio público independiente, pero sin personalidad separada. En segundo lugar, la actividad económica del Estado puede ser desplegada por medio de personas jurídicas especiales, independientes de la persona jurídica del Estado, a las que atribuye el ejercicio de una de sus actividades económicas. En tercer lugar, el Estado puede también crear empresas mixtas dándoles la forma de sociedades de Derecho Privado.[75]

En Francia, aun cuando las diversas formas jurídicas utilizadas por el Estado para desarrollar sus actividades industriales y comerciales alcanzan hoy una extrema diversidad, se pueden distinguir, sin embargo, cuatro formas especiales: la *régie industrielle*, el establecimiento público industrial y comercial, la sociedad nacional y la sociedad de economía mixta. En relación a estas formas, R. Drago señala que las tres últimas categorías son con frecuencia reagrupadas en una categoría única, la de las "empresas públicas"; pero considera que esta noción es más económica que jurídica, aun cuando poco a poco aparecen elementos comunes que originarán quizás, algún día, el nacimiento de una nueva categoría jurídica.[76] En todo caso, el elemento primario que caracteriza a esas tres últimas categorías frente a la *régie industrielle*, es que están dotadas de per-

74 *V.* Santiago Marín Marín, "Aspectos de la Administración Pública Autonómica", *cit.*, p. 270; *Cfr.* M. A. Flamme, "Le Régime des Activités...", *loc. cit.*, p. 389.

75 *V.* Katzarov, *op. cit.*, p. 300; *Cfr.* como se vio anteriormente, Natalia Gajl, "Les Entreprises d'Etat en France, en Italie et en Pologne", *loc. cit.*, p. 153; asimismo, Naciones Unidas, *Manual de Administración Pública* (61–11. H.–2), Nueva York, 1962, pp. 87 y 88; M. A. Flamme. "La Empresa Pública...", *loc. cit.*, p. 119.

76 *Cfr.* R. Drago, "Le Régime des Activités...", *loc. cit.*, p. 452; Natalia Gajl, "Les Entreprises d'Etat en France, en Italie et en Pologne", *loc. cit.*, p. 156; Pierre Du Pont. *L'Etat Industriel*, París, 1961, p. 59.

sonalidad jurídica, de Derecho Público o de Derecho Privado, distinta de la personalidad del Estado.

En Austria y Alemania, se habla de empresa pública cuando la misma es mantenida por la administración pública y ello es posible de tres maneras distintas: como empresa fiscal o de gestión directa sin personalidad jurídica propia; como institución pública con capacidad de Derecho, detrás de la cual se encuentra un sujeto administrativo en calidad de entidad madre; y como sociedad con capacidad de derecho privado.[77]

Asimismo, en Bélgica se distingue entre los servicios no personalizados a través de los cuales el Estado desarrolla sus actividades industriales y comerciales directamente, y los servicios personalizados (régie d'Etat, establecimientos públicos estatales, asociaciones o sociedades de Derecho Público) dotados de personalidad jurídica distinta de la del Estado.[78]

En Inglaterra, el uso del término empresa pública en sentido amplio, abarca tres tipos principales a través de los cuales el Estado desarrolla sus actividades económicas: en primer lugar, la administración directa de la empresa por un Departamento gubernamental; en segundo lugar, la sociedad mercantil (Company Law) controlada por un organismo público que aparece como accionista principal; y, por último, la corporación pública (Public Corporation) propiamente dicha que, no obstante su novedad, es sin duda el más importante tipo de empresa pública que se ha desarrollado en los países de la Comunidad británica.[79] Situación similar se presenta, en general, en los países de Asia y del Lejano Oriente.[80]

En Italia, la situación es asimismo parecida. Giannini distingue tres categorías fundamentales: la primera categoría de empresas públicas, que cronológicamente es la más antigua, está constituida por órganos de entes públicos con funciones esencialmente administrativas, que son calificados por la ley como órganos gestores de empresa; la segunda categoría es la de los entes públicos económicos, que estructuralmente no difieren de un ente público común; y la tercera categoría está constituida por las empresas que hoy se prefiere llamar en participación pública, porque pueden ser tanto sociedades comerciales en las cuales el ente público participa con el carácter de socio, como de entes de Derecho Privado que no tienen participaciones por acciones, sino participaciones por cuotas, o sea, no tienen accionistas, sino titulares de cuotas.[81]

---

77 *Cfr.* Gerhardt Plöchl, "Die Öffentliche...", *cit.*, p. 2; Klaus Vogel, "Die Wirtschaftliche...", *cit.*, p. 2, 3 y 4; Ernst Forsthoff, *op. cit.*, p. 622; W. Gerloff y Fritz Newmark, *Tratado de Finanzas* (edic. española), Tomo II, Buenos Aires, 1961, pp. 153 a 164; Piero Verrucoli, "Consideraciones Jurídico–Mercantiles sobre las Empresas en Mano Pública", *RAP*, N° 3, 1950, p. 162; *Informe de la República Federal de Alemania al IV CIEF*, *loc. cit.*, Tomo 4, p. 137.

78 *V.* M. A. Flamme, "Le Régime des Activités...", *loc. cit.*, pp. 389 a 394; M. A. Flamme, "La Empresa Pública...", *loc. cit.*, p. 12 y ss.

79 *Cfr.* W. Friedman, "A Theory of Public Industrial Enterprise", en A. H. Hanson (edit.) Public Enterprise, a *Study of its Organization and Management in Various Countries*, *cit.*, pp. 15 y 16, *cit.* por F. Garrido Falla, "Las Empresas Públicas", *loc. cit.*, p. 128; Laureano López Rodó, "Las Empresas Nacionalizadas en Inglaterra", *RAP*, N° 3, 1950, p. 380; M. A. Flamme, "La Empresa Pública...", *loc. cit.*, pp. 82 y 86.

80 *V.* ONU, *Some Problems in the Organization and Administration of Public Enterprises in the Industrial Field*, Naciones Unidas, Nueva York, 1954.

81 *V.* M. S. Giannini, "Sobre las Empresas Públicas", *loc. cit.*, pp. 17 a 20; *Cfr.* M. S. Giannini, "Le Régime des Activités Commerciales et Industrielles des Pouvoirs Publics en Italie", *Extrait de Annuario di Diritto Comparato e di Studie Legislativi*, Vol. XL (1966), fase. 1, p. 3 y ss.; Natalia Gajl, "Les Entreprises d'Etat en France, en Italie et en Pologne", *loc. cit.* pp. 158 y 159; Piero Verrucoli, "Consideraciones Jurídico–Mercantiles sobre las

En España, las diversas formas jurídicas de gestión o explotación de las empresas públicas, son clasificadas así: gestión por un ente público de naturaleza político–territorial; gestión por un ente público expresamente creado para el ejercicio de la empresa; y gestión por una sociedad mercantil, en la cual tienen participación total o parcial el Estado u otro ente de Derecho Público. [82] Esta clasificación se corresponde, en líneas generales, con la que de los entes autónomos trae la Ley sobre el Régimen Jurídico de las Entidades Estatales Autónomas de 26 de diciembre de 1958, en la siguiente forma: en primer lugar, los organismos autónomos con personalidad jurídica propia y patrimonio independiente del Estado; en segundo lugar, los servicios administrativos sin personalidad jurídica que tengan a su cargo la administración y distribución de fondos que, aunque provengan de los presupuestos generales del Estado, no aparezcan en ellos especificados y clasificados por capítulos, artículos y conceptos; y en tercer lugar, las empresas nacionales. [83]

Por otra parte, situación similar a la anteriormente descrita y en especial a la existente en los diversos Derechos de Europa continental (Francia, Alemania, Italia y España), se presenta en la República Árabe Unida,[84] Indonesia,[85] Irak[86] y en los países de América Latina, por ejemplo, Brasil,[87] Argentina,[88] Uruguay y Venezuela.[89]

En Finlandia, los regímenes jurídicos de las empresas comerciales e industriales del Estado, son aproximadamente de tres tipos diferentes: 1) Según la ley del 13 de mayo de 1931, servicios públicos industriales del Estado, sin personalidad jurídica o dotados de personalidad; 2) Según la ley sobre sociedades por acciones, de 2 de mayo de 1895, sociedades en las cuales el Estado es accionista mayoritario, sean de un tipo estático especial, sean del tipo corriente de sociedades, y 3) Régimen jurídico específico de Derecho Público de las empresas del Estado.[90]

Por último, constituye un aporte estimable en esta materia, los trabajos de la Comisión designada por el Gobierno sueco en 1954 para el estudio de la sistematización económica, que tuvo que investigar el status nacional de los siguientes países: Suecia, Noruega, Dinamarca, Yugoslavia, Países Bajos, Inglaterra, Estados Unidos y U.R.S.S. El resultado de esta encuesta fue publicado por Elis Hastad, profesor de la Universidad

---

Empresas en Mano Pública", *loc. cit.*, p. 163. Giuseppino Treves, "Las Empresas Públicas en Italia" en *Documentación Administrativa*, N° 100, Madrid 1966, pp. 218 y ss.

82 *V.* Manuel Broseta Pont, "La Sociedad Anónima Pública Unipersonal como Instrumento de la Actividad Económica del Estado," en *Ponencias Españolas, VII Congreso Internacional de Derecho Comparado*, Barcelona 1966, p. 495. *V.* asimismo, S. Martín–Retortillo Baquer, "Organización Administrativa de las Empresas Públicas en España", *RISA*, N° 1, 1966, p. 1 y 2; Cruz Martínez Estervelas, "La Empresa Pública y Mixta", en el libro *Reforma de la Empresa* (A. C. N. de P.), Madrid, 1964, pp. 317 y ss.; F. Garrido Falla, "Las Empresas Públicas", *loc. cit.*, p. 132 y ss.; J. L. Villar Palasí, "La Actividad Industrial del Estado...", *loc. cit.*, pp. 92 y ss.

83 *V.* Fernando Garrido Falla, *Tratado de Derecho Administrativo*, Vol. II, Madrid, 1962, p. 318, nota N° 19.

84 *V.* Mohammed Tawfik Younes, *Informe de la República Árabe Unida al IV CIEF*, *loc. cit.*, Vol. IV, pp. 15 y 17.

85 *V. Informe de la General Auditing Court* al IV CIEF, *loc. cit.*, Vol. IV, p. 189.

86 *V.* A. K. Said, *Informe de Irak* al IV CIEF, *loc. cit.*, Vol. IV, p. 193.

87 *V.* Rogerio De Freitas, *Informe Brasileño I* al IV CIEF, *loc. cit.*, Vol. IV, pp. 61 y 77; Antonio Brochado Da Rocha, *Informe Brasileño II* al IV CIEF, *loc. cit.*, Vol. IV, pp. 101 y 125.

88 *V.* Agustín a. Gordillo, *Empresas del Estado*, *cit.*, pp. 73 y ss., Miguel s. Marienhoff, *Tratado de Derecho Administrativo*, Tomo I, Buenos Aires, 1965, pp. 429 y ss.

89 *V.* Eloy Lares Martínez, *Manual de Derecho Administrativo*, Caracas, 1963, pp. 184, 186, 264 y 437.

90 *V.* Tore Modeen, *Le Régime des Activités...*, *cit.*, p. 8.

de Estocolmo,[91] apareciendo del esquema las siguientes figuras: l) Departamentos gubernativos de actividad comercial (por ejemplo, correos, telégrafos, ferrocarriles); 2) Administraciones estatales instituidas para actividad económica (por ejemplo, la Tennessee Valley Authority, la Panama Canal; 3) Public Corporation; y 4) State Company, entre las que distingue, las que son de absoluta propiedad del Estado, aquellas en las que el Estado tiene una parte de acciones o de control, y las que se constituyen para adquirir, dirigir o administrar sociedades controladas.

13. Ahora bien, en base al panorama anteriormente visto de la situación en el Derecho Comparado, es necesario, como hemos señalado, para estudiar las diversas formas jurídicas utilizadas por los poderes públicos para desarrollar sus actividades industriales o comerciales, poner el centro de gravedad del problema en la personalidad, y así analizar, por una parte, el régimen de esas actividades cuando son realizadas por la administración directamente; y por la otra, el régimen de dichas actividades económicas cuando son realizadas por entes dotados de personalidad jurídica, distinguiendo aquí, los diversos tipos de entes autonómicos utilizados.

De esta manera estudiaremos en primer lugar, las múltiples formas indiferenciadas a través de las cuales el Estado realiza directamente actividades industriales o comerciales; y que van desde el empleo de los órganos burocráticos tradicionales hasta la formación de autonomías exclusivamente patrimoniales. En segundo lugar, analizaremos las variadas formas que con personalidad jurídica y patrimonio propios y distintos del Estado, los poderes públicos utilizan para el desenvolvimiento más o menos ágil de sus actividades económicas. Estas formas, según el menor o mayor grado de autonomía, van desde la Régie d'Etat belga, pasando por los establecimientos públicos, las Public Corporations o Government Corporations y las Empresas del Estado de los países socialistas, hasta las sociedades mercantiles de capital público o de capital mixto.

II. EL RÉGIMEN JURÍDICO DE LAS ACTIVIDADES INDUSTRIALES Y COMERCIALES DESARROLLADAS POR EL ESTADO DIRECTAMENTE

"Hay también industrias monopolizadas por razones de utilidad general, a saber, la fabricación de la moneda, el laboreo de las minas pertenecientes al Estado, la elaboración y venta de los efectos estancados, el servicio de correos, etc. En estos casos, el monopolio nada tiene de común con el sistema reglamentario, pues sólo pretende el Gobierno reservarse el derecho exclusivo de ejercer un ramo de industria de extrema confianza o de pingüe rendimiento, considerándolo como un servicio público o una renta del Estado". M. Colmeiro, Elementos del Derecho Político y Administrativo de España, Madrid, 1865, pág. 347.

91 *V.* en *Swedish State Research*, 6 y 24, 1956, bajo el título de "Statsagda Foretag i Utlandet" ("State Enterprise Abroad"), *cit.*, por S. Marín Marín, "Aspectos de la Administración Pública Autonómica", *cit.*, pp. 269 y 270. *V.*, asimismo, Elis Hastad, "Tipos de Industrias Nacionalizadas", *ICE*, Madrid, Marzo 1964, pp. 63 y ss. En relación a los Países Bajos *V.* M. A. Flamme, "La Empresa Pública...", *loc. cit.*, pp. 31 a 37.

1. Introducción

14. Cuando las entidades públicas iniciaron sus balbuceos en el campo de la actividad económica, ésta vino evidentemente a encomendarse a los órganos burocráticos tradicionales. En esta forma surgió en el Derecho francés la explotación en régie, es decir, las *régies industrielles et commerciales*,[92] en el Derecho alemán y austríaco las *Regie betrieb o las Eigenbetrieb*,[93] en el Derecho español las "empresas propias" o "servicios administrativos sin personalidad jurídica que tienen a su cargo la administración y distribución de fondos",[94] y en el Derecho venezolano los "establecimientos industriales de la nación".[95]

Se trata de servicios públicos industriales y comerciales, gestionados directamente por el Estado o las colectividades públicas y que no tienen personalidad moral.[96]

Ahora bien, se ha señalado insistentemente que cuando el servicio concreto tenga carácter económico, es inadecuada la fórmula de la gestión directa; y ello porque, en general, la organización burocrática no ha surgido en el Estado moderno para realizar actividades de esta especie, ya que generalmente, en este campo, se muestra torpe y lenta en el desempeño de tal cometido.[97] Parece entonces como unánimemente admitido, y ya refiriéndonos a las formas de nacionalización, que hay tendencia a evitar la transformación de las empresas nacionalizadas en subdivisiones inmediatas de la administración del Estado.[98]

En todo caso, y aun cuando esta forma de realización de actividades económicas por parte del Estado tienda a evitarse y presente hoy una importancia relativa menos grande que otras formas de acción del Estado,[99] su presencia en el Derecho Comparado nos obliga a analizar, someramente, su régimen jurídico interno y externo.

2. Régimen jurídico interno

15. Como estructuras integradas en la organización administrativa, las régies poseen, generalmente, una estructura administrativa clásica y jerarquizada.[100] Por tanto, desde el punto de vista del Derecho Administrativo, la confusión orgánica de esta forma indiferenciada de gestión, determina, para el estudio de su problemática fundamental, una remisión en bloque a las regulaciones generales de dicha rama jurídica.[101] Sin embargo, es necesario insistir en algunas de sus peculiaridades.

---

92 *Cfr*. Roland Drago, "Le Régime des Activités...", *loc. cit.*, p. 452.

93 *Cfr*. Klaus Vogel, "Die Wirtschaftliche...", *cit.*, p. 3; Gerhardt Plöchl, "Die öffentliche...", *cit.*, p. 3.

94 *Cfr*. Fernando Garrido Falla, "Las Empresas Públicas", *loc. cit.*, p. 133.

95 *V*. Ley Orgánica de la Hacienda Pública Nacional de Venezuela, Art. 42, ordinal 2°.

96 *Cfr*. R. Drago, "Le Régime des Activités...", *loc. cit.*, p. 452; Gerhardt Plöchl, "Die Öffentliche...", *cit.*, p. 3.

97 *Cfr*. Fernando Garrido Falla, *Tratado...*, *cit.*, Tomo II, p. 313.

98 *Cfr*. K. Katzarov, *op. cit.*, p. 331.

99 *Cfr*. R. Drago, "Le Régime des Activités...", *loc. cit.*, p. 452; Tore Modeen, "Le Régime des Activités...", *cit.*, p. 20; Elis Hastad, "Tipos de Industrias Nacionalizadas", *loc. cit.*, p. 64.

100 *Cfr*. Elis Hastad, "Tipos de Industrias...", *loc. cit.*, p. 64; R. Drago, "Le Régime des Activités...", *loc. cit.*, p. 454; M. A. Flamme, "Le Régime des Activités...", *loc. cit.*, p. 390; Tore Modeen, "Le Régime des Activités...", *cit.*, p. 9.

101 *Cfr*. F. Garrido Falla, *Tratado...*, *cit.*, Tomo II, p. 314; Klaus Vogel, "Die Wirtschaftliche...", *cit.*, p. 6.

16. En primer lugar, aun cuando existen excepciones como en Suecia, donde por ausencia de la dirección ministerial, están sometidas al jefe del departamento,[102] generalmente están sometidas a la autoridad inmediata del Ministro respectivo,[103] y, por tanto, a todos los mecanismos e instancias ordinarios de los organismos administrativos,[104] hasta tal punto de que, por ejemplo, en Bélgica, es imposible para las personas administrativas competentes el renunciar a su autoridad jerárquica sobre las empresas públicas sin personalidad.[105] En esta forma, Theo Keller ha señalado que la eficacia del esfuerzo para conseguir la máxima economía posible peligra, por más serio que sea, debido a la coordinación de la institución no autónoma en el engorroso engranaje generalmente escalonado y molesto de instancias administrativas, y debido a la limitación, muchas veces demasiado rigurosa, de las atribuciones de aquellos cargos directivos, a los cuales en el sector privado corresponden las facultades más amplias para tomar decisiones por iniciativa propia y, con ello, para la rápida adaptación a las exigencias que puedan surgir en cada situación nueva.[106]

Esto ha producido, quizás, que estas empresas, como en Finlandia, tengan la característica de que ellas estén por prioridad y exclusivamente al servicio de las necesidades propias de los servicios públicos, como, por ejemplo, los Talleres Generales de los Ferrocarriles y la Imprenta del Estado.[107] Esto mismo sucede en Alemania y Venezuela respecto a la Imprenta del Bund y la Imprenta Nacional.[108]

17. Por otra parte, el servicio económico no autónomo no dispone de patrimonio propio. Por lo tanto, para la obtención de sus créditos de inversión y de sus medios de explotación, depende completamente de la colectividad pública a la que pertenece. Esto significa, que ella misma no dispone de crédito[109] y que, por ejemplo, no tiene la posibilidad de cubrir sus necesidades de inversión mediante la colocación de empréstitos propios en el mercado de capitales.[110] En otras palabras, el titular jurídico de un servicio económico no autónomo o empresa de gestión directa, es únicamente el organismo público al que pertenece, y dicho organismo o colectividad pública es el sujeto de todos los derechos y responde por todas las obligaciones que hayan nacido en el marco de la empresa.[111]

18. La falta de autonomía en cuanto al derecho patrimonial involucra, para la empresa propia o *régie industrielle*, la subordinación a la obligación presupuestaria. Esto tiene como consecuencia que la empresa, organizada en forma de régie, debe presentar un presupuesto parcial dentro del proyecto presupuestario general del Estado o del ente

102 *V.* Elis Hastad, "Tipos de Industrias Nacionalizadas", *loc. cit.*, p. 64.

103 *Cfr.* M. S. Giannini, "Sobre las Empresas Públicas", *loc. cit.*, p. 17; Marín Marín, "Aspectos de la Administración Pública Autonómica", *cit.* p. 280; Klaus Vogel, "Die Wirtschaftliche...", *cit.*, p. 13; M. A. Flamme, "Le Régime des Activités...", *loc. cit.*, p. 390; Elis Hastad, "Tipos de Industrias...", *loc. cit.*, p. 64; ONU, *Some Problems in the...*, *cit.*, p. 6; A. H. Hanson, "L'Organisation des Entreprises...", *loc. cit.*, p. 110.

104 *Cfr.* Josef Marschall, *Informe Austríaco* al IV CIEF, *loc. cit.*, Vol. IV, p. 237.

105 *V.* M. A. Flamme, "Le Régime des Activités...", *loc. cit.*, p. 419.

106 *V.* Theo Keller, "La Economía Propia de las Comunidades Públicas", en W. Gerloff y F. Newmark, *op. cit.*, p. 154; Gerhardt Plöchl, "Die Öffentliche...", *cit.*, p. 7.

107 *V.* Tore Modeen, *Le Régime des Activités...*, *cit.*, p. 11.

108 *V.* Wolfgang Zetzschke, "Las Empresas Públicas en la República Federal Alemana", *ICE*, Marzo 1964, p. 95; Misión Shoup, *Informe sobre el Sistema Fiscal de Venezuela*, Caracas, Tomo II, p. 160

109 *Cfr.* Klaus Vogel, "Die Wirtschaftliche...", *cit.*, pp. 7 y 8; Gerhardt Plöchl, "Die Öffentliche...", *cit.*, p. 13.

110 *Cfr.* Theo Keller, "La Economía propia de las Comunidades...", *loc. cit.*, p. 154; Klaus Vogel, "Die Wirtschaftliche...", *cit.*, p. 8; Tore Modeen, *Le Régime des Activités...*, *cit.*, p. 9.

111 *Cfr.* Klaus Vogel, "Die Wirtschaftliche...", *cit.*, p. 8.

local respectivo. Su aprobación por el Parlamento significa, entonces, la fijación de determinados objetivos de inversión para los fondos disponibles y la obligación restrictiva de emplear, para cada una de las finalidades, la cantidad fijada en el presupuesto.[112] Otra consecuencia de ello, es la rendición de cuentas en la cual debe informarse sobre el cumplimiento de las finalidades de inversión delimitadas en el presupuesto. Todo esto significa una fuerte restricción a la libertad de manejo financiero que puede afectar, por tanto, la economía de la empresa estatal o local.[113]

Esto ha traído como consecuencia y es una manifestación que se observa claramente en el Derecho Comparado, que el Estado haya querido dotar algunas veces a estos servicios de carácter industrial y comercial, de un estatuto menos estricto desde el punto de vista de las reglas presupuestarias y contables y de gestión, sin necesidad de tener que acudir a la técnica de la descentralización orgánica, que implica la creación de personas jurídicas distintas del Estado.[114] Tal cosa sucede, por ejemplo, con la creación de los llamados patrimonios autónomos en España,[115] Italia,[116] Francia,[117] y Bélgica.[118]

Por otra parte, en principio, los ingresos que tengan esos servicios económicos no autónomos se consideran como rentas del Estado, y, por tanto, deben ingresar al Tesoro, como es el supuesto de Suecia y Venezuela.[119] En relación a esto, sin embargo, asimismo el Derecho Comparado muestra excepciones, con la existencia de las llamadas Cajas Especiales, en que los ingresos no entran al Tesoro General.[120]

19. En relación con el régimen de los bienes pertenecientes a las régies o servicios económicos no autónomos, éste corresponde integralmente a la domanialidad pública, es decir, dichos bienes son inalienables e inembargables;[121] y, por tanto, desde el punto de vista económico, los bienes invertidos en la empresa, al no estar separados jurídica ni contablemente del patrimonio del Estado, no es posible abarcarlos ni siquiera en una cuenta de inversión, ni pueden hacerse figurar en un balance.[122]

20. Por último, estando integrados esos servicios económicos no autónomos a la Administración del Estado o de una colectividad pública, el régimen del personal es el mismo que rige para los agentes del Estado, y, por tanto, rige el estatuto de la función pública, como sucede en Bélgica, Alemania, Suecia, Francia y España. [123] Esto, por

112 *Cfr.* Tore Modeen, *Le Régime des Activités...*, *cit.*, pp. 9 y 10, Gerhardt Plöchl, "Die Öffentliche...", *cit.*, p. 13.

113 *Cfr.* Theo Keller, "La Economía propia de las Comunidades Públicas", *loc. cit.*, p. 154; A. H. Hanson, "L'Organisation des Entreprises...", *loc. cit.*, p. 110.

114 *Cfr.* M. A. Flamme, "Le Régime des Activités...", *loc. cit.*, p. 420; M. A. Flamme, "La Empresa Pública...", *loc. cit.*, p. 110.

115 *V.* F. Garrido Falla, "Las Empresas Públicas", *loc. cit.*, p. 134.

116 *V.* M. S. Giannini, "Sobre las Empresas Públicas", *loc. cit.*, p. 18, M. S. Giannini, *Le Régime des Activités...*, *cit.*, p. 3.

117 *V.* R. Drago, "Le Régime des Activités...", *loc. cit.*, p. 452; *Cfr.* S. Marín Marín, "Aspectos de la Administración Pública Autonómica", *cit.*, p. 281.

118 *V.* M. R. Flamme, "Le Régime des Activités...", *loc. cit.*, pp. 390, 396, 420 y 433.

119 *V.* Artículo 42, ordinal 2° de la Ley Orgánica de la Hacienda Pública Nacional de Venezuela; Elis Hastad, "Tipos de Industrias Nacionalizadas", *loc. cit.*, p. 64.

120 *Cfr.* S. Marín Marín, "Aspectos de la Administración Autonómica", *cit.*, pp. 225 y 282.

121 *Cfr.* R. Drago, "Le Régime des Activités...", *loc. cit.*, p. 455; M. A. Flamme, "Le Régime des Activités...", *loc. cit.*, p. 405; Gerhardt Plöchl, "Die Öffentliche...", *cit.*, p. 7.

122 *V.* Klaus Vogel, "Die Wirtschaftliche...", *cit.*, p. 12.

123 *V.* M. A. Flamme. "Le Régime des Activités...", *loc. cit.*, p. 403; Klaus Vogel, "Die Wirtschaftliche...", *loc. cit.*, p. 6. En cuanto a Francia, *V.* S. Marín Marín, "Aspectos de la Administración Autonómica", *cit.*, p. 280.

supuesto, implica inevitablemente una rigidez en la actividad de la empresa. Ello dificulta tanto la adaptación de la esfera de acción al correspondiente funcionario, como la posibilidad de atraer a las personas aptas para la tarea concreta. A esto contribuye especialmente el rígido escalafón de remuneraciones, que fija los límites máximos, colocando frecuentemente las remuneraciones de los empleados directivos de las empresas públicas debajo de las tarifas que rigen para empleos análogos en la economía privada.[124]

En otros países, sin embargo, el personal de estos servicios no autónomos está colocado en un régimen de Derecho Privado, como sucede en Finlandia.[125]

3. Régimen jurídico externo

21. En principio, y dada la naturaleza de la actividad que desarrollan las régies o empresas propias, en todo lo que concierne a su actividad externa, el Estado está sometido a las normas de Derecho Privado y especialmente a las de Derecho Mercantil, sobre todo en los contratos concluidos con sus clientes y proveedores.[126] Por tanto, en principio, en aquellos países donde existe una dualidad de competencia jurisdiccional, administrativa y ordinaria, basada en la naturaleza de la actividad desarrollada por el ente público, como, por ejemplo, en Francia, Austria, Bélgica y Venezuela, la competencia para conocer de los litigios que surjan con motivo de la realización de estas actividades comerciales, corresponde a la jurisdicción mercantil ordinaria,[127] salvo cuando las empresas en régie, gestionen un servicio público, pues en este supuesto, ellas se benefician de todas las prerrogativas de la persona pública con la cual se confunden, como sucede en Francia.[128]

En ciertos sistemas, como en el venezolano, la empresa industrial no autónoma, aun cuando desarrolla su actividad sometida en principio al Derecho Mercantil, goza de todas las prerrogativas de poder público, pues la ausencia de una personalidad separada, la asimila al Estado. En este sentido, goza de todos los privilegios y prerrogativas procesales, no pudiendo tampoco ser gravada con impuestos. Algo similar sucede en Bélgica, donde entre otras situaciones especiales, los bienes de las régies, no están sujetos a vías de ejecución forzosa.[129]

22. Por otra parte, y aun cuando en principio el Estado desarrolle a través de las régies una actividad industrial o comercial sometida en principio, en su aspecto externo, al Derecho Mercantil, en general la solución del Derecho Comparado de que no tiene

---

V., asimismo, ONU, Some Problems in the Organization..., *cit.*, p. 6; Elis Hastad, "Tipos de Industrias Nacionalizadas", *loc. cit.*, p. 64; Gerhardt Plöchl, "Die Öffentliche...", *cit.*, p. 7.

124 *Cfr.* Theo Keller, "La Economía propia de las Comunidades Públicas", *loc. cit.*, p. 155; Klaus Vogel, "Die Wirtschaftliche...", *cit.*, p. 6.

125 *V.* Tore Modeen, *Le Régime des Activités...*, *cit.*, p. 10.

126 *Cfr.* R. Drago, "Le Régime des Activités...", *loc. cit.*, p. 455; M. S. Giannini, "Sobre las Empresas Públicas", *loc. cit.*, pp. 16 a 18; M. A. Flamme, "Le Régime des Activités...", *loc. cit.*, pp. 414 y ss.

127 *V.* R. Drago, "Le Régime des Activités...", *loc. cit.*, pp. 455 y ss.; Gerhardt Plöchl, *Die öffentliche...*, *cit.*, p. 16; M. A. Flamme, "Le Régime des Activités...", *loc. cit.*, p. 416; Allan R. Brewer Carías, *Las Instituciones Fundamentales del Derecho Administrativo y la Jurisprudencia Venezolana*, Caracas, 1964, p. 327.

128 *V.* R. Drago, "Le Régime des Activités...", *loc. cit.*, p. 456.

129 *V.* M. A. Flamme, "Le Régime des Activités...", *loc. cit.*, p. 419, Gerhardt Plöchl, *Die öffentliche...*, *cit.*, p. 12.

por ello el carácter de comerciante.[130] En este sentido, en Venezuela, por ejemplo, el Código de Comercio señala que las entidades públicas territoriales "no pueden asumir la cualidad de comerciantes, pero pueden ejecutar actos de comercio; y en cuanto a estos actos, quedan sujetos a las leyes mercantiles".[131]

En Austria, al contrario, las empresas de gestión directa tienen la consideración de comerciantes si explotan un negocio comercial. Sin embargo, señala Plöchl, cuando la empresa excede el volumen del pequeño comercio, no está obligada a inscribirse en el Registro Mercantil como persona privada, sino solamente está facultada para ello.[132]

III. EL RÉGIMEN JURÍDICO DE LAS ACTIVIDADES INDUSTRIALES Y COMERCIALES DESARROLLADAS POR EL ESTADO A TRAVÉS DE ENTES DOTADOS DE PERSONALIDAD PROPIA Y SEPARADA

"En droit administratif, nous n'avons à nous occuper que des personnes morales qui se trouvent audessous de la personne morale suprême, au–dessous de l'Etat". Otto Mayer, Le Droit Administratif Allemand, Tome IV, Paris, 1906, p. 260.

1. Introducción

23. Ciertamente, el estudio del régimen jurídico de las actividades industriales y comerciales del Estado, se encuentra con sus más graves obstáculos al analizar las variadas y diversas formas jurídicas dotadas de personalidad propia y separada de la del Estado, a través de las cuales los poderes públicos desarrollan dichas actividades; siendo, por otra parte, una tendencia general en el Derecho Comparado, la creación de esos entes. En efecto, y en cuanto a los que tienen su origen en las nacionalizaciones, Katzarov ha indicado que el análisis de las estructuras que reviste la nacionalización permite constatar por doquiera una tendencia muy clara a separar jurídica y formalmente, los sujetos que animan la vida económica nacionalizada de la persona jurídica del Estado. Esta tendencia, por otra parte, no resulta tanto del hecho de que el Estado, cuando llevó a cabo la nacionalización, se encontrara en presencia de sujetos de Derecho ya existentes –las empresas privadas– que él nacionalizó, sino que las causas deben ser buscadas más bien en el instinto de conservación: cuando se realizan nacionalizaciones es evidente que el presupuesto del Estado podría encontrarse amenazado por las sacudidas imputables al período transitorio anterior a la normalización de la economía nacionalizada.[133]

Pero en todo caso, si bien la tendencia a crear entes separados jurídica y patrimonialmente de la administración, ha sido generalizada, el legislador, por lo común, no ha recurrido a las diversas formas jurídicas con criterios uniformes; al contrario y más bien, dice Langrod, ha recurrido a una o a otra forma de acción por necesidades pasajeras, por oportunismo, hábito o simplemente por azar, por respeto a la simetría de las

130 *Cfr.* M. A. Flamme, "Le Régime des Activités...", *loc. cit.*, p. 416; S. Marín Marín, "Aspectos de la Administración Autonómica", *cit.*, p. 281; F. Garrido Falla, Tratado de Derecho Administrativo, *cit.*, Tomo II, p. 314.

131 Artículo 7 del Código de Comercio de Venezuela.

132 *V.* Gerhardt Plöchl, "Die Öffentliche...", *cit.*, p. II,

133 *V.* K. Katzarov, *op. cit.*, p. 326.

administraciones "regulares", que él piensa así salvaguardar, o, en fin, para mejor disfrazar al Estado en comerciante "verdadero".[134]

Ello ha dado origen a que en muchas oportunidades la diferencia entre la realidad del ente y la forma jurídica escogida sea patente:[135] de ahí que se diga que estas formas en ciertas oportunidades, y sobre todo cuando se escoge la forma mercantil, no son más que una fachada[136] o un disfraz externo[137] o simplemente una ficción.[138]

24. Pero el problema fundamental que se plantea para el jurista en su labor comparativa al estudiar estos aspectos, es el de la imposibilidad de clasificar, en forma absoluta, a toda la diversidad de figuras jurídicas con personalidad jurídica propia, en la categoría de personas de Derecho Público (por ejemplo, siguiendo los lineamientos del establecimiento público), o en la categoría de personas de Derecho Privado (por ejemplo, la sociedad anónima de capital público).

En efecto, cuando la empresa pública se coloca de lleno en el campo público, y aunque dotada de personalidad y autonomía financiera, se mueve aún según el concepto de imperium, de acuerdo con las normas propias de la administración, la duda, evidentemente, se inclina a favor del régimen de Derecho Administrativo. Cuando, por el contrario, el Estado en su gestión económica ha escogido la forma de Derecho Privado, sometida a las reglas de la actuación privada y a los preceptos del Derecho Civil y Mercantil, la decisión tampoco es difícil.[139] Pero no son los casos límites, sino más bien los intermedios los que plantean difícil solución.

En efecto, en los sistemas que no siguen los lineamientos del Derecho europeo continental y en los cuales no se puede recurrir en forma absoluta a la clasificación en personas públicas y personas privadas, la categoría intermedia de estas figuras jurídicas prolifera. Así, en relación, por ejemplo, a los países anglosajones, donde, como en Inglaterra, "no está establecida con mucha claridad la distinción entre sujetos públicos y privados",[140] no puede encuadrarse a la Public Corporation en el esquema rígido del Derecho continental, sino que, por su propia naturaleza aparece como una entidad de carácter semipúblico.[141]

Por otra parte, en relación a los países de régimen socialista y economía planificada, las empresas nacionalizadas aparecen, generalmente, como una síntesis entre la persona de Derecho Público y la persona de Derecho Privado. A tal efecto, Katzarov ha señalado que si tomamos como criterio de la diferenciación entre personas jurídicas de Derecho Público y personas jurídicas de Derecho Privado, la manera cómo ellas han sido constituidas y cómo subsisten; si admitimos, en otras palabras, que la persona jurídica de Derecho Público es la que está constituida y que existe de derecho en virtud de una ley, en tanto que la persona jurídica de Derecho Privado resulta de una transacción jurídica, tenemos que reconocer que la empresa estatal no encuentra su lugar ni dentro de una, ni dentro de la otra categoría.[142] No estamos, pues –agrega Katzarov–, en presencia de algo sustancialmente nuevo, sino de una nueva combinación a la que podríamos

---

134 *V.* G. Langrod, "L'Entreprise Public en Droit Administratif Comparé", *loc. cit.*, p. 220.
135 *Cfr.* K. Katzarov, *op. cit.*, p. 332.
136 *V.* G. Langrod, "L'Entreprise Public...", *loc. cit.*, p. 219.
137 *V.* J. L. Villar Palasí, "La Actividad Industrial del Estado...", *loc. cit.*, p. 90.
138 *V.* Antonio Brochado Da Rocha, *Informe Brasileño II al IV CIEF*, *loc. cit.*, Vol. IV., p. 105.
139 *Cfr.* F. Labadie Otermín, "Problemática de la Empresa Pública", *loc. cit.*, p. 173.
140 *V.* Laureano López Rodo, "Las Empresas Nacionalizadas en Inglaterra", *RAP*, Nº 3, 1950, p. 393.
141 *Cfr.* L. López Rodó, "Las Empresas Nacionalizadas...", *loc. cit.*, p. 395.
142 *V.* K. Katzarov, *op. cit.*, p. 337.

aplicar la expresión "paraestatal", o semipúblico, etc., si nos empeñáramos en forma absoluta en darle una calificación propia; esta combinación nos lleva, dentro del Derecho general público y privado, a complicaciones e innovaciones importantes que plantean graves problemas.[143]

25. Ante esto, evidentemente, el estudio de las formas jurídicas personalizadas utilizadas por el Estado para desarrollar sus actividades económicas, no puede limitarse al análisis de los establecimientos públicos (personas públicas) y de las sociedades mercantiles (personas privadas) con capital público o mixto, sino que ha de abarcar también esas categorías o formas jurídicas intermedias entre las personas públicas y las personas privadas, como son las Public Corporations inglesas, las Government Corporations norteamericanas y las empresas estatales de los países socialistas. Además, el Derecho Comparado nos muestra otras categorías intermedias, en esta oportunidad entre la persona pública (establecimiento público) y la régie industrie lie antes estudiada, como es el caso de la llamada en Bélgica Régie d'Etat, y que es necesario asimismo estudiar separadamente.

Por tanto, nuestro estudio comparativo de las formas jurídicas personalizadas utilizadas por el Estado para desarrollar sus actividades industriales o comerciales, y sus diversos regímenes jurídicos, lo haremos –sin olvidar la veracidad de la afirmación de R. Drago de que toda clasificación en esta materia comporta necesariamente un aspecto artificial–[144] analizando separadamente, la Régie d'Etat o administraciones estatales instituidas para actividades comerciales, el establecimiento público industrial y comercial, las formas jurídicas intermedias (Public y Government Corporations y empresas estatales de los países socialistas), y las sociedades mercantiles de capital público, íntegro o mixto, según la mayor o menor aplicación del Derecho Público a su actividad.

2. Las régies d'etat

26. Dentro de esta primera categoría intermedia entre la régie industrielle y el establecimiento público, podemos incluir las Régies d'Etat belgas, cuya terminología acogemos, y las administraciones estatales instituidas para actividades comerciales de Noruega y Finlandia. [145] Las régies d'Etat belgas, tal como las define M. A. Flamme, son servicios públicos nacionales centralizados y personalizados, administrados directamente por el Ministro respectivo, y como consecuencia, desprovistos de toda autonomía orgánica. Estas régies gozan, sin embargo, de una autonomía técnica, tienen una contabilidad comercial y un patrimonio distinto, y son objeto de una gestión industrial de costo, lo que es imposible para el Estado. [146] Existen en Bélgica, tres Régies d'Etat, cuya actividad es indiscutiblemente comercial: La Régie des services frigorifiques de l'Etat; la Régie des Télégraphes et Téléphones (RTT); la Régie des Voies Aeriennes (RVA).

Por tanto, lo que distingue a las Régies d'Etat belgas de los servicios económicos no autónomos (régies industrielles francesas), es el solo hecho de la posesión de la personalidad. En este caso, el otorgamiento de la personalidad jurídica al servicio, no le hace perder su carácter de administración centralizada, cuando el objetivo es esencialmente

143 *V.* K. Katzarov, *op. cit.*, p. 339.
144 *V.* R. Drago, "Le Régime des Activités...", *loc. cit.*, p. 452.
145 *V.* Elis Hastad, "Tipos de Industrias Nacionalizadas", *loc. cit.*, p. 64.
146 *V.* M. A. Flamme, "Le Régime des Activités...", *loc. cit.*, p. 391.

permitir a ciertas empresas estatales de carácter industrial o comercial, de escapar a las reglas de gestión financieras y contables tradicionalmente en vigor para el Estado, ya que las administraciones así personalizadas quedan siempre bajo la autoridad directa y jerárquica de un Ministro.[147]

Dentro de esta categoría de las Régies d'Etat, podrían incluirse en Finlandia las empresas industriales del Estado dotadas de un comité de dirección propio, que no se distinguen asimismo de las empresas gestionadas directamente por el Estado, sino por el otorgamiento de la personalidad, aun cuando no estén sometidas a la autoridad directa del Ministro.[148]

Por otra parte, las régies d'Etat así concebidas, se distinguen de los establecimientos públicos que veremos más adelante, aunque ambos tengan personalidad jurídica, por el hecho señalado de que el Ministro ejerce sobre las primeras un poder jerárquico, y sobre los otros, un poder de tutela que no le da derecho generalmente de tomar decisiones, sino solamente aprobar o rechazar resoluciones.[149]

27. En Bélgica, todas estas administraciones personalizadas, como se ha dicho, entonces, permanecen centralizadas, pues ellas son gestionadas, no por autoridades distintas de las del Estado, sino por representantes del poder central sometidos al control jerárquico del Ministro bajo el cual cada una de esas administraciones se encuentra colocada. Así, de acuerdo con su propia Ley Orgánica, la Régie de Télégraphes et des Téléphones belga está representada y administrada por el Ministro, quien tiene los Telégrafos y Teléfonos en sus atribuciones, aun cuando un Comité de vigilancia esté encargado del control de la contabilidad.[150] Al contrario, como se ha dicho, en Finlandia estas empresas se encuentran sometidas a un Comité de Dirección especial, aunque sometidas a un notable control gubernativo.[151]

28. Desde el punto de vista del presupuesto, se considera a estas empresas como un departamento gubernativo[152] y, por tanto, en Finlandia, no disponen de un capital propio y dependen totalmente del presupuesto del Estado en el cual se hace la estimación de los gastos de inversión y de otro orden.[153] En cuanto a los bienes de las Régies d'Etat belgas, al igual que los bienes de los servicios administrativos no personalizados, están sometidos al régimen de la domanialidad. Ahora bien, como la Régie d'Etat goza, de personalidad separada, se ha considerado que el Estado ha cedido en propiedad a las mismas esos bienes, pero con la advertencia de que esta cesión de propiedad es considerada realmente como un artificio jurídico, pues lejos de implicar una disminución de los haberes del Estado, reserva al Gobierno el ejercicio de ciertos derechos que mitigan singularmente el carácter, a primera vista absoluto, de la cesión.[154]

29. Por otra parte, dada la naturaleza específica de estas Régies d'Etat belgas, el personal que presta sus servicios en las mismas está sometido al estatuto reglamentario de

---

147 *Cfr.* M. A. Flamme, "Le Régime des Activités...", *loc. cit.*, p. 398; Víctor Crabbe, "La Empresa Pública en Bélgica", *ICE*, marzo 1964, p. 115.

148 *V.* Tore Modeen, Le Régime des Activités..., *cit.*, pp. 9 y 11; Elis Hastad, "Tipos de Industrias Nacionalizadas", *loc. cit.* p. 64.

149 *Cfr.* Antonio Brochado Da Rocha, *Informe Brasileño II al IV CIEF*, *loc. cit.*, Vol. IV, p. 103.

150 *V.* M. A. Flamme, "Le Régime des Activités...", *loc. cit.*, p. 397.

151 *Cfr.* Tore Modeen, Le Régime des Activités..., *cit.*, p. 9; Elis Hastad, "Tipos de Industrias Nacionalizadas", *loc. cit.*, p. 64.

152 *Cfr.* Elis Hastad, "Tipos de Industrias Nacionalizadas", *loc. cit.*, p. 64.

153 *V.* Tore Modeen, Le Régime des Activités..., *cit.*, p. 9.

154 *Cfr.* M. A. Flamme, "Le Régime des Activités...", *loc. cit.*, p. 405.

los agentes del Estado, al igual que lo que sucede en las régies francesas o servicios no personificados.[155] En Finlandia y Noruega, al contrario, las administraciones estatales instituidas para actividades comerciales tienen un sistema salarial más libre, y por lo que respecta a las condiciones de empleo de los obreros, existen algunas diferencias respecto de la relación de empleo público.[156]

Por último, en relación del régimen jurídico externo de estas empresas públicas, el mismo es similar al visto respecto a los servicios no personificados: a pesar de que realizan actividades comerciales, no tienen la calidad de comerciantes, no pueden comprometer y sus bienes no pueden ser objeto de ejecución forzada.157

3. Los establecimientos públicos industriales y comerciales

A. Introducción

30. Sin necesidad de entrar en la polémica a que ha dado lugar la crisis de la noción de establecimiento público, en Francia, con la proliferación de los establecimientos públicos industriales y comerciales,[158] es necesario señalar que en el Derecho Comparado y aun actualmente en la misma Francia[159] cuando se habla de establecimiento público, se quiere significar, al menos, la existencia de un ente estatal descentralizado dotado de personalidad de Derecho Público.[160]

En este sentido, J. Rivero al constatar la evolución que ha tenido en Francia la noción de establecimiento público –la cual ha perdido todo valor jurídico, ya que no implica ahora necesariamente ni una actividad de servicio público, ni una distinción fundamental con las personas territoriales, ni suministra precisión alguna sobre el régimen jurídico del organismo–, llega a la conclusión, sin embargo, que lo único seguro que puede deducirse de dicha noción, es el carácter de persona pública del organismo concreto, de donde se deriva un control ejercido sobre él por una autoridad de tutela, y su subordinación a ciertas reglas de Derecho Público.[161]

Por tanto, y en este mismo sentido, cuando en este estudio hablamos de establecimientos públicos industriales y comerciales, nos referimos a aquellas personas públicas no territoriales a través de las cuales el Estado desarrolla actividades económicas, y que son denominadas en esa forma en Francia, Bélgica, España, Uruguay y Brasil;[162] institución pública autónoma en Alemania y Austria,[163] institutos oficiales autónomos en

---

155 *Cfr.* M. A. Flamme, "Le Régime des Activités...", *loc. cit.*, p. 403.

156 *Cfr.* Elis Hastad, "Tipos de Industrias Nacionalizadas", *loc. cit.*, p. 65.

157 *Cfr.* M. A. Flamme, Le Régime des Activités..., *cit.* (multigrafiada), pp. 56, 62 y 72.

158 *V.* R. Drago, *Les Crises de la notion d'établissement public*, París, 1950.

159 *Cfr.* M. Waline, *Droit Administratif*, 9° edición, París 1963, p. 383.

160 *V.* las referencias al Derecho Comparado (Francia, Alemania, Bélgica, Italia, España, Latinoamérica) hechas en el N° 12.

161 *V.* Jean Rivero, *Droit Administratif*, 2° edición, París, p. 404.

162 *V.* R. Drago, "Le Régime des Activités...", *loc. cit.*, p. 452; M. A. Flamme, "Le Régime des Activités...", *loc. cit.*, pp. 392 y 398; F. Garrido Falla, "Las Empresas Públicas", *loc. cit.*, p. 135; S. Martin Retortillo B., "Organización Administrativa...", *loc. cit.*, p. 11; Enrique Sayagués Laso, "Les Établissements Publics Économiques en Uruguay", *RISA*, 1956, N° 1, pp. 5 a 15; Antonio Brochado Da Rocha, *Informe Brasileño II al IV CIEF*, *loc. cit.*, Vol. IV, p. 101

163 *V.* Gerhardt Plöchl, *Die öffentliche...*, *cit.*, p. 4; Klaus Vogel, "Die Wirtschaftliche...", *cit.*, p. 2; *Cfr.* Theo Keller, "La Economía propia de las Comunidades Públicas", *loc. cit.*, p. 156.

Venezuela[164] o entidades autárquicas en Argentina,[165] y entes públicos en Italia.[166] En cierta forma, también, la categoría de las Public Authorities norteamericana e inglesa podría catalogarse como persona pública e incluirse dentro de esta categoría genérica de establecimientos públicos, ya que por authority entienden los norteamericanos un tipo de organismo público administrativo con especiales poderes de gobierno;[167] sin embargo, hemos preferido, por sus peculiaridades, darle un tratamiento aparte, como forma jurídica intermedia.

B. Régimen jurídico interno

31. La existencia de entes públicos económicos dotados de personalidad jurídica propia, no es más que una manifestación de la llamada administración indirecta o mediata del Estado[168] realizada a través de entes funcionalmente descentralizados de la administración central del mismo.[169] Por tanto, en principio, el régimen jurídico interno de los establecimientos públicos económicos está determinado por el Derecho Público, sobre todo en lo que se refiere a las relaciones entre el ente descentralizado y la administración central.[170] Sin embargo, ha dicho Forsthoff, a pesar de la estrecha vinculación al Estado de los órganos administrativos agrupados en la administración estatal mediata, la distinción entre ésta y la administración estatal directa tiene una importancia práctica considerable: fundamentalmente la administración estatal se halla fuera de la serie de las autoridades directas del Estado, a las que no está supeditada en el sentido de una subordinación oficial.[171]

32. Sin embargo, ese régimen interno de Derecho Público que en principio caracteriza a los establecimientos públicos económicos, se refleja, en primer lugar, porque generalmente la creación de esas personas públicas requiere ley especial, como en Francia, Alemania, Bélgica y Venezuela.[172]

33. Por otra parte, el régimen interno de Derecho Público de los establecimientos públicos industriales y comerciales incide sobre su organización, que se caracteriza por el grado de autonomía de que disponen frente a la administración central. Es quizás éste el aspecto más importante del régimen de los establecimientos públicos económicos: en ellos, en los cuales son importantes las rápidas decisiones, las intervenciones directas de órganos políticos y de la administración central son excepcionales, quedando la dirección de la empresa en forma independiente en un órgano especial de gestión.

---

164 *V.* Tomás Polanco, "La Administración Pública", en *Anales de la Facultad de Derecho*, Caracas, 1951, pp. 315 y ss.

165 *V.* Miguel s. Marienhoff, Tratado de Derecho Administrativo, *cit.*, Tomo I, p. 433.

166 *V.* M. S. Giannini, "Sobre las Empresas Públicas", *loc. cit.*, p. 18; M. S. Giannini, *Le Régime des Activités..., cit.*, p. 4.

167 *Cfr.* Fernando Garrido Falla, "La Intervención Administrad va en materia Económica y las Corporaciones del Gobierno en Norteamérica", *RAP*, N° 3, Madrid, 1950, p. 424.

168 *V.* Fernando Garrido Falla, *Administración Indirecta del Estado y Descentralización Funcional*, Madrid, 1950 pp. 11 y ss.; Ernst Forsthoff, *op. cit.*, pp. 598 y 607.

169 *Cfr.* Mariano Baena Del Alcázar, "Los Entes funcionalmente descentralizados y su relación con la Administración Central", *RAP* N° 44, 1964, p. 62.

170 *V.* Natalia Gajl, "Les Entreprises d'Etat en France, en Italie et en Pologne", *loc. cit.*, p. 156.

171 *V.* Ernst Forsthoff, *op. cit.*, p. 610.

172 *Cfr.* André Martin–Pannetier, "Eléments d'analyse comparative des établissements publics" en *Droit français et en Droit anglais.* París, 1966.

En efecto, en el esquema corriente de la descentralización de las empresas públicas, la dirección de éstas corresponde a un Consejo de Administración, estando bajo las órdenes del mismo un director o director general como órgano ejecutivo. Mostrando el esquema francés, R. Drago señala que el Consejo de Administración está constituido sobre la base del sistema representativo, según las reglas de la gestión tripartita (Estado, empleados, consumidores) utilizada por las empresas que surgieron de las leyes de nacionalización. Este esquema tiene, sin embargo, numerosas variantes, aun cuando los Consejos de Administración tengan siempre representantes del Estado y de los empleados de las empresas. El poder del Consejo de Administración es muy extenso, ya que a él compete determinar la actividad general de la empresa, decidir las operaciones de capital, votar los estados de previsión y las cuentas de ganancias y pérdidas.[173]

Similar situación en cuanto a la autonomía del Consejo de Dirección, se presenta en Bélgica, Alemania, Austria y Venezuela.[174] Sin embargo, los miembros de los cuerpos colegiados de los entes públicos económicos, así como sus directores, son nombrados y removidos por la administración.[175]

34. La creación por el Estado de entidades o instituciones autónomas con fines industriales y comerciales, tiene por objeto fundamental dotar a esos entes de cierta autonomía y flexibilidad para la realización de esas actividades, que no podrían ser desarrolladas cabalmente dentro de los marcos rígidos del Presupuesto Nacional. En esta forma, los establecimientos públicos que desarrollan actividades industriales y comerciales no tienen que someter su presupuesto a la aprobación del Parlamento, sino sólo a la aprobación del Ministro de tutela respectivo.[176] Por tanto, no están sometidos a la obligación presupuestaria; gracias a ello, estas instituciones están en condiciones no sólo de proceder en cualquier momento a inversiones imprevisibles, que resulten indispensables, sino de acumular fondos de reserva y practicar la autofinanciación. En este sentido, Theo Keller señala, que es precisamente esta autofinanciación la que, de acuerdo con la experiencia, confiere también a la empresa privada una agilidad especialmente grande en su política de inversiones; y esta agilidad aumenta aun en el caso de la empresa pública, porque la mayoría de las veces ésta no se verá impelida, por consideraciones impositivas, a poner las ganancias a buen recaudo mediante amortizaciones y formación de fondos de reserva.[177]

Ahora bien, el hecho de que el presupuesto del establecimiento público no se someta generalmente, junto con la ley de presupuesto estatal, a la aprobación del Parlamento, no significa que éste, indirectamente, no tenga alguna intervención presupuestaria. En efecto, puede decirse que el Parlamento posee medios financieros sobre las empresas públicas constituidas como establecimientos públicos, en la medida en que el Estado les entregue ciertas sumas a título, generalmente, de aporte o de subvención que, en todo

173 *V.* R. Drago, "Le Régime des Activités...", *loc. cit.*, p. 454.

174 *V.* M. A. Flamme, "Le Régime des Activités...", *loc. cit.*, p. 398; Klaus Vogel, "Die Wirtschaftliche...", *cit.*, p. 13; Gerhardt Plöchl, "Die Öffentliche...", *cit.*, p. 7; Tomás Polanco, "La Administración Pública", *loc. cit.*, p. 334.

175 *Cfr.* R. Drago, "Le Régime des Activités...", *loc. cit.*, p. 454; M. A. Flamme, "Le Régime des Activités...", *loc. cit.*, p. 398; Tomás Polanco, "La Administración Pública", *loc. cit.*, p. 336.

176 *Cfr.* M. A. Flamme, "Le Régime des Activités..." *loc. cit.*, p. 423; M. A. Flamme, "La Empresa Pública...", *loc. cit.*, p. 29.

177 *V.* Theo Keller, "La Economía propia de las Comunidades Públicas", *loc. cit.*, p. 157; *Cfr.* Gerhardt Plöchl, "Die Öffentliche...", *cit.*, p. 14.

caso, el Parlamento debe aprobar en virtud de su competencia presupuestaria general.[178] Además, en Francia, según la ley de 18 de julio de 1949, la nomenclatura de los establecimientos públicos industriales y comerciales, debe ser. enviada cada año al Parlamento junto con el Proyecto de Ley de Presupuesto; y conforme a un decreto de 18 de junio de 1956, que determina el modo de presentación del Presupuesto del Estado, el informe económico que precede al proyecto de Presupuesto debe contener un anexo relativo a las empresas públicas, el cual debe indicar, clasificadas por Ministerio de tutela, las previsiones presupuestarias de todos los organismos del sector público para los cuales se ha previsto en el Proyecto de Presupuesto, una ayuda financiera o una garantía del Estado, así como también las cuentas correspondientes al año precedente y al año en curso en la presentación del proyecto.[179]

35. En relación a los bienes de los establecimientos públicos industriales y comerciales, en principio están sujetos al régimen de la domanialidad. En efecto, tal como lo indica M. A. Flamme, si el establecimiento público dispone de bienes y de derechos, ello es que, por el artificio de la personalidad jurídica, el Estado ha afectado a un servicio público determinado, ciertas partes de su patrimonio y de poderes de gestión sobre el mismo. De ello se deduce que aun constituyendo una entidad distinta, el patrimonio del establecimiento público es de resto un patrimonio del Estado sometido al control del Tribunal de Cuentas.[180] En líneas generales, este mismo principio rige en Francia, aunque R. Drago señala que actualmente parece que los establecimientos públicos industriales y comerciales tengan tendencia a dejarse asimilar a empresas con forma societaria –y que tienen sus bienes "en el comercio"–, y que en interés mismo de sus relaciones comerciales ellos aceptan que sus bienes puedan ser embargados.[181] En Venezuela, por otra parte, se ha señalado que si bien los bienes pertenecientes a los institutos o establecimientos oficiales autónomos no están sometidos al régimen fiscal ordinario previsto para los bienes nacionales, es necesario advertir que el patrimonio neto de esos institutos autónomos, también pertenece a la nación. En efecto, la autonomía que a tales entidades concede la ley, en cuanto a la administración y disposición de los recursos económicos de que se les ha dotado, a los fines de la actividad que motivó su creación, no desvincula el derecho de pertenencia por parte de la nación.[182]

Sin embargo, dentro de los bienes utilizados por los establecimientos públicos económicos, es conveniente distinguir dos categorías. En primer lugar, los bienes simplemente puestos a disposición del establecimiento y que pertenecen en propiedad al poder público. Tal es el caso, en Bélgica para el Port Autonome de Liège, al cual el Estado y la ciudad de Lieja han aportado en goce o uso, vías de navegación y sus dependencias, que evidentemente continúan perteneciendo al dominio público del Estado o de la comuna. [183] En segundo lugar, los bienes poseídos desde su origen o adquiridos en propiedad con fondos propios del establecimiento, y que pertenecen a su dominio

178 *Cfr.* André Delion, *op. cit.*, p. 71; "Contraloría General de la República, La Fiscalización Superior y el Presupuesto Nacional", *Ponencia Venezolana al V Congreso Internacional de Entidades Fiscalizadoras* (Israel, 1965), Caracas, 1964, p. 6.

179 *V.* André Delion, *op. cit.*, p. 57.

180 *V.* M. A. Flamme, "Le Régime des Activités...", *loc. cit.*, p. 406. En general, sobre esto *V.* L. Jacquignon, *Le Régime des Biens des Entreprises Nationales*, París, 1956, Vol. I, p. 210 y ss.

181 *V.* R. Drago, "Le Régime des Activités...", *loc. cit.*, p. 455; A. G. Delion, *Le Statut des Entreprises Publiques*, París, 1963, p. 230.

182 *V.* Contraloría General de la República, La Contabilización y el Control del Patrimonio Estatal, Ponencia Venezolana al II Congreso Latinoamericano de Entidades Fiscalizadoras (Chile, 1965), Caracas 1965. p. 10.

183 *V.* M. A. Flamme, "Le Régime des Activités...", *loc. cit.*, p. 407.

público o privado según los criterios tradicionales. En este último caso, es necesario indicar que todo establecimiento es evidentemente libre de adquirir, de enajenar, de arrendar, de aceptar donaciones y legados, bajo el control siempre de la autoridad de tutela, y todos esos bienes pertenecen al establecimiento en concreto.

36. Por otra parte, y en cuanto al régimen del personal de los establecimientos públicos industriales o comerciales, las soluciones del Derecho Comparado no son uniformes. En efecto, en Bélgica y Austria, el personal de los establecimientos públicos se encuentra normalmente en una situación legal y reglamentaria, y ello, porque el régimen de Derecho Público para el personal permite realizar mejor el fin de servicio público perseguido, al permitir por ejemplo, que la autoridad competente pueda modificar unilateralmente el estatuto reglamentario según las necesidades del servicio. En todo caso, dicha situación rige fundamentalmente para los empleados, pudiendo los obreros ser contratados conforme a las normas generales sobre el contrato de trabajo, como sucede en Bélgica, España y Venezuela.[184]

Sin embargo, otro gran sector del Derecho Comparado niega el estatuto de funcionarios públicos al personal de los establecimientos públicos industriales y comerciales. En relación a Francia, R. Drago ha señalado que dicho personal está sometido íntegramente a un estatuto de Derecho Privado, aun cuando en ciertas empresas, existan estatutos resultantes de actos reglamentarios (empresas de electricidad y gas). En todo caso, aun en estos últimos supuestos, las relaciones entre el personal y la empresa están reguladas íntegramente por el Derecho Privado.[185] En cuanto al director del establecimiento, sin embargo, su estatuto es un estatuto de Derecho Público: él asegura la dirección general de la empresa, teniendo de hecho, generalmente, un poder de decisión extremadamente extendido y ejerce su autoridad sobre el conjunto del personal.[186]

En todo caso, y aun cuando en estos sistemas el régimen del personal sea, en general, el régimen laboral de Derecho Privado, existe una limitación concreta en relación al derecho de huelga. En Francia, este derecho se encuentra limitado por la institución de preaviso de cinco días y por la prohibición de las huelgas "tournantes", instituidas por la ley de 31 de julio de 1963. Por otra parte, siempre que se trate de servicios destinados a satisfacer necesidades fundamentales, y cuando una huelga pueda atentar contra esas necesidades de manera suficientemente grave, el gobierno puede proceder a la requisición del personal.[187] Esta última situación se presenta en forma similar en Venezuela.[188]

C. Régimen jurídico externo

37. El principio general en cuanto al régimen jurídico exterior de los establecimientos públicos industriales y comerciales, y es quizás esto lo que los caracteriza frente al establecimiento público clásico, es que está regido por el Derecho Privado y concreta-

---

184 *V.* M. A. Flamme, *Le Régime des Activités...*, *cit.*, (multigrafiada), p. 37; M. A. Flamme, "La Empresa Pública...", *loc. cit.*, p. 26, Gerhardt Plöchl, "Die Öffentliche...", *cit.*, p. 7; J. L. Villar Palasí, "La Actividad Industrial del Estado...", *loc. cit.*, p. 82.

185 *V.* R. Drago. "Le Régime des Activités...", *loc. cit.* p. 454; *Cfr.* G. Langrod, "L'Entreprise Public" en *Droit Administratif Comparé*, *loc. cit.*, p. 227; Dupont, *op. cit.*, p. 119; A. G. Delion, *Le Statut...*, *cit.*, pp. 166 y ss., A. Martin–Pannetier, *Eléments d'analyse comparative... cit.*, p. 173.

186 *Cfr.* R. Drago, "Le Régime des Activités...", *loc. cit.*, p. 454.

187 *Cfr.* R. Drago, "Le Régime des Activités...", *loc. cit.*, p. 454.

188 *V.* A.R. Brewer C., "El Derecho de Huelga en el concepto de Libertad en el Estado Moderno", *RFD*, N° 21, 1961, p. 280.

mente por el Derecho Comercial,[189] y en esta forma, los contratos concluidos con sus clientes y suministradores, y la responsabilidad frente a sus clientes, proveedores y terceros, están regulados por el Derecho Privado.

38. Por otra parte, siendo el objeto de los establecimientos industriales y comerciales indudablemente comercial, es el Tribunal de Comercio el competente para conocer de las controversias que nazcan de sus relaciones contractuales y cuasidelictuales con el público en general, proveedores y usuarios.[190]

39. Ahora bien, aun cuando la situación anterior sea general en el Derecho Comparado, es necesario hacer una distinción entre los establecimientos económicos que gestionan un servicio público y aquellos que no lo hacen. Generalmente, cuando se trata de un servicio público industrial o comercial, las relaciones con los usuarios pueden estar reguladas algunas veces por normas de Derecho Público. En efecto, en Alemania, señala K. Vogel, la relación con los usuarios está reglamentada en todas las instituciones públicas por los estatutos de cada una de ellas, y así, por ejemplo, la relación de uso con el Correo Federal es considerada por la opinión dominante como una relación de Derecho Público y la relación con los Ferrocarriles Federales, como de Derecho Civil. Como consecuencia de ello, para los litigios entre las instituciones públicas y sus usuarios son competentes los tribunales administrativos, en cuanto a la configuración jurídica pública de la relación de uso, y en los demás casos –y sobre la base de una disposición legal especial, también para las relaciones jurídicas públicas de uso en la esfera del Correo Federal–, los tribunales civiles.[191]

40. Por otra parte, el hecho de que el establecimiento público tenga el carácter de persona pública, lo hace gozar en diversas oportunidades de algunas prerrogativas estatales y de beneficios especiales.

En primer lugar, en Bélgica, por ejemplo, existe prohibición para los establecimientos públicos, como para toda persona pública territorial, de ser parte de un procedimiento arbitral; situación que, contraria a la que rige en Italia, Alemania y los Países Bajos, ha sido criticada por M. A. Flamme.[192]

En segundo lugar, numerosos establecimientos aun de carácter industrial y comercial, gozan de determinadas prerrogativas de la puissance public, como, por ejemplo, del poder de expropiación en Bélgica y Venezuela [193] y de la imposibilidad de que se ejerzan contra ellos, vías de ejecución forzosa. Los establecimientos públicos en Bélgica gozan de esta última prerrogativa con carácter general,[194] y en Venezuela sólo cuando la ley especial se los otorga.[195] En Francia, aun cuando el principio general es que los bienes de los establecimientos públicos son inembargables, parece haber una tendencia

189 *Cfr.* R. Drago, "Le Régime des Activités...", *loc. cit.*, pp. 452, 455 y 456; M. A. Flamme, "Le Régime des Activités...", *loc. cit.*, p. 415; M. S. Giannini, "Sobre las Empresas Públicas", *loc. cit.*, p. 16; M. S. Giannini, *Le Régime des Activités...*, *cit.*, p. 5; Gerhardt Plöchl, *Die öffentliche...*, *cit.*, p. 4.

190 *Cfr.* M. A. Flamme, "Le Régime des Activités...", *loc. cit.*, pp. 415 y 416; Dupont, *op. cit.*, p. 64; Gerhardt Plöchl, "Die Öffentliche...", *cit.*, p. 16; F. Franchini, "Aspects Juridiques de l'Intervention de l'Etat...", *loc. cit.*, p. 239.

191 *V.* Klaus Vogel, "Die Wirstchaftliche...", *cit.*, pp. 8 y 15.

192 *V.* M. A. Flamme, Le Régime des Activités..., *cit.* (multigrafiada), pp. 62 a 65.

193 *V.* M. A. Flamme, "Le Régime des Activités...", *loc. cit.*, p. 419; Eloy Lares Martínez, *Manual de Derecho Administrativo*, *cit.*, p. 447.

194 *V.* M. A. Flamme, "Le Régime des Activités...", *loc. cit.*, p. 419.

195 *V.* Artículo 74 de la Ley Orgánica de la Hacienda Pública Nacional de Venezuela.

como se dijo, en el sentido de que algunas veces los establecimientos, en interés de sus relaciones comerciales, acepten que sus bienes puedan ser embargados.[196]

Por otra parte, ciertos establecimientos públicos comerciales e industriales gozan, en virtud de la naturaleza de su actividad, de una situación de monopolio, como, por ejemplo, en Finlandia y en relación a la importación, la Oficina Estatal de Cereales.[197]

En cuanto al régimen fiscal, en principio, dada la actividad que desarrollan estos establecimientos, es el régimen fiscal de Derecho común.[198]

Sin embargo, en múltiples ocasiones, el Estado exonera por vía particular de todos o ciertos impuestos a determinados establecimientos, para fomentar su desarrollo, tal como sucede en Bélgica, Alemania y Venezuela.[199]

41. Por último, y en relación al régimen jurídico exterior de los establecimientos públicos comerciales e industriales, es necesario precisar en el Derecho Comparado, si éstos tienen o no la calidad de comerciantes.

En efecto, ya el mismo problema se ha planteado al analiza* la actuación del Estado a través de sus servicios no descentralizados ni personalizados. En estos casos, cuando el servicio público comercial e industrial es explotado directamente por el Estado, sus actividades son imputables al Estado mismo: la persona moral que actúa por intermedio del servicio público industrial y comercial es el Estado, y éste, como hemos visto, no puede adquirir la calidad de comerciante. En efecto, un comerciante es una persona que se dedica habitualmente al comercio, haciendo de éste su profesión, y el Estado no puede hacer del comercio una profesión. El puede, ciertamente, realizar actividades comerciales en cierto sector por intermedio de servicios económicos no personalizados, pero él no puede ser denominado comerciante, pues su objetivo fundamental es la defensa del interés general y no la búsqueda de un fin lucrativo. Sin duda, como hemos visto, el servicio económico en régie se verá sometido a ciertas reglas de Derecho Privado, como sucede en todo caso con los servicios públicos a gestión privée, pero él no será comerciante, ni estará sometido *in totum*, por ello, al Código de Comercio.

Supongamos ahora, dice el Decano G. Vedel, que un servicio público industrial y comercial, recibe la personalidad moral y se encuentra así erigido en establecimiento público industrial y comercial; ¿cuál va a ser la consecuencia? Se trata de una persona moral que tiene no solamente como actividad, sino como razón de ser, el hacer el comercio. Aquí la situación cambia profundamente, pues no se está en presencia del Estado que accesoriamente realiza actividades comerciales, sino de una persona moral cuya razón de ser es el hacer el comercio.[200]

Ante este problema, que está planteado todavía, pues las opiniones son contradictorias, G. Vedel concluye preguntándose si el establecimiento público de carácter industrial y comercial no es una categoría nueva del Derecho Administrativo francés, una persona pública comerciante, o más brevemente, un comerciante público".[201]

---

196 *V.* R. Drago, "Le Régime des Activités...", *loc. cit.*, p. 455.

197 *V.* Tore Modeen, Le Régime des Activités..., *cit.*, p. 19.

198 *Cfr.* R. Drago, "Le Régime des Activités...", *loc. cit.*, p. 457.

199 *V.* M. A. Flamme, "Le Régime des Activités...", *loc. cit.*, p. 419; Klaus Vogel, "Die Wirstchaftliche...", *cit.*, p. 11. En Venezuela, *V.* el Artículo 74 de la Ley Orgánica de la Hacienda Pública Nacional.

200 *V.* G. Vedel, *Droit Administratif, cit.*, Tomo II, p. 470.

201 *V.* G. Vedel, *op. cit.*, Tomo II, p. 471.

En el Derecho Comparado la situación, asimismo, no es uniforme. En efecto, en Austria, las instituciones públicas independientes son consideradas como comerciantes, según el Derecho Mercantil, porque explotan un negocio, y están inscritas en el Registro de Comercio.[202] En Francia, aun cuando en la doctrina se haya discutido sobre la calidad de comerciantes de los establecimientos públicos industriales y comerciales, R. Drago señala que hoy las empresas públicas tienen la calidad de comerciantes y deben inscribirse en el Registro de Comercio. En relación a esto último, el decreto de 9 de agosto de 1953, reformatorio del Registro de Comercio, ha exigido la inscripción de toda empresa pública francesa constituida bajo la forma de un establecimiento público de carácter industrial y comercial con personalidad civil y autonomía financiera, fórmula que ha sido acogida por el decreto de 27 de diciembre de 1958, sobre el Registro de Comercio.[203]

En Bélgica, por el contrario, la solución que la jurisprudencia ha dado al problema ha sido la de considerar que los establecimientos públicos, aun cuando realicen operaciones comerciales habitualmente, no pueden considerarse como comerciantes, y esta solución tiene una evidente importancia práctica: los organismos señalados, no siendo comerciantes, no están obligados a llevar libros de comercio ni a inscribirse en el Registro de Comercio y, en todo caso, el procedimiento de quiebra les es inaplicable.[204]

En Italia, el artículo 7 del Código de Comercio, al sancionar que el Estado, las Provincias y los Municipios, aun pudiendo cumplir actos de comercio, no se convierten en comerciantes, según T. Ascarelli, no enuncia más que un caso particular de una regla más general; en efecto, todas las personas públicas, precisamente porque son tales, se proponen necesariamente una finalidad pública y no la de llevar a cabo profesionalmente actos de comercio; el cumplimiento profesional de actos de comercio no puede más que constituir un medio para la mejor obtención de aquella finalidad pública para la cual están constituidas.[205] En Venezuela, y ante la redacción similar que trae el artículo 7 del Código de Comercio, se podría hacer el mismo razonamiento, aun cuando en base a una vieja jurisprudencia el profesor R. Goldschmidt haya sostenido que si sus normas reguladoras no se lo prohíben, los institutos autónomos pueden, adquirir la calidad de comerciantes.[206]

Por último, la opinión de la doctrina española es que ni el Estado ni las otras corporaciones de Derecho Público pueden recibir la calificación de comerciantes, ya que la finalidad de las corporaciones públicas no es jamás el ejercicio del comercio, y si la actividad mercantil se cruza en sus funciones, es siempre de modo accesorio y, precisamente, para la defensa de un interés público.[207]

---

202 *Cfr.* Gerhardt Plöchl, *Die Öffentliche..., cit.*, p. 11.

203 *V.* R. Drago, "Le Régime des Activités...", *loc. cit.*, p. 456; A. De Laubadére, *Traité Elémentaire de Droit Administratif*, Vol. 3. Paris, 1966, p. 593; A. Martin–Pannetier, *Éléments d'analyse comparative..., cit.*, p. 178

204 *Cfr.* M. A. Flamme, "Le Régime des Activités...", *loc. cit.*, p. 416.

205 *V.* Tulio Ascarelli, *Introducción al Derecho Comercial*, Buenos Aires, 1947, p. 73.

206 *V.* Roberto Goldschmidt, *Curso de Derecho Mercantil*, Caracas, 1964, p. 77; Oscar Lazo, *Código de Comercio de Venezuela*, Caracas, 1963, p. 76.

207 *V.* J. Garrigues, *Curso de Derecho Mercantil*, Tomo I, Madrid, 1955, p. 250.

D. Formas jurídicas especiales

42. Aparte del establecimiento público industrial y comercial, configurado como antes se ha visto, como una persona jurídica con forma de Derecho Público, el Derecho Comparado nos muestra algunos entes que también realizan actividades comerciales e industriales y que a pesar de ser personas públicas, dadas sus funciones y características peculiares, la ley les ha asignado una forma típica del Derecho Privado. Tal es el caso de los establecimientos públicos con forma societaria en Bélgica (Banque Nationale),[208] y en Finlandia (Alkoholiliike –Sociedad de Alcoholes–; Yleisradio –Sociedad de Radiodifusión–),[209] y del Banco Central de Venezuela, que a pesar de ser una persona pública, tiene la forma de sociedad anónima atribuida por su ley creadora.[210]

43. Para estos establecimientos o personas públicas dotados de forma societaria rigen, en líneas generales, algunos de los principios que han sido señalados con anterioridad en relación a los establecimientos públicos.

Sin embargo, aun cuando en Bélgica no se les atribuye a estos entes públicos con forma societaria la calidad de comerciantes,[211] en Venezuela, al tener la forma de sociedad anónima y no habiendo disposición legal en contrario, conforme lo preceptuado por el Código de Comercio, es necesario atribuirles esa calidad.[212]

44. Por otra parte, y también como forma especial de persona pública utilizada por el Estado para desarrollar sus actividades industriales y comerciales, el Derecho alemán nos muestra, aunque de utilización poco frecuente y sin mayor importancia,[213] las corporaciones de Derecho Público, entendiendo por tales aquellas asociaciones de Derecho Público con capacidad jurídica, organizadas sobre la base de la cualidad de socio de sus miembros y que garantizan el cumplimiento de objetivos estatales con medios soberanos y bajo la vigilancia del Estado.[214] En esta forma, la corporación de Derecho Público se distingue ante todo de las otras entidades administrativas autónomas, porque es una asociación, por lo que todo el edificio de la Corporación Pública descansa sobre la base de la cualidad de socio.

45. Dentro de esta misma categoría de las corporaciones de Derecho Público podemos incluir algunas de las figuras que, en Bélgica, M. A. Flamme denomina asociaciones de Derecho Público, es decir, servicios públicos personalizados, instituidos por el procedimiento de la asociación de personas públicas exclusivamente. Estas asociaciones de Derecho comprenden cooperativas de los poderes públicos (asociaciones de personas públicas que se caracterizan por la consideración del principio cooperativo: Crédit Communal de Bélgica, Société nationale du Logement); y asociaciones intercomunales puras, agrupando exclusivamente, con la forma jurídica que sea, personas públicas (comunas, provincias, etc.), sea en vista de un objeto de interés comunal bien determinado, sea en vista de promover la ordenación económica regional.[215] Estas asociaciones de Derecho Público hacen aplicación de los principios cooperativos en cuanto a su funcio-

---

208 *V.* M. A. Flamme, "Le Régime des Activités...", *loc. cit.*, p. 399.

209 *V.* Tore Modeen, *Le Régime des Activités...*, *cit.*, pp. 13 y 14.

210 *V.* Eloy Lares Martínez, Manual de Derecho Administrativo, *cit.*, pp. 264 y 265.

211 *V.* M. A. Flamme, "Le Régime des Activités...", *loc. cit.*, p. 416.

212 *V.* artículo 10 del Código de Comercio de Venezuela.

213 *Cfr.* Klaus Vogel, "Die Wirstchaftliche...", *cit.*, p. 3; Theo Keller, "La Economía propia de las Comunidades Públicas", *loc. cit.*, p. 157.

214 *V.* Ernst Forsthoff, *op. cit.*, p. 628.

215 *V.* M. A. Flamme, "Le Régime des Activités...", *loc. cit.*, p. 393.

namiento interno, aunque su personal se encuentra sometido generalmente a un régimen estatutario o reglamentario, sus bienes pueden estar sometidos al régimen de la domanialidad pública y no se las considere como comerciantes.[216]

4. Formas jurídicas intermedias

A. Introducción

46. Aparte de la categoría jurídica antes estudiada, es decir, de los establecimientos públicos industriales y comerciales que, con sus peculiares variantes en uno u otro país, aparecen siempre como personas públicas no territoriales, y sin que por otra parte pueda catalogárselas íntegramente como personas jurídicas con forma de Derecho Privado, surgen en el Derecho Comparado dos series de empresas estatales semipúblicas que es necesario estudiar como categorías jurídicas intermedias.

47. En efecto, en los países anglosajones, y concretamente en el Derecho inglés, no está establecida con mucha claridad la distinción entre sujetos públicos y privados. Ello se debe, señala López Rodó, a que en su régimen tradicional no existían personas de Derecho Público, puesto que no había un *jus singulare* para la administración, y todos los sujetos se hallaban sometidos a los tribunales ordinarios.[217] Por otra parte, sólo ha sido en la primera mitad de este siglo cuando la administración ha ido conquistando prerrogativas y se ha encontrado sometida a un régimen jurídico especial, creándose tribunales administrativos que invaden el campo de la justicia; y aunque por ello pueda ahora comenzarse a hablar de sujetos públicos y privados, según el estatuto legal a que estén sometidos o según el mayor parentesco que guarden con los sujetos de uno y otro tipo, las Public Corporations no pueden catalogarse exclusivamente en una u otra categoría, ya que presentan un carácter semipúblico, aun cuando pueda decirse que existe en ellas una presunción a favor de su carácter público.[218]

48. Por otra parte, en los países de economía planificada, donde el proceso de las nacionalizaciones se hizo aplicando rápidamente las reformas necesarias, sin perder tiempo en realizar estudios profundos, surgieron una serie de formas heterogéneas que han venido a intercalarse entre el hecho de encargarse el Estado directamente de una actividad económica en su calidad de persona jurídica de Derecho Público, y, por otra parte, el mantenimiento aparente de los sujetos de Derecho existentes anteriormente. En esta forma, han surgido las empresas estatales. En ellas, el doble deseo del legislador de someter, por medio de las nacionalizaciones, el conjunto de la vida económica a sus directrices, y de establecer una separación entre el Estado y el patrimonio al igual que la personalidad, de los sujetos encargados de animar la vida económica según los lineamientos del mismo, ha dado por resultado, según afirma Katzarov, la creación de un Derecho material particular –mezcla de Derecho Privado, de Derecho Administrativo y de Derecho Público–[219] bajo cuyo régimen esos sujetos tienen que actuar.

Por ello, en Polonia a estas empresas estatales se las considera como una institución compleja: así, por ejemplo, las relaciones jurídicas en las cuales entra la empresa parti-

---

216 *Cfr.* Laureano López Rodó, "Las Empresas Nacionalizadas...", *loc. cit.*, p. 394.
217 *V.* Laureano López Rodó, "Las Empresas Nacionalizadas en Inglaterra", *loc. cit.*, p. 393
218 *Cfr.* Laureano López Rodó, "Las Empresas Nacionalizadas...", *loc. cit.*, p. 394.
219 *V.* K. Katzarov, *op. cit.*, pp. 311, 312, 328 y 329.

cipando en relaciones económicas con otros organismos y poniéndose en contacto con otros sujetos económicos, son regidas ante todo por las normas de Derecho Civil. Las relaciones jurídicas entre la empresa y los órganos superiores, al contrario, son regidas principalmente por normas de Derecho Administrativo y Financiero, pero en una medida cada vez mayor, también por normas de Derecho Civil.[220]

Por tanto, y no pudiendo catalogar en forma rígida las empresas estatales de los países socialistas ni dentro de la categoría de las personas públicas ni de las personas privadas,[221] es necesario estudiarlas también como formas jurídicas intermedias.

B. Las Public y las Government Corporations

a. Introducción

49. En relación a la Public Corporation británica, debe señalarse que no resulta fácil precisar su concepto, ya que, aparte de ser un término muy amplio que abarca no sólo las entidades que rigen empresas nacionalizadas de carácter económico, sino también las que atienden otros fines (de tipo político, social, cultural, etc.), aun respecto de las de tipo económico solamente, no existe en Inglaterra una legislación uniforme, sino que adoptan muy diversas formas y modalidades. [222] Sin embargo, y ante todo, como ha dicho Robson, la Public Corporation, debe considerarse como una persona jurídica o legal que puede comparecer en justicia y ser perseguida ante los tribunales en materia contractual y delictual; y está sometida a la ley nacional ordinaria, salvo las excepciones expresamente establecidas en su ley de creación. [223] Esto, por otra parte, ha sido claramente establecido por la Court of Appeal que se ocupó, en el caso Tamlin vs. Hannaford, en 1950, del status legal de la Eritish Transport Commission, declarando que "ante la ley la Corporation es dueña de sí misma y, en consecuencia, tan plenamente responsable como cualquier otra persona o corporación; no es la Corona y no tiene ninguna de sus inmunidades o privilegios. Sus funcionarios no son funcionarios públicos y sus bienes no son bienes de la Corona. Está tan sujeta a las leyes (acts) del Parlamento como cualquier otro súbdito del Rey. Es, desde luego, una autoridad pública, y sus fines son sin ninguna duda fines públicos, pero no es en absoluto un Departamento gubernamental ni sus poderes son poderes de gobierno".[224] De esto queda, pues, absolutamente claro, que una Public Corporation no es ni servidor ni agente de la Corona, está sujeta al Derecho común del país en la misma medida aproximadamente que una compañía comercial o una persona privada, exceptuándose sólo las especiales inmunidades concedidas por la ley de creación. [225] Sin embargo, son consideradas, por otra parte, como organismos administrativos autónomos encargados de dirigir e intervenir un determinado

---

220 *Cfr.* Zygmunt Rybicki, "Le Régime des Activités...", *loc. cit.*, p. 266.

221 *Cfr.* K. Katzarov, *op. cit.*, p. 337, del mismo autor, "Les Nationalisations en Bulgarie", en *Les Nationalisations en France et à l'Étranger* (Les Nationalisations à l'Étranger), Paris, 1958, pp. 162 y 167.

222 *Cfr.* Laureano López Rodó, "Las Empresas Nacionalizadas en Inglaterra", *loc. cit.*, p. 388. De ahí que Gustavo Limma constate la ausencia casi absoluta de definiciones de la Public Corporation en la doctrina inglesa: *V.* Gustavo Limma, *As Corporales Públicas na Gra–Bretanha*, Rio de Janeiro (s/f), p. 9.

223 *V.* W. A. Robson, *Les Nationalisations en Grande–Bretagne en Les Nationalisations en France et a l'étranger (Les Nationalisations á l'fitranger)*, París, 1958, p. 28; del mismo autor, "La Public Corporation en Gran Bretaña", *RAP*, N° 22, 1957, p. 115.

224 *V.* William a. Robson, *Industria Nacionalizada y Propiedad Pública*, Madrid, 1964, p. 71.

225 *Cfr.* W. A. Robson, "La Public Corporation en Gran Bretaña", *loc. cit.*, p. 115.

sector de la economía; [226] de ahí que S. Marín Marín las catalogue en un estadio intermedio entre el establecimiento público y las sociedades del Estado, con forma de Derecho Privado.[227]

Por tanto, y dado este carácter semipúblico de las Public Corporations inglesas, ellas ameritan un estudio separado junto con las Government Corporations norteamericanas.

50. En efecto, las corporaciones del Gobierno norteamericanas han sido consideradas también como empresas de propiedad pública que han sido incorporadas al Derecho Federal, estatal o local para un negocio particular o un propósito financiero. Están calcadas sobre los moldes de las corporaciones privadas y generalmente gozan de la facultad de realizar empréstitos, retener beneficios y operar libres de los controles ordinarios fiscales y personales del Gobierno, y, como tales, también tienen capacidad para demandar o ser demandadas en juicio. [228] Hay que señalar, sin embargo, que las Government Corporations también carecen de un estatuto jurídico uniforme, por lo que la enumeración de sus características habrá de hacerse, asimismo, en términos de gran generalidad. Además, esta falta de uniformidad se refleja fundamentalmente en las notas que marcan su grado de conexión a la Administración Federal americana, [229] por lo que su configuración jurídica general como persona pública o privada se hace más difícil. Es necesario señalar, sin embargo, que Pfiffner, al constatar la práctica de la creación de personas jurídicas públicas dotadas de cierta autonomía, pero más o menos dependientes del Estado, que existe en el Derecho europeo, concluye señalando que las corporaciones del Gobierno norteamericanos podrían ocupar un lugar paralelo a los établissements publics franceses y a los enti parastatali italianos.[230]

En todo caso, debe indicarse que las Government Corporations que tuvieron como modelo las Publics Corporations británicas, se han alejado progresivamente de las ventajas de estas últimas, sobre todo debido al Government Corporation Control Act de 1945 que, según afirma Pritchett, convirtió materialmente a las corporaciones del Gobierno en agencias parecidas a los departamentos usuales del mismo, debido a la fiscalización que estableció.[231] Ello, unido a los dispositivos de la Ramspeck Act de 1940 han conducido a A. Abel a indicar que dichas normas han recortado, global y sistemáticamente, los rasgos distintivos que daban a esas corporaciones utilidad, hasta el punto de que, sin una modificación de la legislación, resulta difícil percibir para qué finalidades pueden servir actualmente en los Estados Unidos.[232] Por el contrario, J. N. Hazard ha afirmado que si bien a través de los Acts de 1940 y 1945 se ha tratado de reafirmar el control del Congreso sobie las Government Corporations como si fueran agencias gubernamentales normales, ello no ha anulado la flexibilidad de algunas de dichas instituciones conforme al modelo británico; y si bien en todo caso en el ámbito nacional la

226 *Cfr.* F. Garrido Falla, "Las Empresas Públicas", *loc. cit.*, p. 137; M. A. Flamme, "La Empresa Pública...", *loc. cit.*, p. 81.

227 *V.* S. Marín Marín, *Aspectos de la Administración Pública Autonómica*, *cit.*, p. 274.

228 *Cfr.* F. Garrido Falla, "La Intervención Administrativa en Materia Económica y las Corporaciones del Gobierno en Norte América", *loc. cit.*, p. 417; J. N. Hazard, "Law Regulating...", *cit.*, p. 7; Albert S. Abel, "La Corporación Pública en los Estados Unidos", *ICE*, marzo 1964, p. 143.

229 *Cfr.* F. Garrido Falla, "La Intervención Administrativa...", *loc. cit.*, p. 423.

230 *V.* Pfiffner, *Public Administration*, Nueva York, 1946, p. 114.

231 *V.* Herman Pritchett, "The Government Corporation Control Act of 1945", *The American Political Science Review* (1946). p. 495, *cit.* por J. N. Hazard, "Law Regulating...", p. 5; *Cfr.* Harold Seidman, "The Government Corporation in the United States", *Public Administration*, Vol. XXXVII, Summer 1959; *V.* en comentario bibliográfico de M. Tejerina Pedruelo, *RAP*, N° 30, 1959, p. 362.

232 *V.* Albert Abel, "La Corporación Pública en los Estados Unidos", *loc. cit.*, p. 142

situación es discutida, en el ámbito estadal no hay duda de que las Government Corporations siguen funcionando de acuerdo al modelo británico.[233]

51. En todo caso, en los países anglosajones se ha considerado que la Public Corporation es la forma jurídica más moderna y más común[234] para la gestión de empresas económicas por parte del Estado, ya que a través de ella, generalmente, se consigue un alto grado de libertad, agilidad, decisión y audacia en la gestión de las empresas estatales de carácter industrial y comercial, ante el deseo de escapar a la cautela y circunspección que van inevitablemente asociadas a las dependencias gubernamentales.[235] De ahí que Robson haya señalado a la moderna Public Corporation, como una innovación constitucional que revela la tendencia a ampliar la unidad administrativa hasta proporciones regionales o nacionales; a divorciar la administración de las empresas de carácter económico, industriales o de utilidad pública, de las actividades ordinarias de gobierno; a separar la economía de estas entidades del presupuesto nacional; y a eliminar el incentivo del lucro sustituyéndolo por el servicio público.[236]

52. En los párrafos que siguen y bajo la denominación genérica de Public Corporation, intentaremos señalar sumariamente los rasgos esenciales del régimen jurídico interno y externo de estas instituciones en Gran Bretaña, Estados Unidos, y en los países que, en una u otra forma, han recibido la influencia directa del sistema jurídico de éstos, como sucede principalmente en algunos de los Estados del Lejano Oriente.[237]

b. Régimen jurídico interno

53. Ante todo debe señalarse que generalmente, las Public Corporations son creadas o reguladas por un acto legislativo que establece sus poderes, deberes e inmunidades, que prescribe la forma de su gestión y dirección, y que, sobre todo, establece la regulación de sus relaciones con los departamentos ministeriales.[238] Esto surge con toda claridad en el caso de las nacionalizaciones inglesas, donde la mayoría de los Acts nacionalizadores son leyes, extensas y detalladas, reguladoras de una determinada empresa o industria.[239]

En este sentido, y dada la regulación de la persona jurídica por ley, las Public Corporations se asemejan a las personas públicas del Derecho europeo continental, como, por ejemplo, a las instituciones públicas alemanas,[240] a los establecimientos públicos franceses,[241] y a los institutos oficiales autónomos del Derecho venezolano.[242]

---

233 *V.* J. N. Hazard, "Law Regulating...", *cit.*, p. 9.

234 *V.* ONU, *Manual de Administración Pública*, Nueva York, 1962 (61. 11. H. 2), p. 88; *V.* ONU, *Some Problems in the Organization and Administration of Public Enterprises in the Industrial Field*, *cit.*, p. 9

235 *Cfr.* W. A. Robson, "La Public Corporation en Gran Bretaña", *loc. cit.*, pp. 111 y 114.

236 *V.* W. A. Robson, "La Public Corporation en Gran Bretaña", *loc. cit.*, p. 124.

237 *V.* ONU, *Some Problems in the Organization and Administration of Public Enterprises in the Industrial Field*, *cit.*, p. 9; R. C. Mascarenhas, "A General Law for Public Enterprise in India", *RISA*, 1964, N° 4, pp. 397 y ss.

238 *Cfr.* ONU, *Some Problems in the Organization...*, *cit.*, p. 9; S. Marín Marín, *Aspectos de la Administración Pública Autonómica*, *cit.*, p. 290.

239 *Cfr.* W. A. Robson, "La Public Corporation en Gran Bretaña", *loc. cit.*, p. 112.

240 *V.* E. Forsthoff, *op. cit.*, p. 644.

241 *V.* J. Rivero, *op. cit.*, p. 404.

242 Artículo 230 de la Constitución de Venezuela de 1961.

54. Generalmente, la dirección de la corporación pública está a cargo de un Consejo Directivo o de administración cuyo nombramiento y remoción corresponde al Poder Ejecutivo.[243]

El Consejo Directivo tiene, en principio, autonomía en la gestión de la empresa, lo que no impide que tenga una gran dependencia respecto al Ministro correspondiente, la cual día a día va acentuándose.[244] En este sentido, dice Robson, en Inglaterra, no existe ningún límite a la facultad ministerial de dar instrucciones, y el Consejo de Administración de la empresa tiene una ilimitada obligación estatutaria de dar cumplimiento a dichas instrucciones.[245] Sin embargo, en principio, no existe con generalidad la responsabilidad del Ministro ante el Parlamento por la administración de la empresa;[246] esa responsabilidad se reduce exclusivamente a aquellas materias en las cuales el Ministro puede fiscalizar a la misma.[247]

En los Estados Unidos también ha habido un proceso de disminución de la autonomía del Consejo Directivo en la gestión de las Government Corporations. En este sentido, J. N. Hazard indica que el modelo británico de corporación pública, en el cual se basó el establecimiento de la Tennessee Valley Authority, configuraba una forma jurídica que permitía a la dirección de la Corporación actuar con más autonomía de la que poseía el director de una Agencia del Gobierno en los Estados. Según la forma del modelo británico, el Presidente de los Estados Unidos tenía un control muy limitado sobre la dirección de las corporaciones; sin embargo, esta forma, tal como la aplicó Roosevelt, fue ligeramente alterada, pues las corporaciones no estaban desprovistas de todo control, ya que cuando, por ejemplo, el director de la Tennessee Valley Authority rehusó dar alguna información que le fue requerida, fue destituido.[248] Sin embargo, en todo caso, es necesario convenir que la virtud principal de la Government Corporation es su autonomía, o sea, su derecho a dirigir sus propios asuntos, por lo que, en este caso, autonomía significa la concentración de los poderes de dirección en personas competentes, a las que se concede "manos libres" para lograr los resultados deseados. Siendo, pues, una entidad separada y distinta, manejada por sus propios directores, la corporación es intrínsecamente más hábil para triunfar en ciertos campos que el departamento ordinario de la administración.[249] En todo caso, y en la evolución de la autonomía de las Government Corporations en los Estados Unidos, se puede ver una clara tendencia hacia la integración de esas empresas en la administración central, tal como lo propuso en 1949 la Hoover Commission.[250]

Por último, y en relación al Consejo Directivo de las Public Corporations, es necesario indicar que en Inglaterra, este es un órgano esencialmente no político, y sus miembros no están obligados a jurar fidelidad al partido que esté en el poder. En ningún caso pueden ser designados los miembros del Parlamento para formar parte de dichos Conse-

---

243 *Cfr.* W. A. Robson, *Industria Nacionalizada y Propiedad Pública*, *cit.*, p. 69; L. López Rodó, "Las Empresas Nacionalizadas en Inglaterra", *loc. cit.*, p. 391; J. N. Hazard, "Law Regulating...", *cit.*, p. 4.

244 *Cfr.* L. López Rodó, "Las Empresas Nacionalizadas...", *loc. cit.*, p. 390.

245 *V.* W. A. Robson, *Industria Nacionalizada...*, *cit.*, p. 73.

246 *Cfr.* W. A. Robson, *Industria Nacionalizada...*, *cit.*, p. 61.

247 *Cfr.* W. A. Robson, *Industria Nacionalizada...*, *cit.*, p. 65; W. A. Robson, "La Public Corporation en Gran Bretaña", *loc. cit.*, p. 121; L. López Rodó, "Las Empresas Nacionalizadas en Inglaterra", *loc. cit.*, p. 400.

248 *V.* J. N. Hazard, "Law Regulating...", *cit*, p. 4.

249 *Cfr.* M. E. Dimock, "Government Corporation: A Focus of Policy and Administration", en *The American Political Science Review*, N° 5, 1949, p. 913, *cit.* por F. Garrido Falla, "La Intervención Administrativa...", *loc. cit.*, p. 422.

250 *V.* F. Garrido Falla, "La Intervención Administrativa...", *loc. cit.*, pp. 428 y 429.

jos, lo cual constituye, sin duda, un principio autolimitador de considerable valor para mantener la integridad de la vida política. También los funcionarios están excluidos de los Consejos de Administración, y si se les designa para ellos, han de abandonar el Civil Service.[251]

55. En cuanto a su régimen financiero, las Public Corporations se caracterizan por la independencia de su economía. En efecto, en Inglaterra, la economía de las corporaciones públicas está separada del presupuesto nacional, aunque existe un considerable grado de fiscalización del Tesoro sobre ciertos aspectos de las operaciones financieras de las mismas.[252] Sin embargo, aun cuando se pueda considerar a las Public Corporations financieramente independientes, ellas se procuran, en muchas oportunidades, todo o parte del capital que necesitan, mediante préstamos del Tesoro o a través de la emisión de obligaciones, obteniendo sus ingresos de los bienes y servicios que producen. En esta forma, la ley suele fijar una cifra máxima de las disponibilidades financieras y de empréstito de las empresas.[253]

Ahora bien, esta autonomía financiera que implica la realización del movimiento de fondos de las corporaciones públicas al margen del presupuesto del Estado, implica que las resultas de los distintos ejercicios económicos no repercuten en el Tesoro pues, al contrario, en el caso, por ejemplo, de que se obtengan beneficios, éstos han de destinarse al mejoramiento del servicio, rebaja de las tarifas o aumento de los sueldos de sus empleados, pero no a engrosar los caudales públicos.[254] Sin embargo, como es natural, el Estado puede intervenir a través del presupuesto y si es necesario puede cubrir las pérdidas de las Public Corporations.[255]

Antes de 1945, en los Estados Unidos, las Government Corporations seguían los mismos principios en materia financiera que los antes descritos para el modelo británico, sobre todo en cuanto al privilegio de reinvertir sus beneficios, no estando en la obligación, por otra parte, de requerir fondos del Congreso anualmente para financiar su desarrollo.[256]

Sin embargo, a partir del Government Corporation Control Act de 1945, se ha producido la pérdida progresiva de la autonomía financiera y contable de las corporaciones del Gobierno. En efecto, hablando en términos generales, dicha ley borra el rasgo de la exención de adscripción de las corporaciones al presupuesto ordinario del Gobierno y de intervención de cuentas, característicos de las Public Corporations[257] según el modelo británico. Esto, según H. Pritchett, convirtió a las corporaciones del Gobierno norteamericanas en agencias parecidas a los departamentos de Gobiernos usuales.[258] La importancia de la ley sobre el control de las corporaciones del Gobierno de los Estados Unidos, de 1945, se aprecia a través de la evaluación de dos métodos relacionados habi-

---

251 *Cfr.* W. A. Robson, "La Public Corporation en Gran Bretaña", *loc. cit.*, p. 125; M. A. Flamme, "La Empresa Pública...", *loc. cit.*, p. 74.

252 *Cfr.* W. A. Robson, *Industria Nacionalizada...*, *cit.*, p. 68; W. A. Robson, "La Public Corporation en Gran Bretaña", *loc. cit.*, p. 124.

253 *Cfr.* S. Marín Marín, Aspectos de la Administración Pública Autonómica, *cit.*, p. 291.

254 *Cfr.* L. López Rodó, "Las Empresas Nacionalizadas en Inglaterra", *loc. cit.*, p. 398; Elias Hatad, "Tipos de Industrias Nacionalizadas", *loc. cit.*, p. 65.

255 *Cfr.* Elis Hastad, "Tipos de Industrias Nacionalizadas", *loc. cit.* p. 65.

256 *Cfr.* J. N. Hazard, "Law Regulating...", *cit.*, p. 5.

257 *Cfr.* Albert Abel, "La Corporación Pública en los Estados Unidos", *loc. cit.*, p. 142.

258 *V.* H. Pritchett, "The Government Corporation Control Act of 1945", en *The American Political Science Review*, 1946, N° 3, p. 495, *cit.* por J. N. Hazard, "Law Regulating...", *cit.*, p. 5.

tualmente con la actividad de los Departamentos de Gobierno: a) Los subsidios anuales aportados por el Congreso, y b) La fiscalización por el Contralor General de los Estados Unidos. Estudiaremos aquí, y en cuanto a la pérdida de la autonomía financiera de las corporaciones, el primero de esos aspectos, dejando para un análisis posterior, [259] lo relativo al control de las corporaciones.

En los Estados Unidos, la constatación de la existencia de los subsidios o asignaciones anuales proporcionados por el Congreso a las agencias del Gobierno, es esencial para comprender la actividad del cuerpo legislativo frente al presupuesto. En efecto, las operaciones gubernamentales en los Estados Unidos dependen, en general, de las asignaciones o créditos presupuestarios corrientes, anuales;[260] en esta forma, cada año, el Congreso requiere que el director de toda Agencia de Gobierno se presente ante sus comités a fin de justificar en persona, y bajo un riguroso examen, cada renglón del presupuesto para el año futuro. Este procedimiento, evidentemente, tiene la gran ventaja de servir de freno a los administradores ambiciosos, pero, sin embargo, aplicado a las empresas económicas del Estado, influye desfavorablemente sobre todo en relación a los planes a largo plazo, cuando éstos resultan necesarios, pues según normas legales vigentes, no pueden ejecutarse, al no permitirse la celebración de contratos cuya realización requiera más de un año.[261] Por tanto, la limitación de las asignaciones presupuestarias en base a ejercicios anuales, es evidentemente dañosa para el desarrollo apropiado de actividades económicas en las que se requieren, por ejemplo, transformaciones en las plantas y en las cuales, la expansión de actividades debe ser planificada en base a planes de largo plazo.[262]

La ley de 1945 tiende fundamentalmente, por otra parte, a preservar la autoridad central de programación, dentro de marcos muy severos. La sección 847 contenía la regla siguiente sobre el ejercicio anual: "Todas las corporaciones en manos exclusivas del Gobierno, prepararán anualmente un presupuesto, que deberá ser sometido para su aprobación al Presidente por medio de la Oficina de Presupuesto (Budget Bureau) a más tardar el 15 de septiembre de cada año". Para darle elasticidad a esta norma, el estatuto fue revisado en 1950 y se instituyó el llamado presupuesto de "tipo comercial", según el cual el presupuesto correspondiente a cada año debía contener estimaciones de las condiciones financieras y de las operaciones de la corporación para el año siguiente, así como la indicación de los gastos erogados en el año anterior. Estas estimaciones, cuando el presupuesto era sometido al Congreso, le ponían a éste en conocimiento de los planes de la corporación, y creaban la posibilidad de que en los años subsiguientes se aprobaran los otros presupuestos, si no se habían registrado objeciones en las estimaciones presentadas con anterioridad.[263]

Pero además del control de la Oficina de Presupuesto y del Congreso sobre el Presupuesto de la Corporación, la ley de 1945 también estableció el control del Tesoro, sobre todo en lo referente a la custodia de sus fondos, obligaciones y bonos. Hasta ese momento había existido en esto una gran libertad, ya que cada corporación depositaba sus fondos en cualquier banco según el sistema que juzgara más conveniente. Por el Control

259 *V.* Nos. 86 y ss.

260 *Cfr.* Albert Abel, "Las Corporaciones Públicas en los Estados Unidos", *loc. cit.*, p. 141

261 *Cfr.* J. N. Hazard, "Law Regulating...", *cit.*, p. 5.

262 *Cfr.* J. N. Hazard, "Law Regulating...", *cit.*, p. 5; Albert Abel, "Las Corporaciones Públicas en los Estados Unidos", *loc. cit.*, p. 141.

263 *V.* J. N. Hazard, "Law Regulating...", *cit.*, pp. 5 y 6; *Cfr.* G. Lescuyer, "Les Entreprises Nationales et le Parlement", *RDP*, 1960, N° 6, p. 1148

Act de 1945, al contrario, los fondos de las corporaciones debían ser depositados necesariamente en el Tesoro de los Estados Unidos.[264] Además, el Control Act requirió que las corporaciones del Gobierno entregaran al Tesoro de los Estados Unidos, al final de cada año, cualquier ingreso percibido, ya que sólo se les permitía erogar gastos que se correspondieran con los fondos entregados por el Congreso.[265]

56. Otro de los principios fundamentales que caracterizan el régimen interno de las corporaciones públicas, es que sus empleados no se consideran, por lo general, funcionarios del Estado.

En efecto, en Inglaterra el principio general, sin excepciones, es que el personal de las Public Corporations no forma parte del Servicio Civil. Esto se aplica no sólo al presidente, los miembros del Consejo y el director, sino también a todos los empleados a sueldo y a jornal. Es más, los funcionarios públicos no pueden ser miembros a la vez de algún Consejo de Administración de una corporación, y si se les designa para ello han de abandonar el Civil Service.[266] La base de este principio, de que el personal de la corporación no tiene la categoría de funcionarios públicos, está en que no hay un control del Tesoro sobre la remuneración, condiciones de trabajo, reclutamiento, pensiones, retiros, etc. Puede suceder, desde luego, que el Gobierno regule las cuestiones más importantes de personal por medio de disposiciones ministeriales de tipo general; y, en efecto, un documento oficial sobre política radiofónica publicado en 1952 declaraba que "al fijar los sueldos y condiciones de trabajo del personal, la BBC deberá tener en cuenta la política general del Gobierno sobre sueldos y materias análogas". Sin embargo, esto es poco más que una orientación general, incomparable mente menos onerosa que la sujeción a las detalladas instrucciones del Tesoro sobre el Servicio Civil.[267]

En cuanto a los cargos administrativos subalternos, las personas que los desempeñan están equiparadas a los obreros, y la relación que les une a la corporación es de carácter estrictamente laboral.[268]

En los Estados Unidos, y conforme al modelo británico, la Government Corporation ofrecía también la ventaja de evitar las dificultades que el Civil Service podía acarrear a su actividad. En cuanto a estos problemas, Albert Abel señala que, en lo que respecta al Gobierno Federal, las dificultades de personal han emanado de las leyes y reglamentos excesivamente formalistas que lo regulan, pues sin necesidad de lucubrar mucho, puede observarse que dichas normas han subrayado el factor de estabilidad, hasta un grado prácticamente inconciliable con la eficiencia funcional. En el ámbito de los Estados, éstos sufren, quizás, el mal contrario: la influencia política y personal predominan en sus tácticas administrativas.[269] Pues bien, la Government Corporation norteamericana, ofrecía la promesa de evitar apreciablemente esas dificultades: su carácter autónomo, fuera de la jerarquía gubernamental, la facultaba para funcionar ajena a la rigidez del Servicio Civil. Además, estaba inmunizada, en cierto modo, contra las presiones anexas

264 *Cfr.* F. Garrido Falla, "La Intervención Administrativa en materia económica y las Corporaciones del Gobierno en Norteamérica", *loc. cit.*, p. 432.

265 *Cfr.* J. N. Hazard, "Law Regulating...", *cit.*, p. 6.

266 *Cfr.* W. A. Robson, "La Public Corporation en Gran Bretaña", *loc. cit.*, p. 125; W. A. Robson, "La Empresa Pública en Gran Bretaña", *ICE*, Marzo 1964, p. 74; P. Bauchet, *Propriété Publique et Planification*, París, 1962, p. 264.

267 *V.* W. A. Robson, "La Public Corporation en Gran Bretaña", *loc. cit.*, p. 123; *Cfr.* W. A. Robson, *Industria Nacionalizada..., cit.*, p. 68; A. Martin–Pannetier, *Eléments d'analyse comparative..., cit.*, p. 209.

268 *Cfr.* L. López Rodó, "Las Empresas Nacionalizadas en Inglaterra", *loc. cit.*, p. 391.

269 *V.* Albert Abel, "La Corporación Pública en los Estados Unidos", *loc. cit.*, p. 140.

al llamado "sistema de botín", tanto porque sus funciones, típicamente especializadas y un tanto aisladas, la dejaban fuera de la corriente principal de la atención política, como porque su condición de empresa pública era un símbolo que la identificaba con la compañía industrial o comercial y, por consiguiente, con las características de eficacia y neutralidad política que se reconocían como atributos a esta última.[270]

Sin embargo, en 1940, la Ramspeck Act autorizó al Presidente de los Estados Unidos a aplicar, con facultad discrecional, la legislación de funcionarios públicos a los empleados de las corporaciones públicas que se encontraban bajo control federal, afectándose así, uno de los principales atractivos de la corporación pública. Esta facultad se ejerció por orden ejecutiva N° 8743, de 23 de abril de 1941, según la cual, las normas del estatuto del Servicio Civil en el ámbito federal se aplicaban a las corporaciones, en cuanto a la determinación del escalafón y a la remuneración, rigiéndose el empleo y el ascenso por exámenes, y controlándose los despidos de manera tal, que no se produjeran sin causa o sin cumplirse el respectivo procedimiento.[271]

En todo caso, la influencia del Ramspeck Act ha sido altamente criticada pues, entre otros aspectos, ha fortalecido la estabilidad de los cargos de tal manera que los hace inconciliables con la buena marcha de las operaciones,[272] habiéndose llegado a afirmar, como antes señalamos, que, junto con el Government Corporation Control Act, esas normas han recortado, global y sistemáticamente, los rasgos distintivos que daban a esas corporaciones su utilidad, hasta tal punto, que, sin una modificación de la legislación, resulta difícil percibir para qué finalidad pueden servir actualmente en los Estados Unidos.[273]

c. *Régimen jurídico externo*

57. Para las Public Corporations rige, como principio general, el de la sumisión al Derecho común. "Las leyes del Parlamento –dice Denning– les obligan tanto como a cualquier súbdito de Su Majestad".[274] Por consiguiente, en Inglaterra, las normas del Derecho Civil, Mercantil, Penal y Procesal e incluso Fiscal les son enteramente aplicables. No están amparadas por la Public Authorities Protection Act de 1893 y pesan sobre ellas iguales obligaciones tributarias que sobre las empresas privadas. Cabe también dirigir procedimiento ejecutivo contra sus bienes.[275] En todo caso, sin embargo, y habiendo desaparecido en las Public Corporations los accionistas, la mayoría de los preceptos del moderno Derecho Mercantil resultan, por ese hecho, inoperantes.[276]

No obstante ello, es preciso reconocer que las propias leyes creadoras de las distintas corporaciones le han conferido singulares prerrogativas. Así, por ejemplo, aun cuando no les beneficia el plazo de un año para la prescripción de acciones contra la administración que establece la Limitation Act de 1939, las acciones que contra ellas se dirijan tampoco se someten al plazo general de prescripción de acciones, que es de seis años,

---

270 *Cfr.* Albert Abel, "La Corporación Pública en los Estados Unidos", *loc. cit.*, p. 140.

271 *V.* J. N. Hazard, "Law Regulating...", *cit.*, p. 4.

272 *Cfr.* Albert Abel, "The Public Corporation in the United States", en W Friedmann (ed.), *The Public Corporation*, 1954, pp. 338 a 353, *cit.* por J. N. Hazard, "Law Regulating...", *cit.*, p. 5.

273 *V.* Albert Abel, "La Corporación Pública en los Estados Unidos" *loc. cit.*, p. 142.

274 *Cit.* por L. López Rodó, "Las Empresas Nacionalizadas en Inglaterra", *loc. cit.*, p. 391.

275 *Cfr.* López Rodó, "Las Empresas Nacionalizadas en Inglaterra", *loc. cit.*, p. 395; W. A. Robson, "La Public Corporation en Gran Bretaña", *loc. cit.*, p. 115.

276 *Cfr.* L. López Rodó, "Las Empresas Nacionalizadas en Inglaterra", *loc. cit.*, p. 404.

sino que prescriben a los tres años.[277] Por otra parte, gozan de la potestad de expropiación forzosa y de tan amplias facultades para la prosecución de sus fines, que resulta difícil, por no decir imposible, que los tribunales puedan aplicarles la doctrina de ultra vires. Por ello, los intentos efectuados invocando la ayuda de los jueces para definir o limitar las atribuciones de las corporaciones públicas, no suelen dar resultados positivos.[278]

En los Estados Unidos, la situación no es tan absolutamente definida. En efecto, la capacidad para demandar o ser demandada en juicio, que caracteriza la personalidad de una empresa, ha sido considerada en forma un tanto diferente por lo que respecta a las corporaciones del Gobierno en el ámbito federal o estatal.

En esta forma, las cartas o cédulas de constitución, por medio de las cuales adquieren las corporaciones del Gobierno Federal personalidad jurídica, [279] especifican característicamente esa capacidad como concomitante de la existencia de la corporación, y una larga serie de casos afirman que poseen ese atributo, estando colocadas dentro de la jurisdicción de la "cuestión federal". En términos generales, el enfoque parece ser análogo a aquel en que están en juego actividades de dependencias administrativas normales.[280]

Ahora bien, según la doctrina del Common Law, heredada de Inglaterra, el soberano está dotado de inmunidad, de tal manera que salvo disposición legal especial, no se admite ninguna demanda contra él por daños y perjuicios o por incumplimiento de contrato. A pesar de ello, el Gobierno Federal de los Estados Unidos, descartó su inmunidad frente a demandas sobre asuntos contractuales por el Tucker Act de 1887, por lo que en la actualidad, tampoco hay ninguna duda sobre la capacidad de las corporaciones del Gobierno Federal de obligarse contractualmente y de ser demandadas en juicio. En cuanto a las demandas por daños y perjuicios contra las corporaciones del Gobierno Federal, éstas han tenido una solución más o menos normal. El Congreso dictó en 1946 una ley denominada Federal Claims Act, por la cual se estableció la responsabilidad de las agencias del Gobierno Federal por daños y perjuicios, declarando que, a esos efectos, las corporaciones del Gobierno se clasificaban como dichas agencias. En todo caso, esa ley eximía de responsabilidad derivada de la obligación de ejercer una función discrecional, o de abstenerse de ejecutar la misma. A través de una serie de decisiones judiciales se llegó a considerar que las corporaciones del Gobierno Federal eran responsables por daños producidos sólo a través de actos de negligencia o actos u omisiones de naturaleza *ultra vires*, en los cuales la culpa siempre debe ser probada.[281]

En cuanto a los Estados Federales, lo contrario a lo planteados respecto a las corporaciones del Gobierno Federal, parece ser la opinión general. En efecto, se ha registrado una marcada tendencia por parte de los Estados a atribuir a sus corporaciones públicas, la condición jurídica de dependencias del Estado más bien que la de corporaciones ortodoxas, en cuanto a la capacidad para comparecer en juicio, y protegerlas así de ser

---

277 *Cfr.* L. López Rodó, "Las Empresas Nacionalizadas en Inglaterra", *loc. cit.*, p. 391.

278 *Cfr.* W. A. Robson, *Industria Nacionalizada...*, *cit.*, p. 72; del mismo autor, "Les Nationalisations en Grande–Bretagne", *loc. cit.*, p. 28; L. López Rodó, "Las Empresas Nacionalizadas en Inglaterra", *loc. cit.*, pp. 391 y 392.

279 *Cfr.* J. N. Hazard, "Law Regulating...", *cit.*, p. 7.

280 *Cfr.* Albert Abel, "La Corporación Pública en los Estados Unidos"

281 *Cfr.* J. N. Hazard, "Law Regulating...", *cit.*, p. 6.

llevadas ante los tribunales por daños y perjuicios y quizás, en menor grado, por incumplimiento de contrato gobierno.[282]

58. En materia impositiva, ya se ha señalado que en Inglaterra, las Public Corporations están sometidas, en general, al mismo régimen fiscal y tributario que las empresas particulares.[283] En los Estados Unidos, la tributación de las corporaciones del Gobierno, ha sido tratada como una fase del derecho tributario de los organismos gubernamentales, y en esta forma, poco puede dudarse del poder, rara vez ejercido, del Gobierno Federal para gravar las propiedades, las operaciones o las ventas de las corporaciones públicas, y a su vez, de los Estados para gravar sus corporaciones.[284] Sin embargo, los problemas se han planteado en relación a la tributación federal sobre las corporaciones públicas de los Estados y la tributación de los Estados sobre las corporaciones públicas federales. Si bien el principio general antes de 1946 era que el Gobierno Federal no podía gravar a los Estados, ni estos al Gobierno Federal no podía gravar a los Estados, ni estos al Gobierno Federal, después de esa fecha y por el caso New York vs. United States, la Corte Suprema de los Estados Unidos acogió una doctrina, cuyo origen está en el derecho Romano, según la cual el Gobierno Federal no podía constituir gravámenes contra un Estado sobre operaciones llevadas a cabo *in iure imperii*, pero, en cambio, si podía hacerlo sobre operaciones llevadas a cabo *in iure gestionis*. Prácticamente, esto significó que toda actividad de los Estados enmarcada en el sistema corporativo, dado su carácter económico, podía y debía ser gravada por el Gobierno Federal[285]. La distinción, en cambio, no se aceptó en relación a las actividades federales, ya que se estimó que toda actividad del Gobierno Federal era por definición, "de carácter gubernamental",[286] y por tanto, estaba exenta de la tributación al estado, pues, el Gobierno Federal era un gobierno dotado de poderes ilimitados y delegados. Aun cuando este análisis parezca absurdo en nuestros días, dice A. Abel, no ha sido repudiado, y, al contrario, parece consolidada la norma según la cual los Estados no gravan las actividades de las corporaciones federales[287].

59. Por último, y aun cuando en líneas generales las Public Corporations en cuanto a su régimen jurídico externo se rijan por las normas ordinarias del Derecho común al cual están sometidas las compañías comerciales y las personas privadas,[288] no puede decirse que dichas corporaciones tengan por fin principal, el fin de lucro. Al contrario, uno de los principios básicos de la corporación pública es el desinterés y de aquí que no difieren esencialmente en cuanto a su propósito (fin de Gobierno), de los otros tipos de actividad gubernamental que normalmente se califica de "política".[289]

Sin embargo, el principio del desinterés no puede enfocarse con independencia de la obtención de beneficios y del sistema financiero seguido. También las compañías comerciales pueden alegar que proporcionan bienes o servicios que sirven al interés publi-

---

282 *Cfr.* Albert Abel, "La Corporación Pública en los Estados Unidos" *loc. cit.*, p. 143

283 *Cfr.* Laureano López Rodó, "Las Empresas Nacionalizadas en Inglaterra", *loc. cit.*, p. 395.

284 *V.* Albert Abel, "La corporación Publica en los Estados Unidos, *loc. cit.*, p. 142.

285 *V.* J.N. Hazard, "Law Regulating...", *cit.*, p. 6; *Cfr.* Albert Abel "La corporación Publica en los Estados Unidos", *loc. cit.*, p. 143.

286 *V.* J.N. Hazard, "Law Regulating...", *cit.*, p. 6; *Cfr.* Albert Abel "La Corporación Publica en los Estados Unidos", *loc. cit.*, p. 143.

287 *V.* Albert Abel, "La Corporación Pública...", *loc. cit.*, p. 143.

288 *Cfr.* W.A. Robson, "La Public Corporation en Gran Bretaña", *loc. cit.*, p. 115.

289 *Cfr.* M. E. Dimock, "Government Corporation: A Focus of Policy...", *cit.* por F. Garrido Falla, "La Intervención Administrativa...", *loc. cit.*, p. 421; M. A. Flamme, "La Empresa Pública...", *loc. cit.*, p. 77

co, sin que puedan por ello llamarse desinteresadas, dado que su principal objetivo es la obtención de un beneficio para sus propietarios. Esto es precisamente, señala Robson, lo que no sucede en las Public Corporations, y aquí es donde tropezamos con la diferencia fundamental entre ellas y las sociedades por acciones[290]. Ahora bien, debe indicarse que aun cuando en ningún caso, en base al principio del desinterés, ninguna Public Corporation está obligada a obtener beneficios, no hay nada que impida a ellas obtenerlos ni límite legal alguno respecto a ellos.[291]

C. La Empresa del Estado de los países socialistas

a. Introducción

60. El régimen comunista, ha dicho Langrod, "vit dans le cadre d'un système d'économie planifiée";[292] y de aquí que en Polonia, por ejemplo, la economía planificada constituya un sistema de dirección y de gestión, basada por supuesto sobre la propiedad de los medios de producción, por lo que no es exagerado señalar que la realización de la economía planificada es posible sólo gracias a las relaciones económicas y sociales fundadas sobre esta propiedad social de los medios fundamentales de producción.[293]

Ahora bien, generalmente, esta apropiación de los medios de producción se produjo en todos los países socialistas por la nacionalización, [294] o posteriormente por la creación de empresas y establecimientos nuevos, [295] debiendo señalarse, sin embargo, que, en lo que se refiere a nuestro análisis de las empresas públicas, la nacionalización tiene una importancia decisiva en el estudio del régimen socialista.

En efecto, en Rusia y en todos los países de Europa oriental, las empresas económicas que se encontraban en manos particulares fueron nacionalizadas, convirtiéndose en propiedad pública, y recibiendo en el acto de nacionalización una organización especial de "empresas del Estado" que, en lo que concernía a su estructura, no ofrecían nada de común con las empresas anteriores a la operación de nacionalización. En esta forma, todos los Estados de Europa oriental (Checoslovaquia, Yugoslavia, Bulgaria, Hungría, Rumania y Polonia) que realizaron nacionalizaciones y promulgaron leyes especiales rectoras de la estructura y del régimen de las mismas, crearon sin excepción, un sujeto de Derecho nuevo, "la empresa pública", sin tener en cuenta la estructura de la empresa anterior a la nacionalización.[296] En lo que se refiere a la U.R.S.S., el carácter radical y absoluto de las nacionalizaciones efectuadas no deja lugar a ninguna duda acerca de esa supresión total de las empresas anteriormente existentes. Esta estructura de la economía de la U.R.S.S., excluyendo todo vínculo con la situación anterior a la nacionalización,

---

290 *V.* W. A. Robson, "La Public Corporation en Gran Bretaña", *loc. cit.*, p. 122; del mismo autor, "Les Nationalisations en Grande–Bretagne", *loc. cit.*, pp. 35 y 36

291 *Cfr.* W. A. Robson, *Industria Nacionalizada...*, *cit.*, p. 67

292 *V.* Georges Langrod, "Quelques recentes tendences administra, tives en régime communiste", *RISA*, 1962, N° 1, p. 28

293 *Cfr.* Zygmunt Rybicki, "L'Entreprise Publique dans le Système Polonais de L'Économie Planifiée ", RISA, 1962, N° 3, pp. 312 y 314.

294 *Cfr.* K. Katzarov, *op. cit.*, pp. 315 y ss.

295 *Cfr.* Zygmunt Rybicki, "Le Régime des Activités..." *loc. cit.*, pp. 262 y 263.

296 *Cfr.* K. Katzarov, *op. cit.*, pp. 306 y 307; del mismo autor, "Les Nationalisations en Bulgarie", *loc. cit.*, p. 157; Charles D'eszlary, "Les Nationalisations en Hongrie", en Les Nationalisations en France et à l'Étranger (Les Nationalisations à l'Étranger), Paris, 1958, p. 201

recibió una expresión categórica en la Ley Fundamental, al indicar ésta que "la base económica de la U.R.S.S., la constituyen el sistema socialista de la economía y la propiedad socialista de los instrumentos y medios de producción, firmemente asentados como resultado de la liquidación del sistema capitalista de la economía, de la abolición de la propiedad privada sobre los instrumentos y medios de producción y de la supresión de la explotación del hombre por el hombre".[297]

61. Ahora bien, en todo este fenómeno de las nacionalizaciones, el Estado se preocupó más bien por aplicar rápidamente las reformas necesarias, dadas las urgencias sociales y políticas, sin perder tiempo en realizar estudios detenidos y profundos sobre la naturaleza de la institución jurídica que iba a surgir. En esta forma, ha dicho K. Katzarov, una serie de formas jurídicas heterogéneas han venido a intercalarse entre el hecho de encargarse el Estado directamente de una actividad económica en su calidad de persona jurídica de Derecho Público, y, por otra parte, el mantenimiento aparente de los sujetos de Derecho existentes anteriormente; formas nuevas que no siempre se corresponden a las que tenemos costumbre de encontrar dentro del complejo de instituciones jurídicas.[298] Así surge, entonces, en los países socialistas la empresa del Estado o empresa pública, con características propias, semipública, que la convierte en una institución compleja[299] o, más bien, en una forma jurídica intermedia entre la persona pública y la persona privada del Derecho europeo continental. A este respecto, Katzarov ha señalado que dichas empresas tienen un carácter especial, que proviene a la vez del Derecho Público y del Derecho Privado, pues aunque erigidas por la ley en personas jurídicas diferentes del Estado ellas aparecen como orgánicamente vinculadas a éste, pues están obligadas a conformarse con la política económica del mismo. Se trata así, de una forma jurídica de carácter mixto, puesto que es instituida y liquidada, dirigida y orientada por el Estado, pero pretende estar al mismo tiempo en gran parte separada de éste y se encuentra colocada bajo el régimen del Derecho Privado, y no del Público.[300]

62. Así, en la U.R.S.S., descansando las nacionalizaciones en la negación total de la propiedad privada de los medios de producción y de la iniciativa privada de la economía, los intercambios económicos nacionalizados son exclusivamente realizados por empresas independientes de la persona de Derecho Público del Estado, uno de cuyos principales exponentes es la "Empresa del Estado" (Gospredpriatia); estas unidades económicas, están dotadas de personalidad jurídica, tienen un patrimonio separado y gozan de capacidad jurídica y autonomía de acción.[301] El segundo tipo fundamental que asegura la vida económica en la U.R.S.S., comprende los organismos llamados "*trusts*" (*trusti*), es decir, uniones de varias empresas estatales semejantes, inmediatamente destinadas a ser sujetos centrales de dirección y de representación, a las cuales se ha reconocido una personalidad jurídica distinta. En esta forma, el decreto de 10 de abril de 1923 entendía por "*trusts*" del Estado las "empresas industriales del Estado, a las que éste ha concedido independencia en la realización de sus operaciones de acuerdo con los estatutos aprobados por cada una de ellas, procediendo conforme al principio del cálculo comer-

297 Artículo 4° de la Constitución (Ley Fundamental) de la Unión de Repúblicas Socialistas Soviéticas, Ediciones en Lenguas Extranjeras, Moscú. 1960, p. 10.

298 *V.* K. Katzarov, *op. cit.*, pp. 311 y 312.

299 *Cfr.* Z. Rybicki, "Le Régime des Activités...", *loc. cit.*, p. 266

300 *V.* En K. Katzarov, *op. cit.*, pp. 329 y 330; del mismo autor, "Les Nationalisations en Bulgarie", *loc. cit.*, pp. 162 y 167.

301 *Cfr.* G. Langrod, "L'Entreprise Public en Droit Administratif Comparé", *loc. cit.*, p. 227; K. Katzarov, *op. cit.*, pp. 315 y 316.

cial con el fin de obtener ganancias". [302] En relación a estos *trusti*, sin embargo, debe aclararse expresamente que, por la implantación posterior del régimen de economía planificada, este principio del lucro no pudo, por supuesto, subsistir, ya que la administración central correspondiente de planificación, no sólo se encargó de fijar los precios de producción de las empresas, y de disponer entregas de mercancías a precios incluso inferiores a los del mercado, sino que también debió elaborar los planes productivos. [303] Además, por la eliminación a partir de 1929 de la "nueva política económica" (N.E.P.), que surgió inmediatamente después de las nacionalizaciones y cuyas principales características fueron el establecimiento de la libertad de comercio, desarrollo del mercado, vuelta a la economía dineraria, tolerancia de la industria pequeña y mediana, etc.,[304] los "*trusts*" quedaron convertidos en órganos de dirección técnica de las empresas que reunían, privados de funciones directas de venta y abastecimiento. [305] En todo caso, y en relación a estos organismos, la ley no enfatizaba la similitud entre la empresa del Estado y la empresa privada, sino que propició más bien, la introducción de un régimen especial, [306] de carácter intermedio.

63. Las nacionalizaciones efectuadas en los países de Europa oriental después de la Segunda Guerra Mundial fueron influidas e inspiradas ideológicamente por las de la U.R.S.S., aunque presentan particularmente el rasgo común de no rechazar, en principio, la propiedad y la iniciativa privada de la economía, sino de reconocerlas, por el contrario, expresamente. [307] En todos esos países, sin embargo, surgen también las empresas del Estado respondiendo a los mismos principios señalados.

En efecto, en Bulgaria, la nacionalización de la vida económica es realizada por personas jurídicas denominadas "Empresas del Estado" diferentes de la persona jurídica del Estado, con patrimonio propio y capacidad de goce y de ejercicio. Paralelamente a estas empresas, están también las "uniones de empresas estatales", que representan agrupaciones de empresas estatales semejantes, encargadas de dirigir, planificar y controlar la actividad de las empresas que forman parte de ellas.[308] Puede decirse que la más importante característica común de esos diferentes sujetos encargados de los intercambios económicos en Bulgaria, reside en el hecho de que tienen capacidad de derecho y de acción, no limitada, pero más o menos dirigida por el plan económico nacional estatal, elaborado y aplicado por una Comisión del plan estatal.[309]

En Checoslovaquia, en donde la mayor parte de la economía está igualmente nacionalizada, los intercambios comerciales nacionalizados son realizados por varios tipos de nuevos sujetos, siendo los más importantes las "empresas nacionales" (Narodni Podniky), reguladas por la ley N° 51 de 1955 sobre las empresas nacionales. Según los términos de dicho estatuto, aunque esas empresas son propiedad del Estado, y están vincula-

302 *V.* en Alexander Baykov, *The Development of the Soviet Economic System: an essay ou the Experience of Planning in the U.S.S.R.*, Cambridge y Nueva York, 1947, p. 110, *cit.* por Rodrigo Fernández–Carvajal, "Las Empresas Públicas en Rusia", *RAP*, N° 3. 1950, p. 443.

303 *Cfr.* R. Fernández–Carvajal, "Las Empresas Públicas en Rusia", RAP, N° 3, 1950, p. 445.

304 *Cfr.* Charles Berttelheim, *La Planification Sovietique*, París, 1945, p. 9, *cit.* por R. Fernández–Carvajal, "Las Empresas Públicas en Rusia", *loc. cit.*, p. 442.

305 *Cfr.* R. Fernández–Carvajal, "Las Empresas Públicas en Rusia", *loc. cit.*, p. 447.

306 *Cfr.* J. N. Hazard, "Soviet Government Corporation", *Michigan Law Review*, abril, 1943, Vol. 41, N° 5, p. 852.

307 *Cfr.* K. Katzarov, *op. cit.*, p. 318.

308 *V.* Artículo 11 de la Ley relativa a las Empresas del Estado del 12 de octubre de 1951, *cit.* por K. Katzarov, *op. cit.*, pp. 318 y 319. *V.* del mismo autor, "Les Nationalisations en Bulgarie", *loc. cit.*, p. 163.

309 *Cfr.* K. Katzarov, *op. cit.*, p. 319.

das al plan económico del mismo, están constituidas como personas jurídicas independientes y el Estado no responde de sus compromisos u obligaciones.[310]

En Rumania y en Hungría, y con características similares, surgen las empresas nacionalizadas, con estatuto legal propio y personalidad y patrimonio distintos a los del Estado.[311]

En Yugoslavia, la nacionalización de la economía originalmente estuvo asegurada por organismos denominados "empresas económicas estatales", creadas en virtud de la ley fundamental relativa a las empresas económicas estatales del 2 de agosto de 1946, constituidas como personas jurídicas independientes de la persona estatal, y que actuaban paralelamente también, a las "uniones de empresas".[312] Este sistema se consideró, sin embargo, perjudicial para el desarrollo de la propiedad socialista, ya que permitía la formación de una nueva burocracia dentro del socialismo, que podía tender a colocarse por encima de los productores, volviéndose éstos entonces indiferentes a la marcha de la producción, perdiendo todo interés activo en los asuntos generales de la comunidad.[313] Estos peligros, particularmente sensibles en 1948–1949, tal como lo señala Djordjevich, fueron observados a tiempo y se tomaron medidas para transformar el sistema de gestión de las empresas estatales, que culminaron con la ley fundamental de 1950 sobre la gestión de empresas económicas del Estado por las colectividades obreras, de donde surge el llamado autogobierno de los productores.[314] Esta forma de empresa constituye quizás una categoría especial que estudiaremos separadamente al resto de las empresas estatales de los países socialistas.[315]

En Polonia, por último, la empresa de Estado constituye la unidad de organización de base, por la cual el Estado realiza sus tareas económicas, y ha sido definida como un organismo llamado a satisfacer necesidades sociales en el campo indicado en el acto jurídico de su creación, dotado de una personalidad jurídica distinta de la del Estado.[316] En estas empresas polacas surge la peculiaridad de que el personal de las mismas tiene el derecho de participar en la gestión de la empresa, configurándose entonces el mecanismo de la autogestión obrera.[317] Por otra parte, en Polonia existen también las uniones de empresas del Estado, cuyo fin principal es la coordinación, la vigilancia y el control de la actividad de las empresas estatales. Estos organismos son a la vez, unidades económicas y órganos de la administración del Estado,[318] dotados de personalidad jurídica, con autonomía patrimonial.[319]

---

310 *V.* V. Knapp, "Quelques Remarques...", *loc. cit.*, pp. 740 y ss.; Daniel Vignes, "Les Nationalisations en Tchécoslovaquie", en *Les Nationalisations en France et à l'Étranger (Les nationalisations à l'Étranger)*, Paris, 1958, pp. 259 y ss.

311 *Cfr.* K. Katzarov, *op. cit.*, pp. 322 y 323, Charles D'eszlary, *Les Nationalisations en Hongrie*, *loc. cit.*, pp. 202 y ss.

312 *Cfr.* K. Katzarov, *op. cit.*, p. 321; Nikola Stjepanovic, "Les Nationalisations et l'évolution de la gestion de l'économie en Yugoslavie", en *Les Nationalisations en France et l'Étranger (Les Nationalisations à l'Étranger)*, Paris, 1958, pp. 276 y 277.

313 *Cfr.* Jovan Djordjevich, *Yugoslavia, Democracia Socialista*, México, 1961, p. 59.

314 *V.* J. Djordjevich, *op. cit.*, pp. 60 y 65; *Cfr.* Nikola Stjepanovic, "Les Nationalisations et l'évolution...", *loc. cit.*, p. 279 y ss.

315 *V.* N° 72.

316 *V.* Z. Rybicki, "Le Régime des Activités..." *loc. cit.*, p. 264.

317 *V.* Z. Rybicki, "Le Régime des Activités...", *loc. cit.*, p. 267.

318 *Cfr.* Z. Rybicki, "Le Régime des Activités...", *loc. cit.*, pp. 269 y 270.

319 *Cfr.* K. KATZAROV, *op. cit.*, p. 321.

64. Ante este panorama, más o menos general de los países de economía planificada, intentaremos estudiar comparativamente el régimen jurídico de las actividades industriales y comerciales del Estado, analizando separadamente el régimen interno y externo que reviste cierta uniformidad, al contrario de los sistemas occidentales. En efecto, puede afirmarse con Katzarov que en los países de Europa oriental, el régimen de las "Empresas del Estado" fue desde el instante mismo de la realización de la nacionalización, único y común al conjunto de empresas y sólo tuvo que ser perfeccionado después; en cambio, en países como Inglaterra y Francia, donde se llevaron a cabo grandes nacionalizaciones pero sobre bases múltiples y heterogéneas, a la necesidad de perfeccionar estas últimas se agrega el problema de su unificación.[320] De ahí el concepto genérico de empresa pública que aunque más económico que jurídico, puede algún día constituirse definitivamente en una categoría jurídica nueva.[321]

En todo caso, debe advertirse expresamente que, en los países socialistas, a pesar de la uniformidad, el régimen de estos entes es un régimen complejo, [322] pues como ha señalado Zigmunt Rybicki, la economía planificada no puede ser bien gestionada sin recurrir a formas económicas, a formas de Derecho Civil y a formas de Derecho Administrativo. Estas formas deben variar, sin embargo, según cada situación y cada caso. No obstante, es necesario insistir en que el rol esencial de las formas de Derecho Administrativo es, sobre todo, el fijar los lineamientos generales y el asegurar las posibilidades de funcionamiento normal de una empresa, aun cuando en la gestión corriente, sin embargo, las formas económicas y las formas de Derecho Civil parecen más adecuadas.[323]

b. Régimen jurídico interno

65. El régimen jurídico interno de las empresas públicas en los países socialistas está determinado generalmente por las leyes reguladoras de dichas empresas [324] en cada uno de esos países, a las cuales hemos hecho referencia anteriormente.

Así, la creación de las empresas se hace por medio de actos administrativos individuales, condicionados generalmente por los planes económicos[325] a los cuales se ha reconocido su carácter normativo.[326] En efecto, la decisión de crear una empresa del Estado corresponde, sea al Ministro respectivo, tal como sucede en Polonia y Checoslovaquia;[327] sea al Consejo de Ministros, como sucede en Rumania y Bulgaria;[328] sea en virtud de un decreto del Consejo de Ministros y por acto del Ministro interesado, tal como sucede en Hungría.[329] En cuanto a las uniones de empresas, éstas, generalmente,

320 *V.* K. KATZAROV, *op. cit.*, p. 327

321 *Cfr.* R. Drago, "Le Régime des Activités...", *loc. cit.*, p. 452.

322 *Cfr.* Z. Rybicki, "Le Régime des Activités...", *loc. cit.*, p. 266.

323 *V.* Z. Rybicki, "L'Entreprise Publique dans le Système Polonais de l'Economie Planifiée, *loc. cit.*, p. 317.

324 *Cfr.* Z. Rybicki, "Le Régime des Activités..." *loc. cit.*, p. 266.

325 *Cfr.* Z. Rybicki, "Le Régime des Activités...", *loc. cit.*, p. 277; del mismo autor, "L'Entreprise Publique dans le Système...", *loc. cit.*, pp. 314 y 316.

326 *Cfr.* G. Langrod, "Quelques récentes tendances administratives en régime communiste", *loc. cit.*, p. 29

327 *V.* Z. Rybicki, "Le Régime des Activités...", *loc. cit.*, p. 267; K. Katzarov, *op. cit.*, pp. 320 y 321; V. Knapp, "Quelques Remarques. . .", *loc. cit.*, p. 741, Stanislaw Szwajcer, "Les Nationalisations en Pologne", en Les Nationalisations en France et à l'Étrange (Les Nationalisations à l'Étranger), Paris, 1958, p. 236.

328 *V.* K. Katzarov, *op. cit.*, pp. 318 y 319; del mismo autor, "Les Nationalisations en Bulgarie", *loc. cit.*, p. 159

329 *V.* K. Katzarov, *op. cit.*, p. 323

son creadas por actos del respectivo Consejo de Ministros, tal como sucede en Polonia, Bulgaria y Hungría.[330]

Sin embargo, y aun cuando las empresas son creadas por decisiones administrativas, generalmente no adquieren personalidad desde ese momento, sino por un acto posterior de registro o inscripción. En Polonia, por ejemplo, estando sometidas las empresas a la formalidad de registro, éste se lleva por el Ministerio de las Finanzas para las empresas–llave *(entreprises–clés),* o por los órganos financieros de los *presidiums* de los Consejos Populares. El registro confiere a la empresa la personalidad jurídica, y a partir de ese momento, ella surge como un sujeto de Derecho sometida en sus relaciones externas al Derecho Civil.[331] En otros países, como en Rumania, las empresas deben ser registradas en registros especiales para adquirir la capacidad de derecho y acción [332] y en Bulgaria, Hungría y Checoslovaquia la inscripción de la empresa se realiza en el registro de comercio común para las empresas comerciales.[333]

66. En cuanto a la dirección de las empresas, en algunos países socialistas rige el principio de la gestión unipersonal. En Polonia, por ejemplo, las empresas del Estado están dirigidas por un director que representa la empresa hacia el exterior y que dirige sus actividades corrientes bajo su propia responsabilidad. El director tiene poderes muy extendidos; él contrata y licencia al personal, determina sus funciones y ejecuta las otras tareas reservadas a su competencia.[334] La situación en Hungría es similar, pues las empresas son administradas por un director general nombrado por el Ministro.[335] En la U. R. S. S., el principio también es el de la gestión personal de la empresa por un director nombrado por el Ministro correspondiente.[336]

En Checoslovaquia la organización de las empresas nacionales está basada también sobre el principio de un solo jefe, el cual como director nombrado por el Ministro respectivo, organiza y dirige la actividad de la empresa y actúa en su nombre, y al cual están sometidos los trabajadores de la empresa.[337]

En todo caso, aun cuando la empresa tenga sus órganos propios de dirección, éstos están sujetos por diversas vías a directrices provenientes de otros órganos, que hacen predominar en esta materia los vínculos regidos por el Derecho Administrativo.[338] En efecto, en la mayoría de los casos, la dirección de la empresa corresponde en último término al Ministro respectivo, sea directamente, como en el caso de Bulgaria y Hungr-

---

330 *V.* Z. Rybicki, "Le Régime des Activités...", *loc. cit.*, pp. 270 y 271; K. Katzarov, *op. cit.*, pp. 319 y 324; del mismo autor, "Les Nationalisations en Bulgarie", *loc. cit.*, p. 163.

331 *V.* Z. Rybicki, "Le Régime des Activités...", *loc. cit.*, p. 267. *Cfr.* N. Gajl, "Les Entreprises d'Etat en France, en Italie et en Pologne", *loc. cit.*, p. 164; Stanislaw Szwajcer, "Les Nationalisations en Pologne", *loc. cit.*, p. 237.

332 *V.* K. Katzarov, *op. cit.*, p. 322.

333 *V.* K. Katzarov, *op. cit.*, pp. 319 y 320; del mismo autor, "Les Nationalisations en Bulgarie", *loc. cit.*, p. 159, V. Knapp, *Quelques Remarques...*, *loc. cit.*, p. 742; Charles D'eszlary, "Les Nationalisations en Hongrie", *loc. cit.*, p. 202.

334 *V.* Z. Rybicki, "Le Régime des Activités...", *loc. cit.*, p. 267.

335 *V.* K. Katzarov, *op. cit.*, p. 323, Charles D'eszlary, "Les Nationalisations en Hongrie", *loc. cit.*, p. 202.

336 *V.* R. Fernández–Carvajal, "Las Empresas Públicas en Rusia", *loc. cit.*, p. 453. *Cfr.* A. Denisov y M. Kirichenko, Derecho Constitucional Soviético, Ediciones en Lenguas Extranjeras, Moscú, 1959, p. 104.

337 *V.* V. Knapp, "Quelques Remarques...", *loc. cit.*, pp. 742 y 743; Daniel Vignes, "Les Nationalisations en Tchécoslovaquie", *loc. cit.*, p. 259.

338 *Cfr.* Natalia Gajl, "Les Entreprises d'Etat en France, en Italie et en Pologne", *loc. cit.*, p. 167.

ía, sea a través de las uniones de empresas, como es el caso de Polonia.[339] En la U.R.S.S., la dirección última corresponde a través de los *trusti* o uniones de empresas al Consejo de Comisarios del Pueblo, que es el más alto órgano del Estado en la rama ejecutiva y administrativa,[340] aunque a partir de la reforma introducida por el premier soviético Alexei Kosygin en septiembre de 1965, se ha acentuado el proceso de descentralización en la dirección y conducción de las empresas del Estado.[341] En la mayoría de los casos, la razón de ser de esta sujeción radica en la existencia de planes económicos nacionales, cuyo desarrollo se hace fundamentalmente a través de las empresas estatales.

En ciertos países, como en Polonia, el personal de las empresas del Estado tiene el derecho de participar también directamente en la gestión de la empresa: los trabajadores de la empresa pueden elegir con la mayoría de votos, un Consejo Obrero, que si bien constituye la base de la institución de la autogestión obrera, no es el único órgano que lleva a cabo esta función. [342] La autogestión obrera ha señalado Rybicki, es una de las formas de desenvolvimiento de la democracia socialista. Ella constituye una base para coordinar la actividad de las diferentes organizaciones obreras que funcionan en el interior de la empresa. Los órganos de la autogestión obrera representan los intereses del personal en materia de producción y en materia social, y juegan también un papel de ensamblaje entre los intereses particulares de la empresa y los intereses nacionales.[343]

Ahora bien, en Polonia, los órganos de la autogestión obrera funcionan en virtud de la ley, de las directivas establecidas por el Consejo Central de los Sindicatos y del estatuto votado por la conferencia de autogestión obrera. De conformidad con estos actos, las tareas de la autogestión obrera consisten principalmente en decidir los asuntos más importantes que conciernen a la empresa, de ejercer el control y la vigilancia sobre la actividad del director de la empresa, y de organizar la realización de los fines económicos y socioculturales de éstas. Los órganos de la autogestión obrera votan los planes anuales y a largo término de la empresa, fundándose sobre las directivas y los índices establecidos por el órgano superior (uniones de empresas); dichos órganos determinan, además, los principios de la repartición de la parte del beneficio destinado al personal, votan también los reglamentos interiores de trabajo, y son igualmente competentes para pronunciarse sobre la nominación y la destitución del director de la empresa.[344]

Todas las decisiones de los órganos de autogestión obrera relativas al funcionamiento de la empresa, son dirigidas al director, el cual está obligado a asegurar su realización. Sin embargo, el director puede negarse a la ejecución de una decisión determinada cuando estime que ella fue tomada en violación de disposiciones jurídicas en vigor, o cuando considere que es contraria a los planes de la empresa. En este caso, la controversia es resuelta definitivamente por un órgano superior *(Zjednoczenie)* o por una comisión constituida especialmente a este efecto *(Komisja Rozjemcza),* en la cual participan los representantes de los sindicatos.[345]

---

339 *V.* K. Katzarov, *op. cit.,* pp. 319 y 323. *Cfr.* Z. Rybicki, "L'Entreprise Publique dans le Système Polonais de L'Economie Planifiée", *loc. cit.,* p. 317.

340 *Cfr.* J. N. Hazard, "Soviet Government Corporation", *loc. cit.,* p. 853.

341 *Cfr.* A. W. Rudzinski, *Industrial Management in Poland* (multigrafiada), 10–12–65, pp. 1 y 2.

342 *Cfr.* Z. Rybicki, "Le Régime des Activités...", *loc. cit.,* pp. 267 y 268.

343 *V.* Z. Rybicki, "L'Entreprise Publique dans le Système...", *loc. cit.,* p. 318.

344 *V.* Z. Rybicki, "Le Régime des Activités...", *loc. cit.,* p. 268.

345 *Cfr.* Z. Rybicki, "Le Régime des Activités...", *loc. cit.,* pp. 268 y 269, Natalia Gajl, "Les Entreprises d'Etat...", *loc. cit.,* p. 165.

En todo caso, fundándose sobre las disposiciones jurídicas en vigor, sobre las directivas emanadas de los órganos superiores, sobre las resoluciones de los órganos de autogestión obrera y sobre su conocimiento de las necesidades económicas, es como el director de la empresa pública polaca, organiza el proceso de producción en la misma.[346]

67. En cuanto al régimen financiero, el principio general de las empresas públicas de los países socialistas, es que tienen un patrimonio propio distinto al patrimonio del Estado, aunque en general se las considera como propiedad nacional. Pero a pesar de ello, es decir, de la existencia de un patrimonio propio, con frecuencia la propiedad de ese patrimonio de que dispone la empresa no corresponde en su totalidad a ella misma, considerada como persona jurídica, sino que una parte pertenece al Estado. Resulta de ello a menudo que la empresa estatal, en tanto que persona jurídica, tiene entonces solamente el usufructo de la empresa económica o mercantil o el derecho de explotarla.[347] De aquí que se distinga un patrimonio sobre el cual la empresa sólo tiene el uso de un patrimonio circulante que constituye el verdadero patrimonio de la empresa.

En la U.R.S.S., las empresas del Estado y sus uniones *(trusti)* realizan su propio financiamiento, no reciben créditos por parte del Estado y se consideran separadas del Fisco. Ellas responden de sus deudas con su patrimonio, del que tienen la libre disposición, y el Estado no responde de sus compromisos, por lo que puede establecerse una clara diferencia entre el patrimonio del Estado y el de la empresa. Sin embargo, y por cuanto en la U.R.S.S., sólo el Estado puede poseer los medios de producción incluyendo los bienes de las personas jurídicas y empresas estatales, ello plantea un dualismo en el patrimonio de éstas. En efecto, las empresas estatales poseen un patrimonio que es únicamente aparente: se trata del equipo que les ha sido confiado por el Estado y, que, aunque aquéllas sean diferentes de éste, en tanto que sujetos de Derecho, sigue, dicho equipo, siendo propiedad del Estado, confiriéndoseles simplemente la facultad de utilizarlo; pero, por otra parte, ellas poseen un segundo patrimonio que comprende los materiales que han adquirido para las necesidades de la producción, los productos fabricados, el dinero en caja y las utilidades puestas en reserva. Estos haberes representan su verdadero patrimonio, con el que responden frente a terceros.[348]

Una situación similar se encuentra en Polonia y Checoslovaquia, donde los bienes de la empresa les son conferidos por el Estado a título administrativo y "para uso", quedando siempre propiedad inalienable del Estado.[349] En Bulgaria, las empresas estatales reciben también del Estado fondos de operación suficientes y equipo, quedando este último como propiedad de aquél, y las empresas tan sólo lo utilizan; frente a terceros, estas últimas responden con su patrimonio circulante, constituido por los materiales y los productos fabricados, los fondos para gastos de operación y las utilidades. Este "patrimonio circulante" constituye entonces, también, su verdadero patrimonio.[350]

Por otra parte, las empresas en los países socialistas, generalmente, deben transferir al Estado parte de sus utilidades, y presumiblemente como contrapartida del usufructo que

346 *Cfr.* Z. Rybicki, "Le Régime des Activités...", *loc. cit.*, pp. 268 y 269.

347 *Cfr.* K. Katzarov, *op. cit.*, p. 327.

348 *Cfr.* K. Katzarov, *op. cit.*, p. 317.

349 *Cfr.* Z. Rybicki, "Le Régime des Activités...", *loc. cit.*, p. 265; N. Gajl, "Les Entreprises d'Etat...", *loc. cit.*, p. 164; V. Knapp, "Quelques Remarques...", *loc. cit.*, p. 740; Daniel Vignes, "Les Nationalisations en Tchécoslovaquie", *loc. cit.*, pp. 259 y 263.

350 *V.* K. Katzarov, *op. cit.*, pp. 319; del mismo autor, "Les Nationalisations en Bulgarie", *loc. cit.*, p. 160.

el Estado cede a las mismas respecto a los bienes.[351] En Polonia, por ejemplo, los beneficios percibidos por las empresas se dividen en varias partes con diversos destinos, una de las cuales va al tesoro del Estado.[352]

68. Por último, en cuanto a las relaciones internas de la empresa pública con su personal, en los países socialistas ellas no caen generalmente dentro del campo de acción del Derecho Público, y, por tanto, están sometidas al régimen ordinario del Derecho del Trabajo, tal como sucede en la U.R.S.S., Rumania y Polonia.[353] Sin embargo, en Hungría y Checoslovaquia rige el estatuto de Derecho Público para el personal, y en Bulgaria, aun cuando éste está regido por el Derecho Privado, en cuanto a su responsabilidad penal y disciplinaria, rigen las mismas normas que para los funcionarios públicos.[354]

c. *Régimen jurídico externo*

69. El principio general en cuanto al régimen jurídico externo de las empresas públicas en los países socialistas, es que está regulado por las disposiciones del Derecho Civil, tal como sucede en la U.R.S.S., Yugoeslavia, Polonia, Checoslovaquia y Rumania.[355] Como consecuencia, los actos de estas empresas estatales no tienen el carácter de actos administrativos, sino el de transacciones derivadas del Derecho Privado que descansan en la autonomía de la voluntad y en la libertad de contratación; y, por tanto, las controversias que de ellos surjan no serán resueltas por funcionarios del Estado, sino por los tribunales civiles ordinarios.[356]

70. Como consecuencia de lo anteriormente señalado, generalmente se reconoce que las empresas estatales de los países socialistas adquieren la calidad de comerciantes, tal como sucede en Bulgaria y Hungría.[357] Asimismo en Checoslovaquia y Polonia, por ejemplo, donde se exige la inscripción de las empresas en el Registro de Comercio, ello les da dicho carácter.[358] En general, ha dicho K. Katzarov, puede deducirse que en la medida en que se conserva la distinción entre "particulares" y "comerciantes", las empresas estatales erigidas en virtud de las leyes especiales sobre empresas estatales, como personas jurídicas diferentes al Estado, pueden adquirir y poseer la calidad de comerciante, puesto que ejercen actos de comercio en su nombre y por profesión, aunque, sin embargo, no pueda considerárselas como sociedades mercantiles o personas jurídicas mercantiles, porque la ley no las proclama como tales.[359]

71. Por último, y en cuanto al régimen fiscal de las empresas públicas en los países socialistas, este es, en general, el mismo que está establecido para cualquier otra activi-

---

351 *Cfr*. K. Katzarov, *op. cit.*, p. 327; Charles D'eszlary, "Les Nationalisations en Hongrie", *loc. cit.*, p. 204; Daniel Vignes, "Les Nationalisations en Tchécoslovaquie", *loc. cit.*, p. 259.

352 *V*. Z. Rybicki, "L'Entreprise Publique dans le Système...", *loc. cit.*, p. 317.

353 *V*. G. Langrod, "L'Entreprise Publique en Droit...", *loc. cit.*, p. 227; K. Katzarov, *op. cit.*, pp. 321 y 322; Z. Rybicki, "Le Régime des Activités...", *loc. cit.*, p. 267.

354 *V*. Charles D'eszlary, "Les Nationalisations en Hongrie", *loc. cit.*, p. 203; Daniel Vignes, "Les Nationalisations en Tchécoeslovaquie", *loc. cit.*, p. 260; K. Katzarov, "Les Nationalisations en Bulgarie", *loc. cit.*, p. 162.

355 *V*. Elis Hastad, "Tipos de Industrias Nacionalizadas", *loc. cit.*, p. 67; J. N. Hazard, "Soviet Government Corporation", *loc. cit.*, pp. 860 y 861; Z. Rybicki, "Le Régime des Activités..., *loc. cit.*, p. 266; K. Katzarov, *op. cit.*, pp. 320 y 322; V. Knapp, "Quelques Remarques...", *loc. cit.*, pp. 744 y ss.

356 *Cfr*. K. Katzarov, *op. cit.*, p. 378; Elis Hastad, "Tipos de Industrias Nacionalizadas", *loc. cit.*, p. 67.

357 *V*. K. Katzarov, "Les Nationalisations en Bulgarie", *loc. cit.*, p. 161; Charles D'eszlary, "Les Nationalisations en Hongrie", *loc. cit.*, p. 202.

358 *Cfr*. K. Katzarov, *op. cit.*, p. 320; Stanislaw Szwajcer, "Les Nationalisations en Pologne", *loc. cit.*, p. 237.

359 *V*. K. Katzarov, *op. cit.*, p. 363

dad privada.[360] Sin embargo, en algunos países, como en Rusia, se ha previsto un impuesto sobre las ventas o sobre el movimiento comercial de las empresas estatales, que además de ser el más importante en volumen,[361] viene a ser una de las principales repercusiones hacendísticas de la socialización. En efecto, en él se encarna la idea de que el Presupuesto del Estado debe recoger la diferencia entre el costo de producción de una mercancía y el precio que alcanza, siendo determinado este último, en todo caso, no por el libre juego del mercado, sino por la concreta apreciación del autor del plan.[362] Paralelamente a ese impuesto, se ha previsto también un impuesto sobre las ganancias realmente obtenidas por las empresas públicas, mediante el cual se despoja a la empresa de cuantas ganancias rebasen sus necesidades de ampliar la producción (inversiones de capital, aumento de capital de explotación) y de nutrir el fondo destinado a atenciones sociales y culturales de los empleados y obreros de la misma.[363]

d. Formas jurídicas especiales

72. En los parágrafos precedentes hemos estudiado los rasgos característicos de las empresas del Estado de los países socialistas, caracterizadas porque, a pesar de tener personalidad jurídica distinta de la de aquél, con patrimonio propio, continúan siendo de propiedad nacional. Esta situación tuvo lugar, asimismo, originalmente, en Yugoslavia, pero a partir de 1950, con la ley fundamental sobre la gestión de las empresas económicas del Estado por las colectividades obreras, comenzó la evolución hacia una verdadera propiedad socialista, por el reconocimiento de ciertos derechos a los productores (a la clase obrera) en las empresas, y por la implantación del llamado autogobierno de los productores.[364]

La ley constitucional yugoslava, en efecto, generaliza y constitucionaliza los derechos de los productores y de las colectividades de trabajo en las empresas económicas, y, según dicha ley, el autogobierno económico de los productores se funda en los siguientes derechos: 1) Derecho de la colectividad de trabajo a administrar la empresa o la cooperativa, ya sea directamente o a través de los Consejos Obreros, elegidos y revocados por los productores; 2) Elegibilidad de los productores para los cuerpos representativos de las empresas económicas; 3) Derecho de la empresa económica a disponer de sus ingresos, después de cumplidas sus obligaciones sociales; 4) Derecho de la empresa a fijar la remuneración de sus trabajadores, dentro del límite de sus capacidades; 5) Derecho de la empresa a fijar de manera autónoma sus propios planes económicos; 6) Derecho de los productores a participar, mediante sus representantes, en las nuevas Cámaras de las Asambleas Populares –Consejos de Productores–, en la determinación de los recursos materiales consagrados a la satisfacción de las necesidades sociales y a su forma de empleo.[365]

---

360 *Cfr.* K. Katzarov, *op. cit.*, pp. 329 y 320.

361 *V.* R. Fernández–Carvajal, "Las Empresas Públicas en Rusia", *loc. cit.*, p. A59; J. N. Hazard, "Soviet Government Corporation", *loc. cit.*, p. 867, llama a este impuesto "turnover tax", y CH. Bettelheim, *La Planification Soviétique*, *cit.*, p. 172, lo denomina "impôt sur le chiffre d'affaires".

362 *Cfr.* A. Baykov, "The Development of the Soviet Economie System... *cit.*, p. 367, *cit.* por R. Fernández–Carvajal, "Las Empresas Públicas en Rusia", *loc. cit.*, p. 459.

363 *Cfr.* R. Fernández–Carvajal, "Las Empresas Públicas en Rusia" *loc. cit.*, p. 460.

364 *V.* Stanko Grozdanic, "Administrative Management of Public Enterprise in Yugoslavia", *RISA*, 1966, N° 1, pp. 43 y 44.

365 *V.* en Jovan Djordjevich, *Yugoslavia, Democracia Socialista*, *cit.*, p. 63. *Cfr.* Nikola Stjepanovic, "Les Nationalisations et l'évolution de la gestion de l'économie en Yougoslavie", *loc. cit.*, pp. 280 y ss.

Sin duda, los derechos de autogobierno así definidos, en forma general, no son en la actualidad integralmente ejercidos por los productores yugoslavos. No obstante, tal como lo señala Djordjevich, y dentro de las condiciones actuales de la evolución económica, cultural y social del país, el autogobierno de los productores llena ya algunas funciones sociales fundamentales, como las siguientes:

La primera consiste en alejar el llamado capitalismo de Estado. El autogobierno prohíbe la identificación de la organización económica con la organización del Estado e impide a la burocracia establecer su tutela sobre la vida económica y poner obstáculos a la libre acción de las leyes económicas y al mercado libre. Por otra parte, significa el abandono de "la planificación total del Estado" en la vida económica, pues se considera que ésta frena el desarrollo de las fuerzas de producción, el mejoramiento de la productividad, la iniciativa creadora de los productores y la autonomía de las unidades económicas.[366]

La segunda función del autogobierno, es impulsar la transferencia de los medios de producción de manos del Estado a manos de los productores. El Estado deja de ser gradualmente propietario y el derecho individual del productor a la propiedad de los productos de su trabajo es progresivamente reconocido. Esto, según Djordjevich, representa una garantía fundamental para la libertad de la iniciativa creadora, y para el reconocimiento de la dignidad del hombre creador; es el comienzo de una verdadera democracia económica, que extiende a la economía la soberanía del pueblo trabajador y liga así la soberanía económica a la soberanía política.[367]

Sin embargo, y aun cuando, sin duda alguna, Yugoslavia está prosiguiendo el programa de planificación de la economía, al propio tiempo, tanto la iniciativa como la responsabilidad de la actividad industrial es cosa propia de las autoridades políticas locales como reflejo del movimiento de descentralización. Por ello, la moderna economía yugoslava, en su forma más acentuada, puede ser considerada como basada sobre la libre competencia entre las empresas comunales que, en general, gozan de autonomía en la determinación de los precios; o, dicho en otras palabras, los yugoslavos han logrado en cierta forma fundir los principios de la empresa libre y de la propiedad colectiva.[368]

Por último, debe señalarse que es en Yugoslavia donde, por primera vez en la historia, se instituyó el sistema del autogobierno de los productores, que da a la noción de propiedad social –una "propiedad" que no pertenece a ningún grupo ni al Estado– su verdadero significado. Esta, por otra parte, es el marco dentro del cual se realizan en Yugoslavia dos derechos contradictorios: el derecho de los productores a administrar los medios de producción y apropiarse de su parte del producto social, y el derecho de la comunidad a determinar, por intermedio de los cuerpos representativos, el monto de los recursos a deducir del producto social, para la satisfacción de las necesidades de la sociedad.[369]

---

366 *V.* J. Djordjevich, *Yugoslavia, Democracia Socialista, cit.*, p. 64.

367 *V.* J. Djordjevich, *Yugoslavia, Democracia Socialista, cit.* pp. 64 y 65.

368 *V.* Elis Hastad, "Tipos de Industrias Nacionalizadas", *loc. cit.*, p. 67.

369 *V.* J. Djordjevich, *Yugoslavia, Democracia Socialista, cit.*, p. 71.

5. Sociedades mercantiles de capital público

A. Introducción

73. Pero aparte de la posibilidad de que el Estado desarrolle sus actividades industriales y comerciales a través de entes dotados de personalidad jurídica de carácter público o semipúblico, es frecuente encontrar en el Derecho Comparado ejemplos del recurso, por parte de aquél, a la forma societaria mercantil para el desarrollo de esas actividades, aunque en países como en Inglaterra y Australia, este fenómeno sólo se produce excepcionalmente.[370] Ahora bien, en la mayoría de los supuestos, el recurso a la forma societaria de Derecho Privado para la realización de actividades económicas por parte del Estado, se lleva a cabo paralelamente a la utilización de formas jurídicas de Derecho Público o semipúblico, tal como sucede en todos los países de Europa occidental y en la América Latina.[371] En otros sistemas, al contrario, el Estado generalmente desarrolla sus actividades industriales y comerciales a través de estas sociedades, siendo excepcional la utilización de figuras de Derecho Público, tal como sucede en Austria, [372] Grecia, [373] Suecia y Finlandia, [374] o siendo difícil su reconocimiento.[375]

74. En todos estos supuestos, la utilización de la forma jurídico–mercantil por parte del Estado, persigue objetivos más o menos concretos: dotar de personalidad jurídico–privada a un patrimonio adscrito a un fin, obteniendo, además, el beneficio de la responsabilidad limitada; someterse a las leyes y usos del comercio; escapar a la aplicación del Derecho Administrativo, resolviendo por este cómodo procedimiento el problema de las relaciones entre el ente público y la empresa; fomentar su crédito frente a terceros; y dotarla de una gestión ágil, tanto desde el punto de vista jurídico como económico. [376] Ante estos objetivos, es evidente que el Estado no ha dudado de recurrir a las formas de Derecho Privado antes que a la forma del establecimiento público sometido

---

370 *V.* A. H. Hanson, "L'Organisation des Entreprises...", *loc. cit.*, p. 111; G. Langrod, "L'Entreprise Publique en Droit Administratif Comparé", *loc. cit.*, p. 219. *Cfr.* W. A. Robson, "La Empresa Pública en Gran Bretaña", *loc. cit.*, p. 74; M. A. Flamme, "La Empresa Pública...", *loc. cit.*, p. 82.

371 *V.*: Alemania: Klaus Vôgel, *Die Wirstchaftliche...*, *cit.*, pp. 2 y 4; E. Forsthoff, *op. cit.*, p. 660; Wolfgang Zetzschke, "Las Empresas Públicas en la República Federal Alemana", *loc. cit.*, p. 97; Francia: R. Drago, "Le Régime des Activités...", *loc. cit.*, p. 453; Bélgica: M. A. Flamme, "Le Régime des Activités...", *loc. cit.*, p. 393: Finlandia: Tore Modeen, *Le Régime des Activités...*, *cit.*, pp. 12 y 20; Italia: M. S. Giannini, "Sobre las Empresas Públicas", *loc. cit.*, p. 20; M. S. Giannini, *Le Régime des Activités...*, *cit.*, p. 4; España: Manuel Broseta Pont, "La Sociedad Anónima Pública...", *loc. cit.*, p. 495; J. L. Villar Palasí, "La Actividad Industrial del Estado...", *loc. cit.*, pp. 94 y 100; F. Garrido Falla, "Las Empresas Públicas", *loc. cit.*, p. 138; Brasil: Antonio Brochado Da Rocha. *Informe Brasileño al IV CIFE*. *loc. cit.*, Vol. IV., pp. 105, 107 y 109; Argentina: Agustín A. Gordillo, *Empresas del Estado*, *cit.*, pp. 57 y ss.; R. Bielsa, "Las Sociedades de Economía Mixta, Los Servicios Públicos y las Industrias de Interés Nacional", *Estudios de Derecho Público*, Tomo I, Buenos Aires, 1950, p. 593; Venezuela: Eloy Lares Martínez, *Manual de Derecho Administrativo*, Caracas, 1963, p. 186; Chile: Enrique Silva Cimma, *Derecho Administrativo Chileno y Comparado*, Santiago de Chile, 1961, Tomo II, p. 295.

372 *V.* Gerhardt Plöchl, Die Öffentliche... *cit.*, pp. 4 y 8; M. Baena del Alcazar, "La Intervención de la Administración en la Economía Austríaca", *RAP*, N' 42, 1963, p. 450; W. Weber, "State–Controlled Enterprise in Austria", *RISA*, 1962, N° 2, p. 196.

373 *V.* Pella Lenoudia, "La Empresa Pública en Grecia", *ICE*, Marzo, 1964, p. 152.

374 *V.* Hakan Strömberg, "La Empresa Pública en Suecia" *ICE*, marzo, 1964, pp. 145, 147 y 149; Tore Modeen, *Le Régime des Activités...*, *cit.*, pp. 12, 15 y 20.

375 *V.* Lloyd d. Musolf, "Public Enterprise and "Developed" Organization Forms: South Vietnam", en *RISA*, 1963, N° 3, p. 266.

376 *Cfr.* Manuel Broseta Pont, "La Sociedad Anónima Pública...", *loc. cit.*, pp. 505 y 506.

funcionalmente al Derecho Administrativo, aun cuando la utilización de la forma societaria sea exclusivamente formal o se la considere en ciertos casos como una ficción.[377]

Por otra parte, quizás el objetivo fundamental que ha llevado al Estado a utilizar la forma societaria es la limitación de la responsabilidad al capital aportado en la empresa,[378] hasta tal punto, que en algunos países, como en Alemania, está prohibido al Estado recurrir o participar en formas societarias en las que la responsabilidad de los socios no esté limitada a una cantidad determinada.[379]

Por último, debe señalarse que, generalmente, los poderes públicos son libres de utilizar la forma societaria de Derecho Privado para desarrollar sus actividades comerciales, aunque en Alemania por ejemplo, esa participación está condicionada a que un interés estatal importante así lo exija, o que el fin perseguido no pueda alcanzarse de otra manera distinta y siempre que esa utilización de la forma de Derecho Privado no perjudique los fondos públicos.[380]

75. Ahora bien, en todos los casos señalados, y sin que la utilización normal o excepcional de la forma societaria influya, el régimen jurídico aplicable a dichas personas jurídicas es el régimen de Derecho Privado, y concretamente, de Derecho Comercial, que rige normalmente esas formas jurídicas cuando son constituidas por particulares. La participación del Estado, como único accionista o en régimen de economía mixta en dichas sociedades, en principio, no debería hacer variar el régimen jurídico aplicable. Sin embargo, la realidad, en los sistemas jurídicos contemporáneos, muestra la existencia de muchas derogaciones al régimen común de las sociedades que produce la presencia del Estado, y que es necesario analizar.

Para ello, se estudiará, separadamente, la sociedad mercantil pública unipersonal y la sociedad mercantil de economía mixta, según que el Estado sea el único accionista de la empresa o participe junto con otras personas privadas en el capital de la misma.

B. La Sociedad Mercantil Pública Unipersonal

76. Dado el sometimiento al respectivo Código de Comercio, el régimen jurídico de estas sociedades mercantiles públicas en las cuales el Estado es único accionista, en principio, es el determinado por el Derecho Mercantil, Civil y Laboral y por las disposiciones especiales que les sean aplicables. Sin embargo, dada la presencia del Estado en esas sociedades, surgen una serie de derogaciones al régimen y a la estructura de las sociedades mercantiles, que conducen a concluir en que la aplicabilidad de las normas de Derecho Comercial no puede ser total e íntegra. En primer lugar, porque algunas disposiciones especiales que regulan estas sociedades establecen numerosas derogaciones expresas al régimen de las sociedades anónimas; por ejemplo, y entre otras que veremos, desaparece la pluralidad de socios, y se establece generalmente la intransmisibilidad de las acciones del Estado, así como un control externo sobre la sociedad anóni-

---

377 *V.* Manuel Broseta Pont, "La Sociedad Anónima Pública...", *loc. cit.*, p. 503; M. A. Flamme, "Le Régime des Activités...", *loc. cit.*, p. 395.

378 *Cfr.* T. R. Fernández Rodríguez, "Notas para un Planteamiento de los Problemas Actuales de la Empresa Pública", *loc. cit.*, p. 119; K. Katzarov, *op. cit.*, pp. 314 y 323; Hakan Strömberg, "La Empresa Pública en Suecia", *loc. cit.*, p. 148.

379 *V.* Klaus Vogel, "Die Wirstchaftliche...", *cit.*, p. 4.

380 *V.* Klaus Vogel, "Die Wirstchaftliche...", *cit.*, p. 9; *Cfr. Informe de la República Federal Alemana al IV CIEF*, *loc. cit.*, Vol. IV, p. 137.

ma. Pero además, el hecho de ser un ente público accionista y el hecho de que éste sea el único socio, hace inaplicable en muchos casos el régimen jurídico de las sociedades anónimas o de responsabilidad limitada, ya que desaparecen órganos y faltan algunos requisitos esenciales; por ejemplo, veremos que falta generalmente la Asamblea o Junta general, y que el régimen de las acciones pierde en cierta forma sentido.[381]

Muchos de estos inconvenientes sin embargo, se han tratado de superar por la participación en el capital de la empresa, del Estado y de otra persona pública, como, por ejemplo, de institutos autónomos o establecimientos públicos. En estos casos, aun cuando no existe un solo accionista, el capital sigue siendo en su totalidad de carácter público.

77. Ahora bien, ante el tipo de sociedad unipersonal mercantil pública, el primer problema que surge es el de la posibilidad misma de la sociedad unipersonal o con un solo accionista.[382] En efecto, partiendo de la idea general de que la sociedad es un contrato "por el cual dos o más personas convienen en contribuir, cada una con la propiedad o el uso de las cosas, o con su propia industria, a la realización de un fin económico común" –siguiendo la definición del Código Civil venezolano, que fue tomada del Proyecto franco–italiano de las Obligaciones y recogida asimismo por el Código Civil italiano–,[383] es necesario convenir que, en general, el acto constitutivo de la sociedad debe tener una base colectiva inicial. No desconocemos, que algunos derechos positivos, como el de Suecia, permitan la creación de sociedades con un único accionista,[384] pero en todo caso, se trata de algo excepcional. Ante esta posición, la doctrina admite sin dificultad la existencia de la sociedad unipersonal sobrevenida, la cual presupone que, habiéndose constituido regularmente con pluralidad de fundadores, las acciones se concentran posteriormente en una sola mano.[385] Esta, puede decirse, es la posición general respecto a la admisibilidad de sociedades en que el Estado es único accionista.[386] En efecto, generalmente y aun ante la participación del Estado, surge la imposibilidad de crear sociedades unipersonales, sin el concurso de otras personas jurídicas, aun cuando se admita la sociedad unipersonal sobrevenida. Esta es, por ejemplo, la posición del Derecho alemán, según el cual, una sociedad anónima o de responsabilidad limitada sólo puede fundarse al menos por cinco o dos personas, respectivamente, por lo cual los sujetos de la administración pública no pueden fundar jurídicamente una sociedad propia sin participación ajena. Sin embargo, admite Vogel, este requisito puede eludirse haciendo que empleados o funcionarios del organismo público correspondiente actúen como particulares en la constitución de la sociedad y más tarde transfieran sus acciones al organismo público.[387]

---

381 *Cfr.* Manuel Broseta Pont, "La Sociedad Anónima Pública...", *loc. cit.*, p. 498; M. A. Flamme, "La Empresa Pública...", *loc. cit.*, p. 121.

382 *V.* Roberto Goldschmidt, "La Sociedad de una sola persona con especial referencia al Derecho Venezolano", en *Ponencias Venezolanas al VII Congreso Internacional de Derecho Comparado* (Upsala, 1966), Caracas, 1966, pp. 9 a 27.

383 *V.* artículo 1649 del Código Civil Venezolano; artículo 531 del Proyecto Franco–Italiano de las Obligaciones; artículo 521 del Código Civil Italiano.

384 *V.* Carl Hemström, "The One–Man Company in Swedish Law", en *Swedish National Reports to the VIIth. International Congress of Comparative Law*, Upsala 1966, Estocolmo, 1966, p. 43.

385 *Cfr.* Manuel Broseta Pont, "La Sociedad Anónima Pública...", *loc. cit.*, p. 503.

386 *V.* Gerhardt Plöchl.Die öffentliche..., *cit.*, p. 8; R. Drago, "Le Régime des Activités...", *loc. cit.*, p. 453; K. Katzarov, *op. cit.*, p. 309; Pella Lenoudia, "La Empresa Pública en Grecia", *loc. cit.*, p. 153.

387 *V.* Klaus Vogel, "Die Wirstchaftliche...", *cit.* p. 4.

Ante esta situación general, el Derecho español muestra en la Ley sobre Sociedades Anónimas una norma realmente excepcional respecto al Derecho universal de sociedades, en el que no existe un precepto análogo, en el cual, después de ordenar que el número de fundadores de una sociedad anónima no podrá ser inferior a tres, agrega que "se exceptúa de lo establecido en el parágrafo anterior las sociedades constituidas por organismos estatales, provinciales o municipales, en aplicación de las disposiciones vigentes".[388]

78. Ahora bien, sea que el Estado se constituya en único accionista desde un inicio, o sea que lo haga posteriormente, en todo caso, la forma jurídica mercantil de la empresa produce que las mismas sean consideradas como comerciantes,[389] y, por tanto, que, jurídicamente, se las considere como personas privadas sometidas al Derecho común y a los tribunales ordinarios. En consecuencia, las sociedades de capital público en general, no ejercen ninguna clase de facultad pública, con la excepción en algunos países, como Suecia, en los cuales han de recaudar impuestos indirectos como, por ejemplo, los impuestos sobre tabaco, el alcohol y la lotería.[390]

Por otra parte, el personal que presta en ellas sus servicios no puede ser considerado como perteneciente a la función pública, encontrándose, al contrario, sometido al Derecho Laboral.[391] Asimismo, y en cuanto el régimen fiscal, generalmente se encuentran sometidas estas empresas al mismo régimen ordinario que rige para las sociedades mercantiles, aun cuando pueden gozar de exenciones y exoneraciones especiales. [392] En Grecia, sin embargo, está prevista una exención general de toda obligación de pagar impuestos y contribuciones, lo que en realidad supone un alejamiento del principio del funcionamiento "comercial" de las empresas del Estado.[393]

79. Siendo el Estado único accionista en una sociedad mercantil, la influencia del mismo en la actividad de ésta se lleva a cabo en formas indirectas: ejercitando a través del Ministro respectivo sus derechos como accionista o dando instrucciones a los miembros del Consejo de Administración nombrado por aquél.[394] Por ello se dice que estas empresas, aun cuando virtualmente dirigidas por sus órganos estatutarios, están bajo la supervisión y control del Ministro respectivo.[395]

80. Todo esto trae como consecuencia la existencia de anomalías respecto al régimen normal de las sociedades. En efecto, en toda sociedad mercantil pública unipersonal falta, realmente, la Asamblea General entendida como órgano deliberante, puesto que el único accionista no puede deliberar consigo mismo. Sin embargo, siendo la Asamblea un órgano necesario cuya composición, facultades y funcionamiento se regulan por las normas mercantiles de las sociedades, en algunos casos se ha pretendido formalmente sustituirla atrayendo sus funciones a un ente o a una corporación pública, que sustancialmente no puede considerarse como verdadera Asamblea General supuesto que su

---

388 *V.* Manuel Broseta Pont, "La Sociedad Anónima Pública..." *loc. cit.*, p. 497.

389 *Cfr.* Gerhardt Plöchl, Die öffentliche..., *cit.*, p. 11; R. Drago, "Le Régime des Activités...", *loc. cit.*, p. 456.

390 *V.* Hakan Strömberg, "La Empresa Pública en Suecia", *loc. cit.*, p. 149.

391 *Cfr.* G. Langrod, "L'Entreprise Publique en Droit Administratif Comparé", *loc. cit.*, p. 227; R. Drago, "Le Régime des Activités...", *loc. cit.*, p. 454; Hakan Strömberg, "La Empresa Pública en Suecia", *loc. cit.*, p. 149.

392 *Cfr.* R. Drago, "Le Régime des Activités...", *loc. cit.*, p. 457; Dupont, *L'Etat Industriel*, *cit.*, p. 110; Gerhardt Plöchl, *Die Öffentliche...*, *cit.*, p. 10; Tore Modeen, *Le Régime des Activités...*, *cit.*, pp. 14 y 16; Hakan Strömberg, "La Empresa Pública en Suecia", *loc. cit.*, p. 149.

393 *V.* Pella Lenoudia, "La Empresa Pública en Grecia", *loc. cit.*, pp. 157 y 158.

394 *Cfr.* Hakan Strömberg, "La Empresa Pública en Suecia", *loc. cit.*, p. 149.

395 *Cfr.* Pella Lenoudia, "La Empresa Pública en Grecia", *loc. cit.*, p. 153.

constitución, su funcionamiento y sus facultades se rigen por sus normas propias, que no son precisamente las contenidas en las leyes mercantiles. Así, por ejemplo, en España, para algunas de las sociedades creadas por entes locales, se dice que el Concejo Municipal o la Corporación local en pleno actuarán como Asamblea General.[396] Por otra parte, en cuanto a los órganos directivos de la sociedad, también surgen anomalías: así, el Consejo Directivo en las sociedades públicas unipersonales, no se nombra ni revoca directamente por la Asamblea General, pues ésta no existe en sentido estricto, sino por el único accionista. En esta forma, esos actos de nombramiento o revocación constituyen verdaderos actos administrativos que están sometidos al Derecho Público y no al Derecho Privado.[397]

81. Por otra parte, aun cuando la forma normal de ejercer el control y dirección sobre la empresa por parte del Estado, sea el ejercicio de sus derechos como titular de acciones, es necesario señalar que en estas sociedades unipersonales materialmente no existe el régimen de las acciones, que es esencial en toda sociedad anónima. En efecto, es necesario convenir en que en las sociedades públicas unipersonales, las acciones no son realmente parte alícuota del capital, cuando no se las utiliza como instrumento de financiación ni como medio para medir la intensidad en el ejercicio de los derechos sociales, puesto que ambos suponen la pluralidad de socios. Por otra parte, no puede señalarse con generalidad que estas acciones constituyan títulos valores, cuando con frecuencia la ley dispone que son intransferibles, como sucede en algunos casos en Austria y Finlandia,[398] y cuando en ellas la legitimación para asistir a sus pretendidas Asambleas Generales, se atribuye, no por ser accionista, sino por el hecho de ser concejal, como sucede en algunos casos en España.[399]

82. Por último, y aun cuando, en principio, estas empresas se rijan por el Derecho de sociedades mercantiles, es inverosímil pensar en la aplicabilidad a estas sociedades públicas de las causas de liquidación previstas por las leyes mercantiles.

En efecto, en algunos países, como en Austria, esto está claramente determinado en forma general, al exigirse que la disolución o liquidación de la empresa sólo puede hacerse mediante una ley especial.[400]

Al contrario, en la mayoría de los países, no hay una regulación general al respecto, y si bien teóricamente, dada la calidad de comerciante de estas empresas, procedería instaurarse un procedimiento de quiebra contra ellas, ello es difícilmente posible, pues el Estado, por motivos de interés general, iría seguramente en ayuda de las mismas cuando se encuentren en dificultad.[401] Sin embargo, ante esto, es necesario observar que por ello, la deficiente gestión de una empresa pública no lleva consigo para sus dirigentes, una sanción semejante a la que la quiebra supone para el empresario privado, pues los directores y administradores de la sociedad pública se ven menos afectados que aquél

396 *V.* Manuel Broseta Pont, "La Sociedad Anónima Pública...", *loc. cit.*, p. 501.

397 *Cfr.* Manuel Broseta Pont, "La Sociedad Anónima Pública...", *loc. cit.*, p. 502; Gerhardt Plöchl, *Die Öffentliche..., cit.*, pp. 16 y 17.

398 *V.* Gerhardt Plöchl, Die Öffentliche..., *cit.*, p. 11; Tore Modeen, Le Régime des Activités... *cit.*, p. 13.

399 *V.* Manuel Broseta Pont, "La Sociedad Anónima Publica...", *loc. cit.*, p. 501.

400 *V.* Gerhardt Plöchl, *Die Öffentliche..., cit.*, p. 10; en forma especial en Bélgica: *V.* M. A. Flamme, Le Régime des Activités..., *cit.* (multigrafiada), p. 59.

401 *Cfr.* R. Drago, "Le Régime des Activités...", *loc. cit.*, p. 456; A. Delion, *L'Etat et les Entreprises Publiques, cit.*, p. 22; Klaus Vogel, "Die Wirstchaftliche...", *cit.*, p. 8; M. A. Flamme, *Le Régime des Activités..., cit.* (multigrafiada), pp. 57 y 59; M. S. Giannini, "Sobre las Empresas Públicas", *loc. cit.*, pp. 12 y 15; K. Katzarov, *op. cit.*, p. 323.

por la crisis de la empresa. En efecto, para el empresario privado, la empresa constituye su profesión y su vida; para el responsable de la empresa pública, ésta no tiene tal carácter sino accidentalmente, pues en cualquier caso si, como sucede con frecuencia, el funcionario, fracasada su gestión, puede volver al puesto propio de su carrera administrativa. Por ello, T. R. Fernández Rodríguez considera, con sobrada razón, que es necesario llevar a cabo, en este aspecto, una asimilación del carácter de los empresarios privados y públicos, y para ello, es presupuesto previo lograr el interesamiento de éste en la empresa de una manera eficaz.[402] Mientras esto no se haga, continúa en vigor la célebre frase de Ripert, formulada al observar la aparición del fenómeno económico del Estado: "S'emparer des propietés privées est chose qui, juridiquement, est relativement facile; les exploiter selon les formes privées, est plus difficile".[403]

C. La sociedad de economía mixta

83. En general, se aplica la noción de empresa o sociedad de economía mixta, a las sociedades en las cuales se encuentran asociados capitales públicos y capitales privados, en vista de una explotación industrial o comercial.[404] Sin embargo, está noción, en parte menos jurídica que económica, requiere precisiones. En primer lugar, la asociación del capital público con el privado puede surgir desde el inicio de la vida jurídica de la empresa, como por un hecho posterior, cuando una persona pública territorial adquiere parte del capital de una sociedad comercial, o cuando al contrario, se produce la privatización de parte del capital de una sociedad mercantil unipersonal del Estado, como ha sucedido con frecuencia en Austria.[405] Por otra parte, para que se pueda estar en presencia de una sociedad de economía mixta, es necesario que sea el Estado u otra colectividad pública, es decir, que sea una persona pública territorial, el ente que participe en el capital. De ahí que en general, contrariamente a la situación argentina,[406] la presencia de capitales aportados por establecimientos públicos u otras sociedades públicas no es suficiente para la calificación de economía mixta. Así lo exigía, por ejemplo, la ley cubana sobre Sociedades de Economía Mixta, que las definía como "toda empresa en que el Estado participa en el capital de la misma y en su gestión o administración, conjuntamente con el capital privado".[407] Además, en la calificación de economía mixta de una sociedad también entran en juego las proporciones respectivas del capital público y del capital privado, exigiéndose generalmente, que exista una participación tal, que los capitales público y privado compartan la dirección de la empresa. Por tanto, la existencia de una mínima proporción de capital privado en la empresa y, por tanto, de una influencia total del Estado, hará pensar más bien que se está en presencia de una sociedad comercial pública.[408] Al contrario, si la presencia del Estado en el capital representa una

---

402 *V.* T. R. Fernández Rodríguez, "Notas para un Planteamiento de los problemas actuales de la Empresa Pública", *loc. cit.*, p. 121.

403 *V.* G. Ripert, *Le Régime Démocratique et le Droit Civil Moderne*, Paris, 1948, p. 246, *cit.* por K. Katzarov, *op. cit.*, p. 291; *cit.* igualmente por T. R. Fernández Rodríguez, "Notas para un Planteamiento...", *loc. cit.*, p. 121.

404 *Cfr.* P. Dupont, *L'Etat Industriel*, *cit.*, p. 65. Para un análisis de Derechos extranjeros sobre estas sociedades, *V.* Héctor Cámara, *Sociedades de Economía Mixta*, Buenos Aires, 1954, p. 13 y ss. Sobre los problemas que conlleva la noción *V.* Luiz Gãsto Paes De Barros Leães, "O conceito juridico de Sociedade de Economía Mista", *Revista de direitto Administrativo*, N° 79, Rio de Janeiro, 1965, p. 1 y ss.

405 *V.* Gerhardt Plöchl, Die Öffentliche..., *cit.*, p. 2.

406 *V.* Agustín A. Gordillo, *Empresas del Estado*, *cit.*, pp. 98 y 165.

407 *V.* en *Información Jurídica*, N° 138, Madrid, 1951, p. 923.

408 *Cfr.* Theo Keller, "La Economía propia de las Comunidades Públicas", *loc. cit.*, p. 163.

mínima proporción, se estará en presencia, antes de que en una empresa de economía mixta, en el llamado accionariado del Estado.[409] Por ello, la empresa de economía mixta está caracterizada por la presencia de los sectores públicos y privados en la dirección de la sociedad, aunque generalmente con alguna preponderancia de los intereses públicos,[410] lo que por otra parte se exige obligatoriamente en Alemania.[411]

84. Ahora bien, la empresa de economía mixta tiene la enorme importancia de haber sido el medio inicial de intervención del Estado en la economía, pues sus orígenes se encuentran en los tímidos ensayos realizados en diversos países para hacer compatible el dogma económico de *laissez faire* con la necesidad del estímulo estatal a ciertas obras y empresas de interés público.[412] Por ello, en países como Inglaterra [413] y la mayoría de los países socialistas, salvo Hungría,[414] donde la ola de nacionalizaciones permitió una sólida intervención estatal en la economía con figuras jurídicas como las *Public Corporations* y las empresas del Estado, las empresas mixtas no son frecuentes. Al contrario, en países como Luxemburgo, donde no existen instituciones públicas económicas, la única forma utilizada por el Estado para realizar actividades industriales y comerciales es la empresa de economía mixta.[415]

85. Para estas empresas de economía mixta, en general, rigen los mismos principios que para las sociedades mercantiles unipersonales, por lo que se encuentran sometidas en su totalidad a las regulaciones del Derecho Civil, Mercantil y Laboral, con la posibilidad, asimismo, respecto de ellas, de aplicarles algunas de las derogaciones del régimen originario analizadas. En este sentido, es de destacar que M. A. Flamme, aun respecto a las empresas de economía mixta, contrariamente a la sostenido por Theofilo de Azeredo Santos, encuentra inconcebible la aplicación a ellas del procedimiento de quiebra, dada la existencia de un interés público de por medio que exige necesariamente el concurso del Estado para evitar la cesación de pagos por parte de aquéllas, con lo que está conforme, por otra parte Ta legislación argentina.[416]

Sección Tercera: EL CONTROL SOBRE LAS EMPRESAS PÚBLICAS

> *"L'élaboration d'un système de contrôle sur l'administration, que donnera toutes garanties, est aussi difficile qu'elle est nécessaire; cela tient, en partie, à la variété des intérêts à sauvagarder en partie à la diversité et à la multiplicité des actes administratifs à contrôler". Frank J. Goodnow,* Les Principes du Droit Administratif des Etats–Unis, *Paris, 1907, p. 416.*

---

409 *V.* J. L. Villar Palasí, "La Actividad Industrial del Estado en el Derecho Administrativo", *loc. cit.*, p. 97.

410 *Cfr.* M. A. Flamme, "Le Régime des Activités...", *loc. cit.*, p. 400. Theofilo De Azeredo Santos, *As Sociedades de Economía mista no Direito Brasileiro*, Río de Janeiro, 1964, p. 46.

411 *V.* Klaus Vogel, "Die Wirstchaftliche...", *cit.*, p. 5.

412 *Cfr.* F. Garrido Falla, "Las Empresas Públicas", *loc. cit.*, p. 141.

413 *V.* W. A. Robson, "La Empresa Pública en Gran Bretaña", *loc. cit.*, p. 74.

414 *V.* K. Katzarov, *op. cit.*, pp. 341 y 342.

415 *V.* Informe de la Chambre des Comptes de Luxemburgo, al IV CIEF, *loc. cit.*, Vol. IV, p. 217.

416 *V.* M. A. Flamme, Le Régime des Activités..., *cit.* (multigrafiada), p. 59; Theofilo De Azeredo Santos, As Sociedades de Economía Mista..., *cit.*, p. 64 y 65; Héctor Cámara, Sociedades de Economía Mixta, *cit.*, p. 148.

I. INTRODUCCIÓN

86. Flaminio Franchini, al hablar de la intervención del Estado en la organización económica italiana señala, con razón, que los problemas que se plantean, con una claridad y una urgencia cada vez mayores en relación a las empresas públicas, son numerosos y pueden abarcar diferentes aspectos, según que ellos se refieran, a la propia razón de ser de ciertas empresas, que en realidad son supervivencias históricas de necesidades económicas o políticas algunas veces ya caducas; al problema de la oportunidad misma del intervencionismo del Estado; a la necesidad de establecer nexos orgánicos entre los principios jurídicos y económicos que rigen empresas que forman parte de la misma rama de la actividad económica o de ramas diferentes pero ligadas entre sí; y, sobre todo, a la reorganización de los controles; y concluye que es precisamente este último problema, el que, desde el punto de vista jurídico, aparece como el más delicado, y cuya solución es la más urgente.[417]

En efecto, y ello puede verse como una tendencia del Derecho Comparado, la intervención del Estado en la vida económica por la asunción de actividades comerciales e industriales, ha dado origen, como lo hemos visto, a la creación y constitución de diversas formas jurídicas de actuación, que van desde la llamada *Régie industrielle* francesa y la *Régie d Etat* belga hasta la sociedad mercantil de capital mixto, según el grado de descentralización. Ahora bien, esta mayor o menor descentralización, sobre todo mediante la constitución de formas jurídicas autónomas, ha dado origen en los distintos derechos positivos, a la previsión de una serie de mecanismos de control ejercido por el Estado o la comunidad sobre esos distintos entes. Se trata, en efecto, de controles diferentes que algunas veces se entrecruzan y se enredan llegando a producir, en algunos casos, serias dudas en cuanto a la extensión y a los límites de la competencia de los órganos que los desarrollan. Generalmente, a los controles normales efectuados por los Ministerios técnicos que ejercen sobre las empresas públicas la vigilancia y la tutela, se unen, en efecto, controles especiales, interiores y exteriores, los cuales se aplican particularmente a las empresas subvencionadas por el Estado. Por otra parte, al lado de estos controles, se encuentra un tipo de control muy particular, y es aquel que ejerce el Parlamento. Este se funda sobre el principio según el cual, tratándose de fondos del Estado, este último tiene el derecho de saber, en el momento del examen y discusión de su propio presupuesto, cómo son administrados los fondos en cuestión.[418] Además, en aquellos países donde el control financiero se ejerce, no sólo por el Parlamento, sino también por entidades fiscalizadoras superiores de control, la intervención de éstas es cada vez más acentuada en la disposición de fondos públicos para la realización de actividades comerciales e industriales por el Estado. Estos tres aspectos: control administrativo, control por el Parlamento y control por las entidades fiscalizadoras superiores de control fiscal, marcan, en líneas generales, los aspectos del con trol público sobre dichas actividades, que analizaremos en los párrafos sucesivos en forma comparativa. A ellos hay que agregar, además, sobre todo en aquellos países donde la intervención del Estado en la economía tuvo su origen en los fenómenos de la nacionalización o socialización, los diversos mecanismos de control puestos a disposición de los consumidores y de los obreros o productores, que también serán objeto de nuestro estudio comparativo.

---

417 *V.* Flaminio Franchini, "Aspects Juridiques de l'Intervention de l'Etat dans l'Organisation Economique Italienne", *loc. cit.*, p. 233.

418 *Cfr.* F. Franchini, "Aspects Juridiques de l'Intervention de l'Etat dans l'Organisation Economique Italienne", *loc. cit.*, p. 233.

Debemos señalar previamente, sin embargo, que hablaremos de estos mecanismos de control en su sentido más amplio, por lo que muchos de esos mecanismos, sobre todo en lo que se refiere al control administrativo, conllevan implícitamente, no sólo labores de control en sentido estricto, sino también labores de coordinación, planificación y aun de dirección.[419]

En todo caso, es necesario convenir con R. Drago que, como veremos, son tan numerosos los sistemas de control sobre las empresas públicas que nos muestra el Derecho Comparado, que si ellos intervinieran todos realmente, las paralizarían y les quitarían toda la flexibilidad comercial que debe ser su regla esencial de funcionamiento.[420]

II. EL CONTROL ADMINISTRATIVO

"Il a été dit que le nom de curatelle serait mieus appropié que celui de tutelle, car le nom de tutelle éveille, dans notre droit, l'idee d'un incapable qui n'agil pas du tout par lui–même, pour le compte duquel agil un tuteur, ce qui, visiblement, est inexact quand il s'agit des personnes administratives. Ces personnes agissent par elles–mêmes au moyen d'organes qui leur son propres; seulement il leur faut, pour certaines actes, l'autorisation d'un curateur. Malgré tout, le noir tutelle étant consacré par l'usage, il est préférable di le conserver". M. Hauriou, Précis de Droit Administratif, Paris, 1893, p. 437.

1. Introducción

87. El primero y quizás más importante de los controles sobre las empresas públicas, es el control que ejercen sobre ellas los órganos de la administración de quien en definitiva aquéllas dependen. Por su misma naturaleza, este control es, en ciertos casos, tan amplio e intenso, que se hace difícil distinguirlo netamente de la actividad de gestión o dirección o de la influencia que, en estos aspectos, el órgano administrativo respectivo ejerce sobre las empresas del Estado.

En líneas generales, este control, realizado por la propia administración o por los órganos a los cuales están adscritas las empresas económicas estatales, reviste dos modalidades fundamentales que es necesario estudiar separadamente. En primer lugar, dicho control puede ser ejercido directamente por la administración a través del Ministro respectivo, como control jerárquico o de tutela, o a través de órganos administrativos de coordinación o planificación de las actividades estatales. En segundo lugar, dicho control puede ser ejercido por la administración en forma indirecta, a través de entes dotados de personalidad que actúan como *trusts* o *holdings* de determinadas empresas económicas. De ahí que estudiaremos no sólo un control administrativo directo, sino también un control administrativo indirecto.

---

419 *Cfr.* Georges Lescuyer, *Le Controle de l'Etat sur les Entreprises Nationalisées*, Paris, 1962 p. 36.

420 *V.* R. Drago, "Le Régime des Activités...", *loc. cit.*, p. 458. *Cfr.* M. A. Flamme, "La Empresa Pública...", *loc. cit.*, p. 123; A. H. Hanson, "L'Organisation des Entreprises...", *loc. cit.*, p. 111. En general sobre el control de las Empresas Públicas *V.* Associazione Italiana di Science Politiche e Sociali, Il Controllo del l'Impresa Pubblica, Milán, 1960.

2. El control administrativo directo

A. Introducción

88. La forma e intensidad del control administrativo directo sobre las empresas públicas depende de la forma jurídica concreta que se haya atribuido a las mismas.[421] Puede tratarse de un control jerárquico, de un control de tutela o de un control a través de órganos administrativos de coordinación y planificación, según el menor o mayor grado de autonomía de que gocen las empresas públicas.

En efecto, el control jerárquico va íntimamente unido al poder jerárquico que ejerce un jefe respecto a sus subordinados, y así, el Ministro ejerce un poder jerárquico sobre el conjunto de los agentes de sus servicios. En esta forma, el poder jerárquico es un poder incondicionado: siempre que no prescriba o cometa ilegalidades, el superior tiene el derecho de dar a sus subordinados las órdenes que él juzgue buenas; además, él tiene siempre, salvo texto expreso en contrario, el poder de reformar o de anular las decisiones de sus subordinados.[422] Al contrario, el poder de tutela, que implica el control respectivo, no pone en relación un superior y sus inferiores, sino un contralor (la autoridad de tutela) y unos controlados (los órganos de la persona pública bajo tutela). De ahí que sea un poder condicionado: el control no se presume, ya que no se ejerce sino en los casos y bajo las formas previstas por la ley. Además, señala Vedel, no comporta la posibilidad de dar órdenes: en efecto, los órganos de la persona pública bajo tutela tienen la responsabilidad de los intereses de la misma, y no están sujetas, en Derecho, sino a las leyes y reglamentos; la autoridad de tutela puede hacer respetar estar normas, pero ella no puede agregarles sus propias prescripciones complementarias.[423] Por ello, Maspetiol y Larocque han definido la tutela administrativa como el conjunto de poderes limitados concedidos por la ley a una autoridad superior sobre los agentes descentralizados y sobre sus actos, con el fin de proteger el interés general.[424]

En resumen, puede decirse con el Decano Vedel que, en general el poder y el control jerárquico se desenvuelve en el seno de una persona moral única y pone en movimiento relaciones de jefe a subordinados. El poder y el control de tutela, al contrario, pone en relación al Estado con otras personas públicas originando relaciones entre el Estado, guardián del interés general en sentido amplio, y como tal, contralor, con personas públicas con intereses propios, y como tales controladas.[425] Por ello, G. Langrod ha señalado como una de las razones de creación de las empresas públicas personificadas, la necesidad de evadir el control jerárquico.[426]

Pero además del control jerárquico y del control de tutela, sobre los entes estatales o paraestatales que desarrollan actividades industriales y comerciales, puede ejercerse por el Estado un tercer tipo de control administrativo, que es el que se ejerce a través de órganos de coordinación o de planificación, creados especialmente por el Estado para ejercer esas labores en el campo de las participaciones estatales en la economía, y que

---

421 *Cfr.* Wolfgang Zetzchke, "Las Empresas Públicas en la República Federal Alemana", *loc. cit.*, p. 95.

422 *V.* Georges Vedel, Droit Administratif, *cit.*, Tomo II, p. 419.

423 *V.* G. Vedel, *op. cit.*, Tomo II, p. 419.

424 *V.* Maspetiol et Larocque, *La Tutelle Administrative*, París 1930, p. 10, *cit.* por M. Baena De Alcázar, "Los Entes Funcionalmente Descentralizados y su relación con la Administración Central" *RAP*, N° 44, 1964, p. 100.

425 *V.* G. Vedel, *op. cit.*, Tomo II, p. 419

426 *V.* G. Langrod, "L'Entreprise Publique en Droit Administratif Comparé", *loc. cit.*, p. 228.

no puede ser incluido dentro de los dos tipos antes analizados, como es el que ejerce, por ejemplo, en Italia, el *Ministero delle participazioni Statali* o en los países socialistas los órganos centrales de planificación.

Veamos separadamente estos tres tipos de controles administrativos ejercidos por el Estado sobre el desarrollo de sus actividades industriales y comerciales.

B. El control jerárquico

89. La administración ejerce un control jerárquico en las actividades industriales y comerciales siempre que las mismas sean desarrolladas por ella directamente.[427] En estos supuestos, los directores de esas empresas son funcionarios fuertemente vinculados a la administración pública y, por tanto, obligados a acatar las disposiciones de sus órganos o instancias superiores. El control sobre la realización de dichas actividades entonces, generalmente, está ligado a la ingerencia directa en la gestión y dirección de la empresa.

Además, en ciertos casos en que se da alguna autonomía a los órganos administrativos directores de la empresa, aunque sin que se dé el supuesto del otorgamiento de personalidad a la misma, el control jerárquico se refleja a través del derecho de veto que corresponde al Ministro respectivo en las decisiones de los órganos directivos. Así, en Alemania, por ejemplo, el Ministro de Correos tiene un derecho de veto absoluto con respecto a las decisiones del Consejo de Administración del *Deutsche Bundespost* que puedan tener repercusiones financieras; además, puede presentar ante el Gobierno Federal, para la decisión última por parte de éste, los acuerdos que, a su juicio, lesionen los intereses del *Bund*[428].

Por otra parte, puede asimismo hablarse de un control jerárquico respecto al ejercido por la administración belga sobre las *Régies d'Etat,* que aunque dotadas de personalidad jurídica, están desprovistas de toda autonomía orgánica y, por tanto, se encuentran sometidas a la autoridad jerárquica del Ministro respectivo.[429] En efecto, en este caso, el otorgamiento de la personalidad jurídica al servicio no hace que el mismo pierda su carácter de administración centralizada, pues el objetivo perseguido con ello es, esencialmente, permitir a ciertas empresas estatales de carácter industrial o comercial, de escapar a las reglas de gestión financiera y contable tradicionalmente en vigor en los organismos del Estado. Por ello, las administraciones así personalizadas continúan bajo la autoridad jerárquica directa del Ministro.

C. El control de tutela

90. El control de tutela en las actividades industriales y comerciales del Estado surge desde el momento en que existe una descentralización funcional en la administración; y se habla de descentralización funcional cuando ésta se realiza a través de órganos que se

427 *V.* Nos. 14 y ss.

428 *V.* Wolfgang Zetzschke, "Las Empresas Públicas en la República Federal Alemana", *loc. cit.*, p. 96.

429 *Cfr.* M. A. Flamme, "Le Régime des Activités...", *loc. cit.*, pp. 391 y 397; M. A. Flamme, "La Empresa Pública...", *loc. cit.*, p. 28.

desgajan de la administración directa del Estado, mediante el procedimiento técnico–jurídico de la concesión de la personalidad jurídica a entidades institucionales.[430]

En esta forma, la tutela administrativa sobre los entes descentralizados que desarrollan actividades económicas, tiene por finalidad fundamental garantizar la unidad y la buena ejecución de la política general del Estado en materia económica, pues permite a la administración central vigilar directamente, aunque no como superior jerárquico, la actuación de los órganos que integran la administración indirecta del Estado.

Ahora bien, entre los poderes de la autoridad de tutela, que generalmente es el Ministro respectivo,[431] deben distinguirse los poderes de tutela sobre las personas de los poderes de tutela sobre los actos.

91 La regla general en la tutela sobre las personas es que los directores y miembros de los Consejos de Administración de los órganos funcionalmente descentralizados, se designan por la administración central. Esto sucede en los países donde el establecimiento público industrial o comercial es la norma en la descentralización funcional, como sucede en Francia, Alemania, Bélgica[432] y Venezuela,[433] así como en aquellos países donde la regla la constituyen las *Public Corporations* [434] o las empresas públicas del tipo de los países socialistas. [435] La revocación de las designaciones corresponde también, en general, a la administración central, aunque en algunos supuestos la iniciativa puede partir, como en Polonia, de los órganos de autogestión obrera.[436]

92. En cuanto a la tutela sobre la gestión, los Ministros disponen generalmente, en relación a los organismos descentralizados que realizan actividades industriales y comerciales, de ciertos poderes de control *a priori o a posteriori,* según que tengan lugar antes o después de haberse tomado la decisión concreta. En esta forma, el control *a posteriori* juzga actos ya consumados, implicando, por tanto, que la gestión y el control son dos actos netamente separados. Al contrario, en el control *a priori,* tal como lo indica J. Rivero, entre los órganos de gestión y los de control hay un diálogo permanente: la voluntad del primero no puede producir efectos sino con el encuentro de la voluntad del segundo; por lo que en realidad lo que hay en este caso es una *veritable cogestion.* [437] Veamos en todo caso estos dos tipos de control.

El control *a priori* puede revestir formas diversas. En primer lugar, puede consistir en la posibilidad, para los órganos de tutela ministerial, de precisar en relación a las empresas públicas, las directivas u orientación general de la actuación de las mismas, tal

---

430 *V.* F. Garrido Falla, Administración Indirecta del Estado y Descentralización Funcional, Madrid, 1950, p. 121 y ss.

431 *V.* A. G. Delion, *Le Statut..., cit.,* pp. 62 y ss.

432 *V.* Roland Drago, "Le Régime des Activités...", *loc. cit.,* p. 453; M. A. Flamme, "La Empresa Pública. . .", *loc. cit.,* p. 68; M. A. Flamme, "Le Régime des Activités. . .", *loc. cit.,* p. 453.

433 *V.* Eloy Lares Martínez, *Manual de Derecho Administrativo, cit.,* p. 445.

434 *V.* W. A. Robson, "La Public Corporation en Gran Bretaña", *loc. cit.,* p. 125; J. E. Hodgetts, "La Empresa Pública en Canadá", *ICE,* marzo de 1964, p. 131.

435 *V.* en relación a Bulgaria, Checoslovaquia, Hungría y Polonia, K. Katzarov, *op. cit.,* pp. 319, 320 y 323; Zygmunt Rybicki, "Le Régime des Activités...", *loc. cit.,* pp. 267 y 272; V. Knapp, "Quelques Remarques. . .", *loc. cit.,* p. 741.

436 *V.* Zygmunt Rybicki, "Le Régime des Activités...", *loc. cit.,* p. 268.

437 *V.* Jean Rivero, "Le Fonctionnement des Entreprises Nationalisées", Droit Social, noviembre de 1955, p. 66, *cit.* por G. Lescuyer, Le Controle de l'Etat sur Ies Entreprises Nationalisées, *cit.,* p. 180; P. Bouchet, "Las Empresas Públicas en Francia", *ICE,* marzo, 1964, p. 87.

como sucede en Inglaterra [438] e Italia, y que no se refieren a actos concretos de dichas empresas. En esta forma, en Italia, por ejemplo, el artículo 1° de la ley de 1948 precisa, concretamente en relación al Instituto para la Reconstrucción Industrial (IRI), que corresponde al Consejo de Ministros decidir, en vista del interés de la colectividad, la orientación general del Instituto tanto en materia política como económica. [439] En esta misma forma, por ejemplo, el *Air Corporation Act* de 1949 prevé que el Ministro de Transporte y Aviación Civil, previa consulta con la afectada, puede dar a cualquiera de las *Corporations* aeronáuticas "instrucciones de carácter general sobre el ejercicio y realización de aquellas de sus funciones relacionadas con materias que, a juicio del Ministro, sean de interés nacional". La *Corporation* interesada deberá seguir dichas instrucciones, siendo esta fórmula del poder ministerial el modelo standard en la legislación inglesa.[440]

Por otra parte, muy difundido como medio de tutela sobre los actos o sobre la gestión de las empresas, se encuentra el mecanismo de las aprobaciones previas en relación a ciertos actos o decisiones de las empresas públicas. En Francia, por ejemplo, la lista de las decisiones sometidas a aprobación se especifica en los textos propios de cada empresa, pero hay un mínimo en virtud de los decretos de 26 de agosto de 1957 y de 22 de junio de 1960 y del artículo 163 de la Ordenanza del 30 de diciembre de 1958: los presupuestos y estados de previsiones de explotación y equipo; los balances, las cuentas de resultados, las afectaciones de beneficios, los finiquitos de los administradores; las extensiones de participaciones financieras; el montante de las remuneraciones de los administradores, presidentes y directores generales; las medidas relativas a los elementos de remuneración del personal, así como a su *status* y a su régimen de retiro.[441] Situaciones similares existen en la mayoría de los países que siguen el esquema francés del establecimiento público, tal como sucede en Bélgica [442] y Venezuela.[443]

Por otra parte, en muchas ocasiones, los Ministros de tutela aseguran sus poderes de control mediante la designación de representantes en el seno de las empresas, denominados Comisarios de Gobierno, como sucede en Francia y Bélgica. [444] Estos tienen el derecho de asistir a las sesiones de los Consejos de Administración y de usar el derecho de veto en relación a ciertas decisiones, recurriendo al Ministro respectivo para que decida, quedando entre tanto, suspendida la decisión.[445]

En el Derecho inglés, aun cuando, como hemos dicho, la norma general del control ministerial sobre las *Public Corporations* sea el de la fijación por el Ministro de "directivas de carácter general en cuanto al ejercicio y desempeño, por la sociedad, de sus funciones en relación con asuntos que le parezcan que afectan al interés nacional",

---

438 *Cfr.* G. Lescuyer, Le Controle de l'Etat..., *cit.*, p. 65; A. H. Hanson, "L'Organisation des Entreprises...", *loc. cit.*, p. 112; A. Delion, *L'Etat et les Entreprises Publiques*, *cit.*, p. 160. En cuanto al dictado de "normas generales" en Argentina *V.* Agustin a. Gordillo, *Empresa del Estado*, *cit.*, p. 153.

439 *V.* F. Franchini, "Aspects Juridiques de l'Intervention de l'Etat...", *loc. cit.*, p. 240.

440 *V.* W. A. Robson, "La Public Corporation en Gran Bretaña", *loc. cit.*, pp. 116 y 117. *Cfr.* W. A. Robson, "La Empresa Pública en Gran Bretaña", *loc. cit.*, p. 75.

441 *V.* André G. Delion, *Informe Francés al IV CIEF*, *loc. cit.*, Vol. IV, p. 159.

442 *V.* M. A. Flamme, "Le Régime des Activités...", *loc. cit.*, pp. 442 y 426.

443 *V.* Agustín a. Gordillo, Empresas del Estado, *cit.*, p. 160; Eloy Lares Martinez, *Manual de Derecho Administrativo*, *cit.*, p. 443.

444 *V.* R. Drago. "Le Régime des Activités...", *loc. cit.*, p. 458; M. A. Flamme, "Le Régime des Activités...", *loc. cit.*, pp. 424, 426 y 428; *Informe de la Cour des Comptes belga al IV CIEF*, *loc. cit.*, Vol. IV, p. 39.

445 *Cfr.* P. Bauchet, "Las Empresas Públicas en Francia", *loc. cit.*, p. 88; R. Drago, "Le Régime des Activités...", *loc. cit.*, p. 458; M. A. Flamme, "Le Régime des Activités...", *loc. cit.*, p. 422, nota N° 166.

aquél también goza de ciertos poderes de aprobación. En efecto, se requiere su aprobación para todo programa de reorganización o desarrollo de la empresa, que implique un gasto importante de capital. Una obligación similar de obtención de la aprobación ministerial se aplica a los planes de adiestramiento, educación e investigación que las empresas nacionalizadas han de formular y ejecutar.[446] Por otra parte, es necesario observar que ha sido precisamente esta interferencia del Ministro en las empresas nacionalizadas, lo que ha permitido un control indirecto del Parlamento en aquéllas, pues el Ministro tiene responsabilidad ante éste, pudiendo ser interpelado, sólo en las materias en las que tenga fiscalización. [447] También en materia presupuestaria en las *Government Corporations* norteamericanas se observan los poderes de tutela del Gobierno en la aprobación previa del presupuesto de las mismas por el Presidente a través de la *Budget Burean,* para luego ser sometida al Congreso.[448]

Por último, debe indicarse que el control de tutela llevado a" cabo mediante aprobaciones, surge también en ciertos casos, respecto a las empresas públicas constituidas bajo la forma de Derecho Privado. En Grecia, por ejemplo, éstas se encuentran bajó la supervisión y control de un Ministro. Aunque los estatutos no incluyen disposiciones específicas en cuanto a la medida en que el Ministro ha de intervenir, sin embargo, en la práctica, el control del mismo es muy estricto y detallado, careciendo en general las empresas de la flexibilidad industrial que deberían tener. Así, por ejemplo, la hacienda de las empresas públicas griegas está estrechamente controlada: el presupuesto de cada una de ellas debe ser sometido al Ministro supervisor para su aprobación, mientras que todos los asuntos económicos y financieros están sujetos al control continuo del Gobierno.[449]

En Bélgica, al contrario, si bien se exige que el presupuesto de las empresas con formas jurídicas privadas se remita al Ministro de tutela, aquél no está sujeto a la aprobación de éste.[450]

93. Pero hemos visto, los poderes de tutela sobre los actos también pueden ser desarrollados por la administración central sobre los organismos funcionalmente descentralizados, con posterioridad a la realización de los actos controlados, configurándose entonces una intervención *a posteriori*. En esta forma, en Venezuela por ejemplo, los establecimientos públicos industriales y comerciales deben presentar al Ministro de tutela un informe de la actividad de la empresa, así como el Balance General de la misma, para que sean o no aprobados por el mismo.[451] En Italia, asimismo, el órgano administrativo de control debe proceder a examinar los balances de las empresas sometidas a tutela.[452]

En el Derecho Comparado se observa además con alguna frecuencia, la tendencia de realizar este control ejecutivo posterior de la gestión de las empresas públicas, y que es completamente distinto del control *a posteriori* desarrollado por Instituciones Superiores de Control Fiscal, mediante expertos contables cuyo modelo surge de las estructuras del Derecho Privado. Por ejemplo, en Bélgica, las empresas públicas están sometidas al

---

446 *V.* W. A. Robson, "La Empresa Pública en Gran Bretaña", *loc. cit.*, p. 75. *Cfr.* L. López Rodó, "Las Empresas Nacionalizadas en Inglaterra", *loc. cit.*, p. 399.

447 *Cfr.* W. A. Robson, *Industria Nacionalizada..., cit.*, p. 65.

448 *V.* J. N. Hazard, "Law Regulating..." *cit.*, p. 5.

449 *V.* Pella Lenoudia, "La Empresa Pública en Grecia", *loc. cit.*, p. 153

450 *V.* M. A. Flamme, "Le Régime des Activités...", *loc. cit.*, p. 424.

451 *V.* T. Polanco, "La Administración Pública", *loc. cit.*, p. 338.

452 *V.* F. Franchini, "Aspects Juridiques de l'Intervention...", *loc. cit.*, p. 253

control contable *a posteriori* de *reviseurs comptables,* que son designados por el Ministro de Finanzas y por el Ministro interesado. Su función es la de verificar las cuentas y certificar su sinceridad, y para ello, están dotados de poderes de control *in situ* sobre todos los documentos contables, la correspondencia, y, en general, sobre todas las escrituras. Por otra parte, ellas deben enviar a los dos Ministros que les han nombrado y a los órganos directores del establecimiento controlado, un informe sobre la situación del mismo y sobre los resultados de la explotación. Este informe es realizado una vez por año en ocasión de la elaboración de la cuenta de ganancias y pérdidas y del balance. En él debe señalarse, además, toda negligencia, toda irregularidad, y toda situación susceptible de comprometer la solvencia del organismo.[453] Una situación similar se presenta en Finlandia, donde las cuentas son examinadas por expertos contables especiales nombrados por el Consejo de Ministros, además del examen que verifica la Inspección de Finanzas y el Parlamento.[454]

En esta misma forma, en Suecia, la intervención de cuentas se efectúa, en general, por contadores privados. Por tratarse de empresas públicas con forma societaria las comúnmente utilizadas por el Estado para realizar sus actividades económicas, estos contadores son elegidos por los accionistas; sin embargo, en muchos casos, el Gobierno se ha reservado el derecho de nombrar la mayoría de los mismos de quien reciben órdenes, aunque no por ello dejan de seguir siendo funcionarios de la empresa y no del Estado.[455]

Por último, en Gran Bretaña, la verificación *a posteriori* señalada es realizada por firmas independientes de expertos contables. Estos expertos son designados por el Ministro respectivo, a quien deben dirigir un informe, que éste debe enviar a la Cámara de los Comunes.[456]

D. El control ejercido a través de órganos administrativos de planificación y coordinación

94. Es una realidad incontestable el hecho de que en la gran mayoría de países occidentales contemporáneos, el régimen clásico de economía tipo liberal, ha desaparecido desde hace algún tiempo. El Estado, ante los cambios económicos internacionales, ante la necesidad de desarrollar las regiones retardadas, o ante ciertos conflictos sociales, se ha visto obligado a intervenir en el campo económico. Actualmente, por otra parte, no se trata de una simple intervención esporádica, sino que ha sido necesario recurrir cada vez con más frecuencia a todo un sistema de intervencionismo de Estado en materia económica que implica, por supuesto, la necesidad de trazar un programa para los medios de esas intervenciones.[457] De ahí la existencia de ciertos planes o programas de acción estatal que tienen más que todo fines de coordinación.

Pero es evidente, ya lo hemos señalado, hay una diferencia esencial entre el establecimiento de programas de acción como resultado de una política intervencionista o co-

---

453 *V.* M. A. Flamme, "Le Régime des Activités...", *loc. cit.*, p. 422; G. Lescuyer, le Contrôle de l'Etat..., *cit.*, p. 90. En relación a los Países Bajos, *V.* M. A. Flamme, "La Empresa Pública...", *loc. cit.*, p. 36.

454 *V.* Tore Modeen, Le Régime des Activités..., *cit.*, p. 11.

455 *V.* Hakan Strümberg, "La Empresa Pública en Suecia", *loc. cit.*, p. 148.

456 *V* G. Lescuyer, Le Controle de l'Etat..., *cit*, p. 90. *Cfr.* A. H. Hanson, "L'Organisation des Entreprises d'Etat...", *loc. cit.*, p. 115.

457 *Cfr.* Z. Rybicki, "L'Entreprise Publique dans le système Polonais de l'Economie Planifiée", *loc. cit.*, p. 313.

mo consecuencia de la existencia de un régimen de economía planificada; diferencia que surge, no sólo del carácter y volumen de la propiedad de los medios de producción concentrada en manos del Estado, sino también de su carácter integral y complejo.

En efecto, el intervencionismo es considerado siempre como un medio auxiliar y complementario en la gestión económica, donde la influencia de los derechos del mercado juega el papel preponderante. Al contrario, el sistema de economía planificada, donde la propiedad social de los medios de producción es total, ofrece posibilidades de dirección y de gestión económica más reales y completas.[458]

Por otra parte, hemos dicho, la planificación en un régimen de economía planificada es integral y compleja. El carácter integral resulta de la posibilidad de considerar la economía nacional en su conjunto, independientemente de los tipos y de las formas de la propiedad, incluyéndose, dentro de la planificación integral, la totalidad de los particulares y de sus actividades, como único medio de alcanzar los fines sociales perseguidos por el Estado socialista.[459] En esta forma, el Estado gestiona directamente las unidades de la economía nacional que abarcan aquellos dominios cuya importancia es decisiva desde el punto de vista económico y social. El Estado ejerce en esta forma, una influencia indirecta sobre todos los otros organismos económicos, utilizando sus poderes y sus medios de acción organizativa en todas sus formas. Por otra parte, el carácter complejo de la dirección planificada de las actividades del Estado consiste, en que ella abarca todos los dominios de la actividad social. Como consecuencia, están sometidas a la planificación no solamente las actividades económicas, sino también los medios financieros y reales que sirven al desarrollo de las instituciones culturales, sociales y de instrucción pública.[460]

Ahora bien, tanto en un sistema de economía dirigida, como en los sistemas de economía capitalista donde son utilizados medios de programación, el Estado interviene en la dirección y control de sus actividades industriales y comerciales, a través de los órganos administrativos encargados de poner en funcionamiento el plan respectivo o de llevar a cabo la coordinación requerida. Se trata, en efecto, de un control administrativo directo, ejercido por la propia administración, es decir, por órganos estatales.[461]

En efecto, generalmente, la ejecución del plan estatal o de los respectivos programas corresponde en última a instancia al Gobierno, es decir, al Consejo de Ministros respectivo. Sin embargo, si se toma en consideración la importancia extraordinaria atribuida generalmente en nuestros días al plan económico estatal, sobre todo en aquellos países cuyo sistema está más apartado del liberalismo clásico, resulta natural y común el hecho de que se encargue a un organismo administrativo especial la elaboración, la utilización y el control de la ejecución de dicho plan, aun cuando dicho organismo está generalmente asociado, en forma directa al Consejo de Ministros. Estamos en presencia de las comúnmente llamadas Comisión o Consejo del Plan o de la Planificación Estatal.[462]

95. En esta forma, la Comisión Central del plan Estatal de la U.R.S.S. *(Gosplan)* es el organismo administrativo a través del cual el Consejo de Ministros dirige la planifi-

---

458 *Cfr.* Z. Rybicki, "L'Entreprise Publique dans...", *loc. cit.*, p. 313; K. Katzarov, *op. cit.*, p. 415.

459 *V.* K. Katzarov, *op. cit.*, p. 416.

460 *V.* Z. Rybicki, "Le Régime des Activités...", *loc. cit.*, pp. 263 y 264.

461 *Cfr.* K. Katzarov, *op. cit.*, pp. 336 y 381; *V.* Knapp, "Quelques Remarques. . .", *loc. cit.*, pp. 744 y ss.

462 *Cfr.* K. Katzarov, *op. cit.*, p. 447; J. H. Titarelli, "Órganos Centrales de Planificación", en *Revista del Instituto Superior de Ciencias Administrativas*, N° 10, Buenos Aires, 1962, p. 7 y ss.

cación en escala nacional, [463] y está encargado de la coordinación de las actividades de los consejos económicos de las Repúblicas, denominados *Sovnarkhozes,* en la elaboración de los planes regionales. [464] Teóricamente, se trata de un organismo consultivo y de ejecución, sin poder particular. Sin embargo, en la práctica, su presidente, siendo vicepresidente del Consejo de Ministros y a este título miembro del Consejo Económico, el *Gosplan* es el verdadero cerebro–motor del sistema económico.[465]

Ahora bien, a partir de la reorganización de la administración de la industria y de la construcción, llevada a cabo en 1957, con la eliminación de los ministerios de industria y la transferencia de sus responsabilidades a los consejos económicos *(Sovnarkhozes),* se dio a las Repúblicas de la Unión una participación mayor en el desarrollo económico. Los *Sovnarkhozes* dependen del Consejo de Ministros de cada República, y sus recomendaciones y sugestiones son estudiadas por éste y los *Gosplans* de cada República. [466] Anteriormente, la Comisión Planificadora del Estado o Comisión Central del Plan Estatal, aparte de su específica función de trazar los planes económicos generales, y de velar por su ejecución, ejercía un control sobre la empresa individual en lo que se refería a la ejecución de dichos planes; [467] sin embargo, en la actualidad el *Gosplan* es más bien el centro científico de la planificación, habiendo perdido sus poderes de intervención en la dirección administrativa de las regiones económicas. En esta forma, ha cesado de ser el órgano supremo del control de las empresas, en la medida misma en que los *Sovnarkhozes* han sido encargados de la elaboración de los planes. En este caso, esta descentralización de la gestión está contrabalanceada por una centralización del control propio de la planificación. Los servicios de la Oficina Central de Estadísticas de la U.R.S.S. están, por ello, encargados de agrupar y de analizar los resultados del trabajo de los *Sovnarkhozes,* y a través de ellos, de las empresas.[468] Debe señalarse, por último, que en noviembre de 1962, los organismos centrales de planificación de la U.R.S.S. fueron reorganizados: se constituyó el *Gosplan* de la Unión sobre la base del antiguo *Goseconomsoviel,* para la realización de las tareas de planificación a largo plazo, y se estableció un nuevo organismo de dirección económica, el Consejo Económico Nacional de la U.R.S.S. *(Soviet Norodnogo Khoziaistva S.S.S.R.),* y algunas obligaciones relacionadas con la planificación anteriormente realizadas por el *Gosplan* de la Unión le fueron transferidas.[469]

En Polonia, la Comisión de Planificación, dependiente del Consejo de Ministros, constituye el órgano colegiado supremo encargado de elaborar y de someter al Consejo de Ministros las proposiciones en relación a las líneas generales de la política económi-

---

463 *Cfr.* A. Denisov y M. Kirichenko, *Derecho Constitucional Soviético, cit.*, p. 243; J. N. Hazard, "Soviet Government Corporation", *loc. cit.*, p. 853; Charles Bettelheim, *Problemas Teóricos y Prácticos de la Planificación*, Madrid, 1965, p. 73.

464 *Cfr.* G. Lescuyer, Le Controle de l'Etat..., *cit.*, p. 77.

465 *Cfr.* Lorenzo Rodríguez Durántez, "La Planificación Francesa", *RAP*, Nº 38, 1962, p. 397.

466 *V. Informe General para el XII Congreso Internacional de Ciencias Administrativas* (Viena, 16–20 de julio de 1962) sobre el tema "Organización Gubernamental para el Desarrollo Económico", traducido al español por la Comisión de Administración Pública, Caracas, 1964, p. 61.

467 *Cfr.* R. Fernández–Carvajal, "Las Empresas Públicas en Rusia", *loc. cit.*, p. 454.

468 *Cfr.* G. Lescuyer, Le Controle de l'Etat..., *cit.*, p. 77.

469 *Cfr.* Informe General para el XII Congreso Internacional de Ciencias Administrativas (Viena, 16–20 de julio de 1962) sobre el tema: "Organización Gubernamental para el Desarrollo Económico", *cit.*, p. 61; M. Z. Bor, "Organización y Prácticas de la Planificación Económica Nacional en la Unión Soviética", en ONU *Planificación del Desarrollo Económico*, Vol. II (Estudios de Experiencias de Planificación Nacional), Parte 2 (Países con Economía de Planificación Centralizada), Nueva York, 1965, pp. 177 y ss.

ca; de elaborar los proyectos de planes económicos llamados de perspectivas, los proyectos de planes a largo plazo y los planes anuales; de examinar la realización corriente de los planes y de someter al Consejo de Ministros las proporciones en esta materia; y de elaborar los métodos y el modo de establecimiento de los planes económicos.[470] En todo caso, el plan constituye la base de la actividad de las empresas del Estado, ya que determina el volumen de la producción (de los servicios o de las transacciones), la repartición de esas actividades, fija los cupos indispensables de materias primas, el empleo, las necesidades de inversión y de reparación, las necesidades de medios financieros, prevé los perfeccionamientos técnicos y de organización a realizar, etc.[471] Por ello, y dada la forma que en Polonia cobra la planificación económica, como uno de los métodos básicos de la administración de la economía, surgen también métodos de supervisión y control en este campo. El principal de ellos es el que ejerce la referida Comisión de Planificación adscrita al Consejo de Ministros y las Comisiones de Planificación adscritas a los Consejos Populares; ellas supervisan la ejecución de los planes en sus respectivas regiones y presentan recomendaciones sobre la materia a las autoridades de las cuales dependen.[472]

Por otra parte, en Hungría, el trabajo de los organismos subordinados es controlado jerárquicamente, por los órganos superiores, incluyendo el referente a la ejecución de planes, y la cuestión principal a determinar es si la empresa respectiva cumplió o no con las etapas previstas en el plan. En esta forma, hay órganos especiales que ejercen la supervisión sobre la ejecución de los planes, particularmente la Oficina Nacional de Planificación, que es responsable del control por el cumplimiento de las metas del plan nacional de economía.[473]

Por otra parte, y aun cuando no sigan el modelo de los regímenes de economía planificada, algunos países, como Francia, tienen establecido desde finales de la Segunda Guerra Mundial una planificación indirecta, en la cual no se ha establecido un sistema central donde toda la dirección de la economía esté confiada a los organismos públicos de planificación. Como consecuencia, la planificación francesa, al contrario de la que rige en los países de tipo socialista, no es imperativa sino indicativa, ya que sólo fija para el país metas económicas. Sin embargo, éstas son siempre obligatorias para el Gobierno, por lo menos, en cuanto se refiere a su propio campo económico.[474] Por tanto, en el campo de las actividades industriales y comerciales del Estado sí es imperativo.

En Francia, el Plan es elaborado originalmente por el Comisariado General del Plan y sometido por el Gobierno a la aprobación del Parlamento. En principio, el Plan es realizado por los Ministros correspondientes en relación a las actividades en él comprendidas, siendo, por tanto, el control administrativo de tipo financiero. Sin embargo, con vistas al establecimiento de un control general, el decreto de 16 de enero de 1947 encarga al Comisario del Plan la misión de vigilar la ejecución del mismo. Si el Comisario juzga que esta ejecución puede ser comprometida por cualquier razón, debe hacer cono-

---

470 *Cfr*. Z. Rybicki, "Le Régime des Activités...", *loc. cit.*, p. 280.

471 *Cfr*. Z. Rybicki, "Le Régime des Activités...", *loc. cit.*, p. 278.

472 *Cfr*. *Informe General al XII Congreso Internacional de Ciencias Administrativas* (Viena, 16–20 de julio de 1962) sobre el tema: "Organización Gubernamental para el Desarrollo Económico", *cit.*, p. 78.

473 *Cfr*. *Informe General al XII Congreso Internacional de Ciencias Administrativas* (Viena, 16–20 de julio de 1962) sobre el tema "Organización Gubernamental para el Desarrollo Económico", *cit.*, p. 98.

474 *Idem*, p. 14. En España, asimismo, el Plan de Desarrollo no sólo es obligatorio para el Estado, Administraciones locales y organismos autónomos, sino también para las empresas nacionales: *V*. S. Martín–Retortillo, "Organización Administrativa...", *loc. cit.*, p. 10.

cer la dificultad a los Ministros competentes y debe llevarla eventualmente, delante del Primer Ministro o del Comité Económico Interministerial. El fruto de su trabajo de vigilancia es un informe anual de ejecución del Plan.[475]

96. En todo caso, en la mayoría de los países occidentales, la presencia del Estado en la vida económica, como productor de bienes y servicios, sin ser propietario de los principales medios de producción, ha producido la necesidad de establecer una coordinación entre las diversas empresas estatales. Esta coordinación se ha logrado, sea estableciéndose un control directo a través de un órgano administrativo de coordinación, sea creándose entes económicos separados de la personalidad del Estado, destinados a desarrollar esa labor. En el segundo caso, ello da origen a un control administrativo indirecto que analizaremos más adelante, por lo que en las líneas que siguen veremos los sistemas directos de coordinación que nos muestra el Derecho Comparado.

En Filipinas, por ejemplo, la supervisión administrativa de la mayor parte de las corporaciones que son propiedad o están controladas por el Estado, está alojada en un organismo central, llamado Oficina de Coordinación Económica, cuyo director, el Coordinador, tiene el rango de Ministro. En el ejercicio de su función el Coordinador puede promulgar líneas directivas de cierta importancia para las corporaciones, puede tomar decisiones en materia de orientación de la empresa que le han sido conferidas por cada una de las compañías, puede revisar los presupuestos y los informes de las corporaciones y puede decidir sobre la contratación del personal.[476] Un organismo similar existe en la República Árabe Unida, pero lo preside el Presidente de la República.[477]

En otros países, como Venezuela, donde existe una Oficina Central de Coordinación y Planificación, [478] estos organismos tienen más que todo carácter consultivo. Así sucede también en Finlandia.[479]

Ahora bien, dentro de los países occidentales que han llevado a cabo el desarrollo de organismos administrativos de coordinación, es necesario destacar a Italia. En efecto, en este país, hasta hace algunos años, la creación de órganos a través de los cuales se desarrollaban las participaciones estatales en la actividad económica, había llevado la huella de un desarrollo inorgánico y fragmentario. En esta forma, la gestión de las empresas incumbía a diversos organismos y administraciones sin una coordinación política sistemática. Sin embargo, a partir del período de la reconstrucción posbélica, se fue madurando en el país la convicción de que era necesario proceder a una reordenación del sector público, no sólo para permitir un mayor control público sobre el mismo, sino también, y sobre todo, para efectuar una mayor coordinación de las participaciones estatales dentro del marco de la política del Gobierno. De ahí surgió la creación del Ministero delle Partecipazioni Statali[480] por ley de 22 de diciembre de 1956, a quien corresponde

475 *Cfr.* Lorenzo Rodríguez Durántez, "La Planificación Francesa", *loc. cit.*, p. 420.

476 *V. Informe del General Auditing Office de Filipinas al IV CIEF*, *loc. cit.*, Vol. 3, p. 153. *Cfr.* A. H. Hanson, "L'Organisation des Entreprises...", *loc. cit.*, p. 113.

477 *V.* Mohammen Tawfik Younes, *Informe de la RAU al IV CIEF. loc. cit.*, Vol. 4, p. 17.

478 *V. Manual de Organización*, Comisión de Administración Pública, Caracas, 1963, pp. 48 y ss.

479 *V.* Tore Modeen, Le Régime des Activités..., *cit.*, p. 17. En cuanto al problema de la coordinación de las empresas públicas en México, *V.* "Coloquio sobre el Control y la Coordinación del Sector Público Descentralizado", en Memoria del Seminario sobre Planeación Socioeconómica, Derecho Administrativo y Administración Pública, México, Ciudad Universitaria, 1965, pp. 161 a 191.

480 *V.* F. Franchini, "Aspects Juridiques de l'Intervention de l'Etat dans l'Organisation Economique Italienne", *loc. cit.*, p. 231. *Cfr.* Jacques De Lanversin, "Le Ministère des Participations de l'Etat en Italie", *RDP*, N° 4, 1962, pp. 629 a 645.

la responsabilidad política por la conducta de todo el conjunto de las actividades que le incumben, no pudiéndose inmiscuir, sin embargo, en la gestión de las empresas. Su actividad está orientada, principalmente, hacia la elaboración de las directivas generales, referentes a las líneas de desarrollo de las actividades productivas controladas, y la predisposición de las medidas que resulten necesarias para una orientación más eficiente de determinados sectores,[481] quedando excluida en todo caso, de su ámbito de acción, las empresas propias o *en régie.* [482] El Ministerio de las Participaciones Estatales, –entendiendo por éstas todos los establecimientos y empresas, tanto públicos como privados, a los cuales el Estado aporta su contribución, directa o indirectamente, por el aporte de capitales o de bienes–, [483] hemos dicho, no gestiona directamente las empresas, pues esta labor se encomienda por la ley a entes autónomos de gestión. Como consecuencia, se ha transferido a la autoridad del Ministerio en cuestión, todas las empresas y las participaciones que estaban anteriormente gestionadas por el I.R.I. *(Instituto per la Recostruzione Industríale), el E.N.I. (Ente Nazionale Indrocarburi)* y los otros Ministerios, permitiendo, por otra parte, la realización de una política común y coordinada. Por ello, se ha dicho con razón que la constitución de este Ministerio dio por primera vez la posibilidad de ejercer en Italia, una política más completa y mejor concebida, lo que anteriormente era casi imposible.[484]

3. El control administrativo indirecto

97. Anteriormente señalamos que el control administrativo que se ejercía sobre las empresas públicas podía ser directo o indirecto. Ya analizamos los supuestos del Derecho Comparado en los cuales se da un control directo ejercido por la propia administración, sea a través del Ministro respectivo, por vía de control jerárquico o de tutela, sea a través de órganos administrativos de coordinación o planificación.

Nos corresponde ahora estudiar aquellos casos de control administrativo indirecto sobre las diversas actividades industriales o comerciales del Estado, y que tienen la peculiaridad de que el mismo es desarrollado, no por la administración o alguno de sus órganos jerarquizados, sino por organismos autónomos, dotados de personalidad jurídica distinta de la del Estado y, por tanto, sometidos al control directo de éste.

Este fenómeno se da, no sólo en los países de régimen de economía planificada, donde se compagina con los controles propios de la ejecución del plan, sino también en los países de régimen capitalista, aun cuando en ellos no se elaboren programas ni se desarrollen sistemas de planificación.

98. En Gran Bretaña, por ejemplo, el término planificación económica hoy día no es muy usado para describir las políticas formuladas por el Gobierno para controlar y ajustar la economía nacional, lo que en todo caso, no puede interpretarse como liberalismo económico, ya que el Gobierno tiene facultades directas e indirectas sobre el monto y composición del ingreso nacional, que no ha vacilado en utilizar.[485] Además, tal como

---

481 *Cfr.* Gaetano Stammati, "La Empresa Pública en la Teoría Económica y en la Experiencia Italiana", ICE, marzo 1964, p. 107.

482 *Cfr.* F. Franchini, "Aspects Juridiques de l'Intervention...", *loc. cit.*, p. 236.

483 *V.* F. Franchini, "Aspects Juridiques de l'Intervention...", *loc. cit.*, pp. 234 y 235.

484 *V.* Natalia Gajl, "Les Entreprises d'Etat en France, en Italie et en Pologne", *loc. cit.*, p. 160.

485 *V. Informe General al XII Congreso Internacional de Ciencias Administrativas* (Viena, 16–20 de julio de 1962) sobre el tema "Organización Gubernamental para el Desarrollo Económico", *cit.*, p. 12.

se ha visto, Inglaterra ha sido uno de los países occidentales donde ha habido, quizás debido a las nacionalizaciones, intervención decisiva del Estado en la economía. Por ello, si bien no se han desarrollado mecanismos planificadores, se han previsto, en todo caso, mecanismos de coordinación que configuran ciertamente, un control indirecto ejercido por el Estado sobre las empresas públicas.

En efecto, las mismas leyes de nacionalización, crearon diversas oficinas locales llamadas *Regional Board, Area Board, Control Board, National Board,* esencialmente destinadas a unificar, orientar y vigilar la actividad de las diferentes empresas nacionalizadas. En estos casos, aun cuando el principio de la centralización bajo la égida del Ministro interesado sea respetado por doquiera, se pueden descubrir en la coordinación y subordinación de las empresas nacionalizadas inglesas, varias soluciones. En primer lugar, se prevé en algunos casos, una coordinación en dos grados: la *Coal Industry Nationalization Act* de 1946 estipula así la creación del *National Coal Board,* al que se le asigna la tarea de dirigir el conjunto de la actividad de la industria nacionalizada del carbón. Dicho consejo es una persona jurídica autónoma, con capacidad de derecho y de acción, aunque está colocada, a su vez, bajo el control y dirección inmediata del Ministro interesado, quien nombra al presidente y a ocho de los miembros del Consejo de Administración. De manera semejante es como se ha resuelto el problema de la coordinación y de la subordinación en la *Iron and Steel Act* de 1949, que previo la creación de la *Iron and Steel Corporation of Great Britain* con funciones de dirigir y orientar la actividad de las empresas nacionalizadas.[486] Por otra parte, algunos sistemas británicos de coordinación se realizan en tres grados, sobre todo cuando la nacionalización abarca gran número de empresas cuya actividad concierne más directamente a las capas más numerosas de la población. Es el caso, por ejemplo, de la *Electricity Act* de 1947, que estableció, entre las diferentes empresas nacionalizadas y la dirección suprema personificada por el Ministro competente, dos instancias, la *British Electricity Authority* o *Central Authority* y el *Area Board,* formadas de Consejos de Administración nombrados por el Ministro. Sus respectivas funciones consisten en la coordinación, la orientación, la dirección y el control de las empresas nacionalizadas, estando jerárquicamente repartidas. La orientación y la dirección en sus grandes lineamientos, así como el contacto directo con el Ministro interesado fueron dejados al *British Electricity Board,* en tanto que la tarea de coordinar la aplicación de las líneas generales de orientación y dirección y el contacto directo con las empresas nacionalizadas fueron dejados al *Area Board.*[487]

En todos estos casos, los órganos de coordinación, tienen una dependencia jerárquica del Ministro respectivo [488] y, sin embargo, por tener una organización y personalidad distinta de la del Estado, su actividad se configura como de control administrativo indirecto.

99. Dentro de estos entes de coordinación, aun cuando muchos de ellos tienen también funciones de gestión, deben ser incluidos también *los ente publici economici* del Derecho italiano, –muchos de los cuales actúan como *holding* o como *holding* de *holdings*– [489] y principalmente el *Instituto per la Ricostruzione Industríale.* En efecto, el I.R.I., que fue fundado a raíz de la crisis económica de 1929, por el decreto–ley N° 5,

486 *V.* en K. Katzarov, *op. cit.,* p. 369.

487 *V.* en K. Katzarov, *op. cit.,* p. 370.

488 *Cfr.* K. Katzarov, *op. cit.,* p. 369.

489 *Cfr.* Piero Verrucoli, "Consideraciones Jurídico–Mercantiles sobre las Empresas en mano Pública", *loc. cit.,* p. 160 y 161. Sobre los Holding Estatales *V.* Agustín A. Gordillo, Empresas del Estado, *cit.,* pp. 70 y ss.

de 23 de enero de 1933, constituye un verdadero instrumento de administración y control en relación a las participaciones suscritas por el Estado en el sector económico, y se presenta como un poderoso instrumento de política económica en manos del Estado. El I.R.I. persigue la coordinación, el desarrollo y la dirección de las diversas empresas en las cuales posee interés y su acción se ejerce principalmente, a través de cinco grandes *holdings,* que ha constituido en los sectores de la energía eléctrica *(Finelettrica),* de los teléfonos *(Stet),* de las construcciones navales y de los transportes marítimos *(Finmare),* de la mecánica (*Finmeccanica*) y de la siderúrgica *(Finsider).* Gracias al conjunto de acciones que detiene, el I.R.I. ejerce entonces un control total en muchos sectores esenciales de la economía italiana.[490] En todo caso, es necesario aclarar que si bien el I.R.I. es un instituto financiero de Derecho Público, y, por tanto, catalogable dentro de los establecimientos públicos industriales o comerciales,[491] todas las otras sociedades dependientes de él son sociedades anónimas sometidas a las reglas habituales del Derecho Privado.

En España, el Instituto Nacional de Industrias presenta también las características de ente de coordinación económica, pues si bien no produce en general directamente, actúa a modo de *trust,* en sentido económico y legal, de empresas productoras. El I.N.I. fue creado por la ley de 25 de septiembre de 1941, con carácter de entidad de Derecho Público y con la finalidad de propulsar y financiar, en beneficio de la nación, la creación y resurgimiento de las industrias españolas, en especial, de las que se propusieran como fin principal la resolución de los problemas impuestos por las exigencias de la defensa del país, o que se dirigieran al desenvolvimiento de su autarquía económica, ofreciendo al ahorro español una inversión segura y atractiva.[492]

En Francia, tiene el carácter de ente de coordinación, por ejemplo, el ente denominado *Charbonnages de France* que ha sido constituido también como un establecimiento público. En efecto, en ese país, dos categorías de organismos aseguran la gestión de las minas: Los *Charbonnages de France* y los establecimientos públicos constituidos en las diversas minas de carbón, denominados *Houillères de Bassin* con una indicación geográfica determinada. Si bien las *Houillères de Bassin* tienen el carácter de organismos de producción, explotación y venta, los *Charbonnages de France,* para el conjunto del territorio, dirigen, controlan y coordinan su acción, tanto en el dominio técnico, como en el comercial y financiero.[493]

Debe decirse, por último, que, en general, estos entes de coordinación han surgido fundamentalmente en los países en vías de desarrollo, y aun cuando su presencia, sobre todo por la última razón, sea ahora normal en los países altamente desarrollados,[494] como medios para impulsar la industrialización o el desenvolvimiento de una determinada región. Un ejemplo del primer supuesto serían la Corporación Venezolana de Fomento y de la Corporación Venezolana de Guayana en Venezuela, que tienen por objeto, res-

---

490 *Cfr.* F. Franchini, "Aspects Juridiques de l'Intervention...", *loc. cit.,* pp. 238 y ss.; N. Gajl, "Les Entreprises d'Etat en France, en Italie, et en Pologne", *loc. cit.,* pp. 160 y 161.

491 *Cfr.* F. Franchini, "Aspects Juridiques de l'Intervention...", *loc. cit.,* p. 239.

492 *Cfr.* J. L. Villar Palasí, "La Actividad Industrial del Estado en el Derecho Administrativo", *loc. cit.,* pp. 85 y 86; S. Martín–Retortillo, "Organización Administrativa...", *loc. cit.,* pp. 2 y ss.

493 *Cfr.* J. Rivero, *Le Régime des Nationalisations, cit.* (3° cahiers), p. 43.

494 *V.* N° 8.

pectivamente, promover y fomentar la industrialización del país y el desarrollo de la región de Guayana.[495]

100. Merecen, por otra parte, especial atención, al hablar de los organismos de coordinación con personalidad jurídica distinta de la del Estado a través de los cuales éste ejerce un control administrativo indirecto, las llamadas "uniones" de empresas que proliferan en los países socialistas, y cuyo régimen guarda una cierta unidad.

En efecto, si bien hemos visto que en la U.R.S.S. la unidad económica de base la constituyen las empresas del Estado *(Gospredpriatia),* éstas son reagrupadas en *trusts (trusti),* es decir, en uniones de varias empresas estatales semejantes, inmediatamente destinadas a ser sujetos centrales de dirección y de representación, y que tienen una función de control.[496] En todo caso, a los *trusti,* que se presentan como organismos dotados de personalidad jurídica independientes del Estado, les corresponde coordinar la producción y el trabajo de sus diversas fábricas o empresas, de asegurar su reabastecimiento en materias primas y de vigilar la circulación de sus productos. El *trusti* constituye así, el órgano de control, a veces administrativo y técnico de la empresa. Pero en todo caso, no se trata de un órgano de control independiente ya que el director que lo dirige, sin duda con un poder importante, es nombrado y destituido por las instancias administrativas superiores.[497] Con estructura similar a los *trusti,* existen también en la U.R.S.S. los llamados *combinat,* que a diferencia de aquéllos, que reúnen empresas que pertenecen a una misma rama de producción, reúnen empresas cuyas producciones son complementarias.[498]

En Polonia, asimismo, uno de los métodos de coordinación de las actividades de las empresas públicas consiste en agrupar ciertas empresas–sea las empresas–llave o sea las empresas locales– y someterlas así, a la vigilancia y a la dirección de organismos que son a la vez unidades económicas y órganos de la administración del Estado, llamados también uniones de empresas del Estado. En líneas generales, tal como lo señala Rybicki, en Polonia, las tareas de esas uniones se refieren a la planificación económica, a la coordinación de las actividades de las empresas, así como al ejercicio de facultades de control y de vigilancia en relación a las mismas. En el campo de la planificación económica, corresponde a la unión determinar la orientación del desarrollo de las empresas agrupadas conforme a los principios de la política económica del Estado, enunciados en los planos económicos a largo plazo y en los planes llamados de perspectivas; determinar los índices obligatorios de los planes de las empresas sobre los cuales éstas se fundan para establecer sus propios planes; elaborar los planes económicos del conjunto de todas las empresas agrupadas en la unión; y suministrar, en caso de necesidad, las directivas concernientes a la realización de los planes económicos por las empresas. En el campo de la coordinación de las actividades de las empresas, las uniones son competentes, principalmente, para determinar el marco de la especialización de las empresas particulares, para repartir las tareas de producción y para organizar la cooperación en el interior de la rama económica en cuestión; para crear oficinas de estudios y laboratorios comunes y para tomar otras medidas tendientes a asegurar un progreso técnico y económico; para organizar el aprovisionamiento en materias primas y la circu-

---

495 *V.* Nota Nº 50. *V.* asimismo, Rafael Alfonso Ravard, "La Corporación Venezolana de Guayana" en el libro *BID, Instituciones Financieras de Desarrollo, cit.,* pp. 357 y ss.

496 *Cfr.* K. Katzarov, *op. cit.,* pp. 316 y 376; Rodrigo Fernández–Carvajal, "Las Empresas Públicas en Rusia", *loc. cit.,* p. 454; J. N. Hazard, "Soviet Government Corporation", *loc. cit.,* pp. 853 y ss.

497 *Cfr.* K. Katzarov, *op. cit.,* p. 376; G. Lescuyer, *Le Controle de l'Etat..., cit.,* p. 15 y 376.

498 *V.* Charles Bettelheim, Problemas Teóricos y Prácticos..., *cit.,* p. 69.

lación de los productos terminados; y para organizar los cambios de experiencia y de información científica y técnica. En fin, en el campo del control y de la vigilancia, compete a la unión efectuar el control de la realización de los planes y de las otras obligaciones aceptadas por las empresa; vigilar el estado técnico y de organización de las empresas así como las condiciones de seguridad y de higiene del trabajo, y controlar si la disciplina financiera relativa a inversiones, etc., es respetada.[499]

Ahora bien, estas uniones, aunque dotadas de personalidad jurídica propia como organismos autónomos, [500] están subordinadas en lo que se refiere a su organización y funcionamiento, al Ministro competente (uniones de empresas–llave) o al presidium del Consejo Popular de *voivodie* (uniones de empresas locales), de tal manera que el Ministro y el presidium constituyen órganos jerárquicamente superiores en relación a las uniones,[501] Esto confirma su carácter de medio de control administrativo indirecto.

Debe señalarse, por último, que las uniones de empresas, como órganos de coordinación y control, con las características generales antes señaladas, también se encuentran reguladas en Checoslovaquia, Yugoslavia, Hungría, Rumania y Bulgaria.[502]

III. EL CONTROL PARLAMENTARIO

"Sólo por ley, y en conformidad con la ley orgánica respectiva, podrán crearse institutos autónomos.

"Los institutos autónomos, así como intereses del Estado en corporaciones o entidades de cualquier naturaleza, estarán sujetos al control del Congreso, en la forma que la ley establezca". Artículo 230 de la Constitución venezolana de 23 de enero de 1961.

101. Directa o indirectamente, según el menor o mayor grado de autonomía e independencia que tengan en relación al Estado, bajo una forma u otra, se reconoce de hecho o de derecho a los representantes del pueblo, un derecho de control sobre las empresas económicas del Estado, es decir, se reconoce al Parlamento la facultad de controlar y fiscalizar las actividades industriales y comerciales de los poderes públicos.

102. En cuanto a las actividades industriales y comerciales realizadas por la administración directamente, por sus órganos, ellas están sometidas al control parlamentario como lo está toda otra actividad administrativa. En su aspecto financiero, este control es quizás el más acentuado, ya que los órganos administrativos que desarrollan esas actividades se encuentran sujetos a la obligación presupuestaria.[503] Pues deben presentar un presupuesto parcial dentro del proyecto general de presupuesto de gastos del Estado.[504] Se trata aquí de un control *a priori.* Además, el Parlamento ejerce también un control *a*

---

499 *V.* Z. Rybicki, "Le Régime des Activités... *loc. cit.*, pp. 271 y ss.

500 *Cfr.* Z. Rybicki, L'Entreprise Publique dans le Système Polonais...", *loc. cit.*, p. 316; Z. Rybicki, "Le Régime des Activités...", *loc. cit.*, p. 273.

501 *Cfr.* Z. Rybicki, "Le Régime des Activités. . .", *loc. cit.*, p. 273.

502 *V.* K. Katzarov, *op. cit.*, pp. 373 a 376.

503 *V.* N° 18.

504 *Cfr.* Tore Modeen, Le Régime des Activités..., *cit.*, pp. 9 y 10, Gerhardt Plöchl, "Die Öffentliche...", *cit.*, p. 13.

posteriori con la revisión anual de la gestión del Ministro respectivo bajo cuya competencia y dirección jerárquica está el servicio económico no autónomo.

103. Por otra parte, y aun cuando dotados de personalidad jurídica distinta y de autonomía financiera, el Parlamento también ejerce un control sobre las actividades desarrolladas por los establecimientos públicos industriales y comerciales. En primer lugar, y si bien estos organismos no están sometidos a la obligación presupuestaria, pues no tienen que someter sus presupuestos a la aprobación del Parlamento sino del Ministro de tutela, [505] siempre que en el presupuesto del Estado exista alguna cantidad destinada a ingresar en el patrimonio de dichos entes a título de subvención, ésta debe ser aprobada por el Parlamento en la sanción del Presupuesto respectivo, permitiéndose así, un control financiero previo indirecto, [506] aun cuando en algunos países, como Italia, se exija, al menos teóricamente, que los presupuestos de las empresas públicas sean aprobados por el Parlamento. [507] Por otra parte, en algunos países como en Francia, aun cuando el Parlamento en esta materia, a veces por falta de una información suficiente, no haya planteado nunca todos los problemas políticos fundamentales que suscita la gestión de las empresas públicas,[508] éste tiene un medio de control *a priori* consistente en la necesidad de que sea sometida al mismo, en el mismo momento que el proyecto de ley de finanzas, la nomenclatura de las empresas públicas. [509] Además, el Parlamento tiene también facultades para seguir y apreciar el funcionamiento de las actividades desarrolladas por los establecimientos públicos industriales y comerciales, por medio de las comisiones parlamentarias. Esto era, por ejemplo, lo que correspondía a las subcomisiones permanentes del Parlamento francés antes de 1958.[510] Sin embargo, por la reorganización de las comisiones parlamentarias realizadas después de la entrada en vigor de la Constitución del 4 de octubre de 1958, ha desaparecido este control permanente. Sólo pueden ser constituidas, sin embargo, Comisiones de investigación destinadas a estudiar algún aspecto particular de las empresas, pero sus informes no son públicos.[511] Una situación similar se presenta en Venezuela, donde el Congreso puede designar Comisiones de investigación para determinados asuntos.[512]

En relación a los establecimientos públicos, en todo caso, el Parlamento posee medios *a posteriori* indirectos de control, por la rendición de cuentas del respectivo Ministro de tutela sobre sus actos dictados en relación a los establecimientos públicos industriales y comerciales, pudiendo ser éste, en todo caso, interpelado y sometido a voto de censura[513]. Por otra parte, en aquellos países en los cuales, como se verá,[514] el Parlamento tiene un órgano auxiliar de verificación de cuentas cuyas funciones se extienden a los establecimientos públicos, el resultado de esa actividad examinadora se somete gene-

505 *Cfr.* M. A. Flamme, "Le Régime des Activités. . .", *loc. cit.*, p. 423.

506 *Cfr.* A. Delion, *L'Etat et les Entreprises Publiques*, *cit.*, p. 71.

507 *V.* F. Franchini, "Aspects Juridiques de l'Intervention de l'Etat...", *loc. cit.*, pp. 243 y 244.

508 *V.* P. Bauchet, "Las Empresas Públicas en Francia", *loc. cit.*, pp. 87 y 88.

509 *Cfr.* R. Drago, "Le Régime des Activités...", *loc. cit.*, p. 458; André Delion, *L'Etat et les Entreprises Publiques*, *cit.*, p. 57.

510 *Cfr.* P. Bauchet, "Las Empresas Públicas en Francia", *loc. cit.*, p. 88.

511 *Cfr.* R. Drago, "Le Régime des Activités...", *loc. cit.*, p. 458; G. Lescuyer, "Les Entreprises Nationales...", *loc. cit.*, p. 1166; A. G. Delión, Le Statut..., *cit.*, p. 113.

512 *V.* Artículo 160 de la Constitución Venezolana de 1961.

513 *Cfr.* A. Delión, *Informe francés al IV CIEF*, *loc. cit.*, Vol. 4, p. 155; Gerhardt Plöchl, Die öffentliche..., *cit.*, p. 12.

514 *V.* N° 106.

ralmente al conocimiento del Parlamento, verificándose, en este caso, un típico control financiero *a posteriori,* como sucede en Italia y Venezuela.[515]

Por último, en Italia está establecida una forma especial de control financiero *a posteriori* del Parlamento sobre los balances de los establecimientos públicos industriales y comerciales que reciben subvenciones del Estado, consistente en la constatación de si los dineros públicos han sido o no bien gastados, en vista de la satisfacción del objetivo que el establecimiento beneficiario se proponía alcanzar a través de la subvención señalada.[516]

104. En todo caso, si bien de una forma u otra, el Derecho Comparado nos muestra diversas formas de control sobre las empresas públicas cuando éstas son desarrolladas por personas de Derecho Público, ese control se debilita generalmente frente a las sociedades mercantiles con capital público.

En efecto, salvo aquellos casos en que las empresas públicas están constituidas como sociedades mercantiles subvencionadas por el Estado, en las cuales el Parlamento interviene con el control *a priori* de aprobación de la respectiva subvención, los mecanismos de que dispone son insuficientes, ya que, generalmente, aquéllas no tienen la obligación de enviar a las Cámaras informes o memorias anuales.[517] Es más, en algunos países, como Finlandia, no se ha establecido ningún tipo de control directo sobre las sociedades mercantiles del Estado,[518] permitiéndose solamente un control indirecto a través de los resultados de la verificación que efectúe la Inspección de Finanzas.[519]

En otros países, sin embargo, como en Italia, se permite al Parlamento ejercer un control directo sobre las sociedades mercantiles en las cuales participe el Estado, siempre que ellas reciban una subvención del mismo, consiste en el examen de sus balances. El control del Parlamento, en este caso, tiene por objeto el examen de la manera/como se ha hecho uso de los dineros públicos que han sido atribuidos en vista de un objetivo que, en el caso de estas sociedades, no tiene necesariamente que estar ligado, sino de una manera indirecta, a fines de carácter público.[520]

105. En cuanto al control parlamentario sobre las actividades industriales y comerciales del Estado, es necesario destacar en forma especial, las peculiaridades de ese control en las *Public* y *Government Corporations.*

En cuanto a las *Public Corporations* británicas, una de sus características esenciales y fundamentales es que no están sujetas a la inspección parlamentaria en lo que respecta a la gestión ordinaria del negocio, como cosa distinta del plan general de la misma.[521] Sin embargo, bien lo aclara Robson, ello no quiere decir que la *Public Corporation* sea inmune en todos los sentidos a la interferencia política del Parlamento, ya que está sujeta a un grado considerable de fiscalización ministerial. Esto implica, como se ha visto, una responsabilidad del Ministro ante el Parlamento, al menos en aquellas materias so-

---

515 *V.* F. Franchini, "Aspects Juridiques de l'Intervention de l'Etat...", *loc. cit.,* p. 243; artículos 234 y ss. de la Constitución de Venezuela de 1961.

516 *V.* F. Franchini, "Aspects Juridiques de l'Intervention...", *loc. cit.,* p. 251.

517 *Cfr.* Pella Lenoudia, "Las Empresas Públicas en Grecia", *loc. cit.,* p. 153.

518 *V.* Tore Modeen, Le Régime des Activités..., *cit.,* pp. 15 y 16.

519 *Cfr. Informe del Valtiontalouden Tarkastusvirasto* al IV CIEF, *loc. cit.,* Vol. 4, p. 147.

520 *V.* F. Franchini, "Aspects Juridiques de l'Intervention de l'Etat...", *loc. cit.,* p. 251.

521 *Cfr.* W. A. Robson, *Industria Nacionalizada..., cit.,* pp. 65 y 163; W. A. Robson, "La Public Corporation en Gran Bretaña", *loc. cit.,* p. 117.

bre las cuales puede fiscalizar a la Corporación. [522] En todo caso, es necesario señalar que ha sido muy debatida la extensión con que los Ministros deben estar sujetos a interpelaciones parlamentarias en materias concernientes a las *Public Corporations.* En este sentido, el mismo W. A. Robson señala que miembros de todos los partidos han demandado en la Cámara de los Comunes más amplios derechos para pedir a los Ministros información relativa a las industrias nacionalizadas, pero, no obstante, el Parlamento se ha adherido en lo sustancial, al principio preconizado por Mr. Herbert Morrison en 1947, cuando dijo que el dar los Ministros información sobre las materias ordinarias, sería contrario a la intención, claramente expresada, del Parlamento cuando fundó las *Public Corporations* con una extensa independencia en cuestiones de administración ordinaria, y produciría una excesiva interferencia ministerial en la libertad de acción de los Consejos de Administración.[523]

En todo caso, debe indicarse que en cada período parlamentario, con ocasión de los debates que tienen lugar sobre los informes y rendiciones de cuentas anuales que las *Public Corporations* deben presentar al Parlamento a través del Ministro respectivo, se presenta una importante oportunidad para una crítica y revisión parlamentaria general de las industrias nacionalizadas que van más allá de las posibilidades que otorga la sola oportunidad de interpelación. [524]

Ahora bien, los referidos medios de control parlamentario fueron juzgados insuficientes por la Cámara de los Comunes, en razón, principalmente, de la exclusión de los temas llamados de detalle del campo de las preguntas que podían formularse a los Ministros, y cuya definición continúa aún vaga. [525] Por ello, se creó en 1955 como medio complementario del control del Parlamento, un comité de vigilancia *(Select Committee),* como comisión permanente encargada del control *a posteriori* de las empresas nacionalizadas, así como de su vigilancia permanente. Este comité podía examinar los informes y las cuentas de la gestión de las industrias nacionales, y obtener en relación a esa gestión una información suplementaria.[526] Los poderes de esta comisión permanente eran, sin embargo, insuficientes, por lo que en 1956 se nombró una nueva Comisión especial para examinar los informes y las cuentas de las industrias nacionalizadas, que a diferencia de la anterior, no debía encontrar obstáculos ni prohibiciones en su labor.[527]

En los Estados Unidos, tal como se ha indicado, [528] las *Government Corporations* surgieron, en lo que se refiere a los aspectos del control, según el modelo británico y así permanecieron hasta 1945, cuando por el *Government Corporation Control Act,* se modificó sustancialmente el sistema, convirtiéndose a las *Government Corporations,* según

---

522 *V.* W. A. Robson, *Industria Nacionalizada..., cit.,* p. 65.

523 *V.* W. A. Robson, "La Public Corporation en Gran Bretaña", *loc. cit.,* p. 118.

524 *Cfr.* W. A. Robson, *Industria Nacionalizada..., cit.,* pp. 74 y 178; W. A. Robson, "La Empresa Pública en Gran Bretaña", *loc. cit.,* p. 76; W. A. Robson. "La Public Corporation en Gran Bretaña", *loc. cit.,* p. 119; G. Lescuyer, Le Controle de l'Etat..., *cit.,* p. 66; L. López Rodó, "Las Empresas Nacionalizadas...", *loc. cit.,* p. 400.

525 *V.* G. Lescuyer, Le Contrôle de l'Etat..., *cit.,* p. 66. *Cfr.* G. Lescuyer, "Les Entreprises Nationales...", *loc. cit.,* pp. 1158 y ss.; W. A. Robson, *Industria Nacionalizada..., cit.,* pp. 164 y ss.; Lord Reith, "Public Enterprises: Necessity to examine their Control and Structure", Public Administration, Vol. XXXIV, Winter, 1956, pp. 351 a 355, *V.* en comentario bibliográfico de F. Rubio Llorente y M. Pérez Olea en *RAP,* N° 21, 1956, p. 569.

526 *Cfr.* W. A. Robson, *Industria Nacionalizada..., cit.,* pp. 182 y ss.; G. Lescuyer, Le Controle de l'Etat..., *cit.,* pp. 66 y 135; G. Lescuyer, "Les Entreprises Nationales. . .", *loc. cit.,* pp. 1163 y 1164.

527 *Cfr.* S. Marín Marín, *Aspectos de la Administración Pública Autonómica, cit.,* pp. 291 y 292; W. A. Robson, *Industria Nacionalizada..., cit.,* p. 187.

528 *V.* N° 55.

lo afirma Pritchett, en agencias parecidas o los departamentos usuales del Gobierno.[529] En primer lugar, hemos visto que la ley referida, eliminó la exención de adscripción de las Corporaciones del Gobierno al Presupuesto del Estado, por lo que en la actualidad, sus presupuestos dependen del Presupuesto nacional y deben ser sometidos a la aprobación tanto de la *Budget Bureau* como del Congreso.[530] Esto implica, por tanto, la existencia de un control parlamentario *a priori,* que no se diferencia del control propio del procedimiento parlamentario ordinario.[531] En esta forma corresponde a las dos Cámaras, aprobar anualmente los créditos para las empresas y, de hecho, vigilar toda su política. El proyecto de presupuesto que se les somete debe comprender las estimaciones relativas a las condiciones financieras y operaciones de la Corporación para el año fiscal en curso y para el siguiente, así como las condiciones actuales y los resultados del último año fiscal totalmente conocido.[532] El Congreso dispone, además del Contralor General de los Estados Unidos para ser informado anualmente, de todas las operaciones financieras efectuadas.[533]

Por último y también en relación al control parlamentario de las Government Corporations, en los Estados Unidos, el Congreso puede designar comités de investigación entre las dos Cámaras, para vigilar las actividades de las industrias del Gobierno.[534]

IV. EL CONTROL POR ENTIDADES FISCALIZADORAS SUPERIORES

"Corresponde a la Contraloría General de la República el control, vigilancia y fiscalización de los ingresos, gastos y bienes nacionales, así como de las operaciones relativas a los mismos.

"Las funciones de la Contraloría General de la República podrán extenderse por ley a los institutos autónomos, así como también a las administraciones estatales o municipales, sin menoscabo de la autonomía que a éstas garantiza la presente Constitución". Artículos 234 y 235 de la Constitución venezolana de 23 de enero de 1961.

106. Es una tendencia generalizada en los sistemas financieros vistos a través del Derecho Comparado, el que los Estados, en vista del desarrollo y amplitud de sus finanzas públicas, constituyan organismos especiales, casi siempre como auxiliares del Parlamento o con categoría jurisdiccional, pero en todo caso separados del Poder Ejecutivo, con funciones específicas de realizar el control fiscal o de las finanzas públicas.[535]

---

529 *V.* Herman Pritchett, "The Government Corporation Control Act of 1945", *The American Political Science Review*, 1946, p. 495, *cit.* por J. N. Hazard, "Law Regulating...", *cit.*, p. 5.

530 *Cfr.* G. Lescuyer, Le Contrôle de l'Etat..., *cit.*, p. 63. *V.* Nº 55.

531 *Cfr.* G. Lescuyer, Le Contrôle de l'Etat..., *cit.*, p. 64.

532 *Cfr.* J. N. Hazard, "Law Regulating...", *cit.*, pp. 5 y 6.

533 *V.* Leonard d. White, Introducción al Estudio de la Administración Pública, México, 1964, p. 309.

534 *Cfr.* G. Lescuyer, Le Controle de l'Etat..., *cit.*, pp. 13 y 135; G. Lescuyer, "Les Entreprises Nationales...", *loc. cit.*, p. 1161.

535 Para un estudio comparativo de estas instituciones, véanse los trabajos presentados a los cinco Congresos Internacionales de Entidades Superiores de Control Fiscal, el último de los cuales se verificó en Israel en 1965; entre ellos véanse las Actas del IV Congreso, *IV CIEF* (1962), *cit.* editadas en Viena. Asimismo, véanse los trabajos presentados a los dos Congresos Latinoamericanos de Entidades Fiscalizadoras, el último de los cuales se ce-

Generalmente, en todo caso, estas entidades fiscalizadoras superiores, en ejercicio de sus funciones específicas, realizan un control *a posteriori* sobre las actividades industriales y comerciales del Estado, en tanto en cuanto éstas tengan relación con los motivos de control fiscal ordinarios, por lo que salvo raras excepciones, como en Francia, no se prevén organismos destinados especialmente a controlar dichas actividades.

En efecto, en Italia, por ejemplo, la *Corte dei Conti,* que es en cuanto a la gestión financiera del Estado el ojo vigilante del Parlamento, tiene atribuida por norma constitucional la facultadle fiscalizar la gestión financiera de los organismos que gozan ordinariamente de ayuda del Estado, y debe someter directamente a las Cámaras los resultados de su fiscalización.[536] Por tanto, todas aquellas personas jurídicas públicas o privadas subvencionadas por el Estado, deben presentar al Tribunal de Cuentas los resultados de sus cuentas y los presupuestos, con el resumen de pérdidas y ganancias, y con los informes de sus órganos administrativos y de revisión. La *Corte dei Conti* ejerce entonces sobre los balances de los organismos subvencionados, un control que tiene por finalidad preparar la vía al Parlamento. Se trata, en definitiva, de una acción consistente en estudiar la gestión financiera de los organismos controlados gracias al examen de sus propios balances, pudiendo, en todo caso, solicitar las informaciones y documentos que juzgue necesarios.

Por otra parte, debe observarse que ante los balances de los establecimientos y empresas subvencionados, la Corte de Cuentas italiana observa una actitud muy diferente de aquella que ella adopta frente al presupuesto del Estado. En efecto, ante este último, la acción de control de la Corte de Cuentas se ejerce, en primer lugar, durante la ejecución del presupuesto anteriormente adoptado, por el examen relativo a la legimitidad de los compromisos y de los gastos efectuados. A este control financiero previo se sucede otro, realizado por la Corte de Cuentas en el momento en que ella procede a la confrontación de sus propios documentos con aquéllos que resultan del presupuesto mismo: control que se concluye por una declaración especial de igualdad y exactitud, que junto con un resumen de los resultados del examen efectuado por la Corte de Cuentas, debe incluirse en el informe presentado al Parlamento, junto con el Presupuesto. Al contrario, frente a los balances de las empresas subvencionadas, la Corte de Cuentas no está habilitada para proceder a una deliberación formal que pueda ser asimilada *A* aquélla que se verifica en relación al Presupuesto del Estado; y por tanto, ella no puede, evidentemente, formular una declaración de conformidad en relación a sus propios documentos, ni dar aprobación alguna a los balances.[537]

Es importante en todo caso, destacar, que la *Corte dei Conti,* aun con las limitaciones referidas, puede controlar a todos los organismos subvencionados por el Estado, aun cuando se trate de sociedades mercantiles donde éste participe o estén subvencionadas por el mismo.

Siguiendo esta misma orientación, por ejemplo, la Inspección de Finanzas de Finlandia, organismo encargado de la fiscalización del Presupuesto Nacional, [538] tiene tam-

lebró en Chile en 1965; entre ellos véase la *Memoria del Primer Congreso* celebrado en Caracas (1963) y publicada en Caracas (1965).

536 *V.* Informe de la Corte dei Conti Italiana al IV CIEF, *loc. cit.,* Vol. 3, pp. 93 y 95.

537 *Cfr.* F. Franchini, "Aspects Juridiques de l'Intervention...", *loc. cit.,* p. 255; Informe de la Corte dei Conti Italiana al IV CIEF, *loc. cit.,* Vol. 3, pp. 93 y ss.; S. Marín Marín, Aspectos de la Administración Pública Autonómica, *cit.,* pp. 296 y 297.

538 *Cfr.* Informe del Valtiontalouden Tarkastusvirasto de Finlandia al IV CIEF, *loc. cit.,* Vol. 4, p. 145.

bién atribuciones para fiscalizar las sociedades mercantiles en las cuales el Estado tenga alguna participación.[539] Sin embargo, no puede dar instrucciones u órdenes a los organismos de la sociedad en la forma que las puede dar a las autoridades e instituciones del Estado, sino, que en todo caso, las observaciones hechas durante la revisión deben ser presentadas al Ministerio del cual depende la empresa.[540]

Asimismo, los organismos especiales de control fiscal de Austria *(Rechnungshof)* [541] y de Israel *(State Comptroller),*[542] pueden extender su función fiscalizadora sobre las sociedades mercantiles en las cuales el Estado tenga participación, aun cuando en algunos casos, como en España, se exige para ello que la participación del Estado sea superior al 75 por ciento del capital social.[543] En Alemania, por otra parte, si bien dichas empresas no están sometidas directamente a la fiscalización del Tribunal de Cuentas *(Bundes Rechnungshofes),* las instrucciones para la revisión por un perito técnico designado al afecto, pueden partir del mismo,[544] aun cuando se admite la posibilidad de que el Tribunal pueda directamente fiscalizar, siempre que el Estado otorgue alguna subvención a la empresa en cuestión.[545]

Esto último sucede también en Suecia, donde los *Riksdagens revisoner,* si bien no pueden examinar los negocios de las compañías controladas por el Estado, ello pueden hacerlo cuando dichas empresas reciban una subvención.[546]

Por otra parte, en Bélgica, la *Cour des Comptes,* aun cuando tiene facultad para controlar la actividad desarrollada por los establecimientos públicos industriales y comerciales, [547] no puede extender su control sobre las sociedades mercantiles en las cuales el Estado tiene participación.[548] En el mismo sentido, los organismos superiores de control de Finanzas Públicas de Brasil (Tribunal de Cuentas), [549] Irak (Contralor y Auditor General), [550] Países Bajos (Cámara de Cuentas),[551] no pueden extender su labor de fiscalización sobre las sociedades mercantiles en las cuales el Estado tiene participación.

107. Ahora bien, en cuanto al control que las entidades fiscalizadoras superiores de control fiscal pueden ejercer sobre los organismos del Estado que desarrollen actividades industriales y comerciales, es necesario destacar el sistema francés, por cuanto en él se ha instituido un organismo satélite del Tribunal de Cuentas, especialmente destinado a revisar las cuentas de las empresas públicas, denominado *Comission de Verificaron des Comptes des Entreprises Publiques,* creada por la ley de 6 de enero de 1948. Los poderes de la Comisión son de carácter general: "Ella procede anualmente al examen de

---

539 *Cfr.* Tore Modeen, Le Régime des Activités..., *cit.,* pp. 11 y 15.

540 *V.* Informe del Valtiontalouden Tarkastusvirasto de Finlandia al IV CIEF, *loc. cit.,* Vol. 4, p. 147.

541 *V.* Gerhardt Plöchl, Die Öffentliche..., *cit.,* p. 16; Josef Marschall, Informe Austríaco al IV CIEF, *loc. cit.,* Vol. 4, pp. 239 Y 249.

542 *V.* Informe del State Comptroller's Office al IV CIEF, *loc. cit.,* Vol. 4, p. 199.

543 *V.* Informe del Tribunal de Cuentas Español al IV CIEF, *loc. cit.,* Vol. 4, p. 271.

544 *Cfr.* Klaus Vogel, *Die Wirstchaftliche...,* p. 14; *Informe del Bundesrechnunghof de la República Federal de Alemania al IV CIEF, loc. cit.,* Vol. 4, pp. 137 y 139.

545 *V.* Informe del Bundesrechnunghof de la República Federal de Alemania al IV CIEF, *loc. cit.,* Vol. 3, p. 45.

546 *V.* Hakan Strômberg, "La Empresa Pública en Suecia", *loc. cit.,* p. 149.

547 *V.* M. A. Flamme, "Le Régime des Activités...", *loc. cit.,* p. 402. *Cfr.* G. Lescuyer, Le Contrôle de l'Etat..., *cit.,* p. 122.

548 *V.* M. A. Flamme, "Le Régime des Activités. . .", *loc. cit.,* p. 424.

549 *V.* A. Brochado Da Rocha, *Informe Brasileiro II al IV CIEF, loc. cit.,* Vol. 4, p. 123

550 *V.* A. K. Said, *Informe de Irak al IV CIEF, loc. cit.,* Vol. 4, p. 195.

551 *V. Informe del Algemene Rekenkamer de Holanda al IV CIEF, loc. cit.,* Vol. 4, p. 229.

las cuentas de gestión y balance y cuentas de ganancias y pérdidas de las empresas vigiladas, sacando de los mismos todas las conclusiones necesarias sobre los resultados financieros de esas empresas"; "ella expresa su opinión sobre la regularidad y la sinceridad de las cuentas y propone cuando sea necesario las correcciones que estime deban ser hechas a esas cuentas, dando también su opinión sobre la cualidad de la gestión comercial y financiera de la empresa"; la ley señalada agrega, en fin, que "en los informes de conjunto sobre la actividad y resultados de las empresas controladas por ella, la comisión señala, si es necesario, las modificaciones que crea conveniente hacer en relación a la estructura o a la organización de esas empresas, y da su opinión sobre las perspectivas futuras".[552]

Ahora bien, la competencia de la Comisión de Verificación se extiende a los establecimientos públicos industriales y comerciales, a las empresas nacionalizadas y a las sociedades de economía mixta en las cuales el Estado posee al menos la mayoría del capital social, [553] y su informe general es dirigido cada año al Parlamento, al Primer Ministro y a la Corte de Cuentas.[554]

108. Por último, también en los países anglosajones, las cuentas de las empresas públicas son controladas o examinadas por las entidades fiscalizadoras de los gastos públicos. En efecto, en Inglaterra, la Comisión de Cuentas Públicas de la Cámara de los Comunes, poderoso instrumento parlamentario para fiscalizar los gastos de los departamentos gubernamentales, ha procedido también a examinar las cuentas de las empresas nacionalizadas, aunque dicho control se verifica, sobre todo, respecto de aquellas empresas que dependen económicamente del Estado.[555]

En los Estados Unidos, a partir del *Government Corporation Control Act* de 1945, "las transacciones comerciales de las corporaciones que están totalmente en manos del Gobierno, son revisadas por la *General Accounting Office,* de acuerdo con los principios y procedimientos que se aplican en las transacciones comerciales, y con arreglo a las normas y regulaciones que se señalen por el Contralor General de los Estados Unidos".[556] Sin embargo, aun cuando esta previsión legal parece indicar que la *General Accounting Office* sólo podría ejercer un control de tipo comercial, eso nunca fue hecho. En efecto, la Oficina General de Contabilidad no sólo ha procedido a comprobar las cuentas de las corporaciones, sino que ha querido aprobarlas, revisando los gastos y compromisos pendientes de las mismas, para determinar si estaban o no autorizados a tenor de las disposiciones reglamentarias del *General Controller.* [557] En esta forma, la Oficina General de Contabilidad puede, en cierto sentido, comprometer en forma retrospectiva, la validez de las transacciones de las corporaciones, lo que, según A. Abel, resulta seriamente perjudicial para las operaciones de la empresa.[558]

---

552 *V.* A. Delion, *Informe Francés al IV CIEF, loc. cit.,* vol. 4 p. 161. *Cfr.* R. Drago, "Le Régime des Activités...", *loc. cit.,* p. 458.

553 *Cfr.* F. Fabre y R. Morín, "A Propos d'une décision du Tribunal des Conflicts. Quelques Aspects Actuels du Contrôle des Sociétés d'Economie Mixte", *RDP,* N° 4, 1964, p. 789; A. Delión, *Informe Francés* al IV CIEF, *loc. cit.,* Vol. 4, p. 163; P. Du Pont, L'Etat Industrial, *cit.,* p. 136; A. G. Delión, Le Statut..., *cit.,* pp. 91 y ss.

554 *Cfr.* G. Lescuyer, Le Contrôle de l'Etat..., *cit.,* p. 121; A. Bauchet, "Las Empresas Públicas en Francia", *loc. cit.,* p. 89.

555 *Cfr.* W. A. Robson, *Industria Nacionalizada y Propiedad Pública, cit.,* p. 190.

556 *V.* J. N. Hazard, "Law Regulating...", *cit.,* p. 6.

557 *V.* Albert S. Abel, "La Corporación Pública en los Estados Unidos", *loc. cit.,* p. 141.

558 *V.* A. S. Abel, "La Corporación Pública en los Estados Unidos, *loc. cit.,* p. 151. *Cfr.* J. N. Hazard, "Law Regulating...", *cit.,* p. 6.

109. Por último debe señalarse que en los países de Europa oriental no ha tenido, en general, auge la institución de organismos superiores de control de finanzas públicas. La excepción a ello, sin embargo, nos lo muestra Polonia, donde funciona una Cámara de Control, la cual es directamente responsable ante la Dieta y es independiente del Ejecutivo, y tiene por objeto controlar las actividades de los organismos del Estado en cuanto a su legalidad, inversiones y economía. Esta entidad presenta sus observaciones a la Dieta cada año en relación con la ejecución del presupuesto y del plan nacional de economía, [559] incluyendo en este último campo, las actividades desarrolladas conforme al mismo por las empresas del Estado.

V. EL CONTROL POR GRUPOS DE INTERESES DE LA COMUNIDAD

"La Ley regulará la integración, organización y atribuciones de los cuerpos consultivos que se juzguen necesarios para oír la opinión de los sectores económicos privados, la población consumidora, las organizaciones sindicales de trabajadores, los colegios de profesionales y las universidades, en los asuntos que interesan a la vida económica". Artículo 109 de la Constitución venezolana de 23 de enero de 1961.

110. Tal como la ha definido J. Rivero, la nacionalización es la operación por la cual la propiedad de una empresa o de un grupo de empresas es transferida a la colectividad a fin de sustraerla, en vista de un interés general, de la dirección capitalista. [560] Por tanto, se trata, en principio, de una operación que tiene por objeto sustituir la dirección capitalista de la empresa por una dirección social, de la colectividad, y no directamente del Estado. En esta forma, el término nacionalización debe ser identificado al de socialización, entendiéndose por tal, como lo hace M. García–Pelayo, la *gestión* de las empresas por grupos de las categorías interesadas en la producción: representantes de los obreros y técnicos, de los consumidores y del Estado.[561] La presencia de este último es necesaria –agrega éste–, no sólo por su calidad de representante de los intereses generales de la sociedad, sino también porque toda socialización amplia ha de reposar sobre un plan económico general cuya vigilancia –cuando menos– ha de corresponder al Estado.

La socialización supone, pues, propiedad colectiva, gestión combinada, y autonomía, aunque no independencia, con respecto al Estado.[562]

Esta idea va a acompañar, en mayor o menor grado, algunos de los importantes procesos de nacionalización, tanto en los países occidentales como del Este de Europa y va a permitir la ingerencia de ciertos grupos interesados de la colectividad, en la gestión y el control de las empresas públicas; aun cuando se debe decir que gran parte de las nacionalizaciones ignoran el control directo del consumidor, limitándose a consagrar sólo el control público, aun cuando sea aquél en definitiva quien soporta las consecuencias

559 *V.* Informe General al XII Congreso Internacional de Ciencias Administrativas (Viena, 16–20 de julio de 1962) sobre el tema "Organización Gubernamental para el Desarrollo Económico", *cit.*, p. 78.

560 *V.* J. Rivero, Le Régime des Nationalisations (Extrait du Juris–Classeur Civil–Anexes), *cit.* (29 cahiers), p. 1.

561 *V.* M. García–Pelayo, "Sobre los Supuestos y Consecuencias de la Socialización", *RAP*, N° 3, 1950, p. 14.

562 *V.* M. Garcia–Pelayo, "Sobre los Supuestos y Consecuencias de la Socialización", *loc. cit.*, p. 14.

del mal funcionamiento de las empresas estatales, ya sea porque sus productos no están a su alcance a tiempo, o porque sean de mala calidad o deba pagarlos demasiado caros[563].

111. En efecto, en Francia, el programa establecido bajo la ocupación el 15 de marzo de 1944, por el Consejo Nacional de la Resistencia, compuesto de diecisiete miembros representantes de los movimientos de resistencia, de las organizaciones obreras y de los partidos políticos, demandaba "la instauración de una verdadera democracia económica y social que implicara *el despojo* a las grandes feudalidades económicas y financieras de la dirección de la economía" y el *"regreso a la nación* de los grandes medios de producción monopolizados, fruto del trabajo común, de las fuentes de energía, de las riquezas del subsuelo, de las compañías de seguros y de los grandes bancos". Asimismo, en Argelia, ante la Asamblea Consultiva, el 25 de julio de 1946, el general De Gaulle anunció la necesidad "de poner antes de que sea demasiado tarde a la *disposición de la nación,* la dirección y la explotación de las grandes fuentes de la riqueza común y de *suspender* el juego de esas vastas conjunciones y combinaciones de intereses que tanto han pesado sobre el Estado y sobre los ciudadanos". [564] Siguiendo esta misma orientación, en la línea 9 del Preámbulo de la Constitución de 27 de octubre de 1947, se señaló que "todo bien, toda empresa cuya explotación tiene o adquiera los caracteres de un servicio público nacional o de un monopolio de hecho, debe devenir propiedad de la colectividad", norma que continúa vigente en virtud de la Constitución francesa de 1958.

Ahora bien, esta orientación constitucional reposaba sobre la idea de que las empresas monopolísticas o que presentaban las características de un servicio público, debían escapar de la dirección capitalista, pero asimismo no debían ser dejadas a la gestión del Estado en cuanto a tal. En efecto, considerado el Estado como la personificación de la nación, entendida ésta como la suma de individuos parecidos y anónimos, la empresa va a ser considerada entonces como una personificación de la nación concreta, real, de la nación que trabaja, de la nación que consume. Por ello, no será el Estado –representación impersonal de la nación, según Rousseau– a quien se encomendará la gestión de las empresas, sino a los productores y a los consumidores. Pero estas fuerzas sociales no serán consideradas como conjuntos de individuos para el reclutamiento de sus representantes, sino como cuerpos organizados. No será, entonces, la voluntad de los individuos trabajadores o consumidores la que determinará la dirección de las empresas nacionalizadas, sino, al contrario, de las organizaciones representativas de ellos. Los miembros de los Consejos de Administración de las empresas públicas serán así designados por los organismos más representativos y no directamente por los trabajadores. Los sindicatos profesionales, los organismos de consumidores, designarán entonces sus representantes por partes iguales en los Consejos de Administración. [565]

Así se constituirá la idea en Francia de la gestión tripartita de las empresas públicas que fue aplicada en todas las empresas nacionalizadas después de la liberación: *Charbonnages de France,* Electricidad de Francia, Gas de Francia, los bancos, los seguros, la

---

563 *Cfr.* K. Katzarov, *op. cit.*, p. 384.

564 *V.* en Suzanne Bastid, "Les Nationalisations et la Propriété Privée", en *Etudes de Droit Contemporain*, Paris, 1959, Vol. IV, p. 100.

565 *Cfr.* Maurice Robin, "Essai sur la Représentation des Intérêts dans l'Organisation des Entreprises Publique", *RDP*, N° 5, 1967, pp. 834 y ss.; R. Drago, "Le Régime des Activités...", *loc. cit.*, p. 454; P. Du Pont, L'Etat Industriel, *cit.*, pp. 86 y ss.

Régie Nationale des Usines Renault, etc. [566] Como medida de socialización, el sistema de representación de los intereses de la colectividad en las empresas públicas francesas, tiene características peculiares que no se dan en esos términos en otro país, ya que la representación tiene lugar en el seno mismo de la organización de la empresa. En esta forma, ha dicho Robin, ni las *Public Corporations* inglesas, americanas y de los países del *Commonwealth,* ni la *Öffentliche Austalt,* la sociedad de economía mixta o la *Sondervormögen* alemanas, ni las oficinas e institutos italianos, ni las empresas soviéticas, tienen nada que se aproxime a esta representación de intereses. En efecto, todas esas empresas públicas conocen bien la necesidad de conciliar ciertos intereses opuestos; ellas hasta han organizado con frecuencia una representación de intereses, pero esa representación está en el exterior de la empresa y no forma parte de su organización.[567]

En todo caso, la gestión tripartita de las empresas públicas en Francia ha sido severamente criticada, ya que los incesantes conflictos de intereses que surgen en los Consejos de Administración, se oponen a la necesaria armonía que debe existir en los mismos.[568] De ahí que Robin haya catalogado la gestión económica de dichos Consejos como catastrófica [569] y que la Comisión de Verificación de Cuentas de las empresas nacionalizadas haya formulado el deseo de "mejorar la composición de los Consejos de Administración, renunciando a la fórmula estrictamente tripartita de repartición de cargos entre los representantes del Estado, de los usuarios y del personal", y sustituyéndola por "el

---

566 *Cfr.* M. Robin, "Essai sur la Représentation des Intérêts"..., *loc. cit.,* p. 836; A. Delión, L'Etat et Entreprises Publiques, *cit.,* p. 151; B. Chenot, Les Entreprises Nationalisées, Paris, 1963, pp. 106 y ss.

567 *V.* M. Robin, "Essai sur la Représentation des Intérêts"..., *loc. cit.,* p. 831. *V.,* asimismo, Nos. 112 y 113.

Por otra parte, si bien la tendencia general, como medida de socialización, es la de permitir en los países de estructura capitalista la participación de los obreros en el interior de las empresas privadas, ello no ha sucedido igual en relación a las empresas públicas. En este sentido, en cuanto a la legislación comparada sobre participación de los obreros en las empresas privadas, pueden destacarse los siguientes ejemplos: En Europa, la ley del 11 de octubre de 1952 de la República Federal de Alemania establece el régimen de los Consejos de Empresas y la Coparticipación Administrativa; asimismo, algo similar prevé la ley del 27 de enero de 1950 sobre Organización Económica e Industrial de los Países Bajos. El decreto del 13 de junio de 1949 sobre los Consejos de Empresas, promulgado en Bélgica, establece la proporción de la representación de los trabajadores en la dirección de las empresas. En Noruega, Suecia y Dinamarca fueron instituidos los Comités de Empresa por medio de acuerdos directivos entre las Organizaciones de Patronos y de Trabajadores; estos acuerdos remontan al 7 de diciembre de 1945 en Noruega, al 30 de agosto de 1946 en Suecia y al 1° de septiembre de 1947 en Dinamarca. Las reglamentaciones mencionadas prescriben que estos organismos deben ser establecidos en todas las empresas que ocupen más de veinte trabajadores. Se trata de organismos paritarios y de carácter consultivo. En Suecia, el Comité de Empresa tiene facultades para investigar el Balance, la Cuenta de Ganancias y Pérdidas así como los informes de la Dirección y de los verificadores de cuentas. De acuerdo con la legislación italiana y el ordenamiento jurídico vigente en Suiza, los Consejos de Empresa con representación de los trabajadores están subordinados a acuerdos voluntarios entre las partes interesadas. Desde 1958 en la India se han establecido en ciertas empresas, con carácter experimental y voluntario, Comités Mixtos de Empresas con igual número de representantes de la Dirección y del personal. En Israel, de acuerdo con una legislación reciente, además de los Comités Obreros y de los Consejos Mixtos de Productividad establecidos en diversas empresas, se han formado numerosas compañías con una participación paritaria de los trabajadores en los Consejos Mixtos de Dirección (*V.* estos datos en Informe de la Comisión de Asuntos Sociales acerca del Proyecto de Ley sobre Representación de los Trabajadores en los Institutos y Empresas del Estado (Primera discusión) Cámara de Diputados de Venezuela, de 31 de marzo de 1966, p. 4). Por el contrario, tal como se señala en el texto, en relación a las empresas públicas esta representación es menos frecuente, y en los países occidentales aparte de Francia y Venezuela quizás sólo en Túnez siguiendo la influencia francesa, de acuerdo con la ley del 14 de diciembre de 1960 y el decreto del 13 de enero de 1962, se establecen los Comités de Empresa en todas las actividades industriales, comerciales y agrícolas en las que tenga el Estado alguna participación.

568 *Cfr.* R. Drago, "The Public Corporation in France", en W. Friedman, *The Public Corporation: A Comparative Symposium, cit.,* pp. 108 y ss., *cit.* por G. Langrod, "L'Entreprise Publique...", *loc. cit.,* p. 225; T. R. Fernández Rodríguez, "Notas para un Planteamiento de los Problemas Actuales de la Empresa Pública", *loc. cit.,* p. 119.

569 *V.* M. Robin, "Essai sur la Représentation des Intérêts...", *loc. cit.,* p. 838.

nombramiento de un número mayor de representantes del Estado o de representantes escogidos solamente en razón de su competencia general".[570]

112. Ahora bien, siguiendo la orientación general del Derecho Comparado, en Venezuela los grupos de intereses de la comunidad no tenían tampoco representación en el interior de las empresas públicas.

Recientemente, sin embargo, fue sancionada por las Cámaras Legislativas la ley sobre representación de los trabajadores en los institutos, organismos de desarrollo económico y empresas del Estado, [571] con lo que se viene a establecer definitivamente en todas las empresas públicas una representación obrera.

En todo caso, esta reciente ley venezolana sobre representación de los trabajadores en los Institutos, organismos de desarrollo económico y empresas del Estado, no prevé la representación paritaria de los obreros, sino que su artículo 1° establece solamente que "en los Directorios, Juntas Directivas o Administradoras, o Consejos de Administración de los institutos autónomos, organismos de desarrollo económico y empresas en las que el Estado tenga la totalidad o la mayoría de las acciones, habrá *una representación* de los trabajadores organizados", debiendo señalarse que las previsiones de esta ley abarcan, no sólo los establecimientos o empresas existentes para el momento de su entrada en vigencia, sino también a los que en el futuro se crearen para la realización de actividades económico–sociales, debiendo preverse lo conducente en la ley que los organicen.[572]

Aparte de ello, la representación laboral que prevé la ley, la ejercerá la confederación, federación o sindicato más calificado o de mayor importancia en la correspondiente rama industrial, y en el supuesto de que haya dudas sobre el organismo que deba ejercerla, el Ministerio del Trabajo establecerá, por resolución especial, a cuál confederación, federación o sindicato debe corresponder la representación. [573] A los efectos de la designación del representante de los trabajadores, el órgano ejecutivo al cual esté adscrito el instituto solicitará, por mediación del Ministerio del Trabajo, de la confederación, federación o sindicato a quien corresponda, una lista de cinco ciudadanos, venezolanos por nacimiento o por naturalización y mayores de edad, de cuyo seno se designará un principal y un suplente. La referida lista podrá estar formada por trabajadores u otras personas idóneas que gocen de la confianza de los respectivos organismos sindicales. [574] En todo caso, la ley faculta al Ejecutivo Nacional para exigir la presentación de una nueva lista, cuando a su juicio la presentada en primer lugar no reúna las condiciones requeridas por esta ley.

---

570 *V.* en A. G. Delion, L'Etat et les Entreprises Publiques, *cit.*, p. 154.

571 Publicada en *Gaceta Oficial de la República de Venezuela* N° 1032, Extraordinario, de 18 de julio de 1966. *V.* Allan R. Brewer–Carías, "La ley sobre representación de los Trabajadores en los Institutos, Organismos de Desarrollo Económico y Empresas del Estado", *Revista de la Facultad de Derecho*, Universidad Católica Andrés Bello, N° 4, Caracas 1966–1967, pp. 199 y ss.

572 Artículo 7° de la Ley.

573 Artículo 2° de la Ley.

574 Artículo 3° de la Ley. De acuerdo al Parágrafo Segundo de este artículo 3°, el Órgano Ejecutivo tendrá un plazo no mayor de tres meses para solicitar dichas listas, y la designación del representante se hará en un lapso de treinta días a contar desde la fecha del recibo de la lista correspondiente. Aunque la Ley no refiere la oportunidad en que deba comenzar a contar el lapso de tres meses, se presume que es desde la promulgación de la misma, dado el lapso total de seis (6) meses a que se refieren los artículos 6, 10 y 11.

En todo caso, el representante laboral así designado, formará parte del órgano directivo en igualdad de condiciones que los demás miembros de ese organismo.[575]

Debe indicarse, por último, que la ley no fija lapso de duración de las funciones del representante laboral. Sin embargo, señala que al ser removido en totalidad o en parte el Directorio, Junta Directiva o Administradora o Consejo de Administración de los establecimientos públicos y empresas donde exista la representación laboral, se procederá a renovar el representante de los trabajadores.[576]

113. En Inglaterra, aun cuando no existe en el seno de las *Public Corporations* una representación de los interesados, como la había en el *Port of London Authority,* se han creado, sin embargo, comisiones o juntas asesoras de consumidores que tienen por finalidad prestar asesoramiento, redactar planes generales, hacer oír sus reclamaciones, llevar propuestas y presentar una memoria anual al Parlamento, con lo que defienden los intereses del consumo y refuerzan la fiscalización sobre dichas corporaciones.[577] Esta forma de representación de los intereses no afecta, como en Francia, la gestión de la corporación, y permite, al contrario, un control directo del consumidor bastante satisfactorio comparativamente con otros países,[578] aunque los actos de dichas juntas o cuerpos asesores no tengan fuerza vinculante para la corporación y las mismas carezcan de personalidad jurídica.[579]

Por ejemplo, en la industria del carbón, existe una junta de consumidores de carbón en la industria, y una junta de consumidores de carbón en usos domésticos, compuestas ambas por representantes de los consumidores del *National Coal Board,* nombrados por el Ministro de la Energía y Combustible. Estas juntas asesoran al Ministro en las cuestiones relativas al abastecimiento de carbón y combustibles, pudiendo éste tomar, en consecuencia, las medidas que considere oportunas y, especialmente, dar al Consejo de Administración las instrucciones necesarias para remediar los defectos existentes. Cada junta tiene personal propio e informa anualmente al Parlamento. Análogas funciones de asesoramiento tienen el *Central Transport Consultative Committee* y los Comités Consultivos Regionales de usuarios del transporte, el *Air Transport Advisory Council* y las doce juntas consultivas regionales de Electricidad, así como las similares del Gas. Cada comité de electricidad y de gas tiene la obligación legal de mantener informada de sus planes y disposiciones a la Junta Regional respectiva, la cual puede, por su parte, dirigir al Consejo de Administración representaciones sobre el particular.[580]

En todo caso, la opinión unánime en relación a estos Comités Consultivos, es que han cumplido su cometido de manera muy limitada, estando sus resultados muy lejos de los

---

575 Artículo 5° de la Ley.

576 Artículo 9° de la Ley. Dicho artículo habla, en realidad, de que se debe proceder a designar la representación laboral. Entendemos, sin embargo, que la verdadera intención es la que debe procederse a renovar la referida representación, como lo señalaba el proyecto original.

577 *Cfr.* L. López Rodó, "Las Empresas Nacionalizadas en Inglaterra", *loc. cit.,* p. 392; M. A. Flamme, "La Empresa Pública...", *loc. cit.,* p. 74.

578 *Cfr.* K. Katzarov, *op. cit.,* p. 385.

579 *Cfr.* L. López Rodó, "Las Empresas Nacionalizadas en Inglaterra", *loc. cit.,* p. 392; M. Robin, "Essai sur la Représentation des Intérêts...", *loc. cit.,* p. 839.

580 *Cfr.* W. A. Robson "La Public Corporation en Gran Bretaña", *loc. cit.* p. 127; W. A. Robson, *Industria Nacionalizada..., cit.,* p. 237 y ss.; W.A. Robson, "Les Nationalisations en Grande–Bretagne", *loc. cit.,* pp. 32 y 33.

que podían esperarse, lo que puede atribuirse, entre otras cosas, a la ignorancia de la mayoría de los consumidores en relación a su existencia.[581]

Por otra parte, no sólo los consumidores pueden ejercer un control sobre las *Public Corporations* en Inglaterra, sino que también, en cierta medida, los obreros. En efecto, al lado de los *Boards,* igualmente están representados los trabajadores [582] y así, en todas las industrias nacionalizadas se ha establecido el método de la deliberación conjunta *(Joint Consultation)* entre la dirección y los obreros, en cumplimiento del mandato legal de crear organismos para la discusión de materias de interés común, incluida la eficacia del servicio de la corporación y la seguridad, sanidad y bienestar de sus empleados. En la industria minero–carbonera, por ejemplo, existe un Comité Consultivo en casi todas las minas y en los grados intermedios, y un *National Consultative Committee* presidido por el propio presidente del *National Coal Board.*[583]

114. Ahora bien, al contrario de lo sucedido en los grandes procesos de nacionalización de Europa occidental (Francia, Inglaterra), donde se previo en una u otra forma, la representación de grupos interesados en las empresas nacionalizadas con la posibilidad de ejercer un cierto control sobre las mismas, en la U.R.S.S. y en los países de Europa oriental, las leyes de nacionalización no prevén la participación del consumidor en la organización de las empresas del Estado. Sin embargo, señala K. Katzarov, dentro de un sistema socialista, el control administrativo y jerárquico es total y por ese medio es como se ejerce el control del consumidor; en vista de que en un régimen de nacionalización total, el interés particular del productor se ha eliminado, se espera y se supone que éste –es decir, la empresa del Estado– no tiene ningún interés en perjudicar al consumidor.[584]

En cuanto a la posibilidad de los obreros de intervenir en el control de la actividad de la empresa, si bien en los países socialistas generalmente las leyes de nacionalización guardaron silencio a este respecto, [585] es necesario destacar el ejemplo de Polonia, donde el personal de las empresas del Estado tiene el derecho de participar directamente en la gestión de la empresa. En efecto, como se ha visto, [586] los órganos de autogestión obrera funcionan en virtud de la ley, y sus funciones consisten fundamentalmente en decidir sobre los asuntos más importantes de la empresa, en ejercer el control y la vigilancia sobre la actividad del director de la misma, y en organizar la realización de las tareas económicas y socioculturales.[587]

En esta forma, la autogestión obrera es una de las formas del desarrollo y del ensanche de la democracia socialista, y constituye una base para coordinar la actividad de las diferentes organizaciones obreras que funcionan en el interior de la empresa. Los órganos de la autogestión representan los intereses del personal en materia de producción y en materia social. El órgano supremo de la autogestión es, de acuerdo con la legislación en vigor, la "Conferencia de la autogestión obrera", compuesta por los miembros del consejo obrero –elegidos directamente por el personal–, por miembros del consejo del establecimiento, elegidos por los trabajadores que pertenecen a los sindicatos, y por

---

581 *Cfr.* W. A. Robson, *Industria Nacionalizada..., cit.*, p. 250; M. Robin, "Essai sur la Représentation des Intérêts dans l'Organisation des Entreprises Publiques", *loc. cit.*, p. 839.

582 *Cfr.* M. Robin, "Essai sur la Représentation des Intérêts"..., *loc. cit.,* p. 840.

583 *Cfr.* W. A. Robson, "La Public Corporation en Gran Bretaña", *loc. cit.*, p. 128.

584 *Cfr.* K. Katzarov, *op. cit.,* pp. 384.

585 *Cfr.* K. Katzarov, *op. cit.*, pp. 388. Puede verse una excepción en Checoslovaquia: *V.* N° 66.

586 *V.* N° 66

587 *Cfr.* Z. Rybicki, "Le Regime des Activites...", *loc. cit.,* p. 268.

miembros del comité ejecutivo de la organización del Partido. Por otra parte, corresponde a la conferencia de la autogestión obrera, la dirección y la coordinación de la actividad de otros órganos de la autogestión obrera (consejos obreros de la empresa), las decisiones en los asuntos esenciales de la empresa y principalmente, el control y la vigilancia ejercidos en relación con la dirección de la misma y de los otros órganos de la autogestión obrera.[588]

En la U.R.S.S., por otra parte, puede destacarse el control ejercido por el comité sindical de la respectiva fábrica, el cual se aplica en cumplimiento del acuerdo colectivo de trabajo, y que tiene por objeto vigilar los gastos del "fondo del director", la recta aplicación de las escalas de sueldos y las disposiciones del Código del Trabajo que afectan al bienestar de los obreros, condiciones sanitarias y seguridad técnica. Este control se lleva a cabo por "inspectores públicos" elegidos por las organizaciones sindicales, aun cuando éstas celebran periódicas "conferencias de producción", donde se exponen los planes a ejecutar y se denuncian las posibles irregularidades de la administración de la fábrica.[589]

Debe destacarse, por último, que a través del mecanismo del autogobierno de los productores que se ha establecido en Yugoslavia, [590] estando la gestión de la empresa materialmente en manos de los obreros y empleados, a través de los consejos obreros y los comités de gestión, éstos ejercen, junto con la gestión, el control respectivo.[591]

Sección Cuarta: CONCLUSIONES

> *"Il ne faut pas avoir peur, lorsque le besoin s'en fait sentir, d'analyser de façon réaliste les données juridiques nouvelles et de constater la naissance de nouvelles catégories juridiques". Georges Vedel, "Le Régime des Biens des Entreprises Nationalisées", en Le Fonctionnement des Entreprises Nationalisées en France (Travaux du 3e. Colloque des Facultés de Droit), Paris, 1956, p. 192.*

115. Realizado el anterior análisis comparativo sobre el régimen de las actividades industriales y comerciales de los poderes públicos, podemos señalar las siguientes conclusiones:

Es una realidad generalizada en el Derecho Comparado la creciente intervención del Estado en la vida económica a través de la constitución de empresas públicas, no sólo en los regímenes de economía planificada, sino también en aquellos de estructura liberal, y dentro de éstos, no sólo en aquellos en vías de desarrollo, sino también en los altamente industrializados.

Esta nueva realidad de la actividad económica del Estado no encaja jurídicamente dentro de ninguna de las categorías tradicionales de las formas de la actividad administra-

---

588 *Cfr*. Z. Rybicki, "L'Entreprise Publique dans le Système Polonais de l'Economie Planifiée", *loc. cit.*, pp. 318 y 319.

589 *Cfr*. R. Fernandez–Carvajal, "Las Empresas Públicas en Rusia" *loc. cit.*, p. 455; A. Denisov et M. Kirichenko, Derecho Constitucional Soviético, *cit.*, p. 105.

590 *V.* N° 72.

591 *Cfr*. Jovan Djordjevich, Yugoslavia, Democracia Socialista, *cit.*, p. 67; S. Grozdanic, "Administrative Management...", *loc. cit.*, pp. 47 y ss.; Nikola Stjepanovic, "Les Nationalisations et l' évolution de la gestion de l' économie en Yougoslavie", *loc. cit.*, pp. 280 y ss.

tiva (policía, fomento y servicio público), por lo que, antes de deformar alguna de esas categorías tratando de abarcar la actividad económica del Estado, o abandonar su consideración a favor del llamado Derecho Económico, sería preferible admitir como una cuarta forma de la actividad administrativa, la de gestión económica, como ha sido propugnada específicamente por la doctrina española (Villar Palasí, García de Enterría).

El régimen de las actividades industriales y comerciales del Estado, si bien desde el punto de vista interno es variable en cuanto a la aplicabilidad del Derecho Público y Derecho Privado, presenta la característica común de estar regido en su aspecto externo casi exclusivamente por normas de Derecho Privado.

Aun cuando, en general, la variabilidad de las formas jurídicas utilizadas por el Estado para desarrollar su actividad económica es evidente, sería recomendable que los diversos sistemas jurídicos propugnaran una reorganización de dichas formas, pensando quizás en la posibilidad de la adopción de una forma única para la realización de esas actividades, ni enteramente pública ni enteramente privada, dejando las formas públicas (establecimiento público) para la sola realización de actividades de servicio público. En este sentido, las *Public Corporations* británicas y las Empresas del Estado de los países socialistas bien podrían, con las necesarias correcciones, servir de modelo.

Es necesario, asimismo, reorganizar los variados y dispersos mecanismos de control que han sido instituidos más como remedio a una situación jurídicamente nueva y hasta anormal, que como medio efectivo para lograr un verdadero control del Estado, y, en su caso, de los grupos de intereses de la comunidad. Actualmente no es exagerado afirmar, como lo hace R. Drago, que si todos los mecanismos de control previstos en los diversos sistemas se aplicaran efectivamente, se paralizaría por completo la actividad de las empresas públicas.

APÉNDICE:

ACTA DE LA SESIÓN DEL 10 DE AGOSTO DE 1966 DE LA SECCIÓN IV, D, 1, SOBRE EL TEMA "EL RÉGIMEN DE LAS ACTIVIDADES INDUSTRIALES Y COMERCIALES DE LOS PODERES PÚBLICOS", DEL VII CONGRESO INTERNACIONAL DE DERECHO COMPARADO, Uppsala, Suecia.

Protocole de la séance du 10 août 1966 concernant le sujet "Le régime des activités commerciales et industrielles des pouvoirs publics" (section IV, D, 1).

Le Bureau de la séction a été composé comme suit:

M. John N. HAZARD, Professeur (Etats Unis) – Président,

M. Roland DRAGO, Professeur (France) – Vice–Président,

M. Tore MODEEN, Professeur adjoint (Finlande) – Vice–Prés.,

M. Georg THEUERKAUF, Référendaire (Allemagne) – Secrétaire.

Ouverture de la séance à 9 heures 30.

M. le Professeur Allan R. BREWER–CARIAS (Vênézuéla), rapporteur général, expose les idées principales de son rapport polycopié par le Secrétariat de l'Académie et mis à la disposition des auditeurs.

M. le Président HAZARD (Etats Unis) ouvre la discussion en soulevant les questions du degré de l'autonomie de l'entreprise étatique, de son contrôle extérieur et interne et de sa gestion administrative, en particulier la nécessité de donner aux travailleurs, ou même aux consommateurs, une participation. Faut–il, en outre, reconnaître, en ce qui concerne l'activité commerciale et industrielle des pouvoirs publics, la catégorie d'un droit économique distinct du droit civil et public.

M. le Professeur BROSETA PONT (Espagne), rapporteur national:

La constitution unilatérale d'une société anonyme d'une seule personne par la puissance publique – admise en droit espagnol – doit être considérée comme abus des formes du droit civil. Il ne s'agit pas d'une société anonyme du droit commun. En vérité, cette forme – choisie pour la constitution et gestion de l'entreprise publique – offre à l'Etat un moyen pour échapper au droit administratif en général, arriver à une limitation de sa responsabilité, trouver une forme accréditée et appropriée de la gestion économique.

Il serait nécessaire de délimiter les causes qui permettent à l'Etat la création d'une telle société.

L'étude comparative doit obtenir comme résultat une forme nouvelle de l'entreprise publique qui pourrait être réalisée par les législateurs nationaux.

M. le Professeur DRAGO (France), rapporteur national:

L'orateur souligne le danger pour la vie économique d'un pays non–socialiste qui découle des sociétés privées dont le capital est entièrement aux mains de la puissance publique.

En France, la participation financière *indirecte* de l'Etat sans contrôle et limites représente un risque considérable pour l'économie générale. Cette participation indirecte se montre essentiellement sous deux formes:

1° Des entreprises appartenant à l'Etat créent elles mêmes des filiales qui dépendent des pouvoirs publics.

2° L'Etat crée un holding public dont le seul but est de prendre des participations financières dans les entreprises privées.

M. le Professeur FRIEDMANN (Etats Unis):

Il ne parait pas souhaitable – au moins pour le moment – d'élaborer "la" forme juridique de l'entreprise publique. La quantité des formes disponibles tient compte des tâches différentes et variables des pouvoirs publics.

La forme de l'entreprise publique quasi–autonome n'est pas nécessairement liée à un système planificatif. Dans les pays socialistes l'on pourrait obtenir, en principe, les mêmes résultats en s'appuyant sur des régies de l'Etat. Un contrôle efficace serait également assuré.

M. le Professeur GIANNINI (Italie); rapporteur national:

La qualification et le classement des entreprises publiques est un problème non–authentique. Il ne faut pas envisager le type unique de l'entreprise publique puisqu'un droit développé se caractérise par une variété de possibilités et de solutions apropriées.

Est–ce que les concepts de l'entreprise privée sont entièrement valables pour l'entreprise publique ?

A ce problème authentique il faut répondre à la négative à cause de deux raisons: L'entreprise publique ne connaît pas le secrèt d'établissement et elle est assujetie à un contrôle ce qui paraît inconcevable au droit subjectif de gérer une entreprise privée.

En Italie on discute une nouvelle formule de l'entreprise publique qui tient compte, dans une plus large mésure, de la nature du service (buts fiscaux, publics).

M. le Professeur ROZMARYN (Pologne):

La planification des pays socialistes exige le maintien des entreprises publiques séparées du pouvoir gouvernemental. La gestion du patrimoine social demande des centres d'activité économique dotés d'une certaine autonomie.

L'expérience dans les pays socialistes montre l'utilité de diverses formes de l'entreprise publique. En Pologne, la *loi* définit la notion générale de l'entreprise publique mais il y a, dans les *statuts* de chaque entreprise, des modifications assez importantes selon le but économique spécial.

D'après le droit polonais l'on peut considérer le droit économique soit comme un droit mixte du droit administratif et civil, soit – selon la qualification de l'activité de l'entreprise publique et des moyens utilisés dans l'éspèce – comme appartenant entièrement au droit administratif ou civil. Selon l'opinion de l'orateur le régime juridique de l'entreprise publique n'est plus du droit civil mais non plus du droit public traditionnel. Il y a des éléments nouveaux.

Il est à remarquer qu'en Pologne le développement se poursuit en faveur du droit civil pour mettre les rapports des entreprises publiques sous le régime de celui–ci en raison de l'autonomie plus grande en dehors du droit administratif, à cause de la flexibilité plus étendue et – sous la pression des Syndicats des ouvriers – en raison des salaires plus élévés.

M. le Professeur FRIEDMANN (Etats Unis) pose la question à l'égard de la "Propriété sociale" qui se trouve en Yougoslavie. Estelle différente et nouvelle ?

M. le Professeur HAZARD (Etats Unis):

Le type yougoslave des entreprises autonomes des ouvriers gérant la "propriété sociale" sous un régime de contrôle étatique réduit représente un type de droit intermédiaire qui n'est ni privé ni public. Par exemple, la compétence de nomination de directeurs n'appartient plus à l'autorité administrative centrale mais aux ouvriers eux–mêmes. Les yougoslaves on réduit la bureaucratie de l'Etat qu'ils ont trouvée insupportable.

M. le Professeur MODEEN (Finlande):

M. Modeen donne un bref résumé de son rapport national publié en mettant en lumière la quantité de formes, en Finlande, des entreprises publiques et en indiquant les problèmes essentielles qui se posent à ce sujet dans son pays.

M. le Professeur BREWER–CARIAS (Vénézuéla):

M. le rapporteur général, en résumant les interventions de la séance, souligne notamment:

1° qu'il est d'accord avec l'opinion exprimée de ne pas unifier complètement les diverses formes de l'entreprise publique dans les différents systèmes de droit, mais de les réorganiser.

2° qu'il est necessaire de renforcer et améliorer les moyens de contrôle de l'Etat sur les entreprises publiques.

Les idées et propositions exprimées par le rapport général ont été partagé par la plus grande majorité de l'assemblée.

Conclusions:

1° La création d'un seul type unificateur de l'entreprise publique n'est pas souhaitable.

Sous observation des traditions juridique des différents pays et compte tenu des expériences des pays surtout du système planificatif une réorganisation et amélioration des formes de l'entreprise publique serait utile à l'égard de législations nouvelles.

2° Une activité commerciale et industrielle trop étendue de l'Etat dans les formes du droit privé peut constituer un risque considérable pour l'économie générale d'un pays non–socialiste.

3° Les rapports de l'entreprise publique se développent vers un régime juridique mixte qui est ni entièrement de caractère de droit public ni privé.

Levée de séance à 12 heures 20.

Fait à Uppsala, le 13 août 1966.

(G. Theuerkauf).

LIBRO NOVENO:

RÉGIMEN JURÍDICO DE LAS EMPRESAS PÚBLICAS (1981)

Este Libro Noveno de este Tomo V del *Tratado de Derecho Administrativo* está conformado por el texto del libro: *El régimen jurídico de las empresas públicas en Venezuela*, Ediciones del Centro Latinoamericano de Administración para el Desarrollo, 1ª edición, Caracas 1980, 372 pp.; 2ª edición, Colección Estudios Jurídicos, N° 9, Editorial Jurídica Venezolana, Caracas 1981. El libro, en su segunda edición, estuvo precedido de la siguiente "Nota Introductiva": "La primera edición de esta obra la realizó el Centro Latinoamericano de Administración para el Desarrollo (CLAD), organismo que contribuimos a fundar en 1972 y al cual quisimos darle los derechos de la primera edición, como muestra de nuestro reconocimiento por la labor que ha desplegado en el campo de la investigación sobre las empresas públicas en América Latina. Esta segunda edición no varía nada respecto de la primera, pues aún está pendiente de discusión y sanción el proyecto de Ley Orgánica de la Administración Descentralizada presentado al Congreso en 1976. La difusión de este libro en nuestro país, en todo caso, estoy seguro que contribuirá al conocimiento de la Administración Descentralizada y a la toma de conciencia sobre la necesidad de su urgente reforma. Caracas, enero 1981." En este libro se incorporaron estudios previos como:"Aspectos jurídicos de las relaciones entre el Gobierno Central y las empresas del Estado", *Revista de la Escuela Superior de las Fuerzas Armadas de Cooperación*, Nº 4, Caracas 1974, pp. 83–119; y Aspectos jurídicos de las relaciones entre el Gobierno Central y las empresas del Estado", en *Gobierno y Empresas Públicas en América Latina*, Centro Latinoamericano de Administración para el Desarrollo, SCIAP, Buenos Aires 1978, pp. 151–184.

INTRODUCCIÓN

Uno de los temas de mayor interés en el derecho público contemporáneo, sostenido permanentemente en las últimas tres décadas, y sobre el cual se ha producido una de las más abundantes bibliografías del derecho administrativo[1], ha sido el de las empresas públicas, es decir, el de las organizaciones económicas del Estado para la producción de bienes y servicios.

La actividad empresarial del Estado, en realidad, es un fenómeno nuevo, cuyo verdadero auge se produjo después de la segunda guerra mundial. Tanto en los países socialistas, con las nacionalizaciones de los medios de producción y de las empresas de propiedad privada, como en los países occidentales, con la progresiva intervención del Es-

---

1 Por lo que se refiere a la bibliografía venezolana, deben mencionarse los siguientes trabajos: Allan R. Brewer–Carías, *Las empresas públicas en el derecho comparado,* Caracas 1967; Allan R. Brewer–Carías, "La Ley sobre representación de los trabajadores en los Institutos, organismos de desarrollo económico y empresas del Estado" en *Revista de la Facultad de Desarrollo* UCAB, N° 4, Caracas 1965–1967, pp. 199 a 212; Allan R. Brewer–Carías, "El control fiscal externo sobre las empresas públicas" en *Boletín de la Biblioteca de los Tribunales del Distrito Federal,* N° 17, Caracas 1967–1968, pp. 7 a 31; Allan R. Brewer–Carías, "El control de las empresas públicas por grupos de intereses de la comunidad", en *Revista Internacional de Ciencias Administrativas,* Vol. XXXIII, N° 1, Bruselas 1967 pp. 47 a 57; Allan R. Brewer–Carías, *El control de las actividades económicas del Estado en el derecho venezolano,* Caracas 1969; Allan R, Brewer–Carías, "Introducción al Régimen Legal de las Empresas Públicas en Venezuela" en *Revista de la Facultad de Derecho* UCAB, N° 21, Caracas 1975–1976, pp. 83 a 120; Allan R. Brewer–Carías, "Algunos aspectos jurídicos de las relaciones entre el gobierno central y las empresas del Estado", en CLAD, *Gobierno y empresas públicas en América Latina,* Buenos Aires 1978, pp. 151 a 184 y en *Revista de la Escuela Superior de las Fuerzas Armadas de Cooperación,* N° 4, Caracas, 1974, pp. 83 a 119; Allan R. Brewer–Carías, "El régimen de competencia entre empresas públicas y empresas privadas en el sistema económico venezolano", en *Ponencias venezolanas al X Congreso Internacional de Derecho Comparado Budapest 1978,* Caracas 1978, pp. 261 a 300; Allan R. Brewer–Carías, *Las empresas públicas y las empresas privadas en el sistema económico venezolano,* documento multigrafiado presentado en la Mesa Redonda sobre Las empresas públicas en América Latina, organizada por la ALAP, México, Nov. 1978; y en el Seminario sobre La empresa pública en el desarrollo industrial de Latinoamérica, el Caribe y España, organizado por el CLAD, Madrid, Febrero 1979; Allan R. Brewer–Carías, "Consideraciones sobre el Régimen Jurídico Administrativo de Petróleos de Venezuela S.A." en *Revista de Hacienda,* N° 67, Caracas 1977, pp. 79 a 99; Enrique Viloria, "Las funciones de la empresa pública en América Latina", en *Revista Latinoamericana de Administración Pública,* N° 2, Bogotá 1974, pp. 20 a 28; Enrique Viloria V., "Análisis de la experiencia del holding de Empresas Públicas con especial referencia al caso venezolano" en *Revista de Control Fiscal* N° 79, Caracas 1975, pp. 7 a 53; Enrique Viloria Vera, *Estado, Desarrollo y Empresa Pública en Venezuela,* documento presentado al Seminario Internacional para la planificación en las empresas de propiedad pública en los países en vías de desarrollo, Yugoslavia (documento multigrafiado), Sept., 1974; Nicolás Rodríguez Perego, "Consideraciones Jurídicas sobre la organización de Empresas del Estado" en *Revista de Control fiscal,* N° 88, Caracas 1978, pp., 25 a 43; Isabel Boscán de Ruesta, *El l'Holding" en la organización del sector económico público,* Caracas 1975; Gabriel Ruán Santos, "Líneas Fundamentales de los entes públicos de gestión en el derecho italiano" en *Doctrina de la Procuraduría General de la República 1974,* Caracas 1975, pp. 81 a 114; Josefina Calcano de Temeltas, *Las formas de integración y de control de las empresas estatales de servicio público,* Documento presentado a la II Conferencia Venezolana de Empresas Estatales de Servicio Público (multigrafiado), Caracas 1975; Horacio Boneo, *Una propuesta para la reestructuración del sistema de empresas públicas venezolanas,* PNUD. Proyecto VEN–534 (Multigrafiado), Caracas, marzo 1974; Héctor Grisanti Luciani, "Aspectos del Control Fiscal en las empresas del Estado" en *Repertorio Forense,* N° 4341, Caracas, 31 octubre 1978, pp. 1 a 16; Humberto J. La Roche,' "Las Empresas Mixtas en Venezuela y su control por el Estado", *Revista de la Facultad de Derecho,* LUZ, N° 28, Maracaibo 1970, pp., 9 a 32; Terry Lynn Karl, *Political Power and the entrepreneurial State: The reform of State Enterprises in Venezuela,* documento presentado al National Meeting of the Latin American Studies Asociation, (multigrafiado), Pittsburgh, abril 1979; Contraloría General de la República, "EL control del sector descentralizado de la Administración Pública Nacional", *Revista de Control Fiscal,* N° 80, Caracas 1975, pp. 87 a 113; Jesús Caballero Ortíz, *Les entreprises publiques en Droit Vénézuélien* (multigrafiado), París 1978; Jesús Caballero Ortíz, "La participación de los trabajadores en los órganos de dirección de las Empresas Públicas en Venezuela", en *Revista de Control Fiscal,* N° 94, Caracas 1979, pp. 39 a 59; Juan Garrido y Nelson Socorro, *Las Empresas del Estado en Venezuela. Estudio Jurídico* (multigrafiado), Caracas 1978; Pedro R. Tinoco h., artículos sobre "El Sistema Nacional de Empresas del Estado" en *Revista Resumen,* N° 98, 21–9–75, p. 16; N° 102, 19–10–75, p. 31; N° 103, 26–10–75, p. 17; N° 104, 2–11–75, p. 21; N° 105, 9–11–75, p, 10; N° 106, 16–11–75, p. 16 y N° 107, 23–11–75; y Enrique Silva Cimma, "La Ley Orgánica de la Contraloría General de la República y las Empresas Públicas" en *Revista de Control Fiscal,* N° 84, Caracas 1977, pp. 101 y ss.

tado en la economía, las empresas en manos del Estado provocaron un cuestionamiento de los principios jurídicos tradicionales del derecho público.

En los países socialistas, jurídicamente hablando, apareció una nueva figura que requirió de un ordenamiento propio, distinto de los tradicionales públicos y privados: la empresa nacionalizada, sometida a las nuevas normas emergentes de la transformación de las estructuras económicas.

En los países occidentales, la aparición de las empresas públicas, rompió los moldes clásicos del derecho administrativo: este dejó de ser el ordenamiento exclusivo de los entes "públicos", sometidos al "derecho público" en su actuar y que cumplían finalidades exclusivamente "públicas" y empezó a ser el ordenamiento propio, también, de los entes que aún cuando enmarcados en la organización general del Estado, tenían forma de derecho comercial, estaban sometidos a normas preponderantemente del Código de Comercio, y cumplían finalidades industriales o comerciales, como cualquier particular. El Derecho Administrativo tuvo, así, que transformarse por este proceso de intervención del Estado en la economía, y en particular, por la intervención activa a través de la asunción de empresas.

Pero este fenómeno empresarial del Estado varió, también, las clásicas formas de la actividad administrativa del mismo. Hasta la década de los años cuarenta, el Estado tenía tres funciones administrativas clásicas: actividad de policía, actividad de fomento y actividad de servicio público. Eran las actividades propias del Estado Regulador y de Control, del Estado de Fomento y del Estado de Servicios Públicos que se desarrolló mediante los sucesivos correctivos al Estado Liberal del siglo pasado.

Pero a partir de la década de los cuarenta, el Estado comenzó a moldear una nueva forma de su actividad administrativa, acumulable a las tres clásicas (policía, fomento y servicio público), configurada por la "gestión económica". El Estado en el mundo contemporáneo, como promotor y agente del desarrollo económico y social, al tener que conformar la realidad económica y social, y asumir su gestión, se nos muestra ahora, además, con dos nuevas facetas, hoy más importantes que las otras: las del Estado Empresario y las del Estado Planificados

En Venezuela, sin duda, a partir de la década de los años cuarenta el Estado siguió esa misma evolución y acumuló esas diversas facetas. El Estado ha venido asumiendo un papel cada vez más activo en la economía ayudado por el ingreso petrolero. En la actualidad, quiérase o no, el Estado es el más grande empleador, el más grande comprador, el más grande financista, el más grande inversionista, el más grande constructor, y el más grande empresario. Después de la nacionalización del Petróleo y del Hierro, el Estado genera en Venezuela, directamente, más del 41% del Producto Territorial Bruto, y el Gasto Público consolidado (Administración Central y Descentralizada), alcanza una suma que equivale al 65% de dicho Producto Territorial Bruto[2].

Pero dentro de ese sector público poderosísimo, el área de las entidades descentralizadas y, dentro de éstas, las que cumplen actividades económicas industriales o comerciales, es decir, las empresas públicas, constituyen la parte de *mayor* importancia. Como se indica más adelante, el 72% del Gasto Público Consolidado se eroga a través de las entidades descentralizadas en general, en su mayoría, con actividades empresariales. Se comprenderá, entonces, la importancia que tiene, en nuestro país, el estudio de las empresas públicas.

---

2 *V.* Mauricio García Araujo, *La Economía Venezolana* (multigrafiado), Sept. 1979.

Por supuesto, y ante todo, existe un evidente interés jurídico en el estudio de la actividad empresarial del Estado, pues si algo ha caracterizado la evolución de su intervención en la vida económica, como empresario, ha sido su carácter desordenado, derivado de las exigencias de la coyuntura económico–social. De allí, también, la preocupación ya vieja, por reformar la organización de las empresas del Estado.

Este libro es, así, hasta cierto punto, un balance al momento actual tanto del régimen legal existente respecto de las empresas públicas, como de los intentos de regulación integral y de reforma de sus formas jurídicas, organización y control. La problemática, a la cual ya anteriormente hemos dedicado otros estudios[3], la abordaremos en las siguientes partes: La Primera Parte, destinada al estudio de las Empresas Públicas dentro del Marco del Estado Democrático y Social de Derecho, en la cual se analizan las características, tanto del sistema económico venezolano como sistema de economía mixta, como del fenómeno de descentralización administrativa funcional que le ha sido tan característico, y que ha facilitado la aparición de las empresas públicas. En particular, se precisan las diversas formas de descentralización para ubicar en ellas, las empresas públicas y se estudian las principales características de las empresas públicas venezolanas.

La Segunda Parte, destinada a analizar los Elementos Básicos del Régimen Legal de las Empresas Públicas en Venezuela, a través del estudio de los principales cuerpos normativos aplicables a las empresas públicas; de las relaciones entre las empresas públicas y las empresas privadas; de los diversos tipos legales de las empresas públicas y de sus formas de creación; y de los principales cambios operados en el régimen legal de las empresas públicas en los últimos años.

La Tercera Parte, destinada al estudio de las relaciones entre la Administración Central y las empresas públicas, tanto aquellas con Forma de derecho público como las que tienen forma societaria (empresas del Estado), en la cual se estudian las modalidades de control administrativo directo sobre las empresas públicas; las formas de organización piramidal que se han venido estructurando respecto de empresas públicas en determinados sectores o áreas económicas regionales, como medios para facilitar el control de las mismas y racionalizar sus vínculos con la Administración Central; y dentro de estas formas de organización, destacar el caso de la organización de la industria petrolera nacionalizada, con Petróleos de Venezuela S. A., como empresa matriz.

La Cuarta Parte, destinada a analizar los Quince Años de Proyectos de reforma de la Administración Descentralizada en Venezuela, desde 1961 a 1976, en la cual se estudian, sucesivamente, los Estudios y Proyectos de 1960–1961, en especial, el Proyecto de Ley de Instituciones Autónomas de 1961; el Proyecto de Ley de Institutos Autónomos y Empresas del Estado de 1968; las reformas de 1970, en particular, respecto de los institutos autónomos; los Proyectos de 1971–1972, en particular, el Proyecto de Ley Orgánica de Entidades Descentralizadas de 1972; el Proyecto de Ley del Sistema Nacional de Empresas del Estado de 1974; y las Reformas de 1974 a 1977.

La Quinta Parte, destinada al estudio del Anteproyecto de Reforma de la Administración Descentralizada que se formuló en 1976, y que condujo a la presentación, al Congreso, del Proyecto de Ley Orgánica de la Administración Descentralizada en 1976, el cual aún se discute actualmente. En esa parte se exponen los motivos del texto original del anteproyecto de 1975 que le sirvió de base, y los lineamientos generales para la re-

3 *V.* la bibliografía *cit*ada en la Nota N° 1 de esta Introducción

organización de la administración descentralizada y de las empresas públicas venezolanas, que se formularon.

La Sexta Parte, destinada a exponer el universo de las entidades descentralizadas en la organización administrativa venezolana, las empresas públicas y las participaciones del Estado en sociedades mercantiles. A tal efecto se ha elaborado una lista sistematizada de las mismas.

En una forma u otra el autor se ha visto envuelto en todo este proceso de formulación del régimen de las empresas públicas venezolanas y de su reforma: fue secretario de la Comisión que redactó el Proyecto de Ley de 1961; fue Ponente del Proyecto de Ley de 1968; fue actor, como Presidente de la Comisión de Administración Pública de la Presidencia de la República (1969–1972), de las reformas de ese período y co–redactor del Proyecto de Ley de 1972; fue crítico directo del Proyecto de Ley de 1974; y fue Ponente del Anteproyecto de 1975 que dio origen al Proyecto de 1976. Esta sola participación activa en el proceso, además de la preocupación académica por el tema despertada inicialmente por la necesidad de redactar la Ponencia General sobre "Las actividades industriales y comerciales del Estado" para el VII Congreso Internacional de Derecho Comparado celebrado en Uppsala, Suecia, en 1966[4] justifican ahora la aparición de este estudio.

Sin embargo, la motivación inicial concreta de este libro, y su antecedente inmediato, está en la redacción de un documento para el Instituto para la Integración de América Latina (INTAL), destinado a una investigación comparativa que adelantaba dicho organismo sobre "El régimen legal de las empresas públicas latinoamericanas y su acción internacional", elaborado en 1976[5]

Sección Primera: LAS EMPRESAS PÚBLICAS DENTRO DEL MARCO DEL ESTADO DEMOCRÁTICO Y SOCIAL DE DERECHO

Sin lugar a dudas, una de las características del Estado en Venezuela, en el último cuarto del siglo XX, es su participación decisiva en el proceso económico. El Estado no sólo regula la actividad económica de los particulares, planifica su acción y orienta la del sector privado, sino que también participa activamente en la economía, se muestra cada vez más como un Estado Empresario, que extrae e industrializa el petróleo y el hierro, que explota empresas de transporte, que produce azúcar, que comercializa bienes de consumo y hasta es hotelero. Esta imagen del Estado Empresario es cada vez más común, pues en muchos casos, es la imagen que llega a los particulares consumidores o usuarios.

La empresa pública, por tanto, antaño vista como un atentado a la libertad económica de los particulares, hoy ha entrado en las costumbres de la acción estatal. Si algo caracteriza al Estado Social de Derecho[6] es precisamente, ahora, su actividad empresarial.

---

4 *V.* Allan R. Brewer–Carías, "Le régime des activités industrielles et commerciales des pouvoirs publics en droit comparé" en Rapports *Généraux an Vile Congrès International de Droit Comparé, Uppsala* 6–13 *août* 1966, Stockholm, 1968, pp. 484 a 565. Este estudio dio origen al libro *Las Empresas Públicas en el Derecho Comparado,* Caracas, 1967, publicado en su versión en francés, como *Les Entreprises Publiques en Droit Comparé,* París 1968.

5 Hasta el presente han aparecido dos volúmenes con los documentos relativos a Argentina, Brasil y México (Vol. I) y a Chile, Paraguay y Uruguay (Vol. II), Buenos Aires, 1977.

6 *V.* Allan R. Brewer–Carías, Cambio Político y Reforma del Estado en Venezuela, Madrid, 1975.

Pero para que este fenómeno de la intervención activa del Estado haya sido aceptado, fue necesario la producción de cambios en el sistema económico. El viejo esquema del Estado liberal, hoy cada vez más cuestionado[7], no resistía el empuje de la actividad empresarial del sector público. Fue necesario, en los países de formación capitalista, llegar a un sistema de economía mixta que otorgara al Estado potestades propias y directas para actuar en el proceso económico.

En esta Primera Parte, por tanto, destinada a estudiar a las empresas públicas dentro del cuadro del Estado Social y Democrático de Derecho nos interesa destacar, en primer lugar, las características del sistema económico venezolano como un sistema de economía mixta; en segundo lugar, el fenómeno de descentralización administrativa funcional, característico del Estado Contemporáneo, y que tanto ha contribuido al desarrollo de la función empresarial del Estado; en tercer lugar, precisar las diversas formas de la descentralización funcional y ubicar, en ellas, la actividad empresarial del Estado; y concluir, estudiando las principales características de las empresas públicas en Venezuela.

I. EL SISTEMA ECONÓMICO VENEZOLANO COMO UN SISTEMA DE ECONOMÍA MIXTA

En efecto, dentro de los regímenes político–económicos contemporáneos y entre las sistemas capitalista y socialista, se ha venido configurando un estadio intermedio denominado de economía mixta, en el cual el papel del Estado, como empresario o regulador de la vida económica, se ha convertido en lo suficientemente importante para poner en duda todos los calificativos de capitalistas o de libre empresa comunes a todos los países no socialistas, pero no tan absolutamente importante como para justificar el calificativo de socialista a los países que están en este estadio intermedio [8]. Venezuela, indudablemente, puede ubicarse dentro de estos sistemas de economía mixta.

En efecto, los fundamentos del sistema económico venezolano están determinados con precisión en el texto constitucional, en el capítulo dedicado a los derechos económicos, en los siguientes términos:

> *Art 95.* El régimen económico de la República se fundamentará en principios de justicia social que aseguren a todos una existencia digna y provechosa para la colectividad.
>
> El Estado promoverá el desarrollo económico y la diversificación de la producción, con el fin de crear nuevas fuentes de riqueza, aumentar el nivel de ingresos de la población y fortalecer la soberanía económica del país.
>
> *Art. 96.* Todos pueden dedicarse libremente a la actividad lucrativa de su preferencia sin más limitaciones que las previstas en esta Constitución y las que establezcan las leyes por razones de seguridad, de sanidad u otras de interés social.
>
> La ley dictará normas para impedir la usura, la indebida elevación de los precios y, en general, las maniobras abusivas encaminadas a obstruir o restringir la libertad económica.

---

7 *V.* Celso Furtado, *El conocimiento económico de América Latina,* documento presentado al Seminario: América Latina: Conciencia y Nación, USB, Caracas 3–7 de mayo de 1976, editado en U.S.B., *América Latina: Conciencia y Nación. Un nuevo enfoque sobre su tiempo y perspectiva,* Caracas 1977, pp. 73–86.

8 *Cfr.* W. Friedmann, *The State and the rule of Law in a Mixted Economy*, London 1971, p. 2; Eduardo White, *El derecho económico en América Latina*, Caracas 1977.

Art. 97. No se permitirán monopolios. Sólo podrán otorgarse, en conformidad con la ley, concesiones con carácter de exclusividad, y per tiempo limitado, para el establecimiento y explotación de obras y servicios de interés público.

El Estado podrá reservarse determinadas industrias, explotaciones o servicios de interés público por razones de conveniencia nacional, y propenderá a la creación y desarrollo de una industria básica pesada bajo su control.

La Ley determinará lo concerniente a las industrias promovidas y dirigidas por el Estado.

Art. 98. El Estado protegerá la iniciativa privada, sin perjuicio de la facultad de dictar medidas para planificar, racionalizar y fomentar la producción, y regular la circulación, distribución y consumo de la riqueza, a fin de impulsar el desarrollo económico del país.

Tal como puede deducirse claramente de los cuatro artículos transcritos de la Constitución, el sistema venezolano no se encuentra ubicado totalmente ni dentro de las llamadas "economías de mercado", donde la libre competencia es la regla y las intervenciones (reguladoras o activas) del Estado son la excepción; ni dentro de las denominadas "economías socialistas", donde la propiedad de los medios de producción se ha estatizado o socializado totalmente. El sistema económico venezolano, constitucional y realmente, es un sistema de economía mixta [9] que si bien protege "la iniciativa privada", permite al Estado una gran e ilimitada intervención, no sólo de carácter regulador, sino activa, como Estado Empresario. Por tanto, puede decirse que en el sistema económico venezolano el "sector privado" de la economía no es la regla, y el sector público la excepción. Es decir, el sector público y la intervención del Estado en la vida económica no es subsidiaria respecto al sector privado en aquellas áreas en que éste no podía cumplir satisfactoriamente con las exigencias del proceso económico; sino que, al contrario, se consagra constitucionalmente un sistema de economía mixta en el cual el Estado puede tener una amplísima participación sometida materialmente a muy pocos limites: el ámbito del sector público respecto del sector privado, por tanto, dependerá de la política económica y social concreta del gobierno.

Tal como lo ha precisado la Corte Suprema: "Las actividades del sector público pueden aumentar en la misma medida en que disminuyen las del sector privado, o viceversa, de acuerdo con el uso que hagan las autoridades competentes de los poderes que les confiere el constituyente en las citadas disposiciones".

"Y en razón de ello, es posible que un servicio pase del sector público él sector privado, para que sea explotado como actividad comercial o industrial con fines de lucro, o que el Estado reasuma la responsabilidad de prestar el servicio directamente o por medio de un órgano contratado por él, entre otros motivos por razones de "conveniencia nacional", según dice el constituyente, en las disposiciones antes citadas"[10].

---

9 *V.*, en general, sobre el sistema económico venezolano, M. Rachadell, "El sistema jurídico–económico de Economía Mixta y la planificación del desarrollo en Venezuela" en *Revista de Control Fiscal,* N° 84, Caracas 1977, pp., 147 y ss.; Enrique Meier E., "Los principios generales del Régimen Económico en la Constitución de 1961" en *Jornadas de Derecho Mercantil,* UCAB 1978, pp. 581 y ss.; Tomás E. Carrillo Batalla, "El sistema económico constitucional venezolano" en *Estudios sobre la Constitución. Libro Homenaje a Rafael Caldera,* UCV, Caracas 1979, Tomo II, pp. 901 y ss.; José A. Mayobre, "Derechas Económicos", *Idem,* Tomo II, pp. 1119 y ss.; Allan R. Brewer–Carías, "El derecho de propiedad y la libertad económica. Evolución y situación actual en Venezuela", *Ibídem,* Tomo II, pp. 1139 y ss.; y Allan R. Brewer–Carías, "El Estado dentro de un sistema de Economía Mixta" en *Derecho Administrativo,* Tomo I, Caracas 1975, pp. 114 y ss.

10 *V.* Sentencia de la CSJ en SPA de 5–10–70 en *Gaceta Oficial* (en lo adelante, *G.O.)* N° 1447, Ext., de 15–12–70, p. 11. *V.* además en Allan–R. Brewer–Carías, *Jurisprudencia de la Corte Suprema 1930–1974 y Estudios de Derecho–Administrativo,* Tomo I, Caracas 1975, pp. 133 y ss.

La importancia fundamental de la fórmula constitucional venezolana está, quizás, en que significa un abandono total a la vieja fórmula liberal –todavía novedosa para algunos neoliberales– del principio de la subsidiariedad del Estado en relación a la iniciativa privada. Según este principio, los entes públicos únicamente deben intervenir para suplir la inexistencia o defectuosa actuación de la iniciativa privada, o en otras palabras, debe haber "abstención de toda intervención allí donde el libre juego de la iniciativa privada es más que suficiente para satisfacer adecuadamente las necesidades públicas"[11], Al contrario, en el régimen venezolano, la intervención estatal ni es subsidiaria de la iniciativa privada ni tiene límites y ella estará directamente condicionada por la consecución de los fines que tiene el Estado[12], y la política gubernamental concreta que se desarrolle.

En todo caso, la consagración del carácter mixto del sistema económico venezolano y la amplia habilitación constitucional dada al Estado para intervenir en la vida económica, se ha hecho partiendo de una consideración que es hasta cierto punto uno de los fines de la sociedad y del Estado: la búsqueda del desarrollo económico y social del país. El objetivo fundamental de promover, impulsar y fomentar el desarrollo económico y social no solo orienta la normativa constitucional, sino que forma parte de la regulación del texto fundamental en los artículos transcritos anteriormente. Por ello, la intervención del Estado en la economía y el carácter no subsidiario de la misma, no pueden considerarse como un componente más del sistema económico al igual que cualquier otro aspecto del sector privado, sino que cualquier enfoque que se haga del sector público, ha de tener en cuenta la finalidad de su ámbito y actuación dentro del sistema económico: propugnar el desarrollo económico y social. En esta forma, por tanto, el sector público no tiene ni puede tener dentro del sistema económico venezolano, el mismo tratamiento que el sector privado. Si el Estado ha decidido asumir y desarrollar directamente la industria petrolera y petroquímica, la industria siderúrgica, la industria del gas natural, la comercialización de los productos derivados del petróleo, para sólo hacer referencia a aquellas actividades que no constituyen un servicio público en sentido estricto, ello no lo ha hecho con el solo criterio especulativo o de obtención de un beneficio económico, como sería el principal criterio de las actividades desarrolladas por el sector privado, sino básicamente como instrumento para asegurar la soberanía económica del país, promover su desarrollo económico y social, y elevar el nivel de vida de la población a través de mecanismos de redistribución de la riqueza.

Tal como lo ha precisado la Corte Suprema: no son idénticos los motivos que determinan la acción estadal y la de los particulares en los campos que, respectivamente, le sean asignados: la satisfacción de las necesidades colectivas constituye uno de los fines del Estado y no la ocasión o el medio de obtener una ganancia, ni aún en el caso de que los usuarios estén obligados a pagar una retribución por el servicio que se les preste. En cambio, es la especulación entendida en el sentido de obtener un beneficio lícito en el ejercicio de una actividad lucrativa, lo que impulsa generalmente a los particulares a encargarse de la gestión de servicios de utilidad pública. Por tanto, lo que es para los

11 *V.* J. González Pérez, *El Administrado,* Madrid, 1966, pp. 55 y 58, Véase en relación a Venezuela los trabajos de H. Pérez Dupuy, y entre ellos, *El liberalismo económico y la economía dirigida,* Buenos Aires, 1963, y *La economía libre y sus ventajas,* Caracas, 1959.

12 Tal como se indica en el Preámbulo de la Constitución.

particulares un simple negocio, puede significar para el Estado, en la generalidad de los casos, el cumplimiento de un deber insoslayable"[13].

Ahora bien, conforme a la habilitación constitucional que tiene el Estado de intervenir en la vida económica y social, el Estado en Venezuela, para el cumplimiento de sus fines, ha venido adoptando varias funciones. En primer lugar, las del *Estado regulador y de control,* cuando la intervención se limita a regular legalmente y controlar las actividades privadas, por ejemplo, en leyes como las de Protección al Consumidor, de Bancos y otros Institutos de Crédito, o de Empresas de Seguros y Reaseguros. En segundo lugar, las del *Estado -promotor o de fomento,* cuando la intervención del Estado se orienta a estimular las iniciativas privadas en ciertas áreas de la economía, por ejemplo, en leyes como las del Mercado de Capitales, que busca estimular y canalizar la participación del ahorro privado en empresas. En tercer lugar, las del *Estado prestador de servicios,* cuando la intervención del Estado se convierte en directa y activa, por la asunción, por él mismo, generalmente con carácter de monopolio, de ciertas actividades con carácter de servicio público; tal es el caso, por ejemplo, de los servicios de correos reservados al Estado. En cuarto lugar, las del *Estado empresario,* cuando la intervención del Estado también es activa y directa, pero en actividades industriales y comerciales que no tienen el carácter de servicios públicos; tal es el caso de las industrias que el Estado se ha reservado o de las actividades industriales o comerciales que ejerce a través de sus Empresas, en concurrencia con el sector privado; y en quinto lugar, las del *Estado planificador,* cuando la intervención del Estado tiene por objeto ordenar la totalidad de la economía hacia la consecución de objetivos de desarrollo en un plazo determinado de tiempo, mediante técnicas de planificación del desarrollo económico y social[14].

II. EL FENÓMENO DE LA DESCENTRALIZACIÓN ADMINISTRATIVA

La empresa pública es, sin duda, desde el punto de vista jurídico, un fenómeno en el Estado contemporáneo, que va parejo a la tendencia descentralizadora de las estructuras administrativas.

En este sentido, Venezuela tampoco ha escapado del fenómeno universal de crecimiento, generalmente inorgánico, de la administración descentralizada, es decir, de los establecimientos públicos, particularmente, de los institutos autónomos y de las empresas del Estado. Este fenómeno, hasta cierto punto, puede considerarse como una característica de la transición del Estado Liberal tradicional abstencionista al Estado Social de Derecho, pues éste, ante la incapacidad de su estructura tradicional ministerial para asumir los nuevos cometidos que las exigencias económicas y sociales le fueron planteando, optó por establecer una estructura administrativa paralela a la administración central: la administración descentralizada.

Esta realidad incontestable e importantísima de la administración descentralizada, cuyo desbordante crecimiento en Venezuela se ha producido en menos de cincuenta años,

---

13 *V.* Sentencia de la CSJ en SPA de 5–10–70 en *G.O.* Nº 1447, Extr., de 15–12–70, p. 11.

14 Sobre estas diversas facetas del Estado véase: Allan R. Brewer–Carías, "La intervención del Estado en la actividad mercantil" en *Jornadas dé Derecho Mercantil,* UCAB, Caracas, 1978, pp., 529 y ss.; y Allan R. Brewer–Carías, "El Estado Contemporáneo en Venezuela", en *Política, Estado y Administración Pública,* Caracas 1979, pp. 39 y ss. Véase, asimismo, Emilio Ramos de la Rosa, "La intervención del Estado en la actividad económica" en *Jornadas de Derecho Mercantil, cit.,* pp. 625 y ss.

por supuesto que ha provocado la ruptura de los moldes y esquemas tradicionales de la administración pública y del derecho administrativo. En efecto, la estructura ministerial, tan importante durante más de un siglo en Venezuela, comenzó a declinar a partir de la década de los años cincuenta, cuando se produce un verdadero florecimiento de la administración descentralizada, lo cual se acentuó en la década de los sesenta.

Por otra parte, la forma organizativa que se adoptó en cada caso en la administración descentralizada, fue tan variada, que en la actualidad, lejos de existir una o dos fórmulas para su operación, existe un museo viviente de tipos diferentes de establecimientos públicos, institutos autónomos y empresas del Estado, que concurren con los Ministerios y muchas veces contra ellos, en la realización de los fines del Estado. Las formas de la actividad administrativa de acuerdo a los criterios comúnmente empleados en el Derecho Administrativo, con el crecimiento de aquellos, también han pasado de las actividades tradicionales de policía, fomento y servicio público, hacia las de gestión económica, en las cuales el Estado asume la realización directa de actividades industriales o comerciales, con carácter de exclusividad o en concurrencia con los particulares[15].

1. Evolución histórica

A. La descentralización en el Estado tradicional: 1928–1945

Ahora bien, en Venezuela, el crecimiento de la administración descentralizada[16] mediante la creación de entes jurídicos separados de la estructura ministerial tradicional para la realización de los nuevos cometidos que el Estado ha ido asumiendo a todo lo largo de este siglo, se inició en 1928 con la creación del Banco Obrero (BO) y del Banco Agrícola y Pecuario (BAP); el primero como entidad financiera, de construcción y de administración de viviendas; y el segundo como entidad financiera y de fomento de la agricultura, la cría y la pesquería con funciones posteriores en el campo de la comercialización de productos agrícolas. Estos fueron los dos institutos autónomos creados en la década de los años veinte. En la década de los treinta, y particularmente, con posterioridad a la muerte de Gómez en 1935, el Gobierno de transición iniciado en 1936 dio un gran impulso a la creación de entidades descentralizadas, iniciándose así una política de intervención estatal en la vida económica y social, lo cual, como se dijo, marca el inicio de la transformación del Estado Liberal tradicional en el Estado Social de Derecho de las últimas décadas. En efecto, en 1937 se creó la Línea Aeropostal Venezolana (LAV), como instituto autónomo, cuya función inicial fue el desarrollo del transporte aéreo en el interior del país. Ese mismo año se creó el Banco Industrial de Venezuela (BIV), cuya forma híbrida de establecimiento público de capital mixto con posibilidad de participación de capital privado, muestra la forma tímida como el Estado comenzó a intervenir en campos puramente económicos, como el que le correspondía a dicha institución bancaria. Dentro de la misma orientación, en 1938, se creó el Banco Central de Venezuela, también como establecimiento público de capital mixto, en el cual participa

---

15 *Cfr.* sobre esto Allan–R. Brewer–Carías, *Las Empresas Públicas en el Derecho Comparado.* Caracas, 1968, pp. 23 y ss., y en la nota introductiva a Allan R. Brewer–Carías, *El Régimen jurídico–Administrativo de la Nacionalidad y Ciudadanía Venezolanas.* Caracas, 1965, p. 8.

16 *V.* Comisión de Administración Pública (CAP*), Informe sobre la Reforma de la Administración Pública Nacional.* Caracas, 1972, Vol. I, pp. 300 y ss.; Allan–R. Brewer–Carías, *Cambio Político y Reforma del Estado en Venezuela*, *cit.*, pp. 387 y ss.

el capital privado, cuyas funciones esenciales han sido las de realizar todo el control y regulación de los aspectos monetarios y crediticios del país. En el año 1938 se crearon dos instituciones fundamentales en el campo social: el Instituto Nacional de Higiene y el Consejo Venezolano del niño (CVN). En 1940 se crea el Instituto Venezolano del Seguro Social (IVSS), aún cuando su funcionamiento comienza en 1944; y en 1943 se crea el Instituto Nacional de Obras Sanitarias (INOS), el cual absorbió, en 1958, el Instituto Autónomo de Abastecimiento de Agua para Margarita y Coche, creado ese mismo año. En 1943 se creó el Instituto Autónomo de la Ciudad Universitaria, que tuvo a su cargo la construcción de la sede de la Universidad Central de Venezuela, corporación autónoma que posteriormente absorbió sus funciones en 1958.

B. La descentralización de la post–guerra

Después del golpe de estado que llevo en 1945 al Partido Acción Democrática (AD) al poder, se produjo el inicio de otro repentino incremento de la administración descentralizada, debido a la vocación populista intervencionista del Gobierno en el campo económico *y* social. En esta forma, en 1946 se crearon seis institutos autónomos: ;1 Instituto Autónomo Administración de Ferrocarriles del Estado, creado para asumir la administración de los ferrocarriles expropiados a las empresas inglesas y alemanas; el Patronato Nacional de Comedores Escolares, posteriormente absorbido por el Instituto Nacional de Nutrición; la Corporación Venezolana de Fomento, para estimular financieramente el desarrollo económico del país; el Instituto Pro–Alimentación Popular y el Consejo Nacional de Universidades, posteriormente extinguidos como institutos autónomos. En 1947 se constituyó también como empresa del Estado el Centro Simón Bolívar C.A., (CSB), que ha actuado como agencia de renovación urbana en el centro de Caracas; y se creó el Instituto Autónomo Diques y Astilleros Nacionales CIADAN), recientemente transformado en empresa del Estado.

Con posterioridad a la caída del régimen democrático en 1948 y durante el período de la dictadura de Pérez Jiménez hasta 1958, se produjo un particular florecimiento de la administración descentralizada, creándose en dicha década 17 organismos, como consecuencia del auge del petróleo y la demanda de nuevos servicios derivada del incremento de la población. En efecto, en 1948 se creó el Consejo de Bienestar Rural bajo la forma de asociación civil auspiciada por el Estado. En 1948 se creó el Instituto Nacional de Deportes, se transformó el Instituto Técnico de Inmigración y Colonización en el Instituto Agrario Nacional y se constituyó el Banco de Fomento Comercial de Venezuela, como filial de la Corporación Venezolana de Fomento. Ese mismo año, las acciones sociales del Estado fueron reforzadas con la creación del Instituto de Previsión Social de las Fuerzas Armadas Nacionales (IPSFAN), del Instituto de Previsión y Asistencia Social para el personal del Ministerio de Educación (IPASME); del Patronato Nacional de Ancianos e Inválidos; y del Instituto Nacional de Nutrición que posteriormente, en 1968, absorbió al Patronato Nacional de Comedores Escolares. Bajo la forma de sociedad anónima, se constituyeron en 1950, la empresa Minas de Carbón de Lobatera, y en 1951 el Banco de Fomento Regional de los Andes. En 1952 se creó el Instituto Nacional de Canalizaciones, destinado fundamentalmente a permitir la navegación en el rio Orinoco y el Lago de Maracaibo. La Caja de Trabajo Penitenciario fue creada en 1953 para fomentar el trabajo en las cárceles y prisiones, y en ese mismo año se creó el Círculo de las Fuerzas Armadas. Como sociedad mercantil se constituyó la Transportadora Marítima Venezolana en 1953. El año siguiente se creó el Instituto Venezolano de

Neurología e Investigaciones Cerebrales, el cual se transformó, en 1959, en el Instituto Venezolano de Investigaciones Científicas (IVIC), así mismo, ese año se creó el Instituto para la Capacitación y Recreación de los Trabajadores (INCRET) y el Estado adquirió la totalidad de las acciones de la Compañía Nacional Teléfonos de Venezuela (CANTV), antes de capital mixto con participación de capital inglés. El 1955 se constituyó la Corporación Nacional de Hoteles y Turismo (CONAHOTU) y la Compañía Anónima Venezolana de Navegación (CAVN), ambas como compañías anónimas de capital público, habiéndose transformado parte de la primera, en 1973, en un instituto autónomo: la Corporación de Turismo de Venezuela. En 1956 se crearon dos nuevos institutos autónomos: el Hospital Universitario de Caracas y el Instituto Venezolano de Petroquímica, transformado, en 1976 en una de las empresas filiales de Petróleos de Venezuela C.A.; y una compañía anónima: el Banco de Fomento Regional del Estado Zulia.

C. La descentralización en el Estado democrático

Con motivo de la caída del Gobierno de Pérez Jiménez en 1958, el Gobierno provisional durante ese año y el siguiente, le dio un impulso decisivo al crecimiento de la administración descentralizada. En efecto, en 1958 se creó el Instituto Nacional de Hipódromos, el Instituto de Oficiales de las Fuerzas Armadas en Situación de Disponibilidad y Retiro, y la Universidad de Oriente. En ese mismo año se formó la Compañía Anónima de Administración y Fomento Eléctrico (CADAFE), la cual, al año siguiente, absorbió todas las empresas que en el campo de la distribución de energía eléctrica había constituido la Corporación Venezolana de Fomento. Esta Corporación, por otra parte, en 1959, constituyó la empresa Centrales Azucareras C.A., a la cual se transfirieron diversas centrales de producción de azúcar. En ese mismo año se creó, como patrimonio autónomo, el Fondo Nacional del Café y Cacao y, como institutos autónomos, el Instituto Nacional de Cooperación Educativa (INCE) y el Consejo Nacional de Investigaciones Agrícolas.

En la década de los sesenta, y a todo lo largo de la actuación de los gobiernos democráticos, el florecimiento de la administración descentralizada no ha sido menos importante. En efecto, en 1960 se crearon el Instituto Nacional de Cultura y Bellas Artes (INCIBA), la Corporación Venezolana del Petróleo (CVP), la Compañía Anónima Venezolana Internacional de Aviación, S.A. (VIASA), con participación del capital privado, y la Corporación Venezolana de Guayana (CVG). En 1961 se creó el Fondo Nacional de Investigaciones Agropecuarias y la Administración del Parque del Este, habiendo sido éstos los últimos institutos creados durante este Período conforme a las previsiones de la Constitución de 1953[17].

En efecto, al promulgarse la Constitución de 1961, se produjo una evidente disminución del crecimiento de la administración descentralizada con forma de derecho público, pues al contrario de lo previsto en la Constitución de 1953, conforme a ella, el Poder Ejecutivo no puede crear por sí solo, institutos autónomos, sino que éstos requieren,

---

17 El Artículo 108, a 3a, de la Constitución de 1953, atribuyó al Presidente de la República en Consejo de Ministros, la creación de "nuevos servicios públicos autónomos o dependientes de la administración nacional, y suprimir o modificar los que existan".

para su constitución, de una ley[18]. Esta disposición limitativa, sin embargo, no redujo la política de descentralización que a nivel ejecutivo se venía desarrollando, y la misma se ejecutó a través de canales irregulares o distintos a los exigidos por la Constitución. En esta forma, se recurrió a diversas figuras distintas del instituto autónomo para la descentralización, evitando la intervención del Parlamento: se apeló de nuevo a la figura del patrimonio autónomo, no prevista en la legislación venezolana[19] al constituirse la Comisión Nacional de Financiamiento a la Pequeña y Mediana Industria; se recurrió a la forma jurídica de la fundación del derecho privado para constituir, en 1961, la Fundación Instituto Venezolano de Productividad (IMPRO) y la Fundación para el Desarrollo de la Comunidad y Fomento Municipal–(FUNDACOMUN); en 1964, la Fundación para el Desarrollo de la Región Centro Occidental (FUDECO); en 1966, la Fundación para la Capacitación e Investigación Aplicada a la Reforma Agraria (CIARA); en 1969, la Fundación Fondo de Solidaridad Social (FUNDASOCIAL); en 1975, la Fundación Gran Mariscal de Ayacucho, la Fundación Fondo Andrés Bello y la Fundación para el Rescate del Acervo Documental Venezolano; y en 1976, la Fundación Bicentenario de Simón Bolívar; se adoptó la forma jurídica de la asociación civil, también de derecho privado, para la constitución del Fondo de Desarrollo Algodonero, en 1962, del Fondo de Desarrollo del Ajonjolí en 1964, y del Fondo de Desarrollo Frutícola en 1966; y se constituyeron, bajo la forma de sociedades mercantiles, en 1962, la empresa Almacenes y Depósitos Agropecuarios C.A. (ADAGRO), como filial del Banco Agrícola y Pecuario; en 1964, las empresas CVG Siderúrgica del Orinoco (SIDOR) y CVG Electrificación del Caroní C. A. (EDELCA) como filiales de la Corporación Venezolana de Guayana; en 1965, el Banco de Fomento Regional de Coro, S. A.; en 1967, el Banco de Fomento Regional de Guayana, C.A., la Empresa Venezolana de Nitrógeno, S. A. (NITROVEN) y la Empresa Nacional de Salinas (ENSAL), ambas como filiales del Instituto Venezolano de Petroquímica. En 1975 la Corporación Venezolana para la Industria Naval y en 1976 la Compañía Nacional de Reforestación. Con motivo de la nacionalización del hierro, en 1975, se creó la empresa Ferrominera del Orinoco, C. A., y como consecuencia de la nacionalización petrolera se constituyó la empresa Petróleos de Venezuela, S. A., con todas sus filiales, racionalizadas, administrativamente hablando, entre 1976 y 1979, hasta llegarse a seis filiales: Maraven, Lagoven, Llanoven, Corpoven, Intevep y Pequiven. Asimismo, en 1967, se constituyeron por el Ejecutivo Nacional, sin intervención parlamentaria, como universidades experimentales, la Universidad Simón Bolívar y la Universidad de la Región Centro Occidental. Durante el período 1974–1979, en todo caso, se multiplicó la creación de empresas del Estado en las más variadas áreas y actividades: industria naval, industrias militares, industrias petroquímicas, etc.

La utilización de la forma jurídica del instituto autónomo, después de promulgada la Constitución de 1961, se reinició en 1964, con la creación de la Corporación de los Andes y con la constitución formal del Banco de los Trabajadores, en 1966, con una forma jurídica híbrida, la sociedad anónima creada por Ley. Ese mismo año de 1966 se creó el Banco Nacional de Ahorro y Préstamo; en 1967, el Banco de Desarrollo Agropecuario; en 1968, el Consejo Nacional de Investigaciones Científicas y Tecnológicas (CONICIT); en 1970, la Corporación de Mercadeo Agrícola, el Instituto de Comercio Exterior (ICE) y la Corporación de Desarrollo de la Región Nor–Oriental (CORPORIENTE); en

18 El artículo 230 de la Constitución de 1961 establece que "Sólo por Ley y en conformidad con la Ley Orgánica respectiva, podrán crearse institutos autónomos".

19 *Cfr*. CAP. Informe sobre la Reforma de la Administración Pública Nacional, *cit*., Vol. I, pp. 360 y ss.

1971, el Instituto Autónomo Aeropuerto Internacional de Maiquetía y la Corporación de Desarrollo de la Región Centro–Occidental (CORPOOCCIDENTE); y en 1973, la Corporación Nacional de Turismo y el Instituto Nacional de Parques; todas como institutos autónomos, es decir, mediante ley del Congreso.

A partir de 1974 se crearon nuevos institutos autónomos: en 1974, la Corporación de Desarrollo de la Pequeña y Mediana Industria y el Fondo de Inversiones de Venezuela; en 1975, el Fondo Nacional del Café, el Fondo Nacional del Cacao, el Instituto Nacional de Puertos, el Fondo Nacional de Desarrollo Urbano, y el Consejo Nacional de la Cultura, en sustitución del Instituto Nacional de Cultura y Bellas Artes. En 1974 se establecieron dos fondos, como especies de patrimonios autónomos: el Fondo de Crédito Industrial y el Fondo de Crédito Agropecuario, habiéndose transformado este último, en 1976, en Instituto Autónomo. En 1975, por otra parte, los dos primeros institutos autónomos que se crearon en el país: el Banco Agrícola y Pecuario y el Banco Obrero, fueron transformados en el Instituto de Crédito Agrícola y Pecuario y el Instituto Nacional de la Vivienda, y se estatizó, totalmente, el capital del Banco Central de Venezuela. La Corporación Venezolana del Petróleo se transformó en sociedad anónima, como empresa filial de Petróleos de Venezuela S.A.

En 1976 se creó el Instituto del Aseo Urbano del Área Metropolitana de Caracas; en 1977, el Instituto Autónomo Biblioteca Nacional, y en 1978, el Consejo Venezolano del Niño se transformó en Instituto Nacional del Menor, el Patronato Nacional de Ancianos e Inválidos se transformó en Instituto Nacional de Geriatría y Gerontología, y se creó el Instituto Postal Telegráfico. En este período, además, fueron transformados en sociedad anónima, como se dijo, el Instituto Venezolano de Petroquímica, Diques y Astilleros Nacionales y la Línea Aeropostal Venezolana.

2. Las consecuencias de la descentralización

Es evidente que la creación en 50 años (1928 a 1979) de más de 200 entidades descentralizadas, muchas de las cuales han sido desgajadas de la administración central ministerial, sin que dicho proceso haya obedecido a algún plan previo o se haya realizado con base a criterios preestablecidos, no sólo ha producido una desintegración del conjunto de la administración pública, originando innumerables problemas de coordinación y control, sino que ha afectado la autoridad y poder ministerial, tan importante dentro de la estructura formal del Poder Ejecutivo[20].

20 Para darse cuenta de ello, basta apreciar no sólo las áreas de actividad dentro de los diversos sectores que dichas entidades realizan, tal como se ha visto y se aprecia de la sola denominación de las diversas instituciones, sino la importancia económica y financiera que los mismos tienen en el sector público en su conjunto. En efecto, para 1971 la participación de la administración descentralizada dentro del sector público venezolano, se estimaba en el orden del 50 por 100, con tendencia creciente, lo cual representaba cerca del 15 por 100 del Producto Territorial Bruto. En particular, durante el período 1965–1969, la administración descentralizada movilizó recursos por 30.971,1 millones de bolívares, equivalentes a 46,8 por 100 de los del sector público consolidado. En el IV Plan de la Nación (1970–1974) se previó que la importancia de la administración descentralizada se elevaría a un 53,4 por 100, lo cual resulta más si se considera que el 61,5 por 100 de los gastos de capital del sector público son realizados a través de la administración descentralizada, V. CAP., *Informe sobre la Reforma de la Administración Pública Nacional, cit.*, pp. 318 y ss. Como se indica más adelante en el texto, en 1975, la participación del sector descentralizado en el gasto público consolidado del sector público era del orden del 72%, con tendencia creciente, lo cual evidencia la importancia económica de estos entes.

Ahora bien, el crecimiento desbordante de la administración descentralizada en Venezuela, y la importancia material y financiera en aumento de la misma, han venido planteando innumerables problemas de orden jurídico, administrativo y político, que es necesario destacar para percibir el impacto que las instituciones que la componen han tenido en el contexto de la administración pública venezolana.

En primer lugar, es necesario destacar que la actividad administrativa realizada por vía descentralizada ha producido en medio siglo una transformación total respecto de las formas jurídicas utilizadas por el Estado para su acción. No sólo la noción de establecimiento público[21] o personas jurídicas de carácter público[22] se adoptan en nuestro ordenamiento jurídico, como entes estatales distintos de las personas públicas territoriales tradicionales (República, Estados y Municipios), fundamentalmente a través de la figura de los institutos autónomos[23], sino que el Estado convierte en práctica común, la utilización, para la realización de sus fines, de formas típicas del derecho privado, como las fundaciones, las sociedades mercantiles y las asociaciones civiles. Por otra parte, la misma figura de los establecimientos públicos, después de la evolución citada, no se identifica con los institutos autónomos, sino que aquélla es el género de las personas jurídicas de derecho público y éstos son una de sus especies: los establecimientos públicos institucionales[24]. Además de ellos pueden ubicarse con claras distinciones, sobre todo en cuanto a la atenuación o eliminación del control de tutela de parte de la administración central, los establecimientos públicos de economía mixta o asociativos en los cuales la persona jurídica, aún siendo pública, adquiere forma societaria y en algunos casos admite la participación en su capital de los particulares, como era el caso del Banco Central de Venezuela antes de la reforma de su ley en 1974, que nacionalizó su capital[25]; y los establecimientos públicos corporativos, en los cuales, una determinada comunidad o "corporación" se constituye en la esencia de la existencia de la persona pública, como es el caso de las Universidades Nacionales Autónomas. Esta variedad de formas jurídicas[26], no sólo ha producido una variedad de regímenes jurídicos a aplicar en cada caso, sino un innumerable catálogo de controles que, de aplicarse todos, se correría el riesgo de paralizar la actividad de la administración descentralizada[27]. En esta forma, un esfuerzo por racionalizar los controles que se deben ejercer sobre los distintos entes descentralizados fue la publicación del Reglamento sobre Coordinación, Administración y Control de los Institutos Autónomos de la Administración Pública Nacional en 1970[28].

Por otra parte, desde el punto de vista administrativo, este crecimiento inorgánico de los entes descentralizados provocó una falta de integración de los referidos organismos en los adecuados sectores de actividad pública, y una gran ausencia de coordinación de

---

21 Artículo 538 del Código Civil.

22 Artículo 124 de la Constitución.

23 Artículo 230 de la Constitución y Título IV de la Ley Orgánica de la Hacienda Pública Nacional.

24 *V.* CAP., *Informe sobre la Reforma de la Administración Pública Nacional*, Vol. I, pp. 307 y ss.

25 Sobre la naturaleza jurídica del Banco Central de Venezuela, V. especialmente. CAP., *Informe sobre la Reforma de la Administración Pública Nacional, cit.*, Volumen I, pp. 611 y ss. V. la ley del Banco dictada por Decreto–Ley del 30 de octubre de 1974, en *Gaceta Oficial* N° 1711, Ext., de 30–12–74.

26 *V.*, una enumeración de las mismas y los entes que encuadran en cada categoría en CAP., *Informe sobre la Reforma de la Administración Pública Nacional, cit.*, Volumen I, pp. 296 y ss.; y 306 y ss. Véase además la Sexta Parte de este libro.

27 *V.*, por ejemplo, A.R. Brewer–Carías, *El Control de las Actividades Económicas del Estado en el Derecho Venezolano*, Caracas, 1969, p. 70.

28 Decreto N° 280 de 8 de abril de 1970, en *Gaceta Oficial* N° 29.190 de 14 de abril de 1970.

sus actividades con las de la administración central. En efecto, si se observa la sola adscripción de los entes descentralizados a los despachos ministeriales actuales, puede apreciarse que en muchos casos existe una adscripción inadecuada a un Ministerio, el cual, en muchos casos, no es el que está encargado de dirigir el sector. Esto sucedió, por ejemplo, en el Instituto de Comercio Exterior, el cual, a pesar de desarrollar sus actividades en el sector comercio, estaba adscrito al Ministerio de Relaciones Exteriores; o con el Instituto Nacional de Canalizaciones, el cual, a pesar de realizar sus actividades en el sector transporte, estaba adscrito al Ministerio de Minas e Hidrocarburos.

En todo caso, la falta de institucionalización y definición precisa de los sectores en el ámbito ministerial, provocó, en varios casos, que la adscripción se hubiera hecho a cualquiera de los Ministerios interesados, y así sucedió con los diversos institutos autónomos adscritos al antiguo Ministerio de Obras Públicas; o a ninguno de ellos, adscribiéndose al ente, en algunos casos, a la Presidencia de la República, como sucedió con alguna de las Corporaciones de Desarrollo Regional, como la Corporación Venezolana de Guayana. Esto provocó, entre otras circunstancias, el recargo inadecuado en las labores del Presidente de la República, por lo que se optó por adscribir de hecho algunas de dichas instituciones a la Oficina Central de Coordinación y Planificación de la Presidencia de la República, produciéndose en ella, entonces, una mezcla de actividades consultivas y ejecutivas muchas veces inconvenientes para las labores de planificación. En la actualidad, y con motivo de la creación del Ministerio de la Secretaría de la Presidencia de la República en 1976, dichas Corporaciones de Desarrollo Regional quedaron adscritas al mencionado Ministerio.

Por otra parte, la creación sistemática de instituciones autónomas durante las últimas décadas, para atender nuevas necesidades colectivas o nuevos cometidos del Estado a medida que éste aumentaba su proceso intervencionista, ha provocado el que muchas actividades esenciales de la administración hayan escapado, de hecho, al control ministerial, es decir al control de los órganos directos del Presidente [29]. En efecto, el proceso descentralizador funcional de los últimos años provocó que los entes descentralizados fueran asumiendo la realización de determinados programas de manera integral, desde la fijación de las políticas y objetivos y la planificación de la actividad, hasta la ejecución de las actividades administrativas necesarias para su realización. Esto originó que en relación a las actividades que se le encomendaron por ley, algunos institutos autónomos las hubieran realizado como si fueran un Ministerio, pero sin la orientación debida del Consejo de Ministros, al cual sus directivos no tenían normal acceso, y sin el riesgo de ser objeto de un voto de censura parlamentaria, reservado a los Ministros. Esta independencia y autonomía provocó que en muchas ocasiones algunos institutos autónomos, no sólo tuvieran más recursos financieros o presupuestarios que los que puede tener un Ministerio, sino una mucha mayor importancia, inclusive política. Por ejemplo, ¿quién duda de la mayor importancia política que el Instituto Agrario Nacional ha tenido en relación al Ministerio de Agricultura y Cría, o la mayor importancia administrativa que ha tenido la Compañía Anónima Nacional Teléfonos de Venezuela (CANTV) en relación al Ministerio de Comunicaciones? En relación a esta última, es conveniente recordar que inclusive en las labores de planificación que por su naturaleza deberían estar en el Ministerio que actúe como eje del sector, la CANTV, en la década de los sesenta, definió el Plan Nacional de Telecomunicaciones, en cuya formulación ninguna intervención del Ministerio de Comunicaciones fue llevada a cabo. Este aspecto ha te-

29 Tal como se exige en el artículo 193 de la Constitución.

nido, por ejemplo, gravísimas consecuencias en relación a la planificación sectorial: ésta, que debía realizarse con la participación de todos los organismos que operan en un sector, muchas veces se realizaba, no sólo sin la participación de algunos de los entes autónomos interesados en el sector, sino, muchas veces, por la desintegración administrativa del sector, sin la participación del Ministerio principalmente interesado, asumiendo la Oficina Central las funciones de planificación sectorial. Esto sucedió durante toda la década de los sesenta, por ejemplo, en el campo del sector agrícola, donde el plan era ignorado por los organismos del sector; siendo la crisis del sector agrícola, patentizada en los primeros años de la década de los setenta, la primera manifestación de la ausencia de coordinación no sólo con otros sectores de actividad pública, sino también intrasectorial.

Pero, ciertamente, el problema administrativo no sólo ha surgido por la ausencia de participación de los entes descentralizados en la planificación sectorial, sino por la ejecución de las actividades dentro del sector, en forma parcelada. Tal como se ha señalado en otro lugar, "la situación que se plantea con respecto al sector agrícola puede ilustrar las consecuencias de esta ausencia de integración. En efecto, en materia de reforma agraria se ha establecido una división de programas de la siguiente forma: corresponde al Ministerio de Agricultura y Cría la asistencia técnica para el desarrollo agrícola, mientras que es el Instituto Agrario Nacional quien tiene a su cargo la dotación de tierras para la reforma agraria. Por su parte, corresponde al Banco Agrícola y Pecuario el otorgamiento de los créditos a los beneficiarios de donaciones, y a la Corporación de Mercadeo Agrícola lo atinente a la comercialización de los productos. Este es un ejemplo típico de un programa que se cumple mediante la acción de diversos órganos públicos. Ahora bien, ocurre que las metas del plan en materia de reforma agraria se fijan en función del número de familias a las que puede dotar de tierras el Instituto Agrario Nacional, el cual es un ente descentralizado que ha venido disponiendo de considerables recursos. En esta forma, esta fijación de metas se ha hecho, en muchos casos, sin una consideración suficiente de las posibilidades de los demás órganos del sector, para prestar asistencia técnica o para otorgar créditos o asegurar la comercialización de los productos, todo lo cual impide alcanzar los objetivos del plan sectorial"[30].

Toda esta situación de desintegración sectorial de los entes descentralizados que operan en un sector, entre sí y con el Ministerio principalmente interesado en el mismo, provocó una duplicidad y superposición de actividades, consecuencia de la autonomía, algunas veces confundida, desde el punto de vista administrativo, con la autarquía, que ha llevado a los diversos organismos, aisladamente, a procurarse todos los elementos necesarios para la ejecución de sus actividades, sin tener una visión sectorial de las mismas. Esto ha sido particularmente evidente en la procura de elementos de infraestructura administrativa, como las que integran, por ejemplo, las actividades de información e informática.

Una reformulación del esquema, papel y ámbito de la administración descentralizada, en vista de su situación actual, es indudablemente uno de los requerimientos esenciales para que la administración pública venezolana pudiera, en los próximos años, asumir un papel cada vez más activo en el proceso de desarrollo. Para ello, el concepto de sistema para la integración sectorial de los entes descentralizados, en nuestro criterio, juega un papel esencial. Sin embargo, y quizá ésta ha sido una de las apreciaciones fundamentales que surgen del análisis de la organización de la administración pública nacional, la

30 *V.* CAP., *Informe sobre la Reforma de la Administración Pública Nacional, cit.*, Vol. I, p. 346.

reestructuración de la administración descentralizada no puede hacerse sin una reformulación sectorial de la administración central o ministerial; y viceversa, ésta no tendría mayor efectividad sin aquélla.

III. LAS FORMAS JURÍDICAS DE LA ADMINISTRACION DESCENTRALIZADA Y LA ACTIVIDAD EMPRESARIAL DEL ESTADO

1. Las formas jurídicas de la descentralización

La señalada evolución de medio siglo que ha dado origen a la administración descentralizada en Venezuela, tal como se señaló, se caracterizó entre otros factores, por la utilización de una enorme variedad de formas y de regímenes jurídicos, hasta el punto de que sólo podría señalarse, como denominador común de esas instituciones, la presencia de un interés público que se trata de atender por su intermedio.

En tal sentido, se pueden distinguir, los entes constituidos conforme a procedimientos propios del derecho público, que se denominan establecimientos públicos, de los entes constituidos con base en normas propias del derecho privado[31].

A. Las formas jurídicas de derecho público

Dentro de la categoría de establecimientos públicos se distinguen los establecimientos públicos institucionales, los establecimientos públicos corporativos y los establecimientos públicos asociativos. Todos ellos tienen como rasgo común, la presencia de una personalidad jurídica de derecho público y de un patrimonio autónomo distinto e independiente del Fisco Nacional. La creación de los mismos es de la reserva legal y es precisamente por ley o en virtud de la ley que obtienen personalidad jurídica de derecho público.

Es de hacer notar que comúnmente muchos de estos organismos son denominados impropiamente institutos autónomos, aun cuando un análisis más detenido de la naturaleza de los mismos permite establecer categorías dentro de ellos, en base a los fines que persiguen y al régimen jurídico de que están dotados.

a. Los establecimientos públicos institucionales

Esta figura corresponde a los institutos autónomos, y su origen radica en la necesidad de separar ciertas funciones de la administración central, que se cumplen con mayor propiedad dentro de un régimen jurídico que les permita una mayor flexibilidad en el manejo de su patrimonio y en su capacidad negocial.

La Constitución Nacional en su Artículo 230 establece varias notas fundamentales para definir el Instituto Autónomo en Venezuela: a) Su creación mediante ley formal, b) Su organización con arreglo a lo dispuesto en la ley orgánica que sobre institutos autónomos deberá dictarse y a la cual deben adaptarse todos los institutos autónomos, y mientras ello no se haga, a lo dispuesto en la Ley Orgánica de la Hacienda Pública Na-

---

31 *V.* CAP., *Informe sobre la Reforma de la Administración Pública Nacional*, *cit.*, Vol. I, pp. 307 y ss.

cional; y c) Los Institutos Autónomos quedan sometidos al control posterior del Congreso en la forma que el legislador determine.

Cuando el Estado dota de personalidad y provee de un patrimonio propio a estos entes públicos no por ello los exime del control estatal, sino que por el contrario, el Estado los crea, los suprime, los modifica y se reserva el derecho de tutelar su actividad, a través de diferentes formas de control.

Estos organismos no pueden concebirse sino como formando parte del Estado para atender a una de sus funciones, y por tanto se consideran órganos de la Administración Pública Nacional. En definitiva son personas de derecho público estatales, sujetas a control de tutela.

De acuerdo a la referida norma constitucional, entonces, se puede definir a los institutos autónomos como entes del derecho público creado por ley, con patrimonio propio e independiente del Fisco Nacional, dotados de personalidad jurídica y sometidos a la tutela del Estado[32].

Desde el punto de vista de las actividades que realizan los Institutos Autónomos se podría tratar de identificar o clasificar a los mismos en razón de la materia. Sin embargo, este criterio no es válido en nuestro país debido a la excesiva variedad de tareas y cometidos que tienen asignados estos entes. En efecto, existen Institutos Autónomos que realizan actividades industriales y comerciales; otros en cambio tienen asignada la prestación de servicios públicos o la realización de tareas de investigación, de ejecución de obras, de desarrollo social, de fomento a la educación y a la cultura; de desarrollo regional; de financiamiento y promoción de la actividad económica privada y de numerosas funciones de la más diversa índole.

Por otra parte, la terminología que se ha utilizado para designar a los Institutos Autónomos es sumamente variada: Institutos, Administraciones, Bancos, Círculos, Cajas, Consejos, Patronatos, Corporaciones, Fondos, todo lo cual en determinados casos, ha inducido a confusión sobre la naturaleza de estos entes descentralizados.

b. Los establecimientos públicos corporativos

La categoría de establecimientos públicos corporativos se caracteriza por la presencia de un sustrato personal que da a estos entes un carácter diferente al de simples dependencias administrativas descentralizadas. En efecto, la naturaleza de los fines que persiguen estos entes exige que los mismos no sólo estén dotados de autonomía, entendiendo este concepto en el sentido tradicional que se le da en nuestro país, sino además de la posibilidad de elegir sus autoridades.

Dentro de esta categoría de establecimientos públicos se incluye, por una parte, a las Universidades Nacionales Autónomas[33] y, por la otra, a los Colegios profesionales y a las Academias Nacionales. Con respecto a las primeras, la Ley de Universidades establece que "La Universidad es fundamentalmente una comunidad de intereses espirituales que reúne a profesores y estudiantes en la tarea de buscar la verdad y afianzar los valores trascendentes del hombre"[34]. Estos establecimientos forman parte de la estructura general del Estado, pero su condición particular conlleva la casi ausencia del control

---

32 *Cfr.* CAP, *Informe sobre la Reforma de la Administración Pública Nacional, cit.*, Vol. I, p. 309.

33 Art. 19 del Código Civil.

34 Art. 1° de la Ley de Universidades de 8–9–70 en *Gaceta Oficial* N° 1429 Extr. de 8–9–70.

de tutela por parte del Estado, y el único control relativo previsto está atribuido al Consejo Nacional de Universidades[35].

El segundo tipo de establecimiento público corporativo, caracterizado por la existencia de un sustrato personal o corporación de intereses de tipo científico o profesional, está constituido por las Academias Nacionales y los Colegios profesionales, los cuales están dotados de personalidad jurídica de derecho público por virtud de la Ley que los regula. Los Colegios profesionales, que son el ejemplo más acabado de establecimiento público corporativo, no están sometidos a control de tutela, y disfrutan de facultades de recaudación de cuotas obligatorias con respecto a sus miembros, lo que les confiere una total independencia financiera frente al Estado[36]. En todo caso, estos establecimientos públicos corporativos profesionales o científicos no forman parte de la estructura general del Estado, por lo que constituyen personas de derecho público no estatales.

c. Los establecimientos públicos asociativos

La característica primordial de estos establecimientos radica en que siendo personas jurídicas de derecho público se constituyen, por mandato expreso de la Ley de creación, bajo la forma de sociedades por acciones para permitir la participación de capital privado en su funcionamiento. Se diferencian de las empresas del Estado en que éstas son personas jurídicas constituidas totalmente conforme a un régimen de derecho privado, de acuerdo al Código de Comercio. Por otra parte, esta categoría de establecimientos públicos se diferencian de los Institutos Autónomos en que éstos, por ser dependencias de la Administración del Estado, están sometidos a tutela administrativa y a un régimen jurídico especial que no acepta la participación del capital privado en su funcionamiento.

El carácter intermedio de estos entes, con características que los acercan tanto a las empresas del Estado, como a los Institutos Autónomos, hace que tengan un régimen jurídico particular para cada uno de ellos, que aparece definido en los diferentes estatutos jurídicos que los crean. Así, por ejemplo, el Banco Central de Venezuela, a pesar de que antes de la reforma de 1975 admitía la participación privada en la constitución de su capital, no podía aceptar un número de acciones privadas que representara más del 50 por ciento de su capital social[37]. En cambio, con respecto al Banco de los Trabajadores, se contempla en la Ley que lo crea, que las acciones detentadas por el Estado serán adquiridas progresivamente por los trabajadores, hasta llegar a una sustitución total. Cuando se produzca, se habrá transformado el Banco de los Trabajadores en un establecimiento público no estatal[38].

La diferencia en el régimen jurídico de ambas instituciones antes de 1975 se fundamenta en la índole de los intereses que protegían: el Banco Central de Venezuela tiene encomendadas funciones que son típicamente estatales por referirse al mantenimiento del equilibrio financiero del país, lo que llevó a que en muchos países, la participación

---

35 Art. 20 de la Ley de Universidades.

36 La Ley de Abogados, por ejemplo, establece la obligación de los afiliados de cancelar las cuotas al Colegio respectivo.

37 Artículos 6° y 9° de la Ley del Banco Central de Venezuela de 5–12–60 en *Gaceta Oficial* N° 655 Extr. de 14–12–60.

38 Artículo 13 de la Ley del Banco de los Trabajadores de 11–6–66 en *Gaceta Oficial* N° 1023 Extr. de 11–6–66.

privada desapareciera, sin que sufriera alteración la gestión que realiza el Banco Central.

Por lo que respecta al Banco de los Trabajadores, por ejemplo, la participación estatal puede perfectamente desaparecer sin que ello impida la consecución de los fines particulares que persigue este organismo.

B. Las formas jurídicas de derecho privado

Una de las características que definen mejor el cambio en la concepción de los fines del Estado, viene dada por la utilización de formas jurídicas que en el Estado abstencionista estaban reservadas a la iniciativa privada. En efecto, no es sino a partir del presente siglo cuando la Administración comienza a realizar cometidos estatales utilizando para ello figuras propias del derecho privado: empresas mercantiles, asociaciones civiles y fundaciones.

a. Las sociedades mercantiles de capital público

La actividad administrativa de gestión económica encontró en las empresas mercantiles su forma de expresión más acabada. En virtud de ella, el Estado se sometió a un régimen jurídico de derecho privado y se colocó en las mismas condiciones jurídicas que los particulares. Esta circunstancia no impidió por lo demás, que el Estado pudiera realizar actividades en condiciones de monopolio, en virtud de ley, como consecuencia de la nacionalización.

Las sociedades mercantiles de capital público, comúnmente denominadas *empresas del Estado,* se constituyen y funcionan conforme al procedimiento y al régimen jurídico establecido en el Código de Comercio.

Aparte de este régimen, en la actualidad no existe un cuerpo de normas particulares que sean aplicables a las empresas del Estado, aparte de la disposición constitucional en virtud de la cual la actividad de estos entes estarán sujetos al control del Congreso, en la forma que la ley lo establezca[39].

Por otra parte, en las leyes de Presupuesto se ha venido exigiendo desde hace algunos años, determinados requisitos como es el de la aprobación parlamentaria, para la adquisición o enajenación de acciones por parte del Estado, de un Instituto Autónomo o de una empresa o sociedad en la que el Estado tenga la mayoría de las acciones o una participación decisiva[40]. Además, en la Ley Orgánica de Crédito Público, de fecha 30 de julio de 1976, se prevé que las empresas del Estado, al igual que las fundaciones de interés público, quedan sujetas a un régimen bastante similar al establecido en esa Ley para los Institutos o Establecimientos Autónomos[41].

Dentro de las empresas del Estado cabe distinguir las empresas de capital totalmente público de las de capital mixto. En el primer caso, se trata de sociedades mercantiles cuyas acciones son de propiedad exclusiva del Estado, es decir en las que éste posee el 100 por ciento de las acciones. En las empresas del Estado de capital mixto se distinguen aquellas en las cuales este posee el 50% o más del capital, consideradas también

39 Art. 230.

40 Por ejemplo, artículo 12 de la Ley de Presupuesto para el Ejercicio Fiscal 1979.

41 Artículo 50 y siguientes de la Ley Orgánica de Crédito Público en *Gaceta Oficial* N° 1893 *Extr.* de 30-7-76.

empresas del Estado, de aquellas en las cuales posee entre el 30 y el 49% del capital social, denominadas Empresas Mixtas, lo cual le permite intervenir, al sector público, en las decisiones fundamentales de la sociedad conforme al art. 280 del Código de Comercio.

Aparte de estos dos tipos de empresas, el Estado tiene participación minoritaria en numerosas empresas mercantiles inferior al 29% del capital social, las cuales conservan el carácter privado, dado que el Estado no tiene, con respecto a ellas, la posibilidad de condicionar la actividad de las mismas.

Por otra parte, entre las empresas del Estado, se distinguen aquellas creadas por éste directamente, de las constituidas por un Instituto Autónomo o empresa del Estado, aún cuando esta diferenciación no tiene consecuencias en cuanto al régimen jurídico aplicable.

Por último, dentro de las empresas del Estado cabe distinguir aquéllas en las cuales el Estado o un ente de derecho público participan como único accionista, de aquellas en las cuales participan varios entes estatales. En tal sentido, hasta 1975, las sociedades mercantiles del Estado se constituyeron, siempre, con la participación accionaria de la República y un Instituto Autónomo, de varios institutos autónomos, o de uno de estos y otra empresa del Estado. Tenía que ser así debido a la limitación del Código Civil y del Código de Comercio, al considerar la "sociedad" como un contrato en el cual, por supuesto, deben intervenir dos o más personas. Sólo ha sido con motivo de la promulgación de la Ley que reserva al Estado la Industria y el Comercio de los Hidrocarburos en 1975, cuando se ha autorizado, legalmente, la constitución de las empresas petroleras nacionalizadas con un solo accionista o la transformación del instituto autónomo Corporación Venezolana del Petróleo en sociedad anónima de un solo accionista: la República o Petróleos de Venezuela C.A. Igual posibilidad legal se previo en las leyes de transformación, en sociedad anónima, dictadas en 1977, 1978, del Instituto Venezolano de Petroquímica, y de la Línea Aeropostal Venezolana [42].

b. Las asociaciones civiles de interés público

Las consideraciones anteriores son también aplicables con respecto a las asociaciones civiles en las que el Estado tiene una participación decisiva. La regulación de las mismas está contenida en el Código Civil, pero en todo caso, es una de las formas jurídicas de que se vale el Estado para descentralizar sus actividades.

En nuestro país, la forma societaria pública se ha reservado para la realización de cometidos de interés general en diversos sectores. En el campo agrícola, el Consejo de Bienestar Rural y los Fondos de Desarrollo Algodonero, Frutícola y del Ajonjolí, constituyen casos en los que la acción estatal se realiza por intermedio de Asociaciones Civiles[43]. Además, en el campo educativo a través del Instituto Nacional de Cooperación

42 Con motivo de la promulgación de la Ley que reserva al Estado la industria y el comercio de los hidrocarburos en agosto de 1975, se dispuso la transformación de la CVP en sociedad anónima, lo cual se hizo por Decreto N° 1127 del 2–9–75 en *G.O.* N° 30864 del 5–12–75 con Petróleos de Venezuela S.A. como única accionista. Luego, mediante Ley del 9–7–77, se dispuso la conversión del Instituto Venezolano de Petroquímica en Sociedad Anónima *(G.O.* 31278 del 18–7–77), lo cual se hizo por Decreto N° 2454 del 22–11–77 en *G.O.* N° 31369 del 25–11–77, convirtiéndose en Petroquímica de Venezuela S.A. (PEQUIVEN), con la República como única accionista y, posteriormente, con Petróleos de Venezuela S.A. como única accionista. En cuanto a la Línea Aeropostal Venezolana, mediante Ley del 28–8–78 se autorizó su conversión en Sociedad Anónima, en *G.O.* N° 2303 Extr. del 1–9–78, lo cual se hizo con la República como única accionista,

43 *V.* CAP., *Informe sobre la Reforma de la Administración Pública Nacional, cit.*, Vol. I, pp. 299.

Educativa (INCE) se han establecido dos asociaciones civiles: el Instituto de Adiestramiento Petrolero y Petroquímico (INAPET) y el Instituto de Capacitación Turística (INCATUR). Asimismo, en el campo minero se han constituido como asociaciones civiles el Fondo de Desarrollo Diamantífero del Estado Bolívar y el Fondo de Desarrollo Aurífero del Estado Bolívar. En estos casos, se escogió esta categoría jurídica para permitir la participación privada en la gestión de estos organismos, pero el Estado se reservó la orientación de los mismos, conforme a las exigencias del interés público.

c. Las fundaciones de interés público

Las fundaciones no son personas jurídicas de tipo asociativo, sino universalidades de bienes dotadas de personalidad jurídica para cumplir cometidos de beneficio colectivo[44]. La constitución de las fundaciones de interés público es ordenada por lo general mediante un decreto presidencial, pero la personería jurídica se la otorga previo el cumplimiento de las formalidades de registro, conforme a las disposiciones del Código Civil.

El fundador, es decir, la persona que destina unos bienes para constituir la fundación puede ser la República o cualquiera de las personas jurídicas estatales, pero también se acepta participación privada en la constitución del patrimonio de la fundación. Aún en estos casos, el Ejecutivo se reserva la designación de los administradores de la fundación, cuando se trata de fundaciones nacionales.

2. Las formas de las empresas públicas

Las empresas públicas, en general, han adoptado varias de las formas de la descentralización administrativa funcional mencionadas. Sin embargo, no todas las formas de empresas públicas son personificadas, sino que también las hay no personificadas. Sin perjuicio de insistir más adelante en este aspecto, a continuación se hará un breve resumen de esas formas.

A. Las formas personificadas

Tal como se ha señalado, para la realización de sus actividades industriales y comerciales, el Estado ha recurrido a las más variadas formas de descentralización.

En primer lugar, recurrió a las formas de derecho público, es decir, a la figura de los establecimientos públicos institucionales y de los establecimientos públicos asociativos. En ambos casos se trata de personas de derecho público. En cuanto a la figura del instituto autónomo, a pesar de su nombre, se encuentran con una autonomía atenuada debido a un régimen jurídico que impide, debido a la inflexibilidad de muchas normas hacendistas y de contraloría, que los mismos puedan con la debida agilidad, realizar actividades empresariales. Sin embargo, puede decirse que fue la primera figura que utilizó el Estado para establecer empresas públicas. Esa fue la forma jurídica que se le dio al Banco Agrícola y Pecuario en 1928.

En cuanto a la figura de los establecimientos públicos asociativos, la rigidez de los institutos autónomos se superó en gran medida al dársele la forma, a la persona pública,

44 Artículo 19 del Código Civil.

de sociedad mercantil. Tal sucedió con la creación del Banco Central de Venezuela en 1938, con el Banco Industrial de Venezuela en 1937, y con el Banco de Desarrollo Agropecuario en 1967. La forma societaria, entre otros aspectos, les dio a estos entes la categoría de comerciantes conforme al Código de Comercio y en gran medida, se les ha aplicado el régimen de dicho ordenamiento.

Por otra parte, el Estado recurrió con gran frecuencia a la forma jurídica de la sociedad mercantil para establecer sus empresas, pero no en virtud de una ley especial, sino conforme a los mecanismos de registro del Código de Comercio. En otros casos, utilizó inclusive la forma de la asociación civil para desarrollar actividades comerciales, tal como sucedió con algunos fondos, como el Fondo de Desarrollo Algodonero o el Fondo de Desarrollo del Ajonjolí.

B. Las formas no personificadas

En general, puede afirmarse que la forma asumida por nuestra administración central para descentralizar actividades condujo a la creación de personas jurídicas, públicas o privadas, distintas de la del Estado, ya que se consideraba que esta era la mejor forma de eludir la inflexibilidad de la acción administrativa y el principio de unidad del Tesoro. Por otra parte, era la única forma admitida por nuestra legislación hacendística[45].

Ello no impidió sin embargo, que al margen de las normas legales se hubieran creado patrimonios autónomos sin el otorgamiento de personalidad jurídica separada, como fue el caso de la Comisión Nacional de Financiamiento a la Pequeña y Mediana Industria, del Fondo de Crédito para la adquisición de Maquinaría e Implementos Agropecuarios y Pesticidas (1965), y de ciertos fondos autónomos, como el Fondo Nacional del Café y Cacao, transformado en 1975 en sendos institutos autónomos. Esta solución de los patrimonios autónomos, aun cuando presentaba muchas ventajas por lo que se adopta en otros países, no tuvo asidero legal en Venezuela, hasta la promulgación de la Ley Orgánica de Régimen Presupuestario en 1976, la cual los admite expresamente como una excepción al principio de la Unidad del Tesoro, en su artículo 14, ordinal 5°.

Estos patrimonios autónomos son, dentro de la administración pública venezolana, haciendas unitarias y permanentes, que se han destinado para realizar determinada actividad por parte del Estado, cuya administración tiene una autonomía funcional, en el dominio financiero, contable y de gestión, sin adquirir por ello personalidad jurídica [46].

En todo caso, es necesario señalar que los patrimonios autónomos considerados como una forma de organización administrativa moderna, no estaban acogidos en nuestra legislación como se señaló, hasta 1976, ya que la única forma de autonomía recogida en la Ley Orgánica de la Hacienda Pública Nacional era la del Instituto. Por ello se estima que ha sido un acierto el que la figura jurídica del patrimonio autónomo se haya previsto en la Ley Orgánica de Régimen Presupuestario de 1976 (art. 14, ord. 5°) y en el Proyecto de Ley Orgánica de la Administración Descentralizada que discute el Congreso.

En la actualidad, un típico caso de patrimonio autónomo, o servicio autónomo sin personalidad jurídica, es el Fondo de Financiamiento a las Exportaciones, creado por ley en 1973, manejado por el Banco Central de Venezuela. Los Fondos de Crédito In-

---

45 Artículos 70 a 75 de la Ley Orgánica de la Hacienda Pública Nacional de 11–6–74 en *Gaceta Oficial* N° 1660 de 21–6–74.

46 *V.* CAP, *Informe sobre la Reforma de la Administración Pública Nacional*, *cit.*, Vol. I, pp. 360 y ss.

dustrial y de Crédito Agropecuario, creados en 1974, fueron transformados, posteriormente en institutos autónomos[47]. El Fondo de Crédito para la adquisición de Maquinaria e Implementos Agropecuarios y Pesticidas, creado por Decreto N° 255 del 15–1–65 fue administrado por el Banco Agrícola y Pecuario, y en la actualidad no tiene la importancia que tuvo en los años sesenta.

IV. PRINCIPALES CARACTERÍSTICAS DE LAS EMPRESAS PÚBLICAS

1. Factores político–económicos de su aparición

La aparición de las empresas públicas en Venezuela obedece, sin duda, al cambio del papel del Estado en la vida económica y social. A partir de la década de los años treinta, como se dijo, el Estado comienza progresivamente a asumir un papel más activo en la conducción del proceso económico–social del país. Deja de ser un Estado meramente liberal o de fomento, y comienza a intervenir en la vida económica, asumiendo o creando directamente empresas públicas.

Este nuevo papel del Estado, se ha acentuado a partir de la última década, y ahora se nos muestra como un Estado planificador y empresario. En esta forma, el Estado fue constituyendo progresivamente empresas en actividades de producción (industriales), de financiamiento, agropecuarias, de servicios, etc., sin sustituir la actividad privada, y muchas veces en concurrencia con la misma.

La creación de empresas públicas hasta 1975, por tanto, no se debió a motivaciones políticas nacionalizadoras. Hasta ese año, sólo puede hablarse de nacionalización, propiamente dicha, en el caso de la empresa de teléfonos, Compañía Anónima Nacional Teléfonos de Venezuela (CANTV) ocurrida en 1954, mediante la adquisición de las acciones de dicha empresa por el Estado, y en el caso de la expropiación de los ferrocarriles en los años cuarenta.

Recientemente, sin embargo, se produjeron nacionalizaciones en dos sectores básicos: el hierro y el petróleo, los cuales han sido reservados al Estado mediante Ley[48]. En estos casos, el mismo carácter de nacionalización de dichos sectores, evidencia la presencia de factores políticos además de los de carácter económico, en la creación de las empresas públicas que manejan las industrias nacionalizadas.

---

47 El Fondo de Financiamiento a las Exportaciones fue creado por Ley del 269–73, en *G.O.* N° 30217 del 28–9–73 adscrito al Banco Central de Venezuela. El Fondo de Crédito Agropecuario, originalmente creado como Patrimonio Autónomo por Decreto–Ley N° 128 del 3–6–77 *(G.O.* N° 30.420 del 10–6–74), se transformó en instituto autónomo por la Ley del Fondo de Crédito Agropecuario del 6–8–76, en *G.O.* N° 31.040 del 6–8–76; y el Fondo de Crédito Industrial, originalmente creado por Decreto–Ley N° 129 del 3–6–74 (*G.O.* N° 30.420 del 10–6–74) como Patrimonio Autónomo, se transformó en instituto autónomo por la Ley del Fondo de Crédito Industrial del 22–5–78, en *G.O.* N° 2254 Extr. del 22–5–78.

48 *V. el Decreto–Ley* N° 580 del 26–11–74 en *Gaceta Oficial,* N° 30.577 de 16–12–74 y Ley de 29–8–75 en *Gaceta Oficial* N° 1769 Extraordinaria de 29–8–75.

2. Objetivos asignados a las empresas públicas

Las empresas públicas en Venezuela, dejando a un lado sus objetivos expresos, implícitamente responden a diversos objetivos que van desde prestar apoyo al sector privado, particularmente en el campo crediticio, hasta acentuar la independencia económica del país.

En términos generales, las empresas públicas, según sus objetivos pueden clasificarse de la siguiente manera:

A. Prestación de servicios públicos y apoyo al sector privado

Históricamente, puede decirse que las empresas públicas comenzaron a funcionar, en Venezuela, en el campo de los servicios públicos y de apoyo al sector privado; es decir, respondiendo al clásico principio de la subsidiariedad de la acción del Estado en relación a las actividades particulares.

En esta forma, la mayoría de las empresas públicas creadas hasta mediados de los años cincuenta, lo fueron en el campo de los servicios públicos: transporte aéreo [49], alcantarillado y agua potable[50], ferrocarriles[51], renovación urbana[52] transporte marítimo[53], teléfonos [54], hoteles [55]; y en el campo de las entidades financieras para la asistencia crediticia al sector privado [56]. En ambos casos, se trató de manifestaciones del Estado prestador de Servicios Públicos y del Estado de Fomento que sustituyó al clásico Estado Liberal.

B. Instrumentos de la política industrial

A partir de la década de los años cincuenta el Estado comienza a intervenir directamente en el campo económico y particularmente en el campo industrial. Así, comienzan a surgir las industrias del Estado en el campo petroquímico[57] producción y distribución de energía eléctrica[58], azucarero[59], petróleo[60] y siderúrgico[61]. Esta intervención se realizó sin que hubiera de por medio acciones nacionalizadoras, sino que el Estado, paralelamente al sector privado y sin sustituirlo totalmente, comenzó a actuar como Estado Empresario.

49 Línea Aeropostal Venezolana, 1937.

50 Instituto Nacional de Obras Sanitarias, 1943.

51 Instituto Autónomo Administración de Ferrocarriles del Estado, 1946.

52 Centro Simón Bolívar C.A., 1947.

53 Transportadora Marítima Venezolana 1953 y Compañía Anónima Venezolana de Navegación, 1955.

54 Compañía Anónima Nacional Teléfonos de Venezuela, 1954.

55 Corporación Nacional de Hoteles y Turismo C.A., 1955.

56 Banco Obrero 1928; Banco Agrícola y Pecuario 1928, Banco Industrial de Venezuela, 1937; Corporación Venezolana de Fomento, 1946; Bancos de Fomentos Regionales a partir de 1952.

57 Instituto Venezolano de Petroquímica, 1956.

58 Compañía Anónima de Administración y Fomento Eléctrico, 1959; y Electricidad de Caroní C.A., 1964.

59 Compañía Anónima Centrales Azucareros 1959.

60 Corporación Venezolana del Petróleo 1960.

61 Siderúrgica del Orinoco C.A. 1964.

C. Desarrollo regional

En la década de los años sesenta el Estado comenzó a utilizar las empresas públicas como instrumento de desarrollo regional, para promover o financiar el desarrollo de grandes complejos industriales en regiones del país o para planificar y financiar el desarrollo de regiones particularmente atrasadas. Así, se creó en 1960 la Corporación Venezolana de Guayana[62] que tiene a su cargo la promoción y financiamiento de la industria estatal de siderurgia y de producción de energía hidroeléctrica[63]. En 1964 se creó la Corporación de los Andes para atender a la planificación y desarrollo de la Región Andina[64] y posteriormente se crearon las Corporaciones de Desarrollo de la Región Zuliana, de la Región Centro–Occidental y de la Región NorOriental[65]. En el esquema de regionalización administrativa establecido en 1969[66] y consolidado en 1972[67], a las Corporaciones de Desarrollo Regional que funcionaban en cinco de las ocho regiones del país se le asignaron básicamente funciones de financiamiento de proyectos de desarrollo[68]; sin embargo, en 1975, en la reforma del Derecho de Regionalización se convirtió a las Corporaciones de Desarrollo Regional en instituciones que además de funciones de promoción y financiamiento, asumieron las tareas de planificación del desarrollo regional y de implementación a nivel de las regiones de "las políticas fundamentales del Estado en función del desarrollo nacional y regional" [69].

D. Independencia económica

Pero las empresas públicas también han sido establecidas por el Estado como instrumento de independencia económica mediante la reserva al Estado de actividades económicas; institución constitucional fundamento de la nacionalización en Venezuela[70]. En esta forma, en lo que va de la década de los años setenta, el Estado, mediante Ley, se ha reservado la industria del gas natural[71], el mercado interno de los productos derivados del petróleo[72], la industria del mineral de hierro[73] y el comercio e industria de los hidrocarburos[74]. En todos estos casos, las actividades económicas nacionalizadas han sido asumidas por empresas públicas: a la Corporación Venezolana del Petróleo se

62 Decreto N° 430 de 29–12–60 en *G.O.* N° 26.445 de 30–12–75.

63 Siderúrgica del Orinoco C.A. 1964 y Electricidad del Caroní C.A.

64 Ley de 4–12–64 en *G.O.* N° 27.619 de 15–12–64.

65 Leyes de 9–6–69 en *G.O.* N° 28.979 de 29–7–69; Ley de 23–12–71 en *G.O.* N° 29.711 de 18–1–72; Ley de 8–9–70 en *G.O.* N° 29313 de 8–9–70.

66 Decreto N° 72 de 11 de junio de 1969 sobre Regiones Administrativas en *G. O.* 28.944 de 12–6–69.

67 Reglamento sobre Regionalización Administrativa dictado por Decreto N° 929 de 5–4–72 en *G.O.* N° 29783 de 18–4–72.

68 Artículo 30 del Reglamento.

69 *V.* C.A. Pérez, *Primer Mensaje al Congreso Nacional,* Caracas 12–3–75, p. 524. Reglamento de Regionalización Administrativa dictado por Decreto N° 1331 de 16–12–75 en *G.O.* N° 30.890 del 9–1–76.

70 El artículo 97 de la Constitución establece lo siguiente: "El Estado podrá reservarse determinadas industrias, explotaciones o servicios de interés público por razones de conveniencia nacional y propenderá a la creación y desarrollo de una industria básica pesada bajo su control".

71 Ley que reserva al Estado la industria del gas natural en *G. O.* N° 29.594 de 26–8–71.

72 Ley que reserva al Estado la explotación del mercado interno de los productos derivados de los hidrocarburos de 21–6–73 en *G. O.* N° 1591 Extr. de 22–6–73.

73 Decreto–Ley N° 580 de 26 de noviembre de 1974 en *Gaceta Oficial,* N° 30.577 de 16–12–74.

74 Ley Orgánica que reserva al Estado la industria y el comercio de los hidrocarburos de 29–8–75 en *Gaceta Oficial* N° 1769 Extr. de 29–8–75.

le asignó la industria del gas natural y la comercialización interna de los productos derivados del petróleo; a la Corporación Venezolana de Guayana, de su empresa filial Ferrominera del Orinoco C.A., la industria del hierro; y a Petróleos de Venezuela S.A., a través de diversas empresas filiales, la industria y el comercio de los hidrocarburos.

3. Comportamiento predominante de las empresas públicas

No hay duda de que en el pasado, en el comportamiento de las empresas públicas, en Venezuela, muchas veces ha predominado la racionalidad publicista sobre la racionalidad privatista. Es decir, los criterios de interés general y utilidad social de la actuación empresarial del Estado muchas veces han hecho olvidar los criterios de economicidad y eficacia en el funcionamiento de las empresas públicas. A lograr un adecuado equilibrio entre ambos criterios de comportamiento se han dirigido diversos esfuerzos reformistas. Así, a nivel gubernamental, por ejemplo se ha insistido en que "la empresa estatal no puede estar guiada exclusivamente con el propósito de obtener la mayor rentabilidad económica, pues ellas tienen que contribuir simultáneamente al logro de los fines económicos y sociales generales del Estado. Sin embargo, es evidente que eficiencia y productividad son factores esenciales que determinan su eficaz capacidad de acción" [75]

El predominio de la racionalidad privatista o publicista, en todo caso, ha estado influida por diversos factores. En las empresas públicas surgidas de la nacionalización del hierro y del petróleo, no hay duda, tiende a prevalecer la racionalidad privatista de la eficacia, productividad y rentabilidad empresarial. Asimismo, dichos criterios de racionalidad privatista en general, son más acentuados en las empresas públicas con forma societaria que en las empresas públicas con personalidad jurídica de derecho público. En el segundo caso, no hay duda, el mayor control e ingerencia de la Administración Central en la conducción de las empresas públicas ha hecho prevalecer la racionalidad publicista sobre la racionalidad privatista del comportamiento.

4. Grado de autonomía real de las empresas públicas

En relación al grado de autonomía real de las empresas públicas, es decir, la mayor o menor sujeción de estas a la Administración Central, no hay duda de que ha estado influenciado por múltiples factores, variables de una empresa a otra, que impiden formular generalizaciones.

Si alguna tendencia puede observarse, es en relación a las formas jurídicas utilizadas. La forma jurídica societaria de derecho privado, por su naturaleza, no hay duda que ha contribuido a que las empresas con dicha forma societaria tengan mayor grado de autonomía real en relación a la Administración Central, que las empresas con forma jurídica de derecho público. La experiencia de algunas de esas empresas como la Compañía Anónima Nacional Teléfonos de Venezuela (CANTV), o el Centro Simón Bolívar S.A., confirman esta apreciación.

Sin embargo, no hay duda, quizás sean los factores políticos los que en un momento determinado, influyan más en la mayor autonomía real de una empresa, con prescindencia de la forma jurídica. En general, por ejemplo, cuando la designación del Presidente de la empresa ha correspondido directamente al Presidente de la República, lo cual no

75 C.A. Pérez, *Primer Mensaje al Congreso Nacional,* Caracas, 12–3–75, pp. 474 y 475.

es infrecuente, la empresa tiende a tener una mayor autonomía frente al Ministro Sectorial al cual está formalmente adscrita y sujeta. Por ello, sí bien es cierto que los controles de tutela de los Ministerios sectoriales sobre las empresas públicas que le están adscritas, algunas veces no han funcionado, ello no se ha debido a falta de previsiones legales o reglamentarias [76], sino realmente, en la mayoría de los casos, a las relaciones políticas reales de carácter interpersonal que se han establecido entre los directores de las empresas y el Presidente de la República, por sobre el Ministro Sectorial respectivo, provocando una mayor autonomía de aquellos respecto de este.

5. Posición de las empresas públicas en el sistema económico

A. Algunos indicadores sobre la importancia y magnitud relativa de las empresas públicas

El sector público en Venezuela, es decir, el universo de instituciones que forman la estructura general del Estado, tanto en su ámbito nacional, estadal o municipal, como en el ámbito de la Administración central y descentralizada, tiene una enorme importancia en nuestro país.

En efecto, en 1977, el sector público contribuyó a la formación del Producto Territorial Bruto en un 40,5%, y en 1978, esa contribución se situó en un 37,6%, (Véase Cuadro N° 1). La relación entre el sector público venezolano y el resto de la economía, así, es de una significación e importancia, no igualada sino excepcionalmente por otros países del mundo occidental.

En efecto, en febrero de 1978, en un documento editado por el Consejo de Economía Nacional intitulado *La participación del Estado en la Economía Venezolana,* se indicaba que en 1976, luego de la nacionalización de la industria petrolera, el Sector Público representaba un 42,1% del Producto Territorial Bruto de nuestro país (p. 21); y en 1974, según cifras calculadas en 1975, el ingreso fiscal representaba un 40,3% del Ingreso Nacional, por lo que al decir del Consejo, ello revela "que el Estado Venezolano tiene una elevadísima capacidad financiera para influir en la economía nacional en mayor grado que otros países, incluso respecto a países industrializados" (p. 4). En éstos, señala dicho Informe, "los ingresos fiscales ordinarios representan entre un 15% y un 40% del Ingreso Nacional; y en las naciones con un bajo nivel de ingreso por persona, los ingresos fiscales no pasan del 14% del Ingreso Nacional" (p. 5). Es fácil constatar la acentuada participación del Estado en la economía nacional, sobre todo si se compara ese porcentaje del 40,3% en la relación Ingreso Fiscal–Ingreso Nacional con el de otros países: Suecia 34,3%; Francia 20,7%; Alemania Occidental 22,8%; Italia 19,2%; Suiza 18,2%; Japón 36% y España 12%.

La importancia de nuestro sector público, por tanto, es incuestionable.

Pero dentro del sector público, es precisamente la administración descentralizada y en particular, la representada por las empresas del Estado, la parte más importante, económicamente hablando.

---

76 En este sentido, el Presidente C. A. Pérez, en su Primer Mensaje al Congreso señalaba al enjuiciar el funcionamiento de las empresas públicas que "tampoco la adscripción a los Ministerios ha servido para la supervisión real, a pesar de que les he otorgado autoridad plena y directa a los ministros", *cit.*, p. LV.

B. Tipo de relaciones entre empresas públicas y privadas

Vista globalmente la composición sectorial de las empresas públicas puede señalarse que, en general, las relaciones que existen entre estas y las empresas privadas configuran una relación de complementación. Generalmente, los sectores y actividades en los cuales actúan las empresas públicas no son atendidos con preferencia por el sector privado, sea porque existe una reserva estatal del sector, sea porque la inversión requerida es de gran magnitud, o porque existe un interés social particular en la misma.

Sin embargo, en algunos sectores específicos, como el sector servicios (hoteles, por ejemplo), sin duda, hay relaciones de competencia, así como en el campo del transporte aéreo interno. En otros casos, hay una situación de preponderancia del sector público en el campo financiero ya que las instituciones financieras públicas, inclusive, operan en algunos casos a través de la Banca Comercial como sucedió con Fondo de Crédito Agrícola y de Crédito Industrial, por ejemplo, antes de ser transformados en institutos autónomos.

C. Grado de integración existente entre las empresas públicas

El crecimiento de las empresas públicas en Venezuela, no siguió un ritmo regular ni planificado. Como se dijo, se han venido creando empresas públicas conforme se hacía necesaria la intervención del Estado en actividades económicas diversas, y como consecuencia, se cuenta en la actualidad con un panorama generalmente desintegrado de las empresas públicas en relación a las políticas sectoriales.

Hasta 1979, con la sola excepción del Instituto Venezolano de Petroquímica, ahora integrado al complejo de la industria petrolera, como filial de Petróleos de Venezuela C.A., que ha integrado, como holding público, diversas empresas públicas y mixtas del sector petroquímico; de la Corporación Venezolana de Guayana que ha integrado, como filiales, diversas empresas públicas en el campo industrial (hierro, siderúrgica y electricidad); de la empresa Petróleos de Venezuela S.A., que integra las diversas empresas petroleras nacionalizadas dentro de una estructura tipo holding; y de las empresas de industrias estatales en el campo naval y aeronáutico, puede decirse que en general ha existido una ausencia de integración sectorial de las empresas públicas.

Estas, en general, se adscribieron, cada una por su cuenta, a un Ministro, quien no tenía efectivos mecanismos de integración sectorial. Por ejemplo, en el campo de las empresas de financiamiento industrial, en la actualidad operan las siguientes empresas: Corporación Venezolana de Fomento, Banco Industrial de Venezuela, Corporación de Desarrollo de la Pequeña y Mediana industria, Fondo de Inversiones de Venezuela y Fondo de Crédito Industrial. Sin embargo, entre esas empresas, no hay una adecuada coordinación ni mucho menos, integración. Otro tanto sucede, por ejemplo, en el campo del sector agrícola, donde no existe integración adecuada entre el Banco de Desarrollo Agropecuario, el Instituto de Crédito Agrícola y Pecuario, la Corporación de Mercadeo Agrícola, el Fondo de Crédito Agropecuario y la empresa Almacenes y Depósitos Agropecuarios C.A.

Esta situación provocó que en 1972, la Comisión de Administración Pública de la Presidencia de la República, dentro de los planes de reforma administrativa, propusiera por primera vez la integración sectorial de las empresas públicas en grandes entidades holding adscritas a cada Ministerio Sectorial[77]; propuesta que fue recogida en 1974 por la Comisión de Reforma Integral de la Administración Pública en el sentido de crear corporaciones sectoriales de las empresas públicas[78], lo cual fue adoptado, como política, por el gobierno[79], y se ha propuesto, definitivamente, en el Proyecto de Ley Orgánica de la Administración Descentralizada de 1976, el cual aún se discute en 1979[80].

D. Grado de integración de las empresas públicas en el sistema nacional de planificación

A pesar de que en Venezuela se ha venido desarrollando un sistema de planificación durante los últimos 20 años, puede decirse que en general, el grado de integración de dichas empresas al sistema nacional de planificación ha sido muy precario.

Ciertamente que el Decreto Nº 492 del 30 de diciembre de 1959, que creó el Sistema Nacional de Planificación establece un conjunto orgánico que debía permitir a la Oficina Central de Coordinación y Planificación el que fuera auxiliada por Oficinas sectoriales básicas que debían crearse en los diversos Ministerios, las cuales a su vez debían haber sido auxiliadas por oficinas subalternas de planificación que debían haberse establecido en los diversos institutos autónomos y empresas del Estado adscritos al Ministerio respectivo[81]. Sin embargo, no hay duda de que la participación de las empresas del Estado en el proceso de planificación no sólo no ha tenido una efectiva orientación sectorial, sino que tampoco ha sido efectiva tanto en la formulación como en la ejecución de los planes[82]. La mayoría de las empresas del Estado formulan sus programas y los ejecutan aisladamente, y en la elaboración de los programas sectoriales de los Planes de la Nación poco han participado.

Esta situación trató de corregirse en 1970 mediante la emisión del Reglamento de Coordinación, Administración y Control de los Institutos Autónomos de la Administración Pública Nacional[83], en el cual se estableció que los institutos autónomos y empresas del Estado, como organismos de la administración descentralizada, debían participar "en la formulación del Plan de la Nación en el área de su competencia" y debían adecuar sus programas y objetivos a los que fueren definidos en dicho Plan [84]. Para ello, el referido Reglamento, como se señala más adelante, estableció toda una completa normativa que lamentablemente, no pudo ejecutarse plenamente.

A partir de la Ley de Régimen Presupuestario de 1976, en todo caso, se ha impuesto como obligación de los institutos autónomos y empresas del Estado, la formulación de sus Presupuestos conforme a las políticas sectoriales que defina el respectivo Ministro de adscripción.

---

77 *Idem*, Tomo I, pp. 365 y ss., y pp. 273 y ss.

78 *V.* Criap, *Informe*, Sistema Nacional de Empresas del Estado, octubre 1974.

79 *V.* C. A. Pérez, *Primer Mensaje al Congreso Nacional*, Caracas 12–3–75, pp. LV y LVI

80 *V.* lo indicado en el punto II de la Tercera Parte de este libro.

81 Artículo 18 y siguientes del Decreto en *G.O.* Nº 25.850 de 30–12–58.

82 *V.* Comisión de Administración Pública, *Informe sobre la Reforma de la Administración Pública Nacional, cit.*, Tomo I., pp. 345 y ss.

83 Decreto Nº 280 de 8–4–70 en *G.O.* Nº 29.190 de 14–4–70.

84 Artículo Nº 8.

Sección Segunda: ELEMENTOS BÁSICOS DEL RÉGIMEN LEGAL DE LAS EMPRESAS PÚBLICAS

Con fecha 22 de junio de 1976, ha sido presentado a la consideración del Congreso el Proyecto de Ley Orgánica de la Administración Descentralizada[85] que tiende a modificar el régimen legal de las empresas públicas en Venezuela. Este Proyecto, si se aprueba, sin duda podrá considerarse como revolucionario en el campo de la Administración Pública Venezolana pues vendría a dar un remedio legal a uno de los males que en las últimas décadas corroe la estructura administrativa venezolana: el de la inflación de la administración descentralizada, sin un marco legal general que normalice su crecimiento.

El Proyecto pretende cambiar, por tanto, un régimen disperso e inorgánico[86] que regula a las empresas públicas, y que depende básicamente de las formas jurídicas que adopten, establecido en la Ley Orgánica de la Hacienda Pública Nacional[87], básicamente en su Título IV, relativo a "los Institutos y Establecimientos Oficiales Autónomos"[88] cuando la forma de la empresa pública es la de un instituto autónomo (persona pública); y el Código de Comercio[89], cuando la forma de la empresa es la sociedad mercantil[90], y en algunas recientes leyes como las Leyes Orgánicas de Crédito Público y de Régimen Presupuestario de 1976 [91].

En las líneas que siguen, se analizará el régimen de las empresas públicas en vigencia en la actualidad y que pretende ser transformado con la proyectada Ley Orgánica de la Administración Descentralizada antes referida.

Dicho régimen se estudiará, analizando sucesivamente: los principales cuerpos normativos aplicables a las empresas públicas; las relaciones entre las empresas públicas y las empresas privadas; los diversos tipos legales de empresas públicas; las variadas formas de creación de las mismas; y por último, se analizarán los principales cambios operados en el régimen legal de las empresas públicas en los últimos años.

I. PRINCIPALES CUERPOS NORMATIVOS APLICABLES

1. Reglas en materia de actos y formalidades de creación

En cuanto a las empresas públicas con forma de instituto autónomo rige, por supuesto, el artículo 230 de la Constitución;

---

85 *V.* el texto en *La Administración Centralizada y la Administración Descentralizada.* Proyectos de Ley, Ediciones del Ministerio de Relaciones Interiores, 1976.

86 *V.* Allan R. Brewer–Carías, "Introducción al estudio del régimen legal de las empresas públicas en Venezuela", *Revista de la Facultad de Derecho,* UCAB, Nº 21, Caracas, 1975–1976, pp. 83 y ss.

87 La última reforma parcial fue dictada por Decreto Ley Nº 150 de 11 de junio de 1974, en *Gaceta Oficial,* Nº 1660 Extraordinario de 21–6–74.

88 Artículos 70 a 75.

89 La última reforma del Código de Comercio es de 26 de julio de 1955.

90 El Título VII del Código de Comercio (artículos 200 y ss) es el dedicado a las Compañías de Comercio y de las cuentas en participación.

91 Véanse en *G.O.* Nº 1893 Extr. del 30–7–76–

"Sólo por Ley, y en conformidad con la Ley Orgánica respectiva[92], podrán crearse institutos autónomos".

Las empresas públicas con forma societaria, en cambio, se rigen en cuanto a los actos y formalidades de creación, en principio, por las normas del Código de Comercio. Sin embargo, algunas limitaciones específicas se han venido estableciendo en disposiciones especiales. Por una parte, en cuanto a la libertad de los entes públicos para crear empresas públicas, esta, en efecto, se encuentra limitada. La Ley de Presupuesto anual para cada Ejercicio Fiscal ha venido exigiendo desde hace algunos años la autorización previa de las Comisiones de Finanzas o de la Comisión Delegada del Congreso para la constitución de sociedades, la suscripción o enajenación de acciones y la incorporación de nuevos accionistas por parte de la República, de los institutos autónomos u otras empresas públicas[93]. Frente a esta limitación, su aplicabilidad a empresas públicas con forma de derecho público (institutos autónomos) en el proceso de creación de sociedades mercantiles filiales, ha sido mitigada en casos concretos, eliminándosela. Tal es el caso de la Corporación Venezolana de Fomento cuya Ley exige solamente la autorización previa del Ejecutivo Nacional, y del Fondo de Inversiones de Venezuela, cuya ley excluye inclusive, la autorización previa del Ejecutivo Nacional[94] En el caso de Petróleos de Venezuela C.A., la Ley Orgánica que reserva al Estado la Industria y el Comercio de los Hidrocarburos y su acta constitutiva, autorizan a la empresa, tal como se verá más adelante, a constituir las otras empresas que estime conveniente para el adecuado desarrollo de la industria.

En general, en el mismo sentido, el Reglamento de Coordinación, Administración y Control de los Institutos Autónomos de la Administración Pública Nacional de 1970 establece que los institutos autónomos, salvo contadas excepciones, requieren autorización previa del Consejo de Ministros para constituir sociedades, y para suscribir o adquirir acciones de sociedades mercantiles[95].

Además, en algunos casos, la constitución de la sociedad mercantil en el registro de comercio requiere de un acto constitutivo, distinto de las Actas Constitutivas tradicionales, suscritas entre los distintos socios. Tal fue el caso de la Ley que Reserva al Estado la Industria y el Comercio de los Hidrocarburos[96] que al prever por primera vez en Venezuela, la posibilidad de constitución de sociedades mercantiles de un sólo accionista[97], exigió que la empresa Petróleos de Venezuela S.A. (PDVSA) se constituyera mediante Decreto Ejecutivo[98], registrándose, en el registro de comercio, el referido Decreto.

---

92 Aún no dictada. Por tanto, rige la Ley Orgánica de la Hacienda Pública Nacional.

93 *V.* Artículo 12 de la Ley de Presupuesto del Ejercicio Fiscal 1979.

94 Artículo 12. Parágrafo único del Estatuto Orgánico de la Corporación Venezolana de Fomento *(G.O.* 30668 de 14–4–75) y 26 del Estatuto del Fondo de Inversiones de Venezuela *(G.O.* N° 30.430 de 21–6–74).

95 Artículo 26 del Reglamento dictado por Decreto N° 280 de 8 de abril de 1970, en *Gaceta Oficial* N° 29.190 de 14–4–70. Entre las excepciones está el Fondo de Inversiones de Venezuela excluido en virtud del Decreto N° 372 del 27–8–74 *(G.O.* N° 30495 de 9–9–74).

96 Ley de 29–8–75 publicada en *G. O.* N° 1769 Ext. de 29–8–75.

97 Artículo 6°, Base Primera.

98 Decreto N° 1.123 de 30–8–75 en *G.O.* N° 1770 Extr. 30–8–75, Registro Mercantil de 15–9–75, en *Gaceta Municipal* N° 413 Ext. de 25–9–75.

2. Reglas en materia de organización interna y gestión

En cuanto a la gestión de las empresas públicas, en 1970 se dictó el Reglamento de Coordinación, Administración y Control de los Institutos Autónomos de la Administración Pública Nacional[99], cuyas normas también se aplican a las empresas públicas con forma societaria (art. 51). Este Reglamento contiene normas sobre coordinación y programación de las actividades de las empresas públicas; régimen presupuestario; régimen administrativo, en relación al control administrativo, personal y actuación en juicio; y régimen financiero, en relación a los gastos, contabilidad y rendición de cuentas. En principio, se aplica a todos los institutos autónomos, pudiendo ser excluidos algunos de ellos, por la naturaleza de sus funciones, de la aplicación del Reglamento. Expresamente sólo ha sido excluido el Fondo de Inversiones de Venezuela[100].

Más adelante, al comentar las reformas a la Administración Descentralizada durante el período 1969–1972 se analiza, *in extenso,* el contenido de este Reglamento.

A nivel legislativo, sin embargo, merecen especial referencia las normas relativas al Régimen Presupuestario y al Régimen del personal de las empresas públicas.

A. Régimen presupuestario

En efecto, en cuanto al régimen presupuestario de los entes descentralizados, la Ley Orgánica de Régimen Presupuestario[101] se aplica a todos los "organismos del sector público" y entre ellos, a "los institutos autónomos, los servicios autónomos sin personalidad jurídica y las demás personas de derecho público en las que los organismos antes mencionados tengan participación", a "las sociedades en las cuales el Poder Nacional y demás personas a que se refiere el presente artículo (personas estatales) tengan participación igual o mayor al cincuenta por ciento (50%) del capital social. Quedarán comprendidas, además, las sociedades de propiedad totalmente estatal, cuya función, a través de la posesión de acciones de otras sociedades, sea coordinar la gestión empresarial pública de un sector de la economía nacional", a "las sociedades en las cuales las personas a que se refiere el ordinal anterior tengan participación igual o mayor al cincuenta por ciento (50%)"; y a "las fundaciones constituidas y dirigidas por alguna de las personas referidas en el presente artículo, o aquellas de cuya gestión pudiera derivarse compromisos financieros para esas personas" (art. 1, ordinales 3, 4, 5 y 6).

En general, estando sometidos todos los entes de la administración descentralizada a las prescripciones de la Ley Orgánica, esta prescribe que todos "los presupuestos públicos expresan el Plan de la Nación en aquellos aspectos que exigen, por parte del Sector Público, captar y asignar recursos conducentes al cumplimiento de las metas de desarrollo económico, social e institucional del país. Son parte e instrumentos de la planificación nacional, y en su formulación, aprobación y ejecución, deberán seguir las orientaciones del Plan Operativo Anual", (art. 2°).

La Ley Orgánica, en particular, ha previsto normas especiales para el régimen presupuestario de los Institutos Autónomos y de las empresas del Estado.

---

99 *V.* Dictado por Decreto N° 280 de 9–4–70 en *Gaceta Oficial* N° 29.190 del 14–4–70.
100 *V.* El Decreto N° 372 del 27–8–74 en *Gaceta Oficial* N° 30.495 del 9–9–74.
101 *V.* en *G.O.* N° 1893 Extr. del 30–7–76.

En relación a los *institutos autónomos,* la ley prescribe normas generales aplicables a todos, aun cuando habilita al Presidente de la República, en Consejo de Ministros para exceptuar del cumplimiento de dichas normas a los Institutos Autónomos que por la naturaleza de sus funciones, deban ser sometidos a otro régimen que determinará el Reglamento (art. 58).

En particular, se prevé la posibilidad de que algunos institutos autónomos se rijan por las normas que la propia Ley Orgánica trae en relación a las empresas del Estado (art. 60).

Ahora bien, en general la Ley Orgánica prescribe que los institutos autónomos "elaborarán sus proyectos de presupuestos por programas, de acuerdo a los lineamientos de la política sectorial que imparta el organismo de adscripción" (art. 52). Estos proyectos, deben ser "elaborados conforme a las instrucciones que dicte la Oficina Central de Presupuesto, y deberán presentarse a la misma y a la Oficina Central de Coordinación y Planificación, previa aprobación del organismo de adscripción", y los mismos deberán contener "los estados financieros proyectados, así como toda aquella información económica, financiera y administrativa que se requiera para fines de programación, evaluación y control de su gestión", y a los efectos, también, de que la Oficina Central de Presupuesto proponga "al Ejecutivo Nacional los aportes presupuestarios respectivos" (art. 53).

Los proyectos de presupuesto de los institutos autónomos deben someterse a la aprobación del Presidente de la República, en Consejo de Ministros (art. 54).

En cuanto a la ejecución del presupuesto por los institutos autónomos, se prevé que "el Ejecutivo Nacional establecerá las normas aplicables para los traspasos de créditos entre programas, proyectos y partidas, así como las facultades que, en esta materia, tendrán los Directorios o Juntas Directivas, Ministros responsables y las que se reservará el Presidente de la República", (art. 55). Además, se exige a los Institutos autónomos que remitan "al organismo de adscripción, la Oficina Central de Presupuesto, la Oficina Central de Coordinación y Planificación, la unidad respectiva de presupuesto y la Dirección Nacional de Contabilidad Administrativa, información periódica de su gestión presupuestaria, de acuerdo con las normas que dicte la Oficina Central de Presupuesto", (art. 56).

Por último, además de estas normas especiales, la Ley Orgánica manda aplicar a los institutos autónomos los artículos 37, 45 y 46 de la ley, estos últimos en relación a la evaluación del cumplimiento de metas. En particular, conforme al artículo 46 de la ley "el incumplimiento de una meta podrá dar origen, a instancia del Presidente de la República, de la Oficina Central de Presupuesto o de los funcionarios responsables, a realizar una averiguación administrativa" para que, en caso de establecerse responsabilidades, la autoridad competente aplique las sanciones previstas en la ley, en particular, las establecidas en la Ley de Carrera Administrativa (art. 68).

En cuanto a las *empresas públicas con forma societaria,* es decir, a las empresas del Estado, la Ley Orgánica exige que los directorios de éstas aprueben "el presupuesto de su gestión y lo remitirán a través del correspondiente organismo de adscripción, a la Oficina Central de Presupuesto y a la Oficina Central de Coordinación y Planificación", (art. 60). El Presidente de la República, en Consejo de Ministros, debe aprobar los presupuestos de las sociedades de capital público y decidirá la parte de las utilidades netas de esas empresas que deberán ser ingresadas al Tesoro Nacional, así como la oportunidad de su entrega (arts. 61 y 18). "Dicha aprobación no significará limitaciones en cuanto a los volúmenes de ingresos y gastos presupuestarios y sólo establecerá la conformidad, entre los objetivos, metas y programas de la gestión empresarial y los contenidos en el Plan de la Nación y en el Plan Operativo Anual" (art. 61). Por ello, se insiste en que las empresas del Estado deben atenerse a la política sectorial que les imparta el organismo de adscripción (art. 61).

La Ley Orgánica prescribe para las empresas del Estado las mismas normas señaladas para los institutos autónomos, en cuanto a la forma de elaboración de los proyectos de presupuestos (arts. 61, 53 y 54), y permite al Presidente de la República, en Consejo de Ministros, cuando las circunstancias lo aconsejen, "limitar o fijar los montos de determinados programas o proyectos, indicando los gastos de operación e inversión que quedarán afectados", (art. 62).

En todo caso, las empresas del Estado están obligadas a remitir a los organismos de adscripción, a la Oficina Central de Presupuesto, a la Oficina Central de Coordinación y Planificación y a la Dirección Nacional de Contabilidad Administrativa, información periódica de su gestión presupuestaria, de acuerdo con las normas que dicte la Oficina Central de Presupuesto (arts. 63 y 56).

B. Régimen de Personal

En materia de personal, el régimen también varía según se trate de empresas públicas con forma de institutos autónomos o sociedad anónima.

En cuanto a los *institutos autónomos,* es decir, a los establecimientos públicos institucionales, su personal se rige por las disposiciones de la Ley de Carrera Administrativa del 3–9–79[102]

Por tanto, el régimen de los funcionarios de carrera y de libre nombramiento y remoción, así como los deberes y derechos de los funcionarios previstos en esta ley, les son aplicables a los funcionarios públicos al servicio de los institutos autónomos. Asimismo, las normas relativas al sistema de administración de personal establecidas en la Ley de Carrera Administrativa, son aplicables a los institutos autónomos, y en particular, las relativas a los sistemas de clasificación y remuneración de cargos. En este aspecto, sin embargo, la Ley Orgánica de Régimen Presupuestario ha señalado expresamente que los institutos autónomos pueden modificar sus sistemas de clasificación y remuneración de cargos, con la autorización del Ejecutivo Nacional (art. 57), lo cual conforme a lo establecido en el artículo 40 de la Ley de Carrera Administrativa, permite a los institutos autónomos tener sus propios sistemas de clasificación y remuneración, distintos del previsto para la Administración Central.

En cuanto a los obreros al servicio de los Instituto Autónomos, al igual que los que están al servicio de los Organismos de la Administración Central, están sometidos a la legislación laboral común.

Por lo que respecta a las *empresas del Estado* es decir, a las sociedades constituidas por éste, el régimen de su personal, en general, es el régimen laboral común, previsto en la Ley del Trabajo.

---

102 *V.* en *Gaceta Oficial* N° 1428 Extr. del 4–9–70. La última modificación a la Ley se hizo por Derecho–Ley N° 914 del 13–5–75 en *Gaceta Oficial* N° 1745 Extr. del 23–5–75.

Por último, debe señalarse que en materia de personal, una serie de instrucciones presidenciales fueron dictadas a partir de 1974, las cuales no sólo se aplican a la Administración Central, sino también, a la Administración Descentralizada, y dentro de ésta, a las empresas públicas. Por su interés se destacan las siguientes: Instructivo N° 10 del 21 de enero de 1975 relativo a la aplicación de las disposiciones legales y reglamentarias en materia de permisos para trabajar horas extraordinarias; Instrucción N° 11 del 27 de mayo de 1975 relativo a la forma de negociación de los contratos colectivos; Instructivo N° 23 del 13 de enero de 1976 relativo al control de las partidas de gastos destinadas a la administración de servicios personales y al pago de otros gastos de personal; e Instructivo N° 35 del 1 de noviembre de 1977, relativo a normas disciplinarias a los funcionarios públicos en caso de huelgas [103].

3. Reglas en materia de actuación externa

En cuanto a la actuación externa de las empresas públicas con forma de instituto autónomo, se aplican básicamente, las normas de la Ley Orgánica de la Hacienda Pública Nacional, que excluyen a los bienes de aquellos, del régimen de los bienes nacionales, y a sus ingresos y erogaciones, del régimen de las rentas y gastos públicos[104]. Estas empresas públicas, además y en principio, no gozan de las prerrogativas del Fisco Nacional a menos que sus leyes creadoras se los confieran expresamente (art. 74). Por lo demás, por tanto, y en cuanto a su actuación externa, rige el Código Comercio, al igual que respecto a las empresas públicas con forma societaria.

En particular, en cuanto a la actuación externa de las empresas públicas, debe hacerse especial referencia a las normas de la Constitución respecto de los contratos de interés nacional. En efecto, conforme al artículo 126 del Texto Fundamental, "Sin la *aprobación* del Congreso, no podrá celebrarse ningún *contrato de interés nacional,* salvo los que fueren necesarios para el normal desarrollo de la administración pública o los que permita la ley... Tampoco podrá celebrarse ningún contrato de *interés público nacional,* estadal o municipal con Estados o entidades oficiales extranjeras, ni con sociedades no domiciliadas en Venezuela, ni traspasarse a ellos, sin la *aprobación* del Congreso".

Este texto, al hablar de contratos de interés nacional no sólo se aplica a los que concluya la República, sino que también se aplica a los contratos excepcionales que concluyan los institutos autónomos y las empresas del Estado. Por tanto, todos aquellos contratos de las empresas públicas que excedan de la normal administración, es decir, que no sean de los normales u ordinarios en el desarrollo de su gestión administrativa, por su complejidad o cuantía, estarían sometidos, para su validez, a la aprobación del Congreso[105]. Por otra parte, en esos mismos contratos, si no fuere improcedente de acuerdo a la naturaleza de los mismos, se aplica el artículo 127 de la Constitución en cuanto a la inmunidad jurisdiccional.

En materia contractual, en particular, debe hacerse referencia a los contratos celebrados por las empresas del Estado que contengan operaciones de crédito público, sometidos a la Ley Orgánica de Crédito Público del 30 de julio de 1976, en la cual se regulan

103 *V.* en OCI, *Instructivos Presidenciales 1–29,* Caracas 1975, y en la *Gaceta Oficial* N° 31.351 del 1–11–77.

104 Artículo 71.

105 *V.* Allan R. Brewer–Carías, "La evolución del concepto de contrato administrativo" en *Jurisprudencia Argentina,* N° 5076, Buenos Aires, 13–12–78, pp. 5 y 6.

las operaciones de crédito público de todos los organismos del sector público, incluyendo a los entes descentralizados [106].

En efecto, esta Ley Orgánica se aplica a los siguientes organismos enumerados en su artículo 2°.

"1. La República, los Estados, las Municipalidades, los Institutos Autónomos y demás personas de derecho público";

"2. Las Sociedades en las cuales la República y demás personas a que se refiere el presente artículo tengan participación igual o superior ¿1 cincuenta y uno por ciento (51%) del capital social";

"3. Las Sociedades en las cuales las personas a que se refiere el ordinal anterior tengan participación igual o superior al cincuenta y uno por ciento (51%)"; y

"4. Las funciones constituidas y dirigidas por alguna de las personas referidas en el presente artículo, o aquellas de cuya gestión pudieran derivarse compromisos financieros para esas personas".

Ahora bien, aparte de las normas generales previstas en la Ley Orgánica, esta establece normas particulares destinadas a regir las operaciones de Crédito Público de los Institutos Autónomos y de las sociedades del Estado.

En cuanto a los *institutos autónomos,* se establece un régimen general de autorización ejecutiva y legislativa previa para la realización de operaciones de crédito público, del cual sólo quedan exceptuados el Fondo de Inversiones de Venezuela, el Banco Nacional de Ahorro y Préstamo, el Fondo de Crédito Industrial, el Fondo de Crédito Agropecuario, y el Fondo Nacional de Desarrollo Urbano, solamente en cuanto a la emisión de obligaciones con garantía hipotecaria (art. 44).

De resto, se establece como principio general que los institutos autónomos "no podrán realizar operaciones de Crédito Público sin el previo consentimiento del Presidente de la República en Consejo de Ministros" (art. 44). Este principio, sin embargo, tiene dos excepciones:

A. Las operaciones de crédito de corto plazo, las cuales sólo requerirán autorización previa del Ministerio de Hacienda o notificación al mismo si se trata de Institutos Autónomos que sean entidades financieras o de crédito, y siempre que reúnan las siguientes condiciones: a. Que sean transitorias y de carácter urgente; b. Que estén destinadas a atender necesidades inaplazables de Tesorería; y c. Que a juicio del Ministerio de Hacienda exista la posibilidad de cancelarlas con recursos propios, ordinarios, presupuestados en el ejercicio o que vayan a serle asignados. En todo caso, tales obligaciones deberán ser canceladas en la fecha de su vencimiento, y no podrán ser prorrogadas, renovadas o consolidadas (art. 47).

El Presidente de la República en Consejo de Ministros, podía fijar a los Institutos Autónomos límites anuales de endeudamiento para estas operaciones de Crédito (art. 47).

---

106 *V.* la Ley Orgánica de Crédito Público de 30–7–76 en *Gaceta Oficial* N° 1893 de 30–7–76. En la *cit*ada Ley se consideran como operaciones de crédito público la emisión y colocación de Bonos y la aceptación de letras de cambio y emisión de pagarés de largo y mediano plazo; la apertura de crédito con una o más instituciones financieras del país, del extranjero o internacionales; la contratación de obras, servicios o adquisiciones, cuyo pago total o parcial se estipula realizar en el transcurso de uno o más ejercicios fiscales posteriores al vigente; y la consolidación, conversión o unificación de otras deudas (art. 4°).

B. Las operaciones que consistan en garantizar obligaciones asumidas por terceros, y que sean realizadas por los Institutos Autónomos que están autorizados por su régimen legal para ello, en cuyo caso sólo requerirán de la autorización previa del Ministerio de Hacienda. En todo caso, deberán notificar a dicho Ministerio la constitución de la garantía dentro de los 15 días siguientes a que ello ocurra (art. 48).

Para todos los otros supuestos de operaciones de crédito público que requieren previo consentimiento del Presidente de la República en Consejo de Ministros, una vez obtenido éste, el Ministro de Hacienda deberá solicitar la opinión del Banco Central de Venezuela y la autorización del Congreso de la República, mediante Ley (art. 44). En todo caso, antes de realizar la operación proyectada y autorizada, el respectivo instituto autónomo requerirá del Ejecutivo Nacional en Consejo de Ministros por intermedio del Ministro de Hacienda, la autorización correspondiente para iniciar su ejecución (art. 44).

La Ley Orgánica exige, en todo caso, que "las Juntas o Consejos Directivos de los Institutos Autónomos deberán decidir la operación proyectada, de conformidad con los términos de su respectiva legislación, mediante resolución en la cual se establecerá el programa de inversiones, el plazo para la amortización, la forma de pago, las garantías ofrecidas y las demás características financieras de la negociación" (art. 45).

Por último, en relación a los institutos autónomos se establece, en general, que "no podrán aceptar letras de cambio ni emitir pagarés" (art. 46), salvo cuando se trate de las operaciones exceptuadas del cumplimiento de las normas de la ley (ciertos contratos de obra, ciertos contratos de gestión ordinaria, ciertos contratos destinados a adquirir inmuebles para sus propias sedes, y ciertas operaciones en caja mismos financieros internacionales art. 6), o de las operaciones de crédito a corto plazo antes mencionados, y que sólo requieren de la autorización previa del Ministerio de Hacienda (art. 47).

En cuanto a las *empresas del Estado,* la Ley Orgánica también establece un régimen general aplicable a las operaciones de crédito público realizadas por todas las Sociedades del Estado, consistente en autorizaciones ejecutivas y legislativas, del cual sólo quedan exceptuados "el Banco Central de Venezuela, las Sociedades del Estado dedicadas a la intermediación de crédito regidas por la Ley General de Bancos y otros Institutos de Crédito, las regidas por la Ley de Empresas de Seguro y Reaseguros, las creadas o que se crearon de conformidad con la Ley carburos, (Petróleos de Venezuela S.A. y sus seis filiales), y las creadas o que se crearen de conformidad con el artículo 10 del Decreto Ley N° 580 del 26 de noviembre de 1974, mediante el cual se reservó al Estado la Industria de la explotación del mineral de Hierro" (Ferrominera del Orinoco C.A.) (Parágrafo Único del art. 50).

De resto, se establece como principio general que las Sociedades del Estado no podrán realizar operaciones de Crédito Público sin el previo consentimiento del Ejecutivo Nacional en Consejo de Ministros.

Una vez obtenido el consentimiento del Ejecutivo Nacional su Consejo de Ministros, el Ministerio de Hacienda deberá solicitar la opinión del Banco Central de Venezuela y la autorización del Congreso de la República, *mediante ley".* En todo caso antes de realizarse la operación autorizada, el respectivo instituto requerirá del Ejecutivo Nacional, en Consejo de Ministros, por intermedio del Ministerio de Hacienda la autorización correspondiente (art. 50).

Este principio, sin embargo, tiene cuatro excepciones:

Las operaciones exceptuadas del cumplimiento de las normas de la Ley previstas en el artículo 6° consecuencia de ciertos contratos de obra cuya ejecución se extienda por más de un ejercicio presupuestario; de ciertos contratos de gestión ordinaria destinados a la adquisición de bienes o servicios para satisfacer el normal funcionamiento del ente; de los contratos que tengan por objeto la adquisición o construcción de inmuebles destinados a la prestación de los servicios del propio ente; y las obligaciones derivadas de la participación de la República en instituciones financieras internacionales en las cuales ésta sea miembro;

Las operaciones de crédito público realizadas por "las sociedades del Estado que sean de carácter agrícola o industrial o se dediquen a prestar servicios de transporte, de comunicaciones y de electricidad, así como las creadas o que se crearen para operar en los sectores minero, metalúrgico y petroquímico" (art. 51), en cuyo caso sólo necesitan obtener la autorización del Presidente de la República en Consejo de Ministros, y previa consulta con el Banco Central de Venezuela, siempre que el monto de las obligaciones pendientes por tales operaciones más el monto de las operaciones a tramitarse no exceda del 40 % de su patrimonio neto (art. 51);

Las operaciones de crédito de corto plazo, aprobadas previamente por el Ministerio de Hacienda, siempre que reúnan las siguientes condiciones: a. Que sean transitorias y de carácter urgente; b. Que estén destinadas a atender necesidades inaplazables de Tesorería; c. Que exista la posibilidad de cancelarlas con recursos propios u ordinarios presupuestados en el ejercicio (art. 53). En cuanto a estas operaciones, la Ley Orgánica, sin embargo, prescribe algunas exigencias: las mismas deben ser canceladas en la fecha de su vencimiento, y no podrán ser prorrogadas, renovadas o consolidadas; y si el Ministerio de Hacienda comprobase el incumplimiento de las condiciones establecidas en la Ley, la empresa contratante deberá cancelar de inmediato la obligación contraída en contravención a lo dispuesto en la misma. En todo caso, el Presidente de la República, en Consejo de Ministros, podrá fijar a cada una de estas sociedades límites anuales de endeudamiento para la realización de estas operaciones de corto plazo, (art. 50).

Esta excepción, sin embargo, se rigidizó algo más respecto de las operaciones de corto plazo realizadas por el Centro Simón Bolívar C.A., empresa a la cual, sin duda, está destinado el Parágrafo Único del artículo 50 de la Ley, en el cual se establece lo siguiente: "En el caso de las sociedades que tengan por objeto el desarrollo urbanístico de ciudades o la remodelación o renovación urbana será necesaria la certificación de las Comisiones Permanentes de Finanzas del Congreso de la República de que se cumplen los extremos" contenidos en las mencionadas letras a, b y c del artículo 50. Y sólo cuando se otorga esta certificación es que el Ministerio de Hacienda, si lo considera conveniente, podrá otorgar esta autorización.

D. Las operaciones consistentes en garantizar obligaciones asumidas por terceros, realizadas por empresas distintas a las enumeradas en el artículo 51 de la Ley (letra B de este comentario), las cuales sólo requieren autorización del Presidente de la República en Consejo de Ministros, cuando las garantías se otorguen por un monto global que no exceda del 40% de su patrimonio neto, tomando en cuenta el monto de las garantías ya otorgadas más el de las que se encuentran en tramitación, (art. 54). En todo caso, las mencionadas sociedades deben notificar al Ministerio de Hacienda la constitución de dichas garantías dentro de los 15 días siguientes.

Por último, debe indicarse que en todo caso, en lo que concierne a las operaciones de crédito público realizadas por las empresas del Estado, que aquellas deben ser aprobadas por las Juntas Directivas de dichas Sociedades de conformidad con sus estatutos, mediante acuerdo o resolución, en el cual se establecerá el programa de inversiones, el plazo para la amortización, la forma de pago, las garantías ofrecidas y las demás características financieras de la operación, (art. 52).

Ahora bien, aparte de estas normas de rango legal relativas a las operaciones de crédito público de las empresas públicas, debe señalarse que entre 1974 y 1979 se dictaron una serie de "Instructivos" Presidenciales sobre aspectos específicos de la actividad administrativa, muchos de los cuales rigen, también, para los institutos autónomos y empresas del Estado. Así, deben mencionarse en particular, los siguientes instructivos aplicables a las empresas públicas en su actuación externa: Instructivo N° 18 del 11 de noviembre de 1975 relativo a la administración de recursos financieros destinados a la celebración de congresos y eventos científicos; Instructivo N° 24 de enero de 1976 relativo a normas de licitación para la contratación de obras y adquisición de bienes muebles; Instructivo N° 27 del 4 de enero de 1977 relativo a normas para la desconcentración administrativa; Instructivo N° 32 del 8 de julio de 1977 relativo a normas y limitaciones para el control administrativo de las asignaciones presupuestarias correspondientes a la adquisición, arrendamiento y demás contrataciones de bienes y de servicios no personales; Instructivo N° 34 del 26 de octubre de 1977 relativo al otorgamiento de avales por parte de los institutos autónomos y empresas del Estado; Instructivo N° 36 del 9 de mayo de 1978 relativo a normas generales sobre contratación de seguros por los entes públicos; e Instructivo N° 38 del 20 de febrero de 1979 relativo a la obligación de los entes públicos de utilizar los servicios de la empresa estatal Venezolana de Motores Aeronáuticos e Industriales (VENEMAICA)[107].

4. Reglas en materia de control externo

Todos los institutos autónomos, así como los intereses del Estado en corporaciones o entidades de cualquier naturaleza, están sujetos, de acuerdo al artículo 220 de la Constitución, al control del Congreso, y sus Comisiones pueden realizar las investigaciones que juzguen conveniente en las empresas públicas, cuyos empleados están obligados a comparecer ante ellas y a suministrarles las informaciones y documentos que requieran para el cumplimiento de sus funciones[108].

Por otra parte, tanto los institutos autónomos como las sociedades mercantiles de capital público están sometidos al control, vigilancia y fiscalización de la Contraloría General de la República[109] en los términos previstos en la Ley Orgánica de la Contraloría General de la República[110].

En efecto, conforme a esta Ley Orgánica, este control externo de las empresas públicas, varía según se trate de institutos autónomos o empresas del Estado. Respecto de los primeros, las funciones de la Contraloría General de la República son más amplias.

---

107 *V.* estos Instructivos en OCI, *Instructivos Presidenciales 1–29*, Caracas 1975, y en las siguientes *Gaceta Oficial;* N° 31.273 del 11–7–77; N° 31347 del 26–10–77– N° 31505 del 9–6–78; y N° 31.683 del 23–2–79.

108 Artículo 160 de la Constitución.

109 Artículos 234 y 235 de la Constitución

110 Ley dictada con fecha 6–1–75 entró en vigencia el 7–7–75, V. en *Gaceta Oficial* N° 1712 Extraordinario de 6–1–75. La Ley fue reformada parcialmente el 5–6–75 y publicada en *G.O.* N° 1756 Extr. del 30–6–75.

En efecto, en relación a los *Institutos Autónomos,* la ley establece en general, que estos "están sujetos al control, vigilancia y fiscalización de la Contraloría, salvo que las leyes que los regulen dispongan otra cosa" art. 56). En realidad, las leyes especiales nunca han excluido a un instituto autónomo del control de la Contraloría, sino que en concreto, han limitado el ámbito del control, por ejemplo, a los solos aspectos del control posterior, lo cual se justificaba antes de la entrada en vigencia de la Ley Orgánica, pues con la legislación anterior dichos entes estaban sujetos al control previo.

Conforme a la Ley Orgánica de 1975, sin embargo, se eliminó el control previo respecto de los institutos autónomos estableciéndose solo por vía excepcional, que la Contraloría puede "establecer modalidades de control preventivo en los institutos autónomos, cuando compruebe que sus observaciones y recomendaciones no han sido debidamente atendidas", (art. 58). También puede la Contraloría "establecer dichas modalidades de control previo con el acuerdo del Presidente de la República, cuando la salvaguarda del interés público así lo aconseje" (art. 58).

En todo caso, la Contraloría puede practicar "intervenciones periódicas o constituir unidades permanentes de control en los institutos autónomos, con las facultades y atribuciones que les asigna el Contratar", dentro de los límites de la ley (art. 57). Como resultado de estas actividades de fiscalización, la Contraloría puede, en todo caso, "efectuar estudios organizativos, estadísticas, económicas y financieras, así como análisis e investigaciones de cualquier naturaleza, para determinar el costo de los servicios públicos, los resultados de la acción administrativa y, en general la eficacia con que operan" los institutos (art. 5). Las conclusiones de dichos estudios deberán ser comunicadas a los Ministros de adscripción y a los directivos de dichos entes.

Esta facultad genérica se precisa en la Ley Orgánica al insistirse en que "la Contraloría podrá efectuar todos los estudios e investigaciones que considere necesarios para evaluar la gestión financiera de los institutos autónomos" (art. 61). Así mismo, estas investigaciones pueden realizarse cuando surgieren indicios de que los funcionarios de los institutos autónomos, a quienes se les considera como empleados de hacienda cuando estén encargados de la administración y manejo de fondos y otros bienes de los mismos (art. 63), hayan incurrido en errores, omisiones o negligencias (arts. 81 y sigts.).

En todo caso, al resultado de las investigaciones que realice la Contraloría en los institutos autónomos, deberá ser informado al Ministerio de adscripción y al Congreso, sin perjuicio de que la Contraloría proceda a aplicar las sanciones pertinentes o a promover los juicios a que hubiere lugar (art. 62). En todo caso, cuando se evidencien irregularidades que causen perjuicios pecuniarios a los institutos autónomos, la Contraloría formulará los reparos correspondientes, siguiéndose en estos casos, los procedimientos establecidos en la Ley Orgánica, cuando fueren aplicables (art. 59).

Por último, la ley prevé como mecanismo general de control *a posteriori,* la obligación de los institutos autónomos de presentar a la Contraloría, en su momento, el balance general y un estado de ganancias y pérdidas o de ejecución presupuestaría con el análisis completo de sus cuentas (art. 60).

En cuanto a las *empresas del Estado,* es decir, a las empresas en las cuales la República, los institutos autónomos y otros entes públicos tengan participación, "la Contraloría sólo podrá practicar auditorías, y ejercer funciones de control de gestión, a fin de verificar si la actividad de las referidas empresas se adecúa a las decisiones adoptadas y a los planes y objetivos que le hubieren sido señalados", (art. 64). La Ley Orgánica establece, que similares facultades de control podrá ejercer sobre las personas jurídicas en que las empresas del Estado tengan participación promovidas por entes públicos (art. 64), con lo cual las funciones de control señaladas se extienden a las empresas operadoras de los holding públicos.

En el campo del control externo sobre las empresas del Estado debe indicarse, por último, que la Ley Orgánica faculta expresamente a la Contraloría "para vigilar que los aportes, subsidios y otras transferencias hechas por la República y los institutos autónomos a otras, entidades públicas o privadas sean invertidos en las finalidades para las cuales fueron efectuados" (art. 78). A tal efecto, la Ley Orgánica faculta a la Contraloría para "practicar inspecciones y establecer los sistemas de control que estime conveniente" (art. 78)[111].

5. Reglas en materia de competencia jurisdiccional

Con motivo de la promulgación de la Ley Orgánica de la Corte Suprema de Justicia de 30 de julio de 1976[112], se produjo un cambio en el régimen de competencias jurisdiccionales de especial significación, para conocer de las demandas en las cuales sean parte las empresas del Estado.

En efecto, hasta 1976, la competencia para conocer de los juicios que se intentasen contra las empresas públicas con forma de instituto autónomo o con forma societaria, correspondía, según su cuantía, a los tribunales de la jurisdicción ordinaria civil, mercantil o del trabajo. No existía, a favor de las empresas públicas personificadas, ningún fuero especial. En cambio, a partir del 1° de enero de 1977, se estableció que la jurisdicción contencioso–administrativa sería la única competente para conocer de las demandas que se intentasen contra las mismas, con independencia de la materia discutida. Así, el artículo 42, ordinal 15 de la Ley Orgánica atribuyó a la Sala Político–Administrativa de la Corte Suprema de Justicia, competencia para "conocer de las acciones que se propongan contra la República, o algún Instituto autónomo o empresa en la cual el Estado tenga participación decisiva, si su cuantía excede de Bs. 5.000.000,00 o su conocimiento no está atribuido a otra autoridad". Por su parte, el artículo 185, ordinal 6°, atribuyó competencia a la Corte Primera en lo Contencioso–Administrativo, para conocer "de cualquier acción que se proponga contra la República o algún instituto autónomo o empresa en la cual el Estado tenga participación decisiva, si su cuantía excede de Bs. 1.000.000,00 y su conocimiento no está atribuido por la ley a otra autoridad". Por último, el artículo 182, ordinal 2°, atribuye a los Tribunales Superiores en lo Civil, Mercantil y Contencioso–Administrativo, competencia para conocer "De cualquier acción que se proponga contra la República o algún Instituto Autónomo o empresa en la cual el Estado tenga participación decisiva, si su cuantía no excede de Bs. 1.000.000,00 y su conocimiento no está atribuido a otra autoridad".

Este fuero a favor de las empresas públicas no parece conveniente, ni para ellas ni para los particulares que entren en relación con las mismas. Si se observa la lista de sociedades mercantiles en las cuales el Estado directa o indirectamente participa en forma decisiva, que se publica en la Sexta Parte de este libro, se observa un universo de entidades que cumplen las más variadas actividades comerciales e industriales y cuyo régimen, precisamente, debería ser el del derecho común. Por ello no parece necesario ex-

111 En general, sobre esta materia véase Enrique Silva Cimma, "La Ley Orgánica de la Contraloría General de la República y las Empresas del Estado" en *Revista Control Fiscal*, N° 84, Caracas 1979, pp. 101 y ss.

112 *V.* en *G.O.* N° 1893 Extr. del 30–7–76

cluir del conocimiento de la jurisdicción ordinaria los conflictos en los cuales sean parte. En particular, en todo caso, de ese fuero deberían quedar excluidos los juicios laborales, los cuales, conforme a la Ley Orgánica de Tribunales y Procedimiento del Trabajo, deben corresponder a los Tribunales del Trabajo.

II. LA RELACIÓN ENTRE LAS EMPRESAS PÚBLICAS Y PRIVADAS

1. Principales diferencias jurídicas entre empresas públicas y privadas

A. Tipo de derecho aplicable

Tal como resulta de la enumeración de los cuerpos normativos aplicables a las empresas públicas, puede concluirse que las empresas públicas están sometidas a un régimen mixto de derecho público y derecho privado, tanto en cuanto se refiere a su constitución, organización y funcionamiento. Las empresas públicas con forma de instituto autónomo, en dicho régimen mixto, están sometidas, con preponderancia, al derecho público, en virtud de la forma jurídico–pública del instituto autónomo; en cambio, en las empresas públicas constituidas con forma de sociedad mercantil, el régimen de aplicación preponderante es el de derecho privado.

Por el contrario, en el caso de las empresas privadas, estas están sometidas en cuanto a su constitución, organización y funcionamiento al derecho privado, sin perjuicio de las innumerables restricciones y limitaciones a la libertad económica previstas en las leyes (derecho público) y que, por supuesto, les son aplicables[113].

B. Libertad de organización forma

A las restricciones establecidas para la constitución de las empresas públicas, contrasta la libertad de constitución de las empresas privadas, con las limitaciones derivadas de la regulación de la libertad económica: restricciones, por ejemplo, para las inversiones extranjeras conforme a la Decisión N° 24 del Grupo Andino; restricciones para la constitución de empresas bancarias y otros institutos de crédito o de empresas de seguros y reaseguros, etc.

C. Demarcación legal de sectores de actividad

Conforme a la Constitución, "el Estado podrá reservarse determinadas industrias, explotaciones o servicios de interés público por razones de conveniencia nacional"[114] y en base a esta facultad, el Estado se ha reservado los siguientes sectores de actividad

---

113 En general, véase Allan R. Brewer–Carías, "La intervención del Estado en la actividad mercantil" en UCAB, *Jornadas de Derecho Mercantil,* Caracas 1978, pp. 529 y ss.; y "El derecho de propiedad y la libertad económica. Evolución y situación actual en Venezuela" en *Estudios sobre la Constitución. Libro Homenaje a Rafael Caldera,* UCV, 1979. Tomo II, pp. 1139 y ss.

114 Artículo 97.

económica, en los cuales no pueden operar empresas privadas[115]: la industria del gas natural[116], la explotación del mercado interno de los productos derivados del petróleo[117], la explotación del mineral de hierro[118] y la industria y el comercio de los hidrocarburos[119]. En estos sectores, la reserva al Estado, implica el establecimiento a su favor de un monopolio de derecho, y por tanto, sólo pueden operar en dichos sectores, las empresas públicas constituidas con tal finalidad, a las cuales se atribuya el ejercicio de esas actividades. En materia de gas natural y de explotación del mercado interno de los hidrocarburos se atribuyó esa actividad a la Corporación Venezolana del Petróleo (CVP)[120] en materia de explotación del mineral de hierro, a la empresa Ferrominera del Orinoco C.A., filial de la Corporación Venezolana de Guayana[121]; y en materia de la industria y el comercio de los hidrocarburos, a Petróleos de Venezuela S.A. (PDVSA) y sus filiales[122].

Aún cuando no se tratan de Leyes de reserva expresas, en los Decretos–Leyes reguladores de la industria nuclear y de las industrias militares, indirectamente se reservó al Estado el desarrollo de dichas industrias, lo cual se realiza, respectivamente, a través de CADAFE y de CAVIM[123].

D. Goce de derechos y prerrogativas

Las empresas públicas con forma de institutos autónomos, tal como se dijo, si sus leyes de creación lo establecen expresamente, pueden gozar de las prerrogativas del Fisco Nacional[124]. Por supuesto, las empresas privadas no podrían, en ningún caso, gozar de dichas prerrogativas, así como tampoco las empresas públicas constituidas con forma de sociedad mercantil.

Por otra parte, es frecuente, que algunas empresas públicas gocen de una exención general de impuestos y contribuciones, como sucede con el Banco Central de Venezuela[125] y con Petróleos de Venezuela[126], lo que no sucede respecto de empresas privadas las cuales sólo pueden gozar de exoneraciones específicas.

---

115 Esta es la interpretación de la Contraloría General de la República. V. "Opinión del Contralor General de la República sobre el articulado del proyecto de Ley Orgánica que reserva al Estado la industria y el comercio de los hidrocarburos" (Oficio N: D–75–132 de 17–4–75), en *Revista de Control Fiscal*, 77, CGR, Caracas 1975, pp. 33 y ss.

116 Ley que reserva al Estado la Industria del Gas Natural en *Gaceta Oficial* Nº 29594 de 26–8–71.

117 Ley que reserva al Estado la explotación del mercado interno de los productos derivados de hidrocarburos de 21–6–73 en *Gaceta Oficial* Nº 1591 Extraordinario de 22–6–73

118 Decreto–Ley Nº 580 de 26 de noviembre de 1974 en *Gaceta Oficial* Nº 30577 de 16–12–74.

119 Ley que reserva al Estado la industria y el comercio de los hidrocarburos de 29–8–75 en *Gaceta Oficial* Nº 1769 Extr. de 29–8–75.

120 Art, 2 de la Ley que reserva al Estado la industria del gas natural y art. 3 de la Ley que reserva al Estado la explotación del mercado interno de los productos derivados de los hidrocarburos.

121 *V.* El Decreto Nº 1007 de 8–6–75 mediante el cual se dictó el Reglamento Nº 1 del Decreto 580 de fecha 26–11–74 en *Gaceta Oficial* Nº 30755 de 30–7–75.

122 *V.* Artículo 5 de la Ley que reserva al Estado la Industria y el Comercio de los Hidrocarburos y el Decreto Nº 1.123 de 30 de agosto de 1975 constitutivo de Petróleos de Venezuela S.A., en *Gaceta Oficial* Nº 1.770 Ext. de 30 de agosto de 1975.

123 *V.* el Decreto Nº 883 del 29–4–75 y el Decreto–Ley Nº 925 del 16–5–75 en *Gacetas Oficiales* Nº 1747 Extr. de 24–5–75 y N° 1751 Extr. de 28–5–75 respectivamente.

124 Artículo 74 de la Ley Orgánica de la Hacienda Pública Nacional.

125 Artículo 104 de la Ley del Banco Central de Venezuela de 30 de Octubre de 1974 en *Gaceta Oficial* Nº 1711 Extraordinaria de 30–12–74.

E. Sujeción a obligaciones y restricciones

Por supuesto, el régimen de derecho público predominante en las empresas públicas, implica la existencia de obligaciones y restricciones de una naturaleza que no existen en las empresas privadas, tal como sucede en materia de control fiscal, por ejemplo[127], lo que no implica que en su campo de actividad, las empresas privadas no se encuentren sometidas a una serie de restricciones, obligaciones y sujeciones particulares, tal como sucede por ejemplo, en materia de bancos, seguros e inversiones extranjeras.

2. El régimen de competencia entre las Empresas Públicas y las Empresas Privadas

En un sistema de economía mixta, como el que rige en Venezuela, en todo caso, puede decirse que la regla es que las empresas públicas y las empresas privadas realicen sus actividades en régimen de competencia. La participación preponderante o no del sector público en la economía dependerá, en definitiva, de la política económica del Gobierno en un *momento* determinado. En este sentido, por ejemplo, quizás sea conveniente señalar que en Venezuela, el sector público (Administración central y administración descentralizada donde se ubican las empresas públicas) participa en más de un 40% en el Producto Territorial Bruto (PTB), y que en la composición del sector público los entes descentralizados y empresas del Estado representan más del 70 por ciento de los egresos. Fácil es advertir, por tanto, la importancia que tienen las empresas públicas en nuestro país.

Esta actividad empresarial pública tiene tal magnitud, en virtud de que se ha establecido que determinados sectores de la economía queden reservados exclusivamente al sector público; o al sector público y privado nacionales con exclusión de los inversores extranjeros. En el régimen de la competencia entre empresas públicas y empresas privadas, entonces, pueden distinguirse: sectores reservados a las empresas públicas; sectores reservados a empresas nacionales (públicas o privadas); sectores en que pueden actuar las empresas privadas pero sometidas al control de empresas públicas; y sectores de libre competencia.

A. La reserva de sectores económicos al Estado

De acuerdo a lo establecido en el artículo 97 de la Constitución:

> No se permitirán monopolios. Sólo podrán otorgarse en conformidad con la ley, concesiones con carácter de exclusividad, y por tiempo limitado, para el establecimiento y la explotación de obras y servicios de interés público.
>
> El Estado podrá reservarse determinadas industrias, explotaciones o servicios de interés público por razones de conveniencia nacional, y propenderá a la creación y desarrollo de una industria básica pesada bajo su control.
>
> La Ley determinará lo concerniente a las industrias promovidas y dirigidas por el Estado.

---

126 Artículo 7° de la Ley que reserva al Estado la industria y el comercio de los hidrocarburos. Solamente por lo que se refiere a impuestos estadales y municipales.

127 Arts. 56 y ss. de la Ley Orgánica de la Contraloría General de la República.

Conforme a esta norma constitucional, se abrió la posibilidad, no ya de que el Estado realice actividades empresariales, sino que las realice en forma exclusiva, reservada, excluyendo a los particulares del ámbito de las mismas. Esta reserva, sin duda, tiene por efecto fundamental establecer una limitación a la libertad económica excluyéndola del sector reservado.

Conforme a esta autorización constitucional, el Estado, en Venezuela, como se dijo, ha recurrido a la reserva de las siguientes actividades:

Mediante Ley que reserva al Estado la industria del gas natural de 26 de agosto de 1971, se reservó la industria del gas proveniente de yacimientos de hidrocarburos, la cual se encomendó a la Corporación Venezolana del Petróleo, una de las empresas públicas filiales, desde 1975, de Petróleos de Venezuela S.A.

Mediante Ley que reserva al Estado la explotación del mercado interno de los productos derivados de hidrocarburos de 26 de junio de 1973, se reservó al Estado como servicio de interés público, la explotación del mercado interno de los siguiente productos derivados de los hidrocarburos: combustibles, gases de petróleo licuado (GPL), aceites, lubricantes, grasas, solventes, ligas para sistemas de frenos, fluidos para sistemas hidráulicos, petrolatos, parafinas y asfaltos. El servicio de interés público reservado comprendió las actividades de importación, suministro, almacenamiento, distribución y expendios de los mencionados productos en el territorio nacional.

La realización de estas actividades se encomendó también a la Corporación Venezolana del Petróleo.

Mediante Decreto–Ley N° 580 del 26 de noviembre de 1974, se reservó al Estado la industria de la explotación de mineral de hierro, y dichas actividades se encomendaron a la Corporación Venezolana de Guayana, quien las realiza a través de la empresa filial Ferrominera del Orinoco C. A.

Por último, mediante la Ley Orgánica que Reserva al Estado la Industria y el Comercio de los Hidrocarburos, de 29 de agosto de 1975, se reservó al Estado todo lo relativo a la exploración del territorio nacional en busca de petróleo, asfalto y demás hidrocarburos; a la explotación de yacimientos de los mismos, a la manufactura o refinación, transporte por vías especiales y almacenamiento; al comercio interno y exterior de las sustancias explotadas y refinadas, y a las obras que su manejo requiera. Esta actividad la ejerce el Estado a través de Petróleos de Venezuela S. A. y sus filiales.

Aparte de los supuestos anteriores, en los cuales las Leyes o Decretos–Leyes respectivos han *reservado,* formalmente, determinadas actividades económicas al Estado, en otros dos casos, mediante Decretos–Leyes, se ha producido una reserva similar, aun cuando no establecida formalmente. Se trata, en efecto, de la reserva al Estado de las industrias militares y de la industria nuclear.

En efecto, mediante Decreto–Ley N° 883, de 29 de abril de 1975, se declaró de utilidad pública el desarrollo de las industrias militares, es decir, el conjunto de empresas cuyo objeto esencial es la fabricación de armamentos, municiones, explosivos y cualesquiera otro material o equipo de igual naturaleza que interese a los fines de la defensa nacional. Se estableció, además, en dicho Decreto–Ley, que: "El Estado atenderá el desarrollo de las industrias militares a través de una empresa que se constituirá bajo la forma de compañía anónima y cuyos accionistas serán la República de Venezuela y organismos públicos" (Art. 6). Dicha empresa del Estado funciona bajo las políticas impartidas por el Ejecutivo Nacional y conforme a las normas y planes elaborados por el Consejo Nacional para el desarrollo de las industrias militares (Art. 7). A tal efecto se creó la Compañía Anónima Venezolana de Industrias Militares (CAVIM).

En el mismo sentido, mediante Decreto N° 925, de 16 de mayo de 1975, se dispuso que "El Estado atenderá al desarrollo de la industria nuclear a través de la Compañía Anónima de Administración y Fomento Eléctrico (CADAFE), a cuyo efecto proveerá, directamente o por intermedio de entes estatales que de conformidad con sus estatutos de creación tengan competencia para ello, los recursos que fueren necesarios para el cumplimiento de su objeto" (Art. 8). Se estableció, además, que la C. A. de Administración y Fomento Eléctrico "podrá constituir empresas para el desarrollo de la industria, en cuyo capital pueden participar *entidades públicas* o *empresas del Estado* vinculadas a la misma".

En esta forma, mediante estos dos Decretos, se ha establecido una reserva a favor del Estado, para la realización de las actividades industriales en el campo militar y nuclear. Esta reserva no afectó a empresas privadas, pues para ese momento no existían en el país empresas dedicadas a esos objetivos.

En todo caso, la reserva de actividades económicas al Estado conlleva básicamente una prohibición, impuesta a los particulares y empresas privadas, de realizar actividades propias del sector reservado, lo que afecta tanto a aquellos particulares o empresas que venían realizando actividades en el sector, como a cualquier particular o empresa, que pretendiera, en el futuro, realizar dichas actividades. Después de la reserva, por tanto, los particulares o empresas que operaban en el sector, no pueden continuar realizando sus actividades, y hacia el futuro, ningún otro particular puede realizar nuevas actividades en el sector. La libertad económica, en el mismo, ha sido excluida y es imposible ejercerla.

Como consecuencia de ello, el acto de reserva, *per se,* no conlleva derecho alguno de los particulares afectados a indemnización por parte del Estado. Aquellos, simplemente, cesan en sus actividades, y un deber de indemnización sólo surgiría si el Estado decide apropiarse de las instalaciones o de las empresas de los particulares que operaban en el área reservada, es decir, decide nacionalizar esas empresas.

Este principio, en nuestro criterio, se deduce de las normas de la Ley que reserva al Estado la industria del gas natural de 26 de agosto de 1970. En efecto, esta Ley reservó al Estado la "industria del gas proveniente de yacimientos de hidrocarburos" (Art. 1°), y estableció, por tanto, la obligación a los concesionarios de "entregar al Estado, en la oportunidad, medida y condiciones que determine el Ejecutivo Nacional, el gas que se produzca en sus operaciones" (Art. 3°). Corría por cuenta del Estado el pago a los concesionarios de "los gastos de recolección, compresión y entrega del gas" (Art. 7). La reserva, *per se,* no daba ningún derecho a indemnización por parte de los concesionarios, y el Estado sólo pagaba los costos de la recolección, compresión y entrega del gas. La Ley sólo previo una compensación *en el caso de que el Estado decida asumir las operaciones de recolección, compresión y tratamiento en plantas que actualmente realizan los concesionarios,* en cuyo caso, la misma equivaldría "a la parte no depreciada del costo de las instalaciones y equipos que requiere para esas operaciones o el valor de rescate de los mismos, si éste fuere menor que aquél" (Art. 8). De acuerdo a esto, la indemnización sólo procedía si el Estado decidía apropiarse de las instalaciones, y por esa apropiación; la reserva, en sí misma, en cambio, como prohibición impuesta a los concesionarios de seguir aprovechándose del gas natural, no dio derecho alguno a indemnización.

En relación a la reserva de actividades económicas al Estado, debe señalarse su diferencia con la nacionalización de empresas. En efecto, esta figura implica la obligatoriedad impuesta a todas las empresas que operan en ciertas áreas o sectores de la economía que el Estado se reserva por razones de conveniencia nacional, de transferirle a éste la propiedad de las mismas, mediando indemnización. Esta figura tiene en Venezuela fundamento constitucional en la ya señalada figura de la reserva al Estado de industrias o sectores económicos, pero no se confunde con ella.

En efecto, tal como se ha señalado, la reserva tiene como consecuencia dos efectos fundamentales: en primer lugar, establecer en favor del Estado un monopolio de derecho; y en segundo lugar, establecer, como consecuencia, una prohibición para los particulares de realizar actividades en el sector reservado, en virtud de la exclusión de la libertad económica que implica: por esta sola reserva, no tiene el Estado obligación alguna de indemnizar a los particulares excluidos. Pero si además de la reserva, esta se acompaña con la exigencia y obligación impuesta a los particulares y empresas afectadas, de transferir forzosamente al Estado las instalaciones con que operaban, estamos en presencia de la figura de la nacionalización, que sí da derecho a indemnización.

En el ordenamiento jurídico venezolano, por tanto, la figura de la reserva junto con la expropiación dan origen a una nueva institución: la nacionalización, sometida a sus propias normas indemnizatorias, de acuerdo a la interpretación que haga la Ley de la "justa indemnización" a que se refiere el artículo 101 de la Constitución. En este sentido, por ejemplo, las normas para calcular la indemnización con motivo de las nacionalizaciones de las industrias del hierro y del petróleo, establecidas en el Decreto–Ley que reserva al Estado la industria de la explotación de mineral de hierro y en la Ley Orgánica que reserva al Estado la industria y el comercio de los hidrocarburos de 29 de agosto de 1975, son distintas a las previstas en la Ley de Expropiación por causa de utilidad pública o social; y entre otros factores porque no se trata de una expropiación pura y simplemente.

La expropiación de empresas, en realidad, es una restricción a la propiedad de una determinada organización económica: no afecta, *per se,* la libertad económica en un determinado sector, y el hecho de que se expropie una empresa no impide que otros particulares realicen actividades en ese mismo sector.

En cambio, en la nacionalización, la reserva afecta y excluye la actividad económica en el sector reservado, y la transferencia forzosa de las empresas se produce respecto de todas las que operan en el sector, con la prohibición para los particulares de seguir realizando o realizar en el futuro actividades en dicho sector. Aquí no hay una restricción a la libertad económica de un particular o grupo de ellos, sino la exclusión de la libertad económica respecto a un determinado sector. Por eso, los principios de la expropiación no pueden aplicarse, tal como están en la legislación tradicional, a la expropiación que acompaña a la reserva estatal, pues en este caso, la nueva institución que surge, la nacionalización, condiciona el tratamiento del proceso.

B. La reserva de sectores económicos a empresas nacionales públicas o privadas

Una segunda modalidad de exclusión de la actividad económica tiene lugar mediante las disposiciones legales que reservan el ejercicio de ciertas actividades o sectores económicos a empresas nacionales, públicas o privadas, y que, por tanto, la excluyen respecto de las empresas privadas extranjeras.

Un proceso de venezolanización de las actividades económicas puede decirse que se inició en firme en Venezuela con motivo de la promulgación de la Ley de Empresas de Seguro y Reaseguro de 1965, que exigió que en las mismas, no menos del 51 por ciento del capital perteneciera a personas venezolanas; y si estas eran personas jurídicas, no menos del 51 por ciento de su capital debía pertenecer a personas venezolanas naturales (Art. 18). Ello condujo al legislador a prever una serie de plazos para la transformación de las empresas extranjeras en empresas con capital mayoritario venezolano, y establecer, además que de lo contrario, no podían seguir realizando operaciones de seguro o reaseguro en el país (Arts. 122 y sigts.).

En 1970, con motivo de la promulgación de la Ley General de Bancos y otros Institutos de Crédito, de 30 de diciembre de ese año, se avanzó más en el proceso de venezolanización y se estableció que a partir de ese momento no se autorizaría la constitución de nuevos bancos cuyo capital no fuera totalmente venezolano (Art. 32); y en aquellos supuestos de bancos con un capital extranjero superior al 20 por ciento del capital social, se establecieron una serie de limitaciones (Arts. 33 y 34) de manera de propugnar su transformación patrimonial (Art, 159).

Posteriormente, con motivo del ingreso de Venezuela al Grupo Andino, entró en vigencia en nuestro país la Decisión N° 24, relativa al régimen común de tratamiento a los capitales extranjeros y sobre marcas, patentes, licencias y regalías[128]. Este cuerpo normativo estableció para todos los países miembros del Acuerdo, normas de extraordinaria importancia en cuanto a la reserva de actividades económicas al capital nacional o más precisamente a empresas nacionales, que son las que tienen más del 80 por ciento de capital nacional.

En efecto, estableció que cada país podía "reservar sectores de actividad económica para empresas nacionales públicas o privadas" (Art. 38), pero además, estableció directamente que no se admitiría "el establecimiento de empresas extranjeras ni nueva inversión extranjera directa en el sector de servicios públicos", tales como "agua potable, alcantarillado, energía eléctrica y alumbrado, aseos y servicios sanitarios, teléfonos, correos y telecomunicaciones" (Art. 41); no se admitiría "nueva inversión extranjera directa en el sector de seguros, banca comercial y demás instituciones financieras" (Art. 42); ni en "empresas de transporte interno, publicidad, radioemisoras comerciales, estaciones de televisión, periódicos, revistas, ni en las dedicadas a la comercialización interna de productos de cualquier clase" (Art. 43).

De acuerdo a estas disposiciones, mediante Decreto N° 62 del 29 de abril de 1974, reglamentario de la Decisión N° 24[129], quedaron reservados a las empresas nacionales y no se admite nueva inversión extranjera directa en los siguientes sectores de la actividad económica:

Los servicios públicos de teléfonos, correos, telecomunicaciones; agua potable y alcantarillado; la generación, transmisión, distribución y venta de electricidad; y los servicios de vigilancia y seguridad de bienes y personas;

La televisión y radiodifusión; los periódicos y revistas en idioma castellano; el transporte interno de personas y bienes; la publicidad; la comercialización interna de bienes

128 *V.* en *G.O.* N° 1620 Extr. de 1–11–73.
129 *V.* en *G.O.* N° 1650 Extr. de 29–4–74.

y servicios cuando fuese ejercida por empresas que se dediquen a esas actividades, salvo que se trate de bienes o servicios producidos por ellas en el país;

Los servicios profesionales en actividades de consultoría, asesoramiento, diseño y análisis de proyectos y realización de estudios en general en las áreas que requieren la participación de profesionales cuyo ejercicio esté reglamentado por leyes nacionales (Art. 1).

Posteriormente, mediante Decreto N° 2.031 de 9 de febrero de 1976, se amplió la reserva señalada, quedando reservados a las empresas nacionales los siguientes sectores de actividad económica:

Los servicios públicos de: teléfonos, correos, telecomunicaciones, agua potable y alcantarillado; la generación, transmisión, distribución y venta de electricidad; y los servicios sanitarios, de aseo y de vigilancia y seguridad de bienes y personas.

La televisión y radiodifusión; los periódicos y revistas en idioma castellano; el transporte interno de personas y bienes; y la publicidad. A juicio de la Superintendencia de Inversiones Extranjeras podrán quedar exceptuadas de esta disposición las publicaciones en castellano de carácter científico o cultural.

La comercialización interna de bienes. Las empresas extranjeras domiciliadas en el país, para la fecha de entrada en vigencia de este Decreto, dedicadas a estas actividades podrán ejercer dicha comercialización directamente o a través de empresas controladas en su capital o en su gestión por la empresa extranjera, siempre y cuando se trate de bienes producidos por ellas en el país.

Los servicios profesionales en actividades de consultoría, asesoramiento, diseño y análisis de proyectos y realización de estudios en general, en las áreas que requieran la participación de profesionales cuyo ejercicio esté reglamentado por leyes nacionales, salvo que se trate de empresas que a juicio de la Superintendencia de Inversiones Extranjeras, aporten tecnología para el desarrollo del país y que en las mismas, la participación extranjera no exceda del cuarenta y nueve por ciento (Art. 1).

Esta ampliación de la reserva, por otra parte, motivó la inclusión de algunas excepciones y precisiones, contenidas en cuatro parágrafos del mismo Artículo 1° del Decreto N° 2.031, con el siguiente contenido:

> *Parágrafo primero.* Se exceptúa de esta disposición: la comercialización interna de bienes de producción o de consumo durables y sus accesorios y productos complementarios aun no durables, cuyo uso o aplicación dependan de los mismos. Esta excepción se aplica únicamente a la comercialización de aquellos bienes que no se fabriquen en el país o cuya importancia no está sujeta a la política de protección industrial y siempre y cuando conjuntamente con la comercialización de estos, las empresas extranjeras dedicadas a estas actividades presten en el país servicios técnicos necesarios para el uso y mantenimiento del bien. En estos casos, los servicios necesarios deberán ser prestados por personal venezolano calificado, a cuyo efecto, las empresas extranjeras deberán transferir la tecnología requerida a dicho personal mediante su contratación y entrenamiento. La Superintendencia de Inversiones Extranjeras, se encargará de exigir el cumplimiento de estas obligaciones.
>
> *Parágrafo segundo.* La Superintendencia de Inversiones Extranjeras podrá exceptuar del cumplimiento de esta disposición a las empresas que se obliguen con el Ejecutivo Nacional antes de la fecha prevista en el artículo segundo de este Decreto a producir en el país los bienes que comercialicen internamente en las condiciones indicadas en el siguiente parágrafo, en un plazo no mayor de tres (3) años, contados a partir de la fecha de entrada en vigencia de este Decreto.

Parágrafo tercero. Se entiende que una empresa produce en el país los bienes que cuando su producción en el territorio nacional es igual o superior al cincuenta y uno por ciento (51 por ciento) del total de su actividad principal y ésta tenga un valor agregado nacional no inferior al treinta por ciento y el porcentaje de dicha producción se refleje proporcionalmente en las ventas brutas y los ingresos totales de la empresa, siempre que las líneas complementarias de comercialización tengan relación con la actividad manufacturera principal.

Parágrafo cuarto. Podrá ser además exceptuadas, las empresas receptoras existentes en el país al 31 de diciembre de 1973 que, a juicio de la Superintendencia de Inversiones Extranjeras, se dediquen a la comercialización de bienes producidos en el país por empresas nacionales en virtud de contratos de fabricación y con tecnología real y efectiva transferida por la empresa receptora, por su casa matriz o por una empresa filial o subsidiaria de esta".

Como consecuencia de la reserva, se estableció en el mencionado Decreto Nº 62 que las empresas extranjeras que operasen en dichos sectores, debían transformarse en empresas nacionales, para cuyo efecto debían poner en venta por lo menos el 80 por ciento de sus acciones para adquisición por inversionistas nacionales antes de mayo de 1977 (Art. 2). El Decreto Nº 2.031 del 9 de febrero de 1977 extendió dicho plazo hasta el 30 de diciembre de 1977 (Art. 2). En todo caso, mediante la Ley sobre Transformaciones de Empresas Extranjeras, de 21–8–75, se establecieron las modalidades de dicha transformación y los poderes de control y fiscalización de la Superintendencia de Inversiones Extranjeras.

Tanto en el Decreto Nº 62 como en el Decreto Nº 2.031, se estableció que los sectores de seguros y bancos se seguirían regulando por sus leyes especiales (Art. 4). En todo caso, con motivo de la reforma de la Ley de Empresas de Seguro y Reaseguro de 1974, se exigió que dichas empresas no debían tener más del 20 por ciento de su capital pagado directa o indirectamente en manos de personas extranjeras (Art. 25), por lo que se les concedió un plazo de 2 años a las empresas que tuvieran capital extranjero en proporción mayor a ese 20 por ciento para cumplir con dicho requisito (Art. 192) y transformarse en empresas nacionales, de acuerdo a la previsión de la Decisión Nº 24 de la Comisión del Acuerdo de Cartagena.

En todos estos supuestos, se trata de una exclusión de la libertad económica en áreas determinadas respecto de cierta categoría de personas; exclusión que implica imposibilidad de realizar para esas personas las actividades reservadas, y obligación de poner en venta sus participaciones a inversionistas nacionales, a los efectos de que la empresa se convierta en empresa nacional. En ningún caso, por supuesto, la limitación derivada de la exclusión da derecho alguno a indemnización por parte de los inversionistas extranjeros afectados.

C. Los sectores económicos sometidos al control empresarial del Estado

Hemos señalado que conforme al artículo 97 de la Constitución, "El Estado propenderá a la creación y desarrollo de una industria básica pesada bajo su control", por lo que se establece que las industrias básicas pesadas, aun cuando no se excluye que puedan ser realizadas por empresas privadas, deben estar sometidas al control de las empresas públicas que se establezcan en los respectivos sectores.

Ha sido sólo recientemente cuando se han establecido regulaciones legales tendientes a establecer la forma de ejercicio de este control y las áreas industriales básicas a los cuales se aplica: industria naval, industria aeronáutica, e industrias petroquímicas.

En el campo de la industria naval, mediante Decreto–Ley N° 927 de 16 de mayo de 1975, se dictaron las normas para el desarrollo de la industria naval, en las cuales se estableció que los organismos y entidades públicas, las empresas del Estado o aquellas en las cuales este participe directa o indirectamente en su capital y que tuvieran por objeto la realización de actividades relacionadas con la industria naval, debían ajustarse a los lineamientos y a las orientaciones que les fueren señalados por el Consejo Nacional para el desarrollo de la industria naval, "sin cuya aprobación no podrá ejecutarse ningún plan o programa sobre la industria naval" (Art. 4). Además se estableció que los organismos del Estado no pueden conceder incentivos crediticios, fiscales, arancelarios, administrativos o de cualquier otra índole, a las personas naturales o a las personas jurídicas de carácter privado, sin la previa aprobación del proyecto de inversión por parte del Consejo Nacional señalado, con lo cual se controlan todos los mecanismos de fomento estatal a las empresas privadas en este campo" (Art. 4).

Por último, se señaló expresamente que el Estado debía atender al desarrollo de la industria naval a través de una empresa pública, constituida como compañía anónima, la Corporación Venezolana de la Industria Naval, C. A. COVINCA, la cual tiene entre sus objetivos, la constitución de empresas para el desarrollo de la industria. Se estableció en las referidas normas que en dichas empresas podía participar el capital privado nacional y el capital extranjero conjuntamente con el sector público, a cuya participación, en todo caso, debe corresponder la dirección y administración de la industria (Art. 9).

Normas similares a las mencionadas se establecieron en el campo de la industria aeronáutica, mediante el Decreto–Ley N° 925 de 28 de mayo de 1975, contentivo de las Normas para el Desarrollo de la Industria Aeronáutica. Con tal motivo se crearon las empresas Venezolana de Motores Aeronáuticos e Industriales C.A. (VENEMAICA) y Corporación Aeronáutica Venezolana C.A. (CORPAVENCA).

En sentido similar se proyectó regular a la industria petroquímica. Sin embargo, aún sin regulación específica, este sector industrial funcionó bajo el control del Estado a través del Instituto Venezolano de Petroquímica, establecimiento público creado en 1956 y recientemente transformado en Compañía Anónima, como una de las empresas filiales de PDVSA. En la mayoría de las empresas filiales de dicho instituto había participación de capital privado.

D. Los sectores empresariales de libre competencia

Salvo los casos reservados a las empresas públicas a que se ha hecho mención anteriormente, la actividad de empresas públicas y privadas en otros sectores de la economía se desarrollan, en principio, en libre competencia, y sometidas a las mismas regulaciones económicas establecidas por el Estado para esas actividades.

Sin embargo, no hay duda que en muchos casos, dadas las funciones que las empresas del Estado realizan, gozan en muchos casos de situaciones y regulaciones mucho más ventajosas que las empresas privadas que operan en el mismo sector.

Por ejemplo, así sucede en la actividad bancaria. Algunos bancos constituidos por el Estado como el Banco de Desarrollo Agropecuario y el Banco Industrial de Venezuela; y otros institutos de crédito y financiamiento del Estado, tales como la Corporación Venezolana de Fomento, la Corporación Venezolana de Financiamiento a la Pequeña y Mediana Industria, el Instituto Nacional de Crédito Agrícola y el Instituto Nacional de la Vivienda, no se rigen, en general, por la Ley General de Bancos y otros Institutos de

Crédito, sino que conforme a esta Ley (Art. 190) se rigen por sus leyes especiales: estas leyes, entre otros aspectos, regulan instituciones jurídicas particulares a ser utilizadas por estos entes estatales, como sería el caso de las prendas especiales en el caso del Banco Industrial de Venezuela (Arts. 34 y siguientes de su Ley); y de la prenda agraria e industrial, en el caso del Banco de Desarrollo Agropecuario (Arts. 59 y siguientes de su Ley).

Situación similar ocurre, por ejemplo, en el sector de comercialización de productos agrícolas regulado por la Ley de Mercadeo Agrícola de 21 de agosto de 1971, mediante la cual se creó, además, la Corporación de Mercadeo Agrícola. Esta empresa pública, con forma de establecimiento público institucional, por ejemplo, tiene poderes regulatorios de la actividad de mercadeo agrícola entre otros, en el campo de la clasificación y normalización de los productos agrícolas (Art. 13), y en el campo del establecimiento de normas sobre calidad, sistema de envasado y presentación de los productos agrícolas (Art. 14), que le da una posición preponderante en el mercado, respecto de las empresas privadas que comercialicen productos agrícolas.

III. TIPOS LEGALES DE EMPRESAS PÚBLICAS

1. Ausencia de un solo tipo legal

Dada la ausencia de una normativa general relativa a las empresas públicas, estas no tienen un solo tipo legal[130]. El Estado, para constituirlas, ha recurrido, en cambio a los tipos o formas jurídicas que permite el ordenamiento jurídico: como personas públicas, los institutos autónomos, y como personas privadas, las sociedades anónimas (denominadas empresas del Estado) y otras formas, como las asociaciones civiles y las fundaciones. Como consecuencia, en el catálogo de las empresas públicas venezolanas, no existe tampoco una denominación uniforme respecto de ellas. Al contrario, han adoptado las más variadas denominaciones: instituto, corporación, fondo, compañía anónima, sin que ni siquiera estas denominaciones se correspondan siempre, con alguna forma jurídica determinada.

2. Las formas jurídicas

Tal como se indicó anteriormente al plantear, en general, el fenómeno de la descentralización funcional y su relación con las empresas públicas, la clasificación fundamental de los tipos de empresas públicas parte de que las mismas tengan o no personalidad jurídica propia, distinta de la del Estado. En los casos en que sí la tienen, se distinguen

130 Es de mencionar que la Comisión Presidencial de 3a Reversión Petrolera en su Informe de 1974, propugnó por el establecimiento de un solo tipo legal de empresas públicas, al expresar, dentro de sus conclusiones en los aspectos jurídico–organizativos lo siguiente: "es oportuno y necesario promulgar una Ley de empresas del Estado, capaz de dotar a la Nación de un instrumento legal que le permita crear empresas estatales, suficientemente ágiles en el orden administrativo y comercial, las cuales, en consecuencia, sin descuidar la seguridad que corresponde a los intereses nacionales a ellas confiados, capac*it*en a la Nación para intervenir eficazmente en el ámbito del convenio y la negociación" (p. 1–56). A similar conclusión, propugnando la necesidad de "la adopción de una forma única para la realización de esas actividades, ni enteramente pública ni enteramente privada", llegábamos en nuestro libro, Allan R. Brewer–Carías, *Las Empresas Públicas en el Derecho Comparado*, Caracas 1967 p. 180.

las formas jurídicas de derecho público o de derecho privado, según que la personalidad jurídica sea de derecho público o de derecho privado.

A. Formas jurídicas personificadas de derecho público

La forma jurídica de derecho público que admite la legislación venezolana es normalmente la del instituto autónomo. Se trata de un establecimiento público, como también lo denomina el ordenamiento jurídico[131]; es decir, de una persona de derecho público[132]. Excepcionalmente se han constituido, por ley, personas de derecho público con forma de sociedad anónima, tal como sucedió con el Banco Central de Venezuela, en cuyo capital sólo es accionista la República[133] y con el Banco Industrial de Venezuela, en cuyo capital, además del Estado, pueden participar particulares[134]. En estos casos, a estos entes se los ha calificado como establecimientos públicos asociativos[135]. Las empresas públicas con forma de instituto autónomo sólo pueden crearse por ley[136], y constituyen una forma de descentralización funcional de la Administración Pública,

Como consecuencia de esta forma de derecho público, el "titular" de su patrimonio descentralizado sólo es el Estado, y su organización interna está establecida en la Ley de creación, Su forma de gestión está sujeta a las restricciones propias de la descentralización funcional, y en particular, las provenientes del control de tutela que, sobre ellos, siempre ejerce un Ministro de adscripción. En sus relaciones con terceros, estos entes pueden gozar de las prerrogativas del Fisco Nacional, si su ley de creación así lo establece expresamente.

A pesar de que estos entes se califiquen como "institutos autónomos", no siempre se les ha asignado esa expresión en su denominación. Así, existen corporaciones, patronatos, fondos e institutos, que responden a esta categoría de personas públicas.

B. Formas jurídicas personificadas de derecho privado

En cuanto a las formas jurídicas de derecho privado, el Estado ha recurrido, para establecer empresas públicas, en general, a la forma de la sociedad anónima (empresa del Estado), y en algunos casos a la forma de la asociación civil y de la fundación, reguladas en el Código Civil.

En estos casos, normalmente el Estado ha seguido las formas de constitución previstas en el Código de Comercio y en el Código Civil: Acta Constitutiva con la participación de varias entidades públicas como accionistas o asociados, que luego se registra en el Registro Mercantil. En general, esos accionistas o asociados son la República y otros institutos autónomos o empresas públicas.

---

131 Artículo 538 del Código Civil.

132 La Constitución utiliza la expresión "persona jurídica de derecho público" (art. 124) o "instituto autónomo" (p.e. artículos 140, 141, 160, 230, 235).

133 El Artículo 1° de la Ley del Banco Central de Venezuela de 30–10–74 en *Gaceta Oficial* N° 1711 Extraordinaria de 30–12–74, lo define una "persona jurídica, pública con la forma de sociedad anónima"

134 *V.* Artículo 1° de la Ley del Banco Industrial de Venezuela de 11–3–75 en *Gaceta Oficial* N° 30.677 de 25–4–75.

135 *V.* C.A.P., *Informe sobre la Reforma de la Administración Pública Nacional, cit.*, Tomo I, pp. 311 y ss.

136 Artículo 280 de la Constitución.

En los casos de sociedades mercantiles de un único accionista, como las empresas públicas surgidas de la nacionalización petrolera, Petróleos de Venezuela, S.A., por ejemplo, se constituyó por Decreto del Presidente de la República[137], el cual fue posteriormente registrado en el Registro Mercantil. Lo mismo ha sucedido con las Fundaciones creadas por la República: mediante Decreto se ordena su constitución y posteriormente se registra el documento constitutivo en el Registro público[138].

En estos casos, la organización y funcionamiento de estas empresas públicas con forma jurídica de derecho privado, es la establecida en el Acta constitutiva o Decreto de creación y su gestión está sometida, en principio, al derecho privado, salvo las excepciones establecidas en normas especiales, como las del Reglamento de coordinación, administración y control de los Institutos Autónomos de la Administración Pública Nacional que les puedan ser aplicables[139] y las mencionadas en leyes especiales.

En relación a estas empresas públicas, y en particular aquellas con forma de sociedad anónima, no existe un control de tutela propiamente dicho, sino que los controles de parte de la Administración Central se ejercen a través de los mecanismos societarios: Asamblea de socios fundadores. Se trata, por tanto, de un control accionario o accionarial.

Por último, en sus relaciones con los particulares, las empresas con forma de derecho privado, en general, se rigen por éste, al igual que cualquier particular.

C. Formas jurídicas sin personalidad jurídica

En las dos categorías anteriores nos hemos referido a empresas públicas con personalidad jurídica (pública o privada); sin embargo, también pueden distinguirse en el ordenamiento venezolano ciertas empresas públicas que operan como patrimonios semi–autónomos, sin personalidad jurídica, particularmente en el campo del financiamiento. Tal fue el caso, hasta su conversión en institutos autónomos, por ejemplo, del Fondo de Crédito Industrial[140] y del Fondo de Crédito Agropecuario[141], creados en virtud de lo previsto en la Ley Orgánica que autorizó al Presidente de la República para dictar medidas extraordinarias en materia económica y financiera de 1974[142]. Estos Fondos administraron Fondos de la Tesorería hasta por la cantidad de 2.000 millones de bolívares cada uno, pero la recuperación de las inversiones y créditos reingresó a la masa general del Tesoro.

Hasta 1974, además, como se dijo anteriormente, operaron dos empresas públicas sin personalidad jurídica, contraviniendo las disposiciones de la Ley Orgánica de la Hacienda Pública Nacional sobre unidad del Tesoro, las cuales fueron transformadas en

---

137 *V.* Decreto N° 1.123 de 30 de agosto de 1975 en *G.O.* N° 1.770 Extraordinaria de 30–8–75 y Registro Mercantil de 15–9–75 en *Gaceta Municipal* del Distrito Federal N° 413 Extr. de 25–9–75.

138 Así ha sucedido con todas las Fundaciones constituidas por la República, desde la creación de la Fundación para el Desarrollo de la Comunidad y Fomento Municipal (FUNDACOMUN).

139 *V.* artículo 51.

140 Regulado por Estatuto de 27–8–74 en *Gaceta Oficial* N° 30503 de 18–9–74.

141 Regulado por Estatuto de 21–1–75 en *Gaceta Oficial* N° 30687 de 8–5–75.

142 Ley de 31–5–74, con vigencia hasta el 1–6–75, en *Gaceta Oficial* N° 30.412 de 31–5–74.

institutos autónomos[143]. En la actualidad, y desde su creación por ley en 1973, opera como patrimonio autónomo el Fondo de Financiamiento a las Exportaciones (FINEXPO).

3. Vinculación de los tipos legales a distintos sectores de actividad

En principio puede decirse que la orientación general en el desarrollo de las empresas públicas en Venezuela, demuestra que no ha habido ninguna vinculación obligatoria entre un determinado tipo legal o forma jurídica con determinadas funciones o con determinados sectores de actividad. El Estado ha recurrido, sin criterios uniformes, a los más variados tipos legales para las más variadas funciones o sectores.

Recientemente, sin embargo, se observa una tendencia a vincular la forma jurídica de la sociedad mercantil a las empresas públicas de determinados sectores. Por ejemplo, en el campo de la industria naval, las normas para el desarrollo de la misma disponen expresamente que "el Estado atenderá al desarrollo de la Industria naval a través de una empresa constituida bajo la forma de compañía anónima"[144]. En igual sentido se establece en las Normas para el Desarrollo de la Industria Aeronáutica[145] y en las Normas para el Desarrollo de las Industrias Militares[146]. Así, como se dijo, se constituyeron las siguientes empresas: Corporación Venezolana de la Industria Naval C.A. (COVINCA); Corporación Aeronáutica Venezolana C.A. (CORPAVENCA); Venezolana de Motores Aeronáuticos e Industriales C.A. (VENEMAICA); y la Compañía Anónima Venezolana de Industrias Militares (CAVIM), respectivamente.

En el campo de las empresas públicas del sector petrolero nacionalizado, si bien la Ley que Reserva al Estado la Industria y el Comercio de los Hidrocarburos estableció que la operación de la industria se haría a través de las empresas públicas que constituyera el Ejecutivo Nacional con las formas jurídicas que considerase convenientes[147], el Ejecutivo Nacional eligió la forma de sociedad mercantil para Petróleos de Venezuela S. A. (PDVSA)[148], y la misma ley exigió que el instituto autónomo Corporación Venezolana del Petróleo se transformase en una sociedad anónima, filial de PDVSA [149].

---

143 El antiguo Fondo Nacional del Café y Cacao fue transformado por Decreto–Ley N° 910 de 13–5–75 en dos institutos autónomos: Fondo Nacional del Café y Fondo Nacional del Cacao (*V. Gaceta Oficial*, N° 1746 Extraordinaria de 23–5–75); y la antigua Comisión de Financiamiento a la Pequeña y Mediana Industria fue transformada en la Corporación de Desarrollo de la Pequeña y Mediana Industria (V. *Gaceta Oficial*, N° 1748 Extraordinaria de 26–6–75.

144 *V.* Artículo 7 del Decreto N° 927 de 16–5–75 en *Gaceta Oficial* N° 1751 Extraordinaria de 28–5–75. Por ello, inclusive, se eliminó el Instituto Autónomo Diques y Astilleros Nacionales, mediante la Ley que suprime el Instituto Autónomo Diques y Astilleros Nacionales de 20–8–75 (V. *Gaceta Oficial* N° 30774 de 21–8–75) y se estableció la transferencia de los bienes del mismo a una sociedad anónima que se constituyó (art. 2) con la denominación de Diques y Astilleros Nacionales (DIANCA), adscrita a la Corporación Venezolana de la Industria Naval C.A. (COVINCA).

145 *V.* Artículo 7 del Decreto N° 926 de 16–5–75 en *Gaceta Oficial*, N° 1751 Extraordinaria de 28–5–75.

146 *V.* Artículo 6 del Decreto N° 883 de 29 de abril de 1975 en *Gaceta Oficial*, N° 1747 Extraordinaria de 24–5–75.

147 Artículo 6°, Base Primera.

148 *V.* Decreto N° 1123 de 30–8–75 por el cual se creó Petróleos de Venezuela, S.A., y se dictó su Acta Constitutiva y Estatutos, en *Gaceta Oficial* N° 1770 Extraordinario de 30–8–75.

149 Art. 6°, Base Tercera y Art. 8° de la Ley.

IV. LAS FORMAS DE CREACIÓN DE LAS EMPRESAS PÚBLICAS

1. El Acto de Creación

A. Ley o Decreto Ley

Tal como se señaló, conforme al artículo 230 de la Constitución, "sólo por Ley, y en conformidad con la Ley Orgánica respectiva, podrán crearse institutos autónomos". La consecuencia fundamental de esta norma es el establecimiento de una reserva legal en materia de creación de empresas públicas con forma de institutos autónomos; en otras palabras, en Venezuela la descentralización funcional de la Administración Pública a través de la creación de personas de derecho público no territoriales, sólo puede hacerse mediante Ley. No hay que olvidar, sin embargo, que esta reserva legal está establecida en la Constitución de 1961. Conforme al texto constitucional de 1953, en cambio, los institutos autónomos podían ser creados por Decreto Ejecutivo[150].

La reserva legal en cuanto a la creación de las empresas públicas con forma de instituto autónomo no implica, sin embargo, que estos no puedan ser creados por el Ejecutivo Nacional cuando, para ello, cuenta con una habilitación legislativa, en virtud de Decretos–Ley. En efecto, el Presidente de la República tiene competencia para "dictar medidas extraordinarias en materia económica o financiera cuando así lo requiera el interés público y haya sido autorizado para ello por Ley especial"[151]. En base a esta autorización, por ejemplo, en virtud de la Ley Orgánica que autoriza al Presidente de la República para dictar medidas extraordinarias en materia económica y financiera de 30 de mayo de 1974[152], se autorizó al Presidente de la República para "crear el Fondo de Inversiones de Venezuela como entidad autónoma con personalidad jurídica propia, que tendrá por objeto la ad–ministración e inversión de su patrimonio a los fines de completar el financiamiento de la expansión y diversificación de la estructura económica nacional, realizar colocaciones rentables en el exterior, y propiciar el desarrollo de programas de cooperación internacional, de manera de coadyuvar a la estabilidad económica y financiera del país"[153]. Conforme a dicha autorización, mediante Decreto–Ley N° 151 del 11 de junio de 1974, el Presidente de la República, en Consejo de Ministros, creó el Fondo de Inversiones de Venezuela[154].

Por otra parte, es de señalar que otros institutos autónomos han sido creados o regulados mediante Decretos–Ley pero dictados por gobiernos de facto. Como ejemplos, pueden mencionarse el Estatuto Orgánico de la Corporación Venezolana de Fomento dictado por la Junta de Gobierno de los Estados Unidos de Venezuela en 1952 [155] y el Estatuto Orgánico de la Línea Aeropostal Venezolana, dictado por la Junta de Gobierno de la República de Venezuela en 1958[156].

---

150 Artículo 108, letra a, ordinal 3° de la Constitución de 1953.

151 Art. 190, ord. 8 de la Constitución.

152 Publicado en *Gaceta Oficial* N° 30412 de 31–5–74.

153 Art. 1, ordinal 3° de la ley.

154 Publicado en *Gaceta Oficial* N° 30430 de 21–6–74.

155 Decreto N° 416 de 20–6–52 en *Gaceta Oficial* 23864 de 21–6–52.

156 Decreto N° 65, de 1–3–58 en *Gaceta Oficial* 25599 de 1–3–58.

En todos estos casos de empresas públicas con forma de persona de derecho público, la personalidad jurídica surge desde el momento en que se dicta la Ley o el Decreto–Ley sin necesidad de ulterior actividad de registro. Sin embargo, aquellas empresas públicas creadas como personas de derecho público, pero a las cuales la propia ley de creación les ha dado la forma jurídica de sociedad anónima, como es el caso del Banco Central de Venezuela[157] y del Banco de Desarrollo Agropecuario[158], la personalidad jurídica no nació con la sola publicación de la ley, sino que hubo necesidad ulterior de cumplir el requisito de registro en el registro mercantil, conforme a las disposiciones del Código de Comercio[159].

Por otra parte, debe señalarse que en aquellos supuestos en los cuales una ley ha dispuesto la transformación de un instituto autónomo en empresa del Estado, los Decretos ejecutivos correspondientes han asegurado la continuación del giro de la empresa. Así sucedió con Diques y Astilleros Nacionales, con la Corporación Venezolana del Petróleo, con el Instituto Venezolano de Petroquímica y con la Línea Aeropostal Venezolana transformados, entre 1975 y 1978, en sociedades anónimas.

B. Decreto ejecutivo

Las empresas públicas con forma de Instituto Autónomo, creadas bajo el imperio de la Constitución de 1953 hasta el 23 de enero de 1961, fueron creadas por Decreto Ejecutivo, sin necesidad de intervención del Poder Legislativo. Sin embargo, como se dijo, a partir de 1961, no es posible crear con personalidad de derecho público ente alguno mediante Decreto Ejecutivo.

En el caso de entes jurídicos creados por el Estado pero con personalidad jurídica de derecho privado se han constituido mediante Decreto Ejecutivo, y el Acta elaborada conforme al texto de dicho derecho se ha registrado posteriormente en el Registro Público. Tales han sido los supuestos de las Fundaciones más importantes creadas por el Estado: Fundacomun, Fundeco, Fundasocial, Fundación Becas Gran Mariscal de Ayacucho, y Fundación de Edificaciones y Dotaciones Educativas[160]. En estos casos, la personalidad jurídica de estas entidades ha nacido a partir del registro de la respectiva Acta Constitutiva en el Registro Público.

En el campo de las empresas públicas con personalidad jurídica de derecho privado, dicha personalidad jurídica surge también del registro del acta constitutiva. En algunos casos sin embargo el acto de creación está en un Decreto Ejecutivo, que es el que se registra posteriormente en el registro mercantil: tal fue el supuesto de Petróleos de Venezuela S. A., cuya creación se produjo por Decreto N° 1.123 de 30–8–75[161], Decreto que fue posteriormente registrado en el Registro Mercantil del Distrito Federal[162], y a

---

157 Creado originalmente por ley de 8–9–39 publicada en *Gaceta Oficial* N° 19.974 de 8–9–39.

158 Creado por ley de 1–8–67 publicada en *G.O.* N° 28397 de 5–8–67.

159 El Acta Constitutiva del Banco Central de Venezuela se registró en el Registro de Comercio del Juzgado de 19 Instancia en lo Mercantil del Distrito Federal, N° 993, y a dicha acta constitutiva se acompañó el texto de la Ley de Creación del Banco. V. publicación del Acta en la *Gaceta Municipal del Gobierno del Distrito Federal* N° 5656 del 1–10–40, pp. 4 a 14. En el caso del Banco de Desarrollo Agropecuario, el acta constitutiva se registró bajo el N° 15, Tomo 69–A en el Registro Mercantil del Distrito Federal publicada en *El Universal*, 29–8–69.

160 *V.* por ejemplo el Decreto N° 1000 de 1–7–75 por el cual se ordena constituir la Fundación Gran Mariscal de Ayacucho en *Gaceta Oficial* N° 30738 de 9–7–75.

161 Publicado en *G.O.* N° 1770 Extr. de 30–8–75.

162 Registro de 15–9–75 en *Gaceta Municipal* N° 413 Ext. del 25–9–75.

partir de ese momento surgió la personalidad jurídica de la empresa. En el caso de PDVSA se justifica que el acto de creación de la empresa haya sido un Decreto Ejecutivo y no un acta constitutiva propia de las empresas mercantiles, pues la Ley Orgánica que Reserva al Estado la Industria y el Comercio de los Hidrocarburos de 1975[163] estableció expresamente que en caso de que el Ejecutivo Nacional optase por la forma jurídica societaria de la empresa petrolera matriz, esta se establecía con un único accionista: La República[164]. Siendo esto así, la voluntad de ese único accionista, la República, constituía un acto administrativo unilateral precisamente, el Decreto Ejecutivo de creación.

C Acto de otras empresas públicas

En la mayoría de las empresas públicas con forma societaria mercantil, la constitución de las empresas se ha hecho mediante Acta Constitutiva suscrita por la República y otras empresas públicas o por varias empresas públicas entre sí.

Por ejemplo, el Centro Simón Bolívar S.A., fue constituido originalmente por la Corporación Venezolana de Fomento, el Banco Obrero y la Municipalidad del Distrito Federal en 1947 y posteriormente en 1958 entró a participar la República como accionista[165].

Por su parte, y también como ejemplo, la empresa Corporación Venezolana de la Industria Naval C.A. (CONVINCA) fue constituida por el fondo de Inversiones de Venezuela y el Banco Industrial de Venezuela mediante Acta Constitutiva registrada por el Registro Mercantil[166]

D. Adquisición de empresas privadas

Además de las formas de creación de empresas públicas por actos unilaterales del Estado, mediante Ley, Decreto Ejecutivo o acto de otras empresas públicas, ha sido frecuente la constitución de empresas publicas mediante la adquisición por parte del Estado (directamente por la República o por otras empresas públicas) de empresas privadas, adquisición se ha realizado, mediante mecanismos consensuales o de cesión forzosa.

a. Adquisición consensual: compra, cesión, permuta de acciones.

En la mayoría de los casos en que las empresas públicas han surgido por la transformación de empresas privadas en públicas mediante la adquisición de aquellas por entes públicos u otras empresas públicas, la compra o cesión de acciones realizada por vía consensual, ha sido la norma. Por ejemplo, la Compañía Anónima Nacional Teléfonos de Venezuela (CANTV) constituida en 1930 como empresa privada concesionaria del servicio de teléfonos en virtud de contrato de concesión aprobado por ley de 6 de junio de 1930, fue adquirida por la República en 1953, y si bien quedaron en manos privadas acciones preferidas, estas fueron adquiridas por la República en 1968. La adquisición de

163 Ley de 29–8–75 publicada en *G.O.* N° 1769 Extr. de 29–8–75.

164 Art. 6°, Base Primera.

165 Estando a cargo del Ministerio de Hacienda la representación de las acciones de la República.

166 *V.* Registro Mercantil del Estado Carabobo, N° 47, Tomo 3–A, de 17–4–75 en *El Regional*, Valencia 18–4–75.

la CANTV por el Estado obedeció a una política de nacionalización de los servicios de telefonía aún cuando ello no fue objeto de ningún acto estatal formal, de nacionalización. En todo caso, la CANTV, como empresa pública, adquirió sucesivamente todas las empresas privadas de teléfonos, la última de las cuales fue adquirida en 1973: y aún cuando continúa siendo concesionaria de los servicios de telefonía y otros de telecomunicaciones, lo es en tanto que empresa pública[167].

En otros casos, la adquisición de las empresas privadas por empresas públicas, aún cuando realizada en forma amigable y contractual, ha obedecido a un acto formal de nacionalización, tal como ha sucedido con las empresas mineras.

En efecto, con motivo del Decreto–Ley que Reserva al Estado la Industria de la Explotación de Mineral de Hierro de 26 de noviembre de 1974[168], la Corporación Venezolana de Guayana "subrogada al Estado en todos los derechos y obligaciones que le correspondan para la más pronta transferencia al Estado de todas las concesiones otorgadas para la explotación de mineral de hierro" y de los bienes afectos a las concesiones[169], procedió a suscribir con las empresas privadas concesionarias convenios tendientes a hacer efectiva esa transferencia los cuales fueron aprobados por el Congreso[170]. Posteriormente, con los bienes, instalaciones y derechos transferidos, la Corporación Venezolana de Guayana hizo constituir la empresa Ferrominera del Orinoco C.A. que, como empresa pública, es quien realiza toda la actividad de explotación de mineral de hierro por cuenta del Estado[171].

En todo caso, a pesar del carácter contractual de la adquisición de las empresas privadas, el Decreto–Ley respectivo estableció que la compensación correspondiente "en ningún caso, será mayor que la parte no depreciada del costo de tales bienes, entendiendo como tal su valor de adquisición menos el monto acumulado de depreciación y amortización usado a los fines del impuesto sobre la renta" [172].

En el Decreto–Ley que Reservó al Estado la Industria de Explotación del Mineral de Hierro, sin embargo, se estableció como procedimiento subsidiario a la ausencia de la vía contractual para la adquisición de las empresas privadas, un procedimiento expropiatorio, sometido a normas particulares, el cual no se llegó a aplicar.

b. Adquisición forzosa

En otros supuestos, la adquisición de empresas privadas por empresas públicas ha sido de carácter forzoso. Tal fue el caso de la adquisición de las empresas petroleras al producirse la nacionalización.

En efecto, la Ley Orgánica que Reservó al Estado la Industria y el Comercio de los Hidrocarburos de 29 de agosto de 1975 [173], previo un procedimiento para la transferencia de la industria petrolera al Estado ligeramente diferente al de la nacionalización del hierro, pues realmente estableció un mecanismo de transferencia forzosa, muy similar al previsto en la Ley de Expropiación: el Ejecutivo Nacional haría a los concesionarios, ofertas "de indemnización por todos los derechos que tengan sobre los bienes afectos a

---

167 *Cfr.* CANTV, *El libro de la CANTV*, Caracas 1973, pp. 25 y ss.

168 Decreto N° 580, publicado en *G.O.* N° 30577 de 16–12–74.

169 Art. 4.

170 Acuerdo de 27–12–74 en *G.O.* N° 30586 de 30–12–74.

171 La empresa comenzó operaciones el 1–1–76.

172 Art. 7

173 *V.* en *G.O.* N° 1769 Extr. de 29–8–75.

las concesiones"[174], las cuales no podían "ser superiores al valor neto de las propiedades, plantas y equipos, entendiéndose como tal, el valor de la adquisición, menos el monto acumulado de depreciación y amortización, para la fecha de la solicitud de expropiación, según los libros usados por el respectivo concesionario a los fines del impuesto sobre la renta"[175]. Las empresas petroleras concesionarias, con excepción de la Occidental aceptaron la oferta de indemnización y como consecuencia se firmaron las respectivas "Actas de avenimiento" las cuales se aprobaron por las Cámaras Legislativas en sesión conjunta[176]. Si bien hubo acuerdo entre las concesionarias y la República, ello fue producto de un avenimiento dentro de un proceso de transferencia forzosa tal como sucede con el arreglo amigable dentro del proceso de expropiación general[177].

Pero desde el punto de vista formal, la constitución de las empresas petroleras subsidiarias de Petróleos de Venezuela S.A., tuvo una distinta modalidad. Como consecuencia de la aceptación de las indemnizaciones por parte de las empresas privadas concesionarias, la mayoría de las cuales eran empresas constituidas en el extranjero, estas constituyeron sendas sociedades mercantiles registradas en Venezuela [178] "de conformidad con la Base Cuarta del artículo de la Ley Orgánica"[179] y con lo previsto en las Actas de Avenimiento. Antes del 1° de enero de 1976, al extinguirse las concesiones, la empresa matriz, Petróleos de Venezuela S.A. adquirió las acciones de las trece empresas constituidas por las exconcesionarias que se convirtieron en sus filiales: Lagoven, Maraven, Meneven, Llanoven, Deltaven, Palmaven, Roqueven, Bariven, Amoven, Boscanven, Taloven, Guariven y Vistaven[180]. La Corporación Venezolana del Petróleo, instituto autónomo creado en 1960[181], fue convertida en Sociedad Anónima conforme a las exigencias de la Ley Orgánica[182] y a lo establecido en el Decreto N° 1127 de 2 de septiembre de 1975[183], y sus acciones fueron asignadas en propiedad a Petróleos de Venezuela S.A.[184].

Pero aparte del supuesto de adquisición formalmente forzosa, por el Estado, de las empresas petroleras privadas constituidas especialmente pava esa transferencia, el mecanismo de la expropiación forzosa no ha sido comúnmente utilizado. En el campo de la nacionalización petrolera sólo se anunció que se intentaría juicio de expropiación respecto de la empresa Occidental; y recientemente también se anunció la adquisición por el Estado de una empresa privada, la Owens Illinois de Venezuela S.A., que realizaba su actividad en el campo de la industria manufacturera del vidrio y que era filial de una empresa norteamericana tal como lo señaló el propio gobierno, "por haber violado esta empresa transnacional, normas constitucionales y legales venezolanas de irrenun-

---

174 Art. 12

175 Art. 5

176 *V.* Art. 12 de la Ley Orgánica.

177 Art. 3° de la Ley de Expropiación por causa de utilidad pública o social.

178 *V.* por ejemplo documento constitutivo de MENEVEN, constituido por la Mene Grande Oil Company y la International Petroleum en el diario *El Universal* 31–12–75, p. 3–8.

179 Esta Base estableció lo siguiente: A los solos fines de agilizar y facilitar el proceso de nacionalización de la industria petrolera, el Ejecutivo Nacional constituirá o *hará constituir* las empresas que estime convenientes, las cuales, al extinguirse las concesiones, pasarán a ser propiedad de la empresa prevista en la base segunda de este Artículo" (Petróleos de Venezuela, S.A.).

180 *Cfr.* la información en *El Nacional,* 2–1–76, p. B–l.

181 Decreto N° 260 de 19–4–60.

182 Art. 6°, Base Tercera

183 *V.* en *CO.* N° 30864 de 5–12–75.

184 Art. 2° del Decreto.

ciable y obligatorio cumplimiento para operar en el país".... "al dar a la publicidad en los principales diarios de Estados Unidos de Norteamérica y de Europa, una comunicación producida por grupos subversivos venezolanos" al margen de la ley, en la cual se ofende la dignidad del país, se propicia la subversión del orden constitucional, se desconoce la legitimidad de las instituciones nacionales, se ofende y difama a los órganos del Poder Público Nacional, en particular a funcionarios del Gobierno Nacional y del Congreso de la República"[185]. Al anunciar la adquisición forzosa de la empresa, el gobierno señaló que adoptaría "Las medidas que sean conducentes para el traslado de las acciones de la Owens Illinois Internacional, otorgando justa indemnización"[186]. El Gobierno Nacional a finales de 1979 aún no había materializado la adquisición de la empresa.

2. Comportamiento real

Del análisis efectuado anteriormente de los diversos actos de creación de las empresas públicas en Venezuela, puede apreciarse el comportamiento real de las mismas. La forma de creación ha dependido más de la forma jurídica adoptada que de la actividad realizada[187].

Sin embargo, en los últimos quince años podría observarse la siguiente tendencia: las empresas públicas del campo financiero, por ejemplo los recién creados Fondo de Inversiones de Venezuela o Fondo de Desarrollo Urbano, han adquirido la forma de Instituto Autónomo y por tanto, su forma de creación ha sido mediante Ley o Decreto–Ley; las empresas públicas del campo industrial, si bien en las décadas de los años cincuenta y de comienzo de los sesenta se constituyeron con la forma de Instituto Autónomo, es una tendencia de los últimos años que las mismas se constituyan con forma de sociedad anónima, generalmente constituidas por empresas públicas financieras, como es el caso de las empresas para las industrias naval, aeronáutica o militares, o por un solo accionista como en el caso de las empresas petroleras nacionalizadas; por último, las empresas públicas resultantes de los procesos de nacionalización de la industria de explotación de mineral de hierro y de la industria y comercio de los hidrocarburos, han adquirido forma de sociedad anónima, y su creación ha resultado, por tanto, o de actos unilaterales de autoridades administrativas o de la voluntad de otras empresas públicas.

En todo caso, tienen ingerencia en la decisión de crear empresas públicas, en la generalidad de los casos, el Consejo de Ministros quien debe autorizar su constitución[188] y el Congreso Nacional, si se crean mediante ley, o sus Comisiones de Finanzas[189] salvo que alguna ley especial excluya la participación de autoridades, Tal fue el caso, por ejemplo, del Decreto–Ley que establece el Estatuto del Fondo de Inversiones de Venezuela que excluye la intervención del Consejo de Ministros y de las Comisiones de Finanzas del Congreso para la creación de empresas de cualquier naturaleza por el Fondo[190]; y del Decreto–Ley que establece el Estatuto Orgánico de la Corporación Venezo-

185 *V.* el comunicado oficial del Gobierno Nacional de 6–4–76 en *El Universal*, Caracas, 7–4–76, p. 1–12.

186 *Idem*.

187 Sobre las diversas formas jurídicas véase lo indicado anteriormente.

188 Art. 26 del Reglamento de Coordinación, Administración y Control de los Institutos Autónomos de la Administración Pública Nacional, Decreto Nº 280 de 8 de abril de 1970 en *G.O.* Nº 29.190 de 14 de abril de 1970.

189 Artículo 12 de la Ley de Presupuesto de 1979.

190 Art. 26 del Decreto–Ley Nº 748 de 11–2–75 en *G.O.* 30.636 de 3–3–75.

lana de Fomento que excluyó la intervención de las Comisiones de Finanzas del Congreso para la constitución de empresas por la Corporación [191].

V. PRINCIPALES CAMBIOS EN EL RÉGIMEN LEGAL DE LAS EMPRESAS PÚBLICAS

En el estudio de la evolución al régimen legal de las empresas públicas en Venezuela, pueden identificarse cambios importantes en las tíos últimas décadas, en tres aspectos Fundamentales: en primer lugar, en relación a las formas jurídicas utilizadas; en segundo lugar, en relación a las restricciones para su constitución y regulación de su funcionamiento, y en tercer lugar, en relación al control externo.

1. Cambios en relación a las formas jurídicas

El inicio de la administración descentralizada en Venezuela puede ubicarse en los años veinte (1928) con la creación de las dos primeras empresas públicas con forma de institutos autónomos establecidos en este siglo: el Banco Obrero, convertido en 19 75 en el Instituto Nacional de la Vivienda; y el Banco Agrícola y Pecuario, transformado también en 1975, en el Instituto de Crédito Agrícola y Pecuario. Hasta 1953, la constitución de empresas públicas se realizó básicamente mediante la utilización de la forma de instituto autónomo, autorizada por la Ley Orgánica de la Hacienda Pública Nacional, cuya creación se realizaba por ley. Pocas empresas públicas con forma societaria fueron creadas en dicho período, y entre ellas, se destaca en 1941 el Centro Simón Bolívar C.A. v la Transportadora Marítima C.A. en 1953.

A partir de 1955 y hasta 1961, con motivo de la vigencia de la Constitución de 1953, se crearon con mayor facilidad empresas públicas con forma de instituto autónomo, pues dicho texto constitucional autorizó su creación, sin necesidad de ley especial, por Decreto ejecutivo[192]. Puede decirse que el verdadero florecimiento de la administración descentralizada ocurrió en la década de los cincuenta. Ello, sin embargo, no eliminó la utilización de la figura de la sociedad anónima, aunque excepcionalmente: en 1955, la Corporación Nacional de Hoteles y Turismo C.A. y la Compañía Anónima Venezolana de Navegación; y en 1959 la Compañía Anónima de Administración y Fomento Eléctrico, y otras empresas filiales de la Corporación Venezolana de Fomento.

A partir de 1961, la Constitución Nacional restringió el uso de la figura del instituto autónomo, al exigir Ley del Congreso[193] y ello provocó que el Ejecutivo Nacional, en virtud de las vicisitudes políticas y por no poder contar siempre con el respaldo del Congreso, utilizará las figuras de derecho privado como fórmulas de descentralización: sociedades anónimas, fundaciones y asociaciones civiles, en proporciones bastante altas; e inclusive la fórmula del patrimonio autónomo, aún cuando no estaba autorizada legalmente.

En los primeros años de la década de los setenta, en todo caso, se produjo un auge sin precedentes de la utilización de la figura de institutos autónomos para constituir empre-

191 Art. 12, parágrafo único, del Decreto Ley N° 798 de 11–3–75 en *G.O.* 30.668 de 14–4–75.
192 Artículo 108, letra a, ordinal 3°
193 Art. 230 de la Constitución de 1961

sas del Estado; pero a partir de 1974, aun cuando dicha figura ha seguido utilizándose, se observa una marcada tendencia por parte del Estado a constituir las empresas públicas con la forma de sociedad anónima. Así ha sucedido, por ejemplo, en los casos de la industria petrolera, de la industria naval, de la industria aeronáutica, de las industrias militares, antes mencionadas; y así se propuso respecto de las empresas públicas de la industria petroquímica[194] y de los servicios de transporte y comunicaciones [195].

Debe recordarse, además, como se ha señalado, que a partir de 1974, precisamente se ha observado la tendencia a transformar institutos autónomos en empresas del Estado, tal como sucedió, mediante leyes especiales, con la Corporación Venezolana del Petróleo, con el Instituto Venezolana de Petroquímica, con Diques y Astilleros Nacionales y con la Línea Aeropostal Venezolana. Asimismo, se ha observado la tendencia a transformar los patrimonios autónomos, que antes funcionaban sin asidero legal, en institutos autónomos, tal como sucedió con la Comisión de Financiamiento a la Pequeña y Mediana Industria, con el Fondo Nacional del Café y el Cacao, con el Fondo de Crédito Industrial y con el Fondo de Crédito Agropecuario.

2. Cambios en relación a las restricciones para la constitución de las empresas

Tal como se dijo, en cuanto a la constitución de empresas públicas con forma de instituto autónomo, la restricción de mayor importancia fue la establecida en la Constitución de 1961 al exigirse que ello se realizara mediante Ley[196], en contraste con la facultad ejecutiva para la creación de institutos autónomos autorizada en la Constitución de 1953[197].

Por supuesto, la restricción de la Constitución de 1961, provocó la utilización de formas societarias de derecho privado por parte del Ejecutivo Nacional, y como reacción ante ello, una nueva restricción se estableció por el Congreso en las leyes de Presupuesto anual: la autorización previa de las Comisiones de Finanzas del Congreso o de su Comisión Delegada para la constitución de sociedades, la suscripción y enajenación de acciones, la incorporación de nuevos accionistas y la adquisición de obligaciones y otros títulos de empresa de cualquier naturaleza por los Ministerios, los Institutos autónomos, las empresas de propiedad pública o las compañías en que el Estado tenga definitiva o transitoriamente más del 50% de las acciones[198].

En este mismo orden de ideas, el Reglamento de Coordinación Administración y Control de los Institutos Autónomos de la Administración Pública Nacional de 1970, exigió que para que los institutos autónomos pudieran constituir sociedades, suscribir o adquirir obligaciones u otros valores, deberían obtener una autorización previa del Consejo de Ministros[199].

---

194 *V.* Proyecto de Decreto de Reorganización de la Industria Petroquímica publicado en *El Nacional*, Caracas 25-3-75, p. D-1.

195 *V.* Proyecto de Ley para la Organización de las empresas de aviación, de navegación y de ferrocarriles del Estado (1975), art. 1°.

196 Art. 230 de la Constitución de 1961.

197 Artículo 108, literal a, ordinal 3°.

198 *V.* por ejemplo, el artículo 12 de la Ley de Presupuesto para el Ejercicio Fiscal 1975.

199 Artículo 26.

3. Cambios en relación a la regulación del funcionamiento

En cuanto al régimen de funcionamiento de las empresas públicas, puede decirse que el cambio más importante producido en las últimas décadas, en cuanto a que se trata de un cuerpo normativo coherente, ha sido la emisión del citado Reglamento sobre coordinación, administración y control de los Institutos Autónomos de la Administración Pública Nacional, cuyas normas son aplicables a las empresas del Estado[200].

En cuanto a regulaciones concretas, deben destacarse por su importancia, las normas específicas establecidas, tanto para los institutos autónomos como para las empresas del Estado, en materia de elaboración y ejecución de sus presupuestos y de realización de operaciones de crédito público, en las recientes Leyes Orgánicas de Régimen Presupuestario y de Crédito Público de julio de 1976, ya comentadas.

Asimismo, debe destacarse el cambio operado en 1976, al promulgarse la Ley Orgánica de la Corle Suprema de Justicia y que estableció un fuero jurisdiccional para los institutos autónomos y empresas del Estado a cargo de la jurisdicción contencioso administrativa.

4. Cambios en materia de control externo

En materia de control externo, con motivo de la entrada en vigencia de la nueva Ley Orgánica de la Contraloría General de la República, se ha producido un cambio de gran significación en el régimen de las empresas públicas con forma de institutos autónomos, y es la eliminación del control fiscal previo. Hasta julio de 1975, los institutos autónomos estaban sometidos al control previo de compromisos (contratos) y gastos por parte de la Contraloría, conforme a las disposiciones de la Ley Orgánica de la Hacienda Pública Nacional[201]. Al entrar en vigencia la nueva Ley de Contraloría este control previo fue eliminado, estando los institutos autónomos sometidos a control posterior, pudiendo la Contraloría, sin embargo, constituir unidades permanentes de control en los mismos [202]. El control previo, en todo caso, se podría establecer en casos concretos, como medida excepcional, cuando la Contraloría compruebe que sus observaciones y recomendaciones no han sido debidamente atendidas, o cuando ello se acuerde con el Presidente de la República para salvaguardar el interés público[203].

En cuanto a las empresas del Estado en las cuales la República, los institutos autónomos y otros entes públicos tengan participación, la Contraloría sólo podrá practicar auditorías y ejercer funciones de control de gestión[204].

---

200 Decreto N° 280 del 8 de abril de 1970, *cit.*, El Artículo 51 de dicho Reglamento establece que "las personas jurídicas, sea cual fuere su naturaleza, en las que el Estado o los institutos autónomos tengan una participación decisiva se someterán a las disposiciones del presente Reglamento en cuanto le sean aplicables.

201 Artículo 172, ordinal 11.

202 Artículos 56 y 57 de la Ley Orgánica de la Contraloría General de la República de 6–1–75 reformada el 5–6–75 en *Gacela Oficial,* N° 1756 Extraordinario de 30–6–75.

203 Art. 58 de la Ley.

204 Artículo 6–4 de la Ley.

5. Cambios en materia de organización

Por último, en materia de organización de las empresas públicas, en los últimos diez años se observa una tendencia a establecer una agrupación de las mismas en estructuras piramidales, tipo holding, en sectores o en áreas económicas específicas.

Esto no sólo se observa a nivel de las propuestas de reforma de la Administración descentralizada, tal como se analiza en la cuarta parte de este estudio, formuladas desde 1971, sino también en la estructuración de organizaciones concretas, como el *holding* petrolero establecido en 1976, con motivo de la nacionalización del petróleo, con Petróleos de Venezuela S.A. como casa matriz, al cual se ha integrado, también, el *holding* petroquímico que comandaba el Instituto Venezolano de Petroquímica, transformado en compañía anónima (PEQUIVEN).

Por otra parte, el *holding* multisectorial desarrollado con motivo del proceso de desarrollo regional de Guayana, dirigido por la Corporación Venezolana de Guayana, ha ampliado y afianzado sus actividades, lo cual confirma esta tendencia organizacional señalada.

Por último, debe destacarse, también, la tendencia al desarrollo de la participación accionaria de entes financieros públicos en diversas empresas del Estado. Desde los años cuarenta, esta participación se efectuó, generalmente, por parte de la Corporación Venezolana de Fomento, pero a partir de 1974, con motivo de la creación del Fondo de Inversiones de Venezuela, este instituto autónomo ha venido participando en algunas de las empresas públicas más importantes del país. Así, pueden considerarse como sus subsidiarias, las siguientes empresas: Compañía Anónima Venezolana de Navegación (CAVN), Diques y Astilleros Nacionales C.A. (DIANCA), Corporación Venezolana de la Industria Naval (COVINCA), Compañía General de Minería de Venezuela (IVI INERVEN), VENORCA, Corporación Aeronáutica Venezolana C.A. (CORPAVENGA), ENELVEN, ENELBAR, LEPCA, Venezolana de Aluminio C.A. (VENALUM), Empresa Nacional de Salinas C.A. (ENSAL), e Interamericana de Alúmina C.A. (INTERALUMINA).

Además, el Fondo de Inversiones de Venezuela participa accionariamente en las siguientes empresas mayoritariamente poseídas por otras entidades del Estado: C.A. de Administración y Fomento Eléctrico (CADAFE), C.V.G. Siderúrgica del Orinoco C.A. (SIDOR), C.V.G. Electricidad del Caroní C.A. (EDELCA) v Carbones del Zulia C.A. (CARBOZUL1A). Por último, el Fondo también tiene participación en las siguientes empresas en proceso de operar: Venezolana de Ferroaleaciones Bozel C.A. (VENBOZEL), Acerías Eléctricas del Caroní C.A., (ACELCAR) y Aluminios del Caroní S.A. (ALCASA)[205]

205 *V.* la información en los "Estados Financieros" del Fondo de Inversiones de Venezuela, *El Diario de Caracas*, Caracas 19–8–79, pp. 20 y 21.

Sección Tercera: RELACIONES ENTRE LA ADMINISTRACION CENTRAL Y LAS EMPRESAS PÚBLICAS

Desde el punto de vista jurídico, hablar de las relaciones entre el Gobierno Central y las Empresas Públicas, es hablar del control de la Administración Central sobre los entes descentralizados de carácter económico.

Puede decirse, que la consecuencia del proceso de descentralización institucional que se ha producido en todas las administraciones contemporáneas después de cincuenta años de desmembramiento orgánico, ha sido la previsión de una serie de controles, muchas veces establecidos aisladamente, mediante los cuales la administración central ha pretendido continuar conduciendo –indirectamente– y vigilando el funcionamiento de los servicios o actividades desmembradas. Sin embargo la ausencia de una visión global y de conjunto sobre el problema de la descentralización y por tanto del control, ha traído como consecuencia que los controles establecidos para regular las relaciones entre la Administración Central y sus empresas sean ineficaces o inútiles.

Se impone, por tanto, la revisión y formulación completa del problema del control para que las empresas respondan a los fines y políticas del Estado de manera efectiva. En efecto, una de las consecuencias del proceso de descentralización funcional o institucional ha sido el que los entes autónomos y empresas hayan pasado a "independizarse" de la Administración Central. Esta "independencia" ha conducido en muchos casos, a que los entes autónomos o las empresas hayan pasado a formular sus propias políticas y ejecutar sus actividades, sin integración alguna con el sector público. A ello se ha agregado la ineficiencia e inefectividad de las propias estructuras de la Administración Central–Ministerial, para administrar los controles.

La preocupación por el adecuado establecimiento de las relaciones entre la Administración Central y las Empresas Públicas, ha sido, por lo señalado, uno de los aspectos centrales de los movimientos de reforma de la administración contemporánea. Se tiene conciencia de la importancia creciente de las Empresas Públicas, particularmente desde el punto de vista económico, y de la necesidad de vincular sus actividades a los objetivos generales del sector público, particularmente en los países en vías de desarrollo.

Por otra parte, se tiene conciencia de la urgente necesidad de integrar un sistema de empresas públicas que asegure la participación de las mismas en el proceso de planificación. De allí, tantos intentos y proyectos de reforma de las empresas públicas y de la administración descentralizada, y en particular, todos aquellos intentos de agrupar, para asegurar su rentabilidad económica, a las diversas empresas públicas en organizaciones holding, siguiendo el conocido modelo italiano del IRI y el ENI.

Sin embargo, es evidente que no sólo debe privar el criterio de la rentabilidad económica de las empresas –eficacia– para la reforma o la formulación de un sistema de empresas públicas. Antes que la eficacia, el problema de esas empresas es el de su capacidad para alcanzar unos objetivos de desarrollo –efectividad– dentro del contexto más amplio del sector público central o descentralizado.

Por ello, partimos del supuesto de que el tratamiento reformista de las empresas públicas no debe realizarse aisladamente del resto del sector público. En más de una oportunidad hemos señalado que no será posible una reforma de la administración descentralizada sin una reforma de la administración central –ministerial–; y viceversa, que tampoco será posible una reforma de la administración central, sin una reforma de la administración descentralizada. Ambas están tan estrechamente vinculadas que propugnar la reforma de una sola de dichas estructuras, no solo provocaría la pérdida de la perspectiva global del sector público, sino que sería incompleta y perjudicaría su integración futura. Por ello estimamos que no sería adecuado propugnar la formulación de un sistema de empresas públicas sin que se afectara la estructura ministerial y partiendo del supuesto errado de que ésta debe continuar como está –con todos sus vicios– hacia el futuro. Porque los Ministerios no hayan respondido, en muchos casos, a su carácter de "gobernadores" de los sectores de actividad pública, no puede partirse del supuesto de que ello será así siempre, para crear una estructura paralela y más independiente aún respecto a la Administración Central, en un sistema aislado de empresas públicas. El tratamiento del problema, se insiste, al contrario, ha de ser global, con visión macro–administrativa, teniendo en cuenta el carácter de los entes autónomos y empresas del Estado, como ejecutores de actividades públicas, que deben ser gobernados por entidades políticas, y éstas, en un sistema ministerial como el venezolano, no podrían ser otros que los Ministerios.

Ahora bien, antes de analizar en la Parte Cuarta de este estudio, las fórmulas concretas que se han venido sugiriendo en Venezuela para reformar las empresas públicas, estimamos indispensable realizar un rápido análisis del estado actual del sistema de controles directos que ejerce o debiera ejercer la Administración Central sobre las empresas públicas; es decir, aquellos controles ejercidos por la Administración a través de sus Ministerios sectoriales, como controles jerárquicos, de tutela o accionarial, o a través de órganos administrativos de coordinación o planificación.

Una vez hecho esto, analizaremos las modalidades del control ejercido por la administración en forma indirecta, a través de entes dotados de personalidad jurídica propia, que generalmente actúan como holdings de determinadas empresas económicas[206]. Por último, haremos especial referencia al régimen aplicable a Petróleos de Venezuela S.A. como casa matriz o holding de la industria petrolera nacionalizada.

---

206 *V.* en general Allan R. Brewer–Carías, *El Control de las actividades económicas del Estado en el Derecho Venezolano,* Caracas, 1969. Associazione Italiana di Scienze Politiche e Sociale, *Il control lo dell'Empresa Pubblica,* Milano, 1960. En esta parte utilizaremos las **Abreviaturas** respectivas de los Estatutos Legales vigentes en 1974: *FCA* Fondo de Crédito Agropecuario; *FCI* Fondo de Crédito Industrial; *CVG* Corporación Venezolana de Guayana; *INH* Instituto Nacional de Hipódromos; *CVP* Corporación Venezolana del Petróleo; *IVP* Instituto Venezolano de Petroquímica; *INC* Instituto Nacional de Canalizaciones; *CTP* Caja de Trabajo Penitenciario; *DAN* Diques y Astilleros Nacionales; *CVF* Corporación Venezolana de Fomento; *BAP* Banco Agrícola y Pecuario; *LAV* Línea Aeropostal Venezolana; *IAAFE* Instituto Autónomo Administración de Ferrocarriles del Estado; *B.O.* Banco Obrero; *CFA* Círculo de las Fuerzas Armadas; *CMA* Corporación de Mercadeo Agrícola; *IPSFA* Instituto de Previsión Social de las Fuerzas Armadas; *BDA* Banco de Desarrollo Agropecuario; *ICAP* Instituto de Crédito Agrícola y Pecuario; *IAAIM* Instituto Autónomo Aeropuerto Internacional de Maiquetía; *INAVI* Instituto Nacional de la Vivienda; *INP* Instituto Nacional de Parques; *IPASME* Instituto de Previsión del personal del Ministerio de Educación; *CORPOCCIDENTE* Corporación de Desarrollo de la Región Centro–Occidental; *NORORIENTE* Corporación de Desarrollo de la Región Nor–Oriental; *CORPOZULIA* Corporación de Desarrollo de la Región Zuliana; *CORPOINDUSTRIA* Corporación de Financiamiento a la Pequeña y Mediana Industria *CAPREMCO* Caja de Previsión Social del Ministerio de Comunicaciones; y seguimos lo expuesto en Allan R. Brewer–Carías, "Algunos Aspectos jurídicos de las relaciones entre el Gobierno Central y las empresas del Estado", en *CLAD, Gobierno y empresas públicas en América Latina,* Buenos Aires 1978, pp. 151 a 184.

I. EL CONTROL ADMINISTRATIVO DIRECTO SOBRE LAS EMPRESAS PÚBLICAS

1. Introducción

La forma e intensidad del control administrativo directo sobre las empresas públicas, depende de la forma jurídica concreta que se haya atribuido a las mismas. Puede tratarse de un control jerárquico, de un control de tutela, de un control accionarial o de un control a través de órganos administrativos de coordinación y planificación, según el menor o mayor grado de autonomía de que gocen las empresas públicas.

En efecto, el control jerárquico va íntimamente unido al poder jerárquico que ejerce un jefe respecto a sus subordinados; como el que ejerce el Ministro sobre el conjunto de los agentes de su servicio. Por ello, el control jerárquico se desenvuelve en el seno de una persona moral única y pone en movimiento relaciones de jefes a subordinados. El poder y el control de tutela, al contrario, pone en relación al Estado con otras personas jurídicas, originando relaciones entre el Estado, guardián del interés general en sentido amplio, y como tal contralor, con personas de derecho público con intereses propios, y como tal, controladas. Por ello, se ha señalado como una de las razones de creación de las empresas públicas personificadas, la necesidad de evadir el control jerárquico. Por otra parte, si la empresa tiene forma de sociedad anónima (empresa del Estado), el control será de tipo accionarial.

Pero además del control jerárquico, de tutela y accionarial sobre los entes estatales o para–estatales que desarrollan actividades económicas, puede ejercerse por el Estado un cuarto tipo de control administrativo, que es el que se ejerce a través de órganos de coordinación o de planificación, creados especialmente por el Estado para ejercer esas labores en el campo de las participaciones estatales en la economía, y que no puede ser incluido dentro de los tres tipos antes analizados. Tal es el que ejerce, por ejemplo en Italia el *Ministerio delle Participazioni Statali* o en los países socialistas los órganos centrales de planificación.

Veamos separadamente estos cuatro tipos de controles administrativos ejercidos por el Estado sobre el desarrollo autónomo de sus actividades industriales v comerciales, con especial referencia al derecho venezolano.

2. Control Jerárquico

La Administración Central ejerce un control jerárquico en las actividades industriales y comerciales siempre que las mismas sean desarrolladas por ella directamente. En efecto, en el supuesto de los llamados Fondos o Servicios Especiales, éstos están configurados como estructuras integradas en la organización administrativa, con la forma clásica y jerarquizada. Por ejemplo, este era el caso de la Comisión Nacional de Financiamiento a la Pequeña y Mediana Industria (CONAFIN) antes de ser convertida en instituto autónomo, la Corporación de Desarrollo de la Pequeña y Mediana Industria (CORPOINDUSTRIA) en junio de 1974[207]. Este era también el caso de los Fondos de Crédito Agropecuario y de Crédito Industrial[208] antes de su transformación en institutos

207 *V.* en *Gaceta Oficial* N° 30.434 de 27 de junio de 1974.

208 *V.* en *Gaceta Oficial* N° 30.420 de 3 de junio de 1974.

autónomos. Si bien los directores de las Juntas de Créditos de estos Fondos sin personalidad jurídica eran nombrados por el Presidente de la República[209], el funcionamiento y operación de los mismos estaba sometido al control permanente de los Ministerios de Hacienda, Fomento y Agricultura y Cría, en sus casos, para la elaboración de los programas con vista a la administración de los recursos de los Fondos[210] ; para la elaboración de los Reglamentos internos y las normas operativas[211]; y para la fijación de los tipos de intereses[212], quienes además debían recibir un informe trimestral de todas sus operaciones[213] y aprobar el presupuesto de los Fondos [214]

En todo caso, en estos supuestos, los directores de estos Fondos eran funcionarios fuertemente vinculados a la Administración Central y por tanto, obligados a acatar las disposiciones de sus órganos o instancias superiores. El control sobre la realización de dichas actividades entonces, generalmente, estaba ligado a la ingerencia directa de la gestión y dirección de la empresa.

En otros supuestos la dependencia jerárquica no es tan pronunciada, pues se da alguna autonomía a los órganos administrativos directores de la empresa, aunque sin que se dé el supuesto del otorgamiento de personalidad a la misma. En estos casos, sin embargo, el control jerárquico se refleja a través del derecho de veto que corresponde al respectivo Ministro en las decisiones de los órganos directivos. Así, en Alemania por ejemplo, el Ministro de Correos tiene un derecho de veto absoluto con respecto a las decisiones del Consejo de Administración del *Deutsche Bundespost* que puedan tener repercusiones financieras; además puede presentar ante el Gobierno Federal, para la decisión última por parte de éste, los acuerdos que, a su juicio, lesionen los intereses del Bund[215].

3. El Control de Tutela

A. Introducción

El control de tutela en las actividades industriales y comerciales del Estado surge desde el momento en que existe una descentralización funcional cuando ésta se realiza a través de órganos que se desgajan de la Administración directa del Estado, mediante el procedimiento técnico–jurídico de la concesión de la personalidad jurídica a entidades institucionales.

En esta forma, la tutela administrativa sobre los entes descentralizados que desarrollan actividades económicas, particularmente, las que tienen forma jurídica de instituto autónomo, tiene por finalidad fundamental garantizar la unidad y la buena ejecución de la política general del Estado en materia económica, pues permite a la Administración Central vigilar directamente, aunque no como superior jerárquico, la actuación de los órganos que integran la administración indirecta del Estado.

---

209 *V.* en *Gaceta Oficial* N° 30.428 de 10 de junio de 1974.

210 FAC Art. 4; FCI Art. 4

211 FCA Art. 6, ord. a; FCI Art. 6, ord. a.

212 FCA Art. 6, ord. f y Art. 23; FCI Art. 6, ord. f y Art. 21.

213 FCA Art. 11; FCI, Art. 9.

214 Reglamento FCI, Art. 5.

215 *V.* Wolfgang Zetzschke, "Las Empresas Públicas en la República Federal Alemana", *Información Comercial Española,* Madrid, 1964, p. 96.

Ahora bien, los poderes de la autoridad de tutela, generalmente los Ministros de adscripción, comprenden la supervisión y control de los institutos autónomos conforme al Artículo 22 del Reglamento de Coordinación, Administración y Control de los Institutos Autónomos de la Administración Pública Nacional de 8 de Abril de 1970 (Decreto N° 280). Estos poderes de tutela del Ministro de adscripción se han precisado, recientemente, en el ordinal 11 del artículo 20 de la ley Orgánica de la Administración Central al atribuirse a todos los Ministros la facultad de "Ejercer sobre los Institutos Autónomos adscritos al Ministerio, las funciones de coordinación v control que le correspondan conforme a la Ley Orgánica respectiva y a las leyes especiales de creación". En todo caso, estos poderes se manifiestan a través de poderes de tutela sobre las personas y sobre los actos.

B. La Tutela sobre las Personas

La regla general en la tutela sobre las personas es que los directores y miembros de los cuerpos directivos y de administración de los órganos funcionalmente descentralizados se designan por la Administración Central. Esto sucede en los países donde el establecimiento público industrial o comercial es la norma en la descentralización funcional, como sucede en Francia, Bélgica y Venezuela; así como en aquellos países donde la regla general la constituyen las *Public Corporations* anglosajonas o las empresas públicas del tipo de los países socialistas. La revocación de las designaciones corresponde también en general a la Administración Central, aunque en algunos supuestos la iniciativa puede partir, como en Polonia, de los órganos de autogestión obrera.

En Venezuela, en efecto, el nombramiento y remoción de los miembros de los cuerpos directivos de la generalidad de los institutos autónomos de carácter industrial y comercial, corresponde al Ejecutivo Nacional por órgano del Ministerio sectorial al cual estén adscritos los respectivos institutos[216]. En algunos casos además, al Ejecutivo Nacional corresponde también determinar la sustitución de dichos miembros en caso de faltas temporales[217] y la fijación de la remuneración de los mismos[218]

C La Tutela sobre los Actos

a. Introducción

En cuanto a la tutela sobre la gestión, los Ministros disponen generalmente, en relación a los organismos descentralizados que realizan actividades industriales y comerciales, de ciertos poderes de control a *priori* o *a posteriori,* según que tengan lugar antes o después de haberse tomado la decisión concreta. En esta forma, el control *a posteriori* juzga actos ya consumados, implican por tanto, que la gestión y el control son dos actos netamente separados. Al contrario, en el control *a priori,* entre los órganos de gestión y los de control hay un diálogo permanente: la voluntad del primero no puede producir

216 *V.* CVG Arr. INH Art, 10; CVP Art. 7; IVP Art. 8; INC Arts. 9 y 10; CTP. 5; DAN Arts. 14 y 15; CVF Art. 3; BAP Art. 6; LAV Art. 7; IAAFE Art. 5; BO Art. 7; CFA Arts. 5 y 6; IPSFA Art. 13; APE Art. 4; BDA Art. 29; IAA1M Art. 7; INP Art. 9; Corpoccidente Art. 5; Nororiente Art. 5; CMA Art. 26; Corpozulia Art. 6; Corpoindustria Art. 3.

217 *V.* INC Art. 14; CTF Are. CVF Art. 3; DAN Art. 14.

218 *V.* CTP Art. 5; BAP Art. 6; INH Art. 14; LAV Art. 9; BO Art. 7; IPASME Art. 6.

efectos sino con el encuentro de la voluntad del segundo; por lo que en realidad lo que hay en este caso es una participación en la gestión. Veamos en todo caso, estos dos tipos de control, junto con el control concomitante.

b. El control de tutela a priori

a'. Las Directrices Generales

El control a priori puede revestir formas diversas. En primer lugar, puede consistir en la posibilidad, para los órganos de tutela ministerial, de precisar en relación a las empresas públicas, las directivas u orientación general de la actuación de las mismas, tal como sucede en Inglaterra e Italia, y que no se refieren a actos concretos de dichas empresas. En esta forma, en Italia por ejemplo el artículo 1° de la Ley de 1948 precisa, escuetamente en relación al Instituto para la Reconstrucción Industrial (IRI) que corresponde al Consejo de Ministros decidir, en vista del interés de la colectividad, la orientación general del Instituto tanto en materia política como económica[219]. En esta forma por ejemplo, el *Air Corporation Act* de 1949 prevé que el Ministro de Transporte y Aviación Civil, previa consulta con la afectada, puede dar a cualquiera de las Corporaciones aeronáuticas "instrucciones de carácter general sobre el ejercicio y realización de aquellas de sus funciones relacionadas con materias que, a juicio del Ministro, sean de interés nacional". La Corporación interesada deberá seguir dichas instrucciones, siendo esta fórmula del poder ministerial el modelo Standar en la legislación inglesa[220]

En Venezuela, recientemente se ha establecido como regla general, la atribución de los Ministerios de adscripción de fijar los lineamientos de política sectorial a la cual deben someterse, necesariamente, los institutos autónomos, tal como 3o indican los artículos 52 y 61 de la Ley Orgánica de Régimen Presupuestario de 1976. Con anterioridad, en algunos supuestos se había dado la atribución al Ministro de tutela para fijar las directivas y orientación general de los establecimientos públicos industriales y comerciales. En efecto, por ejemplo, respecto al antiguo Instituto Venezolano de Petroquímica, al Ministro de Minas c Hidrocarburos le correspondía "la orientación de las actividades básicas del instituto[221]. En otros supuestos se prevé en general, que los planes de actividades del Instituto deben adecuarse a los objetivos establecidos en el Plan de la Nación [222].

Además, en otros casos los dispositivos legales obligaban a los establecimientos públicos a realizar las actividades que el Ministro de tutela les encomendare. Tal era el supuesto, en Venezuela, de los antiguos Banco Agrícola y Pecuario y Banco Obrero, que debían "desempeñar cualquier función que el Ejecutivo Nacional", a través del Ministro sectorial de tutela, "les encomendare"[223].

---

219 *V.* F. Franchini, "Aspects Juridiques de l'Intervention de l'Etat dans l'organization economique italienne", *Revue de Droit Public et de la Science Politique.* N° 2, 1957, p. 240.

220 *V.* W. A. Robson, "La Empresa Pública en Gran Bretaña", *Información Comercial Española,* Madrid, marzo 1964, p. 75.

221 *V.* IVP Art. 8 del Estatuto original dictado por Decreto N° 368 de 29 de junio de 1956.

222 IAAIM Art. 7, ord. b.

223 *V.* BAP Art. 86; BO Art. 80.

b'. Las Aprobaciones y Autorizaciones Previas

Por otra parte, muy difundido como medio de tutela sobre los actos o la gestión de las empresas se encuentra el mecanismo de las aprobaciones previas en relación a ciertos actos o decisiones de las empresas públicas.

En Francia por ejemplo, la lista de las decisiones sometidas a aprobación se especifica en los textos propios de cada empresa, pero hay un mínimo en virtud de los Decretos de 26 de agosto de 1957 y de 22 de junio de 1960 y del Artículo 163 de la Ordenanza del 30 de diciembre de 1958: los presupuestos y estados de previsiones de explotación y equipo; los balances, las cuentas de resultados, las afectaciones de beneficios, los finiquitos de los administradores; las extensiones de participaciones financieras; el montante de las remuneraciones de los Administradores, Presidentes y Directores Generales; las medidas relativas a los elementos de remuneración del personal, así como a su status y a su régimen de retiro[224]. Situaciones similares existen en la mayoría de los países que siguen el esquema francés del establecimiento público, como en Bélgica.

En Venezuela existe una situación similar. Por ejemplo, en cuanto a los actos de nombramiento de personal, en algunos supuestos los nombramientos de los funcionarios y empleados de los establecimientos públicos industriales y comerciales, aun correspondiendo a los cuerpos directivos de los mismos, deben ser aprobados por el Ministro de tutela[225]. Pero aparte de esto, mediante las aprobaciones o autorizaciones previas existe un amplio e intenso control de los Ministros de tutela sobre los actos de gestión de los institutos autónomos.

En general, en efecto, el Reglamento de Coordinación, Administración y Control de los Institutos Autónomos de la Administración Pública Nacional exige que necesariamente requerirán autorización previa del Consejo de Ministros los actos de los institutos autónomos para constituir sociedades, suscribir o adquirir acciones y adquirir obligaciones u otros valores, salvo cuando se trate de títulos de la deuda pública (Art. 26). Por otra parte, el referido Reglamento autoriza al Ejecutivo Nacional a someter a los institutos autónomos al cumplimiento de requisitos complementarios de los que establezcan sus estatutos, cuando se trate de enajenación de bienes, aceptación de liberalidades, contratación de préstamos, remisión de obligaciones, o de transacciones judiciales (Art. 27).

En particular, algunos dispositivos legales exigen que los planes generales de trabajo para un determinado ejercicio de los establecimientos se sometan a la aprobación previa del Ministro, como sucede en la Corporación Venezolana de Fomento con el Plan General de Fomento, y en otros institutos respecto a la actividad general de los mismos[226]. Por otra parte, en cuanto a ciertos actos concretos también se exigían o exigen aprobaciones previas del órgano de tutela: con respecto a los bienes, por ejemplo, para la realización de operaciones sobre los bienes inmuebles del instituto[227]; para la enajenación de activos permanentes del ente [228]; y para la enajenación de los aportes del establecimien-

224 *V.* André Delion, *Informe francés al IV Congreso Internacional de Entidades Fiscalizadoras Superiores.* Viena 1962 (CIEF), Vol. 4, p. 159.

225 *V.* CVP Art. 8, letra d) y Art. 12; CVF Art. 6, ordinal 5) y Art. 8, ordinal 4); INC Arts. 12 y 13; IVP Art. 14, letra d) y 14; CFA Art. 1, letra b); IAAFE Art. 8, letra d); Corpozulia, Art. 6, ord. e); Nororiente, Art. 6, ord. e); Corpoccidente, Art. 7, ord. e).

226 *V.* CVP Art. 6, ordinal 1) y Art. 28; CFA Art. 1, ordinal 8) del Reglamentos; IAAFE Art. 8, letra c); IVP Art. 9, letra b); DAN art. 19, ordinal 1); IPASME Art. 14, letra c); CMA Art. 30, ord. c); IAAIM Art. 1.

227 *V.* INC Art. 4; CVG Art. 16.

228 *V.* CVP Art. 4.

to a empresas filiales del mismo[229]. En algunos supuestos, como en el caso del Instituto Venezolano de Petroquímica, para la enajenación, adquisición o gravámenes de activos permanentes por determinadas cantidades se exigía la intervención del Ministro de tutela[230].

También para diversos actos concretos de las actividades ordinarias de la empresa pública institucional, se exigía o exige la intervención previa del órgano de tutela para ampliar la actividad del Instituto[231] para fijar los itinerarios de rutas y para determinar las tarifas para la prestación del servicio[232]; para contratar y solicitar préstamos[233]; para determinar los plazos de los créditos a otorgar y la rata de interés[234]; para emitir Cédulas Hipotecarias[235] y Cédulas de Capitalización[236]; para determinar los aportes en empresas filiales[237] y para mejorar los servicios [238].

En otros supuestos y según la cuantía de las operaciones y contratos de la empresa, se exigía o exige la intervención previa del Ministro de tutela. En efecto, debe someterse a la aprobación previa del Ministro de Justicia las operaciones de la Caja de Trabajo Penitenciario superiores a Bs. 25.000,00[239]; al Ministro de la Defensa las operaciones del Círculo de las Fuerzas Armadas, superiores a Bs. 40.000,00[240]; al Ministro de Comunicaciones las operaciones del Instituto Autónomo Administración de los Ferrocarriles del Estado, superiores a Bs. 50.000,00[241]; al Ministerio de Minas e Hidrocarburos, y al Ministerio de Agricultura y Cría las operaciones del Instituto Nacional de Canalizaciones[242] y del antiguo Banco Agrícola y Pecuario, respectivamente, superiores a Bs. 100.000,00[243]; al Ministerio de la Defensa las operaciones del antiguo Instituto Diques y Astilleros Nacionales superiores a Bs. 200.000,00[244]; al Ministerio de Minas e Hidrocarburos las operaciones del antiguo Instituto Venezolano de Petroquímica superiores a Bs, 500,000,00[245]; y al Ministerio de Comunicaciones, al Ministerio de Fomento y al Ministerio de Agricultura y Cría las operaciones de la antigua Línea Aeropostal Venezolana[246]; de la Corporación Venezolana de Fomento[247]; y del Instituto Nacional de Hipódromos, respectivamente, superiores también a Bs. 500.000,00[248].

Recientemente, en la Ley Orgánica de Régimen Presupuestario, como se dijo, se estableció con carácter general, que los proyectos de presupuestos de los institutos autónomos deben ser aprobados por el Ministro de adscripción (art. 53), y que los presupues-

---

229 *V.* CVP Art. 19.
230 *V.* IVP Art. 5.
231 *V.* CA Art. 2.
232 *V.* LAV Art. 11; DAN Art. 19, ord. 10); IAAFE Art. 8, letra f); IAAIM, INP Art. 10.
233 *V.* BIV Art. 13; BAP Art. 31.
234 *V.* BAP Arts. 20 V 33.
235 *V.* BO Arr. 39; INC Arts. 5 y 7.
236 *V.* BAP Art. 50, ord. 13.
237 *V.* CVG Art. 18.
238 *V.* DAN Art. 19, ordinales 14 y 16); Corpoccidente Art. 7, letra b); Corporiente Art. 7, letra e).
239 *V.* CTP Art. 8.
240 *V.* CFA Art. 1, ordinal 7) y Art. 2, ordinal 7) del Reglamento.
241 *V.* IAAFE, Art. 8.
242 *V.* INC Art. 4.
243 *V.* BAP Art. 14.
244 *V.* DAN Art. 19, ordinal 17).
245 *V.* IVP Art. 5.
246 *V.* LAV Art. II, letra j).
247 *V.* CVF Art. 12, letra o).
248 *V.* INH Art. 3, letra h).

tos definitivos tienen que ser aprobados por el Presidente de la República, en Consejo de Ministros (art. 54). Con anterioridad, algunas leyes especiales establecían que los presupuestos de gastos e inversiones de los establecimientos públicos industriales y comerciales, también debían ser aprobados previamente por los Ministros de tutela [249] o por organismos de control interno de la Administración de tutela[250]. Asimismo sucede respecto a los Reglamentos internos de los establecimientos, que si bien son dictados por sus órganos directivos, requieren la aprobación previa del Ministro de tutela respectivo[251]; y en algunos supuestos también la totalidad de la organización interna del ente debe ser aprobada por el Ministro de tutela[252].

Por otra parte, en muchas ocasiones, los Ministros de tutela aseguran sus poderes de control mediante la designación de representantes en el seno de las empresas, denominados Comisarios de Gobierno, como sucede en Francia y Bélgica[253]. Estos tienen derecho a asistir a las sesiones de los Consejos de Administración y de usar el derecho de veto en relación a ciertas decisiones, recurriendo al Ministro respectivo para que decida, quedando, entre tanto, suspendida la decisión[254]. En Venezuela, aun cuando sin los referidos poderes de veto, algunos dispositivos legales prevén la presencia en los cuerpos directivos de representantes del órgano de tutela[255], o del Ministro respectivo mismo[256].

Sin embargo, el Reglamento de Coordinación, Administración y Control de los Institutos Autónomos de la Administración Pública Nacional de 1970, establece en general la obligación de los institutos autónomos de remitir copia de todos los acuerdos y decisiones de sus órganos directivos al Ministro de adscripción (Art. 23), con lo cual este puede ordenar la suspensión provisional de los mismos, cuando estos hubiesen actuado en contravención con las directrices señaladas por el Ejecutivo Nacional; o con manifiesta ilegalidad o grave inoportunidad susceptible de producir perjuicio al Tesoro Nacional, al patrimonio del instituto o al servicio público.

c. El control de tutela concomitante

Pero el órgano de tutela no sólo puede realizar en múltiples supuestos un control de tutela a priori, sino que generalmente también tiene facultades de fiscalización, vigilancia y control que puede realizar en cualquier momento durante la realización de las operaciones del instituto. En Venezuela, por ejemplo, tal como lo prevé el Reglamento citado, los Ministros de adscripción podrán por sí, o por delegados, inspeccionar y fiscalizar la regularidad de los servicios que tengan encomendados los institutos autónomos, así como su funcionamiento técnico, administrativo y presupuestario, a cuyos efectos podrán examinar, en el desempeño de sus funciones, todos los documentos, libros, ex-

---

249 *V.* INH Art. 15, letra g); CVP Art. 8, letra b); LAV Art. 11, letra b); IVP Art. 9, letra b); CVF Art. 6, ordinal 3); IAAFE Art. 8, letra b); DAN Art., 19, ordinal 2); IPSFA Art. 15, letra c); Corporiente Art. 6, letra c); Corpoccidente Art. 7, letra c); Corpoindustria Art. 6, letra d); Corpozulia Art. 6, ordinal c).

250 *V.* CFA Art. 6 y ordinal 13 del Reglamento.

251 *V.* IAAFE Art. 8, letra 11); CVF Art. 6, ordinal 4); CTP Art. 18; CFA Art 19, ordinal 9) del Reglamento; IPSFA Art. 15, ordinal 6); IPASME Art. 47; DAN Art. 19, ordinal 19); IAAIM Art. 7, letra e); Corporiente Art. 6, letra f); Corpoccidentt– Art. 7, letra f); Corpozulia Art. **6**, letra f).

252 *V.* CVG Art. 24.

253 *V.* Informe del Tribunal de Cuentas Belga al IV CIEF, *loc. cit.* Vol. 4, p. 39

254 *Cfr.* P. Baucher, Las Empresas Públicas en Francia, *Información Comercial Española.* Madrid, marzo 1964, p. 88.

255 *V.* IPASME Art. 5

256 *V.* CVP Art. 7; IPSFA Art. 7; CAPREMCO Arts. 6, 9 y 14.

pedientes y demás elementos de juicio que sean necesarios para el cumplimiento de su misión (Art. 22).

En el campo de las regulaciones particulares, por ejemplo, el Ministro de Fomento puede, en cualquier momento, designar funcionarios revisores de las actividades y de la contabilidad de la Corporación Venezolana de Fomento[257]. Atribuciones similares tenían los órganos de tutela respecto a la Línea Aeropostal Venezolana, al Banco Agrícola y Pecuario, al Instituto Diques y Astilleros Nacionales, y la tiene el Ministro de Justicia en relación a la Caja de Trabajo Penitenciario[258].

Debe además señalarse el caso especial y único del Instituto Autónomo Aeropuerto Internacional de Maiquetía, en el cual se prevé la presencia de un Comisario financiero para fiscalizar el manejo de fondos y valores, pero que no es designado por el Ministerio de tutela, sino por el Ministro de Hacienda[259].

d. El control de tutela a posteriori

Los poderes de tutela sobre los actos también pueden ser desarrollados por la Administración Central sobre los organismos funcionalmente descentralizados, con posterioridad a la realización de los actos controlados, configurándose entonces una intervención *a posteriori*. En esta forma, en Venezuela por ejemplo, los establecimientos públicos industriales y comerciales deben presentar al Ministro de tutela un informe de la actividad de la empresa, así como el Balance General de la misma, para que sean o no aprobados por el mismo[260]. En algunas casos además, el órgano directivo del establecimiento debe rendir cuenta al Ministro[261], o al Presidente de la República [262].

En el Derecho Comparado se observa además, con alguna frecuencia, la tendencia a realizar este control ejecutivo a *-posteriori* de la gestión de las empresas públicas, y que es completamente distinto del control a *posteriori* desarrollado por Instituciones Superiores de Control Fiscal, mediante expertos contables cuyo modelo surge de las estructuras del Derecho Privado. Por ejemplo, en Bélgica, las empresas públicas están sometidas al control contable a posteriori de *réviseurs comptables*, que son designados por el Ministro de Finanzas y por el Ministro interesado. Su función es la de verificar las cuentas y certificar su sinceridad. Para ello están dotados de poderes de control *in situ* sobre todos los documentos contables, la correspondencia, y en general sobre todas las estructuras. Por otra parte, ellos deben enviar a los dos Ministros que los han nombrado v a los órganos directores del establecimiento controlado, un informe sobre la situación del mismo y sobre los resultados de la actividad. Este informe es realizado una vez por año, con ocasión de la elaboración de las cuentas de ganancias y pérdidas y del balance. En él debe señalarse además toda negligencia, toda irregularidad y toda situación susceptible de comprometer la solvencia del organismo[263].

---

257 *V.* CVF Art. 35.

258 *V.* LAV Art. 3; BAP Art. 80; DAN Arts. 7 y 11; CTP Art. 17.

259 *V.* IAAIM Art. 7.

260 *V.* IND Art. 15, letra p) y Art. 20; CVG Art. 23; DAN Art. 23, letra ñ); BO Art. 85; DAN Art. 19, ordinal II); CVF Art. 6, ordinal 2 y Art. 32; BAP Art. 79; CVP Art. 8, letra c); IVP Art. 9, letra c); CTP Art. 13; INC Art. 14; IAAFE Art. 8, letra h); LAV Art. II, letra c); Corpozulia Art. 7, letra e) ; Corpoccidente Art. 7, letra e).

261 *V.* CTP Art. 30; Corpozulia. 7, letra d); CMA Art. 31, letra f).

262 *V.* Corporiente Art. 7, letra e); Corpoccidente, letra d).

263 *V.* G. Lescuyer, *Le Contrôle de l'Etat sur les Entreprises Nationalisées,* París 1962, p. 90.

En Venezuela puede verse una situación similar en algunos establecimientos públicos que, independientemente del control que lleva a cabo la Contraloría General de la República, están sometidos a la labor revisora de expertos nombrados directamente por el Ministro de tutela. En efecto, por ejemplo, el Ministro de Agricultura y Cría "debía inspeccionar anualmente las operaciones del antiguo Banco Agrícola y Pecuario, y así la Ley lo facultaba: "cuantas veces lo crea conveniente enviará a la persona o personas que al efecto designe, para que practiquen el examen y la verificación de los libros de contabilidad y demás comprobantes del Banco"[264]. Situación similar estaba establecida respecto al Instituto Diques y Astilleros Nacionales v el Instituto Venezolano de Petroquímica[265].

En Gran Bretaña, por ejemplo, la verificación *a posteriori* señalada es realizada por firmas independientes de expertos contables. Estos expertos son designados por el Ministro respectivo a quien deben dirigir un informe que éste debe enviar a la Cámara de los Comunes[266].

4. El control accionarial

Además del control jerárquico y del control de tutela respecto de las empresas públicas constituidas como compañías anónimas, sea por ley o por el registro mercantil, el Estado ejerce un control accionarial, derivado de la propiedad de las acciones, a través de los mecanismos societarios previstos en el Código de Comercio o en la Ley de creación. Las modalidades de este control varían de acuerdo a lo establecido en los Estatutos de la empresa. Como ejemplo y estudio de caso, estudiaremos este control accionarial en relación a Petróleos de Venezuela S.A., en la última sección de esta Parte.

5. El control ejercido a través de órganos administrativos de planificación y coordinación

Es una realidad incontestable el hecho de que en la gran mayoría de países occidentales contemporáneos, el régimen clásico de economía tipo liberal, ha desaparecido desde hace algún tiempo. El Estado, ante los cambios económicos internacionales, ante la necesidad de desarrollar las regiones retardadas, o ante ciertos conflictos sociales, se ha viste obligado a intervenir en el campo económico. Actualmente, por otra parte, no se trata de una simple intervención esporádica, sino que ha sido necesario recurrir cada vez con más frecuencia a todo un sistema de intervencionismo de Estado en materia económica que implica, por supuesto, la necesidad de trazar un plan para asegurar la aplicación de los medios y recursos a los fines de desarrollo dentro de un lapso de tiempo determinado.

Pero la sola idea de la planificación, tan difundida en la actualidad en el mundo contemporáneo, ha provocado, frente a la dispersión administrativa existente, la necesaria búsqueda de una coordinación entre los entes públicos para asegurar la ejecución de los planes. Esta coordinación se ha intentado lograr muchas veces, a través del establecimiento de un control directo a cargo del respectivo órgano administrativo de coordinación y planificación.

---

264 *V*. BAP Art. 80.

265 *V*. DAN Artículos 7 y 11; IVP Art. 22.

266 *V*. G. Lescuyer, *op. cit.*, p. 90.

En Filipinas, por ejemplo, la supervisión administrativa de la mayor parte de las Corporaciones que son propiedad o están controladas por el Estado, está alojada en un organismo central, llamado Oficina de Coordinación Económica, cuyo director, el Coordinador, tiene el rango de Ministro. En el ejercicio de su función el Coordinador puede promulgar líneas directivas de cierta importancia para las Corporaciones, puede tomar decisiones en materia de orientación de la empresa que le han sido conferidas por cada una de las Compañías, puede revisar los presupuestos y los informes de las Corporaciones y puede decidir sobre la contratación del personal[267]. Un organismo similar existe en la República Árabe Unida, pero lo preside el Presidente de la República[268].

En Venezuela, la necesidad de propugnar un mayor control y coordinación de los institutos autónomos por parte de la Administración Central y de buscar la participación de los mismos en el sistema de planificación, provocó, en 1970, la publicación del Decreto N° 280 del 8 de abril de 1970 sobre el Reglamento de Coordinación, Administración y Control de los Institutos Autónomos de la Administración Pública Nacional.

En el campo de la coordinación, en efecto, el artículo 75 de la Ley Orgánica de la Hacienda Pública Nacional, prevé el establecimiento de un Consejo de Institutos Autónomos encargado de velar por la coordinación de las funciones propias a dichas entidades, a fin de procurar que el cumplimiento de aquellos se ajuste a un Plan conjunto que evite la dispersión de sus actividades y de sus gastos. Con fundamento en esta disposición legal, se estableció en el citado Reglamento que la coordinación de las actividades de los Institutos Autónomos correspondía al Presidente de la República, a través del Consejo de Institutos Autónomos, el cual funcionaría en la Oficina Central de Coordinación y Planificación y estaría integrado por el Jefe de CORDIPLAN, quien lo presidirá y los diferentes Presidentes o Directores de los Institutos Autónomos; habría además un delegado por cada Ministerio de adscripción, el Director General de Presupuesto, un representante de la Comisión de Administración Pública y uno del Banco Central.

En dicho Reglamento se establecieron las funciones del Consejo de Institutos Autónomos entre las cuales figuran: 1) Colaborar con la Oficina Central de Coordinación y Planificación en la armonización de los planes de actividad de los Institutos Autónomos; colaborar con dicha Oficina en el Examen de los proyectos de presupuesto de cada Instituto Autónomo en relación con su programa anual e informar al Ministerio de Hacienda; 2) Advertir cualquier duplicidad de actividades; 3) Analizar las Memorias de los Institutos Autónomos a fin de detectar cualquier irregularidad o defectos en su funcionamiento y de comparar los resultados obtenidos con sus respectivos costos; y 4) Conocer de las propuestas de reforma de cada Instituto, analizarlas y llevar sus conclusiones a la Oficina Central de Coordinación y Planificación y a los Ministerios de adscripción de los referidos Institutos.

Se previó también la creación de diversas Comisiones de trabajo, entre los cuales figuraron la Comisión de Desarrollo Regional; la Comisión de Actividades Crediticias; la Comisión de Desarrollo Industrial; la Comisión de Protección Social y Comisión de Investigaciones Científicas y Tecnológicas, Enseñanza Superior y Divulgación Cultural.

La labor de coordinación se debía llevar a cabo mediante reuniones plenarias dos veces al año en forma ordinaria y extraordinariamente cada vez que lo convocara el Presi-

267 *V. Informe de la General Audicing Office de Finlandia al IV CIEF, loc. cit.* Vol. 3, p. 153.
268 *V.* Mohammed Tawfik Younes, Informe de la República Árabe Unida al IV CIEF. *loc. cit.* Vol. 4, p. 17.

dente del Consejo, a iniciativa propia o de cualquiera de las Comisiones. El Presidente del Consejo y un representante de cada Comisión, constituían el Comité permanente que estaba asistido por el Director General de Presupuesto del Ministerio de Hacienda. Este Comité permanente desempeñaría todas las actividades del Consejo durante el receso del mismo, con excepción de las que se reservará el Consejo. En todo caso, el Ministro respectivo coordinaría las actividades de los Institutos Autónomos que le estuvieran adscritos, sin perjuicio de las actividades del Consejo de Institutos Autónomos.

Además, el Reglamento estableció que los Institutos Autónomos contribuirían coordinada y conjuntamente al desarrollo del país, conforme al Plan de la Nación y a las directrices señaladas por el Ejecutivo Nacional. Con base en dicho plan, los Institutos Autónomos elaborarían su respectivo plan para el mismo período al cual corresponde aquél.

Los planes de los Institutos debían ser presentados al Ministerio de adscripción para su aprobación y remisión a la Oficina Central de Coordinación v Planificación, previo informe del Consejo de Institutos Autónomos. El Jefe de la Oficina Central de Coordinación y Planificación lo debía pasar con sus observaciones al Presidente de la República en Consejo de Ministros. El Plan de actividades que serviría de orientación para el período al cual correspondía, debía traducirse en programas operativos que debían ser remitidos a cada Ministro de adscripción[269].

A pesar de las bondades del Reglamento, es necesario convenir, sin embargo, que sus normas tendientes a asegurar la coordinación de los Institutos Autónomos y su participación en el sistema nacional de planificación no llegaron a ser efectivas. Y ello, no sólo por la gran dispersión y relativa autonomía que los institutos mostraban v aún muestran, sino porque el Consejo no se integraba en un órgano ejecutivo, sino en un ente de estado mayor como Cordiplan, En esta forma" el solo Consejo, con su composición multitudinaria, no podía asumir los enormes requerimientos de coordinación y control de los entes descentralizados. Era necesario, indudablemente para asegurar la efectiva coordinación, que esa atribución coordinadora estuviera en manos de un órgano ejecutivo, de orden y nivel ministerial. Esta, al menos es la experiencia italiana.

En efecto, en Italia, hasta hace algo más de dos décadas el encuadramiento de las participaciones estatales en la actividad económica había llevado la huella de un desarrollo inorgánico y fragmentario. En esta forma, la gestión de las empresas incumbía a diversos organismos y administraciones sin una coordinación política sistemática. Sin embargo, a partir del período de la reconstrucción postbélica, se fue madurando en dicho país la convicción de que era necesario proceder a una reordenación del sector público, no sólo para permitir un mayor control público sobre el mismo, sino también, y sobre todo, para efectuar una mayor coordinación de las participaciones estatales dentro del marco de la política del Gobierno. De ahí surgió la creación del *Ministero delle Partecipazioni Statali*[270], por la Ley de 22 de diciembre de 1956, a quien corresponde la responsabilidad política por la conducta de todo el conjunto de las actividades que le incumben, no pudiéndose inmiscuir, sin embargo, en la gestión de las empresas. Su actividad está orientada, principalmente, hacia la elaboración de las directivas generales, referentes a las líneas de desarrollo de las actividades productivas controladas y la pre-

---

269 *V.* CAP, Informe sobre la Reforma de la Administración Pública Nacional, Caracas 1972, Vol. I, pp. 351 a 353.

270 *V.* F. Franchini, "Aspets jurídiques de l'intervencion de l'Ecar dans l'organization economique italiene", *loc. cit.* p. 231.

disposición de las medidas que resulten necesarias para una orientación más eficiente de determinados sectores [271], quedando excluida en todo caso, de su ámbito de acción, las empresas propias o *en régie* [272]. El Ministerio de las Participaciones Estatales, entendiendo por éstas todos los establecimientos y empresas, tanto públicos como privados a los cuales el Estado aporta su contribución, directa o indirectamente, por el aporte de capitales o de bienes, hemos dicho, no gestiona directamente las empresas, pues esta labor se encomienda por la Ley a entes autónomos de gestión. Como consecuencia, se han transferido a la autoridad del Ministerio en cuestión todas las empresas y las participaciones a cargo del I.R.T. (Instituto per la Recostruzione Industriale), del E.N.I. (Ente Nazionale Idrocarburi) –quedando éstos como solos entes de gestión[273] – permitiendo por otra parte la realización de una política común y coordinada. Por ello se ha dicho con razón que la constitución de este Ministerio dio por primera vez la posibilidad de ejercer en Italia una política más completa y mejor concebida, lo que anteriormente era casi imposible[274].

Ha sido, precisamente, el fracaso de la experiencia venezolana de coordinación sin la participación de órganos de la administración activa, y el éxito de experiencias como la Italiana, los que han acentuado las preocupaciones por reformar la estructura y funcionamiento de la administración descentralizada económica en Venezuela y otros países latinoamericanos, mediante el establecimiento de un Sistema Nacional de empresas públicas conducido por entidades intermedias, tipo holdings, entre el Gobierno Central y las Empresas. Al análisis de esta alternativa dedicaremos el aparte siguiente.

II. LA INTEGRACIÓN PIRAMIDAL DE LAS EMPRESAS PÚBLICAS

1. Introducción

Anteriormente señalamos que el control administrativo que se ejercía sobre las empresas públicas podía ser directo o indirecto. Ya analizamos los supuestos venezolanos y algunos del Derecho Comparado en los cuales se da un control directo ejercido por la propia administración sea a través del Ministro sectorial respectivo, por vía del control jerárquico, de tutela o accionarial, sea a través de órganos administrativos de coordinación o planificación. Nos corresponde ahora estudiar aquellos casos de control administrativo indirecto sobre las diversas actividades industriales o comerciales del Estado, y que tienen la peculiaridad de que el mismo es desarrollado, no por la Administración Central o alguno de sus órganos jerarquizados sino por organismos autónomos, dotados de personalidad jurídica distinta de la del Estado y que por tanto están sometidos al control directo de éste.

---

271 *Cfr.* Gaetano Stammati, "La Empresa Pública en la Teoría Económica y en la Experiencia Italiana", *ICE*. marzo 1964, p. 107.

272 *Cfr.* F. Franchini, "Aspets juridiques de l'intervencion de l'Etat...." *loc. cit.*, p. 236.

273 *Cfr.* M. S. Giannini, "Le Régime des Activités Commerciales et Industrielles des Pouvoirs Publics en Italia", *Annuario de Diritto Comparato et di Studi Legislative,* Vol. XL, Roma 1966.

274 *V.* Natalia Gajl, *"Les* Entreprises d'Etat en France, en Italie et en Pologne", *Revue International des Sciences Administratives,* Bruselas, 1961, N° 2, p. 160.

Este fenómeno se da no sólo en los países de régimen de economía planificada, donde se compagina con los controles propios de la ejecución del plan, sino también en los países de régimen capitalista, aún cuando en ellos no se elaboren planes ni se desarrollen sistemas integrales de planificación. Antes de analizar los sistemas de control indirectos existentes y sugeridos en Venezuela, intentaremos resumir algunas de las importantes soluciones del Derecho Comparado.

2. Las soluciones en el Derecho Comparado

La experiencia europea en cuanto al proceso de control indirecto de las empresas del Estado mediante su integración en organizaciones tipo holding, es ciertamente muy rica. No solo ha sido utilizada en Inglaterra, Italia, España y Francia sino que ha sido común en los países socialistas.

En efecto, en Inglaterra las mismas leyes de nacionalización, crearon diversas oficinas locales llamadas Regional Board o Area Board, esencialmente destinadas a unificar, orientar y vigilar la actividad de las diferentes empresas nacionalizadas. En estos casos, aún cuando el principio de la centralización bajo la égida del Ministro sectorial interesado sea respetado por doquiera, se pueden descubrir en la coordinación y subordinación de las empresas nacionalizadas inglesas, varias soluciones. En primer lugar se prevé en algunos casos, una coordinación en dos grados: La *Coal Industry Nationalization Act* de 1946 estipula así la creación del National Coal Board al que se le asigna la tarea de dirigir el conjunto de la actividad de la industria nacionalizada del carbón. Dicho consejo es una persona jurídica autónoma con capacidad de derecho y de acción, aunque está colocada a su vez bajo el control y dirección inmediata del Ministro sectorial interesado, quien nombra al Presidente y a ocho de los miembros del Consejo de Administración. Es de manera semejante como se resolvió el problema de la coordinación y de la subordinación en la *Iron and Steel Act* de 1949, que previo la creación de la Iron and Steel Corporation of Great Britain con funciones de dirigir y orientar la actividad de las empresas nacionalizadas[275]. Por otra parte, algunos sistemas británicos de coordinación se realizan en tres grados, sobre todo cuando la nacionalización abarca gran número de empresas cuya actividad concierne más directamente a las capas más numerosas de la población. Es el caso, por ejemplo, de la *Electricity Act* de 1947 que estableció, entre las diferentes empresas nacionalizadas y la dirección suprema personificada por el Ministro competente, dos instancias intermedias, la *British Electricity Anthority* o *Central Anthority* y el *Area Board*, formadas de Consejos de Administración nombrados por el Ministro. Sus respectivas funciones consisten en la coordinación, la orientación, la dirección y el control de las empresas nacionalizadas, estando jerárquicamente repartidas. La orientación y la dirección en sus grandes lineamientos, así como el contacto directo con el Ministro interesado fueron dejadas al *British Electricity Board*, en tanto que la tarea de coordinar la aplicación de las líneas generales de orientación y dirección y el contacto directo con las empresas nacionalizadas fueron dejadas al *Area Board*[276].

En todos estos casos, los órganos de coordinación tienen una dependencia jerárquica del Ministro respectivo[277] y sin embargo, por tener una organización y personalidad

275 *V.* K. Katzarov, *Teoría de la Nacionalización*. México 1963, p. 369
276 *Idem* p. 370.
277 *Ibidem* p. 369

distinta de la del Estado, su actividad se configura como de control administrativo indirecto.

Dentro de estos entes de coordinación, aun cuando muchos de ellos tienen también funciones de gestión, deben ser incluidos, asimismo, los ente *pubblici economici* del Derecho italiano[278], y principalmente el *Instituto per la Ricostruzione Industriale.* En efecto, el I.R.I., que fue fundado a raíz de la crisis económica de 1929, por Decreto–Ley N° 5 de 23 de enero de 1933, constituye un verdadero instrumento de administración y control en relación a las participaciones suscritas por el listado en el sector económico y se presenta como un poderoso instrumento de política económica en manos del Estado. El I.R.I. persigue la coordinación, el desarrollo y la dirección de las diversas empresas en las cuales posee interés y su acción se ejerce principalmente a través de cinco grandes holdings, que ha constituido en los sectores de la energía eléctrica (Finelettrica), de los teléfonos (Stet), de las construcciones navales y de los transportes marítimos (Finmare), de la mecánica (Finmeccanica) y de la siderúrgica (Finsider). Gracias al conjunto de acciones que detiene, el I.R.I. ejerce entonces un control total en muchos sectores esenciales de la economía italiana[279]. En todo caso, es necesario aclarar que si bien el I.R.I. es un instituto financiero de Derecho Público, y por tanto, catalogable dentro de los establecimientos públicos industriales o comerciales[280], todas las otras sociedades dependientes de él son sociedades anónimas sometidas a las reglas habituales del Derecho Privado[281].

En España, el "Instituto Nacional de Industria" presenta también las características de ente de coordinación económica, pues si bien no produce en general directamente, actúa a modo de Trust, en sentido económico y legal, de empresas productoras. El I.N.I. fue creado por la Ley de 25 de septiembre de 1941, con carácter de entidad de Derecho Público y con la finalidad de propulsar y financiar, en servicio de la Nación, la creación y resurgimiento de las industrias españolas, en especial de las que se propusieron como fin principal la resolución de los problemas impuestos por las exigencias de la defensa del país, o que se dirigieran al desenvolvimiento de su autarquía económica ofreciendo al ahorro español una inversión segura y atractiva [282].

En Francia, tienen el carácter de ente de coordinación, por ejemplo, los *Charbonnages de France* que han sido constituidos también como establecimientos públicos. En efecto, en Francia, dos categorías de organismos aseguran la gestión de las minas: Los *Charbonnages de France* y los establecimientos públicos constituidos en las diversas minas de carbón, denominados, *Houilleres de Bassin* con una indicación geográfica determinada. Si bien las *Houilleres de Bassin* tienen el carácter de organismos de producción, explotación y venta, los *Charbonnages de France,* para el conjunto del territorio, dirigen, controlan y coordinan su acción, tanto en el dominio técnico, como en el comercial y financiero[283].

---

278 *V.* Piero Verrucoli, "Consideraciones jurídico–mercantiles sobre las Empresas en mano Pública", *Revista de Administración Pública.* N° 3, Madrid, 1950, pp. 160 y 161.

279 *Cfr.* F. Franchini, "Aspets Juridiques de l'Intervention de l'Etat...", *loc. cit.,* p. 238 y ss.; N. Gajl, "Les Entreprises d'Etat. . .", *loc. cit.,* pp. 160 y 161.

280 *Cfr.* F. Franchini, "Aspects Juridiques de l'Intervention de l'Etat. . .", *loc. cit.,* p. 239

281 En general sobre el IRI V. Stuart Holland (ed), *The State as Entrepreneur.* London, 1972.

282 *Cfr.* J. L. Villar Palasi, La Actividad Industrial del Estado en el Derecho Administrativo, *Revista de Administración Pública,* N° 3, Madrid, 1959, pp. 85 y 86.

283 *Cfr.* J. Rivero, *Le Régime des Nationalizations,* Extrait du Jurisclasseur Civil Anexes, (3er. cahier), París 1948, p. 43.

Por otra parte, merece especial atención, al hablar de los organismos de coordinación con personalidad jurídica distinta de la del Estado, a través de los cuales éste ejerce un control administrativo indirecto, las llamadas "uniones" de empresas que proliferan en los países socialistas, y cuyo régimen guarda una cierta unidad.

En efecto, si bien en la U.R.S.S. la unidad económica de base, la constituyen las empresas del Estado (Gospred priatia)[284], éstas son reagrupadas en truts (trusti), es decir, en uniones de varias empresas estatales semejantes, inmediatamente destinadas a ser sujetos centrales de dirección y de representación, y que tienen una función de control[285]. En todo caso, a los trusti, que se presentan como organismos dotados de personalidad jurídica independientes del Estado, les corresponde coordinar la producción y el trabajo de sus diversas fábricas o empresas, de asegurar su reabastecimiento en materias primas y de vigilar la circulación de sus productos. El *trust* constituye así, el órgano de control a veces administrativo y técnico de la empresa[286]. Pero en todo caso, no se trata de un órgano de control independiente, ya que el director que lo dirige sin duda con un poder importante, puede ser nombrado y destituido por las instancias administrativas superiores[287].

En Polonia asimismo, uno de los métodos de coordinación de las actividades de las empresas públicas consiste en agrupar ciertas empresas –sea las empresas llaves o sea las empresas locales[288] – y someterlas así a la vigilancia y a la dirección de organismos que son a la vez, unidades económicas y órganos de la Administración del Estado, llamados también uniones de empresas del Estado. En líneas generales, tal como lo señala Rybicki, en Polonia las tareas de las uniones se refieren a la planificación económica, a la coordinación de las actividades de las empresas, así como al ejercicio de facultades de control y de vigilancia en relación a las mismas. En el campo de la planificación económica corresponde a la unión, determinar la orientación del desarrollo de las empresas agrupadas conforme a los principios de la política económica del Estado enunciados en los planes económicos a largo plazo y en los planes llamados de perspectivas; determinar los índices obligatorios de los planes de las empresas sóbrelos cuales éstas se fundan para establecer sus propios planes; elaborar los planes económicos del conjunto de todas las empresas agrupadas en la unión; y suministrar, en caso de necesidad, las directivas concernientes a la realización de los planes económicos por las empresas. En el campo de la coordinación de las actividades de las empresas, las uniones son competentes principalmente para determinar el marco de la especialización de las empresas particulares, para repartir las tareas de producción y para organizar la cooperación en el interior de la rama económica en cuestión; para crear Oficinas de Estudios y laboratorios comunes y para tomar otras medidas tendientes a asegurar un progreso técnico y económico; para organizar el aprovisionamiento en materias primas y la circulación de los productos terminados; y para organizar los cambios de experiencia y cíe información científica y técnica. En fin, en el campo del control y de la vigilancia compete a la unión efectuar el control de la realización de los planes y de las otras obligaciones aceptadas por las empresas; vigilar el estado técnico y de organización de las

---

284 *V.* Allan Brewer Carías, *Las Empresas Públicas en el Derecho Comparado,* Caracas, 1967.

285 *Cfr.* K. Katzarov, *op. cit.,* pp. 316 y 317.

286 *Cfr.* G. Lescuyer, Le Controle de l'Eta..., *cit.,* p. 15.

287 *Cfr.* K. Katzarov. *op. cit.,* p. 376.

288 *V.* Z. Rybicki, "Le Régime des Activités Commerciales et Industrielles des Pouvoirs Publics", *Rapports Polonais presentés au Septième Congrès International de Droit Comparé,* Varsovia, 1966.

empresas, así como las condiciones de seguridad y de higiene del trabajo, y controlar si la disciplina financiera relativa a inversiones, etc., es respetada[289].

Ahora bien, estas uniones, aunque dotadas de personalidad jurídica propia como organismos autónomos[290], están subordinadas en lo que se refiere a su organización y funcionamiento, al Ministro competente (uniones de empresas–llave) o al presidium del Consejo popular de *voidovie* (uniones de empresas locales), de tal manera que el Ministro y el presidium constituyen órganos jerárquicamente superiores en relación a las uniones[291]. Esto confirma su carácter de medio de control administrativo indirecto.

Debe señalarse por último que las uniones de empresas, como órganos de coordinación y control, con las características generales antes señaladas, también se encuentran reguladas en Checoeslovaquia, Yugoeslavia, Hungría, Rumania y Bulgaria[292].

3. La experiencia venezolana

En Venezuela puede decirse que el Estado también ejerce un control administrativo indirecto a través de establecimientos públicos que actúan como holdings de diversas empresas constituidas bajo los marcos de Derecho Privado.

En efecto, va se ha indicado que es objeto de la Corporación Venezolana de Fomento "Incrementar la producción nacional mediante la promoción de nuevas empresas y la mejora de las existentes, y procurar la mayor diversificación y sistematización de las actividades económicas del país"[293]. En base a ello, la Corporación ha creado diversas empresas como filiales[294] y ha participado en otras, teniendo sobre ellas el control de un ente de gestión. Por ello, y para cumplir con su objetivo, el Estatuto Orgánico de dicho ente lo autoriza para realizar, entre otras, las siguientes operaciones: "Fomentar cualesquiera empresas agropecuarias, industriales o de otras ramas de la economía nacional y ejercer la administración de ellas si fuere necesario" y "suscribir o adquirir, cuando lo considere conveniente, acciones, obligaciones, bonos u otros títulos de empresas que tengan actividades relacionadas directamente con la producción o con servicios de interés público que favorezcan el desarrollo económico del país y garantizar en cualquier forma el iodo o parte de las obligaciones, bonos u otros títulos emitidos por dichas empresas"[295].

Asimismo, el Estatuto Orgánico de la Línea Aeropostal Venezolana transformada, ahora, en empresa del Estado, autorizaba al referido ente para participar, previa autorización del Ejecutivo Nacional, en la promoción y constitución de empresas de transporte aéreo o empresas similares o conexas, mediante suscripción de acciones, pagaderas en numerario o en aportes de bienes de su patrimonio. En este caso –agregaba el dispositivo–, la Línea Aeropostal Venezolana debía tener la mayoría de las acciones y someterse a las disposiciones légales respectivas, en relación con la participación y constitu-

289 *V.* Z. Rybicki, "Le Régimen des Activités. . .", *cit.*

290 *Cfr. L.* Rybicki, "L'Entreprise Publique le Systeme Polonaise de l'economie planifié", *Revue Internacional des Sciences Administratives,* Bruselas N° 3, 1962, p. 316.

291 *Cfr.* Rybicki, "Le Régime des Activités...", *cit.*

292 *V.* K. Katzarov. *op. cit.*, pp. 373 a 376.

293 *V.* CVF Art. 2, ordinal 1.

294 *V.* Supra.

295 *V.* CVF Art. 12, letras b) y d).

ción expresadas [296]. En esta forma la referida Empresa de Transporte pudo haberse convertido en un holding de empresas filiales de índole similar.

Por su parte, el Estatuto de la Corporación Venezolana del Petróleo, también transformada en empresa del Estado, filial de PDVSA, establecía como objetivo de dicha entidad la promoción de empresas con el propósito de desarrollar actividades industriales o comerciales de hidrocarburos, pudiendo contribuir la Corporación al capital de dichas empresas con los aportes que estimase convenientes. Igualmente podía suscribir o adquirir acciones, participaciones o cuotas en empresas que persiguiesen el mismo fin [297].

Ahora bien, es evidente que los tres supuestos anteriores son reflejo de medios estatales destinados a impulsar la industrialización del país, propios de los países en vías de desarrollo. En este mismo sentido, y ello se refleja también en los países altamente industrializados, el Estado utiliza medios para el desarrollo y desenvolvimiento de una determinada región. En Venezuela existen entes de desarrollo de Guayana, Los Andes, Nororiente, Zulia y Centro Occidente, que además de promover el desarrollo integral de las mismas, algunos tienen atribución para constituir empresas con ese fin. En efecto, el Estatuto Orgánico de la Corporación Venezolana de Guayan a autoriza a esta entidad para promover la formación de las empresas que fueren necesarias para fomentar el desarrollo de la zona[298] y en especial para constituir las empresas que se consideren convenientes con el objeto de realizar el programa de desarrollo de la industria siderúrgica [299] y el programa de Electrificación del Caroní[300]. En estos dos últimos supuestos, se exige que el capital de dichas empresas sea en su totalidad propiedad de 3a Corporación Venezolana de Guayana[301]. Ello en base a que el artículo 97 de la Constitución señala expresamente que "El Estado podrá reservarse determinadas industrias, explotaciones o servicios de interés público por razones de conveniencia nacional, y propenderá a la creación y desarrollo de una industria básica pesada bajo su control". En todo caso, es a través de la Corporación Venezolana de Guayana que el Estado realiza ese control administrativo que por tanto, es indirecto.

En una situación similar a la Corporación Venezolana de Guayana se encuentra la Corporación de Los Andes, a quien le está atribuida, entre otras actividades, la promoción y el desarrollo de empresas locales, públicas, privadas y mixtas, para el fomento y mejor aprovechamiento de los recursos potenciales de la región[302].

Sin embargo, la fórmula más acabada de la figura del ***holding*** en las empresas públicas venezolanas, ha sido establecida en la industria petrolera nacionalizada, con Petróleos de Venezuela S.A. a la cabeza, a cuyo análisis destinaremos las líneas que siguen.

---

296 *V.* LAV Art. 20.

297 *V.* CVP Art. 2, letra b) y Art, 8, letra e).

298 *V.* CVG Art. 11.

299 *V.* CVG Art. 14, ordinal 3 y Art. 29, V. por ejemplo, los Estatutos de la empresa CVG Siderúrgica del Orinoco C. (SIDOR) de 1° de abril de 1964, en *Gaceta Municipal* N° 11–250 de 8 de abril de 1964.

300 *V.* CVG Art. 14, ordinal 2) y Art. 31. V. los Estatutos de la empresa CVG Electrificación del Caroní C.A. (EDELCA), en el Registro Mercantil N° 50. Tomo 25–A de 1963 modificado por Registro N° 91, Tomo 22–A de 1963.

301 *V.* CVG Arts. 29 y 31.

302 *V.* CA Art. 3, letra e).

Sección Cuarta: EL RÉGIMEN DE LAS EMPRESAS PETROLERAS NACIONALIZADAS

Esta Sección Cuarta está conformada por tres estudios sobre las empresas petroleras nacionalizadas redactados apenas se inició la nacionalización petrolera en 1975, que fueron: "El proceso jurídico–organizativo de la industria petrolera nacionalizada en Venezuela" en *Revista de la Facultad de Ciencias Jurídicas y Políticas*, N° 58, Universidad Central de Venezuela, Caracas 1976, pp. 53–88; "Consideraciones sobre el régimen jurídico–administrativo de Petróleos de Venezuela S.A.," en *Revista de Hacienda*, N° 67, Caracas 1977, pp. 79 a 99 "El carácter de Petróleos de Venezuela S.A. como instrumento del Estado en la Industria Petrolera " en *Revista de Derecho Público*, N° 23, Editorial Jurídica Venezolana, Caracas, julio–septiembre 1985, pp. 77–86

§ 1. El Proceso jurídico organizativo de la industria petrolera nacionalizada en Venezuela (1976)

Este parágrafo primero es el estudio sobre "El proceso jurídico–organizativo de la industria petrolera nacionalizada en Venezuela," publicado en *Revista de la Facultad de Ciencias Jurídicas y Políticas*, N° 58, Universidad Central de Venezuela, Caracas 1976, pp. 53–88

I. INTRODUCCIÓN

Si entendemos por nacionalización "la transformación de empresas privadas en empresas del Estado", con el objeto de "sustraer los medios de producción y distribución de riquezas de la propiedad privada para ponerlos en manos de la Nación o de aquellos órganos que representan los intereses colectivos de la misma";[303] o en otros términos, "el acto gubernativo de alto nivel, destinado a un mejor manejo de la economía nacional o a su reestructuración, por el cual la propiedad privada sobre empresas de importancia es transformada de manera general e impersonal en propiedad colectiva, y queda en el dominio del Estado a fin de que éste continúe la explotación de ellas según las exigencias del interés general",[304] es indudable que la nacionalización petrolera en Venezuela, es un auténtico proceso de nacionalización.

En efecto, el Estado venezolano, mediante la Ley Orgánica que Reserva al Estado la Industria y el Comercio de los Hidrocarburos, del 29 de agosto de 1975,[305] indudablemente, nacionalizó esta industria, transformando de manera general, en el sector, la propiedad privada de las empresas petroleras en propiedad pública, mediante la reserva que hizo de esa industria y comercio de los hidrocarburos; y adquiriendo la propiedad de las empresas, reestructuró, así, la economía nacional.

---

303 León Julliot de la Morandière: "Prólogo" a Konstantin Katzarov, *Teoría de la Nacionalización*, México, 1963, p. 5.

304 Eduardo Novoa Monreal: *Nacionalización y recuperación de recursos naturales ante la Ley Internacional*, México, 1974, p. 50.

305 *V.* en *Gacela Oficial*, N° 1.769, Extr. de 29 de agosto de 1975.

Al día siguiente de la promulgación de la Ley de Nacionalización, el Presidente de la República dictó el Decreto N° 1.123, del 30 de agosto de 1975,[306] mediante el cual se creó la empresa Petróleos de Venezuela, S. A., como "una empresa estatal, bajo la forma de Sociedad Anónima, que cumplirá y ejecutará la política que dicte en materia de hidrocarburos el Ejecutivo Nacional, por órgano del Ministerio de Minas e Hidrocarburos, en las actividades que le sean encomendadas", dictándose, además, sus estatutos.[307] La motivación central de la creación de Petróleos de Venezuela, S.A., fue la consideración de que era "de prioritaria necesidad proceder a la constitución e integración de las empresas estatales, que tendrán a su cargo la continuación y desarrollo de la actividad petrolera reservada al Estado".[308] La empresa se creó con un capital de dos mil quinientos millones de bolívares (Bs. 2.500.000.000,00) representado en cien (100) acciones de la exclusiva propiedad de la República de Venezuela, como única accionista,[309] y los estatutos sociales de la misma fueron registrados en el Registro Mercantil respectivo el día 15 de septiembre de 1975.[310]

La Ley de Reserva estableció un período de transición de cuatro meses para hacer efectiva la nacionalización, el cual se extendió hasta el 31 de diciembre de 1975, oportunidad en la cual se hizo efectiva la extinción de las concesiones de hidrocarburos que habían sido otorgadas por el Ejecutivo Nacional[311] a través de más de medio siglo de explotación petrolera. Durante ese período se negoció con las empresas petroleras la indemnización que la ley había acordado cancelarles y se las hizo constituir sendas empresas en el país, cuyas acciones fueron transferidas a Petróleos de Venezuela, S.A. A partir del 1° de enero de 1976, así, Venezuela comenzó a regir la industria petrolera nacionalizada, a través de las empresas estatales que fueron creadas para tal fin.

Petróleos de Venezuela, S. A., en la actualidad, no sólo es la empresa más grande de Venezuela, sino de toda la América Latina, y ocupa la posición N° 12 en el índice de las 500 corporaciones industriales más grandes del mundo. Petróleos de Venezuela, S.A., además, es la segunda de las empresas de las naciones en vías de desarrollo y es sólo superada por la Compañía Nacional de Petróleos de Irán.[312]

Ahora bien, el proceso jurídico–organizativo de la industria petrolera nacionalizada, como era de esperarse, fue un proceso complejo, el cual se manifestó en tres aspectos fundamentales. En primer lugar, en la organización de la Administración Petrolera Nacionalizada, la cual debía asumir la industria; en segundo lugar, en la conversión de la industria petrolera en industria nacionalizada; y en tercer lugar, en la elaboración de los textos legales que permitieron la creación de los entes petroleros nacionalizados. Estudiaremos separadamente estos aspectos, pero antes analizaremos someramente lo que se establecía en el Informe de la Comisión Presidencial de la Reversión Petrolera de 1974.

---

306 *V.* en *Gaceta Oficial,* N° 1.770, Extr. de 30 de agosto de 1975.

307 Arts. 1 y 2.

308 "Considerando" único del Decreto.

309 Cláusulas 4ª, 5ª y 6ª

310 La inscripción de los Estatutos se efectuó en el Registro Mercantil de la Circunscripción Judicial del Distrito Federal y Estado Miranda, el día 15 de septiembre de 1975, bajo el N° 2° del tomo 99–A; y fueron publicados en *Gaceta Municipal* del Distrito Federal, N° 413, Extr. del 25–9–75.

311 Art. 1°

312 *V.* las informaciones de la Revista "Fortune" en *El Nacional,* Caracas, 15 de agosto de 1978, p. D–11.

II. EL INFORME DE LA COMISIÓN PRESIDENCIAL DE LA REVERSIÓN PETROLERA DE 1974

1. Aspectos generales

Mediante Decreto N° 10, del 22 de marzo de 1974,[313] el Presidente de la República creó una Comisión que debía encargarse "de estudiar y analizar las alternativas para adelantar la reversión de las concesiones y los bienes afectos a ella, a objeto de que el Estado asuma el control de la exploración, explotación, manufactura, refinación, transporte y mercadeo de los hidrocarburos",[314] integrada por todas las instituciones, sectores, partidos, y grupos de interés representativos del país. La Comisión, denominada "Comisión Presidencial de la Reversión Petrolera", se instaló en mayo de 1974 y entregó al Presidente, en diciembre de 1974, un Informe[315] en cuya comunicación de remisión se puso de relieve lo siguiente:

> Al analizar las vías jurídicas que es posible seguir para nacionalizar la industria de los hidrocarburos, se optó por recomendar, como la más idónea. la legislativa, por ser ella la que permite, con arreglo a lo dispuesto en los artículos 97 y 101 de la Constitución, la reserva al Estado de la industria de los hidrocarburos, y la adopción de un procedimiento especial de expropiación de los derechos derivados de las concesiones y de los bienes a ellas afectos. En este sentido la Comisión aprobó el proyecto de "Ley Orgánica que Reserva al Estado la Industria y el Comercio de los Hidrocarburos", el cual prevé la participación de las tres ramas del poder público en acto de tanta trascendencia nacional e internacional como lo es la nacionalización] de la industria petrolera y cuya pronta aprobación se recomienda. Se formuló un modelo para la organización empresarial del Estado, que habrá de encargarse de la administración de los hidrocarburos al producirse la nacionalización de la industria, previo el análisis de las características específicas de la industria petrolera venezolana y de los aspectos administrativos de las concesionarias foráneas, como simples organismos suplidores de petróleo para las organizaciones transnacionales a las cuales pertenecen y con respecto a las cuales tienen un alto grado de dependencia.[316]

Con los diversos trabajos que le habían sido entregados el 23 de diciembre de 1974, el Presidente de la República dije que el Ministerio de Minas podía "iniciar los preparativos para la trascendental e histórica decisión que en el curso del próximo año tomaremos".[317] El Informe señalado contenía, en efecto, seis libros, relativos a los siguientes aspectos: Informe Central ele la Comisión, en el cual se expusieron las ideas básicas que justificaban la nacionalización de la industria petrolera y se indicaron e[conjunto de conclusiones y recomendaciones de las Subcomisiones; Informe sobre Recursos Energéticos; Informe sobre el Aspecto Laboral y de Recursos Humanos; Informe Económico–Financiero; Informe sobre el Aspecto Operativo de las Futuras Empresas Petroleras Nacionales; Informe sobre el Aspecto Jurídico–Organizativo con un Apéndice, la Exposición de Motivos y el Proyecto de Ley Orgánica que reserva al Estado la Industria y el Comercio de los Hidrocarburos.

Los aspectos organizativos y administrativos del proceso de nacionalización se detallaron en el Informe de la Subcomisión Operativo (Libro V), en el cual se expusieron, entre otros aspectos, los relativos a "la estructura del organismo empresarial del Estado

313 *V.* en *Gaceta Oficial,* N° 30.358, de 22–3–74.
314 Art. 1°
315 Edición multigrafiada, noviembre, 1974
316 Página 2 de la comunicación CPRP–34 del 6–12–74.
317 *V.* en *El Nacional,* Caracas, 24 de diciembre de 1974, p. D–5.

a quien corresponderá la tarea de manejar la industria nacionalizada del petróleo venezolano"; "la secuencia que deberá adoptarse para que la nacionalización petrolera sea un proceso gradual que culmine con pleno éxito",[318] y a la forma jurídica y de creación que debía adoptarse respecto de la empresa petrolera nacionalizada.

2. Aspectos relativos a la denominada "Administración Petrolera Nacional" (APN)

La Comisión, en relación al organismo empresarial del Estado que debía manejar la industria petrolera nacionalizada, al cual se denominó Administración Petrolera Nacional (APN), recomendó lo siguiente:

2. La A.P.N. atenderá con toda independencia administrativa y en base a los más sanos principios gerenciales y técnicos, lo relativo a la exploración, explotación, refinación y transporte de Hidrocarburos en el territorio nacional, así como al comercio de los mismos dentro y fuera del país, de acuerdo a los lineamientos provistos por la Ley Orgánica antes citada y a los siguientes objetivos fundamentales a largo plazo (macrometas):
   a) Proporcionar al Estado venezolano los ingresos fiscales y los hidrocarburos que le señalen los órganos competentes de planificación nacional.
   b) Garantizar permanentemente el suministro de los hidrocarburos que el país requiera.
   c) Proveer un mercado preferencial a los bienes y servicios que el país produzca para la industria nacional de los hidrocarburos.

En el proceso de alcanzar los objetivos fundamentales la APN deberá atender dos objetivos básicos durante el período de transición, comprendido entre el momento en que se inicie la creación de la APN hasta la oportunidad en que se considere suficientemente cumplida la reestructuración general de la industria petrolera de la Nación. Esos objetivos básicos a corto plazo (micrometas) son:

   d) Mantener a la industria petrolera en su capacidad actual de generación de ingresos fiscales, aun cuando esa capacidad sólo se emplee parcialmente.
   e) Mantener la eficiencia de las unidades operativas y de apoyo existentes, para garantizar la continuidad de las actividades de la industria.

3. Adoptar para la APN la estructura de una organización integrada verticalmente, multiempresarial y dirigida por una Casa Matriz. Este tipo de estructura provee una dirección central que formula los grandes lineamientos de la acción conjunta, acepta la más amplia delegación de responsabilidad y autoridad a las empresas operativas, para el cabal cumplimiento de sus fines y permite una programación sistemática de inversiones y operaciones.
4. Crear las empresas de la APN como entes de la propiedad exclusiva del Estado, con personalidad jurídica y patrimonio distinto del Fisco Nacional, aptos para actuar con entera eficiencia en el campo mercantil.
5. Proporcionar a la APN máxima autonomía administrativa y plena flexibilidad de acción, dentro de la adhesión que deberá guardar con respecto a las pautas y estrategias de la planificación nacional.
6. Proporcionar a la APN autoridad propia para adelantar sus gestiones, dentro de los planes, programas y presupuestos aprobados y sin las trabas que han significado los controles previos externos requeridos en dependencias del Gobierno Nacional y en algunos institutos autónomos,

---

318 Pp. 1–35 del Informe

7. Adscribir la APN a la Presidencia de la República, a través del Consejo Nacional de Empresas del Estado (propuesto por la Comisión de Reforma Integral de la Administración Pública). Por esta adscripción la APN recibirá dirección política del Jefe del Estado, señalamientos programáticos de los organismos de planificación nacional, control normativo de los ministerios sectoriales y control fiscal posterior por parte. de la Contrataría General de la República, rindiendo cuenta de sus resultados por ante el Consejo Nacional de Empresas del Estado.
8. Separar diáfanamente los diferentes niveles organizativos que se integran en el funcionamiento de la APN, como se muestra a continuación:

Ejecutivo Nacional

Nivel de Dirección Política.

Nivel de Tutela Programática.

Casa Matriz de la APN

Nivel de Dirección Empresarial.

Nivel de Apoyo Funcional.

Nivel de Coordinación.

Empresas Operadoras de la APN

Nivel de Ejecución.

9 Asignar a la Casa Matriz, empresa llamada a funcionar en la APN como el organismo de dirección empresarial y de recepción de los planes, objetivos y estrategias del Ejecutivo Nacional en el sector de los hidrocarburos, las siguientes responsabilidades:

a) Estructurar una organización *eficiente,* en términos del aprovechamiento óptimo que haga de los recursos de hidrocarburos del país y de la utilización que dé a los recursos humanos, financieros y gerenciales a su disposición.
b) Adelantar una gestión *confiable,* que asegure la debida atención a los compromisos, tanto domésticos como internacionales, que adquiera la industria petrolera del Estado venezolano.
c) Mantener una actitud *flexible,* capaz de atender con acierto y rapidez los cambios de situación que ocurran en la Nación y el mundo.
d) Garantizar, a todos los niveles y en cooperación con los organismos educativos y de capacitación profesional del país, *la formación del personal* que requieran la APN y el sector de la producción de bienes y servicios para la industria de los hidrocarburos,
e) Asegurar, a todos los niveles y en cooperación con los organismos calificados de Venezuela y el exterior, *los servicios de investigación y desarrollo* requeridos para mantener a la industria de los hidrocarburos del país en el más alto nivel tecnológico.
f) Establecer *criterios propios de evaluación y control*, así como todos los otros principios de sana administración empresarial, que sean requeridos para realizar una operación eficaz en cuanto al cumplimiento de los objetivos de la APN.

10 Asignar a las empresas operativas, únicos organismos de la APN encargados de la ejecución de los planes y programas, las siguientes responsabilidades principales:

a) Desarrollar con los recursos a su disposición todas aquellas actividades cónsonas con los planes y programas aprobados por la Casa Matriz.
b) Contribuir a la optimización del rendimiento nacional derivado de las actividades industriales del petróleo.

11. Estructurar la Casa Matriz en forma tal que pueda cumplir las más amplias funciones de dirección de la APN, las cuales incluyen: planificación y desarrollo, evaluación y control, respaldo financiero, apoyo tecnológico, coordinación de actividades operativos, desarrollo de personal y gerencia, asesoramiento legal, relaciones públicas, prestación de servicios centrales.
12. Estructurar empresas operadoras para atender las siguientes actividades típicas de la industria y propias de la APN: exploración en cuencas nuevas, exploración en cuencas tradicionales, producción de petróleo y gas, refinación, prestación de servicios tecnológicos, comercialización externa, comercialización interna, transporte marítimo.
13 Dotar a la APN de un régimen propio de administración de persona], independiente de la Administración Pública. Este régimen deberá velar por la captación y desarrollo de personal y gerencia; establecer Los patrones de sueldos, salarios, compensaciones y promociones, siempre en base a la actuación individual y a los méritos del trabajo realizado; garantizar que los obreros, empleados, supervisores, gerentes y directores de la APN no serán considerados empleados públicos; y mantener las condiciones económicas, sociales, asistenciales y de cual quiere otro orden logradas en la industria petrolera.
14. Dotar a la APN de un cuerpo gerencial de prestigio y competencia, siendo necesario para ello:
    a) Integrar la Junta Directiva de la Casa Matriz con personas de vasta y reconocida experiencia petrolera o empresarial, pública o privada.
    b) Integrar las organizaciones de apoyo funcional de h Casa Matriz con profesionales y técnicos especializados de alta calificación.
    c) Integrar las juntas directivas de las empresas operadoras con personas de larga experiencia técnica y administrativa en la industria petrolera, pública o privada,
15 Dotar a la APN de un Plan de Organización que le permita ponerse en marcha a corto plazo y mantener las actividades de la industria a sus niveles actuales.[319]

3. Aspectos relativos a la secuencia del proceso nacionalizador

Para alcanzar la nacionalización petrolera en el menor tiempo, al más bajo costo social posible y procurando el óptimo beneficio nacional, la Comisión recomendó aplicar principios de gradualismo y organicidad, en la siguiente forma:

1. Concebir y realizar el conjunto de medidas que configuran la nacionalización de la industria petrolera como un proceso gradual cuya celeridad quede determinada por la capacidad de absorción de actividades que muestre la APN y por los requerimientos de la conveniencia nacional.
2. Mantener a la CVP operando con sus Arcas asignadas y en sus actuales actividades, hasta tanto se integre a la APN y forme parte de la reestructuración general de la industria, la cual afectará a todas las empresas operadoras de la APN. En esa reestructuración se recomienda tomar muy en cuenta el papel que ha desempeñado la CVP como empresa pionera en la actividad petrolera del Estado venezolano.
3. Mantener al Ministerio de Minas e Hidrocarburos como el organismo estatal de formulación de política petrolera y como el mecanismo de control normativo de las actividades de esa industria, reajustando su funcionamiento a la nueva perspectiva que involucra la actividad exclusiva del Estado en el sector petrolero. A su función rectora, el Ministerio de Minas e Hidrocar-

319 Pp. 1–38 y 1–45 del Informe

buros deberá incorporar a corto plazo todo el planteamiento energético, como envolvente de la cuestión petrolera.

4. Adoptar el siguiente procedimiento para ejecutar el Plan Básico de Organización de la APN, en el entendido de que dicho plan podría ser modificado por la Casa Matriz después que ésta se constituya:

   a) En la *etapa inmediata,* crear la Casa Matriz e integrar sus principales organizaciones de apoyo funcional. Además, en esta etapa se crearían cuatro empresas operadoras para atender las siguientes actividades específicas:

      * Comercialización externa.
      * Transporte marítimo (flota petrolera).
      * Exploración (cuencas nuevas).
      * Servicios tecnológicos.

   b) En la *etapa intermedia,* durante el proceso de expropiación, establecer empresas operadoras filiales de la Casa Matriz para recibir los derechos de las 22 concesionarias existentes y realizar las actividades de producción, exploración en las cuencas tradicionales, refinación y transporte correspondientes. En esta etapa es fundamental mantener en su estado actual las unidades operativas de las concesionarias, el personal que en ellas trabaja, ti régimen administrativo y las relaciones técnicas entre las diferentes organizaciones.

   c) En una *etapa ulterior,* reestructurar la industria en forma general con el objeto de optimizar los beneficios nacionales derivados de la actividad petrolera. Esto envuelve integrar la CVP a la APN y nuclear la CVP y las empresas operadoras que sustituyeron a las concesionarias en un número reducido de empresas productoras:

      * Productora A.
      * Productora B.
      * Productora C.
      * Productora D.

Además, en esta etapa se decidirá sobre la conveniencia de establecer dos empresas separadas para atender las siguientes actividades específicas:

* Refinación.
* Comercialización interna.

A la Casa Matriz le corresponderá decidir, en última instancia, sobre el número de empresas productoras y sobre el grado de integración vertical de cada una de ellas.

5. Mantener las empresas de la APN sujetas, en cuanto les sean aplicables, a las disposiciones legales que rigen las relaciones del Estado venezolano con las empresas concesionarias, de acuerdo a lo previsto en la Ley Orgánica propuesta por la Comisión.[320]

4. Aspectos relativos a la forma jurídica y de creación de la empresa petrolera nacionalizada

En el Proyecto de Ley Orgánica que reserva al Estado la Industria y el Comercio de los Hidrocarburos que se acompañó, como Apéndice, el Informe, se estableció expresamente, en su artículo 5° lo siguiente:

---

320 Pp. 1–45 a 1–49 del Informe

Artículo 5º Las actividades señaladas en el artículo 1º de la presente ley sólo podrán ser ejercidas:

a) Por el Ejecutivo Nacional;

b) Por entes de la propiedad exclusiva del Estado creados mediante leyes especiales, a los cuales les sean asignados por el Ejecutivo Nacional, previa aprobación del Senado, los correspondientes derechos para ejercer una o más de las indicadas actividades.

Los derechos asignados no podrán ser enajenados, gravados o ejecutados so pena de nulidad de los respectivos actos. A tales entes les estará permitido crear empresas de su exclusiva propiedad, para realizar una o varias de las actividades comprendidas en los derechos que se les asignen, e igualmente podrán celebrar los convenios operativos necesarios para la mejor realización de sus actividades, sin que en ningún caso estas gestiones afecten la esencia misma de los derechos asignados.

En relación a este artículo, la Exposición de Motivos de la Ley explicaba lo siguiente:

> En el artículo 5º se establece que las actividades reservadas sólo podrán ser ejercidas por el Ejecutivo Nacional, forma tradicional mantenida en nuestras leyes de hidrocarburos, y por entes de la propiedad exclusiva del Estado creados mediante ley especial. Este artículo perfecciona la figura de la asignación de tales derechos. En efecto, los derechos para ejercer una o más de las actividades señaladas en el artículo 1º sólo pueden ser asignados, con la previa aprobación del Senado, a entes de la propiedad exclusiva del Estado, creados mediante ley especial, sin que tales derechos puedan ser enajenados, gravados o ejecutados so pena de nulidad. Si bien a tales entes les estará permitido crear empresas de su exclusiva propiedad, para realizar una o varias de las indicadas actividades, e igualmente celebrar los convenios operativos necesarios para la mejor realización de dichas actividades, debe quedar muy claro que en ningún caso estas gestiones deberán afectar la esencia misma de los derechos asignados. En efecto, está totalmente descartada la posibilidad de crear empresas mixtas o de participación para la realización de las actividades reservadas, pero ello no excluye la celebración de convenios o contratos con empresas privadas para la ejecución de determinadas obras o servicios por los cuales estas últimas recibirían el pago en dinero o en especie, sin que en este último caso se pueda comprometer un porcentaje fijo de ¡a producción de un determinado campo o la entrega de una cantidad substancial de petróleo que desdibuje la figura del simple contrato de servicio u operación. El Estado podría participar como socio en una de estas empresas prestadoras de tales servicios. lo que redundaría en acopio de experiencia para el Estado y sus entes en el campo operativo–industrial.[321]

De lo anterior, deben destacarse los siguientes aspectos:

En primer lugar, que el Proyecto dejó cierta flexibilidad en cuanto a la forma jurídica de los entes petroleros nacionalizados, pues no calificó su forma jurídica. El Proyecto inicialmente redactado por la Subcomisión Jurídica establecía en su artículo 2º que, además del Ejecutivo Nacional, las actividades reservadas podían ser ejercidas "por institutos autónomos o empresas de la propiedad exclusiva del Estado",[322] con lo cual se daba alguna orientación en torno a la forma de derecho público y de derecho privado que debían tener las empresas petroleras nacionalizadas.

En segundo lugar, que los entes que administrarían la industria petrolera nacionalizada, debían ser creados "mediante leyes especiales", con lo cual el Congreso conservaba un mecanismo ulterior de intervención en el proceso y se quitaba flexibilidad al Ejecutivo Nacional.

En tercer lugar, que posteriormente para que esos entes pudiesen realizar actividades petroleras, debían obtener del Ejecutivo Nacional, una "asignación" de las misma: conforme a lo previsto en la Ley de Hidrocarburos, "previa aprobación del Senado", con lo

---

321 Pp. 1–62 y 1–63 del Informe

322 Art. 2o Véase en *El Nacional,* Caracas, 20 de agosto de 1974, p. D–l.

cual una vez más, se rigidizaba el proceso, al preverse la intervención del Poder Legislativo.

En cuarto lugar, que estaba totalmente descartada la posibilidad de que los particulares, incluso mediante su participación en empresas mixtas, intervinieran en las actividades reservadas, lo que no excluía la posibilidad de que se celebrasen con aquéllos, convenios para la ejecución de determinadas obras o servicios.

Este artículo 6° del Proyecto, fue modificado, tanto por el Ejecutivo Nacional al presentar el Proyecto a la consideración del Congreso, como por el propio Congreso, sobre todo en la Cámara de Diputados. No sólo se admitió la posibilidad de constituir empresas mixtas, sino que se flexibilizaron las normas para la creación de las empresas nacionalizadas.

III. EL PROCESO DE ORGANIZACIÓN DE LA ADMINISTRACION PETROLERA NACIONALIZADA

Varios aspectos resaltan de la organización de la Administración Petrolera Nacional: uno, su vinculación y relación con la Administración Central Ministerial; y otro, su estructuración interna.

1. La adscripción de la Organización Petrolera Nacionalizada a la Administración Pública

Uno de los aspectos más resaltantes de las recomendaciones del Informe de la Comisión Presidencial de la Reversión Petrolera, en relación a la estructuración de la Administración Petrolera Nacional, era la proposición de que debía proporcionársela de una "máxima autonomía administrativa y plena flexibilidad de acción, dentro de la adhesión que deberá guardar con respecto a las pautas y estrategias de la planificación nacional". En tal sentido, se proponía "adscribir la APN a la Presidencia de la República, a través del Consejo Nacional de Empresas del Estado (propuesto por la Comisión de Reforma Integral de la Administración Pública). Por esta adscripción, la APN recibirá dirección política del Jefe del Estado, señalamientos programáticos de los organismos de planificación nacional, control normativo de los ministros sectoriales y control fiscal posterior por parte de la Contraloría General de la República, rindiendo cuenta de sus resultados por ante el Consejo Nacional de Empresas del Estado".[323]

El sentido de esta recomendación, tal como la explicó el Presidente de la Subcomisión que la preparó, era la de que la APN debía ser concebida como una organización regida por una Casa Matriz "tan separada y distinta de la Administración Pública como fuere posible".[324] Con la adscripción de la APN al famoso "Consejo Nacional de Empresas del Estado", el cual, afortunadamente nunca se creó,[325] se reconocía que "no obstante la independencia que se le otorgue con relación a la Administración Pública, la

323 Pp. 1–40.

324 *V.* la información dada por Humberto Peñaloza en *El Nacional*, Caracas, 1° de diciembre de 1974, p. D–4.

325 *V.* nuestra crítica, en Allan R. Brewer–Carías, "Algunos aspectos jurídicos de las relaciones entre el gobierno central y las empresas del Estado" en CLAD, *Gobierno y empresas públicas en América Latina*, Buenos Aires, 1978, pp. 176 y ss.

APN es un ente del Estado, de quien proviene su existencia y para quienes deberá trabajar".[326] Sin embargo, se buscaba alejarla de la Administración Pública tradicional mediante su no adscripción al Ministerio sectorial correspondiente, el antiguo Ministerio de Minas e Hidrocarburos (el actual Ministerio de Energía y Minas), y su adscripción al Consejo Nacional de Empresas del Estado, con cuyo proyecto se pretendía desvincular las actividades empresariales del Estado de las políticas sectoriales. Contra esta fórmula reaccionó el Contralor General de la República doctor José Muci Abraham, en un famoso Informe sobre el Proyecto de Ley, en el cual señaló, en relación a estos aspectos, lo siguiente:

La adscripción de la APN (de la Casa Matriz) al Ejecutivo Nacional, o en otras palabras, las relaciones entre el Estado (el Ejecutivo Nacional) y la Casa Matriz de la APN forzosamente tendrá que producirse a través del Ministerio de Minas e Hidrocarburos. De lo contrario, sea que se adscriba la APN a la Presidencia de la República, o al propuesto Consejo Nacional de Empresas del Estado, el Ministerio de Minas e Hidrocarburos tendría que desaparecer por falta de competencias y funciones sustanciales; a esta situación, en nuestro criterio no debe llegarse. . . si bien es conveniente la estructuración de la APN en un holding sectorial de empresas públicas petroleras, dicho holding (Casa Matriz) debe estar adscrita al Ministerio Sectorial respectivo, es decir, estar adscrita al Ministerio de Minas e Hidrocarburos, el cual a su vez debe ser reformado. Al contrario, no parece conveniente la adscripción de la APN al proyectado Consejo Nacional de Empresas del Estado. La vinculación del holding petrolero al Ministerio responsable del sector, en definitiva, será, la mejor vía para garantizar la adecuación de las actividades de la APN a las políticas gubernamentales.[327]

De estos criterios confrontados, prevaleció el expresado por el Contralor General de la República, Petróleos de Venezuela, S.A., como Casa Matriz de la industria petrolera nacionalizada, recibe las directivas políticas del Ministro de Energía y Minas, quien ejerce la representación de las acciones de la República en la Asamblea. El Ministro, así, ejerce el control accionarial sobre la industria petrolera nacionalizada a través de Petróleos de Venezuela C.A., como Casa Matriz[328]. Las modalidades de las relaciones entre Petróleos de Venezuela S.A. y la Administración Central, se exponen más adelante.[329]

2. La organización interna de la industria petrolera nacionalizada

La Comisión Presidencial de la Reversión Petrolera había propuesto la integración de la industria nacionalizada a través de "una organización integrada verticalmente, multiempresarial y dirigida por una Casa Matriz" y compuesta por una serie de empresas aptas "para actuar con entera eficiencia en el campo mercantil".[330] Se consideró, además,

326 *V.* la información dada por Humberto Peñaloza en *El Nacional,* Caracas, 1º de diciembre de 1974, p. D–4.

327 Opinión del Contralor General de la República sobre el artículo del Proyecto de Ley Orgánica que reserva al Estado la Industria y el Comercio de los Hidrocarburos; en Separata. *Informe al Congreso, 1975,* pp. 25 y 27. Véase, además, los comentarios a dicho Informe del Contralor en C. R. Chávez, "La Autoridad Petrolera Nacional" en *El Universal,* Caracas, 20 de abril de 1975, pp. 2–23.

328 Este control ministerial fue criticado por la Agrupación de Orientación Petrolera (Agropet), la cual consideró que con ello, la Casa Matriz "quedaría reducida a la condición de apéndice del Ministerio Sectorial". Véase en *El Universal,* Caracas, 10 de septiembre de 1976, p. 1–12. Otras críticas pueden verse en *El Nacional,* Caracas, 24 de julio de 1975 pp. 6–2.

329 *V.* la parte IV de este estudio.

330 Pp. 1–39 del Informe.

que la Casa Matriz debía "limitarse a las actividades más generales de planificación, organización, dirección, coordinación y control de la APN, sin injerencia alguna en las actividades específicas de las filiales operativas, únicas encargadas de la ejecución de los planes y programas".[331] En cuanto a las empresas operadoras, se señaló que cada una de ellas debía "representar una actividad empresarial que la APN considere necesario desarrollar. El establecimiento de una actividad como empresa operadora separada deberá contribuir a la realización de los objetivos de la APN; y cada empresa operadora deberá justificarse en términos de magnitud y potencial de crecimiento".[332]

Al inicio de la actividad de la industria petrolera nacionalizada, comenzaran a actuar, la Casa Matriz, Petróleos de Venezuela S.A., y catorce empresas operadoras: la Corporación Venezolana del Petróleo S.A., empresa constituida por la transformación del antiguo instituto autónomo del mismo nombre,[333] y por las siguientes trece empresas que se habían constituido en sustitución de las empresas concesionarias, y cuyas acciones fueron traspasadas a Petróleos de Venezuela S.A.:

-Lagovén (antes Creóle).

-Maravén (antes Shell).

-Menevén (antes Mene Grande).

-Llanovén (antes Mobil Oil).

-Deltavén (antes Texaco y Texas).

-Palmavén (antes Sun y Charter).

-Roquevén (antes Phillips).

-Barivén (antes Sinclair y Vareo).

-Amovén (antes Amoco).

-Boscanvén (antes Chevron).

-Talovén (antes Talón).

-Guarivén (antes Las Mercedes)

-Vistavén (antes Mito Juan)[334]

La Casa Matriz, a los efectos de coordinar la actividad de las empresas operadoras, estableció diversos coordinadores de áreas de actividad para materiales y equipos; Planificación; Desarrollo Tecnológico; Organización y Recursos Humanos; Control y Finanzas; Mercado Interno; Producción; Refinación, Suministro y Comercio; y Exploración.[335] Estos coordinadores tenían la misión de estar en contacto directo con las diferentes áreas de las empresas operadoras, con el objeto de aportar sus conocimientos e informar a la Casa Matriz de esas actividades.

---

331 Pp. V–61 del Informe.

332 Pp. V–62 del Informe.

333 *V.* el Decreto N° 1.127, del 2 de septiembre de 1975, en *Gaceta Oficial,* N° 30.864, de 5 de diciembre de 1975.

334 *V.* la información en *El Universal,* Caracas, 31 de diciembre de 1975, pp. 2–1; y en Petróleos de Venezuela, *Informe Anual,* 1976, p. 13.

335 *Idem.*

CUADRO Nº 1

ORGANIZACIÓN INICIAL DE LA INDUSTRIA PETROLERA NACIONALIZADA

Petróleos de Venezuela, S.A.

Lagoven				
Maraven	Meneven	Llanoven	Deltaven	Palmaven
Roqueven	Bariven	Amoven	Boscanven	Talaven
Guariven	Vistaven	CVP		

Después de un año de funcionamiento de la industria petrolera nacionalizada, se inició el proceso de racionalización de las operadoras, tendiente a lograr su fusión y reducir las catorce empresas a cuatro.

En tal sentido, en el *Informe Anual* correspondiente al Ejercicio 1976, presentado en agosto de 1976, se indicaba que se había iniciado "la racionalización operacional de la industria, proceso que habrá de culminar con una apreciable simplificación del cuadro administrativo y operacional que existe hoy día. La primera etapa, la cual ya está en marcha, es de coordinación administrativa de unas empresas filiales por otras y no involucra cambios corporativos o estructurales de las empresas. Es una etapa, sin embargo, que nos facilitará el camino hacia la segunda fase, la Cual será la integración definitiva de las empresas".[336]

En diciembre de 1976, en esta forma, se anunció que no se justificaba que continuasen las operadoras en forma dispersa, por lo cual se iniciaba la etapa de coordinación de las mismas, con vista a su integración. Así, se anunció el inicio del siguiente esquema de coordinación:

Empresa Coordinadora	Empresa Coordinada
Lagoven	Amoven
Maraven	Roqueven
Meneven	Talaven
	Vistaven
	Guariven
Llanoven	Bariven
CVP	Boscanven

336 Petróleos de Venezuela, *Informe Anual,* 1976, p.7.

CUADRO N° 2

PROCESO DE COORDINACIÓN DE LA INDUSTRIA PETROLERA NACIONALIZADA INICIADO EN DICIEMBRE DE 1976

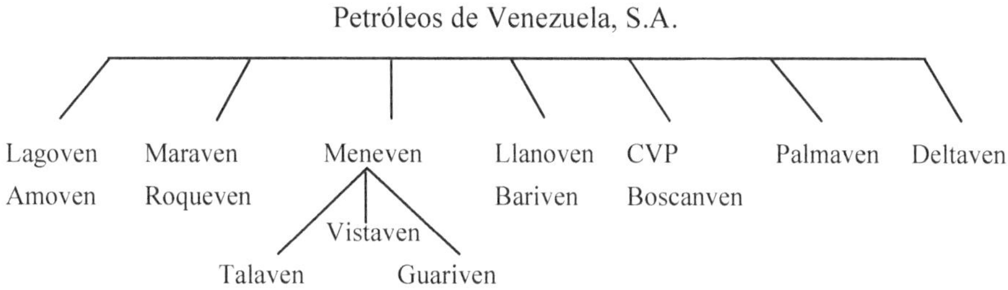

Palmavén y Deltavén siguieron reportando directamente a Petróleos de Venezuela S.A.[337]

La coordinación así iniciada, abarcó los aspectos financieros, administrativos y técnicos de la industria. Las empresas coordinadoras, además, comenzaron a recibir cuenta de las empresas coordinadas, por lo que comenzaron a reportar a Petróleos de Venezuela S.A. sólo 7 empresas, en lugar de las 14 iniciales.

Las empresas coordinadas, sin embargo, continuaron conservando su entidad empresarial y personalidad jurídica. En esta forma se abría el proceso de integración de las empresas operadoras, el cual se desarrolló durante el año 1977.

Durante este año 1977, en efecto, se desarrolló el siguiente esquema de racionalización de la industria, agregándose en el sistema de coordinación, criterios geográficos:

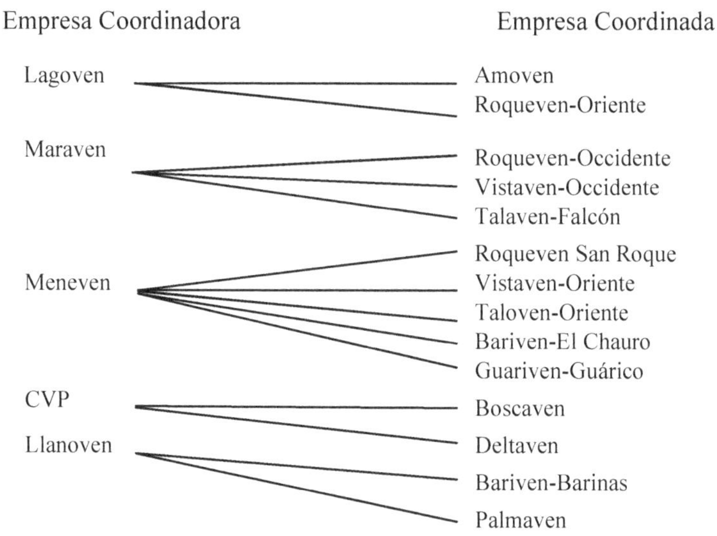

337 *V.* la información del Vicepresidente de Petróleos de Venezuela en *El Nacional*, Caracas, 11 de diciembre de 1976, p. D–9.

CUADRO Nº 3

PROCESO DE REESTRUCTURACIÓN DE LA INDUSTRIA PETROLERA NACIONALIZADA, ENERO, 1978

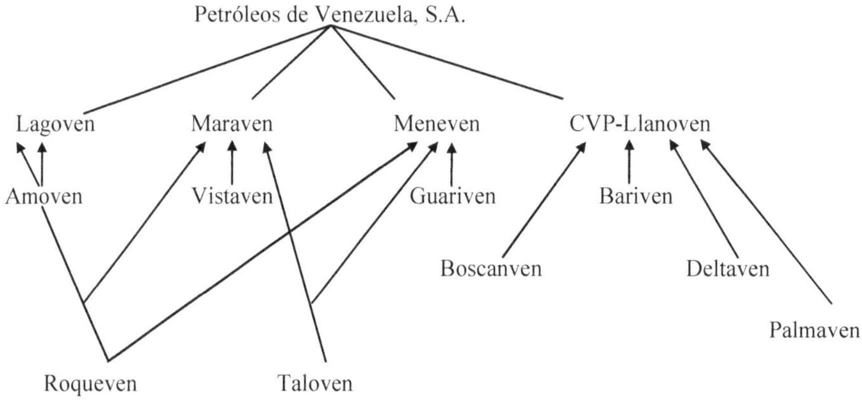

Se llegó así, en 1977, a un esquema de coordinación y organización de cinco empresas operadoras.[338]

En enero de 1978, en esa forma, materialmente había concluido el proceso de reestructuración de las empresas operadoras, habiéndose reducido las 14 empresas iniciales a cuatro grupos operadores, a cargo de las siguientes empresas, tal como lo anunció el Vicepresidente de Petróleos de Venezuela S.A.:

1. Lagovén, empresa que absorbió las operaciones de Amovén y las actividades de Roquevén en el Oriente del país;
2. Maravén, empresa que absorbió las actividades de Roquevén en Occidente, así como los campos de Mara de Vistavén y los campos de Talovén en el Estado Falcón;
3. Menevén, empresa que absorbió las operaciones de Talovén, Guarivén y Vistavén en Oriente y el Estado Guárico, así como las operaciones de la refinería El Chance, en el Estado Anzoátegui;
4. CVP–Llanoven, grupo que estaba en proceso de fusión y que concluía las operaciones de la empresa Boscanvén en el Occidente, así como las actividades de producción de Barivén en el Estado Barinas. Este grupo debía absorber también las operaciones de las empresas Palmavén y Deltavén.[339]

Además, mediante la Ley de Conversión del Instituto Venezolano de Petroquímica en Compañía Anónima, del 18 de julio de 1977,[340] se autorizó al Ejecutivo para proceder a dicha conversión mediante Decreto,[341] lo cual se hizo en diciembre de 1977,[342] y

338 Petróleos de Venezuela, *Informe Anual,* 1977, p. 7.

339 *V.* la información de *J.* C. Arreaza en *El Nacional,* Caracas, 28 de enero de 2978, p. D–13. *Cfr.* en la Presentación de Julio César Arreaza ante la XIII Asamblea de ARPEL, México, abril, 1978.

340 *V.* en *Gaceta Oficial,* Nº 31.278, del 18–7–77.

341 *V.* el Decreto Nº 2.454, del 22 de noviembre de 1977, en *Gaceta Oficial* Nº 31.369, del 25 de noviembre de 1977.

342 Petróleos de Venezuela *Informe Anual* 1977, p. 6.

además, para aportar las acciones de Petroquímica de Venezuela S.A. (Pequivén), "en el aumento de capital que a efectos de su adquisición, pudiera hacer la empresa de propiedad exclusiva del Estado, Petróleos de Venezuela S.A."[343] Las referidas acciones, emitidas originalmente a nombre de la República de Venezuela,[344] fueron traspasadas a Pe-

CUADRO N° 4

PROCESO DE RACIONALIZACIÓN DE LA INDUSTRIA

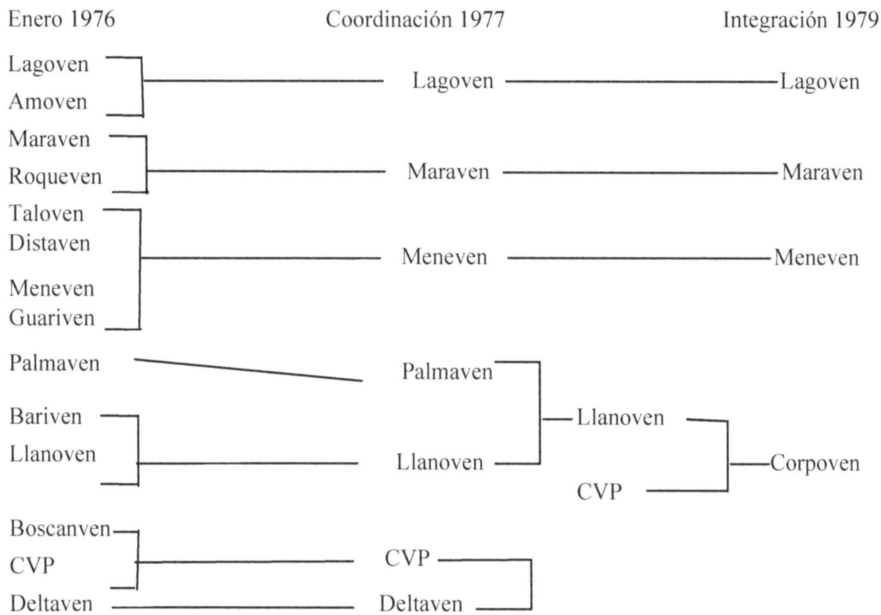

tróleos de Venezuela S.A. el 1° de marzo de 1978,[345] habiéndose concretado en 1978, por el Ejecutivo Nacional, mecanismos que permitieron proveer los fondos necesarios para el saneamiento de la industria petroquímica;[346] Petróleos de Venezuela S.A., en efecto, había manifestado al Ejecutivo Nacional durante 1977, su "confianza en que el Ejecutivo Nacional cumplirá su ofrecimiento de sanear financieramente a la Petroquímica antes de dicho traspaso, a fin de no comprometer los fondos destinados a las inversiones en el sector petrolero en pagar los déficits y pérdidas acumuladas en el citado Instituto".[347]

Por otra parte, el Instituto Tecnológico Venezolano del Petróleo (INTEVEP), como Fundación adscrita a Petróleos de Venezuela S.A., comenzó sus actividades de investigación relacionadas con las operaciones de la industria en 1976,[348] habiendo sido trans-

343 Art. 2° de la Ley de Conversión.
344 Art. 2° del Decreto.
345 Petróleos de Venezuela, *Informe Anual* 1978, p. 5.
346 *Idem*.
347 Petróleos de Venezuela, *Informe Anual* 1977, p. 6.
348 Petróleos de Venezuela, *Informe Anual* 1976, p. 24.

formado en Compañía Anónima en mayo de 1979, siendo Petróleos de Venezuela S.A, su único accionista, convirtiéndose, por tanto, en la sexta empresa filial de esa empresa.[349]

El proceso de integración y racionalización de la industria petrolera nacionalizada, tendiente a estructurar cuatro empresas operadoras, puede decirse que concluyó en 1979– En efecto, en noviembre de 1978, Petróleos de Venezuela S.A. constituyó la empresa Corpovén, la cual recibió todo el personal de las siguientes seis empresas operadoras del llamado Grupo CVP–Llanovén, con quienes, además, celebró sendos convenios de operación: CVP y Llanovén, Boscanvén, Barivén, Deltavén y Palmavén.

A partir del 1° de enero de 1979, además, el Ministerio de Energía y Minas redeterminó las áreas de actividad de las mencionadas empresas, asignándose todas a Corpovén. En la Asamblea General de agosto de 1979, el capital de Corpovén fue aumentado y con ello adquirió los activos de las empresas fusionadas.

En 1979, por tanto, se cumplió el proceso de racionalización de la industria, habiéndose integrado las catorce operadoras iniciales en las cuatro siguientes: Lagovén, Maravén Menevén y Corpovén.[350] En relación a este proceso, el Vicepresidente de Petróleos de Venezuela expresó en junio de 1979, lo siguiente:

> "El proceso se inició en 1977 con la etapa de ***coordinación,*** mediante la cual siete empresas filiales de Petróleos de Venezuela, de las catorce existentes, presentaban cuenta directamente a la Casa Matriz, coordinando las cinco mayores de ellas a siete de menor tamaño. Al finalizar 1977 establecimos un mecanismo de absorción que desembocó, al iniciarse el presente año, en cuatro grandes empresas operadoras: Lagovén, Maravén, Menevén y Corpovén. Hemos estado especialmente atentos a la preservación de la confianza y de la motivación del personal durante un proceso que incide directa e indirectamente sobre su futuro y sus carreras. Creemos haber llevado el proceso con buen éxito, ayudados por la gran disciplina y sentido de responsabilidad de los Presidentes, Directores, Ejecutivos y demás trabajadores de las empresas filiales. El proceso de racionalización abre nuevas oportunidades de desarrollo profesional al crecer el tamaño de las empresas y al concretarse la expansión de actividades de la industria; permite una mejor planificación de carreras, al disminuir el número de empresas y uniformarse los procedimientos de evaluación de puestos y de evaluación de desempeño en el trabajo; aumenta la oportunidad de una libre intercambiabilidad de recursos humanos entre las empresas del sector petrolero y –por extensión– con las empresas del sector petroquímico, así como el Instituto de Tecnología Aplicada INTEVEP; facilita grandemente a la Casa Matriz un conocimiento más directo de los recursos humanos, lo cual incide positivamente sobre su óptima utilización, y en ningún caso la remuneración y otras condiciones de trabajo del personal son desmejoradas al pasar de una a otra empresa".[351]

---

349 *V.* el Discurso de Julio César Arreaza, Presidente Encargado cíe Petróleos de Venezuela, ante la XXXV Asamblea Anual de Fedecámaras, Porlamar, 18 de junio de 1979. INTEVEP S.A. fue inscrita en el Registro Mercantil de la Circunscripción Judicial del Distrito Federal y Estado Miranda, el 31 de mayo de 1979, bajo el N° 15 del tomo 65–A Segundo.

350 Petróleos de Venezuela, *Informe Anual* 1978, pp. 4 y 57.

351 Presentación del doctor Julio César Arreaza, Presidente de la Delegación venezolana, ante la XIV Asamblea Ordinaria de Arpel, Río de Janeiro, mayo 30, junio 1°, 1979.

CUADRO N° 5

ORGANIZACIÓN DE LA INDUSTRIA PETROLERA NACIONALIZADA
AGOSTO, 1979

Petróleos de Venezuela, S.A.

Pequiven, S.A | Lagoven | Maraven | Meneven | Corpoven | Intevep

IV. EL PROCESO DE CONVERSIÓN DE LA INDUSTRIA PETROLERA EN INDUSTRIA NACIONALIZADA

Sin duda, al momento de iniciarse la nacionalización de la industria petrolera, resultaba claro que los problemas jurídicos que planteaba dicho proceso no eran los de mayor importancia ni los más complejos. Tal como lo señalaba a comienzos de 1975, el Presidente de la Comisión Permanente de Minas e Hidrocarburos de la Cámara de Diputados, los de mayor entidad y complejidad eran los problemas organizativos y administrativos, "es decir, los relativos a cómo se va a operar la industria nacionalizada y a cómo se va a realizar el traspaso de numerosas y complicadas estructuras operativas al dominio de la Nación".[352]

Por ello, la principal preocupación que originaba el proceso de conversión de la industria petrolera en industria nacionalizada era, sin duda, la que surgía de los problemas administrativos y organizativos, pues, ante todo, se buscaba que dicho proceso no afectara la marcha de la industria.

La forma más simple, jurídicamente hablando, para asegurar esa conversión sin afectar la operación de la industria, hubiera sido la transferencia de las acciones de las empresas concesionarias al Estado. Así se expresaba el Viceministro de Minas e Hidrocarburos en octubre de 1974, cuando aún la Comisión Presidencial para la reversión petrolera no había terminado su informe:

> "Este gobierno estudia estructurar una compañía matriz que tenga como finalidad la orientación de las grandes líneas de la gestión petrolera. Esta compañía coordinará las actividades de las empresas operativas de la industria que deberán conservar –las empresas– sus estructuras actuales. Esas empresas simplemente cambiarán de dueños, pero seguirán operando en la misma forma con el objeto de no producir distorsiones en la industria".[353]

El cambio de dueño, en todo caso, no era tan simple, jurídica y políticamente hablando.

La preocupación por el mantenimiento de la estructura administrativa de las empresas nacionalizadas, a corto plazo, en todo caso, fue una constante.[354] Ella llevó a los repre-

---

352 *V.* las declaraciones de Arturo Hernández Grisanti en *El Nacional,* 11 de enero de 1975, p. D–l.

353 *V.* las declaraciones de Fernando Báez Duarte en *El Nacional.* 5 de octubre de 1974, p. D–l.

354 *Cfr.* las conclusiones del Congreso de Economía Petrolera y Minera, en *El Nacional,* Caracas, 8 de noviembre de 1974, p. D–8.

sentantes de la Federación de Cámaras y Asociaciones de Producción (Fedecámaras), la mayor organización de productores y comerciantes privados, a plantear, en el voto salvado que formularon a algunos artículos del Proyecto de Ley de Nacionalización Petrolera, lo siguiente:

El Anteproyecto de Ley que Reserva al Estado la Industria y el Comercio de los Hidrocarburos, debe estar fundamentado en dos principios esenciales, a saber: a) desde el punto de vista estructural, que el Anteproyecto consagre procedimientos adecuados y convenientes para que la transferencia de la operación del control absoluto de la industria petrolera al Estado, se haga en forma gradual y constante, de manera que el Estado pueda absorber dicha actividad en la medida en que haya creado y puesto en funcionamiento las estructuras de organización administrativa necesarias para esta finalidad..... .

No obstante, la extremada acuciosidad de los mantenedores del Anteproyecto en el propósito de prever los menores detalles, el instrumento se encuentra inconcluso, pues no establece un régimen transitorio que facilite y ordene la transferencia gradual de los bienes afectos a las concesiones de acuerdo a la capacidad de absorción que el Estado pueda crear e incrementar para recibirlos sin provocar interrupciones del proceso productivo.

Además, el Anteproyecto, cualesquiera que fueren las modificaciones que le sean introducidas por el Ejecutivo y el Legislativo, impone la aprobación anterior de otro instrumento legal que cree las estructuras básicas de la Casa Matriz y de las diversas empresas operativas que sustituyan la acción de las actuales compañías extranjeras radicadas en nuestro país. De lo contrario, no existirán los mecanismos indispensables para recibir las instalaciones y otros bienes cuyo tránsito al dominio del Estado se pauta en el Anteproyecto de Ley Orgánica aprobado por la Comisión Presidencial.[355]

En efecto, tal como se indicó, en el Proyecto de Ley que Reserva al Estado la Industria y el Comercio de los Hidrocarburos elaborado por la Comisión Presidencial, no se previó norma alguna que regulara el proceso administrativo de conversión de la industria petrolera en industria nacionalizada,[356] lo cual no se planteó, tampoco, ni en el Informe ni en el texto del Proyecto elaborado por la Comisión Permanente de Minas e Hidrocarburos de la Cámara de Diputados.[357] En este Informe, sin embargo, se señaló que la Comisión había analizado argumentos sobre la alternativa de que la República, en lugar de adquirir los bienes de la industria como establecía el Proyecto, comprase las empresas concesionarias mediante la adquisición de sus acciones, y se concluyó diciendo lo siguiente:

Esta alternativa se descartó por diversas razones entre las cuales mencionamos: impracticidad de una acción de este tipo en el caso de empresas multinacionales cuyos accionistas se encuentran fuera de la jurisdicción nacional y las acciones muchas veces dispersas en multitud de manos; perjuicio de! Estado al asumir el pasivo de las empresas cuyo alcance sería difícil de preestablecer con exactitud en razón de los múltiples y complejos vínculos de éstas en el exterior; conveniencia de que las empresas sigan exis-

355 *V.* el texto en *El Nacional*. Caracas, 14 de febrero de 1975, p. D–l.

356 *V.* el *Informe de la Comisión Presidencial de la Reversión Petrolera, cit.*, pp. 1–76.

357 *V.* el texto en Revista *Resumen*, N° 84, 15 de junio de 1975, p. 27.

tiendo como tales, a fin de responder ante el Estado de cualquier responsabilidad pendiente después de la nacionalización.[358]

Esta argumentación, sin duda, descartaba la vía fácil de transición y conversión de las empresas concesionarias en empresas nacionalizadas mediante la adquisición de las acciones de aquellas. Resultaba necesario, por ello, regular en la ley otro mecanismo de conversión y transición, que el Ejecutivo Nacional no tenía precisado.[359] En la segunda discusión del Proyecto de Ley en la Cámara de Diputados, sin embargo, se solucionó este problema, al agregarse al artículo 6, relativo a las bases para la organización y gestión de la industria nacionalizada, una nueva base, la 4ª, del siguiente tenor:

Cuarta: A los solos fines de agilizar y facilitar el proceso de nacionalización de la industria petrolera, el Ejecutivo Nacional constituirá o hará constituir las empresas que estime conveniente, las cuales, al extinguirse las concesiones, pasarán a ser propiedad de la empresa (matriz) prevista en la base segunda de este artículo.

Este agregado fue explicado por el Presidente de la Comisión Permanente de Minas e Hidrocarburos, señalando que establecía un "mecanismo de transición menos perturbador, para que no haya baches y permita al Estado mantener la eficiencia de la industria. ..". "Esto se hace necesario porque el Estado venezolano no adquiere empresas, no adquiere acciones de Creóle, Shell, Mene Grande y otras compañías, sino que va a adquirir bienes, activos y equipos, y va a formar compañías nuevas. Esas compañías nuevas pueden formarse dentro del lapso de 120 días, y al cabo de éste, cuando se produzca el avenimiento o la sentencia de la Corte Suprema de Justicia fijando la indemnización, por un lado, el Estado pagará la indemnización por los activos, y por las instalaciones materiales, y por otro, adquiere las acciones de estas compañías recién formadas, pagando, como se dijo, el capital que las petroleras hayan invertido en ellas".[360]

Y efectivamente así se realizó el proceso de conversión de la industria petrolera en industria nacionalizada.[361]

En efecto, como se dijo, luego de publicada la Ley Orgánica que Reserva al Estado la Industria y el Comercio de los Hidrocarburos, el 29 de agosto de 1975, con fecha 30 de agosto' del mismo año y por Decreto N° 1.123, se creó Petróleos de Venezuela como Casa Matriz de la industria petrolera nacionalizada, cuyos estatutos sociales debido a su forma societaria, se registraron el 15 de septiembre de 1975.

La base segunda de la Ley de Reserva señalaba que el Ejecutivo Nacional debía atribuir a una de las empresas que creara "las funciones de coordinación, supervisión y control de las actividades de las demás, pudiendo asignarle la propiedad de las acciones de cualesquiera de esas empresas", y esto se atribuyó a Petróleos de Venezuela.

---

358 *Idem*, p. 22. *Cfr*. lo expresado por Román J, Duque Corredor, *El Derecho de la Nacionalización Petrolera*, Caracas, 1978, p. 182; y Andrés Aguilar "Régimen Legal de la Industria y Comercio de los Hidrocarburos", en *Boletín de la Academia de Ciencias Políticas y Sociales*, Nos. 66–67, Caracas, 1976, p. 196.

359 El Presidente de la República, en su discurso del 5 de julio de 1975, señaló en efecto, que "Tan pronto como sea promulgada la ley se procederá a dictar el Decreto, creando la Empresa Matriz, bajo la forma de sociedad anónima, que se llamará "Petróleos de Venezuela", Petrovén. Asimismo, entrarán a funcionar inicialmente, tantas empresas operadoras como las que vienen actuando con el carácter de concesionarias, conservando en lo pasible la estructura y organización de éstas. Las acciones de las empresas operadoras pertenecerán a Petrovén...", en *El Nacional*, Caracas, 6 de julio de 1975, pp. 1–10.

360 *V*. las declaraciones de Arturo– Hernández Grisanti en *El Nacional*, Caracas, 24 de julio de 1975, p. D–3.

361 *Cfr*. Román J. Duque Corredor, *El derecho de la nacionalización petrolera, cit.*, p. 186.

Es de destacar que a pesar de las diversas opiniones que se habían expresado a favor de que la Casa Matriz se formara, partiendo de la estructura de la Corporación Venezolana del Petróleo,[362] se optó por la solución de crear una nueva empresa, Petróleos de Venezuela S.A., y convertir a la CVP en una operadora más, filial de aquella. Así, la base tercera de la Ley Orgánica de Reserva estableció que el Ejecutivo Nacional debía llevar a cabo "la conversión en sociedad mercantil de la Corporación Venezolana del Petróleo creada mediante Decreto N° 260 del 19 de abril de 1960". A tal efecto, el Ejecutivo Nacional, mediante Decreto N° 1.127, del 2 de septiembre de 1975, publicado en Gacela Oficial en diciembre de dicho año,[363] dispuso que la CVP continuaría "girando ininterrumpidamente a partir de su inscripción en el Registro de Comercio, como una sociedad mercantil anónima" con la misma denominación.[364] En el mismo Decreto se dispuso que las acciones de la sociedad anónima CVP serían "asignadas en propiedad a Petróleos de Venezuela" a cuyo nombre debían ser emitidas,[365] y se autorizó al Procurador General de la República para efectuar la inscripción del Documento Constitutivo y Estatutos en el Registro Mercantil, lo cual se hizo el 18 de diciembre de 1975.[366]

Así, la CVP, que era la única empresa estatal pública, se convirtió en la primera empresa filial de Petróleos de Venezuela.

En cuanto a las otras empresas concesionarias,[367] en virtud de lo establecido en la señalada base cuarta de la Ley Orgánica de Reserva, se estableció en las Actas de Avenimiento suscritas por ellas y el Procurador General de la República, la obligación de las mismas de "constituir una compañía anónima y de la autorización para el uso de bienes, la cual se estableció en la Parte IV, con el siguiente tenor:

1. A los fines previstos en U base Cuarta del artículo 6° de la Ley Orgánica que Reserva al Estado la Industria y el Comercio de los Hidrocarburos, el Concesionario deberá constituir, conforme a documento constitutivo y características específicas que serán comunicados al Concesionario por el Ejecutivo Nacional, mediante Oficio del Ministerio de Minas e Hidrocarburos, una compañía anónima cuyas acciones quedarán traspasadas en su totalidad a Petróleos de Venezuela al extinguirse las concesiones de hidrocarburos el 31 de diciembre de 1975, correspondiendo a esta última pagar en efectivo en esa misma fecha por dichas acciones un precio igual al capital suscrito y pagado. El pago de dicho precio se efectuará en dólares de los Estados Unidos de América al cambio de Bs. 4,20 por dólar. En el caso de que se hubieren hechos adquisiciones de bienes, previamente autorizadas por el Ministerio de Minas e Hidrocarburos, se pagarán los desembolsos correspondientes que hubieren tenido lugar.
2. El concesionario, dentro de los diez (10) días continuos y siguientes a la fecha de inserción en el Registro Mercantil del documento constitutivo de dicha empresa, deberá proceder a adquirir la totalidad de las acciones de la empresa constituida. Fuera de esta modificación el concesionario no podrá introducir ningún cambio en el documento constitutivo ni en las características específicas dichas, sin la previa autorización del Ministerio de Minas e Hidrocarburos. Asimismo, el concesionario se obliga, en su condición de accionista, a que la indi-

---

362 *Cfr.*, por ejemplo, la opinión de Rubén Sader Pérez, "La empresa estatal y la nacionalización petrolera", en *El Nacional*, Caracas, 18 de enero de 1975, p. D–14.

363 *V.* en *Gaceta Oficial*, N° 30.864, del 5 de diciembre de 1975.

364 Art. 1°

365 Art. 2°

366 *V.* el documento inscrito en el Registro Mercantil de la Circunscripción Judicial del Distrito Federal y Estado Miranda, bajo el N° 24 del tomo 58–A Segundo, en *El Universal*, Caracas, 26 de diciembre de 1975, p. 3–6

367 De las trece empresas concesionarias privadas, sólo tres eran de capital venezolano o mayoritariamente venezolano: Mito–Juan; la S.A. Petrolera Las Mercedes y Talón.

cada empresa no asumirá obligaciones de carácter financiero sin la autorización previa del Ministerio de Minas e Hidrocarburos.

3 Dentro de los quince (15) días siguientes a la constitución de dicha compañía, el concesionario le encomendará la operación de las concesiones indicadas en la sección 1ª del capítulo 1°, operados por el concesionario y cuando fuere el caso, la operación de las concesiones de otros titulares y que actualmente opera el concesionario, así como el uso de los bienes afectos a dichas concesiones, a los fines de la operación y bajo la única responsabilidad del concesionario, y le transferirá el personal que sea necesario para la continuidad regular y eficiente del manejo de dichas concesiones. Es entendido que la sustitución de patrono ocurrirá, sin solución de continuidad de la relación laboral, y que el concesionario conservará los derechos sobre los bienes y la titularidad de las concesiones hasta la fecha de extinción de éstas.

4. Igualmente a los fines de la operación, el concesionario encomendará a dicha compañía el uso de los bienes afectos a las concesiones en las cuales terceras personas, si fuere el caso, tengan participación.

5. El concesionario autorizará al titular de las concesiones de hidrocarburos en las cuales tenga participación, para encomendar a la empresa que ésta constituya conforme a lo previsto en la base cuarta del artículo 6° de la Ley Orgánica que Reserva al Estado la Industria y el Comercio de los Hidrocarburos, el uso de la parte que le pertenece en los bienes afectos a dichas concesiones, a los fines de la operación y bajo la única responsabilidad del concesionario. Es entendido que el concesionario conservará los derechos sobre esa parte de dichos bienes hasta la extinción de las concesiones.[368]

En cumplimiento de estas cláusulas de las Actas Convenios, en la segunda quincena de diciembre de 1975, los concesionarios crearon las empresas mencionadas[369] conforme al modelo de Documento–Constitutivo–Estatutos que les fue suministrado por el Ejecutivo Nacional.[370] En dichos documentos se previeron dos cláusulas que precisan el proceso de traslado de acciones, así:

> ***Cláusula Trigésima Séptima:*** Las acciones de la sociedad serán traspasadas en su totalidad a "Petróleos de Venezuela", sociedad anónima, de la cual es accionista única la República de Venezuela, al extinguirse las concesiones de hidrocarburos el 31 de diciembre de 1975.
>
> ***Cláusula Trigésima Octava:*** Cuando las acciones de la sociedad pasen a ser propiedad de "Petróleos de Venezuela", de acuerdo con la base cuarta del artículo 6° de la Ley Orgánica que Reserva al Estado la Industria y el Comercio de los Hidrocarburos, el Presidente de Petróleos de Venezuela, o a falta de éste, el Vicepresidente, o a falta de los anteriores, cualquier otro miembro del Directorio de dicha empresa que éste designe, ejercerá la representación de los accionistas en las Asambleas y las presidirá. Petróleos de Venezuela podrá reservarse el manejo de las finanzas de la sociedad.

De acuerdo con esta cláusula, a partir del 1° de enero de 1976, cuando las acciones de estas empresas se traspasaron a Petróleos de Venezuela, la Casa Matriz comenzó, realmente, a manejar la industria petrolera, habiéndose reservado, además, el manejo de las finanzas de las sociedades, en virtud de las decisiones de las Asambleas Extraordinarias

368 *V.* las referidas Actas Convenios en *Gaceta Oficial,* N° 1.784, Extr. del 18 de diciembre de 1975.

369 *V.*, por ejemplo, las informaciones en *El Nacional,* Caracas, 26 de diciembre de 1975, pp. C–2, D–2; y 27 de diciembre de 1975, p. C–6; y en *El Universal,* Caracas, 26 de diciembre de 1975, pp. 2–3 y *2–4;* y 27 de diciembre de 1975, pp. 1–10.

370 *V.* las características sobresalientes de este Documento Constitutivo. Estatutos en Andrés Aguilar M., "Régimen Legal de la Industria y Comercio de los Hidrocarburos", *loc. cit.*, pp. 198 y ss.

de las empresas operadoras, con el objeto de optimizar el rendimiento de los ingresos totales generados por estas empresas.[371]

Este proceso de transición de la industria, para facilitar la conversión de las empresas concesionarias en empresas nacionalizadas, aseguró la continuidad de la empresa, lo cual se facilitó por varios factores que destacaba el Presidente de Petróleos de Venezuela en 1976: "la supervivencia de las unidades administrativas existentes para el momento de la nacionalización; la dotación de recursos humanos adecuados; el apoyo tecnológico indispensable para las operaciones de la industria y la colocación asegurada de un volumen inicial de hidrocarburos en el mercado internacional".[372]

V. EL PROCESO DE CREACIÓN Y FORMALIZACIÓN JURÍDICA DE LA INDUSTRIA PETROLERA NACIONALIZADA

Tal como se señaló, el Proyecto de Ley Orgánica elaborado por la Comisión Presidencial de Reversión Petrolera no establecía mecanismos flexibles para la creación y formalización jurídica de las empresas de la industria petrolera nacionalizada, sino que remitía a otra ley que debía dictarse.[373] Esto fue eliminado por el Ejecutivo Nacional, y en el Proyecto de Ley que presentó a la consideración del Congreso, sólo se estableció que las actividades reservadas podían ser realizadas "por medio de entes de su propiedad", agregándose un nuevo artículo, el 6°, en el cual se establecieron las bases para la organización de la administración y gestión de las actividades reservadas.

De dicho artículo, así como de los otros relativos a los entes que debían configurar la industria petrolera nacionalizada, sin embargo, se aprecia la intención, tanto de los proyectistas como del legislador, de que las empresas que se constituyeran para manejar la industria petrolera nacionalizada, tuvieran la forma jurídica de sociedad anónima.

1. La intención de los proyectistas de 1974

Si se analiza el contenido del Informe de la Comisión Presidencial de la Reversión Petrolera de 1974, puede apreciarse claramente que la intención, desde el punto de vista jurídico–administrativo del proceso de nacionalización de la industria petrolera, fue la creación de la "Administración Petrolera Nacional" como entidad de carácter estatal, que formaba parte de la Administración descentralizada y que, por tanto, se proyectaba como separada y distinta de la Administración Central.

En efecto, de acuerdo al Informe sobre el Aspecto Operativo de la Comisión, se señala que "no obstante que la APN representará una entidad independiente distinta de la Administración Pública, eso no la hará ajena al Estado venezolano, de quien recibirá las directrices contenidas en los Planes de la Nación, a quien rendirá cuenta de sus resulta-

---

371 Petróleos de Venezuela, *Informe* 1976, p, 3. *Cfr.* Andrés Aguilar M,, "Régimen Legal de la Industria y el Comercio de los Hidrocarburos", *loc. cit.* pp. 199–200.

372 *V.* Rafael Alfonso Ravard, 1975–1978. *Hacia la Normalidad Operativa, Tres años de Petróleos de Venezuela, como casa matriz de la Industria Petrolera Nacional*, Caracas, 1978, p. 110.

373 Como se dijo, el art. 5° del Proyecto disponía que las actividades reservadas podían ejercerse "por entes de la propiedad exclusiva del Estado creados mediante leyes especiales". Véase el *Informe* de la Comisión Presidencial de la Reversión Petrolera, *cit.*, pp. 1–76. Véase, además, el texto en *El Nacional*, Caracas, 5 de diciembre de 1974. p. D–2.

dos y para quien habrá de trabajar. Lo que se desea es mantener a la APN al margen de normas y prácticas burocráticas concebidas, fundamentalmente, para organismos públicos y no para entidades modernas y complejas dedicadas a la producción en gran escala con destino a transacciones cuantiosas y frecuentes".[374] Conforme a ello se concibió a la APN "como una organización integrada verticalmente, multiempresarial y dirigida por una Casa Matriz" [375] de propiedad exclusiva y única del Estado.[376] Las empresas de la APN debían también ser "de la propiedad exclusiva del Estado" y debían "constituirse como sociedades aptas para actuar con entera eficiencia en el campo mercantil".[377] Cada una de dichas empresas debía "tener personalidad jurídica y patrimonio propio y distinto del Fisco Nacional".[378] Tomadas en conjunto, se señalaba en el Informe: "las empresas de la APN deberán caracterizarse por disponer de autonomía administrativa, autosuficiencia económica y capacidad para la renovación de sus cuadros gerenciales. Siendo así la APN representará una entidad dependiente y distinta de la Administración Pública Venezolana, de allí la designación que ha recibido: "Administración Petrolera Nacional"."[379] Lo sustancial del Informe sobre el Aspecto Operativo fue recogido en el Informe Central de la Comisión,[380] donde se insistió por ejemplo, en la "independencia" y "autonomía administrativa"[381] de la APN, la "propiedad exclusiva del Estado" sobre las empresas de la APN,[382] y el "régimen propio de administración de personal independiente de la Administración Pública" de la APN.[383]

En todo caso, tal como se indica en el Apéndice A del Informe sobre "Pautas para ser consideradas en la elaboración de los Estatutos de las Empresas de la APN, "ésta constituiría el "aparato administrativo del Estado"",[384] o en otros términos "la organización empresarial del Estado Venezolano" para "manejar la industria petrolera del país una vez nacionalizada dicha industria".[385] Se insistía, sin embargo, que las empresas de la APN "deberán tener la forma de sociedades aptas para actuar con entera eficiencia en el campo mercantil".[386]

En definitiva, la intención del Informe de la Comisión Presidencial de la Reversión Petrolera fue la de estructurar la Administración Petrolera Nacional, como una organización administrativa del Estado separada de la Administración Central, con autonomía e independencia administrativa, y por tanto, formando, parte de la administración descentralizada, pero sujeta a sus propias normas, inclusive en materia de personal; se trataba, en todo caso, de estructurar personas jurídicas estatales pero con forma de sociedades anónimas, es decir, con forma de derecho privado. Las empresas de la APN y la Casa Matriz debían ser, entonces, personas estatales con forma jurídica de derecho privado.

---

374 *V.* Comisión Presidencial de la Reversión Petrolera, *Informe*, Caracas, 1974, p. 51.
375 *Idem*, p. 50.
376 *Ibídem*, p. 51.
377 *Ibídem*, p. 50.
378 *Ibídem*, p. 50.
379 *Ibídem*, pp. V–50 y V–51.
380 *Ibídem*, pp. 1–38 y ss.
381 *Ibídem*, pp. 1–38 y 1–40.
382 *Ibídem*, pp. I–3a.
383 *Ibídem*, p. 13.
384 *Ibídem*, p. V–107.
385 *Ibídem*, p. V–108.
386 *Ibidem*, pp. V–109 y V–110.

2. El criterio de la Ley Orgánica de Reserva de 1975

El criterio de los proyectistas de 1974 puede decirse que se siguió en el Proyecto de Ley que reserva al Estado la Industria y el Comercio de los Hidrocarburos y en la Ley promulgada el 29 de agosto de 1975. En efecto, la ley dispuso expresamente que "el Estado debía ejercer las actividades reservadas, directamente por el Ejecutivo Nacional o por medio de entes de su propiedad",[387] con lo cual teóricamente el legislador dejó a la decisión del Ejecutivo Nacional el atender la industria nacionalizada a través de la propia Administración Central ("directamente por el Ejecutivo Nacional" dice el artículo 5°) o a través de la Administración descentralizada del Estado ("por medio de entes de su propiedad", agrega el mismo artículo 5°). Sin embargo, a pesar de esta aparente libertad, en realidad la ley dio directamente la pauta al Ejecutivo Nacional para la administración de la industria petrolera a través de formas descentralizadas. El artículo 6° de la ley, en efecto, precisa que a los fines de ejercer las actividades nacionalizadas, "el Ejecutivo Nacional organizará la administración y gestión de las actividades reservadas" en la siguiente forma:

Creará con las formas jurídicas que considere conveniente, las empresas que juzgue necesario para el desarrollo regular y eficiente de tales actividades, pudiendo atribuirles el ejercicio de una o más de éstas; modificar su objeto, fusionarlas o asociarlas, extinguirlas o liquidarlas y aportar su capital a otra u otras de esas mismas empresas. Estas empresas serán de la propiedad del Estado, sin perjuicio de lo dispuesto en la base segunda de este artículo, y en caso de revestir la forma de sociedades anónimas, podrán ser constituidas con un solo socio.

Atribuirá a una de las empresas las funciones de coordinación, supervisión y control de las actividades de las demás, pudiendo asignarle la propiedad de las acciones de cualesquiera de esas empresas.

Llevará a cabo la conversión en sociedad mercantil de la Corporación Venezolana del Petróleo, creada mediante Decreto N° 260 de 19 de abril de 1960.

A los solos fines de agilizar y facilitar el proceso de nacionalización de la industria petrolera, el Ejecutivo Nacional constituirá o hará constituir las empresas que estime conveniente, las cuales, al extinguirse las concesiones, pasarán a ser propiedad de las empresas previstas en la base segunda de este artículo.

A los fines de proveer a la empresa prevista en la base segunda de recursos suficientes para desarrollar la industria petrolera nacional, las empresas operadoras constituidas conforme a las bases primera, tercera y cuarta, según sea el caso, entregarán mensualmente a aquélla una cantidad de dinero equivalente al 10 por ciento (10%) de los ingresos netos provenientes del petróleo exportado por ellas durante el mes inmediatamente anterior. Las Cantidades así entregadas estarán exentas del pago de impuesto y contribuciones nacionales y serán deducibles para las empresas operadoras a los fines del impuesto sobre la renta.

El artículo 7° de la ley agrega, además, que "las empresas a que se refiere el artículo anterior se regirán por la presente ley y sus reglamentos, por sus propios estatutos, por las disposiciones que dicte el Ejecutivo Nacional y por las del derecho común que les fueren aplicables".

---

387 Art. 5°.

El artículo 8° de la ley señala por último, que "los directivos, administradores, empleados y obreros de las empresas a que se refiere el artículo 6° de la presente ley, inclusive los de la CVP, una vez convertida en sociedad mercantil, no serán considerados funcionarios o empleados públicos". Sin embargo, "a los directivos o administradores se les aplicarán las disposiciones de los artículos 123 y 124 de la Constitución".

De acuerdo a estas normas no hay duda en que la intención del legislador fue estructurar la Administración Petrolera Nacional a través de empresas del Estado (entes o personas estatales) con forma de sociedad mercantil y por tanto con un régimen preponderantemente de derecho privado. La aparente posibilidad de que el Estado pudiera ejercer las actividades reservadas "directamente por el Ejecutivo Nacional" [388] en cuanto se refiere a las actividades que se venían realizando por empresas privadas de capital extranjero y que se nacionalizaban, estaba desvirtuada en la propia ley,[389] al "sugerir" la constitución de empresas (entes de propiedad de! Estado, como lo señala el artículo 5°) con forma de sociedad mercantil.

Por supuesto, para realizar actividades nuevas en relación a las que efectivamente se nacionalizaron, el Ejecutivo Nacional puede hacerlo directamente y de hecho se realizan algunas en la actualidad.[390]

3. El sentido del decreto de creación de Petróleos de Venezuela S. A. de 1975, y la forma jurídica de las operadoras

Conforme a la orientación señalada, el Ejecutivo Nacional, mediante el Decreto N° 1.123, de 30 de agosto de 1975[391] considerando que era "de prioritaria necesidad proceder a la constitución e integración de las empresas estatales que tendrán a su cargo la confirmación y desarrollo de la actividad petrolera reservada al Estado", decretó la creación de una empresa estatal, bajo la forma de sociedad anónima, que cumplirá la política que dicte en materia de hidrocarburos el Ejecutivo Nacional, por órgano del Ministerio de Minas e Hidrocarburos, en las actividades que le sean encomendadas.[392] El Decreto de creación de la empresa se registró en el Registro Mercantil de la Circunscripción Judicial del Distrito Federal y Estado Miranda, bajo el N° 23, tomo 99–A, con fecha 15 de septiembre de 1975.[393] No hay duda, por tanto, de que la naturaleza jurídica de Petróleos de Venezuela S.A., conforme a lo que se dijo anteriormente en relación a la distinción entre los sujetos de derecho vinculados al sector público, es la de una persona estatal con forma jurídica de derecho privado. Es decir, es una "empresa estatal" o empresa del Estado, de propiedad íntegra del mismo y que responde a las políticas que aquél dicte, y como tal, está integrada dentro de la organización general de la Administración del Estado, como ente de la administración descentralizada, pero con forma jurídica de sociedad anónima, es decir, de persona de derecho privado.

En cuanto a las empresas operadoras, resulta clara la intención del legislador de crearlas con forma de sociedades anónimas, cuyas acciones debían ser tenidas, en propiedad,

388 Art. 5°.

389 Arts. 6° 7° y 8°

390 *Cfr.* Andrés Aguilar M. "Régimen Legal de la Industria y el Comercio de los Hidrocarburos", *loc. cit.*, pp. 13 y 14.

391 *V.* en *Gaceta Oficial.* N° 1.770, Extr. de 30–8–76.

392 Art. 1°

393 *V.* en *Gaceta Municipal* del Distrito Federal, N° Extr. 413, de 25–9–75.

por la empresa Matriz, Petróleos de Venezuela. La propia Ley Orgánica de Reserva, como se dijo, en su base tercera, había dispuesto la conversión del Instituto Autónomo "Corporación Venezolana del Petróleo" en sociedad anónima, lo cual se cumplió en diciembre de 1975. En ese mismo mes, y conforme a la base cuarta, se constituyeron las restantes trece empresas operadoras, también con forma societaria.

De esta manera, tanto Petróleos de Venezuela S.A., como las catorce operadoras iniciales se constituyeron, en el ordenamiento jurídico venezolano, como personas jurídicas estatales con forma de derecho privado; y en el ámbito económico, como empresas públicas, o más propiamente, como empresas del Estado. En la actualidad, igual naturaleza jurídico–económica tienen las seis filiales de Petróleos de Venezuela: las cuatro operadoras petroleras (Lagovén, Maravén, Menevén y Corpovén); la empresa Petroquímica (Pequivén); y la empresa de investigaciones petroleras (INTEVEP).[394]

§ 2. Consideraciones sobre el régimen jurídico–administrativo de Petróleos de Venezuela (1977)

Este parágrafo segundo es el estudio sobre "Consideraciones sobre el régimen jurídico–administrativo de Petróleos de Venezuela S.A.," publicado en *Revista de Hacienda*, Nº 67, Caracas 1977, pp. 79 a 99.

I. INTRODUCCIÓN

El proceso de nacionalización de la industria petrolera en Venezuela culminó con la Ley que Reserva al Estado la Industria y el Comercio de los Hidrocarburos del 29 de agosto de 1975[395]. Sin embargo, desde el punto de vista administrativo, ello no fue sino el comienzo del proceso de establecimiento de la Administración Petrolera Nacional que ha asumido, en nombre del Estado, la conducción de la industria petrolera.

El día siguiente de haber sido promulgada la Ley de Reserva y de Nacionalización de la Industria, el Ejecutivo Nacional decretó la creación de la Empresa Petróleos de Venezuela S.A. que, como empresa pública holding, debía asumir la dirección y control de la Industria[396]; habiéndose registrado en el Registro Mercantil correspondiente, los estatutos de la misma, con fecha 25 de septiembre de 1975[397].

Con posterioridad, y con motivo de haber entrado en plena vigencia la Ley que Reserva al Estado la Industria y el Comercio de los Hidrocarburos, el de enero de 1976 la empresa Petróleos de Venezuela S.A. asumió el control de la industria y de todas las empresas operadoras que se constituyeron a tal efecto.

Petróleos de Venezuela S.A. se presenta, entonces, en el ordenamiento jurídico venezolano, como una persona jurídico–estatal con forma de derecho privado, y en el ámbito económico, como una empresa pública o, más propiamente, como una empresa del Es-

---

394 *V.* Allan–R. Brewer–Carias, "Consideraciones sobre el régimen jurídico–administrativo de Petróleos de Venezuela S. A.", en *Revista de Hacienda,* Nº 67, Caracas, 1977, pp. 79 a 99.

395 *V.* en *Gaceta Oficial* Nº 1769 Extraordinario de 29–8–75.

396 *V.* el Decreto 1123 de 30 de agosto de 1975 en *Caceta Oficial* Nº 1770 Extr. de 30–8–75. El Decreto de creación de la empresa ha sido modificado por Decreto Nº 250 del 23–8–79 en *G.O.* Nº 31810 del 30–8–79.

397 *V. en Gaceta Municipal del Distrito Federal, Nº 413 Extr. de 25–9–75.*

tado. El objeto de las notas que siguen es analizar el régimen jurídico aplicable a Petróleos de Venezuela S.A. en el momento actual, y para ello, antes intentaremos precisar la naturaleza jurídica de la empresa en el cuadro de los sujetos del derecho administrativo.

II. LA NATURALEZA JURÍDICA DE PETRÓLEOS DE VENEZUELA S.A.

1. La intención de los proyectos de 1974

Si se analiza el contenido del *Informe de la Comisión Presidencial de la Reversión Petrolera,* de 1974, puede apreciarse claramente que la intención, desde el punto de vista jurídico–administrativo, del proceso de nacionalización de la industria petrolera, fue la creación de la "Administración Petrolera Nacional" como entidad de carácter estatal, que formaba parte de la Administración Descentralizada, y que por tanto, se proyectaba como separada v distinta de la Administración Central.

En efecto, de acuerdo al *Informe sobre el Aspecto Operativo* de la Comisión, se señala que "no obstante que la A.P.N. representará una entidad independiente distinta de la Administración Pública, eso no la hará ajena al Estado Venezolano, de quien recibirá las directrices contenidas en los Planes de la Nación, a quien rendirá cuenta de sus resultados y para quien habrá de trabajar. Lo que se desea es mantener a la A.P.N. al margen de normas y prácticas burocráticas concebidas fundamentalmente para organismos públicos y no para entidades modernas y complejas dedicadas a la producción en gran escala con destino a transacciones cuantiosas y frecuentes"[398]. Conforme a ello se concibió a la A.P.N. "como una organización integrada verticalmente, multiempresarial y dirigida por una Casa Matriz" [399] de propiedad exclusiva y única del Estado[400]. Las empresas de A.P.N. debían también ser "de la propiedad exclusiva del Estado" y debían "constituirse como sociedades aptas para actuar con entera eficiencia en el campo mercantil"[401]. Cada una de dichas empresas debía "tener personalidad jurídica y patrimonio propio y distinto del Fisco Nacional" [402]. Tomadas en conjunto, se señalaba en el Informe, "las empresas de la A.P.N. deberán caracterizarse por disponer de autonomía administrativa, autosuficiencia económica y capacidad para la renovación de sus cuadros gerenciales. Siendo así, la A.P.N. representará una entidad independiente y distinta de la Administración Pública venezolana –de allí la designación que ha recibido: Administración Petrolera Nacional[403]. Lo sustancial del *Informe sobre el Aspecto Operativo* fue recogido en el *Informe Central* de la Comisión[404] donde se insistió por ejemplo, en la "independencia" y "autonomía administrativa" [405] de la A.P.N.; la "propiedad exclu-

398 *V.* Comisión Presidencial de la Reversión Petrolera, *Informe.* Caracas, 1974, p. 51.
399 *Idem*, p. 50.
400 *Ibidem*, p. 51.
401 *Ibidem*, p. 50.
402 *Ibidem*, p. 50.
403 *Ibidem*, pp. V–50 y V–51.
404 *Ibidem*, pp. I–38 y ss.
405 *Ibidem*, pp. 1–38 y 1–40.

siva del Estado" sobre las empresas de la A.P.N,[406] y el "régimen propio de administración de personal independiente de la Administración Pública" de la A.P.N.[407]

En todo caso, tal como se indica en el Apéndice A del Informe sobre "Pautas para ser consideradas en la elaboración de los Estatutos de las Empresas de la A.P.N.", esta constituiría el "aparato administrativo del Estado"[408], o en otros términos "la organización empresarial del Estado Venezolano" para "manejar la industria petrolera del país una vez nacionalizada dicha industria" [409]. Se insistía, sin embargo, que las empresas de la A.P.N. "deberán tener la forma de sociedades aptas para actuar con entera eficiencia en el campo mercantil"[410].

En definitiva, la intención del *Informe de la Comisión Presidencial de Reversión* fue la de estructurar la Administración Petrolera Nacional, como una organización administrativa del Estado separada de la Administración Central, con autonomía e independencia administrativa, y por tanto, formando parte de la Administración Descentralizada, pero sujeta a sus propias normas inclusive en materia de personal; se trataba, en todo caso, de estructurar personas jurídicas estatales pero con forma de sociedades anónimas, es decir, con forma de derecho privado. Las empresas de la A.P.N, y la Casa Matriz debían ser, entonces, personas estatales con forma jurídica de derecho privado.

2. El criterio de la Ley Orgánica de Reserva de 1975

El criterio de los proyectistas de 1974 puede decirse que se siguió con el Provecto de Ley que Reserva al Estado la Industria y el Comercio de los Hidrocarburos y en la Ley promulgada el 29 de agosto de 1975. En efecto, la Ley dispuso expresamente que el Estado debía ejercer las actividades reservadas, "directamente por el Ejecutivo Nacional o por medio de entes de su propiedad" (art. con lo cual teóricamente el legislador dejó a la decisión del Ejecutivo Nacional el atender la industria nacionalizada a través de la propia Administración Central ("directamente por el Ejecutivo Nacional" dice el artículo 5°) o a través de la Administración Descentralizada del Estado ("por medio de entes de su propiedad" agrega el mismo artículo 5°). Sin embargo, a pesar de esta aparente libertad, en realidad la Ley dio directamente la pauta al Ejecutivo Nacional para la administración de la industria petrolera a través de formas descentralizadas. El artículo 6° de la Ley, en efecto, precisa que a los fines de ejercer las actividades nacionalizadas, "el Ejecutivo Nacional organizará la administración y gestión de las actividades reservadas", en la siguiente forma:

1. "Creará, con las formas jurídicas que considere conveniente, las empresas que juzgue necesario para el desarrollo regular y eficiente de tales actividades, pudiendo atribuirles el ejercicio de una o más de estas, modificar su objeto, fusionarlas o asociarlas, extinguirlas o liquidarlas y aportar su capital a otra u otras de esas mismas empresas. Estas empresas serán de la propiedad del Estado, sin perjuicio de lo dispuesto en la base Segunda de este artículo, y en caso de revestir la forma de sociedades anónimas, podrán ser constituidas con un solo socio".

---

406 *Ibidem*, p. I–3a.
407 *Ibidem*, p. 13.
408 *Ibidem*, p. V–107.
409 *Ibidem*, p. V–108.
410 *Ibidem*, pp. V–109 y V–110.

2. "Atribuirá a una de las empresas las funciones de coordinación, supervisión y control de las actividades de las demás, pudiendo asignarle la propiedad de las acciones de cualesquiera de esas empresas".
3. "Llevará a cabo la conversión en sociedad mercantil de la Corporación Venezolana del Petróleo creada mediante Decreto N° 260 de 19 de abril de 1960".
4. "A los solos fines de agilizar y facilitar el proceso de nacionalización de la industria petrolera, el Ejecutivo Nacional constituirá o hará constituir las empresas, que estime conveniente, las cuales, al extinguirse las concesiones, pasarán a ser propiedad de, las empresas previstas en la Base Segunda de este artículo".
5. "A los fines de proveer a la empresa prevista en la base Segunda de recursos suficientes para desarrollar la industria petrolera nacional, las empresas operadoras constituidas conforme a las bases Primera, Tercera y Cuarta, según sea el caso, entregarán mensualmente a aquélla una cantidad de dinero equivalente al diez por ciento (10%) de los ingresos netos provenientes del petróleo exportado por ellas durante el mes inmediatamente anterior. Las cantidades así entregadas estarán exentas del pago de impuesto y contribuciones nacionales y serán deducibles para las empresas operadoras a los fines del impuesto sobre la renta".
6. El artículo 7° de la Ley agrega, además, que "las empresas a que se refiere el artículo anterior se regirán por la presente Ley y sus reglamentos, por sus propios estatutos, por las disposiciones que dicte el Ejecutivo Nacional y por las del derecho común que les fueren aplicables".
7. El artículo 8° de la Ley señala por último, que "los directivos, administradores, empleados y obreros de las empresas a que se refiere el artículo 6° de la presente Ley, inclusive los de la Corporación Venezolana del Petróleo una vez convertida en sociedad mercantil, no serán considerados funcionarios o empleados públicos". Sin embargo, "a los directivos o administradores... se les aplicarán las disposiciones de los artículos 123 y 124 de la Constitución".

De acuerdo a estas normas no hay duda en que la intención del Legislador fue estructurar la Administración Petrolera Nacional a través de empresas del Estado (entes o personas estatales) con forma de sociedad mercantil y por tanto con un régimen preponderantemente de derecho privado. La aparente posibilidad de que el Estado pudiera ejercer las actividades reservadas "directamente por el Ejecutivo Nacional" (art. 5°) en cuanto se refiere a las actividades que se venían realizando por empresas privadas de capital extranjero y que se nacionalizaban, estaba desvirtuada en la propia Ley (arts. 6, 7 y 8), al "sugerir" la constitución de empresas (entes de propiedad del Estado, como lo señala al art. 5) con forma de sociedad mercantil.

Por supuesto, para realizar actividades nuevas en relación a las que efectivamente se nacionalizaron, el Ejecutivo Nacional puede hacerlo directamente y de hecho se realizan algunas en la actualidad[411].

3. El sentido del Decreto de creación de Petróleos de Venezuela S.A. de 1975 y la forma jurídica de las operadoras

Conforme a la orientación señalada, el Ejecutivo Nacional, mediante el Decreto N° 1123 de 30 de agosto de 1975 [412], considerando que era "de prioritaria necesidad proceder a la constitución e integración de las empresas estatales que tendrán a su cargo la

411 *Cfr.* Andrés Aguilar M., *Régimen Legal de la Industria y el Comercio de los Hidrocarburos*, Conferencia en la Academia de Ciencias Políticas y Sociales, Caracas 26–5–76, multigrafiado, pp. 13 y 14, publicada, además, en *Boletín de la Academia de Ciencias Políticas y Sociales*. N° 66–67, 1976, pp. 179 y ss.

412 *V.* en *Gaceta Oficial* N° 1770 Extr. de 30–8–76.

confirmación y desarrollo de la actividad petrolera reservada al Estado", decretó la creación de "una empresa estatal, bajo la forma de sociedad anónima que cumplirá la política que dicte en materia de hidrocarburos el Ejecutivo Nacional, por órgano del Ministerio de Minas e Hidrocarburos, en las actividades que le sean encomendadas" (Art. 1). El Decreto de creación de la empresa se registró en el Registro Mercantil de la Circunscripción Judicial del Distrito Federal y Estado Miranda bajo el Nº 23, Tomo 99–A con fecha 15 de septiembre de 1975[413]. No hay duda, por tanto, de que la naturaleza jurídica de Petróleos de Venezuela S.A., conforme a lo que se dijo anteriormente en relación a la distinción entre los sujetos de derecho vinculados al sector público, es la de una persona estatal con forma jurídica de derecho privado. Es decir, es una "empresa estatal" o empresa del Estado, de propiedad íntegra del mismo y que responde a las políticas que aquél dicte, y como tal, está integrada dentro de la organización general de la Administración del Estado, como ente de la Administración Descentralizada, pero con forma jurídica de sociedad anónima, es decir, de persona de derecho privado.

En cuanto a las empresas operadoras, resulta clara la intención del Legislador de crearlas con forma de sociedades anónimas, cuyas acciones debían ser tenidas, en propiedad, por la empresa matriz, Petróleos de Venezuela S.A. La propia Ley Orgánica de Reserva, como se dijo, en su base Tercera, había dispuesto la conversión del Instituto Autónomo Corporación Venezolana del Petróleo en sociedad anónima, lo cual se cumplió en diciembre de 1975. En ese mismo mes, y conforme a la base Cuarta, se constituyeron las restantes trece empresas operadoras, también con forma societaria.

De esta manera, tanto Petróleos de Venezuela S.A., como las catorce operadoras iniciales se constituyeron, en el ordenamiento jurídico venezolano, como personas jurídicas estatales con forma de derecho privado; y en el ámbito económico, como empresas públicas o, más propiamente, como empresas del Estado. En la actualidad, igual naturaleza jurídico–económica tienen las seis filiales de Petróleos de Venezuela: las cuatro operadoras petroleras (Lagoven, Maraven, Meneven y Corpoven); la empresa Petroquímica (Pequiven); y la empresa de investigaciones petroleras (INTEVEP).

III. RÉGIMEN JURÍDICO ADMINISTRATIVO APLICABLE A PETRÓLEOS DE VENEZUELA S.A.

1. El cuadro normativo general

La identificación de la naturaleza jurídica de Petróleos de Venezuela S.A. como persona estatal con forma jurídica de derecho privado, plantea, sin duda, como consecuencia, que el régimen jurídico aplicable a la misma sea un régimen preponderantemente de derecho privado. Preponderantemente, debido a su forma, pero no exclusivamente. Por su carácter estatal está sometida a un régimen, también, de derecho público.

En efecto, de acuerdo a la Ley Orgánica que Reserva al Estado la Industria y el Comercio de los Hidrocarburos, y a los antecedentes e intenciones de los proyectistas, Petróleos de Venezuela S.A. es una sociedad anónima que, como tal y por la flexibilidad e independencia de su administración, está sometida a todo el régimen de derecho

413 *V.* en *Gaceta Municipal del Distrito Federal* Nº Extra. 413 de 25–9–75.

privado de las sociedades anónimas. Sin embargo, es la propia Ley la que establece el régimen excepcional al indicar en su artículo 7° que las empresas del Estado que se constituyan conforme a ella, entre las cuales está Petróleos de Venezuela S.A., "se regirán por la presente Ley y sus reglamentos, por sus propios estatutos, por las disposiciones que dicte el Ejecutivo Nacional y por las del derecho común que les fueren aplicables". Además, la Cláusula Tercera de los Estatutos de la empresa, expresamente lo ratifica: "La sociedad se regirá por la Ley Orgánica que Reseña al Estado la Industria y el Comercio de los Hidrocarburos, por los reglamentos de ella, por estos Estatutos, por las disposiciones que dicte el Ejecutivo Nacional y por las del derecho común que le fueren aplicables".

Por otra parle, Petróleos de Venezuela S.A. está sometida, en cuanto le sean aplicables, a las normas respecto a las concesiones de hidrocarburos que "contengan las leyes, reglamentos, decretos, resoluciones, ordenanzas y circulares" dictados por las autoridades públicas competentes (art. 7° de la Ley Orgánica).

Conforme a estas disposiciones, ciertamente, Petróleos de Venezuela S.A. tiene "un régimen legal que permite diferenciarla claramente, no sólo de la Administración Pública centralizada y de los institutos autónomos, sino también de otras empresas del Estado"; para ello basta tener en cuenta que muy pocas empresas del Estado están sometidas, irrestrictamente, a "las disposiciones que dicte el Ejecutivo Nacional" como está Petróleos efe Venezuela S.A., lo cual abre un amplio margen a la aplicación de normas ele derecho público a la empresa, por vía de actos administrativos unilaterales, sin necesidad de acudir a las fórmulas societarias como la Asamblea, por ejemplo. Cláusula de esa naturaleza, también se encuentran en los Estatutos de la empresa CVG Ferrominera del Orinoco C.A., creada con motivo de la nacionalización de la industria de la explotación del mineral de hierro[414].

Por tanto, sin Jugar a dudas, la empresa Petróleos de Venezuela S.A. está sometida a un régimen jurídico peculiar, de derecho privado, como sociedad mercantil (sus Estatutos y las disposiciones del derecho común que le sean aplicables) **y** de derecho público (la Ley Orgánica, sus reglamentos y las disposiciones que dicte el Ejecutivo Nacional).

2. Régimen jurídico derivado de la forma jurídica de derecho privado

A. La personalidad jurídica propia

El primer elemento del régimen jurídico de derecho privado de la empresa Petróleos de Venezuela S.A. es su personalidad propia, de derecho privado, surgida del acto de registro en el Registro Mercantil de los Estatutos de la misma dictados por el citado Decreto N° 1123 de 30 de agosto de 1975; acto de registro efectuado el 15 de septiembre de 1975; y no emanada directamente de la Ley. En esto, la Ley Orgánica varió el sentido de la normativa del Provecto de Ley de la Comisión Presidencial de Reversión Petrolera. Esta había propuesto que los entes que se constituyeran para operar la industria nacionalizada fueran "creados mediante Leyes especiales" (art. 5° del Proyecto), con lo cual, la sola creación de la personalidad jurídica de los entes directamente por

414 *V.* las cláusulas 29, 18, 34 y 35 de los Estatutos en el Diario *El Bolivarense,* Ciudad Bolívar, Sábado 27-12-75, pp. 13 y ss.

Ley, hubiera abierto una presunción en favor de la personalidad de derecho público de los mismos y eventualmente, de la preponderancia del régimen de derecho público.

La Ley Orgánica, sin embargo, varió esta norma, y como se ha visto, atribuyó al Ejecutivo Nacional la facultad de elegir la forma jurídica que juzgara conveniente para la personalidad de las empresas, "sugiriendo", en todo caso, que se escogiera la forma mercantil de derecho privado, la sociedad anónima, tal como se hizo posteriormente.

Ahora bien, el hecho de que la empresa Petróleos de Venezuela S.A. tenga una personalidad jurídica propia y distinta de la República y de los otros entes territoriales, la convierte en un centro autónomo de imputación de intereses, lo que da origen a un régimen jurídico propio desde el punto de vista patrimonial, de la responsabilidad, de orden tributario, de carácter contractual, etc., distinto del de la República. Como consecuencia, y en general, no se aplican a Petróleos de Venezuela S.A. por ejemplo, las normas de la Ley Orgánica de la Hacienda Pública Nacional que rigen la Administración del patrimonio de la República.

B. El patrimonio propio

La empresa Petróleos de Venezuela S.A., por otra parte, tiene un patrimonio propio, distinto del patrimonio de la República. Las acciones de la empresa, en todo caso, son de la exclusiva propiedad del Estado Venezolano, como único accionista (art. 6°, base primera de la Ley Orgánica); pero "sus acciones no podrán ser enajenadas ni gravadas en forma alguna" (Cláusula Sexta de los Estatutos).

El capital fue pagado en un 40%, quedando al Ejecutivo determinar la forma v oportunidad del pago de la parte de capital no enterado en caja (Cláusula Cuarta), lo cual se hizo el 2 de enero de 1976.

Sin embargo, en la gestión financiera y patrimonial, la empresa tiene expresamente atribuidas facultades para "adquirir, vender, enajenar y traspasar, por cuenta propia o de terceros, bienes muebles e inmuebles; emitir obligaciones; promover, como accionista o no, otras sociedades civiles o mercantiles y asociarse con personas naturales o jurídicas, todo conforme a la Ley; fusionar, reestructurar o liquidar empresas de su propiedad; otorgar créditos, financiamientos, fianzas, avales o garantías de cualquier tipo, y, en general, realizar todas aquellas operaciones, contratos y actos comerciales que sean necesarios o convenientes para el cumplimiento del mencionado objeto" (Cláusula Segunda de los Estatutos).

Sin embargo, para realizar esa gestión patrimonial, la empresa está sometida, como se dijo, a las "disposiciones que dicte el Ejecutivo Nacional", y entre ellas, es el Ejecutivo Nacional quien debe fijar el monto del fondo de reserva de la empresa (Cláusula Cuadragésima Quinta, numeral 1°).

Por su actividad patrimonial, en todo caso, Petróleos de Venezuela está sujeta "al pago de los impuestos y contribuciones nacionales establecidos para las concesiones de hidrocarburos"... pero no está sujeta "a ninguna clase de impuestos estadales ni municipales" (artículo 7° de la Ley Orgánica).

C. Los objetivos precios

De acuerdo a la Ley Orgánica, la empresa matriz de la industria petrolera nacionalizada, Petróleos de Venezuela S.A., tiene por objeto fundamental la "coordinación, supervisión V control de las actividades de las demás" empresas (art. 6°, base Segunda) y tal como lo precisa la Cláusula Segunda de sus Estatutos, "la sociedad tendrá por objeto planificar, coordinar y supervisar la acción de las sociedades de su propiedad, así como controlar que estas últimas en sus actividades de exploración, explotación, transporte, manufactura, refinación, almacenamiento, comercialización o cualquiera otra de su competencia en materia de petróleo y demás hidrocarburos, ejecuten sus operaciones de manera regular y eficiente". En la realización de dicho objeto, en todo caso, la empresa está sometida a "las disposiciones que dicte el Ejecutivo Nacional" como se dijo, además de toda la otra normativa que le es aplicable.

No hay que olvidar, en todo caso, que Petróleos de Venezuela es una empresa del Estado, que realiza esos objetivos por cuenta del Estado que es quien se ha reservado la industria y el comercio de los hidrocarburos. Por ello, el propio Decreto de creación de la empresa, modificado en 1979, considerando que ella tiene a su cargo "la continuación y desarrollo de la actividad petrolera reservada al Estado" precisa que ésta "cumplirá y ejecutará la política que dicte en materia de Hidrocarburos el Ejecutivo Nacional, por órgano del Ministerio de Energía v Minas, en las actividades que le sean encomendadas" (Art. 2 del Decreto N° 1123 del 30 de agosto de 1975).

D. La organización propia

Petróleos de Venezuela S.A. fue concebida como una empresa matriz de toda la industria petrolera nacionalizada. Como tal, se la dotó de la organización propia de una sociedad anónima. Sin embargo, la organización societaria de la empresa está condicionada por la intervención de órganos estatales extraños, formalmente, a los órganos societarios.

La Asamblea, por ejemplo, no existe en cuanto a tal. Siendo la República la única accionista, la Asamblea puede ser una sola persona: el Ministro de Energía y Minas, y en realidad cuando ejerce los derechos accionarios de la República manifiesta una voluntad unilateral de ésta, a través de un acto administrativo. Los Estatutos cíe Petróleos de Venezuela, sin embargo, han abierto la posibilidad de que los derechos accionarios de la República en la Asamblea estén representados por varios Ministros designados por el Presidente de la República, en cuyo caso, la Asamblea siempre estaría presidida por el Ministro de Energía y Minas, (Cláusula Undécima). La decisión conjunta de estos Ministros, aun cuando no revista la fórmula de Resolución, también sería un acto administrativo individual.

Por otra parte, tal asamblea se reúne ordinariamente mediante convocatoria que debe formular el Directorio de la empresa con 15 días de anticipación mediante aviso publicado en la prensa de Caracas (Cláusula Novena de los Estatutos). Sin duda, esta es una de las cláusulas sin mayor sentido de los Estatutos, pues no parece razonable que se convoque al Ministro de Minas e Hidrocarburos, por ejemplo, y a los otros Ministros que puedan representar las acciones de la República en la Asamblea, por la prensa. En todo caso, esta situación se corrige en el caso de las Asambleas Extraordinarias; estas se reúnen "por iniciativa del Ejecutivo Nacional, mediante oficio dirigido por el Ministro de Energía y Minas a] Directorio, o por convocatoria escrita de éste dirigida al Ejecutivo Nacional por órgano del Ministro de Energía y Minas" (Cláusula Novena).

Por otra parte, al contrario de lo que normalmente sucede en las sociedades anónimas, la Asamblea como tal, no designa a los miembros del Directorio tic Petróleos de Venezuela; éste está integrado por 11 miembros "designados mediante Decreto por el Presidente de la República" junto con sus suplentes (Cláusula Décima Séptima); correspondiendo al Presidente en el mismo Decreto de nombramiento, el señalamiento, de los Directores que deberán dedicarse en forma exclusiva a sus funciones dentro de la sociedad. (Cláusula Vigésima). En estos supuestos se confirma que el accionista único, la República, ejerce sus derechos accionarios como tiene que ser, unilateralmente, a través de actos administrativos (Decretos) individuales.

Por otra parte, en cuanto al personal de Petróleos de Venezuela S.A. la Ley Orgánica fue precisa: los directivos, administradores, empleados y obreros de las empresas nacionales, no son considerados como funcionarios o empleados públicos (artículo 8°); por tanto, no están sometidos a la Ley de Carrera Administrativa ni al sistema de administración de personal vigente en el sector público centralizado y descentralizado constituido a través de Cormas de derecho público (institutos autónomos). Sin embargo, aclara la Ley Orgánica, a los directivos o administradores se les aplican las incompatibilidades previstas en los artículos 123 y 124 de la Constitución: el no desempeño, a la vez, de un destino público remunerado; y la no contratación con la República, los Estados, los Municipios y las demás personas jurídicas de derecho público. Además de estas incompatibilidades, por supuesto, a dichos directivos o administradores se les aplican las incompatibilidades electorales previstas en la Constitución: no pueden ser elegidos Senadores o Diputados en los términos del artículo 140, ordinal que se refiere a los funcionarios y empleados de "empresas en las cuales el Estado tenga participación decisiva".

En relación a la incompatibilidad prevista en el artículo 124 de la Constitución, es necesario hacer la siguiente precisión: dicho artículo establece que "nadie que esté al servicio de la República, de los Estados, de los Municipios y demás personas jurídicas de derecho público podrá celebrar contrato alguno con ellos, ni por sí ni por interpuesta persona ni en representación de otro, salvo las excepciones que establezcan las leyes". Esta norma, por tanto, no es directamente aplicable a Petróleos de Venezuela S.A. pues, tal conto se señaló, no se trata de una persona jurídica de derecho público, sino de una persona jurídica de derecho privado. Fue necesario prever expresamente en la Ley Orgánica, la aplicabilidad de dicha incompatibilidad, para que procediera respecto de los directores o administradores de Petróleos de Venezuela, tal como lo sugirió el Contralor General de la República[415].

En el mismo sentido, no tratándose de funcionarios públicos los directivos o administradores de Petróleos de Venezuela S.A. ya que esta persona jurídica tiene forma de derecho privado, los cargos que estos ocupan no son destinos públicos remunerados. Para la aplicación, a ellos, de la incompatibilidad prevista en el artículo 123 de la Constitución en el sentido de que no puedan además y a la vez ocupar un destino público remunerado, fue necesaria la previsión expresa en la Ley Orgánica. Por último, debe señalarse que los "administradores" de Petróleos de Venezuela, es decir, los miembros

---

415 *V.* la opinión del Contralor General de la República sobre el articulado del Proyecto de Ley Orgánica que Reserva al Estado la Industria y el Comercio de los Hidrocarburos, en *Revista de Control Fiscal,* N° 77. Caracas 1975, p. 46.

de la Junta Directiva, a los solos efectos de la Ley Contra el Enriquecimiento Ilícito de Funcionarios o Empleados Públicos de 51 de marzo de 1964[416], "se consideran funcionarios o empleados públicos" art, 2°, ordinal 3°), por lo que rige, para ellos, la obligación de presentar declaraciones juradas de bienes (art. 3° de la Ley).

3. Régimen jurídico derivado del carácter de persona jurídica estatal

Petróleos de Venezuela S.A. no solo es una persona jurídica de derecho privado creada por el Estado, sino que además, es una persona jurídica estatal, y como tal, está sometida a un régimen de control por parte de diversas instancias estatales; y goza de una serie de prerrogativas.

A. El régimen de control

Uno de los elementos de mayor importancia que caracteriza a las personas jurídicas estatales, derivado precisamente de su integración a la estructura general del Estado, es el régimen de control que se traduce en relaciones concretas entre la persona jurídica estatal descentralizada V la Administración Central. Por supuesto, el ámbito y modalidades de este control depende de la forma jurídica adoptada en el proceso descentralizador: si se trata de la adopción de formas jurídicas de derecho público, aquellos serán, normalmente, más intensos v directos; si se trata, como en el caso de Petróleos de Venezuela, de la adopción de formas jurídicas de derecho privado, aquellos serán normalmente, de menor intensidad e indirectos.

En efecto, en la actualidad puede decirse que Petróleos de Venezuela S.A. está sometida a diversos tipos de controles públicos: control parlamentario, control fiscal, control administrativo y control accionario.

a. El control parlamentario

En cuanto al control parlamentario, es de destacar que conforme al artículo 160 de la Constitución, como toda persona jurídica, Petróleos de Venezuela S.A., está obligada a comparecer mediante sus representantes ante los cuerpos legislativos, sus comisiones, y "a suministrarles las informaciones y documentos que requieran para el cumplimiento de sus funciones". En todo caso, conforme al artículo 230 de la propia Constitución, las modalidades del control del Congreso sobre los intereses del Estado en Petróleos de Venezuela S.A. pueden ser reguladas mediante Ley.

b. El control fiscal externo

En lo que se refiere al control fiscal Petróleos de Venezuela S.A. como toda empresa del Estado, está sometida al control de la Contraloría General de la República, que se traduce en un control de auditoría y un control de gestión. En este sentido, expresamente la Ley Orgánica de la Contraloría General de la República otorga competencia al Organismo Contralor, en relación a las empresas del Estado, "para practicar auditorías y ejercer funciones de control de gestión, a fin de verificar si la actividad de las referidas empresas se adecúa a las decisiones adoptadas y a los planes y objetivos que le hubieran sido señalados; similares facultades de control podrá ejercer sobre las personas jurídicas

---

416 *V.* en *Gaceta Oficial* N° 902 Extr. de 31-3-64.

en que las empresas del Estado tengan participación y en las demás instituciones promovidas por entes públicos" (art. 64). Queda claro, en todo caso, que respecto de las empresas del Estado entre las cuales se encuentra Petróleos de Venezuela S.A., el control externo a cargo de la Contraloría es un control limitado: sólo puede consistir en la práctica de auditorías y en el control de gestión, y este último, sólo con el fin de verificar la adecuación de Petróleos de Venezuela S.A. a las decisiones adoptadas en la propia empresa o a los planes y objetivos que le han sido señalados por el Ejecutivo Nacional.

Debe señalarse, además, que en virtud de que la Ley Orgánica de Crédito Público –tal como se verá– se aplica a Petróleos de Venezuela, en cuanto al control externo a cargo de la Contraloría General de la República sobre Petróleos de Venezuela, aquella tiene funciones de control financiero y de control perceptivo (art. 16) sobre las operaciones de crédito público que realice la empresa. Por último, también debe señalarse que la Contraloría General de la República tiene atribuida competencia para vigilar que los aportes, subsidios y otras transferencias que eventualmente haga la República a Petróleos de Venezuela, se inviertan en las finalidades para las cuales se efectúen, por lo que podría, además, practicar inspecciones y establecer los sistemas de control que estime conveniente (art. 78 de la Ley Orgánica de la Contraloría General de la República).

En esta forma, es necesario tener en cuenta que aparte de las regulaciones que directamente establece la Ley Orgánica de la Contraloría General de la República y que permiten un control externo sobre las empresas del Estado, diversas normas particulares –algunas con el rango de Leyes Orgánicas, corno la Ley de Crédito Público– establecen competencias específicas en materia de control sobre empresas del Estado a la Contraloría General de la República.

c. El control administrativo

Por otra parte, además del control parlamentario y del control fiscal, Petróleos de Venezuela S.A. también está sometido a mecanismos de control administrativo.

a'. El control político por el Ejecutivo Nacional

En efecto, ante todo es necesario señalar que la empresa Petróleos de Venezuela debe cumplir y ejecutar "la política que dicte en materia de hidrocarburos el Ejecutivo Nacional, por órgano del Ministerio de Minas e Hidrocarburos, en las actividades que le sean encomendadas" según lo dispone el art. 1° del Decreto N° 1123 de 30 de agosto de 1975 de creación de Petróleos de Venezuela. De acuerdo a esta norma, como ente de la Administración Descentralizada, Petróleos de Venezuela es una institución del Estado, ejecutora de la política de hidrocarburos que dicte el Ejecutivo Nacional. Sin duda, ésta es la primera manifestación del control administrativo que se ejerce sobre la empresa: la posibilidad que tiene el Ejecutivo Nacional de definirle la política que debe seguir en el campo de la industria petrolera; y esta definición de política no se realiza por medio de las formas societarias –es decir, mediante la Asamblea –, sino por decisiones unilaterales del Ejecutivo Nacional.

Debe indicarse además, dentro de esta misma orientación, que el Decreto N° 1454 de 9 de marzo de 1976[417] mediante el cual se aprobó formalmente el V Plan de la Nación, lo hizo de obligatorio cumplimiento por parte de las empresas del Estado, entre las cua-

417 *V.* en *Gaceta Oficial* N° 1860 Extr, de 11–3–76.

les está Petróleos de Venezuela, la cual debe ajustarse, en su actuación, a las estrategias, políticas, programas y metas del Plan (Art. 3°).

Por otra parte, como se ha visto, Petróleos de Venezuela se rige, además de por la Ley Orgánica que Reserva al Estado la Industria y el Comercio de los Hidrocarburos, por los reglamentos de ella, por sus Estatutos, y por las disposiciones del derecho común que le sean aplicables, "por las disposiciones que dicte el Ejecutivo Nacional" (Cláusula Tercera de los Estatutos), con lo que se abre un campo muy amplio para el ejercicio de un control administrativo de parte del Ejecutivo Nacional sobre la empresa. En ejercicio de esta potestad del Ejecutivo, inclusive de carácter estatutario, éste puede determinar las modalidades v formas como Petróleos de Venezuela deba realizar determinadas funciones.

Por ejemplo, la Asamblea de Petróleos de Venezuela tiene competencia para "decidir la constitución de sociedades operadoras que tendrán por objeto realizar las actividades y negocios inherentes a la industria petrolera que les determine la misma Asamblea y sobre la reestructuración de sociedades ya existentes, cuyas acciones le sean transferidas en propiedad a los mismos fines" (Cláusula Décima Cuarta de los Estatutos). Conforme a la Ley Orgánica que Reserva al Estado la Industria y el Comercio de los Hidrocarburos, se dejó a la exclusiva competencia del Ejecutivo Nacional la creación de las empresas que juzgara necesarias para el desarrollo regular y eficiente de las actividades reservadas, así como para "modificar su objeto, fusionarlas o asociarlas, extinguirlas y liquidarlas y aportar su capital a otra u otras de esas mismas empresas" (art. 6, base primera), pudiendo asignarle a Petróleos de Venezuela "la propiedad de las acciones de cualesquiera de esas empresas" (art. 6, base segunda); y se estableció expresamente –en la Ley Orgánica– (pie todas esas empresas, incluyendo a Petróleos de Venezuela, se regirán por la misma Ley Orgánica y sus reglamentos, por sus propios Estatutos, por las disposiciones que dicte el Ejecutivo Nacional y por las del derecho común que le fueren aplicables (art. 7°). Conforme a ello, por tanto, la propia Ley Orgánica excluyó del ámbito del legislador ordinario la regulación de las actividades de Petróleos de Venezuela, por lo que, por ejemplo, ésta no está sometida a lo previsto en el artículo 10° de la Ley de Presupuesto para el Ejercicio Fiscal 1979, que exige la autorización previa de la Comisión de Finanzas del Congreso o de su Comisión Delegada para la constitución de sociedades, y la suscripción y enajenación de acciones, por los institutos autónomos y por las compañías –como Petróleos de Venezuela– en las que el Estado tenga más del 50% de las acciones.

En todo caso, debe recordarse que algunos entes del Estado han sido excluidos de esta obligación de requerir la autorización previa de las Comisiones del Congreso en sus propias leyes reguladoras. Tal ha sido el caso de la Corporación Venezolana de Fomento cuya Ley exige solamente la autorización previa del Ejecutivo Nacional[418] y del Fondo de Inversiones de Venezuela, cuya Ley excluye, inclusive, la autorización previa y formal del Ejecutivo Nacional[419].

En este mismo orden de ideas, en virtud de que Petróleos de Venezuela está sometida a las disposiciones que dicte el Ejecutivo Nacional, podría surgir la duda sobre la aplicabilidad o no, y el ámbito y alcance en su caso, del Decreto N° 280 de 8 de abril de

418 *V.* el artículo 12, parágrafo único del Estatuto Orgánico de la Corporación Venezolana de Fomento en *Gaceta Oficial* N° 30.668 de 14–4–75.

419 *V.* el artículo 26 del Estatuto del Fondo de Inversiones de Venezuela en *Gaceta Oficial* N° 30.430 de 21–6–74.

1970[420], que contiene el Reglamento de Coordinación, Administración y Control de los Institutos Autónomos de la Administración Pública Nacional y que conforme a su artículo 51, sus normas rigen para las empresas del Estado en cuanto sean aplicables. Por supuesto, dada la naturaleza de la actividad de Petróleos de Venezuela, no serían aplicables a dicha empresa las normas del citado reglamento; sin embargo, parecería lo más conveniente que se hiciese una aclaratoria expresa por parte del Ejecutivo Nacional, tal como se ha hecho respecto del Fondo de Inversiones de Venezuela, excluido de la aplicación del citado Reglamento en virtud del Decreto N° 372 del 27 de agosto de 1974[421].

Ahora bien, en la reforma de los Estatutos de Petróleos de Venezuela C.A. formulada por el Decreto N° 250 del 23 de agosto de 1979, se aclaró y definió expresamente el ámbito del control político–administrativo sobre la empresa, al agregarse a la Cláusula Segunda que se refiere al objeto de la sociedad, lo siguiente:

> "El cumplimiento del objeto social deberá llevarse a cabo por la sociedad bajo los lineamientos y las políticas que el Ejecutivo Nacional a través del Ministerio de Energía y Minas establezca o acuerde en conformidad con las facultades que le confiere la Ley".
>
> "Las actividades que realice la empresa a tal fin estarán sujetas a las normas de control que establezca dicho Ministerio en ejercicio de la competencia que le confiere el artículo de la Ley Orgánica que Reserva al Estado la Industria y el Comercio de los Hidrocarburos".

Por tanto, a partir de la reforma estatutaria de agosto de 1979 no hay duda respecto de las facultades de control del Ministerio de Energía y Minas sobre la empresa. Por una parte, un control previo general de establecimiento de los lineamientos y políticas que deben guiar la acción de la empresa en la realización de su objeto social; y por la otra, la posibilidad de establecer diversos mecanismos de control posterior o concomitante respecto de las actividades que realice la empresa.

Además, y respecto del control administrativo que el Ejecutivo Nacional puede ejercer sobre Petróleos de Venezuela, deben destacarse las normas de las muy recientes Ley Orgánica de Régimen Presupuestario y Ley Orgánica de Crédito Público promulgadas el 30 de julio de 1976[422].

b'. El control presupuestario

En efecto, la Ley Orgánica de Régimen Presupuestario, que regula "el proceso presupuestario de los organismos del Sector Público", se aplica a todas las personas jurídicas estatales, es decir, que integran el sector público, y entre ellas a aquellas sociedades –como Petróleos de Venezuela– en las cuales la República tenga una "participación igual o mayor al cincuenta por ciento (50%) del capital social". Quedan "comprendidas, además, las sociedades de propiedad totalmente estatal –como Petróleos de Venezuela–, cuya función, a través de la posesión de acciones de otras sociedades, sea coordinar la gestión empresarial pública de un sector de la economía nacional" (art. 1°, ordinal 4°). No existe norma alguna en la Ley Orgánica que excluya a Petróleos de Venezuela S.A. de su ámbito de aplicación.

Ahora bien, conforme a esta Ley Orgánica de Régimen Presupuestario, que tiene el mismo rango legislativo que la Ley Orgánica que Reserva al Estado la Industria y el Comercio de los Hidrocarburos, Petróleos de Venezuela debería elaborar, conforme a ella, el Presupuesto de su gestión el cual, aprobado por el Directorio, debe ser remitido

420 *V.* en *Gaceta Oficial* N° 29.190 de 14–4–70.
421 *V.* en *Gaceta Oficial* N° 30.495 de 9–9–74.
422 *V.* en *Gaceta Oficial* N° 1893 Extr. de 30–7–76.

a través del Ministerio de Energía y Minas, a la Oficina Central de Presupuesto y la Oficina Central de Coordinación y Planificación en la forma y lechas que determine el Reglamento de dicha Ley (art. 60). Este Presupuesto de Petróleos de Venezuela, debería ser aprobado por el Ministerio de Energía y Minas (arts. 61 y 53) y posteriormente, debería también ser aprobado por el Presidente de la República en Consejo de Ministros, quien debería decidir "la parte de las utilidades netas que serán ingresadas al Tesoro ¡¡Nacional y la oportunidad de su entrega" (art. 61), a los efectos de que puedan figurar como ingresos nacionales en la Ley de Presupuesto (art. 18). En esta forma, la decisión que los Estatutos de Petróleos de Venezuela asignan a la Asamblea en la Cláusula Cuadragésima Sexta sobre la distribución de utilidades ha de estar en consonancia con la decisión del Ejecutivo Nacional. Queda entendido, en todo caso, que la aprobación del presupuesto de Petróleos de Venezuela por el Presidente de la República en Consejo de Ministros, tal como lo precisa la propia Ley, "no significará limitaciones en cuanto a los volúmenes de ingresos y gastos presupuestarios y sólo establecerá la conformidad, entre los objetivos, metas y programas de la gestión empresarial y los contenidos en el Plan de la Nación y en el Plan Operativo Anual" (art. 61).

A los efectos de la elaboración del Presupuesto, en todo caso, Petróleos de Venezuela se debería atener a la política sectorial que le imparta el Ministerio de Minas e Hidrocarburos (art. 61 de la Ley Orgánica y art. 1° del Decreto N° 1123 de 30 de agosto de 1975 creador de la empresa), y el mismo debe contener "los estados financieros proyectados, así como toda aquella información económica, financiera y administrativa que se requiera para fines de programación, evaluación y control de su gestión" (art. 53, aplicable en virtud de lo previsto en el art. 61 de la Ley Orgánica).

Debe señalarse, por otra parte, que cuando las circunstancias lo aconsejen el Presidente de la República, en Consejo de Ministros, podría limitarle o fijarle a Petróleos de Venezuela, los montos de determinados programas o proyectos, indicando los gastos de operación e inversión que quedarán afectados (art. 62).

Por último, y también en cuanto a la gestión de su Presupuesto, Petróleos de Venezuela debería remitir al Ministerio de Energía y Minas, la Oficina Central de Presupuesto, la Oficina Central de Coordinación y Planificación y la Dirección Nacional de Contabilidad Administrativa, información periódica de su gestión presupuestaria, de acuerdo con las normas que dicte la Oficina Central de Presupuesto (art. 63).

Debe indicarse, sin embargo, que en general este control presupuestario sobre Petróleos de Venezuela S.A. no se ha aplicado, y hasta 1979 fue el Directorio quien aprobaba el presupuesto de Petróleos de Venezuela y sus empresas filiales. A nivel gubernamental, en agosto de 1979 se anunció, que el Ejecutivo Nacional comenzaría a aprobar el Presupuesto de todas las empresas petroleras nacionalizadas lo cual se hizo efectivo mediante la reforma de los Estatutos de Petróleos de Venezuela C.A., en los cuales se atribuyó a la Asamblea la facultad de "Examinar, aprobar o improbar los presupuestos consolidados de inversiones y de operaciones de la sociedad y de las sociedades o entes afiliados" (Cláusula Decima Tercera, numeral 2).

c'. El control de las operaciones de crédito público

En cuanto a la Ley Orgánica de Crédito Público de 30 de julio de 1976 debe indicarse que la misma también se aplica, en principio, a todas las personas jurídicas estatales, y entre ellas, a las sociedades –como Petróleos de Venezuela– en las cuales la República tenga participación igual o superior al 51% del capital social (art. 2, ordinal 2°)– Por tanto, todas las operaciones que realice Petróleos de Venezuela que consistan en la emisión v colocación de Bonos u obligaciones de largo y mediano plazo y en las operaciones de tesorería o crédito a corto plazo; en la apertura de crédito con instituciones financieras, comerciales o industriales nacionales, extranjeras o internacionales; en la contratación de obras, servicios o adquisiciones cuyo pago total o parcial se estipule realizar en el transcurso de uno o más ejercicios fiscales posteriores al vigente, en el otorgamiento de garantías; y en la consolidación, conversión o unificación de otras deudas; quedan sometidas a las previsiones –y a las excepciones– de la Ley Orgánica de Crédito Público.

Esta Ley, en efecto, respecto las operaciones de crédito público de las sociedades del Estado, exige no sólo la aprobación del Presidente de la República sino la autorización del Congreso, mediante Ley (art. 50). Sin embargo, expresamente se exceptúa de ***"este régimen"*** de autorizaciones previstas en el artículo 50, a las empresas creadas o que se crearen de conformidad con la Ley Orgánica que Reserva al Estado la Industria y el Comercio de los Hidrocarburos (Parágrafo Único del art. 50), por lo que Petróleos de Venezuela no requiere del consentimiento formal del Presidente de la República en Consejo de Ministros ni del Congreso a través de una Ley para realizar operaciones de crédito público. En todo caso, se entiende que la excepción se refiere sólo al régimen de autorizaciones que regula el artículo 50 de la Ley, y no al régimen general de la ley Orgánica. Si ésta hubiese sido la intención, la excepción se hubiese incluido en el artículo 2 de la misma Ley. Como consecuencia, y salvo el régimen de autorizaciones, Petróleos de Venezuela está sometida a las diversas condiciones que deben revestir las operaciones y a los controles de parte del Ministerio de Hacienda (art. 53, por ejemplo), que se integran también, dentro de los controles administrativos que se pueden ejercer sobre Petróleos de Venezuela S.A.

d. El control accionario

Por último, debe mencionarse que la empresa Petróleos de Venezuela está sometida, como toda compañía anónima, al control accionario que ejerce el Ejecutivo Nacional como titular de las acciones de la República. La Asamblea de Accionistas de la empresa presidida por el Ministro de Minas e Hidrocarburos (Cláusula Undécima), tiene "la suprema dirección y administración de la sociedad" (Cláusula Séptima), y la integran, el Ministro de Minas e Hidrocarburos y los demás Ministros que oportunamente pueda designar el Presidente de la República (Cláusula Undécima). Por tanto, es a través del mecanismo societario de la Asamblea que el Ejecutivo Nacional ejerce indirectamente el más amplio control sobre la empresa.

B. El régimen de prerrogativa

La empresa Petróleos de Venezuela puede decirse que en su actuación externa, no goza de las prerrogativas atribuidas al Estado, sino que se mueve como un sujeto de derecho privado. Como tal, por ejemplo, está sujeta al pago de los impuestos y contribuciones nacionales (art. 7° de la Ley Orgánica), por lo que nacionalmente no tiene ningún privilegio fiscal. Sin embargo, no está sujeta a ninguna clase de impuestos estadales ni municipales (art. 7° de la Ley Orgánica).

En torno a este privilegio fiscal debe decirse que, sin lugar a dudas el mismo es inconstitucional, pues no puede una Ley nacional eximir de impuestos estadales o municipales, sin violar la autonomía de los Estados y de las Municipalidades. El problema ya ha sido discutido ante la Corte Suprema de Justicia y basta recordar la declaratoria de nulidad del artículo 20 de la Ley aprobatoria del contrato celebrado entre el Ejecutivo Nacional y el Banco de Venezuela que estableció una exención de impuestos y contribuciones municipales, pronunciada en virtud de que la Corte lo consideró inconstitucional por violar el principio de la autonomía del régimen fiscal de los Municipios mantenido en la Constitución[423].

Por otra parte, y en virtud de que la Ley que Reserva al listado la Industria y el Comercio de los Hidrocarburos, declara de utilidad pública y de interés social las actividades reservadas, así como las obras, trabajos y servicios que fueren necesarios para realizarlas (art. 1°), no hay duda de que le es aplicable a Petróleos de Venezuela la prerrogativa procesal prevista en el artículo 46 de la Ley Orgánica de la Procuraduría General de la República y que exige a todo Juez que decrete un embargo, secuestro, hipotecas, ejecuciones interdictales o alguna medida de ejecución preventiva o definitiva sobre bienes afectados a una actividad de utilidad pública nacional, que antes de la ejecución de cualesquiera de dichos actos, notifique al Ejecutivo Nacional, por órgano del Procurador General de la República, a fin de que se lomen las medidas necesarias para que no se interrumpa la actividad a que esté afectado el bien.

De resto, en general, Petróleos de Venezuela S.A. no goza de ninguna de las prerrogativas del Fisco Nacional, por lo que su régimen normal es el del "derecho común" tal como lo precisan sus Estatutos. Esto, sin embargo, en materia de competencia jurisdiccional para conocer de los juicios en los cuales cualquier empresa del listado, incluida Petróleos de Venezuela S.A., sea parte, ha sido modificado. En efecto, en la reciente Ley Orgánica de la Corte Suprema de Justicia de 30 de julio de 1976, se estableció la competencia de la jurisdicción contencioso administrativa para conocer de las acciones que se propongan contra las empresas en la cual "el Estado tenga participación decisiva", con lo cual se ha establecido, además, un fuero a favor de las mismas, lo cual abarca, sin duda, a Petróleos de Venezuela S.A.

En esta forma, los juicios contra Petróleos de Venezuela S.A. por cuantías que excedan los 5.000.000 de bolívares, corresponden a la competencia a la Corte Suprema de Justicia en Sala Político Administrativa (art. 42, ord. 15); cuando la cuantía oscile entre 1.000.000 y 5.000.000 de bolívares, corresponden a la competencia de la Corte Primera en lo Contencioso–Administrativo (art. 185, ord. 6°); y por montos inferiores a 1.000.000 de bolívares, la competencia corresponde a los Tribunales Superiores en lo Civil, Mercantil y Contencioso–administrativo de las Regiones (art. 182, ord. 2°). Esto no se aplica, sin embargo, a los juicios por cuestiones laborales, los cuales están sometidos a la jurisdicción de los Tribunales del Trabajo.

IV. APRECIACIÓN GENERAL

Del análisis que se ha hecho anteriormente resulta evidente que Petróleos de Venezuela es una empresa del Estado, integrada al Sector Público, es decir, a la estructura

423 *V.* sentencia de la Corte Plena de 15 de marzo de 1962 en *Gaceta Oficial* N° 760 Extr. de 22–3–62. *V.* la opinión que defiende la constitucionalidad de este artículo de C. E. Padrón Amaré, en Ramón J. Duque Corredor, *El Derecho de la Nacionalización Petrolera*, Caracas 1978, p. 230.

general organizativa del Estado, y que forma parte, por tanto, de lo que el derecho positivo denomina los organismos gubernamentales. Como tal, y conforme a los criterios de clasificación de los sujetos de derecho que hemos adoptado[424] Petróleos de Venezuela es una persona jurídica estatal, con forma jurídica de derecho privado (sociedad anónima).

Como persona con forma jurídica de derecho privado, Petróleos de Venezuela está sometida básicamente a las normas del derecho mercantil. Sin embargo, como se vio, debido a que es una empresa del Estado, en la cual éste es único accionista, las normas de derecho mercantil se encuentran condicionadas por normas de derecho público. Por otra parte, como empresa del Estado, Petróleos de Venezuela S.A. es una persona jurídica estatal con lo que, en paralelo y complementando la normativa del derecho común que se le aplica, está sometida a un régimen de derecho público, que se traduce, básicamente, en normas de control de manera de asegurar su integración al Sector Público, y en normas que por ello, le conceden ciertas situaciones de prerrogativa en relación a los sujetos de derecho privado.

En definitiva, por tanto, se trata de una persona jurídica estatal, con forma de derecho privado, sometida tanto a un régimen de derecho privado como de derecho público.

§3. El carácter de Petróleos de Venezuela, S.A. como instrumento del Estado en la industria petrolera

Este parágrafo tercero es el texto del estudio sobre "El carácter de Petróleos de Venezuela S.A. como instrumento del Estado en la Industria Petrolera," publicado en *Revista de Derecho Público*, N° 23, Editorial Jurídica Venezolana, Caracas, julio–septiembre 1985, pp. 77–86

I. LA RESERVA DE LA INDUSTRIA PETROLERA AL ESTADO

Mediante la Ley Orgánica que reserva al Estado la Industria y el Comercio de los Hidrocarburos del 29 de agosto de 1975 (*Gaceta Oficial* N° 1.769 Extra, de 29–8–75), el Estado Venezolano nacionalizó esta industria, transformando de manera general en el sector, la propiedad privada de las empresas petroleras en propiedad pública, mediante la reserva que hizo de la industria y el comercio de los hidrocarburos; y adquiriendo la propiedad de las empresas, reestructuró, así, la economía nacional. El Estado, mediante la Ley de reserva de 1975, por supuesto, no nacionalizó los recursos naturales del subsuelo y entre ellos los hidrocarburos, pues estos nunca han sido bienes susceptibles de apropiación privada, y siempre, en toda la historia de la República, han sido de propiedad pública. Lo "que se nacionalizó fue la actividad industrial y comercial en relación a los hidrocarburos.

El fundamento constitucional de la nacionalización en Venezuela está en la figura de *la reserva de actividades económicas por el Estado*, prevista en la Constitución vigente

424 *V.* Allan R. Brewer Carías, "La distinción entre las personas públicas y las personas privadas y el sentido de la problemática actual de la clasificación de los sujetos derecho" en *Revista de la Facultad de Derecho,* N° 56, UCV, Caracas 1976, pp. 115 y ss.

de 1961, siguiendo la orientación establecida en la Constitución de 1947. En efecto, el artículo 97 de la Constitución establece expresamente la posibilidad que tiene el Estado de "*reservarse* determinadas industrias, explotaciones o servicios de interés público por razones de conveniencia nacional". Se abrió así la posibilidad, no sólo de que el Estado realice actividades empresariales, sino que las realice en forma exclusiva, reservada, excluyendo a los particulares del ámbito de las mismas. Esta reserva, sin duda, tiene por efecto fundamental establecer una limitación a la libertad económica de los individuos, excluyéndola del sector reservado. En esta forma, la reserva de actividades económicas por parte del Estado conlleva básicamente una prohibición impuesta a los particulares de realizar actividades propias del sector reservado, lo que afecta tanto a aquellos particulares o empresas que venían realizando actividades en el sector, como a cualquier particular o empresa que pretendiera, en el futuro, realizar dichas actividades. Después de la reserva, por tanto, los particulares que operan en el sector no pueden continuar realizando sus actividades, y hacia el futuro, ningún otro particular puede realizar nuevas actividades en el sector. La libertad económica en el mismo, ha sido excluida y es imposible ejercerla.

En materia petrolera, la Ley de reserva, además, estableció la obligatoriedad para todas las empresas concesionarias que operaban en la industria y el comercio de los hidrocarburos que el Estado se reservó por razones de conveniencia nacional, de transferirle a éste la propiedad de los bienes pertenecientes a las mismas, afectados a la actividad reservada, mediando indemnización. Por tanto, la reserva no fue el único elemento del proceso de nacionalización. Este conllevó fundamentalmente una prohibición impuesta a los particulares de realizar actividades propias del sector reservado o nacionalizado, lo que afectó tanto a aquellos concesionarios o empresas que venían realizando actividades en el sector, como a cualquier otro particular o empresa, hacia el futuro. Después de la reserva, los concesionarios o empresas que operaban en el sector, no debían continuar realizando sus actividades; y hacia el futuro ningún otro particular podía ni puede realizar nuevas actividades en el sector. Por ello, la nacionalización no se agotó con la reserva, sino que requería de actos complementarios mediante los cuales se asegurara que la gestión de las empresas y bienes existentes afectados a la industria y el comercio de los hidrocarburos, lo cual se nacionalizaba, se transfirieran al Estado, y que la actividad productiva o de servicios no se detuviera ni entorpeciera.

De allí que la reserva estuviese acompañada, como lo exige el ordenamiento jurídico venezolano, de la expropiación de los bienes afectados a los procesos productivos o de servicios de la empresa que operaban en el sector nacionalizado, para asegurar el traspaso rápido de los bienes de los concesionarios al Estado, mediante justa indemnización con las garantías de un debido proceso.

La nacionalización petrolera en Venezuela, por tanto, se hizo con estricto apego al ordenamiento jurídico vigente, además de haber sido un proceso político, políticamente realizado, sin la producción de conflictos con las empresas concesionarias, y sometido a un amplísimo debate político–democrático en el país. Por eso, la nacionalización petrolera en Venezuela, afortunadamente, no fue un proceso que condujo a confrontaciones con las empresas transnacionales, es decir, no fue un proceso traumático, sino que se caracterizó por ser una nacionalización concentrada, para cuya realización se acudió a las figuras que permitía el ordenamiento jurídico: la reserva al Estado de sectores económicos y el pago de la indemnización por la apropiación, por el Estado, de los bienes que estaban afectados a la actividad reservada; sin que esto se hubiese realizado violentando ni el orden jurídico ni el derecho que correspondía a las empresas transnacionales. Venezuela, así, indemnizó la nacionalización, o si se quiere, evitó el conflicto.

Ahora bien, la Ley Orgánica que reserva al Estado la Industria y el Comercio de los Hidrocarburos, de 1975, estableció, siguiendo la orientación constitucional, "que se *reserva al Estado"*, por razones de conveniencia nacional, todo lo relativo a "la *exploración* del territorio nacional en búsqueda de petróleo, asfalto y demás hidrocarburos; a la *explotación* de yacimientos de los mismos; a la manufactura o *refinación, transporte* por vías especiales y almacenamiento; al *comercio exterior e interior* de las sustancias explotadas y refinadas, y a las otras que su manejo requiera, en los términos señalados por esta Ley" (art. 1).

Este artículo de la Ley estableció, en primer lugar, *la reserva a favor del Estado* de la actividad económica relacionada con *la industria y comercio de los hidrocarburos.* La consecuencia fundamental de esta reserva, fue en primer lugar, la extinción de las concesiones otorgadas para la exploración de los hidrocarburos a empresas particulares, con anterioridad a la Ley, extinción que se hizo efectiva el día 31 de diciembre de 1975; y en segundo lugar, el establecimiento de un *monopolio de derecho* a favor del Estado ya que, conforme a lo que establece el artículo 5° de la Ley, el *Estado ejercerá todas esas actividades reservadas "directamente por el Ejecutivo Nacional o por medio de entes de su propiedad"*, pudiendo celebrar los convenios operativos necesarios para la mejor realización de sus funciones, sin que en ningún caso estas gestiones afecten la esencia misma de las actividades atribuidas.

Por ello, no sólo se trató de establecer una reserva a favor del Estado, sino que la Ley, además, conllevó a una verdadera nacionalización, es decir, a la *asunción por parte del Estado* de las actividades económicas que venían estando a cargo de las empresas concesionarias. A tal efecto, la Ley, estableció los mecanismos necesarios para expropiar a dichas empresas, si acaso no se llegaba a un arreglo amigable o avenimiento en relación al monto de la correspondiente indemnización. De acuerdo a la Ley Orgánica (arts. 12 a 15), el Ministro de Minas e Hidrocarburos presentó a las veintidós empresas concesionarias las ofertas de indemnización, previéndose el pago de acuerdo a dos sistemas: una parte pagada en efectivo, cancelándose el material existente para el 31 de diciembre; y otra para el pago por concepto de equipos e instalaciones, que debía efectuarse en bonos de la deuda pública, conforme a lo autorizado por el artículo 16 de la Ley. Las empresas concesionarias contestaron a la oferta presentada por el Ejecutivo Nacional dentro de los 15 días siguientes, y como consecuencia de ello, se llegó, entre el Ejecutivo Nacional y las empresas concesionarias, a un avenimiento, el cual se hizo constar en las llamadas Actas–Convenios, suscritas por el Procurador General de la República y las empresas concesionarias, conforme a las instrucciones impartidas por el Ejecutivo Nacional por órgano del Ministerio de Minas e Hidrocarburos; Actas de Avenimiento o Convenios cuyos efectos se producirían para la fecha de extinción de las concesiones, es decir, para el 31 de diciembre de 1975. De acuerdo a lo previsto en el artículo 12 de la Ley, el Ejecutivo Nacional, por órgano del Ministerio de Minas e Hidrocarburos, sometió las Actas Convenios a la aprobación y consideración de las Cámaras Legislativas, en sesión conjunta, habiéndose iniciado el debate en el Congreso el día 10 de diciembre. Las Actas Convenios fueron aprobadas y el acuerdo de aprobación respectivo fue publicado el 18 de diciembre de 1975 (*Gaceta Oficial* N° 1.784 Extra, de 18–11–75) y de acuerdo a dichas Actas se pagó una indemnización estimada para el 31 de diciembre de 1975, a las principales empresas concesionarias y participantes, que ascendió a la cantidad de cuatro mil trescientos cuarenta y siete millones, novecientos treinta mil trescientos cincuenta y dos bolívares (Bs. 4.347.930.352,00).

La Ley había previsto mecanismos para expropiar a las empresas concesionarias si no se lograba el avenimiento previsto en el artículo 12 de la Ley, pero no fue necesario acudir a dicho procedimiento, ya que se logró el acuerdo. En la Cláusula Cuarta de las Actas Convenios suscritas por la República y algunas de las principales empresas concesionarias, se establecieron las bases para que éstas procedieran a constituir sendas compañías anónimas que progresivamente irían asumiendo la operación integral de la industria; compañías anónimas, que luego serían traspasadas a la República, al extinguirse las concesiones el 31 de diciembre de 1975, tal como sucedió, y que luego pasaron a ser filiales de Petróleos de Venezuela, S.A.

II. LA GESTIÓN DE LA ACTIVIDAD RESERVADA A TRAVÉS DE EMPRESAS DEL ESTADO

De acuerdo a la Ley que reserva al Estado la Industria y el Comercio de los Hidrocarburos, el Estado debía ejercer "las actividades reservadas, *directamente por el Ejecutivo Nacional o por medio de entes de su propiedad"* (art. 15), con lo cual teóricamente, el legislador dejó a la decisión del Ejecutivo Nacional el atender la industria nacionalizada a través de la propia Administración Central ("directamente por el Ejecutivo Nacional", dice el artículo 5°) o a través de la Administración descentralizada del Estado ("por medio de entes de su propiedad" agrega el mismo artículo 5°). Sin embargo, a pesar de esta aparente libertad, en realidad la Ley dio directamente la pauta al Ejecutivo Nacional para la administración de la industria petrolera a través de formas descentralizadas. El artículo 6° de la Ley, en efecto, precisó que a los fines de ejercer las actividades nacionalizadas, "el Ejecutivo Nacional organizará la administración y gestión de las actividades reservadas" en la siguiente forma:

1. Creará, con las formas jurídicas que considere convenientes, las empresas que juzgue necesario para el desarrollo regular y eficiente de tales actividades, pudiendo atribuirles el ejercicio de una o más de éstas, modificar su objeto, fusionarlas o asociarlas, extinguirlas o liquidarlas y aportar su capital a otra u otras de esas mismas empresas. Estas empresas serán de la propiedad del Estado, sin perjuicio de lo dispuesto .en la base segunda de este artículo, y en caso de revestir la forma de sociedades anónimas, podrán ser constituidas con un solo socio.
2. Atribuirá a una de las empresas las funciones de coordinación, supervisión y control de las actividades de las demás, pudiendo asignarle la propiedad de las acciones a cualquiera de esas empresas.
3. Llevará a cabo la conversión en sociedad mercantil de la Corporación Venezolana del Petróleo creada mediante decreto N° 260, de 19 de abril de 1960.
4. A los solos fines de agilizar y facilitar el proceso de nacionalización de la industria petrolera, el Ejecutivo Nacional constituirá o hará constituir las empresas que estime convenientes las cuales, al extinguirse las concesiones, pasarán a ser propiedad de las empresas previstas en la base segunda de este artículo.
5. A los fines de proveer a la empresa prevista en la base segunda de recursos suficientes para desarrollar la industria petrolera nacional, las empresas operadoras constituidas conforme a las bases primera, tercera y cuarta, según sea el caso, entregarán mensualmente a aquélla una cantidad de dinero equivalente al diez por ciento (10%) de los ingresos netos provenientes del petróleo exportado por ellas durante el mes inmediatamente anterior. Las cantidades así

entregadas estarán exentas del pago de impuesto y contribuciones nacionales y serán deducibles para las empresas operadoras a los fines del impuesto sobre la renta.

El artículo 7° de la Ley agrega que "las empresas a que se refiere el artículo anterior se regirán por la presente Ley y sus reglamentos, por sus propios estatutos, por las disposiciones que dicte el Ejecutivo Nacional y por las del derecho común que les fueren' aplicables".

El artículo 8° de la Ley señala, por último, que "los Directivos, Administradores, empleados y obreros de las empresas a que se refiere el artículo 6° de la Ley, inclusive los de la Corporación Venezolana del Petróleo una vez convertida en sociedad mercantil, no serán considerados funcionarios o empleados públicos". Sin embargo, "a los Directivos o administradores se les aplicarán las disposiciones de los artículos 123 y 124 de la Constitución".

De acuerdo a estas normas, no hay duda en que la intención del Legislador fue estructurar la Administración Petrolera Nacionalizada a través de empresas del Estado (entes o personas estatales), con forma de sociedad mercantil y por tanto, con un régimen mixto de derecho público y de derecho privado, aun cuando preponderantemente de derecho privado, dada la forma jurídica societaria elegida. La aparente posibilidad de que el Estado pudiere ejercer las actividades reservadas "directamente por el Ejecutivo Nacional" en cuanto se refiere a las actividades que se venían realizando por empresas privadas de capital extranjero y que se nacionalizaban, estaba desvirtuada en la propia ley (arts. 6, 7 y 8), al "sugerir" la constitución de empresas (entes de propiedad del Estado, como lo señala el artículo 5°) con forma de sociedad mercantil.

En efecto, al día siguiente de la promulgación de la Ley de Nacionalización de la Industria Petrolera, el Presidente de la República "considerando" que era "de prioritaria necesidad proceder a la constitución e integración de las *empresas estatales* que tendrán a su cargo *la continuación y desarrollo de la actividad petrolera reservada al Estado",* dictó el Decreto N° 1.123 del 30 de Agosto de 1975 (*Gaceta Oficial* N° 1.770 Extra, de 30–8–75), mediante el cual se creó a Petróleos de Venezuela, S.A., como "una empresa estatal, bajo la forma de Sociedad Anónima, *que cumplirá y ejecutará la política* que dicte en materia de hidrocarburos el Ejecutivo Nacional por órgano del Ministerio de Minas e Hidrocarburos, en las actividades queje sean encomendadas" (art. 1), dictándose además, sus estatutos (art. 2). La empresa se creó con un capital representado en acciones de la exclusiva propiedad de la República, como única accionista, y los estatutos sociales de la misma fueron registrados en el Registro Mercantil respectivo el día 15 de septiembre de 1975 N° 23, Tomo 99–A, publicados en *Gacela Municipal* del Distrito Federal, N° 413 de 25–9–75).

Conforme a la orientación señalada; por tanto, el Ejecutivo Nacional, procedió a la creación de una empresa estatal, bajo la forma de sociedad anónima, que debe cumplir la política que dicte en materia de hidrocarburos el Ejecutivo Nacional, por órgano del Ministerio de Minas e Hidrocarburos, en las actividades que le sean encomendadas (art. 1). Petróleos de Venezuela, S.A., por tanto es una "empresa estatal" o empresa del Estado, de propiedad íntegra del mismo y que responde a las políticas que aquel dicte, y como tal, está integrada dentro de la organización general de la Administración del Estado, como ente de la administración descentralizada, pero con forma jurídica de sociedad anónima, es decir, de persona de derecho privado.

En cuanto a las empresas operadoras, resultó clara la intención del legislador de crearlas con forma ele sociedad anónima, cuyas acciones debían ser tenidas en propiedad por la empresa matriz Petróleos de Venezuela, S.A. La propia Ley Orgánica de Reserva, como se dijo, en su base tercera, había dispuesto la conversión del Instituto Autónomo Corporación Venezolana del Petróleo en sociedad anónima, lo cual se cumplió en diciembre de 1975. En ese mismo mes, y conforme a la base cuarta se constituyeron las restantes trece empresas operadoras, también con forma societaria.

De esta manera, tanto Petróleos de Venezuela, S.A., como las catorce operadoras iniciales se constituyeron en el ordenamiento jurídico venezolano, como personas jurídicas estatales con forma de derecho privado; y en el ámbito económico, como empresas públicas o, más propiamente, como empresas del Estado. En la actualidad, igual naturaleza jurídico–económica tienen las filiales de Petróleos de Venezuela: las cuatro operadoras petroleras (Lagoven, Maraven, Meneven y Corpoven); la empresa Petroquímica (Pequiven); la empresa de investigaciones petroleras (Intevep); y la empresa para compras y suministros (Bariven).

III. LA SUJECIÓN DE PETRÓLEOS DE VENEZUELA, S.A. A LAS POLÍTICAS Y PRESCRIPCIONES QUE ESTABLEZCA EL EJECUTIVO NACIONAL EN EL SECTOR

La identificación de la naturaleza jurídica de Petróleos de Venezuela, S.A. como persona estatal con forma jurídica de derecho privado, plantea, sin duda, como consecuencia, que el régimen jurídico aplicable a la misma sea un régimen mixto, tanto de derecho público como de derecho privado, aun cuando preponderantemente de derecho privado, debido a su forma, pero no exclusivamente.

En efecto, de acuerdo a la Ley Orgánica que reserva al Estado la Industria y el Comercio de los Hidrocarburos, y a los antecedentes e intenciones de los proyectistas, Petróleos de Venezuela, S.A., es una sociedad anónima que, como tal y por la flexibilidad c independencia de su administración, está sometida al régimen de derecho privado de las sociedades anónimas. Sin embargo, es la propia Ley Orgánica la que establece el régimen excepcional, al indicar en su artículo 7° que las empresas del Estado que se constituyeron conforme a ella, entre las cuales está Petróleos de Venezuela, S.A., se regirán por la presente ley y sus reglamentos, por sus propios estatutos, por *las disposiciones que dicte el Ejecutivo Nacional* y por las del derecho común que les fueren aplicables". Además, la Cláusula Tercera de los Estatutos de la empresa que fueron reformados por el Decreto N° 250 de 23 de agosto de 1979 (*Gaceta Oficial* N° 31.810 de 30–8–79), expresamente lo ratificó: "La sociedad se regirá por la Ley Orgánica que Reserva al Estado la Industria y el Comercio de los Hidrocarburos, por los reglamentos de ella, por estos Estatutos, por *las disposiciones que dicte el Ejecutivo Nacional* y por las del derecho común que le fueren aplicables".

Conforme a estas disposiciones, ciertamente, Petróleos de Venezuela, S.A. tiene un régimen legal que permite diferenciarla claramente, no sólo de la Administración Pública centralizada y de los institutos autónomos, sino también de otras empresas del Estado; y para ello basta tener en cuenta que muy pocas empresas del Estado están sometidas, irrestrictamente, a "las disposiciones que dice el Ejecutivo Nacional" como está Petróleos de Venezuela, S.A., lo cual abre un amplio margen a la aplicación de normas de derecho público a la empresa, por vía de actos administrativos unilaterales, sin necesidad de acudir a las fórmulas societarias, como la Asamblea, por ejemplo, así como a la posibilidad de que el Ejecutivo Nacional le imparta las instrucciones necesarias.

En la gestión financiera y patrimonial, la empresa tiene expresamente atribuidas facultades para "adquirir, vender, enajenar y traspasar, por cuenta propia o de terceros, bienes muebles e inmuebles; emitir obligaciones, promover como accionista o no, otras sociedades civiles o mercantiles y asociarse con personas naturales o jurídicas, todo conforme a la ley; fusionar, reestructurar o liquidar empresas de su propiedad; otorgar créditos, financiamiento, fianzas, avales o garantías de cualquier tipo, y, en general, realizar todas aquellas operaciones, contratos y actos comerciales que sean necesarios o convenientes para el cumplimiento del mencionado objeto (Cláusula Segunda de los Estatutos). Sin embargo, para realizar esa gestión patrimonial, la empresa está sometida, como se dijo, a las *disposiciones que dicte el Ejecutivo Nacional.*

De acuerdo a la Ley Orgánica, la empresa matriz de la industria petrolera nacionalizada, Petróleos de Venezuela, S.A., tiene por objeto fundamental la "coordinación, supervisión y control de las actividades de las demás empresas" (art. 6°, Base Segunda de la Ley Orgánica), y tal como lo precisa la Cláusula Segunda de sus Estatutos, "la sociedad tendrá por objeto planificar, coordinar y supervisar la acción de las sociedades de su propiedad, así como controlar que estas últimas en sus actividades de exploración, explotación, transporte, manufactura, refinación, almacenamiento, comercialización o cualquier otra de su competencia en materia de petróleo y demás hidrocarburos, ejecuten sus operaciones de manera regular y eficiente". En la realización de dicho objeto, en todo caso, la empresa está sometida a *las disposiciones que dicte el Ejecutivo Nacional,* además de toda la otra normativa que le es aplicable.

No hay que olvidar, en todo caso, que Petróleos de Venezuela es una empresa del Estado, que realiza esos objetivos *por cuenta del Estado,* que es quien se ha reservado la industria y el comercio de los hidrocarburos. Por ello, el propio decreto de creación de la empresa, modificado en 1979, considerando que ella tiene a su cargo "la continuación y desarrollo de la actividad petrolera reservada al Estado", precisa que ésta *cumplirá y ejecutará la política que dicte en materia de hidrocarburos el Ejecutivo Nacional, por órgano del Ministro de Energía y Minas en las actividades que le sean encomendadas* (art. 2).

Petróleos de Venezuela, S.A. fue concebida como una empresa matriz de toda la industria petrolera nacionalizada. Como tal, se la dotó de la organización propia de una sociedad anónima. Sin embargo, la organización societaria de la empresa está condicionada por la intervención de órganos estatales extraños, formalmente, a los órganos societarios.

La Asamblea, por ejemplo, sustantivamente no existe en cuanto a tal. Siendo la República la única accionista, la Asamblea puede ser una sola persona: el Ministro de Energía y Minas, quien en realidad cuando ejerce los derechos accionarios de la República manifiesta una voluntad unilateral de ésta, generalmente, a través de un acto administrativo. Los estatutos de Petróleos de Venezuela, sin embargo, han abierto la posibilidad de que los derechos accionarios de la República en la Asamblea estén representados por varios Ministros designados por el Presidente de la República, en cuyo caso, la Asamblea siempre estaría presidida por el Ministro de Energía y Minas (Cláusula Undécima). La decisión conjunta de estos Ministros, aun cuando no revista la forma de Resolución, también sería un acto administrativo individual.

Por otra parte, al contrario de lo que normalmente sucede en las sociedades anónimas, la Asamblea como tal, no designa a los miembros del Directorio de Petróleos de Venezuela; éste está integrado por once miembros "designados mediante decreto por el Presidente de la República" junto .con sus suplentes (Cláusula Décima Séptima); correspondiendo al Presidente, en el mismo decreto de nombramiento, el señalamiento de los Directores que deben dedicarse en forma exclusiva a sus funciones dentro de la sociedad (Cláusula vigésima). En estos supuestos se confirma que el accionista único, la República, ejerce sus derechos accionarios como tiene que ser: unilateralmente, a través de sus órganos mediante actos administrativos individuales. Por ello, Petróleos de Venezuela, S.A. como persona jurídica estatal, también está sometida a un régimen de dirección y control por parte de diversas instancias estatales.

En efecto, uno de los elementos de mayor importancia que caracteriza a las personas jurídicas estatales, derivado precisamente de su integración a la estructura general del Estado, es el régimen de dirección y control que se traduce en relaciones concretas entre la persona jurídica estatal descentralizada y la Administración Central. En esta forma, Petróleos de Venezuela, S.A. está sometida a diversos tipos de controles públicos: control parlamentario, control fiscal y control ejecutivo (administrativo y accionario).

En cuanto al control ejecutivo, ante todo es necesario señalar que la empresa Petróleos de Venezuela, S.A. debe cumplir y ejecutar "*la política* que dicte en materia de hidrocarburos el *Ejecutivo Nacional, por órgano del Ministerio de Energía y Minas,* en las actividades que le sean encomendadas", según lo dispone el artículo 1° del Decreto N° 1.123, de 30 de agosto de 1975, de creación de Petróleos de Venezuela, S.A. De acuerdo a esta norma, como ente de la Administración Descentralizada, Petróleos de Venezuela es una institución del Estado (su instrumento), *ejecutora de la política de hidrocarburos que dicte el Ejecutivo Nacional.* Sin duda, esta es la primera manifestación del control administrativo que se ejerce sobre la empresa: la posibilidad que tiene el Ejecutivo Nacional de *definirle la política* que debe seguir en el campo de la industria petrolera; y esta definición de política no se realiza necesariamente por medio de las formas societarias –es decir, mediante la Asamblea–, sino por decisiones unilaterales del Ejecutivo Nacional. Dentro de esta orientación, por ejemplo, debe indicarse que el Decreto N° 1.454, de 9 de marzo de 1976 (*Gaceta Oficial* N° 186, Extr. del 11 de marzo de 1976), mediante el cual se aprobó formalmente el V Plan de la Nación, lo hizo de obligatorio cumplimiento por parte de las empresas del Estado, entre las cuales estaba Petróleos de Venezuela, S.A., la cual debió ajustarse, en su actuación, a las estrategias, políticas, programas y metas del Plan (art. 3).

Por otra parte, como se ha visto, Petróleos de Venezuela, S.A., se rige, además de por la Ley Orgánica que Reserva al Estado la Industria y el Comercio de los Hidrocarburos, por los reglamentos de ella, por sus Estatutos, y por las disposiciones del derecho común que le sean aplicables, *por las disposiciones que dicte el Ejecutivo Nacional* (Cláusula Tercera de los Estatutos), con lo que se abre un campo muy amplio para el ejercicio de facultades de dirección y control administrativo de parte del Ejecutivo Nacional sobre la empresa. En ejercicio de esta potestad del Ejecutivo, inclusive de carácter estatutario, éste puede determinar las modalidades y formas como Petróleos de Venezuela deba realizar determinadas funciones, para lo cual no se exige en el ordenamiento aplicable a la empresa, ningún acto formal.

En la reforma de los Estatutos de Petróleos de Venezuela, S.A., formulada por el Decreto N° 250, del 23 de agosto de 1979, se aclaró y definió aún más expresamente el ámbito del control político–administrativo sobre la empresa, al agregarse a la Cláusula Segunda que se refiere al objeto de la sociedad, lo siguiente:

> "El cumplimiento del objeto social deberá llevarse a cabo por la sociedad *bajo los lineamientos y las políticas que el Ejecutivo Nacional a través del Ministerio de Energía y Minas establezca o acuerde*, en conformidad con las facultades que le confiere la Ley.
>
> "*Las actividades que realice la empresa a tal fin estarán sujetas a las normas de control que establezca dicho Ministerio* en ejercicio de la competencia que le confiere el artículo 7 de la Ley Orgánica que Reserva al Estado la Industria y el Comercio de los Hidrocarburos".

Por tanto, a partir de la reforma estatutaria de agosto de 1979, no hay duda respecto de las facultades de dirección y de control del Ministerio de Energía y Minas sobre la empresa: por una parte, potestades de dirección previa general, mediante el establecimiento de los lineamientos y políticas que deben guiar la acción de la empresa en la realización de su objeto social; y por la otra, la posibilidad de establecer diversos mecanismos de control posterior o concomitante respecto de las actividades que realice la empresa.

De lo anterior resulta claro, en consecuencia, que el Ejecutivo Nacional, a través del Ministerio de Energía y Minas, tiene legal y estatutariamente, las más amplias facultades de dirección y control sobre Petróleos de Venezuela, S.A., poderes que sin embargo, normalmente ha usado de manera de no entorpecer la actividad comercial de la empresa. Estas potestades del Ministerio de Energía y Minas, por otra parte, se corroboran en la Ley Orgánica de la Administración Central de 1976 (*Gaceta Oficial* N° 1.932 Extr. de 28–12–76) dictada con posterioridad a la Ley de nacionalización de 1975. En dicha Ley Orgánica, entre las atribuciones y deberes comunes de los Ministros, incluso el de Energía y Minas, están las siguientes (art. 20):

1. Orientar, dirigir, coordinar, supervisar y controlar las actividades del Ministerio; y
12. Ejercer la representación de las acciones pertenecientes a la República en las Corporaciones Sectoriales de Empresas del Estado que se les asigne.

En cuanto al Ministerio de Energía y Minas, de acuerdo al artículo 35 de dicha Ley Orgánica, le corresponde "*la planificación y la realización de las actividades del Ejecutivo Nacional en materia de minas, hidrocarburos y energía en general, que comprende lo relativo al desarrollo, aprovechamiento y control* de los recursos naturales no renovables y de otros recursos energéticos, así como de las *industrias* minera, *petrolera* y petroquímica", y en particular, las siguientes actividades:

1. La fijación y ejecución de la política de investigación, *desarrollo, fiscalización, control* y conservación de los recursos energéticos, así como de la *industria petrolera*, petroquímica y minera.
2. El fomento de la exploración minera y de *hidrocarburos,* así como de la explotación de ambos recursos.
3. La planificación y control de la producción, distribución y consumo *de las distintas clases de energía.*
4. La inspección y fiscalización de las *empresas petroleras,* petroquímica y minera y de aquellas que ejerzan cualesquiera otras actividades conexas. La liquidación de las rentas correspondientes al ramo de minas e. hidrocarburos.
5. El control de la administración de las explotaciones establecidas o que estableciere el Estado sobre yacimientos o industrias conexas con la minería o los *hidrocarburos.* Concertar los arreglos con el capital privado cuyo concurso sea necesario para dichas explotaciones.

6. Los estudios geológicos, la investigación, evaluación y catastro de los recursos mineros y de *hidrocarburos,* y la preparación, recopilación, conservación y sistemas de utilización de la información correspondiente, en todas sus formas y modalidades.
7. Los programas de producción, *el estudio de mercados* y el *análisis y fijación de precios* de los productos de la minería y *del petróleo.*
8. El estudio del estado económico–financiero de las *industrias petroleras*, petroquímica y minera existentes en el país. La investigación y el análisis en materia de economía petrolera y minera y la intervención en la conservación y el comercio de los recursos naturales no renovables del país, así como de sus derivados. El estudio y evaluación de los proyectos mineros, petroleros y petroquímicos.
9. En coordinación con el Ministerio del Ambiente y de los Recursos Naturales Renovables, la prevención de la contaminación del medio ambiente derivada de explotaciones energéticas, mineras o de *hidrocarburos.*
10. La adopción de las medidas que juzgue convenientes acerca de las solicitudes relativas a contribuciones sobre la industria minera y de *hidrocarburos.*
11. La verificación de si los trabajos de los concesionarios y de *las empresas del Estado* se ejecutan de conformidad con las disposiciones aplicables, a los efectos de aprobar o no la ejecución de las obras o de su destrucción o traslado, cuando puedan ser afectados los yacimientos o la explotación, manufactura o transporte mismos.
12. *La planificación* y desarrollo de las *industrias* minera, *petrolera,* petroquímica y energética del Estado.
13. Las estadísticas de minas, *hidrocarburos* y energía en general.

De acuerdo a todas estas atribuciones, el Ministro de Energía y Minas, tiene los más amplios poderes de decisión en relación al desarrollo de la industria petrolera que se realiza a través de Petróleos de Venezuela, S.A., en relación a la cual puede adoptar sus decisiones en la más variada forma: una Resolución Ministerial, una instrucción, una circular, y en general una orden o providencia administrativa que no requiere de forma jurídica precisa alguna.

En efecto, de acuerdo a la Ley Orgánica de Procedimientos Administrativos de 1981, "las Resoluciones son decisiones de carácter general o particular adoptadas por los Ministros por disposición del Presidente de la República o por disposición específica de la Ley", en cuyo caso, "deben ser suscritas por el Ministro respectivo" (art. 16). Por tanto, la formalidad de una "Resolución", publicable en *Gaceta Oficial* sólo se exige cuando se trata de un acto de efectos generales o que interesen a un número indeterminado de personas (art. 72). Pero si se trata de una decisión del Ministro de Energía y Minas de carácter interno, es decir, destinada a su propia administración ministerial, o a los organismos del sector, de acuerdo a la Ley Orgánica de Procedimientos Administrativos, pueden "adoptar las formas de instrucciones o circulares" (art. 17). e incluso tratarse de "órdenes o providencias" y a tales efectos, la ley no prescribe forma precisa o sacramental alguna. Por tanto, legalmente, una instrucción a un órgano administrativo de la organización ministerial puede ser dada, por ejemplo, en la presentación de una "cuenta", e incluso verbalmente: y en cuanto a las instrucciones a los entes descentralizados que están adscritos al Ministerio, el Ministro puede instituirlos, en cualquier forma, incluso verbalmente; y si se trata de empresas del Estado, ello puede suceder, incluso, mediante opiniones que configuren decisiones de la Asamblea de la empresa.

LIBRO DÉCIMO:

EL CONTROL DE LAS ACTIVIDADES ECONÓMICAS DEL ESTADO

Este Libro Décimo del Tomo V del *Tratado* es el texto del libro: *El control de las actividades económicas del Estado en el derecho venezolano*, Ediciones del Instituto Latinoamericano de Ciencias Fiscalizadoras, Contraloría General de la República, Caracas 1969. El dicho libro, por lo demás, se recogieron trabajos previos como por ejemplo: "El control de las empresas del Estado por grupos de intereses de la comunidad" en *Revista Internacional de Ciencias Administrativas*, Vol. XXXIII, Nº 1, Institut International des Sciences Administratives, Bruselas 1967, pp. 47–57; "La Ley de Representación de los Trabajadores en los Institutos, Organismos de Desarrollo Económico y Empresas del Estado" en *Revista de la Facultad de Derecho*, Nº 4, Universidad Católica Andrés Bello, Caracas 1966–1967, pp. 199–212; "El control fiscal externo sobre las empresas públicas" en *Boletín de la Biblioteca de los Tribunales del Distrito Federal*, Fundación Rojas Astudillo, Años 1967–1968, Nº 17, Caracas 1968, pp. 7–31.

PRÓLOGO

1.– El tema central de este libro, relativo al control de las Empresas Publicas o genéricamente, de las actividades económicas del Estado, no es más que un reflejo de una preocupación científica que, en mi especialidad, desde hace algunos años me viene condicionando; y que se refiere fundamentalmente, al estudio de la intervención del Estado en la vida económica, su función en la promoción y conducción del desarrollo económico y principalmente a las transformaciones que debe sufrir en sita estructuras e instituciones para adaptarse a las nuevas realidades de nuestro país.

Por ello creo necesario, a manera de Prólogo a este estudio, dejar expuestos aquí los lineamientos generales de ese pensamiento, que aclaran y justifican evidentemente, muchas de las posiciones que sostengo en el libro, y que tuve oportunidad de exponer en la conferencia que dicté el 29 de mayo de 1968 en el Palacio de las Academias en el ciclo "La Contribución de los Juristas al Desarrollo Nacio-

nal organizado por la Academia de Ciencias Políticas y Sociales, bajo el título "Las Transformaciones de la Administración Pública para el Desarrollo".

2.– En efecto, en la actualidad y desde hace algunos años, se observa en todos los países del mundo un anhelo o aspiración política que busca una reforma o renovación de las estructuras.

Especialmente después de la segunda guerra mundial, por ello, una serie sucesiva de reformas se vienen operando. De ahí que se hable con tanta insistencia de la reforma agraria, de la reforma de la empresa y de los mecanismos de producción y hasta de la reforma administrativa.

3.– Todas esas reformas, todas esas transformaciones deseadas en las estructuras e instituciones políticas, sociales y económicas, tienen evidentemente su origen, en la necesidad de adaptarlas a los cambios operados en las realidades socio–económicas en los últimos años.

Puede decirse que estas transformaciones son de tal naturaleza, que jamás se habían operado en la historia de la humanidad, en un lapso tan corto. La revolución francesa y la revolución industrial, requirieron de muchos años para su consolidación y para hacer sentir sus efectos. La revolución tecnológica de nuestros días en cambio, ha sido tan rápida, que hace perder las perspectivas mismas de lo que será al mundo en los próximos treinta años.

4.– Sin embargo, en la actualidad, y a pesar de todos esos violentos cambios de la realidad socio–económica, la mayoría de los países siguen manipulándola a través de instituciones, estructuras, sistemas y mecanismos decimonónicos. Piénsese solamente, por vía de ejemplo, en el Municipio y en la autonomía municipal –instituciones que por inservibles frente a la revolución urbana de nuestros días, es preciso arrinconarlas– y todos los defensores a muerte que aún tiene, y que no se dan cuenta que quizás, los desaciertos y fracasos de la gestión de los intereses locales en la actualidad, sólo tienen su origen en la defensa a ultranza de un pretendido Municipalismo ya caduco.

5.– Todas esas contradicciones entre la realidad social y económica y las estructuras e instituciones políticas y sociales, se han reflejado con especiales características en la función del Estado. En la actualidad, en todos los países del mundo, inclusive los más capitalistas, el Estado puede considerarse como un Estado Intervencionista, en diversos grados de intervención por supuesto.

En este sentido es necesario señalar que ya han pasado los días en que era necesario razonar y justificar la actitud intervencionista del Estado. La intervención estatal es una realidad, y en efecto, en la actualidad, pocos campos o sectores de nuestra vida económica y social escapan de una ingerencia del Estado, o al menos, de la presencia del Estado, Pero lo característico de esta realidad es que es irreversible, por lo que de nada valen –salvo para sembrar confusión– los últimos alaridos que todavía se dan en defensa del liberalismo tradicional, que no existe, como sistema, en ninguna parte del mundo.

Sin embargo, ante esta realidad del Estado intervencionista, en los hechos, éste pretende seguir gestionando o conformando la realidad económica o la realidad social con los esquemas del Estado Liberal–Burgués, es decir, sustancialmente, con los esquemas del Estado abstencionista. De ahí las nuevas tendencias –como la de la reciente doctrina alemana– de considerar en la actualidad al Estado no ya como

Estado Liberal–Burgués de Derecho sino como Estado Social de Derecho, y como la de la doctrina anglosajona que ha venido propugnándose la noción sustitutiva del Welfare State, Estado de Bienestar, o Estado Benefactor.

6.– Pero estas contradicciones entre las instituciones políticas y las realidades socio–económicas que dan origen a la necesidad de una transformación de la función del Estado aún en los sistemas más capitalistas, surgen más patentes y dramáticas en los denominados países subdesarrollados. Todos los efectos de la revolución urbana o de la revolución tecnológica de nuestros días colocan a los países del Tercer Mundo en una situación aún más angustiosa.

Para darse cuenta de ello, quizás baste comparar nuestra situación con la de los países europeos. Estos temen con cierta base que se ahonde cada vez más, en perjuicio de su futuro desarrollo, el abismo que ya los separa del avance tecnológico y organizativo de los países que en pocos años formarán parte de la llamada sociedad post–industrial y que estará materialmente en manos de las computadoras o de los ordenadores.

Ante esa actitud, realmente que la angustia es total respecto al destino de nuestros países del Tercer Mundo frente a esos que formarán la sociedad post–industrial, cuando sólo es ahora, pero con muchos altibajos y muy tímidamente, que nos estamos acercando a la etapa de la sociedad industrial. Use abismo, amenaza ahondarse en tal forma que no será posible nunca eliminarlo. De ahí el reto del desarrollo, pues este desarrollo nacional es la única vía que nos queda, no para eliminar esas diferencias ya imposible de borrar, sino para disminuirlas en beneficio de nuestros pueblos.

7.– Pero estoy seguro que el lector se preguntará ahora, sobre qué es realmente él desarrollo; palabra que ya entra casi en el campo de los mitos políticos y económicos.

Ciertamente que con esta palabra nos ha invadido los economistas, y por ello, se trataba hasta hace muy poco de una palabra tabú para los juristas. Sin embargo, me parece indispensable hacer alguna incursión en dichos predios, e intentar penetrar ese tabú inexplicable.

Una cosa es cierta y definitiva en este campo: el desarrollo no puede definirse in abstracto, no puede definirse genéricamente, sino sólo por comparación. Se trata por tanto de una meta, con variantes, que surge por módulos de comparación con las sociedades industriales o desarrolladas de la actualidad.

Desarrollo en este sentido es sinónimo de progreso, pero de progreso comparado con metas ya logradas por otros países. El desarrollo entonces, no es un fin en sí mismo, sino un medio de satisfacer aspiraciones humanas, por lo que en nuestros países, es un medio para la reforma social y no otra cosa precisa la Constitución de Venezuela, en su Preámbulo, al indicar que se ha dictado entre otros propósitos, con él de promover el bienestar general y la seguridad social; de lograr una participación equitativa de todos en el disfrute de la riqueza, según los principios de la justicia social; y de fomentar el desarrollo de la economía al servicio del hombre. Por ello, el mismo texto constitucional establece la obligación para el Estado de promover el desarrollo económico y la diversificación de la producción, con el fin de crear nuevas fuentes de riqueza, aumentar el nivel de ingresos de la población y fortalecer la soberanía económica del país.

Vemos en dichas declaraciones el reconocimiento claro de nuestro subdesarrollo y la definición de ciertas metas a lograr y que constituyen el desarrollo.

Ahora bien, de acuerdo a ello, y no pudiendo definirse in abstracto nuestra condición de país subdesarrollado, destaquemos los índices que nos clasifican en dicha categoría, como país que hasta ahora no había participado en la revolución industrial.

Nuestra situación de subdesarrollo en líneas generales, entonces, puede caracterizarse por tres aspectos distintos: un aspecto económico, un aspecto social y un aspecto político. Bajo el aspecto económico se caracteriza: en primer lugar, porque tenemos una gran proporción de la población dedicada a las actividades primarias, es decir, agrícolas y de extracción minera, pero con la peculiaridad de que la producción nacional en esos campos se traduce o en una producción de subsistencia o en una producción de exportación. Ello implica asimismo una situación de escasa industrialización, y algunas veces, una hipertrofia del sector terciario o de servicios, en relación a los otros. En segundo lugar, se caracteriza por la dependencia económica de nuestros países frente al capital extranjero con todas sus consecuencias, inclusive de orden político, lo que ha conducido a François Perroux a calificar a estos países subdesarrollados simplemente como "naciones aparentes" o que ha conducido con frecuencia a que se les dé el calificativo de "países–sucursales". El tercer aspecto económico radica en la condición de desempleo o subempleo, cada vez más generalizada, debido a la explosión demográfica que no ha sido acompañada por una adecuada expansión económica.

Por otra parte los aspectos sociales o más bien socio–económicos de nuestro subdesarrollo son: en primer lugar, la enorme desigualdad de ingreso por habitante y por tanto, del nivel de vida de los mismos, que es bajo. De ahí que sea absolutamente exacta la apreciación generalizada de que un país es más pobre cuando mayor es la diferencia entre ricos y pobres. En segundo lugar, el crecimiento demográfico desmesurado, la subalimentación de una parte importante de la población y la difusión de las enfermedades en masa. En tercer lugar, se caracteriza por el bajo nivel de instrucción y por la ausencia o insuficiencia de cuadros científicos y técnicos, lo que produce una explotación más fácil de los débiles por los más fuertes.

Pero también hay una serie de aspectos políticos que caracterizan nuestro subdesarrollo, entre los cuales se destaca la inestabilidad política y administrativa originada por la lucha partidista por el poder en sí mismo y la irregular dependencia exterior.

8.– Ahora bien, frente a esta situación angustiosa, que se agudiza y empeora cada vez más, el problema del desarrollo no puede plantearse como un posible medio entre muchos, para superar la etapa pre–industrial en que se encuentran la mayoría de los países latinoamericanos. El desarrollo, como instrumento para eliminar la pobreza y elevar el nivel de vida de la población, no puede dejar de realizarse.

Sin embargo, frente o esta necesidad, surge una pregunta ineludible. Cómo lograr ese desarrollo?

En los países occidentales hoy adelantados o desarrollados, el proceso de desarrollo se llevó a cabo durante un largo o larguísimo período fundamentalmente por empresarios individuales. La actuación del Estado en dichos países tuvo un ámbito restringido, limitándose sus medidas a veces a proporcionar solamente facilidades de transporte, pues las decisiones que se adoptaron sólo fueron en base a ideas vagas acerca del progreso general, con frecuencia sin mayor confianza en un éxito. Por ello, en general, él proceso no tuvo ni siguió un ritmo regular, sino que se interrumpió por trastornos y crisis. En muchos aspectos el proceso se hizo a costa de bastante energía desperdiciada, por lo que dicho proceso de desarrollo se ha calificado por Jean Tinbergen, como un proceso de prueba y error.

En base a la forma cómo se llevó a cabo ese proceso, es que W. W. Rostow precisa su secuencia del desarrollo económico, en tres fases: un largo periodo, de casi un siglo, en él que tienen lugar las condiciones previas a lo que él llama él "take–off", es decir, el despegue; en segundo lugar, el "despegue" mismo que se produce en dos o tres décadas, y por último, un prolongado período final, en él que él desarrollo es normal y realmente automático.

Sin embargo, el proceso de desarrollo al cual necesariamente deben incorporarse los países latinoamericanos no puede, en ningún caso, ser un proceso lento, por lo que la secuencia de Rostow, por lo lenta, nos es inaplicable. Al contrario, si nuestra alternativa es sólo él desarrollo, es decir, prosperar, pero prosperar –como dice Josué de Castro– en un mundo en él que aumentan la miseria y el hambre y en él que ruge cada día más la rebelión, ese objetivo sólo puede lograrse a corto plazo.

Para ello es necesario que ese desarrollo se promueva, pues implica un esfuerzo razonado y consciente del hombre que señala "nos objetivos a alcanzar en un determinado lapso. El desarrollo por tanto no es ni puede ser en nuestros países, un proceso espontáneo, sino muy por el contrario, un proceso provocado y dirigido, un proceso planificado.

En este sentido, en todos los países en vías de desarrollo se ha tomado clara conciencia de que en ellos no se repetirá el modelo histórico basado en el libre juego de las fuerzas del mercado que permitió a las naciones hoy industrializadas, en su oportunidad, avanzar lentamente por el camino del desarrollo y bienestar. Por ello, se ha buscado la solución de los problemas a través de un intervencionismo estatal, que lamentablemente hasta ahora ha sido, con frecuencia, esporádico, tímido, débil e inorgánico. Sin embargo, esas muchas veces cara experiencia, ha creado conciencia de la necesidad ineludible de tomar esas decisiones políticas en forma coherente y simultánea, es decir, a través de un plan.

En la actualidad, entonces, están indisolublemente unidos él desarrollo y la planificación, y en el campo económico, él desarrollo económico y la planificación económica. Por supuesto que no es éste el lugar para plantearnos las discusiones de orden filosófico y político que han surgido frente a la posibilidad de la dicotomía de una planificación económica y de la libertad humana. Ello, por lo demás sería completamente inútil y bizantino. Actualmente, la discusión no estriba ya en la necesidad o no de la planificación, sino en su alcance y forma.

En él proceso de desarrollo al que deben incorporarse todos los países latinoamericanos, el papel del Estado por tanto, tiene que ser un papel preponderante. El debe comenzar por precisar una "política de desarrollo" definida, coherente y nacional, a través de la cual se creen las condiciones favorables al proceso; se familiarice al gobierno mismo y a la comunidad con las potencialidades y ventajas del mismo; se realicen una serie de inversiones básicas; y se tomen las medidas destinadas a facilitar y estimular la actividad y las inversiones privadas.

De ello resulta por otra parte que el desarrollo no se producirá en países donde la élite del poder político se oponga a ello, o en otras palabras, en países regidos más o menos por una aristocracia económica o terrateniente, con actitudes feudales hondamente enclavadas, opuesta fuertemente a la real industrialización, a la educación popular y al cambio tecnológico. En esos países evidentemente que hay un prerrequisito para un desarrollo económico exitoso: sustituir a los que detentan el poder y por esa vía, promover los cambios estructurales.

9.– En efecto, la incorporación de nuestros países al desarrollo, tiene grandes repercusiones respecto a la situación estructural existente, pues necesariamente implica una transformación de las estructuras e instituciones políticas, económicos, sociales y culturales.

En este sentido, –y sobre esto no han pensado mucho los que generalmente hablan de desarrollo desde posiciones político–partidistas o netamente empresariales– las consecuencias del proceso de desarrollo no pueden ser calificadas de otra forma que como las de una revolución, y por lo que implica en relación a la dependencia externa actual, de una revolución de independencia.

Es bueno recordar que todavía la revolución, o conforme a la famosa frase, "él fantasma que recorre América Latina", la sigue recorriendo. De ahí él imperativo de nuestra generación de darle cuerpo y alma al mismo, a través del desarrollo nacional.

He señalado que las consecuencias de la superación del subdesarrollo o en otras palabras, el paso de un nivel de vida menos humano a un nivel de vida más humano, al costo menos caro posible y al ritmo más rápido posible, implican una revolución que podríamos calificar de revolución del desarrollo; y creo que no hay realmente otro término más apropiado para calificar los cambios que se tienen que producir en nuestros países en un futuro cercano, si simplemente observamos las características de las realidades del hombre actual: en primer lugar, una realidad demográfica que se traduce sobre todo en América Latina en que los pobres son y serán cada día más numerosos que los privilegiados, pero no ya en las proporciones del pasado más o menos inmediato, sino en proporciones que sólo una inteligencia y una imaginación enteramente volcadas hacia el futuro serán capaces de concebir. Se trata de una realidad demográfica que dará origen a una nueva faz en América Latina: la faz del pueblo, pobre y abrumadoramente mayoritario.

En segundo lugar, una realidad científico–tecnológico, que ha conducido a que el futuro del mundo en los próximos treinta años sea materialmente impredecible desde el punto de vista de las comunicaciones y del imperio de los ordenadores; y en tercer lugar, una realidad estratificada, por el creciente desnivel y desigualdad entre países desarrollados y países subdesarrollados, y en estos, entre las clases dominante y las clases inferiores; desigualdades sobre las cuales van tomando conciencia todos los medios sociales, a través de los cada día más avanzados mecanismos de difusión y comunicación.

Este panorama, que originará necesariamente esta revolución del desarrollo, se traduce en el lenguaje corriente, en esos otros términos, ya tan manoseados y de uso tan abusivo, y a los cuales hasta ahora en nuestro país aparentemente todavía no se le ha dado o no se le ha querido dar un real contenido, y que son el "cambio" simplemente, o el "cambio de estructuras" o la "reforma de las estructuras".

A este reformismo, reflejo de una aspiración política generalizada en América Latina, es necesario comenzar por precisarle un real y serio contenido para que no se traduzca simplemente en un método de falsificar la realidad y falsificarnos a nosotros mismos a fin de producir una pura apariencia.

Por ello considero indispensable, en líneas muy generales, tratar de precisar un poco, algunos de los contenidos de ese cambio tan anhelado y principalmente, de las consecuencias que un cambio de estructuras origina.

10.– Para ello, debo partir de una premisa fundamental: no puede en nuestros países pretenderse lograr el desarrollo a través de las estructuras tradicionales. La incorporación del país al desarrollo, necesariamente implica, un cambio, una transformación, una reforma de las estructuras sociales, económicas y políticas tradicionales, para que se constituyan en la palanca del desarrollo y no en su freno. Y la posición de nuestros países ante ese imperativo es encarar definitivamente esas transformaciones o simplemente perecer.

En América Latina, la primera y la más importante estructura a reformar es la estructura social. La reforma social se convierte entonces, en la reforma de las reformas, y tiende a lograr la participación real y efectiva del pueblo en la vida social y política, como protagonista del cambio y del desarrollo. La reforma social implica entonces directamente esa tan repetida frase de la elevación del nivel de vida de la población. Para ello en América Latina es necesario comenzar, donde las haya por la abolición de las actuales clases sociales, de clara raigambre económica. Quizás esta reforma se haga más patente en otros países latinoamericanos. En Venezuela afortunadamente en los últimos años se han venido produciendo cambios sociales de gran significación, pues hemos vivido en una sociedad abierta con vocación pluralista, y que ha dado origen al surgimiento de una todavía incoherente pero amplia clase media.

Sin embargo, la estructura social requiere de muchos ajustes, fundamentalmente por ejemplo, en el campo educacional, pues una de las características de nuestro subdesarrollo es que un grandísimo porcentaje de nuestra población no tiene acceso ni siquiera a la enseñanza primaria y fundamental. La educación, en la comparación entre países desarrollados y sub desarrollados, se convierte entonces m sólo en el primer factor del desarrollo, sino también de expansión económica. Ello lo destaca con cifras impresionantes Jean–Jacques Serban–Schreiber en su ya famoso libro, "El Desafío Americano" y que resume con una cita de un poema de hace veintitrés siglos: "Si das un pescado a un hombre, se alimentará una vez. Si le enseñas a pescar, se alimentará toda la vida".

De ahí que no sea exagerado afirmar que la base primordial de la adquisición de un alto nivel de vida radica en él nivel educacional de la población, y este nivel educacional sólo puede lograrse a través de la reforma de la estructura del sistema de la educación, para eliminar el analfabetismo, él ausentismo escolar y la enseñanza muchas veces clasista.

Por otra parte, dentro del mismo campo de la estructura social, debe ampliarse la acción del Estado para la protección y cuidado de diversos sectores de la población que lo necesitan y particularmente de los menores que carecen, permanente o temporalmente, del cuidado de padres y guardianes. El Estado debe entonces asumir la educación, inclusive familiar de los cada vez más numerosos niños y menores que viven –si es qué eso puede llamarse vida– en nuestros barrios. Frente al panorama de los menores de los suburbios de las grandes ciudades, es una falacia imperdonable hablar del derecho y deber a la educación y de la libertad de escoger la educación de los hijos. Allí ni hay derecho ni hay libertad, lo que hay es miseria e indigencia.

Por otra parte, la estructura económica, requiere asimismo de grandes y audaces reformas, para incorporar nuestros países al desarrollo.

Veamos algunos aspectos de la misma: En primer lugar, respecto al estatuto de la propiedad, tal como ahora existe. A pesar de todas las transformaciones que ha sufrido, varias reformas se imponen en este terreno: nacionalización de algunas grandes empresas indispensables al desarrollo, superación de la empresa individualista y participación de los trabajadores en su gestión planificación del uso de la tierra, etc.

En segundo lugar, la incorporación al desarrollo exige la formación de capitales y su canalización racional. En este sentido algunas medidas importantes se han tomado en los últimos años y principalmente en materia de seguros, al exigirse que la mayoría absoluta del capital de las empresas sea necesariamente capital venezolano.

El problema debe plantearse también respecto de otras actividades económicas y quizás en materia bancaria, y debe procederes además a regular las inversiones extranjeras, para canalizarlas racionalmente en sectores útiles al desarrollo.

Dentro de la reforma de la estructura económica se destaca particularmente además, la reforma de la estructura agraria. Basta en este sentido recordar que la mayor parte de las áreas rurales latinoamericanas, donde se concentra alrededor del 50% de la población del continente, viven todavía al margen de la vida ciudadana, imperando en ellas un paternalismo y un caudillismo local, íntimamente ligados al latifundismo inculto y ocioso. El desarrollo económico de nuestros países, ello es evidente, no debe situarse sólo en la industrialización sino en la actividad agrícola hecha más productiva.

Ciertamente que el concepto de reforma agraria ha sido de los más polémicos en América Latina y en Venezuela en los últimos años, hasta el punto de que muchas veces su esencia se ha desfigurado, para recubrir, con las mismas palabras, realidades inocuas sin ningún significado de cambio real. Sin embargo, y a pesar de todas sus malas realizaciones, el progreso en ese campo ha sido extraordinario.

Por último, dentro de la reforma de la estructura económica se destaca la necesidad de atenuar la dependencia y la dominación extranjeras, originadas entre otros factores, por la exportación de materias primas, por la importación de bienes de capital y la poca capacidad de compra derivada de la necesaria importación de productos elaborados y aún de bienes de consumo. De ahí la política de industrialización a través de la sustitución de importaciones. Sin embargo, la manipulación de dicha política a través de un esquema proteccionista no planificado, ha producido que en realidad antes de sustituirse las importaciones, considerando el valor total de las mismas, lo que se ha realizado en nuestros países es una modificación en la composición de las mismas: ya no se importan bienes de consumo, pero sí, productos intermedios necesarios ahora debido al tímido proceso de industrialización y que se utilizan para producir aquellos bienes de consumo.

Por otra parte, el proceso se hizo a costos tan elevados derivados del alto proteccionismo arancelario, que no es posible exportar lo que se produce, y en todo caso, el límite de crecimiento está en la dimensión del mercado, que es estrecho e insuficiente en nuestros países. La dependencia económica entonces continúa y posiblemente continuará creciendo, mientras nuestros límites de expansión estén en las fronteras nacionales.

De ahí el camino de la integración económica como fundamento de nuevos moldes para él desarrollo, y que se basa en la formación de un gran mercado que haga posible la producción en gran escala y la especialización económica. Lo que se busca con la integración económica es la formación de un gran mercado actualmente segmentado por compartimientos estancos. Sin embargo, ciertamente, el proceso de integración económica, si no se sabe dirigir, puede contribuir aún más a la "sucursalización" acelerada de la región, a través de la formación de empresas multinacionales extra latinoamericana, en lugar de contribuir al logro de nuestra real independencia exterior.

En todo caso él proceso de integración económica latinoamericana traerá y está trayendo consecuencias y modificaciones en las estructuras económicas tradicionales de producción. Entre otras cosas, Ta integración económica producirá, por ejemplo, la contracción de una serie de actividades económicas en diversos países, al mismo tiempo que la expansión en otros, por la especialización económica que originará la economía de escala. Pero no sólo producirá reformas en las estructuras productivas, sino que la integración económica desde el punto de vista político y jurídico, traerá a América Latina transformaciones aún no evaluadas en su totalidad y que incidirán no sólo sobre él mismo concepto de Soberanía y Estados–Naciones, sino sobre él propio régimen de los extranjeros; y la incidencia será de tal naturaleza que, materialmente, considero que no será viable el proceso de integración en América Latina, sin pensar paralelamente en una reforma de nuestros sistemas constitucionales, que ciertamente, no tienen vocación integracionista.

11.– Pero de este ligero e incompleto análisis de algunas de las reformas de estructuras que exigirá el proceso de desarrollo económico en América Latina, surge con absoluta evidencia algo que vislumbramos anteriormente: es absolutamente inimaginable la incorporación al desarrollo y la realización consecuente de una serie de cambios en las estructuras tradicionales, como los señalados, sin una neta, oportuna y enérgica intervención del Estado. Todas esas reformas, hieren m lo vivo a quienes usufructúan del actual estado de cosas, y por ello es lo cierto que utilizarán y utilizan todos los medios a su alcance para rechazarlas o para hacerlas inoperantes. De ahí que sea necesaria la intervención del Estado a fin de que mediante él poder público, las reformas lleguen a hacerse realidad. Ello, sin embargo, no será tarea fácil, pues en América Latina, lo normal es que quiénes detentan el poder económico detenten también él poder político.

En todo caso, es conveniente recalcar que en nuestros países, para él enfoque del papel del Estado en el desarrollo, es necesario superar, por anticuados y engañosos, los enfoques tradicionales y dogmáticos del Estado que generalmente se nos quieren imponer y que son los enfoques liberal o marxista. Al primero porque hace del Estado un cuerpo político desligado de lo social y le atribuye una función me-

ramente pasiva; el segundo porque hace–del Estado un organismo que por ser de opresión debe suprimirse.

La problemática del Estado debe enfocarse entonces, a la luz de nuevos conceptos adecuados a la realidad actual latinoamericana frente al desarrollo nacional: el Estado en este sentido debe convertirse en él agente de las reformas exigidas por el desarrollo. Su función debe ser entonces, absolutamente activa, a través de la planificación. Desarrollo, Reforma de Estructuras, Estado y Planificación son entonces los cuatro elementos fundamentales en él planteamiento político de América Latina. Esto es por otra parte lo que observan los expertos. Raúl Prebisch en este sentido ha señalado claramente que "si se quiere transformar fundamentalmente la estructura económica y social, la planificación es indispensable... Todo esto implica y requiere una clara intervención del Estado. El Estado tiene que intervenir".

El Estado en nuestros países debe ser pues, el agente del desarrollo, y no un agente secundario o de menor cuantía, sino todo lo contrario. Para ello ciertamente que debe comenzar por formular políticas, es decir, por planificar él desarrollo, y debe fortalecerse de manera que pueda llevar a cabo las reformas que ese desarrollo implica. La reforma dé estructuras que él desarrollo conlleva por tanto abarca también las estructuras políticas y administrativas, ya que con las actuales no puede impulsarse aquél definitivamente.

12.– Ciertamente, y ello no debe ocultarse, nuestros países han intentado llevar adelanté, desde hace algunos años, una política de desarrollo, la cual, sin embargo, ha carecido de objetivos bien establecidos y quizás, se ha iniciado por fuerza e influencia de presiones mundiales extrañas a ellos, y por la posesión de una serie de recursos básicos y estratégicos. En todo caso, al parecer, el desarrollo de esa política ha sido la intención de algunos dirigentes latinoamericanos y la preocupación constante de algunas oficinas técnicas que operan en la zona. Esa intención y preocupación, han tenido sus reflejos, los cuales han contribuido en parte a la realización de las transformaciones operadas en nuestras naciones en los últimos años. La política de industrialización a través de la sustitución de importaciones ya señalada, es el más claro ejemplo de ello.

Sin embargo, y ello es lo que se nos muestra ahora como evidente, la realización y desenvolvimiento de una verdadera política de desarrollo económico, con objetivos bien claramente establecidos, no ha sido posible debido a su manipulación mediante instrumentos, esquemas e instituciones políticas y administrativas que pertenecen casi completamente al siglo pasado, cuando la economía de nuestros países giraba en torno a la "hacienda" como unidad básica, inclusive socio–política.

Sin entrar a considerar si esos instrumentos, en lugar de contribuir al desenvolvimiento armónico político–económico de nuestros países a partir del siglo pasado, no hicieron otra cosa que arraigar fuertemente lo feudal en América Latina, lo que si resulta ahora como notorio es que no son apropiados para permitir la realización de los imperativos del desarrollo y de la tecnología moderna.

En todo caso, lamentablemente, gran parte de los dirigentes latinoamericanos fueron formados en esos esquemas, y mediante esas instituciones, ya superadas por las nuevas problemáticas de nuestros países, y ello ha contribuido aún más radicalmente a las fallas políticas actuales.

Si mi generación ha podido apreciar por si sola él cambio de orden económico y social que se ha producido en nuestros países en los últimos quince años, y ha comprendido que los problemas sociales de hoy no pueden ser resueltos ni suficiente ni adecuadamente ni siguiera con los instrumentos e instituciones de la década del cincuenta, resulta verdaderamente incomprensible que muchos de los dirigentes de estos países latinoamericanos todavía sigan pretendiendo dirigirlos con métodos, mecanismos e instituciones decimonónicos, que fueron los que ellos conocieron y a través de los cuales se formaron, y en algunos casos, por fuerza de aspectos políticos internos, añoraron.

En Venezuela, en la hora actual, la conducción del país a través de esas instituciones políticas y administrativas, ha producido un resultado evidente: él descrédito de esos mecanismos e instituciones como consecuencia de una ausencia de decisión política y de mando; es decir, como consecuencia de una vida política vegetativa –existencia del Estado y nada más–, sin precisión clara de políticas económicas, sociales y administrativas, es decir, de la política de desarrollo nacional; o lo que es peor –como en el caso del reto del desarrollo– si alguna vez se definió o se pretendió definir políticas, esas nunca fueron realizadas por ausencia de mecanismos reales y efectivos de decisión. En este sentido, puede decirse que una de las características resaltantes del Estado Venezolano en los últimos años ha sido precisamente esa: la ausencia de decisiones políticas, y por tanto de mando; y como ha dicho P. Selznick "si falta él mando cuando es necesario, la institución comienza a ir a la deriva, expuesta a las presiones que encuentra en su camino e influida por tendencias oportunistas de poco aliento".

Ahora bien, esa ausencia de decisión política tiene su origen, ciertamente, en diversos factores que se entrecruzan y complementan y que surgen de la contradicción de las realidades actuales con las estructuras e instituciones políticas superadas, que por complicadas y muchas veces inútiles, no sólo carecen de funcionalidad sino que estorban. Esta apreciación por otra parte, tiene validez universal frente a la estructura de la administración, aun cuando surge con mayor evidencia en los países subdesarrollados. Basta recordar aquí las palabras de Edouard Bonnefous, Ministro de la Reforma Administrativa en la IV República Francesa cuando constataba que "en la era del átomo, los servicios públicos han mantenido las grandes líneas de la organización napoleónica y utilizan aún procedimientos de los tiempos de la diligencia", y concluía afirmando que con esa estructura, realmente "es un milagro que la administración continúe asegurando la marcha de los servicios públicos".

Por ello, al pretenderse conducir un Estado contemporáneo subdesarrollado, donde se exigen como señalamos, decisiones políticas ágiles, definidas y muchas veces audaces, mediante mecanismos institucionales que no se corresponden con la realidad económica y social, se produce entonces esa ausencia de decisión. La estructura del Estado y de la Administración entonces, es tan apropiada para los problemas del liberalismo o para la época de la escritura a mano y dé los cálculos a tinta, que cuando se pretende tomar una decisión, el proceso de su formación está tan diluido y es tan complicado, que al final del mismo, no resulta decisión alguna, y es que, en esa forma, no puede haberla.

Pero la crisis institucional de Estado en estos países subdesarrollados además de producir como consecuencia una ausencia de decisión política y de mando, produ-

ce una enorme debilidad del poder público frente a las inevitables y muchas veces necesarias presiones de los grupos de intereses de la comunidad. Ciertamente que esas presiones son muchas veces un efectivo mecanismo de control colectivo frente a posibles abusos del Estado. Sin embargo, se tornan nocivas cuando surgen indiscriminadamente ante cualquier actuación estatal, que, por ellas, en definitiva se detiene.

En este sentido puede decirse que una política de desarrollo económico con todas las reformas estructurales que implica, cuenta y contará con innumerables enemigos que la analizarán, no bajo el ángulo del beneficio colectivo que puede aportar a la comunidad sino bajo el ángulo del beneficio que puede o no aportarle a sus intereses particulares. Baste citar aquí un sólo ejemplo, relativo a la integración económica latinoamericana entendida ésta como factor de desarrollo. Sobre ella, Bela Balassa, uno de los teóricos de la integración económica, ha señalado con precisión que "en países con costos de producción relativamente altos –es el caso de Venezuela los usuarios verán con agrado la integración, pensando en el efecto de reducción de precios; en cambio –y es lo que ha sucedido en nuestro país– lo objetarán los productores que operan con altos costos." Concluye Balassa su apreciación al señalar que "la experiencia sugiere que los intereses de los productores tienen mayor influencia sobre las decisiones gubernamentales; de aquí que esas presiones probablemente tengan un efecto restrictivo en la integración."

Esto, dicho en un libro intitulado "Teoría de la Integración Económica" ha tenido aplicación práctica en la hasta ahora actuación venezolana frente al acuerdo de integración sub regional del grupo andino. Pero lo grave en esa actuación, ciertamente, no fue el que las presiones de los sectores económicos detuvieran la firma del Acuerdo, sino que aparentemente pusieron en evidencia el hecho de que la Administración no había estudiado y tabulado todas las consecuencias que el referido Acuerdo traía para nuestra economía, que artificial y todo, es la economía del país, Y sin haber estudiado esas repercusiones, se aprestaba a firmar el referido Acuerdo. De lo contrario, si todas esas repercusiones estaban analizadas y computadas, no ha debido detenerse su firma.

Este ejemplo nos muestra claramente la debilidad del sistema: o hay una ausencia de tecnología en los cuadros administrativos, o las estructuras políticas son tan débiles que no resisten la más mínima presión, cuando al contrario, deben estar hechas para resistir presiones que siempre surgirán cuando se busca un interés colectivo, lo cual por esencia implica el sacrificio de intereses privados. En este sentido, entonces, no puede seguirse admitiendo una administración que lo único que hace, materialmente, es no hacer nada, por no quererle hacer nada a nadie.

13.– Al contrario, ya hemos destacado como es impensable el desarrollo en nuestros países sin una serie de reformas estructurales que debe acometer y dirigir el Estado. Para ello, es evidente, se impone inicialmente una reforma de las estructuras políticas del Estado mismo y de su instrumento inmediato, la Administración, para convertirlos en agentes del desarrollo y no en su obstáculo. Los nuevos cometidos que se imponen al Estado exigen por tanto que éste comience por reestructurarse para hacerles frente. De lo contrario, vendrá el desplome de la estructura tradicional.

El Estado entonces, insistimos, no debe esperar al cambio total de la realidad socio–económica para transformarse, sino que debe adelantarse a esos cambios y transformándose, motorizarlos. Los políticos por su parte, ya que el Estado está en manos de hombres políticos, deben asumir el desarrollo.

En este orden de ideas, quiero referirme aunque sea someramente a algunos de los reajustes que requiere nuestro régimen político, para viabilizar el desarrollo. En efecto, la primera de las transformaciones del régimen político está motivada por la necesidad de fortalecimiento del poder. La estructura de la democracia meramente formal como la nuestra se ideó para contrarrestar las manifestaciones de poder incontrolado del Estado Absoluto. En más de siglo y medio él mundo y sus realidades han cambiado en una forma pasmosa, y sin embargo la estructura de los Estados contemporáneos pretenden seguir los esquemas de la democracia revolucionaria de 1789.

En la actualidad, superadas y desde hace muchos años las facetas del Estado Absolutista, se impone un reajuste de esos mecanismos de democracia meramente formal. Esos reajustes deben incidir por ejemplo en la necesidad de concentrar el poder cuando está fuertemente atomizado, como en nuestro país. Piénsese por ejemplo en él sistema venezolano de representación de las minorías ante el Parlamento y su contradicción con la elección presidencial. Mientras puede elegirse un Presidente con la mayoría relativa de votos, un treinta por ciento por ejemplo, con ese treinta por ciento nunca se podrá controlar políticamente el Parlamento y por tanta, nunca se podrá gobernar seriamente. La crisis parlamentaria quizás hay que situarla entonces en la composición misma del Parlamento, donde los grupos de presión e intereses, debido a ese mecanismo legal nuestro de representación de las minorías, se encuentran enquistados. Una modificación de la regulación del derecho de representación de las minorías y del porcentaje para la elección presidencial traería también, estoy seguro, una modificación del actual régimen de partidos políticos.

En la actualidad cualquiera puede promover la formación de un partido porque sabe que con un poco, muy poco de inteligencia, y algo de recursos económicos que le permitan tener acceso a los medios de comunicación de masas, por lo menos, debido a ese sistema de representación de las minorías, obtiene una representación en el Congreso. Un cuerpo deliberante así conformado, así de heterogéneo, ni con la mayor y mejor buena voluntad puede actuar. Y un Poder Ejecutivo que tiene en su frente un ente de esa naturaleza, con las manos atadas, se abure de la inacción.

En definitiva, el mantenimiento en América Latina de los sistemas políticos actuales que permitan el control más o menos hegemónico de grupos minoritarios cuyo interés es contrapuesto al de la mayoría, significa simplemente un freno concreto y total al cambio social, y aún para que prosperen reformas parciales inclusive de tipo legislativo. El quietismo parlamentario en el campo legislativo de los últimos años lo confirma.

Esta concentración de los mecanismos de poder en el Parlamento debe ir acompañada de otras medidas paralelas, para hacer del sistema algo más real: el establecimiento de consultas populares o referendums, que se hacen más expeditos por la reducción paralela de partidos. En la actualidad, entre el Gobierno y el ciudadano existe un abismo que ni siquiera los partidos logran llenar.

Los gobiernos latinoamericanos, formalmente populares y representativos, terminan, debido al sistema, no representado ni sirviendo al pueblo. Se hace indispensable entonces, integrar al poder a ese alto porcentaje de la población que se man-

tiene alejado del poder político porque lo confunde con el viciado juego de partidos.

Por otra parte, e insistiendo en la reforma del régimen político, no sólo se requiere un fortalecimiento del poder, aniquilando su actual atomización, sino que se impone su racionalización. La clásica división de poderes de Montesquieu también requiere una puesta al día, y fundamentalmente en lo que se refiere a la ampliación de las facultades de legislación delegada del Poder Ejecutivo frente al Parlamento. Este tiene que comprender, para seguir existiendo y para dejar de ser esa Asamblea anárquica e inútil, que su labor es sólo deliberativa y de control, y que en ello debe tecnificarse. En la actualidad, no es exagerado afirmar que la institución parlamentaria, como ha dicho Alberto Lleras, "está llegando a la decrepitud, envuelto en sus solemnes ropajes, enajenado y encarnecido, porque ya sólo él cree en sus poderes y en sus gestos rituales".

14.– Pero en este campo, de nada serviría modificar nuestras instituciones políticas si la acción de un Gobierno estable, popular y fuerte fuese debilitada por una Administración insuficiente. La reforma de nuestros servicios administrativos por tanto debe ser llevada a efecto, al mismo tiempo que la de nuestras instituciones.

En efecto, la Administración Pública es por esencia, un instrumento de la acción política. Administración y política en este sentido no son conceptos que se contrapongan, sino íntimamente unidos en la acción del Estado. Nada se lograría con reformar el régimen político y fortalecer el poder, si el ejercicio del mismo se viera entrabado por una estructura administrativa de muy dudosa actualidad. Por tanto, el desarrollo y sus consecuenciales reformas estructurales, conlleva una reforma instrumental de primera importancia, y esta es la Reforma Administrativa. Sin Reforma Administrativa no hay ni puede haber desarrollo, y la Reforma. Administrativa no es otra cosa, que la acción permanente y sistemática de revisión, sustitución o mejoramiento de los órganos administrativos, de su actividad y de los métodos que utilizan, en virtud de una nueva concepción política del Estado y de su función.

En este sentido es la planificación del desarrollo, la que exige mayores reajustes en las estructuras administrativas, pues éstas deben amoldarse al plan, es decir, es el Plan de Desarrollo él que debe determinar la estructura administrativa adecuada para su ejecución y no viceversa. La Reforma Administrativa adquiere por tanto en su conexión con el desarrollo, una nueva perspectiva y motivación. No se trata simplemente de reducir o estabilizar la burocracia –únicos aspectos que frecuentemente se tratan al hablar de Reforma Administrativa–, sino de transformar las estructuras de la Administración Pública para hacer posible el desarrollo o través de la planificación, es decir, a través de la formulación y ejecución de las directrices políticas del Gobierno en el ámbito económico–social, durante un cierto periodo de tiempo.

Esta Reforma Administrativa para el desarrollo o en otras palabras, esas transformaciones de la Administración Pública para el desarrollo, en mi criterio deben llevarse a cabo bajo dos ángulos netamente diferenciados: un ángulo estructural y un ángulo funcional. La Reforma Administrativa abarca entonces dos sub clases: una Reforma Estructural y una Reforma Funcional.

La Reforma Estructural debe acometer la revisión y adaptación de la estructura administrativa del Estado desde el punto de vista orgánico y burocrático. Debe proyectarse entonces, no sólo sobre la racional distribución de las funciones públi-

cas entre los distintos entes y órganos administrativos sino también, sobre los diversos problemas que en la actualidad tiene planteados la administración del personal público o de los servicios del Estado.

La Reforma Funcional en cambio, debe proveer a la racionalización de los sistemas, métodos y procedimientos de la actividad administrativa; en otras palabras, a la adaptación de los métodos y procedimientos actuales de trabajo de la Administración Pública a las nuevas técnicas, para lograr una adecuada eficacia y productividad.

Voy a destacar los aspectos más importantes que deben abarcar dichas reformas.

En primer lugar, la Reforma Estructural. En efecto, la estructura actual de la administración venezolana es el resultado del crecimiento inorgánico de sus instituciones a medida que ellas han asumido nuevas funciones y cometidos. El crecimiento de nuestra Administración Pública por tanto se ha realizado por un proceso de agregación, lo que ha dado origen con mucha frecuencia, a una duplicidad de funciones. Frente a ese crecimiento inorgánico se impone como primera medida de reforma, establecer una organización estructural para la Administración Pública en su conjunto, que evite la duplicidad y dispersión de funciones, y permita, racionalmente, cumplir con los objetivos y cometidos estadales. Por ello, la Reforma Estructural orgánica debe englobar no sólo al Consejo de Ministros, sino a los niveles superiores de la Administración, a las estructuras ministeriales, a la Administración institucional o autónoma y a la Administración regional o local.

En cuanto a los niveles superiores de la Administración Pública, y me refiero en concreto a Cordiplan, a la Comisión de Administración Pública y a la Secretaría de la Presidencia de la República, estos organismos han surgido, más como remedios a situaciones urgentes que como resultado de un plan estructural global. Se impone por tanto la realización de este plan, para jerarquizar debidamente dichos organismos y convertirlos en los órganos asesores de primera línea del Jefe del Estado y del Gobierno. En mi criterio deben estructurarse entonces, a alto nivel, fundamentalmente, el Organismo para la planificación, que absorbería las tímidas funciones actuales de Cordiplan, y el Organismo para la Reforma Administrativa que no sólo absorbería las funciones también tímidas en dicho campo de la Comisión de Administración Pública, sino que las jerarquizaría en su debida forma.

Por otra parte, la reestructuración de los niveles superiores de la Administración Pública debe abarcar también al propio Consejo de Ministros, con el objeto de convertirlo en el órgano de mayor importancia en la conducción de los intereses nacionales. En relación a él, la reforma fundamental debe consistir en la creación de Comisiones Interministeriales Permanentes, que funcionen como un Consejo de Ministros reducido para conocer de ciertas materias, pero con los mismos niveles de decisión que aquél.

Dentro de la reforma de los niveles superiores de la Administración quiero referirme brevemente a la que incide sobre la Reforma Administrativa mismo, por la creación del Organismo encargado de motorizarla. En efecto, la ejecución de todas las actividades de la Reforma Administrativa, sobre todo las de orden burocrático y funcional, deben quedar bajo la responsabilidad de un organismo del más alto nivel, que cuente con el apoyo de la autoridad de más amplia competencia. De ahí que deba estructurarse dicho Organismo para la Reforma Administrativa, con adscripción directa al Presidente de la República.

El objetivo fundamental de una Reforma Administrativa incide sobre los servicios y métodos de los Ministerios e Institutos Autónomos, y por tanto, sobre los poderes de decisión de los Ministros y Directores de esas entidades, quienes son los únicos que pueden dar las órdenes necesarias para que sus servicios realicen la Reforma. De ahí que sea indispensable colocar al frente de la Reforma a un Ministro sin cartera o a un funcionario con rango de Ministro, aunque –claro está– esa sola jerarquía no es suficiente para poder implementar la Reforma, sino que ésta debe hacerse por los poderes del Jefe del Gobierno. Esto confirma por otra parte, el fracaso de la actual Comisión de Administración Pública, que ha estado a cargo de un funcionario de categoría inferior. Si un Ministro sin cartera, por sí solo, no tiene ninguna autoridad sobre el conjunto del Gabinete, y sus propuestas correrían el riesgo de chocar contra la autoridad de los Ministros, con mucha mayor intensidad se destaca esa ausencia de autoridad y por tanto la imposibilidad de llevar adelante la Reforma, sí ésta estuviese a cargo de un funcionario de categoría inferior. Por ello, y por cuanto sólo el Presidente de la República ejerce completa autoridad sobre los Ministros, es a él a quien corresponde promover la Reforma. El problema –aquí también– no es sólo y simplemente de estudios e informes, sino de autoridad, y sólo él puede ejercerla sobre sus Ministros.

Por otra parte, la Reforma Estructural orgánica originada por la planificación del desarrollo, debe incidir sobre la estructura ministerial para readaptarla a las nuevas funciones del Estado. La actual estructura ministerial venezolana, que sustancialmente es la misma de la Administración del siglo pasado, tiene su origen fundamentalmente en el desgajamiento sucesivo de ministerios anteriores. Los actuales ministerios, en esa forma, han surgido por necesidades de división del trabajo dado el aumento progresivo de las actividades estadales, antes que por una racionalización global de las estructuras administrativas.

Ahora bien, la formulación de un plan global del desarrollo económico, hace imprescindible acometer la revisión de las estructuras ministeriales, principalmente aquellas que más directamente están ligadas a la ejecución del plan, para aumentar la eficacia de la Administración Pública, de manera que pueda satisfacer las exigencias del desarrollo. Dicha revisión, invariablemente, conduce al planteamiento de una nueva división de los ministerios y de una redistribución de competencias entre los mismos, para remodelar la Administración en grandes bloques según las exigencias de la ejecución del plan.

La Reforma Estructural orgánica debe incidir también en las actividades de los Institutos Autónomos y Empresas del Estado.

En efecto, la creciente intervención del Estado en la vida económica, que caracteriza a la Administración Pública contemporánea y que se origina a partir del fin de la segunda guerra mundial, ha dado origen a la creación o asunción sucesiva de empresas económicas por el Estado. Dicha intervención, sin embargo, por inorgánica, alcanza en la actualidad grados alarmantes de dispersión y descontrol que materialmente convierten a dichas empresas en un factor entorpecedor del desarrollo, en lugar de ser el primer motor económico del mismo. Una reforma de las estructuras administrativas del Estado para incorporarlas al desarrollo debe comprender entonces, la reestructuración de las formas jurídicas que debe utilizar el Estado para desarrollar sus actividades económicas y la reestructuración de los mecanismos de control necesarios, mediante la sustitución de la actual base legis-

lativa de la materia, que no sólo es fragmentaria sino incompleta. El libro que aquí se publica muestra los aspectos esenciales descontrol de las Empresas Públicas en Venezuela para corregir sus fallas.

Otro aspecto fundamental de la Reforma estructural orgánica es el referente a la Administración Regional y Local.

Un sistema de planificación conlleva necesariamente la idea de la regionalización a los efectos de lograr un desarrollo regional más o menos equilibrado. Se hace imprescindible uniformar entonces las estructuras regionales de la Administración Central, creando zonas similares en los diversos campos, y adaptando la división político–territorial de la República, para crear siete u ocho zonas o regiones en el país. En este campo la terminología cuotidiana y económica se ha adelantado en mucho al problema institucional, pues es normal él empleo de las expresiones Centro, Oriente, los Llanos, Guayana, los Andes, Zulia, y hasta la región Centro–Occidental, para indicar las regiones fundamentales del país. Por supuesto que una regionalización, –que establecido un sistema de planificación nacional, se hará imprescindible–, conlleva una revisión total de la división político–territorial y materialmente la eliminación de los Estados, como últimos resabios de una federación que siempre fue centralista y que como tal, nunca existió. La división en 20 Estados en esta forma, no responde a ningún criterio racional, sino más bien parecería que se tratase de la irracionalidad premeditada; Piénsese sólo en la situación del Valle de Caracas, una típica unidad geográfica y topográfica, partida en dos por una división político–territorial sin sentido.

La regionalización conllevará en todo caso, una readaptación de la Administración local menor, la Municipal, a las exigencias del desarrollo.

La estructura municipal actual, reflejo de un municipalismo tradicional, materialmente nunca se ha aplicado, y para darse cuenta de ello basta recordar que las Municipalidades se constituyen en Venezuela a nivel de Distrito y no a nivel de Municipio.

La división político–territorial de Estados, Distritos y Municipios, por tanto nunca ha tenido real vigencia. Por otra parte, la llamada autonomía municipal pierde todo sentido ante los micro–municipios o ante los Municipios rurales. En las grandes ciudades, la autonomía municipal también no deja de ser teórica pues como sucede en Caracas, más de la mitad de los gastos municipales son cubiertos por el Poder Central.

Las exigencias cada vez más complicadas de la expansión urbana ya no pueden ser atendidas a nivel estrictamente municipal. Las injerencias del Poder Central se hacen en esos campos, cada vez más numerosas, por lo que la estructura municipal debe revisarse de manera que el Municipio sea fundamentalmente un nivel inferior de pura ejecución de programas nacionales o regionales con una competencia de auto–gestión sólo de ciertos programas puramente locales. El urbanismo entonces, si bien constitucionalmente ahora es una competencia municipal; esa competencia no podrá ser ejercida por el ente local, sino con sujeción o unas directivas de planes nacionales y regionales de ordenación territorial.

Pero no puedo referirme a la reforma de las estructuras administrativas locales, sin hacer siquiera una ligera mención al problema del Área Metropolitana de Caracas. Como en toda gran metrópoli, el problema administrativo fundamental en

Caracas es el de la integración de toda su área urbana y zona de influencia, bajo una sola autoridad metropolitana. No escapa a la observación de cualquiera, lo absurdo que resulta el que la prestación de los servicios públicos urbanos tengan en la zona, un límite espacial, y el que su continuidad dependa de la variable posición política de los munícipes respectivos. No tiene sentido alguno desde el punto de vista urbano, el que para la prestación de los servicios de distribución de agua y recolección de aguas negras, distribución de energía eléctrica, transporte urbano, aseo urbano, etc., existan dos autoridades distintas en la misma ciudad, y en su caso, sea necesario obtener dos concesiones de prestación diferentes. El absurdo sin embargo, llega a su más terrible dimensión cuando en lugar de integrar el Área Metropolitana, se pretende desintegrarla aún más, con la creación de un nuevo Distrito y una nueva Municipalidad en ella, como resulta de la proposición que discutió en los últimos meses la Asamblea Legislativa del Estado Miranda.

El otro aspecto de la Reforma Estructural que exige la incorporación al desarrollo, es el burocrático, tan trajinado y comentado. No creo que sea necesario insistir mucho en su importancia, aun cuando sí es bueno señalar que esa Reforma Burocrática, contrariamente a lo que se piensa generalmente, no tiene por objeto simplemente la reducción del personal que presta sus servicios al Estado, sino fundamentalmente, mejorar su rendimiento y eficacia, y por tanto, lograr una mayor productividad en el sector público. Para ello es necesario un correcto sistema de selección y capacitación del personal, y el establecimiento consecuencial de ciertos niveles de remuneración, estabilidad y seguridad social para el mismo.

El segundo aspecto de la Reforma Administrativa que en mi criterio es necesario hacer para motorizar el desarrollo, es el aspecto funcional. La reestructuración orgánica de la Administración Pública conlleva, necesariamente la atribución de funciones a esos órganos reestructurados. Por ello, la Reforma Orgánica y Burocrática, por sí solas, no darían lugar a una mayor eficacia o rendimiento administrativo, si no están acompañadas de una Reforma Funcional que tienda a la racionalización de competencias y en su caso, a su delegación, desconcentración o descentralización; y al perfeccionamiento y tecnificación de los procedimientos y métodos, incorporando a los mismos los adelantos de la tecnología y mecanización.

Estas son en líneas generales las modalidades que en mi criterio debe revestir una Reforma Administrativa para el desarrollo. La tarea, ciertamente, es impresionante, pero no queda otra alternativa: o reformamos las estructuras políticas y administrativas y nos incorporamos al desarrollo, o no comprendemos la necesidad de esos cambios, y simplemente perecemos.

15.– Antes de concluir quiero indicar, resumiendo, que si como he señalado, la única alternativa de nuestros países es él desarrollo, la incorporación al mismo exige una serie de reformas estructurales, una cambio en definitiva, que sólo pueden llevarse a cabo mediante mecanismos de planificación y con una intervención y conducción de un Estado renovado, renovador y reformista, que debe comenzar por dotarse de un instrumental adecuado para sus nuevas funciones, mediante la reforma de sus estructuras administrativas. La conclusión que de ello puedo sacar surge de los dos extremos del razonamiento: no puede haber desarrollo, no puede haber reformas de estructuras, sin adecuados mecanismos administrativos que las viabilicen.

Esto me hace recordar las frases del gran estadista francés Pierre Mendés–France, en su libro "La República Moderna", cuyo contenido, frente a la reciente crisis institucional y social de Francia y de su V República, puede ser calificado de profético. Mendés–France decía: "yo desafío a cualquier hombre político; a cualquier partido, a emprender mañana una auténtica democratización de la enseñanza, a modificar la distribución de la renta en provecho de las clases desfavorecidas, a asegurar el control por el Estado de ciertas posiciones dominantes de la economía, a asegurar, en lo sucesivo, él respeto de las libertades fundamentales y de los derechos del hombre, a hacerse obedecer por un ejército que esté identificado con la Nación..., si los problemas institucionales no han tenido previamente una solución correcta o, lo que es igual, si previamente no se han elegido las palancas que para ello convendría emplear". Estas palabras, frente al panorama político futuro del país, hacen que nosotros o mejor dicho, nuestra generación, desafié a los políticos actuales, y se decida, por sobre ellos, a asumir el reto que tiene planteado desde hace pocos años.

16.– El libro que ahora se publica, tal como señalé, es el fruto parcial de mi preocupación por los problemas de la reforma administrativa en su aspecto institucional, y especialmente, en relación a los mecanismos de control sobre los entes que el Estado utiliza para su intervención en la vida económica.

En este sentido, con este trabajo pretendo mostrar la realidad existente en la actualidad en Venezuela: una absoluta dispersión de controles, incoherentes e incoordinados, lo que conduce en múltiples ocasiones a una real inexistencia de los mismos debido a que se frenan unos a otros; y ello con un objetivo fundamental: destacar la urgente necesidad de una legislación básica sobre Institutos Autónomos y Empresas del Estado, en la redacción de cuyo proyecto tuve la oportunidad de colaborar durante los años 1967–1968 en el Ministerio de Hacienda. Ciertamente, si éste y otros trabajos previos sobre las Empresas del Estado, no hubiese podido acometer dicha actividad.

Por otra parte, debo destacar, que él presente estudio lo preparé durante el primer semestre del año 1966, teniendo como base, en cuanto a las referencias al Derecho Comparado, diversos estudios previos míos, y fue destinado especialmente para ser presentado al "Concurso para fomentar estudios especializados sobre control fiscal", abierto por la Contraloría General de la República de Venezuela conforme a lo acordado en el Segundo Congreso Latinoamericano de Entidades Fiscalizado– ras celebrado en Santiago de Chile en 1965, según Resolución N° D–6 de 31 de agosto de 1965.

En dicho concurso, a este libro le fue otorgado el 17 de octubre de 1968, el Primer Premio por el Jurado correspondiente, compuesto por los Contralores Generales de las Repúblicas de Colombia, Chile y Venezuela. Sea esta la oportunidad para agradecer a dichos funcionarios la escogencia de mi trabajo para dicha distinción, teniendo en cuenta la calidad de los otros trabajos presentados por distinguidos autores de América Latina.

En este sentido, debo destacar la inmejorable labor desarrollada por el Dr. Luis A. Pietri, Contralor General de la República y por ese máximo organismo contralor, en el fomento de los estudios sobre control fiscal no sólo en el territorio nacional, sino principalmente a nivel latinoamericano. El Instituto Latinoamericano de Ciencias Fiscalizadoras, creado por sugerencia de la Delegación Venezolana, pre-

*sidida por el Dr. Luis A. Pietri, ante el Segundo Congreso Latinoamericano de Entidades Fiscalizadoras celebrado en Santiago de Chile, en abril de 1965, así como el concurso abierto por la Contraloría General de la República de Venezuela, son un claro ejemplo de ello. A través de esos dos mecanismos, la bibliografía latinoamericana sobre control fiscal, antes escasísima, ha comenzado a hacerse sentir en el campo internacional. Caracas, enero de 1969"**

INTRODUCCIÓN

1. Es un fenómeno de vigencia universal, el de la progresiva y cada vez más rápida ampliación de las tareas de las entidades estatales, en vista de la satisfacción de necesidades de interés general.

En el campo de las actividades económicas, especialmente, la reacción contra la concepción individualista imperante en el siglo XIX se ha hecho sentir de manera particularmente apreciable, sobre todo a partir de las postrimerías de la segunda década del siglo actual, y más acentuadamente, después de la segunda guerra mundial. El dogma del liberalismo económico *ha retrocedido* ciertamente, ante el avance decidido de 1as ideas.

Hoy día, pues, el Estado, con mayor o menos intensidad se inmiscuye en las actividades de producción y de distribución de la riqueza, marca pauta a la economía, la dirige y controla, estimula por diversos medios la iniciativa privada, respaldándola e impulsán-

* En el texto se utilizaron las siguientes **Abreviaturas**: *Revistas*: *CFTA*: *Control Fiscal y Tecnificación Administrativa*, Revista de la Contraloría General de la República de Venezuela, Caracas. *ICE: Información Comercial Española*, publicada por el Ministerio de Comercio (Servicio de Estudios), Madrid. *RAP: Revista de Administración Pública*, publicada por el Instituto de Estudios Políticos, Madrid. *RDP*: *Revue de Droit Public et de la Science Politique en France et a l'étranger*, editada por la Librairie Générale de Droit et de Jurisprudence, Paris. *RFD*: *Revista de la Facultad de Derecho*, Universidad Central de Venezuela, Caracas. RIDC: *Revue Internationale de Droit Comparé*, editada por la Société de Legislation Comparé y por la Librairie Genérale de Droit et de Jurisprudence, Paris. *RISA*: *Revue Internationale des Sciences Administratives*, editada por el Instituto Internacional de Ciencias Administrativas, Bruselas *Trabajos*. Actas o Memorias de Congresos Internacionales: *XIICICA*: XII *Congreso Internacional de Ciencias Administrativas* (Viena 16–20 de julio de 1962), organizado por la Institut International des Sciences Administratives. *VIICIDC*: *VIIéme. Congrés Internationale de Droit Comparé* (Uppsala 6–13 de agosto de 1966) organizado por la Academie Internationale de Droit Comparé. *IV CLEF*: *IV Congreso Internacional de Entidades Fiscalizadoras Superiores* (Viena 18–26 de mayo de 1962). *II CLEF: II Congreso Latinoamericano de Entidades Fiscalizadoras* (Santiago de Chile, 3–11 de abril de 1965). *Textos legales venezolanos*: *A.P.E.* Administración del Parque del Este, Decreto N° 443 de 20 de enero de 1961. *BAP:* Banco Agrícola y Pecuario, Ley de 29 de mayo de 1946 reformada por Decreto–Ley de 9 de enero de 1959. *BIV* Banco Industrial de Venezuela, Ley de 23 de julio de 1937. *BO:* Banco Obrero, Ley de 25 de enero de 1961. *CA*: Corporación de Los Andes, Ley de 8 de diciembre de 1964. *CAPREMCO*: Caja de Previsión Social del Ministerio de Comunicaciones, Resolución de 15 de julio de 1946. *CFA*: Círculo de las Fuerzas Armadas, Decretos Nos. 53,54 y 55 de 14 de noviembre de 1953. *CTP:* Caja de Trabajo Penitenciario, Decreto N° 546 de 16 de enero de 1959. *CVF*: Corporación Venezolana de Fomento, Decreto–Ley N° 416 de 20 de junio de 1952. *CVG:* Corporación Venezolano de Guayana, Decreto N° 430 de 29 de diciembre de 1960. *CVP:* Corporación Venezolana del Petróleo, Decreto N° 260 de 19 de abril de 1960. *DAN*: Diques y Astilleros Nacionales, Ley de 30 de abril de 1947. *IAAFE*: Instituto Autónomo Administración de Ferrocarriles del Estado, Decreto–Ley N° 154 de 29 de enero de 1946. INC: Instituto Nacional de Canalizaciones, Decreto–Ley N° 422 de 27 de junio de 1952. *INH*: Instituto Nacional de Hipódromos, Decreto–Ley N° 357 de 3 de septiembre de 1958. *IPASME*: Instituto de Previsión y Asistencia Social para el Personal del Ministerio de Educación, Decreto–Ley N° 513 de 9 de enero de 1959. *IPSFA*: Instituto de Previsión Social de las Fuerzas Armadas Nacionales, Decreto N° 300 de 21 de octubre de 1949. *IVP*: Instituto Venezolano de Petroquímica, Decreto N° 312 de 17 de junio de 1960. *LAV*: Línea Aeropostal Venezolana, Decreto–Ley N° 65 de 1° de marzo de 1958.

dola financieramente, sobre todo en aquellos aspectos de la vida económica en cuyo desarrollo hay un interés público relevante que atender[1].

Ahora bien, aparte de los diversos y variados instrumentos legales mediante los cuales el Estado dirige y controla la actividad económica de los particulares, surgen con especial importancia en la actualidad, por su amplitud, los modos de ingerencia concreta, más o menos inmediata, por los cuales el Estado entra a desempeñar las actividades industriales y comerciales que decide asumir; ingerencia que realizada en la actualidad como sistema está reemplazando totalmente a los actos de intromisión aislados, esporádicos u ocasionales a que se reducía clásicamente la actividad del Estado a este respecto[2].

Ante esta situación, corno lo observa Katzarov, el problema dé saber si el Estado debe o rio dedicarse a actividades económicas puede ser considerado en el estado actual de las cosas, como prescrito. En la época contemporánea, cualesquiera que sean los argumentos de orden teórico o práctico esgrimidos en favor de una o de otra tesis, el Estado considera que tiene el derecho y aún en ciertos casos, la obligación de intervenir en la vida económica[3].

2. Esta es la orientación general del sistema constitucional venezolano. En efecto, el artículo 96 de la Constitución establece que "todos pueden dedicarse libremente a la actividad lucrativa de su preferencia, sin más limitaciones que las previstas en esta Constitución y las que establezcan las leyes por razones de seguridad, de sanidad u otras de interés social". Ahora bien, tal como lo aclara la exposición de motivos de la propia Constitución, "por supuesto, la libertad económica que la Constitución garantiza no es la que puede impedir al Estado reservarse determinadas industrias, la explotación o servicios de interés público por razones de conveniencia nacional y dictar medidas para planificar, racionalizar y fomentar la producción, así como regular la circulación, la distribución y el consumo de la riqueza con el objeto de impulsar el desarrollo económico del país. La protección a la iniciativa privada que la Constitución consagra se ve dentro de este orden de cosas como una consecuencia lógica de la acción del Estado y el reconocimiento de la necesidad de que aquélla contribuya eficazmente al desarrollo nacional"[4].

Por ello el texto del artículo 97 de la propia Constitución: "No se permitirán monopolios. Sólo podrán otorgarse, en conformidad con la Ley, concesiones con carácter de exclusividad, y por tiempo limitado, para el establecimiento y la explotación de obras y servicios de interés público". "El Estado podrá reservarse determinadas industrias, explotaciones o servicios de interés público por razones de conveniencia nacional, y propenderá a la creación y desarrollo de una industria básica pesada bajo su control". "La Ley determinará lo concerniente a las industrias promovidas y dirigidas por el Estado.

---

1 En torno a la intervención del Estado en la vida económica. *V.*, Henry Laufenburger, *La Intervención del Estado en la Vida Económica*, México, 1942; Adolfo Dorfman, *La Intervención del Estado y la Industria*, Buenos Aires, 1944; Escuela Nacional de Economía, UHAM, *La Intervención del Estado en la Economía*, México, 1955; H. Koontz y R. W. Gable, *La Inversión Pública en la Empresa*, Barcelona 1961; José Luis Villar Palasí, *La Intervención Administrativa en la Industria*, Tomo I, Madrid, 1964; Mariano Baena del Alcázar, *Régimen Jurídico de la Intervención Administrativa en la Economía*, Madrid, 1966.

2 *Cfr.* J.L. Villar Palasí, "La Actividad Industrial del Estado en el Derecho Administrativo", *RAP*, N° 3, 1950, p. 54; *Doctrina de la Procuraduría General de la República, 1964*, Caracas, 1965, p. 18.

3 *V.* Konstantin Katzarov, *Teoría de la Nacionalización (El Estado y la Propiedad)*, México, 1963, p. 299.

4 *V.* Exposición de Motivos de la Constitución en *RFD* N° 21, p. 386.

3. Ahora bien, con la aparición de la actividad administrativa en el campo económico, toda la clásica estructura categorial del Derecho Administrativo ha quedado insuficiente, por lo que junto a las actividades administrativas de policía, fomento (*aide de l'administration aux activités privées*) y servicio público, se ha hecho necesario introducir y añadir un nuevo concepto: la noción de gestión económica propuesta en España por Villar Palasí y García de Enterría[5].

En relación a esto, Langrod ha puntualizado muy exactamente que "es bien conocido que las clasificaciones clásicas, en cuya admiración toda una generación ha sido levantada no resisten la presión de los hechos. El trastorno reciente de la estructura celular tradicional de las administraciones públicas, trastorno del cual la empresa pública es una de las manifestaciones capitales, transforma de arriba abajo las formas ancianas en función de los cambios de la misión administrativa y en particular, del progreso de la función de prestación. Las formas nuevas, heterogéneas, no tienen espíritu de simetría ni sentido de proporción, turban el orden tradicional desintegrándolo y descomponiéndolo; quedan incoordinadas, llevan los nombres más diversos, algunas veces tramposos, y no se corresponden con ninguna categoría conceptual preestablecida".[6]

Y es que en efecto, ante esta nueva realidad, como lo dice el mismo Villar Palasí, cualquier solución que pretenda examinarla a través de las categorías clásicas, conduce inexorablemente a una de estas dos vías: o bien a deformar los antiguos conceptos, quitándoles relevancia y fecundidad, o bien negando que el nuevo hecho encaje en los módulos antiguos, dejándolo fuera del Derecho Administrativo. De ahí las deformaciones de los clásicos conceptos de servicio público y establecimiento público; y asimismo, de ahí el auge del llamado Derecho Económico[7].

Por tanto, la labor fundamental que se impone actualmente a los administravistas, es la construcción sistemática del régimen jurídico de esa actividad industrial y comercial del Estado[8]. Dicho régimen, sin embargo, plantea la gran dificultad de abarcar una realidad de una amplitud y una dispersión considerables[9]. Fundándose en lo que se observa actualmente, ha señalado Katzarov[10], no puede decirse que desde el punto de vista del Derecho Comparado, el legislador haya dado muestras de mucho espíritu de continuidad en la solución aportada al problema de las formas de las nuevas empresas realizadoras de actividades económicas a nombre del Estado. Por ello, se ha dicho, las formas utilizadas por el Estado para desarrollar esas actividades, muestran "un cuadro rico en

5 *V.* J.L. Villar Palasí, "La Actividad Industrial...," *loc. cit*, p. 60; E. García de Enterría, "La Actividad Industrial y Mercantil de los Municipios", *RAP*, N° 17, 1955, p. 118. En contra véase F. Garrido Falla, *Las Transformaciones del Régimen Administrativo*, Madrid, 1954, pp. 140 y ss.

6 *V.* Georges Langrod, "L'Entreprise Publique en Droit Administratif Comparé", *RIDC*, 1956, p. 217.

7 *Cfr.* J.L. Villar Palasí, "La Actividad Industrial...," *loc. cit.* p. 61; *V.* por ejemplo J. L. de Corail, "La Crise de la Notion Juridique de Service Public" en *Droit Administratif Français*, París, 1954; R. Drago, *Les Crises de la Notion d' Etablissement Public*, París, 1950; Daniel Moore Merino, *Derecho Económico*, Santiago de Chile, 1962, pp. 45 y ss.

8 *V.* en este sentido la Ponencia General que presentamos al *VII CIDC*, sobre el tema. *Le Regime des Activités Industrielles et Commerciales des Pouvoirs Publics en Droit Comparé*, Uppsala, 216 pp. Este trabajo dió origen a nuestro libro editado por la Facultad de Derecho de Caracas intitulado *Las Empresas Públicas en el Derecho Comparado (Estudio sobre el Régimen de las Actividades Industriales y Comerciales del Estado)*, U.C.V., Caracas, 1967, 204 pp.; editado también en francés bajo el título *Les Entreprises Publics en Droit Comparé*, por la Facultad Internacional para la enseñanza del Derecho Comparado, Paris, 1968, 120 pp.

9 *Cfr.* R. Drago, "Le Régime des Activités Commeciarles et Industrielles des Pouvoirs Publics", *Informe francés al VII CIDC*, pp. 1 y 16; K. Katzarov, *op. cit.* p. 32.

10 K. Katzarov, *op. cit.*, p. 311.

variedad y en extensión"[11]. Por eso, asimismo, en los Estados Unidos se habla del "caos", de la "selva" en la organización administrativa, de la anarquía administrativa[12], habiendo señalado en Francia G. Langrod, que nuestro pensamiento está, en efecto, de tal manera atado a la tradición estructural, que se encuentra con grandes dificultades para acomodarse a la existencia de esos "franco tiradores", de carácter semioficial y semiprivado, sin afectación regular y con una cierta libertad de acción, por lo que esas diversas formas, beneficiándose de unos status legales diferentes y establecidos *a casu ad casum*, con frecuencia a título temporal solamente, disponen de toda una gama de grados de autonomía en cuanto a su gestión y a sus finanzas, que no se dejan sino muy difícilmente, insertar en un cuadro esquemático[13].

4. Sin embargo, y a pesar de esa dificultad es necesario señalar que, en general, los problemas y las dificultades que se encuentran en el Derecho Comparado son comunes aún cuando existan, por ejemplo diferencias de estructura política y económica entre los países respectivos[14]; y en todo caso, sí bien todas esas actividades estatales presentan la peculiaridad de estar sometidas en mayor o menor grado al Derecho Privado y Comercial[15], no puede decirse que su régimen jurídico sea unitario. Por eso se ha dicho que está condenado al fracaso todo intento dirigido a un tratamiento unitario de todos los problemas de las empresas públicas, y es necesario, en consecuencia prescindir del rigor conceptual y atender a las diversas realidades que bajo la expresión "empresas Públicas" se encuentran[16].

Y en efecto, es la existencia de diversas formas jurídicas a través de las cuales el Estado desarrolla esas actividades, lo que presenta el primer elemento de interés para un estudio en esta materia[17]; formas que varían desde la gestión directa por el Estado de actividades económicas, basta la creación de sociedades mercantiles para ello. Por eso, Natalia Gajl ha señalado que entre las empresas creadas por los Estados, se puede en todas partes distinguir, por un lado, aquéllas que son gestionadas directamente por la Administración Pública según los mismos métodos tradicionales que eran empleados antes de la segunda guerra mundial; y por otra parte, las empresas del Estado que son administradas como organismos jurídicamente distintos de la Administración Pública, con personalidad moral propia, propios fondos de financiamiento, y propia gestión, etc.[18]

Santiago Marín Marín, al hablar de la realidad autonómica del Estado, centra la sinopsis de sus múltiples supuestos en un centro de gravedad primario: la personalidad. Se comprueba fácilmente, señala, que en la inmensa órbita de la acción autonómica hay algo que es común al ser o no ser de las autonomías. Ese algo, con signo positivo o negativo, se refiere a la esencia subjetiva o acéfala de la aparición. De tal suerte, sobrevie-

---

11 *V.* Antonio Brochado da Rocha, *Informe brasileiro al IV CIEF*, Actas, Vol. 4, Viena, p. 99. *Cfr*. A.H. Hanson (ed.), Public Enterprise; A Study of its Organization and Management in Various Countries, Bruselas, 1955. *V.* sobre este último, Comentario Bibliográfico de M. Alonso Olea en *RAP*, N° 19, 1956, p. 355.

12 *Cfr*. John G. Langrod, L'Entreprise Publique..., *loc. cit.*, p. 217.

13 *Cfr*. John G. Langrod, L'Entreprise Publique..., *loc. cit.*, p. 217.

14 *Cfr*. Natalia Gajl, Les Entreprises d'Etat en France, en Italie et en Pologne, *RISA*, 1961, N°, p. 153.

15 *Cfr*. M. S. Giannini, "Sobre las Empresas Públicas", *RFD*, N° 28, 1964, p. 16; G. Langrod L'Entreprise Publique... *loc. cit.*, p. 226; R. Drago, "Le Régime des Activités Commerciales... " *cit*, p. 10.

16 *V.* Tomás R Fernández R., "Notas para un Planteamiento de los Problemas Actuales de la Empresa Pública", *RAP*, N° 46, 1965, p. 100.

17 *Cfr*. Allan Randolph Brewer C. *Le Régime des Activités... cit.*, pp. 22 a 109.

18 *V.* Natalia Gajl, *Les Entreprises d'Etat... loc. cit.*, p. 153.

ne en línea lógica la exigencia de una clasificación primordial e ineludible: autonomías con personalidad y autonomías sin personalidad[19].

Pues bien, *mutatis mutandi*, la misma clasificación, asimismo primordial e ineludible, se plantea en el estudio del régimen de las actividades industriales y comerciales del Estado, íntimamente ligado por otra parte a la problemática de las autonomías.

De ahí que el análisis de las diversas formas a través de las cuales los Poderes Públicos desarrollan sus actividades industriales o comerciales, sea necesario hacerlo en dos partes fundamentales: actividades industriales o comerciales realizadas por el Estado directamente; y actividades similares realizadas por los Poderes Públicos a través de entes dotados de personalidad jurídica propia y distinta de la del Estado (establecimientos públicos y sociedades mercantiles de capital público o mixto)[20].

5. Esta, por otra parte, es la tendencia general en el Derecho Comparado. En efecto, señala Katzarov, de las soluciones que han sido aplicadas prácticamente en relación a la participación del Estado en la producción, se distinguen las siguientes: En primer lugar, el Estado como tal, es decir como persona jurídica de derecho público, puede dedicarse a una actividad económica; en este caso los diferentes departamentos ministeriales o sus servicios emplean constantemente esta facultad dentro del marco de sus atribuciones normales. El Estado puede también dedicarse a una actividad económica, confiriendo la autonomía administrativa y presupuestal a una u otra división de su actividad económica, transformándola en un servicio público independiente, pero sin personalidad separada. En segundo lugar, la actividad económica del Estado puede ser desplegada por medio de personas jurídicas especiales, independientes de la persona jurídica del Estado, a las que atribuye el ejercicio de una de sus actividades económicas. En tercer lugar, el Estado puede también crear empresas mixtas dándoles la forma de sociedades de derecho privado[21].

En Francia, aún cuando las diversas formas jurídicas utilizadas por el Estado para desarrollar sus actividades industriales y comerciales alcanzan hoy una extrema diversidad, se pueden distinguir, sin embargo, cuatro formas especiales: la *regte industrielle*, el establecimiento público industrial y comercial, la sociedad nacional y la sociedad de economía mixta.

En relación a estas formas, R. Drago señala que las tres últimas categorías son con frecuencia reagrupadas en una categoría única, la de las "empresas públicas"; pero esta noción es más económica que jurídica aún cuando poco a poco aparecen elementos comunes que originarán quizás, algún día, el nacimiento de una nueva categoría jurídica[22]. En todo caso, el elemento primario que caracteriza a esas tres últimas categorías frente a la *régie industrielle*, es que están dotadas de personalidad jurídica, de derecho público o de derecho privado, distinta de la personalidad del Estado.

En Austria y Alemania, se habla de empresa pública cuando la misma es mantenida por la Administración Pública y ello es posible de tres maneras distintas: como empresa

19 *V.* Santiago Marín Marín, "Aspectos de la Administración Pública Autonómica" (separata), Madrid, p. 270; *Cfr.* M. A. Flamme, "Le Régime des Activités Commerciales et Industrielles des Pouvoirs Publics en Belgique", *Informe Belga al VII CIDC*, p. 6.

20 *Cfr.* R. Drago, *Le Regime des Activités... cit.*, p. 28 y 35.

21 *V.* K. Katzarov, *op. cit.*, p. 300; *Cfr.* Natalia Gajl, *Les Entreprises d'Etat... loc. cit.*, p. 153; ONU, *Manual de Administración Pública* (61–II–H–2), Nueva York, 1962, pp. 87 y 88.

22 *Cfr.* R. Drago, *Le Régime des Activités Commerciales...cit.*, p. 5; Natalia Gajl, *Les Entreprises d'Etat... loc. cit.*, p. 156; Pierre DuPont, *L'Etat Industriel*, París, 1961, p. 59.

fiscal o de gestión directa sin personalidad jurídica propia; como institución pública con capacidad de Derecho, detrás de la cual se encuentra un sujeto administrativo en calidad de entidad madre; y como sociedad con capacidad de derecho privado[23].

Asimismo, en Bélgica se distingue entre los servicios no personalizados a través de los cuales el Estado desarrolla sus actividades industriales y comerciales directamente, y los servicios personalizados (*régie d'Etat*, establecimientos públicos estatales, asociaciones o sociedades de Derecho Público) dotados de personalidad jurídica distinta de la del Estado[24].

En Inglaterra, el uso del término empresa pública en sentido amplio, abarca tres tipos principales a través de los cuales el Estado desarrolla sus actividades económicas: En primer lugar, la administración directa de la empresa por un departamento gubernamental; en segundo lugar, la sociedad mercantil (Company Law) controlada por un organismo público que aparece como accionista principal; y por último, la corporación pública (Public Corporation) propiamente dicha que, no obstante su novedad, es sin duda el más importante tipo de empresa pública que se ha desarrollado en los países de la comunidad británica[25]. Situación similar se presenta, en general, en los países de Asia y del Lejano Oriente[26].

En Italia, la situación es asimismo parecida, Giannini distingue tres categorías fundamentales: la primera categoría de empresas públicas, que cronológicamente es la más antigua, está constituida por órganos de entes públicos con funciones esencialmente administrativas, que son calificados por la Ley como órganos gestores de empresa; la segunda categoría es la de los entes públicos económicos, que estructuralmente no difieren de un ente público común; y la tercera categoría está constituida por las empresas que hoy se prefieren llamar en participación pública, porque pueden ser tanto sociedades comerciales en las cuales el ente público participa con el carácter de socio, como entes de derecho privado que no tienen participaciones por acciones, sino participaciones por cuotas, o sea, no tienen accionistas, sino titulares de cuotas[27].

En España, las diversas formas jurídicas de gestión o explotación de las empresas públicas, son clasificadas así: gestión de un ente público expresamente creado para el ejercicio de la empresa; y gestión de una sociedad mercantil, en la cual tienen participación total o parcial el Estado u otro ente de derecho público[28]. Esta clasificación se co-

---

23 *Cfr*. Gerhardt Ploch, *Die Offentliche Hand als Unternehmer* (El Poder Público como Empresario), *Informe austríaco al VII CIDC*, p. 2; Klaus Vogel, *Die Wirschaftliche Betatingung Offentlicher Verwaltungstruger in Handel und Industrie und Ire Reghtliche Regelung*, (La Actividad Económica de los Sujetos de la Administración Pública en el Campo del Comercio y de la Industria y su Regulación Jurídica), *Informe alemán al VII CIDC*, p. 2,3, y 4; Ernst Forsthoff, *Tratado de Derecho Administrativo*, Madrid, 1958. Wilhelm Gerloff y Newmark, *Tratado de Finanzas*, Tomo II, Buenos Aires, 1961, pp. 153 a 164; Piero Verrucoli, "Consideraciones Jurídico–Mercantiles sobre las Empresas en Mano Pública", *RAP*, N° 3, 1950, p. 162; *Informe de la República Federal Alemana al IV CIEF, loc. cit.*, Vol. 4, p. 137.

24 *V*. M. A. Flamme, *Le Régime des Activités ... cit.*, pp. 6 a 11.

25 *Cfr*. W. Friedman, *A Theory of Public Industrial Entreprise*, en A. H. Hanson (ed.), Public Enterprise ... *cit.*, pp. 15 y 16, *cit.* por Fernando Garrido Falla, "Las Empresas Públicas", en *La Administración Pública y el Estado Contemporáneo*, Instituto de Estudios Políticos, Madrid, 1961, p. 128; Laureano López Rodó, "Las Empresas Nacionalizadas en Inglaterra", *RAP*, N° 3, 1950, p. 380.

26 *V*. ONU, *Some Problems in the Organization and Administration of Public Enterprises in the Industrial field*, (54–II–H–l), Nueva York, 1954.

27 *V*. M. S. Giannini, *Sobre las Empresas Públicas, loc. cit.*, p. 17 a 20; *Cfr*. Natalia Gajl, *Les Entreprises d'Etat ... loc. cit.*, pp. 153 y 159; Piero Verrucoli, *Consideraciones Jurídico–Mercantiles ... loc. cit.*, p. 163.

28 *V*. Manuel Broseta Pont, "La Societé Anonyme Unipersonelle Comme Instrument de l'Activité Economique de l'Etat", *Informe español al VII CID*, p. 5.

rresponde en líneas generales con la que de los entes autónomos, trae la Ley sobre el Régimen Jurídico de las Entidades Estatales Autónomas de 26 de diciembre de 1958, en la siguiente forma: en primer lugar, los organismos autónomos con personalidad jurídica propia y patrimonio independiente del Estado; en segundo lugar, los servicios administrativos sin personalidad jurídica que tengan a su cargo la administración y distribución de fondos que, aunque provengan de los presupuestos generales del Estado, no aparezcan en ellos especificados y clasificados por capítulos, artículos y conceptos; y en tercer lugar, las empresas nacionales[29].

Por otra parte, situación similar a la anteriormente descrita y en especial a la existente en los diversos derechos de Europa Continental (Francia, Alemania, Italia y España), se presenta en la República Árabe Unida[30], Indonesia[31], Irak[32] y en los países de América Latina, como por ejemplo, en Argentina[33], Brasil[34], Chile[35], Colombia[36], Méjico[37], Uruguay[38] y Venezuela[39].

6. Concretamente en Venezuela, el Estado desarrolla sus actividades industriales y comerciales bajo las siguientes formas jurídicas:

A.– En primer lugar, el Estado realiza actividades industriales y comerciales a través de sus entes administrativos directamente, en forma similar a como lo hacen las *régies industrielles et commerciales* francesas[40], las *Régie betrieb* o las *Eigenbetrieb* alemanas y austríacas[41], o las empresas propias o "servicios administrativos sin personalidad jurídica de los que tienen a su carga la administración y distribución de fondos" españoles[42]. A estas empresas estatales las denomina la legislación venezolana "establecimientos industriales de la Nación" y un ejemplo típico lo configuraban las explotaciones de sal de la República[43]. En todo caso, se trata de servicios industriales y comerciales gestionados directamente por el Estado o las colectividades públicas regionales, y que no tienen personalidad moral propia[44], aún cuando en algunas oportunidades gozan de una incipiente autonomía sea de contratar, sea en relación al presupuesto nacional o al Teso-

---

29 *V.* Fernando Garrido Falla, *Tratado de Derecho Administrativo*, Vol. II, Madrid 1962, p. 318, nota N° 19.

30 *V.* Mohammed Tawkif, *Informe de la República Árabe Unida al IV CIEF*, *loc. cit.*, Vol. 4, pp. 15 y 17.

31 *V. Informe de la General Auditing Court al IV CIEF*, *loc. cit.*, Vol. 4, p. 189.

32 *V.* A. K Said, *Informe de IRAK al IV CIEF*, *loc. cit.*, Vol. 4, p. 193.

33 *V.* Miguel Marienhoff, *Tratado de Derecho Administrativo*, Tomo I, Buenos Aires, 1965, pp. 429 y ss.

34 *V.* Rogarlo de Freitas, *Informe Brasileiro al IV CIEF*, *loc. cit.*, Vol. 4, pp. 61 y 77; Antonio Brochado da Rocha, *Informe brasileiro al IV CIEF*, *loc. cit.*, Vol. 4, pp. 101 y 125.

35 *V.* "El Control Financiero", *Informe chileno al II CIEF*, Memoria, Santiago de Chile, pp. 105 a 107; Enrique Silva Cimma, *Derecho Administrativo Chileno y Comparado*, Tomo II, Santiago de Chile, 1961, pp. 202 y ss. 224 y ss.

36 *V* J. I Castro Martínez, *Tratado de Derecho Administrativo*, Bogotá 1950, pp. 152 y ss. y 179 y ss.; Eustorgio Sarría, *Derecho Administrativo*, Bogotá 1957, pp. 171 y ss.

37 *V.* Gabino Fraga, *Derecho Administrativa*, México, 1955, pp. 347 y ss.

38 *V*, Enrique Sayagués Laso, *Tratado de Derecho Administrativo*, Tomo II, Montevideo, 1959, pp. 141 y ss.

39 *V.* Eloy Lares Martínez, *Manual de Derecho Administrativo*, Caracas 1963, pp. 184, 186, 264 y 437.

40 *Cfr.* Roland Drago, *Le Régime des Activités Commerciales... cit.*, p. 5.

41 *Cfr.* Klaus Vogel, *Die Wirtschaftliche... cit.*, p. 3; Gerhardt Plochl, *Die Offentliche Hand... cit.*, p. 3.

42 *Cfr.* F. Garrido Falla, *Las Empresas Públicas.., loc. cit.*, p. 133.

43 Artículo 42, ordinal 2 de la Ley Orgánica de la Hacienda Nacional y art 1° de la Ley Orgánica de la Renta de Salinas. Esas explotaciones se traspasaron al Instituto Venezolano de Petroquímica según Decreto N° 1160 de 1968.

44 *Cfr.* R. Drago, *Le Régime des Activités Commerciales... cit.*, p. 5; Gerhards Plochl, *Die Offentliche Hand..., cit.*, p. 3.

ro Nacional. En estos casos, se asemejan a las llamadas "*amministrazioni*" o "*aziende autonome*" del derecho italiano[45].

En Venezuela encontramos un ejemplo típico de realización de actividades económicas directamente por el Estado en los denominados "Fondos de Servicios Especiales"[46]. En efecto, a estos servicios el Fisco Nacional ha asignado un capital de trabajo para su funcionamiento, con gestión separada, pero sin el otorgamiento de la personalidad jurídica. Entre esos "Fondos de servicios especiales" que desarrollan actividades comerciales, generalmente de concesión de créditos por lo que desempeñan actividades administrativas de Fomento, se destacan por su importancia, los siguientes:

a.– El Fondo correspondiente al "Plan de Fomento Pecuario" creado por Decreto N° 153 de 9 de octubre de 1959 modificado por Decreto N° 977 de 2 de enero de 1963[47]. Dicho Plan tiene por objeto entre otras finalidades, la concesión de préstamos "destinados al fomento de los distintos aspectos de la producción e industria pecuaria"[48], mediante la asignación presupuestaria correspondiente[49], otorgados directamente por el Ministerio de Agricultura y Cría a través del Banco Agrícola y Pecuario[50]. Entre otras características de dicho fondo debe señalarse la autonomía de contratación del mismo para la adquisición de sementales, maquinarias, etc., y la realización de diversas construcciones[51], así como la autonomía del mismo frente al Tesoro Nacional pues sus ingresos no pasan a la masa general del Tesoro[52] sino que son reinvertidos en las finalidades del Fondo[53].

b.– El Fondo del Programa de Crédito al Artesanado y o la Pequeña Industria a cargo de la Comisión Nacional de Financiamiento a la Pequeña y Mediana Industria creada por Decreto N° 640 de 13 de noviembre de 1961[54]. Dicho Programa tiene por objeto entre otras finalidades, la concesión de préstamos al Artesanado y a la Mediana y Pequeña Industria, mediante la asignación presupuestaria correspondiente[55], otorgados a través del Banco Industrial de Venezuela[56]. Entre las características de dicho Fondo debe destacarse la autonomía del mismo frente al Tesoro Nacional pues sus ingresos no pasan tampoco a la masa general del Tesoro, sino que son reinvertidos en sus finalidades[57].

B.– En segundo lugar, el Estado Venezolano realiza actividades industriales y comerciales a través de entes dotados de patrimonio y personalidad jurídica propias e independientes de las personas públicas territoriales, es decir, a través de establecimientos

45 *V.* M. S. Giannini, "Le Régime des Activités Commerciales et Industriellas des Pouvoirs Publica en Italia", *Informe italiano al VII CIDC*, p. 5.

46 *V.* Esquema de la Administración Financiera y el Control Fiscal en Venezuela (Principales Órganos y sus Funciones), *CFTA*, N° 38, 1965, p. 28.

47 *V.* en *Gaceta Oficial* N° 27062 de 29 de enero de 1963.

48 *V.* Resolución Reglamentaria sobre Préstamos para el Plan de Fomento Pecuario de 20 de octubre de 1959 en *Gaceta Oficial* N° 26092 de 21 de octubre de 1959.

49 Artículo 6 del Decreto N° 153 de 9 de octubre de 1959 en *Gaceta Oficial cit.*, en nota 47.

50 *V.* N° 6, B, a.

51 Artículo 1° del Decreto N° 977 de 2 de enero de 1963 en *Gacela Oficial cit.*, en nota 47.

52 Artículos 52 y 184 de la Ley Orgánica de la Hacienda Pública Nacional.

53 Artículo 11 de la Resolución Reglamentaria, *cit.* en nota 48.

54 *V.* en *Gaceta Oficial* N° 26703 de 14 de noviembre de 1961.

55 Artículos 3 y 5 del Decreto N° 646 de 13 de noviembre de 1961 en *Gaceta Oficial, cit.*, en nota 54.

56 *V.* N° 6, B, d.

57 Artículo 5° del Decreto N° 646 de 13 de noviembre de 1961 en *Gaceta Oficial, cit.* en nota 54.

públicos[58] o institutos autónomos[59], cuya característica fundamental es que se trata de entes descentralizados dotados de un patrimonio separado y de personalidad de derecho público[60]. Estos institutos autónomos equivalen entonces a los establecimientos públicos industriales y comerciales del derecho francés, belga, español, brasileño y uruguayo[61], a las instituciones públicas autónomas alemanas[62], a las entidades autárquicas argentinas[63], y a los *enti pubblici economici* italianos[64].

En Venezuela podemos destacar entre los institutos autónomos existentes[65] creados por el Estado, los siguientes, cuyo objeto es fundamentalmente la realización de actividades industriales o comerciales con diversas finalidades, indicados por orden cronológico de creación:

a.– El *Banco Agrícola y Pecuario* (BAP), creado inicialmente por Ley de 13 de junio de 1928 y actualmente regulado por Decreto–Ley N° 565, de 5 de enero de 1959[66], estando adscrito al Ministerio de Agricultura y Cría. Tiene por objeto, tal como lo señala su artículo 1°, "fomentar la agricultura, la cría y la pesquería", y para ello fundamentalmente realiza operaciones de otorgamiento de créditos[67], estando autorizado además, para intervenir en el mercadeo de productos agropecuarios "cuando la situación del mercado, los intereses generales y la conveniencia del Banco lo aconsejen" y para realizar diversas operaciones bancarias como la recepción de depósitos en cuenta corriente y ahorro, y la emisión de cédulas hipotecarias.[68]

b.– El *Banco Obrero*, (BO), inicialmente creado por Ley de 30 de junio de 1928 y regulado actualmente por Ley de 25 de enero de 1961[69], está adscrito al Ministerio de Obras Públicas. Tiene por objeto, tal como lo señala su artículo 1°, "atender al problema de la vivienda", y para ello fundamentalmente realiza operaciones de otorgamiento de créditos y construcción de viviendas para ser vendidas o arrendadas, estando autorizado además para realizar diversas operaciones bancarias, como la recepción de depósitos en cuenta corriente y de ahorro y la emisión de cédulas hipotecarias[70].

---

58 El Código Civil en su artículo 538 acoge esta terminología.

59 La Constitución en sus artículos 140, 141, 160, 230 y 235 y la Ley Orgánica de la Hacienda Pública Nacional en sus artículos 70 y ss., acogen esta terminología.

60 *Cfr.* Allan Randolph Brewer C., "El Juicio entre la Municipalidad del Distrito Federal y el Instituto Nacional de Hipódromos (comentarios críticos en torno a una sentencia de la Corte Superior Segunda en lo Civil y mercantil)", *CFTA* N° 42, 1966, p. 45 y ss.

61 *V.* R. Drago, *Le Régime des Activités Commereiales... cit.*, p. 6, M. A. Flamme, *Le Regime des Activités... cit.* pp. 9 y 30; F. Garrido Falla, *Las Empresas Públicas... loc. cit.*, p. 135; Enrique Sayagués Laso, "Les Etablissements Publics Economique en Uruguay", *RISA*, 1956, N° 1, pp. 5 a 15; Antonio Brochado da Rocha, *Informe brasileiro al IV CIEF, loc. cit.* Vol. 4, p. 101.

62 *V.* Gerhardt Plochl, Die Offentliche Hand... *cit.*, p. 4; Klaus Vogel, *Die Wirtschaftliche... cit.*, p. 2; *Cfr.* Theo Keller, *La Economía Propia de las Corporaciones Pública*, en W. Gerloff y F. Newmark, *op. cit.* Vol. II, p. 156.

63 *V.* Miguel S. Marienhoff, *Tratado de Derecho Administrativo*, *cit.*, Tomo I, p. 433.

64 *V.* M. S. Giannini, Le Régime des Activités Commerciales.... *cit.*, p. 6.

65 *V.* una enumeración en El Control de Instituciones Subvencionadas por Medios Públicos, Informe Venezolano al IV CIEF, *CFTA*, N° 23, pp. 18 a 26. Asimismo en Esquema de la Administración Financiera y el Control Fiscal en Venezuela, *cit.*, *CFTA*, N° 38, 1965, pp. 29 a 38. Además de los indicados en el texto, con posterioridad a su redacción han sido creados otros con finalidades industriales o comerciales, por ejemplo el Banco de Desarrollo Agropecuario, el Banco Nacional de Ahorro y Préstamo y el Banco de loa Trabajadores.

66 *V.* en *Gaceta Oficial* N° 582 de 5 de febrero de 1959.

67 *V.* BAP, Artículo 12 y ss.

68 *V.* BAP, Artículo 23 y ss. y 50

69 *V.* en *Gaceta Oficial* N° 26.466 de 26 de enero de 1961.

70 *V.* BO, artículos 11 y 31 ss.

c.– La *Línea Aeropostal Venezolana* (LAV), inicialmente creada por Decreto de 21 de mayo de 1937, regulada actualmente por el Estatuto Orgánico dictado por Decreto–Ley N" 65 de 1° de marzo de 1957[71] está adscrita al Ministerio de Comunicaciones, y de acuerdo a lo previsto en su artículo 2°, "actuará como Empresa de Transporte Aéreo conforme a las disposiciones de la Ley de Aviación Civil".

d.– El *Banco Industrial de Venezuela* (BIV), creado y regulado por Ley de 23 de julio de 1937[72], está adscrito al Ministerio de Fomento. Tiene por objeto, tal como lo precisa su artículo 2°, "la protección y el fomento de las industrias fabriles, manufactureras y de minerías nacionales", con atribución para la realización de todas las operaciones bancarias permitidas por la Ley de Bancos y otras instituciones de crédito, con sujeción a algunas normas particulares[73]. Presenta este Instituto la característica de poseer un capital mixto, pues el Estado venezolano debe poseer por lo menos el 50% del capital del mismo, debiendo ser ofrecida al público la otra porción del capital con la advertencia, en todo caso, de que "las acciones pertenecientes al Gobierno en la parte que exceda del 50% del capital, estará siempre a la orden del público para adquirirlas"[74].

e.– El *Instituto Autónomo Administración de Ferrocarriles del Estado*, (IAAFE), creado y regulado por Decreto–Ley N° 154 de 29 de enero de 1946[75], está adscrito al Ministerio de Comunicaciones, Tiene por objeto, tal como lo precisa su artículo 3°, "la conservación, administración, explotación y desarrollo de los ferrocarriles nacionales y de los que en adelante pasen a ser propiedad del Estado, de las empresas nacionales que funcionen bajo el control de alguno de aquellos ferrocarriles y de las demás propiedades nacionales que el Gobierno Nacional ponga a su disposición cuando lo crea conveniente".

f.– La *Caja de Previsión Social del Ministerio de Comunicaciones*, (CAPREMCO), creada y regulada por disposición de la Junta Revolucionaria de Gobierno mediante Resolución de 15 de julio de 1946[76], como "un establecimiento oficial, dependiente del Ejecutivo Federal (Ministerio de Comunicaciones), con personalidad jurídica autónoma, con patrimonio propio e independiente del Fisco Nacional, destinada a proveer a sus miembros los medios adecuados para practicar el ahorro y prestarles la asistencia necesaria en caso de enfermedad, muerte, incapacidad física para el desempeño del cargo u otros riesgos", estando facultada fundamentalmente, para realizar operaciones de concesión de créditos[77].

g.– *Diques y Astilleros Nacionales* (DAN), creado y regulado por Ley de 30 de abril de 1947[78], adscrito al Ministerio de la Defensa. Tiene por objeto "preferentemente la reparación y construcción de los buques y demás embarcaciones que ordene verificar la Administración Pública y en especial de las unidades y servicios de la Armada Nacional", pudiendo prestar "además su colaboración en materias de su competencia a todas las empresas o compañías navieras nacionales o extranjeras".[79]

---

71 *V.* en *Gaceta Oficial* N° 25.599 de 1° de marzo de 1958.
72 *V.* en *Gaceta Oficial* N° 19.321 de 23 de julio de 1937.
73 *V.* BIV, artículos 11 y ss. y 18.
74 *V.* BIV, artículos 7 y 8.
75 *V.* En *Gaceta Oficial* N° 21.922 de 31 de enero de 1946.
76 *V.* En compilación Legislativa de Venezuela, Editorial Andrés Bello, Tomo III, (segunda edición), pp. 620 y ss.
77 *V.* CAPREMCO, articulo 2.
78 *V.* en *Gaceta Oficial* N° 22.307 de 12 de mayo de 1947.
79 *V.* DAN, articulo 4.

h.– El *Instituto de Previsión Social de las Fuerzas Armadas Nacionales* (IPSFA), creado por Decreto N° 300 de 21 de octubre de 1949[80], adscrito al Ministerio de la Defensa. Tiene por objeto fundamental prestar servicios de previsión social a sus afiliados, pudiendo además conceder préstamos, organizar una caja de ahorros y establecer almacenes de venta al detal, de medicinas y de víveres y otros productos, para los afiliados y sus familiares inmediatos[81].

i.– La *Corporación Venezolana de Fomento* (CVF), creada inicialmente por Decreto N° 319 de 29 de mayo de 1946 y regulada actualmente por Decreto N° 416 de 20 de junio de 1952 y Reglamento de 21 de agosto de 1947[82], está adscrita al Ministerio de Fomento. Tiene por objeto fundamental, como se establece en su artículo 2°, "Incrementar la producción nacional mediante la promoción de nuevas empresas y la mejora de las existentes, y procurar la mayor diversificación y sistematización de las actividades económicas del país", así como "dar a los organismos del Estado y a los particulares su colaboración técnica, así como prestarles ayuda de carácter económico, en el estudio, ensayo, promoción y establecimiento de nuevas empresas". Para ello, tiene atribuciones expresas para "adquirir o suscribir acciones, obligaciones, bonos u otros títulos de empresas" y para conceder préstamos de diversa índole[83]. Se presenta este Instituto entonces, entre otras cosas, como un ente de gestión de empresas filiales.

j.– El *Instituto de Canalizaciones* (INC), creado y regulado por Decreto N° 422 de 27 de junio de 1952 y reglamentado por Decreto N° 441 de 19 de septiembre de 1952[84], está adscrito al Ministerio de Minas e Hidrocarburos. Tiene por objeto fundamental, tal como lo precisa su artículo 2° "el estudio, financiamiento, construcción, conservación, inspección, mejora y administración de vías de navegación". Para ello, tiene atribución para adquirir, enajenar y gravar bienes muebles o inmuebles, y en general, para efectuar todos los actos y celebrar todos los contratos relacionados con el cumplimiento de sus funciones"[85], siendo de destacar, que es el único instituto autónomo que no recibe anualmente partidas establecidas en la Ley de Presupuesto General de Gastos Públicos[86].

k.– El *Círculo de los Fuerzas Armadas* (CFA), creado por Decreto N° 53 del 14 de noviembre de 1953, y regulado por Decretos Nos. 54 y 55 de la misma fecha[87], está adscrito al Ministerio de la Defensa. Tiene por objeto "contribuir a una mayor identificación entre profesionales de la Institución Armada y al incremento de la vida social de ellos y de sus familiares", funcionando en consecuencia, como "centro de recepciones, de cultura intelectual y física, de esparcimiento o recreación y de alojamiento", y estando constituido su patrimonio, además de por cualquier ingreso legal, por la contribución de sus socios[88].

---

80 *V.* en *Gaceta Oficial* N° 23.051 de 21 de octubre de 1949.

81 *V.* IPSFA, articulo 2.

82 *V.* en *Gacetas Oficiales* N° 23.864 y 22.396 de 21 de junio de 1952 y 26 de agosto de 1947, respectivamente.

83 *V.* CVF, articulo 12.

84 *V.* en *Gaceta Oficial* N° 23.871 de 30 de junio de 1952.

85 *V.* INC, articulo 4.

86 *Cfr.* "El Control de Instituciones Subvencionadas por Medios Públicos", *Informe venezolano al IV CIEF, loc. cit.*, p. 24.

87 *V.* en *Gaceta Oficial* N° 24.293 de 16 de noviembre de 1953.

88 *V.* CFA, artículos 1 y 8.

l.– El *Instituto Venezolano de Petroquímica* (IVF), creado por Decreto N° 367 de 29 de junio de 1956 y regulado por Decreto–Ley N° 312 de 17 de junio de 1960[89], adscrito al Ministerio de Minas e Hidrocarburos. Tiene por objeto, tal como lo señala su artículo 3°, "el estudio, establecimiento, operación y desarrollo de industrias destinadas al aprovechamiento de minerales, hidrocarburos y cualesquiera otros productos que guarden relación con la industria petroquímica".

m.– El *Instituto Nacional de Hipódromos* (INH), creado por Decreto N° 357 de 3 de septiembre de 1958[90], adscrito al Ministerio de Agricultura y Cría. Tiene por objeto fundamental, como lo señala su artículo 2°, "la organización, funcionamiento, administración y explotación de los Hipódromos Nacionales con el fin específico de contribuir al fomento y mejora de las razas equinas del país y cumplir con sus ingresos, fines altruistas encauzados por propósitos de bien social, como son los asistenciales, beneficios y culturales"[91].

n.– El *Instituto de Previsión y Asistencia Social para el Personal del Ministerio de Educación* (IPASME), creado en el año 1949, reestructurado por Decreto N° 513 de 9 de enero de 1959[92] y adscrito al Ministerio de Educación. Tiene por objeto fundamental, tal como lo indica su artículo 1°, "la protección social y el mejoramiento de las condiciones de vida de sus miembros, de los parientes inmediatos de éstos y de sus herederos", teniendo la facultad para organizar una caja de ahorros y establecer almacenes de venta al detal de medicinas, víveres y otros productos para los miembros del Instituto y los familiares inmediatos de éstos[93].

ñ.– La *Caja de Trabajo Penitenciario* (CTP), creada en 1953 y reorganizada por Decreto N° 546 del 16 de enero de 1959[94], adscrita al Ministerio de Justicia. Tiene por objeto, según su artículo 2°, "la organización y fomento del trabajo agropecuario, industrial y artesanal, en los establecimientos penitenciarios y carcelarios y en los correccionales para vagos y maleantes, con fines de educación y de labor–terapia", así como "la creación y administración, en dichos establecimientos, de expendedurías de artículos cuyo consumo está permitido dentro de los mismos", estando constituido su patrimonio, entre otros bienes, por "el valor de los frutos y productos que se obtengan de las actividades señaladas"[95].

o.– La *Corporación Venezolana del Petróleo* (CVP), creada por Decreto N° 260 de 19 de abril de 1960[96], adscrita al Ministerio de Minas e Hidrocarburos. Tiene por objeto fundamental, "la explotación, exploración, refinación y transporte de hidrocarburos, así como la compra, venta y permuta de los mismos en cualquier forma, dentro o fuera del país; la promoción de empresas con el propósito de desarrollar actividades industriales o comerciales de hidrocarburos, pudiendo contribuir la Corporación al capital de dichas empresas con los aportes que estime convenientes. Igualmente podrá suscribir o adquirir acciones, participaciones o cuotas en empresas que persigan el mismo fin; la realiza-

---

89 *V.* en *Gaceta Oficial* N° 26.282 de 17 de junio de 1960.

90 *V.* en *Gaceta Oficial* N° 25.750 de 3 de septiembre de 1958.

91 *V.* Allan Randolph Brewer C., "El Juicio entre la Municipalidad del Distrito Federal y el Instituto Nacional do Hipódromo..." *loc. cit*, pp. 45 y ss.

92 *V.* en *Gaceta Oficial* N° 25.861 de 13 de enero de 1959.

93 *V.* IPASME, articulo 2.

94 *V.* en *Gaceta Oficial* N° 25.867 de 20 de enero de 1959.

95 *V.* CTP, articulo 3.

96 *V.* en *Gaceta Oficial* N° 26.234 de 22 de Abril de 1960.

ción de cualesquiera otras actividades que contribuyan al cabal cumplimiento de los fines de la Corporación"[97].

p.– La *Corporación Venezolana de Guayana* (CVG), creada por Decreto N° 430 de 29 de diciembre de 1960[98] que dictó el Estatuto Orgánico del Desarrollo de Guayana, adscrita a la Presidencia de la República. Tiene por objeto tal como lo precisa el artículo 7° del Estatuto, "Estudiar los recursos de Guayana, tanto dentro de la zona de desarrollo como fuera de ella, cuando por la naturaleza de los mismos fuere necesario; estudiar, desarrollar y organizar el aprovechamiento del potencial del Caroní; programar el desarrollo integral de la región conforme a las normas y dentro del ámbito del Plan de la Nación; promover el desarrollo industrial de la región tanto dentro del sector público como del sector privado; coordinar las actividades que en el campo económico y social ejerzan en la región los distintos organismos oficiales; contribuir a la organización, programación, desarrollo y funcionamiento de los servicios públicos necesarios a los fines del desarrollo de la zona". Fundamentalmente, la Corporación Venezolana de Guayaría se presenta también, como un ente de gestión de empresas filiales.

q.– La *Administración del Parque del Este* (APE), creada por Decreto de 20 de enero de 1961[99], como "servicio autónomo" adscrito al Ministerio de Obras Públicas. Tiene por objeto, tal como lo precisa el artículo 2°, "el mantenimiento de las obras actuales y futuras del Parque, así como para la explotación comercial de servicios y atractivos cónsonos con su índole recreacional y educativa".

r.– La *Corporación de Los Andes* (CA), creada por Ley de 8 de diciembre de 1964[100]. Tiene por objeto el desarrollo económico de la región andina, y para ello le están atribuidas diversas facultades de fomento, programación y coordinación, entre las cuales se destaca la atribución de "promover y desarrollar empresas locales, públicas, privadas y mixtas, para el fomento y mejor aprovechamiento de los recursos potenciales de la región", así como de "promover el desarrollo industrial de la región tanto dentro del sector público como del sector como del sector privado".

Aparte de los 18 establecimientos públicos industriales y comerciales antes señalados, los otros establecimientos públicos (Consejo Venezolano del Niño, Instituto Nacional de Obras Sanitarias, Patronato Nacional de Comedores Escolares, Instituto Nacional de Nutrición, Instituto Nacional de Deportes, Instituto Agrario Nacional, Patronato Nacional de Ancianos e Inválidos, Instituto Venezolano de los Seguras Sociales, Instituto para Capacitación y Recreación de los Trabajadores, Hospital Universitario de Caracas, Instituto Venezolano de Investigaciones Científicas, Instituto Nacional de Cooperación Educativa, Instituto Nacional de Cultura y Bellas Artes, Fondo Nacional de Investigaciones Agropecuarias y las Universidades), aún cuando algunos realizan para cumplir sus fines actividades de índole comercial, no pueden ser catalogados en nuestro criterio, como empresas públicas[101].

C.– En tercer lugar, el Estado venezolano realiza asimismo actividades industriales y comerciales a través del recurso a la forma societaria mercantil, sea directamente, sea por intermedio de entes de gestión como las señaladas Corporación Venezolana de Fo-

97 *V.* CVP, articulo 2.

98 *V.* En *Gaceta Oficial* N° 26.445 de 30 de diciembre de 1960.

99 *V.* en *Gaceta Oficial* N° 26.461 de 20 de enero de 1961.

100 *V.* en *Gaceta Oficial* N° 27.619 de 15 de diciembre de 1964.

101 *Cfr.* M. S. Giannini, *Le Régime des Activités Commerciales... cit*, p. 1.

mento y Corporación Venezolana de Guayana. Dentro de las empresas públicas con forma societaria se destacan por su importancia las siguientes:

a.– La *Compañía Anónima Venezolana de Navegación* (CAVN), cuyo objeto fundamental es atender todo lo relacionado con la explotación industrial de la navegación fluvial, costanera y de altura entre los diversos puertos del país y del exterior que se creyeren convenientes y cualquiera otra explotación mercantil que a juicio de la Junta Directiva fuere conveniente a los intereses de la empresa[102]. Es filial de esta empresa la Transportadora Marítima C.A.[103]

b.– La *Compañía Anónima Nacional de Teléfonos de Venezuela* (CANTV), cuyo objeto fundamental es el "explotar los servicios telefónicos, alámbricos o inalámbricos, así como los telegráficos o radiotelegráficos y otro similares", y "administrar las empresas de teléfonos ya instaladas o que en lo sucesivo se instalen"[104].

c.– El *Centro "Simón Bolívar" C A.*, cuyo objeto fundamental es "contratar y financiar toda clase de trabajos relacionados con el desarrollo urbanístico de la ciudad de Caracas y su área metropolitana; contratar y financiar la ejecución de obras públicas municipales y, en especial, aquéllas correspondientes al Centro "Simón Bolívar", pudiendo realizar toda clase de operaciones sobre inmuebles, tales como adquisición y demolición, construcción, reconstrucción, enajenación, gravamen o recotización; celebrar contratos para llevar a cabo la ejecución de las obras que se le encomienden, mediante administración, concesión o precio alzado"[105]. Esta empresa tiene las siguientes filiales: Servicios de Condominio Centro C.A., Proyectos y Supervisión Centro C.A., Desarrollo y Ventas Centro C. A., Dirección y Coordinación Centro C.A., Obras del Centro C.A.[106]

d.– La *Corporación Nacional de Hoteles y Turismo* (CONAHOTU), cuyo objeto fundamental es la explotación del negocio de hoteles en Venezuela, encauzando su actividad principalmente en el aspecto turístico.[107]

e.– Aparte de las anteriores empresas, el Estado ha constituido otras como la *Venezolana Internacional de Aviación S. A.* (VIASA), Minas de Carbón de Lobatera C. A. y Minas de Oro del Callao C.A.[108]

f.– Asimismo, a través de algunos de los establecimientos públicos industriales y comerciales señalados anteriormente, se han constituido diversas sociedades mercantiles. En efecto, como filial de la Corporación Venezolana de Fomento se destaca fundamentalmente la empresa eléctrica denominada *C.A. de Administración y Fomento Eléctrico* (CADAFE), cuyo objeto fundamental es "generar, distribuir y vender energía eléctrica; usar dicha energía en aplicaciones industriales subsidiarias; explotar los negocios originados, dependientes o conexos con los fines mencionados; y prestar servicios a otras empresas eléctricas establecidas en el país en materia de control administrativo, atesoramiento y supervisión técnica"[109]. Asimismo, son filiales de la Corporación Venezolana de Fomento las cinco empresas denominadas *CVF Centrales Azucareros C. A.* Por

---

102 *V.* Estatutos de 3 de febrero de 1959, *cit.* por *Manual de Organización*, Comisión de Administración Pública, Caracas, 1963, p. 288.

103 *V. Manual de Organización, cit.* p. 275.

104 *V.* Estatutos de 10 octubre de 1957, *cit.* por *Manual de Organización, cit.*, p. 289.

105 *V.* Estatutos de 25 de noviembre de 1958, *cit.* por *Manual de Organización, cit.*, p. 104.

106 *V. Manual de Organización, cit.*, pp. 87 y 88.

107 *V.* Estatutos de 12 de junio de 1958, *cit.* por *Manual de Organización, cit.*, p. 141.

108 *V. Manual de Organización, cit.*, pp. 129 y 312.

109 *V.* Estatutos de 27 de octubre de 1958, *cit.* por *Manual de Administración, cit.*, p. 145.

otra parte, como filial del Banco Agrícola y Pecuario se destaca la empresa *Almacenes de Depósitos Agropecuarios C.A.* (ADAGRO). Como filial del Instituto de Previsión Social de las Fuerzas Armadas está la empresa *Seguros Horizonte C.A.*[110]. Como filiales del Banco Industrial de Venezuela se han constituido cuatro Bancos Regionales de Fomento: Banco de Fomento Regional Coro C. A., Banco de Fomento Regional Los Andes C.A., Banco de Fomento Regional Guayana C.A. y Banco de Fomento Regional Zulia C.A. Por último y como filiales de la Corporación Venezolana de Guayana se destacan *Aluminio del Caroní S.A.* (ALCASA), C.V.G. *Siderúrgica del Orinoco C.A.* (SIDOR) y *C. V. G. Electrificación del Caroní C.A. (EDELCA)*

Ahora bien, pero la existencia de todas esas diversas formas jurídicas sean o no autónomas respecto al Estado, en cuanto a la personalidad, al patrimonio o al Tesoro[111], a través de las cuales realiza sus actividades industriales y comerciales y que dan origen generalmente a entes separados en mayor o menor grado de la actividad administrativa ordinaria, da lugar a un segundo elemento que será el objeto fundamental de nuestro estudio, y que es el control que el Estado ejerce sobre esas diversas formas jurídicas, pues el verdadero alcance que puede darse a la constatación de las mismas con mayor o menor grado de autonomía y libertad, va a depender del mayor o menor control que ejerza el Estado sobre ellas.[112]

7. En efecto, Flaminio Franchini, al hablar de la intervención del Estado en la organización económica italiana señala con razón que los problemas que se plantean, con una claridad y una urgencia cada vez mayores en relación a las empresas públicas, son numerosas y pueden abarcar diferentes aspectos según que ellos se refieran a la propia razón de ser de ciertas empresas que son supervivencias históricas de necesidades económicas o políticas algunas veces ya caducas; al problema de la oportunidad misma del intervencionismo del Estado; a la necesidad de establecer nexos orgánicos entro los principios jurídicos y económicos que rigen empresas que forman parte de la misma rama de la actividad económica o de ramas diferentes pero ligadas entre sí; y, sobre todo, a la reorganización de los controles; y concluye que es precisamente este último problema, el que, desde el punto de vista jurídico aparece como el más delicado, y cuya solución es la más urgente.[113]

Realmente, y ello puede verse como una tendencia del Derecho Comparado, la intervención del Estado en la vida económica por la asunción de actividades comerciales e industriales, ha dado origen como lo hemos visto, a la creación y constitución de diversas formas jurídicas de actuación, que van desde la llamada *Régie industrielle* francesa[114] y la Régie d'Etat Belga[115] hasta la sociedad mercantil de capital público mixto, según el grado de descentralización. Ahora bien, esta mayor o menor descentralización, sobre todo mediante la constitución de formas jurídicas autónomas, ha dado origen en los distintos derechos positivos, a la previsión de una serie de mecanismos de control ejercidos por el Estado o la comunidad sobre esos distintos entes. Se trata, en efecto, de controles diferentes que algunas veces se entrecruzan y se enredan llegando a producir

---

110 *V. Manual de Organización, cit.*, p. 110.

111 *Cfr.* Santiago Marín Marín, *Aspectos de la Administración Pública Automática, cit.*, p. 253.

112 *Cfr.* Ernst Forthoff, *Tratado de Derecho Administrativo, cit*, p. 667.

113 *V.* Flaminio Franchini, "Aspects Juridiques de l'Intervention de l'Etat dans l'organisation Economique Italienne", *RDP*, N° 2, 1957, p. 233.

114 *V.* A. Delion, *Les Services Industrielles en Régie de l'Etat. Droit Social*, N° 1, enero 1963, París, pp. 1 a 14.

115 *V.* M. A. Flamme, Le Régime des Activités Commerciales,.. *cit.*, p. 8.

en algunos casos serias dudas en cuanto a la extensión y a los límites de la competencia de los órganos que los desarrollan. Generalmente, a los controles normales efectuados por los Ministerios técnicos que ejercen sobre las empresas públicas la vigilancia y la tutela, se unen, en efecto, controles especiales, interiores y exteriores, los cuales se aplican particularmente a las empresas subvencionadas por el Estado. Por otra parte, al lado de estos controles, se encuentra un tipo de control muy particular, y es aquél que ejerce el Parlamento. Este se funda en el principio según el cual, tratándose de fondos del Estado, este último tiene el derecho de saber, en el momento del examen y discusión de su propio presupuesto, cómo son administrados los fondos en cuestión[116]. Además, en aquellos países donde el control financiero se ejerce, no sólo por el Parlamento, sino también por entidades fiscalizadoras superiores de control, la intervención de éstas es cada vez más acentuada en la disposición de fondos públicos para la realización de actividades comerciales e industriales por el Estado. Estos tres aspectos: control administrativo, control por el Parlamento y control por las Entidades Fiscalizadoras Superiores de Control Fiscal, marcan, en líneas generales, los aspectos del control público sobre dichas actividades, que analizaremos en los párrafos sucesivos con especial referencia al derecho venezolano. A ellos hay que agregar además, principalmente en aquellos países donde la intervención del Estado en la economía tuvo su origen en los fenómenos de la nacionalización o socialización, los diversos mecanismos de control puestos a disposición de los consumidores y de los obreros o productores, que también serán objeto de nuestro estudio.

Debemos señalar previamente, sin embargo, que hablaremos de estos mecanismos de control en su sentido más amplio, por lo que muchos de esos mecanismos, sobre todo en lo que se refiere al control administrativo, conllevan implícitamente no sólo labores de control en sentido estricto, sino también labores de coordinación, planificación y aún de dirección[117].

En todo caso, es necesario convenir con R. Drago que, como veremos, son tan numerosos los sistemas de control sobre las empresas públicas que nos muestra el Derecho Comparado, que si ellos intervinieran todos realmente, las paralizarían y les quitarían toda la flexibilidad comercial que debe ser su regla esencial de funcionamiento[118].

Sección Primera: EL CONTROL ADMINISTRATIVO

I. INTRODUCCIÓN

8. El primero y quizás más importante de los controles sobre las empresas públicas es el control que ejercen sobre ellas los órganos de la administración de quienes en definitiva aquéllas dependen. Por su misma naturaleza, este control es en ciertos casos tan amplío e intenso que se hace difícil distinguirlo netamente de la actividad de gestión o dirección o de la influencia en estos aspectos que el órgano administrativo respectivo ejerce sobre las empresas del Estado.

---

116 *Cfr.* F. Franchini, Aspects Juridiques de l'Intervention... *loc, cit.*, p. 233

117 *Cfr.* Georges Lescuyer, *Le Controle de l'Etat sur les Entreprises Nationalisees*, París 1962, p. 36.

118 *V.* R. Drago, Le Regime des Activités...*cit.* p. 14.

En líneas generales, este control realizado por la propia administración o por los órganos a los cuales están adscritos las empresas económicas estatales, reviste dos modalidades fundamentales que es necesario estudiar separadamente. En primer lugar, dicho control puede ser ejercido directamente por la administración a través del Ministro respectivo, como control jerárquico o de tutela, o a través de órganos administrativos de coordinación o planificación de las actividades estatales. En segundo lugar, dicho control puede ser ejercido por la administración en forma indirecta, a través de entes dotados de personalidad que actúan como trusts o holdings de determinadas empresas económicas. De ahí que estudiaremos no sólo un control administrativo directo, sino también un control. Sin embargo, debe advertirse previamente que dichos controles se refieren fundamentalmente a las actividades industriales y comerciales desarrolladas por la administración directamente o por establecimientos públicos, no abarcando a las sociedades mercantiles de capital público. En relación a éstas, siendo el Estado el único o mayoritario accionista, la influencia y control del mismo se lleva a cabo en forma directa: ejercitando a través del Ministro respectivo sus derechos como accionista o dando instrucciones a los miembros del Consejo de Administración por aquél nombrados[119]. Por ello se dice en todo caso, que estas empresas, aun cuando virtualmente dirigidas por sus órganos estatutarios, están bajo la supervisión y control del Ministro respectivo[120].

II. EL CONTROL ADMINISTRATIVO DIRECTO

1. Introducción

9. La forma e intensidad del control administrativo directo sobre las empresas públicas depende de la forma jurídica concreta que se haya atribuido a las mismas[121]. Puede tratarse de un control jerárquico, de un control de tutela o de un control a través de órganos administrativos de coordinación y planificación, según el menor o mayor grado de autonomía de que gocen las empresas públicas.

En efecto, el control jerárquico va íntimamente unido al poder jerárquico que ejerce un jefe respecto a sus subordinados; el Ministro ejerce un poder jerárquico sobre el conjunto de los agentes de sus servicios. En esta forma, el poder jerárquico es un poder incondicionado. Siempre que no prescriba o cometa irregularidades, el superior tiene el derecho de dar a sus subordinados las órdenes que él juzgue buenas; él tiene siempre, salvo texto expreso en contrarío, el poder de reformar o de anular las decisiones de sus subordinados[122]. Al contrario, el poder de tutela, que implica el control respectivo, no pone en relación un superior y sus inferiores, sino un contralor (la autoridad de tutela) y unos controlados (los órganos de la persona pública bajo tutela). De ahí que sea un poder condicionado: el control no se presume, ya que no se ejerce sino en los casos y bajo las formas previstas por la Ley. Además, señala Vedel, no comporta la posibilidad de dar órdenes: en efecto, los órganos de la persona pública bajo tutela tienen la responsabilidad de los intereses de la misma, y no están sujetas, en derecho, sino a las leyes y

119 *Cfr*. Hakan Stromberg, "La Empresa Pública en Suecia", *ICE*, marzo 1964, p. 149.

120 *Cfr*, Pella Lenoudia, "La Empresa Pública en Grecia", *ICE*, marzo 1964, p. 153.

121 *Cfr* Wolfgang Zetzchke, "Las Empresas Públicas en la República Federal Alemana", *ICE*, marzo 1964, p. 95.

122 *V*. Georges Vedel, *Droit Administratif*, Tomo II, Paris, 1959, p. 419.

reglamentos; la autoridad de tutela puede hacer respetar estas normas, pero ella no puede agregarles sus propias prescripciones complementarias[123]. Por ello Maspetiol y Larocque han definido la tutela administrativa como el conjunto de poderes limitados concedidos por la Ley a una autoridad superior sobre los agentes descentralizados y sobre sus actos con el fin de proteger el interés general[124].

En resumen, puede decirse con el Decano Vedel que, en general, el poder y el control jerárquico se desenvuelve en el seno de una persona moral única y pone en movimiento relaciones de jefe a subordinados. El poder y el control de tutela, al contrario, pone en relación al Estado con otras personas públicas, originando relaciones entre el Estado, guardián del interés general en sentido amplio, y como tal contralor, con personas públicas con intereses propios, y como tales controladas[125]. Por ello, G. Langrod ha señalado como una de las razones de creación de las empresas públicas personificadas, la necesidad de evadir el control jerárquico[126].

Pero además del control jerárquico y del control de tutela, sobre las entes estatales o para–estatales que desarrollan actividades industriales y comerciales, puede ejercerse por el Estado un tercer tipo de control administrativo, que es el que se ejerce a través de órganos de coordinación o de planificación, creados especialmente por el Estado para ejercer esas labores en el campo de las participaciones estatales en la economía, y que no puede ser incluido dentro de los dos tipos antes analizados. Tal es el que ejerce, por ejemplo en Italia el Ministero delle Participazioni Statali o en los países socialistas los órganos centrales de planificación.

Veamos separadamente estos tres tipos de controles administrativos ejercidos por el Estado sobre el desarrollo de sus actividades industriales y comerciales, con especial referencia al derecho venezolano.

2. El control jerárquico

10. La administración ejerce un control jerárquico en las actividades industriales y comerciales siempre que las mismas sean desarrolladas por ella directamente. En efecto, en el supuesto de los Pondos de Servicios Especiales descritos, éstos están configurados como estructuras integradas en la organización administrativa, con la forma clásica y jerarquizada. Por ejemplo, en el caso de la Comisión Nacional de Financiamiento a la Pequeña y Mediana Industria que tiene por objeto la dirección y administración del Fondo del Programa de Crédito al Artesanado y a la Pequeña Industria, ésta está integrada por diversos funcionarios públicos, pero la preside el Ministro de Fomento o el Director de Industrias de dicho Ministerio, quien lo representará y entre sus atribuciones están "las que resuelva el Ministro de Fomento"[127].

En estos supuestos, los directores de esas empresas son funcionarios fuertemente vinculados a la administración pública y por tanto, obligados a acatar las disposiciones de sus órganos o instancias superiores. El control sobre la realización de dichas actividades

123 *V.* G. Vedel, *op. cit.*, Tomo II, p. 419.

124 *V.* Maspetiol y Laroque, *La Tutelle Administrative*, París, 1930, p. 1, *cit*, por M. Baena del Alcazar, "Los Entes Funcionalmente Descentralizados y su relación con la Administración Central", *RAP*, N° 44, 1964, p. 100.

125 *V.* G. Vedel, *op. cit*, Tomo II, p. 419.

126 *V.* G. Langrod, L'Entreprise Publique... *loc. cit.* p. 228.

127 *V.* Artículos 1, 2, 3, letra e), 16 y 20 del Decreto N° 646 de 13 de noviembre de 1961 en *Gaceta Oficial*, *cit.* en nota N° 54.

entonces, generalmente, está ligado a la ingerencia directa de la gestión y dirección de la empresa.

En otros supuestos la dependencia jerárquica no es tan pronunciada, pues se da alguna autonomía a los órganos administrativos directores de la empresa, aunque sin que se dé el supuesto del otorgamiento de personalidad a la misma. En estos casos, sin embargo, el control jerárquico se refleja a través del derecho de veto que corresponde al respectivo Ministro en las decisiones de los órganos directivos. Así, en Alemania por ejemplo, el Ministro de Correos tiene un derecho de veto absoluto con respecto a las decisiones del Consejo de Administración del Deutsche Bundespost que puedan tener repercusiones financieras; además puede presentar ante el Gobierno Federal, para la decisión última por parte de éste, los acuerdos que, a su juicio, lesionen los intereses del *Bund*[128].

3. El control de tutela

A. Introducción

11. El control de tutela en las actividades industriales y comerciales del Estado surge desde el momento en que existe una descentralización funcional cuando ésta se realiza a través de órganos que se desgajan de la Administración directa del Estado, mediante el procedimiento técnico–jurídico de la concesión de la personalidad jurídica a entidades institucionales.[129]

En esta forma, la tutela administrativa sobre los entes descentralizados que desarrollan actividades económicas, es decir, sobre los establecimientos públicos industriales y comerciales[130], tiene por finalidad fundamental garantizar la unidad y la buena ejecución de la política general del Estado en materia económica, pues permite a la administración central vigilar directamente, aunque no como superior jerárquico, la actuación de los órganos que integran la administración indirecta del Estado.

Ahora bien, entre los poderes de la autoridad de tutela, que generalmente es el Ministro respectivo, deben distinguirse los poderes de tutela sobre las personas de los poderes de tutela sobre los actos.

---

128 *V.* Wolfgang Zetzschke, Las Empresas Públicas en la República Federal Alemana, *loc. cit.*, p. 96.

129 *V.* F. Garrido Falla, "Administración Indirecta del Estado y Descentralización Funcional", Madrid, 1950, p. 189 *cit.* por M. Baena del Alcázar, *Los Entes Funcionalmente Descentralizados,.., loc. cit.*, p. 81.

130 Aun cuando la tutela surge como forma de control de las personas públicas descentralizadas, es necesario indicar que el control de tutela llevado a cabo mediante aprobaciones, surge también en ciertos casos, respecto a las empresas públicas constituidas bajo la forma de Derecho Privado. En Grecia por ejemplo, éstas se encuentran bajo la supervisión y control de un Ministro. Aunque los estatutos no incluyen disposiciones especificas en cuanto a la medida en que el Ministro ha de intervenir, sin embargo, en la práctica, el control del mismo es muy estricto y detallado, careciendo en general las empresas, de la flexibilidad industrial que deberían tener. Así, por ejemplo, la hacienda de las empresas públicas griegas están estrechamente controlada: el presupuesto de cada una de ellas debe ser sometido al Ministro supervisor para su aprobación, mientras que todos los asuntos económicos y financieros están sujetos al control continuo del Gobierno. *V.* Pella Lenoudia, *La Empresa Pública en Grecia, loc. cit.*, p. 153. En Bélgica al contrario, si bien se exige por ejemplo que el presupuesto de las empresas con formas jurídicas privadas se remitan al Ministro de tutela, aquél no está sujeto a la aprobación de éste. *V.* M. A. Flamme, Le Regime des Activités Commerciales… *cit*, p. 80.

B. La Tutela sobre las Personas

12. La regla general en la tutela sobre las personas es que los directores y miembros de los cuerpos directivos y de administración de los órganos funcionalmente descentralizados se designan por la Administración central. Esto sucede en los países donde el establecimiento público industrial o comercial es la norma en la descentralización funcional, como sucede en Francia, Bélgica y Venezuela[131]; así como en aquellos países donde la regla general la constituyen las *Public Corporations* anglosajonas[132] o las empresas públicas del tipo de los países socialistas[133]. La revocación de las designaciones corresponde también en general a la Administración central, aunque en algunos supuestos la iniciativa puede partir, como en Polonia, de los órganos de autogestión obrera[134].

En Venezuela en efecto, el nombramiento y remoción de los miembros de los cuerpos directivos de la generalidad de los establecimientos públicos industriales y comerciales corresponde al Ejecutivo Nacional por órgano del Ministro al cual estén adscritos los respectivos institutos[135]. En algunos casos además, al Ejecutivo Nacional corresponde también determinar la sustitución de dichos miembros en casos de faltas temporales[136] y la fijación de la remuneración de los mismos[137].

C. La Tutela sobre los Actos

a. Introducción

13. En cuanto a la tutela sobre la gestión, los Ministros disponen generalmente, en relación a los organismos descentralizados que realizan actividades industriales y comerciales, de ciertos poderes de control *a priori* o *a posteriori*, según que tengan lugar antes o después de haberse tomado la decisión concreta. En esta forma, el control a posteriori juzga actos ya consumados, implicando por tanto, que la gestión y el control son dos actos netamente separados. Al contrario, en el control a priori, tal como lo indica J. Rivero, entre los órganos de gestión y los de control hay un diálogo permanente: la voluntad del primero no puede producir efectos sino con el encuentro de la voluntad del segundo; por lo que en realidad lo que hay en este caso es una *véritable cogestion*[138]. Veamos en todo caso estos dos tipos de control, junto con el control concomitante.

---

131 *V.* R Drago, Le Régime des Activités... *cit.*, pp. 8 y 9; M. A. Flame, Le Régime des Activités Commerciales... *cit.*, p. 30; Eloy Lares Martínez, *Manual de Derecho Administrativo*, *cit.*, p. 445.

132 *V.* "W.A. Robson, "La Public Corporation en Gran Bretaña", *RAP*, N° 22, p. 125; J.E. Hodgetts, "La Empresa Pública en Canadá", *ICE*, Marzo 1964, p. 131.

133 En relación a Bulgaria, Checoeslovaquia, Hungría y Polonia. *V.* K. Katzarov, *op. cit.*, pp. 319, 320 y 323; Zygmunt Rybicki, "Le Régime des Activités Commerciales et Industrielles des Pouvoirs Publics", *Informe polaco al VII CIDC*, pp. 10 y 19.

134 *V.* Z. Rybicki, Le Régime des Activités... *cit*, p. 12; Allan Randolph Brewer C., "Le Régime des Activités Industrielles et Commerciales des Pouvoirs Publics" en *Droit Comparé*, *cit.*, p. 90.

135 *V.* CVG art 5; INH art. 10; CVP art. 7; IVP art 8; INC arts. 9 y 10; CTP art 5; DAN arts. 13 y 14; CVF art. 3; BAP art. 6; LAV art 7; IAAFE art 5; BO art. 7; CFA arts. 5 y 6; CA art. 7; IPSFA art 13; APE art. 4. Véase asimismo N° 39.

136 *V.* INC art. 14; CTP art. 5; CVF art. 3; DAN art. 14; APE art 4.

137 *V.* APE art, 4; CTP art 5, BAP art. 6; INH art 14; LAV art. 9; BO art. 7; IPASME art. 6.

138 *V.* Jean Rivera, *Le Fonctionnement des Entreprises Nationalisées, Droit Social*, noviembre 1955, p. 66, *cit.* por G. Lescuyer, Le controle de l'Etat sur les Entreprises Nationalisées, *cit.*, p. 180; *Cfr.* P. Bauchet. "Las Empresas Públicas en Francia", *ICE*, Marzo 1964, p. 87.

b. El Control de Tutela a priori

a'. Las Directrices Generales

14. El control a priori puede revestir formas diversas. En primer lugar, puede constituir en la posibilidad, para los órganos de tutela ministerial, de precisar en relación a las empresas públicas, las directivas u orientación general de la actuación de las mismas, tal como sucede en Inglaterra[139] e Italia[140], y que no se refieren a actos concretos de dichas empresas. En esta forma, en Italia por ejemplo el artículo 1° de la Ley de 1948 precisa, escuetamente en relación al Instituto para la Reconstrucción Industrial (IRI) que corresponde al Consejo de Ministros decidir, en vista del interés de la colectividad, la orientación general del Instituto tanto en materia política como económica[141]. En esta forma por ejemplo, el *Air Corporation Act de 1949* prevé que el Ministro de Transporte y Aviación Civil, previa consulta con la afectada, puede dar a cualquiera de las Corporation aeronáuticas "instrucciones de carácter general sobre el ejercicio y realización de aquellas de sus funciones relacionadas con materias que, a juicio del Ministro, sean de interés nacional". La Corporación interesada deberá seguir dichas instrucciones, siendo esta fórmula del poder ministerial el modelo standard *en la legislación inglesa*[142].

En Venezuela, aun cuando no se consagra como regla general, en algunos supuestos se daba la atribución al Ministro de tutela para fijar las directivas y orientación general de los establecimientos públicos industriales y comerciales. En efecto, por ejemplo, respecto al Instituto Venezolano de Petroquímica, al Ministro de Minas e Hidrocarburos le correspondería "la orientación de las actividades básicas del Instituto"[143].

Además, en otros casos, los dispositivos legales obligan a los establecimientos públicos a realizar las actividades que el Ministro de tutela les encomiende. Tal es el supuesto en Venezuela del Banco Agrícola y Pecuario y del Banco Obrero, que deben "desempeñar cualquier función que el Ejecutivo Nacional", a través del Ministro de tutela, "le encomendare"[144].

b'. Las Aprobaciones y Autorizaciones Previas

15. Por otra parte, muy difundido como medio de tutela sobre los actos o sobre la gestión de las empresas se encuentra el mecanismo de las aprobaciones previas en relación a ciertos actos o decisiones de las empresas públicas. En Francia por ejemplo, la lista de las decisiones sometidas a aprobación se especifica en los textos propios de cada empresa, pero hay un mínimo en virtud de los Decretos de 26 de agosto de 1957 y de 22 de junio de 1960 y del artículo 163 de la Ordenanza del 30 de diciembre de 1958: los presupuestos y estados de previsiones de explotación y equipo; los balances, las cuentas de resultados, las afectaciones de beneficios, los finiquitos de los administradores; las extensiones de participaciones financieras; el montante de las remuneraciones de los Administradores, Presidentes y Directores Generales; las medidas relativas a los ele-

139 *Cfr*. G. Lescuyer, *Le Controle de l'Etat, cit*., p, 65; A Delion, *L'Etat et les Entreprises Publiques*, París 1959, p. 160.

140 *Cfr*. M. S. Giannini, *Le Régime des Activités... cit*., pp. 12 y ss.

141 *V*. F. Franchini, "Aspects Juridiques de l'Intervention de l'Etat..." *loc. cit*. p. 240.

142 *V*. W. A. Robson, "La Public Corporation en Gran Bretaña", *loc. cit*., pp. 116 y 117; *Cfr*. W. A. Robson, "La Empresa Pública en Gran Bretaña", *ICE*, marzo 1964, p. 75.

143 *V*. IVP art. 8 del Estatuto original dictado por Decreto N° 368 de 29 de junio de 1956.

144 *V*. BAP art. 86; BO art. 80.

mentos de remuneración del personal, así como a su status y a su régimen de retiro[145]. Situaciones similares existen en la mayoría de los países que siguen el esquema francés del establecimiento público, como en Bélgica[146].

En Venezuela existe una situación similar. Por ejemplo en cuanto a los actos de nombramiento de personal, en algunos supuestos los nombramientos de los funcionarios y empleados de los establecimientos públicos industriales y comerciales, aun correspondiendo a los cuerpos directivos de los mismos, deben ser aprobados por el Ministro de tutela[147]. Pero aparte de esto, mediante las aprobaciones o autorizaciones previas existe un amplio e intenso control de los Ministros de tutela sobre los actos de gestión de los establecimientos públicos. En efecto, algunos dispositivos legales exigen que los planes generales de trabajo para un determinado ejercicio de los establecimientos se sometan a la aprobación previa del Ministro, como sucede en la Corporación Venezolana de Fomento con el Plan General de Fomento del establecimiento y en otros institutos respecto a la actividad general de los mismos[148]. Por otra parte, en cuanto a ciertos actos concretos también se exigen aprobaciones previas del órgano de tutela: En cuanto a los bienes, por ejemplo, para la realización de operaciones sobre los bienes inmuebles del instituto[149]; para la enajenación de activos permanentes del ente[150]; y para la enajenación de los aportes del establecimiento a empresas finales del mismo[151]. En algunos supuestos, como en el caso del Instituto Venezolano de Petroquímica, para la enajenación, adquisición o gravamen de activos permanentes por determinadas cantidades se exige la intervención del Ministro de tutela[152].

También para diversos actos concretos de las actividades ordinarias de la empresa pública institucional se exige la intervención previa del órgano de tutela: para ampliar la actividad del instituto[153]; para fijar los itinerarios de rutas y para determinar las tarifas para la prestación del servicio[154]; para contratar y solicitar préstamos[155]; para determinar los plazos de los créditos a otorgar y la rata de interés[156]; para emitir cédulas hipotecarias[157] y cédulas de capitalización[158]; para determinar los aportes en empresas filiales[159]; y para mejorar los servicios[160].

En otros supuestos, y según la cuantía de las operaciones y contratos de la empresa, se exige la intervención previa del Ministro de tutela. En efecto, deben someterse a la aprobación previa del Ministro de Justicia las operaciones de la Caja de Trabajo Peni-

---

145 *V.* André Dellon, Informe francés al IV CIEF, *loc. cit.*, Vol. 4, p. 159.
146 *V.* M. A. Flamme, Le Régime des Activités Commerciales... *cit*, pp. 78 a 82.
147 *V.* CVP art. 8, letra d) y art. 12; CVF art. 6, ordinal 5) y art. 8, ordinal 4; INC arts. 12 y 13; IVP art. 14, letra d) y 14; CFA art. 1, letra b); IAAFE art. 8, letra d).
148 *V.* CVF art 6, ordinal 1) y art. 28; CFA art. 1, ordinal 8) del Reglamento; IAAFE art. 8, letra c); IVP art. 9, letra b); DAN art. 19, ordinal 1); IPASME art. 14, letra c).
149 *V.* INC art. 4; CVG art. 16; CA art. 11.
150 *V.* CVP art. 4.
151 *V.* CVG art. 19.
152 *V.* IVP art. 5.
153 *V.* CA art. 2.
154 *V.* LAV art. 11; DAN art. 19, ordinal 10; IAAFE art. 8, letra f).
155 *V.* BIV art. 13; BAP art. 31.
156 *V.* BAP arts. 20 y 33.
157 *V.* BO art. 39; INC arts. 5 y 7.
158 *V.* BAP art. 50, ordinal 13.
159 *V.* CVG art. 18.
160 *V.* DAN art. 19, ordinales 14 y 16.

tenciario superiores a Bs. 25.000,00[161]; al Ministro de la Defensa las operaciones del Circulo de las Fuerzas Armadas superiores a Bs. 40.000,00[162]; al Ministro de Comunicaciones las operaciones del Instituto Autónomo Administración de los Ferrocarriles del Estado superiores a Bs. 50.000,00[163]; al Ministerio de Minas e Hidrocarburos y al Ministerio de Agricultura y Cría las operaciones del Instituto Nacional de Canalizaciones[164] y del Banco Agrícola y Pecuario, respectivamente, superiores a Bs. 100.000,00[165]; al Ministerio de la Defensa, las operaciones del Instituto Diques y Astilleros Nacionales superiores a Bs. 200.000,00[166]; al Ministerio de Minas e Hidrocarburos las operaciones del Instituto Venezolano de Petroquímica superiores a Bs. 500.000,00[167]; y al Ministerio de Comunicaciones, al Ministerio de Fomento y al Ministerio de Agricultura y Cría las operaciones de la Línea Aeropostal Venezolana[168], de la Corporación Venezolana de Fomento[169] y del Instituto Nacional de Hipódromos, respectivamente, superiores también a Bs. 500.000,00[170]. En este mismo sentido, también existen supuestos de límites temporales: así, las operaciones de la Administración del Parque del Este por término superior a dos años deben someterse a la aprobación del Ministro de Obras Públicas[171].

Pero además, los presupuestos de gastos e inversiones de los establecimientos públicos industriales y comerciales también deben ser aprobados previamente por los Ministros de tutela[172] o por organismos de control interno de la administración de tutela[173], Asimismo sucede respecto a los Reglamentos internos de los establecimientos, que si bien son dictados por sus órganos directivos, requieren la aprobación previa del Ministro de tutela respectivo[174]; y en algunos supuestos también la totalidad de la organización interna del ente debe ser aprobada por el Ministro de tutela[175].

Por otra parte, en muchas ocasiones, los Ministros de tutela aseguran sus poderes de control mediante la designación de representantes en el seno de las empresas, denominados Comisarios de Gobierno, como sucede en Francia y Bélgica[176]. Estos tienen derecho a asistir a las sesiones de los Consejos de Administración, y de usar el derecho de veto en relación a ciertas decisiones, recurriendo al Ministro respectivo para que decida, quedando, entre tanto, suspendida la decisión[177]. En Venezuela, aun cuando sin los refe-

---

161 *V.* CTP art. 8.

162 *V.* CFA art. 1, ordinal 7) y art. 2, ordinal 7) del Reglamento.

163 *V.* IAAFE, art. 8.

164 *V.* INC art. 4.

165 BAP art. 14.

166 *V.* DAN art. 19, ordinal 17.

167 *V.* IVP art. 5.

168 *V.* LAV art. 11, letra j).

169 *V.* CVF art. 12, letra o).

170 *V.* INH art. 3, letra h).

171 *V.* APE art. 8.

172 *V.* INH art. 15, letra g); CVP art 8, letra b); LAV art 11. letra b); IVP art. 9, letra b); CVF art. 6, ordinal 3; IAAFE art. 8, letra b); DAN art. 19, ordinal 2; IPSFA art. 15, letra c).

173 *V.* CFA art. 6, ordinal 13 del Reglamento.

174 *V.* IAAFE art. 8, letra ll); CVF art 6, ordinal 4; APE art. 7; CTP art. 18; CFA art. 1°, ordinal 9) del Reglamento; IPSFA art. 15, ordinal 6); IPASME art. 47; DAN art. 19, ordinal 19).

175 *V.* CVG art. 24.

176 *V.* R. Drago, *Le Regime des Activités...cit*, p. 14; M.A. Flamme, *Le Regime des Activites Commerciales... cit.*, pp. 79, 82 y 82; *Informe del Tribunal de Cuentas Belga al IV CIEF*, *loc. cit.*, Vol. 4, p. 39.

177 *Cfr.* P. Bauchet, *Las Empresas Publicas en Francia*, *loc. cit.*, p. 88; R. Drago, *Le Régime des Activités... cit.*, p. 14; M.A. Flamme, *Le Régime des Activités Commerciales... cit.*, p. 79.

ridos poderes de veto, algunos dispositivos legales prevén la presencia en los cuerpos directivos de representantes del órgano de tutela[178], o del Ministro respectivo mismo[179].

c. El Control de Tutela Concomitante

16. Pero el órgano de tutela no sólo puede realizar en múltiples supuestos un control de tutela *a priori*, sino que generalmente también tiene facultades de fiscalización, vigilancia y control que puede realizar en cualquier momento durante la realización de las operaciones del instituto. Por ejemplo, en Venezuela, el Ministro de Fomento puede, en cualquier momento, designar funcionarios revisores de las actividades y de la contabilidad de la Corporación Venezolana de Fomento[180]. Atribuciones similares tienen los órganos de tutela respecto a la Línea Aeropostal Venezolana, al Banco Agrícola y Pecuario, al Instituto Diques y Astilleros Nacionales, y a la Caja de Trabajo Penitenciario[181].

d. El Control de Tutela a posteriori

17. Pero hemos visto, los poderes de tutela sobre los Administración central sobre los organismos funcionalmente descentralizados, con posterioridad a la realización de los actos controlados, configurándose entonces una intervención a posteriori. En esta forma, en Venezuela por ejemplo, los establecimientos públicos industriales y comerciales deben presentar al Ministro de tutela un informe de la actividad de la empresa, así como el Balance General de la misma, para que sean o no aprobados por el mismo[182]. En algunos casos además, el órgano directivo del establecimiento debe rendir cuenta al Ministro[183]. En Italia, asimismo, el órgano administrativo de control debe proceder a examinar los balances de las empresas sometidas a tutela[184].

En el Derecho Comparado se observa además con alguna frecuencia, la tendencia de realizar este control ejecutivo *a posteriori* de la gestión de las empresas públicas, y que es completamente distinto del control *a posteriori* desarrollado por Instituciones Superiores de Control Fiscal, mediante expertos–contables cuyo modelo surge de las estructuras del Derecho Privado. Por ejemplo, en Bélgica, las empresas públicas están sometidas al control contable a posteriori de "*reviseurs comptables*", que son designados por el Ministro de Finanzas y por el Ministro interesado. Su función es la de verificar las cuentas y certificar su sinceridad. Para ello, están dotados de poderes de control *in situ* sobre todos los documentos contables, la correspondencia, y en general sobre todas las escrituras. Por otra parte, ellos deben enviar a los dos Ministros que los han nombrado y a los órganos directores del establecimiento controlado, un Informe sobre la situación del mismo y sobre los resultados de la explotación. Este Informe es realizado una vez por año, en ocasión de la elaboración de la cuenta de ganancias y pérdidas y del balance. En él debe señalarse además, toda negligencia, toda irregularidad, y toda situación

---

178 *V.* IPASME art. 5.

179 *V.* CVP art. 7; IPSFA art. 7; CAMPREMCO arts. 6, 9 y 14.

180 *V.* CVF art. 35.

181 *V.* LAV art. 3, BAP art. 80; DAN art 7 y 11; CTP art 17.

182 *V.* IND art. 15, letra p) y art, 20; CVG art. 23; DAN art. 23, letra ñ); BO art. 85; DAN art. 19, ordinal 11); CVF art. 6, ordinal 2 y art. 32; BAP art. 79; CVP art 8, letra c); CA art. 10, letra e); IVP art. 9 letra c); CTP art. 13; INC art. 14; IAAFE art. 8, letra h); LAV art 11, letra c).

183 *V.* CTP art. 10.

184 *V.* F. Franchini, "Aspects Juridiques de l'Intervention..." *loc. cit.* p. 253.

susceptible de comprometer la solvencia del organismo[185]. Una situación similar se presenta en Finlandia, donde las cuentas son examinadas por expertos contables especiales nombrados por el Consejo de Ministros, además del examen que verifica la Inspección de Finanzas y el Parlamento[186].

En Venezuela puede verse una situación similar en algunos establecimientos públicos que, independientemente del control que lleva a cabo la Contratarία General de la República, están sometidos a la labor revisora de expertos nombrados directamente por el Ministro de tutela. En efecto, por ejemplo, el Ministro de Agricultura y Cría "inspeccionará anualmente las operaciones del Banco Agrícola y Pecuario, y cuantas veces lo crea conveniente enviará a la persona o personas que al efecto designe, para que practiquen el examen y la verificación de los libros de contabilidad y demás comprobantes del Banco"[187]. Situación similar surge respecto al Instituto Diques y Astilleros Nacionales y al Instituto Venezolano de Petroquímica[188].

En esta misma forma, en Suecia, la intervención de cuentas se efectúa, en general, por contadores privados. Por tratarse de empresas públicas con forma societaria las comúnmente utilizadas por el Estado para realizar sus actividades económicas, estos contadores son elegidos por los accionistas; sin embargo, en muchos casos, el gobierno se ha reservado el derecho de nombrar la mayoría de los mismos de quien reciben órdenes, aunque no por ello dejan de seguir siendo funcionarios de la empresa y no del Estado[189].

En Gran Bretaña, la verificación *a posteriori* señalada es realizada por firmas independientes de expertos contables. Estos expertos son designados por el Ministro respectivo a quien deben dirigir un informe que éste debe enviar a la Cámara de los Comunes[190].

4. EL control ejercido a través de órganos administrativos de planificación y coordinación

18. Es una realidad incontestable el hecho de que en la gran mayoría de países occidentales contemporáneos, el régimen clásico de economía tipo liberal, ha desaparecido desde hace algún tiempo. El Estado, ante los cambios económicos internacionales, ante la necesidad de desarrollar las regiones retardadas, o ante ciertos conflictos sociales, se ha visto obligado a intervenir en el campo económico. Actualmente, por otra parte, no se trata de una simple intervención esporádica, sino que ha sido necesario recurrir cada vez con más frecuencia a todo un sistema de intervencionismo de Estado en materia económica que implica, por supuesto, la necesidad de trazar un programa para los medios de esas intervenciones[191]. De ahí la existencia de ciertos planes o programas de acción estatal que tienen más que todo fines de coordinación.

---

185 *V.* M.A. Flamme, Le Régime des Activités Commerciales... *cit.*, p. 90.

186 *V.* Tore Modeen, "Le Régime des Activités Commerciales et Industriellas des Pouvoirs Publica en Finlande", *Informe finlandés al VII CIDC*, p. 11.

187 *V.* BAP, art. 80.

188 *V.* DAN artículos 7 y 11; IVP, art. 22.

189 *V.* Hakan Stromberg, *La Empresa Pública en Suecia, loc, cit.* p. 148.

190 *V.* G. Lescuyer, *Le Controle d l'Etat... cit.*, p. 90.

191 *Cfr.* Z. Rybicki, "L'Entreprise Publique dans le Systéme Polonais de l'Economie Planifiee", *RISA*, 1962, N° 3, p. 313.

Pero es evidente, hay una diferencia esencial[192] entre el establecimiento de programas de acción como resultado de una política intervencionista o como consecuencia de la existencia de un régimen de economía planificada; diferencia que surge no sólo del carácter y volumen de la propiedad de los medios de producción concentrada en manos, del Estado, sino también de su carácter integral y complejo.

En efecto, el intervencionismo es considerado siempre como un medio auxiliar y complementario de la gestión económica, donde la influencia de los derechos del mercado juega el papel preponderante. Al contrario, el sistema de economía planificada, donde la propiedad social de los medios de producción es total, ofrece posibilidades de dirección y de gestión económica quizás más reales y completas[193].

Por otra parte, hemos dicho, la planificación en un régimen de economía planificada es integral y compleja. El carácter integral resulta de la posibilidad de considerar la economía nacional en su conjunto, independientemente de los tipos y de las formas de la propiedad, incluyéndose, dentro de la planificación integral, la totalidad de los particulares y de sus actividades, como único medio de alcanzar los fines sociales perseguidos por el Estado socialista[194]. En esta forma, el Estado gestiona directamente las unidades de la economía nacional que abarcan aquellos dominios cuya importancia es decisiva desde el punto de vista económico y social. El Estado ejerce en esta forma una influencia indirecta sobre todos los otros organismos económicos, utilizando sus poderes y sus medios de acción organizativa en todas sus formas. Por otra parte, el carácter complejo de la dirección planificada de las actividades del Estado consiste en que ella abarca todos los dominios de la actividad social. Como consecuencia, están sometidas a la planificación no solamente las actividades económicas, sino también los medios financieros y reales que sirven al desarrollo de las instituciones culturales, sociales y de instrucción pública[195].

Ahora bien, tanto en un sistema de economía dirigida, como en los sistemas de economía capitalista donde son utilizados medios de programación, el Estado interviene en la dirección y control de sus actividades industriales y comerciales, a través de los órganos administrativos encargados de poner en funcionamiento el plan respectivo o de llevar a cabo la coordinación requerida. Se trata en efecto, de un control administrativo directo, ejercido por la propia administración, es decir, por órganos estatales[196].

En efecto, generalmente, la ejecución del plan estatal o de los respectivos programas corresponde en última instancia al gobierno, es decir, al Consejo de Ministros respectivo. Sin embargo, si se toma en consideración la importancia extraordinaria atribuida generalmente en nuestros días al plan económico estatal, sobre todo en aquellos países cuyo sistema está más apartado del liberalismo clásico, resulta natural y común el hecho de que se encargue a un organismo administrativo especial la elaboración, la utilización y el control de la ejecución de dicho plan, aún cuando dicho organismo está generalmente asociado, en forma directa, al Consejo de Ministros.

---

192 *Cfr*. Allan–Randolph Brewer C., Le Régime des Activités Industrielles et Commerciales des Pouvoirs Publics en Droit Comparé, *cit*., pp. 16 y ss. y 126.

193 *Cfr*. Z. Rybicki, L'Entreprise Publicáis dans le Systéme Polonais, *cit*., p. 313; K. Katzarov, *op. cit*., p. 415.

194 *V*. K. Katzarov, *op. cit*., p. 416.

195 *V*. Z. Rybicki, Le Régime des Activités Commerciales et Industrieles… *cit*., p. 5 y 6.

196 *Cfr*. K. Katzarov, *op. cit*., pp. 336 y 381

Estamos en presencia de los comúnmente llamados Comisión o Consejo del Plan o de la Planificación Estatal[197].

Ahora bien, aparte de los sistemas planificadores de los regímenes de economía planificada, algunos países como Francia, tienen establecida, desde finales de la segunda guerra mundial, una planificación indirecta, en la cual no se ha establecido un sistema central donde toda la dirección de la economía esté confiada a los organismos públicos de planificación. Como consecuencia la planificación francesa, al contrario de la que rige en los países de tipo socialista, no es imperativa sino indicativa, ya que sólo fija para el país metas económicas. Sin embargo, estas son siempre obligatorias para el gobierno, por lo menos, en cuanto se refiere a su propio campo económico[198]. Por tanto, en el campo de las actividades industriales y comerciales del Estado sí es imperativo.

En Francia, el Plan es elaborado originalmente por el Comisariado General del Plan y sometido por el Gobierno a la aprobación del Parlamento. En principio, el Plan es realizado por los Ministros correspondientes a las actividades en él comprendidas, siendo por tanto el control administrativo, de tipo financiero. Sin embargo, con vistas al establecimiento de un control general, el Decreto de 16 de enero de 1947 encarga al Comisario del Plan la misión de vigilar la ejecución del Plan. Si el Comisario juzga que esta ejecución puede ser comprometida por cualquier razón, hace conocer la dificultad a los Ministros competentes y la lleva eventualmente delante del Primer Ministro o del Comité Económico Interministerial. El fruto de su trabajo de vigilancia es un informe anual de ejecución del Plan[199].

En todo caso, en la mayoría de los países occidentales, la presencia del Estado en la vida económica, como productor de bienes y servicios, sin ser propietario de los principales medios de producción, ha producido la necesidad de establecer una coordinación entre las diversas empresas estatales. Esta coordinación se ha logrado, sea estableciéndose un control directo a través de un órgano administrativo de coordinación, sea creándose entes económicos separados de la personalidad del Estado, destinados a desarrollar esa labor. En el segundo caso, ello da origen a un control administrativo indirecto que analizaremos más adelante, por lo que en las líneas que siguen veremos los sistemas directos de coordinación que nos muestra el Derecho Comparado.

En Filipinas por ejemplo, la supervisión administrativa de la mayor parte de las Corporaciones que son propiedad o están controladas por el Estado, está alojada en un organismo central, llamado Oficina de Coordinación Económica, cuyo director, el Coordinador, tiene el rango de Ministro. En el ejercicio de su función el Coordinador puede promulgar líneas directivas de cierta importancia para las Corporaciones, puede tomar decisiones en materia de orientación de la empresa que le han sido conferidas por cada una de las Compañías, puede revisar los presupuestos y los informes de las Corporaciones y puede decidir sobre la contratación del personal[200]. Un organismo similar existe en la República Árabe Unida, pero lo preside el Presidente de la República[201].

En otros países como Venezuela, donde existe una Oficina Central de Coordinación y Planificación (CORDIPLAN), ésta tiene más que todo carácter consultivo. En efecto,

197 *Cfr*. K. Katzarov, *op. cit*., p. 447

198 *Cfr*. Informa General al XII CICA, sobra al tema Organización Gubernamental para el Desarrollo Económico, traducido al español por la Comisión de Administración Pública, Caracas, 1984, p. 14.

199 *Cfr*. Lorenzo Rodríguez Durante, "La Planificación Francesa", *RAP*, N° 38, 1962, p. 420.

200 *V. Informe de la General Auditing Office de Finlandia al IV CIEF*, *loc. cit*. Vol. 3, p. 153.

201 *V*. Mohammed Tawfik Younes, *Informe de la República Árabe Unida al IV CIEF*, *loc. cit*, Vol. 4, p. 17.

entre las atribuciones de dicha Oficina, están las siguientes, conforme al Decreto N° 492 de 30 de diciembre de 1958; a) Elaborar estudio sobre el desarrollo social y económico de la Nación, preparar las respectivas proyecciones y alternativas, y mantener al día un plan general de desarrollo social y económico; b) Mantener la unidad de programación, coordinando los trabajos sectoriales que se hicieren en los respectivos Ministerios y manteniéndose en consulta con los sectores privados; c) Consolidar anualmente los presupuestos de inversiones y servicios que presenten los Ministros, y preparar de acuerdo con el Ministerio de Hacienda, el Presupuesto Programa Anual; d) Presentar anualmente, previo examen de los anteproyectos remitidos por los Despachos, un proyecto de orden de relación de gastos fiscales, para que sea considerada su inclusión en el Presupuesto Programa Anual por parte del Ejecutivo Nacional; e) Presentar anualmente al Congreso Nacional, por intermedio del Ministerio de Hacienda, un informe analítico de los planes de ejecución y de sus relacionados con las metas generales aprobadas y con el Proyecto de Presupuesto General de Ingresos y Gastos Públicos; f) Proponer los lineamientos generales de la planificación física y espacial en escala nacional y coordinar conforme a dichos lineamientos, la planificación que se hiciere en escala regional y urbanística a través de los organismos sectoriales de planificación de los diversos Ministerios dentro del Sistema Nacional de Coordinación y Planificación, previa aprobación de los Ministros respectivos; h) Mantener un constante sistema de información en materia de programación, que beneficie tanto al sector público como al privado; i) Auxiliar al Ejecutivo Nacional en la vigilancia de la ejecución de programas y emitir su opinión acerca de los reajustes que afecten a los planes respectivos; j) Dirigir la formación y capacitación de funcionarios de planificación y crear, al efecto, las escuelas y cursos necesarios; k) Coordinar y supervisar el uso de técnicas de programación en la Administración Pública, con miras a mantenerlas uniformes; l) Organizar reuniones científicas periódicas sobre programación; m) Recabar y recopilar ejemplares de los informes o estudios hechos en materias que interesen a la programación; n) Emitir opinión previa a la contratación o iniciación de estudios vinculados al desarrollo económico y social; ñ) Estudiar y opinar sobre reformas a leyes fiscales y otras que afectan la Hacienda Nacional o el desarrollo económico; o) Prestar la ayuda técnica necesaria a las Comisiones del Congreso Nacional que la requieran, para el desempeño de sus funciones legales[202].

19. Ahora bien dentro de los países occidentales que han llevado a cabo el desarrollo de organismos administrativos de coordinación, es necesario destacar a Italia. En efecto, en este país, hasta hace algunos años, el encuadramiento de las participaciones estatales en la actividad económica había llevado la huella de un desarrollo inorgánico y fragmentario. En esta forma, la gestión de las empresas incumbía a diversos organismos y administraciones sin una coordinación política sistemática. Sin embargo, a partir del período de la reconstrucción postbélica, se fue madurando en dicho país la convicción de que era necesario proceder a una reordenación del sector público, no sólo para permitir un mayor control público sobre el mismo, sino también, y sobre todo, para efectuar una mayor coordinación de las participaciones estatales dentro del marco de la política del Gobierno. De ahí surgió la creación del *Ministero delle Participazioni Statali*[203], por la Ley de 22 de diciembre de 1956, a quien corresponde la responsabilidad política por la conducta de todo el conjunto de las actividades que le incumben, no pu-

202 *V.* en *Gaceta Oficial* N° 25.850 de 30 de diciembre de 1958.

203 *V.* F. Franchini, "Aspects Juridiques de l'Intervention de l'Etat dans l'Organization Economique Italienne", *loc. cit.*, p. 231.

diéndose inmiscuir, sin embargo, en la gestión de las empresas. Su actividad está orientada, principalmente, hacia la elaboración de las directivas generales, referentes a las líneas de desarrollo de las actividades productivas controladas y la predisposición de las medidas que resulten necesarias para una orientación más eficiente de determinados sectores[204], quedando excluida en todo caso, de su ámbito de acción, las empresas propias o en *régie*[205]. El Ministerio de las Participaciones Estatales, entendiendo por éstas todos los establecimientos y empresas, tanto públicos como privados a los cuales el Estado aporta su contribución, directa o indirectamente, por el aporte de capitales o de bienes[206], hemos dicho, no gestiona directamente las empresas, pues esta labor se encomienda por la Ley a entes autónomos de gestión. Como consecuencia, se han transferido a la autoridad del Ministerio en cuestión todas las empresas y las participaciones a cargo del I. R. I. (Instituto per la Recostruzione Industriale), el E. N. I. (Ente Nazionale Idrocarburi) quedando éstos como solos entes de gestión[207]– y los otros Ministerios, permitiendo por otra parte la realización de una política común y coordinada. Por ello se ha dicho con razón que la constitución de este Ministerio dio por primera vez la posibilidad de ejercer en Italia una política más completa y mejor concebida, lo que anteriormente era casi imposible[208].

III. EL CONTROL ADMINISTRATIVO INDIRECTO

20. Anteriormente señalamos que el control administrativo que se ejercía sobre las empresas públicas podía ser directo o indirecto. Ya analizamos los supuestos venezolanos y algunos del Derecho Comparado en los cuales se da un control directo ejercido por la propia administración sea a través del Ministro respectivo, por vía de control jerárquico o de tutela, sea a través de órganos administrativos de coordinación o planificación. Nos corresponde ahora estudiar aquellos casos de control administrativo indirecto sobre las diversas actividades industriales o comerciales del Estado, y que tienen la peculiaridad de que el mismo es desarrollado, no por la Administración o alguno de los órganos jerarquizados sino por organismos autónomos, dotados de personalidad jurídica distinta de la del Estado y que por tanto están sometidos al control directo de éste.

Este fenómeno se da no sólo en los países de régimen de economía planificada, donde se compagina con los controles propios de la ejecución del plan, sino también en los países de régimen capitalista, aún cuando en ellos no se elaboren planes ni se desarrollen sistemas integrales de planificación, tal como sucede actualmente en Venezuela. Antes de analizar los sistemas de control indirectos existentes en este país, veremos algunas de las importantes soluciones del Derecho Comparado.

21. En Gran Bretaña por ejemplo, el término planificación económica, hoy día no es muy usado para describir las políticas formuladas por el Gobierno para controlar y ajustar la economía nacional, lo que en todo caso no puede interpretarse como liberalismo

---

204 *Cfr.* Gaetano Stammati, "La Empresa Pública en la Teoría Económica y en la Experiencia Italiana," *ICE*, marzo 1964, p. 107.

205 *Cfr.* F. Franchini, "Aspects Juridiques de l'Intervention de l'Etat... "*loc. cit.*, pp. 236.

206 *V.* F. Franchini, "Aspects Juridiques de l'Intervention de l'Etat... " *loc. cit.*, pp. 234 y 235

207 *Cfr.* M.S. Giannini, Le Régime des Activités..., *cit.* p. 7.

208 *V.* Natalia Gajl, Les Entreprises d'Etat en France, en Italie et en Pologne... *loc. cit.*, p. 160.

económico, ya que el Gobierno tiene facultades directas e indirectas sobre el monto y composición del ingreso nacional, y no vacila en utilizarlas[209]. Además, Inglaterra ha sido uno de los países occidentales donde ha habido, quizás debido a las nacionalizaciones, intervención decisiva del Estado en la economía[210]. Por ello, si bien no se han desarrollado mecanismos planificadores, se han previsto en todo caso, mecanismos de coordinación que configuran ciertamente, un control indirecto ejercido por el Estado sobre las empresas públicas.

En efecto, las mismas leyes de nacionalización, crearon diversas oficinas locales llamadas *Regional Board, Area Board, Control Board*, esencialmente destinadas a unificar, orientar y vigilar la actividad de las diferentes empresas nacionalizadas. En estos casos, aún cuando el principio de la centralización bajo la égida del Ministro interesado sea respetado por doquiera, se pueden descubrir en la coordinación y subordinación de lag empresas nacionalizadas inglesas, varias soluciones. En primer lugar se prevé en algunos casos, una coordinación en dos grados: La *Coal Industry Nacionalisation Act* de 1946 estipula así la creación del *National Coal Board* al que se le asigna la tarea de dirigir el conjunto de la actividad de la industria nacionalizada del carbón. Dicho consejo es una persona jurídica autónoma con capacidad de derecho y de acción, aunque está colocada a su vez bajo el control y dirección inmediata del Ministro interesado, quien nombra al Presidente y a ocho de los miembros del Consejo de Administración. Es de manera semejante como se ha resuelto el problema de la coordinación y de la subordinación en la *Iron and Steel Act* de 1949, que previo la creación de la *Iron and Steel Corporation of Great Britain* con funciones de dirigir y orientar la actividad de las empresas nacionalizadas[211]. Por otra parte, algunos sistemas británicos de coordinación se realizan en tres grados, sobre todo cuando la nacionalización abarca gran número de empresas cuya actividad concierne más directamente a las capas más numerosas de la población. Es él caso, por ejemplo, de la *Electricity Act* de 1947 que estableció, entre las diferentes empresas nacionalizadas y la dirección suprema personificada por el Ministro competente, dos instancias intermedias, la *British Electricity Anthority* o *Central Anthority* y el *Área Board*, formadas de Consejos de Administración nombrados por el Ministro. Sus respectivas funciones consisten en la coordinación, la orientación, la dirección y el control de las empresas nacionalizadas, estando jerárquicamente repartidas. La orientación y la dirección en sus grandes lineamientos, así como el contacto directo con el Ministro interesado fueron dejadas al *British Electricity Board*, en tanto que la tarea de coordinar la aplicación de las líneas generales de orientación y dirección y el contacto directo con las empresas nacionalizadas fueron dejadas al *Área Board*[212].

En todos estos casos, los órganos de coordinación tienen una dependencia jerárquica del Ministro respectivo[213] y sin embargo, por tener una organización y personalidad distinta de la del Estado, su actividad se configura como de control administrativo indirecto.

22. Dentro de estos entes de coordinación, aún cuando muchos de ellos tienen también funciones de gestión, deben ser incluidos, asimismo, los *ente pubblici economici*

---

209 *V. Informe General al XII CICA sobre el tema Organización Gubernamental...cit.*, p. 12.

210 *V.* Allan Randolph Brewer C., *Le Régime des Activités Industrielles et Commerciales des Pouvoirs Publics en Droit Comparé, cit.*, pp. 61 y ss.

211 *V.* en K. Katzarov, *op. cit.*, p. 369.

212 *V.* en K. Katzarov, *op. cit.*, p. 370.

213 *V.* en K. Katzarov, *op. cit.*, p. 369.

del Derecho italiano[214], y principalmente el Instituto per la *Ricostruzione Industriale*. En efecto, el *I.R.I.*, que fue fundado a raíz de la crisis económica de 1929, por Decreto–Ley N° 5 de 23 de enero de 1933, constituye un verdadero instrumento de administración y control en relación a las participaciones suscritas por el Estado en el sector económico y se presenta como un poderoso instrumento de política económica en manos del Estado. El *I.R.I.* persigue la coordinación, el desarrollo y la dirección de las diversas empresas en las cuales posee interés y su acción se ejerce principalmente a través de cinco grandes "*holdings*", que ha constituido en los sectores de la energía eléctrica (*Finelettrica*), de los teléfonos (*Stet*), de las construcciones navales y de los transportes marítimos (*Finmare*), de la mecánica (*Finmeccanica*) y de la siderúrgica (*Finsider*). Gracias al conjunto de acciones que detiene, el I. R. I. ejerce entonces un control total en muchos sectores esenciales de la economía italiana[215]. En todo caso, es necesario aclarar que sí bien el *I.R.I.* es un instituto financiero de Derecho Público, y por tanto, catalogable dentro de los establecimientos públicos industriales o comerciales[216], todas las otras sociedades dependientes de él son sociedades anónimas sometidas a las reglas habituales del Derecho Privado.

En España, el "Instituto Nacional de Industria" presenta también las características de ente de coordinación económica, pues si bien no produce en general directamente, actúa a modo de trust, en sentido económico y legal, de empresas productoras. El *I.N.I.* fue creado por la Ley de 25 de septiembre de 1941, con carácter de entidad de Derecho Público y con la finalidad de propulsar y financiar, en servicio de la Nación, la creación y resurgimiento de las industrias españolas, en especial de las que se propusieron como fin principal la resolución de los problemas impuestos por las exigencias de la defensa del país, o que se dirigieran al desenvolvimiento de su autarquía económica ofreciendo al ahorro español una inversión segura y atractiva[217].

En Francia, tienen el carácter de ente de coordinación, por ejemplo, los *Charbonnages de France* que han sido constituidos también como establecimientos públicos. En efecto, en Francia, dos categorías de organismos aseguran la gestión de las minas: los *Charbonnages de France* y los establecimientos públicos constituidos en las diversas minas de carbón, denominados, *houilleres de bassin* con una indicación geográfica determinada. Si bien las *houilleres de bassin* tienen el carácter de organismos de producción, explotación y venta, los *Ghambonnages de France*, para el conjunto del territorio, dirigen, controlan y coordinan su acción, tanto en el dominio técnico, como en el comercial y financiero[218].

23. Por otra parte, merece especial atención, al hablar de los organismos de coordinación con personalidad cuales éste ejerce un control administrativo indirecto, las llamadas "uniones" de empresas que proliferan en los países socialistas, y cuyo régimen guarda una cierta unidad.

---

214 *Cfr*. Piero Verrucoli, *Consideraciones Jurídico–Mercantiles*... *loc. cit.*, pp. 160 y 161.

215 *Cfr*. F. Franchini, "Aspects Juridiques de l'Intervention de l'Etat... loc. cit., pp. 238 y ss.; N. Gajl, Les Entreprises d'Etat...," *loc. cit.*, pp. 160 y 161.

216 *Cfr*. F. Franchini, "Aspects Juridiques de l'Intervention de l'Etat..." *loc. cit.*, pp. 238 y ss.; N. Gajl, *Les Entreprises d'Etat*..., *loc. cit.*, pp. 239.

217 *Cfr*. J. L. Villar Palasí, la Actividad Industrial del Estado... *loc. cit.*, pp. 85 y 86.

218 *Cfr*. J. Rivero, Le Régime des Nationalisations, Extrait du Jurisclasseur Civil, Anexes (3er.cahier), p. 43.

En efecto, si bien en la U.R.S.S. la unidad económica de base la constituyen las empresas del Estado (*Gospred priatia*)[219], éstas son reagrupadas en *trusts* (*trusti*), es decir, en uniones de varias empresas estatales semejantes, inmediatamente destinadas a ser sujetos centrales de dirección y de representación, y que tienen una función de control[220]. En todo caso, a los *trusti*, que se presentan como organismos dotados de personalidad jurídica independientes del Estado, les corresponde coordinar la producción y el trabajo de sus diversas fábricas o empresas, de asegurar su reabastecimiento en materias primas y de vigilar la circulación de sus productos. El trust constituye así, el órgano de control a veces administrativo y técnico de la empresa[221]. Pero en todo caso, no se trata de un órgano de control independiente, ya que el director que lo dirige sin duda con un poder importante, puede ser nombrado y destituido por las instancias administrativas superiores[222].

En Polonia asimismo, uno de los métodos de coordinación de las actividades de las empresas públicas consiste en agrupar ciertas empresas –sea las empresas–llaves o sea las empresas locales–[223] y someterlas así a la vigilancia y a la dirección de organismos que son a la vez unidades económicas y órganos de la Administración del Estado, llamados también uniones de empresas del Estado. En líneas generales, tal como lo señala Rybicki, en Polonia las tareas de las uniones se refieren a la planificación económica, a la coordinación de las actividades de las empresas, así como al ejercicio de facultades de control y de vigilancia en relación a las mismas. En el campo de la planificación económica corresponde a la unión, determinar la orientación del desarrollo de las empresas agrupadas conforme a los principios de la política económica del Estado enunciados, en los planes económicos a largo plazo y en los planes llamados de perspectivas; determinar los índices obligatorios de los planes de las empresas sobre los cuales éstas se fundan para establecer sus propios planes; elaborar los planes económicos del conjunto de todas las empresas agrupadas en la unión; y suministrar, en caso de necesidad, las directivas concernientes a la realización de los planes económicos por las empresas. En el campo de la coordinación de las actividades de las empresas, las uniones son competentes principalmente para determinar el marco de la especialización de las empresas particulares, para repartir las tareas de producción y para organizar la cooperación en el interior de la rama económica en cuestión; para crear Oficinas de estudios y laboratorios comunes y para tomar otras medidas tendientes a asegurar un progreso técnico y económico; para organizar el aprovisionamiento en materias primas y la circulación de los productos terminados; y para organizar los cambios de experiencia y de información científica y técnica. En fin, en el campo del control y de la vigilancia compete a la unión efectuar el control de la realización de los planes y de las otras obligaciones aceptadas por las empresas; vigilar el estado técnico y de organización de las empresas, así como las condiciones de seguridad y de higiene del trabajo, y controlar si la disciplina financiera relativa a inversiones, etc., es respetada[224].

---

219 *V.* Allan–Randolph Brewer C., "Le Régime des Activités Industrielles et Commerciales des Pouvoirs Publics" en *Droit Comparé*, *cit*, pp. 82 y ss.

220 *Cfr.* K. Katzarov, *op. cit.*, pp. 316 y 317; Rodrigo Fernández–Carvajal, "Las Empresas Públicas en Rusia", *RAP*, N° 3, 1950, p. 454; J.N Hazard, "Soviet Government Corporation", *Separata de la Michigan Law Review*, abril 1943, Vol. 41, N° 5, pp. 853 y ss.

221 *Cfr.* G. Lescuyer, Le Controle de l'Etat... *cit.*, p. 15.

222 *Cfr.* K. Katzarov, *op. cit.*, p. 376.

223 *V.* Z. Rybicki, Le Régime des Activités... *cit.*, pp. 8 y 9.

224 *V.* Z. Rybicki, Le Régime des Activités... *cit.*, pp. 16 y ss.

Ahora bien, estas uniones, aunque dotadas de personalidad jurídica propia como organismos autónomos[225], están subordinadas en lo que se refiere a su organización y funcionamiento, el Ministro competente (uniones de empresas–llave) o al presidium del Consejo popular de *voivodie* (uniones de empresas locales), de tal manera que el Ministro y el presidium constituyen órganos jerárquicamente superiores en relación a las uniones[226]. Esto confirma su carácter de medio de control administrativo indirecto.

Debe señalarse por último que las uniones de empresas, como órganos de coordinación y control, con las características generales antes señaladas, también se encuentran reguladas en Checoeslovaquia, Yugoslavia, Hungría, Rumania y Bulgaria[227].

24. En Venezuela también el Estado ejerce un control administrativo indirecto a través de establecimientos públicos que actúan como holdings de diversas empresas constituidas bajo los marcos del Derecho Privado.

En efecto, ya Be ha indicado que es objeto de la Corporación Venezolana de Fomento "Incrementar la producción nacional mediante la promoción de nuevas empresas y la mejora de las existentes, y procurar la mayor diversificación y sistematización de las actividades económicas del país"[228]. En base a ello, la Corporación ha creado diversas empresas como filiales[229] y ha participado en otras, teniendo sobre ellas el control de un ente de gestión. Por ello, y para cumplir con su objetivo, el Estatuto Orgánico de dicho ente lo autoriza para realizar, entre otras, las siguientes operaciones: "Fomentar cualesquiera empresas agropecuarias, industriales o de otras ramas de la economía nacional y ejercer la administración de ellas si fuere necesario" y "suscribir o adquirir, cuando lo considere conveniente, acciones, obligaciones, bonos u otros títulos de empresas que tengan actividades relacionadas directamente con la producción o con servicios de interés público que favorezcan el desarrollo económico del país y garantizar en cualquier forma el todo o parte de las obligaciones, bonos u otros títulos emitidos por dichas empresas"[230].

Asimismo, el Estatuto Orgánico de la Línea Aeropostal Venezolana autoriza al referido ente para participar, previa autorización del Ejecutivo Nacional, en la promoción y constitución de Empresas de Transporte Aéreo o Empresas similares o conexas, mediante suscripción de acciones, pagaderas en numerario o en aportes de bienes de su patrimonio. En este caso –agrega el dispositivo–, la Línea Aeropostal Venezolana debe tener la mayoría de las acciones y someterse a las disposiciones legales respectivas en relación con la participación y constitución expresadas[231]. En esta forma la referida Empresa de Transporte puede convertirse en un *holding* de empresas filiales de índole similar.

Por su parte, el Estatuto de la Corporación Venezolana del Petróleo, establece como objetivo de dicha entidad "la promoción de empresas con el propósito de desarrollar actividades industriales o comerciales de hidrocarburos, pudiendo contribuir la Corporación al capital de dichas empresas con los aportes que estime convenientes. Igualmen-

---

225 *Cfr*. Z. Rybicki, L'Entreprise Publique dans le Systéme Polonais, *loc. cit*. p. 316; Z. Rybicki, Le Régime des Activités... *cit*., p. 21.

226 *Cfr*. Z. Rybicki, Le Régime des Activités... *cit*., p. 21.

227 *V*. K. Katzarov, *op. cit*., pp. 373 a 376.

228 *V*. CVF art. 2, ordinal 1).

229 *V*. N° 6, C.f.

230 *V*. CVF art. 12, letras b) y d).

231 *V*. LAV art. 20.

te podrá suscribir o adquirir acciones, particiones o cuotas en empresas que persigan el mismo fin"[232].

Ahora bien, es evidente que los tres supuestos anteriores son reflejo de medios estatales destinados a impulsar la industrialización del país, propios de los países en vías de desarrollo. En este mismo sentido, y ello se refleja también en los países altamente industrializados, el Estado utiliza medios para el desarrollo y desenvolvimiento de una determinada región, En Venezuela existen actualmente dos entes de desarrollo de Guayana y Los Andes, que además de promover el desarrollo integral de las mismas tienen atribución para constituir empresas con ese fin. En efecto, el Estatuto Orgánico de la Corporación Venezolana de Guayana autoriza a esta entidad para promover la formación de las empresas que fueren necesarias para fomentar el desarrollo de la zona[233], y en especial para constituir las empresas que se consideren convenientes con el objeto de realizar el programa de desarrollo de la industria siderúrgica[234] y el programa de Electrificación del Caroní[235]. En estos dos últimos supuestos, se exige que el capital de dichas empresas sea en su totalidad propiedad de la Corporación Venezolana de Guayana[236]. Ello en base a que el artículo 97 de la Constitución señala expresamente que "El Estado podrá reservarse determinadas industrias, explotaciones o servicios de interés público por razones de conveniencia nacional, y propenderá a la creación y desarrollo de una industria básica pesada bajo su control". En todo caso es a través de la Corporación Venezolana de Guayana que el Estado realiza ese control administrativo que por tanto, es indirecto.

En una situación similar a la Corporación Venezolana de Guayana se encuentra la Corporación de Los Andes, a quien le está atribuida, entre otras actividades, la promoción y el desarrollo de empresas locales, públicas, privadas y mixtas, para el fomento y mejor aprovechamiento de los recursos potenciales de la región[237].

Sección Segunda: EL CONTROL PARLAMENTARIO

25. Directa o indirectamente, según el menor o mayor grado de autonomía e independencia que tengan en relación al Estado, bajo una forma u otra, se reconoce a los representantes del pueblo, un derecho de control sobre las empresas económicas del Estado, es decir, se reconoce al Parlamento la facultad de controlar y fiscalizar las actividades industriales y comerciales de los poderes públicos.

A este criterio responde el artículo 230 de la Constitución al consagrar que "los institutos autónomos, así como los intereses del Estado en corporaciones o entidades de cualquier naturaleza, estarán sujetos al control del Congreso, en la forma que la Ley establezca".

Sin embargo, la intensidad del control varía según la forma jurídica que adopten las empresas estatales.

---

232 *V.* CVP art. 2, letra b) y ART. 8, letra e).

233 *V.* CVG art. 11. *V.* N° 6, B, p.

234 *V.* CVG art. 14, ordinal 3 y art 29. *V.* los Estatutos de la empresa CVG Siderúrgica del Orinoco C. A. (SIDOR) de 1° de abril de 1964, en Gaceta Municipal N° 11.256 de 8 de abril de 1964.

235 *V.* CVG art. 14, ordinal 2) y art 31. *V.* los Estatutos de la empresa CVG Electrificación del Caroní C. A. (EDELCA), en el Registro Mercantil N° 91, Tomo 25–A de 1963.

236 *V.* CVG art. 29 y 31.

237 *V.* CA art. 3, letra e).

En cuanto a las actividades industriales y comerciales realizadas por la Administración directamente, por sus órganos, esas están sometidas al control parlamentario como lo está toda otra actividad administrativa[238]. En su aspecto financiero, este control es quizás el más acentuado, ya que los órganos administrativos que desarrollan esas actividades se encuentran sujetos a la obligación presupuestaria[239], pues deben presentar un presupuesto parcial dentro del proyecto general del presupuesto de gastos del Estado[240]. Se trata ahí de un control a priori. Además, el Parlamento ejerce también un control a posteriori con la revisión anual de la gestión del Ministro respectivo bajo cuya competencia y dirección jerárquica está el servicio económico no autónomo[241]. En este sentido por ejemplo, el Decreto regulador del Programa de Crédito al Artesanado y a la Pequeña Industria establece la obligación para la Comisión respectiva de elaborar "un informe anual de sus actividades, el cual será incluido en la Memoria del Despacho de Fomento al Congreso Nacional"[242].

26. Por otra parte, y aun cuando dotados de personalidad jurídica distinta y de autonomía financiera, el Parlamento también ejerce un control sobre las actividades desarrolladas por los establecimientos públicos industriales y comerciales. En primer lugar, y si bien estos organismos no están sometidos a la obligación presupuestaria[243], pues no tienen que someter sus presupuestos a la aprobación del Parlamento sino del Ministro de tutela[244], siempre que en el presupuesto del Estado exista alguna cantidad, destinada a ingresar en el patrimonio de dichos entes a título de subvención, ésta debe ser aprobada por el Parlamento en la sanción del Presupuesto respectivo, permitiéndose así un control financiero previo indirecto[245], aun cuando en algunos países, como Italia, se exija, al menos teóricamente, que los presupuestos de las empresas públicas sean aprobados por el Parlamento[246]

En Venezuela, casi todos los establecimientos públicos industriales y comerciales están sometidos por esta vía al control del Congreso, pues generalmente en la Ley de Presupuesto anual se incluyen partidas destinadas a sus respectivos patrimonios[247], tal como lo autoriza la Ley Orgánica de la Hacienda Pública Nacional[248].

Por otra parte, en algunos países como en Francia, aun cuando el Parlamento en esta materia, a veces por falta de una información suficiente, no haya planteado nunca los problemas políticos fundamentales que suscita la gestión de las empresas públicas[249], éste tiene un medio de control a priori consistente en la necesidad de que sea sometida

---

238 *V.* Artículos 139 y 160 de la Constitución.

239 *V.* Allan–Randolph Brewer C., "Le Régime des Activités Industrielles et Commerciales des Pouvoirs Publics" en *Droit Comparé*, *cit.*, pp. 31 y ss.

240 *Cfr.* Tere Modeen, Le Régime des Activités Commerciales .... *cit*, pp. 8 y 9; Gerhardt Plochl, Die Offentliche Hand... *cit.*, p. 13. *V.* por ejemplo, la Ley de Presupuesto General de Gastos Públicos de Venezuela para 196S, Ministerio de Agricultura y Cría, Capitulo 15, Partida 01 y Ministerio de Fomento, Capítulo 16, Partida 90, Sub–Partida 920.

241 Artículo 197 de la Constitución.

242 Artículo 21 del Decreto N° 646 de 13 de noviembre de 1961 en *Gaceta Oficial cit.* en nota N° 54.

243 Artículo 71 de la Ley Orgánica de la Hacienda Pública Nacional.

244 *Cfr.* M.A. Flamme, Le Régime des Activités... *cit.*, p. 79.

245 *Cfr.* A. Delion, L'Etat et les Entreprises Publiques, París, 1959, p. 71.

246 *V.* F. Franchini, "Aspects Juridiques de l'Intervention de l'Etat... ", *loc. cit.*, pp. 243 y 244.

247 *V.* CA art. 14, ordinal 1); CVG art. 14, ordinal 1); CVP art. 3, letra c); LAV art. 4, letra b); CVF art, 19, letra e); DAN art. 3, letra c); CTP art. 3, letra c); BO art. 4; BAP art. 4; IVP art. 4, letra b).

248 Artículo 72 de la Ley Orgánica de la Hacienda Pública Nacional.

249 *V.* P. Bauchet, Las Empresas Públicas en Francia, *loc. cit*, pp. 87 y 88.

al Parlamento, en el mismo momento que el Proyecto de Ley de Finanzas, la nomenclatura de las empresas públicas[250].

Una situación similar existe en Colombia, donde el Decreto–Ley 1.675 de 1964 exige que "como anexos al proyecto de presupuesto se incluirán por separado, los presupuestos de ingresos y egresos de los establecimientos descentralizados, y a partir del proyecto de 1966, se incluirá también como anexo, un informe presupuesta! consolidado del sector público"[251].

Además, el Parlamento tiene facultades para seguir y apreciar el funcionamiento de las actividades desarrolladas por los establecimientos públicos industriales y comerciales, por medio de las Comisiones parlamentarias. Esto era por ejemplo lo que correspondía a las Sub–comisiones permanentes del Parlamento francés antes de 1958[252]. Sin embargo, por la reorganización de las Comisiones parlamentarias realizadas después de la entrada en vigor de la Constitución del 4 de octubre de 1958, ha desaparecido este control permanente. Sólo pueden ser constituidas, sin embargo, comisiones de investigación destinadas a estudiar algún aspecto particular de las empresas, pero sus informes no son públicos[253]. Una situación similar se presenta en Venezuela, donde el Congreso puede designar comisiones de Investigación para determinados asuntos[254].

En relación a los establecimientos públicos en todo caso, el Parlamento posee medios a posteriori indirectos de control, por la rendición de cuentas del respectivo Ministro de tutela sobre sus actos dictados en relación a los establecimientos públicos industriales y comerciales, pudiendo ser éste en todo caso interpelado y sometido a voto de censura[255]. Por otra parte, en aquellos países en los cuales el Parlamento tiene un órgano auxiliar de verificación de cuentas cuyas funciones se extienden a los establecimientos públicos, el resultado de esa actividad examinadora se somete generalmente al conocimiento del Parlamento, verificándose en este caso un típico control financiero a posteriori, como sucede en Italia y Venezuela[256].

Por último, en Italia está establecida una forma especial de control financiero *a posteriori* del Parlamento sobre los balances de los establecimientos públicos industriales y comerciales que reciben subvenciones del Estado, consistente en la constatación de si los dineros públicos han sido o no bien gastados, en vista de la satisfacción del objetivo que el establecimiento beneficiario se proponía alcanzar a través de la subvención señalada[257].

En Venezuela en general no se exige a los establecimientos públicos el envío al Congreso de informes y balances, y sólo excepcionalmente el Banco Industrial de Venezuela está obligado a ello[258].

---

250 *Cfr*. R. Drago, Le Régime des Activités Commerciales.... *cit*., p. 15; André Delion, L'Etat et les Enterprises Publiques, *cit*, p. 57.

251 *V*. Análisis Financiero, Contabilidad Integrada y Control de las Actividades del Sector Público, Ponencia Colombiana al II CLEF, Memoria, *cit*., p. 97.

252 *Cfr*. P. Bauchet, Las Empresas Públicas en Francia, *loc. cit*., p. 88.

253 *Cfr*. R. Drago, Le Régime des Activités Commerciales... *cit*., p. 15.

254 *V*. Artículo 160 de la Constitución.

255 *Cfr*. A. Delion, *Informe francés al IV CIEF*, *loc. cit*., Vol. 4, p. 155 Gerhardt Plochl, *Die Offentliche Hand... cit*., p. 12. *V*. Artículo 153, ordinal 2 y 197 de la Constitución venezolana.

256 *V*. Artículo 239 de la Constitución venezolana. *V*. N° 29 y ss.

257 *V*. F. Franchini, "Aspects Juridique de 1'Intervention...", *loc. cit*., p. 251.

258 *V*. BIV art. 28.

27. En todo caso, si bien de una forma u otra, el Derecho Comparado nos muestra diversas formas de control sobre las empresas públicas cuando éstas son desarrolladas por personas de derecho público, ese control se debilita generalmente frente a las sociedades mercantiles con capital público.

En efecto, salvo aquellos casos en que las empresas públicas están constituidas como sociedades mercantiles subvencionadas por el Estado, en los cuales el Parlamento interviene con el control *a priori* de aprobación de la respectiva subvención que debe estar incluida en la Ley de Presupuesto General de Gastos del Estado, los mecanismos de que dispone son insuficientes, ya que generalmente aquéllas no tienen la obligación de enviar a las Cámaras informes o memorias anuales[259]. Es más, en algunos países como Finlandia no se ha establecido ningún tipo de control directo sobre las sociedades mercantiles del Estado, permitiéndose solamente un control indirecto a través de los resultados de la verificación que efectúe la Inspección de Finanzas[260].

Similar situación existe en Venezuela, donde a pesar de que la Constitución claramente indica que "los intereses del Estado en corporaciones o entidades de cualquier naturaleza" están sujetos al control del Congreso, ello lo subordina a "la forma que la Ley establezca"[261]. No habiéndose aún regulado por Ley dicho control, el Parlamento tiene entonces sólo un control indirecto a través de los resultados del control de su órgano auxiliar, la Contraloría General de la República[262] quedando a salvo la posibilidad de que designe comisiones especiales para controles específicos.

En otros países, sin embargo, como en Italia, se permite al Parlamento ejercer un control directo sobre las sociedades mercantiles en las cuales participe el Estado, siempre que ellas reciban una subvención del mismo, consistente en el examen de sus balances. El control del Parlamento en este caso tiene por objeto el examen de la manera como se ha hecho uso de los dineros públicos que han sido atribuidos en vista de un objetivo que, en el caso de estas sociedades, no tiene necesariamente que estar ligado sino de una manera indirecta, a un fin de carácter público[263].

28. En cuanto al control parlamentario sobre las actividades industriales y comerciales del Estado, es interesante destacar en forma especial, las peculiaridades de ese control en las *Public* y *Government Corporation*[264].

En cuanto a las *Public Corporations* británicas, una de sus características esenciales y fundamentales es que no están sujetas a la inspección parlamentaria en lo que respecta a la gestión ordinaria del negocio, como cosa distinta del plan general de la misma[265]. Sin embargo, bien lo aclara Robson, ello no quiere decir que la *Public Corporation* sea inmune en todos los sentidos a la interferencia política del Parlamento, ya que está sujeta a un grado considerable de fiscalización ministerial. Esto implica una responsabilidad del Ministro ante el Parlamento, al menos en aquellas materias sobre las cuales puede

259 *Cfr*. Pella Lenoudia, Las Empresas Públicas en Grecia, *loc. cit*., p. 153.

260 *V*. Tore Modeen, Le Régime des Activités... *cit*., p. 20: *Cfr*. *Informe del Valtiontalouden Tarkastusvirasto Finlandés al IV CIEF*, *loc. cit*., Vol. 4, p. 147.

261 Artículo 230 de la Constitución.

262 Artículo 236 de la Constitución.

263 *V*. F. Franchini, "Aspects Juridiques de l'intervention de l'Etat..." *loc. cit*. p. 251.

264 *V*. Allan–Randolph Brewer C., Le Régime des Activités Industrielles et Commerciales des Pouvoirs Publics en Droit Comparé, *cit*., pp. 61 y ss.

265 *Cfr*. W. A. Robson, *Industria Nacionalizada y Propiedad Pública*, Madrid 1964, pp. 65 y 163; W. A. Robson, "La Public Corporation en Gran Bretaña", *loc. cit*., p. 117.

fiscalizar a la Corporación[266]. En todo caso, es necesario señalar que miembros de todos los Partidos han demandado en la Cámara de loa Comunes más amplios derechos para pedir a los Ministros información relativa a las industrias nacionalizadas, pero no obstante, el Parlamento se ha adherido en lo sustancial al principio preconizado por Herbert Morrison en 1947, cuando dijo que el dar los Ministros información sobre las materias ordinarias sería contrario a la intención, claramente expresada, del Parlamento, cuando fundó las *Public Corporations* con una extensa independencia en cuestiones de administración ordinaria, y produciría una excesiva interferencia ministerial en la libertad de acción de los Consejos de Administración[267].

En todo caso debe indicarse que en cada periodo parlamentario, con ocasión de los debates que tienen lugar sobre los informes y rendiciones de cuentas anuales que las Public Corporation deben presentar al Parlamento, a través del Ministro respectivo, se presenta una importante oportunidad para una crítica y revisión parlamentaria general de las industrias nacionalizadas que van más allá de las posibilidades que otorga la sola interpelación[268].

Ahora bien, los referidos medios de control parlamentario fueron juzgados insuficientes por la Cámara de los Comunes, en razón principalmente de la exclusión de los temas llamados de detalle del campo de las preguntas que podían formularse a los Ministros, y cuya definición continúa aún vaga[269]. Por ello, se creó en 1955 como medio complementario del control del Parlamento, un Comité de Vigilancia (*Select Committee*), como comisión permanente encargada del control *a posteriori* de las empresas nacionalizadas, así como de su vigilancia permanente. Este Comité podía examinar los informes y las cuentas de la gestión de las industrias nacionales, y obtener en relación a esa gestión una información suplementaria[270]. Los poderes de esta comisión permanente eran sin embargo, insuficientes, por lo que en 1956 se nombró una nueva Comisión Especial para examinar los informes y las cuentas de las industrias nacionalizadas que a diferencia de la anterior, no debía encontrar obstáculos ni prohibiciones en su labor[271].

En los Estados Unidos, tal como en otro lugar se ha indicado[272] las Government Corporation surgieron, en lo que se refiere a los aspectos de control, según el modelo británico y así permanecieron hasta 1945, cuando por el *Government Corporation Control Act*, se modificó sustancialmente el sistema, convirtiéndose a las *Government Corporation* según lo afirma Pritchett, en agencias parecidas a los departamentos usuales del

266 *V.* W. A. Robson, *Industria Nacionalizada... cit.*, p. 65.

267 *V* W. A. Robson, "La Public Corporation en Gran Bretaña", *loc. cit*, p. 118.

268 *Cfr.* W. A, Robson, *Industria Nacionalizada..., cit.*, pp. 74 y 170; W. A. Robson, "La Empresa Pública en Gran Bretaña", *loc. cit.*, p. 76; W. A. Robson, "La Public Corporation en Gran Bretaña", *loc. cit*, p. 119; G. Lescuyer Le Controle de l'Etat..., *cit.*, p. 66; L. López Rodó, Las Empresas Nacionalizadas en Inglaterra, *loc. cit.*, p. 400.

269 *V.* G. Lescuyer, *Le Controle de l'Etat, cit*, p. 66; *Cfr.* W. A. Robson, *Industria Nacionalizada... cit.*, p. 164 y ss.; Lord Reith, *Public Enterprises: Necessity to Examine their Control and Structure, Public Administration*, Vol. XXXIV, Winter 1956, pp. 351–355, *V.* en Comentario Bibliográfico de F. Rubio Llorente y M. Pérez Olea en *RAP*, N° 21, 1950, p. 569.

270 *Cfr.* W.A. Robson, *Industria Nacionalizada... cit.*, p. 182 y ss.; G. Lescuyer, Le Controle de l'Etat... *cit.*, pp. 66 y 135.

271 *Cfr.* C. Marín Marín, Aspectos de la Administración Pública Autonómica, *cit.*, pp. 291 y 292; W.A. Robson, *Industria Nacionalizada... cit.* p. 187.

272 *V.* Allan Randolph Efrewer C., Le Régime des Activités Commerciales el Industrielles des Pouvoirs Publics en Droit Comparé, *cit.*, pp. 68 y ss.

Gobierno[273]. En primer lugar, la Ley referida eliminó la exención de adscripción de las Corporaciones del Gobierno al Presupuesto del Estado, por lo que en la actualidad, sus presupuestos dependen del Presupuesto nacional y deben ser sometidos a la aprobación tanto de la *Budget Bureau* como del Congreso[274]. Esto implica por tanto, la existencia de un control parlamentario *a priori*, que no se diferencia del control propio del procedimiento parlamentario ordinario[275].

En esta forma corresponde a las dos Cámaras, aprobar anualmente los créditos para las empresas y, de hecho, vigilar toda su política. El proyecto de presupuesto que se les somete debe comprender las estimaciones relativas a las condiciones financieras y operaciones de la Corporación para el año fiscal en curso y para el siguiente, así como las condiciones actuales y los resultados del último año fiscal totalmente conocido[276]. El Congreso dispone además del Contralor General de los Estados Unidos para ser informado anualmente, de todas las operaciones financieras efectuadas[277].

Por último y también en relación al control parlamentario de las *Government Corporations*, en los Estados Unidos el Congreso puede designar comités de investigación entre las dos Cámaras, para vigilar las actividades de las industrias del Gobierno[278].

Sección Tercera: EL CONTROL POR ENTIDADES FISCALIZADORAS SUPERIORES

I. INTRODUCCIÓN

29. Es una tendencia generalizada en los diversos sistemas financieros vigentes, el que los Estados, en vista del desarrollo y amplitud de sus finanzas públicas, constituyan organismos especiales, casi siempre como auxiliares del Parlamento o con categoría jurisdiccional, pero en todo caso separados del Poder Ejecutivo, con funciones específicas de realizar el control fiscal o de las finanzas públicas[279].

Generalmente en todo caso, estas entidades fiscalizadoras superiores, en ejercicio de sus funciones específicas, realizan un control financiero sobre las actividades industriales y comerciales del Estado, en tanto en cuanto éstas tengan relación con los motivos de control fiscal ordinario, por lo que, salvo raras excepciones como en Francia, no se prevén organismos destinados especialmente a controlar dichas actividades. Veamos

273 *V.* Hermán Pritchett, The Government Corporation Control Act of 1945, The American Political Science Review, 1946, p. 495, *cit.* por J. N. Hazard, "Law Regulating the Commercial and Industrial Activity of Public Authorities in the United States of America", *Informe de los Estados Unidos al VII CIDC*, p. 5.

274 *Cfr*. G. Lescuyer, Le Controle de l'Etat... *cit*., p. 63.

275 *Cfr*. G. Lescuyer, Le Controle de l'Etat... *cit*., p. 64.

276 *Cfr*. J. N. Hazard, "Law Regulating the Commercial,..", *cit*., pp. 5 y 6.

277 *V.* Leonard D. White, *Introducción al Estudio de la Administración Pública*, México, 1964, p. 309.

278 *Cfr*. G. Lescuyer, Le Controle de l'Etat... *cit*., pp. 13 y 135.

279 Para un estudio comparativo de estas instituciones véanse los trabajos presentados a los cinco Congresos Internacionales de Entidades Fiscalizadoras Superiores, el último de los cuales se verificó en Israel en 1965; entre ellos véanse las Actas del IV Congreso editadas en Viena (IV CIEF). Asimismo véanse los trabajos presentados a los dos Congresos Latinoamericanos de Entidades Fiscalizadoras, el último de los cuales se celebró en Chile en 1965. Véanse las respectivas Memorias editadas en Caracas y Santiago de Chile (II CLEF).

algunos de los supuestos más importantes que nos muestra el Derecho Comparado, antes de analizar la situación venezolana[280].

En efecto, en Italia por ejemplo, la *Corte dei Conti* que es en cuanto a la gestión financiera el ojo vigilante del Parlamento, tiene atribuida por norma constitucional la facultad de fiscalizar la gestión financiera de los organismos que gozan ordinariamente de ayuda del Estado, y debe someter directamente a las Cámaras los resultados de su fiscalización[281]. Por tanto, todas aquellas personas jurídicas públicas o privadas subvencionadas por el Estado, deben presentar al Tribunal de Cuentas los resultados de sus cuentas y sus presupuestos, con el resumen de ganancias y pérdidas y con los informes de sus órganos administrativos y de revisión. La *Corte dei Conti* ejerce entonces sobre los balances de los organismos subvencionados un control que tiene por finalidad preparar la vía del Parlamento. Se trata en definitiva, de una acción consistente en estudiar la gestión financiera de los organismos controlados gracias al examen de sus propios balances, pudiendo en todo caso solicitar las informaciones y documentos que juzgue necesarios.

En todo caso, debe observarse que ante los balances de los establecimientos y empresas subvencionadas, la Corte de Cuentas italiana observa una actitud muy diferente de aquélla que adopta frente al presupuesto del Estado. En efecto, ante este último, la acción de control de la Corte de Cuentas se ejerce, en primer lugar, durante la ejecución del presupuesto anteriormente adoptado, por el examen relativo a la legitimidad de los compromisos y de los gastos efectuados. A este control financiero previo se sucede otro, realizado por la Corte de Cuentas en el momento en que ella procede a la confrontación de sus propios documentos con aquéllos que resultan del presupuesto mismo: control que se concluye por una declaración especial de igualdad y exactitud, que junto con un resumen de los resultados del examen efectuado por la Corte de Cuentas, debe incluirse en el informe presentado al Parlamento, junto con el presupuesto. Al contrario, frente a los. balances de las empresas subvencionadas, la Corte de Cuentas no está habilitada para proceder a una deliberación formal que pueda ser asimilada a aquélla que se verifica en relación al presupuesto del Estado; y por tanto, ella no puede evidentemente formular una declaración de conformidad en relación a sus propios documentos ni dar aprobación alguna a los balances[282].

Es importante en todo caso, destacar, que la *Corte dei Conti*, aún con las limitaciones referidas, puede controlar a todos los organismos subvencionados por el Estado, aun cuando se trate de sociedades mercantiles donde éste participe o estén subvencionadas por el mismo.

Siguiendo esta misma orientación, por ejemplo, la Inspección de Finanzas de Finlandia, organismo encargado de la fiscalización del Presupuesto Nacional, tiene también atribuciones para fiscalizar las sociedades mercantiles en las cuales el Estado tenga alguna participación[283]. Sin embargo, no puede dar instrucciones u órdenes a los organismos de la sociedad en la forma como las puede dar a las autoridades e instituciones

280 *V.* al respecto nuestro trabajo, "El control fiscal externo sobre las Empresas Públicas", *Boletín de la Biblioteca de los Tribunales del Distrito Federal*, Fundación Rojas Astudillo, N° 17, Caracas, 1967–1968, pp. 7 a 31.

281 *V.* Informe de la Corte de Cuentas italiana al IV CIEF, *loc. cit.* Vol. 3, pp. 93 y 95.

282 *Cfr.* F. Franchini, "Aspects Juridiques de l'Intervention de l'Etat...", *loc. cit.*, p. 255; *Informe de la Corte Cuentas Italiana al IV CIEF*, *loc. cit.* Vol. 3, pp. 93 y ss.; S. Marín Marín, *Aspectos de la Administración Pública Autonómica*, *cit.*, pp. 296 y 297.

283 *Cfr. Informe del Valtiontalouden Tarkastusvirasto de Finlandia al IV CIEF*, *loc. cit.*, Vol. 4, p. 145; Tore Modeen, Le Régime des Activités.., *cit.*, pp. 11 y 18.

del Estado, sino que en todo caso, las observaciones hechas durante la revisión deben ser presentadas al Ministerio del cual depende la empresa[284].

En Colombia, la Ley, 151 de 1959, otorgó a la Contraloría General de la República la facultad de ejercer la vigilancia fiscal de las empresas y establecimientos públicos descentralizados y de aquellas instituciones u organismos que reciben, manejan o invierten fondos provenientes de impuestos, tasas, contribuciones de carácter especial y cuotas forzosas creadas por la Ley[285]. Sin embargo, dicha Ley determinó que el sistema de fiscalización debía adaptarse a la naturaleza de cada establecimiento respetando su autonomía administrativa[286]

Asimismo, algunos organismos especiales de control fiscal como los de Austria (*Rechnungshof*)[287] y de Israel (State Comptroller)[288], pueden extender su función fisca–lizadora sobre las sociedades mercantiles en las cuales el Estado tenga participación, aun cuando en algunos casos, como en España, se exige para ello que la participación del Estado sea superior al 75% del capital social[289]. En Alemania, por otra parte, si bien dichas empresas no están sometidas directamente a la fiscalización del Tribunal de Cuentas, (*Bundes Rechnungshafes*), las instrucciones para la revisión por un perito técnico designado al efecto, pueden partir del mismo[290], aun cuando se admite la posibilidad de que el Tribunal pueda directamente fiscalizar, siempre que el Estado otorgue alguna subvención, a la empresa en cuestión[291].

Esto último sucede también en Suecia, donde los *Riksdagens Revisoner*, si bien no pueden examinar los negocios de las compañías controladas por el Estado, ello pueden hacerlo cuando dichas empresas reciban una subvención[292].

Por otra parte, en Bélgica, la *Cour des Comptes*, aun cuando tiene facultad para controlar la actividad desarrollada por los establecimientos públicos industriales y comerciales[293], no puede extender su control sobre las sociedades mercantiles en las cuales el Estado tiene participación[294]. En el mismo sentido, los organismos superiores de control fiscal de Brasil (Tribunal de Cuentas)[295], Irak (Contralor y Auditor General)[296], Holanda (Cámara de Cuentas)[297], y Chile (Contraloría General de la República)[298], no pueden. extender su labor de fiscalización sobre las sociedades mercantiles en las cuales el Estado tiene participación.

---

284 *Cfr. Informe del Valtiontalouden Tarkastusvirasto de Finlandia al IV CIEF, loc. cit.*, Vol. 4, p. 147.

285 *V.* Análisis Financiero, "Contabilidad Integrada y Control de las Actividades del Sector Público", *Informe de Colombia al II CLEF, loc. cit.* p. 97.

286 *V.* "Análisis Financiero, Contabilidad Integrada y Control de las Actividades del Sector Público", *Informe de Colombia al II CLEF, loc. cit.* p. 97.

287 *V.* Grehardt Plochl, *Die Offentliche Hand... cit*, p. 16; José Marchall, *Informe austríaco al IV CIEF, loc. cit.*, Vol. 4, pp. 239 y 249.

288 *V. Informe del State Comptroller's Office al IV CIEF, loc. cit.*, Vol. 4, p. 199.

289 *V. Informe del Tribunal de Cuentas español al IV CIEF, loc. cit.* Vol. 4, p. 271.

290 *Cfr.* Klaus Vogel, *Die Wirtschaftliche... cit.*, p. 14; *Informe del Bundesrechnunghof al IV CIEF, loc. cit.*, Vol. 4, pp. 137 y 139

291 *V. Informe del Bundesrechnunghof de la República Federal Alemana al IV CIEF, loc. cit.*, Vol. 3, pp. 45

292 *V.* Hakan Stromberg, *La Empresa Pública en Suecia, loc. cit.*, p. 149.

293 *V.* M. A. Flamme, Le Régime des Activités Commerciales... *cit*, p. 43; *Cfr.* G. Lescuyer, Le Controle de l'Etat... *cit.*, p. 122.

294 *V.* M. A. Flamme, Le Régime des Activités Commerciales... *cit*, p. 80.

295 *V.* A. Brochado da Rocha, *Informe Brasileiro al IV CIEF, loc. cit.*, Vol. 4, p. 123.

296 *V.* A. K. Said. *Informe de Irak al IV CIEF, loc. cit.*, Vol. 4, p. 195.

297 *V. Informe del Algemene Rekenkamer Des de Holanda al IV CIEF, loc. cit.* Vol. 4, p. 229.

298 *V. Informe de Chile al II CLEF, loc. cit.*, p. 108.

30. Ahora bien, en cuanto al control que las entidades fiscalizadoras superiores de control de Finanzas Públicas pueden ejercer sobre los organismos del Estado que desarrollen actividades industriales y comerciales, es necesario destacar el sistema francés por cuanto en él se ha instituido un organismo satélite del Tribunal de Cuentas, especialmente destinado a revisar las cuentas de las empresas públicas, denominado "Comisión de Verificación de Cuentas de las Empresas Públicas", creada por la Ley de 6 de enero de 1948. Los poderes de la Comisión son de carácter general: "ella procede anualmente al examen de las cuentas de gestión y balance y cuentas de ganancias y pérdidas de las empresas vigiladas, sacando de los mismos todas las conclusiones necesarias sobre los resultados financieros de esas empresas", "ella expresa su opinión sobre la regularidad y la sinceridad de las cuentas y propone cuando sea necesario las correcciones que estime deban ser hechas a esas cuentas, dando también su opinión sobre la cualidad de la gestión comercial y financiera de la empresa"; la Ley señalada agrega en fin que "en los informes de conjunto sobre la actividad y resultados de las empresas controladas por ella, la Comisión señala, si es necesario, las modificaciones que crea convenientes hacer en relación a la estructura o a la organización de esas empresas, y da su opinión sobre las perspectivas futuras"[299].

Ahora bien, la competencia de la Comisión de Verificación se extiende a los establecimientos públicos industriales y comerciales, a las empresas nacionalizadas y a las sociedades de economía mixta en las cuales el Estado posee al menos la mayoría del capital social[300], y su informe general es dirigido cada año al Parlamento, al Primer Ministro y a la Corte.[301]

31. Por otra parte, también en los países anglosajones, las cuentas de las empresas públicas son controladas o examinadas por las entidades fiscalizadoras de los gastos públicos. En efecto, en Inglaterra, la Comisión de Cuentas Públicas de la Cámara de los Comunes, poderoso instrumento parlamentario para fiscalizar los gastos de los Departamentos Gubernamentales, ha procedido también a examinar las cuentas de las empresas nacionalizadas, aunque dicho control se verifica sobre todo respecto de aquellas empresas que dependen económicamente del Estado[302].

En los Estados Unidos, a partir del *Government Corporation Control Act* de 1945, "las transacciones comerciales de las Corporaciones que están totalmente en manos del Gobierno, son revisadas por la *General Accounting Office*, de acuerdo a los principios y procedimientos que se aplican en las transacciones comerciales, y con arreglo a las normas y regulaciones que se señalen por el Contralor General de los Estados Unidos"[303]. Sin embargo, aun cuando esta previsión legal parece indicar que la *General Accounting Office* sólo podría ejercer un control de tipo comercial, eso nunca fue hecho. En efecto, la Oficina General de Contabilidad no sólo ha procedido a comprobar las cuentas de las Corporaciones, sino que ha querido aprobarlas, revisando los gastos y compromisos pendientes de las mismas, para determinar si estaban o no autorizados a

---

299 *V.* A. Delion, *Informe francés al IV CIEF, loc, cit.*, Vol. 4, p. 161; *Cfr.* R. Drago, *Le Régime des Activités... cit.*, p. 14.

300 *Cfr.* F. J. Fabre y R. Morin, "A propos d'une Decisión du Tribunal des Conflicts. Quelques Aspects Actuels du Controle des Societés d'Economie Mixte", *RDP*, 1964, N° 4, p. 789; A. Delion, *Informe francés al IV CIEF, loc., cit.*, Vol. 4, p. 163; P. Du Pont, *L'Etat Industriel, cit.*, p. 136.

301 *Cfr.* G. Lescuyer, *Le Controle de l'Etat.. cit.*, p. 121; A. Banchet, *Las Empresas Públicas en Francia, loc. cit.*, p. 89.

302 *Cfr.* W.A. Robson, *Industria Nacionalizada... cit.*, p. 190.

303 *V.* J. N. Hazard, "Law Regulating the Commercial..." *cit*, p. 6.

tenor de las disposiciones reglamentarias del General Controller[304]. En esta forma la Oficina General de Contabilidad puede en cierto sentido comprometer en forma retrospectiva, la validez de las transacciones de las Corporaciones, lo que según A. Abel, resulta seriamente perjudicial para las operaciones de la empresa[305].

32. Por último debe señalarse que en los países de Europa oriental no ha tenido en general auge la institución de organismos superiores de control fiscal. La excepción a ello, sin embargo, nos la muestra Polonia, donde funciona una Cámara de Control, la cual es directamente responsable ante la Dieta y es independiente del Ejecutivo, y tiene por objeto controlar las actividades de los organismos del Estado en cuanto a su legalidad, inversiones y economía. Esta entidad presenta sus observaciones a la Dieta cada año en relación con la ejecución del presupuesto y del plan nacional de economía[306], incluyendo en este último campo, las actividades desarrolladas conforme al mismo por las empresas del Estado.

II. LA CONTRALORÍA GENERAL DE LA REPÚBLICA DE VENEZUELA

La Constitución Venezolana en su artículo 234 establece que "el control, vigilancia y fiscalización de los ingresos, gastos y bienes nacionales, así como de las operaciones relativas a los mismos" corresponde a la Contraloría General de la República, que está configurada por la propia Carta Fundamental como un "órgano auxiliar del Congreso en su función de control sobre la Hacienda Pública", que goza "de autonomía funcional en el ejercicio de sus atribuciones"[307].

Conforme a esto, en principio, el control que ejerce la Contraloría General de la República no es más que un aspecto del control legislativo sobre la Administración Pública Nacional que consagra expresamente nuestra Constitución en su artículo 139. En efecto, en los países organizados según el sistema de la democracia representativa corresponde al Cuerpo Legislativo ejercer el control de la Administración. Sin embargo, el ejercicio *directo* del control fiscal por el Congreso ofrecería en la práctica multitud de dificultades, tanto por la falta de tiempo disponible para el desempeño de sus labores, como por la ausencia de medios de carácter técnico de los Cuerpos Legislativos[308]. De ahí el origen de la Contraloría General de la República como órgano auxiliar del Congreso con autonomía funcional.

Esto mismo se desprende del Informe presentado a la Asamblea Constituyente de 1947 por una Comisión nombrada por la misma a objeto de precisar la naturaleza del Órgano Contralor. En dicho Informe se establece que "Para el Congreso no sería fácil el realizar directamente ese control por no decir que imposible. Los Parlamentos modernos, sometidos a tantas fluctuaciones, desprovistos generalmente de las competencias técnicas indispensables, no están en capacidad de cumplir esas obligaciones. Sin un auxiliar, el control legislativo carecería de una base eficaz. El control legislativo exige

---

304 *V.* A. S. Abel, "La Corporación Pública en los Estados Unidos", *ICE,* Marzo 1964, p. 141.

305 *V.* A S. Abel, "La Corporación Pública en los Estados Unidos", *loc. cit*., p. 141; J.N. Hazard, "Law Regulating the Commercial..." *cit.*, p. 6.

306 *V. Informe General al XII CICA* sobre el tema "Organización Gubernamental para el Desarrollo Económico", *cit.*, p. 78.

307 Artículo 236 de la Constitución.

308 *Cfr.* Eloy Lares Martínez, *Manual de Derecho Administrativo*, *cit.* p. 371.

un examen previo detallado de las cuentas individuales y una verificación de las piezas justificativas de cada gasto. De ahí, el sistema de facilitar el control legislativo con la ayuda de un organismo auxiliar cuya misión especial sería preparar, por la verificación de las contabilidades individuales, los elementos del control supremo del Parlamento, sobre la ejecución del presupuesto[309].

Conforme a este criterio, la Contraloría General de la República, aunque órgano auxiliar del Congreso goza de "autonomía funcional en el ejercicio de sus atribuciones"[310].

---

309 *V.* en Diario de Debates N° 56 de la Asamblea Nacional Constituyente, Debate de 23 de abril de 1947, pp. 12 y 13 *cit.* par Tomás Polanco, La Administración Pública, en Anales de la Facultad de Derecho, Caracas, 1951, p. 230.

310 *V.* Artículo 236 de la Constitución Nacional. En relación a esta autonomía el Dr. Luis Britto García, Abogado de la Dirección de Secretaría de la Contraloría General de la República, en memorándum N° 28 de 3 de noviembre de 1965, sostiene lo siguiente fundamentalmente referido a la autonomía presupuestaria: "Dos son las características resaltantes que el artículo 234 de la Constitución Nacional atribuye a la Contraloría General de la República: la de ser órgano auxiliar del Congreso en su función de control sobre la Hacienda Pública, y la de gozar de autonomía funcional en el desempeño de sus funciones. Seguidamente procederemos al estudio de cada una de estas peculiaridades. El carácter de órgano auxiliar del Congreso Nacional que la norma citada atribuye a la Contraloría, implica una estrecha vinculación entre ambos órganos. La administración contralora es, en este aspecto, el medio del cual se vale el Parlamento para el desempeño de su función de control sobre la Hacienda Pública; y en virtud de ello las Cámaras Legislativas, en sesión conjunta, tienen la atribución de nombrar al Contralor General de la República y de suplir sus fallas absolutas, y es asimismo ante las Cámaras que el Contralor rinde los informes anuales sobre la gestión del Organismo. La vasta labor de vigilancia, control y fiscalización de los ingresos, bienes y gastos nacionales que dicha gestión exige, interesa primordialmente al Poder Legislativo, y es por ello lógico asumir que deben de ser del conocimiento directo de los órganos de dicho Poder las estimaciones que sobre los medios necesarios para el futuro desarrollo de tal labor efectúa el propio Organismo. La autonomía funcional del Organismo Contralor se traduce en la facultad del Contralor General para nombrar y remover el personal de la dependencia; en la facultad del Organismo de redactar su reglamento interno, y en la facultad de realizar todas las atribuciones que le confieren las leyes sin sujeción a ninguna otra autoridad administrativa. Esta autonomía funcional cuyo contenido hemos indicado, supone, como condición de existencia, el que sea suplida una razonable base material que permita su realización y desenvolvimiento. Dicha autonomía requiere, por lo tanto, una correlativa potestad para calcular los recursos mínimos que le sirvan de fundamento, y para someter estos cálculos en su forma original al Congreso. Por los razonamientos anteriormente desarrollados, podemos determinar que la administración contralora disfruta en nuestro país de un régimen peculiar de vinculación al Poder Legislativo y de plena autonomía en su gestión, y que este régimen hace desaconsejable el que el conocimiento que dicho Poder tenga de las bases financieras de la función contratara dependa de la libre elaboración, modificación y estimación que efectúe el Ejecutivo Nacional a partir de los datos que el Organismo Contralor le ha suministrada. Una tal práctica podría en casos extremos ir en detrimento tanto del papel del Órgano auxiliar del Congreso que corresponde a la Contraloría General de la República, como de su debida independencia frente a los del Ejecutivo en general. Es, por el contrario, aconsejable, que las estimaciones que haga la Contraloría sobre los recursos que necesitará en un ejercicio fiscal venidero para realizar sus funciones, sean conocidas en su forma original por el Congreso, el cual podrá de esta manera juzgar mejor acerca de los fondos que deban en definitiva ser asignados a su órgano auxiliar. La interpretación de nuestros textos legales que acabamos de exponer corresponde a un requerimiento lógico dentro del funcionamiento de las estructuras estatales modernas, que la doctrina La acogido ampliamente. En efecto, el Congreso Internacional de Entidades Fiscalizadoras en La Habana, en 1953, aprobó la siguiente moción: "Que se garantice a las entidades fiscalizadoras los medios económicos necesarios a fin de que puedan cumplir de modo completo la misión que les incumbe". Más explícitamente el Congreso Internacional de Entidades Fiscalizadoras celebrado en Bruselas en 1955, recomendó: "La institución de control debe tener presupuesto propio. Si el gobierno alterarse el presupuesto presentado para la institución de control, quedaría obligado a presentar al Parlamento, conjuntamente con la suya, la proposición original. La institución ejecutará por si misma su propio presupuesto". Acorde con la corriente mencionada, la Delegación Venezolana ante el Congreso Internacional de Entidades Fiscalizadoras realizado en Jerusalén durante 1965, formuló la recomendación siguiente: "Para la adecuada gestión de las Entidades Fiscalizadoras Superiores es recomendable que las disposiciones legales que las rijan, otorguen a los Contralores y a los Miembros de los Tribunales de Cuentas, según el caso, autoridad y autonomía suficientes: (...) 4°– Para estimar razonablemente los fondos necesarios que permitan a la respectiva Entidad Fiscalizadora cumplir con eficacia sus funciones, garantizándose que tal estimación sólo podrá ser modificada por el Parlamento; y 5°– Para ejecutar directamente su propio presupuesto y autorizar los gastos correspondientes, dando cuenta de ello a las

Esta autonomía significa que dicho organismo no está sujeto a recibir instrucciones de ninguna de las ramas del Poder Público inclusive del Poder Legislativo[311], aunque respecto de éste el Contralor debe rendirle un Informe Anual de sus actividades, Este Informe, de acuerdo con el artículo 239 de la Constitución, debe versar "sobre la actuación de la Contraloría o sobre la cuenta o cuentas que hayan presentado al Congreso los organismos y funcionarios obligados a ello".

Por tanto, y esto es lo más importante, la autonomía funcional implica independencia frente a todos los poderes públicos, y principalmente, frente al Poder Ejecutivo, a la Administración activa, cuyas actividades" en orden a la Hacienda Pública, van a ser controladas y fiscalizadas por el Órgano Contralor[312]. Ahora bien, dentro de esas actividades de la Administración que van a ser controladas por el Organismo fiscalizador se encuentran las actividades industriales y comerciales, y el control será de mayor o menor intensidad según el grado de autonomía de las formas jurídicas que desarrollan.

III. LAS MODALIDADES DEL CONTROL

34. En cuanto a las actividades industriales y comerciales desarrolladas por la Administración directamente a través de órganos indiferenciados y aún dotados de cierta autonomía como son los Fondos de Servicios Especiales, ellos están sometidos al control, fiscalización y vigilancia de la Contraloría, en la misma forma como lo está cualquier

---

respectivas entidades administrativas". Finalmente, la interpretación señalada, que como hemos visto se desprende de la naturaleza especial de las funciones y atribuciones del Órgano Contralor, ha sido propuesta para su formulación explí*cit*a República, en el Proyecto de Ley Orgánica de la Contraloría General de la República, en cuya Exposición de Motivos, textualmente, se expresa lo siguiente: 3°– Presupuesto de la Contraloría. Con el objeto de garantizar la autonomía que la Constitución Nacional atribuye a la Contraloría General de la República se prevé en el Proyecto que, aunque posiciones de carácter técnico que sobre la materia establezca el Ejecutivo, el anteproyecto de Presupuesto de Gastos de la misma no podrá ser modificado por aquel, que examen de sus cuentas estará a cargo del Congreso Nacional y que las partidas globales que se le asignen no podrán someterse a cupos o cuotas partes por el Ejecutivo, a fin de evitar que por ese medio se le puedan poner trabas a su actuación. Igualmente se establece que las respectivas órdenes de pago, serán emitidas por el Contralor o por el funcionario que este designe. La disposición del Proyecto de Ley a la cual se refiere el extracto que acabamos de citar es la siguiente: Artículo 6°– "La Contraloría General de la República estará sujeta a las leyes y reglamentos que normen la elaboración, ejecución y liquidación del Presupuesto General de Ingresos y Gastos Públicos, con las siguientes salvedades: 1.– El Anteproyecto de Presupuesto de Gastos de la Contraloría no podrá ser modificado por el Poder Ejecutivo. 2.– No se aplicará a la Contraloría ningún sistema de cuotas de gastos dispuesta por el Poder Ejecutivo para utilizar las cantidades que se le asignen en el Presupuesto. 3.– Las respectivas órdenes de pago serán emitidas por el Contralor General de la República o por el funcionario que éste designe. 4.– El examen de sus cuentas estará a cargo del Congreso Nacional". Consideramos conveniente hacer hincapié en que, según la cita que hemos transcrito, la Exposición de Motivos consagra la formulación explí*cit*a del régimen mencionado "con el objeto de garantizar la autonomía que la Constitución Nacional atribuye a la Contraloría General de la República". El carácter excepcional que hemos atribuido a las estimaciones que sobre los propios gastos para el ejercicio fiscal venidero inmediato efectúa dicho organismo, es pues, un desenvolvimiento o desarrollo de una norma contemplada en nuestra Carta Fundamental. Sostenemos, por tanto, que la Contraloría General de la República posee autoridad y autonomía suficiente para estimar razonablemente los fondos necesarios que le permitan cumplir con eficacia sus funciones que tal estimación sólo puede ser modificada por el propio Congreso Nacional del cual el órgano auxiliar la Contraloría, y que si el Ejecutivo Nacional alterase el presupuesto presentado por dicha institución de control, quedará obligado a someter a las Cámaras Legislativas, conjuntamente con el suyo, la proposición original".

311 *Cfr*. Eloy Lares Martínez, *Manual... cit*, p. 372. En contra, T. Polanco. *La Administración Pública, loc. cit.*, p. 231.

312 *Cfr*. Allan–Randolph Brewer C., "Estudio sobre los Actos Recurribles en Vía Contencioso–Administrativa emanados de la Contraloría General de la República", *CFTA*, N° 376, 1965, p. 43.

otro organismo de la Administración Central. En efecto, los servicios económicos no autónomos no disponen de patrimonio propio, por lo que dependen íntegramente de la persona pública a la que pertenecen. Así, éste es el titular jurídico del servicio, siendo el sujeto de todos los derechos y respondiendo de todas las obligaciones nacidas en el marco de la empresa[313]. Por otra parte, esa falta de autonomía en cuanto al derecho patrimonial involucra la subordinación a la obligación presupuestaria. Esto tiene como consecuencia que la empresa, organizada en forma de *régie*, debe presentar un presupuesto parcial dentro del proyecto presupuestario general del Estado. Su aprobación por el Parlamento "significa entonces, la fijación de determinados objetivos de inversión para los fondos disponibles y la obligación restrictiva de emplear, para cada una de las finalidades, la cantidad fijada en el presupuesto[314]. Consecuencia de esto además es la obligación para el organismo de rendir cuentas al órgano contralor, en la cual debe informar sobre el cumplimiento de las finalidades de inversión delimitadas en el Presupuesto[315]. Por otra parte, los ingresos que tengan esos servicios económicos no autónomos se consideran como rentas del Estado, y por tanto, deben ingresar al Tesoro Nacional[316]. En este sentido, la Ley Orgánica de la Hacienda Pública Nacional precisa claramente las atribuciones de la Contraloría: "El Ejecutivo Nacional puede enajenar los bienes muebles de la Nación que, a su juicio, no sean necesarios para el servicio público, previa la opinión favorable de la Contraloría. No será necesario este requisito cuando se trate de productos elaborados en talleres industriales de cárceles o penitenciarías, restaurantes populares, granjas de experimentación y otros establecimientos análogos; pero sus Directores o Administradores deberán pasar mensualmente a la Contraloría, por intermedio del respectivo Ministerio, una relación detallada y comprobada de los efectos vendidos. El producto líquido de estas enajenaciones ingresará, mensualmente, al Tesoro Nacional y la Contraloría General de la República podrá vigilar y fiscalizar, cuando lo estime oportuno, la contabilidad y funcionamiento de dichos establecimientos"[317].

35. Hemos indicado que constitucionalmente, corresponde a la Contraloría General de la República el control, vigilancia y fiscalización de los ingresos, gastos, y bienes nacionales, así como de las operaciones relativas a los mismos, disponiendo además la misma Constitución que "las funciones de la Contraloría General de la República podrán extenderse por Ley a los institutos autónomos"[318]. Por su parte, el artículo 70 de la Ley Orgánica de la Hacienda Pública Nacional establece expresamente que "En las leyes o Decretos Orgánicos mediante los cuales se creen u organicen. Institutos Oficiales Autónomos se establecerán el *régimen especial* a que deban quedar sometidos y la forma de su administración y control".

Es decir, tanto el régimen constitucional como el orgánico establecen la posibilidad de que por Ley se extiendan a los Institutos Autónomos las funciones de la Contraloría General de la República, y ello, a pesar de que los bienes pertenecientes a los Institutos Autónomos no están sometidos al régimen de los bienes nacionales, y sus ingresos y erogaciones no se consideran como Rentas y Gastos Públicos ni están sometidos al

313 *Cfr*. Klaus Vogel, *Die Wirtschfiche... cit.* p. 8.

314 *Cfr*. Tore Modeen, *Le Régime des Activités... cit.*, pp. 8 y 9, Gerhardt Ploch, *Die Offentliche Hand... cit.*, p. 13.

315 Artículo 188 de la Ley Orgánica de la Hacienda Pública Nacional.

316 Artículo 42, ordinales 2 y 4 de la Ley Orgánica de la Hacienda Pública Nacional.

317 Artículo 24 de la Ley Orgánica de la Hacienda Pública Nacional.

318 Artículo 234 y 235 de la Constitución.

régimen del Presupuesto[319]. En base a ello, en el Presupuesto del Estado sólo figuran como rentas las cantidades líquidas que, conforme a su régimen especial, deben entregar esos institutos al Tesoro Nacional[320], y como gastos, las cantidades con que el Tesoro contribuye a su creación o a su funcionamiento[321].

Ahora bien, a pesar de ello, diversas normas reguladoras de los establecimientos públicos industriales y comerciales establecen expresamente en normas especiales, la posibilidad de que la Contraloría General de la República intervenga. En efecto, el Estatuto Orgánico de la Línea Aeropostal Venezolana ratifica el criterio de que sus bienes "no están sometidos al régimen de los Bienes Nacionales y sus ingresos y erogaciones no se consideran como rentas ni gastos públicos, pero tanto el Ministerio de Comunicaciones como la Contraloría General de la República podrán inspeccionar la contabilidad, a fin de informarse sobre la exactitud de ésta y sobre los métodos y procedimientos de manejo y custodia de tales bienes"[322]. En este mismo sentido, el Decreto regulador del Instituto Nacional de Hipódromos señala expresamente que la Contraloría General de la República verificará en las Oficinas del Instituto o en cualesquiera de sus dependencias, cuantas veces lo considere necesario, pero por lo menos una vez al año, la sinceridad de las operaciones de contabilidad y la corrección de los comprobantes respectivos"[323]. Igual previsión existe para el Banco Agrícola y Pecuario[324] y para el Instituto Diques y Astilleros Nacionales[325]. En cuanto a la Corporación Venezolana de Fomento, su Estatuto Orgánico prevé solamente que sus operaciones "podrán ser examinadas por la Contraloría General de la República"[326], en cambio que los dispositivos reguladores de la Corporación Venezolana de Guayana y Corporación de Los Andes, sólo establecen la sujeción de sus Administradores "al control posterior de la Contraloría General de la República"[327]. Por otra parte, los cuerpos reguladores de algunos establecimientos públicos industriales y comerciales establecen obligación para los mismos de enviar a la Contraloría General de la República los Informes y Balances del ente para su revisión y examen por el órgano contralor[328].

Pero aparte de las referidas previsiones especiales sobre el control de la Contraloría General de la República en relación a los establecimientos públicos industriales y comerciales, la propia Ley Orgánica de la Hacienda Pública Nacional establece diversas modalidades generales de control al considerar que la Administración de los referidos establecimientos en la parte económica y su contabilidad, queda sujeta a su prescripción en materia de control[329]. Más concretamente, en efecto, el artículo 158 al establecer un control perceptivo dispone que "el Contralor General de la República podrá constituir Contralores Delegados en los Despachos del Ejecutivo Nacional, en los Institutos Autónomos y en las dependencias de ambos cuando así lo requiera el ejercicio de sus funciones, Igualmente podrá el Contralor General de la República designar Comisiones Especiales para inspeccionar las cuentas de los citados Organismos y de cualquier otra

---

319 Artículo 71 de la Ley Orgánica de la Hacienda Pública Nacional.
320 Articulo 42, ordinal 1° de la Ley Orgánica de la Hacienda Pública Nacional.
321 Artículo 72 de la Ley Orgánica de la Hacienda Pública Nacional.
322 *V.* LAV art. 3.
323 *V.* INH art. 18.
324 *V.* BAP art. 80.
325 *V.* DAN art. 6 y 8.
326 *V.* CVF art. 34.
327 *V.* CVG art. 20; CA art. 13.
328 *V.* INH art. 20; LAV art, 11, letra c); DAN art. 19, ordinal 11 y art. 23, letra ñ); CA art. 9, letra e).
329 Artículo 73, *in fine*, de la Ley Orgánica de la Hacienda Pública Nacional.

oficina encargada de la custodia, administración o recaudación de rentas o bienes nacionales; para examinar y verificar el numerario, útiles y materiales y demás bienes existentes en cualesquiera de dichos organismos u oficinas, y para vigilar, inspeccionar o fiscalizar la ejecución de los contratos en que la Nación o algún Instituto Autónomo sea parte". Ahora bien, de acuerdo al artículo 48 *ejusdem*, se consideran rentas nacionales ordinarias el producto de las contribuciones nacionales y los intereses que satisfagan a la Nación los Institutos Oficiales Autónomos que se hayan fundado con capital del Estado. Esta disposición, complementa la anterior y requiere, por su naturaleza que la Contraloría ejerza una fiscalización profunda y permanente sobre los Institutos Autónomos, puesto que esos intereses serán mayores y, por ende, la renta mayor, con una buena administración originada fundamentalmente en la honesta inversión del patrimonio de dichos organismos[330].

Ahora bien, aparte del control perceptivo referido, los establecimientos públicos industriales y comerciales, con excepción de la Corporación Venezolana de Guayana y la Corporación de Los Andes que como hemos visto sólo están sometidos a un control posterior, también están teóricamente[331] sujetos al control previo sobre el compromi-

330 *Cfr*. "Control de Instituciones Subvencionadas por Medios Públicos", *Ponencia Venezolana al IV CIEF*, véase en *CFTA*, N° 23, 1562, p. 15.

331 Decimos que teóricamente, porque a pesar de que la norma contenida en el artículo 172, ordinal 11 es, en nuestro criterio, lo suficientemente clara como para no dejar lugar a dudas sobre su aplicabilidad a los Institutos Autónomos, a pesar de que dicha aplicabilidad la consideramos inconveniente para muchos establecimientos, la Contraloría le ha dado una interpretación a dicha norma que conduce al no sometimiento al control previo respecto a determinados institutos. En efecto, en Dictamen N° J–1112 de 30 de diciembre de 1364, la Contraloría sostuvo lo siguiente: "Los Institutos Autónomos son órganos que pertenecen a la propia Administración, desvinculados de su estructura jerárquica, regidos por el Derecho Público, a los cuales, por motivos técnicos, se transfieren un conjunto de actividades inherentes a la administración; sin que se pueda explicar su origen por la necesidad o conveniencia de sustraer tales actividades al control fiscal, pues éste no es incompatible con el concepto de autonomía. Tal idea está recogida en el artículo 230, segundo párrafo, de nuestra Constitución Nacional, cuando establece: "Los Institutos Autónomos, así como los intereses del Estado en corporaciones o entidades de cualquier naturaleza, estarán sujetos al control del Congreso, en la forma en que la ley establezca". Respecto del control que podrá ejercer la Contraloría General de la República sobre dichos Institutos Autónomos, la misma Constitución en su artículo 235, señala: "Las funciones de la Contraloría General de la República podrán extenderse por ley a los institutos autónomos, así como también a las administraciones estadales o municipales..." Esta disposición guarda estrecha relación con el artículo 70 de la Ley Orgánica de la Hacienda Pública Nacional, según el cual : "En las Leyes o Decretos Orgánicos mediante los cuales se creen u organicen Institutos Oficiales Autónomos se establecerá el régimen especial a que deben quedar sometidos y la forma de su administración y control". Vista la remisión que la Constitución Nacional hace a la ley; y la que la Ley Orgánica de la Hacienda Pública Nacional hace a las "Leyes o Decretes Orgánicos mediante los cuales se creen u organicen Institutos Oficiales Autónomos", veamos la distinta gradación en la aplicación del control fiscal a dichos Institutos, conforme a sus respectivos decretos o Leyes Orgánicas. De acuerdo con los distintos instrumentos por los cuales se rigen los Institutos Autónomos en Venezuela, existen las siguientes variantes en la aplicación del control fiscal a dichos Institutos: INSTITUTOS EXCLUIDOS TOTALMENTE DEL CONTROL PREVIO.– Existe un grupo de Institutos Autónomos, que han sido sustraídos totalmente al Control Previo de la Contraloría General de la República. Este es el caso de aquellos Institutos respecto de los cuales no contempla ningún régimen especial en la Ley o Decreto que los crean u organizan, razón por la cual el Organismo Contralor debe limitar su acción respecto de los mismos, al Control a *posteriori*, ejercido de conformidad con el artículo 73 de la Ley Orgánica de la Hacienda Pública Nacional. En tal situación estarían comprendidos –entre otros– las Universidades nacionales, el Banco Agrícola y Pecuario y todos aquellos cuyos Cuerpos Directivos no tienen ningún límite en la administración del patrimonio de dichos Institutos. EXCLUSIÓN DEL CONTROL PREVIO HASTA CIERTA CANTIDAD.– Un segundo grupo de Institutos, estaría constituido por aquéllos cuyas Leyes o Decretos, autorizan a las respectivas Juntas Administradoras para contratar y disponer gastos hasta por cierta cantidad. Así, la letra l) del artículo 5 del Decreto por el cual se crea el Instituto Venezolano de Petroquímica señala en bolívares 300.000,00 el límite de esa libre administración que puede ejercer el Directorio, suma aumentada a Bs. 500.000,00 en una reforma posterior; en igual sentido, el decreto N° 357 de 3 de septiembre de 1958 por el cual se crea el Instituto Nacional de Hipódromos, autoriza al Directorio a disponer gastos hasta por la

so[332] por parte del Organismo Contralor. En efecto, el artículo 172 de la Ley Orgánica de la Hacienda Pública Nacional, ordinal 11, atribuye a la Sala de Control de la Contraloría General de la República competencia para "velar porque en los suministros de toda clase de bienes, en los servicios personales prestados a las Administraciones Públicas, Entidades Administrativas e Institutos Autónomos, y en los contratos en general, se estipulen precios justos y razonables y se presten, según el caso, las garantías que se consideren necesarias; y verificar sí tales suministros, servicios y contratos han sido efectivamente realizados y cumplidos, de acuerdo con las disposiciones de la Contraloría General de la República. A los fines de esta atribución, la Sala llevará el control de los precios corrientes y actualizados de los efectos, materiales y demás bienes y servicios regularmente suministrados a las Administraciones y entidades antes dichas. Los diversos departamentos del Ejecutivo Nacional y demás oficinas nacionales deberán,

---

cantidad de Bs. 500.000,00 conforme a la letra h) del artículo 15. Respecto de estos gastos, evidentemente sólo es posible ejercer el Control a Posteriori, por disponerlo así las normas señaladas. Pero , esos mismo decretos o leyes que autorizan gastos hasta cierto límite, consagran una disposición, que en el caso del Instituto Venezolano de Petroquímica, tiene el siguiente texto: "Cuando dichos contratos y gastos alcancen un monto mayor se requiere la aprobación previa del Ejecutivo Nacional por conducto del Ministerio de Minas e Hidrocarburos". Cabe agregar, que esa aprobación previa del Ejecutivo Nacional, cae plenamente dentro de la jurisdicción de la Contraloría General. Estos Institutos escapan al Control Previo respecto de las cantidades cuya administración les señala la Ley o Decreto libremente, pero quedan sujetos a dicho Control Previo al alcanzar un monto mayor al señalado. INSTITUTOS SOMETIDOS TOTALMENTE AL CONTROL PREVIO.– En esta categoría están todos aquellos Institutos cuyas Leyes o Decretos establecen que respecto a la administración y control se someten a la jurisdicción de la Contraloría General de la República, o remiten en términos generales a la Ley orgánica de la Hacienda Pública Nacional. Tal es el caso del instituto Nacional de Cultura y Bellas Artes, cuya Ley en su artículo 11 establece: En todo lo que se refiere a sus actividades de administración, el Instituto estará sometido a la jurisdicción de la Contraloría de la Nación". Es procedente observar que el legislador al someter al instituto Nacional de Cultura y Bellas Artes a la jurisdicción de la Contraloría, no distingue respecto de dicha jurisdicción, por lo que es obligación entender que hay un sometimiento total a la misma, la cual se manifiesta en las diversas formas del control que ejerce, sobre los Despachos e Institutos a ella sometidos, sin que le sea dable al intérprete distinguir, allí donde el legislador no lo hizo. Finalmente, conviene hacer notar que está saludable iniciativa del legislador, evidencia que son razones de naturaleza técnica, las que explican el origen de los Institutos Autónomos y que el control fiscal ejercido sobre los mismos, en nada afecta su autonomía. Cabe agregar que, por su parte la Contraloría General de la República deberá hacer supremos esfuerzos a fin de lograr que el control por ella ejercido, no sea factor de entorpecimiento en el desenvolvimiento normal de las actividades de todos los entes a ella sometidos, especialmente los Institutos Autónomos, para lo cual deberá adoptar métodos modernos de auditoría que se avengan a las modalidades propias de los organismos que va a controlar". (*V.* en *Informe de la Contraloría General de la República al Contraloría General de la República al Congreso*, 1964, p. 267) Ahora bien, ante esos razonamientos se observa: El hecho de que determinados cuerpos reguladores de establecimientos públicos no prevean ningún régimen especial (conforme lo exige el artículo 70 de la Ley Orgánica de la Hacienda Pública Nacional) sobre control, no implica que no se les apliquen las norma generales que la misma Ley Orgánica (en el sentido del artículo 235 de la Constitución) establece sobre el control que ejerce sobre los Institutos Autónomos, la Contraloría General de la República. Por ello, la primera categoría de "Institutos excluidos totalmente del control previo", que hace alusión el Dictamen de la Contraloría, no existe legalmente, pues dicha exclusión (de aplicación de las normas generales como la contenida en el ordinal 11 del artículo 172 de la Ley Orgánica de la Hacienda Pública Nacional) debe ser expresa y sólo los estatutos reguladores de la CVG y de la CA establecen la exclusión del control previo al permitir sólo el control posterior. En todo caso, y si bien compartimos el criterio de que aplicar un control previo a ciertos institutos sería casi imposible (por ejemplo al BAP) o inconveniente (Universidades Nacionales), ello lo que debe conducir es a la reforma de la Ley Orgánica y excluir de dicho control a esos establecimientos públicos. Por otra parte, y en relación a la segunda categoría a que se refiera el Dictamen de la Contraloría es conveniente señalar la independencia total entre el control administrativo de tutela que ejerce el Ministro respectivo (*V.* N° 15) del control fiscal que ejerce la Contraloría General de la República. El límite que en algunos supuestos se establece para el control de tutela sobre la gestión de los institutos, no puede a la luz del artículo 172, ordinal 11, de la Ley Orgánica de la Hacienda Pública Nacional, interpretarse como exclusión también del control previo.

332 *V.* en relación, a dicho control en materia contractual: Allan–Randolph Brewer C., "La Formación de la Voluntad de la Administración Pública Nacional en los Contratos Administrativos", *RFD*, N° 28, 1964, pp. 68 y ss.

antes de proceder a la celebración de contratos y a la adquisición de bienes, someter los proyectos respectivos a la aprobación de la Sala de Control, sin la cual aquéllos no tendrán ningún efecto". No obstante, agrega la misma norma, "la Contraloría General de la República queda facultada para permitir a los Despachos Ejecutivos e Institutos Autónomos hacer adquisiciones, otorgar contratos y aceptar presupuestos, sin someterlos previamente a su aprobación, pero sin perjuicio del control a posteriori respecto a la sinceridad y legalidad del gasto. En estos casos la Contraloría General de la República, mediante resolución publicada en la Gaceta Oficial de la República de Venezuela, establecerá los requisitos que deberán cumplirse, así como el límite del monto de tales adquisiciones, contratos o presupuestos, el cual no podrá exceder de cinco mil bolívares"[333]. En estos casos, sin embargo, agrega el mismo artículo, "el control *a posteriori* deberá efectuarlo la Contraloría, en su sede o en el respectivo Despacho o Instituto, con una periodicidad no mayor de tres meses entre las revisiones que realice en cada organismo, y a tal efecto, pondrá especial atención en investigar los casos en que se encuentre en evidencia que las adquisiciones o contratos o aceptación de presupuesto han podido agruparse y el funcionario responsable los ha fraccionado sin razón de urgencia u otra plausible y con la intención de que la operación pueda verificarse sin estar sujeta al control a priori de la Contraloría".

Por otra parte, en cuanto al control sobre los funcionarios de los Institutos Autónomos, la Ley Orgánica de la Hacienda Pública Nacional dispone, dejando a salvo lo que dispongan las leyes o reglamentos especiales, que los funcionarios encargados de la administración y manejo del patrimonio de los Institutos o Establecimientos Oficiales Autónomos, se considerarán como Empleados de Hacienda, y estarán sujeto a las prescripciones de la Ley en materia de control. En principio por tanto, dichos funcionarios están sometidos a todas las modalidades del control que existe sobre los servidores del Estado[334]. Además, la misma consideración de dichos funcionarios como empleados de Hacienda la hacen, respecto a ciertos establecimientos, sus propios cuerpos normativos como sucede con el Instituto Nacional de Hipódromos, la Caja de Trabajo Penitenciario, la Línea Aeropostal Venezolana y el Instituto Diques y Astilleros Nacionales[335]. En otros supuestos dichas normas se han limitado a reconocerle a dichos empleados la categoría de funcionarios públicos, tal como sucede en el Instituto Autónomo Administración de Ferrocarriles del Estado, el Instituto de Canalizaciones, el Instituto Nacional de Hipódromos, la Línea Aeropostal Venezolana, el Instituto Diques y Astilleros Nacionales, el Banco Obrero y la Corporación de Los Andes[336].

36. Por último, también en relación a las actividades industriales y comerciales desarrolladas por el Estado a través de sociedades mercantiles de capital público o mixto, se extiende el control de la Contraloría General de la República, aún cuando no exista disposición expresa que lo indique[337].

---

333 *V.* Resolución D–2 del 15 de febrero de 1965 en *Gaceta Oficial* N° 27.668 de 15 de febrero de 1965.

334 Artículo 73 de la Ley Orgánica de la Hacienda Pública Nacional. En relación al control sobre los funcionarios *V.* Allan–Randolph Brewer C., "Aspectos do las Actividad Contralora sobre los Funcionarios Públicos y sus Consecuencias", *Revista del Colegio de Abogados del Distrito Federal* N° 129, 1965, pp. 9 a 34

335 *V.* INH. Art. 17; CTP art. 7, ordinal 13 y art. 11; LAV art. 6; DAN art. 9.

336 *V.* IAAFE art. 5; INC art. 12; INH art. 21; LAV art. 7; DAN arts. 9 y 18; art. 83; CA art. 7.

337 Sin embargo, es de destacar que en el Proyecto de Ley Orgánica de la Contraloría General de la República se han previsto normas expresas permitiendo la ingerencia de la Contraloría en las empresas "cuyo capital pertenezca totalmente a la Nació, los Estados, las Municipalidades o Institutos Autónomos, en todo caso, y a aquéllas en

En efecto, constitucionalmente está permitida la realización de dicho control al establecer la Carta Fundamental que "los intereses del Estado en corporaciones o entidades de cualquier naturaleza, estarán sujetos al control del Congreso, en la forma que la Ley establezca"[338]. Ahora bien, siendo la Contraloría General de la República un "órgano auxiliar del Congreso en su función de control sobre la Hacienda Pública"[339], es evidente que su acción se puede extender a las empresas públicas con forma mercantil, en la forma que la Ley establezca. Es necesario por tanto, precisar conforme a la Ley, las modalidades de dicho control.

El punto de partida de la labor interpretativa está sin embargo en la propia Constitución. Esta, hemos dicho, atribuye competencia a la Contraloría General de la República para realizar "el control, vigilancia y fiscalización de los ingresos, gastos y bienes nacionales, así como de las operaciones relativas a los mismos"[340]. Ahora bien, la Ley Orgánica de la Hacienda Pública considera como bienes nacionales "los derechos y acciones" que por cualquier título adquiera la República[341] donde se incluirán las acciones de las sociedades mercantiles pertenecientes al Estado. Asimismo, considera como rentas Racionales ordinarias "los intereses o dividendos de las empresas de cualquier género de cuyo capital haya sido suscriptor el Estado"[342]. Por tanto, esos bienes y esos ingresos, así como las operaciones relativas a los mismos quedan sujetos al control, fiscalización y vigilancia de la Contraloría[343]. En esta forma, la Ley Orgánica autoriza a la Contraloría para comunicarse directamente con todos los cuerpos, entidades o funcionarios, cualesquiera que sea su categoría, cuyas cuentas, actividades u operaciones están sujetas a su fiscalización, centralización, examen y control. Dichos cuerpos, entidades o funcionarios están obligados a proporcionar a la Contraloría todos los datos e informaciones escritas o verbales que ésta les pida[344]. Por otra parte, dicho control también podría deducirse del artículo 57 *ejusdem* que establece que todas las industrias o actos gravados con alguna contribución nacional, los establecimientos o locales destinados a la producción, venta a depósito de especies o materias gravadas, y el comercio, el transporte y el consumo de dichas especies o materias, están sujetos a la vigilancia de la Contraloría, a la fiscalización por parte de los empleados competentes y a visitas de inspección y verificación de los mismos. Dichos funcionarios podrán además practicar en todos los lugares, edificios, establecimientos, vehículos, libros y documentos requeridos, las investigaciones y reconocimientos que fueren necesarios para el ejercicio de las funciones de inspección y fiscalización de las rentas, pudiendo apremiar a los que se opusieren al cumplimiento de estas funciones con las penas que se establezcan.

Por último, debe señalarse que en algunos supuestos la Ley ha previsto expresamente el sometimiento de sociedades mercantiles en las cuales participan establecimientos públicos, al control de la Contraloría. En efecto, el Estatuto Orgánico del Desarrollo de Guayana establece que la gestión de las Empresas del Estado que constituya la Corpo-

---

las cuales esas mismas entidades posean la mayoría de capital y presten un servicio o realicen algunas actividades de interés público de una manera permanente". *V.* en CFTA, N° 23, 1962, p. 31.

338 Artículo 230 de la Constitución.

339 Artículo 236 de la Constitución.

340 Artículo 234 de la Constitución.

341 Articulo 19, ordinal 1° da la Ley Orgánica da la Hacienda Pública Nacional.

342 Articulo 42, ordinal 1° de la Ley Orgánica de la Hacienda Pública Nacional.

343 *Cfr.* Dictamen N° 65 de 15 de febrero de 1961 de la Contraloría General de la República. *V.* en "Dictámenes de la Consultaría Jurídica Control de Empresas Industriales de carácter particular en las cuales el Estado participa económicamente". *Ponencia venezolana al IV CIEF*, en *CFTA*, N° 23, 1962, pp. 30 y 31.

344 Artículo 153 de la Ley Orgánica de la Hacienda Pública Nacional.

ración Venezolana de Guayana, "estará sujeta al control posterior de la Contraloría General de la República, de conformidad con la Ley de la materia". En igual sentido se dispone en la Ley de la Corporación de Los Andes para las Empresas que ésta constituya[345]. En cumplimiento de esas normas legales las empresas referidas han previsto en sus estatutos dicho control. Así por ejemplo, el artículo 2° Parágrafo Único de los Estatutos de la empresa "C.V.G. Siderúrgica del Orinoco Compañía Anónima" (SIDOR), establece que "la gestión, administración y operaciones en general de la Compañía estarán sujetas al control posterior por parte de la Contraloría General de la República, de conformidad con la Ley de la materia[346].

Sección Cuarta: EL CONTROL POR GRUPOS DE INTERESES DE LA COMUNIDAD

37. Al hablar del control de las actividades económicas del Estado, es necesario destacar, además del con control ejercido a través de los Organismos Superiores de Control Fiscal, un control muy importante ejercido por la comunidad, y más concretamente por grupos de intereses de la comunidad, y que tiene su origen, fundamentalmente a raíz de los grandes procesos de nacionalización.

En efecto, tal como lo ha definido J. Rivero, la nacionalización es la operación por la cual la propiedad de una empresa o de un grupo de empresas es transferida a la colectividad a fin de sustraerlas, en vista de un interés general, de la dirección capitalista[347]. Por tanto, se trata en principio de una operación que tiene por objeto sustituir la dirección capitalista de la empresa por una dirección social, de la colectividad, y no directamente del Estado. En esta forma, el término nacionalización debe ser identificado al de socialización, entendiéndose por tal, como lo hace M. García Pelayo, la gestión de las empresas por grupos de las categorías interesadas en la producción: representantes de los obreros y técnicos, de los consumidores y del Estado[348]. La presencia de este último es necesaria –agrega éste– no sólo por su calidad de representantes de los intereses generales de la sociedad, sino también porque toda socialización amplia ha de reposar sobre un plan económico general cuya vigilancia –cuando menos– ha de corresponder al Estado. La socialización supone, pues, propiedad colectiva, gestión combinada y autonomía, aunque no independencia, con respecto al Estado[349].

Esta idea va a acompañar, en mayor o menor grado, algunos de los procesos importantes de nacionalización, tanto en los países occidentales como del este de Europa y va a permitir la ingerencia de ciertos grupos interesados de la colectividad en la gestión y el control de las empresas públicas; aún cuando debe decirse que gran parte de las nacionalizaciones ignoran el control directo del consumidor, limitándose a consagrar sólo el control público, aún cuando sea aquél, en definitiva, quien soporta las consecuencias del mal funcionamiento de las empresas estatales, ya sea porque sus productos no están

345 *V.* CVG art. 12; CA art. 13.
346 *V* en Gaceta Municipal N° 11.250 de 8 de abril de 1964, p. 7.
347 *V.* J. Rivero, Le Régime des Nationalisations, *loc. cit.*, (2° cahier), p. 1.
348 *V.* M. García Pelayo, "Sobre los Supuestos y Consecuencias de la Socialización", *RAP*, N° 3, 1950, p. 14.
349 *V.* M. García Pelayo, "Sobre los Supuestos y Consecuencias de la Socialización", *loc. cit.*, p. 14

a su alcance a tiempo, o porque sean de mala calidad o deba pagarlos demasiado caros[350].

38. En efecto, en Francia el programa establecido bajo la ocupación el 15 de marzo de 1944, por el Consejo Nacional de la Resistencia, compuesto de diez y siete miembros representantes de los movimientos de resistencia, de las organizaciones obreras y de los partidos políticos, demandaba "la instauración de una verdadera democracia económica y social que implicara el despojo a las grandes feudalidades económicas y financieras de la dirección de la economía" y el "regreso a la Nación de los grandes medios de producción monopolizados, fruto del trabajo común, de las fuentes de energía, de la riqueza del subsuelo, de las compañías de seguros y de los grandes bancos". Asimismo, en Argelia, ante la Asamblea Consultiva, el 25 de julio de 1946, el General De Gaulle anunció la necesidad de poner "antes de que sea demasiado tarde a la *disposición de la Nación*, la dirección y la explotación de las grandes fuentes de riqueza común y de *suspender* el juego de esas bastas conjunciones y combinaciones de intereses, que tanto han pesado sobre el Estado y sobre los ciudadanos"[351]. Siguiendo esta misma orientación en el alinea 9' del Preámbulo la Constitución francesa de 27 de octubre de 1947, se señaló que "todo bien, toda empresa cuya explotación tiene o adquiera los caracteres de un servicio público nacional o de un monopolio de hecho, debe devenir propiedad de la colectividad", norma que continúa vigente en virtud de la Constitución francesa de 1958.

Ahora bien, esta orientación constitucional reposaba sobre la idea de que las empresas monopolísticas o que presentaban las características de un servicio público, debían escapar de la dirección capitalista, pero asimismo no debían ser dejadas a la gestión del Estado en cuanto a tal. En efecto, considerando al Estado como la personificación de la Nación, entendida ésta como la suma de individuos parecidos y anónimos, la empresa va a ser considerada entonces como una personificación de la Nación en forma concreta, real, es decir, de la Nación que trabaja, de la Nación que consume. Por ello, no será el Estado –representación impersonal de la Nación según Rousseau– a quien se encomendará la gestión de las empresas, sino a los productores y a los consumidores. Pero estas fuerzas sociales no serán consideradas como conjunto de individuos para el reclutamiento de sus representantes, sino como cuerpos organizados. No será entonces la voluntad de los individuos trabajadores o consumidores la que determinará la dirección de las empresas nacionalizadas, sino al contrario, de las organizaciones representativas de ellos. Los miembros de los Consejos de Administración de las empresas públicas serán así designados por los organismos más representativos y no directamente por los trabajadores. Los sindicatos profesionales, los organismos de consumidores, designarán entonces sus representantes por partes iguales en los Consejos de Administración[352].

Así se constituirá la idea en Francia de la gestión tripartita de las empresas públicas que fue aplicada en todas las empresas nacionalizadas después de la liberación: *Charbonnages de France*, Electricidad de Francia, Gas de Francia, los bancos, los seguros, la

350 *Cfr*. K. Katzarov, *op. cit*., p. 384

351 *V*. en Suzanne Bastid, *Les Nationalisations et la Propieté Privée, Etudes de Droit Contemporain*, París, 1959, Vol. IV., p. 100.

352 *Cfr*. M. Robin, "Essai sur la Répresentation des Intéréts dan l'Organisation des Entreprises Publiques", *RDP*, 1957, N° 5, p. 834 y ss.; R. Drago, *Le Régime des Activités... cit*., p. 8; P. Du Pont, *L'Etat Industriel, cit*., p. 86.

Régie Nationale des Usines Renault, etc.[353] Como medida de socialización, el sistema de representación de los intereses de la colectividad en las empresas públicas francesas, tiene características peculiares que no se dan en otro país, ya que la representación tiene lugar en el seno mismo de la organización de la empresa. En esta forma ha dicho Robin, ni las *Public Corporations* inglesas, americanas y de los países del *Commonwealth*, ni la *Offentliche Austalt*, la sociedad de economía mixta o la *Sondervormögen* alemanas, ni las oficinas e institutos italianos, ni las empresas públicas soviéticas, tienen nada que se aproxime a esta representación de intereses. En efecto, todas esas empresas conocen bien la necesidad de conciliar ciertos intereses opuestos; ellas han hasta organizado con frecuencia una representación de intereses, pero esa representación *está en el exterior* de la empresa y no forma parte de su organización[354].

Ahora bien, debe quedar claramente establecido que nos estamos refiriendo a la representación de intereses en las empresas públicas, y en este aspecto es realmente un fenómeno excepcional en el Derecho Comparado, pues ni siquiera los países del este de Europa la han adoptado como sistema, como consecuencia quizás de la socialización total de la economía. Cosa distinta es entonces el fenómeno de socialización últimamente muy extendido, que tiende a darle a los obreros en los países de régimen capitalista, cierta participación en el interior de las *empresas privadas*. El ensayo ya clásico en este particular se ha hecho en Alemania Occidental, a partir de la Ley relativa a la participación de los obreros en el Consejo de Administración y en los Consejos directivos de las empresas mineras y metalúrgicas del 21 de mayo de 1951. Según esta Ley, los obreros de dichas empresas tienen derecho de participar en la administración de la empresa si ésta está constituida en sociedad por acciones, en sociedad de responsabilidad limitada o en sindicato de explotación minera dotado de personalidad jurídica, a condición de que emplee más de diez mil obreros o de que se trate de lo que se denomina una "sociedad nueva"[355].

Ahora bien, siguiendo la orientación general del Derecho Comparado, en Venezuela los grupos de intereses de la comunidad no tenían tampoco representación en el interior de las empresas públicas. Un caso excepcional lo constituía el Instituto Municipal de Transporte Colectivo del Distrito Federal, cuya administración estaba a cargo de "una Junta de tres miembros integrada por un representante del Concejo Municipal, uno del Gobernador del Distrito Federal y uno del Sindicato de Transporte Automotor del Distrito Federal y Estado Miranda" tal como lo señalaba el artículo 6 de la Ordenanza respectiva. Recientemente sin embargo, y como consecuencia de la cara experiencia acumulada por dicha representación, el Concejo Municipal del Distrito Federal modificó por acuerdo de 6 de julio de 1966 dicha norma, constituyendo una Junta Reorganizadora del Instituto Municipal del Transporte Colectivo, integrada por cinco miembros, de los cuales dos son designados por el Concejo Municipal, dos por el Gobernador del Distrito Federal y uno por el Sindicato de Transporte Automotor del Distrito Federal y Estado Miranda, los cuales podrán ser removidos en cualquier momento[356].

---

353 *Cfr*. M. Robin, *Essai sur la Répresentation... loc. cit.*, p. 836; A. Delion, *L'Etat et les Entreprises Publiques, cit.*, p. 151.

354 *V*. N° 39 y 40.

355 *V*. K. Katzarov, pp. 156 y 157

356 Artículo 6 de la Ordenanza sobre el Instituto Municipal de Transporte Colectivo del Distrito Federal de 7 de julio de 1961 (*V*. en Compilación Legislativa Municipal, Tomo III, p. 1946) reformada por Acuerdo del Concejo Municipal de 6 de julio de 1966, publicado en Gaceta Municipal 194 de 22 de julio de 1966.

Recientemente, sin embargo, fue sancionada por las Cámaras Legislativas la Ley sobre representación de los trabajadores en los Institutos, organismos de desarrollo económico y empresas del Estado[357], con lo que se viene a establecer definitivamente en todas las empresas públicas una representación obrera. En relación a dicha Ley, la Exposición de Motivos con la cual se presentó el respectivo Proyecto al Congreso Nacional, señala lo siguiente:

"En el Proyecto de Ley que se acompaña se establece la representación obligatoria de los trabajadores organizados en la dirección de los institutos autónomos y empresas del Estado que se ocupen del desarrollo económico y de los problemas sociales que afectan a las grandes mayorías nacionales.

"La inclusión de una representación laboral en el seno de los cuerpos directivos de los Institutos Autónomos y Empresas del Estado a que se refiere el Proyecto, es idea que se orienta, de modo preponderante, hacia la consecución de dos objetivos sociales fundamentales perseguidos por la Constitución de la República, como son, el enaltecimiento del trabajo y el mejoramiento de las condiciones materiales, morales e intelectuales de los trabajadores".

"Dicha idea, además de favorecer la implantación del ambiente de convivencia y de armonía necesario para el cabal desenvolvimiento de las relaciones obrero–patronales dentro de cada uno de esos organismos en particular, coadyuva, en general, a la realización de uno de los propósitos fundamentales de la Constitución, cual es el de asegurar la paz y la estabilidad de las instituciones de la República".

"Finalmente, la inclusión de la expresada representación en el seno de los cuerpos Directivos de Institutos y Empresas ya señalados, permite oír la opinión de la clase trabajadora en relación con los asuntos que interesan a la vida económica de este último sobre principios de justicia social, que son también postulado fundamental de la Suprema Ley de la República".

Ahora bien, realmente el texto antes transcrito no llena cabalmente las exigencias mínimas de una Exposición de Motivos, pues se amolda a cualquier medida de mejoramiento social de los trabajadores y no explica con certeza los verdaderos motivos del Proyecto, sobre todo al ser sus dispositivos excepcionales en el Derecho Comparado. Estos motivos parecen destacarse, sin embargo, del Informe correspondiente de la Comisión de Asuntos Sociales de la Cámara de Diputados de 31 de marzo de 1966, cuya parte fundamental es del tenor siguiente:

"La Comisión de Asuntos Sociales de la Cámara de Diputados ha examinado debidamente el Proyecto de Ley sobre Representación de los Trabajadores en los Institutos y Empresas del Estado. Este instrumento legal descansa sobre dos evidentes realidades del medio venezolano: 1°) La existencia en nuestro país de una vigorosa democracia social que tiende a un igualitarismo armónico en las relaciones humanas; y 2°) El grado de desarrollo alcanzado por las organizaciones laborales, cuya importancia en la vida pública nacional es cada vez mayor".

"Esta tendencia a incorporar a los trabajadores a los organismos directivos del Estado, comenzó a hacerse evidente a partir de 1945 cuando las organizaciones sindicales adquirieron notable preeminencia pública y fueron llamadas al seno de relevantes institutos oficiales, como el Consejo de Economía Nacional, etc."

"Además, es una vieja tendencia en las relaciones laborales y en la estructura del Estado Moderno promover una mayor ingerencia de los trabajadores en la dirección de las empresas, sean éstas

357 Publicado en *Gaceta Oficial* N° 1.032 de 18 de julio de 1966. Al respecto véase nuestro trabajo. "La Ley sobre representación de los Trabajadores en los Institutos, Organismos de desarrollo económico y Empresas del Estado", *Revista de la Facultad de Derecho*, UCAB, Caracas, N° 4, 1966–1967, pp. 199 a 212. Asimismo véase nuestro trabajo, "El Control de las Empresas Públicas por grupos de intereses de la comunidad", *Revista Internacional de Ciencias Administrativas*, Vol. XXXIII, N° 1, Bruselas, 1967, pp. 47 a 57.

públicas o privadas. A esta inclinación no han escapado los países de Europa Occidental y de América que cuentan con un sistema institucional y económico orientado bajo el signo capitalista. La Organización Internacional del Trabajo tampoco ha sido remisa a examinar estos problemas de la mutua colaboración entre patronos y trabajadores en la dirección de la empresa. En la Trigésimo Quinto Conferencia Internacional del Trabajo reunida en Ginebra en 1952 se aprobó un Proyecto de Recomendación sobre esta materia. Además, el Director General de la O.I.T. en su Memoria presentada a la Cuadragésima Quinta Reunión celebrada en Ginebra en 1961 abordó la materia relativa a la Organización Social de la Empresa y a la necesidad de establecer relaciones entre la Dirección y los Trabajadores, sugiriendo alguna fórmulas de representación en el seno de la dirección de la empresa. En dicha Memoria se dio cuenta de numerosas prácticas de representación de los trabajadores en los Consejos Directivos de las empresas, a través de Comités Paritarios, Consejos de Fábrica, Comités de Empresa, etc., dando lugar a lo que se ha dado en llamar en la política social, la cogestión obrera. Estos organismos tienen funciones diversas, pero generalmente se ocupan de dirigir la marcha de la empresa, controlar la producción, supervisar el empleo y las condiciones de trabajo, examinar la situación económica y financiera de la empresa y compartir la responsabilidad de la Administración en planes de seguridad social, formación profesional, horarios de trabajo, vacaciones y otras cuestiones que son decididas de común acuerdo entre los patronos y los trabajadores. Hay algunas legislaciones que atribuyen la decisión final a la Dirección de la empresa".

"Tratándose de empresas e institutos del Estado, debemos anotar que desde la Primera Guerra Mundial se aplica en Europa y en algunos países de América y Asia la fórmula de la representación laboral en la dirección de esos organismos oficiales. Podría decirse que en casi todas las empresas nacionalizadas de la Gran Bretaña, Francia y Alemania, especialmente en las minas de carbón, del hierro y del acero, en los servicios de transporte ferroviario, etc., la representación de los trabajadores organizados en tos directorios o Consejos de Administración está asegurada. Huelga decir que después de la Segunda Guerra Mundial esta representación ha aumentado, no solamente en las empresas controladas por el Estado o nacionalizadas sino también en algunas actividades privadas, como por ejemplo en la industria automotor, la industria textil y otras importantes ramas de la producción. En los países de economía planificada en Europa Oriental existe, por supuesto, la representación de los Trabajadores en la dirección de las empresas".

"Podrían alegarse múltiples razones sobre la necesidad de que los trabajadores estén representados en los directorios, juntas directivas o Consejos de Administración de los institutos y empresas del Estado, pero podríamos condensar las siguientes:"

"1°) La fuerza y la responsabilidad que han adquirido las organizaciones sindicales en la vida nacional. Es imposible que se desconozca o se desdeñe la colaboración de este importante sector de la sociedad venezolana. Se ha comprobado en numerosos países donde se aplica este sistema que la organización de la empresa, el nivel de producción, el grado de productividad del trabajador, y el desarrollo de la empresa adquieran índices más altos de rendimiento cuando el personal laboral tiene una representación en la dirección. Se ha comprobado que la creación de los Consejos Directivos y la extensión de la influencia de los trabajadores en la dirección hace más estable y fructífera la empresa si se le da beligerancia al expediente de la cogestión".

2°) Otra razón es la necesidad de aumentar la producción con una mayor toma de conciencia de parte de los trabajadores representados en la dirección. Esto fue obvio en ciertos países durante la guerra, o en épocas de emergencia económica, pero hoy es un concepto generalizado en casi todos los países cultos donde imperan avanzados sistemas de política social. Hay una consideración de orden social y moral que es la necesidad de darle la preeminencia al factor humano en la empresa y la necesidad de reconocer que la empresa puede marchar mejor cuando es una comunidad humana, sin profundos abismos sociales, sin una diferencia entre la dirección y el personal. Es la manera de lograr la colaboración de clases y evitar peligrosas tensiones sociales que alejen los dos elementos básicos de la actividad económica: El Capital y el Trabajo".

"Existe una copiosa legislación internacional sobre esta materia. En Europa podríamos citar la Ley del 11 de octubre de 1953 de la República Federal de Alemania que establece el régimen de los Consejos de Empresas y la Coparticipación Administrativa: la Ley del 27 de enero de 1950 sobre Organización Económica e Industrial de los Países Bajos; el Decreto del 13 de junio de 1949 sobre los Consejos de Empresa promulgado en Bélgica, que establece la proporción de la representación de los trabajadores en la dirección de las empresas; en Noruega, Suecia y Dinamarca fueron instituidos los Comités de Empresa por medio de acuerdos directivos entre las Organizaciones de Patronos y de Trabajadores. Estos acuerdos remontan al 7 de diciembre de 1945 en Noruega, al 30 de agosto de 1946 en Suecia y al 1° de septiembre de 1947 en Dinamarca. Las reglamentaciones mencionadas prescriben que estos organismos deben ser establecidos en todas las empresas que ocupen más de 20 trabajadores. Se trata de organismos paritarios y de carácter consultivo. En Suecia el Comité de Empresa tiene facultades para investigar el Balance, la Cuenta de Ganancias y Pérdidas así como los informes de la Dirección y de los certificadores de cuentas. De acuerdo con la legislación italiana y el ordenamiento jurídico vigente en Suiza, los Consejos de Empresa con representación de los Trabajadores están subordinados a acuerdos voluntarios entre las partes interesadas, pero hay empresas del Estado donde el–personal tiene garantizada una representación".

"Desde 1958 en la India se han establecido en ciertas empresa públicas y privadas, con carácter experimental y voluntario. Comités Mixtos de Empresas con igual número de representantes de la. Dirección y del personal. En Israel, de acuerdo con una legislación reciente, además de los Comités Obreros y de los Consejos Mixtos de productividad, establecidos en diversas empresas, se ha formado numerosas Compañías con una participación paritaria de los trabajadores en los Consejos Mixtos de Dirección".

"En Túnez, de acuerdo con la Ley del 14 de diciembre de 1960 y el Decreto del 13 de enero de 1962 se establecen los Comités de Empresa en todas las actividades industriales, comerciales y agrícolas en las que tenga el Estado alguna participación. En Marruecos, según un Decreto del 20 de diciembre de 1949 se instituyeron los Comités Paritarios en las empresas del Estado consagrándose la representación obrera. Más tarde en este país, por Decreto del 29 de octubre de 1962 se instituyeron las delegaciones del personal en las direcciones de empresas y establecimientos públicos.

"En Bolivia, de acuerdo con el Decreto del 14 de julio de 1950 existen Consejos Mixtos de Empresas. A petición de los patronos o de la mayoría de los trabajadores de una empresa, sea esta pública, industrial o comercial pueden formarse Consejos Mixtos con representación del personal. Últimamente, en la nueva República africana de Tanzania se promulgó una Ley el 10 de diciembre de 1964 en la cual se consagran diversas fórmulas de colaboración de los trabajadores en el seno de la dirección de la empresa". "Existen numerosos aportes de la legislación y del Derecho en países europeos, asiáticos, africanos y americanos sobre esta materia, que no citamos en el presente informe, para no pecar de prolijidad"[358].

Ahora bien, tal como se desprende de dicho informe, los argumentos en pro de la representación de los obreros en las empresas privadas que como hemos señalado, es una tendencia moderna de socialización en los pauses de régimen capitalista, se han adoptado como fundamento para la representación de los trabajadores en las empresas públicas, fenómeno que como hemos señalado, es excepcional en el Derecho Comparado. En efecto, salvo el supuesto de Francia ya indicado, quizás de Bolivia, y algunas antiguas colonias como Túnez y Marruecos que se citan en el señalado Informe, la representación de los obreros no es común en el Interior de las empresas del Estado, ni siquiera en los países del este de Europa, salvo en aquéllos como en Polonia y Yugoeslavia que aplican el mecanismo de la autogestión obrera o del autogobierno de los trabajadores. Por tanto, las referencias a Alemania Occidental, Gran Bretaña y Europa Oriental que el Informe hace no son del todo exactas.

---

358 *V.* el Informe en los documentos de trabajo repartidos en la Cámara de Diputados durante la discusión del Proyecto.

Es más, en los países como en Francia que han adoptado la representación paritaria de los trabajadores, mediante la gestión tripartita, ésta ha sido severamente criticada, ya que los incesantes conflictos de intereses que surgen, en los Consejos de Administración se oponen a la necesaria armonía que debe existir en los mismos[359]. De ahí que Robín haya catalogado la gestión económica de dichos Consejos como catastrófica[360] y que la Comisión de Verificación de Cuentas de las Empresas Nacionalizadas haya formulado el deseo de "mejorar la composición de los Consejos de Administración, renunciando a la fórmula estrictamente tripartita de repartición de cargos entre los representantes del Estado, de los usuarios y del personal", sustituyéndola por el nombramiento de un número mayor de representantes del Estado o de representantes escogidas solamente en razón de su competencia general"[361]. Por otra parte, los resultados del único ejemplo que había en Venezuela de la participación de los obreros en las empresas públicas reflejado en el Instituto Municipal de Transporte Colectivo del Distrito Federal, dada la representación paritaria de los trabajadores, podría también calificarse de catastrófica[362], hasta el punto de que dicha representación paritaria, como ya señalamos, ha sido recientemente eliminada.

39. En todo caso, la reciente Ley venezolana sobre representación de los trabajadores en los Institutos, Organismos de desarrollo económico y empresas del Estado, no prevé la representación paritaria de los obreros, sino que su artículo establece solamente que "en los Directorios, Juntas Directivas o Administradoras, o Consejos de Administración de los Institutos Autónomos, Organismos de Desarrollo Económico y Empresas en las que el Estado tenga la totalidad o la mayoría de las acciones, habrá una representación de los trabajadores organizados"[363], debiendo señalarse que las previsiones de esta Ley abarcan, no sólo los establecimientos o empresas existentes para el momento de su entrada en vigencia, sino también a los que en el futuro se crearen para la realización de actividades económico–sociales, debiendo preverse lo conducente en la ley que los organice[364]. En todo caso, en aquellos Institutos o Empresas donde existe representación laboral de acuerdo con las normas que los rigen, no tendrá aplicación dicha Ley, así como tampoco respecto al Banco Central de Venezuela y a las Instituciones Militares[365].

Ahora bien, a los efectos de la inclusión del representante laboral en el órgano directivo correspondiente de los Institutos Autónomos y Organismos de Desarrollo Económico y Social que abarca la Ley, el Ejecutivo Nacional tenía un lapso de seis meses a partir de su promulgación, para proceder a reorganizar los Directorios, Juntas Directivas o Administradores o Consejos de Administración. En todo caso, en aquellos Institutos

---

359 *Cfr*. R. Drago, *The Public Corporation in France*, en W. Friedman, p. 225; T. R Fernández Rodríguez, *Notas para un Planteamiento de los Problemas Actuales de la Empresa Pública*, *loc. cit*., p. 119.

360 *V*. W. Robin, Essai sur la Répresentation des Interéts... *loc. cit*., p. 838.

361 *V* en A. Delion, L'Etat et les Entreprises Publiques, *cit*. p. 154.

362 *V*. por ejemplo Informe de la Contraloría Municipal sobre sus Actividades en 1960. Caracas 1961, p. 48; Informe de la Contraloría Municipal sobre sus Actividades en 1962, Caracas 1963, p. 47.

363 El Proyecto original sólo se refería a los siguientes establecimientos: Corporación Venezolana de Fomento, Corporación Venezolana de Guayana, Banco Obrero, Instituto Nacional de Obras Sanitarias, Banco Agrícola y Pecuario, Banco Industrial de Venezuela, Línea Aeropostal Venezolana, Corporación Venezolana del Petróleo, Instituto Venezolano de Petroquímica, Consejo Venezolano del Niño, Instituto Nacional de Nutrición y en el Instituto Nacional de Deportes.

364 Artículo 7 de la Ley.

365 Artículo 8 de la Ley. Conforme a ello, la Ley no se aplica entonces ni al CFA ni al IPSFA.

cuyo órgano directivo estaba integrado por menos de cinco miembros[366], no se procedería a la reorganización prevista en este artículo hasta tanto no fuera reformada la respectiva Ley aumentando el número de miembros del Directorio[367]. En cuanto a la Compañía Anónima Nacional Teléfonos de Venezuela (C.A.N.T.V.), Compañía Anónima Venezolana de Navegación (C.A.N.V.), CVF. Centrales Azucareros, Siderúrgica del Orinoco (SIDOR), Electrificación del Caroní C.A. (EDELCA) y las demás sociedades civiles o mercantiles en que la Nación u otras entidades públicas, tengan participación decisiva o más de la mitad de las acciones, se procederá a requerimiento del Ejecutivo Nacional, a la reforma de los Estatutos con el objeto de que en las Juntas Administradoras de las mismas haya un representante laboral designado por el Ejecutivo Nacional conforme a las previsiones de la Ley[368]. La reforma de los Estatutos y la reorganización de los Directorios de esas empresas debían hacerse también dentro de un lapso de seis meses contados a partir de la promulgación de la ley[369]. Debe observarse sin embargo, que al establecer la ley que el Ejecutivo Nacional debe proceder a requerir la reforma de los Estatutos y a reorganizar los Directorios de las empresas, se está invadiendo competencias propias del titular de las acciones de las mismas, en caso de que no sea la República y sea por ejemplo, la Corporación Venezolana de Fomento o la Corporación

---

366 *V.* Por ejemplo BAP, art. 6.

367 Art. 6 de la Ley. El texto del artículo en el Proyecto original era el siguiente: "El representante laboral designado de conformidad con la presente Ley se sumará al número de miembros del Directorio, Junta Directiva o Administradora o Consejo de Administración que corresponda conforme a la Ley, Reglamento o Estatuto respectivo de cada Instituto. Si por efecto de dicho aumento, el número de integrantes del órgano directivo resultare par, en los casos de empate en las votaciones, el Presidente tendrá derecho a un voto doble". La Comisión de Asuntos Sociales de la Cámara de Diputados, en Informe de 17 de junio de 1966, en relación a este artículo 6 del Proyecto original señaló lo siguiente: "La Comisión después de un detenido estudio acogió las observaciones que fueron hechas al texto original en la primera discusión de la Ley. En efecto, el artículo establece que el representante laboral designado conforme a esta Ley, se sumará al número de miembros del directorio, junta directiva o administradora o consejo de administración que corresponda conforme a la Ley, Reglamento o Estatuto respectivo de cada Instituto". De mantenerse ese texto original del proyecto, estaría la Cámara reformando las leyes especiales que rigen el funcionamiento de los Institutos Autónomos. Tal procedimiento es inconstitucional, por cuanto de acuerdo con nuestro sistema jurídico cada Ley deberá reformarse o sustituirse con otra Ley que dicte el Congreso y no podría la presente Ley especial reformar aquellas otras leyes. La Comisión, estudiados todos los aspectos sobre esta materia acordó proponer a la Cámara la siguiente redacción para el artículo 6 de la Ley. PROPOSICIÓN: Artículo 6.– A los efectos de la inclusión del representante laboral en el órgano directivo correspondiente de los Institutos Autónomos y Organismos de Desarrollo Económico y Social previstos en esta Ley, el Ejecutivo Nacional procederá a reorganizar los directorios, juntas directivas o administradora so consejos de administración, dentro de los seis meses siguientes a su promulgación. Parágrafo único: En aquellos institutos cuyo órgano directivo esté integrado por menos de 5 miembros, no se procederá a la reorganización prevista en este artículo hasta tanto no sea reformada la respectiva ley aumentando el número de miembros del directorio. *Justificación de la Reforma Propuesta.* En la redacción del nuevo Artículo se supera el inconveniente jurídico del Artículo original por cuanto ahora no se trata de modificar por esta Ley el número de miembros de los directorios ni tampoco de darle un voto calificado a sus presidentes, sino que simplemente, atendiendo al objeto de esta Ley especial, se determina la reorganización de los directorios para incluir en ellos el representante laboral. Y se da un plazo prudencial de seis meses para la reorganización. El parágrafo único prevé la circunstancia de que existe un reducido número de institutos autónomos cuya directiva está integrada por sólo tres miembros y cada uno de ellos con una función específica. Esta situación podría implicar, al nombrarse el representante laboral, dificultades en su mecánica administrativa. Por consiguiente, se consideró aconsejable esperar a la reforma de las leyes que rigen esos institutos para incluir la representación laboral, aumentando el número de miembros del directorio. De acuerdo con el Artículo original a todos los directorios había que sumarles un miembro más: el representante laboral. Ahora, con la nueva redacción, la casi totalidad de los institutos quedarán con el mismo número de integrantes y sólo se aumentará el número de miembros de los directorios que están integrados por tres".

368 Artículo 10 de la Ley.

369 Artículo 11 de la Ley. El texto de este artículo es innecesario, salvo por lo que se refiere al lapso de seis meses, dada la reducción del articulo 10 citado.

Venezolana de Guayana. En efecto, en los casos de la CVP Centrales Azucareros o de la CVG Siderúrgica del Orinoco C.A. o Electricidad del Caroní C. A., los titulares de las acciones son las referidas Corporaciones, y a ellas es que debe corresponder la iniciativa de la reforma de los Estatutos y por tanto la reorganización de sus Directorios. No siendo accionista la República, mal podría el Ejecutivo Nacional proceder a reorganizar los Directorios de esas empresas ni requerir la modificación de los Estatutos directamente. Ello sólo podría hacerse a través de la Asamblea de accionistas es decir, a través de la Corporación Venezolana de Guayana o la Corporación Venezolana de Fomento en su caso.

Aparte de ello, la representación laboral que prevé la Ley, la ejerce la confederación, federación o sindicato más calificado o de mayor importancia en la correspondiente rama industrial, y en el supuesto de que haya dudas sobre el organismo que deba ejercerla, el Ministerio del Trabajo establecerá, por resolución especial, a cual confederación, federación o sindicato debe corresponder la representación[370]. A los efectos de la designación del representante de los trabajadores, el Órgano Ejecutivo al cual esté adscrito el Instituto solicitará, por mediación del Ministerio del Trabajo, de la confederación, federación o sindicato a quien corresponda, una lista de cinco ciudadanos, venezolanos por nacimiento o por naturalización y mayores de edad, de cuyo seno se designará un principal y un suplente. La referida lista podrá estar formada por trabajadores u otras personas idóneas que gocen de la confianza de loa respectivos organismos sindicales[371]. En todo caso, la Ley faculta al Ejecutivo Nacional para exigir la presentación de una nueva lista, cuando a su juicio la presentada en primer lugar no reúna las condiciones requeridas por esta Ley.

En todo caso, el representante laboral así designado, formará parte del órgano directivo en igualdad de condiciones que los demás miembros de ese organismo[372].

Debe indicarse por último que la Ley no fija lapso de duración de las funciones del representante laboral. Sin embargo, señala que al ser removido en totalidad o en parte el Directorio, Junta Directiva o Administradora o Consejo de Administración de los establecimientos públicos y empresas donde exista la representación laboral, se procederá a renovar el representante de los trabajadores[373].

40. En todo caso, como ya hemos indicado repetidamente, aun cuando el fenómeno de la representación de los consumidores y trabajadores en el interior de las empresas del Estado no es frecuente, sí se han establecido diversos mecanismos de control por parte de esos grupos fuera de la dirección de ellas. En efecto, en Inglaterra, aun cuando no existe en el seno de las *Public Corporation* una representación de los interesados como la había en el Port of London Authority, se han creado sin embargo, comisiones o juntas asesoras de consumidores que tienen por finalidad, prestar asesoramiento, redactar planes generales, hacer oír sus reclamaciones, llevar propuestas y presentar una me-

---

370 Artículo 2 de la Ley.

371 Artículo 3 de la Ley. De acuerdo al parágrafo segundo de este artículo 3°, el Órgano Ejecutivo tendrá un plazo no mayor de tres meses para solicitar dichas listas, y la designación del representante se hará en un lapso da treinta días a contar desde la fecha del recibo de la lista correspondiente. Aunque la Ley no refiere la oportunidad en que deba comenzarse a contar el lapso de tres meses, se presume que es desde la promulgación de la misma, dado el lapso total de seis (6) meses a que se refieren los artículos 6, 10 y 11.

372 Artículo 5 de la Ley.

373 Artículo 9 de la Ley. Dicho artículo habla, en realidad, de que se debe proceder a designar la representación laboral. Entendemos, sin embargo, que la verdadera intención es la que debe procederse a renovar la referida representación, como lo señalaba el proyecto original.

moria anual al Parlamento, con lo que defienden los intereses del consumidor y refuerzan la fiscalización sobre dichas Corporaciones[374]. Esta forma de representación de lea intereses no afecta como en Francia la gestión de la Corporación, y permite al contrario, un control directo del consumidor bastante satisfactorio comparativamente con otros países[375], aunque los actos de dichas juntas o cuerpos asesores no tengan fuerza vinculante para la corporación y las mismas carezcan de personalidad jurídica[376].

Por ejemplo, en la industria del carbón, existe una Junta de Consumidores de Carbón en la Industria, y una Junta de Consumidores de Carbón en usos domésticos, compuestas ambas por representantes de los consumidores del *National Coal Board*, nombrados por el Ministro de la Energía y Combustible. Esas Juntas asesoran al Ministro en las cuestiones relativas al abastecimiento de carbón y combustibles, pudiendo éste tomar, en consecuencia, las medidas que considere oportunas y, especialmente, dar al Consejo las instrucciones necesarias para remediar los defectos existentes. Cada Junta tiene personal propio e informa anualmente al Parlamento. Análogas funciones de asesoramiento tienen el Central Transport Consultative Committee y los Comités Consultivos Regionales de usuarios del Transporte, el Air Transport Advisory Council y las doce Juntas Consultivas Regionales de Electricidad así como las similares del Gas. Cada Consejo de Electricidad y de Gas tiene la obligación legal de mantener informada de sus planes y disposiciones a la Junta Regional respectiva, la cual puede por su parte dirigir al Consejo representaciones sobre el particular[377].

En todo caso, la opinión unánime en relación a estos Consejos Consumativos, es que han cumplido su cometido de manera muy limitada, estando sus resultados muy lejos de los que podían esperarse, lo que puede atribuirse, entre otras cosas, a la ignorancia de la mayoría de los consumidores en relación a su existencia[378].

Por otra parte, no sólo los consumidores pueden ejercer un control sobre las *Public Corporation* en Inglaterra, sino que también, en cierta medida, los obreros. En efecto, al lado de los Boards, igualmente están representados los trabajadores[379] y así, en todas las industrias nacionalizadas se ha establecido el método de la deliberación conjunta (*Joint Consultation*) entre la Dirección y los obreros, en cumplimiento del mandato legal de crear organismos para la discusión de materias de interés común, incluida la eficacia del servicio de la Corporación y la seguridad, sanidad y bienestar de sus empleados. En la industria minero–carbonera, por ejemplo, existe un Comité Consultivo en casi todas las minas y en los grados intermedios, y un National Consultative Cornmittee presidido por el propio Presidente del *National Coal Board*[380].

En Venezuela, a través de órganos consultivos, la Constitución prevé la ingerencia en los asuntos económicos nacionales de los grupos de intereses de la comunidad. En efecto, el artículo 109 de la Ley Fundamental establece que "la Ley regulará la integración, organización y atribuciones de los cuerpos consultivos que se juzguen necesarios para

374 *Cfr*. L. López Rodó, *Las Empresas Nacionalizadas en Inglaterra, loc. cit.*, p. 392.

375 *Cfr*. K. Katzarov, *op. cit.*, p. 385.

376 *Cfr*. L. López Rodó, *Las Empresas Nacionalizadas en Inglaterra, loc. cit.*, p. 392. M. Robin, *Essai sur la Réprésentation des intérétes, loc. cit.*, p. 839.

377 *Cfr*. W.A. Robson, "La Public Corporation en Gran Bretaña", *loc. cit.*, p. 127; W.A. Robson, *Industria Nacionalizada... cit.*, pp. 237 y ss.

378 *Cfr*. W.A. Robson, *Industria Nacionalizada... cit.*, p. 250; M. Robin, *Essai sur la Réprésentation des Intérets... loc. cit.*, p. 839.

379 *Cfr*. M. Robin, *Essai sur la Represéntation des Intérets, loc. cit.*, p. 840.

380 *Cfr*. W.A. Robson, "La Public Corporation en Gran Bretaña", *loc. cit.*, p. 128.

oír la opinión de los sectores económicos privados, la población consumidora, las organizaciones sindicales de trabajadores, los colegios profesionales y las universidades, en los asuntos que interesan a la vida económica". Un reflejo de ello es la existencia del Consejo de Economía Nacional, creado como un organismo autónomo, apolítico y de carácter consultivo, que tiene por objeto asesorar al Ejecutivo Federal en todas aquellas cuestiones que interesen al desarrollo y coordinación de la Economía Nacional, y que está formado por 17 miembros: tres graduados de alguna de las facultades o escuelas universitarias, dos empleados, dos obreros y uno por cada una de las siguientes instituciones o actividades: Banco Central, Banca, Comercio, Industria, Transporte, Agricultura, Cría, Pesca, Hidrocarburos y Minería[381].

41. Por último debe señalarse que al contrario de lo sucedido en los grandes procesos de nacionalización de Europa Occidental (Francia, Inglaterra), donde se previo en una u otra forma, la representación de grupos interesados en las empresas nacionalizadas con la posibilidad de ejercer un cierto control sobre las mismas, en la U.R.S.S. y en los países de Europa Oriental, las leyes de nacionalización no prevén la participación del consumidor en la organización de las empresas del Estado. Al efecto, señala K. Katzarov, dentro de un sistema socialista, el control administrativo y jerárquico es total y es por ese medio como se ejerce el control del consumidor; en vista de que en un régimen de nacionalización total el interés particular del productor se ha eliminado, se espera y se supone que éste –es decir, la empresa del Estado– no tiene interés en perjudicar al consumidor[382].

En cuanto a la posibilidad de los obreros de intervenir en el control de la actividad de la empresa, si bien en los países socialistas generalmente las leyes de nacionalización guardaron silencio a este respecto[383], es necesario destacar el ejemplo de Polonia, donde el personal de las empresas del Estado tiene el derecho de participar directamente en la gestión de la empresa. En efecto, los órganos de autogestión obrera funcionan en virtud de la ley, y sus funciones consisten fundamentalmente en decidir sobre los asuntos más importantes de la empresa, en ejercer el control y la vigilancia sobre la actividad del director de la misma, y en organizar la realización de las tareas económicas y socio–culturales[384].

En esta forma, la autogestión obrera es una de las formas del desarrollo y del ensanche de la democracia socialista. Ella constituye una base para coordinar la actividad de las diferentes organizaciones obreras que funcionan en el interior de la empresa. Los órganos de la autogestión representan los intereses del personal en materia de producción y en materia social. El órgano supremo de la autogestión es, de acuerdo a la legislación en vigor, la "Conferencia de la autogestión obrera", compuesta por los miembros del consejo obrero elegidos directamente por el personal, por miembros del consejo del establecimiento elegidos por los trabajadores que pertenecen a los sindicatos, y por miembros del comité ejecutivo de la organización del partido. Por otra parte, corresponde a la conferencia de la autogestión obrera, la dirección y la coordinación de la actividad de otros órganos de la autogestión obrera (consejos obreros de la empresa); las decisiones en los asuntos esenciales de la empresa; y principalmente, el control y la

381 *V.* Decreto N° 211 que crea y regula el Consejo de Economía Nacional, de fecha 8 de marzo de 1946, Arts. 1 y 2.

382 *Cfr.* K. Katzarov, *op.cit.*, p. 384.

383 *Cfr.* K. Katzarov, *op.cit.*, p. 388.

384 *Cfr.* Z. Rybicki, Le Régime des Activités Commerciales... *cit.*, p. 12.

vigilancia ejercidos en relación con la dirección de la misma y de los otros órganos de la autogestión obrera[385].

En la U.R.S.S. por otra parte, puede destacarse el control ejercido por el Comité Sindical de la respectiva fábrica, el cual se aplica en cumplimiento del acuerdo colectivo de trabajo, y que tienen por objeto vigilar los gastos del "fondo del director", la recta aplicación de las escalas de sueldos y las disposiciones del Código del Trabajo que afectan al bienestar de los obreros, condiciones sanitarias y seguridad técnica. Este control se lleva a cabo por "inspectores públicos" elegidos por las organizaciones sindicales; aun cuando éstas celebran periódicas "conferencias de producción", donde se exponen los planes a ejecutar y se denuncian las posibles irregularidades de la administración de la fábrica[386].

Debe destacarse por último que a través del mecanismo del autogobierno de los productores que se ha establecido en Yugoslavia estando la gestión de la empresa materialmente en manos de los obreros y empleados, a través de los Consejos Obreros, éstos pueden ejercer, junto con la gestión, el control respectivo[387].

---

385 *Cfr*. Z. Rybicki, L'Entreprise Publique dans le Systéme Polonais de L'Economie Planifiée, *loc. cit*., pp. 318 y 319.

386 *Cfr*. R. Fernández Carvajal, *Las Empresas Públicas en Rusia*, *loc. cit*., p. 455; A. Denisov y M. Kirichenko, *Derecho Constitucional Soviético*, Ediciones en Lenguas Extranjeras, Moscú, 1959, p. 105.

387 *Cfr*. Jovan Djordjevich, *Yugoslavia, Democracia Socialista*, México, 1961, p. 67.

REFLEXIÓN FINAL:

SOBRE EL SIEMPRE NECESARIO CONTROL POLÍTICO DE LA ACTIVIDAD DE LA ADMINISTRACIÓN

Sección Primera: ASPECTOS DEL CONTROL POLÍTICO SOBRE LA ADMINISTRACIÓN PÚBLICA (1981)

Esta Sección primera es el texto del estudio sobre "Aspectos del control político sobre la Administración Pública," publicado en *Revista de Control Fiscal*, N° 101, Contraloría General de la República, Caracas, abril–junio 1981, pp. 107–130; y en *Revista de Administración Pública*, N° 92, Madrid, mayo–agosto 1980, pp. 425–440.

I. INTRODUCCIÓN

El Estado de Derecho implica, no sólo el sometimiento de la Administración Pública a la legalidad, sino la consagración de la responsabilidad del propio Estado y de los funcionarios por los actos que realicen en ejercicio de sus funciones.

Esta responsabilidad de la Administración y de los funcionarios públicos es el fundamento de las potestades de control que se asignan a diversos óiganos públicos, para declararla y hacerla efectiva. Sin responsabilidad pública y sin controles públicos no habría Estado de Derecho.

Dentro de la variada gama de controles que se ejercen sobre la Administración y sus funcionarios se destaca el control político, es decir, aquél ejercido por los órganos representativos del pueblo, y en particular, por las asambleas representativas. Así, a nivel nacional, el control político sobre la Administración se traduce en el control parlamentario, formalmente consagrado en el texto constitucional.

Además, recientemente se han ido delineando diversos mecanismos de control político de carácter informal, asumidos por grupos de intereses de la comunidad o grupos de presión. Algunos de estos grupos han encontrado, incluso, consagración legal, como actualización de la idea política de la participación, en el ámbito municipal, con la regulación de las Asociaciones de Vecinos.

De acuerdo a nuestro sistema constitucional, las Cámaras Legislativas que integran el Congreso (Cámara del Senado y Cámara de Diputados) tienen dos funciones fundamentales: legislar sobre las materias de competencia nacional y controlar a la Administración Pública.

En esta forma, el artículo 139 de la Constitución es claro y preciso:

> *Art. 139*. "Corresponde al Congreso legislar sobre las materias de la competencia nacional y sobre el funcionamiento de las distintas ramas del Poder Nacional. Es privilegio del Congreso decretar amnistías, lo que hará por Ley especial. El Congreso ejerce también el control de la Administración Pública Nacional en los términos establecidos por esta Constitución".

Por tanto, tan importante es la función de legislar de las Cámaras Legislativas, como su función de controlar la Administración Pública. Dichas funciones, sin embargo, tienen un límite genérico previsto en la norma: el poder de legislar dichas Cámaras Legislativas se refiere a las materias que sean "de la competencia nacional", por lo que aquéllas no pueden legislar sobre materias de la competencia estadal o municipal; y la potestad de control sobre la Administración está circunscrita "a la Administración Pública Nacional en los términos establecidos por esta Constitución".

Ahora bien, concretándonos a las potestades parlamentarias de control sobre la Administración Pública Nacional debe destacarse, que dichas potestades de control, en el Estado de Derecho, resultan del principio también de orden constitucional, de la responsabilidad de la Administración y de los funcionarios. Por ello, analizaremos en primer lugar, el fundamento de las potestades de control sobre la Administración: la responsabilidad de la Administración y de los funcionarios, y sus diversas modalidades. Aquí analizaremos, también, los diversos órganos de control sobre la Administración Pública distintos del Congreso.

Hecho esto, debemos analizar, en segundo lugar, los términos establecidos por la Constitución para el ejercicio de las funciones de control por el Congreso, conforme a lo establecido en el mencionado artículo 139 de la Constitución. Debe tenerse en cuenta, sin embargo, que las potestades genéricas de control del Congreso sobre la Administración Pública no sólo están previstas en el artículo 139 de la Constitución, sino en el artículo 236 de la misma Carta Fundamental. En efecto, esta norma consagra, expresamente, la función del Congreso de control sobre la Hacienda Pública, en cuyo ejercicio puede, si lo estima conveniente, recurrir a la Contraloría General de la República como órgano auxiliar que esta institución es del Congreso.

Queda claro, por tanto, que constitucionalmente, el Congreso y sus Cámaras Legislativas tienen potestades genéricas de control sobre la Administración Pública y, en particular, sobre la Hacienda Pública.

Estos poderes de control, soberanos, por ser ejercidos por el órgano de representación popular, sin embargo, no excluyen los poderes de control que puedan tener respecto de la propia Administración Pública o de la Hacienda Pública, otros órganos del Estado, constitucional o legalmente previstos; y el ejercicio por éstos de sus facultades, no impide al Congreso ejercer las suyas.

Por tanto, en tercer lugar, debe estudiarse, el ámbito y efecto del control sobre la Administración Pública y de la apreciación de la responsabilidad civil, penal y administrativa de los funcionarios públicos que puede ser realizado por las Cámaras Legislativas y en relación con los poderes de control de otros órganos del Estado.

II. EL FUNCIONAMIENTO DE LAS POTESTADES DE CONTROL Y LOS DIVERSOS ÓRGANOS CONTRALORES

1. La responsabilidad de la administración y de los funcionarios

La posibilidad de controlar la Administración Pública, como se dijo, tiene su fundamento en la consagración de la responsabilidad del Estado y de sus funcionarios. Un Estado responsable puede ser controlado; en cambio, cuando el Estado es irresponsable no tiene sentido hablar de control sobre su administración. Por tanto, el control parlamentario sobre la Administración Pública está indisolublemente único y vinculado a la responsabilidad del Estado y de sus funcionarios, y existe en Venezuela, precisamente, por la responsabilidad de éstos, constitucionalmente prevista.

En efecto, de acuerdo a la Constitución, el Gobierno de Venezuela es y será siempre responsable (art. 3°) conforme se precisa en las Disposiciones Fundamentales de la Constitución. Por tanto, sus óiganos y funcionarios responden por los actos que produzcan.

Así lo prevé, expresamente, el artículo 121 de la Constitución: "El ejercicio del Poder Público acarrea responsabilidad individual por abuso de poder o violación de Ley" y lo precisa el artículo 46 del mismo texto en los términos siguientes:

Art. 46. "Todo acto del Poder Público que viole o menoscabe los derechos garantizados por esta Constitución es nulo, y los funcionarios y empleados públicos que lo ordenen o ejecuten incurren en responsabilidad penal, civil y administrativa, según los casos, sin que les sirvan de excusas órdenes superiores manifiestamente contrarias a la Constitución y a las Leyes".

La Constitución consagra, además, la responsabilidad de las personas jurídico–territoriales (República, Estados y Municipios), la cual se produce siempre que los daños o perjuicios se hubiesen causado por autoridades legítimas en el ejercicio de sus función pública (art. 47).

En cuanto a la responsabilidad de los funcionarios públicos, además, la Constitución trae normas expresas en relación al Presidente de la República y los Ministros. En tal sentido, el artículo 192 señala que "El Presidente de la República es responsable de sus actos, de conformidad con esta Constitución y las leyes"; y en cuanto a los Ministros, el artículo 196 del texto fundamental dispone que "Los Ministros son responsables de sus actos, de conformidad con esta Constitución y las Leyes, aún en el caso de que obren por orden expresa del Presidente. De las decisiones del Consejo de Ministros serán solidariamente responsables los Ministros que hubieren concurrido, salvo aquéllos que hayan hecho constar su voto adverso o negativo".

De las normas anteriores resulta, por tanto, la previsión de la responsabilidad tanto del Estado como de los funcionarios públicos. La garantía del Estado de Derecho "responsable" es, precisamente, que esa responsabilidad pueda ser controlada, constatada y declarada por los óiganos estatales, por iniciativa propia o a instancia de los ciudadanos, según los casos. De acuerdo al órgano que la constate y declare, la decisión respectiva tendrá los efectos previstos expresamente en la Constitución y las Leyes. Ahora bien, esta potestad de controlar la Administración la tienen tanto el Congreso, como órgano político, como otros órganos estatales.

2. Las diversas responsabilidades de los funcionarios públicos.

Los funcionarios públicos, en el ejercicio de sus funciones, pueden incurrir en responsabilidad penal, civil y administrativa, la cual puede ser constatada y controlada por los diversos órganos competentes del Estado.

A. Aspectos de la responsabilidad penal de los funcionarios

a. La previsión legal

En materia penal, los funcionarios públicos son plenamente responsables, de conformidad con la Ley. El principio tradicional "nullum crimen a nulla poena sine lege", es decir, de que nadie puede ser condenado en causa penal sino por delitos tipificados en el Código Penal o en leyes especiales y con las penas establecidas en esos textos (art. 60, de la Constitución), también se aplica a los funcionarios públicos. En esta forma, estos pueden ser condenados por los delitos contra la independencia y la seguridad de la nación, en particular, los de traición a la patria y otros delitos contra ésta (arts. 128 y sigts. del Código Penal). Por supuesto, por todos los delitos comunes que prevé el Código Penal, y en particular, por los delitos contra la cosa pública, los cuales están más directamente relacionados con el ejercicio de sus funciones (Arts. 195 y siguientes del Código Penal). Tales delitos se comentan especialmente a continuación:

b. El peculado

El peculado es el delito en que incurrirían los funcionarios públicos cuando sustrajeren los dineros u objetos muebles de cuya custodia o administración estén a su cargo en virtud de sus funciones. La pena prevista por este delito es de 3 a diez años (art. 195. c.p.).

c. La concusión

La concusión es el delito que se produciría si los funcionarios públicos, abusando de sus funciones, constriñeran a alguna persona a que dé o prometa a él o a un tercero alguna suma de dinero u otra ganancia o dádiva indebida. Está castigado con prisión de (8 meses a 5 años art. 196).

También habría conclusión, si los funcionarios públicos abusando de sus funciones, indujesen a alguna persona a que dé o prometa a ellos mismas o a un tercero alguna suma de dinero u otra ganancia o dádiva indebida. La pena prevista en este caso es de prisión de 2 a 16 meses. (Art. 197 CP).

d. La corrupción

a'. La corrupción por actos debidos

La corrupción de funcionarios es el delito que se produciría, si éstos por propia o ajena cuenta, recibieran por algún acto de sus funciones, en dinero o en otra cosa, alguna retribución que no se le deba o cuya promesa acepte. La pena en este caso, es de prisión de 1 a 2 meses (art. 198 C.P.) Aún cuando a esta corrupción se la califique de impropia, parecería más fácil que se produzca.

b.' La corrupción por actos indebidos

La corrupción de funcionarios propiamente tal, es el delito que se produciría si estos, por retardar u omitir algún acto de sus funciones o por efectuar alguno que sea contrario al deber mismo que ellas imponen, recibieran o se hicieran prometer, dinero u otra utilidad, bien por medio de otra persona. En este caso la pena es de presidio de 3 a 5 años.

La pena de presidio sería aumentada de 4 a 8 años, si el acto cometido tuviera por efecto:

Conferir empleos públicos, subsidios, pensiones u honores.

Hacer que se convenga en contratos en que esté interesada la administración pública.

Favorecer a causar algún perjuicio o daño a alguna de las partes en un juicio civil o al culpable en un proceso penal (art, 199 C.P.).

e. El abuso de autoridad

a'. Por actos arbitrarios

El delito de abuso de autoridad se produciría si los funcionarios públicos abusando de sus funciones, ordenaren o ejecutaren en daño de alguna persona, cualquier acto arbitrario que no esté previsto especialmente como delito o falta por una disposición de la Ley. En este caso, la pena es de prisión de 15 días a un año, y si obra por interés privado, se aumentaría en una sexta parte (art. 204).

b' Por incitación a la desobediencia de las leyes

También se produciría el delito de abuso de autoridad, si el funcionario público en ejercicio de sus funciones, excitare a alguna persona a desobedecer las leyes o las medidas tomadas por la autoridad. En este caso la pena sería de 15 días a 1 año de prisión (art. 204 C.P.).

c'. Por beneficio personal

El delito de abuso de autoridad también se produciría si el funcionario público por sí mismo, por interpuesta persona o por actos simulados, se procurase alguna utilidad personal en cualquiera de los actos de la administración pública en que ejerce sus funciones. En este caso la pena sería de prisión de 6 meses a 5 años (art. 205 C.P.C.).

f. El incumplimiento de los deberes del funcionario

El Código Penal establece también como delito contra la cosa pública, las infracciones de los deberes de los funcionarios públicos, en los siguientes casos:

a'. La divulgación de secretos

Este delito se produciría si el funcionario público comunicare o publicare los documentos o hechos de que está en conocimiento o posesión por causa de sus funciones y que deba mantener en secreto, o si favoreciera la divulgación de aquéllos. En este caso la pena es de arresto de 3 a 15 meses (art. 206 C.P.C.).

b' La abstención de decidir

Este delito se produciría si el funcionario público bajo cualquier pretexto, aunque fuere el del silencio, oscuridad, contradicción o insuficiencia de la ley, omitiera o rehusare cumplir algún acto de su ministerio. La pena en este caso sería de multa de 50 a 1.500 bolívares (art. 207 C.P.).

c' La omisión o retardo de la denuncia penal debida

Este delito se produciría si el funcionario público habiendo adquirido, en el ejercicio de sus funciones, conocimiento resultante de esas mismas funciones, de algún hecho punible por el cual ordene la Ley proceder de oficio, omitiera o retardase indebidamente dar parte de ello a la autoridad competente. En este caso, la pena es de multa de 50 a 1.000 bolívares (art. 208 C.P.).

B. Aspectos de la responsabilidad civil de los funcionarios públicos.

a. La previsión legal

Además de ser responsable penalmente, los funcionarios públicos son responsables civilmente por los daños y perjuicios que en ejercicio de sus funciones hubiere causado tanto al Estado como a los particulares. La obligación civil del funcionario público puede tener, entre otras, las siguientes fuentes previstas en el Código Civil: el enriquecimiento sin causa y los hechos ilícitos.

Conforme al artículo 1.184 del Código Civil, "aquel que se enriquece sin causa en perjuicio de otra persona, está obligado a indemnizarla, dentro del límite de su propio enriquecimiento, de todo lo que aquélla se haya empobrecido". En cuanto a los hechos ilícitos, el art. 1.185 del Código Civil establece que "el que con intención, o por negligencia, o por imprudencia, ha causado un daño a otro, está obligado a repararlo. Debe igualmente reparación, quien haya causado un daño a otro excediendo, en el ejercicio de su derecho, los límites fijados por la buena fe o por el objeto en vista del cual le ha sido conferido ese derecho".

Esta responsabilidad civil consagrada legalmente, por supuesto, abarca a los funcionarios públicos tanto frente al Estado mismo como frente a los particulares. En cuanto al enriquecimiento sin causa frente al Estado, ha sido regulado especialmente en una Ley contra el enriquecimiento ilícito, a la cual debe hacerse mención especial.

b. El enriquecimiento ilícito

a'. La tipificación legal

El enriquecimiento ilícito de los funcionarios públicos, tendría lugar cuando durante el desempeño de sus cargos o dentro del año siguiente a su cesantía, se encontrare en posesión de bienes, sea por sí o por interpuesta persona, que sobrepasaren notoriamente sus posibilidades económicas (art. 25 de la Ley contra el Enriquecimiento Ilícito de Funcionarios o empleados públicos (LCEI)

Para la determinación del enriquecimiento ilícito de los funcionarios públicos se deben tomar en cuenta: 1) Sus condiciones personales; 2) La cuantía de los bienes objeto del enriquecimiento en relación con el importe de sus ingresos y de sus gastos ordinarios; 3) La ejecución de actos que revelen falta de probidad en el desempeño del cargo y que tengan relación adecuada con el enriquecimiento (Art. 25 LCEI). A los efectos de determinar el enriquecimiento, las declaraciones juradas de bienes que deben presentar los funcionarios públicos al aceptar y al cesar en su cargo (art. 3 LCEI), son fundamentales (art. 16 LCEI).

b' El procedimiento administrativo

El procedimiento en materia de enriquecimiento ilícito se inicia en vía administrativa, ante la Comisión investigadora contra el enriquecimiento ilícito la cual procede de oficio o por denuncia (art. 15 LCEI). La Comisión debe concluir el procedimiento, con una decisión de procedencia o improcedencia de las denuncias formuladas. Si aparecieren indicios de que se cometió algún delito contra la cosa pública debe solicitar al Ministerio Público iniciar el enjuiciamiento correspondiente, y si solamente existieren fundados indicios de enriquecimiento ilícito de parte de los funcionarios públicos deben remitirse las actuaciones al Procurador General de la República para el ejercicio de las acciones correspondientes (art. 20 LCEI).

Las averiguaciones practicadas por la comisión investigadora no impiden ni menoscaban la competencia de la Contraloría General de la República y de los tribunales penales sobre los hechos que estén conociendo, y en ningún caso podrán ser opuestos a aquéllas como cuestión prejudicial (art. 23 LCEI).

c' El procedimiento judicial civil.

El procedimiento judicial por enriquecimiento ilícito de carácter civil contra los funcionarios públicos debe intentarlo el Ministerio Público (art. 220, ord. 5° de la Constitución) ante la Corte Suprema de Justicia (art. 27 y 63 LCEI), mediante demanda (arts. 29 y 30 LCEI) a la cual se deben acompañar todas las actuaciones que hubieren sido realizadas por la Comisión investigadora, sin las cuales no podrá admitirse la demanda (art. 31 LCEI). El procedimiento judicial debe seguir las normas del Código de Procedimiento Civil (arts. 32 y sigts. LCEI) y concluir en sentencia condenatoria o de declaratoria sin lugar. En caso de sentencia condenatoria, los bienes objeto del enriquecimiento pasarán a propiedad de la República (arts. 27 y 41 LCEI). Por otra parte, si la sentencia fuere condenatoria, ella acarrea inhabilitación para desempeñar funciones o empleos públicos por un tiempo de 1 a 5 años, a juicio del tribunal (art. 42 LCEI).

En todo caso, cuando de las averiguaciones practicadas por el tribunal apareciere que el funcionario público como demandado, hubiere incurrido en la comisión de hechos punibles, se notificará al Ministerio Público para que intente la acción correspondiente (art. 43 LCEI).

c. La responsabilidad civil por hecho ilícito.

Se ha señalado, además, que tanto frente al Estado como a los particulares, los funcionarios son responsables por los daños causados al Estado o a los particulares, con intención, o por negligencia, o por imprudencia (art. 1.185 Código Civil). Por tanto, las decisiones de los funcionarios públicos que intencionalmente o por negligencia o imprudencia causen daño al patrimonio público, y que surgen del despilfarro de los dineros públicos o mala administración de los mismos, pueden dar origen a acciones por responsabilidad civil que debe intentar el Ministerio Público (art. 220, ord. 5° de la Constitución).

C. Aspectos de la responsabilidad administrativa de los funcionarios públicos

Pero además de la responsabilidad penal y civil, los funcionarios públicos también pueden incurrir en responsabilidad administrativa por incumplimiento de sus deberes o por las acciones u omisiones en el ejercicio de sus funciones que impliquen violaciones de leyes y reglamentos administrativos.

La responsabilidad administrativa puede ser apreciada por la propia administración activa, la cual tiene competencia para imponer las sanciones disciplinarias previstas en la Ley de Carrera Administrativa. Además, puede ser apreciada por la Contraloría General de la República, a través de un procedimiento administrativo conforme a la Ley Orgánica (art. 81 y sigts.) que la regula, en todos aquellos casos en los cuales se constate que los funcionarios públicos que tengan a su cargo o intervengan en cualquier forma en la administración, manejo o custodia de bienes o fondos públicos, hayan incurrido en errores, omisiones o negligencias.

3. Los Controles sobre la Administración Pública distintos al Control Parlamentario

La Administración Pública puede ser controlada, además, por el Parlamento, por otros órganos del Estado, y particularmente, por los órganos del Poder Judicial y por los órganos administrativos que gozan de autonomía funcional. Estos órganos también pueden constatar y declarar la responsabilidad del Estado o de los funcionarios públicos, según los casos.

A. El control de la Administración Pública por los órganos del Poder Judicial

Los Tribunales de la República pueden controlar la administración pública y sus funcionarios, por razones de ilegalidad o declarando la responsabilidad tanto de la Administración como de los funcionarios.

En efecto, los órganos de la jurisdicción contencioso–administrativa son competentes para anular los actos administrativos generales o individuales contrarios a derecho, incluso por desviación de poder; condenar al pago de sumas de dinero y a la reparación de daños y perjuicios originados en responsabilidad de la administración, y disponer lo necesario para el restablecimiento de las situaciones jurídicas subjetivas lesionadas por la actividad administrativa (art. 206).

En cuanto a la responsabilidad de los funcionarios públicos de carácter civil o penal, los jueces de la jurisdicción civil o penal tienen competencia para declararla y para en base a ello, condenar tanto al Estado como a los funcionarios mediante sentencias, a las cuales la legislación les ha atribuido efectos particulares.

B. El control de la Administración Pública por los órganos con autonomía funcional

a. La Contraloría General de la República.

De acuerdo con el artículo 234 de la Constitución, la Contraloría General de la República ejerce el control, vigilancia y fiscalización de los ingresos, gastos y bienes nacionales, así como de las operaciones relativas a los mismos.

En el ejercicio de sus funciones la Contraloría General de la República puede dictar un auto de responsabilidad administrativa respecto de los funcionarios públicos y puede formularles reparos en cuanto a las cuentas que tienen que rendir, conforme a lo previsto en la Ley Orgánica de la Contraloría General de la República (art. 34, 35, 50 a 55, 82 y 84). Si de tas averiguaciones administrativas realizadas por la Contraloría surgiesen indicios de responsabilidad civil o penal, se debe enviar el expediente a las autoridades competentes para que éstas la hagan efectiva (art. 86 de la Ley Orgánica). En esta forma, además de apreciar y declarar la responsabilidad administrativa, la Contraloría puede apreciar la responsabilidad civil y penal y exigir al Ministerio Público que la haga efectiva.

b. La Fiscalía General de la República.

El Ministerio Público, a cargo de la Fiscalía General de la República, tiene como atribución velar por la exacta observancia de la Constitución y de las leyes (art. 218); y en relación a la Administración Pública, además, tiene entre sus atribuciones (art. 220) el velar por el respeto de los derechos y garantías constitucionales (ord. 1°); ejercer la acción penal en los casos en que para intentarla o perseguirla no fuere necesario instancias de parte (ord. 3°); velar por el correcto cumplimiento de las leyes y la garantía de los derechos humanos en las cárceles y demás establecimientos de reclusión (ord. 4°); e intentar las acciones a que hubiere lugar para hacer efectiva la responsabilidad civil, penal, administrativa o disciplinaria en que hubieren incurrido los funcionarios públicos con motivo del ejercicio de sus funciones (ord. 5°).

Conforme a estas atribuciones la Contraloría General de la República puede constatar y declarar la responsabilidad administrativa, civil o penal de los funcionarios y en consecuencia, intentar las acciones respectivas para hacerlas efectivas.

c. La Comisión Investigadora contra el Enriquecimiento Ilícito.

Aún cuando no se trata de un órgano de rango constitucional, la Comisión Investigadora contra el Enriquecimiento Ilícito ha sido configurada como un órgano con autonomía funcional, para ejercer el control de los funcionarios públicos, en el campo del enriquecimiento ilícito. Este organismo también constata, aprecia y declara la responsabilidad penal de los funcionarios públicos incurso en los delitos previstos en los artículos 195, 196, 198, 199 y 205 ¿1 Código Penal, y debe remitir los recaudos al Ministerio Público a los efectos de que se intente la acción penal (art. 20 de la ley contra el Enriquecimiento Ilícito de Funcionarios o Empleados Públicos).

Es clara la ley en señalar además que "las averiguaciones practicadas por la Comisión Investigadora no impiden ni menoscaban la competencia del Contralor General de la República y de los Tribunales Penales sobre los hechos que están conociendo, y en ningún caso podrán ser opuestas a aquéllas como cuestión prejudicial" (art. 23 de la ley). Además se prevé expresamente que "las decisiones de la Comisión Investigadora no constituyen cosa juzgada; pero los funcionarios fiscales o judiciales encargados de decidir en definitiva podrán atribuirles fuerza probatoria a las diligencias que haya practicado aquélla" (art. 24 de la ley).

III. LAS DIVERSAS MODALIDADES DE CONTROL PARLAMENTARIO SOBRE LA ADMINISTRACION

Ahora bien, en cuanto al control Parlamentario, la Constitución establece diversas modalidades o términos dentro de los cuales deben ejercerse las potestades de control del Congreso y sus Cámaras Legislativas, sobre la Administración Pública Nacional. Estas modalidades de control podrían clasificarse en dos grandes grupos: controles de carácter previo y controles de carácter posterior.

1. **Controles de carácter previo**

La Constitución, en efecto, establece en muchas de sus normas la necesaria intervención del Congreso o sus Cámaras legislativas, con anterioridad a la adopción de una decisión administrativa por el Ejecutivo Nacional. Esto da origen a los controles parlamentarios previos sobre la Administración, los cuales se pueden realizar por ley del Congreso o por actos privativos de las Cámaras legislativas.

A. Controles previos mediante leyes

Los controles previos mediante ley sobre la Administración son: básicamente, de orden presupuestario y financiero: los gastos que pueden hacerse del Tesoro Nacional por la Administración tienen que haber sido autorizados por la ley de Presupuesto (art. 227); y las operaciones de crédito público requieren para su validez, en general, una ley especial que autorice (art. 231).

B. Controles previos mediante actos parlamentarios sin forma de ley

En general, los controles previos sobre la Administración Pública que corresponden al Congreso y sus Cámaras conforme a la Constitución, se realizan a través de actos parlamentarios sin forma de ley. Estos pueden estar atribuidos al Congreso o a una de las Cámaras legislativas.

a. Controles previos ejercidos por las Cámaras en sesión conjunta

Las Cámaras legislativas en sesión conjunta deben autorizar los créditos adicionales al presupuesto (art. 227); y las Cámaras en sesión conjunta deben autorizar el otorgamiento de nuevas concesiones de hidrocarburos u otros recursos naturales que determine la ley (art. 126).

b. Controles previos ejercidos por el Senado

Corresponde al Senado, conforme a lo previsto en el artículo 150 de la Constitución, autorizar al Ejecutivo Nacional para enajenar bienes inmuebles del dominio privado de la Nación (ord. 2°); autorizar a los funcionarios o empleados públicos para aceptar cargos, honores o recompensas de gobiernos extranjeros (ord. 3°); autorizar el empleo de misiones militares venezolanas en el exterior (ord. 4°); autorizar el ascenso de oficiales de las Fuerzas Armadas (ord. 5°); autorizar al Presidente de la República para salir del país, (ord. 6°); autorizar el nombramiento del Procurador General de la República y de los jefes de misiones diplomáticas permanentes (ord. 7°); y autorizar el enjuiciamiento del Presidente de la República (ord. 8°).

2. Controles de carácter posterior

La Constitución prevé, además, controles parlamentarios sobre la Administración Pública de carácter posterior, es decir, que se producen con posterioridad a la adopción de una decisión del Ejecutivo Nacional. Estos controles pueden realizarse mediante ley o mediante actos parlamentarios sin forma de ley, y pueden ser el resultado de una investigación realizada por las Cámaras o sus Comisiones.

A. Controles posteriores mediante ley

La Constitución en general, prevé controles parlamentarios por vía de ley, con carácter previo en las mencionadas materias presupuestarias y financieras. Excepcionalmente prevé un control posterior por ley en el caso de los Tratados o Convenios Internacionales que celebre el Ejecutivo Nacional, los cuales deben ser aprobados mediante ley para que tengan validez (art. 128).

B. Controles posteriores mediante actos parlamentarios sin forma de ley

Además, la Constitución prevé algunas modalidades de control posterior del Congreso y de las Cámaras legislativas sobre la Administración de particular importancia, las cuales corresponden o al Congreso o a la Cámara de Diputados.

a. Controles posteriores ejercidos por el Congreso

Conforme al artículo 126 de la Constitución, corresponde al Congreso la aprobación de los contratos de interés nacional que celebren las autoridades públicas. Además, los Decretos que declaren el estado de emergencia u ordenen la restricción o suspensión de las garantías constitucionales deben someterse a la consideración de las Cámaras en sesión conjunta (art. 242). Las Cámaras pueden revocar el Decreto de restricción o suspensión de garantías cuando estimen que cesaron las causas que lo motivaron (art. 243).

Asimismo, las medidas que adopte el Ejecutivo Nacional y que considere indispensables para evitar que se produzcan inminentes trastornos del orden público, conforme a lo previsto en el artículo 244 de la Constitución, deben ser sometidas a la consideración del Congreso, el cual puede declararlas no justificadas, en cuyo caso, cesarían de inmediato.

Por otra parte, de acuerdo a la Constitución, el Presidente y los Ministros deben presentar a las Cámaras reunidas en sesión conjunta respectivamente, un mensaje (art. 191) y unas memorias y cuentas (art. 197) sobre la gestión correspondiente al año inmediatamente anterior.

Las Cámaras legislativas pueden adoptar "pronunciamientos" sobre las Memorias y Cuentas de los Ministros (art. 198) lo cual no libera de responsabilidad a los Ministros por los actos del respectivo Despacho.

b. Controles posteriores ejercidos por la Cámara de Diputados.

En particular, la Cámara de Diputados tiene atribución para "dar voto de censura a los Ministros", la cual puede decidir, por las dos terceras partes de los Diputados presentes, que el voto de censura acarrea la remoción del Ministro (art. 153, ord. 2). La Cámara de Diputados, en ejercicio de esta función de control, puede apreciar y declarar la responsabilidad penal de los Ministros, y tal como lo dice la Constitución, "ordenar su enjuiciamiento" (art. 153, ord. 2°).

C. Controles posteriores de carácter investigativo.

En virtud de las potestades de control sobre la Administración Pública que tiene el Congreso conforme a la Constitución, el artículo 160 del texto fundamental prevé la potestad investigativa de las Cámaras Legislativas.

Este artículo, en efecto, dispone lo siguiente:

> "*Art. 160.* Los cuerpos legislativos o sus comisiones podrán realizar las investigaciones que juzguen convenientes, en conformidad con el reglamento.

Todos los funcionarios de la Administración Pública y de los institutos autónomos están obligados, bajo las sanciones que establezcan las leyes, a comparecer ante ellos y a suministrarles las informaciones y documentos que requieran para el cumplimiento de sus funciones.

Esta obligación incumbe también a los particulares, quedando a salvo los derechos y garantías que esta Constitución establece.

En todo caso se notificará al interesado el objeto de su citación con cuarenta y ocho horas de anticipación, cuando menos".

Además, el artículo 198 reitera la potestad de control parlamentario de carácter investigativo y de examen de los actos de los Ministerios de los cuales se dé cuenta en la Memoria y Cuenta de los Ministerios.

Estas normas constitucionales, relativas al ejercicio del control Investigativo de las Cámaras Legislativas consagran unas potestades de control muy amplías, pues queda a la apreciación discrecional de las Cámaras, las investigaciones que decidan realizar, y para ello tienen los más amplios poderes de citación de funcionarios y particulares (art. 160 y 199); de evacuación de pruebas a través de los jueces, quienes están en la obligación de cumplir la comisión de las Cámaras o sus comisiones (art. 161) y de obtener informes de la Contraloría cuando el Congreso se los solicite (art. 162). En ejercicio de estas facultades investigativas, las Cámaras legislativas o sus Comisiones pueden constatar, apreciar y declarar la responsabilidad administrativa, penal y civil de los funcionarios públicos. Para hacerlas efectivas, sin embargo, se requiere el envío de los recaudos al Ministerio Público.

Por ello, el propio artículo 161 de la Constitución señala que el ejercicio de la facultad de investigación a que se refiere el artículo 160 "no afecta las atribuciones que correspondan al Poder Judicial de acuerdo con esta Constitución y las leyes".

IV. ÁMBITO Y EFECTOS DE LA POTESTAD PARLAMENTARIA DE CONTROL SOBRE LA ADMINISTRACION PÚBLICA

Tal como se ha señalado anteriormente, las modalidades de control sobre la Administración Pública son muy variadas, como consecuencia de la consagración del Estado de Derecho y de la responsabilidad, tanto de la Administración como de los funcionarios públicos. Todos los órganos estatales a los cuales se atribuyen potestades de control, necesariamente, tienen que apreciar y declarar la responsabilidad de los funcionarios públicos, aún cuando tal declaratoria tenga variados y diferentes efectos. Insistimos, no tendría sentido controlar sin poder apreciar la responsabilidad. Así como la consagración de un Estado responsable, de una administración responsable y de unos funcionarios responsables, como garantía del Estado de Derecho, da origen a las potestades de control, así mismo, no tendría sentido el que ciertos órganos estatales puedan controlar a la Administración, sin poder apreciar y declarar la responsabilidad en la cual el Estado o los funcionarios hubiesen incurrido.

Como consecuencia, y concretándonos al control parlamentario sobre la Administración Pública, las Cámaras Legislativas al poder controlar la actuación del Estado y de sus funcionarios, tienen competencia para apreciar y declarar la responsabilidad civil, penal y administrativa en la cual, hubieren incurrido los funcionarios públicos en el ejercicio de sus funciones, y aún cuando ya hubieren cesado en dicho ejercicio. He aquí el ámbito del control parlamentario. Sin embargo, por supuesto, esta declaración tienen sus efectos específicos y se pronuncia, independientemente de la declaratoria de responsabilidad civil, penal y administrativa que pueda corresponder a otros óiganos del Estado.

1. La apreciación de responsabilidad penal

En efecto, ante todo el Congreso, sus Cámaras y sus Comisiones tienen competencia para apreciar y declarar la responsabilidad penal de los funcionarios públicos, independientemente de que ella se haga efectiva mediante condena, por los Tribunales de la Jurisdicción Penal. Ello se deduce de algunas normas constitucionales expresas. En efecto, cuando el Senado, por ejemplo, autoriza el enjuiciamiento del Presidente de la República, previa declaratoria de la Corte Suprema de Justicia de que hay mérito para ello, (artículo 150, ordinal 8°) sin duda que está apreciando y declarando una responsabilidad penal de dicho funcionario para poder autorizar dicho enjuiciamiento por los Tribunales penales. Asimismo, cuando la Cámara de Diputados decide un voto de censura a un Ministro y ordena su enjuiciamiento (artículo 153, ordinal 2°), sin duda que está apreciando la responsabilidad penal de dicho funcionario, para poder ordenar ese enjuiciamiento por los Tribunales penales.

Por otra parte, como resultado de una investigación parlamentaria (artículo 160) el Congreso o sus Cámaras Legislativas o sus Comisiones pueden también apreciar y declarar la responsabilidad penal de los funcionarios, aún cuando en ninguno de esos casos los órganos legislativos pueden "condenar" penalmente al cumplimiento de penas y sanciones.

En efecto, en todos esos casos, los órganos legislativos pueden declarar la responsabilidad penal de los funcionarios públicos, pero esa declaratoria, de valor político, no tiene efectos condenatorios. La condena penal es una potestad del Poder Judicial, y sólo los Tribunales pueden pronunciarla. Por ello expresamente el artículo 161 de la Constitución establece que "el ejercicio de la facultad de investigación a que se refiere el artículo anterior (art. 160), no afecta las atribuciones que correspondan al Poder Judicial de acuerdo con esta Constitución y las Leyes".

Por tanto, la declaratoria de responsabilidad penal de los funcionarios públicos puede pronunciarse por los órganos legislativos, como manifestación del control parlamentario, como declaración política, aún cuando no tenga dicha declaratoria efectos de condena. La condena penal al cumplimiento de penas y sanciones establecidas en las leyes, es potestad exclusiva de los Tribunales, y aquella declaratoria de responsabilidad penal pronunciada por el órgano político, no tiene efectos condenatorios ni menoscaba las atribuciones de los jueces penales.

2. La apreciación de responsabilidad civil

Con fundamento en las mismas normas constitucionales citadas, el Congreso, sus Cámaras Legislativas y sus comisiones pueden apreciar y declarar la responsabilidad civil de los funcionarios públicos. Así, cuando el Senado autoriza el enjuiciamiento del Presidente de la República, por una responsabilidad civil (daños causados a la Administración, enriquecimiento ilícito, etc.), tiene que apreciarla y declararla; y cuando la Cámara de Diputados ordena el enjuiciamiento de un Ministro, por una responsabilidad civil, tiene también, que apreciarla y declararla. Lo mismo resulta de las funciones de investigación de las Cámaras Legislativas y sus comisiones: éstas pueden apreciar y declarar la responsabilidad civil en que hubieren incurrido los funcionarios públicos en el ejercicio de sus funciones por los daños y perjuicios que hubieren causado o la Administración o por enriquecimiento ilícito.

Sin embargo, también en este caso, esa declaratoria de responsabilidad civil tiene solamente efectos políticos, y no tiene efectos condenatorios, lo cual es potestad de los Tribunales. Las Cámaras Legislativas, al declarar la responsabilidad civil no pueden condenar al pago de sumas de dinero ni a la devolución de bienes. Ello es una potestad exclusiva de los Tribunales. De allí, de nuevo, la norma del artículo 161 de la Constitución, que establece que el ejercicio de las facultades de investigación por los óiganos legislativos, "no afecta las atribuciones que correspondan al Poder Judicial de acuerdo con esta constitución y las leyes"; y por supuesto, tampoco afecta las atribuciones de otros órganos como la Comisión Investigadora contra el Enriquecimiento Ilícito.

3. La apreciación de responsabilidad administrativa

Además, en ejercicio de sus potestades de control sobre la Administración Pública y sus funcionarios, las Cámaras Legislativas y sus Comisiones pueden declarar la responsabilidad administrativa de los funcionarios por las acciones u omisiones que hubiesen realizado en el ejercicio de sus funciones.

Si algún aspecto es claro respecto del ámbito de las potestades parlamentarias de control sobre la Administración Pública, es este de la apreciación y declaración de la responsabilidad administrativa. El control investigativo, en efecto, no tendría sentido si no existiese la posibilidad de apreciar y declarar la responsabilidad administrativa de los funcionarios por las irregularidades o violaciones legales o reglamentarias que hubiesen cometido en el ejercicio de sus funciones.

También, en este caso, la declaratoria de responsabilidad administrativa tiene efectos políticos y carece de otros efectos legales específicos. En el ordenamiento jurídico venezolano, por ejemplo, solo el auto de responsabilidad administrativa dictado por la Contraloría General de la República (artículo 82 de su Ley Orgánica) produce la inmediata destitución del funcionario (art. 62, ordinal 5° de la Ley de Carrera Administrativa). Por ello, la declaratoria de responsabilidad administrativa que pronuncien los órganos legislativos respecto de los funcionarios públicos, se hace, sin perjuicio de las facultades de la Contraloría General de la República, como órgano que goza de autonomía funcional.

4. La apreciación de responsabilidad política

Independientemente de la potestad parlamentaria para declarar la responsabilidad penal, civil y administrativa de los funcionarios públicos, con efectos meramente políticos y sin efectos condenatorios, por supuesto, el Congreso, puede declarar la responsabilidad política de los funcionarios públicos, como resultado de una disconformidad entre el órgano político–parlamentario, y el órgano político electo del Poder Ejecutivo, es decir, el Presidente de la República así como, con los óiganos directos del Presidente de la República: los Ministros. Esto sucede, precisamente, con el voto de censura a los Ministros, el cual, independientemente de que conlleve la declaratoria de responsabilidad civil, penal o administrativa, implica necesariamente, una declaratoria de responsabilidad política.

También, respecto del Presidente de la República puede haber esta declaratoria de responsabilidad política, cuando el Congreso, manifieste su disconformidad con la política del Poder Ejecutivo.

La declaratoria de responsabilidad política implicaría, en un sistema parlamentario, la pérdida de confianza del gobierno y su inmediata caída con la convocatoria a elecciones generales al disolverse el Parlamento. En un sistema presidencial como el nuestro, no tendría sino meros efectos políticos, eventualmente electorales, sin que esa declaratoria afecte al gobierno.

V. CONCLUSIÓN:

Tal como hemos señalado, la potestad de control quc tienen ciertos órganos públicos respecto a la administración Pública, consecuencia del Estado de Derecho, tiene su fundamento en la consagración del principio del Estado responsable, es decir, de una Administración Pública responsable y de unos funcionarios públicos responsables. Por tanto, el ejercicio de las potestades de control implica siempre, la posibilidad del órgano contralor de apreciar y declarar la responsabilidad de los funcionarios públicos controlados.

Sin embargo, el ordenamiento jurídico no atribuye los mismos efectos a la apreciación y declaratoria de responsabilidad de los funcionarios públicos efectuada por todos los órganos de control. El legislador, en efecto, atribuye a los órganos judiciales, por ejemplo, potestades jurisdiccionales de condena, resultantes de su apreciación de la responsabilidad. Así, los Tribunales penales y civiles son los únicos que pueden condenar al cumplimiento de penas o al resarcimiento de daños y perjuicios, por ejemplo.

Sin embargo, en otros casos, los órganos de control, aún cuando pueden apreciar y declarar la responsabilidad de los funcionarios públicos, sin embargo, no pueden condenarlos. Tal sucede con el control político sobre la Administración Pública que corresponde al Congreso. Este órgano, sus Cámaras Legislativas y Comisiones, pueden en la forma más amplia apreciar y declarar la responsabilidad de los funcionarios públicos por las acciones u omisiones que hubiesen realizado en ejercicio de sus funciones, y así, pueden apreciar y declarar su responsabilidad civil, penal, administrativa y política. Pero en todos estos casos, tratándose de un control político, los efectos del mismo, y de la apreciación y declaración de la responsabilidad, son de carácter meramente políticos y no de carácter condenatorio.

Sin embargo, el hecho de que la apreciación y declaración de responsabilidad de los funcionarios por los órganos políticos, como el Congreso, sus Cámaras Legislativas y sus Comisiones, no tenga efectos condenatorios sino meramente políticos, no restringe en forma alguna de las potestades de control parlamentario. El Congreso, sus Cámaras y sus Comisiones tienen la más amplia potestad de control, para lo cual pueden realizar las investigaciones que juzguen conveniente, las cuales pueden y, en general deben concluir con una apreciación y declaración, de responsabilidad civil, penal, administrativa o política, según los casos, de los funcionarios públicos, aún cuando la eventual condena a los mismos sólo pueda efectuarse por otros órganos del Estado y, particularmente por los Tribunales.

Sección Segunda: LOS PODERES DE LA INVESTIGACIÓN PARLAMENTARIA EN RELACIÓN CON LA ACTIVIDAD ADMINISTRATIVA (1982)

Esta Sección Segunda es el estudio sobre "Los poderes de investigación de los cuerpos legislativos y sus limitaciones, con particular referencia respecto de los asuntos secretos," publicado en *Revista de Derecho Público*, Nº 10, Editorial Jurídica Venezolana, Caracas, abril–junio 1982, pp. 25–42.

I. INTRODUCCIÓN

De acuerdo a nuestro sistema constitucional, las Cámaras Legislativas que integran el Congreso (Cámara del Senado y Cámara de Diputados) tienen dos funciones fundamentales: legislar sobre las materias de competencia nacional y controlar a la Administración Pública. En tal sentido, el artículo 139 de la Constitución es claro y preciso:

Art. 139. Corresponde al Congreso legislar sobre las materias de la competencia nacional y sobre el funcionamiento de las distintas ramas del Poder Nacional.

Es privilegio del Congreso decretar amnistías, lo que hará por ley especial. El Congreso ejerce también el control de la Administración Pública Nacional en los términos establecidos por esta Constitución.

Se consagra en esta norma, por tanto, una potestad genérica de control del órgano parlamentario sobre la Administración Pública Nacional, lo cual se corrobora en el artículo 236 en relación a la Hacienda Pública, en cuyo ejercicio puede, si lo estima conveniente, recurrir a la Contraloría General de la República como órgano auxiliar que esta institución es del Congreso.

Sin embargo, estos poderes genéricos de control no son ilimitados, sino que encuentran también unos límites genéricos previstos en ese mismo artículo 139: La potestad de control sobre la Administración Pública y la Hacienda Pública, está circunscrita "a *la Administración Pública Nacional"* por lo que no abarca la Administración de los Estados ni la Administración Municipal. En todo caso, en cuanto a la posibilidad que tienen las Cámaras de hacer comparecer y solicitar informaciones y documentos a funcionarios y a particulares, conforme al artículo 160 de la Constitución, por supuesto que estos funcionarios pueden ser tanto de la Administración Pública Nacional, como de la Municipal y de los Estados. Por otra parte, esos poderes de control deben ejercerse *"en los términos establecidos por esta Constitución*

La Constitución, en tal sentido, establece variados mecanismos de control parlamentario sobre la Administración Pública[1] y, entre ellos, prevé los controles de carácter investigativo regulados en el artículo 160 del texto. Esta norma, en efecto, establece lo siguiente:

Art. 160. Los cuerpos legislativos o sus comisiones podrán realizar las investigaciones que juzguen convenientes, en conformidad con el reglamento.

Todos los funcionarios de la Administración Pública y de los institutos autónomos están obligados bajo las sanciones que establezcan las leyes, *a comparecer ante ellos* y *a suministrarles las informaciones y documentos que requieran para el cumplimiento de sus funciones.*

Esta obligación incumbe también a los particulares, quedando a salvo los derechos y garantías que esta Constitución establece.

En todo caso se notificará al interesado *el objeto de su citación* con cuarenta y ocho horas de anticipación, cuando menos. Esta norma se complementa con la establecida en el artículo 161:

Art. 161. "El ejercicio de la facultad de investigación a que se refiere el artículo anterior *no* afecta las atribuciones que correspondan al Poder Judicial de acuerdo con esta Constitución y las leyes.

Los jueces están obligados a evacuar las pruebas para las cuales reciban comisión de los cuerpos legislativos".

Además, el artículo 198 reitera la potestad de control parlamentario de carácter investigativo y de examen de los actos de los Ministerios de los cuales se dé cuenta en las Memorias y Cuentas de los Ministros.

---

1 *V.* Allan R. Brewer–Carías. "Aspectos del control político sobre la Administración Pública" en *Revista de Control Fiscal,* N° 101, Caracas 1981, pp. 107 y ss.

Estas normas constitucionales, relativas al ejercicio del control investigativo de las Cámaras Legislativas, consagran unas potestades de control muy amplias, pues queda a la apreciación discrecional de las Cámaras, las investigaciones que decidan realizar y, para ello, tienen los más amplios poderes de citación de funcionarios y particulares (arts. 160 y 199); de evacuación de pruebas a través de los jueces, quienes están en la obligación de cumplir la comisión de las Cámaras o sus Comisiones (art. 161); de obtener informes de la Contraloría cuando el Congreso se los solicite (art. 239); y de requerir de funcionarios y particulares las informaciones y documentos que requieran para el cumplimiento de sus funciones (art. 160).

Esta última potestad, por otra parte, también está consagrada en los Reglamentos Interior y de Debates de las Cámaras de Diputados y del Senado.

En efecto, el artículo 59 del Reglamento Interior y de Debates del Senado (1982), y el artículo 61 del Reglamento Interior y de Debates de la Cámara de Diputados (1969), establecen lo siguiente:

> "Las Comisiones Permanentes, Especiales y las Subcomisiones, previa información a la Presidencia y en cumplimiento de su función investigadora, podrán hacer comparecer ante ella a los Presidentes o representantes de los Institutos Autónomos, a cualquier funcionario y a particulares, a fin de solicitar informes, declaraciones u opiniones, en los casos cuya importancia lo requiera

En relación a la obligación de los funcionarios públicos y de los particulares a comparecer y suministrar informaciones ante los cuerpos legislativos, la *Disposición Transitoria Décima* de la Constitución establece lo siguiente:

Décima. Mientras la ley provea lo conducente, a quienes incumplieren lo dispuesto en el artículo 160 de la Constitución se les impondrá la pena prevista en el artículo 239 del Código Penal.

Si se tratare de un funcionario de la administración pública o de institutos autónomos, será además destituido.

Aún no se ha dictado una ley que regule esta materia, por lo que se aplica el artículo 239 del Código Penal, referido, que establece el delito de "negativa a servicios legalmente debidos" en la forma siguiente:

> *Art. 239.* Todo individuo que llamado por la autoridad judicial en calidad de testigo, experto, médico, cirujano e intérprete, se excuse de comparecer sin motivo justificado, será castigado con prisión de quince días a tres meses. El que habiendo comparecido rehusé sin razón legal sus disposiciones o el cumplimiento del oficio que ha motivado su citación, incurrirá en la misma pena.
>
> Además de la prisión se impondrá al culpable la inhabilitación en el ejercicio de su profesión o arte por un tiempo igual al de la prisión, terminada ésta.
>
> Las penas establecidas en este artículo no se aplicarán sino en los casos en que disposiciones especiales no establezcan otra cosa.

Ahora bien, todas las normas señaladas confieren a las Cámaras Legislativas y a sus Comisiones, Permanentes o Especiales y a sus Sub–Comisiones, amplios poderes para hacer comparecer ante ellos a funcionarios y a particulares y a requerir de éstos las informaciones y documentos que requieran para el cumplimiento de sus funciones.

Por supuesto, en todo caso, se trata de una potestad atribuida a los "cuerpos legislativos", es decir, a las Cámaras Legislativas y a sus Comisiones Permanentes, a sus Comisiones Especiales y a sus Sub–Comisiones cuando lo requieran para el cumplimiento de sus funciones, y que no corresponde a los Senadores o Diputados individualmente.

Ahora bien, el problema que debemos plantearnos frente a esta potestad, se refiere a sus límites.

En efecto, ¿estamos acaso frente a una potestad absolutamente discrecional o ilimitada? Al contrario, ¿el ordenamiento jurídico, impone acaso algunos límites al ejercicio de la potestad investigativa?

Sin duda, estimamos que la potestad investigativa de los cuerpos legislativos está sometida a limitaciones. En primer lugar, están las limitaciones que el propio texto constitucional impone, como respecto a los derechos y garantías constitucionales. Sin duda, en uso de la potestad investigativa no pueden los cuerpos legislativos caer en el abuso de lesionar los derechos y garantías que la Constitución establece.

Por otra parte, la potestad investigativa no puede ser ejercida ilimitadamente, de manera que pueda implicar para el obligado a informar, la comisión de un hecho punible por violación del secreto que el propio ordenamiento jurídico–administrativo haya impuesto, no sólo en interés del propio Estado, sino en interés de los particulares, por ejemplo, al prever el secreto profesional.

Por último, el ejercicio de la potestad investigativa de los cuerpos legislativos, para su ejercicio, está sometida a una serie de formalidades, que se configuran a su vez como limitaciones precisas.

II. LOS LÍMITES A LA POTESTAD INVESTIGATIVA DERIVADOS DEL RESPETO DE LOS DERECHOS Y GARANTÍAS CONSTITUCIONALES

Ante todo, debe señalarse que de acuerdo a lo establecido en el artículo 160 de la Constitución, puede decirse que la potestad investigativa de los cuerpos legislativos y la obligación de funcionarios públicos y de particulares de suministrar información y documentos a los mismos, deben dejar a salvo los derechos y garantías que la Constitución establece.

El artículo 160, en efecto, luego de consagrar la obligación de los funcionarios públicos de comparecer ante los cuerpos legislativos y suministrarles informaciones y documentos, agrega que "esta obligación incumbe *también* a los particulares, *quedando a salvo los derechos y garantías que esta Constitución establece"*. Se entiende lógicamente, por tanto, que la limitación impuesta a la potestad investigativa y a la obligación de comparecencia por el respeto a los derechos y garantías constitucionales, abarca tanto a los particulares como a los funcionarios públicos. En otras palabras, la obligación de suministrar información y documentos a los cuerpos legislativos o a sus comisiones que tienen los funcionarios públicos y los particulares, no sería exigible si ello significare atentar contra los derechos y garantías constitucionales; y conforme lo expuesto en la Exposición de Motivos de la Constitución, éstos son "aquellos que se refieren al secreto de la correspondencia, al derecho de negarse a declarar contra sí mismo o contra sus parientes, etc.[2]. De acuerdo a lo que ha señalado el Fiscal General de la República, "En esa etcétera debe incluirse también el derecho a la intimidad, o sea, el derecho que tiene todo habitante de Venezuela a ser protegido en su vida privada (art. 59), el derecho a vivir sin interferencia del público, no deseada, sobre asuntos que no están relacionados

---

2 *V.* en *Revista de la Facultad de Derecho* N° 21, U.C.V., p. 396.

con el interés público. El derecho protege en su vida y negocios personales a los particulares y en su vida íntima a los funcionarios.[3]

Veamos estos tres supuestos de límites a la potestad investigativa del Congreso.

1. El respeto al honor, a la reputación y a la vida privada

El artículo 59 de la Constitución establece que "toda persona tiene derecho a ser protegida contra los perjuicios a su honor, reputación o vida privada". Por tanto, no puede un funcionario o un particular ser obligado a declarar o suministrar información y documentos que puedan atentar contra el honor, la reputación o la vida privada de sí mismo o de otra persona y que, en el último caso, puedan hacerlo incurso en los delitos de difamación e injuria previstos en los artículos 444 y siguientes del Código Penal. No se olvide que si bien los parlamentarios gozan de inmunidad (art. 143) y respecto de ellos no puede exigirse responsabilidad en ningún tiempo por las opiniones emitidas en el ejercicio de sus funciones (art. 142 de la Constitución), ello no abarca a los funcionarios públicos o a los particulares cuando comparecen ante las Cámaras Legislativas o sus Comisiones. Por tanto, los funcionarios y particulares no están obligados a suministrar información y documentos a los cuerpos legislativos, cuando ello pueda alentar o causar perjuicio al honor, la reputación o la vida privada del compareciente o de otra persona.

En relación a esto, el Fiscal General de la República ha sostenido lo siguiente: "El derecho a la intimidad de un funcionario público, es total en cuanto se refiere a su vida íntima y doméstica; y en cuanto se refiere a la privacidad de sus negocios y operaciones económicas, no es igual al de un particular. Porque ellos pueden ser objeto de la investigación de la Comisión contra el Enriquecimiento Ilícito; y solamente cuando se trata de un funcionario de la Administración Pública o de un Instituto Autónomo, de la investigación de los cuerpos legislativos, pero nunca de parte de algún miembro de éstos actuando individualmente.[4]

Una manifestación concreta de este secreto derivado de la protección y del respeto al honor, a la reputación y a la vida privada de las personas, encuentra su consagración en el denominado secreto estadístico regulado en el artículo 10 de la Ley de Estadísticas y Censos Nacionales en la forma siguiente:

> *Art. 10.* El Ministro de Fomento podrá ordenar se dé testimonio de datos globales o de promedios o series estadísticas, pero de ninguna manera ni bajo ningún pretexto podrá ordenar o autorizar testimonios de datos individuales ni expedición de copias simples o certificados de cédulas o fichas o series de cédulas o fichas correspondientes a determinada persona natural o jurídica o a determinada familia o grupo familiar.
>
> Podrá, sin embargo, autorizar tales copias cuando las pida *la persona interesada en el secreto* o su mandatario constituido por instrumento auténtico, quienes pueden obrar por ella sin poder y si se tratase de cédulas familiares, quien ejerciere la jefatura doméstica.
>
> La Administración Pública no podrá usar las fichas individuales sino exclusivamente para los fines previstos por la disposición legal o reglamentaria que obligue a suministrar los datos contenidos en la respectiva ficha.

---

3 *V.* "Informe al Congreso Nacional de 1969, pp. 132 a 134 en *Recopilación del Ministerio Público,* Caracas 1978, Tomo II, pp. 134 a 136.

4 *V.* "Informe al Congreso 1969", pp. 132–134 en *Recopilación del Ministerio Público,* Caracas 1978, Tomo II, pp. 135 y 136.

Los mismos principios serán aplicables a los elementos estadísticos que se encuentren en los demás Despachos del Ejecutivo Nacional.

Por tanto, este secreto estadístico previsto en la Ley de Estadística y Censos Nacionales, se aplica a la información contenida, por ejemplo, en la Oficina Nacional de Identificación, regulada por la Ley Orgánica de Identificación, y en las demás unidades de policía administrativa: policía de seguridad, policía sanitaria, policía de tránsito, etc.

En todo caso, conforme al artículo 11 de la Ley de Estadísticas y Censos Nacionales, "las infracciones al secreto estadístico serán administrativamente castigadas con la destitución y penalmente de conformidad con el Capítulo IV, Título III del libro II del Código Penal", en particular, por lo previsto en el artículo 206 del mismo.

En lodos estos casos, por tanto, los funcionarios o particulares, en su caso, quedarían eximidos de la obligación establecida en el artículo 160 de la Constitución.

2. El respeto al derecho a no reconocer culpabilidad y a no declarar contra sí mismo

El artículo 60, ordinal 4° de la Constitución garantiza la libertad y seguridad personales, y en consecuencia establece que: "Nadie podrá ser obligado a prestar juramento ni constreñido a rendir declaración o a reconocer culpabilidad en causa penal contra sí mismo, ni contra su cónyuge o la persona con quien haga vida marital, ni contra sus parientes dentro del cuarto grado de consanguinidad o segundo de afinidad". En base a esta garantía constitucional, la obligación de los funcionarios o particulares de suministrar informaciones y documentos a los cuerpos legislativos, no puede exigirse si con ellas se reconociera culpabilidad en algún hecho contra sí mismo o contra sus parientes.

3. El respeto de la inviolabilidad de la correspondencia

El artículo 63 de la Constitución establece la inviolabilidad de la correspondencia en todas sus formas. En consecuencia, prescribe que "las cartas, telegramas, papeles privados y cualquier otro medio de correspondencia no podrán ser ocupados sino por la autoridad judicial, con el cumplimiento de las formalidades legales y guardándose siempre el secreto respecto de lo domestico y privado que no tenga relación con el correspondiente proceso. Por tanto, los funcionarios públicos y los particulares no están obligados a suministrar a los cuerpos legislativos, correspondencia y documentos privados o domésticos; y menos, cuando podrían estar incursos en los delitos establecidos en los artículos 188 y 190 del Código Penal.

III. LOS LÍMITES A LA POTESTAD INVESTIGATIVA DERIVADOS DE LAS ACTIVIDADES E INFORMACIONES SECRETAS

Pero además de los límites impuestos a la potestad investigativa de los Cuerpos Legislativos y sus Comisiones, por el respeto de los derechos y garantías constitucionales, sin duda, también existen límites, particularmente en cuanto a la exigencia de la obligación de funcionarios y particulares de suministrar información y documentos, cuando estos conciernen a actividades que, conforme a la legislación, están revestidas de carácter secreto; y secreto, conforme lo define Tulio Chiossone, es "cualquier acto o hecho que deba permanecer oculto para el conocimiento colectivo por razones de seguridad política, militar, económica o social"[5]

Estas actividades o informaciones secretas pueden resultar del secreto del Estado o del secreto derivado del ejercicio de profesiones liberales.

1. Las actividades secretas del Estado

La legislación vigente regula diversas actividades públicas a las cuales la ley considera como secretas, sancionándose penalmente la violación del secreto. Se trata del secreto sumarial y del secreto impuesto por razones de seguridad del Estado, y que abarca el secreto político, el secreto militar, el secreto diplomático y el secreto económico.

A. El secreto sumarial

En efecto, el artículo 161 de la Constitución establece que el ejercicio de la facultad de investigación atribuido a los cuerpos legislativos, "no afecta las atribuciones que correspondan al Poder Judicial de acuerdo a esta Constitución y las leyes". Por tanto, los órganos judiciales y los que tengan a su cargo funciones de auxiliares de la justicia, deben continuar ejerciendo sus potestades, independientemente de las potestades que tenga el Parlamento de realizar investigaciones.

Pero aparte de esta independencia reiterada entre el Poder Legislativo y el Poder Judicial, los poderes de control que puedan tener los cuerpos legislativos no pueden ser ilimitados, sino que en relación al Poder Judicial, no pueden significar una violación del secreto sumarial.

En efecto, conforme a lo establecido en el artículo 73 del Código de Enjuiciamiento Criminal, "las diligencias del sumario, ya empiecen de oficio, ya a instancia de parte, serán secretas hasta que éste se declare terminado, menos para el representante del Ministerio Público. También dejarán de ser secretas para el procesado contra quien se lleve a efecto un auto de detención y para el acusador, en las causas en que la Ley exija requerimiento de parte o la acusación de la parte agraviada, desde que el Tribunal ejecute el auto de detención o de sometimiento a juicio, y desde que dicte o confirme las decisiones a que se refieren los artículos 99, 109, en su último aparte y 206 (declaración de no haber lugar a la formación del sumario; o declaración de terminación de la averiguación).

Por tanto, hasta que el sumario no se declare terminado, o hasta que no se termine la averiguación o se declare que no hay lugar a la formación del sumario, las diligencias de éste son secretas, salvo para el representante del Ministerio Público y para el procesado y. en su caso, para el acusador. Pero tanto el representante del Ministerio Público como el procesado o acusador están obligados, a su vez, a guardar secreto respecto de las diligencias sumariales.

Por tanto, independientemente de que un Fiscal del Ministerio Público pueda ser obligado a comparecer, conforme al artículo 160 de la Constitución, a las comisiones del

5 Véanse "El delito de revelación de secretos" en *Doctrina de la Procuraduría General de la Republica* 1972.

Congreso a dar información y suministrar documentos, lo cual ha sido rechazado por el Ministerio Público[6] es indudable que si compareciera, no podría obligársele a informar sobre las diligencias sumariales respecto de las cuales tuviera conocimiento. En igual forma, no pueden las Comisiones del Congreso obligar a un funcionario o a un particular que fuere procesado o acusador a informar acerca de las diligencias sumariales, respecto de las cuales tengan conocimiento, conforme a lo previsto en el artículo 73 del Código de Enjuiciamiento Criminal.

Pero es indudable que el secreto sumarial no sólo es una obligación impuesta al juez y a los demás funcionarios del Poder Judicial, a los representantes del Ministerio Público, y al procesado y acusador, en su caso, sino que se trata de una obligación general, que incumbe a toda persona, funcionario o particular, que haya tenido conocimiento de las diligencias sumariales, con motivo del ejercicio de sus funciones o de su actividad, arte u oficio. Por tanto, todas esas personas y funcionarios, si divulgan el secreto sumarial, incurrirían en el delito previsto en el artículo 190 del Código Penal, por lo que no lo podrían hacer ni ante los cuerpos legislativos.

En consecuencia, todos los funcionarios públicos que tengan carácter de instructores del proceso penal, conforme al artículo 72 del Código de Enjuiciamiento Criminal, están en la obligación de guardar el secreto sumarial, y no podrían ser obligados a suministrar información y documentos sobre diligencias sumariales ante los cuerpos legislativos, con motivo de investigaciones que estos realicen conforme al artículo 160 de la Constitución.

Dentro de los instructores del proceso penal, el Código de Enjuiciamiento Criminal enumera a "los órganos de Policía Judicial" (ord. 4° del artículo 73), y la Ley de Policía Judicial de 1975 clasifica a "los órganos de Policía Judicial" en "principales y auxiliares".

De acuerdo al artículo 7° de la Ley de Policía Judicial, "son órganos principales de Policía Judicial", los siguientes: "1. El Cuerpo Técnico de Policía Judicial. 2. Los órganos competentes de las Fuerzas Armadas de Cooperación. 3. Las autoridades que las leyes del tránsito señalen en materia de su competencia; y 4. La Dirección de Identificación Nacional y Extranjería, conforme a las leyes que regulan su competencia". Por su parte, conforme al artículo 8° de la misma ley, además de los señalados en las leyes especiales, "son órganos auxiliares de Policía Judicial" los siguientes: "1° Los Directores y Subdirectores de Internados Judiciales, Cárceles Nacionales, Establecimientos Penitenciarios y correccionales, en relación a los delitos que se cometan en el interior de los mismos; 2°. Los Jefes y Oficiales de Resguardos Fiscales, en relación a los delitos que se cometan en sus respectivas jurisdicciones; 3°. Los Guardias Forestales en relación a los delitos que se cometan en las zonas que están bajo su guardia; 4°. Los miembros de los cuerpos de carácter público dedicados a salvamento y extinción de incendios, en relación a las averiguaciones de las causas del siniestro; 5° Los Capitanes o Comandantes de naves, de pabellón o matrícula venezolana, respecto a hechos punibles cometidos en alta mar o en aguas territoriales venezolanas; 6°. Los Capitanes o Comandantes de aeronaves de matrícula venezolana, respecto a hechos punibles cometidos en éstas cuando se encuentren en vuelo; 7°. Los funcionarios o empleados públicos que, en el ejercicio de las funciones de investigación, examen o control que les asignan las leyes, verifiquen o descubran la comisión de hechos punibles. Las actuacio-

6 *V.* las opiniones en *Recopilación del Ministerio Público*, Caracas 1978, Tomo II, pp. 134 y 140.

nes de dichos funcionarios o empleados se limitarán a las que sean inherentes al servicio que presten; 8°. Los miembros de la Dirección de los Servicios de Inteligencia y Prevención del Estado; y 9°. Las autoridades de Policía Estadal y Municipal".

Ahora bien, conforme al artículo 12 de la Ley de Policía Judicial, *"los funcionarios de policía judicial y las personas a las cuales estos están obligados a informar, deberán guardar absoluto secreto con respecto a las diligencias del sumario en que hayan intervenido"*. Asimismo, conforme al artículo 75–B del Código de Enjuiciamiento Criminal, *"los funcionarios de la Policía Judicial y las personas que colaboren con ellos están obligados a guardar absoluto secreto con respecto a las diligencias del sumario en que hayan intervenido"*. Por tanto, la obligación del secreto sumarial está expresada formalmente en la Ley respecto de todos los funcionarios de los órganos de Policía Judicial, así como respecto de las personas que colaboren con ellos o a las cuales aquellos están obligados a informar, por lo que el incumplimiento de esta obligación, los haría incursos, según los casos, en los delitos previstos en los artículos 190 y 206 del Código Penal. El artículo 190 prevé sanción para todo individuo que "teniendo por razón de su estado, funciones, profesión, arte u oficio, conocimiento de algún secreto cuya divulgación pueda causar algún perjuicio, lo revela, no obstante sin justo motivo"; y el artículo 206 prevé sanción para "todo funcionario público que comunique o publique los documentos o hechos de que está en conocimiento o posesión, por causa de sus funciones y que deba mantener secretos".

Por tanto, todos esos funcionarios públicos que están considerados como funcionarios de Policía Judicial estarían eximidos de la obligación de informar a los cuerpos legislativos prevista en el artículo 160 de la Constitución, en lo que se refiere a diligencias sumariales.

Debe señalarse que en los casos en los cuales las cámaras legislativas requieran de alguna información sumarial en casos de allanamiento de la inmunidad de algunos de sus miembros, el Código de Enjuiciamiento Criminal establece que "podrán solicitar del Fiscal General de la República la comunicación de datos sumariales cuyo conocimiento no admita postergación y les sea necesario en el ejercicio de sus funciones constitucionales. El Fiscal General atenderá la solicitud antes dicha cuidando de preservar el secreto sumarial hasta donde ello fuere compatible con el interés público en juego dentro de las circunstancias del caso en consideración" (art. 73). En esta forma, y en cuanto concierne a la excepción al secreto sumarial, respecto de las Cámaras Legislativas, el Código de Enjuiciamiento Criminal establece la modalidad de la misma, en forma excepcional.

De lo anteriormente señalado puede concluirse que están eximidos de la obligación de suministrar informaciones y documentos a los cuerpos legislativos prevista en el artículo 160 de la Constitución, en los casos de investigaciones que realicen, los funcionarios públicos y los particulares, respecto de actos y hechos que formen parte de diligencias sumariales, amparados por el secreto sumarial. La violación de este secreto, aun ante los cuerpos legislativos, daría origen a la aplicación de las penas previstas en el artículo 190 del Código Penal.

A igual conclusión habría que llegar respecto de las diligencias que practique la Comisión Investigadora contra el Enriquecimiento Ilícito. La Ley contra el Enriquecimiento Ilícito de Funcionarios o Empleados Públicos, en tal sentido, establece que esas diligencias "serán secretas, menos para el indiciado, hasta que se declare terminada la averiguación". El secreto implica, por tanto, que los funcionarios de la Comisión estarían también eximidos de cumplir la obligación prevista en el artículo 160 de la Constitución, hasta que se declare terminada la averiguación.

B. El secreto concerniente a la seguridad del Estado

Aparte del secreto sumarial, dentro de las actividades del Estado debe mencionarse el secreto político, militar, diplomático y económico, al cual podemos calificar globalmente como secreto concerniente a la seguridad del Estado.

La regulación clásica de este secreto está prevista en el artículo 134 del Código Penal, en el cual se castiga con presidio a "cualquiera que, indebidamente y con perjuicio de la República, haya revelado los secretos políticos o militares concernientes a la seguridad de Venezuela", entre otros medios, "comunicando o publicando los documentos... u otras informaciones" relativos a los mismos. "La pena se aumentará con una tercera parte si por razón de su empleo, el culpable tenia los documentos o había adquirido el conocimiento de los secretos".

De esta norma surge la obligación de guardar los secretos políticos o militares concernientes a la seguridad del Estado. El bien jurídico protegido, por supuesto, es la seguridad del Estado, lo cual abarca "el complejo de condiciones garantizadas por el orden jurídico interno e internacional que constituyan la tranquilidad de desarrollo del Estado en todos sus bienes esenciales para su vida como Nación soberana"[7]. Por su parte, la Exposición de Motivos de la Ley Orgánica de Seguridad y Defensa define la seguridad como "el grado de garantía que a través de acciones políticas, económicas, sociales y militares, un Estado puede proporcionar en forma permanente a la nación que jurisdicciona"[8]. Por tanto, se afirma en el documento "Bases para una política jurídica del Estado venezolano" que "la seguridad comprende no sólo la garantía del empleo efectivo de las Fuerzas Armadas Nacionales, en caso de conflicto interno o externo, sino también la organización permanente y continua de todas las actividades que inciden sobre la mayor estabilidad institucional de la nación. Es así que tanto la organización político–administrativa para salvaguardar, mantener y restaurar el orden público (actividad de policía administrativa y policía judicial), como la organización para la producción agrícola e industrial, el desarrollo de la infraestructura física del país y el control de las fuentes energéticas, forman parte de la política de seguridad[9].

Ahora bien, de acuerdo con la Ley Orgánica de Seguridad y Defensa, estas comprenden fundamentalmente, conforme a su artículo 39, lo siguiente:

1. "El estudio, planificación y adopción de las medidas relacionadas con la preparación y aplicación del potencial nacional para la preservación de su patrimonio;
2. La garantía y el empleo racional del poder nacional en todo conflicto interior o exterior, conmoción o catástrofe que puedan perturbar la paz de la República;
3. El fortalecimiento de la conciencia de todos los habitantes de la Nación, sobre la importancia de los problemas inherentes a la soberanía o integridad territorial de la República".

---

7 *V.* la definición en *Repertorio del Ministerio Público*, Caracas 1978, Tomo II, pp. 477 y 478.

8 *V.* en Defensa Nacional, compilación editada por el Ministerio de Justicia, Caracas 1977, Tomo I, Vol. 1, p. XLVII.

9 *Idem*, pp. XLVII y XLVIII

Siendo, por tanto, el bien tutelado la seguridad y defensa de la Nación, el artículo 4° de la Ley Orgánica de Seguridad y Defensa establece el *carácter secreto* de los documentos e informaciones que le conciernen en la siguiente forma:

> *Art. 4.* Los documentos de cualquier naturaleza y otras informaciones relacionadas con la seguridad y defensa de la Nación, son de carácter secreto y su divulgación o suministro y la obtención por cualquier medio ilegítimo constituyen delito y serán sancionados conforme al Código Penal o al de Justicia Militar según sea el caso.

Ya nos hemos referido al delito de revelación de secretos políticos o militares previsto en el artículo 134 del Código Penal. En cuanto al Código de Justicia Militar debe señalarse que entre los delitos contra la seguridad de las Fuerzas Armadas su artículo 550 establece pena de prisión a "los que revelen órdenes, consignas, documentos o noticias privadas o *secretas* de las Fuerzas Armadas". Por su parte, la propia Ley Orgánica de Seguridad y Defensa establece en su artículo 38 pena de prisión, a "los miembros del Consejo Nacional de Seguridad y Defensa, quienes participen en sus deliberaciones o cualquiera que preste servicios a su orden, que divulgue los datos, estadísticas o informaciones a que se refiere el artículo 8° de esta Ley", en el cual se detallan las atribuciones de dicho Consejo. Por otra parte, el Reglamento Parcial N° 1 de la Ley Orgánica de Seguridad y Defensa establece expresamente que: "Las deliberaciones del Consejo Nacional de Seguridad y Defensa son *secretas*" (art. 3°).

Pero además del secreto militar y formando parte del secreto relativo a la defensa y seguridad del Estado, está el secreto diplomático y el secreto económico. Puede decirse que el secreto político, *lata sensu,* "sería todo aquello que se refiera al gobierno del Estado, y cuya publicación o revelación incida en su seguridad interna y externa"[10], y si bien podría presentarse la duda de si dentro del secreto político previsto en el artículo 134 del Código Penal, estarían los secretos económicos, financieros, científicos, sin duda que del ordenamiento" del Estado moderno, tendría que dársele una interpretación racional y extensiva a dicha expresión, dentro del espíritu, propósito y razón del Código Penal.

En cuanto al secreto diplomático, el artículo 57 del Estatuto del Personal del Servicio Exterior establece como prohibición especial a los funcionarios del servicio exterior, el "revelar, aun después de cesar en sus funciones; el secreto de los negocios que les hayan sido confiados". La violación de esta prohibición hace incurso al funcionario en los delitos previstos en los artículos 134 y 206 del Código Penal.

Pero aun cuando no se prevea así en la Ley del Banco Central de Venezuela, es indudable que también concierne a la seguridad del Estado, el denominado secreto económico o financiero, y que se refiere a las decisiones públicas relativas al régimen monetario, a medidas cambiarías o impositivas que puedan adoptarse por el Estado o sus organismos. En estos casos, sin duda, se aplican los artículos 134 y 206 del Código Penal, y los funcionarios públicos respectivos están obligados a guardar secreto, aun ante los cuerpos legislativos.

Por otra parte, también dentro de los secretos económicos, pueden ubicarse los secretos industriales que interesen a la seguridad del Estado, y se les aplica el régimen indicado, aun cuando la sanción penal prevista está regulada en el artículo 340 del Código Penal, que prevé pena de prisión para "el que hubiese revelado noticias relativas a invenciones o descubrimientos científicos o aplicaciones industriales *que deban perma-*

---

10 *V.* Tulio Chiossone, "El delito de revelación de secretos", *loc. cit,* p. 26.

necer en secreto y de que haya tenido conocimiento por causa de su posición o empleo o en razón de profesión, arte o industria".

En todo caso, si la revelación de estos secretos industriales concierne a la seguridad del Estado se ha estimado que se aplica el artículo 134 del Código Penal[11].

Como consecuencia, en todos estos casos de secretos concernientes a la seguridad y defensa del Estado, en los cuales se engloba el secreto político, el secreto militar, el secreto diplomático y el secreto económico, los funcionarios que tuvieren conocimiento de los mismos, estarían eximidos de cumplir la obligación establecida en el artículo 160 de la Constitución. Dicho sea de paso, además, que en estos casos de secreto, los funcionarios también estarían eximidos de cumplir con la obligación que la Ley Orgánica de la Contraloría General de la República les impone de "proporcionar las informaciones escritas o verbales y los libros, registros o documentos que se le requieran" (art. 4). En este sentido es más clara la Ley Orgánica del Ministerio Público al prescribir que los funcionarios públicos "estarán obligados a prestarla (la cooperación a la Fiscalía) sin demora y a suministrar los documentos e informaciones que le sean requeridos, salvo aquellos que constituyen *secreto de Estado*, a juicio del órgano de mayor jerarquía de la correspondiente estructura administrativa" (art. 6, ord. 17).

Debe señalarse, por último, que este secreto se impone a todos los funcionarios públicos que hayan tenido conocimiento de esos asuntos con motivo del ejercicio de sus funciones. Así lo precisan diversas normas del ordenamiento jurídico. Por ejemplo, la Ley Orgánica de la Administración Central prohíbe a los funcionarios y empleados públicos "revelar el secreto sobre los asuntos que se tramiten o se hayan tramitado en sus respectivas oficinas" (art. 56, *in fine).* Asimismo, la Ley de Carrera Administrativa establece como una obligación de los funcionarios públicos, el "guardar la reserva y *secreto* que requieran los asuntos relacionados con su trabajo" (art. 28, ord. 4); y las Leyes Orgánicas del Ministerio Público y de la Procuraduría General de la República lo repiten. Así, la Ley Orgánica del Ministerio Público establece que "los funcionarios del Ministerio Público guardarán *secreto* sobre los asuntos de que conozcan en razón de sus funciones" (art. 67); y la Ley Orgánica de la Procuraduría también establece que: "A los funcionarios y empleados de la Procuraduría General de la República les está prohibido revelar el asunto que se tramite o se hayan tramitado en el Despacho" (art. 57).

En todos esos casos, además de la sanción penal establecida en el artículo 206 del Código Penal, se establece en la Ley de Carrera Administrativa, como causal de destitución; la "revelación de asuntos reservados, confidenciales o secretos, de los cuales el empleado tenga conocimiento por su condición de funcionario" (art. 62, ord. 70).

Mención especial debe hacerse, por último, al carácter secreto de las deliberaciones del Consejo de Ministros. En efecto, el artículo 17 de la Ley Orgánica de la Administración Central establece que "las deliberaciones del Consejo de Ministros *son secretas.* El Presidente de la República podrá declarar reservada algunas de las decisiones tomadas en Consejo de Ministros". De esta norma resultan dos regulaciones distintas.

En primer lugar, se establece con carácter general y absoluto un secreto político respecto de "las deliberaciones del Consejo de Ministros". Por tanto, los Ministros y los funcionarios públicos que hayan tenido conocimiento de dichas deliberaciones deben guardar secreto de las mismas, y la revelación de esos asuntos daría origen a la aplicación de la sanción prevista en el artículo 206 del Código Penal. El secreto político que

11 *V.* Tulio Chiossone, "El delito de revelación de secretos", *loc. cit.*, p. 28

protege las deliberaciones del Consejo de Ministros, por tanto, eximiría a los funcionarios de la obligación de informar a las cámaras legislativas que regula el artículo 160 de la Constitución.

Pero el artículo 17 de la Ley Orgánica de la Administración Central además establece que el Presidente de la República podría declarar reservada algunas de las decisiones tomadas en Consejo de Ministros. Por tanto, en principio, las decisiones tomadas en dicho órgano colegiado son públicas, salvo que sean declaradas reservadas. En estos casos, por la naturaleza del órgano gubernamental, esta reserva expresa y específica respecto de ciertas decisiones debe asimilarse al secreto político antes comentado con todas sus consecuencias.

2. El secreto derivado del ejercicio de profesiones liberales

Por otra parte, el ordenamiento jurídico regula en diversas formas al secreto profesional con motivo del ejercicio de profesiones liberales o de otras artes u oficios, imponiendo expresamente la obligación a los profesionales de guardar secreto sobre los asuntos de los cuales tuvieren conocimiento por el ejercicio profesional.

Por ejemplo, la Ley de Ejercicio de la Medicina establece que "salvo en los casos expresamente establecidos en las leyes en resguardo de la seguridad colectiva, el médico está en la obligación de *guardar secreto* sobre aquello de que tuviere conocimiento por el ejercicio de su profesión" (art. 14). La violación del secreto médico, en esta forma, acarrea pena de prisión de acuerdo a lo establecido en el artículo 190 del Código Penal. La excepción al secreto médico lo configuran los casos en los cuales el interés general, derivado del resguardo de la seguridad colectiva, prevalezca sobre el interés particular en los términos establecidos en las leyes. Debe mencionarse aquí los supuestos de denuncia obligatoria de enfermedades reguladas en virtud de lo dispuesto en la Ley de Sanidad Nacional, en el Reglamento sobre Enfermedades de Denuncia Obligatoria.

Otra excepción al secreto médico es la establecida en el artículo 490 del Código Penal al regular como falta "la omisión de dar referencias" en casos que parezcan presentar caracteres de delito. Dicha norma, en efecto, pena con multa, al "médico cirujano, comadrón, comadrona o cualquier empleado público de sanidad, que habiendo prestado su asistencia profesional en casos que parezcan presentar caracteres de delito contra las personas, los haya callado o tardado en comunicar a la autoridad judicial o de policía". Por tanto, el secreto médico no puede ser impedimento para el cumplimiento general de dar referencias respecto de hechos que parezcan delito.

En todo caso, frente a los poderes otorgados a los cuerpos legislativos de acuerdo al artículo 160 de la Constitución, salvo en los casos de salvaguarda de la seguridad colectiva, los médicos están eximidos de informar o suministrar documentos que puedan concernir a hechos de los cuales tengan conocimiento por el ejercicio de su profesión.

En otros casos, el secreto profesional está regulado legalmente con mayor flexibilidad. Por ejemplo, el artículo 11 de la Ley de Ejercicio de la Contaduría Pública establece como obligación que deben observar los contadores públicos en el ejercicio de las actividades que les son propias, "guardar el *secreto* profesional, quedando en consecuencia prohibida la divulgación de información o la presentación de evidencia alguna obtenida como consecuencia de estas funciones, salvo ante autoridad competente y sólo en los casos previstos en otras leyes". Sin duda, podría considerarse que la Constitución en su artículo 160 regula la materia, siendo competente para recibir dicha información si es necesario, los cuerpos legislativos.

Podría asimilarse al secreto profesional el que tienen los funcionarios del Registro de la Propiedad Industrial, respecto de "los expedientes de patentes de invención que se hubieran mandado reservar conforme a la ley", de acuerdo a lo establecido en el artículo 40 de la Ley de Propiedad Industrial. La violación del secreto industrial está penado con prisión en el artículo 340 del Código Penal, respecto de quien "hubiere revelado noticias relativas a invenciones o descubrimientos científicos o aplicaciones industriales que deban permanecer *en secreto* y de que haya tenido conocimiento por causa de su posición o empleo o en razón de profesión, arte o industria. En esos casos, frente a la potestad investigativa de los cuerpos legislativos, también podría privar el secreto industrial en los términos señalados.

En cuanto al secreto profesional, debe señalarse que otras leyes, más que preverlo para proteger a las personas que son atendidas por profesionales, establecen dicho secreto en resguardo del ejercicio de la profesión de la cual se trate. Esto sucede, por ejemplo, en el campo del ejercicio del periodismo. Así, la Ley de Ejercicio del Periodismo establece que: "Él periodista tiene derecho al *secreto profesional* frente a terceros y no está obligado a revelar su fuente informativa, salvo cuando se trate de hechos delictivos" (art. 8).

En estos casos, la Ley consagra un derecho al secreto que tiene el profesional, precisamente como garantía a su libre ejercicio de la profesión. Sólo si se trata de hechos delictivos, el derecho al secreto cede frente al interés público represivo, y ante los órganos competentes penales o de instrucción, el periodista tendría que revelar su fuente. Salvo este caso, no podría por ejemplo, por la vía del artículo 160 de la Constitución, exigirse a un periodista ante un cuerpo legislativo, revelar la fuente de su información. Por tanto, aquí también, los periodistas están eximidos de la obligación establecida en el referido artículo 160 de la Constitución.

3. La potestad investigativa y el problema de la reserva de los archivos de la Administración Pública

La Ley Orgánica de la Administración Central establece, en su artículo 54, el principio general de que "los Archivos de la Administración Pública son *por su naturaleza reservados para el servicio oficiar.* En consecuencia, "para la consulta de los mismos por otros funcionarios o particulares, deberá recaer autorización especial y concreta del órgano superior respectivo" (art. 54). Este carácter reservado, por otra parte, implica la prohibición a los funcionarios o empleados públicos de "conservar para sí papel alguno de los archivos y tomar o publicar copia de ellos sin autorización del órgano superior respectivo" (art. 56).

Esta norma que atribuye carácter reservado a los archivos oficiales, tradicional respecto de las leyes reguladoras de los Ministerios, se ha repetido en relación a los archivos de otros órganos del Estado, distintos de los Ministerios.

Así, la Ley Orgánica del Ministerio Público establece que: "El archivo del Despacho del Fiscal General de la República es por su naturaleza privado y *reservado* para el servicio oficial" (art. 66). En consecuencia, también "se les prohíbe conservar para sí, tomar o publicar copias de papeles, documentos o expedientes del archivo de los Despachos respectivos" del Ministerio Público (art. 67).

En el mismo sentido, el artículo 53 de la Ley Orgánica de la Procuraduría General de la República establece que: "El Archivo de la Procuraduría General de la República está reservado para el servicio oficial". Por ello, asimismo: "Para la consulta de los documentos y expedientes que lo integran, por parte de funcionarios extraños al Despacho, o por particulares, se requerirá autorización expresa del Procurador General de la República" (art. 53). Además, el artículo 57 de dicha ley prohíbe a los funcionarios y empleados de la Procuraduría General de la República "conservar para sí tomar o publicar copias de papeles, documentos o expedientes del archivo, salvo cuando éstos, por su naturaleza o destino, se hayan hecho del conocimiento público y con la autorización del Procurador General".

Ahora bien, la reserva de los Archivos de la Administración Pública para el servicio oficial, no es nada más que lo que resulta del significado propio de las palabras: según el Diccionario de la Lengua Española, Reserva es "guarda o custodia que se hace de una cosa, o prevención de ella para que sirva a su tiempo" y también significa "circunspección, discreción, comedimiento". Por tanto, establecer que los Archivos de la Administración son por su naturaleza reservados para el servicio oficial, es señalar que sólo deben tener ese destino oficial, por lo que no deben ser abiertos, para lo cual deben ser manejados con circunspección.

La Reserva de los archivos oficiales, por tanto, no equivale a que tengan carácter secreto. Reserva no es secreto, pues aquella implica sólo que el uso de los archivos no es público ni libre, y sólo debe usarse para el servicio oficial.

Ahora bien, la investigación que realice un cuerpo parlamentario es, sin duda, de carácter oficial, pues se trata de una actividad del Estado, por lo que un funcionario público no podría invocar, en ningún caso, la sola norma del artículo 54 de la Ley Orgánica de la Administración Central, para eximirse de la obligación que le impone el artículo 160 de la Constitución, de suministrar informaciones y documentos que formen parte de los Archivos de la Administración, y que se requieran para el cumplimiento de sus funciones.

En todo caso, debe destacarse que el hecho de que los Archivos de la Administración tengan carácter reservado para el servicio oficial implica que "para la consulta de los mismos por otros funcionarios o particulares, deberá recaer autorización especial y concreta del órgano superior respectivo" (art. 54).

Sin embargo, a pesar de la reserva, como principio puede acordarse judicialmente la copia, exhibición o inspección de determinado documento, expediente, libro o registro (art. 55) y asimismo, pueden expedirse las copias certificadas que soliciten los interesados (art. 59). La excepción a estas dos posibilidades es que "por razones de seguridad u oportunidad para el Estado" el órgano respectivo de la Administración resuelva que el documento tenga "carácter reservado o confidencial".

Por otra parte, debe señalarse que la confidencialidad de ciertos documentos, declarada por el funcionario superior jerárquico de un organismo, se configura también como la única limitación al derecho que conforme a la Ley Orgánica de Procedimientos Administrativos, tienen los interesados a tener acceso al expediente respectivo. El artículo 59 de dicha ley, en efecto, después de consagrar el derecho de los interesados y sus representantes, de examinar en cualquier estado o grado del procedimiento, leer y copiar cualquier documento contenido en el expediente, así como pedir certificación del mismo, exceptúa "los documentos calificados como confidenciales por el superior jerárquico, los cuales serán archivados en cuerpos separados del expediente", aun cuando exige que la calificación de confidencial se haga mediante acto motivado.

Sin embargo, la sola declaración de un documento como reservado o confidencial no configura el secreto de Estado al cual nos hemos referido anteriormente. El secreto, tal como se ha analizado, no puede depender de una declaración concreta de un funcionario, sobre un determinado documento. Hay, en efecto, actividades e informaciones que por su naturaleza son secretas, y por tanto, lo son también las informaciones o documentos que las conciernan. Sólo cuando existan estas actividades o informaciones secretas, puede alegarse que no hay la obligación de cumplir con la obligación, prevista en el artículo 160 de la Constitución, pues siempre que ese secreto exista, su violación, así sea ante los cuerpos legislativos, podría originar un hecho delictuoso por la violación del secreto.

Por tanto, la sola naturaleza de los Archivos de la Administración, de estar reservados para el servicio oficial, o la sola declaratoria, en concreto, de que un documento es de carácter reservado o confidencial, no basta para configurar el secreto como eximente de la obligación de informar a los cuerpos legislativos que prescribe el artículo 160 de la Constitución. Pueden, en cambio, sólo servir para detener una actividad judicial en favor de un particular si se estima que por razones de seguridad u oportunidad para el Estado, deben permanecer confidenciales; o para impedir su conocimiento por el interesado en un procedimiento administrativo.

IV. FORMALIDADES PARA EL EJERCICIO DE LA POTESTAD INVESTIGATIVA POR LOS CUERPOS LEGISLATIVOS

De acuerdo a lo prescrito en el artículo 160 de la Constitución, los funcionarios públicos y los particulares están obligados a comparecer ante los cuerpos legislativos y a suministrarles, salvo las excepciones antes mencionadas, las informaciones y documentos que requieran para el cumplimiento de sus funciones. El mismo artículo especifica unas formalidades a ser cumplidas por los cuerpos legislativos: "En todo caso se notificará al interesado el objeto de su citación con cuarenta y ocho horas de anticipación, cuando menos".

Por tanto, de acuerdo al texto constitucional, las formalidades a cumplir son las siguientes:

La potestad investigativa, como se dijo, es de los cuerpos legislativos, no de los miembros de las Cámaras Legislativas considerados individualmente, y las investigaciones deben realizarse "en conformidad con el reglamento".

La obligación de comparecer que incumbe a los particulares y funcionarios sólo es efectiva, si se les notifica del objeto de su citación con 48 horas de anticipación, cuando menos.

Las informaciones y documentos que se pueden solicitar de funcionarios y particulares deben ser necesarios para el cumplimiento de las funciones de los cuerpos legislativos.

Estas formalidades han sido detalladas en los Reglamentos Interiores y de Debates de la Cámara de Diputados y del Senado, en los cuales se indica ante todo cuáles son los organismos que se consideran como cuerpos legislativos: las Comisiones Permanentes, las Comisiones Especiales y sus Subcomisiones.

Estos Reglamentos precisan las siguientes formalidades adicionales a las previstas en el texto constitucional:

Si el citado a comparecer y a suministrar información es un Ministro del Ejecutivo, sólo pueden hacerlo las Comisiones Permanentes o Especiales; y estas deben informarlo previamente al Presidente de la respectiva Cámara. Además, debe indicarse en la invitación que debe formularse al Ministro los puntos sobre los cuales se le solicita información, lo cual sólo debe versar sobre asuntos relativos a su ministerio. En todo caso, debe invitarse al Ministro con tres días de anticipación por lo menos (art. 58 del Reglamento del Senado y art. 60 del Reglamento de la Cámara de Diputados).

Si el requerimiento de comparecencia se formula a otro funcionario público y a los particulares, pueden hacerlo tanto las Comisiones Permanentes y Especiales como las Subcomisiones, y ello puede hacerse para solicitarles informes, declaraciones u opiniones, en los casos cuya importancia lo requiera. En todo caso, deberá también informarse previamente a la Presidencia de la Cámara respectiva (art. 59 del Reglamento del Senado y art. 61 del Reglamento de la Cámara de Diputados).

Las reuniones de las Comisiones podrán ser públicas cuando a ellas se permita el acceso de personas extrañas a la Cámara; privadas, cuando esta asistencia se limite a las personas extrañas a la Cámara expresamente invitadas por la Comisión; y secretas, cuando tengan derecho de asistencia solamente los miembros de la Comisión y los parlamentarios que hubieren manifestado con anticipación a la Presidencia de la Comisión su deseo de concurrir. La determinación del carácter privado o secreto de las reuniones lo hará la Presidencia de la Comisión respectiva, previa consulta con la Comisión (art. 56 del Reglamento del Senado y art. 58 del Reglamento de la Cámara de Diputados).

De estas disposiciones se evidencia que las sesiones en las cuales se convoca a un funcionario público o a un particular a suministrar informaciones, a declarar o a suministrar documentos, sólo puede ser pública o privada. Jamás podrían ser secretas conforme a los Reglamentos, pues a estas sólo pueden asistir miembros de las cámaras legislativas.

ÍNDICE GENERAL

LIBRO CUARTO

www.ingramcontent.com/pod-product-compliance
Lightning Source LLC
LaVergne TN
LVHW080100011026
849160LV00013B/999
* 9 7 8 9 8 0 3 6 5 2 1 0 4 *